沈陽年鑑

SHEN YANG NIAN JIAN

1996

中国统计出版社

（京）新登字 041 号

声　　明

《沈阳年鉴》(1996)版权属沈阳年鉴编委会，本年鉴委托香港经济导报社在香港、澳门地区及国外发行。

图书在版编目(CIP)数据
沈阳年鉴 1996/《沈阳年鉴》编辑部编——北京：
中国统计出版社，1996.8
ISBN　7－5037－2219－3
Ⅰ.沈…
Ⅱ.沈…
Ⅲ.年鉴－沈阳－1996
Ⅳ.Z523.1

沈阳年鉴
SHENYANG NIANJIAN
1996
《沈阳年鉴》编委会编
*
中国统计出版社出版
(北京复外三里河月坛南街 38 号 100826)
沈阳市统计局胶印室激光照排
江西宜春资料印刷厂印刷装订
香港维康美术印刷公司深圳
彩艺电分制版有限公司印制彩图

787×1092 毫米　16 开本　41.5 印张　96 彩页　150 万字
1996 年 8 月第 1 版　1996 年 8 月第 1 次印刷
印数：1—3000
★
定价：90.00 元（国内定价）

1995年，中共中央总书记、国家主席江泽民视察东北输变电设备集团公司

东北输变电设备集团公司

东北输变电设备集团公司是国家计划单列企业集团东北输变电集团的核心企业，是中国输变电行业最大的集团公司，是输变电设备制造、科研和出口基地。现有员工3.5万人，所属企业沈阳电缆厂、抚顺电瓷厂和控股公司，东北输变电机械制造股份有限公司的全资子公司沈阳变压器有限责任公司、沈阳高压开关有限责任公司、锦州电力电容器有限责任公司、阜新封闭母线有限责任公司为全国同行业的排头兵和骨干企业，具有为全国装机40%的综合配套能力，产品国内市场覆盖率和重要设备配套率均达到90%以上。远销40多个国家和地区。

东北输变电集团公司金都大厦

1995年4月11日，全国政协主席李瑞环到沈阳变压器有限责任公司视察

国务院副总理姜春云在辽中县重灾区老观坨乡视察走访灾民家庭询问灾后生活安置情况

1995年7月10日，国务委员李铁映到沈阳长白计算机集团视察

1995年10月20日，全国人大常委会副委员长吴阶平，在省、市领导的陪同下，到市人大常委会视察工作

1995年9月2日，全国人大常委会副委员长李沛瑶在省、市领导的陪同下，到市人大常委会视察工作

中葡驻澳门联合联络小组代表团访问沈阳

应沈阳市政府邀请，中葡联合联络小组代表团1995年6月28日抵沈阳访问

图为中共沈阳市委书记张国光、沈阳市市长张荣茂、副市长孙祥剑等领导同志到机场迎接

1995年8月24日，市委书记张国光同志(右二)会见了国家新闻出版署署长于友先(右一)，会见时在座的有省新闻出版局局长于金兰(左二)、市新闻出版局局长韩永言

夕阳彩塔

辉山红叶

东北

江泽民总书记视察东北 制药总厂

厂长：史洪元

东北制药总厂创建于1946年，现已成为我国最大的以化学合成为主兼有生物发酵和制剂产品综合性制药工业企业之一，是国家一级企业，是全国500家最大工业企业之一。拥有厂办医药工业研究院、医药工业设计院、环保研究所、质量检测中心、计算中心、教育中心等部门，组建了跨地区、跨行业、跨所有制的东北制药联合企业集团，形成了较为完整的生产、经营、科研、教育和服务体系。

该厂主要生产淀粉系列、维生素系列、头孢系列、丙炔醇和丁炔二醇系列、激素系列等原料药和医药中间体，以及以无菌粉分装为龙头的综合性制剂产品。

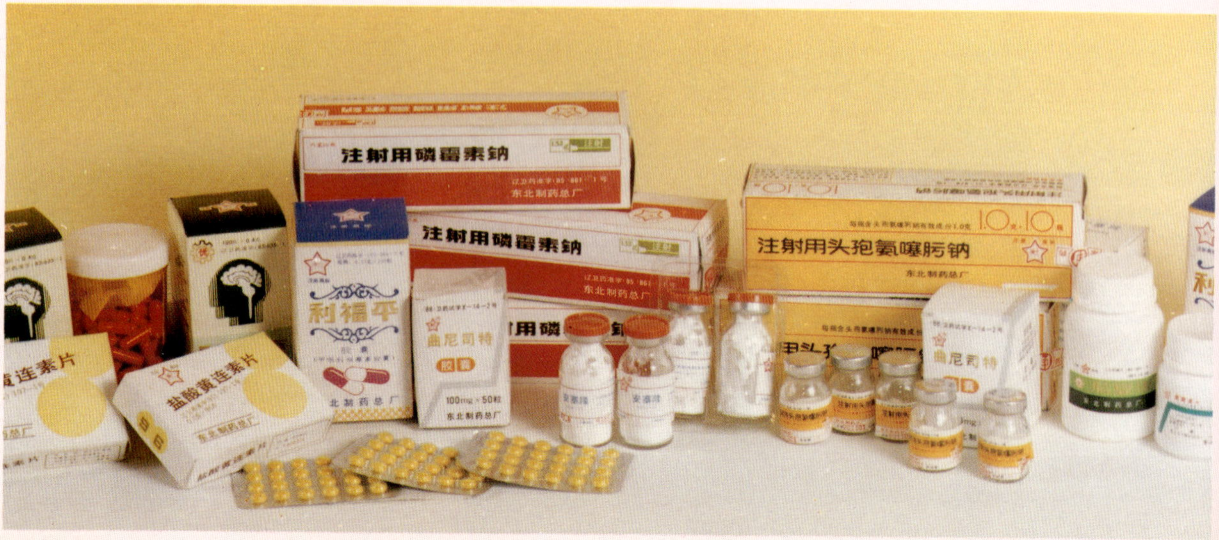

制药总厂

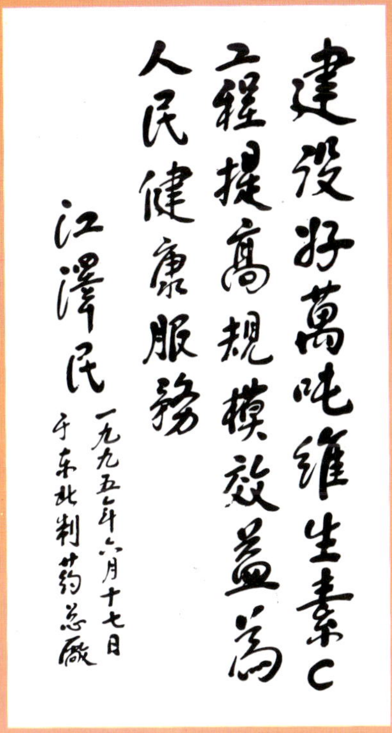

江泽民总书记1995年6月17日视察东北制药总厂时，为建设中的万吨Vc工程题词

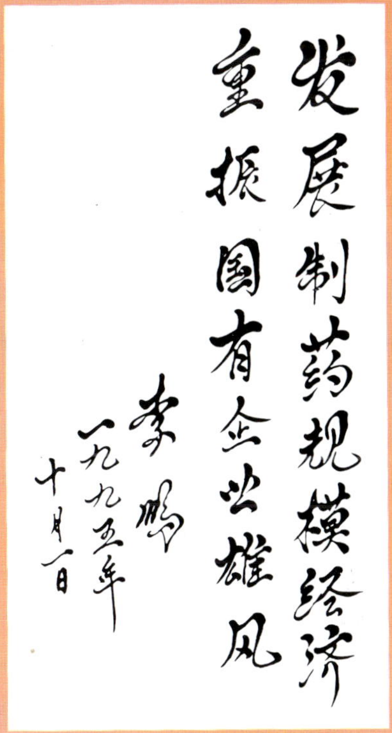

国务院总理李鹏为"万吨Vc"工程题词

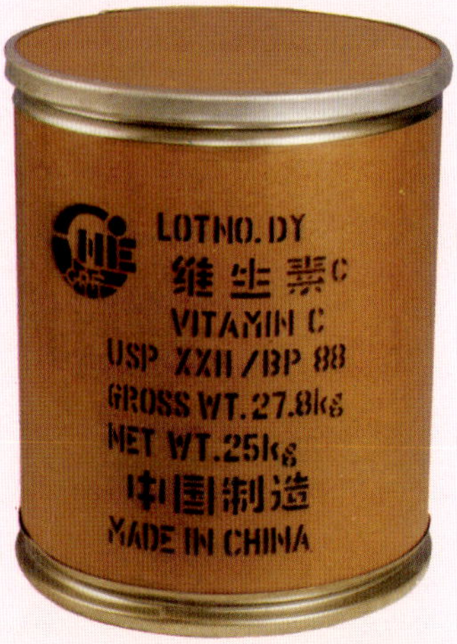

东北制药总厂正门

地址：沈阳市铁西区重工北街37号
邮编：110026 电话：5821275

沈阳市人寿保险分公司

张荣茂市长为该公司题词

计算机网络中心

该公司是全国率先实行以人为保险对象的社会保险和人身保险统一经办与分业经营、分业管理的专业性人寿保险公司，下设16个分支机构，城乡保险代理网点300个。1995年实现业务总收入15.77亿元，全市9000户国有、集体、三资企业、机关事业单位180万职工参加了社会养老保险，使54万离退休职工基本生活有了保障，承保面达到97%以上。近5000户集体企业的40余万职工参加了失业保险，承保面达到91%。4800户国有、集体企业的70万职工参加了工伤保险，承保面达到75%。全市有470万人参加了各种形式的人身保险，承保率达到70%。在发展城市系列保险的同时，农村保险也得到了较快的发展，全市8个区、县(市)的144个乡(镇)、1610个村的18万农民参加了不同档次的养老保险，积累基金达1亿元，已有3400名农民开始享受养老金待遇。保险资金运用总额达到2.7亿元，综合回报率在12%以上。保险业务总收入、投保率、人均保险额等几项主要经济指标连续4年在全国省会城市中处于领先地位，并获得全国保险系统“开拓杯”竞赛表彰奖励。

沈阳市
人寿保险分公司

1995年5月，该公司率先推出“十大保险体系”的新思路

公司领导班子成员

该公司向遭受洪涝灾害的灾区人民捐款捐物达40余万元

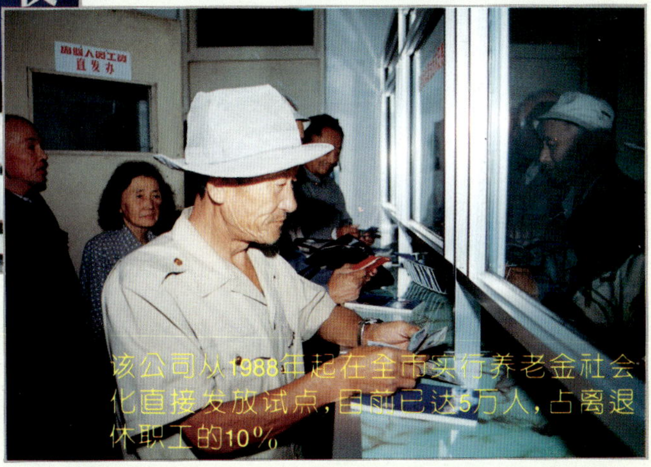
该公司从1988年起在全市实行养老金社会化直接发放试点，目前已达5万人，占离退休职工的10%

地址：沈阳市沈河区十一纬路102号
邮编：110014　电话：2825966

沈阳经济

1995年4月11日，中共中央政治局常委、全国政协主席李瑞环视察沈阳开发区

沈阳经济技术开发区创建于1988年6月，1993年4月，经中华人民共和国国务院批准为国家级经济技术开发区。

沈阳经济技术开发区是以国家产业政策为导向，以举办中外合资经营企业、中外合作经营企业和外资企业为主，享有中国经济特区优惠政策和灵活措施的经济区域。沈阳开发区自创建以来，始终以连续性、跳跃式、高速度的势头发展，日益成为世界各地投资者在中国大陆投资的热点地区。

技术开发区

沈阳开发区一期鸟瞰

沈阳开发区之夜

沈阳市副市长兼沈阳经济技术开发区管理委员会主任孙祥剑检查开发区三资企业工作

沈阳开发区举行建区七周年文艺晚会

沈阳韩国京畿工业团地正式开工建设

沈阳商贸金融开发区

沈阳商贸金融开发区成立于1991年，位于城市中心的沈河、大东、和平、皇姑四个市区交汇地带。占地112万平方米，其中公建用地60万平方米，计划投资150多亿元，建设60余栋高层建筑，总建筑面积300多万平方米，到下世纪初将建设成为集商业、金融、信息、旅游、中介服务和国际交往等新兴产业为主的多门类、功能齐全、设施一流、辐射东北、闻名全国并具有一定国际影响和独特风格的现代化、国际化商贸金融流通中心。

开发区成立四年来，累计转让土地27万平方米，引进大型公建项目34个，投资总规模53.5亿元，建筑总面积128万平方米，其中三资项目16个，投资总额31.8亿元，建筑面积70万平方米。目前开发区规划建设初具规模，8个大型项目竣工并投入使用，11个项目正在紧张施工，15个项目进行前期准备工作。

国务院特区办主任葛洪昇同志视察开发区

开发区主任　周德源

地址：沈阳市沈河区北站路208号　　邮编：110013
电话：2732926

正在崛起的——沈

主任 熊兴文

沈阳浑河开发区是以安排生活居住、科研、商贸、文化教育及娱乐设施为主，同时也是综合治理浑河的新型开发区。

开发区位于沈阳市中心城区南部，规划占地面积120.6平方公里，占全市新规划城区的四分之一。开发区管委会正按规划抓紧实施，加速开发建设。目前，大堤路(二环路段)、浑河砂山橡胶坝、城市污水大截流、五爱立交桥、浑河北护岸、浑河长青大桥、浑南冲砂闸水毁修复改造等工程大都已竣工使用。不久的明天，浑河开发区将成为集“水利、环境、经济和社会效益”为一体的多功能现代化河畔新区。

浑河风光俱乐部游艇码头

1995年10.

阳浑河开发区

即将竣工的浑南拦河坝

1994年建成的浑河砂山橡胶坝

成的大堤路

1994年建成的五爱街立交桥

地址：沈阳市东陵区长青街35号
邮编：110015

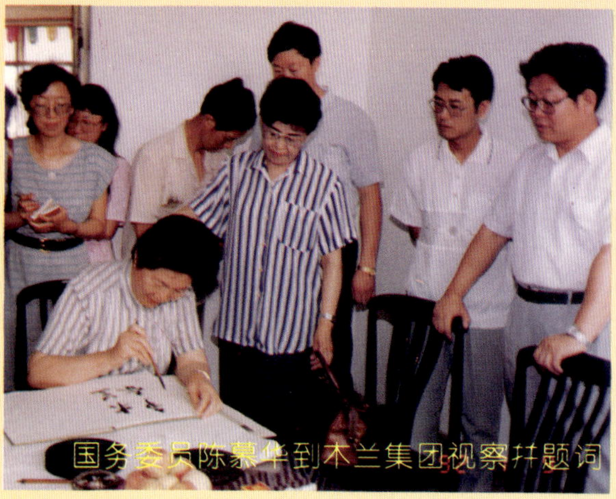

国务委员陈慕华到木兰集团视察并题词

沈阳木兰集团成立于1993年9月，(前身系沈阳木兰实业总公司，成立于1984年11月)如今木兰集团已具有现代化生产经营特点，融科研、生产、服务为一体的综合性大型企业集团。经营项目有为生活服务的干洗厂、房地产开发、安装等企业。有为生产服务的合成化学、电子、航空运输、飞机修理等公司。现有企业56家，职工4000人，固定资产2.2亿元。1995年实现产值3亿元，利税3000万元，分别比成立集团第一年增长57倍和111倍。沈阳木兰集团在全国妇联系统中，从经济效益到经营规模都排在首位。

木兰实业一瞥

沈阳木兰集团

总经理 张桂琴

地址：沈阳市和平区十二纬路24号

邮编：110003

电话：3850491　　传真：3876075

中国沈阳劳动力市场隆重开业

国家劳动部部长李伯勇，沈阳市市长张荣茂在开业典礼上讲话

中国沈阳劳动力市场是经国家劳动部批准的全国首家区域性劳动力市场。1995年10月15日隆重开业。

市场大厅营业面积2000平方米，内设熟练工人、技术工人、离退休人员、涉外劳动力、企业管理技术人员、兼职人员等职业介绍窗口。市场内还设有洽谈室、档案室、计算机控制中心、电子大屏幕信息显示器等。15个前台服务窗口全部采用计算机管理，是全方位、多功能、现代化的劳动力交流场所。

国家劳动部部长李伯勇(前排右四)、辽宁省委副书记王怀远(前排右二)、辽宁省人大常委会副主任徐廷生(前排右六)、沈阳市市长张荣茂(前排左二)为市场开业剪彩

省、市有关领导在劳动力市场交流大厅内，就中国沈阳劳动力市场发展前景亲切交谈

沈阳市技术监督局

副市长姜宪志在全市打假工作会议上做重要讲话

沈阳市技术监督局负责沈阳市的计量、标准化、质量监督三方面工作，执行《中华人民共和国产品质量法》、《中华人民共和国计量法》、《中华人民共和国标准化法》及相应的各项条例，有综合管理和行政执法两项职能。该局是“打假”工作牵头单位，一年来，在认眞搞好计量、标准化、质量监督各项工作的同时，协调工商、卫生等部门，广泛开展了“打假”活动，在“打假保名牌”、“打假保春耕”、“打假保节日市场”等方面取得了显著成效。在《中国质量万里行》活动中，与各新闻单位密切配合，为保护用戶、消费者的利益做了大量工作。

局长李素芝与执法人员一道深入市场

市局、市技术监督稽查所在闹市区设立举报投诉台，现场为市民解决产品质量方面的投诉，开展便民服务

地址：沈阳市和平区南八马路90号
邮编：110006　电话：3863295

沈阳嘉濠企业集团有限公司

董事长　吴笑男

该集团公司是由夏威夷夜宫娱乐场沈阳有限公司、房屋土地开发有限公司、装修工程有限公司、经济发展有限公司、精品商行有限公司、芳草云天娱乐城有限公司组成。夏威夷夜宫系投资360万美元的外商独资企业，集餐饮、娱乐、健身、美容、桑拿为一体，可同时容纳300人就餐；嘉濠精品商行有限公司是集团的龙头企业，年销售额达5000万元；芳草云天娱乐城总投资高达6000万美元，占地6万平方米，它集娱乐游玩、度假旅游、餐饮美食、康乐休闲、商贸办公、宾馆别墅等多功能为一体的五星级酒店。

夏威夷夜宫

嘉濠芳草云天娱乐城有限公司

嘉濠大厦有限公司

地址：沈阳市和平区桂林街16号
电话：2861212

为沈阳经济腾飞保驾护航的

沈阳人

总经理肖庆海(左)副总经理史广武(右)

市公司领导在沈阳钢铁总厂爆炸现场查勘

保户向市公司赠送锦旗

地址：沈阳市和平区西滨河路8号
邮编：110003　电话：3879820

民保险公司

中国人民保险公司总经理马永伟(左二)在市公司领导的陪同下视察水灾现场

中国人民保险公司沈阳分公司成立于1951年5月，目前该公司在全市设立分支机构15个，直属经营部4个，延伸机构8个，专兼职代理网点713个，代理人1494名。与世界140多个国家和地区的300多家保险机构建立了代理关系，形成了广泛的保险服务网络。并拥有一大批国内外保险经验十分丰富的高、中级专业人员和处理诸多技术难题的保险专业队伍。

保险种类由初期单一的企财险发展到现在的机动车辆保险、货物运输保险、农业保险、涉外保险、信用保险、各种责任保险等193个险种险别，覆盖到全市生产、流通、家庭生活各个领域。承保各类资产达1580亿元，自1980年以来，15年间累计处理各类赔偿案件24万起，支付赔款12.7亿元。为促进生产发展和社会稳定做了积极的贡献。

公司先后被评为市先进党委、市先进单位，连续8年被评为省文明单位，1995年还被授予省级文明单位标兵。

于洪区支公司兑现水灾赔款

沈阳电业
多种经营总公司

沈阳电业多种经营总公司是具有电气安装、设备制造、高科技产品、信息咨询、设计装修、房屋开发、商饮服务等7大门类，13个专业公司，160家企业的综合产业型企业集团。拥有固定资产1.12亿元，生产、生活基地50多万平方米，含农电系统，企业职工5511人，1995年创产值5.2亿元，实现利润4500万元，上交税金2222万元。电缆厂、天拥公司、兴东公司、成套设备厂等开发的新产品：10千伏加强型架空电缆、聚氯乙烯绝缘电缆、高压控制柜、多米诺低压控制柜、新型高压抽屉柜、玻璃钢箱变等，均已通过省市技术监督部门鉴定，有13家工业企业的产品通过东电验收，获得东电行业市场入网证。电气安装公司系国家建设部一级建安施工企业，荣获辽宁省建设厅建筑综合实力评价“40强安装企业”。多种经营总公司受电力部表彰，获“光源杯”荣誉奖。

地址：沈阳市沈河区西滨河路48号
电话：(024)2823013　传真：(024)2710239
邮编：110014
沈阳电业局电缆厂
地址：沈阳市铁西区北二西路37号
邮编：110026
电话：5821102

电气安装公司施工的66千伏变电所控制室

沈阳电业局电缆厂挤塑车间

总经理：姚江

安装公司施工的66千伏变电所场区一角

变压器修造厂生产的S9-M低损耗全密封电力变压器

S8-M低损耗全密封电力变压器

电气安装公司是国家建设部认定的一级建安施工企业。可承揽220千伏以下的输、配电线路、电缆、内线和变电所安装及配套工程。荣获辽宁省建设厅建筑综合实力评价“四十强安装企业”。

沈阳电业局变压器修造厂
地址：沈阳市铁西区北二西路37号
邮编：110026
电话：5821082

沈阳市农电局

局长锡春茂(中)副局长侯世昌(右)、丁志广(左)在一起研究工作

该局中层以上领导干部在一起共商大计

地址：沈阳市沈河区文艺路54号
邮编：110015　　电话：4110648

沈阳市农电局始建于1958年，其前身是沈阳市地方电业科，1979年成立沈阳市农电处，于1984年更名为沈阳市农电局，辖4个县，4个区农电局。1986年，为了完善低压电网管理机构，以乡为单位组建了电力管理站，实行农电行业归口管理，该局主要负责沈阳市农村用电管理。

沈阳市农电局作为沈阳市政府主管农电的职能部门，主要负责农村电网的规划、设计、建设施工、验收、多供电少损失及设备安全运行的管理工作，自1985年以来，平均每年新建60千伏变电所3座，设备完好率达到98.5%以上。

该局所属的新城子区道义供电所和变电所

沈阳健富混凝

董事长　庄锦兴

沈阳健富混凝土供应有限公司是沈阳最早的商品混凝土生产企业，成立于1992年。目前有二座大型现代化搅拌站，年设计能力80万立方米，生产能力40万立方米，分别座落于长青桥、马官桥，混凝土配料、搅拌系统均采用先进的进口设备，电脑操作，自动控制，电视监控，确保产品质量和数量的准确性。混凝土运输车19部，混凝土泵车4部，特别是从日本引进的两部超高压混凝土输送泵可泵送高度290米(即100层)是高层建筑施工最理想的混凝土输送设备，近三年来公司先后完成了建设银行大厦、太阳广场、华阳国际大厦、辽宁省电信技术中心大厦、夏宫游泳池、和平装饰材料商厦、市房产交易中心、宏信大厦17层以上部分、合作银行(北站)24层以上部份等30个用戶单位，60多个单位工程的混凝土输送任务，质量可靠，尤其是C60高强混凝土的问世，填补了本市商品混凝土的空白，深受广大用戶的欢迎。

该公司本着"健步成长，富国裕民"的指导思想，以信誉为本，以质量为先，以热诚服务的态度，愿为沈城发展做贡献。

运输车队

土供应有限公司

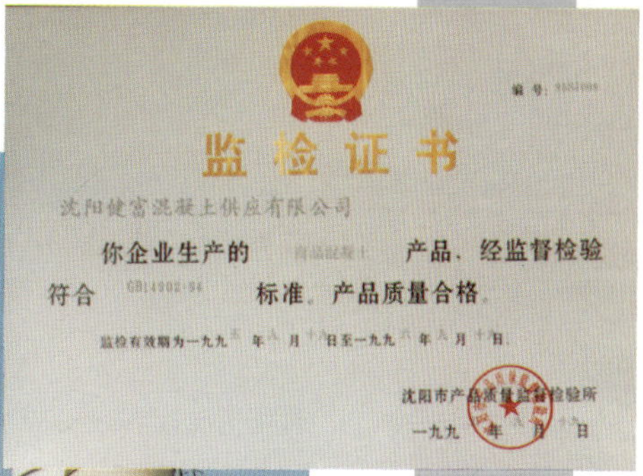
监检证书

沈阳健富混凝土供应有限公司

你企业生产的 商品混凝土 产品、经监督检验

符合 GB14902-94 标准、产品质量合格。

监检有效期为一九九 年 月 日至一九九 年 月 日。

沈阳市产品质量监督检验所

一九九 年 月 日

长青混凝土搅拌站

施工现场

使用该公司混凝土施工建设的华阳国际大厦主体工程

地址：沈阳市和平区三好街2号
邮编：110003 电话：3844167 传真：384416

中國北方航空公司

一汽金杯汽车

公司总经理　展万金先生

一汽金杯汽车股份有限公司是大型上市股份制企业，是中国第一汽车集团公司的控股子公司。公司的境外参股公司在美国上市。一汽集团公司总经理耿昭杰先生任公司董事长，展万金先生任公司总经理。

公司现有生产制造企业20家。经营性子公司9家，有轻型汽车研究所和教育中心。

公司总股本为：97181.13万股。资产总计61.5亿元人民币。现有职工36347人。各类专业技术人员6322人，其中：工程技术人员3150人，高级工程师319人。公司占地面积233万平方米，房屋建筑面积109万平方米。有主要生产设备6699台(套)，其中：进口设备347台(套)。

公司主要产品有：解放牌CA1043、1020、1026系列轻型货车，解放牌1050、1060系列客、货车；金杯牌SY1041、1040系列轻型货车；与美国通用汽车公司合资生产GMC牌S10系列轻型汽车；与华晨公司合资、与日本丰田汽车公司技术合作生产的金杯牌SY6480系列轻型客车、金杯牌SY6474、6475系列轻型客车、以及各种汽车配件、特种潜液电泵等。公司已具备生产各种轻型汽车7万辆能力。

与美国通用公司合资生产的S10系列箱式汽车

工艺技术先进的汽车装配线

新型小解放CA1043、1020轻型货车

股份有限公司

沈阳金杯客车制造有限公司

总经理　苏强

地址：沈阳市大东区山嘴子路14号
电话：8200030　传真：8201313　邮编：110044

公司办公楼

沈阳金杯客车制造有限公司是由华晨中国汽车控股有限公司与一汽金杯汽车股份有限公司投资组建的合资企业。注册资本为17116万美元，总占地面积90.04万平方米，员工总数6900人。

公司主导产品为引进日本丰田汽车技术生产的SY6480型(丰田海狮牌RZH114L型)15人座轻型客车和自行开发设计的SY6474A、SY6475型11人座轻型客车。

公司现已形成年产SY6480轻型客车20000辆和年产SY6474A、SY6475轻型客车10000辆的生产能力。

几年来，公司主导产品先后荣获市、省、部优质产品称号，在历次全国汽车拉力赛和同行业质量评比中名列前茅，屡获金牌，在首届全国汽车用户和消费者推荐国产车评比中获得金牌，并被评为中国公认名牌产品和用户最喜爱的产品。公司曾连续两年成为沈阳市第一利税大户，被评为辽宁省“十大高销售额”、“十大高出口创汇”、“十大高效益”企业，先后荣获辽宁省及全国“五·一”劳动奖状，全国先进技术企业，全国质量效益型先进企业和全国外商投资双优企业等称号。在全国500家最大外商投资企业中排名第42位

国家星火示范企业——

沈阳三山集团

沈阳三山汽车工业联营公司(集团)是国家定点民用汽车和改装汽车生产厂、国家星火示范企业。主要产品有三山牌轻型汽车、半挂车、自卸车、箱式车、冷藏车、运油加油车、HSB 9130型系列半挂车配以一汽集团大马高力牵引车，并选用优质钢材和先进工艺精心制造，产品性能优异，承载质量大，营运成本低，曾获部优奖励，产销量居全国同行业前茅。三山集团由25家科工贸企业组成，其中紧密层企业三叶实业有限公司主要产品有三杉牌油品节能增效剂、UV紫外线固化清漆(适用地板生产线)、OTMP邻甲基间羟基二苯胺、SE/CC10W30和15W 40润滑油等。

HSB3090自卸车

HSB9130型半挂运输车

地　　址：沈阳市东陵区竞赛路6号　邮编：110166
电话总机：024-3700553　传真：024-3700526
供销公司：024-3700550　电挂：0218

编辑说明

一、《沈阳年鉴》是沈阳市人民政府决定出版的一部地方综合性年鉴，1985年创刊，每年出版一次，国内外公开发行。主要搜集上一年沈阳市社会经济和改革开放的发展情况，旨在为海内外有关机关、团体、学校、研究部门、企事业单位及各界人士了解沈阳、研究沈阳和建设沈阳提供翔实的资料和信息。

二、《沈阳年鉴》1996年版坚持以建设有中国特色的社会主义理论和党的基本路线为指导，以经济建设和改革开放为主线，强化地方特色和时代感，实现“知往鉴来，服务现实”之目的，更好地发挥年鉴在国民经济建设和社会生活中的资政、参谋、信息和宣教作用，为沈阳市的“两个文明”建设，实现建成高科技、大生产、大流通的现代化、国际化城市发挥窗口作用。

三、《沈阳年鉴》1996年版采用分类编辑法，类目以下设分目，分目以下设条目，以条目为记载资料的基本单位。全书共设26个类目，分别为特辑；大事记；沈阳概貌；政治；军事；政法；抗洪救灾；农村经济；工业经济；交通邮电；城乡建设、环境保护；商业、物资、旅游；外经外贸；财政、税收、金融；经济管理与监督；科学技术；教育；文化、新闻出版、广播电视；卫生、体育；社会生活；县区经济；人物；社会经济统计资料；文献法规选编；企事业单位简介；附录。

四、本年鉴采用的稿件资料均由各有关部门和行业专人撰写，并经本部门主管领导审定。年鉴中的统计资料，统一由市统计局提供，具有准确性和权威性。

五、《沈阳年鉴》编纂出版工作，凝聚广大编写人员的辛勤劳动，得到中共沈阳市委、市政府领导的关心和指导，以及全市各部门、各地区协作配合，在此谨致谢忱。并恳祈各界人士继续给年鉴工作以更多的支持帮助，对书中错漏之处给予批评指正，以期不断完善、提高。

《沈阳年鉴》编纂委员会

主　编： 张荣茂　（沈阳市市长）

副主编： 赵金城　（中共沈阳市委副书记）

张瑞昌　（沈阳市副市长）

周勇顺　（沈阳市政协副主席）

贾永祥　（沈阳市政府秘书长）

赵泳乾　（沈阳市人大常委会副秘书长）

马金斗　（沈阳市统计局局长）

编　委： （以姓氏笔划为序）

王　军　（沈阳市商委主任）

王树泉　（沈阳市外经贸委主任）

王秀珍　（沈阳市物价局局长）

刘语民　（沈阳市政府办公厅副主任）

祁　明　（沈阳市财政局副局长）

李长斌　（沈阳市统计局副局长）

邱维林　（沈阳市统计局副局长）

吴　鹤　（沈阳市统计局副局长）

苏兴峰　（沈阳市地方税务局副局长）

陈学朴　（沈阳市科学技术委员会副主任）

洪建生　（沈阳市计划委员会主任）

张　贵　（沈阳市国家税务局副局长）

黄玉禄　（沈阳市社会经济统计信息中心主任）

韩凤奎　（沈阳市委宣传部副部长）

盖世林　（沈阳市工商局局长）

《沈阳年鉴》编辑部

总 编 辑： 马金斗

副总编辑： 邱维林　吴　鹤　李长斌　黄玉禄

编　　辑： （以姓氏笔划为序）

卫元庆　王克林　卢　怡　朱　峰　刘　佳

杜春雷　佟玉英　陈玉涛　徐国徽　夏长山

梁家平　韩晓言　董涤泉

版面设计： 梁家平

图片设计： 黄曰慷

责任编校： 梁家平

电脑排版： 冯天舒

统计制图： 唐静秋

数据库系统

编　　　辑： 曲　宪　马　茜

编辑工作人员： 王长丽　苏东威　李　晶

校　　　对： 王长丽　苏东威　杜春玲　彭　扬　田喜斌

程显伟　赵魁春　佟立春　陈　欣　魏彩霞

崔国侠

目 录

特 辑

·专 文·

江泽民在沈阳考察 …… 1
李瑞环在沈阳考察国有大中型企业 …… 1
邹家华在沈阳考察 …… 1
李铁映在沈阳视察 …… 2
吴邦国到沈阳调研 …… 2
姜春云到沈阳考察 …… 2
李沛瑶到沈阳视察 …… 2
吴阶平到沈阳视察 …… 3

·重要文献·

市第九次党代会报告(摘要) …… 3
转变经济增长方式搞好国有大中型企业 …… 4
进一步认清形势和任务努力做好新时期人大工作 …… 6
中共沈阳市委关于进一步加强党同人民群众联系的意见 …… 7
中共沈阳市委关于进一步做好救灾工作的意见 …… 11
认清形势把握大局深化改革进一步促进我市经济持续快速健康发展 …… 13
实施“科教兴市”战略,促进经济发展和社会进步 …… 20
张荣茂市长在市企业管理工作会议上的讲话(摘要) …… 25
政府工作报告 …… 26

沈阳大事记

1995年沈阳大事记 …… 35

沈阳概貌

·自然概况·

位置与地貌 …… 50
历史沿革 …… 50
经济地理位置 …… 50
气候与衣着 …… 50
总人口 …… 50
人口分布 …… 51
人口文化素质 …… 51
人口城镇化 …… 51
行政区划 …… 51

·经济与社会发展·

经济总量进一步提高 …… 51
农村经济向前发展 …… 52
工业生产平稳增长 …… 52
基础产业投资保持一定力度 …… 53
国内市场旺销对外贸易扩大 …… 53
财政增收金融稳定 …… 53
物价得到控制人民生活稳定 …… 53
社会事业取得新进展 …… 53

·经济体制改革·

综述 …… 54
股份制试点 …… 55
推进企业资产优化重组 …… 55
出台企业改革政策措施 …… 56
发展企业集团 …… 56
市场体系建设 …… 56
市经济体制改革工作会议 …… 57

·经济协作·

对内开放概况 …… 57
六边一线经贸活动 …… 57
市经贸团出访内蒙古哲里木盟 …… 57
辽宁中部城市经济区工作取得突破性进展 …… 58
小资料:辽宁中部城市群经济区 …… 58

·集体经济·

城镇集体经济综述 …… 58
区街经济发展迅速 …… 58
街道经济长足发展 …… 59
股份合作制有新进展 …… 59

集体单位清产核资工作…… 60
集体资产评估工作…… 60
争创经济大区活动…… 61

·精神文明建设·

精神文明建设总结表彰大会…… 61
《沈阳市文明单位建设管理办法》(试行)颁布实施…… 61
文明市民标兵评选…… 61
文明单位建设…… 62
"形象杯"活动…… 62
窗口服务…… 62

·外事往来·

概况…… 62
外宾来访情况…… 63
市级领导出访…… 64
友好城市交流…… 64
中葡驻澳门联合联络小组代表团访沈…… 65
老挝万象市代表团访沈…… 65
沈阳市与国外建立友好城市一览表…… 65
美国驻华商务处'95年会在沈召开…… 65

·开发区建设·

沈阳经济技术开发区

概况…… 65
李瑞环主席视察沈阳开发区…… 66
出口创汇高速增长…… 67
'95沈阳经济技术开发区国际经济技术合作洽谈会…… 67
8家企业被评为沈阳外商投资企业30强…… 67
沈阳韩国京畿工业团地开工…… 67

南湖科技开发区

概况…… 67
对外开放硕果累累…… 67
开发区建设取得新成就…… 68
高新技术产业发展…… 68
综合改革…… 68

沈阳商贸金融开发区

概况…… 69
规划建设取得新进展…… 69

沈阳浑河开发区

概况…… 70
强化规划抓好基础建设…… 70
招商引资取得成果…… 70

北陵农业科技开发试验区

概况…… 70

政　治

·中共沈阳市委·

市委八届十次全体(扩大)会议…… 72
中国共产党沈阳市第九次代表大会…… 72
市委九届一次全体(扩大)会议…… 72
市委九届二次全体(扩大)会议…… 73
市委九届三次全体(扩大)会议…… 73
市委号召学习推广市轻工局等单位经验…… 73

·组织工作·

市党建工作会议…… 73
基层党组织建设…… 74
党员队伍建设…… 74
领导班子思想作风建设巡查…… 74
县(市)区领导班子目标管理工作…… 75
妇女、少数民族和党外干部工作…… 75
加速后备干部队伍建设…… 75
加大国有大中型企业领导班子建设力度…… 76
选派优秀工人、农民入高校学习…… 76
领导干部培训工作…… 77
知识分子工作…… 77
党员电化教育工作…… 77

·宣传工作·

"进场入轨、兴市富民"讨论…… 77
对外宣传工作…… 78
爱国主义教育工作…… 79
"五个一工程"结硕果…… 79
理论研究工作…… 79
农村"文明新风户"活动…… 80
纪念世界反法西斯战争和中国抗日战争胜利50周年…… 80

·统战工作·

统战部长会议…………………………………… 80
民主党派工作…………………………………… 81
加强民族宗教工作……………………………… 81
党外知识分子工作……………………………… 81
党外干部实职安排取得新进展………………… 81
党外干部座谈会………………………………… 81
"光彩事业"新闻发布会………………………… 81
为经济建设服务取得成就……………………… 82
《沈阳统战》创刊………………………………… 82
附录:中共沈阳市委及各部、委、办、局
现任领导人名单 ………………………… 82

·市纪检委·

中纪委专项调查组来沈阳检查………………… 83
省委调查组来沈检查…………………………… 83
召开案件检查工作会议………………………… 83
召开全市反腐败工作会议……………………… 83
领导干部廉洁自律工作会议…………………… 84
市纪委通报处理 10 起违法违纪案件 ………… 84
市纪检监察学会成立…………………………… 85
市纪委第一次全会……………………………… 85
市纪委第二次全会……………………………… 86
向社会公开拍卖超标准小汽车………………… 86
市纪委通报处理 8 名接受异性按摩的
党员和干部 ………………………………… 86
市纪委召开第三次全会………………………… 86
1995 年反腐败主要工作成果 ………………… 87
附录:中共沈阳市纪律检查委员会现任
领导人名单 ……………………………… 88

·市人大常委会·

吴阶平副委员长到市人大常委会检查指导工作… 88
李沛瑶副委员长到市人大常委会检查指导工作… 88
市十一届人大三次会议………………………… 88
市人大常委会会议……………………………… 89
加强地方立法工作……………………………… 90
深入开展执法检查……………………………… 90
认真开展工作监督……………………………… 91
加强人事任免工作……………………………… 91
市人大工作座谈会……………………………… 92
加强代表工作…………………………………… 92
人大代表评议市政府工作……………………… 92
人大信访工作…………………………………… 93
乡镇人民代表大会换届选举…………………… 93
附录:市人大常委会领导人名单 …………… 94

·市人民政府·

概况……………………………………………… 94
市政府第十五届六次全会……………………… 95
市政府第十五届七次全会……………………… 96
市政府工作会议………………………………… 97
创建全国卫生城………………………………… 97

·监察工作·

执法监察工作概况……………………………… 98
国务院纠风办来沈检查工作…………………… 99
市政府纠风工作会议…………………………… 99
对动用公车操办婚事进行大检查 …………… 100
对中小学教育收费手册管理制度落实
情况进行督促检查 ………………………… 100
清理"小金库"工作 …………………………… 100
民主党派和工商联负责人与市纪委
领导共商反腐败大计 ……………………… 101

·编制工作·

机构编制概况 ………………………………… 101
县(市)区党政机关机构改革 ………………… 101
事业单位法人登记试点工作 ………………… 102
《沈阳市党政机构改革方案》获省批准 ……… 102

·保密工作·

保密监督检查 ………………………………… 102
泄密查处 ……………………………………… 103
保密宣传教育 ………………………………… 103
保密干部培训 ………………………………… 103
保密理论研讨 ………………………………… 103

·档案工作·

档案执法检查…………………………………… 104
档案业务基础建设 …………………………… 104
档案干部队伍建设 …………………………… 104
档案信息开发 ………………………………… 104
档案事业发展战略研究 ……………………… 105
附录:市政府及各部、委、办、局领导人名单 …… 105

·政协沈阳市委·

概况 …………………………………………… 108
市政协十届三次会议 ………………………… 108
市政协十届十三次常委会议 ………………… 108
市政协十届十四次常委会议 ………………… 109

市政协十届十五次常委会议 …………………… 109
市政协十届十六次常委会议 …………………… 109
市政协十届十七次常委会议 …………………… 109
市政协十届十八次常委会议 …………………… 109
市政协十届十九次常委会议 …………………… 110
政协提案工作 …………………………………… 110
调查研究工作 …………………………………… 110
充分履行政协的主要职能 ……………………… 111
海外联谊工作 …………………………………… 112
政协委员活动 …………………………………… 112
学习宣传工作 …………………………………… 113
附录:市政协领导人名单 ………………………… 113

·民主党派·

民革沈阳市委 …………………………………… 114
民盟沈阳市委 …………………………………… 115
民建沈阳市委 …………………………………… 115
民进沈阳市委 …………………………………… 116
农工党沈阳市委 ………………………………… 117
致公党沈阳市委 ………………………………… 119
九三学社沈阳市委 ……………………………… 118
台盟沈阳市委 …………………………………… 120

·人民团体·

市工商联合会 …………………………………… 121
市台胞联谊会 …………………………………… 121
市黄埔同学会 …………………………………… 122

·群众团体·

市总工会

概况 …………………………………………… 123
宣传教育工作 …………………………………… 123
多层次参与民主管理 …………………………… 124
群众经济工作 …………………………………… 124
职工文化 ………………………………………… 124
职工体育 ………………………………………… 125
职工技术协作 …………………………………… 126
劳动保护监督检查工作 ………………………… 126
职工温暖工程 …………………………………… 126

团市委

青年工作 ………………………………………… 127
基层团组织建设 ………………………………… 127
市青联十届一次全委会 ………………………… 128
青年再就业工程 ………………………………… 128
希望工程成果显著 ……………………………… 128
青年群英会 ……………………………………… 128
第五届沈阳十大杰出青年评选 ………………… 128
首届沈阳十大杰出青年知识分子评选 ………… 129
青年岗位能手及文明号活动 …………………… 129
设立沈阳东宇——共青团奖学金 ……………… 129
大中专学生新春志愿者活动 …………………… 129
成人仪式活动 …………………………………… 129
少先队工作 ……………………………………… 129

市妇女联合会

市妇女第九次代表大会 ………………………… 130
加强自身建设 …………………………………… 130
妇女参政议政 …………………………………… 130
宣传第四次世界妇女大会 ……………………… 130
妇女思想教育工作 ……………………………… 131
“双学双比”主题竞赛活动 ……………………… 131
“巾帼建功”主题竞赛活动 ……………………… 131
万名下岗女工再就业工程 ……………………… 132
维护妇女全法权益工作 ………………………… 132
春蕾希望小学 …………………………………… 132
推动儿童事业发展 ……………………………… 132
千户扶贫温暖工程 ……………………………… 133
“八五”期间沈阳妇女成就卓著 ………………… 133
市妇女儿童宫 …………………………………… 133
沈阳妇女儿童电视艺术中心 …………………… 133
沈阳木兰集团公司 ……………………………… 133

市华侨联合会

参政议政 ………………………………………… 133
爱国主义和社会主义教育 ……………………… 134
做好为归侨侨眷服务工作 ……………………… 134
海外联谊活动 …………………………………… 134
服务企业创造佳绩 ……………………………… 134
积极投入抗洪救灾 ……………………………… 135

市残疾人联合会

全国“热爱祖国、自强不息报告团”莅沈演讲…… 135
东北四市残联信息经验交流 …………………… 135
“全国助残”日活动 ……………………………… 135
做好残疾人热点问题的疏导 …………………… 135
安置残疾人就业 ………………………………… 136
市残疾人工作协调委员会第二次会议 ………… 136
“八五”期间残疾人事业成绩斐然 ……………… 136

·台务工作·

概况 …… 137
对台经济工作 …… 137
与台湾间的交流与交往 …… 138
涉台教育 …… 139
对台宣传 …… 140
台属联谊会工作 …… 140
全国政协委员云大棉先生捐资25万元人民币兴建龙东扶轮李赐毫小学 …… 141

·侨务工作·

概况 …… 141
依法护侨工作 …… 141
加强侨务工作基础建设 …… 142
积极开辟侨务工作空间 …… 143
积极强化对外宣传工作 …… 143
积极开展招商引资工作 …… 143
侨资企业的服务与管理 …… 143
附录:人民群众团体领导人名单 …… 143

军 事

·沈阳军分区·

全民国防教育 …… 144
民兵组织建设 …… 144
民兵政治教育 …… 144
民兵武器管理 …… 145
组织民兵应急分队骨干集训 …… 145
征兵工作 …… 145
转业干部预备役登记 …… 146
民兵“百项工程”活动 …… 146
民兵“四会”教练员考核 …… 146
宣传贯彻《预备役军官法》 …… 146
军事汇报表演 …… 147
兵役登记及颁发《兵役登记证》 …… 147
人武部正规化建设 …… 147
协调驻沈部队开展房改 …… 147
协调驻军参加绕城公路建设 …… 148

·武装警察·

防微杜渐增强战斗力 …… 148
发挥“尖刀”、“铁拳”作用保卫稳定繁荣 …… 148
搞好“四个教育” …… 149
加强党建工作 …… 149
丰富文化活动 …… 149

·人民防空·

概况 …… 150
工程建设与管理 …… 150
通信建设 …… 150
指挥建设 …… 151

政 法

·政府法制·

地方立法 …… 152
行政执法 …… 152
行政执法监督 …… 152
行政复议应诉 …… 153
干部队伍培训 …… 153

·公安工作·

概况 …… 153
户口管理 …… 154
交通管理 …… 154
出入境管理 …… 155
经济案件侦察 …… 156
查禁社会丑恶现象 …… 156
春季严打攻势 …… 157
秋季会战 …… 157
1995年破获的10大刑事案件 …… 158
消防工作 …… 160

·检察工作·

概况 …… 160
反贪污贿赂工作 …… 160
刑事检察工作 …… 161
执法监督工作 …… 161
检察队伍建设 …… 162

·审判工作·

刑事审判 …… 162
经济审判 …… 163
民事审判 …… 163
行政审判 …… 164

·司法工作·

概况 …… 164
律师·公证 …… 164
监狱·劳教 …… 165
法制宣传 …… 165
人民调解与法律服务 …… 165
法学教育 …… 166
队伍建设 …… 166
附录：公、检、法领导人名单 …… 166

抗洪救灾

暴雨成灾 …… 167
灾情 …… 167
抗洪抢险 …… 167
积极筹措抗洪抢险资金 …… 168
保障抗洪通讯畅通 …… 169
抗洪抢险保供电 …… 169
抗洪保粮 …… 170
赈灾募集 …… 170
水毁工程修复 …… 170
防洪工程维护费征收 …… 171
风餐露宿战洪水 …… 171
组织民兵抗洪抢险 …… 171
维护灾区的社会治安 …… 172
青年抗灾自救工程 …… 173
妇女参与生产自救 …… 173
积极投入赈灾活动 …… 173
书画家赈灾义卖 …… 174
个体业主、私营企业踊跃赈灾 …… 174
义务为灾区献工建房 …… 174
新城子区抗洪救灾 …… 174
水灾面前积极生产自救 …… 175
抗洪救灾档案资料收集工作 …… 175
抗洪抢险保证铁路畅通 …… 175

农村经济

·综　　述·

农村经济概况 …… 177
农村经济体制改革 …… 178
农村经济管理 …… 179
农业剩余劳动力转移 …… 179
三大区域农业综合开发 …… 180
依法治农 …… 181
“百强村”评价 …… 181

·小康村建设·

农村实现小康现状 …… 182
小康村建设的新成果 …… 183
小康村建设的基本经验 …… 184
小康监测结果 …… 185
乡镇实现小康排位 …… 186

·种植业·

概况 …… 187
粮食生产 …… 187
大灾之年取得的收成 …… 188
水田综合开发 …… 189
农技推广体系建设 …… 189
依法管理种子 …… 190
蔬菜产销情况 …… 190
利用飞机防治病虫害 …… 191
“菜蓝子”工作成绩斐然 …… 191

·养殖业·

概况 …… 191
养殖业迅速发展 …… 192
淡水渔业 …… 193

·林　　业·

林业生产建设 …… 194
水果生产 …… 194
科技兴林 …… 194
森林资源与林政管理 …… 195
野生动物保护管理工作 …… 195
5个县区实现灭荒造林规划 …… 195
美国白蛾发生与防治 …… 196
防沙治沙工程 …… 196

·水　　利·

农田基本建设 …… 196
水资源管理 …… 196
水利科技 …… 197
水利综合经营 …… 197
水土保持 …… 198
水利改革工作 …… 198
乡镇供水 …… 198

·农业机械化·

概况 …… 198
农业机械化抛秧技术 …… 199
农机化基础建设不断强化 …… 199
农机化促进土地规模经营 …… 199
农业书本增效机械化“118”工程 …… 200
制定“农机管理条例实施细则” …… 200

·农垦事业·

概况 …… 200
经济体制改革逐步深化 …… 200
经济结构调整步伐加快 …… 201
对内对外开放继续扩大 …… 201

·气　候·

气候条件评述 …… 201
小资料:沈阳市 1995 年主要气象资料 …… 202
气象决策服务在防汛中的作用 …… 202
农业遥感应用研究 …… 202
市——县气象业务实时系统 …… 203
法库县建起人工降雨防雹基地 …… 203

·乡镇企业·

概况 …… 203
坚持上规模、上档次、上水平、增效益、增后劲方针 …… 203
提高经济运行质量和效益 …… 203
加强企业管理 …… 204
加快产业结构调整 …… 204
抗洪抢险生产自救 …… 204

工业经济

·综　述·

工业发展综述 …… 205
工业生产 …… 206
工业经济效益 …… 207
铁西工业区总体改造 10 年成果显著 …… 207
1995 年铁西工业区总体改造再上新台阶 …… 208
实施名牌产品战略工程 …… 209
建立技术改造基金 …… 210
“九五”技术改造规划 …… 210
军工企业民品生产 …… 211
产学研工程 …… 211
世界银行贷款项目 …… 212
优化资本结构试点 …… 212
分割式经营 …… 213
企业关停并转 …… 213
节能降耗 …… 214
工业品价格走势 …… 214
企业干部培训 …… 214
沈阳名牌产品 …… 215

·轻工业·

概况 …… 215
行业改组改造 …… 216
深化用人机制改革 …… 216
产品革命及名牌战略工程 …… 216
建设沈阳轻工大家庭 …… 217

食品酿造业

沈阳华润雪花啤酒有限公司 …… 217
沈阳八王寺汽水厂 …… 218
沈阳味精厂 …… 218

家具工业

概况 …… 219
沈阳市工艺美术家具工业总公司 …… 219

日用金属工业

概况 …… 219
沈阳市日用金属制品总公司 …… 220
沈阳双喜压力锅制造总公司 …… 220

日用电器工业

概况 …… 220
沈阳市家用电器工业总公司 …… 221

建筑五金工业

概况 …… 221
沈阳建筑五金工业总公司 …… 222

造纸工业

沈阳市造纸工业总公司 …… 222

日用化学工业

概况 …… 222
沈阳油脂化学厂 …… 223
沈阳丽港日用化学有限公司 …… 223

·轻工机械工业·

市轻工机械工业总公司 …… 224

·照明电器工业·

沈阳华光灯泡厂 …… 224

·消防器材行业·

沈阳消防工业集团 …… 225

·塑料工业·

概况 …… 225

·纺织工业·

概况 …… 225
扩大自营出口 …… 225
优化企业资本结构 …… 225
大力开发新产品 …… 226
沈阳纺织厂 …… 226

·电力工业·

“八五”期间供电发展回顾 …… 227
概况 …… 228
转换机制强化管理 …… 228
加快电网建设改造 …… 228
强化安全文明生产 …… 229
加强管理提高效益 …… 229
坚持科教兴企 …… 230
强化多种经营 …… 230
沈阳热电厂 …… 231
沈海热电有限公司 …… 231

·石化工业·

概况 …… 232
市石化局 …… 232
资产重组、转机建制 …… 232
强化企业管理 …… 233
实施名牌产品战略工程 …… 233
企业领导班子建设 …… 233
加速嫁接改造步伐 …… 233
企业科技开发能力增强 …… 235
加大宏观调控力度 …… 234
橡胶工业 …… 235

·医药工业·

概况 …… 234
企业内部改革日益深化 …… 236
医药行业存在的主要问题 …… 236
东北制药总厂 …… 236

·建材工业·

概况 …… 236
水泥熟料基地找到大型矿源 …… 237
第一台国产 4 000 吨级篦冷机问世 …… 237
九机窑改浮法创全国纪录 …… 237
大改组大改造大合资造大船 …… 238
进入 500 强国有企业行列 …… 238
电梯厂合资成功 …… 238
出口玻璃创历史水平 …… 239
抓班子出效益 …… 239

·冶金工业·

概况 …… 239
地方冶金工业发展 …… 240
调整产品结构 …… 240
强化企业管理 …… 241
“九五”规划及 2010 年远景规划 …… 241
沈阳有色金属加工厂 …… 242
沈阳有色金属压延厂 …… 242
沈阳线材厂 …… 242
沈阳钢铁总厂 …… 243

·机械工业·

概况 …… 243
机制转换和资产重组 …… 243
强化企业管理 …… 244
扩大开放 …… 244
技术进步 …… 245
领导班子建设 …… 245
关心职工生活保持稳定 …… 245

通用机械工业

概况 …… 245

重矿工业

概况 …… 246
沈阳矿山机器厂 …… 246
沈阳风动工具厂 …… 246

·机床工业·

沈阳机床股份有限公司 …… 247

·输变电工业·

东北输变电设备集团公司 …… 247

·工具工业·

沈阳工具工业集团公司 …… 248

·运输设备制造业·

沈阳飞机工业(集团)有限公司 …… 249
沈阳黎明发动机制造公司 …… 249
铁路运输设备制造业 …… 250
沈阳铁道制动机厂 …… 250
汽车制造业 …… 251
一汽金杯汽车股份有限公司 …… 251
沈阳三山汽车工业联营公司(集团) …… 253

·农机工业·

概况 …… 253

·电子工业·

企业持续迅速发展 …… 254
产品竞争能力不断增强 …… 254
增强企业活力,发展规模经济 …… 255

·计算机工业·

长白计算机集团公司 …… 255

·其它工业·

沈阳新阳机器制造公司 …… 256
沈阳新乐精密机器公司 …… 257
沈阳造币厂 …… 257

交通·邮电

·铁路运输·

概况 …… 259
旅客运输 …… 259
货物运输 …… 259
安全生产 …… 260
路风建设 …… 261
安全标准线建设 …… 261
沈阳铁路工程总公司 …… 262

·公路运输·

“八五”期间公路交通迅速发展 …… 263
绕城高速公路全线通车 …… 264
沈阳至铁岭高速公路通车 …… 264
公路网化工程全面完成 …… 264
苏家屯区实现村村通柏油路 …… 265
鲁家辽河大桥 …… 265
沈阳公路运输主枢纽 …… 265
城市客运行业管理 …… 266
公路货运行业管理 …… 266
机动车维修、配件行业管理 …… 267
车辆购置附加费征收管理 …… 267
市交通运输稽查大队 …… 268

·民用航空·

概况 …… 268
航空客货邮运输 …… 268
通用航空 …… 268
确保航空运输安全生产 …… 269
转换机制改善服务提高效益 …… 269
机队建设 …… 269
机务维护 …… 270

·邮 政·

概况 …… 270
通信能力和质量不断提高 …… 270
争创全国用户满意企业 …… 270

·电 信·

电信事业高速发展 …… 271
建设高科技通信网 …… 271
现场办公装机业务 …… 271

长途电信枢纽工程建成 …… 272
与企业联办电话局 …… 272

城乡建设 环境保护

·综　述·

固定资产投资综述 …… 273
有效控制基建投资规模 …… 273
重点工程建设 …… 274
技术改造投资完成情况 …… 274
房地产业平稳发展 …… 275

·建筑业·

概况 …… 276
建筑市场 …… 276
工程质量管理 …… 277
施工现场管理 …… 277
搞好国有施工企业 …… 277
对外开放 …… 278
商品混凝土的推广使用 …… 278

·城市建设与管理·

市政设施维修养护 …… 279
道路排水管理 …… 279
城市绿化工程建设 …… 280
城市公园建设 …… 280
群众参与城市管理 …… 281
城市管理目标责任制 …… 281
城管法规宣传教育 …… 282
市容综合整治 …… 282
环境卫生建设与管理 …… 282
城市管理联合执法 …… 283
铁路沿线整治 …… 283
"绿叶杯"达标竞赛 …… 283
"门前三包"管理 …… 284
市容管理红旗单位评比 …… 284
煤气生产与供应 …… 284
"八五"期间煤气事业发展概况 …… 286
沈阳市城市燃气管理办公室 …… 286
自来水生产与供应 …… 286
抗洪灾保供水 …… 287

·住宅建设与管理·

住宅建设 …… 288
动迁回迁安置 …… 288
安居工程建设 …… 288
理顺房地产市场管理体制 …… 289
加强房产管理行政执法力度 …… 289
艳粉路官棚户区改造 …… 289
创国家优秀住宅小区 …… 289
加强冬季供暖工作 …… 290
沈阳热力股份有限公司 …… 290

·土地规划管理·

地政地籍管理 …… 290
划定基本农田保护区工作 …… 291
用地审批与开发复垦 …… 291
土地有偿使用 …… 291
法规监察工作 …… 291
《沈阳市总体规划》报批工作 …… 291
规划设计审批 …… 291

·环境保护·

概况 …… 291
环保突击月活动 …… 292
环境清洁化活动 …… 292
建设项目环境管理 …… 292
大气污染防治 …… 292
水污染防治 …… 293
噪声污染防治 …… 293
环境科研与监测 …… 293
排污收费 …… 293
环境宣传教育 …… 293
环保对外交流与合作 …… 293
现场环境监察 …… 293

商业·物资 旅游业

·综　述·

商业市场概况 …… 294
商业购销规模适度增长 …… 294
零售市场繁荣活跃 …… 295
国营和供销社商业经济效益 …… 295
商业网点发展迅速 …… 296
"八五"期间沈阳商业 …… 296
首届沈阳地产消费品博览会 …… 298

·日用工业品市场·

工业品市场 …… 298

国有商业百日大会战 …… 299
中兴商业集团 …… 299
和平商场股份有限公司 …… 299
沈阳五金商业集团股份有限公司 …… 300

·副食品市场·

综述 …… 300
繁荣灾后粮油副食品市场 …… 302
水产批发市场 …… 302

·粮油商业·

粮食收购 …… 303
粮食供应 …… 303
市粮油经营管理暂行办法 …… 303
粮油食品连锁店投入运营 …… 303
调整城区粮食管理体制 …… 304
“’95 企管年”活动 …… 304
合资合作项目 …… 304

·物资供应·

概况 …… 304
生产资料市场缺乏活力 …… 305
探索代理制扩大配送业务 …… 306
沈阳钢材市场 …… 306
沈阳商品交易所 …… 306
沈阳燃料集团总公司 …… 307
石油市场 …… 307
沈阳市石油总公司 …… 308

·供销社商业·

概况 …… 308
沈阳市农业生产资料总公司 …… 309
沈阳棉麻公司 …… 309

·旅游业·

概况 …… 310
旅游服务设施开发 …… 311
旅游市场开发 …… 311
旅游资源与商品开发 …… 311
“九五”旅游规划 …… 311
旅游外汇收入抽样调查 …… 312
旅行社管理与发展 …… 313
旅游涉外饭店管理与发展 …… 313
沈阳新世界酒店 …… 313
南湖大酒店 …… 314
沈阳迎宾馆 …… 314

对外经济贸易

·对外经贸·

外经贸工作综述 …… 315
’95 沈阳国际经贸洽谈会 …… 316
’95 沈阳——纽约国际经贸洽谈会 …… 316
外贸出口 …… 316
外贸进口 …… 317
对原苏东国家贸易 …… 317
沈阳机械进出口公司 …… 318
沈阳化工进出口公司 …… 318
沈阳五金矿产进出口公司 …… 318
沈阳服装进出口公司 …… 318
沈阳轻工业品进出口公司 …… 319
沈阳工艺品进出口公司 …… 319
沈阳医药保健品进出口公司 …… 319

·利用外资·

利用外资情况综述 …… 320
外商投资企业健康发展 …… 321
国外政府贷款及国际租赁 …… 321

·对外经济·

国外经济合作 …… 322
中国沈阳国际经济技术合作公司 …… 322
海外市场开发 …… 323

·海关工作·

概况 …… 323
业务基础建设 …… 323
强化监管职能 …… 324
改进作风为经济发展服务 …… 324

·商检工作·

概况 …… 325
强化质量意识 …… 325
为外贸发展服务 …… 325
加强实验室基础工作 …… 325
外商投资财产价值鉴定 …… 326

财政·税收 金融

·财政·

概况 …… 327
财政收支 …… 328
行政经费支出管理改革 …… 328
加强对行政事业性收费管理 …… 329
基本建设财务管理 …… 329
国债发行兑付 …… 330
农业税收突破亿元 …… 330
广泛开展调查研究 …… 331
沈阳会计师事务所 …… 331

·税收·

国税局

税收计划执行情况 …… 332
税制改革 …… 333
税法宣传 …… 333
加强个体税收管理 …… 334

地税局

概况 …… 334
地税收入 …… 334
建立科学严密的税收征管体系 …… 334
加强基础建设 …… 335
不断提高全民纳税意识 …… 336
加强队伍建设 …… 336

·金融·

人民银行

概况 …… 336
信贷收支 …… 337
城乡储蓄 …… 337
外汇管理 …… 337
金融管理 …… 338
稽核监管 …… 338
金融市场 …… 338
结算管理 …… 339
证券交易 …… 339
纪检监察 …… 339

工商银行

概况 …… 340
努力注重经济效益 …… 340
做好“三防一保”工作 …… 340
开展优质文明服务 …… 340

农业银行

概况 …… 340
存款业务 …… 341
信贷业务 …… 341
内部经营管理 …… 341
加强队伍建设 …… 342
国际金融业务 …… 342
电子化建设 …… 343
信用卡业务 …… 343
抗洪抢险 …… 344
代理农业发展银行业务 …… 344
农村信用合作社 …… 344

建设银行

概况 …… 345
存款业务 …… 345
贷款业务 …… 345
房地产业务 …… 345
龙卡 …… 346
服务手段现代化 …… 346

中国银行

概况 …… 346
推进外汇管理体制改革 …… 346
经营管理体制改革 …… 346
发展中间业务 …… 347
电子化建设 …… 347

交通银行

概况 …… 347
不断完善存款工作机制 …… 348
支持地方经济建设 …… 348
采取联动措施发展外汇业务 …… 348
努力加强基础管理 …… 348
加强对辖内行管理 …… 348

合作银行

概况 …… 349
加大存款力度 …… 349
支持区街经济发展 …… 349

· 信托投资 ·

沈阳国际信托投资公司 …… 350
沈阳市信托投资公司 …… 350

· 保　险 ·

人民保险

综述 …… 351
国内保险 …… 351
涉外保险 …… 352
为灾区理赔 …… 352

人寿保险

人身保险 …… 352
社会保险 …… 353
资金运用业务 …… 353
营销体制改革 …… 353
构筑与完善保险体系 …… 354
现代化管理与社会化服务 …… 354

平安保险

概况 …… 354

太平洋保险

概况 …… 355

· 证　券 ·

南方证券公司沈阳分公司 …… 355
沈阳北方证券股份有限公司 …… 355

经济管理与监督

· 计划工作 ·

国民经济和社会发展计划执行情况 …… 357
经济调控与监测 …… 358
国土开发与整治 …… 359
社会发展状况 …… 359
能源发展状况 …… 360
“九五”计划和 2010 年规划编制的改革特点 …… 360
“九五”计划和 2010 年规划的政策取向 …… 361
“九五”计划和 2010 年规划主要指标说明 …… 362

· 统计工作 ·

贯彻执行新的国家统计报表制度 …… 363
统计法制建设 …… 363
提高统计服务水平 …… 363
统计制度方法改革 …… 363
各项统计建设取得了新成绩 …… 364
统计队伍建设 …… 364
统计人员教育与培训 …… 364
统计法制建设 …… 364
1%人口抽样调查 …… 365
企业评价工作 …… 365
争创卫生城知识大赛 …… 365
争创全国卫生城活动民意监测调查 …… 366

· 审计工作 ·

概况 …… 366
本级财政预算审计 …… 367
社会审计 …… 367
内部审计 …… 367
贯彻《沈阳市国有企业厂长(经理)离任经济责任审计监督条例》 …… 367
立足本职为发展经济服务 …… 367
为宏观管理服务 …… 368
抓“热”点为稳定服务 …… 368
向社会公布重大审计成果 …… 369
严肃查处违法违纪行为 …… 369
审计队伍建设 …… 370

· 工商行政管理 ·

概况 …… 370
规范行政执法行为 …… 370
实施效能监察 …… 370
经济合同管理 …… 371
注册商标的发展加快 …… 371
“清假”取得突破性进展 …… 371
查处不正当竞争行为 …… 372
开展重要商品广告事先审查 …… 372
“打假”工作取得成果 …… 373
“双生”市场的发展与管理 …… 373
集贸市场的发展与管理 …… 373
个体私营经济快速增长 …… 374
外资企业发展新特点 …… 374
“三产”企业快速发展 …… 375

· 物价管理 ·

深化价格改革 …… 375

市场物价变化情况 …… 375
实施控制物价目标责任制 …… 376
加强预警超前调控 …… 376
对重点品种采取控价措施 …… 376
价格监督检查 …… 377
运用价格调节基金 …… 377
实行收费规范化管理 …… 378
开展价格评估 …… 378
开展反暴利、反价格欺诈工作 …… 378
理顺区级物价机构 …… 379
平抑灾区物价 …… 379
价格信息工作 …… 379

·技术监督·

概况 …… 379
标准化工作 …… 380
计量监督与管理 …… 380
产品质量监督 …… 381
打击假冒伪劣产品 …… 382

科学技术

·综　述·

概况 …… 383
市科学技术大会 …… 384
“百亿工程”全面达产 …… 384
“百亿工程”交流交易洽谈会 …… 385
实施科技“三优”战略 …… 385
市、院科技合作10周年 …… 385
深化科技与金融结合 …… 386
《沈阳市科学技术投入条例》出台 …… 386
中国沈阳科技市场 …… 386
民营科技机构 …… 387
中试基地建设 …… 387
创建火炬院所活动 …… 387
农业科研基地与示范基地建设 …… 388
实施效益农业百例计划 …… 388
科技救灾 …… 389
东陵农业高新技术园区 …… 389
星火技术密集区建设 …… 389
科技扶贫 …… 389
科技信息工作 …… 390
周末沈阳科技夜市 …… 390
沈阳火炬城市信用社 …… 391
科技成果推广 …… 391
科技经济评估及无形资产评估 …… 391
科技外事活动 …… 392
加强专利保护 …… 392
防震减灾 …… 393
先进科技集体及个人 …… 394

·科学技术协会·

概况 …… 394
学术活动呈现新势头 …… 395
大规模科普周活动 …… 395
把创造力开发引入“讲”、“比”活动 …… 395
为科技人员服务 …… 396
科协自身建设 …… 396
市劳动保护学会 …… 396
市人民防空学会 …… 397
机械设备诊断技术研究会 …… 397
市球罐工程技术研究会 …… 397
中华医学沈阳分会 …… 397
市机械工程学会 …… 398

·社会科学研究·

概况 …… 398
名牌产品战略实施中的问题与对策研讨会 …… 398
纪念世界反法西斯战争和中国抗日战争胜利50周年系列活动 …… 399
“造大船”工程思路与对策研讨会 …… 399
市商业经济学会 …… 399
市价格学会 …… 399
市新闻学会 …… 400
市投资学会 …… 400

·科技成果·

科技成果奖励概况 …… 400
1995年沈阳市获国家级科技进步奖项目 …… 401
1995年沈阳市获国家自然科学奖项目 …… 401
1995年沈阳市获国家发明奖项目 …… 401
1995年沈阳市获省科技进步奖项目 …… 401
1994年沈阳市科技振兴奖项目 …… 402
1995年沈阳市科技进步奖获奖项目 …… 403
1995年沈阳市星火奖获奖项目 …… 404

教　育

·综　述·

概况 …… 406

教育改革 …… 407
普及九年义务教育 …… 407
学习贯彻《教育法》 …… 407
地方高等教育 …… 408
普通高中教育质量有所提高 …… 408
职业技术教育 …… 408
中等师范教育 …… 409
民族教育 …… 409
幼儿教育 …… 409
成人教育 …… 410
教育现代化的"六项工程" …… 410
中小学德育教育 …… 410
学校卫生工作 …… 410
军训、国防教育 …… 411
勤工俭学 …… 411
语言文字工作 …… 411
治理中小学乱收费 …… 411
国有民办教育 …… 412
教育审计 …… 412
初中教师学历培训 …… 413
小学教师继续教育 …… 413
评选教育专家 …… 413
破格晋升优秀中青年教师 …… 413
第十一届教师节活动 …… 413
第六届全国愉快教育研讨会 …… 414
抗灾抢险 …… 414
普通高(中)等学校招生工作 …… 414
成人高(中)等学校招生工作 …… 414
中等学校招生工作 …… 414
高中等教育自学考试 …… 415
招生考试通讯杂志 …… 415
市招生考试研究会 …… 415
沈阳市1995年高考前10名考生名单 …… 415

·重点院校·

中国医科大学 …… 416
沈阳药科大学 …… 416
沈阳医学院 …… 417
沈阳广播电视大学 …… 417
辽宁省实验中学 …… 417

文化·新闻·出版 广播电视

·文化事业·

概况 …… 419
文化市场管理 …… 419
文化产业 …… 420
文化经济工作 …… 420
文艺创作 …… 420
艺术研究与评论 …… 421
群众文化事业 …… 421
对外文化交流 …… 422
电影发行与放映 …… 422
图书馆事业 …… 422
第四届全国杂技比赛 …… 423
"爱我中华"PTV歌手大赛 …… 423
中国沈阳书刊批发市场 …… 423
市首届中国名人书画精品拍卖会 …… 423
卜维义自办《日俄战争祭图像展》 …… 424
"九·一八"事变博物馆 …… 424
"学科学、做科技小主人"读书活动 …… 424
市直属剧院(团)获奖情况 …… 424

·文学艺术·

概况 …… 424
市第六次文代会 …… 425
县(市)区文联工作 …… 425
文学创作规划会议 …… 425
纪念中国抗日战争和世界反法西斯战争胜利50周年系列活动 …… 426
《毛泽东的感情世界》出版座谈会 …… 426
第二届少儿书法大赛 …… 426
全国诗歌大奖赛和散文微型小说大赛 …… 427
长篇小说《五爱街》座谈会 …… 427
王毅丰作品研讨会 …… 427
荒原作品讨论会 …… 427
沈阳杭州书画联展 …… 427
市合唱学会和民间秧歌艺术联合会成立 …… 427
《诗潮》与台湾《秋水》结为姊妹刊 …… 427
望儿山庄常年书画展 …… 428
佟铸学书60年作品展 …… 428
一批书画作品被收藏 …… 428
芒种杂志社成立理事会 …… 428
获省以上奖励的作品与作者 …… 429

·方志工作·

概况 …… 430
修志成果 …… 430

·新闻出版·

概况 …… 430
新闻工作 …… 431
报刊质量明显提高 …… 432

著作权保护工作向深度发展 …………………… 432
出版印刷领域整治工作 …………………… 433
新闻出版署领导视察沈阳出版社 …………………… 433
图书出版工作迈上新台阶 …………………… 433
严格出版管理程序 …………………… 434
图书发行工作 …………………… 435
评选优秀图书 …………………… 435
市成立版权局 …………………… 435
市印刷协会成立 …………………… 435

·广播事业·

概况 …………………… 435
沈阳交通台开播 …………………… 438
开办《新闻总汇》 …………………… 438
《七九二记者热线》 …………………… 438
《跨越白山黑水》大型采访活动 …………………… 438
沈阳广播电视报广播版发行 …………………… 439

·电视事业·

概况 …………………… 439
经营管理 …………………… 440
电视事业的发展 …………………… 440
管理工作 …………………… 441

卫生·体育

·卫生事业·

概况 …………………… 442
药政管理 …………………… 443
科技兴医 …………………… 443
地方病防治工作 …………………… 443
传染病防治 …………………… 444
妇幼卫生工作 …………………… 444
中医工作 …………………… 444
食品卫生监督管理 …………………… 445
卫生基本建设 …………………… 445
城乡基层医疗 …………………… 445
医疗机构消毒管理 …………………… 446
护士执业注册 …………………… 446
医学教育工作 …………………… 446
加强国际交流与合作 …………………… 447
等级医院建设 …………………… 447
红十字会工作 …………………… 447
爱国卫生工作 …………………… 447

·体育事业·

概况 …………………… 448
群众体育 …………………… 448
参赛第三届全国城运会 …………………… 449
体育市场管理 …………………… 449
《体育法》颁布实施 …………………… 449

社会·生活

·社会人口·

沈阳市已进入老年型人口社会 …………………… 450

·计划生育·

概况 …………………… 450
贯彻全国计划生育纲要 …………………… 450
狠抓城市计划生育工作难点 …………………… 451
加强农村计划生育基础工作 …………………… 451
实施“三生”服务工程 …………………… 451
发挥计划生育协会作用 …………………… 451

·劳动与就业·

职工人数继续减少 …………………… 451
职工工资继续提高 …………………… 452
劳动法制建设 …………………… 453
劳动工资计划管理 …………………… 453
工资基金规范化管理 …………………… 454
全面推行劳动合同制 …………………… 454
劳动保险制度改革 …………………… 454
失业保险 …………………… 455
劳动争议仲裁 …………………… 455
实施再就业工程 …………………… 456
就业前培训 …………………… 456
职业技能开发 …………………… 456
建立“中国沈阳劳动力市场” …………………… 457
外资企业劳动管理与服务 …………………… 457
劳动企业服务 …………………… 458
受理人民群众来信来访 …………………… 458
劳动监察工作 …………………… 458
职业安全卫生监察 …………………… 459
矿山安全监察 …………………… 459
锅炉压力容器安全监察 …………………… 460

·人事管理·

概况 …………………… 461
干部调配工作 …………………… 461

推行国家公务员制度 …… 461
军转安置工作 …… 461
人才流动和人才市场 …… 461
录用国家机关工作人员 …… 462
退休干部管理工作 …… 462
大中专毕业生分配 …… 462
机关事业单位工资福利 …… 463
机关事业单位养老保险 …… 463
选拔政府特别津贴人员 …… 463
专业技术人员职称评定 …… 464
人事争议仲裁工作 …… 464
干部培训工作 …… 464

·人民生活·

城市居民家庭消费特点 …… 464
城市居民与小康生活的距离 …… 465
城市居民户均收入突破万元 …… 465
市场物价涨幅明显回落 …… 465
实施“温暖工程” …… 466
农民收入增长 …… 466
农民生活消费水平有所提高 …… 467
“八五”农民生活综述 …… 468

·民政工作·

概述 …… 469
基层政权建设 …… 470
双拥工作 …… 471
优抚工作 …… 472
城市社区服务工作 …… 472
城镇救济和扶贫解困工作 …… 472
军队离退休干部安置 …… 472
婚姻管理工作 …… 472
社团登记管理 …… 473
殡葬管理与服务 …… 473
收容遣送工作 …… 473
社会福利有奖募捐 …… 474
农村救灾救济工作 …… 474
农村扶贫工作 …… 474
社会福利事业 …… 474
社会福利生产 …… 474
老龄工作 …… 475
农村社会养老保险工作 …… 475
退伍安置工作 …… 475

·民族工作·

捐款救灾 …… 476
民族经济 …… 476
发展民族文化 …… 476

·宗教工作·

宗教教育 …… 476
宗教场所登记 …… 477
宗教管理 …… 477
宗教政策落实 …… 477
宗教自养 …… 477

区、县(市)经济发展

·和平区·

经济健康发展 …… 478
城市管理与建设 …… 478
社会事业协调发展 …… 478
民主与法制建设 …… 479

·沈河区·

综合经济实力显著增强 …… 479
产业结构得到调整 …… 479
经济发展后劲增强 …… 479
科技兴区深入开展 …… 479
城市建设成果显著 …… 479
市场建设方兴未艾 …… 480
深化改革扩大开放 …… 480
社会事业全面繁荣 …… 480

·大东区·

概况 …… 480
区街经济 …… 481
改革开放向纵深发展 …… 481
城区基础设施和环境 …… 481
各项事业蓬勃发展 …… 481

·皇姑区·

概况 …… 481
区街经济全面发展 …… 482
城区建设 …… 482
文教卫生等社会事业 …… 482
民主与法制建设 …… 482

·铁西区·

概况 …… 483

经济保持强劲的发展势头 …… 483
改革开放不断深入 …… 483
城市建设和城市管理 …… 484
社会事业迈出新步伐 …… 484
社会秩序保持基本稳定 …… 484
机关建设得到强化 …… 485
贵和街道 …… 485
兴华街道 …… 485
工人村街道 …… 485
笃工街道 …… 486
兴齐街道 …… 486
十二路街道 …… 486
路官街道 …… 487
重工街道 …… 487
兴工街道 …… 488
齐贤街道 …… 488
卫工街道 …… 488
保工街道 …… 489
霁虹街道 …… 489
兴顺街道 …… 489
凌空街道 …… 490
云峰街道 …… 490
艳粉街道 …… 490
启工街道 …… 491
轻工街道 …… 491
七路街道 …… 491

·于洪区·

概况 …… 492
国民经济持续健康发展 …… 492
各项社会事业有所发展 …… 492
“八五”成果丰硕 …… 492
工业生产健康发展 …… 492
第三产业迅速壮大 …… 493
外向牵动能力不断加大 …… 493
辽宁沈阳台商投资区 …… 493
高花乡 …… 493
老边乡 …… 493
北陵街道 …… 494

·苏家屯区·

概况 …… 494
农业遭灾但有新发展 …… 494
工业生产持续增长 …… 495
第三产业迈出新步伐 …… 495
对外经贸取得新成果 …… 495
城乡建设成果显著 …… 495
社会事业健康发展 …… 495

·东陵区·

概况 …… 496
“两高一优”农业成效显著 …… 496
工业生产快速增长 …… 496
第三产业蓬勃发展 …… 496
外经外贸稳步发展 …… 497
城乡建设成效显著 …… 497
科教事业健康发展 …… 497
马官桥街道 …… 497
东陵乡 …… 497
古城子乡 …… 497
王滨乡 …… 498
前进乡 …… 498
高坎镇 …… 498
白塔堡镇 …… 498
五三乡 …… 499

·新城子区·

国民经济发展综述 …… 499
城乡面貌发生巨大变化 …… 500
沈阳道义经济开发区 …… 500
大辛二村 …… 500
沈阳怪坡风景区 …… 501

·新民市·

综述 …… 501
农业 …… 501
工业 …… 501
第三产业 …… 502
外向型经济 …… 502
城市建设 …… 502
交通通讯事业 …… 502
教育及文化卫生事业 …… 503
第三届荷花节 …… 503
水灾 …… 503

·辽中县·

概况 …… 503
经济工作 …… 504
社会事业 …… 504
抗洪抢险和灾民安置与生产自救 …… 505

·康平县·

农村经济再上新台阶 …… 505
县乡工业呈现新的活力 …… 505

第三产业迅速发展 …… 506
招商引资成果显著 …… 506
城镇基础建设加快 …… 506
各项改革不断深入 …… 506

·法库县·

概况 …… 506
社会经济稳步发展 …… 507
经济体制改革有所深化 …… 507
对外开放成效显著 …… 507
稳定局面得以巩固 …… 507
精神文明建设 …… 508
各区、县(市)主要领导人名单 …… 508
附:全市各街道主要经济指标及位次 …… 510
农村乡镇主要经济指标、位次 …… 513

人 物

·逝世人物·

王健 …… 517
聂增贵 …… 517
黄正勋 …… 517
马秋帆 …… 518

·劳模人物·

张振一 …… 518
柴天佑 …… 518
商洪钧 …… 518
张佩纶 …… 518
孙作树 …… 519
王海军 …… 519
魏东兴 …… 519
孟庆廉 …… 519
金荣富 …… 519
张纯仁 …… 519

·专家学者·

朱英浩 …… 520
马将发 …… 520
蔡林方 …… 520
杨胜东 …… 520
张玉龙 …… 521
顾树森 …… 521
杨家书 …… 521
刘相华 …… 522
蒋新松 …… 522

社会经济统计资料

国民经济主要指标 …… 523
国民经济主要指标发展速度 …… 524
国内生产总值(现行价格) …… 525
国内生产总值指数(可比价格) …… 525
国内生产总值构成项目 …… 526
人口数及构成 …… 527
人口自然变动情况 …… 528
按市、县分的人口数 …… 529
分地区土地面积、户数和人口数 …… 529
全社会从业人员数 …… 530
职工人数按行业分 …… 530
全部工业企业单位数及工业总产值 …… 531
全部乡及乡以上工业企业
单位数及工业总产值、工业销售值 …… 532
各行业工业总产值及指数(乡及乡以上) …… 533
主要产品产量 …… 534
全部乡及乡以上独立核算工业企业
主要财务状况指标 …… 537
运输量 …… 547
邮电业务量 …… 547
邮电通讯网 …… 548
农村户数、人口、劳动力及耕地面积 …… 548
农牧渔业总产值 …… 549
农作物播种面积 …… 549
畜牧业生产情况 …… 550
主要农产品产量 …… 550
分地区主要农产品产量 …… 551
大牲畜和猪、羊数 …… 551
农业现代化水平 …… 552
乡镇企业单位数 …… 552
乡镇企业从业人员 …… 553
乡镇企业主要财务指标 …… 553
国有和城镇集体固定资产投资 …… 554
全社会固定资产投资额 …… 555
新增固定资产 …… 556
工业固定资产投资和新增固定资产 …… 556
商品房建设情况 …… 557
建筑安装企业主要经济指标 …… 557
全社会能源物资消费总量 …… 558
钢材、水泥、木材消费量 …… 559
物资消费与库存总值 …… 559
社会消费品零售额 …… 560
批发贸易业网点 …… 561
批发贸易业机构 …… 562

批发贸易业人员 …… 563
批发贸易业网点 …… 564
零售贸易业机构 …… 565
零售贸易业人员 …… 566
零售贸易业网点 …… 567
餐饮业机构 …… 567
餐饮业人员 …… 568
批发零售贸易业商品购进总额 …… 568
批发零售贸易业销售、库存总额 …… 569
批发零售贸易业、餐饮业主要财务指标 …… 569
出口商品供货总值 …… 570
进出口商品总值 …… 571
旅游事业发展情况 …… 571
对外签订利用外资协议(合同) …… 572
实际利用外资额 …… 572
地方财政收入 …… 573
地方财政支出 …… 573
银行现金收入构成 …… 574
银行现金支出构成 …… 574
银行存款 …… 575
银行贷款 …… 575
各种物价总指数 …… 576
职工工资总额和平均工资 …… 577
城乡居民储蓄存款年末余额 …… 577
城市居民调查户基本情况 …… 578
城市居民家庭平均每百户年末耐用消费品拥有量 …… 578
农村居民家庭收支抽样调查资料 …… 579
各类学校数 …… 580
学校专任教师数 …… 580
在校学生数 …… 581
各类学校毕业生数 …… 581
卫生事业基本情况 …… 582
文化事业基本情况 …… 583
城市火灾与交通事故 …… 583
城市公用设施 …… 584
城市市政工程设施及绿化 …… 584
城市环保及环卫 …… 585
城市房屋住宅及用电情况 …… 585
县、区主要经济指标 …… 586
沈阳经济开发区 …… 589
南湖科技开发区 …… 590
沈阳商贸金融开发区 …… 591
铁西工业改造区 …… 592
辉山风景开发区 …… 593

文献·法规选编

沈阳市工程建设监理暂行办法 …… 594
沈阳市外来人口管理规定 …… 596
关于收取外来人口城市人口增容费的通知 …… 598
沈阳市建筑工程施工现场管理规定 …… 599
沈阳市行政事业性收费管理规定 …… 601
沈阳市乡镇企业管理费征收管理办法 …… 602
沈阳市结核病防治管理办法 …… 603
沈阳市统计登记暂行规定 …… 604
沈阳市有害废物管理暂行办法 …… 605
沈阳市公共场所禁止吸烟暂行规定 …… 606
沈阳市粮油经营管理暂行办法 …… 607
沈阳市土地增值税征收管理办法 …… 608
沈阳市尊重少数民族风俗习惯暂行规定 …… 610
沈阳市行政事业单位国有资产管理办法 …… 611
沈阳市居(村)民防火管理规定 …… 614
沈阳市国家行政机关工作人员违犯政纪处分权限规定 …… 615
沈阳市城市除运雪规定 …… 616
沈阳市国有土地使用权出让金征收管理规定 …… 617
沈阳市新菜地开发建设基金征收使用实施细则 …… 618
沈阳市职工因工伤亡事故处理办法 …… 619

企事业单位简介

皇姑区房产管理局 …… 622
皇姑区城市建设委员会 …… 622
铁西区房产管理局 …… 622
沈阳市于洪区规划土地管理局 …… 623
东陵区规划土地管理局 …… 623
南站街道办事处 …… 623
南湖街道办事处 …… 623
辽河街道办事处 …… 624
昆山街道办事处 …… 624
中国农业银行沈阳市皇姑支行 …… 624
中国农业银行辽中县支行 …… 625
沈河区保险支公司 …… 626
皇姑区人民保险公司 …… 626
沈阳市人民保险公司铁西区支公司 …… 626
东陵区人寿保险支公司 …… 627
中国平安保险公司沈阳分公司 …… 627
东北大学 …… 627
沈阳大学师范学院 …… 628
辽宁省水利学校 …… 628
沈阳二中 …… 629
沈阳市第四中学 …… 629
沈阳二十七中学 …… 630
沈阳市女子艺术学校 …… 630
沈阳市第三十一中学 …… 631
辽中县第二高级中学 …… 631
泉园小学 …… 632

铁西区兴工街第四小学 …… 632
私立博望学校 …… 632
辽宁省农业科学院稻作研究所 …… 633
中国人民解放军第四六三医院 …… 633
辽宁省肿瘤医院 …… 634
辽宁中医学院附属医院 …… 634
沈阳市儿童医院 …… 635
沈阳市第七人民医院 …… 635
沈阳市口腔医院 …… 636
沈阳市文化钟表集团股份有限公司 …… 636
沈阳医药股份有限公司天益堂公司 …… 637
沈阳乾隆药业有限公司 …… 637
沈阳东亚商业广场股份有限公司 …… 637
沈阳梦之花礼品公司 …… 638
东北饭店 …… 638
沈阳市秋林公司 …… 638
沈阳国际航空服务公司沈阳市中国旅行社 …… 639
沈阳市广告公司 …… 639
沈阳市对外经济贸易公司 …… 640
沈阳化工集团 …… 640
沈阳协力经济贸易总公司 …… 640
沈阳市盛京贸易进出口公司 …… 641
沈阳顺发实业总公司 …… 641
沈阳热力股份有限公司 …… 641
沈阳市工业安装工程公司建筑分公司 …… 642
沈阳市第四建筑工程(集团)公司 …… 642
沈阳市房产评估中心 …… 643
沈阳市粮食房产实业公司 …… 643
沈阳市皇姑区住宅建筑公司 …… 643
沈阳市皇姑热电厂 …… 644
沈阳市第一饲料厂 …… 644
沈阳市煤气工程公司 …… 644
沈阳市液化石油气公司 …… 644
沈阳市炼焦煤气厂 …… 645
沈阳电线厂 …… 645
沈阳华光灯泡厂 …… 646
沈阳变压器厂一分厂 …… 646
沈阳变压器厂五分厂 …… 647
沈阳变压器厂七分厂 …… 647
沈阳玻璃制瓶厂 …… 647
沈阳特种电缆厂 …… 648
沈阳市通风机厂 …… 649
沈阳市北陵印刷厂 …… 649
沈阳市于洪区家俱厂 …… 649
沈阳市三环机绣厂 …… 650
沈阳冶炼厂实业总公司 …… 650
沈阳计算机通讯设备总公司 …… 650
沈阳高压成套开关厂 …… 651
沈阳电业局电缆厂 …… 651
沈阳铁路局苏家屯轨距尺厂 …… 651
沈阳丹碧兰有限公司 …… 652
沈阳市浑河农场 …… 652

附 录

全国主要经济指标 …… 653
辽宁省主要经济指标 …… 654
东北地区国民经济主要指标 …… 654
“八五”主要指标增长率沈阳与全国、辽宁省比较 …… 655
“七五”主要指标增长率沈阳与全国、辽宁省比较 …… 655
重点城市行政区划、土地面积与人口密度 …… 656
重点城市工业总产值及产品产销率 …… 656
重点城市国内外贸易指标 …… 657
重点城市全社会固定资产投资额 …… 657
重点城市地方财政收支 …… 658
重点城市金融机构、存贷款余额 …… 658
重点城市居民生活费收入及城乡居民储蓄 …… 659
重点城市生活物价指数 …… 659
重点城市职工工资总额及平均工资 …… 660
索 引 …… 661

CONTENTS

SPECIAL ARTICLES

Jiang Zemin Makes Inspection in Shenyang 1
Li Ruihuan Makes Inspection on State—owned Big and Medium—Sized Enterprises 1
Zou Jiahua Makes Inspection in Shenyang 1
Li Tieying Makes Inspection in Shenyang 2
Wu Bangguo Came to Shenyang to Make Investigation 2
Jiang Chunyun Made Inspection in Shenyang 2
Li Peiyao Made Inspection in Shenyang ... 2
Wu Jieping Made Inspection in Shenyang 3

IMPORTANT DOCUMENTS

Report on the Nineth Session of the Chinese Communist Party in Shenyang 3
Changing Management for Better Managing State—owned Big and Medium—Sized Enterprises 4
Making Further Clear the Situation and Tasks, Trying Hard to Work for the People's Congress in the New Stage 6
Suggestions Made by the Committee of the Chinese Communist Party in Shenyang to Further Strengthen the Relationship between the People and the Party 7
Suggestions Made by the Committee of the Chinese Communist Party in Shenyang on Further Making Work of Providing Disaster Relief 11
Making Clear and Grasping the Whole Situation, Deepening the Reform and Further Promoting the Economic Development Continuously, Quickly and Healthily 13
Practising the Stratigy of Prospering the Region on Science end Education, Promoting Economic Development and Social Advance 20
Quotatoin from the Speech Made by Mayor Zhang Rmongmao at the Regional Enterprise Management Work Meeting 25
Government Work Report 26
Events in 1995 35

GENERAL PICTURE OF SHENYANG

NATURAL CONDITIONS

Position and Landscape 50
Historic Evolution 50
Economic Geography and Positiion 50
Climate and Clothing 50
Population 50
Population Distribution 51
Cultural Quality 51
Townization 51
Administrative Districts 51

ECONOMIC AND SOCIAL DEVELOPMENT

Economic Volume is Further Increasing 51
Rural Economy is Developing 52
Industrial production is Increasing Steadily 52
Basic Industry Investment is keeping Strength 53
Domestic Market is Prosperous and Foreign Trade is Expanding 53

Revenue Increases and Banking is Stable 53
Price Growth was Controlled and People's Life is Stable 53
Social Affairs Made New Progress 53

ECONOMIC SYSTEM REFORM

Summary 54
Share System Experiment 55
Promoting Enterprises on Assets Recombinatoin 55
Promulgating Policies and Measures on Enterprise Reform 56
Developing Enterprise Groups 56
Market System Construction 57
A Conference on Economic System Reform Work 57

ECONOMIC COOPERATION

Summary 57
A Business Delegation Visited Iner Mongolia 57
Work of Middle Liaoning Urban Economic Region Made a Breakthrough 58

COLLECTIVE ECONOMY

Summary 58
Neighbourhood Economy Develops Rapidly 58
Neighbourhood Economy Made Considerable Progress 59
Share System Made New Progress 59
Work of Checking Accounts and Assets in Collective Units 60
Collective Assets Evaluation Work 60
Activities of Striving for Large Economic District 61

SPIRITUAL CIVILIZATION CONSTRUCTION

A Conference for Spiritual Civilization Construction 61
Managerial Regulation on Civil Units Was Promulgated 61
Choosing Civil Pacesetters 61
Civil Units Construction 62
Image Cup Activity 62
Strengthening Window Service Work 62

FOREIGN AFFAIRS

Summary 62
Foreign Visitors 63
Municipal Leaders Visit Abroad 64
Exchange among Friend Cities 64
A Delegation of Chinese—Portugal Ally Group Visited Shenyang 65
A Delegation from Laos Visited Shenyang 65
A List of Friend Cities 65
Annual Conference of American Business Affair Department Held in Shenyang 65

DEVELOPMENT ZONE CONSTRUCTION

Shenyang Economic and Technology Development Zone 65
Nanhu Science and Technology Development Zone 67
Shenyang Commercial, Business and Banking Development Zone 69
Shenyang Hunhe River Development Zone 70
Beiling Agricultural Science and Technology Development Zone 70

POLITICS

Shenyang Committee of the Chinese Communist Party 72
Organization Work 73
Publicity Work 77
United Front Work 80

Shenyang Commission for Inspecting Dicipline 83
Shenyang People's Congress 88
The People's Government 94
Supervision Work 98
Establishment Work 101
Secrecy Keeping Work 102
Archive Work 104
Shenyang People's Political Consultative Conference 108
Democratic Parties 114
Shenyang Committee of the Democratic Revolutionary Party 114
Shenyang Committee of the Democratic Contry—building Association 115
Shenyang Committee of the Democratic Development Association 116
Shenyang Committee of the Peasants and Workers Party 117
Shenyang Committee of the Union of the Taiwan Democratic Alliance 120
People's Groups 121
Shenyang Union of Industry and Commerce 121
Shenyang Union of Taiwan Compatriots 121
Shenyang Union of Students of Huangpu Military School 122
Mass Groups 123
Shenyang General Trade Union 123
Shenyang Committee of the Chinese Communist Youth League 127
Shenyang Woman's Federation 130
Shenyang Federation of Overseas Chinese 133
Shenyang Federation of the Handicaped 135

TAIWAN AFFAIRS WORK

Summary 137
Exchange between Shenyang and Taiwan 137
Education about Taiwan 139
Publicity to Taiwan 140
Joint Activities With Relatives of Taiwanese 140

WORK OF OVERSEAS CHINESE AFFAIRS

SUMMARY

Overseas Chinese Protection Work According to Laws 141

MILITARY AFFAIRS

Shenyang Branch of the Military Area 144
Armed Police 148
People's Air Defence 150

LEGAL SYSTEM

Administration Legal System 152
Public Security Work 153
Prosecution Work 160
Administration of Justice 162
Judicial Work 164

FIGHTING FLOOD AND PROVIDING DISASTER RELIEF

Storm Disasters 167
Disasters 167
Fighting Flood and Preventing from Danger 167
Collecting Funds for Fighting Flood and Preventing from Danger 168
Ensuring to Provide Electricity While Fighting flood 169
Fighting Flood to Protect Grains 170

RURAL ECONOMY

SUMMARY

Summary of Rural Economy 177
Rural Economic System reform 178
Rural Economic Management 179
Transference of Rural Surplus Labour Forces 179
Comprehensive Development of Regional Agriculture 180
Managing Agriculture by Laws 181
Appraisement on 'A Hundred of Strengthened Villages' 181
Construction of Well—to—do Villages 182
Cropping Culture 187
Breeding Idustry 191
Forestry 194
Water Conservancy 196
Agricultural Mechanization 198
Agricultural Undertaking 200
Meteorological Phenomenon 201
Township and Town Enterprises 203

INDUSTRIAL ECONOMY

Summary 205
Summary of Industrial Development 205
Industrial Production 206
Industrial Economic Benefit 207
Outstanding Results in Ten Years' Overall Transformation of Tiexi Industrial Area.... 207
Tiexi Industrial Area Got New Steps in 1995 208
Practising Famous Brand Product Program 209
Establshing Technical Transformation Funds 210
Civil Products in Military Enterprises 210
Production and Rearch Program 211
Projects Supported by World Bank Loans 212
Experiment of Bettering Capital Structure 212
Management in Seperate Ways 213
Closing, Stopping, Annexing and Tranfering of Enterprises 213
Saving Energy and Decreasing Consumption 214
Price Trend of Industrial Products 214
Enterprise Cadre Training 214

LIGHT INDUSTRY

Brew Industry 217
Furniture Industry 219
Daily Using Metal Ware Industry 219
Daily Using Electric Appliances Industry 220
Building Hard Ware Industry 221
Paper Making Industry 222
Daily Using Chemistry Industry 222

INDUSTRY FOR LIGHT INDUSTRIAL MACHINERY

Lighting Apparatus Industry 224
Fire—Fighting Apparatus Industry 225
Plastic Industry 225
Textile Industry 225

ELECTRIC POWER INDUSTRY

Review of Development of Power Supply in the 8th Five—Year Plan Period 227
General Situation 228
Changing Mechanism and Strengthening Management 228
Strengthening Safe and Civil Production 229
Strengthening Management and Raising Benefit 229
Sticking to Prospering Enterprises by Science and Technology 230
Strengthening Management in Various Ways 230

PETROCHEMICAL INDUSTRY

General Situation ······ 232
Bureau of Petrochemical Industry ······ 232
Reforming Funds and Establishing Machanism ······ 232
Strengthening Enterprise Management ······ 233
Practising Famous Brand Product Program ······ 233
Stimulating Transformation ······ 233
Rubber Industry ······ 235
Medical Industry ······ 235
Building Material Industry ······ 236
Metallurgy Industry ······ 239
Engineering Industry ······ 243
General Machinery Industry ······ 245
Heavy Mining Machinery Industry ······ 246
Transport Equipment Industry ······ 249
Agricultural Machinery Industry ······ 253
Electronic Industry ······ 253
Other Industries ······ 256

TRAFFIC, POST AND TELECOMMUNICATION

RAILWAY TRANSPORT

General Situation ······ 259
Passenger Transport ······ 259
Freight Transport ······ 259
Safe Production ······ 260
Working Style Construction ······ 261
Safe Standard Line Construction ······ 261
Shenyang Railway Construction General Company ······ 262

HIGHWAY TRANSPORT

Rapid Development of Highway Transport During the 8th Five—Year Plan Period ······ 263
Round—City Express Way was Put into Work ······ 264
Shenyang—Tieling Express Way was Put into Work ······ 264
Highway Net Work Project Completed ······ 264

CIVIL AVIATION

General Situation ······ 268
Air Transport ······ 268
General Aviation ······ 268
Ensuring Safety in Air Transport ······ 269

POST

General Situation ······ 270
Capacity and Quality of Post Improved Continuously ······ 270
Struggling to be a Satisfying Enterprise ······ 270

TELECOMMUNICATION

Telecommunication Development in High Speed ······ 271
Construction of high—tech Telecommunication Net Work ······ 271
On—the—Spot Work for Installation ······ 271
Long Distance Call Hub Project Completed ······ 272
Establishing Telephone Administration with Enterprises ······ 272

CONSTRUCTION AND ENVIRONMENT PROTECTION

SUMMARY

Summary of Investment in Fixed Assets ······ 273
Controlling the Scale of Capital Construction ······ 273

Important Project Construction ………… 274
Investment in Technical Transformation ………… 274
Real Estate Undertaking is Developing Steadily ………… 275

BUILDING INDUSTRY

General Situation ………… 276
Building Market ………… 276
Quality Management ………… 277
On—the—Spot Management ………… 277

MUNICIPAL CONSTRUCTION AND MANAGEMENT

Maintenance of Municipal Facilities ………… 279
Waste Drainage Management ………… 279
Construction of Afforesting Program ………… 280
Park Construction ………… 280
Residence Construction and Management ………… 288
Land Projecting and Management ………… 290
Environment Protection ………… 291

COMMERCE, MATERIAL AND TOURISM

SUMMARY

Perchase and Sales Increase Properly ………… 294
Retail Markets are Prosperous ………… 295
Economic Benefit of State—Owned Commerce and Co—op ………… 295

DAILY USING INDUSTRIAL PRODUCTS MARKET

Industrial Products Market ………… 298
A Hundred Days' Compaign of State—Owned Commerce ………… 299

NON—STAPLE FOOD MARKET

Summary ………… 300
Prospering Non — staple Food Market after Disasters ………… 302
Holesales Market of Aquatic Products ………… 302

GRAIN AND EDIBLE OIL COMMERCE

Grain Perchases ………… 303
Grain Supply ………… 303

MATERIAL SUPPLY

General Situation ………… 304
Market of Means of Production was Lack of Vigour ………… 305
Searching Agency System to Enlarge Business ………… 306
Steel Market ………… 306

TOURISM

Summary ………… 310
Development of Tourist Facilities ………… 311
Tourist Market Development ………… 311
Development of Tourist Resources and Commodities ………… 311

FOREIGN ECONOMIC TRADE

FOREIGN TRADE

Summary ………… 315
Shenyang International Economic Trade Conference in 1995 ………… 316
Shenyang — New York Internationl Economic Trade Conference in 1995 ………… 316
Export ………… 316
Import ………… 316
Trade to East Foremer Soviet Union ………… 317

USING FOREIGN FUNDS

Summary ………… 320

Foreign funded Enterprises Develop Healthily 321
Foreign Economy 322
Customs Work 323
Commodity Inspection 325

FINANCE. TAX AND BANKING

Finance 327
Tax 332
Banking 336
People's Bank 336
Industrial and Commercial Bank 340
Agricultural Bank 340
Construction Bank 345
Bank of China 346
Communication Bank 347
Cooperation Bank 349
Credit Investment 350
Insurance 351
People's Insurance 351
Life Insurance 352
Safety Insurance Company 354
Pacific Insurance company 355
Stocks 355

ECONOMIC MANAGEMENT AND CONTROL

Planning Work 357
Implementation of the Plan for National Economy and Social Development 357
Economic Control and Supervision 358

STATISTICS WORK

Construction of Statistical Legeslation Made New Progress 363
Statistical Service Got New Steps 363

AUDIT WORK

General Situation 366
Financial Budget Audit 367
Social Audit 367
Internal Audit 367
Industrial and Commercial Administration Management 370
Price Control 375
Technology Supervision 379

TECHNOLOGY AND SCIENCE

SUMMARY

General Situation 383
Technology and Science Conference 384
Deepening the Combination of Science and Banking 386
Science Market 386
Local Science Organization 387

SCIENCE AND TECHNOLOGY ASSOCIATION

General Situation 394
New Trend of Accadamic Activities 395
Science Popularity Work 395
Social Scientific Research 398
Benefit from Science and Technology 400

EDUCATION

General Situation 406
Educational Reform 407
Nine—Year Compulsory Education Popularity 407
Studying and Practising 'Educational Law' 407
Local Higher Education 408
Educational Quality Improved in High Schools 408
Professional Education 408
Middle School Teacher—Training Education 409
Nationality Education 409

Infant Education 409
Adult Education 410

IMPORTANT UNIVERSITIES AND COLLEGES

China Medical University 416
Shenyang Pharmacodynamics University 416
Shenyang Medical College 417
Shenyang Broadcast and TV University 417
Liaoning Experimental Middle School ... 417

CULTURE, NEWS, PUBLISHING, BROADCASTING AND TV

CULTURE

General Situation 419
Cultural Market Management 419
Cultural Industry 420
Cultural Economic Work 420
Literature and Art 424

NEWS AND PUBLISHING

General Situation 430
News Work 431
Quality of Newspaper and Magazines Improved 432
Broadcasting 435
TV Undertaking 439

PUBLIC HEALTH AND SPORTS

PUBLIC HEALTH

General Situation 442
Medical Administration 443
Prospering Medicines by Science and Technology 443
Local Disease Prevention and Treatment.... 443

SPORTS

General Situation 448
Mass sport 448

SOCIETY AND LIFE

Family Planning 450
Labour and Employment 451
Personnel Management 461
People's Life 464
Civil Administration Work 469
Nationality Work 476
Religious Work 476

DISTRICT AND COUNTY ECONOMY

DISTRICTS

Heping 478
Shenhe 479
Dadong 480
Huanggu 481
Tiexi 483
Yuhong 492
Sujiatun 494
Dongling 496
Xinchengzi 499

CITY

Xinmin 501

COUNTIES

Liaozhong 503
Kangping 505
Faku 506
Statitical Data 523
Documents and Regulations 594
Appendix 653

国内生产总值及发展速度

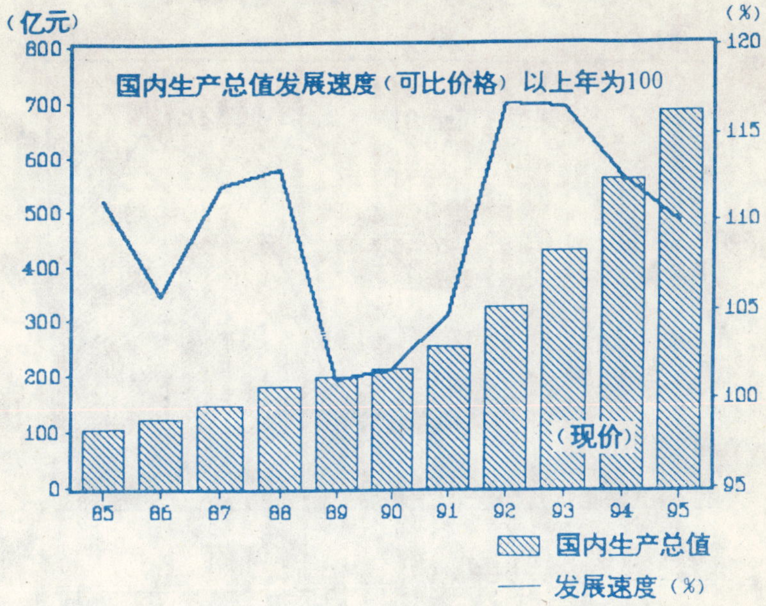

国内生产总值构成

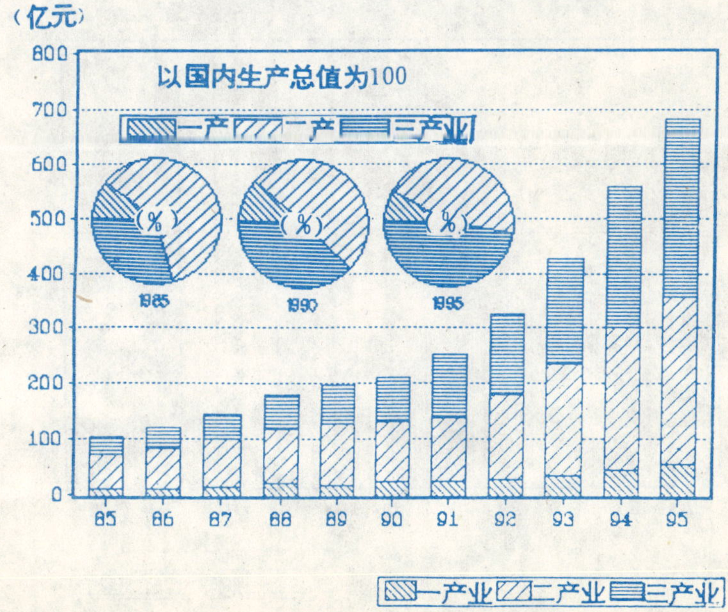

工业总产值及增长速度

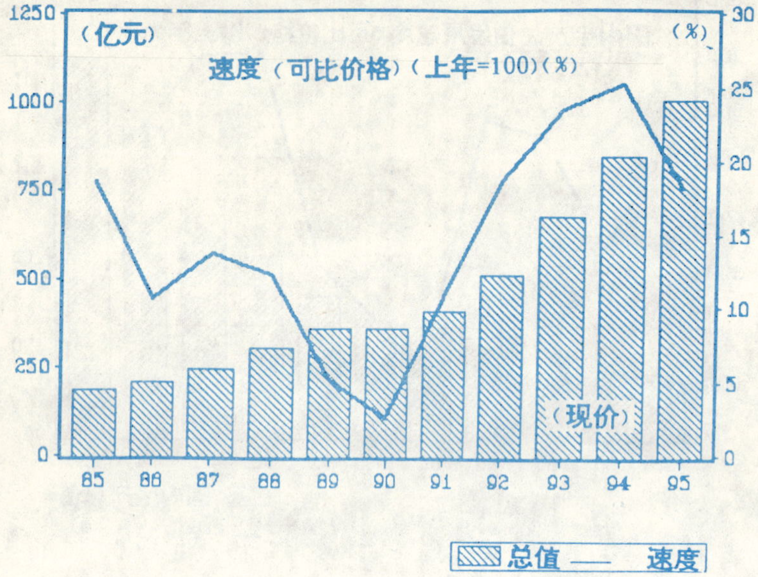

工业企业利税总额

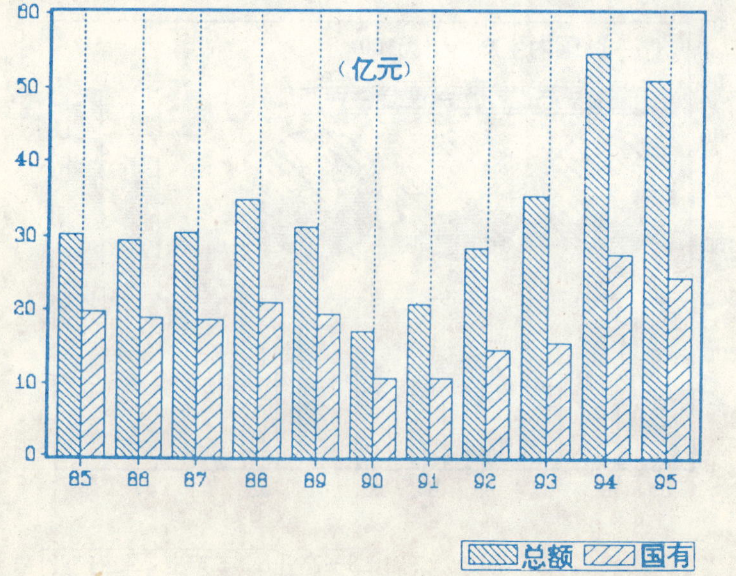

农林牧渔业总产值

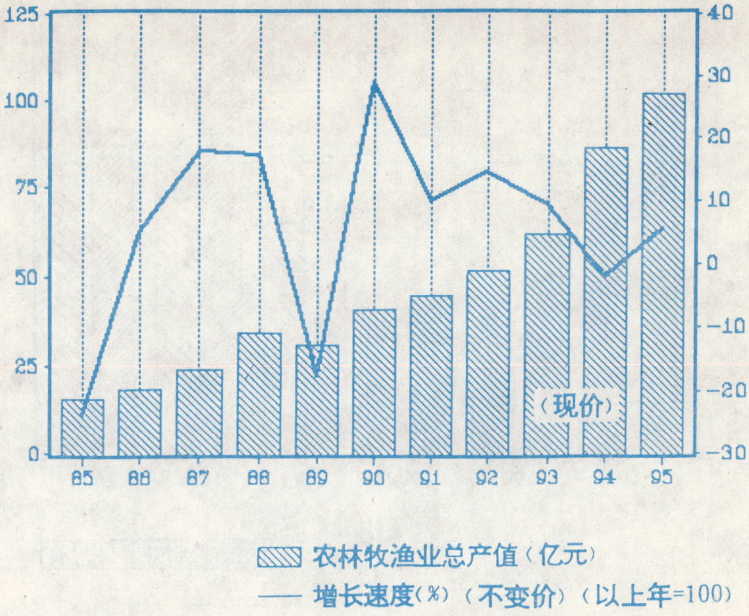

肉.蛋.奶.水产品产量

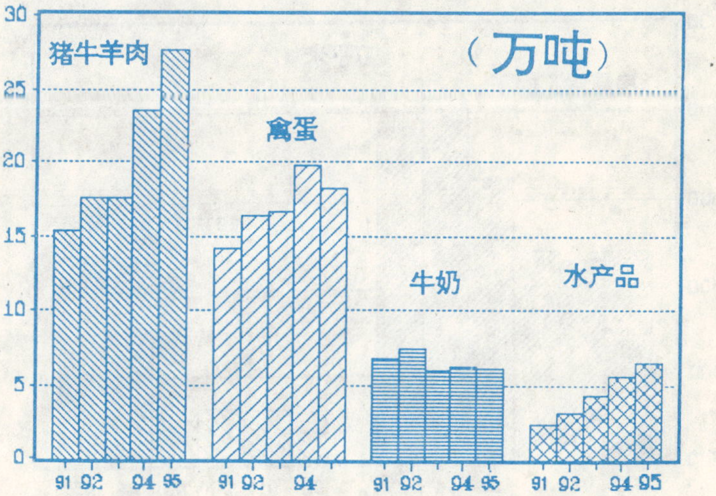

全社会固定资产投资

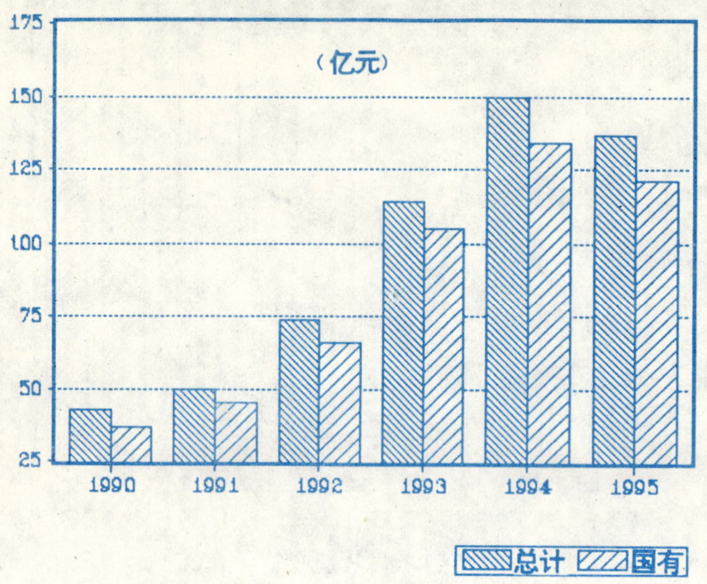

房屋竣工面积

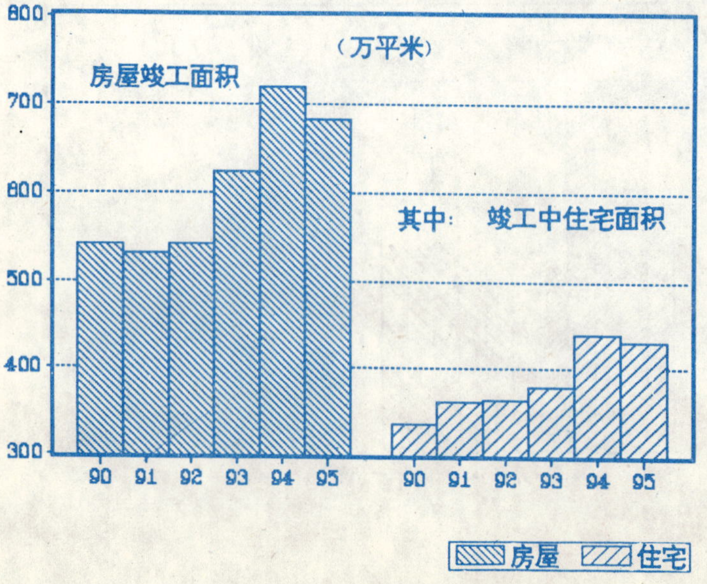

社会消费品零售额

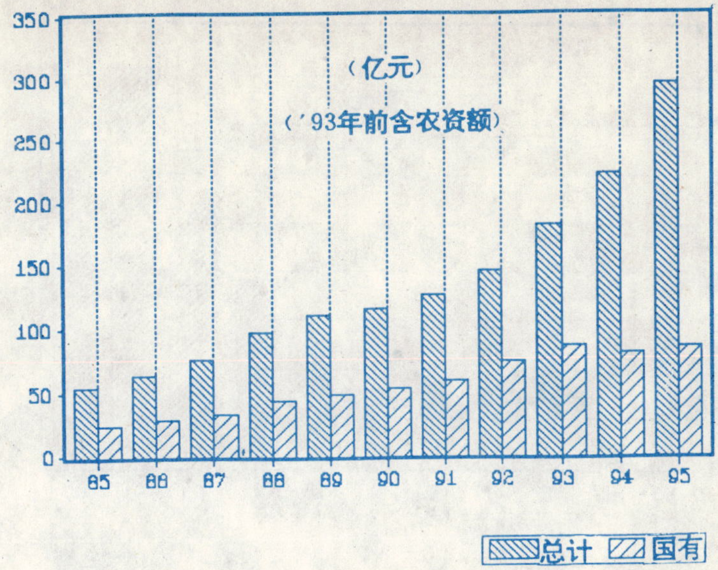

进出口总额

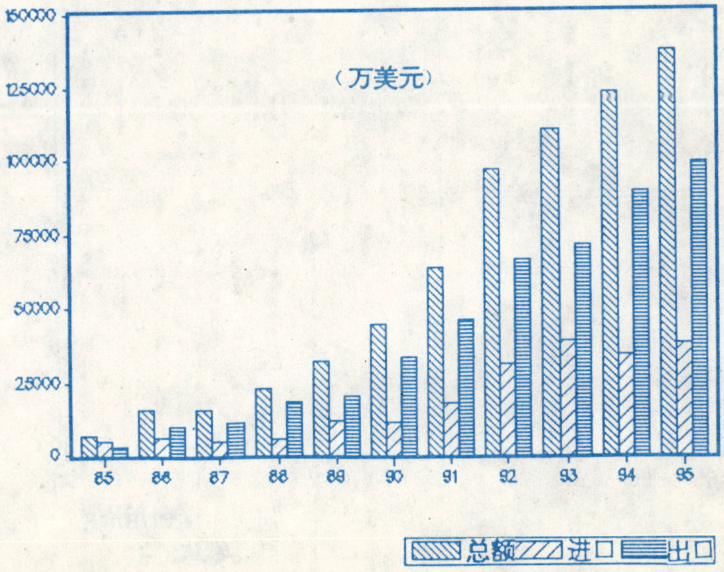

实际利用外资额

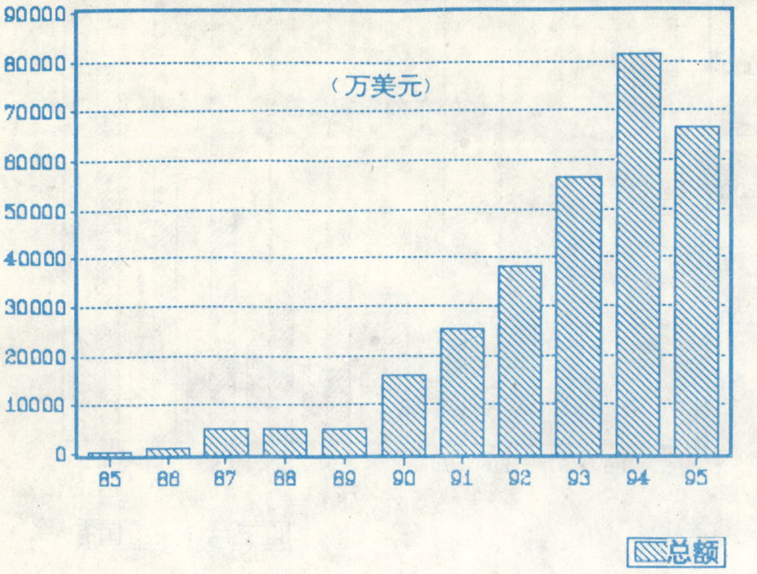

各种物价总指数

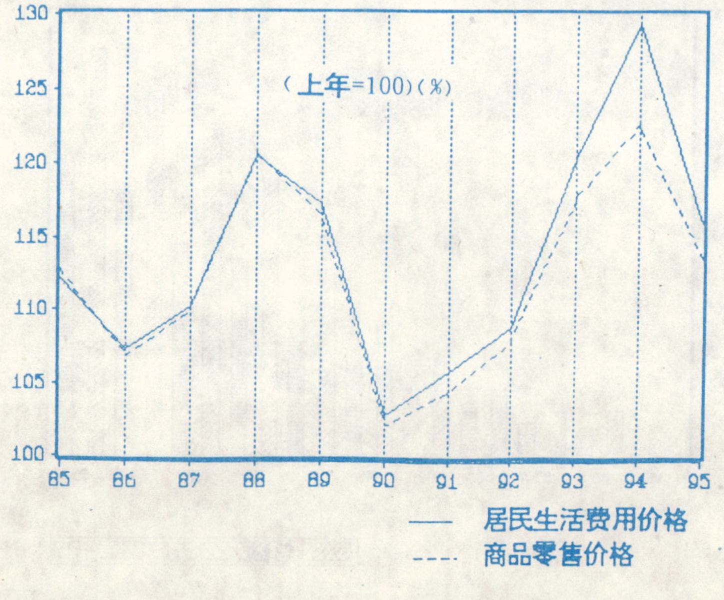

地方财政收支

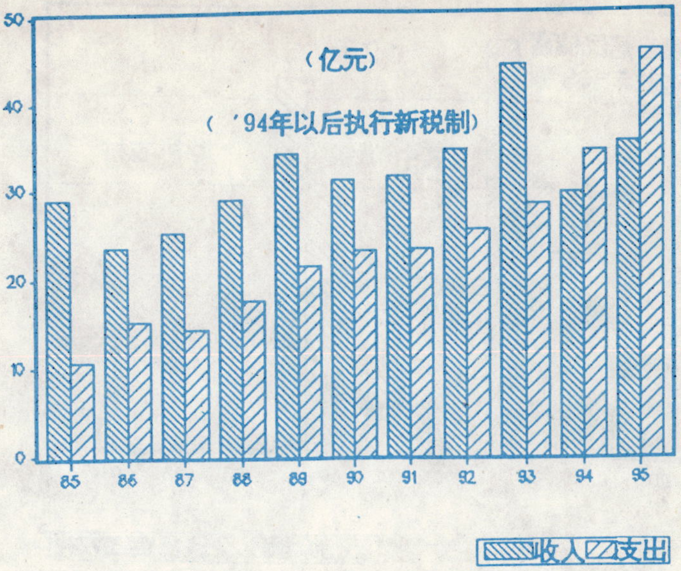

银行存贷款年末余额

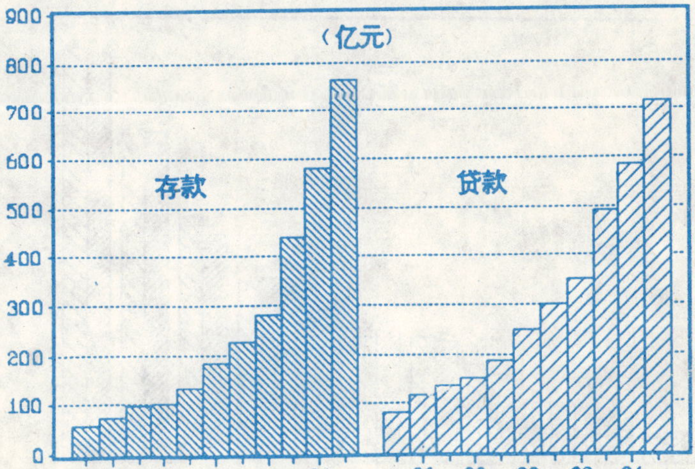

城乡居民储蓄存款年末余额

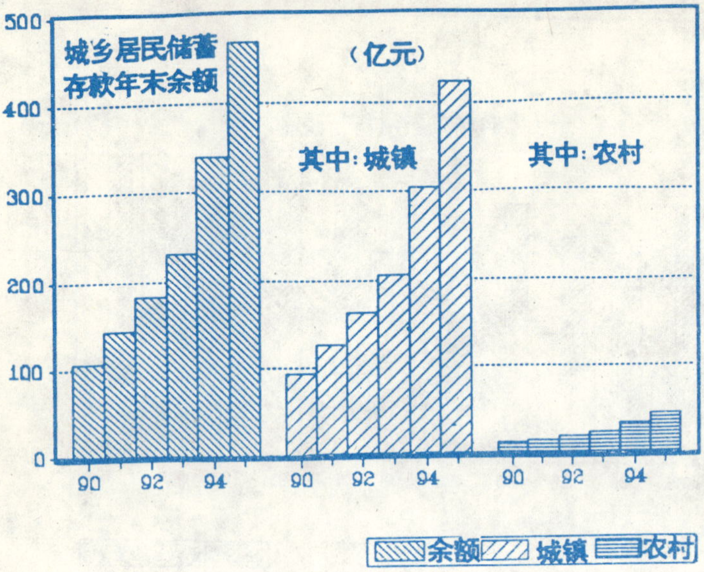

城市居民人均年生活费收支

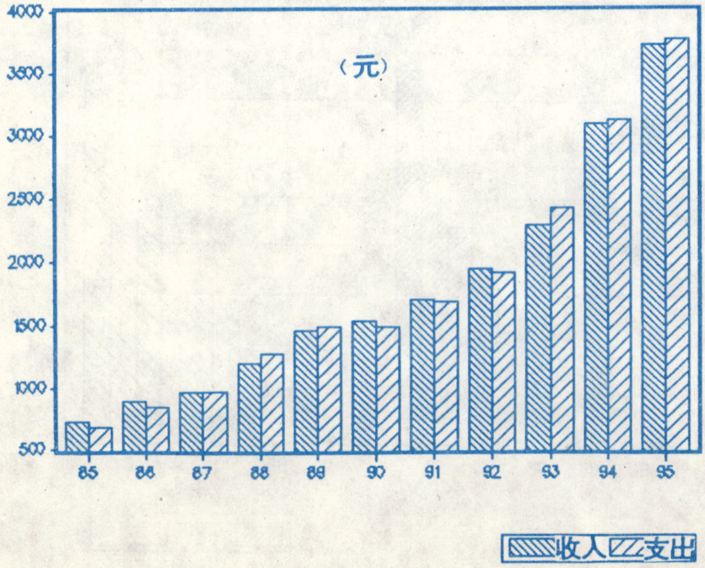

特 辑

【江泽民在沈阳考察】 中共中央总书记、国家主席、中央军委主席江泽民于1995年6月16日到沈阳，就如何进一步推进国有企业特别是国有大中型企业的改革和发展问题进行调查研究，广泛听取意见。

江泽民总书记在沈期间考察了沈阳新光动力机械公司、东北制药总厂和沈阳油脂化学厂等企业。6月17日，江泽民总书记到东北制药总厂，亲自到万吨维生素C技改工程的施工现场，对项目给予了充分肯定，并为工程题词："建设万吨维生素C工程，提高规模效益，为人民健康服务。"

江泽民总书记对国有企业的广大干部和工人群众在改革和发展中表现出来的大胆探索、勇于创新的精神，知难而进、艰苦奋斗的精神、自强不息、为国争光的精神予以充分肯定和赞扬。他说，坚持发扬这些可贵的精神，就什么困难都可以克服，什么奇迹都可以创造，搞好国有企业就大有希望。

【李瑞环在沈阳考察国有大中型企业】 中共中央政治局常委、全国政协主席李瑞环于1995年4月10日在辽宁省委书记顾金池、省长闻世震、省政协主席孙奇等陪同下对沈阳国有大中型企业进行了考察。李瑞环到沈阳变压器厂认真听取了企业领导人的汇报并同他们交换了意见，同生产第一线工人亲切交谈，了解他们的生产、生活情况，征求他们对党和政府工作的意见与要求。并与十几位企业负责人就如何搞好国有大中型企业进行了专题座谈。

李瑞环在考察时指出，国有大中型企业在我们经济建设中具有重要地位和作用。当前部分企业遇到困难，如产业结构不合理、债务负担较重、生产设备老化、富余人员过多等，是在较长的历史发展过程中沉积下来的，也是经济体制转换中不可避免会发生的。因此，解决这些问题需要有一个过程，需要采取综合配套措施。我们既要看到国有大中型企业目前的困难，也要看到它们的固有优势和巨大潜力，要把中央的一般性原则同各地各行业的具体实际结合起来，使优势和潜力得到发挥，使包袱变成财富。这样，国有大中型企业一定能够闯过难关，焕发新的活力。

李瑞环说，在克服困难的整个过程中，需要宏观和微观两个方面的努力。国家要尽可能充分利用国有大中型现有存量资产和资源优势，把它们列入经济总体布局的重点。通过对现有企业注入资金、更新改造，既可较快形成新的生产能力，节省大量配套资金，又可帮助企业较快克服当前困难。企业自身要主动更新观念，转换机制，不能停留在一切依赖国家的老框框内不动，更不能一遇困难就希望国家再改回去。要把克服当前困难当成一种机遇，尽快适应新的经济体制，形成与国内国际市场相衔接的现代化企业制度。

李瑞环指出，关心群众生活，是我们在任何时候都必须认真做好的一项重要任务。在经济体制转换过程中，一些企业职工生活遇到困难，这些职工过去曾为国家建设作出许多贡献，现在遇到困难并非他们自己工作不努力。党和政府应当给予他们更多的关心和照护，努力为他们排忧解难。

在沈期间，李瑞环还同辽宁省政协和各民主党派负责人亲切会面、座谈。

【邹家华在沈阳考察】 1995年9月16日，中共中央政治局委员、国务院副总理邹家华在省委书记顾金池、省长闻世震陪同下，先后考察了沈阳新光动力机械公司和沈阳鼓风机厂等国有大中型企业。

邹家华说，辽宁是我国的老工业基地，无论过去还是现在，都对全国的经济发展作出了重大贡献。这是党和人民不会忘记的。近几年，辽宁解决了粮食自给问题，农业方面取得了很大成绩，今后要继续把农业放在经济发展的基础地位。在从计划经济体制向市场经济体制转变过程中，辽宁应当把这些贡献和荣誉，变成搞好国有大中型企业和老工业基地改造的基础和信心。

谈到辽宁老工业基地遇到的困难时，邹家华说，这是机制转换过程中，也是前进中出现的问题。解决这些问题需要国家、地方和企业共同努力。

邹家华强调，转变观念，这是辽宁经济发展，改造好老工业基地的首要问题。由过去30多年的计划经济转到社会主义市场经济首先要了解、学习和研究市场。一方面要生产适应市场需求的产品、扩大销售，另一方面要主动地不断开拓市场，向市场介绍和推销自己的产品，使市场能接受自己生产的产品，不论哪一方面都必须坚持质量，物美价廉是进入市场的重要前提。辽宁要发挥自己的产业优势，资源优势，生产出在国内外市场畅销的产品。关于企业发展中需要资金问题，邹家华指出，今后企业技术改造、扩大规模，增加新产品等，不能每个环节都指望国家投资和贷款。这个观念一定要改。

邹家华指出，在转变观念的同时，还要树立国有企业一定能搞好而且必须搞好的信心和决心。这对辽宁这个老企业比较集中的省份来说尤其重要。当前一些国有企业存在困难，这是暂时的，可以克服的。市场观念淡薄，企业管理落后，产品没有市场，班子不强是重要原因。因此，搞好国有大中型企业和老工业基地改造，一定要在改革、改组、改造过程中解决这些问题，这符合市场经济要求和广大职工的根本利益。各级党委和政府要引导、参与帮助企业转变观念、配备好班子，而且要总结好的企业的经验，为企业转换机制，进入市场创造良好条件。

【李铁映在沈阳视察】 中共中央政治局委员、国家体改委主任李铁映于 1995 年 7 月 10 日至 11 日到沈阳市对国有企业和农贸市场进行考察，在听取了市有关领导关于沈阳市社会发展和企业改革情况汇报后，李铁映指出，老工业基地改革要敢于大胆闯，坚持“三个有利于”不能动摇。

李铁映在沈期间，先后考察了沈阳长白计算机集团公司、中捷友谊厂和北行农贸市场。他对沈阳市党政领导结合沈阳本地实际，在发展社会主义市场经济新形势下提出的发展高科技、大生产、大流通，建设国际化、现代化城市的思路和工作目标给予肯定，当了解到沈阳市将用世界银行贷款，大力推进改革，建立社会保障体系时，李铁映说，要从老工业基地改造的高度看待社会保障体系建立的重要性和迫切性。因为没有这个体系的建立和完善，企业办社会问题、职工养老问题的根本解决都无从谈起，改革便无法顺利进行。对此，国家体改委会大力支持沈阳的这项改革。

谈到沈阳市改革目前面临的困难和问题，李铁映结合自己曾在辽宁和沈阳的工作经历及这次视察了解到的情况指出，沈阳国有大中型企业集中，技术力量雄厚，在管理和人才方面与南方一些乡镇相比，具有较强的优势。沈阳市党政领导近年来在改革探索和发展方针上的指导思想和采取的措施也是切实可行的，创造的有些经验 在全国产生了较大的影响。然而，在实际的发展步伐上，与一些发达地区相比，还存在差距。问题的实质，就是一个观念问题。要真正理解邓小平同志提出的“三个有利于”的思想，少进行无谓的议论、争论，把领导层的指导思想、工作思路真正贯彻到基层，变成企业经营者的自觉行动。他强调，老工业基地的改革要敢于大胆闯新路，坚持“三个有利于”不能动摇。否则，发展的机遇就可能在争论中丧失，已有的优势就会在争论中消亡。充分组织和解决好这一问题，沈阳的发展就有希望。

省、市领导顾金池、张国光、肖作福、张荣茂、张瑞昌、多静茹陪同视察。

【吴邦国到沈阳调研】 1995 年 6 月 10 日，中共中央政治局委员、书记处书记、国务院副总理吴邦国在沈阳对国有大中型企业进行调查研究。吴邦国在沈期间先后深入到沈阳新光动力机械公司等企业，调研中吴邦国指出，辽宁省做为我国重要的工业基地，对促进全国经济发展发挥了重要作用，在我国经济格局中处于举足轻重的地位。目前，尽管困难大，但发展潜力也大，加快辽宁老工业基本改造调整，充分发挥其作用，对辽宁、对全国都有重要意义，一定要下大力量抓好。他强调要切实转变经济增长方式，变粗放经营为集约经营，以极大精力抓好经济增长的质量和效益；要以现有企业挖潜改造为主，依靠科技进步，走内涵扩大再生产的路子；要调整企业组织结构，促进存量资产优化组合，从整体上提高市场竞争能力；要把改革、改组、改造和加强企业内部管理有机结合起来，扶植一批优势企业，形成跨地区、跨部门的企业集团，带动和促进整个国民经济的发展；要进一步扩大开放，多渠道有效地利用国内外资金、资源、技术和人才，增强吸引力和辐射功能。

吴邦国强调，加快老工业基地改造调整，国家给予必要的支持，创造一个相对宽松的外部条件是必要的。但更主要的是要切实加强企业内部经营管理，搞好队伍建设，提高企业整体素质。

【姜春云到沈阳考察】 1995 年 11 月 15 日，中共中央政治局委员、书记处书记、国务院副总理姜春云到沈阳考察。姜春云到辽中县农村察看了受灾群众生活安置、恢复生产情况和水毁水利工程修复等情况。姜春云对灾区人民十分关心，转达了党中央、国务院对受灾群众的亲切慰问。

姜春云在考察过程中指出，大搞农田水利建设，为明年农业丰收创造条件，各地都要围绕实现明年农业增产、农民增收，及早安排部署，落实措施。强调，今冬明春要大搞农田水利基本建设，改善农业生产条件。灾区要抓紧修复水毁工程和农田；其他地区要坚持防洪抗旱一齐抓。既要重视大江大河的治理，又要重视中小河流的治理；既要有计划地兴建一批大的水利工程，又要广泛开展中小型水利工程建设。要发扬自力更生、艰苦奋斗精神，重视发动群众投工投劳。

姜春云指出，依靠科技进步，是夺取农业丰收的根本性措施。要注重抓好选用良种、扩大玉米覆膜面积、水稻旱育抛秧、改革耕作制度、提高复种指数等重大增长技术的推广。各地要从实际出发，尽早确定明年大面积推广的技术项目，不失时机地抓好落实。他希望农业科研机构和广大科技人员，面向农村，面向农业，深入到农业第一线，传授技术，培训农民。要健全和加强农业科技推广体系。

姜春云强调，要转变农业增长方式，发展高产、优质、低耗、高效农业；调整优化农业内部结构；进一步落实中央扶持农业的政策措施；加强以党支部为核心的农村基层组织建设，为农业和农村经济的发展提供可靠保证。

省委书记顾金池、省长闻世震等陪同姜春云进行考察。

【李沛瑶到沈阳视察】 1995 年 9 月 1 日，全国人大常委会副委员长李沛瑶到沈阳视察。在沈期间，李沛瑶参加了’95 沈阳国际经贸洽谈会开幕式，视察了市人大常委会。

李沛瑶到沈阳后说，我对沈阳并不陌生，早在 1956 年我就在沈阳实习、工作过，尔后又因工作关系多次来沈。沈阳是我国重要的工业基地，多年来，为共和国的发展作出了巨大的贡献。改革开放以后，沈阳出现了许多新的变化，取得许多新的进步。当然，作为一个老工业基地，由于历史包袱沉重，以及计划经济的影响，沈阳在经济发展中遇到了一些困难。如何克服困难，实现振兴?我认为,关健是要发挥沈阳本身现有的工业基础雄厚、产业大军素质好、企业装备精良等诸多优势,在结构调整上下功夫。不要铺摊子,要通过结构调整,内涵扩大再生产、建立现代化企业制度等有效的改革措施,把经济搞上去,特别是把大中型企业搞上去。

李沛瑶说,1995年沈阳的国际经贸洽谈会,就是一个好的举措。通过引进外资,特别是引进先进的管理经验,既可以改造、武装老企业,又能提高老企业的整体技术水平,同时还可以将自己的产品推到海外,实现与国际市场的接轨。他很有信心地说,不管困难多大,相信沈阳会始终向前迈进。沈阳还是有前途的,而且大有希望。

【吴阶平到沈阳视察】 1995年10月20日,全国人大常委会副委员长吴阶平在省人大常委会主任全树仁、副主任高继中和市人大常委会领导刘金增、周明录、高柏金、唐守山、金苗生等陪同下,视察了沈阳市人大常委会工作。

吴阶平在听取了市人大常委会的工作汇报后说,就地方的人大工作来说,任务还很繁重,还有许多工作需要去做。对政府部门的工作进行评议和领导干部进行述职是一个很大的进步,标志着我国的民主进程和法制建设向前迈进了一大步。人大的工作任重道远,各级人大常委会要不懈努力,要多接触人民群众,注意发挥人大代表的作用,反映人民的意愿和呼声,把民主和法制建设推向前进。

重要文献

市第九次党代会报告

（摘要）

张国光

在1995年4月17日召开的沈阳市第九次党代表大会上,张国光同志作了题为《面向新世纪 、抓住新机遇、为胜利实现沈阳90年代改革与发展的宏伟目标而奋斗》的报告。

报告认为,从1990年4月市第八次党的代表大会召开以来的5年间,市委在党中央和省委的领导下,带领全市各级党组织和各族人民,坚持以邓小平同志建设有中国特色社会主义理论为指导,坚定不移地贯彻执行党的基本路线,解放思想,开拓进取,努力拼搏,扎实工作,胜利地完成了市第八次党代表大会提出的各项任务,使全市的改革开放、经济建设和各项社会事业进入了一个新的发展阶段。

在过去的5年中,沈阳市经济持续快速发展,经济实力不断增强;体制改革不断深化,市场经济因素迅速增长;对外开放不断扩大,外向型经济取得突破性进展;基础设施建设步伐加快,城乡面貌发生明显变化;人民生活条件得到改善,生活水平进一步提高;以大文化建设为载体的精神文明建设不断推进,各项社会事业蓬勃发展;民主法制逐步健全,安定团结的政治局面得到巩固和发展;党的自身建设不断加强,党组织的凝聚力和战斗力进一步提高。

总结过去,思考未来,我们深切地认识到,在继往开来的伟大实践中,必须始终坚持以解放思想为先导;必须始终坚持以经济建设为中心;必须始终坚持以改革开放为动力;必须始终坚持两手抓的战略方针;必须始终坚持围绕党的基本路线加强党的建设。

报告在肯定成绩的同时,也明确指出我市经济和社会生活中还存在不少困难和问题,突出的是,农业基础还不够巩固,抗灾的能力不强;经济运行质量不高,管理粗放,效益较差;多数国有大中型企业没有摆脱困境,物价上涨幅度过高,部分群众生活尚有不少困难。此外,社会治安形势不容乐观,社会风气尚不尽如人意;有的地方和单位的党组织,在思想上、组织上、作风上还存在一些不容忽视的问题,有的领导班子结构不合理,整体素质不高,少数基层党组织软弱涣散;党内和社会上还存在一些消极腐败现象,有的还相当严重;一些干部中不同程度地存在着官僚主义、形式主义和弄虚作假等问题。从市委自身看,对新旧体制转换过程中出现的许多新情况、新问题深入调查研究不够,对有些方面的工作抓得还不够实,力度还不够大。所有这些问题都必须引起我们高度重视,在今后工作中要切实地加以解决。

报告提出,今后一个时期,摆在我们面前的改革与发展的任务是:在邓小平同志建设有中国特色社会主义理论的指引下,坚定不移地贯彻执行党的基本路线,牢牢把握抓住机遇、深化改革、扩大开放、促进发展、保持稳定的工作大局,团结和带领全市人民,进一步解放思想,振奋精神,艰苦奋斗,开拓图强,率先建立社会主义市场经济体制。全面超越小康标准,为实现“一高两大两化”的宏伟目标奠定坚实基础。到2010年,使沈阳成为经济繁荣、科教发达、法制健全、环境优美、文明富裕、功能完善的现代化、国际化城市。

今后5年全市的具体奋斗目标是:

——国民经济保持持续、快速、健康发展。到1999年全市国内生产总值要达到1 355亿元,按可比口径计算,平均年递增10%左右。

——中心城市功能进一步拓展,逐步使沈阳成为区域性的资源配置中心,生产加工中心和开发服务中心,三次产业之间的比例大体调整到5:45:50,实现产业结构由“二三一”型向‘三二一”型的战略转变。

——体制改革迈出新的步伐。到1998年初步建立社会主义市场经济体制基本框架,基本形成市场经济运行机制。

——对外开放全方位推进。5年间出口商品供货值平均年递增24%以上;利用外资平均年递增15%以上,推动外向型经济向大规模、高层次、宽领域、纵深化方向发展。

——社会文明程度提高到一个新水平。适应社会主义市场经济发展的良好的道德风尚、健全的民主法制、稳定的社会环境、整洁的市容市貌基本形成，人口自然增长率控制在4‰以下，全市人民的综合素质明显提高。

——人民生活全面超越小康标准。到1999年，全市城市居民人均生活费收入达6 000元以上，农民人均纯收入达3 000元以上；城市人均居住面积达8平方米。

为了实现上述奋斗目标，必须全面实施以下四大发展战略：一是加速改组改制，增强企业生机与活力的制度创新战略；二是扩大对外开放，加速与国际市场对接的外向牵动战略；三是强力优化结构，再造中心城市综合优势的功能拓展战略；四是推进科技进步，提高劳动者素质的科教兴市战略。通过全面实施这四大战略，显著提高我市经济的运行质量和整体素质，推动国民经济的快速发展和社会的全面进步。根据上述发展战略的要求，今后5年必须着力做好以下6个方面的工作。(一)进一步深化综合配套改革，率先建立市场经济体制的基本框架；(二)进一步扩大对外开放，加速实现与国际市场接轨；(三)进一步调整经济结构，积极拓展中心城市功能；(四)进一步贯彻科教兴市方针，优先发展科技和教育事业；(五)进一步加强精神文明建设，努力提高公民素质和城市文明程度；(六)进一步推进民主法制建设，巩固和发展安定团结的政治局面。

报告要求，为切实担负起党在新形势下的历史重任，我们一定要在党的十四大和十四届三中、四中全会精神指引下，紧紧围绕党的基本路线，牢牢把握全党工作大局，密切联系沈阳改革与发展的实际，全面实施党的建设的新的伟大工程，使全市党员特别是领导干部学习和运用建设有中国特色社会主义理论取得明显成效，各级领导班子的整体素质明显提高，培养和选拔优秀年轻干部的工作取得明显进展，党同人民群众的联系明显加强，党组织的凝聚力战斗力明显增强，为全面实现这次大会确定的各项任务提供坚强的组织保证。根据上述目标，当前和今后一个时期，要全面贯彻落实党中央关于党的建设的整体部署，在抓好思想和作风建设的同时，突出抓好党的组织建设。

(一)加强党的思想建设，坚持用建设有中国特色社会主义理论武装全党。要在把握理论体系上下功夫，在指导工作实践上用力气，并切实加强对理论学习的领导。

(二)加强党风廉政建设，密切党同人民群众的联系。要狠抓廉政教育，增强防腐意识；要坚持廉洁自律，提高拒腐能力；要全面强化监督，完善反腐机制；要严肃执法执纪，加大惩腐力度。

(三)加强党的组织建设，增强党的凝聚力和战斗力。要坚持和健全民主集中制，维护党的团结和统一；加强和改进党的基层组织建设，充分发挥战斗堡垒作用；加强领导班子建设，大力培养和选拔跨世纪的优秀干部。

报告号召，历史的发展，迎来了新世纪的曙光，我市改革开放和现代化建设进入了关健时期，任务极其艰巨。成功的希望、胜利的喜悦在于继续开拓进取、奋勇拼搏的努力之中。让我们面向21世纪，在邓小平同志建设有中国特色社会主义理论和党的十四大精神指引下，更加紧密地团结在以江泽民同志为核心的党中央周围，坚持党的基本路线，统一思想，总揽全局，加强协调，扎实工作，带领全市党员和各族人民，振奋精神，克服困难，同心同德，艰苦创业，为胜利实现90年代沈阳改革与发展的宏伟目标，夺取社会主义现代化建设事业的更大胜利而努力奋斗！

转变经济增长方式
搞好国有大中型企业

张国光

转变经济增长方式，提高经济整体素质，是邓小平同志社会主义现代化战略思想的重要组成部分。在学习邓小平同志建设有中国特色社会主义理论中，从理论和实践的结合上，把握这一战略思想，对于贯彻党的十四届五中全会精神，转变经济增长方式，搞好国有大中型企业，提高经济整体素质，推进社会主义现代化建设，具有十分重要的意义。

(一)

转变经济增长方式，简而言之，就是由数量型增长方式转变为质量型增长方式。其核心在于以优化结构、注重效益的有效增长，代替传统的追求数量、忽视效益的无效或低效增长，建立起现代市场经济所要求的资源配置和利用方式。毫无疑问，这是一个关系到我国现代化建设全局的重大战略问题。

党的十一届三中全会以来，我们党高度重视经济增长方式的转变，一直强调经济建设要以经济效益为中心，要转移到依靠科技进步和提高劳动者素质的轨道上来。80年代初邓小平同志站在当今世界经济发展的高度，提出了科技是第一生产力的思想，要求不断提高科学技术水平和劳动者科学文化素质。他在1992年南巡谈话中，期望我国现代化建设“出现若干个发展速度比较快、效益比较好的阶段”，并强调，隔几年上一台阶，“不是鼓励不切实际的高速度，还要扎扎实实，讲求效益，稳定协调地发展。”江泽民同志在党的十四大报告中指出：“当前，我国正面临着加速发展、调整结构、提高效益的重大任务”，要“努力提高科技进步在经济增长中所占的含量，促进整个经济由粗放经营向集约经营转变”，并一再要求正确处理速度和效益的关系，更新发展思路，提高经济效益。可见，转变经济增长方式，提高经济整体素质，是我们党领导社会主义现代化建设的重要指导方针，必须一以贯之地坚持下去。

转变经济增长方式，提高经济整体素质，是我国经济进入新的发展阶段的必然要求。经济增长方式作为一个不断变动的历史过程，在不同阶段表现的特征是不同的。世界经济发展的历史经验表明，在这个过程中，当数量扩张到一定程度时，就必然要求经济增长从数量型向质量型转变，这是经济发展的客观必然。我国经过几十年特别是改革开放17年的迅速发展，目前已经进入了实行这一战略转变的时期。如果继续承袭传统的数量型经济增长的方式，由此而带来的效益低下、财力匮乏、结构失衡和通货膨胀等问题，将严重阻碍改革开放和现代化的进程。因此，在新的历史时期，实现经济增长方式的转变已是当务之急。

转变经济增长方式，提高经济整体素质，也是国民经济持续、快速、健康发展的迫切要求。目前我国经济在高速增长的同时，质量和效益没有相应提高，物质消耗大，损失浪费多，集约化程度低。我国每万元国民生产总值耗能是美国的3倍、日本的6倍；产品质量抽检合格率长期徘徊在65%左右，工业产成品库存每年都新增1 000多亿元；全部独立核算工业企业的资金利税率，由1986年的20.4%下降到1994年的10.2%。显然，这种高投入、低产出的增长方式已难以为继，不仅有限的资源无法承受，而且也必将影响经济持续健康的发展。所以，转变经济增长方式势在必行。

转变经济增长方式，提高经济整体素质，在改革开放以来虽然一直加以强调，但为什么至今没有大的进展呢？一定的经济增长方式是一定的经济体制的产物。说到底，影响增长方式转变的重要原因，是转换不到位的经济体制。在微观层次上，受传统的对生产指标负责的运行模式的制约，难以真正形成由企业自主决策的经营机制；负盈不负亏的利益结构没有彻底打破，企业缺乏技术进步的动力机制；国有资产经营管理体系不健全，企业资产重组机制；国有资产经营管理体系不健全，企业资产重组机制难以普遍建立起来。在宏观层次上，以压指标、要速度为倾向的直接管理仍然过多，没有根本摒弃传统体制下形成的企业评价标准；宏观管理和调控出现"真空"，缺少对企业行为的有效约束；政府部门管投资而又不能对投资效益负责，投资主体与市场主体相分离。这些旧体制条件下形成的问题，尽管在转型期带有一定的过渡性，但仍严重地阻滞着增长方式的转变。所以，实现经济增长方式的战略转变，根本之点就在于加快建立社会主义市场经济体制的步伐。

（二）

国有大中型企业是经济增长的主体，必然也是转变经济增长方式的主体。因为，国有大中型企业所拥有的人才、技术、信息、市场、所创造的利税仍然有相当优势和占绝大比重，是转变增长方式的主导力量；同时，国有大中型企业多是在粗放经营的增长方式下产生的，转变增长方式所要解决的问题也主要存在于这些企业。因此，转变增长方式的必然性和迫切性集中体现在大中型企业。转变这些企业的增长方式，不仅是克服其自身困难的重要举措，也是促进整个国民经济增长方式转变的关键环节。

当前，在市场经济条件下，约束大中型企业增长的主要方面已由资源供给转向市场需求，争夺市场的竞争日趋加剧。这在客观上势必要求我们，一方面加快企业经营机制的转换，一方面加快企业生产结构的升级。这两个方面内容的统一，就要求把企业的改革、改组、改造结合起来。这是搞好企业、转变经济增长方式的十分重要的途径。

——加快结构调整，适应市场需求。不合理的生产结构往往根植于传统的增长方式，因而调整结构是转变增长方式的重要切入点。总结以往的经验，在调整上必须按市场需求确定目标，抓住对结构升级有重大影响的优势产品和技术装备产品，集中扶持，重点突破，提高其市场占有率。尤其应借鉴日本等国家依靠设备制造业的发展带动结构升级的作法，逐步改变以引进技术支持最终产品的逆向发展格局，使技术装备产品尽快成为带动经济增长的先导力量。同时，围绕优势产品和技术装备产品，扩展产业链，形成有较大比较优势的支柱产业，避免齐头并进和资源的分散配置。

——加快资产重组，发展规模经济。盘活资产存量，发展规模经济，是实现经济增长方式转变的迫切要求。目前，在经营困难的企业中，有相当数量的存量资产不能发挥作用。从沈阳看，这类存量资产约占全部存量资产的1/5。而同时，又有相当一批优势企业因得不到资源的配置，难以进一步扩大经济规模。因此，有必要对现有企业进行一次大规模的改组，对庞大的存量资产进行有效的重组，在资产重组中，要以优势产品为中心，以优势企业为龙头，以资产为纽带，以购并企业为基本手段，以扩大市场占有率为目标，最大限度地引导存量资产向新的生产领域转移，大力促进企业集团化、规模化和集约化。当前，为了突破企业债务负担沉重的障碍，可采取先破产后兼并、先租赁后兼并和委托经营、企业托管等措施，推动资产重组加快起步，不断扩展。

——加快改造步伐，推进技术进步。技术改造是内涵扩大再生产的重要途径。推进技术改造要更新思路，加大力度。要把技术改造寓于企业改组之中，走改组与改造相结合，用较少增量调动较多存量的路子，形成低投入、高产出的良性循环。要紧密围绕重大产品、优势企业和支柱产业进行改造，集中力量，内外资并举，并坚持高起点、上水平、引进、吸收、消化国际先进技术，提高自主开发能力，促进结构升级，防止分散投入，低水平重复。同时，要实行产、学、研一体化，提高科学技术对经济增长的贡献率、科技成果向生产力的转化率，增强经济的整体素质。

——加快机制转换，增强企业活力。转换企业经营机制是转变增长方式的内在动力。当前，相当一些企业面临着双重矛盾，一方面机制转换不到位限制了增长效率的提高，另一方面增长效率不高又限制了机制的转换。许多企业债务负担和社会包袱沉重，有的资金利润率已大大低于银行利息率，如此低下的增长效率，使机制转换的难度加大。对此，要采取内转机制、外创条件的综合措施，这就是以建立现代企业制度为突破口，着力优化资本结构，加快实施债权改股权、贷款变投资等轻装减荷政策，尽快形成兼并破产、减人增效机制。企业改革归根到底是企业管理制度的创新，必须把转换机制与加强管理结合起来，更新管理思想，提高管理水平，挖掘企业潜力，提高经济增长的质量和效益。

（三）

实现经济增长方式的战略转变，需要从思想、体制、组织、领导等方面提供强有力的支持和保证。

转变思维方式，从思想上保证经济增长方式的转变。在传统增长方式的长期影响下，追求速度、忽视效益几乎成了一种普遍的思维定势。要实现增长方式的转变，首要的是打破这种思维定势，更新发展思路，切实做到“六个转变”。即：在指导思想上，由习惯于追求速度、粗放经营、外延扩张向讲求效益、集约经营和内涵扩大再生产转变；在工作重点上，由偏重于扩大经济总量向注重结构升级、重塑市场竞争优势转变；在发展途径上，由片面追求增量向同时注重搞活存量、加速资产重组、发展规模经济转变；在要素投入上，由偏重物质资源投入向注重科技进步、提高劳动者素质转变；在经营取向上，由习惯生产经营向注重资产经营、确保国有资产保值增值转变；在价值实现上，由浅层次适应市场向深层次开拓占有市场，积极参与国际分工与交换转变。

实行政企分开，从体制上保证经济增长方式的转变。在市场经济条件下，既然企业是经济增长的主体，那么政府部门就应当把直接管理经济的职能让渡给企业、市场和社会中介组织，通过有效的间接管理和宏观调控，来促进经济的增长。投资在目前来看还是拉动经济增长的重要因素，为提高投资的质量和效益，要逐步实现投资主体易位，由政府审批为主转变为企业决策为主，由直接管理为主转变为政策引导为主。同时，应强化政府部门宏观管理和服务职能，以优化结构为重点，建立以利润为中心的对企业的评价体系，综合运用经济、法律和必要的行政手段，加强对微观经济活动的引导和约束。

提高干部素质，从组织上保证经济增长方式的转变。提高经济整体素质，首要的是提高经济建设的组织者、管理者的综合素质，这是转变增长方式的必然要求和迫切任务。为此，应当对各级干部特别是领导干部进行多种形式的培训和教育，使他们切实从邓小平同志建设有中国特色社会主义理论中得到要领，掌握现代市场经济知识，并加快选拔一批由较高科学文化素质的人才进入各级领导班子，提高干部队伍的整体素质。同时，要科学地考察干部的实绩，尽快形成一个有利于经济增长方式转变的务实导向机制。

强化指导力度，从领导上保证经济增长方式的转变。转变经济增长方式关键在领导。党的十四届五中全会提出的“两个根本转变”，是继党的工作重心转移后作出的又一重大决策，必须在领导工作中切实加以贯彻和落实。在当前，尤其是转变各级领导者的思想观念，改变传统的对经济工作的指导内容和领导方法，把领导工作的重点与转变经济增长方式的重点统一起来，深刻认识和掌握客观经济规律，提高决策的科学化水平。

实行经济增长方式的转变，是一项艰巨复杂的历史任务，必须付出艰苦的努力。我们要在党的十四届五中全会精神指引下，结合自身实际，身体力行，善谋实干，努力搞好国有大中型企业，在转变经济增长方式中施展新的作为。

进一步认清形势和任务 努力做好新时期的人大工作

在市人大工作座谈会上的讲话（摘要）

中共沈阳市委书记
市人大常委会主任 张国光

同志们：1993年换届以来，我市人大常委会在市委的领导下，坚持以邓小平同志建设有中国特色社会主义理论和党的基本路线为指导，致力于做好新时期的人大工作，认真履行宪法和法律赋予的职责，以加快地方立法、讨论决定重大事项、加强对“一府两院”的监督、依法任免国家工作人员、密切联系人大代表和人民群众等方面，作出了积极的努力，保障和促进了我市改革、发展、稳定和各项事业的发展。市委对人大工作是满意的。下面，就如何进一步做好新时期的人大工作讲几点意见。

一、进一步认清形势，提高对新时期做好人大工作重要性的认识

做好新时期人大工作，必须科学地分析和准确地把握形势。当前，我们面临的形势，可以说国际环境有利，国内条件具备，尤其是我们经过“八五”期间的努力，为进一步发展奠定了较好的基础。“八五”计划的主要指标已提前完成，国内生产总值年平均增长率达到12%，经济综合实力进一步增强，全市呈现出经济持续发展，改革不断推进、社会基本稳定的良好局面。沈阳所以能发生这样大的变化，是全市人民共同努力的结果，其中也包括各级人大富有成效的工作。对此，应当充分肯定。

在看到形势有利一面的同时，我们还要清醒地看到，当前以及今后一个时期，我市将面临来自国内外以及我们自身的严峻挑战。国际间经济一体化、贸易自由化和区域集团化，发达国家对我国的歧视性贸易政策，使得我市对外开放面临更加复杂的局面。国内各地区调整结构、积蓄力量，力图在未来竞争中占据有利位置，使得我市的发展受到沉重的压力。因此，在看到成绩坚定信心的同时，我们要看到差距，增强危机感和紧迫感。必须从国内外形势变化的趋势和我市将如何跨入21世纪这一重大现实问题出发，来考虑问题，谋求发展。

面对新的形势，市第九次党代会提出：到本世纪末，沈阳要率先建立社会主义市场经济体制，全面超越小康标准，为实现“一高两大两化”的宏伟目标奠定坚实的基础。最近，市委常委在研究今后五年发展问题时，深刻感到，处于世纪之交的这五年，是我市经济和社会发展最

为关键的五年。把这五年工作做好了，我们就能够实现振兴沈阳的宏图大略。

实现这个历史任务，我们各级人大肩负着光荣而艰巨的使命。人民代表大会制度是我们国家的根本政治制度。在新时期坚持和完善这个制度，加强人大工作，对沈阳的发展具有重要意义。应当看到，随着社会主义市场经济的加快发展，客观上迫切需要各级人大以有效的立法和执法，保障和促进经济体制和经济增长方式的转变以及两个文明建设的发展；充分发挥人民当家作主的民主权利，把人民的智慧和力量更广泛地凝聚起来，为改革、发展、稳定和各项事业的兴旺发达奠定群众基础。在新的历史时期，人大工作任重道远，担子不是轻了，而是更重了；责任不是小了，而是更大了。对新时期的人大工作只能加强，不能削弱。

二、坚持以经济建设为中心，努力做好新时期的人大工作。

新的历史时期对人大工作提出了新的任务和要求。在世纪之交的新形势下，各级人大及其常委会要认真行使职权，积极进行探索，努力开展工作，进一步开创我市人大工作新局面。

1.坚持以经济建设为中心，努力促进改革开放和经济建设的发展。经济建设是全党的工作中心，全市各个方面的工作都服从，服务于这个中心。实践证明，经济建设离不开人大工作，而人大工作离开了经济建设就失去了最重要的工作对象。因此，各级人大在履行宪法和法律赋予的职责时，一定要把有利于改革开放和经济建设作为自己的出发点和落脚点，创造性地开展工作，努力促进经济建设和各项事业的发展。这应当成为做好新时期人大工作的重要指导思想。

2.搞好地方立法工作，大力推进社会主义法制建设。建立与社会主义市场经济体制相配套的法律体系是人大工作的首要任务。要在国家提出的社会主义市场经济法律总体框架下，根据我市经济发展的实际需要和突出问题，选好地方立法项目。在维护社会主义法律统一的前提下，地方立法要突出地方特色，在针对性和可操作性上下功夫。要积极主动地做好地方立法的组织协调工作，发挥各方面参与立法的积极性，拓宽立法工作渠道，以保证立法的速度和质量。

3.增强监督的力度和实效，支持和促进“一府两院”的工作。人大常委会要把加强法律监督同加强立法放在同等重要的位置，继续深入开展以执法检查为重点的法律监督，严肃认真地解决执法中存在的问题。对“一府两院”的监督，要站在地方国家权力机关的高度，从解决和发展生产力出发，坚持抓大事，积极促进“一府两院”及时改进工作。在加强监督中，要不断探索和完善监督方式，增强监督的社会效果。

4.充分发挥人大代表的作用，调动广大人民群众的积极性。要充分发挥人大代表的聪 明才智，注意把他们的关注点集中到深化改革、调整结构、技术改造、科教兴市等关系我市战略全局的重大问题上来，发动他们献计献策。尤其在讨论和决定全市重大事项时，要注意征求代表的意见，以促进决策的科学化、民主化。要努力拓宽代表知情知政的渠道，为他们执行代表职责创造条件。要发挥代表密切联系群众的优势，通过代表做好群众工作，积极主动地化解矛盾，巩固和发展安定团结的局面。

三、加强党对人大工作的领导，重视和支持新时期的人大工作。

我们党是执政党，加强和改善党委对国家政权机关的领导，是实现党的执政地位的重要途径。因此，我们各级党委必须重视人大工作，并协调好各方面的关系，尊重和支持人大工作。

一是要重视人大工作，充分发挥人大的作用。各级党委都要把人大工作作为党的工作的重要组成部分，给以高度重视，切实纳入重要议事日程。制定年度工作计划，召开重要会议，都要做到把人大工作同其他工作结合起来，一起研究，一起部署。在讨论研究全局工作和重大问题时，要注意听取人大常委会的意见。要积极支持人大常委会依法任免干部，认真做好沟通、协调工作，为把党委的意图变成国家意志创造必要的条件。为了使人大常委会更好地发挥作用，各级党委一定要对人大常委会的思想理论建设、领导班子建设和干部交流等给予更多的关心和支持。

二是要切实做好协调工作，支持人大依法开展工作的党委作为本地区的领导核心，有责任协调好人大与“一府两院”的关系，支持人大依法行使职权。人大常委会对“一府两院”的监督，本质上是对“一府两院”工作的支持，目的是帮助“一府两院”更好地依法开展工作，体现人民意愿。因此“一府两院”要充分尊重人大常委会的法律地位，接受其监督，积极按照监督意见改进工作。人大常委会也要支持“一府两院”的工作，在遇到复杂情况时帮助他们减少失误，在遇到困难时帮助们坚定信心，使“一府两院”能够创造性地开展工作。总之，各政权机关要在党委的领导下，各司其职，相互支持，形成合力，共同推进本地区各项事业的发展。

中共沈阳市委关于进一步加强党同人民群众联系的意见

为进一步加强新时期党同人民群众的血肉联系，更好地坚持全心全意为人民服务的宗旨，充分发挥党的政治优势，团结带领全市人民，振奋精神，克服困难，加快我市改革开放步伐，促进经济发展，保持社会稳定，全面落实市第九次党代会提出的各项任务，加速实现我市“一高两大两化”的宏伟目标，特制定本意见。

(一)深刻认识新形势下加强党同人民群众联系的重要性，增强密切党群干群关系的紧迫感

1.深化改革、加快发展、保持稳定，迫切需要加强党同人民群众的联系。始终保持党同人民群众的血肉联系，是我们党的性质、宗旨的要求。人民群众历来是我们党的力量

源泉和胜利之本。在改革开放新时期,人民群众依然是推动改革和发展的动力、维护社会稳定的主体。因此,在新形势下,能否坚持全心全意依靠工人阶级和广大人民群众,进一步密切党群、干群关系,是关系到改革成败、事业兴衰和稳定与否的大问题。当前我市正处于历史发展的关键阶段,改革、发展、稳定的任务十分艰巨,急需进一步加强党同群众的联系。随着我市建立社会主义市场经济体制步伐的加快,加剧了思想观念的碰撞、利益格局的调整,出现了一些新 情况、新矛盾。同时,在体制转轨中经济发展也遇到了一些新问题,加之我们有些工作不到位,部分群众生活出现了一些暂时困难,需要各级党政组织去关心和解决。我们只有把群众的困难解决好,把群众的思想情绪理顺。改革的深化和经济的发展才能得到人民的支持和参与,社会的稳定才能依靠人民来维护。而要化解矛盾,克服困难,除了从根本上依靠深化改革,解放和发展生产力外,当前尤为重要的是要大力发扬党的密切联系群众的优良传统,充分发挥党的政治优势,动员全市各级党政组织和社会各界都来关心和解决群众生活困难问题。特别是党员领导干部要率先垂范,勤政廉政,尽心竭力为群众办好事,办实事。只有这样,才能增强党对群众的凝聚力,调动广大群众的积极性,进一步推进我市改革和建设的发展,保持社会的长治久安。

2.我市在加强党同人民群众的联系方面,采取了许多切实有效的措施,做了大量工作。近几年,市委认真贯彻中央关于加强党同人民群众联系的一系列文件精神,特别是适应发展社会主义市场经济的新形势,不断加强党的思想作风建设,始终把保持党同人民群众的血肉联系,全心全意依靠工人阶级和广大人民群众,坚持走群众路线,为群众办实事,作为全市工作的一个重要指导思想。在决策上,对涉及人民群众切身利益的重大决定,注意事前广泛征求基层和群众意见;在联系群众渠道上,不断开辟新途径,建立了市级领导带班调研服务、联系点、工人联络员、人民建议征集、信访接待日等制度;在加强党风廉政建设上,狠抓了干部廉洁自律,查处大要案,纠正行业不正之风,以及廉政制度建设;在改进干部工作作风上,强化了务实导向,制定了加大工作抓实力度的18条意见;在关心群众生活上,广泛开展了“学雷锋,树新风,送温暖”活动,坚持年年为群众办实事,去年又作出保障特困职工生活的规定,为群众排忧解难。今年九届市委又提出要总揽全局,善谋实干,把体察群众疾苦,解决群众当前的生活困难,作为新班子的一项重要使命,并号召全市干部开展学习孔繁森、学习白秀彬,做人民公仆的活动。在市委的这一系列要求和带动下,全市各级党政组织和广大党员、干部注意加强同群众的联系,大都能自觉为基层办实事,群众对党和政府的工作基本满意。

3.在肯定主流的同时,必须清醒地看到,在党群、干群关系方面还存在不少问题,有的还相当严重。突出表现在以下五个方面:一是有些干部群众观念不强,对群众感情淡漠。有的认为群众路线“过时”了,搞市场经济用不着;有的遇到困难时想起群众,顺利时又忘了群众,不倾听群众意见,不关心群众疾苦。二是有些干部作风不实,热衷于形式主义、文牍主义。有的陷于“文山会海”,忙于迎来送往,工作飘浮,不干实事,好搞花架子,做表面文章;有的不走群众路线,专走“上层”路线,只对上负责,不对下负责,甚至虚报浮夸,弄虚作假。三是有些干部习惯于经验主义、主观主义。有的思想僵化,工作保守,抱着老经验不放,不支持新生事物;有的不尊重群众首创精神,唯我独尊。四是有些干部官僚主义严重。有的不深入基层,不了解实情,高高在上,盲目指挥;有的揽权推事,见权力就抢,见责任就推,对基层、群众的困难麻木不仁。五是有的干部不廉洁甚至严重腐败。有的被拜金主义、享乐主义所腐蚀,忘了党的根本宗旨,对基层单位和群众“吃拿卡要”;有的丢了党的艰苦奋斗传统,讲排场、比阔气,任意挥霍公款,大吃大喝,高档娱乐消费;更甚者置党和人民的利益于不顾,利用手中权力大肆谋取私利,贪污受贿,侵占公款,中饱私囊,引起群众强烈不满。这些问题虽发生在少数党员干部身上,但造成的不良影响很大,败坏了党和政府的形象与声誉,挫伤了广大群众的积极性,对党群干群关系造成了严重损害,必须引起各级党政组织的高度重视,采取有力措施切实加以解决。

(二)把握密切联系群众的重点,坚持决策依靠于民,勤政服务于民,廉政取信于民

4.依靠群众,正确决策。密切党同人民群众的联系,带领人民团结奋进,首要的问题是必须保证决策和决策的执行符合人民利益。各级领导班子决策要充分尊重群众、依靠群众,坚持从群众中来到群众中去。决策前分析形势要关注群众情绪和心态,制定决策要充分体现群众的意愿和要求,执行决策要看群众拥护不拥护。凡涉及人民群众切身利益的重大改革措施出台,要充分考虑群众的承受能力,坚持大多数人受益的原则,正确处理发展经济与改善生活、当前与长远、局部与整体以及国家、集体、个人三者之间的关系,慎重选择出台时机,认真做好传宣传发动工作,以取得群众的理解和支持。决策后,要加强巡视检查,发现问题要依靠群众及时修正、完善。要切实加强决策研究和咨询工作,努力做到决策民主化、科学化。要进一步强化决策责任制,对主观武断盲目决策造成重大损失的,要追究领导者的责任。

5.勤政实干,为民服务。勤政就是全心全意、完全彻底为人民服务。各级领导班子要有强烈的事业心和高度的责任感,努力做到“谋一方发展,富一方百姓,保一方平安,建一方文明”。首先是发展经济,各县(市)区局、各企业要千方百计缩小与先进地区和单位的差距。县(市)区要制订比、学、赶、超先进的规划,以进入全国百强县为目标,并不断推进位次前移;企业主管局(公司)要与全国同行业相比较,制定措施,在一定时间内达到全国同行业平均

水平乃至先进水平;企业要以同行业先进水平为目标,争创最佳经济效益。整体素质好的大企业要向全国工业500强和商业100强进军。亏损企业要强化扭亏责任制,尽力减亏扭亏。在发展生产基础上,要使城乡人民收入逐年增加,生活水平和生活质量不断提高。同时,要加强社会治安综合治理,降低发案率,提高破案率,增强群众安全感,要抓好精神文明建设,提高全民的综合素质和文明程度,争创文明县(市)区、文明单位、文明家庭、文明公民,使我市社会道德风尚有明显进步。

各级领导干部要肯于动脑、勤于动手,深入基层,调查研究,做到亲知、深知、真知。各级党政机关尤其是经济管理和执法部门,要进一步转变作风,牢固树立为基层服务的思想,特别是要关心、理解、支持大中型企业,为搞好企业创造宽松的外部环境。要继续治理“文山会海”,办公部门要修定完善精简文件、压缩会议的具体规定,为干部下基层创造条件。干部下基层要沉到第一线,进车间到班组,进村入户,同群众交朋友,当群众的小学生。干部下基层要制度化,今后要坚持完善以下制度:(1)领导干部到基层“蹲点”制度,选择改革试点单位,进行具体指导;(2)市级领导带班调研服务制度,帮助搞好大中型企业和扭亏增盈;(3)领导同志带领机关干部扶贫包户制度,帮助贫困村和贫困户脱贫解困;(4)现场办公制度,到基层现场解决问题;(5)干部下基层调研制度,每年必须完成几项重大课题调研任务;(6)干部参加劳动制度,各级干部要定期参加劳动,贴近群众。

6.惩治腐败,保持廉洁。领导干部要廉洁自律,秉公办事,合法用权,不搞特权。不准以权谋私,用权力作交易。党政机关领导干部要严格执行中央作出的廉洁自律“双五条规定”和“四条补充规定”;企业领导干部要按照中央新提出的廉洁自律“四条规定”严格约束自己。当前各级纪检和监察部门要加强对执行规定情况的检查,尤其是坚持禁止公款吃喝玩乐和利用婚丧嫁娶大操大办,检查结果记入干部廉政档案,对严重违反规定者予以党纪政纪处分。对违法违纪案件,要严肃处理,典型案例要公开曝光。

纠正行业不正之风,要认真贯彻中央今年集中狠刹三股风的要求,搞好专项治理。要继续以公安、工商、税务、金融、卫生、教育、房产为重点,抓好经济管理部门、执法部门和窗口行业单位的刹风整纪工作。各有关部门党政组织要采取综合治理办法,坚决铲除行业特权思想,严格制止和查处利用职权对基层单位和群众“吃拿卡要”的恶劣行为。继续推行公开办事制度,强化约束机制。

加快廉政制度建设。要落实廉政建设领导责任制,一级抓一级,一把手抓一班人,出现问题追究领导责任。要抓紧制定廉政的各项具体制度规定,当前重点要制定礼品登记和收入申报两项制度的具体实施办法,并大力推行和完善我市已实行的领导干部个人生活重大问题申报制度;要认真贯彻中央制定的《党政领导干部选拔任用工作暂行条例》,防止和纠正用人上的不正之风。

(三)选准密切联系群众的突破口,切实解决群众生活困难问题

7.各级党政组织、各社会团体要广泛动员起来,把为群众办实事,解决群众生活困难问题作为当前工作中的一件大事。关心群众生活是党的优良传统,是密切党同人民群众联系的根本途径。各级党政组织和领导干部必须时刻把群众的疾苦挂在心头,想群众之所想,急群众之所急,做群众之所需,对群众生活中的柴米油盐、衣食住行、冷暖安危问题要高度重视,倾公仆心,献同志爱,千方百计为群众排忧解难。解决群众生活困难问题,要建立责任制,明确责任者,各方通力合作;领导机关要率先垂范,领导干部要身体力行,要标本兼治,既“输血”又“造血”,既解决当前又考虑长远;要向改革要出路、要办法,靠深化各项改革来解决社会热点、难点问题。全市人民和社会各界要进一步动员起来,发扬团结友爱、无私奉献精神,广泛开展“温暖工程”活动,向城镇特困职工和城乡贫困户献爱心、送温暖。全体共产党员、共青团员和机关干部要带头参加,大力倡导各社会团体、企事业单位、个体私营业者积极投入,人人为扶困救急作贡献,以充分体现社会主义制度的优越性。

8.要广泛宣传、层层落实沈委办发[1994]21号文件及其补充规定,切实保障停产和亏损企业职工,尤其是特困职工的基本生活。建立领导干部扶贫包户网络,对城镇特困职工开展帮扶活动。要把开发性扶贫与救济性扶贫结合起来,鼓励效益好的企业与停产和亏损企业结成帮扶对子,帮助开辟生产门路,发展第三产业,进行生产自救。劳动部门、工会、共青团、妇联要大力抓好“再就业工程”,开展职业培训,拓宽就业渠道,鼓励自谋职业。对特困职工要搞好动态掌握,注意发现和解决新问题。还要认真解决好退休职工医药费报销、退休金足额发放问题。同时,要加快养老、失业保险改革步伐,进一步完善社会保障体系。

9.大力做好农村扶贫脱贫工作,认真解决好农村贫困户和受灾户的生活生产困难。要开展领导同志带领机关干部包村包户扶贫活动,在保障贫困户基本生活的同时,扶持他们生产自救,勤劳脱贫。继续做好市直部门包扶贫困乡镇和后进村党支部的工作,着力培植其新的经济增长点。要精心组织好小康村与贫困村一帮一结对子,帮助转变观念,开发资源,培养人才,兴办项目,做到先富帮后富,共同致富。进一步搞好科技扶贫,通过传授科学技术,发展多种经营,脱贫致富。广泛开展“光彩事业”活动,发动民营企业家帮助贫困户脱贫。同时,加大对康平、法库两县的扶持力度,组织实施好扶贫攻坚计划,动员和依靠全市力量,帮助两县尽快缩小与先进县区的差距。对于去年受灾严重地区,市县两级有关部门要继续关心和帮助解决灾民生产和生活中的困难。

10.采取综合调控措施,抑制物价过快上涨。物价问题与城乡居民

生活密切相关，要加强对物价工作的领导，认真落实控制物价目标责任制。有关部门要密切配合，综合采取经济、法律和必要的行政手段进行调控管理，使物价上涨幅度得到有效控制。还要抓好“米袋子”、“菜篮子”工程，同时，广开渠道，大力组织货源，抓好粮食、猪肉等重要商品储备，发挥中心批发市场吞吐调节作用，确保市场供应。要进一步完善生产发展基金、风险基金和价格调节基金制度，加强对物价的监控管理，对与人民生活密切相关的粮油肉菜和收费价格，实行监审制度。坚持制止乱收费乱涨价，物价部门要加强对价格和收费方面问题的管理。要认真贯彻实施市政府《反暴利反价格欺诈暂行规定》及各项实施办法，加强物价监督检查，严厉打击乱涨价、乱收费和假冒伪劣等各种扰乱市场的违法行为。

11.加大回迁工作力度，认真解决动迁居民不能按时回迁问题。首先要加强对房地产开发的属地管理，各区政府要加大监督力度，建设单位必须签订回迁责任状，实行奖罚责任制。其次，建设、规划部门对晾地皮而不开发的，要视情况分别予以经济处罚、公开拍卖、强行罚没处理；安置动迁户拖期的房地产开发公司，有积压闲置商品房的，可适当安置动迁户；已批准进行房地产开发动迁的地块未拆迁的，暂停拆迁；属于建设不配套的问题，有关部门要督促配套单位迅速采取措施，完成配套工程。同时，要千方百计筹措资金，加快竣工；要多方设法扩大房源，实行易地安置。有些确实到期回迁不了的，要向动迁户做好说明解释工作，并明确新的回迁时限，动迁户所在单位也要协助做好疏导工作。今年，除市政工程建设需要外，原则上不再进行大面积拆迁，严格控制动迁开发建设规模，防止出现新的回迁难问题。

12.各方要高度重视，妥善解决好企业集资不能按期返还问题。各有关部门要对本行业、本单位现有集资进行认真清理，督促和帮助企业做好还本付息工作。企业自身要千方百计筹措资金，力争按期返还。实在不能按期返还的单位，要召开职代会或股东代表会向群众做好说明解释工作，在征得大多数群众同意的情况下，先偿付利息，对本金适当展期、延期。

13.提前做好各项准备，防止冬季供暖出现问题。冬季供暖直接关系城市生产、工作和人民群众生活，各级党政组织要高度重视。各企事业单位要本着对职工和社会负责的精神，把按时缴纳供暖费与保证职工正常开资摆到同等重要的位置，优先安排。因拖欠或不缴供暖费造成停止供暖，影响生产、生活和社会安定的，要追究单位领导人的责任。各供暖单位要千方百计克服困难，努力做好冬季供暖工作。当前要组织力量加大收费力度，确保今冬供暖资金的落实。各级政府及企业主管部门要加强对供暖工作的组织协调和监督检查，有关部门要密切配合。同时，积极探索和稳步推进供暖费管理体制改革，逐步建立供暖保证机制。

（四）拓宽密切联系群众的渠道，加强监督和检查

14.积极疏通和拓宽联系群众的渠道，使群众呼声及时反映上来。要充分发挥人大、政协联系群众、反映民意的重要渠道作用，加强同民主党派的沟通、协商，对人民代表、政协委员的议案、提案和意见、建议，要认真研究和办理，并从中了解社情民意；要充分发挥工会、共青团、妇联和其他群团组织的桥梁、纽带作用，支持他们深入基层听取群众的意见和建议，帮助党和政府改进工作；要采取多种形式和开辟多种渠道加强与群众的联系，普遍推行公开电话制度，凡与群众生活和基层直接相关的政府部门和窗口单位，都应设立公开电话，随时听取群众的意见和要求，为群众排忧解难；建立完善市、区两级政府同工会的联席会议制度，重视工会意见，充分发挥工会对政府工作民主参与的作用；企事业单位要坚持和健全职代会制度，保障职工群众的民主管理权力；各县（市）区、各企业主管局（公司）要普遍建立同工人、农民、知识分子的联系制度，并通过他们了解民情、民意、民求、民心；在报纸、电台、电视台设立“政府与市民”专栏、专题节目，及时、定期就与群众生活密切相关的决定、措施，由市长、局长、区长与群众代表进行双向对话沟通。城乡基层党组织要普遍开展“串百家门，知百家情，解百家难，暖百家心”活动。同时，要充分运用现有的党员联系户、党员活动日、党员责任区等多种形式，动员广大党员密切与群众的联系，为群众办实事，并做好群众的思想工作，引导、教育群众，化解矛盾，理顺情绪。

15.加强对领导机关和领导干部的监督，督促干部廉政勤政。上级党政组织对所属单位领导干部联系群众的情况，要加强监督，定期检查；要坚持和完善领导干部述职报告制度和民主评议领导干部制度，评议时上级党政组织要派员参加，直接听取群众意见；充分发挥信访监督作用，对群众信访中揭发的党员干部违法违纪问题，各级纪检监察部门要认真对待，严肃处理，不准压置不理，不允许层层照转、不了了之；强化人民代表、政协委员、民主党派人士持证视察制度，各单位要热情接待，认真汇报，虚心听取意见，切实改进工作；进一步扩大职工监督员队伍，让群众对物价、治安、廉政建设、干部作风等方面实行直接监督；搞好舆论监督，对违背党的路线、方针、政策和法律，严重侵犯群众利益的现象，经调查核实后，报刊、广播、电视要大胆负责地揭露和批评，有关单位要认真处理。

16.明确标准，加强检查。根据党的基本路线要求，检验与群众的联系是否密切的标准是：(1)领导机关或领导班子的决策是否正确，是否体现民意，并得到群众的普遍拥护；(2)领导干部是否做到与群众同甘共苦，清政廉洁，勤政为民，在群众中有较高威信；(3)领导干部和机关干部是否经常到基层到群众中去，联系群众的渠道是否畅通，群众的意见、要求能否及时反映上来；(4)群众生活上的困难是否解决，社会热点问题是否消除；(5)本地区、本系统、本单位突出的不正之风是否得到纠正，群众是否满意；(6)经

济是否发展了,群众生活是否改善了,文明程度是否提高了。总之,检验的根本标准是“三个有利于”,主要是看“人民拥护不拥护”、“人民赞成不赞成”、“人民高兴不高兴”、“人民答应不答应”。全市各级党组织要按照上述标准,经常对照检查,以促进党同人民群众的联系不断加强。

(五)牢固树立群众观点,强化密切联系群众的导向机制。

17.组织再学习,进行再教育,增强密切联系群众的自觉性。全市各级党组织要认真组织广大党员、干部重新学习毛泽东、邓小平同志有关群众路线的论述和中央有关文件精神,普遍深入地开展一次马克思主义群众观点和党的群众路线的再教育,使全市党员和干部深刻认识到人民群众是我们党的力量源泉和胜利之本,牢固树立起人民群众是历史创造者的观点,干部的权力是人民赋予的观点,人民利益高于一切的观点,全心全意为人民服务的观点。要把再教育与“进场入轨、兴市富民”大讨论结合起来,与学习孔繁森、学习白秀彬活动结合起来,以孔繁森、白秀彬为榜样,树立正确的世界观、人生观、价值观,克已奉公,联系群众,全心全意为人民服务。要注意发现身边的先进人物,大力宣传和树立孔繁森式的先进典型,引导广大党员干部做到:心系群众,以公仆情怀,时刻牵挂人民温饱,体察人民疾苦,惦记人民安危;勤政为民,身体力行,及时解决群众的缺吃少穿,关怀群众的生老病死,抢救遭灾遇难的群众。各级党组织要把这项再教育工作列入党员干部教育计划,通过党校、干校和讲师团开展培训或举办专题学习班,把再教育落到实处并坚持经常。新闻单位要多宣传群众,充分反映广大工人、农民、知识分子的创造性劳动、先进思想和模范事迹。

18.强化干部联系群众的导向机制。党群关系的核心问题是干群关系,改善干群关系的关键在于各级领导班子。要把密切联系群众作为班子思想作风建设的一项重要内容,作为党风建设的一项重要任务,常抓不懈。各级领导班子都要建立联系群众的具体制度和规定,经常检查,自觉执行,并将是否密切联系群众作为班子民主生活会的一项内容。今后考核领导班子、领导干部时,要注重看政绩和社会公论,凡要提拔任用的干部必须得到绝大多数群众赞成和拥护。对那些严重脱离群众,失去群众拥护的领导干部,要加强教育,严肃处理;对那些以权谋私,搞不正之风甚至贪污受贿、敲诈勒索的,要从严处理直至依法惩办;对那些一心一意为群众办实事,上不负重托、下不负众望的干部,要大张旗鼓地表彰奖励,提拔重用。市和县(市)区局(公司)要加强对干部联系群众情况的督促检查,半年检查一次,及时发现问题,加以纠正和改进,并将检查结果在领导干部大会上公布,逐步形成良好风气,以带动和促进全市党员干部自觉加强同人民群众的联系,密切党群干群关系,为改革、发展、稳定打下坚实牢固的基础。

(1995年9月18日)

中共沈阳市委关于进一步做好救灾工作的意见

(1995年9月18日)

今年我市遭受特大洪涝灾害后,全市各级党政组织在省委、省政府的正确领导下,全力抗洪抢险,安民减损,目前已经取得了阶段性成果。为促进救灾工作进一步健康发展,特提出如下意见:

一、把握全局,统筹安排好救灾的各项工作

全市各级党政组织要深入贯彻省第八次党代会和市委九届二次全会精神,以救灾减损、生产自救和安排好人民群众生活为重点,坚定信心,振奋精神,自力更生,艰苦奋斗,坚持城乡一体,从全市工作大局出发,统筹安排好救灾的各项工作,依靠人民群众努力完成今年国民经济计划和其他各项工作任务。

在工作安排上,要坚持分类指导和重点扶持,区别受灾程度,根据轻重缓急,有重点地抓好抗灾自救和其他工作。要在保证灾民基本生活特别是越冬住房需要的同时,不失时机地恢复各业生产,并为明年生产做好准备。要切实做好经济互补工作,力求农业损失工业补,重灾区损失非(轻)灾区补,农村损失城市补,努力把灾害损失降到最低程度;要立足当前,面向长远,把重建家园与农村小城镇建设和落实新村屯规划结合起来,把恢复生产与调整结构、发展高效农业、提高综合效益结合起来,为争经过二至三年的努力,使农业和农村经济恢复和超过灾前水平。

二、抓住时机,全力恢复农业生产

在农业减产已成定局的情况下,要抓住时机,在前段排涝清淤、抢种晚秋农作物的基础上,加强后期田间管理,尽一切努力,增加过水农作物的收成。要抓紧恢复和发展保护地生产,提高新建蔬菜大棚的适度规模,改善市场供应,增加农民收入。要大力发展养殖业和其他各业,尽可能地弥补种植业的损失。要组织受灾严重的乡村多渠道地输出劳务,帮助农民进行资金积累和生产自救。

乡镇企业是县区经济发展的重要支柱。在抓好恢复农业生产的同时,要采取一切措施,帮助尚未恢复生产的乡镇企业尽快恢复生产。对那些产品质量好、效益好、市场好,只是资金短缺的企业,要多方支持,增加投入,促其快出效益,多出效益。要注意发挥城乡一体化的优势,组织大中型企业,通过人才交流、技术援助、产品配套等措施,搞好与乡镇企业的对口支援。受灾的乡镇企业在恢复生产中,要坚持调整与整顿相结合的原则,注意因地制宜,改善产品结构和组织结构。未受灾企业要想尽一切办法,增产增收,弥补受灾企业的损失。

三、突出重点,全面完成今年的工业生产任务

抓好工业生产,是搞好生产自救的基础,也是大灾之后保持全市稳定发展的根本所在。全市上下特别是各工业部门,一定要认清当前抓好工业生产的极端重要性，全面贯彻“恢复、整顿、调整、发展”的方针，切实做到“遭灾不减志，减损保增效”，精心组织，加强调度，努力完成全年工业生产任务。

受灾的工业企业和公用事业单位，要千方百计恢复生产，减少损失；未受灾企业要努力开拓市场，坚持满负荷运转，为完成全市工业生产任务多做贡献。要突出重点，调整结构，从实际出发，选择那些生产增长快、市场效益好的企业，在资金、原材料、能源以及有关政策等方面给予重点扶持。要进一步深化改革，全面搞好年初确定的搞好大中型企业的“八项工程”，尤其要大力推进资产重组，加快企业联合、兼并、转让和破产的步伐，优化资源配置，使更多的企业尽快地活起来。要加强生产调度，加快生产进度，提高工业经济效益。各经济综合部门和金融单位要牢固树立全局观念和服务意识，及时研究解决企业生产中的困难和问题，为企业完成全年生产任务创造宽松的外部环境。

四、全力以赴，扎扎实实地安排好灾民的生活

今年的洪涝灾害我市农村造成很大损失，灾民生活面临极大困难。因此，要将抗灾自救和安置灾民生活作为当前工作的重中之重抓紧抓好。全市各级党政组织、群众团体、各企事业单位以及广大共产党员、共青团员和社会各界人士，要视灾区为家园、视灾民为亲人，发扬奉献精神，开展多种形式的救灾活动，全力帮助灾民渡过难关。

要把救灾安民工作的重点放在灾情严重，倒塌房屋集中，减产幅度较大以及连续两年遭灾的乡、村、户上。各有关部门及各县(市)、区要在进一步核实灾情的基础上，通过扎扎实实的努力，保证灾区群众有饭吃、有衣穿、有被盖、有房住、有柴烧，学生有学上，患病能医治。当前要按照整顿性恢复的思想、互帮互助，群帮群助，搞好水毁村屯建设规划，严格限制占用耕地，积极组织城乡建筑队伍义务施工，搞好建筑材料供应，加快水毁村屯房屋建设。入冬前除辽中县的倒房户要有60％搬入新居，40％得到妥善安置，并保证安全越冬外，其余7个县(市)、区要保证绝大多数的倒房户搬入新居。

各有关部门要各司其职，各负其责，密切配合，协同作战，加强协调，认真研究制定支持恢复生产发展生产的政策措施。保证将筹集到的救灾款物迅速送到灾区和灾民手中。任何部门和个人不得以任何借口推诿扯皮，影响或阻碍救灾工作的顺利进行。对救灾款物的发放，要建立责任制，严明纪律，做到公开、公平，让每一位灾民都真切地感受到党和政府的关怀以及社会主义大家庭的温暖。各级民政、财政、审计、纪检、监察部门，都要从各自的职能出发，采取有效的监督措施，确保救灾安民工作的顺利进行。

五、增收节支，为抗灾自救提供支持

为加快生产自救和生活自救，在进一步多渠道筹措赈灾资金的同时，要大力开展“双增双节”活动，严格控制和压缩各项支出，保证救灾和预算任务的全面完成。

要严格资金管理，确保财政收入。对行政事业收费要严格执行收支两条线管理的规定，同时加强预算外资金的管理，确保资金的使用效益。要严格治理“乱收费、乱摊派、乱罚款”，规范征收税费行为，严格控制各种税费的减免，对必须减免的，一定要按照规定的减免程序办理，坚决杜绝任何个人、单位随意开口减免税费的行为，确保合理性收费应收尽收，以集中财力保证恢复发展生产和安置灾民的需要。

要树立过紧日子的思想，严格支出管理。坚持会议审批制度，从严控制会议规模、压缩会议时间。严格控制社会集团购买力支出，年内各级党政机关、人民团体一律不准新增小汽车、旅行车；亏损企业和受灾地区也不得新购小汽车和高档通讯器材等社控商品。严格控制差旅费开支，不准用公款外出休假旅游，严格控制外出参观学习，从严控制出国团组和人员。违反规定的，除费用自理外，还要追究有关领导的责任。严禁用公款请客送礼，吃喝玩乐。在抗灾自救期间违反上述规定的要加重处罚。

六、维护稳定，切实落实“保一方平安”的各项措施

各级党政组织要认真处理好发展与稳定的关系，在抓好生产的同时，切实关心和安排好人民群众的正常生活。

要加强商品流通和市场管理工作。针对我市农副产品生产受洪灾影响而减产的实际，有关部门和单位要进一步加大开源畅流的力度，积极组织货源，保证市场供应。同时，要进一步加强对物价的监控，严厉打击趁“水”打劫、哄抬物价和欺行霸市的不法行为。要进一步在全市范围内加大实施“温暖工程”的力度，提前安排冬季市民的生活。

要加强社会治安工作。各级政法部门要认真分析研究灾后社会治安的新情况和新问题，以城市的亏损和农村的受灾地区为重点，妥善处理好人民内部矛盾，把各种不稳定因素化解在萌芽状态和基层。要开展专项斗争，严厉打击各种严重刑事犯罪活动，努力为全市的改革、发展和抗灾自救创造良好的社会治安环境。要加强基础工作，切实把社会治安综合治理的各项任务落实到基层。

各级党政组织要密切联系群众，采取切实措施帮助群众解决生活困难问题。要加强对房地产开发的属地管理，确保动迁户按期回迁。要认真清理和整顿企业集资，督促和帮助企业做好返还工作。要采取有力措施，提前做好准备，保证人民群众平安越冬。

七、发挥政治优势，为抗灾自救、发展生产提供思想保证

宣传思想工作是我们克服当前困难的政治优势所在。各级党政组织和宣传思想工作部门，要依靠和发挥这一政治优势，宣传群众，组织群众，为团结和凝聚广大干部群众，坚定信心，振奋精神，自力更生，重建家园，奠定良好的思想基础和群众基础。

要大力宣传在抗灾自救中涌现出来的先进典型和事迹，宣传抗灾自救所取得的成果，教育和激励广大干部群众夺取抗灾自救的最后胜利。要深入群众，认真做好细致的思想政治工作，教育和引导人民群众理解党和政府在抗洪抢险工作中的方针、措施和对灾区人民的关怀，以理顺情绪，集中精力，努力搞好恢复生产、重建家园的工作。

各新闻单位要围绕市委、市政府关于抗灾自救的工作部署，坚持正面宣传为主的方针，正确把握舆论导向，为改革、发展、稳定和抗灾自救工作创造良好的社会舆论氛围。

八、加强领导，夺取抗灾自救的最后胜利

要坚持统一领导、分级负责，自上而下，明确责任，一级带动一级，一级抓好一级，务求实效。要转变领导作风，改进领导方法，深入基层，体察民情，多办实事，注意发现、总结和推广群众在抗灾自救中创造的成功经验，用以指导面上的工作。要教育广大党员干部牢固树立群众观念，廉洁自律，勤政为民，保持和发扬在抗洪抢险中形成的好思想，好作风，进一步密切与人民群众的血肉联系。要充分发挥各级党组织的领导核心、政治核心和战斗堡垒作用，充分发挥共产党员的先锋模范作用，团结和带领人民群众夺取抗灾自救、重建家园的最后胜利。

认清形势 把握大局 深化改革 进一步促进 我市经济持续快速健康发展

——张荣茂市长在市经济体制改革工作会议上的报告

一九九五年五月九日

同志们：

今天，市委、市政府召开市经济体制改革工作会议。这次会议的主要任务是，认真贯彻八届全国人大三次会议和全国经济体制改革工作会议、市第九次党代会精神，落实市人大十一届三次会议确定的改革任务，认清形势，统一思想，部署下一步改革工作，进一步推动我市新一轮综合配套改革的深化，开创我市发展和稳定的新局面。下面我讲三个问题：

一、认清形势，振奋精神，增强以改革促发展保稳定的信心

认清我们面临的形势，做出正确的判断和抉择，是搞好改革和其他各项工作的重要前提。我市经济发展的主流是好的。九十年代的前五年，是我市经济克服困难，开拓奋进，取得可喜成果的五年。特别是1994年，我们认真贯彻党中央“抓住机遇，深化改革，扩大开放，促进发展，保持稳定”的方针，正确处理改革、发展、稳定的关系，使国民经济在外部环境偏紧，农业遭受严重自然灾害的情况下，保持了持续增长的势头，促进了社会稳定。与上年比较，全市生产总值增长2.4%，工业总产值增长24.2%；出口商品供货值增长41%；第三产业在国民生产总值的比重已占45%以上，尤其是农业取得了抗洪抢险的重大胜利。可以说，去年是在困难中加快发展的一年，经济运行质量有所提高的一年，城乡人民生活总水平继续改善的一年。

我市经济之所以出现好的发展趋势，是与改革的推动作用分不开的。近几年，特别是党的十四届三中全会以来，全市人民按照市委提出的“建立新体制，再求新发展”的部署，以国家批准沈阳进行新一轮综合配套改革试点为契机，使改革向着建立新体制的目标迈出步伐，取得了较大进展，为经济发展提供了强大动力。

第一，进一步廓清了我市新一轮综合配套改革的总体思路和目标，并逐步形成共识。市委、市政府从沈阳的实际出发，经过充分论证，明确指出我市综合配套改革的总体思路和目标是：针对沈阳地处辽宁中部城市群、是东北地区最大中心城市和辽东半岛开放区开放城市，同时又是国有大中型企业集中、经济结构不合理、包袱沉重的老工业基地的特点，通过重点重组国有经济和构建区域性中心大市场体系，率先建立起社会主义市场经济新体制和运行机制，获得发展的先行效应，以进一步拓展城市功能，巩固住在市场经济条件下沈阳作为区域性中心城市的地位，为区域经济发展做出中心城市应有的贡献，争取到下个世纪初，把沈阳建设成为“一高两大两化”的、环渤海经济带和东北亚经济圈中的重要国际经贸城市。围绕这个总体思路和目标，我们制定了沈阳市综合配套改革总体方案和建立现代企业制度、建立社会保障体制、市场体系建设等九个方面的专项改革方案及有关重大政策措施。从而，进一步统一了全市干部群众的意志，为深化改革奠定了思想基础，指明了前进方向。

第二、认真贯彻落实国家五大宏观体制改革措施，实现了平稳对接。旧税制向新税制顺利转轨，运行基本正常；金融体制改革稳步推进，初步形成了以人民银行为领导、国有专业银行为主体的多种金融机构并存发展的金融组织体系；计划、投资、外汇体制改革也初见成效。

第三、以国有企业转机建制为重点的企业改革向深层推进，新的经济增长点不断成长壮大，经济结构逐步发生变化。一是24户大中型企业建立现代企业制度试点的各项基础性工作已经起步。二是股份制试点步伐加快，已发展到375户，股份制企业的规范化和转为上市公司的工作也取得一定进展。三是企业集团已发展到63个，初步形成了机床、输变电、汽车、东药、星光等一批对经济发展起支撑作用的企业集团，而且集团开始由第二产业向第三产业延伸，由单一生产型向科工贸综合经营型拓展。四是产权制度改革与经营方式改革相结合的多种改革试验取得可喜成果，“大企业划小经营单位”试点，加速了国有大中型企业走向市场的步伐；大中型企业多枝“嫁接”、合资合作、利用级差地租“腾笼换鸟”、“退二进三”等行之有效的改革方式都在继续推进；全市城乡股份合作制企业发展到8 000多户；实行公有民营的企业发展到600多户；有216户企业兼并222户企业，使被并企业的资产得到重新利用，职工得到合理安置；对33户资不抵债企业依法破产处理，推动了企业优胜劣汰机制的形成。同

时,“三资”企业、个体、私营经济不断发展,新经济增长点逐步成长,经济结构不断优化。

第四,市场体系建设取得很大进展,城市功能进一步提高。各类消费品市场已发展到510处,形成了遍布城乡的市场网络;集贸市场向大型化、专业化迈进,五爱等6个市场进入全国百强集贸市场行列。以优势产业、产品为依托的生产资料市场发展到56处,年交易额达120亿元,其中沈阳钢材市场进入全国八大钢材市场之一。要素市场建设向区域性中心市场的方向拓展,沈阳产权交易中心正式开业运营;国家级的中国沈阳人才市场、中国沈阳技术交易所正式开业,沈阳商品交易所被国家批准进行期货交易试点;金融市场拓宽了融资渠道,去年拆借资金比上年增长3.5倍,并引进了香港商业银行、招商银行、中信实业银行、太平洋保险公司等外资、外地金融机构;沈阳证券交易中心的软硬件建设进一步加强,并与上海、深圳证交所联网,去年交易额是前两年交易总额的3倍以上。此外,劳动力、房地产等要素市场和中介组织、经纪人队伍也有一定发展,市场机制和新的市场关系正在逐步形成。针对物价上涨过快的突出问题,通过采取一系列调控措施,使物价上涨过快的势头有所扼制。

第五,社会保障体系建设步伐加快,促进了社会基本稳定。我市已推出养老、工伤、失业、亏损企业特困职工生活保障金等10个保险项目。目前,全市国有和集体企业参加养老保险统筹的职工达206万人;参加失业保险统筹的职工达141万人;累计救济失业职工2.6万人,并向19万职工发放了特困补贴,适当提高了补贴标准。与此同时,推行职工个人积累与社会统筹相结合的养老保险试点和大病统筹与个人帐户相结合的医疗保险试点的准备工作已经就绪。在社会热点问题较多的情况下,社会保障制度对维护社会稳定起到了重要作用。

实践雄辩地告诉我们,沈阳这几年的发展得益于改革;沈阳今后的发展还要靠改革来推动。而且,已经取得的改革和发展成果,为我们继续前进打下了良好的基础,是我们的信心所在。

展望今年和今后一个时期形势发展的大趋势,我市改革和发展的机遇和有利条件进一步增多,我们更加充满信心。一是世界经济贸易由疲软转为复苏和普遍增长,将为我市更广泛地利用国际资源、开拓国际市场提供难得的机遇。二是国内经济强劲发展势头和先进地区市场经济的先发成熟,对我们既是严峻挑战,又催人奋起直追。三是今年国家把改革的重点,放在搞好国有企业上来,这对沈阳国有大中型企业相对集中的老工业基地的改革和发展,是个有力推动。四是经过十几年改革和发展的实践,我们在正确处理改革、发展、稳定的关系上,在驾驭市场经济和解决复杂矛盾的能力上有很大提高,积累了不少经验。这对于深化改革、促进发展,无疑是个十分有利的条件。

总之,我市进一步深化改革有基础、有机遇、有条件、有能力取得更大进展。但是,也必须清醒地看到形势严峻的一面和我们工作上的不足。随着国家宏观调控措施的加强,市场竞争更趋激烈,我市企业必将受到严峻考验;国有大中型企业中仍有许多企业市场竞争能力不强,包袱很重,还没有摆脱困境;转变政府职能及社会保险制度改革相对滞后,仍制约着改革的整体推进和建立新体制的步伐。

面对上述困难和问题,首要的是进一步解放思想,把精神振作起来。在市场经济条件下,企业之间,地区之间的竞争,往往首先表现在思想观念、精神状态、改革意识上的较量。从我市目前情况来看,思想解放的任务还远未完成,一些干部群众不同程度地存在着精神状态不佳、思想观念僵化、思维方式陈旧、心理习惯落后等问题。拿思想观念来说,不少同志还没有进入市场经济轨道。譬如,市场竞争是平等公正的竞争,而我们有些企业遇到困难,至今还跳不出乞求吃偏饭、要优惠政策的圈子;在市场竞争条件下,优胜劣汰是普遍的规律,而我们有些企业和主管部门还缺乏足够的思想准备,对企业的兼并、拍卖、资产重组还没有彻底打破部门所有、条块分割的框子;企业要以产品去争市场、求发展,而我们有些企业却缺乏靠过硬产品、名牌产品打天下的意识等等。拿精神状态来说,在困难增多的情况下,有的同志不能正确把握形势发展形势主流,往往是面对困难,无可奈何、无所作为、消极等待,缺乏战胜困难的勇气和信心。再拿工作的指导来说,当前企业确实存在许多困难需要我们帮助解决。但我们往往把精力主要放在解决具体问题上,而在体制上、机制上帮助企业解决根本问题研究的不够,抓的力度不够。这些思想观念和精神状态等方面问题不解决,改革和发展是无从谈起的。为此,我们要把思想解放作为“龙头”工程来抓,在全市范围内要更加深入开展“进场入轨,兴市富民”大讨论,使广大干部群众从计划经济旧观念的束缚中彻底解放出来,精神状态进一步振作起来,牢牢树立在较长的时期内靠改革战胜困难、赢得发展的意识。全市人民要充分做好思想上、精神上的准备,从计划经济走向市场经济,会遇到很多新情况、新问题、新矛盾。眼睛向内,迎难而上,走好自己的路,将是我们这一代人,也是沈阳这座老工业城市唯一的出路。

二、突出重点、明确任务,加快新体制建设步伐

按照国家批准的沈阳配套改革试点方案的部署,我市到1998年要率先建立起社会主义市场经济体制基础框架。这个框架包括,建立现代企业制度要有明显进展,基本确立市场竞争主体地位;基本建立起以商品市场为基础,以要素市场为重点的大市场体系;基本建立起以养老、失业、医疗保险为重点的社会保障体系;基本建立起符合国际惯例的、全方位对外开放的管理体制和运行机制;基本建立起适应市场经济要求的、主要运用间接手段进行调控的政府管理经济的体制;基本建立起保障市场经济健康发展的、比较完备的地方法规体系。从现在起到1998年还有三年多的时间,

任务是相当艰巨，时间是很紧迫的。

1995年是我市为在1998年率先建立新体制框架奠定基础的重要一年。今年的改革能不能迈出较大步伐，取得实质性进展，对沈阳经济的发展，对我市综合配套改革试点任务的完成关系重大。我们工作的大局仍然是贯彻中央二十字方针，通过深化改革促进国民经济持续、快速、健康发展，保持社会的稳定。

根据市第九次党代会的要求、今年综合配套改革的总任务是：突出企业改革特别是搞好国有大中型企业这个重点，坚持转机制、调结构、卸包袱，推进改制、改组、改造和强化管理，进一步加快市场体系建设；加快社会保障制度建设；推进政府职能转变。同时，配套搞好其他方面改革。

要完成今年的改革任务，在实际工作中，我们必须紧紧把握以下八个基点：第一，坚持把改革工作作为全市总体工作的重要组成部分，作为搞好各项工作的推动力，统筹考虑，加大力度，整体推进。第二，坚持实事求是，一切从实际出发，把“三个有利于”作为各项改革措施取舍和检验的标准，使改革为发展、为稳定服务，只要有利于沈阳的发展，就要大胆地试、大胆地闯。第三，坚持突出重点和综合配套相结合，集中精力抓住搞好国有大中型企业改革这个重中之重，来带动其他方面改革。第四，坚持着眼于搞活整个国有经济，不拘泥于保住所有的一兵一卒，而是对国有资本做价值形态的把握，抓大放小，扶幼促强，优胜劣汰，把资产配置到最能发挥效益的企业和产业中去，使其保值增值。第五，坚持改革和开放相结合，改革的取向是市场，解决市场机制问题；开放是进入市场，解决市场衔接问题；二者是统一的，各项改革举措都要着眼有利于开放、扩大开放。第六，坚持深化改革和强化管理相结合。严格管理是企业的基本功，改革和管理有区别，但又紧密联系，互相促进，要用改革的办法，建立科学的管理体系，这是建立现代企业制度的重要内容，也是提高企业效益和效率的重要途径。第七，坚持改革为拓展城市功能服务，改革的各项任务都要从拓展城市功能这个角度去探索、实施，综合配套改革试点的成功也在于此。第八，坚持把率先改革、大胆突破与遵循市场发展规律相结合，把改革纳入规范化、法制化轨道。

1995年改革的具体任务，市里已在下发的《改革要点》中做了具体安排。这里，我就几个关键问题，再重点强调一下：

（一）关于企业改革

企业特别是国有企业改革是今年经济体制改革的重点，搞好国有大中型企业是重中之重。首要的是要坚定搞好国有企业的信心，虽然当前国有大中型企业困难较多，但是经过十几年的改革，我们积累了一些经验，出现了一批有活力的企业，而且党中央、国务院对沈阳这个大中型企业集中的城市非常关心、非常重视，我们的国有企业是有条件、有能力搞好的。当然，这是个过程，不能一蹴而就，但经过我们几年不懈地努力，一定会取得明显成效。还要充分认识到，搞好国有大中型企业不仅是企业自身的事，而且涉及到方方面面，要把解决生产关系和生产力方面的问题，统一起来，在转机制、调结构、强管理、重改造、卸包袱上“五管齐下”，综合治理，尤其要认真组织实施好“名牌战略”等搞好国有大中型企业的“八大工程”，使企业逐步获得进入市场的动力和能力。今年企业改革要因厂治宜、分类指导，力争实现“七个一批”，即按照建立现代企业制度的要求，试点运作一批；发展完善企业集团造大船，壮大一批；推进资产流动重组，兼并、拍卖一批；实行优胜劣汰，依法破产一批；以存量资产吸引外资，嫁接改造一批；贯彻《公司法》，股份制企业规范发展一批；引进竞争机制，企业家优选一批。同时所有企业都要坚持眼睛向内，努力提高管理水平。具体说，国有企业改革要着重在四个方面下功夫：

1.进一步转换企业经营机制、加强企业管理。

要继续贯彻落实“转机条例”和“国有资产监管条例”，全面完成清产核资工作，加强国有资产管理；承包经营责任制到期的企业要向资产经营责任制和经营目标责任制过渡，建立起以净资产收益率、资本金利润率等重要指标为主的考核评价体系；对实行投入产出总承包的企业，要抓紧探索与新的财税体制相衔接的办法；要认真贯彻《公司法》，搞好股份制企业的规范和发展；要深化企业内部劳动、人事、分配制度改革，贯彻《劳动法》，全面实行劳动合同制或合同化管理，实行岗位技能工资，最大限度地调动职工的积极性。

加强管理是搞好企业的永恒主题。当前，我市不少企业管理水平不高，有的甚至退步，在市场严峻、资金紧张面前，往往掩盖了企业管理的不善。应该十分明确，没有企业的现代化管理就没有现代企业制度。在市场经济条件下，政府作为国有资产所有者，要求和监督企业加强管理，绝不是行政干预。强化企业管理是引导企业走依靠管理进步增加效益的重要途径。今年要继续深入开展“转机制、练内功、抓管理、增效益”活动，抓好企业基础管理和现场管理，尤其是强化以资金管理为突破口，加大企业内部财务管理力度和完善职工民主管理机制。加强管理要坚持从严治厂，依法管理，从而使国有企业特别是国有大中型企业的成本管理、资金管理、质量管理和营销管理水平有个明显进步，提高企业整体素质。需要强调的是，不仅国有大中型企业，全市所有企业都要在转换机制、强化管理上下真功夫，使效益明显提高。

2.抓好建立现代企业制度试点工作。

现代企业制度的特点是“产权清晰、权责明确、政企分开、管理科学”，我们要全面理解和正确把握这十六个字的内涵，使其有机结合，统一起来，不可偏颇。国家、省和我市确定的24户大中型企业建立现代企业制度试点工作，今年要在三个环节上取得实质性突破：

一是推进政企分开，确立国有资产投资主体，搞好建立国有资产管理和运营体系试点。实行政企分开是建立现代企业制度的前提条件，今年我们要先在三个行业试点，采取切实可行的措施，加速机械、轻工、商业等国有资产经营公司的组建，年内投入运营。通过试点，探索由部门管理转向行业管理的有效途径，把国有企业依法经营所需的各项自主权完全交还给企业。

二是确立试点企业的组织形式和企业法人财产权。试点企业的组织形式，要根据各自企业的实际情况，选择合适的实现形式，可以是独资的国有企业，也可以是国有控股、吸纳社会资金的混合所有的有限责任公司或股份公司，通过多个国有投资主体或者吸收国内外自然人和法人投资入股、企业兼并、产权转让等多种途径实现股权多元化。试点企业可在批准的股本金额度内向内部职工募集股金，同时成立内部职工持股会，作为公司的一个股东。市体改委要会同有关部门抓紧制定《股份制企业内部职工股管理办法》；市产权交易中心要编制通过产权转让，盘活存量资产，实施投资主体多元化方案，经论证后尽快实施。

确立企业法人财产权的工作，要十分明确是以保护国家所有权和保证国有资本保值增值为前提的，其目的是促进所有权与经营权的分离，使企业能够在确保所有者权益的基础上，独立运转，独立承担有限责任，真正成为法人实体和市场竞争主体。在这个问题上，试点企业和负责抓试点工作的部门一定要保持清醒的头脑，千万不可偏离方向。

三是统筹抓好增资减荷卸包袱工作，帮助企业解决改革和发展的现实问题。这是建立现代企业制度的基础性工作，要积极探索解决的办法。对历史和政策调整造成的企业债务包袱，试点企业、金融机构和政府有关部门要积极争取，区别不同情况，逐步实行“冲、改、挂”。尤其是企业要眼睛向内，把解决历史债务与转换经营机制结合起来，通过资产负债的重组和流动来解决。“优化资本结构”试点今年要全面启动，并与建立现代企业制度试点紧密结合，试点企业要想办法多渠道自补流动资金。同时，为了促进发展，在财政上根据试点企业具体情况，也可以给予返还部分所得税照顾，用于补充生产经营资金。要充分运用已经积累的经验和探索一些新办法，搞好“分流”企业富余人员和“分离”企业办社会职能。分流企业富余人员，各企业要主动想办法，开门路，同时发挥政府、企业和职工三方面积极性。要通过转岗培训、兴办第三产业、社会保险部门承接、鼓励职工自谋职业等多种途径妥善安置。分离企业办社会职能，要创造条件，将企业的服务性后勤单位，通过分立经营、承包、租赁经营、出让产权等方式，逐步从母体中分离出来。需要强调的是，分离企业办社会职能一定要从实际出发，先搞试点，逐步推开，不能一哄而起。

3. 盘活存量资产，促进结构调整。

我市国有固定资产净值达431亿元。其中国有工业企业固定资产净值达177.3亿元，这是我市特有的优势，是我市综合经济实力的主要体现。然而，这庞大的存量资产没有盘活，而是凝固在各类企业中，致使资产优势没有得到充分发挥。因此，盘活资产存量，优化资源配置，既是搞活国有企业的当务之急，又是对国有企业进行战略性结构调整。从这个意义上讲，改革也是一种全方位的资产重组，把改组、改制、改造有机结合起来，对我市有特殊重要的意义。在工作中要突出抓好四个重点：

一是以实施名牌产品战略工程为龙头，推进结构调整。名牌产品是一个城市工业的标志和经济发展的旗帜，如果没有相当数量在市场上打得响的名牌，没有相当规模的名牌企业群体，就很难真正形成自己独立的、有竞争力的工业基础，更难以在激烈的市场竞争中取胜。因此，发展沈阳的名牌产品，既是我市经济发展战略，也是十分紧迫的现实任务。我们要认真实施好我市名牌产品战略工程规划，动员企业、大专院校、科研院所等各方面的社会力量开展科技攻关，着力搞好重大产品的开发，创建一批新的名牌产品；发展壮大竞争力强、技术含量高、市场前景广阔的一批老名牌产品，扩大市场占有率，形成规模效益。实施名牌战略、调整产品结构，是调整经济结构的龙头。要通过产品结构调整来带动资本结构和企业组织结构的调整，资本结构和企业组织结构的调整，要为产品结构调整服务，逐步形成优势产业。各企业和经济主管部门要做好市场调研工作，把产品结构、资本结构和企业组织结构调整有机结合起来，理顺资本流向，优化资源配置。各经济综合部门和金融机构，要在名牌产品开发立项、资产配置、贷款等方面给予必要的支持。从而，促进我市工业早日形成主导产品竞争力强、企业机制灵活、行业优势突出、经济规模扩大的，能够适应市场经济要求的快速、健康发展的新格局。

二是实施造大船工程，发展完善企业集团。首先对现有企业集团进行产权界定、股份重组，强化核心企业的控股功能，扩大集团经济规模，并向跨地区、国际化经营发展。其次，今年重点建造好汽车、东药、机床、输变电、长白计算机等五艘大船，把组建集团与改制、改组、改造结合起来，促进存量资产的优化组合。再次，组建贸、工、科、融相结合的综合商社试点，今年要取得突破。商业城、金杯外贸公司要尽快制定方案，组织实施。

三是推进产权流动，使资产向优势企业集中。鼓励国有企业兼并、租赁、购买劣势企业；推进地处市中心地带的工业企业“腾笼换鸟”、“退二进三”；大力扶持国有企业以存量吸引增量，实行嫁接改造。今年要抓好30户大中型企业利用外资嫁接改造工作，争取年内完成169个“嫁接”项目，同时做好 50 户企业“嫁接”改造的前期准备，各行业都要树立几个“嫁接”改造的样板企业。与此同时，要加快中小集体企业资产重组和转制经营的步伐，年内城镇集体工业企业实行股份合作制的要达到30%以上，国有中小企业实行股份合作制改革也要由试点进入推广阶段，小型商业企业要全部实行公有民营。

四是积极稳妥地推进企业破产

试验。优胜劣汰是市场经济规律，能发展的企业大力扶持其快速发展，该破产的企业也一定要破产，而且不能只停留在小企业破产的小打小闹上，这就叫"抓一头，放一头，该活的活，该死的死"。今年要对资不抵债、拯救无望的国有大中型企业，选择2—3户实施破产处理。破产企业转让、拍卖土地使用权和财产处置收入，要首先用于职工安置。市破产办要抓紧研究、制定在债务处理、银行贷款处理和职工安置等方面的政策措施，着手建立预警制度，探索对濒临破产企业进行重组的途径，建立起企业破产机制。

4.造就企业家队伍，提高职工队伍素质。

搞好企业关键在人才。去年我市有些行业和企业通过探索选聘企业家，使企业面貌一新的实践，充分告诉我们，企业家的素质和积极性决定着企业的发展前途和命运。企业机制的转换、产品的开发、政策的运用、经营的方略、员工的凝聚力，终究都要靠企业家来把握和运筹。而且，一个好的企业家，不仅可以搞活一个企业，还可以通过兼并、兼职等多种形式，带活一批企业，这在我市已经不乏先例。因此，造就一大批企业家队伍，既有重要的现实意义又深远的战略意义。企业家是在市场竞争的社会实践中产生的，造就企业家队伍要把眼界打开，面向社会，不拘一格选拔人才，注意把思想解放、勇于开拓、责任心强、具有现代化管理知识和市场经济经营能力的人充实到企业领导班子。要抓紧制定企业家任职、流动、报酬、奖惩等方面的政策措施，建立起企业家脱颖而出的竞争机制和监督制约机制。今年要推行企业经营者由任命制逐步改为聘任制；要把"企业家人才市场"建立起来，把高级经营管理人才库建立起来，培训和储备一批优秀人才，为企业经理(厂长)选聘、流动创造条件。同时，要加强企业政治思想工作，加大企业智力投入，搞好职业道德、劳动技能等方面的教育，不断提高职工队伍素质，以适应市场竞争的需要。

在搞好国有企业改革的同时，我们还要从优化、完善我市整个经济结构出发，积极发展区街乡镇企业、"三资"企业和个体私营经济，加速开发区的建设与发展，促进新经济增长点的快速成长。

(二)关于社会保障制度改革

建立和完善社会保障制度是事关我市全局的一项重要任务，之所以重要，是因为深化改革要靠健全的社会保障体系来支撑；搞好大中型企业转换经营机制、促进经济发展要以健全的社会保障体系为基础；解除人们后顾之忧，促进人才的合理流动，维护社会稳定，要靠健全的社会保障体系做保证。近几年，我市社会保障制度改革取得了一定进展，但总的看，与我市社会生产力发展水平还很不适应。面临的突出问题是：社会保障还没有覆盖全社会；社会保障基金筹资渠道单一，资金严重不足；社会保障机制还不够完善。因此，今明两年我们要以养老保险为重点，在建立和完善具有沈阳特点的社会保障体系方面，加大工作力度，切实取得突破性进展。

1.扩大养老保险和探索新的养老保险制度。一是按照"全方位、一体化"的原则，扩大覆盖面。目前，我市参加养老保险的主要是国有企业和县区以上集体企业，还有其他各类企业约30多万职工没有进入社会养老保险网络。今年，除国家规定的必须实行行业统筹的企业外，凡是在沈阳辖区内的企业都要纳入沈阳社会养老保险，包括街办企业、校办企业、民营企业、新办企业、"三资"企业的中方职工、私营企业和个体工商业者等，以健全我市"全方位、区域性"的社会养老保险体系。二是多渠道筹集保险基金，探索新的保险模式。对扩大保险面，新进入保险体系的单位，要按照"一体化"的要求，实行全市统一的缴费标准，扩大基金来源；同时，在搞活资产存量上探索路子，筹集一部分基金；也可以从明年起探索在保证财政收支平衡的前提下，通过财政预算列支的办法，补充一部分资金；还可以争取社会捐赠等多种途径筹资。保险基金运营部门要在确保基金安全的前提下，通过开拓经营，设法使保费增值，在扩大养老保险覆盖面和多方筹集基金的基础上，要积极推进社会统筹与个人帐户相结合的保险新模式，对已经实行社会养老统筹的，要在保证基金收缴总量和保证基本支出的情况下，逐步减少企业统缴比例，增加个人缴费比例，这是深化养老保险制度改革的方向和最主要的措施。为此，要大力搞好宣传、教育工作，使全社会劳动者深刻认识到用自己的收入为社会保险提供积累，用自己的积累来保障自己，是每个公民的义务，这不是企业和职工向国家交钱，而是自己对自己进行投保。这项改革虽然很艰巨，但必须迈开步子，体改部门、劳动部门、金融部门、民政部门、人寿保险公司都要认真进行研究、测算，尽快拿出切实符合沈阳实际、操作性强的改革实施方案。对新进入养老保险的，要按新的办法，实行缴费计入个人帐户。三是加强对基金的管理。要十分珍惜保险基金，收好、管好、用好保险基金。劳动部门要组成专门机构，对基金收缴进行认真监督检查，市里还要成立相应机构，对保险基金的使用进行审计、监督，增加透明度。各基金运营部门要专户存储、专项使用，严防基金流失，保护投保者的利益。

2.进一步推进失业、医疗等保险制度改革。失业保险要面向全社会，继续扩大范围。失业保险基金按照以支定收、留有适当储备的原则，统一标准，实行统筹。特别是要继续抓好"再就业工程"，抓紧健全失业职工接收管理和再就业的运行机制，以及完善企业富余人员由市场安置的新机制。特困职工生活保障金制度要进一步规范和完善。各级领导要十分关心特困职工的生活，各部门要各负其责，千方百计把本部门特困职工的工作做好，要动员社会方方面面的力量，搞好"送温暖"活动。医疗保险要加快试点步伐，首先在沈阳经济技术开发区和南湖科技开发区推行大病统筹与个人帐户相结合的试点，注意积累经验，再逐步向面上推开。要结合世界妇女大会在我国召开，适时推行女职工生育保险。与此同时，要积极发展农村保险事业，坚持个人缴费为主、集体资助为辅的原则，采取多种措施，调动农民投保的积极性，以搞好“合作公积”式的农村养老保险，年内投保人数要达占农村劳动力总数的15%以上，农村医疗保险也要抓紧试点，逐步推开。从而使广大农民老有所养、病有所医、灾有所补。

3. 住房制度改革，今年的主要任务是：全面推行住房公积金制度，稳妥地推进租金改革，积极出售公有住房，并结合“安居工程”的实施，加快经济实用住房的开发建设，努力解决住房特困户问题。同时，改革城镇住房维修、管理体制，试办企业化的管理公司，加快住房社会化服务体系建设。

（三）关于市场体系建设和流通体制改革

加速构筑区域性中心大市场，是拓展沈阳中心城市功能的一项重要举措，是新一轮改革的重头戏之一。我们要把搞活流通与搞活企业结合起来，把加强市场体系建设与发挥区域性中心城市作用结合起来，在上档次、上水平和加强市场调控上多下功夫，重点抓好以下环节。

1. 消费品市场要扩功能、上水平，进一步完善网络体系。通过改造与建设结合，使我市粮食、蔬菜、果品、肉类、水产品、五金、文化用品等中心批发市场形成规模；搬迁改造九路、八一早市、南五等8处集贸市场；抓紧五爱商贸区的整体改造，完善各种配套设施。同时，要加快东亚商业广场等18座现代化大型商贸设施建设，尽快投入运营，从而改善我市消费环境和购物环境。

2. 加快培育生产资料市场，要抓紧建材中心市场、燃料市场、汽车配件中心市场和输变电产品市场建设，年内要开业运营。要完善钢材市场、汽车市场、机床市场、通用设备市场，增强服务功能，扩大交易规模，形成区域性营销网络。同时，要做好沈阳商品交易博览中心的立项和开工前准备工作。从而尽快把我市的优势产业和产品吸纳过去，汇入大流通，并使我市早日形成区域性生产资料市场格局。

3. 大力发展以金融市场为龙头的要素市场。金融市场是诸要素市场之首，要在进一步规范和发展银行间资金拆借、票据贴现业务的同时，抓紧改造城市合作银行。年内，要把合作银行改造成为真正地方商业银行，并抓紧改造城市信用社，使其尽快纳入合作银行体系。尤其是抓住国家批准我市引进外资银行的有利时机，积极引进外资和国内商业金融机构，要积极帮助荷兰商业银行沈阳代表处尽快开业，认真做好引进韩国外换银行、荷兰金融集团等国外商业金融机构和引进国外保险机构的工作，特别是要十分重视争取国外银行在我市设立分支营业机构，开展金融业务。还要积极争取国家政策性银行、光大、华夏等商业银行来我市设立分支机构。证券交易中心要努力改善交易条件，扩大上市品种和规模，年内会员要争取达到150户，并继续积极申请争办沈阳证券交易所。外汇调剂中心要扩大外汇调剂业务，更好地为企业引进外资服务。同时，还要搞好银行现代化支付系统改革试点。

沈阳产权交易中心要强化功能，鼓励和引导国有企业产权上市交易；鼓励各类企业的股权、专利权、实物资产入市交易。要完善交易规则、规范交易形式，加强产权评估等基础性工作，年内要初步实现与省内其它13个城市产权交易联网。

进一步办好国家级的中国沈阳技术交易所、中国沈阳人才市场和沈阳商品交易所，在健全机制、完善功能、加强载体建设、改善交易环境和服务手段等方面要取得明显进展。要加强劳动力市场建设，国家批准的中国沈阳劳动力市场要抓紧筹建，早日开业运营。房地产、技术信息等市场建设也要取得新进展。

4. 从我市市场经济发育程度的实际情况出发，积极稳妥发展中介组织和经纪人队伍。中介组织和经纪人队伍是伴随市场经济发育程度应运而生的，是新兴第三产业之一，是沟通政府、企业、市场的纽带。今年工作的重点要放在从自然发展引导到规范发展的轨道上来。首先，要陆续出台我市的实施方案和有关政策法规。其次，要着手建立主要用经济办法对经纪人队伍的经营管理体系，年内要采取自愿组合的办法，试办2—3个经纪人事务所，把自然人、经纪人组织起来，并改造国际经纪公司等法人经纪人。第三，要抓紧对经纪人的培训、资格验证和规范从业发证发照，研究制定佣金、税收、发票、结算等规范运作办法。发展中介组织和经纪人，既要积极又要稳妥，防止一哄而起，吃夹生饭。

5. 推进价格改革，强化市场调控。今年价格改革要继续坚持“增源畅流，以量稳价”的方针，重点放在建立健全市场价格法规体系，强化政府调控价格的经济手段，规范市场价格行为上，以确保物价涨幅明显低于去年。尤其是要把实施好“米袋子”、“菜篮子”工程，作为稳定物价、强化市场调控的重中之重来抓。要在稳定家庭联产承包责任制等各项改革措施的基础上，增加科技投入，引导农民发展适度规模经营和粮食深加工；要进一步改革粮菜流通体制，采取经济手段与行政手段相结合的办法，整顿粮菜流通秩序，规范交易行为，制约粮菜的不合理流向；要注意发挥国合商业的主渠道作用，发展粮食连锁经营，抓紧200家连锁店建设，搞好便民服务，确保居民供应。同时，运用好粮食风险基金、副食品价格调节基金，以调节供求，平抑物价。从而进一步调动农民生产积极性和确保全市人民的基本生活消费，使“米袋子”、“菜篮子”工程在保障供给、维护社会稳定中发挥重要作用。

6. 继续深化流通体制改革。大型商贸企业要走集团化经营的路子，中、小商饮服企业要彻底放开。批发企业要推广沈阳五金公司的经验，实行一业为主，多种经营。供销社系统要大力推行公有民营。根据我市新建居民小区日趋增多这一特点，要在继续坚持发展商业网点的同时，大力发展超级市场和连锁店。积极组织有条件的物资经营企业开展物资配送业务，提高物资流通的社会化和仓储合理化程度。

关于农村体制改革和外贸体制、科技教育体制等方面的改革工作，市里已经分别在专业会上做了具体部署，各有关部门要按照市里安排，把工作抓紧抓实。

(四)关于转变政府职能问题

发展市场经济、拓展城市功能，迫切要求加快政府职能的转变。这项工作虽然前几年我们进行了一些探索，采取了缩编减员措施，使政府的办事效率有所提高，但是还没有按照市场经济的要求，使政府职能实现根本的转变，制约了企业改革的深化。因此，必须充分认识加快转变政府职能的重要意义，加大操作力度，尽快迈出实质性步伐。

按照市场经济规律的要求和根据我市的实际情况，要进一步明确转变政府管理经济职能的方向。这就是实行政企分开，把企业的经营自主权切实还给企业，把资源配置的职能逐步转移给市场，把经济活动中社会服务性和一部分监督职能逐步较交给中介组织。使政府职能转到加强对经济的指导和调节上来，着力抓好制订经济发展战略规划、调整经济结构、引导生产力合理布局、管理国有资产、以及对改革开放、经济发展重大事项的决策；转到加强城市的规划、建设和管理，搞好基础设施建设，为经济和社会发展创造条件；转到培育和完善大市场体系，组织社会保障、调节社会分配、提供就业机会和发展各项社会事业上来，为拓展城市功能提供良好环境。

转变政府职能是艰巨、很复杂的。今年，我们要在四个方面多做些扎实的工作，抓出实效。

一是各经济综合部门、杠杆部门和监督部门要加快职能转变和机构调整，抓紧建立起适应市场经济的决策、调节、监督、服务管理体系，使经济综合部门精干、统一、高效，从而保证市政府对经济调节和宏观决策的科学性、权威性。同时，在进一步划分市和县(市)区两级政府职责权限，充分发挥其作用的基础上，各县区也要根据各自的情况，重点围绕调整优化产业结构、加强地区管理服务功能、发展外向型经济等方面搞好职能转变，以增强驾驭市场经济的能力。

二是各企业主管部门要在进场入轨、促进行业发展上，更好地发挥作用。在目前情况复杂、困难增多的情况下，改革、发展和稳定的大量工作，需要企业主管部门去做。同时，企业主管部门面临着如何适应市场经济要求，通过职能转变，更好发挥作用的问题。在这方面，有许多课题需要探索。近一、两年，要重点在三个方面多动脑筋、多想办法，探索出路子。首先，企业主管部门要真正从婆婆的位置上退下来，经政府授权，通过组建国有资产经营公司，着力抓好本行业国有资产的运营，促进国有资产保值增值。市里确定的机械、轻工、商业三个试点部门要先行一步，摸索路子，总结经验，以便逐步推开。其次，一些具备条件的主管部门要着手向经济实体转变，通过组建集团公司，带领大兵团在市场竞争中去拼搏、去发展。第三，所有企业主管部门都要在加强行业管理、规划行业发展、搞好行业的协调服务上探索新的路子。

三是加强市场经济法规制度的建设，这是政府职能的重要内容、法制建设的重点。第一是规范政府管理企业的行为，弱化单纯的行政手段，强化经济手段和法律手段方面的法规制度；第二是规范企业的行为，促使企业依法经营的法规制度；第三是规范市场的行为，确保公平、公正竞争，维护市场秩序的规章制度。从而，引导市场经济按照法制化轨道健康发展。

四是加快完成市级机关“三定”工作，推行国家公务员制度。

三、加强领导、精心组织，动员全市人民积极投入建设新体制的伟大工程

当前，我市配套改革的势头很好，目标清晰，任务明确，机遇难得，关键是把全市干部群众组织起来，投入改革的伟大实践，抓好各项改革任务的落实。

首先，要进一步把全市人民动员起来，支持改革，参加改革。社会主义市场经济体制，是一个长期发展的过程，也是一项艰巨复杂的社会系统工程和广泛深刻的社会大变革。改革的综合性、协调性和配套性，决定它越来越涉及到人们的基本经济利益关系。因此，把全市人民动员起来，组织起来，投入改革实践十分重要。要加强改革的宣传教育工作，各级宣传部门和新闻媒介要对我市改革的形势、任务、措施，遇到的问题进行大力宣传，形成强烈的社会氛围，取得群众的谅解和支持；要通过宣传教育激发人们的改革热情，也要教育人们发扬奉献精神，增强社会责任感，积极参与改革，要采取各种措施，普及社会主义市场经济基本知识，使人民进一步解放思想，更新观念。特别是当前社会热点问题增多的时候，各级领导同志要多做思想工作，关心群众疾苦，增强人民群众对改革的坚定性和自觉性。

其次，要加强组织领导，强化改革责任制。各区、县(市)、各部门、各单位都要把改革任务纳入本部门的目标责任制，实行目标管理，尤其是各级党政主要领导，要把推进改革与发展、稳定有机结合起来，统筹抓好，并把改革任务完成情况作为评价部门工作和考核部门主要负责人的一项重要标准。为了加强改革的组织运筹和协调领导，市里成立由市委、市政府主要领导同志牵头的市综合配套改革领导小组。同时成立建立现代企业制度试点、市场体系建设、社会保障制度改革等专项改革指导组，负责各专项改革的方案设计、组织实施、跟踪协调，及时解决改革运行中的具体问题。

第三，要加强协调，求真务实。创建新体制的特点要求我们必须加强协调配合，发挥整体优势。各部门、各单位要顾全大局，通力合作，防止相互掣肘、政出多门、各行其是。市体改委是市委、市政府抓改革工作的参谋和助手，要加强对改革的统筹规划、综合协调、政策研究制定、组织实施和跟踪服务，做好由市体改委一个漏斗出改革政策的工作。各级党政领导同志，要支持他们的工作，注意发挥他们的作用。体改委要和各部门加强配合，有机联动，并进一步加强自身队伍建设，不断提高政策水平和业务能力。

要进一步转变作风，加大对改革工作的抓实力度。各项改革措施

的出台，一定要周密设计，搞好规划和实施方案，防止在操作中吃“夹生饭”。要注重调查研究，建立社会主义市场经济体制是一项前无古人的创造性事业，在前进道路上新矛盾、新困难会经常出现，要深入调查研究，做到心中有数，增加工作的超前性、预见性和科学性。要突出重点，着重抓好几件对全市经济发展和人民群众十分关心的改革大项目，打成功率。

同志们，搞好综合配套改革关系到沈阳的兴衰，与全市人民的根本利益密切相关，我们要上下一心，振奋精神，迎难而上，坚定不移地推进改革，促进发展和稳定，为在我市率先建立起社会主义市场经济新体制，加速沈阳振兴做出新贡献。

实施“科教兴市”战略 促进经济发展和社会进步

—在沈阳市科学技术大会上的报告

张荣茂

（一九九五年十一月九日）

同志们：

这次科学技术大会是在全市人民战胜特大洪涝灾害，学习、贯彻党的十四届五中全会精神，迎难而上，一鼓作气，努力完成全年国民经济计划和各项工作任务的情况下召开的。大会的主要任务是，贯彻落实全国和省科技大会精神，认真总结改革开放以来、特别是1992年我市科技进步和知识分子工作会议以来，在国家科委和省的支持与帮助下，靠市场导向，推进科技进步，促进经济和社会发展的实践经验，提出促进科技与经济的结合、进一步加快科学技术进步的任务和措施，动员全市干部和群众，齐心协力，掀起实施“科教兴市”战略的热潮，促进经济发展和社会全面进步。根据这次会议的主要议题，我代表市委、市政府讲几点意见。

一、几年来科技工作的简要回顾

八十年代初，我市经济体制开始由计划经济向市场经济转轨，科技工作则从科技成果下乡、工厂技术攻关悬赏入手，进行介入市场的探索，起步较早。后来通过逐步兴办科技市场，调动科技人员的积极性，促进科技与经济的结合、科技与金融的结合，使全市科技工作发生了深刻的变化，加快了产品结构调整和技术改造的步伐，促进了国民经济持续、快速、健康发展。前不久，在全国首次举行的“全国科教兴市先进城市”评选活动中，我市位居全国30个先进城市的第3位。

第一，科技体制改革不断深化。沈阳作为全国第一个科技体制改革的试点城市，以开拓市场为突破口，逐步打破原有封闭的科技管理体制，推动了科研机构和科技人员走向市场，全市各地区、各部门广泛开展的技术交易活动更为活跃。去年二月，国家科委正式批准在我市建立国家级技术交易所后，一个多层次、多渠道的技术交易网络已经初步形成，有效地沟通了供需双方。“八五”期间，全市技术贸易成交额累计达70多亿元，科研院所、高等院校共为我市转让科技成果1 183项。还有一批科技人员走出高楼深院，创办和领办了一批民营科技企业，现已发展到近3 000家，成为我市经济发展的新增长点。

第二，企业技术进步工作取得较大成绩。我们进行了国家批准的“加速高新技术产业化、促进传统产业改造”的试点，以及国家级南湖科技开发区的建设，并在高新技术产业化取得进展的基础上，实施了以运用高新技术的“火车头”带动传统产业改造的“车厢”为目标的“百亿工程”，从而加快了自主开发和高新技术产业化的进程，促进了传统产业的高起点改造以及重点行业上水平、上规模、增效益。由于开展了企业技术进步工作，使企业技术开发能力提高，加快了产品更新换代的步伐，开创了一批名牌产品，增强了企业活力，“八五”期间投入批量生产的新产品已达8 000多种。在国家和省的支持下，“八五”期间我市对1 100个企业进行了技术改造，累计投资达162亿元，竣工项目840个，使凿岩机、打印机、啤酒和热水器等一批名牌产品提高了规模经济效益。“产学研”联合工作的健康发展，也促进了科技成果的转化。此外，在质量、节能、标准、计量、专利、信息、咨询、人才培训等方面，也取得了较大成绩。

第三、“科技兴农”取得了明显成效。全市各县（市）、区逐步把农业科技摆在科技工作的突出位置，推进了农业和农村科技进步。“八五”以来，全市共取得重大农业科技成果190项，重点推广了水稻抛秧等一些农业先进技术，实施星火计划186项，培育了一批科技含量较高的农村产业，有效地推动了农业和农村经济发展，促进了农村的生产、生活设施建设，农民人均纯收入有了较大幅度的提高，并为改善城镇居民的主、副食品供应做出了贡献。

第四、科学技术研究实力不断增强。由于科研机构和高等院校主动面向经济建设主战场，促进了科技成果向现实生产力的转化。“八五”以来，全市共取得科技成果6 000多项，其中荣获国家科技进步奖和国家发明奖65项。全市还相继建设了工业机器人等5个国家级工程研究中心和24个市级中试基地，促进了科技成果的转化。包括火炬大厦、南湖和北陵的两个科技开发区，以及各区办的园区在内的发展科技事业新格局，表明我市为进一步推进科技进步，已经奠定了坚实的基础。

第五，科技进步支撑体系初步形成。几年来，我市已逐步建立包括财政、金融、企业和社会投入在内的科技投入体系，使科技投入大幅度增加，到1995年，科技三项费用已增加到7 600万元；科技贷款余额已增加到20多亿元；企业技术改造投入已增加到25亿元。同时，还发行短期科技债券、建立科技风险基金、民营科技贷款担保基金等。近年来，我市还先后出台了《沈阳市科技进步条例》和《沈阳市科技投入条例》等一批科技政策和法规，为科技事业发展创造了良好的外部环境。

同时，我市在医疗卫生、人口控制、生态环境、资源开发等社会发展方面依靠科学技术，攻克了一批技术难题，促进了社会事业的健康发展，为提高人民生活质量和推动社会进步做出了贡献。

在充分肯定成绩的同时，我们对推进科技进步的成效不能估计过高。应清醒地看到，虽然我们被评为全国科教兴市的先进城市，但我们经济发展存在着结构不合理、经济效益低等一些深层次的矛盾，相当一部分国有大中型企业尚未走出困境。这是因为我们科技与经济结合的问题还没有从根本上得到解决，主要是企业依靠科技进步不够，科技人员的积极性没有能够得到充分的发挥，科技成果没有能够更好地得到推广应用，围绕经济建设中的难题进行技术攻关的力度不强，没有扎实地应用管理技术来挖掘生产潜力，科学技术在全民中的普及工作也没有放在突出位置上。这些问题都有待于我们在今后的工作中切实加以解决，努力开创“科教兴市”的新局面。

二、“九五”时期科技工作的主要任务

“九五”时期是沈阳改革开放和经济发展的一个极其重要的历史时期，综观世纪之交的国内外形势，我们有不可多得的历史机遇，有加快发展的基础条件，同时也面临着严峻的挑战，需要认真地解决一系列矛盾和问题。能否在“九五”及以后10年这个关键时期，审时度势，因势利导，抓住机遇，加快发展，按国家希望走出一条面向市场搞技术改造焕发老工业基地青春的路子，关键在于实现“两个转变”，即经济体制由计划经济向市场经济转变，经济增长方式由粗放型向集约型转变。为此，我们要认真落实“科技是第一生产力”的思想和“科教兴市”战略，使我市科学技术有一个新的解放和大的发展，切实把经济建设转到依靠科技进步和提高劳动者素质的轨道上来。

根据我市国民经济和社会发展的“九五”计划，在“九五”期间，我市的经济总量和人均水平实现持续、快速、健康增长；在建立现代企业制度，发育和完善市场体系，健全社会保障制度，转换政府职能的基础上，初步形成社会主义市场经济体制的基本框架；全面展开跨世纪的经济建设布局，超前建设城市发展需要的现代产业体系和基础设施，在开放中使沈阳产业结构进一步优化；实现经济社会的协调发展；人民生活全面达到小康水平并向更高水平迈进，城市综合实力进入全国大城市前列。到2000年，我市国内生产总值(现价)将达到1 780亿元，社会商品零售总额可达640亿元，自营出口创汇可达13亿美元，5年实际利用外资40—50亿美元。为了适应和促进全市经济发展和社会进步，“九五”期间我市科技发展的主要战略目标是：到2000年，我市科技进步对经济增长的贡献率要达到47%；若干科学技术领域达到国际当代先进水平，科技成果推广应用率要达到80%；农业先进技术覆盖率和工业产品的高新技术比重都要有新的提高；社会发展领域的科技进步要继续改善城市环境和居民生活的质量，人口平均期望寿命提高到74岁。

为了实现以上目标，“九五”期间我市科技工作的主要任务是，抓好科技与经济的一体化，在科技与经济的结合上要有所突破；组织和动员全市科技力量，攻克国民经济发展中迫切需要解决的关键问题；大力发展高新技术，促进其产业化进程，加快用高新技术改造传统产业；搞好国内外科技成果的推广应用，提高经济增长的质量和效益；大力加强科学技术普及工作，努力提高全市人民科学文化素质；要加快建立新型科技体制，扩大科技对外开放，搞好跨世纪的人才培养，为21世纪的新发展提供科技储备和支撑，为增强我市综合实力、加快老工业基地振兴做出新贡献。为了完成上述任务，要重点抓好以下五个方面的工作。

第一，要使实施“科教兴市”战略的重大意义形成共识

实施“科教兴市”战略是落实科学技术是第一生产力思想的战略决策，是保证国民经济持续、快速、健康发展的根本措施，是走出一条通过技术改造振兴老工业基地的路子，为国家现代化建设作出新贡献的必由之路。我们要认真学习贯彻党的十四届五中全会精神，以及国家和省科技大会、市九次党代会的精神，从沈阳的实际情况出发，努力使实施“科教兴市”战略的重大意义形成共识，引导大家在思想上牢固树立以下几个观念。

一是老工业基地的振兴必须依靠科技进步。要认清，建立在落后技术基础上的快速发展，不可能是持续、健康的发展。我们不能依据现有的技术水平，采取“面多加水，水多加面”的粗放式经营，而是要转变经济增长方式，依靠科技进步提高经济增长的质量和效益，使沈阳产品的技术性能和能源、原材料消耗定额逐步赶上国内外先进水平。

二是科技进步要靠市场导向。我市科技事业发展起源于市场，受益于市场，今后还要依靠市场。过去有些企业搞技改和引进之所以未能取得预期的效益，重要原因就是对市场缺乏了解；有些科研机构的成果之所以成为样品、展品，其原因也是远离市场。因此，市场需要什么，企业就应生产什么，科研机构和科技人员就应围绕企业生产的产品，去研制开发相关的技术，以扩大产品的市场占有率。科技进步必须依靠市场导向，从而得到社会的重视，获得更多的投入，取得长足的发展。

三是企业是科技进步的主体。在日趋激烈的市场竞争中，科技成果转化为现实生产力，主要载体是企业。科技成果也只有在推动和促进企业生产发展的过程中，才能真正体现科技的作用和价值，并得到企业的重视和更多的投入。去年，我们提出实施名牌产品战略工程，就是要把工业企业推入市场，使之成为科技投入的主体和科技成果应用的主体，根据市场需求，优先发展市场竞争力强、见效快、效益好的名牌产品，以及对全市经济牵动力大的拳头产品，以这些名牌和拳头产品为龙头造“大船”，发展支柱产业，组建大型企业集团。为加强企业管理，推动企业技术进步，今年八月我们提出狠抓三年企业管理，推进管理进步，这是与推进科技进步相辅相成、互为补充的。管理是软科技，发

展科技也离不开管理。因此，我们要坚持改制、改造、改组和加强管理的结合。

四是全社会都来推进科技进步。当今世界的科学技术正日益渗透到经济和社会生活的各个领域，成为推动经济和社会发展的决定力量。因此，实施“科教兴市”战略，加速科技进步，涉及到各部门和各方面。各级政府都要提高认识，把科技教育放在本系统经济、社会发展的重要位置上，采取切实有效的措施来推动科技进步。政府有关部门，要从财力、物力、人力等方面支持科技事业的发展。我们大家都要确认科技进步是全社会的共同任务，努力形成一个全社会都关心和支持科教事业的良好氛围，形成一个全社会共同推进科技进步的崭新局面。

第二，围绕经济和社会发展的重点问题，搞好科技攻关

科技攻关，就是针对国民经济和社会发展全局有重大影响的各个领域中，带有共性、关键性和基础性的科学技术难题，集中全市各方面力量，组织各路科技大军，进行联合攻关。贯彻落实邓小平同志关于“科学技术是第一生产力”的思想，就必须把科技攻关放在重要位置。

一是科技攻关要树立整体观念，坚持突出重点，突出市场性、先进性、可行性和效益性。为了强化第一产业，全面落实沈阳农业发展六年纲要的目标，夯实农业基础，在发展“两高一优”农业和加速农业现代化进程时，要围绕中西部中低产田综合利用与改造、康法地区防风固沙工程建设、农作物特别是保护地农作物的病虫害防治等方面的重大项目，进行关键技术攻关；围绕发展畜牧业、搞好畜禽传染病防治，特别是精养食用大牲畜，提高畜产品的档次和效益，进行科技攻关；围绕农副产品的深加工、精加工、生物工程技术应用以及生态农业建设等课题，进行科技攻关。为了把农业高新技术成果的实用化、工程化和产业化放在重要位置，要充分发挥驻沈的中央和省的农业科研院所及高等院校的作用，加强市属农业科研单位的建设，互相协作，研究和开发种子包衣技术、组织培养技术、食用菌生产与加工技术、纤维素酶和超氧化物岐化酶技术、大型温室高产优质无土栽培技术，并围绕相关项目造“大船”，组建10—15个新兴产业集团。要建立一批农业科技攻关基地，并加快北陵、东陵两个农业高新技术园区建设步伐。

为了优化第二产业，加快产品结构调整步伐，要围绕实施名牌产品战略，提高名牌产品技术档次、产品附加值和产品市场竞销能力中的技术难题，进行科技攻关；要围绕四个重点支柱产业（机械装备制造业、电子信息工业、石化制药工业和汽车工业）三个企业集团（星光、长白、空调器）和60个名牌拳头产品的近百个技术改造项目以及新产品开发和老产品更新换代中的技术难题，进行科技攻关。到本世纪末，全市要在科技攻关的基础上，培育和储备300项具有国内外先进水平、能够实现规模效益的重大科技攻关成果，提高企业的应变能力和产品的市场竞争能力。

为了大力发展第三产业，要围绕传统商饮服修业进行技术改造，发展新兴、高档第三产业所需的金融商贸电子化、开通信息高速公路、办公自动化和软科学研究中的科技难题，进行科技攻关，促进第三产业有一个更好的发展，使第三产业年增加值在国内生产总值中所占比重到本世纪末达到49%。

为了贯彻《中国21世纪议程》，推动社会发展，要围绕邮电通信、交通运输、城市建设、卫生保健和社会服务等方面的关键问题，开展多学科综合研究攻关，为调节人类与自然的关系、提高人民生活质量提供技术支撑。

二是改善攻关管理，使攻关工作适应经济和科技体制改革的总趋势。在组织管理上，为了适应由计划经济向市场经济转轨过渡期的需要，实行计划部门、经济部门和科技部门定期例会制度，密切协调，确保全市重大科技攻关项目的衔接、沟通和互补。在此基础上，还要通过科技市场经常举办各行业的生产企业与科研机构的洽谈会，通过供需双方的沟通，使科技攻关课题落到实处，使攻关脉络清晰化，从而可以组织协同作战，凝聚力量多出智慧和成果，在计划管理上，对于一些重大的科技攻关项目，要推动滚动计划体制，根据市场变化对计划不断调整、补充和修改。在项目安排上，可以实行承包责任制，引进竞争机制，贯彻择优原则。11月8日，市里在技术交易所拿出100多个技术难题，公开进行技术攻关招标，这样可以提高透明度，使科研院所、高校、军工系统、企业集团、各行业的科技人员和技术工人都有平等竞争的机会和积极性，有利于发掘优势力量。今后，每个经济和社会发展的部门、企事业单位，都要自觉组织科技力量，进行科技攻关，拿出实实在在的攻关成果来，作为推进科技进步的实际行动。我们从上到下都要对组织科技攻关加大力度，各级政府的计委、科委、经贸委要协同动作，把调动全市科技力量参与科技攻关，作为推进科技进步的重要任务。各级政府的科技部门还要搞好生产企业、科研单位与科技部门之间的协同动作，从而把科技攻关作为科技部门经常性为科技服务的日常工作。

第三、抓好科技成果的推广应用，在转化为现实生产力上下功夫

一是深化企业改革，把增强企业推广应用先进技术的活力，作为现代企业制度建设的主要内容。要使企业具有生命力，就必须生产力与生产关系的改革并举。在生产力改革中，必须千方百计增强企业推广应用先进技术的活力，提高技术创新的能力。在长期计划体制下，产品是十年一贯制，以致挫伤了技术人员追求技术进步的积极性，高级技术工人匮乏。在市场导向的改革中，已有越来越多的企业觉醒了，他们把增强企业推广应用先进技术和职工技能开发的活力，放在与转换企业经营机制同等重要的位置，作为深化企业改革和进行制度创新的重要内容，更新企业的物质技术基础，使企业转移到依靠先进技术谋求发展的轨道。我们要认清解放和发展第一生产力的重要性，把大力

推广应用先进技术作为一种投资少、见效快、效益高的措施，努力做好这篇大文章。对于科技成果或先进技术，不论是我们过去开发的，还是最近新创造的；不论是本单位、本行业、本地区的，还是来自外单位、跨行业、跨地区的；不论是我们国家自主开发的，还是来自海外的，只要有利于促进经济发展和社会进步，我们就一定要毫不犹豫地进行推广应用，并在推广应用的基础上再力图有所创新。

二是通过农业先进技术的推广应用，发展“两高一优”农业。抓好现有农业先进技术的组装配套，并有选择地引进一批外地或国外的优良品种，大力推广应用保护地栽培、作物间套复种综合增产和畜牧业科学饲养等近百项先进技术和管理经验，大力提高农业技术成果的转化率和规模效益。为此，要进一步加强农业技术推广工作，为落实农业六年发展纲要，搞好科技服务，稳定农业技术推广队伍，发展技术工贸一体化的农村社会化服务体系。为解决农村面临的“小生产”和“大市场”的矛盾，要积极扶植农村自发产生的民办科技服务组织，并重点支持专业服务型、种养加、产供销、贸技农一体化的服务组织或龙头企业，形成层次、布局和分工合理的推广服务体系，逐步实现产供销和科技服务一体化。有的还可兴办为农业产前、产中、产后提供技术服务的经济实体，以大幅度提高农业劳动生产率。

三是通过大力推广应用科技成果，推进企业技术进步。要推广应用各行业的先进生产工艺，提高制造技术水平和劳动生产率；要推广应用工业窑炉、电力电子、机泵阀节能先进技术，提高能源利用效率，缓解能源短缺的矛盾；要推广应用机电仪一体化、计算机软件等先进技术，提高设备利用效率和生产水平；要推广应用计算机辅助管理、决策咨询软技术等现代管理技术，提高管理的决策水平和管理现代化水平。在通往老工业基地振兴之路时，同时插上科技进步与管理进步的翅膀。

四是通过高新技术成果的推广应用，促进高新技术产业化、规模化、国际化。要加快南湖高新技术开发区和北陵星火技术密集区的建设步伐，发挥它们的辐射作用，带动科技小园区的高起点发展。要在促进高新技术产业化的进程中，以先进制造技术、信息技术、生物技术、新材料技术、能源及环保技术为重点，形成数控机床、工业机器人、新材料、计算机软件、精细化工和医药等6个新兴技术产业。积极扶植促进科工贸一体化，以高新技术产业开发为龙头，以产权联接和经济技术合作关系为纽带，积极培育大型高新技术企业集团和跨国公司，还在各行业组建苦干引进项目、工艺和成套设备的消化、吸收、创新的中介企业公司，带动我市工业结构的调整。

五是进一步完善技术推广应用的运行机制，建立健全各级专群结合的推广应用科技成果的组织。这些组织既包括全市各级政府办的技术推广交流中心，也包括企事业单位的技术推广应用组织，还包括各级工会办的有沈阳特色的群众性的技术协作组织。要按市场规律办事，根据市场导向和企业技术进步的需要，充分发挥它们的桥梁和骨干作用。科技和经济管理部门要把先进技术的推广应用工作，提到议事日程上来，引导企业改变技术落后的现状，提高产品的竞争能力而积极主动地寻求科技成果，自觉地推广应用。我们从上到下，从政府经济、科技管理部门到企事业单位，应对当今有实用价值的先进技术和科技成果做到心中有数，并自觉运用市场机制，花最小的代价进行推广，为我所用。

第四，深化科技体制改革，建立适应社会主义市场经济的新型科技体制

一是在深化科技体制改革中，优化科技资源结构。按照“稳住一头，放开一片”的方针，支持和建设一批重点科技机构和研究室，包括那些开展基础性研究的科技机构，有计划、有重点地建设一批工程技术中心，加强中试基地建设，在经费和基本建设等方面给予重点保障；政府还要对发展“两高一优”农业急需的科研机构给予支持。对于一大批技术开发和技术服务型科研机构要放开搞活，主要是面向市场，走产业化发展道路。有些可实行技工贸一体化经营；有的可直接进入大中型企业、特别是进入企业集团，成为企业技术开发中心；有的可通过兼并、承包中小企业，发展科技产业；有的可以发展成科技企业集团、科研生产联合体，转型为现代科技型企业；有条件的科研院所还可以吸收法人和个人投资入股，改造成有限责任公司或股份有限公司；中小型科研所可通过民营方式改为股份合作制企业，也可通过租赁、承包、委托经营等方式，向国有民营企业过渡；有些还可拍卖、分期出售和结合租赁转为民办企业；有的科技人员还可在不影响国家重点科研课题的前提下，离开科研院所领办或合办民营科技企业。会后，科委、经贸委、农工委要协同动作，就如何调整科技资源结构和调整经济结构，作出具体部署，通过试点，予以推广，推进科技体制改革的进一步深化。

二是在科技工作的管理中引入竞争机制，充分发挥科技人员的聪明才智。对于市里以及企业的科技攻关、技术开发项目，实行公开竞争制度，保障各类市场主体平等参与竞争，中标单位要确保项目的进度和水平。按《技术合同法》办事，发生合同纠纷时，可依照法律程序解决。要极大地调动广大科技人员和技术工人的积极性、创造性。对科技人员的招聘、职务晋升、职称评定，都要通过公开竞争，逐步建立起新的科技人才管理制度，实行聘任合同制、项目责任制、人才双向选择或定期流动制。要逐步将科技人才的合理流动纳入市场化轨道，通过人才市场搭桥，联系技术的供需双方。要大力提倡科技人员的合理流动，促进科技人员与生产企业的结合，特别是欢迎大中型企业富余的科技人员去农村的乡镇企业、城区的街办企业从事科技开发或科技管理工作。科技人员也可通过兼职、业余时间加班等途径，到中小企业发挥自

己的聪明才智，并实行工效挂钩，获得合理的报酬。会后，为了落实这一项“科教兴市”的重要举措，组织、人事、科技部门要研究制定鼓励科技人员向人才缺乏的地区、单位流动的政策，以进一步调动全市数十万科技大军的积极性和创造性。为了合理调整人才结构，缓解高级人才短缺的矛盾，建立跨世纪的人才体系，要筹资建立博士后和留学人员公寓，广泛吸引高科技人才来沈工作。要大力宣传优秀科技人员和技术工人的奉献精神及业绩，对科技人员和技术工人在生活福利、住房、子女就业、工作条件等方面要给予照顾，特别是对农村科技人员，更要为他们改善工作和生活条件，为他们免除后顾之忧。要真正体现按劳分配原则，实行工效挂钩，对有贡献的科技人员和技术工人要根据贡献大小给予奖励；对作出突出贡献的，则要理直气壮地给予重奖，也可核定给予一定年限的技术股权，参与分取红利和股息。从而尽快形成人尽其才、才尽其用的合理制度。

三是理顺关系，建立适应市场经济的科技宏观管理体系。科技管理部门要跳出部门的小天地，站在全局的高度，转变职能，加强宏观调控。在深化经济体制和科技体制改革中，理顺关系，准确划分职责，做到多沟通、多协调、多配合，克服各行其是、重复分散的状况，在各级党委和政府领导下形成科技进步的大合唱，合理有效地配置和利用我市的科技资源。

第五、加强科普工作，提高全市人民的科技文化素质

各级党委和政府要认真落实《中共中央、国务院关于加强科学技术普及工作的若干意见》，把搞好科普工作作为提高全市人民科学技术文化素质的重要手段，以及推进科技进步的重要措施来抓。

一是在统一全社会对科普工作认识的基础上，加强对科普工作的领导。各级党委和政府要从战略的高度把科普工作纳入议事日程，使之成为精神文明建设和科技工作的重要组成部分。科委要对科普工作牵头负责，搞好计划部署和督促检查。

二是增加科普工作的资金投入。市本级财政要确保市本级科普经费占市财政支出预算的0.5‰，县区也要按一定比例落实科普投入经费。建立健全科普工作网络，加强科普工作的基础设施建设，把科普场馆和设施作为现代化城市的科技标志性工程纳入经济发展规划。

三是要调动社会各方面力量，共同推动科普工作向群众化、社会化、经常化发展，形成全民“学科学、用科学”的浓厚氛围。科普工作不只是科协的工作，全社会都要共同支持兴办科普事业。市里准备在全市开展一个“科技周”的科普活动。新闻、电视、出版等有关部门和组织，要根据各自特点，充分利用现有的渠道和阵地，开展各种形式的科普教育和宣传活动，传播和宣传科技文化，弘扬科学精神，引导人民群众和青少年建立科学的世界观和符合科学思想的行为规范。

四是要更好地发挥科协和各学会组织的整体优势，多层次地开展群众性科普工作。以创造力开发为主线搞科普，提高群众的科学文化素质，鼓励科普工作者面向市场，开展有偿服务，搞好为各种形式的民营科技的服务。进一步加强城乡各级科普网络的建设，特别是要抓好街道、乡镇科普网络建设，以及青少年科技爱好者协会、青少年科技辅导员协会、市科普创作协会的建设，努力提高科普工作者的自身业务素质。

三、确保科技工作任务完成的战略举措

一要加强对科技工作的领导，坚持第一把手抓第一生产力。推动科技进步的关键在于加强各级党委和政府的领导。各级党委和政府要认真贯彻落实我市《关于依靠科技进步振兴沈阳的若干决定》，真正把思想认识统一到“科学技术是第一生产力”和实施“科教兴市”战略上来，把加速科技进步摆到重要议事日程。市里要进一步充实和加强市科技工作领导小组，搞好科技工作的综合协调和重大决策，定期对“科教兴市”工作进行考核。要把“科教兴市”的战略思想纳入到制定我市经济、科技、社会发展“九五”计划和2010年长远发展目标中去。各级领导干部都要带头学习现代科技知识，努力掌握科学决策本领，不断提高领导水平。特别是各级党政一把手，不仅要亲自过问科技进步工作，而且要带领一班人共同实施“科教兴市”战略。要充分发挥市政府科技顾问委员会的作用，推进决策民主化和科学化。

二要进一步发育技术市场，促进科技经济一体化。为了把市场作为深化科技体制改革的导向，要按照“放开、搞活、扶植、引导”的方针，以沈阳技术交易所建设为龙头，加快大市场体系建设。沈阳技术交易所要加快二、三期工程改造建设，进一步完善技术市场的管理体制和管理手段，大力发展专利、信息、软件、民营等10个分市场，强化信息集散、交易展销等多种服务功能。到本世纪末，建成总建筑面积达1.5万平方米的全国一流的综合性、现代化的技术商品交流交易中心。要培育和壮大技术经纪人队伍，大力发展技术、资金和人才等生产要素市场。要通过技术市场，大力推广电子计算机、节能、生物工程、新材料等高新技术，加快科技成果推广应用步伐。要将沈阳技术交易所拓展和延伸，抓好国家科委批准的铁西区北二马路科技成果推广示范带和新民市科技成果推广示范街建设。到本世纪末，要通过技术市场推广重大科技成果500项，让技术市场成为科技经济结合的媒介，促进供求双方的合作，包括沈阳市与中国科学院沈阳分院的合作。双方真诚合作10年，互惠互利，取得了一批水平高、影响大、效益好的合作成果。今后，双方还要共建国家级中试基地或工程技术中心，加速高新技术成果在我市直接转化。到2000年，全市将重点建成国内一流的国家级工程研究中心7个，国家级企业技术中心和重大技术装备国产化基地5个，在重点企业和科研院所建设一批市级中试基地，以提高我市相关行业科技成果的转化能力。

三要建立多渠道的科技投入体

系，不断加大科技投入强度，要认真执行《沈阳市科学技术投入条例》，逐步提高科技投入的总体水平，使科技投入同科技、经济、社会发展相适应。全市研究开发经费要占国内生产总值的1%以上，并逐步增加到2000年的1.5%以上。各级政府每年科技经费增长幅度也要高于财政经常性收入的增长幅度。科技事业费的增长幅度要高于市本级财政支出预算的增长幅度。市本级科技三项费用要占财政支出预算的2%以上；县（市）、区科技三项费用在3至5年内，要从财政支出预算的0.5%增加到1%以上。

要鼓励企业建立科技发展基金，增加科技投入，逐步使企业成为科技投入的主体，提高企业自我完善与发展的综合实力。企业的技术开发费用和职业技能开发费用要按实际发生额计入成本。企业每年用于技术开发的费用要不低于产品销售收入的1%。科技先导型企业和高新技术企业，每年用于技术开发的费用要不低于产品销售收入3%。

金融部门应逐步扩大科技贷款规模。在3至5年内，使科技贷款余额达到全市贷款余额的5%以上。鼓励和支持发展科技信用社，积极创造条件，组建科技银行，逐步建立科技投资、担保、无形资产评估、科技典当和法律服务等支撑服务体系。充分发挥各类科技基金的作用，使其滚动发展，并积极吸引国外资金支持我市科技事业发展。

四要加强科技法制建设，形成依靠科技振兴沈阳的良好政策氛围。要认真贯彻实施《中华人民共和国科学技术进步法》、《沈阳市科学技术进步条例》和《沈阳市科学技术投入条例》，力争在本世纪末，使沈阳在科技投入、高新技术产业开发区、科技成果转化、科技奖励、高新技术产业发展、技术市场管理、知识产权保护等方面形成比较完善的科技政策和法规体系。要强化知识产权保护力度，加强全市知识产权的宏观管理，强化对各类市场有关知识产权方面的监督、检查、打击侵权、盗版等违法活动。进一步普及保护知识产权的法律知识，提高全民知识产权保护意识和法律观念。

五要扩大对外开放，积极开展国际科技合作与交流。从我市科技、经济、社会发展需要出发，精选项目，采取官方、民间等多种形式，大力推进多渠道、多层次、全方位的国际合作与交流。积极创造条件，改善科技投资环境，加快高新技术产业与国际接轨。重视学习、引进和消化吸收国外先进的技术成果，促进技贸合作。支持科技人员特别是中青年科技人员进行国际合作，同时进一步加强引进国外智力和向国外派遣进修培训人员工作，充分利用当代世界先进科技成果，提高我市科技水平。

同志们，未来的“九五”时期是沈阳历史发展的一个极其重要的时期。在市场经济条件下，解放和发展第一生产力，大力推进科技进步，实现经济增长方式的转变，走出一条面向市场搞技术改造、重振沈阳老工业基地雄风的路子，是全市670万人民的心愿，国家和省也寄予厚望。这次科技大会的召开，将为沈阳走向21世纪，焕发老工业基地的青春坚定信心，理清思路。我们要在邓小平同志建设有中国特色社会主义理论的指引下，驱动科技进步和管理进步的两个轮子，振奋精神，勇往直前，努力为沈阳的振兴和祖国的现代化建设做出新的贡献。

张荣茂市长在市企业管理工作会议上的讲话（摘要）

（1995年8月31日）

我市是一个老工业城市，有众多的工业企业，商业也很发达。随着由计划经济走向市场经济，出现了一个现象，就是沈阳的企业不能很好的适应市场经济，集中表现在效益低下。一是由于企业自身问题决定的。这里有很多结构问题没有处置好，其中包括企业组织结构、产品结构及社会各种经济结构。由于结构不适应，造成了我们的效益低。所以，提出调整结构，增加效益，这是完全正确的。二是我们在经营管理上的不适应。为了适应市场经济，我们要进行方方面面的结构调整，对于企业，最重要的是产品结构调整，对于沈阳来讲，要想进入市场，在市场经济中处于主动地位，就必须研究具有沈阳特色的发挥沈阳优势的产品。所以，抓产品结构调整，狠抓名牌产品战略工程，不是简单地评名牌，而推动企业靠产品进入市场，通过调整产品结构逐步摆脱计划经济的影响。所以，抓住产品就等于抓住市场。我市企业产品现状是，畅销产品已从20%上升到近40%。今后我们一定要持之以恒地抓，使企业真正按市场经济规律去办，真正成为市场的主体之后，这个问题才能解决，政府才可以不直接抓了。但是，当前在沈阳，必须这样做。

抓产品不仅仅是抓产品的开发、产品生产，还有一个经营管理问题。在这个问题上也要进一步提高认识，经营必须适应市场需求；必须按竞争需要，按现代企业进程需要，按进一步提高效益的需要，来改进我们的经营管理。从国家经贸委到地方，一直在研究加强管理，而且强调把管理和改革结合起来抓。我认为，这个思想是个很大的升华。强化企业管理，是为了更有效地调整产品结构，调整好产品结构又必须从强化管理入手，这两者是一致的，相辅相成的，是有机联系着的。对企业来说，提出要“三改一加强”，就是要改革、改组和改造，加强管理。对我市来讲，还有相当明确的、重要的指导意义。当前我市的改革、改组和改造必须加速，必须加大步伐，而且管理工作绝对不能忽略，绝不能以改代管，以包代管，以转代管，或者以其他什么形式代替管理。

管理从宏观上讲，是经营管理，是经营者经营行为的问题。从计划经济走向市场经济的经营者，应认清形势与要求，理直气壮地去抓管理，同时抓改革、抓改组和改造，这本身就是管理的内容。我们必须把它制度化，推进下去，必须用管理去落实保证。从我市来说，调整产品结构需要一段时期，这段时期需要政府倡导和推动，来使我们从计划经济走向市场，产品更适应市场。从另一个角度说，产品问题也是企业自身行为，在过渡时期必须这样做。要抓好产品结构和经营管理的调整，把搞好“三改一加强”联系起来考虑。这既是国家的要求，也是从我市现实状况出发的。我们必须强调企业管理工作，其目的是要提高企业的竞争能力，提高企业的效益，从而提高全市的经济效益。

强化企业管理，从经济工作角度看，是围绕着提高沈阳经济效益、振兴沈阳来安排的。调整产品结构、资产结构等等这一切，都是为了提高效益，这是一方面很重要的工作。特别是名牌产品战略和造“大船”工程，现在已见成效，一定要坚持干下去。今天谈管理，也是为了更好地把两者结合起来，推动其发展。我们要实实在在地按照进入市场经济方向实施改革，按市场需要来强化我们的管理。这两件事情要长期做下去。所以说，今天强调管理，并不排除和减弱改革方面的工作、结构调整工作和产权制度工作，和以前的所有这方面部署是不矛盾的。如果经营管理跟不上去，名牌产品战略工程、造“大船”工程等工作也做不好。所以，把我市经济工作的落脚点打在适应市场上，就是通过适应市场来提高经济效益。

企业管理是典型的企业行为，是企业家的责任。严格来讲，在市场经济条件，政府宏观上给予导向，用好杠杆，推动企业为社会主义作出应有的贡献。同时我们还要依法收税，这是政府行为。政府应创造一个宽松的环境条件，鼓励和推动企业创造效益，走向“最大化”，以增加国民财富。我市当前处在由计划经济走向市场经济的艰难时期，政府职能就是要去引导企业，推动企业，激励企业在市场中参与竞争。现在不好解决的是企业如何适应的问题，这里有企业本身和社会上一些因素等问题，也有计划经济影响的问题，需要帮助企业摆脱这些影响，推动企业来适应市场。所以，经贸委在一个时期当中，要狠狠抓住结构调整和经营管理来帮助企业转变观念，加快进入市场的速度。我们的企业家是很值得尊重的，是为国家做过很多贡献的。但是，企业家在前些年，市场经济的概念弱化，一切按计划办事，所以需要引导。如果政府在过渡时期不能在宏观上做好这方面工作的话，企业也是难以转变的。所以，必须依靠企业加强管理，必须依靠和推动企业家去加强管理，同时必须搞好企业家的考核，全方位加强管理，增加效益，这就是我们的行为。如果没有这些工作的话，就没有沈阳总体综合经济效益，沈阳财政就要过不去。从这个意义上讲，政府行为也要赚钱，还要推动企业赚钱，必须这样做。经贸委要充分体现政府的引导、推动职能和约束职能，要大胆地去干。

要想使我市的经营管理，特别是企业管理强化，使之更完善、更科学、更有高度的话，还要有一个过程。我们不能指望今天开个会，明天企业就突然变了。所以，今天开会的目的，就是要把这个问题更明确地提到企业界和企业家面前，放在我们政府管理部门面前，千方百计抓好这项工作。我们要做艰苦和过细的准备，扎扎实实地干。要制定一个3年计划，狠抓企业管理。第一，今天，要抓好在社会主义市场经济条件下推进企业管理的措施。抓好各种基础工作，抓好进入市场、创造条件的起步工作。到今年底，按照我们提出的达标要求，争取有30%的企业能达到一、二类考核标准，然后，再总结、修订一下标准，明年明确提出来。第二，把1996年作为企业管理年，巩固和提高上述30%一、二类先进企业，争取再增加20%，到年底总结的时候，我们再研究一下我们的标准，好好总结经验，使这50%的先进企业不断得到巩固、完善和提高。第三，到1997年，再争取有20%的企业达到一、二类考核标准，总数有70%左右的企业进入先进行列。我们要把管理纳入日常生活和经营日程，要按这些标准，去要求企业、考核企业和检验企业，如果没有实实在在的基础性管理工作，就不可能真正通过省和国家对企业制定的评价标准。我想通过这样一系列的工作，努力把我们的企业搞好、搞活，而且要从加强企业管理上搞活，实干几年。到了1997年末，按照我们提出的企业管理评价标准，有70%左右的企业达到先进水平，大约有20%—30%的企业上不来，就要优胜劣汰。

政府工作报告

——一九九六年一月二十二日在沈阳市第十一届人民代表大会第四次会议上

市长　张荣茂

各位代表：

我受市人民政府的委托，向大会作政府工作报告，请予审议。

一、1995年和“八五”时期工作的简要回顾

1995年，是沈阳历史上不平常的一年。这一年，我市遭受了特大洪涝灾害，发展和稳定都遇到了一些难题。我们在省委、省政府和市委的领导下，牢牢把握“抓住机遇，深化改革，扩大开放，促进发展，保持稳定”的大局，坚持两个文明建设互相促进、经济建设和社会事业协调发展，在全市各族人民共同努力下，基本完成了市十一届人大三次会议确定的各项任务。

国民经济持续、健康发展，全市国内生产总值达682.6亿元，比上年增长9.9%。三次产业增加值分别为55.4、302.2和325亿元，分别比上年增长10%、8.7%和11.4%。全市农业受灾损失被降到最低限度，农业总产值达101.8亿元，比上年增长10.6%；划归沈阳第三年的康法两县，农村社会总产值比划归前分别增长1.56倍和1.13倍。工业总产值实现1 005亿元，按可比价格增长18.2%；轻工业增势强劲，沈阳开发区工业生产增幅达一倍以上，其它开发区以及区街工业、个体私营工业和“三资”企业发展较快。第三产业的发展取得了长足进步，大灾之年市场供应充足，社会消费品零售总额达290亿元，增长30%；物价涨幅不断回落，完成了控制在全国大中城市中等水平的目标；自营出口创汇6.6亿美元，增长6.6%；新批准三资企业625户，实际利用外资调入额6.5亿美元；地方财政收入完成35.5亿元，实现当年财政收支平衡。城市基础设施建设的步伐不断加快，81公里的沈阳绕城高速公路已全线通车；辽河鲁家大桥的建成，沈阳至明水公路的修通，缩短了沈阳与康法行车距离；陵东街、长江北街、大什字街等城区道路得到改造，建成8座人行过街天桥；全市住宅竣工交付使用面积达350万平方米，回迁安置动迁户4.2万户，城市居民人均居住面积增加到6.7平方米；以治理“三废”为重点的环保工作有了新进展，新开河综合整治工程已正式开工。城乡居民生活质量有所提高。城镇居民人均生活费收入达3 713元，比上年增长19.9%，扣除物价因素后增长3.3%；城镇特困居民和残疾人得到社会的关心和救助；灾后农民人均纯收入仍达1 770元，比上年增长15.3%。城市环境发生明显变化，经国家检查和评比，沈阳进入了全国卫生城的行列，社会治安秩序有所好转，社会主义民主法制建设得到加强；民政部门以及进入全国先进行列的信访部门，为化解社会矛盾作出了贡献，促进了社会的基本稳定。科技、教育、文化、卫生和体育等各项社会事业蓬勃发展，我市被评为全国“科教兴市”先进城市，全年取得科技成果517项，开发投产新产品1 650种，实施“百亿工程”促进了高新技术产业化，东大等高校科技园相继建成，沈阳台湾科技工业园也已奠基兴建；我市“普九”工作除康法两县外已经通过国家达标验收，青壮年扫盲达标率已达85%，居全省领先地位；实施“希望工程”，建成113所“希望小学”，居全国城市前列；大文化建设取得丰硕成果，社会文化活动丰富多彩，文艺事业进一步繁荣，对文化市场加强了管理，成功地举办了全国第四届杂技比赛，我市杂技健儿取得三金一银的优秀成绩；卫生事业领域进一步拓宽，有效地实现了大灾之后无大疫；计划生育工作的认真开展，使人口自然增长率降至2.39‰，年末全市人口总数比计划减少了2.7万人；群众体育跨入了全国先进行列，体育健儿在全国第三届城运会上创造了总分第二名的好成绩。随着党风廉政建设、精神文明建设和社会主义民主法制建设的不断加强，与全市改革发展相适应的精神风貌和社会氛围正在形成。

回顾过去的一年，我们着重抓了以下几项主要工作。

第一，城乡一体，抗洪救灾，把农业损失减少到最低限度。去年我市遭受特大洪涝灾害，农作物绝收140万亩，农村各业和灾民家庭财产损失严重。面对历史上罕见的洪涝灾害，在省的支持下，在数千名解放军官兵不畏艰险堵决口、昼夜奋战救灾民、忘我拼搏的帮助下，市委、市政府科学决策，精心部署，依靠专家和群众，城乡一体同心合力，夺取了抗洪抢险的胜利。灾后，人民群众遭灾不减志，顽强拼搏，努力恢复生产，发展多种经营，重建家园。通过灾区自力更生、城市对口支援和社会捐赠，灾民生活得到了妥善安排，农副业和乡镇企业生产迅速恢复，损失被降低到最低程度。粮食产量比预期要高，达225万吨，比上年增长11.6%。广大农民顾全大局，遭灾不忘国家和城市，完成了省下达的粮食定购任务。乡镇工业仍保持增长31.6%的速度，并实现了销售收入和利税的同步增长。

第二，以“优化资本结构”为重点加大了改革力度，资产重组工作有了新进展。我们抓住试点的机遇，努力优化国有企业资本结构，采用多种方式增补资金，处理呆帐、坏帐损失，分离企业办社会的负担，分流富余人员。机械等三家国有资产经营公司试点工作开始运行。加大了企业兼并破产的力度，对三户中型和一户小型企业的破产处理，使破产企业已累计37户，31万平方米场地和近亿元存量资产实现了优势重组，数亿元债务得以解脱。按照新一轮城市综合配套改革的试点方案，我市其它方面的改革也有了新进展。

第三，在实施名牌产品战略和“造大船”的同时，强化了企业管理。以市场为导向，以产品为龙头，以效益为中心，狠抓技术改造和工商联手，创造、引进了一批名牌产品，经由市政府命名的达57种；在全省新产品评比中，我市获奖产品占全省总数的23%。东药厂的万吨VC技改项目实现一次试车投产成功，堪称全市的技改典范。为实现名牌产品的规模效益，通过“造大船”，对一汽金杯、机床、东药、输变电、长白和星光这六个企业集团（公司），进行了资产重组。针对部分企业经济效益滑坡的问题，我们召开全市动员大会，作出了连续三年狠抓企业管理的部署，开现场会推广鼓风机厂整顿管理的经验，使强化管理有了良好开端。

第四，内外开放并举，强化城市的外向牵动力。在同时加强外贸、外资、外经工作中，重点加大了对日本、美国、韩国和其它国家、地区的招商引资力度，成功地举办了辽宁中部城市群八城市参加的’95沈阳国际经贸洽谈会。以沈阳开发区为龙头的各个级别开发区建设成果显著，发挥了扩大开放与国际市场“接轨”的示范作用。对内开放在巩固“六边一线”成果的基础上，又加强了同沿海发达地区的合作，谋求生产要素在国内更多地区的大组合。

第五，以“迎国检”为契机，加强城市建设与管理，塑造城市新形象。我们在完成十项城市建设任务的同时，广泛动员全市军民开展创建卫生城的活动。通过解决198个住宅小区配套设施建设和绿化的遗留问题，从严管理环境卫生和交通，取缔占道经营，整顿街路市场，建立示范岗，改善了市容市貌，提高了市民的文明道德水平。

第六，继续努力构造大市场体系，进一步拓展中心城市的市场功能。在国家有关部门的支持下，新建了国家级的人才和劳动力市场，还新建了中国书刊批发市场和三处生产资料市场。引进中资和外资银行工作的进展，加快了金融市场建设步伐。科技、信息、房地产等要素市场的发育，中介组织的健全和经纪人队伍的成长，都有新的起色。

第七，把抑制通货膨胀作为宏

观调控首要任务，改善人民生活，维护社会稳定。在努力实施“米袋子”、“菜篮子”工程，增加有效供给的同时，市政府采取了健全价格管理目标责任制，建立每周物价调控例会制度，进行超前调控，筹集价格调节基金，加强社会监督和行政监察等措施，在大灾之年使商品零售物价涨幅不断回落，全年平均涨幅降到13.5%，较好地完成了省下达的控制指标。随着社会保障体系的逐步完善，特困职工生活周转金制度以及“温暖工程”、“再就业工程”的实施，部分缓解了低收入阶层市民的生活困难。由于把动迁户回迁安置、居民供暖等一些涉及群众基本生活需求的问题，作为大事来抓，早作安排，多渠道筹资，层层落实责任制，使一些社会“热点”得到了缓解和化解。通过加强社会治安综合治理，开展各种专项斗争，严厉打击刑事、经济犯罪活动，加强“扫黄打非”工作和对外来人口的管理，有效地促进了治安秩序好转和社会稳定。各级政府加强了干部队伍，领导干部廉洁自律、查处大案要案和纠风工作取得了阶段性成果，反腐斗争保持了健康发展的势头。企业安全生产抓得比较扎实，重大火灾事故降到了历史最低水平。

除了上述几项重点工作外，外事、侨务、口岸、海关、商检、统计、审计、技术监督、人事、编制、法制、老龄、民兵、兵役、防震、民族、宗教、出版、广播、电视、档案、修志、参事、文史、旅游、人防、残联等各项工作，也都取得了新的成绩。

随着1995年计划的完成，我市已提前完成了“八五”计划。比前几个五年计划执行得都好的“八五”计划，取得的成就可概括为以下十个方面：经济体制改革步伐明显加快，国民经济实现了持续、快速、健康发展，农村经济全面繁荣，工业在结构调整中保持了较快发展，第三产业发展迅速，城市建设步伐不断加快，全方位对外开放成效显著，实施“科教兴市”战略取得了好成绩，各项社会事业继续蓬勃发展，城乡居民生活进一步改善。通过“八五”时期的改革和发展，沈阳中心城市的功能有了明显拓展，城市形象发生了很大变化，主要表现是：

——国民经济结构日趋合理，多功能中心城市的地位进一步确立。沈阳过去是一个重型结构的工业城市，到“八五”末期，经济结构发生了较大变化。国内生产总值中三次产业的比例已调整为8.1：44.3：47.6，第三产业首次超过第二产业，实现了历史性突破，这标志着沈阳已从单一的工业城市转变为多功能的中心城市，随着非国有经济和乡镇企业的较快发展，名牌产品和企业集团的增加，我市所有制结构、农村三次产业结构、产品结构和企业组织结构，都在调整中增强了适应市场经济发展的能力；技术进步贡献率和经济外向依存度的增加，使我市经济整体素质有所增强。

——城市综合经济实力明显增强，区域性经济中心的形象更为鲜明。到“八五”末期，全市国内生产总值比1980年增长2.9倍，人均国内生产总值由1990年的3 261元增至1995年的10 237元，城市综合经济实力的增强，为实施“九五”计划奠定了雄厚的物质基础。

——城市大市场体系日趋完善，区域性流通中心的优势逐步体现。中兴大厦、商业城、大东副食品商场和五爱市场交易额在全国同类内贸企业中排在前列；金融市场活跃、存贷款列全国大中城市第五位，货币回笼和证券市场基金交易额在全国大城市中领先；出口创汇、利用外资、对外工程承包和输出劳务都比“七五”成倍增长。我市已形成由国家级市场、区域性市场和批发市场、零售市场等多层次、多类型市场构成的市场体系，较好地发挥了区域性流通中心的吸纳和辐射作用。

——城市承载经济社会发展能力提高，区域性交通、通讯中心地位得到巩固。“八五”期间，城市基础设施建设步伐大大加快，通讯业有了超高速发展，市话交换机和无线寻呼双双突破百万大关，农村电话全部实现程控化，均进入全国先进行列。绕城高速公路以及沈阳通往大连、本溪、抚顺、铁岭的高速公路所构成的“一环四射”网络，新开通的五条地区、国际航线，以及近几年城市面貌的改变，都使城市载体的功能显著增强，加上原有铁路、公路、航空和地下管道的运输优势，使沈阳的东北地区交通、通讯中心的地位更为巩固。

——科技资源配置日趋合理，区域性科技开发中心的格局初步形成。沈阳科技人才济济，科技市场率先发育，技术交易活跃，产学研工作进一步深化。包括南湖科技开发区、北陵星火技术密集区、五个国家级工程研究中心、火炬信用社、中央和省在沈科研机构及高等院校、市属科研院所、民营科技企业，以及科技进步支撑体系在内组成的科技事业新格局，使沈阳的区域性科技开发中心的形象进一步显现。

各位代表：“八五”时期沈阳经济建设和社会发展取得的一切成就，以及1995年计划的基本完成，都是全市人民勇于改革、锐意进取、知难而进、奋力拼搏的成果。我代表市人民政府，向各条战线上努力工作、辛勤劳动的全市各族人民致以亲切的问候！向大力支持和参与沈阳改革与发展的中央、省和各地驻沈单位，人民解放军和武警驻沈部队官兵，各民主党派、工商联、人民团体、各界人士、台港澳同胞、海外侨胞以及国际友人，表示衷心的感谢和崇高的敬意！

总结过去的工作，我们也清醒地看到，在前进过程中还存在不少矛盾和问题，主要是机制性、结构性矛盾突出。农业抵御自然灾害的能力还不强；国有企业经营机制转换迟缓，债务负担沉重，近年来始终在困境中徘徊，工业经济整体运行质量不高，效益低下；高新技术产业发展缓慢，新兴第三产业发展不快，城市载体能力仍需加强。正因为一些企业生产经营困难多，经济效益不好，社会保障体系又不够健全，使得部分企业的职工和离退休人员生活出现了一些困难，部分居民的基本生活受到了一定的影响。还有近万户的动迁户未能按时回迁，民用煤气、暖气的供给也存在一些不如人意的地方。还有一些干部滋生了腐败现象,忘了为人民服务的宗旨,以权谋私,搞权钱交易。存在这些问题的原因是多方面的,从我们政府自身来看,主要是长期受计划经济体制束缚,有些部门思想观念落后,精神不够振奋,"坐坡"不爬坡,对改革和发展中的难点,缺乏敢闯、敢试的勇气和胆量,不敢去突破;一些干部的作风不够扎实,工作效率不高;有些政府部门过分强调本单位工作,缺乏"全市一盘棋"思想,以致工作不够协调,形不成合力;对政府工作人员的教育和管理,以及在全社会加强精神文明建设,也存在一些薄弱环节等等,这些问题都是关系到我市改革和发展全局的重大问题,我们一定引起高度重视,在今后的工作中切实加以解决。

二、"九五"时期面临的形势与任务

"九五"是本世纪的最后五年,是我们迈向21世纪的重要阶段,也是沈阳改革和发展非常关键的时期。在这承前启后的五年里,新一轮的竞争已经把我们逼到了不进则退、慢进亦退的境地。如果我们能够抓住新一轮经济增长周期给沈阳带来的机遇,抓住市场,就可以焕发老工业基地青春;如果我们失去机遇,失去市场,就会被更多的城市甩到后面。因此,"九五"是关系沈阳兴衰、前途攸关的五年。总的看,在今后五年中,邓小平同志所讲的最后一次机遇的大背景依然存在,仍然是机遇和挑战同在,希望与困难并存。从国际形势看,世界经济稳定增长和各国对产业结构的调整,为我们扩大开放,利用外资,提供了机遇。但是,随着我国与世界贸易组织接轨进程的加快,关税税率的降低,也使我市有些行业增加了竞争压力。

从国内形势看,"九五"期间全国经济将保持快速增长的势头,对我市经济发展必然产生拉动作用,有利于我们的生产要素在全国范围内的优化组合。国家将加大对国有企业改革的力度,中央及省领导也非常关注老工业基地的调整改造,这对我们的改革和发展是十分有利的。但是,市场竞争日趋激烈。全国各地竞相发展,国家今年继续推行适度从紧的货币、信贷政策,也给我市"九五"起步造成困难。

从沈阳自身看,随着"八五"计划的完成,我市经济实力和抗波动能力已明显增强,一批重点项目的相继投产,增强了我市发展的后劲,但是多年积累的深层次矛盾尚未得到根本解决,加上农村连续两年遭灾,其损失将产生滞后影响,这都将在今后一段时间内制约我市的经济发展和市民生活水平的提高。

总之,今后五年我们既面临着发展机遇,也面临着严峻的挑战。在机遇面前,要增强主人翁责任感,争抢机遇;在挑战面前,要增强紧迫感和危机感,振奋精神,积极进取,走出一条经济与社会协调发展,"两个文明"共同进步,面向市场搞技术改造,提高经济效益,振兴老工业基地,拓展中心城市功能的路子。在今后的五年中,我们要牢记"发展是硬道理",奋发图强,迎难而上,拼搏实干,认真贯彻党的十四届五中全会和市委九届三次全会精神,努力实现两个根本转变。继续实施制度创新、外向牵动、结构优化、科教兴市和区域经济发展战略,以顺利实施"九五"计划。

为实现《沈阳市国民经济和社会发展第九个五年计划和2010年规划》中所确定的各方面的奋斗目标,我市在"九五"期间应当在以下几个方面有所突破。

——抓好制度创新,在国有企业改革上有所突破。把国有企业改革作为经济体制改革中心环节,大胆试验,勇于探索,加强国有资产优化重组和现代企业制度试点工作,使我市整个国有经济的素质进一步提高,多数骨干企业在世纪末初步建立现代企业制度。

——搞好外向牵动,在扩大开放上有所突破。坚持"一开四促"的方针,推动全市对外开放向大规模、高层次、宽领域、纵深化方向发展,使开放的总体水平有新的提高,力争在招商引资工作上有新的突破。同时,要利用我市的区位优势和空港口岸优势,充分发挥中心城市的辐射功能,进一步扩大对内开放。

——加快结构调整,在发挥中心城市多功能的作用上有所突破。按照国家的产业政策,加快产业结构调整的步伐,促进国民经济信息化;以市场为导向,形成优势突出、布局合理的产品、企业组织和产业结构;在发展国有经济的同时,大力发展非国有经济,合理调整所有制结构。争取到本世纪末,使沈阳成为东北地区集经济、贸易、金融、信息和交通通讯中心等于一身的中心城市。

——提高经济运行质量和效益,在推进"增长转型"上有所突破。在推进经济增长方式的转变上,切切实实有所作为。重点是中央提出的四个方面:向结构优化要效益,向规模经济要效益,向科技进步要效益,向科学管理要效益。

——加大对农业的投入,在发展"两高一优"农业上有所突破。把加强农业放在发展国民经济的首位,加大对农业的投入,依靠科技兴农,夯实农业基础。以市场为导向,在发展"两高一优"农业的基础上,向专业化、市场化、产业化方向发展,使我市农业经济再上一个新的台阶。

——坚持"科教兴市"战略,在科教与经济的结合上有所突破。以科学技术为先导,以教育为基础,促进科技教育与经济一体化。要抓好科技攻关和科技成果的推广应用,大力加强科普工作,重视吸纳和培养跨世纪的人才,切实把经济和社会发展转移到主要依靠科技进步和提高劳动者素质的轨道上来。

——加强精神文明建设,在提高市民素质和城市文明程度上有所突破。坚持物质文明和精神文明共同进步,经济和社会协调发展的方针,大力加强精神文明建设,真正做到"两手抓,两手都要硬",努力形成有利于改革发展和稳定的思想条件、舆论力量、智力支持、文化氛围和社会环境,着力塑造现代化大都市的沈阳人新风貌。

三、1996年的政府工作任务

1996年,是实施"九五"计划头一年。做好今年的政府工作,对于巩固和发展"八五"期间成果,保持改革和发展的良好势头，顺利完成“九五”计划，具有十分重要的意义。

根据省提出的“实施三大战略，加快进场入轨”的部署和市委九届三次全会精神，1996年的政府工作，要大讲发展这个硬道理，把握“20字”工作大局，正确处理改革、发展、稳定的关系，抓住实现“两个转变”这个关键，以提高经济效益为中心，“强化第一产业，优化第二产业，大力发展第三产业，加速拓展城市功能，加强精神文明建设”，促进国民经济持续、快速、健康发展和社会全面进步，为“九五”规划的全面实施创立良好的开端。

1996年经济建设和社会发展的主要目标是：国内生产总值增长11%，第一产业增加值增长10%，第二产业增加值增长10.5%，乡以上工业总产值增长9%，第三产业增加值增长12%，社会消费品零售总额增长20%，地方财政收入按可比口径增长8%，市场物价涨幅控制在全国大中城市的中等水平，各项社会事业健康发展，精神文明建设取得长足进步，城市面貌和投资环境进一步改善，人民生活质量继续提高。

为此，我们要着力抓好以下12个方面的工作：

（一）把强化农业放在经济发展的首位，进一步夯实农业基础

加强农业基础设施建设。立足于抗灾夺丰收的思想，努力争取今年有个好收成。为此，要在四月份修复浑北、沈抚、浑南、浑蒲等灌区渠首工程，其它水毁工程必须抢在汛期到来之前完工。还要搞好国家“三北”防护林工程、防风固沙建设和平原绿化，搞好大型农机更新和修复，以改善农业生产条件。

按《沈阳农村六年发展纲要》的要求，加快结构调整步伐。粮食种植面积要稳定在700万亩以上，粮食总产量恢复到300万吨以上的水平，适当增加细粮作物种植面积；在满足本市蔬菜需求的前提下，努力拓展外地市场；畜牧业要在稳定发展鸡、猪生产的同时，引进优良品种，大力发展肉用牛、羊的生产。通过城乡一体的共同努力，向结构合理、规模适度、效益较高的“农业强市”目标迈进。

走科教兴农发展道路。要抓好成熟先进技术的推广工作，大力推广保护地栽培、化肥深施和科学饲养等近百项先进技术，办好农业科技试验区。要完善技工贸一体化的农村社会化服务体系，稳定农业技术推广队伍，扶持民办科技服务组织。

以市场为导向，以效益为中心，对农村主导产业和重点产品，实行专业化生产，形成产供销、贸工农“一条龙”经营体制。加强商品基地和龙头企业建设，积极发展农副产品加工、保鲜业和创汇农业，大力普及“一乡一业，一村一品”为主的专业乡村建设。

稳定党在农村的各项政策，深化农村改革，增加农民收入。继续稳定和完善家庭联产承包责任制，建立健全统分结合的双层经营体制，做好土地承包期延长30年的工作，允许土地使用权有偿转让，鼓励承包拓荒。要保持政府对农业投入不断增长的势头，严禁挤占支农基金，同时吸引城乡和海外等各方面资金，形成多渠道的农业投入机制。要改革化肥、种子等农业生产资料供应办法、整顿市场流通秩序，坚决打击那些坑农、骗农不法行为。继续减轻农民负担，切实保护农民利益。

（二）在重大难点上勇于改革，从体制转变中寻求解决问题的出路

以国有企业改革为主线，以国有大中型企业为重点，加快存量资产进入市场流动重组的步伐。要通过兼并、破产、拍卖、租赁经营等形式盘活存量资产，推动全市工业经济优胜劣汰机制的形成和国有企业的结构调整。要组织企业集团和优势企业对劣势企业进行兼并，对一些国有大中型企业和一批小型企业实施破产；选择一批骨干优势企业，以存量吸引增量，同境外资本进行合资合作，以增量活化存量。要进一步完善产权交易市场，鼓励各类资本通过市场进行跨地区、跨行业、跨部门、跨所有制的流动和组合。为了“搞好大的”，要把24户国有大中型现代企业制度试点工作抓好，敢闯、敢冒、敢试，积极解决企业资本金比例低、债务负担重、富余人员多及企业办社会等难点问题；面上企业要认真贯彻执行《条例》，深化企业内部改革，建立面向市场的运行机制、自负盈亏的风险机制和立足发展的约束机制。为了“放活小的”，要进一步放开生产经营、放开改制形式、下放企业管理权限。在进一步规范有限责任公司和股份公司的基础上，要抓好七户试点企业股票上市推荐和内部股票柜台交易试点工作。

加大社会保障制度改革力度。按照社会保险和商业保险分开的原则，进一步理顺社会保险管理体制，逐步建立统一的社会保障管理机构，形成包括扶贫救济、社会保险和商业保险的社会保障体系；进一步扩大养老保险覆盖面，完善失业保险，加快医疗保险改革，稳步推进农民养老保险，逐步提高社会保险的社会化程度；逐步提高个人缴款比例和个人帐户在养老保险金统筹费用中的比重，增加个人积累的比重；强化社会保险基金的收缴力度，加强对保险基金的管理，达到保值增值。

逐渐把企业经营者的任命制改为竞聘制。要建立经营者市场，面向社会公开竞聘企业厂长、经理，积极试行厂长、经理年薪制，探索科学考核厂长、经理工作业绩的办法。要加强企业领导班子建设，搞好现有企业领导班子的整顿和培训，鼓励各级政府机关的优秀干部到企业去工作。

发展始终是硬道理，发展要靠改革来推动。我们当前确实存在很多矛盾和问题，推动和深化改革既有困难也可能有风险，但在看准了的改革任务面前，我们要有更大的闯劲，更大的胆识；攻坚力度要更强些，措施更切实些。否则，关键性的改革难点不突破，我们的困难就会更大。

（三）以提高经济效益为中心，加快工业经济增长方式的转变

当前我市工业经济的突出问题是效益低下，因此要把调整结构作为“增长转型”、提高经济效益的重要环节抓紧抓好。一是实施名牌产品战略，调整产品结构。要在结构调

整中让生产要素向名牌产品转移，使现有的57种名牌产品扩大规模、提高水平，努力增加名牌产品在全市工业中的比重。二是实施大集团战略，调整企业组织结构。要围绕产品结构调整，进行跨地区、行业的产权重组，发展规模经济。重点发展壮大输变电集团等六条“大船”，同时扶持50个左右产品在全市乃至全国同行业地位突出的大中型企业。三是实施支柱产业战略，调整产业结构。以生产名牌产品的企业集团和优势企业为基础，择优扶强，突出重点，大力振兴机械装备、电子信息、汽车和医药化工这四大支柱产业，着重提高产业技术素质和利税在全市的比重。

加强技术改造。企业的技术改造，特别是国有大中型企业的技术改造，要以市场为导向，与改制、改组结合起来，与创名牌产品结合起来，提高产品技术档次和附加值。在完成市属全民企业28亿元技改投资任务的工作中，要抓好机床利用世行贷款等12个大项目，确保其中的10个项目开工建设，沈阳东洋制钢等三个项目竣工投产；各行各业的100个重点技改项目也要在年内投产，新增销售收入50亿元。

强化企业管理。从去年开始，我们下决心狠抓三年企业管理。去年是恢复性整顿，今年是“企业管理年”，使各项管理上一个台阶，明年要继续深化企业管理。今年要坚持“三改一加强”的方针，以开展“企业管理年”活动为契机，从严、从细、从实抓好企业现场管理、质量管理、成本管理、营销管理、资金管理、资产管理和劳动管理等工作。厂长、经理必须亲自抓管理，政府经济综合部门和主管部门，要把指导、检查督促企业管理作为日常工作来抓，加强对企业法人代表的审计和效能监察工作；经贸委抓好各主管局，局抓好所属企业，各局一把手亲自抓管理，上下共同努力，真正抓出成效来。

（四）加强城市规划、建设和管理，进一步改善城市环境

发挥政府在规划城市中的主导作用。抓住城市规划这个龙头，调整城市布局，集中资金投向，加速重点地区和区段的形象建设，对重点地区和区段要搞好分规划；严格控制中心城区的拆迁，重点搞好城市边缘地带的开发建设。在市总体规划的指导下，市区紧密配合，制定好各区分规划，由区里负责实施，市里负责指导和监督。要继续深化土地使用制度改革，充分发挥土地资产效益。

今年沈阳的城市建设和管理要抓好五大工程。一是绿化工程。以“绿化年”为契机，开展全民绿化活动，搞好新开河、浑河沿岸绿化和主要街道的全覆盖，新建南塔和滑翔两个公园，改造中山、铁西、市府三个广场，搞好开发区绿化，全市扩大绿地面积270万平方米，使绿化覆盖率增加27.5%，使沈阳“绿”起来。二是安居工程。要切实解决9 000多户动迁居民延期回迁问题，以推行公积金制度为突破口，继续深化住房制度改革，搞好安居工程和安居乐教工程的建设，加大住宅建设方面的融资、筹资力度，加大对动迁单位和开发公司的管理力度，严格审查、跟踪、管理开发地块，保证工程质量，缩短工期，搞好配套，确保竣工交付使用住宅210万平方米，回迁安置动迁居民3万户。三是基础设施工程。在搞好论证的基础上，开工建设翟家水源工程，建成长青桥，再建八座人行过街天桥，开工建设二环快速干道系统工程，搞好顺城、孤家子等变电所输配电网络配套工程建设。四是环境工程。要按照市人大常委会通过的关于综合整治新开河的决议，多方筹资，动员全市军民参加建设。还要继续实施碧水和大气环境综合整治等工程，完成北部污水处理厂主体工程，续建南部污水截流工程，开工建设两座垃圾处理场，做好垃圾的收集、清运、填埋工作，搞好垃圾无害化处理。五是管理工程。要按照严格、科学、系统管理的原则，依法严管重罚，加强交通管理、小区管理、市场管理、市容环境管理、施工现场管理、建筑质量管理、房屋开发管理，巩固、扩大创建卫生城和交通有序化管理的成果。建筑业要综合整顿建筑市场，努力提高工程质量，特别是居民住宅质量，创名牌工程。在发展壮大中，确立建筑产业的良好形象。在城市管理中强调区域管理，开展各区县（市）竞赛活动，进一步发挥居委会的作用；加强公用事业单位队伍建设，对各类服务的执法人员依法严格管理、赏罚分明，以树立良好形象，更好地为市民服务，让群众满意。

（五）大力发展第三产业，继续拓展中心城市的大流通功能

按照市里“大力发展第三产业”的既定方针和谁办谁受益的原则，广泛动员全社会各方面的力量，放开、放手地兴办第三产业，加快市场体系建设步伐，努力构造以金融市场为龙头的区域性中心大市场。国家级的科技市场、人才市场、劳动力市场和商品交易所，以及区域性的金融市场、产权交易市场、信息市场和旅游市场，都要按照立足沈阳、服务东北、辐射全国、与国际接轨的要求，完善运作机制、规范交易方式、扩大交易规模、强化辐射功能。

在完善要素市场的同时，深化国合商业企业改革，要调整流通企业组织结构，加快进行工商联合的综合商社试点，促进大企业的集团化，提高规模效益，增强开拓国内外市场能力。积极推动工商联手，发挥名牌效应，努力扩大地产品在我市各类消费品市场中的占有率。继续抓好各类消费品和生产资料市场建设，合理布局、规范交易、加强管理、扩大规模、增强辐射力。要进一步培育五爱等消费品批发市场和沈阳蔬菜、果品等农副产品批发市场；加快钢材、通用设备等八大生产资料市场建设步伐，扩建集装箱集散中心；积极推广连锁经营、代理制、配送中心等现代流通方式，发展和规范中介组织及经纪人队伍，建立健全市、区两级经纪人管理事务所，加强对经纪人队伍的管理和培训工作。

（六）坚持“一开四促”的方针，提高扩大开放的水平

加大招商引资力度。要继续坚持“以存量吸引增量，以市场换技术”的原则，把实施“九五”技改计划起步的10个重点项目的成交作为招商引资的重点，引导外资投向大

中型企业改造、高档次第三产业、农业和城市基础设施项目。要积极探索利用外资的新形式,大力发展委托经营、租赁经营,积极组织境外企业的投资,加强同国外金融机构的合作。实行专业招商,以项目为主;经济综合和主管部门组织,以企业为主,特别是要把国有大中型企业推向国际市场,提高招商引资的成功率。要建立项目库,建设招商网络。要大力发展对外经济技术合作,充分利用国家援外工作改革带来的机遇,推动大中型企业利用闲置设备、生产线到境外投资办企业,积极开展对外工程承包,扩大劳务出口,开拓国际市场。

把深化改革、强化管理作为外经贸企业走出困境的出路。要尽快适应国际贸易环境变化和国内"三率"调整的新情况,大力推进产权制度和企业内部三项制度改革,抓好建立现代企业制度试点,强化以财务管理为中心的企业管理,开展综合经营,推行代理制,提高综合经济效益。推进资产经营一体化的外贸企业集团建设,加快组建综合商社,培植出口货源基地,优化出口产品结构,扩大机电产品和成套设备的出口,尽快把我市重工业生产优势转化为出口创汇优势。

进一步优化投资环境。在新一轮对外开放中,要由依靠减税让利转向依靠完善法制和优质服务,发挥办得好的现有三资企业的示范作用,增强对外商投资吸引力。要继续完善利用外资两级管理体制,实行"多个窗口对外,一个部归口",提倡联合审批和"一条龙"服务,公开办事程序和收费标准,全面清理整顿对三资企业税外乱收费,使外商投资企业逐步享受国民待遇。要有目标、有重点地加强外向型人才培养,对各类涉外"窗口"单位工作人员进行强化培训。要继续做好外事和侨务工作,以"侨为桥",拓宽与海外联系的渠道。努力办好为外国人服务的机构、学校,增强市民的开放意识,提高市民涉外素质和文明程度,以适应扩大开放的需要。

拓展市场,全方位扩大对内开放。一是把沈阳放在全国大市场中,积极寻求要素在国内的组合,打开城门,向国内各地区和著名大型企业集团引进资金、技术和产品,探索中外合作途径。二是积极拓展国内市场,输出技术和产品。继续开拓"六边一线"市场,并进一步加强我市与深圳、广州、上海等沿海地区的全方位经济技术合作。三是认清经济区域化的发展趋势,以交通、流通、融通和通讯为重点,全面推进辽宁中部城市群经济区的市场体系建设;主动寻求跨市产权重组机遇,加快企业集团和行业联合体的组建,逐渐形成符合区域分工要求的产业链;继续共同办好"沈阳国际经贸洽谈会"、"沈港澳经贸洽谈会";加强辽宁中部城市群经济区的规划、政策制订和组织体系的完善工作,八城市优势互补、共同发展,以形成区域组合优势。同时积极参与环渤河、东北经济区和东北亚经济圈的开发建设,寻求我市的生产要素在更大范围内的组合。

(七)继续发展科技、教育、文化、卫生和体育等社会事业,促进经济发展和社会进步

实施"科教兴市"战略,大力发展科技事业。深化科技体制改革,放开搞活一大批技术开发和技术服务型科研机构,面向市场搞产业化,促进科技经济一体化。要针对全市经济、社会发展中的重点和难点,与中科院沈阳分院和其它科研机构、高等院校开展多层次的科技交流与合作,集中全市各方面力量,进行科技攻关。进一步培育科技市场,大力推广应用国内外的先进科技成果,促进高新技术产业化,用高新技术改造传统产业,以先进制造技术、信息技术、生物技术、新材料技术、能源及环保技术为重点,形成数控机床、机器人、新药、精细化工、新材料、计算机软件等六个新兴技术产业。在全市开展"科技周"活动。要加强科普工作,增加科普工作的资金投入,努力提高全市人民的科技文化素质。

在振兴科技和繁荣经济中以教育为本。深化教育综合改革,抓好康法两县"普九"达标工作,在年底前实现全市"普九"的奋斗目标。进一步调整地方高校结构,继续搞好高校联合办学和沈阳大学向实体过渡工作,加强职业技能开发,大力发展职业技术教育和成人教育。认真实施"电化教育工程"等教育现代化建设的"六项工程",努力提高教学质量,培养一批跨世纪的优秀人才。

认真贯彻"双百"方针,高扬"主旋律",创作演出一批反映时代精神的文学作品和影视、戏剧,丰富市民文化生活。搞好新闻出版工作,办好广播电视事业,坚持文化市场的社会主义方向,深入开展"扫黄打非"工作,打击文学作品和音像制品的盗版行为,保护知识产权。广泛开展群众文化活动,大力发展文化产业。增强全民文物保护意识,搞好市志和大事记,做好档案和文史工作,充分展现历史文化名城的风貌。

深化卫生体制改革,进行医疗收费的"总量控制,结构调整"试点,积极开展初级卫生保健。依法管理医疗市场,认真贯彻《食品卫生法》。继续抓好计划生育工作,促进人口与经济、社会协调发展。大力推进"全民健身计划"的全面实施,认真贯彻执行《体育法》,抓好各项体育改革,促进体育事业全面发展,提高人民健康水平和竞技水平。

(八)培育新经济增长点,努力增强城市经济实力和发展后劲

乡镇企业要以推行股份合作制为重点,切实抓好产权制度改革;以产品结构调整为龙头,推动企业组织和产业结构调整,上规模、上档次、上水平,组建和发展一批新型大中型乡镇企业,发展外向型经济,提高经济效益。对城乡企业50强要给予重点支持,力争全市乡镇工业的销售税收和利税以25%的幅度同步增长。

城镇集体经济要加快清产核资步伐,大力推进以股份合作制为重点的产权制度改革,恢复合作经济的本来面目,调动区街企业集体职工的积极性,在"三改一加强"中增强市场竞争能力,提高经济效益,使区街企业成为各城区增产增收的经济支柱。

扶持一批科技型、外向型具有一定规模和水平的个体、私营企业;

扶持一批以出口创汇为主的高效益三资企业；扶持一批高新技术企业，促进一批高新技术尽快形成产业规模，力争全年实现高新技术产值150亿元。

发挥沈阳经济技术开发区、南湖科技开发区、辉山风景区、北站商贸金融开发区、铁西工业改造区、沈河综合试验区、北陵星火技术密集区、浑河开发区在体制创新和增长转型方面的示范作用，加强基础设施建设，加大招商引资力度，形成各自功能优势，做到优势互补，联动发展，早出综合效益，为焕发老工业基地青春做出贡献。

（九）加强财政和税收工作，加速金融市场体系建设步伐

财税是经济的综合反映，要发挥好财税的经济杠杆作用，促进经济增长方式的转变，推动企业经济效益的提高，大力组织财政收入。坚持收支平衡的原则，用好、用活、用足现有财政政策和财政资金，在向名牌产品、优势企业、支柱产业倾斜的同时，重点扶持乡镇企业、区街企业和有发展潜力的私营企业，使其成为财政收入的基础。要进一步落实《预算法》及其实施细则，加强预算内外资金管理，建立健全预算外资金管理体系，实行行政事业性收费收支两条线管理，将预算外资金纳入预算内管理，壮大财力。要加强税法宣传，以组织收入为中心，加大征管、稽查、清欠力度，堵塞税款流失漏洞，做到国家和地方各项税款应收尽收，保证财政收入及时、足额入库。适时开辟新的地方小税种，增加地方财政收入。要发扬艰苦奋斗的优良传统，提倡过紧日子、勤俭办一切事业，严格控制社会集团消费、遏制公费医疗和行政经费增长势头，进一步优化财政支出结构，减轻财政负担，努力实现财政收支平衡。建立乡、街级财政，完善市、县（市）区、乡（街）三级财政管理体制，调动县（市）区、乡（街）聚财、生财和理财的积极性。

加快金融改革和市场建设的步伐，发挥好区域性金融中心的作用。要扩充沈阳证券交易中心会员单位，完善运作机制，继续树立沈阳基金在股票市场的形象。要在加快组建城市合作商业银行的同时，尽快筹建农村股份合作商业银行，争取光大、华夏和民生等商业银行在沈落户。要加大工作力度，吸引国外金融机构在沈设立办事处或分支机构。要加快“三金”工程和银行支付系统建设步伐，在扩大同城交换的同时，吸引周边城市加入自动清分结算系统。

（十）进一步提高政府社会调控能力，维护社会稳定

继续控制物价过快上涨，把它作为政府加强宏观调控的首要任务。继续贯彻“增源畅流，以量稳价”的方针，严格控制涨价，进一步完善和用好价格调节基金，继续实施超前调控的物价例会制度，坚持对物价的监测预警、跟踪监督和实施控价目标责任制等一系列措施。实行粮食两条线运行机制，400家粮店要搞好居民定量口粮供应，努力稳定粮食价格，继续按分档差率和分部位差率办法控制菜价和猪肉价格。加强价格检查监督力度，严格执行明码标价制度，认真贯彻《消费者权益保护法》，加大“打假”力度，打击哄抬物价等各种扰乱市场秩序的行为。

把握工作大局，积极审慎地处理好各种社会矛盾，认真解决社会热点问题。要按照谁主管谁负责的原则，从市到县（市）区、街道办事处，都要层层落实维护稳定工作责任制。各级民政、信访部门要尽力帮助群众解决实际问题，精心疏导群众情绪，把矛盾解决在萌芽之中；进一步实施“温暖工程”，认真做好扶贫解困工作。要认真落实《劳动法》，继续开展再就业工程。要继续稳定灾区，抓好生产自救，保障灾民的基本生活需求。改革供暖体制，搞好气源开发建设和水资源综合开发利用，以解决好市民供暖、用气和吃水问题。

建立社会治安防范机制，搞好群防群治、综合治理，严厉打击严重刑事、经济犯罪活动，特别是要抓大案要案，狠狠打击带有黑社会性质的团伙犯罪，继续惩治毒、赌、黄等社会丑恶现象，进一步加强对暂住人口和流动人口的管理，促进社会治安进一步好转。提高城市综合防灾水平，加强消防管理监督，搞好安全生产和企业保卫工作，为改革和发展创造稳定的社会环境。

（十一）坚持物质文明和精神文明共同进步，推进社会主义民主和法制建设

继续坚持两手抓、两手都要硬的方针，把精神文明建设提到更为突出的地位。一是坚持两手抓，使精神文明建设成为促进经济建设的强大动力，强调重在建设，舍得投入，同树立沈阳形象，改善投资环境，提高文明水平，创造美好生活结合起来，强调制度化、规范化。二是加强爱国主义教育，把培养“四有”公民，提高全民族特别是青少年的思想道德素质和科学文化素质，作为精神文明建设的根本任务，做到常抓不懈、持之以恒。三是在以思想道德教育为中心内容的同时，要从严管理，健全交通规范、职业规范、《市民公约》和各种公共场所规范，把精神文明建设渗透到社会生活的各个领域，全面提高公民的思想道德修养和素质，形成在家庭讲伦理道德争当新风户，在单位讲职业道德争当文明职工，在社会讲公德争当文明市民的良好氛围和舆论环境。四是求真务实，不搞花架子。通过加强精神文明建设，唤醒全民的现代意识和管理意识，全市各族人民拧成一股绳，做好民兵工作，开展军民、警民共建，争创“双拥模范城”，争创优质名牌产品、优等工程、优良服务，为振兴沈阳贡献自己的一份力量。

各级政府要认真执行人大通过的各项决议，自觉地接受人大依法监督，积极采纳人民代表的建设、批评和意见；进一步尊重和支持人民政协以及各民主党派、工商联、无党派人士发挥政治协商、民主监督的作用，认真办理政协委员的提案和听取参事的意见、建议；高度重视工会、共青团、妇联和科协等群众团体的桥梁作用，支持新闻单位舆论监督；全心全意地依靠工人阶级和广大人民群众，做好群众来信来访和人民建议征集工作，健全市长公开电话、产业工人联络员、新闻发布等

行之有效的制度，加强政府与广大市民的联系，健全民主科学的决策咨询制度，以提高政府决策水平。落实民族、宗教、侨务政策，增进各民族及社会各界的团结和进步。

深入贯彻市人大"依法治市"的决议，针对发展社会主义市场经济和强化城市管理的急需，抓紧制订相应法规。各级政府要严格依法行政，善于运用法律手段管理经济和社会事务。加强法制宣传教育，增强公务人员和广大群众的法制观念，坚决纠正有法不依、执法不严、违法不究的行为。深化部门执法责任制，积极推行行政执法规范化，加强各类行政执法部门的队伍建设，不断提高执法水平。

(十二)转变政府职能，进一步加强政府自身建设

按照政企分开的方向，转变政府职能。要把不该由政府行使的职能逐步转给企业、市场和社会中介组织，把政府综合管理部门逐步建成职能统一、具有权威的宏观调控部门同时，也要按国家的要求，转变主管局的职能。为搞好国有资本的运营，要成立市国有资产管理委员会，加快机械、轻工、商业等三个国有资产经营公司试点和由点及面的步伐。要进一步简政放权，加快市区两级行政管理体制改革步伐，调动各区建设和管理城市的积极性，凡区里能办的事就由区办，市里把该办的事办好，对区里多指导、多服务。

各级政府和政府各部门要时刻牢记全心全意为人民服务的宗旨，不忘我们的权力是人民给予的，我们要用对人民高度负责的精神，掌握和运用好手中的权力，为人民办好事、办实事，"富一方百姓，保一方平安"。要发扬实事求是的优良传统，坚决克服官僚主义、主观主义、形式主义，从"文山会海"中解脱出来，深入实际、深入基层、密切联系群众，体察民情、了解民意、解决民需，接受群众监督。要公开办事制度，提高办事效率和服务质量。要破除那种"空喊抓机遇，悠闲自在等机遇"的懒散浮夸作风，大力倡导"咬住目标不松劲，抓住机会不放手"的求真务实之风。要坚持不懈地把反腐败斗争作为突出环节来抓，并在深入巩固阶段性成果上下功夫，继续抓好领导干部廉洁自律、查处大案要案和纠风治乱三项工作，坚决刹住人民群众反映强烈的公款吃喝玩乐、干部住房用车超标、行政执法和经济管理部门吃拿卡要等不良风气。对弄权勒索、贪污受贿和金融诈骗等违法违纪案件，要严肃查处，绳之以政纪国法。要加强机关干部队伍建设，继续完善国家公务员考试录用、考核、培训、轮岗、回避和辞退等项制度，不断提高政府自身建设的水平。

各位代表：沈阳市的"九五"计划和2010年长远目标，是全市人民共同意愿的结晶。实现"九五"计划和完成1996年各项工作，尽管任务很艰巨，但是，只要我们充分利用有利条件，抓住机遇、同心同德、奋力拼搏，就一定能够实现跨世纪的宏伟蓝图，开好头、起好步，为振兴沈阳取得新成就，做出新贡献！

沈阳大事记(1995年)

一 月

2日

以中共辽宁省委副书记,沈阳市委书记张国光为团长的中国共产党干部代表团,圆满结束了对越南、老挝的访问,回到沈阳。

4日

市人大常委会组成人员,市政府、市法院和市检察院领导组成7个专访组,分赴13个县(市)区和驻沈解放军代表团,走访市人大代表。

▲中共沈阳市委召开市委书记办公会,对春节活动提出要求,以健康文明,积极向上,催人奋进为主旋律,坚持节约务实,科学安排,确保全市人民过一个欢乐、祥和、文明的春节。

6日

共青团中央第一书记李克强到沈阳视察和调研团的工作。

▲市召开双拥工作表彰大会,9个县(市)区,62个街、乡、镇,80个单位和36个个人受表彰。

▲代省长闻世震、副省长高国珠、副市长刘克田视察沈阳经济技术开发区。

7日

国务院军队离休退休干部慰问团莅沈阳,慰问部分军队离退休干部。

8日

市委书记张国光视察大东副食商场,要求副食行业质优价廉便民,满足社会需求。

▲张荣茂市长参加市部分商业企业经理座谈会,提出工商企业携起手来,共创"名牌"。

▲沈阳市第四届副食节开幕,节日期间商品总价值3亿元。

▲马来西亚旅游考察团一行20人抵沈,对沈阳进行旅游考察。

9日

市十一届人大常委会举行第十三次会议,审议通过召开十一届人大三次会议的决定及有关事项。

10日

市委书记张国光,市委常委,市总工会主席李中鲁,副市长金明仕等领导赴辽中县,走访慰问五保户、军烈属和贫困户。

▲沈阳市新闻中心成立。

▲刘克田副市长分别会见来访的著名美籍华人陈香梅女士一行和美国加华公司总裁邵哲雄先生一行。

▲市政协组织委员视察市场,研究加强物价管理措施。

12日

省、市领导闻世震、金明仕等赴于洪区、辽中县考察农村经济。指出,农业生产要走专业化、产业化、集约化的道路。

▲市政府举行第十五届五次全体会议,审议修改《政府工作报告》,安排布置年初和节日工作。

▲国家体委副主任刘吉到沈阳视察群众体育活动,并会见了市委书记张国光,共商振兴群体大计。

▲沈阳至伊图里河直达旅客列车开通。

13日

市领导张国光、赵金城、李中鲁、王声溢、王杨、王洁纯、金明仕等分别走访慰问老干部、劳动模范和孤老孤儿。

14日

市委书记张国光、副市长刘克田会见美国帝杰证券公司投资银行总裁汤姆·特比先生一行。

▲市召开城建工作会议,提出1995年要以开拓城市功能为目标,以改善城市环境质量为重点进行城市建设,确定城市建设10件大事。

15日

沈阳国际冰雪旅游周在辉山开幕。

16日

全国总工会和省、市领导到沈阳走访特困职工。

▲市政协十届三次会议举行预备会议。

▲市领导丁世发、高柏金、王书海、张毓茂走访慰问全国军民共建精神文明先进单位。

17日

市政协在八一剧场举行十届三次全体会议,董万德主持会议,林馥卿做常委会工作报告。

▲省委书记顾金池到沈阳进行调研,指出调整产品,适应市场是企业复苏的关键。

▲张荣茂市长会见韩国驻中国大使黄秉泰先生一行。

18日

市委书记张国光,副市长马向东视察沈阳商业城,提出要办大辐射集团化的一统商社。

▲参加市政协十届三次全会的政协委员听取市政府、市中级人民法院和市人民检察院的工作报告。

▲市政府召开物价工作会议,强调要强化调控力度,稳定商品价格,抓好8个方面的工作。

▲市委、市政府召开信访工作会议,要求各级组织切实把群众信访问题解决在基层。

20日

参加市政协十届三次全会的市政协委员进行大会发言,参政议政,献计献策,就农业、金融、教育等问题提出建议和意见。

▲市人大副主任金苗生、副市长刘克田看望优秀归侨、侨眷代表。

21日

市政协十届三次全会闭幕,大全圆满完成各项议程,共收到经审查立案的委员提案408件。

▲张瑞昌副市长会见来访的韩国东方纺织株式会社社长李炳准先生一行。

23日

市领导张国光、张荣茂、王声溢、林馥卿等走访李涛等离休的原市老领导。

24日

市委书记张国光在沈阳专业外贸公司成立10周年之际,寄语外经外贸战线广大职工,再接再励,推动对外开放向高层次发展。

▲市十一届人大常委会举行第十四次会议,听取审议了关于代表变动情况和增补代表的代表资格审查情况的报告等。

25日

全市各界人士200余人欢聚一堂,共庆新春。市委书记张国光代表市委、市政府向各界及港澳台同胞和海外侨胞致以节日问候。

▲市领导张国光、张荣茂、赵金城、刘迎初、刘克田、马向东等分别会见来沈访问的泰国正大集团资源副总裁王景武及美国沃玛特·易初有限公司总裁约瑟夫·海特菲尔德先生等一行。

▲省委书记顾金池、市长张荣茂等省市领导赴辽中慰问灾区群众,共商生产自救大计。

26日

市领导张国光、张荣茂、董万德、丁世发、赵金城、李中鲁、王书海、任殿喜、王声溢、王扬、刘迎初、王洁纯在《沈阳日报》发表《致全市各族人民的春节慰问信》。

27日

省、市暨沈阳驻军举行迎春茶话会,军地领导欢聚一堂,畅叙军政、军民团结的鱼水之情,共商双拥工作大计。

▲市委书记张国光慰问中兴—沈阳商业大厦职工,指出国有商业的出路在于走向现代市场经济。

28日

省委书记顾金池,省长闻世震,市委书记张国光,市长张荣茂等领导看望慰问节日在岗坚持工作的职工。

二　月

5日

市委召开常委会议,强调解放思想,真抓实干,进一步搞好国有大中型企业。会议提出,认真贯彻落实中央、省有关会议和市委八届九次全会精神,进一步解放思想,真抓实干,坚持整体推进和重点突破相结合,搞好国有大中型企业和搞好国有经济,搞活城市相结合,落实"三改一加强"(改制、改造、改组与加强企业管理)各项措施,通过搞好国有大中型企业,促进改革深入,经济发展和社会稳定的总体思路。

▲市各民主党派,有关人民团体负责人学习座谈江泽民发表的《为促进祖国统一大业的完成而继续奋斗》的重要讲话,宣传八项主张,促进祖国统一。

6日

'95辽宁省民俗风情游首游式在北陵公园举行。

7日

市召开对外经贸工作会议,提出着力发展全社会大经贸,开拓全世界大市场,推动全市外经贸事业向大规模、高层次、宽领域、纵深化方向发展。

8日

沈阳经济技术开发区举行领导小组会议,张国光、张荣茂到会讲话,提出以"外向牵动"实现跳跃式高速发展。

▲市十一届人大三次会议举行预备会议,通过大会议程和主席团、秘书长名单。

▲刘克田副市长会见韩国奥委会副主席,韩国微电子会社社长崔万立先生。

9日

市十一届人大三次会议开幕,张国光主持会议,张荣茂作《政府工作报告》,市委、市纪委、市人大、市政府、市政协领导出席大会。

10日

市政协祖国统一联谊会举行座谈会,与会委员和民主党派、工商联负责人表示祖国统一是大势所趋。

▲中国医科大学第二临床医院在全国率先开通利用远程医学传真会诊系统。在沈阳就能为百里之外患者诊病。

11日

市长张荣茂、副市长张瑞昌会见来访的日本东洋制钢株式会社社长大山龙一及夫人一行。

▲市总工会对18位外方经理命名为"优秀工会之友"。

14日

市十一届人大三次会议胜利闭幕。会议通过《政府工作报告》等有关决议。圆满完成了全部议程,提出振奋精神,团结拼搏,真抓实干,再求发展。

15日

市委召开常委会议,要求加强民兵预备役建设,为沈阳的改革发展稳定再作新贡献。

▲张荣茂市长和马向东副市长分别会见来访的加拿大温尼伯市市长苏珊A·汤姆森女士一行和韩国星志建设株式会社会长金赤星先生一行。

16日

全市举行《全民健身计划》动员大会,市委书记张国光讲话说,身体是干好革命事业的基础,大家都应该积极投身到全民健身活动中来。

▲市政府召开工业生产总结动员大会,对东北制药集团公司等完成1994年工业生产责任目标的单位进行表奖。提出丢掉幻想,战胜困难,再创工业生产新佳绩。

17日

孙祥剑副市长会见了美国ARI国际能源公司总裁库茨克拉先生。

18日

金杯汽车股份有限公司董事会在上海发表特别公告,宣布中国第一汽车集团公司已拥有金杯公司51%的股份。

20日

市政府举行第三次常务会议,研究部署工农业生产工作。张荣茂市长围绕农业抓实工作,工业加速调整作了重要讲话。

▲'95香港沈阳市出口商品洽谈会在香港第一太平银行中心20楼开幕。

▲市政府同各县(市)区政府签订目标管理责任书,实现“2000年人人享有卫生保健”。

21日

张荣茂市长在市财政工作会议上指出,迎难而上,增加财政收入,量入为出,保证收支平衡。

▲省委调研组结束了在沈阳的8天落实反腐败斗争三项任务情况的检查指导,指出,反腐败斗争要抓实,抓出成效。

22日

张荣茂市长会见香港《大公报》总编辑曾德成先生,并接受了采访。

▲市政府同农村各县(市)区签订耕地保护目标责任书。

23日

市委、市政府召开政法工作会议,提出保持社会稳定,服务工作大局,推进政治工作。

▲市委书记张国光在市国税工作会议上强调结合实际,创造性地开展税收工作。

▲金杯汽车股份有限公司进入中国第一汽车集团公司实行资产联合签字仪式。

24日

市委召开“进场入轨,兴市富民”讨论动员大会,市委书记张国光讲话。会议提出进一步振奋精神,解放思想,加快进入市场经济轨道,努力为实现沈阳振兴、人民致富的目标而奋斗。

▲张荣茂市长会见日本帕卡濑精株式会社社长高级顾问安本先生一行。

▲市委在《沈阳日报》发表《关于在全市开展进场入轨,兴市富民讨论的意见》。

25日

市召开审计工作会议,张荣茂市长到会讲话,指出审计工作要与改革紧密相联。会议强调贴进改革作好审计工作,把审计工作与经济建设紧密结合在一起,推动经济健康发展。

26日

省八届人大三次会议闭幕,闻世震当选省长,刘克田当选副省长。

27日

国务院检查组来沈阳检查药品整顿情况,听取沈阳贯彻国务院《关于进一步加强药品管理工作的紧急通知》工作的汇报。

▲市委召开统战部长会议,提出统战工作要为经济建设服务。

28日

市委召开深入开展反腐败斗争工作会议,要求加大抓实力度,在反腐败斗争的深入上下功夫。

▲张荣茂市长在沈阳商品交易的现场办公,提出发挥期货市场功能,促进沈阳经济发展。

▲沈阳市统计局在《沈阳日报》发表1994年沈阳市国民经济和社会发展的统计公报。

三　月

1日

沈阳市首批爱国主义教育基地授匾,揭匾仪式在和平广场举行。这12个爱国主义教育基地是:辽宁省博物馆、沈阳新乐遗址博物馆、沈阳故宫博物院、沈阳“九·一八”事变陈列馆、东北解放纪念碑、沈阳抗美援朝烈士陵园、沈阳中山广场毛主席塑像、周恩来少年读书旧地、辽宁省近代博物馆、沈阳南湖科技开发区、沈阳经济技术开发区和沈阳夏宫。

▲团市委组织近百万青年开展志愿者奉献日活动。

2日

沈阳市在北京举行中外记者招待会,沈阳轧钢总厂等5家国有大中型企业向中外记者介绍了各自在“进场入轨”过程中的情况

▲市领导张国光、张荣茂参加沈阳市地税工作会议,要求地税部门深化改革,抓好队伍,培植税源,强化征管,为全市经济高速发展提供强大的后备财源。

▲团市委等部门表彰“十佳大学生”、“十佳中学生”和“优秀共青团员”。

▲市政府作出外来人口管理规定。

3日

市委在《沈阳日报》发出关于《沈阳市贯彻落实<爱国主义教育实施纲要>的意见》的通知。

▲市委宣传部、团市委召开“学雷锋、树新风”先进典型座谈会,提出把握精神实质,简化学习内容。

▲市人大常委会副主任刘金增、周明录、高柏金、唐守山、吴泮权,副市长马向东分别会见来沈访问的韩国银行广域市议会议员,韩国三道集团和朋高有限公司董事长车尚允先生一行。

▲张瑞昌副市长会见来访的美国通用汽车公司执行副总裁休斯一行。

4日

世界第九大会计师事务所——摩斯伦国际会计师事务所在沈阳成立办事处。

6日

市政府召开1994年度群众性精神文明建设总结表彰大会。811个单位,99名个人受到表彰。会议提出,适应市场经济新形势,再创精神文明新水平。

▲市委书记张国光在北京分别会见出席全国“两会”的香港人大代表和政协委员。

▲市委副书记赵金城,副市长张瑞昌,马向东分别会见来访的美国沃玛特集团董事长罗宾生,华登先生和泰国正大集团资源副总裁王景武先生一行。

7日

全市各族各界妇女隆重集会,庆祝“三八”国际劳动妇女节。会上表彰了“三八红旗手标兵”、“十大女科技工作者”和100名“三八红旗手”等。

9日

市委、市政府召开大会,表彰侦破“6·26”文物被盗案有功人员。

▲副市长马向东会见来访的联合国环境规划署环境技术中心主任麦干克先生一行。

▲市案件检查工作会议召开,强调加大查处违纪案件力度,推动反腐败工作深入开展。

10日

市委书记张国光在北京分别接受了《人民日报》、中央人民广播电台、《了望》杂志社等中央新闻单位

的记者采访。重点阐述了沈阳进一步搞好国有大中型企业的思路和做法，认为在转换企业经营机制的同时，要下力量搞好“两个结合”。

▲正在北京出席全国人大八届三次会议的张荣茂市长接受中央电视台记者采访，介绍了沈阳市控制物价上涨幅度的5项具体措施。

▲市技术改造工作会议提出重塑技术改造新概念，通过“三改一加强”造大船创名牌。

11日

市委、市政府召开城市环境清洁化，争创全国卫生城市活动动员大会，要求力争年内建成全国卫生城市。

▲艾廷隽副市长会见来访的日本全国肢体不自由者联合会常务理事、事务局长上野义雄先生一行。

13日

张国光、张荣茂等市领导和曾在沈阳工作过的领导同志在北京座谈，介绍沈阳近年改革开放发展情况。曾在沈阳工作过的国务委员李贵鲜，河南省委书记李长春，浙江省委书记李泽民，黑龙江省人大常委会主任孙维本及老领导焦若愚等十分关心沈阳建设，并对沈阳发展提出建议和意见。参加座谈会的还有彭清源、王景荣、范崇燕、董泽博、韩天石、莫文祥、宋光等同志。

▲艾廷隽副市长会见日本古河电工株式会社部长高田先生。

14日

张瑞昌副市长会见来访的世界银行中蒙局工业能源处高级官员刘晓云女士。

▲市政协十届常委会召开第十五次全会，协商讨论市委第八届委员会工作报告(征求意见稿)。

▲市政府召开安全防火紧急会议，制定了遏制火灾重大事故发生的措施。

15日

市召开乡镇企业工作会议，确定发展目标和工作重点，提出保持大发展势头，提高经济增长质量。

▲市委书记张国光应邀到中国人民大学，就如何搞好国有大中型企业等热点问题与大学生们进行了座谈。

16日

出席全国政协八届三次会议的沈阳委员回到沈阳。

18日

数千名群众走上街头开展外来人员管理宣传日活动，市领导王洁纯、金苗生、朱锦等参加宣传日活动。

19日

出席全国人大三次会议的沈阳代表圆满完成大会议程回到沈阳。

20日

市人大常委会召开主任会议，听取副市长马向东作的《关于沈阳市推进城市环境清洁化，争创全国卫生城市活动安排情况的报告》，会议强调狠抓落实，确保沈阳进入全国卫生城行列。

21日

中共沈阳市纪委通报了10起违法违纪案件。原沈阳市公安局治安特警支队支队长(副局级)马世腾等人被开除党籍，有关部门正在对其追究刑事责任。

▲张荣茂市长会见来访的日本债券信用银行副行长兼远东国际租赁有限公司副董事长广濑胜先生一行。

▲韩国京畿道赤十字社向沈阳市红十字会捐赠一台救护车。

22日

沈阳市妇女第九次代表大会开幕，400名正式代表和59名特邀代表参加了会议。市委、市纪委、市人大、市政府、市政协的领导同志出席了大会开幕式。

▲全市召开纠正部门和行业不正之风会议，常务副市长张瑞昌到会讲话，提出在治本上作文章，在深入上下功夫，切实纠正部门和行业不正之风。

▲张瑞昌副市长会见世界银行中蒙局首席经济学术卡多索女士一行。

23日

市委召开整顿农村软弱党支部工作会议，提出明确责任，齐抓共管，选好“致富带头人”。

24日

市妇女第九次代表大会闭幕，会议选举产生了市妇联第九届执行委员会和新的领导班子。

▲以责任书记金鹤奉为团长的朝鲜劳动党平安北道代表团抵沈访问，省委书记顾金池，副书记、沈阳市委书记张国光等到车站迎接。

▲常务副市长张瑞昌会见了以金惠汉为团长的韩国畿道杨州郡代表团一行。

25日

张荣茂市长率有关部门领导到新民市检查备耕和修复水毁工程情况。

27日

市长张荣茂在沈阳日报发表《贯彻实施<中国人民银行法>，促进沈阳经济发展的文章。

▲省委副书记、市委书记张国光会见并宴请来访的朝鲜劳动党平安北道代表团一行。

▲市委、市人大、市政府召开传达贯彻八届全国人大三次会议精神大会，要求全市人民认清形势，把握大局，协调步调，扎实工作。

28日

市政府对1995年绿化工作提出要求，深入开展全民义务植树活动，强化依法治绿，突出绿化美化形象，提高整体绿化水平，为把沈阳市建成高水平的园林城市打下良好基础。

29日

全国人大常委会《妇女权益保障法》执行检查组，在全国人大常委，全国人大内务司法委员会副主任委员彭清源带领下，来沈阳检查工作。

▲沈阳市新闻摄影学会成立。

▲市政府办公厅发出《关于春季安全防火工作的紧急通知》，要求加强安全检查，消除火灾隐患。

▲市召开党史工作会议，提出以史鉴今，以史育人，搞好党史工作。市委副书记董万德到会讲话。

31日

全市30万市民上街清扫垃圾，省、市及驻沈部队领导参加劳动，拉开了春季卫生突击月清扫活动的序幕。

▲张荣茂市长会见来访的韩国流通产业投资访华团一行14人。

四　月

3日

中共沈阳市委举行八届十次全体会议，市委副书记张荣茂、丁世发分别主持会议，省委副书记、市委书记张国光作重要讲话。会议提出满怀信心，继往开来，加速发展，振兴沈阳。会议确定了中国共产党沈阳市第九次代表大会召开的时间和议程。

▲张荣茂市长会见韩国外换银行董事长张明善先生一行6人。

4日

省、市领导顾金池、闻世震、孙奇、王怀远、张国光、张荣茂和驻沈部队领导王克等同全市13万军民共同参加春季植树活动。

5日

张荣茂市长会见韩国土地开发公社社长李孝桂先生一行。

▲沈阳广富股份有限公司被评为全国执行物价计量政策法规最佳单位。中兴—沈阳商业大厦被评为全国执行物价计量政策法规优秀单位。

6日

市政府邀请市政协领导和部分政协委员座谈，协商解决当前群众普遍关心的特困职工生活、市场物价、行业不正之风、社会治安、动迁户回迁、农业生产资料供应、中小学课业负担和学校乱收费等热点问题。

▲全市第一个实行全方位，全过程招标的项目，铁西区艳粉路安居工程委托代理招标签字仪式举行，这是全市最大的棚户区改造和首批安居工程。

▲市委召开部分综合部门和企业领导座谈会，就"老大没治了吗？"各抒己见，与会者提出"老大"要坚定信心。

7日

市委宣传部、市计经委、工商局、技术监督局和市社联联合举办名牌产品战略工程实施中的问题与对策研讨会，提出，实施名牌产品战略进场入轨，依靠名牌产品兴市富民。

▲市召开"菜篮子"工作会议，提出发展生产，搞活流通，繁荣市场，富强农民，张荣茂市长讲话，强调要充分认识"菜篮子"工程的重要意义，做到增源畅流，以量稳价。

8日

市政府领导与各县(市)区，17个主管局的负责人签订控制物价责任状，要求物价涨幅保持在全国大城市平均水平。

9日

全市7万名共产党开展奉献日活动，参加消除城市垃圾劳动，美化沈阳，争创卫生城。

▲共青团沈阳市委开展《辽宁省实施＜中华人民共和国未成年人保护法＞办法》宣传日活动，10万名中小学生参加活动。

▲张毓茂副市长会见来访的韩国LG化学公司总裁成在甲先生一行。

10日

中共中央政治局常委、全国政协主席李瑞环到沈阳考察工作，强调国有大中型企业要加快内部机制转换，国家要从宏观上予以支持。

11日

朝鲜驻沈阳总领事馆在辽宁大厦举行招待会，纪念金日成同志诞辰83周年。省、市有关方面负责人应邀参加

▲副市长艾廷隽会见以孙璐瑜为团长的美国《新闻与世界报道》等国外新闻机构的驻京记者一行4人。

12日

市委、市政府在和平区召开"创建全国卫生城"办公会，市委副书记丁世发参加会议并讲话。指出，城市环境是城市质量的重要组成部分，各部门要领导重视，部门落实，狠抓落实，大见成效。

▲市召开中等学校招生工作会议，决定全市取消重点高中、一般高中在招生录取工作中的"自主权"。

▲美国达拉斯市商务代表团一行35人抵沈进行为期2天的访问，市长张荣茂，副市长张瑞昌，孙祥剑分别会见了美国客人。

▲由市政协经科委，九三学社沈阳市委组成的生态农业研究课题组对沈阳生态农业课题调研成果进行鉴定。专家们对成果给予高度评价，认为成果达到国内先进水平。

13日

市委、市政府召开沈阳市实施"希望工程"工作会议，总结部署全市实施"希望工程"的工作，并表彰一批为"希望工程"作出突出贡献的集体和个人。

14日

市委举行新闻发布会，宣布中国共产党第九次代表大会将于1995年4月17日至22日召开，会议代表共599名。

▲市长张荣茂、副市长张瑞昌带领财政、金融、税务及有关部门负责人在东北制药总厂就"万吨维生素C工程"的有关问题召开现场办公会，要求狠抓实字，突出抢字，迎着困难上。

16日

市政府召开争创全国卫生城市办公会，张荣茂市长讲话要求克服困难，扩大成果，明确职责，重在抓实。

17日

中国共产党沈阳市第九次代表大会隆重举行，张国光作八届市委工作报告，王扬作市纪委工作报告，张荣茂主持大会。

18日

全国第一个国家医学综合考试计算机试题库在沈阳建立，并通过国家鉴定。

20日

中国沈阳技术交易所正式投入运行。

▲张瑞昌副市长会见了美国加华公司总裁邵哲雄先生一行。

21日

中国共产党沈阳市第九次代表大会圆满完成大会各项议程，胜利闭幕。选出了第九届市委委员，候补委员，市纪委委员和沈阳市出席省第八次党代会的代表。

▲中共沈阳市第九届委员会举行第一次全会，选出第九届市委常委。书记、副书记；市纪委首次全会选出市纪委常委、书记、副书记。

▲市长张荣茂、副市长马向东

会见来访的香港新世界中国康居基金考察团一行13人。

22日

沈阳市蔬菜果品总公司正式定名为"沈阳市蔬菜中心批发市场"，成为政府宏观调控蔬菜供需的载体。

24日

市政府召开全市交通有序化综合整治工作表彰会，270名交通管理人员受到表彰，会议提出深化认识，深入动员，巩固和发展交通有序化工作成果。

▲国家建设部部长侯捷在沈阳视察铁西艳粉、路官地区，指出要加快安居工程建设步伐。

25日

市隆重举行表彰先进集体和劳动模范大会。市委书记张国光、市长张荣茂等领导出席大会，会上王德英等21人获市特等劳动模范称号，孙连德等721人获市劳动模范称号，82个单位获市先进单位称号。

26日

市委书记张国光、市长张荣茂分别会见即将离任的朝鲜驻沈阳总领事赵吉倏

▲全国区域性人才市场工作座谈会在沈阳举行，市委常委、组织部长王声溢副市长张毓茂到会。

▲市政府表彰10名优秀发明企业家。

▲张瑞昌副市长会见台湾罗门哈斯化学工业股份公司董事长郭荣封先生一行。

27日

市委书记张国光、副书记张荣茂、常委李中鲁、王书海、刘迎初等领导走访慰问企业和职工家庭。希望全市上下相互支持，同舟共济，加快进场入轨步伐，走好兴企富民之路。

▲国家批准建立中国沈阳劳动力市场。

▲沈阳市直管公房首次向居民个人出售，8户居民买下住宅。

28日

市委书记张国光等领导到团市委机关，看望团干部及工作人员，勉励共青团组织要成为改革、发展、稳定工作中的闯将和开拓者。

▲张荣茂市长、孙祥剑副市长会见来访的澳门其新投资发展有限公司总经理郭特先生一行4人。

29日

张荣茂市长、金明仕副市长深入辽中县慰问干部、群众，提出要知难而上，建设好"米袋子"和"菜监子"工程。

五　月

2日

新当选的中共沈阳市第九届市委常委会举行第一次会议，提出不负众望，履行使命，廉洁自律，勤政为民。确定向孔繁森同志学习，常委要率先垂范，从自己作起，从现在作起。

3日

中共沈阳市委做出关于开展向孔繁森同志学习，做孔繁森式人民公仆活动的决定。

▲各界青年代表万余人在辽宁体育馆隆重聚会，纪念"五四"运动76周年。张国光、张荣茂等市领导参加会议，市委副书记赵金城代表市委、市政府讲话，会上表彰了"沈阳十大杰出青年"和15个"沈阳市青年志愿者服务队标兵。

▲沈阳市出席全国劳动模范和先进工作者表彰大会的26名劳动模范、先进生产(工作)者回到沈阳，省、市领导到车站迎接。

▲张瑞昌副市长会见来访的荷兰皇家吉斯特·布罗卡德集团亚洲地区总经理卫司马先生一行。

5日

省和沈阳市联合举办"防治碘缺乏病日"宣传活动。

8日

张荣茂市长会见来访的日本住友商事株式会社驻中国总代表、常务董事石井光喜先生一行6人。

▲张瑞昌副市长会见来访的美国天腾电脑公司副总裁理查得·贝里先生一行5人。

9日

市委邀请部分市直和城区领导举行座谈，就如何深入开展向孔繁森同志学习，做孔繁森式人民公仆活动进行讨论。

▲国家内贸部部长陈邦柱来沈阳考察市场，称赞沈阳"菜篮子"抓的实，效果好。

▲市政府召开"普九"工作会议，提出全市支援康平、法库，力争两年实现"普九"。

▲市政府表彰高出口创汇，高效益外商投资企业。

▲俄罗斯联邦驻沈阳总领事馆在凤凰饭店举行招待会，庆祝卫国战争胜利50周年。副市长金明仕应邀出席招待会。

10日

市委、市政府召开经济体制改革工作会议，张国光作重要讲话，张荣茂做工作报告。会议要求审时度势，把握大局，深化改革，加速发展。

▲市委、市政府召开1995年度市领导带队调研服务工作总结动员会议，提出把握大局，突出重点，全力服务，促进生产的要求。

▲沈阳市被评为全国节水先进城市。

▲沈阳市机床工业利用世界银行贷款的首批招标改造项目开标。

11日

沈阳市评出"十佳记者"，市委书记张国光勉励新闻工作者深入实际，用手中的笔和相机反映时代的火热生活。

12日

市政府召开第十五届六次全体会议，张荣茂市长通报全市当前经济，布置下步工作，要求强化经济工作，促进社会稳定。

15日

市人大常委会、市政府、市政协联合召开办理人大代表建议、政协委员提案工作会议，市政府提出"提高解决率、满足率、走访率"的要求。

▲德国图林根州——中国沈阳科技经济交流会在沈阳技术交易所开幕。

16日

市委为8名援藏干部举行欢送座谈会，张国光到会讲话。

17日

市委宣传部召开"市精神文明建设'五个一工程'工作会议"，主导

思想是总结过去，面对未来，抓精品，抓力作，促进沈阳宣传思想文化工作上新水平，再登新台阶。

▲副市长张瑞昌、孙祥剑会见来访的德国企业界代表。

▲由彭典军副盟长率领的内蒙古呼伦贝尔盟经贸代表团一行20人来沈阳进行经贸洽谈和考察。

18日

市委、市政府召开高等院校为沈阳经济建设和社会发展服务经验交流会，提出发挥高校科技优势，推动经济振兴和社会进步。

19日

市教育基金会举行新闻发布会，宣传市教育基金实行自愿捐助和单位入股的新方式，招商引资，实行股份制，变“输血”为“生血”助教育。

▲市领导丁世发、金苗生、马向东、马吉庆等与群众上街参加宣传“全国助残日”活动。

▲市委书记张国光等市领导与优秀社会治安综合治理责任者座谈，提出强化领导责任，确保一方平安。

▲市人大常委会副主任裴兆林，副市长马向东会见日本福岛县盘城市三共株式会社社长小西正光先生一行。

20日

以张荣茂市长为团长的沈阳赴日招商团一行在日本东京、名古屋两地进行了5天访问和经贸洽谈，取得可喜成果，有9个项目签约。

22日

铁西区艳粉、路官地区的棚户区改造工程正式开工，该地区有1.2万户4.3万人居住，是全市最大的棚户区，改造后将建成建筑面积120多万平方米。

▲张瑞昌副市长分别会见了来访的新加坡华联银行海外业务副总裁陈仰苏先生一行和韩国东方集团会长金容大先生一行。

23日

马向东副市长代表市政府与43个县(市)区和市直及驻沈单位的负责人签订了“沈阳市1995年城市管理暨创卫生城责任状”。

▲市委、市政府举办“沈阳高校科技成果交易、人才交流洽谈会”，当天成交6个项目，成交额20万元。

▲张瑞昌副市长会见来访的芬兰共和国高高拉市市长安梯·依正塔鲁斯为团长的政府代表团。

24日

市委书记张国光到东北大学为学生讲党课，希望大学生们树立正确人生观，成为跨世纪人才。

25日

市委书记张国光、市长张荣茂分别会见了新到任的朝鲜驻沈阳总领事韩哲。

▲市委召开党建工作会议，要求把握大局，求实创新，加速实施新的伟大工程。

26日

由省委常委、省委副书记徐文才带队的省送温暖献爱心，帮助特困职工慰问团到沈阳电工机械厂、沈阳铸造厂，沈阳织布厂走访慰问。

▲全市千余名保教工作者和少年儿童共庆“六一”国际儿童节，一批保教工作先进集体和个人受表彰。

28日

50对参加“手拉手”活动的城乡少年应邀到市委做客，市委副书记赵金城代表市委、市政府讲话。

29日

全国人大环境与资源保护执法检查团到沈阳检查。

30日

全国少年儿童“星星火炬”传递活动的旗帜由长春千名优秀少先队员护送到沈阳，在“9·18”事变陈列馆残历碑前举行了全国少年儿童“星星火炬”传递暨沈阳市少年儿童纪念抗日战争胜利50周年活动。

31日

市十一届人大常委会举行第十六次会议，审议通过了《沈阳市科学技术投入条例》，通过人事任免事项。

▲市政府召开办公会议，提出加大回迁力度，采取果断措施，对动迁、拆迁市场加强管理，控制规模，最大限度地为动迁居民排忧解难。

▲沈阳市1995年少年儿童百名“希望之星”评选活动揭晓，年龄最大的15岁，最小的8岁。

▲沈阳——纽约’95国际经贸洽谈会在美国曼哈顿纽约人大酒店开幕。中国驻纽约总领事馆，中国银行纽约分行，新华社驻联合国等驻外机构，美国纽约华尔街哈默尔顿银行等40多家金融机构及美国经济界知名人士260多人出席开幕式。

▲张瑞昌副市长会见来访的西班牙国际海斯坦集团总裁托马斯先生一行。

六　月

1日

正在美国参加沈阳—纽约’95国际经贸洽谈会的张荣茂市长被邀请到美国CNN电视台演播室，接受记者现场采访。

▲全国最大的拱桥，浑河长春大桥开工兴建。

▲以为民、便民为宗旨，以统一进货、统一定价、统一服务规范为特点的200家“佳佳粮油食品店”在全市投入运营。

2日

市政府命名表彰了21名市优秀乡镇企业家，209名市乡镇企业家，41家市乡镇工业“小型巨人”企业和90家市乡镇工业“明星企业”。

▲马向东副市长会见来访的新加坡胜宝旺海事有限公司总裁李明正先生一行。

4日

市长张荣茂、副市长孙祥剑率领的沈阳市政府代表团对友好城市芝加哥进行访问。两市重新签署了确立友好关系公报，并就进一步加强交流合作达成协议。

5日

沈阳与日本札幌共庆缔结友好工会10周年，中日友好会馆正式开馆。副市长艾廷隽和日本驻沈阳领事馆总领事大和滋雄先生为友好会馆揭匾。

▲由辽宁国际商会、辽宁国际商务贸易中心、万科集团东北本部、沈阳产权交易中心联合主办的“中

国东北国际贸易暨投资洽谈会”在辽宁工业展览馆开幕。

6日

市物价局召开新闻发布会，宣布沈阳市饮食反暴利反价格欺诈细则即将出台实施。

▲航空工业总公司总经理刘纪原考察沈阳3家军工企业，提出要下大气力搞好民品开发。

7日

市委召开领导干部廉洁自律工作会议，提出禁止公款吃喝玩乐，认真进行自查自纠。会议强调，当前领导干部廉洁自律工作要着重抓好4件事：坚决禁止用公款吃喝和参与高消费娱乐活动；继续搞好清车工作；严格禁止领导干部利用婚丧及其它喜庆事大操大办；认真搞好清理领导干部多占住房工作。

▲以深圳市委常委、常务副市长李德成为团长的深圳市代表团抵沈进行商贸展销活动。

▲国家煤炭部部长王森浩到沈阳矿务局林盛矿考察。

▲冶金部部长刘淇在沈阳钢铁总厂等企业考察，强调要采取各种办法解决结构性矛盾。

▲国家机械工业部副部长包叙定一行在沈阳对机械、汽车工业的重点企业进行调研。

▲应沈阳市中级人民法院邀请，以菲律宾最高法院副院长乔苏·贝劳西姜为团长的高级法官代表团到沈阳访问。

8日

市政协召集科技界、教育界、经济界和财贸界以及民主党派、群众团体的部分委员举行推进科技进步座谈会。

▲沈阳市第一个对全市行政事业性收费进行管理的比较全面、系统、完整的文件——《沈阳市行政事业性收费管理规定》出台。

9日

市委副书记赵金城在市委直属机关第七次党代会上提出加强机关党建，带动机关建设的要求。

10日

市内5个区15万名中小学生走上街头开展宣传奉献日活动，向市民发出《共创卫生城》倡议书。

11日

中共中央政治局委员、书记处书记、国务院副总理吴邦国在沈阳大中型企业进行调研，在肯定经济工作取得成绩时强调，要加快老工业基地改造调整。

▲国务委员、国家民委主任司马义·艾买提在副省长丛正龙、副市长张毓茂陪同下到沈阳怪坡考察，并用维吾尔文题词，汉语的意思是，天地奥妙多，此坡独称奇。

12日

张瑞昌副市长会见来访的新加坡志英行集团副总裁黄汉臣一行。

13日

省纪委督查组结束了对沈阳的5天反腐败工作检查。市委副书记董万德、市纪委书记尹秀荣等参加了纪检会。

▲副市长张瑞昌、朱锦会见来访的世界银行中蒙局局长霍普先生一行。

14日

全国“热爱祖国、自强不息巡回报告演出团”到沈阳作报告，省、市有关领导到车站迎接。

▲市经贸委向全市通报工业生产情况，副市长姜宪志在会上讲话，指出下半年生产形势严峻，要克服困难，完成全年任务。

▲艾廷隽副市长会见来沈的以韩国赤十字北京畿道支社事务局长申东喆为团长的韩国赤十字访问团。

15日

《沈阳市收容遣送条例》正式实施。

▲市政府公开“创建卫生城市千人检查动员大会”，提出把创建卫生城工作推向深入。

▲市委书记张国光会见了以省人民委员会副主席阮春设为团长的越南永富省经济代表团一行12人。

▲张瑞昌副市长会见来沈的日本麒麟麦酒株式会社社长真锅圭作先生一行。

16日

江泽民主席到沈阳对辽宁进行考察。

▲沈阳经济技术开发公司举行’95国际经济技术合作洽谈会，美、日、德等10几个国家和地区将近250名客商到会，推出合资项目40多个。

▲原中共中央组织部副部长曾志来沈阳视察了马三家教养院女子劳教所，勉励劳教学员彻底告别昨天，早日走向新岸。

18日

马向东副市长会见来访的台湾宏国集团董事长林谢罕见女士一行。

20日

省委书记顾金池到苏家屯区大淑堡乡小淑堡村调查走访，指出进一步搞好种植业，大力发展多种经营。

21日

市委向党员干部，特别是领导干部提出要求，认真学习《邓小平同志建设有中国特色社会主义理论学习纲要》。

▲沈阳市召开严历打击毒品犯罪分子公开处理大会。

22日

市文联举行第二次代表大会，市领导张国光、董万德、丁世发、赵金城等出席大会。

23日

市委书记张国光同大学生座谈，提出殷切希望，希望大学生适应改革开放要求，做跨世纪合格人才。

东北大学软件园奠基，省长闻世震，副市长孙祥剑出席仪式。

26日

市委举行白秀彬事迹报告会，市委副书记董万德讲话，对忠诚党的事业，心系群众的原大东区新东街道17居民委党支部书记白秀彬的事迹作了充分肯定。

▲市领导王洁纯、金苗生、朱锦、单光大等走上街头，开展“国际禁毒日”活动。

27日

市委、市政府召开县(市)、区目标管理总结、表彰和签订责任状会议。

28日

市委召开纪念“七一”座谈会，市委书记张国光讲话，要求共产党员要站在时代前列，做解放思想、无私奉献、真抓实干、维护稳定的模范。

▲应沈阳市邀请，中葡联合联络小组中方首席代表过家鼎大使，葡方首席代表里托大使及葡萄牙驻华大使热苏斯率中葡联合联络小组代表团一行34人抵沈，进行参观考察。

▲市政协主席董万德、副主席任殿喜、单光大会见来访的新加坡达明集团控股私人有限公司总裁王再保先生。

29日

市领导张国光、张荣茂会见了来沈访问的中葡联合联络小组代表团。

▲市政府召开工商联手创名牌垦谈签约会。张荣茂市长在会上指出千方百计加大名牌地产品市场占有率。

30日

中葡联合联络小组代表团在张瑞昌副市长陪同下考察沈阳经济技术开发区。

七　月

1日

中共沈阳市委做出《关于开展向白秀彬同志学习活动的决定》。

2日

市委书记张国光到新城子区在沈阳举办的人才交流会上调查，指出要把人才工作重视起来。

3日

受到中央组织部表彰的百名全国优秀县(市)委书记之一的沈河区区委书记张玉琢回到沈阳，市委领导张国光、董万德等与张玉琢座谈，要求领导干部坚持正确的政治方向，身体力行，全心全意为人民服务。

▲美国驻沈阳总领事彭士国举行国庆招待会，庆祝美利坚合众国独立219周年。

▲市抗旱防汛指挥部召开会议，要求确保防洪资金全部到位。

4日

市委、市政府嘉奖破获"6·9"案件有功人员，市公安局刑警支队机动大队大队长付旭、大东区公安分局巡警大队分队长赵克宇被授予"人民卫士"称号。

▲沈阳市市容环境基金正式建立。张荣茂市长代表市政府接受沈阳怡和房屋开发有限公司等5家单位的483.8万元捐款。

5日

市委、市政府召开减轻农民负担工作会议，提出要加大监管力度，层层落实责任，使全市减轻农民负担工作有新突破。

▲市长张荣茂、副市长张瑞昌会见来沈工作的世界银行贷款沈阳工业改革项目监督团一行7人。

6日

张荣茂市长会见美国客人莫芷媛女士一行。

▲常务副市长张瑞昌会见来访的西班牙国际海斯坦集团总经理帕拉帝先生一行。

▲朝鲜驻沈阳总领事馆举行悼念活动，纪念金日成逝世一周年。

7日

市委召开九届二次全体(扩大)会议，张国光作重要讲话。会议强调进一步加强新形势下党同人民群众的血肉联系。

▲市纪委召开第二次全体会议，强调抓住影响党群关系的突出问题，深入落实反腐败三项任务。

8日

中共沈阳市委作出《关于进一步加强党同人民群众联系的意见》。

10日

张荣茂市长、张瑞昌副市长会见来访的世界银行驻中国代表处首席代表包泰利先生一行。

▲中共中央政治局委员、国家体改委主任李铁映在沈阳视察了沈阳长白计算机集团公司、中捷友谊厂和北行农贸市场。指出老工业基地改革要敢于大胆闯，坚持"三个有利于"不能动摇。

▲全国政协副主席万国权来沈阳对东北制药总厂、沈阳高中压阀门厂进行视察，省、市领导李国忠、张毓茂、单光大陪同视察。

▲市政府召开党务会议，要求立足于防大汛，抗大灾，夺取大丰收。

11日

沿海及省、市、区政协第八次祖国统一联络工作研讨会在沈阳举行。

12日

市委召开理论学习会，学习中央宣传部编写的《邓小平同志建设有中国特色社会主义理论学习纲要》，张国光书记在会上强调，坚定信念，把握实质，指导实践。

13日

市委、市政府召开实施"温暖工程"动员大会，张荣茂市长作动员报告，提出发动全社会深入开展扶贫解困活动。

14日

市委书记张国光、市长张荣茂、副市长金明仕带领有关部门领导到辽中、新民视察防汛工作，指出进入临战状态，坚决夺取抗洪胜利。

15日

沈阳绕城高速公路北段的重点工程——后丁香大桥单线通车。

18日

国家工商局在沈阳召开经验交流会，沈阳市工商局就如何进一步加强工商行政管理机关效能监察工作交流了经验。

▲姜宪志副市长会见了以诸桥晋六为团长的日本商工会议所日中经济交流使节团一行37人。

19日

张荣茂市长和艾廷隽副市长到中科院沈阳自动化研究所，与科研人员、专家座谈，加强市、院科技合作，促进沈阳经济发展。

▲市委书记张国光对视察下岗女工培训基地，指出自强自立，再创新业。

20日

市政府召开第二次安全生产工作会议，提出加强安全工作领导，杜绝重大事故发生。

22日

市委、市政府召开创建全国卫生城紧急工作会议，要求坚定信心，打好决战，争创全国卫生城。

24日

塞舌尔共和国城镇发展与住房部与沈阳市政府经济技术贸易合作备忘录签字。

25日

市委副书记董万德、副市长孙祥剑率沈阳市经贸团赴内蒙古哲里木盟进行经贸洽淡。

26日

市委书记张国光会见以越南西宁省人民委员会副主席阮光合为团长的越南西宁省经济代表团。

▲市政府召开工业经济工作调度会，张荣茂市长在会上讲话，强调迎难而上，挺进市场，提高效益，加速发展。

27日

孙祥剑副市长参加在北京举行的'95沈阳国际经贸洽谈会说明会，向首都各界宣布沈阳向国外客商推出的合作项目。

▲孙祥剑副市长在北京会见美国驻华使馆商务参赞叶莺女士。

29日

为庆祝沈阳——扎幌缔结友好城市15周年，日本道新文化中心访问团一行85人到沈进行访问。

30日

市委、市政府召开领导干部会议，部署工作，提出抗洪抢险，安民减损。

▲沈阳军区召开紧急会议，布署抗洪抢险战斗。

31日

市委、市政府再次召开抗洪抢险动员大会，提出坚决夺取抗洪抢险全面胜利。

八　月

1日

中共沈阳市委、市政府发出致中国人民解放军驻沈部队的慰问信。

▲省委书记顾金池，省委副书记、市委书记张国光，省委常委、省军区政委高殿成等到新民市境内的马虎山大桥视察汛情，指出做好各项准备，迎接更大洪峰。

▲市委、市政府召开紧急电话会议，要求全力以赴，迎战辽河洪峰。

▲国家建设部侯捷视察沈阳市抗洪工作。

▲铁道部部长韩抒滨到沈阳，赴沈吉、沈丹线水灾现场，指挥抢险。

2日

省委书记顾金池、省长闻世震到辽中县辽河险段视察汛情，要求克服麻痹思想，迎战更大洪峰。

▲市委书记张国光、市委常委多静茹到法库、康平、辽中视察抗洪抢险情况，指出克服困难，连续作战，夺取胜利。

▲张荣茂市长视察辽河、蒲河沿岸水情，检查全力以赴迎战辽河洪峰的政府决策落实情况。

▲市政府召开工业生产紧急调度会，提出采取措施，抗洪抢险，组织生产。

▲全市数万军民固守辽河大堤，确保抗洪抢险胜利。

3日

国家防汛总指挥部副总指挥、水利部部长纽茂生代表李鹏总理来沈看望灾区军民，视察浑河沿线和苏家屯区的水情。

▲市委书记张国光视察新城子区水灾情况，要求各级党组织和党员要把群众安危冷暖时刻挂在心头。

▲市委、市政府召开城区防汛工作会议，要求切实落实分工分段责任制，加强检查工作，克服麻痹思想，确保城区安全。

▲中共河南省委书记李长春来沈考察。

▲市委、市政府召开紧急全议，要求从重从快打击各种趁灾犯罪。

4日

市长、市防汛指挥部总指挥张荣茂接受记者采访，就全市目前抗洪工作形势和受灾情况回答记者提问。

▲市委、市政府成立救灾工作领导小组，召开第一次会议，张荣茂市长讲话强调自力更生，克服困难，重建家园。

▲副省长张榕明、市委副书记丁世发、副市长艾廷隽到东陵区、苏家屯区、于洪区视察灾情，指出千方百计控制灾后疫情发生。

▲张荣茂市长会见原荷兰财政部总司库、荷兰国际集团暨荷兰商业银行执行董事会董事马斯先生一行5人。

5日

中共中央总书记江泽民、国务院总理李鹏分别打电话，慰问辽宁受灾群众。

▲市委、市政府召开防汛工作会议，提出确保辽中县城，抓紧启动生产。

▲沈阳军区司令员王克、政委李新良等在张荣茂、赵金城陪同下到辽中县看望慰问抗洪抢险一线官兵。

▲市政府召开沈阳地区卫生系统抗灾防病紧急工作会议，要求采取措施，控制急性传染病发生。

6日

市召开工业企业恢复生产动员会，张瑞昌副市长提出强化宏观调度，夺回洪灾损失。

▲市救灾领导小组召开会议，号召全市人民行动起来，捐款捐物，支援灾区，战胜困难，重建家园。

7日

市委书记张国光等领导走访慰问沈阳钢铁总厂等受灾企业，对受灾企业迅速恢复生产给予充分肯定。

8日

省长闻世震赴辽中视察灾情，指出灾区干部要振奋精神，重建家园。

▲张国光等领导深入对于洪区开展调研，指出用人民战争的方法安民减损。

▲红十字与红新月会国际联合会救灾代表库班·查尔斯在沈阳考察灾情。

▲葫芦岛市代表团来沈阳考察。

9日

市政府召开工作会议，要求振奋精神，生产自救，努力完成全年计划。

▲市召开涉外工作联席会议，张荣茂市长讲话要求坚持“一开四促”方针，推动经济发展。

▲张国光书记到东陵区慰问参加抗洪抢险的广大干部、群众，提出发挥城乡一体化优势，开展自救互

助。

▲张瑞昌副市长会见以社长滋洪为首的韩国金星电子株式会社代表团一行。

▲团中央书记处书记袁纯清来沈，为市青年岗位训练指导中心揭匾。

10日

市委召开常务会议，提出振奋精神，坚定信心，夺取救灾安民新胜利。张国光讲话要求在克服麻痹思想，做好后期抗洪工作的同时，把工作重点转到救灾工作和抓好恢复、发展生产上。

▲市政府在于洪区召开现场办公会，张荣茂市长强调保持高昂斗志，搞好生产自救。

▲孙祥剑副市长会见比中友协副会长、东北亚通讯设备制造公司董事长莫雷尔先生一行。

▲财政部副部长李延龄到辽中县察看灾情。

11日

市30名劳动模范向全市职工和农民发出倡议，抗洪抢险当闯将，生产自救立新功。

▲市委组织部、市科委召开科技救灾会议，强调组织科技人员，帮助灾区生产自救。

12日

市领导张国光、王书海、王声溢等到新民市视察灾区，指出立足自力更生，开展互助自救。

13日

张荣茂市长到康平、法库视察工作，提出安排灾后生产，要城乡一体互相支援，渡过难关，共图发展。

14日

省、市宗教界人士举行座谈会，纪念中国抗战胜利50周年。

▲第十五届沈阳书市在辽宁美术馆开幕，展销各类图书3万余种。

15日

市政府针对灾后蔬菜产销工作做出部署，要求各有关方面克服困难，齐心协力恢复蔬菜生产，确保市场供应。

▲市领导张国光、张荣茂等走访参加过抗日战争的原市老领导李涛、吴铁鸣、王丹波、李柯等；表示党和人民不会忘记抗战有功人员。

16日

在大连市委副书记王有为和副市长李玉臻带领下，大连市捐赠沈阳市100万元和19车物资车队到沈，并举行损赠仪式，市委书记张国光、市长张荣茂等参加了捐赠仪式。

▲张荣茂市长会见韩国土地开发公社沈阳代表处首席代表金钟允先生一行4人。

17日

省委、省政府召开抗灾救灾电话会议，提出振奋精神，战胜困难，搞好生产自救。张荣茂市长要求认真落实会议精神，夺取全市抗灾救灾的全面胜利。

▲市委召开政法工作会议，提出坚持城乡两手抓，确保全市社会持续稳定，为救灾减损、生产自救，安民扶困创造良好的社会环境。

18日

市委、市政府召开创建卫生城工作会议。市委书记张国光提出在创建全国卫生城市，要围绕提高人的素质，立足学前，面向长远，切实把沈阳清洁化、有序化同现代化、国际化联系起来，加大力度，务求实效。

▲张瑞昌副市长会见以三洋电机株式会社长务取缔役武庸雄为团长的日本三洋电机、香港华润创业集团和日本丰田通商株式会社联合代表团。

19日

市政府召开新闻通报会，通报全市创建卫生城工作取得重大成果。

▲沈阳市利用世界银行贷款培训政府官员计划正式开始实施。

20日

中共辽宁省第八次代表大会在沈阳开幕。

22日

市委书记张国光会见来访的老挝万象市人民革命党代表团。

23日

市政府在《沈阳日报》公开发表《沈阳市城市卫生与环境保护整治情况汇报》(征求意见稿)。

25日

张荣茂市长在省党代会闭幕后对沈阳市代表团代表提出贯彻会议精神，关键是结合实际抓落实的要求。

▲第八届全国部分城市关心下一代工作研讨会在沈阳举行。19个城市百余名专家参加了会议。

29日

市领导张国光、张荣茂会见省武警总队领导，感谢武警官兵在抗灾救灾中作出巨大贡献。

▲张荣茂市长分别会见韩国大韩航空公司驻沈阳支店店长韩昌镐先生一行3人和韩国土地开发公社社长李导桂一行。

30日

沈阳市举行纪念抗日战争和世界反法西斯战争胜利50周年万人演唱会，市委书记张国光在会上发表讲话。

31日

市召开企业管理工作会议，张荣茂市长在会上讲话，要求进一步深化强化细化企业管理。

九　月

1日

’95沈阳国际经济贸易洽淡会在辽宁工业展览馆开幕。全国人大常委会副委员长李沛瑶、省长闻世震为洽谈会会徽揭幕。来自韩国、日本、美国、荷兰、新加坡和香港、台湾等25个国家和地区的800多名客商参加开幕式。

▲全国人大常委会副委员长李沛瑶到沈阳参加’95沈阳国际经贸洽谈会。

2日

市举行第八届三胞联谊会，境外50多家企业的客商参加。市领导张荣茂、董万德、张瑞昌、高柏金、孙祥剑、林馥卿、陈洪铎、孙毓庆、单光大、周勇顺等参加联谊会。

▲市委书记张国光在北京会见沈阳市参加第四届世界妇女大会的10位代表。

▲美籍华人岑元骥先生被市政府授予“沈阳市荣誉市民”称号。

▲沈阳—台湾科技工业园开工奠基。

3日

以全国人大代表、全国人大常委会外事委员会委员、原中国人民解放军副总参谋长徐信为团长的全国城市卫生检查团一行18人到达沈阳。

▲市政府邀请来自9个国家和地区的20多名客商召开'95沈阳国际经贸会客商代表座谈会。张荣茂市长说走上世界是我们的基本方针，我们不会怯步。

4日

全国城市卫生检查团听取沈阳市关于城市卫生与环境综合整治情况的汇报。随后分8个专业检查组对沈阳进行检查。

▲孙祥剑副市长会见日本川崎市和札幌市妇女界代表团。

5日

'95沈阳国际经贸洽谈会圆满结束，共签订合同、协议249项，总金额12.3亿美元，其中外资额7.1亿美元，贸易成交额1.46亿美元。

▲市领导张荣茂、赵金城、李中鲁、高柏金、艾廷隽、马吉庆等视察沈阳大学等地方高等院校，指出坚持正确办学方向，为经济发展服务。

7日

全国城市卫生检查团结束对沈阳市的检查，向省、市领导及有关部门通报检查情况，认为沈阳市各项卫生工作达到历史最高水平。

▲张瑞昌副市长会见日本三菱电机株式会社、建伍株式会社、松下电器公司和长城国际发展公司代表一行8人。

▲孙祥剑副市长会见美国微软公司中国分公司总裁杜家滨先生。

8日

市举行庆祝教师节暨表彰大会。市政府命名李晏真等15人为教育专家，金谦廉等150人为学科带头人。市长张荣茂代表市委、市政府讲话，强调振兴民族的希望在教育，振兴教育的希望在教师。

▲市政府召开常务会议，专门研究全市教育发展问题，指出要始终坚持科教兴市的基本大政方针。

▲市委、市政府召开会议，要求全市各个部门、各级政府继续动员全市人民再鼓干劲，巩固发展已取得成绩，让沈阳卫生城建设工作再上新台阶。

▲朝鲜驻沈阳总领事馆举行招待会，庆祝朝鲜民主主义人民共和国成立47周年，丛正龙副省长、张毓茂副市长应邀参加。

9日

朝鲜平壤王再山轻音乐团在沈阳辽宁体育馆首场演出，获得成功。

▲以日本札幌市劳动组合连合会、市政府职员组合副委员长森田龙雄为团长的札幌市劳连第二次友好访华团到达沈阳访问。

10日

全市5 000名团员、青年和少先队员走上街头，开展"勿忘'9·18'，团结兴中华"宣传教育活动。

11日

沈阳市纪检监察学会成立，市委常委、市纪检委书记王扬当选为首届会长。

12日

市财政、财会管理工作会议召开，中心议题是转变观念，提高认识，营造强化管理的氛围，财会管理的重点是企业内部财务、会计管理。

13日

市政府在辽中县召开现场办公会，张荣茂市长在会上提出灾区干部要进一步振奋精神，顽强拼博，积极开展生产自救，尽快重建家园。

14日

张荣茂市长会见日本川崎市终身教育振兴事业团副理事长大熊辰熊一行。

15日

第四届全国杂技比赛在沈阳辽宁体育馆举行，来自27个省、市、自治区、军区的35个参赛团参加。

▲市委召开座谈会，纪念中共沈阳地方党组织成立70周年。

16日

国务院副总理邹家华到沈阳考察沈阳新光动力机械公司等国有企业，强调老工业基地改造要面向市场，要树立国有企业一定能搞好，而且必须搞好的信心和决心。

▲沈阳过境绕城高速公路全长81公里全线通车。

18日

市委发出关于进一步做好救灾工作的意见，号召全市人民坚定信心，夺取抗灾自救的最后胜利。

▲市举行中小学生"勿忘国耻、振兴中华"宣誓大会。

20日

市领导赵金城、金明仕等赴锦州地区看望、慰问曾在沈阳参加抗洪抢险的解放军官兵。

21日

市政府召开城市居民区防范工作会议，提出家家都有牢固的门，处处都有警惕的人。

22日

'95沈阳科普周在北陵公园举行开幕式，主题是"科技、创造就在你身边"。

23日

第四届全国杂技比赛在沈阳开幕，沈阳杂技团获3枚金牌，一枚银牌。

▲市委召开书记碰头会，市委书记张国光提出充分发挥有利条件，依靠群众，坚定信心，克服困难，确保完成全年经济工作和其它各项工作任务的要求。

▲市委书记张国光率沈阳代表团赴日本出席在札幌举行的沈阳札幌缔结友好城市15周年纪念交流活动。

25日

市政府举行第二十一次常务会议，要求加强物价管理，保证国庆市场。

26日

市委、市政府召开党政领导干部会议，要求坚定信心，克服困难，完成全年任务。

▲张荣茂市长会见来访的以韩国仁川广域市市长崔箕善为团长的代表团一行29人。

27日

市领导张瑞昌、吴泮权到锦州、葫芦岛市对两市在沈阳洪灾时给予的无私支持致谢。

▲副市长孙祥剑会见来沈参加美国驻华商务处'95年会的美国客人。

28日

首届沈阳地产消费品博览展销会开幕，有800多个企业，1.1万种商品参展。

29日

市纪委召开常务会议，学习中共十四届五中全会精神，提出加强党的建设，深入开展反腐败斗争。

▲张荣茂市长、马向东副市长会见美国沃尔玛集团行政总裁大卫·格拉斯和正大集团执行副总裁景武先生一行10人。

十月

1日

部分抗战老战士与少先队员代表在张学良旧居陈列馆以书画为媒，交流各自的爱国情怀。

▲省第三届文化艺术节在沈阳开幕。

3日

省委书记顾金池到受灾的辽中县视察，提出按市场经济规律，重建家园。

5日

省委反腐败工作调查组结束对沈阳的工作检查，指出落实五中全会精神，加大反腐败工作力度。

6日

西藏那曲地区考察团到沈阳参观考察。

▲市领导王扬、艾廷隽率团到阜新市对沈阳抗洪救灾中给予的大力支援表示感谢。

▲全国18个省、市、自治区党报记者团到沈阳采访，市政府举行新闻发布会，介绍各方面工作情况。

8日

应日本札幌市劳连邀请，以李中鲁为团长的市总工会代表团赴日访问。

9日

国家"九五"规划评估团到沈，对沈阳"九五"期间的重大行业、企业进行评估。

▲孙祥剑副市长会见来访的澳门地产商会副会长罗德明先生一行。

10日

市青年联合会第十届委员会第一次全体会议开幕，300余人参加会议。

▲市领导董万德、王书海、高柏金、朱锦、单光大等组成沈阳市慰问团到大连市，向在沈阳抗洪救灾中做出贡献的解放军官兵慰问感谢。

12日

市政府党组成员学习中共十四届五中全会精神，指导沈阳经济和社会发展计划和远景规划的制定。

13日

市委、市政府召开会议部署动员"秋季会战"，要求强化打击力度，搞好治安工作。

15日

中国沈阳劳动力市场开业，国家劳动部部长李伯勇为市场揭匾、剪彩。

16日

国家"九五"规划评估团与市政府交换意见，希望沈阳改善城市功能，确立支柱产业。

17日

张荣茂市长会见以日本关西涂料株式会社副总裁田中昭二先生为团长的日本关西涂料代表团。

18日

东北制药总厂万吨VC工程建成投产，全国人大常委会副委员长吴阶平等领导出席庆典并剪彩。江泽民、李鹏分别为工程题词。

▲副省长郭廷标在张荣茂市长陪同下到沈阳鼓风机厂调研，提出打好攻克企业管理难关硬仗。

▲孙祥剑副市长会见新加坡人民管理咨询有限公司董事经理陈永袁先生。

19日

市委、市人大召开乡镇人大换届选举工作会议，要求加强民主法制建设，完善根本政法制度。

20日

全国人大常委会副委员长吴阶平视察市人大工作。

▲市委、市政府召开巩固扩大创建卫生城成果动员大会，提出让市民过个洁净、舒心、温暖的冬季。

▲市政府举行1995年度国家特殊津贴、政府特别奖颁奖大会，57名各条战线贡献突出者获得殊荣。

▲张荣茂市长会见以郑仁永为团长的韩国汉拿企业集团访问团一行17人。

23日

市政府召开工业生产动员大会，提出弘扬抗洪精神，全面完成计划目标。

▲联合国开发署"生产经营战略规划"国际研讨会在沈阳举行，40多名中外专家参加会议。

24日

省、市领导王怀远、董万德视察沈阳新光动力机械公司，指出集中力量把汽车工业搞上去。

▲张荣茂市长在市国税局大干60天动员大会上指出，克服困难，坚决完成全年税收任务。

25日

市委发出通知，推广学习市轻工局、工业安装公司、轧钢总厂、大东副食商场、大辛2村的典型经验。

▲市召开会议，表彰220名环卫职工。

▲张荣茂市长在市地税局工作会上要求发挥思想政治工作优势，多收税，收好税。

26日

市委、市政府召开抗洪救灾总结表彰大会，号召全市人民用抗洪救灾精神，推进各项工作。

▲以董万德为团长的中共沈阳市委代表团离沈赴朝鲜进行友好访问。

▲市政府召开冬季城市管理任务分解调度会，提出让冬季沈阳洁起来、美起来、亮起来。

27日

市委召开党委系统信息督查工作会议，提出从提高执法水平的高度重视信息督查工作。

28日

市领导张荣茂、马向东、姜宪志等视察部分重点工程，希望重点工程能把沈阳经济带起来。

▲张荣茂市长、孙祥剑副市长会见以道知事李仁济为团长的韩国京畿道贸易友好代表团一行。

30日

沈阳金杯客车制造有限公司通过GB/T、19001—94、ISO9001—94标准质量体系认证。

31日

市政府就冬季创建卫生城工作提出要求，注重抓实，突出管理，强化责任、严明奖惩。

十一月

1日

市委组织20个反腐败工作督查小组，分别由市领导带队到县(市)、区、局和国有大中型企业落实反腐败三项任务情况进行督促检查。

2日

市政府召开第十五届七次全体会议，中心议题是努力完成全年经济计划和各项任务，对当前经济工作和群众越冬生活的问题作了安排和部署。

▲邮电部副部长周德强到沈阳检查工作。

▲张瑞昌副市长会见以武田郁三郎先生为团长的日本神奈川县小企业访问团一行。

3日

市召开秋粮收购工作会议，提出遭灾不减志，坚决完成全年秋粮收购任务的安排和部署。

▲市政府召开冬季防火工作会议，动员社会方方面面力量，全力做好消防工作。

6日

市领导在机械局现场办公，指出对企业造成损失的管理者不能姑息。

▲金明仕副市长会见以埃及农业合作社主席赛义德先生为团长的埃及、罗马尼亚农业代表团。

8日

沈阳市百亿工程项目交流交易暨科技攻关洽谈会在沈阳技术交易所开幕。

▲市政府组织专家对《沈阳市国民经济和社会发展第九个五年计划和2010年规划》(草案)进行论证。

9日

沈阳市召开科学技术大会，市长张荣茂作《实施"科教兴市"战略，促进经济发展和社会进步》的报告。

▲省和沈阳市在市政府广场举行大型"119"消防宣传活动。

▲省委书记顾金池到苏家屯区调研，指出抓好生产自救、生活自救和基层组织建设工作。

▲市人大常委会副主任唐守山会见韩国仁川广域市代表团。

13日

全市行政事业性收费开始实行征收委托书制度。

14日

市委、市政府召开新闻发布会，宣布全市反腐败工作取得明显成效。

▲市纪委、市监察局公开公布9起违法违纪案件的查处情况。

▲省、市领导王怀远、艾廷隽到辽中县视察灾后的生产自救工作。

15日

国务院副总理姜春云到沈阳调查研究，强调大搞农田水利建设，为明年农业丰收创造条件。

▲新开河河水截流工程全线开工。

16日

市委科教工委提出加大发展青年教师、青年科技工作者入党工作力度。

17日

市政府与市总工会召开联席会议，要求全心全意依靠工人阶级，勤勤恳恳服务工人群众。

18日

市委、市政府召开赴张家港市学习考察报告会，提出要联系实际，开展向张家港学习活动。

20日

姜宪志副市长会见世界银行中蒙局环境与城市发展处新任处长凯瑟林·谢拉女士。

21日

省领导顾金池、闻世震、王怀远、徐文才、肖作福、郭廷标等到沈阳现场办公，共商沈阳"九五"计划。在视察大中型企业时，强调要解放思想，拓宽市场，扩大对外合作。

▲全国妇联副主席刘海荣在沈阳视察。

▲中纪委反腐败工作检查组到沈阳检查工作，提出深入持久开展反腐败斗争。

▲艾廷隽副市长会见美国跨国停车场有限公司总裁克拉克·L·塞尔拜先生一行。

22日

市政府召开外事工作座谈会，提出进一步提高外事工作质量，使外事工作更加规范化，为全市改革开放和经济建设提供更好的服务。

▲市委、市政府召开武装部队建设工作会议，提出发挥"尖刀"、"铁拳"作用，保卫沈阳稳定、繁荣。

25日

国家教委首次"跨世纪优秀人才计划"座谈会在沈阳召开。

27日

市委、市政府召开党外领导干部座谈会，提出大胆工作，为沈阳发展献计出力的希望。

▲市政府召开新闻发布会，宣布新开河综合整治工作开始实施。

28日

市政府召开工商联手创名牌座谈会，提出创名牌产品，沈阳这个大市场不能丢。

29日

省、市领导在沈阳鼓风机厂召开企业管理现场会，交流了鼓风机厂经验，提出提高认识，打好强化企业管理攻坚战。

十二月

1日

市委、市政府表彰创建社会文化先进县区，沈河区、新民市、于洪区受到表彰。

▲张瑞昌副市长会见新加坡志英行副总裁黄汉臣先生一行。

▲全市几千名医疗、防疫战线工作者开展"世界艾滋病日"宣传活动。

2日

张荣茂市长会见美国EDS公司副总裁杨文庆先生一行。

5日

市政府召开执法监察工作会议，提出加大执法监察力度，为全市大局服务。

▲张瑞昌副市长分别会见中国银行香港分行高级经理陈念忠先生和英国ITT飞力公司总裁卡尔森

先生一行。

7日

为抢救国家财产、救护同志而英勇献身的交通银行沈阳分行证券公司杨剑峰被追认为革命烈士。

8日

张学良将军塑像在沈阳同泽高中落成揭幕。

▲张荣茂市长、姜宪志副市长为正副团长的沈阳市政府代表团赴日本访问和经贸洽谈。

9日

国家教委专家组来沈阳，对"示范性普通高等工程专科学校"——沈阳电力高等专科学校进行评估验收。

10日

刘希贵、吴占林、谷力昭、蒲玉伟、康德彬、何青山等6人被评为全国"'95创业之星"。

13日

市人大召开人大工作座谈会，市人大主任张国光要求做好新时期人大工作，保证和促进经济发展。

▲沈阳市出台《行政事业性收费管理规定》。

▲以张荣茂市长为团长的沈阳市经贸代表团结束在日本的访问后到韩国进行访问和经贸招商活动。

14日

国务院税收、财务、物价大检查驻辽宁工作组到沈阳视察工作。

15日

第三届中国"科技之星"国际博览会在沈阳开幕。国家科委副主任周平、人事部副部长蒋冠庄出席开幕式。

▲张瑞昌副市长会见美国照像凹版印刷包装公司副总裁维恩·马利肯先生。

16日

市委办公厅、市政府办公厅发出《关于在元旦、春节期间保持廉洁作风的通知》。

17日

市委书记张国光到辽中县灾区视察和调研，提出改革不能停步，发展更迈大步。

18日

张国光等市领导到机械局进行调研，指出抓住机遇、加大改革力度，克服"坐坡"思想，迈好"九五"第一步。

▲张国光会见香港新世界集团总经理郑家纯先生一行。

20日

市召开政法部门加强政法队伍建设工作座谈会，提出适应市场经济，加强队伍建设。

21日

市委书记张国光对东北制药总厂等企业和农村调研，强调要以大调整、大改组，促进大发展。

▲市委、市政府召开"扫黄"、"打非"、"扫丑"集中行动动员大会。

▲市召开外来人口管理工作会议，提出不断提高外来人口管理质量和水平。

22日

市委、市政府召开行政执法工作规范化现场经济交流会，提出深化部门执法责任制，构建执法规范新体制。

▲孙祥剑副市长会见部分来沈投资的华侨、港澳同胞。

23日

市委召开九届三次全体（扩大）会议，张国光作工作报告，张荣茂作《沈阳市国民经济和社会发展第九个五年计划和2010年规划（草案）》的说明。

25日

市委、市政府召开党政领导干部会议，提出进一步实施"温暖工程"，让全市人民过好元旦、春节。

▲市纪委召开三次全会，强调深入持久开展反腐败斗争。

27日

市召开计划经济工作会议，强调以调整结构，提高效益，维护稳定为中心做好明年经济工作。

28日

省暨沈阳市人民政府举行新年招待会，300名中外来宾欢聚一堂共庆佳节。

▲部分全国和省人大代表分别视察了沈阳724厂、沈阳空调器厂、沈阳纺织厂和文化市场。

30日

省、市领导顾金池、闻世震、张国光、刘克田、张荣茂等在沈阳视察节日市场供应情况。

【'95沈阳10大新闻】沈阳日报评出1995年沈阳市10大新闻

1. 中国共产党沈阳市第九次代表大会于4月17日至21日举行，选举产生了新一届领导班子。

2. 2月4日，市委召开动员大会，号召全市人民开展以解放思想、振奋精神为主要内容的"进场入轨、兴市富民"大讨论。之后，大讨论在全市各行各业如火如荼地开展起来。

3. 7月末至8月上旬，沈阳市遭受了百年不遇的特大洪涝灾害。在市委、市政府领导下，军民团结奋战，夺取了抗洪救灾、安民减损的全面胜利。

4. 作为干部人事制度的一项重大改革，沈阳市公开招聘副局级干部工作于3月2日圆满结束。38名青年经过"市场竞争"走上了领导岗位。

5. 金杯汽车股份有限公司进入中国第一汽车集团公司实行资产联合，2月23日在沈阳签字。"金杯"和"一汽"组成"联合舰队"闯市场。

6. 第四届全国杂技比赛于9月15日至23日在沈阳举行。来自全国27个省、市、自治区、军区的35个代表团队参赛，有67个节目获奖。

7. 全长81公里、投资12.7亿元、被誉为"神州第一环"的沈阳过境绕城高速公路，经过建设者5年的艰苦施工，于9月16日全线通车。

8. 东北制药总厂万吨VC项目10月18日建成投产。江泽民总书记、李鹏总理分别题词。

9. 到11月8日，沈阳市市内电话容量突破100万门，达103万门；无线寻呼系统容量达100万户，标志着沈阳市电信事业发展实现了历史性的跨跃。

10. 11月11日，沈阳市第100所希望小学落成，至此，沈阳市希望小学的建设数量接近全省的二分之一、全国的八分之一。

沈 阳 概 况

自然概况

【位置与地貌】 沈阳位于中国东北地区的南部，辽宁省的中部，在东经122度25分9秒—123度48分24秒；北纬41度11分51秒—43度2分13秒之间。东西长115公里，南北长205公里。

沈阳市国土总面积为12 980平方公里，其中，城区面积185平方公里。沈阳地区以平原为主，地势平坦，平均海拔50米左右，山地丘陵集中在东北、东南部，属辽东丘陵的延伸部分，西部是辽河、浑河冲积平原，地势由东向西南缓缓倾斜。全市最高点为447.2米，在法库县境内，最低点为5.3米，在辽中县于家房镇。

沈阳的森林面积为147 013公顷，草场面积为82 420公顷，水资源总量为32.6亿立方米/年，其中地表水11.4亿立方米/年，地下水21.2亿立方米/年，水域13 731.3公顷。沈阳的周围有风景秀丽的辉山、天柱山和碧波荡漾的浑河、辽河、北沙河、新开河、南运河等。

【历史沿革】 沈阳是辽宁省的省会，地处浑河（又称沈水）之北，中国古代习惯于把水的北面称之为阳，沈阳的名字便由此而来。

沈阳是一座历史悠久的古城。早在7 200多年前，人类的祖先就在这块风光旖旎的土地上繁衍生息。周代（约公元前11世纪）以前隶属营州，战国时期（公元前475年—221年）属于辽东郡。西汉时期（公元前206—公元24年）称侯城。辽代（公元960年—117年）置沈州，并用土夯筑城墙，这是沈阳建城之滥觞。金代（公元1127年—1279年）沿用沈阳之名，元代（公元1271年—1368年）重新创建城郭，改称沈阳路。1625年，清太祖努尔哈赤从辽阳迁都沈阳，1634年，清太宗皇太极尊沈阳为盛京，成为太清王朝的国都。1644年，清朝迁都北京后，沈阳为陪都。清统一全国后，1657年在沈阳设奉天府。1945年，恢复沈阳名称。

1948年11月2日，沈阳解放，使古老的沈阳回到人民的怀抱，特别是改革开放以来，使沈阳焕发了青春，整座城市到处呈现出盎然生机。

【经济地理位置】 沈阳地处东北地区的南部，辽宁省的中心，她背倚长白山麓，面向渤海之滨，是辽东半岛的腹地。在以沈阳为中心的150公里的半径内，有中国著名的钢都鞍山、煤都抚顺、煤铁之城本溪、煤电之城阜新、石油之城盘锦、轻纺之城丹东、化纤之城辽阳和粮食煤炭基地铁岭，这些资源丰富、实力雄厚的辽宁中部工业城市形成了世界上罕见的城市群。沟通世界各大港口的大连港，正在开发的营口新港和锦州港，距沈阳也不超过400公里。

沈阳做为中国东北地区最大的经济中心城市和通往中国长城以南地区的必经之路，长期的经济发展形成了密如蛛网的航空、铁路、公路运输网络。

沈阳民航现有国内航线与北京、上海、广州、长沙、成都、南京、杭州、武汉、西安、厦门、海口、深圳、乌鲁木齐、昆明、大连、哈尔滨等40多个城市有定期航班往来。还开辟了沈阳至香港、沈阳至汉城、沈阳至平壤、沈阳至伊尔库茨克等国际航班或地区航班。距沈阳市18公里的沈阳桃仙国际机场正以一流的服务和设备，接纳国内外客人。

沈阳的铁路是东北地区最大的铁路枢纽，沈山线、沈吉线、长大线等铁路干线都交汇在沈阳。从沈阳坐火车可以达中国各地。

沈阳的公路更是四通八达。沈阳至大连、沈阳至本溪、沈阳至抚顺、沈阳至铁岭的高速公路均已建成通车，形成了全国少有的高速公路网络，快捷的公路运输，给沈阳及辽宁中部城市群的发展创造了极好的条件。

【气候与衣着】 沈阳属于北温带受季风影响的半湿润大陆性气候。全年气温、降水分布由西南向东北和由东南向西北方向递减。一年四季分明，1月份最冷，1995年极端最低气温达零下23.0℃；7月份最热，1995年极端气温达零上31.4℃。各县区1995年平均气温在零上7.7—9.1℃之间，法库县最低，苏家屯区最高，全市平均为8.5℃。

沈阳的冬季漫长；春季回暖快，日照充足；夏季热而多雨，空气湿润；秋季短促，天高云淡，凉爽宜人。近年由于世界性气候的变化，沈阳平均气温亦有上升。对于旅游者来说，每年4月至10月是黄金季节。

春秋可穿毛线衣、羊毛衫，春季着单衣即可，冬季必须携带羽绒服或棉大衣，以备室外御寒之用。

【总人口】 1995年末，沈阳市总人口为6 667 917人，比1994年增长了0.67%，男性人口为3 384 270人，占总人口的50.75%，比1994年略有下降，女性人口为3 283 647人，占总人口的49.25%。

在总人口中，非农业人口为4 150 775人，占总人口的62.25%，比1994年上升了0.29个百分点，农业人口为2 517 142人，占总人口的37.75%，下降了0.29个百分点。1995年末，市镇人口为5 680 287人，占总人口的85.18%，乡村人口为987 630人，占总人口的24.82%。

1995年，全市出生人口为53 100人，人口出生率为7.99‰，比1994年下降了1.15‰，死亡人口为40 957人，人口死亡率为6.16‰，下降了0.11‰,人口自然增加12 143人,自然增长率为1.83‰,比1994年下降了1.04‰。

全市全年迁入人口为95 735人,迁入率为1.44‰,比1994年增加了0.01个百分点,迁出人口为66 755人,迁出率为1‰,下降了0.01个百分点,机械变化为28 980人,机械变化率为0.43%。

1995年全市净增加人口为41 123人,增加人口为0.62%,比1994年下降了0.1个百分点。

(毛英杰)

【人口分布】 1995年年末,沈阳市有9个区、3个县,1个县级市。在总人口中,和平区人口为631 757人,占总人口的9.47%,人口自然增长率为-1.10‰;沈河区人口为586 830人,占总人口的8.80%,人口自然增长率为-1.42‰;大东区人口为617 883人,占总人口的9.26%,人口自然增长率为-1.28‰;皇姑区人口为668 649人,占总人口的10.02%,人口自然增长率为-0.16‰;铁西区人口为739 444人,占总人口的11.09%,人口自然增长率为-0.17‰;苏家屯区人口为412 892人,占总人口的6.19%,人口自然增长率为3.05‰;东陵区人口为404 086人,占总人口的6.06%,人口自然增长率为4.14‰;新城子区人口为297 817人,占总人口的4.47%,人口自然增长率为4.97‰;于洪区人口为368 785人,占总人口的5.53%,人口自然增长率为4.19‰。

辽中县人口为501 998人,占总人口的7.53%,人口自然增长率为3.44‰;康平县人口为326 958人,占总人口的4.90%,人口自然增长率为8.34‰;法库县人口为441 166人,占总人口的6.62%,人口自然增长率为5.00‰。

新民市人口为669 652人,占总人口的10.04%,人口自然增长率为3.72‰。

(毛英杰)

【人口文化素质】 根据1995年全国1%人口抽样调查推算,沈阳市具有小学以上文化程度人口582.62万人,占总人口的87.31%。其中:大学(含大学专科)文化程度46.38万人,占6.95%;高中(含中专)文化程度87.68万人,占13.14%;初中文化程度262.98万人,占39.41%;小学文化程度185.58万人,占27.81%。

1990年以来,小学以上文化程度人口占总人口的比重增加4.70个百分点。其中:大学文化程度增加1.81个百分点;高中文化程度减少1.20个百分点;初中文化程度增加4.43个百分点;小学文化程度减少0.34个百分点。全市每10万人口中接受各种教育的人数包括在各类学校的毕业生、肄业生和在校生分别是:大学为6 953人,比1990年增加1 813人,高中为13 140人,比1990年减少1 196人,初中为39 405人,比1990年增加4 420人;小学为27 813人,比1990年减少341人。

扫盲工作成效显著。全市文盲、半文盲人口(文盲、半文盲人口为15岁及15岁以上不识字或识字很少的人)为33.4万人,与1990年第四次人口普查相比,占总人口的比重由7.13%下降为5.01%。

(孙杰)

【人口城镇化】 根据1995年沈阳市1%人口抽样调查数据推算,全市居住在城镇地区的人口为541.9万人(指设区的市所辖区人口,不设区的市所辖的街道人口、市所辖镇的居委会人口和县辖镇的居委会人口),与1990年第四次人口普查相比,城镇人口占全市人口的比重由75.5%上升为81.2%,提高5.7个百分点。

全市居住在城镇地区的人口中,农业人口有127.6万人,占城镇人口的23.6%。其中,居住在市辖区的人口为472.8万人,农业人口有92.9万人,占市辖区人口的19.7%。以市辖区和镇辖居委会为统计口径的城镇人口中,包括数量不多的农业人口,是世界各国的惯例。我国人口界认为:城镇人口中的农业人口比重以不超过20—30%为宜。用这个标准衡量沈阳市城镇人口比重(81.2%)是科学的,反映出人口城镇化的实际水平。

(胡刚)

【行政区划】 1995年,沈阳市下设9个区、1个市、3个县。即:和平、沈河、大东、皇姑、铁西、东陵、新城子、于洪、苏家屯区,新民市(县级市)和辽中、康平、法库县。区县(市)下设行政街113个,乡85个,镇55个。

和平区设20个行政街:

砂山、胜利、民主、新兴、集贤、中华路、吴淞、园路、遂川、八经、南湖、十四纬路、云集、北市、南站、新华、马路湾、北站、北道口、西塔。

沈河区设16个行政街:

一经、二经、大西、小西、大南、小南、中街、正阳、滨河、万莲、风雨坛、山东庙、文化路、朱剪炉、团结路、惠工。

大东区设15个行政街:

万泉、小东、管城、长安、东塔、新东、珠林、小津桥、大北、小北、洮昌、辽沈、东站、二台子、文官。

皇姑区设20个行政街:

华山、亚明、明廉、克俭、崇山、塔湾、三台子、辽河、怒江、长江、陵北、昆山、三洞桥、泰山、黑龙江、寿泉、向工、黄河、新乐、太平。

铁西区设20个行政街:

路官、卫工、启工、十二路、七路、工人村、兴华、霁虹、重工、兴工、艳粉、云峰、保工、贵和、齐贤、兴顺、兴齐、轻工、笃工、凌空。

苏家屯区设6个行政街,7个镇,7个乡。

行政街:中兴、铁友、临湖、解放、民主、湖西。

镇:红菱堡、林盛堡、八一、沙河堡、姚千户屯、陈相屯、十里河。

乡:王纲堡、城郊、佟沟、大淑堡、白清寨、永乐、大沟。

东陵区设6个行政街,6个镇,9个乡。

行政街:东陵、马官桥、南塔、辉山、泉园、丰乐。

镇:高坎、祝家屯、白塔、深井子、英达、桃仙。

乡:王滨沟、五三、汪家、长白、古城子、李相、前进、满堂满族、浑河站朝鲜族。

新城子区设2个行政街,5个镇,7个乡。

行政街:新城子、清水台。

镇:虎石台、清水台、兴隆台、锡伯族、蒲河、道义。

乡、新城子、马刚、财落堡、尹家、望滨、石佛寺朝鲜族锡伯族、黄家锡伯族。

于洪区设4个行政街，4个镇，12个乡。

行政街：北陵、于洪、杨士、陵东。

镇：马三家、大潘、沙岭、平罗。

乡：北陵、解放、老边、陵东、造化、大兴朝鲜族、杨士、大青中朝友谊、翟家、高花、彰驿站、于洪。

辽中县下设11个镇，10个乡。

镇：辽中、茨榆坨、刘二堡、朱家房、新民屯、满都户、于家户、冷子堡、长滩、肖寨门、杨士岗。

乡：养士堡、城郊、六间房、老观坨、四方台、老大房、大黑岗子、乌伯牛、潘家堡、牛心坨。

康平县设5个镇、11个乡。

镇：康平、小城子、张强、方家屯、东关屯。

乡：胜利、郝官屯、北四家子、两家子、二牛所口、山东屯、西关屯蒙古族满族、沙金石蒙古族满族、柳树屯蒙古族满族、东升满族蒙古族、海州窝堡。

法库县设7个镇、13个乡。

镇：法库、柏家沟、大孤家子、三面船、秀水河子、叶茂台、登仕堡子。

乡：慈恩寺、孟家、和平、十间房、冯贝堡、依牛堡子、五台子、四家子蒙古族、双台子、卧牛石、包家屯、丁家房、红五月。

新民市设4个行政街，10个镇，16个乡。

行政街：东城、西城、新柳、辽滨。

镇：大民屯、前当堡、兴隆、公主屯、梁山、大红旗、大柳屯、法哈牛、胡台、兴隆堡。

乡：高台子、金五台子、东蛇山子、陶家屯、姚堡、镇郊、三道岗子、罗家房、新农村、周坨子、卢家屯、红旗、大喇嘛、丁家窝堡、张家屯、柳河沟。 （刘爽）

经济与社会发展

【经济总量进一步提高】 1995年沈阳市国民经济继续保持了适度增长，在生产、建设、流通等领域取得了新的进展，经济总量进一步提高。据统计，全市国内生产总值达到682.6亿元，按可比价格计算比1994年增长9.9%。其中，第一产业实现增加值55.4亿元，增长10%；第二产业实现增加值302.2亿元，增长8.7%；第三产业实现增加值325亿元，增长11.4%，第三产业增加值在国内生产总值中的比重上升到47.6%。宏观经济景气状态的监测结果也表明，全市宏观经济景气度始终处于绿灯区范围内，呈现适度运行状态。宏观经济运行于适度增长区间，保持了持续、平稳的发展势头。

【农村经济向前发展】 1995年，沈阳市加大了对农业的投入力度，积极落实科技兴农战略，进一步完善农村各项经济政策，调动了农民的生产积极性，前期农业生产形势喜人。7、8月份由于遭受百年不遇的特大洪涝灾害，农作物绝收140万亩，农业生产蒙受较大损失。但农村广大干部群众遭灾不减志，积极抗灾自救，使损失降到了最低限度。全年主要农作物产量低于正常年景，但较遭灾的1994年有所增长。全年粮豆总产量为225万吨，比遭灾的1994年增产11.6%。蔬菜总产量为196.1万吨，下降1.4%。林业生产稳步发展，造林面积扩大到1.1公顷，造林成活率保持在85%以上，防风固沙林建设取得新进展。畜牧业、渔业生产保持良好的发展势头，为丰富城乡居民的菜篮子作出了贡献。全年生猪出栏252.9万头，牛出栏1.8万头，羊出栏15.8万只，分别比1994年增长21.1%、21.7%和47.7%。年末生猪存栏达192.2万头，增长9.3%；牛存栏达27.4万头，增长14.2%；羊存栏达31万只，增长34.8%；家禽存栏达288.5万只，减少7.5%。肉类总产量达44.4万吨，增长18.4%；禽蛋产量达18.2万吨，减少8.1%；奶类产量达6.1万吨，减少1.6%。水产品产量达6.5万吨，增长16.5%。

农业生产条件继续改善，“高产、高效、优质”农业建设取得进展。1995年末全市农业机械总动力达到135.4万千瓦；机耕地面积达到51.4万公顷。机电灌溉面积达到10.4万公顷；地膜覆盖面积达到2.1万公顷。水稻、玉米等粮食作物的高产优质品种推广面积达90%以上，农民接受各种技术培训达50万人次，农业技术推广服务体系初具规模。大灾之年农村工业、运输业、建筑业、商业和服务业迅速得到恢复和发展。全年乡镇企业总收入达417亿元，比1994年增长24.3%。综观全年农村经济的发展，尽管在大灾之年粮食生产遭受较大损失，但农村其它各业仍保持了较快发展，总体上看农村经济保持了持续发展的势头。

【工业生产平稳增长】 1995年，沈阳市工业企业积极转换经营机制，实施“名牌产品战略”工程，增加适销产品的生产，注重培植新的经济增长点，在宏观环境偏紧的情况下，全市工业生产保持平稳增长，全年完成工业增加值265亿元，比1994年增长9%。其中乡及乡以上工业完成工业增加值176亿元，增长3.9%。工业产销率为93.7%。

1995年，全市轻工企业适应市场的变化，增加适销产品生产，全年乡及乡以上轻工业完成增加值61.3亿元，增长8.1%，一批适销产品产量超过1994年。其中，空调器增产1.5倍，家用电冰箱增产22.3%，卷烟增产29%，味精增产13.7%，棉布增产2.4%。受全国控制固定资产投资规模的影响，重工业增长滞后于轻工业。全年乡及乡以上重工业完成增加值114.7亿元，增长1.7%。除支持国家能源、原材料、交通等重点工程的产品和部分高新技术产品、支农产品增产较多外，其它投资类产品生产受到抑制。其中，硫酸增产36.6%，工业泵增产42.4%，小型拖拉机增产1.76倍，程控电话交换机增产42%，微型电子计算机增产93.8%，金属切削机床减产26.1%，汽车减产21.7%，平板玻璃减产36.8%。工业结构调整取得进展，产品更新加快，质量稳定提高。“名牌产品战略工程”取得明显效果，“造大船工程”初具形象。名牌产品生产比重提高了10%以上,东北制药集团、东北输变电集团等一批支柱产业经过改组、改造,实力进一步增强。作为新的经济增长点,集体企业、县区企业分别增长17.1%和19.9%;其中乡办工业增长18.3%。沈阳经济技术开发区、南湖科技开发区分别增长1.3倍和71.1%。这些新的经济增长点的快速成长,为全市经济的持续发展做出了重要贡献。

【基础产业投资保持一定力度】 1995年,由于国家继续压缩固定资产投资,沈阳市固定资产投资总规模不及1994年水平,但基础产业和基础设施投资保持一定的力度,投资结构有所调整。全社会完成固定资产投资136.9亿元,为1994年的91.3%。其中完成基本建设投资82.7亿元,为1994年的90.5%;完成更新改造投资44.3亿元,为1994年的94.2%。国有投资完成121.4亿元,为1994年的90.4%。全年投资重点加强了基础产业和城市基础设施建设。投资额中,用于农业的投资为2.1亿元,比1994年增长31.3%;用于工业、建筑业的投资为41.5亿元,增长1.3%,其中市以下项目投资增长5.6%;用于第三产业的投资达93.3亿元,为1994年的87.2%,其中,用于商业、交通、通讯的基本建设投资达19.6亿元,比1994年增长20.2%,投资结构有所调整,在投资总量受到抑制的同时,重点建设和技术改造进展加快。北部污水处理厂等大中型项目加紧建设,万吨维生素C改造等10个重点项目竣工投产,市及市以下技术改造投资增长12.5%,支柱产业发展后劲进一步增强。

住宅竣工进度加快,城市基础设施得到加强,市区环境状况进一步改善。全年城镇住宅竣工面积达379.7万平方米,增长13.6%。住宅竣工率提高到41.1%,是近年来住宅竣工增加较多的一年。年内对长江北街、陵东街、大什字街等道路进行了扩建和改造,绕城高速公路全线开通,无人售票公共汽车上线运行,城市交通状况有了明显改观。年末市话交换机容量、无线寻呼容量双双突破百万门,移动通讯发展迅猛,实现了省内及全国20多个省市的漫游,市话普及率提高到19.5部/百人。煤气、液化气设施建设取得新进展,环境卫生状况明显改善,市区环境质量有所提高,跨入全国卫生城市行列。

【国内市场旺销　对外贸易扩大】 1995年,沈阳市消费品市场繁荣兴旺,市场货源供应充裕,居民消费心理保持基本稳定。社会消费品零售总额达295.4亿元,比1994年增长32.3%,扣除价格上涨因素,增长16.6%。其中,国有商业实现零售额增长16.1%,非国有经济实现零售额增长41.4%,所占比重上升到68.4%。市场建设步伐加快,各类消费品市场已发展到457处,全年成交总额达240.3亿元,比1994年增长17.2%。各类生产资料市场发展到55处,主要品种交易量稳中有升。

对外经济贸易保持稳定发展。全年实现进出口商品总额13.7亿元,比1994年增长11.6%。出口9.9亿美元,增长11.3%。其中市自营出口6.6亿美元,增长7.4%;工业制成品出口5.6亿美元,占市自营出口商品总值的比重达到84.9%。进口3.8亿美元,增长12.3%。全年完成出口商品供货52.6亿元,增长0.4%。机电产品供货值达14.6亿元,增长2.6%,出口商品结构进一步优化。利用外资取得新进展,全年批准利用外资项目666项,合同外资额11.7亿美元。实际调入外资额达6.7亿美元,其中外商直接投资4.6亿美元,增长13.3%。投资1 000万美元以上的大项目达27个。全年新批准成立“三资”企业653家,年末已注册的“三资”企业达到3 480家,其中935家已投产开业。全年新签海外承包工程与劳务合作合同额6 142万美元,超过1994年水平。

【财政增收　金融稳定】 1995年,沈阳市财政收入持续增长。全年完成地方财政收入35.6亿元,比1994年增长19.9%。其中完成工商税收29.6亿元,增长17.0%;增值税和营业税分别增长12.2%和12.6%,地方各税增长40.6%。全市完成地方财政支出45.9亿元,增长33.8%。实现了当年预算的大体平衡,并略有节余。从金融方面看,银行存款增长较快,贷款适度增长,结构有所调整,货币回笼大幅度增加,金融形势稳定。全市银行现金收入1 219.1亿元,比1994年增长35.2%;现金支出1 086.7亿元,增长30.9%。收支相抵,净回笼货币132.5亿元,增长85.4%。年末全市金融机构存款余额为763.9亿元,比年初增加181.9亿元,增加额比1994年增长19.7%。其中城乡居民储蓄存款余额达468.9亿元,比年初增加127.7亿元,增加额比1994年增长17.9%。年末金融机构各项贷款余额715.9亿元,比年初增加122.4亿元,增加额比1994年增长35.1%。其中农业贷款和乡镇企业贷款分别比年初增长31.7%和36.6%,体现出重视和扶持农村经济发展的政策导向。

【物价得到控制　人民生活稳定】 1995年,沈阳市加大控制物价力度,严格控制新涨价项目,强化市场管理,控制批零差率。城市居民用粮实行定量平价供应,节日蔬菜实行定点平价供应,对平抑物价起到了积极的作用。全年商品零售价格涨幅为13.5%,居民消费价格涨幅回落到16%。随着物价涨幅的逐步回落和居民收入的提高,城乡居民生活进一步得到改善。据抽样调查,城市居民人均生活收入已达3 720.8元,比1994年增长20.1%,扣除物价上涨因素,实际收入水平仍提高3.5%。职工年平均工资达4 860元,比1994年增长10.4%。全年新增居民储蓄存款达127.7亿元,比1994年增长18.8%,城镇居民人均居住面积提高到6.87平方米。“再就业工程”取得积极成果,全年安排就业申请人员21.9万人。农民生活逐步得到改善,全年农民人均纯收入达1 812元,比1994年增长18.1%。在全市人民的大力支援下,受灾地区居民的生活得到妥善安置。

【社会事业取得新进展】 1995年沈阳市科技体制改革继续深入,科技与经济的融合取得进展。年末全市各类专业技术人员队伍扩大到55万人,拥有独立科研机构142个。全年取得重大科技成果517项，其中266项成果获奖，437项科技成果得到推广和应用，一批成果投产并取得了显著的经济效益。专利申请1 600项。技术市场交易活跃，全年技术贸易成交额达12.5亿元，增长7.1%。

教育综合改革继续深化，尊师重教蔚然成风，办学条件进一步改善，教师队伍不断加强，教学质量普遍提高。年末全市22所普通高校在校学生达8.8万人，48所普通中等专业学校在校生达3.7万人。全年为国家和地方输送高、中等院校毕业生2.9万人。年末普通中学359所，在校学生达35.6万人；小学1 664所，在校学生达59.6万人。“希望工程”取得进展，建成“希望小学”113所，学龄儿童入学率进一步提高。幼教事业也有了新的发展，全市幼儿园发展到1 719所，在园儿童12.8万人，学前教育得到加强。职业技术教育发展较快，年末技工学校达到113所，在校学生增至1.9万人。职业中学增加到85所，在校学生增至4.7万人。成人教育形式多样，年末全市拥有各类成人高等学校30所，在校学生3.6万人；成人中专56所，在校学生2.5万人；其它成人初、中等学校267所，在校学生5 357人；成人职业学校增加到2 225所，在校学生增至70.7万人。

文化事业日益繁荣。沈阳市成功地举办了第四届全国杂技比赛，繁荣了祖国文艺百花园，还涌现出一批优秀剧目、演员及文艺作品在全国性大赛中获奖，促进了文艺事业的繁荣和发展。文化市场繁荣兴旺，中国书刊批发市场建成开市，群众文化生活多姿多彩。广播电视事业发展加快。广播节目新颖，听众广泛，日均播音达101：42小时。电视节目多样，覆盖率达到95%以上，每周播出时间达202：20小时。有线电视网遍布城乡，用户发展到20万户以上。报刊内容丰富，出版事业健康发展。

卫生事业不断发展，医疗设施不断改善。年末全市已拥有医疗卫生机构1 380个，医疗床位3.88万张，拥有卫生技术人员7.2万人。乡镇卫生院(所)达到114个，农村就医条件得到改善。全市平均每千人拥有卫生技术人员和医疗床位分别为10.8人和5.8张。医疗保健和卫生防疫水平进一步提高，实现了大灾之后无大疫；计划免疫接种率稳步提高。

体育事业不断发展。在参加国家和省举办的大型体育比赛中，沈阳市运动员创出了佳绩，表现出良好的体育道德风貌。在第三届全国城市运动会上，沈阳市健儿取得了总分第二的好成绩，为全市体育事业增添了新的光彩。各级各类学校体育运动广泛开展，在校学生国家体育锻炼标准达标率提高到97.68%。群众性体育活动更加普及，内容愈加丰富多彩。

(王宏)

经济体制改革

【综述】 1995年是沈阳市推进综合配套改革试点的第二年头，按照国务院的总体部署和《沈阳市综合配套改革试点总体方案》的要求，坚持中央提出的“二十字”方针，整体推进和重点突破相结合，取得了阶段性进展。

1.以现代企业制度为方向的企业改革进一步深化。一是24户现代企业制度试点企业(国家1户、省4户、市19户)的清产核资工作全部完成。国家试点企业沈阳机床股份有限公司的试点方案，经国家经贸委审定，已经原则同意，进入实施阶段；省和市的试点企业正在稳步进行。二是股份制试点进一步深化和完善。以多法人出资设立的有限责任公司发展迅速，1995年注册登记的有限责任公司达1 809户。目前，全市股份制企业已达2 927户，其中股份有限公司46户，有限责任公司2 881户；股本金总额120.4亿元。46户股份有限公司股本金总额52.9亿元，其中，国家股20.8亿元，法人股18.3亿元，个人股10.7亿元，外资股31 010万元，股本结构进一步趋向合理。按照《公司法》的要求，进一步规范股份制企业，取消了8户股份有限公司的试点资格。与此同时，加大了推进股份公司上市的工作力度。全市已有上市公司5户。三是企业集团进一步发展和壮大，全市企业集团已发展到72家，并且开始由第二产业向第三产业延伸，由单一生产型向科工贸综合型拓展。选择了东北输变电等6家具有支柱产业地位的大型集团，通过改组、改制和改造，实施“造大船”工程，壮大其规模和实力。四是以优化资本结构试点为重点的资产流动和重组取得实质进展，促进了国有企业的结构调整。1995年有5对企业实施兼并，盘活资产10亿元。全市已有219户企业兼并了227户企业，盘活资产17.4亿元。利用级差地租实行异地搬迁改造累计达11户；对39户企业实施了破产，处理破产资财3亿多元，解脱债务4亿多元，涉及职工1.7万人。利用外资嫁接改造发展到260多户，320多个项目，合同外资额达5.4亿美元。同时，进一步放开放活小企业，城镇股份合作制已发展到2 786户；企业出售势头看好，到市产权交易中心登记交易的企业已达810户(沈阳市420户)。已有13对企业实施了产权交易，盘活资产14.6亿元，交易额达7.8亿元，安置职工4万人。

2.以城镇养老保险为重点的社会保障体系进一步发展完善。成立了在市政府领导下的沈阳市社会保障委员会，加强对社会保障的统一领导。全市参加养老保险统筹的企业有8 129户，覆盖面积达98%，涉及职工180万人；事业单位1 410户，涉及职工65 140人。有18万农民参加了养老保险，占农村劳动力人口的11%。参加失业保险的企业7 887户，职工139.3万人，累计接收失业职工47 330人。参加工伤保险的企业4 800户，职工63万人，累计收取保费2 000万元，赔付414万元。社会统筹与个人帐户相结合的职工医疗保险也进行了试点。养老保险管理和服务的社会化程度不断提高，进行了退休职工退休费由社会保险经办机构直接发放的试点。住房制度改革进一步深化，出台了《沈阳市住房制度改革方案》。安居工程进展顺利，1995 年开工40.4万平方米，竣工15.3万平方米，解决了2 500户的住房困难问题。

3.市场体系建设步伐加快，区域性要素中心市场建设取得突破性进展，完善的市场体系初步形成。各类集贸市场累计达457处，成交额达257.6亿多元，成交额达亿元的市场37个，经国家批准冠以“中国”字号的集贸市场拥有 4 处，全国仅有 8 处。生产资料市场发展到56处，成交额120多亿元。各类生产要素市场26处，已拥有中国——沈阳人才市场、中国——沈阳技术交易所、中国——沈阳劳动力市场和沈阳商品交易所等 4 处国家级的要素市场。沈阳证券交易中心于 1994 年初与上交所联网，会员已发展到94家，交易额达488亿多元。积极推进价格改革，把平抑市场物价和抑制通货膨胀作为重点抓，使市场物价继续回落。1995 年全市物价平均涨幅13.5%，在全国35个大中城市中居21位。

4.政府转变职能的步伐进一步加快。一是推进政企分开，在机械、轻工和商业等三个行业进行了建立国有资产经营公司试点；对集团公司进行了国有资产授权经营的试点，进一步明确投资主体，落实国有资产经营责任。二是引进竞争机制，公务员制度改革取得进展。向社会公开招聘了38名副局级干部和500多名公务员。三是市场经济法规制度建设进一步加强，初步形成了规范政府管理企业的行为、规范企业行为、规范市场交易行为的较为完善的市场经济体制法规体系。

5.县区和农村经济体制改革进一步深化。沈河、和平、东陵、辽中、新民、法库 6 个县(市)区被列入省级综合配套改革试点县区；辽中县茨榆坨镇被列入国家小城镇综合改革试点镇；新城子区道义乡等10个镇被列为省级农村小城镇建设试点镇。产权制度改革进一步深化。股份合作制企业不断完善和规范。目前，全市股份合作制企业已发展到10 475户，股东人数16.8万人，个人股金总额14.1亿元。

(陈岩)

【股份制试点】 1995 年沈阳市股份制试点工作，又取得新的进展，为深化产权制度改革，转换企业经营机制和建立现代化企业制度起到了促进作用。

一是有限责任公司发展迅速。全年以多法人出资设立的有限责任公司有2 890户，累计已达3 219户，一年中组建的有限责任公司是前几年总和的 8 倍多，股本总额达到77亿元。加上46户股份有限公司全市共有股份制企业3 265户，股本总额129亿元。

二是股份有限公司进一步规范、完善。首先根据国务院[1995]17号文件和国家体改委[1995]117 号文件关于做好原有股份有限公司规范工作的要求制定和下发了沈阳市《关于对〈公司法〉实施前设立的股份有限公司和有限责任公司进行规范的实施意见》。其次是按着这个《意见》，精心安排部署，指导企业进行自查和自我规范，然后由市体改委会同工商局、国资局等部门组织检查验收，帮助试点企业解决实际问题。到年末已对15户股份有限公司进行了规范验收。其中对东北四联经济开发股份有限公司等 7 户难以规范的试点企业做了相应的处置，有 4 户股份有限公司改制为有限责任公司；有 3 户企业取消试点资格。

三是定向募集公司转为上市公司的步伐加快。主要表现在：东北输变电机械制造股份有限公司继 7 月份成功的在香港发行2.47亿 H 股后，又于 11 月份发行了3 000万 A 股。同时又有 7 户企业在市里的支持下，通过艰苦努力，共争取到国家部委和省里给的 A 股额度1.78亿元，加上市里5 000万额度，总额度已达2.28亿元。到年末已有 3 户公司将上市材料报国家证监会审批，其余 4 户企业也正在抓紧工作，争取尽早转为上市公司。另外，于 6 月份，借鉴外地经验，开展了职工内部股过户转让的试点，到年末已有32户定向募集公司进入自动报价系统进行过户转让，转让额已达到670万元。

(万秀勤)

【推进企业资产优化重组】 沈阳市是国家进行优化资本结构和企业破产的试点城市，按照国家《企业破产法》和国发(1994)59 号文件精神，1995 年，全市加大了企业破产工作的力度，对国有大中型企业启动了破产工作，先后对沈阳市兴华造纸厂、沈阳机床齿轮厂和沈阳防爆电器制造厂、沈阳造纸厂进行了破产处理。其中沈阳市兴华造纸厂当年结案，具体情况是：

沈阳市兴华造纸厂是沈阳市轻工业管理局所属的国有中型企业，占地面积15 360平方米，建筑面积11 105平方米；在职职工851名，离退休职工349名；资产总额639万元，其中固定资产净值239万元；负债总额2 900万元，其中银行贷款1 100万元；累计亏损2 500万元。企业于1994年 3 月 7 日提出申请，要求对企业实行破产处理。

市企业破产处理办公室经过对企业全面调查后认为：该企业始建于 1938 年，长期没有进行技术改造，厂房、设备严重陈旧、老化，绝大部分厂房已是危房，不能继续利用。自 1989 年以来，连续 5 年亏损，几度停产，特别是 1993 年 10 月主体厂房发生火灾，厂房被烧毁，企业被迫全面停产，职工放假。由于无力偿还外债，债主纷纷起诉，有些原辅材料、设备、车辆已被法院强行抵债，企业已成空壳，无力维持生存，可以进行破产处理。市企业破产指导组会议经过认真讨论后，决定对该企业实行破产处理。1995 年 4 月 8 日，辽宁省沈阳市中级人民法院宣告沈阳市兴华造纸厂破产还债。

企业破产后，组建了由市政府一名副秘书长任组长、市体改委、计委、经贸委、国资局、劳动局、破产办、法院、土地局、房产局、公安局、人寿保险公司、银行等部门参加的企业破产清算组。清算组按照《企业破产法》和国发(1994)59 号文件的规定，对企业资财进行了清算，对人员进行了安置。清算的结果是：破产资财变现总收入(含土地转让金)为1 116万元，债务总额3 396万元，安置人员费用1 030万元，还债比例为万分之二点三。企业破产资财由沈阳铜网股份有限公司整体购买。在职职工由沈阳铜网股份有限公司接收，给予安置。离休、退休职工由沈阳市人寿保险公司负责发放离、退休费用。

（赵喜忱）

【出台企业改革政策措施】 1995年，沈阳市在推进企业改革方面出台了一系列政策措施。

在搞活国有大中型企业方面，印发了《沈阳市进一步深化企业改革的若干意见》。该文件分转变观念、推进现代企业制度试点、加快产权制度改革、发展完善多种经营方式、推进结构调整等12个专题共58条对搞活国有大中型企业做了具体规定，具有很强的可操作性。改革的思路从放权让利的政策调整转到着力进行制度创新；改革的操作由搞活单位国有企业，转到搞活整个国有资产、国有经济；改革的方式由单项试点，转变到综合配套改革整体推进；改革的着力点除了重点从整体上搞活国有企业外，还大力推进其他非公有制企业的发展，对各类企业实行优胜劣汰的市场竞争机制，促其健康发展。

在深化股份制试点方面，转发了国家体改委《关于在股份有限公司设立中加强改制工作的通知》；同时按国家要求，结合沈阳市实际制定了《关于对〈公司法〉实施前设立的股份有限公司和有限责任公司进行规范的实施意见》按此规定对1994年1月1日前设立的股份有限公司和有限责任公司在股东和发起人数、名称、注册资本数额、章程、组织机构、会计制度等17个方面进行重点规范。

在放开搞活国有小企业改革方面，市体改委下发了《关于进一步加快国有小企业改革的意见》，提出了1997年年末之前基本完成国有小企业转机改制任务。对凡不需要国家直接投资的国有小企业，分期分批全部转变为适应社会主义市场经济需要的多种企业组织形式，实现国有资产的优化重组。国有小企业改革分为4种类型、11种形式，明确国有小企业在体制上、资产流动重组上放开；对暂不能改制、改组的国有小企业进一步放开经营方式，通过托管经营、公有民营形式搞活，待条件成熟后再进行改制改组；对长期亏损、扭亏无望、严重资不抵债的国有小企业在确保妥善安置职工的前提下，依法实施破产。

（李海涛）

【发展企业集团】 1995年，沈阳市坚持把发展企业集团和实施“造大船”工程，作为深化国有大中型企业改革，实现经济体制和经济增长方式两个转变，提高整个经济运行质量的一项重要任务来抓，在巩固和完善原有企业集团的基础上，全年又新组建企业集团10个，使全市企业集团总数达到73个。在工业系统的企业集团中，输变电、东药、一汽金杯、机床、长白和星光这6个企业集团被列为市重点扶植的6艘“大船”。

在推动企业集团发展，实施“造大船”工程的过程中，重点抓了以下方面的工作：一是根据全市经济发展的需要，抓住实施名牌产品战略和大集团战略两个重要环节，围绕振兴沈阳市机械装备、电子信息、汽车和医药化工四大支柱产业，选择具备条件的企业组建集团，实施“造大船”工程，使企业集团在推动全市经济发展中能够起到带头和示范作用。二是根据国家有关规定，在组建集团的各个环节上，力争运作规范化，注意以资产为主要联结纽带，在集团核心层和紧密层、半紧密层之间建立起控股和参股的关系，并注意分清政府和集团的职责。三是根据企业的不同情况，在集团的模式上，不拘一格，大胆创新，进行多样化的探索试验，目前全市企业集团可分为大企业间强强联合等七种模式。四是根据巩固完善和发展壮大企业集团的需要，切实加强对集团试点工作的领导。进一步充实和加强了市经济结构调整领导小组，由一名副市长挂帅，负责企业集团的论证、审批和重大政策的研究制定工作。市委、市政府领导还亲自参与一些大集团组建方案和“造大船”工程的研究制定工作，及时协调解决试点工作中存在的问题，有力地推动企业集团的发展和“造大船”工程的顺利实施。

通过发展企业集团，实施“造大船”工程，加快了全市企业组织结构和产品结构的调整，促进了生产要素的合理流动，提高了名牌产品的规模效益，较好地适应了市场经济和社会化大生产的需要。东药集团通过技术改造，使名牌产品维生素C的生产能力扩大了3.6倍，降低了成本，提高了竞争能力。集团全年完成更新改造任务4.74亿元，相当“八五”前三年的总和，新增产值2.2亿元，新增利税4 000万元。

（尚武林）

【市场体系建设】 1995年沈阳市以培育区域性中心市场为重点，加强市场现代化、网络化、规范化建设，发挥市场合理配置资源，改善经济运行质量的基础性作用，市场体系建设呈现良好的发展态势。

1. 区域性大市场建设步伐加快。1995年在培育完善中国沈阳技术交易所、商品交易所、人才市场的同时，经国家有关部门批准，中国沈阳劳动力市场、中国沈阳书刊批发市场分别于10月15日、10月28日开业。中国沈阳劳动力市场做为全国首家区域性劳动力市场，以一流的环境、一流的服务、一流的效率，立足沈阳、面向东北，规范运作，建立跨地区的信息网络，充分开发利用劳动力资源，到1995年底，开业仅2个月就接待各类求职人员4万人次，登记交流安置2.3万人次，发布劳动力供求信息1 308条。1995年国家已批准在沈阳建立全国首家国家级建筑工程交易市场，它的建立将对规范建筑工程招投标及施工企业行为，培育统一开放、竞争，有序的建筑市场将产生积极的作用。

2. 商品市场的规模、档次、辐射功能进一步提高。1995年全市社会消费品零售总额为290亿元，比1994年增长30%，全市国合商业销售收入为152亿元，增长14.5%，中兴商业大厦、商业城、大东副食商场销售额分别达到15.6亿元、9.1亿元、2.5亿元，居全国同行业前列。1995年全市457处集贸市场交易额为257.6亿元，比1994年增长25.7%，全市超亿元的集贸市场达

38处。五爱市场不断扩大集散功能，全年交易额达70.3亿元，沈阳果品批发市场发挥中心市场的优势，深购远销，开业仅8个月交易额达到2.5亿元，1995年全市56处生产资料市场交易额为120亿元，增幅与1994年持平，沈阳钢材市场全年交易额达到31亿元，吞吐量达90万吨，较好的满足了市场需求。

3.生产要素市场日趋活跃。1995年金融市场持续发展。全年新增金融机构86家，中信银行沈阳分行、中国投资银行沈阳分行相继成立，荷兰商业银行沈阳代表处开业。全市融资能力增强，全年拆借资金512亿元、外汇调剂3亿美元，沈阳证券交易中心，开通159个席位，1995年交易额为341.5亿元。沈阳商品交易所引进会员扩大规模，1995年会员已达106家，全年交易额为540亿元。中国沈阳人才市场坚持每周人才交流会，全年已举办48次例会和7次专项人才交流大会，全年接待各类人员达6万人次，登记入库4 400人次，并为664家企业办理了3 300人次的招聘手续。1995年沈阳技术市场合同贸易额为12.6亿元，比1994年增长7%。房产市场销售商品房110万平方米，交易额25亿元，换房4 856户。土地市场出让土地195幅，89.8万平方米，土地出让金2.7亿元。产权交易中心成交企业13对、盘活资产14.6亿元，交易额7.8亿元，安置职工4万人。

4.市场中介组织有了长足的发展。1995年全市共发展个体注册经纪人651人，是前3年总和的1.46倍。到1995年底，全市注册经纪人在1 098人，经纪人事务所14户。中介组织发展较好的行业是：信息服务业，全市各类信息服务机构为253户，持证信息经纪人100人；科技咨询业，全市已注册科技咨询服务企业39户，持证技术经纪人120人；房产中介服务业，全市已注册14家，持证房产经纪人112人；金融中介服务业，全市已注册证券经营机构106家，期货经纪公司24户，融资典当行22家；商品流通中介业，全市持证商品流通经纪人达600人。

（吴迪）

【市经济体制改革工作会议】 沈阳市于1995年5月9日召开经济体制改革工作会议。参加会议的有国家、省体改委和市委、市人大、市政府、市政协的领导以及市直各部门、大中型企业的负责人共400多人。会议由市委常委、常务副市长张瑞昌主持，市委副书记、市长张荣茂做了题为《认清形势、把握大局、深化改革，进一步促进我市经济持续快速健康发展》的报告。国家和省体改委的领导讲了话，市委书记张国光做了大会总结发言。会议期间沈阳轧钢总厂等部分企业介绍了企业改革的经验。

这次会议的主要任务是，认真总结1994年全市体改工作的经验，认清形势，明确1995年的改革任务。会议认为，沈阳市被国家批准为新一轮综合配套改革试点城市以来，全市人民按照党的十四届三中全会精神和市委提出的“建立新体制，再求新发展”的部署，使改革向着建立新体制的目标迈出步伐，取得了较大进展，为经济发展提供了强大动力。会议明确提出了1995年体改工作的目标和任务：突出企业改革特别是搞好国有大中型企业这个重点，坚持转机制、调结构、卸包袱，推进改制、改组、改造和强化管理，进一步加快市场体系建设；加快社会保障制度建设；推进政府职能转变。同时，配套搞好其他方面改革。

会议还对完成各项改革任务提出了要求。

（张德利）

经济协作

【对内开放概况】 1995年，沈阳市认真贯彻落实市第九届党代会和九届二次、三次全会精神，坚持“一开四促”方针，坚定不移地实行对内开放战略，迎来了对内开放工作的新局面。

1995年，沈阳市“六边一线”经贸活动持续深入发展。签定各类经贸合作项目达到2 450项，涉及金额130亿元。促进了区域经济的共同发展；辽宁中部城市群经济区工作有了突破性进展。以交通、通讯、商品流通、资金融通为重点的合作进入了新阶段，还完成了辽宁中部城市群经济区规划研究中心工程的主体建设，8市首次成功地共同举办了’95沈阳国际经贸洽谈会，合作总金额12.3亿美元；横向联合持续增长。1995年完成横联产值45.8亿元，比1994年增长15%；利税4.1亿元，增长10%，新增联合项目1 107项；加大了市内开放协作力度，全年共组织3批40余个企业和科研院所赴康平县进行考察和经贸洽谈，共签订各类合作项目36项，实现产值1 300万元，利税190万元。

（韩振清）

【“六边一线”经贸活动】 1995年，沈阳市组织的“六边一线”经贸活动获得了持续、深入的发展。全年走访了15个省区120余个地（州）、市（县），行程5万多公里，直接参加经贸洽谈的人数达万人次，签订各类经贸合作项目2 450项，涉及金额130亿元。投入资金27亿元，合同（协议）1 151项签约率为47%。履约合同436项，占签约合同的38%，引进资金7亿元，累计实现工业产值38.5亿元，利税4.2亿元。

1995年，组织了赴深圳、内蒙古哲里木盟和呼和浩特3个经贸代表团，签订合作项目187个，涉及金额22亿元。还接待深圳、绵阳、太原、哲里木盟等市地的18个经贸回访和洽谈代表团，新签订113个合作项目，涉及金额2.6亿元。

“六边一线”经贸活动已由内陆城市及中原腹地延伸到沿边地区，进一步加强了沈阳中心城市的辐射吸纳作用，促进了区域经济的共同发展。

（韩振清）

【市经贸团出访内蒙古哲里木盟】 1995年7月24日至28日，以沈阳市委副书记董万德为团长、副市长孙祥剑为副团长的沈阳市经贸代表团一行102人，在内蒙古自治区哲里木盟进行了为期5天的访问和经贸洽谈活动。市内7个区，市政府的10多个职能部门、科研单位，4个专业局和市工商联及其6家私营企业参加了这次出访活动。在整个访问和洽谈期间，双方对广阔的合作领域表现出了强烈愿望和浓厚兴趣。共签订各类经贸合作项目142项。其中：合同协议49项，实际执行15项，产值270万元，实现利税30万元。在所签协议中，联合办厂31项，占总项目数的21.8%；技术输出62项，占43.7%；联合销售29项，占20.4%；物资协作9项，占6.3%，涉及的总金额达4.83亿元。这为今后双方在更广阔的领域和更深层次上的合作打下了坚实的基础。

（韩振清）

【辽宁中部城市经济区工作取得突破性进展】 1995年，辽宁中部城市经济区各市高层领导的相互接触与交流，使凝聚力不断加强。1995年4月经济区总部相继两次赴各市汇报工作。明确了思路取得了发展区域经济的共识，为经济区工作开辟了美好的前景。

经济区联合招商引资力度不断加大。1995年经济区首次共同举办的'95沈阳国际经贸洽谈会，取得了丰硕成果。这次洽谈会成交额达12.3亿美元，为1994年的1.5倍。

经济区的形象工程(即辽宁中部城市群经济区规划研究中心工程，简称"8·1"工程)取得阶段性成果，这项投资2 800万元的工程将于1996年11月24日完成主体工程建设，预计1997年6月底前交付使用。另外，投资3—5亿元的东北亚国际展览中心工程已完成设计预案，正在加紧进行招商工作。

以交通、通讯、商品流通、资金融通为内容的"四通"工作也取得初步成果。经济区已先后召开了交通、粮食系统工作会议，并确定以五爱市场为商品输送中心，为各市准备的通道已交付使用；经济区的日用消费品配送销售网络的方案已经确定，预计1997年7月底开始运行；经济区电话号码升8位，8市共用一个区位号的工作也在加紧进行。

（刘宏伟）

【辽宁中部城市群经济区】 辽宁中部城市群经济区，创建于1984年。它是由中心城市沈阳、钢都鞍山、煤都抚顺、煤铁之城本溪、轻纺城丹东、化纤城辽阳、港口城营口和煤粮之城铁岭8市组成。其领导机构为经济区主席团，主席团成员由8市市长和鞍钢等6个中直特大企(事)业的领导组成，主席由各市市长轮流担任，并由沈阳市副市长任执行主席，主持经济区的日常工作。辽宁中部城市群经济区总部为主席团的日常办事机构，担负经济区的组织协调工作。经济区以其丰富的自然资源、雄厚的工业和科技力量、发达的农业、便捷的交通和通讯、开放的市场和发达的商品集散地、丰富的旅游和人文资源见长，具有广阔的合作前景与发展区域经济的潜力。现阶段，经济区的工作将以建立健全社会主义市场机制，发育和完善各类生产要素市场体系，促进区域经济一体化为根本目标。其工作重点是发挥城市群整体优势，加速联合对内、对外开放的步伐，优化区域整体经济结构。

（刘宏伟）

集体经济

【城镇集体经济综述】 1995年，沈阳市共有城镇集体企业23 000户，其中工业企业4 648户，占全市工业企业总数的62.9%；商业企业7 321户。集体企业职工65万人，占全市职工总数的30.3%。

1995年，沈阳市集体工业完成总产值202.7亿元，其中城镇集体工业总产值为115.2亿元，比1994年增长13.7%；集体商业实现社会商品零售总额60.4亿元，增长16.8%。市内5城区集体企业实现总利润11.3亿元，比1994年增长35.6%。

为推动经营机制转换，集体企业全面贯彻《中华人民共和国城镇集体所有制企业条例》，落实"三权"，实行"三改"，继续深化了以股份合作制为重点的产权制度改革。全市推行股份合作制的城镇集体企业已累计达到2 218户，比1994年增加了503户。企业自有存量资产量化到职工个人的股份合作制试点企业，也由18户发展到48户，净增30户。与此同时，公有民营、转制、拍卖、兼并等多种形式的改革也较上年有了新的发展。

城镇集体企事业单位清产核资工作继续在全市范围内广泛开展，并且取得了阶段性和实质性的突破。在1994年已有3 445户企业开展这项工作的基础上，1995年又有近万户企业开始进行。并且通过企业自查、主管部门全面验收和市集体企事业清产核资领导小组办公室抽查，对已结束清产核资工作的企事业单位分批发放了"产权确认证书"，截止年末，全市已有1 000余户企事业领取了证书。

为促进城镇集体经济发展，从市到各级主管部门开展了一系列协调服务工作和鼓励改革发展的争创活动。一是落实《市委八届九次全会主要工作任务实施方案》和《政府工作报告》要求，企业转属继续进行；二是市合作银行全年向五城区贷款4.6亿元，积极支持区街经济发展并取得较好效果；三是在争创活动中，评出"小型巨人企业"76户、"明星企业"45户与和平、沈河两个"双亿经济大区"、南站街道办事处等"十强街道"，还有45户"百强企业"和122名"优秀企业家"；四是通过调查研究进行政策协调和指导，为企业深化改革和转换经营机制创造了条件。5月份和11月份还相继成立了"沈阳市股份合作制企业协会"和"沈阳市集体企业家协会"，并且已经在指导改革、协调服务上以及发挥企业家在市场经济中的主导作用上开展了工作。

1995年，沈阳市城镇集体经济虽然继续保持了稳定发展，但还存在以下一些差距和问题：一是总体水平不够高；二是行业间企业间发展不平衡；三是在深化改革的质和量上有待提高；四是各项协调服务尚须进一步到位。

（赵瑞兴）

【区街经济发展迅速】 1995年，沈阳市市内5个城区的区街经济仍保持了稳步发展的势头，工业生产增长较快，流通产业运行平稳，外向型经济紧中有进，财政收入稳步增长。

截止到年底，5个区累计实现总利润11.3亿元，比1994年增长35.6%；完成工业总产值57.88亿元，增长31.1%；实现工业利润4.41亿元，增长35.7%。

1995年区街经济主要有以下几个特点：

一是区街企业改革进一步深化。各区十分重视区街企业的改革，尤其是产权制度改革，在区街企业中积极推行了股份合作制、承包、租赁、破产兼并、拍卖等改革形式。其中，实行股份合作制的区街企业已达1 713户，入股职工达2.6万人，入股金额为2.2亿元。实行公有民营的区街企业也已达到528户。

二是依靠科技兴区、科技兴企取得新成果。大多数的街道办事处，企业主管部门和经济综合部门配备了科技副职，主抓科技工作。各区还积极兴建了自己的科技园区、其中大东区的上园工业科技园、沈河区的兴河工业科技园区和铁西区的东民工业园区等已初具规模。1995年，5个区共开发新产品309项，新增产值3.5亿元，新增利税4 182万元；共完成技术改造项目253项，投入技改资金1.5亿元。

三是区街骨干企业群体建设有了新进展。根据各自的不同情况，各区普遍下力气抓了区街两级骨干企业群体的建设，确定并积极扶持了一批初具规模的骨干企业。目前，5个区已有重点骨干企业532户，其中年利润在百万元以上的有99户。这些企业虽然数量不多，仅占各区工业企业总数的10%左右，但其实现的产值和利润却分别占各区总数的40%左右。另外，各区还认真实施了市政府提出的名牌产品战略工程，狠抓争创名牌产品活动。到年初5个区已有区级名牌产品78种，并有9种产品列入争创市名牌产品计划。

四是发展外向型经济成效显著。为了吸引外商、外资，各区先后拿出一批较好的企业和较好的产品与外商合资合作经营，兴办三资企业。各区还组织区街企业积极参加市里举办的国际经贸洽谈会、三胞联谊会等，有的区还在国内或国外单独举办了经贸洽谈会，广交国际朋友。此外，各区还分别在海外建立了各种经贸机构，设置了海外窗口，加强了与一些区域性国际市场的联系。1995年5个区共新办三资企业135家，实际利用外资额5 987万美元；累计完成出口供货值2.3亿元，实现自营出口创汇额2 825万美元。

五是不断强化了对经济工作的领导。各区委、区政府十分重视经济工作，不断强化了对经济工作的领导，加大了对经济工作的调控力度。根据城区的实际，各区分别提出和制定了"中心经商、周边办厂、工商并举、全方位开放"，"巩固发展第三产业、尽快补上工业短腿"，"优化第二产业、大力发展第三产业"等经济发展战略，并且已经取得了初步成效。

（朱继先）

【街道经济长足发展】 1995年，沈阳市内5区街道经济发展迅猛，取得了令人瞩目的成效。街道企业实现总利润8.3亿元，比1994年增长56.6%，占5区总利润的63.2%，街道经济已成为各区经济的主要支柱和主要经济增长点，名符其实地成为区街经济的半壁江山。

其特点：一是速度快、效益高、增长幅度超过区经济的增长幅度。如沈河区街道系统利润总额完成2.2亿元，为年计划的215.4%，比1994年增长82.6%。和平区街道系统完成总利润1.99亿元，比1994年增长69%；工业销售收入2.94亿元，增长21.3%。这三项增长幅度分别高于全区43.9个和11个百分点。二是利润超千万元的街道办事处有突破性进展。1994年只有3个区8个街道办事处的利润突破千万元大关，利润最高的南湖街道办事处也只有1 646万元。1995年利润超千万元的街道办事处已达28个，净增20个。皇姑区和铁西区的千万利润街道也实现了"零"的突破，分别有4个和3个街道办事处利润超千万元。全市91个街道办事处已有3个利润突破2 000万元大关，其中和平区的南湖街道办事处总利润突破了3 000万元大关，达到3 020万元，成为全市"第一经济大街"。

发展迅猛的主要原因：一是提高了对发展街道经济的认识。通过"进场入轨、兴市富民"大讨论，各街道都增强了发展的紧迫感和责任感，理清了发展思路，克服了满足现状、固步自封、小富即安的思想，树立起超常规、跳跃式发展的观念，同时也改变了经济增长方式，树立依靠科技进步和管理进步促进经济发展的观念，为街道经济的大发展奠定了思想基础。二是"科技兴街"由形成共识变成了实际形动。科技是先导，科技是生产力的思想已深入人心，各街道通过引进人才，引进技术等大力兴办科技型企业促进了效益的增长。三是街道财政体制改革调动了发展经济的积极性。为调动街道办事处发展经济的积极性，巩固街道呈现的快速健康发展的好势头，保证区财政收入的顺利完成，区对街道都制定了财政收入分成的办法。形成了以财税论英雄，以贡献定奖惩的激励机制。核定上缴基数后，严格执行完不成基数的不分成，超基数部分按比例分成的办法。所得分成用于补充经费、发展生产、集体福利和奖励，街道正副职和一般干部按职责、贡献给予奖励。

（戴有恒）

【股份合作制有新进展】 1995年，沈阳市城镇集体企业在"抓住机遇、深化改革、扩大开放、保持稳定"的方针指引下，进一步加快了股份合作制改革的步伐，取得了阶段性成果，截止1995年末，全市实行股份合作制的城镇集体企业达2 218户，比1994年增加了503户；入股职工6.8万人；吸收个人股金3.7亿元，较1994年有较大幅度的增长，在全市股份合作制企业中，市内五城区的区街企业有1 731户，入股职工2.6万人，吸收个人股金2.2亿元，均比1994年有较大幅度的增长，为了引导股份合作制企业向规范化方向发展，保证运作质量，市集体办在调查研究和总结经验的基础上，制定了《沈阳市集体企业实行股份合作制操作办法》，编写了有关股份合作制宣传提纲，即《股份合作制是集体企业产权制度改革的重要形式》、《股份合作制的操作办法》、《关于股份合作制若干政策的说明》,对过去发布的股份合作制试点规定的有关内容作了补充和修订,使股份合作制企业的运作质量不断提高。

为了不断深化集体企业产权制度改革,进一步明晰产权关系,提高职工对企业资产的关切度,进而激发职工的积极性、增强企业的活力,企业存量资产量化到职工个人(简称"量化")的股份合作制改革又向前迈进了一步,取得了阶段性成果。1995年城镇集体企业的"量化"试点达48户。较1994年增加了30户。"量化"的试点主要有两种形式。一种是量化终极有权,即企业存量资产以股份形式量化到个人,量化的股权既有分红的收益权,又有个人终极所有权,可以有尝转让或继承,这种"量化"称之为"实划",实划的试点有33户;另一种是量化收益权,即存量资产量化到个人的股份只有分红收益权,股东退离休、离开企业、股权终止,回归企业,这种形式的量化称之为"虚划",这样的企业有15户。在"量化"的48户试点企业中,市属集体企业13户,其中"实划"9户,"虚划"4户;县区属企业35户,其中"实划"24户,"虚划"11户。这些试点企业既有工业企业,又有商业企业,还有校办、厂办劳服、民营科技企业,具有广泛性和代表性,据对26户"量化"企业统计,企业自有资产总额即净资产额为11 187.9万元,量化的资产额5 452万元,占自有资产总额的48.7%;吸收个人股金1 188万元;参加量化的职工4 364人,占职工总数的86.8%。其中市属的13户企业自有资产额6 716.3万元,量化的资产额3 740.3万元,占资产总额的40.8%;县区属13户企业自有资产额4 471.6万元,量化资产额2 711.7万元,占资产总额的60.6%。

这些试点企业平稳运作,逐步深化,取得了初步成效。一是理顺了领导体制,普遍实行了股东(代表)大会领导下的厂长(经理)负责制,增强了经营者和广大职工的民主管理意识,在民主选举中不再走过场,敷衍了事。二是调整了产权结构,增大了个人产权比重,使集体企业资产虚置问题得以解决,产权关系进一步明晰,引发了广大职工对企业的关切度,使企业步入自我约束、自我激励良性循环的轨道。三是改革了用工制度,打破了职工的身份界限,不同身份的职工都以股东名义参与企业的生产经营,有利于稳定职工队伍,克服了有些企业,特别是街区企业职工流动性大,见异思迁的不稳定现象。四是推进了企业的管理和技术的进步,增强了企业的竞争力。

(王玉君)

【集体单位清产核资工作】 沈阳市城镇集体企事业单位清产核资工作是从1994年下半年正式开展的。到1995年底,全市有近万户集体企事业单位开展了清产核资工作,给1 000户集体企业颁发了《集体资产所有权确认证书》。

市政府于1995年5月16日召开了全市清产核资工作动员大会,对全市城镇集体企事业单位清产核资工作提出了具体要求。进一步加强领导,搞好再发动、再动员;抓难点突破,搞好企业资产所有权的界定工作;抓检查验收,确保清产核资工作质量;抓政策导向,加快《集体资产所有权确认证书》的颁发工作,推动全市清产核资工作的开展。

为保证清产核资工作质量,市城镇集体所有制企事业单位清产核资领导小组办公室(以下简称市清产办),重点抓了业务培训和清产核资检查验收工作,相继到和平区、新民市、交通局等20多个县(市)、区、局去讲课、指导,共培训业务骨干8 000人次;并按照市清产办制定的清产核资各阶段验收标准,先后到市轻工业管理局、皇姑区、东陵区、东药集团、机床股份有限公司等20多个县(市)、区、局、中、省直劳服公司进行抽检,发现问题,及时纠正,使清产核资工作不走过场。

清产核资工作是一项涉及多方利益,政策性很强的工作。市清产办与市地税局共同制定了《关于沈阳市城镇集体企事业单位清产核资中有关财务会计处理的规定》和《关于对我市集体企事业单位清产核资工作有关政策规定的通知》;与市工商管理局共同出台了《关于城镇集体企事业单位资产所有权登记及工商注册登记问题的通知》,用政策引导、推动清产核资工作的开展。

为搞好清产核资各阶段之间的衔接更具操作性,集体资产管理处设计了《资产界定报告书》和《资产评估和资金验证报告书》,并配套下发了两个报告书的填制说明和《集体资产所有权确认证书的呈报程序》。这样既便于企业操作,又有利检查验收。

沈阳市城镇集体清产核资工作也存在诸如清产核资工作开展得不平衡,还存在死角;财产损失处理较难;清产核资统计手段落后;集体资产管理工作薄弱等问题。

(沈捷)

【集体资产评估工作】 1995年,沈阳市集体资产评估工作进入了第二年并取得了一定进展。全年完成1 074户集体企业资产评估任务,评估资产额8亿元,比评估前增值31%。对集体企业资产的保值、增值和优化资产管理起到了一定作用。

为了全面贯彻《辽宁省城镇集体所有制企业事业单位资产管理暂行办法 的通知》和《辽宁省城镇集体所有制企业事业单位资产评估试行办法的通知》等有关文件精神,沈阳市集体经济办公室在积极学习、宣传落实的基础上,先后会同有关部门下发了《关于加强集体资产评估管理工作的通知》、《关于集体资产评估立项与确认的暂行办法》和《关于集体资产评估机构管理的试行办法》等文件,进一步完善集体资产评估有关规定,使之更加程序化和规范化。为提高评估人员的业务素质,进行了业务 培训和学习,还组织部分人员出访东南亚和南方城市学习 考查。经省、市两级培训并取得集体资产评估资格的已有135人,占从业人员的72%。

1995年,集体资产评估工作主要围绕两个要点进行。一方面,对发生产权关系变化的集体企业资产及时进行价值评估,以保证其资产增值和防止集体资产流失。全年共对166户发生资产抵押、合资、合作、承包、租赁和股份、兼并等经济活动的集体企业资产额进行了价值重估，评估后资产增值6 000万元，增值32%。另一方面，为集体企业清产核资服务，进行企业固定资产价值重估，共完成了908户，评估后企业资产增值13 000万元，增值30%。

（王文达）

【争创经济大区活动】 沈阳市开展创“双亿经济大区”、“十强街道”、“百强企业”及评选“优秀集体企业家”活动。自1994年开展以来，受到各区及街道和集体企业的欢迎，已涌现出一批有影响、有形象、有贡献的利润大户，同时也有一批懂经营、善决策、会管理、高素质的优秀集体企业家脱颖而出。

开展争创活动当年（1994年）已有和平区、沈河区荣获“双亿经济大区”称号，其利润总额、财政收入两项指标都超过了1.8亿元的标准。南站街道办事处、正阳街道办事处、于洪街道办事处、中街街道办事处、吴淞街道办事处、大西街道办事处、大南街道办事处、大北街道办事处、南湖街道办事处、万莲街道办事处等10个街道都突破了“利税总额800万元以上”的标准，进入“十强街道”行列。其中排名第一的南站街道办事处利润总额达到1 646万元。沈阳特种环保设备制造总厂等45个企业荣获“百强企业”称号，这些企业都达到“总产值1 000万元以上、利润100万元以上、利税总额200万元以上、固定资产增值800万元以上”的标准。沈阳市义泰实业总公司总经理车毅等122名同志荣获“优秀集体企业家”称号。

1995年，这几项争创活动又有新进展。除和平、沈河两区可保持“双亿经济大区”称号外，皇姑区和铁西区也有望进入“双亿经济大区”行列。效益增长最快的沈河区，全区总利润完成3.56亿元，比1994年增长54.1%。市内91个街道办事处已有28个利润超千万元，增加20个。沈河区15个街道办事处已有14个利润超千万元。1995年有望进入“十强街道”的是南湖、南站、一经、大西、中街、正阳、小南、吴淞、惠工、山东庙等街道办事处。其中和平区的南湖街道办事处利润高达3 020万元，居全市街道榜首。另外，有40多个企业可进入“百强企业”、有100多名同志可荣获“优秀集体企业家”称号。

（戴有恒）

精神文明建设

【精神文明建设总结表彰大会】 1995年3月6日，沈阳市隆重召开1994年群众性精神文明建设总结表彰大会。会议表彰了沈阳线材厂、沈阳市邮政局等54个市文明单位标兵，中国医科大学附属第一医院等666个市文明单位，以及99名市优质服务标兵、5个最佳服务单位、40个标准化服务单位和46个无“天女散花”居委会。会议由市委常委、宣传部长刘迎初主持，副市长马向东作了群众性精神文明建设工作报告，市委副书记丁世发、省精神文明建设活动办公室主任李进兴分别就如何进一步加强精神文明建设、精神文明建设如何适应市场经济发展需要作了讲话。

对1995年的工作，会议强调指出，要按照“突出重点，整体推进”的总体思路，以社会主义道德建设为主线，把改革开放的重点、经济工作的难点、群众关心的热点作为精神文明建设的切入点，积极推进文明城市建设的进程。为此，对要重点抓好的道德建设、文明系列建设、移风易俗等6个方面工作提出了具体要求。就精神文明建设如何适应市场经济发展需要，会议指出，首先必须对市场经济有一个正确的、全面的、深刻的认识，不能片面地认为市场经济只对发展经济有利，而对精神文明建设是不利的，会产生许多负面效应，而要把市场经济能推动社会的整体进步，包括提高人的素质综合加以考虑。

（刘壮野）

【《沈阳市文明单位建设管理办法（试行）》颁布实施】 经过一年多的研究、论证和修订，《沈阳市文明单位建设管理办法（试行）》于1995年8月正式颁布实施。这是沈阳市积极参加全国创建文明城市竞赛活动和全市文明系列建设工程的基础性工作和重要成果，也是沈阳市对文明单位的建设和管理已走上系统化、规范化科学轨道的重要标志。

《办法》共分6章28条，规定了对文明单位及其标兵的申报、推荐、检查、时限、管理及其权限的具体内容和领导班子、物质文明、思想、道德风尚、民主法制、科学文化、福利、环境等8大建设标准，明确了从县（市）区文明单位到全国文明单位的级别层次和100元至600元的各级奖励标准，并确定市级文明单位标兵是沈阳市两个文明建设的综合性最高集体荣誉称号。同时，对届期内的文明单位的处罚内容也做了10项具体规定。

（刘壮野）

【文明市民标兵评选】 1995年沈阳市继续开展了评选文明市民标兵活动。评比工作本着“突出事迹，树立榜样”的原则，在打破往年评选模式的同时，把评比的重点放在了事迹上，基本解决了以往的评比工作由于既要顾及总体数量（每年平均100名），又要考虑面的平衡，以及由于筛选，比照和调查不细、“一事定音”等所带来的数量多、事迹不突出、缺乏典型性等问题。这次评选活动是在全市普遍开展的评选文明职工、文明学生、文明居（村）民、文明市民的基础上，经县（市）区、局（公司）和市有关部门的推荐，并经市里反复筛选、调查、比照，在200多名候选人中，最后评选出18名，有代表性且事迹突出，感人的文明市民标兵。他们是：坚持20年为人民服务的老战士——曹营章；身残志坚培育弱智儿童的园丁——孙淑君；深受群众爱戴的交通民警——洪海峰；“爱心”活动的倡导、组织者——孟繁明；义务咨询服务的“活地图”——郭文学；倾心培育书法人材的离休干部——姜生；自强不息育英才的残疾人——曹景天；照顾15个孤儿的“十妈妈”代表——王秀珍；千辛万苦敬老的好媳妇——杜丽华；收养两名“女儿”的普通妇女——张宝珍；呕心沥血帮教失足青年的基层干部——韩玉洁；临危不惧见义勇为的普通工人——陈广德；带头树立新风的领导干部——王凤新；道德高尚的农民个体户——白凤林；助人为乐的人民巡警——倪洪林；赡养孤寡老人的“好女儿”——杨淑清；拾金不昧的小公民——杜小雨；甘于奉献的城市美容师——兴中兰。

（刘壮野）

【文明单位建设】 1995年，沈阳市的文明单位建设以提高质量为中心，狠抓整顿、创建、保持、规范四个环节，文明单位质量有很大提高。一是整顿县（市）区级文明单位。针对县（市）区级文明单位数量过多、标准不高的状况，在市文明办的统一指导下，各县（市）区对县（市）区级文明单位进行了全面整顿，通过自查、申报、考核、评定等程序，全市评出1995年县（市）区级文明单位1 420个，比1994年减少2 580个，保持了文明单位的先进性。二是评选省级和市级标兵文明单位。根据省文明办下达的评选标准和沈阳市新颁发的《沈阳市文明单位建设管理办法（试行）》的要求，及时召开工作会议，提出具体意见，并对申报单位进行了抽查和把关，最后评出省级文明单位（标兵）190个，市级文明单位标兵50个。三是狠抓文明单位建设的薄弱环节，特别是对窗口行业的服务质量、乡（村）的环境建设和社会风气、工矿企业的文明生产和道德建设等问题提出了具体要求，通过采取建立规范、完善机制、加强管理等有效措施，使文明单位质量有了明显提高，推动了两个文明建设落实到基层。

（刘壮野）

【“形象杯”活动】 由沈阳市委宣传部、市精神文明建设办公室和市纠正行业不正之风办公室联合在执法机关开展的为期3年的“形象杯”活动，于1995年8月中旬在公安、检察院、法院、工商、国税、地税6大系统拉开帷幕。这项活动主要是针对社会上反映比较强烈的执法机关存在的“四难”（即门难进、脸难看、话难听、事难办）和以权谋私问题而开展的。活动以文明服务、便民服务、限时服务、廉洁服务、依法服务为标准，规定了服务用语、态度、仪容、环境和方便周到、工作纪律、简化办事手续、公开办事制度等具体内容。

自活动开始以来，各系统普遍通过制订职业道德规范、强化培训、选突破口、督促检查等措施，使活动取得了明显成效，在全省乃至全国产生了积极的影响。市公安局把树立交警和巡警新形象作为突破口，以“指挥动作标准化，处理违章先礼后话，文明执勤公正执法”等为主要标准，在全市创立了38处“形象岗”和20个标准化巡段，初步树立起人民警察的良好形象；市地税局从一言一行做起，把拒收企业赠送挂历作为树立形象的起点，1995年末拒收挂历300余本，未发现一人违反规定，受到企事业单位和人民群众的广泛称赞。根据“形象杯”活动的检查要求，在各系统自检的基础上，各县（市）区文明办会同宣传部、纠风办于1995年12月对六大执法系统的活动情况进行了季度检查，同时还采取了社会测评的方法，并将两项结果合二为一，排出了各县（市）区季度检查的系统顺位。市文明办将13个县、（市）区的排名加以综合，最后公布出“形象杯”活动第1季度排名榜。

（刘壮野）

【窗口服务】 1995年，沈阳市窗口行业以全面推行标准化服务贯穿于服务工作的始终，贴近群众生活，增强工作力度，从解决热点、难点问题入手，加强监督检查，有的放矢地开展各项活动，使全市窗口行业的服务面貌有了新的改观，服务质量明显提高，社会满意率达到76%，是近年来的最好水平。增强窗口服务工作力度，主要体现在两个方面：一是从群众需要出发，设立监督解难电话。为了充分发挥市、区文明办的监督协调作用，及时了解和掌握窗口服务工作信息，为群众排忧解难，从1995年9月中旬开始，在市及市内5区文明办设立了监督解难电话。到年末，全市共接到有效电话88次，处理率达100%，及时纠正了一些营服人员服务态度不端正和服务行为不文明的问题，改善了服务者和服务对象的关系，举一反三地加强了优质服务工作。同时，还帮助群众解决了合理退换货和在居民区补设垃圾箱等问题，受到群众的欢迎。二是从提高职工素质入手，增强窗口竞赛能力，评选最佳最差服务单位。全市窗口服务以全省“敬业、创优、树形象”活动为新的启动点，结合深入开展服务升级达标活动，从增强力度着眼，评选最佳最差服务单位，抓住两头，在“带动”和“促动”的双重作用下，有效地提高了服务质量。经各系统、各地区检查、推荐和市文明办的暗查，综合平衡，严格把关，确定了5个最佳服务单位和3个最差服务单位，在社会上引起了很大反响。

（闻蕴萍）

外事往来

【概况】 1995年，沈阳市外事工作进一步发展对外友好往来，加强全市涉外管理，提高涉外工作效率，外事和涉外队伍进一步发展壮大，有力地促进了全市对外开放工作。

1.加强对外友好交流，深入发展对外友好关系。一年来，全市共接待外国人、华侨、港澳台同胞103 696人次，比1994年增长18.2%；市外办受理审核、确认出访、下达出国通知1 717批5 265人次；办理因公出国护照3 023批9 386人次，批数比1994年增加6.5%，人数减少0.5%；代办因公出国签证2 003批7 186人次，分别增长13.7%和11.1%。

1995年，对外友好交流有了很大发展。在来访外宾中，比较重要的团组有中葡联合联络小组、美国驻华商务处’95年会团、老挝人民革命党万象市代表团、朝鲜劳动党平安北道代表团、越南永富省经济代表团、越南西宁省代表团、美国达拉斯市市长代表团、芬兰高高拉市政府代表团、加拿大温尼伯市市长代表团、韩国驻华大使代表团、韩国土地开发公社社长代表团、韩国京畿道代表团、韩国仁川广域市市长代表团、德国科堡市市长代表团、菲律宾高级法官代表团、世界银行代表团以及一些国外大企业、商社代表团。这些团组中商贸团组占有一定比例，老朋友多，来自日、美、韩的客人比例较大。市委、市人大、市政府、市政协领导先后率代表团出访日本、美国、加拿大、西欧等国家和地区，增进了双方友谊，为进一步开展经济技术交流开辟了渠道。沈阳市遭受洪水灾害之后，日本札幌市长桂信雄、川崎市长高桥清、网走市市长安藤哲郎、美国达拉斯市长科克以及友好城市的一些议会、团体等分别来电，对沈阳市遭受水灾表示慰问，札幌和川崎还分别向沈阳市捐款帮助救灾。

2.严格执行国家政策规定，加强全市外事和涉外管理。针对全市在出国审批、礼宾接待工作中存在的与改革开放形势不相适应的无序现象，市政府于11月22日召开外事工作座谈会。张荣茂市长和孙祥剑副市长在会上做了重要讲话，外交部地方外办副主任董志仁也在会上阐述了当前地方外事工作的任务和特点。会议总结和交流了近年来沈阳市外事工作的经验和成果，研究了新形势下出现的新情况和新问题，提出沈阳市外事工作总的指导思想是坚定不移地贯彻"一开四促"的方针和外向牵动战略，加强外事管理，为全市改革开放和经济建设提供一个有利的国际环境。这次会议将进一步提高外事工作质量，使沈阳市外事工作更加规范化和程序化，更好地为沈阳市改革开放和经济建设服务。

一年来，召开了3次全市因公出国(境)归口审核部门会议，传达了国家有关出国(境)审批的规定，要求各出国(境)归口审核部门加强出国(境)审批管理。还在出国(境)审批工作中及时制止了贸促会、国际合作公司等部门越权审批的错误行为，保证了全市出国(境)审批工作有序进行。按照国家的有关政策规定，在出国(境)审批管理中认真审查，严格把关。一年来，通过查核申请出国(境)单位提供的各种有关资料，共查出24团组110人的出国(境)申请存在出访目的不明确、出国人员身份不符的问题，予以退回。全市共制止95批315人次。继续完善护照专办员制度，坚持查核身份证和复核出国审批材料制度，有力的防止和杜绝了异地办照、非法移民的问题。

针对前一阶段各单位要求市领导参加外事活动偏多较为混乱的现象，明确规定需要邀请市领导参加外事活动的单位必须提前向市外办申报，不得私自通过个人渠道邀请，初步规范了申报市领导参加外事活动的程序和条件，使礼宾接待工作向规范化有序化的方向发展。

进一步加强对外国驻沈领馆、外国专家和常驻外国人的管理。1—11月份，共组织驻沈各领馆活动137次，其中美领馆41次，日领馆30次，朝领馆35次，俄领馆31次。领馆活动主要是访问、拜会和友好交流，这些活动增进了领馆官员对沈阳市的了解，并通过领馆渠道开展了友好经贸、科技、文化交流。为了有针对性地开展外国专家、留学生的管理工作，年初召开了大专院校、科研院所及大中型骨干企业外国专家管理工作座谈会，传达了国家有关外国专家工作的政策文件，了解了在沈外国专家工作和生活情况，总结了外专工作的经验、教训，为今后加强外专工作奠定了有力的基础。经过多次努力，国家外专局批准沈阳市做为全国第一家试点城市办理外国专家证和外国专家证明书，这为沈阳市进一步开展外专工作提供了有利条件。

3.发挥外事优势，参与经济建设。充分发挥外事部门对外交往关系多、联系渠道广、涉外信息较灵通的优势，利用邀请境外客商来访、组团出访、接待外宾、提供经贸信息等多种形式为市有关部门和单位牵线搭桥，促成经济技术合作和经贸往来项目。市外办一团组访问西北欧时与挪威BELISA公司进行了洽谈，该公司经理很感兴趣，专程来沈考察，签定了总值260万元的绣品和工艺品合同。该团组还与芬兰FINNPAP公司就进口芬兰优质铜版纸和纸浆及购买二手设备达成了合作意向。市友协派团赴匈牙利、捷克考察后，在东欧设立海外公司，开展与东欧各国的贸易和经济合作。

国际人才交流和劳务输出工作也有很大进展。沈阳市派往日本川崎市的21名土木研修生和电焊研修生将陆续赴日研修。友好城市意大利都灵市市政府出资，接收沈阳市两名工商管理人员在都灵商学院进行为期4个月的研修，学习国际金融商贸专业。友好城市日本札幌市市政府出资500万日元，由小泽征尔先生为辽宁交响乐团和沈阳音乐学院聘请音乐指挥家和视唱专家，提高了这两个单位的专业艺术水平。经市外办工作，芬兰约尼塞公司与沈阳市达成协议，互派留学生到有关院校学习。芬兰旅游部门与沈阳市商定，选派市旅游管理人员赴斯堪的纳维亚半岛进行专业和技术培训。此外，市外办还协助4所大专院校办理了聘请外国专家手续，为沈阳市几所大专院校和科研院所邀请各类专家、留学生和访问学者40余人。

一年来，共在各种报刊杂志发表涉外稿件120多篇，图片60幅，反映沈阳改革开放状况和处事工作进展。先后有日本节目公司、日本广播公司、驻京美国瑞士记者团、日本NHK、美国新闻与世界报道团、香港南华早报等21名境外记者来沈采访。

(罗晓东)

【外宾来访情况】 1995年是外宾团组来沈访问较多的一年，来访团组中以考察投资环境，洽谈经贸项目为目的的占多数，高规格经贸团组比往年有所增加，经贸洽谈成果比较突出。越来越多的境外政务和经贸团组来沈阳市访问，对加快沈阳市扩大开放和经济建设起到了促进作用。1995年来沈访问的重要党政代表团有：朝鲜平安北道党代表团、朝鲜新义洲党代表团、老挝万象市人民革命党代表团、韩国银川广域西区政经代表团、韩国驻华大使黄秉泰、韩国土地开发公社、韩国京畿道代表团、韩国银川广域市长代表团、越南西宁省经济代表团、埃及、罗马尼亚农业代表团、中葡驻澳门联合联络小组代表团、美国达拉斯市市长代表团、塞舌尔国家建设部代表团、日本札幌道新文化交流使节团、美国驻华使馆商务官员代表团、德国科堡市市长代表团、俄罗斯海参威市长代表团、加拿大温尼伯市政府代表团。重要的经贸团组有:台湾贾克琳企业机构、香港嘉里集团、香港华润集团、香港鹰德集团、香港新世界集团、香港里昂证券集团、韩国现代综合商事株式会社、韩国东方纺织集团、韩国皮业工会、韩国交换银行、韩国LG化学工业公司、韩国星志集团、大韩航空公司、韩国流通产业考察团、韩国朝恩株式会社、韩国三道集团、韩国大宇集团、日本荏原制作、日本关西涂料株式会社、日本东洋制钢株式会社、日本古河电工、日债银行、三菱物产、住友银行、日本广岛商工团、日本商工会议所、远东租凭国际集团、日本资生堂、伊都锦株式会社、伊藤忠商事、日本丰田汽车、日本丰田通商株式会社、日本樱花集团、日本松下电池株式会社、日本东芝电器集团、日本北海道企画代表团、日本东工物产株式会社、日兴证券株式会社、日本丸红自动车株式会社、日本三洋株式会社、泰国亚大集团、泰国中华总商会、新加坡胜宝旺海事集团、新加坡维信集团、德国金融考察团、西班牙海恩坦集团、法国工商业代表团、荷兰商业银行、荷兰中小企业投资团、美国喜来登国际管理集团、美国通用公司、美国汉密尔集团、世界银行、芬兰高卡拉市政经济考察团、荷兰皇家吉斯特、布罗卡德集团、联合国环境规化署国际环境技术中心、澳门其新投资有限公司、菲律宾奎松市华人商会考察团等。

（马立新）

【市级领导出访】 1995年，经上级批准，沈阳市市委、市纪委、市人大、市政协、市政府等领导同志带队出访美国、日本、加拿大、朝鲜、巴西、智利、秘鲁、香港及西欧等国家和地区。

各出访团组认真贯彻党和国家的对外方针政策，坚持以改革开放的精神发展对外交流合作关系，把沈阳市招商引资、建设外向性经济摆到重要位置。张国光率领的沈阳市友好代表团访问日本期间，通过会晤已在沈阳投资的东洋制钢、山之内制药、荏原制作所、三洋公司等会社领导人，增强了这些企业在沈阳市投资的信心，同时，东京银行、兴业银行、东芝公司等也对与沈阳合作表现出极大的兴趣和愿望；张荣茂率领的沈阳市招商团在美国纽约、日本名古屋进行的招商活动，共签定利用外资合同、协议77项，总投资额达65 374万美元，出口贸易额5 904万美元；其它领导率领的出访团组，在政治、经济、文化、教育等领域同国外一些团体和组织进行了广泛的接触与交流，进一步拓展了沈阳市同国外开展交流合作的渠道。

这些团组出访的共同收获是：1.宣传沈阳，提高了沈阳的知名度。在介绍沈阳投资环境过程中，重点宣传了沈阳市的工业基础、产业结构、综合配套能力、交通能源、科技人才、中部城市群等方面的优势，同时借助国外新闻媒介，增强了国外各界人士对沈阳的印象；2.广泛接触，结交了一大批新客户、新朋友。如美国IBM公司、摩托罗拉公司、麦当劳公司、日本东芝公司、日债银行，三菱重工等世界著名企业以及世界银行中蒙局官员等。3.洽谈和签约的项目多，高科技含量的项目占有一定比例。如沈阳标准件厂与美国元家华集团的高强度紧固件项目、沈阳电梯厂同日本东芝电梯合资生产扶梯、电梯项目等，投资额均在2 600万美元以上；沈阳第一机床厂同日本安川电机(株)合作生产机器人项目、沈阳无损检测技术研究所与美国自动工业检测技术公司合作生产超声成象设备项目等均有较高的科技含量和高附加值。

（齐大超）

【友好城市交流】 1995年是沈阳同美国芝加哥市结好10周年，同日本札幌市结好15周年。为进一步推进沈阳同国外友好城市间的交流与合作，沈阳市先后派出张国光、张荣茂等主要领导率领的沈阳市友好代表团出访日本札幌市、川崎市和美国芝加哥市。张国光率领的沈阳市友好代表团在访问札幌期间，出席了札幌市政府、市议会举行的纪念沈阳札幌结好15周年庆祝活动，受到札幌市长桂信雄、议长柴田薰心的热情接待。双方共同回顾了两市结好15周年来开展交流与合作取得的成果，表达了进一步加强经济、文化交流与合作的愿望。代表团还参观考察了札幌、川崎两市城市基础设施、文化体育设施，交流了城市管理方面的经验。张荣茂率领的沈阳市代表团在访问美国芝加哥期间，会晤了戴利市长，双方重新签署了确认两市为姐妹城市的公报，详细商讨了两市加强交流与合作的有关事宜，重申在友好合作、平等互利基础上，继续发展姐妹城市关系，促进和扩大两市在经贸、艺术、文化、教育、科技、体育、卫生等方面的交流。在访问美国达拉斯市期间，张荣茂市长同科克市长共同签署了发展两市友好交流与合作的协议，张荣茂、孙祥剑分别被授予该市荣誉市长、副市长，并被赠予开启达拉斯城市之门的钥匙。市领导的出访把沈阳同国外友好城市之间的交流与合作关系推向了新的阶段。

1995年，沈阳市同国外友好城市在人才交流方面有很大进展。意大利都灵、日本札幌、川崎分别接收沈阳市电焊、医疗、行政及工商管理、土木建筑等研修人员；美国芝加哥市接收沈阳市一名艺术家访问学者；日本札幌市政府出资500万日元，由小泽征尔先生为辽宁交响乐团和沈阳音乐学院请来了音乐指挥家和视唱专家，提高上述两个单位的专业艺术水平。

在人员往来方面，沈阳市先后接待菲律宾奎松华人商会主席许天荣、日本川崎市终身教育振兴团副理事长大熊辰熊、意大利中国商会秘书长斯卡平等率领的10余个团组，菲律宾奎松华人商会同沈阳市贸促会结为友好商会；同时，沈阳市派出沈阳市教育团、沈阳市中小学生交流团、沈阳市司法团等团组访日本札幌、川崎和比利时沙勒罗瓦等市。通过双方互访，进一步密切了友好城市关系。在沈阳市遭受洪水灾害之际，日本札幌市长桂信雄、川崎市长高桥清、网走市长安藤哲郎、美国达拉斯市长科克等分别致电沈阳市表示慰问。

（齐大超）

【中葡驻澳门联合联络小组代表团访沈】 1995年6月28日至7月1日，应沈阳市市委、市政府邀请，中葡驻澳门联合联络小组代表团一行34人到沈阳市进行访问。该代表团是由中葡联合联络小组中方首席代表过家鼎大使、葡方首席代表里托大使及葡萄牙驻华大使热苏斯先生率领，于北京举行第二十三次联络小组全体会议之后来沈访问的。在访问期间，对沈阳市经济技术开发区、辉山风景区、变压器厂、华润雪花啤酒集团、商业城进行了考察，并游览了故宫、北陵、张学良旧居和夏宫等。该联络小组在沈阳期间还继续进行了非正式磋商，并就中葡关于第二十三次会议所研究有关澳门问题的联合公报文稿作了最后敲定。

此代表团规格高，人数多，影响大，增进沈阳与澳门地区以及葡萄牙的交流与合作具有重要意义。代表团抵达和离开沈阳时，张国光书记、张荣茂市长、张瑞昌和孙祥剑副市长亲自迎送，在沈参观考察过程中分别由张瑞昌、孙祥剑副市长陪同。张国光、张荣茂、董万德等市领导会见并设宴热情款待了代表团全体成员。过家鼎大使和葡方里托大使、热苏斯大使等对沈阳市对外开放和经济发展形势给以予了高度赞扬，并表示将努力做工作动员葡萄牙及澳门的商界朋友来沈投资合作。

（李会宽）

【老挝万象市代表团访沈】 应沈阳市邀请，以老挝人民革命党万象市委副书记本勒·苏里亚冯同志为团长，万象市委委员、市委宣传部长波莱·蓬沙同志、市委委员、青年团市委书记安卡·蓬马冯同志、市劳动和社会福利局局长西宁喷·高哈冯同志为团员的万象市代表团一行4人，于1995年8月18日至23日来沈阳市进行友好访问和参观考察。

1994年12月，辽宁省委副书记、沈阳市委书记张国光曾率中国共产党干部代表团访问过老挝万象市。此次万象市代表团正是应邀回访的。访问目的主要是通过参观考察沈阳市党的组织、宣传、青年工作、劳动福利事业以及经济发展情况等，进一步增进万象市与沈阳市人民之间的友好往来与经济合作。

代表团在沈访问期间，先后听取了沈阳市市委组织部、宣传部、共青团市委和市民政局等部门情况介绍，并参观考察了沈阳经济技术开发区、辉山风景区、变压器厂、彩色电视塔、故宫等。辽宁省委副书记、沈阳市委书记张国光、辽宁省副省长刘克田、沈阳市委副书记董万德、丁世发，市委常委、宣传部长刘迎初，副市长孙祥剑等领导同志先后会见并设宴款待了客人。会见时，张国光向代表团表示热烈欢迎，并回顾了前不久访问万象市的情景，高度赞扬了万象市在经济发展和城市建设方面取得的成就。本勒·苏里亚冯对应邀来沈访问所受到的热情接待表示感谢。他说，通过这次访问使我们获得了很多有益的经验，我们要把这些经验带回去，同万象市的实际相结合，进一步发展经济。

（李会宽）

沈阳市与国外建立友好城市一览表

国家	城市	结好时间
日本	札幌市	1980.11.18
日本	川崎市	1981.8.18
德国	杜塞尔多夫市	1984.9.22
意大利	都灵市	1985.2.12
美国	芝加哥市	1985.9.5
俄罗斯	伊尔库茨克市	1992.8.12
菲律宾	奎松市	1993.5.7
墨西哥	蒙特雷市	1993.10.5

【美国驻华商务处’95年会在沈召开】 1995年9月26日至29日，美国驻华商务处’95年会在沈阳召开。参加年会的有美国驻华大使馆商务处公使衔参赞叶莺女士及商务官员和雇员26人，美国驻广州、上海、成都、沈阳总领事馆以及特邀驻香港总领事馆的商务官员和雇员17人，共计43人。

1995年6月，叶莺女士新出任美国驻华大使馆公使衔商务参赞后即给沈阳市来信，希望今后加强合作，共同促进中美经贸关系。市外办根据有关领导同志指示精神，及时给叶莺参赞复函，孙祥剑副市长并于7月在北京会见了叶莺参赞，双方商定1995年的美国驻华商务处年会在沈阳召开。

该年会在沈召开期间，沈阳市给予了热情接待和周密安排。市长张荣茂、副市长孙祥剑接见了与会全体人员，市外经贸委、经济技术开发区、南湖科技开发区分别向与会人员介绍了沈阳市及开发区投资环境。叶莺参赞及其他与会人员对沈阳市的热情接待深表感谢，高度赞扬沈阳市改革开放以来在经济建设上取得的重大成就和在对外招商引资方面的可喜成果。同时对美国企业界目前在沈投资的规模和数量感到不满足，表示将积极促进美国与沈阳市的经济技术合作与交流，力争美国在沈投资处于领先地位。开会期间，辽宁省副省长高国珠会见了叶莺参赞，祝贺美国驻华商务处’95年会圆满成功。

通过接待安排美国驻华商务处’95年会在沈阳召开，进一步增进了沈阳市与美国之间的友好往来，使美国驻华商务官员对沈阳有了进一步了解，并对在沈投资产生浓厚兴趣，对沈阳市今后吸引更多的美国企业界来沈投资创造了有利条件。

（李会宽）

开发区建设

·沈阳经济技术开发区·

【概况】 1995年是沈阳经济技术开发区在困境中奋力拼搏，再次实现连续性、跳跃式、高速度发展的一年，也是实现由初创阶段向全面发展阶段战略转折的一年。一年来，全体开发建设者面对偏紧的大环境，努力营造宽松的小气候，坚持在抓钱、抓实、抓重点、抓大户上下功夫，在提高规划建设、项目、管理水平上花大力气，努力扩大投资规模和促进经济增长。较好地完成了1995年的计划指标。

工业总产值完成22.2亿元，比1994年增长104%；社会总产值完成50.7亿元，增长53.1%；新引进项目168个，增长17.5%；新引进项目协议投资总额70亿元，增长26%；新引进三资项目132个，增长25.7%；三资项目协议投资总额6.63亿美元，增长28.6%。协议利用外资额3.66亿美元，增长50.7%；实际利用外资额8 080万美元，增长53.71%；固定资产投资总额完成12.2亿元，增长63.2%；项目建设投资额完成11亿元，增长71%；税费收入突破2亿元大关，增长61.8%；征地配套费收入完成6 050万元，增长51.6%；出口创汇6 890万美元，增长51.4%；实现利税3.89亿元，增长29%。

截止到1995年底，开发区已累计完成固定资产投资33.7亿元，其中基础设施及公用设施投资6.5亿元，项目建设投资27.2亿元，房屋建筑开工面积143.6万平方米，竣工面积70.3万平方米。累计批准进区项目570个，协议投资总额209亿元，其中三资项目440个，协议投资总额18.9亿美元，协议利用外资额9.72亿美元，实际调入外资额2亿美元；内资项目130个，协议投资总额49.7亿元。累计投产企业230家，在建企业103家。

1.适时调整招商战略，努力保持高潮迭起的招商引资势头。1995年的招商形势极为严峻。年初国家取消了51种进口商品免征关税的待遇，下半年对外商投资企业实行国民待遇的一些政策调整措施相继出台，以及实行5天工作制等，曾一度使许多外商在投资上迟疑、观望、裹足不前，致使开发区前5个月的项目引进、协议利用外资等指标与1994年同期比有所下降。面对严峻的招商形势，开发区深入调查研究，认真分析形势，及时调整战略，继续坚持以项目为中心，视投资者为上帝的方针，始终把引进项目工作摆在重中之重的位置。主动出击，着力吸引日本、韩国、美国、德国的投资。重点吸引高科技、高创汇项目；紧紧依靠市内大企业、吸引国外大公司、合资兴办大项目；大力引进独资项目，狠抓项目成活率、资金到位率、开工率、投产率、达标率，对于项目的中间审批环节，做到从简、从快。对重大项目实行联合办公、分别盖章、同步操作、一次完成的办法。靠高效率、快节奏和一条龙、全过程服务，赢得投资者的信任，扩大招商成果。1995年，引进项目协议投资总额、三资项目数、三资项目协议投资总额均比1994年增长25%以上。与此同时，还呈现出“三大、四多、一突破”的特点。“三大”是：外商投资比例大。在6.63亿美元的三资项目协议投资总额中，外商投资额就有3.65亿美元，外资比例由1994年的47%提高到55%。外资实际调入额大。全年调入外资比1994年增长53.1%。追加投资数额大。全年共有26个项目追加投资11 123万美元。“四多”是：新引进投资额在1 000万美元或5 000万元以上的大项目多。全年共引进统一、顶新、巴斯夫等大项目22个。新开工的大项目多。全年共有山之内制药、松下蓄电池、光电子二期等11个大项目开工。新投产的大项目多。全年共有可口可乐、东方纺织二期等10个大项目投产。新引进的独资项目多。全年共引进独资项目36个，是1994年的1.8倍。“一突破”是：在外商进行土地包片开发、建立工业团地方面取得了突破性进展。沈阳韩国京畿工业团地已经开工。沈阳韩国工业团地二期土地出让合同也已正式签订。

由于招商引资工作取得较大进展，“五率”水平不断提高，使开发区外向型经济规模占全市的份额有所增大：1995年新引进三资项目数占全市的22.4%；三资项目合同投资总额占全市的45%；合同利用外资额占全市的41%；直接利用外资实际调入额占全市的21%；三资企业出口创汇额占全市的51.8%。

2.克服资金紧缺的困难，进一步完善基础设施。1995年开发区把“抓钱”放在第一位。狠抓项目成活率、资金到位率、开工率、投产率、达标率，增强“造血”机能。全年又有68户企业相继投产，增加了新的税源。同时继续吸引第三产业大户。全年新吸引年纳税超过100万元的三产大户8家。开发区集中使用有限的资金，服从于招商的需要，保证重点工程建设。全年完成基础设施投资8 261万元，比1994年增长18.4%。杨士变电所已完成土建工程，开始安装设备；二期污水泵站即将竣工，排水出口工程正抓紧施工，电讯、给水管网都进一步完善。电力、供热、通讯、邮政、供水等部门在提高供给能力的同时，改进了服务方式，提高了服务质量。另外，还狠抓了进区项目的开工和建设。全年新开工项目99个，房屋建筑新开工面积27万平方米，新竣工面积17万平方米。项目建设投资额完成11亿元，比1994年增长71%。整个固定资产投资完成12.2亿元，增长63%。基础设施建设的强力推进，进一步完善了一期的配套条件，提高了二期的配套能力，为大项目的引进预留了必要的空间。

3.全方位推进工作，进一步完善投资环境。1995年，开发区海关的设立已得到正式批准，全年还完成进口货物监管2.9万吨，受理进出口业务3 000余次，进出口货物总值1.19亿美元；开发区商检局共检验进出口商品643批，货物总值4 100万美元；人民法院9月份进区后，在几个月的时间内，就受理经济案件20余件，诉讼标的达600多万元，为开发区企业挽回损失300余万元。区检察院积极开展了相应的工作。开发区卫生局、文化局也已正式成立并开展工作。开发区安全、消防、文化、卫生、计划生育、工程质量、环境保护、环境卫生、交通、公证等工作进一步强化，社区环境稳定。在超百年不遇的特大洪水面前，开发区既无外洪又无内涝，不但无任何损失，而且一切都仍在高效率运转，同时还为灾区人民捐款267.5万元。1995年沈阳开发区共组建基层工会32家，发展会员2 000余人。外资企业职工同企业签订集体合同的试点取得了成功。

（葛炳泽）

【李瑞环主席视察沈阳开发区】

1995年4月11日，全国政协主席李瑞环在辽宁省委书记顾金池，省委副书记、沈阳市委书记张国光，省政协主席孙奇，省政府常务副省长肖作福，沈阳市市长张荣茂等陪同下，到沈阳经济技术开发区视察。开发区管委会第一副主任张希志向李瑞环主席汇报了开发区开发建设、招商引资等工作情况。李瑞环主席对开发区所取得的成绩，给予了充分的肯定，并说"沈阳开发区很有希望"。

（葛炳泽）

【出口创汇高速增长】 1995年沈阳经济技术开发区的出口创汇继续保持高速增长，全年出口创汇6 890万美元，比1994年增长51.4％。三资企业的出口创汇额占全市的51.8％，成为全市出口创汇大户。在沈阳市县(市)、区、局外向型经济建设升档达标暨振兴沈阳走向世界出口创汇双杯赛中，连续被评为沈阳市外向型经济发展第一名。开发区领导班子被记集体一等功。在全市的三资企业创汇中，开发区的沈阳东方纺织有限公司、沈阳黎富服装有限公司、沈阳中光电子有限公司名列前三名。

（葛炳泽）

【'95沈阳经济技术开发区国际经济技术合作洽谈会】 1995年6月16日至18日，沈阳经济技术开发区管委会在沈阳凤凰饭店举办'95沈阳经济技术开发区国际经济技术合作洽谈会。来自18个国家和地区的近300名外商和国内60多家大中型企业的厂长(经理)参加。其中专程从境外赶来洽谈的外商将近200人。

洽谈会签订的合同和追加投资项目47个，协议投资总额2 196万美元，是上次洽谈会投资额的1.75倍，接近1993年全年进区项目的投资总和。其中投资额在300万美元以上的有17个，投资额在1 000万美元以上的有7个。沈阳黎富服装有限公司、沈阳电缆厂等4家企业追加了投资，追加投资额1 870万美元。在短短的3天内，签订合同的47个项目就有23个正式颁发营业执照，项目的投资总额12 690万美元。洽谈会上还有15个项目达成了意向协议，投资总额达2 300万美元，为今后招商储备了一批项目，并打下了良好基础。

【8家企业被评为沈阳外商投资企业30强】 1995年6月30日，经沈阳市统计局、沈阳市社会经济评价中心评定，开发区有8家企业被评为1994年沈阳外商投资企业30强。这8家企业是：中日合资沈阳黎富服装有限公司、韩国独资沈阳东方纺织有限公司、沈港合资沈阳盛港建设机械有限公司、中日合资沈阳普利司通有限公司、沈港合资沈阳特力石油化工有限公司、美国独资沈阳诗芙侬化妆品有限公司、中韩合资沈阳同进缝制有限公司、韩国独资沈阳中光电子有限公司。

（葛炳泽）

【沈阳韩国京畿工业团地开工】 1995年8月28日上午，沈阳韩国京畿工业团地开工典礼仪式在沈阳经济技术开发区举行。

沈阳韩国京畿工业团地是由辽宁省政府和韩国京畿道道厅共同推进的一个外商包片开发土地的大项目。工业团地位于开发区二期开发范围之内，占地面积42.7万平方米。经过两年多的筹备，开发区管委会与韩国土地开发公社于1995年4月5日在沈阳签署了《沈阳韩国京畿工业团地土地使用权出让合同》。韩方已经拨合同调入部分资金。该团地由韩国土地开发公社进行工业团地内的规划、开发和建设，由沈阳开发区、韩国京畿道和韩国土地开发公社共同招商。按计划韩国土地开发公社将用2至3年的时间开发完毕，引进30至50家韩国企业进入团地生产经营。

开工典礼仪式后，又举行了沈阳韩国京畿工团追加二期土地使用权出让协议书签字仪式。沈阳开发区管委会第一副主任张希志同韩国土地开发公社社长李孝桂在追加二期42万平方米的土地使用权出让协议书上签字。

辽宁省省长闻世震，沈阳市市长张荣茂、副市长孙祥剑及韩国有关人士参加了开工典礼和签字仪式。

12月13日，沈阳开发区管委会第一副主任张希志在韩国汉城同韩国土地开发公社副社长金允起签订了沈阳韩国工业团地追加二期的土地使用权出让合同。沈阳市市长张荣茂、副市长姜宪志，韩国土地开发公社社长李孝桂出席了签字仪式。

（葛炳泽）

·南湖科技开发区·

【概况】 沈阳南湖科技开发区位于沈阳市南端。政策区南起浑河，北到南运河，东至长青街，西至龙王庙。浑南产业区南起外三环高速公路，北至苏抚铁路(南线)，东起长青街，西至沈营公路。总面积达31.2平方公里，其中1991年国务院批准的政策区23.2平方公里，1992年国务院批准的浑南产业区5平方公里，1994年国务院批准的海峡两岸科技工业园5平方公里，其中新批面积3平方公里。

建设中的南湖科技开发区

南湖科技开发区管委会是沈阳市政府派驻机构，享有市级计划管理和项目审批权限，可独立高效地办理进区项目的一切手续。同时，市工商、税务、金融、保险、公证等部门在开发区设立分支机构，此外，还组建了律师事务所、会计师事务所、国有资产评估中心等中价服务机构，可随时为投资者提供周到的专业服务。

（张亦庭）

【对外开放　硕果累累】 1995年南湖科技开发区管委会及企业组成110个团组，600余人次分别赴美国、加拿大、日本、韩国等13个国家和地区进行招商，共签订合同17项，合同总额5 000万美元。1995年1月，以副市长孙祥剑为团长，开发区管委会和部分金融机构组成的沈阳市金融代表团赴加拿大访问，与加方商讨建立"沈阳——加拿大科技工业中心"事宜。在加期间，代表团广泛接触了各界人士，宣传了开发区，探讨了合作方式，为推进该中心早日成立奠定了基础，并为6月张荣茂市长率团访问加拿大，与加政府、科技界、工商界诸方面洽谈做了

市长张荣茂在"沈阳海峡两岸科技工业园"奠基仪式上讲话

准备工作。5月，王成祥主任率团赴日本参加沈阳市政府在日组织的招商活动，在日期间，签订合同8项，意向4项，投资总额达3 000多万美元，其中外资额1 600万美元。同月，黄凯副主任率团赴美国参加'95沈阳纽约国际经贸洽谈会，签订合同4项，意向5项，投资总额839万美元，其中外资500万美元。10月，黄凯副主任随国家科委团组出访芬兰，与坦布雷市、库尔比奥市两个科技园区签订了建立友好园区的协议。

外资项目不断增多。到1995年底，开发区审批外商投资企业累计已达331家，引进项目400余项，投资总额达5.64亿美元，合同外资额3.22亿美元，外资到位率46%。1995年，批准外商投资企业52家，投资总额1.54亿美元，合同外资额1.02亿美元，外资到位额度5 100万美元，外资到位率达50%，高于沈阳市外资到位平均水平。

积极创办海峡两岸科技工业园。年初，开发区得知国务院拟在国家级高新技术开发区中选一至二家建立海峡两岸科技工业园后，立即组建申办工作班子，向省、市政府提出了创办申请。4月下旬，国台办和国家科委组成联合考察组，对南湖开发区进行了全面考察，在省、市领导的全力支持下，考察组对开发区的软硬环境及申办工作非常满意，将沈阳市列为全国29个申办城市中的首选城市。6月16日，全国政协副主席王兆国；8月29日，国务院副总理李岚清分别接见南湖科技开发区关于建立"沈阳海峡两岸科技工业园"赴京汇报工作组成员。对沈阳创办"沈阳海峡两岸科技工业园"寄予厚望。8月，经省政府批准为省级海峡两岸科技工业中心。9月2日，沈阳海峡两岸科技工业园在浑南产业区破土动工，国台办经济局副局长何世忠，国家计委基建司副司长刘鹤，辽宁省副省长高国珠，沈阳市委副书记、市长张荣茂，副书记丁世发，副市长孙祥剑等参加了奠基仪式。9月19日，国务院发函（1995）87号文，批准在沈阳南湖科技开发区内建立海峡两岸科技工业园。11月份，开发区海峡两岸科技工业园管理办公室正式成立，后继筹建工作正在紧张有序地进行。

（张亦庭）

【开发区建设取得新成就】 1995年，沈阳南湖科技开发区实现技工贸总收入48.5亿元，高新技术产品销售收入32.5亿元，利税总额5.08亿元，新批准利用外资项目52个，合同总额1.54亿美元，利用外资额1.02亿美元，外资到位额5 100万美元，实现出口创汇总值2 500万美元；完成基本建设投入2.3亿元，新批准在建项目30个，总建筑面积60.5万平方米，其中施工面积34.7万平方米，竣工面积7.5万平方米。

两大产业区。浑南产业区1995年完成基础设施投入7 000万元，累计投入1.6亿元，先后完成了4条主干道，15万平方米的黑路面的铺装，道路管网长度达9.3公里，敷设排水、污水、上水、供暖管网35.8公里；架设供电、通讯线路12.8公里；6.6万伏变电所、日供水6 000吨的水厂已基本建成。建成了沿河近10万平方米的绿化防护林带及2号大街、5号路过河桥的隔离绿化带。已有金星、火炬、国合、蓝光、协合、东大软件等12个项目进区建设，在建面积达10万平方米。南塔产业区共有32个企业进区，安排各类高新技术产业项目44个，已有31个项目建成或投产。

（张亦庭）

【高新技术产业发展】 1995年，南湖科技开发区已形成了一批技术含量高、附加值高和出口创汇前景大的名牌产品和支柱产业。开发区通过制定重大高新技术产业化实施计划、介绍项目，帮助立项，协调贷款等办法，对6个支柱产业和46个项目进行了重点扶植。目前，已形成了计算机软件、智能机械及设备、数控系统、生物制药、信息处理设备、新材料等6条产业龙和596个产品，累计列入国家火炬计划项目33项，市火炬计划项目97项；列入国家"九五"技改项目3项，市技改项目5项，市首批名牌产品3项。

民营企业发展。1995年，南湖科技开发区1 125家高新技术企业中，民营企业占61.7%。开发区抓住民营企业资产关切度高，运行机制灵活，发展欲望强烈的特点和优势，积极组织民营企业参加各种招商引资、产品展览、展示会等活动，促使企业面向两个市场。1995年开发区随政府组团去美国、日本招商期间，在开发区签订的17个项目中，有8个是民营企业签订的；在首届沈阳地产展销会上，20多家民营企业近百种产品参展，销售额达57万元，签订供货合同146万元。为适应民营企业的迅速发展壮大，管委会在浑南产业区辟出400亩地，建立民营科技园，目前已有8家企业进园，其中协合、蓝光、火炬等公司投入2 950万元完成主体工程建设29 200平方

米。

(张亦庭)

【综合改革】 1995年南湖科技开发区在综合改革中以建立现代企业制度为重点,按照市场经济机制管理企业,实施依法建区。

强化股份制试点和集团审批工作,转换企业运行机制,发挥整体优势,对新办企业一开始就要求产权关系明晰,并充分利用贯彻《公司法》的有利时机,采取有效措施,扩大股份制企业的普及面。全年共审批股份制企业211户,通过兼并、自愿组合等方式组建了企业集团3家,使开发区企业集团总数达18家。

确认理顺产权关系,为建立现代企业制度创造必要条件。在南湖科技开发区的高新技术企业中,由多法人、多自然人投资创办的企业占企业总数的50%左右。到年底,已完成明晰产权36户,确保自然人投资主体的合法权益和企业员工的合法权益。

深化综合配套改革,完善市场机制。由开发区统一管理劳动人事工作的522家企业,已全部实行了工资总额与效益挂钩的企业内部分配办法,有397家企业实行全员劳动合同制,11 000多名职工签订了劳动合同;有400家企业参加了统筹养老保险的改革试点,投保职工达7 000人;有11家企业参加了医疗保险试点,同时,开发区人才市场为高新技术企业输送各类人员1 200人,其中外籍调人16人。

抓制度建设,加强企业管理。1995年开发区在立法工作和各项制度建设中有新的突破,现已完成了《沈阳南湖科技开发区条例》的协调、论证及会签工作,并出台了《高新技术企业管理办法》、《外商投资企业管理办法》、《劳动人事管理办法》等,同时,加强了进区企业的整顿和管理,企业年审中,对开发区现有1 635家企业重新确认后,高新技术企业为1 125家,有192家企业因不符合条件而被撤销其高新技术企业资格。

(张亦庭)

·沈阳商贸金融开发区·

【概况】 沈阳商贸金融开发区是1991年底正式成立的,1995年又被辽宁省政府列入省级管理。

沈阳商贸金融开发区位于沈阳城市中心的沈河、大东、和平、皇姑区交汇地带,占地112万平方米,其中公建用地60万平方米,计划投资150多亿元,建设60余栋高层建筑,总建筑面积300多万平方米,到下世纪初建设成以商业、贸易、金融、信息、旅游、中介服务和国际交往等新兴产业为主的多门类、功能齐全、设施一流、辐射东北、闻名全国并具有一定国际影响和沈阳独特风格的现代化、国际化商贸金融流通中心。

开发区成立4年来,已累计转让土地27万平方米,引进大型公建项目34个,投资总规模53.5亿元,建筑总面积128万平方米,分别占规划总目标的45%、56.7%和42.7%。其中三资项目16个,投资总额31.8亿元,建筑面积70万平方米。

目前,开发区规划建设已经初具规模,8个大型项目已竣工并投入使用,11个项目正在紧张施工,15个项目正进行前期准备工作。

(孟令阳)

【规划建设取得新进展】 1995年,沈阳商贸金融开发区围绕建设新型商贸金融流通中心,实现沈阳市"一高二大二化"的长远战略目标,克服资金短缺等困难,在开发建设、配套设施、居民回迁及市场培育等方面都取得较大进展,开发区总体建设初具雏形,经济发展初见成效。

1.开发建设取得较大进展。全年完成项目建设和基础设施建设投资4.6亿元人民币,其中利用外资2 887万美元,完成项目工程主体建筑面积35万平方米,竣工并投入使用大型公建项目3个,竣工面积6.7万平方米,分别比1994年增长2%、10%、20%、50%和2.2倍。同时,为建设项目配套服务的一批大型基础设施全面铺开建设,其中程控电话局、二次变电站已完成主体工程,中心锅炉已完成初步设计及地面腾迁,做好了开工前的准备工作,消防指挥中心已完成地下基础,正进行地面施工。

2.长远发展规划通过市级论证。1995年,开发区经过充分调研分析,查阅大量有关资料,起草了沈阳商贸金融开发区《"九五"及2010年中长期发展规划(初稿)》,在广泛征求省市有关部门领导和专家意见的基础上,经过反复修改,通过市里组织的专家论证。《规划》确定了开发区在沈阳及东北地区未来经济发展中的战略地位,提出了"九五"末期和2010年的阶段性发展目标及完成目标的主要步骤、具体措施等,成为开发区整个开发建设期间的指导纲领。

3.全力安置好动迁企事业单位和社会居民。在市建委、银行大力支持下和各建设单位及动迁企业谅解下,开发区采取多种措施安置动迁企业和居民。一是宁肯其它方面少支出,也要保证安置动迁居民的小区建设,使北运河小区二期工程17万平方米住房按期竣工;二是挤出款项,对鳏寡孤独及危重病人等特困户一步安置到位;三是对由于企业陷入困境、无力交纳户型款的职工,采取先安置进住,待企业好转再补交欠款的措施;四是积极同公安局、电业局、教育局、自来水公司等部门协调,解决回迁居民的落户、供暖、供水、供电及子女入学等问题。不仅全部实现按期回迁,而且由于水通、电通、暖气热,受到动迁户的普遍赞扬。

4.商贸流通气氛初步形成。1995年,开发区新注册工商企业200户,其中企业法人134户,经营单位66户。截止12月底,在开发注册的企业总数已达757户,其中企业法人594户,经营单位163户,分别比1994年增长44.3%和66.7%。同时开发区个体私营经济也获得较大进展,全年发展个体工商业户20户,新增从业人员50人,发展私营企业10户。汽车市场、化妆品市场、家具市场等日益发展壮大,销售额大幅增加,其中汽车市场年销售额达3.7亿元,比1994年增长一半以上。一些高档酒楼、商厦开始营业,其中凯莱大厦是目前全市档次最高、规模最大、按照四星级标准设计、建设和管理的综合商厦，日营业额由初期的4、5万元增加到目前的20万元。

5.开发区经济建设全面起步。截至1995年底，开发区累计转让土地27万平方米，引进大型建设项目34个，投资总规模53.5亿元，建筑总面积128万平方米，分别占开发区总体规划目标的45%、56.6%、35.6%和42.7%。其中竣工交付使用项目8个，在建项目10个，前期准备项目6个，签约项目10个，利用外资2.48亿美元。全年完成各项税收1 375万元，财政收入982万元，分别比1994年增长9.6%和5.6%，开发区规划建设和经济发展开始由初创阶段向全面展开阶段过渡。

（孟令阳）

·沈阳浑河开发区·

【概况】 浑河开发区位于沈阳市中心城区南部，规划占地面积120.6平方公里，占沈阳市新规划城区面积(468平方公里)的四分之一。其中：浑河沈阳城市段44.6平方公里，浑南地区76平方公里。计划总投资150多亿元人民币。

为了加快开发区建设步伐，把浑河城市段建设成为沈阳市的内河，把占沈阳市新城区规划面积四分之一的浑河开发区建设成为“沈阳的浦东”——现代化浑南新区，对此市委、市政府赋予了开发区相应的职权，即统一领导浑河沈阳城市段和浑南新区的规划、建设、开发、管理工作，负责筹集安排浑河综合治理开发建设资金和制定滚动开发政策，并享受沈阳市内各开发区的优惠政策。而且在土地使用权出让和转让、建成项目的转让出售、出租及兴办外商独资、中外合资企业等方面制定了一系列鼓励政策。

【强化规划抓好基础建设】 沈阳浑河开发区是以安排生活居住、科研、商贸、文化教育及娱乐设施为主以及综合治理浑河的新型开发区。建区3年来，浑河开发区确立了浑河城市段的开发建设、综合治理的总体原则。完成了浑河城市段综合治理的总体规划，并被国家计委和水利部、建设部批准为国家“八五”期间重点工程项目；完成了浑南新区分区规划和浑南中部地区控制性详细规划。一些重点工程和建设项目接连竣工并投入使用。

①拓宽浑河城市防洪大堤。按照300年一遇防洪标准设计，拟全长20.4公里，宽32米(六车道)南二环大堤路。不但确保了城市防洪安全，而且大大缓解了市内交通紧张状况。其中马官桥至长青桥段已建成了大堤路标准段。

②建成五爱立交桥。位于南二环大堤路与五爱、青年大街交叉口处(占地面积10公顷)，是连接沈抚、沈大、桃仙机场高速公路及沈营公路的互通式立交桥，已成为沈阳市区向浑河南部拓展的交通枢纽。

③砂山拦河橡胶坝，位于工农桥下游900米处，防洪标准20年一遇。坝长331米，高2.5米，由四段各80米长的充水橡胶坝袋组成，现已建成。坝上游形成了一个200万平方米人工湖水面，这不但增加了城市地下水源的补给，净化了空气，改善了环境，而且为城市人民提供了游乐场所。

④浑河护岸工程，位于浑河大桥上下游北岸，河岸从原来的土岸建成阶梯式高标准混凝土护岸，岸边已形成城市带状公园，可供市民游览、休息，并铺设各6米宽的防汛路和游览路，沿岸布置了浑河浴场(4万平方米水面)、钓鱼场(5万平方米水面)等供人们游泳和垂钓的娱乐设施。

⑤污水大截流，位于浑河北大堤北侧，为1.8米×2.4米×3孔暗渠，可使城市污水通过暗渠流向沈大高速公路以西拟建的余粮堡污水处理厂，全长26.5公里。现已累计完成4公里。

⑥长青跨河拱桥。1995年开工，1996年建成，是东北地区第一座平原跨河大型中承式三拱桥。建成后，不但成为沈阳东南部的重要交通干道，而且为开发建设浑南大开方便之门。

⑦改造修复浑南拦河坝工程。不但使工程全面达到了50年的防洪标准，而且确保了东陵、苏家屯二区的17万亩水田的灌溉任务的完成。

⑧在其他小型综合治理工程，牤牛河裁弯工程、钓鱼场围堤工程及浑南拦河坝南北坝头、浴滨园工程等都已全部完成。

1995年末，开发区累计已竣工并交付使用项目47个，在建项目2个，尚需落实建设条件项目20个。其中在建项目中有2个已经完成主体工程和部分装修工程，计划1996年竣工并交付使用。现已累计完成投资29 485万元。

【招商引资取得成果】 浑河开发区以招商引资为重点，坚持土地、景点开发与多种经营并举的方针。先后与国内外100多家客商进行了接触、洽谈。其中：香港新世界集团预计投资为40亿元人民币，开发王家庄小区，将建设集安居、康居、商贸、金融、旅游为一体的现代化、多功能的新区；与沈阳穆斯林集团公司合作建设“新光花园”投资为1.5亿元；与沈阳实丰实业公司合作建设“风光俱乐部”和“民俗村”，投资1.6亿元；与韩国东亚建设集团、中国鞍山钢铁公司建设公司合作成立鞍东混凝土有限公司，投资为500万美元。1995年5月鞍东混凝土有限公司正式投产，产值已完成2 100万元，利润416万元，上交税金122万元；“风光俱乐部”已初具规模并交付使用。

（彭绍忠）

·北陵农业科技开发试验区·

【概况】 为深入贯彻实施科技兴农发展战略，国家科委批准沈阳市为高效持久型城郊农业试点城市，市委、市政府于1989年决定成立沈阳市北陵农业科技开发试验区。(简称北陵园区)

北陵园区位于沈阳北部，地域面积50平方公里，处于沈大高速公路和环城高速公路经济带的交叉部。交通便捷，四通八达。区内环境幽美，历史名胜古迹较多，有清代皇太极的昭陵——北陵公园、辽代无垢净光舍利塔、护国法轮寺、距今7 000多年前沈阳人的祖居地——新乐遗址、9·18事变遗址、抗美援朝烈士陵园等。区内服务设施齐全，辽宁大厦、凤凰饭店、泰山宾馆、友园宾馆以及辽宁省国宾馆等高级宾馆均座落在区内。区内科技实力较强，有辽宁大学、沈阳航空学院、沈阳医学院、沈阳师范学院、辽宁省林业科学院以及市属的沈阳大学农业分校、市农科院、畜牧所、林科所、水产所等25家科研院所和大专院校。环绕区内的三台子地区是全国重要的航空航天工业基地，有航空航天部所属的六〇一、六〇六所和一一二、一一九、一三九等大型军工企业。同时北陵园区又与沈阳的科技文化区——皇姑区相接壤，驻有辽宁中医学院、东北微电子研究所和辽宁机械研究院等35所高等院校科研单位，共有科技人员2万余人。区内经济基础雄厚，全区人口31 000人，劳动力18 000人，其中乡镇工业劳动力10 000人，农业劳动力5 000人，第三产业劳动力3 000人。有耕地37 800亩，主要从事蔬菜、水稻和现代化农业生产。1995年实现社会总产值60亿元，其中工业产值37亿元，农业产值0.8亿元，第三产业产值22.2亿元，利税4亿元，出口供货值2.4亿元，人均收入3 500元。

北陵园区通过几年来的开发建设，目前已初具规模，以获得国家发明二等奖和科技进步一等奖的大白菜核基因互作雄性不育系和沈单7号玉米为代表的上百项科研成果并得到广泛推广和应用。沈阳市玉米科研基地和蔬菜科研基地已经建成，几年来，两个科研基地已为全市、全省和全国选育出如沈椒1、2、3、4号、沈粉1、2、3号，黄瓜春风2号、沈茄1号等优良品种和玉米沈单6号、沈单7号等系列杂交种。双千亩标准化菜田已竣工，并全面投入生产。两个以现代农业高新技术武装起来的中日良种繁育场、农业科技园实现了农业产业化。组织培养技术、设施园艺技术和无土栽培技术在生产上取得了显著的经济效益。尼克鸡的引进，改善了蛋鸡品种结构，全市推广蛋鸡品种的已达三分之一。在1992年北陵农业科技开发试验区又被国家科委批准为国家级星火技术密集区，这里的乡镇工业和第三产业迅速发展。区内现有企业1 100家，其中集体企业700家，私营企业342家，三资企业76家，民办科研机构24所。这里还建立起各一平方公里的鸭绿江、北陵工业城两个高新技术产业开发区，形成了以电子、机械、建材、轻纺、冶金、铸造、医药、农产品深加工等星火支柱产业和产业集团，先后开发了电子称量仪、旅游鞋、闪蒸干燥机、养护窑、消防器材、防锈纸、日用电器等20余种名牌产品和出口创汇产品。

（王世英）

政　　治

中共沈阳市委

【市委八届十次全体(扩大)会议】 中共沈阳市委于1995年4月3日至5日举行了八届十次全体(扩大)会议。出席会议的有市委委员、候补委员;列席会议的有市纪委委员和市有关方面的负责同志;原市委老领导李涛、吴铁鸣、王丹波、李柯同志也应邀参加了会议。

会议确定了中国共产党沈阳市第九次代表大会召开的时间和议程,通过了这次大会的有关文件。

会议分别由市委副书记张荣茂、丁世发主持,省委副书记、市委书记张国光同志作了重要讲话。会议听取了市委常委会关于中共沈阳市第九次代表大会的筹备情况的汇报,讨论通过了八届市委和市纪委向中共沈阳市第九次代表大会提出的工作报告,审议通过了中共沈阳市第九次代表大会选举办法(草案)、大会领导机构和工作机构组成人员的建议名单及关于市第九次党代表大会代表资格的审查报告(草案),并以无记名投票表决的方式,通过了沈阳市出席中共辽宁省第八次代表大会代表候选人预备人选。

会议号召全市各级党政组织和全体领导干部要认真搞好对沈阳当前发展和长远振兴有重要意义的"进场入轨、兴市富民"的大讨论,进一步推动思想的解放。要进一步转变作风,振奋精神,深入基层,真抓实干,保证各方面工作有一个新的发展,要坚持"两手抓,两手都要硬"的方针,努力把沈阳改革开放和两个文明建设不断推向前进。

(吴琼)

【中国共产党沈阳市第九次代表大会】 中国共产党沈阳市第九次代表大会于1995年4月17日至22日举行。出席会议的有来自沈阳市各条战线的566名代表,全体主席团成员,特邀人员王健、刘尊田、李正风及各民主党派主要负责人赵中玉、成心德、姜克让、苗树仁、马吉庆、陈洪铎、刘祁涛、杨宗泰、丁峻峰也应邀参加了大会开幕式。

这次代表大会的主要议程是:听取的审查中共沈阳市第八届委员会的工作报告和市纪律检查委员会的工作报告,确定今后5年的工作任务;选举中共沈阳市第九届委员会和选举市纪律检查委员会;选举沈阳市出席中国共产党辽宁省第八次代表大会的代表。张国光同志代表中共沈阳市第八届委员会,向大会作了题为《面向新世纪,抓住新机遇,为胜利实现沈阳90年代改革与发展的宏伟目标而奋斗》的报告。王扬同志受市纪律检查委员会的委托,向大会作了题为《进一步加强党风廉政建设,深入开展反腐败斗争,为保证实现市第九次党代会提出的宏伟目标而奋斗》的工作报告。

会议提出了今后五年沈阳市的具体奋斗目标:国民经济持续、快速、健康发展;中心城市功能进一步拓展;体制改革迈出新的步伐;对外开放全方位推进;社会文明程度提高到一个新水平;人民生活水平全面跨越小康标准。要全面实施加速改组改制,增强企业生机与活力的制度创新战略;扩大对外开放,加速与国际市场对接的外向牵动战略;强力优化结构,再造中心城市综合优势的功能拓展战略;推进科技进步,提高劳动者素质的科教兴市战略。

会议号召,全市各级党政组织、全体共产党员和广大干部群众,要在邓小平同志建设有中国特色社会主义理论和党的十四大精神指引下,更加紧密地团结在以江泽民同志为核心的党中央周围,坚持党的基本路线,统一思想,同心同德,艰苦奋斗,为胜利实现90年代沈阳改革与发展的宏伟目标,夺取社会主义现代化建设事业的更大胜利而努力奋斗。

(吴琼)

【市委九届一次全体(扩大)会议】 中共沈阳市委于1995年4月21日至23日举行了九届一次全体(扩大)会议。刚刚当选的中共沈阳市第九届委员会全体委员和候补委员出席了会议。市纪律检查委员会全体委员和原市领导李涛、王丹波、李柯同志列席了会议。

受市第九次党代表大会主席团委托,张国光同志主持了会议并做了关于中共沈阳市第九届委员会常委、书记、副书记候选人建议名单的说明,董万德同志宣读了中共沈阳市第九届委员会第一次全体会议选举办法(草案)和监票人建议名单;会议酝酿、讨论了九届市委常委、书记、副书记建议名单;经过投票,选举产生了九届市委常委、书记、副书记,并通过了市纪委第一次全体会议选举结果。

李涛同志代表原市领导和老同志,对党代会的圆满成功表示祝贺,并对新一届市委领导班子提出了殷切的希望:一是进一步解放思想、更新观念,把"进场入轨、兴市富民"的大讨论扎扎实实开展下去;二是新一届市委领导班子要团结、团结、再团结;三是要十分注意培养、选拔和使用大批德才兼备、廉洁奉公、能开创新局面的优秀年轻干部;四是要认真转变作风,做到勤政廉政,把全市的党风带好,以新的成绩迎接21世纪的到来。

张国光同志代表新一届市委在会议结束前作了讲话,他首先感谢大家的信任,选举他们13名同志担任九届市委的常务委员、书记和副书记，表示决不辜负全市人民的信任和重托，和全体常委一起，同心同德，艰苦奋斗，竭尽全力，开创沈阳经济发展和社会进步的新局面。

会议号召，全市各级党政组织和广大干部群众，要把这次党代会提出的各项任务认真贯彻落实到具体工作中去。要扎实推进，把"进场入轨、兴市富民"的大讨论引向深入；要抓住关键，在搞好国有大中型企业的八项工程上取得成效；要高度重视，切实抓好农业和农村工作；要强化责任，做好社会稳定的工作。

(吴琼)

【市委九届二次全体(扩大)会议】 中共沈阳市委于1995年7月7日至8日举行了九届二次全体(扩大)会议，出席会议的有市委委员、候补委员，市纪委委员，市人大常委会驻会党员领导同志，市政协驻会党员领导同志，市委、市政府各部委办局和市级群团组织的主要领导同志，部分市直企事业单位、部分中央驻沈单位及市政府驻外办事处主要领导同志。原市委老领导李涛、吴铁鸣、王丹波、李柯同志也参加了会议。

会议的中心议题是，讨论研究在发展社会主义市场经济的新形势下，如何进一步加强党同人民群众的联系，密切党群干群关系，促进沈阳市改革、发展和稳定的问题。

会议分别由市委副书记董万德、丁世发主持，市委书记张国光同志作了题为《切实加强党同人民群众的联系，进一步开创我市改革发展稳定的新局面》的重要讲话；市委副书记、市长张荣茂作了会议总结。会议集中讨论并一致通过了《中共沈阳市委关于进一步加强党同人民群众联系的意见》，同时讨论了市委、市政府拟定的《温暖工程实施方案》。

会议号召，全市各级党组织、各级领导干部和广大党员，继承和发扬党的优良传统和作风，切实加强党同人民群众的联系，把全市人民群众的精神进一步振奋起来，力量进一步凝聚起来，和衷共济，迎难而上，奋力拼搏，全面完成下半年的各项任务，进一步开创沈阳市改革、发展、稳定的新局面。

(吴琼)

【市委九届三次全体(扩大)会议】 中共沈阳市委于1995年12月23日至25日举行了九届三次全体(扩大)会议。出席会议的有市委委员、候补委员；市纪委委员；市人大常委会、市政府、市政协领导同志，市直各部委办局以及县(市)区委、政府和市级群团组织的主要负责同志。原市委领导李涛、吴铁鸣等也参加了会议。

会议的主要任务是：认真贯彻党的十四届五中全会和中央经济工作会议精神，讨论审议《沈阳市国民经济和社会发展第九个五年计划和2010年规划(草案)》，研究部署全市1996年的工作。

会议分别由市委副书记董万德、丁世发、赵金城同志主持，市委书记张国光同志作了题为《牢牢把握工作大局，加速两个根本转变，以拼搏实干的精神迈好"九五"第一步》的报告；市委副书记、市长张荣茂就《规划(草案)》的形成过程、主要内容、主要特点、指导思想、发展指标、固定资产投资及发挥中心城市作用等方面作了说明。全会经过认真审议，一致通过张国光同志的报告；原则同意规划草案。

会议号召，全市各级党政组织，全体共产党员和各族人民，要在党中央和省委的领导下，在党的十四届五中全会精神指引下，总揽全局，善谋实干，奋力拼搏，艰苦创业，努力迈好"九五"第一步，争取两个文明建设的双丰收，为胜利实现沈阳"一高两大两化"的宏伟目标而奋斗。

(吴琼)

【市委号召学习推广市轻工局等单位经验】 为了全面落实市第九次党代会的各项部署，加速实现沈阳市"一高两大两化"的宏伟目标，更好地团结全市各族人民，振奋精神，克服困难，抗灾自救，全面完成1995年国民经济计划和各项工作任务，中共沈阳市委于1995年10月份总结了沈阳市轻工业管理局、沈阳工业安装工程公司、沈阳轧钢总厂、沈阳市大东副食品商场、沈阳市新城子区财落堡乡大辛二村等5个单位的典型经验，并专门下发了文件，在全市范围内进行学习推广。

市委在《中共沈阳市委关于学习推广市轻工局等5个单位典型经验的通知》中指出，这5个单位是在发展社会主义市场经济的实践中，涌现出来的先进代表，他们的经验体现了改革和发展的方向。这些经验概括起来就是：解放思想，转变观念，加速转换经营机制，大胆冲破传统思维方式和传统体制的羁绊；振奋精神，发奋图强，勇于同困难抗争，依靠自身力量踏出生存发展之路；面向市场，调整结构，加速技术进步和管理进步，确立以集约经营为主的经济增长方式；发挥政治优势，密切联系群众，围绕改革、发展、稳定加强思想政治工作，促进两个文明建设协调发展。

市委在充分肯定了上述单位的经验同时，强调指出，这些经验回答了改革开放和发展社会主义市场经济过程中许多带有方向性和关键性的问题，是全市深化改革，加速发展，保持稳定的宝贵财富。要求各地区、各部门、各单位要抓住这些典型经验的实质和所揭示的规律性东西，紧密结合自身实际，坚持从实际出发进行借鉴和学习，切实把典型经验变成自身工作的动力，进一步推动各项工作的发展。

(赵庆春)

·组织工作·

【市党建工作会议】 1995年5月25日至26日，中共沈阳市委召开了全市党建工作会议。会上，省委副书记、市委书记张国光代表市委做了题为"全面实施新的伟大工程，努力把沈阳党建工作提高到新水平"的重要讲话；市委常委、组织部长王声溢传达了全国培养优秀年轻干部会议和省委公开选拔省直部分厅局领导干部会议精神。会议听取了沈河区委等5个单位的经验介绍，同时还书面交流了13个单位的经验；会议分组讨论了张国光同志的讲话和《沈阳市党的县(市)、区委员会工作条例》等12个党建工作条例、规定、意见。市委副书记董万德在会议结束时做了总结讲话。

这次会议，是深入贯彻落实党的十四届四中全会和市第九次党代会精神的一次重要会议。会议总结了近几年来，特别是1993年召开全市党建工作会议以来，全市各级党组织在以党的基本路线为指导，在推进沈阳改革开放和经济建设的同时，注重抓好党的自身建设，不断探索新路子的成功经验，着重研究和解决在新形势下党建工作中存在一些突出问题，确立了全市一个时期党建工作的基本目标和主要任务，对全面实施党的建设这个新的伟大工程作了重要部署。

市委各部委办局主要领导，各县(市)、区委书记、分管书记、组织部长，市委各工委书记、组织部长，市直设党委局(公司)的党委书记、组织部长，市直设党组单位的党组书记、机关党委书记等280多人参加了会议。

(王然耕)

【基层党组织建设】 1995年，沈阳市基层党组织建设普遍得到加强，为推动改革和经济发展起到了积极的保证作用。

认真开展后进村党支部整顿工作。列入整顿的后进村190个。为加强对整顿工作的领导，成立了市农村基层组织建设工作领导小组，召开了专门工作会议。组织了48个有实力的市直部门和208个县(市)区直部门对口包扶后进村，还组织96个经济强村与96个经济薄弱村结成帮扶对子。建立市级领导包村制度，全市共调整128个后进村支部班子，被列为整顿对象的190个村全部发生了明显变化。

召开了纪念中国共产党成立74周年暨先进基层党组织、优秀共产党员、优秀党务工作者座谈会。会议于6月28日在市委一楼会议厅举行。沈阳线材厂党委、东陵区东山村党支部、沈阳毛巾厂织造二分厂挡车工付多丽、沈阳六〇六所党委书记毛惠成等先进集体和个人代表作了大会发言。省委副书记、市委书记张国光发表了重要讲话。"七·一"前夕，全市还有26个先进基层党组织和48名优秀党员、33名党务工作者受到了省委的表彰。

在全市开展了向白秀彬同志学习的活动。为推动全市广大党员、干部向孔繁森同志学习活动的深入开展，市委在7月1日作出了《关于开展向白秀彬同志学习活动的决定》，组织了白秀彬同志事迹报告团，沈阳话剧团排了多幕话剧《居民委的好带头人——白秀彬》，在沈阳上演了50多场，近10万名党员、干部和入党积极分子及部分群众观看了话剧，引起强烈反响。

积极组织全市基层党组织和党员开展抗洪抢险、捐工薪献爱心活动。市委组织部及时下发了《关于在抗洪抢险战斗中充分发挥基层党组织和党员作用的通知》。在全市党员、干部中广泛开展捐工薪献爱心活动，全市共有18 800名党员、干部涌跃参加，捐款额为1 128万元。

围绕创建卫生城活动，市委组织部动员全市优秀共产党员发出倡议，号召广大党员、共青团员、入党积极分子为创建卫生城做贡献。全市组织两次共有20多万名共产党员参加的党员义务奉献日活动，为创建卫生城做出了积极贡献。

(张维伦)

【党员队伍建设】 1995年，沈阳市委组织部认真落实中央组织部《关于进一步加强在青年中发展党员工作的意见》的精神，结合全市党员队伍结构的实际，加大工作力度。8月30日，市委组织部和团市委联合召开了"全市发展青年党员工作座谈会"，交流了前一阶段全市发展青年党员工作的经验，明确了目前和今后一个时期全市发展青年党员工作的目标和要求。这次会议对推动全市发展青年党员工作起到了重要作用。据统计，1995年，全市共发展党员17 563名，质量比1994年有进一步提高，发展的新党员中各类先进模范人物占41.3%。结构有了较大改善，35岁以下的青年占发展党员总数的62.7%，比1994年提高了6.2个百分点。农民入党人数增加，比1994年提高了3.7个百分点。企业无党员空白班组情况得到较大幅度改善，比1994年下降了4.2个百分点。全市申请入党人数呈上升态势，有222 507名，要求入党的积极分子有104 867名。

党员的教育管理工作，按照中央和省委的要求，继续扎扎实实地开展建设有中国特色的社会主义理论和党章学习活动。(简称"双学")年初，市委组织部和宣传部联合发文，对"双学"活动进行安排和部署，还下发了教材、辅导材料。全市举办各级理论培训班2 834期，培训理论骨干37 735人，轮训党员205 785人，全市有98.5%的党员参加了学习。全市有52%的基层党委，42%的党员积极参加了全国和全省的"双学"知识竞赛。市委组织部获全省优秀组织奖，中兴——沈阳商业大厦等13个基层党组织获全国和全省"双学"竞赛组织奖。200名党员获个人奖。通过"双学"活动，全市党员的思想政治素质有了明显提高。

针对在社会主义市场经济条件下全市党员管理工作遇到的新情况，8月7日，市委组织部下发了《关于对当前党员管理工作中几个问题的暂行规定》，对流动党员、离退休党员、出国出境党员、非公有制经济组织中党员的管理提出了明确、具体的要求，使全市基层党组织处理这些问题有了明确的遵循，受到了基层党组织的欢迎。还在认真调查研究的基础上，下发了《流动党员活动证》，探索对党员管理的新途径。全市有75%的党支部开展了民主评议活动，有67%的党员参加了民主评议。

(郭维平)

【领导班子思想作风建设巡查】 沈阳市继1992年以来，在全面推进领导班子思想作风建设的基础上，于1995年4季度，对县(市)区和部分市直部委办局领导班子思想作风建设情况进行了巡查和调研。

这次巡查和调研采取了集中力量、集中时间的办法。由部领导挂帅，从各干部处室抽调有考核和调研经验的同志组成五个巡查调研小组，在一个月的时间里，对60个单位的领导班子思想作风建设情况进行了巡查，同375名市管干部进行了广泛的谈话，查阅了各单位有关班子思想作风建设方面的规章制度和有关材料，掌握了大量的第一手资料。

在实施巡查调研过程中，注意了“三重”。一是重比较，将现在班子思想作风建设建设状况同1993年的全面调查结果状况比较，看全市领导班子思想作风建设发生了哪些变化，取得了哪些成效。二是重问题。侧重寻找和发现影响领导班子思想作风建设的薄弱环节，分析当前存在的典型性、倾向性问题，以及产生的主客观原因。三是重对策。针对问题与领导班子成员广泛交流和分析，征求意见和建议，探讨和提出解决问题的办法和最佳途径。

通过巡查调研，比较全面、准确地摸清了当前全市领导班子思想作风建设基本情况；进一步理清了影响和制约领导班子思想作风建设的倾向性或苗头性问题；深入剖析了问题产生的原因；有针对性地提出了关于进一步加强全市各级领导班子思想政治建设的意见和建议。为市委进一步抓好领导班子思想政治建设和全面提高干部队伍素质，提供了决策依据。

（李林畔）

【县（市）区领导班子目标管理工作】 沈阳市县（市）区党政领导班子目标管理工作经过一年的工作运行，目标管理办公室制定出考核实施办法，明确了考核验收工作的指导思想、考核内容、程序、综合评价要求、考核结果运用等六个方面工作的具体内容，以沈组通字[1995]2号文件下发到各县（市）区和目标管理成员单位。1995年3月初，目标管理办公室对目标完成情况进行了专项考核和集中考核验收，目标管理办各成员单位根据考核验收的结果，对各县（市）区1994年完成指标逐项地评价出达到的标准，经市目标管理工作领导小组审核，评定出全面完成各项工作指标，较好完成某一方面和某项指标单位，并于1995年6月27日召开了沈阳市县（市）区党政领导班子1994年完成目标管理工作总结表彰、签定1995年目标责任状大会，市委副书记董万德同志进行了工作总结，市委书记张国光同志到会讲话。

当全市遭到了百年不遇的特大洪水袭击时，给各项工作带来了困难，严重影响了目标管理工作。在广泛的征求各方面意见和深入调查研究的基础上，经市目标管理工作领导小组同意，调整修改了1995年目标管理有关指标。提出了调整修改指标的基本原则和指标调整修改的具体意见。在党的建设目标中，增加了一项配备女干部、党外干部和少数民族干部指标，并明确了具体的考核标准。对国民生产总值、社会商品零售总额、工商总收入、总利润、外资调入额、乡镇工业总产值、利税总额等指标的统计口径、范围、比价等不一致的方面，作出了明确的界定，使指标完成的情况具有可比性，较为公平合理。

（刘金宝）

【妇女、少数民族和党外干部工作】 1995年，沈阳市健全制度，完善机制，加大工作力度，采取切实措施，加快培养选拔妇女、少数民族和党外干部工作步伐。

为了加强领导，统筹工作，确保培养选拔女干部、少数民族干部和党外干部工作在制度化、有序化的轨道上稳步推进，市委组织部与市委统战部、市民委、市妇联坚持每季度一次的三种类别干部工作联席会制度。共同研讨工作中的重点和难点问题，沟通工作进展情况，落实近期工作任务，并根据实际工作需要，采取各种措施，督促检查有关市直单位和县（市）区三种类别干部配备工作。

为确保实现中央和省委制定的1995年底前三种类别干部配备工作目标，针对全市此项工作的重点是县（市）区，难点是乡镇的实际情况，于4月28日，市委组织部、统战部、市民委、市妇联联合在新民市召开了县（市）区培养选拔女干部、少数民族干部和党外干部座谈会。会议下发了《关于县（市）区三种类别干部配备情况的通报》，听取了各县（市）区委关于贯彻1994年沈阳市培养选拔女干部、少数民族干部和党外干部工作座谈会精神，完成三种类别干部选配工作目标情况的汇报。市委组织部等部门领导同志到会作了工作部署和指导。为更好地贯彻全省培养选拔女干部、少数民族干部和党外干部工作会议精神，7月，再次召开了县（市）区三种类别干部工作座谈会。与会同志回顾了三种类别干部工作的进展情况，深刻分析了工作中的重点和难点问题，并研究了下一步工作思路。

为了提高女干部、少数民族干部和党外干部的素质，促进他们尽快成长，1995年初，市委组织部在市委党校举办了首期三种类别干部培训班。与此同时，还选送了一批优秀的三种类别干部到省委党校和其他高等院校学习深造。

为了搞好女干部、少数民族干部和党外干部队伍的长远建设，在注意抓好选配工作的同时，还充分重视三种类别干部的后备队伍建设。1995年初调整市管后备干部的过程中，根据中央和省委的工作目标，在给各市管单位的后备干部队伍提出数量和结构要求的同时，还明确规定了女干部、少数民族干部和党外干部在后备干部队伍中的比例分别不得低于20%、10%、10%，以此来保证三种类别干部后备队伍有充足的来源。

在实际工作中，注意不失时机地积极为各级领导班子选配甚至破格提拔三种类别干部。1995年3月全市招聘上岗的38名副局级领导干部中，妇女、少数民族和党外干部各有2名。3月份，还将一名任区属单位领导的女干部，破格提拔到市里一个副局级单位担任一把手。

（杨宇光）

【加速后备干部队伍建设】 1995年，沈阳市委组织部制定了《沈阳市1995—2000年后备干部工作规划》（以下简称“规划”）。

《规划》从建设适应跨世纪领导人才的战略高度出发，以干部队伍“四化”方针和德才兼备原则为指针，在总结多年来全市后备干部工作特别是实施“万千百”工程经验的基础上，根据中央和省委关于进一步抓紧培养选拔优秀年轻干部的指示精神和有关工作要求，针对各级领导班子的实际状况，从提高各级领导干部、尤其是各级主要领导干部对培养选拔后备干部工作的认识入手，以明确目标、健全机制和狠抓落实为手段，强化对后备干部的培养选拔，为沈阳市的建设和发展提供坚实的组织保证。

《规划》明确了具体工作目标及措施：

第一、在保证高素质的基础上，加强对后备干部队伍的动态管理，保持常数。

第二、加大培养锻炼后备干部的力度，加速后备干部的成长。通过强化培训措施和加强实践锻炼，全面提高后备干部素质和促进后备干部尽快成熟。

第三、注重实效，建立规范的后备干部管理机制。坚持后备干部审批程序，明确后备干部分级分口管理制度；坚持后备干部工作计划、总结、报告、建档和年度检查、考核调整制度；并采用先进的技术手段，实现后备干部队伍科学化管理。

第四、建立领导同志同后备干部谈话制度；并充分发挥老同志对后备干部的传帮带作用。

《规划》提出，要加强领导，狠抓落实，努力开创培养选拔后备干部工作新局面。着眼于一代人的健康成长，进一步搞好组织动员和社会宣传工作，并将培养后备干部列入考核各级领导班子主要领导的重要内容。通过强化制度建设，健全备用衔接制度，把各项工作措施落到实处。

（高鹏）

【加大国有大中型企业领导班子建设力度】　为适应市场经济发展需要，1995 年沈阳市委进一步加大国有大中型企业领导班子建设的力度，取得了明显效果。

一是，调查研究，提出对策。年初，市委组织部会同市委办公厅、研究室、党校、中直工委和市政府经贸委、体改委、人事局等 10 个部门，抽调 21 人组成 6 个调查小组，历时 8 个月时间，采取深入企业考察、个别访谈、集体座谈，问卷调查等方式，对全市 314 户国有大中型企业的领导班子建设情况逐个进行了调查。先后接触了企业主管部门领导、企业班子成员、职工群众近 3 000 人次，问卷调查 1 700 多人。建立了企业领导班子建设的数据库，采集分析了近万条数据。通过调查，基本摸清了大中型企业班子的现状，总结了班子建设的经验，对存在的问题进行了深入的分析，形成了《关于我市国有大中型企业领导班子建设情况的调查报告》、《关于加强国有大中型企业领导班子建设的意见》、《关于加快培养造就企业家队伍建设的意见》、制定了《沈阳市实行公司制国有企业领导人员管理暂行条例》。二是，加强宏观管理，实行分类指导。在调查研究的基础上，市委进一步加大宏观管理力度，落实分级管理责任制，充分调动企业主管部门的积极性，并采取有效措施。结合搞好 100 户大中型企业，有针对性的指导企业主管部门加强企业班子思想作风建设。进一步增强企业经营者的开放意识、竞争意识，强化了市场观念。重点总结树立了轻工局、轧钢总厂等 5 个单位抓机遇、知难而进、快速发展的典型。同时，通过典型示范的作用，推动基层工作的开展。三是，坚持实绩取人，加大调整力度。在选拔企业经营者方面，注重解放思想、更新用人观念，在选人用人上坚持四破四立：破除论资排辈和平衡照顾的思想，树立唯才是举的观念；破除干部所有制和干部级别界限，树立广开进贤之路的观念，破除不犯错误就是好干部的偏见，树立无功就是过的观念；破除对干部求全责备的心态，树立选错人是过错，耽误人才也是错的观念。把选好一个厂长、经理作为班子建设的关键来抓。一年来，调整企业领导班子涉及 1 236 人，免职 124 人，86 名优秀人才走上了大中型企业主要领导职务。四是，改革选拔方式，竞争择优上岗。在选人用人方式上进行了大胆的改革尝试。1995 年，在面向社会公开选择市管干部的同时，公开招聘了大中型企业集团领导干部。市机械局、轻工局、纺织局、商业局等单位，按照公开、平等、竞争和择优的原则，面向社会公开招聘 10 多家大中型企业经营者。通过择优选拔企业经营者的方式，使在职干部紧迫感增强，一种动态的、充满活力的激励、淘汰、优化经营者的良性循环正在形成。

（刘军）

【选派优秀工人、农民人高校学习】　为贯彻落实中央和省市委关于培养教育青年干部的精神，把从工人、农民中选拔干部工作推向深入，沈阳市于 1995 年 10 月份选派了部分工人、农民中年轻的市级先进人物到高等院校深造，促其提高文化水平，全面提高自身素质，以便尽快作为特殊骨干充实到干部队伍中来。

经过一段时间的摸底调查，市委组织部从市总工会、团市委、市妇联及部内掌握的市级以上先进荣誉称号获得者（劳动模范、三八红旗手、青年突击手、优秀党员等）中，筛选了 40 名年龄在 35 周岁以下、初高中文化程度和具有一定培养潜力的工人、农民代表，并同这些人选及其所在单位党组织进行了沟通，最终落实 25 人。

为了完成好这次委培任务，经过市委组织部与市科教工委和沈阳大学共同研究，明确分工：沈阳大学为委托助学单位；委培班学员选定及中期考察和毕业后培养主要由市委组织部负责；协调省市教委及委托助学院校工作请市科教工委负责；学员在校学习和日常管理请沈阳大学成人教育学院负责。

委培班学员脱产学习，学制二年，管理工程专业（针对工人、农民的特点，分别增加经济管理和农业经济讲座或选修课），单独编班、设置教程。学费由市财政统一拨款。学员已在 10 月 30 日报到入学，现正进行高考强化补习，待 1996 年 5 月参加全国统一成人高考。及格者取得正式学籍，两年后获国家承认大专学历。学员在校期间享受在岗时的一切待遇和适当补助；农民学员则由所在县（市）区和乡镇按当地家庭人均生活费标准予以补助和适当补贴。委培班建立临时党组织，学员转临时组织关系，按校方有关规定实行正规化管理。

学员毕业、结业或取得相应证书后，市委组织部将全体学员列入中远期后备干部，继续加快培养，由市人才中心将其列入人才库，并由各学员所在单位重点加强培养，使其在相应的干部岗位充分发挥作用。

（高鹏）

【领导干部培训工作】 1995年，沈阳市委组织部会同有关部门继续组织各级领导干部及后备干部深入学习建设有中国特色的社会主义理论、党的十四届四中、五中全会精神，市场经济、现代科技及相关业务知识。一是在市委党校举办4期领导干部进修班，1期招聘干部培训班、1期高级公务员制度研修班，共培训县（市）区和部委办局领导干部291名；还举办3期市中青年干部培训班，培训148名后备干部；于1993年委托天津大学招收的工商管理研究生班有42名学员经18门课程的研修和严格考试已获毕业，其中符合条件的学员正在作论文，申请硕士学位。各县（市）区、工委及各局（公司）党委也结合本地、本单位实际分别举办所属领导干部培训班218期，培训7 900多人次；还举办各种后备干部培训班54期，计1 360多人次。二是在机关干部中开展了现代科学技术基础知识普及活动，有2万多名党政机关干部参加，有8 345名县处级以上领导干部参加答卷，有138名领导干部撰写了学习论文或体会，促进了各级干部学习现代科技基础知识活动的深入开展。三是在全市中青年干部中开展了计算机应用能力培训及考核工作，计划用3年左右的时间使全市45岁以下的党政机关干部及专业技术人员基本掌握计算机应用的初步能力。为此成立了市计算机应用能力考核办公室和专家组，组织研究制定了考核大纲、教学大纲及全市统一考核的有关规则和政策规定，组织编写了35万字的《计算机实用教程（初级）》，审批87个培训点并对100多名师资进行了培训，指导基层对4 000多名干部进行了培训，组织了计算机应用能力模拟考核，在此基础上研制了考核题库及阅卷系统软件等。到12月底已有2 474名各级各类干部报考将在1996年初举行的全市首次计算机应用能力（初级）考核。这项工作的开展对促进全市办公现代化的进程、提高干部队伍科技意识及整体素质都具有重要的现实意义和深远的历史意义。

（荣玉林）

【知识分子工作】 1995年，沈阳市知识分子工作进一步解放思想、务实创新，在优秀专家选拔与管理，加强知识分子工作宏观指导与综合协调，选配科技副县（市）区长等方面，取得了新的进展。

由市委组织部直接选拔，向省委组织部推荐报批省级优秀专家47名，青年专业技术拔尖人才20名。全市首次开展了市优秀专业技术拔尖人才的推荐、筛选、评比工作。全市共推荐人选156名。按着优中选优、优中拔尖的原则，经认真筛选和考核，初步拟定63名人选，作为市委组织部直接管理掌握的科技人才。为进一步发挥优秀人才在经济主战场上的骨干带头作用，12月28日成立了“沈阳优秀专家协会”。首批会员203名，其中专家会员186名，协会下设12个专业组。知识分子的工作生活待遇得到进一步改善。1995年继续协调开展了为高级知识分子人身平安综合保险工作，继续为700名中级以上知识分子家属办理了“农转非、乡进城”，组织了知识分子的身体健康检查和市级专家的健康疗养活动。知识分子工作，在各有关部门的配合下，得到进一步加强。市委组织部、市委科教工委、市人事局、市科委等部门在调查研究的基础上经过认真筹备，圆满完成了以市委、市政府名义召开的“沈阳高等院校科技成果交易、人才交流洽谈会”的工作。会议交流了5个单位典型经验，表彰了10个优秀项目和13名先进个人，以市委、市政府办公厅名义转发了市委组织部等4个部门的《关于鼓励高等院校为沈阳经济建设和社会发展服务的若干规定》，通过科技成果交易和人才交流，实现项目（含意向）成交额2 800万元，实现人才交流（含意向）170人。适应新时期加强对县区科技领导工作的需要，全市选聘科技副职工作有了新的突破。圆满完成了8名到届科技副县（市）区长的解聘和安置工作，完成了4个县（市）区新一轮科技副职的选配工作。其中，沈河面向全社会公开招聘科技副职工作在全社会引起强烈反响，收到了较好效果。同时，圆满完成了康法两县阶段性科技扶贫工作，45名到两县担任乡镇及企业科技副职的同志顺利返回了原单位，工作、生活得到妥善安置。

（王信权）

【党员电化教育工作】 1995年，沈阳市的党员电化教育工作坚持为党的基本路线服务，为加强党的建设和提高党员队伍素质服务的指导思想，紧密围绕沈阳市经济工作、改革开放和党的建设的实际，在全市党员中开展了建设有中国特色的社会主义理论教育、市场经济理论教育、反腐倡廉教育、爱国主义教育、科技知识教育等。全年收看人数达数10万人次。

拍摄制作并在沈阳电视台播出《时代先锋》节目28期，充分利用这一窗口和阵地的快捷、覆盖面广的优势，及时向全市党员、群众传达了市委的重要决策和各项指示精神，传播了各条战线党的建设工作信息，宣传了近40个单位党的建设的工作经验和近30名优秀党员的先进事迹。特别是围绕抗洪抢险、安民减损和整顿后进村党支部、加强民主集中制建设等方面工作，加大了宣传和报道的力度。

从党员电化教育为党的中心工作服务这个大前提出发，紧紧围绕市委的重点工作任务，突出地抓了电教片的摄制，先后摄制了普及社会主义市场经济理论知识的10集系列短剧《大潮中的思考》、电视片《白秀彬》、3集系列电教片《沈阳，我的故乡》等反映时代主题的电教片。在全省党员电教片观摩评比中，沈阳市选送的3部电教片分获一等奖和三等奖。

（孟昭贵）

·宣传工作·

【“进场入轨、兴市富民”讨论】 1995年，沈阳市针对一些干部群众在精神状态，思想观念、思维方式、心理习惯和价值取向等方面存在的问题，仍严重阻碍着经济的转轨和社会的进步，迫切需要深入实施思想解放工程的实际，决定在全市广泛深入地开展以“进场入轨、兴市富民”为主题的群众性讨论活动。

开展讨论的指导思想是：以邓小平同志建设有中国特色社会主义理论和党的基本路线为指导，按照省委、省政府和市委、市政府对1995年工作的总体部署，从适应市场经济发展的要求出发，结合沈阳的实际，抓住影响经济发展特别是搞好国有大中型企业的突出问题，围绕“进场入轨、兴市富民”这一主题，通过广泛深入的讨论，引导全市干部群众进一步认清形势，振奋精神，解放思想，明确思路，为加速沈阳的改革与发展，实现全市振兴，人民富裕的目标而奋斗。

讨论的主要内容和重点是从“进场入轨、兴市富民”的要求出发，着重解决一部分干部群众在精神状态，思想观念、思维方式、心理习惯和价值取向等方面存在的问题，使全市思想解放向更深的层次，更广的领域，更高的目标推进，并取得新的突破，为抓住机遇，深化改革，扩大开放，促进发展，保持稳定，特别是搞好国有大中型企业扫清障碍，提供思想保证。在党政机关，着重讨论和解决如何进一步振奋精神、转变观念，为“进场入轨、兴市富民”创造更好的外部条件和社会环境的问题；在企业特别是国有大中型企业，着重讨论和解决如何进一步振奋精神，转变观念，加速“进场入轨、兴市富民”的问题；在企业职工中，着重讨论和解决如何进一步振奋精神，转变观念，在“进场入轨、兴市富民”中如何发挥积极性和创造性，全面提高自身适应能力的问题；在城区，着重讨论和解决如何进一步振奋精神，转变观念，加速“进场入轨、兴区富民、兴街富民”的问题；在农村，着重讨论和解决如何振奋精神，转变观念，加速“进场入轨，兴县富民、兴乡富民、兴村富民”的问题；在其他各个方面，也要结合各自的实际，通过学习和讨论进一步振奋精神，转变观念，加快“进场入轨、兴业富民”的步伐。

通过讨论，全市干部群众在精神状态、思想观念、思维方式、心理习惯、价值取向方面不同程度发生新的变化。其显著标志是，全市干部群众的精神进一步振奋；市场经济观念进一步增强；经济发展的思路进一步明确；机关工作作风进一步改进；与社会主义市场经济相适应的竞争观念、发展观念、人才观念、效益观念等一系列观念体系初步形成。

（*陈国聆　王英辉*）

【对外宣传工作】 1995年，沈阳市委坚持以邓小平同志建设有中国特色社会主义理论为指针，以“让世界了解沈阳、让沈阳走向世界”为目标，围绕经济建设这个中心，从实际出发，努力创造新形式，积极开展对外宣传工作，使全市的外宣工作在1994年基础上继续保持了良好的发展势头。

1.以大讨论为龙头，强化涉外部门三个“意识”。从2月开始，根据市委统一要求并结合涉外部门实际，在全市涉外单位开展了“进场入轨、兴市富民”的大讨论，讨论中采取分头指导、集中交流、定期督察等方式，不断加强对全市主要涉外部门开展大讨论的组织指导，推动涉外部门转观念、进市场，取得了初步成效。通过大讨论，全市涉外部门普遍破除了三种观念，增强了三种意识：一是破除官商观念，增强了服务意识；二是破除封闭观念，增强了责任意识；三是破除对立观念，增强了外宣意识。从而使全市涉外单位干部群众的思想观念进一步解放，进场入轨的工作思路进一步明确，扩大开放、振兴沈阳经济的信心进一步增强。

2.以大开放为重点，开展全民学习外语活动。年初，在全市广大市民中开展了“沈阳市民百句外语学习活动”。这次外语学习活动为期一年，分批进行。参加第一轮学习的市民近30万人，学习教材发出20余万册。全市组织协调市属新闻单位及有关部门积极配合。举办各种类型的外语培训班440多期，5万多人参加了集中培训，自发组成的外语兴趣小组3 000多个。为使这次学习更直观、更生动、更具趣味性，组织协调市属新闻单位及有关部门积极配合。《沈阳日报》、《沈阳晚报》在一版开辟了“外语角”，每天刊登一句英语，并用汉字标出读音。沈阳电台在早、午、晚《沈阳新闻》节目前，每天反复播讲一句英语。沈阳电视台拍摄了教学录像片，每天播出二次，每次5分钟。沈阳电信局168服务台开辟了外语学习电话服务业务，市民只要拨通电话，就可学习当日播讲的外语。目前，这项全民性外语学习活动的影响，已远超出了沈阳的范围。远在美国的华侨，或直接来涵，或委托在沈阳的亲朋好友购买教材。石家庄、海口、郑州、南京、哈尔滨、昆明、兰州、太原、乌鲁木齐、呼和浩特等10几个城市也纷纷索要教材及有关资料并陆继开展了这项活动。新华社、《人民日报》、中央电视台、中央电台、《光明日报》等中央新闻单位和一些海外传播媒介也相继对市民百句外语学习活动作了报道。

3.以大经贸为依托，展开“三大外宣战役”。针对市委、市政府关于加速开放型经济发展的方针，有重点地分别组织了在美国、日本和沈阳举办的国际经贸洽谈会。在’95沈阳国际经贸洽谈会期间，共吸引26个国家和地区的1 200多名国内外客商和海外同胞莅会，签约199项，成交金额达12.3亿美元，使这届洽谈会成为辽宁中部地区对外开放史上规模最大、内容最丰富、成果最显著的一次地区性的国际经贸盛会。为使“三大外宣战役”更有针对性、实效性，组织拍摄了两部对外宣传片——《中国沈阳》、《东北亚的工业明珠》，在美国、日本和辽宁中部地区多次播出。同时修订再版了《中国沈阳》一书，编印了《沈阳企业索引》和《沈阳招商项目索引》，分别介绍了全市1 000家工业企业和1 000个大的招商项目，深受外商的欢迎。

4.以五大开发区为基点，进行“3个30”的外宣工作。根据省委外宣办的部署，有选择、有重点地抓了30个大中型企业、30个三资企业、

30个乡镇企业的对外宣传。一是直接参与并组织了沈阳开发区国际经贸洽谈会、南湖科技开发区建立"沈阳——台湾科技工业园区"和辉山风景开发区冰雪活动的系列宣传。二是组织国内新闻单位，深入、及时采访和报道沈阳的大中型企业、三资企业、乡镇企业。在《沈阳日报》(海外版)编发了一个宣传专版，在《中华第三产业报》编发了4个宣传专版，编印了《中国投资大市场——沈阳部分》，介绍了一批国有大中型企业并通过中央、省的对外宣传渠道发往海外。

（吴刚）

【爱国主义教育工作】 1995年初，沈阳市下发了《沈阳市贯彻中央〈爱国主义教育实施纲要〉的意见》。3月1日，在东北解放纪念碑广场举行了沈阳市首批爱国主义教育基地命名揭匾、授匾仪式。命名了辽宁省博物馆、沈阳"九·一八"事变陈列馆、东北解放纪念碑、沈阳抗美援朝烈士陵园、沈阳中山广场毛主席塑像、周恩来少年读书旧址、辽宁省近现代史博物馆、沈阳南湖科技开发区、沈阳经济技术开发区、沈阳夏宫等12个市级爱国主义教育基地。

市委宣传部、市教委和沈阳出版社编辑出版了爱国主义教育系列丛书《爱国主义故事精粹》和《百歌颂中华》。中宣部副部长刘云山为《爱国主义故事精粹》作序。

市委宣传部、市委老干部局、市教委、团市委、沈阳老干部书画协会等单位组织开展了"先进企业尊老重教竞买捐赠'抗战明星'书画精品活动"。12月22日和26日在东北大学大学生活动中心和市委会议室分别举行了两次书画竞买活动。原省市老领导李涛、朱川、徐少甫、王丹波、吴铁鸣、李柯等110名"抗战明星"的书画作品分别被沈阳市波纹管集团公司和沈阳市影剧票印刷厂等100家企业竞买购得。12月28日在辽宁大学礼堂举行了隆重的捐赠仪式，100家企业将"抗战明星"书画捐赠给100所中小学校。书画作者和企业家被聘为各学校的爱国主义教育荣誉辅导员。这次竞买活动的全部收入已作为沈阳爱国主义教育基金。

（王久成）

【"五个一工程"结硕果】 沈阳市为了加强精神文明建设"五个一工程"工作的领导，推动"五个一工程"建设的深入开展，于1994年2月成立了沈阳市"五个一工程"领导小组。在实施精神文明建设"五个一工程"工作中，始终坚持文艺"为人民服务，为社会主义服务"的方向和"百花齐放，百家争鸣"的方针，坚持高扬时代主旋律，讴歌改革开放，涌现出一批精品和力作。几年来全市先后有3部作品获中宣部"五个一工程"优秀作品奖，它们是：

沈阳歌舞团创作演出的舞蹈系列剧《月牙五更》；沈阳电视台摄制的电视剧《黑土地》(《荒路》)；市委书记张国光撰写的理论文章《建立现代企业制度，再造微观经济基础》。

有12部作品受到省委宣传部的表扬，它们是：戏剧：京剧《梁山伯与祝英台》沈阳京剧院创作演出；评剧《日月图》沈阳评剧院创作演出；评剧《秧歌情》沈阳评剧院创作演出和电视剧：《山妹》、《赵一曼》、《半路夫妻》；图书：《毛泽东大典》；文章：《用建设有中国特色的社会主义理论指导沈阳改革开放与经济建设》、《抓好用建设有中国特色的社会主义理论武装全党的战略任务》、《深刻认识和把握建设有中国特色的社会主义理论的本质特征》、《深刻认识和把握建设有中国特色的社会主义理论的结构、精髓、核心》、《充分开发利用祖国文化历史资源》。

为了进一步推动全市"五个一工程"的建设，市委宣传部于1995年5月召开了精神文明建设"五个一工程"总结表彰大会，对在精神文明建设"五个一工程"工作中做出突出贡献的单位和个人给予通报嘉奖。希望有更多的好作品出现，以优秀作品鼓舞人民。

（佟世毅）

【理论研究工作】 1995年，沈阳市紧紧围绕"进场入轨、兴市富民"这个主题，坚持以邓小平理论和党的十四届五中全会精神为指导，以虚攻实作为工作方法，继续全面落实用科学的理论武装人的重要任务，进一步满足了全市改革开放，经济建设特别是国有大中型企业改革的深层次理论需求，理论学习，理论研究和理论宣传都取得了显著成效。

1.理论学习强化了宏观导向力度，向着把握邓小平理论的科学体系和现代化建设客观规律深入。具体说来，主要做了以下四方面工作：一是指导党员、干部重点学习市委讲师团选编的《邓小平文选》百篇文章和10个重要理论观点，为党员、干部在通读基础上精读邓小平原著，深刻理解邓小平理论的立场、观点和方法指明了方向，进一步提高了他们的理论水平和分析问题，解决问题的能力。二是中央发出学习《邓小平同志建设有中国特色社会主义理论学习纲要》的通知后，引导党员干部摆正学《纲要》与学原著的关系，提出了以《纲要》为重要辅助材料和基本线索，全面把握邓小平理论的科学体系，推进"进场入轨、兴市富民"实践的要求，使广大党员，干部增强了贯彻执行党的基本路线的自觉性、坚定性和建设有中国特色社会主义的自信心。三是党的十四届五中全会召开后，指出学习五中全会精神重点是学习江泽民讲话中提出的"十二个重大关系"，深刻认识和把握改革开放，现代化建设的客观规律，提高了广大党员、干部特别是领导干部处理问题的原则性、系统性和预见性。四是指导市委党校和县、区、局宣传部举办各类培训班百余次，进一步把《纲要》和五中全会精神的学习落到实处。

2.理论研究增强了指导实践的力度，向着解决"进场入轨、兴市富民"中的新矛盾和新问题深入。主要表现在：一是围绕市委提出的搞好国有大中型企业的八大工程，本着理论指导、工作思路，相关政策，具体对策"四位一体"的工作方针，组织召开三次大型理论研讨会，即"名牌产品战略工程实施中的问题与对策研讨会"、"再就业工程实施对策研讨会"和"造大船工程思路与对策研讨会"，都收到了先期论证，后期操作的良好效果。二是指导和组织市社会科学学术团体开展理论研究和咨询活动。全市各学会、学术团体共召开各类研讨会140多次，完成课题160多项，提出了一批对全市宏观与微观决策有着重要参考价值的研究成果。三是指导沈河、大东、铁西区召开了"建设北方经大区理论与实践研讨会"、"发展个体、私营经济对策研讨会"和"学习五中全会精神推动区街经济发展研讨会"，对区街经济的发展起到了重要的推动作用。

3.理论宣传加大了舆论引导力度，向着浓化理论氛围，促进思想成果物化深入。主要表现在：一是集中宣传三次大型理论研讨会成果。围绕三次研讨会，新闻单位共发消息、评论员文章、人物专访和综述几十篇，产生了较大的社会轰动效应。二是指导新闻单位和理论刊物组织具有一定理论深度和指导实践力度的理论文章，仅沈阳日报一家，就发表由知名专家学者，领导干部撰写的文章200余篇，理论宣传上了档次，上了水平。

（蔺善学　程云福）

【农村"文明新风户"活动】 农民"文明新风户"活动，是以家庭为单位，以弘扬社会主义新风尚为内容，以促进农村物质文明和精神文明同步发展为目标，广泛性和群众性相结合的群众活动。1995年以来，沈阳市在巩固"十面红旗新风户"原有做法的基础上，重新调整了新风户的标准，增加了新风户的层次。在活动的内容上，改变了以往只有精神文明标准没有物质文明标准的做法，在新风户评比标准里加入了适当的经济指标，如：人均收入、家庭固定资产总额、有无致富项目等。使新风户活动成为了两个文明建设的结合体。在活动的层次上，评选了"小康新风户"和"富裕文明户"，提高了活动的质量。"小康新风户"和"富裕文明户"的评比是在新风户评比的基础上，加大了经济指标和文化内容，体现了新风户活动中的先进性。在活动的范围上，拓宽了思路，将新风户活动移植到其它领域。在农村商业系统中，开展了"十面红旗新风柜台"竞赛评比活动，在新民市供销系统的演楼商贸中心进行了试点；在集贸市场开展了"文明经商五星级新风竞赛"活动；在乡镇企业中开展了"十面红旗文明职工"评比活动，并分别在新城子、辽中县搞了试点。随着时间的推移，新风户活动也在不断地完善，它也愈来愈被农村广大干部和群众所认识、所接受，成为农村精神文明建设的主要载体，在农村两个文明建设中发挥了重要的作用。主要体现在以下几个方面：

1.普遍提高了农民群众的思想觉悟和文明水平。

2.有效地推动了农村经济工作的发展。各县区都制定了相应的措施，使新风户活动服务于中心工作。特别是"小康新风户活动"的开展，使那些农村先富起来的农民，不仅生活富裕了，而且精神也充实了，并在致富路上，带领乡亲共同奔小康，真正成为农村先进生产力的代表，精神文明建设的模范。

3.促进了农村社会风气的进一步好转。

（闫导祝）

【纪念世界反法西斯战争和中国抗日战争胜利50周年】 1995年，沈阳市在纪念世界反法西斯战争和中国抗日战争胜利50周年活动中，下发了《沈阳市纪念两个50周年活动的安排意见》，主要开展了十项主体活动。1995年8月30日在辽宁体育馆举行了"勿忘国耻，振兴中华"万人演唱会。工、农、商、学、兵近万人演唱了《大刀进行曲》、《黄河怨》、《"九・一八"小调》等近30首革命历史歌曲。演唱会由市委副书记丁世发主持，省委副书记、市委书记张国光讲话。省委副书记曹伯纯、省纪委书记尚文、省军区司令员刘书明、政委高殿成等领导同志出席了演唱会。9月17日在"九・一八"纪念碑前举行了全市中小学生宣誓大会，2 000名中小学生从抗战老战士手中接过印有"勿忘国耻、振兴中华"的誓旗，在誓旗上签名，并庄严宣誓。此旗已被"九・一八"纪念馆收藏。9月18日在"九・一八"纪念碑前隆重举行了辽宁省暨沈阳市军民纪念世界反法西斯战争和中国抗日战争胜利50周年纪念大会，省委书记顾金池，省委副书记、市委书记张国光等省市领导参加了大会。9月18日晚10时20分在全市鸣响警报3分钟，全市135个警报器同时鸣响，以告慰死难烈士和同胞，教育人民"勿忘国耻，振兴中华"。市委党史研究室组织召开了纪念两个50周年专题学术报告会，大会交流了学术研究成果。市委统战部组织召开了"抗战老战士座谈会"。9月10日团市委组织全市万名团员上街发放传单，播放《"九・一八"小曲》等歌曲。市委宣传部、市文联和团市委等单位举办了诗歌朗诵会和学生演讲会，并通过电视现场直播。市文联、市老干部局、沈阳老干部书画协会，举办了纪念抗战胜利50周年书画展，共展出200幅作品。

（王久成）

・统战工作・

【统战部长会议】 1995年2月27日沈阳市召开了全市统战部长会议，传达了全国、全省统战部长会议精神，市政协副主席、市委统战部长周勇顺对1994年工作进行了总结，并对1995年工作做了部署。为了使统战部门干部更好地了解全局、服务全局，会议还听取了市计经委关于全市经济工作情况的报告，市民委、宗教局关于民族宗教工作情况的报告，市台办关于沈阳市对台工作情况的报告，还印发了市委书记张国光在市委八届九次全会的报告和市长张荣茂在市十一届人大三次会议上所作的《政府工作报告》。市委副书记董万德同志到会做了重要讲话，董万德在讲话中充分肯定了这次会议。一是统战工作抓得早，会议召开得及时；二是会议在形式上有所创新；三是会议的主题紧紧抓住了市委中心工作。董万德指出，1995年统战工作重点要抓好以下三项工作：第一、围绕中心任务，坚持生产力标准，加大为经济建设服务的力度；第二、以民主党派工作为重点，努力推进社会主义民主政治建设；第三、认真贯彻落实中央关于民族宗教工作的指示精神，努力做好新形势下的民族宗教工作。沈阳市各县(市)、区、大专院校、科研院所、部分大中型企业和市直党工委、有关局党委统战部长近百人参加了会议。

(曾丽艳)

【民主党派工作】 1995年,沈阳市民主党派工作取得了可喜的成绩。一是着眼于1996年换届和培养跨世纪人才的需要,初步建立起近400人的民主党派后备干部队伍,年龄结构、知识结构、性别比例等日趋合理。二是对民主党派市委会班子进行了“微调”,进一步加强了市委会领导班子建设。三是切实加强了民主集中制制度建设,坚持做到重大事情集体讨论、集体决策,增强了领导班子的凝聚力和战斗力。四是坚持“三个为主”原则,发展了一批年纪轻、层次高、素质好的新成员,使全市民主党派成员的年龄结构、知识结构、专业结构更加合理。五是各民主党派坚持把思想建设贯穿于党派工作各方面,组织党派成员深入学习建设有中国特色的社会主义理论,积极参加“进场入轨、兴市富民”大讨论,结合纪念抗日战争胜利50周年,对广大成员进行生动活泼的爱国主义教育。六是围绕改革、发展、稳定,积极开展政治协商、民主监督、参政议政等工作。

(李振林)

【加强民族宗教工作】 1995年3月,沈阳市设立了民族宗教处。主要开展了以下几方面的工作:一是为便于工作的开展,分别在全市民族宗教工作的重点县区和宗教活动场所建立了民族宗教工作联络点,并经常联系沟通情况。二是通过调查摸底,基本掌握了全市民族宗教界代表人士队伍状况,向有关部门提出安排民族宗教代表人士的建议名单,进一步密切了与民族宗教代表人士的联系。三是了解掌握宗教热点问题,做好稳定工作。四是针对宗教工作中出现的新情况、新问题,发挥基层统战工作部门的作用,采取上下连动的办法,以宗教工作任务较重的县区、街道为重点,在全市范围内对宗教情况进行摸底调查。初步掌握了全市宗教的基本状况及宗教工作遇到的新情况、新问题,提出了解决问题的建议,为今后做好宗教工作打下了基础。五是对宗教问题进行了调查研究,按照市委领导同志的意见向市政府汇报反映情况,经市政府研究决定,将长安寺归还市佛协,受到了宗教界的欢迎和社会各界的好评。

(颜飞)

【党外知识分子工作】 1995年,沈阳市围绕为改革开放、经济发展、社会稳定和祖国统一大业做贡献这一主题,积极开展党外知识分子工作,取得了较好成效。一是发动广大党外知识分子积极参政议政。在全市民主党派成员中,绝大多数是中高级知识分子,市委统战部坚持以民主党派中的知识分子为重点,引导他们对改革、发展、稳定中的热点问题深入研究、献计献策。与市政协各专门委员会合作,开展了“百所中小学”、农村三级医疗卫生网建设、煤气事业现状及发展对策、台资企业的现状及发展对策等调研活动,并就全市“九五”计划和2010年规划,进行了专题调查论证,提出了有价值的建议。二是大力宣传党外知识分子的典型经验和先进人物。确定了一批有影响、有代表性的党外知识分子为重点联系对象,树立先进,宣传经验。有的典型人物的先进经验或事迹以通讯的形式编入了《同心集》,在全省范围内进行宣传。三是以高等院校、科研院所为重点,推动全市党外知识分子工作的全面开展,召开了高等院校、科研院所统战工作座谈会、理论研讨会,重点研讨了党外知识分子工作面临的新形势和新特点,推动了党外知识分子工作的开展。

(曾丽艳)

【党外干部实职安排取得新进展】 沈阳市在培养选拔党外干部工作中,积极促进党外人士担任各级政府和司法机关领导职务工作的落实。1995年,有11名党外干部走上了副局(区)级领导岗位。他们是沈阳工业学院机械工程系副主任、副教授吴希平(无党派人士),沈阳大学经济旅游管理系副主任王玲(无党派人士),新阳机器制造公司高级工程师齐放(无党派人士),分别被任命为于洪区、东陵区、新城子区副区长;沈阳师范学院社会系主任、副教授张振忠(无党派人士),市中级人民法院刑二庭副庭长梅冬(无党派人士),分别被任命为市政府教育督学室副主任督学、市司法局副局长;市艺术研究所所长、副研究员张英(民盟盟员),沈阳工业大学乡镇企业学院副院长王国政(民盟盟员),辽宁大学教授于龙(民盟盟员),辽宁大学法律系副教授焦玫瑰(致公党党员),分别被任命为市文化局副局长、市监察局副局长、市科委副主任和市法院副院长;辽宁大学体育部副教授隋路(农工党党员),市审计局基本建设审计处副处长乔俊伟(无党派人士),在市公开招聘副局级领导干部中分别被聘为沈阳市体委副主任和市审计局审计专员。截止年底,全市61个市政府职能部门中,已有10个部门的领导班子中配备了党外干部,13个县(市)、区的政府领导班子中也都配备了党外干部。

(牛燕)

【党外干部座谈会】 1995年11月27日,沈阳市委、市政府召开了沈阳市党外干部座谈会。近些年走上市政府委办局、县(市)区及司法机关领导岗位的24位非党干部参加了座谈会。副市长姜宪志到会看望党外干部,并通报了1995年的经济形势和对今后工作的展望。市委副书记董万德参加了座谈会并做了总结讲话。对党外领导干部在各项工作中所作出的努力和取得的成绩给予了充分肯定,并代表市委对党外领导干部提出了殷切希望。董万德强调:我们党是执政党,搞好合作共事的主要方面在党内,今后要从抓党内各级领导干部的素质做起,解决对统战工作的认识问题,强化统战意识。座谈会上,党外干部一致表示:我们是党培养起来的知识分子,是党的事业的需要使我们走上了领导岗位,深感责任重大,只有把工作做好,才能不辜负人民的期望。

(牛燕)

【“光彩事业”新闻发布会】 沈阳市于1995年5月19日召开了“光彩事业”康平新闻发布会。会议首先介绍了“光彩事业”的由来与发展及沈阳市开展“光彩事业”活动安排。成立了以市政协副主席、市委统战部长周勇顺任主任委员、市工商联会长丁峻峰任常务副主任的沈阳市光彩事业推动委员会。制定了全市“光彩事业”实施方案，确定康平县为全市开展光彩事业扶贫重点县。26名非公有制经济代表人士向全市发出了“为光彩事业做贡献”的倡议。会议期间，与会的民营企业家与康平县有关方面进行了广泛的项目洽谈，签定了8份总投资为2.5亿元的经济技术合作意向书，经跟踪、协调、服务，目前已投资到位6 000多万元。

（杨维德）

【为经济建设服务取得成就】 1995年，沈阳市各级统战部门和统一战线的各个方面，充分发挥统一战线人才、智力优势，为全市改革、发展、稳定作出了新贡献。一是加强为搞好国有经济服务的力度。围绕建立现代企业制度的要求，组织广大党外知识分子和其他统战成员在企业转换机制、生产经营等方面做出新贡献。据部分国有企业统计，全年通过组织党外科技人员竞赛活动，共立攻关项目1 021项，创经济效益8 000余万元；提合理化建议1 400余条，创经济效益2 000余万元。二是充分发挥工商联民间商会的作用，做好非公有制经济代表人士的思想政治工作，促进全市非公有制经济健康发展。通过组织“光彩事业”活动，引导非公有制经济代表人士到康平县进行开发性扶贫，目前已投资到位6 000余万元。动员全市民营企业家以多种形式支援灾区，据不完全统计，全市非公有制经济人士向灾区捐款捐物达500多万元。三是围绕经济建设中心，各民主党派及工商联等有关人民团体参政议政，对沈阳市“九五”计划和2010年远景规划进行论证，提出意见和建议；协助政府和企业开展对外经济贸易，协助引进资金、技术和人才、组织智力支边扶贫；开展科技咨询，兴办各类学校和各种培训班，培养经济急需人才。

（杨维德）

【《沈阳统战》创刊】 1995年11月，根据沈阳市统战工作实际需要，市委统战部出版创办了内部刊物《沈阳统战》。《沈阳统战》为彩封16开32页双月刊。主管单位是中共沈阳市委统战部，主办单位是沈阳市统战理论研究会。其办刊宗旨是：贯彻党的基本路线，宣传党的统战方针政策，以刊物为工具，推动、指导全市统战工作健康发展。刊物设有要闻、领导论坛、理论探讨、工作动态、人物风采、文苑精萃等栏目。由于坚持“社会效益第一、经济效益第二”的原则，受到了市委的肯定和基层的欢迎。

（黄山）

附：中共沈阳市委及各部、委、办、局现任领导人名单

书　记：张国光
副书记：张荣茂　董万德　丁世发　赵金城
常　委：李中鲁　王书海　王声溢　王　扬　张瑞昌　刘迎初　王洁纯　多静如
秘书长：多静如
副秘书长：孙维良　张建华　顾春明　鞠秀礼

市委办公厅
主　任：张建华
副主任：鞠秀礼　高建东　王翔坤
副局级调研员：裴胜山
局　长：鞠秀礼

市委机要局
副局长：任洪文

市委组织部
部　长：王声溢
副部长：孙桂安　初立生　张万山　田　丰
部务委员：曹振家

市委老干部局
局　长：李广俊
副局长：王继文　王光昱　李佩华

市委宣传部
部　长：刘迎初
副部长：郑邦俊　韩凤奎　朱壮志
讲师团团长：张秉元

统战部
部　长：周勇顺
副部长：李　楷　宋普光

市委对台办
主　任：刘生林
副主任：马世良

市委政法委
书　记：王洁纯
副书记：金苗生　朱　锦
秘书长：于　波

综合治理办
副主任：安锦荣

市委政研室
主　任：顾春明
副主任：朱启湘　廖德宁　程云伟

市农工委
主　任：孙维良
副主任：齐法滋　杨晨晓　霍忠侠　杨德林
专职委员：侯玉军

市委工委
书　记：多静如
第一副书记：赵秋凤
副书记：谢修仲

市委纪工委
书　记：许建黔

市政府工委
书　记：张瑞昌
第一副书记：张成库
副书记：陈大勇
纪工委书记：潘连轩
专职委员：张淑琴

科教工委
书　记：丁世发
第一副书记：王继汉
副书记：张永元　宫　侠

科教纪工委
书　记：张殿清

中直工委
书　记：赵丽娟
副书记：栾国增
纪工委书记：孙学东

市委党校
校　长：董万德
第一副校长：蔺欣荣
副校长：梁国春　王道臣　都兴汉

党史研究室
主　任：李培生
沈阳日报社
总　编：傅贵余
副总编：张力戈　张光燮
梁利人　于秉堂

市纪检委

【中纪委专项调查组来沈检查】 1995年3月13日至15日，中纪委专项检查组在沈阳市就党政机关领导干部乘车、住房及公款宴请、公款高消费、兼职取酬等方面问题进行了检查。先后听取市纪委关于全市5项工作开展情况的全面汇报和市委、市人大、市政府、市政协等4个办公厅的专项汇报。检查还深入到市外经贸委、市文化局、和平区、沈河区等4个单位进行了专项检查，并对3个娱乐场所进行了抽查。

中纪委专项检查组对沈阳市党政机关领导干部廉洁自律、自查自纠工作给予肯定。指出，沈阳市贯彻执行中纪委提出的领导干部廉洁自律的两个"五条"以及补充规定，态度是严肃认真的，动作是迅速的。市级五个班子的现职领导果断地换乘了符合规定的车辆，在全市带了个好头，符合中央精神和中纪委有关规定，检查组是满意的。为完成领导干部廉洁自律新的任务，市纪委从组织上做了调整，增设了党风二室，专门负责这项工作，可见市纪委对领导干部自律是非常重视的。

检查组强调，中纪委五次全会后派出的第一批检查组，对领导干部廉洁自律的5项工作进行专项检查，其目的，一是检查，二是打招呼。1995年6月份，中央将派出层次较高，规模更大的检查组到各地检查。关于党政机关处以上干部乘坐的小汽车问题，中央14号文件点名的4种超标准豪华进口小汽车，坚决不能坐。把超标车改作接待用车和业务用车，要从严掌握，各单位不能强调各自理由和行业特点，否则达不到中央的要求。有的单位把领导干部乘坐的超标车换下来作公用车，这更是不允许的，领导干部不能坐的车，下边同志去坐更不行。有的单位把超标车暂时封存起来，指望风头一过，重新使用，这是不可能的。清理超标小汽车问题，中央的决心已下，而且非常坚决，绝不会走过场。中央规定下来后，还继续乘坐超标车的就是案子，就要坚决查办。关于房子问题，市里提出不允许用公款装修，是完全正确的。至于多占住房、有两处住房等问题，还需进一步做工作。关于兼职问题，这方面要求仍然是按中央精神办，原则上是不允许的。极特殊的需要上级批准。关于吃请、高消费问题，县处以上领导干部起码不能再做了。如发现再去，那就是顶烟上。

【省委调查组来沈检查】 1995年2月14日至21日，省委调查组对沈阳市落实1994年反腐败斗争3项任务情况进行了检查。市委副书记董万德，市委常委、市纪委书记王扬，市政府副市长朱锦向调查组汇报了沈阳市反腐败斗争的基本情况和1995年的初步打算。调查组还分别听取了市教委、市卫生局纠风治乱情况的汇报，召开了民主党派、离退休干部等方面代表参加的座谈会，并深入到3个县、区了解反腐败工作3项任务落实情况。

省委调查组对沈阳市1994年反腐败工作给予了充分的肯定。指出：中纪委三次全会以后，沈阳市委、市政府和各级纪检监察机关认真抓了反腐败三项任务的落实工作。总的看，是好的，在辽宁省也是走在前面的。沈阳市委、市政府能够认真贯彻"两手抓，两手都要硬"的方针，加强了对反腐败工作的领导，坚持了党政齐抓共管的格局，使沈阳市反腐败斗争保持了健康发展的势头，中央和省委部署的各项任务得到了落实，并不同程度地取得了阶段性成果，有些地方和部门在一些方面的成果还比较明显。党政机关县处级以上领导干部廉洁自律工作是比较深入的；查处大案要案工作有新的突破；纠正部门和行业不正之风有了新进展。

调查组认为，1994年沈阳市的反腐败工作有4个特点：一是市委、市政府对全市反腐败工作领导有力；二是强化了监督检查，在抓落实上下功夫；三是坚持从严治标，着力治本；四是坚持把查处大要案作为反腐败的中心环节。

【召开案件检查工作会议】 1995年3月9日，沈阳市召开了全市纪检监察案件检查工作会议。

会议对下一步案件检查工作的主要任务作了部署，提出了要求：要坚持中央和省市确定的反腐败指导思想、基本原则，深入贯彻落实中纪委五次全会和市委深入开展反腐败斗争工作会议精神，在巩固已有成果的基础上，着重在深入上下功夫，加大查处案件工作力度。一是要提高认识，加强对查处工作的领导，各级纪检监察机关领导要亲自抓，亲自查办一些重要案件；二是突出重点，加大力度，集中查处大案要案，重点查办党政领导机关，行政执法机关、司法机关和经济管理部门中的违法违纪案件及县处级以上领导干部的案件。同时，要对发案率较高、大案要案比较多的金融、证券、基建、房地产、土地批租等领域，加大查处案件的力度；三是拓宽案源渠道，千方百计挖掘案件线索；四是认真贯彻《条例》，加强宏观管理和指导。各单位要注重研究新情况，解决新问题。对经验不足，改革出现失误者，要坚决保护；对钻改革空子，严重违法违纪者，要坚决查处，不论涉及到谁，都要一查到底，该开除、撤职的一定要开除、撤职，以维护纪律的严肃性。

会议交流了新城子区纪委等4个单位执纪办案的经验。各县(市)区纪委、市直各委办局纪委、纪工委和纪检组的主要负责同志参加了会议。

【召开全市反腐败工作会议】 1995年2月28日，市委召开深入开展反腐败斗争工作会议，传达贯彻中纪委五次全会精神，总结1994年全市反腐败斗争情况，部署1995年的反腐败工作。

市委副书记董万德主持会议。市委常委、市纪委书记王扬作了题为《从严治标，着力治本，在反腐败斗争的深入上下功夫》的报告。省委副书记、市委书记张国光作了重要讲话。

王扬在报告中讲到1995年反腐败任务时说，1995年反腐败工作总的要求是：认真贯彻党的十四届三中、四中全会和中纪委五次全会精神，坚持党中央确定的反腐败指导思想、基本原则和三项工作的大格局，加大工作抓实力度，治标与治本并举，着重在深入上下功夫，不断取得新的成效，为维护全市改革、发展和稳定的大局服务，领导干部廉洁自律、自查自纠要以党政机关县(处)级以上领导干部为重点，同时把范围扩大到县(市)直属机关的科级干部、乡(镇)领导干部和基层站所负责人，以及国有企业、事业单位领导干部。党政机关干部要继续认真贯彻执行两个五条规定及相关的补充规定。国有企业领导干部要认真贯彻执行中纪委下发的廉洁自律的"四条规定"。事业单位领导干部的廉洁自律，参照党政机关或国有企业领导干部廉洁自律的规定执行。在查处大案要案工作中，要继续重点查处贪污、受贿、金融诈骗、走私、严重违反财经纪律等经济犯罪大案，特别是县(处)级以上领导干部的案件。要继续重点查处领导机关、行政执法机关、司法机关和经济管理部门中的违法违纪案件。要突出重点，在全市范围内集中狠刹在公路上乱设卡、乱收费、乱罚款和中小学乱收费以及向农民乱摊派、乱收费的三股不正之风。一些行业和部门要继续抓好自身存在的突出的不正之风，有针对性地解决好群众反映强烈的热点问题。

张国光在讲话中强调，深入开展反腐败斗争，要进一步认清形势，统一思想，提高对反腐败斗争重要性、紧迫性的认识。他说，反腐败斗争是新的历史条件下的一项长期的艰巨任务。前一阶段反腐败斗争虽然取得了一些成绩，但还不能估计过高，要清醒地看到反腐败工作与党和人民的要求还有很大距离，一些消极腐败现象还没有得到有效的遏制，大案要案呈上升趋势，顶风违纪作案明显增多，有些不正之风纠而复生，甚至出现"反弹"。这些问题说明，沈阳市反腐败斗争的形势是严峻的，任务是艰巨的，我们一定要保持清醒的头脑，决不能有丝毫松懈，反对腐败，加强党风廉政建设，是关系党和国家生死存亡，改革开放和现代化建设兴衰成败的大问题。各级领导同志务必增强忧患意识，进一步提高对反腐败重要性、紧迫性的认识。要清醒地看到，反腐败是改革、发展、稳定的重要的政治保证。离开了这个保证，任凭腐败现象蔓延，不但改革难以深化，发展受到妨碍，而且将直接影响社会的稳定，甚至会波及政权的巩固。所以，一定要搞清楚反对腐败与改革开放、经济建设相辅相成、相互促进的关系，认真解决"一手硬，一手软，一时硬，一时软"的问题，切实坚持两手抓，把反腐败斗争深入持久地开展下去，为改革开放和现代化建设提供强有力的政治保证。

【领导干部廉洁自律工作会议】 1995年6月7日，沈阳市委召开全市领导干部廉洁自律工作会议。会议重点研究和进一步部署了领导干部廉洁自律、自查自纠工作。市委副书记董万德代表市委在会上就如何开展好这项工作作了重要讲话。省纪委常委、监察厅副厅长邢春和到会并讲了话。市纪委副书记尹秀荣，各县(市)区党委和纪委书记、市区单位党组书记等180余人参加了会议。会议由市纪委副书记沈广才主持。

董万德指出：要进一步提高认识，切实加强对领导干部廉洁自律工作的领导。搞好领导干部廉洁自律工作是深入开展反腐败斗争的需要。通过自查自纠，能够帮助各级领导干部进一步明辩是非，从而规范自己的行为，抵御和防止腐败行为的发生，取得反腐败斗争的主动权，推动查处大要案和纠风治乱工作。搞好廉洁自律工作，也是由领导干部所处的位置和在党风廉政建设中的作用所决定的。只有搞好这项工作，才能使各级领导干部在遵纪守法方面起到带头作用，在加强党风廉政建设中起到示范作用。在广大党员和群众中起到执政为民，克已奉公的表率作用。各级党委和领导干部要切实提高认识，把这项工作作为事关党的生死存亡和社会稳定的大事来抓。要以党的好干部孔繁森为榜样，牢固树立全心全意为人民服务的思想，廉洁奉公，勤政为民。

会议强调，当前领导干部廉洁自律工作，要着重抓好四件事。一是坚决禁止用公款吃喝和参与高消费娱乐活动。要把禁止公款吃喝玩乐和参与高消费娱乐活动问题作为各级领导班子廉洁自律的重要内容，在民主生活会上认真进行自查自纠。

二是继续搞好清车工作。各级党政机关要严格按照沈委办发[1995]15号文件精神，认真处理好超标车的遗留问题。凡有超标车的单位，包括在前段自查中瞒报、漏报超标小汽车的单位，要按中央规定认真进行处理。继续隐瞒不报、顶风违纪的，要追究领导责任，直至纪律处分。对现已封存的超标准小汽车，在尚未处理之前一律停驶，继续使用的，按违纪处理，公开通报批评，直至没收车辆。

三是严格禁止领导干部利用婚丧及其他喜庆事宜大操大办。当前，婚丧嫁娶大操大办问题已经成为老百姓反映强烈和议论较多的热点问题之一。各单位、各部门要予以高度重视，认真抓好这项工作。

四是要认真搞好清理领导干部多占住房工作。

(*范红纲*)

【市纪委通报处理10起违法违纪案件】 中共沈阳市纪律检查委员会于1995年3月22日对马世腾、袁志广等10起贪污、贿赂、以权谋私案件进行通报。

原沈阳市公安局治安特警支队支队长(副局级)马世腾，在任职期间，侵吞公款1 183 370.33元，马又利用与某房屋建设开发公司搞联建住宅之机，私自隐匿1 070.97平方米(10套)住房，分别给其子女和亲友，并将调换下的两处二茬房卖掉，获取赃款88 400元。经党组织决定，给予马世腾开除党籍处分。司法机关正在追究其刑事责任。中国工商银行沈阳市信托投资股份有限公司原经理(副行级)袁志广,在任职期间先后两次共挪用公款13万元。经党组织决定,给予袁志广开除党籍处分。司法机关已决定追究其刑事责任。沈阳市东陵区水利局局长贾世贵利用职务之便,收受贿赂10 000元,经党组织决定,给予贾世贵开除党籍处分,监察和司法机关正在追究其政纪和刑事责任。沈阳市邮政局计划财务处处长吴立新,于1993年6月22日擅自做主,将该局购置设备专用款150万元借给局属劳动服务公司经理李某,致使公共财产遭受重大损失。所在单位党政组织决定,给予吴立新开除党籍、行政开除留用察看二年处分。新民市粮食局副局长刘享吉利用职务之便共计收受贿赂55 000元,经党组织决定,给予刘享吉开除党籍处分。监察和司法机关正在追究其政纪和刑事责任。大东区小津桥街道办事处副主任兼企业公司经理张金城,利用职务之便,贪污公款980元,侵占公款9 285元。经组织决定,给予张金城开除党籍,行政撤销街道办事处副主任职务处分,收缴全部贪污款和侵占款。沈阳市建设银行投资公司驻上海业务部证券席位交易员郭春光,私自挪用近千万元公款炒股票,为个人牟取暴利,因股市行情下跌,给公司造成524 424元的巨大经济损失。经党组织决定,给予郭春光开除党籍处分。司法机关正在追究其刑事责任。沈阳市国家安全局副主任科员王琳,私自挪用公款584 944.54元,以个人名义进行期货交易和其它盈利活动,案发后仅追缴回3 500元,其余581 444.54元全部亏掉。王琳还将16万元公款私自借给沈阳某美术装饰公司,从中收受贿赂5 000元。经党组织决定,给予王琳开除党籍处分。监察和司法机关正在追究其政纪和刑事责任。铁西区公安分局刑警二队预审员(主任科员)韩春祥,利用职务之便,接受案犯家属贿赂10 000元;在监护案犯期间,擅离职守,造成严重后果。经党政组织决定,给予韩春祥开除党籍、行政开除公职处分。司法机关已追究其刑事责任。沈河区大西农贸市场工商管理所所长李训洪,借为业户批摊床和处罚违章业务之机,先后三次收受个体业户贿赂共计2 800元。还利用职权,先后五次收受业户5 333.50元,属于受贿行为。经组织决定,给予李训洪开除党籍,行政开除留用察看一年处分,收缴全部受贿款。

市纪委通报指出,广大党员特别是领导干部都要从这10起案例中,认真吸取教训。第一,对市场经济的负效应不能丧失警觉,必须加强新时期的思想政治建设。第二,对党员、干部行为的监督约束不容忽视,必须强化对权力的监督制约机制。第三,对当前腐败现象的严重性不可掉以轻心,必须把反腐败斗争深入、持久地开展下去。在这10起案件中,1993年以来作案的就有6起;全市纪检监察机关1994年查办的案件,1993年以来作案的占立案总数的76%。这说明当前消极腐败现象仍然相当严重,全市党政组织和纪检监察机关要认真贯彻党的十四届四中全会和中纪委五次全会精神,按照市委深入开展反腐败工作会议的统一部署,自觉坚持"两手抓、两手都要硬"的方针,继续落实好反腐败斗争的三项任务,保证和促进沈阳的改革、建设和稳定。

【市纪检监察学会成立】　1995年9月11日下午,沈阳市纪检监察学会召开成立大会暨首届年会。

会上,市委副书记、市政协主席董万德,市委常委、市纪委书记王扬发表了重要讲话。市领导在讲话中指出,成立纪检监察学会是在深化改革和发展社会主义市场经济的新形势下做好纪检监察工作的需要,是当前深入开展反腐败斗争的需要,也是进一步加强纪检监察理论队伍建设的需要。要通过纪检监察学会这种组织形式,广集各方面的理论研究人才,才智互补,形成合力,深入研究探讨在新形势下纪检监察工作的理论和实践问题,推动党风廉政建设,保证和促进全市的改革、发展和稳定。市领导强调,纪检监察学会的基本任务是,开展调查研究,研究有关理论,进行学术交流。要根据纪检监察工作的基本任务,就有关党风廉政建设的全局性问题,纪检监察工作的基本思路问题,以及工作对策等问题,提出调查研究和理论研讨课题,部署工作任务,开展学术研讨活动。当前,重点要以中央确定的反腐败指导思想和基本原则,建立社会主义市场经济过程中党风廉政建设遇到的新情况,落实反腐败三项任务中遇到的政策性问题等方面,开展有针对性的调查研究。同时,对于好的调研成果,要善于做好吸收转化工作,通过各种渠道和形式,尽快变成决策和指导工作的依据,使其在实际工作中充分发挥作用。要积极收集反馈各种有价值的重要信息,努力把学会办成一个触觉灵敏、覆盖面广的信息网络,使纪检监察机关及时听到各方面的呼声,从而掌握工作的主动权。

大会通过了沈阳市纪检监察学会章程,选举了学会领导机构。共选出理事会理事84名,常务理事33名,市委常委、市纪委书记王扬当选为沈阳市纪检监察学会首任会长,市纪委副书记、市监察局局长尹秀荣,市纪委副书记沈广才当选为副会长。

【市纪委第一次全会】　1995年4月21日,新一届沈阳市纪委第一次全体会议,在金城宾馆举行。刚刚当选的38名市纪委委员出席了会议。王扬同志受市第九次党代表大会主席团委托主持了会议。

王扬同志首先就新一届市纪委常委、书记、副书记候选人建议名单作了说明,并宣读了新一届市纪委第一次全体会议选举办法(草案)和监票人建议名单。会议酝酿、讨论了新一届纪委常委、书记、副书记建议名单;一致通过了新一届市纪委第一次全体会议选举办法和监票人名单;经过投票,选举产生了新一届市纪委常委、书记、副书记。书记:王扬;副书记:尹秀荣(女)、沈广才;常务委员:傅晓晨、潘玉伟、连加诚、马绍武、陈国强。

王扬同志代表新选出的市纪委常委在会议结束前作了讲话。他首先代表新一届纪委全体成员向因工作需要和年龄限制而离开纪委的委员，致以崇高的敬意和深切的谢意；代表新当选的市纪委常委，对各位委员的信任表示由衷的感谢。

【市纪委二次全会】 中共沈阳市纪律检查委员会于1995年7月7日召开第二次全体会议。市委常委、市纪委书记王扬在会上作了题为《抓住影响党群关系的突出问题，深入落实反腐败三项任务》的报告。

全会指出，市委召开的九届二次全会，是全市推进新时期党的建设伟大工程的一次重要会议。全会制定的《关于进一步加强党同人民群众联系的意见》，对于从严治党，加强党风廉政建设，更好地坚持党的全心全意为人民服务的宗旨，加快沈阳市改革开放步伐，促进经济发展，保持社会稳定，全面落实市第九次党代会的各项任务，具有重要意义。全市各级纪检监察机关要认真贯彻好这次全会精神。

全会认为，上半年，全市根据中纪委五次全会和市第九次党代会精神，按照年初全市反腐败工作会议的部署，本着"抓早，抓实"的思路，认真落实反腐败三项任务，各项工作有了新的进展。一是领导干部廉洁自律工作力度加大。二是案件查处工作继续保持了上升势头。三是纠风治乱各项工作取得新的进展。

全会要求，全市纪检监察机关要认真贯彻中央两办关于王宝森案件查处情况的通报和市委九届二次全会精神，抓住影响党群关系的突出问题，进一步落实好反腐败各项任务。

【向社会公开拍卖超标准小汽车】 1995年9月9日至11日，沈阳市国有资产管理局会同市小汽车管理办公室、市交警支队、皇姑区工商局等单位举办了沈阳市首次超标小汽车交易(拍卖)大会。这次超标小汽车拍卖活动是市委、市政府贯彻落实中央和省关于领导干部廉洁自律有关规定，深入开展反腐败斗争的重要举措，它再次表明了市委、市政府狠抓廉政建设，把清理超标小汽车工作一抓到底的决心和态度。

参加这次拍卖的有12个单位的超标车共17台。车种主要有：林肯、奔驰、卡迪拉克、凌志、公爵王、皇冠等。这些车辆既有前段调换下来的超标车，也有近期清理出的超标车。通过激烈竞价，当日拍卖成交9台，交易额324.8万元。交易成交2台，交易额50万元。总计交易11台，交易额374.8万元。

【市纪委通报处理8名接受异性按摩的党员和干部】 1995年12月19日，中共沈阳市纪委、监察局发出通报，对8名接受异性按摩的党员和干部给予了党政纪处分。

11月21日至26日，市纪委会同各区纪委，在当地公安、工商、文化市场管理、卫生防疫部门的配合下，对沈阳市41处带有异性按摩的场所进行了突击检查，共检查出有12名党员、干部正在接受异性按摩。其中，党政机关干部有7人，企事业干部有5人；处级干部有6人，科级以下干部有6人。在这12名党员、干部中，属沈阳市单位的8人，省直的3人，外地的1人。对属沈阳市的8名党员、干部，市纪委已责成市有关单位，按照中央纪委关于共产党员"接受全身性或其他色情性的异性按摩的，给予党内警告、严重警告或撤销党内职务处分"的规定，全部做出了严肃处理。其中，党内严重警告6人，党内警告1人，行政记大过2人。

"通报"指出，中央纪委明确规定：共产党员不准在桑拿浴室等非医疗场所接受全身性或其他色情性的异性按摩。这8名党员、干部，对中央的禁令置若罔闻，顶风违纪，接受异性按摩，理应受到严肃处理。

"通报"要求，全市党员和干部特别是领导干部，一定要从这些人所犯错误中吸取教训，引以为戒。要增强反腐倡廉的自觉性，坚决抵制追求享受奢华的风气，严格执行廉洁自律的各项规定。各级党政组织要进一步提高对新形势下开展反腐败斗争重要性的认识，增强自觉性和紧迫感。要下功夫抓好队伍自身建设，靠切实有效的党性原则教育和理想道德教育，来提高广大党员、干部的素质，使之自重、自省、自警、自励，树立公正、廉洁、节俭的形象。

【市纪委召开第三次全会】 沈阳市纪律检查委员会于1995年12月25日召开第三次全会。市委常委、市纪委书记王扬在全会上作了题为《深入持久开展反腐败斗争，保证中央五中全会和市委九届三次全会精神的贯彻落实》的报告。

全会指出，市委召开的九届三次全会，是贯彻中央五中全会精神，总结"八五"收获，绘制"九五"蓝图，确定明年具体奋斗目标、工作思路和主要任务的重要会议。这次会议对于实现《沈阳市国民经济和社会发展第九个五年计划和2010年规划》，迈好"九五"第一步和加强党的自身建设都具有十分重要的意义。全市纪检监察机关要围绕全市工作大局，充分发挥职能作用，继续深入开展反腐败斗争，保证市委这次全会提出的各项任务的顺利完成。

全会认为，一年来，全市按照中纪委五次全会和市委年初反腐败工作会议的部署，围绕全党工作的大局，认真开展纪检监察工作，反腐败三项任务不同程度地取得了成效。领导干部廉洁自律工作进一步展开；查处大案要案工作有了新的突破；纠风治乱工作取得新的进展。全市纪检监察机关在重点抓好反腐败工作的同时，积极开展了执法监察和效能监察，对保证、促进全市的改革、发展与稳定起到了积极作用。

全会要求，全市纪检监察机关要以五中全会精神为指导，进一步加大反腐败工作力度，在抓深入和巩固阶段性成果上下功夫。一是要深化对反腐败斗争的认识，切实加大领导力度。要坚持和完善党委统一领导、党政齐抓共管，主要领导亲自抓、部门各负其责、纪委组织协调的领导格局。要认真学习张家港市"一把手抓两手"的经验，进一步实施"一把手工程"。党政主要领导同志要总揽全局，对本地区、本部门的反腐倡廉工作负总责，努力提高工作的整体协调性。二是要从严治标，加大专项治理和惩处的力度。要抓住自查和群众反映强烈的突出问题，采取专项治理的办法，集中进行整治。要继续下力气搞好清理中小学乱收费、向农民乱收费和乱摊派，以及"清车"、"清房"等专项治理工作。要坚持把查处违法违纪案件作为反腐败工作的中心环节，进一步把办案工作摆到突出位置，集中力量查办大案要案。三是标本兼治，加大治本工作的力度。要防治结合，从教育、管理、监督和体制、机制、法制两个三位一体上，强化治本工作，巩固和深化治标的成果，有效防止或减少腐败现象的发生。要按照中央五中全会的要求，从王宝森等案件中吸取深刻教训，认真研究加强监督特别是党内监督的对策，从制度上遏制腐败的产生和蔓延。四是要加大监督检查的力度，落实好反腐败各项任务。要继续采取多种形式，加强对反腐败各项任务落实情况的监督检查。特别是要注意改进监督检查的方式和方法，在见实效上下功夫，不断提高检查的质量。

【1995 年反腐败主要工作成果】 1995 年，沈阳市反腐倡廉工作取得丰硕成果。

1. 领导干部廉洁自律工作取得新的进展。全市属于自查自纠范围的 8 236 个党政机关和国有企业事业单位领导班子普遍召开了廉洁自律专题民主生活会，58 054 名干部参加了自查自纠，占应参加自查人数的 99.8%。全市有 139 人自查出收受礼金、礼券、折扣 32 万余元，都已纠正上缴；有 445 人自查出占欠公款 92 万余元，已退还 87 万余元；有 464 人自查出有兼职问题，已脱钩 389 人，兼职取酬 4 万余元都已退回。

在自查自纠的同时，全市各级纪检监察机关会同有关部门着重对违反规定用公款"吃喝玩乐"以及"车子"、"房子"等主要问题进行了专项治理。全市各单位普遍制定了接待标准和有关纪律，并采取明察暗访、公开曝光、执行纪律等措施，狠刹用公款"吃喝玩乐"的歪风。全市先后检查酒店、饭店、娱乐场所 2 968家，还对 41 处带有异性按摩场所进行了突击检查，共查看票据 16 000余张，记录车辆626台(次)，并对 137 名违反规定参与公款吃喝玩乐和 8 名接受异性按摩的党员、干部，分别给予了经济处罚、通报批评、黄牌警告、不予聘任、限期调离和党政纪处分。经过努力，多年来群众反映强烈的用公款"吃喝玩乐"的歪风有所收敛。据一些单位的统计，1995 年的招待费比 1994 年下降 30%至50%。在清车方面，全市党政机关对清理出来的 201 台超标车，通过采取退回、调换、变卖和拍卖等办法，全部进行了处理；9 月，金融系统又按上级要求清理出超标小汽车 70 台，已按规定处理了 65 台，其余全部封存。全市还清理、收回违反规定使用的军警车牌号42付；有416名科以上中青年干部检查了用公款或公车学习驾驶技术问题。在清房方面全市有692名干部自查出住房超面积、用公款装修住房等问题，对自查出的6 530平方米住房超面积问题，正在结合房改进行纠正处理。各级纪检监察机关还根据群众举报，对 23 名干部擅自动用公款购房、装修住房等问题进行了调查处理，其中，退款 14 人，退房 3 人，通报批评 1 人，党政纪处分 3 人，移交司法机关追究刑事责任 2 人，所动用的公款 251 万余元已全部追回。

2. 查处大案要案工作有了新的突破。全市各级党政组织进一步加强对查办案件工作的领导，党政主要领导同志亲自过问重大案件的查处，有力地推动了案件查处工作。各级纪检监察机关继续采取有力措施，坚持和完善领导包案、办案和协调案件三项制度；建立办案责任制和激励机制；稳定办案骨干，充实办案力量；由领导带队深入基层了解线索，扩大案源；对基层单位在办案中遇到的困难和问题给予及时的帮助和指导；同司法、行政执法等部门密切配合，协同作战。通过采取这些措施，强化了办案力度，使全市案件查处工作继续保持了上升势头。1995 年 1—12 月份，纪检监察机关共受理信访举报 6 674 件次；初查核实案件线索 1 416 件；立案 1 011 件，比 1994 年上升 3.27%；结案 921 件，上升 6.23%；给予党政纪处分 883 人、967 人次(党政纪交叉 84 人)，上升 13.5%。共立大要案 173 件，占立案总数的 17.1%，上升 26.3%。其中涉及处级以上干部的 96 件，上升 29.73%；从违纪金额上看，万元以上的 103 件，10 万元至 50 万元的 24 件，50 万元至 100 万元的 3 件，100 万元以上的 5 件。司法机关也加大了对大要案查处的力度。全市检察机关立案侦查县(处)级以上干部 48 人，比 1994 年增长 17%；其中局级干部 1 人。全市法院系统审结经济犯罪案件 312 件，增长 2.6%。全市纪检监察和检察机关通过查办案件追缴赃款赃物等，直接挽回经济损失共 2 337.64 万元。

3. 纠风治乱工作取得新的成绩。全市在巩固已取得纠风成果的基础上，重点抓了"五清一刹"工作。市和各县(市)区都加强了领导，实施了"一把手工程"，并成立了专项治理工作领导小组，组建了办公室，明确了治理目标和任务，制定了实施方案，进行了专项部署。还采取多种形式，加强监督检查，从抓正反典型入手推动全市纠风工作，取得了新的成绩。公路"三乱"问题基本得到解决，撤销了沈阳市境内国道和省级干道上的 55 个站卡、12 个洗车场，处理了一些公路乱收费、乱罚款问题，没收违纪金额 54 万余元。清理中小学乱收费方面，取消各种奥班、补习班 159 个，查出乱收费金额 579 万元，没收违纪金额 83.8 万元，退还给学生 192 万多元；处理乱收费问题 77 起，通报批评 8 所学校。清理向农民乱摊派、乱收费又有新的进展，共取消不合理收费项目 200 项，取消达标项目 194 项，减少农民负担 1.93 亿元。清理"小金库"工作也取得初步成效，查出"小金库"金额 2 520 万元，应上缴财政 412 万元，已上缴 243 万元，其余正在收缴中。清理储粮资材进展顺利，共查出积压物料 148 万元，超储材料 422 万元，无使用价值物料 228 万元，有帐无物 379 万元。全市还对群众意见比较大的结婚动用公车问题集中进行了治理，通过两次全市性检查，共查出参与婚事的公车 314 台，对 127 名司机给予经济处罚，对 25 名直接领导进行了公开批评教育，15 个单位被取消精神文明单位的评比资格。工商、税务等 7 个重点部门和行业，以及 11 个窗口服务行业，都抓住各自存在的突出问题,深入开展了刹风整纪工作,取得了一定成效。共查处行风案件164件,处理223人,树立先进集体411个,先进个人1 700人,为群众办实事44 000余件。

4.党风廉政教育和制度建设得到进一步加强。全市党政组织围绕解决世界观、人生观问题,采取多种形式,对党员、干部进行了反腐倡廉、民主集中制和革命优良传统教育。市纪委、市委组织部和宣传部等单位开展了《踏着孔繁森足迹》征文活动,大力宣传身边的孔繁森。市委专门做出决定号召全市党员向优秀共产党员白秀彬学习,并组织全市党员、干部收听和观看了白秀彬事迹报告和话剧,大力弘扬正气。市纪委选择了关维国等三起反面典型案例,进行深入剖析,并写成演讲稿,以案说纪;下发反腐倡廉教育片136部,各单位共放映5 800多场次,观看人数53万人次。通过党风廉政教育,广大党员、干部廉政意识不断增强,勤政廉政先进事迹不断涌现。据对7个重点部门和行业的了解,1995年以来共拒吃请1.3万余人次,拒礼拒贿1.2万人次,折合金额达174万多元。在抗洪抢险的关键时刻,广大党员干部不畏艰险,不怕牺牲,昼夜奋战在抗洪抢险第一线,以实际行动,进一步净化了党风,密切了党群干群关系,提高了党和政府在人民群众中的威信。

全市围绕反腐败三项任务的落实,针对一些腐败现象的源头,通过建章立制,规范行为,减少和消除发生腐败现象的一些深层次问题。市委、市政府以两办名义下发了《关于坚决禁止用公款吃喝玩乐的规定》、《关于领导干部更换超标准小汽车的处理规定》和《关于严禁党员干部利用婚丧及其他喜庆事宜大操大办的规定》、《沈阳市房改中党政机关领导干部廉洁自律的规定》以及党政机关工作人员个人收入申报和礼品登记两项制度的实施细则。市有关部门和各县(市)区也有针对性地制定了一些规章制度。如,为治理公路“三乱”,8个县(市)区建立完善各项规章制度32项。

附录:中共沈阳市纪律检查委员会现任领导人名单

市纪委书记:王　扬

市纪委副书记兼监察局长:
尹秀荣(女)

市纪委副书记:沈广才

市纪委常委兼监察局副局长:
傅晓晨

市纪委常委兼监察局副局长:
潘玉伟

市纪委常委兼秘书长:连加诚

市纪委常委:马绍武　陈国强

市纪委常委兼监察局副局长:
刘之浩

市监察局副局长:王国正

市人大常委会

【吴阶平副委员长到市人大常委会检查指导工作】　1995年10月20日下午,全国人大常委会副委员长吴阶平来到沈阳市人大常委会检查指导工作。

市人大常委会副主任刘金增向吴阶平副委员长简要地汇报了沈阳市人大常委会近几年来的工作。市人大常委会把地方立法工作放在首位,不断加大监督力度,探索“三查(察)”新方法,克服形式主义,讲究工作实效,取得了新的进展。特别是制定了诸如《沈阳市国有企业厂长(经理)离任经济责任审计监督条例》等法规,取得了比较突出的效果。

吴阶平副委员长对沈阳市人大常委会的工作给予了肯定,并就如何加强人大工作作了重要讲话。他说,要不断加强人大工作的力度,使法制建设不断上台阶;从评议工作发展到进职评议是一大进步,进职评议很有力度,要积极探索,进职评议要先搞好调查研究,这样才会有的放矢,取得成效。吴副委员长还参观了市人大常委会办公楼。

省人大常委会主任全树仁、副主任高继中,秘书长胡继严,市人大常委会副主任周明录、高柏金、唐守山、金苗生,秘书长龙致华参加了会见。

(*郭玉春*)

【李沛瑶副委员长到市人大常委会检查指导工作】　1995年9月2日上午,全国人大常委会副委员长李沛瑶来到沈阳市人大常委会检查指导工作。

市人大常委会副主任刘金增向李沛瑶副委员长简要地汇报了沈阳市人大常委会近年来把立法、监督作为重要工作,力争使人大工作不断上台阶的作法和前不久遭受到洪涝灾害,各级人大领导干部与人民代表带头抗洪抢险等情况。

李沛瑶副委员长对沈阳市人大常委会的工作给予了肯定,并就加强民主政治建设,加强法制建设和立法工作作了重要讲话,他指出,随着我国民主与法制建设的增强,加快地方立法和对同级地方政府工作的监督,是各级地方人大常委会面临的重要任务。李副委员长还饶有兴致地参观了市人大常委会办公楼。

省人大常委会副主任冯友松、秘书长胡继严,市人大常委会副主任周明录、高柏金、吴泮权、金苗生,市政府副市长张毓茂,市人大常委会秘书长龙致华、副秘书长欧阳庚、王云楼、赵咏乾参加了会见。

(*郭玉春*)

【市十一届人大三次会议】　沈阳市第十一届人民代表大会第三次会议于1995年2月9日至14日举行。531名市十一届人民代表大会代表出席了会议。中共沈阳市委、市纪委、市政府、市政协和市各有关部门、机关、团体的负责人以及原市老领导共126人列席了会议。

这次会议的指导思想和主要任务是:深入贯彻党的十四大和十四届三中、四中全会及市委八届九次全会精神,以邓小平同志建设有中国特色社会主义理论和党的基本路线为指导,动员全市各族人民把握“抓住机遇,深化改革,扩大开放,促进发展,保持稳定”的大局,加速建立社会主义市场经济体制,加强社会主义民主与法制建设,促进国民经济持续、快速、健康发展,为全面完成沈阳市1995年的各项任务和第八个五年计划而奋斗。会议听取和审议了市长张荣茂作的政府工作报告；审议了市计划经济委员会主任多静如作的关于沈阳市1994年国民经济和社会发展计划执行情况及1995年计划安排(草案)的报告，审查和批准了沈阳市1994年国民经济和社会发展计划执行情况及1995年国民经济和社会发展计划；听取和审议了市财政局局长李经芳作的关于沈阳市1994年财政预算执行情况和1995年财政预算(草案)的报告，审查和批准了沈阳市1994年财政预算执行情况和1995年财政预算；听取和审议了市人大常委会副主任刘金增作的沈阳市人大常委会工作报告；听取和审议了市中级人民法院院长刘实作的沈阳市中级人民法院工作报告；听取和审议了市人民检察院检察长张福礼作的沈阳市人民检察院工作报告。会议通过了关于上述各项报告的相应决议，决定批准上述报告。会议选举朱锦为沈阳市副市长，龙致华为市人大常委会秘书长，迟振良为市人大常委会委员。会议还审议了有关议案。

(包伟)

【市人大常委会会议】 1995年，沈阳市第十一届人民代表大会常务委员会依照法律规定，先后举行了8次会议。

市十一届人大常委会第十三次会议。会议于1995年1月9日至10日举行，审议通过了《沈阳市人民代表大会常务委员会关于召开沈阳市第十一届人民代表大会第三次会议的决定》和市十一届人大三次会议议程(草案)、日程(草案)和会议主席团、秘书长、主席团常务主席、副秘书长、邀请列席人员建议名单；审议并原则通过了市人大常委会向市十一届人大三次会议所作的工作报告；审议通过了市人大常委会代表资格审查委员会《关于代表变动情况和增、补选代表的代表资格审查情况的报告》，确认增、补选的郭崇祥、林荣山、刘晓竞、冯国华、李相军、迟振良6位市十一届人民代表大会代表资格有效；补选李宝森为沈阳市出席辽宁省第八届人民代表大会代表；审议并通过了市人大教科文卫委员会《对市十一届人大二次会议主席团交付审议的〈关于加强对印刷行业特业管理的议案〉办理结果的报告》和城乡建设委员会《对市十一届人大二次会议主席团交付审议的〈关于尽快实施对艳粉、路官棚户区进行全面改造的议案〉办理结果的报告》；审议并通过了市人民政府《关于市十一届人大二次会议以来代表建议、批评和意见办理情况的报告》；讨论通过了有关人事任免事项。

市十一届人大常委会第十四次会议。会议于1995年1月24日举行，审议通过了市人大常委会代表资格审查委员会《关于代表变动情况和增、补选代表的代表资格审查情况的报告》，确认增、补选的龙致华、王淮延、刘和三位市十一届人民代表大会代表资格有效；讨论通过了有关人事任免事项。

市十一届人大常委会第十五次会议。会议于1995年3月28日至30日举行，听取审议了市政府《关于我市加速水毁工程修复建设，做好今年农业生产安排工作的报告》；听取审议了市人大常委会副主任金苗生作的《关于组织代表评议市公检法机关工作情况的报告》；审议通过了《沈阳市收容遣送条例》；讨论通过了有关人事任免事项。

市十一届人大常委会第十六次会议。会议于1995年5月29日至31日举行，听取审议了市政府《关于沈阳市1994年财政决算的报告》和市人大财政经济委员会《关于对沈阳市1994年财政决算的审查报告》，通过了《市人大常委会关于批准沈阳市1994年财政决算的决议》；听取审议并通过了市人大城乡建设委员会《关于市十一届人大三次会议主席团交付审议的〈关于加速北运河改造的议案〉审议结果的报告》和《关于市十一届人大三次会议主席团交付审议的〈落实规划，严格执法，加强园林绿化建设，为沈城人民造福议案〉审议结果的报告》；审议通过了市人大常委会代表资格审查委员会《关于代表变动情况和增、补选代表的代表资格审查情况的报告》，确认高思绵、郑阳、聂秉孝、孟兆才的代表资格有效；审议了《沈阳市消费者权益保护规定(草案)》，审议通过了《沈阳市科学技术投入条例》；讨论通过了有关人事任免事项。

市十一届人大常委会第十七次会议。会议于1995年7月24日至27日举行，听取审议了市长张荣茂作的《关于我市今年上半年工作任务完成情况和下半年工作安排的报告》和市政府《关于我市上半年国民经济和社会发展计划执行情况及下半年工作安排意见的报告》、《关于我市上半年财政预算执行情况的报告》；听取审议了市政府《关于我市贯彻执行〈税收征收管理法〉、〈个人所得税法〉和〈沈阳市税收征收管理条例〉情况的报告》；听取了市人大常委会副秘书长赵咏乾作的《关于各代表团讨论〈关于市政府今年上半年工作任务完成情况和下半年工作安排的报告〉、〈关于我市上半年国民经济和社会发展执行情况及下半年工作安排意见的报告〉、〈关于我市上半年财政预算执行情况的报告〉情况的报告》；审议通过了市人大常委会代表资格审查委员会《关于代表变动情况和补选代表的代表资格审查情况的报告》，确认补选的王德富、王佑启、王永昌的代表资格有效；审议通过了《沈阳市人大常委会关于补充任命沈阳市第十一届人民代表大会农村经济委员会、城乡建设委员会个别副主任委员的决定》；审议通过了《沈阳市保护消费者合法权益的规定》；讨论通过了有关人事任免事项。

市十一届人大常委会第十八次会议。会议于1995年9月25日至29日举行，听取审议了市长张荣茂作的《关于我市遭受特大洪灾和抗洪救灾、生产自救情况的报告》；听取审议了副市长朱锦作的《关于打击严重刑事犯罪及整治社会治安情况的报告》；听取审议了市法院院长刘实作的《关于发挥审判职能，严厉打击贪污、贿赂等经济犯罪情况的报告》和市检察院检察长张福礼作的《关于依法查办贪污贿赂等严重经济犯罪情况的报告》；听取审议了市政府《关于市十一届人大三次会议以来代表建议、批评和意见办理情况的报告》;审议通过了《关于沈阳市乡镇人民代表大会换届选举工作的决定》;听取审议并通过了市人大教科文卫委员会《关于市十一届人大三次会议主席团交付审议的〈关于在沈阳市设立科技节(活动周)的议案〉审议结果的报告》;审议了《沈阳市人民警察巡察条例(草案)》;审议通过了《沈阳市农作物种子生产经营违法处罚条例》和《沈阳市产品质量违法行为处罚条例》;讨论通过了人事任免事项。

市十一届人大常委会第十九次会议。会议于1995年11月22日至24日举行。听取了副市长马向东作的《关于新开河综合整治实施方案(草案)的说明》,审议通过了《沈阳市人大常委会关于综合整治新开河的决议》;听取了市政府《关于贯彻落实〈沈阳市九年制义务教育条例〉情况的报告》;补选张世斌为沈阳市出席辽宁省第八届人民代表大会代表;审议了《沈阳市大气污染防治条例(草案)》;审议通过了《沈阳市公安巡警巡察条例》;讨论通过了人事任免事项。

市十一届人大常委会第二十次会议。会议于1995年12月20日至21日举行,审议并原则通过了市人大常委会将向市十一届人大四次会议所作的工作报告;审议通过了市人大常委会代表资格审查委员会《关于补选代表的代表资格审查情况的报告》和《关于代表变动和补选代表的代表资格审查的情况报告》,确认补选的刘芝旭、宋普光、丁峻峰3位代表的代表资格有效;审议通过了《关于接受金苗生同志辞去沈阳市第十一届人民代表大会民族华侨外事委员会主任委员职务的决定》;审议通过了市人大有关专门委员会《关于市十一届人大三次会议主席团交付审议的议案办理结果的报告》和市政府《关于市十一届人大三次会议以来代表建议、批评和意见办理情况的报告》;审议通过了《沈阳市第十一届人民代表大会常务委员会关于召开沈阳市第十一届人民代表大会第四次会议的决定》和市十一届人大四次会议议程(草案)、日程(草案)以及会议主席团和秘书长、主席团常务主席、副秘书长,邀请列席人员建议名单;审议通过了《沈阳市大气污染防治条例》

(包伟)

【加强地方立法工作】 1995年,沈阳市人大常委会把加强地方立法工作做为首要任务来抓,加快立法步伐,提高法规质量,积极为经济和社会发展提供法制保障。

年初,市人大常委会紧密结合沈阳市改革、发展和稳定的实际需要,认真研究确定年度立法计划,逐项落实起草单位、人员和进度。为了实现立法计划,市人大常委会有关办事机构提前介入起草工作,积极提出意见和建议;有的专门委员会主动承担有关法规的起草工作;各专门委员会都注意在认真听取立法顾问和广泛征求有关方面意见的基础上做好初审工作;主任会议及时了解掌握执行立法计划的情况,协调解决立法工作中的问题。为了保证法规质量,市人大常委会审议法规草案时充分发扬民主,集中各方面的意见,既坚持急需先立的原则,又不急于求成,有些立法项目是经两次会议审议后通过的。

一年来,市人大常委会先后制定了7件地方性法规,是历年来最多的。这些法规较好地体现了地方特点,具有较强的针对性和可操作性。制定的《沈阳市科学技术投入条例》,保障和规范了全社会对科学技术的投入,有利于合理使用科技资金,提高和保持科技投入的相对稳定,为科技进步、经济建设和社会发展起了积极促进作用;制定的《沈阳市产品质量违法行为处罚条例》,进一步规范了对产品质量违法行为的处罚,对于完善产品质量监督管理制度,推动产品质量管理工作,更好地保护用户和消费者合法权益,维护社会主义市场经济秩序,具有十分重要的作用;制定的《沈阳市农作物种子生产经营违法处罚条例》,对切实解决种子管理工作出现的新问题、新矛盾,保证农业生产有较好的种子作保障,稳定和发展农业生产,提供了法制保障;制定的《沈阳市保护消费者权益的规定》,对更好地保护消费者权益,维护社会经济秩序,促进社会主义市场经济健康发展,提供了法制条件;制定的《沈阳市收容遣送条例》,对于加强外来人口的管理,做好收容遣送工作,搞好社会治安综合治理,维护社会秩序,是十分必要的;制定的《沈阳市公安巡警巡察条例》,规范了公安巡警综合执法行为,为公安巡警综合执法提供了法律保障,对维护社会治安和交通秩序,保护公共设施,维护经济管理秩序和市容环境整洁方面,发挥了重要作用;制定的《沈阳市大气污染防治条例》,对控制烟尘污染恶化趋势,稳定和改善大气环境质量,起到了积极有效的作用。

(王锦时)

【深入开展执法检查】 1995年,沈阳市人大常委会把加强法律监督同加强立法放在同等重要的位置,努力推进执法工作,保障和促进法律法规的遵守与执行。

市人大常委会把经济法律、法规贯彻落实情况作为执法检查的重点。4月份,组织执法检查团对《农业法》贯彻落实情况进行了检查,6位副主任分别带领检查组深入8个农村县(市)区、30个乡镇村及一些农户家中进行了调查,召开了《农业法》执行情况座谈会。针对在执法检查中发现的问题,向市政府提出了深入学习宣传《农业法》,切实增强法制观念,依法增加对农业的投入,加强农业技术推广机构建设,稳定农业科技人员队伍等意见和建议。为保障这些意见和建议的落实,会同市政府有关部门对全市8个农村县(市)、区和有关农口各局年度支农专项资金的使用情况进行了检查。11月份,组织人员对《沈阳市国有企业厂长(经理)离任经济责任审计监督条例》的贯彻落实情况进行了检查。4位副主任带领两个执法检查组,听取有关部门执法情况的汇报,深入到一些企业进行实地视察,在肯定成绩的同时,提出了进一步增强依法审计的透明度、完善审计程序等意见。还对《税收征收管理法》、《个人所得税法》、《沈阳市税收征收管理条例》、《统计法》、《对外贸易法》、《沈阳市价格管理条例》和《水法》、《沈阳市水工程管理保护条例》等经济法律、法规的执法情况进行了检查。

市人大常委会和专门委员会坚持“两个文明”一起抓，检查了《档案法》、《辽宁省人大常委会关于进一步加强文化市场管理的决定》、《沈阳市九年制义务教育条例》等法律、法规的贯彻落实情况，听取审议了有关报告，提出意见和建议，保障和促进这些法律法规的正确实施，促进了社会主义精神文明建设。

市人大常委会和专门委员会还对《环境保护法》、《森林法》、《妇女权益保护法》、《母婴保健法》、《辽宁省计划生育条例》、《归侨侨眷权益保护法》、《宗教活动场所管理条例》、《境内外国人宗教活动管理规定》的实施情况进行了检查，对于依法加强城市建设和管理，保障各项社会事业的健康发展，维护人民群众的权益和社会稳定，起了积极作用。

为推动行政执法部门和司法部门执法责任制的落实，还进行了以“执法责任制主体到位、执法责任到位、执法保障措施到位”为主要内容的检查，发现薄弱环节，提出加强和改进执法工作的意见，要求“一府两院”认真落实，取得了较好效果。

（包伟）

【认真开展工作监督】 1995 年，沈阳市人大常委会继续坚持抓大事的原则，以经济建设为中心，切实加强工作监督，保障和促进改革开放、经济建设与各项事业的健康发展。

加强对国民经济和社会发展计划及财政预算执行情况的监督。5月份，常委会听取审议了市政府关于 1994 年财政决算的报告，建议市政府进一步拓宽增收渠道，严格控制支出，努力完成市人民代表大会确定的 1995 年计划和预算任务，全面完成市人民代表大会审查批准的“八五”计划。7 月份，常委会审议了市政府关于上半年国民经济和社会发展计划执行情况及下半年工作安排意见的报告、上半年财政预算执行情况的报告，建议市政府下大力气抓好农业工作，特别要从各个方面做好抵御自然灾害的准备；帮助企业解决面临的困难，努力为企业发展提供服务；认真解决人民群众关心的热点问题，维护社会稳定。在编制“九五”计划及 2010 年规划过程中，市人大常委会要求各专门委员会深入实际调查研究，及时提出建议。主任会议听取了市政府的汇报，就计划编制的指导思想和指标安排提出了意见。

加强对农业和农村经济工作的监督。常委会把促进农业发展放在重要位置，年初，听取审议了市政府关于加速水毁工程修复建设、做好农业生产工作的报告，要求政府落实资金和措施，在汛期到来之前抓紧搞好水毁工程的修复建设；加强对农资市场的管理，保障供应，减轻农民负担，并动员和组织各行各业支援农业。年中，常委会及时调整工作安排，集中精力推进救灾、减损和安民工作。组成人员深入灾区和受灾企业视察灾情和救灾工作。主任会议发布了“致全市人大代表的一封信”，号召灾区的代表带领群众搞好生产自救，重建家园，号召各行各业的代表为灾区解决燃眉之急、恢复和发展生产献策出力。市人大常委会听取审议了市政府关于抗洪救灾、生产自救情况的报告，建议政府高度重视救灾安民工作，把它作为发展和稳定的大事来抓；把恢复生产与调整结构，发展高效农业结合起来，增强农业发展后劲；在抓恢复各业生产的同时，尽早为 1996 年春耕生产做好准备；继续加强水毁工程修复建设，提高防御自然灾害的能力；搞好赈灾工作，确保灾民的基本生活特别是越冬的需要。

加强对解决人民群众关心问题的工作的监督。城市环境卫生状况是市民反映强烈的问题。为了促进这一问题的解决，市人大常委会主任会议于 3 月份听取了市政府关于推进城市环境清洁化，争创全国卫生城活动安排情况的汇报，就开展好这项活动，使沈阳进入全国卫生城行列，造福人民，提出了意见和建议。7 月份，市人大常委会在有关办事机构事先搞好调查的基础上，抓住薄弱地区、薄弱环节开展视察，提出有针对性的意见，要求市政府尽快治理脏、乱、差地区。此后，市人大常委会又对脏、乱、差地区的整治情况进行了复查，促进了沈阳市“创卫”工作的开展，受到了人民群众的好评。搞好社会治安和惩治腐败，始终是群众关心的问题，在前两年工作的基础上，市人大常委会继续加强了对这方面工作的监督，听取审议了市政府关于打击严重刑事犯罪及整治社会治安情况的报告，听取审议了市法院、市检察院关于打击贪污贿赂等严重经济犯罪情况的报告，相应地提出了意见和要求。市人大常委会还听取审议了市政府关于贯彻落实沈阳市九年义务教育条例情况的报告，提出了进一步加大教育投入，城市小区开发建设要按规划保证学校用地、加快实施“安居乐教”工程，不断改善教师的生活和工作条件等建议。市人大常委会还加强了对物价工作的监督检查，促进物价平稳，让群众满意。

（包伟）

【加强人事任免工作】 1995 年，沈阳市人大常委会认真做好人事任免工作，根据市人民政府、市中级人民法院、市人民检察院的提请，依法任免了 81 名国家工作人员，为沈阳市的改革、发展和稳定提供了组织保障。

为了依法行使好人事任免权，市人大常委会积极开展有关工作。一是完善人事任免工作程序。在市人大常委会会议召开之前，有关办事机构主动与市委组织部和有关人事部门沟通情况，做好任免人员的审查工作。会议期间，认真组织拟任职人员表态发言和任免表决工作。根据组成人员的意见，市人大常委会积极向市委提出建议，保证任免质量。会后，及时办理有关人事任免的各项手续。二是继续完善对国家工作人员的任前考核工作。一年来，市人大常委会对市中级人民法院、市人民检察院提请任命的 32 名审判人员、检察人员的政治表现、业务能力、工作实绩和廉洁执法情况进行认真考核，并组织他们参加了法律知识考试。同时，结合选举法、地方组织法的修订和法官法、检察官法的颁布实施，对考试内容和方式做了相应改进，进一步完善了对市中级人民法院、市人民检察院提请任命人员的考核、考试。三是积极探索对依法任命国家工作人员的任后监督工作。市人大常委会有关办事机构学习考察了外地开展述职评议工作的经验，对依法任命国家工作人员实施任后监督工作做了积极的探索。并结合沈阳市的实际情况起草了述职评议的方案，为1996年开展这项工作做了准备。

（郭铁钧）

【市人大工作座谈会】 1995年12月13日至14日，沈阳市人大常委会组织召开了市人大工作座谈会，总结交流本届市和县（市）、区人大常委会3年来的工作经验，探讨如何做好新时期的人大工作。

会上，市人大常委会副主任刘金增作了《坚持继承创新，努力做好新时期的人大工作》的发言。刘金增说，三年来，本届市人大常委会在往届工作的基础上，努力开拓进取，进行了一些新的探索和实践，取得了一定的成绩。主要表现在：大力加强地方立法工作，为改革开放、经济建设和各项事业的发展进一步提供了法制保障；不断强化监督工作的力度，促进和支持了"一府两院"的工作；认真讨论和决定本行政区域内的重大事项，体现了党的主张和人民意志；依法任免国家工作人员并加强对其考察监督，为各项事业的发展提供了组织保证。主要体会是：用建设有中国特色社会主义理论武装头脑，是做好新时期人大工作的前提条件；主动取得党的领导和支持，是做好新时期人大工作的根本保障；正确处理与"一府两院"的关系，是做好新时期人大工作的重要环节；坚持民主集中制，是做好新时期人大工作应遵循的基本原则；充分发挥人大代表的作用，是做好新时期人大工作的可靠基础；坚持"三个有利于"，是做好新时期人大工作的出发点和归宿；积极推进本地区经济发展，是做好新时期人大工作的中心和目标；全面加强社会主义法制建设，是做好新时期人大工作的首要任务；努力把各项工作抓实，是做好新时期人大工作应有的作风；不断加强人大常委会机关的自身建设，是做好新时期人大工作的内在要求。会上，各县（市）、区人大常委会的主任或副主任，从不同的方面交流了工作经验；与会人员还就如何加强新形势下的人大工作进行了热烈讨论。

会议最后，市委书记、市人大常委会主任张国光和省人大常委会副主任王充闾分别就如何加强新形势下的人大工作作了讲话。

（郭铁钧）

【加强代表工作】 1995年，沈阳市人大常委会把代表工作作为人大工作的基础工作来抓，通过多种形式和活动，密切同代表的联系，为代表依法履行职责创造条件，发挥了人大代表的作用。

广开知政渠道，为代表履行职责创造条件。市人大常委会在八届全国人大三次会议闭幕后，及时向代表传达了会议精神。7月份，常委会邀请全体代表列席会议，听取市长关于政府上半年工作情况和下半年工作安排的报告，并由各代表团组织代表对市政府上半年工作进行评议。还组织代表围绕会议议题和全市一些重大事项，开展视察和检查活动，并邀请与议题有关的代表列席常委会会议，直接听取代表的意见和建议。

尊重代表的民主权利，认真办理并督促有关方面办理好代表议案、建议、批评和意见。对市十一届人大三次会议主席团交付有关专门委员会办理的5件议案，市人大常委会分别审议通过了有关专门委员会审议结果的报告，对富世德等代表提出的《落实规划，严格执法，加强园林绿地建设，为沈城人民造福的议案》、金厚家等代表提出的《关于加强我市园林绿化建设的议案》、冯有为等代表提出的《严格控制侵占老城区绿地用地，确保老城区绿化覆盖逐年递增的议案》，要求市政府督促有关部门加强执法工作，保护园林绿地不被破坏和侵占，保证城市绿化目标的实现。市政府对绿地被占用情况进行了全面清查，并制定了整改措施。对李生江等代表提出的《关于在沈阳市设立科技节（活动周）的议案》，确定由市政府研究制定具体方案并向市人大常委会报告。市政府拟从1996年开始举办科技周活动。对乔传滋等代表提出的《关于加速北运河改造的议案》，市人大常委会作出了《关于综合整治新开河的决议》。市人大常委会还听取审议了市政府关于办理代表建议、批评和意见工作情况的报告，要求市政府有关部门进一步加大工作力度，提高办复质量，让代表满意。

市人大常委会在全市开展"进场入轨、兴市富民"大讨论中，组织有关代表召开了座谈会，代表们积极为沈阳的经济振兴和社会繁荣献计献策；还组织召开了代表工作经验交流会，总结交流了代表依法行使权利，积极发挥代表作用的经验。

市人大常委会组成人员坚持参加代表小组活动，坚持代表来访接待日制度和走访代表制度，对代表提出的意见和问题，及时转有关部门办理和解决。

（郭铁钧）

【人大代表评议市政府工作】 1995年7月24日至27日，沈阳市第十一届人大常委会举行第十七次会议。会议邀请全体市人大代表列席，听取市长张荣茂作的《关于我市今年上半年工作任务完成情况和下半年工作任务安排情况的报告》和市政府《关于我市上半年国民经济和社会发展计划执行情况及下半年工作安排意见的报告》、《关于我市上半年财政预算执行情况的报告》，由各代表团组织代表对市政府上半年工作进行了评议。

代表们在肯定市政府工作取得成绩的同时，提出了一些意见和建议。关于工业工作，代表们建议市政府要建立和培养一支过得硬的企业家队伍；在为企业搞活创造外部环境上下功夫；切实采取措施，解决资金问题，并应注意多吸收外资；引导企业在提高产品质量上下功夫，继续抓好"名牌产品"战略；深入开展综合配套改革，把企业改革工作抓得更实；在决定重大经济项目时，应走群众路线，认真倾听专家意见，切实吸取经验教训；大力提高国有大中型企业和乡镇企业对信息重要意义的认识；下大力气抓好开发区建设,培育新的经济增长点;进一步做好扩大开放、引资招商工作;加大对乡镇和区属企业的领导力度,对发展速度较慢的地区应重点加以扶持。关于农业和农村工作,代表们建议市政府要进一步巩固农业的基础地位,加大对农业的投入;加强对农业生产资料市场的管理,控制农资价格;保护耕地,充分利用土地资源;保持农业政策的稳定性;牢固树立抗灾夺丰收的思想,保证粮食产量;尽早调整粮食征购基数。关于城市建设和城市管理工作,代表们建议市政府要加大工作力度,尽快使沈阳市进入全国卫生城市行列;加强城市管理工作,彻底解决占道经营问题,使沈阳市的环境卫生和交通秩序有个大的变化;加强城市绿化工作,切实解决滥占绿地的问题,要搞好城市绿化,提高绿化质量,造福子孙后代。关于解决一些群众关心的热点问题,代表们建议市政府要进一步加强动迁回迁安置工作,认真解决好回迁安置不及时的问题;进一步加大打假力度,在生产、经营等各个环节全面开展打假工作,查出一个就严肃处理一个;严格控制物价,严厉打击扰乱经济秩序的行为;采取有效措施,安置好失业职工;继续加大社会治安管理力度。关于教育、科学、文化、卫生工作,代表们建议市政府进一步加大对教育的投入,加强基础设施建设;认真解决教育乱收费问题;加强私立学校的管理工作,认真贯彻社会主义教育方针,为社会主义现代化建设培养合格的人才;要进一步重视科技人才,充分发挥科技人才的作用;加强文化市扬的管理,对那些利用游戏机进行赌博活动坚决予以制止,并严肃处理;不断加强卫生事业的管理力度,提高全市整体卫生医疗水平;进一步加强食品卫生的管理,保证人民群众的身体健康和生命安全。

市政府对代表们在评议中提出的意见和建议很重视,进行了认真的研究和办理。代表们普遍反映,邀请代表列席市人大常委会,对市政府半年来的工作进行评议,是坚持和完善人民代表大会制度的具体体现,是保障人民当家作主地位,发挥代表管理国家事务权利的新举措,有利于将政府工作置于人大代表和人民群众的监督之下,使政府工作更加符合人民的意愿和要求。

(郭铁钧)

【人大信访工作】 1995年,沈阳市人大常委会共处理人民来信来访7 600件次,并在提高信访监督实效上下了功夫,促进一些问题得到及时、稳妥的解决,对维护公民的合法权益和社会的稳定起了积极作用。

选准典型案件,督促"两院"严格依法办事。沈阳市辽东福利聚氨酯厂厂长来访反映,1987年其在同苏家屯区城郊溶剂厂联合经营时,因按合同购买物品发生纠纷而被苏家屯区检察院以贪污罪立案并被拘留审查,并以赃款名义收缴其1.2万元。市人大常委会调阅案卷后提出了建议,该院检察委员会认真进行研究,认定被告行为不构成犯罪,从而避免了一起错案。市十一届人大三次会议期间,中国水利电力物资沈阳分公司来访,反映沈河区法院在审理原告沈阳食品酿造工业经销公司诉沈阳外商投资咨询服务公司联营合同一案中,将该公司列为该案第三人,并冻结该公司170万元经营款。而在这之前,沈阳市公安局以原、被告共同控告营口华西轧钢有限公司诈骗而立案侦察,形成了同一事由、同一标的由公安、法院同时处理的局面。来访单位就此事向沈河区法院提出法院不应受理此案并申请复议,法院未做任何裁决。人代会后,市人大常委会有关办事机构先行到此案的办案单位市公安局、法院做了调查,会同沈河区人大常委会与区法院共同研究分析了案情,依据国家有关案件受理的具体规定,建议将此案移送公安机关先行审理。沈河区法院经工作后,中止了此案的审理,并对上访单位170万元经营款予以解冻,妥善解决了这起管辖不清、争议较大的信访案件。

严肃法纪,督促查处执法人员违法违纪犯罪案件。1995年5月,大东区草仓路小学一女教师在其父陪同下来到市人大常委会,哭诉其被沈河区公安分局一经街派出所干警高浩然及在派出所帮忙的4男2女非法刑讯逼供长达15个小时之久的事件。市人大常委会副主任金苗生批示市检察院认真查办此案,市人大常委会有关办事机构进行督办,经检察院和公安局排除干扰,彻底查清了高浩然等人刑讯逼供的犯罪事实,将高浩然等人依法起诉于法院。

妥善处理集体上访,努力维护社会稳定。1995年初,沈阳伊甸园大世界商业城业户700余人代表1 000多业户集体上访,反映由于伊甸园大世界商业城要整体出卖外商,要求收回他们每户1 500—3 000元不等的集资款。由于政府有关部门协调意见不一致,最后让业户诉诸法律,但法院对大型集资款纠纷案又不予受理,使几百名业户往返于区、市、省政府与法院之间。上访人要求人大常委会监督法院受理此案。针对这次集体上访人数多,情绪激烈,政府和法院由谁受理意见不一致的情况,市人大常委会提出了由市区政府具体协调处理的意见,并与政府研究落实了解决方案。经前后一个多月的工作,最终妥善协调了这起集体访案,使这起影响面宽、上访人数多的大型集体上访息访止诉。1995年,市人大常委会共接待集体上访75批2 340人次,经与有关部门合作,妥善处理了有关问题,收到较好效果,维护了社会的稳定。

(包伟)

【乡镇人民代表大会换届选举】 到1996年第一季度,沈阳市乡镇人民代表大会任期届满。从1995年10月开始,沈阳市人大常委会在中共沈阳市委的领导下,依法对乡镇人民代表大会换届选举工作进行了指导。

加强领导,精心组织。1995年9月25日举行的市十一届人大常委会第十八次会议审议通过了《关于沈阳市乡镇人民代表大会换届选举工作的决定》。10月份,中共沈阳市委与市人大常委会召开了沈阳市乡镇人大换届选举工作会议,对换届选举工作作出了安排部署。市人大常委会把这次换届选举工作作为加强基层政权建设的大事，摆到了重要议事日程，精心组织，周密安排，加强指导。成立了选举工作办公室，负责指导乡镇人大换届选举工作。选举工作办公室会同市委宣传部、市公安局分别召开了换届选举宣传工作会议和资格审查会议。还召开了乡镇人大换届选举阶段性和专业性会议，部署各阶段工作任务。选举工作办公室的负责人和工作人员坚持深入县（市）、区和乡、镇，开展调查研究，了解掌握换届选举工作进度，及时研究解决换届选举工作遇到的一些问题。

充分发扬民主，严格依法办事。这次乡镇人大换届选举是在选举法和地方组织法修改后，乡镇第一次单独进行的换届选举。全市各级换届选举机构认真按照法律规定，进行换届选举工作。在代表候选人和国家机关领导人员候选人的提名和确定中，保证选举人的联合提名权，广泛征求选举人的意见，经过反复酝酿、讨论和协商，严格按照法定时间公布选民名单、代表初步候选人名单和代表正式候选人名单；进一步改进和完善了介绍候选人的办法，坚持选举人与政党、团体提名的候选人一视同仁，使选举人更全面地了解候选人的情况；乡镇人大代表和国家机关领导人员的选举，都按照法定的差额比例确定正式候选人，依法实行差额选举。

这次乡镇人民代表大会换届选举，选举产生了新一届乡镇人民代表大会代表 7 493 名。从选举结果看，代表素质比较高，结构比较合理，较好地体现了人大代表的广泛性和先进性。选举产生了新一届乡镇地方国家机关领导人员，共选出乡镇人大主席 140 名，副主席 57 名；选出乡镇长 140 名，副乡镇长 533 名。这些领导人员的素质比较高，能力比较强，对于加强地方政权建设，促进地区经济发展，必将起到积极作用。

（郭铁钧）

附：市人大常委会领导人名单

主　任：张国光（兼）

副主任：刘金增　周明录
高柏金　裴兆林
朱炳梁　唐守山
吴泮权　金苗生

秘书长：龙致华

副秘书长：欧阳庚　王云楼
赵咏乾

驻会委员：王云楼　李镇龙
陈雪岚　邵振棠
欧阳庚　金秉燮
赵咏乾　聂　金
郭树立　唐连茂
程连敬　谭廷珠
潘圣伦　薛桂仁

办公厅

主　任：王云楼（兼）

副主任：周庆聚　孙忠林
李志伟

法制办公室

主　任：欧阳庚（兼）

副主任：周庆聚（兼）

内务司法办公室

主　任：程连敬（兼）

副主任：张洪云

财政经济办公室

主　任：谭廷珠（兼）

副主任：朱海泉

农村经济办公室

主　任：王永昌

城乡建设办公室

主　任：王佑启

副主任：原　则

科教办公室

主　任：薛桂仁（兼）

副主任：蒋必达

民侨外办公室

主　任：李镇龙（兼）

人事代表办公室

主　任：郭树立（兼）

副主任：黄学友

市人民政府

【概况】 1995 年，在市委的领导下，市政府牢牢把握“抓住机遇，深化改革，扩大开放，促进发展，保持稳定”的大局，带领全市人民进一步解放思想、振奋精神、努力克服困难，经受了百年不遇的特大洪水的考验。全市国民经济稳定增长，各项社会事业进一步发展，人民生活继续有所改善。

1995 年，全市国内生产总值达682.6亿元，比 1994 年增长9.9%。三次产业增加值分别为55.4亿元、302.2亿元和325亿元，分别比 1994 年增长10%、8.7%和11.4%。工业总产值实现1 005亿元，按可比价格增长18.2%。第三产业的发展取得了长足进步，大灾之年市场供应充足，社会消费品零售总额达290亿元，增长 30%。地方财政收入完成35.5亿元，实现了当年财政收支平衡。城乡居民生活质量有所提高，城镇居民人均生活费收入达3 713元，比 1994 年增长19.9%，扣除物价因素后增长3.3%；城镇特困居民和残疾人得到社会的关心和救助；灾后农民人均纯收入仍达1 770元，比 1994 年增长15.3%。经国家检查和评比，沈阳进入了全国卫生城的行列，使城市环境发生明显变化。

1995 年，市政府着重抓了以下几项主要工作：

一、城乡一体，抗洪救灾，把农业损失减少到了最低限度。特大洪涝灾害使农作物绝收140万亩，农村各业和灾民家庭财产损失严重。市委、市政府科学决策，精心部署，依靠专家和群众，城乡一体同心合力，夺取了抗洪抢险胜利。通过灾区自力更生、城市对口支援和社会捐赠，灾民生活得到了妥善安排，农副业和乡镇企业生产迅速恢复，损失被降低到最低程度。粮食产量比预期高，达 225 万吨，比 1994 年增长 11.6%。广大农民顾全大局，遭灾不忘国家和城市，完成了省下达的粮食定购任务。乡镇工业仍保持增长31.6%的速度，并实现了销售收入和利税的同步增长。

二、以“优化资本结构”为重点加大了改革力度，资产重组工作有了新进展。抓住试点的机遇，努力优化国有企业资本结构，采用多种方式增补资金，处理呆帐、坏帐损失，分离企业办社会的负担，分流富余人员。机械等三家国有资产经营公司试点工作开始运行。加大了企业兼并破产的力度，对三户中型和一户小型企业的破产处理，使破产企业已累计37户，31万平方米场地和近亿元存量资产实现了优势重组，数亿元债务得以解脱。

三、在实施名牌产品战略和"造大船"的同时，强化了企业管理。以市场为导向，以产品为龙头，以效益为中心，狠抓技术改造和工商联手，创造、引进了一批名牌产品，通过"造大船"对一汽金杯、机床、东药、输变电、长白和星光这6个企业集团(公司)，进行了资产重组。作出了连续3年狠抓企业管理的部署，使强化管理有了良好的开端。

四、内外开放并举，强化城市的外向牵动力。在同时加强外贸、外资、外经工作中，重点加大了对日本、美国、韩国和其它国家、地区的招商引资力度。以沈阳开发区为龙头的开发区建设成果显著，发挥了扩大开放与国际市场"接轨"的示范作用。对内开放在巩固"六边一线"成果的基础上，又加强了同沿海发达地区的合作，谋求生产要素在国内更多地区的大组合。

五、以"迎国检"为契机，加强城市建设与管理，塑造城市新形象。在完成10项城市建设任务的同时，广泛动员全市军民开展创建卫生城的活动。通过解决198个住宅小区配套设施建设和绿化的遗留问题，从严管理环境卫生和交通，取缔占道经营，整顿街路市场，建立示范岗，改善了市容市貌，提高了市民的文明道德水平。

六、继续努力构造大市场体系，进一步拓展中心城市的市场功能。在国家有关部门的支持下，新建了国家级的人才和劳动力市场，还新建了中国书刊批发市场，扩建了蔬菜和果品两个中心批发市场、8处集贸市场和3处生产资料市场。引进中资和外资银行工作的进展，加快了金融市场建设步伐。科技、信息、房地产等要素市场的发育，中介组织的健全和经纪人队伍的成长，都有新的起色。

七、把抑制通胀作为宏观调控首要任务，改善人民生活，维护社会稳定。在努力实施"米袋子"、"菜篮子"工程，增加有效供给的同时，市采取了健全价格管理目标责任制，建立每周物价调控例会制度，进行超前调控，筹集价格调节基金，加强社会监督和行政监察等措施，在大灾之年使商品零售物价涨幅不断回落，全年平均涨幅降到了14%左右，较好地完成了省下达的控价指标。随着社会保障体系的逐步完善，特困职工生活周转金制度以及"温暖工程"、"再就业工程"的实施，部分缓解了低收入阶层市民的生活困难。由于把动迁户回迁安置、居民供暖等一些涉及群众基本生活需求的问题，作为大事来抓，早作安排，多渠道筹资，层层落实责任制，使一些社会"热点"得到了缓解和化解。

(张春和)

【市政府第十五届六次全会】 市政府十五届六次全会1995年5月12日在市政府礼堂召开，市直各委办局、县(市)区的领导同志参加了会议。张荣茂市长在会上作了重要讲话。

会议对前4个月的经济形势进行了分析，会议认为，经济运行总体上态势良好，社会基本稳定，年初市人代会所确定的各项任务都已顺利启动并实施。一是农业生产稳定发展，开局很好。备耕、春耕工作进展顺利，贷款发放比1994年提前了半个月，贷款额比1994年多，生产所需的种子、化肥、农药等农用物资也比往年备得足；"菜篮子"工程建设又有新进展；水毁工程修复工作进展顺利；灾民的生产生活得到了妥善安排，整个农村比较稳定。二是工业生产仍保持较快增长的势头。增长速度逐月加快，产品销售率持续提高；轻工业生产继续保持好势头；乡镇工业和区街工业发展速度较快，分别比1994年增长53.8%和52.4%。三是外贸出口和利用外资持续增长。机电产品出口额比1994年同期增长57.2%；大型专业外贸公司和部分"三资"企业外贸公司的出口额比1994年同期增幅较大。四是城乡市场购销两旺，居民收入有所增加。通过采取增源畅流、积极储备、适时调节、保证供应等措施，集市贸易成交额平均每月以60%以上的速度增长，城市居民人均月生活费收入扣除物价上涨实际增长8%。五是财政收入增长，金融形势比较稳定。前4个月国税收入比同期增长12.8%，地税收入比同期增长14.6%，财政收入比同期增长18.9%。货币回笼在1994年居全国城市之首的基础上又比同期增长59.1%，创历史最好水平。六是维护社会稳定的工作收到了成效。建立了特困企业职工基本生活保证金，稳定了物价和粮油市场，加强了信访工作。

会议指出，尽管前4个月经济运行总体态势良好，但也存在一些问题，如国有工业尚未摆脱困境，大中型企业工业总产值比同期下降5.7%，市属工业局(公司)下降3.3%；控制物价上涨过快的任务仍很艰巨，3月份商品零售价格指数在全国35个大中城市中排在第8位，比全国平均水平高出3.5个百分点；社会还存在着一些不稳定因素。

会议强调，下一阶段工作的重点是保持经济快速稳定发展，维护社会的基本稳定。要正确处理好三者关系，在稳定中推进改革和发展，通过改革和发展来实现社会的长期稳定和强市富民。要着力抓好4个方面的工作：

一、关于社会稳定。一是要加快社会保障体系建设；二是做好回迁超期的动迁户安置工作；三是进一步做好稳定市场、平抑物价的工作；四是强化企业扭亏增盈工作力度；五是强化社会治安的综合治理；六是建立社会稳定机制，落实稳定目标责任制。

二、关于经济工作。农村工作要继续加强农业基础建设，立足于抗灾夺丰收。一是深化农村改革，推进产业化进程；二是大力发展"两高一优"农业；三是集中力量修复水毁工程，提高抗御自然灾害的能力；四是继续抓好"菜篮子"工程建设，增加供给，以量稳价。五是加快柳绕地区等三大区域的综合开发。工业经济要注重提高运行质量。一是以产品为龙头，实施造大船工程；二是优化资源配置，把企业的存量资产搞活；三是实施外向牵动，以合资合作促进大中型企业的发展；四是推进科技进步，加大技术创新和技术改造的力度；五是加强企业经营者队伍的建设；六是把改革和管理结合起来。对内外经贸工作要保持快速发展势头。一是要强化对外招商；二是抓紧外贸集团组建工作；三是搞好银贸、税贸协作，保证外贸持续增长；四是组织好市场供应；五是组建蔬菜、粮油、果品三大中心市场；六是做好深圳——沈阳两市名牌产品互展工作；七是抓好工商联手创名牌工作；八是抓好中兴——沈阳商业大厦和商业城组建综合商社工作；九是整顿流通秩序，规范市场行为。

三、关于城市建设和管理。从“一高两大两化”的总体目标出发，城市建设要以加强基础设施建设为重点，城市管理以争创全国卫生城市为主线。一是抓紧太原街、中街、北站的基础设施配套；二是抓好住宅建设；三是抓紧通讯建设；四是抓紧启动建设快速干道系统和轨道系统工程。

四、关于社会事业。要扎扎实实地实施“科教兴市”战略，努力完成“百亿工程”，进一步发展高新技术产业，搞好对大中型企业传统产业的改造，推进科技成果转化为现实的生产力。要认真做好教育面向21世纪6项工程的启动工作，认真开展《教育法》宣传教育活动，增强全社会的依法治教意识。广泛开展群众性的文化活动，努力办好第四届全国杂技节，积极参与省第三届艺术节。

这次会议的意义在于提出了农业仍要做好战胜洪灾、旱灾、病虫害等多种自然灾害的准备工作，立足于抗灾夺丰收和工业克服发展中的困难，战胜困难求发展的思想，使各级领导干部在工作中对扎扎实实巩固一季度成果，在紧中求发展有了足够的思想准备，为后来7月末8月初带领全市人民战胜百年不遇的洪灾提供了思想保证。

（*张春和*）

【市政府第十五届七次全会】 市政府第十五届七次全会1995年11月2日在市政府礼堂召开，市直各委办局、县（市）区的领导同志参加了会议，张荣茂市长在会上作了重要讲话。

会议指出，中共十四届五中全会审议通过的《中共中央关于制定国民经济“九五”计划和2010年远景目标的建议》，正确体现了建设有中国特色社会主义理论和党的基本路线，充分反映了改革开放特别是党的十四大以来的基本经验，展示了今后15年中华民族发展的美好前景，集中表现了党中央规划未来的雄才伟略和驾驭全局的宏大气魄。学习和落实好五中全会精神，对于我们实现老工业基地的振兴，完成新世纪的历史任务，具有重大而深远的意义。

会议认为，学习贯彻五中全会精神，要紧密结合沈阳经济工作的实际，特别要积极推进经济增长方式的转变。只要狠抓推进企业技术进步，实施名牌产品战略；推进企业管理进步，深挖企业内部潜力这两项工作，就能在转变经济增长方式中开创新局面，做出新贡献。

会议强调，临近年终岁尾，要围绕“坚定信心，迎难而上，努力完成全年国民经济计划和各项工作任务，同时安排好冬季人民生活，促进社会稳定发展”这个大局抓好十项工作：

一、坚持城乡一体，解决好农村和农民的问题。一是要千方百计把灾区的生活安排好。二是争取多收、收好粮食，确保粮食征购任务的完成。三是搞好农田水利基本建设，确保水毁工程的按期修复，把沈阳市的农业基础夯实。四是做好主要农资商品供应工作，严把种子关，防患于未然。

二、加快进度，必保工业经济计划目标的实现。一是坚持“大灾不减志，大灾不减产”，全力增产增收。二是抓大放小，深化企业改革。三是转变经济增长方式，提高经济运行质量。四是坚持“三改一加强”，向管理要效益。五是抓好“八五”收尾和明年的生产准备。

三、加大税收征管工作力度，确保财政收支平衡。一是推动企业的产品销售工作，组织好应收货款的回收和清欠。改善企业的资金周转状况。二是强化税收征管力度，确保应收尽收。三是严肃财经纪律，坚决压缩支出。四是在支持企业增产增收的同时，要加大扭亏工作力度，努力遏制企业经济效益下滑。五是强化对预算外资金的收支管理，以预算外补预算内。六是严格杜绝任何巧立名目用公款吃喝的不正之风。

四、做好冬季供暖工作。一是进一步加大采暖费清欠和收缴工作力度，以增加储煤量和及时支付热电厂热价款。二是认真落实有关供暖工作的各项原则和规定，研究切实可行的具体操作方法，使供暖工作逐步走上法制化轨道。三是加强内部管理，进一步明确责、权、利关系，严肃考核制度，组织开展供暖服务竞赛，提高供暖工作的服务质量。

五、做好动迁户回迁安置工作。一是进一步落实责任制。二是由房产部门用房改资金为集团贷款代建回迁用房，使1 500户拖期回迁居民于明年三季度得到回迁安置。三是贷款给工程即将收尾的公司，再回迁4 000户。四是进一步拓宽安置渠道。

六、做好灾区灾民的生活安置工作。一是要抓紧做好灾民倒损房屋重建和修复的收尾工作。二是由市中心五区筹集棉被对口支援灾民越冬所需棉被。

七、做好特困职工的生活安排工作。一是向特困职工提供生活保障金。二是开展“温暖工程”活动。三是建立扶贫解困基金。

八、做好稳定市场的工作。继续贯彻“增源畅流，以量稳价”的方针，及早做好元旦、春节市场供应的商品准备，确保节日市场繁荣活跃。

九、巩固扩大创建成果，改善环境质量。市要定期召开城市管理调度会，及时解决问题。各区要发挥块块作用，落实“门前三包”，发挥人自为战的积极性。同时要加强执法监督。

十、加强社会治安工作。严厉打击各类刑事犯罪，同时进一步完善社会面的“点、线、面、门”的管理控制网络。加强消防管理监督。

这次会议是一次大灾之年振奋精神、迎难而上、遭灾不减志、遭灾不减产、确保完成全年工作任务的深入动员会。会后各部门、各单位扎扎实实开展工作，使全年的各项工作任务画上了圆满的句号，也为1996年工作的开局创造了条件。

（张春和）

【市政府工作会议】 1995年8月9日，沈阳市政府召开工作会议，各县（市）区、市直各委办局的领导参加了会议。这次会议是在沈阳遭到百年不遇的洪涝灾害，全市8个县（市）郊区不同程度地受灾，受灾人口高达210万人，占全市8个县（市）郊区人口总数的60%以上，农作物受灾面积达490万亩，成灾面积达358万亩，其中有192万亩农作物绝收，数百万灾民无家可归，部分大中型企业因断水停电不能正常开工，全市直接经济损失达73亿元的情况下召开的。这次会议的目的，就是动员全市人民群众，特别是各县（市）区政府和市政府各部门，迅速行动起来，振奋精神，迎难而上，顽强拼搏，千方百计搞好生产自救，努力完成全年国民经济计划和各项工作任务。会议指出，特大的洪涝灾害，不仅给沈阳带来了巨大的经济损失，也给完成国民经济计划增加了难度。在抗洪抢险工作继续的同时，要把生产自救工作迅速摆上重要的工作日程。这不仅是摆在全市人民面前十分紧迫的任务，也是各级政府及政府各部门的重大责任。会议强调，当前需要解决的一个突出问题就是通过深入的思想动员，振奋人们的精神，鼓舞人们的斗志，增强战胜困难的信心和勇气，要把生产自救的立足点放到自力更生上来，放到发展生产上来，振奋精神，迎难而上，尽快恢复生产，重建家园，使城乡各项工作正常地运转起来，努力消除灾害带来的不良影响，确保市全年国民经济计划和各项工作任务的完成。

会议提出当前主要抓好八项工作：第一，尽快恢复农业生产。由金明仕副市长挂帅组成指挥班子，负责抓好农业生产。8个县（市）、区要根据本地区受灾的实际情况，逐个乡、逐个村地进行分析研究，然后制定一个开展农业生产自救的工作方案，有针对性地采取实际措施恢复生产。对于过水的地块，要集中排灌机械，抢排农田积水，按照“能排一亩是一亩，能保一亩是一亩”的原则，尽可能地把农田的积水，包括那些“锅底坑”的深水迅速排出去。对于已经过水但农作物仍可存活、有希望取得一点收成的地块，就要按照“能收一颗是一颗，能收一亩是一亩”的原则，搞好后期田间管理。对于绝收地块，就要按照“能补一块是一块，能种一垅是一垅”的原则，努力抢种下一茬生长期短的秋菠菜、养麦和小白菜等晚秋农作物。同时，采取城乡结对子的办法，由市农工委和经贸委组织城里的企业进行对口帮助、对口支援，协助灾区修复水毁工程、恢复棚菜生产和发展养殖业。第二，继续大力发展乡镇工业。组成由姜宪志副市长挂帅的指挥班子，负责抓好乡镇企业的生产自救，协调全市方方面面的力量，把乡镇企业后5个月的生产抓好，努力完成销售收入和经济效益同步增长的奋斗目标。第三，下大力量进一步搞好工业生产。沈阳遭受特大洪灾，完成全年国民经济发展和地方财政收入计划的形势甚为严峻，更应迎难而上，主动弥补受灾造成的损失，并作为经济运行的主体带动全市经济的发展。市委、市政府已于年初开始实施搞好大中型企业的“八项工程”，必须继续逐项落到实处，对此，绝不能因为受灾就发生动摇。没有受灾的大中型企业，更要深化改革，扩大开放，把改组、改制、改造和加强企业管理结合起来，加快马力，多干些，干得好些，努力当好灾区的坚强后盾。第四，经济综合部门要积极主动地搞好服务。通过优化配置生产资源和生产要素，把有限的人力、财力、物力用到增加经济效益的刀刃上去，特别要向名牌产品和效益好的企业倾斜。虽然受重灾，但年初确定的国民经济发展计划中的各项指标不作调整。第五，加强城市基础设施建设。在大小河流水势开始回落的时候，抓紧时间补偿城市基础建设的欠账，争分夺秒地逐项实施。除了已抓紧修复保证了国省干道通畅外，还要在洪水退去后，逐步地修复乡间道路，以解决因“行路难”给生产生活带来的难题。第六，进一步维护社会稳定。各级政府还是要把维护社会稳定的工作作为开展生产自救，加快生产发展的重要保证，作为勤政廉政、全心全意为人民服务的实际行动，贯穿于各项工作的始终，坚持常抓不懈。一是把“米袋子”和“菜篮子”供应抓紧抓实，控制物价过快上涨。二是加快住宅建设，妥善安置动迁居民。三是统筹安排，确保冬季的正常供暖与供电。四是加强社会治安管理。第七，继续完成各项既定的工作任务。各县（市）、区政府和市直各部门都要坚持“两条线”的作战方针，在抓好抗洪抢捡救灾的同时，马不停蹄地把过去已确定的各项工作继续推进下去，老工业基地结构调整和技术改造，深化改革，对外开放和经济合作，都要搞得比农前更好，创建卫生城的工作，也应进入倒计时状态。第八，加大抓实力度，改进工作作风。洪水在使人们蒙受灾难的同时，也冲掉了形式主义，冲掉了官僚主义，使党群关系更加密切。这种好的作风要继续发扬下去，要加大工作抓实的力度。要进一步发扬密切联系群众的作风，深入基层，深入群众，时刻把群众的安危冷暖放在心头，多为群众办实事、办好事，最大限度地调动和保护群众的积极性，带领广大人民群众生产自救，重建家园。

这次会议是重灾面前振作精神、迎难而上、顽强拼搏的动员会，这次会议的意义在于为全市人民遭灾不减志，全面完成国民经济计划和各项工作任务奠定了基础。

（张春和）

【创建全国卫生城市】 1996年1月，沈阳市首次被国家授予全国卫生城市称号，对于沈阳这个老工业基地城市来说，既是零的突破，也体现了全市各族人民团结向上的良好精神面貌。创建全国卫生城市，是沈阳人民的共同愿望和奋斗目标。为实现这一目标，沈阳市委、市政府率领全市人民为此付出了艰辛的努力。

1. 统一思想认识，加大组织领导力度。创建全国卫生城市工作的实践，使沈阳市创建工作的认识逐步升华。首先，创建卫生城市工作已远远超出了"卫生"的概念。她是促进城市经济发展，推动改革开放，提高人民群众生活质量，提高经济和社会发展质量意义深远的伟大工程。其次，抓好创建工作是履行政府职能的重要体现。规划、建设、管理好城市，是政府的主要职能。创造良好的城市环境，是履行政府职能的重要内容。能否管理好城市，是政府履行不履行职能，称不称职的大问题。第三，创建卫生城市与拓展城市功能相辅相成。沈阳作为东北的中心城市，要不断拓展城市功能，提高服务水平，因此，必须改善城市环境，完善城市设施，练好城市内功。第四，创建工作维系着党群干群关系。创建工作贴近人民生活，与人民的心态息息相关。沈阳市委、市政府始终坚持造福于民的宗旨，把创建过程作为实实在在为群众办实事的过程，同时也激发了群众参与创建工作的热情，进而密切了党群干群关系。在统一认识的基础上，沈阳市委、市政府把创建全国卫生城市工作纳入了经济和社会发展总体规划，并从1993年起制定了三年跨入全国卫生城市的目标，做到年年有进步，年年有发展。特别是在近两年沈阳连续遭受洪涝灾害的情况下，遭灾不减志，坚定信心，边抗灾边创建，矢志实现既定目标，加大组织领导力度。成立了市长亲自挂帅的创建工作领导小组，市区两级政府建立了创建调度会制度。健全了市区两级爱卫办组织，增加了编制和经费。社会各界全方位介入，形成了五大班子齐抓共管、军民共建、全社会参与、各部门通力协作的局面。

2.加大资金投入，大规模补偿历史欠帐。为加速改变老工业城市基础设施滞后、历史欠帐多的状况，1992年以来，通过招商引资、社会集资、政府投入等方式，以平均每年31亿元的投入力度，竣工交付使用住宅887.8万平方米，全市80%的棚户区得到改造，使破旧不堪的高空环境焕发新姿。按照城市总体规划，实行倾斜优惠政策，每年搬迁近百个污染扰民企业，既搞活了企业，又"腾笼换鸟"，促进了产业结构的调整。1995年，又投入4 000多万元，购置和生产垃圾压缩车60台，进口真空吸尘洒水扫道车4台，在集贸市场、住宅小区、公交始末站等地区补建水洗公厕105座，大大提高了垃圾收运和环卫扫保的现代化水平。在加强城市绿化的同时，还坚持"寸绿必夺、寸土必争"的原则，取缔在公园乱设的经营摊点525处，商亭420个，停建利用园地招商的项目，补建公园绿地4万平方米。

3.提高工作透明度，最大限度地扩大群众参与面。创建工作顺利进行，根本在于全市人民一致的认同，自觉的行动。只要群众有呼声，不管是不是国检的内容，市政府都全力去办。如针对乘车难的群众反映，市政府三年间投资1.5亿元，更新改造公交车812台，相当于前三年的10倍。针对群众意见集中的住宅小区脏乱差问题，对198个未交接的住宅小区进行了全面整治，仅1995年就投资5 000多万元，铺装小区内道路30万平方米，补植小区内绿化8.8万平方米，使40%的住宅小区达到市政府提出的"绿、静、美、安"标准，有5个住宅小区进入国家示范小区行列。为净化市容，三年间共拆除违章建筑2万多处，包括六〇六所周围地区违章建筑群1 400多间，解决了十多年的"顽症"，归还占道面积25万平方米，昔日破烂污秽的地带，如今已建成两条宽阔的市政道路。1995年特大洪涝灾害发生后，市政府在财政紧张的情况下，拿出2 000多万元，用于防病治病，消杀四害，实现了大灾之年无大疫。国检前，市政府成立了创建总指挥部，实行一天一调度，对每天上百起的群众投诉，24小时之内有回音，能解决的三天之内解决，暂时不能解决的答复解决时限和办法。特别是在国家检查的前半个月，市政府把向国检团汇报的材料原原本本地刊登在《沈阳日报》上，征求市民意见，提出够不够卫生城，让老百姓先把关；要通过"国检"，首先要通过"民检"。市政府这种实事求是的精神和为人民负责的态度，感动了人民群众这个"上帝"，群众积极参与、热情支持的积极性空前高涨。

4.建立责任体系，夯实创建工作基础。市政府与43个城区和部门签订了创建工作责任状。各区和市直有关部门、单位与所属基层单位，层层签订落实了责任目标。居委会与居民签订了责任书，市场管理部门与业户签订了责任状。中小学校与在校学生签订了"与爸爸妈妈共创卫生城"的保证书。全市形成了一个纵向到底，横向到边的责任网络体系。与此同时，为把创建工作切实落到基层，强化街道办事处的社区管理职能，在全市114个街道办事处中开展了创建市容管理红旗办事处活动。每月由市区联合考核评比一次，在《沈阳日报》上公布，并严格奖罚兑现，从而有效调动了街道办事处的积极性。

（李继光）

·监察工作·

【执法监察工作概况】 1995年，沈阳市各级纪检监察机关紧紧围绕全党工作的大局，积极开展执法监察，取得了新的进展。共开展执法监察和效能监察492项，查出违法违纪金额5.1亿元，挽回和避免经济损失5 109.8万元，查处违法违纪案件198件，提出监察建议481项，协助建章立制341条，为维护党的民主集中制的原则，保证政令畅通，促进全市改革、发展和稳定发挥了积极作用。主要做了以下几个方面的工作：

1.对民主集中制贯彻执行情况开展监督检查，促进民主集中制的贯彻执行。为贯彻党的十四届四中全会《关于加强党的建设几个重大问题的决定》，把党内监督的任务落到实处，市纪委、监察局把开展民主集中制贯彻执行情况的监督检查，作为执法监察工作的重点，并召开会议作出专项部署。一年来，全市共开展有关这方面的检查21项(次)，发现并纠正处理问题18个，查处违纪案件12件。严肃查处了有令不行，有禁不止的案件，有力地促进了民主集中制的贯彻执行。

2.对中央、省、市关于减轻农民负担政策、措施贯彻执行情况开展执法监察，促进了党的农村政策的落实。全市各级纪检监察机关把减轻农民负担作为促进农村经济发展和社会稳定的一项政治任务，积极会同农工委等有关部门大力开展执法监察。一是对明令取消的涉农收费项目和达标升级活动的落实情况开展执法监察。3至4月，全市纪检监察机关会同有关部门抽调148人，组成24个检查组，对8个县(市)区52个乡镇106个村农民负担情况进行了重点检查。发现和纠正违反国家规定，加重农民负担问题213个，退还农民不合理负担308万元。二是对农业生产资料价格和购销政策执行情况开展执法监察。在春耕期间，各级纪检监察机关会同有关部门对经营农业生产资料价格和购销政策执行情况进行了检查，发现和纠正违纪行为110起，涉及违价金额560万元。还会同有关部门对农业生产资料的质量进行了全面检查，查获劣质化肥等价值1 514万元，均按有关规定作了处理。三是对乡村财务管理情况进行监督检查。法库县纪委、监察局会同有关部门，在全县开展了以农村集体资金管理和使用情况为主要内容的乡村财务管理执法监察。涉及资金总额4.7亿元，查出违纪金额571.8万元，纠正和处理违纪金额214.3万元，处分违法违纪人员8人，协助修改完善财务管理规定23项114条，有力地促进了乡村财务的规范化管理。辽中县纪委、监察局开展乡村财务管理情况的执法监察也取得了较好的效果。四是督促农民负担管理部门建立和完善各项制度，使农民承担费用和劳务的监督管理逐步纳入规范化、法制化轨道。目前，全市普遍实行了《农民负担通知书》制度，进户率95%以上。同时，还建立了乡村两级农民负担信息网络，对农民负担实行动态监测。

3.广泛深入地开展企业效能监察，促进企业发展。一年来，全市纪检监察机关进一步加大了企业效能监察的份量，并取得了新的成效。全市开展效能监察的国有大中型企业已达263家(占全市国有大中型企业总数的78%)，共立项375项，提出整改建议206条，挽回和避免经济损失2 935.8万元，追回欠款11 249万元，增加经济效益680.3万元，查处违法违纪案件109件。

4.针对热点问题开展执法监察，维护社会稳定。全市纪检监察机关紧紧围绕群众反映强烈的热点问题开展执法监察28项(次)，内容涉及社会政治、经济、生活各个方面。一是围绕市政府稳定粮油市场政策、措施贯彻执行情况开展执法监察。年初，全市纪检监察机关会同物价等有关部门，共检查粮店、农贸市场241家，对不执行市政府有关政策规定的49家粮店，进行了严肃处理。二是对赈灾款物管理和使用情况开展专项执法监察。夏季的特大洪灾发生后，为保证赈灾工作顺利进行，市监察局会同市民政局下发了《关于对自然灾害救济款及募捐款管理使用情况进行监督检查的通知》，并组织力量开展监督检查，并取得了较好的效果。三是对全市中考体育加试工作开展专项执法监察。6月上旬，为推进招生制度改革，决定对体育科目加试。为保证这一招生制度改革的顺利实施，市纪委、监察局从市区纪检监察机关抽调15名干部与市教委等部门组成13个监察小组进行监督检查，发现并纠正452起核分中的错误，从而保证了这项工作的顺利进行。此外，各级纪检监察机关还围绕《统计法》、《土地管理法》贯彻执行情况，以及对预算外资金的管理、建设工程招标、招干、征兵、军转干部安置等问题开展专项执法监察，保证了党和政府有关法律法规的贯彻落实，促进了党风廉政建设，受到群众的普遍欢迎。

5.对基层行政执法部门和执法人员的执法行为开展了专项执法监察，促进反腐败深入发展，并取得了明显效果。全市共围绕基层行政执法部门的执法行为开展执法监察24项(次)，立案查处42件，给予党政纪处分25人，移送司法机关8人。

6.积极参与重大事故的调查处理。全市纪检监察机关查处失职、渎职和严重官僚主义造成重大经济损失或人身伤亡事故的案件7件。在追究有关责任的同时，还督促帮助发生事故的单位分析原因，健全制度，严格管理，加强预防，消除不安全隐患。

(*范红纲*)

【国务院纠风办来沈检查工作】 1995年10月25日，国务院纠风办副主任、中纪委党风廉政建设室主任王宝良等一行7人前来沈阳市检查纠风工作。市委常委、市纪委书记王扬，市政府副市长朱锦，市纪委副书记、监察局局长尹秀荣同志参加了汇报会。

国务院检查组在听取沈阳市纠风治乱工作的汇报后，对沈阳市1995年纠风工作表示满意，并给予充分肯定和较高的评价。检查组认为，沈阳市纠风工作从市委、市政府到各级领导都很重视，摆在突出位置，抓的很实，效果很好。纠风工作任务很重，都完成得很好，有的还超额完成了任务。有的工作很有特点，特别是清理公路“三乱”和中小学乱收费这两项工作有力度，有深度，也有特色。为了解决择校生问题，更好地治理中小学乱收费，办了一批民办中小学，既解决了长期困惑我们的择校生老大难问题，又为发展教育事业提供了一条新路子。在重点部门刹风整纪方面，实行了“一把手”工程，签订责任状也是好办法，希望把这方面的经验很好地进行总结。检查组还谈到了明年纠风的大体思路，并希望沈阳市摸索总结出标本兼治的办法和经验。

(*范红纲*)

【市政府纠风工作会议】 1995年3月22日，沈阳市政府召开全市纠正部门和行业不正之风工作会议。市委常委、副市长张瑞昌作了题为《在治本上做文章，在深入上下功夫，切实纠正部门和行业不正之风》的工作报告。市委副书记董万德作了重要讲话。副市长朱锦主持了会议。

张瑞昌指出：1994年以来，各级政府和行业主管部门按照市政府纠风工作总体部署，采取专项治理办法，着重抓了“三清一刹”，并取得了一定成效。清理乱收费、乱罚款工作进一步深入。全市共取消不合理收费项目128项，全年可减轻企业和群众负担5 450万元；清理公费出国(境)旅游工作成效明显。全市共认定和处理公费出国旅游和部分公务主要进行旅游的团组13个，人员107名，按有关规定收缴费用9.3万元。全市取消和制止不必要出国(境)团组127批548人次，为国家节省资金1 084万元；清理党政机关及其工作人员无偿占用企业钱物工作取得初步成果。全市清理党政机关及其工作人员占用企业钱物1 171万元，已退还钱物总金额709.8万元，其余正在清退中；重点部门和行业继续开展刹风整纪工作，群众反映的一些热点问题有所缓解。总的来讲，沈阳市1994年纠风工作发展是健康的，效果是明显的，但与上级的要求和广大人民群众的期望相比，还有很大差距，今后的纠风任务仍十分繁重。他要求，1995年沈阳市纠风工作重点要抓好三项工作。一是继续落实中央和省市已部署的专项治理工作，巩固已取得的成果。凡没有落实的，要采取措施，狠抓落实，已经落实的，要从建立或完善规章制度，加强管理等方面加以巩固，二是在全市范围内集中狠刹三股不正之风。即：狠刹在公路上乱设卡，乱收费，乱罚款的不正之风。坚决取缔非法所设的站卡，整顿城市零公里内城建部门所设的站卡。公路所设站卡，要严格限制在省批准的范围之内，公路罚没款要执罚执收分开；狠刹中小学乱收费的不正之风。进一步清理乱收费、乱办班、乱编印和自费生、择校生收费过高等问题；狠刹向农民乱摊派、乱收费的不正之风，既要清理农民的公开负担，也要注意清理农民的隐形负担，真正把农民负担限定在政策允许的范围之内。三是一些行业和部门要继续抓好自身存在的突出不正之风，有针对性地解决好群众反映强烈的热点问题。1995年纠风工作重点行业和部门是公安、工商、税务、教育、卫生、房产、金融。他要求各级政府和行业主管部门，加强领导，落实责任，加强监督检查，把纠风工作抓实。

市委副书记董万德最后讲话。他要求，各级领导，特别是主要领导要进一步提高对纠正部门和行业不正之风重要性、紧迫性的认识，把纠风工作做为反腐败的重要任务来抓。克服和澄清模糊认识，正确处理纠风工作与反腐败斗争、与建立社会主义市场经济体制、与党的建设、与政绩等方面关系，亲自、自觉、积极地抓好纠风工作；要注意研究方法，抓实纠风工作。要针对新形势下纠风工作特点，以改革精神探索解决不正之风的新对策，总结新经验。各单位及部门的纠风工作要注意研究出有震慑和激励作用的硬招，有专项治理的细招，有治本的新招，把纠风工作不断引向深入，抓出成效；要加强领导，真抓实管。各级政府及行业主管部门要做到责任到位，工作到位，实行"一把手"抓纠风工程，逐级签订责任状，层层抓落实，要以求实的作风和扎实的工作，确保全市纠风工作取得新的成效。

（范红纲）

【对动用公车操办婚事进行大检查】 1995年，沈阳市政府纠风办会同市监察局、市公安局交警支队、市交通局、市精神文明建设城市管理办公室、市小汽车定编办公室及13个县(市)区的相关单位，集中时间、统一行动，共出动160多人，分成35个组，分别在13个县(市)区的主要路段上对动用公车操办婚事的情况进行了大检查。通过检查，共记录了75队、596台参与操办婚事的车牌号。涉及沈阳市的公车共291台，其中，属党政机关的40台，属企事业单位的231台。市纠风办通过新闻媒介对参与操办婚事的40台属党政机关的公车牌号及其单位进行了公开曝光，并就此专门发出了通报。

（范红纲）

【对中小学教育收费手册管理制度落实情况进行督促检查】 1995年3月15日，沈阳市纠风办、市教委等部门为加强中小学收费管理，正确执行国家、省和市有关教育收费的政策，对各县(市)区落实市教委规定的教育收费手册管理制度执行情况进行督促检查。

收费管理制度规定，各学校必须使用市物价局、教委监制的教育收费手册方可向学生收费。凡是向学生收取的费用，必须按规定使用财政部门统一印制的行政事业性收费票据。收费人员必须按规定把收费时间、项目、标准和金额完整地填写在教育收费手册上，加盖收费人员印章，并经学生家长签字认可。教育收费手册要做到每生一册，由收费人填写，学生家长保管。主管校长每学期对教育收费手册和教育收费收据的执行情况进行抽检，加盖主管校长检印。

为全面落实这项制度，市纠风办、教委、财政局、物价局等部门抽调15人组成2个督查组，深入到13个县(市)区，分别对每个县区抽查4所小学、一所普通高中、一所职业高中。他们采取查看收费手册、有关帐目，与校长、教师、学生交谈等形式督促检查。

通过检查了解到，绝大部分学校都能够认真按照有关要求落实中小学收费手册管理制度，对制止中小学乱收费起到了很大作用。但也有个别学校仍存在乱收费和收费不规范等问题，督查组已按有关规定进行了处理。

（范红纲）

【清理"小金库"工作】 沈阳市清理小金库工作在1995年初试点的基础上，于5月份在全市铺开，通过自查自纠和重点抽查，目前已取得成效，共自查和抽查出小金库金额2 278万元，应上缴财政457万元，已上缴190万元，其余正在上缴之中。

全市小金库自查自纠工作于5月至7月上旬在全市展开。参加自查的单位83 169个，自查出私设小金库的有437个单位，金额2 163万元，其中属于1992年以前滚存的205万元；1993年至今发生的金额1 958万元，已支出1 668万元，滚存余额495万元。应上缴财政的344万元，已上缴160余万元，其余的正在收缴中。清理小金库的抽查阶段是从7月中旬至8月底进行的。全市共抽出1 870名专业人员，利用10天左右时间进行培训，然后分成808个组，重点检查了8 001户。共查出有私设小金库问题的21户，金额115万元。其中1992年以前滚存的

16万元,1993年以后发生的99万元。已支出64万元,余51万元。应上缴财政113万元,已缴30万元,其余正在收缴中。在重点抽查阶段,对6个问题较重的单位进行了查处。于洪区残联利用办残疾人证和体检之际收取不合理收费23 500元,入了小金库,已被处以1倍罚款,其他5个单位私设小金库问题正在查处中。

(范红纲)

【民主党派和工商联负责人与市纪委领导共商反腐败大计】 1995年3月27日,市纪委、市委统战部召开有民革等8个民主党派和工商联负责人参加的座谈会,认真讨论市纪委向第九次党代会所作的工作报告(征求意见稿)。市委常委、市纪委书记王扬到会听取意见。

王扬同志介绍了《中共沈阳市纪律检查委员会向中国共产党沈阳市第九次代表大会的工作报告》(征求意见稿)的主要内容。并诚恳地说,近5年来各民主党派和有关团体非常关心全市的党风和廉政建设,为搞好反腐败斗争提出了很多好建议,还有一些民主党派的同志作为特邀监察员直接参与政府维护廉政工作,为促进全市的党风和社会风气的好转作了大量工作。今后,要经常的向党外人士通报全市反腐败工作情况,随时听取党外同志的意见,不断改进工作。有市委的正确领导,有党外人士和全市人民的支持,反腐败斗争一定会取得明显的成效。各民主党派和工商联负责人对"报告"提出了很好的意见和建议。

(范红钢)

·编制工作·

【机构编制概况】 截止1995年12月31日,沈阳市、区、县(市)党政群机关机构总数为722个(不含街、镇、乡),执行编制总数为14 899名(市级党政群及街、镇、乡机构尚未三定),实有在职人数为12 907名。

1.市级机关机构编制。沈阳市市级党政群机关机构总数为111个,其中:中共党委工作机构总数13个,人大常委会工作机构8个,人民政府工作机构64个,政协工作机构7个,人民法院机构1个,人民检察院机构1个,民主党派机构8个,人民团体组织9个。

沈阳市市级党政群执行编制总数6 060名(国家核拨编制5 622名,地方自定编制438名),实有在职人数为4 718名。其中,中共党委机关编制665名(国家核拨编制645名,地方自定编制20名),实有在职人数为474名;人大常委会机关编制142名,实有在职人数为131名;人民政府机关编制4 672名(国家核拨编制4 254名,地方事业编制418名),实有在职人数4 206名;政协机关编制83名,实有在职人数为83名;民主党派机关编制116名,实有在职人数为99名;人民团体组织编制382名,实有在职人数为345名。

2.区级机关机构编制。沈阳市辖9个市区级的党政群机构总数为422个(不含街、镇、乡)。其中,中共党委工作机构共67个,人大常委会工作机构45个,人民政府工作机构234个,政协工作机构12个,人民法院机构9个,人民检察院机构9个,民主党派机构2个,人民团体组织44个。

沈阳市9个市区级党政群机关编制总数为5 988名(国家核拨编制5 878名,地方自定编制110名),实有在职人数为5 445名。其中,中共党委机关编制767名(国家核拨编制764名,地方自定编制3名),实有在职人数862名;人大常委会机关编制174名,实有在职人数为181名;人民政府机关编制4 346名(国家核拨编制4 256名,地方自定编制90名),实有在职人数为4 016名;政协机关编制118名,实有在职人数为127名;民主党派机关编制2名,实有在职人数1名;人民团体组织编制279名(国家核拨编制262名,地方自定编制17名),实有在职人数为258名,机动编制302名。

3.县级机关机构编制。沈阳市辖4个县(市)级党政群机构总数为189个(不含镇、乡)。其中,中共党委工作机构33个,人大常委会工作机构20个;人民政府工作机构104个;政协工作机构9个;人民法院机构4个;人民检察院机构4个;人民团体组织15个。

沈阳市4个县(市)级党政群机关编制总数为2 851名(国家核拨编制2 580名,地方自定编制271名),实有在职人数为2 744名。其中,中共党委机关编制491名(国家核拨编制437名,地方自定编制54名),实有在职人数为479名;人大常委会机关编制97名,实有在职人数为103名;人民政府机关编制1 980名(国家核拨编制1 787名,地方自定编制193名),实有在职人数为1 986名;政协机关编制54名,实有在职人数为61名;人民团体机关编制106名(国家核拨编制82名,地方自定编制24名),实有在职人数为115名,机动编制123名。

(赵丽娟)

【县(市)、区党政机关机构改革】 沈阳市县(市)、区党政机关机构改革工作(第一阶段)从1992年3月开始至1995年5月历时3年时间已基本结束。并通过了市编委办公室组织的检查验收。从检查验收的情况看,沈阳市这次县(市)、区党政机关机构改革(第一阶段)工作符合中央和省、市委提出的机构改革总体要求,达到了预期目的,取得良好的效果。

这次县(市)、区机构改革,是根据党中央提出行政管理体制和党政机构改革转变职能、理顺关系、精简机构、提高效率的总体要求,按照市委、市政府提出的"超前研究、大胆设计、充分论证、稳妥实施"具体要求,从1992年3月开始准备的。从调查研究到实施验收大体上经历了三个阶段:第一阶段从1992年3月开始到1992年9月份为调查研究和试点阶段。在这一阶段,经市委、市政府批准成立了由市委、市政府和有关部门领导组成的机构改革领导小组,并派出调查组深入到13个县(市)区进行调查摸底,重点摸清了县(市)区现有体制和职能的运行情况和存在的主要问题。并派出考察组到重庆等省、市考察,在此基础上,形成了沈阳市县(市)、区机构改革基本思路。并且经市机构改革领导小组批准,在辽中县、大东区、铁西区、新民市开展了试点工作，在试点成功经验基础上形成了沈阳市县(市)、区党政机构改革方案(讨论稿)。第二阶段从1993年末到1994年11月为《方案》充分论证阶段。为使《方案》更具可操作性，先后召开了县(市)、区编委办主任，县(市)、区主要领导、市机构改革领导小组以及市编委10余次会议进行论证，并且还通过了市政协、市人大的审议，于1994年9月12日市委第十一次常委会议上审议并获得批准。第三阶段从1994年11月至1995年5月为实施验收阶段。经过长达3年多的努力工作，各县(市)区党政机构改革(第一阶段)工作已全部到位，较好地完成了各项工作任务。

1.转变职能、下放权力。各县(市)、区在实施机构改革过程中，紧紧抓住了转变职能这一重点。各县(市)、区经济综合部门和专业经济管理部门结合市场经济特点和本地区实际，将属于生产经营管理的职能放给企业，将属于市场调节的职能转移给市场，将属于辅助性、技术性、服务性和事务性的职能交给事业单位或社会服务组织，将属于乡、镇、街的职能下放给乡、镇、街。在此基础上，全市各县(市)、区涉工、涉农、涉商部门基本上都转为经济实体和服务实体。党政其他各部门也切实地将一些属于社会性、公益服务的职能下放给社会团体和基层单位。据统计，各县(市)、区党政机构在改革过程中，共转变职能511项，下放权力251项。

2.理顺关系，解决部门职能交叉问题。在这次机构改革过程中，各县(市)、区都把理顺关系作为这次机构改革的突破口，采取措施重点理顺了三个方面的关系：一是理顺县(市)、区和乡、镇、街的关系，重点是向乡、镇、街放权，将县(市)、区直属部门派驻乡镇的直接为农业和农村工作服务机构的人、财、物一律下放给乡镇管理；二是理顺党政机关及各部门之间的关系，重点是理顺各部门存在的职能交叉，机构重复设置问题，将业务相近的工作部门给予合并；三是理顺县(市)、区与垂直管理部门的关系，重点是强化上级设在县(市)、区与垂直管理机构为所在县(市)、区经济建设和社会发展服务功能。经过三年多的努力，各县(市)区在机构改革中共理顺关系295项，合并业务相近工作部门83个，基本上解决了过去一些部门严重存在的职能交叉、关系不顺、推诿扯皮的问题，收到良好效果。

3.精兵简政、提高工作效率。在这次机构改革中，各县(市)、区认真落实市委、市政府下发的《沈阳市县(市)区党政机构改革方案》精神，下大力气抓好精兵简政工作。在精简机构方面，各县(市)、区按城区型、城乡结合型和县(市)型等不同类型、不同特点对原有的机构进行了大幅度的精简。全市各县(市)、区党政机构由原来的624个，减少到442个，精简幅度为29.5%。其中：撤销机构41个，合并机构83个，转经济实体或服务实体机构60个；内部机构由原来2 735个，减少到2 074个，精简幅度为24.2%；局级领导职数由原来的2 449名减少到1 896名，精简幅度为22.6%。在精简人员方面，各县(市)区在市委、市政府开展两次精减人员编制30%的基础上，还针对本地区实际制定优惠政策，对人员编制作了进一步精减。三年来，各县(市)区共缩减编制4 241名，精减幅度为33.5%；分流人员3 738名，精减幅度为31%。

4.基本上完成了“定职能、定机构、定编制”三定工作。为把机构改革工作进一步抓实，各县(市)、区十分注意做好“三定”工作。据统计，全市各县(市)、区共审批“三定”方案492个，审定各类职能4 668条，党政群人员编制严格按15∶78∶7配备，基本上符合机构改革的总体要求。

(赵丽娟)

【事业单位法人登记试点工作】 沈阳市于1995年4月份在市新组建的事业单位和大东区、于洪区、辽中县开展了事业单位法人登记试点工作。为了使登记试点工作顺利进行，大东、于洪、辽中3个区县均成立了专门的机构，配备了专职人员，在登记工作中进行了广泛宣传。通过半年多的试点，这项工作进展顺利。截止1995年末，已有711家事业单位履行了法人登记手续，领取了《沈阳市事业单位法人登记证》。

(赵丽娟)

【《沈阳市党政机构改革方案》获省批准】 经省机构编制委员会审核后，1995年9月13日省委、省政府下发了《中共辽宁省委、省人民政府关于沈阳市党政机构改革方案的通知》，正式批准了《沈阳市党政机构改革方案》。《方案》中规定市委、市政府独立设置机构共61个，另设部门管理机构8个；市区(含街道办事处)机关人员编制核定为13 945名(不含政法专项编制，下同)；县级市(包括街道办事处)机关人员编制核定为845名；县级机关人员编制核定为1 915名；乡镇机关人员编制5 775名。

(赵丽娟)

·保密工作·

【保密监督检查】 1995年，沈阳开展了多种形式的保密监督检查工作：

1.组织了《对外经济合作提供资料保密暂行规定》贯彻执行情况的检查。根据国家保密局和省保密局《关于检查〈对外经济合作提供资料保密暂行规定〉执行情况的通知》要求，于2月——6月，对全市涉外单位执行情况进行了专项检查。在各单位自查的基础上，重点抽查了东北制药总厂等20多个单位。通过检查，许多单位规范了提供资料的审批程序，明确了各个环节的职责，有力地促进了《暂行规定》的贯彻执行。5月份，国家及省保密局就此项工作对沈阳市进行抽检，予以肯定。

2.对复制国家秘密载体定点单位进行了全面清理整顿。根据省保密局《关于对定点复制国家秘密载体单位进行整顿的通知》精神，及时对全市清理整顿定点单位的工作做出了部署，召开了县(市)区工作会议，安排任务。在此项工作中，注意了四个结合，一是市保密局与县(市)区保密工作部门相结合。根据《管理办法》规定，对印刷、复印行业的保密工作实行区域管理，收到较好的效果。二是保密工作部门与行业主管部门相结合。三是普遍自查和重点检查相结合。四是执行法规与实际工作相结合。通过整顿，沈阳东机实业总公司印刷厂等8个单位因保密安全设施较差，各项管理制度不健全，或因经营不善，长期没有复制国家秘密载体的任务，被取消了定点单位的资格，收回《许可证》。与此同时，根据地域分布的实际状况和一些涉及国家秘密印刷单位的申请，又新批准了沈阳飞机研究所胶版印刷厂等8家单位为定点复制厂家。

经过此次清理整顿，全市重新确定了30个单位为沈阳市复制国家秘密载体定点单位，市保密局为这些单位重新核发了“复制国家秘密载体许可证”。

3.开展了准确确定国家秘密具体密级的调研工作。为严格执行《保密范围》，解决在确定密级工作中存在的问题，从10月到11月上旬，在26个单位（系统）中，就确定密级的基本情况，存在问题，出现的偏差和原因，以及做好确定密级工作的建议等方面进行了深入的调研。

4.执行国家保密局、海关总署《关于禁止邮寄或非法携运国家秘密文件、资料和其他物品出境的规定》。全市共办理《国家秘密出境许可证》5份。

5.积极参与市中、高考的保密工作。6、7月间，注意抓住考试的重点部门和重点部位，始终把保密工作贯穿到考试的各个环节中，发挥了保密工作监督保障作用。一是检查试卷流转的各个环节。二是突出了考试的重点部位和部门。三是接受电视台记者采访，宣传群众。起到了稳定考生和家长心态的作用，为维护社会稳定做出了积极努力。

（邹建国）

【泄密查处】 1995年，沈阳市查处泄密案件1起。市某勘察测绘部门副总工程师，总师办主任×××于1994年5月，利用职务之便，私自绘制了涉及国家秘密的《沈阳街区新图》，并造成在社会上公开出售，使国家秘密泄露。为最大限度地减少泄密造成的损失，及时会同市规划局，市出版局等5个单位联合发出了关于收缴《沈阳街区新图》的通知，一方面在全市收缴《新图》，另一方面通过文化市场管理办在各新华书店和科技书店制止售图。对《沈阳街区新图》的调查、追缴和换发工作，历时半年，共收缴《沈阳街区新图》近400张（已全部销毁）。同时，依照《沈阳市保守国家秘密奖惩办法》，对当事人给予行政记大过处分，没收非法所得5 000元，处以罚款500元，并在全市予以通报。此外，对举报有功人员给予一定的物质奖励。此外，还对塔湾旧物市场出售中央红头文件、旧物收购站收购秘密文件等违反保密法规的问题进行了调查。

（邹建国）

【保密宣传教育】 1995年，沈阳市有针对性地开展了保密法制教育。在基本完成了二五普法期间普及保密法制教育的基础上，结合全市保密工作的实际，有重点地突出了专项法规的宣传教育。重点组织了对《关于禁止邮寄和非法携运国家秘密出境的管理规定》、《对外经济合作提供资料保密暂行规定》、《科学技术保密规定》和《沈阳市保守国家秘密奖惩办法》等法规的学习和宣传。

突出了各级领导干部和涉密人员的保密宣传教育。市保密局在市委党校开设了保密法制教育课，并已在2期局级干部培训班中率先开课，突出了保密工作的形势、任务及保密法规的宣讲，收到了良好的效果。一些县（市）区和市直部门，也坚持把保密教育纳入党干校教育中，作为中层领导干部和后备干部学习的内容。市委办公厅等市直机关根据机关工作实际，坚持对涉密较多的机要、文秘人员进行岗前和在岗教育。各大中型企业和大专了院校突出了科技（科研）人员和技术资料管理人员的保密教育。在开展保密法制教育中，还注意加强了对参与重大活动、重要项目的有关人员的保密教育。

坚持经常性的保密宣传教育，保密宣传教育作为保密工作的重要内容已形成制度。许多单位制定了宣传规划，坚持节假日的保密宣传教育，坚持重大活动的专项保密教育，使保密教育做到经常化。在做好经常性保密教育的同时，通过专题培训、播放录相、板报宣传、图片展览等形式使保密教育不断深入。在开展保密宣传教育中，各单位把保密法制教育与形势教育结合起来，把泄密案的反面警示教育与宣传保密战线的先进人物结合起来，使保密宣传教育有声有色，收到良好的效果。

（董志元）

【保密干部培训】 1995年，沈阳市结合保密工作的实际，制发了《关于组织保密干部业务培训的安排意见》。明确了培训的指导思想，规定了培训的基本内容，确定了原则范围，提出了组织方法和要求。决定从1995年开始在全市保密系统中实行正规化的岗位业务培训。要求现有专兼职保密干部、保密工作部门的领导干部都要分期分批地参加由市保密局统一组织的培训，取得《保密干部业务培训结业证书》，作为从事保密工作的证明。今后对新从事保密工作的专兼职保密干部，保密工作部门的领导干部都要实行先训后用、持证上岗的制度。同时，市保密局每年都对各单位从事保密工作岗位人员参加培训情况进行检查，作为保密工作“双先”评比考核的重要内容。

1995年9月，市保密局组织了为期5天的保密干部培训班。参加培训班的有县（市）区、市直部门的保密干部30余人。培训班重点讲授了保密工作的形势、任务、保密工作部门的职责和保密法规等有关内容，取得了较好的效果，使保密干部业务培训工作有了良好的开端。

（董志元）

【保密理论研讨】 为研究解决在改革开放和社会主义市场经济体制下保密工作出现的新情况、新问题，1995年，沈阳市开展了保密工作理论研讨活动。一些系统和部门结合本系统、本部门保密工作的突出问题展开了理论研讨活动。星光建材集团还召开了系统内的理论研讨会，交流了优秀论文。理论研讨活动,得到了各级领导和专业科技干部的支持,有的局级领导干部结合自身的保密工作写出了颇有见解的论文。这次征集的论文涉及到经济、科技、金融、新闻、涉外、政法及现代企业管理、商业秘密保护等各领域。通过保密理论研讨活动,不仅深化了保密宣传教育,也为做好新形势下的保密工作进行了有益的探索。

这次理论研讨中,共选送论文68篇,经市保密工作论文评审委员会评审,评出一等奖3篇,二等奖5篇,三等奖10篇,同时还有2个单位获得组织奖。

(董志元)

·档案工作·

【档案执法检查】 为进一步贯彻落实《中华人民共和国档案法》,坚持依法治档,1995年,沈阳市档案局与市人大常委会科教办公室、市政府法制办公室联合组成检查组,对全市企业及市直机关所属事业单位的档案工作进行检查。检查历时3个月,分两条线同时进行。一是7—9月份,成立以企业执法监督员为骨干的检查组,对市属大中型工业企业、股份制企业、驻沈企业、房地产公司、广告公司及三资企业等234户企业(113户免检单位除外)进行检查;二是10月份,成立以机关事业单位执法监督员为骨干的检查组,对市直机关所属的64个单位进行检查。检查内容包括:档案的集中统一管理情况,档案材料的齐全完整准确情况,档案的安全保管情况。通过检查,评出优、良、可、差,通报全市。对存在问题的单位,下发档案执法监督检查通知书,限期整改。对限期不改的单位,依据《中华人民共和国档案法》和《沈阳市档案管理行政处罚办法》予以查处。这次检查,进一步推动了全市各单位档案管理向法制化轨道健康发展。

(朱焱华)

【档案业务基础建设】 1995年,沈阳市直机关97家档案工作达标升级,事业单位134家达标升级;县、区机关事业单位达标率为81.8%,其中铁西等6个县区机关达标率为100%。新民市、沈河区、和平区档案馆被评定为省一级先进单位。11月22日——24日,国家档案局在沈阳市召开了沈阳市档案馆目标管理考评评审会,沈阳市档案馆以85.08的分数被评为国家二级档案馆。该馆是继江苏省档案馆、广州市档案馆之后,第三个达到国家级标准的单位。

抓好教育系统档案工作,使全市中小学校档案工作出现新局面。针对教育系统档案管理发展不平衡状况,市档案局与市教委于8月15日联合召开中小学档案工作会议,部署中小学校档案达标升级工作,提出用3年时间使全市中小学校档案管理全部达标升级。会上印发了《沈阳市中小学档案管理办法》,表彰了11个中小学档案管理标兵单位。到年底,全市已有36%中小学档案管理达标升级。

对于洪涝灾害对部分县(市)、区档案造成的一定损失,市档案局及时组织有条件部门参加档案保险,使其对档案造成的损失降低到最低点。根据国家科委、国家档案局《科学技术研究档案管理暂行规定》和《沈阳市档案案卷质量标准》、《最佳科研档案评选方案》的规定,市档案局与市科委组成考核组,对有关单位申报的164项科研档案进行评审,共评定出最佳科研档案107项,评选结果通报全市。

(朱焱华)

【档案干部队伍建设】 1995年3月21日沈阳市档案局召开了动员大会,广泛开展以"转观念、进市场、大服务、兴沈档"为主题的大讨论。会上,下发了关于《在全市档案系统开展转观念、进市场、大服务、兴沈档讨论的意见》。这次大讨论重点要解决存在于部分档案干部精神状态、思想观念、思维方式、心理习惯、价值取向等五个方面的问题,把工作自觉地调整到为社会主义市场经济的建立和发展服务上来。此外,市档案局还在广大档案干部中开展职业道德教育,采取多种形式开展档案干部专业理论知识和业务技能的培训,全市共举办25期档案岗位教育培训班、专题教育培训班、继续教育培训班等,有2 049人参加培训。有240余人分别晋升档案专业高、中、初级技术职务。

1995年11月,沈阳市档案局被国家档案局、人事部授予"全国档案系统先进集体"称号,并在全国档案工作会议、企业档案工作会议、法制工作会议及辽宁省科技教育工作会议上介绍经验。

(朱焱华)

【档案信息开发】 1995年,沈阳市围绕中心工作,强化档案信息服务功能,是全市档案工作的一项重要内容。一是配合沈阳市名牌产品战略工程,开展评选最佳产品档案活动。市档案局与市计经委联系对市政府确定的57个名牌产品的档案进行了检查,共评出106项最佳产品档案。1995年9月26日,市档案局和市经贸委联合召开沈阳市档案工作为名牌产品战略工程服务总结会议,对创最佳产品档案的单位予以表彰和奖励;市档案局还和沈阳人民广播电台联合开办了"名牌产品与档案"专栏;与沈阳油脂化学厂联合开展了"三威杯"名牌产品与档案知识竞赛,借宣传沈阳市名牌产品之机,较好地宣传了档案在新产品开发、研制过程中的重要作用。二是实施档案工作为对外开放服务工程。1994年底,市档案局与市计经委、市科委、市财政局、市外经贸委、市外办联合制发了《沈阳市档案工作为对外开放服务工程实施方案》,计划用两年的时间完成《沈阳市各单位人才引进情况汇集》等9项开发项目。1995年,已完成了《沈阳市各单位人才引进情况汇集》、《沈阳市各单位与国外进行学术交流情况汇集》、《沈阳市与各国(地区)结成友好城市、友好单位情况汇集》、《沈阳市驻外企业、办事机构情况汇集》五大开发项目。三是采取有效的宏观管理措施,引导档案信息开发工作。市档案局、市经贸委、市科委在年初下达了《沈阳市开发档案信息资源计划》,经过各单位的积极开发申报,使计划的83项开发项目如期完成,并取得较好效果。按照《沈阳市开发科技档案信息资源奖励办法》规定,市档案局与市计经委、市科委联合评定了档案信息开发奖项目113项，这些获奖项目共创经济效益3 324.9万元。四是继续开展档案管理与国际惯例对接研讨活动，就引进技术设备档案、机读档案、档案缩微品管理等如何向国际惯例靠拢问题进行深入探索，印发了《沈阳市机读档案管理暂行规定》，《沈阳市引进档案管理暂行规定》。

(朱焱华)

【档案事业发展战略研究】 为制订沈阳市跨世纪档案事业发展战略，1994年市档案局与市档案学会在全市组织开展了“跨世纪档案工作之我见”大讨论。自活动开展以来，先后根据不同专题召开了5次学术研讨会，共收到论文800余篇，有2 000余人参加了研讨活动。在此基础上，1995年3月10日—12日，市档案局与市档案学会在丹东五龙背召开了跨世纪档案工作战略研讨会，把这次大讨论推向深入。来自市直机关、企事业单位、大专院校和市档案局、馆的54名档案专家学者就档案现代化管理、档案馆工作、机关档案工作、档案开发利用工作、档案编研工作、档案法制工作、企业档案工作、新经济领域档案工作、档案保护技术工作、档案人才教育工作、学校档案工作、档案工作者的历史使命等12个专题进行广泛研讨。这次会议，从不同角度、不同方面提出了本世纪末、下世纪初全市档案工作为改革开放服务的新思路，初步构筑起跨世纪档案事业宏伟蓝图。年底，有近49篇颇具建树的论文被收录在市档案局编辑的《走向新世纪》一书中，该书由中国档案出版社出版，1996年向全国发行。

(朱焱华)

附：市政府及各部、委、办、局现任领导人名单

市　长：张荣茂
副市长：张瑞昌　艾廷隽　金明仕　张毓茂　马向东　孙祥剑　朱　锦　姜宪志
秘书长：吕廉生
副秘书长：王　军　齐法滋　贾丕仁　王维忠　张富卿　董镇广

政府办公厅
主　任：张士群
副主任：张福乐　刘语民　胡占才　李宏吉　张国祥

政府研究室
主　任：仲肇明

体改委
主　任：董镇广
副主任：王义本　于连胜　周　航　彭　林
专职委员：张殿军　倪　兴

民委
主　任：田世厚
副主任：肇乐群　铁慧茹

宗教事务局
副局长：崔国华

人事局
局　长：孙桂安
副局长：丁仁恕　张海川

外事办公室
主　任：娄国臣
副主任：董　光　方向东　李　军　蒋颂杰
纪检组长：牟钟瀛

口岸办公室
副主任：张福炬

民政局
局　长：李振发
副局长：杨钟惠　李贺奇

侨务办公室
主　任：王晓明
副主任：张　宁

档案局
局　长：张秀华
副局长：荆绍福

经协办
主　任：洪玉良
副主任：刘　波　屠国忠　张振洲　田有明

统计局
局　长：马金斗
副局长：邱维林　吴　鹤　李长斌

劳动局
局　长：宋海盛
副局长：刘新文　张厚义　祝耀先

财政局
局　长：李经芳
副局长：郭久嗣　汪　涛　祁　鸣　路玉甫

地税局
局　长：李天心
副局长：苏兴峰　赵奎刚　郭保明
纪检组长：张宝钥

审计局
局　长：云生才
副局长：刘雅琴　张德安　唐玉辉
审计专员：乔俊伟

工商局
局　长：盖世林
副局长：富恩礼　包维杰　孙凤凌　黄　立　满红宇

物价局
局　长：王秀珍
副局长：赵永林

技术监督局
局　长：李素芝
副局长：洪景华　张翰闻　刘　晶

规划、土地局
局　长：李德森
副局长：毛应稠　姚奇男　陆　青

物资局
局　长：刘文生
副局长：李录生　赵　进　王泰昌　王洪义
党委书记：于占淮
纪委书记：张　喜
工会主席：曲祖章

机械局
局长副书记：宋铁瑜
副局长：张树棠　张嘉庆
党委书记：林兆春
党委副书记：赵长义
纪委书记：韩玉琦

电子局
局　长：魏泰山
副局长：倪凤芳　黄德风　隋　莉　栾　英
党委副书记：王　铁
工会主席：白成海
纪委书记：潘德祥

冶金局
局　长：丁世良
副局长：李庆章　杨立保

陈小平
党委书记：许继荣
纪委书记：李兴国
工会主席：汪惠权

轻工局
局　长：沈文波
副局长：赵在长　李　波
戴玲俐　马润泽
陈　科　赵曙光
总工程师：李黎达
党委书记：于友忠
党委副书记：姜月恒
纪委书记：周振东

石化局
局　长：赵安年
副局长：刘汝清　李家干
马文忠　海廷杰
党委书记：胡葆禹
党委副书记：赵大然
纪委书记：王德田

纺织局
局　长：刘铁成
副局长：郎欢丰　宣永久
郑吉娟
党委副书记：杨学锋
纪委书记：司玉文
工会主席：李　艺

医药局
局　长：丁献民
副局长：郭凤梅　王　友

农业局
局　长：吴贵民
副局长：刘家裕　杨松林

林业局
局　长：何顺应
副局长：郭常源

水利局
局　长：陈承辉
副局长：全青山　熊兴文
王振江　王树雨

外经贸委
主　任：王树泉
副主任：陈洪生　李同安
何岩江　汪　宙
王同渤　车宏麟
曹增和　杨崇民
纪委书记：曹桂玲
专职委员：董礼顺　余长斌
郭翼青　尹正杰
孙连珠

商业管理局
局　长：姚维安
副局长：刘芝旭　鹿　璐
吕文平　鲁家福
党委书记：张殿华
党委副书记：凌正康

粮食食品局
局　长：陈嘉善
副局长：张发廷　公维伦
王晓林
党委书记：李福涛
副书记副局长：鲁秀荣

副食局(集团)
局　长：曹克璋
副局长：陈继红
总工程师：曾昭鉴
党委书记：王　欣
纪委书记：袁　健

服务局(集团)
总经理：许继武
副总经理：蒋　欣　崔永信
柳秀芝

建委
主　任：郭　英
副主任：邱光宇　周德源
宁先杰　宛　英
专职委员：迟若岩　于　灏

城建局
局　长：高顺祥
副局长：吕海滨　方继友
迟维意
党委书记：牛树文
党委副书记：张春霖
纪委书记：张宪书

房产管理局
局　长：吕克瀚
副局长：赵守贵　侯伯伟
程　洁　吕泽民
张　强
党委书记：赵志强
党委副书记：王文昌
纪委书记：安俊辉

建筑工程局
局　长：石其金
副局长：刘旭东　卜宝儒
孙晓光
党委书记：祁雨辰
工会主席：刘　秀

环境保护局
局　长：刘铁生
副局长：张晓兰　王泽民
林志刚　陈建智
李　超

交通局
局　长：修吉仁
副局长：柴兴福　卢世兆
关恩庆
党委书记：姚国春
党委副书记：高淑芳
工会主席：郑光远

人防办
主　任：郑新立
副主任：张林祥　王子君

公安局
局　长：常绪武
副局长：韩广生　周文高
吴宗声　杨加林
柴文忠　崔德义
政治部主任：王金利
纪检组长：徐德洪
交警支队队长：郝荣昌
交警支队政委：陈广仁
特警支队政委：王志明
刑警支队政委：李　凡
巡警支队队长：巩永利

司法局
局　长：刘福安
副局长：顾长恩　柴德信
罗大明　梅　冬

国家安全局
局　长：贾永祥
副局长：张玉龙
总工程师：邵振隆
副局长：修俊岩　王茂远

保密局
副局长：王西林

科委
主　任：李厚轩
副主任：王成祥　李梦玲
贾淑娟　于　龙
专职委员：李荣祥　王世伟
林海波

教育委员会
主　任：张卓然
副主任：关嘉禾　张　健
王　勇　张永元
副主任督学：高肇基　张　恩
张振忠

文化局
局　长：孙明山
副局长：陈欲航　胡宝兰
王　民　张　英
党委书记：高同宇

纪委书记:张露莉

卫生局

局　长:孙宝鑫

副局长:石树棋　宋若男

党委副书记:刘兴烈

体委

主　任:张家祥

副主任:金自庸　隋　路
曲明超

计生委

主　任:张宝华

副主任:李荣玺　韩晓明

计委

主　任:洪建生

副主任:刘安华　吴绍增
何克新

专职委员:泰　明

经贸委

主　任:蔺文斌

副主任:周长春　周百祝

专职委员:何献俊　谷春立

政府参事室

主　任:张福乐

副主任:舒玉瓒　王素云

商业办公室

主　任:王　军

副主任:郭世涛　刘兆仲

外商投资委办

主　任:王树泉

副主任:关广月　李同安
车宏麟　李　威
赵学山

法制办公室

副主任:刘济民　肖继业

信访办公室

主　任:陈成德

副主任:孙艳华　姜书坤

新闻出版局

局　长:韩永言

副局长:傅虹烈

集体办

主　任:杨昆林

副主任:孙玉海　朱玉华
郑长深

乡镇企业局

局　长:齐法滋

副局长:赵宇光　张洪斌
刘德祥

沈阳开发区

主　任:孙祥剑

第一副主任:张希志

管委会副主任:陈洪生
温贵纯
栾茂贤
陈　刚

党委副书记:郭淑芝

南湖开发区

主　任:王成祥

副主任:李国安　李梦玲
黄　凯　单健民

党委副书记:张景辉

专职委员:张国林

辉山风景区

主　任:李世路

副主任:王精玉
于奎志
田维忠

北站开发区

主　任:周德源

副主任:李　岩　胡作友
李良琛　王　洁

浑河开发办

主　任:熊兴文

副主任:汪德孝　刘熙年

轨道交通指挥部

总指挥:邱光宇

副总指挥:葛德良　张焕文

北京办事处

主　任:翟　力

副主任:苑　杰　李振家

上海办事处

主　任:杜望驹

副主任:谢佐鑫

深圳办事处

主　任:彭树卿

副主任:张士勇

大连办事处

主　任:张金城

厦门办事处

主　任:罗奉岭

副主任:曹春林

海口办事处

主　任:祝传清

副主任:白成富

南宁办事处

主　任:赵志刚

农垦总公司

总经理:徐宝华

党委书记:吕海清

副总经理:裴家复　佟永奇
刘振远

党委副书记:崔国良

工会主席:王杰儒

烟草专卖局

局　长:宋学明

副局长:王奉民　高金哲

供销社(集团)

党委书记:柳　松

副主任:金子固　刘仁刚

纪委书记:岳铁山

副总经理:李盛丰

党委副书记:李志正

国合公司

总经理:姜　琦

副总经理:李国平　刘长安
雷干华　刘克礼

国投公司

总经理:王隆基

副总经理:魏宝瑞　杨玉林

市投公司

总经理:刘　杰

副总经理:刘校范　张德彦
张文滨

合作银行

行　长:于文波

副行长:王守范　王永增
王国夫

煤气总公司

总经理:王英民

副总经理:王光智　孙兆凯
范乃民　衣　甫

党委书记:邸德安

党委副书记:江洪有

纪委书记:刘英男

自来水总公司

总经理:张宇惠

副总经理:季　超　强文涛
段滨志　才洪元
高云鹏

党委书记:金荣第

纪委书记:孔宪堂

工会主席:喻廷凯

工贸中心

总经理:王　麟

副总经理:刘国强　汪志强
马宏伦　佟连地

党委书记:王　兵

长白集团

总经理:祝福勋

副总经理:顾鸣初　王伯仁
徐茂阳

党委书记:李瑞春

星光建材集团

副总经理：张继良 孙 猛
张立文
党委书记：任相林
党委副书记：赵红岩

东药集团公司
总经理董事长：吴挺宝
副总经理：张宝忠 韩长春
刘庆国
党委副书记：李全德
纪委书记：黄朝珏
工会主席：程红军

沈港有限公司
总经理：何岩江
副总经理：吕宝宁

香港利和公司
总经理：陈洪生
副总经理：李宏年

机床股份公司
总经理：姚俊喜
党委书记：王贵邦
纪委书记：谷印成
党委副书记：米鸿森

输变电集团
总经理：左长林
副总经理：唐英奇 李茂才
黄 平
党委书记：项永春
党委副书记：吴庆炜

沈阳电台
台 长：弋国良
副台长：张茂民 王维德
董晓平

沈阳电视台
台 长：高占文
副台长：禹振侠 李云柱
白明路 刘凤城
孔 军

沈阳出版社
社 长：韩永言
副社长：马占春

沈阳行政学院
院 长：马孝阳
副院长：田朝斌 何国臣

科技总院
副院长：张万云

地震办公室
主 任：喻虹桥

铁西公司
副总经理：董树良 邴文明

招标公司
经 理：章焕耀

接待办公室
主 任：张 哲
副主任：堵关保

地方志办
主 任：卢鸿泉
副主任：李国鸿 刘杰

沈阳大学
党委书记：李文林
校 长：李圣一

财经学院
党委书记：高峰
院 长：解恒谦

沈阳医学院
党委书记：石树棋
院 长：李晏真

广播电视大学
党委书记：罗 超
校 长：曾 涛

科技干部学院
党委书记：刘振铎

政协沈阳市委

【概况】 1995年，沈阳市政协认真贯彻中共十四届五中全会和中共沈阳市第九次代表大会精神，团结全市各民主党派、各人民团体、各族各界人士，高举社会主义和爱国主义旗帜，把握团结、民主两大主题，积极开展各项活动，政协工作出现了更加活跃、富有成效的新局面。一是认真组织学习注意提高政协委员的思想理论水平；二是围绕全市经济和社会发展中的重大问题积极开展协商议政，初步形成了全委会、常委会、专题主席会议三个层次的议政格局；三是加强同参加政协的各民主党派、各人民团体的合作共事，充分发挥了政协的团结协调功能；四是把握全市经济和社会发展的趋势，抓住重点问题，深入开展调查研究，参政议政水平进一步提高；五是广泛开展参政议政活动，充分发挥了政协委员的主体作用；六是拓展海外联谊工作，为全市外向牵动战略服务有新进展；七是探索政协工作规律，加强制度建设，推进了履行主要职能的规范化、制度化。全年共召开协商会议13次，组织视察29次，开展调查44次，形成调查报告44份，建议案1件，委员提案537件。市政协的政治协商、民主监督、参政议政活动，对推动全市的经济、社会发展、社会主义精神文明建设和社会稳定起了积极的推动作用。

（张绪进）

【市政协十届三次会议】 中国人民政治协商会议沈阳市第十届委员会第三次全体会议于1995年1月17日至21日举行。会议听取并审议了林馥卿副主席代表常委会所作的工作报告和单承申副主席代表提案委员会所作的十届二次全会以来提案工作情况的报告；听取并协商讨论了张荣茂市长所作的政府工作报告以及市法院院长刘实、市检察院检察长张福礼所作的工作报告；协商了增选副市长人选；增选了两位副主席。中共辽宁省委副书记、沈阳市委书记张国光作了重要讲话，这次会议是在全市人民认真贯彻党的十四届三中、四中全会精神，按照中共沈阳市委八届九次全会的部署，加快改革开放和经济发展的新形势下召开的。会议期间组织了小组讨论、大会发言和专题协商会，与会委员以高度的责任感和使命感围绕全市改革、发展、稳定大局，积极开展协商讨论，提出了许多有价值的意见和建议。各民主党派积极发挥参政党的作用，坦诚进言，言无不尽，体现了与中国共产党肝胆相照、荣辱与共的亲密关系。会议自始至终充满了团结、民主、和谐的政治气氛。

会议要求，市政协在新的一年里要认真贯彻中共十四届三中、四中全会和中共沈阳市委八届九次会议精神，以及即将召开的中共沈阳市第九次代表大会精神，发挥政协优势，选准角度，大胆实践，进一步探索，创造更加灵活、更加富有成效的履行职能的新途径，服从服务于改革、发展、稳定大局，围绕全市的中心工作，积极开展政治协商、民主监督、参政议政，切实搞好各项工作，从而更加有力地促进沈阳市的改革开放和现代化建设事业的发展。

（张绪进）

【市政协十届十三次常委会议】 沈

阳市政协十届十三次常委会议于1995年1月17日举行。会议由市政协主席董万德主持。

会议听取了市委统战部关于增补市政协委员的说明，讨论通过了增补任殿喜、周勇顺、施健康、周昆、史天佑为市政协委员；听取了市委组织部关于增选市政协十届副主席候选人和增选副市长候选人建议名单，讨论提出了选举办法(草案)；讨论通过了市政协十届三次会议议程和日程变更方案。

市政协副主席林馥卿、单承申、陈洪铎、马吉庆、孙毓庆、单光大、赵中玉，秘书长张德佑出席了会议。

(张绪进)

【市政协十届十四次常委会议】 沈阳市政协十届十四次常委会议于1995年1月21日举行。会议由市政协主席董万德主持。

会议听取了委员对市政协常委会工作报告提案工作报告的讨论情况和对市政府工作报告讨论情况的汇报；听取了委员协商讨论增选市政协副主席候选人和副市长候选人的情况及酝酿选举办法(草案)的情况；通过了任殿喜、周勇顺为第十届副主席候选人；提出了总监票人、监票人、计票人建议名单；讨论了市政协十届三次全体会议决议(草案)。

市政协副主席林馥卿、单承申、陈洪铎、马吉庆、刘祁涛、孙毓庆、赵中玉，秘书长张德佑出席会议。

(张绪进)

【市政协十届十五次常委会议】 市政协十届十五次常委会议于1995年3月14日举行。会议由市政协副主席任殿喜、林馥卿主持。

会议听取并协商讨论了中共沈阳市委八届委员会工作报告(征求意见稿)；讨论通过了市政协1995年工作要点；讨论通过了市政协调整专门委员会的决定。调整后，市政协专门委员会由原有的提案委员会、学习宣传委员会、文史资料委员会、经济科技委员会、文教体卫委员会、民主法制委员会、祖国统一联谊委员会，共7个委员会，改设为提案委员会、学习宣传委员会、文史资料委员会、经济委员会、科技委员会、城乡建设委员会、文教体卫委员会、法制委员会、民族宗教和社会事务委员会、祖国统一联谊委员会共10个委员会。

(张绪进)

【市政协十届十六次常委会议】 市政协十届十六次常委会议于1995年4月25日举行。市政协副主席任殿喜、林馥卿主持会议。

会议传达了中共沈阳市第九次代表大会精神；讨论通过了《政协沈阳市委员会关于认真贯彻中共沈阳市第九次代表大会精神的意见》。中共沈阳市委副书记、市政协主席董万德作了“认清形势、抓住机遇、迎接挑战”的重要讲话。

市政协副主席单承申、陈洪铎、马吉庆、刘祁涛、单光大、赵中玉，秘书长张德佑出席了会议。县(市)区政协主席列席了会议。

(张绪进)

【市政协十届十七次常委会议】 市政协十届十七次常委会议于1995年7月24日举行。市政协副主席林馥卿主持会议。

会议听取并协商讨论了市政府上半年工作情况和下半年工作安排的报告；听取并协商讨论了沈阳市“九五”计划纲要；并通过了《政协沈阳市委员会关于贯彻〈政协全国委员会关于政治协商、民主监督、参政议政的规定〉的实施细则》；讨论通过了增补王利、佟兆林、金厚家、赵联群为政协委员；讨论通过了增补赵联群(兼)、周风(兼)、聂向东、佟兆林为副秘书长，讨论通过了调整各专门委员会主任、副主任、委员名单。

会议还就沈阳市“九五”计划和2010年规划的制订进行了大会发言。与会常委、委员对“九五”期间的粮食产量、工业结构调整、发展建设生产要素市场、拓展城市功能、加强科技工作、职工教育培训、法规制度建设等10个方面问题，提出了富有建设性的意见和建议。

市政协副主席任殿喜在会议结束时作讲话。总结了市政协上半年工作情况，提出了市政协下半年工作意见。

副市长姜宪志听取了大会发言。市政协副主席单承申、马吉庆、孙毓庆、单光大、周勇顺，秘书长张德佑出席了会议。

(张绪进)

【市政协十届十八次常委会议】 市政协十届十八次常委会议于1995年10月24日至25日举行。市政协副主席任殿喜、单承申主持会议。

会议传达了中共辽宁省委政协工作会议精神；听取了市政府关于抗灾自救工作情况的通报并进行了协商讨论；讨论通过了《市政协专门委员会通则》；讨论通过了《市政协提案工作条例》。

会上，副市长金明仕向常委们通报了全市抗灾自救工作情况。讨论中常委们充分肯定了市政府在洪灾过后，扎扎实实开展生产自救、帮助灾区重建家园所取得的成绩。为了搞好水灾后的反思，提高全市抵御自然灾害的能力，市政协委员和民主党派负责人和部分县区主席分别作了题为《关于对浑河沈阳城市段防洪体系建设的几点建议》、《关于治理蒲河、九龙河的几点意见》、《全面治理细河是消除水害、净化环境的当务之急》、《关于治理柳河的初步意见》、《关于绕阳河河道治理的几点意见》、《关于秀水河治理的意见》、《关于完善我市市政排水设施、提高城区排涝能力的调查报告》、《关于合理有序利用我市河滩地的调查报告》、《关于提高低洼村屯防洪能力的建议》、《特大水灾后对沈阳水利工程建设与管理的思考》等10个专题发言。提出了很多有价值的意见和建议。

市政协副主席任殿喜在会上讲话。总结了市政协在抗洪救灾中发挥自身专长和智力优势，为受灾群众排忧解难，促进灾区生产、重建家园所做的工作，并对市政协全年最后两个月的工作进行了部署。

市政协副主席林馥卿、马吉庆、刘祁涛、孙毓庆、赵中玉、周勇顺，秘书长张德佑出席了会议。部分民主党派负责人和市政协委员、县(市)区政协主席列席了会议。

(张绪进)

【市政协十届十九次常委会议】 市政协十届十九次常委会议于1995年12月26日至27日举行。市政协副主席林馥卿、单承申主持会议。

会议传达了中共沈阳市委九届三次全会精神；协商讨论了沈阳市国民经济和社会发展第九个五年计划和2010年规划(草案)；讨论通过了召开市政协十届四次全会的决定、议程、日程；讨论通过了市政协常委会工作报告(讨论稿)和提案委员会工作报告(讨论稿)；讨论通过了在市政协十届四次全会上常委会工作报告和提案委员会工作报告的报告人名单；讨论通过了市政协十届四次全会执行主席名单、秘书长和副秘书长建议名单；讨论通过了增补万明武等45人为市政协委员；讨论通过了增选提案委员会副主任名单。

中共沈阳市委副书记、市政协主席董万德、市政协副主席任殿喜分别在会上讲话，希望广大委员进一步提高参政议政水平，积极献计献策开好政协十届四次全会，为沈阳的建设和发展作出新的贡献。

市政协副主席陈洪铎、马吉庆、孙毓庆、单光大、赵中玉、周勇顺，秘书长张德佑出席了会议。

市各民主党派和工商联负责人、县(市)区政协主席、市政协办公厅和各专委会负责人列席了会议。

(张绪进)

【政协提案工作】 1995年，沈阳市政协提案工作取得了新进展。全年共收到政协委员、民主党派、政协各专门委员会的提案583件，参与提出提案的委员有357人，占委员总数的65.3%。提案内容涉及全市经济建设和社会发展的各个方面，其中经济建设方面278件，占48.6%；教科文卫体方面105件，占18.3%；政治法律、劳动、人事方面160件，占27.9%；统战、政协、民族、宗教方面30件，占5.2%。截至1995年12月30日，办复提案567件，占提案的98.9%。其中，提案的意见和建议被有关部门采纳，问题已经解决或基本解决的有243件，占办复提案的42.8%；有关部门列入规划逐步解决的有258件，占办复提案的45.6%；少数暂时难以解决的问题，经承办单位实事求是地说明情况的有66件，占办复提案的11.6%。

一年来，市政协常委会加强了对提案工作的领导。提案委员会坚持以提高提案质量和办理质量为中心，重点抓了5个方面的工作：一是围绕全市中心工作，积极引导委员提提案。通过致全体政协委员征集提案一封信，发“提案参考目录”、《提案目录》和《提案办理情况选编》等供委员撰写提案时参考；二是重视做好民主党派提案工作，发挥了参政党参政议政的整体功能作用。一年来，共征集各民主党派的提案22件，比1994年增加了6件。民主党派的提案，受到市委、市政府的高度重视，全部列为重点提案，市政府有关领导亲自批办，各承办单位认真办理并积极采纳；三是完善规章制度，推进了提案工作制度化、规范化建设。与全国政协和省政协有关章程和条例相衔接，市政协修订了《政协沈阳市委员会提案工作条例》，制订了《政协沈阳市第十届提案委员会征集办理民主党派、工商联和人民团体提案实施办法(试行)》；四是积极与承办单位合作，提高办理质量。坚持了重点提案重点办，紧急提案立即办，多承办单位对提案协调办，促进了提案的落实。市政协还同市人大、市政府联合召开了人大代表建议和政协提案工作会议，交流经验，表彰先进承办单位和优秀工作者，对于提高提案办理质量起到了积极的推动作用；五是加强同各方面的联系，学习外地政协做好政协提案工作的经验和作法，促进了提案工作的深入开展。

一年来，政协委员、民主党派、专门委员会的提案不仅数量多、内容广泛，而且质量也比较高，许多意见、建议被采纳，取得了很好的经济效益和社会效益。一是围绕农业发言建言。如市民盟“加强农业优良品种种子管理的建议”，副市长金明仕作了批示，市农业局将建议吸纳进《沈阳市农作物种子生产经营违法处罚条例》中。二是围绕工业建设出谋。如市民革“积极促进产权转让和流动，尽快摆脱国有小型工业企业的困境”的提案，市经贸委进行了专题研究，采取了一系列积极有力的措施，加快了国有小型企业产权制度改革的步伐。三是围绕科技、教育、卫生事业发展划策。如市民盟、市九三学社、市民建、市农工党和市科协联合提出的“举办沈阳科技周，增强全体市民科技意识”的提案，市政协主席会议作为建议案送市政府，市长张荣茂作了批示，市长常务会议作了专题研究，市政府决定1996年举办“沈阳科技周”活动。四是围绕社会稳定献计。如魏玉书、牟长栋、林强等委员“关于加强物价监督管理的建议”和裴钧、冯浩委员提出的“建立公布市场零售指导价格制度”的提案，被市物价局采纳，建立了每周调控物价例会制度；出台了《沈阳市饮食业、文化娱乐业反暴利反价格欺诈试行办法》；聘请了44名民主党派成员为物价视察员；于1995年3月开始，在沈阳电视台、沈阳经济广播电台每日早新闻中播出全市五大农贸市场10几种时令菜价；各类市场公布政府指导价格。五是围绕城市管理出力。如王彦文等几位回族委员联名提出解决回族小区建设管理问题的提案后，副市长马向东专门主持召开了几个单位参加的现场办案会，当场分限期解决，小区面貌很快焕然一新，当地居民都说市政协为回族群众办了一件好事。此外，加强农业基础建设、搞好国有大中型企业、拓展城市功能、整顿交通秩序、坚持反腐倡廉、加强精神文明建设等方面的提案，都得到有关部门的重视和采纳，较好地发挥了提案的参政议政作用。

(周斌)

【调查研究工作】 1995年，沈阳市政协围绕协商讨论沈阳市国民经济和社会发展第九个五年计划和2010年规划这条主线，深入开展了大量的、带有超前性的调查研究，全年共形成调查报告44篇，提出的意见建议具有较高的决策参考价值，为推进沈阳的两个文明建设发挥了积极作用。着重进行了以下几个方面的调查研究。

1.围绕协商讨论沈阳市国民经济和社会发展第九个五年计划和2010年规划开展考察、调查。根据市政府编制“九五”计划的安排，3、4

月份，市政协组织部分委员分成5个组，赴10个大城市，就“调整工业结构”、“发展第三产业”、“教育”、“科技”、“城建”和“法制建设”等进行考察调研，形成5份考察调研报告，将这些城市经济和社会发展的思路、目标、措施加以分析，提出建议，供市政府参考。市计委专门召开会议，邀请市政协考察组作报告，推动“九五”计划和2010年规划编制工作。6月开始，市政协组织委员进行“九五期间沈阳市粮食产量目标和对策”、“农村年人均纯收入的目标和对策”、“城市年人均纯收入的目标和对策”、“推进科技与经济结合”等10个专题的调查研究，历时2个多月，形成10篇调查报告，提出50多条建议，许多建议被吸纳进“九五”计划和2010年规划中。

2.围绕“九五”期间增强沈阳抵御自然灾害能力开展调查。1995年，沈阳遭受了百年不遇的特大洪涝灾害。洪灾过后，市政协结合“九五”计划的协商论证，组织委员就“加强城区排涝设施建设”、“浑河沈阳段治理”等10个专题进行调查和灾后反思，形成了10篇调查报告，提出38条建议，对沈阳市“九五”期间发挥水资源效益、防灾、抗灾都具有较高的应用价值。

3.围绕“九五”期间乃至下个世纪中期如何拓展沈阳中心城市功能开展调查。1995年上半年，市政协组织16位委员和专家、学者在深入调查研究的基础上，形成了10篇论文和调查报告，就“现代化、国际化城市的内涵”、“沈阳建设现代化国际化城市的模式和阶段性目标”、“把沈阳建设成为区域性金融、流通、信息、人才中心”、“加强沈阳中心城市社会化服务体系建设”等方面提出了50多条超前性意见建议。市政协将这10篇论文和调查报告汇编成专集，送市委、市政府和有关部门，为市委、市政府研究沈阳未来发展提供了决策参考依据。

4.围绕加强农业基础地位开展调查。1994年以来，市政协与市九三学社共同进行了发展沈阳生态农业课题研究。在调查研究的基础上，针对沈阳农业产业结构与生态环境还没有很好地协调起来；风沙侵袭、水土流失等自然灾害还没有得到根治；社会效益、生态效益还没有得到根本解决等问题进行了软科学研究，形成了科研成果报告，1995年4月12日通过了市级鉴定。专家们评价这项研究成果：“选题准确，对指导沈阳市生态农业建设具有重要意义，达到国内同类研究先进水平”。为了充分挖掘土地资源潜力，提高粮食总产量，1995年市政协还进行了中低产田改造的课题研究，组织专家深入沈阳农村进行调查和中低产田改造试验，目前已取得了阶段性研究成果。

5.围绕沈阳市城区社会面治安控制情况开展调查。1995年9月，市政协组织委员就“巡警上岗执勤情况”、“治安岗亭发挥作用情况”、“群治群防队伍建设及发挥作用情况”、“居民委治安会建设情况”4个方面进行了深入调查，针对存在问题，提出12条意见建议，市委、市政府领导予以高度评价。市政府专门召开会议，将市政协提出的意见建议分解到各有关部门并要求制定措施限期整改，保证市政协的意见建议落到实处，推动全市社会面治安控制工作。

（周斌）

【充分履行政协的主要职能】 1995年，沈阳市政协紧紧围绕全市改革开放、发展、稳定的大局积极开展协商监督和参政议政活动，全年共召开专题协商会议13次，情况通报会6次，充分履行了政协的主要职能：

1.围绕全市重大问题，积极协商议政。政协十届三次全会认真履行政协主要职能，协商讨论了市政府工作报告、市法院和市检察院工作报告，并就搞好国有大中型企业、大文化建设、城市建设、群众关心的社会热点问题等6个方面，开展了专题协商。全会闭幕后常委会紧紧围绕全市改革、发展、稳定的重大问题，主动协商议政。市第九次党代会召开前，市政协组织各民主党派、人民团体负责人和部分政协委员对党代会工作报告（草）进行了协商，提出了32条意见建议。5月份，召开了“科教兴市”专题主席会议，就沈阳市科技体制改革、科技成果转化、科技人才培养、发展地方高等教育和科普工作进行了协商讨论，提出了《关于在我市举办“科技周活动”的建议案》，被市政府采纳，决定于1996年举办“科技活动周”活动。根据市委、市政府不同时期的工作重点，市政协还先后开展了“打假保春耕”、“抑制通货膨胀”、“创建全国卫生城”、“上半年国民经济计划执行情况”等专题协商。这些协商会议上，委员提出的意见建议受到市政府的重视。许多意见建议被采纳，对推动全市各项工作起到了积极推动作用。

2.围绕社会热点问题和群众关心的重大问题，积极协商议政。一是对《1995年公有住房租金改革方案》进行了协商讨论。委员们提出“房租提价不能一刀切”、“提租幅度不宜过大”、“要做深入、广泛的宣传工作”等建议，引起市住房改革办公室的高度重视。两次召开会议进行专门研究。决定将新提租金标准定为每平方米0.8元以下；对提租不搞一刀切；对亏损企业采取暂缓办法。二是组织召开了市政协委员与市长对话会。就停产企业职工安置、特困户解困、粮菜价格、城市环境卫生管理、社会不正之风、社会治安和动迁户回迁等群众关心的热点问题进行协商对话。委员们提出的控制沈阳粮食外流，解决好对特困户平价粮供应等建议被采纳并采取措施加以解决。

3.积极开展视察活动，加强民主监督工作。组织了部分委员参加全市党风和廉政建设，纠正行业不正之风等检查活动。90名政协委员受聘为物价、环保、治安、工商、税务、文化市场管理等监督员，在反腐倡廉和社会管理中发挥了重要作用。

（张绪进）

【海外联谊工作】 1995年，沈阳市政协进一步拓展了海外联谊工作。

1.认真学习江泽民总书记《为促进祖国统一大业的完成而继续奋斗》重要讲话，为促进祖国统一做贡献。一是组织委员认真学习领会《讲话》精神。2月份，召开了市政协领导、民主党派负责人、台港澳同胞、海外侨胞和归侨、侨眷代表学习《讲话》座谈会;4月份,请省台办、辽宁电视台负责同志和赴台访问学者作了关于台湾形势和访台见闻的报告;4月份,请市台办负责同志作了关于国际形势和党的对台政策的报告。在学习中,市政协还组织委员撰写了一些学习体会文章,有4篇在报刊上发表。二是在委员中开展了以"多交一个朋友、多进行一次交流、多促成一个项目"为内容的"为祖国统一大业做贡献"活动。许多委员通过给海外亲属写信和利用自己出国访问、探亲的机会,广交朋友,宣传我国改革开放和经济建设取得的巨大成就,介绍沈阳的投资环境,为"三引进"牵线搭桥。一年来,市政协委员新结交海外朋友1188人,促成经济、科技、文化、教育等方面的交流与合作101次。三是结合实际,加强了对台工作。一年来,市政协组织委员先后四次对沈阳的台资企业进行调查与视察,提出了关于加快沈阳台资企业发展的意见建议,受到了市委和市政府领导的高度重视,部分建议已被采纳。

2.搞好"三胞"联谊经贸洽谈活动,为发展沈阳外向型经济做贡献。1995年9月,市政协会同市政府举办了沈阳市第八届"三胞"联谊会,同时,配合市政府举办了沈阳'95国际经贸洽谈会,是一次融联谊交友与经贸洽谈为一体辽宁中部城市群8城市共同参加的大型活动。市政协邀请和接待来自台湾、香港、澳门、美国、日本、韩国、新加坡、马来西亚等国家和地区的"三胞"朋友259人,签订合同9项,协议22项,签约金额占全市签约总额的五分之一。

3.积极开展人民政协外事活动,增进国际交流与合作。上半年,市政协组织了赴欧、赴美两个海外事业交流团,分别赴德国、意大利、英国和美国、加拿大等5个欧美国家进行了访问交流。交流团拜会了欧美5国的部分地区议会、商会、友协、华人团体及高等院校,接触、探望了留学生代表。赴欧海外事业交流团与旅欧沈阳籍留学生建立了联系,组建了联络网,促成了沈阳海外联谊会与德国柏林德中友协建立友好往来关系;赴美海外事业交流团与20个商务团体和经贸公司进行了接触,并分别同美国捷宗贸易公司、加拿大GTS公司达成了在美国纽约设立团结书坊和联合经营冰激凌机的意向。

4.开展多种形式的联谊活动。热情为海外朋友服务。一是利用传统节日,开展多种形式的联谊活动。春节,市政协召开了在沈的港澳政协委员"迎春茶话会";中秋节,市政协召开了部分"三胞"朋友及眷属"迎中秋、话统一座谈会";圣诞节、新年前夕,市政协领导走访探望了在沈港澳委员和"三胞",并向海外朋友和市政协委员在海外的子女及亲属寄发贺年卡450多个,捎去了家乡人民对海外游子的亲切慰问和温馨的祝福。二是跟踪服务,积极为海外朋友办实事。市政协走访或以信函的形式征集海外委员和在沈的海外朋友对改善沈阳投资环境,扩大招商引资等方面的意见建议,及时向市委、市政府反映。

(周斌)

【政协委员活动】 1995年,沈阳市政协开展的委员活动内容更加丰富,形式更加灵活。除组织委员参加学习培训、调查研究、海外联谊和提案活动之外,还开展了以下几项活动。

1.抗洪抢险、抗洪救灾活动。1995年,在沈阳市遭受严重洪涝灾害之际,市政协领导按照市委部署,亲临第一线组织抗洪抢险。市政协发出通知,号召广大委员积极投入抗洪救灾,踊跃捐款捐物。组织部分委员到灾区送医送药送物资,开展咨询服务,提出了加强田间管理、抢种晚秋作物,加强卫生防疫工作,确保灾后无大疫等建议。通过报社、广播电台传播农业科技知识,进行科技救灾,取得了明显的经济效益和社会效益。灾后,市政协又组织委员分成7个组,对灾区生产自救工作进行视察,促进了市委关于实现灾区"五有""两不"意见的落实。

2.为康、法两县防风治沙献爱心活动。康平、法库两县的风沙灾害政协委员普遍关注。1993年,市政协常委会提出了关于在康法两县进行防风治沙的建议案,市政府采纳实施并已取得了一定的成效。1995年初,在市政协十届三次会议上,部分委员提出了"为康法两县防风治沙献爱心的倡议",市政协因势利导,加以组织。广大委员踊跃捐款,市水利和林业部门积极支持,共筹集资金50万元,在两县各建成占地100亩的苗圃,1996年就可以为防风治沙提供苗木。

3.委员视察活动。一年来,围绕委员普遍关心的问题,市政协组织委员开展了"打假保春耕"、"搞好国有大中型企业"、"巩固创建全国卫生城成果"、"北运河综合治理"、"绕城高速公路建设"、"加强我市环境保护和综合治理"、"康法两县'普九'工作"、"落实民族宗教政策"等29项专题视察。视察中,委员们提出了100多条意见建议,引起市委、市政府的高度重视,许多意见建议被纳入决策之中,为推进沈阳的改革、发展、稳定发挥了积极作用。

4.委员活动日活动。委员活动日,是沈阳市政协定期开展的一项委员活动,一般每月开展一次。一年来,市政协坚持将文化、体育、联谊活动与通报协商等参政议政活动相结合,利用委员活动日先后召开了4次情况通报会,其中市长2次主动向委员通报情况,征询委员对"物价"、"动迁户回迁"、"特困职工生活"等"热点"问题的意见建议;组织了"保护消费者权益"等对口协商;举办了趣味运动会、工艺美术作品展和一系列节日联欢活动,丰富了委员活动日内容。

5."委员最关心的问题"征询活动。1995年11月,市政协以问卷征答的形式在政协委员中开展了"委员最关心的问题"征询活动。委员们从"搞好国有大中型企业及经济工作"、"反腐倡廉"、"职工工资及物价承受能力"、"城市规划、建设与管理"、"文化教育和社会公德"、"社会治安"等六个方面共反馈了300多个问题,市政协综合分类后报送市委。市委领导认为,政协委员提出的问题符合沈阳实际,很有参考价值。

6.表彰活动。1995年,沈阳市

政协表彰了131名在本职工作和履行政协主要职能中做出突出成绩的政协委员。

沈阳市通过开展一系列的委员活动，密切了政协与委员之间的联系，活跃了政协工作，增强了政协的凝聚力。

（周斌）

【学习宣传工作】 1995年，沈阳市政协通过多种形式，认真组织学习，进一步增进了共识，提高了委员的思想理论水平；加强了宣传报道和文史资料工作，进一步扩大了人民政协的社会影响。主要抓了以下几项工作：

1. 注重提高委员思想理论水平，认真组织学习。一是以学习《邓小平文选》为主线，认真组织中心组学习。年初，市政协制定了中心学习组年度学习规划和安排，坚持了每月一次学习制度。认真学习了《邓小平文选》一、二、三卷，中共十四届五中全会精神，《政协全国委员会关于政治协商、民主监督、参政议政的规定》。下半年，《邓小平同志建设有中国特色社会主义理论学习纲要》出版发行后，市政协又及时作出计划，列出专题，组织导读。在学习中，坚持把学习理论同贯彻重要会议精神紧密结合起来，同履行政协主要职能结合起来，较好地发挥了中心学习组先学一步，多学一点，学深一点的示范带头作用，推动了广大政协委员、民主党派成员和各界人士的学习活动。二是以提高思想理论水平为核心，认真组织政协委员学习。学习了邓小平建设有中国特色社会主义理论，中共十四届五中全会精神和全国政协八届三次会议精神。在全市开展"进场入轨、兴市富民"大讨论和学习贯彻中共沈阳市第九次代表大会精神过程中，市政协先后两次发出通知，要求委员积极参加大讨论，认真贯彻党代会精神。在学习讨论中，召开了学习研讨会，举办了8次专题报告会，适时编发了5期学习参考资料，促进了学习的深入。三是举办委员培训班，组织委员参加政协知识竞赛活动。市政协撰写了学习《政协全国委员会关于政治协商、民主监督、参政议政规定》宣讲提纲，举办了4期委员培训班，有300名委员系统地学习了人民政协的性质、地位、作用和履行主要职能方面的知识。还组织全体委员参加了全国政协举办的学习《规定》有奖知识竞赛活动。通过多种形式的学习，广大委员进一步解放思想，转变观念，增强了改革开放、参政议政和多党合作意识，提高了履行人民政协职能的自觉性。

2. 加大宣传报道力度，扩大人民政协的社会影响。一是搞好普及人民政协理论和知识的宣传报道。一年来，市政协领导和部分政协委员撰写理论文章在《沈阳日报》、《友报》、《统战月刊》等报刊上发表，向社会各界宣传党的统一战线和人民政协的理论和实践，宣传人民政协的巨大历史功绩。二是搞好人民政协与党和政府风雨同舟，关键时刻，挺身而出，为抗洪救灾做贡献的宣传报道。在省政协主办的《友报》上发表了讴歌沈阳政协抗洪救灾感人事迹的长篇报告文学《洪灾面前的答卷》，还通过沈阳市的新闻媒介对市政协组织委员中的专家到灾区视察、咨询、送医送药、为灾区救灾减损、重建家园献计出力作了及时报道，充分展示了人民政协和广大政协委员的时代风采。三是搞好体现人民政协参政议政力度的宣传报道。一年来，市政协通过新闻媒介，大力宣传人民政协的重要会议和各项活动，宣传广大政协委员在社会各个领域发挥的作用，多侧面地反映了人民政协的参政议政活动。全年国家、省、市新闻单位共刊发宣传沈阳市政协工作的理论文章、调查报告、新闻报道400多篇次。市政协还首次编撰出版了反映沈阳市政协年度工作成果的《协商议政集（1995）》一书，共40万字。通过宣传，使社会各界更加了解政协工作，积极支持政协工作。

3. 纪念抗日战争和世界反法西斯战争胜利50周年，进行爱国主义教育。举办了重要历史事件报告会。邀请专家、学者作了"中国战场在世界反法西斯战场上的地位和作用"和"勿忘国耻，振兴中华"两场专题报告；会同新闻单位联合采访了参加过抗战的老同志和"九·一八"事变历史见证人；举办了市政协领导与参加过抗战的政协老同志共同庆祝抗日战争胜利50周年座谈会和同历史见证人一起纪念"九·一八"专题座谈会。

4. 做好文史资料征集、整理、出版工作，发挥以史为鉴，以史育人作用。1995年，市政协征集文史资料近100万字，编撰出版了《北洋时期东北四省区军政首脑》一书。市政协与外地政协交换文史图书418册，向沈阳市部分中小学赠送了8种共900册文史图书，通过文史资料对青年进行爱国主义和革命传统教育。

（周斌）

附：中国人民政治协商会议辽宁省沈阳市委员会领导人名单

主　席： 董万德

副主席： 任殿喜　林馥卿（女）
单承申　陈洪铎
马吉庆　刘祁涛
孙毓庆　单光大
赵中玉　周勇顺

秘书长： 张德佑

办公厅

主　任： 周　巩

副主任： 傅　刚　杜康之

提案委员会

主　任： 孙毓庆（兼）

副主任： 林　弼（兼）
梁志德（兼）　陈学斌

学习宣传委员会

主　任： 赵联群

副主任： 韩凤奎（兼）
范振铨（兼）
梁国春（兼）
马骥名（兼）
王树茂（兼）
王振才（兼）

文史资料委员会

主　任： 张振鹤

副主任： 王荣堂（兼）
李承烈（兼）
张新清（兼）

经济委员会

主　任： 赵中玉（兼）

副主任： 王国夫（兼）

史广武(兼)
杜鸣銮(兼)
林木西(兼)
洪建生(兼)
唐开宗(兼)

科技委员会

主　任:郭日跻(兼)

副主任:王成祥(兼)
张念哲(兼)
汪　宙(兼)
范振铨(兼)
唐双宁(兼)
俞家锟(兼)

城乡建设委员会

主　任:邱光宇(兼)

副主任:修吉仁(兼)
牛树文(兼)
程　洁(兼)
柯大锷(兼)

文教体卫委员会

主　任:祁士英(兼)

副主任:王　利　王继汉(兼)
王　勇(兼)
刘之浩(兼)
李福来(兼)
陈欲航(兼)
金自庸(兼)
高士品(兼)

法制委员会

主　任:单光大(兼)

副主任:方宝林(兼)
周文高(兼)
焦玫瑰(兼)
康孟礼

民主宗教和社会事务委员会

主　任:邹瑞凯

副主任:何晓光(兼)
谷耀祖(兼)
张景辉(兼)
金厚家(兼)
铁慧茹(兼)
铁毓达(兼)

祖国统一联谊委员会

主　任:刘保平(兼)

副主任:子　南(兼)
王晓明(兼)
李　楷(兼)
刘生林(兼)
刘永慈(兼)
邱爱华(兼)
周凤华(兼)
娄国臣(兼)
雷千华(兼)

民主党派

【民革沈阳市委】 1995年,民革沈阳市委充分发挥参政党职能,为全市改革开放和两个文明建设服务献计献策。同时,积极促进祖国和平统一,加强自身建设,较好地完成了各项任务。

1.积极参政议政,履行民主监督职能。一年来,在中共沈阳市委、市政府多次召开的各民主党派负责人参加的关于沈阳经济和社会发展重大问题的协商讨论会、情况通报会上,围绕沈阳市"八五"计划执行情况,绘制"九五"乃至2010年发展蓝图;实现"两个根本转变",促进经济发展和社会进步;抗洪抢险,保证社会稳定,促进社会主义精神文明建设等重大问题积极发表意见和建议。

在市政协十届三次全会期间,民革沈阳市委以《积极促进产权转让和流动,尽快摆脱国有小型工业企业的困境》为题的提案,引起市政府有关部门的重视。

担任各级人大代表、政协委员的民革党员积极参加各种考察、视察活动,认真反映社情民意,全年共提出各类人大代表建议(议案)、政协提案86件,有的建议在社会上引起良好反响。

为拓展城市功能,实现沈阳市"一高两大两化"的目标,针对城市建设和管理中的热点问题,组织民革成员中的人大代表和政协委员深入社会开展专题调查研究,促进了问题的合理解决。如针对中街商业区的交通管理问题,市委会组织部分人大代表、政协委员和专家、学者参加的专题调研活动,就推动了这一难题的解决。调研组通过与中街一些驻街商业企业负责人、职工代表座谈,听取群众意见;又走访了中街管理办公室和沈阳市交通工程研究所的管理人员及科研人员,在座谈及走访中,调研组成员也充分发表了自己的看法。正是由于这些活动产生了积极作用,使有关部门很快将失去原来作用的护栏撤掉,缓解了中街交通管理上的难题。

被市物价局、市监察局、市检察院聘为特邀民主监督的民革党员,以高度的政治责任心积极参加各类民主监督活动,产生了较好的社会影响,有力地促进了廉政建设,及时地反映了社情民意,体现了民主监督制度的强劲生命力。

2.自身建设取得新进展。为加强市委会领导班子建设,经八届八次全委会选举通过,增选了委员、常委、副主委。经过调整充实后的八届市委会,平均年龄由原来的62.6岁降到61岁;常委平均年龄由原来的66.8岁降为59岁;主、副委平均年龄由原来的66岁降为57岁。

根据民革章程的规定,1995年全市民革基层支部委员会进行换届改选,在各支部所在单位中共党委及统战部门的大力支持下,经过广泛征求意见和民主选举,截至1995年底全市18个支部中15个支部完成了换届改选工作。改选后的新支委平均年龄46岁,比原来降低6岁;主、副委平均年龄42岁,比原来降低16.7岁;具有中高级职称的11人,占主、副委总数的45%。下半年,又新组建了民革沈阳音乐学院支部和民革苏家屯区支部,使基层支部总数增至20个。

1995年共发展新党员40人,平均年龄40岁;具有中高级职称的21人;大专以上学历的36人;女党员10人。

根据中共沈阳市委关于建立非党后备干部队伍的要求,经过基层支部推荐,征求成员所在单位的意见和民革市委会审定,建立了43名后备干部的档案,并根据条件选拔了8名年龄在40岁左右、具有高级职称民革党员,推荐到市委统战部做为重点培养的人选。

3.以提高党员整体素质为中心的思想建设。深入学习有中国特色的社会主义理论。年初,市委会向基层支部和全市党员提出,要深入学习《邓小平文选》第三卷,用有中国特色的社会主义理论武装全体民革党员的思想。一年来，各支部十分重视有关的学习安排，有些支部由于方法得当，坚持学习计划，取得了较明显的成果。

广泛开展爱国主义教育，促进祖国和平统一。为纪念中国人民抗日战争和世界反法西斯战争胜利50周年，市委会组织中青年民革党员参观"九一八"事变残历碑及陈列馆，进行"勿忘国耻、振兴中华"的爱国主义教育。《沈阳民革》简报还增加了一倍版面，出刊了专辑。在老年节、教师节组织老年成员和教育界成员游览市容及环城高速公路，通过参观游览使成员进一步了解改革开放带来的巨大变化。

一年来，为进一步发挥民革成员的"三胞"优势，加强两岸经贸合作，市委会领导先后10余次接待台湾、美国客人，全市民革党员共接待台胞、海外侨胞34人次，为沈阳市的外经外贸牵线搭桥做出贡献。

4.利用人才优势，为社会主义精神文明建设贡献力量。"六一"前夕，组织近20名医务界党员到北一经小学为小学生和教师义务体检、医疗咨询，受到学生家长和该校教师的欢迎。在'95沈阳科技周期间，市委会与大东区卫生防疫站联合举办了食品卫生宣传咨询活动，受到市科协及广大市民的表扬和欢迎。

(倪世运　汪晶)

【民盟沈阳市委】 民盟沈阳市委作为参政党的地方组织，积极发挥参政议政和民主监督作用。1995年，盟市委领导多次参加中共市委、市政府、市政协和市委统战部召开的协商会、座谈会、通报会、征求意见会，就有关当前形势、政府工作、党代会工作报告、"九五"规划、人事安排、反腐倡廉等事项沟通情况，认真提出意见和建议。在1995年市政协十届三次会议上，盟市委作了题为《关于加强文化市场管理的建议》和《改进方法，务求实效，加强全市中小学的德育工作》的大会发言；提出了《关于加强农业技术推广工作的几点建议》等7件提案。盟员个人提案91件。盟市委的发言和提案受到市领导和有关部门的重视，副市长艾廷隽、金明仕、马向东对提案分别作了批示；市科委、市城建局、市建委等部门分别召开座谈会，就提案的承办情况征求意见，制定落实提案的具体措施。盟市委各专门委员会通过开展调研活动，召开座谈会、研讨会，积极献计献策，撰写了《抓质量创名优，开拓国内外两个市场，塑造沈阳机电工业新形象》等7篇调研文章，为1996年市政协全会的发言和提案作了充分的准备。1995年，市民盟又有5位盟员担任了政府有关部门的领导工作，在从政的岗位上作出了新贡献。

盟市委坚持以经济建设为中心，继续把东陵区满堂乡作为科技扶贫工作的重点，帮助该乡制定科技兴农项目，积极为该乡呼吁和争取扶贫款。一年来，满堂乡的科技兴农工作初见成效，其中小尾寒羊已由124只发展到2 000只，年创纯利20万元。第四医院民盟支部到地区偏远、医疗条件差的辉山畜牧场职工医院义诊已坚持一年，诊治患者3 000人次，手术50例，受到当地职工群众和场领导的高度赞扬。盟市委主办的盛京大学积极探索办学新路，经与新民市政府多次协商，决定联合办学，于1995年3月6日举行了民盟沈阳市委与新民市政府联办沈阳盛京大学签字仪式。6月份，盛京大学正式迁入新民市新校址。省教委对盛京大学工作给予肯定，于6月份批准了盛京大学为国家学历文凭考试试点学校。1995年盛京大学开设了"旅游与饭店管理"和"涉外高级文秘"两个专业。

1995年，盟市委在切实加强盟的自身建设，提高盟的整体素质方面做了大量工作。盟市委把进一步学习《邓小平文选》作为思想建设的首要任务，制定了《民盟沈阳市委1995年学习〈邓小平文选〉计划》。中共十四届五中全会召开后，盟市委及时发出了《关于认真学习贯彻中共十四届五中全会精神的通知》。盟市委重视中青年盟员政治思想的提高，全年举办3次中青年盟员座谈会，着重对中青年盟员进行传统教育和参政议政能力的培养。1995年是中国抗日战争胜利50周年，市民盟与省民盟、市委统战部及其他党派联合举办了纪念抗日战争胜利50周年《筑我新的长城》大型文艺演出活动。这次活动由民盟沈阳艺术家演出团演出，市民盟策划并主抓，被中共市委列为纪念抗战胜利50周年十大系列活动之一。在组织建设中，全年发展新盟员128人，新盟员政治素质好，年轻化，其中博士学位的4人，硕士学位的28人，平均年龄36.4岁，40岁以下的92人，9月份举办了第14期新盟员学习班。全年有11个任届期满的基层完成了改选换届工作。到1995年末，全市有盟员总数1 791人，直属基层53个。在省民盟召开的基层工作会议上，民盟东北大学委员会、中国医大委员会、沈阳农大委员会、沈阳矿务局委员会和文化委员会5个基层被评为五项全能基层，另有8个基层被评为省先进基层，16名盟员被评为优秀盟务工作者。盟市委把后备干部队伍建设当作一项重要工作，建立了111人的后备干部队伍，向各级政府部门推荐后备干部29名，已被各级政府部门使用的6名。在十届七次全委会上，增选盟市委委员5名，常委2名。盟市委妇女工作委员会1995年被辽宁省妇联授予"辽宁省妇联系统先进集体"光荣称号，8位女盟员获民盟辽宁省优秀女盟员称号。

(高慧)

【民建沈阳市委】 1995年，中国民主建国会沈阳市委积极开展活动，努力发挥参政党的作用，各项工作都有了新的发展。

1.积极参政议政发挥民主监督作用。1995年，民建沈阳市委围绕全市经济工作和社会热点问题积极开展参政议政，民主监督工作。进行了有针对性地调研，提出了许多意见和建议。其中《干诊医疗费改革》、《公共场所禁止吸烟》、《保障特困职工的生活维护沈阳市社会稳定》等提案被采纳，并已经实施。民建市委会及会员在各级政协会议上以民建名义提出参政议政建议和议案120件，立案率达90%。市民建会员担任各级人大代表、政协委员共80名。被市有关部门聘用参政议政特约员18人。

1995年是世界反法西斯战争胜利50周年,民建会员提出的《关于沈阳南站苏军烈士塔整体环境亮起来工程的请示》,市委会积极向市政协和市委建议,经市领导指示后,这项工程于11月1日落成。

2.搞好咨询扶贫工作为沈阳经济服务。民建沈阳市委组织化工学院有关专家对法库县冯贝堡乡硅石矿、法库县有机化工厂进行考察论证。帮助该厂上硅石深加工项目,并选派技术人员帮助该厂设计安装设备,该项目已正式投产。

在沈阳科技周活动中,组织有技术专长的会员参加,展出了《科技知识窗》、《最新科技成果项目》等板报。还多次走访省专利事务所,省科委情报研究所等科技部门,收集到科技项目300多项。

全市有15名民建会员被选为省民建企业家协会会员。姜克让主委分别荣获沈阳市十名发明企业家和辽宁省21名发明企业家称号。

1995年,在沈阳遭受了百年不遇的特大洪涝灾害后,及时向各区委、直属支部发出通知,要求各级民建组织协助各级政府作好救灾重建工作。号召会员积极捐款捐物,帮助灾区人们重建家园。市委会主委姜克让捐献100条棉军被,华致实业总公司总经理周如森在辽中县老观坨乡投资40万元建一所小学,先达有限公司总经理丁予稣捐款3万元,市燕军珠宝有限公司董事长白燕军捐献3万元钱和物,沈阳远东波纹管制造有限公司总经理李鹤千捐款3万元。还有许多会员及机关干部积极捐款捐物。

3.加大组宣工作力度提高会员素质。1995年召开了民建沈阳市宣传思想工作会议。市委会与市社会主义学院、市民进共同举办了沈阳经济形势报告会,还与社会主义学院一起举办了基层骨干会员培训班。

1995年12月16日是中国民主建国会成立50周年纪念日。12月15日市委会召开了庆祝大会。

2月28日召开了沈阳民建九届七次常委会和五次全委会,审议通过了关于于子敬辞去九届委员会主任委员的请示。选举姜克让为民建沈阳市九届委员会主任委员。经民建中央、民建省委批准,民建沈阳市委会经过3年努力,完成了皇姑、和平、大东、铁西、沈河民建的换届工作,成立了民建区委会。到1995年底市内5个区区委组建工作全部完成。1995年发展新会员51名。平均年龄为39岁,大专以上文化程度达到90%,经济界人士为49名。到年底全市民建会员总人数1 001人。

(苏荣玉)

【民进沈阳市委】 1995年,民进沈阳市委员会围绕党的中心工作,不断加大参政议政力度,充分发挥各层次会员的参政议政作用,为沈阳市经济建设献计献策,作出了应有的贡献。市民进领导人多次参加中共市委、市人大、政府、政协召开的各种会议。内容包括:对沈阳市领导人选的提名,市"九五"规划及2010年远景规划草案讨论,反腐倡廉工作的通报等;参加市人大、政协组织的各种视察活动等。

市民进担任各级政协委员的成员在各个层次的会议上提出了大量提案、建议。如在全国政协八届三次会议上提出《关于切实减轻中小学课业负担过重的建议》、《正确引导民办教育健康发展的提案》、《加强对城市外来人口的管理的提案》、《将"四库全书"回归沈阳故宫的提案》、《关于划清国税与地税局征管界线的建议》、《关于文化企事业单位国家在税收政策上应给予照顾的建议》、《关于抓紧建设沈阳辽河石佛水库一期工程建议》等;在辽宁省政协七届三次会议上提出的《根治浑河污染,促进地区经济发展的建议》;在沈阳市政协十届三次会议上提出的"关于发挥高速公路效能,促进区域经济发展"和"开发林地资源为经济建设服务"的大会发言,以及《关于在太原街保留新华书店的建议》、《维护教师权益、提高特教工作者补贴标准》等提案,均受到有关方面的重视,其中大部分得到了落实和解决。此外,市民进还组织成员中的专家、学者针对沈阳市的具体情况开展了多项调查、考查活动。如会同市政协共同对蒲河、九龙河防治情况开展调查并写出建议;视查遭受洪涝灾害的辽中县、苏家屯区部分中小学校并提出继续募捐,重点资助灾区教育事业等项建议;围绕沈阳市"一高两大两化"和"科教兴市"战略,推进教育现代化建设的有效实施,组织开展了"科教兴市、百校调查"活动,并拟提出书面建议;在开展调查研究的基础上提出了《关于沈阳市煤气管理体制改革的建议》和《关于沈阳市中等职业技术教育发展状况的调查与思考》,以及会员中担任各区政协委员所提出的许多提案和建议,受到了有关方面的好评,得到了社会的承认。

市民进坚持和发扬民进优良传统,不断加强自身建设,会员素质明显提高。在思想建设方面,市民进动员并组织成员开展了学习《邓小平文选》、中共十四届四中、五中全会文件和学习孔繁森的活动,参加了沈阳市"进场入轨、兴市富民"大讨论。召开了民进会员"迎七一、学《邓选》建功立业汇报会"和"庆贺世妇会建功立业汇报会",并推选3名会员出席了民进中央召开的"民进会员为社会主义现代化建设服务经验交流会"。

为了配合中国民主促进会成立50周年,市民进开展了包括演讲会、座谈会、茶话会等形式的纪念活动。于12月21日举行了"纪念中国民主促进会成立50周年大会",中共市委、市人大、市政协及各民主党派负责人到会祝贺,会上还表奖了34名优秀会务工作者。在组织建设方面,市民进全年共发展会员89人,现全市民进会员总数1 248人。市民进会刊《沈阳民进》全年共出版4期。

市民进积极开展社会服务工作,为两个文明建设出力。如市民进自1993年开始的对于洪区送教下乡工程;历时3年已取得圆满的结果。市民进发起并举办的《风雨同舟、重建家园》大型赈灾文艺义演、书画义卖活动,受到省、市领导及各界人士的高度赞扬。组织医务界成员为幼儿园小朋友检查身体;在全市会员中募集课外读物、文具、钱款等并捐赠给于洪区受灾小学校;响应实施“温暖工程”的号召，市民进机关干部共捐款1 300元；参加沈阳科普周活动等等，以上工作都受到了受益单位的欢迎和好评。

（裴植）

【农工党沈阳市委】 中国农工民主党（简称农工党）是以医药卫生界高中级知识分子为主，具有政治联盟特点，致力于社会主义事业，同中国共产党亲密合作的参政党。

1995年，农工党沈阳市委围绕中心，服务大局，进一步处理好改革、发展和稳定的关系，努力把握体制转换、新老交替的历史进程，在强化参政党自身建设和发挥参政党作用两个方面取得了新的进展。全年共发展48名农工党员，不仅年纪轻，而且素质高，其中高中级职称占96%，有硕士4名、博士2名、博士后1名，市副局级领导干部1名。至年底，全市农工党员总数达723人，其中：有高中级技术职称的693人，占全市农工党员总数的95.6%；分布在沈阳医药卫生界的农工党员为507人，占党员总数的70.1%；党员平均年龄54岁。

截止至1995年底，全市农工党员中有72人担任各级人民代表和政协委员，有12人担任市级特邀监察员、审计员、检察员和监督员等。农工党在沈阳建有38个基层组织，有基层干部115人。平均年龄56岁。

1.切实加强思想建设。1995年，农工党沈阳市委把学习和掌握邓小平同志建设有中国特色社会主义理论，搞好思想建设放在自身建设的首要地位，并且提出要在充分认识党员思想日渐多样性的趋势，善于对党员思想状况进行动态分析的基础上，努力解决封闭式的教育方式与开放性社会环境的矛盾，追踪党员关心的改革、发展、稳定中的重点、难点、热点问题，结合党和国家的中心任务，积极改进和加强思想政治工作。

与此同时，农工党沈阳市委还结合重要纪念活动，对党员进行专题教育。2月份，学习座谈江泽民主席《为促进祖国统一大业的完成而继续奋斗》的重要讲话。3月，召开纪念农工党创始人邓演达诞辰100周年座谈会，讴歌先烈的献身精神，追忆多党合作的历史足迹，增强广大党员坚持党领导的多党合作和政治协商制度的坚定性和自觉性。4月初，传达了全国“两会”精神，使大家认清了形势，统一了思想，明确了任务，激发了斗志。5月2日，发出《关于认真学习贯彻中共沈阳市第九次代表大会精神的意见》，提出把学习和贯彻这次党代会精神，作为全市农工党组织和广大党员的历史责任。“七一”前夕，举办形势报告会，请市委党校王雷副教授就人民群众普遍关心的热点、重点和难点问题作报告，使大家对党和国家的工作大局有了深层次的理解和认识。8月9日，为纪念抗战胜利50周年和农工党建党65周年，请辽宁大学校办主任、省历史学会副秘书长张伟教授作抗日战争与统一战线的报告，使大家受到了共产党领导的多党合作的传统教育。

在“进场入轨、兴市富民”大讨论活动中，农工党沈阳市委提出，要把大讨论同提高参政议政水平，为经济建设服务，做好岗位工作以及加强自身建设结合起来，并且根据农工党医疗卫生界人才集中的特点和优势，确定以“面向市场，深化改革，发展医疗卫生事业”为重点课题，集中力量，联系实际，广泛深入地开展大讨论。4月份，以皇姑区支部作为试点先行召开讨论会，请该区党政领导及有关部门负责人一起座谈，共商振兴皇姑区医疗卫生事业大计。在5月份召开的大型座谈会上，有6名同志就解放思想、推进医疗卫生事业改革问题发表了意见，提出了一些有价值的建议，受到了与会的市卫生局有关领导的赞扬。

2.提高参政议政质量。1995年，农工党沈阳市委充分激发和调动广大党员参政议政的积极性，不断提高参政议政工作的质量和水平，相继召开了3次座谈会，总结交流和讨论研究参政议政工作。3月22日，召开区级支部参政议政工作会议，学习了李瑞环同志在全国政协八届三次会议闭幕会上的重要讲话，总结交流了各区支部在本区人大、政协会议上提交议案、提案的情况和经验。8月16日，召开了特约参政人员座谈会，交流了几年来参与特约参政工作的经验和体会。9月20日，召开了人大代表、政协委员和区级支部负责人会议，大家围绕改革、发展、稳定中出现的重点、热点和难点问题，提出了许多对策和建议，为向1996年年初召开的各级人大、政协会议提交议案、提案做了发动和准备。

由于注重思想发动和组织协调，使参政议政的质量和效果有所提高。据统计，全市农工党员中的人大代表、政协委员，在年初召开的各级人大、政协会议期间共提交议案、提案88件。其中，《关于进一步搞好医德医风建设的几点建议》以农工党沈阳市委的名义作了大会发言。《关于举办首届沈阳科技节，增强全体市民的科技意识》的提案，是同市民盟、民建、九三和科协联合提出的，被采纳后，9月份举办了沈阳市科普周活动。同时，还通过积极参与重要的调研活动，形成了《关于加强农村三级医疗预防保健网建设的几点建议》、《关于我市职工教育培训的现状分析和对策建议》、《关于治理绕阳河的几点建议》等重要提案，并先后在市政协常委会议上发言，提交有关方面办理。

年内，农工党沈阳市委积极参加对口协商和特约参政工作。市委会领导和特约审计员参加了市审计局召开的廉政建设通报会，贯彻实施《沈阳市国有企业厂长（经理）离任经济责任审计监督条例》座谈会。

3.为了经济建设服务。1995年，农工党沈阳市委提出，牢固树立为经济建设服务，围绕经济建设中心开展活动的思想，在深化改革、促进发展中展示农工党的良好形象。

各基层组织和广大党员按照这一要求，围绕全市和本单位的中心工作，立足本职，无私奉献，建功立业。在沈阳地区发生百年不遇的特大洪灾以后，广大党员积极响应中共沈阳市委、市政府的号召，除积极捐助衣物、救助灾民外，还以支部为单位，派出医疗队支援灾区，捐赠药品5 000余元，诊治病人400余人次，受到灾区党政领导和灾民的热情欢迎。妇委会与市妇联一道到辽中重灾区送医送药，产生了良好的社会影响，并被市妇联授予"抗洪救灾先进妇委会"光荣称号。一批学有专长、成绩卓著的先进典型，受到各有关方面的表彰、奖励，沈阳市朝鲜族医院副院长常振方被评为和平区十大杰出青年，市第五人民医院陈玉明、大东区中医院丁洪臣荣获"白求恩杯"竞赛服务标兵，沈阳医学院归国博士李宏获沈阳市学科带头人称号。据统计，年内有30名党员获得各种荣誉称号。

4.全面推进自身建设。1995年，农工党沈阳市委认真贯彻中共十四届四中全会决定、农工党中央《关于加强组织建设若干问题的决定》和《关于加强后备干部队伍建设的决定》精神，以领导班子和后备干部队伍建设为重点，全面推进自身建设。年初，召开三届七次全委(扩大)会议，增补了7名市委委员，增选了驻会副主委兼秘书长，任命了副秘书长，使领导班子得到加强，年龄结构有所改善，初步形成了思想统一、步调一致、工作协调的良好局面，较好地贯彻了集体领导与个人分工负责相结合的原则，为推进新老交替、搞好1997年换届创造了比较有利的条件。

在后备干部队伍建设过程中，通过对基层推荐、主副委会议审定的44名后备干部的跟踪调查考核，加强了与所在单位中共组织的沟通，并以举办报告会、座谈会、学习班，举荐中青年骨干参加特约参政工作，吸收后备干部参加重大社会问题调研，结合支部换届举荐新人进入领导班子等多种方式，培养、锻炼和提高后备干部，初步形成了一支新一代领导骨干队伍。 *(王勇)*

【致公党沈阳市委】 1995年，致公党沈阳市委紧紧围绕党的中心工作，加大参政议政力度，提高参政议政水平，积极开展了参政议政和民主监督工作。一年来，致公党市委领导多次参加中共沈阳市委、市人大、市政府、市政协召开的通报会、协商会、对话会12次。先后就沈阳市委、市政府重要会议的工作报告、沈阳市"九五"计划、2010年规划草案、重大改革方案的出台、重要人事安排、搞活大中型企业、廉政建设、精神文明建设等方面的问题提出意见和建议。特别在侨务政策、海外统战政策、对外开放、吸引外资等方面，为市有关部门决策的科学化、民主化，提出了有益的意见和建议。致公党市委在政协十届三次会议上，"关于城市垃圾的现状及其对策"的大会发言，受到有关部门的重视和采纳；在张荣茂市长会同政府有关部门就当前全市8个热点问题邀请各界人士和民主党派负责人对话会上，提出为了维护社会稳定，在当前国家财政还不富裕的情况下，发动和动员处以上领导干部设立帮困基金，有步骤地帮助和解决城镇特困职工渡过难关的建议，受到市委、市政府领导的重视，后来发展成"温暖工程"；"关于严格控制和管理外来人口"的建议也被政府有关部门采纳，并以文件形式下发。各基层支部根据本地区本单位的具体情况也积极地参政议政，提出一些好的意见和建议，受到重视和采纳。

致公党沈阳市委还充分发挥党员中各级人大代表、政协委员的作用，积极开展参政议政。市致公党员中有各级人大代表、政协委员51名，通过各种形式的参政议政，特别是在"两会"期间，共提出提案和建议116件，其内容涉及到全市的经济建设、文教卫生、对外开放、反腐倡廉、文化市场、环境保护、道德规范、警风警纪、人民生活等多方面问题。市政协委员傅秋帆教授在政协会上提出的"关于对影视片的制作放映要严格审查"、"要采取有力措施维持市场物价稳定"、"退休职工退休金与在职人员工资收入差距不宜太大"等提案得到有关部门的重视和采纳，如增加退休金问题已由市劳动局具体操作实施。市人大代表徐葆仁教授，在人大会上提出的"关于加强市园林绿化地建设"、"禁止在公共场所吸烟"等提案均受到重视和采纳。市政协委员陈曦教授，在政协会上提出的"关于在农业上要大力推广垃圾肥"、"充分发挥中央驻沈高校科技力量"的建议被有关部门采纳并实施。特别是"关于慎重(暂缓)从澳大利亚引进垃圾处理焚烧炉设备"的提案，受到有关部门的高度重视，并被及时采纳，避免了盲目引进设备投资8 000万元人民币的损失，及一但使用年需1.2亿元人民币的费用。区政协常委姚守金、翁文戛在政协会上提出的"关于发展小型企业和私营企业"、"关于建立文化广场"、"关于巡警警风警纪"、"关于加强和完善零工劳务市场管理"的建议，均得到重视和采纳。区政协委员王路微提出的"南京街市场严重扰民"问题得到区政府重视，立即采取措施取消了这个市场，并在区政府《关于政协委员提案办理情况通报》中做为典型提案。

致公党市委在总结1994年调研工作的基础上，配合中心工作开展了调查研究，确定了要重点抓好政协大会发言和提高提案质量的目标。致公党市委会同市政协等有关部门围绕沈阳市如何发挥中心城市功能方面进行了大量的调查研究，写出了"关于对沈阳市'九五'计划期间拓展城市功能的几点建议"，较详尽的提出了对沈阳市"九五"计划期间城市发展总体目标的意见建议；在沈阳市遭受百年不遇的特大水灾后，致公党市委与市政协科技委联合调查，写出"特大水灾后对沈阳市水利工程建设管理的反思"；就社会治安问题与市政协法制委联合调查写出"关于沈阳市社会治安综合面控制"的调查报告。为中共市委、市政府当好参谋助手。

致公党还有16名党员被聘为省、市、区特邀监察、审计、监督员，直接参与各级政府部门的监察、审计、监督工作。一年来，这些党员多次参加这些部门组织的对口协商活动，并积极提出意见和建议，有些党员成为对口单位骨干，受到表扬。

致公党市委紧紧围绕经济建设这个中心工作，发挥海外联络优势，发动全体党员为市"三引一出"牵线搭桥。一年来，经致公党市委、本党党员邀请，来自美国、日本、韩国、阿根廷、香港、台湾等国家和地区的13位客商和学者，就纸张、燃油设备生产，服装、礼品加工，医院租赁，高技术引进，学术交流等进行了多方洽谈和交流。共引进6个项目，一项高科技成果，其中签定2个合同，达成4个协议。经致公党市委邀请，香港某公司与市第一粮库就粮食精加工项目达成协议，协议金额200万元人民币；促成韩国客商在沈投资近100万元人民币，长期租赁郊区濒临倒闭的医院，使国有投资收回并安排当地就业人员。经铁西支部薛宗厚、姚守金牵线搭桥，台湾贾克琳企业集团与市纺织局签定了合资生产特种纸的合同，合同金额2 100万元人民币，外方占49%；香港金狮工程有限公司对合资兴办燃油设备进行考察，准备在沈投资。经和平支部翁文戛、林茂玉、佟素新牵线搭桥，阿根廷布宜诺斯艾利斯市中阿友协负责人，与省侨联等单位就在阿建立窗口事宜达成协议；台湾客商高鸿章先生，与沈阳乡镇企业外贸公司等单位，就圣诞节礼品生产、水果保鲜袋加工等项目进行了洽谈；南韩客商与和平区外贸公司就服装来料加工进行了洽谈。农大支部郑刚通过全国政协委员、中外社会文化交流协会理事长顾毓泉先生，引进日本先进的微生物EM，现农大农学系教授戴俊英已与日本合作开发生产此项产品，如得以推广应用，将会对国内的农业、畜牧业的增产、环境水源的净化起到巨大的推动作用，带来可观的经济效益。此项技术已经得到国家领导人的高度重视，省有关领导已批示省科委给予支持和帮助，并给予了高度评价。党员何祥光做为省节水工程专家组组长到法国、瑞士等国家与外商多方洽谈，为省节水工程争取投资14.5万美元。

致公党党员亲友遍布20多个国家和地区，在做好"三引一出"，牵线搭桥的同时，也广泛地开展了海外联谊活动。一年来，接待来沈"三胞"及外藉华人36人次，党员赴海外探亲、讲学、进修、考察、交流、访问28人次，发信函、贺卡516件，遍及美国、日本、巴西、印尼、泰国、新加坡、韩国、香港、台湾等国家和地区。通过广泛的海外联络向国外亲友宣传了祖国，介绍了沈阳，传递了信息，对促进沈阳外向型经济发展，逐步实现国际化、现代化城市起到了推动作用。

1995年致公党市委始终把自身建设当做一项重要工作来抓。一年来，根据党员队伍状况，以各种形式组织党员学习中共中央十四届四、五中全会精神、邓小平建设有中国特色社会主义理论、《爱国主义教育实施纲要》。为纪念抗日战争、世界反法西斯战争胜利50周年，致公党市委举办了大型报告会，使党员受到爱国主义教育。致公党市委还发出了《关于学习中共中央十四届五中全会精神的通知》要求各支部组织全体党员认真学习领会。为配合中共沈阳市委在全市开展"进场入轨、兴市富民讨论意见"，致公党市委下发了学习通知及安排意见，并举办全体党员参加的"大讨论"专题报告会，号召全体党员积极参加"大讨论"，以实际行动转变思想、转变观念，在本职工作岗位上做带头人。面对百年不遇的洪水灾害，致公党市委响应中共市委的号召，发出《关于贯彻中共沈阳市委"关于为我市灾区募捐的紧急通知"的通知》要求全体党员在国家和人民遭受困难的时候，发扬爱国爱乡、致力为公的精神，有钱出钱，有力出力，做出贡献。为加强对新党员的思想教育，市委举办了新党员学习班，使他们受到统一战线理论和致公党党史教育。1995年是致公党成立70周年，10月9日召开了沈阳市庆祝中国致公党成立暨先进集体、优秀党员表彰大会。为了使组织工作规范化、制度化，市委制定了《致公党沈阳市组织、宣传工作条例》，已下发各支部遵照执行。市委十分重视对中青年党员的培养推荐工作，经市委推荐，焦玫瑰、滕卫平两名党员，先后担任了市中级人民法院副院长、医大第一附属医院副院长。为使后备干部工作制度化、市委建立了后备干部档案，为今后培养，选拔干部打下基础。为积极稳妥的完成支部换届，致公党市委通过与支部所在单位的党委、统战部共同研究，沟通情况，部分支部已完成换届任务，一部分中青年党员骨干已进入领导班子，为支部工作增加了后劲。在组织发展中，坚持"三个为主"的原则，有计划稳步发展党员，一年来，共发展党员13名，全部是中青年党员。

1995年全市致公党员在本职工作岗位上为两个文明建设做出了突出的成绩。有相当部分党员，因成绩显著而受到各级党和政府的表彰和奖励。据不完全统计，一年来，致公党党员获全国、省、市及所在单位各种荣誉称号和奖励的有65人次，在国内外学术会议上交流和刊物上发表的论文近70篇，其中获各种奖励的近40篇。

（尉建新）

【九三学社沈阳市委】 1995年，九三学社沈阳市委认真地履行参政党职责，在参政议政、协商监督、自身建设等方面取得了新的成绩。

1.参政议政和协商监督工作。一年来，通过人民政协的重要场所和各种渠道，广泛参与调查研究和协商论证。

在市政协十届三次全会上，社市委和政协委员共提交提案47件，大会发言5篇，其中：由社市委执笔定稿并汇同其它党派团体联合提出的《举办首届沈阳科技节，增强全体市民科技意识》的提案，被市政协主席会议批准作为向中共沈阳市委、市政府的建议案，一些具体建议被吸纳进"沈阳市科技大会工作报告"之中，市政府确定于1996年举办首届科技周活动。

《关于大力发展沈阳生态农业的建议》的提案，被市畜牧副食局采纳，采取加快生产基地开发建设，推广先进科学技术，搞好深加工等7项措施。加强了参政议政的力量。市政协的10个专门委员会中，社市委有7名同志任副主任，20余名社员任委员；辽宁大学的宋溪明同志被增补为省政协委员，东北大学的王青同志被增补为市政协委员。

2.思想建设工作。一年来，社市委的领导班子、机关、基层，从学习、宣传、教育诸多方面，以庆祝世界人民反法西斯战争、中国人民抗日战争胜利50周年和九三学社建社50周年的机会，进行爱国主义和社会主义教育，增强了社组织的凝聚力。

坚持学习邓小平同志建设有中国特色社会主义理论与学习中共十四届五中全会和中共沈阳市第九次代表大会精神相结合，社市委于中共沈阳市第九次代表大会闭幕后，就下发了学习通知，要求基层组织和广大社员认真学习张国光书记的工作报告，抓住学习的重点，了解掌握沈阳市的发展战略。

积极参加"进场入轨、兴市富民"大讨论。驻会副主委和几名社员参加了由中共沈阳市委统战部主持的座谈会，会后向机关和基层做了传达，提出了"找准角度、选准题目、解决好思想状态、思想观念、思维方式、心理习惯、价值取向方面的问题"。通过大讨论，又一次解放了思想。

隆重纪念九三学社成立50周年。这是1995年度的一项重要的工作。1995年8月31日召开全市庆祝大会，600多名社员兴高采烈地聚集一堂，庆祝自己的节日。中共沈阳市委副书记、市政协主席董万德同志在会上发表了热情洋溢的讲话，对社市委多年来参政议政、自身建设和为经济建设服务等方面取得的成绩给予很高的评价。

参加社省委宣传工作会议和第五次理论研讨会。《在市场经济条件下发挥参政党作用的几点浅见》、《适应新形势、宣传工作要有新思路》两篇文章在会上进行交流受到社省委有关领导的好评，2名同志获得优秀宣传干部称号，3名同志获优秀通讯员称号。

3.组织建设工作。1995年组织建设按照社中央《关于加强自身建设的意见》精神来积极、稳妥地进行。

全年共发展社员70名。其中，男48名，女22名；有博士学位7名，硕士学位的14名，双学位的1名，具有高级技术职称的31名；科研、教学、工程技术界共58名；平均年龄38.2岁。

11个基层组织换届工作顺利。按照社市委的安排要求，每个换届的基层组织至少有1至2名年轻同志任支委。

注重后备干部的选拔培养。1995年共考核、选拔后备干部两批61人，其中已有30多人在基层任职，有1人增选为市委委员。这批后备干部队伍，45岁以上的有3人，45岁至35岁的29人，35岁以下的29人；高级职称的有37人，中级职称的24人，有博士学位的21人，硕士学位的17人，双学位的1人。很多年轻社员的岗位工作成绩显著。

新建3个基层组织。在本单位党委的支持下，辽宁省教育学院小组，沈阳师范学院小组，沈阳大学支社先后成立。

截至1995年末，全市有社员884名，有高级技术职称的632名，中级技术职称的252名，有博士学位的40名，硕士学位的79名，双学位的2名。

（常振平）

【台盟沈阳市委】 1995年，台盟沈阳市委会紧紧围绕党和政府的中心工作，积极开展参政议政和民主监督工作。一年来，盟市委领导参加中共沈阳市委、市人大、市政府、市政协召开的协商会、通报会、对话会等19次，先后就市委、市政府的工作报告、人事安排、反腐败、社会热点，抗洪救灾等问题提出意见和建议，并参与审议地方法规，认真讨论，积极建言。

1995年春节前夕，江泽民总书记提出促进祖国统一八项主张；6月初，李登辉访美；9月末，中共十四届五中全会召开，这些重大事件之后，台盟沈阳市委组织成员学习座谈或撰写文章发表政见，阐述立场、观点和学习体会，新闻媒介及时做了宣传报导。

1995年，市台盟担任各级人大代表，政协委员的盟员有13人，7名市政协委员递交建议，提案19件。吴庆之委员的《洪灾过后对水利工作的思考》作为市政协十届三次全会的大会发言，其内容具体，具有前瞻性，对1995年水灾的防御有借鉴意义，受到有关领导的好评，被台盟中央评为全盟的优秀提案。陈倩莉委员的关于"2号病"的专题协商发言刊登在政协简报上；"关于加强街道市场交通管理"的提案被有关方面采纳。施纯一委员"关于加强公共汽车的客运管理"的提案被采纳。吴永福委员"关于进一步改进市民安装电话工作的建议"由主管副局长亲自指示并被采纳，迅速改进了工作。

根据市政府的要求，市台盟推荐素质较好的盟员担任"四员"，其中，特约监察员2人；物价监督员3人；教育督导员1人；工商局特邀监督员1人。他们参加有关活动，参与监督，积极建议。

一年来，台盟市委会发扬自我教育的优良传统，以各种形式组织盟员及所联系台胞围绕转变观念，促进祖国统一，进行爱国主义教育，提高参政议政整体水平等内容，开展了12次组织活动。

一是当沈阳市开展以实现"振兴沈阳，致富人民"为目标的"进场入轨，兴市富民"的大讨论时，台盟市委会以此为契机，在盟内开展"转观念，振精神，办实事，比贡献"的活动，分别组织委员、盟员和机关人员学习讨论，在此开展"建言献策"和征文活动中，共征集建议30条，征文6篇。二是当海峡两岸关系发展在大起大落的变化中，台盟市委会及时组织盟员学习座谈，2月初，与市台联共同学习座谈。进一步加强了对邓小平"和平统一，一国两制"理论重大意义的理解和对中国共产党对台方针政策的原则坚定性与策略灵活性的认识，更坚定了为祖国统一而奋斗的信心。6月初，当李登辉访美一事成行后，组织盟员及所联系台胞座谈，抨击李登辉分裂祖国的言行，学习有关对台方针政策，了解国际形势，使盟员进一步认识到祖国统一大业的长期性、艰巨性和做好争取民心工作的重要性。三是重点抓参政议政整体水平的提高。活跃了盟员思想，增强了参与意识，激发了盟员及所联系台胞献计献策的积极性，也为中青年盟员锻炼提供了机会。使盟的参政议政水平有了提高。四是利用一切机会，在盟内开展受国主义教育活动。1995年是抗日战争和反法西斯战争胜利50周年，7月，组织部分盟员参加纪念抗日战争胜利50周年《筑我新的长城》大型文艺汇演；9月，举办座谈会，学习讨论江泽民在首都纪念抗战胜利50周年大会上的重要讲话，座谈会上，老台胞以现身说法揭露了日本帝国主义在中国犯下的滔天罪行，回忆了台湾同胞当亡国奴任人欺压的耻辱；10月25日，市台盟、台联举办纪念台湾光复50周年大会，会上吴勋副主委做了《弘扬台湾同胞光荣爱国传统，为祖国统一大业而努力奋斗》的讲话。市台办马世良副主任应邀做了台情报告。通过以上盟的组织活动，对盟员转变观念，增进共识，提高议政能力，增强爱国爱乡情感，提高政策水平起到了促进作用。

一年来，全体盟员及所联系台胞立足本职，勤奋工作，在企业改造，教书育人，为患者服务，招商引资等工作中做出贡献。1995年，沈阳市农村遭受特大洪涝灾害，台盟市委会及时向盟员发出抗洪救灾倡议书和捐书助教的通知。市盟领导随慰问团慰问抗洪救灾的解放军官兵；参与赈灾义演募捐活动。一年来市台盟向台湾、美国、日本、加拿大等地寄邮《投资指南》、《开发区概况》，贺卡及信件200余件。赴台探亲台胞及家属4人次，行前盟市委为其补助费用，归来请台胞介绍观感；一年来，台盟机关接待来沈探亲、观光、考察的岛内外台胞7批13人次，陪同考察，介绍合作伙伴，宣传对台方针政策和投资环境；年内走访台资企业13家，向台商宣传《台湾同胞投资保护法》及地方法规。

(王光华)

人民团体

【市工商业联合会】 1995年，沈阳市各级工商联组织团结广大会员，坚持以建设有中国特色社会主义理论和党的基本路线为指导，把握工作大局，立足于改革，着眼于发展，服务于稳定，较好地完成了市工商联十二届二次执委(扩大)会议所确定的各项任务，大大推进了全市工商联工作的深入发展，取得了较好的成绩。

1.加强组织建设，为会务工作提供了坚强保证。一是建立和完善会长联席会、会长与执委以及非公有制经济人士联系点，会长办公会等各项制度。

二是调整了机构和中层干部。新提拔9名实职中层干部，解决了多年中层干部配备不齐的问题，并对他们进行了上岗前的培训。为拓展工作领域，增设了服务中心和调研处两个机构。

三是部分县区工商联领导班子也进行了调整，充实了一批新的力量，进一步向年轻化、知识化方向发展。

四是在一些乡镇和大型集贸市场，新建基层分会或工商联小组54个，在全国中心城市率先成立美容行业公会，发展个人会员680多个。积极分子队伍建设更加重视政治质量，经市工商联推荐，姜伟、刘希贵、陈巨金等13位民营企业家被省工商联评为先进会员，康宝勋被团市委评为市杰出青年企业家，赵晓光等3名被评为优秀青年企业家，有3名非公有制经济人士被选为青联委员。

2.心系老少边穷地区，大力推进光彩事业。为支援新疆和田地区打井工程，解决当地农牧民长期饮用不卫生水的问题，飞龙公司总裁姜伟、希贵集团董事长刘希贵、协合集团董事长陈巨余带头响应号召，分别捐款20万元、6万元、4万元，共30万元，为和田打井15眼。

刘希贵还投资5 000万元，在康平县开发卧龙湖，在全省乃至全国都产生了很大反响，华源医疗器材有限公司总经理李中华与康平县粮食局共同投资1 050万元兴建医疗器材厂，沈阳金驰集团董事长石立新投资2 000万元在康平县建立了酒精厂和畜牧场等。

为推动光彩事业的深入发展。由市委统战部牵头，市工商联和有关部门共同发起成立了沈阳市光彩事业推动委员会，制定了工作方案，并于5月19日在康平召开了有百名私营企业家参加的光彩事业新闻发布会。会上，向姜伟等5位民营企业家颁发了光彩杯。民营企业家同康平县有关部门签订合作协议和意向8项，投资总额2亿元。

在沈阳市遭受百年不遇的特大洪涝灾害时，市工商联及时印发了积极参加抗洪赈灾活动的通知，广大非公有制经济人士主动响应市委、市政府的号召，通过不同形式支援灾区，帮助灾民重建家园。市工商联与市委统战部带领部分非公有制经济人士一起赴辽中县、于洪区、苏家屯区、东陵区等重灾区进行慰问，捐款送药，并会同市委统战部、市科教工委、辽宁中国城股份有限公司联合举办了大型赈灾义演活动，应市工商联邀请，正在沈阳参加国际经贸洽谈活动的全国工商联副主席恒玉珊也出席了义演活动。

3.发挥民间商会优势，拓宽商会工作新领域。一是扩展对外联络渠道。市工商联部分领导参加了市政协组织的赴美国、加拿大考察活动，并加强了同香港地区4家商会的联系，与其中香港青年企业家协会建立了友好商会。市工商联以团体会员代表的资格参加了海内外华人友好商会第二届会员代表大会，广交了朋友，密切了联系，扩大了影响。有些会员企业，如协会集团，直接参与联络工作，邀请美国客商来沈，市工商联及时组织其他会员企业与之进行洽谈，收到较好效果。一年来，市工商联共接待外商21人次，通过和企业洽谈，签订意向投资额30万美元。为会员办理出国手续42人次。

二是为会员服务取得新进展。服务中心运作后，成立了信息站和人寿保险代办处，与市技术监督局共同印发了《关于开展非公有制企业技术监督的意见》，组织会员企业参加各种类型的产品展销活动。为提高非公有制经济人士素质，市工商联年内举办6期培训班，有130多人参加学习。

市工商联还组织会员企业参加了市政府组织的赴哲里木盟经贸考察，共签订协议14项，总金额达4 000多万元。

4.调查研究，参政议政向深层次，高质量方向发展。市工商联紧紧围绕自身工作性质，在政协大会上作了题为《加强非公有制经济立法，维护非公有制经济人士合法权益，促进非公有制经济健康发展》的发言；组织30多位特邀监察员、检查员参加市监察局、物价局开展的对口协商活动，市工商联领导还多次参加市政府与各界人士的热点问题对话活动以及全市"九五"计划和2010年远景规划的论证，特别是优化产业结构，重振老工业基地雄风的建议，市政府领导给予高度重视并作了批示。先后完成了《沈阳市非公有制经济领域党建工作情况的调查报告》、《关于发展全市个体私营经济的几点建议》、《大力开展光彩事业，引导非公有制经济健康发展》等调研报告。

（张达明）

【市台胞联谊会】 1995年，沈阳市台联牢牢把握"和平统一、一国两制"的基本方针，把工作重点放在"稳定"上，加强了同台胞、台商的联系，努力为他们办实事，受到了广大台胞的赞誉。

1.宣传八项主张，揭露台独阴谋。1995年1月30日，江泽民总书记发表了《为促进祖国统一大业完成而继续奋斗》的重要讲话。受到了海峡两岸人民的拥护和海内外的关注。市台联把学习、宣传、贯彻江泽民总书记讲话贯穿工作的全过程。将"讲话"全文印发给全市台胞，组织多种形式的学习会、座谈会、讨论会，分别召集台联理事、本市台胞和部分在沈台商座谈，大力宣传江泽民总书记关于推进祖国和平统一进程的八项主张。李登辉访美后，严重地破坏了两岸关系发展的基础，造成了两岸关系的紧张局势。根据两岸形势的变化，市台联组织台胞抨击李登辉到国际上制造"两个中国"、"一中一台"的行径，揭露李登辉假统一，真"台独"的真实面目。在纪念台湾光复50周年大会上，以史为鉴，教育台胞 认真学习八项主张，坚定了广大台胞统一祖国的信念。

2.以联谊增进友谊，以高效赢得台商。1995年全市有台资企业390家，市台联努力发挥桥梁和纽带作用，始终把联系台商、发展友谊、了解情况、多办实事作为工作的主线，开展多种形式的联谊活动，主动与台商交朋友。在中秋节举办"在沈台湾同胞中秋联谊活动"，邀请台资企业的董事长、总经理等人参加，通过联谊活动加深了感情，增进了友谊。市台联把招商工作与做好在沈投资台商的稳定工作结合起来。从协助办理营业执照、税务登记、汽车定编、租房购地，到为被骗台商追款等等，无论大事小情，能解决的，都尽快给予办理，一时解决不了并涉及其他部门的问题，在做好解释工作的同时，抓紧做好协调工作。

3.台胞献爱心，洪水无情人有情。1995年夏，沈阳市遭受百年不遇的特大洪涝灾害，居住在辽中县的3户台胞，土地被淹，收成颗粒皆无，13口人下半年口粮将全靠国家的救济粮。市台联了解情况后，向全市台胞介绍了这3户台胞受灾的现状，以"洪水无情人有情，同为台湾乡亲，盼您伸出援助友爱之手"为口号发出倡议。倡议发出后，立即得到全市台胞的积极响应，几天时间捐款3 000多元。最让人感动的是有几位年逾古稀的老台胞，收入微薄，还拿出100元、200元亲自送到台联机关来，还有几位因企业不景气提前下岗的中年台胞和尚在家待业的青年台胞，在自己生活很困难的情况下，也拿出10元、20元来表达他们的爱心。当市台联领导把全市台胞的关心和问候送到受灾台胞家庭时，这3户台胞感动地说，我们不辜负大家的心愿，重建家园，把洪水造成的损失夺回来。还送来一面写着"乡情深千尺，厚爱铭我心"的锦旗，以表达他们对全市台胞的感激之情。

（高海风）

【市黄埔军校同学会】 1995年，沈阳市黄埔军校同学会的各项工作又有新的发展。1.加强政治理论学习，提高政治水平和自身素质。年初，将江泽民总书记《为促进祖国统一大业的完成而继续奋斗》的八项主张印发到全体同学的手中，并采取自学、分组学、重点学的办法，深刻领会精神实质。5月份孔繁森同志的事迹发表后，及时组织学习孔繁森同志爱党、爱民、廉洁奉公、全心全意为人民服务的无私奉献精神，用孔繁森同志这面镜子经常对照检查自己，不断提高自身素质。

为了配合学习，还定期组织全体同学观看《台情资料参考》录相片6次，并组织了2次《台湾形势》报告会，使大家提高了认识，增长了知识，思想政治理论水平也有了明显的提高。

2.做好海外联谊工作，为促进祖国统一做贡献。7月21日，接待了来自台湾的黄埔十一期毕业的姜健先生，姜先生现年82岁，曾在国民党军队中任过炮兵连长、在伞兵部队中任过副团长、训练处少将处长等职，于1949年去台湾，现任台湾瑞峰股份有限公司董事长。

10月7日，接待来自台湾的张琦夫妇一行3人，张先生曾任国民党第二军军长、总统府侍从室主任、总统府第三局局长，金门防守副司令，中将军衔，退役后任台湾"中华黄埔四海同心会"执行长等，现任台北纺织股份有限公司董事长。

此外，全年与海外往来信件约350封。通过做海外联络与接待工作，听到海内外黄埔同学盼望祖国早日统一的强烈呼声，增强了做好对台工作的信心。

3.开展各项活动，联络同学感情，增强凝聚力。5月26日组织全体黄埔同学去省博物馆参观了纪念抗日战争胜利50周年图片展览，使大家受到了一次深刻的爱国主义教育。

8月24日，举行了隆重的"纪念抗日战争胜利50周年大会"。在沈的黄埔同学及二、三代共100余人。会上，大家踊跃发言，用大量事实控诉日寇侵华的滔天罪行。告诫人们"前事不忘，后事之师"。并演出了以抗战爱国歌曲为主要内容的文艺节目，省市领导均在会上讲了话。会后举办了《勿忘国耻、爱我中华》书画、诗词展览。共展出书法18幅、画15幅、诗词23首、抗战爱国文章18篇。

9月11日，举行"忆亲人、话统一"中秋茶话会。省、市部分领导及有海外联系的同学和黄埔二、三代共70余人参加了会议，与会者畅所欲言，大家坚信：月终归要圆、人终将要聚，中国必将统一。

10月30日，举行了“敬老日”茶话会，参加者有8位70岁以上的黄埔老人，省、市部分领导共60余人。会上，省、市领导均讲了话，并向8位黄埔老人赠送了寿联。

6月16日，隆重举行了“纪念黄埔军校建校71周年”座谈会，全市13个县、区统战部负责人，全体理事、联络员出席会议。1月24日在泰克宾馆举行盛大的“迎新春联欢会”。全市的黄埔同学携家属、子弟共200余人参加。此外，年内还分别召开了“遗属座谈会”、“元旦茶话会”、“建国46周年座谈会”等。

（李伟）

群众团体

·市总工会·

【概况】 1995年，沈阳市工人阶级以大无畏的气概和主人翁精神，克服困难，奋力拼搏，在促进改革、发展、稳定中建立了光辉的业绩，在战胜百年不遇的特大洪涝灾害中经受了严峻的考验。全市各级工会组织，坚持以邓小平同志建设有中国特色社会主义理论和党的基本路线为指导，按照全总十二届二次执委会提出的工会工作总体思路，坚持以贯彻实施《劳动法》为契机和突破口，带动工会各项工作，深入开展“主人翁工程”和“职工温暖工程”活动，推动工会自身改革和建设，开创了工会工作新局面。

以“主人翁工程”活动为载体，群众经济技术工作取得明显效果。全市各级工会组织通过开展做主人，迎挑战，促发展，塑形象，创名牌等富有新意和特点的活动，充分调动了职工的积极性和创造性。技术协作，技术攻关，合理化建议等活动蓬勃开展，职工主人翁责任感得到了增强。据统计，全年已实施完成“主人翁工程”立项63 582项，提合理化建议365 514件，开展劳动竞赛活动达4 997项，双增双节实现价值6.1亿元。围绕市政府确定的122个名牌产品，确立攻关项目67项，已完成48项，创价值5 589万元。全市职工群众发明创造、技术革新成果实现4 000多项，其中80项参加了全国和省发明成果展览会，获11项金奖、20项银奖。

以维护为基本职责，“职工温暖工程”不断深化。“职工温暖工程”做为全市的社会温暖工程开展以来，各级工会实行了层层保证的工作目标责任制，制定落实市委总体要求的扶贫包户实施细则。在全市各级工会组织包户扶贫的5 000户中，已有千户特困职工脱贫。市总工会会同民政部门办理特困证8 000多户，受益2万多人。近两年来，市总参与审批借发生活保障金600多户次，金额达1 700万元。各级工会积极参与筹集三级扶困救济资金2 000多万元，全年救济支出300万元。在积极搞好职工再就业和富余人员转岗就业安置工作中，通过市、区工会的职业介绍站(所)的共同努力，一年来，已介绍安置了再就业职工1.3万人，其中特困职工4 000多人。女工组织和各级女职工委员会，通过开展“为下岗女职工再就业架桥活动”也取得了明显的效果。

深入贯彻实施《劳动法》，参与国有企业改革和签订集体合同试点工作初见成效。市总已举办各类实施《劳动法》培训班8期。参加签订集体合同的专业培训已达4 100多人次。在全市已有35户不同经济类型的企业进行了集体合同的试点签订工作。一大批国有企业正在逐步由共保(双保)合同向签订集体合同方面过渡。通过学习、宣传、贯彻《劳动法》，企业劳动争议调解工作力度不断加大。目前，全市已建立劳动争议调解委员会2 978个，百人以上企业的组建率已达92%以上。据不完全统计，全市共调解劳动争议近14 000件，其中95%以上的案件在基层得到了妥善处理。

工会自身改革和建设得到了进一步加强。到1995年底，具备建会条件的外商投资企业已建会515户，建会率为86.3%，具备建会条件的乡镇企业已建会598户，建会率为72.6%，具备建会条件的私营企业已建会97户，90个乡镇建立了工会，占全市乡镇总数的63.8%。在建设职工之家活动中，已建成合格职工之家4 056个，五好职工之家512个，五好“小家”1 015个，其中全国模范职工之家10个，省级模范职工之家45个，市级模范职工之家105个。

（张栋森）

【宣传教育工作】 1995年，沈阳市总工会以爱岗敬业做主人为主题，以多种形式的学、创、演、展、赛为载体，广泛深入地开展爱国主义教育活动。年初，市总工会下发了关于认真学习贯彻《爱国主义教育实施纲要》的意见，制订了在全市职工中开展“爱岗、敬业、做主人”为主题的爱国主义系列教育方案。全市各级工会按照市总工会的部署，结合企业实际，运用多种形式开展活动，有力地激发了职工的爱国热情，促进了全市改革开放和经济建设的发展。

深入开展“进场入轨、兴市富民”大讨论活动，引导职工转观念，做贡献。根据市委的统一部署，市总工会下发了“做主人、迎挑战、促发展”的大讨论实施方案。全市各级工会以转变观念为突破口，强化职工的忧患意识，促进了企业命运共同体的形式；以强化职工主人意识为着力点，激发和引导职工的主人行为，为全市经济工作再上新台阶做出了积极的贡献。

继续深入开展创建“五小”模式班组活动，推动了企业的基础建设。年初，市总工会下发了《关于深入开展创建“五小”模式班组活动的意见》，以“生产建设的小突击队，参政议政的小智囊团，学政治、学文化、学技术的小课堂，培育四有新人的小熔炉，宽松、和谐的小乐园”为内容的“五小”活动在全市广泛深入地开展。有力地增强了班组细胞的活动，推动了企业各项基础工作的加强。

深入开展职工自学成才工作，努力提高职工素质。市总工会修订了自学成才职工评选办法，成立了由市总工会牵头，有市政府有关部门参加的自学成才职工评审委员会，使自学成才工作走向正规化、规范化和科学化。市总工会于10月份召开全市自学成才职工表奖会，表彰奖励了优秀自学成才职工，对全市自学成才工作的发展起到了积极的推动作用。

加大职工思想动态调查研究的力度，为各级领导机关实施正确的决策提供服务。全年共写出各种动态性、综合性、专题性职工思想状况调研报告60余篇，其中1991——1995沈阳市产业工人状况对比调查受到全国总工会有关领导高度重视和评价，认为这是近年来少见的真实反映民情民心的好调查报告，是为工运事业，为职工群众办的一件好事、实事。这篇报告先后被“新华社国内动态清样”、“辽台内参”刊登，产生了强烈的反响，引起了各级领导的重视和关注。

（*何春祥*）

【多层次参与民主管理】 1995年以来，沈阳市民主管理工作有较大进展，特别是在企业转换经营机制的新形势下，各级工会对民主管理工作进行了研究和探索，渠道和办法不断拓宽。形成大范围、多渠道、全方位参与和渗透的民主管理新格局。

——职工代表大会制度进一步健全和完善。据对100家企业的调查统计，企业坚持职工代表大会制度，占调查统计的82%，其中有70%的企业实现了民主管理制度化、规范化、经常化和网络化，80%的企业将企业重大决策交职代会讨论审议，特别是涉及职工利益的方案、措施提交职代会审议，广泛听取职工群众的意见和建议。

——建立职工董事、职工监事制度。这项制度在全市25户现代企业试点单位体现较为明显。25户现代企业试点单位普遍建立了职工董事、职工监事制度。已有14个单位由公司职工选举进入职工董事会、职工监事会，其中有6名工会主席进入董事会。职工进入高层次决策，不仅有利于反映职工群众的意见和建议，也有利于把董事会的决策贯彻到群众中去和实施民主监督。

——建立平等协商、集体合同制度。平等协商和集体合同制度是职工民主管理的一种新形式，是企业中具体的、有实在内容的民主管理。《劳动法》颁布以来，市总工会确定平等协商、集体合同制度是工会工作的“牛鼻子”。一把手要牵“牛鼻子”工作思路。按着这个思路，具体采取“抓大带小、抓外促内、抓点带面、三块启动，实现目标”的路数，年终将实现1 000家企业签订集体合同，使这项工作有新的突破。

——坚持民主评议干部。在对全市100家企业调查中，有55%的企业建立了民主评议干部制度，被评议的干部有1 500人，受到奖励的140人，被免职的24人。

——与同级政府建立联席会制度。市总工会与市政府建立了联席会议制度，这项制度已坚持6年，同时参与政府涉及职工利益的工作机构14个，有20人参与工作。通过与同级政府的民主参与和民主管理监督，解决了退休职工工资、社会保障、签订集体合同，住房及破产职工安置等问题。13个县区、35个局（公司集团）工会也普遍与同级政府和行政建立了联席会制度，全市有50%以上企业实行了联席会制度，开展了厂长接待日，职工代表视察、职工代表活动日、民主协商对话等多种活动；市、局、企业还建立了市长、局长、厂长（经理）联络员制度，通过这些制度，了解民情，反映呼声，上情下达，正确决策。

（*龚兴志*）

【群众经济工作】 1995年，沈阳市工会群众经济工作是围绕深化和发展“主人翁工程”的主线展开的，得到了全市各级工会组织和广大职工的积极响应和广泛参与，并取得可喜成果。

1.继续在全市深入开展“主人翁工程”活动，实现了广泛普及和深化发展。全年“主人翁工程”活动立项实施完成63 482项，各层次开展劳动竞赛4 997项，职工岗位练兵2 694次，总结推广先进技能操作法720种，组织职工技术表演2 843次，职工提合理化建议36万多件，职工双增双节创造节约价值6亿多元。活动中涌现出众多先进典型，仅市总工会命名的主人翁楷模100多名，优秀主人翁工程成果300多项。

2.劳动模范管理工作取得新进展。4月份，召开了1995年沈阳市先进集体、劳动模范表彰大会，表彰市劳模743人，市特模21人，市先进单位82个，市先进集体215个。推荐省劳模156名，省先进集体13个；推荐全国劳模24名。向在第三届城运会上做出突出贡献的7名教练员授予了市五一劳动奖章。推荐了11名青年劳模上大学深造，为128名劳模办理养老保险，帮助100多名劳模解决了实际困难。

3.会同市外经贸委等部门在全市开展了外向型经济建设升档达标及出口创汇贡献杯、进步杯竞赛，全市全年实现自营出口创汇6.6亿美元，实际利用外资调入额6.5亿美元。会同市侨办在全市开展了三胞眷属“架彩桥、招客商、引外资、创最佳”竞赛活动，全年全市共引荐成功135个项目，引进外资额7 875万美元。

4.会同市乡企局在全市开展了“腾飞沈阳乡镇工业竞赛”活动，各县（市）区竞相参赛，全市实现乡镇工业产值430多亿元，涌现出于洪区、东陵区2个产值超百亿元县区和辽沈铝材厂等产值超亿元的乡镇企业。

（*刘胜国*）

【职工文化】 1995年，沈阳市总工会广泛深入地开展丰富多彩、健康向上的文化活动，增强爱国主义教育的感染力和吸引力，职工文化活动十分活跃。

年初，市总工会向全市职工推荐100首爱国歌曲，开展职工学唱、演唱爱国主义歌曲活动，职工每人至少会唱10首歌曲，全市掀起了演唱爱国主义歌曲的热潮。市城建局、市商业局、沈阳飞机制造公司、沈阳水泵厂、五三工厂等单位都开展了“百歌颂中华”群众歌咏活动；黎明发动机制造公司、沈阳有色冶金机械总厂等单位举办了纪念抗战胜利50周年歌咏比赛；新光动力机械公司、市粮食局等单位举办了庆“七一”歌咏比赛，使演唱与坚定共产主义信念、走社会主义道路结合起来，振奋了职工精神，弘扬了企业精神。

1995年全市各级工会都开展了不同形式的业余文化活动。4月28日至5月18日市自来水供水公司举办了“弘扬企业文化、展示公司风采的首届职工艺术节；市轻工局5月12日在市中心体育场举行了第二届“沈阳轻工之夜”；10月7日至12日沈阳飞机制造公司举办了第二届“沈飞艺术节”；东北制药总厂举办了第二届职工文化艺术节，从3月至11月共组织了15项活动；市粮食局9月份举办了文艺汇演，13个基层单位参加演出39个节目；市自来水总公司12月份也举办了文艺汇演，节目绝大部分是职工自己创作的反映本企业精神面貌、好人好事和职工生活的节目；11月21日沈阳工业学院举办了第十届职工摄影展览，展出120多位教职员工的作品160幅；另外沈阳飞机制造公司和东北机器制造总厂在正月十五还举办了“正月十五”元宵灯会。

1995年市总工会举办5次文化活动。

1.举办了沈阳市职工故事和小品比赛，参赛作品全部是职工自编自演的节目。

2.4月28日在鲁迅公园的日月岛活动中心举办了沈阳市庆祝“五一”国际劳动节和中国工会成立70周年文艺联欢会，演出了职工自己创作的歌颂劳动模范的文艺节目，工会干部和劳动模范、五一奖章获得者共同登台，这台联欢会的节目录相带选送全国总工会，参加了全总“五一”晚会的评选，获优秀组织奖。

3.7月31日在八一体育馆举行了沈阳市职工纪念中国人民抗战胜利50周年歌咏比赛大会，市机械局、轻工局、沈阳机床股份有限公司、东北机器制造总厂、皇姑区等9个单位的4 000人参加了比赛，沈阳飞机制造公司获第一名。

4.10月27日在工人文化宫举办了沈阳市职工兴趣博览会开幕式，11月3日闭幕，历时7天，共展出书法、美术、摄影、收藏作品500余件，观展人数2万余人，开幕式职工京剧、曲艺、秧歌积极分子做了精彩的表演，市职工信鸽协会会员并为开幕式放了500余羽信鸽。

5.6月25日在沈阳科技文化活动中心，召开了沈阳市职工收藏协会成立3周年大会，会上收藏协会会员还互相交流了自己的藏品。

1995年参加全国比赛也都取得了较好的成绩。在参加全总举办的全国部分城市歌手比赛中，中兴——沈阳商业大厦苑声、龙泉和沈飞的李昕芳分获三等奖；在参加全国总工会、中国美协、中国书协、中国摄影家协会举办的全国职工美术、书法、摄影展览中，沈阳飞机制造公司王威的美术作品“风风雨雨”获三等奖；油脂化学厂创作的舞蹈“老俩口夸三威”获全国大企业舞蹈比赛一等奖；电工铸铁厂林作岩创作的曲艺作品“夸亲人”被全总五一电视晚会评选中获优秀创作奖。

1995年沈阳市工会文化宫、俱乐部充分发挥了“学校和乐园”的作用，仅对市、县区9个文化宫的统计，全年到文化宫参加各种学习班、讲座、观看文艺演出、电影和参加各种娱乐活动人数达百万之众。市文化宫、市科技文化活动中心、沈河工人文化宫、苏家屯区工人文化宫4个单位被全国总工会授予全国先进文化宫。

（*李凤梅*）

【职工体育】 1995年，沈阳市职工体育工作以落实全总关于“迎三运为国健身做贡献，掀起群众性体育锻炼高潮”的部署为契机，动员全市广大职工积极投入“迎三运，在沈阳”活动，进一步推动《全民健身计划纲要》在全市的实施，职工群众性体育在经常化、普遍化、制度化和社会化方面迈出了新的步伐，取得了显著成绩。

“迎三运在沈阳”职工体育系列活动以爱沈阳、敬事业、强体质、做主人为主题。5月6日市总工会在和平广场举行了开幕式，拉开了“迎三运在沈阳”职工体育系列活动的序幕。

1995年市总工会共举办了7项体育赛事：

1.5月6日在和平广场举行了沈阳市职工“皇姑房产杯”长跑比赛，有2 000余名产业工人、科技文卫、机关干部、离退休职工参加。

2.8月15日—18日在沈阳机车车辆厂体育馆举办了沈阳市职工乒乓球比赛。有16个代表队的100余名运动员参赛。

3.7月27日—29日在铁岭南城子水库举办了沈阳市职工第十一届“南七杯”钓鱼比赛。有15支代表队的近200名运动员参赛。

4.10月16日—21日在市总礼堂举办了沈阳市职工象棋比赛。有22个代表队的110多人参赛。

5.为纪念第26届世界邮政日，10月8日市总工会、市邮政局联合举办了沈阳市职工首届“沈邮杯”环城接力长跑比赛。此次长跑起点为中山广场经过市内5个区，终点至沈阳市工人体育场，全程42.195公里，开创了职工比赛的先例，有66个代表队的近1 000人参赛。

6.12月20日—21日在新新桥牌俱乐部举行了沈阳市职工首届“新新杯”桥牌混合双人邀请赛。有20余个代表队的近50人参加了比赛。

7.春秋两季沈阳市职工信鸽协会举行了500公里和1 000公里共四项信鸽竞翔比赛，参赛信鸽达6 000羽，有近200人获奖。10月27日在沈阳变压器厂文化宫举行了颁奖大会。

1995年沈阳群众性体育活动空前活跃，内容更加丰富。广大职工的体育参与意识增强，职工体育人口不断扩大，参加体育锻炼已成为广大职工生活不可缺少的部分。各级工会组织把职工体育工作面向群众，使体育工作为改革服务。并积极组织职工参加早操、工间操、大众体育、医疗体育、趣味体育、各种形式的晨炼、晚炼等健身活动和乒乓球、棋类、篮球、排球、足球等比赛，振奋了职工精神，增强了企业的凝聚力。使职工体育工作为改革服务、为市场经济服务取得了很好的成效。东北机器制造总厂、沈海热电厂等48

个单位被授予沈阳市职工体育工作模范单位称号，东北大学、沈阳风动工具厂等124个单位被授予沈阳市职工体育先进单位称号。

群众性体育活动的深入发展，促进了运动竞技水平的提高。1995年沈阳市职工代表队在参加东北六城市职工羽毛球邀请赛中，男、女代表队分别获得团体第二名。个人单打也取得了好的名次。

（李凤梅）

【职工技术协作】 1995年，沈阳市职工技术协作活动，在围绕转换企业经营机制、建立现代企业制度、发展生产、推动技术进步和抗洪救灾等方面，调动了广大技协会员的积极性，为搞活大中型企业和改革、发展、稳定做出了贡献。继续开展的“百项重大技术难题技协攻关活动”，攻克重大技术难题106项，创造价值1.2亿元。在这项活动中，突出地抓了“创名牌产品技术攻关活动”，配合市政府实施的“名牌产品战略工程”，针对各企业在创名牌产品中遇到的技术难题，确定了67项攻关课题，已完成了48项，可创价值5 589万元，实现利税1 440万元。在广泛开展的职工技术革新和发明创造活动中，取得近5 000项成果，其中评为市一级优秀成果的有207项，创造价值3亿多元。市技协为使这些成果转化为社会生产力，组织80多项成果参加辽宁省举办的“首届职工发明博览会”，获得10项金奖，19项银奖；组织3项成果参加“全国第九届发明展览会”，获得金、银、铜奖各一项，还获得二项中国发明协会颁发的“中国发明成果金杯奖”；组织50项成果在《发明与革新》杂志上发表。市职工技术协会做为唯一的特邀代表参加了中国发明协会第三次全国代表大会，并在会上作了“沈阳市开展群众性发明创造活动”的经验介绍发言。在全市遭受百年不遇的特大洪涝灾害，很多乡镇企业厂房、设备被水淹后，恢复生产举步维艰的情况下，市技协利用一个月左右的时间，分4批组织了36支技协队伍850多人次，帮助16个受灾单位修复大型设备32台、电机115台、变电所1座、电器开关柜6台、各种零部件120多个、仪器仪表10个、焊50米长的铁丹桥2座、16米长的传送铁架8个，直接创造价值60.4万元，挽回经济损失800多万元。同时，根据灾区人民的需要，为他们修复彩电、冰箱、录放机、音响等大件家用电器300多件。全市各级技协开展技术贸易和有偿服务活动的总成交额为3 500多万元。市职工技术协会被评为市社团先进单位；市总工会技术协作工作办公室被评为省技协先进单位。

（范景龙）

【劳动保护监督检查工作】 1995年，沈阳市进一步在县（市）区局（公司）工会中组建了43个群众劳动保护监督检查站，实现了按行业和地区成立监督站的框架；基层工会的群众劳动保护监督检查点也得了进一步的整顿和发展；班组、重点岗位监督哨试点工作取得了成熟的经验，涌现出了自来水供水公司三水厂新南塔班、新城子区煤气管理所维修班、高级炊具公司冲压班等一批先进的监督哨。组织网络的建立、监督员队伍的壮大，为广泛开展群众性监督检查活动打下了良好的基础。工会劳动保护监督检查活动按照总站、分站、监督点和监督哨四个层次，按照《劳动法》和《工会法》的有关规定，对企事业单位执行国家劳动保护法规情况和企事业单位劳动保护管理、安全技术、劳动卫生、防火、厂内交通、职工安全教育等方面进行监督，对发现的隐患，及时督促有关方面进行治理。1995年，监督总站和43个监督分站共进行了134次监督检查活动，查出各类事故隐患3 464项，通过督促企业整改和发动群众进行群防群治，已有86%的隐患得到了整改。大中型企业工会对原有的监督组织进行了重新调整和完善。一些新企业在组建工会的同时就组建了劳动保护监督检查组织，把企业安全生产的监督工作列为工会维护职工权益的重要工作内容。沈阳新光动力机械公司工会，在组建监督点的同时，在全厂广泛开展监督哨值班上岗活动；沈阳电业局工会对有隐患的单位实行建议书送达制度；沈阳汽车发动机厂工会开展了群众监督员安全巡查制度。通过这些群众性的劳动保护监督检查活动，充分发挥了职工群众的主人翁作用和参加管理、维护国家利益、职工合法权益的作用。

（启国泰）

【职工温暖工程】 1995年，沈阳市职工温暖工程活动继续健康发展，其主要特点：一是职工温暖工程推向社会化。市委、市政府决定把工会组织开展的职工温暖工程拓展为全社会共同参与的“温暖工程”，市总工会直接参与了活动方案的起草，论证及具体落实。各级工会在组织捐款、建立扶贫包户网络等工作中发挥了骨干和带头作用，并率先完成了扶贫包户2 000户的任务。二是社会保障政策走向系列化。各级工会把协助制定和落实保障特困职工生活的政策作为职工温暖工程的一项重要任务，促进全市社会保障政策走向系列化。在保障范围上，有保障停减发工资职工生活的生活保障金政策，有保证退休费发放的养老保障体系，还有保障特困职工生活的特困证制度。在工作层次上，除了全市性政策外，各县（市）、区、局和各单位工会都根据实际，协助制定保障特困职工生活，扶助特困职工脱贫的具体政策和实施办法。三是职工扶困救急资金实现网络化。在市建立职工扶困救急资金的基础上，各县（市）、区、局掌握的二级资金已经初具规模，资金总额达1 600万元；各基层工会的三级资金不断发展，500多个单位建立不同形式的扶困资金，总额达600万元。四是职工温暖工程管理逐步规范化。建立工作责任制，市总工会与各县（市）、区、局工会签订了职工温暖工程责任状，各级工会也通过签订责任状、制定考核制度等形式，明确责任，落实解困措施。各级工会对特困职工的管理在不断完善的基础上，正在与各级民政部门的管理接轨并行，政群结合管理的新格局正在形成。

沈阳市的职工温暖工程活动在全市扶贫解困工作中发挥了重要作用。全年为特困户办证8 000多个，受益2万人；各级扶困救急资金拨发救济款300多万元，受益3.7万人次；生活保障金借发企业600户次，1 700万元；市和区两级职业介绍登记3.3万人次，介绍安置再就业1.3万人，其中困难职工4 000多人；各级工会扶贫包户达5 000户，1 000多名特困职工脱贫。

（李锦生）

·团 市 委·

【青年工作】 1995年，是沈阳在遇到特殊困难情况下继续稳步发展的一年。在此过程中，全市各级团组织注重探索和把握工作的规律性，增强实践的创造性，紧紧围绕“改革、发展、稳定”的大局，以改革的精神，不断丰富工作内涵，拓展工作外延，完善工作结构，强化工作依托，优化外部环境，并坚持服务大局与服务青年的有机结合，有声有色地开展活动，扎实而富有成效的推进工作。青少年思想教育的主渠道作用更加突出。全市各级团组织通过学习、研讨、座谈和征文等多种形式，深入广泛地学习建设有中国特色社会主义理论和在改革开放大业中涌现出来的青年先进人物和事迹。以爱国主义为主题，举办市首届成人仪式，深入开展学习孔繁森、纪念“9·18”、纪念抗战胜利50周年和纪念“12·9”运动60周年等活动；以带领广大青年解放思想、转变观念为核心，深入开展“进市场、当闯将、献青春”大讨论，进一步激发了全市广大青少年的爱国热情和投身改革开放大业的决心。“沈阳市跨世纪青年群英会”的适时召开，隆重推出了包括“十大杰出青年”在内的15个系列、近200名各行各业、各条战线涌现出来的杰出青年人物和先进青年群体，在全市产生了良好的典型效应和导向作用，并使跨世纪意识深深植根于广大青少年之中。“沈阳市青年志愿者协会”的成立，使青年志愿者行动初步走向规范化、制度化、专业化和社会化。“青年帮青送暖”，“友谊连着我和你，相聚在沈城”少先队员“手拉手”等活动，增强了广大青少年友爱互助、共同进步的意识，展示了当代沈城青少年良好的精神风貌。青少年人才培养工作不断强化。全市团组织积极为广大青少年创造宽松、良好的成长环境和可靠的制度保障，并积极培养和举荐各类优秀青年人才。“沈阳市十大杰出青年”、“杰出青年企业家”、“杰出青年知识分子”和“青年岗位能手标兵”、“青年星火带头人标兵”等先进青年典型的选树，青联十届一次全委会和青年企业家第六届会员大会的召开，青工岗位技能竞赛的成功举办，市青年星火带头人“人才库”的建立，高校“两组两班三校”建设的不断完善和中学六阶段教育、小学六层次教育的全面实施，以及“跨世纪雏鹰行动”的稳步推进，有利地促进了共青团育人工作的不断优化。特别是沈阳青年投身“科教兴市”战略动员大会暨青年科技工作者协会第二届会员大会的召开，“沈阳市青少年读书工程”的全面启动，奏响了沈阳市青少年“崇尚科学、追求文明”和向新技术革命进军的时代号角。“沈阳市青年岗位技能培训中心”和“沈阳市青年再就业培训中心”的创建，第二届暑期大学生勤工助学洽谈会的隆重召开，沈阳东宇——共青团奖学基金、基层岗位能手奖励基金的适时建立以及青少年“心雨”热线的适时开通，都为广大青少年健康成长提供了坚实保障。与此同时，经团市委推荐，部分工农业生产一线的优秀青年典型已被陆续输送到高校学习深造。青少年在经济建设和社会发展与稳定中的作用更加显著。1995年以来，全市各级团组织针对各类急、难、险、重任务，组织青年突击队，在抗洪抢险、争创全国卫生城和农村秋收与征购粮等许多关系到沈阳全局的工作和活动中，充分地发挥了生力军和突击队作用。特别是在’95夏季百年不遇的洪涝灾害面前，根据团市委的统一部署，全市团组织迅速组成由15 000余名团员青年参加的600余支抗洪抢险突击队，共开展各类抢险、救助、突击活动1 200余次，在完成守卫大堤、抢修铁路（公路）、动迁、转移、安抚灾民、抢救人民生命和国家财产等任务中，充分发挥了共青团组织的先锋模范作用，用青春和热血为抗洪抢险、抗灾自救谱写一曲曲动人的篇章。全市团组织围绕立足岗位、扎实奉献，共选树各级“青年岗位能手”5 600名，“青年文明号”1 000余个。名优新特产品联销活动共创效益1 010万元，受到了市委、市政府的好评。“希望工程”又取得长足发展，已筹资1 109万元，结对救助失学孩子近万名，建成希望小学113所，集资和救助规模位居全国前列。响应市委、市政府的号召，全市团组织积极实施“温暖工程”和“青年再就业工程”，共包扶城乡特困户928户，已使71户脱贫；共安置下岗和待业青年2 230名，为维护社会稳定做出了共青团组织应有的贡献。’95“经济、社会与青年”沈阳·大连跨世纪青年论坛，首开了从高层次、多视角组织有志和有识的优秀青年为辽沈的经济与社会发展献计献策的先河。与此同时，以深化“双推”工作为牵动，全市团的基层组织建设和团员队伍建设得到不断强化，据统计，1995年全市发展新团员43 936人，35周岁以下青年入党6 659人，全市各行各业的一大批专兼职团干部经团组织培养、推荐走上了各级党政领导岗位和各类经济、技术专业岗位。

（许震）

【基层团组织建设】 1995年，共青团沈阳市委在加强团的基层组织建设方面着重做了以下几方面的工作：

1. 以政策为保障，优化共青团工作外部环境。团市委参与制定了《中共沈阳市委关于在新形势下进一步加强党对共青团工作领导的意见》，并在文件下发后，立即组织全团通过转发文件，组织动员会、座谈会等形式进行贯彻落实。年底，对文件落实情况，进行全团调查研究，使基层组织建设，在政策的保障下，得到了进一步的加强。

2. 强化团的自身运转能力，以适应不断发展变化的新形势。为了建立起与社会主义市场经济体制相适应的共青团工作的考评体系，团市委起草了《沈阳市基层团组织考核评价管理方案》，使团组织的考核管理更加规范化、制度化；针对近年来全市各类新经济组织迅猛崛起的状况，团市委起草了《关于加强新经济组织团的建设的若干意见》，明确了加强新经济组织团的建设的重要性以及具体建团过程中的指导方向，建立了试点单位，加大了新经济组织建团的力度；开展了关于全市团员流失情况的调查，针对团员频繁流动，大量流失的现状，下发了《关于切实加强流动团员管理的暂行规定》，明确了团组织对流动团员的管理办法，严格了团的组织纪律。

3.以服务为手段，促进团的基层组织建设进一步加强。团市委通过各级团组织的层层选拔、推荐，汇集了全市各届优秀青年人才，建立了沈阳市青年人才库。青年人才库采用举荐、培养、输送、使用等一系列方法，使更多的青年人才脱颖而出，为青年成长成才创造了条件，极大地调动了团员、青年勤奋学习、努力工作的积极性。青年人才库的建立充分发挥了团的组织优势，体现了团组织服务青年、服务社会的职能，增强团组织凝聚力、吸引力的同时，也使团的组织建设得到不断加强。

4.加大团员发展力度，扎实开展"推优"工作，进一步增强团组织的凝聚力和战斗力。为了不断壮大团员队伍，团市委在认真做好对团员青年的教育和培养的基础上，着重在农村和中学中发展团员，使全市团员的数量和素质均有很大提高，1995年共发展新团员43 936名；同时团市委还继续抓实"推优"工作，注重对团员的培养、选拔、考核和培训工作，使团员积极分子队伍日趋扩大，为团组织向党组织输送合格人才创造了条件，全年经团组织推荐入党的团员共有8 611名，从而增强了团组织的凝聚力，强化了团的组织建设。

（刘晓妍）

【市青联十届一次全委会】 沈阳市青年联合会十届一次全委会于1995年10月10日—11日在辽宁大厦隆重召开。来自全市各族各界的青联委员300余人参加了大会。会上，市青联第九届委会会副主席范继英代表市青联第九届委员会作了题为《高举爱国主义伟大旗帜，肩负跨世纪的历史使命，团结各族各界青年为实现沈阳社会主义现代化建设的宏伟目标而奋斗》的工作报告，报告总结了市青联在过去5年的工作中所取得的显著成绩，提出了今后5年青联工作的指导思想。市委副书记赵金城在会上发表讲话，充分肯定了5年来沈阳市青联组织为沈阳的经济发展和社会进步所做出的重要贡献。经过两天的紧张工作，本次大会圆满地完成了各项程序。大会选举范继英为市青联十届委员会主席，于文波、王凤波、赵晓川等3位同志为市青联十届委员会副主席。

（和宁）

【青年再就业工程】 1995年沈阳市团市委带领、教育和引导全市的下岗青年和待业青年克服困难，振奋精神，投身于"二次创业"，积极组织实施了"青年再就业工程"。下发了《关于深入开展青年再就业工程的意见》，并扎实有效开展工作：一是深化教育更新观念；二是健全机制，抓实管理；三是强化培训，提高素质；四是拓展渠道，加强安置，创建了"青年再就业信息服务中心"，举办了"青年劳动力调剂大会"。1995年通过团办实体安置等各种途径，共安置下岗青年和待业青年2 230人。

（李凯）

【希望工程成果显著】 沈阳市希望工程的"百家单位建百校"活动的开展，旨在落实沈阳市教育发展《纲要》精神和领导小组制定的实施希望工程的三年规划。从沈阳市的经济和社会发展的全局出发，进一步加大实施希望工程的力度，为全面加速教育改革，更好地为沈阳经济建设和社会发展服务。"百家单位建百校"活动是沈阳市实施希望工程的继续和发展，是单位捐资建校活动的深化。通过广泛的宣传和发动，充分调动和发挥各方面办学的积极性，号召社会各界、各单位积极捐款建校，集资办学，建设更多、更好的希望小学，从根本上来改变落后地区的教学条件，使沈阳市的教育向着全国教育先进城市目标迈进。

这项活动得到了社会各界的积极响应和大力支持，全市党政机关，驻沈部队、企事业单位、三资企业、私营企业、个体劳协、海外友人积极捐资建校，至1995年年底，全市已建成希望小学113所，教学面积达56 000平方米，使1.3万名学生从破旧不堪的危险的旧教室搬入宽敞明亮的新教室上课读书。沈阳市希望小学建校数占全国5%，全省的50%。希望小学的建成从根本上改善了贫困落后地区的学生们的学习环境，各种教学设备也得到了很大改观。希望工程的实施唤起了全社会重视教育，全社会办教育的意识，为推动全市普及九年教育起了积极的推动作用。

（子江）

【青年群英会】 1995年5月3日，共青团沈阳市委隆重召开了沈阳市跨世纪青年群英会，对近年来为沈阳的两个文明建设做出突出贡献的一大批杰出青年人物和先进青年群体进行表彰。市五大班子领导出席了会议，并为"第五届沈阳十大杰出青年"、"沈阳十大杰出青年企业家"、"沈阳十大杰出青年知识分子"、"沈阳市青年志愿者标兵"、"沈阳市青年岗位能手标兵"、"沈阳市青年星火带头人标兵"等11个系列的先进个人和"沈阳市红旗团委"、"沈阳市红旗团支部"等四个系列的先进集体颁发奖章和授带。

（刘晓妍）

【第五届沈阳十大杰出青年评选】 由共青团沈阳市委、沈阳市青年联合会、沈阳日报社、沈阳人民广播电台、沈阳电视台、都市青年报社联合主办。第五届"沈阳十大杰出青年"评选活动在总结已往四届评选经验的基础上，力求作为沈阳跨世纪青年人才工程的一个重要组成部分，并与之接轨。评选工作的总体目标是着眼于沈阳的未来发展和建设，为青年树立跨世纪的楷模，为优秀人才脱颖而出搭建更为广阔的舞台，在全社会真正创造出尊重人才、爱惜人才、大胆使用青年人才的可喜局面。为了保证本届"十大杰出青年"的评审工作，增强评审活动的权威性，本届评选还增设了由市有关领导和各方面人士组成的评选委员会，最后经过认真评选，沈阳卷烟厂厂长孙世夫，沈阳合作银行行长于文波等10人荣膺此殊荣，团市委举办了隆重的“跨世纪青年群英会”进行了表彰。

（和宁）

【首届“沈阳十大杰出青年知识分子”评选】 首届“沈阳十大杰出青年知识分子”评选活动是由共青团沈阳市委、中共沈阳市科教工委、沈阳市科委、沈阳市科协、沈阳市社会科学界联合会、沈阳市教委、沈阳市青年联合会共同组办，旨在宣传表彰在振兴沈阳的伟大实践中做出突出贡献的优秀青年知识分子典型，实施跨世纪人才工程，选拔、培养一支跨世纪的高级专业人才队伍，从而优化沈阳市青年人才成长环境。本次活动采用自下而上层层推荐的办法。分为推荐候选人，确定候选人，由评委投票确定人选三个阶段。沈阳药科大学药学系主任毕开顺，航空部六〇六所高级工程师苏克等10人荣获此殊荣。

（和宁）

【青年岗位能手及文明号活动】 青年岗位能手、青年文明号活动已成为沈阳市企业、科研、城区及机关事业单位共青团工作的主线。1995年，按照“借助外力求动力，联合运作求合力”的工作方针，依靠党和政府及新闻部门的支持与帮助，共青团沈阳市委协同市劳动局、人事局、经贸委等部门，制订了《沈阳市青年岗位能手管理办法》，重点抓好以下三方面工作：一是统筹规划，确立试点，形成规模效应；二是跟踪调研，理清思路，强化分类指导；三是系统运作，有效推动，实现活动与政府及企事业行为的对接。两项活动为服务青年成长成才的根本利益与服务社会进步、经济发展搭设了桥梁，引起各级党政领导及社会广泛关注。年底前，已涌现出市级以上青年岗位能手451名，市级以上青年文明号125个。

（钟海）

【设立沈阳东宇—共青团奖学金】 1995年11月30日共青团沈阳市委与沈阳东宇集团公司正式签署协议，联合设立沈阳东宇—共青团奖学金。

此项奖学金是由沈阳东宇集团公司出资300万元人民币在团市委设立奖学基金，每年从基金的利息和投资收入中拿出50万元作为奖学金，用以奖励沈阳26所大专院校在籍的500名优秀大学生。

沈阳东宇—共青团奖学金的设立，是团市委贯彻落实团中央培养跨世纪人才工程的重大举措，它不仅凝聚着团组织对大学生们的关心，也凝聚着社会各界对教育事业的支持；更是在新的形势下，进一步延伸团的工作手臂，增强服务职能的集中体现。

（王道涵）

【大中专学生新春志愿者活动】 1995年春节期间沈阳市大中专学生利用寒假积极开展了各种青年志愿者活动，充分展示了当代青少年健康向上的精神文明风貌。

沈阳26所高校近千名大学生在沈阳北站、南站协助铁路部门进行查验“三品”，维持秩序、清扫卫生、医疗咨询等工作，为沈阳铁路分局顺利完成春运任务做出了贡献。

沈阳中学生开展了宣传交通法规，维持交通秩序，参与交警值岗等活动。

全市大中专学生志愿者活动得到全社会的赞扬，促进了社会风气的好转。

（王一兵）

【成人仪式活动】 1995年4月29日，共青团沈阳市委在东北解放纪念碑前为千名年满18岁的中学生代表举行“成人仪式”活动。千名中学生代表在国旗下手捧《宪法》庄严宣誓：捍卫神圣宪法、维护法律尊严……以我无穷智慧，建设锦诱中华。团省委书记姚志平，沈阳市委副书记赵金城先后对这些刚刚跨入成人行列的中学生表示祝贺，勉励他们树立正确的人生观，增强社会责任感，勇于进取，培养自己成为合格的跨世纪接班人。省人大副主任徐延生、副市长艾廷隽、市人大副主任金苗生等省市领导也出席了大会。

（孙宪锋）

【少先队工作】 1995年，沈阳市少先队组织深入实施了“跨世纪中国少年雏鹰行动”，取得了丰硕成果。

首先，以实施“雏鹰奖章达标细则”为重点，全面启动了“雏鹰行动”。市少工委根据全国少工委的工作精神，结合沈阳市实际情况，设立了10枚雏鹰技能奖章。为完善考评体系，制定了《沈阳市雏鹰奖章达标手册》。根据《手册》的记录写实情况，综合评审，分级开展达标授章工作。市少工委10月份召开了首次全市颁章大会，向500名少先队员颁发了“沈阳市雏鹰奖章”。

其次，以制定、落实少先队“六层次”教育方案为突破口，全面深化“雏鹰行动”。为进一步增强少先队教育的目的性及系统性，弘扬中华民族的优良传统，制定了以中华民族悠久历史和光辉灿烂的传统文化为基础，以道德教育为核心，以小学年级为阶段，以循序渐进为基本方法，以坚持德、智、体、美、劳全面发展，教育与生产劳动相结合为指导方针，以培养和造就跨世纪的合格建设者和接班人为目标的“六层次”教育方案。根据“层层试点、示范引路、全面推进”的工作思路，不断总结推广工作中的经验，“六层次”教育得到了全面落实。各校少先队组织按照“六层次”教育的要求，有针对性地开展了生动活泼的教育活动。如肇工一校开展的“勤巧大比武运动会”；皇寺小学的“我与爸妈比巧手”活动；陵西小学开设的“爱国主义教育”宣传角等活动。仅半年时间，“六层次”教育就得到了各校领导、学生家长及少先队工作者的充分认可，取得了显著成效，深化了“跨世纪雏鹰行动”。

另外，以“五自”学习实践活动和“手拉手”互助活动为主导，推动了“雏鹰行动”全面开展。建队日期间，举办了“五自”成果展示会，少先队员们通过自编自演的节目，汇报了“五自”活动取得的丰硕成果。“六·一”期间，市少工委组织了“手拉手相聚在沈城”活动，组织了50对手拉手互助典型，在沈城开展了各种参观、考察、访友等活动，并向市领导汇报了“手拉手”活动情况，受到了市领导高度赞扬。

（汪惠勇）

·市妇女联合会·

【市妇女第九次代表大会】 沈阳市妇女第九次代表大会于1995年3月22日至24日在金城宾馆隆重举行。出席大会的正式代表400名，特邀代表和列席代表59名。大会的主要议程是：听取、审议并通过沈阳市妇女联合会第八届执行委员会的工作报告，选举产生沈阳市妇女联合会第九届执行委员会。张颖同志代表八届执委会做了题为《团结动员全市妇女，为实现沈阳90年代宏伟目标而奋斗》的工作报告。

大会号召全市妇女要认真学习邓小平同志建设有中国特色的社会主义理论，深入贯彻党的十四届三中、四中全会精神，坚持党的基本路线，解放思想，转变观念，积极参加“进场入轨，兴市富民”大讨论，认清形势，明确责任，发扬“四有”、“四自”精神，不断提高整体素质，在市委的领导下，同全市人民一道，把握机遇，施展才干，艰苦奋斗，开拓进取，为实现沈阳90年代改革与发展的宏伟目标，再立新功，再造辉煌。

大会选举产生了由75人组成的第九届执行委员会。

这次大会得到各级领导的重视。市委、市纪委、市人大、市政府、市政协以及沈阳军分区、市直有关单位、群众团体的领导同志亲临大会，省妇联和部分外市地妇联的领导到会祝贺。

（梁笑颖）

【加强自身建设】 1995年，沈阳市各级妇联组织建设工作认真贯彻全国妇联《关于加强妇联基层组织建设的决定》和省妇联基层组织工作会议精神，对全市基层妇女组织状况进行了调查，提出了对策建议，进一步健全了基层妇女组织，对100个村妇代会进行了整顿。同时根据市场经济形势下农村经济体制的变化，狠抓了乡镇企业、私营企业妇代会建设和在党政机关建立妇委会工作，把妇女组织的触角延伸到乡镇企业、农村股份合作制企业、妇女集中的集贸市场和机关学校妇女中。13个县（市）区基本上完成了乡镇企业、党政机关妇委会建设工作。市直机关、事业单位已建妇委会20个，为更好地发挥妇女组织作用，市妇联加强了对妇联干部的业务培训工作，完成了省妇联提出的5年培训任务。同时，积极探索科学化、规范化管理方式，市妇联制定和完善了《对基层组织的考核办法》、《常委联系执委制度》、《信访工作制度》等各项规章制度，各县（市）区妇联也因地制宜，加强了妇联组织多种基础建设。根据改革和妇女工作发展的要求，市妇联及时拓展工作思路，注重实效，建立网络，发挥作用。1995年在全省率先成立了女大学生联谊会。1995年9月，沈阳市成立了女检察官协会，首批会员100余人，会员全部是担任科级以上职务的女检察官。在拓建联谊组织的同时，市妇联组织开展了女干部联谊活动和女企业家联谊活动。

1995年，沈阳市各级妇联组织坚持深入基层，深入妇女群众，大力开展调查研究工作，加大抓实力度。全市妇联干部撰写调研报告44篇。机关自身建设进一步加强，提高了工作效率。加强了与省内外各大城市妇联组织的联系、信息交流和对外接待工作。妇联系统经济实体进一步发展，全市新创办经济实体155个，《沈阳妇女》杂志不断提高质量，由双月刊发展为月刊。

（梁笑颖　张艳杰）

【妇女参政议政】 1995年沈阳市妇联抓住世妇会这一契机，积极争取各级党政领导的重视，主动与组织部门配合，在培养、推荐女干部方面有了新的进展，使妇女参政议政能力和水平又有了新的提高。

一是搞好调查摸底，明确工作重点。年初，配合组织部门对各县（市）区进行全方位、多层次的数据调查，和中央、省、市制定的目标进行数据对比，综合分析，进一步明确今后工作重点。

二是与组织部等有关部门联合在兴城召开会议。就培养选拔女干部工作现状进行总结分析，提出今后工作建议。

三是举办女干部培训班。据不完全统计，市、县（市）区两级妇女组织共办培训班30余期，培训人员达4 000余人次。同时各县（市）、区妇联积极与组织部门配合，加强对本地区女后备干部的培训。

四是积极向组织部门推荐女干部，市妇联按照组织部的要求，先后向组织部门推荐近30名女干部和第一线的优秀工人、农民。13个县（市）区相继向同级党委组织部门推荐200余名。

五是采取有利措施，促进目标实施。为了给女干部快速成长创造良好的外部环境，各级妇联动脑筋、想办法，采取各种有利措施，扩大了妇联荐才的眼界，加大了这一工作的力度。1995年全市又有一批女干部走上领导岗位，72个市直党政部门，配备女干部的领导班子已达50％，13个县（市）区党政班子中各配备了至少1名女干部，共16名，140个乡镇党政班子配备女干部已达77％。

（张艳杰）

【宣传第四次世界妇女大会】 1995年9月，第四次世界妇女大会在北京召开。沈阳市妇联积极协调召开迎接世妇会筹备工作协调小组工作会议，促进有关部门各司其职，共同推进妇女事业的向前发展。市妇联抓住有利契机，采取多种形式，向妇女宣传“四大”。全市各级妇女组织举办“四大”报告会800余场，编发宣传资料17万册。举办了“庆三八、迎四大”《让世界充满爱》、《长虹之夜》大型文艺晚会，与市委宣传部、市总工会等5个单位联合举办了迎“四大”沈阳市女职工科技成果、巾帼英模文化艺术作品展览会，拍摄了《妇女工作光辉的五年》等电视专题片，召开了妇女理论研讨年会。

市妇联充分发挥新闻媒介的作用，加大了“四大”宣传力度。市妇联与沈阳木兰集团、沈阳日报社、《沈阳妇女》联合举办了迎“四大”木兰杯有奖征文活动。沈阳电台开设了《妇女世界》专题节目，沈阳电视台开设了《燃红半边天》节目，拍摄了《下岗女工路在脚下》、《咫尺车厢写春秋》、《踏遍青山人未老》等19部电视专题片，广泛宣传了全市各条战线先进妇女典型和妇女工作成果，形成了迎“四大”的强大舆论氛围。

沈阳市10余名妇女代表参加了在北京怀柔举行的第四次世界妇女大会——非政府组织论坛。世妇会期间，市妇联接待了日本札幌市、川崎市、武藏野市妇女代表团。

（杨利群）

【妇女思想教育工作】 1995年，沈阳市妇联积极致力于妇女的思想教育工作，采取多种形式，提高广大妇女的素质。

一是响应市委提出的开展“进场入轨、兴市富民”大讨论的号召，在全市妇女中开展了“换脑筋、进市场、创新业”的大讨论。通过学习理论，进行深入研讨，找出了问题，理清了思路，广大妇女在参与中受到教育，开始从传统的思想观念、思维方式、心理习惯的束缚中解放出来，进一步树立起与市场经济相适应的新观念，增强了拼搏进取、竞争创业的信心。

二是深入进行爱国主义和“四有四自”教育。市妇联下发了《贯彻〈爱国主义教育实施纲要〉的意见》，提出对全市广大妇女进行中华民族历史和优秀传统文化的教育，正确的理想、信念、人生观、价值观教育，爱岗敬业守法的教育，树立新时代妇女美好形象教育。各级妇联组织把这项工作贯穿全年工作始终；把爱国主义教育寓于各项活动之中，组织制定了《沈阳妇女道德行为规范》，使广大妇女的行为道德标准有了遵循。

三是深入开展争创文明家庭和家庭文化系列活动。全市评出各类文明家庭10万余户；表彰树立文明家庭标兵万余户。市妇联适时召开了“沈阳市家庭文化建设经验交流会”，推广了和平区等3个县区开展家庭文化活动的经验，沈河区妇联“以家庭文化活动为载体，优化社会细胞，促进精神文明建设”的经验在辽宁省妇联基层工作会议上进行了交流。以“美在家庭，乐在家庭”为主题的群众性演唱会、乘凉会、秧歌会、演讲会等寓教于乐的活动，使广大妇女和家庭成员陶冶了情操，提高了素质，推动了家庭和社会的精神文明建设。

1995年，全市涌现出一大批“四有”、“四自”的妇女典型。“三八”节期间，市妇联表彰命名“三八”红旗手102名，“三八”红旗集体20个，“三八”红旗手标兵10名，优秀女科技工作者10名。

（杨玉梅）

【“双学双比”主题竞赛活动】 1995年是沈阳市“双学双比”活动两年规划检验成果的一年。“双学双比”活动的重点，是围绕经济工作中心，以市场为导向，以提高农村妇女文化科技素质为重点，以增加妇女经济收入、加快致富奔小康为目标，圆满完成了“双学双比”活动两年规划的各项指标，为繁荣沈阳农村经济做出了积极贡献。

组织农村妇女参加进场入轨大讨论，树立新观念，加快致富奔小康的步伐。全市各级协调组织针对农村妇女的实际，广泛开展了“市场就在你身边”等专题讨论，利用“三八”节有利时机组织农村妇女致富报告团，进行巡回报告。在全市农村妇女中开展了“万千百工程”活动，即培养树立万名致富能手、千名致富标兵、百名致富状元，使广大农村妇女学有榜样，赶有目标，带动更多的妇女致富奔小康。

积极推广实用技术，培养造就妇女人才队伍。1995年配合市农业局在全市农村妇女中积极推广了农业新技术（水稻抛秧、快速育肥、肉鸡饲养、批量养鹅等），同时举办了培训班和学习班。据不完全统计，全年共举办一年制以上的培训班1 222次，各种实用技术培训班8 000多次，培训妇女134 420人，组织参加农函大、农广校学习5 037人，使50多万参赛农家女进一步掌握农业技术知识，提高了致富技能。为发展培养农村妇女科技人才队伍，市妇联与市农业局在新民等县（市）区实施绿色证书试点培训工作，收到了较好的效果。与市科委联合举办女农艺师示范培训班，首批24人通过考试和实践技术考核，获得女农艺师证书。1995年，全市共培养女农民技术员2 778人，女农艺师300人。

深化“双学双比”竞赛，拓宽竞赛领域。1995年，“双学双比”活动由分散的一家一户，一村一乡竞赛引深到区域化、专业化竞赛。把乡镇企业“双学双比”活动延伸到股份合作制民营企业中，总结推广了辽中县在股份合作制企业中开展“双学双比”活动的经验。把“双学双比”活动向加工业、编织手工业领域发展，组织妇女开展手工编织加工、编织毛衣、粘巾工艺等项目，全市已有50多个乡的妇女从事加工业。

以“巾帼星火”工程为主线，推动竞赛活动向实体化、基地化、效益化发展。全市各级“双学双比”协调组织积极配合有关部门认真实施“星火工程”，扶持了一批女企业家、女技术员、女科技示范户，申报“巾帼星火”工程项目49项，扶贫项目5项，全市共建“三八”科研基地1 847个，基本上达到了乡村都有自己的基地。1995年沈阳市妇联被评为省“双学双比”先进协调单位。

（秦弘英）

【“巾帼建功”主题竞赛活动】 1995年是沈阳市“巾帼建功”活动第一周期的最后1年，为圆满实现5年工作任务，在深化改革和经济建设中充分发挥城镇女职工作用，年初市“巾帼建功”协调小组会议提出活动的主要内容是：围绕全市思想解放上台阶工程，在全市各条战线女职工中开展“换脑筋、进市场、创新业”主题活动；继续深化行业竞赛，岗位建功活动，活动的重点是：围绕促稳定，全面开展并实施万名下岗女工再就业工程。一年来各级协调组织围绕全市改革开放和经济建设中心，突出特色，抓住重点，将竞赛活动开展得有声有色、扎扎实实。

积极引导全市各条战线女职工振奋精神、转换观念，加快进场入轨的步伐。突出抓好工交战线女职工正确对待企业面临困难的大讨论。先后深入纺织局、轻工局等单位，组织女工召开座谈会，帮助广大女职工破除计划经济中形成的“等、靠、要”观念，树立走进市场参与竞争的新观念。并抓好正面典型，在全市树立百名“巾帼建功”先进个人。组织典型报告会。教育、科技、卫生等战线女职工通过参与思想解放上台阶工程活动，进一步树立起市场观念、竞争观念、信息观念及“四有”、“四自”精神，为在社会主义市场经济中建功立业奠定了坚实的思想基础。

广泛动员各条战线女职工立足本职，建功立业。1995年在抓好各条战线岗位建功活动的基础上重点突出了四项工作，即：围绕科技兴市，开展了首届“沈城十大优秀女科技工作者”评选活动，树立了10名女科技排头兵；围绕文明服务，开展了“沈城十大女服务明星”评选活动；围绕效益工程，开展了区街女厂长（经理）争创效益活动，以创名牌、创外汇、创效益、创明星企业为目标，取得了可喜成果；围绕技能月，开展“学技术、评能手”活动，组织10个专业工种的万名女职工参加了技能月活动，在全市评选的68名技术能手中，女性为16名。

（刘素梅）

【万名下岗女工再就业工程】　1995年，针对沈阳市在企业改革中下岗女工增多的实际，市妇联加大了对下岗女工再就业工作的指导力度，提出实施“万名下岗女工再就业工程”，下发了《关于深入开展“巾帼创新业”活动，进一步做好下岗女工再就业工作的意见》，完善了工作目标化、管理档案化、培训基地化、安置社会化的具体措施。全市下岗女工建档人员达49 316人。在培训中注重与企业联手，于10月份创办了集培训、交流、人才开发、社会化服务于一体的沈阳市女性职业服务中心。1995年，市、区、街三级培训网络已发展到114个，举办各类培训班494期，培训人员达3万多人次。为进一步推进万人再就业工程目标的实施，1995年6月，市妇联与市总工会联合召开了“巾帼创新业”下岗女工再就业经验交流会，总结交流了皇姑区妇联、市肉类食品厂工会等单位的经验。特别是在7月，张国光、赵金城等市委领导亲自视察下岗女工培训基地，提出了下步发展方向和要求，推进了各级党政领导对此项工作的关心重视。截止1995年年末，全市妇联系统超额实现“万名下岗女工”安置目标，安置下岗女工达13 883人。沈阳市“巾帼建功”协调小组荣获“全国城镇妇女‘巾帼建功’先进协调组织”光荣称号。

（刘素梅）

【维护妇女合法权益工作】　1995年，沈阳市各级妇联组织进一步推动《妇女权益保障法》和省《实施办法》的贯彻落实。市妇联与市人大法制办密切配合，对沈河区、法库县等10个单位贯彻执行《妇女法》情况进行检查，听取了市总工会、市法院、市教委等妇保委成员单位贯彻执行《妇女权益保障法》工作情况汇报，对全市贯彻实施《妇女权益保障法》情况进行了总结，研究了存在问题及工作对策，同时接受了全国、省人大《妇女权益保障法》执法检查组的检查。并会同市技术监督局、市总工会对市场上销售的部分妇女用品进行了市场质量抽查。为依法维护三资企业女员工合法权益，1995年市妇联在37家三资企业开展了贯彻执行《妇女权益保障法》情况调查，对部分企业中存在的侵害妇女权益问题提出了对策、意见，呼吁加大法律宣传力度，加快在外商投资企业建立妇女组织步伐，并形成了《关于沈阳市部分三资企业女员工劳动保护情况的调查报告》，为领导决策提供依据。

沈阳市妇联积极探索新形势下维护妇女合法权益的有效途径，与沈阳市人寿保险分公司联合在全市开办了妇女合法权益综合保险。即妇女在政治权利、文化教育权益、劳动权益、人身权利、财产权益以及婚姻家庭权益、社会公德维护等方面遭受非法侵害后，能得到及时的经济补偿。到12月底，全市已有65 000多人参加了妇女合法权益综合保险。另外，应部分妇女要求还开办了巾帼优秀人物综合保险。全市各级妇联组织认真做好妇女群众来信来访的接待查处工作，努力化解矛盾，稳定社会，全年共接待来信来访881件。市妇联努力办好2 828 929妇女热线电话，积极配合有关部门，做好社会治安综合治理工作，组织妇联干部对市女子自强学校的111名沈阳籍学员进行帮教活动，签订帮教合同，收到较好效果。沈阳市妇女儿童工作委员会被评为省先进单位。

（张怡文　张婧）

【春蕾希望小学】　1995年，沈阳市妇联积极响应市委、市政府提出的“奉献一片爱心，万家单位建百校”的号召，在法库县十间房乡投资6.5万元兴建春蕾希望小学（木兰集团捐款1.5万元）。为这所小学购置了新桌椅和钢琴等教学设备，每班配备了饮水桶，全市妇联系统干部和市直妇委会的同志为这所小学捐献3 000册图书，10月份，这所春蕾希望小学落成剪彩。

（穆爱华）

【推动儿童事业发展】　1995年，沈阳市妇联继续协调各有关部门认真贯彻落实《90年代中国儿童发展规划纲要》，年初成立了《纲要》中期目标检查评估专家委员会，制定了检查评估标准，对评估检查提出具体要求。各县（市）区普遍对《纲要》执行情况进行了自检，在此基础上，市妇联协调有关部门对新民、新城子、和平3个区（市）进行了集中抽查。9月份，接受了联合国儿童福利基金会对康平县200户农村家庭的抽样调查，推动了《纲要》的进一步落实。

在全市积极宣传普及家庭教育知识。市妇联组织编写了《家长育儿须知》，印发110万册，免费发给全市14岁以下的儿童家庭。“六一”前，市妇联召开了特困儿童和代理家长共同参加的奉献爱心联谊会，市儿童福利基金会向孤儿、特困儿童赠送了近万元的生活、学习用品。各级妇联组织还发动社会各界开展献爱心活动，协调有关部门、企业家任代理家长，对口资助贫困儿童，使600多名贫困儿童改善了学习和生活条件。“六一”当日，市妇联组织了全市规模的“三法一纲要”大型宣传咨询活动，全市共出动专家及工作人员2 000余人，发放宣传品5万份，制做宣传板800多块，接待儿童及家长12万余人，进一步推动全社会都来关心重视儿童的健康成长。

为在全社会树立爱护儿童、教

育儿童、为儿童做表率、为儿童办实事的社会风气，在家庭树立为国教子的公民意识，1995年，沈阳市家庭教育研究会、沈阳市妇联在全市开展了“教子有方”先进家庭评选活动，13个县(市)区的7万户18岁以下儿童少年家庭参加了评选活动。9月份，召开了沈阳市首届“教子有方”先进家庭表彰大会。表彰了沈阳601所工程师樊功勤等23户“教子有方”家庭，活动有力地促进了全市家庭教育水平的提高。

(李鹤　穆爱华)

【千户扶贫温暖工程】 1995年8月，沈阳市妇联承担了全市1万扶贫对象中的1 000户。为在全市妇联系统扎实有效地开展好“千户扶贫”活动，市妇联成立了领导小组，制定了切实可行的活动方案，明确了千户扶贫的指导思想、实施措施，确立了3年扶贫目标，即1995年完成千户的20%，为脱贫示范户，1996年和1997年各完成千户的40%。为完成这一目标，全市妇联系统层层签订责任承包书，建立制度，落实责任，市妇联领导带头包户。并且对“千户扶贫”对象进行调查和研究，建档立卡，做到对包扶对象“四清”，即：家庭生活状况清，思想动态清，致困原因清，脱贫方向清。目标任务明确后，市妇联积极有效地开展活动。举办了贯彻落实“温暖工程”任务培训班，召开了巾帼扶贫经验交流会。全市各级妇联组织通过采取帮助兴办便民服务点，开办特困妇女摊床，组建特困妇女服务队等形式，已经帮助210户特困妇女脱贫。

(刘素梅)

【“八五”期间沈阳妇女成就卓著】 “八五”期间，沈阳妇女以振兴沈阳经济为已任，积极参与改革与经济建设，做出突出贡献。占全市科技人员总数37%的14.79万女科技人员在发展沈阳的科技事业中大显身手；占全市农业生产劳动力49.7%的51万农家女在农林牧副渔、工商运建服等各业中发挥了优势和潜能；30余万农家女为“菜篮子”、“米袋子”工程辛勤劳动；20万农村妇女在乡镇企业中竞展英姿；女个体劳动者和私营企业家已发展到10万多人，占总数的30%以上。

“八五”期间，沈阳各级妇女组织积极带领妇女参与改革和经济建设。在农村妇女中开展了“双学双比”活动，动员了全市51万农村妇女参赛。全市建立了以妇女为主的专业户73 152个，专业村921个，各类“三八”培训基地2 500个，“三八”林、“三八”果园1 900多处。在城镇妇女中开展了“巾帼建功”活动，吸引百万妇女岗位建功、岗位奉献，涌现出“十大优秀女企业家”、“十大女科技工作者”、“十大女服务明星”，促进了城市经济繁荣，特别是近年各级妇联组织在“再就业工程”中广泛开展了“巾帼创新业”、“万名下岗女工再就业安置工程”活动，为49 316名下岗女工建档立卡，新建培训基地114个，培训妇女3万多人，安置下岗女工2万余人。全市妇联系统经济实体已达1 742个，其中木兰集团已发展成为沈阳市的利税大户。

(赵丽华)

【市妇女儿童宫】 1995年，沈阳市妇女儿童宫围绕校外教育中心工作，继续取得“社会效益、人才效益、经济效益”的同步增长。一年来，沈阳市妇女儿童宫，全方位开展校外教育阵地活动、社会活动、联谊交流活动，庆祝“六一”系列活动等各类特色活动51场次，参与活动人数达36 000余人次。通过开办儿童艺术学校，培养人才幼苗2 460人，分别在第八届日本神奈川国际儿童绘画大赛、全国“跨世纪新人”美术大赛、海峡两岸儿童画寓言比赛、中日少儿书画大赛、全国“小百花”杯少儿书画大赛中，获金、银、铜牌奖；在“三北”地区少年宫文艺会演、省第三届艺术节、省幼儿基本体操表演赛、省儿童故事演讲赛中获得一、二、三等奖及集体奖、组织奖、辅导奖。

(王煜昊)

【沈阳妇女儿童电视艺术中心】 1995年，沈阳妇女儿童电视艺术中心做为东北地区唯一生产妇女儿童电视剧的专业部门，本着为广大妇女儿童服务，为妇女儿童提供健康的精神食 粮的原则，共拍摄反映妇女儿童题材的电视剧7部。5年来累计，先后录制家庭教育电视系列短剧《家教日记》36集，儿童电视剧2部，妇女题材的电视剧3部，短剧和专题片100余集。这些电视剧分别在中央、省、市电视台播出，获得东北三省、省、市优秀电视剧评选奖13次。

(马占元)

【沈阳木兰集团公司】 1995年，沈阳木兰集团公司全面完成了1995年各项指标，产值实现3亿元，利税达3 000万元。

1995年，沈阳木兰集团公司根据市场的需求，新创办了航空运输、飞机修理等公司。木兰集团已发展成为具有现代化生产经营特点，具有国家外贸进出口权，融科研、生产、服务为一体的综合性大型企业集团。现在，沈阳木兰集团公司有为生活服务的高级毛料干洗厂、高档次的家俬城、房地产开发、合成化学厂、安装等企业及为生产服务的电子、航空运输飞机修理等公司，共56家，职工4 000人，固定资产2.2亿元。公司自1984年成立至今11年来，为妇女儿童事业提供资金230万元，为妇女儿童事业的发展做出了积极贡献。

(朱奇)

·市华侨联合会·

【参政议政】 1995年，沈阳市侨联发动归侨、侨眷继续做好参政议政和民主监督工作。在市、区人大、政协会议期间，侨界人大代表、政协委员积极献计献策，提出提案和建议161件，为促进沈阳的经济发展和社会全面进步做出了一定的贡献。

为了更好地发挥侨界人大代表、政协委员在参政议政工作中的作用，年初，市侨联召开了侨界人大代表、政协委员参政议政座谈会。与会代表、委员以高度的责任感对沈阳社会发展和改革开放存在的问题广泛讨论，取得共识。在市人大、政协会议期间，中国医科大学教授、侨眷徐葆仁，印尼归侨傅秋帆围绕市政府的中心工作提出了30件提案和建议。市政协委员傅秋帆提出的关于企业退休人员待遇偏低，特别是与在职职工的收入相比差距过大的问题，受到市政府、劳动局的重视，并已着手解决。在市十一届人大三次会议上，侨界代表与其他代表联合提出了《落实规划，严格执法，加强园林绿化建设，为沈城人民造福》、《关于加强我市园林绿化建设》和《严格控制侵占老城区绿化用地，确保老城区绿化覆盖面逐年递增》的议案，已经市十一届人大常委会第十六次会议审议通过，由市人民政府组织实施。

（余凌霄）

【爱国主义和社会主义教育】 广大归桥、侨眷具有爱国爱乡的光荣传统。沈阳市侨联认真贯彻《爱国主义教育实施纲要》，通过各种报告会、座谈会、参观访问、参政议政等形式，在全市归侨、侨眷中开展爱国主义教育活动，寓教育于活动之中。

1995年初，组织了侨联委员、机关干部和侨联企业全体党员干部认真学习了党的十四届四中、五中全会和市第九次党代会精神，以及江泽民同志在春节团拜会上的重要讲话。通过学习，使大家进一步明确了我国的近期计划和远景目标，以及“和平统一”、“一国两制”的重要意义，从而更加鼓舞了他们为实现祖国的宏伟目标和早日实现祖国的统一大业而做出更大贡献的决心。

7月上旬，市侨联召开了纪念抗日战争胜利和世界反法西斯战争胜利50周年座谈会。一些老归侨纷纷发言，控诉日本侵略军当年犯下的罪行，介绍了侨居海外的华侨英勇抗击日本侵略军的感人事迹。

各级侨联、侨联小组还先后组织本单位的归侨、侨眷前往“9·18”陈列馆、张学良将军旧居陈列馆等地参观。在残历碑下回顾历史，接受爱国主义教育，从而坚定了“勿忘国耻，振兴中华”的决心。

（张蔚生）

【做好为归侨侨眷服务工作】 1995年，沈阳市各级侨联组织继续贯彻《中华人民共和国归侨侨眷权益保护法》，认真做好来信来访工作，为归侨、侨眷和海外侨胞排忧解难。据统计，全年接待来信来访357件次，基本上做到事事有着落，件件有回音。一年来，有142件已得到落实，使归侨、侨眷在住房、职务职称晋级、子女升学、就业等方面遇到的困难得以解决。同时，对一时解决不了的问题，各级侨联遵照《归侨侨眷权益保护法》的精神，也都热情地做了宣传解释工作，使来信来访者感到满意。

春节前夕，市侨联机关工作人员前往辽中县，与县侨务干部一起走访慰问了生活上有困难的归侨、侨眷。新民市政府办公室、大东、沈河、铁西等区侨联的工作人员也带着慰问品走访慰问患病、生活有困难的归侨、侨眷，把党和政府及侨联组织的温暖带给他们。

辽中县政府侨务部门积极帮助广大归侨、侨眷脱贫致富。印尼归侨黄慧贤过去生活非常困难，几年来通过各级政府的支持，盖起了新房，办起了商店，如今年收入超万元。县侨务部门还帮助日本归侨王小毛、巴西侨眷滕艾芳、朝鲜归侨邵礼秀分别办起了家庭养殖业或养猪场。沈阳钢厂一位76岁的老归侨再婚遇到了经济困难，冶金局党委书记亲自接待过问，工厂为这位老归侨补助2 000元，帮助其安度晚年。

广西柳州市华侨化纤纺织厂职工、印尼归侨李晃在海外的亲属患疑难重病，李晃从报刊上看到沈阳有个张福祥大夫能治此病，就写信给沈阳市侨联，请帮助联系治病。市侨联干部多方联系，找到了张大夫，介绍了病人的情况，并及时把张大夫的意见转告给李晃。李晃在回信中非常感谢沈阳市侨联对归侨的热情帮助。

《归侨侨眷权益保护法》颁布5年来，市各级侨联组织认真贯彻落实，保护归侨、侨眷的合法权益。大东区的日本侨眷于柏如，几个孩子均在日本。为了与孩子们经常联系，个人出资架线杆，安装了电话。某部门以不许个人乱架线为由，强行将线杆拉走。区侨联秘书长徐洪贵积极与有关部门联系，宣传《归侨侨眷权益保护法》，使此事得到圆满解决。

沈阳五三工厂的日本侨眷展洪波，退休后到日本探亲，几年没得到劳保工资了，找到厂侨务部门。厂侨务部门积极帮助展洪波查找到了人事、工资关系并及时补发了工资。

（余凌霄）

【海外联谊活动】 1995年，沈阳市各级侨联组织与海外联系不断增多，并将招商引资寓于各项联谊活动中，主动开展和参与市区经贸洽谈联谊活动30多次，接待看望港澳台同胞和海外侨胞534人次，与海外交流信息1 500多件次，邮寄贺年卡2 000多份。在全市归侨、侨眷中开展了以招商引资为内容的“六个一”活动和以“三引一出”做贡献为内容的“金桥杯”活动等，牵线搭桥，向海外亲友发函和为企业提供经济信息3 000多件次，据初步统计，签订合同10项，总投资额1 522万美元；协议9项，总投资额1 516万美元；引进外资1 153万美元，创汇414万美元。

沈阳市侨联配合市政府举办了“沈阳市第八届三胞联谊洽谈会”和“'95沈阳国际经贸洽谈会”，在广泛发动全市归侨、侨眷开展宣传、联络和落实洽谈项目的同时，还承担了“两会”的招商联络工作，主动做好协办单位的协调服务工作。在市领导的重视和各协办单位的共同努力下，联谊洽谈会取得圆满成功。来自美、日、新加坡、印尼、港澳台等国家和地区的250多名三胞参加了“两会”。洽谈会期间，三胞与沈阳市有关企业、开发区洽谈合资、贸易项目近60项，签订合同、协议和意向35项，总投资额达1亿多美元，联谊活动期间，三胞通过参观考察、探亲访友等活动，紧密地把联谊和经贸洽谈融为一体，增进了相互了解和信任，加深了与沈阳市的感情，为今后的相互合作奠定了良好的基础。

（傅晨松）

【服务企业、创造佳绩】 1995年，沈阳市侨联在侨属企业的发展过程中始终坚持以侨联为纽带，注重管理和服务，为企业健康发展创造良好内外部环境；以强化自身建设为核心，建立健全规章制度，引进新的经营机制，完善承包责任制，不断增强企业的凝聚力和生命力；以市场为导向，以优势为后盾，提高企业的竞争能力，充分发挥海外优势，抢时间、闯市场，在不同行业、不同层次上有提高、有突破。一是，立足沈阳广开“才”路，走向国际市场争效益，沈阳华侨国际发展总公司借船出海，与美国、新加坡、香港的企业合作，在美国、加拿大投资兴办境外实体，现已组建美国东方国际投资集团，亚洲商业中心等企业，盈利13.8万美元。二是，转变经营策略和加快合资合作步伐，沈阳华侨实业总公司引进台湾的先进技术和设备，在沈投资建厂，创建了“碧全沈阳生化食品有限公司”，年产“碧全植物健生素”1 500吨，年销售额将达1 000万元。以产促销，加大了该产品在东北地区的农业推广和应用力度；三是，“侨”字号医院地位得到提高，树立了“精湛技术，优质服务，合理收费”的医德医风，形成了人有我优，人优我廉，敢闯禁区的专业特色。沈阳盛京华侨医院各项医疗技术均达到省内先进水平，全年门诊量达4 800多人次，住院率增长81.5%，医疗收入增长57.5%。特别是成功地实施了沈阳市属医院第二例的急性白血病患者自体骨髓移植手术，对此沈阳日报进行专题采访报导，在群众中赢得良好的声誉。

（傅晨松）

【积极投入抗洪救灾】 1995年7月下旬，沈阳市遭受了百年不遇的洪涝灾害，人民的生命财产受到了重大损失。市委、市政府发出了支援灾区的号召，市侨联领导班子立即开会研究，采取赈灾措施。一是号召机关和侨联企业的干部和职工捐款捐物。在短短2天时间就捐款9 602元，捐衣被褥331件。二是利用企业的优势科技救灾。沈阳华侨实业总公司把从台湾引进的（价值1.1万元）1 000瓶植物健生素及20台喷雾器捐赠给受灾较重的苏家屯区红菱村，挽救水稻1 000亩，减少产量损失10%，受到当地农民赞誉。三是组织侨界医务人员到灾区义诊。为了防止灾后传染病的发生，市侨联组织了华侨医院、华侨中医门诊部和部份医术精湛的归侨、侨眷医生，于8月14日清晨，受全市近2万名归侨、侨眷的委托，前往重灾区辽中县新民屯镇北三台子村为灾民义诊，开展了“灾区人民为我作牺牲，我为灾区人民做奉献”活动。仅一天时间为灾区人民义诊434人次，投入价值4 000多元的药品。随同前往慰问灾民的沈阳华利房屋开发经营有限公司，向灾区捐献了价值2.7万元的食品和生活用品。通过抗洪救灾活动，体现出侨联组织及归侨、侨眷对灾区人民的深情厚意，使灾区人民感受到社会主义大家庭的温暖。

（张蔚生）

·市残疾人联合会·

【全国“热爱祖国、自强不息报告团”莅沈演讲】 1995年6月，全国“热爱祖国、自强不息报告团”来辽宁作了两场巡回演讲。为了确保演讲成功，沈阳市残联全力以赴，精心准备，周密安排，搞好服务，使演讲达到了预期的效果。并且实现了“四个到位”：一是领导到位。报告会由副市长主持，市委副书记讲话，市五大班子及各部门领导参加，充分体现了市领导对残疾人工作的关心和重视。二是宣传到位。演讲团抵沈前后，市各新闻单位广泛宣传，电视台多次报道演讲盛况，报纸配发多幅照片，连续介绍全市残疾人事业发展情况和报告团同志的先进事迹，演讲团所到之处采访记者不断，宣传不断。三是观众到位。两场报告均由少先队员手持鲜花夹道欢迎并且献花，军乐队伴奏，3 000多名机关干部、大学生聆听演讲，座无虚席，掌声不断，场面感人，反响强烈。四是经费到位。这次活动市财政拨了4万元专项经费，保证了报告演出的顺利进行。通过演讲活动，成功地宣传了残疾人事业，向社会注入了新的认识，对推进两个文明建设起到了积极的作用。

（马爱民 盖红）

【东北四市残联信息经验交流】 一年一度的哈尔滨、长春、沈阳、大连东北四市残联信息交流联谊活动于1995年9月在沈阳举行。为了更好地向兄弟市学习，展现沈阳市残联精神面貌，市残联在交流会上展示了全市各区残联工作图片，播放了专题录像，使得整个接待和交流活动都非常丰富、圆满，显示了沈阳作为东道主及中心城市的地位和作用。

（马爱民 盖红）

【“全国助残日”活动】 1995年5月20日是第5个“全国助残日”，沈阳市各县（市）区都举办了不同形式、不同规模的宣传活动。市领导丁世发、马向东、金苗生、马吉庆及市各有关单位领导参加了在中兴大厦召开的按比例安排残疾人就业现场会，并且冒雨走访慰问了大东区2户残疾人家庭。全市13条主要街道绘制了100多块宣传板，有的县区还组织医护专家为残疾人义诊，很多机关、学校、部队等单位也积极参加了助残活动。大东等区县还在当天举行了一助一签字仪式，使112个单位与特困残疾人及其家庭签订了结对子协议。助残日期间，艾廷隽副市长就残疾人工作发表了电视讲话；省、市电视台播放了5部电视报道和电视专题片，《沈阳晚报》开辟专栏连续报道助残活动。与此同时，市残联会同市总工会等6个部门联合开展了“扶残解困，爱心进万家”活动，全市参加活动的单位达1 300多个，总人数近5万人。全市城乡各企事业单位共捐款61万元，社会各界群众捐款11万余元。通过这次活动，已有近600户残疾人家庭生活有所改善；160户残疾人家庭脱贫；20多个福利企业经济状况有所好转；260多名残疾人得到就业安置。

（马爱民 盖红）

【做好残疾人热点问题的疏导】 自1993年以来，沈阳市有645名肢残疾人办理了轻便三轮摩托车代步手续。两年多来，虽然各县（市）区残联从多渠道安置残疾人就业出发，已有部份残疾人车主得到了适当的安置，但仍然有相当多一部份人从事着运营活动，尤其是1995年5月中国残联等6个部门联合下发了《关于加强对残疾人专用机动车营运管理的通知》后，个别人发起组织了

“互助会”，搞全市串联活动。当市残联得知这个信息后，立即配合市区残联干部到个别残疾人家中做思想教育工作，使他们很快转变了态度，主动打消了集体上访和要求政府准许营运合法化的念头。当得知沈阳市互感器厂部份盲残职工因某公司长期托欠个人集资款不还、欲集体上访的消息后，就立即与厂工会和厂残协领导沟通，讲清集体上访的不利因素，并建议应由厂行政领导出面与对方商量解决。由于领导出面后他们的问题也得到了圆满解决。沈阳市民政福利企业的聋哑职工，由于工厂效益不佳，大部份都放长假在家，有的夫妻二人都在家休息，长达4、5个月不能开工资，给他们的生活造成很大困难。对此，市聋人协会多次反映并要求采取解决措施，为此，市残联积极同市民政工业公司残联领导研究，并得到市民政局领导的高度重视，决定从10月开始，将夫妻二人都是聋哑职工放长假的要保证一人回岗上班，从而，使聋哑人思想得以稳定，生活也有所保证。1995年，全市没发生残疾人集体上访和越级上访事件，为确保残疾人一方平安做出了应有贡献。

（*高庄元*）

【安置残疾人就业】 为进一步贯彻《残疾人保障法》，促进残疾人的劳动就业工作，沈阳市残疾人劳动服务中心于1995年1月17日正式成立。

残疾人劳动服务中心，其主要任务是：协助政府和有关部门管理和指导本地区残疾人劳动服务工作；掌握残疾人劳动就业状况，进行对策研究，参与残疾人专项招工管理与分配；组织待业残疾人职业培训，收缴和管理残疾人就业基金。2月23日，和平区残联率先成立了区级残疾人劳服中心，随后全市各县区也相继成立残疾人劳动就业服务所。皇姑、和平等区还在各街道办事处成立了劳动服务站。随即在全市范围内开展了对企业情况和安置残疾人状况的摸底调查，并且出台了《沈阳市残疾人就业保障金暂行办法》等相关政策和配套措施。为该项工作能够打开局面，11月7日，市残联建议并协助政府召开了关于在全市开展分步实施按比例安排残疾人就业工作的办公会议。提出了“积极稳妥推进，由点到面展开，积累探索经验，逐步完善法制”的总体思路。明确了准备、启动、试点运行、全面实施、完善法制的五个阶段。确定了市工商局、轻工局、商业局、东药集团和东北输变电集团为5个市级试点单位。截止1995年底，已安置残疾人就业31名，收取就业保障金64 400元。

（*盖红　马爱民*）

【市残疾人工作协调委员会第二次会议】 1995年5月10日，由23个成员单位参加的沈阳市残疾人工作协调委员会第二次会议召开。

会议针对残疾人工作中存在难度较大的实际问题，市工商、税务、财政、统计、公安等部门的负责人表示全力支持残疾人工作，具体落实了5件实事。一是市民政局再解决50户残疾人特困指标；二是统计局无偿提供按比例安置残疾人就业工作所需的全市性综合数据；三是工商局协助收缴全市个体工商业户的就业保障金；四是市财政局解决市残疾人劳服中心20万元开办费；五是市计经委、公安局再解决5户特困残疾人配偶户口进城的计划外指标。最后副市长、市残疾人工作协调委员会主任艾延隽做了重要讲话。

（*马爱民　盖红*）

【“八五”期间残疾人事业成绩斐然】 “八五”期间，沈阳市的残疾人事业有了较大的发展，主要是：

——数以万计的残疾人得到康复治疗。全市各级政府及残联组织成立专门机构，指定专业人员，筹集专项经费，对残疾人施以抢救性治疗。5年里，共计完成白内障复明手术4 495例，脱盲率达99%；儿麻矫治手术1 407例，有效率达96%；完成聋儿语训293名，已有31名聋儿进入普通小学，分别占“八五”任务总数的103%、105%和147%，提前两年超额完成了国家“八五”三康任务指标。在此基础上，各级残联不断拓宽康复领域，扩大康复成果，使332名弱智儿童和261名弱智儿童家长及时得到专门培训，3 364名残疾人受到了家庭康复训练，185名低视力患者配带了助视器，18万特需人群服用了碘油丸，并且对13名盲生实施复明手术取得成功。全市为残疾人康复治疗投入了100多万元资金，形成了一个由200多名专业人员组成的康复队伍，建立了13个防盲治盲中心，9个儿麻后遗症手术中心，13个聋儿语训中心，31个康复站，300余个家庭康复点。基本上实现了康复机构网络化，多次受到国家和省有关单位的表彰。

——成百上千的残疾儿童受到特殊教育。市残联与市教委密切配合，使1995年盲聋儿童入学率分别达到了78.2%和82.5%，走在全国前列。目前，全市已建特教学校14所。其中盲校1所，聋校8所，弱智学校5所，在校生达1 150多人。用于特教的投资已达500多万元。各级残联和教委积极探索健残结合的教学方式，在普通学校开设了25个特教班和聋哑随班就读试验班，学生多达5 000多名，已有6名残疾人考入高等学府，其中3人已毕业走上了工作岗位。

——8万多名残疾人分散在不同工作岗位上就业。在全市15万有劳动能力的残疾人中，已有8万人就业，约占应就业残疾人数的53%。其中集中安置于国家福利企业的残疾人有3万多人，在其它非民政企业工作的约3.5万人，残联系统创办的近200家经济实体自身消化了2 000多人，响应国家号召独立门户、自谋职业的残疾人已突破1万人。即将全面铺开的按比例安排残疾人就业工作还将进一步扩大残疾人就业面。

——全市23万残疾人在不同程度上享受到优惠照顾。市政府于1994年颁布实施了关于对残疾人实行优惠照顾的15条意见，5年里，通过优惠政策保证了2 000多名残疾职工在企业按比例涨工资时都上调了工资；使100多户残疾人配偶的户口进城落户；为4 800多名残疾人办理了养老保险，金额累计50多万元；有1 600多户残疾人免购房屋债券，免购金额约480多万元；为230多名盲人优惠安装了电话，为300多户残疾人解决住房动迁问题，免交住房动迁超面积费达145.9万元；给城镇1 283个特困残疾人家庭办理了特困证；与残疾人结成4 000个一助一扶贫解困对子，其中600户生活已得到了改善；帮助400多户残疾人自谋职业办理了免税手续和工商业执照；为农村残疾人减免义务工、农业税、优购种子、化肥等农用物资，折合人民币达百万元以上；国家在新民等4个县(市)区投放的79万元康复扶贫贷款已使137名残疾人脱贫。

——越来越多的残疾人参加文体生活和职业培训。5年来，全市各级残联会同有关部门先后组织开展了1 200多场残疾人文化体育比赛和娱乐活动，参加人数多达15万人，并取得了可喜的成绩：在参加辽宁省两届残疾人运动会上勇夺团体总分第一名；盲人何丽凤在第6届远东及南太平洋地区残疾人运动会上，一人包揽盲女B3级800米和1 500米两项冠军；在参加1994年全国和省残疾人艺术调演中，获得舞蹈表演比赛一等奖；在1995年全国第二届盲聋哑学校艺术调演中，市皇姑哑校选送的舞蹈"皮皮鸭"获得舞蹈表演一等奖。同时，各级残联更加注重提高残疾人自身素质和参与能力。先后建立了12个残疾人培训基地，举办各种类型残疾人就业、职业培训班102期，开设各种类科目达20余种，受训残疾人达4 000多名。极大地提高了残疾人的劳动技能，使残疾人自身价值得到了真实的展现。

(马爱民)

·台务工作·

【概况】 台务工作是在大陆与台湾长期隔绝的状态下，为实现祖国和平统一大业的完成而实施的一项关系民族团圆与国家领土完整的工作。

对台工作的主要任务是：在"和平统一、一国两制"总方针指导下，通过大力开展对台经济工作、各个领域的交流与交往工作及涉台教育、对台宣传工作，促进海峡两岸同胞之间在经济、技术、人员等各个领域的合资、合作与交流，增进彼此之间的了解与共识，为实现祖国和平统一大业做好量的积累。据此，在中共沈阳市委和沈阳市人民政府领导下，1995年，沈阳市各级党政组织、群众团体坚定不移地贯彻落实"和平统一、一国两制"的对台工作方针政策，克服因海峡两岸关系急剧变化而产生的各种不利因素，联系实际制定、完善并实施对台招商战略和把台商留根沈阳战略及交流交往工作工程，多渠道、多种形式开展对台招商引资及交流交往等各项工作，年内，请进台商900位，洽谈近300个项目，新增台资企业项目53家，合同投资总额1.19亿美元。其中，合同台资额1.03亿美元；接待抵沈台胞14 000人次，促成148名沈阳居民赴岛；安置11名台胞定居沈阳，办理涉台婚姻30对；促成沈阳台湾与民间交流交往项目18批214人次。同时，积极开展了涉台教育和对台宣传，举办各种规模的台湾形势报告会315场(次)；组织对台宣传稿件142篇，其中，境外报刊转载11篇。增进了沈阳民众与台湾同胞之间的了解与共识，加深了相互之间的亲情与友谊，激发了广大台湾同胞爱国爱乡之心。尤其在沈阳遭受百年不遇的特大水灾之后，许许多多的台湾同胞自愿捐款捐物援助灾区，累计多达20多起，折合人民币近200万元。在沈投资的台商陈先生，在水灾造成企业直接损失数百万元的情况下，又为灾民免除欠款100多万元。

(郭维成)

【对台经济工作】 对台经济工作是指沈阳与台湾之间在互补互利的基础上，围绕经济、技术、贸易等领域的交流与合资、合作等所进行的一系列活动。旨在发展沈阳与台湾之间的经济、贸易关系，促进海峡两岸经济共同繁荣，进而推进祖国和平统一的进程。

根据中共中央关于对台工作的方针政策和海峡两岸关系发生骤变的新形势，鉴于对发展对台经济工作诸多因素的分析与认识，结合沈阳实际，在1995年对台经济工作中突出实施了两个战略，即：对台招商战略和把台商留根沈阳战略。

所谓对台招商战略，即"千人招商工程"和借台引台、借边引台、借台引外战略。目的是吸引更多台商来沈。实施对台招商战略，着重采取3项举措。

1、层层发动，动员各界广招台商。①通过分解工作目标，落实工作任务进行发动。通过明确责任，层层加压的方法，调动各基层组织的积极性，动员全市各行各业投入到祖国统一大业的行列中，落实到广招台商、促进两岸经贸交流与合资合作的具体实践上来。②实施"千人招商工程"。即，在调查摸底，搞清情况的基础上，将全市各行各业与台湾经济界有联系的人士组织起来，落实任务，开展招商工作。③通过招商引资座谈会、经验交流会及开展"交一个朋友"、"提供一个线索"、"请进一位客商"、"促成一个项目"等活动，发动全市各界人士积极为发展对台经济工作献计出力。④制定、兑现对台招商引资奖励政策，鼓励各界积极开展招商引资工作。依据国家有关政策和规定，适时印发了《关于进一步加强对台经济工作的决定》，出台了《沈阳市鼓励台湾同胞投资的若干规定》，修订了《关于鼓励招商引资的规定》，并依据有关规定，对招商引资的有功人员给予适当奖励，进一步调动了社会各界的积极性。

2、举办各种形式联谊会、洽谈会集中招商。1995年3月，全国人民代表大会和全国人民政治协商会议在北京开会期间，先是派人专程赴京与出席"两会"的台、港、澳委员进行联谊。此后，又与在京投资的几十位台商进行联谊，并洽谈了数十个项目。1995年9月，又举办了"沈阳市第八届'三胞'联谊会暨沈阳国际经济技术洽谈会"，请进台商60多位。此间，沈阳南湖科技开发区、沈阳开发区、辽宁沈阳台商投资区以及各县(市)区等，也都召开了各种形式的招商洽谈会，邀请200余位台湾客商前来洽谈。

3、走出去招商。1995年3月，先是组团赴美国休斯顿、洛杉矶等地举办了对台招商洽谈会;4月,再次组团参加了国务院台湾事务办公室在新加坡举办的"台资企业产品展示洽谈会"。新结识台商近百位,通过台商引进外商40余位。其中,2个投资近亿美元的合资项目正在洽谈落实。

在实施对台招商战略过程中,着重把握了3个关键环节。一是克服狭隘的地域观念,树立大对台思想。即:既把台湾地区作为对台招商的重点地域,同时,又把全世界凡有台湾同胞(包括华人)投资的地区都纳入对台招商引资的视野。二是既要动员部属直接招商,又要广拓招商渠道,把借边引台、借台引台、借台引外等招商手段有机地结合起来,使之相互促进。三是既要注意广招客商,又要注意把工作的着力点放在"大客商、大项目、大额资金"上。

所谓使台商留根沈阳战略,是根据中共中央关于对台经济工作的方针政策,结合沈阳实际,为增强吸引台资工作力度,使台商在经济领域自愿与沈阳合资合作而实施的一项战略。目的是使台商自愿在沈阳"扎根"。该战略侧重于"留根",并与对台招商战略互为条件,相互影响,相互作用,相互促进,同为对台招商引资工作的重要组成部分。实施使台商留根沈阳战略,着重是围绕改善沈阳投资环境进行的。

一是在沈阳市人民政府台湾事务办公室增设政策协调处,专责涉台经济纠纷。重点是为领导决策当"参谋";协调有关部门为台资企业排忧解难;依法保护来沈台商及在沈投资台商的合法权益。年内,通过走访台资企业等受理台商投拆案件70起,已经结案67起,另外3起正在处理之中。在沈投资的台商何先生自用汽车被某市法院扣留一案,涉及司法部门,且又跨地区,协调工作难度较大。经多方调查,在查清情况的基础上,先后4次到该市协调未获进展,最后,报请辽宁省人民政府台湾事务办公室和辽宁省高级人民法院帮助协调,最终使问题得以圆满解决,受到众多台商的好评。

二是建立沈阳市对台经济工作例会制度。根据中共沈阳市委1994年第17次常委扩大会议决定,自1995年起,建立起沈阳市对台经济工作例会制度。对台经济工作例会由中共沈阳市委副书记董万德、丁世发、沈阳市人民政府常务副市长张瑞昌、副市长孙祥剑负责。中共沈阳市委和沈阳市人民政府各有关部门的领导参加。有关会务的准备工作由沈阳市人民政府台湾事务办公室负责。对台经济工作例会视工作需要不定期召开,着重解决对台经济工作中的难点问题和带倾向性的问题。年内,先后例会3次,共为9家台资企业解决供水、供电及其它棘手问题14起,并就向台资企业乱摊派等问题做出明确规定。

三是为来沈投资的台商营造更为宽松的环境。①组织中共沈阳市委、沈阳市人民政府各有关部门,认真贯彻落实江泽民总书记关于《为促进祖国统一大业的完成而继续奋斗》的重要讲话精神,联系实际,改进工作,强化服务,落实"同等优先、适当放宽"等各项政策措施。沈阳海关、桃仙机场及沈阳市人民政府各经济综合部门从促进台商留根沈阳,推进祖国和平统一大局出发,纷纷推出方便台商、服务台商的措施。计经委、经贸委等部门还变坐等服务为上门服务,主动深入台资企业解决困扰其发展的各类问题。②强化"辽宁沈阳台商投资区"建设。依据国家有关规定,参照其它投资区的做法,重新修定了《辽宁沈阳台商投资区投资规定》,实现了对进区项目从立项到审批的"一条龙"服务;投资700万元人民币修建了日供水5 000吨的供水设施,即使区内项目全部摆满,其供水量也能达到自给有余;报经国家海关总署等部门批准,在投资区内设立了免税仓库,为进区及沈阳地区的台资企业提供良好的仓储条件。同时,通过各种形式广招客商,年内已引进10个合资合作项目,投资总额达30亿元人民币,使"辽宁沈阳台商投资区"建设已初具规模。③积极创建"沈阳海峡两岸科技工业园"。根据国务院台湾事务办公室和国家科学技术委员会拟在全国现有国家级科技开发区内建立1至2个海峡两岸科技工业园区的设想,自1994年下半年起,沈阳市人民政府台湾事务办公室先是对在沈阳南湖科技开发区内建立沈阳海峡两岸科技工业园区的有关事宜进行了调研,并向中共沈阳市委和沈阳市人民政府写出书面报告。市委、市政府认真分析了在南湖科技开发区创办沈阳海峡两岸科技工业园的可行性,并把此项工作作为进一步改善沈阳投资环境、扩展沈阳与台湾间科技交流与合作的重要举措,迅即向辽宁省人民政府报送了《关于在沈阳南湖科技开发区建立沈阳海峡两岸科技工业园的请示》。在中共辽宁省委、辽宁省人民政府协助下,1995年4月21日至25日,国务院台湾事务办公室、国家科学技术委员会联合调查组抵沈考察,中共沈阳市委书记张国光、副书记董万德、丁世发、沈阳市市长张荣茂、副市长张瑞昌、孙祥剑等,就在沈阳南湖科技开发区内建立沈阳海峡两岸科技工业园的情况作了汇报。此后,市委副书记丁世发、副市长孙祥剑、艾廷隽、姜宪志等又带有关部门,就建立沈阳海峡两岸科技工业园区的具体事宜分别向国务院有关部门作了汇报。经积极工作,1995年10月4日,国务院批复:同意在沈阳南湖科技开发区内建立沈阳海峡两岸科技工业园;自批准之日起享受国家级高新技术产业开发区的各项政策。沈阳海峡两岸科技工业园位于沈阳市区南部的三环高速公路以北,苏家屯至抚顺铁路以南,桃仙机场高速公路以东,沈阳至丹东公路以西。规划面积5平方公里,起步区面积2平方公里。现正依据国家赋予的优惠政策,按照高起点、快节奏的总体思路,加速园区投资软、硬环境的建设。

(郭维成)

【与台湾间的交流与交往】 与台湾间的交流与交往,包括沈阳与台湾之间在人员、科技、教育、学术等各项领域的交流与交往。目的在于增进沈阳民众与台湾同胞之间的了解共识,促进祖国和平统一的进程。与台湾间的交流与交往是沈阳市对台工作的重点之一。

围绕拓展沈阳与台湾之间在各个领域的交流与交往，着重做的几项工作：

一、热情做好来沈台胞接待工作。接待好来沈台胞，是增进沈阳民众与台湾同胞之间相互了解的重要途径，也是沈阳市对台工作的重要任务之一。为接待好每位来沈台胞，经有关部门批准，成立了沈阳市台湾同胞接待站。为动员沈阳各界共同做好来沈台胞接待工作，沈阳市人民政府台湾事务办公室针对接待台胞工作中存在的问题，印发了《关于进一步做好台胞接待工作的通知》，重申台胞接待工作制度，要求全市各行各业结合各自工作的特点做好台胞接待工作。同时，又通过经验交流会、座谈会等，不断提高社会各界对接待台胞工作重要性的认识。各级对台工作部门把接待好每位来沈台胞视为送上门的工作，增强了服务意识和工作意识，完善了台胞接待工作制度和纪律；广大台属融亲情、友情于接待好来自台湾的亲友工作之中，诚挚、翔实地介绍相关情况，增进彼此间的了解、共识与情谊；铁路、民航等运输部门普遍设立了台胞接待室或台胞服务窗口，为来沈台胞提供便利；旅游、服务等行业还结合自身工作的特点开展了“使台胞满意在沈阳”的竞赛活动，使沈阳市的台胞接待工作上了一个新台阶。与此同时，沈阳市人民政府台湾事务办公室、沈阳市公安局等部门，还多次对沈阳地区的机场、车站及来沈台胞下榻的宾馆等进行安全检查或抽查，确保了来沈台胞人身及财产的安全。

二、及时协助赴台人员协调联系，办理手续，使其早日成行。各有关部门把帮助申请赴台人员协调关系、办理手续，使其早日成行作为各自的责任和义务。沈阳市人民政府台湾事务办公室急赴台人员之所急，采取简化工作程序，提高办事效率等，使前来办理赴台手续的人员随来随办。对因种种原因前来办理赴台手续有困难的还实行上门服务。沈阳市公安局、沈阳市公证处等各有关部门密切配合，除及时为赴台人员出具证件、文书外，还主动帮助赴台人员协调有关方面，提供各种咨询服务等。

三、积极推进沈阳与台湾间在科技、文化、学术等领域的双向交流。围绕拓展沈阳与台湾间在科技、文化、学术等领域的交流与交往，着重做了两个方面的工作。

一是精心选择优势项目，积极推进入岛交流。为此，①制定了交流工作规划，推出并实施了对台交流工作“221工程”，即：对现掌握的沈阳市的优势项目进行排列，落实必要的责任制，通过工作，力争在2年内将每2个优势项目中的1个推入岛内进行交流。②对全市各行业申报的优势项目重新进行调查核实，在摸清情况的基础上，精心筛选出12个已经成熟、又能代表沈阳形象的优势项目重点推进；对尚不成熟或暂不具备入岛交流条件的项目，则责成项目所在单位指定专人负责，加速培养，超前做好赴岛交流的各项准备工作，视机推入岛内交流。③广觅交流渠道，多层次推进入岛交流。除各级对台工作部门把推进入岛交流工作作为对台工作的重要内容外，还发动各优势项目所在单位、广大台属及与台湾有联系的各界人士，共觅入岛交流的新渠道，勾通、落实入岛交流项目。年内，已有8个项目入岛进行交流，另有一个项目近期可望成行。

二是做好来沈交流项目的组织与协调，努力促进两岸同胞间的了解与共识。①对台湾一些民间团体及行业组织提出的有利于促进沈阳与台湾间相互了解的来沈交流意向，积极回应，并给予必要的支持与协助。1995年，台湾先后有10个团组来沈交流，均得到沈阳市各有关方面的鼎力协助。②把握时机，主动邀请台湾同行来沈交流。其中，尤以1995年9月9日至11日由沈阳学者与台湾学者在辽宁大学举办的“’95海峡两岸《马关条约》与中国现代化学术交流会”最为成功。1995年，适值《马关条约》签订100周年和台湾回归祖国50周年。籍此时机，两岸学人以百年历史教训为主线，从政治、经济、军事、历史人物以及文学教育等各个方面进行了多方位的切磋与探讨。宣读论文时，一位台湾学者当读到《马关条约》签订后，台湾被迫从祖国版图上割让出去，台湾人民沦为亡国奴时，悲愤的泣不成声，论文余篇只得由他人代读，使与会人员无不为之动容。交流会共发表论文30篇，与会学者一致认为，统一、强大的中国才是所有炎黄子孙的根本利益之所在。并表示将继续扩大交流，为昌明中国学术，繁荣中国文化，振兴中华民族，做出无愧于后人的贡献。

（郭维成）

【涉台教育】　涉台教育是指就有关台湾问题对居住在沈阳地区境内的居民所进行的教育。其内容主要包括对台工作方针政策教育和台湾形势教育两个方面。

对台工作方针政策教育是以江泽民总书记关于《为实现祖国统一大业的完成而继续奋斗》所阐释的和平统一、一国两制的政治主张为主要内容来进行的。江总书记重要讲话发表后，中共沈阳市委的主要领导在认真学习、领会讲话精神的基础上，责成中共沈阳市委台湾工作办公室立即印发了《关于学习、宣传、落实江泽民总书记关于台湾问题重要讲话的安排意见的通知》，要求全市各级领导干部要带头学习、领会讲话精神，身体力行地落实好讲话提出的各项政治任务和主张；各级对台工作部门要把江总书记重要讲话作为对台工作方针政策教育的主要内容，贯彻对台工作的始终；要组织全市各行各业学好讲话，宣传讲话，力争做到家喻户晓。按照通知的要求，一个以江泽民总书记重要讲话为主要内容的对台工作方针政策教育活动迅即在全市形成高潮。1995年2月5日是春节后上班的第一天。这天一上班，全市各对台工作系统、统战工作系统、各民主党派、群众团体及许许多多的企业与部门便组织各自所属之员工进行了学习讨论。自2月6日起，大东区、和平区、东陵区、沈河区、皇姑区、铁西区、于洪区、苏家屯区、新城子区、新民市、辽中县、康平县、法库县及沈阳市黄埔同学会、台湾民主自治同盟沈阳市委员会、台湾同胞联谊会、工商业联合会、归国华侨联合会等等，相继召开会议，学习、座谈江总书记重要讲话。2月7日、2月11日和2月14日，中共沈阳市委台湾工作办公室先后召开了沈阳市各界知名人士和台胞台属座谈会、各县(市)区台办主任会、各经济管理部门主要领导座谈会，学习江总书记重要讲话，座谈学习体会。中共沈阳市委副书记董万德出席会议并作《学习贯彻江总书记重要讲话精神，努力推进祖国和平统一进程》的讲话，号召全市各行各业学习江总书记重要讲话，贯彻落实党的对台工作方针政策，为推进祖国和平统一大业的完成做贡献。此后，又以学习辅导的形式，频频举办各种规模的报告会，宣讲江总书记讲话精神，阐述对台工作的方针政策。至6月底，全市围绕学习、宣传江总书记重要讲话而举办的报告会、座谈会等达183场次。1995年7月份以后，尽管李登辉访问美国导致海峡两岸关系急剧恶化，由于中共中央对台工作的基本方针政策没有改变，所以，对台工作方针政策教育仍以江泽民总书记讲话所阐释的“和平统一、一国两制”的对台工作方针政策为主轴，只是增加了“暂停第二次‘汪辜会谈’”等微调的内容。

台湾形势教育主要是以海峡两岸关系的走向为主线，围绕沈阳各界民众所关注的海峡两岸关系中发生的一系列重大事件进行。目的是使全市各界民众了解海峡两岸关系的现状，增强做好各项对台工作的责任感、使命感。尤其1995年上半年一度升温的海峡两岸关系新发展及两岸领导人对话等问题，1995年6月发生的李登辉访问美国以及此后的台湾政坛趋向等问题，是沈阳民众最关心的问题，也是1995年沈阳市进行台湾形势教育的主要体裁。

1995年，沈阳市涉台教育的主要形式基本有报告会、座谈会、短期培训与以会代训4种。根据不同的教育对象，采取的教育形式也不尽相同。对城乡居民和基层工作干部，主要以报告会、座谈会形式进行。对各级专兼职对台工作干部进行的涉台教育，除采取报告会形式外，还采取短期培训与以会代训两种形式。对各级领导干部进行的涉台教育则以收看《台情参考》录像片和有关文件为主，辅之以报告会的形式。

（郭维成）

【对台宣传】 对台宣传是指就中共中央对台湾工作的方针政策、政治主张及台湾同胞所关心的一些问题，通过各种媒介和方式，向居住在台湾地区的同胞所作的阐释。旨在增进沈阳民众与台湾同胞之间的相互了解与共识。

1995年，沈阳市对台宣传工作突出了江泽民总书记在《为实现祖国统一大业的完成而继续奋斗》重要讲话中所阐释的关于实现祖国和平统一的8项政治主张，同时辅之以沈阳经济建设成就、投资环境建设及风土人情等内容。主要宣传方式有3种。

一是寓宣传于各项招商、洽谈、交流活动之中，自然、顺畅地进行宣传。即，在各项招商活动、洽谈活动、交流活动中，不仅就项目自身开展洽谈或交流，而且顺乎自然地介绍项目情况及与之相关的各方面的情况，通过一次招商或洽谈、交流活动，使台湾同胞尽可能详尽地了解相关的情况与政策规定。类似的对台宣传工作过去虽然也做过，但意识不明确，且不够完善。1995年，各有关单位在组织对台招商、洽谈及交流活动中把招商、洽谈或交流与开展对台宣传有机地结合在一起，且往往把更多的精力放在宣传投资环境和与之相关的政策法规上来。这是1995年对台宣传工作的一个突出特点。

二是融宣传与接待、服务于一体，在接待台胞、服务台胞过程中进行宣传。随着来沈台胞日益增多，沈阳市把接待、服务好来沈台胞作为对台宣传的重要内容之一，着重把握了3个环节。①热情接待，周到服务，文明礼貌、落落大方，以实际行动宣传自我，宣传沈阳，宣传社会主义制度下良好的精神风貌与人际关系。②对台胞所关心的问题实事求是地予以解答，不夸大其词，不蒙骗台胞，不违背台胞意志强加于台胞。③在确保台胞安全的前提下，鼓励台胞多走多看，实地观摩，以直观、形象地宣传增进台湾同胞对沈阳的认识与了解。

三是组织专兼职对台宣传工作队伍，撰写文章，摄制图片，通过新闻媒体开展对台宣传。年内，通过省、市及国家新闻媒体发表对台宣传稿件140多篇。其中，《人民日报》(海外版)、《中国新闻社》等国家级新闻媒体载稿13篇，另有11篇稿件被台湾及境外报刊转载。此外，沈阳南湖科技开发区、沈阳经济技术开发区、辽宁沈阳台商投资区等单位，还依托各自的优势，就各自的投资环境等，分别在台湾及境外报刊进行了宣传。

（郭维成）

【台属联谊会工作】 沈阳市台属联谊会是由居住在沈阳境内的3.5万去台人员的亲属自愿成立的群团组织。依据《沈阳市台属联谊会工作章程》，围绕团结、引导广大台属爱国、振兴、统一的基本宗旨，着重开展了3项工作。

一是组织广大台属学习、宣传江泽民总书记关于《为实现祖国统一大业的完成而继续奋斗》的重要讲话精神，努力为推进祖国和平统一做贡献。根据中共沈阳市委台湾工作办公室《关于学习、宣传、落实江泽民总书记关于台湾问题重要讲话安排意见的通知》，沈阳市台属联谊会及各县(市)区台属联谊会把组织广大台属学习、贯彻讲话精神作为各自工作的大事，迅即做出了学习安排，并采取个人自学、分组讨论及组织集体座谈等，使大家一致认识到，江泽民总书记关于实现祖国和平统一的8项政治主张合情、入理，反映了广大台属与在台亲人的愿望，代表了海峡两岸人民的根本利益。在此基础上，又引导广大台属通过“向在台亲友写一封信、通一次话”等活动来宣传讲话精神，为推进祖国和平统一进程做实事。

二是发挥民间主渠道作用，积极为发展沈阳与台湾间在各个领域的交流与合作牵线搭桥。台属联谊会把发动台属为发展沈阳与台湾间在各个领域的交流与合资、合作作为一项经常性的工作，为充分发挥其在发展海峡两岸关系中的特殊优势，1995年继续在台属中开展了“向台湾亲友写一封书信，传递一条信息，请进一位客商，促成一个项目”的活动，并通过经验交流会、座谈会，建议有关部门兑现奖励政策等，进一步把“四个一”活动引向深入。据不完全统计，年内，全市台属向台湾亲友发出信函18 000多封，传递信息240多条，请进台商和外商近300位，促成台商独资与合资合作项目14项，引进台资近1 000万美元。

三是通过互帮互助等活动，帮助台属排忧、致富。各级台属联谊会把组织台属开展互帮互助活动、帮助台属排忧解难、脱贫致富作为台属联谊会工作的一项基本任务，并不断总结、交流经验，推动此项工作的深化。1995年，沈阳地区遭受百年不遇的特大水灾。苏家屯区、于洪区、辽中县的10多户台属房屋被毁，无法过冬。台属联谊会组织台属有钱的出钱，有物的献物，齐心协力地帮助这些遭灾户赶在过冬前盖起了新房。新民、法库、康平3市县的台属联谊会还从教授技能入手，帮助6户台属困难户走上富裕之路。

（郭维成）

【全国政协委员云大棉先生捐资25万元人民币兴建龙东扶轮李赐毫小学】 1995年3月，全国人民政治协商会议在北京开会期间，中共沈阳市委台湾工作办公室、沈阳市人民政府台湾事务办公室邀请出席全国人民政治协商会议的全国政协香港委员云大棉先生与沈阳代表联谊。期间，中共辽宁省委副书记、沈阳市委书记张国光、辽宁省人民政府副省长、沈阳市人民政府市长张荣茂会见了云大棉先生，翔实地介绍了沈阳市经济建设及教育事业发展等情况。云大棉先生对沈阳教育事业的发展极为关注，欣然表示要捐资在沈阳贫困地区建一所希望小学。受云大棉先生之委托，中共沈阳市委台湾工作办公室、沈阳市人民政府台湾事务办公室商请沈阳市教育委员会和沈阳市希望工程办公室，初定将云先生捐资兴建之小学建在沈阳市康平县东关屯镇三台子村，争得云大棉先生同意后，该小学于1995年6月动工，至1995年12月落成，总计耗资25万元人民币。1996年1月16日，该小学落成剪彩仪式在沈阳市康平县东关屯镇三台子村举行，云大棉先生专程自香港抵沈为学校落成剪彩。应云大棉先生要求，该小学校名为“扶轮李赐毫小学”。

（郭维成）

·侨务工作·

【概况】 1995年，沈阳市坚持为侨胞服务和为经济建设服务的宗旨，坚持“搭船出海，借梯上楼，依老交新，重点突破”的工作方针，坚持为搞活大中型企业和乡镇企业服务的工作重点，坚持做好“信息服务、引荐服务、搭台服务、跟踪服务、协调服务”的工作方法，在围绕中心，打好侨牌上狠下功夫。较好地完成了全年工作任务。

全年共会见和接待海外华侨、华人、港澳同胞767人，其中新结识301人，重点人物448人；会见和接待海外华侨、华人社团22人，其中新结识9个，超额完成“双十”、“双五十”计划。邀请外商来沈洽谈共258人，签订合同、协议95项，投资总额22 322.5万元人民币。在对外宣传方面，共向海内外发表文章、专访214篇，其中海外14篇，新结识海外传播媒体14个。

狠抓了《中华人民共和国归侨侨眷权益保护法》的宣传贯彻工作，聘请权益保护法特邀监督员，在国内侨务工作中，“遵照为侨胞服务”的宗旨，共走访慰问贫困归侨、侨眷14户，并下发了扶贫款，切实帮助贫困归侨、侨眷脱贫致富；接受海外侨胞、港澳同胞捐赠款物折合人民币258.66万元，促进了全市公益事业的发展；安置归侨5户6人在沈落户；接待归侨、侨眷、海外侨胞来信、来访315人次，基本上做到事事有回信，件件有着落。据统计，一年来，全市归侨、侨眷知识分子在生产、科研领域获得科技成果141项，其中获全国科技进步奖21项；省、部级科研成果奖68项；市级科研成果奖52项；出版著作39部；发表论文251篇。一批学识渊博、造诣较深的科技人才脱颖而出，成为沈阳市乃至全国科学技术的带头人，在生产、科研领域发挥着重要作用。

（张凯　刘诚）

【依法护侨工作】 1995年，沈阳市切实加强基础工作，依法维权，凝聚侨心，使归侨、侨眷的“两个优势”得到充分发挥。

1. 为了做好《权益保护法》的宣传工作，编印了《侨务法律法规及政策汇编》，引导归侨、侨眷依法维护自身的合法权益。结合全市《归侨侨眷权益保护实施办法》的制定，通过市领导答记者问的形式，在《沈阳日报》发表了“依法保护归侨、侨眷权益，促进侨务事业发展”的文章，大力宣传贯彻《权益保护法》的重要意义和沈阳市《实施办法》的重要内容。为了加强对贯彻《权益保护法》工作的监督检查，聘请了20位在归侨、侨眷中有影响、威信高、热心侨务事业的归侨、侨眷代表为《权益保护法》特邀监督员。根据归侨、侨眷的要求，开展了《沈阳市归侨侨眷身份证》的制发工作。截止目前，全市已有1 495名归侨、侨眷领取了身份证。通过制发身份证工作，不仅对《权益保护法》的对象进行了确认，而且对于依法护侨，加强侨务法制建设起到了积极作用。9月中旬，配合市人大民侨外委，对沈阳市贯彻《权益保护法》的情况进行了视察，与归侨、侨眷代表进行了座谈，征求了意见和要求。通过视察，推动了全市这项工作的深入开展。在全市遭受了百年不遇的特大洪水灾害中，给许多县区归侨、侨眷的生活带来了严重影响。市侨办分别到受灾严重的辽中、苏家屯等8个县区，走访慰问贫困归侨、侨眷，发送扶贫款21 000元及被褥等救灾物资。并下发了“全市归侨、侨眷积极行动起来，支援灾区重建家园”的通知，鼓励受灾归侨、侨眷生产自救，度过难关。

2. 进一步加强了归侨、侨眷知识分子工作。年初，邀请市人大、市政府、市政协的领导，分别到沈阳工业学院、沈阳四一〇厂等8个单位，看望了43位优秀归侨、侨眷知识分子代表。召开了优秀归侨、侨眷知识分子和海外侨胞春节联欢会，为他们送去了党和政府的关怀与温暖。进行了归侨、侨眷参政、议政情况的调查，进行了侨界知识分子联谊会的换届工作，坚持每季度开展一次丰富多彩的活动。为了调动归侨、侨眷知识分子的积极性，在全市开展了评选优秀归侨、侨眷知识分子和"十佳"人物活动。经基层单位推荐，市政府授予东北大学教授、侨眷李华天等10位同志为"沈阳市优秀归侨、侨眷知识分子'十佳'人物"；市侨办授予沈阳电缆厂高级工程师刘露萍等40位同志为沈阳市优秀归侨、侨眷知识分子。

3.积极开展爱国主义和社会主义教育。年初，下发了《关于在全市归侨、侨眷中开展爱国主义和社会主义教育的通知》明确了"爱祖国、兴沈阳、献侨心"的教育主题。要求各单位通过开展各种活动，把归侨、侨眷的积极性引导到投身现代化建设中来。组织归侨、侨眷参观了沈阳经济技术开发区、新民市经济开发区等，使他们切身感受到改革开放的巨大成果；组织他们观看了电影《南京大屠杀》，激发了不忘国耻、振兴中华的热情；举办了"祖国在我心中"的摄影、绘画、书法展，抒发了广大归侨、侨眷对祖国和家乡的爱恋心情；组织了"侨界国庆联欢会"，宣传了归侨、侨眷的先进典型，充分调动了他们发挥优势，施展才干的积极性。

（张凯　刘诚）

【加强侨务工作基础建设】 1995年，沈阳市从6个方面着手，积极开展了海外联谊工作。1.运用现代化办公条件，建立健全海外工作档案。根据海外侨务工作的特点和布局，分别将美国华商总会、加拿大华人联谊会、荷兰旅荷华侨总会及香港青年企业家协会、澳门中华总商会等一大批海外重点社团和重点人物的资料整理建档，实现了海外联谊工作规范化、程序化。2.明确重点工作区域，实施"双十"、"双五十"计划。在巩固和加强与美国、加拿大、日本、东南亚及港澳地区工作的基础上积极拓展了对英国、法国、德国、荷兰、比利时、丹麦等国家和地区的侨务工作，广结新朋，深交老友，为全市发展同这些国家和地区的交流与合作铺路搭桥。3.根据海外工作需要，建立海外工作联络网。有选择地聘请了一批有影响、有实力，与沈阳关系密切，热衷于华侨、华人事业的海外重点人物为沈阳市海外工作联络员，扩大了沈阳海外侨务工作的渠道。4.采取"依老交新"的办法，重点做好事业有成的华裔中青年实业家和新移民工作。针对当前华侨、华人社会新老交替的新情况，在继续密切同老一辈华侨、华人感情的同时，采取"依老交新"的方法，与香港新华集团总经理蔡冠深、香港嘉里集团董事总经理郭孔丞、香港新世界集团董事总经理郑家纯等一批海外事业有成，已经融入当地主流社会的中青年实业家以及丹麦王国kh公司经理杨海鹰等一批新移民，建立了密切的联系与交往，为沈阳市发展同海外的长期合作与交流奠定了基础。5.深化荣誉市民工作，充分发挥他们的表率作用。通过寄发圣诞卡，定期交流信息，宣传成功典型，邀请他们参加大型涉外活动等方式，给予他们以更多的礼遇和待遇；强化了服务工作力度，协调解决了荣誉市民在沈投资合作中遇到的困难和问题；召开了荣誉市民恳谈会，为充分发挥他们的影响和作用创造了条件。6.密切与我使领馆等驻外机构的联系，加强了同沿海侨乡的交流。坚持"搭船出海，借梯上楼"的工作方针，借助我驻外机构的优势，结交了一批高层次的重点人物；加强了与国务院侨办，省侨办和沿海侨乡的联系，争取更多的支持与帮助，不断拓展海外工作的新领域。

（张凯　刘诚）

【积极开辟侨务工作空间】 为配合沈阳市对外开放的总体战略部署，充分发挥侨务部门的优势，在美籍华人，美国达拉斯市政府中美交流合作会主席薛维诚先生的安排下，应达拉斯市市长巴列先生的邀请，沈阳市经贸考察团一行4人，于1995年5月至6月对美国洛杉矶，达拉斯等8个城市进行了考察访问。经过考察团与达拉斯市政府中美交流合作委员会的共同努力，使市政府代表团在达拉斯的访问取得了圆满成功。张荣茂市长和巴列市长分别代表市政府签定了建立友好城市关系的协议，张荣茂市长、孙祥剑副市长还被授予达拉斯市荣誉市长和荣誉副市长。此次赴美考察，还开辟了旧金山、圣安东尼奥等城市的华侨、华人工作领域，密切了与美国各地东北同乡会的联系，共拜会和结识368位华侨、华人，其中，重点人物309位。还与14个华侨，华人社团建立了联系。

8月，副市长孙祥剑一行专程赴香港，举办了"第三届沈阳市荣誉市民恳谈会"。孙祥剑副市长向荣誉市民通报了沈阳市一年来政治、经济形势及主要成果，听取了荣誉市民对沈阳市改革开放和经济建设的意见和建议。

为了做好华裔第二、三代青少年的联谊工作，增强侨务工作的后劲，12月30日在香港举办了沈阳—香港青少年冬令营活动。通过开展各种丰富多彩的活动，加强了同香港中学生的广泛接触和交往。

在做好日常接待工作的同时，加大了请进来工作的力度。一是抓住全国人代会、政协会召开的有利时机，邀请港澳地区全国人大代表、政协委员参加在北京钓鱼台国宾馆举办的联谊活动。与有关部门积极联络，全国政协常委、香港北海实业集团董事局主席徐展堂，半岛针织有限公司董事长唐翔千，全国政协委员、香港远东集团董事局主席邱德根等26位港澳地区人大代表、政协委员和知名人士出席了联谊活动。省委副书记、市委书记张国光、市长张荣茂等市领导参加联谊活动。向来宾介绍了沈阳在对外开放和经济发展中取得的成就，并欢迎大家到沈阳发财发展。二是邀请和接待了达拉斯市市长访华团。以美国达拉斯市市长巴列先生为团长的访华团一行35人，于4月中旬来沈阳市进行了友好访问。

（张凯　刘诚）

【强化对外宣传工作】 1995年，沈阳市的侨务工作中强化对外宣传工作，不断提高沈阳市的知名度。主要做了3个方面的工作。一是加强了对全市侨务宣传工作的宏观指导。制定了工作方案，建立了宣传网络，明确了工作重点。二是加强了与新闻单位的联系。年初，邀请驻沈新闻单位的领导、记者，参加侨务宣传座谈会，向他们介绍了全年工作计划，通报了侨务外宣方案，以争取新闻单位的配合与支持。通过开辟"赤子情"专栏、重点人物专访等，集中宣传了沈阳市归侨、侨眷和海外侨胞的赤子之情及为改革开放和经济建设做出的突出贡献，宣传了大型侨务活动及侨务工作的地位和作用。元宵佳节前夕，与沈阳电视台共同举办了以华侨、华人爱国爱乡，无私奉献为主题的"天涯共明月"大型文艺晚会，取得了较好的效果。沈阳电视台先后4次播放了晚会实况，并帮助复制录像带。将晚会录像带发往国外，扩大了沈阳在海外的影响。三是加强了同境外传播媒体的交流。沈阳市经贸考察团访美期间，利用多种渠道，抓住一切机会，开展宣传工作。使海外朋友了解沈阳，认识沈阳。同时，还与美国华府华语电视台、华盛顿《今日世界》电视节目和《世界日报》等新闻媒体建立了联系。

（张凯　刘诚）

【积极开展招商引资工作】 1995年，沈阳市侨务工作紧紧围绕经济建设中心，努力强化"五个服务"，在上水平，上档次，重实效上狠下功夫。

1.狠抓了引进资金、技术、人才和开拓国际市场工作。为了提高引荐工作的成功率，年初，走访了市计委、外经贸委等部门，进一步了解沈阳市实施外向牵动战略的总体布局，掌握了一批事关全局的重点工程和重点项目；加强了对基层的调查研究，征询了一批县、区、局及企业拟对外合资合作的项目。在此基础上，有针对性地开展引荐工作。1995年组织了和平区总商会、和平区工业局、沈阳橡胶制品研究所等6个单位，4月份赴英国、荷兰、比利时等国家进行了招商引资工作。代表团共签定协议、意向6项，其中协议投资总额1 536万美元。沈阳经贸考察团在访美期间，利用走访、拜会的机会，向华侨、华人及工商界人士广泛介绍沈阳市部分企业的对外合资合作项目，并就54个项目与外商进行了洽谈和接触，其中17个已达成初步意向。

把智力引进工作放在重要位置上来抓。一年来，共向有关单位推荐了海外著名专家，学者14人。经过对口嫁接，已有5位专家受到有关单位的邀请，陆续来沈讲学交流。

2.深入开展了"引荐竞赛"活动。为了进一步激发全市归侨、侨眷的参与意识，给"引荐竞赛"活动注入新的生机和活力，结合贯彻落实《沈阳市鼓励华侨、港澳同胞投资暂行规定》精神，开展了"引荐竞赛"奖励兑现方面的情况调查；宣传树立了一批开展"引荐竞赛"活动的先进典型；与市总工会联合下发了深入开展"引荐竞赛"活动的文件和"关于申报归侨、侨眷引荐成果的通知"，表彰了一批在"引荐竞赛"活动中做出突出贡献的先进个人和优秀组织单位以及优秀组织者。

（张凯　刘诚）

【侨资企业的服务与管理】 1995年，沈阳市的侨资企业已发展到1 060多家，占全市三资企业的64%。为做好对侨资企业的协调服务工作，市侨办先后走访了市轻工局、市粮食局、沈阳光兴高尔夫球俱乐部等21个单位，了解了合资、合作的情况及问题，对全市侨资企业的现状进行了认真分析。调查中发现，侨资企业在其发展过程中，存在着诸多困难和问题。为了进一步改善沈阳市的投资环境，为侨资企业的发展创造宽松的外部条件，向市政府写出了书面报告，提出了关于加强侨资企业工作的建议与思考，为领导决策提供了依据。与此同时，对侨资企业反映的问题进行了积极的协调。重点解决了香港金利来集团等一些老合资企业经营中遇到的困难和问题，切实维护了侨资企业的合法权益。

为了促进侨属企业的健康发展，加强了对侨属企业的宏观指导。修改完善了《沈阳市侨属企业管理条例》，召开了侨属企业年会，健全了协会的领导机构，强化了协会的民间组织作用。在鼓励和教育侨属企业合法经营，照章纳税的同时，积极创造条件、帮助侨属企业扩大经营，拓展业务，增加效益。

（张凯　刘诚）

人民群众团体领导人名单

市总工会

主　席：李中鲁

副主席：张德奎　吴恩涛　李雅茹

团市委

书　记：邢文祥

副书记：范继英　冯守权　王凤波　李松林

妇女联合会

主　席：张　颖

副主席：许　芳　何晓光　张桂琴

科　协

主　席：郭日跻

副主席：李生江　张光初　黄宝铮　单桂英

文　联

主　席：铁　岩

副主席：李启东　么喜龙

社科联

副主席：李福义

工商联

党组书记：李　楷

主　委：丁俊峰

副主委：牟长栋　马广芬　杨凯宁　于伟民

侨　联

主　席：刘保平

贸促会

会　长：李华年

副会长：陈铁新　胡庆明　郑　迅

残疾人联合会

理事长：芦静艳

军　　事

沈阳军分区

【全民国防教育】 1995年,沈阳市国防教育工作,以爱国主义为主旋律,以提高全市人民的国防意识为目的,以贯彻《辽宁省国防教育条例》为重点,在求实、创新上下功夫,使全市国防教育取得了较大成绩。

首先是抓好领导机构建设。年初,会同市国防教育办组织召开了国防教育领导小组会和工作会议,就全市国防教育提出了健全机构、保障人员、落实经费等要求。军分区协同市国防教育办组织了有各县区人武部和大中型编兵企业领导参加的第四期国防教育培训班,通过考察、参观,学到了外省市开展全民国防教育的经验,增强了各级领导关心和支持国防后备力量建设的责任感。

其次是抓重点对象,牵动全民国防教育的开展。1995年,全市组织广大民兵预备役人员广泛开展"军营一日"等形式的国防教育活动,共培训各级干部1万余人次。全市县区局级领导班子95%以上参加了"军营一日"活动,市区领导听了《国际形势和周边环境》的报告。全市大中专院校有6万余名新生参加了军训。各县区还组织民兵预备役人员开展了民兵"四课"教育和民兵学《邓小平文选》活动,组织开展国防知识竞赛和国防知识答卷活动,使全民国防教育收到良好效果。5月份,协同市国教办、市人防办在大东区东塔街道召开沈阳市国防教育现场会,推广了东塔街道、黎明公司、140中学等单位的国防教育经验。

(李军)

【民兵组织建设】 1995年,沈阳市民兵组织建设以分队建设为重点,经过各级部门的努力工作,圆满完成任务。一是领导重视,把整组工作做为一件大事来抓。面对当前民兵组织建设中存在的诸多问题,整组工作越来越难进行,沈阳市各级领导都亲自挂帅,加大了民兵整组的力度。在市委议军会上张国光书记亲自做了《加强民兵队伍建设,发挥民兵队伍作用》的讲话,张荣茂市长要求民兵工作也要进场入轨,为兴市富民做贡献。整组期间,艾廷隽副市长亲自到分区听取民兵整组工作汇报,与分区领导一起研究整组工作中出现的问题及解决的办法,制定了有效的措施。二是分区领导集中主要精力抓整组工作。抽调机关各科(室)骨干先后两下基层搞调查、摸情况、抓试点,使整组工作开展的扎实有序。三是人武部全力以赴落实好整组工作,集中了全体人员,除值班干部外各科都进行了分片包干,责任到人,深入落实整组情况。四是突出了民兵应急分队和专业技术分队建设。根据两级军区应急分队编制,先期完成了应急分队的调整,所有应急分队都做到干部强、人员满、装备齐、训练有素。同时认真落实了专业技术分队,精选了队员,保证了质量,提高专业分队的经训率。通过保留骨干,优先增补退伍军人,增加专业对口人员含量等办法,提高专业分队人员的素质。五是预备役分队优先选择编兵单位,优先选配兵员。军分区明确了在民兵高炮人员中选调人员,重点保证预备役部队编组的要求。各基层单位也在编组操作中按照先编预备役兵员,再编民兵分队;先调整预备役分队,再调整民兵分队的程序,保证了预备役部队整组任务的落实。六是抓民兵连长业务培训和兼职工作,保证民兵连长工作力度,较好地发挥了民兵连长工作的积极性。七是保证质量,提高民兵队伍整体素质。军分区提出了尽量把复员退伍军人编入民兵组织;尽量吸收专业对口人员进入民兵组织;增加平战结合型连队数量;增加行业对口型班排;保证完成训练任务。八是积极做好民兵的思想教育工作,树立正确的人生观和爱国爱家的思想,增强了国防意识,提高爱军习武的自觉性。九是抓好民兵连队规范化建设。进一步完善了民兵预备役基层连队基础设施,建立健全了各项规章制度,基本上达到了标准统一,制度规范,训练有素。

(邵军青　卜万成)

【民兵政治教育】 1995年,沈阳市民兵政治教育是以民兵"四课"教育为基础,以贯彻辽宁省军区党委《关于进一步抓好民兵预备役部队学〈邓小平文选〉在基层大面积落实的决定》为主旋律,把组织民兵学习《邓小平文选》作为加强思想政治建设的首要任务,取得了可喜的成绩,促进了沈阳市民兵工作建设。

主要特点:一是加强学习的组织领导。各级普遍成立了学习领导小组,建立了学习制度,培训了教育骨干。全市共购买下发了15 000册学习教材,各武装部还自办了学习刊物下发到民兵手中,保证了民兵政治教育的落实。

二是采取多种方式,保证学习效果。各单位在学习中普遍做到了课前有辅导,课上有讲解,课后有归纳,并要求民兵在学习中记笔记,撰写心得体会文章。军分区6月份召开了"沈阳市民兵学《邓小平文选》经验交流会",推广了沈河区工业局、法库县双台子乡等单位的学习经验,促进了全市民兵学习活动的开展。

三是联系实际,用邓小平同志建设有中国特色社会主义理论指导实际工作。学习中,各级始终坚持理论联系实际的原则，使民兵预备役人员在市场经济的新形势下，自觉执行党的路线、方针、政策，在本职岗位上建功立业。一年来，全市民兵在“民兵参建”、维护社会稳定方面做出了突出贡献。民兵共协助公安部门破案218起，学雷锋做好事2 000多人次。

（李军）

【民兵武器管理】 1995年，沈阳市民兵武器安全管理工作，实现了连续12年安全无事故的目标，被辽宁省政府、省军区评为民兵武器管理先进单位，受到沈阳军区的通报表彰。

在人员方面，各人武部严把警保人员的体检政审关，做到政治倾向不明的不用，表现不好的不用，落实制度不严的不用，与人武部有亲属关系的不用。同时严格审批手续，经常对新老警保人员进行政治教育和军事业务培训，适时搞好整顿，把握警保人员的思想情况，确保警卫人员政治合格，技能过硬。军分区在不断增强硬件防范能力同时，组织专职军械参谋、保管员业务培训。学习各种武器的管理制度，保管、统计方法，确保了民兵武器的安全管理。

在制度方面，严格落实岗位责任制和有关规定，不断完善管理制度并进行严格检查，各人武部还进行联防训练。确保了交接班、武器出入库、警卫巡逻、温湿度测试等制度的落实。拟定了应付突发事件预案，提高警保人员的应变能力。

在基础设施方面，进一步搞好设施配套，完善武器库建设。各县（市、区）人武部认真贯彻两级军区的指示精神，对基础设施经常进行检查，发现问题，立即解决，绝不留死角，确保了脉冲电网、报警装置，照明用电等系统在各种情况下都能正常运转。做到了该有的都有，该响的都响，该叫的都叫，该通的都通，该亮的都亮的要求，充分发挥了基础设施的硬件防护能力，保证了民兵武器的安全。

（王伟 卜万成）

【组织民兵应急分队骨干集训】 根据年度军事训练工作安排，沈阳军分区于1995年4月17日至22日在军分区教导队组织了一期全市民兵应急分队队长、排长集训，共90人，其中人武干部、专武干部占52%，党员占84%。他们以沈阳军区下发的《大中城市民兵应急分队学习训练纲目和成绩评定标准》为依据，本着突出重点、讲究实效、打好基础的原则，主要学习了防暴条令、政策法规、城市警备勤务、防暴兵器（器材）的使用以及连排防暴战术等科目。通过学习和训练，全体学员基本掌握了防暴知识和基本战术，达到了能组织应急分队训练，能带领分队进行警备勤务和防暴任务，为全面开展民兵应急分队训练奠定了基础。首先，结合整组对民兵应急分队进行了全面的调整，从组织上进行落实，除省军区赋予的组建11个分队的任务外，还在8个郊区、县（市）各组建了1个应急分队。其次，在安排训练上突出抓了一个“早”字，把训练分为三步进行实施。一是挑选12名任教能力强的同志参加省军区组织的骨干培训；二是组织全市应急分队干部进行以教学法和熟练使用手中武器为主要内容的集训；三是组织部分民兵应急分队进行紧急集合和点名。准备充分，教学队伍强。在物质上，准备了100套盾牌、警棍、头盔和防刺背心，印制了每套8份共计110套教案，做到了人手一套。在经费上，军分区拨专款9 000多元用于训练、购置办公用品，保证了这次集训的需要。在教员安排上，在全市应急分队中挑选了12名省市优秀“四会”教练员参加省军区组织的骨干集训，有针对性地对每名同志进行分工，集中组织进行备课、试讲，做好各种教学准备工作。训练中，教员对所有科目都达到会讲、会做，除了担任自己所分担的科目外，每个教员都担任一个班的教学辅导任务，利用操课和课余时间进行跟班作业和个别辅导，每个班排训练成绩的好坏直接与教学和辅导联系起来，每天进行汇操，使训练效果得到了很大的提高。

（王义民）

【征兵工作】 沈阳市1995年冬季征兵工作认真贯彻执行国务院、中央军委的征兵命令和江泽民主席关于提高新兵质量的指示精神，以提高兵员质量为核心，圆满完成征集新兵任务。

1. 加大征兵工作领导力度。征兵工作得到市领导的高度重视，成立了由市委副书记丁世发、副市长艾廷隽任组长，沈阳军分区迟振良司令员、王书海政委任副组长，其他各有关部门领导组成的市征兵工作领导小组。市征兵办公室提出了早分析形势，早摸清兵员底数，早布置安排工作和面向企业、面向事业、面向机关，哪有合格兵就到哪里征的工作要求。市领导在每个阶段工作结束后，都亲自听取市征兵办公室的工作汇报，并与军分区领导共同研究布置下一阶段工作任务，市政府艾廷隽副市长和军分区迟振良司令员，分别与县（市、区）政府领导和人武部部长签订了征兵工作责任状，明确了征兵工作责任。

2. 加大了征兵工作力度。一是坚持在经过兵役登记的待征集对象中征集新兵。冬季征兵之前全市建立并实行了兵役登记证制度。以政府行政法规形式规定凡18至21岁男性青年，必须进行兵役登记，并领取兵役登记证，参加应征。二是坚持查看身份证、户口本、毕业证、粮食证、兵役证。兵役机关坚持在报名时查看“五证”，上站体检时对照“五证”，政审时核实“五证”。三是坚持岗位责任制。在全市实行分片包干、责任到人，各司其职，各负其责，增强了各级征兵工作的责任感和自觉性。四是坚持把好兵员质量关。市建立了15个体检站，抽调800余名思想好、技术精、责任心强的医务人员参加体检工作，各体检站均实行了“封闭式”体检，有效地保证了体检工作的质量。同时全市共有4 000余人参加了征兵政审工作，以各级公安部门为主成立了200多个政审组，严格对应征青年进行审查，确保了兵员政治质量。

3. 加大了宣传力度。一是突出宣传重点。突出抓了《辽宁省兵役工作条例》和《沈阳市征兵、优抚、安置办法》和具体优待政策的宣传，重点是国家对退伍义务兵的安置办法，提高青年及家长依法服兵役的观念。二是突出了典型引路。各县(市、区)都结合本地区的实际大力宣传积极应征的人和事,提高了青年应征的积极性。三是突出宣传教育的覆盖面。兵役机关领导发表了电视讲话、电台热线广播和答记者问,并发表致适龄青年及家长的一封信。

4.加大了依法征兵工作力度。一是凡符合兵役条件的必须报名应征,对个别不依法登记和参加征集的,严格按照法规中的有关规定进行处罚,维护兵役法规的严肃性。二是抓好义务兵优待金的落实。各县(市、区)对农村义务兵优待金落实情况,普遍进行了检查,各项优抚政策落实到位。同时,抓紧了对城镇非农义务优待金发放的工作,有效地调动了青年应征积极性。

(蔡彤　卜万成)

【转业干部预备役登记】 1995年,沈阳军分区共对976名入沈安置的转业干部进行了转服预备役登记。一是取得地方有关部门配合,不断提高登记质量。转业军官预备役登记工作得到了省委组织部、省人事厅、市军转办、市公安局等有关部门的大力支持,通过按时提供军转干部分配名单,及时通报军转干部分配变动情况,提高了登记质量,确保了登记数量的准确。二是加大工作力度,进一步加强业务设施建设。年初,军分区专门召开了转业干部预备役登记工作会议,提出要求,周密布署,为各县(市)区人武部配发了登记资料盒,下大力气,加强了业务设施建设,达到了专人专盒专柜管理的要求。军分区年终结合人武部创先达标活动,对预备役登记工作进行了一次全面检查,全市13个县(市)区人武部的转业干部预备役登记工作全部达标,受到上级业务部门的好评。三是认真清理核对,为预备役军官授衔打好基础。各县(市)区人武部对已进行预备役登记的转业军官进行了一次全面清理核对,对漏登人员进行了补登,为1996年下半年预备役军官授衔工作奠定了良好的基础。

(侯克刚)

【民兵"百项工程"活动】 "百项工程"是1993年初辽宁省军区提出的"组织发动民兵、预备役人员成建制地参加地方经济建设,为辽宁第二次创业做贡献"一项具体活动。

三年来,沈阳军分区认真贯彻落实这一指示精神,坚持从实际出发,采取多种形式,积极组织发动民兵参加"百项工程"活动。先后确定工程项目42个,共投入民兵连1 300个,总兵力达15.7万人次。其主要特点是:(一)针对任务成建制用兵,发挥民兵的突击作用。主要是在城乡公共设施建设、重点工程项目、农田水利基础建设、植树造林等大型任务中,集中优势兵力,成建制地参加工程项目建设。(二)针对不同行业特点,组织民兵在本职岗位上争做贡献。主要是根据近年来城乡实行多种形式的承包责任制,成建制用兵遇到困难的新情况,组织民兵采取在本行业、本岗位开展为经济建设做奉献活动。(三)发挥民兵维护社会治安的特有优势,为经济建设顺利发展提供保障。主要是发挥民兵思想政治觉悟较高,而且数量大、面广,又寓于民众之中的特点,常年组织他们巡逻执勤,开展护厂、护店、护村、护路、护秋、护电等活动,积极配合公安机关打击各种刑事犯罪,为维护社会的安定,保障经济发展,做出了重要贡献。

由于沈阳军分区坚持把组织民兵参加"百项工程"活动,作为富国强兵的战略任务来抓,思想统一、工作到位,取得了明显成果。截止1995年底,已完成37个工程项目。共修路215公里;修复水毁工程57.6万立方米;农田基本建设6530亩;植树造林3 050亩,160.5万株;组织民兵常年执勤巡逻50多万人次;创效益5 654万元。被各级评为"兵"字号优质工程的有18个,有1 720名民兵骨干受到表彰。1995年11月24日,省政府、省军区召开了"百项工程"经验交流会,会上沈阳矿务局安装工程处武装部介绍了经验,并被评为模范单位;法库县人武部、沈阳变压器厂武装部、沈阳中捷友谊厂铸造厂民兵排被评为先进单位。

(惠忠东)

【民兵"四会"教练员考核】 沈阳军分区于1995年10月上旬对各县(市)区选拔上来的教练员进行了考核验收,24名参加考核的教练员全部达到"四会"教练员标准,其中5人被军分区评为优秀"四会"教练员。

1995年是沈阳市开展教练员培训考核的第四年,在前三年选拔培养的基础上,针对教练员队伍当中存在的问题,重点抓了教练员队伍的完善、巩固和提高。一是搞好教练员队伍的调整和补充。由于部分教练员因岗位变更而离队,个别专业教练员数量已达不到要求,各人武部积极想办法,注意发现、选拔和培养新的人才,使教练员队伍不断补充新鲜血液。参加考核的全部都是新人,不但在数量上达到了标准,而且质量也比较高。二是注重搞好教练员队伍的知识更新。各人武部注重在训练中锻炼教练员的同时,还注意不断为他们提供学习机会,让他们多掌握一些高科技知识,使他们不断提高教学能力和教学水平。三是在教练员队伍建设上舍得投入。各人武部在保证民兵军事训练的基础上,都拿出一定的经费购置和制作各种教、器材,提高了教学效果,保证了训练质量。

(王川)

【宣传贯彻《预备役军官法》】 为搞好《预备役军官法》在沈阳市的学习、宣传和贯彻,1995年沈阳军分区加大领导力度,认真周密布署,狠抓落实,取得了较好效果。首先,注重取得与地方有关部门的支持与配合,较好地推动了工作开展。军分区政治部与市委宣传部、市人大内务司法委员会、预备役师政治部联合制定了《关于学习、宣传和贯彻〈中华人民共和国预备役军官法〉的通知》,下发到各个乡(镇)和街道办事处,加大了工作力度,扩大了影响,使宣传贯彻工作落到了实处。其次,把工作做深做细,使宣传教育全面落实。一是组织好机关内部学习。向军分区机关和直属队下发了学习预备役军官法的通知,要求每个同志结合本职工作认真学习领会预备役军官法的精神实质;二是组织好人武部开展学习活动。各县(市)区人武部通过组织学习,贯彻落实方案,使人武部了解掌握了预备役军官法的基本内容；三是组织专武干部和民兵进行学习。和平区人武部利用专武干部活动日进行了学习，将预备役军官法学习内容下发到各编兵单位，使广大专武干部和民兵对预备役军官法内容有了基本了解；四是军分区领导在电视台发表讲话；五是搞好预备役军官法“宣传周”活动，把预备役军官法同兵役登记工作结合起来，组织人武、专武干部走上街头，设立咨询站，开展宣传一条街等活动。

（侯克刚 施宏伟）

【军事汇报表演】 为庆祝反法西斯战争胜利50周年和中国人民抗日战争胜利50周年，辽宁省军区安排沈阳市民兵在1995年“八·一”建军节为辽宁省、沈阳市领导进行军事汇报表演。

参加汇报表演的单位及科目有：沈阳第四橡胶厂民兵侦察分队进行硬气功表演，分别进行了腹上碎石、头顶开砖、木枪击背、单手劈板等项目；沈阳防爆电器制造厂民兵侦察分队汇报表演侦察兵捕俘技术，有倒功、臂功、腿功、对打、擒敌拳等项目；铁西区民兵应急分队进行了防暴技术、战术等科目汇报；东北机器制造厂民兵高炮分队和沈阳民兵预备役高炮师航模队汇报的科目是用激光模拟器对航模射击表演。

这次活动准备时间短，科目多，要求标准高。铁西区、于洪区、大东区人武部和各厂领导，都亲临训练场组织指导训练。参加汇报表演的民兵战士有很多因工厂放假外出自谋职业，但在接到通知后都能放下自己的工作，按时到指定地点报到，体现了民兵高度的政治觉悟和组织纪律性。通过10余天的集中训练，于7月29日冒雨在荒山靶场为省、市领导汇报表演。民兵高昂的士气，精湛的技术，充分展示了沈阳市民兵的威武雄姿，给在场的领导留下了深刻的印象。汇报结束后，省、市领导对这次表演都给予了很高的评价。（孟庆波）

【兵役登记及颁发《兵役登记证》】 1995年，沈阳市较好地完成了省军区赋予沈阳市的兵役登记试点任务和全市兵役登记及颁证工作。

第一、健全组织机构，准备工作到位。军分区从健全组织机构入手，市成立了兵役登记办公室。各县（市、区）也成立了相应的领导机构。抽调有关人员参加人武部组织的兵役登记办公室，进行了培训。组织学习了《兵役法》、《征兵工作条例》、《辽宁省兵役登记工作条例》、《沈阳市征兵、优抚、安置办法》和《沈阳市兵役登记实施办法》，做到标准统一、指导及时、钱财到位、人员落实。

第二、注重宣传教育，提高青年登记的积极性。充分利用广播、电视、标语等灵活多样的形式进行宣传，一是抓好对有高中、职高文化程度青年的宣传教育，提高这部分人的登记率。二是抓好不愿应征入伍青年的宣传教育，使这部分青年必须接受登记。三是抓好现实表现有问题青年的教育。

第三、落实好责任制，促进工作落实。兵役机关制定了工作制度和奖罚规定，并对兵役工作人员进行详细分工，分片包干，责任到人。对完成好的进行奖励，对完成不好的进行处罚，极大地调动了兵役工作人员的积极性。

第四、抓住关键环节，确保登记率和颁证率。各级兵役登记办公室针对全市动迁人口多，人员流动大的特点，采取了集中登记、分片登记、流动登记、上门登记和登记“一条龙”的方法，采取把武装部、派出所、卫生院、村支部（居民委）、摄影师组成工作组，实施登记、照相、填表、领证“综合服务”等措施，使全市兵役登记工作取得了好的效果。

（向阳 卜万成）

【人武部正规化建设】 1995年沈阳军分区机关和各县（市、区）人武部的正规化建设按照江主席提出的“治军一定要严”的指示精神，全面管理，突出重点，在“严”字上下功夫，取得可喜成果。

正规化建设是提高部队战斗力的重要体现，是战备、训练、工作、生活秩序的根本保证。沈阳军分区的正规化建设以纪律作风为核心，以兵员管理为重点，严格落实条例、条令和各项规章制度，强化养成意识，提高管理水平，使机关处在良好、正规、稳定之中。一是抓好机关正规秩序，进行了作风纪律整顿，狠抓了军容不整、纪律松散、要求不严等现象，增强干部、战士执行纪律的自觉性和自我约束能力。二是狠抓机关兵员管理。针对机关兵员管理中存在的薄弱环节，制定了有效的措施，对机关兵员实行了分散工作，集中住宿，统一教育；谁使用兵员，谁负责管理；工作岗位业务部门管，业余时间管理部门管的方法。三是抓好机关的各项规章制度的落实。军分区重新修订了机关行政管理制度、早操制度、干部值班制度、出车制度、文件归档制度和外来人员登记制度等，把条例、条令贯彻到各项工作之中，使正规化有章可循，更加条令化、规范化、制度化。四是抓好保密工作，注重强调对机关进行全方位的保密教育，强化保密措施，健全保密制度，严格落实保密规定。五是解决干部责任心问题。采取集中与分散教育相结合的方法，组织三大条令学习，增强干部的责任心，克服麻痹思想，加强了机关的正规化建设。六是抓好人武部正规化建设，军分区按省军区制定的《县（市、区）人武部正规化建设的标准》进行了专题教育，在沈河区人武部召开了正规化建设现场会，并根据人武部的特点建立了办公制度、学习制度、会议制度、值班制度和警卫制度、考勤制度、安全管理制度、财务及物资管理制度、文印及保密制度等。抓好了三个养成：即严格养成；持久养成；整体养成。改变了过去“一紧、二松、三跨台、四重来”的局面，使人武干部随时都在纪律约束之中，正规化建设纳入了良好的循环轨道，人武部的规范化工作上了一个新台阶。

（王伟 卜万成）

【协调驻沈部队开展房改】 为适应国家深化城镇住房制度改革的新形势，建立符合我国国情和军队特点的住房新制度，房改工作从1995年9月1日起在驻沈部队全面铺开。为更好地与沈阳市的房改工作接轨，沈阳军分区主要协调做了以下三个方面的工作：

1. 在进一步学习领会《国务院关于深化城镇住房制度改革的决定》的基础上，通过多种形式宣传中央军委《深化军队住房制度改革决定》，使广大干部、职工深刻认识到：深化军队住房制度改革是国家住房制度改革的一个重要组成部分，是国家经济制度改革的必然要求；军队住房制度改革办法是由军队自身的特点决定的；军队住房制度改革是军队长远发展的需要；军队住房制度改革有着其自身的复杂性和艰巨性。

2. 驻沈各部队都成立了强有力的房改工作班子，形成了党政一把手亲自抓房改工作的局面，力度大、工作实、效果好。截止12月末住沈团以上部队均完成了摸底工作，并转入具体实施阶段。

3. 为指导全区的房改工作，在沈阳军分区进行了房改试点，结合沈阳地区实际情况进行了模拟测算，并回答了广大住户普遍关心的一些问题，积累了许多宝贵经验，从而推动了全区的房改工作。

（王新北）

【协调驻军参加绕城公路建设】 1995年是沈阳军分区按沈阳军区和市委、市政府的要求，协调驻军参加沈阳绕城公路建设义务运输劳动的最后一年。为了圆满完成这一任务，军分区领导机关积极同各驻军单位进行沟通协调，研究制定了实施方案，组织召开了驻军单位领导协调会，布署了任务，明确了责任。各驻军单位领导都纷纷表示，坚决完成好最后一年的义务运输任务。在时间紧、训练任务重和人员车辆少的情况下，努力克服困难，积极交纳代金，提前完成了一万立方米沙石的运输任务。从1991年到1995年的5年里，共出动车辆450台次，运输土石方33.3万立方米，交纳代金62万元，为沈阳市绕城公路建设做出了贡献。（惠忠东）

武装警察

【防微杜渐，增强战斗力】 武警沈阳市支队针对改革开放和市场经济条件下出现的新情况新问题，坚持从政治上观察和思考问题，在纷纭复杂的情况下保持清醒头脑，筑牢思想防线，确保部队在“无形”的战场中打胜仗。

支队党委“一班人”始终坚持理论学习，努力掌握建设有中国特色社会主义理论和党的方针政策，坚持把思想政治建设摆在首位，定期分析研究部队官兵中存在的思想动向和倾向性问题。每当一些消极思想和不良风气刚刚露头时，他们就及时解决，防患于未然。前不久，他们发现社会上的一些歌舞厅、酒店、发廊、录像厅泛起了“黄潮”，而且一些非法出版物也在悄悄地侵袭着部队这块纯洁的“土地”，便明令禁止官兵出入那些场地，大张旗鼓地开展批评和自我批评，有问题的查摆问题，没有问题的防微杜渐，从而有效地抵御了酒绿灯红的影响和腐朽思想文化的侵蚀。市场经济的发展，一些单位、个人纷纷看中了这支具有特殊地位的队伍。一时间，一些公司经理、个体业主、酒店老板纷纷求上门来，搞有偿执勤，有的老板扬言酒店开业剪彩时，武警出四名官兵，每小给2万元，支队入股利润分半；有的公司要出4万元租用部队车牌，利大加酬金；有的单位和厂矿称为单位值班站岗，一年给30万……。面对金钱的诱惑，党委“一班人”始终保持清醒的头脑，教育官兵守住心灵的一片净土，坚决杜绝了有偿执勤，一年里先后谢绝30多家单位和个人有偿派兵的请求，把全部兵力投入到维护社会稳定的执勤和处置突发事件中。支队官兵无1人在“无形”的战场中败阵。

（张甲义　尹光云）

【发挥“尖刀”“铁拳”作用　保卫稳定繁荣】 1995年11月22日下午，沈阳市委、市政府就如何贯彻落实《国务院、中央军委关于调整中国人民武装警察部队领导管理体制的决定》专门召开了工作会议。市领导丁世发、王洁纯、朱锦和省武警总队总队长李本参加了会议，市直各单位、公检法司及各区、县(市)主管负责人参加了会议。

会上，沈阳市武警支队负责人做了工作汇报，并传达了《决定》精神和李鹏总理、军委刘华清副主席的讲话。市长张荣茂在会上讲了话。他充分肯定了沈阳市武警官兵在维护社会治安、抢险救灾、保护沈阳经济发展等方面作出的贡献，并希望地方各部门要认真贯彻《决定》精神，大力支持武警部队建设。市武警部队要抓住调整管理体制这个机遇，把部队建设搞上去。要更好地继承和发扬我党我军的优良传统，切实抓好党的建设。在任何时候都要坚定不移地保证党指挥枪的原则，重视加强基层组织建设，切实把干部管好、把党员管好，充分发挥党支部的战斗堡垒作用和党员的先锋模范作用。要高标准、高质量地做好战备、执勤工作。全面加强武警部队自身建设，积极履行党和人民赋予的神圣职责。

在武警部队领导管理体制调整问题上，张荣茂要求各部门在思想认识上要明确两个问题：首先，要正确处理统一领导与分级指挥的关系，按照规定权限调动使用武警部队，在财力、物力上对武警部队予以大力支持。其次，要明确“双重领导”之间的关系，科学、合理地对武警部队实施领导，使武警部队更好地发挥“尖刀”和“铁拳”作用，坚持做到“三个一如既往”，即：一如既往地关心和支持武警部队建设；一如既往地关怀和爱护武警部队建设；一如既往地关心和帮助武警部队解决实际问题。

发挥“尖刀”“铁拳”作用，保卫沈阳稳定繁荣，一直是市武警部队履行的神圣职责。面对近年来社会犯罪分子做案凶残狡诈的特点，市武警支队努力贴近实战锤炼部队，强化在各种复杂条件下完成快速反应和处置突发事件的演练，全面提高部队战斗力。从实战出发，从难从严要求，增设各种复杂条件的演练科目，建立防暴分队、机动分队，按照担负的不同任务，努力提高官兵“一枪命中”、“一招制敌”的过硬本领。市武警支队自1983年重新组建以来，抓获了一批不法分子和各类犯罪分子，受到沈阳市委、市政府的肯定和赞扬，被沈城人民誉为“都市利剑”。

（张甲义 尹光云）

【搞好“四个教育”】 爱国奉献教育、革命人生观教育、艰苦奋斗教育、尊干爱兵教育，是1995年武警沈阳市支队认真开展的“四个教育”。广大官兵在“酒绿灯红”面前，拒腐蚀永不沾，树立了正确的人生观、价值观，发扬了爱国奉献、艰苦奋斗和尊干爱兵的优良传统，树立了全心全意为人民服务的思想，更好地完成了以执勤和突发事件为中心的各项任务。

大力开展爱国奉献教育。为帮助广大官兵了解祖国5 000年文明史、近代中国的百年屈辱史和改革开放以来的振兴史，开展了图书阅览、电化教育、参观、探家归队话改革等活动。注意把爱国奉献教育与实现祖国的宏伟蓝图紧密联系起来，引导大家发扬无私奉献精神，增强为国分忧的责任感，并且把“热爱祖国、首先要热爱自己守卫的地方”作为爱国主义的实际行动，牢固树立“驻守一方，安定一方”的思想，积极为保卫驻地经济建设、维护社会治安贡献力量。

大力开展革命人生观教育。紧密联系官兵的思想实际，用驻地建设成就透视军人价值，用驻地英模事迹激励奉献精神。置身在沈阳这座大都市，官兵们有自豪的一面，也有失落的一面。部分同志认为，地方在热火朝天地“干中心”，部队则平平凡凡地“保中心”，在社会主义现代化建设的这台大戏中，我们只是当配角、跑龙套，因此感到执勤站岗没有多大价值，对新时期军人的人生意义产生疑惑。针对这种情况，支队组织官兵走出去，以大型企业和重点工程建设工地为课堂，参观调查，与社会各界共同探讨人生价值。在相互交流中，官兵从人民对稳定的迫切要求和社会不稳定因素增多的现实中看自己责任的重大、岗位的重要，这样透过沈阳看自己，透过自己看沈阳，官兵们切身感受到了操场价值与市场价值的一致性。支队还在人生观教育中进行积极的思想交锋，让每一名官兵受到触动和震撼。针对“上操场不如下市场”、“奉献吃亏”等思想问题，发动官兵在军人大会、党组织生活会上自觉对照检查，勇于揭短亮丑，开展批评和自我批评，使支队一些过去羡慕地方“大款”、看重金钱、向往安逸、想“下海”的同志都主动查找了自己的不足，进一步明确了“为谁当官怎样用权、为谁当兵怎样做人”的道理。

大力开展艰苦奋斗教育。组织官兵积极开展“六节”活动，即：节约一粒米、节约一度电、节约一滴水、节约一块煤、节约一分钱，节约一张张。通过图片展览、思甜忆苦、请老红军讲传统等形式，加深官兵对艰苦奋斗的认识，并且在官兵当中开展了“少抽一包烟、少聚一次餐，帮助失学少年返校”的活动，使一些大款兵纷纷弃掉了爱喝酒、喜抽烟的不良嗜好，各中队也出现了节约光荣、浪费可耻的风气，昔日剩饭、剩菜的现象不见了，形成了崇尚艰苦奋斗的良好习惯。一些刚入伍的新战士也纷纷把家里捎来的关系钱、活动费邮回了家里。

大力开展尊干爱兵教育。尊干缘于爱兵，带兵人坚持做到关心战士的进步要有严师之爱，体贴战士的冷暖要有慈母之心，帮助战士成长成才要有兄长之情，以响亮的“向我看齐”感染战士，要求战士做到的干部首先做到，以自身的模范作用影响士兵，做到了不搞特权和特殊，在干部的身先士卒、率先垂范的感召下，战士们服从命令、听从指挥，出现了官与兵、兵与兵良好的生活、学习氛围。一些“刺头兵”“愣头兵”也纷纷检查了自身的不足，决心以干部、骨干为榜样，走好军旅生涯每一步，不负江东父老的厚望。支队没有出现1起打骂体罚事件和官兵冲突事情，部队关系融洽、各项工作有条不紊，官爱兵、兵尊干慰然成风。

（张甲义 尹光云）

【加强党建工作】 1995年，武警沈阳市支队把加强党建工作作为坚持党对军队绝对领导的有效举措来抓，使部队战斗力、凝聚力迅速生长，各项工作蒸蒸日上。

适应社会主义市场经济新形势，切实加强党委的思想作风建设。一是打牢“特色理论”的根基。把党委成员学习“特色理论”作为一件大事来抓，做到年初有计划，月月有安排，使党委成员的科学决策能力和领导能力不断提高，对新形势下部队建设的新情况新问题及早发现妥善解决。二是提高了廉洁自律的自觉性。结合实际进行了廉政教育，系统地重温《党章》、《准则》的内容，强化了党纪法规。制定了《关于加强廉政建设的决定》、《支队党委成员守则》、《廉洁自律十二条规定》，从制度上保证廉政工作的落实，促进党风的好转。采取自查和发动群众查相结合的方法，普遍进行了一次整顿，查找了住房、用车、有偿执勤等问题，增强透明度，纠正了不正之风。三是增强了事业心和责任感。一些同志由于受到拜金主义、享乐主义和极端个人主义的影响，事业心和责任感有所减弱，“游在外面”的现象渐渐多了起来。对此，支队党委组织官兵经常对照我军的性质和宗旨，学习邓小平、江泽民等领导同志关于新形势下的建军思想和党的现行政策，提高思想认识，正确看待军地经济利益出现的“反差”，增强了工作的事业心和责任感。

加强基层党支部建设，发挥党员的先锋模范作用。针对一些党支部堡垒作用差的问题，普遍采取了调整和充实，采取“传、帮、带”、分期举办短期培训班，开展岗位竞赛等方法，不断提高基层党支部解决自身问题的能力。在抓好党支部建设的同时，大力抓好党员队伍的建设，坚持紧密联系改革开放和党员思想实际，始终把握了两个重点：一是进行了建设有中国特色社会主义理论教育，解决党员对深化改革的模糊认识。二是围绕学党章抓好党员标准、党性以及党纪教育，确保广大党员经受住“酒绿灯红”的严峻考验，保持党性的纯洁，并且经常引导广大党员不计个人得失，在本职岗位上建功立业，涌现出一大批吃苦耐劳、乐于奉献、不计名利得失的优秀党员。

（张甲义 尹光云）

【丰富文化活动】 1995年武警沈

阳支队注重营造清新高雅和多姿多彩的文化氛围，使官兵们在双休日里学有所乐、乐有所得。

支队所属基层部队大多驻扎在城市，歌厅、舞厅、录像厅、游戏厅处处环绕，每当华灯初上的时候，歌舞厅里飘来的流行“金曲”不时刺激着官兵的耳鼓，娱乐场所那霓虹灯的闪烁也时常诱惑着年轻的官兵，相形之下，部队文化生活显得冷清、凄凉。支队党委会上常委们形成共识，要让清新高雅和健康向上的文化生活走进军营。为此，支队投资10多万元钱，为各基层中队购买一批文体器材和文化学习教材，总部还陆续向基层中队发放了影碟机、录放机以及电脑等。支队还规定各中队在开展丰富多彩的文化活动中，有条件的充分利用，没有条件的想方设法解决。支队平整了各中队的球场，建立了中队文化活动中心，举办了“文体骨干班”，培训了两批基层中队文化小教员。沈阳城是一个秧歌城，他们把秧歌带入了军营，火热的秧歌情与军人粗犷豪放的阳刚之气相得宜彰。此外，各队还结合自身的优势，举行了新闻写作、微机操作、书画装裱、家电维修、文化补习等各类育才班，使官兵在紧张的训练、执勤之余，求知、求美、求乐都有了去处。

为了使双休日文化活动日久天长，坚持做到了“三乐”。一是坚持官兵同乐。二是注重寓教于乐。三是保证各得所乐。各中队在开展双休日文化活动中，既照顾大多数官兵的兴趣和爱好，又给少数官兵自由选择的余地，做到各有所乐，各有所得。同时，对少数有专长的文化骨干积极加以引导，使他们成为中队文化活动的“领路人”，并且各中队还做到了力求常乐常新，各中队结合自身优势不断挖掘创造新的娱乐方式，增添新的内容，使军营文化生活产生出持久的魅力，努力创造拴心留人的环境。“外面的世界很精彩，军营的生活更可爱”，如今成了官兵赞誉军营多姿多彩双休日的口头禅。

（张甲义　尹光云）

人民防空

【概况】　1995年，沈阳市的人民防空工作全面完成省人防办下达的工作任务，在全省人防系统目标管理评比中，连续被评为优胜单位。省人防办致函市政府，对人防工作取得的成绩给予肯定：一是工程管理推出新举措。出台了《沈阳市人民防空竣工验收办法》和《沈阳市人防工程使用商品混凝土暂行管理办法》，给新建人防工程质量管理提供了新的依据，人防工程管理又上一个新台阶。二是政策收费力度加强。认真贯彻省政府49号令精神，颁布了《沈阳市人民政府关于加强人民防空设施管理的通告》。三是人防通信建设有了新思路、新发展。四是圆满完成了制定高技术条件下局部战争城市防空袭预案试点任务。五是专业化队伍训练效果显著。

（田继良）

【工程建设与管理】　1995年，沈阳市人防大型工程验收取得满意结果，沈阳北新客站站前人防工程通过国家验收。北新客站站前人防工程是“七五”末，“八五”初期建成的大型平战结合的人防工程，1988年4月开工，1991年11月工程竣工并投入使用，命名沈阳地下商业城。1995年7月10日至13日国家人民防空办公室人防工程验收组对该工程进行正式验收。

加强人防工程管理，完善人防法规建设。法制建设是人防工程建设、管理的保证。1995年市政府颁布了一部行政法规，人防部门制发了两份规范性文件。

贯彻《辽宁省人民防空设施管理的规定》，为进一步加强人民防空设施管理，促进城市地下空间的科学开发利用，发布了《沈阳市人民政府关于加强人民防空设施管理的通告》。《通告》重申，市财政预算拨款以及集体所有制单位税后积累自筹人防经费、“四项费用”（即义务工费）、结合民用建筑修建防空地下室的易地建设费（即结建费）、人防战备设施拆除补建费、利用人防设施为社会服务的收入、人防设施闲置费等收费标准仍按1991年市政府38令规定执行。《通告》强调，“四项费用”收取范围包括在全市行政区域内的机关、团体、企事业单位（含国有企业、集体企业、三资企业、股份制企业、私营企业、部队兴办的企业、外省市在沈企业）和个体工商户。易地建设费由市人民防空行政主管部门收缴，并统一组织实施其它几项收费工作。对违反《通告》及有关人防管理规定的，由市人民防空行政主管部门按有关规定予以处罚。

为加强对新建人防工程质量管理，人防部门针对新建人防工程中存在的问题深入调研，反复研究，出台了《沈阳市人民防空工程竣工验收办法》和《沈阳市人防工程使用商品混凝土暂行管理办法》，给新建人防工程质量管理提供了新的依据。1995年，结建人防地下室因施工质量问题停工整顿25次，防止漏建人防地下室一项700平方米，审查图纸纠正偏差468次。验收结建人防工程地下室10项，合格率100%，优良率70%以上。

在人防工程日常管理中突出两个特点。一是全面检查，突出重点。全年进行两次安全大检查，在各区自查基础上，市办对重点工程抽检。在检查中，发现不安全因素及时进行整改，保证了工程良好率在92%以上。二是抓好重点，突出抓落实。人防工程日常管理重点抓防火，抓防火突出抓第一责任人的落实，抓防火观念的落实，抓防火措施和防火设施的落实，抓防火检查、整改的落实，凡有使用工程的县区都做到工程管理制度化、经常化、规范化，有效地防止火灾事故的发生。在全市人防工程维护管理中，和平、大东区人防办被评为优胜单位；沈河、皇姑、铁西、东陵区人防办和辽中、法库、康平县人防办被评为先进单位。

（田继良）

【通信建设】　1995年，沈阳市人防通信建设有了长足发展。投资30万元，建成了新的平战结合指挥系统，购置安装一部24门电话会议机和电话会议终端设备，连通市内13个区、县和市建委、城建局，供市政府召开紧急电话会议和指挥抢险救灾使用。投入18.5万元，购置计算机2台，增加150兆无线传呼发信机一台，安装话务自动分配器一部、程控交换机中继板一块，调制解调器4个，实现了有线、无线、传呼警报计次、计费统计管理自动化。加强了值勤管理，无线指挥台在时限内沟通率达100%。新增传呼警报器927台。有线、无线、复印、打字累计创收40万元，超额完成省人防办下达工作目标的14%。

人防通信建设提出了新思路。就人防通信如何贯彻落实新时期人防建设方针，加快建设步伐，以适应未来高技术局部战争和社会主义市场经济发展的需求，召开了理论研讨会。

会议肯定了近年来人防通信建设所取得的成绩。“八五”期间，按照城市人防指挥通信、警报通信、通信自动化三套系统建设体制，相继完成了“四网一中心”建设。这在东北地区人防系统是首家，居全国人防系统先进行列。同时，对今后人防通信发展提出了建设性意见。一是人防通信要坚定不移地立足在打赢高技术条件下局部战争的基点上。要认真贯彻“长期坚持、平战结合、重点建设”新时期人防建设方针，把提高人防通信应急保障能力、快速反应能力、机动保障能力做为人防通信建设标准，以此衡量人防通信设备、设施建设，台站科学管理水平的高低。二是着眼于当代高新技术，完善“三网一系统”建设，为人防指挥快速、准确、及时做好技术保障。三是长期规划，突出重点，量力而行。以最短的时间，最快的速度将全市人防警报、通信网建设成相对独立的，小而全，小而精，小而实用的专用网。四是拓宽为政府承担任务，为社会提供服务的渠道。人防通信要立足战时，服务平时，为党政机关和社会服务，为抢险救灾服务，为社会交流信息提供媒介。

配合国耻教育，全市鸣响警报。采纳人民群众信访建议，市委、市政府于1995年9月15日向全市人民发布公告：为纪念“九·一八”事变64周年，定于9月18日，在当年日本军国主义侵略者开炮轰击北大营，制造“九·一八”事变的时间——晚10时20分，在全市鸣响警报3分钟，以告示全市人民，牢记那个悲惨的时刻，勿忘国耻，振兴中华。22时20分整，全市143部音响警报器、700部数字传呼警报齐鸣，1 100部用户传呼汉字机显示“勿忘国耻、振兴中华”字样，使沈城纪念日寇侵华发动“九·一八”事变64周年活动达到高潮。利用人防通信警报对人民进行国防教育，是人防工作开展平战结合的有益尝试。

（田继良）

【指挥建设】 1995年，沈阳市人防指挥工作圆满完成了制定高技术条件下局部战争城市防空袭预案试点任务；人防防化专业队伍训练效果显著；城镇初级中学“三防教育”取得新进展。

制定高技术条件下局部战争城市防空袭预案的作法在东北地区推广。1994年初，沈阳军区人防委确定在沈阳市进行制定高技术条件下局部战争城市防空袭预案试点。一年多来在沈阳军区、辽宁省军区和辽宁省人防办的指导帮助下，经过外出考察、收集资料、分析预测、评估论证等几个阶段，圆满完成了制定城市防空袭预案的试点任务。沈阳军区人防委为推广制定城市防空袭预案的做法，于5月25—26日，在沈阳召开了东北地区城市防空袭预案制定工作会议。介绍了沈阳市制定城市防空袭预案的作法。这一作法为东北地区制定城市防空袭预案工作走出了新路子，受到国家、沈阳军区、省人防办领导好评。年底前，市内5区制定新预案工作全部完成，使沈阳市防空袭预案上下衔接，左右配合，构成一个完整的体系。

防毒、防化专业队伍训练效果显著。1995年，训练防毒、防化队员87人，超额完成训练指标45%，训练考核及格率达100%。为检测训练效果，提高实战水平，10月12日市人防办、市消防局在永新——沈阳化工股份有限公司举行化学事故应急救援演练。市消防支队特勤中队、铁西区启工消防中队、永新——沈阳化工股份有限公司、东北制药厂、沈阳味精厂、沈阳石油化工二厂的防毒防化专兼职队员，通信保障、指挥协调人员70余人参加了演练。演练的主要内容：一是考核各分队的防护能力。每个分队抽五名队员，穿戴防护器材，进行实毒考核。二是考核各分队对有害气体检测能力，对不同的有害气体分别报出有害气体的种类和浓度。三是考核各分队对放射性物质的测定能力，报出放射性物质的强度。四是综合演练。包括现场侦察、抢救伤员、抢修设备、组织监测、指导群众防护、消除后果等。考核结果全部合格。市政府副秘书长王维忠观看了演练，并给予好评。市电视台作了专题报道。

开展城市初级中学“三防”知识教育推出新举措。随着教育体制改革的不断深入，在执行5天工作制的情况下，给开展初级中学“三防”知识教育带来诸多困难。为全面贯彻国家、省教委关于在城市初级中学继续搞好“三防”知识教育的精神，市人防办、市教委结合实际，联合下发了《关于加强初级中学“三防”知识教育的通知》。《通知》对各校开展“三防”知识教育的教学时间、内容、教材等方面作了明确规定：各校要充分利用新入学时的军训课、体育课、学期考试结束后等时间进行教育，教学总课时不少于12课时，初级“三防”知识教育，除继续采用辽宁省编写的《三防知识》课本外，还要增加平时防灾抗灾的内容；教学内容可采取灵活多样，做到教学理论与实践本结合，课内与课外相结合，单科教学与相关学科渗透相结合；各校要做到教学有计划、教师有教案、学生有笔记、课外有活动。

12月12日，市人防办、市教委联合召开了城市初级中学“三防”知识教育会议。会议总结了“八五”以来开展三防教育所取得的成绩。“八五”期间，全市122所初级中学开展了防核武器、防化学武器、防生物武器和防灾教育，受教育学生累计数达23万人。

（田继良）

政 法

政府法制

【地方立法】 按照市政府逐步建立具有沈阳特点的地方法规体系的目标，1995年，地方立法取得新的成果。全年共完成《沈阳市收容遣送条例》、《沈阳市农作物种子生产经营处罚条例》等地方性法规草案7件，制定发布了《沈阳市统计登记暂行规定》等政府规章23件，制定发布《关于加强沈阳城区建筑安装施工现场环境管理的通告》等具有政府规章效力的政府通告12件。

加快经济立法。市政府全年将规范社会主义市场经济行为作为立法工作的重点，制定了一批经济方面的法规规章。改革开放以来，沈阳市产品质量有了明显的提高。但是近几年产品样品合格率一直在70%左右徘徊，产品质量问题成为社会关注的热点。针对这一情况，市政府起草了《沈阳市产品质量违法行为处罚条例》草案，经市人大常委会通过、省人大常委会批准，予以发布。《条例》的发布实施，细化了国家法规的规定，维护了社会主义市场经济的秩序。

解决热点问题。市政府针对全市遭受严重水灾、粮价上涨的热点，制定发布了《沈阳市粮油经营管理暂行办法》，规范了粮油经营行为，设立了对违法行为的处罚措施，促进了"米袋子"工程的发展。针对乱收费、乱摊派、增加社会负担的热点，制定发布了《沈阳市行政事业性收费管理规定》，确定了"行政事业性收费统一立项审批、统一制定标准，统发收费许可证、统一收费票据，实行年度审验和收费稽查制度，收费资金纳财政预算管理，实行收支两条线的财务制度"的原则，使行政事业性收费走上了规范化的轨道。针对外来人口存在的问题，制定发布了《沈阳市外来人口管理规定》，通过办理有关手续，收容遣送外来"三无"人员，使外来人口管理面貌有了较大改观。

完善城管法规，在历年城市管理立法工作的基础上，进一步完善城市管理方面的立法，加强城市管理力度。在基础设施管理方面，制定发布了《保护城市供水设施的通告》；在环境管理方面，制定发布了《沈阳市公共场所禁止吸烟规定》、《沈阳市有害废弃物管理办法》等；在社会治安、交通管理方面，制定发布了《沈阳市收治危害社会治安精神病人办法》、《沈阳市居(村)民防火管理规定》、《关于加强特种车辆交通管理的通告》等。

【行政执法】 1995年，沈阳市加强基础建设，严肃行政执法。市工商局编制了《沈阳市工商行政管理行政执法工作规范》，把涉及工商行政管理的138项法律法规予以归纳，形成5个方面600项具体行政行为，强化了执法责任和监督制约机制，提高了工商执法水平。市委、市政府召开全市会议，推广了市工商局的经验。市技术监督局认真贯彻市政府关于加强政府法制工作的决定，在全市建立了专门的综合执法队伍，调整了不适于执法工作的人员，全市360名执法人员全部进行了培训，持证上岗，1—10月份，共查处各类违法案件2593件，收缴罚款615万元，没收伪劣产品总标值230万元。

加大执法力度，全面执行法规。《沈阳市外来人口管理规定》发布后，市公安局首先摸清了外来人口的基本情况，进行广泛的社会宣传，使外来人口受教育面达95%。查处违反规定的单位和个人2 700多个，查封建筑工地195个，取缔非法出租房283户、非法收购点25处。3—8月间，查获不法分子629人，破获刑事案件8 126件，查处治安案件339件，教育7 000多名以捡拾为生的外来人员离沈，加速了沈阳市外来人口管理有序化进程。市档案局认真贯彻《档案法》和《沈阳市档案管理行政处罚办法》，与市人大科教办、市政府法制办组成8个检查组，对全市234个企业单位进行《档案法》执行情况检查，对存在一定问题的46个单位下达了整改通知书，对问题严重的5个单位进行了处罚，通报了沈阳百花电器集团公司档案管理中的违法情况，并责令限期改正，推动了全市企业档案管理工作。

推行部门执法责任制，促进依法行政。按照第二次政府法制工作会议的要求，全市政府系统全部实行部门执法责任制。5月份，市政府法制办公室会同市有关部门对11个市直部门及所属6个基层单位进行了检查。市工商局、技术监督局等单位组建了领导小组，制定了实施方案，将执法责任落实到每个岗位和每个执法人员。市地税局建立了"群体连环责任制"，市劳动局连续举办了14期培训班，以保证提高执法人员素质，使执法工作取得实效。

【行政执法监督】 1995年沈阳市坚持法制统一原则，加强对抽象行政行为的监督。市政府法制办共审核提报的规范性文件30件，经审核，纠正了部分规范性文件罚则无法律依据或扩大处罚、收费范围等问题，批准发布了《法库县水土保持实施细则》、《沈阳市饮食业、文化娱乐业反暴利反价格欺诈实施办法》等规范性文件。在备案审查中，纠正了部分规范性文件存在的问题。市政府法制办于10月份，对8个县(市)区政府和27个市直部门制发规范性文件的情况进行了检查。通过检查发现，一些单位制发规范性文件还没有完全向市政府送审备案，个别单位全部没有送审备案。为此，市政府法制办发出通知，重申了市政府"不经送审不得发布"的规定，对不送审不备案的规范性文件将通报批评并明令撤销。

加强对政府规章执行情况反馈工作的监督。市政府法制办根据市政府规定，认真审查市直部门向市政府的报告，提出处理意见，并及时督促有关部门落实市政府领导批示。市公安局在反馈《沈阳市禁止燃放烟花爆竹实施细则》情况时，提出要求修改补充禁放区内仓储方面的规定。通过审查提出"所需调整部分，不影响禁放规定的执行，可暂不作修改"的意见。主管市长批示同意，保持了政府规章的相对稳定性。《沈阳市职业介绍管理规定》反馈报告反映，无证经营、超范围经营的问题，严重影响了政府规章的有效实施。针对这一情况，市政府法制办提出建议，经主管市长批准，由市劳动局会同工商等部门对职业介绍市场进行清理整顿。市长批示转发市劳动局后，市政府法制办及时进行督办。市劳动局按照市长批示，会同工商、公安部门对全市职业介绍市场进行了一次全面检查、清理，取缔了7个非法开展职业介绍单位，对60户超范围的责令停止职业介绍活动。并制定了"统一求职介绍信、统一推荐协议书、统一岗位证书、统一收费标准、统一业务报表"制度，以维护双方当事人的合法权益和职业介绍市场秩序。

开展专项执法检查，维护法律尊严。由市政府法制办牵头，市直有关部门参加，采取县(市)、区自查，市抽查的办法，全年对《消费者权益保护法》、《劳动法》等10几项法律、法规、规章的执行情况进行了专项执法检查。《消费者权益保护法》实施以来，市区两级消协组织共受理投诉3 201起，为消费者挽回损失150万元。1995年，市工商部门查处制售伪劣假冒商品案件4 338起，罚没款289万元。在市抽查中，现场查获金马鞋城假冒名牌案件2起，责成东陵区工商局作了处罚。为切实减轻农民负担，市政府法制办会同市有关部门两次对《农民承担费用和劳务管理条例》执法情况进行了检查。1995年预算定项限额内人均负担费用59.5元，占1994年农民人均纯收入的4.1%，下降了0.17个百分点；每个劳动力义务工、劳动积累工平均11个，仅占国务院允许限额的37%。

【行政复议应诉】 1995年沈阳市各级行政复议机关认真贯彻《行政诉讼法》和《行政复议条例》，及时受理和审理行政复议案件，参加行政诉讼，维护了行政机关依法履行职责，保护了公民、法人和其他组织的合法权益。全年各级行政复议机关共受理当事人复议申请277件，按规定受理273件，不予受理4件；当事人撤回申请2件。经审理，维持行政机关处理决定的202件，撤销9件，变更35件，责令履行1件，其他11件；未审结13件。行政管理相对人不服行政机关处理决定，向人民法院起诉134件，当事人撤诉11件。经审理，维持行政机关处理决定的57件，撤销18件，限期履行职责7件；未审结的15件。市政府受理行政复议案件1件。系沈阳伊甸园大世界股份公司106户个体业主不服市公安局《集体游行示威不许可的决定》，向市政府申请复议。经审理，维持了市公安局的处理决定。

【干部队伍培训】 为提高立法干部业务素质，保证地方立法质量，1995年沈阳市政府法制办举办了政府系统立法干部培训班，市直部门和县(市)、区政府法制机构负责人、法规规章起草人70多人参加了培训，讲授了立法基本理论、立法技术和规定性文件制作等课程，收到了较好效果。国家赔偿法发布后，邀请了全国人大法工委原民法室主任肖峋同志来沈做报告，市级五大班子出席会议，市委常委常务副市长任殿喜同志作重要讲话，市直部门和县(市)区政府法制部门负责人700余人参加了报告会。《母婴保健法》发布后，市政府法制办会同市人大科教办、市卫生局举办了县(市)、区政府法制机构、人大科教办、卫生局及基层医院负责人培训班，介绍了《母婴保健法》的立法过程，讲授了《母婴保健法》的基本内容和专业知识。受区邀请，市政府法制办帮助皇姑、大东、沈河区培训了区属干部。根据市政府的决定，沈阳市组建了城市管理联合执法总队，抽调11个部门15支执法队伍的人员组成。为保证综合执法队依法行政，受联合执法总队的委托，市政府法制办对联合执法队全体成员进行了培训，讲授了行政执法的基本理论，执法主体、执法程序、执法文书、行政处罚等内容。

(张世利)

公安工作

【概况】 1995年，沈阳市各级公安部门紧紧围绕经济建设这个中心，充分发挥职能作用，全力维护全市的政治稳定和社会安定，较好地完成了各项公安保卫任务。

1. 始终把维护政治稳定摆在首要位置，全力维护政治稳定。及时掌握、发现和打击了境内外敌对势力敌对分子的渗透、颠覆、破坏活动。同时，积极稳妥地处理人民内部矛盾。对全市各个领域、各个方面存在的不安定因素开展了广泛深入的调查研究。多渠道、多侧面地收集情报信息，为领导决策和做好处置工作奠定了基础。制定和完善了处置突发事件的工作预案。全年积极配合有关部门成功地处置了一大批群体性上访闹事3件，效果很好，未酿成大的事端。

2. 以"严打"为重点，保持主动进攻的态势，打击力度有了明显增强。进一步完善了经常性打击和集中打击相结合的机制。针对不同时期突出的犯罪动向，全年组织开展了4次专项打击斗争和统一行动，取得了显著战果。同时，进一步加强了刑侦基础和业务建设，开展了刑事犯罪情报信息效益年活动，收益很大。全年共查破各类刑事案件38 342起，其中大案14 570起，比1994年分别增长了5.8%和14.4%，刑事大案破案率达到62.6%，比1994年提高了1.1个百分点。依法逮捕犯罪分子7 253人，劳动教养2 799人，比 1994 年分别增长24.7%和55.3%。摧毁犯罪团伙1 794个。追捕逃犯3 319名。同时进一步健全和完善了内部执法监督制约机制，建立了执法跟踪和备案制度防止和减少了执法环节上的“跑、冒、滴、漏”现象。

3.严格了治安管理和控制，治安控制能力得到了进一步的提高。季节性治安问题和黄毒丑等社会丑恶现象得到有效控制。全年共查处治安案件20 307起，比 1994 年增加了19.8%，查处率达97%。查处“六害”案件5 680起，违法犯罪人员10 548人，比 1994 年分别提高95.7%和43.1%。治安秩序较混乱的320个重点复杂地区和140个重点单位经过集中整治均有较大改观。“世妇会”和“三级”人大、政协“两会”以及 13 次重大警卫任务、105场次大型群众集会活动和体育赛事秩序良好。

4.进一步深化基层基础和业务建设。治安岗亭、治安综合执勤站和治安巡逻进一步抓了规范化建设，控制能力进一步增强。针对外来人口管理混乱、犯罪突出的情况，开展了大规模的清理整顿，全年共办暂住证 20 多万份，出租房屋治安许可证22 916份，收缴城市人口增容费1 472万元，使外来人口管理初步走上有力、有序、有效的管理轨道。进一步加强了技防、物防工作，全年新安装楼寓对讲门1 044个，新安装防盗门36 722扇；小区建夜间停车场130处；城周区和新民、辽中农电变压器防盗螺栓安装率达 90%以上，康、法两县安装率达 50%。加强了金融系统的安全保卫工作，银行营业室安全达标率达到 80%。派出所报警联网165个。

5.强化交通管理工作，道路交通有了明显改观。以缓堵保畅和压缩事故为中心，继续开展了交通有序化综合整治。建立了“阵地式”与“游动式”相结合的管理新模式，使勤务方式由固守路口逐渐向路段巡逻转变。逐步完善了城区交通自动化控制系统。积极进行了道路控制管理，清除了违章占道等问题，规划并新建了交通标识。主要街道、路口交通严重拥堵状况有较大缓解，自行车遵守信号率明显提高。全年万车事故率为220.8起/万辆，比 1994 年下降 15 个万分点。

6.加大消防监督管理工作力度，狠抓了安全检查和火险隐患的整改。对全市 50 处市级火险进行了彻底清除，对 53 处作了局部整改或采取了可靠的安全防范措施。严格了建筑、装修工程的审批，对重大火灾责任事故进行了严肃查处。全年发生火灾事故2 449起，直接损失550.1万元，比 1994 年分别下降20.8%和9.6%。

7.以仪表形象为突破口，以提高素质为重点，全面加强了队伍建设。积极开展了向济南交警和本溪市公安局学习活动，进一步树立人民警察的良好形象。继续开展了“三个一流”竞赛活动，建立完善了干部管理规章制度，同时对重要岗位干警进行了交流，不适合人员进行了辞退。狠抓了廉政建设，加大了对警容风纪纠查和违法违纪人员查处力度。全年培训干警3 000余人，评选出 11 名标兵、32 名业务能手。在抗洪抢险战斗中，广大干警英勇顽强，不怕牺牲，经受住了考验，受到了党政领导和社会各界的好评。

（张志刚）

【户口管理】 1995 年，沈阳市户口管理工作紧紧围绕经济建设这个中心，不断强化为改革开放和稳定社会治安服务功能，严格管理，热情服务，取得了较好的社会效益。

1.转变工作作风，服务社会效应进一步增强。狠抓了窗口单位文明服务，对户口专勤进行培训和考核，实行持证上岗、挂牌服务制度，提高了“窗口”服务水平，办证和办户口难的问题基本得到解决。全年共办理蓝印户口8 005人；办理农转非、乡进城“三投靠”户口8 000人；调工调干等户口7 000余人；换发十年有效期满身份证587 750人，办快证35 842人；为有关部门和人民群众查卡 16 986 人次，查中率为86.4%。

2.适应市场经济需要，把外来人口管理工作纳入法制轨道。根据 1995 年 2 月沈阳市政府颁布的《沈阳市外来人口管理规定》精神，建立了外来人口管理机构，初步形成了专兼结合的工作网络。从 3 月起，全市集中组织了对外来劳动力市场、出租房屋、废旧物收购、收容遣送和食品药品的加工制销四个专项清整战役。通过全面清理整顿，基本摸清了外来人口的底数和相关情况，推动了办证控制工作。1995 年共办《暂住证》227 184个；办《出租房屋治安许可证》2 万多个；收取城市建设费1 472万元，比 1994 年增长31.9%。

全市先后出台了《沈阳市收容遣送条例》等 10 余个地方法规、行政规章及其他规范性文件，加速了外来人口管理工作的规范化、法制化进程；解决了一些群众反映强烈的社会问题和治安问题。全年共查处外来人口不法分子6 286人，破获刑事案件1 546件，查处治安案件498件，集中收容“三无”人员645人，有7 000多名以拣拾为生的外来人员先后离沈，有效地净化了城市环境。

3.人口信息计算机管理系统建设取得较大进展。全市有 140 个派出所(含 4 个农村所)实现了人口计算机管理，并为市、区两级数据库的联网作好准备工作。

（乔毅）

【交通管理】 1995 年沈阳市公安交通管理部门认真贯彻江泽民总书记“严格执法、热情服务”的题词精神，以抓仪表、树形象为突破口，紧紧围绕缓堵保畅、压缩交通事故这个中心，全面开展交通有序化综合整治工作，取得了显著成效。在全市机动车辆比 1994 年增加 2 万多台，交通流量大幅度上升的情况下，全市发生交通事故6 498起，死亡897人，伤人3 734人，事故起数和死、伤人数虽比 1994 年分别上升0.4%、9.9%和6.7%，但其上升幅度分别下降了4.5、9.6和12.4个百分点，万车事故率亦下降了 15 个百分点，为沈阳市改革开放和经济建设创造了较好的交通治安环境。

——强化“仪表、形象”系统工程建设，促进文明执法、文明管理。开展了以规范警容、警姿和指挥手势为重点的岗位大练兵活动，72个交通岗实现了规范化、标准化管理，得到省、市领导和广大人民群众的高度赞誉。"窗口"单位实行了文明服务、高效率办公。车管部门设立15个共产党员服务窗口；考验部门实行"翻牌考试制度"；检测部门对干警定期轮换；事故处理部门增强快速反应能力，同时建立了内部督察机制，实行严管、严罚。全年办理的25.7万件驾驶证、4.1万件机动车手续、10.1万次车检等，当事人都比较满意。

——强化动态交通治理工作，车辆遵章行驶率稳定在较好水平。先后对机动车闯红灯、酒后驾驶、无证驾驶、轻便三轮摩托车载客运营、人力三轮车走禁行路、自行车不守信号、军警车耍特权违章以及无证使用警灯、警报器，挪用和外借牌照等违章行为，进行了大规模整治，加大了管理力度。全年共纠正交通违章236.9万件，处理交通违章134.8万件，取缔残疾人车260台，罚款3 244.8万元，促进了交通秩序明显好转。据统计，机动车和非机动车白天遵章行驶率分别保持在98%和90%以上；夜间机动车遵章率达到90%以上。

——强化静态交通规范管理，非交通占道得到有效治理。按照市政府的要求，集中时间、集中警力，对全市"一环十线"50条路进行了专项治理。全年共清理基建工地31处、市场82处、摊区171处、商亭230处、摊位4 702处、停车场226处、自行车存车处542处、广告牌318处、围档22处。"一环十线"基本做到了机动车停车入位、自行车停车入架，无商亭商贩违章占道，基建工地实行围档标准化，为创建全国卫生城做出了重要贡献，受到市政府领导赞扬。

——强化交通管理基础建设，交通流组织和交通设施不断合理完善。改革了十一纬路、十三纬路、中山路和昆山路的通行方式，机动车道由原来的双向两排改为双向四排，提高了车辆通行能力；市政府广场南口、南顺城岗、塔湾岗设置了箭头指示灯；新增设23处信号灯路口，43处灯岗信号增设了全红顶位，方便了车辆通行，缓解了路口堵塞状况；新设各种交通标志611套；设置新式信号灯254组；设置护栏14 130延长米；施划中分线4 488.5公里；渠化路口122处。使交通流进一步趋向合理，提高了车辆通行能力，机动车平均时速由94年的15—17公里上升到17—19公里。

——强化交通科技手段管理，提高指挥效力和协调功能。组建了电视监控指挥系统，在主要路口和重要区域安装了45个自动监控设备，指挥调度路网车流，监控记载车辆违章；建立了全市机动车档案数据库和通讯网络；建立了交通管理微机联网系统；市区和郊区公路配备了65辆巡逻轿车、15辆小货车、100辆三轮摩托车和200部手持电台；高速公路执勤部门配备15台全新巡逻轿车，装备了车载台、手持台、测速仪等，初步解决了交通管理手段滞后问题。

——强化勤务制度改革，不断完善科学有序，先进高效的管理新模式。建立了"阵地式"与"游动式"管理相结合的机制，实行民警"警务区制度"，岗台民警划定管理范围、规定管理责任；路段民警负责线路巡视，疏导交通，取缔违章，勘察处理一般交通事故，检查督促沿街单位"门前三包"。对交通易堵区域加大了警力投入，延长勤务时间，并增加了夜勤人员。实行简政放权，取消了繁琐的工作环节。把过去由支队直接管理"三资"企业车辆和事故处理的权限下放给区大队，实行属地管理，方便了用户；将区大队办理机动车牌照、过户、报废、改型、年检和驾驶员学习、实习转正等签章环节取消，改由支队车管处直接办理，减少工作环节，提高了工作效率。

——强化交通法制宣传，促进了交通管理在法制的轨道上运行。实行了工厂包职工、机关包干部、街道包居民、学校包学生的"四包"责任制。特别是在中小学中开设了交通安全课，印发了《中小学生交通安全常识》读本和《中小学生交通事故案例》，选派优秀干警任校外辅导员，并通过开展交通安全有奖征文，向全市小学生赠送了交通安全小黄帽等活动，提高了中小学生自觉遵守交通规则的守法观念。对驾驶员的安全教育，编印了《1994年全国十大交通事故》、《交通肇事被追究刑事责任十三例》等宣传材料，供驾驶员学习。编印《沈阳市道路交通引导图》40万份，免费发送进入和途经沈城的外地司机。在社会面多渠道广泛地开辟了交通安全宣传。组织了1 000多家单位、3万多人参加的交通安全宣传日活动；组织20台宣传彩车游展宣传；召开交通安全教育大会300多场次；使30多万人次受到教育；在沈阳广播电台开辟了"警民情"栏目，在沈阳电视台开辟了"红绿灯"、"安全岛"栏目，在《沈阳日报》开了"交通与法"栏目；举办了我市规模最大的一次"道路交通安全教育展览"，有15万人观看了展览。通过诸多形式的交通法制宣传，取得了政府和社会各界对交通管理工作的支持，提高了全体市民的守法观念和安全意识，促进了交通事故预防工作的社会化。

（公研一）

【出入境管理】 1995年，沈阳市出入境管理工作坚持为改革开放和经济建设服务的方针，强化了对常住境外人员和临时来华人员的管理力度，严把中国公民出境申请审查关，及时发现、制止和打击了违法犯罪活动，使出入境管理工作逐步走上制度化、规范化轨道。

1.抓宣传打基础，加强对临时来沈境外人员的管理。针对临时来沈境外人员逐渐增多，成份复杂，涉外事件也随之上升的情况，重点加强了"两法"的宣传教育。全市共出动宣传车1 530多台次，设立咨询点100多处，建立永久式宣传阵地500多处，散发宣传材料14 500份，收到了明显效果。与此同时，狠抓了留宿单位户管队伍建设，从组织机构、人员素质、规章制度等方面入手，对155家涉外留宿单位进行了整顿，充实了户管队伍，进行了业务培训，坚持了住宿登记通报制度，住宿登记申报率、准确率、及时率均达到100%。进一步扩大了计算机联网范围，由原来的15家增加到27家，使全市涉外住宿登记信息传输更加快捷、准确。

2.抓管理促防范，为常住境外人员创造良好的安全环境。为加强常住境外人员的管理，确保安全，专门制定下发了《关于对常住境外人员实行三级管理责任制的通知》，明确了市局、分(县、市)局和派出所的各自责任。通过调查摸底，掌握了全市散居在社会上的常住境外人员情况。对常住境外人员到社会上租购房屋进住前，先由市局、分局、派出所共同进行实地考察，然后实行分局、市局二级审批，派出所对住地实施管理，落实安全防范措施，保障了常住境外人员的人身和财产安全，全年未发生涉及居住社会上的常住境外人员的刑事案件。

3.抓严审把住关，及时发现打击违法犯罪活动。1995年沈阳市公民申请出境共有8 900人，比1994年增长16.7%。为维护正常的出境秩序，严格了出境审查。通过工作共发现弄虚作假、编造情况、谎报单位等223起违法行为均作了严肃处理；发现查处偷渡案19起，对蛇头进行了严厉打击，同时，对发生的1 024起涉外案(事)件，进行了认真查处。全年依法拘留10人，逮捕3人，拘留审查5人，缩短停留期9人，遣送出境5人。

4.抓服务畅渠道，为境外人员签证提供方便。1995年随着沈阳市对外开放程度的不断扩大，急需来沈境外人员大量增多，在不断完善口岸签证的同时，放宽了对邀请单位的限制，将有权邀请单位继续放宽到区经贸委，受到境外人员和邀请单位的称赞。1995年共为310名境外来沈人员办理了落地签证。同时，继续放宽外商住地限制，搞好签证服务工作，为外商居留、工作、生活提供方便。全年共办理发放《居留证》、《临时居留证》、《暂住证》、多次签证、居留证延期签证复更、邀请外国人来华证明和台胞来沈定居等共9 264件。在全市举办大型经贸洽谈会期间，到会场现场办公，接受咨询500余人次，为87名外商办理停留、居留手续，受到了与会外商及接待单位的好评。　　(阮寿京)

【经济案件侦察】　1995年，沈阳市两级经侦部门认真贯彻中央经济工作会议和省、市经侦工作会议精神，紧紧围绕经济建设这个中心和维护稳定这个大局，充分发挥经侦部门的职能作用，严厉打击经济犯罪，特别是侵害国有大中型企业的经济犯罪活动，加大追缴赃款赃物力度。全年共查破各类经济犯罪案件654起，破案率为95.9%，比1994年多破376起，其中重特大案件598起，破案率为96.5%。全年共打击处理567人，其中逮捕250人，教养27人，比1994年多捕教144人。全年追缴赃款赃物折款5 041.8万元。同时还缴获海洛因325.7克，鸦片504.3克、咖啡因25公斤、杜冷酊近2万支。为保卫沈阳市经济建设做出了积极贡献。

1.突出重点，严厉打击严重经济犯罪活动。确定了以金融诈骗、走私贩私、制贩毒品、伪造增值税发票、制贩假币等案件为打击重点和坚持对侵害国有大中型企业，危害大、影响大的以及发生在严重亏损企业的经济犯罪案件优先查办的原则，做到集中优势警力，快侦快破，将案件造成的损失和影响降到最低点。全年经侦部门共立案查处50万元以上的重特大经济诈骗案件40起，挽回经济损失4 000余万元。

2.加强法制建设，严格依法办案。针对经济案件政策性强的特点，市区两级经侦部门本着“一要坚决，二要慎重，务必搞准”的方针，在办理经济案件中始终坚持初查制度。对于群众举报的线索，及时受理，严格审查，认真区分罪与非罪的界限，做到拿不准的决不立案。全年受理的481件线索都已及时查清，并做出相应的处理。全年收审的470名诈骗案犯无一错收。

3.加大宣传力度，多渠道、多形式地开展防范教育。充分利用电台、电视台、报刊等新闻媒介，对破获的一些典型案例及防范工作中的一些好的作法，及时报导，广泛宣传经济犯罪的特点、手段及防范措施，使全社会都充分认识到经济犯罪的危害，增强企业法人的警惕性。做好易发案单位和人员的重点宣传工作。通过走访企业及被害单位，召开企业法人代表座谈会，致企业法人代表一封信等形式，深入调查，了解情况，帮助企业制定措施，堵塞漏洞，增强防范意识，提高识别经济诈骗犯罪的能力，有效地预防了经济诈骗案件的发生。通过广泛宣传，还发现了一批经济案件线索，查破了一批隐藏在企业内部的经济犯罪案件，为国家和企业挽回了经济损失。

4.加强基础建设，增强经侦工作后劲。继续实行了经侦工作目标管理，将任务量化分解到人头，落实岗位责任制。并将竞争激励机制引入目标管理。经侦处设立了处长奖励基金及办案有功人员奖励制度，对经侦工作情况每半年进行一次考核，奖优罚劣。加强了情报信息资料建设，对经济案件及犯罪人员情报资料实行了计算机管理。同时加强了经侦系统的装备建设，并多方筹措资金，保证了办案经费。

(公研一)

【查禁社会丑恶现象】　1995年，沈阳市坚决贯彻中央和省、市关于扫除社会丑恶现象的指示精神，坚持“两手抓两手都要硬”的方针，从提高思想认识入手，将扫除社会丑恶现象作为社会治安综合治理和服务于经济建设的一项重要内容来抓，采取多种措施，严格治安管理，加大查禁和打击力度，取得显著成果。全年共查处黄、丑、毒、赌案件5 656起，抓获违法犯罪人员10 521名，比1994年分别增长96%、43%；查获有赌搏活动的电子游艺厅520余家，500余名业主受到处罚；收容教育卖淫妇女496名；强制戒毒1 069名；收缴淫秽物品14 694盘(册)，海洛因437克，杜冷酊12 327支；没收赌资811 590元。

1.提高思想认识，加强组织领导。治安部门把扫除社会丑恶现象上升到维护稳定的高度加以认识，树立了常抓不懈的思想，深入调查研究，认真分析当前黄丑毒赌违法犯罪活动的新情况、新特点，及时调整工作思路，把查处大要案做为主攻方向，进一步加强了组织领导，明确了责任目标，适时组织开展了“扫黄禁毒”、“扫黄打非”等专项整治行动，有效遏制了丑恶现象的蔓延势头。

2. 大造舆论声势。治安部门采取多种形式，多渠道地开展对外宣传工作。一是利用新闻媒介公开举报电话，曝光典型案件。市有关领导曾多次到电台、电视台发表讲话和答记者问，表达党和政府扫除社会丑恶现象的决心。全年向中央、省、市新闻单位发稿150余篇，教育了群众，震慑了违法活动；二是利用“6.26”国际禁毒日积极开展禁毒宣传活动；三是公开处理违法犯罪人员，对33名毒品违法犯罪分子进行了公开处理，并通过新闻媒介进行报道，教育了群众；四是印制数万份《宣传提纲》下发到各行业单位和群众手中。有力地推动了扫丑工作的开展。

3. 强化行业阵地治安管理和稽查工作。各级治安部门认真贯彻“两级审批，三级管理”的原则，严格依法行政，加大了对行业单位的管理力度，进一步落实了各项规章制度，提高了行业单位查堵违法犯罪的能力。此外，各区治安管理部门与特警各大队紧密配合，切实加强了行业阵地的稽查控制，打击现行违法犯罪活动。全年治安部门在行业阵地共抓获违法犯罪人员5 475名，从中破案3 287起，分别是1994年的4.9倍、4.8倍。

4. 充分发挥专业队伍作用，加大查禁力度。治安部门充分发挥专业查禁大队和特警大队的职能作用、加强了工作的组织领导和指挥协调，形成了强有力的打击态势。通过公私结合、群众举报等多种措施，严厉查禁社会丑恶现象。全年专业查禁大队和特警大队共查处黄、丑、毒、赌案件2 608起，抓获违法犯罪人员3 798名，分别占全市查处总量的46％、36％，仅毒品案件就查处934起，占全市查处毒品案件总数的76％。（王雷）

【春季严打攻势】 根据公安部和省公安厅关于开展春季严打攻势的统一部署，为巩固和发展去年以来严打整治成果，遏制住春季发案势头，结合沈阳市春季治安实际，市公安局从3月中旬开始至5月末在全市组织开展了春季严打攻势，通过强化各项严打措施，两个半月全局共破获各类刑事案件11 306起，其中重特大案件5 378起，抢劫案件1 164起，打掉犯罪团伙376个，追捕逃犯302个，打击处理2 036人，其中逮捕1 425人、教养611人。主要特点：

1. 打击突出犯罪，强化严打措施。市公安局列出了60起重点案件和10起现行抢劫大案做为主攻目标，以刑侦队伍为骨干，由领导亲自包案，啃硬攻坚。其间全市共攻破重点案件11起。与此同时，针对抢劫犯罪比较突出的实际情况，组织公安力量，加强巡逻堵卡和阵地控制，狠狠打击现行犯罪活动。两个多月，全市通过巡逻堵卡打现行，抓获各类违法犯罪分子1 721名，从中破案771起。各关押场所普遍发动政治攻势。在押人犯共坦检各类案件线索287件，从中查破案件112起。

2. 从严打击和查禁取缔“毒、黄、丑、赌”等违法犯罪活动，强化治安管理。攻势中，市公安局有关部门普遍强化了对“毒、黄、丑、赌”的打击和查禁工作。在强化日常管理稽查工作力度的同时，组织力量先后对南站、北站、向工、西塔、北行等重点地区涉毒和卖淫嫖娼活动突出的地区和场所开展稽查活动。

3. 强化各项安全防范措施，压住发案上升势头。攻势中，注重打防结合，以打促防。一是以金融部门为重点，加强安全检查，落实各项防范措施。攻势期间，全市金融系统没有发生任何被抢盗案件。二是积极推进居民区机动车停车场建设。期间全市机动车被盗案件比去年同期下降3.8％。三是加强了社会面巡逻控制，巡警、特警和各派出所民警及治安联防队员实行昼夜巡逻，保证了社会面秩序稳定。

4. 通过清理整顿外来人口，打击流窜犯罪。各分、县（市）局和派出所层层建立外来人口管理机构，与有关部门配合，联合开展工作。组织力量深入社会面和外来人口集中地区进行广泛深入地宣传，使市政府加强外来人口管理的有关规定家喻户晓，深入人心。在此基础上，在党委和政府领导下，与有关部门联合行动，对全市外来人口集中的市场、出租房、工地等重点开展了清理整顿，逐一摸清外来人口底数，办理暂住管理手续，强化对外来人口规范化管理。根据《沈阳市收容遣送条例》，会同民政等部门对外来人口中的“三无”人员集中开展了收容遣送工作。通过清理整顿，全市共摸出外来劳动力单位16 050个，外来人口36万，办理暂住证5万多个。清理整顿中，全市共抓获外来人口中违法犯罪分子372人，从中破案482起，其中重特大186起。

（葛新）

【秋季会战】 为了继续强化和保持严厉打击严重刑事犯罪的势头，进一步维护沈阳市社会治安的持续稳定，根据中央和省里的总体部署，沈阳市结合社会治安实际，从1995年10月10日至12月10日，在全市范围内集中开展了以“破大案、打抢劫、缴黑枪、追逃犯”为主要内容的严打秋季会战。期间，共破获各类刑事案件9 609起，其中重特大案件6 134起；追捕各类逃犯663名，其中在册逃犯488名、重点逃犯102名；缴获各类非法枪支6 496支，其中军用枪21支；缴获被盗机动车102台，其中汽车46台；缴获金银饰品300余克；一大批违法犯罪分子被打击处理。

1. 各级领导重视，实行强有力的领导。市委、市政府专门召开政法委员会议，提出了具体要求。之后，召开了各区县（市）委、局（公司）和市属新闻单位主管领导会议动员部署。市委常委、政法委书记王洁纯、副市长朱锦等领导同志还多次深入基层，对这次会战督促检查，具体帮助，指导斗争开展，为深入搞好这次会战奠定了坚实的基础。

2. 发挥整体作战优势，形成合力。市公检法司联合发布了《通告》。市和区县（市）公检法“三长”一同在社会面和关押场所向在逃人员家属、重点人和在押人员面对面宣传《通告》和党的刑事政策，对于促进在逃人员投案自首和在押人员检举揭发的思想转化方面发挥了重要作用。在办理重大疑难案件时，公检法各部门全面分析，统一认识，形成共识，依法办事，提高了办案效率，为了充分体现党的政策，分化瓦解犯罪分子，市公检法共同选择宽严典型案例，适时召开公开处理大会，收到了良好的社会效果。期间，全市共有972人坦白检举各种违法犯罪线索1 670件，有634名违法犯罪分子和在逃犯主动到公安机关投案自首。全市共有2 851名在押人犯坦检各类犯罪线索4 793件。

3.大造宣传舆论，广泛发动群众。以开展社会面和关押场所政治攻势为序幕掀起了第一次高潮。以选择典型兑现政策为契机，迅速掀起第二次高潮。适时召开公开处理大会，大造严打声威，掀起第三次高潮，有效地推动了会战不断向纵深发展。

4.坚持打防结合，促进基层基础建设。对调查摸底中发现的各种嫌疑对象和深挖查获但尚不够处理的违法犯罪人员，符合重点人口列管条件的实行列管，纳入工作视线，新列重点人口734名。坚持破案留"根"，从中物建和发展一批特情耳目，全市新建特情耳目421名。推动了基础防范建设。全市新建机动车停车场32处，使全市累计建设停车场达到100处，完成了全年建设指标的73.5%，使全市居民区夜间停车场初具规模，有效预防和减少了机动车被盗案件的发生

（*刘壮志*）

【1995年破获的10大刑事案件】

曹亚祥系列杀人碎尸案。8月5日晚10时许，东北耐火材料厂工人任××（女，35岁）在上夜班时，突然离厂出走失踪。翌日，其爱人李××（男，38岁，沈阳铝材厂工人）到铁西分局启工派出所报了案。分局对此非常重视，立即组织力量一方面进行查找；一方面请李提供任的接触关系情况。李经回忆提出同厂工人曹亚祥（男，32岁）与任经常接触，关系暖昧，可能知其下落。经查，任失踪当晚到沈阳选矿药剂厂收发室给曹打过传呼，认定曹亚祥与任失踪有关。10月23日，铁西分局刑警大队依法传讯了曹亚祥，并对其住宅进行了搜查，发现大量疑物和少量血迹。经过两天两夜政策攻心，曹犯终于低头认罪，供认了8月5日晚，接任打来的传呼后，遂将任领至家中发生两性关系，当任向其索要钱时，曹怕事情败露，将任杀死碎尸的犯罪事实，并供认了自3月份以来，先后从铁西、和平区的3个歌舞厅诱骗6名女青年到其家中发生两性关系，尔后全部杀死碎尸的犯罪事实。

李忠军、朱玉升抢劫、劫持人质案。6月9日22时许，两名歹徒窜至大东区黎明游乐园内持刀抢劫沈海热电厂工人侯×和女友陶×510元现金后，被大东分局协勤人员发现，抓捕时歹徒用菜刀和匕首逼住陶×作人质，将陶×劫持到大街上，拦住一辆出租车，强行将陶拖入车内，司机见状拔掉钥匙跳下车。22点30分，市公安局领导和大东分局、刑警支队的领导接到报告后，迅速赶到现场，制定了解救人质的行动方案。为了保证人质的安全，刑警支队特警大队大队长付旭主动请战，要求与歹徒对话，以便稳住歹徒，相机制服。在歹徒提出不准携带枪支的情况下，付旭脱掉上衣，光着膀子，走上前打开车门坐在副司机的位置上，歹徒遂用匕首顶住了付旭的后背。时间持续到凌晨1时20分，经同歹徒"讨价还价"歹徒同意换车离开现场。就在歹徒胁持人质进入另一辆车的瞬间，付旭猛地一推人质使歹徒的刀离开了人质的颈部，接着，付旭又猛地将另一名歹徒的匕首打掉，并用自己的身体护住了人质。这时，几名特警队员迅速冲向两名歹徒，将二歹徒制服生擒。经审查，犯罪分子系李忠军（男，20岁，住和平区砂山地区，无业，曾因盗窃被判刑、教养两次）和朱玉升（男，20岁，住大东区二〇四地区，无业）。

迟建伟持枪杀人案。12月23日17时30分，沈阳北站治安分局刑警一大队侦察员孙利品等在北站地下商场审查两名行迹可疑人员时，一名歹徒开枪打伤孙利品后携枪逃跑，另一名歹徒被当场抓获。经突审，被抓获的歹徒党伟光（男，26岁，黑龙江省大庆市供电公司工人）供述，持枪逃跑的歹徒叫迟建伟（男，30岁，黑龙江省大庆市爱卫会司机）。二犯于12月20日在大庆市将一民警全家3口杀死后，抢走"六四"式手枪一支，子弹17发，于21日流窜来沈阳市寻机作案。案发后，省市领导对此案十分重视，亲临现场指挥作战，市公安局成立了追捕案犯指挥部，印发了紧急通辑令。当日19时50分，迟犯窜至铁西区应昌街一居民家抢劫并开抢打伤一名群众后再次逃窜。24日下午，一名中年妇女到铁西分局兴工派出所反映，有一男青年用自己的羊毛衫将其一件女式兰色半截旧呢子大衣换去。经工作认定，此人正是迟犯。市公安局指挥部迅速调集警力在铁西区、于洪、和平等区域进行大搜捕。同时通过电视台及时向全市公布了迟犯的最新着装特征。25日11时20分，迟犯在于洪区沙岭公安综合执勤站附近被群众发现，并迅速向执勤站做了报告，干警迅速出击，会同于洪分局刑警一大队干警将迟犯围在一村民宅院内。在迟犯拒不缴械投降，开枪拒捕的情况下，被干警当场击毙，缴获"六四"式手枪和10发子弹。

徐铁仁系列撬盗保险柜案。自5月份，于洪、皇姑、东陵、新城子等区连续发生企事业单位财会室保险柜被撬盗案件。经技术串并，确定代号为"串联7号"案件。9月21日于洪分局陵东派出所通过特情发现，暂住于洪区陵东乡上岗子村的徐铁仁（男，36岁，户口所在地法库县三面船镇大桑树林村），曾与1994年10月伙同他人窜至沈阳金杯销售公司撬盗金柜时，被更夫发现逃走。据此，分局立即抽调精干警力，加强对徐铁仁住所的秘密监控，同时开展外围调查。9月27日夜，在徐的暂住处将其抓获，并连夜组织突审。经过3个小时的较量，徐犯终于交待了自1994年以来，伙同张海龙（男，26岁，住开原市，曾因盗窃被判刑2年）、宁凤文、苏庆安、刘海城（均为法库县人）等8名犯罪分子先后流窜沈阳、铁岭、法库、开原等地，用铁钳子、镙丝刀等先后撬开金柜作案45起，盗窃现金50余万元的

犯罪事实。(现已抓获五名犯罪分子)

王玉斌持枪抢劫杀人案。10月20日中午,居住在和平区营口西路33巷1—5号的南塔鞋城个体业主石×(女,33岁)被杀死在家中,被抢现金2万元;手提电话2部、BP机2台及大量金首饰,总价值6万余元。案发后,刑警支队与和平分局联手开展工作。11月5日,在有关部门配合下发现有人使用过被抢劫的手提电话。经深入调查,发现使用手提电话的是王玉斌,住于洪区北塔街五木宿舍3—37号。遂于当晚将王玉斌在家中抓获。经突审,王交待了10月20日伙同刘铁成、洪林持枪抢劫杀害石×的犯罪事实。次日凌晨,刘铁成、洪林亦落网,并缴获猎枪一支。3名案犯交待,曾在沈阳市抢劫、盗窃作案30余起,攫取财物总价值达20余万元。

冯维宪团伙持枪抢劫高档轿车案。8月16日晚,沈阳市房地产发展公司司机杨××驾驶本单位皇冠3.0高级轿车行至铁西区宏伟小区29号楼时,突然被4名持钢珠枪和尖刀的歹徒逼住,抢走轿车和一台手提电话、一个BP机及1 500元钱。铁西分局组成专案组开展侦破,经现场勘查,发现一张记有2个电话号码和姓的纸条。通过省、市电信局查询,发现电话号码是抚顺市××××和××的家庭电话,经工作排除了两人的作案嫌疑。但其中一人提供日前抚顺市耐火材料厂工人周立军(男,34岁)曾打听过他和另一人家的电话号码。23日,周立军和刘斌(男,36岁,抚顺氧气厂工人)被侦察员截获,笔迹检验结果,认定周有重大作案嫌疑。遂组织力量突审,二犯供认了"8.16"抢劫轿车案,并供出2名同案犯王凤武(男,36岁,抚顺耐火材料厂工人)和沈阳的"小健"。次日王凤武落网,接着又查获了同案犯周立辉(男,36岁,抚顺市人)。为尽快抓获案犯"小健",侦察员在其经常出没的地点架网守候,于8月24日在和平区南二经街78号楼将其抓获,同时收缴了"8.16"被抢的轿车。经审查明,"小健"叫冯维宪,系本案主犯。市公安局预审部门接手此案后,又追破各类刑事案件13起,其中特大抢劫杀人案3起,特大抢劫案5起。

徐连贵团伙系列持枪抢劫案。1993年3月至95年5月间,一伙歹徒在康平县镇内,采取骗门等手段,持枪蒙面入室抢劫作案20余起。康平县局确定为全县一号公案,全力组织侦破。8月9日上午,县局根据群众报告,在县物资局家属楼附近抓获3名犯罪分子,当场缴获七连发小口径左轮手枪3支、猎枪1支和匕首两把。经突审,3名歹徒分别叫徐连贵(男,32岁)、贺庆丰(男,32岁)、王英奇(男,34岁),均系开原市人。3犯供述了在康平县镇内连续抢劫作案的犯罪事实,并交待多次流窜沈阳、铁岭、开原等地持枪抢劫作案。经预审深挖,又将同案犯李智国、金维利、荆世杰追捕归案,并追破案件35起,其中杀人案2起。这伙在沈阳、铁岭等地猖獗一时的犯罪团伙被彻底摧毁。

张秋林团伙系列技术盗窃案。1995年以来,沈河、大东、和平等市内五区及近郊连续发生多起犯罪分子用万能钥匙开锁入室盗窃的案件,经刑警支队技术串联,定为全市"串联9号"案件。10月21日,大东分局机场派出所审查一名重点人时,发现刑满释放分子张秋林(男,36岁,住沈河区小西路64号)会用万能钥匙开锁,有盗窃嫌疑,遂将其抓获。经技术人员提取张的鞋印,与现场足迹比对,认定张即是"串联9号"作案分子。大东分局立即组织强有力的预审班子进行突审,迫使张犯交待了伙同陈宏业(男,36岁,住沈河区小西路25号楼)用万能钥匙开锁作案50余起的犯罪事实。分局组织警力抓捕陈犯时,发现陈已外逃。在对陈家进行搜查时,发现一张赵洪艳的身份证。经查,赵洪艳已于1994年底因入室抢劫罪被判刑10年,现正因病在沈阳监狱新生医院住院治疗。经将赵犯解回突审,赵犯交待了1992年以来,伙同陈宏业流窜市内五区及郊区,用万能钥匙开锁作案的犯罪事实。通过核实现场,共破获入室盗窃案365起,其中大案199起,核实所盗窃财物总价值80余万元。现已在全省下发通缉令,对陈犯组织抓捕。

张秋生盗枪案。3月24日15时许,东电三公司公安处副科长周平文放在家中(住大东区八家子小区)的一支"五四"式手枪、两个弹夹及19发子弹被犯罪分子盗走。案发后,市公安局立即部署开展侦破工作。4月9日上午,新民市周坨子派出所接到特情报告,在周坨子村有一对骑两轮摩托车的男女持一支手枪因故殴打和威胁一村民。新民市局接到报告后,立即派侦察员赶到周坨子村开展调查。经查,女的叫刘丽(21岁),住彰武县两家子乡两家子村,持枪的男人是刘的姘夫。在掌握了二人的体貌特征后,侦察员又驱车赶往二犯可能藏身的彰武县刘丽家。下午3时许,当车行至彰武县两家子镇时,发现有一对骑摩托车的男女与要查找的人很相似,遂上前拦截,二人见势不妙企图逃跑,经干警奋力追赶将二人抓获,当即从其携带的布包内搜出一支"五·四"式手枪。经鉴定,与"3.24"被盗枪号一致。经突审,男青年名叫张秋生,36岁,住沈阳市东陵区市政工程处家属楼,曾因强奸罪被判刑10年,现无业。并供述了3月24日下午窜至大东区八家子小区,撬开周平文家房门,准备行窃时,偶然发现了挂在墙上枪套内的"五·四"式手枪,遂顺手将手枪、子弹盗走的犯罪事实。

沙钱团伙系列盗车案。9月13日,辽宁省华天实业发展有限公司一辆停放在皇姑区亚明小区的桑塔纳牌轿车被盗。案发后,皇姑分局刑警一大队立即组成专案组开展侦破。9月24日,侦察员在皇姑区的"跑立马"汽车美容中心门前发现了被盗轿车,遂布置力量架网守候。9月28日下午,一男青年驾驶一辆奔驰牌轿车到该美容中心购买汽车配件,并打探有关这辆桑塔纳轿车的情况,形迹可疑。专案组经工作,很快查明此人是专门倒卖汽车的港商刘涛,遂对其进行了审查。刘提供桑塔纳牌轿车是通过其弟刘鹏(33岁,大连市无业人员)从沙钱(男,32岁,从事个体经营汽车配件和维修业务)手中购买的。专案组进而查明沙钱的现住址(省政府宿舍4号楼),并部署力量进行守侯控制。10月10日晚,将沙钱与刘学昌(男,25岁,东陵区无业人员)抓获。经连夜突审,沙、刘二犯交待了自1月份开始,伙同刘鹏在我市皇姑、沈河、大东、于洪等区先后盗窃桑塔纳牌轿车13辆(价值200多万元),所盗车辆全部通过刘鹏销往沈阳、大连、辽阳、营口、鞍山等地,共获赃款100多万元的犯罪事实(已缴回被盗赃车12辆)。

【消防工作】　1995年,沈阳市消防管理工作紧紧围绕服从和服务于经济建设这个中心,充分依靠党委和政府的领导,积极发挥消防监督机关的职能作用,加大执法力度,提高灭火能力,取得了显著成绩。全年共发生火灾事故2 449起,比1994年下降了20.8%,经济损失折款550.1万元,比1994年下降9.6%,而且没有发生危害严重的恶性火灾事故,为全市经济建设和市民生活创造了较好的消防安全环境。

——加大领导力度,保证了消防工作的顺利发展。市委、市政府高度重视消防安全工作,全年多次召开会议,专题研究消防工作。为引起各级领导、各个行业、各个单位对消防安全工作的重视,减少安全隐患,杜绝恶性事故,市政府专门成立了以常务副市长为组长、主管副市长为副组长的消防安全检查领导小组。公安、工商、电业、劳动等有关部门抽调专业人员组成7个消防安全检查组,分别由市政府6位市长和秘书长带队在全市范围开展了安全检查。各区、县(市)也都成立了检查组,由主要领导亲自挂帅开展了全面检查。市政府几位副市长还多次深入基层,现场办公解决防火问题。保证了消防难题和重大火险隐患的顺利解决。

——加大火险整改力度,消除了一大批重大火险隐患。通过安全检查,全市共发现火险隐患1.7万多处,对其中的224处重特大火险进行了逐个排查认定,确立省级火险25处,市级火险134处。经有关部门和存险单位积极努力,全市共投资1 300多万元,彻底整改省级火险7处、市级火险50处;局部整改省级火险11处、市级火险53处,其余全部采取了可靠的安全防范措施;近百家大型商场、公共娱乐场所排除了可燃装修材料,增设了自动报警装置。

——加大消防立法和执法力度,从严查处了一批违章违法单位和责任者。全年以市政府名义先后发布了《沈阳市居(村)民防火管理规定》、《关于做好春季防火安全工作的紧急通知》、《关于做好汛期防火工作的紧急通知》和《关于做好秋冬季防火工作的通知》等文件。成立了沈阳市消防局,具体履行政府的消防管理职能。全年查处火灾事故122起,其中重大火灾10起;处罚单位68个,处罚责任人130人,罚款金额52.9万元;行政拘留11人;配合检察院、法院解决火灾纠纷5起;查处违章装修8处、违章占道20处;取缔非法经销液化气站点7处,查收液化气钢瓶630只,收缴超期报废液化气钢瓶153只。

——加大消防审核监督力度,避免了消防设施建设出现"先天不足"。依据国家消防法规和规范的要求,严格了建筑工程、装修工程、化工项目经销等审核管理。全年共审核建筑工程919项,建筑面积316万多平方米;审批装修工程788项,面积11.2万平方米;审批化工项目1 435项,发放易燃易爆化学危险品证835套。同时,严格消防产品质量监督,及时查处2个较大的生产消防应急灯和防火涂料的假冒厂家。

——加大消防宣传力度,全民消防安全意识明显提高。组织开展了"11.9"消防宣传活动,散发消防知识读物10万份、消防宣传报纸9万份、《致中小学生一封信》1万份、《沈阳市居民防火管理规定》宣传单3 000份等一大批宣传品;下发了《致企事业单位法人代表的一封信》;复制了100多本消防知识录音带分发到主要交通岗亭播放;拍摄了消防电视专题片,通过新闻单位播发消防专题稿件400多篇,并在《公安司法纵横》开辟了"消防之声"专栏,扩大了消防知识宣传的覆盖面。

——加大消防基础建设力度,灭火救援能力明显提高。全年投资585万元,购置了32辆机动车、2部夜视仪、60部空气呼吸器等,补充了灭火器材;举行了高层建筑实战灭火演习;组织指挥员对高层、地下工程和大型集贸市场进行熟悉演练;成立水源普查小组,对全市的市政消火栓进行了全面清理普查,找出被埋压圈占的消火栓513个,增大了市政消防水源的利用率;会同有关部门组建了十二线、第三粮库和沈阳军区工厂局炼油厂消防队。加大了消防专业队伍管理,训练力度、身体素质和灭火能力明显提高。全年成功地扑救了正泰娱乐中心、中山大酒店、北市剧场等30多起重大及影响较大的火灾,没有酿成恶性损失。全年共出动火场3 919次,出动车辆15 676台次,出动指战员94 056人次,抢救火场遇险群众68人,最大限度地保卫了国家财产和人民生命的安全。

(公研一)

检察工作

【概况】　1995年沈阳市人民检察院下辖13个县(市)、区检察院、3个地区检察院和沈阳经济技术开发区检察院。市检察院内部设刑事、法纪、监所、控告申诉、民事行政等检察处和反贪污贿赂局。市检察院还设有贪污贿赂罪案举报中心,受理人民群众对贪污贿赂等严重犯罪的举报。全市两级检察机关共有检察人员1 259人,其中市检察院295人。

【反贪污贿赂工作】　1995年,沈阳市检察机关认真贯彻党中央关于开展反腐败斗争,维护稳定的指示和市委关于加强党同人民群众的密切联系的决定精神,把查办贪污贿赂犯罪摆在检察工作的首位,突出查办发生在"三机关一部门"中的贪污贿赂等犯罪案件,狠抓大案要案,推动反腐败斗争的深入进行。主要做了以下几项工作:

1.突出打击重点,强化领导指

挥力度。市检察机关集中精力查办人民群众普遍关注、有影响、有震动的大案要案，以惩治严重贪污贿赂犯罪分子的成果取信于民。两级院检察长在查办大案要案过程中靠前指挥，跟班作业，掌握情况，果断决策。市检察院还加强对基层院侦查工作的指导力度，重点解决不敢查、不会查或者查不下去的问题，协助基层院突破大案要案。

2.紧密依靠群众，加强举报工作。采取多种形式推动群众举报健康发展，尤其在王宝森等人犯罪案件和一些在全国有影响的大案要案相继披露后，适时开展"举报宣传月"活动，广泛宣传、动员群众举报。坚持检察长接待日制度，两级院检察长亲自接待群众举报，鼓舞群众的举报热情。

3.增强证据意识，提高侦查水平。坚持"一要坚决，二要慎重，务必搞准"的原则，注意了解和掌握伴随改革开放不断出台的新政策、新法律，研究新情况新问题，不断提高查办贪污贿赂等犯罪案件的办案质量。充分运用各种法定侦查手段，收集证据，抓捕罪犯。

1995年，两级检察院立案查办625件贪污贿赂等严重经济犯罪案件，比1994年上升41%。立案数和大案要案数均为历史最高水平。一是突出打击了发生在"三机关一部门"中的以权谋私、权钱交易的贪污贿赂犯罪活动。郊区和县(市)检察院还查办了一批发生在乡镇站所及农村基层政权组织中的犯罪案件。二是依法打击了危害生产要素市场和改革措施实施的新型犯罪。查办了一批发生在金融信贷、土地批租、房地产开发活动中的贪污贿赂案件及虚开、代开增值税发票的偷税骗税案件。这些案件犯罪数额巨大，给国家造成严重损失。三是严厉打击了向市场经济转轨过程中发生在国有企业的贪污贿赂等犯罪。查办一批企业厂长、经理及中层干部贪污受贿的犯罪案件，受到广大职工的拥护。四是积极运用检察职能，维护市场经济秩序。依法查办生产销售伪劣产品、假冒商标案件，捣毁生产假冒商品的黑窝点60余个，扣缴假冒商标标识800余万套，挽回经济损失200余万元。打击了对人民群众身体健康构成严重威胁的假食品、假药品、假烟和严重坑农害农的假农药、假化肥、假种子等犯罪活动，保护了企业和消费者的合法权益。五是加强预防犯罪工作。在国有大中型企业、金融系统和农村开展预防犯罪的调查研究，形成《国有企业干部职务犯罪特点及预防措施》等调研成果，指导预防犯罪工作的开展。在办案中还积极帮助发案单位健全各项规章制度，堵塞漏洞，积极开展专项预防工作。

【刑事检察工作】 1995年，沈阳市检察机关与公安机关、人民法院密切配合，坚持不懈地开展打击严重刑事犯罪的斗争。两级检察院共受理公安机关提请逮捕案犯8 777人，经审查，已批准逮捕6 896人；受理公安机关移送起诉和提请免予起诉案犯8 630人，经审查，已向人民法院提起公诉7 108人，免予起诉492人。根据市委和上级检察院的部署和要求，市检察机关在打击严重刑事犯罪方面，主要做了以下几项工作：

一是坚持依法从重从快方针，不断加大打击严重刑事犯罪的力度。把对杀人、抢劫、强奸、爆炸、重大盗窃、流氓集团、抢夺枪支、持枪作案等严重破坏社会治安的犯罪活动作为打击重点，坚持"两个基本"，依法从快办理。对引诱容留妇女卖淫、制造传播淫秽物品、吸毒贩毒、赌博等各种社会丑恶现象中构成犯罪的案件，也依法及时批准逮捕、提起公诉，坚决予以打击。

二是积极参加严打专项斗争，推进社会治安的重点整治。根据市委、市政府的统一部署，市检察机关先后参加了"严打春季攻势"、"打击盗抢机动车"、"秋季会战"、"扫黄打非"等专项斗争。在提高认识的基础上，市检察院还制定下发了《沈阳市检察机关"严打"专项斗争行动方案》，要求两级检察院迅速行动，从快办理严打重点案件，体现严打声威。还配合监管改造部门开展政治攻势，大力宣传《关于在逃违法犯罪分子必须在限期内投案自首的通告》和《关于收缴非法枪支弹药的通告》，敦促违法犯罪分子自首坦白，检举揭发。

三是加强出庭公诉工作，扩大打击效果。积极采取措施，不断提高出庭公诉质量。主动与市法院配合作好《法庭传真》的出庭工作，揭露犯罪、宣传法制、增强人民群众的法制观念，收到较好效果。及时选择一些重点打击的典型案例，配合人民法院召开公判大会，发挥震慑犯罪、鼓舞群众的作用。

认真贯彻落实依法治市的各项措施，积极参加市委统一领导的社会治安综合治理，在企事业单位和农村乡镇建立102个综合治理联系点，帮助这些单位改进治安秩序。还积极开展法制宣传，提出检察建议，协助发案单位加强管理，并参与对免诉人员和监外执行人员的帮教活动，收到一定效果。

【执法监督工作】 执法监督工作是检察职能的集中体现。1995年，沈阳市检察机关采取措施强化执法监督工作，重点解决在反腐败斗争和"严打"斗争中存在的打击不力和执法不公的问题，深入开展"三办两深"活动，即突出办案中案、案外案、案后案，深化侦查监督、审判监督。通过开展立案侦查、抗诉、追漏等工作，推动有关部门严格执法，保障国家法律的统一正确实施。

侦查监督工作着重解决反映较多的有罪不究、以罚代刑等问题。除坚持行之有效的适时介入、案件跟踪、七类案件备查监督等制度外，还与公安机关联合制定了《关于办理刑事案件有关问题的处理办法》，把介入教养、教育释放、治安处罚案件的审查作为执法监督的内容。派专人对收审案件的处理进行审查。对有罪不纠、以罚代刑，经提出纠正意见仍不纠正的重大的、有影响的刑事案件，依照《刑事诉讼法》第十三条的有关规定直接立案侦查。在深挖犯罪的同时，对那些不应逮捕、起诉的人依法做出不批准逮捕、免予起诉或不起诉的决定，并对侦查活动中的违法行为及时提出纠正意见。

审判监督工作着重抓对刑事审

判中有罪判无罪或重罪轻判等错误判决、裁定的抗诉工作。坚持起诉案件的请示答复、备案审查、量刑预测、跟踪监督、同类案件对比制度，加强审判活动监督，对认为确有错误的刑事判决、裁定依法提出抗诉。同时，进一步加强民事行政审判监督工作，全年立案251件，结案163件，维护法院正确判决裁定106件。

法纪检察工作，全年查办"侵权"、渎职等各类法纪案件150件，其中重特大案件比1994年上升12%。一是坚持执法监督与惩治司法腐败相结合，依法查办执法不严、执法不公现象背后的公安司法人员、行政执法人员徇私舞弊、刑讯逼供案件。二是查办国家工作人员玩忽职守案件，依法惩治给国家、集体财产和人民生命安全造成重大损失和严重危害的行为。三是查办一批非法拘禁案，维护公民的人身权利不受侵犯。四是查办重大责任事故案件，对无视生产安全，违章操作，造成人身伤亡和重大财产损失的直接责任人依法追究刑事责任。

监所检察工作，认真贯彻执行《监狱法》，对看守所留用已决犯、混押、超期羁押人犯等问题及监外执行罪犯的执行情况进行了专项检察，严肃纠正监管改造活动中的违法行为，严厉打击监内反改造犯罪活动。

控告申诉检察工作，认真接待处理群众来信来访，着重抓好刑事申诉案件的复查工作。对受理的5 060件各类控告、申诉案件做出妥善处理，重点办结刑事申诉案22件。妥善处理矛盾可能激化的告急访和集体访案件，控制越级访，为维护社会稳定作出积极努力。1995年12月20日，沈阳市检察院再次被最高人民检察院授予全国检察机关文明接待室的荣誉称号。

检察技术工作，充分运用技术手段加强执法监督，对侦查机关移送的案件进行文证审查和技术复核，改变鉴定结论7件，防止了错案的发生。为办案部门追捕追诉漏犯提供了科学依据。1995年10月25日，沈阳市检察院技术处被辽宁省人民检察院评为先进集体。

【检察队伍建设】　1995年，沈阳市检察机关以《检察官法》的颁布实施为契机，狠抓队伍建设，保障各项检察工作的顺利完成。

一是加强思想教育。用建设有中国特色的社会主义理论统一思想，从密切党同人民群众联系的高度，教育检察人员树立革命精神，增强忧患意识，关心党和国家的前途和命运，时刻牢记全心全意为人民服务的宗旨，充分发挥检察机关职能，做秉公执法的人民检察官。沈阳市检察院根据市委九届二次全会精神，制定了《沈阳市人民检察院关于进一步加强同人民群众联系的几点意见》。通过开展爱国、爱党、讲奉献教育以及学习孔繁森，学习全国模范检察干部铁西区院反贪局局长周伟的活动，大力倡导艰苦奋斗精神、无私奉献精神和敬业爱业精神。在抗洪救灾期间，检察人员抗洪办案两不误，表现出良好的精神风貌。

二是加强业务培训。国家法律的不断完善和检察工作的深入发展，对检察人员的执法水平提出了更高的要求。沈阳市检察机关把培养人的工作作为战略任务，列入各级领导的岗位责任制之中，本着理论联系实际、按需施教、注重实效的原则，加强业务培训，通过岗位培训，组织业务骨干轮训、开展案例分析和法律政策研究等方法，强化基本功训练，提高检察人员的实际工作能力。结合工作实际，学习新颁布的《国家赔偿法》、《关于惩治违反公司法的犯罪的决定》、《监狱法》、《关于惩治破坏金融秩序犯罪的决定》等法律、法规。广泛开展群众性的岗位练兵、业务比武活动，激发全体检察人员努力学习业务的热情，促进队伍整体业务素质的提高。

三是狠抓廉政建设。实行领导干部廉政建设责任制，突出抓领导干部廉洁自律，市检察系统召开研讨会，着重研究在当前的执法环境下，怎样做到秉公办案，公正执法。提出两级院检察长要眼睛向内，管好自己的人，看好自己的门，进一步加强队伍自身廉政教育，加强制度建设，把检察队伍带好。检察长要以身作则，敢于管理。要求检察人员"管住自己的口，管住自己的手"，严禁接受可能影响公正执法的宴请，严禁参加用公款支付的营业性娱乐活动。根据上级部署，认真开展了思想作风教育、组织整顿和"净化自我，反腐倡廉"的"形象杯"活动，着重改进办案作风，严格办案纪律，重点对青年干部抓好经常性的思想教育，树立检察队伍的良好形象。

（崔丹岩）

审判工作

【刑事审判】　1995年，全市两级人民法院坚决贯彻"严打"方针，依法从重从快地打击严重刑事犯罪活动。全年共受理一审刑事案件6 325件，审结5 907件，分别比1994年上升11.9%和10.9%。判决发生法律效力的人犯6 261人，其中判处死刑（含死刑缓刑二年执行）、无期徒刑、10年以上有期徒刑579人，9年以下有期徒刑、拘役、缓刑、管制、免刑5 676人，宣告无罪8人。

1.严厉打击各种严重刑事犯罪活动。针对全市重大恶性案件不断发生社会治安形势较为严峻的情况，全市法院坚持把杀人、抢劫、强奸、流氓、重大盗窃等恶性犯罪和团伙犯罪作为打击的重点，依法从重从快惩处。特别是对在全市和全省有重大影响以及案情复杂的案件，两级法院的主要领导亲自过问，精心组织审判力量，确保准确及时地打击罪犯。如潘晓峰流氓抢劫杀人案，在检察机关起诉到法院后，从快做出一审判决，依法将其判处死刑，打击了犯罪分子的嚣张气焰。两级法院还根据中央、省、市政法委的部署，积极开展多种形式和内容的专项斗争。坚持什么犯罪突出就打击什么犯罪。先后开展了打击"车匪路霸"、打击盗抢机动车、打击涉枪犯罪、严惩趁火打劫犯罪和严打秋季会战等专项斗争，这项专项斗争的开展，震慑了犯罪分子的嚣张气焰，一定程度上遏制了恶性案件的发生，为促进社会治安秩序的好转发挥了积极作用。

2. 严厉打击经济犯罪，坚决依法惩腐。1995年，全市两级人民法院把严厉打击严重经济犯罪活动，作为参与社会反腐败斗争，取信于民，维护社会稳定，促进经济发展的大事来抓。重点放在领导干部贪污、受贿、挪用公款等经济犯罪大案要案的审理工作上。全年共受理一审经济犯罪案件582件，审结505件。两级法院还充分运用刑罚手段，严厉打击危害市场经济秩序的犯罪活动。如市法院审理的省内最大的一起印制、倒卖增值税发票案，案犯姚天佑伙同东陵区个体印刷户张宝贵等7个，非法印制辽宁省增值税发票100本，普通发票1 280本，进行倒卖，非法获利人民币5 000元，给国家造成难以估量的经济损失。市法院经审理，认定姚天佑犯投机倒把罪，判处死刑，剥夺政治权利终身；对张宝贵等6人也分别判处无期徒刑和有期徒刑。1995年，全市法院在严惩严重经济犯罪的同时，还依法适用罚金、没收财产等附加刑，积极追缴赃款赃物，为国家和集体挽回经济损失460余万元。

3. 结合审判工作，积极参与社会治安综合治理。两级法院通过公开审理、以案讲法等形式，开展法制宣传教育，增强公民的法制观念，震慑犯罪分子。市法院与沈阳电视台联合开办每周一次的《法庭传真》栏目，现场直播案件审判实况，扩大了法制宣传的社会效果。针对审判工作中发现的问题，向发案单位或有关部门提出加强管理、堵塞漏洞、完善制度的司法建议共297份。认真开展少年法庭工作，本着寓教于审、审教结合、重在帮教，积极预防和减少青少年犯罪。进一步加强了基层基础工作，城乡人民法庭依法及时处理了大量民间纠纷和轻微刑事案件，指导基层人民调解工作，避免了一些“民转刑”案件的发生，认真做好减刑和对判处缓刑罪犯的跟踪考察帮教工作，全年共办理减刑案件3 091件，严密各项监管措施，促进了对罪犯的改造。

（高铁军）

【经济审判】 1995年，沈阳市两级法院共受理一审经济纠纷案件19 224件，审结17 242件，分别比1994年上升23%和26.7%，解决诉讼标的总金额达29.3亿元，上升91%。通过及时审理与经济体制改革密切相关的案件，保障市场经济体制的发育和完善。1995年审结企业承包、租债、联营、兼并案件400余件，审理破产案件5件。通过积极审理商品流通领域中的经济纠纷案件，维护了市场的正常秩序。共审结购销合同纠纷近1万件，占经济纠纷案件总数的57%。针对贷款逾期不能回收，银行信贷部门资金周转困难的情况，加强了对金融借贷纠纷案件的审理，共审结这类案件近4 000件，依法清贷1.2亿元。1995年，各郊区法院审理农村承包合同和乡镇企业经济纠纷案件近500件，为促进农村经济的发展起了积极作用。全市法院十分重视运用司法手段保护知识产权，全年共审理专利、商标和技术合同纠纷案件115件，保护了知识产权人的合法权益，促进科技市场的发展，为科技转化为生产力提供了有效的法律保证。

1995年，全市法院共审结涉外和涉港澳台经济纠纷案件61件，涉及8个国家和地区，解决争议额4 660万元，公正平等地保护中外当事人的合法权益，为扩大对外开放创造了良好的法制环境。

在审理经济纠纷案件中，注意把保护企业特别是大中型企业的合法权益，作为工作的重点。对于涉及国有大中型企业的经济纠纷案件，采取“优先收案、优先审理、优先执行”的三优先原则，缩短诉讼周期。对那些亏损严重、职工工资难以保证的企业，尽量不对其采取过激的诉讼保全措施，对这些为原告的案件，还规定可以缓交和免交诉讼费，减轻了企业诉累。两级法院经济审判干部还积极转变审判作风，深入企业生产一线指导举证，就地收案。据统计，全市法院受理的19 224件一审经济纠纷案件中，有40%以上是审判干部深入企业登门收案的。

1995年，两级法院积极加大法律服务的力度，不断拓宽服务领域。通过经济纠纷调处快办中心采取简便、快捷的方法，务求做到快审、快调、快执行，加快办案节责。该中心全年共审结各种经济纠纷案件707件，平均审限30天，最快的仅用一天结案。组建两年多的企业改革试点法庭专门审理涉及改革试点企业的经济纠纷案件，同时积极深入企业进行法律咨询和法律服务，推进现代企业制度的发育和完善，促进企业改组改造工作顺利进行。两级法院还注意发挥企业法律服务部门的枢纽作用，积极开展诉前法律服务活动。1995年共接待企业来访500余次，与111个企业建立了“服务联络点”，努力做到有求必应，随叫随到，服务到位。市法院企业法律服务办公室还针对一段时期外埠法院强制执行中因方法不当引发的社会不安定因素和企业经营困难局面，积极与外埠法院协商，征得理解和支持，采取灵活变通的方法妥善加以解决。

（史明箭）

【民事审判】 1995年，沈阳市两级法院共受理各类一审民事案件37 715件，比1994年增加9 309件，增长32.8%；审结29 445件，比1994年增加3 736件，增长14.5%。其中受理离婚案件21 331件，占受理案件总数的56.5%，比1994年增长10.7%；受理房地产案件1 604件，占受理案件总数的4.3%。受理债务案件3 921件，占10.4%。两级法院在审理离婚案件中本着男女平等，合情合理的原则，认真解决离婚案件中的财产分割、房屋所有权和使用权及子女抚育等问题，注意保护妇女、儿童和老人的合法权益；在审理债务案件时，从有利于生产经营和群众生活的原则出发，保护债权人的正当权益；在审理房地产开发经营纠纷案件中，坚持平等自愿、诚实信用、等价有偿的原则，依法规范房地产业的健康发展。

1995年，两级法院进一步加大民事审判方式改革步伐，明确了举证责任，坚持“谁主张、谁举证”的原则，把举证、质证、认证三个环节有机地统一起来，做到有理讲到庭上，有证举到庭上，改变了过去取证由法院包办代替的做法，提高了开庭质量和审判效率。两级法院以公开审判为重心，推行一步到庭的审判方式，即审判人员对受理的案件认真审查后，不采取先行询问、调解的办法，一次开庭审结案件，增加了庭审的透明度，使赢者堂堂正正，输者口服心服。

两级法院还坚持把维护社会稳定作为审判工作指导思想，处理好集团诉讼等重大、疑难案件，认真审理新型案件，做到公平、准确、依法审理，保护当事人的合法权益。

（刘海洁）

【行政审判】 1995年，沈阳市两级法院共受理一审行政案件187件，比1994年上升60%；审结172件，上升67%，在审结的172件行政案件中，维持64件，撤销和变更43件，撤诉42件，作其他处理23件。同时两级法院还根据行政机关的申请，依法执行非诉行政案件768件，即依法纠正了个别行政机关违法的具体行政行为，保护公民、法人和其他组织的合法权益，又依法维护行政机关的合法行政行为，有力地支持了行政机关依法行政。

1995年，全市两级法院在执行工作中继续克服就案办案和孤立办案的倾向，从稳定社会、发展生产的大局出发，注重执行社会效果，经济效果和法律效果的统一。全年共受理执行案件19 474件，执结案件15 202件，执行标的总金额达58 384万元。在执行工作中，两级法院针对执法环境复杂、执行案件矛盾焦点突出、容易激化的实际情况，采取有利措施。一是坚持实事求是，正确区分无力偿还与拒不履行的界限、有关领导出面协调与行政干预的界限；二是坚持生产力标准，对“三无”企业，加大执行力度，防止他们继续扰乱市场；那些形成一定生产规模且产品市场前景看好的债务人，一般采用较灵活的执行方法。三是坚持群众路线，即要保护债权人的合法权益，又要保护被执行单位的合法权益，防止企业特别是国有大中型企业职工，因法院执行不利而引发不稳定因素。对那些故意回避法律，隐匿、转移财物以至暴力干扰执行的当事人或案外人，坚持严肃执法，果断采取强制措施，保证执行顺利进行。四是拓宽执行领域，搞好延伸服务。两级法院积极开拓执行工作新思路，搞好延伸服务，利用执行案外第三人的办法积极为企业清欠，不仅使旧存案件得到清理，同时也避免了出现新的死案。五是强化执行力度，注重执行社会效果。对确有履行能力而拒不履行义务的被执行人坚持强制执行，在执行时注意法制宣传，做到以案讲法，教育群众。通过执行会战的方式提高结案率。

（刘海洁）

司法工作

【概况】 1995年，沈阳市司法局下辖沈阳市监狱管理局和沈阳市劳教管理局，对9个区、4个县（市）共13个县（市）区司法局进行二类管理。全市共有14个公证处、40家律师事务所；另外还有2所监狱、4个劳教所。

一年来，沈阳市各级司法行政机关牢固树立大服务的思想，从全市改革、稳定、发展的大局出发，充分发挥了各项职能作用，使各项工作均有所突破和创新。公证、律师工作改革进一步深化，服务领域不断拓宽，服务质量明显提高，取得了明显的社会效益和经济效益，业务收费创历史最高水平；法制宣传工作以考核验收为中心，全面完成了“二五”普法规划；人民调解工作以稳定社会为重点，积极预防、调处各类民间纠纷，全年调处各类纠纷2万余件，调解成功率达92%以上；联合帮教工作也逐步开展起来，一年来全市共安置刑释解教人员1 201人，安置率达81%，有效地降低了刑释解教人员的重新违法犯罪率；监狱、劳教工作改革逐步深化，改造质量明显提高，监狱实现了无脱逃、无非正常死亡，有2所劳教所生活卫生工作达到司法部和省司法厅的优秀标准，在建设现代化文明监狱和劳教所的道路上又迈出了可喜的一步。

【律师·公证】 1995年，沈阳市的律师、公证工作从全市改革、发展、稳定的大局出发，坚持大服务的工作方针，努力扩大服务领域，提高服务质量、深化内部改革，并取得了良好的社会效益和经济效益。

律师队伍有了较快发展。全年批准设立了圣华等3家律师事务所，使律师工作机构总量增加到40个，扩大了律师服务的覆盖面；同时继续完善用人政策，积极从社会上招聘从事金融、专利、外贸等工作的专业人才，并利用供需洽谈会等多种形式为取得律师资格人员从业创造条件，1995年新招聘律师30名。在律师管理上以注册登记制代替了管理费上缴制，从体制上保证了律师事务所及律师具有更充分的自主权和公平竞争的机会。完善了律师事务所的内部运行机制。各律师事务所结合自身实际，制定了形式各异的效益工资方案，最大限度地挖掘了律师个人的潜力。律师业务工作与1994年相比，呈现出两大特点：一是非诉讼业务大幅度上升。见证业务一跃增至200件，相当于1994年的2倍；其范围也由民间赔偿、承认扩展到经济领域的订立合同、产品购销等。同时，证券、房地产等新兴经济领域的非诉讼业务也比1994年增加了近20%。二是服务范围由过去偏重经济领域转向社会各个方面。沈河区律师为区五大班子担当常年法律顾问、和平区主动介入政府信访工作、苏家屯区律师创办家庭法律顾问等都产生了极佳的社会效益。据统计，一年中全市律师共办理各类案件3 945件，代写法律文书3 536份，解答法律咨询8 838人次，为1 431家企事业单位担当了常年法律顾问，索回经济损失42 509万元，业务收费比1994年增长27.6%。

公证工作从抓质量、抓管理入手，强调有效服务，推动了工作全面开展。公证管理部门先后两次对14个公证处进行质量大检查，抽查卷案1 800余本。各公证处根据市司法局制定的《沈阳市公证机关标准化管理考核办法》及《沈阳市处理公证员办理错假证暂行办法》，分别制订完善了程序制度、抽查制度和奖惩制度,使办证质量明显提高,年错假证率仅为0.13‰。公证服务领域进一步扩大,并逐步走向规范化、制度化。1995年又开辟了企业股份制改造、房地产转让合同等数个新型公证项目。东陵、新城子区从长远着眼,先后以区政府名义对必办公证事项作出了规定。以加大内部改革力度为重点,积极稳妥地推进公证体制改革。各公证处从内部考核、工资分配入手,完善内部运行机制,取得了良好效果。沈河、和平公证处人均办证量和业务收费创历史最好水平;皇姑、铁西区公证处的改革经验在全省进行了推广。年内,全市公证机关办证达16.6万件,是计划的2.8倍;收费是年计划的6.2倍,约相当于1993年、1994年两年业务收费的总和。

【监狱·劳教】 1995年,沈阳市监狱、劳教工作以加快实现监管改造、管理教育的法制化、规范化、科学化和争创现代化文明狱所为目标,以“三防”工作与维护狱所内稳定为重点,全面推动了各项工作的开展。教育改造工作改革进一步深化。在巩固分级管理、分类教育、百分考核等改革成果等基础上,开始试行劳教人员低工资制,有190名劳教人员成为第一批试工人员,并领取了工资;监狱部门根据自身特点,实行犯人集体食堂就餐制,建立了犯人商品供应站,制定了卫生防疫等方面的检查制度。东陵、康家山两所监狱的分押工作基本到位,以中队为单位的分押纯度达85%,初步实现了分管工作的规范化。继续贯彻稳定压倒一切的方针,强化制度建设,进一步落实各项安全防范措施。特别是劳教工作针对过去外役劳务现场劳教人员逃跑较多的情况,完善了劳教人员外役劳务管理的有关规定,并严格执行,使外役劳务现场劳教人员的逃跑率比1994年有了大幅度下降。一年中,各狱、所均未发生凶杀、暴乱等恶性事故;监狱无脱逃、无非正常死亡;犯人、劳教人员的政治、文化、技术课入学率达100%,到课率达98%。张士劳教所生活卫生工作经司法部劳教局检查验收,晋升为部级先进单位;王家庄劳教所生活卫生工作达到省级优秀标准。在抗洪抢险期间,东陵等3所监狱、劳教所遭受洪水侵袭,至使交通、通讯受阻或中断。在百年不遇的洪灾面前,广大干警表现出了大无畏的精神和高度的责任感,经过几昼夜奋战,夺取了抗洪抢险的胜利。有8个单位集体立功,80人立功受奖,其中东陵监狱和7名个人受到了市委、市政府表彰。在此期间,犯人和劳教人员未跑一人、未死一人、未伤一人,从不同侧面反映了几年来改造工作的成果。监狱和劳教所的经济工作也跃上了一个新台阶,经济效益明显提高。在完善企业承包责任制的同时,积极进行了产业结构的调整,加大了对支柱产业的资金投入,并做到了当年投资当年收益。截止年底,各监狱、劳教企业共完成工业产值1 631万元,实现利润417.3万元。

【法制宣传】 1995年是“二五”普法的最后一年,也是最关键的一年。沈阳市法制宣传工作在坚持“以宪法为核心,以专业法为重点”的基础上,着重加大了对领导干部和行政执法部门的法制宣传力度,并适时把握社会的难点、热点问题,把相关的法律法规及时宣传普及开来,增强了法制宣传的实效性。为圆满完成“二五”普法规划,法制宣传部门按照市委、市政府的统一布署,分3个阶段对全市5年来的普法工作进行了全面地考核验收。5月1日前为准备部署、先期试点阶段。1季度以市委、市政府名义召开了全市“二五”普法考核验收动员大会,下达了实施方案,提出了领导干部和行政执法部门为考核验收重点的原则要求,并交流了皇姑区及市保密局的试点经验。同时积极协助各县区、部门建立组织机构,落实经费,明确工作制度及责任标准。5月至9月为自检自查阶段,并进行了县区层次的考核验收,共考核验收基层单位1 200多家。此阶段的重点是查漏补课,清除普法中遗留的死角。6月份,市法制宣传教育办公室专门召开了工作情况汇报会,沟通情况、交流经验,有效地推动了工作的开展。10至11月为市级层次的总体验收阶段。根据市委办发[1995]12号文件精神,在严格程序、严格标准、严扣标准的原则指导下,组成了有市领导和部分人大代表、政协委员参加的11个考核小组对13个县区和49个委办局进行了全面考核验收,并于11月底圆满结束。在进行“二五”普法考核验收的同时,继续开展了以落实部门执法责任制为重点的专业法普及活动。先后宣传了劳动法、公司法、反不正当竞争法、国家赔偿法等10多部法律法规。一年中,全市共办法制培训班3 800期,受训人员50余万,处以上干部参训率达85%。市工商局严格依法行政的经验在全国工商系统进行了推广。以《邓小平论民主法制建设》及该书《讲话》为教材,宣传了邓小平的民主法制思想。下发“两本书”3 000余套,编发有关参考资料1 000余册。认真开展调查研究,积极探索新形势下开展法制宣传教育的新路子。一年中共写出调研文章15篇,其中《部门执法责任制实践及深化的理论思考》与《论市场经济条件下农村普法形势与对策》2篇文章在省法制宣传工作会议上进行了交流。抗洪救灾期间,根据市领导的指示精神,苏家屯、东陵、辽中、皇姑等区县的法制宣传部门组织大批人员深入基层,开展了刑法、治安管理处罚条例、民法通则、食品卫生法等法律法规的宣传活动,集中解决了在此期间出现的社会难点和热点问题,为灾区稳定和经济振兴创造了良好的法制环境。

【人民调解与法律服务】 1995年,沈阳市人民调解工作继续坚持“调防结合,以防为主”的方针,以维护基层稳定、维护社会稳定为目标,在广大城乡深入开展了有特色的“三治三无”活动,充分发挥了社会治安综合治理第一道防线的作用。适应市场经济发展需要,进一步加强了组织和队伍建设。从年初确立的“哪里有人群、有纠纷、有经济活动,哪里就有调解组织”的指导思想出发,相继在集贸市场、商业区、城乡结合部、流动人口聚居区等纠纷多发部位建立了调解组织。于洪区杨士乡设立了外来人口法律事务办公室,大东区二台子、东站贸易市场组成了由司法、工商、商贩三方代表参加的调解委员会，较好地解决了有关的法律事务和各类纠纷。跨地区联合调解组织也有了进一步发展，继康平县率先建立了跨地区联合调解组织之后，苏家屯区也在与辽阳市接壤地带设立了同类性质的调解组织，为解决跨地区民间纠纷提供了组织保证。针对企业改革的新形势和农村村委会换届，对部分人民调解组织进行了整顿。在整顿中，近80％的农村村委会更换了部分素质不高、年老体弱人员；调整企业调解人员近千人，有120余家大中型企业完善了三级调解网络。针对社会热点问题突出、社会治安形势仍较为严峻的现实，全市人民调解组织以“三治三无”为重点，在城乡两条线上深入开展了抓苗头、查隐患活动，对多发性、易激化纠纷进行专项治理。特别在抗洪救灾期间，根据市领导的指示及市司法局下发的《关于加强在抗洪救灾期间调解工作的通知》精神，苏家屯、东陵、辽中等重灾区县的调解组织先后开展了声势浩大的纠纷排查、调处活动，并取得了显著成绩。仅辽中县就排查出纠纷苗头近千起，化解矛盾上百件，并成功地阻止了一起群众性纠纷事件的激化。据统计，全年调解组织共调解纠纷29 136件，调解成功率达 92％，防止民转刑案件169件，避免非正常死亡183人。基层法律服务工作继续坚持“巩固、提高、完善、发展”的方针，努力在“上等级、上水平、上质量、上效益”上下功夫，进一步完善了内部运行机制，加强了规范化管理，扩大了服务领域。目前全市215家乡、镇、街法律服务所绝大多数实行了人员聘用制和效益工资制，并基本上实现了自收自支。在业务开展中，各法律服务所结合本地区经济发展和自身情况，积极涉足新领域，探索新的工作方式，并取得了明显效果，在法律服务业竞争日趋激烈的形势下站稳了脚根，打出了自己的“天下”。一年中，全市法律服务所共代理案件3 261件，协办公证6 524件，清理欠款1 961万元，为当事人避免和挽回损失2 685万元。

【法学教育】 开展社会法学教育是司法行政部门的一项重要职责。沈阳市几年来先后开设了法律专业自学考试专、本科班、吉林大学函授本科班、中国政法大学函授本科班等。据初步统计，整个“八五”期间是共有600余人获得法律专科毕业证书、近 50 人获得本科毕业证书，为社会培养了一大批法律人才。1995 年，法学教育工作又有了新的发展。一是扩大了办学门类。根据全国律师函授中心的要求，新开设了律师专业。截止目前，已有近 200 人报名参加学习。为满足广大求学者的需要，1995 年又开办了中国政法大学函授本科 95 级新生班，招收学员 58 名；二是加强自身宣传，积极扩大生源。全年投入近万元资金进行招生宣传工作，收到了明显效果，使学员增加了300多人。三是扩大了办学覆盖面。先后成立了皇姑、铁西、辽中、法库等 16 个班站，为郊区和偏远地区学员入学创造了方便条件。全年共发行法学教材10 000余册，辅导材料8 000多册，录制法学讲座录音带600多盘，完成授课210学时。法律自学专科学员参考率为 90％，及格率达 65％；法律自学本科学员参考率为 95％，及格率达 80％；中国政法大学函授本科学员参考率为98％，及格率在 95％左右。目前共有各类学员2 500余名。

【队伍建设】 1995 年，沈阳市司法行政部门以提高政治、业务素质，树立参政、服务意识为重点，进一步强化了队伍建设。

坚持从政治思想工作入手，认真组织广大干警广泛深入地开展“双学”活动，并将此活动同全市“进场入轨、兴市富民”大讨论有机结合起来，有效地解决了部分干警头脑中存在的“司法行政与市场经济关系不大”等狭隘观念和错误认识，使广大干警进一步解放了思想、更新了观念，认识到了司法行政工作在经济建设中的重要作用。为切实提高队伍的战斗力，按照省政法委和省司法厅的部署，于 3 季度分两个阶段对全系统干警进行了一次教育整顿，集中解决了队伍中存在的思想、纪律和作风问题，廉政建设进一步加强。上半年组织处级以上干部对照“新四条”、结合学习孔繁森，认真开展了自查自纠活动。针对律师、公证两个窗口单位中存在的问题，深入开展了职业道德和执业纪律教育，并强化了专业、行业和社会监督力度。律师管理部门在 1995 年出台的律师注册管理办法中明确规定，对违法违纪或职业道德败坏的律师吊销其营业执照。纪检、监察部门先后 2 次对公证、律师及监狱、劳教等重点部门进行了执法执纪检查，对出现的问题进行了及时处理。全年共查处违法违纪案件 12 起，干警违法违纪率比 1994 年有了大幅度下降。以提高业务水平特别是执法水平为重点，加强了对干警的业务培训和专业法律培训。在全系统广泛开展了《国家赔偿法》和《监狱法》的学习教育活动，并将学法同落实部门执法责任制紧密结合起来，有效地提高了干警的执法水平。在搞好日常业务培训的同时，教育培训部门还利用自身优势，努力为干警进修法律专业创造条件，使许多人员获得了系统学习的机会，1993 年以来，仅市局机关就有近 30％的人获得了法律大专以上文凭。根据市政府的统一要求，从 10 月份开始，对全系统干警分期分批进行了计算机培训。目前，已有 20 余人领取了初级毕业证书。

（徐飞）

公安局、检察院、法院领导人名单：

市公安局：局长 常绪武
副局长 韩广生
周文高
吴宗声
杨加林
柴文忠
崔德义

市检察院：检察长 张福礼
副检察长 单振刚
张凤库
李大名
李峰

市法院：院长 刘实
副院长 宛育良 张铁福
孙义祥 焦玫瑰
梁福权

抗 洪 救 灾

【暴雨成灾】 1995年7月至8月上旬，大气环境异常。极地冷性涡旋（以下称极涡）位于北美洲，中心在70°N，90°W，比常年明显偏南偏西，极涡中心强度为541位势什米，较常年明显偏强；西风带亚洲中纬度低槽较常年明显，蒙古东部至我国华北一带（90。—120。E间）为较深的低槽区，辽宁省处于低槽区前部控制；副热带高压（以下称副高）中心强度为591位势什米，比常年明显偏强，其西伸脊线平均位置在27。N，比常年偏北3个纬度，西伸脊点达105。E，比常年偏西8个经度。由于副高势力强且位置偏北，致使南方和海上的大量暖湿空气沿着副高西侧源源不断地输送到辽宁的中东部，于此同时，西风带降水云系移入辽宁中东部后受阻，并与南来的暖湿空气所汇合，形成了缓慢东移的静止锋强降水云带。

在上述大气环境的影响下，从7月15日到8月3日的20天内，沈阳地区先后出现了4次区域性的大雨到暴雨，局地大暴雨降水过程（即7月14—15日降水量53.6毫米，7月24—26日降水量118.8毫米，7月29—31日降水量113.1毫米，8月2—3日降水量38.9毫米），20天总降水量达324.4毫米。因天上来水多且时段集中，造成经流沈阳的浑河、辽河、蒲河、沙河等河流的水位陡涨，加之7月29日后各河流上的水库泄洪，天上来水和地上水汇合，致使经流沈阳的各河流多处漫堤、决口，先后冲开提防46处，总长21公里，损坏堤防442公里，沈阳市浑河南岸和辽中县一片汪洋，沈城人民经历了自1888年以来百年一遇的特大洪水灾害。沈阳观象台（地处浑河南岸的浑河堡）平地水深3米，各种气象观测转移到二、三楼方保住观测记录的连续性。据卫星遥感监测资料显示，辽中县被洪水淹没的面积比两个大伙房水库的面积还大。

（王世清）

【灾情】 1995年汛期，沈阳遭受了百年不遇的特大洪水袭击，尽管全市上下团结一致，军民共同奋战，取得了抗洪抢险的巨大胜利，但是终因洪水过大，全市仍然遭受了建国以来从未有过的洪涝灾害，给灾区经济和群众财产造成巨大损失。经过认真核查，全市洪灾直接经济损失总计为76.2亿元，其中包括：

1、农业损失。这次洪灾波及了城区之外的全部8个县（市）、郊区，受灾乡镇达到了135个，粮食减产约18亿斤，种植业因此损失8.64亿元；沈阳的副食生产基地（包括畜禽圈舍和蔬菜大棚），蒙受损失也较重，养殖业损失为7.3亿元，水产业损失3.04亿元；其他农业损失2.53亿元。以上农林牧渔业各项合计直接经济损失21.5亿元。

2、水利设施损失。因洪灾损坏5座小型水库，以及大量的堤防、护岸、水闸、塘坝、渡槽、桥涵等，也冲毁机电井近3 000眼，损坏机电泵站600座，毁坏100多处管理设施，水利工程设施直接经济损失6.9亿元。

3、城市基础设施损失。包括城建、交通、绿化、建工、房产、邮电和自来水公司等在内的直接经济损失1.7亿元。

4、工商企业损失。截止8月25日，工业企业受灾总数为35 875户，其中，被洪水淹没1 500户，因水淹及供电、供水中断而全部停产达1 200户，部分停产800户，共造成直接经济损失20.8亿元。包括粮食、商业、供销社、食品公司、石油公司网点、设施及商品损失共1亿元。工商企业损失合计为21.8亿元。

5、社会事业损失。包括426所中小学校舍、教学设备，乡镇卫生院房屋、医疗机械和药品等损失，合计0.77亿元。

6、灾区群众财产损失。通过对灾情最重的4个村的抽查以及对120万受灾人口损失的统计核查，这次洪灾冲毁倒塌房屋3.3万间，危房4.2万间，合计7.5万间，包括口粮水浸以及家庭财产损失在内，灾民损失共23.5亿元。

灾害也给城市居民生活带来诸多困难。因城市基础设施遭到破坏，供水、供电、供燃气受到影响。因受灾，肉、蛋、菜价格上涨，部分居民住房进水，生活受到影响。

（罗乃斌　吴智丰）

【抗洪抢险】 沈阳市继1994年遭受严重洪涝灾害之后，1995年又接连遭受到有史以来罕见的、经济损失十分严重的特大水灾。全市人民在中央和省的重视、关怀、支持下，在沈阳军区和军分区的大力帮助下，在省委、省政府和市委、市政府的领导下，和人民解放军、武警部队一起团结奋战，顽强拼搏，终于战胜了百年不遇的特大水灾，大大减少了受灾损失，取得了抗洪抢险救灾的全面胜利。

1.扎扎实实地进行了各项防汛准备工作。

1995年汛期，全市共出现大小降雨过程33次。其中：暴雨到大暴雨4次，大雨到暴雨15次。总降雨量为656.4毫米，是正常年同期的1.5倍。雨量在地区分布上，呈现出由东南向西北逐渐减少的趋势。全市苏家屯区雨量最大，为880毫米；该区陈相屯为全市最大雨量点，降雨达922毫米。康平县雨量最小，为380毫米；该县花士窝堡为全市最小雨量点，降雨仅为295毫米。1995年汛期降雨的另一显著特点是，在时间上分布不均，雨量主要集中在6月下旬和7月下旬，特别是从7

月28日到30日，3天之内，全市连降两场大暴雨，平均降雨量为219毫米，雨量最大的苏家屯区313毫米，该区姚千户镇达349毫米。与此同时，境内主要河流的上游地区的降雨量更大，尤其是北沙河上游的歪头山雨量竟高达564毫米。因此，尽管1995年汛期全市降雨比1994年同期少2成，但仍使全市各河水位普遍上涨，相继出现多次洪峰。

整个汛期，全市各河共发生大小洪峰37次。其中，辽河4次，最大洪峰流量4 840秒立米（马虎山水文站），已接近大堤保证流量；浑河12次，最大洪峰流量4 900秒立米（沈阳水文站），为百年一遇大洪水；北沙河7次，最大洪峰流量为1 540秒立米（大东山堡水文站），超过了大提保证流量（800秒立米）近1倍；蒲河4次，最大洪峰流量397秒立米（大河泡水文站），超过团结大闸以下大堤保证流量（340秒立米）50多秒立米；养息牧河6次，最大洪峰流量317秒立米（小荒地水文站）；柳河4次，最大洪峰流量为290秒立米（新民水文站）。

特大洪水造成北沙河、浑河等河堤防频频出险。7月29日夜，北沙河在苏家屯区的林盛堡、红菱等5个乡镇漫堤决口，17个村和15万亩耕地被洪水淹没；浑河有多处漫堤决口，南岸的12个乡镇汪洋一片，近20万亩耕地被淹，北岸也有6处决口，使于洪区的彰驿、辽中的长滩等7个乡镇和30多万亩耕地被淹。7月25至8月7日间，连续8天降雨，使新民市140万亩庄稼成灾，其中严重内涝的地块达59万亩；7月30日夜，法库县的辽河支流小河子决堤20多米，使4个村的2万亩庄稼被淹；在辽河东大山段也出现冲刷200多米大堤的险情。

1995年的汛情来势凶猛，面对突然发生的大洪大涝，市委、市人大、市政府、市政协的领导组成了浑河保堤、群众躲险、辽河防汛和后勤保障4个指挥中心，深入抗洪抢险第一线，分兵把口。市委、市政府把抗洪救灾作为压倒一切的中心工作来抓。通过召开政府常务会议、紧急电话会议、领导干部动员会，广泛动员全市人民抗洪救灾。全市防汛指挥系统在紧张中有条不紊，运转高速有效，充分发挥出了中枢作用。市防汛指挥部成员团结协力，与防汛专家和政府有关部门负责同志一起，通过到灾情严重的险工险段进行实地勘察，以及在指挥部分析水文、气象和水情，正确决策，精心部署，对全市的抗洪抢险救灾工作实施了强有力的领导。

在市的统一部署下，全市各级党政领导身先士卒，深入抗洪抢险第一线，与广大干部、群众、解放军、武警官兵和公安干警等一起奋战抗洪抢险。在领导干部的带动和影响下，广大干部和共产党员奋勇当先，带头抢险，并发挥政治优势，动员各方面力量奋力营救被洪水围困群众，从而保证了人民群众的生命安全。全市各行各业积极行动，发扬团结协作、无私奉献的精神，争先恐后为抗洪抢险做贡献。在几天内全市就把520万条麻袋、草袋子，446吨铁线等抢险急需物资和食品等抢运到了险工险段和灾民手中。沈阳军区、军分区和武警部队也向抗洪抢险伸出了援助之手，先后抽调9 000余名指战员，日夜奋战在险工险段，筑堤堵口，抢救百姓。

经过军民的共同努力，先后打胜了4个抗洪救灾战役：一是死守浑河城防大堤，从7月28日至8月1日，打胜了八三隧道、公相提水站和输变电枢纽的抢险攻坚战，确保了沈阳城的安全；二是辽河抢险，从8月2日至3日，法库、新民段相继出现险情，经军民奋力抢护，保住了大堤；三是固守蒲河大堤和团结水库堤坝，从8月4日开始到8日，浑河、辽河、蒲河的洪水，对辽中的16个乡镇和辽中县城构成了严重的威胁，指挥部及时向省防告急，请求支援，并采取一系列紧急措施，指挥军民团结奋战，保住了辽中县城；四是从8月7日开始，在指挥抢险的同时，市政府组建了救灾工作领导小组，把全市抗洪救灾工作重点，及时转入了救灾与生产自救。

全市在组织抗洪抢险的同时，还拉开了另一条战线，即排水除涝、夺取丰收。康平县42座排水站的100多台机组，全部开动，昼夜不停排水，将受灾的5万亩耕地积水全部排出。新城子区出动3万多人次，挖排水沟13.3万延长米，开动机组100多台，抢排出14万亩农田积水。新民市118座排水站、354台机组全部开动，并投入60多台临时泵，共排出农田积水5.6亿立方米，从而有效地缓解了农田涝灾。

（罗乃斌　吴智丰）

【积极筹措抗洪抢险资金】 1995年7月末至8月初，沈阳市遭受了百年不遇的洪涝灾害，使铁路、公路、电力、通讯、水利和城市供水、供气等基础设施受到严重破坏，给全市的经济和灾区人民财产造成了巨大的损失。对于财政而言，形成了巨大的减收增支，进一步加剧了财政收支矛盾，制约了财政预算的顺利执行。

在严重的洪涝灾害面前，全市抗洪抢险、安民减损工作任务十分繁重，资金需要量大，各方面对于财政救灾资金的需求相当紧迫。全市各级财政部门适时调整工作重点，克服困难，全力以赴地投入到抗洪抢险工作中去。在财力紧张、年初预算安排不足、资金调度十分困难的情况下，各级财政部门积极筹措资金，合理调度资金，在保证各项工作正常进行的同时，集中一切可以集中的财力，最大限度地满足了全市抗洪抢险、安民减损工作的资金需要，切实维护了社会稳定。

水灾期间市财政局各有关处室积极向国家、省财政部门反映灾情，汇报全市抗洪抢险工作，得到了大力支持和帮助，并通过调整支出结构，多渠道筹措资金，及时拨付到抗洪抢险的第一线。经过各级财政部门的积极努力，1995年全市各级财政共投入救灾资金达1.4亿元；及时修复了水毁工程，抢修了城市自来水、电力、煤气、交通等水毁市政设施，恢复了城市功能的正常运转；有力地保证了在大灾之年市政府对沈阳市肉、蛋、菜市场价格的调控要求，确保了市场物价稳定和物质供应；灾民安置工作进展顺利，保证了灾区人民灾后有饭吃、有衣穿、有房住、有柴烧；促进了灾后防疫工作及时全面开展，实现了沈阳市灾区灾后无大疫，确保了灾区人民的健康；支持了农业和受灾企业恢复生产，保持了农业的稳定，工业生产迅速恢复。

（王旭）

【保障抗洪通讯畅通】 1995年7月28至30日，沈阳地区遭受特大洪水侵袭，沈阳市电信局所属陈相、王刚、十里河、姚千户、林盛堡、白清寨、旧站、老观坨支局通信阻断，全市8个郊、县电信局的通信设施均遭不同程度的损毁。通信不畅，为省市领导和防汛指挥部门及时了解灾情，指挥抗洪抢险带来了极大的不便。

灾情就是命令，大水未退，沈阳市电信局领导班子成员便迅速赶赴抗洪一线，指挥抗洪，保证通信畅通。全局各单位领导上岗，人员到位，车辆、物资迅速集结。在抗洪前线干部群众连续几天几夜坚守在抗洪保通信的前沿，凭着对国家财产和企业的热爱，与肆虐的洪水顽强搏斗，迅速恢复了生产，保证了通信不间断。

8月1日，洪水刚刚开始回落，沈阳市电信局抢修队伍兵分三路进行抢修作业。8月2日凌晨，苏家屯区全部阻断通信恢复抢修畅通，4038户用户恢复通信，保证了该地区的通信联络及抗洪抢险工作。

沈阳市电信局为保证全省及全市的抗洪抢险工作提供了通信保障。7月29日至8月3日，市电信局应急调通军线28条，市内专线2条；为省政府、水电厅、防汛指挥部安装汛情应急电话28台，提供15W电台2部，移动电话10部；临时开通国际，国内直拔电话4部，联合市防汛指挥部为各县、区防汛指挥部安装传真机8部；为省、市政府接通和汇接紧急电话会议5次；长话专线台全力保证省、市领导通信，仅7月30日一天就为主要领导同志接转电话129件。同时，对防汛电话和重要电话每4小时测试一次，发现障碍立即派人修复。

（张巍）

【抗洪抢险保供电】 1995年7月末8月初，辽沈地区连降暴雨，浑河流域出现了1888年以来最大的一次洪水，浑河南岸地区一片汪洋，沈阳城乡的电网遭受了有史以来最严重的灾难。66千伏以上21座变电所和591基杆塔遭到洪水冲击，农电系统被迫停运的66千伏变电所12座，沈阳地区特大枢纽变电所——220千伏浑河变电所被洪水围困两天三夜，……。沈阳地区电网直接经济损失达6 000余万元。

在抗洪抢险保供电一开始，沈阳电业局立即组成以局领导为首的抗洪抢险领导小组，7月30日召开紧急会议，通报汛情，并决定分几条战线，协同作战，使防汛工作形成分兵把口，责任明确，各司其职。

220千伏浑河变电所担负沈阳市区三分之一以上供电任务，而该所位于浑河南岸，如被洪水冲毁，造成的重大社会影响和经济损失不可估量，保卫浑河变电所正常供电是防汛的重中之重。7月29日局领导冒着大雨连夜赶到浑河变电所现场指挥，落实防洪抢险方案。辽宁省委副书记、沈阳市委书记张国光两次冒着洪峰到该所指挥决策。在浑河变电所全体职工和局部分机关人员连续奋战，于7月30日下午，81239部队800余名官兵赶到该所，在他们奋力拼搏下，在1200延长米围墙两侧构筑1.5米高的防洪堤坝，挡住了高于变电所场区1米多深的洪水冲击。由于临时防洪堤坝渗水，66千伏场区水高达30厘米，虽用抢装的11台6寸水泵排水，但渗水速度高于排水速度，在这危急时刻，市委书记张国光指示市防汛指挥部抢运来两台35厘米的潜水泵，经过该所职工齐心协力，奋力战斗，于8月1日早晨排出渗漏积水，保证了正常供电。电力部副部长陆延昌、辽宁省副省长张榕明、东北电管局局长黄金凯先后来到浑河变电所，对抢险工作给予肯定。

7月30日得知位于本溪边牛镇的220千伏李本线111号塔基被沙河水冲刷，有倒塔危险的情况，送电工区立即组织职工冒着危险奔赴现场，在多经总公司增援下，组成350多人的抢修队伍，在水深流急的艰苦条件下，经过两天的奋战，用30 000多条沙土袋子叠筑成6米高的半月形跺坝，保证了本钢及其附近居民的生活用电。

这次洪水中，苏家屯地区和辽中县受灾最为严重。7月30日早6时，由辽阳向辽中地区送电的66千伏首辽线218号杆倾斜，被迫从230号塔断引，使辽中县5座66千伏变电所32座排水站，4个乡镇和辽中县城的一半停电，在万分危急情况下，市农电局领导果断决定，用长期停运的航辽线搭接，改由孙家一次变电所转供，辽中供电局当日组织抢修突击队，连续奋战13个小时，克服各种困难恢复辽中县5座变电所的供电。辽中县的乌伯牛、长滩变电所、苏家屯地区的陈相、史三家等变电所，都被洪水围困，变电所的运行值班人员，都在危险的情况下，坚守岗位与抢修人员共同采取措施，尽量延长供电时间，最后断开断路器和刀闸，保证了设备安全。由于辽河大堤多处漫堤决口，新民、于洪、新城子、法库等县区险情频出，市农电局分兵几路到抗洪第一线组织抢修保供电，减少灾情损失。

为保证电力调度和抢修用通讯畅通，通讯所的干部职工不畏险阻在风雨中连续抢修沈虎、沈浑、浑南等通讯线路，浑南通讯线是用钢丝绳架设在浑河大桥的桥沿下1米远处；抢修人员在钢丝绳上坐滑车，悬在半空中进行工作，头顶大雨，脚下而浑河洪流咆哮，他们冒着危险经过6小时奋战，完成了跨河补架接线任务，使沈阳南部地区电力调度通讯畅通。

在奋力抢修恢复生产的同时，广大干部职工开展了心系灾民献爱心，救助灾民踊跃捐款捐物，全局共捐款37万余元，捐衣物15 000多件。

在百年不遇的特大洪水灾害面前，电业职工在局领导率领下，组织精兵强将，集中力量打歼灭战，恢复水毁设备，迅速恢复了供电，夺得了抗洪抢险保供电的全面胜利，得到东电及市委、市政府和广大人民群众的肯定和高度赞扬，沈阳电业局被东电授予抗洪抢险、安全渡汛先进单位称号。浑河变电所、辽中供电局被东电和沈阳市评为抗洪救灾先进集体。

（马家润）

【抗洪保粮】 1995年7月底8月初，沈阳市遭受了百年不遇的特大洪涝灾害。苏家屯区姚千、陈相、林盛、红菱粮库、辽中县长滩、老观坨、新民屯、肖寨门粮库以及东陵区、于洪区的一些粮库相继被淹，损失十分严重。各基层粮库广大干部职工日夜奋战在抗洪抢险第一线。市内各粮库发扬团结协作无私奉献的精神，组织3 420人，出动车辆191台，3 065辆次，抢运粮食1 571.8万公斤，倒出水浸粮食3 125.4万公斤，把灾害造成的损失降到了最低程度。与此同时，调运麻袋88.2万条，提供救灾粮油128.5万公斤，及时保证了全市抗洪抢险的需要。

（赵璐）

【赈灾募集】 1995年7月下旬，沈阳市遭受了特大的洪涝灾害，人民群众的财产和工农业生产蒙受了重大的损失。为支援灾区恢复生产，重建家园，8月6日，中共沈阳市委发出《关于为我市灾区募捐的紧急通知》，全市迅速掀起了为灾区人民捐赠款、物的热潮。各级政府分别成立了募集工作领导小组和办公室，主要领导亲自挂帅，精心组织，周密安排。各界群众捐赠款、物涌跃，有关部门严格按照接收、发运程序，相互配合，协调动作，及时，安全地将接收的款、物运到灾区。充分体现了各界人民团结一心，扶危济困的无私品德和一方有难八方支援的互助协作的共产主义精神。为灾区人民战胜困难重建家园奠定了一定的物质基础。

在这次赈灾募集活动中，市赈灾募集接收办公室共接收各界捐款6 650万元。其中：组织部系统和4个党工委系统组织单位职工捐款金额达3 585万元，捐款人数为101 549人；驻沈部队捐款187万元；工商各业捐款1 325万元；市内5城区上缴捐款1 344万元。全市共募集衣被总数218.2万件，其中：被褥4.1万床；棉衣58.5万件。在全市赈灾捐赠过程中，共有82个单位捐赠了价值758万元的物资，其中食品价值215万元；建材价值32万元；新衣被价值40.7万元；药品价值180万元。

大灾之年，沈阳市人民认识之高，行动之快，募集数量之多，质量之好是以往历次赈灾中都不可比拟的。这次募集活动的特点如下：

1. 党员、领导带头，率先垂范，发挥先锋模范作用。市领导积极带头，全市副局级以上领导人均捐款402元。市委组织部、市交通局等单位都全员捐款当月工资，为全市募集工作胜利完成起到带头作用。

2. 广大群众踊跃捐赠，表现了高度觉悟和无私奉献精神。全市涌现出许许多多可歌可泣的好人好事。“旧的衣被留自已，好衣好被捐灾区”已成为全市人民行动的口号和自觉行动。

3. 全市各级企事业单位在募集活动中，发挥了主力军的作用。

4. 人民解放军与人民群众的血肉联系在危难之时体现得更加充分。人民解放军不仅昼夜战斗在抗洪抢险第一线，在捐赠活动中，仍然心系沈阳的灾民生活，积极为灾区人民捐款献上一片爱心。

（赵立新）

【水毁工程修复】 1994年汛期，由于暴雨和洪水袭击，全市水利工程遭到严重破坏。汛后，市政府多次召开常务会议和修复水毁工程的专题会议，部署修复水毁工程工作，并通过社会集资、市财政投入和县（市）区自筹的办法，筹措7 000万元（含物资折款）专项资金，用于修复水毁工程。1995年大汛前，全市共落实修复水毁工程资金5 800万元，先后抢修重点水毁工程152项。其中：防洪工程62项、灌溉工程18项、治涝工程72项。从而为1995年的防汛提供了可靠的工程保障。

1995年汛期，全市又遭大暴雨和特大洪水袭击，再次出现了大量水毁水利工程，经过汛后核定，主要水毁水利工程共有654项，全部修复需资金7.3亿元。经过认真研究和根据财力情况，计划分3年完成。1995年，根据市领导提出的水毁工程的修复要确保1996年正常的春耕生产和安全渡汛的原则，经与市财政局勾通，一期工程安排88项，资金10 066.3万元。其中：国补8 165万元，县（市）区自筹1 901.3万元。国补8 165万元中，市财政投2 000万元，省下达工程指标365万元，剩下的5 800万元由市防洪工程维护费解决。主要项目：防洪工程66项，国补资金3 950万元。具体是：复堤堵口26处（浑河8处、蒲河1处、蒲河回水堤6处、细河4处、辽河回水堤1处、北沙河4处、柳沟河1处、马莲河1处）；重点河道险工27项（辽河19项、浑河6项、白塔铺河1项、北沙河1项）；蒲河堤防加固3项；水库除险加固6项，其他4项。灌溉工程9项，国补资金3 385万元。重点安排浑北、浑南灌区的渠首工程，浑蒲、八一灌区总干水毁工程，沈抚污水灌区的拦河坝和进水闸，祝家堡灌区渠首潜坝，以及石佛潜坝，陶屯潜坝维修。治涝工程13项，国补资金830万元。重点安排洪水淹没区排水站设备更新4座，水毁桥修复17座，新开河排干、白塔堡刘尔排干清淤，机电排涝设备，以及苏家屯、东陵区的一些水保桥修复。

为使这些水毁工程尽早开工，市财政先期预拨2 000万元用于重点工程的施工，并采取资金直拨到市水利局，然后再分拨下去的做法，统一安排使用，使资金到位有了充分的保证。目前国补资金已到位6 465万元。其中；市财政下达2 000万元，市防洪社会集资4 100万元，省下达工程资金指标365万元。截止1995年底统计，已完成复堤堵口工程24项，浑河妈妈街、大坨子复堤将于1996年春季收尾；27项河道险工上冻前已完成削坡，现正编沉排和砌石，春节前后可全面完工；水库水毁工程的修复已全面开工，棋盘山水库、尚屯水库项目已经完成，其余1996年汛前完成；蒲河堤防加固已开工，汛前可完成。灌溉工程中，除浑南渠首正在施工外，浑北、沈抚、祝家堡渠首工程已经完工。治涝工程中的排水站亦全部开工；水保的桥涵修复全部完成。从县（市）区情况来看，修复水毁工程的积极性较高，抓得也比较主动，一批机电井和农建小型水毁项目已经完成，为春耕生产打下了基础。

（罗乃斌 吴智丰）

【防洪工程维护费征收】 为广泛筹集资金，加强全市防洪工程的建设维护和管理，增强防洪工程的抗洪能力，保障国家、集体、公民财产和人民的生命安全，沈阳市政府于1995年1月5日发布了第1号令，即《沈阳市防洪工程社会负担管理办法》，规定“凡在沈阳市行政区域内的一切企业、其他经济组织、个体工商户、农户、暂住人口及行政、事业单位的职工，均应按本办法的规定缴纳防洪工程维护费”。“维护费用于补充沈阳市防洪工程修建维护和管理所需资金的不足”。

市抗旱防汛指挥部为认真贯彻执行1号令，经市编委批准在市水利局成立了防洪工程维护费征收管理办公室，并与有关部门共同制定了“《沈阳市防洪工程社会负担管理办法》实施细则”。与此同时，还组织召开了市政府1号令新闻发布会和各种形式的宣传活动，使文件精神家喻户晓，人人皆知，从而增强全市纳税人及全体市民缴纳防洪工程维护费的自觉性。

市防洪工程维护费征收管理办公室成立后，迅速进入角色，发挥其组织协调职能。首先组织各代征部门办理了收费许可证，到市财政局购买专用票据，以使征收工作有序化。第二是与各代征部门随时沟通情况，掌握征收进度和存在的问题。第三是定期稽查，严格执法，维护1号令的权威性。第四是1995年汛期在大批水利工程毁坏的情况下，又及时下发了《关于抓紧组织征收防洪工程维护费的紧急通知》，要求各代征部门加快征收防洪工程维护费，尽快把这笔资金投入到修复水毁工程上。由于做了大量细致的工作，经过各代征部门的共同努力和纳税单位及纳税人的积极配合，防洪工程维护费征收工作取得了可喜的成绩。

截1995年12月末统计，全市已征收防洪工程维护费6 000多万元，其中70%已投入到修水毁水利工程上。这笔资金对及时修复水毁工程确保1996年正常农业生产和安全渡汛起了重要作用。

（罗乃斌 吴智丰）

【风餐露宿战洪水】 1995年7、8月份，沈阳地区阴雨连绵，部分地区遭受了严重的洪水侵袭，在人民生命财产受到威胁的时候，武警沈阳市支队全体官兵力挽狂澜，谱写了一曲壮丽的抗天之歌。

8月1日21时55分，武警总队命武警沈阳支队，集结400人兵力火速进入辽中县抢险。这是该支队自1983年组建以来第一次执行这样的任务，官兵认识到这不仅是对部队战斗力的一次检验，也是密切警政警民关系的一次实践。到达辽中后，支队党委成员个个身先士卒，率先垂范。从而更加调动了官兵的积极性。这次抗洪，官兵们印象最深的就是支队有一个坚强的领导集体，党委的模范作用深深的感染了官兵，抗洪热情越来越高，由党员组成的抗洪突击队旗帜在洪水中高高飘扬起来，哪里有险情，哪里就有党员突击队。为了完成为辽中县乌伯牛乡一段1 000多米的柏油路筑坝围水任务，官兵们汗流夹背、奋力争取时间，有的战士还在背心上写了“拆与洪水抗到底”的誓言，驻地党政机关的领导也纷纷来队进行慰问，送来了面包、汽水、西瓜等等，给官兵助力加油，激励斗志。

官兵刚到抗洪前线时，受灾房屋倒塌，汪洋一片，没有足够房屋住宿，官兵们就露天夜寝，严重的潮湿丝毫没有动摇他们抗洪的决心，天蒙蒙亮他们又开始了投入到抗洪抢险的前线。在这次抗洪抢险中，广大党员、干部、骨干做到了吃苦在前、冲锋在前，以抗洪大局为重，放弃了个人利益，涌现出许多可歌可泣的动人事迹。在抗洪中，一壶水不知传过多少人喝过，一块面包也传来传去，战士把雨衣盖在战士身上……集体友爱的精神把官兵的心连的可紧了，没有一名官兵在这次抗洪中泡病号、出小差。人民群众盛赞这是一支“钢铁之师，威武之师，文明之师”。据统计，在这次抗洪中，这个支队共出动兵力5 000余人次，各种车辆500余台，装运沙袋5万余袋，挖土方3 000立方米，阻挡了洪水的进一步袭击，减少了人民群众的损失，他们共收到人民群众8面锦旗。凯旋班师时，人民群众挥泪相送，拥抱挥手时，鱼水之情激动人心。

（张甲义 尹光云）

【组织民兵抗洪抢险】 1995年，沈阳市遭到百年不遇的特大洪水袭击，沈阳军分区领导思想认识明确，尽全力为市委、市政府领导分忧解难，积极配合有关部门工作，圆满地完成了抗洪抢险的各项任务。

全市民兵共成建制出动97个营、311个连，总人数达62 000余人次，动用车辆2 000台次，船艇20余艘，堵决口15个，泄洪4次，直接抢救出被围困群众8 000余人，完成了加固堤坝、监视水情、运送物资、转移灾民、巡逻警卫等任务。

7月29日，在浑河洪峰即将到来、而部队尚未赶到的情况下，民兵就开始对浑河大堤各处险工险段进行加固和抢救被大水围困群众的行动。大东区600名民兵对八三遂道南口进行了封闭；铁西区300名民兵在浑河大堤公相提水站周围筑起拦水坝。苏家屯区红菱、林盛地区十几个村庄被洪水淹没的紧要关头，苏家屯区民兵1 700余人，赶赴重灾区抢救被洪水围困群众，连续奋战几昼夜，将群众全部解救出来；军分区直属工兵连先后在苏家屯区、于洪区、辽中县直接抢救出被围困群众3 100余人，在辽中县，他们先后4次爆破泄洪，为保卫沈阳、保卫辽中做出了突出贡献。于洪区人武部全体人武干部带领民兵共60余人，连续3天泡在水中，抢救被围群众2 000余人。军分区组织市内5区的5个民兵防汛机动营共2 500余人，对浑河大堤进行了加固。由于辽河、蒲河水上涨，辽中县城遇到严重威胁，县人武部接到县防汛指挥部的通报后，迅速抽调4个民兵营约1 000人，筑起了一条高1米，宽1.2米，长1 300米的防水坝。

这次在沈阳参加抗洪抢险的部队总计达9 560人。军分区积极协调，引导部队进城，使参加抢险的部队顺利到达指定位置，积极与地方有关部门取得联系，使部队的住处、饮食等得到妥善安置。

为保证汛期需要，军分区拿出5万余元，购置了3部1 000瓦单边带电台，维修了6部冲锋舟，用以保证抢险救灾。灾情发生后，军分区及各县区人武部迅速建立防汛值班，加强与地方防汛部门的联系，收集有关情况，协调部队行动，各级建立前指，为首长决策提供信息，保证了不间断地指挥。

（王金奎）

【维护灾区的社会治安】 7月末8月初，沈阳市公安局实行全局总动员，迅速投入抗洪抢险救灾的战斗。

1.全力以赴，把抗洪抢险救灾作为压倒一切的中心工作

在百年不遇的特大洪水灾害面前，市局及时把抗洪抢险救灾作为压倒一切的中心工作来抓，市、区县（市）两级公安机关均成立了抗洪抢险指挥部或领导小组，多次召开紧急会议，部署抗洪抢险工作。市局党组成员和各级公安机关领导率先垂范，分别深入水情和灾情最重的第一线，组织指挥抢险救灾工作。在特大洪水袭来的时候，全体公安干警正值周休，但迅速从四面八方集结到自己的岗位，主动请战，积极参战。特别是郊县分局立即组织干警迅速直赴险区险段，在抗洪抢险指挥部的统一领导下，会同人民解放军、武警官兵、民兵预备役部队一起进行抗洪抢险战斗。干警冒暴雨、趟激流，置个人安危于不顾，深入到村屯，反复动员说服村民撤离，对几经劝说不愿离开的老人，背着他们脱离险境。这期间共解救被洪水围困的群众4万多人。同时，协助有关部门在80所大中小学安置灾民46 000多人，并派出警力，加强巡逻，维持秩序。消防支队还出动车辆113台次，为灾民送去生活用水460余吨。广大公安干警用实际行动向人民奉献了一片爱心。有的家住灾区，房屋被淹，亲人被洪水围困，始终没有去看一眼；有的爱人临产却全然不顾；有的主动推迟婚期放弃休假；有的带病参加战斗；有的女同志将孩子托付给邻居亲友，和男同志一样参加战斗，充分表现了顾“大家”，舍小家的无私奉献精神。

为了帮助灾区人民迅速恢复生产，重建家园，保证不受冻不挨饿，全局公安干警还积极向灾区捐款捐物，为灾区群众送温暖。据统计，全市公安干警共捐衣物23 000余件、捐款237万元。抗洪抢险的战斗使我们公安队伍再一次经受了考验和锻炼，证明我们这支队伍是有高度政治觉悟的，是有战斗力的。

2.发挥职能作用，全力维护社会面和灾区的治安秩序

在全力抗洪抢险的同时，沈阳市各级公安机关充分发挥打击和管理职能，狠狠打击趁灾盗窃、抢劫和哄抢等违法犯罪活动，严格灾区的治安及交通管理，加强内部的安全防范，保证了整个社会的有序运转。

一是加强了汛期的情报信息工作。市局专门下发了《加强汛期情报信息工作的通知》，发挥公安工作优势，采取各种手段搜集掌握汛情、灾情信息，给党委、政府当好参谋。抗洪抢险期间，全局共搜集各类情报信息近600条，市局发抗洪抢险情况通报、公安简报、参阅件等30多期，及时向市委、市政府、市政法委及省公安厅、公安部报告情况125次，为各级领导决策指挥提供了重要依据。

二是及时打击“趁灾打劫”的违法犯罪活动。针对汛期出现的“趁灾打劫”、“趁水打劫”和欺行霸市、强买强卖等违法犯罪活动，市局及时部署，实行领导挂帅，快速反应，优先侦破，快审快结，从重从快，公开处理。这期间，对发生的16起抢劫、强奸、盗窃等趁灾打劫刑事和治安案件，都组织精干力量，及时查破，进行了公开处理。同时，对造谣惑众、蛊惑人心、制造流言蜚语、煽动群众不满情绪等不法活动，认真进行了查处，稳定了民心。

三是强化治安管理，稳定社会面和灾区治安秩序。市局从机关抽调警力会同职能部门开展昼夜巡逻，有效地预防和打击了各类违法犯罪活动。对居民已转移疏散的灾区，部署警力保护群众的财产安全，防止不法之徒乘机侵害。对蔬菜批发市场和较大的农贸市场，以及农民进城送菜集中经过的交通要道，加强巡逻，强化管理，及时查处了欺行霸市、拦截菜农车辆强买强卖等违法犯罪团伙和不法分子。为确保灾区人心稳定，治安稳定，及时印发了对灾民的宣传教育提纲，组织警力深入村屯进行宣传，教育灾民奉公守法，通过正常渠道进行生产自救，重建家园，自觉维护治安秩序，增强了灾民的法制观念，及时化解了一些矛盾。同时，在当地党委、政府的领导下，加强了农村治安保卫和联防组织建设，提高自防自治能力，积极做好护青护秋保粮和赈灾物资的安全保卫工作。

四是强化交通管理，确保救灾车辆的畅通。针对洪灾造成的道路毁坏、交通受阻等情况，组织力量及时进行调流疏导，先后出动警力近万人次，出动宣传车、巡逻车近千台次，在暂不能通行的路段设立临时调流标志110块，利用清障车解救被洪水围困的车辆130台，疏散滞留灾区的车辆近千台。与此同时，市局还对进城运送肉蛋禽菜粮等5大类农副产品的各种车辆实行“不限路、不限时、不罚款”的政策，保证了运送抗洪抢险人员和物资车辆的安全畅通。

五是加强了重点单位、重点部位、重点场所、重要物资和工矿企业的安全保卫工作。经保部门协助救援疏散了位于浑河、辽河两岸的24家乡镇企业的职工，对受汛情影响不能正常生产的24家乡镇企业和处于半停产的17家乡镇企业，组织保卫部门加强了内部安全防范和周边地区的巡逻控制。对金融、水、电、气等重点要害单位和部位的各种防范设施进行了认真检查，并派干警进驻指导，组织保卫干部、经警和保安人员做好各项安全防范工作。

六是加强了“三所”的安全防范工作。对“三所”增派了警力，并加强巡逻，严防犯人逃跑、越狱、暴狱等事件的发生。对建在浑河、辽河沿岸的“三所”，从押运警力、转移方式等各个环节都作了周密安排，把处于危险地区的市第三看守所和辽中县看守所的近300名人犯，及时转移到安全地带，没发生任何问题。与此

同时,市局派出警卫力量,确保了处在抗洪抢险第一线的各级领导的安全。

3.加强调查研究,超前做好对策,取得维护灾区稳定工作的主动权

这次洪涝灾害造成的巨大损失使沈阳市经济受到了巨大冲击,也给社会治安带来了许多新情况、新问题。为了确保灾后农村和整个社会的稳定,针对灾后农村可能出现的治安问题和对城市造成的影响,及时部署开展调查研究,从遭灾情况、灾民心态、灾后农村各种矛盾纠纷等 7 个方面、28 项内容进行调查,摸清情况,掌握了影响灾区稳定的突出问题和相关因素,确定了重点,明确了一手抓城市,一手抓农村,坚持两手抓,确保全社会稳定的指导方针,并制定了相应工作对策,得到了市委、市政府的肯定。由于超前预测,超前部署,周密安排,不仅有力地保证了全市抗洪抢险救灾的顺利进行,而且保持了灾区社会稳定和群众心理稳定,保证了社会的有序运转。

(梁笑鸥)

【青年抗灾自救工程】 1995 年,沈阳市遭受了百年未遇的洪涝灾害。灾害发生后,团市委及时下发了《关于组织全市团员青年投入抗洪抢险斗争的紧急通知》和《关于组织全市团员青年在抗洪抢险的同时抓好生产自救、重建家园工作的紧急通知》,投身抗洪救灾第一线,充分发挥生力军和突击队作用。共组建 1 200 余支 30 000 余人的突击队,开展各类抢险、救助活动 1 200 余次,排内涝 27 万亩,抢修桥梁 243 个,打通水渠 4.7 万延长米,拆扒危房 7 000 余间,修复水毁农机具 1.4 万台(件),深埋牲畜 16 万头(只),抢修蔬菜大棚 5 万余亩,抢种晚秋作物 2 万余亩,帮助 3 000 余名青年星火带头人和科技示范户恢复生产。团市委还从希望工程救助基金拨出救助款 50 万元,社会募集 15 万元,帮助灾区重建希望小学 5 所,修复水毁学校 15 所,救助失学儿童 5 000 余名。

(吴迪)

【妇女参与生产自救】 1995 年,在沈阳市遭受百年不遇的特大洪涝灾害面前,全市各级妇联组织积极带领广大妇女参加抗洪抢险、生产自救,为战胜洪涝灾害做出突出贡献。

一是开展城乡妇女手拉手对口互帮活动,组织社会各界妇女向灾区送温暖献爱心。市妇联及时向各界妇女发出"积极参加抗洪抢险,向灾区妇女献爱心"的通知,号召各级妇女组织和社会各界妇女向灾区捐款捐物。市妇联领导率先垂范,分成 4 路,六下重灾区慰问妇女儿童和抗洪抢险官兵。并组织带领部分女企业家、女经理和女医务工作者送衣送药。据不完全统计,全市妇女组织共向灾区捐款 63 万余元,捐衣物 12 万余件。

二是从思想教育入手,做好灾区妇女安抚工作。各级妇联在组织带领广大妇女抗灾自救,重建家园中积极引导和教育广大妇女树立"四自"精神,遭灾不减志,困难面前不低头,不等不靠,在重建家园中真正撑起"半边天"。农村县(市)区妇联干部深入重灾区,带头包村包重灾户,组织妇女躲险、排涝等,使十几万受灾妇女重新振奋精神,迅速投入抗灾自救生产。

三是抓住时机,组织妇女抢种抢收。农村各级妇女组织结合当地具体实际,积极组织妇女建蔬菜大棚 1 万个,抢种抢收秋菜和各种杂粮,晚秋作物 20 万亩,郊县区妇联干部购买了大量菜籽及时送到灾区妇女手中,使灾害造成的损失降低到最低点。

四是因地制宜发展养殖业。农村各级妇女组织因地制宜 组织妇女发展养鸡、鸭、猪、鱼等家庭养殖业。采购鸡雏 36 万只,仔猪 10 万余头。采取普遍号召、重点扶持等措施,帮助一批受灾女专业饲养户迅速恢复生产,带动万名妇女生产自救。

五是大力发展适合妇女特点的第三产业。在开展生产自救中,农村各级妇联积极组织妇女发展手工钩织、编织、加工服装、手套、绢花等家庭手工业。一方面利用原有的妇女培训基地开展多种实用技术培训,帮助灾区妇女掌握自救本领,另一方面开展职业介绍和妇女劳动力输出工作,为灾区妇女提供自救信息,开辟自救渠道。市妇联在苏家屯区林盛镇召开了农村妇女生产自救经验交流会,表彰了在抗洪抢险工作中做出突出贡献的辽中县妇联等 75 个先进集体和 52 个先进个人。市妇联在全市抗灾自救总结表彰会上受到表彰。

(赵丽华)

【积极投人赈灾活动】 1995 年 7 月末的特大洪涝灾害,给沈阳市造成重大损失。其中残疾人受灾户 6 000多户,计16 434人;倒塌房屋 3 665间,水毁残疾人户庄稼63.7万亩,损失粮食132.98万公斤,牲畜 1.886万头,残疾人受灾户生活陷入极度困难之中。

面对灾情,沈阳市把赈灾作为当前紧迫的大事来抓。市残联召开机关党员、干部大会,传达市委、市政府救灾工作会议精神,要求机关全体干部和所属企业广大职工立即行动起来,满腔热情地投入到赈济灾民的活动中去。仅用半个月的时间,市残联就为灾区捐款 44 938 元,衣物 560 多件,其中 13 名副处级以上干部均捐出当月工资。

为了动员全市残联系统开展赈灾工作,市残联适时召开了全市残联理事长会议,明确提出下半年工作重点是帮助灾区,特别是扶助广大受灾残疾人生产自救,渡过难关。保证他们有饭吃、有衣穿、有房住,不冻死人,不饿死人,充分体现社会主义制度的优越性。各县(市)区残联当即表态,一定要全力以赴做好赈灾工作。

苏家屯区是重灾区,区残联的干部分两组赴红菱镇、林盛堡镇、十里河镇与沙河镇了解残疾人受灾情况,送去捐款及市内捐赠的衣物。苏家屯区十里河镇残联还积极协调各方赈济残疾人,使该镇采用 4 个"一点"的方法(即:镇财政拨一点,各村统筹款中节余一点,镇村企业集一点,机关企事业单位职工捐一点),在很短的时间内就筹措扶助残疾人特困基金 4.9 万元。

辽中县受灾后,1 068 户残疾人

房屋被冲垮，残联经过一周多时间的努力，终于把残疾人安全转移到河西4个乡镇，并且每天为他们送去食品。洪水过后，残联全体干部又为他们捐助了当月工资和衣物等，合计人民币8 000余元。入冬前，辽中县县、乡(镇)、村残联多方协调筹集资金427万元，为残疾人倒房、危房户修建住房，使854户残疾人住进了完好的房屋，占倒房、危房残疾人户的80%，其余20%亦都妥善安置了住处。

(韩书杰)

【书画家赈灾义卖】 1995年，沈阳发生百年不遇的洪涝灾害后，市文联、市美协、市书协于8月26日在中兴——沈阳商业大厦门前，举行了大型书画赈灾义卖活动。一批著名书画家除每人拿出300元钱捐赠灾区外，又赶制了一批书画作品拿到现场参加义卖。19位书画家顶着烈日挥毫泼墨当场画当场卖。义卖当天，气温达29℃，站在义卖桌前的书画家们，不顾大汗淋漓，汗水浸湿了画纸，仍坚持为购画者细致的渲染作品。仅一个上午就创义卖款近3万元。

义卖一开始，画家卢志学的国画《一帆风顺》以1 000元成交第一幅作品。接着，画家郑伯劲的山水画出售两幅，青年画家么喜江、杨海滨，其作品很受欢迎。唯一的集体购画者是高逸空调公司，派人到现场以3 000元买下画家马学鹏的具有关东风情的国画《松雪图》，他在现场还画了《山居图》、《山里春早》、《白桦林》等展示关东风情的作品，画价均在千元以上，有的买者虽倾囊仍不足款，他以出画有价，爱心和情义无价为尚，均让其拿走。画家刘秉亮的一幅弥勒佛《皆大欢喜》图，原标价2 000元，听说购画者经济并不宽裕，便以500元售给。市文联副主席，著名书法家么喜龙的书法作品每幅最低售价1 000元，当他看一位中年妇女翻遍提包，只凑够百元时，他便以百元之价送给她，而另外一幅作品竟以50元之价"送"给一位来自苏家屯的灾民。一位公安干部欲以购书画形式向灾区捐赠2 000元，他使在场的书法家李仲元、徐炽、么喜龙、董文、李正时等人，每人拿出一幅作品送给这位肯于向灾区献爱心的同志。其他书画家徐甲荧、亓官良、姚哲成、佟铸、肖祖臻、王玉琦、王成林、朱成国等均以低于市场的价格向群众出售了作品。这次义卖所得全部捐给灾区。

(朱学琳)

【个体业主、私营企业踊跃赈灾】 1995年，沈阳市部分县区遭受到百年未遇的洪涝灾害，面对灾情，全市18万个体工商户和私营企业，纷纷伸出援助之手，慷慨解囊献上一片爱心。

据统计，全市个体工商户和私营企业共向受灾地区捐款捐物达1 500多万元。8月8日、9日两天下午156户私营企业在市委、市政府举行的"向灾区人民献上一份爱心"捐赠仪式上，当场捐款191.7万元，捐赠药品、服装等物资折合人民币45.5万元。沈阳菲菲企业集团董事长赵也飞，在捐赠仪式上向灾区人民捐赠人民币20万元。他说，礼轻情意重，爱心献灾民，愿灾区人民振奋精神，战胜困难，重建家园。沈阳强风集团董事长康宝勋和辽宁维华集团董事长何守成，分别向灾区人民捐款10万元。正在美国考察的沈阳华兴企业集团董事长苏英奇得到沈阳农村受灾的消息，特意从美国打来电报。除个人捐款1万元以外，还提议集团董事会抽调部分基金支援灾区。辽宁宝亨集团总裁徐晓翠捐款10万元还捐价值30万元的物资。辽宁中山科工贸总公司经理王伟捐款5万元，捐赠药品折合人民币7万元。沈阳协合集团董事长陈巨余捐款5万元，捐赠药品折合人民币5万元。

(关德焕)

【义务为灾区献工建房】 1995年夏，一场百年不遇的特大洪水给沈阳市带来了严重的经济损失，本已处于经济低谷的沈阳建筑业也不例外。沈阳市建工局带领全行业响应市委、市政府的号召，为灾区人民捐钱捐物，帮助灾区人民开展生产自救。于此同时，8月16日，向全市建筑业提出要发挥行业优势，献工10万个，为灾区人民义务建房，让灾区人民有安身之所，无后顾之忧。

8月中旬，全市建筑业开始了急灾区之所急，献工10万，为灾区人民建房活动。这次活动主要分为两个阶段。第一阶段，8月19日开始，为灾区人民重建家园活动。动员市属13家国有企业，对口援建辽中、苏家屯、于洪、东陵4个灾区，无偿献工献料建救急示范房。到9月18日结束，先后为辽中县长滩镇东长村、苏家屯区红菱镇北红村、于洪区彰驿乡双树村和东陵区浑河站乡金家湾2村建起了4栋总面积近500平方米的救急示范房，折合工日1.2万个，全面完成了第一阶段义务献工献料，为灾区重建家园的任务。

第二阶段，进入义务为灾区人民重建水毁校舍活动。从9月18日开始，沈阳市建工局又组织40多家行业上的国有、集体、部队、自营、外埠施工企业，开赴辽中灾区，对老观坨乡等3个乡镇，9个自然村的11所水毁校舍重建工程开展义务献工活动。市建工局机关实行处室责任包干制度，负责对校舍的施工进度、工期、质量等方面的指导、协调，以确保校舍建设任务有组织的按预期目标实施，到11月20日，建筑面积达7 000平方米的11所新建中小学校舍全部建成，使近4 000名中小学生搬进新的校舍，历时3个月的义务建房活动圆满结束。

沈阳建筑业在自身困难重重的情况下，面对灾区的困难，毅然承受了由于洪涝灾害和义务献工带来的近2个亿施工产值，近4 000万元的经济损失，累计献工8万个工日，以及机械设备运输费用，共奉献出230万元。

(黄莉颖)

【新城子区抗洪救灾】 1995年汛期，新城子区遭受了百年不遇的暴雨和洪水的袭击，降水量达717.2毫米，是有气象资料记载的同期最高记录，降雨强度之大为历史所罕见。暴雨过后，区内蒲河、万泉河、羊肠河、长河、左小河、九龙河等河流水位同时暴涨，境内辽河最大流量达5 000秒立米。暴雨过后，全区有41万亩农田过水，积水面积达31.6

万亩，成灾面积28.3万亩，绝收面积12.9万亩，一部分水电设施、道路、桥涵、河堤、农用设施等被冲毁，损坏房屋1 836间，直接经济损失2.6亿元以上。在洪涝灾害发生后，全区人民在区委、区政府的领导下，发扬了团结奋战，不屈不挠的精神，夜以继日，奋力抗洪抢险，及时排涝救灾，与暴雨和洪水展开了英勇的搏斗，保住了辽河大堤及辽河回水堤防的安全，避免了人员伤亡，把灾害造成的损失降到了最低程度，受灾群众的生产生活得到妥善安排，取得了抗洪抢险救灾工作的全面胜利。

(李宝庆)

【水灾面前积极生产自救】 1995年7月26日至8月2日，沈阳市遭受了百年不遇的特大洪水的侵害，沈阳星光建筑材料集团损失较重；13户大中型企业中5户受灾，3户灾情严重。其中，地处沈阳郊区陈相镇的沈阳第一水泥厂上百万平方米的厂区和职工住宅区全部受淹，厂区内外平均水深为1.2米，最深为2米；200多米的铁路专用线被洪水冲垮；1万吨产成品水泥和2万吨水泥熟料以及50台生产电机被淹没报废；150户职工住宅被淹严重，6户住宅倒塌，1户住宅踪影全无；企业直接损失350万元。全集团直接经济损失620.5万元，间接经济损失551万元，影响产值约1 822.5万元。

星光集团党政主要领导同志于7月31日就迅速冒雨赶到受灾现场，在洪水中察看了灾情并且组织救援。8月1日，在地处沈河区盛京路28号的星光集团本部召开了抗洪救灾紧急会议。会上决定当前全集团要把抗洪救灾，生产自救工作做为压倒一切的中心工作来抓。各受灾企业要采取有效措施，妥善安排好受灾职工生活，抓紧生产自救，尽快恢复生产。要求全集团干部群众发挥"3万建材职工是一家"的精神，开展捐赠募集活动互济互救，帮助受灾职工渡难关。

在集团主要领导和有关部门的精心组织和充分动员之下，从8月2日起，源源不断的食品、衣物等物资和捐款带着全集团职工的深情厚意，风雨无阻地送到了受灾职工手中。截止到8月10日，集团所属各企业和干部职工就向受灾最重的沈阳第一水泥厂的广大职工捐助了约30万元资金和价值数万元的粮、油、蔬菜、药品、衣物。在全集团职工的救助和支援下，3户灾情严重的企业职工，一面奋力抗洪抢险，一面积极恢复生产。特别是灾情最重的沈阳第一水泥厂职工，不仅在洪水到来之时保住了变电所和许多物资财产，救出了大量被淹职工，而且苦战了6个昼夜，于8月9日，比市政府要求提前3天，完成了企业战胜洪灾，全面恢复生产的重任。另外两家重灾企业——沈阳陶瓷厂和沈阳建设机械总公司砂场，也在全集团各企业以及在市有关单位的支持和帮助下，分别在最短的时间内修复了受损的机械设备，恢复了正常生产。

(姜洪泰)

【抗洪救灾档案资料收集工作】 1995年，沈阳市遭受了百年一遇的特大洪涝灾害。在灾害发生以及防汛抗洪、抢险救灾过程中形成了大量的不同载体的文件资料。市委、市政府领导同志指示：一定要把抗洪救灾抢险及洪涝灾害中形成的文件资料收全管好。市档案局迅速成立抗洪救灾领导小组，及时与受灾县(市)、区档案部门取得联系，下发紧急通知，要求各有关档案部门在水灾期间确保档案的绝对安全。8月14日，市委办公厅，市政府办公厅与市档案局联合召开会议，部署全市抗洪抢险救灾档案资料收集工作。全市各县(市)、区委、政府办公室主任，与各专业主管局办公室主任近100人参加了会议。会议传达了市委办公厅下发的《关于做好防汛抗洪、抢险救灾文件资料的收集、积累、整理和归档工作的通知》。指出：在这次特大洪涝灾害发生及防汛抗洪、抢险救灾中形成的大量文件资料既是沈阳市百年一遇特大洪水水情、灾害的原始记录，也是党和政府，军队以及广大群众抗洪抢险救灾的真实写照。各单位必须下大力气做好这些文件资料的收集工作并及时将其向市档案馆或县(市)区档案馆移交。

会后，全市各有关部门和单位都积极行动起来，深入贯彻落实会议精神。如沈阳星光集团、市卫生局、市水利局、市电业局等单位都投入了一定的人力、物力、财力，切实保证抗洪抢险救灾文件资料的真实、完整、齐全。市档案局多次下发简报，推广他们成功的经验和作法。到1995年末统计，全市已收集进馆的抗洪救灾文书档案367卷，计381.5万字，收集录像带28盘，录音带99盘，照片3 721张。

(朱焱华)

【抗洪抢险，保证铁路畅通】 1995年7月25日和26日，沈阳铁路分局管内普降中到大雨，地表水已接近饱和。7月28日至30日，管内又普遍降暴雨，其中抚顺，清原为173毫米，灯塔、林盛堡一带达219毫米。由于管内和浑河上游大量降雨，大伙房水库紧急泄洪，一些中小水库或水坝被毁，或开闸放水，浑河、清河、柴河、北沙河等大小河流水位猛涨。浑河最大流量曾达到每秒5 500立方米，是1888年以来107年中的最高流量。

洪水的袭击给沈铁分局带来了灾难性的损失。全分局共发生各类水害103处，其中正线93处，站线和专用线10处，正线断道73处，慢行20处，长大、沈丹、沈吉干线一度被迫中断行车，累计中断行车24 204小时。长大线372公里的沙河下行桥，一个桥墩被洪水冲倒，两孔35.5米的桥梁被冲落，长大线下行被迫于7月29日12时中断行车。沈吉线在管内141公里长的线路上就发生水害43处。7月30日10时沈吉线全线被迫中断行车。受水害直接影响，8月份分局货物发送量比计划少完成62.6万吨，旅客发送比计划少运167.6万人，换算周转量比计划少完成6.8亿吨公里，运输收入比计划少完成2 513万元。据初步统计，全分局仅线路设备和房产损失就将近5亿元。

水害发生后，铁道部和路局领导十分关注。韩杼滨部长于8月1日赶到分局，下火车后就直奔水害现场，连续工作6天，对抗洪抢险工作做出了重要部署，分局迅速摆开两条战线，一条战线是成立抗洪抢险指挥部，组织抢修大会战，力争早日修复被洪水冲毁的线路和桥梁；另一条战线是成立救灾解困指挥部，及时全面地开展救灾解困工作，使每一名受灾职工和家属都有饭吃、有衣穿、有住处。

保京哈线，抢通中固至开原间的下行线是抗洪抢险的第一仗。7月29日8时，第一处中断的线路是中固——开原间的下行线490公里，共被洪水冲空700多米线路，铁岭工务段、开原车务段、铁岭车务段、铁岭电务段、道桥公司等单位立即组织人员抢卸石料，加固路基，于当日17时55分恢复了通车。

第二仗保长大线。7月29日10时30分，林盛堡至十里河间369公里处，上、下行各300米线路被洪水冲空，苏家屯工务段，线路大修段等单位昼夜抢修，于7月30日15时开通了线路。

第三仗也是长大线最关键。最艰苦的一仗，就是架设372公里的下行桥，加固上行桥。7月29日12时，洪水冲走了372公里下行桥的两孔桥梁，并严重的冲涮上行桥墩，中断了长大线上下行行车。从7月30日开始，组成了600多人的队伍，昼夜抢修。经过参战职工的顽强苦战，保住了上行桥中断行车282小时的长大下行线，于8月10日11时20分胜利开通。

在沈吉线展开了一场规模空前的抢险大会战。经过实地勘测，科学论证，按照“空间占满，时间连续，风雨不误，昼夜作业，倒排工期，确保开通”的作战方案，于8月11日18时抢通了线路，打开了沈吉线的东大门，为从梅河口方向运送石料、架桥机及板梁等提供了必要的保证。

沈吉线抢修会战全线告捷，分局取得了抗洪抢险的全面胜利。会战期间，分局共投入人力5 600多人，投入抢修资金7 200万元，动用机械动力设备7 800多台班，投入炸药87吨，回填土石方21.6万立方米，投放碎石、片石27万立方米，铺设钢轨2.3延长公里，使用轨枕4 600多根，水泥770吨，铺设通信电缆6 000多米，投入钢材364吨，木材439立方米。后勤保障系统为抗洪抢险做出了突出贡献，及时把抢险所需要的物资材料送到现场；生活、医疗、卫生、防疫等部门先行到位，积极为抢险会战创造条件，提供保证。

（索明杰）

农 村 经 济

综 述

【农村经济概况】 1995年，沈阳市遭受了严重的自然灾害，农村经济发展受到一定影响。但各级政府和有关部门都高度重视农业，加强了对农业的领导和扶持。市委市政府采取了集资修复水毁水利工程，落实国家政策、扶持商品粮大县生产等一系列促进农业发展重大措施，加之政府组织采取了有效的生产自救措施等因素，使农业损失降到了尽可能低的程序，农业生产在大灾之年仍呈现了较好的发展势头，全市除粮食生产损失较大未完成任务外，林牧渔业等主要指标均已完成或超额完成年度计划，二、三产业发展态势良好，取得了历史上少有的大灾之年经济发展、农民增收、社会稳定的可喜成就，整个农村经济业已进入以全面改革、扩大开放、调整结构、提高效益为主要特征的新阶段。

1.农村经济全面快速增长，产业结构发展进一步协调。1995年，全市之所以能够克服种种困难，实现了经济增长、改革深化和社会稳定，在很大程度上得益于农业和农村经济的发展，全市农村社会总产值达到652亿元，比1994年增长36.1%；农村第一、第二、三产业构成已经发展到16:70:14。在大农业发展中，全市农业总产值和增加值分别达到59亿元和31亿元(1990年不变价)，比1994年增长10.5%和23.3%。其中，林牧渔业已占50%以上，种植业基本形成3:3:3(即水稻和小麦300万亩，玉米300万亩，蔬菜和经济作物等300万亩)的生产格局。

2.农业综合生产能力已达一定规模和水平，农产品市场化程度日益扩大。1995年，沈阳市虽然遭受了百年不遇的自然灾害，但市民的“米袋子”、“菜篮子”并未受到影响，而且市场货源丰富，满足了人民生活需求。全年粮食产量在大灾之年把损失减到最低程度，仍然达到225万吨；蔬菜总产量达到260万吨，比1994年增长30.6%，其中保护地蔬菜已经发展到15万亩，产量由15万吨增长到45万吨；肉、蛋、奶、鱼产量分别达到37.5万吨、19.5万吨、6万吨、5.8万吨，与1994年相比有大幅度增长，全市人均占有88公斤；以“三北”防护林建设为重点的生态林业体系已见成效，全市森林覆盖率达12.9%；全市农产品综合商品率也已经达到76%，从而使农产品有效供给水平大幅度提高，城乡市场供应丰富。

3.农业生产设施化水平明显提高，农业现代化建设与发展初具规模。1995年，全市在农业方面的投入进一步加大，重点保证了水利、林业、农机、农电和气象等农业基础设施建设，其中有重点、有步骤地对西部柳绕地区、东部山区、北部秀水河子地区分别进行了开发改造，取得了较好的成效，农业抗灾能力有所增强，生产能力明显改善，并重点加强了农业服务体系建设，从而使全市农业机械化、农田水利化和农村电气化水平明显提高，分别达到60%、34%和75%；同时高度重视科技在农业增产增收的巨大作用和潜力，加大了科技投入。1995年全市农业劳动生产率已达到0.89万元/人；土地综合产出率每公顷达到1.04万元；科学技术在农业生产中贡献份额为45%。

4.乡镇企业高速发展，业已成为全市国民经济发展的重要力量。1995年乡镇企业增势强劲，全市乡镇企业总产值535亿元，其中乡镇工业总产值403亿元(1990年不变价)，占全市工业总产值的比重达到47%，特别是涌现出一批技术含量高、规模大、效益好、竞争能力强的企业群体，为进一步提高乡镇企业的运行质量和经济效益提供了成功经验；同时乡镇企业利税总额和出口供货值分别达到65亿元和12亿元，实现了产值速度与效益增长的同步发展。

5.第三产业发展迅猛，正在成为农村经济新的增长点。1995年围绕产业兴办的各类市场遍布城乡，通讯、金融、信息、房地产开发、休闲娱乐、商饮服各业日趋兴旺，第三产业增加值已达85亿元；农村保险事业有了较大发展，已有15万农民参加了养老保险，3.3万农民参加了健康医疗保险，大部分农民参加了农作物保险，在很大程度上解除了后顾之忧。

6.农村综合经济实力大有增强，农民生活水平显著提高。随着农村改革不断深化和党在农村的各项政策得到进一步落实，加速了农村生产力要素的合理流动和优化组合，出现了城市资金、技术、人才到农村开发大农业的热潮，壮大了农村综合经济实力。1995年全市农村生产性固定资产总值达近百亿元，农民人均纯收入达1 812元，比1994年增长18%；人均生活消费支出1 400元，其中恩格尔系数已经降到46%。全市已有457个村达到国家规定的小康村标准。

(郭向文)

【农村经济体制改革】 1995年，沈阳市农村按照建立社会主义市场经济的总体要求，深化改革，努力实现农村经济体制向适应市场经济要求的管理体制和运行机制过渡，加速推进农村经济结构向专业化、集约化、产业化、市场化、适度规模化和现代化方向发展，使全市农村改革与经济发展呈现出了快速发展的新形势。

1.进一步稳定和完善以家庭联产承包为主的责任制和统分结合的双层经营体制，进一步解放了生产力，带动了农村经济的发展和社会各项事业的进步。为了稳定土地承包关系，鼓励农民增加投入，提高土地的生产率，在原定的耕地承包期到期之后，各地又因地制宜地延长了土地承包期。同时，在劳动组织形式上，坚持土地规模经营劳动组合形式的多样化，积极引导农民推进适度规模经营。

到1995年末，全市共发展家庭农场2 020个，种田大户7 656户，村集体农场205个，股份合作农场142个，土地适度规模经营面积占全市耕地总面积的25%。农业生产的组织化程度有了新的提高。在土地承包形式上，坚持“三田”并存，运用竞争机制发展招标田140万亩，又通过其示范效应推进了农业生产的集约化经营。在土地使用权流转上，大力开展土地使用权的有偿转让、出租、抵押、入股。现全市1.1万户农户转让土地10.8万亩，412户农户入股土地4.4万亩，2 855户招标购买“四荒”使用权5.2万亩。土地使用权商品化和资本化的属性正在显现出来，经营者的管理才能、劳动者技能和土地资源得到有效合理的配置，为进一步稳定家庭联产承包责任制注入了新的生机和活力。

2.深化产权制度改革大力推行和完善股份合作制。1995年全市农村产权制度改革以明晰产权为前提，以提高生产力水平为目的，坚持因地制宜、多种产权形式并存，坚持巩固壮大集体经济，坚持发展与提高并重，把优化企业的组织结构同优化产权结构和优化资本结构有机结合起来，促进结构升级，促进农村经济持续、快速、健康地发展。到年底，全市各类股份合作制企业已发展到9 494个，入股人数近15万人，吸纳个人股金14.4亿元。尽管农村股份合作制运作时间较短，从总体实践看，农村股份合作制正在为变革农村生产关系，促进农村经济发展产生了积极效应，显示旺盛的生命力。一是迅速集聚各种分散的生产要素，形成了新的生产力。本着“因地制宜、形式多样、分类指导、严格规范”的原则，坚持以效益好的企业、超千万元产值的骨干企业和乡镇集体企业为重点，采取集资入股、集体存量资产年股量化、参股和控股等形式，大力推进以股份合作制为主要内容的企业组织制度改革。到1995年为止，全市农村一产业股份合作制企业和各种联合体达2 600个，个人股金额1.5亿元；第二产业股份合作制企业5 000个，个人股金额10.5亿元；第三产业股份合作制企业1 804个，个人股金额2.4万元。二是按照《乡镇企业资产评估办法》，进行清产核资，摸清家底，核准资产。各县(市)区都相应的成立了法定的评估机构，本着科学、合理、真实、公正，防止少估漏估，避免资产流失。三是突破了地区部门、行业和所有制的界限，以市场经济机制优化资源配置扩大生产经营规模，使农村经济结构更加优化，并呈现出由点到面，由单体企业向社区式集团化扩展，由工业向农村牧副渔工商运建服务业延伸发展的趋势，推动了产业化进程。全市农村集体统一经营、农民之间合股经营的各业农场近3 000个，经营面积132万亩，各种饲养场和专业大户近4万个，专业村1 270个。通过推进产权制度的改革，使企业产权关系进一步明晰，企业经营自主权得到尊重，经营者、生产者的劳动积极性明显提高，企业经营状况明显好转。

3.坚持以优势产品和骨干企业为核心，积极发展企业集团。本着“互惠、互利、互换、自愿”的原则，对资产总产量达到一定规模，经济效益好，产业优势明显的企业，按照《公司法》组建股份有限公司和有限责任公司；引导大型骨干乡镇企业以产品为龙头，以资产为纽带，组建企业集团公司；对产品有优势，经济效益好的集体企业改组独资的有限责任公司。全市210个超千万元的骨干企业，采取设备互换、资源互借、技术转让、有偿协作等多种形式，大力发展紧密型、半紧密型和松散型的企业集团。到1995年底，全市农村各县(市)区先后组建汽配、机电、石化、建材、轻纺、电子、医药等40余个乡镇企业集团。联合协作效应和集团组合效应使城市和农村的人才、技术、设备、原材料等资源，在城乡间、企业间实现了合理有效地配置，增强了乡镇企业能动地参与和驾驭国内、国际两个市场的能力，促进了乡镇工业的大投入、大发展、大提高。

4.以强化统一经营层次为重点，大力发展壮大村集体经济。一是因地制宜地大力开发村集体经济新的增长点。几年来，全市农村各级组织争取开发当地资源，兴办一批果园，养殖场等集体企业，努力开拓增收渠道；二是加强集体资产的管理。认真组织收缴提留费和乡统筹费，全面清理占欠款，强化管理，认真理财，提高了自我积累和自我发展能力，从而使村集体经济又迈出了新步伐。到1995年，全市村集体固定资产净值达23亿元(含村办工业)，村集体直接经营性净收入1.9亿元，村集体经济的发展壮大，对稳定家庭联产承包制，强化社会主义经济基础和农村社会进步，起到了促进作用。

5.以社会协作为纽带，大力加强农村社会化服务体系建设。从1991年开始，沈阳市加快了农村社会化服务体系的建设，按照“小政府、大服务”的原则，创办了经济实体，为在更大范围内更好地给农民提供产前、产中、产后服务，为使生产关系更加适应生产力发展的需要，为农村经济加快向市场经济过渡，开辟了广阔的道路。几年来，随着农村改革的不断深入，农业专业化水平的提高和农村市场的发展，全市农村已形成了以乡村集体或合作经济组织为基础，以专业经济技术部门为依托，以农民自办服务为补充的服务体系框架。全市围绕农村各产业相继建立了农业技术推广、植保、土肥、种子、农经管理、农情信息等几大服务体系，并以市场为导向，大力发展“公司加大户”、“厂店加农户”的产代销一条龙、贸工农一体化等联合体。到1995年底，全市农村各类服务组织已达

30 044个，比1990年增加2.5万个，其中县（市）区级354个，乡镇级1 487个，村级8 267个，个体联户19 936个，贸工农一体化、产加销一条龙服务组织782个，拥有龙头企业597个，各类企业生产基地1 904个。初步形成了以县（市）区为骨干、乡镇为重点、村为基础、户为补充的多层次、多成份、多功能的四级社会化服务体系，从而把农业生产社会化服务由一业服务扩展到各业，由单项服务扩展到全程服务，不同程度地解决了家庭经营的分散化与社会化大市场和现代化大农业的矛盾，加快了农村一村一品的区域性专业化生产，为农民尽快奔小康开辟了致富门路。

6.农村社会保险事业逐步推开。近年来，全市农村把建立健全农村社会保障体系，作为深化农村改革的重要内容之一，从而促进了以自我保障为主、社区集体保障为辅的农村社会保障体系健康发展。一是积极开拓新的服务领域，为农业生产提供新的保障。市人民保险公司和市人寿保险公司积极开拓农业保险新领域，试办新险种，扩大业务范围，为农业生产提供系列保险服务。市人寿保险公司从去年开始试办了农民医疗保险，到目前为止，累计投保4万人，投保金额达300万元。市人民保险公司开办了养殖业、经济作物保险，收取保费214万元，深受农民的欢迎。二是同舟共济，推动农村经济的大发展。几年来，农作物社会统筹保险累计承包亩数426万亩，收取保费1 442万元，累计风险基金2 300万元，市人民保险公司累计为农村保险补贴保险费1 346万元。三是本着“因地制宜、量力而行、分步推行”的原则，大力发展保险事业。在经济较发达的村和效益较好的企业，普遍推行了农民参与保险。1995年底，全市农村8个县（市）区已累计有13万人参加养老保险，占全市农村劳动力总数的12%，投保资金达1亿元。

（汪振英）

【农村经济管理】 1995年沈阳市在抓农业和农村经济工作中，坚持生产和经营管理并重的原则，采取各种有力措施扶持农业的发展，把加强农村经营管理放在与抓农业生产并重的位置来抓。一是健全农村经营管理队伍，改善服务水平。农村合作经济经营管理站负责农业承担合同、财务管理、农民负担等“三大管理”为重点的8项工作任务，为加强农村经营管理工作，认真落实了农业部人事部1992年1号文件精神，在解决经营管理站的人员编制，管理人员职称评定，职工工资福利待遇问题方面作了大量的工作，保证了这支队伍在机构改革过程中的平稳过渡。为了提高基层管理人员的业务素质，还对全市的600多名农村审计人员进行了培训，通过系统学习农村经济审计基础知识，村集体经济组织财务收支审计等业务，提高了审计人员的业务素质。二是大力推行民主管理，完善各种制度。目前，有的地方财务管理混乱，村干部挥霍浪费现象比较严重，成为干群关系紧张的焦点之一。为从根本上解决问题，首先从建章建制方面入手，大力推行民主管理，做到财务公开，收支公开，增加办公透明度，并采取措施让广大农民群众参与监督和管理，理顺干群关系，实践证明这些措施的实行对改善农村干部形象，密切干群关系，起到了重要的作用。三是发展集体经济，壮大村级经济实力。在农村经济高速发展的今天，村级经济的振兴与发展就显得愈来愈重要。沈阳市做好对村级组织的政策引导和信息服务，鼓励兴办、发展集体经济，走产加销、种养加、贸工农一体化的道路。近年来，全市农村经济发展取得了很大进步，乡镇工业也显露出蓬勃发展的势头。四是高度重视农村合作基金会工作，加强规范化管理。农村经济体制改革以来，生产力得以飞速发展，粮食增产，农民收入增加，但资金短缺问题曾一度制约了农村经济的进一步发展。为了保证经济的快速增长，增加对农业的投入，以弥补银行、信用社信贷资金不足的状况，沈阳市大力提倡发展农村合作基金会事业。到1995年全市成立合作基金会134个，占全市乡镇总数的94%，融资金额3.8亿元，使农村合作基金会进入了稳定、快速的发展阶段，有力的支持了农业经济的发展，在农村商品经济中显示出生机和活力。另外，还加强对农村合作基金会的指导和管理，得到了广大农民的拥护和赞誉。对市场经济的发展，农村经济的进一步繁荣，充分发挥了合作融资的作用，从而有力缓解了农村资金紧张，投入不足的问题，为社会主义市场经济的发展做出了贡献。

（邓奇）

【农业剩余劳动力转移】 农业劳动力向非农产业转移是经济发展和社会进步的必然趋势。随着沈阳市以乡镇企业为主体的农村二、三产业发展步伐明显加快，加速了农业劳动力向非农产业转移的进程，并带动了农村经济的全面发展和农民人均收入的提高。据对“八五”期间农村住户统计资料的分析，农业剩余劳动力转移每增长1%，农民人均纯收入可增长0.2%，呈较强的正相关关系。根据近几年我市农村劳动力的流动趋势分析，具有如下特点：

1.农村劳动力大量涌入城市。随着近几年城市粮食供给制度的改革，对农民进城的约束松动，农民纷纷进城经商务工，农村剩余劳动力转移呈现出“农业—非农业—城市”的流动趋势。1995年末，在劳动力总量中进城的劳动力达5.1万人，比1994年增加5 591人，增长12.4%，是1990年的2.8倍，占全市农村劳动力总数的4.9%，成为农村劳动力转移的重要途径。

2.农业劳动力向非农产业转移。随着农村工业化进程的加快，农业劳动力逐步向二、三产业转移。1995年末，全市农村实有劳动力总量达到了102.5万人，比1994年增加2 847人，增长0.3%。分产业来看，第一产业劳动力65.3万人，第二产业劳动力20.9万人，第三产业劳动力16.3万人。同1994年相比，农业劳动力比上年减少7 657人，下降0.2%；非农产业劳动力达到37.2万人，比1994年增加3.7万人，增长11.0%，增量和增幅均大于1994年同期。非农产业中增量最大的行业是建筑业劳动力，增加3 937人，占非农产业劳动力增加量的10.6%；其次是批发、零售、贸易、餐饮业劳动力，增加3 716人，占非农产业劳动力增加量的10.0%；再次是交通、运输、邮电、仓储业劳动力，增加3 252人，占增加总量的8.8%。与5年前相比，农业劳动力减少2.9万人，平均每年递减0.8%；非农产业劳动力增加7.0万人，平均每年递增4.3%，其中：第二产业平均每年增加1 926人，第三产业劳动力人数增长较快，增加6万人，平均每年递增9.7%。

3. 农村劳动力结构日趋合理。由于劳动力的转移流动，“八五”期间沈阳市农村劳动力结构发生了明显的变化，农业劳动力所占的比重逐年下降，二、三产业劳动力比重大幅度上升，使劳动力结构日趋合理。从1990年到1995年，5年间农村三次产业的劳动力结构由原来的69.3∶20.3∶10.4转变为63.7∶20.5∶15.8，从事非农产业的劳动力已超过农村劳动力总量的三分之一。

（*李巍*）

【三大区域农业综合开发】 1995年沈阳市进一步明确了农业综合开发的指导思想、任务和措施，加大了抓实力度，坚持依靠群众和科技搞开发，在整个开发资金调度比较困难的情况下，全面和超额完成了年度开发任务，取得了比较显著的阶段性开发成果。据统计，1995年三大区域农业综合开发共完成投资9 800万元，占年度计划的80%，其中三级财政资金完成1 900万元，占年度计划的60%。完成中低产田改造25.8万亩，占年度计划的113%；开垦宜农荒地2.3万亩，占年度计划的115%；防护林和片林共完成3.4万亩，占年度计划的103%；新栽果树2.6万亩，占年度计划的113%；发展牛羊4.4万头，占年度计划的88%；瘦肉型猪18.7万头，占年度计划的106%；新挖渔池0.3万亩、棚菜0.4万亩，均超额完成了任务。

——康平、法库秀水河子开发项目区全年完成中低产田改造10.3万亩，为计划的129%；开荒1.5万亩，为计划的100%；造林1.35万亩，为计划的96%。法库县境内秀水河子项目区确定20个重点项目，突出治理了庙坨子、八家子、巴果山、刘宾堡四大涝区；康平县完成了前山、南小陵、大广宁三大涝片万亩治理。两县项目区新增粮食生产能力1 500万公斤，新增肉类产量110万公斤，新增果品产量20万公斤。人均收入由650元增加到1 250元。

——新民、辽中柳绕二期开发项目区全年完成中低产田改造6.7万亩，为计划的110%；开荒完成0.5万亩，为计划的100%；造林完成0.75万亩，为计划的100%；两县（市）开发中始终坚持改善生产条件为重点，通过建站打井重点对公主屯、新农、杨士岗子、老观坨、周徐以增产粮食为主的十几万亩中低产田连片整治。做到了田成方、林成网、桥涵闸站配套的建设格局。新增粮食生产能力900万公斤，人均收入达1 213元，比上年增长9%。

——苏家屯、东陵、新城子、于洪4个郊区项目区以市场为导向，以效益为中心，突出了高产、高效、优质农业的开发。建设高标准农田8万亩，新栽果树2万亩，发展牛羊4万头，造林1.3万亩，发展棚菜0.2万亩，瘦肉型猪17.7万头以及养渔、养鸡、花卉、榛子垦复、中草药等项目。苏家屯区优质米开发和“吨产开发田”项目，虽然遭到百年未遇的水灾，但仍比一般田产量高。掖单13玉米“吨产田开发”，比对照田增产12.5%。于洪区探索种优质稻、养优质鱼，创千斤产，获千元收入的“双优双千”高效开发之路。马三家镇在3个村搞了1 158亩稻田养鲶鱼试验。因灾被洪水冲毁506亩，余下的652亩生产鲶鱼10.8万公斤，平均亩产鱼165.6公斤，养鱼每亩纯收入469元。东陵区在开发中加强副食基地建设。引进施格种猪、长白种猪300头，使全区瘦肉型猪品种优良化达到90%以上。全年出栏瘦肉型猪17万头，比上年增加3.5万头，发展肉牛1.8万头，比上年增加0.4万头，产牛肉80万公斤；发展羊3万只，比上年增加近万只，提供羊肉13.5万公斤。仅此两项收入达400余万元。新城子区注意总结前期开发经验，从林果开发逐步向西部转移，进行中低产田改造，建设高标准农田。在兴隆镇完成中低产田改造3 000亩，水田灌溉设施条件也得到改善。实现了旱能灌、涝能排。这个乡还根据本地特点，改善种植结构，完成旱改水1 000亩，变低产为高产，变低效为高效。

1995年三大区域农业综合开发成绩斐然。新增和改善治涝面积25万亩，新增和改善灌溉面积3.2万亩。新增粮食生产能力3 200万公斤，新增总收入26 000万元，项目区人均收入已达1 275元，比开发前增长55%。主要作了如下几项工作：

1. 加强了对年度计划实施的组织领导。按照3年总体规划的要求，年初经主管市长签发，由市开发办和市财政局将1995年开发计划和资金安排下发到县（市）区。同时，市开发办与县（市）开发办签定了完成年度计划主要指标责任状。对任务进行层层分解，做到真奖真罚。

2. 加大了开发资金到位力度。一是由市审计局组织对开发资金到位情况进行了审计；二是市财政局与县（市）区财政局签定资金到位合同；三是市财政通过预算直拨市开发办到位200余万元；四是市政府抽调局级主要领导为组长，组成4个支农资金检查组，分赴8个县（市）区，开展农业综合开发资金、项目大检查，尽管农村遭受百年不遇洪涝灾害，但开发资金到位好于往年。

3. 坚持发动群众和部门协作搞开发。在实际完成开发资金总投入中，群众自筹部分就占7 000万元，占70%。主要采取以国家资金为启动，“投、补、贴、奖、股、垫”的办法，吸纳各方面资金搞开发。在资金不到位情况下，通过发动群众和部门协作，使开发建设不停。据统计，全年完成农民投工投劳330万个，完成土石方1 560万立米。秀水河开发区，坚持“防洪排涝、改土治碱，防风治沙”的方针，大搞农田水利建设。三大区域农业综合开发全年完成排灌站14座，打井100眼，修桥涵闸515座，沟道清淤1 052公里，提防加固整治30公里。栽植农田防护林3万多亩。购进拖拉机25台。

4.突出了人才培训和科技开发。全年在项目区举办各类培训班210期，培训人数达2万人次。对当年新上项目的中低产田改造任务，普遍推行科技承包。并广泛推广米麦间作、地膜复盖、配方施肥、良种以及模式化栽培、水稻抛秧等实用科学技术。

(汪振英)

【依法治农】 近年来，国家为适应社会主义市场经济的发展，深化农村改革，相继出台了几部农业大法，其中1993年7月2日由第8届全国人大常委会第2次会议通过颁布实施的《中华人民共和国农业法》和《中华人民共和国农业技术推广法》，标志着中国农业发展步入了法制轨道。沈阳市把依法治农作为振兴农业的根本出路。为进一步贯彻、落实"两法"和农业相关的有关法律法规，推动农业技术进步，促进农业持续、协调、快速发展，维护农业生产者的合法权益，在法制宣传、执法检查、依法治农方面做了大量细致的工作。首先，按照"农业法"的要求进一步巩固、强化农业在国民经济中的基础地位。努力增加资金、技术、信息投入，强化了商品粮基地和农业基础设施建设，改造中低产田，提高农业科技含量，保证各类农产品产量稳定增长，满足人民生活和经济发展的需要；其次是依照法律、法规进一步稳定和完善家庭联产承包责任制，实行统分结合双层经营，壮大集体经济，引导农民奔小康。第三是强化了执法检查，减轻农民负担，取消不合理收费。对农民负担进行全面清理、整顿，取消非法收费项目49项，连续3年把农民负担控制在上年农民纯收入的5%以内，保护、调动农民的生产积极性。第四依法落实科教兴农战略，加速农业科技成果的转化。扩大高产、优质、高效农业面积174万亩，农村人均1.4亩，建立健全农业技术服务体系，实施丰收计划，大力推广先进适用农业技术，全市增产粮食中40%来自科技因素，加速农产品商品化进程，全市各类农产品商品率超过80%，促进了沈阳市农业生产专业化、商品化、规模化的发展，为保持粮食产量稳定增长起到了重要作用。第五是农业社会化服务体系初具规模。沈阳市围绕粮食生产建立起农业技术推广、植物保护、土壤肥料、良种繁育、农经管理、农情信息等六大服务网络，并且由产前、产中服务向产后深层次延伸。第六采取有效形势，加大宣传力度。把普遍向群众宣传同重点向领导宣传结合起来。在全市设置氢气拱门2处，施放气球24个，出动宣传车25台，发放宣传材料10万份，悬挂和张贴标语6 500幅，制作录音带190盘，兴办板报和宣传栏12块，设立咨询台156处，召开两法纪念座谈会，并充分利用有线广播和有线电视进行宣传。各区、县也举办了各种形势的普法活动，受宣传教育人数超过百万，占全市农村人口的一半，基本上实现了家喻户晓的目标。第七稳定机构人员，确保经费，建立部门执法责任制，切实提高执法水平。

依法治理农业，强化了政府职能，加强了农业的基础地位，推动了农业科技进步，保证了农业的持续、稳定、协调发展，提高了国民经济的整体实力，为全市的经济建设和社会稳定做出了贡献。

(邓奇)

【"百强村"评价】 为推动沈阳市农村经济进一步发展和农村改革不断深入，激励村级经济全面发展，市政府委托市农村社会经济调查队，对1994年全市142个乡镇的1 994个村的农民人均纯收入、农村社会总产值、集体公共积累、农业综合商品率等体现村级经济实力的主要经济指标进行了收集、整理，评选出农村经济综合实力"百强村"。

评选出的"百强村"主要分布在全市除康、法两县外的6个县(市)、区，其中东陵区46个村，于洪区34个村，苏家屯区11个村，新城子区3个村，辽中县5个村，新民市1个村。"百强村"具有四个突出特点：一是村级经济实力雄厚，近一百个村占农村总数的5%，但却拥有52.5%的集体公共积累；二是市场意识强，农业综合商品率达87.3%，比全市平均水平高出11.6个百分点；三是农民贡献大，一百户村的人口占全市农村人口总数的6.3%，创造了23.6%的农村社会总产值；四是农民收入高，农民人均纯收入达2 650元。其中27%的村人均纯收入超过3 000元，6%的村超过4 000元，比全市当年平均水平高出1 115元。评价结果揭晓后，通过报纸、电台等新闻媒介进行了广泛的宣传，引起了极大的社会反响，对我市农村经济的发展起到了良好的推动作用。"百强村"具体排序如下：

综合经济实力"百强村"排行榜

单 位	名次	单 位	名次	单 位	名次	单 位	名次
于洪区(34个村)	—	前民村	65	陵东乡柳条湖村	7	四台子村	34
于洪乡郭家村	1	张士村	93	陵东村	10	观音村	42
于洪村	5	杨士乡科研村	6	上岗子村	14	田义村	63
双喜村	13	汪家村	15	东窑村	19	北陵乡塔湾村	8
丁香村	43	郑家村	16	西窑村	26	沙河子村	12
和平村	56	杨士村	31	方溪村	28	和平村	21

单位	名次	单位	名次	单位	名次	单位	名次
下坎子村	24	营城子村	83	凌云村	69	大格镇村	38
造化乡英守村	25	浑河村	85	榆树屯村	76	东漠村	40
造化乡小方士村	33	大甸子村	90	新立堡村	94	施官村	48
大方士村	37	前进乡东山村	2	东塔村	98	高楼村	60
刘家村	59	沈海村	3	浑河站乡新立村	29	八一镇大古村	61
丁乡村	67	沈海实业村	11	下鲜村	55	房身村	82
明星村	77	望花村	20	满融村	71	官立堡村	91
沙岭镇团结村	44	前进乡二台子村	39	白塔镇小羊安村	41	沙河铺镇鲍家村	54
大兴乡陈孤家子村	45	于林村	99	塔北村	50	新城子区(3个村)	—
西桥村	46	文官村	100	下深村	66	财落堡乡大辛二村	78
翟家乡东胜村	68	长白乡五里河村	4	鸡冠村	84	虎石台镇虎石台村	81
东陵区(46个村)	—	下夹河村	27	上深村	96	道义乡正良村	88
五三乡万泉村	9	中夹河村	32	高坎镇仁境村	95	辽中县(5个村)	
南塔村	18	王家庄村	49	英达乡赵家村	47	肖寨门镇肖北村	74
西黄泥坎村	35	西夹河村	64	英达村	70	三南村	89
长青村	36	上夹河村	79	汪家乡杨官村	80	妈妈街村	97
糖场村	51	砂山村	86	苏家屯区(11个村)	—	长滩镇土北村	22
张官村	53	马总村	92	城郊乡前漠村	17	辽中镇城南村	73
东黄泥坎村	62	东陵乡八家子村	52	小格镇村	23	新民市(1个村)	—
五里台村	72	马官桥村	57	红星村	30	前当铺镇赵家套村	87
朝鲜村	75	高官台村	58				

·小康村建设·

【农村实现小康现状】 1995年沈阳市农村广大干部群众牢牢把握“抓住机遇,深化改革,扩大开放,促进发展,保持稳定”的大局,进一步解放思想,发展“两高一优”农业,战胜特大洪涝灾害,在建设小康的道路上又向前迈进了艰难的一步。

根据农村小康监测点的调查资料计算,1995年沈阳市农村小康建设综合评价为89分,比1994年提高0.2分,在农村小康综合评价的16项指标中有11项已经达到了小康标准,这些指标是:人均年衣着支出146.8元(小康标准70元),钢混砖木结构住房比重96.6%(小康标准80%);百户电视机拥有量101.6台(小康标准70台),服务消费支出比例10.1%(小康标准10%),平均预期寿命71.7岁(小康标准70岁),劳动力平均受教育程度8.5年(小康标准8年),已通公路的行政村比重99.7%(小康标准85%),安全卫生水普及率98.8%(小康标准90%),用电户所占比重100%(小康标准95%),已通电话的行政村比重95.8%(小康标准70%),享受社会保障人口比重100%(小康标准90%)。另有5项指标尚未达到小康标准,这5项指标是:

1.人均纯收入。1995年沈阳市农民人均纯收入虽然达到了1 812元,但按1990年价格计算,实际为1 096元,与国家规定的小康标准1 100元仅差4元,比1994年增加46元,增长4.4%。此项指标在小康综合评价中是核心指标,满分为30分,沈阳市实际得分为29.9分。1995年是沈阳市农村实现小康难度较大的一年,其根本的原因是连续两年受灾,农业生产遭受重大损失,影响了农民收入的增长。尽管这两年非农产业发展较快,但真正达到一定规模,而且取得较好效益的多在近郊。从总体上看,农民从非农产业获得的收入仍然较少。据小康监测资料显示,1995年农民收入中来自于农业生产的收入占60.8%,而来自非农产业的收入只占30%,这表明,要改变这一局面,除加强农业生产基础设施的建设增强抵御自然灾害的能力,稳步提高农业生产的收入外,就是大力发展非农产业,以改善农民收入结构,保证农民的收入稳定增长。从1995年农民收入最高的于洪区和最低的康平县对比分析中不难看出,发展非农经济对增加农民收入是何等的重要。

1995年农民人均纯收入构成情况 (按现价计算)

	于洪区		康平县	
	纯收入	纯收入构成%	纯收入	纯收入构成%
农民人均年纯收入(元)	2623.69	100.0	1316.11	100.0
生产性纯收入	1968.80	75.0	1301.32	98.9
其中:农业生产纯收入	645.27	24.6	1150.28	87.4
非农业生产纯收入	1323.53	50.4	151.04	11.5

从上表可以看出，于洪区与康平县农民人均纯收入相差1倍，自于非农产业的收入，于洪区人均为1 324元，占纯收入的50.4%，而康平县却只有151元，仅占纯收入的11.5%，前者为后者的8倍。

2.基尼系数。这是反映农民内部收入分配差异的指标。据调查资料计算，1995年沈阳市农民收入分配的基尼系数为26.7%，与1994年基本持平，与小康标准的下限30%，还差3.3个百分点。这项指标一直是困扰沈阳市农村小康工程的难点，其原因就是目前农民的收入还处于相对平均状态，收入没有拉开差距，收入高的人口所占比重小。据计算，到1995年末沈阳市农村达到小康收入水平(1 100元，按1990年价格计算，下同)的人口比重仅为45%，超过2 000元以上的仅为18%，绝大多数农民收入处于小康标准线左右。高收入和低收入人口所占比重均不高，因而很难形成理想的收入分配格局，影响了基尼系数这一指标的实现。因此在提高农民整体收入水平，坚持共同富裕的前提下，继续鼓励一部分人先富起来，增加高收入人口比重，是实现这一指标的唯一途径。

3.恩格尔系数。这一指标是观察家庭生活质量高低的指标，它是指食品支出占生活消费支出的比例。1995年沈阳市农民恩格尔系数为52.2%，与上年相比下降0.3个百分点。在一定收入条件下，生活质量愈高恩格尔系数愈小，反之则愈高。这一指标要达到小康标准，必须是保证在一定的收入水平条件下才能实现。目前农民的总体收入水平还不高，农民生活还处于温饱向小康过渡阶段，因而普遍提高农民的收入水平，引导农民正确消费，合理安排家庭生活支出，才能使这一指标达到小康标准。

4.蛋白质摄入量。蛋白质量满足人体所需的营养成份的指标，它的高低反映了人们摄入食品的质量。据调查资料计算，1995年沈阳市农民每人每日摄入蛋白质62.6克，比小康值低12.4克。从食物构成上看，农民摄入的蛋白质95%以上是从植物性食品中得到的，而从肉、蛋、奶、禽、水产品中得到的仅在5%左右。而动物性食品所含的蛋白质远远高于植物性食品，虽然这几年农民收入水平在逐年提高，农民餐桌上的食品呈多样化趋势，但我国人民传统的消费观念仍左右着今天农民的消费。加之收入水平的限制，农民对蛋白质的摄 入量仍然较低。

5.社会治安。1995年沈阳市农村每万人发生刑事案件24.8件，与1994年相比下降了2.4件。自进行农村小康监测以来，此项指标一直居高不下，并成为困扰小康工程实现的难点。1995年农村广大公安干警在加强农村综合治理，整顿社会治安方面做出了积极的努力，严厉打击了破坏农业生产的各种犯罪活动，公开处理了一批情节严重的犯罪分子，使农村的社会治安秩序趋于好转。但是由于沈阳市农村流动人口量大，特别是处于城乡结合部的郊区，农村与城市已相差无已，为社会治安的稳定带来了一定的难度。因而加强农村社会治安的综合治理，从严打击各种犯罪活动，为农民进行正常的生产、生活创造安定的社会环境，是今后农村各级党委和政府以及公安部门一项十分艰巨的工作任务。

到2000年沈阳市农村能否如期实现小康取决于以上5项指标能否如期达到小康标准。实践证明，只要措施得力，方向对头，农村小康之花定会开遍沈阳农村大地。

(*高党婉*)

【小康村建设的新成果】 根据党中央关于在本世纪末全国农村基本实现小康目标的总体设想，1992年下半年，沈阳市农村社会主义教育开始转向创建小康村的宣传上来，市农工委编发了在全市农村深入开展创建小康村活动的宣传提纲，选择了18个村进行小康村达标监督测试点。取得初步经验以后，提出了从实际出发挖掘自身优势和弥补薄弱环节的指导思想。从实际出发利用本地优势，就是在发展经济时，作到宜农则农，宜工则工，宜商则商，不死挤工业一条道，注意切合实际地走农林牧渔致富奔小康的路子；弥补薄弱环节，就是针对小康是综合指标体系，要作到什么差就抓什么，缺哪项就补哪项。3年多来，创建小康村的工作得到了各个有关部门的大力支持，取得重大进展，并不断取得新成果。经过层层把关、严格验收，1993年度有204个行政村达到小康村标准，1994年度有253个行政村达到了小康村标准，两批小康村占全市行政村总数的23%。根据正在进行的申报验收情况看，1995年将会有200—300个行政村进入小康村行列。小康村的比例将达到35%—40%。

经过3年多的积极探索，形成了层层把关、严格验收的工作制度，建立了小康村建设的奖励和跟踪监测机制。在申报验收之初，首先，由行政村按市农工委小康办的具体要求，对照小康标准，填报小康村申报表。然后，经过乡镇和县区两级党委与政府有关部门分别进行复检、审核，县、乡两级党委同意后报市农工委小康办。小康办在组织力量对部分村进行抽检的同时，邀请涉及到小康村标准的10个市直部门举行联席会议，对县区申报的小康村予以审核、测评。对于没有发现问题的村，作为正式申报名单送市委常委会议审核批准。在整个审批过程中，采用一票（一条标准）否决制。即在15条小康村标准中，有某一条没有达标，即视为不符合小康村标准，就不能得到批准和命名。得到市委常委会议批准的小康村，不仅在全市大会上予以表奖，还以市委、市政府的名义为每个小康村奖授铜匾一块。凡被市委、市政府命名的小康村，第二年有一项指标低于小康村标准的，即提出黄牌警告。连续两年受黄牌警告，即取消小康村称号。

全市的小康村建设表现出以下三个鲜明的特点：一是从整个农村经济结构上看，呈现了由过去的为城市大工业配套服务向独立开发新产品、开辟市场转变的趋势。在80年代中期，全市农村特别是近郊农村，出现了大办工业的热潮，但是，大多数的村停留在为城市大工业加工配套服务的水平上，并没有自己的主导产品和拳头产品，这种性质的农村工业，由于城市经济体制改革，计划经济向市场经济的逐步过渡，国有大中型企业的产品结构和组织结构失衡，经济运行质量不高，机制不活，效益低下等等问题，导致了产品档次低、质量差，没有市场竞争力，经营不景气。进入90年代特别是开展创建小康村建设活动以来，农村工业开始注意充分运用地处城郊的优势，大力开发科技含量高、附加值高的新产品，使农村工业的发展进入了一个新的阶段。

二是从农村的产业结构上看，呈现了立足资源、立足本位、择优势产业致富的发展趋势。东陵区的望花村，村办工业在全市曾经赫赫有名，是全市第一名产值亿元村。但是，由于受宏观环境影响，村办工业的效益并不怎么显著。近几年，望花村在发展第三产业上大展宏图，取得了可喜的成果。他们充分利用地理优势，在沈阳市的东北出城口兴办了大型木材交易市场，仅仅二年时间，年交易额就达到4亿多元，年实现营业收入8 000多万元。在很长一段时间内，社会上普遍认为“无工不富、无商不活、无农不稳”。似乎农业只能是基础产业，稳定天下的产业，不是强村富民的产业。农村干部群众总结历史的经验和教训面对现实把发展取向清醒地转到自己的优势产业上，并取得了辉煌的业绩。全市1993年度和1994年度两批457个小康村，依靠发展大农业进入小康行列的占小康村总数的70%以上。首批小康村中的3个人均收入超万元的村，有两个是靠发展农业而成为了全市小康村的排头兵。

三是从农业内部结构上看，呈现了由过去单一搞种植业向种养加各业并举的发展趋势。这种趋势集中的体现在发展规模经营上。在土地向种田能手集中，产生一批家庭场和种田大户的同时，农村又产生一批种养专业村和储运加销专业村，使大农业的规模经营呈现出百花齐放千姿百态的喜人景象。随着创建小康村活动的不断深入，创建小康、奔向富裕，已经成为统领农村工作全局的旗帜，成为农村生活的主旋律，对农村经济和社会事业各个方面的发展，起到了巨大推动作用，对于今后一个时期农村经济的发展将产生深远的影响。

1. 开展创建小康村活动保证了先富带共富政策的有效落实。实现共同富裕是社会主义的根本原则和根本特征，是社会主义制度优越性的根本体现。在全市农村开展创建小康村活动，就在实践上保证了使一部分人、一部分地区实现了先富，确保并加快了先富带共富政策的有效落实。

2. 开展创建小康村活动带动了物质文明和精神文明的共同发展。沈阳市小康村标准的15项指标，主要是人均收入和人均占有集体资产积累的份额两项，它们显示了一个村的物质文明建设的成果。小康村标准又是综合性的指标体系，对村政建设，村民文化程度，精神文明新风户的比例，都有具体要求。全村的经济发展和硬件建设，也直接被村民的科学文化知识、市场经济意识和道德观念所左右。所以，开展创建小康村活动，不仅推动了一个村的物质文明建设，同时也必然带动农民精神文明程度的提高。实践证明，经济发展快，物质文明建设水平高的村，村民的科学文化水平也高，观念也新，思想更活跃，村民风气也正。

3. 开展创建小康村活动，促进了农村双层经营体制的进一步完善。在全市农村开展创建小康村活动，而不是开展创建小康户、小康乡活动的主要原因在于，行政村是农村社区最基础、最关键的层次，是体现和发挥社会主义制度优越性的基层单位。以户为单位创建小康，就从本质上失去了小康的真实意义。以村为单位创建小康，一方面可以免除农民由于公社化时期推行一平二调、大锅饭政策造成的种种担忧和余悸；一方面在最小的集体范围内体现共富，不仅为目前的农村生产力水平所允许，也为农民的亲缘心理所接受。同时，以行政村为单位开展创建小康活动，既可以充分的调动农户家庭分散经营层次的优势和积极性，又可以充分的发挥集体统一经营层次所具有的优越性。只要实现了这两个层次两种不同的积极性、两种不同优势的有机结合，就能够使这个行政村率先实现小康。凡是两种优势结合的好，集体统一服务、统一协调能力强、双层经营体制完善的村，其小康村建设也就必然会达到一定的高水平。

（郭文翰）

【小康村建设的基本经验】 沈阳市农村建设小康村的一个基本经验，是从当地实际出发，走自己的路子。现有的小康村，从经济发展的类型上看，有资源开发型，高效农业型，城郊农业型，一村一品型，一体化经营型，规模幅射型，储运加工型，工业联合配套型，积累流动型，股份合作型，合资创汇型，加工制作型，三产业主导型，市场牵动型，各业并举型，经营管理型，科技人才型、建筑劳务型。小康村建设的最主要成果，是从当地实际出发，充分发挥和挖掘自己的优势，作到宜农则农、宜工则工、宜商则商，走出了自己的路子，特别是趟出了依靠大农业致富奔小康的路子。为今后的更快发展，打下了良好的基础。

1. 充分挖掘本地的资源优势，走大农业开发之路利用资源优势建设小康村是个最基本的途径。全市小康村中有相当一批是靠资源的开发进入小康行列的。

2. 把产品优势转化为商品优势，走农产品深加工之路。

3. 努力创造新的产业优势，走产业结构调整之路，近郊的大部分乡村靠发展工业率先走上了富裕路。当一些中远郊村照抄照搬办工业的时候，近郊的一些具有远见卓识的村却在不断地调整自己的发展思路，创造出新的产业优势。

4. 利用能人效应开发专业化生产优势，走劳动力转移之路。

5. 着力拓展规模优势，走市场型农业之路。

规模经营既能经受住市场波动的冲击，又能获得比较理想的规模效益。着力拓展规模优势，是创建小康村的又一成功经验。

沈阳市农村小康村建设的第二条经验，是把小康村的建设工作同扶持贫困地区发展经济，同农业综合开发结合起来，走共同富裕的道路。

为了使康法两县跟上全市其他县(市)郊区的经济发展步伐，确保全市农村到2000年基本实现小康的目标，全市开展了一系列扶贫工程。两年多来，主要抓了以下八个方面的工作：安排城区中经济发达的和平区、沈河区，分别支援康平县、法库县发展经济，直到两县实现财政自收自支为止。安排了36个市直单位定点包乡扶持康法两县的36个乡镇，一包三年，到基本完成脱贫任务为止。安排了城市100个效益较好的大中型企业，帮扶康法两县二三产业薄弱村发展二三产业。安排了东陵、于洪、苏家屯三个近郊区中较发达的96个小康村，与康法两县96个经济贫困村结成帮扶对子，以求互惠互利，共同发展。安排市总工会、市妇联、市共青团重点扶持康法两县的2 000个贫困家庭，帮助寻找家庭脱贫致富项目。动员全市城市各部门、各单位重点资助康法两县的失学儿童和开展资助希望活动。以各级政协为主体，发动个体户和私营企业到康法两县创办企业，实施了光彩工程。动员城市职工为康、法两县的贫困地区农民捐款捐物，实施温饱工程。

据不完全统计，两年时间，36个扶贫工作队为乡镇协调引进资金4 105.1万元，其中无偿投入项目资金866.5万元，资助失学儿童和赞助希望工程共折款20多万元，联系经济项目和作好事近百个，有力地支援了两县的经济发展。1994年度，两县有三个行政村达到了沈阳市小康村标准。1995年虽然沈阳市遭受了严重的洪涝灾害，但康法两县却获得了大丰收，整个经济形势比较喜人，更加坚定了广大农民致富奔小康的信心。

(*郭文翰*)

【小康监测结果】 1995年沈阳市农村部分地区又遭受了严重的洪涝灾害，在一定程度上，影响了农村小康建设的进程，但是在各级党委和政府的领导下，经过全市农村广大干部、群众的奋力抗灾自救，仍然使8个农村县(市)、区的小康建设迈出了艰辛的一步。其中有4个郊区已率先步入了基本实现小康的行列，其余4个县(市)也积极向小康标准靠近。从1995年的监测结果看，在16项监测指标中，有7个县(市)、区实现了12项。达到小康标准的指标有：年人均衣着支出(≥70元)、平均百户电视机拥用量(≥70台)、平均预期寿命(≥70岁)、劳动力受教育的文化程度(≥8年)、已通公路的行政村比重(≥95%)、享受社会保障的人口比重(≥90%)。在没有达到小康标准的4项指标中，由于各县(市)、区情况不同，因此表现各异。

①东陵区：根据监测结果推算，1995年末小康实现程度综合得分为90.4分，居8县(市)、区之首，比1991年和1994年分别增加了0.5分和0.1分，已基本步入实现小康之列。但在国家确定的16项小康指标中，该区实现了12项。差距在于，基尼系数、人均蛋白质日摄入量、服务消费支出比例和万人刑事案件立案件数，与小康标准还有一定距离，分别比小康标准值低0.4个百分点、缺少14克、低1.2个百分点和高25件。

②于洪区：1995年的农村小康综合得分为90.2分，比1991年和1994年分别提高了3.4分和0.1分，列8个县(市)、区的第二名。该区已实现小康指标13项，未实现小康标准的3项指标是，基尼系数低2.8个百分点、农民人均蛋白质日摄入量低13.7克，和万人刑事案件立案件数超出27件。

③新城子区：1995年有12项指标实现小康标准，比1991年和1994年均多了一项。该区的小康实现程度综合得分为90.1分，比1991年和1994年分别增加了9.3分和5.1分，发展速度较快，跃居8个县(市)、区的第三位，也已步入基本实现小康之列。该区还有未实现的4项指标，基尼系数低于小康标准0.8个百分点、人均蛋白质日摄入量少了12克、服务消费支出比例低0.1个百分点、万人刑事案件立案件数高6件。

④苏家屯区：农村小康指标已实现了12项。1995年的综合得分为90分，比1991年和1994年分别增加了3.3分和0.1分，步入基本实现小康的行列。但与全面实现小康生活还有一定差距，即是农民人均纯收入、基尼系数、蛋白质日摄入量和万人刑事案件立案件数，距小康标准分别差52.3元、1.5个百分点、10.6克和高18件。

⑤法库县：农村从划归沈阳市管辖后，小康建设已取得了较大的进展。到1995年也已实现了12项指标达小康要求(对该县实施小康监测是从1993年开始)，法库县的小康实现程度综合得分达到89.9分，比1993年和1994年分别增加7.9分和6.4分，与基本实现小康仅差0.1分。没有实现小康的4项指标是农民人均纯收入少了29.2元、基尼系数低了10.1%、恩格尔系数超了5%、农民人均蛋白质日摄入量还差3.1克。

⑥新民市：在农村小康建设上稳步前进，经过“八五”建设时期的新民市农村小康已实现的小康指标有12项，其综合得分为88.4分，比

1991 年的 80.6 分增加 7.8 分，比 1994 年的 81 分增加了 7.4 分，与基本实现小康生活还差 0.6 分。存在的差距是，农民人均纯收入低于小康标准 3.9 元、基尼系数不抵温饱值(20%)，低于小康标准 12.5 个百分点、恩格尔系数实际值 59%，高于小康标准 9 个百分点、农民服务消费支出比例达到 8.5%，还差 1.5 个百分点需继续努力。

⑦辽中县：因连续两年遭受自然灾害，农村小康建设受到一定影响，但在"八五"时期仍保持有 12 项指标达标，其实现程度的综合得分为 85 分，比 1994 年只提高了 0.7 分，但比 1991 年却提高了 7.2 分。存在的差距也有 4 项指标没有达标，即是农民人均纯收入差了364.1 元，恩格尔系数高出 0.2 个百分点，农民人均蛋白质日摄入量还差3.1 克，服务消费支出比例0.4个百分点没有达到小康标准。

⑧康平县：农村是比较贫穷落后的地区，划归沈阳市管辖后，农村小康建设也有较大的进步。在 1995 年虽然只有 9 项指标达到小康标准，但是其综合得分已达到 72.4 分，比 1994 年和 1993 年分别提高了 5.8 分和 7 分，进展速度较快。该地区还有 7 项指标没有实现小康，其中有：农民人均纯收入差 308.3 元、基尼系数低了 11.7 个百分点，不及温饱水平、恩格尔系数高出小康标准 9 个百分点、农民人均蛋白质日摄入量差 7 克、钢混砖木结构住房的比重未达 80%，只有 72.2%、安全卫生水普及率还差 4 个百分点、通电话的行政村比重只有53.3%，与70%的标准差16.7个百分点。

通过以上分析可以得出如下几点结论和启示：

1.在建设农村小康的过程中，近郊进展较快，其基本原因就是以大城市为依托，利用了郊区交通便利，信息灵通，地理优越的有利条件，即通常所说的，接受了城市经济的辐射作用。所以加强城乡经济的协作和联合，是促进远郊地区的经济发展方向。

2.发展农村第二、三产业，增加农民收入，是加速实现农村小康的关键。

3.增强集体经济实力，减轻农民负担，是实现农村小康的重要前提。

4.就 8 个县(市)、区在小康建设上同时存在的未达标的指标看，是基尼系数偏低和人均蛋白质日摄入量不足。其实质问题是收入水平低，只要把收入抓上去，这些问题就会迎刃而解。

5.近郊地区的治安，是影响农村全面实现小康的主要因素，因此下大力气狠抓农村治管；是全面实现农村小康的主要一环。

6.抓好康平县的小康建设，迅速增强该县的经济实力，提高农民的收入水平，是促进全市农村共同实现小康的艰巨任务。

(*姚余龙*)

【乡(镇)实现小康排位】 1995 年，沈阳市农村遭受了百年不遇的洪涝灾害，一些受灾较重的乡镇"奔小康"的进程受阻。小康监测结果显示，全市各乡镇"奔小康"的排序发生了较大变化。

按照国家统计局制定的实现小康的 16 项指标，通过计算机对沈阳市 142 个乡镇"奔小康"的资料进行了计算排序，得出了 1995 年农村"奔小康"综合得分最高(满分为 100 分)的 10 个乡镇是：苏家屯区城郊乡(99 分)，于洪区北陵乡(98.6分)、陵东乡(98.6分)，辽中县辽中镇(98.1分)、刘二堡镇(98.1分)，新城子区虎石台镇(97.4分)，新民市法哈牛乡(96 分)，东陵区长白乡(96 分)、东陵乡(96 分)，新民市胡台乡(96 分)。这 10 个乡镇成为 1995 年沈阳市农村奔小康的"头雁"，其中的刘二堡镇、虎石台镇、长白乡首次进入"十强"行列。

小康综合得分排名在最后的 10 个乡镇是：辽中县老观坨乡(62.7分)、乌伯牛乡(63.5分)，康平县的北四家子乡(67分)，辽中县肖寨门镇(67.8分)，康平县山东屯乡(68.7分)，苏家屯区十里河镇(69.7分)、林盛堡镇(71.1分)、红菱堡镇(71.6分)，康平县二牛所口乡(71.9分)、柳树屯乡(72.5分)。可以看出，上述 10 个乡镇中除康平县的几个老贫困乡外，苏家屯区和辽中县几个原来实力较强的乡镇在 1995 年"乡镇奔小康竞赛"中落伍，这主要是百年不遇的洪涝灾害所致。

调查计算结果显示，1995 年 142 个乡镇中，人均纯收入超过小康标准 1 100 元(按 1990 年价格计算，下同)的乡镇已达 58 个，比 1994 年增加了 2 个，占乡镇总数的 40.8%，比 1994 年提高了 1.4 个百分点。小康综合得分超过 90 分的乡镇已有 46 个，比 1994 年增加 2 个。142 个乡镇小康综合得分平均为 85.4 分，比 1994 年提高了 1.7 分。小康综合得分前 10 名的乡镇人均纯收入已达 1 914.3 元，比 1994 年增加 120.9 元，增长 6.7%。142 个乡镇中，有 95%以上的乡镇达到了 16 项小康标准中的 12 个指标，这 12 个指标是人均衣着支出(≥70 元)、钢混砖木结构住房比重(≥80%)、平均百户电视机拥有量(≥70 台)、服务消费支出比例(≥10%)、平均预期寿命(≥70 岁)、劳动力平均受教育程度(≥8 年)、已通公路的行政村比重(≥85%)、安全卫生水普及率(≥90%)、用电户所占比重(≥95%)、已通电话的行政村比重(≥70%)、享受社会保障人口比重(≥90%)和万人刑事案件立案件数(≤20 件)。从总体上看，尽管我市农村遭受了百年不遇的洪涝灾害的侵袭，但是在乡镇奔小康的大道上仍迈出了坚实而有力的一步。

调查结果还显示，尽管 1995 年部分地区遭受了洪涝灾害，但与 1994 年相比，仍有 75 个乡镇实现了升位，这 75 个乡镇在 1995 年小康得分的排位中都有不同程度的前移；有 5 个乡镇保住了原来的位置；有 62 个乡镇的排位有所下降。按 1990 年价格计算，人均纯收入比 1994 年增加的乡镇有 140 个，因灾或其他原因减收的乡镇有 40 个，其中大多数减收的原来都是实力较强而在 1995 年受灾的乡镇。这表明，沈阳市农村乡镇经济的发展与社会进步，总体上保持着较好的发展态势。

从上述统计结果中可以看到，阻碍小康进程的决定性因素仍然是收入问题，16项小康指标中，大多数乡镇没有达到的4个指标是人均纯收入（≥1 100元）、基尼系数（30—40%）、恩格尔系数（≤50%）和人均蛋白质日摄入量（≥75克），这4个指标的核心仍然是收入的问题。只要把人均收入提高到相应的程度，其它问题，就会迎刃而解。

这次排序结果可以得出这样的结论，今后乡镇奔小康的难点并不在于1995年因灾首次落入后10名的几个乡镇，因为这几个乡镇的经济实力都比较强，恢复“元气”并非难事，而今后工作的难点恰恰在于每年都排位在100名以后的40几个乡镇，这些乡镇大多分布在柳绕及康平、法库的贫困地区，尽管其小康得分每年都有一定的增加，但是仍成为沈阳市乡镇奔小康的“老大难”。因此，在今后建设小康的过程中，还应继续把提高农民的收入水平作为发展农村经济的基本导向，坚持鼓励一部分人先富起来的政策不动摇。采取超常规的方法使康平、法库两县迅速脱贫致富，继续改造辽河两岸以及柳绕地区，提高其抗灾能力，增加农民收入，使农民生活早日达到小康水平。

（田喜斌）

种植业

【概况】 1995年，沈阳市种植业生产在连续两年遭受较大自然灾害的情况下，仍保持稳步增长。

以改革为动力，以市场为导向，在保证粮食生产的基础上调整种植业结构。1995年全市农作物播种面积为59.3万公顷，比1994年减少0.7%。与1990年相比，在耕地面积减少8 100公顷的情况下，由于增加了复种指数，使总播种面积不但没少，反而略有增加。其中，粮豆作物播种面积为48.1万公顷，比1994年增长0.1%，比1990年减少4.3万公顷，减少8.2%；经济作物播种面积为2.4万公顷，比1994年减少3%，比1990年增长80.5%；其它作物播种面积为8.7万公顷，比1994年减少4.3%，但同1990年相比，增长了58.8%，主要是蔬菜播种面积增加了2.7万公顷。从粮豆作物内部看，水稻和玉米两大主要粮食品种的播种面积为10.7万公顷和27.1万公顷，分别比1994年增长4.9%和2.2%；小麦播种面积为2.8万公顷，增加4.4%；高粱播种面积2万公顷，增加13.8%；大豆播种面积减少到3.3万公顷，比1994年下降27.2%。经济作物结构变化较大，其特点是大品种面积减少，小品种面积增加。例如大众经济作物，棉花播种面积比1994年减少一半；油料和甜菜的面积分别减少7.4%和3.8%；而小品种的啤酒花、山野菜、辣根等小品种经济作物，由于效益较好，发展较快，1995年播种面积达到2 180公顷，比1994年增加了5.8倍。其它作物中，蔬菜播种面积与1994年基本持平；西瓜播种面积增加了2.3%。

以效益为核心，以科技为先导，向科技要效益。1995年，沈阳市进一步推广普及农业科学技术，在农业生产中发挥了重要作用。一是抓技术培训，提高农民的科技素质。全市各县、区、乡、村四级共举办农民技术培训班近4 000期，培训人员达50万人次。二是大力提倡应用优良品种。水稻以“辽粮326”、“秋光”、“沈农系列”等优质高产品种为主栽品种，玉米大面积推广“6107×340”、“掖单13”、“黄白杂交”等品质好，抗病能力强，产量高的品种，同时引进了“海试—16”等一些新品种，使全市优质高产品种面积达90%以上。三是推广先进适用的农业技术。共推广水稻软盘育苗5 000万盘，水稻抛秧面积20万亩。以玉米密植为核心，大力推行比空、比麦、比菜栽培方式，做到平均亩保苗3 000株以上。因而促进了粮食的增产。1995年，全市粮食生产在播种面积与1994年基本持平，部分地区又遭受严重洪涝灾害的情况下，粮豆总产量比1994年增加13.4万吨，达215.1万吨，增长6.7%。粮豆平均每公顷单产4 468公斤，比1994年增加6.5%。特别是康平县，粮豆总产和单产都创造了历史最好水平。在粮食生产中，水稻由于主产区遭灾较重，总产量和单产分别比1994年下降24.9%和28.4%；玉米由于抗涝能力强于水稻，主产区受灾较轻，加之总产量达到133.5万吨，比1994年增加24万吨，增长25.8%，平均单产4 930公斤，比上年增长21.3%；蔬菜总产量达到了196.1万吨，其中蔬菜大棚面积达1.2万公顷，比1990年增长了近1倍，年产鲜、特、细菜4亿公斤。既满足了市场供应，丰富了城市居民的“菜篮子”，又增加了农民的收入。

（张向阳）

【粮食生产】 1995年，严重的自然灾害给沈阳市农业生产和农民财产造成了巨大损失，也给沈阳市农业局安排生产带来了许多困难。一是农业基础设施损毁较多，且分布集中，修复这些设施需要大量资金和时间，必然会给春耕生产带来不利影响。二是农业受灾减产，农民收入降低，特别是重灾区，资金、物质匮乏，加之农业生产资料价格大幅上扬，导致对农业生产投入减少。三是受洪涝灾害影响，秋季土壤湿度偏高，给整地工作带来不利影响，早春作物能否适期播种，已经很难预料。四是玉米制种严重减产，适于沈阳种植的杂交玉米种籽数量严重不足。沈阳市为全面恢复发展生产，制定详实可行的计划。实行计划的途径和措施主要有：1.进一步完善家庭联产承包责任制，调动和保护广大农民的生产积极性。坚决贯彻中央和省、市有关政策，完善以家庭联产承包为核心的农业经营体制，稳定统分结合的双层经营体制。对业已形成的土地承包关系，一般轻易不给变动，个人或集体的承包经营权，受法律保护。对二、三产业发达地区，要积极引导农民在自愿的基础上适度发展规模集约经营，发展家庭农场和种植业股份合作制经济。积极协助有关部门认真落实国家粮食购销政策，改革和完善粮食合同定购办法，控制和稳定农业生产资料价格，逐步缩小工农产品剪刀差，降低粮食生产成本。注意处理好发展各项事业和农民负担的关系，防止农民负担“反弹”。2.相对稳定种植结构，充分发挥资源优势。沈阳市种植业结构按照发展社会主义市场经济的需要经历了几次较大的调整，到目前为止，已进入了一个相对稳定的时期。1995年种植业结构安排本着稳定播种总面积，稳定粮食豆作物播种面积，适当调整作物结构的原则。全年沈阳市农作物播种总面积稳定在916万亩，其中粮豆作物685万亩，粮豆总产量达30亿公斤，粮豆作物与经济作物及其它作物之比为75:25，与1994年基本持平。经济作物播种面积计划96万亩，油料40.8万亩，油料作物中花生增幅较大，由26万亩增至32万亩，其它作物35万亩。3.积极推广应用先进技术，提高粮食单产，稳定总产。具体措施：一是大力推广良种，加速品种更新换代。扩大玉米掖单13、沈单7、水稻辽粳326、辽开79、小麦辽春9、辽春10、大豆开育10、辽豆10等优良品种的面积。并继续组织农业科技人员开展农作物品种攻关，筛选和繁育高产良种，严格品种审定制度，严把种子关，全市良种的覆盖面已达90%以上，为保证城乡“米袋子”和“菜蓝子”作出了贡献。二是狠抓地力建设，搞好科学配方施肥。据沈阳市农田土壤肥力监测结果表明，全市上壤有机质含量有逐年下降的趋势。为保证稳产、高产，当务之急是大量增施农家肥，保持土壤肥力的良性循环。全年施用农家肥2 000万立米，每亩2.5立米，积极推广玉米秸杆还田，灭茬还田，稻草还田等培肥地方措施，同时抓好化肥的科学施用，改进施肥方法，增加粮农经济效益。三是综合防治病虫草害，确保丰产丰收。继续坚持“以防为主，综合防治”的植保工作方针，切实加强病虫害的预测预报。全年植保工作的重点是：旱田防治“五虫二病”，即玉米螟虫，蚜虫，小麦粘虫，大豆食心虫，地下害虫，小麦白粉病，黑穗病；水稻防治“二虫三病”，即二化螟、稻蝗、纹松病、稻瘟病、稻曲病。玉米螟虫防治320万亩。四是发展间套复种，走高产高效之路。间套复种面积130万亩，其中小麦套作93万亩，粮菜套作17万亩。五是积极推广适用栽培技术，努力提高单产。继续进行水稻、玉米的大垅双行，粮菜套作，菜稻复种，玉米种籽包衣，生根粉开发等项目的试验示范，推广水稻育苗5 000多万盘，应用推广床土调制剂近6 000吨，普及抛秧技术20万亩。六是搞好技术培训，提高农民科学种田的素质。围绕发展“二商一优”农业的方针，开展各种形式的技术培训2 600期，人数超过40万。4.以丰收计划为龙头，开展农作物高产竞赛。一方面，激励广大农业科技人员深入生产第一线，进行科技承包。另一方面，调动了广大农民学科学、用科学的积极性。共落实丰收计划面积220万亩。高产竞赛万亩方100个，千亩片200个，千亩块300个，高产户400户，有力了促进了农业的高产丰收。5.加强基础设施建设，增强农业发展后劲。农业基础设施建设的重点是良种繁育基地建设项目。一是继续加强玉米种子基地建设。全市玉米制种面积30万亩，除满足沈阳市农业生产外，还源源不断地支援了兄弟省市的耕地用种。二是加强乡级水稻繁种基地建设。三是在新民、康平、法库建立一批小麦、杂粮、油料及经济作物种子基地。6.建立农业科技示范区，加速新技术普及推广。全市建立9个种植业科技示范区。在苏家屯区、新民、辽中建立水稻高产示范区，亩产650公斤。在法库、康平、苏家屯区建立玉米高产示范区，亩产650公斤。在新城子区建立水稻优质米示范区。在新民、法库、康中建米麦套作示范区，亩产700公斤。在苏家屯、辽中建水稻大垅双行高产栽培示范区，亩产650公斤。在于洪、东陵建水稻抛秧示范区，亩产600公斤。在新民、康平、法库建立以花生、甜菜为主的经济作物示范区。在康平、法库、新民建小杂粮示范区。在辽中、新城子区建稻田养蟹、养鱼、菜稻复种示范区，从而加速了科技辐射范围的扩充速度。7.进一步完善农业科技服务体系，提高服务水平，稳定农业科技队伍，调动他们工作的热情。①抓先进实用技术的普及推广，开展科技咨询，培训和试验、示范。②搞好土壤养分和肥料监测，帮助农民搞好科学配方施肥。③开展病虫害的预测，预报。④做好农作物良种引进、示范、繁育、供应工作。⑤根据生产需要兴办各类服务实体，为农民提供产前、产中、产后的全程服务。⑥充分发挥参谋作用。

1995年沈阳市农业生产由于采取了如上措施和办法，仍然获得了丰收。粮食总产量达到215.1万吨，比1994年增产13.4万吨，人均占有粮食450公斤，高于全国平均水平，基本满足了人民生活和国民经济发展的需要。

（邓奇）

【大灾之年取得的收成】 1995年，沈阳市遭受了百年不遇的特大洪涝灾害，给国家、集体和人民财产造成巨大损失，其中农业遭受的损失尤为严重。全市农村8个县(市)区都不同程度的受到暴雨袭击，受灾乡镇达到128个，受灾村屯1 705个，受灾人口210万人，占全市农村人口总数的60%以上，农作物受灾面积为460多万亩，224万亩地农作物绝收，粮食减产26.9亿斤。面对历史上罕见的自然灾害，沈阳市农业局按照市委、市政府关于“恢复生产，重建家园”的指示部署，迅速行动起来，把抗灾救灾，恢复生产做为中心工作来抓，集中一切力量抓好农业生产自救，全力减少灾害损失。多次召开现场会，解决备耕中存在的问题，做到早发动，早安排，早准备。抓住灾后有利时机，迅速掀起春耕高潮，到5月6日，全市600万亩旱田如期完成播种，水田插秧也全部插在了丰产期，到6月4日全部结束，针对灾情严重的状况，采取生产自救多项措施，主要有：一是抢下茬播种，减少因水灾而给种植业带来的损失。洪水过后，各地加紧排除受涝农田积水，共排水约15亿立米。抢种秋菜秋粮，主要抓生长期短的菠菜，白菜和荞麦等晚秋作物，全市共播荞麦3万亩，秋菜40万亩。二是加强农作物后期田间管理，力争把损失降到最低限度。各地都把加强后期田间管理工作作为开展生产自救活动的重要措施。对大田作物普遍开展以防虫为重点的后期管理，其中利用飞机防虫70万亩；对水稻实行浅水灌溉技术以增加地温。采取各种有力措施，促进作物的正常成熟，水稻飞机喷洒激素73万亩，人工喷洒28万亩。三是对水毁工程抓紧组织人力修复。为保证水田后期补水，抢修机电井1 500多眼，基本保证了水田后期用水的需要，各县区也积极行动起来，抢修水毁工程，为当前生产和来年春耕作准备。四是采用良种，加快普及应用科学技术，提高农民种田的水平。积极推广抗病性强，高产优良品种面积，全市良种覆盖面已占耕地总面积的90%以上。推广先进适用农业技术，在旱田生产上，玉米以密植为核心，大力推广比空、比麦、比菜栽培方式，做到平均亩保苗3 000株以上，并普遍推广二次追肥，全市配方施肥面积560万亩，占农作物播种面积的80%，其中玉米292万亩，水稻158万亩，大豆52万亩，小麦48万亩。另外，认真落实36项市一级科技试验、示范、推广项目。针对灾区资金、物质缺乏的状况，加大资金投量。国家支援化肥5 400吨，柴油2 000吨，沈阳市农业银行为支持灾区生产自救，下摆资金1.8亿元，市所属各工业局也纷纷出资支援灾区重建，市畜牧副食局拿出30多万元，用于秋菜籽的购买。经过全市广大农民，干部的辛勤努力，1995年沈阳市粮食作物喜获丰收，总产量达215.1万吨，比1994年增产13.4万吨，人均占有粮食450公斤。

（邓奇）

【水田综合开发】 1995年沈阳市大力提倡发展水田综合开发项目，分别在辽中县和新城子区建立了水田综合开发示范区，在辽中建立薯稻复种示范区，在新城子建立稻田养殖示范区，成效显著，是全市水田地区发展高效农业的一个突破。薯稻复种，就是利用水田前茬，抢种马铃薯，在保证水稻不减产的前提下，综合开发土地资源，发挥土地最大效益的栽培新技术，是增加市场供给，提高稻农收益的一个新途径。1995年，沈阳市在辽中县于家镇建立了2 000亩薯稻复种科技示范区，经过一年的试验运行，获得成功。为确保该项目的顺利实施，辽中县组成一个由县、乡、村各级农业技术人员参加的专门部门，负责对薯稻复种这一环节多，时间性强的新技术的咨询，田间指导，物资供应等工作。还专门为农民贷款17.6万元，用于统一购买农用物资。发放薯种70吨，早熟稻种1万公斤，除草剂100公斤，地膜5吨，化肥113吨，确保薯稻复种项目的正常启动和运转。在3月下旬至4月初水稻插秧前播植薯种，到6月初，在蔬菜供应淡季就可收获上市，每公斤马铃薯可卖1.50—2.00元，每亩纯收入可达822.49元，下茬水稻每亩纯收入567.28元，每亩水田共创收1 389.77元，比单纯种水稻每亩增收862.07元，增长1.63倍，2 000亩示范区可增收172.4万元，效益可观。薯稻复种成本低，效益高，每亩合计成本仅为779.4元，比单纯种植水稻成本600元只多179.4元，收入却比原来增加2倍多。稻田养殖是充分利用稻田水层放养水产品，实现种养结合，提高水田亩效益的又一项稻田综合开发项目。沈阳市农业局在水稻相对集中的新城子区石佛寺、兴隆台、尹家等乡镇，利用当地背靠辽河、水源充足，水质清洁，当地水田集中，面积较大的优越自然条件，以及当地农民栽培经验丰富，管理水平高，水田产量稳定的现状，建立了稻田养殖示范区。在石佛寺、兴隆台16个村，投放鲶鱼苗34.65万尾，平均每亩放鱼苗300尾，放养面积1 155亩，充分利用6月中旬水田已施完大头肥和杀草药，稻苗正处于分蘖期的有利时机，投放鱼苗，以避免发生药害，鱼苗投放后，要设置防逃设施，并注意加强水层管理，适时投入饲料，精心饲养，以保证鱼苗的正常生长。到九月中旬水稻撤水前即可捕捞上市，每亩水田可产鲶鱼200尾，每尾重1.5斤，市场批发价每斤8元，亩产值可达2 400元，扣除成本费1 300元（鱼苗150元，饲料800元，防逃设施300元，人工费50元）外，每亩纯收入高达1 100元，而单纯种植水稻每亩纯收入只有400元。稻田养鱼不仅不影响水田产量，反而能有效利用鱼的食物链，促进水稻生长发育，而且鱼苗游动，不仅能调节，改善水田通风透光条件，还能起到防虫的作用，对水稻纹枯病、二化螟等病虫害的发生有明显抑制作用。稻田养鱼，投入少，管理简单，见效快，易于农民掌握应用，经济效益显著。

（邓奇）

【农技推广体系建设】 沈阳市农业技术推广服务体系建设经过多年努力，已基本形成了以县区为龙头，以乡镇为纽带，以村屯为基础的社会化技术服务网络。1995年全市农村8个县（市）区共有141个乡镇推广站，有农技推广人员800人。其中国家科技人员436人，聘请农业技术人员364人，有高级技术职称的2人，中级技术职称的79人，初级技术职称263人，初步形成了集科技推广、咨询、培训、试验、服务性经营活动等功能的服务队伍。通过农业技术推广战线广大干部职工的辛勤工作，农业技术推广站为推动全市农业经济的发展做出了突出贡献，具体表现在：一是大批优质高产高效良种播种面积得以大面积推广，大量农业适用栽培技术得以广泛应用，大大提高了沈阳市农业生产的水平，促使农业新技术和科技成果迅速转化为现实生产力，农业技术推广站独立建站以后，由于工作环境改善，科技人员地位提高，极大地调动了员工的工作热情，广大科技人员长年深入农业生产第一线，开展实用技术培训、咨询服务，为农民传授农业科学知识，提高农民整体科学种田的水平，深受广大农民欢迎。近几年来，各地农业技术推广站以沈阳市农业局丰收计划为龙头，重点抓良种、配方施肥、抛秧等技术的推广工作，达到了大面积、大范围、大幅度的增产增收目标，有力促进了科教兴农事业的发展。尤其在开展间作套种、改造中低产田、农业综合开发水稻模式化栽培等项目的推广工作中，取得了显著成果，累计推广1 000多万亩，增产粮食20亿公斤，创造直接经济效益近20亿元，有力地促进了全市“两高一优”

农业的发展。二是开展“六好站”评比活动，调动广大农业技术推广站工作人员争先创优的积极性。为改变站容站貌，开展以开方卖药，上门服务，健全服务网络为内容的“六好站”评比竞赛活动，提高乡镇基层农技推广人员的业务素质和职业水平，加快农业新技术普及的步伐。在这次评比活动中，全市涌现出66个工作成绩优异的“六好站”，有的农技站还成为省内外学习的榜样站。三是开展经营性服务，增强乡镇站自身的活力和实力。坚持围绕服务办实体，办好实体促发展的方针，积极提供产前、产中、产后及深层次的服务。乡镇站开展经营性服务的达130个，年经营额近亿元，年利润300多万元，壮大农技站自身的经济实力，也为服务质量的提高和技术推广范围的扩大奠定了良好的基础。如于洪区的陵东乡农业推广站，在自身经济实力不断增强的同时，每年拿出几万元搞引进品种的试验、示范、推广。从南方引进落户的佛手瓜、紫甘兰、荷兰豆等蔬菜品种填补了沈阳市蔬菜品种的空白，为农民增收致富开拓了一条新路。

（邓奇）

【以法管理种子】 为了进一步加强对种子质量监督和市场管理，维护农民利益，促进农业发展，于1995年9月29日沈阳市第一届人民代表大会常务委员会第十八次会议上通过了《沈阳市农作物种子生产经营违法处罚条例》。该条例于1995年11月25日获辽宁省第八届人民代表大会常务委员会第十八次会议批准。并于1996年1月1日起施行。

《农作物种子生产经营违法处罚条例》的出台，是沈阳市建设农业强市的一项具体而实际的工作，该条例的出台意义十分深远。

首先，《沈阳市农作物种子生产经营违法处罚条例》是在全国率先出台的，也是在农业生产方面出台的第一部地方性法规。这为沈阳市以至全国的地方农业立法提供了良好的经验。

其次，《沈阳市农作物种子生产经营违法处罚条例》确定了全市农业行政部门作为执法主体的法律地位，并对种子科研、生产、经营、使用和管理等环节的违法行为做出了具体明确的处罚规定，为管好种子市场，稳定农业生产，保护农民和种子生产经营者的合法权益。提供了可操作的，并具有威慑作用的法律武器。同时，也进一步体现了重视农业，必须从科技兴农抓起，重视科技，必须从种子入手的指导方针。也体现了沈阳市对管好种子市场的信心和决心。

（韩明旭）

【蔬菜产销情况】 1995年，沈阳市菜蓝子工程建设在大灾之年，坚持“大投入、大发展、大提高”的方针，抓了以下几项工作。

1. 继续抓好蔬菜基地建设，稳定菜田面积。1995年遭受自然灾害最严重的地区，基本上是沈阳市基地内菜田和二线菜田的几个县、区，菜田设施遭到了不同程度的毁坏，为了及时恢复生产，把受灾的损失降到最低程度，积极采取措施，开展生产自救。一是对冲坏的机电井抓紧维修，能修好的电井，每眼贷款1 500元，对冲毁需新打的电井每眼贷款5 000元，沈阳市畜牧副食局从菜田基金中拿出20万元，做为维修和新打电井的贴息。二是沈阳市畜牧副食局同沈阳市农行，一起深入到4个重灾区，落实保护地修复贴息贷款工作，共发放贴息贷款1 500万元，贴息200万元。三是为了保证市场供应、物价稳定、保护菜农利益不受损失。不失时机抓紧播种大白菜。市、区菜农协会由风险金中拿出30万元，购买了快白菜、油菜、菠菜、芹菜等蔬菜种籽，无偿送到灾区菜农手中，确保了秋菜生产。四是组织技术服务队分赴灾区进行技术咨询、服务。指导菜农生产自救。

1995年沈阳市蔬菜耕地面积70万亩，比1994年增加1.8万亩。蔬菜总产量196.5万吨，与1994年基本持平。基地内蔬菜耕地面积仍然稳定在16万亩，蔬菜总产量83万吨，比1994年增加13万吨。到1995年底抢修、维修、新建菜田机电井占冲毁总数的83.7%。抢修、维修蔬菜保护地3万亩，新建蔬菜保护地2万亩。沈阳市蔬菜保护地面积已达到15万亩。

2. 加大对蔬菜保护地生产的建设力度。1995年，沈阳市在计划安排上加大了对蔬菜保护地的建设力度。在资金方面同市农行协商，安排保护地建设贷款3 000万元。计划到年末实现千亩、百亩保护地群20处，保护地设施面积能达到16万亩，形成规模化生产，批量经营。但由于洪水的袭击，给蔬菜保护地生产造成了严重的损失，为了缓解市场供应紧张局面，采取了积极措施。一是利用农行贷款，抓紧抢修、维修或新建蔬菜保护地。二是对市内4个蔬菜批发市场，采取免收一切费税及奖励的政策，吸引外地货源，以量稳价，保证市场供应。三是对全市50家国营零售商业，进行批零差率限制，在市政府规定的批零差率基础上，再降低4个百分点。在恢复和发展蔬菜保护地建设上，各级政府都签订了目标责任制，做到组织落实，资金落实，物资落实。到1995年底，全市已初步形成蔬菜保护地带3条，百亩以上的蔬菜保护地群已达到55处。其中，1994年10处，1995年灾前建17处，灾后新建28处。同时提出，在保护地生产上要提高科技含量，向多品种、多层次、节能型、高效益发展，向保护地周年生产发展。

3. 调整品种结构，增加科技含量。大力调整品种结构和生产布局，发展“两高一优”农业，向短缺型、优质型、高效型和创汇型方向发展。首先注重引进“南、特、鲜”小品种。1995年开发了10多个品种，如木耳菜、乌塌菜、美国西芹、绿菜花等，并扩大了推广面积。到年底达3万余亩，比1994年增加了2万亩。其次，开发绿色蔬菜和反季菜。1995年重点在东陵区东部山区建立起绿色档案，做到示范户每户人手一册。还举办各种类型的学习班，使菜农掌握了种植绿色蔬菜的技术，1995年开发绿色蔬菜1万亩。反季菜种植面积也比1994年翻了一番，达到2万亩。再次，在保护地冬季生产方面，调整果、叶菜的比重，多种一些果菜，充实市场，使果、叶菜比重由

2:8,变为4:6,冬季生产面积1995年达到1.7万亩,比1994年增加2万亩。第四,开发蔬菜商品化产业,大力发展蔬菜深加工,重点发展鲜细菜小包装,净菜包装,提高蔬菜产品的附加值。

4.以建设沈阳市中心蔬菜批发市场为龙头,推进"菜篮子"流通工程建设。1995年市政府确定"十二"线为沈阳市蔬菜中心批发市场,农业部又指定"十二"线为"农业部定点鲜活农产品中心批发市场"。为了切实抓好中心批发市场这个龙头,带动乡、村产地批发市场的发展,一是对龙头市场进行合理部局,增加经营蔬菜的场地。二是对龙头市场进行了扩建和改造。新扩建保温站台2 000平方米,改造2 100吨冷库一座,维修保温库房4 000平方米。三是引进现代化管理手段,组建信息中心,实现与国家内贸部、农业部及全国大城市信息联网,筹建信息电子显示大屏幕。四是对产地批发市场也进行了新建和完善。

(金莹)

【利用飞机防治病虫害】 利用飞机防病防虫,促进作物早熟是加速农业现代化的重要途径之一。1995年,沈阳市遭受特大水灾,农业生产面临严峻考验,为了抗灾夺丰收,沈阳市及时采取利用飞机播撒农药和激素,达到防治病虫害、抗低温、促进作物早熟的目的。全市共利用飞机81架次,完成飞防面积135.1万亩,创历史最高纪录,其中旱田54.3万亩,水田36.6万亩,挽回粮食损失4 256.2万公斤。

利用飞机为农业服务,在旱田主要是防治玉米螟、玉米蚜虫,水田主要是喷洒植物生长调节剂。利用飞机速度快,效率高,能够很快形成规模,便于大面积实施,连片作业。可以节省大量人力、物力。

沈阳市利用飞机为农业生产服务具有得天独厚的条件:一是基础设施完善。全市农村8个县区都有能停落农用飞机的机场。二是除利用民航的农用飞机外,沈阳市自己也拥有4架飞机,其中于洪区有2架,苏家屯区有2架。三是飞防工作得到方方面面的重视,各级政府和农业部门都把利用飞机防病虫害作为提高农业现代化的重要途径,每年飞防面积都在不断增加。四是广大农民对利用飞机预防病虫害的特殊作用认识较早,发展这项事业有群众基础。利用飞机防病虫害,促进作物成熟具有节省人力、资金的作用,而且利用飞机预防时间短,及时,喷药覆盖面积大、施药均匀,能发挥人工不可替代的作用和效益。

(邓奇)

【"菜篮子"工程成绩斐然】 1995年,沈阳市在抓好"米袋子"的同时,下力气抓了"菜篮子"建设,取得了可喜的成就。

1.重灾之年商品菜产量稳中有升。1995年,全市蔬菜播种面积为7.2万公顷,与1994年持平。大范围洪涝灾害严重影响了蔬菜生产,尤其使夏菜损失严重。但由于全力排涝,抗灾自救,在利用基地菜田各方面优势恢复生产的同时,充分发挥二线菜田的后备调剂作用,采取基地损失二线补,夏菜损失秋菜补的措施,积极抢种秋菜、快菜,使全年的蔬菜生产稳定,蔬菜总产量仍保持在190万吨以上,其中商品菜产量达128万吨,增长0.4%。在大灾之年实现了稳中有升。同时随着保护地的开发和棚菜生产的扩大,细菜占蔬菜比重已达到42%。与"八五"初期相比,蔬菜总产量增长了23.8%,平均每年增长4.4%。为满足城乡人民的消费需求做出了贡献。

2.畜牧业在饲料偏紧的情况下仍保持发展势头。1995年,全国饲料供应形势偏紧,饲料价格居高不下,给畜牧业造成较大冲击。上半年,猪、禽生产变几年来的两位数增长为一位数增长,呈现滑坡之势。为了改变这种局面,市政府积极安排落实饲料用粮,并采取保护性收购等措施,因而减少了农民尤其是牧业大户的后顾之忧,稳定了生产,使全年继续保持发展的势头。1995年末,全市生猪存栏192万头,牛存栏27万头,羊31万头,分别比1995年增长9.2%、14.2%和36.2%。蛋禽存栏虽然有所下降,但肉食禽仍保持0.3%的增长速度。全市肉类总产量已由上年的37.5万吨增加到44万吨,增长18.4%,其中牛、羊肉增长速度超过20%,与"八五"初期的1990年相比,肉类增长1.5倍,其中猪肉产量达24.1万吨,增长17.2%,自给水平已超过70%。禽蛋、牛奶产量为18.2万吨和6.1万吨,分别增长8.1%和63%,生产保持在较高的水平上。全市肉类总产量及农村人均肉类生产量在省内各市中居领先水平。

3.渔业克服了水灾影响,持续发展。1995年,一方面鼓励农民对可养殖水面的开发,使全市淡水养殖面积增加到1.8万公顷,另一方面重点发挥科技兴渔的作用,大力推广两茬养鱼、鲫鱼与鲇鱼混养、稻田养鱼等增产新技术,合理加大放养密度,使全市鱼苗放养量比上年增长三成以上。水产品产量由1994年的5.58万吨增加到6.5万吨,增长16%,提前一年完成"八五"计划。伴随水产品产量的增加,全市水产品结构也发生了较大的变化,优质鲤鱼、异育银鲫等优质鱼已成为主养品种,南鱼北养、鱼虾蟹龟等新优特多品种并养已成为渔业生产的显著特点。沈阳市"八五"末期的淡水产品产量已超过"八五"初期的2.6倍,不仅满足了本地市场的消费需求,彻底改变了过去吃鱼难的状况,而且有半数以上远销黑龙江、吉林、内蒙等外省区。

(陈兆林)

养殖业

【概况】 1995年,沈阳市克服饲料紧缺,生产效益下降等困难,创造条件发展畜牧业生产,保持了畜牧业持续、快速、协调发展势头。

1.畜牧业产品产量大幅度增加。1995年,主要畜禽数量普遍上升,生猪稳步发展,牛羊快速发展。生猪饲养量445.1万头,存栏192.2万头,出栏252.9万头,分别比1994年增长15.7%、9.3%和21.1%。牛饲养量和出栏量为44万头和18.5万头,分别增长18.9%和19.8%。羊饲养量和出栏量为46.8万只，15.8万只，分别增长39.7和47.7。肉禽出栏7 512万只，增长28.9%。由于饲养蛋鸡效益下降，家禽存栏3 288万只，比1994年下降7.5%，其中，蛋鸡存栏1 862万只，下降12.6%。奶牛存栏18 557头，比1994年下降4%。畜禽产品显著增加。全市肉类总产量达44万吨，比1994年增长19.5%，其中猪肉24.1万吨，牛羊肉3.5万吨，禽肉16.6万吨，分别增长18.2%、20.1%和21.8%。由于存栏蛋鸡下降，以及市场鸡蛋供应饱和，禽蛋产量18.2万吨，比1994年减少8%。奶产量6.1万吨，减少2.5%。1995年肉蛋奶产量比“七五”末期的1990年分别增长2.2倍，1倍和0.1倍。全市人均占有肉蛋奶分别为66公斤，27公斤和9公斤，高于全省人均占有水平27公斤。牧业产值高速增长。1995年实现牧业产值48.7亿元，比1994年增长13.5%，比1990年增长1.9倍。

2.基地建设进一步加强。1995年，加大资金、物资和技术的投入，使基地建设向区域化、专业化发展的步伐加快。基地建设有2个特点。一是专业大户、专业乡村数量增多，规模扩大，牧业大户发展到4万多个，比1990年增长1倍多，其中，养猪出栏30头以上的大户1.5万户(百头以上的1 430户)，出栏量85万头，占生猪出栏总量的近一半。全市有1 200多个村，260多个乡(镇)，达到了专业饲养村、专业饲养乡的标准，其中发展较快的辽中县英架子村养猪5.5万头，人均78头，人均收入近万元。专业大户和专业乡村的发展，不仅推动了畜牧业生产规模的扩大，也增强了广大农民进入和占领市场的能力。二是村外生产小区建设形成热潮。建设村外小区有两种形式：第一是农民利用弃耕地、劣质地自筹自建小区，到1995年末，已建成各类畜禽小区80多处。于洪区形成了小区36个，占地1 700亩，建筑面积26万平方米，饲养蛋鸡、肉鸡、生猪、牛羊都达到了一定规模，其中蛋鸡饲养量占全区总量的50%以上。另一种形式是吸纳社会非农资金，建设畜牧场，这些场投资大，起点高，技术新。建一处牧场就是一处小区，到1995年末全市吸纳非农资金近2亿元，建成各类牧场50多处，苏家屯区白清寨乡引进1 500万元建成了万头猪、千头牛、百只鹿等8个大型牧场。建设村外小区逐步解决饲养场地和居民区分离，为发展规模生产，提供空间。畜牧小区是传统饲养模式的突破，是畜牧业向区域化布局、专业化生产、社会化服务、企业化管理、一体化经营的基础。

3.产品结构得到进一步调整。1995年，在确保全市畜产品数量，满足消费的前提下，以市场为取向，调整产品结构收到成效。一是大力发展牛羊鹅鸭等节粮型畜禽。提供1 780万元贴息贷款，引进母牛7 000多头，母羊5 000多万只，拨款1 000万元兴建羊繁育中心，建设6个乡镇牛羊改良站，大搞秸杆利用，千方百计发展牛羊生产，使牛羊饲养量大幅度增加，1995年牛羊肉产量达3.5万吨，比1990年增加5.6倍。二是稳步发展瘦肉型猪和肉食鸡生产。上市瘦肉型猪占商品猪的比例由1990年的50%上升到80%，禽肉产量达16.6万吨，比1990年增长2.5倍。鸭鹅存栏达到550万只，比1994年增长10%。此外，引进驼鸟9只，发展了鹿、兔、肉食狗等经济类品种。

4.科技进步成果显著。1995年，围绕科技兴牧，把先进实用技术普及到千家万户，狠抓科技推广工作取得成效。一是抓了良种推广，充分利用近几年引进的肉牛、小尾寒羊、瘦肉型猪、良种鸡等新品种，全面推动养殖品种的改良工作，扩大了改良面。1995年全市完成猪人工授精4.3万头，黄牛冷配3.3万头，目前，肉鸡全部实现良种化，良种蛋鸡覆盖面达90%以上，黄牛改良面40%以上。二是加大实用技术推广力度。通过办培训班、讲座、印发科普资料，使数以万计的农民掌握了先进的饲养技术，提高了生产水平。重点推广牛羊棚养快速育肥，秸杆综合利用，生猪模式化饲养，蛋鸡高产新技术等，使科技含量指标有了明显提高，1995年和1990年比，肥猪饲养日缩短12天，肉鸡饲养日缩短6天，蛋鸡只产蛋量增加2.2公斤。

5.产品深加工和市场建设初见成效。“八五”期间沈阳市在抓生产的同时，注重抓加工、抓市场，加速了饲养业向产业化发展进程。几年来，从实际出发，立足当地资源，按照市场需求，有针对性地上了一批生猪、肉鸡、牛羊屠宰以及羽绒、皮革、骨粉、生物制药等综合加工厂点，其中肉鸡加工基本形成了产加销一条龙体系。目前，全市拥有年加工能力5 000吨以上的肉鸡加工线12家，加工能力12万吨，能生产白条鸡系列分割产品、熟食鸡系列产品等10多个品种，每年出口分割鸡达2万多吨。市场体系建设方面从1992年开始，先后在市食品公司院内开办一处中心肉食批发市场，经几年运行、改造、完善，现在市场年交易量达3万吨以上，交易额3亿元左右，以后又陆续形成了铁西九路、沈河惠工等区域性肉食批发市场。在农村畜牧产品集中产区兴建了20多处牛、羊、生猪、大牲畜交易市场，一些乡村出现畜禽交易经纪人。沈阳市已基本形成了以批发市场为龙头，以生产基地为依托，以遍布城乡的零售网点为基点的市场体系，市场兴旺活跃，流通渠道舒畅，为畜牧业持续、快速、协调发展创造了良好的外部环境。

(张梦飞)

【养殖业迅速发展】 1995年，沈阳市的养殖业获得了迅速发展。全市养殖业产值达到了33.5亿元(不变价，下同)，比1994年增长6.6%；养殖业总产值占农业总产值的比重由1994年的58.7%提高到59.3%，为繁荣城乡市场，丰富城乡人民的“菜篮子”作出了贡献。

养殖业的发展，首先反映在饲养量增加、产品产量大幅度提高方面。1995年，全市大牲畜达54.2万头，比1994年增加2.9万头，增长5.7%；肉类总产量达44.4万吨，增长18.4%。淡水产品产值3.2亿元，增长16.0%，养殖业各业生产都有长足的发展。

1.生猪生产稳步发展。1995

年，全市生猪存栏达192.2万头，比1994年增加16.3万头，增长9.3%，其中：能繁殖母猪达13.1万头，增长9.2%；生猪出栏量达252.9万头，增长21.1%。生猪出栏增加，猪肉总产量增长也较快，猪肉产量达24.1万吨，增长17.2%。

2. 养牛业的发展最为显著。1995年末牛存栏达27.4万头，与1994年相比，增加3.4万头，增长14.2%，其中：肉牛达19.6万头，增长86.6%。肉牛出栏头数达18.5万头，增长22.0%，牛肉总产量达2.7万吨，增长83.8%。

3. 全市出现"养羊热"。1995年，全市各地区养羊业普遍看好。年末羊存栏达31.0万只，比1994年增加8.2万只，增长36.2%，其中，山羊7.1万只，增长68.7%，绵羊23.9万只，增长28.7%。羊出栏15.8万只，增长47.7%。1995年内生产羊肉2 158吨，增长32.4%。全市绵羊毛产量达100.8万公斤，比1994年增长17.8%。

4. 家禽饲养又上新台阶。近年来，家禽生产在全市畜牧业生产中，发展速度一直较快。1995年，全市家禽出栏7 511.8万只，比1994年增长28.9%；禽肉产量达16.6万吨，增长20.1%。

5. 淡水养殖迈出了新步伐。在畜牧业迅速发展的同时，淡水养殖也迈出了新的步伐。1995年全市淡水养殖水面已达到1.6万公顷，由于受水灾影响，与1994年相比下降6.5%，淡水鱼产量达到6.5万吨，比1994年增长16.5%。作为养鱼生产主体的池塘养殖面积已发展到8 155.4公顷，增长4.7%；鱼种产量达17 332万尾，比1994年增长3.4%。

其次，养殖业的发展还表现在饲养业规模化程度的加强、产品结构的调整和产品质量的提高方面。随着城乡居民收入水平的提高，人们对肉类的消费从以猪肉为主向牛、羊、禽等多元化方向发展，市场对牛、羊、禽等产品的需求越来越大，畜牧业生产向牛、羊、禽等品种继续倾斜，从肉类总产量看，牛肉、羊肉、禽肉占的比重进一步提高，分别由1994年的7.2%、0.4%、36.8%提高到1995年的7.3%、0.5%、37.4%，因而猪肉所占的比重相应比1994年下降了0.6个百分点。淡水鱼的养殖也由过去的鲤、鲢、鳙三大品种扩大到鲫鱼、黑鱼、鲶鱼、罗非鱼、鳜鱼等许多高级名贵品种。全市鲫鱼产量达2 088吨，占水产品比重由1994年的2.9%提高到3.2%；鲤鱼产量达到3.5万吨，比1994年增长2.5%。在养殖业的发展过程中，全市各类养殖业生产基地得到了进一步的巩固和壮大。1995年，全市鱼业饲养专业乡(镇)已发展到134个，饲养专业村达1 208个；饲养100头猪以上的大户达1 430户，饲养蛋鸡1 000只以上的户数达2 283户，饲养肉鸡5 000只以上的户数达2 944户，饲养10头牛以上的户数达3 541户，饲养百头羊以上的户数达284户。养殖业商品基地已形成了十分可观的规模，规模饲养开始出现由"人畜同院"方式向集中饲养的生产小区转移的新趋势，养殖业已成为农村经济发展中一个重要的支柱产业。

(李巍)

【淡水渔业】 1995年，沈阳市继续把加速发展水产业做为振兴全市农村经济，致富奔小康的重要工作来抓。在大灾之年，渔业生产仍喜获丰收，全市134个养鱼乡镇，有养鱼村1 208个，养鱼总水面26.8万亩，其中养殖成鱼24.6万亩，苗种2.2万亩。在成鱼养殖中池塘122 331亩，水库118 149亩，池塘中标准塘84 744亩，比1994年增加6 011亩，增长7.6%。全市淡水商品鱼总产量达65 102吨，比1994年实际产量净增9 208吨，增长16.5%，占全省淡水鱼总产量的33.5%，成鱼产量中鲤，鲫、草鱼、罗非鱼以及黑鱼、鲶鱼、河蟹、沼虾等优质鱼达38 064吨，占总产量的58.5%。商品鱼总产量的94.8%产自池塘，全市122 331亩池塘平均亩产529.1公斤，比1994年增加74.4公斤，增长16.3%，84 744亩标准池塘，平均亩产620.9公斤，比1994年增加19.9公斤，增长3.3%。商品鱼总产值42 718万元，比1994年净增7 898万元，增长22.7%，全市人均淡水鱼9.7公斤，比1994年8.5公斤，增长14.1%。

1. 抗灾救灾夺丰收。1995年7、8月间沈阳市遭受百年不遇的特大水灾，经全市渔业生产带来了很大损失。据统计全市被冲毁养鱼池15 976亩，损失水产品10 876吨，直接经济损失9 662万元。在水灾面前，全市各级党政领导和水产部门以及广大养鱼户奋起抗灾、救灾发动渔(农)民大力回捕养殖鱼类，一些内涝地区如新民市、于洪区被冲跑的鱼类几乎80—90%都被捕回，相对减少了产量的损失；同时各地养鱼户加强了养鱼后期饲养管理。使全市1995年淡水鱼绝对产量，渔业产值，淡水鱼人均占有量均创历史新纪录。

2. 优化养殖品种结构，积极开发和引进养殖新品种。沈阳市渔业生产近几年已开始从"数量型"向"质量型"、"效益型"，数量质量并重方向转变。1995年全市从上海、山东、安徽、广西、江西、江苏等省市分批引进建鲤1 127万尾，异育银鲫824万尾，彭泽鲫500万尾，淡水白鲳6.8万尾，罗代沼虾37.5万尾，鳜鱼1.2万尾，加州鲈0.5万尾。康平县养殖河蟹628亩，产河蟹27吨。于洪区鱼种场投入400多万元兴建甲鱼工厂化养殖场一座，温室水体1 350平方米，正在施工中，并已从安徽引进亲鳖近千只，计划1996年上半年竣工。新城子区和于洪区发展稻田养鱼2 020亩，主养革胡子鲶，亩放600—800尾，总放130万尾苗种，灾前长势良好，但8月份被淡水冲毁近1 400亩，尚存的650亩稻田取得较好产量和效益。

同时，开发地产优良品种，在养鲤池塘内搭配混养，黑鱼、鲶鱼和鲫鱼，简称"三混"养殖，全市推广混养鲫鱼面积34 191亩，混养黑鱼面积7 523亩，混养鲶鱼面积2 199亩，共计三混面积达43 913亩，比1994年增加2.7万亩，增长172%。

3. 完善和强化渔业服务体系，建设第四批乡镇渔业服务站。1992年至1994年全市已分批建成17处重点养鱼乡镇的渔业服务站，1995年又建成第四批6个乡镇渔业服务站，分别是辽中县茨于坨和新民屯镇，新民市金五台乡、于洪区马三家乡、新城子区石佛寺乡、苏家屯区永乐乡，由市财政每站扶持5万元，当年建成300平方米两室一库。促进了各乡镇的渔业生产迅速发展。

4.加强商品鱼基地建设，提高商品鱼生产专业化产业化水平。1995年除修复1994年被水毁水淹的池塘外，又新建标准池塘10 200亩，到1995年底全市淡水鱼产量400吨以上乡已达32个，产量100吨以上村239个，产量10吨以上户3 201个。

（杨丽欣）

林 业

【林业生产建设】1995年，沈阳市的林业生产建设取得了显著成绩。

1.造林绿化任务超额完成。全年计划造林核实合格面积15万亩，实际完成16.7万亩。其中营造用材林4.5万亩，经济林4.9万亩，防护林7.2万亩。育苗完成2.6万亩。四旁植树完成656万株。全市平均造林成活率达85%。辽中县、苏家屯区、东陵区、新城子区、于洪区基本绿化了宜林荒山荒地。法库县被评为全国造林绿化百佳县。

2.重点工程进展顺利。1995年全市完成治沙造林9.5万亩。康法地区风沙危害程度有所缓解，工程造林标准高、质量好。"三北"防护林体系建设日趋完善，二期工程任务全面完成。沈大高速公路两翼绿化完成25公里。三大农业综合开发中的林果业建设项目超额完成，并向产业化方向发展。

3.果树生产向"两高一优"方向发展。1995年全市共新栽果树4.3万亩，水果产量达到8.1万吨，比1994年增加1.6万吨。由于增加了投入，引进新技术，使果品产量和质量有所提高。在有些乡镇，果树已成为支柱产业。

4.基础设施建设不断加强。1995年法库县林业技术推广中心，马刚林场培训基地竣工。市林业科技培训中心和康平县林业技术推广中心的建设资金已到位。投资10万元筹建市防火指挥中心的卫星遥感终端。防火通讯设施有所加强。新民市、新城子区、法库县的乡镇林业工作站标准化建设通过部里验收。新成立了沈阳市野生动物保护管理站，市果树技术推广站、市森林资源监测中心。

5."三防"工作取得新成绩。一年来，全市仅出现7次火警，未造成大的损失，实现了"八五"期间无森林火灾的目标。由于采取了三季林业严打，使乱砍滥伐歪风得到有效控制。全年共防治森林病虫害23万亩，防治率为74%，比1994年增加1%。美国白蛾得到有效控制。

6.绿色产业有所发展。1995年全市实现林业总产值1.8亿元，其中林业多种经营产值达1.2亿元。新民市高粱杆合成板等一批新项目投产运行，外向型林业有一定基础。国营林场、苗圃、果园在绿色产业发展中起了龙头作用，总产值达到6 000万元，利税400多万元。

（关庆伟）

【水果生产】 1995年沈阳市农村遭受了罕见的洪涝灾害，葡萄生产出现了严重的滑坡，产量仅为3.6万吨，比1994年减少了11.4%。但从全局来看，水果生产仍然喜获丰收。统计资料显示：1995年水果总产量达7.4万吨，比1994年增长6.5%。其中：苹果4 318吨、梨10 108吨、山楂9 538吨、其它水果达13 982吨。分别增长了39.2%、9.3%、13.7%和76.9%。

1.草莓产量大幅度提高。近几年草莓以其味道鲜、水份大、口感好等优点赢得了春、夏两季的市场；也由于其自身的生产周期短、效益高而激发了农民的种植热情，使草莓生产的规模逐步扩大。1995年全市草莓的产量达1.1万吨，比1994年增长75%，占全市水平总产量的15%左右。丰富了果品市场，对保证全市水果总产量的稳定增长，发挥了重要的作用。

2.苹果梨生产规模扩大。近几年，由于苹果梨的市场销势一直看好，而且具有易活、耐旱、产量高、效益高等特点，刺激了果农的生产积极性，1995年全市苹果梨面积已达到5 599公顷，比1994年增加了486公顷，增长了9.5%。苹果梨产量由1994年的9 244吨增加到10 108吨，增长9.3%，占水果总产量的13.6%。目前，苹果梨产地主要集中在苏家屯、东陵、新城子的东部山区，受水灾的影响甚微。从近几年的产销形势看，有很好的发展潜力和发展前途。

3.果树的单棵产量提高。果树的单棵产量已由1994年的11斤/棵增加到13斤/棵。因此，在因洪水侵袭使结果株数减少近60万株的情况下，水果产量仍呈上升趋势。

4.水果生产逐步向专业化、规模化发展。随着农村经济的进一步发展，各县(市)区都有不同专业的水果生产基地，如苏家屯区大沟乡、陈相镇的苹果梨生产基地；东陵区长白乡、浑河乡的草莓生产基地和祝家的大杏生产基地；法库的葡萄生产基地等等。1995年辽中县牛心坨乡扶持两个水果专业村共增加果园面积54公顷。

（李巍）

【科技兴林】 1995年沈阳市科技兴林工作取得了显著成绩。

1.有4项科技成果获市政府奖励。一是东部山区林果立体综合开发在全市召开的科学技术大会上获沈阳市科技最高奖励——沈阳市人民政府科技振兴奖；二是沈阳地区林木种质资源调查获市政府科技进步2等奖；三是重瓣多季玫瑰嫩枝扦插繁育技术研究和美国班克松引种育试验研究获市政府科技进步3等奖。

2.积极引进、试验和推广林果优良新品种。1995年共引进130个优良新品种。其中造林树种111个，分布在新民机械林场和辽中苗圃，面积达610亩；果树品种19个，主要有葡萄早、中、晚熟品种、抗寒大苹果和李子等，面积达1 740亩。

3.推广8项林果高新技术。具体是：(1)ABT生根粉推广，面积达10万亩；(2)杨树良种辽宁杨推广，面积达 1.2 万亩；(3)梨树 8 项优质高产高效栽培技术推广，面积达 15.1 万亩；(4)葡萄密植早丰栽培技术推广，面积达 4 080 亩；(5)全光照喷雾扦插育苗技术推广，新建 2 处，(6)容器育苗技术推广，数量达 200 万杯；(7)杨树速生丰产林虫害综合防治技术推广，面积达 1 万亩；(8)抗旱保湿剂在干旱地区造林绿化上推广，面积达 5 000 亩。

4. 抓两项林果科技示范工程建设。一是康法地区防沙治沙生态经济型林业工程，其核心是防沙治沙，改善生态条件，保障农牧业稳产高产的固沙工程，阻沙工程和农田林网化工程。二是东部山区林果立体综合开发科技示范工程，主要有 8 个科技示范项目，总面积达 4 720 亩。

5. 开展低产低质油松人工用材林经营技术研究试点，在实地调查研究的基础上，编制了油松直播林抚育间伐实施方案和最佳生长模型等 6 篇论文草稿。

6. 开展科技培训。1995 年共举办各种类型的培训班 120 多次，参加培训人员 1 万人次，发放各种技术材料 13 000 多份。

7. 引进人才，开展国际学术交流。1995 年 5 月 1 日至 7 日，邀请美国威斯康辛大学教授，全美树木栽培协会主席米勒博士来沈讲授美国林业发展水平，建设成就和科学技术，并考察了沈阳市林业对其发展水平给予很高评价。

8. 开展科技扶贫和救灾。一是市林业局对法库县四家子乡规划设计了 195 亩乡办苗圃，给予资金扶持和技术指导，使其当年获利 5.6 万元。另外，还对新建的 250 亩苹果梨园和葡萄园进行规划设计和指导；二是辽中苗圃派出技术人员对受重灾的 50 户农民，指导建大棚 7 000平方米，搞食用菌开发，创产值50多万元，缓解了灾农的困难。

9. 组建 3 处林果高新技术示范场。一是新民市果园的果树高科技示范场，面积达 500 亩；二是林工总站的林果花卉示范圃，面积达 75 亩；三是东陵区李相乡三家寨园艺场，面积达 300 亩。

10. 参加了第二届农民科技日大会。会上，市林业局参展了高科技成果 ABT 生根粉推广应用实物标本和技术资料，苹果梨、葡萄密植早丰模式化栽培技术标准图，果树优良新品种等 3 项内容，并发放了近 300 份技术资料和图表。

11. 由于科技兴林成绩显著，市林业局被市科委评为红旗单位，在全省林业科学技术大会上，被省林业厅评为科技兴林先进单位。与此同时，新民机械林场也被省林业厅评为科技兴林先进单位和省级科技示范场。

（姜世秀）

【森林资源与林政管理】 1994 年国务院办公厅《关于进一步加强森林资源管理工作的通知》下发后，沈阳市各级林业主管部门都把森林资源林政管理工作作为至关林业全局的大事来抓，坚持以采伐限额为核心，实行资源消耗，产品运输全方位管理，使全市的资源林政管理工作取得显著成效。

坚持以全额管理、分项控制为核心的采伐限额管理制度，超限额采伐现象得到有效控制。1995 年省林业厅下达给沈阳市采伐限额为 63 125 立方米，实际消耗限额为 60 761立方米。在采伐限额管理上，一方面实施了采伐类型和消耗结构分项控制的管理制度，另一方面实行了设计、审批、验收制度，另外还实行了设计人员持证设计和凭采伐许可证采伐制度。

征用占用林业用地管理工作有章可循有法可依。《辽宁省实施〈森林法〉办法》中针对林地管理的倾向性问题进行重要立法，特别是对乱征滥占林地问题，增加了处罚罚则。1995 年林业部下发了《关于实行使用林地许可证制度的通知》，同年省林业厅、财政厅、物价局下发了《关于收取征用占用林地森林植被恢覆费的通知》，这些法规、规章的制定，加强了林地管理工作的力度。1995 年全市共依法审批征占用林业用地 138.1 亩，收取各种补偿费 21 万元。

森林资源监测工作取得新进展。根据林业部和省林业厅要求，成立了沈阳市森林资源监测中心，负责全市的森林资源情查，指导各县区编制森林经营方案和资源建档工作。全市集体林二类资源清查工作全面完成，现在各县区正在编写森林经营方案和建立森林资源档案工作。

（曾祥超）

【野生动物保护管理工作】沈阳市野生动物保护管理站成立于 1995 年 6 月，主要做了以下几项工作。

1. 加强了对《野生动物保护法》宣传活动。6 月 20 日在沈阳市日报上登了《通告》，告知在沈阳所辖境内经营、利用野生动物资源的单位和个人必须到沈阳市生野动物保护工作站，办理审批手续。工作站在经济状况比较紧张的情况下，不惜耗费巨资，在市政府、广宜街、太原街等处进行路牌的宣传活动，并多次在电视台、报刊对违法者给予曝光，起到了一定的震慑作用。

2. 严厉打击了破坏野生动物资源的违法犯罪活动。沈阳是东北野生动物及其产品的集散地，违法经营的案件较多。在 1995 年 10 月 30 日查处一起国内罕见倒卖、走私蝮蛇的大案，查处蝮蛇共计 8 吨。并于 1995 年 11 月 15 日会同物价局对沈阳市卧龙大酒店非法经营熊掌，驼蹄一案进行严厉的惩处，没收实物，并处以 3 600 元罚款。

3. 加强了皮毛、药材市场经营活动的管理。由于野生动物保护工作站成立较晚，基础薄弱，采取和主管局沟通的办法，先后于市商业局、医药管理局建立了联系，使沈阳市各大商场、药店、药材批发站在经营、利用野生动物上得到了有序化的管理，并在 1995 年 9 月 26 日开座谈会和各企业沟通，帮助了他们自身产品宣传，使得守法经营的单位真正认识到办证的好处。

（刘晓强）

【5 个县区实现灭荒造林规划】 1995 年，沈阳市政府《关于加快实施农村造林绿化规划的通知》。要求全市在 1997 年底消灭宜林荒山荒地，实现农村全面绿化。其中：辽中、苏家屯、东陵、新城子、于洪 5 个县区在 1995 年底灭荒，实现绿化；法

库、新民县(市)区1996年底灭荒,实现绿化;康平县在1997年底灭荒,实现全市造林规划。

辽中、苏家屯、东陵、新城子、于洪5个县区,按照市政府的要求,到1995年春季,消灭了宜林荒山荒地,实现了造林规划。经辽宁省林业厅检查验收,荒山荒地绿化率均达到97.0%以上;森林覆被率均达到17.3%以上;公路、铁路、河流、渠道两侧绿化率均达到91.5%以上;农田林网完成率均达到88.1%以上;村屯覆盖率均达到21.9%以上。5项指标都达到了国家规定标准。

(张宝森)

【美国白蛾发生与防治】 美国白蛾是世界性检疫害虫,由于它具有繁殖力强、传播速度快、寄主范围广、危害严重等特点,因此给发生地区的农业、林业、果树、蔬菜、园林植物等带来极大的威胁,同时影响着本地农林产品、包装材料、运载工具的外调,阻碍着商品流通及经济的发展。美国白蛾自1994年6月传入沈阳市辽中县、铁西区后,1995年6月至9月间,又先后在沈河区中科院生态所植物园、苏家屯区及13个乡镇、东陵区桃仙乡和古城乡、于洪区767库附近防护林内发现危害。

按照省封锁扑灭美国白蛾指挥部对沈阳市"限期封锁扑灭美国白蛾"的要求,1995年在全市范围内开展了查防美国白蛾工作。市县区政府高度重视,林业,城建部门密切配合,成立了各级封锁扑灭美国白蛾指挥部。为了动员社会力量,由政府牵头多次召开专业会议,部门协调会议,分层次举办查防技术培训班,市县区政府还拨专款用于美国白蛾的查防工作。市森林病虫害防治检疫站编写了《美国白蛾综合防治》一书,由辽宁科技出版社出版发行,用于宣传美国白蛾的危害和指导查防工作的开展。

1995年确定沈阳城乡查防美国白蛾的原则是"一个基础,两个结合,三个为主"。一个基础就是以虫情监测、虫情普查为基础。两个结合三个为主,就是专业人员与群众查防相结合,以专业人员为主,长效药剂与速效药剂防治相结合,以长效药剂灭动脲3号为主,在防治中抓住幼虫三令前的有利时机为主。

在监测和普查中,采用了由部省森防站提供的最新科研成果美国白蛾诱捕器的应用,诱捕雄成虫,掌握害虫的发生期及发生量;在防治上,选用了经过老疫区多年实践筛选的有效药剂灭动脲3号,而且在药剂使用浓度上也做到了经济有效;在管理上,实行条块结合,以块块为主,采用多种形式,调动各有关人员积极性和增强责任感。

1995年沈阳地区美国白蛾疫情发生区防治率达到100%,防治后重灾区虫口密度大大下降,疫情范围不断缩小,轻灾区达到无网无虫。

(张爱丽)

【防沙治沙工程】 地处沈阳北部的康平、法库两县是与内蒙古科尔沁沙地南缘接壤的边界地区,有风口27处,其中流沙、半流沙风口13处,固定沙地风口14处。1995年是康法两县实施防沙治沙总体规划第二年。两县对于风口处的流沙,半流沙治理工程又有新的进展,完成防沙、治沙工程造林97 144亩。其中治理堵风口10处,营造固沙防护林1.1万亩、营造农田防护林59 651亩、栽植果树经济林26 493亩。

治理的主要措施:一是突出了风口固沙造林工程建设,风沙危害初步得到控制。两县按照防沙治沙总体规划方案,采取了"分步实施,封造结合"的办法,即第一步采取卧干造林,使沙丘基本固定;第二步在沙丘固定1—2年后,栽植目的树种。其中防沙林带营造1 600亩,长度达10公里,保护农田4万亩。

二是突出了农田林网建设,使农田的生物防护体系日趋发展。营造农田防护林59 651亩,使150万亩耕地得到保护。

三是突出了以苹果梨为主栽品种的经济林生产基地建设。一年来,营造果树经济林26 493亩,使沙区人民脱贫致富的主渠基本形成。

(张宝森)

水　利

【农田基本建设】 1995年,为发展"两高一优"农业,增强抗灾能力,沈阳市大搞了农田水利基本建设"大禹杯"竞赛活动,经过一年的奋战,农业生产条件有了很大改变,不仅在大灾之年夺取了农业丰收,也强化了水利基础设施。据统计,全市一年来累计出工3 234万工日,最高日出勤19万人,投入资金达4.7亿元,累计完成土石方9 617万立方米。完成的主要工程是:

治涝工程,新建及清淤干支斗沟21 292条、长14 260公里,配套桥涵闸2 408座(万亩大桥32座、中小桥224座、涵闸2 152座),新建及改扩建排水站57座,改善涝区面积92.3万亩。

灌溉工程,清淤干支斗渠16 727条、长8 650公里,完成机电井716眼,新建及改扩建灌溉站30座,新建土井方塘33座,新增灌溉面积15.7万亩,发展蔬菜大棚6万亩,发展管灌面积2 300亩,渠系防渗2.9万平方米,共改善灌溉面积41.1万亩。

治河工程,新修堤防122公里,加高培厚堤防444公里,疏通河道40.6公里,水毁工程修复了70%。

水土保持工程,新修谷坊13座,新治理面积13.6万亩(农业梯田600亩,果树梯田1.2万亩,造林整地12.4万亩,蚕参场改造900亩)。

其他工程,新建水库1座,除险加固17座;新建人畜饮水工程34处,解决10万多人和4万多头大牲畜的饮水困难;水产养殖新增14.6万亩;土壤改良114.8万亩;造地2.5万亩;平地果树整地2.5万亩;当年栽植果树面积1.5万亩;当年造林12万亩;修筑村屯道路5 505公里。

(罗乃斌　吴智丰)

【水资源管理】 1995年,沈阳市的水资源管理工作主要取得四方面成绩:一是完成了换发《取水许可证》工作,到1995年末已发放《取水许可证》3 894 个。其中:工业 1 234 个,农业 2 015 个,生活 645 个,这一工作的如期完成,给全市的水资源统一管理工作打下了有力的基础。二是地下水观测资料整偏有新进展。1995 年 4 月份安排了《不包括康法两县》县(市)区 10 多年的观测资料整编工作,经过半年的努力,已完成图表等基础资料的收集,整编工作也同时开始,预计 1996 年 4 月可全部完成。三是为省中部平原水资源评价和开发利用规划提供了及时可靠的资料。1995 年 7 月省水利厅下达了关于中部平原水资料评价和开发利用规划任务,为此,在全市范围内重新设置地下水统测水位井 1 000 多眼,测井高程测量工作已于 12 月前全部完成并已报省水资源办公室。四是水资源费的征收管理较好。1995 年由于市场环境偏紧和百年不遇自然灾害的影响,水资源费的征收管理工作非常困难,为此,各县(市)区根据具体情况制定了切实可行的收费办法。经过努力,到年底已征收到位水资源费 140 万元,比 1994 年增加 16%。

(*罗乃斌　吴智丰*)

【水利科技】 1995 年是沈阳市水利科技工作大上的一年,也是卓有成效的一年。主要体现在以下几个方面:

1. 市水利科学研究所完成了 4 项科研课题。一是研制成功"井下探伤仪"。该项成果主要通过深入井下的旋转镜头,将深井壁的各种变态反映到井上的屏幕上来,以查清井的损坏原因,决定其是否可以修复,这一仪器对旧井改造、病井修复是必不可少的设备,填补了国内空白;二是水稻旱育稀植的研究,通过试验总结,此项技术具有明显的节水省工增产效果,现已大面积推广;三是沈阳市地下水库的开发与利用。该课题主要是研究如何充分利用土壤孔隙,将水蓄起来补干旱时水资源的不足,具有明显的节水、省工和增产效益;四是灌排一体化课题的实施与观测。该课题主要解决管灌水田还要修田间明渠排水的问题,使灌区的管道也承担水田排水任务,一管多用,省工省地,便于管理,该课题已初见成效。

2. 推广了潜水轴流泵排灌站,研制成功移动式排灌站。潜水轴流泵是市水利局与有关厂家联合研制的国内新产品,并广泛应用于排水站的改造,通过一年推广实践,这种站机动性强、威力大、省资金、一机多用,很适合汛期排水。1995 年汛期,全市遭受百年不遇的特大洪水,使浑河一次变电所被淹,甘河子拦河坝被冲毁,这两个水毁现场由于使用了移动式排灌站,很快排除了一次变电所内的积水,保证了城市供电,同时也使浑北灌区及时通水,保障了浑北 21 万亩水田供水和各大公园供水,为创建卫生城做出了贡献。

移动式排灌站是 1995 年组装成功,并于当年投入使用的新型排水站。其中新民、辽中各一座。排水流量均在 10 秒立方米以上。1995 年这两个县(市)都发生了严重内涝,但由于及时应用了移动式排灌站,使一些地区及时排除了田间积水,夺取了农业丰收。与此同时,全市还大搞了节水灌溉,发展喷灌2.1万亩、微灌4.7万亩、管灌11.8万亩。

3. 更新了市防无线通讯设备,将原来的 400 兆功率调换为 800 兆功率,1995 年完成了一期工程,解决了市防及新民、辽中和 9 个区的联网问题,保证了汛期通讯畅通。1995 年,市水利局还给机关各处室和有关直属单位配备了电子计算机及传真机,促进了局系统的办公自动化。

4. 成立了水利科技推广中心,并准备以此为中心建立健全全市水利科技推广服务体系,把在灌溉、治涝、水利施工等方面所不断涌现的新技术、新工艺、新产品、新材料,大力加以推广和应用,不仅走在了全省的前头,也促进了水利科技工作的发展。

(*罗乃斌　吴智丰*)

【水利综合经营】 1995 年,沈阳市的水利综合经营,在遭受百年不遇洪涝灾害和市场环境偏紧的情况下,仍然保持了持续、健康、高速发展的势头。全市水利综合经营销售收入达 2.8 亿元、利润 2 699 万元,分别比 1994 年增长了 51.6%和 50%,均完成或超额完成年初签订的目标责任状指标。1995 年全市的水利综合经营之所以取得较好的成绩,除了各级领导重视,一把手亲自抓水利综合经营外,主要有以下几个方面:

一是增加了投入。市水利局上半年先后两次在机关和局直单位职工中集资近 60 万元,用于增加水园宾馆服务设施和水利砂场的设备扩充,增强了这两个单位的经营实力,下半年又赴国外进行商务考察,投资 100 万元组建了宏峰企业有限公司,开展对外贸易;于洪区水利局筹措贷款 400 多万元,在张士开发区兴办了自来水厂;康平县水利局投入 350 万元,兴办了农场、牧场、苗圃,养羊 300 多只、牛 150 多头,新挖鱼池 500 亩,开发水旱耕地 4 000 多亩;新民市水利局投资 850 万元兴办了排灌处、药瓶厂、换热器厂等实体,使全市新增销售收入 1 100 万元、利润 260 万元。

二是新上了一批起点高、规模大、效益好的经济实体。于洪区水利局在张士开发区建的供水工程总投资 1 200 万元,全部工程竣工后,供水量日达 8 万吨。防静电包装袋厂在 1994 年试生产的基础上,两条生产线正式安装,运营后效益可达 200 万元;新民市水利局新成立的排灌处投资 290 万元购进卡玛斯运输车 3 台、日产挖掘机一台、铲车一台、水泵 6 台,设备到位仅 10 天,就在东蛇山子险段完成土石方 10 万立方米,获纯利 30 万元。新成立的换热器厂,7 月份正式投产,到 12 月已实现销售收入 160 万元,获纯利 40 万元;苏家屯水利局在原水泥制品厂址新建商品房 2 万平方米,获销售收入 1 500 万元;新城子区水利局开垦荒地 1.6 万亩,形成规模生产。这些大项目的投产运行,成为全市水利综合经营新的增长点,新增产值 5 000 万元、利润 600 万元。

三是眼睛向内、挖掘潜力,立足自身上项目。1995 年利用荒山、荒地、荒坡,新开发水旱田 3 万亩、鱼池近 5 000 亩,是 1994 年的 1 倍。

同时，将闲置的站房、库房翻新改造对外转让或出租。新城子区出租房、地5处，年纯收入36万元；辽中县局机关将一楼改为门市房出租，年纯收入12万元；浑蒲灌区利用空地修建门市房对外出租，年纯收入40万元。

四是管理得力。年初各单位签订了目标责任状，并层层分解指标，进一步完善奖励政策，加大奖励力度；选拔培养后备干部管理企业，招聘能人治厂，制定各种规章制度。

（罗乃斌　吴智丰）

【水土保持】 1995年，沈阳市在治理水土流失工程上共投资140万元。其中：正常水土保持补助费60万元，水毁工程补助费80万元。经过一年的治理，已完成土方568.2万立方米、石方100.8万立方米，治理了水土流失面积112 934亩。其中：修水平梯田1 388.3亩，造水土保持林104 455.9亩、经济林5 455.8亩，修谷坊19座、截水沟11 000米、作业路268 800米，建小桥涵40座。

在治理水土流失的同时，全市还强化了水土保持监督执法工作。一是完成了全市水土保持监督管理区划，确定了重点监督区、重点预防区和重点治理区，为今后防治水土流失工作打下了良好的基础。二是完成了省级监督执法试点工作，在试点的法库县建立了县水土保持监督管理办公室及乡镇监督管理所，健全了县、乡、村三级执法网，并制定出台了配套法规。这一试点已通过省水保办验收。三是推广了苏家屯区水土保持监督执法试点工作经验。四是查处破坏水土保持案件，收缴了水土流失补偿费，1995年全市共收缴水土流失补偿费29.8万元。

（罗乃斌　吴智丰）

【水利改革工作】 1995年，沈阳市水利系统职工联系水行业实际，深入开展了"进场入轨、兴市富民"大讨论，促进了观念转变。概括来说，基本上达到了"三破三立"。这就是：破除狭隘、封闭的水利旧观念，树立水商品、水产业、水经济并同市场接轨的新观念；破除单纯依赖国家投资搞建设的旧观念，树立投资多元化、建管并重，致力于经营的新观念；破除抓水利综合经营不务正业的旧观念，树立把水利综合经营作为行业脱贫、职工致富的支柱产业来抓的新观念。

观念的转变，为深化水利改革奠定了思想基础。1995年的水利改革工作就是围绕着"建立起具有生机活力的、良性循环的水利经济运行新机制并同市场经济接轨"这一目标进行的。一是在加强水利固定资产管理的同时，着重在经营上作文章，使水利固定资产保值、增值、创造效益。全市新开发水旱田3万亩、鱼池近5 000亩，比1994年开发数量增加1倍。同时利用闲置的库房、厂房养鸡鸭和牛羊，除解决了职工的福利外，并向社会提供商品鸡、肉、蛋，成为各水利单位的一项重要收入来源。二是建立了多元化的水利投资体系。1995年初，市政府颁发《沈阳市防洪工程社会负担管理办法》。使水利工作进入了"水利为社会、社会办水利"的新阶段，经过一年的努力工作，共征收防洪工程维护费6 000多万元，为修复防洪水毁工程打下坚实的基础。与此同时，还根据以前颁布的法规、规章和规范性文件，大搞了其他政策性收费。这样，全市就形成了一个以收缴防洪工程维护费为主体，以收缴其他政策性收费为重点，以建立各种基金制度为主要内容的多渠道、多层次的多元化水利投资体系，从而为搞好水利基础设施建设建立了可靠的资金来源。三是在水利法制体系建设上，已出台同《水法》相配套的18项地方性法规，健全了全市水利系统的水政机构，拥有529名水政监察员，全面开展了水利执法工作。几年来，累计查处水事违法案件270起，挽回经济损失160多万元。四是加强水利科技工作，使科技兴水工作有了较大进展。

（罗乃斌　吴智丰）

【乡镇供水】 1995年，沈阳市在全面完成1994年开始兴建的于洪区高花、辽中县茨榆坨和苏家屯区姚千户3处乡镇供水工程的同时，又新建了于洪区高明供水一期工程和苏家屯区大淑乡供水工程。两处工程计划总投资653万元。其中：国家补助110万元，农行贷款325万元，其余资金由受益单位和个人自筹解决。到年末，高明一期工程已全部完工，并可向于洪开发区内的企业提供生产用水，日供水1万立方米；苏家屯区大淑乡在125万元贷款未到位的情况下，主动利用自筹资金和国家补助款进行建设，现已完成总工程量的30%。

同时，1995年全市还安排了40个村屯的防氟、防病改水任务。其中：新民市12个；法库县5个；康平县1个；于洪区1个；东陵区8个；新城子区6个；苏家屯区7个。经过一年的努力，除新民和法库有15个村屯因财政资金未到位没完成任务外，其余均完成了任务。

（罗乃斌　吴智丰）

农业机械化

【概况】 建国前，沈阳市农机化事业一片空白。建国后，党和国家十分重视发展农机化事业。1953年，国家投资在平罗建立了第一个国营拖拉机站，配备4台拖拉机，填补了农机化事业的空白。至此，沈阳市农机化事业的发展如雨后春笋，势不可挡。到1995年，沈阳市拥有农机总动力135.4万千瓦，农机固定资产总值5.5亿元，占农村生产性固定资产的三分之一；拥有拖拉机23 497混合台，（其中大中型拖拉机6 299台），机引配套农具36 061台（件），农用航空飞机六架；拥有农机服务站135个，农机队637个，农机户30 467户。主要农业作业项目机械化水平达到80—90%；农业生产劳动中的机械作业量达65%以上。并形成了较完备的农机科研、教育、生产、销售、鉴定、推广、维修使用管理体系，各种社会化服务组织健全，农机化队伍达48 136人。

1995年，在各级领导的重视和农机战线的广大干部职工的共同努力下，全市超额完成了农机各项作业计划，取得了较好的成绩：机翻地完成733.7万亩，超计划62.7万亩;机播种完成452.5万亩,超计划22.5万亩;机插秧(含抛秧)完成27万亩,超计划2.4万亩;药剂灭草免中耕完成70万亩,超计划5万亩;机灭茬完成142万亩,超计划46万亩;机械深施化肥完成280万亩,超计划20万亩;机收完成19.2万亩,超计划0.2万亩;秸秆还田完成16万亩;飞机防治病虫害完成46万亩。农机作业总收入实现44 374.88万元,比1994年增长3.72%。与此同时,农机在耙地、压地、起垄、铺膜、运输、农田水利建设、抗洪救灾和林、牧、副、渔等各项工作中发挥了重大的作用,为实现两高一优农业的发展目标,做出了应有的贡献。

(符朝虹)

【农业机械化抛秧技术】 水稻抛秧栽培技术是我国在60年代初从日本的北海道引进的,当时由于杂草多等一系列问题,没有进行大面积推广。近年,随着各种高效水田除草剂的出现,水稻抛秧栽培技术以其省工、省种、增产等诸多优势而引起人们的重视,1994年已被国家科委列为国家重点农业科技推广项目。国内水稻抛秧机械的研制是从1991年开始的。沈阳市的水稻机械抛秧技术是从1994年开始引进机型、试验推广的,共引进二种机型8台抛秧机进行试验示范。1995年试验面积330亩,经过试验发现现有机型存在结构问题。市农机办在市科委、财政等部门的支持下,成立了攻关小组。目前新一代样机已经完成,准备1996年春进一步进行试验,如效果良好将大面积推广。

(巴卫国)

【农机化基础建设不断强化】 1995年,沈阳市农机化系统认真贯彻市农村工作会议精神,夯实基础,真抓实干,不断强化农业基础建设,取得了较好的成绩:

1.大力发展农用航空事业。沈阳市每年旱田“两虫”(粘虫、玉米螟)、水稻“三虫两病”(蝗虫、稻飞虱、潜叶蝇、纹枯病、立枯病)屡屡发生,植保任务繁重。人工防治病虫害速度慢、劳动强度大、且易发生中毒事件;请民航飞机防病除害,价格贵、效果差。因此,1995年农机部门积极筹措资金200多万元,及时引进了3架飞机(Y11—B型飞机一架;海燕牌飞机两架),狠抓机场建设,使农用机场建设初具规模并及时投入当年的防病除害中,飞防作业面积达46万亩。农用航空站的建设,不仅拓宽了我市农机化事业的领域,而且树立了农机化事业的新形象。

2.积极引进新机具,狠抓农机具检修。1995年,全市共推广引进农机具11种2 000多台(套);共检修大中型拖拉机3 559台;检修机引配套农具9 553台(套);另外还完成了被洪水淹没的200余台链式拖拉机的检修。使农机具的保有量和完好率都明显提高,为农业生产的顺利进行奠定了坚实的基础。

3.拖拉机更新及修复再生工作得到加强。1995年,全市共筹集资金1 200多万元,更新链式拖拉机150台,许多县区都在上半年完成了更新任务,首次实现了当年更新参加两季作业的效果;共筹集资金480多万元,修复再生老旧拖拉机200台,为抓好此项工作,市农机办会同市财政局、市农业银行联合下发了《沈阳市老旧链式拖拉机修复再生实施办法》,恢复和重建了八个农机维修厂,添置了专业修理设备,为此项工作的顺利进行奠定了基础。

4.农机行业管理进一步加强。1995年,农村机械维修及农机配件经销网点得到较大发展,到1995年底,全市农机维修厂点已发展到663户,零配件销售点已发展到247户,分别比1994年增加49户和11户,农机维修行业的专业人员已达3 349人,维修条件和能力及人员素质均比1994年有所提高,这支队伍在农业生产中发挥着重要作用。

5.农机服务体系得到发展。1995年,市、县区、乡镇农机服务体系都得到了不同程度的发展,沈阳市农机服务中心的建设取得了较大的发展,沈北油库通过验收,并与新城子区石油公司实现了联合经营;县区农机服务体系克服了重重困难,不断发展、壮大和完善;全市135个农机服务站得到了巩固和发展,许多服务站的服务项目、规模得到了增加和扩大,大喇嘛乡农机服务站养猪、养鱼、种地良性循环——用猪粪喂鱼,用鱼池水养地,用挣来的钱购买农业机械,促进了农村经济的发展。

6.农机供销企业活力增强。1995年,在农机市场激烈的竞争中,新民市农机公司以改革为动力,层层承包,严格管理,明确责任,取得了良好的经营成果,全年实现销售额1.5亿元;其它县区农机公司都在转换经营机制上下功夫,实现了全年减亏增盈的各项指标,活力增强。

(符朝虹)

【农机化促进土地规模经营】 随着农村经济的不断深入发展,沈阳市有很大一部分农民从第一产业转向二、三产业,无暇经营自己的承包土地。这就给土地适度规模经营提供了条件。沈阳市土地适度规模经营有3种形式:1.集体经营型,东陵区桃仙镇农机服务站承包1 000亩耕地,仅用几个劳动力,主要种植玉米,应用精少量播种技术,化肥深施技术,药剂灭草免中耕技术,收获机械化技术,实现全过程机械化,获得较好的效益,站办农场职工年收入6 000元,比全镇劳均收入高20%。2.个体经营型,一是家庭农场;二是种田大户。这种形式也都依靠于农机服务组织或农机专业户的支持与合作,才能获得好的经营效益。3.统种分管型,辽中县肖寨门镇三南村,已有5 000亩耕地实行统种分管,占该村总耕地面积的98%,农业生产的主要环节均是农业机械完成的,作业质量好,农户放心。现在该村已有75%的劳动力从事二、三产业。几年来,全市规模经营的土地面积已达155万亩。适度规模经营的特点是,生产作业过程靠的是机械化,管理生产靠的是农业科学知识,农业经营与农机使用经营紧密结合。实践证明,只有发挥农业机械化的作用,才能促进农业的增产增收,促进土地适度规模经营的不断发展;只有适度规模经营的发展才能更有力地推动农业早日实现机械化。

(刘方利)

【农业节本增效机械化“118工程”】 1995年，沈阳市组织实施了以化肥深施为主的农业节本增效机械化“118工程”。通过抓好1个示范县、18个示范乡(镇)来促进以机械化深施化肥(施肥深度超过6厘米)替代多年延用的人工手撒地表施肥的落后施肥方式，达到提高化肥利用率，降低生产成本，促进增产，减轻环境污染的目的。

为搞好这项工作，沈阳市农机管理办公室制定了实施方案，落实了组织、技术措施，新引进深施肥播种机1 151台，并对原有机械进行改造、调修。使投入作业的机械达到9 658台。同时开展技术培训，示范及宣传工作。全市各级农机管理部门组织技术培训118期，参加培训人数7 585人次；召开现场会106次，参加人数4 042人次；分发有关资料5 479份。并组织专业技术人员分片包干，进行技术指导，保证项目顺利实施。

全市化肥机械深施面积达到279.5万亩，超额完成了计划。其中当年新增面积116.3万亩。作为示范县的新民市化肥深施面积72.5万亩，平均增产幅度达8%。全市化肥深施地块(灾后存留面积)共增产粮食7 099.7万公斤，增产幅度为6.5%，节约化肥922.28万公斤，总增收9 861.1万元。

(张煜明)

【制定“农机管理条例实施细则”】 1995年9月28日，辽宁省第八届人民代表大会常务委员会第十七次会议通过了《辽宁省农机管理条例》。这是省农机管理工作的基本法规，为了全面认真地贯彻这一条例，将沈阳市的农机化工作纳入法制化的轨道，市农机管理办公室拟制定“沈阳市关于《辽宁省农机管理条例》的实施细则”。“细则”将在农机服务体系建设、农机具和新技术推广、农机具更新和修旧、农机销售与供应等方面做出具体的规定。“细则”的制定实施，将促进沈阳市农机化工作在宏观管理方面向前迈进更大的一步，也将加快沈阳市农机化管理工作由过去单一的行政管理向着行政、经济、法制一体化管理转变。

(沈宏俊)

农垦事业

【概况】 1995年，是沈阳市农垦事业在克服困难中寻求发展的一年，是农垦总公司领导班子新老交替、平稳过渡的一年，是深化改革、扩大开放、调整结构、强化管理取得新进展的一年。1995年，农垦系统的10个国有农(牧)场，10个公司，4个事业单位，全年职工平均人数为19 740人，实现增加值7 428万元，比1994年减少43%；销售收入65 385万元，减少9.7%，利润－4 271万元；税金1 614万元。

在遭受百年不遇的严重洪涝灾害面前，农垦系统2万名干部职工团结协作，奋力拼搏，把损失减少到了最小程度，粮豆总产量14 983吨，减少9.6%；禽肉加工量14 948吨，增长15.6%；奶牛存栏4 000头，减少8.4%；牛奶总产量13 234吨，减少10.3%；麦芽产量6 066吨，减少23%；拥有总资产97 320万元，增长22.5%；所有者权益6 286万元；减少47.9%。

1995年，农垦系统围绕“深化改革、调整结构、强化管理、提高效益”这个中心，克服严重自然灾害、资金奇缺等种种困难，在大灾之年仍然推动了农垦事业的发展。1995年，农垦系统的主要收获：一是调整产业结构，加强企业管理，努力克服困难，积极寻求经济发展；二是优化资源配置，转换经营机制，微观经济改革取得实质性进展；三是加大招商引资力度，努力开拓市场，对内对外开放继续扩大；四是加强精神文明和民主法制建设，职工队伍素质进一步提高；五是以领导班子建设为重点，党的自身建设得到加强。一年来，沈阳市农垦总公司党政领导班子的体会是：坚持以解放思想，转变观念，加快进场入轨的步伐为先导，是推动两个文明建设的重要前提；坚持以调整结构，强化管理，提高效益为中心，是促进经济发展的基本方针；坚持以廉政取信于民，以勤政造福于民，密切党群干群关系是战胜一切困难的力量源泉；坚持以班子建设为重点，改善和加强党的领导，是克服困难寻求发展的根本保证。

【经济体制改革逐步深化】 1995年，沈阳市农垦系统紧紧围绕搞活企业和建立现代企业制度，重塑农垦企业新机制，进一步深化了经济体制改革。

一是农垦总公司转变职能取得了新的突破，完成了组建沈阳农垦集团的报批工作。为了适应社会主义市场经济的客观要求，转变总公司机关职能，由政企合一、以企为主的行业管理型公司向经营实体转变。1995年上半年，在大量调查论证的基础上，本着平等、互利、自愿的原则，以农垦总公司、市辉山畜牧场、市光辉畜牧场、市农垦建筑工程公司、市农垦房屋开发公司等企业全部资产合资组成国有独资有限责任公司，做为沈阳农垦集团的核心企业。组建集团工作，经过长时间的运筹，于1995年5月22日经沈阳市经济结构调整领导小组以沈结调发[1995]2号文件批复同意成立。二是建立现代企业制度试点工作开始起步。沈阳市光辉畜牧场被国家农垦局列入全国百家建立现代企业制度试点行列，已经完成了试点方案的制定和论证及资产评估工作，并为将所属的机械配件厂改组为有限责任公司做了前期准备工作；三是在优化资本结构和资产重组方面进行了有益的探索。建于1974年的沈阳市养鸡场通过优化资本结构，从中分立出独立经营的法人实体——沈阳市奉集实业总公司，以商业和餐饮服务业经营为主。分立经营后的沈阳市养鸡场全部债权债务和职工转属到沈河区，转产发展第二产业；四是土地使用制度改革继续深入。在原来实行土地联产承包责任制的基础上，根据农工已不是农民和农场农业长期倒挂的实际，在推广适度规模经营，土地向种田能手集中的基础上，适当调整了土地承包收费标准，向土地资源要效益。各农场又重新丈量了土地，将多年开垦的边缘地块纳入土地计划之内，确定标底，对场内外招标，从而提高了土地使用效率，为新一年土地承包，扭转农业亏损局面奠定了基础；五是机关干部制度改革步伐加快。总公司机关干部实行了聘任制，确定聘期及权利义务，由主管领导同各处室负责人，处室负责人同一般干部签定聘书，为干部使用制度改革做了有益的探索。此外，分配制度、劳动用工制度、社会保障制度等方面的改革也正在全面稳步推进。

【经济结构调整步伐加快】 1995年，沈阳市农垦系统继续加大产业结构调整力度，重点加快发展二、三产业，使第一产业向深加工高附加值方面发展，第二产业向高科技和优质名牌方向发展，第三产业向高档次高效益方向发展。

一是第一产业经受了百年不遇特大洪涝灾害的严竣考验，全系统广大干部职工奋起抗洪救灾，在浑河决口，沿河的浑河农场、肉鸡示范场、四方台农场大面积粮田被淹的情况下，保证了全系统未死伤一人，粮食总产量仍达到14 980吨，畜牧业在饲料价格不断上涨的情况下，不断扩大规模，增加产量，提高质量，肉禽加工量达到14 948吨，比1994年增长15.6%。生产品种也由原来的腿、胸、翅等几大件，向精细加工转变，并开发了熟食制品，经济效益不断提高。

二是第二产业不断开发新产品，增加产品的科技含量。沈阳市牛奶公司面向沈阳市场，研制开发了“活性乳”产品，更适合市民的饮食习惯，问世后销路看好。光辉畜牧场开发的绿宝健身液也受到了消费者的欢迎，这两项产品分别获得了’95沈阳地产品博览会金奖。光辉畜牧场研制的人造硅灰石已经形成批量生产，并通过与日本新生贸易株士会社合资扩大了生产规模，此项新工艺获得了沈阳市政府科技星火一等奖。由于工业产品不断更新换代，保持了农垦工业的持续发展。

三是第三产业瞄准一高两大两化现代大都市的目标，坚持高起点大发展。沈阳农垦的歌仙大饭店经过两年的建筑装修，已于1995年8月正式营业，这座集餐饮、住宿、娱乐于一体的高档次大饭店的正式运营，为沈阳农垦第三产业跻身于沈城强手如林的餐饮业首开了先河，进行了有益的尝试，也为扩大农垦企业知名度做出了积极的贡献。

【对内对外开放继续扩大】 1995年，沈阳农垦继续瞄准国际市场，发展外向型经济，不断增加出口创汇；充分利用自身优势，积极吸引外资；努力巩固与大中型工业企业的联合与合作，使农垦的资源优势得到了进一步的发挥。

一是招商引资取得新进展。沈阳市光辉畜牧场利用自己研制的获国家专利的人造硅灰石新工艺和土地资源优势，与日本新生贸易株士会社合资举办了沈阳生华新兴材料有限责任公司，引进外资42万美元，扩大了生产规模，产品全部出口，成为沈阳农垦最大的合资项目。

二是对外贸易额大幅度增长。根据国际市场肉禽产品销路看好的有利形势，努力扩大出口，增加数量，提高质量。利用肉鸡示范场、辉山肉禽公司和光辉畜牧场在欧洲的出口代号，大量出口肉禽产品，全年出口禽肉5 213吨，出口玉米1 041吨，实现出口供货值9 089万元，创汇1 082万美元，分别比1994年提高55%和56%。

三是对内联合又有新进展。各企业充分利用农垦企业土地资源丰富，幅员辽阔，劳动力资源充足的有利条件，大力推进与省市内大中型工业企业的联合与合作，引进产品和技术。北陵农场与沈阳飞机制造公司合作生产飞龙中巴汽车项目，改变了农场长期以农为主的单一产业结构，使企业经济效益进一步提高。

（曹承佳）

气　候

【气候条件评述】 1995年沈阳市总的气候特点是：年温度偏高，但分布不均，冬暖明显，作物生长季温度偏低，积温偏少；日照特少；降水偏多，属洪涝灾害发生年。

一、气候概况

1.热量

全市各县区年平均气温在7.7—9.1℃之间，法库县最低，苏家屯最高，全市平均为8.5℃，较常年高1.0℃，沈阳市为8.6℃，虽比常年值高0.6℃，但时间分布极不均：1、2月分别比常年值高3.3℃、2.9℃，春季（3—5月）比常年值低0.1℃，比1994年低1.0℃；夏季（6—8月）比常年值低0.6℃，比1994年低2.4℃，尤以7月温度偏低最为明显，仅为23.1℃，比常年值低1.5℃，比1994年低3.6℃，是历史上第三个低值年，全年极端最高气温31.4℃，出现在8月9日，极端最低气温－23.0℃，出现在12月30日。

作物生长季（3—9月）累积＞0℃积温为3438℃，比常年少105℃，＞10℃积温为3240℃，比常年少125℃，＞20℃积温为2010℃，比常年少241℃，这三项积温值分别比1994年少356℃、449℃、548℃，1995年的热量条件明显不足。

2.降水

各县区全年降水量在508—938毫米，康平县最少，苏家屯区最多，全市平均为751毫米，比常年多115毫米，沈阳市为881毫米，比常年多158毫米，属降水偏多年。其中，作物生长季降水为840毫米，比常年多32%；春季降水为164毫米，比常年多47%；夏季降水为622毫米，比常年多40%，尤其5月降水量达107毫米，超过了历史同期最多值，接近常年值的2倍。

作物生长季内＞0.1毫米的降水日数为72天，比常年多3天；＞10毫米的降水日数为21天，比常年多3天；＞25毫米的降水日数为13天，比常年多6天；＞50毫米的暴雨日数为4天，比常年多2天。

今年第一场＞10毫米降水出现在3月10日，第一场＞50毫米的暴雨出现在6月21日，都明显地早于常年。

3.日照

各县区全年日照时数在

2322—2766 小时，新民市最多，沈阳市最少，沈阳市作物生长季内，日照时数仅为 1 424 小时，比常年值少 232 小时，其中春季比常年少 44 小时，夏季比常年少 158 小时，是建国以来第二个寡照年。

三、主要气象灾害

1. 低温、寡照对作物产量有一定影响

沈阳市作物生长季平均气温为 16.0℃，比常年低 0.3℃，比 1994 年低 1.5℃。其中，除 3 月比常年值高 1.4℃外，4—9 月都比常年偏低，尤其 5 月和 7 月都比常年值偏低 1.5℃，致使今年的积温明显偏少。

低温、寡照、积温少，使今年作物的生育期普遍推迟 7—10 天，对喜温作物水稻的产量造成一定影响。

2. 暴雨早、次数多、洪涝灾害严重

全年暴雨日数为 4 天，比常年多 2 天，第一场暴雨出现在 6 月 21 日，明显地早于常年，另外三次都集中在 7 月 25—30 日，使 7 月下旬降水量达 232 毫米，为历史次极值，造成较为严重的洪涝灾害。

3. 局地雹灾

初步统计，1995 年沈阳市遭受 6 次冰雹危害：6 月 3 日康平县二牛乡约9 800亩遭灾；6 月 14 日东陵区高坎镇、新城子区蒲河镇、虎石台镇约 10 100 亩遭灾；6 月 24 日新民市公主屯乡、东陵区深井子乡约 40 000亩遭灾；6 月 28 日法库县登仕堡乡、新民市前当堡、大民屯等地约40 000亩遭灾；7 月 2 日东陵区祝家镇约3 000亩遭灾；7 月 4 日新民市于家窝棚约30 000亩遭灾。

（王维桐）

·小资料·　沈阳市 1995 年主要气象资料

年.月	1	2	3	4	5	6	7	8	9	10	11	12	全年	单位
平均气温	−8.5	−5.1	1.8	9.4	15.5	21.5	23.1	23.6	16.9	10.7	1.8	−7.6	8.6	℃
降水量	0.0	5.8	26.0	30.5	107.2	162.2	332.6	127.6	53.9	27.9	4.4	2.6	880.7	毫米
降水日数	0	2	8	10	9	14	15	12	4	7	2	5	88	天
日照时数	203.2	187.3	216.3	249.2	223.8	211.2	135.8	178.9	208.6	168.4	202.1	136.9	2321.7	小时

【气象决策服务在防汛中的作用】 沈阳市气象局在 1995 年防汛工作中，长期、中期、近期决策气象服务发挥了重要作用，收到了明显的效果。

1. 长期决策服务预报趋势正确，为 1995 年防汛部署起到了积极作用。沈阳市气象局 1995 年 3 月 2 日发布的年度趋势预报中指出："1995 年 6 月降水量正常，7 月降水量较常年偏多 1—2 成，8 月降水量较常年偏少 1—2 成"。在 5 月 31 日发布的夏季天气趋势预报中指出："6 月降水量接近常年，7 月降水量较常年偏多 1—2 成，8 月份降水量较常年偏少 2—4 成"。从气象局发布的年、季长期天气趋势预报中看出，一直强调 1995 年 7 月份降水量偏多，这对各级领导注意 7 月份的汛情起到了积极的作用。1995 年天气实际演变情况是，大水主要发生在 7 月下旬，长期决策服务预报趋势正确。

2. 中期决策服务预报准确，为部署防汛工作发挥了显著作用。在 1995 年 7 月 12 日沈阳市政府召开的常务会议上（当时全市各大河流均无汛情）；市气象局汇报未来天气情况时明确指出："7 月下旬到 8 月份，全市还将有 350 毫米的降水，其中雨水主要集中在 7 月下旬至 8 月上旬。防汛工作还要加强，特别是浑河、太子河流域将有大的降水，防汛工作不能掉以轻心"。市政府根据此天气预测，对全市的防汛工作进行全面的部署和安排。天气实况证明，沈阳市 7 月下旬到 8 月份降水总量达 359.5 毫米，其中 7 月下旬到 8 月上旬全市连续出现 3 次区域性的大雨、暴雨天气过程，降水量达 297.3 毫米，发生了沈阳市自 1888 年以来百年不遇的特大洪水。该次中期决策服务预报为防大汛抗大灾，减轻损失发挥了重要作用。

3. 近期决策服务措施得力，为由抗洪转为救灾赢得了时间。在 8 月 5 日市政府召开的抗洪抢险工作部署会议上，市气象局及时提出：大的汛情基本过去，未来不会出现大范围的雨量在 100 毫米以上的降水天气过程"。市政府据此决定："8 月 7 日撤回在抗洪抢险第一线的解放军官兵及民兵，把工作重点转移到排洪救灾上来"。天气实况证明，这一决策完全正确。解放军广大官兵和民兵撤离抗洪抢险第一线，即稳定了社会也节省了大量的人力和资金，同时也为排洪救灾工作赢得了宝贵的时间。

（王世清）

【农业遥感应用研究】 "沈阳市农业遥感应用研究"项目，主要利用气象卫星遥感资料的 5 个通道数据，辅以航片、农业资料、气象资料和其它物理数据对沈阳市农业资源，作物长势、产量及自然灾害进行监测和预报，系沈阳市"八五"期间重点科研项目。

该项目自接收气象卫星资料开始，系统地进行了地面接收处理系统的设计、地面接收站建设、航片与地理数据配合应用、卫星数据精校正、图象和数据的传输、处理及遥感资料数据库等基础处理工作，以及作物绿度指数动态监测、水旱田作物布局、作物估产、水体监测、火灾监测等研究。4 年中，先后研制出：沈阳市气象卫星遥感数据接收处理系统"、"沈阳市农业遥感信息系统"、"沈阳市防汛指挥卫星云图传输处理系统"。课题研究人员本着边研究，边开发，边服务的原则，为省市有关部门提供了大量的遥感火灾信息、水情、涝灾面积、土壤墒情、水稻长势和产量及整编后的常规气象要素资料。还利用数据接收系统，多次为人工增雨作业提供有利时机，取得了显著的经济效益。上述成果为政府职能部门抓好抗灾减灾工作，制定农业计划，调整产业结构和农村经济发展宏观决策提供了科学依据。该项目获沈阳市人民政府1995年星火一等奖。

（石宇虹）

【市一县气象业务实时系统】 1995年11月，由沈阳市气象局研制开发的市一县气象业务实时系统正式投入运行。它标志着沈阳市气象现代化建设的整体水平又迈上了一个新台阶。

该系统采用分组交换数据通信技术，通过公用分组网和电话网实现了省一市一县三级气象资料共享。系统采用同步分组终端方式，能够高速稳定地传输气象信息，包括各类气象电报、气象卫星资料和数值预报产品等。网络传输速率为9600bps。为提高传输时效，系统对数据文件做了技术处理，使一张64KB的气象卫星云图传输时间仅需20秒钟。针对气象业务庞杂的特点，该系统开发了日志管理和通道文件传输信息显示等功能，便于系统的维护和管理。

该系统的应用，使县级预报人员告别了陈旧的通信设备和落后的工作方式，有助于提高预报人员对气象灾害的监测能力和对灾害性、转折性天气的预报水平。

（王建华）

【法库县建起人工降雨防雹基地】 法库县是“八五”期间划归沈阳市的产粮大县，划归沈阳后，沈阳市气象局加强了对该县气象事业的发展规划指导，特别是强化了人工降雨防雹事业的建设。

随着现代科学技术的发展，一个应用气象高新技术手段进行人工影响局部天气事业在国内外已经普遍开展，沈阳市这项事业起步晚，但发展较快。康、法两县划规沈阳市以后，对原有的“三·七”高炮作业方式进行了规划管理，根据两县的地理位置，以及天气系统规律，设定规划了5个人工降雨防雹基地，其中康平县两处，法库县3处。1995年，法库县政府拨专款，已建成秀水河流域人工降雨防雹基地。

（张守峰）

乡镇企业

【概况】 1995年，沈阳市农村各级党委和政府认真贯彻市乡镇企业工作会议精神，进一步统一思想，坚定不移地把发展乡镇企业作为重要的经济增长点来抓，坚持大投入大发展大提高的方针，坚持发展与提高并重，以提高促发展，继续深化企业改革，广泛开展加强企业管理，提高经济效益活动，把工作重心切实转移到提高乡镇企业经济运行质量上来，使全市乡镇企业克服了资金紧缺、原材料涨价、增支因素加大等不利因素和百年不遇的特大洪灾所造成的严重困难，不断加大工作力度，适应新的形势，仍然保持了快速健康发展的好势头。运行态势基本正常，改革、发展和提高的步伐进一步加快，取得了可喜的成就。

1995年全市乡镇企业主要经济指标完成情况是：全市乡镇工业完成产值403亿元，比1994年增长32.6%；为全市工业的增长作出了重要贡献。同时，经济效益与发展速度同步增长。全市乡村集体工业营业收入实现163亿元，比1994年净增加10亿元，增长6.3%，乡村集体工业利税完成20亿元，全市乡镇工业产值销售率平均达到90%，全市乡镇工业销售利税率为12.2%，成本费用利润率为8.2%，乡村集体工业增加值率为28.8%。投入力度进一步加大。投入结构发生明显变化，“四个一批”项目进展顺利。全市乡镇企业投入资金31.3亿元，其中固定资产投入24亿元，流动资金7.3亿元。固定资产投入中，银行贷款5.6亿元，企业自筹14.9亿元，引进外资3.5亿元，与1994年比，都有不同程度增加。在“四个一批”项目工作中，共立项办照1 946多项，其中竣工投产1 470项，新增产值32.5亿元，创利税5.3亿元。已立项、办照的项目中，投资额超万元的49项，超300万元的176项。大项目数和单个项目投资金额都比1994年有明显增加。外向型经济在艰难中仍有所突破，全市乡镇企业外向型成份增大，新办三资企业108家，总投资额达9 829万美元。协议资额为5 019万美元，到1995年低，全市乡镇三资企业总数已达650家。

【坚持“上规模、上档次、上水平、增效益、增后劲”方针】 1995年沈阳市在年初召开的市乡镇企业工作会议上确定到本世纪末的6年里，把发展沈阳乡镇企业的着眼点和主要精力放在上规模、上档次、上水平，增强企业的效益和后劲上。会后，市乡企局会同各县（市）区都积极行动起来，书记、县（区）长亲自抓，主管领导全力抓，五大班子一起抓。有的县（市）区领导亲自跑项目，跑资金，跑招商，深入乡镇企业调查研究，帮助企业搞改革，抓管理，上项目。东陵、于洪等经济较发达地区，开始有步骤地进行产业和产品结构调整，一些传统产业开始向欠发达地区扩散。而经济较落后的县区则利用包袱较轻，当地资源丰富的优势，盯住大项目和科技含量高附加值高的项目，把有限的资金集中起来。各县（市）区特别重视千万元以上产值、百万元以上利税的骨干企业，不再追求“村村点火、户户冒烟”，而着力塑造乡镇企业的规模效应。促使乡镇企业普遍规模小、档次低、水平差的状况有所改观，为进一步抓实此项工作创造了条件。

【提高经济运行质量和效益】 1995年初沈阳市乡镇企业工作会议提出，发展乡镇企业必须转变观念，把工作重心从注重产值、速度，切实转移到以提高经济增长质量为中心的轨道上来，按照这一要求，市乡企局和各县（市）区在工作中注意把工作的出发点和落脚点都放在切实提高经济增长质量上来，放在提高企业效益上来，按照这样的思路组织生产，并进一步建立完善了一整套激励和约束机制，引导乡镇企业破除产值第一的观念，牢固树立效益第一的观念，坚持速度与效益的统一，把效益放在首位。重新建立了新的，以经济效益为中心的乡镇企业考核体系，不以产值论功绩，而以效益论英雄，评选发展乡镇企业先进县区，综合实力十强乡、三十强村、五十强企业，评选"明星"企业、"小型巨人"企业等，均把利税指标放在第一位，突出强调把经济增长质量和效益作为评价乡镇企业的主要依据。通过一年来的工作，提高经济增长质量的观念基本上已深入人心，出现了经济效益与发展速度同步增长的好势头，市乡镇企业已初步走上了以提高经济增长质量和效益为中心的轨道。

【加强企业管理】 1995年沈阳市和县(市)区，乡镇企业主管部门通过调查研究认为，管理粗放是造成沈阳市乡镇企业效益不高的重要原因之一。为此，市乡企局制定了方案和措施，经市政府批准，在全市乡镇企业中广泛开展了"加强企业管理，提高经济效益"活动，进一步强化了企业标准、计量、产品检验等质量管理基础工作，产品合格率和优质品率均有提高。同时，进行春秋两次安全生产大检查，使乡镇企业安全综合治理各项措施进一步落实，安全生产得到高度重视，重大伤亡事故发生率下降了50%，通过加强管理，乡镇企业物耗、能耗过大的状况有所改观，效益也随之提高。特别是注重了立法工作，促使全市乡镇企业管理工作步入法制化、规范化轨道。《沈阳市乡镇企业条例》经省人大批准，由市人大于7月15日正式颁布施行。同时，与其配套的《关于加强乡镇企业统计工作 的若干意见》、《沈阳市乡镇企业管理费征收管理办法》、《沈阳市乡镇企业内部审计办法》也以政府文件、政府令等形式颁行，《沈阳市乡镇企业发展基金管理办法》和《沈阳市农村工业园区、招商小区管理办法》等法规性文件，正在抓紧工作，即将出台。为促进这些法规、规章实施，切实维护企业合法权益，保证企业合法经营，除了制定法规的实施细则和加大宣传力度外，还建立了相应的机构，沈阳市乡镇企业审计事务所，律师接待处已经建立起来。这些工作，使沈阳市乡镇企业在法制化、规范化的轨道上前进了一大步，使企业管理工作有法可依、有章可循，为今后的管理工作打下坚实的基础。与此同时，作为提高企业整体素质的一个重要组成部分，职工教育工作得到进一步加强，开展了安全生产、质量管理、统计会计等专业人员培训活动，特别是乡镇企业"一长三师"培训先后举办了十期，共培训了1 800余人，使乡镇企业管理人员、技术人员的科技修养、管理水平有了很大提高。

【加快产业结构调整】 1995年沈阳市各县(市)区都把第三产业做为农村经济的一个重要增长点，作为乡镇企业大发展、大提高的一项重要措施来抓，使乡镇第三产业相对滞后的状况有了初步改变。东陵区按照"围绕产业建市场，围绕市场办企业"的路子，大建市场，实行产供销一条龙，贸工农一体化，流通领域蓬勃发展，第三产业效益大增。苏家屯区通过加强乡镇第三产业统计工作，不仅摸清了第三产业的底数，增加了几个亿的产值和可观的利税，而且引起了区委、区政府对发展第三产业的重视，制定了大力发展第三产业的规划和具体措施。其他各地也都普遍克服了盲目性，开始注意了"因地制宜、讲究布局"，改变了过去"圈地办场，有场无市"的现象，促进了当地第三产业的发展。产业和产品结构调整中，各地还注重培育外向型经济成分，增强产品出口创汇能力。努力帮助出口创汇企业扩大规模，帮助有条件的企业争取外贸自营权，并成功地在'95沈阳国际经贸洽谈会上举办了沈阳乡镇企业投资环境说明会，为乡镇企业走向国际市场和吸引外商投资创造了良好的条件，使得沈阳市乡镇出口创汇企业在面临诸多不利因素的形势下，走出困境，仍然有新的突破。1995年，沈阳市乡企局还特别注重发展农副产品深加工的食品工业、饲料工业和轻工业，使其不断扩大规模，组建集团，增强竞争能力，成为沈阳市乡镇企业的优势产业。重点抓了肉食鸡行业。肉食鸡是沈阳市乡镇企业的主导产业，但现有肉食鸡加工厂点多、分散、规模小、销路不畅，市乡镇企局认真调查了国内外肉食鸡市场形势，分析了我市肉食鸡加工企业的现状，提出组建沈阳市肉禽加工出口企业集团，以形成规模，挤占国际市场。

【抗洪抢险，生产自救】 1995年7、8月沈阳市发生百年不遇的特大洪灾，乡镇企业遭受了严重的损失，全市10万户乡镇企业中有35 579户不同程度受灾，重灾3 300户，涉及职工25万人，直接经济损失19.33亿元，间接经济损失37.9亿元，影响全年产值40亿元。在洪涝灾害面前，全市乡镇企业广大干部职工不畏艰险，英勇投入抗洪抢险战斗。与此同时，又不辞辛劳，发扬连续作战精神，投入自救和恢复生产，使损失降到最低限度。市乡企局在汛期到来之前就向全市乡镇企业发出了通知，洪灾发生后，全局出动，带领全市乡镇企业全力投入抗洪救灾。灾后市乡企局对受灾企业进行了全面调查，向市里及时上报情况，并与各有关部门沟通，帮助乡企寻求资金支持和物资协调，为企业解决了许多实际问题，使受灾企业较快恢复了生产。

工 业

综 述

【工业发展综述】 1995年，沈阳市尽管外部环境没有明显改观，但经过全市工交战线广大干部职工的共同努力，克服诸多不利因素的影响，保持了工业经济的稳定增长。

据统计，1995年全市完成工业总产值861.5亿元(按1990年不变价格计算，下同)，比1994年增长18.2%。其中乡及乡以上工业企业完成工业总产值543.1亿元，增长10.8%；完成工业销售产值509.1亿元，增长8.9%。工业产品销售率为93.7%。

全年工业经济运行的特点如下：

1.工业生产稳定增长。1995年一季度，全市工业生产增长24.1%，其中乡及乡以上工业增长11.5%；二季度全市工业生产增幅为25.5%，其中乡及乡以上增幅为13.5%。三季度，沈阳市遭受了特大洪涝灾害，工业生产受到一定影响，但经过全市广大职工共同努力，三季度末全市工业生产仍然增长19.3%，其中乡及乡以上工业增长8.3%，增势较二季度末有所回落。到四季度末，全市工业生产增长18.2%，其中乡及乡以上工业增长10.8%。从速度上看，三、四季度的增幅虽较前两个季度有所回落，但工业经济总量却一直保持增长。

2.轻工业生产发展快于重工业。1995年沈阳市轻工企业为适应市场需求，不断调整产品结构，轻工生产保持了较好的增长势头。全市轻工业完成工业总产值180.6亿元，比1994年增长16.7%，增幅高于全市平均水平5.9个百分点。在轻工业保持双位增长的同时，重工业的增长却显得乏力。全年重工业完成工业总产值362.4亿元，增长8%，增幅不仅落后于轻工业8.7个百分点，而且低于全市平均水平2.8个百分点。

3.非国有工业好于国有工业。1995年非国有工业完成工业总产值338.3亿元，比1994年增长19.0%，增幅高于全市平均水平8.2个百分点。在非国有工业中，集体工业生产增长23.1%，其中乡办工业增长17.8%。其它经济类型增长14.4%。而国有工业全年完成工业总产值204.7亿元，比1994年下降1.8%。

4.乡街以下工业生产高位运行。1995年以来，沈阳市的乡办工业、城镇工业及城镇个体工业、农村村办工业、农村个体工业保持了高速发展势头。1995年全市乡街以下工业累计完成工业总产值437.9亿元，比1994年增长30.4%，增幅高于全市平均水平12.2个百分点。乡街以下工业完成产值占全市工业总产值的比重由年初的41.5%上升到年末的45.9%，乡街以下工业的发展带动了全市工业的增长。

5.开发区工业增势较好。沈阳经济开发区及南湖科技开发区作为支持沈阳市工业生产增长的重要组成部分，发挥出了各自的优势，工业生产保持了较好的增长。1995年沈阳经济开发区及南湖科技开发区实现工业总产值分别为21.4亿元和32.6亿元，分别比1994年增长118.4%和42.5%，增幅均高于全市平均水平。

纵观1995年全年工业经济运行情况，总体态势是好的。工业生产总量增加，生产速度持续增长。但工业生产发展不平衡，经济运行质量不高，总体效益水平低下，经济运行中还存在一些问题困扰着沈阳市工业经济的发展，主要表现为：

第一、工业生产发展不平衡。一方面表现为国有及大中型工业负增长。国有及大中型工业是沈阳市工业经济的主体，1995年以来沈阳市工业整体上保持了一定的增长，但国有工业呈负增长，大中型工业也比1994年下降0.2%，这些都直接影响了沈阳市工业生产的总体发展速度。另一方面，轻、重工业发展不协调。在轻工业保持双位增长的同时，重工业1995年以来的增长不仅低于轻工业而且低于全市平均水平。

第二、工业经济总体效益水平不高。1995年，全市工业经济效益综合指数为74.1%，比1994年下降6.1个百分点。其中工业产品销售率为93.7%，下降2.4个百分点；资金利税率为5.9%，下降1.7个百分点；工业成本费用利润率为3.4%，下降1.5个百分点；流动资金周转率为1.0次，与1994年持平；工业劳动生产率为12 742元/人，增加659.8元/人，工业增加值率为26.3%，下降1.1个百分点。

第三、企业亏损仍较严重。1995年，全市独立核算工业企业有1 457户亏损，亏损企业亏损额为22.5亿元，比1994年增长50.7%。

第四、债务负担加剧，企业偿债能力低下，使企业再生产举步维艰。1995年，全市独立核算工业企业财务费用支出26.5亿元，比1994年增长13.2%。其中利息支出24.6亿元，增长11.8%。全市工业流动资产负债率为101%。企业一方面财务费用支出加大，而另一方面其造血功能又十分低下，偿付能力处于拆东补西的状态。全市工业企业的流动比率仅为99.5%，也就是说企业若把流动资产用于偿还短期债务，则再无资金用于流转。而按国际上考核企业的贷款标准，该比率一般应为200%。

总之，从整体上沈阳市工业经济运行还没有步入良性循环，由于受资金、市场、管理及技术水平等因素的影响，高投入，低产出，速度快，效益低的矛盾仍较突出。为此，各工业企业应在挖资金潜力，深化企业改革，强化企业管理上下功夫，同时要坚持走内涵扩大再生产的道路，不断提高企业经济增长质量，努力实现经济增长方式的战略转变。

（金锷）

【工业生产】 1995年，沈阳市工业生产取得了较好的结果，全市完成工业总产值861.5亿元，比1994年增长18.2%，其中，乡及乡以上完成543亿元，增长10.8%，为年计划的100.7%，超额完成市里年初下达的生产计划，胜利地实现了市委、市政府提出的“大灾之年不减志、大灾之年不减产”的目标。

1995年工业生产基本情况及主要特点：

1. 国有工业生产呈负增长。1995年完成工业总产值204.7亿元，同比下降1.8%。

2. 工业生产的质量和效益有所提高。随着生产的增长，全市工业生产的质量和效益的发展趋势呈逐月好转的趋势，产销进一步衔接，全市产销率由87.9%上升到93.7%。其中，大中型企业达到98%，国有企业和国有控股企业分别达到96%和99%。全市经济效益综合指数由62.2%上升到年末的75.2%。

3. 轻重工业结构向均衡方向发展，全市工业抗波动能力增强。“八五”后期，全市重工业在国家宏观调控下发展速度受到抑制，但生产仍保持稳步增长，1995年比1994年增长8%。与此同时，轻工业发展增势强劲，生产开始快于重工业，增速逐年提高，改变了“八五”前期重工业生产领先增长的格局，在“八五”前4年增幅逐年提高的基础上，1995年仍保持16.7%的两位数增长。

4. 县区、开发区、三资企业快速发展，已成为全市工业经济的新增长点。1995年上半年，县区工业发展速度达到39.4%。受特大洪涝灾害的影响，县区工业的生产发展速度明显减缓，但其仍保持全市领先地位。全年县区乡以上工业完成产值196.5亿元，比1994年增长25.6%，高于全市平均增幅14.8个百分点。县区工业占全市的比重由1990年的12.4%上升到1995年的36.2%，三分天下有其一。1995年，沈阳经济技术开发区和南湖科技开发区完成工业总产值分别为21.4亿元和32.6亿元，分别比1994年增长118.4%和42.5%；三资工业企业完成工业总产值60亿元，增长41.1%，占全市11%。

1995年所作的主要工作：

1. 克服重重困难，狠抓工业生产。在工业经济运行外部环境偏紧、内部生产经营新老问题交织、宏观调控手段不断弱化的情况下，仍然一如既往地狠抓工业生产。一是坚持按月下达生产计划，着重强化有市场、有效益的生产，并定期召开工业局（公司）、县区、中央及省属企业生产调度会，了解和掌握全市工业生产的发展趋势和计划执行情况，及时发现问题。坚持每季召开全市工业经济形势分析会，总结和通报工业经济运行情况，提出下一步工作的思路和措施。二是坚持深入基层调查研究，为企业协调解决生产经营中存在的问题。特别是特大洪涝灾害发生之后，全市工业系统积极响应市政府提出的“大灾之年不减产，大灾之年不减志”的号召，积极开展以丰补欠、增产增收活动，努力减少水灾造成的损失，确保完成全年工业生产任务。从8月份起，连续12次组织召开由市领导出席的以丰补欠、增产增收、确保完成全年工业生产任务的生产调度会议，要求受灾的县、区、局要尽量减少损失，把减产控制在5%以内；要求未受灾县、区、局增产增收，以丰补欠，力争全年生产比原计划增长5%以上。在各部门的积极配合下，终于战胜了自然灾害，超额完成了全年工业生产计划。

2. 以市场为导向，做好产业结构、企业结构和产品结构的适应性调整工作。在生产组织中，注重按照国家的产业政策和市场信息，在动态运行中把握结构的调整和优化。按照择优扶强的原则，把宝贵、有限的生产要素向重点行业、重点企业和重点产品倾斜，着力培育生产力新的增长点，对百户重点工业企业实行流动资金投入产出总承包；对市场好、效益好、质量好，缺少流动资金的“三好一缺”产品，实行重点倾斜；对部分产品好，但亏损的工业企业实行封闭贷款。一是着重抓了5个重点行业（轻工、制药、电子、计算机、输变电）、50户重点企业和50种重点产品。1995年，5个重点行业完成工业总产值105亿元，比1994年增长10.4%；50户重点企业完成工业总产值150亿元，增长11.0%；50种重点产品完成工业总产值98亿元，增长12.3%。二是积极开展增畅、限平、停滞和限产压库促销工作，要求工业企业按照市场需要增加畅销产品的生产、限制平销产品的生产、停止滞销产品的生产。截至1995年末，全市工业产品畅、平、滞销比例达到30:55:15，畅销和滞销产品比重分别比“八五”初期提高和降低了10个百分点。

3. 注重协调好“抓主体”与“振两翼”的关系。一方面，坚持以国有经济为主导，多种经济共同发展的原则，以抓好、抓住市属工业局（公司）为主，特别是注重抓好国有大中型企业的主体作用，确保国有经济在全市的稳定支撑的骨干作用，以大工业带动全市工业经济的稳定、健康发展。另一方面注意培育、扶持区街和县区工业的增长点，对县区工业实行投入产出承包，在资金投入上给予倾斜，确保县区工业快速发展。

4. 积极参加抗洪抢险和对口支援、恢复生产工作。7月末、8月初的特大洪涝灾害，给工业生产造成了巨大损失。面对灾情，全市工业战线的广大干部群众积极投入到抗洪抢险和恢复生产之中。一是充分发挥组织协调作用。组织工业企业，出动大量人力、物力、财力，成功地组织了护堤、排涝、造船、修井四个会战，有力地支持了全市的抗洪抢险工作，减少了水灾造成的损失。二是积极开展对口支援、恢复生产工作。为贯彻落实市政府生产自救工作会议精神，在全市工业系统内分三个阶段组织了对口支援、恢复生产工作。第一阶段，组织工业企业组成机电义务维修队，及时抢修水毁工农业用设备。第二阶段，组织工业局对县区、企业对村屯的对口支援，为灾区提供救灾物资和帮助修复水毁房屋、农田水利设施等，全方位帮助灾区重建家园和恢复生产。第三阶段，组织大中型工业企业对县区和乡镇企业的对口支援，开展以产品配套、技术协作为主要内容的深层次帮扶工作。通过对口支援，使灾区迅速恢复了生产，重建了家园。

1995 年全市工业经济从总体上看取得了长足进步，运行趋势向好的方向发展，但同时也存在许多不容忽视的问题，工业经济运行的总体质量和效益不高，其中国有企业尤为突出，主要表现在：一是经济效益不佳，盈利水平不高，亏损严重。二是资金紧张与企业间拖欠现象严重、产成品存货偏高、资金运营效率低等并存。三是企业停产、开工不足现象较为严重。

（李日松）

【工业经济效益】 1995 年，沈阳市的工业经济在生产经营环境相当困难的情况下，仍实现了生产销售同步增长，特别是“三资”企业发展势头强劲，轻工业的产销速度仍快于重工业。据对 1995 年乡及乡以上全部独立核算工业企业经营情况的统计，沈阳市工业经济效益完成情况具有以下特点：

1. 工业生产、销售同步增长，产销衔接较好。1995 年，沈阳市工业经济运行保持了较好的态势，共创工业总产值 671.8 亿元，按可比价计算比 1994 年增长 10.8%，实现产品销售收入 537.7 亿元，增长 8.5%，实现了工业生产销售同步增长，产销衔接较好，工业产品销售率为 93.7%。

2.“三资”企业发展较快。随着改革开放进度的加快，外部投资环境进一步得到改善，吸引外资力度加大，沈阳市的“三资”企业得以较大发展。1995 年，全市共有“三资”企业 321 家，完成工业总产值 81.5 亿元，按可比价计算增长 39.9%，高出全市平均增长速度 29.1 个百分点；实现产品销售收入 63.1 亿元，增长 81.3%，高出全市平均水平 72.8 个百分点；实现利税总额 7.5 亿元，其中：实现利润总额 4.4 亿元，分别比 1994 年增长 10.3% 和 0.1%。

3. 轻工业发展好于重工业。由于受活跃的消费品市场的刺激，以投资少，收效快的轻工业发展较快。1995 年，全市的 2 923 家轻工企业完成工业总产值 223.6 亿元，占全市工业总产值的 33.3%，比 1994 年增长 16.7%，高出全市平均增长速度 5.9 个百分点，高出重工业增长速度 8.7 个百分点；轻工业实现产品销售收入 159.5 亿元，比 1994 年增长 16.1%，高出全市增幅的 7.6个百分点，高出重工业增幅10.5 个百分点。

1995 年，沈阳市工业经济效益虽取得了一定成绩，但总体经济效益状况还不尽人意。盈利水平低，亏损严重，资金紧张，资金利用效果差等长期困扰沈阳市工业经济发展的顽症一直未能彻底根治。综观全年经济效益完成情况还存在以下几个问题不容忽视。

第一、实现利税、利润总额降幅较大，亏损状况仍很严重。1995 年，全市工业企业实现利税总额 44.6 亿元，其中：实现利润总额 15.9 亿元，分别比 1994 年下降 18.5%和 29.3%，亏损企业单位数为 1 457 家，亏损企业亏损额为 22.5 亿元，比 1994 年增长 50.7%。因此，扭亏工作仍十分艰巨。

第二、资金占用增加，周转不灵，利用效果差。从近几年沈阳市工业经济运行情况看，资金紧张，周转不灵这一顽疾一直制约着企业的生产发展和经济效益的改善。1995 年，随着宏观环境的变化，一些企业资金占用又有增加，应收帐款的回款不理想，更加剧了资金紧张状况。全市工业企业库存产成品占用资金 78.4 亿元，比 1994 年净增加 10 亿元，增长速度为 14.6%，应收帐款 143.7 亿元，增长 13.2%，资金占用及互拖货款，导致资金周转不灵，流动资金周转次数仅为 1.00 次。除此之外，原材料涨价，财务费用的增加，利息支出的加大等诸多因素的影响，致使企业资金利用效果差，资金利税率仅为 5.9%，比 1994 年降低 1.7 个百分点，低于全国平均水平 7.7 个百分点。

第三、投入产出效果不理想，总体经济效益水平低。盈利水平下降，亏损额增加，资金占用的加大，带来投入产出效益的下降，总体经济效益水平不高。1995 年，全市综合经济效益指数为 74.1%，比 1994 年下降 6.1 个百分点，说明沈阳市工业经济运行质量不高。从反映工业企业经济效益的 6 个主要指标看，只有全员劳动生产率比 1994 年增加 659.8 元/人，流动资金周转次数与 1994 年持平，资金利税率为 5.9%，工业成本费用率为3.4%，工业产品销售率为93.7%，工业增加值率为26.3%，分别下降了1.7个百分点，1.5个百分点，0.2个百分点和 1.1个百分点。

（王雅红）

【铁西工业区总体改造 10 年成果显著】 沈阳铁西工业区是我国建国初期重点建设起来的以机电工业为主体，国有大中型企业为骨干的全国最大的综合性工业生产基地。该区总面积 65 平方公里(由铁西行政区和于洪工业带构成)，1995 年有乡及乡以上独立核算工业企业 1 600余家，其中大中型企业 142 家，占全市大中型企业总数的 40%；全区年工业增加值、工业产值、销售产值、利税、出口供货值等指标，约占全市的 40%到 50%；其主要产品和技术代表着国家水平，是沈阳工业的核心所在。

铁西工业区作为全国老工业基地的突出代表，它的改造与振兴一直受到党和政府的高度重视。特别是 1986 年国务院批准该区进行总体改造并作为全国区域性改造试点工程列入国家计划以来，总体改造工作经过“七五”、“八五”两个五年计划的改造实施，铁西工业区整体经济实力和城市基础设施建设得到了显著提高和长足发展。

按照国家批准的规划方案要求，“七五”、“八五”时期的主要任务是:重点改造在全国有优势的机床、输变电、医药、通用机械等行业,打好技术装备现代化基础;组织和发展专业化协作,打好工业结构合理化基础;建立产品出口生产基地,为发展外向型经济打好基础;调整工业布局,进行城市配套改造,治理污染,打好工业与城市基础设施建设基础,为"九五"时期打好总体改造的攻坚战准备条件。

1986—1995 年的 10 年间,国家和地方在区内共安排固定资产投资项目 2 230 个,完成投资 125 亿元。其中,投产项目 1 617 个,新增固定资产 86.5 亿元,占完成投资的 70%。在安排的项目中,工业技术改造项目 1 635 个,占总项目数的 73%,完成投资 82.3 亿元,占总完成投资额的 66%。项目中,利用国家给铁西工业区专项贷款安排项目 95 个,总投资额 20.3 亿元,铁改专贷 6.5 亿元。10 年总体改造在以下几方面取得了成效。

1.重点行业、重点企业得到初步改造,为全国经济建设的服务能力进一步增强。在改造中工业区坚持把投入的重点放在有市场、有效益,在全国处于优势地位的输变电、机床、通用机械、制药、化工等 5 个行业上。沈阳变压器厂、沈阳机床一厂、沈阳风动工具厂、东北制药总厂、沈阳化工厂等 30 个企业经过改造基本建成了现代化的示范性工厂,其产品技术、管理、经济效益和企业素质等 5 个方面在全国同行业居先进地位;有 400 个企业依靠改造,加快技术进步速度,开发出新产品 6 000 多种。通过改造,重点行业和重点企业的大多数产品达到了国际 80 年代末 90 年代初的水平,缩短了同世界先进水平的差距。沈阳机床一厂数控机床国产化项目、沈阳轮胎厂以机代缶项目、沈阳第三橡胶厂年产 6 万吨特种安全轮胎项目、东北制药总厂万吨 Vc 改造项目等,投产后产品的经济规模和技术水平达到了国际先进水平,为沈阳"九五"时期工业经济的发展起到了推动作用。经过改造,工业区的设备配套能力有很大增强。如:生产的大容量、高电压输变电设备、大型露天矿连续开采设备、30 万吨乙烯成套设备、50 万吨尿素生产成套设备、500 万吨炼油厂成套设备等等,为国家的能源、交通和原材料工业等部门提供了重要的技术装备。东北输变电集团公司、沈阳水泵厂、沈阳鼓风机厂被国家确定为重大技术装备国产化基地,东北制药集团、沈阳电缆厂、沈阳变压器厂被国家确定为国家级技术开发研究中心。

2.通过改造和改组、建制联合,优化了生产要素,提高了企业的规模效益。如组建了以沈阳变压器厂为核心的东北输变电集团,以东北制药总厂为核心的东药集团,以沈阳第一机床厂为核心的机床集团,以及一汽——金杯汽车股份有限公司等 20 个在国内颇具影响和有较大竞争实力的企业集团。为初步完成传统产业向现代产业技术转换,实现产业结构升级换代和建立新的工业运行机制奠定了基础。东北输变电集团已形成年产超高压输变电装备 400 万千瓦的生产能力,产量占全国的 40%。东药集团已成为全国最大的以化学合成为主,兼有生物发酵和制剂产品的综合性制药基地。一汽——金杯汽车股份有限公司已成为全国轻型车的重要生产基地。

3.利用存量优势吸引外商创办"嫁接"式合资合作企业与扩大出口创汇相结合,探索出一条老工业区改造的新模式。进入 80 年代末期,工业区确立了以改革开放统揽全局,以发挥老企业资产存量与外商"嫁接"改造为重点,把改造区变成对外开放区的方针。据不完全统计,到 1995 年末,工业区已兴办"三资"企业 260 余家,总投资额 13 亿美元,其中直接利用外资 7 亿美元。涉及冶金、化工、医药、轻工、纺织等 10 余个行业,进行合资合作的国家和地区有日本、美国、加拿大、德国、韩国、香港、台湾等。其中"嫁接"式合资合作较大规模的有永新——沈阳化工股份有限公司、沈阳米淇林轮胎有限公司、沈阳华润雪花啤酒有限公司、沈阳东洋制钢有限公司、沈阳松下蓄电池有限公司、沈阳山之内制药有限公司等 20 余家。

总体改造以来,已有重点、有选择地引进国外具有先进技术和设备的生产线 40 多条,其中工艺装备达到国际 80 年代水平的占 80%。在引进的同时,铁西工业区内企业积极参与国际市场竞争,有出口产品的企业达 100 多家,出口品种 150 种,已有 20 余家自营出口生产基地。区内年出口供货值占全市出口供货值一半左右。沈阳第一机床厂出口数控机床年创汇达 1 000 万美元以上,沈阳变压器厂出口电力变压器年创汇达 2 000 万美元以上,东北制药总厂年出口额近 4 000 万美元,占全国原料药出口量四分之一。

4.改善了生产和生活环境,提高了老工业区的经济运行效率。针对过去生产与发展比例失调状况,工业区在对工业企业进行改造的同时,还加强了城市基础设施方面的改造和建设。如:拓宽了保工街等 10 条主干道;完成了卫工、重工明渠等排水工程;建设了分质供水工程,提高了工业用水利用率;能源供应大为改善,改造后的城市电网年输变电能力显著增强,解决了 40 余家大中型企业的电力增容问题;集中改造与新建居民住宅 800 多万平方米,为企业解决 10 万平方米工业用地;环境污染治理取得重大进展,沈阳冶炼厂、沈阳化工厂、沈阳热电厂等一批污染源企业得到不同程度的改造。

在取得成效的同时,工业区还存在一些问题。其一是企业产品和组织结构还不尽合理,不适应市场变化的要求,粗放型经济增长方式占较大比例;其二是企业欠帐多,包袱沉重,总体改造投资力度不够,致使改造效果还有不尽理想之处;第三是部分企业整体素质不高,存在市场经济意识弱、管理粗放、效益低下等问题。"九五"时期是铁西改造实现总体改造目标的关键阶段,相信随着工业区改革、改组、改造和加强企业内部管理工作的不断进展,上述问题会逐步得到解决。

(*魏兴盛*)

【1995 年铁西工业区总体改造再上新台阶】 1995 年铁西工业区总体

改造，解放思想，创造性开展工作，较好地完成了“八五”计划任务。

1.努力开拓见成效，国家和省、市政府在“九五”期间将继续支持铁西工业区总体改造工作。1995年，总体改造继续巩固《沈阳市铁西工业区改革、改组、改造对策研讨会》的成果，在1994年向国务院和国家计委、国家经贸委、中国人民银行总行等部门汇报工作的基础上，努力工作，力争取得国家在“九五”期间对铁西改造继续给予支持。1995年2月22日国家计委以计办规划(1995)89号文复函辽宁省人民政府，原则同意辽宁省人民政府辽政(1994)50号《关于加快沈阳铁西工业区改造步伐的报告》中提出的到本世纪末改造目标以及采取的六大举措，并同意“九五”期间国家在专贷资金、税收、对外开放、老企业减轻负担等方面继续支持沈阳铁西改造。1995年6月，受李鹏总理委托，吴邦国副总理率领国务院有关部委的领导同志就辽宁老工业基地改造调整问题莅沈进行调研。调研组在认真听取省、市政府关于铁改问题的汇报后，认为：“铁西做为全国老工业基地的突出代表，建国40多年来为全国经济建设做出了巨大贡献，国家是满意的，并且现在和将来还要担负起国民经济装备部的重任，必须加快改造调整。”1995年8月11日，李鹏总理主持召开国务院第78次总理办公会议，研究辽宁老工业基地改造调整问题。在会议议定的意见中，再次重申：“九五”期间国家继续支持沈阳铁西改造。随即，省、市政府相继对铁西工业区“九五”期间总体改造做出重要部署。国家和省、市政府的高度重视，各级领导的殷切希望，为加速工业区改造步伐，重振老工业基地雄风奠定了坚实的基础。

2.改革、改组、改造和加强企业管理步伐加快，工业生产保持平稳增长。1995年，工业区以提高经济增长的质量和效益为中心，以搞好国有企业为重点，加大改革、改组、改造的工作力度。在宏观经济环境偏紧的情况下，通过转换机制、强化管理、实施名牌产品战略和“造大船工程”，使结构调整取得初步成效，工业生产保持平稳增长。据统计，全年区内乡及乡以上独立核算工业企业完成工业总产值212亿元，比1994年增长10%；完成工业增加值44亿元。主要产品的生产情况是：硫酸、烧碱、化肥、工业泵等产品产量比1994年平均增长30.5%，小型拖拉机、内燃机增长1.7倍，金属切削机床、电力变压器、钢材、汽车等产品产量低于1994年水平。企业产销衔接状况有所改善，重点产品的畅平销比例优化到30:55:15，产品销售率达到94%。部分国有大中型企业仍未摆脱困境，经济效益状况不佳。

全年工业区综合配套改革和优化资本结构试点工作进度较快。区内现代企业制度试点企业的清产核资工作全部完成；股份制试点进一步完善；资产重组步伐加快，部分中小型国有企业的破产试点，使存量资产得到优化。东北输变电集团公司的子公司——机械制造股份有限责任公司1994年在香港成功发行H股基础上，1995年又在深圳证交所上网发行社会公众股3 000万，获得成功。筹集的1.5亿元资金用于公司进行的重点项目建设。

企业管理工作得到进一步强化。1995年，工业区认真落实中央、省、市领导对加强企业管理工作的指示精神，牢牢抓住管理的7个环节，全面推进企业管理进步。11月29日省市政府在鼓风机厂召开了强化管理现场会，对加强管理工作进行了再动员，再部署，进一步明确了任务和目标。区内已涌现出油脂化学厂、轧钢厂、电机厂等一批强化管理增效益的样板企业。

3.固定资产投资结构继续得到改善，一批重点改造项目竣工投产。1995年，工业区认真贯彻国家加强固定资产投资宏观调控的措施，积极优化投资结构，确保重点项目顺利进行。全年工业区固定资产投资施工项目221个，完成投资21.5亿元。其中，基本建设项目48个，完成投资5.9亿元；更新改造项目136个，完成投资15.9亿元；其它项目37个，完成投资0.7亿元。在施工项目中，1995年新开工项目112个，基建项目21个；更新改造项目57个。全年投产项目122个，新增固定资产17.3亿元，比1994年增长34%。

1995年，工业区优化投资结构，把国家给予的改造资金重点向能起到经济增长点作用的大项目倾斜，取得较好成效，一批“八五”改造项目顺利竣工投产。东北制药总厂万吨VC技改项目的建成投产，标志着中国VC产品的技术水平、经济规模已跻身于世界前列。该项目建设不仅投资没有超过概算，而且没超工期，一次试车成功，堪称为全市技改项目建设的楷模。科技成果转化为生产力工作取得进展。东北制药集团、变压器厂、电缆厂等国家级技术开发中心起步建设。

4.外贸出口保持增长，对外开放取得较大进展。1996年，工业区拓展开放领域，优化出口和利用外资结构，“嫁接”改造步伐加快。全年完成商品出口供货值18.7亿元，增长4%。机床股份有限公司利用世行贷款项目，轧钢厂、第一制药厂、电缆厂、水泵厂、蓄电池厂、油漆厂等利用外资“嫁接”改造项目建设顺利。利用第四批日元贷款治理铁西区大气污染项目取得较大进展。电机厂、轮胎厂、第三橡胶厂等与外商合资合作项目的前期筹备工作初见成效。

(*魏兴盛*)

【实施名牌产品战略工程】 1995年，沈阳市实施名牌产品战略工程初见成效，一批质量好、效益高、批量大的沈阳名牌产品脱颖而出。全市企业的市场意识，名牌意识大大增强，促进了工业产品质量的提高和产品结构的调整，对推动全市经济上台阶起到了积极作用。全市名牌工程主要开展了以下几项工作。

1.创造和评价一批名牌产品。全市企业认真贯彻落实东药名牌现场会精神，结合本单位实际，完善名牌产品战略工程规划方案和措施。以名牌产品为龙头，调整产品结构。增加名牌产品投入，壮大名牌产品经济规模，开发出一批高质量、高附加值的名牌产品。不断提高产品实物质量，向国际先进水平看齐，建立有效运行的质量管理保证体系。创造一批市场认可，用户和消费者欢迎的产品。

从年初开始，全市进行了第一批名牌产品的申报、确认工作。首先由企业申报和主管部门推荐；然后征求有关部门和专家意见；最后由市名牌产品战略工程领导小组确认。5月12日，市政府召开名牌产品命名大会，公布了雪花牌啤酒、东北牌维生素C等57种沈阳名牌。

2.全市联动开展名牌产品战略工程。名牌产品战略工程，得到了有关部门的参与和支持，形成一种全市共抓名牌的气候。4月7日市委宣传部、市经贸委召开名牌工程问题与对策研讨会，组织近百名企业家和专家交流经验；市工商银行在资金方面为名牌产品企业解决困难，先后为沈变有限责任公司等企业解决资金近千万元；全市还开展了工商联手扶持名牌产品工作。制订了10条地产名牌进入商家的优惠政策，全市大型国有商店以最佳的位置、最好的员工销售地产名牌；团市委与沈阳油脂化学厂联合开展了“三威杯”销售地产名牌青年状元活动，涌现一批销售状元和销售能手；市总工会在全市工人中开展了创名牌的主人活动。

实施名牌产品战略工程特点。一是各级领导高度重视。市委、市政府先后召开会议研究和部署全市名牌工作。一些行业和企业领导都把此项工作纳入议事日程，把名牌工程作为行业、企业生死悠关的大事来抓。二是深入宣传名牌工程和名牌产品。各新闻单位加大宣传工作力度。沈阳日报开展了“名牌兴企路在脚下”专题宣传，先后在经济日报、沈阳日报、香港商报进行了名牌产品宣传，还编印了“沈阳名牌”画册；三是创名牌增效益，通过实施名牌工程，收到了良好的经济效益。57种名牌，畅销的有41种，占总数的72%，平销的13种，占总数的22%，远远高于普通产品。四是实施名牌战略同其他各项工作结合，使技术改造、新产品开发、调整产业结构、企业管理、组建集团等项工作与名牌工程相互作用、相互影响。有力地促进了名牌产品战略工程的实施。

（王国泽）

【建立技术改造基金】 沈阳市建立技术改造基金的基本情况。1995年沈阳市技改基金的建立已初见成效。制定了“沈阳市技术改造基金工作方案”，方案包括如下几个方面：一是建立了以常务副市长张瑞昌任组长，副市长姜宪志、市政府副秘书长贾丕仁为副组长，市经贸委、市财政主要领导为主的“沈阳市技术改造基金领导小组”；二是确定了基金的筹集及来源，包括：国家“八五”期间留给沈阳市的每年2.5亿元技术改造资金；市政府为支持合资、合作的大型嫁接技术改造项目，每年由市财政拨款3 000万元配套资金；国家、省等有关部门划拨、贷入的支持技术改造项目的政策性资金来源；技术改造项目各类承包或抵押的资金。三是确定了基金的使用范围和重点。方案规定重点支持管理基础好的企业，经济效益显著的项目，“择优扶强”基金要向国有大中型企业倾斜。四是方案确定了基金的使用原则和选项标准。原则规定：凡使用基金的技术改造项目必须出据有效的设计文件、评估报告及审批文件；选项标准：项目必须体现技术进步的原则，技术改造要以产品为龙头，体现产品更新换代，项目经济效益要显著等。方案还规定了基金的使用方式、基金的项目管理等内容。技术改造工作要积极推进，“两个根本转变”，投融资方式由计划经济体制的政府命令、指导资金投向转变为市场经济体制的帮助、鼓励和引导资金投向，主要是要做好三个“投向”和一个“导向”。

1.引导企业的投向。在市场经济条件下，企业是市场的主体，企业在参与市场竞争的同时，必然不自觉地把资金投向效益好、见效快的产品，这就必然造成某种产品的集中发展和供过于求。政府拿出一定的资金，建立技术改造基金，引导企业向优势产品、优势企业倾斜，使企业按照国家的产业政策，根据城市发展和企业自身发展的需要来确定自己产品的发展方向，逐步使企业健全投资和融资体制，使企业投资行为更加规范，对市场信息的反应更加灵敏。

2.引导银行的投向。随着《商业银行法》的出台，技术改造资金的筹措也由过去的以银行为主向利用外资、股份制、债券、基金等多渠道筹措资金转化，商业银行已经成为自主经营、自负盈亏的经济实体，它的投向主要是一些高附加值、高效益、市场广阔的项目，而不再为政府“扶贫”。技术改造基金的建立在支持企业投向的同时，更重要的是通过支持那些市场前景好，符合国家产业政策，社会效益可观的企业或项目来引导商业银行投向。

3.做好贴息导向。技术改造基金中，有相当一部分资金将作为企业或项目的贴息，用来鼓励那些管理基础好，改革、改造、改组意识强，领导得力，有管理手段和措施以及业绩突出的企业；鼓励那些经济效益显著的项目；鼓励那些国有大中型企业的高附加值项目、创汇项目、结构调整项目以及“嫁接”改造项目等。通过对这些项目的贴息，刺激企业的改造积极性，促进企业搞好“三改一加强”，确保项目的成功率。

4.引导外资投向。加大对外开放，实施外向牵动战略，加快利用外资步伐，已成为沈阳市“九五”技术改造工作的一项主要任务，通过建立技术改造基金，用来支持那些产品市场好，有竞争力，而企业能力相对不足的企业吸引外资，引导外资的投向，对改善全市的投资环境有重大意义。“八五”期间，全市利用技改基金，促进了国外几个颇具实力的大公司与企业的合资或合作。

（谷清泉）

【“九五”技术改造规划】 “九五”期间沈阳市技术改造投资规模计划300亿元。其中申请银行贷款156亿元，自筹63亿元，利用外资9.8亿美元。这300亿元的投资规模比“八五”预计完成投资的162亿元增长85.2%。规划安排总投资1 000万元以上的项目166个，改造企业120户。计划投资255亿元（用汇9.47亿美元），其中，申请银行贷款

136亿元，利用外资8亿美元，自筹49亿元。

经济目标：规划的166个项目全部达产后，将新增产值657亿元、利润106亿元、税金53亿元、创汇9亿美元。投资产值率为230.8%，投资利税率为58.1%，分别比“八五”预计实现额提高20.8%、18.1%。

技术目标：“九五”末，重点产业的生产技术60%达到国际80年代中后期水平，25%达到国际90年代先进水平。同时大力培育和发展高技术含量、高附加值的名牌产品，大幅度提高产品技术水平和工艺水平。

产业结构目标：按照集中投入确保重点的原则，加快机械、汽车、石化和制药四大重点支柱产业的发展速度，壮大其规模，使其在全市工业的份额不断扩大，有效地支撑和牵动全市经济的发展，这四个支柱产业的产值和利税占全市的比重分别由现在的16.8%、21.2%提高到2000年的32.8%、50.1%。

组织结构目标：“九五”期间，通过推行现代企业制度和产权制度的改革、改组与改造的有机结构，巩固、发展和壮大现有的机床、输变电、一汽金杯、东北制药、星光建材、长白计算机这六大集团，使其销售收入、利税以30%以上的速度增长，到2000年每个集团的销售收入将达到30亿元以上。

沈阳市“九五”技术改造的重点：一是重点改造机械、汽车、石化、制药四个支柱产业；二是组建壮大三个大型企业集团；三是扶强扶大60个名牌和拳头产品。这三个层次的重点是改造企业72户，重点实施91个项目。集中投入176亿元，占“九五”规划总投资规模的58.6%。

①发展机械、汽车、石化、制药四个重点支柱产业。

重点改造以机床、输变电、电站辅机为代表的机械产业。机床工业重点实施“沈阳工业利用世界银行贷款改革项目”，项目总投资19亿元，重点发展数控车床、数控镗铣床、车削及镗铣加工中心等3种名牌拳头产品。输变电集团公司计划投资18亿元，重点发展220千伏超高压低损耗大型电力变压器、干式变压器、中等容量发电机保护断路器、500千伏单断口六氟化硫断路器、并联电抗器、500千伏倒立式互感器、500千伏电容式电压互感器、110千伏以上高压交联电缆等8种名牌拳头产品。到本世纪末，主要输变电设备配套能力达到600万千瓦，产值达到85亿元。电站辅机从提高电站磨输煤系统以及大型火电站通用辅机的生产能力和技术水平入手，总投资18.8亿元。

以一汽金杯公司基础，建设具有当代水平的轻型汽车基地。汽车工业计划投入52亿元，重点发展SY6480系列厢式车、S10系列客货两用车、S1050系列载货车、“松辽”轻型越野车、SFQ型系列大客车和4G系列汽车发动机等6种名牌拳头产品。

充分利用现有资产存量，大力发展石化产业。石化产业计划投资32.8亿元，重点发展离子膜烧碱、固碱、环氧氯丙烷、聚氯乙烯糊树脂、白炭黑、子午线轮胎、输送带、胶管等8种名牌拳头产品。“九五”末石化产业的产值达到50亿元。

发挥原有优势，强化制药产业。东北制药集团公司计划投资16.8亿元，重点发展维生素系列产品、磷霉素系列产品、头孢菌素系列产品、喹诺酮系列产品等4种名牌拳头产品。主要产品能力及水平：年产维生素C1.35万吨，市场占有率为全国的80%。

“九五”期间，将按照改造与改革、改组相结合的思路，选择有基础、有优势、有发展前景的企业，集中投入，促其结构调整，除了重点扶持四个支柱产业中机床、输变电、一汽金杯、东药等企业集团外，还要组成和壮大星光建材、长白计算机、空调器3个大型企业集团，使他们驶入发展的快车道。重点发展浮法玻璃、喷墨及激光打印机、旋转压缩机、分体壁挂式空调器等4种名牌拳头产品。计划总的投入30.9亿元，改造后每个集团的销售收入将达到30亿元以上，产品水平接近和达到国际当代水平。 *（谷清泉）*

【军工企业民品生产】 1995年沈阳军工企业深化企业内部配套改革，克服资金紧张，原材料价格上涨，一些民品销路不畅等诸多不利因素，生产经营取得了新进展。

1995年全市军工企业实现民品工业总产值20.8亿元，比1994年增长5.4%，主要民品产量完成情况是：各种汽车8 217辆，各式摩托车8 389辆，汽油机4 600台，各种化油器26.3万只，加油机8 053台，汽车前后桥总成8万套，电冰箱压缩机电机9.8万台，通路地板48万块，吸尘器3.8万台，铝型材制品为16.8万平方米。

1995年军工企业完成任务的特点是：

一是改革进一步深化，为生产发展创造了契机，各企业在前几年取得改革成果的基础上，企业配套改革继续向深度和广度发展；二是民品生产有了新发展，1995年的民品生产尽管受到市场制约，部分产品出现滞销，产量受到一定影响，但由于各企业积极努力，仍比1994年有较大幅度增长；三是产品销售工作得到了加强，搞全员销售及销售大承包，并搞多层次销售，调动了分厂、车间及全体职工的积极性。

（赵葳）

【“产、学、研”工程】 “产学研联合开发工程”是把高校、科研院所和企业优势组织起来，调动各方面积极性，联合起来去“开拓新的产业，新的领域，新的产品，新的市场”，走国民经济既有高速度又有高效益的良性发展的道路。通过该工程的实施，建立大中型企业与高等院校、科研院所之间密切稳定的交流、合作制度，逐步形成“产学研”共同发展的运行机制，从而实现加速科技成果转化，特别是高新科技成果转化，促进科技的健康发展，不断增强大中型企业的市场竞争能力。

早在1986年，原国家经委和国家教委、中国科学院就提出了“产学研”联合的主张，直到1992年以来大规模的“产学研”联合工程才在全国范围内广泛开展。沈阳市作为全国的重工业基地，“产学研”结合很早就在开展，由于这种结合方式潜藏着巨大的优势，因此，受到各级领导的热情关注。

1992年市委、市政府组织召开了沈阳市科技进步和知识分子工作会议，市委书记张国光传达了“关于强力推进科研和生产相结合的若干意见”和“关于加强改进知识分子工作的意见”，这一系列优惠政策的出台，调动了各方面的积极性，使沈阳市“产学研”工作进入了一个崭新的天地。

从1992年起，市政府每年拿出1 000万元拨款，用于中科院沈阳分院所属的科研院所与企业合作开发项目的贷款贴息。市计经委每年从科技三项费用中拿出500万元作为“产学研”项目的专项资金，支持合作项目。

为了宣传贯彻第一届国家“产学研”工程工作会议精神，1992年10月，沈阳市召开了“产学研”联合开发工作会议，成立了“产学研”联合开发工程领导小组及协调办公室，并制定了切实可行的实施方案。

为了加强“产学研”联合，1995年8月市经贸委组织召开了沈阳市“产学研”工作经验交流会，10家大中型企业，20个重点项目被确认为沈阳市“产学研”示范企业和示范项目，使“产学研”工作向纵深方向发展。由于各方面的积极努力，使全市“产学研”工作始终走在全国的前列，多年来“产学研”联合工程为沈阳市经济的振兴发挥了重要的作用。

(孟祥波)

【世界银行贷款项目】 世界银行贷款沈阳工业改革项目是世行对中国由计划经济向市场经济转变所提供援助的一部分，旨在促进沈阳改革并进行工业重组。同时，也在环境保护、民营经济发展等方面，向沈阳市提供援助。贷款额为1.75亿美元单一币种硬贷款期限为20年。

1995年1月11日，中华人民共和国财政部、沈阳市人民政府、中介金融机构(工商银行、交通银行)、沈阳机床股份有限公司与世界银行间的贷款协议和项目协定签字，4月11日正式生效。至此，沈阳工业改革项目全面完成准备工作，正式进入实施阶段。

至年末，沈阳工业改革项目的四个组成部分都取得显著实施成果。

1.沈阳机床股份有限公司子项目是世行贷款沈阳工业改革项目的主体，世行批准其贷款额为1.21亿美元。该公司围绕改革、改组、改造三大主题开展了深入细致的工作，年末实际签约列支世行贷款额已达300.02万美元；支付16.55万美元。

2.中介金融机构转贷子项目。世界银行通过中介金融机构工商银行和交通银行将0.4亿美元额度转贷给沈阳机床股份有限公司以外的工业企业。世行要求，至少有0.1亿美元转贷给民营企业。年末已向世行递交了12个项目的贷款申请。其中，已有10个单位的改造项目经世行审查获得批准。它们是：通过工商银行沈阳市分行转贷的213机床电器有限责任公司、沈阳液压件有限责任公司、沈阳消防车有限公司、沈阳华利塑料有限公司；通过交通银行沈阳分行转贷的沈阳强风集团公司、沈阳极目家俬有限公司、沈阳三洋空调有限公司、沈阳永大集团公司、沈阳辽东铸造有限责任公司、沈阳延龄保健品有限公司。

3.环境保护子项目。该子项目中，沈阳工业危险废物处置示范工程是4个组成部分的主体，拟利用世行贷款700万美元，1995年已完成征地13公顷，建成中心实验室2 235平方米，支付2.53万美元设计咨询费。

其它三部分是沈阳废水监测网络项目，沈阳市环境信息中心项目，沈阳环境保护培训中心项目，计划完成主体建设工程4 500平方米，开具5.97万美元信用证。

4.技术援助子项目。该子项目拟利用世行贷款额为400万美元，是世界银行对沈阳市改革行动计划的技术援助部分，主要用于以下8个方面：政府官员培训、劳动力市场计算机信息网络开发、职业安全培训、产权交易中心的开发、发展国有资产管理局、培训证券监督管理人员、提高沈阳财经学院师资能力及社会保障体制建设。

1995年，市计委培训中心和市劳动局分别举行培训学习班，开展对政府官员和工业安全监察员的培训，累计培训学员150人次，沈阳市劳动力市场已于10月正式开业。到年末，技术援助子项目已签订合同12份，购置设备340台(套)共支付约41万美元。

(盛国平)

【优化资本结构试点】 沈阳市是国家确定的优化资本结构试点市。1995年在试点过程中，紧紧围绕总体目标，从增资减债、分流分离、加大技改力度，大力推进企业破产、兼并等方面采取一系列措施，收到较好效果。

1.利用多种途径，增资减债，调整资金负债结构。在增加企业生产经营资金，增加资本金方面主要采取了三项措施。一是政府适当支持，将企业上交的所得税按一定比例返还于企业，用于增加国有资本金。1994年，返还了15%，返还额968万元。1995年，将所得税返还比例由15%提高到48%，到年末返还额达1 346万元。二是鼓励企业用好有关政策，利用有效期限内的投入产出总承包等政策多创收，以增加部分补充资本金。两年来共增补了5亿多元。三是促进企业多创收，并在效益较好时多提折旧、多补充一些生产经营资金。据对市属预算内工业企业统计，两年来，提取折旧额比试点前的1993年增加2亿多元。

在减轻企业负债方面，采取了四项措施：一是利用清查核资政策和资产重估增值部分，冲销企业的资产损失，处理一些潜在挂帐损失。两年来，全市共冲销处理了10多亿元。二是积极争取将原“拨改贷”款转为国家资本金。根据国发[95]20号文件精神，选择了4户企业，积极向国家有关部门组织申报了将其“拨改贷”款转为投资的材料，目前正待批准实施。三是将企业的部分债权转为股权。目前，正在将原职工集资款未还部分转为股权，现代企业制度试点企业间相互拖欠债务转为股权等方面进行积极运作。四是推进企业破产、兼并，减轻债务负担，实现资金重组。

通过采取增资减债调整资金负债结构措施，到1995年末，市属国有工业企业资金负债率比试点前降低了2.4个百分点。

2.围绕重点项目、名牌产品积极实施"双加"工程，推进国有大中型企业调整改造。针对国有大中型企业历史欠帐多，结构不合理，改造任务重的特点，全市加大了对重点项目、名牌产品，转机建制及优势企业集团的技改投入和技改力度。1994年，全市对国有工业企业完成投资20.6亿元，1995年又完成技改投入25.1亿元。全力支持了东北输变电、机床、医药等重点行业和企业集团，支持了六氟化硫封闭式组合电器等一批重点产品。同时，努力建好了12个重点技改项目，推进10个总投资在1 000万美元以上的利用外资项目的前期工作。其中，万吨Vc等3个大的技改项目已竣工投产。

3.分流安置企业富余人员，分离企业办社会职能。在旧体制下，国有企业承担了过重的社会负担。企业富余人员多，办社会职能费用大等问题，已成为国有企业进入市场的严重障碍。为逐步减轻企业负担，在试点中，采取了在优化资本结构的同时，优化劳动力资源配置，实施再就业工程，建立和完善社会保障体系等办法分流和安置富余人员；采取统筹安排，先行试点，平稳过渡办法分离企业办社会职能。两年来，全市共分流富余人员13.1万人，通过实行多种经营、发展三产业、行业内部调剂、提前离岗等途径安置11.3万人。其中，1995年分流7.2万人，安置6.4万人。

分离企业办社会职能工作，经调查研究，在搞清基本情况，明确分离思路步骤的基础上，由点到面进行了分步操作。将中捷厂子第小学等3所企业办小学移交给了社会办学部门，使之从企业中彻底分离了出去。还分离了企业福利型、事业型机构300多个，使企业年减少费用支出3 000多万元。

4.大力推进企业破产、兼并、拍卖，促进资产重组。一是不断加大实施破产措施力度，对严重资不抵债，拯救无望企业坚决实施破产。1994年沈阳市对2户小型企业实施了破产处理，盘活存量资金近500万元，解脱债务2 000多万元。1995年又破产处理了5户严重资不抵债企业，其中有3户是国有大中型企业。企业破产处理后，使近1亿元的存量资产流向了优势企业，2亿多元债务得以解脱。二是加速推进企业兼并步伐，推动产权合理流动。两年来，全市共兼并了13户企业，调整和重组资产7亿多元。其中，1995年兼并5户，使5亿元资产得到重组。三是加速小企业的产权流动，对7对企业实施了实体产权交易，资产交易额达5.8亿元。另外，还通过推进企业分立，腾笼换鸟等办法，搞活了目前陷于困境企业的一些有效资产，通过引导存量资产向优势企业流动，建造了一些大的企业集团，积极推进了全市经济结构、组织结构调整，促进了经济发展。

（李来祥）

【分割式经营】 1995年，沈阳市针对有些企业产品好、质量好、产销率高、效益好、管理好、企业领导班子有较强的凝聚力和开拓进取精神，但苦于资金紧张，人员和债务这两个包袱十分沉重，使企业难以为济的情况。为了把这部分企业搞好、搞活，本着搞活一块是一块的原则，采取分割经营的办法，利用国家的兼并、破产等有关政策，为企业卸包袱，把企业搞活。具体做法是：根据企业现状，按地域、产品、人员、资产、债权、债务进行隔断，本着科学、合理、真实的原则，通过资产评估，划分为若干个独立的具有法人地位的经济实体。如：石油化工厂划分为沈阳有机合成材料厂、沈阳新东兴化工厂、沈阳市化肥厂、沈阳石油化工动力公司、沈阳石油化工储运公司、沈阳石油化工原料厂、沈阳新东兴树脂厂、沈阳北方保温工程公司和沈阳兴化实业等9个独立法人单位；沈阳第二绒织厂分立出沈阳津桥坚固呢厂；沈阳市养鸡场分立出沈阳市奉集实业总公司。这些也均为独立法人单位。

（冯志良）

【企业关停并转】 1995年沈阳市紧紧围绕搞好国有大中型企业和名牌产品战略工程，积极培育新的经济增长点，努力调整结构，培育市场，提高效益和经济运行质量，使企业关停并转工作又跨上一个新台阶。

1.企业关停工作。企业关停工作是涉及企业稳定和发展的一项重要工作。1995年有13个企业进行停产整顿，没有关闭企业，有26 000多人享受失业保险金，共发放失业救济金2亿多元。这些企业经过一段时间的休养生息均有不同程度的复苏。例如：康平床单厂是一个拥有1 000多人的国有中型企业，停产整顿前资产负债率227%，职工全部放假。停产整顿6个月后，银行计息挂帐120万元，发放失业保险金56万元，缓交养老金900万元，经调整领导班子和产品结构，现企业已复苏，设备全部开动，职工全部上班，1995年减亏170万元，实现销售收入1 400万元，上交税金40万元。

2.企业兼并工作。企业兼并是盘活存量资产、优化资本结构，搞活企业的一个有效途径。全年共有5对企业实施兼并，盘活存量资产5 000多万元，安置职工4万多人，使10多万平方米的占地面积得到合理使用。为提高企业兼并的积极性，还制定了《〈沈阳市企业兼并暂行办法〉的补充规定》，使企业兼并工作向规范化和法制化方向发展。

截止到1995年底，全市实行兼并的企业有220户，兼并了226户企业。其中：全民兼并全民42户，全民兼并集体100户，全民兼并个体1户，集体兼并集体69户，集体兼并全民7户，个体兼并集体1户。在被兼并226户企业中，全民企业48户，集体企业177户，个体企业1户。企业兼并的方式主要有以下5种：一是购买式兼并，全市22户；二是债务式兼并，全市75户；三是划转式兼并，全市81户；四是合营式兼并，全市34户；五是破产式兼并，全市8户。资产流动总额7.6亿元，兼并企业接收职工12万多人，使500多万平方米的占地面积得到合理使用。

（于浩）

【节能降耗】 1995年，沈阳市的能源管理工作继续贯彻国家“资源开发与节约并举，把节约放在首位”的战略方针，通过狠抓企业能源管理，依靠技术进步，为社会经济发展和提高人民生活水平服务。全市乡及乡以上企业万元工业产值耗能源为1.38吨标准煤，比1994年下降4.8%，全年节约能源折合标准煤26万吨。节能降耗工作对缓解全市能源供需紧张矛盾作出了积极贡献。

一年来，沈阳市在节能管理工作中主要采取了以下一些措施：

1.开展了节能样板企业认定工作。根据节能样板企业标准，认定并公布了东北制药总厂、沈阳变压器厂等10个节能样板企业。引导全市企业学先进、找差距、定措施、上水平，使节能工作再上一个新台阶。

2.实行了节能任务责任承包。全市4个重点耗能工业局、43户重点耗能企业，以“落实责任制，实施目标管理，引入风险机制”为原则，实行节能承包，引导企业变“要我节能”为“我要节能”。

3.加强能源统计分析。一是抓了16个行业的百户年耗能万吨标煤以上企业，按月统计考核能源消耗与使用状况；二是抓了百种重点产品能源单耗，按季考核升降情况，并定期通报。从而掌握企业和产品能耗形势，指导能源管理工作。

4.举办了3期近200人参加的能源管理干部培训班；组织评选40篇“企业节能管理”优秀论文；促进企业能源干部把管理实践与理论水平有机结合起来。

5.抓好节能技改项目的实施管理。一年中先后有东北制药总厂、气压机厂等7个利用国家节能专项贷款的项目竣工投产，形成年节能1.6万吨标准煤的经济效果。沈阳酒厂的油改煤项目进展顺利。制定并出台了《沈阳市节能产品认定管理办法》，推动了节能产品与技术生产和应用工作的进一步开展。

6.充分依靠燃料、电、油、水、气5个专业节约办和节能技术服务中心，开展以定额考核为中心的节能管理与技术服务。

7.按照全国第五次节能宣传周活动的总体部署，结合沈阳的实际开展了以企业为节能主体，进一步树立全民参与的节能降耗意识的节能宣传。总结“八五”节能成就和经验。

（张大威）

【工业品价格走势】 据统计，1995年沈阳市工业企业主要原材料购进价格和工业品出厂价格年平均指数分别为114.53%和113.5%，涨幅平稳回落，与1994年相比分别下落0.89和6.40个百分点，价格变化具有以下特点：

原材料购价总水平涨势趋缓，各大类升降并存。

据统计，在9大类原材料、燃料及动力购进价格中，价格指数低于平均水平的有：非金属矿、黑色金属、建筑材料、木材及纸浆、燃料动力五大类，占55.5%。从分月资料看价格涨幅明显回落，与1994年同期相比，1月份价格总水平上涨21.82%，6月份上涨14.91%，12月份上涨5.86%，12月份比1月份涨幅回落15.96个百分点。

由于购进价格受市场供求、企业经济状况及宏观政策等诸多因素影响，各类价格变动趋势各不相同，以钢材为代表的黑色金属价格1995年进入低位徘徊的运行阶段，年均指数为99.89%。14种挂帅产品中有8种产品价格比1994年下降，其降幅在4—18%之间。有色金属、化工原料涨势由强转弱。1995年上半年价格指数分别为137.59%和123.53%，涨势强劲在整个原材料大市场中呈现双领风骚的局面。下半年，市场价格出现平稳下滑，到12月份价格指数分别降到103.63%和110.10%。与最高月份相比，分别下降了37.31和22.90个百分点。受农机、化肥、农药等农资产品涨价的影响，农副产品和纺织原料价格在高位运行的基础上继续看涨，价格指数分别为145.96%和126.17%。其中，以玉米和原棉价格上涨最烈，分别上涨64.8%和63.8%，上涨幅度达历史最高水平。

工业品出厂价格先升后降，轻重工业一快一慢格局不变。

由于受原材料价格变动的影响，工业品出厂价格亦呈现出先升后降，逐月回落走势。1季度由于1994年的翘尾影响，价格指数达123.8%，2季度虽为北方生产资料市场活跃期，但价格并未出现反弹，相反出现走低的态势，指数为116.7%，下半年价格继续走低，3季度平均指数达115%，4季度成为全年最低谷平均为110.2%。

从两大部类看，生产资料出厂价格继续保持着下滑局面，全年价格指数为113.1%，比1994年回落10.7个百分点。与此形成明显反差的生活资料部类价格，其涨幅依然高于价格总水平，指数为114.5%。其中，食品类价格指数为124.7%，涨势较为突出。

从产品的轻重工业看，轻工业品价格上涨仍旧高于重工业，一快一慢的格局仍旧没有被打破。全市轻工业价格指数为114.2%，继续高于重工业113%的幅度。

（王日晖）

【企业干部培训】 1995年沈阳市在企业干部培训工作中重点抓了以下几项工作：

1.切实搞好企业领导干部岗位培训工作。全年共完成两期大中型企业领导培训，共有234人参加了学习。学员们普遍反映，学到了知识，开阔了视野，增强了市场经济的观念。

2.继续抓好企业优秀中青年干部岗位任职资格培训工作。为落实国家及省关于选拔国有大中型企业优秀中青年干部参加岗位任职资格培训文件精神，全年共举办4期大中型企业优秀中青年干部任职资格培训班，有184人参加了培训。

3.抓好全市企业外经外贸管理干部和业务人员的培训。为提高全市企业外经外贸人员的素质，针对部分大中型企业从事外经外贸业务人员素质不高的实际情况，与市外经贸委联合举办两期共70名学员参加的培训班。

4.加强对小型企业领导干部培训的宏观指导。全市小型企业厂长(经理)培训人数约达500人。宏观指导与服务主要体现在对培训工作意义的宣传及提供必要的培训条件和领导的重视。

此外，还举办高级营销培训班一期，35 人参加了培训。

1995 年全市累计培训各类干部 136 364 人次。

（马鸣海）

【沈阳名牌产品】 为贯彻中央领导同志“创造名牌产品，满足人民需求”的指示，沈阳市实施了名牌产品战略工程，走名牌兴企，名牌兴市之路。根据行业主管部门的推荐，经过长期的市场检验和用户、消费者的评价，沈阳市人民政府 1995 年 5 月确认了 57 种沈阳名牌产品。具体是：

沈鼓牌离心压缩机
7655 牌气腿式凿岩机
全球牌 DTS 型带式输送机
沈矿牌 DT · D 型、DX · S 型带式输送机
沈电牌 YK 系列大型高速电动机
沈凯牌 CJ×3(3TB)系列接触器
沈潜牌 QJ. QJ(R)系列潜水电泵
中捷牌 Z3050×16/1. Z3040×16/1 摇臂钻床
沈一牌 CA6140 系列普通车床
沈变牌 7 型 220KV 系列电力变压器
沈高牌 ZF6－110. 220 型 SF6 封闭式组合电器
金环牌 YJV YJLV 交联聚乙烯绝缘电力电缆
金杯牌丰田海狮 RZH114L 轻型客车
鲸牌离子交换树脂
象牌有衬里橡胶消防水带
星塔牌 PVC 聚氯乙烯树脂
星塔牌膈膜烧碱(固碱、液碱)
和平牌 9. 00－20、10. 00－20、11. 00－2012. 00－20 载重汽车斜交轮胎
π 字牌无扭控冷热扎盘条
远征牌 CST 散热器专用铜带
沈轧牌热轧等边角钢
星光牌浮法玻璃
红象牌 HBT 系列混凝土泵
EPSON 牌 24 针中英文打印机
东北牌维生素 C(原料药)
东北牌氯霉素(原料药)
众字牌沈阳红药
沈乐满牌燃气热水器
雪花牌啤酒(雪花啤酒、沈阳啤酒)
双喜牌系列压力锅
三星牌铝合金、不锈钢系列压力锅
红梅牌味素
三威牌超浓缩高效低泡洗衣粉
东北牌普通灯泡
塔山牌防撬门
华光牌高压钠灯
老龙口牌 38°陈酿酒(绿磨砂、白磨砂)
盛洋牌 QX、QXR 系列全封闭旋转式压缩机
SANYO 牌 SAP－KC 系列分体壁挂式空调器
金铎牌系列饮料
双日牌给水用硬聚氯乙烯管材
先喜牌聚脂网
信鸽牌纯棉经平绒
黎富牌西装
红玫瑰牌砂洗灯芯绒
虎睛牌延生护宝液
运动牌运动糖
福音牌 FJ 系列浮选净化机
靓马牌高级运动鞋
东大阿尔派牌超级电子档案系统
多媒体办公自动化系统
CHINETEK 牌自动识别技术系列产品(条形码、磁卡、IC 卡)
宝船牌系列面粉
沈冶牌油膜轴承系列产品
矿工牌 P^b－1 铅锭
沈通牌抗静电全钢通路活动地板
新星牌 S 系列半封闭制冷压缩机
萃华牌金首饰

轻 工 业

【概况】1995 年，是沈阳轻工经济开始步入良性发展充满希望的一年。这一年，沈阳轻工行业圆满地完成了“打基础、保生存、站稳脚、扎深根”的“塑形”第一阶段目标。沈阳轻工业在“兴业兴厂富民”征途上迈出了崭新的步伐。

生产发展保持了强劲的增长势头，生产速度始终高于全省同行业及市工业局平均增长幅度。全年完成工业总产值 374 898 万元，比 1994 年增长 11.8%，按沈阳轻工全口径统计，高于全省同行业 4.6 个百分点，按市属轻工口径统计，高于全市工业局 12.7 个百分点。实现工业总产值比 1994 年增长的有 18 个单位，占局直属公司、总厂、企业总数的 58%，其中实现两位数以上增长的有 13 个单位：家电公司比 1994 年增长 110.7%；八王寺汽水厂增长 95.5%；金属材料总厂增长 32%；市铝制品厂增长 27.4%；工美家公司增长 23.7%；金银制品公司增长 19.1%；味精厂增长 15.9%；沈阳灯泡厂增长15.8%；华光灯泡厂增长13.2%；造纸公司增长11.7%；消防公司增长11.5%；油脂化学厂增长10.4%；日用公司增长10.2%。经济效益在稳步上升势头中实现了大幅度增长。全局实现利税28 986万元，工业企业实现利税 28 227 万元。全局累计实现利润 3 860万元，比 1994 年2 178万元增加1 682万元，工业企业实现利润 3 460万元，比 1994 年的1 229万元增加2 231万元。盈利状况好的单位主要有：雪花啤酒集团累计实现利润5 583万元；家电公司实现利润 3 133 万元；日用公司实现利润 2 055万元；味精厂实现利润303万元；塑料公司实现利润231万元；双喜压力锅公司实现利润209万元；工美家公司实现利润180万元；消防公司实现利润127万元；金银制品公司实现利润 101 万元；华光灯泡厂实现利润 101 万元。亏损户大批减少，亏损额大幅度下降。全局亏损 35 户企业，比 1994 年减少 51 户，亏损面为14.9%。亏损企业亏损额7 850万元，比 1994 年 9 404 万元，减少 1 554万元，下降16.5%。减亏幅度比较大的公司是：日用公司减亏 425 万元；塑料公司减亏 337 万元；皮革公司减亏 335 万元；家电公司 180 万元。新产品开发迈上了一个新的台阶，全年开发新产品 247 种，投产 200 种，其中，达到国际水平 8 种，国内先进水平的 48 种。销售收入不断增加，产销衔接较好。全局工业企业实现销售收入289 195万元，比 1994 年 279 665 万元，增长 3.4%；实现产品销售率96.6%。产品产销率达 95%以上的有 21 个单

位，其中实现产销率较高的单位有：钟表公司实现产销率110.3%；沈阳酒厂实现产销率103.7%；造纸公司实现产销率101.5%；包印公司实现产销率101.1%；日化总厂实现产销率100.3%。职工年人均收入不断提高，达到了3 649元，比1994年增长8.2%。其中：雪花啤酒集团达到8 641元；金银制品公司8 311元；老龙口酒厂6 990元；八王寺汽水厂5 945元；燃气器具公司5 898元。

（赵启友）

【行业的改组、改造】 1995年，沈阳市轻工局根据所属行业小企业多，基础差，发展不平衡的实际情况，分三个层次对企业实施了改组改造。第一，抓住了"关键的少数"，首先选出一批名、优、大企业，通过上档次、上规模、上水平，形成了轻工企业的骨干优势，从而带动和促进了一大批企业结构调整。第二，对严重亏损的行业、企业，强化了扭亏责任制。并制定了一个大幅度的减亏目标，即亏损企业的亏损面要压缩到15%左右。为了保证这一目标的实施，成立了扭亏服务公司，综合运用各种"刚性"措施扭亏，走关、停、并、转、卖、破、股、租之路，实施收缩战略。第三，对中间状态的企业，针对不同情况，逐一调度，促进了这部分企业零字运行。具体体现在：一是实施行业调整，完善行业布局，组建行业集团。改组了沈阳市食品酿造工业总公司。二是实行优势企业兼并，重组劣势企业，实现生产要素向产品好、效益好的企业集中，提高经济运行质量。沈阳久利塑料管材有限公司兼并了乙炔气瓶分厂，不仅使该厂闲置多年的资产得到利用，也为久利公司的长远发展打下了基础。三是盘活存量资产，从原地求生存的观念向资产流动盘活的观念转变。飞轮厂把布局不合理的土地、厂房出售转让，易地搬迁到长期停产的自行车零件一厂并与其合并，成立了连久自行车厂，新组建的企业已走上了良性循环轨道。四是加大技术改造、利用外资的工作力度。按照"择优扶强"的原则，重点对华润压缩机、三洋空调、雪花啤酒、红梅味精、可口可乐饮料等企业加大了倾斜力度，对合资企业加强了管理、协调、服务的力度。据统计，1995年，全局共筹措技改资金20 870万元，利用外资项目新增产值6亿元。华光灯泡厂、沈阳灯泡厂、皮鞋一厂、第一制革厂、五金防爆灯具总厂的国家开发行项目开始到位。消防车厂、玻璃计器厂、罐头厂等企业世界银行项目资金开始落实，1996年将开始实施。沈阳酒厂锅炉油改煤的资金已经落实。华润压缩机项目提前2年达产达标，让国内外有关人士心悦诚服。"八五"期间，沈阳轻工行业技术改造工作取得了可喜的成就。其完成投资额15亿元。这个数字比"六五"、"七五"两个五年计划投资额之和还多5亿元。其特点是：①投资相对集中，重点比较突出。"八五"期间，该局技术改造工作吸取了资金使用分散，投资效果不明显教训。在资金的分配上基本上避免了"撒芝麻盐"的现象。资金投向集中在重点行业、重点企业、重点产品上。"八五"期间全局在建项目仅70余个，而完成投资额高达15亿元，平均每个单体项目完成投资额2 000万元。一大批骨干企业、支柱产品，通过技术改造成为代表沈阳轻工形象的生力军。②利用外资项目发展迅猛。"八五"期间，该局利用外资工作收效显著。利用外资额高达1.5亿美元，相当于"八五"期间完成投资额的50%。利用外资项目已经成为全局新的经济增长点。如雪花啤酒、华润压缩机、三洋空调器、可口可乐等。③技术改造促进了沈阳轻工的崛起。通过"八五"技术改造工作，一批重点项目相继投产，陆续发挥效益，1995年仅空调器和压缩机这二个新产品新增产值8.5亿元。技术改造项目不仅创造了新的经济增长点，而且使沈阳轻工行业的形象越来越为人们所瞩目。目前沈阳市的家电行业、电光源行业、饮料行业、燃气器具行业、轻工机械行业、制革行业等已经达到国内领先水平，个别产品已达到世界先进水平。

（赵启友）

【深化用人机制改革】 1995年，沈阳市轻工局从观念的转变，到工作方式的调整，逐步形成了一整套适应"塑形"需要的思维和工作体系。首先，积极为现职领导者创造一种平等、宽松、竞争的工作环境，在"唯才是举、无功就是过、以效益论英雄"的思想指导下，坚持"记人之功、容人之过、用人之长、待人以诚、满怀热情、一腔热血"的工作方式，从而在用人的标准、方法、渠道、工作、待遇等几方面，形成一套成型的"选人、用人、待人、评价人"的用人机制。其次，完善了用人监督机制和行为规范，加强对企业领导干部的思想教育和廉洁自律教育。对亏损企业的领导干部，逐个进行分析、排队、归类，区别不同情况，分别采取措施，通过"压、促、帮、调"的办法，提高了亏损企业领导干部扭亏的自觉性和积极性，增强了工作责任感和扭亏工作力度。第三，积极培养适应"塑形"需要的青年经营管理人才，有的将是跨世纪的经营管理人才。1995年，先后向省、市委党校输送了3批共21名后备干部参加培训。还成功地举办了一期后备干部培训班，参加培训的有39名学员。在对学员进行综合考察的基础上，将其分为近期使用、中期能用、远期备用三个类别。现在，已有6名学员被提拔担任了局直属企业领导干部。还有2人被选派到味精厂和油脂化学厂进行挂职锻炼。通过对用人机制的深化改革，建立和完善了适应市场经济需要的人才观念，选人标准，用人机制，管理方法，拓宽了工作视野，拓宽了选人渠道。沈阳轻工业一大批企业家成熟和成长起来。

（赵启友）

【产品革命及名牌战略工程】 1995年，沈阳市轻工业局在开展产品革命及名牌战略工程活动中，坚持"思维启发，借鉴改造，优为我用，洋为中用"的发展方针，不断增强了市场观念，培育、引导、创造消费观念，强化了艺术观念，声誉、信誉观念。首先对全局各企业的产品逐个过筛子，逐个进行现状分析，"枪毙"淘汰了一批滞销、亏损、没有利润的老产品，开发、投产了一批有形象、有生命力的新产品。如：无磷洗衣粉、系列风味味精、系列无氟电冰箱等。其次，在产品革命中，走出了一条产、学、研，借“鸡”生“蛋”，借脑发财的路子，与科研院所联合开发了电子配料系统、真空开关管等10余项较大的科研项目。第三，抓名牌工程，创造雪花啤酒等一大批有生命力的新产品。全局有70余种产品分别获轻工总会、辽宁省及沈阳市的名牌产品称号。第四，从抓质量管理入手，向质量要效益，促进质量管理上台阶。华润压缩机、三洋空调、三威洗涤用品、红梅味精、雪花啤酒等企业都获 得了不同类别的国家级产品和体系认证。第五，抓激励机制建设，进一步调动了广大科技人员的积极性，推动了新产品的开发和产品结构的调整步伐。一年来，该局所属企业的产品革命成果出现了一系列新的特点。一是适应消费者需要，追求实用性。如：双喜压力锅公司推出了多功能保险压力锅，皮鞋二厂新推出的太阳牌电暖鞋，皮鞋四厂新推出的加压排气省力鞋等等。二是创造高水平，追求高档次。如：雪花啤酒集团公司的雪花王一投放市场，就有着旺盛的生命力。老龙口酒厂的金铂酒，成为高档消费品。三是瞄准国际先进水平，追求国际化。如：三洋空调公司的新型壁挂空调，华润压缩机公司的新型旋转压缩机，消防车厂的50米云梯车、新型40米云梯车以及可口可乐饮料等都达到了国际水平。四是利用名牌产品效应，追求系列化。如：沈乐满燃气器具公司利用“沈乐满”这个家喻户晓的牌子，形成了系列化，繁荣的沈乐满家庭，不仅各种型号的热水器被市场看好，就连灶具、加湿器、卡式炉等系列产品也有了一定的市场覆盖率。这些新产品的开发研制成功，尤其是微电脑模糊控制高级电热水器的成功，标志着沈乐满系列产品进入了一个开发的高化点，五是产品包装革命出现了新成果。1995年以来，全系统相当一部分产品换了新包装。各企业以最大限度地满足消费者需求为目标，对老产品赋予了新的改造调整内容。味精厂、油脂化学厂对企业的产品进行全方位的CI设计，双喜压力锅由原分体包装改成整体包装，即方便了群众又使产品外观上了档次。

（*赵启友*）

【建设沈阳轻工大家庭】 1995年，沈阳轻工系统建设轻工大家庭活动又向深入发展。建设沈阳轻工大家庭是物质文明和精神文明建设的总纲，是党政工团各级组织的共同任务。建设大家庭的目的就是使企业和整个系统形成一个“志同道合、风险共担、责任共尽、利益共享、荣辱与共”的共同体。就是要创造一个温暖和谐、政通人和、兴业兴厂富民、团结友爱的软环境，就是要通过各种措施来激发每一个人敬业爱厂、视厂如家，全身心地为企业、为系统“塑形”奉献。这个大家庭有五个特点：一是家庭成员之间的人情味，特别是家长，即党政领导班子要体现慈母爱、严父心；二是要有一种学校式的学风，树立奋发向上，不甘落后的精神；三是要有军队式的纪律观念，要形成雷厉风行的战斗集体；四是要有战场上的拼搏精神；五是家庭的包装和文化。围绕大家庭建设，重点抓了三件事：一是软环境建设。在各企业深入开展了“六好厂家”竞赛活动，各企业通过演讲竞赛、文艺汇演、党员工程等活动，推动了大家庭的建设。二是进行了内部协作配套。5月份，局在啤酒厂召开了产品内部协作配套大会。之后，陆续从外埠拿回配套产品20余种。目前，在局内协作配套产品220余种，配套金额达12 869万元，比1994年底增加5 000余万元。三是开展了“手拉手工程”。即：在不侵犯拉手企业利益的前提下遵循“富帮穷、快帮慢、大帮小、先行业内、后行业外、轻工一盘棋”的原则，在5个方面开展了手拉手活动。1.输送市场观念，拓宽工作思路，帮助被拉手企业经营者转变观念，增强市场经济意识。2.开展协作配套，牵动经济运转。通过开展行业内协作配套，帮助被拉手企业解决缺少项目，缺少任务等生存问题。3.提供软件服务，提高管理水平。4.制定发展规划，促进结构调整。5.关心特困职工，增强温暖意识。各公司首先在内部进行“手拉手结对子”，然后是轻工行业企业之间进行“手拉手结对子”，最终形成一帮一、二帮一、多帮一的40对帮扶对子。这一工程的实施，已初步显示其生命力和发展前景。轻工大家庭的建设，在全系统形成了温暖和谐、政通人和的良好氛围。全局各行业，各部门主动为全局挑重担的多了，主动做贡献的多了，主动化解矛盾，解决问题的能力增强了。

（*赵启友*）

·食品酿造业·

【沈阳华润雪花啤酒有限公司】 沈阳华润雪花啤酒有限公司，是由具有60年历史的沈阳啤酒厂与香港华润创业有限公司合资组建的，目前东北地区最大的啤酒酿造企业。1995年全公司员工恪守“崇尚务实，追求超越”的企业精神，抓住市场，强化管理，使经营再创辉煌，又一次成为辽宁省和沈阳市创利税大户。全年啤酒产量完成248 407吨，比1994年增长11.4%；销售收入实现43 540万元，增长30%；利税总额实现14 959.4万元，增长16%；实现利润5 970万元，增长19.20%；人均收入实现10 093元/年，增长19.7%；全员劳动生产率达138 220元/人年，增加16 202元/人年；资产负债率为26.5%，降低6.5个百分点；公司资产总额达74 330万元，增长2.19%；主要消耗指标达到国家一级企业标准。

公司经营的佳绩，同时也给企业的荣誉带来辉煌。公司在中国500家最佳经济效益工业企业评价排序中，名列饮料制造业最佳经济效益企业第26位；在全国500家最优工作企业排序中列283位；在全国轻工200强工业企业利税排序中列45位，在全国轻工业啤酒排行榜中列第3位，并获全国轻工业优秀企业称号。公司被评为全国食品行业质量效益型先进企业，辽宁省十大高效益外商投资企业，在沈阳市工业企业50强中列第8位，在沈阳市外商投资企业30强列第4位，并获辽宁省重合同守信用、沈阳市食品卫生先进单位称号，连续多年被评为辽宁省和沈阳市的先进单位。

公司在质量管理上，十分注重强调的就是“不惜血本，狠抓质量”，绝对权威地执行“质量一票否决权”。公司现有的4种主要产品均为省部级以上优质产品，并被省技术监督局评定为“省级免检产品”。生产品种已发展成为系列化，沈阳啤酒为中档系列，12度雪花啤酒为高档系列，11.5度雪花啤酒为特高档系列。其中雪花啤酒多次荣获国家级的各种质量评比金奖，1993年被中国社会事务调查所评定为“中国公认名牌产品”，1995年雪花啤酒、沈阳啤酒被评为沈阳市首批名牌产品，雪花牌商标被评为辽宁省和沈阳市著名商标；沈阳啤酒、11.5度、12度雪花啤酒获国际标准认证；雪花啤酒荣获1995年百佳中国家庭爱用品牌；被评为辽宁省消费者公认名牌产品；11.5度雪花啤酒、12度雪花啤酒获1995年全国啤酒行业优质产品奖。

公司在市场培育和开发上，主动出击，寻找市场，抓新的增长点，抓制高点，抓战略要点。提出稳固与开发并重指导思想，形成稳固的销售渠道。依据市场调查，及时转变观念，调动企业内部的精兵强将并面向社会公开招聘销售人员。活化销售手段建立分销中心，购车送货。细化销售区域，建立合理的市场体系，形成了以原有市场为中心，向周边区域辐射的经销网络。雪花啤酒等产品不仅畅销国内18个省区，还销往美国、朝鲜和香港等国家和地区。主动出击寻找市场，还反映在新产品研制开发到投产的快节奏上。进入90年代以来，一些包装精美舶来啤酒冲击国内高档消费市场，公司领导班子高度警觉到，产品的内在质量和外在装潢的和谐统一是占据市场的重要途径，本着综合产品质量水平必须比其它企业产品高出一个档次的原则，研制出11.5度特高档雪花啤酒，该产品一面市，便给人以品质、品味、形象俱佳的感觉，并迅速占领市场，走俏高档宾馆、饭店，被誉为“雪花王”。

（李平）

【沈阳市八王寺汽水厂】 沈阳市八王寺汽水厂始建于1920年，是我国最早的民族饮料生产厂，厂区占地面积3.5万平方米，建筑面积3.2万平方米，拥有固定资产原值5 291万元，净值4 265万元，1990年被国家正式认定为大型二档企业，是原全国八大饮料厂家之一。

近几年来，在党的改革开放方针路线指引下，企业得到了长足发展，特别是通过“七五”期间的大规模的设备技术改造和技术引进，结束了半个世纪手工操作生产汽水的历史，取而代之的是自动化汽水生产线。自1983年起，引进了7条先进的饮料自动生产线及其配套设备，使八王寺汽水年产量在1988年达5万吨，产值达6 735万元，创利润825万元，产品多次荣获国家、部、省、市优质产品奖。

进入90年代，面对白热化的饮料大战，为了在激烈竞争中继续发展，八王寺汽水厂决定组建中外合资企业，引进外资吸收国外先进的管理经验，以增强自身的竞争力，摆脱困境，发展企业再造辉煌。

1993年11月与嘉里饮料（沈阳）有限公司，北京中饮工贸公司共同投资创办了沈阳可口可乐饮料有限公司和沈阳市八王寺食品饮料有限公司，1994年7月又与台湾机生企业股份有限公司共投资创办了沈阳八王寺宝岛饮料有限公司。

沈阳可口可乐有限公司位于沈阳经济技术开发区，占地面积7.6万平方米，建筑面积为3.6万平方米，总投资额为2 600万美元，注册资金为1 600万美元，设备是引进的世界先进的德国设备，主要产品有可口可乐、金铎牌、阳光牌三大系列饮料，包装形式有玻璃瓶、易拉罐、利乐包复合纸及PET瓶。

沈阳八王寺食品饮料有限公司注册资金为5 000万元人民币，主要产品有瓶装碳酸饮料及皇冠盖，1995年还开发了芒果汁、三片罐装安梨汁等新产品。

沈阳八王寺宝岛饮料有限公司，注册资金为74.6万美元，主要产品为宝岛牌矿泉水。

经过一年多的运作，企业富余人员得到了合理的安排，3个合资企业的经济效益得到了稳步发展。

八王寺汽水厂实现工业总产值14 682万元，新产品开发数2个，产量2.5万吨，新产品投产数1个，销售收入17 039万元，利税286万元，职工人均收入5 938元/年。

（龙腊梅）

【沈阳味精厂】 沈阳味精厂始建于1939年，是味精行业大型骨干企业，国家大型一类企业。

1995年工厂占地面积12万平方米，固定资产原值27 354万元，有职工1 989人。

沈阳味精厂生产的“红梅”牌味精，以其领先的质量蜚声海内外，于1979年、1983年、1988年国家质量评比中连续三届荣获国家质量金奖。在全国味精行业中首家获得国家级《产品质量认证书》，首家取得方圆标志的使用权，成为国家出口免检的名牌产品。1992年，中国社会调查事务所在全国46个城市对16种产品进行民意调查，在同类产品中“红梅”牌味精荣获《中国公认名牌产品》称号。1995年在辽宁省、沈阳市著名商标评选中“红梅”商标被评为第一名。

沈阳味精厂生产的“膳源”牌味精酱油是近年来的新产品。它集红梅味精，先进的生产工艺和传统的酿造工艺优于一体，含多种氨基酸、核苷酸和天然调味料，谷氨酸钠含量高于普通酱油10倍以上。曾在1994年荣获沈阳市第八届工业新产品金星杯一等奖，被评为沈阳市消费者协会推荐产品。“膳源”牌味精酱油现以畅销东北三省、河北大部分城乡。1995年，生产味精15 587吨，比1994年增长15.4%；生产酱油8 803吨；完成工业总产值23 159万元，销售收入24 452万元，实现利税1 795万元，分别比1994年增长15.9%、30.7%和37.9%。

1.生产经营运转出现了“四升一降”的好势头。即：生产、销售、利润、职工收入在上升，消耗在下降。1995年糖液产量比1994年上升11.69%，发酵液产量上升11.48%，提取产量上升24.5%，精制产量上升19.66%。实现人均收入6 252元/人。淀粉消耗下降8.49%达到了沈阳味精厂历史最好水平。

2.生产技术、财务管理的权威性正在逐步建立。生产指挥系统得到了明显的加强，严肃了生产调度会制度，生产指挥系统做到生产科学安排、周密布置。为了强化质量管理，技术部门制定了《质量考核体系》及《质量奖罚制度》通过强化质量管理手段使产品质量有了大幅度提高。

3.加大宣传力度，提高产品市场占有率。厂始终坚持"质量第一"的方针，红梅牌味精在全国产品质量认证复查工作中，又一次通过了方圆委的复查，同时，"红梅"商标被辽宁省、沈阳市评为'95著名商标第一名，产品荣获了沈阳市名牌产品称号。

（陈静）

·家具工业·

【概况】 沈阳市家具工业行业是以木制家具为主，金属家具为辅、竹滕家具、塑料家具等并重，门类比较齐全。1995年家具行业在1994年走出低谷的基础上，进一步加大投资力度，采用新技术使产品更新换代，增加新的品种、花色；进一步调整内部结构，扬长避短，加大增长速度快，经济效益好的木制家具工业的比重，缩小金属家具工业的规模，使产品创利水平提高。以全新的势态适应家具市场的需求。

1995年末沈阳市家具行业共有企业68个，职工人数6 220人，全部资金23 633万元，其中固定资产原值为10 302万元，流动资产为16 343万元。

从资金看，1995年全部资金为23 633万元，比1994年增加26.3%。其中木制家具为20 526万元，占全部资金的比重为86.85%，比1994年增加了8.85个百分点；金属家具为2 327万元，比1994年减少33.5%，占全部资金的比重由1994年的18.8%下降到9.8%。

从经营状况看，1995年家具行业完成工业总产值为22 236万元，比1994年增长69.3%；销售收入完成12 882万元，增长37.36%；实现利润总额为586万元，增长21.07%，利税总额为1 144万元，增长3%；亏损面上升，由1994年的15.6%上升到25.00%。其中木制家具实现销售收入为11 201万元，比1994年增长64.31%，实现利润总额为578万元，增长34.11%，实现利税总额为1 002万元，增加31.5%，亏损企业13个，亏损面为24%，比1994年增加13.2%；金属家具实现销售收入为1 047万元，比1994年下降37.1%，实现利润总额为50万元，为1994年的2.27倍，利税总额为133万元，增长26.67%，亏损企业3个，亏损面为33.3%，比1994年增加16.7%。

全年完成家具产量332.3万件。

（王滨生）

【沈阳市工艺美术家具工业总公司】 沈阳市工艺美术家具工业总公司下属16个企业和1个研究所，职工总数8 087人，其中各类专业技术人员882人。主要生产家具、人造板、装饰、工艺美术、日用杂品、铝型材、木制品等七大类、100多个品种的产品。部分产品出口到日本、美国、香港等亚、欧地区和国家。

1995年是文体美术和家具两个公司合并后的第一年，全公司完成工业总产值17 324万元，比1994年增长23.7%；实现销售额14 147万元，增长14.5%；实现利润43.1万元，增加盈利106.8万元；完成出口交货值3 180万元，增长32.7%；新产品开发、新产品产值和创利税分别增长25%、10倍和7倍。

一是实施"三个四"系列战略，思路清晰，中心突出，目标明确，措施得力。"三个四"系列，即把握四个环节：1.以消灭亏损企业为主要内容的增产增收，确保全年计划完成；2.狠抓各项工作进度，确保效果；3.抓好全心全意为企业服务；4.短长结合，制定好六年上台阶规划。完成四项工程：1.消灭亏损企业增加效益工程；2.主导产品工程；3.更新企业包装工程；4.建设软环境工程。抓好四件大事：1.抓班子、抓厂长；2.抓好组织建设；3.抓思想观念转变更新；4.抓真务实。

二是加大力度，实施手拉手，彻底扭亏。亏损企业立状不亏，盈利企业一帮一，签定手拉手双盈利合同，完不成任务双处罚。公司领导带处室分片包干，政绩好坏与其挂钩。同时选派机关干部到亏损企业任职挑重担，加大领导力度，到年底实现了消灭亏损企业的目标。

三是抓好企业改组、改造和结构调整，确保生产力发展。沈阳室内装饰配套总公司、沈阳家具厂、高级家具厂等单位的腾笼换鸟、合资改造，为总公司的发展奠定了新的经济增长点。占现有企业总数一半以上的11个中外合资企业的投入运行，为行业和企业增添了生机和活力。沈阳纤维制品总厂和地毯厂、毛纺分厂的并、转、破，为企业和职工找到了生存之路。羽毛工艺厂、玉器厂、广告公司等单位通过联建、开发、筹集资金，调整结构，为企业增强了发展后劲。全员劳动合同制的全面实行，推动了人事、分配制度改革向纵深发展，极大调动了干部和职工的积极性。

（包桂娟）

·日用金属工业·

【概况】 近几年来，沈阳市日用金属制造业发展不快，在品种更新和质量上变化不大。

1995年，沈阳市拥有日用金属制造业企业114户，比1994年增加12户；其中亏损企业22户，比1994年增加4户。全行业拥有固定资产原值43 626.6万元，比1994年增长58.4%；其中生产经营用固定资产30 971.7万元，累计折旧14 928.2万元，比1994年同期增长56.5%。1995年全行业共完成工业总产值52 181.2万元（1990年不变价格）比1994年增长8.2%；实现工业增加值14 978.3万元，增加值率为27.1%；实现销售收入47 942.8万元，增长22.9%；全行业实现利税3 648.3万元，比1994年下降27.9%；实现利润仅为1 389.7万元。

在日用金属制品业中，铝制品业拥有企业最多，为44户，比1994年下降33.3%；创造产值21 502.8

万元(1990年不变价格),下降24.7%,占全行业的41.2%;拥有固定资产原值17 243.0万元;实现利税1 233.8万元,比1994年下降40.0%。铝制品业在全市日用金属制造业的主导地位正在减弱。沈阳市原来拥有的一批名牌产品也正在失去它原有的竞争力,"双喜牌"、"三星"牌铝制品系列产品在南方同类产品的冲击下也步履艰难。

在日用金属制品业中,第二大行业是炊事用品制造业,该行业拥有19户企业,虽然亏损企业只有3户,但全行业整体亏损达1 130.1万元,实现利税－779.5万元。该行业存在的亏损严重问题急待解决。

(谭成)

【沈阳市日用金属制品总公司】 沈阳市日用金属制品总公司,下属21个企业,拥有职工13 000人,固定资产10 438万元。生产产品140种,180个规格。主要产品有:塔山防撬门、液化气钢瓶、金库、打气筒,各种锁具、菜刀、刮脸刀片、八仙锅、拉链、自行车配件等产品。1995年是日用公司团结拼搏,塑造自我,取得较好成绩的一年。工业总产值完成16 287万元,比1994年增长10.2%,利润由1994年的亏损263.6万元,扭亏为盈,完成11.8万元。

1995年主要抓了以下工作:

1.党政班子团结协作,围绕中心抓大事。一年来,该公司党政班子团结协作,围绕中心抓大事。年初,该公司刚刚接管自行车零件一厂等10个企业。当时有的企业无资金、无产品、无销路,班子团结一致,从全局出发,不怕困难,经过拼搏实干,由接管时亏损624万元,到全行业扭亏为盈,这一变化受到局的好评,在局经济工作会上介绍了经验,并获得特别奖。

塔山防撬门厂一直是这个公司的排头兵,其主要经验是有一个团结向上自强不息的领导班子,有"实干兴厂,开拓进取"塔山精神,他们从抓人,抓机制,抓产品,抓销路入手,以效益论英雄,因此在困境中一直保持正常经济运行势头。

2.加大改组、改造、改制力度,进一步搞活企业。这项工作是针对企业的不同情况,因厂制宜开展的,大体分四种类型:一类有实力,经济效益好的企业,发挥自身优势,上档次,上规模,上水平,形成行业的骨干企业。二类对亏损的企业,公司加大扭亏力度,实行领导扭亏责任制。公司各科室分工到企业,并建立奖罚制度。到年底亏损面由4户减到2户。三类实行盘活存量资产,推动资产流动重新组合。飞轮厂为了救活自行车零件一厂,卖掉厂房、场地,易地搬迁到零件一厂,二个企业合并后,恢复正常生产,扭亏了345万元。四是实施腾笼换鸟,由市中心地带,搬迁到城郊建起新厂房,生产逐步形成规模。

3.依靠科技进步,加快产品结构调整。塔山防撬门厂生产的塔山牌防撬门是市名牌产品,在此基础上又研制成了可视门铃电话系列超级豪华门,受到消费者的欢迎,在市工业新产品展评会被评为"金星杯一等奖"。薄板制品厂对液化气钢瓶的护罩,缩口热处理工艺进行改造,节约原材料价值20万元。铸铝制品厂生产的八仙锅,获市名牌产品,在此基础上又增加了规格,由矩形3升,研制成功圆形2升,椭圆形4升,因造型精美别致,深受消费者欢迎。鞍座厂依靠科技兴厂调整产品结构,开发新产品,在资金十分困难情况下投资200万元,上3条喷漆生产线。开发出了10305型(10寸)儿童自行车,远销欧美各国。

(陈凤兰)

【沈阳双喜压力锅制造总公司】 沈阳双喜压力锅制造总公司是以生产不锈钢和精铝压力锅、不粘锅等90年代厨房炊具系列产品为主的国营大型企业。1994年生产出我国第一口家用压力锅以来,已向国内市场提供各种型号的压力锅5 000多万口,出口压力锅300多万口,生产量、销售量居全国第一。

1995年总公司分设南北两个厂区,占地面积60 334平方米。现有员工1 200人,其中各类专业技术人员152人,高中级职称35人。企业固定资产原值7 330万元。年产各种炊具系列产品200万口,产值14 000万元,实现利税1 200万元,创汇150万美元。国内市场占有率33.4%,市场覆盖面达98%以上。

其主导产品精品双喜牌压力锅1982年第一个荣获全国铝制品行业压力锅产品国家银质奖。1990年双喜牌压力锅又第一个荣获了国内同行业唯一的国家质量金质奖。并于1992年、1993年、1994年、1995年第一个连续4年荣获国家内贸部、国家技术监督局等七部委颁发的"全国最畅销国产名牌产品"——金桥奖。深受广大消费者的欢迎。

产品自1971年打入国际市场以来,已远销澳大利亚、马来西亚、伊朗、香港等40多个国家和地区,并受到国外客商的一致赞誉。1986年获中华人民共和国对外经济贸易部颁发的"出口产品荣誉证书",第一个被国务院批准为"出口自营权"的压力锅产品生产企业。1989年经国家技术监督局审查批准"双喜牌压力锅系列产品为国家级认证产品"。第一个在全国铝制品行业中压力锅产品获国家质量保证体系认证合格标志。1993年7月经复查验收产品和质量保证体系认证均合格,获准继续使用方圆认证标志。

为进一步完善产品性能,维护消费者的利益,公司第一个在全国铝制品行业压力锅产品生产企业中率先起草并执行CB13623标准。为满足市场需求,增加花色品种,近年来又相继开发出三个系列产品:(1)不锈钢制品系列,(2)不粘锅系列(南韩技术),(3)以压力锅为主导的小家电系列。深受消费者的青睐。

总公司技术力量雄厚,生产设备先进,拥有年可加工优质铝板材1万吨和生产150万口压力锅能力的国内一流的两条复制生产线及从意大利引进的90年代国际先进水平的不锈钢器皿生产线。

(马永发)

·日用电器工业·

【概况】 日用电器制造业是沈阳轻工的骨干产业,以生产电冰箱、空调器、排油烟机、吸尘器、电风扇及洗衣机等日用电器为主。1995年末，全市该行业企业单位数已达72户，全部从业人员为9 881人，资产总计194 259.8万元。全年共实现工业总产值(按新规定不变价)102 581.7万元，产品销售收入80 328.7万元，工业增加值17 839.2万元，利税总额7 535.7万元。

1995年，沈阳市的日用电器制造业以立足本地市场为主，同时在提高产品竞争力，拓展外地市场等方面做出大量努力和积极探索。在本地市场上，已形成了具有较为明显优势的地产品阵容，其中尤以沈乐满热水器、华丽牌空调器、日电牌电冰箱及排油烟机等产品在消费者中享有较高的知名度和信誉。随着创名牌战略的贯彻实施，沈阳市又有一部分日用电器制造企业一扫往日生产销售的低速景象，经过低谷跋涉，开始走出困境，以有力的促销手段和优质的服务，得到广大销售者的认同。

然而，沈阳市日用电器工业也面临着极为严峻的挑战，许多外地厂家的产品质量优、成本低、批量大，制约着沈阳市同行业的产销能力的扩大。除少数的品牌与个别企业尚能与之抗衡，整体上是处于被动不利的地位。到1995年末有20户企业亏损，产成品库存已达21 930.4万元，产销不利的状况已持续几年，因此，如何摆脱被动局面，提高经济效益和市场竞争力仍是沈阳市日用电器制造业所面临的主要课题。

(刘凯)

【沈阳市家用电器工业总公司】 沈阳市家用电器工业总公司是全国轻工系统重点骨干企业之一。1995年公司所属18个工业企业，7个商业企业和1个科研所。资产总额18亿元，占地50万平方米，职工1.1万人。主要生产和经营空调器、压缩机、电冰箱、电风扇、电熨斗、吸油烟机、加湿器、空气净化器等67个系列170余种家电产品。公司在“七五”技术改造的基础上，“八五”期间重点抓了三大项目的技术改造，其中三洋空调项目由沈阳空调器厂、日本三洋电机株式会社、日本丰田通商株式会社投资兴办，被列入沈阳市“八五”重点项目，总投资2 980万美元，年生产能力40万台，创产值28亿元。华润压缩机项目由沈阳空调器厂与香港华润集团合资兴办，全套引进日本三洋公司的生产技术和设备，是国家计委、轻工部、沈阳市“八五”重点建设项目，总投资5 143万美元，年生产能力30万台，创产值5亿元。1995年12月13日，该公司生产出第30万台产品，实现了投产第二年即达产达标的目标。新科防爆灯项目由沈阳五金防爆灯具总厂与香港新科集团合资兴办，引进德国史达尔公司的新型高效节能荧光防爆灯生产技术和关键设备，总投资600万美元，年生产能力8万台，创产值1.3亿元。三大项目总投资8 723万美元，其中引进外资5 826万美元，年可创产值34.3亿元，实现利税5亿元。

1995年，公司实现工业总产值8.7亿元，实现利润3 430万元。

1.集中精力抓大项目，迅速形成新的生产力增长点。1994年公司5个合资项目相继投产，但基本上处于试产阶段。1995年集中力量抓达产达标，取得可喜成绩。华润压缩机有限公司通过强化中外结合的现场管理，强化以人为本的员工管理，完善质保体系的质量管理，严格成本核算，大力培养市场，扩大销路等措施，使产值从1994年的1.05亿元，增加到1995年的3.35亿元。三洋空调有限公司，通过强化企业八大基础管理工作，严格执行与日本三洋在技术上同步、材料上同质、质量上同标准、产品上同一商标的“四同”原则，使产品获得进出口商品许可证即CCIB认证。同时获得CCEE长城档志。’95名牌产品、’95北京国际家电展览会金奖，被中国质检协会推荐为国产精品。产品产量5.05万台，工业总产值3.2亿元，销售额2.6亿元，利润450万元。新科防爆器材有限公司自1994年10月末竣工后，1995年已生产7 000支，创产值1 300万元。

2.采取灵活多变的新途径，开创销售工作的新局面。1995年把探索销售工作的新途径作为营销工作的中心来抓。取得良好效果，全年累计实现销售收入8.5亿元，产销比达97.4%。

3.狠抓扭亏，实现减亏额和扭亏户达50%。1994年公司两户企业亏损，亏损额达278万元。1995年把扭亏工作作为重中之重，采取了公司班子挂点承包、加强调度、强化企业班子建设，开展企业间帮带活动等各种有力措施，扼制亏损，增加盈利。全年扭亏1户，降低亏损额180万元。

4.加速新产品开发，实施名牌战略。全年开发新产品29种，投产26种，实现新产品产值7.7亿元，利税0.8亿元，创行业名牌10种。其中日电无氟彩板电冰箱、华丽热泵窗式空调、三洋SSAP系列分体壁挂式空调、盛洋QX全封闭压缩机等产品均达到90年代国际先进水平。

(王大庆)

·建筑五金工业·

【概况】 沈阳市建筑五金工业是由建筑小五金制造业，水暖管道零件制造业，金属门窗制造业，其他建筑用金属制品业等4个加工制造行业所组成。1995年，沈阳市该行业共有生产企业224户，比1994年增加了27户。全行业拥有固定资产原价19 315.9万元，固定资产净值12 812.9万元，比1994年增加了8.7个百分点，资产总计达14 968.9万元。从业人员16 237人，比1994年减少了3 825人，职工总数中，有富余职工2 143人。主要生产建筑小五金、架线器材、金属门窗及配件、水暖管件和丝、网、钉等产品。

1995年，沈阳市建筑五金工业面对市场竞争日趋剧烈，企业增支因素增多，生产资金严重不足等严峻形势，不等不靠，积极调整产品结构，提高产品质量，大胆解放思想，努力开拓市场，全年共完成工业总产值(当年价格)68 657.5万元。实现产品销售收入59 465.7万元，比1994年增长了10.5%；实现利润2 907.9万元，比1994年增长了2.6%；利税总额6 274.6万元，比

1994年增长了5%，取得了一定的成绩。

可是，全行业许多企业产品结构不尽合理，科技含量高和高附加值的新产品开发，跟不上市场的需要，缺乏生产启动资金，开工不足等问题依然存在。该行业为数不多的名牌、优质产品，也遭受着假、冒、伪、劣产品的困扰，使得不景气之中又雪上加霜。全行业亏损企业由1994年40户，增至58户。亏损面由1994年的15.7%上升至25.9%。

（刘玉林）

【沈阳建筑五金工业总公司】 1995年是沈阳建筑五金行业极不平凡和极度困难的一年。一年来，全公司干部职工解放思想，振奋精神，迎难而上，在困境中求生存，求发展，尽管有些经济指标较同期有所下降，但是全行业遏制住了效益连年滑坡的被动局面，不仅全行业实现盈利，而且消灭了亏损企业，在扭亏工作中出现近几年来最好水平。1995年全公司完成工业总产值7 500万元，比1994年减少2 510万元，下降25%；实现销售额8 481万元，减少3 456万元，下降29%；实现利润32万元，减少24万元，下降43%；全公司无亏损企业。

1.结合"进场入轨、兴市富民"大讨论，尽快实现思想观念大转变。年初在公司上下掀起"进场入轨、兴业富厂富民"大讨论，干部职工按照市场经济规律，树立在困境中求发展的观念；靠自身求发展的观念；在竞争中求发展的观念，丢掉幻想，使企业尽快进入和适应市场，从而在困境中求生存求发展。

2.加大扭亏减亏工作力度，实现全行业无亏损企业。公司把全行业扭亏增盈工作做为全年的中心任务抓好落实。首先抓好承包责任制的落实。尽管企业内外部形势偏紧，面临资金，市场等诸多困难，但仍紧紧围绕着"塑形"总体目标的实现，公司与企业签定承包责任状，并抓好落实。其次抓近几年企业实施"腾笼换鸟"工程的成果，保证国有资产的保值增值，使企业得到发展；三是加大行业管理力度，公司党政班子实行企业挂点服务，现场办公，帮助企业解决生产经营中的实际困难。四是加强企业领导班子建设，以经济效益论英雄，及时调整和配齐企业班子，提高班子的战斗力和凝聚力；四是开拓市场、扩大销售、搞活资金、促进企业生产。

3.实施产品结构调整，开发新产品，增强企业发展后劲。1995年全公司开发新产品15种：大军锹、100升开口桶、F25排钉、P038型材、十字万间轴、J1010排钉、收割机刀片、新型钢丝钳、防火安全伐、波音板、亚光板、200升开口桶、高压电瓷瓶钢帽、超短波通讯塔、钢丝绳柱状压制接头，其中12种投产。另外HJ—3000化纤中速纺卷绕机、钢丝绳柱状压制接头2种产品填补了国内空白。

（吴英）

·造纸工业·

【沈阳市造纸工业总公司】 沈阳市造纸工业总公司下属9个企业，全行业资产总额5.4亿元。公司主要产品为机制纸及纸板、文化生活用纸和脱水器材等三大类，近40个品种。

1995年全行业完成工业总产值15 907万元，比1994年增长11.7%，完成销售收入21 360万元，比1994年增长43%，实现利润－983万元，比1994年减亏488万元，减亏幅度达33.2%，三项资金占用比1994年下降8.7%。

1995年沈阳造纸行业仍然面临着严峻的形势，资金严重不足，造纸原料短缺且价格猛涨，其它原辅材料及水、电的调价，造成增支因素巨大，尤其是7月末沈阳遭受百年不遇洪涝灾害，全公司有4户企业被迫停产半停产，最长达20余天，直接经济损失200万元。在客观形势不利的情况下，总公司带领全行业职工坚定信念，迎难而上，以"树雄心，鼓干劲，压亏损，增速度，调结构，创名牌，上台阶，大发展"为全年工作的总目标，采取强化领导工作责任，加大改革力度，加快组织结构调整，充分利用纸张市场回升的契机，大力开发研制新产品，重视抓好基础管理工作等一系列重大措施，变被动为主动，内部挖潜降耗，外部抢占市场，使全行业生产经营形势取得较好成效。1995年经济运行的主要特点：一是生产势头良好，在客观形势不利的情况下生产保持了一定的增长速度。二是减亏扭亏工作继续取得实效。全行业比1994年减少亏损户6户，亏损企业减亏额460万元。三是产销率较高。由于观念和企业机制的转变，各企业十分重视抓市场，促销售，完成销售额24 881万元，比计划增长53.6%，产销率平均达102%，同时加强贷款回收和清欠工作，全行业回款率达87%，缓解了资金紧张状况。四是积极研制开发新产品，实施名牌产品战略。全年开发新产品7项，投产7项，完成产值3 297万元，实现利税251万元，创沈阳轻工业名牌5项。

在实施组织结构调整，深化企业改革中，1995年4月8日经沈阳市中级人民法院裁定：对长期停产、严重资不抵债的沈阳市兴华造纸厂(含沈阳市兴华造纸分厂)依法宣布破产，这是沈阳市破产的第一家国有大中型企业。破产后由沈阳铜网股份有限公司予以整体购买接收。

（刘德基）

·日用化学工业·

【概况】 以沈阳油脂化学厂为主体的沈阳市日用化学产品制造业，是由肥皂及皂粉、合成洗涤剂制造业；硬脂酸、硬化油制造业；香料、香精制造业；化妆品制造业；动物胶制造业；其他日用化学产品制造业组成的。截止1995年末，全行业共拥有独立核算工业企业57家，全部职工全年平均人数6 677人，其中：工程技术人员379人。固定资产原值27 532万元，其中生产经营用16 374万元，固定资产净值18 707万元，年末资产总计71 315万元，资本金合计14 683万元，其中外商资本金3 998万元。该行业生产的主要产品包括洗涤皂、香皂、药皂、合成洗涤剂、洗衣粉、香料、香精、各种化妆品、牙膏、火柴等。

1995年该行业全年完成工业总产值32 570万元，比1994年增长11.26%，净增3 297万元，实现产品销售收入37 282万元，比1994年增长38.22%，实现产品销售利润5 398万元，比1994年增长49.07%，创利税1 779万元，是1994年的1.93倍，人均创利税2 664元，较1994年增加273万元，实现工业增加值5 431万元，上缴税金2 992万元。

1995年底，该行业共生产合成洗涤剂26 130吨，较1994年增加140吨；合成洗衣粉23 226吨，较1994年减少1 929吨；肥皂10 469吨，比1994年增长3.3%；香皂704吨，硬脂酸5 133吨，香精50吨，香料601吨，化妆品6 628万元。

（周颖）

【沈阳油脂化学厂】 沈阳油脂化学厂始建于1938年，是国家大型轻化工企业，主要生产合成洗涤剂和油脂化工两大系列产品，共35个品种59个规格，总生产能力为每年14万吨。

“八五”期间，企业在资金紧张的情况下，努力加快老工业基地改造，与香港沈港公司合资，投资903万美元，引进意大利先进设备，改造了原硬脂酸、油酸、甘油等设备生产线，新增处理油脂能力1.5万吨；投资1 100万元，扩大了合成洗涤剂换代产品“三威超浓缩洗衣粉”生产线，新增生产能力2万吨；新产品研制始终立足高起点、高技术、高附加值，做到研制一代、生产一代、储备一代。1994年5月份以来，研制的“三威”2000型超级洁霸洗衣粉，透明洗衣皂、高级洗衣膏、强力皂、餐具洗涤剂等30多种新产品深受广大消费者欢迎，使合成洗涤剂向高档化、系列化方向发展。

在“三威超浓缩洗衣粉”荣获国家银奖的基础上，企业强化全员质量管理，促进了三威系列产品的发展和壮大。三威浓缩洗衣粉1995年度分别被命名为“辽宁省名牌产品”和“沈阳市名牌产品”，“三威”品牌商标分别被评选为“辽宁省著名商标”。

企业1995年完成工业总产值16 630万元，比1994年增长5.4%；产品销售收入25 724万元，增长22.8%；实现利税1 234万元，产品产量总吨位达4.6万吨，增长2.6%。

1. 认真贯彻市委“进场入轨、兴市富民”大讨论安排，确定了“解放思想、转变观念，引导职工进入市场”、“有市场才有效益”的主题，把引导职工闯市场作为首要工程来抓，全厂职工基本上树立了市场经济观念。

2. 坚持以市场为导向，制定营销策略，适合企业特点的销售网络基本形成，适应市场不断变化的促销方式和手段日益成熟，形成了比较完善的产品自销体系。

3. 坚持生产围绕销售干，销售随着市场变的指导思想，加速产品结构调整，生产经营基本上步入良性循环的轨道。

4. 贯彻“转机制、抓管理、练内功，增效益”的工作主线，坚持从严管理，从实抓起，基础管理工作发生了根本变化，有了新的起色。

5. 坚持产品革命，实施名牌战略，产品质量稳步提高，新产品开发取得成果，先后开发新产品15项，三威强力皂、石油降粘剂被列为市经委计划重点项目。

6. 突出对职工负责，营造三威大家庭。职工人均收入和福利待遇不断提高，创造了企业温暖和谐、政通人和的良好氛围。

1995年6月17日，中共中央总书记江泽民亲临沈阳油脂化学厂视察，对企业勇闯市场，从困境中奋起的做法给予充分肯定，并亲笔题词：“振奋精神，搞活企业，为发展社会主义市场作出更大的贡献”。

（张天云）

【沈阳丽港日用化学有限公司】 沈阳丽港日用化学有限公司由沈阳市日用化学厂与香港卫盛发展有限公司合资经营，是东北地区化妆品行业中生产规模最大的合资企业。主要生产洗发、护发、护肤、美容、浴洗五大类产品。产品以“派丽牌”为注册商标，产品畅销东三省，享誉国内外。

1995年该公司占地面积8 600平方米，洗发香波年生产能力4 000吨，美容护肤品年生产能力2 250吨，有职工509人，其中各类专业技术人员85人，固定资产原值1 223万元。全年完成工业总产值1 437万元。

1995年该公司按照社会主义市场经济的要求，紧紧围绕提高经济效益这个中心，以市场需求为导向，加强科学管理，使企业向市场经济方向又迈出了新的一步。

1. 加大市场开发力度。按照市场经济规律，积极开展市场预测，做到七抢八抢夺市场，寸土必争找缝隙，全公司内部形成了眼睛盯着市场看，思路围着市场转，产品围着市场变，一切围绕市场干的新格局。通过先声夺人大做广告，以廉取胜，产品价格贴近工薪族；完善销售方案，划细销售区域等措施，拓宽了销售渠道，产品销售收入达1 773万元。

2. 以老产品为依托，向新产品要效益。随着人们美容意识的增强，化妆品市场十分活跃琳琅满目，该公司通过市场调查了解到天然化妆品是近几年风靡起来的潮流，因此把开发新产品的课题放在了洗发护发、护肤美容的天然保湿上，研制出了派丽新一族美发保湿定型露、派丽新一族阳光美肤露等3种新产品，其中派丽新一族美发保湿定型露其理化指标、卫生指标、感观指标符合国家标准的要求，质量达到了国际同类产品水平。新产品产值达到405万元，新产品利税98万元。

3. 强化管理，从严治厂，提高企业素质。一是严格现场管理，做到文明生产，工人统一着装，实行了生产车间出入证制度和对车间禁烟的规定，使生产现场清爽，明净，有序，安全。二是强化资金管理，开展“双查双挖”，先查债权债物，挖资金潜力，财务科对公司个人挂帐逐个进行清理，销售人员加强收回难要陈欠款，追回陈欠款70多万元，公司清欠办依法清欠，千方百计清理回货款110万元。再查流动资产，挖物资潜力，对材料库多年积压的包装物进行了削价处理，换回了资金。

4. 以人为本，寓教于乐，激发职工积极性。“扭亏增盈、兴厂富民”是该公司1995年的工厂方针。在企业走向市场的过程中该公司运用多种形式对职工进行形势任务教育，增强了职工厂兴我荣，厂衰我耻的观念，同时针对职工的住房，医疗等实际困难及时予以解决。

职工生活有了进一步提高，1995年职工人均收入达到3 991元，比1994年增长25%，调动了职工的积极性。

（高艳平）

·轻工机械工业·

【市轻工机械工业总公司】 沈阳市轻工机械工业总公司管辖11家企业，其中轻工机械一厂、轻工机械二厂、皮革机械厂和锻压设备厂为中二型企业；全民企业8家、集体企业3家。全行业现有职工5 328人，其中工程技术人员293人，高级工程师23人。

全行业资产总值27 044万元，其中流动资产10 327万元。1995年实现工业总产值（90年不变价）7 046万元，产品产量1 424台6 076吨，7个门类，其中造纸机械739台950吨，日用玻璃机械24台666吨，锻压设备56台1 007吨，制革制鞋机械255台1 816吨，以及包装、电光源、钟表、自行车和木工等机械242台918吨，轻机配件294吨等。

沈阳市轻工机械工业总公司组建于1984年，11年中经历了由维修厂到制造厂的历史性转变，特别是在“八五”期间共有5家企业的技术改造项目得到实施，总投资额3 430万元，其中土建工程618万元，购置设备1 649万元，如轻工机械一厂的“电光源机械设备改造”，玻璃机械厂的“耐热玻璃器皿钢化机及节能退火炉”，造纸机械厂的“罗茨真空泵技术改造”和锻压设备厂的“Y62液压成型机和工业管件”等都已完成，产品已畅销全国各地，有的已打入国际市场，为沈阳这个老机械工业基地增添了活力。

沈阳市轻工机械工业总公司始终坚持技术进步，注重把科学技术尽快转变成生产力，逐渐形成了自己的风格和特色，如轻工机械二厂的14M³、25M³和40M³系列蒸球全国只有3家能制造，沈阳的产量居第2位，外流式压力筛、高浓除渣器和315吨液压打包机达到国内先进水平；玻璃机械厂的大型宽体节能退火炉填补国内空白，受到美国同行的瞩目；锻压设备厂的万吨压力机进入了全国同行业领先地位并在1995年第三届全国锻压技术与产品交流交易会上受到近百名来自国内锻压技术与产品研究、制造和使用单位代表的很高评价，造纸机械厂的罗茨真空泵和轻工一厂的电光源机械24头吹泡机分别获国家奖，并在国内居领先地位。

“八五”期间总公司加强轻工机械装备出口力度，已向俄罗斯共出口14条轻工机械成套生产线并都一次试车成功，受到俄罗斯企业界，新闻界和当地政府的好评。

总公司坚持走科工贸相结合发展企业之路，下设研究所，随时掌握国际国内先进技术水平信息，对比自己的产品找差距并组织攻关，把高新技术尽快应用到产品上，提高产品的技术含量，如电光源设备“双螺旋绕丝机”、钟表设备“万能硬质合金刀具磨床”、玻璃机械“节能退火炉”、包装机械“流体灌装机”等都应用了光电、传感和数显等技术，实现了机电一体化。1995年全行业开发新产品18种，投产12种，创名牌4种。

（程广博）

·照明电器工业·

【沈阳华光灯泡厂】 沈阳华光灯泡厂是我国最大的电光源企业之一，是国内特种光源生产基地。1995年有10个分厂、两个研究所、两个大型灯饰商场、一个与台商合资的公司，固定资产原值5 379万元，占地面积3 700平方米，建筑面积5 500平方米，在职职工1 863人，其中工程技术人员110人，其它专业管理人员127人，具有较强的技术力量。自1948年建厂以来，一直是国内开发研制新型电光源的骨干厂家，先后研制并生产了高压汞灯、日光灯、高压钠灯、金属卤化物灯、各种卤钨灯以及电视、电影光源等。80年代以来该厂又先后从日本、美国引进荧光灯和高压钠灯的生产技术和设备，并在消化吸收的基础上研制出高压钠灯、金属卤化物灯外管部分成套组装设备和具有90年代国际先进水平的高压钠灯内管制造设备。该厂现共生产6大类、37个系列、200多个规格的电光源产品，其中华光牌高压钠灯获国家质量金奖并被评为沈阳市名牌产品，华光牌系列灯泡被评为辽宁省消费者公认名牌产品。该厂产品除销往全国各地外，还远销美国、加拿大和东南亚等10几个国家和地区。

强化企业管理，注重产品质量，维护产品在消费者心中的声誉是沈阳华光灯泡厂在困境中保持旺盛活力的重要原因。在工作中他们把增强职工的质量意识、管理意识做为重点，先后开展了质量年、管理年、进档达标等一系列有效的活动，建立、健全了各种规章管理制度，实施了“全方位动态质量否决权”、强化生产过程中的质量监督控制等措施；建立了质量跟踪考核记录台帐等，使产品质量有了明显的提高。该厂全部产品都先后获得了部、省、市优质产品奖。同时在管理手段上采用了“微机”化管理，将销售往来、财务核算、物资采购等全部列入计算机管理程序，基础管理工作显著增强。在销售管理上坚持用户至上、质量第一的观念，努力维护华光产品在用户中的信誉，深受用户的赞誉，被评为沈阳市重合同、守信誉单位。

加快老企业的技术改造，适应市场经济的发展，建设大规模、高水平的现代企业，赢得企业的生机和活力是沈阳华光灯泡厂多年来所孜孜不倦追求的目标。“八五”期间各种技术改造始终没有间断，特别是从1994年下半年开始的大规模高强度气体放电灯的技术改造，在上级有关部门的支持下，已经取得了很大的进展，到1996年末总体工程将全部完工。通过国内技术设备与引进技术、设备相结合的改造，将为华光灯泡厂今后的发展奠定坚实的基础，此项改造工程完成之后高压汞灯的年产量将由目前的100万支增加到300万支，高压钠灯由年产

60万支增加到200万支。

（李国栋）

·消防器材行业·

【沈阳消防工业集团】 沈阳消防工业集团是国内最早组建的消防器材行业生产、经营科研一体化的专业集团公司，有较完善的生产、施工手段、设备齐全，经营渠道广泛。

1995年有职工5 700人，其中工程技术人员194名，具有较强的技术实力。集团主要产品有消防车辆（直臂云梯消防车、消防水罐车）各种常规灭火器材（建筑用消防器材；消防员装备及救生装备；高效防火涂料及阻燃剂；消防药剂）、电子汽车衡、电子轨道衡、电子配料秤、电子秤量系统、常规台案秤等21大类，38个系列，363个品种，百余种规格，这些产品均已通过国家有关部门组织的鉴定，获得生产许可证。有33种产品曾获得国家、省、市优质产品奖、金星杯奖、产品设计优秀奖和飞龙奖，获奖产品占全部产品的75%。集团利用高新技术开发和生产的40米云梯车、高效防火涂料、自动报警系统，电子衡器产品达到国际80年代末的水平，填补国内空白。

集团1995年完成工业总产值6 060万元，比1994年增长11.5%，销售额完成6 426万元，增长6.4%，实现利税377万元。

（葛凤云）

·塑料工业·

【概况】 1995年，沈阳市塑料制品工业共有独立核算工业企业242户。沈阳市塑料制品工业主要由小型工业企业组成，大中型工业企业只占5户。沈阳市塑料制品工业门类较为齐全，拥有塑料薄膜制造业；塑料板、管、棒材制造业；塑料丝绳及编织品制造业；泡沫塑料及人造革制造业；塑料包装箱及容器制造业；塑料鞋制造业；日用塑料杂品制造业；塑料零件制造业；其他塑料制造业9个门类。

1995年沈阳市塑料制品工业共有职工人数15 472人，资本金总计为30 730万元，其中外商资本金4 035万元。到1995年末，该行业共拥有固定资产原值118 903万元，其中生产经营用固定资产原值70 966万元，增长140.9%。固定资产净值87 669万元，净值率达73.7%。

1995年，沈阳市塑料制品工业在广大干部职工的共同努力下，实现了产值、经济效益的同步增长。全行业1995年共完成工业总产值67 230万元（不变价格），比1994年增长27.9%；实现产品销售收入57 964万元，增长44.8%；实现利润1 354万元，增长6.6%；利税总额3 172万元，增长4%。

1995年，沈阳市塑料制品工业企业生产主要产品产量：塑料薄膜8 924吨、塑料板片材1 536吨、塑料棒管材7 191吨，塑料丝及编织制品2 768吨，塑料人造革2 677吨，泡沫塑料1 438吨，塑料包装箱及容器3 911吨，日用塑料制品1 976吨，其他塑料制品67 352吨。其塑料产品产销率除塑料板材、塑料丝及编织制品的产品产销率低于90%，其他塑料产品产销率均在90%以上，其中塑料棒管材、日用塑料制品的产品产销率达到101.5%、100.3%。

1995年，沈阳市塑料制品工业虽然整体上保持着良好地发展趋势，但仍有57户企业亏损，比1994年增加14户，亏损面为23.6%。

（贾唯）

纺织工业

【概况】 1995年，沈阳纺织工业以“抓住机遇、深化改革、扩大开放、促进发展、保持稳定”为指导思想，结合全行业各企业的现状，制定出“稳定棉纺、抢救毛纺、调整服装、减量增值”的工作方针，加大转机建制力度，优化资本结构，实施名牌工程战略，拓展自营出口，发展外向型经济，企业形象初步改善。

全年完成工业总产值112 123万元；预算内销售收入实现105 679万元；产销率为97%；实现利税－8 023万元，利润－9 713万元。较好地完成了年初的工作目标。

1995年，市纺织局系统开发四新产品1 106种，实现产值4.5亿元，销售收入4亿元，创利税2 418万元。自营出口创汇5 299万美元，比1994年增长4.66%。全年新办三资企业8户，合同外资额235万美元，完成外资调入额251万美元。

通过结构调整，分割重组，固定资产增加1.9亿元，资产负债率下降29.16个百分点，卸掉包袱7 000万元，分流富余人员5 056人，节约工资总额1 100万元。

（范昆）

【扩大自营出口】 1995年，沈阳市纺织工业管理局完成出口供货值60 342万元。其中，生产企业自营出口3 488万美元，占全局出口供货的47.98%，比1994年增长15.5%。

局属生产企业的自营出口虽然起步晚，但是步子大，效果好。1992年，沈阳第二印染厂、沈阳第一毛纺织厂、沈阳第二毛纺织厂向国家申请自营权，1993年开始自营，到1995年底又有沈阳绒线厂、沈阳毛巾厂、沈阳纺织厂、沈阳黎明服装（集团）公司等企业得到了国家赋予的进出口自营权。目前全局享有进出口自营权的生产企业达到7家，自营出口创汇达1 769万美元。

沈阳纺织厂以诚待客、以质求胜，发挥自营权的优势，避开国内疲软的市场，自营出口仅运行2年就创汇832万美元，为企业减亏千万元。

沈阳黎明服装（集团）公司是以沈阳黎明高级服装厂为主体，以企业的进出口公司和国际运输公司为双翼的跨行业、跨地区，集科、工、贸于一体的实业集团，于1995年组建。集团不惜重金招聘外贸人才，投入30多万元聘用各类专业技术人员20多名。利用一切可以利用的机会同外商广泛接触，广交朋友。已与美国、日本、德国、韩国、香港等20多个国家和地区的客户建立了贸易关系，产品自营销往到欧美、东南亚、中东、澳洲等地。

（杨学雁）

【优化企业资本结构】 1995年沈

阳市纺织工业立足于“抓住机遇，深化改革，扩大开放，促进发展，保证稳定”的大局，提出“稳定棉纺，抢救毛纺，调整服装”的工作方针，实施“减量增值”的对策，优化企业资本结构，对国有企业进行资产重组，负债重组，坚持“抓好大的，救活小的”工作原则，抓重点稳定全行业。

一是贯彻“稳、抢、调”方针。对企业进行全面分析解剖，引导企业抓住牛鼻子问题，转变经营思路，实现减量增值。经过共同努力，全局棉纺企业持续稳定，毛纺重点企业开始复苏，服装行业完成了调整任务。棉纺行业健康发展，沈阳纺织厂、第二印染厂、第二绒线厂以市场为导向，以管理为主题，以新产品开发为重点，取得显著的经济效益；沈阳绒线厂、经编厂、毛巾厂、床单厂等棉纺企业产品不断增值，开始步入良性循环。1995年棉纺企业工业总产值实现71 540万元，比1994年增长6.7%；销售收入实现85 171万元，增长11.89%；经济效益同期比有较大幅度增长。毛纺行业经过一年的重点抢救，已初见成效，沈阳第一毛纺织厂，年初生产经营已无法维持，企业全部停产，通过调整企业领导班子，加大新产品开发力度，企业已见生机。服装行业经调整，服装公司完成了转属工作；局筹备组建了黎明高级服装厂为核心企业，吸纳黎富服装有限公司、黎和服装有限公司、丰黎服装有限公司、鞍山丰明服装有限公司为紧密层企业，突出“三名”效益和科工贸一体的沈阳黎明服装集团，目前集团运营良好，发展顺利，并准备兼并沈阳第二毛纺织厂。

二是加速企业转机建制。对沈阳绒织厂等5户企业实行了局部停产整顿政策，经扶持，4户企业开始复苏。对沈阳第二绒织厂、沈阳毛巾厂实行资产和债务重组，分割经营，卸掉近7 000万元包袱，新厂已轻装上阵。

三是实行一厂一策达标升级。全面推行企业经济状况ABC分类升级办法，根据企业经济状况一厂一策，抓住产品增值能力这一核心问题，采取可行措施，局领导分片负责，促进企业升级，年末有7户企业进入A级，生产经营良性循环，占企业总数的24%；4户企业由C级进B级，占13.8%，严重困难的C级企业下降11%，通过升级活动，大多数企业能够根据市场规律实施正确的决策程序，提高了企业盘活资产和融资能力。

（*修春波*）

【大力开发新产品】 1995年，沈阳市纺织局全面贯彻“科学技术是第一生产力”的指导思想，围绕经济工作，实施“三名”战略，加速产品结构的调整。

一是鼓励有名牌产品的企业优势扩张，充分挖掘闲置资产。

二是对重点项目在资金、政策方面进行重点倾斜和支持。

三是普遍要求各企业大力开发名优新产品，采取可行措施，增加产品技术含量，提高产品附加值。

四是加强组织协调，加快企业走产学研联合开发新产品的发展道路。

五是制定和实施奖励政策，调动和鼓励工程技术人员的积极性，推动全局技术进步。

全年共开发新产品、新品种305种，完成计划的101.6%；新花色、新款式801种；实现四新产品产值4.5亿元，占工业总产值的40%；实现销售收入4.16亿元，占全局销售收入的40%；实现利税2 418万元，为计划的100.7%。市考核的产品质量稳定提高率90%，市级以上质量指标抽查合格率80%，全局质量稳定提高率85%。全年有28种产品列入市级以上科研、新产品攻关计划，并通过签定批量投产；54种产品获省、市人民政府科技进步奖、优秀新产品奖。

沈阳第二纺织机械厂FA708并纱机通过市科委鉴定，技术先进性得到中国纺织总会等有关方面及用户的肯定和重视；帷俏针织制造有限公司开发的高吸水超柔软生物酶处理的高档浴衣、第二毛纺织厂开发的防油防水功能性面料等新产品，在国内外市场上均产生一定影响；第二印染厂开发的砂洗灯蕊绒产品获市政府科技振兴奖；黎富服装有限公司生产的黎富牌西装、绒织厂生产的信鸽牌纯棉经平绒被市人民政府评为沈阳市名牌产品。

（*李景弟*）

【沈阳纺织厂】 沈阳纺织厂创建于1921年，已有75年历史，是东北地区最早的棉纺织企业。建国以来，经过不断的更新改造，工厂发生了巨大变化。特别是改革开放以来，在计划经济向市场经济转换过程中，沈阳纺织厂坚持转变观念，对内狠抓管理，从严治厂；对外狠抓市场，灵活经营。使企业从困境中走向发展，成为沈阳纺织工业的排头兵。

沈阳纺织厂是沈阳市人民政府列入首批搞活国有大中型企业100户的重点企业，是辽宁省现场管理红旗单位，辽宁省先进企业。1995年4月中国纺织总会授予沈阳纺织厂“全国纺织工业先进集体”、“全国纺织工业双文明建设先进企业”称号。1995年中共沈阳市委、沈阳市政府授予沈阳纺织厂为“文明单位”、“先进集体”、“出口创汇明星企业”等称号。有着光荣革命传统的沈阳纺织厂，历经沧桑，现已发展为国有大一型企业，成为沈阳纺织工业的主要支柱产业。

沈阳纺织厂拥有棉纺纱锭13万枚，宽幅织机1 300台，拥有先进的技术与设备，各项经济技术指标都高于部颁标准，部分产品采用国际标准。年生产各种纯棉、化纤、混纺纱1.5万吨；纯棉、化纤、粘麻布2 500万米。年销售收入为3.6亿元，自营出口创汇538万美元，出口交货值1.7亿元。在经营交往中，沈阳纺织厂坚持质量第一、信誉第一的经营方针，产品90%进入国际市场，远销美国、韩国、西欧等国际市场，赢得了中外客户的信赖和赞誉。

1995年，在全国棉纺企业面临原料短缺、价格上涨、市场萎缩、效益下降、不能维持正常生产的大环境中，沈阳纺织厂严格贯彻以市场为导向的经营方针，及时调整产品结构，紧紧抓住原料采购、产品销售和资金3条经营主线，坚持以管理为本的治厂方针，开展以经济效益为根本目的的攻坚战，在消化全年增支减利3 600万元的基础上，正常安排生产，做到设备不停一个锭、工人不放一天假，取得了较好的经济效益，开创了沈纺历史上最辉煌的业绩。

沈阳纺织厂坚持企业技术进步，坚持以管理为本，严字当头，情融其中，营造企业良性环境，企业管理工作一年上一个新台阶。坚持走“主业精，富业兴”的道路，大力发展第三产业，调动一切可以为企业减轻负担、增加效益的力量，第三产业办得红红火火。全年仅第三产业部门为企业减轻负担、创利达730余万元。

（王东兴）

电力工业

【“八五”期间供电发展回顾】 “八五”期间是沈阳电业局（沈阳供电公司）历史上迅速发展的重要时期，深化改革和建设发展相互促进，各方面工作有了长足的进步。

沈阳电业局“八五”期间发展的情况（1995年与1990年对比）是：66－500千伏送电线路回长由1 630公里增到1 830公里，增长12.27%。其中：220千伏送电线路回长由717公里增到873公里，增长21.75%；66－500千伏变电所由45座增到50座，变压器总容量由364.6万千伏安增到440.18万千伏安，增长20.7%。其中：500千伏变电所1座，变压器总容量75万千伏安；220千伏变电所由7座增到10座，变压器总容量由152.3万千伏安增到212.3万千伏安，增长39.4%。新建的3座220千伏变电所变压器总容量为42万千伏安；66千伏变电所由37座增到39座，变压器总容量由137.3万千伏安增到152.88万千伏安，增长11.3%；随着城市住房改造建设，到1995年10千伏住宅小区变电站达到407座，变压器总容量为30.6万千伏安。沈阳电业局固定资产原值由5.96亿元增到21.05亿元，增长2.35倍，净值由4.07亿元增到14.78亿元，增长2.63倍。年供电量由55.1亿千瓦时增到77.8亿千瓦时，增长41%；年售电量由52.98亿千瓦时增到74.6亿千瓦时，增长40.8%；地区供电最高负荷由85.3万千瓦增到139.1万千瓦，增长63%；直接计量供电户数由90.88万户增到106万户；售电收入由4.08亿元增到21.12亿元，增长3.18倍；上缴利税由5.5亿元增到19.9亿元，增长2.6倍；全员劳动生产率由52 844元/人增到100 824元/人，增加90.8%。集体企业由41个增到160个；固定资产原值由2 584万元增到11 237万元，增长3.35倍；产值由1.07亿元增到4.9亿元，实现利润由1 441万元，增到3 487万元，分别增长3.58倍和1.42倍。

“八五”期间，沈阳电业局在安全文明生产方面，未发生特大和重大事故，未发生人身死亡事故，千人轻伤事故率，送、变、配电事故率，均低于上级考核指标，实现百日无考核事故周期11个，创410天的历史最高安全记录，连续47年无生产火灾事故，1993年以东北电管局“安全、文明生产达标”检查验收，并宣布沈阳电业局为“东电供电达标单位”。在科技进步方面，围绕安全生产、经营管理、节能降耗等方面的关键技术问题，开展技术改关、合理化建议与技术改进活动，有效地推进了沈阳电业局的生产发展和技术进步。5年来共完成科技成果206项，其中东电级成果23项，沈阳电业局级成果188项，科技成果直接产生经济效益1 500多万元，5年间全局被采纳的合理化建议2 102件，获金质管理成果118项，申报批准的专利12项，获省、市奖的技术论文138篇。在电网整体技术装备和安全生产方面，大力采用六氟化硫、真空等新型断路器和有载调压变压器，开发组合式全绝缘配电变压器、变台程序锁和配电线路故障自动检测传输系统，推广应用硅橡胶合成绝缘子等。在新产品开发方面，制造66－220千伏电流、电压互感器、“神力达”系列绝缘架空电缆、玻璃钢箱式配电站、10－66千伏钢管铁杆等。以计算机管理为龙头，全面推进企业管理现代化、全局拥有在线运行计算机、微机共278台。电网调度实现综合自动化，建成一座集控站，使5座66千伏变电所实现远方控制。33个售电站实现微机化管理，其中21个实现站内联网。设计院完成CAD辅助设计系统。负荷控制系统投入539套遥控装置和定量器，可控制全市37%的电力负荷。

5年间全局职工以“实干高效、开拓创新”的拼搏精神，在“两个文明建设”中取得一定成绩。沈阳电业局1992年荣获全国“五一”劳动奖状，先后有19个单位跨入省、市级文明单位行列。沈阳电业局先后被评为辽宁省及东电“供电系统规范化优质服务先进单位”和“思想政治工作优秀企业”。

“八五”期间，沈阳市农电系统发展很快，1993年随着沈阳市行政区域变动，康平、法库县供电局划归沈阳市农电局。全市农网结构进一步完善，新建66千伏变电所20座，包括改造的变电所共增加变压器容量21.27万千伏安；新建和改造的66千伏送电线路增加312公里；高、低压配电线路12 370公里，购电量、售电量分别比1990年增加76%、75.9%，趸售收入比1990年增加3.64倍。

“八五”期间，沈阳地区供电设备（含沈阳电业局、市农局和用户管理）经过5年建设改造，有了很大发展（1995年与1990年对比），主要是：500千伏送电线路由29公里，增到85公里；220千伏送电线路由772公里，增到928公里；66千伏送电线路由1 761公里，增到2 093公里；500千伏变电所1座，变压器总容量75万千伏安；220千伏变电所由7座，增到10座，变压器总容量由152.3万千伏安，增到212.3万千伏安；66千伏变电所由133座，增到164座，变压器总容量由272.4万千伏安，增到320.5万千伏安；10千伏及低压配电线路由23 910公里，增到36 381公里；10千伏配电变压器由148.1万千伏安，增到246.08万千伏安。1995年住宅小区变电站达407座，变压器总容量30.6万千伏安，满足了沈阳市工农业生产和居民用电的需要。

（马家润）

·电力供应·

【概况】 沈阳电业局(沈阳供电公司)是电力工业部国有特大型供电企业,隶属东北电业管理局(中国东北电力集团)。担负沈阳市的9区4县(市),总面积12 980平方公里的供电任务。1995年全市直接计量供电106万户。全年供电量77.8亿千瓦时,售电量74.6亿千瓦时,分别比1994年增长2.4%、2.39%。固定资产原值21.05亿元,净值14.78亿元,分别比1994年增加23.5%、25.6%。上缴利税19.93亿元。沈阳电业局(含市农电局、市路灯管理局、沈阳电业多种经营总公司)共有职工9 950人(其中:全民职工5 854人、集体职工4 096人)。沈阳地区最大电力负荷达139.1万千瓦,电源主要来自东北电力主网,沈阳市内的沈海热电有限公司装机总容量40万千瓦,沈阳热电厂装机总容量10万千瓦,地方66千伏并网的电厂——沈阳抗生素电厂、沈阳钢铁总厂金山电厂装机总容量4.8万千瓦。位于皇姑区塔湾街新建的皇姑热电厂装机1.2万千瓦机组2台,计划1996年初并网发电。

1995年沈阳地区供电设备(含电业局、市农电局及用户自管),有供电线路:220—500千伏送电线路1 013公里;66千伏送电线路回长2 098公里(亘长1 931公里);10千伏配电线路回长12 204公里(亘长11 931公里);10千伏以下配电线路24 177公里。有变电设备:500千伏变电所1座,变压器总容量75万千伏安;220千伏变电所10座,变压器总容量212.3万千伏安;66千伏变电所164座,变压器总容量320.5万千伏安;10千伏住宅小区变电站407座,变压器总容量30.6万千伏安。1995年新建220千伏,18万千伏安祁家一次变电所,220千伏浑河一次变电所更换了沈阳电业局第一台24万千伏安的大容量变压器(净增容量6万千伏安)。还新建和改造了部分供电设备,保证了沈阳地区生产、生活发展的用电需要。

1995年认真贯彻《劳动法》,沈阳电业局全民职工签订了劳动合同。落实了东北电管局的住房制度改革方案。根据生产需要调整了部分机构。理顺了多经企业体制,扩大股份制试点面。特别是1995年12月28日国家颁布的《中华人民共和国电力法》,自1996年4月1日起施行,是我国建国以来的第一部电力大法,我国从此走上以法律为依据办电、管电、用电的道路。

沈阳电业多种经营总公司实现新的突破,各类企业发展到160个,完成产值4.9亿元,实现利润3 487万元,分别比1994年增长47%、34.7%。

沈阳市农电局全年完成购电量11.88亿千瓦时,售电量11.28亿千瓦时,趸售收入8 467.2万元,分别比1994年增长7.01%、6.39%和3.6%。多经企业全年完成产值1.22亿元,利润1 032.4万元,分别增长35.7%、29.3%。

1995年沈阳电业局全体职工经过努力拼搏,进行积极、扎实、富有成效的工作,在安全文明生产、电网建设改造、加强经营管理、优质服务、坚持科教兴企、发展多种经营等方面做了大量工作,取得一定成效。1995年沈阳电业局先后被部授予全国电力系统“二五”普法先进单位,被东北电管局授予“规范服务先进单位”、“营业先进单位”,被沈阳市评为先进单位、安全生产先进单位等14项荣誉称号。在沈阳地区遭受百年不遇的特大洪水灾害面前,全局职工团结一心,顽强拼搏,取得抗洪抢险保供电的胜利,受到电力部、省、东电及沈阳市委、市政府和广大人民群众的肯定和高度赞扬。被东电授予抗洪抢险、安全渡汛先进单位,浑河一次变电所、辽中供电局被东电和沈阳市政府评为抗洪救灾先进集体。

(马家润)

【转换机制,强化管理】 沈阳电业局为强化专业管理,调整行政机构,减人增效。1995年组建成立试验所、继电保护所、房地产处、电力修配厂,撤销电力设备工程局。3月1日组建的建行沈阳电业办事处储蓄所开始营业。5月5日组建的东电财务公司业务二部正式成立,全部工作由沈阳电业局内部银行承担。为加强行业宣传报导,成立了沈阳电业电视台。沈阳电业局在苏家屯区佟沟乡的荒山子建设渡假村,完成第一期工程,12月建立了“紫薇仙庄渡假村”(又名北方第一村)。2月电缆工区更名为电缆工程局,5月审计室更名为审计处。4月沈阳市路灯管理局撤销城东、城西路灯管理局,分别成立路灯维护处和工程处。3月调整、理顺了多经管理体制,电气安装公司合并到多经总公司,实现了多经企业统一归口管理。为完善行业市场监督机制,9月成立了内部市场监理处,加强了内部市场的管理、监督与协调,规范了行业市场管理。根据市内供电区域,重新划分了各供电局的业务范围。10月建成沈阳电业局第一个大成集控站,使66千伏肇工、重工、启工、羊吉、工农5座变电所实行远方控制无人值班,变电运行操作队开始运作。

制定了1995—1998年减人增效工作方案,1995年沈阳电业局直属职工3 726人,已累计拨离1 451人,占职工总数的38.9%,年人均数由1994年的2 645人减至2 234人,减少15.5%。实行每周5天工作制后,对轮班岗位的职工,结合沈阳电业局实际情况,制定了《关于工作时间计算及安排职工加班的暂行办法》。市农电局对乡电管员和农村电工队伍进行了整顿,更换乡电管员4人,精减农村电工37人,更换12人,并对全市7 500名农村电工进行了培训,重新核发了电工证,提高了农村电工队伍素质,减轻了电管站的开支。

(马家润)

【加快电网建设改造】 1995年,沈阳地区电网进行了建设和改造。沈阳电业局全年完成基建工程15项,送变电更改、业扩工程完成72项。新建的220千伏祁家一次变电所于10月18日正式投入运行,安装220/66千伏,18万千伏安变压器1台,66千伏电力电容器2万千伏,220千伏由祁虎线、热祁线受电,66千伏送出8回线。新建66千伏王纲变电所,11

月21日投入运行，安装66/10千伏，0.8万千伏安变压器2台，由66千伏文五线受电，10千伏送出4回线。66千伏三好室内变电所7月开工，于1996年1月3日正式投入运行，安装66/10千伏，3.15万千伏安变压器1台，由66千伏浑马东线受电，10千伏送出4回线，缓解了南湖科技开发区用电紧张的局面。新建的66千伏陕西、杨士、郑家、中街、下深变电所已建成，正在进行验收检查等工作。66千伏新北站变电所土建工程已完工，正在等待国外进口设备安装调试。220千伏于洪一次变电所土建工程于11月全部完成，正在安装设备。

为解决220千伏浑河一次变电所过负荷问题，将2号18万千伏安变压器更换为24万千伏安(净增容量6万千伏安)，该所66千伏傍路母线进行了改造。220千伏虎石台一次变电所配合电网扩建工程，增设220千伏清虎线和红虎线，更换26面保护盘和23面控制盘，安全过渡到新控制室。该所还更换220千伏断路器2组，220、66千伏隔离开关42组，使该所设备全部实现国产化。为解决市内部分66千伏变电所过负荷，马路湾变电所增设3.15万千伏安变压器1台。长青、工农变电所原1.6万千伏安变压器更换为3.15万千伏安；桃仙、新民变电所原0.8万千伏安变压器更换为1.6万千伏安。66千伏系统净增变压器容量7.85万千伏安。由于220千伏祁家一次变电所的建成和新建的66千伏变电所等，对220千伏和66千伏送电线路进行了大量建设改造。10千伏配电网改工程完成67项，大修工程完成25项。新增10千伏住宅小区变电站78座，变压器总容量6.6万千伏安。

沈阳市农电局基建工程完成投资1 725万元，更改工程完成投资1 800万元。新建的工程：66千伏新城子区道义变电所，安装66/10千伏，1.6万千伏安变压器2台；法库县包家变电所，安装66/10千伏，0.315万千伏安变压器1台；康平县胜利变电所，安装66/10千伏，0.63万伏安变压器1台，及相应的送、配电线路。66千伏于洪区平罗变电所、新城子区全胜变电所已基本建成。部分66千伏变电所进行了改造调整，部分66千伏送电线路和10千伏配电线路等进行了建设、改造、提高了供电能力。4个县区进入国家电气化达标行列。

用户自管的送、变电设备。1995年油田在新民新建66千伏边台变电所，安装66/6.3千伏，0.5万千伏安变压器2台。自来水总公司在东陵区新建66千伏南塔水源地变电所，安装66/10千伏，1万千伏安变压器2台。电业局在苏家屯区渡假村新建66千伏变电所，安装66/0.4千伏，630千伏安变压器1台。新建66千伏送电线路21公里，改造、调整了9座变电所和11条送电线路。

路灯建设不断发展，全市共有路灯33 939盏。市路灯管理局配合市政建设，全年完成路灯建设改造工程投资324万元。完成西塔小区、浑南产业开发区等10项路灯新建工程；完成工农桥、浑河大桥、东陵路、太原南街等42项路灯改造工程。全年共架设绝缘把线51.3公里，敷设地埋电缆2.16公里，新设电杆568根及变压器、开关箱50台，更换各类灯具1 147个等。亮灯率年均达97.3%，在16大城市路灯单位评比中，被评为先进单位。

(*马家润*)

【强化安全文明生产】 1995年沈阳电业局实现两个连续百日无考核事故周期，全年未发生重伤及以上和触电事故，未发生重大及以上设备事故和大面积停电事故，供电可靠率达99.78%。无生产性火灾事故纪录达16 721天。市农电局未发生人身轻伤以上事故。路灯管理局、多经总公司均实现了三个百日安全周期。22千伏特大型浑河变电所实现安全运行6 126天。6座一次变电所达到无渗漏变电所标准。全局1 036台机动车(其中：电业局527台、多经总公司299台、路灯管理局63台、市农电局147台)全年未发生重大及以上交通事故。

认真贯彻落实上级有关安全工作指示和要求，开展了全国第五次“安全生产周”活动，以“治理隐患，保证安全”为主题，制定安全措施，提出23条安全生产口号，提高了职工“我要安全”的意识和“我保安全”的责任。加强安全培训教育，组织全局职工进行安全规程考试。组织干部学习新颁《电业生产事故调查规程》，进行中层干部安全资格认证培训与考核。由于1995年上半年发生3起变电误操作事故，沈阳电业局被东电撤销网局达标企业称号。针对13个月发生5次误操作事故，开展了安全大讨论，认真反思，找原因，挖根源，查责任，订措施，并对事故责任者认真严肃处理。从中吸取教训，较快地扭转了安全滑坡，稳定了安全生产局面，到1995年底实现连续安全生产233天。针对安全生产关键环节，经过认真讨论修改，制定了《沈阳电业局加强班组安全建设的实施细则》，进一步明确班组安全管理内容、目标和考核规定以及166个作业危险点和211条控制措施。颁发了《关于防止误操作的规定》。组织各单位层层签订安全生产目标管理责任状，并在全局主要生产和管理人员中开展了安全风险抵押活动。结合沈阳气候特征，对全市供电设备组织了“春、秋两季”安全大检查，提高设备健康水平，保证了电网安全运行。由于对安全文明生产作了大量工作，11月经东电复查，恢复了沈阳电业局网局达标企业的称号。

(*马家润*)

【加强管理，提高效益】 1995年，沈阳电业局根据沈阳地区用电负荷调查和预测，编制了沈阳地区“九五”电网建设规划，对20座220、66千伏变电所进行了前期工作，开展了东部500千伏变电所选址及审定工作，为沈阳市经济发展、生产、生活用电，作了前期准备工作。

依据东电“一包、两挂、六考核”新的承包机制，制定了“沈阳电业局1995年度内部经营管理责任承包实施方案”，核定承包基数，明确目标、责任和指标考核办法，并与工资总额挂钩，实行风险抵押等。各基层单位领导与局领导签订了承包合同，较好地完成了各项经济指标。全年完成售电量74.6亿千瓦时，超额完成东电下达的承包基数(72.24亿千瓦时)3.3个百分点。售电平均单价每千千瓦时实现304.43元,比1994年增长12.68元,售电收入完成21.12亿元,增长10%。查处违章、窃电罚款收入810万元,为年计划的2.48倍。累计安装峰谷分时计费电能表4 315块,达到考核的要求。累计实现33个购电站微机化管理,微机购电户数达80万户,占居民用户的75.5%。还选择沈化、东药等五大用户实行营业自动化购电试点,效果良好。1995年新装双向负荷控制装置52台,使负荷控制装置达到539台,可控制全市电力负荷的37%。按照电耗导则对235家479项用电产品(值)单耗进行了考核,全年节约电量1.43亿千瓦时,超额完成全年计划的10%。1995年完成利润包干15 864万元,超考核指标的48.6%。劳动生产率实现100 824元/人比1994年增长22.8%。

电费回收实现包保责任目标,面对经济环境偏紧,在电费回收极为困难的局面,采取分解电费回收责任目标,建立电费回收目标考核制度。召开全市欠费大户专题会议,与欠费大户签定还款协议,全局营业人员努力工作,依据政策对欠费用户执行封、停、限措施,促进了电费回收,当年电费回收率100%,1994年陈欠电费回收52.2%,比东电考核指标超额完成2.2个百分点。

加强优质服务和行风建设,年初制定出"沈阳电业局优质服务中长期规划及1995年实施计划安排",围绕规范服务作风和展示良好形象、质量、环境建设、科学管理等方面作出明确规定和具体措施。把售电站、修理班做为窗口基础建设,开展售电站、修理班优质服务升级达标活动,制定了考核标准细则,通过明查、暗检对全局售电站、修理班进行全面检查评比,评出10个一级、23个二级班站,对一级班、站挂匾表彰,二级班、站给予表扬,对三级和不合格班、站点名批评,限期整改。整顿营业基础工作,以营业标准化为重点,加强业务培训,进行达标整改,有3个供电局被东电评为营业标准化供电局。由于坚持动态考核,加强培训,促进了窗口人员素质提高。沈阳电业局被东电评为规范化服务优胜局,被省命名为规范化服务先进单位。

(*马家润*)

【坚持科教兴企】 1995年沈阳电业局用于科技开发的资金89万元,完成科技项目12项。为适应"科技兴局"的形势,广泛开展全局的群众科普工作和科普活动,经沈阳市科协同意,组建沈阳电业局科学技术协会。为加强科技管理,修订了"沈阳电业局科技管理办法",制定了"科技管理办法实施细则"和"沈阳电业局'九五'期间科技进步规划"等。1995年WZX—01型微机中央信号装置和"神力达"系列10千伏架空绝缘电缆二项获东电科技成果奖;供电局营业配电现代化管理系统科技成果上报电力工业部;沈阳电业局科技成果35项。"供电设备诊断检修制"、"和平供电局配电管理现代化"分别被评为沈阳市现代化管理二等和三等奖。改造文成一次变电所中央信号系统、66千伏电缆护层充氮气抽真空排潮被市质量管理办公室评为三等奖;防误装置机械联锁被东电评为优秀全质管理成果;沈阳电业局发布全质管理成果24项。

开发和推广的科技项目主要是:数字传输系统的固体电能表,可解决窃电、逐户抄表,实现集中抄表的问题;硅橡胶合成绝缘子、全封闭组合式配电变压器台已挂网试运行;组织开发了高压断路器故障记录仪、SF6微水控制装置、玻璃钢箱变及配电线路故障自动检测装置等。计算机重点应用开发了供用电管理、送变电管理、财务、物资、基建、后勤综合服务管理信息系统等,于系统的内容更加丰富,功能更加完善。如新开发的局机关办公自动化系统,局职工档案综合管理信息系统,局领导查询、辅助决策系统等,已投入试运行。固定资产管理软件已在全局推广应用。售房管理信息、承发包工程管理、部分供电局低压发行管理等软件已投入使用。

为加强电力系统职工培训教育工作,沈阳电业局培训教育基地,主楼和附属工程13 308平方米全部完成,已投入使用。经市劳动局批准成立了"沈阳电业局职业技术学校",经省劳动厅、市劳动局联合检查劳动部批准并命名为"国家职业技能鉴定所",承担沈阳市电工、维修电工两个工种的职业技能鉴定工作。1995年沈阳电业局轮训党员725人。中层干部108人、管理人员925人、生产人员1 625人进行了岗位培训,经考核后发证。举办各类专业培训班43期,培训1 288人,为多经企业培养大专毕业生26名,招收职工待业子女83名进入中专预科班,外送学习94人。还开展了对社会新电工和电工年检的培训。

(*马家润*)

【强化多种经营】 1995年沈阳电业多种经营总公司进行了经营管理体制改革,实现多种经营统一归口管理,设置12个职能处室,为加速实现产业化、股份制化进程,又增设了工业管理处和股份制工作办公室,已完成8家企业的股份制改造和改组。电缆厂股份制改造,推动了该厂生产经营的发展,年销售额突破2 000万元,被列入1996年国家劳动部百家股份制改革试点单位。多经总公司,积极开发新产品,加快走向市场经济步伐。电缆厂、东兴公司、天拥有限公司、成套设备厂、变压器厂等企业的部分产品营销已走出沈阳地区,海南公司占领三亚电气安装施工市场不断巩固扩大。多经总公司整体素质不断提高,在17家工业企业中有13家企业的产品通过了东电验收,获得东电行业市场入网证。电气安装公司在全国500家最大建筑行业评序中被评为最佳经济效益企业第八位。多经总公司在全国万余家电力多经企业中,获电力部"光源杯",是受表彰的10家优秀企业中的多经企业。

多经总公司所属多经企业160个,全公司职工4 153人(其中:全民职工1 179人、集体职工2 974人)。全年创产值4.9亿元,实现利润3 487万元,上缴税金2 222万元,分别比1994年增长47%、34.7%、31.8%。固定资产原值11 237万元,净值8 368万元,分别比1994年增加34%、38.4%。全年安置职工子女就业40人,全民分流职工累计安置1 179人。多经总公司积极组织开发新产品,如天拥有限公司与锦州开关厂联合开发JYN、KYN高压控制柜,同沈阳埃尔凯公司联合开发的多米诺低压控制柜都已投入生产。新开发的玻璃钢箱变主要技术指标已通过市技术监督部门鉴定,产品已投入生产。兴东公司与北京开关厂联合生产的KYN800—10、JYN4—10型新型高压抽屉柜已通过东电鉴定,达到国内同类产品先进水平。电缆厂开发的10千伏加强型架空绝缘电缆和聚氯乙烯绝缘电缆、聚氯乙烯护套电力电缆通过省技术监督部门鉴定,已投入市场。

市农电局多经企业,全年创产值12 215万元,实现利润1 032.4万元,分别比1994年增长35.7%、29.3%。

(马家润)

【沈阳热电厂】 1995年沈阳热电厂充分发扬"团结、求实、奉献、攀登"的企业精神,深化改革,知难而进,努力克服热费收缴困难,资金严重短缺,燃料供应紧张等不利因素影响,强化管理,突出社会效益,较好地完成了各项工作任务。

1.深化内部管理,努力完成年计划。在国家经济环境偏紧,用户经济效益滑坡,拖欠巨额热费的严峻形势下,开源节流,通过完善内部管理,挖潜增效,不断提高企业管理水平。实施《工资总额、目标成本及产量与综合奖挂钩的承包办法》有效地降低了大修费用和维护费用支出。积极筹集资金,先后贷款1 900万元,及时缓解因资金严重短缺造成的减负荷运行和停运机组的被动局面。挖掘生产潜力,合理调整负荷,尽全力满足用户需要,为东北制药集团新增万吨VC生产线提供稳定气源。全年发电量完成60 090万千瓦时,供热量完成741.7百万吉焦,供电煤耗完成359克/千瓦时,多种经营创产值11 411万元。安全生产取得好成绩,实现安全年,打破连续安全生产665天的历史最高纪录,被评为沈阳市安全生产信得过单位,荣获东北电业管理局安全生产先进单位称号。

2.加大科技投入,提高设备健康水平。严格设备检修质量管理,加强金属及压力容器监督,增加科技和更改项目资金投入。结合2#、4#机组大修开展争创无漏泄企业活动,发现并处理了2#汽轮机第八级叶轮键槽裂纹等重大设备缺陷,设备健康水平进一步提高。1#、2#机组继1991年退役后,又通过东北电业管理局鉴定,同意继续运行,为铁西区250万平方米居民住宅冬季供暖提供了可靠的保证。交互式供热微机计量监控管理系统通过国家鉴定,填补国内空白,为热网实现科学管理和经济运行创造极有利的条件。

3.三期扩建工程取得突破性进展。三期扩建分两步走,先上一机两炉的方案获沈阳市政府和东北电业管理局的批准,7月份正式签定投资意向书。主要资金来源是3 000万美元的第四批日元贷款和沈阳市政府、东北电业管理局投资,项目建议书于9月份报送国家计划委员会。为解决灰渣排放难的问题,抓紧粉煤灰综合利用基地建设,环评工作通过省、市环保部门审查。融渣剂生产线9月份投入生产。

(张安)

【沈海热电有限公司】 1995年,沈海热电有限公司继续发扬"团结拼搏,务实奉献,从严高效,争创一流"的企业精神,完成发电量25.0239亿千瓦时,比合同规定电量超发1.0239亿千瓦时,实现供电量23.2141亿千瓦时,实现供热量309.38万吉焦,比1994年增加52.87万吉焦,实现供热面积650万平方米,增加50万平方米。全年实现销售收入6亿元,增加收入3 346万元,实现利润2.18亿元,全员劳动生产率完成14.74万元/人·年。

依靠科技进步,围绕生产,广泛开展科技节能、环保工作,全年完成科技项目10项,其中污水回收重复利用工程每小时可节水200吨,节电130千瓦时,减少了污水排放量,这一项就可节省费用45万元,风扇磨润滑及冷却系统改造后节电40万千瓦时,正是由于注重科技进步,才使得在环保、节能等方面的指标更上一个台阶。完善企业人事制度,加强企业财务管理,控制费用支出,降低材料消耗、降低燃料成本、定期召开经济活动分析会,仅维护费用按可比口径全年节约资金约18万元,追回质价差煤款300万元,挖掘内部潜力,以最大限度来提高经济效益。

1995年,随着对外交往的不断扩大,知名度不断提高,来公司参观学习的人络绎不绝,全年共有国内20多个省份2 000多人来公司考察,国外有10个国家和地区的80多人来公司参观,对公司的发展及公司的管理都给予了很高的评价。

1995年,沈阳市遭受百年不遇的特大洪灾,洪水冲毁公司水源地两眼供水井,冲倒供电线杆,冲断供水管路,使机组被迫停机,险情发生后,公司上下不等不靠,果断决策、精心布置,当时正值#1机组进行小修,一方面抢修管线,保水源,恢复发电,一方面抓紧#1机组小修工作,经过连续两个昼夜的艰苦奋战,共铺设临时管路280多米,临时电缆3 000多米,加固2米高的护堤近30米,使22眼供水井中的9眼井恢复供水,将洪水造成的损失降到最低限度,取得圆满胜利,并得到省、市领导的充分肯定。

精神文明建设也取得了丰硕的成果,按照"两个文明一起抓,两手都要硬"的方针,坚持公司领导中心组学习制度,坚持重大事件职代会讨论原则,坚持领导干部的廉政建设,全年共获得东北电业管理局思想政治工作先进单位、东北电业管理局先进工会、东电局10KV以上大修优胜机组单位、沈阳市效能监察先进单位等荣誉称号,并在全国500强企业中排名第212位。

一年来,公司深入开展创一流工作,对照部颁标准及要求,不断总结经验,强化安全管理,加强设备缺陷治理,严格考核,在正常工作时使设备始终处于良好状态运行,在机组临检和节检中,各部门齐心协力,连夜奋战,保证了机组全年可利用的小时数,为完成合同规定的电量奠定了基础,为提高全年经济效益提供了条件。

(李忠)

石化工业

【概况】 沈阳的化学工业历史悠久,门类较为齐全,生产的产品种类繁多,拥有基本化学原料制造业、化学肥料制造业、化学农药制造业、有机化学产品制造业、专用化学产品制造业、日用化学产品制造业等诸行业,近年来沈阳市化学工业通过不断挖潜革新,不断提高产品档次,努力试制与生产适销对路的产品,创出了一系列享誉国内外的名牌产品,比如:沈阳橡胶三厂生产的和平牌轮胎、永新——沈阳化工有限公司生产的烧碱、环氧树脂、沈阳胶管总厂生产的消防水带以及沈阳有机化学厂生产的离子交换树脂等产品都是国家级名牌产品。

1995年,全市共拥有独立核算的化学工业企业397家,较1994年增加了5家单位,在这397家工业企业中基本化学原料制造业59家,化学肥料制造业23家,化学农药制造业10家,有机化学产品制造业135家,合成材料制造业25家,专用化学产品制造业88家,日用化学产品制造业57家。1995年全市化学工业拥有职工48 541人,占全市职工总人数的3.78%,在职职工中大专程度以上的人员占全行业人数的9.1%,高于全市该比例0.8个百分点,拥有中高级职称的职工为2 626人。

1995年沈阳市化学工业全行业共实现工业总产值26.78亿元,较1994年提高了10个百分点,占全市完成总数的4.9%。1995年独立核算的化学工业企业年末资产合计为50.34亿元,占全市年末资产总计的4.29%,拥有的国家资产原值为25.62亿元,其中生产经营用的固定资产原值为16.49亿元,固定资产净值为19.36亿元。1995年化学工业共实现销售收入25.25亿元,较1994年提高了22.87%。1995年沈阳市化学工业实现利税1.33亿元,占全市利税总额的3%,较1994年减少了160万元。1995年全市化学工业负债总计为34.18亿元,其中流动负债为26.89亿元,较1994年增加了6.21亿元,长期负债为7.12亿元,较1994年减少了13.56亿元。

1995年,化学工业共生产化肥5.28万吨,其中氮肥1.02万吨,磷肥4.26万吨,生产合成复合肥料8.3万吨,烧碱11.92万吨,硫酸7.92万吨,盐酸13.79万吨,油漆1.99万吨,化学农药0.29万吨,化学试剂0.71万吨。

(*赵思滕*)

【市石化局】 1995年沈阳市石化局经济工作遇到了严重的困难,资金短缺,原材料涨价,增支减利因素增多,企业开工不足,生产组织协调难度加大。面对诸多困难,广大干部群众立足于"抓住机遇,深化改革,扩大开放,促进发展,保持稳定"的大局,广泛深入地开展了"进场入轨、兴市富民"的大讨论,进一步解放思想,振奋精神,齐心协力,迎难而上,化解热点和难点问题,使全局的工业生产得以继续进行。综观全局一年来的经济工作主要有以下六个方面的特点:

1.进一步加大宏观调控力度,全局工业生产基本保持1994年水平。工业总产值完成195 177万元,为1994年的93.2%;销售收入完成177 491万元,为1994年的100.3%;实现利润按可比口径计算完成22 998元,为1994年的114.4%;出口交货值完成28 630万元,为1994年的101.8%。

2.进一步加快产品结构调整步伐。实施名牌产品和科技兴局战略初见成效。全年开发新产品104项,投产101项,新增产值8 400万元,创利税2 100万元。目前,全局已有5种产品被市政府命名为"沈阳名牌产品",另有4种产品已申报市级名牌产品。

3.进一步扩大招商引资领域,外向型经济又有新发展。全年签订合同8项,意向书1项,总投资额4 057万美元,其中利用外资2 711万美元,当年建成合资企业5家。全局累计开办合资企业21家,到位外资3 354万美元;全局有出口企业22家,占全局企业总数84.6%。出口品种达到35种。出口的国家和地区有26个。

4.以搞好国有大中型企业为重点,企业转机建制有了一定进展。一是以沈阳化工厂为核心企业组建了沈阳石蜡化工集团,以沈阳化工建设总公司为核心组建了沈阳化工建设装备集团。目前,两个集团已经市政府批准,进入正式运作时期。二是沈阳胶鞋总厂与新加坡志莫行合资组建沈阳鞋业工业园。目前外商一期投资已到位,正在做开工前的准备工作。

5.以消化增支减利因素为重点,进一步强化了企业管理。1995年全局发生各种增支减利额达3.2亿元。通过采取有效措施,在强化企业管理上行动快、力度大、措施实、有效果,全年消化增支减利因素近2.8亿元,迈出了可喜的一步。

6.进一步加大扭亏增盈工作力度,全局基本保持稳定。将抓好扭亏增盈工作做为全局经济工作的一项重要指标来完成,切实抓紧抓好。经过全局上下的共同努力,目前,全局大多数企业是比较稳定的,特别是集体企业比往年相对稳定了。

(*耿放*)

【资产重组转机建制】 1995年,沈阳市石化局在优化资本结构,转换企业经营机制,产权制度改革等方面,进行了积极探索,使优势企业得以扩张,劣势企业得以重组,减轻了企业负担,增强了企业实力。

1.依托优势企业,组建企业集团。组建了以沈阳化工厂为核心企业,包括蜡化等17户化工企业在内的沈阳化工集团。该集团以产权联接为纽带,以提高规模效益为目的,实现了企业之间的优势互补,带动了局内相关企业的发展,形成了氯碱工业与石油工业相结合,为我国化工行业发展开拓出一条新路。集团组建后,到"九五"末期可实现年产值40亿元,利税14亿元,成为辽宁省化工支柱企业。

组建了沈阳化工建设装备集团。集团的组建,可以逐步实现沈阳化工建设从项目设计、设备制造、产品加工到建筑安装工程的一体化,增强了企业在国际、国内建安市场的竞争能力。

进行了沈阳轮胎集团的论证与筹备工作。拟组建的沈阳轮胎集团以沈阳第三橡胶厂为核心企业，沈阳轮胎总厂等企业为紧密层企业，集团组建后，生产能力可达到全国轮胎行业八强水平。

2.对少数劣势企业依法实施破产、重组。对长期亏损、资不抵债、不能偿还到期债务的沈阳树脂厂、沈阳利民节能燃料厂等企业实施破产，可清理债务总额1.7亿元，分流人员2 880人。上述企业破产后，由具有资本扩张能力的沈阳化工厂等企业实施整体收购，进行资产重组，从而为优势企业进一步增强实力，劣势企业寻找出路创造条件。

3.搞好分割式经营，使企业在调整中谋生存、求发展。依据隔断、相关、分担、趋近、合理、平衡原则对原沈阳石油化工厂的资产和债务等进行了认真分割，将原企业分割为9个具有独立法人资格的企业。

4.转变局机关职能，做好沈阳化工控股公司的筹备与组建工作。沈阳市石化局已向市政府申请授权经营国有资产，组建控股公司，真正实现政企分开。公司组建后，力争在优化资本结构，实现国有资产流动与重组上有突破性进展。

(孙伟)

【强化企业管理】 1995年，沈阳市石油化学工业管理局认真落实市企业管理工作会议精神，动员全局所属企业加强企业管理，开展以领导班子建设、现场管理、质量管理、成本管理、营销与资金管理为主要内容的进档达标活动。

在宣传发动阶段，沈阳——永新化工股份有限公司在全公司范围内组织开展了“摆问题、查漏洞、找差距、定措施”活动，目的就是要正确认识自己，狠找企业管理中的漏洞和管理差距，制定出切合实际的管理目标和措施，增强广大员工的主人翁意识和管理意识。经统计，沈化这次活动共摆查出3 670项管理问题，归纳为21大类，135个倾向性问题，已解决912项，其余将制定措施逐步逐项解决。

在组织落实过程中，沈阳第三橡胶厂紧紧围绕提质降耗，争创名牌，加强企业管理。沈阳第四橡胶厂以转变干部工作作风，加强现场管理为突破口，堵塞各种管理漏洞，推动企业管理全面提高。沈阳长桥胶带有限公司狠抓物质管理，清仓查库，整顿第三产业，完善承包合同，加强资金管理，向管理要效益取得显著成效。沈阳胶管厂，将职工的浮动工资做为奖金使用，按经济责任制考核奖罚，以调动职工的积极性，加大企业管理的工作力度。沈阳轮胎厂、沈阳橡胶机械厂、沈阳有机化工厂等企业都结合本企业实际，选择突破口，制定措施，强化企业管理，努力降低成本，消化增支减利因素。

(蔡跃伟)

【实施名牌产品战略工程】 沈阳市石化局依据沈阳市名牌战略工程的基本构想，并针对石化工业特点，从1994年7月起在全局范围内，全方位实施名牌产品战略工程，并下达了《沈阳市石化局名牌产品战略工程工作方案》。

在前期工作阶段，首先对26户企业119种产品进行分析，从中筛选出30种产品列入1994—2000年石化局创名牌产品规划。7月21日，召开了部分企业主管厂长及专家座谈会。对《石化局实施名品战略工程工作方案》及创名牌规划进行论证，继而召开企业厂长、主管厂长、部门负责人、局机关有关处室负责人会议，全面动员和具体部署名牌产品战略工程。

通过实施名牌产品战略工程，在原基础上使产品质量稳定提高；产品成本稳定降低；企业管理得到重视和提高。其中，永新——沈阳化工厂生产的星塔牌烧碱和糊树脂、沈阳第三橡胶厂生产的和平牌载重汽车轮胎、沈阳胶管厂生产的象牌有衬里消防水带、沈阳有机化工厂生产的鲸牌离子交换树脂，共5种产品荣获沈阳市首批名牌产品称号。其中沈化的糊树脂1995年被评为辽宁省首批名牌产品。尚有永新——沈阳化工厂生产的星塔牌氯蜡、沈阳第四橡胶厂生产的飞宇牌高压钢丝编织胶管、沈阳长桥胶带有限公司生产的长桥牌钢丝绳芯输送带、沈阳模具厂生产的沈模牌轮胎活络模、沈阳农药厂生产的丰收牌磷化铝等5种产品争创沈阳市第二批名牌产品。

(苗春雨)

【企业领导班子建设】 1995年，沈阳市石化局从经济发展和改革开放的实际需要出发，坚持以实绩取人，集中力量对全局企事业单位领导班子进行考核，并对领导班子的现状、存在的问题、整体结构等进行综合分析，按好、较好、一般、较差进行分类，对一些问题较多、打不开局面的班子进行了必要的调整充实。同时在干部使用上，打破了企业类型界限、资历界限、文凭界限，使一批政治素质好、能力强、有开拓进取精神的同志走上领导岗位；大胆使用一些虽然有这样或那样不足，但经营能力强敢闯敢试的干部；对那些不适应市场经济需要的干部坚决进行调整。一年来，全局共调整干部81人，其中提拔32人，降免27人。实践证明，许多重新调整的班子面貌一新，企业重新焕发了生机和活力。

坚持抓好班子思想作风建设。制定了一系列领导干部管理制度，《个人生活重大问题请示报告制度》、《党政一把手离岗请假制度》、《企业党组织参与重大问题决策制度》、《领导班子和领导干部政绩的考核制度》、《进一步加强培养选拔优秀青年干部的意见》等；增强了广大干部的自我约束力，促进了思想作风建设。

在建立一支后备干部队伍的同时又在部分大型企业中掌握了一支储备干部队伍，逐步克服知人不多，知人不深的不足。注重年轻干部培养教育使用。通过举办学习班等形式，提高了青年干部的政治理论、经营管理水平。为使干部早成才，快成才采取了两个途径：途径之一是对一些素质好的干部采取助理的方式，让其跟班见习；途径之二是对一些基本素质好管理经验不足的年轻干部进行多岗位锻炼增长才干。

(刘汝泉)

【加速嫁接改造步伐】 1995年沈阳市石化局在技术改造中，始终坚持以市场为导向，以产品为龙头，以效益为中心，注重盘活现有资产存量，以市场换技术，不断拓展合资合作领域，加快国有大中型企业嫁接改造的步伐。

技术改造全年完成投资21 395万元，竣工项目11项，累计完成投资58 242万元。项目投产后每年可实现新增产值48 825万元，利税13 132万元，创汇300万美元。列入市重点的2个项目也在年内建成投产。如沈阳第三橡胶厂3万套/年特种安全胎，每年可新增产值13 400万元，利润3 358万元，税金1 773万元，节约外汇7 000万美元。其技术水平相当于国际90年代水平，此项目的建成为下一步40万套/年全钢丝载重子午胎的建设打下了坚实的基础。沈化离子膜烧碱项目仅用了9个月的时间进行安装调试，试车一次成功。年内生产出烧碱28 467吨，新增产值4 839万元，利税1 030万元，创汇125万美元。使企业经济又上一个新台阶，出现了产销两旺的局面。

同时，强化技改竣工项目的效益考核管理，促进项目尽快达产达效。1995年又有6个项目实现了达产达标，年新增产值23 773万元，利税7 356万元，创汇546万美元。

在国内资金筹措困难的情况下，把技术改造与利用外资嫁接改造有机结合起来，资金筹措开始向国际化迈进。实现了资金、管理、技术同步引进的目的。签订利用外资合同8项，合同总金额4 057万美元，其中利用外资额2 711万美元。又有5家合资企业正式投产，到目前为止全局已批准的合资企业27家，累计投产21家，占全局直属工业企业总数的80.7%。

已建成的合资企业，经济效益普遍看好，全年合资企业实现产值(现价)142 108万元，税金8 652万元，利润4 415万元，创汇1 456万美元。产值、税金分别占全局的80%、73%，利润是全局实现利润的5.9倍。

与此同时，鼓励企业将闲置的设备、生产线等用于境外投资，在周边国家兴办独资或合资企业。沈阳轮胎总厂与泰国泰和国贸公司、波汶、猜乍伦有限公司合资在泰国设立“泰国华阳混炼胶制造有限公司”经国家经贸部批准正在筹建中。该公司注册资本234万美元，中方以设备、技术作价投入98万美元，占注册资本的42%。80%的混炼胶产品将返销轮胎厂。境外投资企业的建立，使闲置设备得到了充分利用，而且为沈阳轮胎总厂建立了稳定的橡胶原料供应基地

（刘东焱）

【企业科技开发能力增强】 1995年，沈阳市石化局继续坚持“科技兴化”的方针，积极开展科技创新活动，抓好企业的技术进步，新产品开发保持旺盛的发展势头。

全年新产品投产101种，实现新产品产值28 657万元；利税7 027万元；销售收入25 398万元；新增产值14 855万元；新增利税4 158万元。

1.抓基础建设，增强企业科技开发能力。1995年，市石化局对所属企业科研开发机构进行了调查，并采取了相应的措施，保证企业的科研工作正常进行，一些企业的科研机构已具备较高的水平。例如沈阳第三橡胶厂开发的MD－82民用航空轮胎1995年达到了美国航空标准，取得了中国民航总局的技术批准书，拿到了进入国内外市场的通行证，该项目填补了国内空白；沈阳第四橡胶厂1995年通过鉴定的两种新产品：卷帘式煤气柜橡胶密封膜及海上勘探作业橡皮船，均达到国际先进水平。另外，分别挂靠在沈阳胶带总厂的《阻燃橡塑制品中试基地》、沈阳农药厂的《超高效农药中试基地》、沈阳石油化工研究院的《化工新型材料中试基地》建设已通过了市级验收，投入运行，为加速科技成果转化提供了条件。

2.抓重点新产品投产，促进产品结构调整。1995年，加大新产品投产达标的调控力度，加快产品结构调整，使一批水平高、效益好、后劲足的项目尽快发挥了作用，先后有24种拳头产品投产，这些产品投产后，迅速占领市场，形成批量生产，具有很好的市场前景和经济效益。其中产值在1 000万元以上的有5项；500—1 000万元的有10项。

3.抓“产学研”工程，加速科技成果转化。为进一步推动“产学研”工程，通过举办架金桥座谈会等形式，促进企业与科研院所的沟通，取得了较好的效果。在沈阳市计划建立的10个“产学研”示范企业、20个“产学研”示范项目中，沈阳农药厂被列为市级“产学研”示范企业，并已被推荐为国家级“产学研”示范企业，沈阳催化剂厂与大庆石化总厂设计院联合开发的SD石蜡加氢精制催化剂被列为市“产学研”示范项目。

（徐继明）

【加大宏观调控力度】 1995年，沈阳石化工业外部环境偏紧，企业开工严重不足，工业生产举步艰难，面对困难，全行业职工不等不靠、主动出击、克服困难，遏制了生产滑坡，稳定了局势，采取的主要措施是：

1.强化综合调度职能，牢固树立全局一盘棋思想。根据年初企业经营状况，市石化局从年初起，局授权生产调度部门，负责全局生产协调、化工原材料在局内各企业间的调配、流动资金贷款在企业间的分配等，同时增加局生产调度会的内容，由单一的生产调度会，变为有局主要领导，局各有关处室、企业厂长、生产处长、财务处长参加的综合调度会，会上通报上月情况、下达当月生产、财务指标、协调企业提出的困难，局内各处室的工作也一并在会上布置，这样即做到了上情下达、下情上知，增加了工作的透明度，同时也减少了局内会议次数，让企业领导有更多的时间投入到生产经营活动中去，这种做法受到了企业的赞扬。

2.开展适销对路产品增产竞赛活动，促产促销。下半年，根据全局工业生产下降、产成品库存资金占用过高等实际问题，在全局工业企业范围内开展适销对路产品增产竞赛活动，根据企业上报的畅销产品品种，局下达竞赛目标，凡完成下半年总体目标，对参赛产品产量比1994年有增长，产成品库存不超过同期水平的企业，进行奖励，这种做法调动了企业生产经营、增产扩销

的积极性,对搞活资金、压缩产成品资金占用,缩小负增长幅度起到了重要作用。

3.采用灵活多样调度方式,抓住薄弱环节不放松。抓好综合调度会的同时,日常调度工作仍然坚持不放松,如按季召开经济活动分析会,每月下发生产完成情况通报,适时召开重点企业生产经营情况座谈会,坚持旬报制度等,随时掌握企业生产动态。根据不同时期、不同情况局主要领导带领有关处室分片深入企业,进行调研诊断,特别是对生产严重萎缩、企业亏损严重的企业由局主要领导包干负责抓住不放。

(顿平)

【橡胶工业】 1995年底,沈阳市橡胶工业企业已由1994年的157家发展到187家,职工人数达29 148人。拥有资本金总额58 040万元,比1994年增长2.7%;固定资产原值达到118 903万元,比1994年增长55.3%;固定资产净值平均余额为52 946.3万元,比1994年增长16.3%;流动资产平均余额为138 493.5万元,比1994年增长15.2%。

在1995年比较艰难的经济运行环境中,沈阳市橡胶工业克服了各方面诸多的制约因素,全行业生产摆脱了困境呈现了增长的势头。1995年全行业完成工业总产值(90年不变价)135 328万元,比1994年增长0.7%。其中轮胎制造业完成工业总产值32 422万元,占橡胶工业总数的24.0%;橡胶板、管、带制造业完成总产值54 599万元,占40.3%;橡胶靴鞋制造业完成总产值22 366万元,占16.5%。全行业工业总产值按当年价格计算151 555万元,工业销售产值按当年价格计算142 054万元,产销率达93.7%,比1994年增加了1.5个百分点。

1995年橡胶工业生产胶鞋855万双,轮胎外胎39.9万条,轮胎内胎48.5万条,运输带(折合量)324.5万平方米。

1995年沈阳市橡胶工业由于资金偏紧,原材料涨价等不利因素的影响,经济效益指标完成的很不理想,实现利润262.5万元,实现利润8 315万元,均比1994年有较大幅度的下降。

(赵魁春)

医药工业

【概况】 1995年,沈阳市医药行业市属以下生产、经营企业合计有700余家。沈阳市医药管理局是全市医药生产、经营主管职能部门。1995年,全年完成现价工业总产值283 189万元,比1994年下降9.76%。实现工业产品销售产值258 013万元,比1994年下降12.55%。实现工业利税21 076万元,比1994年下降24.57%。医药商业完成销售额52 851万元,比1994年增长17.2%。医药商业实现利润－603万元,与1994年比减亏61.17%。

1995年,沈阳市医药工业主要产品品种完成情况是:

化学原料药生产9 963吨,其中:出口量4 294吨。

主要制剂完成情况是:抗生素分装1.4亿瓶。针剂产量1.1亿支。片剂产量43.9亿片。胶囊产量8.4亿粒。医疗器械完成工业产值3 866万元,中成药主要剂型合计生产总量为2 431吨。中药饮片产量394吨。

1995年,沈阳市医药行业生产经营工作的主要特点是:

产品结构调整呈可喜走势。化学原料药在沈阳医药行业占有举足轻重的地位。1995年,各生产企业狠抓产品结构调整。压缩耗能高、低附加值且产品优势不明显的产品产量达1 741吨,增产经济效益好有竞争力的优势产品产量达1 023吨,产量的一增一减,使产品结构发生了变化,虽然在1995年全市化学原料药产量减少了143吨,但产值增加了3.7亿元,其中:新产品增加值就达1.1亿元。增加利税达2 753万元。东北制药总厂万吨维生素C产品一次投产试车成功。该产品的规模是中国第一、世界第二,为企业参加世界医药经济市场竞争打下了坚实的基础。

医药商业抓管理上效益扭亏工作力度加大见成效。1995年,沈阳国有医药商业各企业以深化改革为动力,大力调整经营品种,最大限度的满足市场需求,发挥了主渠道作用,方便了广大群众的用药需要,自身的经济效益也有显著的提高。具体做法是:进一步加大清欠货款力度,全年共清欠货款2 932万元。开展总经销总代理业务,全年共代理(新增)品种59个,其中:国外品种10个,销售额达5 698万元,实现利润429万元。大力调整商品库存结构,优化库存结构,全年共核销处理冷背呆滞商品1 250万元,资金得到盘活。1995年,沈阳国有医药商业制止了1994年的经济效益大幅度滑坡的局面,减亏幅度达61.17%,正在走出谷底。

行业管理和市场整顿得到了加强。沈阳市医药管理局作为全市医药生产、经营的主管部门的地位再次得到了明确,同时被授予沈阳市医药管理局对全市医药市场和药品流通的稽查权,为依法治理整顿医药市场,加强药品生产经营行业管理,维护正常市场秩序提供了可靠的保障。1995年市医药管理局会同市有关部门整顿、关闭了南五等药材市场,并对地下药品交易活动进行了多次打击,有力的维护了市场秩序和消费者利益。

1995年3月31日,沈阳市医药管理局召开了建局以来的首次全市医药行业管理工作会议。会议总结了全市医药行业改革开放以来所取得的巨大成绩,分析了医药行业发展所面临的机遇和挑战。会议着重提出了“九五”计划的发展战略。即:围绕一个中心,实施两个战略,发挥五个方面优势。要以经济效益为中心,把医药经济发展的着力点放在提高产品质量、经济运行质量和企业整体经济效益上,使全市医药行业走上一个良性循环和健康发展的轨道。实施两个战略即:名牌产品战略和外向拉动战略。发挥五个方面优势即:发挥集团和大中型企业及行业的整体优势,化学合成药的优势,发挥技术优势,发挥出口创汇优势,发挥医药商业大流通优势。

在行业管理方面,市医药管理局还召开了全市医药行业科技工作会议,做出了《关于进一步加强医药科技管理,推进医药行业科技进步工作暂行规定(征求意见稿)》。经反复论证,综合平衡,制订了《沈阳市医药行业“九五”发展规划和2010年设想》等一系列实质性工作。

【企业内部改革日益深化】 1995年,沈阳市医药行业广大职工市场经济的观念、改革开放的意识普遍增强。局同直属企业,直属企业与所属部门、单位层层落实了承包经营责任制,并相应制定了奖罚措施,取得了明显的经济效益。尤其是市医药集团公司在1995年实现了大幅度减亏。企业内部三项制度改革不断深化。进一步改革不相适应的经营体制。1995年,沈阳医药贸易大厦针对不适应市场形势的经营体制进行了改革,实行统一核算,统一组织货源,统一管理的集约经营体制,取得了较好的效果。

【医药行业存在的主要问题】 1995年,沈阳市医药工业生产经营运行质量不高,起伏波动较大。1995年,完成工业总产值(不变价)为25.5亿元,比1994年下降16.1%。出现滑坡,经济效益指标也相应地下滑。主要原因是:中成药工业下滑了6亿元规模,其产量减少了6 200吨。虽然有化学原料药增产增加产值规模,新品种新产品增加经济效益,也无法弥补。

存在的另一个主要问题是产品结构调整缓慢,名优特产品不多,发展滞后。对新产品的研制、开发投入不足,因而没能真正形成优势产品群,导致沈阳医药产品大多缺乏较强的竞争实力,一遇市场波动,就处于被动局面,加速调整产品结构,适应市场变化,是一个长期任务。

存在的第三个主要问题是医药市场较为混乱。公开的药材市场已被关闭,但地下交易仍在进行,仍存在着假冒伪劣药品,整顿医药市场的任务还相当艰巨。此外,部分企业管理粗放,以包代管等现象还时有发生。

(全明敖)

【东北制药总厂】 1995年,东北制药总厂克服了重重困难,全面完成了生产经营目标和各项任务,经济工作取得了丰硕成果。全年实现工业总产值99 047万元,比1994年增长23.6%;实现销售收入100 694万元,增长18.9%;实现利润5 314万元。出口创汇4 304万美元,各项经济技术指标均有较大幅度的增长。

回顾1995年,企业主要取得了以下几个方面成就:

1. 万吨维生素C技改工程顺利建成投产,并一次试车成功,使企业经济实力大大增强。投资5.6亿元的年产万吨维生素C技改工程于1995年6月30日建成,并于9月18日产出第一批合格产品,至此,这一规模浩大倍受瞩目的工程基本按着预定工期和预算如期完工。项目达产达标后,可年增加销售收入10亿元,年增加利税4亿元,年增加创汇额9 600万美元;东药的维生素C年综合生产能力将达到13 000吨,位居全国第一、世界第二。

该项目建设期间,曾得到国家、省、市和各综合部门的亲切关怀和大力支持。1995年6月17日,江泽民总书记视察辽宁时,亲自到施工现场,对项目给予了充分肯定,并为工程题词:“建设好万吨维生素C工程,提高规模效益,为人民健康服务”。李鹏总理视察辽宁时,亲自听取了工程建设情况汇报,并于1995年10月1日为工程题词:“发展制药规模经济,重振国有企业雄风”。国家经贸委副主任杨昌基、国家医药管理局局长郑筱萸、省委书记顾金池、省长闻世震及沈阳市的主要领导都曾亲临施工现场,为工程建设解决了大量困难。

除维生素C扩产改造工程,1995年,东药还将拳头产品磷霉素钠由年产80吨扩产到200吨,同时扩建了磷霉素钠粉针分装线,使这一适销对路产品覆盖全国市场,为企业创造了可观的经济效益。

2. 深挖内涵,企业管理水平再上新台阶。1995年是东药的攻关年、管理年、攀高年,工厂采取了多种措施,进一步明确了企业管理的指导思想,通过苦练内功,深挖内涵,堵塞漏洞,使企业标准化管理、现代化管理和文明办公文明生产都取得了较大进展,整体管理水平显著提高。

3. 科研开发工作成绩喜人。1995年,东药科技管理、科研开发工作取得了丰硕成果,国家一类新药AA-2414完成了临床工作,通过了专家评审;创新药物口服头孢和益智药的设计取得了阶段性进展;左卡尼丁原料和口服液已报生产。另外,大部分老产品的技经指标均有不同程度提高,老产品的工艺改进也取得了实质性进展。

4. 外延扩大再生产取得新成就。1995年,东药成功地接收了沈阳医疗器械厂,增加了东药实力,通过调整其产品结构和发展方向,理顺了其内外关系,使连年亏损、资不抵债的企业扭亏为盈。

(庞连鹏)

建材工业

【概况】 1995年沈阳市建材工业有企业500余家,主要有玻璃、水泥、陶瓷、耐火材料、新型建材、装饰材料、无机非金属新材料等十几个门类。有大型一类企业2家。“八五”期间建材工业得到蓬勃发展。1991—1995年沈阳建材工业累计实现产值55.87亿元,销售产值达到51.81亿元,出口交货值达到4.91亿元。主要建材产品的产量有较大地提高,其中,平板玻璃生产总量达到2 070万重量箱,水泥生产总量达到395万吨。

沈阳星光建筑材料集团(公司)是集约化的建材工业,是沈阳地区建材产业的支柱企业。改革开放以来建材工业蓬勃发展,特别是进入90年代建材工业加快了发展速度。1995年沈阳星光建材集团完成工业总产值83 506万元,增长83.15个百分点,平均每年递增12.87%;产值实现103 926万元,比“七五”的总量增长3倍,平均每年增加24.85个百分点;出口交货值达到20 390万元;比1990年增长16倍,每年递增76.7%;出口创汇额实现1 600万美元，平均每年递增63.7个百分点。实现利税7 300万元。集团的资产总额到1995年末累计达到33亿元，五年间翻了一番，平均每年增长速度为22.18个百分点。

星光建材集团的科技进步坚持以市场为导向，以产品为龙头的方针，以质量、节能、节土、节材、节水和环境保护为重点，以提高经济效益为目标，以先进技术进行改造为途径着力调整和优化产业结构。“八五”期间，沈阳星光建筑材料集团基本建设投资完成4.33亿元，为“七五”时期的1.42倍。技术改造投资额完成3.86亿元，共实施技改项目42项，竣工项目38项，完成国家技改项目7项，地方技改项目3项。1995年星光建材集团的科研新产品产值达到3.65亿元，新增产值1.87亿元，新增利税0.58亿元。科技进步对其工业发展的贡献率达到28%。

“八五”期间沈阳星光建材集团在改革、改组、改制的道路上迈出了具有决定性的一步——即全面完成了由政府工业经济主管部门向经济实体转变的整体改制。同时集团积极进行产业调整，大力发展第三产业，到1995年底已达180户，资产总额为1.8亿元，销售额约为2亿元，累计增长7倍，平均每年递增51.65个百分点。

在市场经济中星光建材集团狠抓产品质量提高，注重发展名牌拳头产品，其中星光牌浮法彩色玻璃和红象牌混凝土输送泵被评为沈阳市名牌产品并走出国门进入国际流通大市场。在产品销售上赢得了对外出口自营权。出口品种由1990年的20种增加到30种，使集团产品向国际化发展迈了一大步。

“产品走出去，资金流进来”，到1995年星光建材集团合资企业达到15个，利用外资项目总投资达1.34亿美元，利用外资额4 273万美元，其中外资调入额2 500万美元。外向型经济的比重已达整体经济结构的三分之一以上。

随着星光建材集团的发展，职工人均收入有一定增长，1995年底职工工资总额上升到13 738万元，年人均收入5 984元，人均收入总增长率为142.56%，平均每年递增19.39个百分点。

（*姜洪泰*）

【水泥熟料基地找到大型矿源】 1995年8月末，在辽宁省矿产储量委员会主持召开的沈阳水泥熟料基地本溪矿床勘探报告审查会上，主审人员郑重地宣布：“沈阳水泥熟料基地本溪矿，储量为1.5亿余吨，可供沈阳水泥熟料基地生产200余年”。“能够找到这样大规模、高品位、构造简单的石灰岩矿床，在国内亦是重大突破”。

建设中的沈阳水泥熟料基地，隶属于沈阳星光建材集团，位于本溪市明山区高台子，是沈阳水泥熟料基地建设指挥部于1994年5月，会同铁岭106地质队，经过13个月的野外勘察，由辽宁省矿产储量委员会、辽宁省有色地质勘察局、辽宁省建材局、沈阳市计划经济委员会、沈阳星光建材集团、本溪市矿山管理办公室等9个单位联合审查评定的。这一大规模矿源的审定，不仅为正在建设中的沈阳水泥熟料基地的建设和发展提供了丰富的原料资源，而且对今后国家继续发掘同类矿床具有指导作用。

（*姜洪泰*）

【第一台国产4 000吨级篦冷机问世】 1995年6月1日，沈阳水泥机械厂运用从美国富乐公司引进的先进技术开发制造的我国第一台日产4 000吨级篦冷机，成功地通过了试车验收。彻底结束了我国不能生产4 000吨级以上篦冷机而只能从国外进口的历史，标志着我国国产篦冷机生产技术已经达到了国际90年代水平。

沈阳星光建材集团所属的沈阳水泥机械厂，是我国最大的专业性水泥设备生产厂。近年来，根据国家“发展大水泥，限制小水泥”的国民经济战略，适时地调整产品结构，改变原来以生产中小型水泥机械设备为主的经营模式，形成了以开发和生产技术含量高的大型设备为主的新的生产经营格局。第一台日产4 000吨的大型篦式冷却机的问世，就是他们在引进美国技术的基础上，不断提高国产化和系列化水平所开发生产出的具有90年代水平的第三代篦冷机。

根据冀东水泥厂的生产需要，沈阳水泥机械厂同天津工业设计研究院合作，承揽了利用引进的先进技术设计制造第一台4 000吨级篦冷机的工作。为了确保第一台国产4 000吨级篦冷机的试制成功，沈阳水泥机械厂特别成立了试制领导小组，在强化了全体职员质量意识的同时，实实在在地加强了各个生产环节的质量控制和监督。在关键部件的生产上，他们还组织有关人员开展多项技术攻关工作，从而保证关键部件的内外在质量都达到了设计标准。

（*姜洪泰*）

【九机窑改浮法创全国纪录】 1995年9月28日，是沈阳星光建材集团公司玻璃厂在建厂近70年历史中具有重大意义的一天。这一天，随着厂第一块一等品浮法玻璃的落地，我国“九机窑改浮法”历史上的一系列新纪录，便被他们厂以投资少、工期短、产出快、质量优的高效率而重新改写了。

沈阳星光建材集团公司玻璃厂是沈阳星光建材集团所属的核心层企业。他们的“九机窑改浮法”工程，是与香港星光公司合资，总投资为1.5亿元人民币的一项庞大的老企业改造工程。这项工程于1994年3月15日开始外围土建施工，1995年4月10日正式停产进行主体建设施工。在整个改造工程的施工当中，由于沈阳星光建材集团公司玻璃厂在投资上精打细算，采取比价(格)、比质(量)、比距(离)等诸多有力措施，因此，在投资上，改造的总体费用比新建一个同等规模的浮法玻璃厂所需的3亿元资金节省了一半，且全部资金完全以固定资产合资方式引进外资而没花国家一分线，被国家建材局局长张人为赞誉为“智慧工程——创下了“九机窑改浮法”工程中投资最少的国家纪录。

在工期上，沈阳星光建材集团公司玻璃厂坚决执行不停产建设和停产改建两步进行的方法，使先期的土建工程在不停产的情况下完成，从而大大缩短了整个改造工程的工期。在正式停产进行主体拆除和安装工程中，他们又组织职工起早贪晚昼夜兼程，以仅用10个月——比计划工期提前两个半月的高速度，完成了后期工程。创下了我国“九机窑改浮法”工程工期最短的新纪录。

在工程试生产的过程中，沈阳星光建材集团公司玻璃厂的广大职工还以主人翁的姿态争时间抢速度，仅用44天的时间就顺利地实现了一次投产成功。从而又创下了“九机窑改浮法”工程中产出最快的国内佳绩。

沈阳星光建材集团公司玻璃厂的庞大的“九机窑改浮法”工程顺利完工和产出的实现，还打破了外国专家的所谓“利用原有厂区场地搞‘平拉’工艺改造可以；搞浮法线建设不行”的结论。他们硬是在原有的场地和条件下，大胆地实施“让生产线‘拐弯’的方案，克服了场地窄小等诸多困难，建起了国内第一条比标准的500米设计短251米的“弯式”浮法玻璃生产线。

按设计能力，完成改造的沈阳星光建材集团公司玻璃厂的玻璃年产量将由原来的170万重箱上升到215万重箱。年产值按不变价计算，也将由原来的7 820万元上升到1.1亿多元。

（姜洪泰）

【大改组大改造大合资造大船】 1995年，沈阳星光建材集团根据市政府关于转变观念、进入市场、调整结构、提高效益的总思路，大力开展改革改组改造，积极引进外资建造星光大船。

1.坚持改革改组，开展优化资产结构分离分流和兼并破产工作，减轻企业债务负担。改革改组改制，是推动企业发展的根本动力。星光集团狠抓子集团公司和股份合作制企业的组建工作，推进了资产重组。1995年，星光集团组建的子集团公司中，沈阳星光北方玻璃有限公司已经实现了运营；组建的3家合作制企业——沈阳东亚运输处、沈阳新型防水卷材公司、沈阳建设机械总公司砂场，亦已全部实现运作。对集团所属长期亏损企业沈阳陶瓷厂采取“先立后破”的办法，正在准备将其卫生洁具部分和中新公司合作，将其面砖部分、机械制造部分和广东电白通用机械厂合作组建集团子公司。对所属沈阳新材料房屋开发公司兼并所属沈阳新材料公司的工作也已经完成审计，进入评估论证阶段。

在分离分流方面，1995年共分流富余人员4 600余人。其中，兴办三产377人；内部调剂169人；市场调剂10人；内退1 198人；停薪留职441人；女工放假1 204人；散向社会65人等等。分离方面亦拟定了将剥离部分重新组建成独立法人实体的内部处置办法和移交社会经营的外部处置方法。

2.开展技术改造，调整产品结构，提高产品档次，推进技术进步。1995年星光集团共安排7个技改重点项目。其中，集团公司与香港合资改造的九机窑改浮法生产线（总投资14 000万元）于10月完工投产。沈阳防水总公司、东北耐火材料厂、建设机械总公司和集团公司等企业的技术产品，也均为国际90年代水平，市场前景广阔。接转的沈阳水泥机械厂日产4 000吨篦冷机国产化项目，1995年6月1日生产出了第一台样机并通过试车验收。

3.制定“大合资”的发展战略，积极引进外资，建造星光大船。1995年星光集团共引进外资2 005万美元。其中，新组建的合资企业——沈阳星光浮法玻璃有限公司引资216万美元；沈阳星光玻璃有限公司引资590万美元；沈阳星光玻璃制品有限公司引资125万美元。正在合资筹建的沈阳东芝电梯有限公司引资919万美元。

（姜洪泰）

【进入500强国有企业行列】 1995年10月，沈阳星光建筑材料集团的实体单位——沈阳星光建材集团在国家国有资产管理局、中国经济效益纵深行组委会公布的《“中国的脊梁”国有企业500强》中，榜上有名。这是沈阳星光建材集团公司继1993年被国家统计局、中国行业信息中心评为“中国工业企业500家利税大户”之后，再次在国家评比中入选。

在《“中国的脊梁”国有企业500强》的总排序中，沈阳星光建筑材料集团公司列第391位。在进入500强的全国建材企业的排序中列第10位。在进入500强的辽宁省各类企业排序当中列第27位（如果不将辽宁省进入500强的中直企业计算在内的话，列第23位）；在进入500强的沈阳市各类企业排序中列第8位。截止1995年底，沈阳星光建筑材料集团公司资产总额为134 064万元，净资产为71 384万元，负债额为61 544万元，资产负债率为45.91％，被沈阳市政府列为建造沈阳经济大船的“六条大船”之一。

（姜洪泰）

【电梯厂合资成功】 1995年5月16日，沈阳电梯厂与日本国株式会社东芝和日本国电梯技术株式会社合资成立中国沈阳东芝电梯有限公司的合同文本，在日本东京完成了最后的签字工作，从而使历时两年零9个月的合资合作经营的马拉松式谈判划上了圆满的句号。

沈阳电梯厂，是50年代国家在东北地区投资成立的专业生产电梯的骨干企业。在近40余年的生产经营中，这个厂为国家的建设和发展做出了很大贡献，其蓝菱牌电梯在国内亦有一定声誉。进一步提高其产品在市场上的竞争能力，根据国内外电梯市场的需求，决定走合资发展企业的路子，以振兴沈阳的电梯工业。在与日本东芝公司的接触和谈判过程中，沈阳市市长张荣茂同志自始至终地给予了大力支持，对筹措款等事宜还多次亲自过问。沈阳市经贸委在办理其合资手续时也一路绿灯。沈阳星光建材集团作为电梯厂的主管单位，更是为其合资的成功，出了许多好主意，想了许多好办法。

合资后的沈阳东芝电梯有限公司总投资额为2 600万美元，注册资本为1 500万美元。其中，日本国株式会社东芝的投资额为800万美元，沈阳电梯厂的投资额为500万美元，日本国电梯技术株式会社的投资额为200万美元。到1995年8月8日，日方的合作资金便全部到位。到

1995年底,合资后的沈阳东芝电梯有限公司基本进入运行。

(姜洪泰)

【出口玻璃创历史水平】 1995年,沈阳星光建筑材料集团克服困难,把握机遇,大力开发国际市场;适时调整出口产品品种,不断提高出口产品质量,使产品出口创汇额大幅度提高,出口交货值突破了两亿元大关。其中出口玻璃创汇2 100万美元,创历史最好水平。

由于受国家宏观经济调控的影响,国内建材产品价格特别是平板玻璃价格继续回落,而国际市场平板玻璃价格虽然稍高,且相对稳定,同时星光集团平板玻璃等产品的主要出口国家由于政局动荡不稳,以及出口国调整产销关系并且增加了平板玻璃等同类产品的他国进口量,所以使市场竞争更加激烈,进而又加大了星光集团产品出口创汇工作的难度。

面对困难,沈阳星光建材集团及时调整策略,并采取了多种措施。广泛开展国际市场调查,准确把握国际市场脉博,抓住时机适时地扩大出口量;在企业内部强化生产管理,建立企业内部的高于国家标准的产品质量标准;及时调整产品品种,增加产品进口国的市场短线产品生产量,此外,变玻璃整装出口为散装出口,变代理商的独家代理为多家代理……。

经营策略的调整和一系列有效措施的实施,使星光集团的产品出口有了较大幅度的增长,由于集团所属的虎石台玻璃厂的绿色平板玻璃质量过硬,外商纷纷登门订货,而虎石台玻璃厂在熔窑停产冷修了4个月、严重地影响了玻璃产量的情况下,仍然完成了出口玻璃145万重箱(内销量仅为7万重箱),从而创下了平板玻璃出口的历史最好水平,比1994年的平板玻璃出口,增加了2.33倍。

(姜洪泰)

【抓班子 出效益】 沈阳星光建筑材料集团在1995年经济工作当中,针对年初出现的亏损情况,狠抓基层企业领导班子建设,不断给企业领导者加压力,使他们积极面向市场寻找生路,多项工作发生可喜变化。到9月末,全集团经济工作攻克了亏损堡垒,实现经济工作扭亏为盈。创造了"抓班子、出效益"的典型之举。

1995年初,沈阳星光建材集团因外部环境偏紧、生产资金紧张、市场销售下降等原因,到3月底一度出现了亏损局面。针对严峻的经济形势,星光集团领导班子分析后认为:造成亏损的诸多原因中,客观上的原因固然是不可忽视的,但它却只是问题的一个方面且不是最主要的方面;而最主要的方面则是部分企业领导班子主观上畏难退缩情绪严重,开拓进取意识不强;党政配合不利,内耗严重;个别企业领导人不能严格律已,群众意见大等等。因此要扭转全集团的亏损局面,必须要以配好企业领导班子为突破口实施重点突破。因为只有抓好企业领导班子的建设才能抓住扭转被动局面的牛鼻子。基于这种认识,集团党政班子迅速责成有关部门利用数月时间对所属各企业领导班子进行全面考核,并严格按考核标准划分出一二三类企业领导班子及领导干部。随后,果断地对17个单位的领导班子进行了调整,对10个单位的党政一把手进行了重点调整;先后免去了20名集团直管干部,降职使用5名,重新提拔了26名。从而,使调整后的企业领导班子从开拓意识到工作能力,从专业素质到廉洁自律等各方面都达到了适应市场经济需要的基本标准。

在实施大幅度调整动作的同时,星光集团党政班子还制定了《关于迅速制止经济效益滑坡,确保经济工作目标完成的决定》,适时对调整后的基层班子施加压力。《决定》中严格规定,对经济工作领导不利者,实行黄牌警告,限期达标;限期内不能达标者,视其情况或降低工资或降职使用或就地免职……

星光集团大幅度调整基层企业领导班子和向班子施压的举措,使所属企业的领导班子精神大振,干劲倍增。所属的沈阳建设机械总公司领导班子,在原有各项工作开展得比较好的基础上进一步查找不足,强化管理,调整产品结构,挖潜增收,力争效益最大化。沈阳建材总厂、沈阳第一水泥厂等领导班子则主动出击,开展市场调查,调整营销战略,加大管理力度,使企业逐渐实现了减亏复苏。向搞好企业领导班子要效益的科学之举,产生了非常理想的实际效果。到9月30日,星光集团不仅吃掉了1至7月出现的高达1 858万元的高额亏损,而且一举扭亏为盈,实现利润110万元;到1995年终,星光集团全面完成了各项经济指标,其中利税完成7 300万元,产值完成10.6亿元。

(姜洪泰)

冶金工业

【概况】 1995年末,沈阳市冶金工业局共有企业33户,其中国有企业16户,集体企业13户,合资企业4户;拥有资产总值35亿元,固定资产原值19.5亿元,净值14.6亿元,职工3.1万人,其中,国有企业2.6万人,集体企业5 000人。是集炼钢、轧钢、有色材加工为一体,多规格品种,门类比较齐全的工业体系,是沈阳工业体系的重要组成部分。

国有大中型企业是沈阳冶金工业的主体,全行业拥有沈阳线材厂、沈阳钢厂、沈阳轧钢厂、沈阳钢铁总厂、沈阳合金厂、沈阳铝材厂等6户国家大型企业和沈阳有色金属压延厂等7户中型企业。全行业由黑色金属工业和有色金属工业组成,在13户国有大中型企业中,有黑色企业8户;有色金属加工企业5户;黑色企业的总资产为29亿元,占全行业的84%,有色企业总资产占全行业的16%。

全行业现有电炉11座,分布在沈阳钢厂、沈阳钢铁总厂、沈阳轧钢厂,炼钢总能力约为43万吨。现有各种规格轧机29套,轧钢能力约为147万吨;有色加工材总能力约为5万吨。经过"八五"期间技术改造,沈阳有色金属压延厂米诺精轧机、沈阳线材厂钢丝帘线机组、沈阳钢管厂114机组、沈阳铝材厂挤压及氧化着色生产线，已达到国内先进水平。全行业产品品种齐全，能够生产板、管、带、型、线、丝等九大类、290个品种、3 000多个规格的产品，一批产品已在市场上取得了不可替代的地位：铁路扣件钢占全国产量的70%；电力铁塔用中型角钢垄断东北市场；钢丝帘线占全国产量的20%，20CrMnTi占全国产量的8%，汽车水箱铜带占全国产量的23%，大直径铝合金导电管在国内只有本行业一家企业生产，这些产品为全市乃至全国的经济建设做出了一定贡献。

（崔启志　张弘）

【地方冶金工业发展】 1995年，沈阳市地方冶金工业在向市场经济过渡中遇到了前所未有的困难，在严峻的经济形势面前，全行业3万多干部职工迎难而上，做出了前所未有的努力。完成工业总产值12.5亿元，比1994年下降16.5%；完成钢产量15万吨，下降31.3%；完成钢材加工总量51.8万吨，下降21.9%；完成有色加工材产量11 539吨，增长9.7%；实现销售收入13.4亿元，下降25.7%，实现利税－310万元，实现利润－5 966万元。

尽管经济指标完成情况不尽人意，但各方面的工作都取得了新的进展。

1.开展了"一课四功"大讨论。"一课四功"即上好市场经济这一课，练好资金盘活功、技术改造功、产品结构调整功、企业管理功。这是沈阳市冶金工业管理局针对一些企业在观念上等、靠、要、怨的思想，在增长方式上只注重数量不注重品种质量，只注重高价值谋利，不注重薄利多销，只注重考虑增量，不注重优化存量等与市场经济相去甚远的现实，结合全市开展的"进场入轨、兴市富民"大讨论提出来的。一年来，他们紧紧围绕"一课四功"这一主旋律，开展了多方面工作；4月份，召开了以盘活存量资金为主要内容的经济活动分析会；5月份，召开了技改现场会，并加大了奖罚力度；6月份，请专家对全行业产品现状和发展方向进行了咨询，并着手对产品结构进行了全面调查和大面积调整；7月份，召开了以强化企业管理为主要内容的上半年经济活动分析会，提出了通过"五个瞄准"解决企业管理矛盾，提高经济运行质量的具体措施。

2.加快了技术改造步伐。一是投资额有较大突破。1995年完成技改投资额达3.5亿元，为全系统历史最高水平，相当于"七五"投资额的总和，比1994年提高了80%。二是重点项目取得较大进展。东洋制钢50吨超高功率电炉项目全部厂房、石灰窑、制氧厂的土建工程完工，主要设备电炉体、连铸机等已基本安装到位，整个工程已完成三分之二以上。压延厂搬迁改造基本完工，水平连铸、精轧机等主要设备全部投入正常生产，老厂区搬迁工作已全面进行。沈阳钢厂电炉——连铸——轧钢生产线二期改造工程，在资金紧张情况下完成了精炼炉的安装和调试工作，形成了四位一体的具有国内先进工艺水平的生产线。钢铁总厂的1 500米^3/小时制氧机工程经过艰苦努力，已完成全部安装调试工作。三是已竣工的一批项目开始成为新的经济增长点。铝材厂经过3年的努力，先后完成的500吨、800吨、1 000吨、2 000吨挤压机生产线，都已进入稳定生产阶段，形成了年产6 000吨以上的建筑铝型材生产能力。四是制定了"九五"规划，重点项目的前期准备工作取得较大进展。经过反复协调研究，全行业确定了"九五"技改投资规模16.4亿元，重点项目12个的框架。这些项目全部都得到国家经贸委评估团的认可，其中6个被列为市"九五"重点技改项目。

3.优化了资本存量。沈阳市被列为优化资本结构试点城市以来，按照"增资、改造、分流、破产"的指导思想，面对全行业企业分散，技术装备落后，资本运作效率差的现实，坚持有利于提高经济效益，有利于扩大经济规模，有利于减轻企业负担，有利于搞活企业的原则，在优化资本存量上进行了大胆探索。在完成压延厂搬迁改造的同时，沈阳冶金研究所、沈阳半导体材料厂、冶金局运输公司、冶金局供销公司、沈阳铸铜厂等企业利用级差地租，腾笼换鸟，使企业资本存量得到了优化。此外，采取局内租赁的方式对现有资产存量进行了重组。沈阳铜材厂由于企业负担过重，长期不能启动生产，职工基本生活难以为计，在这种情况下，沈阳线材厂租赁了沈阳铜材厂，启动了生产，安排了300多名职工就业。从运行情况看，效果显著，到1995年末，线材厂铜材分厂已完成工业总产值1 250万元，完成铜加工材730吨，实现利税91.9万元，实现利润80.4万元，计划1996年实现利润400万元，既解决了铜材"吃饭"问题，又使线材厂得到了发展。

（崔启志　张弘）

【调整产品结构】 1995年，沈阳市冶金局对全行业290个品种、3 070个规格、32个主导产品进行了调查，在调查分析基础上，根据市场和技术装备状况，提出了炼钢由普碳为主转到以合金钢和优质钢为主的轨道上来；轧钢由以建材为主转到以专用材为主的轨道上来，有色材由粗加工产品转到深加工产品上来的产品结构调整思路，本着"限平、停滞、增畅"的原则，重点抓好30种拳头产品系列，使全行业产销率达98.17%，调整产品结构效益达1 600多万元。一年来的实践表明，产品结构发生了深刻变化：炼钢优钢比达到96.23%，合金比达到46.35%，分别比1994年提高12.72和0.65个百分点，轧钢已基本完成由普通建筑材向适销对路的合结、碳结等汽车铁路、油田专用钢材的转变，建筑材占总产量的比重由1994年31.97%，下降到16.96%，下降了15.01个百分点；优质钢材占总产量的比重由1994年的51.63%上升到76.09%；特别是沈阳轧钢总厂在严峻的经济环境中，能够实现利润1 244万元，主要靠调整产品结构，1995年，轧钢厂优质钢材占52%，创历史最好水平，他们开发的9项新产品全部为优质钢型材，占总产值的29.9%，占销售收入的26.3%，而利税占111%，也就是说，沈阳轧钢厂的利润全部是优质钢型材创造的。有色金属材发展市场畅销、回款快、盈利大的铝型材、导电管材、汽车水箱专用铜带材。全行业新产品产值达到20 230万元，比1994年增长了30.8%；新产品产值率达10.63%，比1994年提高了4.54个百分点，创历史最好水平。

（崔启志 张弘）

【强化企业管理】 1995年，市场平淡，资金紧张，加之观念陈旧，管理粗放，成本居高不下，使冶金行业受到了严峻的考验。沈阳市冶金局在1995年上半年经济活动中重点强调了要通过“五个瞄准”来强化企业管理，并把强化管理做为下半年以及今后一段时期的工作重点提到重要日程。①瞄准资金，外抓清欠，内抓盘活。在寻求流动资金增量的可能性很小的情况下，主攻方向要放在清欠与盘活上。局成立了清欠物资调剂办公室，各企业与调剂办公室之间用清欠物资和自己的产品形成债权债务，通过信用结算。要认真贯彻财务管理以资金管理为中心的原则，严格财务管理制度，实行资金统管和“一支笔”审批的原则。对库存各种物资进行认真的盘点清查，制订合理的储备，凡超储物资或顶债，或调剂，把死钱变活钱。②瞄准成本，外抓原料，内抓升级。一是抓好原料这一关，强化了采购管理，各种工艺件、备品备件的外委加工管理，价格上货比三家，质量上严格把关。二是全面开展了企业内部升级活动，建立赶超先进的激励机制。三是建立了成本费用约束机制。③瞄准漏洞，外抓采购，内抓“严”、“细”。加强采购队伍的建设，提高采购人员的素质，提高采购的质量与效率，建立严格的采购纪律和工作标准，建立完整的审批、入库、监察、抽检制度，主要领导亲自把采购关，亲自抽查，发现问题，严肃处理。④瞄准项目，外抓政策与资金，内抓达产与达效。对四个有大承包政策的企业，争取延期。资金方面，利用银行向商业化转变和保险业迅速兴起的机遇，多渠道、千方百计地落实建设资金，要加快合资合作的步伐，更多的引进外资，利用外资，竣工的项目、未实现达产达标要求的项目，厂长要亲自挂帅，研究措施，制订“双达”方案和阶段目标。⑤瞄准产品，内抓结构调整，外抓市场。(1)深入开展创名牌活动，推进拳头产品战略工程。(2)加大开发新产品的力度，抽出专门人员，认真研究企业产品发展方向，解决新产品的研制问题。(3)加强对“产学研”工作的领导。(4)积极推动ISO9000的贯标与质量认证工作。市企业管理会后，企业又以揭摆问题为突破口，以堵塞漏洞为手段，以夯实基础为重点，以形成机制为目标，经过三个阶段使企业管理得到了强化。一是揭摆问题找差距，主要是在全行业范围内开展大面积、多渠道、深层次的揭摆管理漏洞，暴露问题和矛盾的活动。二是进行了全面督查，既掌握了全行业强化管理进展情况，又发现了许多问题，尤其是机制上的问题，为管理深化提供了依据。三是邯钢“取经”建机制。1995年末，7家管理基础较好的企业赴邯郸学习邯钢“模拟市场核算，实行成本否决”的成功经验，又在合金厂组织召开了邯钢经验报告会，对邯钢经验有了较深入的了解，已有了可观成果。沈阳线材厂借鉴邯钢经验，实行“双模双控”管理模式，全年节约成本费用665万元；沈阳钢铁总厂仅两个月就使吨钢成本下降100元左右。

（崔启志 张弘）

【“九五”规划及2010年远景规划】 沈阳市冶金工业计划到2000年主要指标要达到：(1)工业增加值：12.2亿元，年均增长36.9%；(2)工业总产值：40亿元，年均增长26.1%；(3)产品销售收入：50亿元，年均增长28.9%；(4)利税总额：6亿元，其中利润3亿元，税金3亿元；(5)出口交货值：8 400万元，年均增长50%；(6)主要产品产量：①钢：100万吨，年均增长15%；②钢材：128万吨，年均增长28%；③有色材：4万吨，年均增长21.7%。

实现上述目标要采取如下措施：1.战略性调整，优化产业结构。要采用先进的大吨位超高功率电炉——炉外精炼——连铸——连续式轧机，四位一体，紧凑式短流程工艺，力争在“九五”期间使全行业钢铁企业的装备水平和技术工艺水平跃居全国先进行列。

2.适应性调整，优化装备技术结构。适应性调整就是针对生产装备的现状，投入有限资金，进行更新改造，淘汰陈旧落后的装备，提高装备水平，跟上当代冶金技术步伐，从而提高产品档次、水平，增强市场竞争能力。

3.开发性调整，优化产品结构。就是以产品为龙头，以产品的开发带动企业内的结构调整和优化。

“九五”期间，要开发新产品120种以上，稳固占领市场的拳头产品要保持在20种以上。经过“九五”期间的产品调整，产品将形成20个大系列。

4.企业组织调整，优化资产配置。原则是：以最终产品为龙头，以工序为联接点，以最短工艺流程为纽带，以存量资产为依托，以产品深加工为目的，组建冶金“船队”，实现集约化经营，形成经济规模，争得最佳效益。造一艘“旗舰”，产钢65万吨，材60万吨，收入超20亿元，成为沈阳的钢铁基地，并造7条产值超过亿元的大船，从而组成各具特色，在国内具有不可替代地位的沈阳冶金船队。

经过“九五”期间的改革、改组、改造和下世纪前10年的市场经济考验，到2010年，沈阳冶金将形成适应市场经济变化，具有自身特色的地方冶金工业体系，将形成钢铁、有色两大集团。生产技术装备有70%以上将达到下世纪初水平，劳动生产率将有较大增长；产品以技术含量高、附加值价大、市场适应性强而在国内外市场占有一席之地，经济效益明显提高。计划到2010年要比2000年再翻一番以上，全行业总产值(90不变价)将达100亿元，其中钢铁企业集团为55—60亿元，有色集团为40—45亿元，主要技经指标：

工业增加值：40亿元，10年平均增长12.8%；利税总额：15.6亿元，10年平均增长10%；实现利润：7.8亿元，10年平均增长10%；出口交货值：2.5亿元，10年平均增长8.4%；全员劳动生产率：11.4万元，10年平均增长12.6%；钢产量：200

万吨，10年平均增长7.1%；钢材产量：255万吨，10年平均增长7.1%；有色材产量：8万吨，10年平均增长7.1%。

（吴昌宇　张弘）

【沈阳有色金属加工厂】 沈阳有色金属加工厂始建于1949年5月，是我国第一家国营有色金属加工企业，被誉为中国有色金属加工业的"摇篮"。建厂46年来，累计缴利税77 280万元，重有色金属加工材60余万吨，为国民经济建设和重有色金属加工工业的发展做出了重大贡献。

1995年有职工1.1万人，其中各类专业技术人员1 600多人，厂区占地120万平方米，年生产能力6万余吨。工厂技术力量雄厚，以品种规格齐全而冠于全国同行业首位，主要产品有铜及铜合金、镍及镍合金、钛钼及其合金以及稀贵精密合金四大系列，262个合金牌号，2 166个品种的有色金属加工材和铠装热电偶、钛设备、补偿导线等深加工制品，还可承担各种有色金属新材料的科研、试制和批量生产任务。生产的高精度超长铜盘管填补了国内空白，获得澳大利亚质量认证，被评为国家级新产品，受到国内、外用户的一致好评。硬币新合金的研制成功属国内外首创，不仅具有良好的加工塑性，而且耐蚀、耐变色能力达到国际先进水平，获得国家发明专利。专利产品加硼冷凝管，使冷凝管耐蚀能力增强，为我国电力事业的发展做出了贡献。我国第一颗人造地球卫星的钼蒙皮，是企业首先研制的。工厂共有36种产品荣获省部级以上优质产品称号，先后荣获中国有色金属工业总公司和辽宁省质量管理奖。

"八五"期间，投入技改资金5亿多元。其中，超薄水箱铜带生产线投资3.8亿元人民币，主要设备是由美国、奥地利、德国等工业发达国家引进的，现已进入试生产阶段。主要产品是高精度的超薄铜带材，主要用于汽车、电子等行业。该项目设计能力16 000吨/年，其中：填补国内空白的0.025－0.05mm高精度超薄带5 000吨，还可生产锡磷青铜带和白铜带。测算销售额6.5亿元，税金3 050万元，利润7 600万元。

在建设社会主义市场经济过程中，全厂职工积极探索老企业转换机制的新路。1995年7月18日，中国有色金属工业总公司批准，葫芦岛锌厂、沈阳冶炼厂、沈阳有色金属加工厂合并成立东北有色金属集团公司，必将发挥规模和整体优势，优势互补，共铸辉煌。

（张向阳）

【沈阳有色金属压延厂】 沈阳有色金属压延厂是全民所有制铜加工企业，隶属于沈阳市冶金工业管理局。1995年有职工1 039人，其中工程技术人员150人。企业主导产品有：铜及铜合金板、带材；镍及镍合金板、带材；高磷焊料系列共20多个品种牌号，1 700多个规格。企业现有固定资产1.23亿元，资产总额1.82亿元，总装机容量9 000KVA。

沈阳有色金属压延厂具有40年生产铜板、带材历史，是我国三大汽车水箱散热器专用铜带的生产和研制基地之一，素有"有色金属知识密集型骨干企业"之盛誉，产品应用领域广泛，辐射全国。其中多项产品先后荣获国家、部、省及市优质产品称号。该厂自行研制的CST水箱散热器专用铜带，1994年被国家科委授予"国家级新产品"称号，并列入国家级火炬发展计划，1995年又被沈阳市人民政府评为"沈阳市名牌产品"。1989年该厂晋升省级先进企业，1994年被评定为"AAA"级信誉企业。

为使企业尽快步入现代化企业先进行列，于1991年开始实施被列入沈阳市"八五"重点技改项目的搬迁改造工程，项目总投资1.2亿元，占地面积10.5万平方米。新厂区座落在投资环境良好，交通便利的沈阳经济技术开发区，将于1995年全线竣工投产。项目投产后不论从企业装备实力和经济效益都比原来有巨大飞跃，产值将达到1.2亿元，年产量7 000吨，销售收入1.6亿元，利税3 063万元，利润1 693万元。沈阳有色金属压延厂将以其雄厚的技术实力，卓越的产品质量昂首屹立于中国有色金属加工工业之林，为祖国有色金属加工工业的振兴做出应有的贡献。

经过改造后的沈阳有色金属压延厂拥有一条达到90年代国际先进水平的铜板、带材加工生产线，铜带最薄可轧制0.02mm，填补国内空白。

（聂凯）

【沈阳线材厂】 "八五"期间，沈阳线材厂取得重要成绩。1992年，45度高速无扭线材轧机进行二期改造，增加开坯工序，安装Φ580轧机，扩大了原料来源；1993年，引进意大利自动打包机，提高了技术装备水平，提高了产品包装质量。1992年，从意大利全套引进的钢丝帘线生产线投产，产品达到国际先进水平。1995年，对沈阳铜材厂实行租赁经营，为搞好国有企业做出新的尝试。1995年，投资建成纸制品厂，向民用领域拓展。"八五"期间，沈阳线材厂已发展为拥有固定资产3亿元，以线材、帘线、铜材为主，以运输、纸制品、机械加工等为辅的国有大型综合性企业。

1995年，国家宏观经济在从紧中运行，企业生产经营遇到了前所未有的困难。全体职工团结一心，奋力拼搏，克服了资金、市场等重重困难，生产经营管理取得了令人满意的成绩。全年完成工业总产量15万吨，工业总产值25 038万元，实现销售收入29 367.5万元，利润501万元。企业被评为"省精神文明标兵"单位。

企业管理又上新台阶。通过学习邯钢经验，结合企业生产经营实际情况，实行"双模双控"管理法。所谓"双模双控"，就是"摸拟法人、摸拟市场，实行全额成本控制、全额费用控制"，以效益为核算中心，实行成本否决。"双模双控"管理法改变了职工思想观念，增强了质量成本意识，充分调动了广大职工积极性，形成了"人人精打细算、人人当家理财"的良好局面，全年节约支出680万元，有力地消化了外部不利因素，提高了产品竞争能力，巩固了市场占有率，同时也推动了企业管理进步。

为提高企业生存能力，增加新

的经济增长点，分散企业经营风险，扩大经营领域，企业审时度势，大力开展“造船”工程，于1995年7月决定对沈阳铜材厂进行租赁经营，并投入流动资金近千万元。这是对企业生存与发展具有重要影响的重大战略决策，对探索搞好国有大中型企业也具有重要意义，因此得到市领导的高度重视和积极评价。经过艰苦努力，积极恢复生产经营，半年来为企业创造利润80万元。

（庞均波）

【沈阳钢铁总厂】 1995年沈阳钢铁总厂面对资金短缺，资源紧张，市场萎缩等困难，采取学邯钢促管理，降消耗增效益，抓质量占市场等措施，使生产经营工作取得了一定的成果。

全年工业总产值完成19 545万元，钢产量完成10.1万吨，轧钢坯材总量完成13万吨，发电量完成11 237万KW。销售收入完成33 617万元，实现利税2 260万元，其中利润216万元。为适应市场需求，总厂加大调整产品结构力度，以合结钢和碳结钢为主导产品。普碳钢产量比1994年下调20%，炼钢合金比达到44.5%。开发出了15MnV2、60Si2Cr等7个新产品。技术改造取得较大成果，年底前完成了投资1 400万元的1 500M^3/h制氧机的安装和调试。综合治理和企业效能监察两项工作分别被省政府授予先进单位荣誉称号。1995年生产经营工作的主要收获有：

1.在极端困难情况下，发动职工调动各方面积极性，坚持了正常的生产经营活动。1995年企业的内外部条件都很不利，通过多方筹措，严加管理，克服了资金短缺困扰；开发市场，促进销售，克服了产品滞销的困扰；措施得当，拓宽渠道，克服了资源不足的困扰；想方设法，四处求购，克服了物质供应紧张的困扰，使企业取得了一定的生产经营成果。

2.学习邯钢经验，强化企业管理，在市场竞争中求得生存和发展。全面推行了“市场核算，成本否决”的邯钢经验。以降低产品成本为突破口，强化了内部管理，将各项经济指标分解落实，使职工利益与企业经济效益结合起来，同时通过开展班组升级活动，实行班组核算，强化了班组建设；通过物料出入厂和生产各环节投入产出和消耗的计量管理，强化了计量工作。使总厂向增效益降消耗，高质量低成本的目标迈进了一大步。

3.抗洪救灾，实现整顿性恢复生产。1995年7月29日上午10时北沙河突发的洪水在30分钟之内淹没了厂区，平均水深1.5米以上。全厂被迫停产，造成直接损失3 000余万元，间接损失近5 000万元。在抗洪救灾中总厂提出了“立足于整顿性恢复生产；立足于争时间抢速度；立足于自力更生；立足于多作贡献”的指导方针，团结了全厂职工，调动了各方面的积极性。电厂在灾后第3天并网发电，炼钢厂在灾后第7天点炉生产。使总厂在全市所有受灾工业企业中以损失最重，恢复生产时间最短而受到省市领导和社会各界的好评。在救灾中总厂发动全厂职工依靠自己的力量，动手修复了各类电机1 000余台，铁路专用线3公里，还有地下油库、专用车辆等大量的生产设备、设施。总厂还通过整顿性恢复生产，使企业中的现场管理，定置管理出现了一个前所未有的局面，为总厂在灾后加强企业中的各项管理奠定了基础。

（祁国新）

机械工业

【概况】 1995年沈阳市机械工业管理局系统共有工业企业211户，其中：全民企业63户，集体企业130户，合营企业14户，合资企业4户。按规模划分，全局有大型企业18户，中型企业41户，小型企业152户。职工总数近20万人。固定资产原值62.5亿元，净值34.2亿元。主要产品分九大类，即：矿山系统设备、电站辅机设备、化工成套设备、大中型电机、组合低压电器和程控系统、液压成套设备、民用锅炉、汽车零部件和机床及附件。

1995年是机械局历史上最困难的一年，经济工作始终在国家宏观调控力度不断增长，微观经济环境日益趋紧，产品的市场需求明显回落，生产要素矛盾突出，企业的热点问题不断升温，职工队伍不稳定因素此起彼伏的形势下运行的。在严峻的形势面前，广大干部职工坚持“在紧中求发展，靠稳定保发展，通过改革促发展”和“一开四促”的方针，振奋精神，拼搏进取，以“保稳定转机制岂能疑无路，抓机遇图发展必会又一村”统一全局思想，抓重点、攻难点、稳热点，促进了全局经济运行质量和效益不断朝好的方向发展，较好地实现了主要经济指标。

1.工业总产值逐月回升。2月份全局累计完成工业总产值5.36亿元，比1994年同期下降20.3%，经过艰苦努力，全年完成工业总值38.5亿元，比1994年降幅减少到6.08%。

2.产销衔接逐步好转。全局工业产品销售率平均为90%，比年初提高了17%，全局实现销售收入41亿元，比1994年下降1%。

3.效益下滑得到了控制。自6月份全行业扭亏为盈后，全年实现利润总额110万元，高于1994年同期水平的41万元。

4.出口创汇保持增长势头。全局完成出口交货值2.85亿元，比1994年增长10%。

5.企业扭亏工作效果明显。全局亏损户比1994年减少6户；亏损额减少934万元。

6.企业后劲得到了增强。全局完成技术改造投资2.48亿元，完成基本建设投资4 000万元，全年共开发新产品315种。

（谭得新）

【机制转换和资产重组】 1995年沈阳市机械工业系统深化改革的7项措施全面运作，并积极稳妥、卓有成效的向前推进。

1.现代企业制度试点工作完成了阶段性目标。沈阳矿山机器厂、风动工具厂、机床工业集团公司、通用机械工业集团公司、锅炉总厂等5家企业经过论证，初步确定以资产为纽带，逐步转制为有限责任公司或股份有限公司的试点方案已经通过。辽宁省液压工业公司、二一三机床电器厂、蓄电池厂组建有限责任公司已经注册登记,不久将按新机制、新职能运作。

2.兼并与破产并举,盘活资产存量,置换产权主体工作取得了重大突破。成功地完成了对沈阳机床齿轮厂和防爆电器制造厂的破产,这两家企业分别被沈阳工矿齿轮厂和锅炉总厂整体买断。同时也促成了沈阳机床工业集团所属的沈阳第三铸造厂由沈阳铁路自动机厂兼并,使企业大量的僵化滞死资产,重新进入生产领域发挥效益。1995年全局共盘活存量资产7 300万元,消化资不抵债企业3户,破掉债务2亿元,安置职工2 300人。

3.行政性公司的改革呈现了良好的发展势头。1995年以来,在狠抓行政性公司转换经营机制的同时,更加下大力气推动不合理体制的改革,逐步地打破按行政隶属关系管理企业的格局。通过转属、破产、股份合作等方式,逐步使那些弱小的企业与公司在行政上脱钩,同时,公司与所属较强的企业融为一体,组建实体性集团公司。对21户小企业按"三分享"原则(即:资产、利润、管理权),广泛实行了股份合作制,还对公司所属的37户企业实行了公有民营。1995年全局公开面向社会招聘了沈阳电焊条厂、锅炉厂等6户企业的经营者。

4.推进并完善了"大企业、多法人"的改革措施。具体贯彻了"三条原则"和"两个坚持"。三条原则:一是企业内部结构属产品封闭性车间,可以划小;二是相对独立的生产辅助单位和生活福利部门;三是处境艰难的企业。两个坚持是:一是坚持改革与管理联动,建立划小后的管理体制,避免出现管理滞后吃掉改革成果。二是坚持划小后不停顿,逐步向"大公司、小工厂"发展。

5.分流富余人员,分离企业办社会职能的各项成果得到巩固和扩大。全局通过大力兴办第三产业、放假两不找和提前退休等三个主要渠道,分流富余人员75 000人。同时,对第三产业实行统一严格管理,1995年全局第三产业实现销售额15.5亿元,盈利500多万元。

6.进一步加大三项制度改革的整体推进力度。全局普遍贯彻《劳动法》,推行全员劳动合同制,裁撤不必要的部门和人员,对有明确指标可考核的单位实行了承包和百分奖罚制。同时,在分配上向生产一线倾斜,扩大了全额计件工资制;对销售人员、科技人员的倾斜,主要通过销售大包干和科技项目招标,使真正有贡献的人员多劳多得。

7.在转变局机关的职能上进行了大胆探索。1995年初,局在职能转变上就明确只管"四件事"、考核"五项指标",并对各部门召开的专项会议下指标控制,单线不评比。按照市委、市政府的总体部署,局要求转制为国有资产经营公司的试点方案已得到市政府批准,1996年将挂牌运作。在过渡期间,局仍保持行政管理职能,一身两职。

(*谭德新*)

【强化企业管理】 1995年初,沈阳市机械局明确提出了全面加强企业管理,堵塞各种流失,开展"管好后院工程"活动,向强化企业管理要效益。突出强调了两点,一是抓企业管理是经营者的事,但局的指导和监督不能削弱;二是企业内部的管理要以财务管理为中心。1995年8月31日,市政府召开了强化企业管理工作会议。9月16日邹家华副总理在省、市领导的陪同下视察了沈阳鼓风机厂,对企业管理工作提出了严格要求,引起全局上下的高度重视,进行了总体部署,进一步提出了在全局范围内开展强化企业管理攻坚战的总体思路,即:开展一个活动(揭、摆、查),打好三个战役(现场管理、质量管理、财务管理),强化四项措施:即强化对企业管理工作的领导,强化企业审计、监察工作力度,强化管理的目标责任制和企业人员参与管理的意识,强化企业管理的制度建设,使之与改革措施相结合。局利用两个多月时间,广泛地开展了揭、摆、查活动,查摆各种管理问题2 221条,制定了整改措施1 610条,已实施了870条。在现场管理、质量管理、财务管理3个现场会上,局对12户出现严重质量问题的企业进行了公开曝光,同时树立了沈阳电机厂、矿山机器厂等10个样板典型,推广了经验,并抽调50名企业后备干部组成18个督查组,深入到36个企业开展工作,推动企业加强管理。经过努力,到1995年底全局的企业管理工作,特别是现场管理取得了比较明显的阶段性成果,各企业的管理意识大大增强。

针对1995年极度紧张的资金形势,全局积极在盘活资金上下功夫,向清理陈欠要效益,向加快资金周转要效益,向活化固定资产要效益,向控制"两费"要效益,向预算外资金要效益。通过实行比质比价采购,总会计师一支笔批钱,压缩资金占用,限额领料、清仓挖潜、处理积压物资,降低工艺消耗定额,清查"小金库"等措施,缓解了企业资金紧张的矛盾,1995年,全局累计消化增支因素2.8亿元。

(*谭德新*)

【扩大开放】 1995年沈阳市机械局利用外资势头强劲,步伐更加坚稳。沈阳重型机器厂创办的福阳密度板有限公司,仅有员工128人,1995年产值达6 000万元,盈利2 000万元,人均年创利15万元。二一三机床电器厂与德国金钟穆勒公司合资生产小型断路器,使企业增加了一种市场前景相当广阔的拳头产品。1995年全局共签定合资项目10项,实现签约额5 951万美元,其中利用外资2 923万美元,分别为1994年的2倍和2.9倍。在已签约的重点项目中,大中型企业与国外大公司合作的项目占90%。沈阳水泵厂与日本荏原制作所合资生产石化泵,总投资达1 900万美元。与此同时,全局出口创汇有了较大幅度增长。其中,突出抓的10户出口创汇企业:重型机器厂、矿山机器厂、水泵厂、低压开关厂等出口交货值占全局出口额的80%以上,重型机器厂、矿山机器厂分别登上了创汇1 000万美元和500万美元的台阶。为进一步开拓南美市场,1995年10月,组织19个企业27人,参加了在智利举办的世界四大展览会之一的菲沙展览会,取得了显著的成效,不仅接触了高层次客商，而且签定合同、协议达600万美元，样品在展览会期间全部售出。

（王景夫）

【技术进步】 沈阳市机械工业局“八五”期间列入计划内的企业技术改造项目共186项，到1995年底累计完成投资10.8亿元。在实施项目中，已有80个项目竣工投产，实现达产达标的为22项。全局有55户企业进行了不同改造，占企业总数25%，新增产值4.3亿元；利润5 743万元；税金5 534万元；创汇680万美元。“八五”期间，通过技术改造和“嫁接”，不但使一些原来的优势产业得到了巩固和发展，而且促进产品实现了规模生产和更新换代。

1995年，圆满地完成了《机械局“九五”技术改造规划纲要（草案）》的编制。按照突出重点、扶优扶强的原则，共列入“九五”技术改造项目47项，投资总额19.03亿元，比“八五”计划增加了90%。10月份，有17个重点技术改造项目通过国家老工业基地评估团评估，投资规模为9.8亿元。

1995年，全局实施名牌产品战略工程取得明显进展。生产中速磨煤机、离心压缩机等50种首批创名牌产品的41户企业，都制定了具体措施计划，并从性能、结构、外观等诸方面对比国内外同类先进产品找差距，组织了攻关和改进。创名牌工程不仅带动了产品质量的提高，也增强了企业的实力。沈阳电机厂的Y系列电机等8种产品先后被市政府和省机械厅评为名牌产品。

认真执行国家颁布的《产品质量法》和质量管理条例，狠抓产品质量，始终坚持“三关一卡”制度。在科技开发工作上，1995年争取到科技贷款2 110万元，开发新产品315种，投产355种，实现新产品产值8.5亿元。随着重型机器厂的斗轮挖掘机、矿山机器厂的汽车组合开关等一批重点新产品陆续投产，以及CAD等高新技术的推广应用，有力地推动了产品的更新换代和技术进步，焕发了一批老企业的青春。

（王景夫）

【领导班子建设】 1995年，沈阳市机械工业局始终把领导班子建设放在重要的议事日程上抓紧、抓实。一是面对全局严峻的经济形势，着力把解决党员干部特别是领导干部的精神状态问题作为班子的首要任务。通过开展“进场入轨，兴企富民”大讨论，认真查找了在一部分领导班子和领导干部中存在着精神不振、干劲不足、工作保守、小富即安、怨天尤人、强调客观、束手无策、被动应付等“坐坡”的问题，教育干部以顽强拼搏精神和求实开拓的作风战胜困难，先后宣传了矿山机器厂、电机厂、空压机厂、213机床电器厂、轴承厂、锅炉总厂等单位的领导班子始终保持昂扬的斗志，带领全体职工把握机遇，走出困境求发展的经验。二是把配好领导班子视为自己的重要职责，组织力量对所属企业的领导干部进行了全面考核，并召开专题会议公布测评结果。坚持了在“四化”方针基础上，突出“生产力”标准；平等竞争，择优上岗；多渠道、全方位选人；能上能下，能进能出，按政绩论英雄。全年共调整领导班子33个，调整领导干部137人，其中提拔领导干部71人，免职46人，交流20人，同时还面向社会两次公开招聘经营者，使一大批有志在困境中拼搏的同志走上了领导岗位。三是提出了保护和查处干部的原则，对工作努力、威信较高的干部，即使有些犯规越线的行为，也要予以保护。但对把企业搞得一败涂地，而个人捞得脑满肠肥的干部要严肃查处。四是加强了纪检和监察力度，结合对企业领导班子和领导干部的考核，整纪刹风，打击腐败现象。

（王景夫）

【关心职工生活，保持稳定】 1995年，沈阳市机械局始终把关心职工生活，保持企业稳定做为一项重要的政治任务，进一步健全了抓好稳定工作的保证体系，建立了季度综合分析稳定工作的制度。结合贯彻落实市委九届二次全会提出的《关于进一步加强党同人民群众联系的决定》，及时作出了广泛开展“温暖工程”活动的安排意见，想方设法帮助职工解决困难。为此，局以治标保稳定，以稳定促发展采取了一系列的具体措施：一是建立局长联络员制度，注意了解和掌握职工的实际困难和思想动态，每逢重大节日，局领导都带队深入到特困企业的车间、班组，走访特困职工的家庭。二是局领导和各处室与16个亏损严重的企业建立了命运共同体，积极为企业扭亏服务。三是局与20个重点企业签定了稳定工作责任状，使局党委提出的“四个清楚”、“三个到位”、“五个确保”的目标得到落实。四是在对特困职工实施“六优先”政策的同时，对649户特困职工建立了局、企业间和企业内部三个层次的包保责任制，有253户特困职工实现了脱贫。五是采取切实可行的措施，先后帮助电工机械厂、标准件厂、第一砂轮厂、分析仪器厂等企业办理了停产整顿，享受了有关政策，使企业赢得了休整生息、逐步复苏的机会。六是建立局和企业两级特困职工扶贫解困基金。组织所属企业的党员和局机关干部义务捐款，筹集资金达217万元，企业自筹86.8万元。七是认真落实了老干部的“两个待遇”，深入细致把思想工作做到家。八是多次召开稳定工作座谈会、专题会，明确了各单位党政一把手是稳定工作的第一责任者，从而切实地行使自己的职责，对职工的生活情况做到心中有数，化解矛盾，保持稳定，寻求发展。

（王景夫）

·通用机械工业·

【概况】 沈阳通用机械工业主要由沈阳水泵厂、沈阳鼓风机厂、沈阳气体压缩机厂、沈阳高中压阀门厂、沈阳铸造厂、沈阳空气压缩机厂、沈阳通用机械工业集团公司组成。1995年全行业实现销售收入9.9亿元，工业总产值9.39亿元，利税7 167万元，利润674万元，出口交货值5 629万元。

为充分发挥沈阳通用机械工业的整体优势，创造条件造“大船”，沈阳市机械工业管理局决定以沈阳鼓风机厂、水泵厂、气体压缩机厂、高中压阀门厂、铸造厂、电机厂等6家大型国有企业为骨干，以资产为纽带，组建东北通用机械集团公司。1995年末成立了筹备领导小组，预计1996年上半年挂牌运作。沈阳鼓风机厂在实现经济稳定增长的同时，1995年末一举通过了ISO 9000质量体系国际第三方认证，取得了产品打入国际市场的通行证，企业管理水平上了一个新台阶，成为全省、全市，乃至全国机械工业企业的样板。沈阳气体压缩机厂抓住市场机遇，加速产品结构调整步伐，全面加强企业基础管理。1995年实现了产销及经济效益同步大幅度增长的成绩。

（谭德新）

重矿工业·

【概况】 重型矿山机械工业是沈阳机械工业的支柱行业之一，主要由沈阳重型机器厂、沈阳矿山机器厂、沈阳风动工具厂、沈阳起重运输机械厂和沈阳工矿齿轮厂等大中型国有工业企业组成。1995年，全行业实现销售收入11.9亿元，工业总产值11.2亿元，利税10 366万元，利润837万元，出口交货值11 279万元。

沈阳重型机器厂大力开拓国际市场，1995年出口创汇跃上1 000万美元的新台阶，创该厂15年出口创汇历史的最好水平。该厂做为以生产轧钢、矿山、电站、水泥、人造板等机械设备为主的大型国有企业，已经形成了以日本、美国两大市场为主，以欧洲、美洲、非洲、东南亚、澳新地区为辅的国际市场体系，并从以出口工矿配件为主，转到整机、成套设备、高新技术产品出口为主。

（谭德新）

【沈阳矿山机器厂】 沈阳矿山机器厂始建于1921年，为奉系军阀所建的大亨公司铁工厂。是我国最早的民族工业企业之一。1953年8月4日，被中央人民政府第一机械工业部正式命名为：沈阳矿山机器厂。1985年企业隶属关系由机械工业部直属企业下放到沈阳市机械工业管理局管辖。该企业为国有经济国家大型一类企业，国家二级企业，是我国重型矿山机械制造业的大型骨干企业。1992年进入中国500家最大机械工业企业行列。1994年被评为“中国专用设备制造业最大企业”第46位。1995年10月成为“中国的脊梁”国有企业500强成员。

企业占地面积80万平方米，建筑面积42万平方米；固定资产原值6.71亿元，总资产10.68亿元；国营职工7 688人，科技人员1 300人，各类生产设备1 600多台。

1995年，实现工业总产值（现价）49 116万元，产品销售收入（不含税）42 888万元，利润总额391万元，利税额4 311万元。

该企业以大型露天矿成套设备；硬齿面减速器、高速托辊等传动机械；大型重载量装载机和汽车组合开关为四大支柱产品，形成了选矿、运输、工程机械、建材设备、环保水处理、汽车电器等6大系列产品的开发、设计、制造、成套能力。产品品种达438种，年生产能力3万吨。

该厂通过各种形式从德国威悉许特公司和普莱西斯梅卡公司引进了胶带输送设备关键部件的设计与制造技术，研制开发出高速、长距离、大运量的高强度胶带输送机；新开发了排土场、采掘场移置式胶带机和采掘系统、破碎系统伸缩式分流胶带机，形成了年产5万米输送机的生产能力，居国内领先地位。在从德国引进的螺旋锥齿轮制造技术及设备的基础上建立的齿轮加工中心，为国内高精度重载减速机提供了大直径硬齿面螺旋锥齿轮，满足了国家重点项目的特殊需要。采用技贸合作方式与日本古河机械金属株式会社合作生产FL460大型轮式装载机和FL300－Ⅰ装载机，其技术性能属于国际80年代末期水平。为拓展生产服务领域，从美国克莱斯勒——切诺基公司引进生产技术，为北京切诺基吉普车公司提供了组合开关的转向管柱总成；引进德国大众——高尔夫汽车公司技术为一汽集团公司配套高尔夫轿车组合开关，并为国内主要的汽车制造企业提供了汽车电器产品，满足了配套车型的国产化需要。同时新开发研制了原料场刮斗混匀堆取料机、桥式刮板、悬臂侧式堆取料机和矿石取制样系统等。1995年，胶带输送机系列产品是沈阳市名牌产品。

“八五”计划期间，该厂技术改造投资近亿元，以期达到四大支柱产品的批量经济规模，同时为开发磁性材料等项目投入了技改资金，为多角化经营创造了条件。

该厂作为自营出口企业，在一些国家和地区设立了办事机构，产品远销到世界30个国家和地区，是沈阳市机械系统创汇大户企业。

1995年，企业内部运行机制的改革工作主要是进一步完善“大企业、多法人、统分结合”的经营管理体制，向建立现代企业制度过渡奠定基础。此项改革实施的效果是：调动了企业基层单位的积极性、主动性，增大了产品市场占有量；破除了“大锅饭”弊端，以经营效果、劳动成果定分配，提高了整体经济效益，职工收入有所增加；提高了独立法人单位研制开发新产品的积极性和开发市场的紧迫感；使重视企业管理成为企业上下的自觉行动，管理效益显著提高。即将组建设立的沈阳矿山机械集团有限责任公司将以崭新的面貌出现在辽沈大地，为实现沈阳市“造大船”战略目标贡献力量。

（黄东）

【沈阳风动工具厂】 沈阳风动工具厂是我国凿岩机械和气动工具行业建厂最早、规模最大的专业生产厂。该厂现为国家大型一级企业，是机械工业部的骨干企业。截止1995年末，企业固定资产原值23 698.2万元，净值16 414.3万元。现有职工3 530人。拥有各类机械设备802台，其中包括日本东芝公司加工中心，德国Ipsen公司密封式可控气氛淬火炉，德国贵迪克机床有限公司2 500吨高能螺旋压力机等从国外引进的先进设备，具有较强的工艺装备水平。企业生产气动、液压凿岩机、钻车、冲击器以及各类风动工具产品，用于矿山采掘、土石方工程、机械制造、建筑施工行业使用的通用设备，并以质量和价格的优势行销全国30个省、市、自治区，远销亚、非、欧、美40多个国家和地区，有9种主导产品是国家、部、省和市优质产品。

1995年是沈阳风动工具厂深化改革、保持稳定、促进生产经营协调发展的一年。一年来，该厂克服了资金短缺，市场滑坡等困难，较好地完成了1995年经济工作的主要目标和任务。全年完成工业总产值10 287万元；实现销售收入14 662万元(含税)；实现利润153万元；实现利税1 282万元；完成出口交货值1 100万元，全员劳动生产率31 419元/人.年。

1995年主要做了以下工作：

1.市场下滑和资金短缺是困扰该厂经济运行的两大主要问题。为此采取了坚决措施：一是限产促销，以销定产。二是加强了对销售工作的领导，强化了销售、催款力度；组建了以中间环节为主的销售网络；全年货款回收比1994年增长23%，达到该厂历史最好水平；努力扩大国际市场，全年自有产品出口比1994年提高28%。

2.全年共开发新产品5种。完成了CTQ500和KQL120钻车的改进设计，并批量生产；7655D凿岩机当年设计，当年生产，已于近期投放市场；通过了KQX100型切削潜孔两用钻机的工业鉴定，开发了与韩国合作生产的产品——液压冲击器，完成了KQL170的制造和调试任务，扩大了产品的种类。

3.完成了公司制改组的准备工作，深化了企业内部配套改革。制订了公司章程；上报了公司制改组的实施总体方案和各专题方案；募集了部分社会法人资本金；规划了股东大会、董事会、监事会等治理结构。精简了机构，压缩了人员。共拨离富余人员480人，节约工资额近20万元。广开门路、妥善安排富余人员。建立了厂内劳务市场，制订了“安置富余人员暂行办法”，妥善解决了富余人员流向问题。同时，积极启动厂内劳务市场，按双向选择的原则，再分配安置富余人员40人。

4.加强了企业管理，提高了企业素质。制订了《关于压缩资金占用，降低成本费用的措施规定》，坚持实行一支笔批钱制度；广泛开展双增双节活动，降低物耗，堵塞漏洞，全年双增双节实现620万元。修订完善了质量奖惩条例，坚持质量否决权；开展了创名牌产品活动，7655凿岩机分别获省、市名牌产品称号和1995年红梅杯沈阳市著名商标。中国质量管理协会用户委员会，中国质协用户委员会建设机械设备委员会通过广泛调查后，授予7655、Y26凿岩机“用户满意产品”称号。加强了现场管理。制订了现场管理(阶段性任务)上台阶暂行标准，落实了现场管理责任制；厂区主要通道实现花园化。在市机械局现场管理大检查中被评为现场管理优秀单位。

(彭赓)

·机床工业·

【沈阳机床股份有限公司】 1995年沈阳机床股份有限公司进一步深化改革，加速改造，知难而进，为沈阳机床工业长远发展、为转换企业经营机制，适应市场经济的要求奠定了坚实基础。主要表现在世行贷款项目和现代企业制度试点取得了明显进展：

1.世行项目正式生效并开始实施。利用世界银行贷款对沈阳机床工业进行改造项目，即世行沈阳工业改革项目于1992年5月正式立项以来，历经3年多的努力，到1994年9月该项目先后被世行执董会和我国国务院批准，1995年1月11日(华盛顿时间)，中国驻美国大使李道豫，代表中华人民共和国与世行——国际复兴开发银行正式签署世行沈阳工业改革项目贷款协定。项目贷款总额1.75亿美元，用于机床股份有限公司1.21亿美元。用款期为5年，还款期为15年，还有5年延长期。按规定，该项目协定在签署90天后，即1995年4月11日(华盛顿时间)正式生效。从而世行沈阳工业改革项目由准备阶段转入实施阶段。此后，该项目的可研报告通过了国审并开始进行设备招标、采购和技术引进等项工作，1995年5月首批设备采购国际性招标在沈阳举行。部分土建工程已经开工，办公自动化设备也有少量购入，到1995年底世行贷款和国内配套人民币已部分开始到位。总之，随着增量的投入，沈阳机床股份有限公司正在积极组织存量调整，一个大规模系统的改造工程的序幕已经拉开。

2.现代企业制度试点工作全面铺开。沈阳机床股份有限公司被国家确定为百户建立现代企业制度试点单位之一以后，拟定了《试点实施方案》及16个配套子方案，1995年8月通过论证，1995年9月得到省政府和国家经贸委的批准。而后该公司按《方案》积极开展工作，并在几个难点问题上有突破：(1)、在明确国有资产投资主体上有突破。沈阳机床(集团)有限责任公司作为沈阳机床股份有限公司国有资产的投资主体已于1995年12月正式成立；(2)、在剥离非经营性资产，分离企业办社会职能上有突破。中捷子弟小学移交政府的协议已经签订，资产和人员交接工作正在进行。；(3)、在分流富余人员上工作力度加大，1995年共分流4 616人；(4)、在争取股票上市额度有突破。部省市3家抬的额度指标已经落实，共计拿到5 400万的上市额度，这为沈阳机床股份有限公司由定向募集式公司转为上市公司打下了基础。

世行项目和公司的发展得到党和政府，以及各级领导的关注。江泽民、李瑞环、邹家华、李铁映等党和国家领导亲临公司视察，并做重要指示。

(王泽晓)

·输变电工业·

【东北输变电设备集团公司】 东北输变电设备集团公司创建于1985年，经过10年的发展，已成为中国输变电设备制造行业最大的集团公司，是中国输变电设备制造、科研和出口基地，1990年起在国家计划中实行单列，是国务院首批试点的55家企业集团之一。集团公司所属企业沈阳电缆厂、抚顺电瓷厂和控股子公司东北输变电机械制造股份有限公司的全资子公司沈阳变压器有限责任公司、沈阳高压开关有限责任公司、锦州电力电容器有限责任公司、阜新封闭母线有限责任公司，均为全国同行业的排头兵或骨干企业。集团公司在按1994年销售额排序的中国500家最大工业企业中列第102位；在“中国的脊梁”国有企业500强中列第139位。

集团公司拥有雄厚的科研开发实力，完善的检测手段，现代化的生产设备和工艺装备，能按照国家标准(GB)和国际标准(IEC)生产出具有当代水平的优良产品，一批在国际市场具有竞争力和国内名牌产品已形成规模生产能力。主要产品有变压器、互感器、全封闭组合电器、高压断路器、高压隔离开关、电线电缆、高压电瓷、避雷器、电力电容器和封闭母线等，共200多个系列，1 400多个品种，27 000多个规格，具有为全国年装机40%的综合配套能力，产品国内市场覆盖率和重要设备配套率均达到90%以上。产品远销40多个国家和地区，在海外有良好的声誉。

1995年，集团公司完成工业总产值27.5亿元，销售收入35亿元，实现利税3.3亿元，一条在国内输变电设备制造行业具有导向作用，在国际市场有竞争力的经济大船已初具雏型。目前，集团公司拥有7个分公司，6个控股子公司，29个附属企业，员工4.3万人，初步建立了实业、金融和贸易三大产业体系，正在成为多层次、多产业、跨地区、跨行业、跨所有制、全方位的现代化大型企业集团。

集团公司创建以来，经历了组建和发展、国家计划单列、股份制改造和理顺体制三个阶段。集团公司在创建之初只是以市场和产品成套为联结纽带的松散的经济联合体，技术优势和规模优势难以充分发挥。为取得规模经济效益，壮大集团公司实力，集团公司以产权为联结纽带，按照现代企业制度和《公司法》的要求，对所属企业进行了重组和股份制改造。经国家批准和授权，集团公司所属的沈阳变压厂、沈阳高压开关厂、沈阳电缆厂、抚顺电瓷厂、锦洲电力电容器厂和阜新封闭母线厂6家企业的国有资产全部划归集团公司，由集团公司作为国有资产运营主体，代表国家持有和管理，负责保值增殖。集团公司把其中沈变、沈高、锦容、阜封4家企业的经营性国有资产组成东北输变电机械制造股份有限公司，并将这4家企业改组为有限责任公司。1995年7月6日，股份公司25 795万股H种股票在香港成功发行上市，成为国内第17家、辽宁省第1家海外上市公司。1995年12月，股份公司又成功地在国内发售了3 000万股A种股票，并于当月13日在深圳挂牌上市。股份制改造为集团公司发展增添了巨大的生机和活力，它开辟了国有企业到国际资本市场直接融资的新道路，推动了企业改革向深层次发展。

集团公司一向注重企业技术改造和产品的开发创新。“八五”期间，集团公司各企业都积极进行了技术改造和国际经济技术合作，先后从国外引进了一批先进技术和部分关键生产设备及测试设备，使企业技术水平和测试条件有了较大改观。沈阳变压器有限责任公司先后从法国阿尔斯通公司、日本日立公司和乌克兰扎波罗斯变压器研究所引进变压器和互感器制造技术；沈阳高压开关有限责任公司先后与阿尔斯通公司、日立公司合作，引进了SF_6断路器、SF_6全封闭组合电器制造技术，这两项技术经过消化吸收，目前已形成批量生产能力；沈阳电缆厂与日本古河电工株式会社合资建立了沈阳古河电缆有限公司。此外，各企业还引进了瑞士的煤油气相干燥设备、德国乔格纵横剪切机、比利时大型弯板机、瑞典自动铆焊设备和日本的圈制机和真空浸灌等生产设备和技术，这些都是世界各输变电设备制造商普遍采用的重要生产设施。通过上述技术改造、技术引进、经济合作，集团公司的生产能力和生产水平有了极大提高，产品市场竞争能力也得到了较大增强，公司继续保持在国内输变电设备制造行业的领先地位。

集团公司的发展目标是，从1995年到2000年，销售收入年平均增长19.4%，2000年达到85亿元，实现利税年平均增长13.1%，2000年达到7.5亿元；出口创汇年平均增长8.9%，2000年达到6 000万美元。

(胡明)

·工具工业·

【沈阳工具工业集团公司】 沈阳工具工业集团公司直属20个企业和两个研究所，其中全民3个，集体15个，合营2个。职工总数6 739人，在职职工4 317人，一线工人3 257人，管理干部658人，工程技术人员169人。工资总额2 368.2万元。拥有固定资产原值9 490万元，净值4 895.8万元。设备总数1 510台，其中金切设备866台，锻压设备232台。建筑面积119 762平方米，占地面积229 794平方米。主要产品有量具、刃具、量仪、磨料磨具、标准件、小型机械和食品机械等共19大类94个系列350个品种。其产品销往全国各地，并有6大类30多个品种销往世界30多个国家和地区。

1995年沈阳工具工业集团公司的经济工作，始终在国家宏观调控力度不断增强，微观经济环境日益趋紧，产品市场需求明显回落，生产要素矛盾突出，企业热点不断升温，职工队伍不稳定因素此起彼伏的形势下运行的。在严峻的经济形势面前，广大干部职工振奋精神，迎难而进，奋力拼搏，顶住了巨大压力，战胜了各种困难，制止了生产经营的更大滑坡，全年完成工业总产值7 350万元，产品销售收入7 857万元。

1995年沈阳工具工业集团公司经济运行的基本特点和状况：一是产权制度改革不断深入，“公有民营”取得明显效果。全年又有沈阳金刚石工具厂、沈阳钻石工具厂、沈阳第四工具厂、沈阳标准件六厂5个企业实行了公有民营，公有民营后的沈阳标准件六厂一举研制成功了日商需要的新品JIB1168吊环螺钉，填补了国内空白，使企业出现新的生机。二是依靠科技进步意识不断增强，新产品开发取得新进展，全年共开发新产品22种，完成新产品产值810万元，销售收入750万元，创利税120万元，均达到了历史最好水平。其中沈阳砂轮厂开发的等离子陶瓷热喷涂粉沫系列产品、沈阳砂布厂开发的全树脂砂布、沈阳水平仪厂开发的激光粗糙检查仪等新产品均达到了一定先进水平。沈阳砂布厂铁锚牌商标被命名为沈阳市名牌商标。三是开拓国际市场步伐不断加大，出口创汇稳定发展，全年完成出口交货值864万元，比 1994 年增长38.3%。沈阳砂布厂、沈阳砂轮厂、沈阳组合夹具厂、沈阳量具仪表厂、沈阳标准件六厂出口创汇均有较大幅度增长。沈阳砂布厂出口创汇逐年递增，1995 年完成出口交货值580万元，占公司出口总额的63.3%，在全局也占有一定位置。四是企业领导班子建设不断加强，保证和促进了生产发展。

（*张卫东*）

·运输设备制造业·

【沈阳飞机工业(集团)有限公司】 “八五”期间，沈飞集团公司不断解放思想，更新观念，深化企业内部改革，进一步完善了企业经营机制，并着手建立现代企业制度，组建了沈飞工业集团。提前一年超额完成了“八五”计划，为国防现代化建设和航空工业发展做出了重大贡献。

“八五”期间，公司销售收入比“七五”增长245.3%；工业总产值比“七五”增长154.7%，其中民品产值增长79.4%；利税比“七五”增长317%。

1995 年产品销售收入，比 1994 年增长9.9%。其中民品销售收入完成50 798万元，增长24.9%；工业总产值，增长3.3%；出口创汇完成702万美元，增长15.5%；实现利润1 792.7万元，税金2 780万元。“三产”收入1.2亿元，增长14.4%。

1. 民品生产和销售再创新业绩。客车生产622辆；越野车生产1 531辆，比 1994 年增长5.6%；通路地板生产 48 万块，增长34.3%；铝型材制品完成5 494万元，增长12.5%；烟机生产 23 台。

2. 出口创汇工作稳步发展。全年出口创汇完成702万美元，是年计划的 106.4%，比 1994 年增长15.5%。民机零部件转包生产，创汇232万美元，是年计划的104.5%，增长4.3%。

一般机电产品创汇470万美元，是年计划的106.8%，增长34.7%。其中通路地板出口 30 万块创汇310万美元，创历史最好水平。1995 年11 月 24 日该公司与马来西亚 FITTERS－BES 联合公司签订了 57万块通路地板的合同，总金额400万美元。

干线客机完成了510项尾段工装制造和 60 项尾段零件制造。签定了 737－700 飞机1 000架尾段生产合同。

3. 科研与新产品开发工作取得新的进展。科研与技术攻关工作：完成技术攻关 49 项，申请专利 19 项，技术贸易成交额13 040万元，是年计划的217%，完成6 914万元，实现利润2 457万元，是年计划的153%。

新产品开发工作：6981B型、6985型、6100A型、6100B型客车通过了省级技术鉴定，6600型越野车完成了整体设计、试验并通过省级鉴定。

4. 质量管理工作取得新成绩。1995 年沈飞集团公司质量形势比较好，顺利通过了国家新时代质量体系认证中心对该公司的现场审核、麦道公司和上海飞机制造厂联合对该公司质量系统和工艺的审计，以及以色列适航局和沈阳民航审定中心对该公司质保系统审计。全面推进了 GB/T19000－ISO9000 质量管理和质量保证体系标准的贯彻工作，一举获得“军机”、“支柱民品”、“转包生产”3 个合格证书，进一步加强了生产过程的质量控制，广泛开展了产品质量攻关活动，同时，积极实施名牌战略，大力开展了创名牌活动，抗静电全钢通路地板经电子部检测，被评为我国唯一优等品，同时获沈阳市、辽宁省名牌产品和“中国公认名牌产品”称号。

（*谷云龙*）

【沈阳黎明发动机制造公司】 1995 年，是沈阳黎明发动机制造公司转观念上市场、抓管理上台阶、加大技改投入、深化改革力度最大的一年。公司把握“抓住机遇、深化改革、扩大开放、促进发展、保持稳定”的方针，坚持“航空为本、发展民品、放开三产、拓展外贸”的发展思路，扎实工作。新机研制取得了突破性进展；基建技改工作成果显著；改革调整工作迈出了坚实步伐；管理工作不断加强；精神文明建设取得了较好成绩。

1. 新机研制取得突破性进展，军品任务提前超额完成。公司始终把新机研制作为工作重点，1995 年，对新机研制工作，加强了领导，强化了指挥，广大干部、职工进一步发扬“自力更生、艰苦奋斗、大力协同、无私奉献”的行业精神，克服了重重困难，在技术攻关、质量控制上取得了重大突破，保证了新机研制任务按计划完成。同时，提前 7 天超额完成军品生产任务。保证了国家指令性计划的完成。

2. 基建技改工作成果显著。1995 年全面完成了国家技改投资项目，实现了新建厂房26 411平方米，新增设备223台套。其中，引进国外先进设备 42 台套。在机匣数控加工、叶片辊轧及电解加工，盘轴及鼓筒精密加工、精密铸造、真空钎焊、喷涂、热处理及表面处理、精密模具及刃具制造和理化计量检测、计算机辅助管理等方面，形成了具有国内同行业领先的技术优势。尤其在1 1.2米大机匣加工方面更具领先地位，保持了企业高、新技术加工优势。公司与美、英、法、德、日等国家和地区的航空企业建立了贸易往来，1995 年转包生产创汇105.8万美元，占全年创汇总额的 47%。

3. 改革调整工作迈出坚实步伐。公司全面推行资产经营责任制，突出资产的保值增值。把经营效果、完成任务情况与经济利益挂钩，严格考核管理。根据企业经营情况进行了人事制度改革，开展了清岗分流工作。全公司“内退”职工2 330人，清岗分流2 359人。进行了管理体制、产品结构的调整，理顺了经营、开发财务、人事教育体制，组织开展了军民分线、浓缩军品的调研和实施了局部调整工作。

4.管理工作得到了进一步加强。强化了财务管理,成立了财务部,实行集中统一管理。加强了资产管理,实行对外投资审批统管,对已投资项目进行了清理。加强了物质管理,清理了积压物质,实现处理积压物质770万元。加强了质量安全管理,重点抓了质量体系认证和实物质量控制,军品一次试车合格率达91.18%,民品一次交检合格率达98.26%,质量损失率比1994年底降低了1.18个百分点。万元产值能耗和万元产值物耗均比1994年度有所下降。环保工作被省工办系统评为先进单位,公司的管理被誉为"黎明模式"。

第三产业发展趋势良好。公司"三产"系统本着"服务黎明、面向社会"的方针,积极探索独立经营、自负盈亏、社会化发展之路,不断寻找新的增长点,积极吸引外资,成立了中美合资沈阳黎天木业有限公司。1995年,全系统共创收2 000万元。

5.精神文明建设取得了较好成绩。公司党委坚持"两手抓、两手都要硬"的精神,以"重塑黎明形象"的大讨论为先导,实施了"凝聚力工程",稳定了职工队伍。开展了攻关竞赛等项活动。充分发挥党员的先锋模范作用,带领群众围绕生产经营攻关夺隘,全年攻克科研、生产、经营、开发关键212项。围绕提高企业素质、职工素质,开展了精神文明建设的各项活动,广大职工精神面貌发生了巨大变化。在辽宁遭受百年不遇水灾的时候,广大职工响应号召,捐款43万元,捐衣物4.5万件,出动车辆20余台,420多人次。

(王宝成)

【铁路运输设备制造业】 沈阳铁路运输设备制造业包括机车车辆配件制造业、铁路信号设备制造业、铁路专用设备制造业、铁路专用器材制造业以及其他铁路运输设备制造业。1995年,沈阳市该行业共有独立核算工业企业30户,比1994年减少了15户,全行业资本金合计为23 607万元。

1995年,全行业拥有固定资产原值40 223万元,其中工业生产用固定资产原值26 052万元,占全部固定资产原值的64.8%,固定资产净值平均余额24 149万元,流动资产年平均余额34 745万元,比1994年增长58.5%。全行业完成工业总产值(当年价格)33 220万元,这些企业完成工业总产值占整个交通运输设备制造行业产值总数的5%,完成产品销售收入33 428万元,比1994年增长15.8%,按生产法计算的工业增加值8 441万元,比1994年增长14.5%,实现人均增加值6 183元/人,比全市人均增加值低3 737元//人,工业增加值率为22.2%,比1994年降低0.2个百分点,增加值率高于全市平均水平0.9个百分点。

1995年,全市铁路运输设备制造行业工业经济效益完成情况不够理想。全行业实现利税总额为负2 263万元,净利润为负4 300万元,共有9户企业亏损,亏损面由1994年的11.1%上升到30%,其中:机车车辆配件制造业有2户亏损,亏损面为16.7%;铁路信号设备制造业4户全部为亏损企业;铁路专用器材制造业有3户亏损,亏损面为43.9%;全行业亏损面比全市平均水平高4.5个百分点。

1995年,铁路运输设备制造业全行业完成货车产品产量1 461辆,比1994年增长1.5%,其中完成敞车产品产量1 259辆,比1994年下降7.0%。

(杜智娟)

【沈阳铁道制动机厂】 沈阳铁道制动机厂是铁道部直属中型企业。是我国第一家铁道制动机专业生产厂,是中国500家最大交通运输设备制造企业之一。1995年工厂占地面积62 559平方米,固定资产原值8 821万元。各种设备571台,其中高、精设备24台,有职工1 520人(全民职工950人,集体职工570人)。主要产品有:120型货车空气控制阀、103/104型客、货车空气制动阀、GK型三通阀、DK—1型、JZ—7型制动机、704型调压器、基础和辅助制动装置及各种制动机试验检测设备、内燃机车汽缸套、活塞环以及蒸汽机车发电机等。产品主要为铁路机车车辆维修和新造车使用,并出口东欧、亚洲、拉丁美洲等十几个国家和地区。

1995年,实现工业总产值2 900万元,比1994年增长了18.3%。实现销售收入3 901万元,增长了7.1%。全员劳动生产率完成30 526元,提高18.2%。产品综合一等品率达到了95.11%,提高了0.4个百分点,职工收入8 533元,比1994年增加了2 266元。

1.转换营销机制,开拓新的经济增长点。工厂加强了对营销工作的领导,在销售人员中引入竞争机制、公开招聘销售人员,实行了销售人员承揽、销售、回收货款与个人收入挂勾考核办法。对路内外用户包干承揽,扩大营销渠道,工厂以产品一出,质量即优,主动服务,价格可浮的经营和优势,打入市场,使制动机产品产量占全路制动机市场的6.1%。

2.依靠科技进步,加快新产品开发。1995年工厂以铁路高速、重载为方向,以制动机产品为主导,应用新技术,围绕市场搞开发。先后研制、开发、认证、投产21种新产品。其中包括14寸旋压制动缸、空重车调整装置、高低阀、120阀试验台、JZ—7制动机、11升加速缓解风缸、120阀、法兰连接、240活塞环、球芯折角塞门等。同时完成技术革新85项、技术攻关12项。工厂有4项科技成果(制动机生产专业化研究与实施、WK型分配阀、三通阀试验台、180型蠕铁活塞环)获中国铁路物资总公司科学技术进步奖。

3.完成制动机生产系统技术改造,形成专业化生产规模。进行铸件生产系统改造,制动机铸件由粘土砂工艺改为树脂砂工艺,提高了质量和表面光洁度,解决了制约制动机专业化生产的"瓶颈"问题。仅8个月引进的国外7台加工检测设备和国内24台配套设备已投入使用,创造了国内引进设备和消化吸收最快的速度。

4.以建立现代企业制度为目标,加大改革力度。一是兼并沈阳市第三铸造厂工作已进入实质性操作阶段,并做好接收,恢复生产的前期准备工作。二是全面实行了劳动合同制，改革劳动用工制度。三是在干部制度改革上，实行公开招聘实体厂长和销售人员；调整了部分中层干部，重点选拔任用经过基层锻炼的大学生任中层领导；四是实行了有偿分配住房和贯彻落实了铁道部新养老保险制度，并为离、退休人员发放了养老保险金。

5.强化了产品质量。深入贯彻《产品质量法》使质量管理工作的重点由人治转向法治，开展了ISO 9000系列质量标准认证准备工作。实行了产品跟踪服务和追踪考查、考核制度，使产品一次组装合格率、交验合格率、一等品率，都有较大程度的提高。

6.进一步加强企业管理。强化计划财务管理、劳动工资管理、材料定额管理、工时定额管理、劳动纪律管理。加强以严格工艺和定置管理为核心的文明生产管理，建立了良好的生产秩序。

（周桐百）

【汽车制造业】 1995年，沈阳市共有独立核算汽车制造工业企业199家，比1994年增加5家，其中亏损企业由1994年的36家增加到1995年的62家。这些企业拥有职工6.7万人，比1994年减少0.8万人。固定资产原价29.3亿元，新增3.6亿元，增长14%，其中生产经营用固定资产19.92亿元，新增6.0亿元，增长43.1%，累计折旧7.1亿元，增长12.7%。固定资产净值22.2亿元，1995年末资产总计为78.21亿元，其中流动资产合计为40.75亿元；年末负债合计为48.26亿元，其中流动负债为36.21亿元，长期负债11.81亿元。1995年，全行业实现产品销售收入32.56亿元，比1994年下降7.97%，实现工业总产值26.2亿元（1990年不变价格），实现工业增加值3.66亿元，增加值率为12.2%。1995年，沈阳市汽车制造行业产值低于1994年同期，全行业实现利润、利税均为负数，处于亏损状态。

1995年，沈阳市汽车制造行业中，有22家工业企业生产装配汽车整车，其余177家企业主要从事汽车零部件及配件制造业。全年生产汽车整车21 541辆，其中载货汽车5 445辆，越野汽车3 287辆，客车8 338辆，专用汽车4 341辆，汽车底盘157辆，除专用汽车产量高于1994年同期外，其余各种汽车的产量均低于同期。

（姜希一）

【一汽金杯汽车股份有限公司】 1995年2月23日金杯公司的国家股权的持股单位沈阳资产经营有限公司与中国第一汽车集团公司达成定向转让部分金杯国家股权协议。根据协议，由沈阳资产经营有限公司向中国第一汽车集团公司有偿转让49 562.38万股。中国第一汽车集团公司持有金杯公司的49 562.38万股后，其股权占金杯公司股本总额的51%，形成了对金杯公司的控股地位。据此，金杯公司更名为：一汽金杯汽车股份有限公司。

一汽集团公司董事长、总经理兼党委书记耿昭杰与金杯公司董事长兼党委书记何忠彬在联合协议书上签字。

截止1995年12月31日，一汽金杯汽车股份有限公司的股本结构情况是：

总股本：97 181.13万股。其中：国家股为7 376.03万股（沈阳资产经营有限公司持有），占公司总股本的7.59%；法人股为61 805.10万股（其中：沈阳汽车工业股权投资有限公司持有12 242.72万股，占公司总股本的12.6%，中国第一汽车集团公司持有49 562.38万股，占公司总股本的51%），占公司总股本的63.6%；个人股为（境内上市的人民币普通股）28 000万股，占公司总股本的28.81%。

中国第一汽车集团公司控股金杯后，公司确立了“近期求生存、长远求发展”的指导思想，加速了新产品的开发和投放市场工作，进一步提高了产品质量，有效地强化了销售和售后服务工作，开始理顺管理体制，强化各项管理，为公司的发展奠定了一定的基础。

1995年，一汽金杯汽车股份有限公司的主要经营情况是：

1.以提高产品质量为突破口，确立了“质量年”，开展了“质量杯”竞赛活动。年初，公司把提高产品质量工作放在首要位置来抓，确定1995年为公司第一个“质量年”，并在质量年中开展“质量杯”竞赛活动，召开了“质量年”动员大会，制定下发了年度质量工作目标和产品评审考核实施办法，落实质量责任；推行了新的“质量调度会”制度和“奥迪特”评审办法，加大了对产品实物质量的考核力度。全年有金通公司等6个单位受到表扬，先后有转向器厂等4家企业的厂长坐上了质量批评席。职工的质量意识得到一定程度的增强，产品质量水平有了新的提高。全年质量攻关计划实施率达98.5%，整车装配合格率为96.39%，总成合格率为95.48%，零配件合格率为87.19%。

2.以“1043”产品开发、试制为龙头，进行了产品结构的调整。全年共开发新产品13种，实现新产品产值48 384万元。主要新产品有：CA10742轻货车、CA1043轻型货车、$CA1000D_2$客车底盘、SY6480、SY6480E、SY6480D、$SY6480D_1$、$SY6480D_2$中、低档轻型客车，以及DS330膜片弹簧离合器、SY492Q—2W汽油发动机。经过广大工程技术人员的艰苦努力和一汽汽研所的大力支持帮助，确定了一吨级农用车的开发目标，完成了SY6475轻型客车的产前准备，部分新产品鉴定试装，其中新产品CA 1043轻型货车已经小批量试生产。

组织落实了为一汽集团配套的产品。到年底，已经有6个企业的16种汽车零部件实现为一汽集团配套。同时，还利用金通公司冲压生产能力为一汽奥迪轿车配套生产30种冲压件，每种每月产量达1 800台份。

加速了SY6480轻型客车的国产化，到年末，SY6480轻型车的国产化率累计实现69％。

3.理顺管理体制，向生产经营一体化方向转变。按照汽车生产规模经营的客观要求和公司管理的实际需要，对公司管理体制进行了一定程度的调整，使公司从投资、控股公司模式向生产经营为一体的实体公司方向转变。

——理顺销售体制，将金通公司、沈汽厂整车销售改为由金贸公司集中统一代理销售。对金客公司产品实行部分代理销售。

——成立了公司内部银行。初步实现资金集中统一结算。

——经与通用公司18次谈判，从7月1日开始，一汽金杯公司取得了金通公司的经营管理权。

——根据金客公司的经营管理状况，经与华晨公司协商，初步确定了金客公司董事会人员和经营班子调整的意向。

此外，公司还加强了生产管理的指挥调度工作；经中国人民银行批准，成立了一汽集团财务公司金杯分公司。

4.从全面清理资财入手，整顿和加强企业管理。公司在开展“清产核资、清仓查库、清理资金、清理拖欠”的“四清”工作基础上，为搞清家底，堵塞管理漏洞，整顿和加强企业管理，在全公司又深入开展了全面清理资财工作，并取得阶段性成果。经全面清理，对外投资初步查清。历史遗留问题已经开始处理。在清理中，共查出损失10 000万元，清理拖欠3 000多万元。

强化了现场管理工作。在先后进行的两次现场管理检查中，对12户企业现场管理存在的脏、乱、差问题进行了专题录像，并在厂长会上播放曝光，促进了整改和现场管理工作的加强。

开展“深化工艺、绿化工序”活动，制定并实施了“工艺管理考评标准”，举办了公司企业技术厂长、工艺科长培训班，按照工艺管理9个方面42项标准对企业进行了工艺普查和巡回考评。这项工作已经从制定立项阶段转入实施消项阶段。

5.以制定公司“九五”规划为重点，调整实施技术改造计划，加速合资工作步伐。根据一汽集团公司的总体规划，公司对“八五”技术改造规划项目进行了论证和调整，完善了技改计划实施的基础工作，制定并实行了技术改造工作管理办法和项目承包制度。1995年实施在建技改项目30项，计划用款21 084万元，计划完成投资18 416万元，实际到位资金14 054万元，为年计划的66.7％，实际完成投资15 319万元，为年计划的83.2％。

公司在加紧实施“八五”规划的同时，制订了公司“九五”技术改造规划，确定了纳入一汽集团总体规划中的一汽金杯公司““九五”规划改造目标，并经国家“九五”规划评估审查团评估通过。公司“九五”规划的主导产品是：CA1043轻型货车、SY 6480轻型客车、S10轻型汽车3个系列产品，重点改造项目10项，建设投资14.5亿元，形成年产15万辆整车的生产能力，将公司建成一汽集团轻型车的主要生产基地。

公司为实现进入省30户重点企业做了大量工作，此项工作可望在1996年获得国家批准。

与通用公司合资重建金通公司的谈判已经达成意向，转入实质性谈判阶段。

日本丰田公司通过购买CBA公司股份的方式，实现一汽金杯公司、华晨公司与丰田公司共同合资经营的意向也已达成。

与台湾台亚公司合资成立的金亚传动轴制造有限公司已于5月正式运行。

理顺了埃梯梯飞力金杯泵业制造有限公司的内部管理关系。

6.筹措资金，千方百计保证公司生产经营活动运转。受多种因素制约，年初，公司一直处于停产半停产状态。为此，公司多方筹措生产资金，先后发行二期职工内部债券、争取银行贷款、利用一汽购股资金共投入生产流动资金6 405万元，使全公司从3月份开始陆续启动生产。生产启动后，公司精心组织生产调度，加强生产配套管理力量，统一组织对外定货，协调内部配套件供应，尽最大努力保证了整车生产的连续性进行。

7.加强各级领导班子建设和职工队伍建设。一是加强组织建设，公司级领导进行了调整。公司全面考核基层企业领导班子5个，调整基层副厂级以上干部91人次，其中提职24人次，免职(解聘)9人；降职使用2人，交流39人次，办理退休12人，退二线5人，干部能上能下形成了制度。二是加强了思想建设。树立干部与职工同甘同苦、共渡难关的思想。三是加强了廉政建设。按照从严治党的要求，共查处违法违纪案件17件；处分违纪党员11人，其中开除党籍3人，党内严重警告4人，党内警告4人，政纪处分3人。

公司在加强各级领导班子建设的同时，加强了职工的培训教育工作。利用多种形式先后开展了“学理论、学知识、学技能、见实效、做贡献”活动和“爱岗敬业、功在金杯”的系列教育活动。有针对性地对各类人员进行岗位培训。组织公司所属企业领导班子成员、总部副处级以上干部进行了《公司法》及有关经济法律、法规的培训。全年共完成适应性培训课题248个，培训专业管理干部542人，后方辅助技术工人688人。

8.抗洪救灾，稳定职工队伍。1995年，因沈阳浑河暴发特大洪水，公司离合器厂11万平方米厂区被淹，造成直接经济损失达2 000多万元。为使工厂尽快恢复生产，减少经济损失，公司立即制定了救灾恢复生产方案，动员和组织公司所属单位分片包干支援离合器厂抗洪救灾，进行除锈保养挽救了700多万元产成品、800多万元的在制品；在一汽集团公司的大力支援帮助下，完成了对400多台设备的抢修保养，经全公司上下通力协作支援，离合器厂于1995年10月5日正式恢复生产。

与此同时，公司贯彻市政府“对受灾县区进行对口支援”的精神，组织捐款54万元，捐献棉衣棉被44 591件。承担了辽中县14个村的对口支援任务，走访重灾户，为受灾村民建房2幢，送冬季取暖煤300多吨。为配合全市救灾抢险工作，公司仅用一天时间，保质保量地完成了5条抗洪船的制造任务。还为市政府提供了100万元的维修水毁工程物资。

实施“温暖工程”，做好信访工作。由于企业效益滑坡幅度较大，热点问题增多。职工医药费报销、采暖费、动迁费、工资发放等问题较为突出。稳定职工队伍，做好信访工作成为一个新的课题。公司广泛开展了扶贫工作，实施“温暖工程”，建立和完善了扶贫保障机制，设立扶贫基金93万元，领导干部与特困职工结扶贫对子42对，千方百计保证了必要的福利费用支出和职工开资。同时，公司认真做好上访职工的接待工作，对上访职工提出的问题进行耐心的说服和解释工作，并给予认真的解决。公司领导多次接待上访职工，并组织研究处理方案，重点处理和解决由历史遗留问题引发的传动轴厂分离职工集体上访、沈汽厂职工集体上访二起较大的上访。

此外，一年来，公司在审计、人才引进、计划生育、老干部管理、治安防火等工作方面也做了大量工作。

1995年公司主要经济指标完成情况是：工业总产值完成147 645万元，为1994年的87.53%。生产汽车合计13 345辆，为1994年70.95%。生产汽车发动机36 700台，比1994年增长50.41%。汽车配件产值完成30 909万元，为1994年的89.61%。实现销售收入222 588万元，为1994年的90.68%。利润总额：－24 860万元。

1995年度发生重大经营性亏损的主要原因是：

1995年度公司亏损24 860万元，净亏损25 410.5万元，公司董事会及公司经营管理委员会经过认真分析，认为产生亏损的原因除客观因素外，主要原因是公司的经营管理工作仍存在一定的问题，主要表现在：

一是公司适应市场经济的经营管理体制调整尚未到位，面对日趋激烈的市场竞争，反应迟缓，措施不力，一定程度上影响了市场销售。

二是产品结构调整还不能完全适应市场的变化，产品销售市场尚未完全打开。一汽集团公司控股公司后，在一汽集团公司的帮助下，公司研制开发了CA1043轻型货车及SY6475轻型客车等新产品，由于研制开发需要一段时间，新产品批量投放市场速度较慢，市场开拓要有过程。因此，对扭转年度的经济效益没有产生更大的影响。

三是公司以确保产品质量可靠稳定为出发点，虽然公司的产品质量有了明显的提高，但由于用户了解新产品性能及质量尚需一个过程，产品新的市场信誉还没有完全树立起来，一定程度上影响了公司销售计划的完成。

四是为适应市场竞争，公司对大部分产品采取了低价销售的策略，但由于降成本的措施不完善、不得力，致使产品成本未能同步下降，产品边际贡献降低，一定程度上影响了公司目标利润的完成。

五是公司所属企业普遍开工不足，企业管理工作有所放松。

（张庆春）

【沈阳三山汽车工业联营公司（集团）】 以沈阳三山汽车工业联营公司为核心企业的沈阳三山集团，是由全民、集体、乡镇、外资和职工股份参股组成的股份制企业集团，是国家定点民用汽车和改装汽车企业、国家星火示范企业。沈阳三山汽车工业联营公司（集团）主导产品有三山牌轻型汽车、半挂车、自卸车、厢式车、冷藏车、运油加油车，其中HSB9130型半挂车选用一汽集团大马力牵引车，选用优质钢材和先进工艺精心制作，产品性能优异，承载质量大，运营成本低，十几年来畅销不衰，曾获部优质奖，产销量居全国同行业前茅。

三山集团由25家科工贸企业组成，其中5家紧密层企业以生产高科技产品为主，如三杉牌油品节能增效剂、UV紫外线固化清漆（适用地板生产线）、OTMP邻甲基间羟基二苯胺、SE/CC10W30和15W40节能型润滑油，曾获国家星火二等奖和部优质奖，是重点出口创汇产品。

三山集团在“八五”期间依照“联合引进”的方针，与国内外科研院所、大专院校开展了多项科工贸合作业务，极大地促进了企业的技术进步和管理进步。“八五”期间共产销改装汽车4 000辆，精细化工产品2 500吨，创产值11.5亿元，上缴税费1.5亿元，利润5 000万元。在此基础上，以市场和出口为导向，发挥企业集团的优势，开发高科技项目，以技改为投资主体，形成专业化专用汽车和资源节约型星火区域性支柱产业，力争在“九五”期间实现翻两番的目标。

三山集团在1995年“7.29”特大洪水中遭受灭顶之灾，厂区水深2米，积水达10天之久，直接损失达1 400万元。市区各级党委、政府主管部门、总工会、中科院沈阳分院、鞍钢和保险、金融、电办、防疫等企事业单位的亲切关怀，全力资助下，全体员工提出了“三山人不相信眼泪，相信自己的信心、勇力和力量！”“把损失减少到最小，重建三山家园！”的口号，在泥水中苦干一个半月，灾后10天总装车间开出第一辆半挂车，灾后45天全面恢复生产，并立即转向重建家园创建卫生城的工作中去。

（白万涛　李娟）

·农机工业·

【概况】 1995年末，沈阳市农机工业共有30户工业企业，其中国有工业企业10户，集体工业企业19户，其他经济类型工业企业1户。在这30户工业企业中，包括沈阳拖拉机制造厂、沈阳柴油机厂、沈阳潜水泵厂、沈阳机油泵厂、沈阳第二农用汽车制造厂、沈阳齿轮厂、沈阳内燃机制造厂、沈阳小型拖拉机厂等8户大中型工业企业。1995年有12户亏损企业，亏损面为40%。全行业共有资产总计达129 637万元，其中固定资产原值71 399万元，生产经营用固定资产33 529万元，流动资产年末数为66 089万元。职工年末人数15 073人，其中工程技术人员749人，管理人员1 525人，大专以上职工有1 336人。该行业生产的产品包括各种农用运输车、大中小型拖拉机、种植机械、脱粒机等农业机械。

1995年沈阳农机行业在十分困难的情况下，顺应市场的新形势，各种产品的生产较往年有所增加。主要产品的产量分别为拖拉机9 896台，其中大中型拖拉机381台，小型拖拉机9 515台。小型拖拉机中手扶拖拉机5 650台；农用内燃机3 977台，折合3.88万千瓦；拖拉机内燃机配件2 038万元；机引播种机8 776台；机动脱粒机950台；农用运输车12 953台，农用拖车300台。全行业全年完成工业总产值（不变价）37 630万元，实现销售收入48 262万元，实现利税总额－7 956万元，工业增加值为1 155万元。

（张丽萍）

电子工业

【企业持续迅速发展】 “八五”期间是沈阳电子工业成立以来发展和建设成绩最为显著的时期。自1988年电子工业确立“以发展外向型经济为根本出路，卧薪尝胆，实干3年，改变面貌”的发展思路后，励精图治，紧紧把握对外开放这条根本出路不放松，高起点、大规模、大公司合资合作，艰苦奋斗了5年，使沈阳电子工业面目一新。5年来，生产持续、快速、健康发展，产品结构调整已见成效。带动企业发展的“四艘旗舰”初步建成，电子工业有了立于国内行业之林的基础。经济发展速度在省市工业局中名列前茅，在全国39个中心城市中地位不断前移，工业总产值、销售收入、利税、外资调入额、出口创汇分别比1990年增长291.9%、141.5%、125%、710%、401%。

1995年沈阳电子工业经济发展确立的指导思想是：以深化企业改革为动力，以实施‘旗舰’战略为重点，以加强和改善党的领导为保证，为“九五”期间电子工业发展奠定基础。经过一年努力，较好地完成了年初制订的各项经济指标和其他各项工作。全局企业完成工业总产值170 162万元，为年计划的103%，比1994年增长26%，销售收入7 500万元，增长11.3%，利税1 870万元。

工业总产值在前3年一直以年递增50%的速度增长，1995年又增长26%，高于全国平均增长率2.5个百分点，产值突破17亿元，使电子工业占全市工业比重增加，地位已从全市12个工业局中的第九位上升到第五位，这为沈阳市电子工业形成支柱产业奠定了良好的基础。全员劳动生产率达到116 977元/人，突破10万元大关，高于全国3.2万元，这标志沈阳电子工业的劳动生产率已接近全国同行业的先进水平。

电子工业的产品结构近年来不断的进行调整，到1995年已经朝着合理的发展方向迈出了坚实的步子，即实现以消费类产品为主逐步转向以投资类、基础类为主体的发展方向转移。这种转变使得电子工业开始走上为其他行业提供基础产品服务。这是电子工业的合理发展方向。“八五”初期，沈阳市电子工业的产品以消费类为主，这类产品占全局全部产品的三分之二左右，这种形势使电子工业无法承担起支柱产业的厚望。经过几年的逐步调整，到1995年产品结构逐渐达到合理的比例。目前，投资类产品已占电子工业总产值的53%，比1994年同期增长14.5%；元器件类产品占总产值的37.6%，增长97.8%；消费类产品占总产值的9.4%，比1994年降低28.4%，产品结构趋于合理。

从生产增长结构看，按新口径计算，大中型企业比1994年同期增长23.9%，国有企业增长42.6%，集体企业与1994年基本持平。三资企业增长97.2%，占电子工业总产值的34.9%。

产品结构的调整体现于主要产品的增幅有明显提高，电子元件比1994年增长2.5倍，电力电子器件增长50%，电子仪器增长2.7%，电子专用设备在近年已经大幅度增长的情况下，又增长32.4%。

从以上增幅可看出，投资类和基础类产品产值在总产值中明显提高了比率，消费类产品退居到极次要的位置，这种变化说明电子工业不再是脆弱的行业。由于新技术不断引入生产之中，使产品的技术含量、产品附加值也显著上升，电子产品正以新面貌呈现在市场上。

（孟广善）

【产品竞争能力不断增强】 近几年，沈阳市电子工业的引进项目每年都有新进展，使这些项目尽快投产发挥作用还必须不断解决一些技术难题即成为当务之急。有的新项目引进后必须结合企业的现状加以改造，才能真正形成生产能力。新技术在生产过程中也有环境、原材料配套等需要调整，不可能把国外与之相关联的技术全部买进来。沈阳无线电二厂引进的计算机硬磁盘生产技术，生产条件要求甚高，有些相关的技术需要解决。电子局科技质量部门为此做了许多协调工作。一是组织攻关，即组织了本市有关大学、科研院所的技术专家对该项目的技术难题进行诊断，分析问题的症结，提出改进意见。由于这项新技术是属于高新科研范畴，要解决的问题难度大，经验少，同时缺少资金。局里及时与市科委协调，争取到一大笔科研资金，使科技攻关的费用有了着落。同时从美国请来专家协助会诊，对这项技术问题进行分析，解决了部分问题，引进了必要的比较先进的检测设备，使工作有了进展。在各方的大力支持下，又聘请了一位德国专家协助攻关，技术难题已有所突破。

建立产品中试基地是使电子新产品尽快进入市场的关键，已选了两家企业分别筹建中试基地，即由沈阳迈克金融电子设备厂筹建“沈阳金融商业电子化产品及设备中试基地”，沈阳广播电视设备厂筹建“有线通讯产品中试基地”，企业工作积极性高，投入的人力物力很充分，几次修改可行性报告，局业务部门专门研究项目的可行性，请有关专家进行咨询，对此项目进展情况定期进行调度，加快了工作进程，经市科委审查，市政府批准，首先建立了沈阳金融商业电子化产品及设备中试基地。另一中试基地待条件具备后再申请报批。

争创名牌产品是使电子产品开拓市场扩大销路的途径之一。可靠的产品质量,周到的售后服务使辽宁试验设备厂的制冷压缩机产品被列入首批50家名牌产品行列。局级名牌产品正在广泛征求用户意见,并在日常生产中进一步提高产品质量和稳定性,其中永宝CD2198电视机、SB44—1百花黑白电视机、三乐铝电解电容器、沈阳普通整流管、鑫达稀土三基色高效电子节能灯5种产品拟评为局首批名牌产品。

为做好贯标工作,局举办了技术厂长,技术人员参加的ISO9000标准学习班,经积极创造条件,百花集团电视机厂、电容器总厂、压铸厂等单位已编制出质量手册并试运行。沈阳维用电子有限公司通过了ISO9000标准的体系认证。

1995年各企业完成新产品开发48项,新产品实现产值1.8亿元,销售收入1.3亿元。产品更新后,其科技含量不断提高,为产品打入市场注入了活力。

(孟广善)

【增强企业活力发展规模经济】 不断的扩大开放,使企业增强了自我发展和生存的能力,这是电子工业的突出特点之一。1995年国家实行投资和信贷规模适度从紧的宏观调控政策,企业生产资金紧张,但电子工业仍实现了工业生产稳步增长。企业在扩大开放的运作中,开发国际国内两个市场,千方百计利用外资和技术,使企业生产技术和管理水平都跃上了新台阶,同时带动企业进入国际市场。1995年,在已经取得成绩的基础上,经过努力中外合资合作项目又有新发展,已经调入外资1 425万美元,是年初计划指标的712%。其中百花集团金星电子有限公司生产数字式影视设备,引进主要生产设备及精密仪器仪表,已调入外资1 050万美元,资金及时到位,已投产在即。

在各方面的协调下,年内完成技改竣工项目一个,即辽宁试验设备厂二期改造工程。该项目建成后,将使该厂的生产能力大幅度提高,成为国内第二大户生产制冷产品的厂家。在实际操作过程中,因汇率和银行贷款利息变化及部分原材料调价,其项目由可行性报告中批准的3 500万元调整到6 832万元。这个项目已经通过电子工业部的验收,并被评为电子部“八五”优秀技术改造项目。沈阳电容器总厂的电极箔生产线改造项目也正在紧张的进行之中,虽然在实施过程中遇到材料调价,原计划当中对建设期利息计算不足,使该项目的改造资金大幅度超支,资金缺口,致使部分进口配套件到货延缓,由于工作抓的紧,到年底有了转机,安装调试在即,1996年可实现试生产。

在出口创汇方面也呈上升趋势。1995年完成出口供货值10 639万元,比1994年增长19.7%,出口创汇1 280万美元,比1994年增长20%,其中自营出口完成900万美元,增长12.5%。三资企业出口增长比较明显,占全局出口总值的60%。企业的经济成分多种多样,尤其是三资企业的数量增多,不仅形成了新的经济发展增长点,也使电子工业提高了自身的发展潜力。

1995年电子工业提出技术改造的重点是发展营造视听设备、制冷设备、磁记录材料、金融电子元器件四艘“旗舰”,以带动相关企业共同发展。做为视听旗舰的骨架,沈阳百花电器集团公司与韩国乐喜金星株式会社签订合资生产数字式视听设备的合同,总投资2 500万美元,注册资本1 500万美元,外方投入资金1 050万美元。该项目已初步建成,投产的诸项准备已完成。制冷设备“旗舰”则是辽宁试验设备厂在原已经过改造的基础上与美国艾默生电器设备有限公司合资经营,“九五”期间继续投资16 573万元,使原产的压缩机产量翻番,同时生产汽车空调。磁记录材料“旗舰”是沈阳无线电二厂的计算机硬磁盘项目与沈阳辉彰公司光盘项目,总投资3亿元,使企业面目大改观。金融电子元器件“旗舰”是以IC读写系统为主体,为国家金卡工程做贡献。这个发展思路已受到上级领导的重视,有的产品已生产在即。一年的实践证明,在关键产品的带动下,在向社会主义市场经济体制转换过程中,通过培育形象产品,优化产品结构,促进企业向规模经济发展,是电子工业大幅度跃进的有效途径。一年中,在“旗舰战略”经营策略的启动下,电子工业中的八大品种产品生产都呈旺势,产值已达10.5亿元,占全局工业总产值的61%。四大“旗舰”的逐步发展,已成为各企业新生产力的增长点,同时也为企业走向规模经济积累了经验。

(孟广善)

计算机工业

【长白计算机集团公司】 长白计算机集团公司(简称“长白集团”)是在电子部实行计划单列并享有外贸进出口权的国家大一型企业。1995年职工4 800人,其中三分之一是工程技术人员。总资产7.2亿元。公司开发、生产系列微机、小型机、工业控制机、系列打印机、数字通信设备、计算机软件和电子系统工程及加工生产本地化的板卡、电源、软件和进行国际化的配套加工。

1995年,公司遵循一业为主,多角经营,科技兴业,产学研联合,开拓大市场,发展大产业的经营方针,在电子工业部和地方政府的重点支持下,以计算机、工控机、打印机、通讯类和计算机软件为主导产品,大力发展系统集成和网络技术,同时发展国际配套OEM、CKD加工业。公司还在证券、期货业务、房地产开发和信息服务上投入资金和拓展业务,形成了科工贸一体化的格局。全体员工统一思想振奋精神,使公司在国家一系列重大改革措施推出的宏观条件下,克服诸多不利因素,完成工业总产值8.8亿元,比1994年增长21%;实现销售收入4.8亿元,增长3.2%。

公司的生产规模不断扩大,主导产品产量大幅度上升,“长白王”牌(CB—KING)计算机,目前已推出CB486和586多媒体计算机,达到品种系列化,已批量生产,投入市场。该机适用于科研、办公、家庭等各个领域，已通过GB/T19002—ISO9002质量体系认证，1995年产量增长83.8%。

公司是中国最早开发生产工业控制机的主要基地，生产的长白工控系列产品在技术上居国内领先地位，产品广泛应用于电网调度系统、石油管道、输水工程及泵站等工业现场，具有较高的利润率。已通过GB/T19002—ISO9002质量体系认证。1995年产量增长48.5%。

公司是中国规模最大的打印机专业生产厂家。有先进的精密加工和表面贴装设备以及质量检测功能实验室，完善的CHD辅助设计系统，已通过GB/T19002—ISO9002质量体系认证，目前正在开发票据打印机和微型系列打印机。

通信类产品是公司重点发展的产品之一，与韩国LGIC合作开发生产CB—HJC型数字程控交换机，自行开发了SLC/LT1用户模板、PORTDRV接口驱动板和DIAG诊断板等18种模板及计费软件，产品应用于C_5端局用户交换机等通用网，也可应用于油田、矿区、铁路、部队等专用网，通过GB/T19002—ISO9002质量体系认证，并取得了邮电部入网证，年生产能力可达40万线。

1995年2月，公司同台湾大众电脑公司在深圳合资兴办了长众电脑有限公司，年生产能力10万台，产品70%外销，已取得出口普税制产地证书(FormA)。公司同香港得实(DASCOM)公司合资成立沈阳天星外部设备有限公司，生产STAR系列打印机，同时引进了日本春田技术，批量生产系列传真机。公司还同以色列等国家和地区合作开发、生产通信接口设备和配套设备，如光端机、调制解调器、PAD和语音信箱等产品。

在期货和证券业务上，公司拥有北京商品交易所、上海粮油商品交易所、沈阳商品交易所和海南商品交易所会员席位，作为经纪公司的长白计算机股份有限公司是沈阳远东证券公司的股东。

在房地产业务上，公司所属的房地产开发公司正在合资兴建一座3.9万平方米国际标准的长白田氏科技广场，并在广东惠州有房地产业务。

在信息服务业务上，公司充分发挥内部综合配套能力，在计算机辅助设计CAD，计算机网络工程、办公自动化等方面正在从事系统集成，发展客户。

在专项示范系统工程上，公司开发的文物保安系统已在国家级的西安兵马俑博物馆和辽宁省博物馆等重点文物保护单位应用，通过了中国文物总局的鉴定。

“八五”期间，长白集团实施三项主要技术改造项目，即：工业用计算机生产技术与设备改造项目、汉字打印机生产制造技术设备二期改造工程、计算机软件开发技术及环境建设项目。引进国外仪器设备86台套，国内仪器设备74台套；两项老基地改造项目：交流马达电容器生产线二期改造工程和石英晶体器件生产线二期改造工程已开始实施，资金全部落实到位。到目前为止，技改投入8 800万元，引进的各类先进技术设备提高了产品自主开发能力和零部件国产化深加工生产配套能力，使生产装备、产品技术水平和生产规模有很大提高，可以承接国内外各类零部件加工和OEM产品，实现规模生产。形成了年产系列打印机25万台、工业控制机1万台、微机10万台的生产能力，完成生产作业面积2万平方米，软件开发环境已基本形成。

通过“八五”技术改造，使长白集团的产品结构得到了进一步调整，形成以打印机、微机、工业用计算机、通信类产品、软件和军工电子装备为重点的产业结构，同时带动了石英晶体器件、电容器、医疗电子仪器、胶带机运输保护装置、自动化智能仪表、系统工程及计算机应用产品的发展，壮大了公司的经济实力，并已取得计算机和打印机ISO—9002国际质量认证证书，为吸引外商投资，促进合资合作打下了良好的基础，使长白集团能够站在新的高度，新的层次和更加广阔的市场领域中实施大公司的发展战略。 *(王建宇)*

·其它工业·

【沈阳新阳机器制造公司】 沈阳新阳机器制造公司，成立于1965年12月28日，1993年进入中国500家最大机械工业企业行列，是中国航天工业总公司直属大型骨干企业。

1995年公司有职工5 511人，其中具有中级职称以上的工程技术人员454人，经济管理人员195人；资产3.4亿元，其中固定资产原值2.0亿元。该公司占地面积104万平方米，建筑面积34.5万平方米。厂区占地面积58.6万平方米，建筑面积16.6万平方米。公司在沈阳市新城子区建有高新技术开发园区，占地面积6.7万平方米；在深圳设有分公司，建筑面积1万多平方米。

公司承担了多种航天产品的研制生产任务，曾为我国的国防建设作出了重要贡献。改革开放以来，在总公司军转民方针指导下，在完成军品任务的同时，发挥军工技术优势，致力民品开发，逐步形成了以太空牌加油机、冰淇淋机、食品流化床速冻设备、新阳牌厢式特种改装汽车、地面驱动单螺杆泵等5大系列产品为主导，以电站辅机设备制造、高空旋转平台等技贸服务为重要补充的民品经营格局。90年代初，适应建立现代企业制度和快速发展的需要，逐步确定了走“大企业、多法人、集团化发展、多角化经营”的道路。从此，公司的改革和发展进入了一个新的历史时期。

1995年，作为航天工业总公司现代企业制度试点企业之一，公司以产品和服务为龙头，按照市场机制和社会化大生产的要求优化资源配置，先后组建了5个子公司和两个直属厂；以签订承包责任状等多种形式，加大了经济责任制的考核力度。这种组织体制改革及相应的经营管理体制和运行机制的建立，调动了各经营单位的积极性，增强了企业的活力和市场竞争力。1995年实现加油机等主导民品产值1.1亿元，技术贸易产值8 613万元。

为更好地满足市场需要，寻求新的经济增长点，通过积极利用专利、产学研结合、直接引进等多种途径，1995年公司重点开发出凸轮减速器、真空冷冻干燥设备、地面驱动无杆泵等技术性能先进具有很大市场潜力的新产品。

充分利用自营进出口权，努力开拓国际国内两个市场，1995年出口创汇57万美元，其中第一次签订并完成单项合作项目价值高达48.4万美元的前期对外合作合同，为企业发展外向型经济开创了广阔的前景。 (鲁建华)

【沈阳新乐精密机器公司】 沈阳新乐精密机器公司是中国航天工业总公司直属的大型骨干企业，以其精密机械制造与光电技术结合产品著称于国内外工业界。

该公司始建于1956年，是我国最早建立的航空仪表专业厂之一，先后研制、生产出多种航空仪表和航天产品，有些型号填补了国家空白，为国防建设和航天事业的发展做出了重大贡献。

进入80年代后，该公司积极贯彻“军民结合”的方针，先后研制开发出汽车配件、家用电器、医疗器械、日用化工等多系列，多品种的民用产品，使企业逐步发展成军民品相结合、科研与生产相结合、内外贸相结合，具有雄厚技术和相当生产规模的开拓型军工企业。

1995年公司占地面积40多万平方米，有职工5 000多人，其中高、中级技术和管理人员1 200多名。该公司包容航空航天产品，真空吸尘器、冰块机、汽车、摩托车化油器的制造装配及精密零件加工、模具制造、冷冲压、非标准设备、热加工等20多个生产厂和4个产品设计研究所。

公司技术力量雄厚，设备齐全，测试手段先进，拥有我国第一流的超净厂房，数控加工中心，曲线磨床、光学磨床、三坐标测量机、高精度数控车床、数控铣床、电火花加工机等近千台现代化加工设备。

公司还具有先进的计量、理化、计算机设备。在多年的研制生产实践中，造就了一支在红外光学、自动控制、精密机械加工、化工表面处理、模具设计制造方面，专业配套齐全，实力较强的工程技术专业队伍。

公司是航天工业总公司授予的质量管理奖单位，是国家二级企业，全国名优产品最佳售后服务优秀企业，并被国家批准为外贸自营企业，直接经营进出口业务。

公司生产的“沈乐”牌真空吸尘器是从德国和瑞典引进技术和设备组成生产线，采用国际标准，产品有VW—100标准型、VW—100P普及型、VW—100S音乐报警型、VW—100A型全自动吸尘器，功率均为300至1000W无级可调，1992年、1993年、1994年、1995年连续荣获国家家电产品最高荣誉“金桥奖”。

公司生产的“新航”牌化油器用于各类国产、进口轻型车，以及航空50、TB—50、AX—100、K—90等各种型号摩托车。先后荣获“中国济南轻型摩托车集团优质产品奖”、“航空航天部优秀产品奖”、“辽宁省优秀产品奖”，被中国汽车工业联合会总公司评为“全国化油器测评评比第一名”。

公司生产的“新航”牌NSFL型系列电暖器受到全国各地用户的一致好评，荣获首届全国轻工博览会银奖、航天部优质产品奖、第四届“沈阳杯”一等奖。

公司生产的磁疗机、小型冰块机、洗涤剂系列产品等多次荣获全国和省、市优质产品奖。

此外，公司研制开发的液压锤系列产品、宝石研磨机、湿式麦芽粉碎机、自动门等产品均有广阔的市场和发展前景。

(周希权)

【沈阳造币厂】 沈阳造币厂(又名国营六一五厂)隶属中国人民银行总行领导，是国家大型一挡企业。工厂占地面积145 717平方米，其中厂区面积90 520平方米，建筑面积118 932平方米。1995年末固定资产原值21 493万元，净值10 781万元。拥有设备1 421台。职工总数为1 700人。

企业1995年实现总产值23 256万元，完成计划101.8%。比1994年增长5.2%；利润5 600万元，增长3.2%，全员劳动生产率135 127元/人，增长20.8%。

主要生产流通硬币，从1992年生产黄铜5角币，铝合金1角币。继1993年研制生产中国珍稀野生动物——熊猫纪念币之后，1995年又推出中国珍稀野生动物——金丝猴纪念币，受到钱币爱好者和收藏家的欢迎，1994年奉命印制东北三省的增值税专用发票，1995年在生产环境和安全防范条件比较差的情况下，全面完成了增值税发票印制任务；工业用金、银材按合同都完成了计划；在纪念币新品种开发上取得了新的进展，先后推出台湾光复回归祖国50周年纪念币、抗日战争胜利50周年纪念币、联合国第四届世界妇女大会纪念币，联合国成立50周年纪念币等，并研制开发了圣诞金卡，金、银邮票均属我国首次发行。

1995年是取得较好成绩的一年。在连续3年获全国500家最佳经济效益企业之后，根据国家经贸委、国家统计局重新制定的工业企业综合评价指标体系，沈阳造币厂又列入中国工业企业最优500家最佳经济效益行列，被市委、市政府命名为沈阳市先进企业，被评为辽宁省思想政治工作先进企业。

1.近几年技术改造，改变了工厂面貌。1991年竣工验收铝币和贵金属加工厂房的技术改造工程。1994年竣工验收铜币生产线一期技术改造工程，建筑面积4 860平方米，引进了当今国际先进设备，使生产水平步入世界先进造币厂之列。制模车间技术改造工程，从德国、瑞士、意大利等国引进设备14台(套)，使制模设备装机水平达到世界先进水平。金、银检测中心技术改造工程，改造后理化工房面积为1 100平方米，按照仪器工作条件和化学分析工作环境要求，配备了空调和通风设备，满足了产品质检的环境要求；由日本和美国分别引进仪器6台(套)，金银及其制品检测技术装备达到世界先进水平，由国家技术监督局列为全国6家金银及制造产品质量监督检测中心之一。

2.从严治厂，强化管理。以安全、质量为重点。推行标准化管理、标准化作业、标准化班组，经常性的安全活动的"三个标准"和"一个活动"的安全管理。全厂49个生产班组全部达到标准化作业班组。实现了全厂全年无伤亡事故、无数字事故、无产品被盗、无交通事故的目标。从1995年10月1日起,成为无吸烟工厂,为工厂的文明建设和安全创造了条件。

在质量方面健全了全面质量管理体系,设立了质量奖励基金,对产品、工作、服务质量一贯认真负责,成绩显著者给予表彰和奖励,对玩忽职守,造成质量事故责任者给予处罚。在车间开展"我为消灭严重废品怎么做"和"我为质量如何服好务"的大讨论,增强了职工的质量意识,产品质量较1994年有显著提高,漏废率下降30%。

3.坚持两手抓,两手都要硬。加强厂党政领导班子的思想作风建设,坚持政治理论学习,时刻保持清醒头脑。为了加强基层党支部的建设,实行目标管理,每季度进行一次检查考核,到年末一类支部占支部总数的85%,合格党员占总数的95%。各支部坚持党员写实考核手册制度,月份有写实,季度有鉴定,每季评议一次,年终有总结。按着十四届四中全会精神,组织党员学习邓小平同志建设有中国特色社会主义理论和党章,举办党员脱产轮训班,每期一周,年末已培训完。

(潘俊山)

交通邮电

铁路运输

【概况】 沈阳铁路分局位于沈阳市和平区总站路100号，邮编110002。沈阳铁路枢纽是全国铁路较大的枢纽之一，是连通关内与东北各地的咽喉，是长大、沈山、沈吉、沈丹与苏抚5条铁路干线的交汇地区。铁路运输通往大连、长春、山海关、吉林、丹东、抚顺6个方向，连接大连、营口、丹东、秦皇岛等港口。长大线南至大石桥站（不含）240公里处与大连分局相接，北至金沟子站（不含）508公里处与长春分局临界，管辖268公里；沈山线至马三家站（含）上行26公里357.53米，下行27公里281.40米处，与锦州分局毗连，管辖26.358公里；沈吉线至清原站（含）141.300公里处，与通化分局接壤；沈丹线至吴家屯站（不含）3公里处，与丹东分局连接；苏抚线54.234公里全线由沈阳分局管辖；沟海线至盖家站、西柳站（含），管辖7.868公里；辽溪线至11公里处，管辖11公里；铁法线至大青站（含），管辖22.588公里；开丰线至西丰站（含），管辖81.600公里。分局营业里程736.100公里。

1995年末，沈阳铁路分局共有基层单位71个，直属单位4个，另设沈阳铁路公安处、沈阳铁路运输检察院、沈阳铁路运输法院。分局派出机构5个：苏家屯地区办事处、沈阳西地区办事处、鞍山地区办事处、铁岭地区办事处、抚顺地区办事处。分局职工总数计划为67 627人，实际为62 585人，其中全民固定职工56 355人，合同制工人6 094人；女职工9 133人；全年计划外用工4 347人。分局干部总数为12 179人，其中行政技术管理干部10 633人，党群干部1 564人，干部队伍中女干部3 821人，少数民族干部769人。分局集体企业职工总数38 477人，其中女职工24 309人。

1995年末，分局固定资产总额为596 308万元，比1994年增加30 281万元。主要行车设备有：客运站58个，客运房屋总使用面积97 085平方米；旅客候车室58处，使用面积40 884平方米。货物仓库105座，建筑面积113 674平方米。客车配属740辆。分局营业里程736.100公里。道口598处，其中有人看守道口131处。闭塞信号788.588公里，自动电话普及率百人28.6台。其他设备共有各种机械动力设备9 506台。

1995年，主要经济指标完成情况：客运发送量计划5 645万人，完成5 709万人；货运发送量计划4 642万吨，完成4 682万吨；运输进款计划167 560万元，完成169 417万元。

（索明杰）

【旅客运输】 1995年，沈阳铁路分局旅客发送5 709万人，其中沈阳市旅客发送3 390万人，较1994年下降了9.4%。根据上级的指示及分局的实际情况，客运部门适时改革和调整了客运组织工作，从1月1日起，停办了大官屯站、沈阳东站、将军堡站、铁岭西站的客运业务；停办了中固、平顶堡、滴台、镇西堡站的行包业务；停运了沈阳至抚顺间579/572次短慢旅客列车，节省了人力、物力，提高了线路通过能力。4月15日，开行了建国以来第一列自营旅客列车，即沈阳至西柳间“西柳服装市场号”1/2次列车。这趟自营车的开行，打破了国铁全民独家经营的局面，建立了集体、多经企业参与铁路运输的新格局，也为辽南经济腾飞做出了贡献。9月1日起，开行了沈阳至杭州的88次空调优质优价旅客列车，使铁路客运不断由服务型向经营型转变。

在春运、暑运、专运期间，根据客流量增长情况，适时加开临客204列，运送旅客226 848人；加挂车辆1 052辆次，运送旅客84 483人。

夏季，辽宁境内遭受了百年不遇的特大洪水的袭击，旅客运输工作经受了前所未有的考验。水害期间，共停运旅客列车1 842列，迂回运输451列，折返运输300列。办理旅客退票161 872张。水害当天，5万名旅客被滞留在分局管内各站。尤其是北京南开往图们的255次旅客列车，由于水害断道，滞留在南口前站外，车上1 400名旅客和53名外宾的生命财产受到严重威胁，分局及下属的抚顺地区铁路职工，积极投入抗洪抢险，配合地方政府，动用了35辆汽车，及时将旅客运送到目地的，无一人伤亡，无一件行包丢失。

（王淑芬）

【货物运输】 1995年，沈阳铁路分局货运工作，以“抓基础，保安全；抓管理，建路风；抓改革，增效益”的方针，加强货运安全管理，端正货运干部工作作风，狠抓职工两纪，全年完成货物发送量4 682.4万吨，其中完成沈阳市货物发送量585万吨；消灭了货运重大、大事故，消灭了货场火灾事故和人身重伤以上事故，货运一般事故为零。

1.加强货运队伍建设。为适应全国铁路部门建设安全标准线的形势，分局首先抓货运干部队伍建设，先后制定了《沈阳铁路分局强化安全管理转变干部作风工作考核细则》，本着逐级负责的原则，要求每个货运干部必须填写“干部保安全工作定量写实报告表”、“发现问题纪实表”、“干部安全质量考核奖罚审批表”。必须下现场到一线，管理到位，完成应该检查出的各类问题的数量。全年共检查出B类问题352件。其次抓职工队伍建设，提高职工技术业务素质。年内，路局、分局、站段分别对职工进行了业务培训，其中路局举办学习班17次，培训136人次；分局举办培训班4次，培训160人次；站段每月都进行一定日数的学习，每季进行一次技术业务考试。并明文规定，考试不合格者，不发给上岗合格证，不准上岗工作。平时还不间断地抓规章制度落实，定期进行对规活动。为激励职工钻研技术业务，全年共进行过10个项目的技术表演赛，选出了14名优胜者出席路局的技术表演赛，最后评出了技术状元。年内还狠抓了职工两纪，严格执行两纪处罚条例，对违纪者除当时受到有关处罚外，还视情节轻重作出是否留在原岗位的处理。第三加强班组建设。为便于考核，将一、二等站的货运人员按班次、岗位、作业区域划分班组，三等站为一个班组，共重新划分279个班组，对班组坚持升级达标考核，全年消灭了后进班组。

2.加强货运安全管理共作。首先将《围歼旅客列车事故》、卡死制度，落实到每一货运岗位人头，并以“训令卡”形式，发给货运职工人手一份，由分局、站段、车间三级进行经常性地考核，达到每一货运职工熟知会背，真正指导本职工作。其次狠抓货物装载加固质量，保证货运行车安全。在管内三等以上站共成立32个装载加固技术领导小组，负责货运装载加固方案的实施，建立了《装载加固检查登记簿》、《装载加固不良反映登记簿》、《装载加固领导小组活动纪录簿》，全面认真记录货运装载加固工作管理的全过程。对规定品名外的货物也做到了严把装载加固关，每一规定品名外的货物必须制定出可靠的装载加固方案，否则不准装运。全年共制定出138种规定品名外货物的装载加固方案。第三，加强货检管理，保证货车交接质量。认真落实货检员卡死制度、岗位责任制和工作标准，对货检员实行有序可控管理。按规定配齐货检人员，在苏家屯、沈阳西两大编组站及沈阳东、辽阳、鞍山、开原、铁岭各站配齐了强有力地货运领导干部及货检员，在大官屯、灵山两个厂矿站配齐了路企交接货检员。第四，改善货检员工作条件。投资50万元，在苏家屯站建货检楼，在苏家屯、沈阳西两站配备两台电传机和一定数量的对讲机，对管内货检员全部配齐了灵便的手锤、钳子、撬棍、兜子等工具。第五，严格对货运事故的处理。制定了《货运过失责任事故赔款个人有限承担规定》，货运责任者承担一定赔款，其单位党政一把手各被扣减考核分数。全年有11个站段党政一把手被扣减了考核分数，少发了奖金。分局对较严重货运事故坚持亲自办案、严肃处理，并通报管内各站。

3.加强货运设备建设。全年投资1 541.1万元，先后安排28项修建工程和购置货运设备，其中沈阳站东货场整体改造工程中的南区工程已竣工投入使用，苏家屯站中转仓库屋顶漏雨并有塌落危险已被修复，章党站货场道路及8线护坡被洪水冲毁已修复投入使用。在灵山站安装两台动态轨道衡，在鞍钢出口交接线安装4台超偏载检测仪。粉刷办公场所400多处，铺地砖6 000多平方米。出动3 000多人次，清除货运场地废土4 000多吨，铲除杂草2 000多平方米。

4.加强路风建设。1995年，为实现路风“一消灭、二控制、一减少”的奋斗目标，分局认真落实了《铁道部路风问题决定及处罚实施办法》，严禁以权、以车、以箱谋私，开展形象活动设计，要求职工按标准着装上岗，一心为货主创造方便。货场内设置货场平面图、交通禁令、严禁烟火警示牌；营业室内设有编号的服务窗口；货运室内备有货运单、货签、张挂、物品清单填写标准、运输包装图例、职工守则，设置爱货箱、饮水用具、货主意见簿、举报箱、监督电话等。全年共召开货主会188次，走访企业387户，为货主办好事1 032件，收到表扬信402封，被宣传部门报道表扬63次，沈阳、抚顺等27个站的货场被分局评为文明货场，鞍山等11个站的货场被路局评为文明货场，沈阳、苏家屯站货场被铁道部评为文明货场。

5.加强货运收入。沈阳铁路分局地域内的大中型厂矿企业生产大都不景气，经济处于低谷，因而造成沈阳铁路分局的货源十分紧张。为了完成货运任务，管内各货运单位都成立了货源调查小组，纷纷走出去，深入厂矿企业调查货源，上门服务，尽量拓宽货源，把流失的货源吸引回来，把沉积的货源挖掘出来。积极组织远运程、高费率、限制口、直达运输，全年共开快运直达16列，800辆；限制口直达1 430辆。努力抓杂费收入，抓专用线货车使用费，抓路产专用线租用费。全年集装箱业务收入940万元。对保价运输加大宣传力度，利用沈阳经济广播电台、辽宁电视台、沈阳晚报等新闻宣传媒介，宣传保价运输的优越性，开展足额投保，扩大保价收入。分局先后召开三次保价会议，要求站段第一管理者抓好保价运输工作，尽量压缩保价赔款。

（那天祥）

【安全生产】 1995年，沈阳铁路分局的安全工作，以建设安全标准线为载体，以围歼旅客列车事故为重点，坚持安全第一的位置不变，主要领导抓安全不变，党政工团抓安全不变，标本兼治，软硬件并举的原则，使全分局的安全生产一直保持稳定的态势。

加强对安全工作的组织领导，突出干部的表率作用。强化干部的安全第一思想，落实各级干部的安全负责制，分别对分局机关各处室和站段主要领导签订了《安全生产责任状》，做到安全目标落实到人头，并和经济挂钩。对安全管理工作薄弱和问题较多的20余个基层单位的86名主要领导，进行了调整。对干部全部进行以“五定三率”为内容的量化考核，促进了干部的作风转变和表率作用的发挥。

扎实地开展安全标准线建设。年内，分局遵照铁道部和路局建线的统一部署提出“主攻京哈带沈大，决战百天同达标”的总体思路，严格遵循“内实外美”不走样的原则，在“外美”方面，清除了线路和站场的杂草、垃圾及“白色污染”，整修了室内外环境，解决了多年的老问题。在“内实”方面，将一切规章制度及管理全部到位，对设备维修投资7 480多万元，更换重伤钢轨125根，重伤辙岔198组，小半径曲线超限钢轨3.3公里，重伤尖轨51根，更换各种枕木11 400根，补充道碴3 972立方米，在道岔、桥头、桥面安装分开式扣件20 680套，正线道岔全部实现双闭锁、联排锁定，整治线路严重翻浆冒泥50处，840延长米，为车站外勤人员配备电台1 008部。使安全管理、设备质量大幅度提高。

落实围歼旅客列车事故工作。对铁道部、路局两级围歼旅客列车事故的实施办法，进行了层层分解，制定具体措施，分局对涉及到的61个行车工种，制定出275条措施，站段制定出28条具体操作性卡死制度及违者处罚标准。同时将各工程分期后的条款，统一印制成名片式的“训令卡”共28 610张，发至每名行车职工手中，严格执行持证上岗、按章操作制度。分局还十分注重提高行车干部职工素质，要求站段领导达到思想统一、内容熟悉、行动到位。在职工中开展大宣传、大学习、大讨论、大检查活动，并做到人人必知、人人必会、人人必行、上岗必问、领导必查、违者必究的“六必须”。深入进行安全查摆，安全百日反思，查隐患、堵漏洞。共发现、整改问题390个。举办安全培训班39期，培训1 353人，考核干部220人，考试职工2 967人，开展岗位技术作业标准“一口清”练兵活动，树立了100名技术标兵、10名技术状元。

开展设备安全大检查、大整修。分局主要领导带领各系统的干部和技术专职人员，对行车设备逐台、逐辆、逐公里的详细检查；各站段立即将检查结果登记造册、建档立卡、制定整改计划，责任落实到部门及人头。对危及行车安全的问题做到立即解决，对一时解决不了的限期整改，并跟踪复查验收。全年共整修机车276台，线路2 419.9公里，道岔3 864组，桥梁574座，隧道3座，81个联锁车站，101个联锁区域，3 400组联锁道岔，4 196架信号机及相应的信号设备，368台(件)专用行车通信设备和车辆516辆，红外线网点22个。此外车务、客运、装卸等部门也整修了大量行车设备。全年发现和整修各类问题14 000余个，使设备质量有了全面提高。

1995年，共发生各类行车事故42件，比1994年下降33.3%，其中非责任险性事故3件，与1994年持平；一般事故39件，下降35%。到年末，沈阳铁路分局实现连续无责任行车重大、大事故2 573天，实现了第七个安全年。

(那天祥)

【路风建设】 1995年消灭了一般以上路风事件，路风不良反映明显减少。受到各级新闻媒介表扬101件，收到旅客货主表扬13 425件，为旅客货主办好事12 147件。

深化形象设计活动。上半年，扩大了9个试点单位，三季度非窗口系统扩大了12个单位，使形象设计活动向深度广度开展。沈阳客运段53/54次列车开展了“创星级宾馆车，做千里敬业人”活动，制定了一至三级星级标准、星级列车长、星级列车员的形象标准，使客运服务水平进一步提高。

开展客车路风专项整顿。分局成立了领导小组，设立了办公室，形成逐级负责、分工包保、党政工团齐抓共管的领导格局。11名分局领导包保10对旅客列车，14名机关干部包保4对重点列车。分局领导按各自分工，以普通旅客的身份，明查暗访，掌握整顿材料。另抽调24名机关干部组成“三组一队”，强化检查整顿。共检查列车217趟次，与职工谈话349人次，参加班组自查自纠活动42次，检查发现45个，帮助解决问题39个。在查摆中，重点对段、队班子，“三长”(乘警长、列车长、检车长)，重点人进行整顿。段、队班子查摆出11个方面133条问题，“三长”查摆出8个方面2 307条问题，77个重点人查摆出5个方面629条问题。此外，组织职工人人参加查摆，共查出8个方面5 070条问题。在查摆的基础上，边查边改，不断完善各项制度。分局新制定制度3个，站段新制定制度10个，修改完善制度23个。

加大路风检查监督力度。主要抓了春运、暑运、水害运输等3个重点阶段。分局从客运、车辆等12个部门抽调24名干部包保沈阳开往广州的临时旅客列车。同时组织路风检查小分队，采取普遍检查、重点抽查、交叉检查、跟踪复查等方式，共检查列车135趟次，车站78次，货场37次，发现各类路风问题127个。水害期间，进行了站车售货价格大检查。春节后，分局邀请了辽宁省的全国人大代表和全国政协委员视察了沈阳北站和沈阳客运段的列车。分局管内大部分窗口单位召开了旅客、货主座谈会，定期发放征求意见卡。组织满意率调查等，加强了社会监督。

(王淑芬)

【安全标准线建设】 为了加大全路安全生产管理力度，搞好基础设施建设，确保行车安全，7月初铁道部在局长座谈会上提出了要把京哈、京广、京沪和陇海4条铁路干线建设成安全标准线；同时确定了安全标准线“外美”和“内实”标准。分局按照铁道部和路局的建成统一部署，提出了“主攻京哈带沈大，决战百天同达标”的总体思路。为了按时建成安全标准线，各级党政工团组织齐抓共干，重实求效，与广大干部职工同心协力，超常拼搏，奋战在千里铁道线上。

从7月中旬开始，在京哈、沈大两条铁路线上的30多个行车站段的数万名职工，积极投入到建线工作中来。各级班子发挥了龙头作用，干部发挥了表率作用，党团员发挥了模范作用，有力地促进了群众建线的积极性。分局上下，紧紧围绕着安全基础建设五项内容，在建立科学管理体系、落实机制、强化班组管理、提高队伍素质、提高设备质量等方面下功夫，求实效，真正做到“内实”、“外美”。在强攻线路、站场环境“外美”的同时，狠抓了“内实”建设：以“五定三率”为主要内容，对干部严格实行定责定量考核，从而增强了干部的事业心和责任感；以提高职工队伍素质为重点，全面组织职工学习有关安全知识和岗位“训令卡”，使职工牢固地树立起安全第一的思想和超前防范意识；以建设安全标准线为载体，以围歼旅客列车事故为突破口，强化安全管理，努力提高设备质量。通过建线活动，对安全隐患进行了群查、群治、群防，对已发现的问题，都能及时解决。在班组建设上，深入开展了双达标活动，并把职工岗位达标"星级制"管理和机车乘务员"百安赛"活动，也纳入了"双达标考核之中，从而增强了职工对安全工作的责任感和紧迫感。在行车设备整修方面，结合秋季鉴定，大力开展了整章建制和达标创优活动，使设备质量全面提高。

7月下旬，正当建线工作处于紧急关头，一场百年不遇的特大洪水冲断了管内的沈大、沈吉线，冲毁了几千户职工的住房和农田，使家庭财产也受到了严重损失。抢险复旧和救灾扶困工作牵涉了分局和站段领导的主要精力，使"百日建线"工作耽误了35天。水毁线路复旧后，针对时间紧迫的实际，分局重新制定了建线计划，提出分阶段打胜运动战、阵地战和攻坚战三个战役。广大干部职工带着抗洪抢险的疲劳，发扬敢打硬仗和连续作战的精神，全力以赴地投身到建线工作中来。各基层单位采取超常规的方式突击治理，组织会战攻关；分局领导带领有关部门的人员分层次、不断地进行平推检查，督促进度，确保质量，使建线工作取得了实质性成效。

京哈线在沈阳分局管内部分为：西起马三家站，北至开原站，全程132公里，线路总长316.05延长公里。沿线共涉及20个行车站段，14个中间站，19个工务领工区及61个工区，31个电务领工区及104个工区。在京哈线建线中，路局共投资3 945.1万元，分局投资612万元，站段自筹资金1 710万元，重点解决的行车设备有：更换重伤钢轨77根、重伤辙岔128组、小半径曲线超限钢轨计2.1公里、重伤尖轨51根，更换桥枕、岔枕和线路枕木9 400多根，补充道床石碴3 972立方米，在道岔、桥头、桥面安装分开式扣件共13 680套，补充道口护桩465根、道口设备标准整治22处，正线道岔全部实现双闭锁，为车站外勤值班人员配备电台1 008部。此外，还平整路肩和清理道床640延长公里、清理排水沟33处12 000延长米、清理杂草3 471万平方米、清理垃圾和残土64 595吨，干部职工共献工199 361个工日。

长大线在沈阳分局管内部分为：北起沈阳站，南至分水站，全程150公里，线路总长317.90延长公里。沿线共涉及12个行车站段，18个中间站，16个工务领工区及53个工区，15个电务领工区及47个工区。在建线中，分局投资217万元，站段自筹资金564.45万元。重点解决的行车设备有：更换失效枕木与岔枕2 000多根，更换重伤钢轨48根、重伤撤岔70组、小半径曲线侧磨超限和损伤钢轨1 200延长米，焊修伤损辙岔35组、伤损钢轨176根，整治线路严重翻浆冒泥50处840延长米，在道岔、桥头、桥面安装分开式扣件7 000套，正线道岔全部实现了联排锁定。清除杂草1 386万平方米、清除垃圾和残土25 823吨，干部职工共献工79 744个工日。

在分局上下干部职工的共同努力下，建线工作取得了阶段性成果，内外环境发生了巨大变化，安全管理上了一个新台阶，干部职工队伍素质和行车设备质量明显提高，安全生产日趋稳定。经铁道部检查组对分局管内的京哈线全面检查和轨检车对线路质量进行测查，确认建线基本达标；铁岭工务段的线路质量夺得全线第二名。经路局检查组对沈大线进行全面检查和轨检车对线路进行测查，认为建线基本达标；在线路质量评比中，苏家屯工务段取得了全线第一名的好成绩。

（*高文吉*）

【沈阳铁路工程总公司】　沈阳铁路分局沈阳铁路工程总公司成立于1956年，原为沈阳铁路局直属的沈阳工程处，现并入沈阳铁路分局，为直属单位。沈阳铁路工程总公司是自主经营、自负盈亏的铁路施工一级企业。下属11个主要施工生产单位，46个施工处（分段、所），有职工7 000多人，各类技术人员1 140人。主要承建铁路路基土石方、线路、桥梁、隧道、站场、通信、信号、电力以及工业与民用建筑工程，还承建公路、水力、机场各类土木建筑、建筑安装工程，并从事各类工程的技术咨询、勘测设计和人员培训等。工程总公司拥有各类成套机械设备共1 245台，固定资产1.06亿元，年施工能力6亿元。

工程总公司曾先后选派工程技术人员和管理干部参与承建伊拉克、坦桑尼亚、赞比亚、博茨瓦纳、泰国和前苏联等国的铁路、水力、土木建筑等工程的施工管理工作。在国内承建了多条重要铁路线路和大型设施。先后修建了海沟线、通让线、沈丹复线和苏家屯、灵山、沈阳西编组场以及四平、长春、大连、本溪铁路枢纽，沈阳北新客站、沈铁体育馆、新华路15层住宅楼等大型铁路与民用建筑工程。还承担修建了苏家屯、铁岭、绥中发电厂、抚顺石油一厂安全通道高架桥、沈阳绕城高速公路的多座桥梁及一些城市的公铁立交桥等地方的大型工程项目。

工程总公司不断地学习和采用新技术和新工艺，提高施工的科技含量和能力。在桥梁建造中，先后采用了后张予应力连续箱顶推法施工新工艺建成了抚顺石油一厂安全通道高架桥；采用了悬臂挂篮施工法新工艺完成了单箱单室变截面后张连续梁的沈阳绕城高速公路苏北大跨度桥梁和后丁香大桥。

工程总公司始终把工程质量看成是企业的生命，严格要求，认真监督检查。在其承建的工程中，有多项获得国家、铁道部和辽宁省的优质工程奖。沈阳西编组场工程曾获得辽宁省和铁道部优质工程奖及国家银奖；沈阳市北陵大街立交桥、抚顺石油一厂安全通道高架桥和本溪鲍家三孔涵顶进工程等项目获辽宁省优质工程奖。

工程总公司十分重视企业管理，曾被辽宁省评为先进企业，被沈阳市企业信用评级委员会评为"AAA"级信用单位，其标准化、计量和档案管理工作，均被评为国家二级。1994年，被评为全国500家最大建筑业企业第64位和全国500家最佳经济效益建筑业企业资质一级第197位；同年还被评为铁路、公路、隧道、桥梁建筑行业100家最大经营规模企业25位，铁路、公路隧道、桥梁建筑业行业100家最佳经济效益企业43位。

（高文吉）

公路运输

【“八五”期间公路交通迅速发展】 1995年，是“八五”计划的最后一年。“八五”期间，沈阳市交通运输全行业，在“抓住机遇、深化改革、扩大开放、加快发展、保持稳定”方针的指导下，不断登上新台阶，整体素质明显提高，取得了令人瞩目的成就，对沈阳市的社会经济发展起到了积极的促进作用。

5年来，沈阳市的公路建设实现了突飞猛进的发展。在投资规模上，创历史最高纪录，共投入28.2亿元，比“七五”计划期间增长了6倍，相当于建国以来前41年投资总额的2.5倍。在增加公路里程和加大公路密度上，创历史最快速度，新增公路里程615公里，比“七五”计划期间提高14%，公路总里程达到5 000公里，公路密度达到每百平方公里39公里，公路密度达到每百平方公里39公里，比“七五”计划末期增加了14%。在提高公路等级上，创历史最高水平。建成高速公路127公里，比“七五”计划期间增长2.7倍；高级、次高级路面增加1 161公里，比“七五”计划末期提高84%；新改建黑色路面1 546公里，相当于前七个五年计划的90%；公路黑色化的比重由“七五”计划末期的42.5%提高到70.3%。公路养护管理进一步加强，路况质量稳中有升，公路平均好路率达80.5%，完成GBM工程195.5公里。公路绿化总里程达到3 921公里，比“七五”计划期间增长21.9%。路政管理明显加强，公路通过能力得到全面提高，在1995年沈阳市遭受百年不遇特大洪水侵袭时，确保了公路畅通。1995年，沈阳绕城和沈铁高速公路的建成通车，使沈阳市“一环四射”高速公路大通道全面形成；继辽中县、于洪区、东陵区村村通柏油路之后，苏家屯区实现了村村通柏油路，使沈阳市村村通柏油路的比重达到了68.1%；鲁家辽河大桥的建成，使明沈线沈阳境内的断头路全部打通；沈盘线、康彰线改造以及水毁抢修工程的全面完成，为沈阳市“八五”计划期间公路网化工程划上了圆满句号。从总体上形成了以高速公路为主骨架，以国省干线为大通道，以县乡公路为脉络的环射型、高等级、大密度的公路网。由于联接海港、空港的高速公路大通道的形成，大大改善了沈阳地区乃至辽东半岛的投资环境，为发展沈阳外向型经济创造了有利条件。由于联接周边城市的环射型高等级公路网的形成，进一步增强了沈阳与周边地区的经济联系，对加速辽宁中部城市群经济区的联合与协作起到了强有力的推动作用。由于县、乡、村公路的不断完善，有利地促进了城乡一体化进程和农村经济的发展，出现了“公路通，百业兴”的大好局面。

5年来，依照国家交通部提出的长远规划的总体构想，规划中的沈阳公路主枢纽总体布局，正在全面付诸实施。到1995年底，共投入建设资金2亿元，5个新建项目中的信息通信指挥中心、五爱客货联运总站、北三台子货运站等3个项目全部建成投入使用；浑河货运站主体基本竣工；马官桥货运站前期准备工作全部就绪。货运中心站、客运中心站、南塔站、长客西站四个改造项目的设施和功能得到了完善。公路运输主枢纽的建设和投入运营，发挥了客货集散市场载体功能，推进了运输组织化、网络化的进程，有力地促进了沈阳中心城市功能的扩展。现已开辟了通达8省39市81县的324条长途客运线路和通达12省区35市的102条货运零担班车线路。较好地发挥了网络运输、综合运输的功能和效率，对于人流、物流、资金流、信息流在沈阳汇集疏散，对于沈阳成为区域性商贸流通中心和资源配置中心起到了重要的催化作用。

5年来，针对公共交通企业车辆老旧、超期服役、线路运营难以为继的状况，广开渠道筹措资金，加大了车辆更新改造力度。共完成投资1.53亿元，新增和更新改造车辆1 004台，使公共交通车辆得到了比较彻底地更新改造。针对公共交通线网布局不够合理，偏远地区群众出行乘车难的情况，引导公共交通企业自筹资金购置车辆211台，组织社会厂矿企业、事业单位及个体车辆311台，先后开辟22条运营线路，调整和延长了26条运营线路。新建和改造了新北站等公交场站50处。1995年在两条客运线路上实行了无人售票。全市公交里程、线网密度、运营服务水平都跃上了一个新台阶。1995年公共交通企业票款收入实现1.2亿元，比1990年增长77%。

5年来，专业货物运输企业，在交通运输行业中充分发挥了骨干作用。在运力结构调整方面，由原来以保持运力数量为目的，转到以优化运力结构为目标，集中力量重点改造了骨干车队，近年来，共新增和更新改造了468台货运车辆，其中大型牵引车、自卸车、拖板车和装载、挖掘设备等128台，重点装备和改造了8个骨干车队，使专业货物运输企业在重型设备、大件运输、挖铲装运一条龙土方运输、大型集装箱运输以及大宗散积货物运输等方面，形成了较强的竞争优势。在产业结构调整方面，侧重发展了运输行业的边缘产业并收到了较好效果。近几年，共开办了机动车维修53户，汽车配件经销业94户，信息配载门点33户，加油站28个；开展了客货兼营，开辟了10条长途汽车客运线路，发展了1 400台出租汽车，吸纳了社会2 000多台个体货运车辆进行联营，为其提供综合性运输管理服务；研制开发了道路排障车、混凝土拌合设备等技术档次高、利润水平高、市场走俏的交通工业拳头产品。形成了货物运输、旅客运输、机动车维修与配件经销、运输综合服务和交通工业等五大产业体系。公路建设企业层层落实了资产经营责任制，切实强化了资产管理和施工项目管理，在8个省区公路建设市场上占有了位置。在外经外贸方面，

“八五”计划期间，市交通运输管理局所属企业出口创汇达1 995.5万美元，利用外资实际调入额612.8万美元，分别比“七五”计划时期增长31倍和36.8倍。

5年来，交通运输市场实现快速发展。综合运用法律、经济、行政、产业政策等调控手段，切实加强了交通运输市场培育和规范，取得了显著成效。一是运用法律手段规范经营行为，促进了公路交通运输市场秩序的逐步好转。各级交通运管部门依据《辽宁省道路运输管理条例》和《沈阳市道路客运管理条例》等有关法规，全面强化了行政管理和稽查工作，严厉查处了扰乱运输市场秩序和欺行霸市的不法行为，使出租汽车索要高价和小公共汽车乱串线的问题得到了严格控制；解决了货运市场违章经营、无证经营的问题；较好地解决了机动车维修、配件市场超项经营和质次价高的问题。二是运用经济手段调节运力投放，保证了市场运力供需的大体平衡。出租汽车牌照的有偿使用，控制了出租汽车的盲目发展；小公共汽车线路调节费的征收，保证了公共交通的正常运行；长途汽车客运线路调节费的征收，缓解了长途客运“热线抢、冷线弃”的问题，保证了全市客运市场健康协调发展。三是加大规费征收力度，提供了市场载体建设的资金保证。5年间各种规费征收总额达14.8亿元，比“七五”计划期间增长了1.1倍，其中车购费征收额达11.5亿元，比“七五”计划期间增长1倍。四是运用产业政策，调整运力结构，提高了运输市场的运行质量。鼓励发展技术先进、高效低耗车辆，限制发展普通型货车，缓解了货运市场运力总量过剩与结构性短缺的矛盾。通过5年来的辛勤培育，全市运输市场正在日益走向成熟，运输能力在结构调整中持续增长。至1995年末，沈阳市的营业性客运车辆达16 695台，货运车辆达45 492台，分别比“七五”计划末期提高3.2倍和2.7倍；机动车维修企业达到2 504家，配件经销企业达到2 034家，各种运输服务业达到648户。公路运输完成客货运量，在全市总运量中的比重逐年上升，到1995年底客运已达到60%，货运已达到95%。

（施春生）

【绕城高速公路全线通车】 1995年9月16日，经过建设者5年的艰苦施工，被誉为“神州第一环”的沈阳过境绕城高速公路全线建成通车。通车仪式在于洪区的北李官立交枢纽处举行。中共中央政治局委员、国务院副总理邹家华、国家计委副主任叶春、交通部部长黄镇东、中共辽宁省委书记顾金池、省长闻世震及来自工程设计、工程监理和筑路劳动模范的代表为通车典礼剪了彩。沈阳绕城高速公路全程81公里，实际完成工程总投资12.7亿元。全路由辽宁省交通勘测设计院、沈阳市公路勘测设计院、沈阳铁路设计院联合设计。工程从1990年年底破土动工，分南、北、东、西四段施工建设，经过来自辽宁省数十家筑路公司的万余人建设大军5年的紧张施工，提前完成了建设任务，创辽宁省高等级公路建设最快的纪录。

沈阳绕城高速公路，是国家交通部“八五”计划期间的公路重点工程项目，是高标准、全立交、全封闭的特大中心城市环城示范工程，是北京到哈尔滨、沈阳到丹东、沈阳到大连3条高速公路的枢纽工程。这条路，由黑大、京哈、丹霍3条国家干线公路的四段过境线组成，含沈抚支线，全长81公里。路宽26米，中间设分隔带，上下四个行车道，设计时速为120公里。沈阳绕城高速公路，连接沈阳市现有的14条放射型公路出口和21条县级公路。环绕沈阳南北最宽24公里，东西最宽28公里，绕经沈阳市郊80个村屯，包围面积达440平方公里。沈阳绕城高速公路南段由石庙子起，至金宝台止，与沈大高速公路相连接，长度30.7公里；沈抚支线由石庙子到抚顺三宝屯，长度12.8公里；北段西起北李官堡，东至王家沟，与沈铁高速公路相接，全长30.5公里；东段南起石庙子，与南段相接，北至王家沟，与北段和沈铁高速公路相通，全长10.4公里；西段是利用沈大高速公路金宝台至北李官堡段改造建成，全长9.9公里。全路共有桥涵478座，其中特大桥3座、大桥5座、互通式立交桥12座、分离式立交桥23座。

沈阳绕城高速公路的建成，把通过沈阳市的黑大、京哈、丹霍等国家主要干线公路环城一体，可使外地过境的车辆不进沈城，入城车可从绕城高速公路最近的地方直驶市内，出城车辆可直驶绕城高速公路出市，免得车辆在城区里驶来驶去，可使过境或进出沈城车辆大大节省时间，并减轻沈城市内道路的拥挤，对改善沈阳的投资环境，加速对外开放，推进城乡经济发展、经济起飞、发挥中心城市辐射功能，具有极其重要的意义。

（施春生）

【沈阳至铁岭高速公路通车】 沈阳至铁岭高速公路（简称沈铁高速公路），是国家“八五”计划期间重点工程建设项目，是国家规划建设的北京到哈尔滨高速公路的重要组成部分，也是东北地区公路运输的主通道。原沈铁公路全长62公里，由于车流大，路面窄，汽车上路后常被阻塞，从沈阳到铁岭最快也需一小时多。而建设的沈铁高速公路截去许多弯路，全程缩短至50公里，设计汽车时速为每小时120公里，两地单程对达时间只需半个小时。沈铁高速公路，路面宽度为25.5米，分有6股车道，中间分隔带为2米。这条与沈城绕城高速公路相连接的高速公路由沈阳市东陵区王家沟立交桥为起点至铁岭市辽海屯。其中沈阳段由王家沟至依路为26.7公里。沈铁高速公路全程有大桥2座、中小桥21座、互通立交5处。

1995年9月16日，沈铁高速公路全线建成通车，与沈阳绕城高速公路全线通车，一并举行了通车剪彩仪式。沈铁高速公路的建成，使沈阳和辽北重镇铁岭之间的时空距离缩短，为加速城乡物资交流，加快辽北脱贫致富创造了良好的交通条件，为辽、吉、黑三省的经济贸易和物资交流架起了桥梁。

（施春生）

【公路网化工程全面完成】 “八五”计划期间，沈阳市以国省干线公路为骨架、以县乡公路为网络的公路网化工程建设任务，至1995年末全面完成。5年来，沈阳市公路交通部门认真执行省政府确定的实施公路网化政策，对市、县、乡、村之间一大批重点路段进行了建设改造提高。“八五”计划期间的沈阳市公路网化工程建设，建成黑色路面1 546公里，桥梁173座4 592延长米，完成路基改造1 076公里，辽中县、东陵、于洪、苏家屯区实现了县以上公路黑色化，全市142个乡镇有134个乡镇通了柏油路，1993个行政村通了公路，其中1 326个村通了柏油路，占68.1%，辽中县、于洪、东陵、苏家屯区实现了乡乡村村通柏油路。网化工程的实施，改善了县、乡、村道路交通条件，促进了农村交通运输业的发展，加快了城乡一体化建设步伐。进入90年代以来，先后改扩建了102国道，沈阳至新城子、沈阳至阜新、东陵至棋盘山、沈阳环线法库段、康平至彰武康平段等15条189公里国省干线公路和柳河、绕阳河等32座974延长米公路桥梁。1995年，沈盘线沈阳至辽中32公里、明沈线18公里路基已经完成，沈阳至阜新沈阳境内路段已全部打通，苏家屯区实现了村村通柏油路。1995年9月28日，康平县境内的康彰线黑色路面网化工程全线竣工，标志着沈阳市“八五”计划期间公路网化工程建设任务的全面完成。这项工程，是沈阳市“八五”计划期间的重点公路网化工程，全长49.38公里，是国家二级公路。东起康平镇，西至康平、彰武两县边界，连接着康平境内的康平镇、胜利、二牛、张强、沙金等5个乡镇。该工程从1992年底开始施工，先后完成路基改造加宽和改线段土方达25万立方米，完成中、小桥加宽14座，涵洞加长28道。该工程的竣工，打通了康平至阜新、彰武、开原的通道，对康法两县的经济起飞将发挥重要的推动作用。“八五”计划期间，沈阳市各项公路建设任务的完成，使公路网密度由“七五”计划期的每百平方公里33.8公里，达到每百平方公里39公里；高速公路由“七五”计划期间的46公里，达到173公里；二级以上公路，由“七五”计划期间的445公里，达到856公里；黑色路面里程，由“七五”计划期间的1 846公里，达到3 392公里；公路总里程，由“七五”计划期间的4 385公里，达到5 000公里。

（*施春生*）

【苏家屯区实现村村通柏油路】 苏家屯区全区14个乡镇，1983年实现了乡乡通公路，1990年实现了村村通公路，1991年实现了乡乡通柏油路。在此基础上，“八五”计划期间，开始实施村村通柏油路工程。全区共196个行政村，至1995年末，全部实现了村村通柏油路。在实施村村通柏油路工程中，区人民政府把公路建设纳入重要议事日程，各乡镇党政领导高度重视，区、乡、村层层签订责任状，纳入百分竞赛和小康村的考核标准，使公路建设由过去的公路部门单一行为，转变为政府行为和群众行为。群策群力，筹措资金。形成“国家补贴、地方集资、群众投劳”的资金筹措机制。“八五”计划期间，共新建乡村柏油路450公里，其中乡道140公里，总投资5 885万元，其中国家投资745万元，地方乡镇和群众集资5 175万元，动用土石方580万立方米，投入民工380万工日，投入车工29万台日。使全区形成了以高速公路为骨架，以乡村柏油路为脉络，纵横交错，进得去，出得来，环得上，四通八达的公路网络。1995年11月8日，苏家屯区在姚千马尔山村举行了全区村村通柏油路剪彩仪式。至此，沈阳市已有于洪、东陵、苏家屯、辽中4个区县实现了村村通柏油路。

（*施春生*）

【鲁家辽河大桥】 鲁家辽河大桥及引线工程，于1995年10月22日建成通车，使明沈公路得到贯通。以往由康平、法库两县行进沈阳市区的明沈线公路，在法库县的依牛堡乡和新城子区石佛寺乡之间，形成辽河相隔的“断头路”，车辆要绕行至新民县境内，经沈环线入沈，需多行18公里路程。康平、法库两县划归沈阳市后，为改变这种状况，经请示国家交通部批准，确定兴建辽河鲁家大桥，作为辽宁省“八五”计划期间的重点工程项目之一。

建设鲁家辽河大桥，经过1993年以来的前期准备和大桥引道路基工程的土地占用和拆迁工作，工程于1994年7月1日破土动工。该工程北起法库县依牛堡子乡，经铁岭跨辽河至沈阳市新城子区鲁家村，全长23.20公里。其中大桥全长935.8米，其余为引线工程。鲁家辽河大桥的建成通车，对康平、法库两县的经济发展具有重要的意义。

（*施春生*）

【沈阳公路运输主枢纽】 沈阳公路运输主枢纽工程，是国家交通部提出的形成全国公路主骨架、水运主通道、港站主枢纽的组成部分。是以公路主骨架为依托，连接水运主通道、铁路主干线，以运输场站设施为基础，以现代化通信技术和科学管理为手段，以综合服务为保障，位于国家公路主干线交汇点上具有运输组织管理、运输代理、多式联运、装卸储存、中转换装、信息通信、综合服务等多种功能的运输中枢系统；是与运输线路、运输工具并存并重，使其更好地发挥功能和作用，提高使用和工作效率的关键设施；是满足和适应客货运输全过程多种需要的必备条件；是公路运输与其它运输方式相互衔接、紧密配合，实现综合运输、网络运输，提高综合运输效益的组织手段；是改变公路运输原始封闭管理模式，提高公路运输行业整体效益，发挥公路运输优势的运输组织管理中心。

公路运输主枢纽的基本结构为“一个中心，两个系统”。即公路运输主枢纽信息通信指挥中心，客运枢纽系统和货运枢纽系统。其中每个系统均包括生产服务、组织管理、信息通信、生产生活辅助服务四个子系统。公路运输主枢纽信息通信指挥中心大楼17层，高70米，顶层上建有80米高的通信铁塔，楼内设监控室、通信主机房、计算机主机房、办公用房等。信息通信指挥中心，通过计算机通信网络，使沈阳公路主枢纽内部和外部有机地联系起来，它是实现主枢纽基本功能的灵魂。客运枢纽系统包括：客运中心（长途汽车客运总站）、长途汽车客运西站、南站和南塔客运站、五爱客货联运总站。货运枢纽包括:货运中心(集装箱仓诸联运中心)、三台子、马官桥、浑河货运站等。

建设公路运输主枢纽,总投资为3.1亿元。“八五”计划期间,重点完成公路运输主枢纽信息通信指挥中心大楼、货运中心、客运中心、北三台子货运站等核心工程,初步形成沈阳市公路主枢纽总体框架结构。1991年10月19日,沈阳公路运输主枢纽总体布局规划,通过了国家交通部和辽宁省人民政府的联合审查。1992年沈阳公路运输主枢纽信息通信指挥中心完成了征地拆迁及总体设计工作,完成投资700万元,北三台子货运站一期工程于年底竣工,完成投资791万元。1993年5月,沈阳公路运输主枢纽信息通信指挥中心大楼建设开工,建筑面积19 800平方米,至年末形象进度主体完成11层,完成投资2 200万元。1994年,公路运输主枢纽信息通信指挥中心大楼主体工程基本竣工,完成投资4 500万元;五爱客货联运总站1.1万米仓储库、3 358平方米地下停车场和客运站已竣工,综合楼基础已完成,完成投资7 000万元;浑河货运站已开工兴建;北三台子和马官桥货运站的前期准备工作已完成;5个原有客货基础设施的完善和改造工作也有较大进展,其中集装箱仓储联运中心完成投资550万元。1995年9月,位于沈阳市和平区三好街的沈阳公路运输主枢纽信息通信指挥中心大楼基本竣工,并投入使用。至1995年末,沈阳公路运输主枢纽的各项设施,已经基本建成4个,即公路运输主枢纽信息通信指挥中心、货运中心、客运中心、北三台子货运站。正在建设的两个,即五爱客货联运站、浑河货运站。计划有1996年、1997年建设沈阳南站客运站和马官桥货运站。长途汽车客运西站和南塔客运站的改建拟于2000年完成。十大设施建成之后,将形成沈阳公路主枢纽的总体框架和运行体系,公路客货运输将更加科学合理,将为沈阳交通运输行业实现高度社会化、集约化打下基础,为科学组织综合运输,提高公路运输车辆效率提供必备条件,为提高高速公路功能,形成快速公路系统发挥重要作用,为沈阳市国民经济和社会发展带来巨大效益。

(*施春生*)

【城市客运行业管理】 沈阳市在“八五”期间对包括无轨电车、公共汽车、长途客运汽车、出租汽车、小公共汽车的城市客运行业,实行行业管理,促进了城市客运业健康发展。

利用行政、法律、经济等手段加强行业管理和宏观调控能力。1991年,按照组织起来的原则,在沈阳市内各区成立了出租汽车服务公司,使出租汽车变分散管理为集中管理。1992年9月,在经过调查研究的基础上,对出租汽车实行了经营证照有偿使用的办法,增加了发展出租汽车的透明度,有效地控制了出租汽车发展过猛、过快的势头。1992年以来,对长途汽车客运线路实行了线路有偿招标办法,以经济杠杆调节市场,保证了长途汽车客运市场协调稳定的发展。1994年8月颁布了《沈阳市道路客运市场管理条例》,根据客运市场的新形势,规定和完善了管理范围、处罚尺度,强化了立法监督。

增强执法力度,坚持对客运市场的治理整顿。在“八五”计划期间,为保护乘客利益,打击非法经营行为,市区运管部门,坚持日常检查和集中检查、点面检查和明检暗查相结合等治理措施,有效地治理了违章经营、索要高价等违法违纪现象,至1995年,全市综合违章率已降至5%以下,保证了客运市场正常的运营秩序。1994年,为落实市委、市政府关于搞好城市环境卫生“清洁年”的要求,对全市公共电、汽车、出租汽车、小公共汽车进行了整容工作,使全市客运车辆达到了车容车貌整洁、标志规范、统一。几年来,根据重点区域客运市场存在的问题,进行了重点治理整顿。沈阳北站是沈阳市的一个重要“窗口”,过去由于经营的车辆固定不变,形成了一些“关系车”、“关系人”,给管理造成了难度。从1995年4月25日开始,对北站实行了开放式经营,打破了极少数车辆“垄断”北站的局面,取缔了拼座拉客、短途拒载等经营行为,为经营者创造了平等竞争的环境,使北站客运市场出现了服务优质、方便、快捷、秩序井然的新形象。

发挥行业协会作用,开展行规行约教育,提高从业人员素质。“八五”计划期间,通过出租汽车行业协会等组织,对客运车辆的业主、从业人员进行业务培训,1991年以来,共开办培训班276期,有近5.3万人次受到培训。

至1995年底,沈阳市城市客运行业主要指标与“七五”末期相比,保有公共电、汽车1994台,增加738台,增长58%。保有运营线路115条,(电车29条,汽车74条,公交联营12条)。增加27条,增长30.7%。线路长度达2 272.1公里,增加797.8公里,增长54.1%。市内公共交通线路网长度达360公里,增长58.2%,市内公共交通线网密度每平方公里达1.91公里,增长3.2%。出租汽车保有量达11 840台,增长3倍,行业从业人员达3.2万余人,增长了2.55倍。国有、集体出租汽车的主体地位得到加强,由“七五”计划末期占出租汽车总数的25.7%,上升到60%。1995年沈阳市保有长途客运车辆823台,(其中:国有421台,个体402台)增长43.8%。长途汽车客运线路1995年达到323条,增加126条,线路辐射8省、38个市、地,日发车班次1 448个,增长55.2%,长途汽车客运站,由5个增至10个。1995年,保有小公共汽车线路53条,增加8条,运营里程838.4公里,增加82.2公里。

(*施春生*)

【公路货运行业管理】 沈阳市公路货运行业管理部门,在行管工作中,坚持综合运用法律、经济、行政以及产业政策等调控手段,切实加强了货物运输市场的培育和规范,取得了显著成效。一是运用法律手段规范经营行为,促进了货运市场秩序逐步好转。各级运管部门依据省、市人大、市政府近年来颁布的《辽宁省道路运输管理条例》等有关法规,全面强化了行业管理和稽查工作,严厉查处了扰乱市场秩序的不法行为,重点解决了货运市场违章经营、无证经营的问题。二是运用产业政策，调整运力结构，提高了货运市场的运行质量。鼓励发展技术先进、高效低耗“大重专轻”型车辆，限制发展普通型货车，缓解了货运市场运力总量过剩与结构性短缺并存的矛盾；通过实施扶持运输服务业的产业政策，较好地发挥了市场中介组织连接供求双方的桥梁纽带作用，加快了货物运输市场的发育进程，使货物运输市场正在日益走向成熟，运输能力在结构调整中持续增长。至1995年末，沈阳市货运车达到了45 492台，比“七五”计划末期提高了2.7倍，在全市货运总量中已达到95%。三是发挥专业货物运输企业在货物运输市场中的优势和骨干作用。专业货物运输企业通过不断深化改革，主动进入市场、开拓市场，使企业的经营机制、经营结构发生了重大变革。在转换经营机制方面，由原来以推行承包经营责任制为主的浅层次改革转到以推行资产经营责任制为主的综合配套改革。在产业结构调整方面，在发挥专业运输企业优势的基础上，转到侧重发展运输行业的边缘产业上来，使专业运输企业在市场中找到了最适于发挥自身优势的位置。近年来，由于专业运输企业，新增和更新改造了一批货运车辆，新增了大型牵引车、自卸车、拖板车和装载、挖掘设备，使专业运输企业在重型设备、大件运输、挖铲装运一条龙土方运输、大型集装箱运输以及大宗散枳货物运输等方面，形成了较强的竞争优势，使专业运输企业在全行业的骨干地位，逐步重新树立起来。特别是在连续几年的抢险救灾斗争中，发挥了重要作用。

（*施春生*）

【机动车维修、配件行业管理】 1995年，沈阳产机动车维修与配件经销行业，立足改革、扎实工作，取得了较好成绩。一是抓起步，落实行管工作各项任务指标。对企业技术条件达标率、维修竣工车辆送检率、汽车维修合同签约率等指标逐项逐区地细化，提高了可操作性，加强了行业管理的标准化建设和动态管理。二是抓法制，健全配套法规。为强化质量管理修订了《沈阳市机动车维修质量管理办法》，对维修质量检查监督、维修质量纠纷的调解与仲裁，分别做出了规定，全年受理质量纠纷数10起，保护了承托修双方的合法权益，提高了当事人的质量意识。与维修质量管理相衔接，制定了维修质量检验员管理办法，规范了检验员的培训、考核、年审及持证上岗等管理工作。此外，还起草制定了运输车辆综合性能检测站管理实施细则。发票管理是行业管理的一项重要内容，对于保证行业管理费的征收以及行业管理工作的正常进行，均有重要作用。为此市交通运输管理局与市国税局联合制定下发了《沈阳市机动车维修与配件经销企业发票管理规定》，规范了发票管理工作。三是抓年审，加强动态管理。通过年审，检查全年工作指标完成情况，掌握行业动态，有针对性的科学管理。四是抓管理，加强市场有序化建设。为了规范市场交易与市场竞争行为，依据《辽宁省机动车维修行业工时定额》和《沈阳市机动车维修行业收费管理暂行办法》的有关规定，编制了《沈阳市机动车维修工时定额及收费标准规定》，指导各企业实行明码标价收费，公布了公开举报电话，强化社会监督和舆论监督，增加了透明度。针对无证经营和“马路修车”蔓廷的实际，各区行管部门与政府有关部门联合行动，对违法违章行为进行集中打击，净化了市场秩序，保护了企业合法经营。五是抓培训，提高人员素质。为新办企业配备检验员服务，全年举办9期检验员培训班，培训检验员487人，举办4次探伤员学习班，培训探伤员118人，保证了指定维护企业探伤员百分之百持证上岗。8月份以来，组织了各县区开展配件经销企业法人培训，系统学习政府的各项法规及相关文件，增强了经营者的守法经营意识和维修质量意识。六是抓热点，深化强制维护。一年来，维修行业管理部门，在深入基层广泛调查研究的基础上，提出了《沈阳市运输车辆强制维护治理整顿方案》，制定了《沈阳市运输车辆强制维护管理办法》，使车辆强制维护工作有所加强。

至1995年末，沈阳市机动车维修企业已达2 504家，配件经销企业达到2 034家，分别比“七五”计划末期增加942家和799家。机动车维修配件业的发展，有力地促进了交通运输业的蓬勃发展。

（*施春生*）

【车辆购置附加费征收管理】 车辆购置附加费的征收管理是公路交通运输行业管理部门的一项具体职责，为做好这项工作，在沈阳市交通运输管理局领导下，设专职机构车辆购置附加费征稽处。1995年，车辆购置附加费征稽处面对征收的新形势、新任务，加大征管力度，挖掘征收潜力，从坚持征收标准、强化源头管理、坚持路检路查堵漏增收等三个环节入手促征收，取得了显著效果，使车辆购置附加费征收再创新水平，全年实现21 590万元，完成计划的204%，为沈阳市公路交通运辆事业的发展提供了重要资金保证。

一年来，按国家交通部的要求修改完善了车辆购置附加费管理工作标准，补充了有关制度规定，加强了征收管理的基础工作。把坚持征收标准作为征收工作的关键环节来抓，常抓不懈，一抓到底，使各县(市)区的足额征费率普遍提高。通过实施微机征管，实现了全市地区的微机联网。强化了监控机制，划价、验车、收费、审验相分离、彼此制约、互相监控，在执行标准上层层把关，提高了征管工作标准化、规范化、现代化水平。在强化源头管理促征收方在，与交警支队紧密配合把住车辆上牌照的“关口”，取得了明显效果。同交警支队共同确定上牌照前先交车辆购置附加费的程序，使源头管理得到加强。在坚持路检路查堵漏增收方面，与市、区公安巡警、交通公安分局、农机站、养路费征稽部门紧密配合，同时充分发挥县区乡管所的作用，1995年在全市共计查漏补收317.76万元，有力地打击了逃漏费行为，为做好车辆购置附加费征收工作，征稽处、所坚持一手抓征收，一手抓廉政勤政建设，突出抓了廉政勤政建设的基础工作，实现了制度化规范化。对征管人员加强了廉政勤政教育，制订了加强廉政勤政建设的实施措施，建立了讲评制度，定期开展廉洁自律自查自纠讲评活动，逐级建立了廉政建设责任制，签订了廉政建设责任状，市车辆购置附加费征稽处建立了个人廉政建设档案，廉政勤政建设基本工作的加强，促进了廉政建设的开展，提高了征管人员的廉洁自律意识，1995年全市车购费征管人员共拒吃请240次，拒贿现金2.2万元。

（施春生）

【市交通运输稽查大队】 沈阳市交通运输管理局稽查大队，其前身是沈阳市运输稽查队，组建于1988年7月。为适应沈阳市交通运输行业管理的需要，1990年6月更名为沈阳市交通运输管理局稽查大队。其职责是，维护客货车运输市场正常秩序。

稽查大队自成立之日起，便投入到沈阳市客运市场的整顿治理工作之中。1988年至1990年，参与整顿治理了小公共汽车的乱停乱放问题，长途客运汽车的马路停车、马路售票、马路上客问题。进入“八五”计划期间，稽查工作的深度与广度有了新的突破。如在1991年，共查处违章车辆5 600台次，比1990年提高40%，使沈阳市出租汽车违价率降低到10%以下，强制使用计价器收到了良好效果，使用计价器普及率在90%以上，小公共汽车的乱停、乱放、乱要价的问题得到较好解决。1994年稽查大队由单一对客运市场的稽查，拓展到对货运市场的稽查，同各行管部门紧密配合，协同工作，使货运市场朝规范化方向迈进了一步，全年货运市场增加税费收入300多万元。1995年，进一步增加稽查力度，完善业务，健全制度，增强法规意识，使工作走向标准化。重点以法治理了沈阳北站出租汽车市场，建立了新的运作体制，使之纳入有序管理轨道；对五爱客货联运站实施了调流，改变了市场运营的混乱局面。稽查工作登上了新台阶，被市交通运输管理局授予“八五”先进单位荣誉称号。

（施春生）

民用航空

【概况】 中国北方航空公司自组建以来，经历了艰苦创业阶段的一系列特殊考验，在航空市场竞争不断加剧的情况下，各方面的工作都取得了明显的成效，为摆脱困境，迎接新的市场机遇，奠定了基础。

1.运输总周转量大幅度提高。1995年，北方航空公司完成运输周转量5.86亿吨公里，比1994年增长22%。在生产稳步上升的同时，经济效益也大幅度提高。1995年共实现业务总收入37.7亿元，比1994年减亏1.9亿元。

2.适时调整运力，深挖内潜，抓住机遇，迎接挑战。中国北方航空公司1995年全年新开辟航线13条，其中新开国内航线10条，地区航线3条。在拓展市场的同时，强化了对航班的管理和对各航线经营情况的监控，并适时组织加班、包机，收到了较好的经营效果。

货运市场是航空运输市场必不可少的重要资源，也是提高经济效益的重要途径。1995年，北方航空公司在全力抓好客运的同时，加大了对货运市场资金的投入和政策的倾斜。在把政策用好、用活、用实的基础上，全年北方航空公司货运量比1994年增加9 398吨，增加收入4 200多万元。

拓展国际业务，确保航线的高效营运，沈阳——汉城，大连——汉城航线是北方航空公司的黄金航线。各业务部门为增加客运量，多方联系，组织加班飞行，既保障了国内航班的衔接，又保证了国际运输，取得了可喜的经济效益。

强化服务意识，深入开展服务质量上台阶活动。先后制定了《服务规范动作50条》、《行为规范30条》、《运输服务质量上台阶考核办法》，有效地推动了上台阶活动的深入有效地开展。

3.深化内部管理，抓经营承包，抓规章落实，抓人员培训，抓机务维护，保证飞行安全。1995年，中国北方航空公司实行经营承包制度，由于在承包中注入了激励机制，形成了“千斤重担大家挑，单位个人有指标”的局面。各分公司在落实承包指标过程中，既深化内部管理，努力节支降耗，又服从了公司的全局利益。1995年，北方航空公司认真贯彻总局安全会议精神，积极落实“安全第一，预防为主”的方针，深化安全管理，落实规章制度，注重技术培训，坚持从严要求。全面实现公司“'95安全年”的目标，各项指标均符合民航总局考核要求。

【航空客货邮运输】 1995年，中国北方航空公司在客货邮运输工作上取得了新的成绩。

1.运输生产持续发展。全年完成运输总周转量5.86亿吨公里，比1994年增长22%；完成旅客运输量448.3万人次，增长24.9%；完成货邮运输量67 100吨，增长25.6%；完成通用航空3 318小时，增长50.5%。

2.巩固和拓展航空市场。全年新开辟国内航线10条，地区航线3条。这些航线是：国内航线包括沈阳——杭州——海口，沈阳——武汉——珠海，长春——武汉——深圳，大连——武汉——深圳，哈尔滨——北京——汕头，沈阳——武汉——厦门，哈尔滨——武汉——深圳，长春——烟台——深圳，哈尔滨——烟台——厦门，大连——武汉——重庆；地区航线包括：沈阳——天津——澳门，沈阳——烟台——澳门，大连——温州——澳门。1995年，北方航空公司全年共组织国内加班包机1 165班；组织日本包机、韩国加班包机和俄罗斯货包机82架次。同时，根据国内市场运力趋于饱和和宽体机成本高，国内经营十分艰难的客观情况，北方航空公司将1995年底到货的一架A300飞机转租给大韩航空，即解决了宽体机的市场问题，也缓解了北方航空公司飞行人员紧张的局面。

【通用航空】 1995年，民航总局下达给北方航空公司2 800小时的生产任务，截至1995年年底，北方航空公司共完成各类通用航空生产作业收费小时为3 360小时，加上秋季护林计划生产小时，共完成生产飞行3 540小时。按作业项目分：春季护林完成152小时；农化作业2 265小时，作业12.9万公顷；林播飞行293小时，播种面积3.24万公顷；林化214小时，1.53万公顷；空中游览232小时；旅游167小时；救灾36小时；空拍1小时。按作业单位分：黑龙江分公司完成203小时；吉林分公司通用航空服务公司完成531小时；朝阳飞行大队完成262.6小时。按作业省份为：辽宁省2 163小时，吉林省112小时，黑龙江省578小时，内蒙古自治区21小时，河南省486小时。

1.创企业和社会效益，努力完成计划生产任务。北方航空公司在1995年年初召开了通用航空工作会议，明确了要深入挖掘内部潜力，积极承担各项生产任务，1995年辽宁省突发了百年不遇的水灾，北方航空公司积极参加了抢险救灾飞行。春季护林期间，森林大火又起，黑龙江分公司立即出动米八，运七飞机救灾，飞行31小时。

2.开发新市场，逐步增收减亏。东北地区淡季期间，任务量较少。应总局的要求，南方公司、河南公司的请求，北方公司先后赴豫支援了黄泛区农场的麦田综合作业任务和在三门峡、洛阳地区执行了飞机播种造林任务。飞行486小时，完成了4.12万公顷的农化、林播作业面积。

3.坚持"安全第一，预防为主"，再创安全飞行年。每期任务前，都反复研究飞机状况，人员搭配等，制定特殊情况下的处置预案，始终贯彻了"安全第一，预防为主"的方针，到1995年年底，已实现安全目标，消灭了严重差错以上事故。

4.深化改革，加速通航转换经营机制进程。在民航总局的大力支持下，北方航空公司积极准备筹措实施了两项改革举措：一是吉林分公司将长春飞行大队中一部分从事通用航空工作的人员独立出来，于1995年3月8日正式挂牌，成立了北方航空吉林分公司通用航空公司。二是由中韩合资拟成立"中国北方通用航空有限公司"。这两次改革在通用航空发展历史中为首创，它标志着通航业将摆脱旧的生产经营模式，是适合中国市场经济的特点的通用航空经营之路。

【确保航空运输安全生产】 1995年，北方航空公司加强安全管理，确保飞行安全，取得好成绩。

1.坚持预防为主，狠抓安全防范关口前移。1994年总局提出安全防范关口前移的新思路后，公司要求各单位结合各自的实现情况，切实做到安全防范关口的四个前移，即宣传、教育阵地前移；监督、检查关口前移；为安全生产服务的位置前移；保证安全的防线前移。

2.抓基础培训。加强基础培训，提高飞行人员的业务素质是保证飞行安全的重要前提和根本。为此公司在这方面加大了培训力度。全年共安排训练和熟练飞行1 705小时，公司及各单位召开飞行技术研讨会22次，采取专家授课，集体讲课，定期专题研讨等各种形式，提高了飞行人员的应变能力。

3.认真抓了空防安全。各飞行部门认真落实民航总局和公司的有关空防工作的规章制度，进行经常性的空防安全教育。保卫部门也加强了对安全员的培训工作，提高了安全员的判断和应变能力。

【转换机制改善服务提高效益】 1995年，北方航空公司不断改善服务工作，使经济和社会效益都有所提高。

1.正常服务工作得到加强，空地服务有所进步。全年共保证航班飞行80 300小时，比1994年增加10.3%；航班正常率为88.32%，比1994年提高1.74%。其中，国际、地区航线正常率为86.5%，提高2.82%。

全年共完成服务人员岗位证书培训181人，岗位技证复查267名。空地服务工作共收到旅客、货主的表扬信8 092封，收到旅客投诉信7封，回复率100%。

2.转换机制，以经营承包为主线，以提高效益为根本，抓落实，抓人员培训，既保证飞行安全，又提高了经济效益。1995年，公司注重在深化管理、节支降耗方面下功夫，取得了明显的效果。机务维护系统在保证维护质量的前提下，严格控制小修费消耗，使A300，MD—82两种主要机型的小修费都控制在指标之内，较往年明显降低。各级财务部门在工作中耐心解释，坚持原则，严密监控，起到了应起的作用。为使内部管理向深层次、全方位推进，北方航空公司在抓好经营承包这一主线的同时，还出台了几项改革与管理措施，尤其在机构编制的调整和理顺方面，先后在沈阳组建了汽车运输大队，对车辆进行了集中管理；在长春组建了通用航空公司；各乘务队与机上服务部合为一体；1995年年底，公司将原来的飞行安全技术处和飞行训练处调整为航空安全监察处和飞行技术处，各分公司也成立了航空安全监察处。这些调整，对于理顺工作关系，解决管理上的交叉与脱节，明确职责，推进专业化管理等方面都起到了积极的作用。

3.强化服务意识，深入开展了服务质量上台阶活动。北方航空公司围绕服务质量上台阶活动的开展，有计划、有重点、分层次地抓了服务系统人员的培训工作。全年对151名乘务人员进行了紧急脱离培训；对181名在岗无证人员进行了培训；对466名在岗持证人员进行了业务复查。与此同时，公司以细化、量化、程序化为落脚点，进一步完善了各种台帐和规章制度，先后制定了《服务规范动作50条》、《行为规范30条》、《运输服务质量上台阶考核办法》，还总结了46条机上服务难点问题和最佳处置方案。在工作中，各级领导和有关部门及时进行监督、检查、指导，推广经验，并对存在的问题和旅客投诉进行了认真、严肃地处理。有力地推动了上台阶活动的深入有效地开展。在服务质量得到改善的同时，提高了经济效益。

【机队建设】 1.1995年，北方航空公司引进A300飞机2架，其中转租给大韩航空公司1架；引进MD—82飞机1架，转租给北亚航空公司MD—82飞机1架，为抓住机遇，发展生产，提高竞争能力，取得了良好的经济效益。

2.抓人才的培训。1995年共转各类天气标准178人，聘任各机型、机长、教员58人次；转升各机型115

人,其中A300机型24人,MD—82机型56人,运七13人;安排模拟机复训332人次;放国际和地区单飞90人次;接收航校飞行员23人。在空勤人员的培训上,着重抓了英语培训和飞行员兼机械师的培训。专业技术人员培训方面,北方航空公司以培训中心为主,各单位自我培训为辅,从岗位技能和英语两个方面,全年共培训3 300人次,形成了多渠道、多层次、全方位的培训格局。

3.抓了大连模拟机培训中心先期筹备工作。这个项目是利用麦道公司赠送的飞行模拟机的基础上投资兴建的,地址选在大连开发区,1995年年底,征地工作已结束,并进入了施工阶段。

4.投入产出率和综合运输能力大幅度提高。1995年与1994年相比,从静态上看,商务载量和座位数分别增长3.8%和1.8%;从动态上看,最大运输能力的投入增加了16.8%,而最后实现的运输总周转量却增加了22.0%,仅此一项全年增加运输总周转量达8 400万吨公里。与1994年相比,A300飞机和MD—82两种机型的日利用率分别提高0.8和0.9小时,使机型的小时成本分别下降2 600元和2 650元。

【机务维护】 1995年北方航空公司共完成各类飞行小时86 029小时,比1994年增长9.8%;没有发生飞行等级事故和空防事故;飞行事故征候万时率为0.232,比1994年下降0.533,飞机误飞千次率为4.9。

1.机务系统从提高维护质量,加强质量监控出发,制订了安全防范关口的前移的12项措施,严密了工作单卡、定检检验等各项制度。针对发动机停车等重大问题,召开了机务系统5次紧急会议,采取有力措施,增加了工作的深度和广度。组织了两次飞机普查,开展了查隐患,保安全活动。先后排除了7架飞机的腐蚀和5架飞机动力操作系统的隐患。其他各勤务部门也都较好地保证了飞行的安全。

2.1995年机务维护工作虽然取得了一定的成绩,但还存在着不少薄弱环节。有些机械故障严重危及飞行安全。全年出现的机械故障次数多,性质严重。从年初连续不断的各种故障,是历年来少有的。其中,从9月21日到10月9日这20天的时间里,连续发生了3起机械故障造成的事故征候。这里既有生产厂家的责任问题,也有外部条件造成的。

(*张兵*)

邮 政

【概况】 沈阳市邮政局是全国七大干线中心局之一,是东北地区最大的邮政通信枢纽,承担着辽宁省邮件、报刊的集散任务和东北三省及内蒙古自治区东四盟邮件入关的经转任务,担负着沈阳地区4县(市)、9个行政区的邮政通信服务工作。1995年有职工5 179人,固定资产原值4.27亿元。

1995年沈阳市邮政局全体干部职工大力弘扬“奋斗、求实、优质、争先”的企业精神,始终坚持“人民邮电为人民”的服务宗旨和“迅速、准确、安全、方便”的服务方针,干群一心,开拓进取,优质服务,真抓实干。通信能力和通信水平不断提高,取得了良好的经济效益和社会效益。1995年,完成邮电业务总量1.67亿元,比1994年增长27.22%;完成邮电通信总量1.476亿元,增长31.84%;实现邮电业务收入2.25亿元,增长37.9%;全员劳动生产率达到4.8万元/人,增长37%,业务收入增长速度连续3年列全国省会市邮政专业局前茅,各项经济指标增幅均高于全国平均增长水平。

(*张恩龙*)

【通信能力和质量不断提高】 1995年,沈阳市邮政局坚持以增强通信能力为先导,狠抓支撑系统建设和科技进步,努力提高邮政员工的文化知识和科技水平,使通信能力和通信质量不断提高。

固定资产投资规模继续扩大,为实现加快发展的目标奠定了基础。全年基本建设投资达到2 490万元,技术改造投资达到1 026万元。邮政通信枢纽邮袋洗补楼、辉山邮电支局、扩建后的航空转运站相继投入使用,新的邮政生产经营综合楼已完成主体框架工程。为提高邮件运送能力,新增各类机动车71台。建设了占地面积分别为850平方米、650平方米的沈阳市集邮活动中心和沈阳报刊图书批发市场,繁荣了沈城的集邮文化,发挥了邮政报刊发行的主渠道作用。

依靠科技进步,加快邮政现代化步伐。根据邮电部提出的“四网两机一化”的科技兴邮要求,沈阳市邮政局不断加大科技投入,邮政技术装备水平明显提高。从德国AEC公司引进的两套信函自动分拣系统1995年全部正式投入使用,使信函分拣速度提高了10倍以上。电子计算机技术在邮政生产过程中得以普遍应用,全市已有25个邮政营业局所实现了电子化作业,有61个邮政储蓄网点实现了电脑储蓄,邮政通信枢纽内部实现了微机联网,数据共享。新开发的商业信函自动处理、邮政储蓄事后监督、速递和业务档案跟踪查询、集邮窗口售票、报刊要数计算机系统等项目相继投入使用,提高了工作效率和工作质量。

全面提高干部职工的业务技术水平,增强对现代科技的驾驭能力。1995年,举办各类管理干部培训班18期,培训各级管理干部740人次,举办各类工人岗位技术培训班17期,培训在岗职工3 260人次,全面提高了干部职工的经营管理和业务技术水平,为广泛采用现代邮政技术创造了条件。

在加强支撑系统建设的同时,沈阳市邮政局还加强了内部管理工作,建立健全了业务监督检查体系,保证了通信能力和通信质量稳步提高。1995年邮政运递时限达标率、邮件规格标准达标率均高于部颁标准,邮件差错率严格控制在部颁标准之内。

(*张恩龙*)

【争创全国用户满意企业】 1995年,沈阳市邮政局坚持“以服务求发展,以发展促服务”的工作方针,用市场手段改善服务,实现服务与市场的接轨,潜心设计规划,精心组织实施优质服务这一系统工程。

在激烈的市场竞争中，沈阳市邮政局把以“最大限度地满足用户需求”作为服务标准，以“抢市场，抢用户”为工作基点，以“经营围着市场转，服务围着需求转，时间围着用户转”为主导思想，脚踏实地落实各项服务标准和措施。意识到用户就是市场，用户就是效益，用户就是企业发展的动力。

拓展服务深度，健全服务体系，实现了服务过程中的“四化”。即服务调研超前化，服务体系立体化，解决“热点”目标化，服务标准公开化。在实施服务体系立体化方面，健全了五大服务体系：(1)窗口服务体系。把着眼点放在发挥窗口服务人员素质提高和加大科技含量的双重功能上。“硬件”上，实行“两优先政策”，优先发展窗口电子化操作能力，优先改造局所环境，整治局容局貌。在“软件”上全市五大城区局的支局所普遍推行了“限时服务”、“导邮服务”、“多元服务”、“综合服务”，推广50句“服务用语”，禁用50句“服务忌语”。(2)投递服务体系。实行了“新的段道法”，建立了“迁移用户档案”，为70岁以上孤寡老人实行“一条龙全功能服务”等。这些办法使近年来妥投率始终保持在98%以上。而且，投递员在段道上开展“邮政宣传”、“揽收揽储”、“送邮上门”等便民服务，使服务功能不断延伸、拓展。(3)内部保障体系。在运输和转运等关键部位，确保迟递质量和时限。(4)特快专递服务体系。充分利用专兼结合的方式深入开展业务宣传、揽收和投递，合理调配人员和车辆，缩短传递时限，发展特快专递网点。目前已建立了29个特快专递网点为全市服务。(5)邮政礼仪服务体系。成立了集邮政服务、公关礼仪为一体的邮政礼仪公司，开设了24个邮政礼仪服务网点，培训了一支素质高、业务精、仪表美的公关礼仪队伍。

强化约束机制，促进优质服务。充实了市区两级监督检查队伍，对监督检查人员定范围，定要求，定周期，定频次，定检与抽检相结合，发现问题及时反馈解决。在外部、重新聘请了市、区两级200名社会义务监督员，聘请了地方新闻单位10名记者为邮政名誉职工，每半年向大宗用户发放一次征求意见反馈单和召开一次用户座谈会。将原来放在各局所的“意见簿”改为“意见函”，用户取出一张填写后即可折成信件直接寄到局通信经营处。通过这些方式，广泛征集社会各界对邮政服务的意见和建议，取得了较好效果。

1995年，经沈阳市用户委员会在全市各服务系统中多次征询测评，沈阳市邮政局的用户满意率一直名列前茅，被评为沈阳市用户满意企业，辽宁省规范化服务标兵单位。1995年末邮电部“企协”辽宁省“质协”双双推荐申报参加“全国用户满意企业”，经有关部门评审，获得了全国50家用户满意企业之一的光荣称号。

(张恩龙)

电　信

【电信事业高速发展】 1995年11月8日，沈阳市内电话交换机容量已经突破百万，达108万，无线寻呼系统容量达到100万户。这标志着沈阳电信网实现了历史性的跨越。

改革开放以来，沈阳的电信建设事业得到了迅速地发展。在沈阳经济困难，通信建设资金缺口严重等困扰下，拼搏苦战，经历了历史上欠帐的“六五”低速增长阶段，“七五”的起步阶段，以及“八五”的腾飞阶段。特别是“八五”时期，沈阳市电信事业取得了令人瞩目的巨大成就。

为加快沈阳电信网建设，在“八五”期间，特别是“八五”后三年，沈阳市电信局以平均每年20万门以上的速度增加设备容量，三年的平均增长率达到了77.5%，交换机容量达108.99万门，成为全国继北京、上海、广州、天津之后第5个达到百万门的省会以上城市。为实现网络合理布局，新建局所16个，局所总数达38个。到1995年末，沈阳地区共有电话用户65.5万户，其中住宅电话达47.9万户，城区市话普及率由1992年的7.15部/百人提高到19.59部/百人，增长了12个百分点。

无线寻呼最初容量只有500户，几经扩容，目前系统容量已达100万户，实有用户435 761户。同时还推出了语音信箱和秘书台等服务项目，进一步开发了无线寻呼功能，使其从单一的信息传递，扩展成更方便人们生活和经济活动的得力助手。

(张巍)

【建设高科技通信网】 1995年，沈阳市电信局在不断完善网络规模的同时，大胆引进高新技术，为国民经济信息化打基础。年初，确定：1995年沈阳市的通信建设要坚持科技领先的原则，除加快电信基本建设外，重点增强通信网的科技含量，提高通信网的技术档次。重点要建设NO.7信令网，为沈阳地区开设智能业务提供基础；建设同步数字传输网(SDH)，提高光纤传输速度，增加全网的可靠性；分组交换将建立沈阳本地网，与国家、省网相连接，覆盖整个市区和郊、县主要乡镇，满足沈阳与国内外的信息交流；光缆传输将进一步实施“城乡一体化”工程，将光缆送到乡，送到部分大用户，实现沈阳地区乡以上传输光缆化。

本着上述原则，1995年，沈阳市电信局投入资金达1亿元，用于网络科技项目的建设。新建和完善了分组交换网、DON网、同步数字传输网、智能网等支撑网和业务网。分组交换网是省内第一个独立组建的本地网，已覆盖全市。并为国家的“三金”工程在沈阳试点提供了可靠的基础。DDN网已组建了计算机之间互连、高速数据通信、可视图文传送的专线电路。同步数字传输网(SDH)，构成了高速率(传输速率可达2.5G)大容量的骨干传输网络，为电信网向宽带化、综合化、高速化、个人化方向发展提供了有利条件。智能交换机已通过验收，将向社会推出个人号码业务(700)，被叫付费业务(800)，集中付费业务(900)，虚拟专用网业务(VPN)，电子投票等业务。从而使沈阳市成为全国第二个开通智能业务的城市。

（张巍）

【现场办理装机业务】 1995年，沈阳市经过广泛的社会调查，发现全市有70%以上的工薪家庭没有安装电话，是一个潜在的巨大市场。针对这种情况，决定在下半年进行一次主题为"立足本职、服务全局"的面向工薪家庭活动。8月25日，召开动员大会，号召全局干部职工全员进入市场，彻底摒弃"等客上门"的官商作风，坚持以服务为上策，树立电信新形象。

下半年，沈阳市电信局根据市场情况，把电信服务的重点转移到普通工薪阶层的家庭。根据机线条件逐步到位的有利条件，推出了现场装机的优惠价格，实行了零售与批发两种价格。从9月份开始，全员走进市场，开展大规模的现场装机。集中了全局的优势兵力，组织7个装机小分队，深入各个街巷、居民小区，把电话送到千家万户。

优惠的价格，送上门的方便，立装立通的服务，极大地引发了工薪阶层的消费热情，使这块潜在市场焕发了勃勃生机。百余天的现场装机放号达11万户。

（张巍）

【长途电信枢纽工程建成】 沈阳长途电信枢纽工程是"八五"期间邮电部和沈阳市的重点工程。1992年1月，邮电部批复沈阳长途电信枢纽可行性研究报告后，于1992年10月8日正式开工，工程总体规划设计单位为中国建筑东北设计院，施工单位为沈阳市第二建筑工程公司。总投资10 913.3万元，总建筑面积35 926平方米。

根据邮电部批复沈阳长途电信枢纽工程可行性研究报告，辽宁省邮电管理局为加强工程建设的领导，成立了沈阳长途电信枢纽工程指挥部。这一组织协调机构，从而保证了该工程全面正常实施。

该项工程得到了部、省、市委、市政府和各有关部门的高度重视。在征地、选址、设计、施工、电力、消防、供暖、煤气等各方面得到了多种优惠政策和积极的配合。

由于方方面面的大力支持和建设、施工单位的密切配合，使得该工程进展顺利，仅用3年时间，于1995年9月便告竣工。11月份正式通过工程验收，投产使用。枢纽大厦的落成，为进一步改进沈阳及辽宁乃至东北地区的长途通信环境，提高全网通信质量都将产生深远的影响。该枢纽的装机容量可以满足到2015年东北地区的通信需要，是一座具有跨世纪的宏伟建筑。同时，沈阳长途电信枢纽的建成，将为沈阳通信网向更高层次迈进，为社会提供更全面、现代化的通信服务创造了十分良好的条件。

到1995年末，沈阳长途电信枢纽已安装长途程控交换机3万线和数字移动电话系统，这将为东北地区的通信和国家一、二级干线提供更完全、可靠的大通路。

（张巍）

【与企业联办电话局】 1995年4月13日，沈阳市电信局与东北机器制造厂正式签署了联合建设724地区程控电话局的协议，标志着具有重大意义的沈阳市第一个由企业与电信部门共同投资兴建的电话局正式诞生。

双方经过历时近4个月的协商，本着邮电部提出的"联合建设、有偿使用、按资分利、照章纳税"的原则，双方在优势互补、互惠互利的基础上最终达成共识。协议规定，由沈阳市电信局负责程控设备，光缆传输及相应配套设备的购置、安装工作，东北机器制造厂提供局房、营业厅，维护人员和车辆等。此举将为沈阳市的通信建设事业打开广阔的大门，改变了过去由于电信行业任务过重、负担太大、难以全面协调发展的局面，同时改善了724地区通信不畅、交换设备落后的状况，将对该地区的经济发展起到极大的推动作用，更直接的将使东北机器制造厂信息传递不畅、通信手段落后的局面得以改观，为企业发展打下良好的基础。

1995年12月11日，724地区程控电话局（826局）1万门S—1240程控交换机正式开通，原纵横制设备退役，东北机器制造厂厂区及家属区3 000余用户全部并入沈阳市话网。

（张巍）

城乡建设与环境保护

综　　述

【固定资产投资综述】 1995年，沈阳市继续投资规模收缩，投资增速明显回落，投资运行呈负增长态势。投资结构进一步调整。

1.固定资产投资总量及增速双下降。1995年，沈阳市全社会固定资产投资总量完成1 369 158万元，比1994年下降8.7%。在固定资产完成投资中，基本建设完成投资826 963万元，下降9.5%。技术改造完成投资443 481万元，下降5.8%。房地产开发完成投资396 769万元，与上年基本持平；国有固定资产投资完成1 214 378万元，占全社会固定资产投资的88.7%。集体固定资产投资完成80 289万元，占全社会固定资产的5.9%。其他固定资产投资完成36 338万元。个人投资完成38 148万元，占2.8%。

2.第三产业投资加大。1995年，沈阳市第一产业完成投资21 086万元，比1994年增长30.6%。第二产业完成投资415 410万元，比1994年增长1.3%。其中，工业完成投资333 651万元，在工业完成投资中占比重较大的有：轻工业、机械工业、化学工业。作为支柱产业之一的电子工业投资略显不足。第三产业作为全市经济发展的战略产业得以大力发展，共完成投资932 657万元，比1994年下降12.8%。第一、二、三产业的投资比例为1.5∶30.3∶68.2。第三产业仍居三个产业投资之首。

3.基建大中型、更改限上项目抓紧建设。1995年，国家在控制固定资产投资规模时，仍将有限的资金向基建大中型、更改限上项目倾斜，共完成投资105 899万元，完成年计划的85.7%。在安排建设的9个基建大中型项目，完成投资58 747万元，完成年计划的78.9%，占基本建设完成投资的7.1%。全市限上技术改造项目共15个，完成投资47 152万元，完成年计划的96.1%，占技术改造完成投资的10.6%。

4.城市基础设施建设得到加强。1995年，沈阳市用于城市建设投资达257 927万元，比1994年净增投入1个亿。交通邮电业共完成投资167 411万元，占城市基础设施投资的65%。其中，交通完成投资6 368万元，新增和更新公交车辆62辆。交通紧张状况有所缓解。邮电业完成投资161 043万元。新增市话程控交换机40.7万门。1995年，作为国家大中型项目的大伙房引水二期工程告捷，全年新增日供水能力20万吨。还有正在建设的北部污水处理厂是全市又一大中型城建项目。这些项目的建设，明显改善了全市人民的生活、工作环境。

5.房地产业在稳中求发展。1995年，沈阳市房地产业投资呈现平稳发展态势，共完成投资396 796万元，增速与上年基本持平，占全社会固定资产投资总量由1994年的27.5%上升到29%。

6.住宅投入下降，人均居住面积增多。1995年，沈阳市完成城镇住宅投资328 000万元，比1994年下降27.8%，占固定资产投资的25.8%。城镇住宅施工面积达到924.6万平方米，比1994年少施工56.7万平方米。城镇住宅竣面积达到379.7万平方米，多竣工45.4万平方米。人均居住面积由1994年的6.47平方米提高到6.87平方米。是近几年来净增面积较多的一年。安置动迁户回迁4.2万户。"八五"末期进一步改善了居民住房紧张状况，为"九五"打下了坚实的基础。

7.新增一批主要生产能力。1995年，沈阳市新的主要生产能力或效益有：铸铁能力5 600吨/年；铝加工轮贴外胎3万条/年；烧碱10万吨/年；垫轧钢材8万吨/年；鞣制皮革108万张/年；化学药剂110吨/年；金属切削机床制造1 226台/年；新（扩）建客运站1个，3 163平方米；长途自动电话交换设备20 000路端；市内电话自动交换机40.7万门；各类学生席位30 498个，建筑面积110 840平方米；医院病床床位60张。城市自来水供水能力20万吨；城市道路扩建长度35.55公里；城市道路扩建面积45.75万平方米；城市排水管铺设长度22.38公里。这些项目的投产和交付使用，为工业生产增强了后劲，改善了人民生活环境，带来了良好的经济和社会效益。

（李甡）

【有效控制基建投资规模】 1995年，随着国家宏观调控措施的到位，使沈阳市基本建设投入速度明显放慢，地方投资锐減，但重点行业得到加强，投资结构有所调整。投资效果好于上年。

1995年沈阳市基本建设完成投资826 963万元。比1994年下降9.5%。从隶属关系看，中央、省属单位投资呈现增长趋势，完成304 059万元，增长7.0%；市及市以下单位完成投资492 962万元，下降了21.7%。

1995年，全市住宅投资由1994年的444 828万元下降到328 000万元，下降27.8%。住宅投资比重也由1994年的48.7%下降到39.7%，下降10个百分点；全年住宅施工面积为924.6万平方米，减少56.7万平方米；竣工面积达到379.7万平方米，增加39.3万平方米。住宅投资下降的原因，主要是占投资比重较大的商品住宅投资下降所致。

1995年，全市基本建设施工项

目737个，与1994年相比减少47个；建成投产项目为204个，减少76个。各类房屋施工面积为1 556.5万平方米，下降了1.4%；各类房屋竣工面积达530.7万平方米，上升了6.2%。

1995年，沈阳市产业投资结构有所调整。第一产业投资稍有加强，第二、三产业投资略有回落。第一、二、三产业投资之比由1994年的0.4：11：88.6改变为0.5：11.3：88.2。全年第一产业完成投资4 153万元，比1994年增长2.6%；第二产业完成投资为93 644万元；第三产业完成投资729 166万元，下降9.9%。

从各行业投入看，能源工业、交通运输业、邮电通讯业、文化教育及商业等行业投资得到了加强。其中：能源工业完成投资47 287万元，比1994年增长16.6%；交通运输、邮电通信业完成投资41 267万元，增长27%；用于文化教育的投资为40 608万元，增长18.6%；批发零售餐饮业完成投资241 247万元，增长22.8%。

1995年，国家在沈阳市安排建设的9个大中型项目和沈阳市安排建设的5个重点工程项目全年共完成投资68 142万元，完成年计划的76.8%，其中：大中型项目完成投资为58 747万元，完成年计划的78.9%。市重点工程完成投资9 395万元，完成年计划65.7%。

1995年，全年新增固定资产466 590万元，固定资产交付使用率为56.4%，比1994年上升了6.4个百分点；未完工程占用率为43.1%，下降了2.3个百分点；各类房屋竣工率为34.1%，上升了5.2个百分点。其中住宅竣工率为40.2%，上升了6个百分点。

（葛文泽）

【重点工程建设】　1995年，沈阳市加快重点工程建设步伐，确保年内竣工投产项目的投入，使沈阳市一批重点工程在“八五”末年竣工投产。

——重点工程项目完成投资达10.6亿元。1995年，沈阳市重点项目建设仍以能源、原材料、基础设施等基础产业为重点，安排重点建设项目24个，其中基本建设大中型项目9个，技术改造限额以上项目15个。建设总规模509 399万元，其中基本建设大中型项目建设总规模330 643万元，技术改造限额以上项目建设总规模78 756万元。累计完成投资324 620万元，为建设总规模的63.7%。年内完成投资105 899万元，为年度计划的85.7%，是“八五”期间重点项目完成投资较多的一年。其中基本建设大中型项目完成投资58 747万元，完成年计划的78.9%；技术改造限额以上项目完成投资47 152万元，完成年计划的96.1%。沈阳北部污水处理厂、“八二”工程、“10A”工程，新兴铜业有限公司精铜冶炼，沈阳高压开关厂“七五”输变电项目，水泵厂“八五”技改，气体压缩机厂压缩机改造等16个重点建设项目完成或超额完成了年度投资计划。

——重点建设项目分布向基础产业倾斜。1995年，沈阳市安排建设的24个基本建设大中型技术改造限额以上项目分布于国民经济几大部门，其中能源、原材料项目5项、建设规模216 660万元，累计完成投资81 773万元，为总规模的37.7%，1995年完成投资28 646万元，为年度计划的74.7%；城市基础设施2项，建设规模43 302万元，累计完成投资36 819万元，为建设规模的85%，1995年完成投资9 109万元，为年度计划的47.2%；普通机械制造13项，建设规模168 234万元，累计完成投资128 351万元，为建设规模的76.3%，1995年完成投资35 400万元，为年度计划的110.9%；电气机械及器材制造2项，建设规模11 939万元，累计完成投资8 413万元，为建设规模的70.5%，1995年完成投资1 457万元，为年度计划的28.1%，橡胶制品1项、建设规模23 436万元；医药制造1项，建设规模45 828万元。这些项目的建设规模占1995年固定资产项目总规模的41.9%，其中能源、原材料及城市基础设施项目占重点工程总规模的50.9%。

——一批重点建设项目竣工投产形成了较好的社会和经济效益。1995年沈阳市又有大伙房引水（二期）工程，沈阳高压开关厂东北输变电“七五”项目、沈阳第一机床厂“八五”数控机床专项、沈阳第三机床厂“八五”数控专项、沈阳第三橡胶厂特种轮胎改造、辽宁涂压工业公司“八五”技术改造、东北制药厂万吨“VC”等10个重点项目竣工投产。新增固定资产97 789万元，按设计规模形成的主要生产能力和工程效益有：日供水20万吨；耐火材料制品1 000吨/年；金属切削机床1 226台/年，轮胎外胎3万条/年；化学原料药10 000吨/年。这些项目的建成对增强大中型工业企业的发展后劲，改善投资环境，加快老工业基地改造，起到了良好的作用。

（张立国）

【技术改造投资完成情况】　1995年，沈阳市加快了重点技术改造项目的建设步伐，保重点、保实施，继续调整产业结构，使投资重点向基础产业倾斜，投资结构进一步优化。

1. 完成投资总量得到控制。1995年，全市技术改造完成投资443 481万元，与1994年相比，下降5.8%。从技术改造投资走势看，完成投资较1994年同期一直处于负增长态势，但降幅逐月缩小。从所有制形式看，国有投资417 357万元，占完成投资的94.1%；集体投资13 956万元，占完成投资的3.1%；其他投资12 168万元，占完成投资的2.7%。从隶属关系看，中央直属单位完成投资180 837万元，与1994年相比，下降23.8%，占全市完成投资的40.8%；市及市以下单位完成投资262 521万元，比1994年增长12.4%，占全市完成投资的59.2%。

2. 第二产业技术改造投资强劲。1995年，第二产业技术改造完成投资279 349万元，比1994年略有增长，占全市完成投资的63.0%。其中，中央、省直单位完成投资36 443万元，比1994年减少27 550万元；市及市以下单位完成投资242 906万元，比1994年增长17.2%，占第二产业技术改造投资的87.0%，占全市完成投资的54.8%。

3.第三产业技术改造投资有所下降。1995年，第三产业技术改造完成投资164.132万元，比1994年下降17.7%，占全市技术改造投资的比重也由1994年的42.4%下降到37.0%，下降5.4个百分点。其中，商业运输邮电业完成投资140 206万元，占第三产业投资的85.4%，比1994年减少了16.5%。

4.工业行业投资占居主导地位。在国有技术改造投资中，1995年完成工业技术改造投资263 690万元，占国有技术改造完成投资的63.2%，仍占居主导地位。交通运输邮电业位居其后，完成投资136 816万元，占国有技术改造完成投资的32.8%。

5.施工规模有所下降。1995年全市技术改造施工项目613个，投产项目415个，分别比1994年减少76个和26个，新增固定资产392 269万元，固定资产交付使用率为88.5%，与1994年相比，上升11.2个百分点。房屋施工面积84.2万平方米，竣工面积39万平方米，分别比1994年减少44.6万平方米和8.7万平方米。

6.限上技术改造项目完成较好。1995年全市技术改造限上项目共15项，计划总投资178 756万元，自开始建设累计完成投资156 841万元，完成计划总投资的87.6%。其中，1995年完成投资47 152万元，完成年度计划的96.1%。东药总厂的万吨VC项目、高压开关厂的东北输变电"七五"改造项目，第三橡胶厂的特种轮胎改造项目，气体压缩机厂的压缩机改造项目等9个限上项目，年内竣工投产。这些项目的建成投产为大中型工业企业增添了后劲，为增强产品竞争能力，提高经济效益，打下良好基础。

7.资金来源仍以自筹为主。1995年全年技术改造投资所需建设资金到位492 961万元，与1994年基本持平。其中，本年资金到位368 470万元，与1994年相比，下降15%。在本年到位资金中，主要以自筹为主，自筹资金220 065万元，占本年到位资金的59.8%与1994年相比，比重上升19.4个百分点；国内贷款和利用外资分别到位91 214万元和56 911万元，分别占本年到位资金的24.8%和15.4%。

1995年，沈阳市技术改造工作取得了一定的成果，尤其是限上项目建成投产率较往年高，但仍然存在一些问题，一是外延扩大再生产的投资依然高于技术改造投资总体水平，用于增加产品在花色品种、提高产品质量、节约能源原材料的"三废"治理等方面的投资比重依然较小。二是资金紧缺和资金不能及时到位，使部分项目投资受阻，影响项目的建设进度。

（祖旭东）

【房地产业平稳发展】 沈阳市房地产业在经历了1992年迅速崛起——1993年过热膨胀——1994年大幅度回落之后，1995年随着国家宏观调控政策的逐步到位，在控制总量，优化结构，规范行为等方面都到了进一步改善，开始步入平稳发展的轨道。

1.控制新开工项目，集中资金保工程竣工，1995年对房地产业的宏观调控仍保持相当的力度。全年完成投资39.7亿元，占全市基本建设投资总额的50%；为1994年房地产开发投资的96.6%，首次出现负增长。全年施工房屋建筑面积966.7万平方米，占全市施工面积的63.2%；比1994年增加6.1万平方米，增长6‰。由于严格控制新开工项目，全年新开工面积211万平方米，占全部施工面积的21.9%；为1994年新开工面积的56.2%。对新开工项目的有效控制，使有限的资金得到充分地利用。全年竣工房屋建筑面积达到272.8万平方米，比1994年增加46万平方米，增长20.3%。房屋竣工面积的增幅高于施工面积增幅19.7个百分点。全年固定资产交付使用率为52.2%，高出1994年19.5个百分点；房屋竣工率为28.2%，高出1994年4.6个百分点，房屋竣工价值为1994年的1.8倍。

2.商品住宅仍是房地产投资的主体。1995年房地产投资仍以商品住宅建设为主体，投资结构更趋优化。在新开工项目中，住宅面积的164.1万平方米，占新开工面积的78%；办公楼12.5万平方米，占6%；商业营业用房29.4万平方米，占13%；其他5.6万平方米，占3%。到1995年底，全市开发的施工房屋建筑面积达966.7万平方米，其中住宅626.9万平方米，占65%；别墅、高档公寓仅占5%，办公楼94万平方米，占9%；商业营业用房220.5万平方米，占23%；其他25.3万平方米，占3%。全年竣工住宅35 787套，其中安居工程2 413套，别墅高档公寓644套。公益性建筑竣工面积2.8万平方米。为住宅小区配套的商业网点、文教卫生、金融邮电等专用建筑，城市公用环境绿化等设施建设，已成为商品房建设的必要组成部分。

3.开发资金以自筹和定金及预收款为主，资金来源呈现多渠道。1995年，国家对金融体制改革加强了力度，对房地产业的资金运作影响比较大。迫使开发企业在争取贷款的同时，广开融资渠道、积极筹措资金，使融资渠道多元化。从1995年到位资金情况看：其到位资金54.5亿元，高出当年完成投资37.4%，其中自筹资金17.3亿元，占31.8%，居到位资金第一位；定金及预收款13.1亿元，占24.1%；居第二位；预算内及银行贷款12.9亿元，占23.6%，居第三位；债券、集资和利用外资5.7亿元，占10.4%，居第四位。在资金来源中，自筹和定金及预收款两项合计占55.9%，银行贷款占23.6%；从开发建设的资金来源渠道看，以自筹和定金及预收款为主，银行贷款为辅，多渠道筹措建设资金已成为主旋律。

4.规范市场行为、健全市场机制鼓励开发企业公平竞争。1995年房地产业从资金的投入、土地的供给、以及开发、交易的行为也逐步走向规范。

首先，根据政府颁发的《关于国有土地实行有偿使用的决定》国有土地使用制度改革年初正式出台，土地供应按招标方式出让，交易管理得到了加强。1995年开发企业共完成土地开发建设投资4.9亿元，购置土地面积1 114.5公顷，完成开发土地面积167.7公顷，正在开发的土地面积110.2公顷，待开发土地面积185.9公顷，这项改革规范了房地产市场，促进开发企业公开、公正、公平的竞争。二是房改方案在沈阳市全面实施，以售房和建立公积金制度为重点的五项改革，加快了住宅商品化的进程，三是大力培育房地产市场，在租赁和商品房交易中加强政策立法，理顺交易渠道，促进房地产交易和中介服务的发展。

1995年上半年，政府主管部门按照国家有关规定，坚持对房地产开发企业进行资质审查，不允许开发企业下设非法挂靠的分支机构，对出卖证照的行为坚决取缔。对非法从事房地产开发经营业务的经济单位从严治理。对各开发经营单位办理《商品房销售许可证》，加强了对商品房销售的管理。截止1995年底开发企业商品房实际销售额达15.4亿元，比1994年增长17.1%，销售增幅高于投资增幅，实际销售面积79.2万平方米，预售面积53.9万平方米，两项计133.1万平方米，占当年竣工房屋面积的48.8%。其中实际销售给个人的面积25.8万平方米，占销售面积总和的32.3%，销售额4.6亿元。此外商品房出租面积1.9万平方米，出租收入1 073万元。全市开发企业商品房开发经营收入20.4亿元，年资金回收率为51.4%，税金与利润1.24亿元。

随着房地产市场的培育发展，市场行为进一步规范，开发企业在激烈的市场竞争中优胜劣汰。目前全市注册的400多家房地产开发企业中有100多家年内没有经营活动，面临关门倒闭的境地。企业之间实力和经验、决策能力的竞争，是市场机制发育的结果。

存在的问题：

1.资金不足。目前，房地产开发企业面临的突出问题之一就是资金不足且运转不灵。造成企业资金紧张的根本原因之一是相当一部企业自行开发商品房屋投资规模大，超负荷运营，建筑材料上涨加大建安成本；二是企业自有资金不足，靠贷款、集资和房屋预售款维持生产；三是部分商品房长期积压、沉淀大量资金，导至资金运转不灵。截止1995年底，在建规模为222.6亿元，扣除自开始建设，累计完成投资118.3亿元。按当年完成工作量计算，建设周期仍需2.6年。全市竣工商品房空置面积59.6万平方米，商品房屋空置率为21.8%。

2.市场供求不平衡，售房有冷有热，售价差异较大。由于受地域、地段、施工质量、基础设施配套程度等诸多因素影响各类商品房中"冷""热"项目并存。

3.工程质量不尽人意，售后服务意识差。

（焦秀君）

建　筑　业

【概况】 1995年，沈阳建筑业确立了与困难同行，外创环境，内激活力的工作思路。通过"工程治劣、现场治乱、管理治散、效益治差"方针进一步规范了市场秩序，净化了市场环境，提高了社会效益；通过深化国有企业改革，强化内部管理，加快经济发展步伐，进一步激发了企业活力，保持了改革、发展、稳定的大局。

1.坚持"抓大放小"的改革战略，推进企业经营机制的转换。通过抓大，把在建筑业具有主导地位的国有大型企业，组建为企业集团。一年来，沈阳建筑业在市场环境偏紧和水灾造成巨大损失的情况下，全年完成固定资产投资近100亿元，竣工工程600万平方米，其中住宅工程近290万平方米，其中市属国有施工企业完成建筑总产值22.47亿元，比1994年增长4%，年施工面积42.8万平方米，比1994年增长8%，保持了发展势头。

2.加大了施工现场整治力度。1995年，围绕"现场治乱"，出台了《沈阳市建筑施工现场管理规定》。一年来，通过对全市近3 000个施工现场的全面检查和重点整顿，沈阳建筑施工现场脏、乱、差、丑问题的整治初见效果。全市多数施工现场基本达到合格水平。

3.狠抓工程质量整治，采取奖优罚劣并重的措施，并创出一批优质工程。

4.综合整治全市建筑市场，规范市场行为，积极推动建筑市场综合管理试点工作。1995年，沈阳市被列为国家建设部建筑市场综合整治试点城市。10月20日沈阳市政府批转了《沈阳市建筑市场综合管理试点实施方案》，为全面启动试点工作，沈阳市建工局、工商局、监察局开展了全市建筑市场综合大检查。

5.探索有形市场建设。为解决建筑市场交易中存在的混乱现象，使市场主体各方进入市场，实行公正交易，公开监督，实现公平竞争，主体为20层框架结构，建筑面积1.5万平方米的中国沈阳建筑工程交易市场大厦正在建设之中，1996年底将投入使用。

（黄莉颖　牛占宇）

【建筑市场】 1995年，沈阳市确立了"质量治劣，现场治乱，管理治散，效益治差"的工作目标，加大工作力度，把行业管理的工作重点转移到对建筑市场的综合整治上来，逐步培育和发展建筑市场。

1.以完善法规为先导，规范市场行为。按照党的十四大提出的培育和发展社会主义市场经济体制和运行机制的精神，结合实际，以把建筑业建成地方国民经济支柱产业为目标，沈阳市围绕《建筑市场管理条例》。先后出台了《沈阳市建筑工程管理规定》、《关于批转市建筑工程管理局关于进一步加强建筑工程管理意见的通知》等13个政府规章和规范性文件。对加快沈阳市建筑市场法制化、有序化建设起到了积极的作用，突出解决了新开发住宅小区，高层建筑，重点工程推行总承包制的问题，限制了肢解工程。对工程质量，项目管理，劳务管理，中介服务等方面存在的问题进行了规范，提出了解决的措施，进一步健全了对市场的监控和约束机制。

2.结合国家建设部和市政府批准的建筑市场综合管理试点工作，由市建工局、工商局、监察局联合组成检查组，重点对导致市场混乱的发包中存在的垫资压价，肢解工程，私下交易和承包施工中存在的非法承包，层层转包，私拒滥雇，无证施工等违法、违纪、违章行为进行了综合整治。检查了908项工程，先后查处了286项工程、65家建设单位和198家施工企业。同时对部门分割、管理失控导致的装饰、装修市场秩序混乱，质量低劣等问题进行了查处，共检查了208个项目，有149个项目受到处罚；结合建筑市场综合管理试点工作，出台了《沈阳市建筑市场综合管理试点实施方案》，积极探索区域性城市建筑市场综合管理工作，把试点实施方案的确立的各项工作内容，目标落实到建筑市场各个管理环节中去，覆盖每一项工程，覆盖所有市场要素，覆盖到交易行为全过程，力求以此带动企业基础管理水平的全面提高，使整个建筑市场建立起适应社会主义市场经济体制的管理机制，培育和发展建筑市场。

3. 加快有形市场建设步伐。针对建筑市场交易中存在的混乱现象，开始筹资建设沈阳市建筑工程交易市场。建成后的交易市场建筑面积达15 000平方米，由4个交易大厅组成，是一个集工程交易，劳务交易等各项服务设施配套齐全的建筑有形市场。

（牛占宇）

【工程质量管理】 1995年为实现全市工程质量“挤水份、上水平”，沈阳市建工局采取硬措施，狠抓工程质量整治工作。对全市工程质量实行全覆盖管理，共监督工程项目3 561项，1 387万平方米。其中公建项目1 372项，500万平方米；工业项目5 462项，140万平方米；住宅项目1 727项，747万平方米。

一是狠抓质量治劣。由于一些工程队在施工中粗制滥造、偷工减料、产生严重的质量事故和隐患。为此，沈阳市建工局先后扒掉了4栋劣质工程，对永泰、泉园、浑河、建大、榆荫里、明河里等群众反映意见大的住宅小区进行回访维修；组织开展了多次全市性质量大检查。通过新闻媒介先后对300余家建设单位、施工单位、检测单位、混凝土构件生产厂及工程检测单位进行了公开曝光和经济、行政严厉处罚；有40家市内施工企业受到降低资质等级、停止投标半年的处罚；4家结构混凝土构件厂受到停产整顿处理；有12家外埠企业被清出我市。提高了企业的质量意识。

二是严抓验核。强化对施工工程的质量监督和竣工工程的验收，实行工程质量验收责任处罚制度。提出不放过任何一项工程，对不合格品，坚决不验收，谁验收、谁负责。出现不合格品，降低施工企业一级资质、停止投标一年；对质量监督人员进行经济的行政的处罚直至开除公职；对建设、开发单位依责任给予经济、行政、法律处罚。在工程验核上坚决挤水份，达标准、确保使用功能。一次验收率由过去的90%以上，降到目前的50—60%。

三是坚持对已竣工工程的回访检查。对1990年以来，特别是1993年以来竣工工程进行回访检查主要以主体结构为主，对每项工程的建设、开发单位、施工单位实行对号检查备案，双方签字。对检查中存在问题的工程，政府予以协助解决；对检查无问题，事后出了事故，追究该工程的建设、开发、施工单位法律责任。

四是高标准抓创“名牌”工程。为提高全行业工程质量，沈阳市建工局坚持“奖优罚劣”的措施。在狠抓质量治劣的同时，积极推进名牌产品战略，在全市开展了创“玫瑰杯”工程活动。“玫瑰杯”工程代表沈阳市工程质量最高水平，其标准高于省优、争创国家“鲁班奖”。经国家建设部，省、市专家评定，由市建二工公司承建的沈阳市长途电信枢纽工程处长信综合楼工程，由市建三公司承建的省经贸大厦工程；由市建四公司承建的辽宁省电信技术中心楼和凯莱大厦工程；由东北金城建安总公司直属处施工的煤气公司7号住宅楼五项工程被评为沈阳市“玫瑰杯”工程。

通过一年的质量整治工作，全市工程质量总体水平有所提高，但仍处于上滑坡，治劣质阶段。

（黄莉颖）

【施工现场管理】 1995年，针对施工现场脏、乱、差、丑等问题，以迎“国检”为契机，对全市近3 000个施工现场进行了全面检查和重点整顿。

1. 出台了《沈阳市建筑工程施工现场管理规定》，向全行业下发了施工现场外部环境整治方案和内部环境整治标准，把标准细化，量化到每个部门，每个环节，每个部位和每个人员身上，保证了标准落实到位，责任落实到位。

2. 组织了由市、区两级建筑主管部门参加的百人大检查，从春季到国检前，进行了3次全市性检查和整治，重点对施工现场内外部环境存在的问题给予指导帮助，按标就位。对全市近2 000个施工现场基本实现了全覆盖检查，特别是主要街路，繁华地区的500个施工现场实现了景观化、标准化。

3. 对整改不力的现场，通过新闻媒介，每月向社会公布一次，对82家施工企业予以停产整顿和经济处罚，有200家施工企业，建设单位受到通报批评，罚款50多万元，使多数施工现场的内部环境得到有效的改善。

通过整顿施工现场管理初见成效，外部形象有较大提高，施工现场脏、乱、差、丑问题得到初步解决。

（牛占宇）

【搞好国有施工企业】 1995年，沈阳市建工局围绕“改革、发展、稳定”的方针，从管理入手，进一步解放思想，深化国有企业改革。搞好国有施工企业，使企业走上良性循环的发展轨道。

从抓管理入手，强化企业的各项管理工作，以提高经济运行质量。为把管理落到实处，引导各企业重视自身的各项基础管理工作，重点抓施工项目管理，建立行之有效的管理制度，实行各种经济责任制。以解决多年来管理不严、资产流失严重、效益低下，甚至丢了市场等管理滑坡局面和机制不活问题，形成“转机制、练内功、抓质量，增收益”的良好局面。

从企业改革入手，搞好国有企业，坚持抓大放小的改革战略，推进企业经营机制转换。抓大就是要在大企业中实施王牌战略。就是在建筑业具有主导地位的国有大型企业,发挥优势,组建为企业集团,“造大船,下深海”。9月份,市建四公司已组建成“地方建设集团”,正在进一步的规范和完善之中,同时,还将组建建筑装饰,建筑安装等大型企业集团,进一步发挥国有经济优势,参与国际市场竞争。放小就是要放活。一是对现有的不太景气或亏损小单位,在国有资产不受损失前提下,实行“转、租、卖、股”的办法,把这部分资产搞活。二是结合企业实际,通过划开经营层次,划清经济责任,划小核算单位的“三划”工作,实行大企业多法人制,激发企业内在活力,在市场上形成多点经营,扩大市场占有率和覆盖面,建立新的经济增长点。

从企业的发展入手,搞好国有施工企业。提出“科技兴业、质量立业、输出兴业、转制富业”,指导企业在强化企业管理,施工技术管理,在优质快速总体水平上发挥国有企业的带头作用。推动企业向外市、国外市场拓展,加大在海外建点,经贸合作、兴办合资企业、工程承包、劳务输出的发展步伐。沈阳建机厂靠产品优势打进东南亚,成为全市出口创汇大户,市安装公司靠质量信誉,成为全国同行业排头兵。

从企业稳定入手,加强企业领导班子建设,增强搞好国有企业的信心,从经营者责任心、管理水平、精神面貌入手,通过使用一批工作抓实,责任心强,懂经营、会管理、有改革开拓意识的人才带领企业,使企业形成团结拼搏的斗志,增强企业的凝聚力,推动企业的改革与发展。

(*黄莉颖*)

【对外开放】 1995年,沈阳市建工局认真按照市委、市政府提出的“一开四促”要求,制定了“扩大对外开放,建立海外阵地”的外经工作总体思路。积极引导企业解放思想,摆正位置,为企业创造宽松的外部条件。全年赴外劳务人数447人,完成市里计划的392%;创汇2 064万美元;完成出口供货值12 967万元,完成市里计划的117.96%;三资企业完成产值23 000万元,创汇614万美元。尤其创汇指标首次突破2 000万美元,创历史最好水平,使对外经济工作呈现出稳定发展的局面。主要表现在:

1.建立海外阵地初具规模。1995年沈阳市建工局外办牵头在深圳设立了局驻深圳办事处,为企业长期占领深圳市场打下了基础;为开发苏东市场,在乌克兰的基辅合资成立了饭店和豆制品加工厂,饭店已开始试营业;为打开东南亚市场,经过实地考察市场发展的前景,初步决定在新加坡和柬埔寨设立办事处。

2.对外承包工程,劳务输出稳步发展。沈阳市建工局从加强服务入手,遵循“调整战略,统筹安排,确定重点,全面推进”的原则,积极帮助企业寻找途径,参与海外市场的开发经营。一年中,局属企业派出赴外洽谈考察团17人,相继派出447人,承担了12个国家的工程承包和劳务输出项目。并出现了由劳务输出向工程承包发展的趋势。

3.塔机产品出口取得可喜成果。在发展对外贸易中,沈阳建机厂以国际市场为导向,着眼海外,主动出击,使其塔机出口得到长足的发展。1995年,向7个国家和地区出口塔机57台,创汇940万美元。目前,建机厂正致力于技术、质量、服务及新产品的进一步改造和完善、创新。以提高产品的竞争能力,进一步开拓国外市场,为产品扩大出口创造良好条件。

4.兴办合资企业迈出新步伐。为使外商投资企业有一个良好的生产经营环境,沈阳市建工局重新修订了《外商投资企业管理实施细则》,明确了三资企业的主管部门、管理职责、范围,促进了局属33家合资企业的生产经营。1995年已开工的17家合资企业,年完成产值23 000万元,实现利润1 200万元。

(*黄莉颖*)

【商品混凝土的推广使用】 建筑施工中商品混凝土的广泛使用,对于提高工程质量,提高生产效率,改善城市环境卫生,减少砂石等原材料的损耗有很大帮助,同时,有利于解决施工现场不足问题和保持良好作业环境。1995年沈阳市商品混凝土生产企业的年设计生产能力达175万立方米,年使用量为35万立方米,存在供大于求的现象,推广使用商品混凝土势在必行。

1.对商品混凝土生产企业进行品质审查和考核。混凝土管理办公室会同有关专家成立了资审组,对辽宁万利商品混凝土有限公司、沈阳华联混凝土有限公司等多家生产企业进行了资质审查和定级工作,对正试生产的沈阳斗南混凝土有限公司进行了考核。帮助企业查找和解决在混凝土生产和使用中存在的问题,对如何加强商品混凝土技术质量,提高混凝土生产管理水平等方面作了指导。

2.加强商品混凝土质量管理。商品混凝土质量高低直接关系到建筑工程质量的好坏,为此,混凝土管理办公室会同专家和生产企业技术人员共同研究制定了《沈阳市商品混凝土技术质量管理暂行规定》,对商品混凝土实行5个控制,即:混凝土使用原材料的控制,混凝土配合比的确定和控制、混凝土质量的生产控制,混凝土浇筑过程中的质量控制,混凝土浇筑后的质量控制。确定了商品混凝土强度验收评定标准,明确了生产企业,施工单位的质量责任,使生产企业、施工单位混凝土的技术质量管理做到有章可循。同时,由于外加剂质量直接影响混凝土质量,为保证工程质量,印发了《关于对商品混凝土使用外加剂加强管理的通知》,对混凝土外加剂市场做了进一步管理。

3.统一全市商品混凝土销售价格。由于商品混凝土企业缺乏统一管理,致使市场价格混乱,抑制了商品混凝土的推广使用,市建工局与建设银行配合,制订发布了商品混凝土最高限价,研究、测算了商品混凝土最低价格。价格的出台维护了供需双方利益,规范了商品混凝土销售市场,为商品混凝土在沈阳市的全面、健康发展起到了推动作用。

4.在全市推广使用商品混凝土。印发了《在我市推广使用商品混凝土的几项规定》。集中对全市20个施工单位的90个工地使用商品混凝土情况进行了摸底调查，共有311万立方米的土建框架工程要求使用商品混凝土，为此召开了这些工程的建设开发单位和施工单位会议，进行了落实。

（牛占宇）

城市建设与管理

【市政设施维修养护】 1995年，沈阳市城市市政设施维护投资为4 932万元，比1994年增长了18.29%。其中道桥维护投资为2 871万元，增长了29.44%；排水维护投资为2 061万元，增长了5.63%；市管设施维护投资为3 570万元，增长17.31%；区管设施维护投资为1 362万元，增长了20.96%。

城市市政设施维护与往年相比有两个不同：一个是遭受了百年不遇特大洪水袭击；二是创建全国卫生城市。

在不利因素和客观困难较多的情况下，市、区两级设施维护专业队伍坚持以社会效益，环境效益为中心，以防洪排涝压倒一切为首要任务，以迎国检，争创全国卫生城为契机，以抓好设施维护质量和设施总体形象为目标，强化全面维修养护力度的同时，突出了“一环”（由保工街、塔湾街、崇山西路、崇山中路、崇山东路、北海街、滂江街、万柳塘路、文化路、南五马路、建设东路、建设中路组成）“十线”（由南京街至黄河大街、北陵大街至青年大街、珠林路至胜利南街、中华路至大东路、十三纬路至先农坛路、北二路至中山路、建设西路至南五马路、和平南大街至和平北大街、站前路至联合路、小北关街至五爱街组成）、“两带”（南运河带状公园、卫工河带状公园）、区管三级路的重点维护，并以大中修为主要手段对大东路（东顺城街至滂江街）、长安路（滂江街至东塔街）、大西路（西顺城街至青年大街）、十一纬路（和平北大街至青年大街）、光荣街（和平南大街至南五马路）、东滨河路（万泉街至文艺路）、西滨河路（文艺路至风雨坛街）、文艺路（方型广场至万柳塘路）、卫工南街（建设西路至沈辽西路）、万柳塘路（小河沿路至文化路）等10条街路段实施了景观效果的维护创建。全年完成道路补坑24.16万平方米，沥青表面处治1.58万平方米，调整方砖3.18万平方米，调整边石30.37公里，完成路面更新2 163万平方米。完成路面管沟恢复8.23万平方米。

为提高城市交通的辐射能力，市政设施维护部门利用改造资金268.8万元，对东陵路、望花街、东望街3条主要城市出口路的3.08万平方米的路面进行了综合改造。为完善、提高区间街路的设施功能，各区设施维护部门利用改造资金完成土路提高4.29万平方米，拓宽道路1.26万平方米，完成人行步道铺装1.66万平方米，新建边石10.36公里，调整边石1.42公里，翻建道路1.56万平方米，盖被补强1.68万平方米。

为确保桥梁设施美观、整洁和功能的充分发挥，全年完成各种桥梁粉饰100座；对文化路、方型广场、珠江立交桥的伸缩缝进行了更新改造，并对此3座桥与工农桥的2.21万平方米的桥面进行了盖被维护。

城市排水设施维护坚持了全面正常维护与城市防汛相结合并提前进入状态。更新改造了羊吉、南桥、崇山西、五爱、新北、北塔等6个泵站的8台机泵；彻底清掏了各泵站集水池的沉淀落淀；对艳粉明渠、龙王庙明渠、胜利明渠、第一明渠、七二四明渠、辉山明渠进行了全线清淤；对联合路、大北关街、哈尔滨路、泰山路、长江街等主要路段地区实施了水网改造。全年市、区两级排水队伍完成清掏窨井36.42万个次，雨井42.83万个次，清扫管渠1 086.12公里。处理水患2 562处，完成明渠清淤16.29公里。翻修窨井3 260座，雨井4 206座，更换窨井盖3 366个，1 141套；更换雨水箅5 653个，652套。为解决街巷、棚户地区底洼易涝问题，各区利用改造资金对8条街路进行排水设施的增建，新建窨井167座，雨井67座，管理道3.36公里；对17条街道的1.72公里的旧管道进行了更新翻建。

为确保南运河、卫工河在城市防汛中的调蓄功能及其水面景观环境，入冬以后，市、区城建部门积极组织人力、物力、机械设备对两河全线（计21.5公里）进行了彻底清淤。共清运淤泥23万立方米。

1995年，在市、区两级设施维护队伍的奋力拼搏下，沈阳市的道路、桥梁、排水设施的维护质量和总体形象都有很大提高。不仅经受住了百年不遇特大洪水的考验，而且为创建卫生城打下了良好基础。

（朱志刚）

【道路排水工程】 1995年，沈阳市基础设施建设有计划地按总体规划实施。全市城建职工经受了百年不遇特大洪涝灾害的严峻考验，在创建“全国卫生城市”及城市基础设施建设中，克服了资金紧张、施工动迁难度大、地下管线多等诸多问题，为城建事业做出了巨大的贡献。

在争创全国卫生城市中，共完成了62个小区道路、排水配套工程，改造完成了5条出口路；在重点工程建设中，新建、改建、拓宽了陵东街等15条道路及排水工程。增加车行道面积45.75万平方米，排水管渠21.79公里。截止1995年底，沈阳市市区城市道路规模达到2 060条，总长度1 465.53公里，总面积达到1 619.10万平方米，排水管渠达到1 595.35公里，使沈阳市城区的交通环境、排水能力得到了很大的改善。

在1995年新建、改建、续建的道路及排水工程有：

1. 陵东街道路排水工程。崇山路——泰山路：全长1.5公里，规划断面为一块板，宽度为30米。对原排水旧管线进行了彻底的改造，解决了这一地区雨季经常积水的现象，车行道22米宽已基本形成，对减轻、缓解北部地区进出境车辆起着一定的分流作用。

2. 长江北街道路排水工程。泰山路——陵西路：全长1.1公里，规划断面为一块板，宽度为30米。排水管线已经完工，车行道20米宽已基本形成，两侧还将修建各5米宽的混凝土方砖人行道。

3.天光街道路排水工程。顺通路——市府大路:全长2.5公里,规划断面为一块板,宽度为30米。1995年施工完成了小西路——市府大路的道路,排水暗渠完成了1 150米。

4.小什字街道路工程。津桥路——草仓路:全长0.5公里,规划断面为一块板,宽度为30米。原旧路宽7米,现已经形成18米宽的车行道,两侧还将修建各6米宽的混凝土方砖人行道。

5.大什字街道路排水工程。小河沿路——草仓路:全长1.9公里,规划断面为一块板,宽度为22米。排水管线已经完工,车行道14米宽已基本形成,两侧还将修建各4米宽的混凝土方砖人行道。在疏导城市区间车辆、减轻区间交通压力等方面充分发挥作用。

6.观泉路排水工程。沈铁路——望花街:全长2.5公里,1995年施工完成了排水管道1 000米。

7.合作街排水工程。北海街——观泉路:全长2.2公里,1995年施工完成了排水管渠1 240米。该项目建成后,将使沈海地区排水系统得到进一步的完善。

8.太原街地区基础设施配套工程。为配合太原街地区的改造,按照太原街地区总体规划方案,在1995年组织实施了太原街(南三马路——南八马路)全长1公里的道路排水等工程。对原有设施进行了彻底的改造,完成宽11.5——12米的车行道及部分混凝土方砖人行道,铺设及改造上水、下水、电力、煤气等4条管道约4公里,改造后将使该地区的给、排水等条件得到改善。

9.续建江东街道路工程。长青街——小河沿路:全长2.1公里,规划断面为一块板,宽度为30米。1995年续建完成了方家栏路——长青街370米长,22米宽的车行道,同时两侧各修建2米宽的混凝土方砖人行道。

10.续建小南街道路工程。文化路——南顺城路:全长2.5公里,规划断面为一块板,宽度为22米,1995年续建完成了全线两侧混凝土方砖人行道(全覆盖)。

11.续建德增街道路工程。津桥路——草仓路:全长0.6公里,规划断面为二块板,宽度为40米。1995年续建完成了东侧14.5宽的车行道及两侧各4米宽的混凝土方砖人行道。

12.续建天后宫路道路工程。令闻街——大北关街:全长1.3公里,规划断面为三块板,宽度为40米。1995年续建完成了两侧各4米宽的混凝土方砖人行道。

13.续建张士地区排水工程。为配合沈阳经济开发区的建设,按市总体规划,1995年续建沈阳经济开发区二期排水污水泵站出水管道,完成了约1公里管道施工任务。

14.大型基本建设项目——北部勾莲屯污水处理厂工程。北部勾莲屯污水处理厂,日处理污水40万吨,按计划分三年建设。1994年12座处理污水的二沉池已基本建成,在1995年续建施工了3座脱气池、6座曝气池、6座初沉池的底板、池壁混凝土、壁板安装等主体工程,有关厂区、厂外的道路、工艺管理、设备购置等项目也在按计划同步实施。

(*薄志强*)

【城市绿化建设工程】 1995年,沈阳市计划植树25万株,实际完成30.6株,为计划的122.4%;计划植草25万平方米,实际完成42.6万平方米,为计划的170.4%;计划栽花1 000万株,实际完成1 082万株,为计划的108.2%;计划摆花40万盆,实际完成52万盆,为计划的130%;计划扩大绿化覆盖面积190万平方米,实际扩大190.2万平方米,为计划的100.1%。到年末城区绿化覆盖率已达到28%;人均占有公共绿地面积5.2平方米。

全年园林绿化建设的重点工程项目是:1.完成了莲花街、团结路2条街路的绿化植树;2.新建省政府、上园、小东和北京街汽贸4处游园绿地,其中小东游园和北京街汽贸绿地已完成绿化建设;3.更新改造了和平北大街、黄河北大街、保工南街、建设大路4条街路绿化,总长度为9.53公里。和平北大街的绿化改造,采用了开敞通透的绿化造园手法,将原来较稠密的树木进行了疏整,清除了衰弱的杂树,保留了原有银杏、京桃、树下大面积铺植草坪,使该街心绿带变成了封闭式的疏林草地。黄河北大街绿岛内经过改造植草坪,栽植银杏、松柏,配以低矮的整形灌木,使这条街中心绿带通透开敞、整齐舒朗。对保工南街、建设大路的绿化改造也都采用了较为新颖的绿化配置手法,改造后的街道绿化景观焕然一新。4.完成了铁西区十二路柳荫园的绿化改造,新建通透围墙300米,建园路320平方米,新建一个32平方米的花池并建立了一组蘑菇亭及石桌石凳等园林设施,清除了原有的衰弱杂树,重新进行了植物造园。改造后的游园尚有充分的群众活动场地,受到游人的欢迎。5.狠抓了街路的垂直绿化,在对已形成的街路垂直绿化不断完善和充实的基础上,又新发展50条垂直绿化街路,栽植各种攀缘植物34万株,并加强养护管理,使五爱街、津桥路、北顺城路等街路以及立交桥的攀缘植物长势良好,形成垂直绿化街景。6.市政府投资240万元,对南运河带状公园进行了全面整治维修,使南运河以崭新面貌和优美环境庆祝建园10周年。

同时,加强了城市绿化景观的建设和日常管护工作。对青年大街、黄河大街、北陵大街、万柳塘路、文艺路等16条景观街路和6座景观广场在原有的绿化基础上,又新植树2万株,植绿篱33万株、栽花200万株,摆花15万盆,新建五色草花坛17组,设彩灯46组。同时对主要街路分车岛绿地内高于路边石的肩土进行清除,重新铺草坪8万平方米,并强化了这些主要绿化景观的养护管理,使主要街路广场绿化面貌焕然一新。国庆节前又在鲜花盛开、整洁优美的中山广场加设了射灯16盏,放养和平鸽1 000只,更增添了欢庆祥和、繁荣昌盛,现代文明的城市广场气氛。

(*刘肖欢*)

【城市公园建设】 1995年,沈阳市城市公园建设坚持以提高环境质量为中心,坚持以植物造园为主,新建和改造了一批公园建设项目:

中山公园假山南部绿地改造，以草坪造园为主，调整了树木配植，增设了园亭、园路、山石，使这个原来树木不整、杂草丛生的区域彻底改变了景观，同时也为游人开辟了一个新的游憩空间。南湖公园基本完成湖北岸绿地改造，用调整树木覆盖裸露地面的方法，使之形成以草坪为主的湖滨开阔绿地，创造了一个芳草碧水的新景观。

新建的长青公园铺设园路4 500平方米，植树2 000余株，铺草坪10 000平方米，完成建筑面积为500平方米的观赏温室主体工程及其造园工程，按规划设计完成了公园的建设。

植物园的建设在总体规划的指导下，以突出树木宏观效果为主，建设了杜鹃园、迎春园、宿根花卉园的雕塑等专类园；完成铺设万米草坪园、3 000平方米停车场，5 000延长米围墙，6 000平方米园路。经过新的建设，使植物园的园艺水平和服务功能又有很大提高。

市区公园在继续坚持开展创“三优十佳”、规范服务、文明服务竞赛活动的基础上，突击狠 抓了各公园园容园貌的整治。在市属7大公园和各区属公园集中力量清理“三小”（小饮服、小游艺、小商亭）项目453项，恢复公园绿地89 470平方米，恢复园路7 000余平方米。清理“三小”项目后，经过恢复绿地，新植草坪、清运垃圾，新修园路和增设卫生箱，并对保留的大型游具进行整修和刷油粉饰，彻底改变了公园里摊点数量多而杂、侵占侵蚀绿地、卫生环境脏乱差的形象，园容园貌明显好转，实现了市政府“还绿于民，还静于民，还美于民，还乐于民”的要求。这一举措，受到了广大市民的欢迎和赞许，取得良好的社会反响。

（刘肖欢）

【群众参与城市管理】 1995年，沈阳市城市管理工作本着“人民城市人民建，人民城市人民管”的原则，调动广大市民参与城市管理，补充专业管理队伍力量的不足，扩大城市管理的覆盖面，为改革开放，振兴沈阳经济创造整洁、优美、文明的环境。沈阳市城建局、城管办会同建委共同组织了由离、退休干部和退休职工3 100人组成的群管队伍。群众参与城市管理工作，办公室设在市城管监察大队，组织管理的日常工作由市城管监察大队负责。

群管队伍是协助城管专业队伍依据城市管理的有关法规和规章加强城市管理的补充力量，对以下6个方面有权监察。

1.擅自占用，损坏城市道路的违章行为；

2.擅自占用，损坏城市绿地、花草、树木、公共设施的违章行为；

3.违反“门前三包”规定的行为；

4.违反“卫生五不准”规定的行为；

5.违反市容、环境卫生管理规定的违章行为；

6.检查沿街单位和商业、服务门点、落实好“门前三包”责任制。

群管队伍在实施城市管理工作中，发挥了积极的作用，强化了门前“三包”责任区的管理；加强了交通秩序、市容环境的监督管理；突出的贡献是沈阳市争创“卫生城”工作中发挥了重要的作用。

（吴殿明）

【城市管理目标责任制】 城市管理目标责任制是多年来沈阳市政府通过签订责任状的方式落实城市管理工作任务目标的一种方法。

1995年是城市管理三年（1993—1995）奋斗目标“一年抓治乱，城管见形象；二年打基础，城市大变样，三年上台阶，跨入先进市”的最后一年，同时又是沈阳市开展创建全国卫生城市工作最关键的一年。全国卫生城市检查团到沈阳检查验收创建工作。在这种形势下，城市管理目标责任制具有重要意义。

1995年的城市管理目标责任制突出了二个特点：一是签订责任状的范围比往年有所扩大和增加。过去仅仅是13个区、县和城市建设管理工作任务紧密的有关综合部门签订，数量较少。而1995年为了使城市管理得到各方面的支持和参与，使创建卫生城市工作得到全社会 的重视，把商饮服修行业、大的窗口单位都扩充进来，签订责任状的数量达到43个。沈阳铁路分局、桃仙机场、北方航空公司等驻沈单位也签订了城管目标责任状或责任书。二是签订的城市管理目标责任状或书的内容比往年有所增加。市政府把城市管理工作的任务、目标与创建全国卫生城市的任务、目标结合起来，一起签订。国家创建卫生城市必检的一些项目，指标和具体内容如：食品卫生监督、除四害、健康教育、卫生防疫、单位、居民区卫生等内容都列了进来一并签订。

各区、县（市）和市直有关部门，都非常重视此项工作。认真研究所签订的任务和目标，并且分别与所属的街道办事处或基层单位层层签订落实了责任目标。有的居委会与居民签订了责任书。中小学校与学生签订了“与爸爸妈妈共创卫生城”的保证书，市场管理部门与业务户签订了责任状。全市形成了一个纵向到底，横向到边的责任网络体系。

为了保证城管任务、目标的实现，许多区、县（市）在签订责任状之后，采取了硬性措施，由责任单位先付抵押金。若年末未按规定完成，从抵押金中扣除。各区、县（市）在完成责任目标的过程中采取了许多办法，做了大量的工作。各区都坚持了城管调度会制度，定期研究城管工作、解决重点问题。主要领导深入基层，深入现场亲自抓城市管理工作中的难点。一些违章建筑的违章占道、脏乱差死角问题，通过整治，多数都得到了解决。在全市落实城管责任目标过程中，还坚持了严格的考核、检查和监督制度，定期进行明察暗访。除了现场考核外，还听取广大市民群众和人大代表、政协委员、社会各界人士的意见，使城市管理的任务、目标始终置于广大群众的监督之中，并且围绕整个创建全国卫生城工作的内容进行。

城市管理目标责任制的实施，促进和强化了城市环境容貌的管理，推动了创建全国卫生城工作。整个城市环境面貌发生很大变化，比过去有很大进步。是历史上最好水平。1995年9月，国家爱卫会、建设部等有关部门组成的全国卫生城市与环境综合整治检查团到沈阳市检查,共检查了9个方面67项内容,全部达到标准,被评为全国卫生城市。广大市民群众、各级组织、各个单位和部门的艰辛努力终于得以实现,在沈阳的历史上写下了光辉的一页。

（许沈洁）

【城管法规宣传教育】 1995年,沈阳市以创建全国卫生城为目标,采取多种宣传形式,向全市人民开展城管法规的宣传教育工作,提高了人们的争创意识、参与意识与法制观念,为争创全国卫生城打下了坚实的基础。

1.利用电台、电视台、报纸等新闻媒介,宣传城管法规。以争创全国卫生城为契机,编写了《遵守城管法规的意义》、《市民如何参与城市管理》等宣传提纲在沈阳电台进行了播放。会同辽宁电视台录制了五集“心系市民”等加强城市管理的新闻片,在沈阳日报上刊登了《沈阳市市容管理办法》、《卫生五不准》等法规、规章,提高了广大市民爱护城市环境、遵守城管法规的自觉性。

2.设置城管法规宣传阵地,宣传城管法规。为让广大市民在日常生活工作中,都能了解到遵守城管法规的积极意义,在全市的重点部位设置了整齐、美观、规范的宣传标语牌70余块,在市内20座立交桥、高架桥、人行过街桥上设置了30块标语牌,在20个广场和20条街路上设置了40块有城市管理城市法规等宣传口号的铁制路牌,提醒和警示市民要遵守城管法规,约束自己的行为。

3.强化舆论宣传,提高广大市民的参与意识。深入发动群众、组织社会力量是强化城市管理的重要手段。城市管理法规的落实,是与广大市民的参与和支持分不开的。同时,经常性的开展宣传教育,增强人们的城市意识和环境意识也是城市管理的一项重要内容。结合创建卫生城这一大目标,在全市印发了80万份“致全市市民的一封信”,数百盘录音带在全市公共场所播放。还会同市城调队共同组织100万人参加的“提高文明素质、建设美好家园”知识大奖赛和有奖建议征集活动,将《沈阳市市容管理办法》和《环境卫生管理条例》等法律、规章编辑印发,同时组织近百万人参加义务劳动,清理垃圾残土和卫生死角,捡拾南运河带状公园、卫工明渠等地的杂物。人们在参加义务劳动的同时,思想上也受到了深刻的教育,提高了广大市民自觉地投入到改变家乡面貌、争创卫生城市的运动中来。

（洪俊海）

【市容综合整治】 1995年,沈阳市全面落实“推进城市环境清洁化,创建国家卫生城”的任务和目标,大力整治了市容环境,清理脏、乱、差,城市容貌发生了很大变化,在卫生城检查中,市容受检项目全部达标,为进入卫生城作出了贡献。

一、加强对户外广告、橱窗牌匾的整顿

1.强化户外广告、橱窗牌匾的外观管理。按照市容整顿的要求,对各类户外广告及橱窗牌匾进行了大规模的整顿,组织广告经营单位和发动社会力量冲洗、油饰、更换陈旧残破广告、规范橱窗、牌匾15 000多处,对街路两侧掉字、漏字的1 000多处牌匾、广告进行了整修。

2.依法严格控制户外广告审批规定,整顿违章设置。为逐步实现户外广告设置的规范化和有序化,对户外广告设置的标准提出了新的要求,讲究新媒体,强调有昼夜效果,与附近市容景观相和谐。同时,对一些违章设置,影响市容观瞻的户外广告进行了清理。为迎接国检,组织区、街城管部门,出动4 500多人次,在142条主要干道清理各类有问题的招牌6 500多块,强拆违章牌匾、广告牌800多块;拆除中街影响市容和交通的三个龙门广告,清除了全市在桥上、建筑物上所有的广告旗,拆除2 000多块残破的护栏广告,经过整顿,户外广告基本形成了有序化、美观化。

3.调动各广告经营单位的积极性,建设灯饰街。为落实市政府的关于把沈阳亮起来的要求,市容办下发了关于建设“灯饰街”的实施方案,并组织有关单位先后在中山广场、市府广场、北站、太原街、中街等繁华地区的建筑物上安装了灯箱、射灯、霓虹灯、串灯、电脑喷绘等有昼夜效果的户外广告,显示了沈阳大都市的形象。

二、强化街路容貌管理,逐步走向规范化轨道

1.增加协调力度,整顿施工现场。按照国检的要求,下发了《关于对基建工地进行整顿的安排意见》,对全市1 000多个施工现场按照标准进行整顿,到国检前,全市一、二级主要干道的施工现场都设置了标准高度的围栏,围栏顶部设置了串灯和彩灯。三级以下街路实现了施工现场管理标准化。

2.各类集贸市场有了新的提高。为配合国检,加快了各类集贸,尤其是街办市场的管理,经过整顿,各类集贸市场作到了口部不出槽、市场两侧有明显的市场标识。取缔了地摊、明确了营业线。商亭、棚、台摆放整齐。保证市场卫生环境整洁。

3.清理占用道路,按照市政府《关于清理一、二级街路占道的通知》精神,组织各区城管部门共清理主要街路违章摊点、商亭、马路仓库、马路工厂和在街路两侧乱堆乱放杂物8 000多处。沈河、皇姑等区对摆放在主要街路近400多个商亭进行整顿,全部拆除。

4.清除各类“街贴”广告。各区组织专门力量,采取分片包干的办法,强化对“街路”的清理工作,发现一处、清理一处,共洗刷“街贴”23万余张。同时组织执法队伍,捣毁、清除非法行医商点290余处,罚没一批假药、器具,到年末,一、二级主要街路基本消灭了各类“街贴”广告,三级以下街路也得到有效的控制。

三、整顿阳台、美化市容景观

按照国检达标项目的要求,组织各区对整治阳台乱摆乱放、私建阳台等情况进行现场办公,提出解决办法。铁西区组织街道办事处对建设大路、沈辽中路等私建阳台进行整顿,共拆除私建阳台800余处,到国检前,全市共整治阳台乱摆乱放2万余处,达到了国检所规定的要求。

（洪俊海）

【环境卫生建设与管理工作】 1995年,沈阳市环境卫生建设与管理工

作以开展“推进城市环境清洁化，争创全国卫生城”活动为中心，依法治脏，科学管理，规范服务，使环境卫生工作水平和质量经受住了第三次国检、省绿叶杯竞赛的考验。

积极苦干，创卫迎检全面达标。第三次国检，环卫占全市整体分数的四分之一（全市整体分数是200分，环卫占52分）。国检团分市容环境组和固体废弃物处理组，对环境卫生工作进行了全面检查，并重点抽查了两处垃圾处理场，一个粪车队，一个垃圾车队，12座水洗公厕和一些旱厕，10座垃圾站（房），4条出口路。均受到国检团的好评。

真抓实干，基础设施建设上了一个新台阶。新建了105座水洗公厕，新增垃圾压缩车60台，其中市环卫汽车改装厂自产40台，外购20台。从美国进口真空吸尘洒水扫道车2台。在街路上摆放新式果皮箱4 000个。

在街路扫保、垃圾清运、粪便清掏和公厕保洁上，全部达到国检标准。全年共清运生活垃圾225万吨，清运粪便100万吨，清除乱排乱卸残土7万余吨，焚烧处理医疗废弃物2 500吨。垃圾袋装化全年实施13.56万户，达到了应实施户数的80%。

在除运雪方面，保证了广场、立交桥、人行过街桥、繁华地区、市场摊区和11条景观路雪停后24小时内除净，一、二级街路雪停后24小时内除净，三、四级街路及街巷、小区路面雪停后48小时内除净。重新修订并颁布了《沈阳市城市除运雪规定》。

为深化环卫行业改革做了大量准备工作。对环卫系统现行机构、人员、任务量、设施设备量、所需经费等进行了详细的调研与论证，出台了经费总承包与机构改革的总体方案。

（陈德）

【城市管理联合执法】　沈阳市城市管理联合执法总队，于1995年9月22日正式成立。由市城建、公安、工商、卫生、交通、规划、建工、房产、环保局和沈铁分局等10个系统的15个专业管理队伍抽调的人员组成。该队成立以来，认真贯彻城管法规和规章。坚持依法行政，在整治道路交通和市容环境中发挥了重要的作用。突出成果体现在：清理占道商贩万余人，取缔无人管理的自发市场13处，整顿严重影响交通的“卡脖路段”20余处，整治、规范一、二级街路两侧商业、服务门点占道经营、占道作业、占道堆放物品500余处，解决冬季施工单位和上、下水跑水结冰问题20余处，打掉性病诊所和“三无”（无营业执照、无卫生许可证、无健康检查证）的食品黑加工点10余处。

（吴殿明）

【铁路沿线整治】　1995年，在创建卫生城工作中，沈阳市城建局会同沈阳铁路分局，对环绕沈阳市92公里铁路沿线两侧的环境进行了整治，取得了显著成果。

铁路沿线整治工作由沈阳市城管监察大队和沈铁分局土林办具体组织实施，整治工作自1995年5月开始至9月初结束，历时100余天，整治过程中，共组织了万余人，动用火车皮200余辆，汽车、铲车近千台次，清运垃圾、残土、废物400 000多吨，拆除违建物100余处，设立沿线广告牌，油饰、修复拆除广告牌50余个，通过整治铁路沿线两侧，达到了清洁、整齐、美观，塑造了沈阳良好的外部形象。

（吴殿明）

【‘绿叶杯’达标竞赛】　1995年，沈阳市的绿叶杯竞赛活动，结合城市管理的任务和目标，坚持重在治本、重在管理、重在经常的原则，综合整治城市环境，改变脏乱面貌，把绿叶杯竞赛活动寓于创建全国卫生城市活动之中，发动全市人民群众积极投入到推进城市环境清洁化，争创全国卫生城市活动中来，不断加大城市管理工作力度，城市环境质量有明显提高。

城市规划。编制城市中心区详细规划并贯彻实施。根据沈阳市风貌特色规划，编制详细规划。狠抓了违法建设和违法用地的查处工作。查处违法建设706件，建筑面积213 737平方米，结案653件，拆除建筑面积4 955平方米，罚款215.7万元，查处违法用地99件，收回工地493亩。

市政公用。（1）市政工程建设，设施维护。拓宽和新建一批道路，新增道路面积167.2万平方米，建成区道路面积达2 542万平方米，人均拥有道路面积7.23平方米。日处理污水能力40万吨的北部污水处理厂已完成了12个污淀池等主体工程。（2）公用建设。城市供水：全市城区自来水普及率达100%，人均日生活用水达240升，水质综合合格率为99%。工业用水重复利用率已达74.1%，年节水量1亿多立方米。煤气供应与供气安全：全市煤气用户40 356户；主要生产设备完成好率95%；煤气杂质含量综合合格率80%；安全供气合格率100%，灶前压力合格率98%，液化气罐装合格率99%；液化气供应不漏气合格率100%；市街管网设施完好率100%；施工现场标准化管理合格率95%；文明服务、维修及时率98%，用户满意率95%；供暖管理：1994年以来先后完成了沈海热网四期工程，新增供热面积650万平方米。在全市采暖费收缴率仅64.7%的情况下，保证了全市冬季供暖室温不低于16℃。城市路灯管理：全市路灯总盏数34 927盏。主要街路亮灯率为97.56%，小街小巷亮灯率为96.86%，平均亮灯率为97.21%。公交事业得到发展；投资1.5亿元，更新改造公交车辆812台，实行了公交车辆统一着色和喷涂，维修、油饰了300多个候车廊。公共电、汽车司、乘、调三员文明服务合格率达到96.7%；车厢整洁合格率达96%以上；小公汽出租车规范服务合格率达98.9%；出租车计价器使用率为98.1%。

市容、环卫、市容管理：全面整顿主要街路上的各种违章现象。清理乱放乱挂阳台3万多个，拆除1 000多个私建阳台，取缔违章占道商亭6 000多个，整顿、规范橱窗、牌匾、广告15 000余处，强拆违章牌匾800余块，清理街贴小广告23万张，捣毁非法行医黑窝点290处，对市区92公里铁路沿线进行了全面整顿。环卫管理：新建、补建水洗公厕105座，使全市水洗公厕达到340座，占全市公厕总数的45%。增添和引进垃圾压缩装载车50辆，进口美国大型吸尘清扫车4辆。生活垃圾袋装化收运率达60%以上，撤掉垃圾箱3 117个，摆放新式果皮箱3 082个。全市年工业垃圾300万吨，基建残土200万吨，全部实行集中统一管理，持证有序排放。

园林绿化和风景区建设。园林绿化建设：广泛开展义务植树活动，建成区有180万人参加义务植树活动，完成植树30.6万株，植草28.4万平方米，栽花1 082万株，摆花52万盆，完成扩大绿地覆盖面积340万平方米。辉山风景区建设持续进展：引进资金2.92亿美元，投放建设资金1 110万元，完成1.8公里风荷路工程，秀湖南岸25公里的道路维修工程。

住宅小区(1)整治在建进户住宅小区。全年把整治住宅小区做为开展绿叶杯竞赛的重要内容。由市建委牵头，会同各区建委、街道办事处组成七个督办小组，加强住宅的环境整治力度。共整治住宅小区198个，清理违章建筑1 258个，面积13 892平方米，强迁"钉子户"133户，清运残土垃圾40万立方米，完成小区内道路39万平方米，小区绿地27万平方米，(2)住宅小区物业管理。今年开始对40个住宅小区实施物业管理试点。共投入1 700万元进行了集中整治，使40个小区的面貌得到了根本改善。其中有5个小区申报建设部，创全国先进小区。

抗洪救灾工作。夏季的洪涝灾害使沈阳市城市基础设施遭到严重破坏，市内道路受损面积250万平方米，损坏防洪堤43.53公里，冲走苗木33.81万株，水毁草坪10.4万平方米，全市倒塌房屋31间，较重损坏房屋面积351 170平方米。损坏供水设施水井135眼，机泵369台套，邮政电信杆跨损毁1 256棵，电缆损毁34.1皮长公里。面对百年不遇的灾情，各部门各单位积极开展灾后恢复工作。8月末之前，市城建局、自来水总公司，煤气总公司、交通局等部门的干部职工全力奋占，使全市的生活、生产秩序恢复正常。

（徐建湘）

【"门前三包"管理】　随着沈阳市城市环境面貌的不断改善，"门前三包"作为强化城市管理的一项辅助措施，起到了积极的作用。

1.形成体系，摆上日程。市、区政府都把"门前三包"工作列入城区市容环境管理考核的内容之一。各区还把"门前三包"工作列入区城管调度会的主要内容。

2."门前三包"的覆盖面不断扩大。1995年全市161条街路实行了"门前三包"，其中一、二级街路154条，三、四级街路7条。有17 178个单位实行了"门前三包"责任制，其中9 615个单位实行联包，占55.9%，7 563个单位实行自包，占44.1%。全市有"门前三包"监督员5 807人。

3.组织形式多样，形成管理网络。各区、街根据实际情况，因地制宜，能自包的自包，能联包的联包，形式多样。

4.通过开展"门前三包"工作，强化了街道办事处的综合协调、服务作用。各区城管部门的街道办事处在组织落实单位"门前三包"责任制时，不仅仅检查监督各个单位的工作，同时还经常指导、帮助驻街单位解决问题和困难。

5.制订印发《沈阳市"门前三包"管理办法实施细则》，使"门前三包"工作有法可依。

（王　军）

【市容管理红旗单位评比】　1995年是沈阳市创建市容管理红旗街道办事处评比竞赛的第二年。全市各街道办事处以创建全国卫生城为目标，结合迎接国家卫生城检查，积极开展工作，使全市的市容面貌出现了新形象。

1995年的评比工作，市里把工作的着力点主要放在了抓成果的巩固和提高，抓典型街道办事处的培养，以推动竞赛工作不断向纵深发展。

市容管理红旗街道办事处竞赛促进了市容环境的大改观。1994年被市政府命名的"红旗街道办事处"在"国检"中起到了骨干作用，为沈阳市通过国家卫生城市检查作出了贡献。中华路、文化路、黑龙江等红旗街道办事处在"国检"中经受了考验。

1995年，结合创建国家卫生城市，市里重新调整了竞赛方案，增添了单位卫生管理和除四害等新的竞赛内容。"国检"后，为了巩固成果，切实加强对竞赛工作的管理，11月9日，市容管理红旗街道评选委员会办公室在南湖街道办事处召开座谈会，根据市政府的指示，会议决定，以后的市容管理红旗街道评比由市统一组织考核，改为同各区组织考核，并对以后街道办事处的市容管理工作提出了具体要求。

全年有30%以上的街道被评为市容管理红旗街道，对进一步强化城市管理的基础工作，解决群众关心的热点问题、难点问题，有很大的促进作用。

（王勇）

【煤气生产与供应】　1995年，沈阳市完成煤气供应实物总量32 895万立方米，完成煤气销售实物总量28 630.65万立方米，完成液化气销售量17 453吨，发展煤气管道用户30 589户，发展液化气用户11 460户。

1995年沈阳市煤气总公司连续两年的巨额亏损，使企业背上了1.4亿多元的亏损包袱和3亿多元的债务。一年来，全体干部职工，发扬"爱我煤气、求实创新、为民造福"的企业精神，不依赖市场好转，不依赖优惠政策，敢于向困难挑战，保证了全市人民生产生活的用气需要，为沈阳市的政治稳定，社会稳定，民心稳定作出了突出的贡献。

1.树立了眼睛向内的观念，自己圆好自己的梦，进一步建设好自己的小环境。先后组织召开了企业管理、同步施工、第三产业、液化气管道供气4项专题会议。开展"转制入轨、兴企致富"的大讨论，以大讨论促进思想上的大解放。

始终把建设一支过硬的领导班子作为重点工作之一，通过各种途径和措施抓好两级班子的思想和作风建设。

把工作的重点放在了稳定职工队伍上，在关系到职工切身利益的大事上，都尽最大努力保证兑现。在企业生产经营上，对企业重大问题和重大决策，都充分听取职工代表的意见和建议。保证了各项决策实施有坚实的群众基础。

2.通过广泛开展企业管理上台阶活动，以经济效益为中心的生产经营管理模式正在逐步形成。第一，抓住资金管理上的收支重点，确保生产经营资金的需要。一是把资金管理的第一个重点放在了抓收入上。首先解决过去收支控制力度不够的问题，对煤气费收入直接上交总公司。由总公司统一收支平衡，统一使用分配，加强了资金的控制力度和提高了资金使用效率。其次把清欠工作放在首位，保证资金回笼。全年共清回欠款9 856万元，实现了年初销售额100%回款，陈年旧帐欠款额下降，新欠款额不增的目标。二是把资金管理的第二个重点放在节约支出上。针对过去招待费超支严重，职工住宅动迁费、采暖费、购买商品房和干部住宅电话安装使用管理不严等问题，制定了七项规定。有力地控制了不必要支出。

第二，加强成本管理力度，积极调整供气结构，改变原材料供应渠道，打好原材料供应上的时间差，最大限度地降低生产成本费用，提高企业的经济效益。

全年购进辽河油田天然气9 178万立方米，日均供气达到25立方米，比1994年多供71万立方米。仅此一项为企业减亏1 700万元。根据市场油价变化，灵活确定采购来源。由于采取比质比价的措施，使重油成本每吨降低145元，全年节约开支120多万元。三是掌握和熟悉原材料市场变化情况，打好时间差。既保证了原料油的储备，又节省了大批开支。今冬他们在市场原料油短缺的情况下，仍然保证了生产的需要。

第三，把降差作为企业管理上台阶的突破口，坚决堵塞降差工作上的跑、冒、滴、漏，更换各种故障煤气表23 170块，其中不动表6 067块，采取多种有效途径，减少漏气量251万立方米。

第四，企业管理呈现出严、实、新的特点。

3.深化内部改革开放，加快改革进程，以改革开放求生存求发展，成为全体职工的共识。

第一，建立了改革开放的试验基地。为保证改革开放在积极，稳妥条件下实施，确定了受市场经济冲击最大，改革开放条件基础较好的液化气公司作为改革开放试点单位。一年来，液化气公司共推出10项改革措施，有五项取得显著成效。为今后全公司深化改革，加快改革步伐提供有益的经验。

第二，提前离岗休息制试点的成功，为劳动制度改革的深入铺平了道路。

第三，主动面向市场，开拓市场，向市场要效益成为改革开放的又一新特点。公司与宁波、蛇口3家联合成立了宁波管道液化气有限公司，并实现了当年成立，当年见效的好成绩，设计费收入30多万元。

第四，在一业为主，多种经营方针的指导下，第三产业继续健康发展。一是多种经营企业继续增长，成为企业经济新的增长点。1995年三产企业新办9家，全公司累计已发展到68家。从事三产企业人员达到318人。

二是充分发挥行业优势，扩大经营项目。炼焦煤气厂利用自身的优势，采取硫铵深加工生产复合肥的办法，获得 得了较多的回报。油制气厂充分利用渣油搞深加工，仅营业一个月就收回全部投资。

三是第三产业经营方向逐步由内部市场向外部市场转移。全公司有13家三产企业完全靠吃市场饭生存发展。

第五，积极进行煤气收费改革。到年底已成立了19个购站点，实行购气户数39万户。

4.坚持保生产、保供应、保安全、保服务的“四保措施”，为全市正常生产和生活的稳定作出了新的贡献。

第一，积极组织融通资金，确保原材料供应，保证了生产的正常运行。1995年随着企业亏损额的逐月增加，资金不足日益严重，特别是煤矿执行“三不政策”更加剧了资金不足和原材料供应不足的矛盾，特别是到了10月份，每月资金缺口在1 700万元。为了缓解资金紧张状况，在市政府无力解决资金困难的情况下，主要精力放在筹措资金上，一是积极争取银行贷款的支持，在全市资金紧张状况下，通过多方努力协调，增加银行贷款，保证了生产需要。二是积极努力与市物价部门协调，在7月1日调整了非居民燃气价格，增加收入1 000多万元。三是积极搞好原料煤供应单位的关系。主要领导亲自挂帅，到煤矿、炼油厂协调，争取煤矿的理解和支持，保证原料煤、重油的供应。

第二，积极协调与辽河油田的关系，确保全市稳定供气。

第三，加强设备维护，保证正常运行，一年来，油制气厂、炼焦煤气厂受季节供气结构调整的影响，生产一直处于不稳定的状态，充分利用生产淡季的有利时机，积极组织职工培训和设备检修，为冬季供气高峰做好充分准备。油制气厂一手抓改造，一手抓生产，保证了冬季四台制气炉的正常运行。炼焦煤气厂在出炉数不断下降的不利条件下，科学合理的组织生产，调整生产工艺，科学调度，保证了焦炉的安全运行。

第四，千方百计保证社会安全供气，实现全年无重大社会事故。认真贯彻“五定”安全工作制度，加强对巡线人员的培训考核，提高了巡线人员的责任心，全年发现和抢修漏点100多起。

五、坚持围绕生产供气这个中心，积极推进技术进步和技术改造。1995年在资金不到位的情况，完成8项技改项目和8项科研项目。其中电子轨道衡的采用，末站计量表改造，在生产中发挥了重要作用。调度中心微机监控系统，静态轨道衡称重系统，获市科技三等奖，微机设备管理和劳动人事管理获市科技成果。

6.全面推行同步施工，加大优质服务工作力度，煤气行风建设进一步加强。第一，全面推行煤气同步施工，抓好“造福工作”。为把这项造福于群众的工程抓好，彻底解决多年来煤气施工滞后给群众带来的不便。提出了1995年所有煤气安装，全部实现同步施工的目标，全年下达民用户施工69 000户，其中同步施工占90%。第二，深入开展了优质服务上台阶活动，全面提高文明服务质量。一年来，窗口单位先后开展了省建设系统冬季服务创优评差活动，省“绿叶杯”竞赛活动和沈阳市迎国检等项活动，活动中，各单位结合各自服务特点开展了形式多样的竞赛评比活动。促进了文明服务水平的提高。

（于栋彬）

【“八五”时期煤气事业发展概况】 “八五”期间，沈阳市煤气发展的指导思想是：“开发建设新气源，增加贮气和输配能力，建设和改造并举，适当改善煤气服务设施，适应城市经济发展和人民生活需要。”

“八五”期间，共完成固定资产投资：19 537.2万元，其中：市政府投资：18 687.2万元，煤气总公司自筹资金：850万元，主要完成了：

1. 建设沈西煤成气。投资额3 787万元，打气井38口。日产6万立方米煤气。

2. 沈南甲烷气试验工程。投资637万元。

3. 改造炼焦煤气厂2号焦炉工程。投资4 005万元，日增产煤气8万立方米。

4. 改造油气厂3、4号炉工程。投资2 300万元，日增产煤气10万立方米。

5. 新建大东16.5万立方米干式煤气储柜计划投资6 000万元，现已完成3 671.1万元。预计到1996年底竣工。

6. 搬迁改造八棵树、宁官液化气贮配站工程。计划投资7 280万元，现已完成4 844.5万元。

7. 新建地区高中压煤气管网100.4公里，调压站29个，投资为3 076万元。

8. 发展煤气用户19万户。

经过“八五”建设和改造，煤气建设有了较大发展。主要标志是：

1. 建立了以高热值优质气源为主的供气格局。(1)辽河油田天然气和沈西煤成气的开发，形成了日供气35万立方米的供气能力（折人工煤气70万立方米），使全市日供气能力突破百万立方米大关。(2)液化气用户超过20万户，达22万户，并通过液化气管道供应的试验成功，扩大了液化气供应渠道。这些高热值优质气源，不仅减少环境污染还取得了明显的环境效益，而且为方便人民群众生活带来了极大方便，快速、安全的能源。

2. 大规模改造，增强了煤气发展后劲，先后投资、改造的炼焦煤气厂2号炉和油制气厂3、4号炉可增加煤气18万立方米，形成日产煤气能力68万立方米，保证了“八五”期间煤气用户发展。

3. 建设现代化煤气贮备系统，政府投资6 000万元的16.5万立方米干式煤气贮柜，是继“七五”建设的我市第一座16.5立方米干式煤气贮柜后的第二座，预计到1996年竣工投入使用，届时，全市在贮气能力上，将有大幅度地提高，对缓解气源不足，保证稳定供气和科学调度发挥重要作用。

4. 搬迁改造液化气贮配站，为沈阳市发展市区边缘地区气化和乡村实现现代化能源奠定了坚实基础。目前，市中心城区气化率已达到80%以上，部分地区接近90%，而农村和郊区气化率则发展建设相当缓慢，通过改造后的液化气贮配站，将形成日充装能力达60吨的超大型液化气供应基地，满足周边地区的用气需要。

5. 稳步发展煤气用户。“八五”时期，发展煤气户数195 621户，其中民用195 000户，工业户621户。使全市煤气总户数达到84万户，管道户62万户，液化气22万户，市区气化普及率由“七五”末的65.14%，提高到71%，比“七五”提高6%。

（于栋彬）

【沈阳市城市燃气管理办公室】 沈阳市城市燃气管理办公室是1995年1月9日，经市编委批准成立的。主要职责：贯彻执行国家和省市有关燃气行业法律、法规，修定沈阳市有关燃气安全管理办法；负责对新建、改造、扩建燃气建设项目的审查、审批；负责对燃气器具的生产安装单位和燃气设计生产及经营单位进行资质审查；负责整顿全市燃气经营市场；负责对外埠入市的燃气进行安全、业务、技术培训考核、发证；负责查处违反燃气管理有关规定的行为，并配合有关部门对燃气事故调查处理。

【自来水生产与供应】 1995年在沈阳市供水史上是不平常的一年。在这一年中，沈阳市自来水总公司全体职工经受了百年不遇的特大洪水的考验，克服了由于一部分大中型企业生产持续不景气，工业用水大幅度减少带来的困难，为国民经济发展做出贡献。

1995年完成制水总量54 731.1万立方米，比1994年增长1.9%；完成售水总量48 507.7万立方米，增长1.9%；完成水质综合合格率99.06%，超计划1.55个百分点。

为实现以上经济指标，沈阳市自来水总公司主要做了以下几项工作：

1. 发挥内力，增水挖潜。由于沈阳市1994年没有新水源投产，再加上连年过量开采，使全市自来水供需矛盾相当严重。为确保1995年春节高峰供水，沈阳市自来水总公司采取措施提前打井9眼，增加供水能力1.8万立方米/日，对64台机泵进行了大修，并实施了石佛寺水源反冲洗废水回收工程，增加供水量0.8万立方米/日，同时采取东水西调，增加大伙房水源一期工程供水能力，调整市街管网运行状态，向西部低压区增加水量2万立方米/日，从而保证春节高峰供水。全年共打井22眼，增加制水量4万立方米/日，洗井20眼，恢复制水量2万立方米/日。基本上缓解了夏季高峰供水和进入冬季供暖后用水紧张的状况。

2. 战洪水、保水源，全面夺取抗洪抢险胜利。1995年7月29日，由于连降暴雨，沈阳市发生了特大洪灾。在浑河沿岸的市政水源先后有135眼井被洪水淹没，全市日送水量骤然减少近50万立方米，约占日送水总量的三分之一。灾情发生后，在市委、市政府的指挥下，在全市人民的大力支持下，沈阳市自来水总公司党政领导班子，高效地发挥其核心作用，率领全体职工奋战在抗灾第一线。面对洪灾，他们临危不乱，及时制定出切实可行的方案，并采取积极有效的措施。在短短的7天内，经过领导和职工的齐心协力，抢救修复全部被淹水井，并且对被洪水损坏的大伙房输水干线、李巴彦水源穿越浑河等6处输水管路完成了临时修复的加固任务，制水量恢复到正常的150万立方米/日，全市工业生产和居民生活用水全部恢复正常，创造了沈阳供水史上的奇迹。

3. 强化服务意识，加大服务工作力度，正确处理发挥供水行业与稳定社会关系的作用。一年来，沈阳市自来水总公司遵照市委的“靠稳定保发展”的指示，更新服务观念，强化服务意识，。坚持“用户第一，社会效益第一”和“第一责任者，第一接待站”的服务宗旨，树立“人人讲服务，人人会服务，人人爱服务”的思想。在供水服务上具体做了这样几项工作：一是完善了对外服务的公开电话网络，调整了部分公开电话受理员，并对他们进行了业务培训，实行编号服务，规范服务用语的使用得到了普及。二是实行每日信访员例会制度，对用户反映的问题做到及时处理、及时回复，保证用户满意。三是坚持定期走访制，主动到政府、新闻单位和用户单位征求意见，改进服务措施。四是创办优服简报，促进优服宣传工作。五是强化协调功能，主动解决边界纠纷，“先办事，后算帐”。全年共受理电话924件，人大提案125件，上三级来信(电)69件，件件有结果，群众满意率100%。全年管网改造457米，解决无水96件，18家单位、上千户居民用水难得到解决。今年9月完成了太原街、和平大街给水管道施工，对该地区整体改造和缓解多年用水不足的矛盾起到了积极作用。

4. 招商引资，加快水源建设。成立“沈阳中法供水有限公司”。沈阳市自来水总公司为吸引外资和国外先进管理技术，增加供水能力，为沈阳市经济建设服务，从1992年下半年与香港中法水务投资有限公司就合资组建“沈阳中法供水有限公司”进行多次磋商，并在1992年7月17日双方签定意向协议书，于1995年2月15日正式签定了“合资经营沈阳中法供水有限公司合同”，目前合营公司营业执照已下发，外方投资已全部到位，我方向合营公司资产移交工作基本完成。

加快翟家水源工程进展。在市建委等有关部门的大力支持下，翟家水源前期准备工作有了较大的进展，经与澳大利亚AIDC公司多次谈判，于9月签署合作企业合同及章程，并在此基础上完成了日供水15万立方米的初步设计报批；可行性研究及与北京光大总公司达成担保的意向；与澳大利亚AIDC公司签署了合作企业合同和章程工作。

5. 加强节水工作向规范化、系统化、网络化发展。1995年沈阳市自来水总公司认真贯彻《沈阳市城市节约用水管理办法》，采取科学管理，狠抓节水措施的实施。该公司下设的沈阳市计划节约用水办公室通过新闻单位大力宣传节水和设置永久性广告标语牌，利用节水宣传周活动向全市人民宣传节水的重大意义和节水知识。全年新考评企业11个，其中4个单位达到了节水型企业标准，并对1989年以来被评为节水型企业的20个单位进行了严格的复查，取消了3家节水型企业称号，落实节水技术措施89个单位、103项。对全市日用水量在2万立方米以上的生活用水单位，开展了生活用水平衡测试工作，对管理人员进行了培训，还对新增用水户办理节水器具手续，强化了卫生洁具和上水设备增容费的统一管理。在节水科研、地下水资源、自备井开采的管理上也取得了可喜成就。1995年，全市节水7 008.1万立方米，超计划2 508.1万立方米；工业用水重复利用率达到74.88%，比计划提高0.88个百分点；间接冷却水循环利用率达到94.74%，比计划提高0.74个百分点。

（侯政）

【抗洪灾、保供水】 1995年7月下旬，百年不遇的特大洪水袭击了沈阳地区。7月29日，由于连降暴雨，大伙房水库水位超过安全警戒线，从而紧急泄洪，罕见洪峰冲毁浑河大堤，致使沈阳市在浑河沿岸市政水源先后有135眼井被洪水淹没，受淹机电设备369台套，李巴彦Φ800 mm过河管路被洪水冲断，75km高压输电线路被冲毁，大伙房Φ2 200 mm输水干线也严重受损，全市日送水量骤然减少近50万立方米，约占日送水总量的三分之一；城区管网水压大幅度下降，水压合格率从50%下降至0.25%，水质浊度也急剧上升最高达2 600度。直接造成经济损失6 800万元。

洪灾到来之前，市政府就把搞好防汛供水列为防汛工作的重点，并做了具体指示。灾情发生后，市委、市政府领导及市建委领导急人民群众之所急，把救灾保供水做为全市抗洪救灾的重点工作。市长张荣茂、常务副市长张瑞昌、主管城建工作副市长马向东以及市建委主任郭英等领导同志亲临抗洪现场，对恢复供水做了具体指示，并责成市政府副秘书长王维忠同志为现场总指挥。全市各工矿企业也积极行动起来，帮助沈阳市自来水总公司抗洪抢险，恢复供水。自8月3日以来，沈阳开关厂、冶炼厂、东北制药厂等七个厂家对恢复供水生产进行了无私的援助。苏家屯区政府动员全区群众，采取措施保住苏西水源；雷锋团500名官兵为保住大伙房输水生命线，发扬了一不怕苦，二不怕死的精神，表示不惜任何代价，也要保住生命线，……

在市委、市政府领导下，在全市人民大力支持下，沈阳市自来水总公司党政领导班子全体成员分兵把口，各负其责和广大职工奋战在抗灾第一线。汛情发生后，面对复杂的情况，该公司部署两条方案，一是采取周密措施，对未被淹的水源井室进行严密防护，做好加固工作，最大限度地发挥效能，向市内供水；并盯住大伙房输水干线，发现险情立即抢修。二是对已被淹没的135眼水井组织奋力抢修，洪水退后露出一眼抢修一眼，争取在最短时期内恢复生产。针对供水量骤然减少，水压急剧下降，水质浊度上升，居民面临断水的紧急情况，党委书记金荣第同志提出了“南抢修、北预防、保供水、求质量、先生活、后生产”的总体部署，为力保居民用水，在李巴彦过河管线断裂的情况下，果断决策每日增加大伙房水源供水量5万立方米，并在8月1日采取了两峰供水的方案。8月2日，又采取了压缩工业生产用水的措施，使水量集中供应居民，水压有所提高，缓解了部分地区无水的状况。在供水量有所提高，居民生活用水有所保证的情况下为保证全市工业企业迅速恢复生产的需要，该公司决定保四大工业用户的生产用水，把抢修郎家水源作为第一重点，由李官堡三干线作为郎家水源的专线，以确保工业用水的正常需要。经过短短的六天奋战，抢救修复被淹井110眼，占被淹水井80%，保住了大伙房输水"生命线"，水量恢复到137万立方米/日，水压合格率上升15.3%，工业生产全部恢复正常供水。截止8月25日，全部135眼被淹水井全部恢复，大伙房输水干线、李巴彦水源穿越浑河等6处输水管路完成了临时修复和加固任务，制水量恢复到正常的150万立方米/日，全市工业生产和居民生活用水全部恢复正常，创造了沈阳供水史上的奇迹。

（侯政）

住宅建设与管理

【住宅建设】 1995年沈阳市住宅建设投资落幅较大。全年共完成住宅建设投资32.8亿元，为1994年的72.8%，下降27.8%。其中市及市以下住宅投资20.9亿元，与1994年相比下降30.8%；住宅施工面积924.6万平方米，为1994年的94.2%，略有下降，但市及市以下住宅施工面积218.8万平方米，仅为1994年的31.4%，下降幅度较大。

1995年，沈阳市住宅建设投资虽然回落幅度较大，但从总的住宅建设情况看，商品住宅仍占主导地位。全年共完成商品住宅建设投资22.1亿元，为1994年的70.5%，占全市住宅建设投资的67.4%；施工面积626.9万平方米，增长15.9%，增长幅度略高于全市住宅竣工增长幅度，占全市住宅竣工面积的56.1%。

全年住宅竣工面积达379.7万平方米，比1994年增长13.6%；回迁居民4.2万户，增长9.2%；人均居住面积6.81平方米，增加0.4平方米，增幅为历年之最。结合国家"安居工程"，市政府制定了"安居二三四工程"，全年共建设成解困房15.3万平方米，解决人均居住面积在3平方米以下的住房特困户2 500户。居民的居住条件进一步得到改善。

1995年，沈阳市住宅小区综合配套工程，结合争创卫生城活动，住宅各项配套设施建设普遍好于往年。在供水设施配套上，全年共为29个小区进行上水配套；在供气设施配套上，全年共发展煤气用户4.2万户；在市政设施配套上，共铺设排水管道1.8公里，道路45公里，方砖1.4万平方米；在环卫设施配套上，新建垃圾收集房45座，新增垃圾箱800个，移动水厕3个；在小区绿化建设上，共植树4.1万株，垂直绿化34万株，花坛17组，栽花201万株，摆花20.6万盆。住宅小区配套改变了以往的水道、灯亮、暖气热的单一化配套，向多元化综合配套发展，住宅小区居住环境质量进一步提高。

（李儒成）

【动迁回迁安置】 1995年，沈阳市共有在外动迁居民88 700户，年计划回迁安置42 000户，截止1995年末，实际回迁安置42 504户，为年计划的101.2%。

1995年沈阳市回迁安置是历史上的高峰年。在市委、市政府的领导下，市建委、市房产局会同各区政府协调有关业务部门，多次召开协调会、调度会，分析形势，研究对策，对一些难点项目，各级主管领导亲自到现场抓落实。市房产局组织市区两级动回迁安置部门，对有回迁任务的开发建设项目进行跟踪管理，深入施工建设现场进行督导检查。同时，市政府与区政府，市动迁办同各区动迁办，各区动迁办同开发建设单位逐级签订目标责任状，落实责任保回迁。

积极筹措建设资金，是确保回迁安置的关键。为解决资金缺口，有关部门千方百计筹措资金。市房改部门归集房改资金近7亿元，先后投入住宅建设；开发企业积极开展商品房促销活动，预销商品房回收资金15.8亿元；市金融机构适时给予了贷款支持，为完成全年动回迁安置任务提供了根本保证。1995年全市共有配套工程项目112个。直接关系到4万多户居民回迁安置。为实现配套与主体工程同步进行，市建委、市房产局会同有关单位协助开发建设单位逐个项目抓落实，保证了住宅配套工作的顺利进行。各级把回迁安置工作的重点，放在全力保证拖期户的回迁工作上。1995年，全市近万户拖期回迁的动迁户，因不能按期回迁安置，纷纷写信或集体上访，一度成为影响社会稳定的"热点"问题。为及时化解矛盾，各部门积极配合做工作，加强对建设项目的现场跟踪督办，逐项确定工程形象进度计划，逐片落实保回迁的措施。到年底，有3 000多户原来回迁安置困难的动迁户办理了回迁安置手续。对部分拖期回迁户落实了安抚措施，提高了动迁补助标准。市房产局还从"安居工程"住宅中提供了近2万平方米的房源，对确有突出困难的居民，给予易地安置。在一定程度上化解因拖期回迁而形成的"热点"问题。

（张有国）

【安居工程建设】 1995年，沈阳市被列为国家安居工程实施城市之一，并且得到国家安居工程贷款1.3亿元。

按照国家要求，沈阳市成立了以马向东副市长为组长，以市房产局、市计委、市建委、市财政局、市物价局、市规划、土地局、人民银行、市地税局等部门为成员单位的沈阳市安居工程领导小组，组建了市经济适用住房发展中心，全面开展沈阳市的安居工程建设。同时，把沈阳市的安居"234"工程方案与实施国家安居工程并轨，把沈阳市的住房解困及危房改造纳入安居工程的范畴，制订了《沈阳市国家安居工程实施方案》。《方案》提出：用6年左右的时间，分阶段解决中低收入人均居住面积不足3、4平方米住房困难户的住房问题；并初步建立起具有社会保障性质的经济适用住房供应体系。为实施国家安居工程，还制订了《关于出售安居工程住房的意见》、《关于建立沈阳市安居工程报表制度的通知》、《关于沈阳市安居工程价格申报工作的通知》等文件，强化了对安居工程的计划、建设、出售等工作方面的管理。

根据国家安居工程领导小组安排，经市安居工程领导小组批准，1995年沈阳市安居工程计划建设81.78万平方米，其中经国家安居工程领导小组批准，沈阳市列入国家安居工程计划44万平方米。为保证年内计划的顺利执行，沈阳市从计划、征地、规划、资金、施工及工程管理等方面加大管理力度，年内先后开工53.84万平方米，完成投资3.26亿元，年末竣工15.3万平方米，先后解决了2 500户居民的住房问题，完成了年初确定的沈阳市安居工程目标。

（孙荣华）

【理顺房地产市场管理体制】 为进一步适应社会主义市场经济发展的需要，加大沈阳市房地产市场管理力度，规范房地产市场行为，培育健康的房地产市场，本着精简、统一、高效的原则，沈阳市房地产市场管理办公室于1995年6月21日正式成立。其职能是在沈阳市房产管理局领导下，对全市的房地产市场管理政策、法规的起草和实施；负责全市房地产交易管理、房屋租赁管理、房屋互换的管理和指导工作、商品房销售管理、房地产经纪人及房地产中介行为的管理；归口管理全市房地产评估工作；归口管理全市的房地产信息业，负责房地产交易市场日常管理和服务工作；组织全市性房地产交易大会。

沈阳市房地产市场管理办公室的成立，初步理顺了房地产市场管理体制，标志着沈阳市的房地产市场管理朝着统一化、法制化、规范化、现代化方向迈出了坚实的一步。

一年来，全市商品房销售110万平方米，销售金额25亿元；存量房地产成交97件，建筑面积6.5万平方米，成交金额7 052万元；办理公有住房出售交易审批5 321件，建筑面积30万平方米，成交金额7 465万元；全年换房4 856户，办理房屋租赁审批手续11 000件；完成房地产评估计150件，评估面积30万平方米；合法房地产经纪人发展到127人，中介单位18家。

（裴之余）

【加强房产管理行政执法力度】 沈阳市房产管理局为加强对房产行业的管理加大对各种房产违法违章行为的执法力度，成立了全国房产行业第一支监察队伍——沈阳市房产管理监察大队。

沈阳市房产管理监察大队成立后，针对沈阳市普遍存在的乱拆乱改公有房屋及附属设施，损害房屋结构等情况，于1995年先后两次，历时7个月，对全市一、二级马路临街门窗拆改情况进行了清理整顿，共查处违章拆改案件4 325件，对其中损害较严重的25户房屋，进行强制加固处理；对严重损害楼体结构，影响楼房使用安全的10户商服网点，强制予以查封；另对有违法违章行为的98户实行了行政处罚。

1995年，房产管理监察大队还针对沈阳市房地产市场存在擅自倒卖公房使用权的违法行为，出动执法监察人员800余人次，先后4次，清理整顿南市八卦街房地产“黑市”。彻底取缔了该市场，维护了房地产市场秩序。

在加强行政执法工作的同时，沈阳市房产管理监察大队建立了严格的信访制度，设立了违法违章案件举报电话，1995年，共受理各类房产违法违章案件236件，全部进行了及时的落实和处理，受到了广大群众的好评。

沈阳市房产管理监察大队不仅注意提高执法力度，而且注意房产法规的普及和执法的宣传工作，1995年全年共40余次通过电台、电视台、报刊等新闻单位进行了宣传，提高了广大房屋住户（用户）的法律意识，收到了良好的社会效果。

（郭韬）

【艳粉路官棚户区改造】 铁西艳粉、路官地区过去是全国最大的棚户区之一，占地总面积170万平方米，区内居民1.2万户，4.3万人，人均使用面积仅3.8平方米，绝大部分住宅低洼下窨、阴暗潮湿，夏季雨水倒灌，冬季雪水成冰，住户大部分属国家建设部规定的住房困难户。

沈阳市政府于1992年就将该地区列入了城区改造计划。但是，64.5%的动迁比例、78万平方米的棚户面积，使改造资金缺口很大，客观上存在很大困难。随着房改的深入，市、区两级政府及承担改造开发建设任务的单位进行了反复论证，决定将其纳入全市安居工程与房改政策接轨的办法进行棚户区改造，提出了艳粉、路官棚户区改造与房改同步实行的新举措。艳粉、路官棚户区改造的指导思想和原则是：实行国家、集体、个人一齐上，开发改造与联合建设相结合，先易后难，滚动开发改造。统一规划、统一政策、统一配套、远近结合、分步实施。具体政策内容：一是棚改户按安置面积实行房改购房标准价；二是独立违章户按安置面积实行房改购房成本价；三是棚改户和独立违章户超出安置面积购房，超出的部分实行市场价；四是棚改户和独立违章户职工与所在单位共同出资购房，个人拥有出资部分的产权；五是住房的实际价格根据住房的结构、层次、朝向、设施和装修标准等因素区别计价；六是住房的维修、管理，按职工购买公有住房的规定执行；七是棚改户购买住房的各类价格，由市房改办逐年测定、调整；八是一次交款期限为3个月，超期采取加收滞纳金办法。

建设单位先后建成了艳粉、路官安居工程样板房，进行了全方位、全过程的工程委托代理招标。第一期工程总建筑面积为7.4万平方米，于1995年5月开工，预计1996年底竣工回迁。

（刘士彤）

【创国家优秀住宅小区】 1995年沈阳市以创建卫生城为契机，开展创全国物业管理优秀住宅小区活动，经建设部考核，沈河区的红巾小区、北二经小区，铁西区的建大五小区，东陵区的泉园小区、丰乐小区被评为全国城市物业管理优秀小区，占全省评上小区的半数以上，为全市小区物业管理树立了样板。

铁西区房产管理的建大五小区、市房产实业公司管理的北二经小区，均属棚户区改造小区，这两个小区接管后按新体制一步到位，实行物业管理。在严把验收接管进住关口的同时，积极投入资金，对小区道路、硬覆盖、绿化、围墙等配套设施进行建设、完善，对小区房屋、庭院、绿化、保洁、保安、交通等实行一条龙全方位、全封闭管理，真正做到了社会效益、环境效益、经济效益相统一，探索出了物业管理的新路子，受到广大居民群众的欢迎。特别是铁西建大五小区还被省、市政法委列为综合治安示范小区。

五个达标小区物业管理企业还在小区内开展了各种社区文化活动，如开展卡拉OK大赛，乘凉晚会、球类、棋类比赛等，既加强了物业企业与小区居民的联系，又推动了小区居民的精神文明建设，使小区物业管理呈现了勃勃生机。

（刘刚）

【加强冬季供暖工作】 为保证全市人民冬季生产、生活的正常秩序，维护社会稳定，促进经济发展，沈阳市政府于1995年9月22日做出关于加强冬季供暖工作的决定。

《决定》强调指出：各级领导要站在确保社会稳定的高度，切实把供暖准备工作摆上重要工作日程。各行业主管部门、各供暖部门和企事业单位的领导，都要把抓好供暖工作当作义不容辞的职责，把为职工交纳采暖费与保证职工开工资摆到同等重要的位置，将其列为刚性支出。否则，是工作失职的行为，由此引发严重后果的，市政府将按照有关规定，严肃追究其领导责任。

《决定》要求加强对供暖工作的领导，实行全方位的组织调度责任制。市政府成立市供暖工作领导小组，由主管市长任组长，市政府有关部门、市纪委、市总工会、市中级人民法院、人民银行与各专业银行和各县（市）、区政府作为成员单位，对全市供暖工作实行统一领导、协调和监督。

为加大采暖费的收缴和清欠力度。各县（市）、区分别成立采暖费清欠办公室。对交纳采暖费确有困难的单位，其上级主管局要负责调剂资金予以解决。各采暖单位都要与供暖单位签订供暖合同，企业要在银行基本帐户按本单位月工资总额至少10％的比例，将采暖费与工资同比例存储；由财政拨款 的行政事业单位，由财政部门负责将采暖费直接拨给市供暖办。并规定凡是欠交采暖费的企业，该企业不许发放奖金、企业领导人不许出国，不许购买住房、小汽车。

《决定》还要求加强供暖企业管理，认真做好供暖工作。各供暖单位要抓好资金筹措、设备“三修”和燃料储备；建立健全各项管理制度，推进技术进步和管理进步，眼睛向内，挖掘潜力、降低成本、提高供暖管理水平和服务质量，切实做好供暖工作。

根据市政府决定的精神，各供暖单位强化了供暖收费和清欠的力度，收费率大幅度提高，1995—1996供暖期的收费率达70％以上，比上个供暖期提高了15个百分点，基本保证了供暖工作的稳定运行。

（孙杰）

【沈阳热力股份有限公司】 沈阳热力股份有限公司的前身是沈阳行管理、外经外贸及房地产开发于一体的综合性国家大型企业。公司下设热力工程设计研究院、热力设备厂、热力预制保温管厂、工业安装工程公司、7个专业热力供暖公司、热力对外经济贸易公司、热力房地产开发公司等27个子公司及境内外联营公司12个。公司具有雄厚的设计力量与技术力量，具有较强的市场竞争能力。公司的设计院是国家审定的专业甲级设计单位，采用先进的计算机辅助设计和绘图，具有小型热电厂、大、中型热力管网及集中供热锅炉房的设计能力。工业安装公司是国家二级安装施工企业，有着丰富的安装施工经验，既具有承担敷设各种供热管网的施工和安装75吨以下散装锅炉的能力，也具有工业设备安装的先进经验。1987年以来共有12项工程被评为省市级优质工程。公司下属的7个供暖公司分管着沈阳热电厂热力管网系统和25个住宅小区38个区域锅炉房921万平方米的供暖面积。在把微机用于热网监控，采用先进的水质处理设备和消音除尘设备，使供暖管理和供暖服务等方面均处于同行业领先水平。公司的外贸公司经过短短几年的时间，现已发展为以沈阳为基地，以黑河、满州里、绥芬河、阿拉山口为跳板，以独联体、东南亚为主攻方面，带动占领其它国际市场的新格局，为提高公司供暖主业的水平及外经贸的经济合作奠定的坚实的基础，1995年出口创汇240万美元。在占领国际市场的同时，从1992年起，公司利用在房产局内的优势，开始进军房地产业，先后建立了2个合资、1个独资的房地产开发公司，经过几年的发展，现已具有相当的市场竞争能力，成为公司创利的支柱产业之一。

1995年公司有职工3 047人，其中专业技术人员600余人，高级职称58人，固定资产19 730万元。产值16 940万元，利润1 911.5万元。经济发展速度居全国同行业前列，是全国同行业的排头兵。公司先后荣获“省先进企业”、“省重同、守信誉先进单位”、“市改革明星企业”、“市文明单位标兵”、“市工业企业五十强”、“市供暖先进企业”、“省建设系统‘创优评差’活动优秀单位”、“市安全生产达标优秀单位”等20多个荣誉称号。

（李阔）

土地规划管理

【地政地籍管理】 1995年沈阳市对全市初始地籍漏登记的922宗土地进行了补登记，截止1995年末，5个城区初始地籍登记发证累计达18 035宗，全市初始地籍登记发证累计达43 625宗，除房产局直管公房、部分住宅小区及少量土地权属有纠纷的宗地外，历经5年全市初始地籍登记发证工作已经完成。各区、县（市）土地部门对资料全部整理归档，部分区（铁西区、和平区）还配备了微机，建立了地籍资料数据库，初步实现了地籍管理现代化。沈阳市1995年共办理变更登记2 275件，其中市局划拨登记96件，有偿划拨登记47件，出让登记157件，转让、抵押登记14件。1995年沈阳市政府出台了《关于对城镇国有土地使用权登记进行复查的通知》，全市开展了土地登记年检复查和土地市场清理工作，查处了擅自转让土地使用权23宗用地，擅自出租、改变用途2 176宗地，按有偿使用规定60％土地征收了年地租，完成复查验证率达80％以上，并建立了相应的“国有土地使用权租赁(经营)管理卡”，核发“临时出租(经营)用地许可证”，初步建立了土地市场管理制度。全年受理了183个土地纠纷案件，解决了157件。

【划定基本农田保护区工作】 1995年沈阳市划定基本农田保护区工作已通过市级验收汇总，完成省级验收，成果优秀。据统计，沈阳市共划定基本农田保护区810.9万亩，超过省下达指标20.2万亩，达102.56％。

【用地审批与开发复垦】 在1995年建设用地审批工作中，沈阳本着严把审批关，热心为用地单位服务的宗旨，深入调查研究，不断探索和解决用地管理中存在的难点问题，开拓进取，发挥土地管理工作的基础作用，较好地完成了全年的工作任务。受国家宏观经济调控力度加强影响，沈阳市1995年征用土地数量比往年有所下降。截止到1995年底，共办理国家建设征地审批件472个，面积527公顷，其中耕地349公顷；乡(镇)村建设用地270件，面积216公顷，其中耕地105公顷；农房建设占地1 407件，面积79公顷，其中耕地41公顷。三项合计2 149件，面积822公顷，其中耕地495公顷，实收土地管理费130.8万元，征地承包不可预见费67.88万元。1995年沈阳市开发复垦土地28 296亩，其中耕地22 951亩，分别超过年计划的36.7％和31.9％，收到了很好的经济效益和社会效益。在土地开发复垦工作中，一是大力抓了宣传教育；二是在开发资金不足的情况下，充分调动开发户的积极性，发动群众集资搞开发，实行群众集资和贷款相结合；三是坚持经济、社会、环境三个效益统一。

【土地有偿使用】 1995年，沈阳市调整土地有偿使用政策，严格控制了拆迁范围，同时新的开发项目由于受整个经济大环境的影响，上马开工的很少。全年共出让土地217宗，出让面积150万平方米，出让金2.7亿元，实收0.88亿元，完成了全年收费指标。1995年，虽然沈阳经济受大环境影响，房地产业受到一定冲击，但由于土地有偿使用工作的力度加大了，出让的地价也做了相应的调整，在出让面积比1994年少6.75万平方米的情况下，出让金实收比1994年增加了1 759万元，为城市基础设施建设提供了一定的资金，促进了沈阳的城市建设和经济发展。

【法规监察工作】 1995年沈阳市全面加强了对规划审批及土地管理的法规监察工作。全年共查处违法占地案件198件，面积2 300亩，收回土地2 000亩，罚款186万元；查处违法建设案件2 656件，面积40万平方米，拆除16.3万平方米，罚款380万元；国检期间拆除违法建筑1 560处，13 000间；联合执法出动巡查840人次，车辆420台次。1995年法规监察工作的主要特点：一是加大了执法力度，认真落实了“三清三查”；二是注重查处案件的社会轰动效应，登报四次，通报一次；三是加强了业务建设和队伍建设，法规监察信息网络已基本形成，信息比较灵通，发现违法建设情况，能够及时处理，有力地保证了城市建设按规划有序地发展。

【《沈阳市总体规划》报批工作】 1995年10月，《沈阳市城市总体规划》经省政府审定通过。11月辽宁省委、省政府领导顾金池书记、丛正龙副省长及部分省委常委和辽宁省17个委、办、厅、局领导听取了关于沈阳市总体规划的汇报，一致认为沈阳市总体规划布局合理，性质明确，具有超前意识，给予了充分的肯定。1995年12月25日经辽宁省政府审查同意后报国务院审批。沈阳市城市总体规划的制定，为沈阳市政府编制国民经济发展计划和2010年设想提供了决策依据。

【规划设计审批】 1995年，沈阳市规划管理工作本着坚决贯彻落实沈阳市城市总体规划，努力拓展城市发展空间，完善城市总体功能，强化规划管理力度，以创造性的工作，保证和促进城市规划建设的健康发展这个大思路，较好完成了1995年的工作任务。全年共下选址意见书20项(301工程、凌空泵站、大富水泥厂、朝鲜大学、机电工业学院、东湖东园等)；批复2万平米以上住宅小区和大型公建共50项，总建筑面积260万平方米；报复市政道桥等配套项目10项；发放建筑审批许可证551件，总建筑面积350万平方米，比1994年下降57％。发放工程管线审批许可证654件，审批各类管线总长度427公里；完成市政管线调查100公里；1∶1000航测成图180平方公里，建筑定线312件。对市政府重点项目新开河治理工程做到多次现场定线，现场办理审批手续。在建设项目审批中，注意做好基础工作，并着力在规范化管理上下功夫，做到违章建设的单位不处理完违章建筑事宜不再受理新的规划审批件，规划审批与土地出让审批和用地审批密切配合，一个窗口对外，强化了规划管理力度。规划设计围绕城市总体规划的要求，在完成康平、法库总体规划编制基础上，又完成了辽中县总体规划编制和报批，并着手新民市总体规划编制工作。完善了铁西区、和平区、苏家屯区副城等6个分区规划；编制了浑南中部地区、二环三环之间部分地段的用地布局等15项控详规划及浑南地区防洪、沈阳市场体系布局、辽宁中部城市群能源及交通等19项专项规划。

(*肖斌*)

环境保护

【概况】 1995年，沈阳市的环境保护工作是以迎接全国人大环境与资源保护执法检查和争创卫生城市为中心，以解决市民身边环境热点、难点问题和环境敏感问题为重点，以强化执法，向管理要环境效益为手段，调动全社会力量，深入开展城市环境综合整治工作，依靠科技进步治理环境污染，实现了年初确定的环境执法有新形象，环境管理有新举措，环境科技有新突破，环境质量有所改善的目标。与1994年相比，1995年全市主要环境质量指标继续在稳定中有所好转，大气总悬浮微粒和SO_2年日均值分别下降了8.3%和10.5%，功能区噪声昼间和夜间平均值分别下降1分贝和1.3分贝。生化需氧量、油、氨氮、挥发酚也都有所下降。

1995年先后开展了"环保突击月"、"环境清洁化"和巩固创卫成果强化冬季烟尘管理三大环境管理战役。狠抓了第三产业和建筑施工污染扰民问题；加大了对冒黑烟现象的查处力度，聘请了102名市、区两级人大代表、政协委员担任环保义务监督员，开设了14部环保热线电话；全年全市共受理环保信访案件近3 000件，99%以上得到及时处理，一批久拖未决的污染扰民案件得到妥善解决。环境治理工程进展顺利，"碧水工程"全面完成了年度任务。行业环境管理发挥了积极作用，重大污染事故防范取得成效。环境科研与监测取得成果，宣传教育逐步深入，环保队伍建设得到加强，环境立法步伐明显加快。参与综合决策的能力进一步加强，编制完成了沈阳市环境保护"九五"计划和2010年远景规划、扰民企业搬迁规划、环保产业发展规划。环境外事活动呈现新局面，与联合国环境技术中心人类居住中心合作进行的"21世纪议程沈阳可持续发展项目"文件编制工作进展顺利。我市已被联合国列入世界大城市可持续发展的试点城市。

(单伟民)

【环保突击月活动】 1995年4月24日—6月6日，为迎接全国人大环境与资源保护执法检查和争创卫生城市工作，沈阳市开展了"环保突击月"活动，这次活动动员了全市环保系统和各工业主管局(公司)，以及工商、公安、城管、各新闻单位等有关部门，选择了群众关心和反映强烈、影响我市环境执法形象的环境问题，确定了7项重点工作，并取得了一定程度的突破。

一是机动车尾气管理开始起步。二是加大了餐饮娱乐服务业的环境管理力度，发布了《加强餐饮服务娱乐业环境管理的通告》，加强了现场检查，活动期间共检查饭店1 771家，处理了263家，补办"三同时"手续160个，餐饮娱乐服务业污染扰民蔓延的势头得到了有效遏制。三是积极推广清洁烧烤炉具，加强了街头烧烤点的清理整顿，通过一手抓管理，一手抓服务，使烧烤污染管理有了一定办法。四是加强了重点地段的烟尘管理，限期治理了一批冒黑烟设施。五是严格控制建筑施工扰民行为，狠抓了执法声势，在沈阳日报上发布了《关于加强建筑工地现场环境管理的通告》，加强了审批把关和现场监督检查，大范围夜查4次，分头夜查34次，检查了430家工地，处理了118家，通过严格管理，建筑施工扰民问题得了有效遏制。六是重大事故的防范落到了实处，在原有停产企业陆续开工、企业亏损、经济困难、设备失修、带病运行等事故隐患增多的情况下，全市没有发生重大污染事故。七是认真处理了信访案件，化解环境矛盾。

(单伟民)

【环境清洁化活动】 1995年6月1日至8月31日，沈阳市分三个阶段在全市范围内开展了"环境清洁化"活动，第一阶段(6月7日—7月9日)为准备阶段；按照全国卫生城市检查的要求，摸清情况，并有针对性地做好了此次活动的安排。第二阶段(7月10日至8月15日)为攻关阶段，提出了8项指导性工作任务，第三阶段为迎检阶段。

环境清洁化活动期间，加强了烟尘管理，以烟控达标区覆盖率100%为目标，加强了限期治理，选定了一批实用技术，解决了一批治理难点，加强了重点地段的烟尘管理，规范了烧烤市场，大力推广清洁炉具；加强了污染防治设施的检查和管理；强化了噪声管理，噪声达标区面积不断扩大；进一步深化了"三产"污染扰民的管理力度，加强了新项目的审批和补办"三同时"手续；加强了建筑施工现场扰民管理，积极查处违章扰民事件，加强了机动车排气污染管理；认真处理信访案件，全市共设立14部环保公开电话，制定了一整套接受、传递、处理、反馈制度，信访案件处理率达99%。

(单伟民)

【建设项目环境管理】 1995年沈阳市的建设项目环境管理工作是以控制新环境污染问题为目标，同时加强了对老污染源的治理。编写了沈阳市重点项目环评招标大纲，提高了环境影响评价质量和环评工作的合理公平竞争。规范了饮食娱乐服务业的环境管理，4 429家饮服娱乐业单位补办了手续和进行了申报。全年审批市属项目42项，市属审批锅炉项目31项共39台，供热面积392万平方米，完成环境影响评价项目35项，总投资15.8亿元，验收环保"三同时"项目30项，收取市属审批项目环保"三同时"保证金61.3万元，市各区、县(市)审批建设项目822项，总投资19.44亿元，收取环保"三同时"保证金243.47万元。控制了新污染问题的产生。

(单伟民)

【大气污染防治】 1995年，沈阳市公布了《关于强化我市今冬明春烟尘管理的通告》，重新检查了各单位的排烟装置；对查出的11个单位的除尘器、锁气器不严、茶炉违反操作规程以及个别单位除尘设备安装位置不符合要求等问题，责令其限期整改。强化了烟尘管理黑红标志牌制度。通过摸底调查，对城市主要进出口和环境敏感地区的75个单位的184台在用的冒黑烟设施进行了强化管理，有效遏制了这些单位的冒黑烟现象；全市设立了12个高空了望点，定时、定点、定人进行了望，对发现的91个单位的133台排烟设备冒黑烟现象进行了查处。限期治理了108个单位的204台超标排放烟尘设备，已经更新改造了115台，冒黑烟现象得到了控制。加强了机动车排气污染控制，正式在车检线对机动车尾气排放进行检测与管理，大气环境质量有所改善。(单伟民)

【水污染防治】 1995年沈阳市"碧水工程",全面完成任务,北部污水处理厂、新开河整治工程进展顺利。狠抓了污水处理设施的管理,对40家重点污染源、污水处理设施以及其它企业的114套污水处理设施进行了检查,针对问题印发《关于加强污水处理设施环境保护管理的规定》,污水处理设施完好率、运行率、达标率分别达到94%、89%、84%。为改善枯水期的水质质量,在对10家排放COD大户停产检修期间COD降低量进行测算的基础上,调整了8家企业主要排污车间的停产检修期。水污染防治工作见到了成效。

(单伟民)

【噪声污染防治】 1995年,沈阳市新建噪声达标区9个,面积10.5平方公里,治理398个超标声源,限期治理了12个单位的超标声源。颁布了《关于在城区部分区域禁止机动车鸣喇叭的通知》,交通噪声平均值从73.2分贝降至71.8分贝,下降了1.4分贝。

(单伟民)

【环境科研与监测】 1995年,沈阳市环境科研工作围绕主要环境问题,组织力量进行了技术开发和攻关,研制了大灶排油烟机、新型烧烤炉具等对解决"三产"烟尘污染具有实用价值的科技成果。研制了"淀粉接技阳离子絮凝剂"。"八五"攻关课题"多氯联苯工业性焚烧技术研究""湿式除尘脱硫示范工程"正式通过专家鉴定和国家环保局验收。在科技成果转化上,建立了玻璃坩埚窑污染治理示范工程。全年科研立项18项,下达环保科研补助资金95.9万元。有6项成果获国家环保局、辽宁省环保局和沈阳市科技进步奖。

环境监测工作紧紧围绕环保中心开展工作,为了提高对突发性污染事故的现场监测水平,购置了必要的监测仪器和通讯设备,并为8个区县购置和更新了一批仪器和设备。同时,对监测实验室及采样等全过程进行了检查和巡检,及时更正了存在的问题,力求监测规范化。为使大气环境监测数据合理反映全市大气环境质量,经分析、研究、论证对6个国控监测点位进行了调整,待专家审核后正式运行。

(单伟民)

【排污收费】 1995年,沈阳市征收排污费69.29万元,比1994年增长9.8%。

1995年进一步扩大排污费开征面,在企业经济效益普遍不好、收费困难的情况下,一是合理安排工作进度。二是抓紧收缴陈欠排污费,全年清缴了122万元。三是借助司法力量强行征收,对39家不执行处罚决定的单位,申请法院强制执行,执行金额达510万元。四是加大复查力度,扩大开征面和开征项目,对超过申报排污的单位严肃处理,并开征了建筑施工及个体工商业排污费,增加了收费额。

(单伟民)

【环境宣传教育】 1995年,沈阳市环境保护宣传教育紧紧抓住中心工作,全年共发表各类环保新闻484篇,在群众中引起良好的反响,"6·5"世界环境日期间,与其它部门联合开展了"爱我家园、公众参与"活动,与沈阳晚报、可口可乐公司联合开展了"可口可乐杯环保知识竞赛",1 000余名群众参加了活动。开展了铁路沿线义务拾捡白色垃圾、引鸟筑巢等系列活动,开展了企业环境意识调查活动,发行问卷近千份,回卷率80%,开展了多种层次的培训,促进了各级决策者环境意识的强化。

(单伟民)

【环保对外交流与合作】 1995年,沈阳市按照世界银行要求,完成了环境培训中心、环境信息中心和废水监测岗络等3个项目的可行性报告及采购计划,完成了培训中心主体及固体废物处置中心的中心实验楼的土建工程,完成了填埋场的选址工作,利用进行贷款"沈阳市环境保护培训中心项目设备需要清单"已报世行待批,受到世行组织和沈阳市世行项目办的好评;进一步完善了利用外资治理污染项目库。全年共接待联合国环境规划署、联合国人类居住中心、世界银行以及美、日、德、韩、丹麦等10个世界组织、国家和地区的18个来访团体,共60余人次。

(单伟民)

【现场环境监察】 1995年沈阳市环境监察工作本着"务实、创新、巩固、提高"的原则,围绕两次环保活动,对烟尘排放污水处理设施、建筑施工、社会噪声、烧烤市场等进行了全方位的现场监察和处理,采暖期内,共查处冒黑烟锅炉165台,检查了24家重点污染源的污水处理设施,对建筑工地夜间施工扰民问题严格进行了控制,夜查50余次,处罚了35家工地,大大减少了建筑施工夜间扰民现象,对重点商业区和居民小区的噪声扰民现象进行了检查达15次,处罚一批单位和个人,对饮服、娱乐业进行清查,对125家违反环保"三同时"规定的严重扰民企业提出了限期整改要求和进行经济处罚,解决和缓解了一大批饮服、娱乐业扰民问题。 (单伟民)

商业·物资·旅游业

综　述

【商业市场概况】1995年,沈阳以构造大市场体系,进一步强化中心城市功能为重点,加速了三大商贸区及卫星商贸区的建设,不断健全保证市场有序运作的管理规范,积极推进商品流通体制的各项改革,促进了沈阳商业市场的健康发展,保持了商业市场的繁荣和稳定。

商品流通组织机构稳步发展。1995年沈阳市从资金投入和对现有企业进行改组改造两个方面,加强了流通组织机构的建设,全年用于商业方面的固定资产投资为27 754万元,在全社会固定资产投资比1994年下降的情况下,基本保持持平。东亚商业广场、日港大厦等一批现代化大型商贸设施已具有了较完整的形象。到年底全市商业网点已发展到13万个,从业人员40.3万人,分别比1994年增长9.3%和11.4%,全市每千人拥有的商业网点由1994年的16.4个增加到19.4个。适应社会主义市场经济要求的现代化流通组织,在改革中应运而生,年内沈阳市最大的商业集团——中兴商业集团宣告成立。连锁店、仓储式商场、超级市场的发展也加快了步伐。

商品购销规模保持了适度增长。1995年沈阳市在宏观经济环境偏紧及遭受百年不遇的特大洪涝灾害的情况下,商业企业的购销规模仍保持了适度的增长。全年商业企业商品购进总额510亿元,销售总额539.7亿元,比1994年分别增长15%和14.5%。在购进总额中,工业品纯购进增长10.1%,农副产品收购在农业生产遭受严重的自然灾害的情况下仍增长17.3%,商品购进增加为商业市场提供了较充裕的商品货源。在全部商品销售总额中,销往外地的占41.8%,比1994年增加0.8个百分点,表明沈阳市作为区域性中心市场,其商品辐射功能日益增强。

零售市场繁荣活跃。1995年沈阳市消费品零售市场始终保持了稳定增长的态势,由于政府宏观调控措施得力,即使是在洪涝灾害期间,各种商品尤其是农副产品的供应也做到了品种多、数量足。全年社会消费品零售总额实现295.4亿元,比1994年增长32.3%,扣除价格上涨因素实际增长16.6%,其中国有经济增长16.3%,集体经济增长26.2%,私营、个体及其他经济增长48.2%。由于非国有经济在零售市场中相对于国有经济表现得更为活跃,因此非国有经济在零售市场中的主体地位进一步得到确立,其占全部消费品零售额的比重比1994年增加了4.4个百分点,达到68.5%。各类商品销售全面增长,与1994年相比,食品类增长30.4%,衣着类增长45.7%,用品类增长28.3%。

集贸市场的发展和建设再上新台阶。1995年沈阳市在集贸市场的建设中,本着扩功能、上档次的原则,建设和改造了一批大型集贸市场,使之进一步向高档次、多功能、大规模、多领域、规范化方向发展。1995年底,全市有各类消费品市场457处,比1994年增加12处,其中年成交额超亿元的大型市场发展到38处,增加5处。全年集贸市场商品成交额240.3亿元,比1994年增长17.2%,其成交额已相当于商业企业商品销售总额的44.5%。在全部成交额中,城市市场217.8亿元,增长17.3%,农村市场22.5亿元,增长17.2%。主要农副产品成交量与1994年相比,粮食下降20.4%,猪肉增长40%,鲜蛋下降2.8%,鲜菜增长2.6%,水产品增长31.9%,牛羊肉增长29.4%。

1995年沈阳市商业市场虽然规模扩大,购销总量增长,总的发展态势尚好,但也存在一些问题,如由于受多种因素的影响,商业企业的经济效益继续呈下滑之势,尤其是批发企业的困难程度进一步加剧。另外,市场规范运作及打假工作亦须进一步加强。

(杜春雷)

【商业购销规模适度增长】　1995年,沈阳市商业体制改革进一步向纵深发展,消费品市场商品货源丰富,供应充裕,购销两旺,经营规模进一步扩大。

消费品市场运行的主要特点是:

1.国有商业现代企业制度改革步伐加快。1995年,沈阳市以建立现代企业制度为重点,认真贯彻《条例》,积极转换企业经营机制,使沈阳市商业体制改革进一步向纵深发展。1995年在继续对小型企业和效益差的企业实行改革、改组、改造的同时,建立和完善商业企业集团工作取得突出成效,年内沈阳市最大的商业集团——中兴商业集团宣告成立。至此,沈阳市商业集团已发展到7个,这些商业集团以其雄厚的实力、良好的信誉,积极参与市场竞争,有力地发挥了国有商业主渠道作用。

积极有序地发展连锁商业,是1995年沈阳市深化商业体制改革,建立和完善现代化流通组织的重点内容之一。到1995年末沈阳市连锁店、便民店已发展到300余家,其中"佳佳粮油连锁店"同"米袋子"工程相配套,具有良好的发展前景。

2.商品货源丰富,消费品供应充裕。1995年,沈阳市轻工业生产和农牧渔业的发展,为消费品市场提供了较为丰富的货源，同时商业企业还从外地组织了大量的适销对路的商品，从而保证了沈阳市场的商品供应。据统计，1995年沈阳市消费品购进总额达510亿元，比1994年增长15%，其中从生产者购进348.3亿元，占消费品购进总额64.5%。

3.商品销售规模不断扩大，大中型商业企业主导作用增强。1995年，商业企业采取一系列促销措施，通过开展商业文化活动，举办各种展销会等，宣传引导消费，扩大商品销售。全年商业企业销售各类商品539.7亿元，比1994年增长14.5%，其中食品饮料烟酒类增长3.1%，服装鞋帽类增长17.3%。

大中型商业企业骨干作用增强。据统计大中型商业企业1995年销售额达322.1亿元，比1994年增长5.3%，占销售总额的比重达57.9%。其中食品饮料烟酒、文化体育用品、化妆品类、中西药品类、书报杂志类等分别增长1.1%到63.4%。

4.农业生产资料供应充裕。1995年，沈阳市加大农业投入力度，到年末全市农业贷款余额达145 887万元，比年初增长31.7%。1995年各级政府注意发挥供销社农资供应主渠道作用，全力做好农业生产资料供应工作。全年农业生产资料销售额22亿元，比1994年增长69.8%。其中供销社农业生产资料销售49 486万元，占全市23%。几种主要农业生产资料中，化肥销售608 036吨，比1994年增长14.9%，尿素、碳酸氢铵、复合肥分别增长28.6%、60%、23.8%。农药销售1 578吨，增长70%，农膜销售21.56吨，增长11.3%

(王峭松)

【零售市场繁荣活跃】 1995年，沈阳市零售市场全年保持较好的运行轨迹，呈现繁荣活跃稳步增长的态势。

零售市场运行的主要特点是：

1.货币收入增加，消费需求旺盛。1995年，随着沈阳市工农业生产的发展和第三产业的兴旺，城乡居民生活费收入与1994年比又有一定程度地提高，据城乡经济调查队调查，1995年，沈阳市城镇居民人均年生活费收入达3 720.79元，增长20.1%，农民人均年纯收入达1 812元，增长18.1%。初步匡算，全市社会商品购买力将达459.6亿元，增长28.7%。

2.社会消费品零售额规模扩大，逐季加快。1995年沈阳市社会消费品零售总额实现295.4亿元，比1994年增长32.3%，扣除物价上涨因素，实际增长16.6%。从各季看（扣除物价上涨因素），1季度增长6.8%，2季度增长13.6%，3季度增长12.9%，4季度增长27.4%。

3.各种经济全面发展，市场主体竞争激烈。随着市场经济的发展，个体、私营、股份制、联营等非国有经济已上升为市场主体。据统计，1995年全市非国有经济零售额实现202.1亿元，比1994年增长41.4%，其中私营和个体经济发展异常迅猛，增长62%，占全市消费品零售总额比重由1994年的30.3%上升至37.1%，国有经济实现93.3亿元，增长16.1%，占全市零售总额比重由1994年的35.9%降至31.5%。

4.消费结构变化明显，消费心理逐步成熟。随着沈阳市城乡居民生活消费水平的提高和分配结构的变化，居民家庭消费习惯和消费模式发生了很大变化，消费心理逐步成熟，趋同式、排浪式的消费开始转变，多层次多样化的消费格局渐趋形成。由于收入分配不同，消费差异亦很明显。目前沈阳市低收入水平居民仍属温饱型，中等收入水平的居民讲究质量、营养，高收入阶层的消费热点已转向国际名牌、高级住宅和私人轿车等。低中档收入与高收入水平居民消费之间消费差异比较明显。

5.各类商品销售增长，消费档次逐步提高。1995年，各类商品销售持续增长，其中食品类商品零售额117亿元，比1994年增长30.4%，占消费品零售额比重由1994年的40.2%降至39.6%，居民食品消费趋向营养、精细、方便。

衣着类商品零售额59.4亿元，比1994年增长45.7%，占消费品零售总额比重由1994年的18.2%上升至20%。1995年消费者更加注重个人的形象设计，穿着商品保持追求款式、花色和质量三位一体的趋势，各类新颖、造型独特的服装层出不穷。

用品类商品零售额119亿元，比1994年增长28.3%，占消费品零售额比重由1994年的41.5%降至40.2%。1995年，一些新型美观、方便实用的系列化商品在市场上悄然兴起。其中尤以化妆品、日用品、文化用品、床上用品及现代厨柜最受消费者欢迎。近年来，居民消费档次明显提高。1995年，国产名牌电冰箱、大屏幕彩电、全自动洗衣机、影碟机、摄像机、计算机等家电商品销售都比1994年有不同程度的增长。

(王峭松)

【国营和供销社商业经济效益】 1995年沈阳市国营和供销社商业在从传统的计划经济体制向社会主义市场经济体制转变过程中，不断探索新的经营方式。取得了购销两旺的可喜成绩。但是，由于企业内外诸多因素的影响，与1994年相比经济效益仍不见大的改观，个别主要经济指标继续下滑。

1.商品销售收入稳步上升。1995年沈阳市国营和供销社商业部门商品销售收入为153.8亿元。比1994年多销13.8亿元，增长10.9%。分系统看：在市商业局、副食局、供销社、粮食局、医药局、石油公司这6大主要商业部门中，除市副食局销售下降7.5%外，其它各部门均有不同程度上升。其中：商业局49.5亿元，比1994年增长6.5%；供销社22.3亿元，增长16.8%；粮食局43.4亿元，增长14.7%；医药局4.6亿元，增长20.1%；石油公司7.8亿元，增长56.6%。

2.费用支出膨胀，构成不尽合理。由于国合商业历史包袱较重、各项增支因素较多，加之部分企业管理不善，导致企业费用连年增加，持续膨胀。1995年国合商业流通中费用支出总额达25.8亿元，比1994年的21.9亿元多支出3.9亿元，增长17.8%。在费用总额中，直接用于商品经营活动的经营费用为8.0亿元，占费用总额的31%；用于管理的费用为9.6亿元，占总额的37%；而财务费用为8.2亿元，占费用总额的32%。管理费用和财务费用开支占全部费用的70%，费用构成不够合理。

3.利润水平下降。剔除粮食系统政策性亏损因素的影响，1995年沈阳市国营和供销社商业部门盈亏相抵后全年仅盈利1.2亿元，盈利水平为1.0%，比1994年低0.1个百分点。分系统看，全年盈利的有商业局、副食局、烟草公司、石油公司和新华书店。其它部门均为亏损。而盈利部门的利润总额较1994年比也有大幅度下降。其中商业局下降53.5%；副食局下降76%；石油公司下降68.1%。

4.存货占用资金大，商品周转不灵。1995年国营和供销社商业存货平均余额为46.4亿元，占全部资产的四分之一。全年周转不足3次。平均周转一次需122天。在各个系统中周转最快的是烟草公司。全年周转30次。而周围最慢的是服务局系统，平均4年周转1次。

5.负债多，偿还能力差。1995年国合商业年末资产总计188.4亿元，负债合计为148.6亿元，资产负债率为79%。超过了商业企业正常情况下60%的比率。而粮食系统和农机供应系统的资产负债率接近90%。

综上所述，1995年沈阳市国营和供销社商业的经营状况虽有规模，但效益较差。可见，如何发挥国营商业主渠道作用，提高企业经济效益，增强企业活力是今后商业部门的一项重要工作。

（王忠敏）

【商业网点发展迅速】 近年来，由于加强了正确的政策导向，发挥市区两级积极性，使沈阳市商业网点建设有了突飞猛进的发展。到1995年末，全市商业网点达到13万个，比1990年增加7.5万个，增长1.37倍，千人平均占有商业网点19.4个，增长2.29倍。其中，国有、集体网点1万多个，比1990年增加900多个，增长10%；私营、个体网点达11.9万个，比1990年增长7.4万个，增长1.6倍。各类商业网点面积达670万平方米，较1990年增加290多万平方米，增加76%，是历史上增长最多的时期。主要特点有：

1.涌现一批大型商业网点。根据市委、市政府提出的建设大商业、发展大流通的总体战略，各地区各部门在商业网点建设过程中，注意向现代化目标靠近，逐步改变了网点档次低的状况，初步形成了布局较合理，由多级商业群体组成的商业网络，既改善了购物环境，又服务了生产、方便了人民生活。全市5 000平方米以上的大型商业网点有80多个，较1990年增加1倍多。如：全市1995年10大重点工程之一的辽宁日港大厦，建筑面积为4.3万平方米；东亚广场，建筑面积19.5万平方米；新峰广场13.5万平方米；太阳广场10万平方米等。

副食品商场也在向大型化、美观化、方便化方向发展。天后宫副食商场、广州副食商场、大东副食商场、皇姑副食商场等，营业面积都在几千平方米以上，购物环境较过去有明显改善。

2.中小网点向便民连锁经营发展。连锁商业是一种新的经营形式，是商品流通领域一项方向性的改革措施。截止1995年末，全市国合商业连锁经营公司已有8家，连锁分店249个，涉及粮食、副食、百货等行业。其中佳佳粮油食品店是全市规模比较大的一家连锁店，共有5家公司，200个分店，营业面积达3.9万多平方米，成为全市粮食供应的主渠道。在批发企业中，沈阳五金商业集团总公司也走出了一条批发企业开展连锁经营的路子。到1995年末，建成连锁店33个，当年增加销售额4 500多万元。中兴—沈阳商业大厦实现跨地区连锁，在鞍山将一个亏损企业改造为中兴的连锁店，开业以来，很受欢迎，销售额猛增。此外，还有拥有150多个分店的菲菲连锁店、中外合资诚添连锁公司等都相继发展起来。

3.商业网点建设由粗放型向注重效益型发展。本着国有集体与个体相结合，大中小相结合，集中与分散相结合，固定与流动相结合，购物与餐饮娱乐相结合，专业店与综合店、连锁店相结合的原则，逐步形成一级商业区为中心、二级商业区为骨干、三级商业区为基础的新的商业网络，网点布局日趋合理。同时新建改造后的商业网点在经济效益上下功夫，收到了较好的效果。

（陶守泉）

【“八五”期间沈阳商业】 “八五”期间，在市委、市政府领导下，沈阳市商业按照建设社会主义市场经济体制的总体目标，不断深化改革、扩大开放、加速发展，在商品市场建设、商业改革和加强企业管理等方面都取得了令人瞩目的成效。全市商业呈现市场繁荣、商品丰富、供应均衡、价格稳定的局面，基本满足了生产和人民生活的需要。商业的发展，加大了对其它行业的拉动，推动了全市经济的发展，全市商业企业年上缴利税已占地方财政收入的四分之一。与此同时，商业网点的增加和集贸市场的发展还吸纳了大量社会劳动力，不仅繁荣了经济，还促进了社会的稳定。1995年，全市社会消费品零售总额实现295.4亿元，比1990年增长166.6%，年均递增21.7%。

一、商品市场建设发展迅速

“八五”期间，沈阳市商品市场建设随着整个市场体系的培育和发展，力度不断加大，投资主体出现了多元化，仅1993年用于集贸市场建设的投资就多达5亿元，相当于前14年投资的总和，按照建设大市场、搞活大流通、发展大商业方针和“三多一少”的原则，沈阳市商品市场的建设在拓展领域、提高档次、增强功能和完善配套、形成体系等方面有了长足的发展。初步形成了门类齐全，大中小配套，贯通城乡的多种经济成份，多种经营方式，多条流通渠道并存的开放式、少环节的市场格局。

——消费品市场初具规模。一是数量增加。全市已有商业网点13万个，比“七五”末的1990年增加7.5万多个，增长137.3%，总面积达670万平方米，比“七五”增加290余万平方米，增加76.3%。千人拥有量近19.4个，单个网点服务人口数为49人，已接近北京24.7个和40人的水平。其中，国营、集体企业为10 550个，增加978个；私营、个体企业119 369个，增加74 176个；“三资”企业达80余个，增加70多个。恢复和新建集贸市场457处，占地面积约300万平方米，年成交额由1990年的30.4亿元增加到1995年的258.99亿元，年均增长52.5%，基本形成了以农副产品和日用工业品为主，大中小型相结合，专业与综合相结合，批发与零售相结合，常年性与季节性市场相结合的多功能、多渠道、开放式的集贸市场网络体系。二是档次提高。经过建设和改造，80年代的破危网点已全部面貌一新，大型、较大型和超大型网点全部配备了先进设施，中央空调、滚动扶梯、电子计算机管理系统被广泛应用，集贸市场退场进厅，购物环境明显改善。三是规模扩大。“八五”期间兴建的沈阳商业城、沈阳百货大楼、凯莱大厦等一批大型商业网点均投入运营。目前，全市以中兴—沈阳商业大厦、商业城等为代表的5 000平方米以上的网点近80个，比“七五”增加一倍多。年销售额超亿元的商场13家、集贸市场30处，有3家零售商场和6处集贸市场跻身全国百家最大零售商场和百强市场行列。

——生产资料市场有了一定发展。1995年末，全市已有各类生产资料市场56处，年交易额220亿元，比1990年增长5.3倍。基本上形成了以钢材、木材、建材、煤炭、有色金属、机电、化工等十大专业市场为主导的生产资料市场格局。其中，沈阳商品交易所、沈阳钢材市场、东北煤炭市场、东北石化市场和东北建材市场，已成为辐射整个东北的区域性市场，钢材和石化市场位于全国七强和六强之列。

——农副产品市场蓬勃发展。“八五”期间，全市新建、扩建了市级肉类、蔬菜、果品、粮食、水产品专业批发中心市场和城郊区域性、季节性农副产品批发市场40余处，初步形成了以市级批发中心市场为龙头，以大型农贸批发市场为重点，以城区、郊区区域批发市场为两翼，以乡镇产地批发市场为依托的农副产品批发市场网络。仅市级四大副食品批发市场年成交量就达70万吨，成交额13亿元。在零售市场建设上，发挥市、区两级建设和管理作用，逐步向有序化、规范化方向发展，路边摊点、马路市场离街进市、入室经营；兴办便民超市等，改善经营环境，改变经营方式。目前，已有国营副食网点和各类农贸市场近千个，为繁荣市场，方便生活、保障供给起了重要作用。

二、商业改革稳步深化

“八五”初，沈阳市提出了“发展大商业、建设大市场、搞活大流通，把沈阳建成东北地区中心市场”的战略目标，据此，在全市商品流通领域进行了一系列重要改革。首先，1991年在全市商业系统中实行放开经营、价格、分配、用工和存量资产的“五放开”改革，促进了企业经营机制的转换和经营活动的增强。其次，结合产权制度改革，本着先行试点、平稳推进，不拘形式、注重实效的原则，对企业按不同规模、性质等进行不同形式的改革。一是大中型企业进行股份制等现代企业制度改革试点。从1992年开始，先后有物资回收、五金机械、文化钟表、燃料公司等企业按照股份制要求转体运行，到1995年末，全市已有10家股份制商业企业。其中，内贸系统有8家，股本金总额达4.4亿元；1995年沈阳商业城和五金机械集团公司被列为省、市现代企业制度试点单位。其中，商业城向综合商社转变已进入实质阶段。二是有形象、有规模、有实力的企业组建企业集团。截止目前，已有五金机械、燃料、文化、中兴、饲料等大型商业集团企业6个，这些企业在规范管理、集约经营、创造规模效益上迈出了可喜的步伐。三是发展连锁经营。本着为民、便民、利民的原则，在粮食、副食和生活日用品行业兴办连锁商业。现在已有连锁经营公司8家，连锁店249家。其中市内五区的200家连锁店在保证和便利居民购粮、平抑价格、稳定市场等方面发挥了积极作用。四是小型国有商业企业转属区街管理，进行股份合作制和“公有民营”试点。为遏止小型商业企业的亏损局面，从1991年开始，对年销售额在500万元以下的52户小型零售企业划归所在区管理和经营；对集体企业试行股份合作制改革，现在已有10%的集体商业企业实行了股份合作制；对小微亏企业进行“公有民营”改革，目前已有733户小企业实行“公有民营”，占这类企业总数的84.6%。改革后有80%以上的企业不同程度地扭亏或减亏。第三，在积极发展和搞活国有商业的同时，还大力发展其它经济成分商业。五年间集体和个体商业机构分别比1990年增长70.5%和121.6%，经营规模也不断扩大。沈阳市一种新的流通体制和流通格局已初步形成，并日益健康发展。

三、工商联手推动名牌产品战略取得可喜进展

工商联手实施名牌战略是市委、市政府确定的振兴沈阳经济的重要举措，是“八五”期间乃至今后一段时间加速发展沈阳经济的一个着力点。

在实施这项工程中，由于注意发挥好工商两方面的优势，即发挥商业销售渠道、资金、人才、信息的优势和工业生产技术、设备和科技力量的优势，通过政府部门的政策导向、协调关系和做好服务，促使工业和商业之间紧密合作，实现优势互补、要素合理流动，形成与市场经济相适应的新型工商关系，从而产生新的合力，达到生产与流通的和谐与统一。自1992年来，市政府每年拿出1 000万元，通过商业向工业提供贷款贴息，支持工业企业开发、引进和发展名牌产品，收到较好效果。据统计，仅贷款贴息一项就已支付给工业企业1 900万元，贴息项目143个，落实贷款额20 269万元，年新增产值近10亿元，新增利润11 326万元。

1995年9月28日到10月9日，成功地举办了由市政府主办，商办和经贸委承办的“首届沈阳地产消费品博览展销会”。这既是对地产消费品的一次大检阅，又是推动名牌产品战略工程的重要举措。共有轻工、纺织、电子等行业及乡镇工

业、校办工业、私营企业的800余家生产厂家1.1万种产品参展，其中，获国家、部、省、市名优奖的产品1 683种，首次面市的新产品201种。中心展馆和14家分展区共实现销售额2.13亿元，仅中心展馆就实现销售额1.98亿元，其中，零售实现882万元，平均每天销售67.8万元；批发实现5 177.8万元，平均每天398万元；签订合同546份，订货额1.37亿元。

（王军）

【首届沈阳地产消费品博览会】 为贯彻实施市委、市政府提出的名牌产品战略工程，提高全市人民认地产名牌、用地产商品、关心家乡建设的意识，推进工商联手、扶优创名、扩销促产活动，沈阳市于1995年9月28日至10月9日举办了首届沈阳地产消费品博览展销会。

这次博览展销会是沈阳历史上规模最大、时间最长、参展企业最多、产品最为集中的一次地区性、综合性的商品展销活动。展销会除在购物中心设立了中心展馆外，还在中兴沈阳商业大厦等百货、副食商场设立了14个分展馆。参展企业763家，参展产品1.1万个规格品种，其中获国家、部级名优产品奖的128种，获省级奖的545种，获市级奖的1 010种，新产品201种。历时12天的展销会取得丰硕成果，中心展馆实现零售额822.1万元，批发额5 177.8万元，签订合同546份，合同总金额13 725万元。14个分展馆实现销售额1 455.8万元。

与以往展销会相比，这次博览展销会有如下特点：

一是工商联手合办。这次展销会改变了过去那种由工业或商业单方面组织展销的做法，由商业提供展销场地并负责新闻、广告宣传，工业进馆展销。整个展销活动也由商业和工业共同筹办和组织，充分发挥了双方各自的优势。

二是活动内容丰富。除展销外还组织召开了“工商联手、扶优创名签约恳谈会”。会上，部分工商企业的厂长、经理就今后如何搞好地产消费品的展销活动，如何使地产消费品不断推陈出新、扶优创名，提出了很好的建议。中兴商业集团、交电总公司等8家商业企业还与黎富服装有限公司、三星电子集团等9家工业企业结成“姊妹7店”；联营公司与油脂化学厂、金利来商厦与丽港日用化学有限公司，签定了工商联手开发名牌产品的协议书。同时，商业局还举办了“国内外新产品展示会”，提供了100多件可供工业调整产品结构借鉴的新产品。

三是组织产品评优。展销期间，开展了名优产品评优活动，发出选票10万张，通过请消费者评头品足，结合考察销售情况和专家鉴定，评出30种产品为“最受消费者欢迎的地方名牌产品”，101种产品为金奖产品，101种产品为银奖产品，并以市政府名义予以命名和表彰。

四是宣传气氛浓烈。本届展销会中心展馆地处新北站广场西南角，人流稀少。为办好展销会，会前半个月即在省、市报纸、电台、电视台陆续刊播了近60次广告。又召开新闻发布会，通过各新闻媒介发布了展销会的消息。为吸引北站客流，在东西出站口对面制做安放了宣传板，在候车室大楼正门两侧悬挂了巨幅横标。展销期间，在中心展馆周围悬放了24个空飘彩球，在楼面和天井悬挂了60多幅条幅。辽宁省副省长刘克田，中共沈阳市委、市人大、市政府、市政协领导董万德、丁世发、唐守山、张瑞昌、马向东等领导同志出席了开幕式并参观了展销活动。

（庄历）

日用工业品市场

【工业品市场】 1995年沈阳市工业品市场商品供应充足，价格涨幅缩小，商品销售额平稳增长，消费者购买心理稳定。但由于全市经济环境偏紧，又遭百年不遇特大水灾，使购买力增长缓慢，工业品市场呈现平稳偏淡的状况。商业局系统各企业，在不利的市场环境中，努力发挥国有商业主导作用，积极做好市场商品供应，满足各层次消费需求，以国有商业的良好信誉，献爱心于民，为促进地方经济发展和社会稳定，做出了应有的贡献。全局商品销售总额实现61.3亿元，比1994年增长6.4%。其中零售额36.3亿元，增长5.3%。

全年市场突出的特点是：投向工业品的购买力减弱。在全市社会消费品零售额中，吃的商品增长33.3%，而穿的商品增长30.8%，用的商品增长28.5%，低于吃的商品增长速度。属于工业品的穿用商品零售额在社会消费品零售额中的比重为60.4%，比1994年下降0.8个百分点。

在全年工业品市场中，没有出现集中消费的热点商品，但仍然出现明显的消费变化：一是大件家电商品更新购买增加。据对几家大型商店调查，彩电的销量比1994年增长30%左右，冰箱的销量增长25%左右，并且在这两种大件家电的销量中，国产优质名牌商品已占绝大比重。主要原因是80年代初期购买的这两种商品已陆续到了更新期，再加上正常消费需求，所以销量明显增加。二是在自行车销售中，普通车所占比重明显上升，与山地变速车的比例已由前两年的3∶7变为7∶3。主要原因是普通车质量较好，价格便宜，而山地车质量稍差，价格较贵，变速用途不大，并且容易被盗，因此销量下降。三是价廉商品销得快，各大店对过季商品进行削价或让利销售，如夏天卖羽绒衣、冬季卖衬衣、让利卖彩电等，都是买者踊跃，销售明显快于其它正常商品。主要原因是价格水平的高低已明显成为大多数消费者购物的首选条件。四是新商品引导消费新潮流，如牦牛绒衫、保暖衬衣、羊绒服装、保健皮鞋、机动助力车等，一上市就引起众多消费者的注视，适应了部分消费者的需求，丰富了工业品市场。五是气候异常，影响季节商品需求减少。由于气候变化，夏季雨水偏大，气温低于往年，使空调器、电风扇、衬衣及一些夏凉商品的销量减少。如空调器的零售量下降29.2%，电风扇的零售量下降35.7%。

由于市场经济发展进程的加

算机、通讯系统都进行了较大改进。除不断改进交易结算软件外，还完成了交易系统主机由VAX系列小型机升级换代成APIHA机，使系统运作能力和安全性均有很大提高。为会员的信息服务能力也进一步增强，除原有的路透美联等8种信息发布网外，又新增了国家信息中心和万讯公司两条信息发布渠道。

期货市场的套期保值和价格发现功能日益发挥出来。为吸引和保护进行套期保值交易的企业入市，沈交所从交易规则的制订，到有关保值者的优惠政策出台，采取了一系列措施，鼓励套期保值交易。为便利套期保值交割实物，沈交所在交割商品的主要集散地设立了多个异地交割仓库。电解铜在上海、天津设立异地仓库，啤酒大麦在大连、天津、烟台、青岛等地设立异地仓库。

1995年沈交所坚持强化内部管理，建立交易所管理的自我监督机制。颁发了《交易所员工八不准规定》和《关于进一步加强对交易所员工管理的通知》，明确严禁交易所管理人员以权谋私，泄露机密，违背职业道德行为，树立正气，刹住歪风。

沈交所经过两年的艰苦创业，已构筑起一个规范化期货市场的基本框架，形成了初具规模的区域性市场，奠定了沈阳期货市场向全国性市场发展的基础。

（李宝俊）

【沈阳燃料集团总公司】 沈阳燃料集团总公司是国内贸易部列名的大型物资流通企业，主营煤炭、燃料油及原油加工产品，兼营金属、机电、化工、建材等物资，担负着沈阳市工农业生产和居民生活用煤、用油任务。

1995年，沈阳燃料集团总公司努力探求市场经济运行规律，积极转换企业经营机制，深层次探索建立现代企业制度，使企业得到稳健发展。全年完成销售值6.1亿元，实现利润1 004.6万元，企业跻身于“’95中国物资流通首批综合实力百强企业”行列。

1995年，在企业陷入资金匮乏、货源紧张、社会购买力下降、包袱日益沉重的困境中，总公司首先抓了凝聚人心共度难关的“人和”工作。通过召开经济分析会、新闻单位联谊会、思想动员大会等多种会议，直面现实，有的放矢，剖析自我、集思广益、鼓舞士气；并提出“勤、活、诚、抢、联、稳、带”七字工作要求，鼓励职工振奋精神完善自身；同时将敬业、技能、前景教育融入职工实践之中，增强了职工的主人翁责任感。

为了更好地发挥燃料流通主渠道地位的作用，总公司采取努力盘活资金，狠抓优质资源，优化库存结构，完善承包政策，开展优质服务，抓大户跑外埠，巩固代理用户，及时调整油品经营力量等措施，全年销售煤炭142万吨、燃料油8.3万吨，巩固了煤油主阵地，取得了良好的经济效益和社会效益。

在多种经营上，总公司加大领导力度，及时调整经营方向，不断延伸触角多元开发，开展代理业务。部分内含公司已发展成为创效型的骨干企业；新生企业呈现出良好的发展态势；境外合资企业和外贸工作都取得了新的进展。1995年，企业多种经营创利400万元，出口创汇102万美元，步入了多元化、实业化、规范化的良性发展轨道。

为加速建立现代企业制度进程，总公司深化改革、强化管理。一是抓住机遇，积极工作，搭上了沈阳市现代企业制度试点头班车；二是按市场经济和股份经营需要以事业部制设置六部一处一室，进一步理顺管理体系；三是坚持“以财务管理为龙头、以资金管理”为核心的管理准则，抓机遇点收资金2 130万元，清理帐目增加5 418万元权益，加大力度清回欠款5 866.8万元，节约开支压缩费用530多万元，多渠道融资派发红利200万元，偿还集资500万元，还清债券430万元，落实1 000万元冬煤储备金，有力地保证了经营工作的正常运行。

为了给企业发展增添后劲，总公司加快基础工程建设进展速度，到年底，24层22 000平方米华通商业大厦主体工程封顶；两座储油6 000立方米的油罐竣工；4座商品混凝土搅拌罐基础工程已完工；工业动力配煤中心初具雏型；小韩屯新场区平整了30万平方米土地，铺设了1 200延长米的铁路；沈阳燃料市场、集团果菜批发中心、进出口权等都在积极申办，这些工程的完工为企业向更高目标发展奠定了坚实的基础。

（高扬）

【石油市场】 1995年，沈阳地区石油成品油市场平稳，油品供大于求，价格偏低，市场竞争激烈。

沈阳成品油市场以大型国有商业企业——沈阳市石油总公司为经营主渠道。公司经营历史较长，职工队伍素质较高，且有配套齐备的储运设施，稳定的购销渠道。公司系统有油库12个，总容积14.8万立方米，铁路专用线5条2 800延长米，自有加油站29个。

沈阳市石油成品油市场，除市石油总公司外，1995年初，还有其他成品油经营企业2 578家，其中批发企业2 054家，加油站和零售点524家，1995年通过市计经委、商业办公室、工商、税务、物价、技术监督、消防等部门组成的沈阳市成品油市场整顿办公室10个月的努力，标准确定具有成品油经营资格的562家。其中批发企业54家，占整顿前的2.6%，加油站和零售点508家，占整顿前的96.9%。事实上，很多未批准的企业仍在继续经营，县区审批的少许零售的加油站和零售点仍从事成品油批发业务。

由于成品油市场整顿不到位，众多的批发企业为挤占市场、维持生存，随意压价竞销，严重背离了国家规定的油价。如车用汽油低于国家定价的15%左右。为了维护石油市场的正常秩序，使油价向国家规定靠扰，9月市成品油市场整顿办公室召开8个成品油批发企业会议，一致同意统一批发价格。10月份市物价局颁发了暂定沈阳市成品油最低批发价的文件，规定“凡在沈阳市境内从事成品油批发业务的企业，经营70号汽油最低批发价为每吨2 300元，90号汽油最低批发价格为每吨2 400元。”“各经营企业必须严格执行成品油最低批发价格，对违反规定随意定价、压价的行为，由物价检查部门根据有关规定进行查处。”从实际执行情况来看并不理想。

加油站建设由热转冷，油库建设在升温。自石油市场放开以来，沈阳市加油站建设发展速度很快，沈阳至辽中公路60公里有加油站30多个，沈阳至新城子公路两侧加油站达27个，法库县5处公路出口就有9个加油站。1995年建加油站开始由热转冷，但建油库热仍在升温。经调查，除市石油公司系统外，沈阳市容积在千立方米以上的油库有10个，总容积达12.4万立方米，已接近石油总公司的库容量。而全市油品销量不过50万吨，全市油库储存能力已远远超过需求，而有些油库建设还在上马，石油市场整顿部门屡禁不止。这势必造成相当多的油罐闲置，利用率低下。

油品质量和安全消防堪忧。由于社会上加油站过多，购油渠道复杂，又不具备化验检测能力，油品质量难以保证。致使使用劣质油损坏车辆现象屡屡出现。为此，市技术监督局会同市石油总公司于1995年10月开始对全市所有加油站开展达标验收活动，以规范加油站的经营与管理。

（吴丹柯）

【沈阳市石油总公司】 沈阳市石油总公司是沈阳市经营石油及成品油的大型国有企业。1995年6月迁至沈阳市沈河区热闹路。总公司下设县公司、区公司、分公司、油库等直属分支企业30家。拥有固定资产10 448万元，职工2 433人，其中各类专业技术人员486人。

1995年是全国石油成品油销售系统向市场经济体制过渡过程中遇到困难最多的一年。面对复杂的经营环境，沈阳市石油总公司深化改革，转换机制，开拓经营。力图发展，经过广大干部职工的共同努力，较好地完成了各项工作任务。全地区销售额为77 729万元，实现利润总额105万元(法库、康平县公司、润滑油公司3个单位亏损523万元)。市内销售额为57 443万元，利润总额为469万元。集体企业销售额9 579万元，利润总额为20万元。

强化销售，扩大市场占有率。由于成品油呈供大于求的态势，市场竞争异常激烈，同时，国家大炼油厂实行“抽紧资源、控制总量”的方针，执行“不付款不发油、不还款不发油”的钳制措施。总公司确定“大批量、远辐射、快周转、低毛利”的经营战略。到6月底，全公司油品销售总量达17.8万吨，市场占有率明显上升，主渠道地位得到了巩固。随着市场的变化，为了掌握市场竞争的主动权，下半年全力在抓低价位资源上下功夫，并保持合理的库存结构，以减少占压资金和银行利息负担，提出“两个轮子一起转动”的战略，发挥各基层单位购销积极性，改总公司单一进货为多头进货，既增加基层单位的经营毛利，又弥补了公司进货不足。总公司坚持经营承包责任制，大力推广全员销售和承包销售的办法，把销售指标分解到各基层单位，各基层单位又把指标落实到个人，使职工收入与企业效益挂起钩来，企业和职工形成命运共同体。全年油品销量达31.5万吨，外销3万吨。

增强服务意识，搞好油料供应。为了在激烈的市场竞争中扩大市场占有份额，总公司及所属企业严把油品质量关：各种油品均购自国家大炼油厂，不允许从地方小炼油厂购进。这样做虽然成本高，进销差价小，但能保证油品质量。总公司下属各油库均设有化验室，备有专职化验员。每批油品进库前均进行质量化验，质量合格后方准许卸车入罐。对库内油品实行定期化验，并实行油品“先进库先出库”的质量管理制度。为更好地服务客户，积极开展送油到户、送油下乡。不违农时地搞好春耕秋翻用油供应。为了防汛，总公司提前做好了100吨防汛油料的储备。在沈阳遭受百年不遇的水灾时，总公司及所属企业昼夜服务，保证了抢险救灾急需油料。

总公司及所属企业认真贯彻“安全第一、预防为主”的方针，给终坚持“班组日检查、科室周检查、单位月检查”制度。为了确保安全，在资金紧张的情况下，全年投资33万元更换了消防器材和灭火药剂，实现了全年安全无事故。

（吴丹柯）

供销社商业

【概况】 1995年，沈阳市供销合作商业认真贯彻中共中央《关于深化供销合作社改革的决定》，以转变经营思想，深化改革，开拓市场，强化企业管理为重点，企业两个文明建设取得突出业绩。

1995年底，供销社系统拥有各种类型的批零交易市场和商店2 254个，比1994年增加37个，职工总数为26 578名，其中城区13 071名；全年商品购进总额达22.4亿元，比1994年增长26.9%；商品销售总额达23.7亿元，增长13.6%；商品流通费用率14.1%，降低1.17个百分点；上缴国家税利3 167万元，增长11%；亏损企业170个，减少8个。在亏损企业中市属企业有38个，亏损金额447万元，减亏1 270万元，比年计划亏损970万元的指标减亏523万元。

1.加强企业管理。在认真开展企业管理年活动中，市供销合作社联合社从制度建设入手，规范企业行为，制定下发了《商品经营管理办法》、《清欠资金管理规定》、《人才选拔管理规定》等14项管理制度。市直属公司及8个县(市)区社修定完善各项规章制度383条，新建制度558条。加强企业资金管理落实责任、强化资金清欠工作，仅市直属各公司就清回货款5.6亿元，结算资金比1994年减少1亿元。压缩费用支出，提高管理水平，全系统减少费用开支额达981万元。

2.利用存量资产优势，拓宽和建立市场规模。市供销社与市干鲜果品总公司共同在沈东库筹建了“沈阳果品批发市场”。市场于3月动工6月竣工并于28日正式营业，到年底市场交易各类果品7.3万吨，金额达1.47亿元。初步形成东北地区最大的专业果品批发市场。10月10日，沈阳北方贸易大厦利用综合楼与市文化局联合筹建的东北最大的书刊批发市场"中国沈阳书刊批发市场"开业,日均销售书刊近万种,销售金额30万元以上,至年末获利达70万元。各县(市)区供销社兴办各类市场12处,年交易额4亿元,增加收入400万元。

3.深化企业改革,转换经营机制。一是建立批零一体化经营,减少商品流通中间环节,先后在市日杂总公司所属企业建立直销中心,方便了消费者的需求;二是活化小型企业改革,全面推行了"两全承包",实行零兼批的灵活经营方式。基层供销社在推行"两全承包"工作中,实行了"一稳两跟"办法,即稳定合同、跟踪管理、跟踪服务。三是抓了连锁经营。市日杂总公司积极改善经营环境,与30多个厂家和60多个经营单位实行炊具机械连锁经营,年销售额达6 000万元,创利310万元。

4.加大为农服务力度。根据中央(1995)5号文件"各级供销社都要把为农服务放在首位"的要求精神,认真组织了农业生产资料供应工作,满足了"三农"需求。1995年全地区供应各种化肥65万标吨,占市场总销售量的90%以上,比1994年增长6.95%;供应农药1 568吨,增长72.1%;供应农膜2 241吨,增长22.7%。大力开展了农副产品收购,全系统主要农副产品收购金额3.1亿元。对棉农提供了优惠政策,全地区扶持棉农种棉3 000亩,产棉3 000担,收购千余担。因地制宜地发展了加工业和养殖业,各级供销社累集投资1 070万元,采取自办或联办等形式,办起饮料、机械加工、农副产品加工等各类社办工业81处,年产值达7 600万元,获利460万元。全地区有40多个供销社兴办综合养殖业,养牛羊900多头只,猪2 540头,养鱼水面300亩,年孵化鸡雏160万只,年获利110万元。大力发展了专业生产合作社,充分发挥"庄稼医院"的作用。为了引导农民进入市场,发展农村商品经济,各级供销社扶持以种植业、养殖业、编织业为主的各类专业生产合作社和商品生产基地83个,入社农户25 800户,提供产前、产中、产后系列化服务。利用"庄稼医院"实施农资科技服务,举办科学种田培训班,培训农民1.3万人次;开展科学种田给农民配方施肥110万亩,开处方1 150份,防治病虫草害305万亩。积极组织人力、物力开展了抗洪救灾。当特大水灾发生后,市社及时向灾区调运各种防洪救灾物资金额300万元。调运救灾棉600吨,化肥1.5万吨,农膜200吨。使供销社走向以农为本,综合发展的目标。

(佟勤)

【沈阳市农业生产资料总公司】 1995年,沈阳市农业生产资料总公司以做好农资商品供应为己任,以提高社会效益和经济效益为目的,开拓奋进,扎实工作,取得了显著的成绩。全年商品购进总额实现3.1亿元,比1994年增长27.4%,销售实现2.8亿元,增长93.5%,实现利税489万元,人均创利11 000多元,企业固定资产2 000万元。

1995年沈阳地区的化肥、农药等主要农资商品资源紧缺,供求矛盾突出,市场竞争十分激烈。在这种情况下,市农资总公司认真学习贯彻中央5号文件和国务院45号文件精神,始终不渝地坚持全心全意为农业、农村和农民服务的宗旨,会同县区公司一道,充分发挥农资供应的主渠道作用,克服困难,千方百计组织货源,妥善安排了沈阳市的农资市场,从品种、数量和质量上均满足了农业生产的需要,为支持和促进沈阳市农业生产的发展做出了应有的贡献。全年供应各种化肥23.7万吨,比1994年增长32.4%,创造了历史供应的最好水平;农药941吨,增长9%;农膜1 285吨,增长65.5%。在供应中,公司认真执行政策,坚持发挥市公司的"龙头"作用,凡属计划商品,严格按计划调拨,紧俏品种优先保证本地区的需要。在价格方面,合理控制差率,自觉接受社会监督,保持了价格的相对稳定。在服务方面,不断改进服务方式和服务作风,采取驻库销售、代办托运、约期结算、服务上门等各项措施,方便基层和农民购买。同时,严把商品进货质量关,防止和杜绝了假冒伪劣商品进入市场,维护了广大农民的利益,进一步提高了供应水平。当沈阳地区遭受百年不遇的特大洪涝灾害时,沈阳市农资总公司及时向灾区供应了大量救灾物资,总价值112万元,为抗洪救灾做出了贡献。

在做好农资商品供应的同时,市农资总公司坚持以转换经营机制为重点,进一步解放思想,转变观念,在全体干部职工中广泛深入地开展了"全员进市场、多点创效益"、"确立新思路、再求新发展"的大讨论,提出和实施了"多点创利"经营战略,总公司实体于1995年8月份迁入了面积为3 200平方米的新营业大楼,成立了"沈阳市新天合建材商场",企业经营有了新的发展。

(姜振业)

【沈阳市棉麻公司】 沈阳市棉麻公司是负责沈阳市棉花调拨、储存、加工、供应的专业公司。1995年末有职工502人,固定资产净值1 500万元。下属企业有棉制品厂、喷胶棉厂、仓库、化学纤维厂、批发站、绳麻站、经营销售部、综合商场、招待所、酒店和与台湾合资的麦海纤维制品有限公司等单位。几年来,通过对老企业的技术改造,拥有从外国引进的精梳棉、喷胶棉、无纺布等生产线,有国内先进的生产棉絮片、棉被褥胎设备。主要产品有:精梳优质棉、喷胶棉、棉被褥胎等多种产品。1995年实现工业总产值1 500万元;实现商品销售额6 800万元。

一年来,市棉麻公司紧紧围绕提高经济效益这一目标,转变经营思想,坚持真抓实干,企业经营管理得到进一步加强。

1.抓棉花的购销业务,努力完成国家的调拨任务。由于持续几年棉花资源紧缺,给调棉工作带来很大困难。为确保全市对棉花的需求,完成全年的棉花调拨工作,公司充分发挥自身优势和主渠道作用。积极采取措施,1995年全公司共调回棉花2 696吨,较好地完成了全年的调棉任务。在做好棉花购销工作的同时,公司还抽出部分人力和物力积极扶持地方棉花的生产,帮助县、区解决了扶持棉花生产的各项优惠政策，使地产棉花达3 000亩，产棉3 000担，提高了农民的收入水平。

2. 调整产品结构，寻求效益新增长点。1995年，公司把调整产品结构，寻找效益新增长点做为全年工作的重点，加大了抓实力度，取得了突破性进展。一是，为满足旺季棉制品市场的需求，棉制品厂组织工程技术人员自行改造老设备，新上的梳棉被套系列生产线，4月中旬安装完毕试车投产。新产品上市后深受广大消费者的欢迎。在沈阳市首届地产品博览会评比中荣获金桥奖。梳棉双人被套的生产填补了沈阳市棉制品市场的空白；二是，棉制品厂开发的涤纶短丝生产线，产品质量、产量正在稳步提高，生产成本有所下降，经济效益逐步好转。月产量最高达90多吨，全年总产量达363吨，生产和销售已形成一定的规模；三是将仓库工作重点转移到承揽外保管任务方面来，增强外保管承揽力量。仓库选派业务能力强的业务员专门负责联系保管业务，多方联系客户，增加经营收入。1995年，仓库进一步改善了仓储设施，投资32万元新建简易库房1 200平方米，不但提高了仓库的保管能力，节约了苫垫资材，而且为仓库增强了发展后劲。

3. 强化企业管理，提高企业素质。1995年，公司在所属各单位开展了"企业管理年"活动，加快建立起适应改革要求的新的企业管理机制，全面提高企业素质。一是划小划细核算单位，便于加强企业管理；二是进一步完善了财务管理和费用定额管理等有关管理办法，压缩各项费用支出，提高企业的经济效益；三是加大清欠工作力度，制定了相应的措施，各种应收款期末余额比年初减少了1 955.6万元，压缩率达54.4%，降低了资金的不合理占用。

（严英）

旅　游　业

【概况】 1995年，沈阳市旅游业继续贯彻了"强化第一产业，优化第二产业，大力发展第三产业，拓展城市功能"的产业基本对策，以提高经济效益为中心，以保证旅游业健康、持续、稳定、协调发展为原则，努力开拓进取，各项工作取得了明显成效，为"九五"期间的新发展打下良好的基础。

全年接待海外旅游者10.4万人次，比1994年增长19.5%，其中：外国人8.7万人次，港澳、台湾同胞各0.8万人次。接待海外旅游者首次超过10万人次，标志着沈阳市告别"温冷点旅游城市"，进入新的发展阶段。海外旅游者在沈阳平均停留2.7天；其身份为"商人"的占总人数的25.7%，职员、科技人员等占1.6%，不明确的占72.7%；来沈目的为"旅游"的占25.8%、"贸易"的占31.3%，探亲访友、技术与文化交流、安装设备等占9.2%、不明确的占23.7%。主要客源国（地区）前十个依次是：韩国、日本、港澳地区、台湾地区、俄罗斯、美国、新加坡、德国、马来西亚、澳大利亚。

旅游外汇收入4 178万美元，比1994年增长了13.8%。旅游外汇收入和接待海外旅游者人数达到了有史以来沈阳市旅游业的最好水平。

全市现有各类旅行社45家，其中：主营涉外旅游业务、兼营国内旅游业务的一类社4家，二类社11家；经营国内旅游业务的三类社30家。1995年，海外入境旅游方面：外联海外旅游者1.0万人次，接待海外旅游者3.4万人次；国内旅游方面：组团出沈旅游5.9万人次，接待外省市居民来沈阳市旅游的0.6万人次。出境旅游方面：组织国内居民出游0.2万人次。

至1995年底，经沈阳市旅游局批准并纳入统计的旅游涉外饭店（宾馆）为25家，其中：内资饭店16家，中外合资、合作饭店9家，分别比1994年同期增长9家、6家、3家。其中已评定星级饭店12家，包括3星级饭店6家，2星级饭店5家，1星级饭店1家。拥有客房3 662间，床位6 858个，接待了10万余人次海外旅游者和31万多人次国内旅游者。年平均出租率52%。

到1995年底，沈阳市已有各类自然、人文景观220余处；旅游涉外汽车公司4家，各种车辆340余辆（其中4家汽车公司178辆）。

1995年，市旅游部门大力加强国内外旅游市场开发。2月6日省、市旅游局等在昭陵联合举办了"'95中国辽宁（沈阳）民俗风情游首游式"大型旅游活动，省、市领导及海外旅游团队300多人参加；参加'95香港国际旅游交易会进行招徕和旅游产品展示；利用旅游企业和其他团组出访等多种渠道，宣传沈阳市旅游业最新发展状况；通过旅游宣传网络以及各类宣传品扩大宣传促销面和加大力度；推出双休日中短距离旅游线路。

积极推进旅游资源、服务设施和商品开发。辉山、怪坡等旅游热点游览区开发了新项目，被确定为'96中国度假休闲旅游产品和专项旅游产品，向海内外推出。一些县（市）区自筹或吸引外界资金开发本地范围内的旅游资源。继续向国家申报了阳明大酒店等中外合资、合作新建高档旅游涉外饭店项目并获得了国家批准。落实了怪坡、新乐遗址等第一批旅游厕所改造国拨资金的到位；筛选确定了张学良旧居陈列馆、沈阳植物园等9个景区（点）的第二批新建、改造旅游厕所项目上报，争取国家和省的专项补助。为旅游商品定点生产厂申报小额出口贸易权，获国家批准。组织有关厂家参加了中国旅游购物节，直接对广大客户宣传沈阳市旅游商品；与省内有关城市共同研讨相互协作，突出特色，共同搞好旅游商品开发与对外销售。

认真做好旅游规划与统计。在1994年完成的草案基础上修订、形成了《沈阳市旅游业发展第九个五年计划及2010年长远规划（征求意见稿）》，报送省旅游局、市计委。完成了"1995年海外旅游者在华花费情况抽样调查"的沈阳市调查任务。旅游统计工作获"1995年辽宁省旅游统计先进单位"称号。

进一步加强了旅游服务质量管理与行业管理。成立了培训中心，逐步开展全行业各项服务技术与意识的培训，其中，推荐了2名导游员参加全国导游知识大赛，均获全国优秀导游员称号。制定了《沈阳市旅游涉外饭店标准与评定》、《关于1995年继续实行国内旅游最低限价的通知》等，使规范管理有法可依。不断扩大旅游涉外饭店数量，继续开展旅游涉外饭店(宾馆)星级评定和复核，对个别未达到标准的饭店给予处理，新评定2家星级饭店按照国家规定征收旅游服务质量保证金，清理了旅行社队伍。成立了旅游质量监督管理所，受理对旅游经营单位及从业人员的投诉、旅行社质量保证金赔偿请示等事项，保证沈阳市旅游业持续、健康地发展。

(田毅)

【旅游服务设施开发】　为了进一步改善沈阳涉外接待缺乏高档设施，影响整体形象的状况，沈阳市向国家有关部门申报了香格里拉酒店、仕德福广场、华盛大酒店、阳明大酒店等中外合资、合作新建设计标准为4星级以上的高档旅游涉外饭店项目，并全部获得了国家旅游局批准，国家计委也已批准建设阳明大酒店。这几个项目计划投资额约1.4亿美元，其中外方协议投资额约1.3亿美元，占92.8%。

市旅游局还对先期批准的在建同类项目进行了跟踪调查管理，及时掌握动态情况，以促进项目建设进度和投资效益的提高。新世界酒店和凯莱大酒店先后投入使用，接待了大批海外旅游者，酒店自身也获得了较好的经济效益。辽宁丽晶大酒店等一批由省、市单位新建的，标准较高的旅游涉外饭店也陆续投入运营。这些新饭店大大改善了沈阳市涉外旅游接待的硬件水平。

市旅游局牵线搭桥为旅游企业服务，积极为天涯宾馆、裕宁大厦等联系了引进外资改造设施、提供相关资料等；详细答复了沈河区外经贸委、华新国际公司等单位对拟投资项目的咨询等。

为解决重点游览区的公共卫生问题，新建和改建一批旅游厕所，市旅游局向上级争取并落实了怪坡、新乐遗址、法库朝阳洞的第一批旅游厕所改造国拨资金的到位；筛选上报了辉山、张学良旧居陈列馆、北塔法轮寺、沈阳植物园等9个景区(点)为第二批新建、改造旅游厕所项目，争取国家和省的专项资金补助。

(田毅)

【旅游市场开发】　1995年沈阳市大力加强国际旅游市场开发：2月6日，省、市旅游局和省、市文化部门等，联合在昭陵举办了“’95中国辽宁(沈阳)民俗风情游首游式”大型旅游活动，省、市领导、新闻单位及海外团队300多人参加，取得了良好的宣传效果。通过组织参加’95香港国际旅游交易会进行招徕和旅游产品展示，重点向海外宣传辉山省级旅游度假区、怪坡游览区等，并推出怪坡的“清十二帝度假别墅”，浑河开发区的“百种乐园”等对外招商项目；利用旅游企业和其他团组出访等多种渠道，宣传沈阳市旅游业及相关产业最新发展状况；通过国家旅游局驻外办事处和国内旅游宣传网络，利用各种手段进行宣传促销。

积极推动国内旅游市场开发：利用电台、电视台、报刊、宣传品等多种形式进行旅游资源、产品、商品的公众面宣传，以适应新工时制的实行带来的国内旅游发展的新形势；撰写了“改革开放中的沈阳社会事业”电视片(旅游业发展部分)脚本；与旅行社共同研究推出了多条双休日中短距离旅游线路，如宗教文化之旅、科技之旅及市内一日游线路等。

通过以上努力，使沈阳市旅游业克服了经济环境、特大水灾的不利影响，全年接待海外旅游者10.4万人次，旅行社外联海外旅游者1.0万人次，有组织旅游及接待6.5万人次，全市居民出游率(总出游人数与居民总人数之比，包括城镇、乡村居民两部分)达到70%左右。

(田毅)

【旅游资源与商品开发】　1995年，沈阳市积极开展旅游资源与商品开发工作。以辉山省级旅游度假区、怪坡游览区等为代表的大型旅游热点游览区开发了一批新项目。辉山的旅游度假设施、民俗风情及水上娱乐、冬季冰雪活动等旅游资源得到了新层次的开发，怪坡游览区开发管委会自筹及引进千余万元资金开发建设的龟蛇苑、鹏恩寺、印山湖浴场等项目已经竣工。根据国家旅游局、省旅游局的有关要求，市旅游局落实辉山、怪坡为’96中国度假休闲旅游产品和专项旅游产品上报，并向海内外推出。

一些县(市)、区进一步增强了投资开发旅游业的意识，自筹资金或吸引社会投资开发本地范围内的旅游产品。希贵集团在康平的卧龙湖游览区投资千余万元进行基础设施和游乐项目建设；新民的小西湖度假区、辽中的帕威尔国际游艇狩猎俱乐部(团结湖畔)、苏家屯区的杨城寨狩猎区、东陵区的陨石山森林公园和朝阳寺(祝家镇)、大自然篝火山庄区(李相乡)等都在积极开发建设中。

旅游商品开发一直是沈阳市旅游业的一个薄弱环节。1995年中，市旅游局组织部分生产厂家参加了中国旅游购物节，直接对广大客户宣传沈阳旅游商品；与省内有关市旅游局和国家定点生产厂研讨了如何相互协作，突出特色，共同搞好全省范围内的旅游商品开发与对外销售。与辽银工艺品厂等企业研究开发代表沈阳的特色旅游商品。对已获国家旅游商品定点生产厂资格的企业申报了旅游商品小额出口贸易权，由国家外经贸部批准沈阳市羽毛工艺厂、三环机绣厂开展5万美元以下小批量出口业务。以此为契机，推动旅游商品进一步开发。

(田毅)

【“九五”旅游规划】　1995年，沈阳市旅游局修订、形成了《沈阳市旅游业发展第九个五年计划及2010年长远规划(征求意见稿)》，经领导批准后送交省旅游局、市计委社会事业处和商业处等，供省、市制定相关规划时参考。

该稿比1994年完成稿更为精炼且措施具体、重点突出。具体内容设置了以下九个部分：

一、旅游业发展情况回顾：包括以下几方面：1.“八五”期间旅游业迈上新台阶，旅游产业规模、产业意识基本形成；2.旅游资源、市场开发呈现新面貌；3.旅游接待服务设施建设有较大进展;4.旅游人才开发已经起步;5.旅游行业管理逐步推行,旅游接待服务实行标准化、规范化,服务质量有较大提高。

二、旅游业"九五"发展计划和2010年长远规划的指导思想、发展目标和确定依据:提出以下基本观点:1.树立城市旅游形象,密切结合全市总体规划,适当增加投入,扬长避短,量力而行,因地制宜。保证旅游业健康、持续、稳定、协调发展;以提高经济效益为中心环节,以保证社会效益,不断提高旅游声誉为重要目标,效益与速度并重,形成以海外入境旅游为主导,以国内旅游为基础,以居民出境旅游为补充的旅游业发展格局,争取通过未来15年的开发建设,使沈阳市旅游业有突破性进展,成为全市第三产业中的大项,巩固东北地区主要旅游城市地位,并成为我国北方旅游大市之一,提供与全市对外开放发展相适应的旅游环境。2.扩大宣传,进一步提高全社会对旅游业的认识。强化旅游要素配套,深化行业协调管理,与相关行业互促互利。3.充分发挥辽宁中心城市地位和作用,与周边城市合作开发辽宁中部旅游区。发动社会各界投资大力开发旅游资源;同时,开发与保护并举,注重经济效益、社会效益、环境效益三统一,重点抓特色和规模建设,大力提倡"唯我独有"。4.加强社会主义精神文明建设,创造和保持旅游业发展需要的、良好的语言环境和社会综合环境。

依此确立了新的发展指标:到2000年,接待海外旅游者15.8万人次,旅游外汇收入7 000万美元;沈阳市居民国内旅游910万人次,出游率达到130%,出境游3万人次,出游率0.4%,支出约占当年创汇额的21.4%;有统计的旅游业总收入14亿元。到2010年,接待海外旅游者34万人次,旅游外汇收入1.5亿美元;市居民国内旅游1 470万人次,出游率超过200%,出境游8万人次,出游率1.1%,支出约占当年创汇额的32%;有统计的旅游业总收入36亿元人民币。

三、旅游资源开发:将从三方面着手:1.以沈阳为中心,联结周边城市的辽宁中部旅游区开发。2.重点加强沈阳市的开发建设,包括①旅游景区(点)和部分社会旅游资源开发与建设;②调动各区、县(市)积极性,开发、形成各具特色的旅游小区域体系;③市统筹抓好几个大型重点项目,发挥龙头作用。3.开发新的旅游活动,突出经济性、娱乐性、参与性和社会性,为群众喜闻乐见。同时,要从开发时就防止环境污染。

四、旅游市场开发:国际、国内市场兼顾,抓好客源市场、旅游产品开发和旅游价格管理,大力宣传促销,扩大沈阳知名度,增强吸引力。

五、旅游涉外宾馆建设:要以增强综合接待能力,抓好软件建设,不断提高管理和服务的意识、质量和水平,向国际先进标准看齐为主要目标,严格控制新建项目,提高资金利用率,保证投资效益。

六、旅游人才开发:要健全旅游教育体系,完善旅游教育基地,继续加强与外界联系,不断提高培训和教学水平,坚持实行"先培训,后上岗"和"凭岗位培训合格证上岗"等制度,不断对全行业干部、职工进行新知识、新技能培训,满足发展需要。

七、旅游行业管理:要继续搞好旅行社建设和旅游涉外饭店(宾馆)星级评定工作,深入持久地抓好服务质量,继续旅游行业规划、计划、统计、财务、审计等工作,切实反映沈阳市旅游业发展的各项成绩。逐步建立旅游事业委员会和行业协会,采用多种手段解决发展中存在的问题。

八、与部分相关行业的协作工作:旅游业的发展离不开相关行业的支持和协作,这些行业主要包括:交通(航空、铁路、公路、市内交通)、环境保护、公安、农副业、餐饮业、商业、娱乐业、信息咨询业等。

九、旅游法规建设:为了体现依法管理的原则,对旅游法规建设仍单列一章,着眼于规范旅游市场,理顺经济关系,促进旅游业健康、持续、稳定发展,探讨了在国家《旅游法》未出台之前,旅游部门与其它相关部门联合制定地方性旅游法规,包括对旅游经营单位、旅游市场、旅游安全、旅游资源与商品开发、旅游统计财务与审计、旅游教育培训、旅游企业劳动合同与劳动保护等方面的行业管理法规的制定等。

(田毅)

【旅游外汇收入抽样调查】 由于国家外汇管理体制改革,自1994年起,旅游外汇收入的统计全部通过"海外旅游者在华花费情况抽样调查"来测算。

按照国家旅游局旅计统发(1995)第070号文件精神和省旅游局的具体要求,1995年度全国抽样调查的内容有:1.旅游者基本情况:包括旅游者的居住国(或地区)、国籍(或地区)、性别、年龄、职业及旅游目的;2.旅游时间、游览城市座数;3.旅游动机和对中国旅游产品的兴趣;4.旅游花费及构成;5.旅游服务质量评价;6.旅游流向。调查问卷按口岸调查、旅游饭店调查分别设计,并按中英文、中法文、中日文、中俄文、中韩文对照五种版式印制。为了圆满完成沈阳地区调查工作,市旅游局成立了抽样调查工作领导小组,制定了详尽的实施方案,到市旅游学校聘请了10名懂一门外语的师生为调查员(其中,英语2人,韩语3人,日语3人,俄语2人),并组织了相应培训。

为保证在机场对出境海外旅游者的抽样调查工作按时顺利完成,市旅游局事先与机场管理部门、公安、海关、边检、口岸办等协商,取得其大力支持。为在沈阳——俄罗斯、沈阳——香港、沈阳——韩国的班机中选择适当的航班进行调查,所有调查员放弃周末休息,连续3天到桃仙机场开展工作。共向近300名将离境的海外旅游者发放了调查问卷,请其当场填写,调查员即时收回,共回收合格问卷近200份。

对住沈海外旅游者进行的抽样调查是确定了以凤凰饭店、泰山宾馆、中山大酒店等近10家旅游涉外饭店为基本单位,各单位根据工作量大小确定相应数量的服务员为调查员,负责发放、回收调查问卷。市旅游局派员分别负责指导几家饭店开展调查,经过近3周的紧张工作,收集了大量调查所需基础资料，圆满完成了调查任务。

（田毅）

【旅行社管理与发展】 1995年，沈阳市旅游业在市场经济改革中，注意强化旅游行业管理力度，规范旅游业经营行为，使旅游业稳步健康的向前发展。

1.加强旅游广告市场管理。根据广告法，市旅游局、市工商局联合下发了《关于加强旅游广告监督管理的通知》，并对违反本通知规定的26家三类旅行社进行了查处，较好地控制了经营旅游业务的虚假广告，维护了旅游消费者的合法权益。

2.制定国内旅游最低限价。为防止旅行社之间互相削价竞争，做到质价相符，市旅游局、市物价局联合下发了《关于1995年继续实行国内旅游路线最低限价的通知》，较好地稳定了旅游价格，维护了旅游者的利益。

3.提高导游员队伍素质。1995年，重点对三类旅行社导游人员进行了两次培训考试。一是3月份结合全国导游知识大赛，组织40多人参加知识竞赛初赛考试，并在辽宁省及全国导游知识大赛复、决赛中，沈阳旅行社侯曼琳、沈阳青年旅行社石莹两名导游员荣获省最佳导游员、全国优秀导游员称号。二是组织60多名专、兼职导游人员，利用一个多月的时间，进行了系统专业理论的导游培训及景点实际考察、现场模拟导游考试，提高了导游人员的服务意识和导游水平，经参加全省导游资格考试，合格39名。

4.对旅行社实行质量保证金制度。根据国家旅游局、省旅游局有关在旅行社实行质量保证金制度的要求，结合沈阳市旅行社的实际状况，市旅游局制定了《对旅行社实行保证金制度的实施办法》。截止12月30日，全市在规定时限内缴纳保证金的一、二类旅行社15家（其中：保证金应上缴省旅游局的14家，上缴市旅游局的1家），占应缴数量的100%；三类旅行社20家，及当年内新批准成立的10家三类社，均按规定足额缴纳了保证金。

（王静）

【旅游涉外饭店管理与发展】 1995年，为了宣传和贯彻好国家技术监督局发布的《旅游涉外饭店星级的划分及评定》国家标准，沈阳市旅游局于6月份召开了全市旅游涉外饭店总经理会议，对国家标准进行了逐项讲解，并对全市星级饭店提出了具体的落实意见。同时，市旅游局按此标准又制定和下发了《沈阳市旅游涉外饭店标准与评定》。标准中不仅明确了饭店“硬件”——设施设备和“软件”——服务质量等方面应该具备的条件和标准，而且对评定范围与程序、检查与复核方法等都做了比较详尽的规定，解决了旅游涉外饭店标准不统一的问题。

在此基础上，市旅游局依据两个标准，对9个星级饭店进行了全面复核，对14个涉外饭店进行了重新评定。通过复查，发现绝大多数饭店贯彻标准非常认真，对设施设备普遍进行了维修保养；有的单位还增加了新的服务项目；对员工加强了培训，使服务意识和服务技能有了新的提高；宾客满意程度都达到了标准要求，但也有个别饭店按标准要求还有差距。复查结束后，对2个没有达到标准的饭店分别给予了警告和限期3个月达标的处分，并在行业内进行了通报。到年末，这两个单位经过努力已全部达标。

1995年，市旅游局对提出申请涉外的9家饭店进行了全面检查，其中有6家饭店被批准为旅游涉外饭店。同时，为了树立旅游涉外饭店的形象和区别于普通饭店，市旅游局设计、制作了“旅游涉外饭店”标志牌。到年底，14家旅游涉外饭店都悬挂了此标志牌，以接受住店宾客的监督。另外，根据国家《旅游涉外饭店星级的划分及评定标准》，市旅游局对申请评定星级的天都饭店、鸿翔宾馆、金城大酒店、天涯宾馆、华都宾馆进行了星级评定，其中：天都饭店、鸿翔宾馆、金城大酒店经辽宁省旅游涉外饭店星级评定委员会批准，正式被评定为3星级旅游涉外饭店。天涯宾馆、华都宾馆的星级必备条件、设施设备、维修保养、清洁卫生、服务质量及宾客满意程度等方面，也基本达到了各自所申报的星级标准，已呈报辽宁省旅游涉外饭店星级评定委员会待批。

（孟雪松）

【沈阳新世界酒店】 沈阳新世界酒店是由香港新世界集团投资管理的中港合资酒店，大厦总建筑面积32 200平方米，总投资额为4亿元人民币，是沈阳市首幢国际集团管理的涉外酒店。新世界集团仅酒店一项从1983年开始起步到1995年底，12年间就已发展到145家，香港、美国、英国、德国、新加坡、菲律宾、缅甸、越南等国家及五大洲主要城市都有其四、五星级酒店，沈阳新世界酒店是新世界集团在中国大陆开业的第八家酒店。

沈阳新世界酒店自1994年9月试营业以来，严格按照国际四星级酒店标准配备了硬件设施和软件服务，酒店大堂宽敞豪华，四季如春，绿树，鲜花，小桥，流水，令人心旷神怡。多种标准的客房，风格各异的餐厅，各种类型的会议室，多功能厅，美容，健身，室内游泳池，卡拉OK，娱乐等服务设施，具有国际一流水准，当代最先进的通讯设备，预订系统准确，快捷，便利，经过严格培训，服务水准不断上升的酒店员工为来自五大洲20多个国家的宾客提供了尽善尽美殷勤的服务，使酒店生意兴隆，业绩理想。1995年平均住房率达到70%，其中三分之二为外籍客人，三分之一为国内客人，20%以上为常住客人。美国前国务卿黑格将军，美国达拉斯市市长史蒂夫·巴列，加拿大温尼市市长苏珊·汤姆森女士，美国麦道飞机公司总裁罗宾·福德，美国通用汽车公司副总裁休斯等国际名流商贾都曾在此下榻。

沈阳新世界酒店试营业仅一年多的时间里就取得良好的业绩，是因为酒店管理当局有一个明确的服务宗旨，即让客人满意，让员工满意，让老板满意。让客人满意——酒店除了提供殷勤至诚的服务之外，想尽办法组织客人流览沈阳市山水名胜，参加丰富多彩的酒店化妆舞会，聚餐，烧烤，联欢晚会，员工生日会等，努力满足来自不同国家、地区客人的不同需要，使客人身在异国如同在家。让员工满意——酒店除了提供良好的福利外，还非常注重企业的文化建设，定期组织员工参加郊游、足球比赛、篮球比赛、棋类比赛，多种形式的员工生日会，联欢晚会等活动。

为力求完美，追求卓越，1996年酒店将要继续投资3 000余万元人民币对所有客房再一次装修，使其更具欧美风格，让客人感到物其所值。酒店还要派出一批优秀员工去香港等地深化培训。日前，沈阳新世界酒店正式向市旅游局申报沈阳市首家四星级涉外酒店。

（王翠兰）

【南湖大酒店】 1995年，南湖大酒店围绕提高经济效益这一中心，以科学管理为手段，深化改革，在两个文明建设上取得很大进展。一年来，接待来自世界40个国家和港、澳客人，圆满完成沈阳市"九五"经贸洽谈会、沈阳市城市建设第九个五年计划和2010年规划专家论证会、东电集团公司等大型会议的接待工作。全店员工以真诚、细致、周到的服务受到宾客赞誉。经过辽宁省物价局全面评定，南湖大酒店被评为省级特级酒店，并荣获省卫生厅授予的《贯彻食品卫生法》先进单位称号。

1995年，南湖大酒店围绕夯实基础、促进发展的原则，重点抓了如下工作：

1.围绕经营工作，全力抓创收。根据旅游市场的新变化，酒店采取灵活的价格浮动办法，确保客房出租率；适时调整经营结构，提出面向市民，服务大众的经营策略，餐饮部推出大众套餐，引进南洋口味新加坡菜肴，从新加坡留艺归来的韩杰先生亲自掌勺主理，以此吸引宾客。为增强市场竞争能力，酒店投资改建了美容美发中心，新增焗发、化妆、护肤等服务项目，商场扩大了经营，对餐厅经营环境进行了改善，使酒店综合服务功能不断增强。

2.强化内部管理，坚持以法治店。狠抓各项制度的建立完善，出台了《治安消防安全管理制度》、《南湖大酒店员工奖惩暂行规定》等制度，并印刷成册。加强人事管理，提高劳动效率，逐步实行弹性岗位工资制度。

3.全方位开展岗位培训，确保服务质量的提高。从提高员工队伍整体素质入手，组织管理人员进行岗位培训，举办了初、高级英语培训班，首次实行外语津贴；开办了各类业务培训班，加强服务现场管理，执行周考核制度，使服务质量明显提高，在争创全国卫生城市活动中，受到省防疫部门的好评。

4.创建崭新的企业文化，促进员工队伍建设。酒店把思想政治工作贯穿于经营服务工作的始终，注意发挥党员干部的骨干作用，注意关心员工生活，办好员工福利。并积极开展寓教于乐的活动，成立了"音乐协会"、"足球、书法协会"，积极参与希望工程活动，酒店员工共资助141名失学儿童重返校园；组织国庆节歌咏比赛，开展全民健身广播操活动，极大地增强了企业的凝聚力。

（孙秀丽）

【沈阳迎宾馆】 沈阳迎宾馆隶属于沈阳市接待办公室，近年来，在为沈阳市级机关服务的基础上正逐步走向社会、面向市场。

总经理　张世财

沈阳迎宾馆是多功能综合性花园式宾馆，地处市中心，交通极为方便，风景典雅、环境迷人。宾馆由南北两座主体楼、4幢栋房、1幢总统别墅和两幢豪华别墅组成，既有20世纪初的古老俄式建筑，又有90年代的现代建筑，是高级宾馆与田园风光的综合体，又是一座博物馆。宾馆占地3.4万平方米，建筑总面积2万平方米，始建于1907年，它的前身曾经是俄国领事馆、南满铁路株式会社、前苏联专家招待所，宋美龄、李宗仁等都曾在此小憩。为更好地服务于社会，宾馆实行了现代化的管理体系，各项服务配套设施日益完善，是办公、旅游、娱乐的理想居住地。

宾馆共有客房126间，床位260张，员工200余人。北楼是全欧式装修的欧洲城堡，南楼为客房和餐厅，客房均为高级套房和标准间，房间整洁、舒适，设备齐全，有空调、程控电话、闭路电视、背景音响、冰箱、微型酒吧、咖啡厅、弹子房、美容、美发厅、室内游泳池、保龄球室、棋牌室、桑拿浴、网球场、健身房、商场等，并实行24小时全天服务。

餐厅设中、日、欧式餐厅、烧烤屋、KTV包房、早午晚茶等，各种美味佳肴，热情周到地服务，舒适的就餐环境，让人留连忘返。

宾馆有各种大、中、小型会议室、国际会议厅及商务中心，是举办会议、洽谈生意的理想场所。另外宾馆还配备进口的干洗水洗设备，公关部还承办租车，提供导游人员以及承包返程车、机票等事宜。

迎宾馆庭园也别具一格，环境优美，满院葱绿，有近百种树木，绿化面积达万余平方米。这里是避开喧闹和疲劳、回归自然的好去处，迎宾馆以其独有的魅力吸引着中外宾客，是田园风光与高级宾馆的有机结合，是理想中的世外桃源。

在全体员工的共同努力下，迎宾馆已取得了辉煌成绩，先后被授予省文明单位、明星饭店、全国卫生先进单位，花园式宾馆、窗口服务标兵、十强企业等。

（韩淑清）

辽宁能源物资公司

法人代表：张金池

辽宁能源物资公司，是在原辽宁省华能原材料公司的基础上，经辽宁省人民政府批准于1991年1月正式成立，隶属辽宁能源总公司。是全省能源工业，特别是电力工业所需物资开发、调剂、协作和组织供应销售的专业性经济实体，具有独立法人地位的全民所有制企业。公司注册资金600万元。

该公司按照社会主义市场经济的要求，以电力建设为中心，以市场为导向，以经经济效益为目的，认真贯彻落实国家、省政府和总公司关于集资办电，发展全省电力工业建设的指示精神，广泛吸收和运用国内外资金，实施多渠道、多层次、多元化的经营战略，积极开发物资资源，统一协调、调拨、补充、供应生产建设所需物资，为辽宁第二次创业，振兴辽宁经济服务。

公司经营范围广泛，有钢材、木材、煤炭、水泥、重油、建筑材料、化工原料、石化产品、机电产品、机械零配件的销售，承办有关各类物资的中转、发运和代储、代保管及委托销售加工、信息咨询、科技开发等企业生产建设需要的政策允许经营的各类物资。

公司有雄厚的经济实力，良好的企业信誉，广阔的经营渠道，丰富的管理经验，较高的业务素质员工队伍。现有人员中，有专业职称人员占72%，大专以上文化水平占52%。

几年来，积极开展了对铁岭、营口、元宝山、大连、朝阳、海城、辽阳、鞍山、锦州等电厂的物资供应，组织开发生产建设所需各类短缺物资。

地址：沈阳市和平区和平北大街61号
邮编：110003
办公 室电话：2716251　　经理室：2717827
传真：2717809　　电报：0642

沈阳外国企业服务总公司

总经理：祁庆麟

该公司是向外商驻沈代表机构提供全方位服务的专业化公司。自 1985 年开展业务和 1992 年隶属沈阳市对外经济贸易委员会以来，外企公司的各项业务取得了迅猛的发展。

截止 1995 年底，由公司承办并服务的外商驻沈机构已由 1992 年的 50 几家增至 300 余家；由其派出的中方雇员也由 1992 年的 30 余名增至 150 名；服务项目由初期的几项增至现在的 20 余项；公司的业务部门由初期的 4 个扩展为现在的 7 个业务部和 3 个分公司。为改善沈阳市的投资环境做出了应有的贡献。

与外商洽谈

地址：沈阳市和平区中山路 97 号（辽宁宾馆二号楼）
邮编：110001　电话：3836567
传真：3836567

公司领导班子

沈阳电视台

台长　高占文

沈阳电视台是直接由中共沈阳市委、市政府领导的局级新闻事业单位。随着中国改革开放和现代化建设的步伐，沈阳的电视事业迅猛发展，初步形成了以沈阳电视台为中心，城乡联手、有线与无线结合、各俱特色、协调发展的密集覆盖网络，现有一座新建的彩电中心，两个无线频道，一个有线电视网和有线电视台，负责对13个县、区(市)和8个农村有线电视台(站)的行业管理。创办了国内第一个电视产业集团——沈阳阳光集团，固定资产达2亿多元，职工700多人，年创产值1亿多元。全台Betacam 机器占主导地位，电视剧生产制作为模拟分量系统，播控系统实行电脑自动控制。十几年来，新闻有近百条荣获“中国电视奖”等国家优秀新闻奖；文艺节目有38个获“星光奖”等电视文艺奖；电视剧有18部获“飞天奖”、“五个一工程奖”和全国优秀电视剧评比奖。

现已同日本札幌电视台结成了友好台，同美国、澳大利亚、新西兰、新加坡、韩国等十几个国家的电视机构建立了电视业务关系或签订了合作协议。

沈 阳 电 视 台

首届思想政治工作座谈会

招聘副总监公开答辩会

在'95抗洪救灾新闻宣传工作中荣获特别贡献奖

电视剧《黑土地》曾获1993年“飞天奖”和1994年全国“五个一工程奖”，《风流皇后》获全国录像片二等奖

大型六讯道录像转播车

地址：沈阳市和平区青年大街296号
电话：3909128
邮编：110003

广告部业务室

沈阳电视台广告部

沈阳电视台广告节目除了对本地的直接影响之外，还对其它大城市起着一定的辐射作用，并通过有线电视网和上百万的流动人员影响到全国各地。

沈阳电视台广告部直接办理国内外电视台广告，经济专题节目。白天广告分四段播出，上、下午各两段，每段3–5分钟，晚间广告分十段播出，每晚6点以后，10点30分以前黄金时间播，每段2–5分钟。

沈阳电视台广告部为快速传播各类经济信息促进商品经济的发展起着重要的作用，深受客戶的信赖。在本台播出的广告均收到良好的经济效益和社会效益。

广告部主任　马永纯

召开业务研究会

广告部编辑室

'96《情醉良宵》大型文艺晚会现场

地址：沈阳市皇姑区昆
东路40号
电话：6863057、686413
邮编：110032

沈阳有线电视台

沈阳有线广播电视台是沈阳电视台系列台之一，与无线电视、无线广播一样是全市广播电视事业的重要组成部分，是党和政府重要的宣传工具。沈阳有线广播电视网是辽宁省目前最大的有线电视网，经过近三年的建设，有线电视网已覆盖市内5个区域，有近20万户入网。沈阳有线电视采用目前国际最先进的550兆赫双向邻频传输技术，网络传输采用光缆、电缆相结合方式，可以同时传送60个频道的电视节目及16套调频立体声广播节目。目前，沈阳有线广播电视台已开通传送19套电视节目。其中，包括中央电视台4套卫星加密频道、自办2套综合节目，开办各具特色的栏目14个。1996年沈阳有线电视台2个频道，使有线电视更加贴近观众，更为群众喜闻乐见，为沈阳市的经济建设和精神文明建设发挥重要的喉舌作用。

地址：沈阳市皇姑区昆山东路40号
邮编：110032

沈阳电视台

雏凤清于老凤声

深受读者喜爱的《沈阳广播电视报》

报社办公楼

总编 王雪峰

沈阳广播电视报创刊于1993年9月。由于坚持贴近社会、贴近生活、贴近读者的办报宗旨，创刊伊始就受到沈城广大读者的喜爱，报纸由最初的四开4版迅速发展到四开8版、四开12版及至1994年9月的四开16版，年发行量最高达到800多万份，1995年被辽宁省评为“读者最喜爱的报纸”之一。

沈阳广播电视报原名沈阳荧屏周报，1995年3月由于增加了沈阳电台节目而更为现名，成为以指导广大读者欣赏电视、广播节目的专业性报纸。她全面介绍中央电视台一、二、四、五、六、七、八套，辽宁电视台，辽宁北方电视台，辽宁有线电视台，辽宁教育电视台，沈阳电视一台，沈阳电视二台(经济台)，沈阳有线电视一、二套电视及沈阳电台的广播节目。此外，还介绍上卫星的贵州、云南、四川、浙江、山东、西藏、新疆以及省内部分市、区的电视节目。

作为电视、广播节目的延伸和补充的专业性报纸，沈阳广播电视报在突出电视、广播专业报特色的同时，注重地域性，认真贯彻市委、市政府的指示精神，强调导向性和可读性并举，对人民群众关心的热点问题予以关注和报道，对促进两个文明建设的健康发展起到了积极的推动作用。她的“名家访谈”、“荧屏灵通”、“明星长镜头”以及社会性栏目“热点追踪”、“社会写真”、“社会广角”等已成为深得人心的有影响的栏目。

沈阳广播电视报自办发行，全市4县9区均设有发行站，有零售报刊点(摊)近600多个。报纸可破季、破月订阅，随订随收，同时，个人订阅一律投送到户，可集订分送，送家、送单位均可。

微机电脑排版室

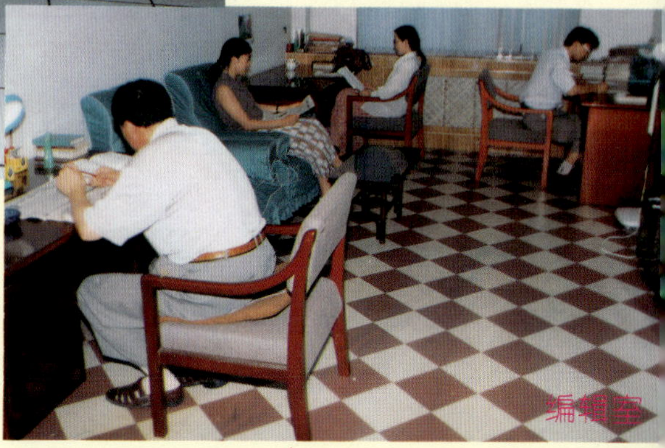
编辑室

地址：沈阳市沈河区五爱街26-2号
电话：3917982
邮编：110015

沈阳电视台

阳光集团

总裁　沈晓黎

集团总部

阳光娱乐城

传呼中心

影视音像有限公司

沈阳阳光集团是集科技、文化、工贸、教育等为一体综合性经济实体，隶属沈阳电视台，是目前全国广播电影电视行业第一家集团企业。

集团宗旨是建立沈阳电视实业发展总公司为核心企业，集电视工程施工，器材经销，音像制作，广告信息通讯和多种经营为一体的电视产业集团，充分发挥电视台以及相关产业网络的优势，积极拓宽业务领域，全方位参与市场竞争，努力提高经济效益，在全国同行业中树立沈阳电视产业形象，更好地推进沈阳市电视事业的发展。

集团经营范围：主营广告代理筹划制作；电视片拍摄与制作；电视工程安装；电视节目和音像制品的复制及销售；广播电视器材的经销和各类电子产品，BP机传呼设备，娱乐场所经营；兼营汽车与修理；外经外贸；大型国际展览；广播电视技术咨询；人才培训及各类文艺服务等。

地址：沈阳市皇姑区昆山东路40号
电话：6862864　邮编：110032

总经理 黄元林

沈阳证券交易中心

总经理黄元林(左二)副总经理马佩霞(左一)、崔润江(右二)、杨春燕(右一)

沈阳证券交易中心成立于1992年4月，该中心为会员制，非盈利性事业法人，注册资金为4000万元人民币。几年来先后实现与上海、深圳证券交易所双向交易联网，截止到1995年末，中心共有会员94家，遍布全国20多个省、市；开通交易席位159个，采用卫星、光纤专线双套通讯设施进行沪、深证券交易，并自建一套美国HP小型机交易系统及与券商间的卫星行情发送系统，为辽沈及东北地区广大投资者创造了安全可靠、快捷便利的投资环境。目前，已累计实现交易额490亿元。其中1995年成交345.48亿元，占总成交额的70.5%。

交易大厅

地址：沈阳市和平区太原北街1号　邮编：110001
电话：2711331　传真：(024)2714589

沈阳财政证券公司

总经理　莫逆

该公司成立于1988年4月，是经中国人民银行总行批准登记注册的全民所有制非银行金融机构。公司下属7个证券交易营业部，注册资本金1亿元人民币。

公司的主要业务范围是：一、代理发行各种有价证券，二、自营和代理证券买卖；三、代理支付和代收证券的本息、红利；四、证券的鉴证、登记过户；五、证券代保管业务；六、证券投资咨询；七、经人民银行批准的其它证券业务。几年来，公司各项业务有了长足发展，证券交易额和实现利润情况在沈阳39家主要证券经营机构中名列前茅。

交易大厅

该公司是我国三大证券公司之一，沈阳分公司有面积达3420平方米的办公营业大楼，营业大厅装备LED电子显示屏3部，通过卫星接收上海、深圳证券交易所股市行情。另设大屏幕显示器3台，各种电脑40余部，安装了闭路电视监视系统。基本实现了经营、管理办公手段的自动化、现代化。

截止到1995年底，公司各营业部交易总额达19.1亿元，在沈阳市50多家券商中列第二位。

地址：沈阳市和平区中山路112号
邮编：110002　电话：2704058

中国太平洋保险公司　沈阳分公司

中国太平洋保险公司是由交通银行控股经营各类保险业务的全国性股份制商业保险企业，成立于1991年4月，总公司设在上海。目前已在全国75个大中城市设立了分支机构。并在海外80多个国家和地区的160多个主要港口和城市建立了代理点。

沈阳分公司是在交通银行沈阳分行开办4年保险业务基础上成立的。改革兴司、育人办司、从严治司是该公司坚持的方向；一流的服务质量、一流的工作效率、一流的信誉是公司的宗旨；主动、迅速、准确、合理是公司的理赔原则。在经营展业服务等方式上逐步与国际市场接轨。

地址：沈阳市沈河区南三经街67号
邮编：110014
电话：2836746　**传真**：2836745

平安保险公司沈阳分公司

中国平安保险公司沈阳分公司的前身是中国平安保险公司沈阳业务代理处，1992年9月开始从事保险业务活动，1994年7月经中国人民银行批准，该公司正式成立对外营业。

该公司做为全国三大综合性保险公司之一，总部设在深圳，其业务经营范围是：办理各种本外币财产保险、责任保险、信用保证保险、农业保险、人身保险；再保险；法定保险；代理保险检验、理赔、追偿业务；办理经中国人民银行批准经营的资金运用业务。

地址：沈阳市沈河区市府大路262甲(火炬大厦6楼)

邮编：110013　电话：2790285

总经理　赵淑贞

沈阳证券公司

该公司成立于1988年5月，隶属于交通银行沈阳分行。注册资金为3000万元，现有员工57人，其中有中级专业技术职称人员14名，占24.6%；大专以上文化程度者33人，占57.9%。

公司内部机构设置有：总经理办公室、市场部、发行部、财务部、营业部。在深圳设有沈阳证券公司深圳营业部。

地址：沈阳市沈河区大西路364号

邮编：110014　电话：2727000　传真：2731770

沈阳会计师事务所

地址：沈阳市沈河区十纬路35号

法人代表：胡丕华

电话：2718161　传真：2714247

邮编：110014

该所是经辽宁省财政厅批准成立的依法独立承办注册会计师业务的法人单位。内设审计、咨询、资产评估、业务指导和办公室等专业技术职能部门。1996年1月，财政部正式批准该所加入摩斯伦国际会计事务所，成为目前中国仅有的两家国际会计师事务所的成员所之一。

该所的业务范围包括：

(1)审查企业会计报表，出具审计报告；(2)验证企业资本，出具验资报告；(3)办理企业合并、分立、清算事宜中的审计业务，出具有关报告；(4)设计会计制度；(5)担任会计顾问；(6)代理记帐；(7)代理纳税申报；(8)办理投资评估、资产评估和项目可行性研究中的有关业务；(9)提供会计咨询、税务咨询和管理咨询；(10)代理申报工商注册登记，协助拟订合同，章程和其他业务文件；(11)培训会计、审计和财务管理人员；(12)其他的会计咨询、会计服务业务。

辽宁金融职工大学

辽宁银行学校

辽宁金融职工大学、辽宁银行学校是中国人民银行总行直属的成人高等院校和中等专业学校。学校占地面积110亩，建筑总面积23445平方米。学校现有多种办学层次，其中职工大学面向全国金融系统招收在职干部，学制2年；银行学校在省内招收高中起点中专(学制2年)和初中起点中专(学制3年)。学校设有金融、财会、金融管理等专业。学校教学、生活设施齐全，各类在校学生规模合计近千人，教职工190人。近几年来，学校不断深化教育体制改革，取得丰硕成果，先后被中国人民银行总行、省教委和国家教委授予"全国金融系统职工教育先进单位"、"辽宁省成人教育先进学校"和"全国成人高等教育先进学校"荣誉称号。学校现任党委书记于德江(高级经济师)、校长杨玉辅(副教授)。

地址：沈阳市虎石台建设南一路7号

电话：(024)9872654　邮编：110122

辽宁丽晶大酒店有限公司

该酒店有齐全的服务设施，有大套房、小套房、标准客房220套，具有国际水准。有能容纳300人的大宴会厅、贵宾包房、多功能厅，可举办各种规模的宴会、会议和大型庆典活动。商务中心可办理打字、复印、传真、特快专递等业务。夜总会、KTV包房是用户餐饮、娱乐理想的选择场所。

地址：沈阳市和平区同泽北街5号

邮编：110001　电话：3833288　传真：3832166

沈阳市电信局

沈阳通信发展股份有限公司

“999”“126”

无线寻呼台

新落成的沈阳电信大楼

该公司成立于1993年2月，组建初期，该公司无线寻呼系统容量为40万线，用戶达35万多戶，1995年，公司对原有40万线设备进行了扩容改造，扩容后的总容量为100万线，用戶已达到50万戶。新系统与原40万线寻呼系统相比，自动化程度更高，采用世界上一流的汉字与数字兼容技术、超大容量、多点发射、规模宏大居全国第一。在原系统的基础上新增加了秘书台、语言信箱、自动播号查询、代码机使用等功能。实行三角式同频同播覆盖整个沈阳市区。

地址：沈阳市和平区中山路225号
邮编：110002　电话：2820218

“999”营业楼

“999”自动传呼机房

“126”人工传呼机房

传呼机售机营业厅

辽宁经济技术交流馆

辽宁经济技术交流馆(华星大厦)位于南湖科技开发区內，主体结构19层，总建筑面积14800平方米，整体装修富有浓郁的文化色彩。大厦拥有156间客房及豪华歌舞厅、餐厅、酒吧、商场、经贸洽谈室、技术交流室并设有中央空调、程控电话、计算机、复印机、传眞等现代化设施。主要职能是：面对国內外组织各类展销会；开发新产品、推广新技术；促进兴办三资企业、帮助企业引进技术人才、选派技术人员到国外进修；承办国內外广告宣传业务及全省经济技术交流活动。

目前，美国、日本、韩国、香港、台湾等国家和地区的外商已在该馆设立了办事处，可进行国际间技术交流和经贸洽谈。

总经理：孟文成
地址：沈阳市和平区文化路58号　邮编：110003
电话：3893511(总机)　传真：3896899

房

餐厅

大厅

沈阳市勋望小学

校长：王冬梅

校园

语音教室

该校始建于1946年，前身是私立中山小学，后改为辽东师管区附属子弟小学，建国后定名为勋望小学。现有38个教学班，2200名学生，教职工百余人。为适应全面素质教育的需要，学校配齐了电教设备、音乐教室、实验室、图书馆、卫生室等，近三年来又增设了语音室、微机室和面积130平方米的多用教室，装配了闭路电视实现了标准化、现代化的办学条件。

早在60年代，该校就是全国教育战线上的一面红旗。曾被评为全国儿童教育先进单位，出席了全国文教群英会，1978年学校被省政府确定为首批办好的重点小学。建校以来，学校为国家培养了一批人才，其中有董礼强、尤可为等国家和省市专业足球运动员50多名，学校被沈阳各界誉为“足球健儿的摇篮”。几年来学校率先进入标准化办学条件行列，荣获省思想教育先进单位、省体育工作先进单位、市学雷锋标兵单位、市小学生行为规范示范校、市校园文化活动先进单位、少先队全国红旗大队、全国读报金奖学校、全国助残先进单位等光荣称号。

电教室

微机室

地址：**沈阳市铁西区南九中路一号**
邮编：110023　　**电话**：5851651

沈阳市岐山路第一小学

校园

语音室

音乐教育

图书馆阅览室

标本室

该校始建于1934年，当时校名为“奉天市昭盟小学”，后经历了“沈阳市朝鲜族小学”、“北陵中心小学”、“诚信小学”，1958年易名为“岐山路第一小学”。

现有28个教学班，1926名学生，114名教职员工，有国家级先进个人4名，省特级教师4名，沈阳市教育专家2名。学校建有两幢宽敞明亮的教学楼，一幢设施优良的实验楼，一幢配备了一流设备的现代化体育馆，音乐舞蹈室、美术室、语音室、标本室、档案室、卫生室、电教室等16个专业教室。设有地面有线电视，每个教室可收看11套电视节目及专题英语讲座。

学校于1980年被省政府确定为首批办好的重点小学，1981年被市政府确定为开放学校，1993年又被市区确定为窗口学校。目前，学校已建设成为市标准化小学，市先进学校、市文明单位标兵、省文明单位、全国学雷锋先进集体。自1978年以来，共获思想品德教育、教学改革、体育卫生、文娱科技活动、勤工俭学方面的国家级、省市奖励157项。学生获奖人数达780余人次。岐山一校被社会各界和国际友人誉为“这里是童星昇起的地方”。

地址：沈阳市皇姑区嘉陵江街64号
邮编：110031
电话：6863304　**校长**：孙洗宇

团结、求实的领导班子

沈阳市城市管理监察大队

大队长：于明和

沈阳市城市管理监察大队成立于
1985年，市城管监察大队定编150人，
市大队20人。各区成立城市管理监察
队，行政上隶属区政府领导，业务上
受大队领导。

1988年7月，市委决定成立沈阳市
精神文明建设城市管理办公室，市城
管监察大队从市城建局划出，改由精
神文明建设管理办公室领导。人员增
至167名。1995年8月，城管办撤销，该大
队划归市城建局。

该大队的工作职责是：负责监督
检查各有关部门贯彻执行城市管理
各项法规的情况；监督各部门执行城
市市容环境卫生、园林绿化、市政公
用设施和建筑管理等方面的各项具
体规定；宣传城市法规；依法对违反
法规的单位和个人进行教育或处理。

地址：沈阳市沈河区青年大街115号
邮编：110015　电话：3849230

沈阳市市政工程质量监督站

站长　王兴信

该站成立于1985年12月，是市城市建设管理局所属的事业单位，是代表市政府对全市的市政工程质量进行监督的专职权力机构。

依法监督是监督工作的首要特点。该站制定了《市政工程质量监督管理细则》等30余篇法制性文件，建立了16项规章制度，编制成《市政工程质量文件选编》，使监督工作做到了法制化、公正化。

其监督范围和项目如下：凡在沈阳市范围内新建、改建和扩建的道路、桥梁、排水、园林绿化、景点建筑及其附属的步道方砖、边石、水泥管、沥青与沥青混合料等生产质量，均属监督范围。

沈海立交桥

文化路立交桥

地址：沈阳市沈河区青年大街197号
邮编：110015　电话：3846503

沈阳市
市政工程建设
市场管理办公室

该办于1991年3月经市编委批准成立，其主要职能和职责是：

1、宣传贯彻执行国家、省、市有关市政、园林工程建设市场管理的法规、法令及规定，并监督其实施。

2、起草、制定有关市政、园林行业管理方面的法规、条例、办法等文件。

3、对市政、园林施工企业和市政工程材料生产企业资质审查、定级、年检；外埠队伍进沈资审、外出队伍手续的办理及施工现场的管理工作。

4、负责市政、园林工程招投标工作。

5、负责市政、园林工程开工报告的办理。

6、负责对市政、园林工程市场监理员的培训和管理。

7、负责市政、园林行业的综合管理的有关工作。

地址：沈阳市沈河区青年大街197号
电话：3896372　邮编：110015

沈阳市市政建设工程公司

第三工程处

处长：杨忠田

沈阳市市政建设工程公司第三工程处是隶属于市城建局专门从事路桥建设的专业化队伍。该处处长杨忠田同志被誉为建桥能手，在组织施工过程中，大胆创新，改进工艺和技术革新20多项。其中，有一项获得国家科技进步奖。1994年被评为沈阳市特等劳动模范。

地址：沈阳市皇姑区白龙江街29号
电话：6865429　邮编：110031

沈阳化肥厂

厂长：唐英年

该厂是国家大二型企业，是沈阳市化肥基地。现有职工3000人，固定资产近8000万元。新建投产的两套3万吨磷酸二铵装置是国家重点改造项目，全部投资近4000万元，设备全部国产化，该装置大部分是依靠本厂力量进行改造安装，于1989年末一次试车成功，填补东北地区磷铵生产的空白。生产能力已达8万吨。

该厂积极引进外资走联合之路，与美国雅博国际股份有限公司合资生产酞菁蓝；与香港明华公司签定了投资100万元合办“沈阳港泰制动器材有限公司”；与中国农资香港佳农公司签定了投资470万元的“沈阳中农化肥制造有限公司”，其中硫酸钾生产已投产。

地址：沈阳市于洪区沈大公路87号
电话：5832312　传真：5833094　邮编：110141

沈阳市农业科学院

院长 顾树森

该院始建于1972年，现有职工227人，其中研究员7人，高级农艺师36人，农艺师25人。试验地面积33公顷，总建筑面积16000平方米。主要从事粮油作物、蔬菜、西甜瓜、食用菌、花卉等新品种选育及高产栽培技术的研究。先后承担了国家科委、农业部、省市重点研究项目，取得科研成果90项，获奖成果75项次。其中国家级4项，省部级18项，获国家发明专利2项。玉米、大白菜课题研究水平已分别跃居国内外同类研究前沿并承担了国家科技攻关课题。

地址：沈阳市皇姑区黄河北大街96号　邮编：110034
电话：6801183

沈阳市于洪苗圃

主任：范炳勇

沈阳市于洪苗圃位于铁西区建设大路与沈大高速公路交叉口的西北角，占地面积84.94公顷，有高中低档苗木84个品种，77万余株，温室面积2000平方米，培育高中低档木本、草本应时花卉136个品种，一年产量10万盆以上，每年生产绿地用草坪3万平方米，造型五色草120万株，各种草花苗30万株。同时还生产各式水、旱盆景。苗圃有专业的园林绿化设计和施工队伍。

地址：沈阳市铁西区重工北街64号
邮编：110026　电话：5820134

沈阳医学院附属中心医院

院长：张来宾

该院建于1956年，先后名谓沈阳市第六医院、沈阳市医院、沈阳医专附属医院、沈阳市第八医院、沈阳市中心医院。1987年为沈阳医学院附属中心医院。

医院有床位800张，日门诊量2400人次，职工1461人，其中正副主任医师、正副教授高级职称115人，中级职称319人，有20多名专家教授分别在中华医学会和省市医学会学科分会担任委员、理事、副主任委员、主任委员和编辑等职。设有内、外、妇产、小儿科各专业科系等31个临床及医技科室；有遗传室、胰岛细胞室、电镜室等13个实验室和检查室。医疗仪器有两部全身CT、1250毫安心血管造影机，彩色B超，体外震波碎石机、心功能检测仪器等大型医疗设备600多台件。

手外科、烧伤、心胸外科、普外科、内分泌科、泌尿外科等重点专业科室，具有一定的技术优势，3例十指离断再植全部成活，成功抢救特大面积烧伤病人多例。近年来有30多项科技成果分别获得卫生部和省、市科技进步奖。医院连续几年被授予沈阳市文明卫生单位，市卫生局达标单位，1993年进入国家三级甲等医院。

十指离断再植十指成活，专家教授在为患者做再植成活鉴定

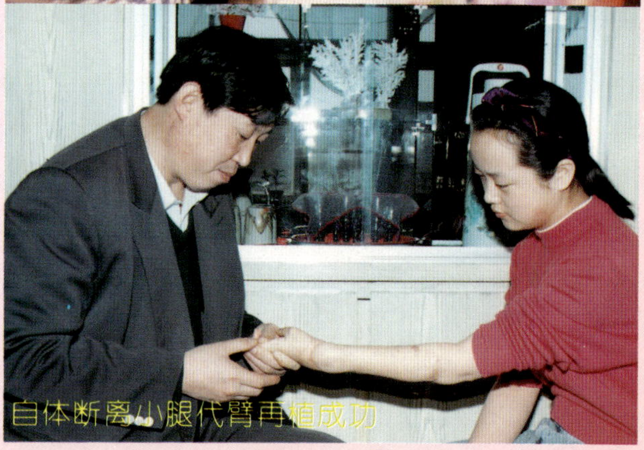

自体断离小腿代臂再植成功

地址：沈阳市铁西区南七西路5号　邮编：110024　电话：5874217

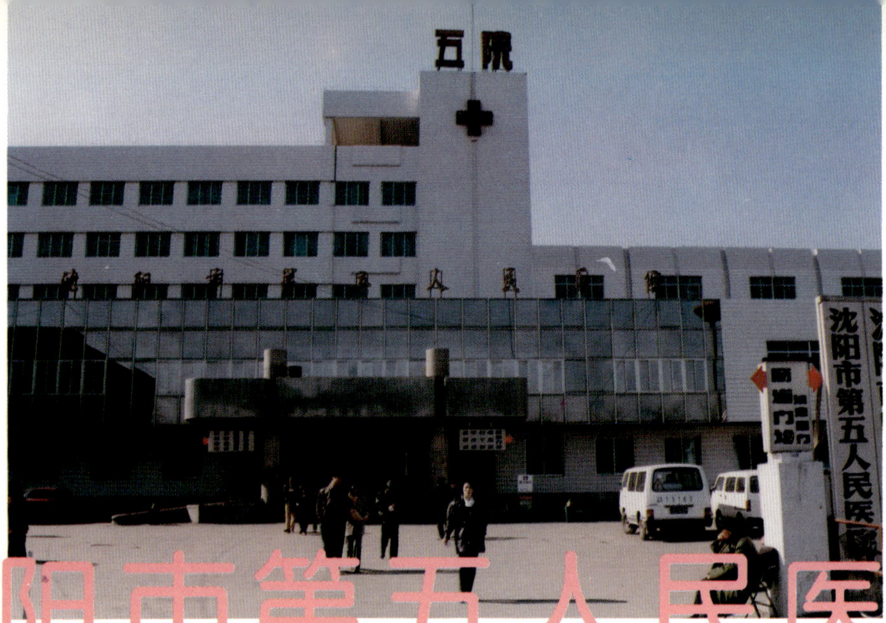

沈阳市第五人民医院

法人代表：杨庆

该院是一所历史悠久、技术力量雄厚、知名度高，集医、教、研、预防、保健、康复于一体，以肿瘤防治为重点的综合性医院。沈阳市肿瘤医院、沈阳市肿瘤研究所、沈阳市职工医学院附属医院、沈阳医学院教学医院均设在该院。

医院始建于1955年，有床位800张，职工1120名，其中具有高级职称的86人，中级职称299人，年门诊诊疗人数近60万人次。设有临床一级和二级科室30个，医技科室16个。拥有进口德国产CT机，大型高压气舱等医疗设备。医院曾荣获省规范化服务“窗口”竞赛标兵单位，省医德医风建设先进集体、连续6年被市卫生局评为综合目标优秀达标单位。1994年医院评审成为“三级甲等医院”。

地址：沈阳市铁西区兴顺街188号
邮编：110023　电话：5854916

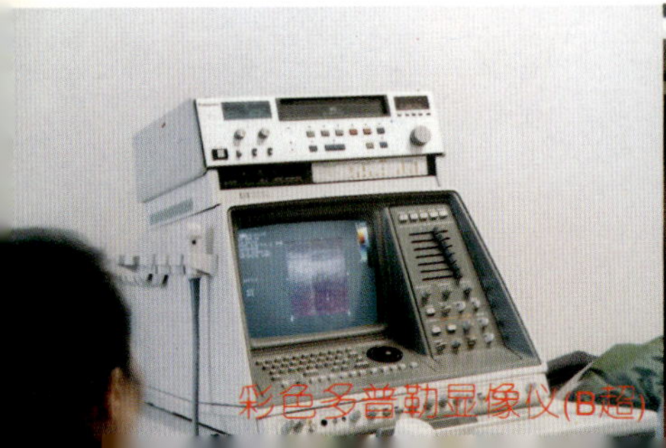

彩色多普勒显像仪(B超)

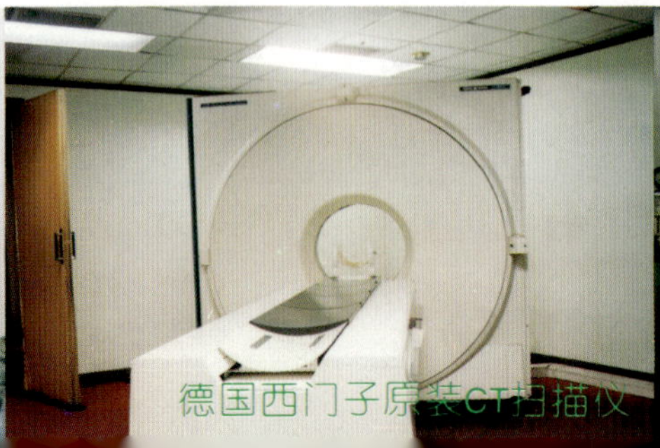

德国西门子原装CT扫描仪

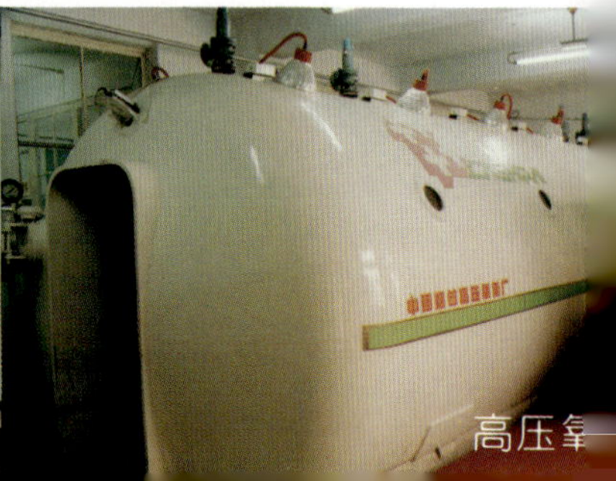

高压氧

苏家屯区中心医院

院长：宫贵春

高压氧仓

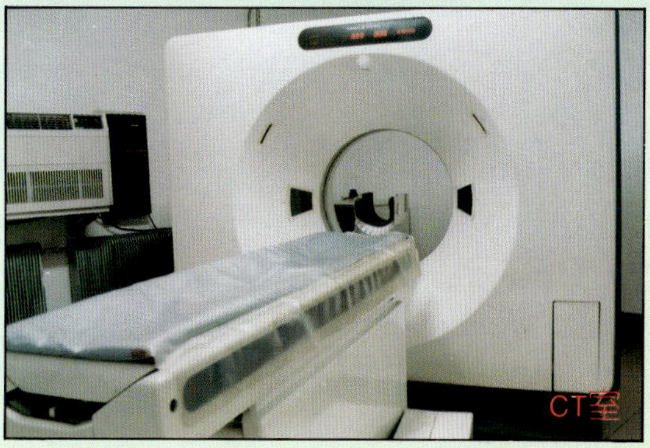

CT室

苏家屯区中心医院始建于1932年，设有床位600张，并有中国医科大学专家组14位教授在这里任职。1993年进“二级甲等”医院，1995年通过爱婴医院验收。是苏家屯地区的医疗中心、急救中心、检验中心，是沈阳医学院第四临床医院及省、市职工医学院教学医院。医院被评为辽宁省文明医院、辽宁省医德医风先进集体、沈阳市最佳服务单位、沈阳市文明单位。

地址：沈阳市苏家屯区海棠街33号
邮编：110101　电话：9812184

沈阳铁路局总医院

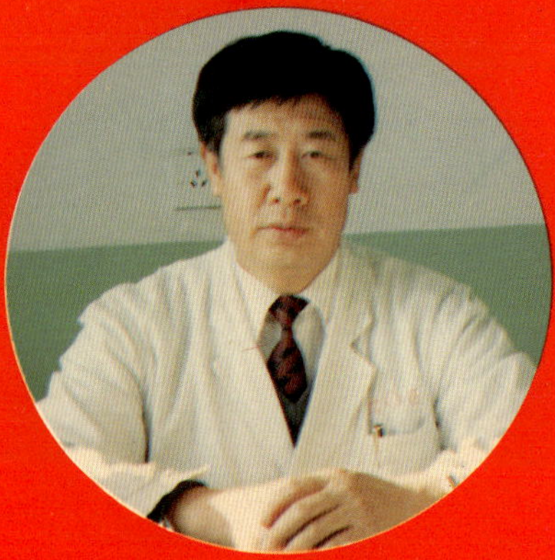

院长：张树德

该院是一所综合性医院，是全国铁路北方片医疗卫生中心，沈阳铁路局医、教研中心，是中国医科大学、辽宁中医学院的教学医院。1993年9月被省卫生厅批准为“三级甲等”医院。设有一个门诊部、一个分院，500张床位，有25个专科、10个医技室和4个研究室。消化内科、泌尿外科是铁道部确定的重点专科。

全院有千元以上的医疗设备339台(件)，总价值近1747万元，主要大型医疗设备有德国西门子公司产核磁共振仪、美国GE公司产CT—MAX，日本东芝带数字减影心血管造影系统、800毫安X光机组、彩色多普勒显像仪、前列腺增生微波治疗仪等。

近年来医院获国家科研成果奖一项，省、部级成果奖二项、市科研成果奖19项，填补国家、全路技术空白三项，省技术空白二项，沈阳铁路局技术空白37项。

地址：沈阳市于洪区崇山东路4号
邮编：110032　**电话**：6896975
路电：20-42067

医院外景

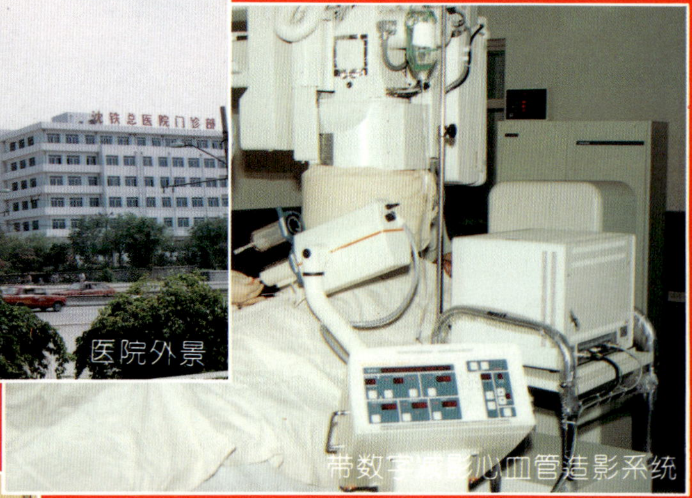

带数字减影心血管造影系统

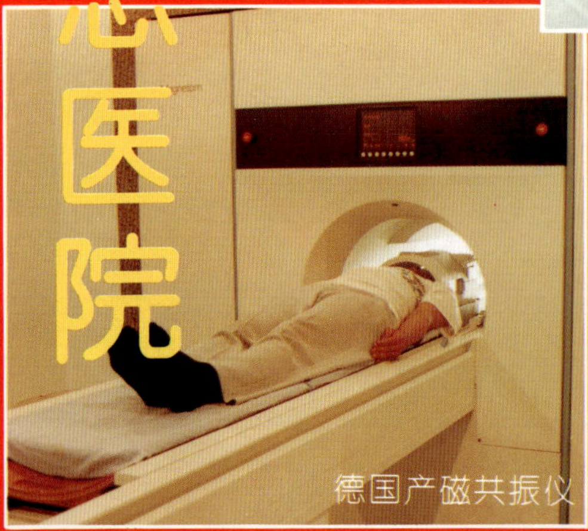

德国产磁共振仪

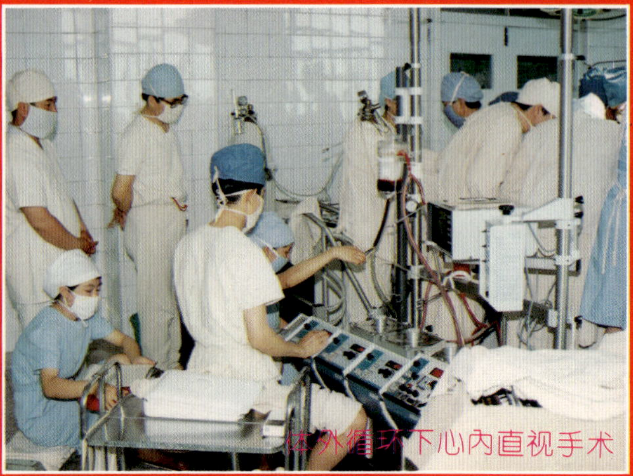

体外循环下心内直视手术

沈阳铁路局总医院

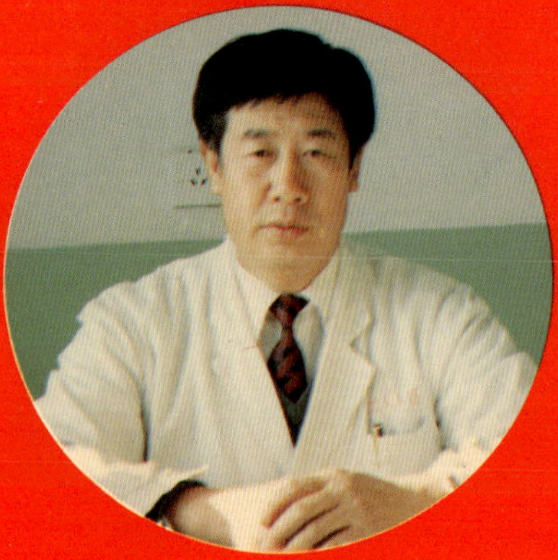

院长：张树德

该院是一所综合性医院，是全国铁路北方片医疗卫生中心，沈阳铁路局医、教研中心，是中国医科大学、辽宁中医学院的教学医院。1993年9月被省卫生厅批准为“三级甲等”医院。设有一个门诊部、一个分院，500张床位，有25个专科、10个医技室和4个研究室。消化内科、泌尿外科是铁道部确定的重点专科。

全院有千元以上的医疗设备339台(件)，总价值近1747万元，主要大型医疗设备有德国西门子公司产核磁共振仪、美国GE公司产CT—MAX，日本东芝带数字减影心血管造影系统、800毫安X光机组、彩色多普勒显像仪、前列腺增生微波治疗仪等。

近年来医院获国家科研成果奖一项，省、部级成果奖二项、市科研成果奖19项，填补国家、全路技术空白三项，省技术空白二项，沈阳铁路局技术空白37项。

地址：沈阳市于洪区崇山东路4号
邮编：110032　电话：6896975
路电：20–42067

医院外景

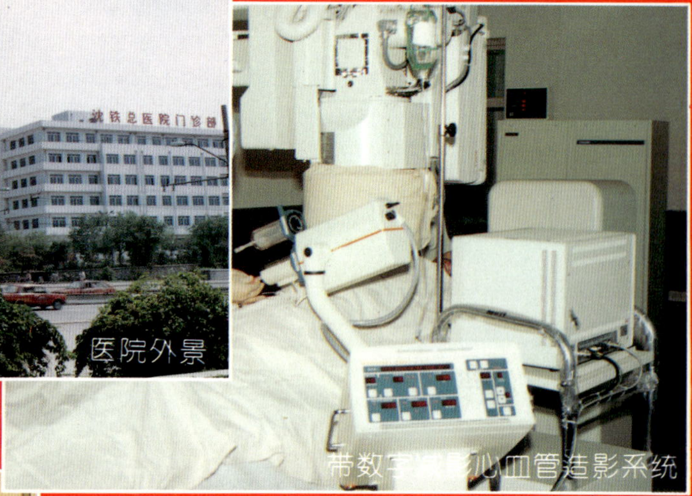
带数字减影心血管造影系统

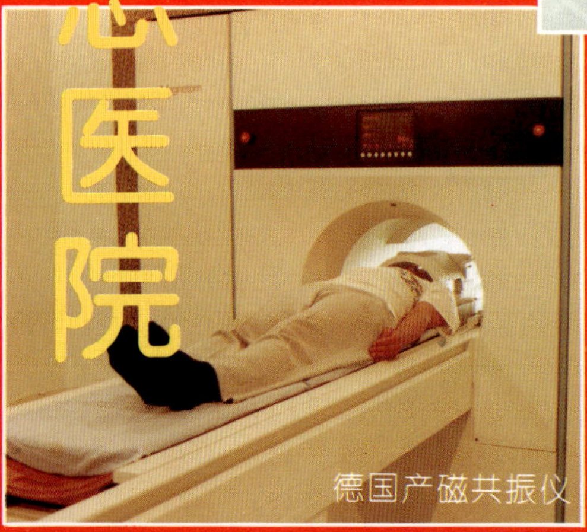
德国产磁共振仪

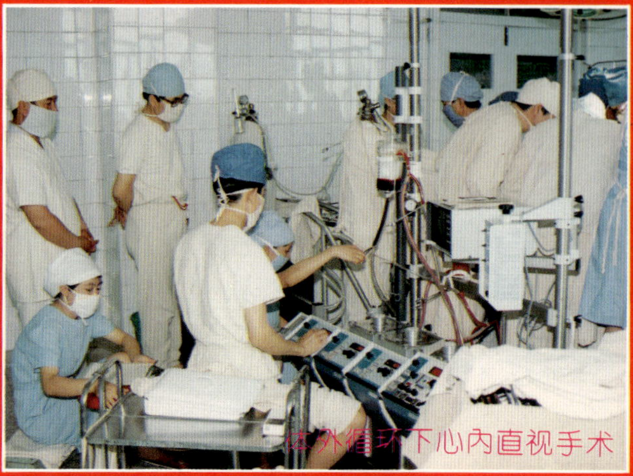
体外循环下心内直视手术

沈阳铁路局沈

沈铁分局副局长 沈阳工程总公司总经理 方永忠

沈阳工程总公司办公大楼

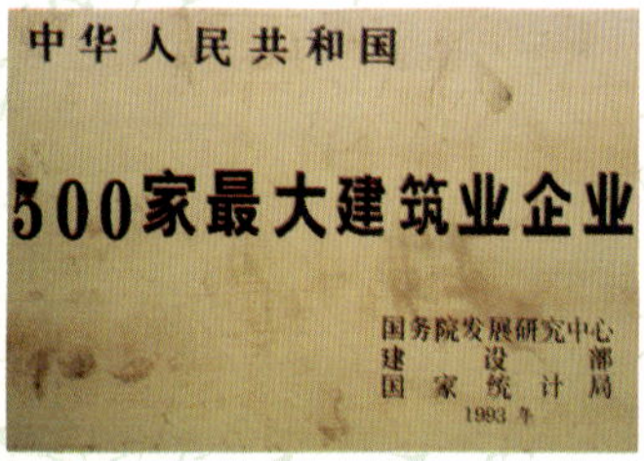

沈铁新华高层住宅公寓

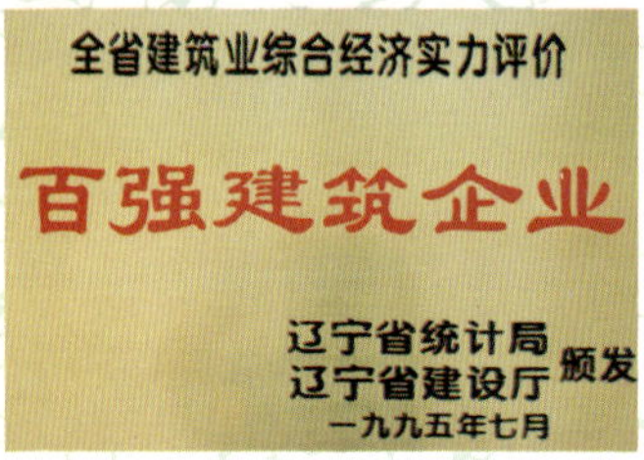

沈西编组场

阳工程总公司

该公司是国家建设部批准的铁路综合一级资质建筑企业。

总公司正式组建于1956年，下属9个施工生产单位，46个施工处(分段、所)。拥有员工7366人，其中各类科技人员1032人，(高级技术职称23人、中级职称400人)，获得施工项目经理资格的163人，其中一级项目经理46人。

总公司有各类成套机械设备1245台，流动资产2.45亿元，固定资产1.15亿元，有设备完善、技术先进的综合试验机构，设计所和计算中心，年施工能力为6亿元。

总公司主要承建铁路基土石方、线路、桥梁、隧道、站场、通讯、信号、电力以及工业与民用及高层建筑；还承建高速公路道路和桥梁、水力、机场等各类土木建设；建筑安装工程和各类工程的技术咨询、勘测设计和人员培训等。

在近年承担的各大、中型工程中曾获得国家、省市、局的多次奖励，其中沈阳铁路枢纽沈阳西编组站获国家银质奖和铁道部、辽宁省优质工程奖。

总公司于1989年获辽宁省先进企业称号，1994年获全国500家最大经营规模建筑业企业第64位和中国500家最佳经济效益建筑业企业资质一级第197位，1995年又在辽宁百强建筑企业评比中荣获第八位。并被辽宁省企业信誉评级委员会评为AAA级信用单位。目前，总公司已与东北质量体系审核中心签约，正在申请ISO9000系列标准认证。

沈铁体育馆

太子河特大桥

地址：沈阳市沈河区敬宾街3-1号
邮编：110013 **电话**：8870567 8870539

沈阳绕城高速公司后丁香特大桥

公司领导班子(左三)总经理穆秀仁

沈阳市房地产发展公司

该公司是隶属市建委的综合性房地产开发企业，1994年被建设部评定为国家资质一级房地产开发企业。1995年被授予“沈阳市先进房地产开发企业”光荣称号。

有注册资金2080万元，总投资5.3亿元，施工面积54.7万平方米，竣工面积49.5万平方米，2万平方米以上住宅小区5个，其中10 万平方米住宅小区2个。

1994年，该公司与香港新世界发展有限公司组建了“沈阳新世界康居发展有限公司”。1995年在于洪北里开工安居工程17万平方米。

由该公司开发建设的西塔小区

地址：沈阳市西塔街67-1号
电话：3408654

对外经济贸易

对外经贸

【外经贸工作综述】 1995年，沈阳市对外经贸工作坚持“三外并举”的原则，着力发展全社会大经贸，开拓全世界大市场，在面临诸多困难和不利因素的情况下，经过外经贸战线广大干部职工的拼搏努力，又取得了新的成绩。

1.对外贸易。1995年，市外贸自营出口66 452万美元，完成国家计划的116.4%，完成市计划的100.7%，比1994年增长7.4%。其中一般贸易出口48 849万美元，完成年计划的103%，增长6.3%；易货贸易出口4 000万美元，完成年计划的67%，下降21.5%；外商投资企业出口13 583万美元，完成年计划的104%，增长25.6%。1995年，外贸出口在受“三率”变化影响面临重重困难的情况下，不仅保持了稳步增长，而且在出口商品结构、开拓国际市场等方面又有新的进展。一是出口商品品种继续增加，达到1 119个，增加118个。其中超1 000万美元的有6个，出口额达10 607万美元，占出口总额的16%。二是出口商品结构继续改善，工业制成品出口56 385万美元，占出口总值的84.85%，比1994年上升1.35个百分点。机电产品出口14 110万美元，占出口总额的21.2%，增长9.2%。三是出口市场继续扩大，出口商品销往103个国家和地区，比1994年增加6个。其中最大的贸易伙伴为韩国，出口值为12 371万美元，占出口总额的18.6%。当年，新开辟了苏丹、突尼斯、中非、乌干达、赤道几内亚、哥斯达黎加、洪都拉斯、海地等8个国家和地区出口52万美元。四是外商投资企业和自营企业出口大幅度增长，外商投资企业增长幅度为25.6%，自营企业增长幅度为44.5%，共出口23 230万美元，占出口总值的34.9%。五是外贸“窗口”不断扩大，沈阳自动控制设计院等5家单位又获得外贸出口经营权，使全市外贸窗口达到83家。

2.利用外资。1995年，全市新批利用外资项目666个，合同总金额16.4亿美元，合同外资额11.7亿美元，实际调入外资额6.7亿美元，分别比1994年下降20.2%、41.5%、35.7%和10.2%。其中直接批准利用外资项目653个，合同总金额12.7亿美元，合同外资额8亿美元，实际调入外资额4.6亿美元，除外资调入额比1994年增长13.3%外，前三项分别下降20.9%、47.1%和43.6%。新开业的外商投资企业205家，累计达到935家。1995年，利用外资在国家加强宏观调控的制约下，虽然签约额下降，但外资实际调入额增长，质量和水平有明显提高。一是外商投资产业结构更趋合理，高新技术项目、出口创汇型项目、改善投资环境项目占全部项目的17.5%。生产型项目继续领先，占全部项目的76%，比1994年上升5个百分点。二是外商独资企业比例上升，达170家，占全部项目的26%，上升11个百分点，创历史最高纪录。三是大项目、大客户增多，投资总额1 000万美元的大项目共有27项，合同外资额4.6亿美元，其中2 000万美元以上的大项目有20个。同时，国际大公司、大财团投资明显增多。四是投资的来源进一步扩大，共有35个国家和地区到沈阳市进行投资，增长20%，使投资的国家和地区增加到58个。五是利用外资方式有了新突破，继在纽约国际经贸洽谈会上首次用BOT方式签署沈阳开发区热电站项目后，外经贸部又授权沈阳市批准成立了沈阳东大阿尔派软件股份有限公司，成为沈阳市首家中外合资股份有限公司。

3.对外工程承包和劳务输出。1995年，全市新签对外工程承包和劳务输出合同118项，合同额6 142万美元，实现营业额4 612万美元，派出劳务人员4 445人，后三项分别完成年计划的105%、107%和105%，分别比1994年增长0.1%、9%和5.2%。1995年，外经工作发展平稳，社会化进程开始起步。一是各县区局开展外经工作的积极性进一步提高，仅苏家屯区、新城子区、机械局等单位派出劳务就达822人，占全市外派人员总数的23%。二是国际外经市场开拓有新进展，在承包工程方面，沈阳国合公司首次进入马尔代夫，铝镁设计院进入伊朗、伊拉克，承包工程市场进入老挝等10个国家，在劳务合作方面，沈阳市又开发了匈牙利、越南、意大利、南非等12个国家和地区，劳务合作市场扩展到35个国家和地区。三是新签承包工程、劳务输出合同大项目增多，新签承包工程合同额超1 000万美元的有2项，超500万美元的有2项，新签劳务合同额超200万美元的有3项。到1995年末，柬埔寨、老挝、巴基斯坦、日本、韩国、新加坡6国已成为沈阳市承包劳务相对稳定的市场。四是“窗口”公司的作用明显增强，市国合公司1995年完成的指标分别占全市合同额、营业额、派出人数三项指标的88%、91%和75%。铝镁设计院、煤炭设计院、外建总公司和海外承包公司四家共实现营业额287.9万美元。五是经贸交叉经营有所突破，国合公司全年出口1 371万美元，同时，对外承包劳务带动国产设备材料出口350万美元。专业外贸公司五矿、国贸、机械等14家专业外贸公司全年共派出劳务102人。

（李阳）

【'95沈阳国际经贸洽谈会】 由中国国际贸易促进委员会和辽宁中部城市群经济区8城市共同主办的'95沈阳国际经贸洽谈会，1995年9月1日至6日在沈阳举行，本次洽谈会圆满完成了“8市联合、扩大宣传、广泛联谊、招商引资”的任务，充分展示了8城市雄厚的经济实力和对外开放的崭新形象。据统计，本届洽谈会上，8城市共签订外商投资合同、协议249项，总投资额达12.3亿美元，其中外资额7.1亿美元；贸易成交额达1.46亿美元。无论是外商投资项目的签约额，还是贸易成交额均高于往届。本次洽谈会的主要特点是：

一是8市联合办会招商，区域整体优势得到发挥。洽谈会期间，8城市对外签约成交都取得显著成果。在外商投资项目签约方面，沈阳8.8亿美元，鞍山2.0亿美元，抚顺0.3亿美元，本溪0.3亿美元，丹东0.4亿美元，营口0.22亿美元，辽阳0.24亿美元，铁岭0.31亿美元；在贸易成交方面，沈阳0.56亿美元，其它城市0.9亿美元。这一成功的尝试，突破了传统的办会模式，形成了以地缘联系为纽带的经济共同体，从而为充分发挥八城市的优势，增强区域凝聚力和辐射力，探索出了新的形式途径。

二是对外合作领域拓宽，利用外资结构明显优化。在本届洽谈会成交的249个项目中，涉及10多个主要工业行业，同时在一、三产业项目方面也有新的进展。利用外资结构体现了“四多”：重大项目多。合同投资额超500万美元的项目达27项，其中超过1 000万美元的大项目有15个；高新技术项目多。工业生产型项目多，机械、冶金、医药、化工、计算机等重要工业领域签约外商投资项目，占签约总项目的70%；城市基础设施项目和环保项目多。

三是整体开放意识增强，招商引资成果显著。参加本届洽谈会的各国客商和海外同胞多达1 200余人。各市充分利用各自优势，积极主动、广泛接触，形成大招商、招大商之势。沈阳市、抚顺市、本溪市共有十余家单位签约合同总额超过1 000万美元。8城市总体招商引资力度，已显示出举足轻重的作用。

四是实行经贸结合，贸易洽谈成绩喜人。本届洽谈会从过去侧重吸引外资，向全方位、综合性的经贸结合转变，在加大招商力度的同时，加强了对外贸易工作。8城市各有关部门和企业精心准备了内容丰富的贸易货单，并以展谈结合的形式，集中展示了8城市的名、优、新、特产品、样品、样本和大量资料，前来参观、洽谈采购的中外客商超过3万人次，使得8城市的对外招商和贸易洽谈好戏连台。

五是精心组织安排，海外联谊取得新进展。把经贸洽谈、招商引资与探亲访友、联谊活动有机地结合在一起，是本届洽谈会的又一特色。本届洽谈会期间，开展了多种形式的联谊活动，如召开海外三胞联谊会和三胞代表座谈会，授予荣誉市民称号等，互相增进了感情和友谊，既加深了与老朋友的情谊，又结交了更多的新朋友。许多三胞把沈阳视为第二故乡，互相串连，宣传介绍辽宁中部城市群，引导更多的海外同胞前来投资合作。

（李阳）

【'95沈阳——纽约国际经贸洽谈会】 '95沈阳——纽约国际经贸洽谈会于1995年5月31日——6月4日在美国纽约市举行。这次经贸招商活动，扩大了沈阳市在美国各界中的影响，提高了沈阳市的知名度，展示了沈阳市对外开放的新形象，洽谈会取得了丰硕成果。共签订利用外资项目67项，总投资额为59 636万美元，合同外资额35 427万美元，出口贸易成交额5 904万美元。

本次洽谈会有以下几个特点：一是签约和洽谈的大项目多。在签定的67个项目中，超过1 000万美元以上的有8项，如沈阳标准件厂与美国元家华集团签订的合资生产通用紧固件、高精度、高强度紧固件以及异型紧固件项目，投资总额为3 200万美元；沈阳第一冷冻机厂与美国考木兰公司合资生产半封闭制冷压缩机项目，投资总额为1 000多万美元。二是签订了一批高科技、高附加值项目。如沈阳1447所与美国海外光学公司合作生产生物组织动态含氧分析仪项目，沈阳无损检测技术研究所与美国自动工业检测技术公司合作生产超声成像设备项目，沈阳科技风险开发事业中心与美国友联公司合资进行生物制品开发项目等，这些项目技术含量高、市场前景广阔。三是合作方式呈多样化。本次洽谈会在利用外资的方式上有新突破，首次签署了由美国VITA国际有限公司用BOT方式融资建设沈阳开发区热电站项目，协议金额达6 900万美元。四是突出了城市基础设施项目的招商。关于沈阳市的机场、地铁、快速道路、供水、供气、环保等城市基础建设项目由于资料准备的比较好，因此在洽谈中均取得了一定进展，建立了比较广泛的客户关系，为下步继续深入洽谈打下了基础。五是洽谈会得到了国际金融界的大力支持。此次招商活动，沈阳与美国哈密尔顿银行、美国芝加哥第一国民银行等12个美国银行建立了广泛的联系，并通过他们结识了一大批企业家。六是招商引资与贸易洽谈相结合。本次洽谈会，招商引资和进出口贸易紧密结合，签订的出口贸易额为5 904万美元，其中有几笔是大宗合同。如东药3 000吨VC，总额为3 500万美元；沈阳冶炼厂电解铜540万美元。七是开展了友好城市工作，进一步加强了沈阳与芝加哥两市的经贸合作关系。

（李阳）

【外贸出口】 1995年，沈阳市外贸出口以深化外贸体制改革为契机，狠抓企业管理，千方百计克服“三率”变化以及出口商品收购价格上涨，资金严重紧缺等困难，保证了出口任务的完成。

1.外贸出口稳步增长。沈阳市全年外贸自营出口完成66 452万美元，为国家计划的116.4%，为市计划的100.7%，比1994年增长7.4%。其中一般贸易出口48 849万美元，增长6.3%；易货贸易出口4 020万美元，下降21.5%；来料加工装配出口117万美元，下降61%；

代理出口7 475万美元，增长6.6%。

在出口总额中，委属外贸企业完成27 384万美元，完成年计划的104.6%，占出口总额的41.2%，比1994年下降0.8%；部委公司出口5 895万美元，完成年计划的84.9%，占出口总额的8.9%，增长1.2%；地方外贸公司出口9 943万美元，完成年计划的87.4%，占出口总额的15%，下降9.3%；自营生产企业出口9 647万美元，完成年计划的113.4%，占出口总额的14.5%，增长44.5%；外商投资企业出口13 583万美元，完成年计划的104.5%，占出口总额的20.4%，增长25.6%。从各类外贸企业出口完成占出口总额的比重看，委属外贸企业、外商投资企业仍是沈阳市出口创汇的主力军。从出口增长幅度看，自营生产企业增幅较大，发展较快。

2. 出口商品结构继续改善。1995年，沈阳市出口商品结构继续改善，初级产品出口10 067万美元，占出口总值的15.15%，比1994年下降1.35个百分点；工艺制成品出口56 385万美元，占出口总值的84.85%，增长1.35个百分点。

在出口商品中，机电产品出口14 110万美元，比1994年增长9.2%，占出口总额的21.2%。

3. 出口商品品种增加。1995年，沈阳市出口商品共1 119个品种，比1994年增加118个品种。其中出口额在500万美元以上的商品有16个，超1 000万美元的商品有6个，分别是：冻分割鸡、平板玻璃、铜、铅、锌、维生素C，与1994年同期相比，除铅下降34.3%外其余分别增长65.8%、152.9%、49.2%、239.9%、51.5%。

4. 开辟多元化市场成效显著。1995年，沈阳市出口商品销往103个国家和地区，比1994年增加6个国家，其中最大的出口贸易伙伴是韩国，出口值为12 371万美元，占出口总额的18.6%。新开辟的出口市场有8个，比1994年增加3个。分别是：苏丹、突尼斯、中非、乌干达、赤道几内亚、哥斯达黎加、洪都拉斯、海地，出口共52万美元。

5. 出口货源收购与出口同步增长。1995年，沈阳市自营出口商品收购总额为29.5亿元，比1994年增长9.3%，其中本市货源收购15.5亿元，占出口商品收购总额的52.5%，比1994年增长4%。

（李艳华）

【外贸进口】 1995年，沈阳市在进一步完善出口管理体制的基础上，运用经济、法律手段调节进口，促使进口速度放慢，进出口贸易顺差增大。

1995年，沈阳市进口到货17 930万美元，比1994年下降36.6%，其中委属公司进口6 591万美元，下降62.8%；部委公司进口4 988万美元，增长145.7%；地方外贸公司进口2 971万美元，下降30.8%；自营生产企业进口3 195万美元，增长29.6%；外商投资企业进口185万美元，下降89.5%。

1995年，沈阳市进口商品结构发展趋向合理，生活资料进口739万美元，占进口到货总额的4.1%，比1994年减少1.4个百分点；生产资料进口17 191万美元，占进口到货总额的95.9%，增长1.4个百分点。

1995年，沈阳市进口商品共136个品种，其中500万美元以上的商品共5个，分别是：铜精矿砂、机械工业设备、电子计算机、废钢、西药原料合计金额为7 038万美元，占进口总额的39.1%。

1995年，沈阳市从33个国家和地区进口了商品，比1994年增加了1个国家，最大的进口地是香港地区，占进口总额的16.5%。进口额排在前十名的国家和地区是：香港、蒙古、美国、日本、俄罗斯、德国、墨西哥、瑞士、瑞典、朝鲜。

1995年，沈阳市签订进口合同17 646万美元，加上1994年遗留合同1 734万美元，在手合同19 380万美元，合同年履约率为92.5%

（李艳华）

【对原苏东国家贸易】 1995年沈阳市对原苏东国家的贸易额达到5 259万美元，其中进口1 239万美元，出口4 020万美元。对原苏东国家的贸易中现汇贸易呈现出增长趋势。

1995年中俄两国的政策调整对贸易造成的冲击很大。俄罗斯本国的贸易政策进行了调整，相继出台了一系列的新政策和新税种，某些税种和税率的上调，对中国产品进入俄罗斯市场的影响很大，使很多原来在俄罗斯能够有市场的商品，再进入市场相对增加了难度。俄方的许多出口产品和原材料在不断涨价，致使许多交易难以签约，大量合同不能兑现。

我国对原苏东市场的政策调整和其它方面的变化，对苏东贸易的影响也很大。执行多年的国发(92)33号文件所给予的各项优惠政策已经陆续收回，使对原苏东贸易面临着新课题，原来很多可以做的项目、品种、价格，现在做的难度相应加大，有的甚至无法再做了，一些大宗商品的进出口又受到不同程度的限制，再加上“三率”的变化，增值税的调整，双方互相签证的制约，以及资金紧张等其它不利因素，使贸易团组成行受阻，很多业务骨干不能及时出境，对一些合同的签约、履行造成影响。

面对原苏东贸易出现的新问题，市外经贸委有关部门增强为基层、为企业服务观念，就有关政策调整和市场变化情况，及时向企业通报情况，在认真把关的基础上，提高办事效率，对易货贸易合同的审批、在境外设立贸易公司和办事处的审批，出国团组任务件的审批和易货化肥办理保函登记等项工作，都坚持按程序及时审批、及时办理，做好服务工作。

市经贸委有关领导和有关部门认真贯彻市委、市政府大力开拓原苏东市场的指示精神，结合沈阳市实际制定措施、办法，引导企业开发新市场、结识新客户，出口新品种，通过对东欧市场的考察分析、论证，鼓励有关的专业外贸公司、商业公司、生产企业携带适销对路产品开拓市场，使沈阳小轮车厂的童车等一批产品，首次进入波兰市场，并签定了一些合同。一些驻外公司与国内公司形成联合出口的营销网络。通过考察，使企业认识和了解了苏东市场，坚定信心，稳妥的参与对苏东市场的开发，推动全市贸易多元化的进程。

（张臻）

【沈阳机械进出口公司】 沈阳机械进出口公司是沈阳市机电产品进出口的主要窗口，历经11年专业经营机电产品进出口贸易。公司一贯遵循平等互利、重合同、守信用的原则，以优质的服务，赢得了海内外广泛的信誉，并获得了我国最佳企业形象AAA级证书。

1995年，外贸出口面临一系列的困难，公司在艰难的环境中，眼睛向内，深化企业内部改革，不断加强企业管理，建立健全各种规章制度，取得了一些效果，使机电产品出口保持稳定增长。

1995年，公司机械产品出口2 366.48万美元，完成上级计划102.89%；比1994年增长1.48%。

出口的机电产品有82个品种，机械设备出口2 143.6万美元，占出口总额90.58%，轻工机电产品出口121.7万美元，占出口总额5.14%。出口的机电产品主要有各种机械、输变电设备、机床、汽车、橡胶机械、石墨电极、电讯设备、塔吊、自行车、电视机、轴承等。

出口产品销往41个国家和地区。其中，对香港、台湾省出口835万美元，占出口总额35.3%；对东南亚国家出口1 166.6万美元，占出口总额49.3%；对拉丁美洲出口184.7万美元，占出口总额7.8%；对欧洲、俄罗斯及东欧地区出口132.3万美元，占出口总额5.6%；对海湾地区出口23.7万美元；对非洲出口22.0万美元；对澳洲出口1.9万美元。对香港、东南亚地区出口占出口总额84.6%，是公司的主要市场。

1995年，进口1 253.84万美元，进口商品12种，主要有轻工机械、特种钢材、木材、卫生洁具、电子元器件及家用电器等。

（王希奎）

【沈阳化工进出口公司】 沈阳化工进出口公司，为沈阳专业外贸公司。自1985年自营出口以来，公司遵循平等互利，互通有无的原则，以重合同、守信誉的良好职业道德和快捷优质的服务赢得国内外客商及厂家的信赖与好评。到1995年末，公司除在澳大利亚、美国、香港设有专职人员外，已同50多个国家和地区的客商建立了稳固的贸易关系和销售渠道。

公司经营的主要商品有：有机和无机化工原料、石油系列产品、塑料中间体、合成树脂、合成橡胶及制品、选矿药剂、染料、颜料中间体、农药、医药及其服装、工艺、轻工产品等。并采取多种灵活的贸易方式开展经贸洽谈，包括代理、合资、合营、易货贸易、对等贸易、“三来一补”等。

1995年，公司全体职工上下一心，努力拼搏，克服了资金紧张和“三率”变化等诸多因素的影响，全年实现创汇1 119万美元，超额完成了创汇任务。

为克服外贸企业面临的暂时困难，1995年公司重点抓了企业的内部管理和经营体制的改革工作。主要内容：一是下放经营权，成立11个业务部，分解任务指标；二是唯利是图、优化品种、改革经营运作体制，把扭亏降支，提高经营效益放在第一位，取消把出口创汇进度和完成创汇任务做为指令性计划来考核，而只做为一项附加指标来考核；三是体现差别、强化竞争、改革分配制度，用利益扛杆打破平均主义大锅饭，调动了职工为公司创收的积极性；四是紧缩开支、堵塞漏洞、强化资金调控、改革财务管理制度，与1994年相比，经营费用减少82万元，管理费用减少70万元，财务费用减少37万元；五是积极稳妥地推行劳动合同制，依法确定劳动关系，公司内部竞争上岗，并建立了严密的考核制度；六是强化了领导班子，完善了职工大会的民主管理制度，凡是企业的重大事项交职工大会审议。

随着公司业务的不断扩大，公司将以化工产品为龙头，开展多种经营，加快国有企业转换经营机制的步伐，逐步建立现代企业制度，为沈阳对外经营贸易做出新的贡献。

（邹积田）

【沈阳五金矿产进出口公司】 沈阳五金矿产进出口公司是国家经贸部批准，在国内外颇享信誉的专业进出口公司。公司在外贸体制改革中不断发展壮大，出口创汇稳步发展。

1995年是外贸体制改革更加深入的一年，也是外贸企业面临资金紧张、出口退税税率下降、货款利息上涨、出口创汇最困难的一年。面对种种困难，公司全体职工努力拼搏，全面完成了全年任务。截止12月末，公司出口创汇6 198万美元，出口收汇4 650万美元，为计划的118%，比1994年增长47.5%。

公司经营范围广阔，下设15个业务部，4个驻外机构，3个职能部，主要进出口产品如下：

金属网类、紧固件、垫圈、圆钉、铁丝、各类五金制品及来图、来样、来料加工。

铸铁制品、圆钢、盘圆、螺纹钢、特种钢、管材、管件及其它黑色金属制品。

重烧镁、轻烧镁、电熔镁、滑石粉、滑石块、矾土、硅灰石、膨润土、化工产品及其它非金属矿产品。

高级建筑装饰大理石板材、花岗岩板材、石刻品等其它制品。

有色金属制品、稀有金属等。

水泥、耐火材料、磨料及其它建筑材料。

机电产品、蓄电池、计算机及零部件、汽车配件等。

工程机械、矿山设备、石油设备及其它大、中型成套设备和技术。

工艺品、针织品、陶瓷制品、粮油土特产品等。

公司海内外贸易渠道畅通广泛，驻美国、澳大利亚、日本、韩国、印尼、俄罗斯、香港等国家和地区的公司机构方便而热情地服务，公司更向全球其它地区拓展经销网络。

公司正以积极灵活的贸易方式，不断开辟新的经营领域，加强工贸、科贸及贸贸联合，向建立国际化的综合性外贸集团公司方向发展。

（李晓观）

【沈阳服装进出口公司】 沈阳服装进出口公司，是沈阳专业外贸公司，从1988年外贸自营以来，为沈阳走向世界、繁荣沈阳，以及为沈阳扩大出口规模做出了突出的贡献。

1995年，由于国际市场变化，

及国内“三率”变化的影响，使公司经受了严峻的考验。但是，经公司全体职工的积极努力，克服了资金短缺的困难，较好地完成了各项计划指标，实现全年进出口总额7 061万美元，其中出口4 609万美元，进口额为2 452万美元，并且完成了全年利润计划。实现了出口规模和经济效益双丰收，被沈阳市人民政府命名为出口创汇明星企业。

沈阳服装进出口公司，注册资本1 680万元，主要经营服装、针棉毛织品。公司下设18个科(室)，在国外设有办事机构。沈阳生产服装和针、棉、毛织品的历史悠久，实力雄厚。有较大规模的服装厂家20多个，从电脑制图、自动裁剪、附衬、缝纫、钉扣到后期整理的石磨、洗水、整烫、定型、包装装潢等都采用了国内外系列先进的技术设备、工艺，为服装生产和出口奠定了先进技术基础。沈阳制造的服装品种繁多、技术精湛、做工精细、质量上乘、风格独特。高级毛料的西服生产技术和质量国内外驰名。各种服装畅销世界5大洲40多个国家和地区，深受国外客商及消费者的欢迎。沈阳的针、棉毛织品门类也很齐全，设备先进、做工精细、质量优异。其中提花毛巾被、剪绒浴巾、螺旋浴巾、毛巾等上百品种，近300个花色产品，图案新颖，其质量在全国行业中居领先地位，全年有几十个新产品销往国外。

(姜国军)

【沈阳轻工业品进出口公司】 沈阳轻工业品进出口公司是具有法人资格的国有企业，享有进出口自营权的专业外贸公司，目前已同60多个国家和地区的客商建立了贸易关系，形成了固定的外销渠道。

公司主要经营日用百货、鞋类、箱包及皮革制品、纸张及纸制品、文教用品、体育用品、玩具、工艺品、家用电器、五金制品、建材、木制品、塑料制品等14类，采取多种灵活的贸易方式开展经贸洽谈，包括代理、合资、合营、易货贸易、对等贸易、“三来一补”等。

为进一步完善公司内部改革，从1989年开始，对全体职工实行考评记分，解决了分配制度的“大锅饭”问题。1994年起从产权制度入手，制定了“国家控股、职工参股、个人持股”的股份制实施方案，以抓建立有限责任制度这一突破口入手，先后组建了沈阳合力对外贸易有限公司、沈阳三汇对外贸易有限公司、沈阳百仕得对外贸易有限公司、沈阳汇洋对外贸易有限公司、巴路斯(沈阳)对外贸易有限公司5个独立核算、自主经营、自负盈亏的法人实体。

公司在国家宏观经济政策调整的新形势下，不等不靠不怨，于困境中奋起，大胆改革企业组织结构和管理机制，不断实现企业制度创新，激发了全体职工的劳动热情，企业经济效益不断提高。1995年在外贸行业异常困难的情况下，完成创汇2 101万美元；实现利润788万元；为国家纳税近千万元；国有资产保值增值率达143%，其换汇成本、资产负债、资金周转等经营管理指标在全行业遥遥领先，成为沈阳市外贸战线无亏损、无挂帐、无人员跳槽的“三无企业”。1995年被中国企业形象认定委员会授予“中国企业最佳形象AAA级”认定证书，首批进入全国AAA级企业行列。

(张景坤)

【沈阳工艺品进出口公司】 沈阳工艺品进出口公司是国家对外经济贸易部批准的以经营工艺品为主的专业进出口公司，该公司自1988年从轻工公司分离出来后，走上一条自主经营，自负盈亏，自我约束，自我发展的道路。各项经济指标连年刷新，在国内国际两个市场大潮中搏击成长，8年来创汇指标逐年增长，1995年比1988年的实际出口提高了十几倍。

1995年该公司在汇率下降，出口退税下调，国内原材料市场价格上涨等出口大环境不利的条件下，深化企业内部经营机制的改革。强化经营管理，挖掘自身潜力，向管理要效益，闯过一个个艰难险阻，创汇指标比1994年增长4.7%，实现利润计划的126.63%，出口每美元成本比1994年同期成本下降0.52元，完成出口收汇计划的104.88%。其它各项经济指标也有不程度增长。

沈阳工艺品进出口公司遵循平等互利的原则，以重合同守信誉的职业道德，快捷优质的服务，树立了良好的企业形象，赢得了国内外客户及厂家的依赖与合作。1996年公司为适应两个市场及相关政策的变化，提出深化改革，加强管理开拓经营，提高效益十六字经营指导方针，加大企业管理，特别是财务管理的力度，降低费用，提高效益，同时进一步深化企业内部各项制度的改革，健全和加强岗位责任制，提高人员素质，培养人材，吸纳人材。努力造就一支爱祖国、爱公司、爱本职岗位、业务精、开拓精神强的外贸职工队伍。为出口创汇做出新贡献。

(赵树刚)

【沈阳医药保健品进出口公司】 沈阳医药保健品进出口公司是经对外经济贸易部批准，以从事医药、保健品及医疗器械进出口业务为主的专业外贸公司。

公司经营范围主要包括：西药原料药，医药中间体，中药材，中成药，保健品，医疗器械及用品，生化药品，卫生材料，滋补化妆品等，以及开展来料加工，补偿贸易，合作合资生产，易货贸易等多种业务。为扩大业务范围，1995年，经国家对外经济贸易部直接批准，获得了扩大进出口经营范围的权力，成为沈阳市第一家除国家统一经营的28种进出口商品外，全部商品实行开放经营的公司。

1995年，公司加强企业管理，深化内部改革，在坚持以经济效益为核心的基础上，努力扩大进出口规模，出口创汇1 561万美元，创造了历史最好水平。在外贸出口形势普遍不好的形势下，公司注意根据形势的发展变化，及时调整经营战略。一方面坚持多条腿走路，努力寻找新的生长点和发展点，先后开发了农副产品、木制品、工艺品、文具用品等43个新品种；另一方面加强管理向现代企业制度靠拢，健全和完善了内部经营机制，使公司真正具备了参与市场竞争的条件和实力。为上规模，创效益打下了良好的基础。

多年来，公司遵循重合同，守信

用，在平等互利的基础上广泛合作的原则，不断扩大进出口业务规模。目前已建立了以北美洲、欧洲、东南亚、东北亚为主的多元化市场，同50多个国家和地区的客商建立了贸易关系。

公司设有医药分公司，药材分公司，保健品分公司，医疗用品分公司，宏发国际贸易公司，大连分公司，延吉分公司，苏东部，进口部，海外部，储运部，经销部，药材综合加工厂，木制品厂等。此外，在美国、加拿大、德国、新加坡、韩国、香港、俄罗斯等地也设立了分公司和合作经营机构。

（潘宁）

利用外资

【利用外资情况综述】 1995年，沈阳市利用外资工作受诸多因素的影响，发展趋于减速的态势。全年新签外资项目666个，合同外资额11.7亿美元，分别为1994年的79.8%和64.3%。实际调入外资6.6亿美元，为1994年的81.8%。从吸引外资的主要形式来看，新签对外借款项目5个，合同外资额2.3亿美元，增长2.3倍，创历史最高水平。其中外国银行商业贷款0.6亿美元，增长2.7倍；外商其它投资项目4个，合同额1.3亿美元，下降59.2%；外商直接投资项目653个，合同外资额8.0亿美元，实际调入外资4.6亿美元。与1994年相比，合同外资额下降43.6%，实际调入外资则增长13.3%。外商直接投资的三项指标分别占利用外资总额的98.0%，77.7%和69.2%。

主要特点是：

投资渠道日趋多元化。随着投资“软”、“硬”环境的不断改善，外资的来源已呈多元化趋势。截止1995年底，外商直接投资办企业的国家和地区已达58个。与1994年有所不同的是，除韩国的合同项目与合同外资额有所增长外，其它国家和地区全部少于1994年。与韩国新签合同项目213个，居各国家和地区之首，其它依次为香港、美国、台湾、日本……。实际投资中，香港仍居首位，日本次之，韩国居第三位。从增长幅度看日本最高，增长1.6倍。

外商投资领域不断拓宽，投资结构趋于合理。外资投向已从过去单一集中在生产型项目拓展到房地产、贸易、建筑、社会服务等行业，使沈阳市第三产业面貌有了较大的改观。全年新批653个项目中，制造业488个、房地产业57个，批零餐饮业50个、建筑业20个。尽管项目与合同外资额比1994年有所减少。但实际调入外资额却有所增长，其中增长幅度较大的有批发零售贸易业，房地产业，分别增长82.5%和51%。

大型投资项目减少，平均规模缩小。全年新签投资协议中，合同总额1 000万美元或1 000万美元以上的有27个，比1994年减少18个。大项目合同外资额为4.6亿美元，比1994年减少了6.2亿美元，占直接投资合同外资额的比重由1994年的76.3%，降至57.5%。由于1995年新签合同外资额下降，平均规模也相应缩减。平均每个项目合同外资额为123万美元，相当于1994年的71.5%。

外商独资企业明显增加。在新签的653个合同项目中，合资项目451个，合作项目32个，独资项目120个。唯有独资项目较上年有所增加，比1994年多46个。合同外资额2亿美元，增长1.8倍。平均每个项目投资规模为118.3万美元，比1994年增加61.2万美元。表明了沈阳市招商引资力度明显增强。

生产经营能力有所提高。到1995年底，全市投产（开业）的外商投资企业已达935家，占批准外商投资企业总数的25.3%。其中有205家企业属当年投产（开业）。据统计1995年全市外商投资企业实现销售收入和营业收入分别为95.7亿元和19.2亿元，比1994年增长54.49%和23.9%；利税总额达8.6亿元，增长6.2%；从业人员达10万余人，增长15%；企业资产总额达258.3亿元，增长95.6%。外商企业的发展在一定程度上促进了沈阳市经济的发展。

制造业仍起主导作用。到1995年底，全市制造业外商投资企业投产开业的有593家，占全市开业总数的63.4%；全年实现销售收入95.7亿元，占销售（营业）总额的83.3%；实现利税总额6.3亿元，占利税总额的73.3%。平均每个企业的利润额为46万元，高于全市的平均水平。人均创利税7 679元，超过全市人均利税的96.8%；在10个大行业中居首位。初步形成了以轻工、石化、医药、建材、电子、食品、饮料、机械、服装、冶金、汽车为主的外商投资制造业企业体系。其中轻工行业的外商投资企业效益最好，全年实现利润总额1.3亿元，占制造业的50%。从第一、二、三产业看，只有第二产业处于盈利状态。特别是第三产业中的“批发零售贸易和餐饮业”亏损最为严重，亏损额达3 986万元。

香港来沈兴办外商投资企业效果最好。到1995年底，香港在沈阳兴办的企业已有345家投产（开业）。全年共实现主营业务收入为59.5亿元，比1994年增长38.9%；实现利税总额6亿元，下降25.9%。从销售和营业收入看，香港居第一位，韩国第二位，日本第三位，台湾第四位，美国第五位。从利税总额看，香港居首位，日本第二位，新加坡第三位，台湾第四位。在这58个国家（地区）中，韩国兴办的企业亏损额3 170万元，而1994年曾盈利1 266.7万元，相当于减少利润0.44亿元。

出口创汇能力增强。到1995年底，全市自营出口创汇的外商投资企业已达218家，比1994年增长23家；1995年实现自营出口总额2亿美元，增长25.8%。占全市外贸出口总额的20.7%，增加2.4个百分点。出口创汇能力增强主要体现在：一是平均每个出口企业出口总额扩大，1995年平均每个出口企业自营出口额为92万美元，比1994年增长7.1%；二是出口企业大户作用显著。1995年自营出口额超过100万美元的外商投资企业有46家，增加10家，其中沈阳东方纺织有限公司、沈阳黎富服装有限公司的自营出口额均在1 000万美元以上。特别是沈阳东方纺织有限公司的自营出口额为2 422万美元，居全市之首。1995年全市外商投资企业外汇收入2.8亿美元，外汇支出2.36亿美元，收支相抵有余，实现了外汇收支平衡。

大中型企业兴办的外商投资企业作用明显。到1995年底，全市大中型企业兴办的外商投资企业已达301家，全年共实现主营业务收入77.5亿元，比1994年增长43.5%；利税总额5.3亿元，增长32.5%。其中沈阳金杯客车制造有限公司各项指标均居首位，该企业实现产值8亿元，销售收入10.9亿元，利税总额1.9亿元，分别占大中型企业兴办的外商投资企业的11.9%、14.1%和35.8%。

利润下降，亏损面扩大。1995年全市外商投资企业实现利润总额4.3亿元，比1994年下降25%。下降的主要原因：一是新投产开业的企业亏损多。1995年新投产开业的205家企业中有62.3%的企业处于亏损状态。二是往年利润大户的利润额大幅度下降，如沈阳飞龙保健品有限公司1994年的利润额达到2.3亿元，而1995年却只有2 300多万元，利润额下降了2亿元。三是亏损企业增加，亏损额增大。1995年全市外商投资企业亏损总额为4.8亿元，比1994年增长52.8%；亏损企业家数增加143个；亏损面由1994年的42.5%上升到54.3%。

（汪英家）

【外商投资企业健康发展】 1995年，是沈阳市外商投资企业进一步健康发展的一年，无论是在对外商投资企业进行审批的前期工作和后期管理方面都取得了一定成绩。

截止1995年底，沈阳市累计批准直接利用外资项目3 378项，其中1995年当年批准588项；总投资累计为64.6亿美元，其中当年为11亿美元；合同外资额累计为36.2亿美元，其中当年7.1亿美元；累计调入外资12.1亿美元，其中当年调入4.3亿美元。累计开业达到878户，其中1995年开业400户。当年实现产值64.5亿元，销售61.2亿元，盈亏相抵，实现利润2.2亿元，出口创汇1995年完成13 583万美元。

其主要特点是：

1.来沈投资国家进一步增多。1995年到沈阳市投资的国家和地区达36个，比1994年增长20%。蒙古、阿联酋、南非、芬兰、阿根廷、凯曼群岛、约旦、哥斯达黎加等都是首次到沈阳投资，使到沈阳市投资的国家和地区增加到54个。

2.独资企业所占比例继续攀升。1995年沈阳市批准外商独资企业156个，占全部项目的27%，比1994年上升11个百分点，创历史最高纪录。

3.美国、韩国投资大幅度增长。美国、韩国的合同外资额分别为8 776.9万美元、8 496.8万美元，分别比1994年增长36%、26%。

4.生产型项目继续领先，产业结构更趋合理。1995年审批的生产型项目占当年项目总数的76%，比1994年上升5个百分点；房产开发项目占13%，与1994年持平；餐饮娱乐业占7%，下降3个百分点；其它项目占4%，下降2个百分点。

5.1995年超过1 000万美元以上的项目中最突出的特点是国际上知名的大公司加强了与沈阳市的大中型企业的合资合作，成绩喜人。这些世界知名的大公司在沈阳市举办的项目都在2 000万美元以上，许多项目投资额近3 000万美元，且都是工业类项目，有些还是高科技项目。这标志着沈阳市大中型企业与世界知名大公司合资合作进入了一个崭新的阶段。

6.三资企业出口创汇稳步增长。1995年沈阳市外商投资企业出口创汇达13 583万美元，比1994年增长26%，完成年度计划的105%。

1995年，沈阳进一步加强了对外商投资企业的后期管理工作，主要做法是：

1.抓好年审工作，加强外商投资企业管理力度。近年来，沈阳市对外商投资企业的管理上存在失控现象，诸如有些企业资金长期不到位、不备案、不报表、有些企业找不到等。如何加强管理力度，消除“失控”现象，沈阳市采取了对外商投资企业进行“年审”的措施。对“年审”合格企业换发新的批准证书。通过年审一是加强了管理力度。二是对外商投资企业的情况有了更全面的了解。三是推动了外商投资企业在调资、出口创汇、经营管理、投产开业等多方面的发展。

2.起草编制了外商投资企业的管理规章。1995年沈阳市为了加强对外商投资企业的管理，使得各级管理部门在管理上能有法可依、有据可查、便于协调，起草了外商投资企业的有关管理规章。如《沈阳市外商投资企业投诉及处理办法》、《关于制“五乱”，保障外商投资企业合法权》、《沈阳市外商投资企业管理办法》等。这些法规的出台，将进一步促进沈阳市对外商投资企业的管理工作。

3.做好对外商投资企业的服务工作。对于外商投资企业既要行使政府的管理职能，又要做好服务工作，当好人民的勤务员。制定法规、按照法律、法规去管理企业是维护外商投资企业的生产经营秩序，使他们在平等的基础上经营和竞争。当企业有了困难，需要帮助解决的时候，政府部门应该满腔热忱，努力为他们服务。1995年因特大水灾，部分外商投资企业也遭受一定损失。市经贸委有关领导多次走访受灾的外商投资企业，想方设法为其解决实际困难。

（赵铁立）

【国外政府贷款及国际租赁】 1995年沈阳利用国外政府贷款和国际租赁工作在国际、国内经贸市场不断变化的形势下，遇到了许多新情况和新问题。使该项工作既有机遇又有困难。在市各有关部门的协调和共同努力下，抓住机遇克服困难仍努力促成一批项目。

1995年全市利用国外贷款及国际租赁总签约额为36 483万美元，总调入额为20 469万美元。其中全市利用国外贷款共签约7 321万美元，利用国外贷款全年共调入资金7 321万美元，比1994年下降26.9%。

1995年全市利用国际租赁共签约13 148万美元，并全部调入。这些资金的调入对沈阳市国民经济建设起到了一定推动作用。特别是电信局利用瑞典政府贷款1 512万美元引进11万门程控电话项目如期调入,进一步促进了电信事业的快速发展,实现了程控电话突破超百万门的目标。

北部污水处理厂利用法国政府贷款1 100万美元和西部污水厂利用奥地利政府贷款383.5万美元,两个污水厂的设备基本全部调入。它的启动将对沈阳市工业污水和居民污水的处理、改善生态环境起很大的作用。沈阳冶炼厂利用加拿大政府贷款355.5万美元的烟气综合治理项目实施后,将对治理该厂烟气污染起一定的缓解作用。

中国北方航空公司利用国际租赁引进了3架空中客机也将进一步改善沈阳市与全国和世界各地的联系,对进一步改善沈阳市投资环境和加强对外开放起到了推动作用。

通过利用国外资金,使企业加快了技术改造的步伐,增强了企业活力。同时,使城市基础设施建设有了进一步的发展,改善了投资环境,增强了城市的辐射力和吸引力,为沈阳市的对外开放工作奠定了坚实的基础。

(张士纯)

对外经济

【国外经济合作】　1995年,沈阳市国外经济合作工作面临的国际市场行情没有明显转变,虽然作为沈阳市承包劳务主市场的俄罗斯和劳务合作重点市场的经济状况有所改观,但是,其市场竞争日益激烈,市场压力较大,加上目前国内资金严重紧张,制约了沈阳市对外承包劳务的发展。尽管如此,由于外经企业的积极努力,对外承包和劳务合作依然保持了稳定的发展势头。1995年,沈阳市全年新签工程承包与劳务合作合同118份,合同金额为6 142万美元,实现营业额为4 612万美元,向境外派出各类劳务人员4 445人(次),后三项指标分别完成年计划的105%、107.3%和101%;分别比1994年增长0.1%、9.0%和5.2%;培训各类劳务人员452人。

在境外非贸易性企业管理方面,对全市已经批准的境外企业进行重新调查、清理和重新登记。经审核,沈阳市共有境外非贸易性企业20家,其中部批企业12家,备案企业8家;中方投资共有537.6万美元;分布在俄罗斯、乌克兰、西班牙、泰国、马来西亚、哈萨克斯坦、韩国、日本、赞比亚、孟加拉、澳大利亚等11个国家。

总的看,沈阳市国外经济合作发展比较平稳,市场逐步扩大,对外承包劳务超额完成了全年计划。主要特点是:

——国际公司继续发挥骨干作用,新获权的4家公司业绩开始显现。沈阳国际经济技术合作公司全年完成的对外承包和劳务合作指标分别占全市合同额、营业额、外派人(次)三项指标的88.08%、91.02%和74.6%,并首次跻身世界最大的225家承包商之列,排名174位。其间,新获权的沈阳对外经济建设总公司和沈阳海外建筑工程承包总公司分别签定的对外承包与劳务合同总额达504.12万美元;沈阳铝镁设计研究院、煤炭部沈阳设计研究院、沈阳对外经济建设总公司和沈阳海外建筑工程承包总公司4家共实现营业额287.9万美元。上述新获权的四家企业共实现合同额、营业额分别占全市指标的8.2%和6.2%,其业务量不断扩大。

——市场继续扩大,亚洲成为承包劳务的主市场。在承包工程方面,沈阳国际经济技术合作公司首次进入马尔代夫市场,沈阳铝镁设计研究院进入伊朗、伊拉克市场,使沈阳市承包工程市场扩大到10个国家和地区。在劳务合作方面,新增了匈牙利、越南、阿尔巴尼亚、印度、印度尼西亚、巴布亚新几内亚、南非、波兰、意大利、英国、奥地利、德国等12个国家,使沈阳市劳务合作市场扩大到35个国家和地区。从市场份额看,新签合同额的81.8%,实现营业额的90%和外派人员的88.89%集中在亚洲和俄罗斯的远东地区。工程主要集中在老挝、叙利亚、俄罗斯、巴基斯坦等7国;劳务合作主要在韩国、日本、俄罗斯、新加坡,上述四国占总数的62.3%。

——新签承包工程与劳务合作大项目有所增加,部分市场相对稳定。新签承包工程合同超过1 000万美元的有国家驻叙利亚使馆和巴基斯坦输变电线路2项,超过500万美元的有俄罗斯远东商业银行装修和印度尼西亚输电铁塔2项;新签劳务合同额超过200万美元的有日本、韩国研修和俄罗斯劳务。柬埔寨、老挝、巴基斯坦和日本、韩国、新加坡六国分别成为沈阳市对外承包工程和劳务合作相对稳定的市场。

——经贸结合进一步发展。沈阳国际经济技术合作公司在开展对外承包工程与劳务合作的同时,大力发展外贸业务,1995年出口额达1 371万美元,在沈阳市实际外贸出口的66家公司中,由1994年的21位上升到第16位。沈阳市对外经济贸易委员会属15家专业外贸公司也积极开展了外派劳务业务,共向境外派出劳务102人(次),其中,有外派劳务经营权的沈阳国际经济贸易公司外派人员37人。

——县(市)、区、局外派劳务积极性明显提高。继1995年初沈阳市下达外派劳务指标及修订"各县区局外向型经济升档达标"评比标准后,许多县(市)、区、局积极联系客户,开拓渠道,以国际公司等外经企业为窗口外派人员。全年共联系外派劳务822人,占全市外派人员总数的23%。

(毕乐辉)

【中国沈阳国际经济技术合作公司】　中国沈阳国际经济技术合作公司简称沈阳国际合作公司。是1984年经中华人民共和国国务院批准成立的,是国家授权经营国际工程承包、对外输出劳务、对外经济援助和进出口贸易的综合性大型外经贸企业,是一家直接隶属于沈阳市人民政府的独立法人单位,也是沈阳地区对外经济贸易的重要窗口。公司注册资金1.5亿元。公司成立11年来,先后在世界60多个国家和地区建立了业务关系,经营规模不断扩大,国际工程承包、对外经济援助、对外劳务输出和进出口贸易等各项业务均得到迅速发展。11年累计对外签订承包劳务合同1 000多项，累计合同额达2.5亿多美元，营业额达2亿美元，向国外输出各类劳务达2万多人次，年进出口贸易额2 000万美元。已经形成了日本、美国、韩国、俄罗斯、香港、澳门、新加坡、阿联酋、南非、泰国、老挝、柬埔寨、多哥、叙利亚、塞舌尔、巴基斯坦、印度尼西亚等国家和地区比较稳固的对外贸易和承包劳务市场。

11年来，该公司经历了求生存、图发展两个阶段，实现了五个方面的转变。一是承包工程由"窗口型"为主向以经营型为主的方向转变，竞争能力明显增强；二是劳务输出由零散的普通劳务为主向成建制、普通劳务和高级劳务相结合的方向转变，规模越来越大；三是经营领域由窄向宽的方向转变，一业为主，多种经营为公司开辟了广阔的发展前景；四是市场战略由对外为主，向境外、境内两个市场同时开拓的方向转变，加快了公司实业化进程；五是企业组织结构由事业单位的行政管理为主向适应社会主义市场经济体制需要的现代企业制度方向转变，公司越来越充满生机和活力。五个方面的转变，推动了公司的发展，使公司跃居全国外经企业五十强行列。在1994年美国《工程新闻纪录》评选的全球225家最大承包商中，该公司榜上有名，列第174位。

1995年，沈阳国际合作公司继续贯彻市委、市政府提出的"一开四促"的大经贸方针，采取经贸结合的战略，各项业务都保持了持续发展的势头。全年新签承包劳务合同额5 448万美元，营业额4 205万美元，分别比1994年增长2.1%和2.5%；向境外输出各类劳务研修人员3 315人次，增长3.1%；进出口贸易额达1 424万美元，其中进口53万美元，出口1 371万美元，比1994年均大幅度增长。这标志着沈阳国际合作公司经过11年力量的积蓄，已经跃上了一个较高的起点，具备了较强的实力。

（宋刚）

【海外市场开发】 近年来，沈阳市海外市场开发取得了长足的发展，驻外机构及其人员不断增加。通过多元化国际市场体系的建立，为沈阳市的外向型经济发展起到了促进作用。就目前沈阳市驻外机构的总体来看，发展是健康的、稳步的，但同时也存在一些问题。如驻外机构的经营管理、国有资产的管理、人事管理、财务管理以及部分企业盲目投资设点和缺乏应有的国内审批程序等问题在部分境外企业中不同程度的存在。

鉴于以上存在的问题，根据国家经贸部[1995]外经贸部发第354号文件，关于核查清理境外企业和机构的通知，以及市委、市政府关于加强海外市场开发工作和整顿驻外机构强化驻外机构管理的指示精神，在1995年对全市所有驻外机构开展了清产核资工作。通过调查研究，摸清底数，了解了情况，找出了问题，并制定了相应的管理办法。在与市财政局、市国有资产管理局等部门的共同努力下，使全市境外企业清产核资工作和境外企业清理整顿工作顺利实施，并取得了很大成果。

经过一年的清产核资工作，基本摸清了底数，这对于防止国有资产流失，促进驻外机构工作制度的完善，起到了推动作用。同时，对驻外机构的基本概况有了更加深入的了解。截止1995年底，沈阳市驻海外机构达92户，人员总数162人。其中综合贸易企业51家，驻外人员92人（雇用外方人员4人）。非贸易企业34家，驻外人员53人。服务企业7家，驻外人数17人。境外企业投资总额为3 076.43万美元；综合贸易企业投资额1 160.04万美元；非贸易企业投资额1 889.69万美元；服务企业投资额26.7万美元。

（周大鹏）

海关工作

【概况】 1995年，沈阳海关根据海关总署"按照建立社会主义市场经济体制的要求，全面推进海关的改革与建设，其目标就是建立现代海关制度的"要求，把搞好社会主义市场经济体制下的海关业务改革，推进现代海关制度建设，强化监督管理职能，抓好新形势下的海关队伍建设，做为全年工作的重点，有效地推动了各项工作的开展。据统计，全年共受理进出口货物报关单26 919份，监管进出口货物1 058 507吨，监管进出口集装箱21 513个，监管进出境飞机1 666架次，进出境人员216 115人次，进出境印刷品、音像制品721 341件，进出境包裹50 343件，征收进口税46 403万元，审批减免税96 780万元，查处走私违规案件29起，案件总值8 500万元，缴库罚没收入1 000万元。

（高殿恒）

【业务基础建设】 1995年，沈阳海关为建立现代化海关，抓紧业务基础建设。

1.调整机构设置，落实"三定"方案。年初，根据海关总署批准的"三定"方案，沈阳海关对总关及隶属单位的机构设置做了较大调整：增设了驻抚顺办事处、沈阳经济技术开发区海关筹备组、驻辽阳办事处筹备组，增设了稽查筹备组及部分科级单位，对重要岗位人员进行了交流，使机构设置更加合理、分工更科学、职责更明确。

2.健全和完善规章制度，使监管工作制度化、规范化。机构调整后，沈阳海关党组要求各处室和隶属机构进一步健全完善与本职业务相关的业务流程、工作制度、岗位责任、制约措施等，达到业务流程科学顺畅、业务环节衔接紧密、规章制度健全可行、制约措施严密有效。驻辽阳办事处筹备组把落实关党组这一要求做为筹备期间的头等大事，制定各项制度规章近70项，印刷成册发到各关员手中，确保各项业务工作走上规范化轨道。

3.强化依法行政教育，提高行政执法水平。主要采取了岗位培训、新关员岗前培训、重大政策调整前后集中学习、对某些政策性问题进行研讨等办法，增强了执法的准确性。为了强化内部制约，对申报、审单、归类、审价、征免税、转关、注册、备案、查验等重点环节，坚持了双人工作制和逐级报批制，有效地堵塞了漏洞。

4.加大科技投入，推进业务科技一体化进程。1995年，在调整了技术部门机构设置之后，又调入了4名计算机人员，新购置了一批设备，基本满足了业务工作需要；与此同时调动技术人员的积极性，在确保H883系统正常运行的基础上，先后研制开发了财务经费软件、税费应用软件、关区综合数据库软件，还完成了卫星网络的联调与运行，使全关区的业务科技一体化上了一个新的台阶。

（高殿恒）

【强化监管职能】 1995年，沈阳海关突出重点，强化监管职能。

——加强对转关运输货物和限制进出口商品的管理。针对内地海关转关运输货物占85%以上的实际，沈阳海关坚持了转关条件，严密了内部单证流转程序，实行了转关联系函、两级审批、验放货物、回执核销一条龙作业，防止了转关货物失控；针对韩国进口集装箱货物向俄罗斯出口货物伪报、瞒报行为时有发生的情况，将上述进出口货物列为监管重点，从申报到查验放行层层重点把关，收到了较好效果，全年共查获此类违法行为32起，案件900余万元；对加工贸易项目主要坚持了新办项目审查合同与实际验厂相结合的做法，有效的防止了“三无”企业利用加工贸易走私违法。对再次备案项目验凭《加工贸易合同执行情况登记表》办理。对从事敏感、高税、应证商品加工的项目，按海关总署收取一定比例保证金的规定办理，全年共收取此类保证金2 924万元。

——强化税收征管工作。为正确执行进出口税收政策，做到“依率计征、依法减免、及时缴库、严肃退补”，沈阳海关首先加强了审单、审价和商品归类工作，在坚持双人复核、请示报告、利用价格信息资料、取验化验等制度的基础上，突出了对国家限制进出口商品、高税商品和敏感商品的重点审核，发现300余票进口货物存在低报价格问题，补征税款1 000余万元；其次是严格减免税审批制度。为正确执行特定减免税政策，沈阳海关在指定专人负责，实行三级审批制度的基础上，还严格掌握政策界限和审批权限，对政策界限清楚、手续齐全的依据规定办理；对政策界限不清或情况特殊的坚持请示报告制度；对派出机构则规定限额，超过限额的一律报总关审批，防止了随意性。1995年共审批技术改造等减免税401项，实际减免税额9.68亿元，经上级机关审计未发现重大失误。加强了清缴欠税工作。采取了专人催缴、全员配合、定期清理、突出重点的办法，注意把做好宣传教育与严格依法行政结合起来；把派人下厂催缴与再次报关、验放货物和办理减免税结合起来；把清理欠税与扶持企业正常经营、促进企业发展结合起来，收到了既维护国家税收政策的严肃性，又保护税源、放水养鱼、促进企业发展的积极效果。

——加强反走私信息情报，严厉打击走私犯罪活动。1995年，沈阳海关在健全完善了反走私社会密报网、社会公开情报网、关区情报信息网、执法部门情报信息网的基础上，通过加强本关区内部、海关系统和社会各执法部门的联系配合，加大了对企事业单位利用货运渠道走私大要案的查缉力度。据统计，全年共查处广东海南汽车厂非法组装汽车、沈阳某进出口公司走私棕榈油案4起，查获假减免税证明84份，假机动车海关罚没证明84份，假专用发票46份，查扣非法组装汽车49台、摩托车6台，没收走私进口小轿车36台。

——积极开展稽查试点工作。根据海关总署的统一布置，沈阳海关的稽查试点工作本着边筹备边工作，在筹备中集累经验，在实践中不断提高的原则，首先抓基础建设，重点明确职责任务，健全业务制度，完善工作程序，岗位责任，扎扎实实打基础；其次是熟悉政策、摸清情况、一边学习稽查工作政策规定，一边对几千份加工贸易档案进行清理，分别建立计算机档案；第三扎扎实实开展稽查。从对进口氧化铝和棕榈油进行专项稽查开始，逐步放宽工作面，全年共对59家企业实施了稽查，查获走私违规案件18起，案值2 973万元，补征进口税1 125.6万元。

——加强对非贸易性物品监管。针对近年来境外敌对势力利用国际邮递和进境人员携运渠道，向我散发寄进、携运反动、淫秽物品和宗教宣传品不断增加的实际，在坚持一系列简化方便措施的同时，加大了对进境反动、淫秽印刷品、音像制品、计算机存储介质和散发性宗教宣传品、以及非法邮寄、携运文物，机密资料出境的查缉力度，收到了较好的效果。据统计，全年共查扣反动印刷品639件、淫秽印刷品、音像制品55件、查扣非法出境文物3 405件，查扣禁止出境的南京、上海解放纪念邮票1 649枚。

（高殿恒）

【改进作风，为经济发展服务】 1995年，沈阳海关把简化手续，改进作风，为改革开放和经济持续、高速、健康发展服务，做为加强海关改革的重要内容。通过加大海关法规宣传力度，增强海关法规透明度，公开办事程度，灵活处理通关环节的具体问题，主动帮助企业解决困难等，受到企业的普遍好评。1995年8月，辽沈地区遭受百年不遇的特大洪水灾害，一些国有企业、三资企业的生产设备和加工贸易项下的原材料、产成品遭受了严重损失。为帮助企业解决这些难题，有关领导、业务人员多次到抚顺市、沈阳市苏家屯区受灾较重的企业走访、调查受灾情况，依据政策规定对能够解决的问题当场解决，对涉及政策性问题，及时向海关总署写出调查报告，提出建议，帮助受灾企业渡过了难关。沈阳海关驻桃仙国际机场办事处，在国际航班不断增加的情况下，简化通关手续，实现了与安检部门“一机两屏”，简化了出境旅客行李物品验放手续；对进出境旅游团组实行集中申报、集体通关；对参加国际招商引资经贸团组开辟专用通道，大大加快了通关速度。

（高殿恒）

商检工作

【概况】 沈阳进出口商品检验局（简称沈阳商检局）是隶属辽宁商检局领导的地区局，1994 年 9 月经国家商检局批准升格（副厅级局）之后，为了切实履行《商检法》赋予的职责，更好地行使对沈阳、本溪、铁岭三市的进出口商品检验和监督管理任务，1995 年加大了商检局自身建设的力度。

1995 年共检验进出口商品 13 215批，其中进口商品 1 070 批（内沈阳市 1 039 批）：出口商品 12 145批，（内沈阳市7 192批）。

口岸查验放行进出口商品 5 250批，其中进口商品2 650批，出口商品2 600批。

包装检验3 250批，其中一般出口商品运输包装2 918批；出口危险品包装332批。

一年共检验出不合格商品198批，其中进口商品152批，出口商品 46 批，对不合格的进口商品及时签发了索赔证书，全年已索赔回195.2 万美元。

全年受理外商投资财产价值鉴定179批，外商发票金额为4 399万美元，经鉴定金额为3 855万美元，为国家和企业挽回经济损失544万美元。

全年签发普惠制证书5 166份，一般产地证847份，签发各类证单 13 215份。

（温中）

【强化质量意识】 商检工作质量关系到商检部门自身信誉，执法地位和整体形象，严格执法，必须保证自身工作质量。1995 年，沈阳商检局针对工作质量存在的问题，特别是出口危包认可检验批次多，凭单换证率高，无商检现场原始检验记录等问题，结合贯彻落实国家商检局《关于加强管理提高商检工作质量的决定》精神，深入开展了提高工作质量“大讨论”，大检查活动。

此项活动贯穿全年，分三个阶段，即：第一动员学习阶段。首先对存在的工作质量问题公开曝光，提出严厉批评，进行严肃处理，然后组织干部学习，进行充分思想发动。

第二自查自纠阶段。召开各类会议，摆问题，查漏洞，找根源，论危害，在此基础上制定出有针对性的操作性强的整改措施。

第三检查验收阶段。通过质量大讨论，大检查，达到了从严治局，从严管理的目的，树立了质量是“生命”的观念，增强了敬业精神，加强了管理工作力度，完善了内部监督制约机制，规范了执法行为。

（温中）

【为外贸发展服务】 1995 年沈阳商检局按照国家商检局提出的“依法施检，严格把关，热情服务，促进发展”的工作方针，主要做了以下工作：

在服务方面

一是提供方便快捷的服务。由丹东、大连、盘锦等地经沈阳桃仙国际机场运往日本、韩国的水鲜商品沙蚕，从产地到装机时间要求紧，商品鲜活度要求高，装运周期快，在出口季节每月发运量在 50 吨以上，沈阳商检局为配合民航部门新品种承运工作，在保证商品质量的前提下，为保证飞机正点起飞，采取了随时有货，随时到位，现场检验，现场签单的做法，昼夜有人值班，随叫随到。这种挚诚的服务有力地支持了沈阳地区外向牵动商品大进大出的外贸构想，受到民航及口岸管理部门的好评与赞誉。

二是减少环节，及时出证。商检局针对沈阳经济技术开发区合资企业多、供货合同急、发运时间紧、出口商品种类多、数量大等特点，确立新机构，新措施的工作指导思想，确定可在发货前 3 天报验，检验当天可出证，检验现场报验，先检验后报验，节假日也受理报验、检验等一系列便于企业出口的措施，在保证检验质量的情况下，减少和简化了部分工作环节，保证了企业的发运时间。

三是向企业提供技术帮助。沈阳华宁橡胶厂生产对日本出口彩色轻半长雨靴8 000双，货价 24 万元人民币，由于存放保管不良，致使大部份雨靴受压变形，无法出口。商检局检验人员提出了在雨靴内加塞支撑纸板的方法，并与工厂技术人员共同试验，获得成功，使这批商品达到出口要求，为企业避免了经济损失。

1995 年本溪钢铁公司，出口卷板 12 万吨，这是该公司历史上最高出口量，因该公司成品库小，不具备将货物备齐后再报请商检的条件，为了边生产、边检验、边发货，商检局特为该公司提供电话报验并由局里派车到工厂取样，试验，制单完成后，检验员将单证用特快传递，寄到用户手中，免去了用户每次到商检局报验往返数百里的路途之苦，深受用户欢迎。

在把关方面

加大了依法施检的力度，严把进出口商品质量关，有效地维护了国家和企业的经济利益和外贸信誉。

出口方面：先后堵住了没有卫生注册证明的一次性注射器，锈蚀的纺织机钢勾，精度不合格的给料成套设备，部分机件生锈的汽压机，棉结超过国家规定的坯布，企业非法转口的工作服和童裙，含有二氯二钾吡啶酚药残的肉食鸡等 46 批不合格商品。

进口方面：对缺重短尺的木材，锈蚀的矽钢片和卷板，松面色差，油污的鞋料，皮革伤残的皮鞋，油缸损坏的大型蒙皮拉伸机，152批不合格的进口商品，出具了索赔证书，对外提出索赔，为国家和企业挽回了经济损失。

沈阳变压器厂 5 月份从意大利进口硅钢片363卷、983吨，货值近 1 200万美元，该批货运抵工厂后，商检局抽取 20 卷代表性进行外观检验，发现有 19 卷存在脱膜性亮点，在对0.5米长0.2米宽的硅钢片用电表测试时，竟有240个脱膜点，硅钢片存在这样严重的短陷，不能用到大型变压器上，据此，商检局出具了索赔证书，经与外商谈判，索赔回人民币 40 万元

（温中）

【加强实验室基础工作】 1995 年沈阳商检局进一步加强了实验室的基础工作，扩大自验率，增加检验工

作的技术含量。

对出口肉食鸡这一大宗敏感性商品，商检局在加强监管、指导和服务的同时，紧紧抓住肉食鸡“药残”和“微生物”检验这一重要环节，针对其检测量大、检测水平要求高的特点，狠抓基础工作，抓实验室建设，克服了人员少，工作量大，环节多，手工操作步骤复杂，检验经验不足等诸多困难，采取了走出去学习，请进来帮助等做法，使这两个项目实现了自验。

同时还建立健全了实验室的《试剂制备记录》、《测试过程原始记录》、《报告审核制度》、《药残检验操作规程》等规章制度，这些基础工作使实验室的测试水平和管理水平都有了明显提高。

1995年又开验了钼铁、工业萘、苯甲醇、氯彷、丁醇、对苯二钾酸二钾脂、乌洛托品等化工品种部分元素的检测，增加新开验的品种提高了仪器设备的利用率，培养锻炼了技术人员，加大了商检证书的技术含量和可信程度。

过去为了适应改革开放需要，方便出口企业，对质量稳定的出口企业，放宽自验批次，使出口商品一般运输包装中的纸箱自验率为2.3%，开展质量大讨论之后，为了提高商检工作质量，包装检验人员在人手少、工作量大、工厂多、分布线长面广的情况下，把纸箱的自验率提高到62%至76%之间。

(温中)

【外商投资财产价值鉴定】 1995年沈阳商检局对外商投资财产价值鉴定主要抓了如下几方面工作。

1.认真贯彻有关文件精神，加强与会计师事务所的联系与协调。年初，一家合资企业的外商投资设备未经商检局价值鉴定，便由沈阳的一家会计师事务所提前做了验资并出具了验资报告，商检局发现这一情况，及时与该事务所取得联系，主动向其介绍和宣讲《外商投资财产鉴定管理办法》，要求该所今后不再发生类似情况，这个单位的负责同志表示今后保证配合商检部门做好外商以实物作价投资的价值鉴定工作。

2.开展价格咨询服务，拓宽业务领域。年内先后为沈阳市中级人民法院、沈阳第一律师事务所等单位提供价格咨询服务，还为保险公司提供了损失鉴定服务。

3月份正在建设中的沈阳凯莱大厦失火，部分进口设备及装饰材料被毁，财产所有者申报的保险索赔金额为30余万美元，受中国人民保险公司沈阳分公司的委托，沈阳商检局为其进行财产价值鉴定。鉴定人员亲赴现场，在无电无暖气的零下十几度的建筑物中，认真查戡每一个被毁的物品，并对受损财产与索赔清单逐项核对、拍照，取得了第一手资料，签发了损失鉴定报告，将财产拥有人申报30余万美元的损失，实际鉴定为14万美元，得到了申请人和保险理赔人的认可，从而维护了各方的利益。

3.积极开展价值鉴定，维护各方合法权益。合资企业中的外商多以设备作投资，越来越多的国外设备被引进沈阳，由于出现的问题是一些中方管理者对引进的设备的国际公平市价不甚了解，某些外商则借机对引进的设备报高价，所以未投产时，便赚中方一笔钱。

7月份沈阳市一家食品厂与一台湾客商合资生产经营小食品，台商以进口设备作投资，从台湾引进一套生产小食品的设备，报价为62万美元，沈阳商检局经过慎密的查询，认定这套设备的国际公平市价只不过30多万美元，按理说，食品厂的中方管理者与合资的台商重新交涉才对，以免白白损失20多万美元，由于合资心切，急于求成，甘愿以吃亏为代价，与台商合资。经商检局坚持公平作价，缩减外商一部分股份，才为合资的中方减少一部分损失。

(温中)

财政·税收·金融

财 政

【概况】 1995年沈阳市财政工作，围绕抓收入，压支出，深化改革，力保平衡；保稳定，促发展，依法理财，强化管理方面做了大量工作，圆满完成了全年预算任务，确保了全市各项社会事业稳定发展。全年财政收入完成355 684万元，为年度预算的110.67%，比1994年增长19.88%；财政支出完成458 861万元，为调整年度预算的83.78%，增长33.8%。

加强管理，深化改革。1995年，在继续完善分税制改革的同时以增强企业活力为中心，配套实施了一系列改革措施。1995年沈阳市国有工业在前两年出现严重滑坡的情况下，产销继续下降，效益低下已达历史最低点，亏损大户上升，亏损额巨增。国有企业经济效益低下，资金紧张，上缴税款很困难，一定程度上影响了财政收入的完成。面对这种局面，沈阳市财政局组织广大干部，深入企业调查研究，帮助并服务企业解决实际问题，针对企业自身建设中存在的问题，狠抓以资金管理和成本管理为中心的财务管理，狠抓工业企业扭亏增盈工作，亏损户已由1994年同期的201户下降至175户。为加大对企业财务管理的力度，召开了全市财政、财务管理工作会议。会后出台了一些办法。组织开展了全市会计岗位十佳能手竞赛活动。有力地促动、加强和提高部门和企业的财会基础工作和水平。与此同时，加大了其它改革的力度。一是干诊公费医疗改革。1995年，针对近几年来干诊公费医疗增长过猛，造成财政干诊支出巨增的情况。财政局组织人力，进行摸底调查，经与有关部门多次协调，市里几个部门联合制发了干诊公费医疗实行现金看病管理办法。即，改变过去那种副局级以上干部转帐式结算，取而代之是个人先垫付，然后再报销。这个办法会有效地控制干诊公费支出，市委、市政府批转了这个办法。二是机关公费住宅电话管理改革。机关公费住宅电话支出亦是财政支出中非常棘手的问题。由于缺乏必要的约束手段，致使机关公费住宅电话费每月超千元者甚多。在对沈阳市机关公费住宅电话进行长达十几个月的跟踪调查和统计的基础上，借鉴全国有代表性城市的管理经验，提出了市本级局级机关公费住宅电话费包干的管理办法。即划定一个限额，超支不补，结余归已。从调查的统计和外地的经验看，它对于控制财政支出将有一定的作用和效果。目前有7个县(区)比照市里的办法开始操作。三是环卫系统财务制度改革。沈阳市环卫经费近年来以每年15%的速度递增，占城建事业费的90%以上，财政负担越来越重，为改革这种现状，制发了沈阳市环卫事业经费承包及机构改革方案，实行环卫事业费包干制度，促进了环卫部门向企业化过渡，减轻了财政负担，改变了财政“管吃管添”的现状。

抓收入，压支出，力保平衡。1995年，沈阳市财政在面临许多困难的情况下，实现了财政收支当年平衡。一是加强财政对行政事业性收费的管理。1995年4月在市里有关部门的支持、配合下，组建了沈阳市财政行政事业性收费管理办公室。机构成立以后克服重重困难，开展项目调查和收费清理整顿等工作，现已查清全市共有收费项目364项，收费资金总计约21亿元，对于这些收费项目和资金，根据不同情况，分别采取了委托征收，纳入专户存储，专款专用等不同的管理方法。同时制发了《沈阳市文教行政事业预算外资金收支财务管理暂行办法》。坚决贯彻收支两条线管理，这个办法对行政事业单位的预算内、外资统管，规范资金供应、使用范围和标准起到了积极的作用。与此同时，对个别地区和部门越权立项，擅自收缴行为进行严厉的通报批评和处罚。二是以确保工资为重点，严格控制其它各项支出。为保持财政收支平衡，财政局各部门坚决维护预算的严肃性，坚持“刚性”预算。1995年针对市本级会议费支出增长过快的势头，开展全市性调查，在调查的基础上，采取措施，对会议费支出进行了有效的控制。继续加强市本级车辆维护鉴定和定点维修，到年底，市直单位申请修车费近300万元，经鉴定审核，实际拨款116万元，节约了经费，减少了支出。此外，在严格控制追加预算，不断增强财政收支平衡意识方面做了大量的工作。从而实现了1995年财政收支分别比1994年增长19.88%和33.8%的水平。

保稳定，促发展，依法理财，保持和保证社会稳定，在稳定中求发展。深化财政改革和其它各项事业改革，通过改革，强化管理，加快财政工作法制化进程。在这方面主要做了如下工作。一是大力支持和发展社会保障事业。1995年4月，沈阳市财政局组建了社会保障处，以促进社会保障事业的发展，财政局社保处与财政部和省厅进行对口衔接，求得对沈阳市社会保障事业以更多的支持；对沈阳市现在的保障方面的保险进行财务监查；同时着手研究沈阳市的社会保障基金问题；对特困企业和特困户情况进行调查，发放特困职工周转金100余万元，解决了29 863名职工生活问题。从1995年4月—12月，对全市约 15 000 特困人口每人每月增加50％平价供应粮。帮助企业贷款，并为企业垫付资金，以解决特困企业开资问题。积极妥善解决企业拖欠离休干部医药费问题，采取特事特办的工作方式，到企业主管部门召开现场办公会，当场办理无息贷款，当天 200 万元资金拨付到位。二是筹措资金抗洪救灾，恢复生产，保持稳定。面对水灾，为筹措资金，财政局各处室在局领导的率领下，多次进京、去省汇报情况，求得上级的理解、同情和支持，以保证救灾资金陆续拨付到位。水灾发生后，在市财力十分紧张的情况下，为确保各项抗洪抢险的物资到位，多方争取，积极筹措资金将款登门送到受灾最重的辽中县、苏家屯区，同时，安排了250 万元资金，用于防洪通讯的器材。拨付了 1 230 万元，用于修复受淹的取水井，修复受损的排水等设施，解决城市居民吃水问题，财政局先后 3 次下达了自然灾害救济事业费 3 260 万元，用于解决县区受灾灾民和困难户的建房补助及灾民今冬明春灾区的口粮和烧柴问题。为防止灾情之后有疫情发生，拨 350万元专款用于防疫。为了社会稳定，拨出 70 万元专款用于交通工具和通讯器材的购置。三是加强财政法制建设，强化财政监督力度。1995年对“小金库”进行清理，经过几个多月的工作，通过 83 169 户企、事业单位自查和组成检查组对 8 000多户进行重点检查，全市共查出各种“小金库”违纪金额 2 520 万元，已支出 1 977 万元，期末滚存余额543 万元，清查后应上交财政 412万元，已上交 243 万元，入库率为59％。为确保赈灾款项足额及时到位，组织成立了赈灾款项核查领导小组，负责监督检查全市赈灾资金的使用情况，防止截留、挪用、挤占、转移等现象的发生。使有限的资金发挥其经济和社会效益。此外，针对康法两县粮食企业亏损严重的局面，派出调查组，对两县粮食非生产性占用和生产性占用资金进行了认真地清理，并制发了《关于加强康法两县粮食企业资金管理的意见》从而加强了财政监督的力度。规范了资金管理，堵塞了跑、冒、滴、漏，监督的社会效力产生出监督的经济效益。

（庞敏丽）

【财政收支】　1995 年，沈阳市财政在国民经济稳定发展的基础上，收支规模进一步扩大，财政实力有所增强。财政收入比 1994 年又有较大幅度的增长，财政支出基本满足了全市经济建设和社会事业发展的需要。

财政收入。1995 年，全市财政收入完成355 684万元，为年度预算的 110.67％，比 1994 年增长19.88％，增收58 979万元。主要收入项目的完成情况是：1. 工商税收完成295 757万元，为年度预算的102.89％，比 1994 年增长17.04％。其中：(1)增值税（地方25％部分）完成 85 863 万元，为年度预算的100.19％，增长12.2％；营业税完成118 226 万元，为年度预算的95.9％，增长12.62％；个人所得税完成21 213万元，为年度预算的233.57％，增长1.66倍。城市维护建设税完成26 238万元，为年度预算的97.53％，增长7.27％，与增、营两税的增长相同步。2. 农业四税完成9 201 万元，为年度预算的122.44％，比 1994 年增长15.59％。3. 企业收入完成4 547万元，为年度预算的75.78％，下降17.33％；(2)商业企业收入完成5 490万元，为年度预算的152.50％，增长68.98％。(3)粮食企业亏损退库完成22 177万元，为年度预算的94.02％，减少退库1 684万元；(4)集体企业所得税完成20 914万元，为年度预算的123.15％，增长35.46％。4. 其他收入完成15 124万元，为年度预算的252.07％，比 1994 年增长40.65％。

1995 年全市财政支出完成458 861万元，为调整后年度预算的83.78％，比 1994 年增长33.8％。主要支出项目的完成情况是：1. 基本建设支出完成15 870万元，为调整后年度预算的 73.40％，增长33.82％。2. 企业挖潜改造支出完成67 172万元，为调整后年度预算的64.44％，增长56.45％。3. 科技三项费用支出完成7 972万元，为调整后年度预算的57.15％，增长11.75％。4. 城市维护费支出完成42 952万元，为调整后年度预算的83.24％，增长32.54％。5. 支援农村生产和农林水利事业费支出（含农业综合开发支出）完成26 021万元，为调整后年度预算的85.86％，增长44.27％。6. 文教卫生事业费支出完成99 600万元，为调整后年度预算的99.96％，增长11.55％。其中：(1)教育事业费支出完成64 096万元，为调整后年度预算的100％，增长13.92％；(2)卫生事业费支出完成13 422万元，为调整后年度预算的99.78％，增长6.82％；(3)公费医疗支出完成10 881万元，为调整后年度预算的100％，增长14.55％。7. 科学事业费支出完成3 653万元，为调整后年度预算的 100％，增长6.75％。8. 抚恤和社会救济支出完成12 924万元，为调整后年度预算的81.72％，增长57.96％。9. 行政管理费支出完成30 448万元，为调整后年度预算的 99.97％，增长12.53％。10. 公检法支出完成36 385万元，为调整后年度预算的99.98％，增长24.51％。11. 各项价格补贴支出完成24 620万元，为调整后年度预算的 84.81％，增长97.23％。

按照分税制财政体制测算，1995 年沈阳市实现了财政收支当年平衡。

（王旭）

【行政经费支出管理改革】　几年来，沈阳市对行政经费支出加强管理进行改革。实行职工住宅取暖费结算制度的改革。辽中县从 1987 年起率先对职工住宅取暖费结算办法进行了改革。1992 年，新民市借鉴辽中县的作法，也实行了职工个人负担取暖费的办法。1995 年，于洪区、康平县也先后有选择的实行了取暖费个人比例负担的办法。据统计，辽中县从 1988——1995 年 8 个取暖期，财政拨款的文教行政单位职工个人累计负担的取暖费达 682万元；新民市在实行改革 4 年中，个人负担取暖费 247 万元。1995 年，市财政局草拟了市本级职工住宅取暖费个人适度负担办法（讨论稿），对促进全市经费支出改革，指导和带动文教行政各项工作起到了积极作用。

职工住宅电话费改革取得新进展。1995年，下发了市直党政机关公费住宅电话管理办法，对市直党政机关正副局长(含正副局级和相应级别的离退休干部)的住宅电话实行限额包干、超支自负、自行结算的办法。据了解，自1992年全市财政工作会议市局提出职工住宅电话实行费用包干办法和建议以来，到1995年末，全市已有7个县(市)、区以当地党委、政府名义下发了文件，采取了包干办法，每年节约经费都在百万元以上；市本级如公检法等部门和单位实行住宅电话费包干已4、5年时间了，也取得了明显的效果。

完善了车辆鉴定和定点维修制度。据统计，1995年市本级党政机关需要大中修的小汽车共53台，提出申请的维修费300万元，经鉴定审核财政拨款116万元，节约经费184万元。部分县(市)、区财政部门针对机关车辆维修、用油等存在的问题采取了切实可行的办法。1994年新民市财政局组建了车辆维修厂，成立了汽车配件商店，规定凡财政拨款的编内车辆一律到定点厂家维修，违者修车费用自负，厂家成立不到一年节约财政支出40多万元。1995年康平县财政局改变以往机关车辆分散加油的作法，单位车辆实行按规定定额到指定加油站加油，财政与加油站核算的办法。

加强了会议费审批及管理工作。1995年，对会议的管理着重采取了以下措施：(1)坚持会议审批制度。凡举办会议单位分别归口市委、市政府两个办公厅审批，取得会议许可证后召开的会议，财政部门予以拨款；否则，费用自理。(2)年中对会议费支出情况进行调查，剖析典型、分析问题，提出控制措施，向市委、市政府专题汇报。(3)严把经费审批关，对会议请款报告严格审核，压缩费用开支。部分县(市)、区对会议费则采取了驻会审核和跟踪审核的办法，也收到了实效。

行政经费限额管理工作取得成效。1995年，对全市行政管理费实行了限额管理，下管一级的办法。即将财政部和省财政厅每年初下达沈阳市的行政经费限额指标，层层分解，对县(市)区财政部门制定系统的考核指标，年终兑现奖罚；对市直党政机关采取经费包干办法。市行政经费限额管理工作连续两年获财政部奖励。

削减企业主管部门经费。为加快政府职能转变，促进机构改革，对市直18个企业主管部门继续采取只核拨离退休经费和部分人员经费，公用经费全部削减的办法，全年共削减经费合计近700万元。

(朱力)

【加强行政事业性收费管理】 1995年，沈阳市积极做好行政事业性收费基础工作，加大管理力度，全面加强行政事业性收费管理。

1. 建立各项管理制度，规范行政事业性收费管理。1995年3月28日下发了《沈阳市行政事业性收费管理规定》改变了行政事业性收费的所有权，确定了行政事业性收费是财政资金一部分的新概念；明确了政府各有关部门的管理职责，使其各负其责，协调管理；明确了财政部门是管理行政事业性收费的职能部门；从项目管理、标准核定、许可证发放、票据使用资金管理、检查监督和违纪处罚等方面规定了管理范围和管理程序，便于实际操作，有力于各部门、各单位具体执行；突出了行政事业性收费资金的财务管理，体现了对行政事业性收费全过程的全面管理。在此基础上，财政部门分别下发了《沈阳市文教行政事业预算外资金收支财务暂行办法》、《沈阳市行政事业性收费减免程序》、《关于对行政事业性收费实行征收委托证制度的通知》等一系列文件，对贯彻《沈阳市行政事业性收费管理规定》，起到了积极的保证作用。

2. 健全管理机构，调整财政部门内部分工，协调管理行政事业性收费管理。1995年，成立沈阳市行政事业性收费管理办公室和沈阳市行政事业性收费稽查大队，加强行政事业性收费管理。根据财政部关于制定收费管理政策、管理收费立项与执收分开；收费征收管理与资金支出管理分开；综合管理与专门机构管理结合的原则，结合实际情况，调整了财政部门内部分工，理顺工作关系，加强行政事业性收费管理。

3. 建立预算外财力征管体系，全面管理预算外资金。根据省政府关于建立财政第二预算征管体系会议精神，财政部门以行政事业性收费管理为突破口，全面加强预算外财力管理。起草了《沈阳市财政预算外资金实行财政第二预算管理暂行规定》(讨论稿)、《沈阳市预算外资金实行财政第二预算管理财务规定》(讨论稿)和《沈阳市财政第二预算会计核算暂行规定》(讨论稿)等文件，组织开发《沈阳市财政预算外资金管理信息系统》，并于1995年12月布置了沈阳市财政第二预算预决算，为1996年建立沈阳市预算外财力征管体系、下达沈阳市财政第二预算计划文本奠定了坚实的基础。

(孟岗)

【基本建设财务管理】 1995年沈阳市基本建设财务管理“实行适度从紧，严格预算约束”的财政政策，严格按照基本建设投资计划，控制基本建设拨款；做好基本建设财政、财务管理的准备工作，逐步完善基本建设投资计划、基本建设拨款的管理工作，加强财政对基本建设资金的调度融通能力，保证沈阳市人民政府确定的基本建设重点工程建设的资金需要；夯实基本建设财政管理基础，全面收回建行代行的财政职能；积极参与基本建设投资体制改革、投资计划安排和有关投资政策的制定。

1. 积极筹措资金，保证基本建设工程资金需要。1995年是沈阳市基本建设投资管理划归财政管理的第一年，基本建设拨款由以前建行拨款改为由财政拨款。全年基本建设计划投资12 000万元，为保证基本建设重点工程资金需要，及时解决修复因水灾造成的农业基本建设损失的资金不足，到1995年10月末沈阳市财政局共筹集资金1 580万元，确保了农业部门工程资金需要。经过一年的努力，基本建设拨款完成了12 800万元，是基本建设近几年来投资完成情况最好的一年。

2.夯实基本建设财政、财务管理基础。1995年初，根据财政部、中国人民建设银行《财政部、中国人民建设银行关于财政收回原委托中国人民建设银行代行的财政职能的通知》精神，财政部门全面收回建行代行的财政职能。财政局与沈阳市建行联合下发了《沈阳市财政局、中国人民建设银行沈阳市分行关于收回原中国人民建设银行沈阳市分行代行财政职能的通知》，在文件中规定从1995年1月28日起，沈阳市财政局全面收回原沈阳市建行代行的财政职能，明确了财政管理职能。为理顺基本建设拨款程序，沈阳市财政局在沈阳建行设立了基本建设拨款专户，统筹管理基本建设拨款。各县(市)、区财政部门也相继建立了“财政基本建设资金专户”。通过一年的工作，各建设单位普遍反映财政收回建行代行财政职能后服务意识增强了，拨款速度快，真正体现为建设单位着想。为规范基本建设财务管理，先后下发了《沈阳市基本建设资金拨款暂行规定》、《沈阳市财政局基本建设财务管理工作职责范围》、制定了《基本建设财务管理办法》、《经营性建设项目管理办法》、《基本建设月(季)度财务报表》等财务管理制度。

3.规范施工、房地产开发企业财务管理。财政收回原建行代行的财政职能后，对施工、房地产开发企业财务管理由原建行管理改为由财政管理。通过调查，基本上摸清了沈阳市施工、房地产开发企业的情况并重点调查了沈阳市建工局所属施工企业，对其经营状况、财务机构设置、财务人员素质及存在的问题等方面的问题进行了调查，在此基础上加强了对企业的财务监督并参与了沈阳市建工局关于建安、施工企业工程成本管理与工程成本核算办法等四项制度的制定工作，与沈阳市劳动局一起制定了施工企业“百元工资含量”等有关政策。

为全面开展沈阳市房地产开发企业财务管理，下发了《关于对沈阳地区房地产开发企业进行财务登记的通知》，从1995年1月1日起，房地产开发企业的财务工作由财政部门实行管理和监督，按照辽宁省财政厅《关于对施工、房地产开发企业进行财务登记的通知》要求，决定对沈阳地区的房地产开发企业进行一次财务登记。登记范围：凡在沈阳地区进行工商注册登记的各级行业主管部门和企事业单位所属的房地产开发企业、一次性房地产开发的项目公司和具有房地产开发经营业务的企事业单位均进行财务登记。对房地产开发企业进行财务登记是企业纳入财政管理的重要标志。对未按要求进行财务登记的房地产开发企业，工商管理部门不予通过工商年检；财政部门不予批复财务报告；计委不予批准房地产开发立项，不下达年度计划；建委不予通过开发资质等级年检；审计部门对未进行财务登记的房地产开发企业按有关规定给予处罚。截止1995年12月末，前来登记的房地产开发企业已达300多户，经过审查合格并建立起档案的有110户，另外省属开发企业经审查合格但未发证的有97户。

(宋旭升)

【国债发行、兑付】 1995年沈阳市财政、银行系统共承销国债22.6亿元，其中：三年期无记名国库券2.8亿元，三年期凭证式国库券19.2亿元，一年期记帐式国库券0.2亿元，五年期定向债券0.4亿元。承销任务比1994年增长101%，为1981——1994年国债任务总计的70%，创沈阳市国债发行量最高水平。截止11月底，全市累计完成国债任务24.1亿元，完成全年承销任务的106.6%，比1994年增长54.5%，为1981——1994年国债任务完成总量的64.2%。

1995年国债发行特点是：市场化、规模大；渠道多、品种杂；时间长、无规律。国债发行工作压力大、任务重、难度强。沈阳市能超额完成承销任务，主要原因是：

1.领导重视，组织得力。市政府领导把国债发行工作列入重要议事日程，市国债办在分销、宣传、岗位培训、报告制度、核算办法等具体工作中精心组织，周密部署，建立了监督、检查、奖惩等一系列制度。在发行的第一天，省、市领导亲临发行网点检查和宣传国债政策，直接推动了国债发行。

2.深入宣传，广泛报导。在新闻单位的大力支持下，通过广播、报纸电视等媒介，采取多种群众喜闻乐见的形式，实实在在地宣传国债发行特点，购买办法、经销网点和利国利民利家的意义，促进了国债发行。

3.方便群众，积极促销。1995年国债全部面向市场发行，各分销机构采取了预约登记、上门服务、贴补手续费、延长营业时间等措施，大大方便了群众购买，从而促进了国债发行，搞活了国债发行市场。

1995年的国债兑付工作同发行工作一样，工作量大，难度强。到期兑付的券种多、票面杂、假券多且不易识别，兑付任务之重为国债兑付业务开展以来前所未有。为了做好这项工作，保证工作质量，市国债办组织有关人员进行了具体操作业务和反假防假技术培训。各兑付点利用各种宣传工具宣传兑付知识，深入基层为群众兑付。兑付工作从6月中旬开始，到11月底结束。全市共兑付国债券本息合计13.91亿元，其中：1992年三期国库券8.11亿元，1989年、1990年特种国债1.2亿元，其他年度券种合计4.6亿元。兑付本息比1994年增长176.5%。

(于晓丽)

【农业税收突破亿元】 1995年，沈阳市农业税收收入首次突破亿元大关。全年累计征收农业税收收入11 072万元，上缴预算内收入9 201万元，完成市预算安排的131.2%，比1994年增长15.6%，其中：农业税征收6 157万元，农业特产税征收292万元，耕地占用税征收2 134万元，契税征收2 450万元。除农业税由于受水灾的影响，只完成预算任务的95%以外，其余三种税收均超额完成了任务，特别是契税，提前7个月完成征收任务，创历史最好水平。

首先，转变思想观念，调整工作思路，一改过去就征收论征收的传统观念，以社会主义市场经济理论为指导，结合沈阳市住房制度改革和农村经济的发展变化，将契税征收重点由农村转移到城市，积极开展城市商品房征收契税工作，其中市内五区所征税款占契税总额的60%，商品房契税占契税总额的77%。其次，改革征收办法，变被动为主动，特别是在专业人员不足的情况下，由街财政协助征收，1995年沈阳市通过街财政征收契税507万元。第三，强化税收宣传力度，增大税收宣传手段，除印制税收宣传单，还利用各种宣传媒介和宣传方式大搞税收政策宣传，从而增强和提高全社会依法纳税意识。第四，加强部门间协作配合，调动各方力量，共同做好农业税收工作。第五，突出重点，抓耕地占用税尾欠清理和农业税税源清查工作，根据康平、法库两县划归沈阳市后的经济运行情况以及新民、辽中两地的经济发展情况，对农业税计税土地面积进行了认真清查，全年共增加农业税依率计征税额100多万元，同时耕地占用税尾欠清理工作也有了显著增长，税款清欠率为17%，清欠额903万元。第六，坚持依法治税，加大税收执法力度，充分发挥财税检查室的作用，全年共立案和查处四税违纪案20多起，查处抗、欠税户113户，税款321万元，收缴滞纳金、罚款5 000余元。

（马中莉）

【广泛开展调查研究】 1995年，沈阳市财政系统调研工作，取得了明显的成效。共形成调研报告90篇，其中市局74篇，县（市）区财政局16篇。完成年初计划的90%，成果转化率为40%，被市局评选出的优秀调查报告22篇。其中：特别奖1篇；一等奖3篇，二等奖6篇，三等奖12篇。关于《沈阳市社会财力模型系统及其应用研究报告》荣获市科技进步一等奖。调查工作广泛、深入的开展，对促进生产发展和财政改革起到了推动的作用，为圆满完成1995年各项财政工作任务创造了条件。

调研工作摆上了主要日程。1995年沈阳市财政面临的任务很重，难点很多，压力很大。为确保全年财政工作任务的完成。决定把调研工作作为1995年财政工作的一项重要内容，以此转变作风，提高效率，推进各项财政工作。全市财政干部深入实际，调查研究，到基层解决问题，化“热点”为“冰点”。要认识到加强调研工作是搞好各项财政改革和财政管理的前提条件，只有切实搞调查研究，才能做到情况明，决心大，方法对，效果好。特别是在财政改革不断深化的新形势下，新情况、新问题不断出现，加强调查研究尤为重要。为推动调研工作的开展，决定把调研工作列入全年重点工作之一，要求各部门将调研工作列入工作目标责任状，作为年终考核的一项内容。围绕财政中心工作，针对涉及全局的重大课题进行了分工，有12篇调研报告都是领导出题并亲自指导下形成的。县（市）区财政局、各处（室）的领导也在调研工作中起到了表帅作用。由于各级领导的重视和领导表率作用的发挥，有力地促进了全系统调研工作的开展，进而也使开展调研工作变成了广大财政干部的自觉行动。全年参加人员达300余人。

调研工作为领导决策和服务发挥了作用。1995年为了不断提高财政调研的质量和效果，更好的为财政、为实际业务服务，努力做到了三个坚持，即：在调研方向上，坚持围绕财政中心工作；在调研内容上坚持为现实财经业务服务；在调研方法上坚持以加强财政管理和工作效益为出发点和落脚点，努力为领导决策和业务咨询服务。主要建立和落实四个制度：一是实行了调研工作的组织领导制度。对调研工作做出了具体的规定，使调研工作走向有序化、制度化。二是实行了调研工作目标责任制度。调研工作列入各部门全年工作的目标责任状，作为年终考核的一项内容。并指定一名秘书专门具体负责调研工作，使调研工作目标责任到位，人员落实到位。三是实行了调研工作督办制度。四是实行调研报告评比制度。这些制度的建立，有效地促进了调研工作的开展。

初步取得了一批对实际工作有所促进的调研成果。1995年全市财政系统调研成果不论从数量和质量上都有较大提高。这些调研成果具有针对性、实效性、可操作性，有的进入了领导决策层，有的已在刊物上发表。这些调研成果内容主要反映四个方面；首先是围绕预算体制改革及其配套改革方面开展调查研究。其次是围绕促进经济建设，促进各项事业发展方面开展的调查研究。三是围绕加强改进财政收入征管开展研究。四是围绕控制减少财政支出开展的调查研究。这些调研报告都为各级领导决策起到了重要作用。

（庞敏丽）

【沈阳会计师事务所】 沈阳市会计师事务所1995年在“改革开放”的宏观环境下不断完善机制、深化改革，在竞争中始终恪守“独立、公正、实事求是”的办所宗旨，坚持质量第一、信誉至上、群策群力、团结奋斗，不仅全面地完成了各项工作目标，而且取得了较好的社会效益和经济效益。全年业务总收入比1994年增加7.2%。

1.积极开拓会计服务领域。配合改革开放。为引进外商投资，促进沈阳经济发展服务。截止1995年末，共为外商投资企业审计年度决算报表784户；检验投入资本307项；并为30多户企业提供了可行性研究报告；目前已拥有1 200多家外商投资企业客户，为企业提供了大量会计、税务、财务等方面有关法律、法规和制度的咨询。在为外商投资企业服务的同时还对本市448户工业、交通、商业和粮食企业进行了1994年度财务决策报表的审查。帮助企业解决问题，强化经营管理，健全财务制度，明确员工职责，为企业扭亏增盈提出意见和建议。2.为上市公司和股份制企业服务。1995年，沈阳市会计师事务所共为辽沈地区161户证券上市公司及内部股份制企业进行了期末和期中财务决算的审计（其中：上市公司及基金上市企业14户，1995年申请上市公司5户），并为有限责任公司和股份制企业出具193份验资报告。3.加强和拓展了资产评估工作。为了适应社会主义市场经济发展，对资产评估业务不断充实和加强。一年来，共受理评估业务130项，评估总值达33.5亿元，其中企业以资产抵押贷款及实行股份制的评估共31项，占评估项24%，评估值209亿元，占评估总值62%。4.开展各项培训和考试任务。一年来，为沈阳市外商投资企业会计、内资企业财务人员职称晋级、上岗证和注册会计师考试的培训共3 000多人。为切实提高财务人员的专业水平，培养注册会计师事业的新生力量，对各种培训，在师资、教材、考试及教学等方面，认真选择，精心安排。

一年来，沈阳市会计师事务所对内部管理不断加强。具体表现在两方面：首先，在业务方面先后制定出"审计报告程序"、"工作底稿"、"审计、验资约定书"，充实了"验资工作程序、规程"。在业务审批方面，层层把关，逐级复核，确保报告准确无误，降低风险，提高业务质量。其次，在人员素质方面，1995年中旬邀请MRI国际会计师事务所的培训人员对全体执业人员进行为期两周的审计培训，并分期选派人员参加《中国注册会计师独立审计准则》培训班。

（李继萍）

税　收

·国　税　局·

【税收计划执行情况】 1995年，沈阳市国税系统共组织各项收入476 753万元，比1994年增长9.75%，增收42 357万元。

工商税收完成428 640万元，比1994年增长14.9%，增收55 439万元，完成年计划的103.26%，超收13 040万元。其中：中央级完成313 148万元，增长15.55%，增收42 131万元，完成年计划的103.26%，超收9 898万元；地方级完成115 492万元，增长13.02%，增收13 308万元，完成年计划的102.80%，超收3 142万元；国有企业所得税完成37 363万元，比1994年下降8.63%，减收3 529万元；能交基金完成1 272万元，比1994年下降85.31%，减收7 384万元；预算调节基金完成1 147万元，比1994年下降81.01%，减收4 895万元；教育费附加完成8 331万元，比1994年增长48.65%，增收2 726万元。另外，全市全年完成出口退税43 000万元，比1994年增长2.78%，增加退税1 161万元。

收入主要特点：

1.收入任务全面完成。在收入中，分税种，分预算级次，分征收单位，全市均超额完成收入任务，其中，"两税"完成367 220万元，超计划20万元；海关代征税收完成25 232万元，超计划5 232万元；其它中央税完成7 248万元，超计划4 648万元；其它地方税完成28 940万元，超计划3 140万元，而且全市20个征收单位均全面超额完成市局核批的收入任务，实现"满堂红"。

2.各季度间收入不平衡。1995年全市各季度间收入明显不平衡，如一季度收入82 007万元，占全年的19.13%；二季度收入92 222万元，占全年的21.52%；三季度收入100 838万元，占全年的23.52%；四季度收入153 573万元，占全年的35.82%，收入呈递增趋势，其中一季度收入只占四季度收入的53%，年末收入压力明显趋重。

3.特殊增减收因素较大。因政策调整变化，特殊企业税收入的增减，对全年收入影响较大，如(1)东北电业管理局，由于一些纳税项目的调整，入库增值税15 000万元，比1994年减少10 000万元；(2)东北输油管理局1995年缴纳增值税，当年入库21 947万元，增收21 947万元。(3)沈阳薄板厂年初隶属鞍钢，1995年一直未取得增值税进项发票，企业一直按17%税率全额纳税，全年入库5 359万元，比1994年增收4 017万元，增长近3倍。

4.海关税收迅猛增长。由于对外开放的不断扩大，沈阳市进出口贸易形势一直较好，海关税收亦逐年增加，1995年海关代征税款达25 232万元，比1994年增长34.52%，增收6 475万元，其中，海关代征增值税完成25 209万元，增长34.67%，增收6 490万元。

主要税种完成情况：

增值税完成346 211万元，比1994年增长12.95%，增收39 695万元，完成年计划的100.00%，超收11万元。

(1)东北输油管理局由于经营范围调整，由单纯的输油改为购油，输油、卖油，1995年增加增值税，企业当年实现销油量1 800万吨，实现销售收入165.16亿元，实现销项税额280 765万元，进项税额258 818万元，实现增值税21 947万元，入库21 947万元。

(2)沈阳卷烟厂改善经营管理，调整产品结构，1995年初见成效，企业当年实现扭亏为盈，当年实现销售收入24 145万元，增长36.60%，入库增值税4 744万元，增长6.8倍，增收4 137万元，企业以往年度陈欠增值税已全部清理入库。

(3)有色金属行业税收完成9 088万元，比1994年增长78.6%，增收4 000万元，，其中，沈阳造币厂由于结算提前至12月份当年实现入库税款1 700万元，比1994年增收1 300万元。沈阳冶炼厂入库税金4 760万元，比1994年增收1 400万元，主要是清理欠税增收。

(4)电力行业增值税入库27 017万元，比1994年下降27.3%，减收10 113万元，由于东电在各电厂所在地预征率每度电调高0.50元，全年影响在沈阳市汇算收入2 600万元；三峡建设基金及电力建设基金所征增值税亦改由电厂所在地纳税，全市汇算部分减少8 000万元。

(5)机械行业增值税入库46 814万元，比1994年下降9.60%，减收4 945万元。1995年以来沈阳市机械行业一直处于滑坡状态，产值、销售均比1994年下降，同时，由于原材料价格的上扬，进项税额相应增大，加之期初存货抵扣税金的增多，实现税额及入库税额持续下降，如第一机床厂等5家企业统计表明，当年实现销售收入48 720万元，比1994年下降25.60%，减少16 767万元，销项税额为9 142万元，下降12.87%，减少1 338万元，进项税额为6 392万元，比1994年增长30.72%，增加1 502万元，应纳税额为2 750万元，比1994年下降50.81%，减少2 840万元。

军工企业形势较好，如沈飞、新阳、新乐等三大军工企业当年实现税收3 303万元，比1994年增长2.9倍，增收2 461万元。

(6)商业增值税入库125 909万元，比1994年增长1.04%，增收1 298万元。

商业企业税收增幅较低，主要是大型物资批发企业实现税额持续下降，随着市场竞争的剧烈增加，物资批发企业的批零差率逐渐缩小，而且大多物资企业的期初存货相当大，仅抵扣税金一项既对当期税收影响较大，如东北汽贸，辽宁汽贸，东北黑色等大型物资企业1995年比1994年减少税收2 800万元。

大型商业零售企业在沈阳市则体现增减不一，如沈阳商业城，当年实现销售78 404万元，比1994年下降10.26%，减少8 965万元，抵扣税金为0，而1994年抵扣2 988万元，当年实现增值税1 250万元，下降10.97%，减少154万元。中兴商业大厦实现销售134 381万元，比1994年增长11.78%，增加14 162万元，实现税金2 775万元，增长36.16%，增加737万元，入库税金2 756万元，增长60.05%，增收1 034万元。

消费税完成21 009万元，比1994年增长6.83%，增收1 344万元，完成年计划的100.04%，超收9万元。

沈阳市消费税主要是卷烟、酒、汽车三个大项，其中，卷烟、酒两个个行业较好，分别实现4 477万元和8 080万元，其中，卷烟税收比1994年增长25.41%，增收907万元，酒消费税比1994年增长10.14%，增收744万元，在酒消费税中，啤酒企业相对较好，如沈阳啤酒厂当年入库消费税5 574万元，比1994年增长35.29%，增收1 454万元，汽车行业消费税由于金杯客车产量减少，消费税实现5 151万元，比1994年下降14.7%，减少886万元。

（许石）

【税制改革】 1995年，沈阳国税系统税收征管改革取得显著成果。被列为全国税收征管和改革首批试点单位。

1.大力推行自核自缴申报征收制度。由纳税人采取自己核算、自己填票、自己缴纳的申报征收方式简化了程序，减少了环节。同时推广了邮寄纳税申报方式，方便了纳税人。

2.完善了多功能办税大厅，针对取消专管员管户的实际，将一些管理职能向办税大厅转移，实现了由分散管理到集中专业化管理。并通过增设办税窗口，完善大厅功能，为纳税人创造良好的纳税环境。

3.组建沈阳市国家税务局税收征收中心。为了达到上一级集中征收，下一级分散稽查的目的，成立了沈阳市国家税务局税收征收中心，逐步使全市80%以上的税收实现集中征收，并通过计算机广域网，达到税收数据信息共享。

4.税务稽查工作实现历史性突破。将税务稽查作为征管工作的“重中之重”，实现三个转变，抓住四个环节，规范三种类型，坚持市局考核分局案件指标，分局查处纳税人偷税行为的稽查运行机制，全年共查补税款30 143万元，征收滞纳金、罚款5 686万元，移送案件210件。查补税款、征收滞纳金、罚款额度之大，移送案件之多堪称历史之最。

5.计算机的开发和应用发生质的飞跃。强化了会统核算的计算机管理；市内5个分局实现了计算机局域网；市征收中心与市内5个分局实现广域网互联；利用各种先进手段和设备，进行征收管理，在铁西、沈河、皇姑分局分别进行了计税收款机、光电自动录入技术和IC卡办税、纳税的试点工作，并取得良好效果。

6.深化和完善增值税专用发票计算机交叉审计系统。对专用发票发行“双态管理”。在静态上，对专用发票的领、用、存环节利用计算机管理，实施有效监控。在动态上，在实行内外交叉，票票交叉的基础上，又有了新突破，即实行了票表交叉，使交叉审计工作更加严密。

实施征管改革一年多来，征管工作得到了加强，纳税人主动了解税法的积极性和依法纳税的自觉性得到了提高，保证了新税制的顺利实施，税收收入实现稳定增长。

（张晓婷）

【税法宣传】 1995年沈阳市国家税务局的税法宣传教育活动，紧紧围绕“税收与法制”这个主题，以学习宣传国家颁布的新税法，宣传税收征管改革为主，以面向纳税人、面向社会开展宣传教育，提高纳税人的纳税意识为重点，坚持以日常宣传为主，达到重点突出，扎实有序，勇于创新，富有特色的目的。

1.以广播、电视、报纸等新闻媒介为载体，广泛发动社会各界，采取各种群众喜闻乐见的形式，大力开展税法宣传教育活动。

2.充分利用各基层办税大厅的“窗口”功能，开展税法宣传活动，把日常税收工作和搞好税法宣传有机地结合起来，使税法宣传扎实而有效地开展起来。

3.寓教于乐，通过文艺演出、宣传板等形式宣传税法，让宣传教育工作扎扎实实地进入社会，增强税法宣传的社会感染力，创造税法宣传的强烈氛围。

4.大张旗鼓地宣传纳税人在履行纳税义务过程中的正反面典型，对违反税收法规的偷逃骗税案件予以公开曝光，起到打击一个，振摄一片的目的。

通过广泛深入的税法宣传教育活动，增强了广大人民群众依法纳税观念，提高了他们依法纳税的主动性和自觉性。据统计，全市国税系统3500名税务干部，在全市城乡开展了全方位、多渠道、大规模的税法宣传教育活动。全市共设立219个税法宣传站，悬挂横幅标语230幅，设置宣传版500多块，印发宣传单30万份，设置个人所得税申报箱、税收改革征求意见箱和监督纳税人依法纳税及税务干部清政廉洁举报箱57个，接待、解答税收热点问题7 000余人次，通过宣传、纳税人积极主动进行自查，补缴税款 216 万元，取得了较好的社会效果。

沈阳市的税法宣传教育活动，得到了国家税务总局的肯定，分别获得省局、国家税务总局 1995 年度税法宣传组织奖，《千人行动共协税》获国家税务总局最佳活动项目称号，江泽民主席在授奖盘上题词“税收要为社会主义经济建设服务”。

（王伟）

【加强个体税收管理】 1995 年新税制实施的第二年，是个体各项工作开展的磨合期，暴露出的问题较多。所以 1995 年沈阳市个体征管工作紧紧围绕大力组织税收收入这个中心，有计划分步骤地严格按照市国税局工作要点逐步实施，取得了超收14.5%，4 500万元的成绩。

1. 强化个体基础征管工作。大力加强个体工商户的定期定额管理工作，加强最低营业额限额工作的贯彻执行，加强个体定期定额户定额评议审批程序，使全市个体工商户所平均提高定额达 25%以上，为完成全市税收任务奠定了良好的基础。

2. 狠抓基层税务所的基础资料建设。各税务所按照市局要求，严格统一各项文书图纸、程序、建立资料档案，有条件的建立档案室，做到了资料整齐，数字准确。使定期定额的调整，立案查处，稽查工作有据可查，提供了可靠的资料和数据。全市基层税务所有 60%以上达到基础资料档案化管理。

3. 深入开展个体工商户的自查工作。全市从 6 月份开始陆续开展业户自查工作，全市自查补税1 593万元，比 1994 年超收600多万元。在自查的基础上加强重点行业、个人所得税的重点检查，共补税罚款382万元。

4. 加强个体增值税一般纳税人的认定和清理工作，针对个体工商户增值税一般纳税人的实际情况开展清理工作，全市共清理个体增值税一般纳税人 859 户，补税 78 万余元，罚款 6 万余元。

5. 强化个体公开办税。在“三公开”的基础上建立税额公开，信息反馈档案化管理，全市基层税务所基本实现公开办税，信息反馈。实现了个体定额螺旋式上升，通过公开办税，进行定额调整的业户占应纳税户数的 15%以上。

1995 年个体税收充分体现稽查在个体征管工作中重中之重的地位，全年立案 2 474 件，结案 2 451 件，结案率 99.07%，超 2 000 元以上案件 507 件，移送案件 160 件，共补税罚款 675 万元。

一年来，沈阳市公、检、法驻税部门支持税务机关依法履行业务，强化以法治税；打击偷税、抗税、骗税及利用增值税专用发票违法犯罪的工作，全市共查处各类涉税案件，1 321 件，其中治安罚款 20 人，治安警告 13 人，收审 10 人，劳动教养 4 人，行政拘留 15 人，刑事拘留 311 人，立案查处 30 件，达到立案标准的 123 件，其中利用增值税专用发票犯罪 57 件，移送检察机关讼诉 19 件，刑事审判 14 人，司法拘留 9 人，强制执行 37 件，共补税罚款 1 423万元。

（金德生）

·地　税　局·

【概况】 按照国家税制改革的总体部署，沈阳市地方税务局于 1994 年 10 月 19 日正式成立。截止 1995 年末，全系统共有干部、职工 1 966 名。市局内设 16 个职能处室，下设 18 个基层局，市局对 18 个基层局实行垂直领导。其中 9 个城区分局，4 个县（市）地税局、4 个开发区分局，1 个稽查分局。管理各类纳税户 87 503户。其中国有企业18 404户；集体企业 62 380 户；联营企业 325 户；股份制企业1 543户；外商投资企业307户；其它经济企业4 544户。根据国家税务总局的规定和沈阳市地方税收工作的具体情况，市地方税务局负责下列税种的征收和管理：1. 营业税（除铁道、各银行总行、保险总公司集中缴纳的营业税）；2. 个人所得税；3. 土地增值税；4. 城市维护建设税（不含铁道、各银行总行、保险总公司集中缴纳的城市维护建设税）；5. 车船使用税；6. 房产税；7. 屠宰税；8. 资源税；9. 城镇土地使用税；10. 固定资产投资方向调节税；11. 企业所得税；12. 印花税；13. 筵席税；14. 按地方营业税附征的教育费附加；15. 地方税的滞补罚收入。

【地税收入】 1995 年年初，国家税务总局给沈阳市地税局下达的税收计划为 17.04 亿元，沈阳市政府核批的收入任务是19.0848亿元。10月份，市政府又追加税收任务1.4亿元，这样，实际要完成税收收入20.5亿元，比 1994 年增长22.66%。如此高的增长幅度给新组建的地税系统带来了巨大的压力。百年不遇的洪涝灾害、企业欠税居高不下、省属企业税收管理权限的划转、金融企业计税依据的变化等直接减少税源近 2 亿元。面对严峻的收入形势，广大地税干部，本着对党对人民高度负责的态度，克服重重困难，加大征管力度，坚持依法治税，千方百计挖掘税源，超额完成了税收任务，经受住了建局以来最严峻的考验。1995 年，市地税局累计完成市级工商税收收入205 003.2万元，比 1994 年增长21.66%，增收35 859.1万元，完成年计划的107.42%。其中，营业税完成 106 937.5 万元，增长12.18%，增收11 607.5万元。固定资产投资方向调节税完成10 541.8万元，下降0.28%，减收29.6万元。城市维护建设税完成24 886.2万元，增长6.95%，增收1 618万元。印花税完成 3 182.5 万元，增长0.31%，增收10万元。车船税完成 1 318 万元，增长 60.18%，增收498.3万元。房税完成13 964.4万元，增长44.3%，增收4 286.8万元。屠宰税完成43.4万元，增长449%，增收35.5万元。集体企业所得税完成23 533万元，增长52.43%，增收8 093.9万元。私营企业所得税完成476.5万元，增长12.81%，增收54.1万元。新开征的土地增值税征收入库88万元。

【建立科学严密的税收征管体系】 1995 年，沈阳市地税局加强税收征管工作取得较好的成效。1. 摸清税源底数，合理分配收入任务。年初，针对国、地税征管范围界定后管户新、税源分布情况不明了的实际状况，全系统至上而下地进行了税源普查。在摸清税源底数的基础上，科学合理地把收入计划分解到各基层局。各基层局将收入计划分解到各征收科、所，各征收科、所将税收计划落实到每个专管员。同时，市局和各基层局都认真进行税源的动态分析，准确把握税源变化情况，及时调度。尤其是1995年后两个月，市政府追加1.4亿元超收任务后，基层局每周向市局报送一次收入进度情况，市局每10天开一次调度会，及时解决征收过程中出现的各种问题，保证税款及时足额入库。2.理清户顺，建立纳税档案。针对机构分设初期管户不清、资料不全、税源不准的问题，7、8月份，对全市负有地方纳税义务的纳税人重新核发了地方税务登记证，理清了户顺，建立健全了企业纳税档案。清理出"走死逃亡"企业5 125户，作到了户数清、资料全、税源准。3.建立纳税申报制度。为尽快实现传统的征管手段向现代化征管手段转变，全系统18个基层局实行了纳税申报制度，建立了办税大厅，集中申报。办税大厅以方便纳税人，提高工作效率为宗旨，应用计算机进行税收管理，实行"一条龙"服务，文明服务。纳税人在办税大厅可以办理完毕有关的纳税事宜，增强了税的透明度，受到广大纳税人的好评。1995年全市纳税申报率达95%。4.强化税务稽查，堵塞税收的跑、冒、滴、漏。首先是加强了日常纳税检查工作力度。明确赋予稽查系列日常管理和纳税检查的双重职责，对纳税检查统筹安排，科学管理，采取专管员自查、互查、抽查等各种形式，保证了日常纳税检查的深度和进度，促进了征管质量的提高。其次是全面开展税收大检查。10月初，按照上级要求，全面部署了税收大检查工作，市局专门制定了检查方案，成立了由一把手挂帅的领导小组；各基层局广泛向纳税人进行动员，安排企业自查，调配力量集中开展重点检查。企业自查面达到100%，自查补税2 885万元；重点检查企业10 366户，有问题的3 973户，查补税款12 065万元。全年共查补入库税款3.08亿元，占收入总数的15%。5.全力压缩欠税，努力实现应收尽收。沈阳市国有大中型企业欠税问题较重。1995年，把压缩欠税作为一项重要任务来抓，同财政、银行、各经济主管部门密切配合，采取有效措施，加大清欠力度，取得明显成效。全年共压缩欠税1.9亿元。6.初步建立了税收计算机网络管理系统，为建立新的征管模式奠定了基础。按照国家税务总局提出的税收征管改革方向和任务，着重加强了计算机在税收工作中的应用。一是克服了资金紧张、人员不足等困难，增添现代化设备，广泛引进人才，较好地解决了设备短缺，技术力量薄弱等问题。目前，全系统已有微机252台，专业技术人员26人。二是认真研究开发了计算机软件，使计算机在登记、申报、征收、稽查、计划、统计、会计、票证档案等诸方面得到了较为普遍的应用。市内分局实现了局域联网，数据共享，各郊、县局实现了单机运行。7.地方税种的征收潜力得到充分挖掘。一是个人所得税大幅度增长。按照国家税务总局的要求，把个人所得税的征收作为地方税收征管工作的重点，采取有效措施，加大征管力度，全年征收个人所得税11 906.5万元，比1994年增长2.58倍。主要做法：①加强了个人所得税法宣传工作，使全市广大公民的依法纳税意识有明显的提高。②全面开展个人所得税限期申报、税源普查和登记核定工作。全市有37 047个机关、团体、部队及企事业单位进行了纳税申报，补税534万元；发出税源普查表近20万份，对月工资收入在700元以上的256 500人进行了普查和登记。③持续开展了个人所得税专项检查，全年共查补税款2 342万元。④加强了对隐性收入的监控和征收。重点对帐目上难以反映真实收入的小型企业承包人、出租者、承包者、出租汽车司机、厨师、演职人员、按摩人员取得的收入经实地跟踪调查后，分别实行了定期定额和定率办法征收，减少了税款的流失。⑤建立了个人所得税偷税举报制度，公布举报电话和奖励办法。二是集体企业所得税增幅较大。为进一步加强对企业所得税的管理，1995年度扩大了定期定额征收范围。对财务核算不健全，不能准确反映经营成果的企业，依法实行定期定额办法征收企业所得税，堵住了税款流失渠道。全年征收集体企业所得税23 532万元，比1994年增长52.43%。三是地方小税种的征管得到强化。地方税种有点多、线长、面广的特点，税源分散，征收难度大。因此，各基层局在征管工作中既抱"西瓜"，又拣"芝麻"，采取拉网式检查等措施，加强了房产税、车船税、印花税、屠宰税的征收力度，使地方小税种的征管走向规范化。同时，较好地完成了市政府交给的防洪基金的征收工作。

【加强基础建设】1995年，沈阳市地方税务局各项基础建设取得显著成效。一是基础设施建设进展迅速。建局初期，有8个基层局和半数以上的税务所租房、借房办公，多数郊县局没有必要的办公设备，大多数局缺少工作用车。而现在，有6个基层局的办公楼已拔地而起，2个基层局的办公楼正在筹建。大部分基层局都配齐了办公设备，补充工作车辆，开办了职工食堂。全系统的办公条件有了较大的改善，为顺利开展税收征管工作创造了条件。二是岗位业务培训工作初见成效。1995年投入资金60万元，举办各种类型的长、短期培训班99期，进行了两次全员业务考试。参训人员4 600余人次，参训、参考及考试合格率均达到95%以上，使大部分专管员已基本适应了现阶段地税工作的需要。三是主动争取各级党委、政府及有关部门的领导和支持，协税护税工作得到加强，地方税收外部环境得到优化。一年来，市局领导班子成员多次走访各县区党委、政府征求意见。并且，市局党组多次强调：只要各县区党委、政府对基层局工作满意，市局党组就满意。这些作法得到了各县区党委、政府的称赞。各县区政府都把税收任务作为考核各乡镇、街道工作业绩的关键指标，极大地支持了地税工作的顺利开展。四是建立健全了各项规章制度，两个文明建设日益规范化。市局在广泛开展调查研究的基础上，陆续制定了《政务规则》等一系列工作制度。各基层局也相应制定了各项规章制度。五是顺利地完成了干部增编工作。通过公开招干、考试、录用，吸收了具有大专以上学历的干部537名。全局干部从分设时的1 429名，增加到1995年末的1 966名，壮大了地税干部队伍。

【不断提高全民纳税意识】 1995年，围绕"税收与政治"这个主题，利用各种宣传渠道，各种传播媒介，采取多种形式，向纳税人宣传税收法规，纳税知识和地税局的征收范围，收到较好效果。共印发《地方税收政策汇编》和各种宣传 材料60万份。在主要街道、公共场所设置大型宣传板206块。在税法宣传月活动中，各基层局都以各种喜闻乐见的形式进行税收宣传，提高宣传效果。如：BP机宣传税法，百名企业家和税务局长对话会，篝火晚会等。省、市、区的领导同志亲自参加宣传，体现了对地税工作的重视和支持。一年来，在各报刊、电台、电视台发表税收宣传稿件共680余篇。市局与皇姑分局合作拍摄的税法宣传电视短剧被国家税务总局评为优秀项目奖。

【加强队伍建设】 1995年，沈阳市地方税务局加强队伍建设，树立良好形象工作取得成绩。一是以抓班子建设为重点，推动队伍建设上水平。市局制定了《加强领导班子建设的意见》，及时调整配备了18个基层局的领导班子。加强了两级班子的组织建设和思想作风建设，使之真正成为队伍建设的带头人。1995年，处级以上干部没有发生违法违纪问题。二是大力开展爱沈阳、爱税收、爱岗位，树立地税新形象的"三爱一树立"活动，扎扎实实开展思想政治工作，不断探索在新时期加强和改进思想政治工作的方法和途径，召开思想政治工作会议，稳定政工干部队伍，开展多种形式的思想教育活动，取得了丰硕的成果。全系统在扶贫助学，抗洪救灾等工作中涌现出大量好人好事。在全省规范服务评比竞赛活动中，铁西、皇姑分局分别被评为"标兵单位"和"先进单位"。在全省纠风工作总结表彰会上，大东分局被评为"先进集体"。在省地税系统开展的文明单位评比活动中，大东、铁西、于洪、新城子分局被授予"文明单位"称号。在省地税局1995年税务工作会议上，皇姑、大东分局、法库地税局被评为先进集体。铁西、和平、东陵分局、新民地税局被市地税局评为1995年先进单位。市局被市委、市政府评为信息工作先进单位和督查工作先进单位。三是狠抓党风廉政监督员，及时发现和处理违法违纪问题，使队伍的廉政建设，保证了干部队伍的清正廉洁。市局党组始终高度重视党风廉政建设，成立了反腐败工作领导小组，认真贯彻执行上级的有关规定，根据队伍中存在的问题及时制定了《关于加强廉政建设的决定》，推动了党风廉政建设的开展。工作中，坚持了廉政教育日活动，做到警钟常鸣；建立了规章制度，强化了监督机制；系统内部层层签订了廉政责任状，一级抓一级，一级向一级负责，并作到奖罚严明，同时还建立了外部监督系统，在社会各界聘请了廉政监督员，及时发现和处理违法违纪问题，使队伍的廉政建设水平不断提高。年末，市局党组要求全系统干部不收企业赠送的挂历，并制定了严格的措施，使这项要求落实到位。这个做法受到市委、市政府的肯定和社会各界的好评。

（*潘新月*）

金　融

·人民银行·

【概况】 1995年，沈阳市金融形势呈现出良好发展的态势。全市金融部门紧紧把握"抓住机遇，深化改革，扩大开放，促进发展，保持稳定"的大局，坚持以经济建设为中心，认真执行适度从紧的货币政策。经过全市各金融机构的积极开拓，努力工作，存款稳步上升，贷款合理增长，货币回笼列全国各大城市第一名，创历史最好水平。

1. 切实加强金融监管，金融秩序进一步好转。1995年，随着《中国人民银行法》、《商业银行法》、《保险法》、《票据法》和《关于惩治破坏金融秩序犯罪的决定》等金融法律的出台，使金融工作进入了法制化、规范化的轨道。市人民银行积极进行职能转换，加强金融监管，把执行国家宏观调控政策，保证金融平稳运行和社会稳定当成自身职责，形成了资金、机构、市场、结算、外汇、现金、国库七大监管体系和专业、综合、调统、支付保证等四条监管战线，并围绕市场准入、经营范围、经营风险等问题，全面实施监管。对越权批设金融机构、商业银行资金来源与运用、房地产信贷业务、非银行金融机构、企事业单位基本存款帐户等进行了重点清理。在市政府的领导下，还同有关部门一起对证券回购业务进行了清理。对金融机构外汇经营情况进行了摸底检查，加大了监管力度。并及时查处了长江信用社、银合信用社等违规经营问题。对全市的非银行金融机构进行了重新登记，开展了金融机构法定代表人及主要负责人任职资格审查工作。

2. 坚持总量控制，调整信贷结构，促进地方经济发展。在资金供求十分紧张的情况下，把信贷工作重点放在搞好信贷结构调整上，努力把有限的资金用在刀刃上，支持地方产业结构、产品结构特别是名牌产品的调整，支持新的经济增长点，加大了对农业、农副产品收购、产品销路好、有效益的工业企业、科技、乡镇、区街企业、国家重点建设项目的支持力度。特别是在洪涝灾害发生后，各金融机构一次性投入贷款6亿元，理赔1.2亿元，为恢复生产、重建家园，维护社会稳定做出了特殊的贡献。

3. 金融改革和对外开放迈出新步伐。1995年，人民银行按照把沈阳建成区域性金融中心的目标，积极稳妥地推进金融体制改革和金融对外开放。一是在国家和总行的总体安排指导下，沈阳市被批准进行组建城市合作商业银行试点，成立了组建领导小组。经过近半年时间的努力，现在前期准备工作大体已经完成。第二是经过大量工作，中信实业银行沈阳分行正式营业。中国投资银行沈阳分行重新组建。三是金融市场在规范中得到新的发展。1995年同业拆借512亿元，证券交易额354.4亿元，发行国库券22.6亿元，外汇调剂额2.9亿美元。沈阳证券交易中心增加了一批新的会员单位，新开通了342个交易席位，与上交所开通了光纤数据传输专线，具备了卫星、光纤双套通讯设施。四是成立了沈阳资金清算中心，实现了票据自动清分，提高了劳动效率，加速了资金周转。金卡网络公司也在积极筹建中，五是外汇体制改革按国家总体要求，围绕推进经常项目下人民币可兑换的目标，完善汇率形成机制，改革资本项下的外汇管理，顺利完成了外汇额度和外汇券收尾工作。进一步规范了银行结售汇和出口核销的管理。六是金融对外开放迈出新步伐。国务院正式批准沈阳市为金融对外开放城市，一些外资金融机构纷纷来沈阳市商谈成立机构事宜，荷兰商业银行沈阳代表处于1995年8月正式开业，目前已有两家外资金融机构驻沈代表处正式开业。

4.加强“三防一保”，保证银行资金安全。在“三防一保”工作中，进一步完善了规章制度，严明了职责。各金融机构抽调300余人，组成17个检查组，对1 174个营业网点进行了检查，并投资260万元，安装、维修了安全防范设施。使得全市没有发生抢金融机构的恶性案件。“三防一保”工作走上了制度化、规范化的轨道。同时，加强了各项基础建设工作。

（魏军）

【信贷收支】 1995年，沈阳市各金融机构认真贯彻国家的金融工作方针，金融运行继续保持了稳定发展的好势头。年末全市金融机构各项存款新增181.9亿元，同比多增30.1亿元，各项贷款新增30.1亿元，其中城乡居民储蓄存款新增127.6亿元，同比多增19.3亿地，各项贷款新增122.4亿元，同比多增31.1亿元；现金累计回笼132.5亿元，同比多回笼61亿元，再次位居全国16大中城市之首。

1.各项存款持续增长，稳定性增强。1995年末银行口径各项存款新增134.9亿元，①企业存款新增24.5亿元，其中企业定期存款新增12.3亿元，占企业存款增量的50.2%；②储蓄存款新增108.4亿元，其中定期储蓄存款新增100.0亿元，占储蓄存款增量的92.3%。

2.贷款集中投放，投向趋于合理。1995年以来，沈阳市金融机构在认真执行国家适度从紧的货币政策的同时，集中资金重点支持了大中型骨干企业、大型商业批发零售企业及粮食收购所需资金，增量结构趋于合理，年末全市银行口径各项贷款新增83.7亿元，比1994年增加13.6亿元，其中4季度净投放47.9亿元，占全年增量的57.2%。从投向看：①短期贷款新增71.2亿元，比1994年增加20.1亿元；②中长期贷款新增8.7亿元，比1994年增加8.2亿元；③工业贷款新增27.7亿元，比1994年增加4.20亿元；④商业贷款新增30.7亿元，比1994年增加8.9亿元。

3.货币回笼又创新水平。1995年末，全市银行累计收入1 219.1亿元，累计支出1 086.7亿元，现金回笼132.5亿元，同比多回笼61亿元。就回笼渠道看：主要是信用及汇兑回笼，另外，工资性支出增幅偏低，也相对增加了货币回笼。

（姜淑华）

【城乡储蓄】 1995年，沈阳市储蓄事业发展比较平稳。截止年末，全市城乡居民储蓄存款余额达468.89亿元，比年初增加127.65亿元，增长37.62%。其中，城镇居民储蓄存款余额为424.52亿元，较年初增加117.84亿元，增长38.66%；农村居民储蓄存款为44.34亿元，较年初增加9.87亿元，增长28.58%。在全市城乡居民储蓄存款余额中，定期存款404.77亿元；活期存款67.09亿元，分别占总量的86.33%和13.67%。

沈阳市城乡居民储蓄存款的稳步增加，一方面壮大了本地区金融机构资金实力，为促进货币回笼、调节社会需求、抑制通货膨胀发挥了重要作用，另一方面也反映出近年来，受职工工资收入提高、就业人数不断增加、居民非工资性收入呈多元化等诸多因素的影响，城乡居民金融资产大为增加。从国家银行现金统计情况看，沈阳市1995年全年工资性支出158.45亿元，比1994年增加15.08亿元，增长10.52%，但远远低于全国其它沿海开放城市工资增长幅度。

一年来，各级金融部门在注重挖掘储蓄存款的同时，还不断在加强服务，改善设施装备上下功夫，并根据需要，不时推出储蓄新品种，以满足各阶层的需求，为使沈阳市储蓄事业再上新台阶发挥了积极的作用。

（庞宇飞）

【外汇管理】 1995年沈阳市外向型经济取得可喜成绩。出口收汇继续保持增长势头，银行结售汇双双增长，三资企业稳步发展，外汇债务增幅不落，债务结构趋于合理。外币存款余额继续增长。

1.加强对金融机构外汇业务监管。结合经济发展的实际需求，在市区内增批8家支行，4家办事处，86家储蓄所开办外汇业务。对沈阳建设银行、工商银行、交通银行外汇业务进行了全面检查，发现各行程度不同地存在着少报不良资产、外汇担保存在隐患、风险贷款比例偏高、资产收益率较低等问题，通报各行限期整改，目前，各行逾期贷款额明显下降。还对现汇帐户进行了全面检查清理，关闭和结汇了一批帐户，对符合开立现汇帐户条件的企业核发了现汇使用证，针对个人临时帐户有逃套汇、外币计价等问题，制定下发了《关于禁止超范围用个人活期外汇帐户的暂行规定》，维护了金融秩序。

2.搞好外资外债管理。1995年对444户外商投资企业进行外汇年检，合格率57.21%。表明沈阳市三资企业在外汇平衡能力和出口收汇方面情况良好，但也暴露出资本金到位率偏低外销达不到规定比例等问题。在为三资企业服务中，积极宣传外商投资企业法规，增强透明度，提高办事效率，能一次办的事，绝不让企业再跑第二次。建立了50户三资企业重点户档案，跟踪调查"外商投资企业外债使用效益情况"，并向总、省局做了反映。为早日与中国外汇交易中心联网，4月初与省局共同组建了中国外汇交易中心沈阳远程工作站，制定了"沈阳市外汇交易市场清算暂行办法"、"沈阳市外汇调剂中心清算工作制度"、"沈阳市外汇交易市场资金清算违规处罚办法"和"各会员行代理三资企业外汇买卖的主要操作程序"等规章制度。使外汇交易市场空前活跃，交易额创历史最高水平。截止11月末，三资企业买入外汇9 637万美元，比1994年增长28%，卖出外汇17 629万美元，增长41%，有力地支持了企业生产和地方经济建设。

（满国丰）

【金融管理】　1995年，沈阳市新增各类金融机构67家，撤销19家，截止年末，全市金融机构达1 945家。经过积极争取，中信实业银行在沈阳设立分行，中国投资银行沈阳分行正式开业。支持中国银行在新民市设立了支行，另外，荷兰商业银行沈阳代表处作为沈阳市第二家外资金融代表机构正式设立，城市合作商业银行正在组建之中。

证券市场、资金市场和外汇调剂市场进一步发展。全年发行企业债券7 000万元，比1994年增加4 000万元；短期融资券发行9亿元，增加1.6亿元，支持了经济发展、缓解了企业资金紧张状况；证券交易市场进一步活跃，全年各类有价证券成交总额165亿元（不含国债期货交易额），增加43亿元，增长35%；沈阳证券交易中心会员总数达到94家，比1994年增加7家。上市的9只投资基金和受益债券交易价格和成交量均创上市以来最好水平。

根据总行清理越权审批金融机构和分业管理的有关要求，撤销了华诚财务公司沈阳办事处，中国对外贸易信托投资公司沈阳办事处和沈阳金杯汽车财务公司；对总行同意保留的机构重新履行了审批手续；针对保险业混业经营、超范围经营、擅自开办新险种、采用非法手段进行不合理竞争等无序状态，对保险公司进行了检查和整顿。收缴了沈阳市信托投资公司辽中分公司《经营金融业务许可证》。对全市72家非银行金融机构进行重新登记，并检查出了经营中的一些问题。在调查和清理证券回购工作中。发现全市共有18家证券交易机构开办了证券回购业务，截止10月末，回购余额107 981万元，到期不能偿还的40 565万元；返售余额99 904万元，到期不能收回的43 617万元。根据总行要求，正积极落实有关措施督促清偿到期债务。

根据总行"关于接管中银信托投资公司的决定"，向中银信托投资公司在沈机构——沈阳代表处和沈阳证券交易营业部派驻了接管组，对其经营管理权实行了接管，另外，对全市1 878家金融机构进行了年检。

（满国丰）

【稽核监管】　1995年沈阳市对156家金融机构进行了现场稽核，对全市各金融机构按季开展了4次非现场稽核。全年共完成11项现场专项稽核，查出有问题资金63.9亿元，主要反映在：

1. 检查证券机构43个，截止1994年末证券买卖业务总额116 598万元，违纪金额20 311万元，占17.4%。

2. 对80个代理业务机构及112个粮食收购、调销、加工企业进行稽核，截止1995年5月末，贷款总额50亿元，其中违规金额37 663万元，占7.5%。

3. 通过对市建行及所属20个支行1994年末委托贷款专项稽核，查出委托贷款没有纳入规模考核、逾期严重、未按规定收手续费等问题。

4. 通过对农行所属东陵、沈河等11个县区支行1994年末各项贷款301 727万元（占农行全市贷款余额的52.2%）的专项稽核，查出有问题贷款139 857万元，其中：逾期贷款61 155万元，呆滞贷款64 521万元，呆帐贷款14 181万元。

5. 对全市工、农、中、建4家国有商业银行83个县以上金融机构1995年初资金来源与运用总计783亿元和1995年6月末资金来源与运用总计862亿元进行现场稽核，查出不真实部分1995年初为32.4亿元，1995年6月末为28.8亿元。

6. 某城市信用社自1994年10月份起采取"存二贷一"定向贷款的办法'拓展"业务，截止检查时已吸收存款8.4亿元，贷款7.2亿元，突破贷款规模5亿元，并发生了巨大的贷款风险，由于发现及时，问题得到了及早控制和处理。

在非现场稽核监督工作上，依据总、省行非现场监控办法按月考核，按季监控，不断增加稽核力度，严肃处理了市农业银行信用卡业务部、中国银行沈阳市信托投资公司等单位欠缴存款准备金等问题。

（满国丰）

【金融市场】　1995年沈阳金融市场累计融通资金298.2亿元，其中拆入资金153.6亿元，拆出资金144.6亿元，分别比1994年增长13.7%、14.5%和12.8%。

1. 规范拆借行为。1995年沈阳金融市场为进一步强化管理，减少融资风险，提高资金使用效益。主要抓了三个环节。一是在完善各项规章制度上，结合沈阳金融市场基础工作薄弱的具体情况，制定了沈阳金融市场费用开支及拆借资金管理细则。二是规范拆借资金操作行为，坚持实行部门负责，经理把关的办法，杜绝个人行为。具体工作中根据各金融机构的资信情况实行区别对待政策，对非银行金融机构拆借资金适度从紧，仅限于调剂头寸资金需要，对其营运资金缺口不予支持；对各国有商业银行的正常合理资金需要优先支持。拆借资金利率严格执行总行政策规定，以服务为主，不以盈利为目的。三是规范操作，普及微机。1995年初市场业务全部微机操作管理，效果显著，大大提高了工作效率和质量，为建立全国统一大市场，实现微机联网提前打下了基础。

2. 多方融通资金。1995年沈阳市部分非银行金融机构由于受适度从紧货币政策及国民经济大环境影响，经营情况普遍不好，资金周转速度缓慢，支付困难。为帮助非银行金融机构解决临时资金困难支持其调整结构转变职能，一年来，除按规定为其调剂头寸，解决同城交换差额资金需要外，对部分信誉较好，还款资金来源有保证的金融机构办理部分有价证券抵押和回购等融资业务，帮助其搞活部分存量资金，这样即帮助非银行金融机构解决了临时资金困难，同时，金融市场也拓宽了融资渠道。

3.搞活有限资金。1995年沈阳市国有商业银行存款大幅度增加，资金环境相对宽松，资金需要出路，增加效益，但非银行金融机构存款下降，资金缺口加大，支付困难。沈阳金融市场充分发挥作为蓄水池的作用，适时调剂调度，把有限资金搞活，最大限度地发挥资金流动性作用，即要为资金相对紧张的非银行金融机构调剂资金需要，千方百计地保证其正常支付，维护金融秩序，又要将专业银行的暂闲资金用活，发挥资金效益，提高资金利用率。1995年金融市场拆入资金总额153.6亿元，其中，从市内各银行拆入近100亿元。占拆入总额的60%以上。为各专业银行创效益近1 000万元。拆出资金144.6亿元，其中，对市内各金融机构拆出近90亿元，也占60%以上，确保了沈阳地区信贷资金营运正常。

4.支持地区经济发展。一年来，累计从总行及各地融资中心为沈阳市融入资金48.3亿元，为保证市内各国有商业银行信贷资金营运正常，支持沈阳地区经济发展，为各家非银行金融机构调剂临时头寸资金需要起到积极的促进作用。

（满国丰）

【结算管理】 1995年沈阳市会计监管工作认真贯彻总、省行指示精神，重点抓了结算纪律检查、清理帐户、查处案件等内容。

全市金融机构结算纪律检查工作是在各行、司自查的基础上，结合三防一保工作进行的，检查中对乱退票、随意拒票、压票的单位做出了警告、批评、通报等处罚，促使金融机构结算纪律有所好转。

全年新批准260户事业单位通过银行办理“特约委托收款”。这项工作使劳务供需双方经常性的资金结算纳入正常轨道，尤其是在各方面资金紧张的情况下支持收取冬季采暖费，意义更大。

截止年底，清理基本帐户5.2万户，录入微机20 230户，颁布了《银行帐户管理办法实施细则》。建立了帐户管理档案，达到了预期效果。

为制止金融机构违反结算三不准情况，在严肃结算纪律，在认真调查、事实清楚的基础上，对违规信用社随意压票等问题处以5 000元罚款，并责成合作银行在系统内通报批评。

为保障票据清分自动化，制定了《清分机试运行暂行规定》，经过2月、3月部分行两次模拟运行，在有关方面支持下及时解决清分过程出现的各种问题，终于在4月18日实现了全市所有行处参加的票据机器自动清分。彻底结束了手工交换核算的历史，加速了资金周转，过去每场交换需2个小时，现在只需40分钟。另外，针对交换中拒票等问题，进一步完善了《沈阳市票据交换管理规定》，拒票率由7%降为2%。

（满国丰）

【证券交易】 沈阳证券交易中心1995年充分发挥与证券交易所双向联网的优势，市场规模与业务覆盖面不断扩大。

1.交易量大幅度上升。1995年交易中心各类证券累计成交量为179.78亿股(份)、成交额为345.1亿元，分别比1994年增长3.3倍与2.2倍。其中，股票成交量为16.95亿股，成交金额为93.46亿元，分别比1994年增长了129.36%与66.27%，基金成交量7.88亿份，成交额为16.31亿元，比1994年略有减少；国债现货成交量16.38亿元，成交额为20.73亿元，分别是1994年的2.44倍与2.6倍；国债期货成交量138.57万元(692 846口)，成交金额214.5亿元，分别是1994年的9.21倍与10.14倍。

2.会员队伍壮大，交易席位增加。截止1995年12月20日，交易中心会员总数已由1994年的87家发展到94家；新开通交易席位42个，使开通席位总数由117个增至159个，增长了35.9%。

3.一只新基金上市。1995年8月3日，汕头证券股份有限公司发行的粤东国债投资受益凭证在中心上柜交易，使中心上市基金数达到9只，上市总量为5.27亿份，市价总额最高为19.48亿元(10月31日)。

4.开通了证券回购业务。1995年5月，中心开通了国债回购业务，坚持实行全额铺底与足额保证金规定，并对融资方与融券方分别采取了“先入库后交易；先入帐后交易”的“两先两后”交易原则，保证了回购业务顺利进行，没有拖欠现象。

5.全面开展了深交所证券交易业务。中心在大力开展上交所业务的同时，深交所的业务也全面展开，截止12月20日，已开通深圳交易席位29个，交易额为2.5亿元；共发放深交所证券红利70余种，金额30多万元；中心登记部为投资者开立深交所股票帐户11 000多个。

另外，1995年还开通了光纤数据传输专线，使中心交易系统更加稳定快捷，极大地方便了券商与投资者。全面开展了沪深证券登记、托管、结算、交割等项业务，扩大了中心的业务功能与服务面。为券商安装了一批卫星小站，扩大了中心业务覆盖面，使市场行情通过中心通信系统迅速地传给各地券商。

（满国丰）

【纪检监察】 1995年沈阳市人民银行系统纪检监察工作重点抓了领导干部廉洁自律、案件的防范和查处、纠正行业不正之风、执法监察等内容，在配合中央银行职能转换和加强自身建设方面，较好地发挥了纪检监察的职能作用。

反腐败工作自始至终贯彻了党中央确定的反腐败斗争的指导思想和基本原则，两级党组成员均未参与股票买卖，对以前购买的基金，做了处理和变卖；3台超标准小轿车2台转卖，另一台转为接站用车。在接待中，严格按规定掌握招待标准，不搞大吃大喝。对个别单位招待费开支过大提出了批评。同时刹住了利用双休日公车公款的钓鱼风。

信访举报工作，比往年加大了

力度。市人民银行系统设立公开举报电话5台,举报箱6个。全年人民银行系统收到举报10件,及时做了核实查办,对全市金融系统的47起群众举报,也及时做出批阅、转办和查处。

纠风工作继续狠抓以权谋私、改善金融服务,坚持纠建并重、标本兼治、综合治理,并首次采用《纠风工作百分考核评比办法》。还编发了五期反腐倡廉专刊,在金融系统树立了一批先进典型。执法监察工作对各银行执行会计结算纪律情况,做了专项执法监察。法库县金融系统监察室,对法库县农行1994年度信贷资产质量进行了专项执法监察,康平县人民银行对全县金融机构的设置进行了执法监察,维护了金融秩序的稳定,保证了金融业务的正常开展。

(满国丰)

·工商银行·

【概况】 1995年,沈阳市工商银行坚持以经营效益为中心,加大存款工作力度,严格控制信贷规模,注重信贷资产质量,努力强化内部管理,加强精神文明建设。特别是在沈阳市遭受百年不遇洪水灾害,国有大中型企业生产经营困难加重,内部大要案有所抬头的情况下,市行党政班子和全行职工,团结一致,忘我工作,采取了一系列切实有效的措施,把天灾人祸给全行职工思想上带来的波动和对整体工作的影响降到了最低限度,有效地保证了业务经营和各项工作任务的完成。到年末,各项存款余额为248亿元,比年初增长24.2%,各项贷款余额307亿元,比年初增长12.6%,实现利润1 150万元。

【努力注重经营效益】 1995年,沈阳市工商银行始终注重经营效益。一是加大存款工作力度,明确了各行一把手亲自抓存款的工作责任制,完善了增储揽存管理办法,加重了对人均、月均、同业增量占比指标考核和奖罚的力度,激发了全行职工抓存款的竞争意识和工作干劲。年末,储蓄存款比年初增长28.1%,对公存款增长13.7%。

二是加强信贷管理,认真贯彻执行国家加强宏观调控和适当从紧的货币政策,积极参与和促进企业现代制度改革试点工作,在信贷资金供求矛盾较为突出的情况下,努力优化增量,盘活存量,改善结构,降低风险,适时合理地投放贷款,支持国有大中型企业和国家重点项目的资金需要。工业流动资金贷款选择了20户效益好、风险小、拥有市场空间,还本付息能力强和20户带动性强、能实现贷款预期目标及8户产品有销路、扭亏有望的国有大中型工业生产企业,共增加贷款9.9亿元;商业流动资金贷款按照保农副产品收购,保市场商品供应的原则,对国有大中型商业零售企业增加贷款12 500万元,技术改造贷款重点支持了东北制药总厂万吨VC工程等项目,全年共向国有大中型企业增加技术改贷5.4亿元。

三是加大增收节支力度。定期召开全行经营分析会、财务汇报会,推广增收节支先进支行的经验,将存款、贷款质量和利润列为《支行行长目标经营责任制》考核的重点指标,落实任务,建立奖罚机制,保证了全年利润计划的实现。

【做好"三防一保"工作】 为保证各项业务的健康发展,进一步强化了稽核监督力度,先后开展了资产负债比例管理,资产风险管理,贯彻规章制度和财务管理等10余次专项稽核,促进了全行资产质量和经营效益的提高,减少了潜在的漏洞和隐患。同时,结合发案情况,特别是中华路支行"818"案件,组织全行职工认真学习贯彻总、省行领导的有关指示,吸取教训,举一反三。在抓好案件查处的同时,认真开展了贯彻执行规章制度的大检查。各支行、各专业汇同市行保卫、监察、稽核等部门加强思想、制度、设施三道防线建设,完善和落实"三防一保"责任制度。对重要岗位、要害部位和易发案件环节贯彻规章制度情况定期和不定期地进行检查。对重要岗位人员实行行为考核,重点管理,发现不认真贯彻规章制度的人员及时进行处罚和纠正,对参与经商、炒股、赌博等不适合要害岗位的人员及时进行调换。从而使全行监督制约机制进一步完善,防范案件能力有所增强。根据外部抢劫银行案件上升的情况,加强对储蓄所、运钞车、现金库房重点要害部位的安全防范。加强对值班值宿和枪支弹药的管理,建立行级领导值周制度,坚持保卫夜查制度等,使安全防范工作不断得到加强。

【开展优质文明服务】 1995年,沈阳市工商银行在全行范围内积极开展了争创优质文明服务活动。根据各个专业工作特点,分别制定了行之有效的文明用语和服务禁语,切实做好柜面服务。并根据客房需要努力拓展服务功能,扩大服务领域。46个单位在全国电子联行基础上开通了省内电子汇兑,加速了企业资金的周转;开办了个人结算帐户、个人小额抵押贷款业务;增加了代办话费业务网点;自动提款机在原有基础上增加了35台;新完成了26个储蓄所的业务上机工作;房改配套金融业务进一步扩大;国际业务有较大幅度增长,外汇存款比年初增长62%,外汇贷款年初增长53%;牡丹卡全年发卡6.2万张,存款额比1994年增长28%。同时,坚持"两手抓"的方针,切实抓好全行精神文明建设。在全行范围内开展了学习党的十四届五中全会精神,学习建设有中国特色社会主义市场经济理论,学习《邓小平文选》第三卷,学习模范党员领导干部孔繁森、张鸣岐等活动,加强职业道德教育和廉政建设,使全行职工的思想政治素质有了明显提高。

(张志江)

·农业银行·

【概况】 1995年,沈阳市农业银行认真贯彻国家金融方针和货币信贷政策,以向商业银行转化为目标,以"脚踏实地、立足自我、自求发展、力争上游"为指导思想,以效益为中心,狠抓业务经营,强化内部管理,转换机制。全面完成了"八五"计划的各项指标,各项业务取得了新的增长,较好地支持了沈阳市城乡经济的发展。

1995年，沈阳市遭受了百年不遇的特大洪涝灾害，沈阳市农业银行在总、省行及市委、市政府的正确领导下，经过全行上下的共同努力，确保了各项工作的正常进行，避免了损失，全面完成了各项经营目标。

截止到1995年底，沈阳市农业银行各项存款余额达到了107.8亿元，当年净增24.99亿元，5年累计增加72.26亿元，增长率达到203.32%；各项贷款余额67.44亿元，当年净增长10.94亿元，5年累计增长54.14亿元，增长率达到407.07%；存贷款相抵，全年信贷净回笼14.05亿元，5年累计实现信贷净回笼18.12亿元；当年货币净回笼15.99亿元；实现利润2 611万元，5年累计实现利润18 390万元。较好地完成了总、省行和市政府下达的各项任务，银行自身实力得到了增强，各项业务经营水平发展到了一个新的阶段。年末全行所辖支行16个，办事处、营业所128个，储蓄所277个，机构总数474个，职工总数3 782名。

【存款业务】 1995年，沈阳市农业银行存款继续保持高速增长。到年末，储蓄存款余额达到68.8亿元，当年净增17.6亿元，完成计划的110%，5年累计增加56亿元，年增幅达40%；企事业单位存款余额22.8亿元，当年净增3.97亿元，完成计划99.3%，5年累计增加16.2亿元，年增幅达28%；代理发行国库券3.9亿元。存款 的大量增加，使全行的资金实力明显加强，为向国有商业银行转轨奠定了坚实的基础。在组织存款工作中，主要抓了以下几个方面工作：

一是继续坚持早动手、早安排、早落实计划。在年初伊始，就制定了存款目标和存款政策，将存款目标纳入全行5项经营考核指标之中，各支行层层分解落实任务，因地制宜制定考核措施，并把存款任务与每个职工的行政职务、技术职务、工作岗位、工资奖金分配等挂钩，制定了严格的考核办法，取得了十分明显的效果。

二是加强公关措施，发展新的客户群体。在组织存款工作中，在稳定老的客户群体的同时，千方百计地发展新的客户群体。由行内主要领导亲自挂帅组成公关小组，采用多种形式、多种渠道地密切银企关系，吸引了一批资金实力强、讲信誉的新的存款户。

三是坚持存贷挂钩，以贷揽存，发挥信贷部门组织对公存款主力军的作用。信贷人员充分利用信息面广、掌握企业资金动向的优势组织对公存款，吸收了大量低成本资金。

四是强化优质服务，拓展服务领域。全行上下普遍开展了形式多种多样的优质服务活动，如挂牌服务、限时服务、推广窗口文明用语等，并在几家支行开办了“电话银行”、“汽车银行”服务，同时增加了通知存款、小额存单抵押贷款以及代理发行社会福利彩票等业务。综合服务水平的提高不仅增加了银行存款，而且提高了全行的社会声誉。

【信贷业务】 “八五”期间，沈阳市农业银行严格遵守国家的产业政策及有关金融政策，遵循银行自身经营效益与社会效益并重的方针，在信贷规模紧张的情况下，积极调剂资金规模余缺，1995年新增贷款10.94亿元，重点支持了“两高一优”农业、农资储备和农副产品收购的资金需要；合理安排了工业、乡镇企业的资金需求。5年累计发放贷款54.14亿元，重点地扶持了一批效益好、信誉度高、关系国计民生的企业，有力地支持了沈阳市经济的发展。

1995年，沈阳市农业银行把效益作为增量贷款投放的主要依据，贷款业务发展突出了效益原则，农业贷款主要用于粮棉大县和两高一优农业项目，以蔬菜、猪、牛、羊、肉鸡、蛋鸡和淡水鱼等一批“菜篮子工程”生产、繁育加工基地、科技成果推广应用及农村社会化服务体系为主要投放领域，农业贷款全年累计发放90 497万元，累计收回67 270万元，年末贷款余额104 210万元，净投放23 227万元，其中仅对辽中等8个商品粮大县以及苏家屯“两高一优”农业示范区，就投放贷款14 476万元，支持“菜篮子”工程建设投资放贷款31 384万元。

新增乡镇企业贷款采取了流动资金贷款优先、配套项目贷款优先、低风险区域贷款优先的政策，全年累计发放48 703万元，累计收回39 544万元，年末余额达到72 047万元，净投放9 159万元，有限的资金集中支持了一批固定资产投入或技术改造后的乡镇企业达产，加速了资金周转，提高了贷款的使用效益，全年新增贷款4 400万元的88%投向了低风险的地区。

工商流动资金贷款围绕提高资金使用效益和弱化风险，进一步优选贷款载体。在具体作法上，采取“巩固、淘汰、发展”的战略，划定不同的经济区域，按不同经济区掌握贷款的发放，在对老的企业进行优化的同时，有选择地发展了一批资产负债率低、效益好的新客户，使贷款风险相对降低，收益增大。对城区行所发放的贷款，注重与吸收低成本资金相结合，以利于改善负债结构，降低资金成本。对欠发达地区的农村行，要求上收贷款管理权限，把贷款大户集中于支行专业科管理，以利于形成贷款集中投放的主线。在信贷工作中，始终强调了贷款决策的自主权，在履行社会责任的同时，同样考虑了银行自身的经营效益。由于注重了优选贷款载体，使新增贷款的风险得到了弱化，从全行1995年投放的工商流动资金贷款看，投向贷款风险度在0.7%以下企业的贷款，占全年新增贷款比重达到86%。

在管好增量贷款的同时，全行进一步加大了清收催收贷款的力度，各行采取了自我加压、主动清收、重选主体、清促结合等措施和科学的考核与监测，促进了催收贷款的回收。全行全年净收回催收贷款7 600万元，催收贷款占用率从年初的22.02%下降到17.31%，下降了3.58个百分点。

【内部经营管理】 1995年是沈阳市农业银行向国有商业银行转轨关键的一年，全行稳步推进经营机制转换，加强制度建设和内部管理，经营管理水平有了很大的提高，为向商业银行转轨打下了坚实的基础。

1. 适应向商业银行转轨需要，从业务经营实际出发，实施人事三项改革。一是理顺了组织运作体系，合理调整布局。二是引进竞争机制，推行了领导干部聘任制和一般干部聘用制。三是改革劳动分配制度，挖掘劳动潜力。

2. 资产负债比例管理改革取得新进展。1995年在信贷规模的增量配置上采取了几种办法：一是将贷款增量的75%，与各支行的存款增量计划挂钩，体现了资金来源制约资金运用的要求，促进了各支行组织存款的积极性。二是将贷款增量的7.2%与各支行信贷资产质量和经营效益挂钩，突出了商业银行的效益原则，使贷款增量向信贷质量高经营效益好的行、处倾斜。三是年中临时规模的调剂坚持"有借有还、讲求效益"的原则，主要用于解决效益好、周转快的企业的短期资金需求。实施以上改革措施后，全行贷款规模使用效益明显提高，据初步测算到年末，全市盈利行贷款增量占全行贷款总增量的比重达73%。

3. 实施贷款"审贷分离"管理，健全信贷管理机制。为有效防范信贷风险，健全贷款管理的制约机制，1995年在两个支行试点的基础上，全面的推行了贷款"审贷分离"管理。大部分支行实行了调查、审批、检查三岗分离，市行制定了《审贷分离管理实施细则》，在规定了三岗职责的前提下，针对各行贷款管理的实际情况，确定了分层次运作办法，在实践中得到有效运用，取得了很好的效果。

4. 进一步完善经营目标责任制。一是以效益为目标确立考核指标，实行百分考核。市行对支行主要考核5项经营指标，即利润、活期存款增长率、催收贷款下降额和占用率、费用额、固定资产购置。二是在制定指标中，剔除特殊因素，保证了指标的合理性。根据各行实际情况，对保值贴息支出、亏损行亏损挂帐、信贷基金划出等因素予以剔除，使考核指标更为合理。三是实行工效挂钩，加大考核力度。将5项指标完成情况与职工活工资及奖金挂钩，任何一项指标完不成都相应扣减活工资和奖金，全面完成各项指标并超额完成利润的按比例给予奖励。新的经营目标责任制在全行贯彻实行后，有效地调动了各级行的经营积极性，为促进全行经营目标的实现起到了积极作用。

5. 加强财务管理，提高结算质量，做好结算、联行和出纳工作。为提高经营效益，市农行坚持开源与节流并重，加强财务管理，在增收节支上下功夫。一方面狠抓利息收入，各级行认真执行利率政策和利息管理制度，普遍建立了利息准备金帐户，内外勤密切配合回收利息，实现收息率85.22%，完成了总行下达的计划。另一方面加强费用管理，坚持"一支笔"审批制度，控制了固定资产购置、会议费、代办费等费用开支。全行继续开展了会计达标升级活动，对营业单位进行了严格的考核验收。经总行考核验收，全行11个支行被授予全国会计工作二级单位。贯彻全国银行结算工作会议精神，全行组织二次结算纪律大检查，整顿了结算秩序，各支行营业单位较好地执行了结算纪律，受到了省人民银行检查组的好评。为减少差错，提高联行工作质量，市行修订了三级联行考核制度，加大了奖罚力度，并按季通报，取得了较好的效果。另外，积极筹备，组建了联行对帐中心，以加强对联行工作的管理。

6. 加强了稽核监督，落实了防范各类案件的责任制。1995年沈阳市农业银行稽核工作围绕全行业经营这个中心，开展了16项稽核审计和调查，写出了158份稽核报告，提出了478条稽核建议。通过对财务制度、会计出纳制度执行情况的稽核，促进了制度的贯彻执行；对信贷资产质量和结构的稽核，强化了信贷管理工作；对全行经营目标责任制和信用社经营的稽核，促进了各行社实事求是地完成经营目标，提高经营管理水平。

【加强队伍建设】 1995年，为适应向商业银行转变，市农行把思想工作的重点放在转变观念，加强队伍建设方面。通过组织广大干部职工认真学习《邓小平文选》、党中央关于建立社会主义市场经济体制的决定和党的十四届五中全会精神，使全行上下在思想上进一步明确了建立社会主义市场经济体系和农业银行向商业银行转轨的精神实质，从而进一步形成了加快向商业银行转化的共识。在工作作风方面，各级行社认真落实了中纪委五次全会的精神，深入开展反腐败斗争，纠正行业不正之风，加强党风廉政建设，开展执法监察，增强了全行干部职工的反腐廉政意识和拒腐能力。

通过对支行、基层办事处、营业所、信用社领导班子的考核，对4个支行、5个直属单位、83个办事处、营业所的领导班子进行调整和充实，并按1∶1.5的比例重新选配了后备干部，严格落实培养措施，适时将后备干部放到重要岗位上锻炼，使各支行领导班子的力量明显增强。为了提高干部职工的业务素质，以商业银行新知识、新业务和现代化的业务操作手段为重点，加强了业务培训工作。全行举办各类骨干培训班5期，培训人员428人，还有20名支行行长参加了省行培训班。并通过开展多种多样的岗位竞赛、普法竞赛、职业道德教育，弘扬了敬业精神，树立了"行兴我荣、行衰我耻"的思想，全面提高了干部职工的业务素质和工作责任心，增强了队伍凝聚力。

【国际金融业务】 1995年，沈阳市农业银行在"加快发展，稳健经营"的原则指导下，抓住专业银行向国有商业银行转轨的有利时机，进一步确立了外汇业务的重要地位，使国际金融业务有了显著发展，特别是国际结算量在1994增幅较大的基础上，又有了很大幅度的增长。截至到年末，各项外汇存款达到1 617万美元，比年初增加368万美元，增长30%。在发展国际结算业务中，较好地发挥了本币"打包"、"押汇"业务优势和服务优势，促进了国际结算业务的大幅度增长。全年国际结算量达2 196笔，金额9 625万美元，比1994年增长58%，结售汇总额达4 465万美元。并经外汇管理局批准，在市内四个城区支行建立了外汇业务代办处，外币储蓄所已发展到28家，全年实现外汇利润26万美元。

1995年国际金融业务的发展得益于几方面的努力：

1.充分发挥本币资金优势，加强优质服务。从年初开始，就把加速国际业务发展的重点放在促进国际结算业务量的迅速增长上，突出重点，落实优先发展的倾斜政策。在具体作法上，确定了以雄厚的本币资金支持外汇业务发展的策略，以巨额的本币资金用于“打包”、“押汇”业务，这一举措使全行在资金方面与本地区其他行相比占有很大优势，大大地增强了对新老客户的吸引力。在这种情况下，一方面进一步巩固了有长期业务往来业绩优良的老客户的合作关系，加强了对他们的支持，同时，又利用资金方面的优势，积极争取有一定实力的新客户，可以说，本币资金的有力支持是1995年国际结算量迅速增长的主要原因之一。

其次，充分发挥“优质、高效、方便、快捷”的服务传统，以一流的服务，一流的效率赢得了客户的信任，在本地区同业中树立了最佳的服务形象，是业务发展的根本原因，在国际结算中坚持实行“24小时出单和24小时入帐”制度，即交予的单据在24小时之内寄出，出口回款在总行贷记市农行24小时之内贷记客户帐户，即时审单、发单、审证、结汇入帐。高效率的工作，缩短了每笔业务的办理时间，加速了资金周转，为银企双方都带来了较好的经济效益。

2.增强外汇信贷管理，加大清收和盘活不良外汇信贷资产力度。为了扭转由于多种原因造成的外汇信贷资产较差的状况，采取了一系列措施加大清收和盘活不良资产的力度。对外汇不良贷款及风险较大的贷款进行了认真地剖析，逐户分析形成原因，找出存在的问题，并根据企业未来发展的趋势，分别采取了补办抵押、担保等重新落实债务的措施。对收回有望的企业给予必要的信贷支持，对有意逃债的采取法律手段，保全信贷资产，尽力减少现有存量的风险。通过努力，到年底，存贷比例较年初提高了15个百分点，达到了84%，外汇资金严重超负荷状态，已经得到缓解。

3.加强对世界银行项目的管理，提高外资使用效益。1995年，市农行的世界银行贷款进入了还款阶段，市农行组织人员分别走访了各项目行并深入基层重点项目单位，做了大量深入细致的工作，全年累计收回到期贷款533.6万元。根据总行有关文件精神，在大力清收到期贷款的基础上，还制订了收回再贷实施细则，全年累计收回再贷款达425万元，有力地保证好的重点项目的资金需要。

通过努力，沈阳市引进的世界银行贷款的几个项目，都达到了预期目的，其中包括种植业、养殖业、畜禽业及市场建设项目，对发展全市农副产品生产，扩大农副产品加工销售，丰富人民菜篮子，加速农民脱贫致富，调整农村产业结构都起到了积极的作用。

【电子化建设】 1995年，是沈阳市农业银行开展电子化建设的10周年，尤其是“八五”期间，全行电子化建设进入了网络化建设阶段，电子化应用水平达到了历史上前所未有的高度。

截止到1995年底，已累计投资7 000多万元，拥有2套中型机，540台高、中档微机，21台ATM自动柜员机和3 412台各种外部设备，电脑营业网点221个，市区和县城内银行电脑储蓄网点覆盖率89.6%，对公业务电脑网点覆盖率达100%，信用社电脑网点127个。在岗计算机专业技术人员74名，其中高级工程师2名，工程师24名，助理工程师42名，初步建立了一支有较高政治觉悟、层次合理、生机勃勃的技术队伍。

标志着当前金融电子化先进水平的IBM ES/9000中型计算机的引进，使电子化建设有了一个质的飞跃。以IBM ES/9000为主机的计算机网络系统，是向商业银行转轨，强化现代化的经营、管理手段，参与国内、国际金融市场竞争的重要技术保证。

为了展示电子化建设的新形象，充分地发挥大型机的效益，1995年以IBM ES/9000中型机网络建设为重点，经过全行上下的通力协作，共投资1 635万元，在仅一年多的时间里，就先后开通计算机联网点103个，使21台ATM自动柜员机上网运行。目前，网络已开通储蓄活期、定期、大额定单、代发工资等业务，零存整取、代收代付业务也已具备开通能力；对公系统开通了企业存款、企业贷款、结算等业务；ATM开通了存款、取款、查询等功能。另外，一套新的事后监督系统即将推广使用。

【信用卡业务】 沈阳市农业银行信用卡业务经过几年的努力，1995年开始进入稳步发展阶段，截止到年底，全市发卡24 249张，比年初增加7 777张，完成总行计划的115%；存款余额4 889万元，比年初增加2 567万元，完成总行计划的162.9%；存款月平均余额3 591万元，完成计划的109%；特约商户发展到297家，比年初净增105家，完成总行计划的118%；当年持卡消费额实现999万元，完成总行计划111%；各业务纯收入430万元，并第一次实现了盈利。一年来主要做了以下几方面的工作：

1.加大宣传力度，提高了金穗卡的社会声誉。针对当前广大人民群众对信用卡这一新的结算工具尚存在模糊认识的情况，在工作中重点加大了对金穗卡的宣传力度。在1995年宣传经费十分紧张的情况下，采取宣传经费向信用卡倾斜的政策，一年共投入90万元，先后开展了一次“金穗卡百日宣传活动”，两次持卡消费活动，此外还投资近50万元，在沈阳市繁华地区制作了3处大型霓红灯广告，扩大了金穗卡的社会影响，加强了服务和培训工作，扩大了持卡人队伍，扩展了金穗卡的市场，收到了很好的效果。

2.建立健全机构，培养了一支适应信用卡业务发展的队伍。1995年沈阳市农业银行在完善信用卡业务管理体系上，给予了高度重视。从1995年7月1日起，信用卡业务部不再委托存款处管理，而是作为市行的一个直属单位，设有三部一室；在支行成立了信用卡业务部和代办处，并进行了两个二级发卡行的试点。

3.采取有效措施,促进信用卡业务健康发展。信用卡业务是一项全新的高风险业务,难度高、风险大,一年来,通过制定信用卡部内部考核办法,建立健全例会制度,完善激励机制加强风险管理,加强对信用卡营业机构和特约商户的检查工作等手段,保证了资金安全,促进了信用卡业务的健康发展。

【抗洪抢险】 1995年7月末至8月中旬,沈阳市遭受了百年不遇的特大洪涝灾害,市农业银行共有33个基层办事处、营业所和信用社不同程度受灾,造成了较大的经济损失。

在洪涝灾害发生之初,市行和辽中、苏家屯、东陵、于洪等行社领导、干部职工就立即投入了抗洪救灾,在20多天的抗洪抢险中,精心组织,昼夜奋战,顽强与洪水搏斗,保护和抢运集体财物,保障人员安全,涌现出许多可歌可泣的动人事迹。尽管这次洪灾来势凶猛,汛情急、险情多,但是在各级行社干部职工的共同努力下,行社人员、库款、帐据、枪支均无损失,受灾的干部群众家庭得到了妥善安置,大灾中及灾后的农村金融秩序良好,受灾所社以最快的速度恢复了营业,方便了群众,提高了声誉。

在保证了各级行社自身安全,减少损失的同时,在通过认真调查掌握灾情的基础上,各级行社千方百计筹措资金,及时投放贷款1.4亿元支持灾区企业和群众的恢复生产、灾后重建,实行生产自救,对减少洪涝损失,起到了积极的作用。

【代理农业发展银行业务】 1995年是沈阳市农业银行代理农业发展银行开展信贷管理工作的第一年,沈阳市农业银行严格贯彻农业发展银行总、省行的有关文件精神,在保证秋粮收购资金供应、防止信贷资产流失、加强信贷管理、强化基础设施建设等方面做了大量的工作。

1.较好地完成了1995年秋粮收购资金的供应工作。1995年秋粮收购工作呈现出"收粮难"和"收购资金到位难"的特点。一方面沈阳市遭受了严重的自然灾害,粮食资源减少,再加上粮食 定、议购差价很大,农民惜售心理加剧;另一方面,沈阳市财政及粮食收购企业面临"多支少收"困境,资金到位难度很大。

为了真正分清企业、财政、银行秋粮收购资金的供应责任,并保证各部门的资金到位。从加大宣传力度入手,向市、县(区)政府及粮食企业广泛宣传粮食收购资金的供应政策和上级农业发展银行对各地区下达粮食收购贷款计划的算帐依据。市行也先后两次向市政府及市人民银行汇报全市粮食收购资金需求情况及企业、财政、银行应承担的资金责任,在市政府的统一协调下,两次召开了由粮食局、财政局、人民银行、农业银行参加的秋粮收购资金供应工作会议,并把资金责任落实到位。

在1995年的旺季收购工作中,遵循:"明确资金供应责任、贷款与库存挂钩、临时限额调剂、严肃结算纪律"的原则,要求基层行在算清资金大帐,分清责任的基础上,与地方政府及粮食部门共同做出资金到位计划,并加大了对资金到位情况的考核力度。同时要求,市粮食局及各粮食收购企业开立粮食收购资金专户,并严格了对基层行申请贷款的申报制度和申报手续。

为了保证资金供应的通畅,在内部,实行了部门负责制,计划、会计、信贷部门密切配合,实行计划审批、贷款投放、资金结算、现金供应一体服务,保证资金、现金不断档、不脱供;在外部,积极与上级行沟通情况,及时汇报粮食收购进度及企业、财政资金到位情况,提出信贷资金需求计划,保证应到位的信贷资金及时足额到位。

1995年,按照"共同负责,各司其职,执行政策,真诚合作"的原则,认真贯彻执行国家有关规定,切实加强了对代理业务的领导和管理,强化了基础管理工作,保证了代理业务的正常运行。

以"视代理为自营"的方针为做好农业发展银行信贷管理工作的思想基础,本着方便协调、方便管理、方便调度的原则对代理业务的管理机构进行了大胆的改革,撤销了50多个营业所级的代理机构,在8个县郊行、一个城区行设立了9个代办机构,信贷业务全部集中到县区行专业科管理。

在开展代理业务过程中,坚持做到信贷投放按政策办、会计结算按原则办、计划调度按规律办,为保证代理业务的顺利开展,重点抓了几项工作。一是加强信贷管理,保证了贷款 的安全性,全年累计投放贷款91亿元,收息率达到99%;二是按照总、省行的有关规定,对粮食企业多头开户问题进行了全面清理,共清理多头开户粮食企业帐户92户,收回资金2 400多万元,防止了收购资金的体外循环;三是为解决严重困扰企业资金顺畅流通的"三角债"问题,积极开展清欠工作,在粮食系统88户企业之间,共清理往来拖欠款160多笔,清收货款19 300万元,解开了企业多年无法解决的债务链;四是协助人民银行完成了对收购资金使用和管理情况的专项稽核检查,就发现的挪用存、贷款问题及时进行了纠正与制止。

【农村信用合作社】 1995年,沈阳市农村信用合作社遵照年初总行会议提出的"进一步强化金融监管,改善金融服务,坚决抑制通货膨胀"的指导方针,突出加强经营管理,提高经济效益的工作中心,大力组织各项存款,优化结构,增强资金实力,合理运作资金,保证农业和其他产业重点投入项目的有效供给,努力降低不良资产占用比例,做好财务、人员管理的基础工作,构筑商业银行经营管理体系,提高了信用社自身的经营管理水平。

截止到1995年末,各项存款余额达到565 056万元,比年初净增加130 191万元,完成总行核批计划的118.40%;储蓄存款余额达到486 245万元,比年初净增长111 988万元,完成计划的112%。各项贷款428 089万元,净投入99 983万元,比1994年增加30 043万元,信贷款余额为70 403万元,占各项贷款的16.4%,比1994年下降4.2个百分点,催收贷款全年累计收回额为1.1亿元,完成计划的113.5%。

各项贷款利息收回额为65 111万元，各项贷款平均余额为409 113万元，综合收息率为77.52%，实现利润754.3万元。

1.全力抓好资金组织工作，打好经营基础。1995年农村信用合作社的资金组织工作面临着：物价上涨、企业经济效益滑坡、资金供需矛盾突出、金融机构筹资竞争剧烈的严峻形势，给信用社自动资金组织工作带来了重重困难。面对这种情况，组织信用合作系统各级领导干部和广大职工认真学习总、省、市行的有关精神，提高认识，认清形势，加大组织存款工作的力度，调动了各方面积极因素。并通过增加、装修高标准的储蓄营业网点，搞好以优质宣传服务为内容的劳动竞赛，动员职工全员吸储，大力挖掘储蓄存款力。同时，为优化存款结构，降低资金成本，组织对公存款，采取了以贷揽存，稳定老客户、发展新客户，依靠地方政府，搞好村级集体资金的吸存，开展组织对公存款的劳动竞赛等手段，使对公存款资金增长额达到78 628万元，比1994年增长17 201万元，占各项存款的比重达15.1%。

2.以效益和效率为先导，合理安排资金，积极支持农村经济的健康发展。1995年，沈阳市农村信用社的信贷管理，坚持以市场为导向，以提高经济效益为核心，优化增量，盘活存量，全年累计发放贷款37.1亿元，比1994年多投10.4亿元，其中农业贷款累放5.8亿元，多放2.2亿元；乡镇企业贷款累放21.8亿元，多放5.3亿元；其他贷款累放9.4亿元，多放2.9亿元，分别比1994年增长61.4%、31.9%、44.6%，全年净投放贷款10亿元，增加3亿元，增长率达到42.9%，有力地支持了农村经济的发展。

1995年，沈阳市遭受了百年不遇的特大洪涝灾害的侵害，受灾地区各级所社，为支援灾区搞好生产自救，及时深入村、户、企业调查受灾情况，安排生产自救项目及资金，并先后累计投放救灾贷款1.4亿元，其中发放补种秋菜贷款500万元，用于补种秋菜4.45万亩，农民实现收入近5 000万元；发放棚菜生产贷款6 000余万元，修复、新建大棚2.16万亩，预计收益可达到1.2亿元。

（牛志刚）

·建设银行·

【概况】 建设银行沈阳市分行在“八五”期间，认真贯彻党的十四大精神和国家的金融方针、政策，适应我国改革开放和加快经济发展的需要，以增强资金实力、支持重点建设为主线，努力开拓新业务增强竞争能力，经营管理水平不断提高，成为以经营固定资产投资业务为主，既管理国家投资，又发放各种贷款，既经营本币业务，又办理外币业务的国家专业银行。“八五”期间存款余额达94.6亿元，比“七五”期间增加76.4亿元，平均年增长83.9%；各项贷款余额为49.2亿元，比“七五”期间增加33.3亿元，平均年增长41.8%。机构网点214个，比“七五”期间增加25个；职工人数达2 886人，比“七五”期间增加1 115人。各项业务的长足发展、实力的增强，既有力地支持了国家和沈阳的经济建设，又为向国有商业银行转变奠定了坚实的基础。

1995年元月新组建的分行营业部正式对外营业，原分行营业部改建成顺通支行，使建设银行又增加一个基层单位。

【存款业务】 1995年末，沈阳市建设银行一般性存款余额93亿元，全年新增25.7亿元，新增地区所占比重达到20.8%，在全市五大国有商业银行中排名第二。其中企业存款余额达37亿元，新增6.3亿元，储蓄存款余额56亿元，新增19.4亿元。全年共发行和代理发行国库券、债券4亿元。外币储蓄存款新增600万美元，余额达1 674万美元。全行牢固树立“抓住机遇、开发市场、筹资兴行、支持建设”的思想，完善激励机制，调动全行抓存款的积极性，以抓结算户、行业存款、大户存款为重点，开办了代收电话费、有线电视初装费、交通违章罚款等项业务。7月份开展了“大干三季度、存款争份额”竞赛活动，共吸收存款17.7亿元，列全市金融机构之首，被建设银行总行评为一等奖。皇姑支行长江所被总行授予“全国建行十佳储蓄所”荣誉称号。

【贷款业务】 1995年底，沈阳市建设银行利用信贷资金发放的贷款余额为49亿元，当年新增13.9亿元，其中固定资产贷款余额为20.2亿元，新增2.4亿元。流动资金贷款余额29亿元，新增11.5亿元，固定资产贷款重点支持南湖开发区、沈阳水泥熟料基地等一大批国家和地方重点及大中型项目建设。流动资金贷款优先扶持固定资产贷款建成项目、基本结算户、产品有销路、经济效益好的企业，支持了地方经济建设和社会发展。全行开展“压逾盘资”竞赛活动，采取按户建立清收责任制、重奖重罚等措施，有效地提高了贷款资产质量。对新的贷款全面开展项目评估、企业资信等级评定和资产评估。对建筑业流动资金贷款实行“专项封闭式”管理。同时代理国家开发银行项目40个，投资2.6亿元，代理各级财政委托项目323个，全年投资2 124.6万元。

【房地产业务】 1995年末，沈阳市建设银行房地产业务存款余额达19.4亿元，新增6.6亿元，其中政策性存款余额8.9亿元，全年累计发放贷款13.7亿元，回收贷款9.6亿元。年末贷款余额12.7亿元。千方百计抓好住房公积金以及其它房改资金归集工作，争得市政府、市房改办、市住房资金管理中心的支持，通过发文重申住房公积金的归集与存贷款业务仍由建设银行承办。同时提出并实施建立公积金管理户员制度、发行“住房公积金储蓄存折”等制度措施，全年共收集公积金1.3亿元，发售住房债券717万元，全部提前超额完成了与市政府签订的承包任务，全年发放政策性委托贷款1.5亿元，归集售房资金8 588万元，促进了沈阳市的住房制度改革和住宅建设。适应国家对房地产金融强化宏观管理的要求，对经营性业务和政策性业务实行不同的管理办法和核算办法，相应进行了计划管理、信贷管理、财务管理等制度的调整，规范了经营行为。在遭受百年不遇的洪灾后，为重建家园，为受灾地区贷款3 500万元，专门用于灾民的住房建设，此外还为沈阳市"安居工程"发放贷款6 000万元。

【"龙卡"】 "龙卡"是建设银行发行的，包括信用卡、储蓄卡（ATM卡）。1995年，沈阳市建设银行紧紧围绕"抓住机遇、开发市场、全面推开、形成规模"的方针，以扩大市场占有份额为中心任务，以增加发卡量为主要目标，加大发行力度，强化内部管理，健全服务网络，提高服务质量。到年底，信用卡发卡量3.7万张，新增2.2万张；储蓄卡发行5万张，新增4.4万张。信用卡存款余额5 230万元，新增3 407万元，信用卡交易额10亿元，特约商户达400家，新增250家，投入运行自动消费终端(DOS)119台。

【服务手段现代化】 1995年末，沈阳市建设银行共有60台自动柜员机(ATM)遍布全市繁华地段、大商场、建行营业网点，通存通兑联网储蓄所90个，信用卡代办所67个，所有储蓄、会计、出纳窗口全部实现电子化。建行开发的"计算机城市综合网络系统"一期工程全面投入使用，实现24小时对外服务，并于1995年7月通过省科委技术鉴定。"计算机城市综合网络系统"二期工程的开发已取得突破性成果，将在1996年全面推广。

（于恩生）

·中国银行·

【概况】 1995年，中国银行沈阳市分行以经济效益为中心，继续深化改革，强化内部管理，稳步发展业务，提高服务水平，取得了新的工作业绩。截止年末，各项人民币存款余额522 630万元，比年初增长39%，其中企业存款余额124 955万元，比年初增长12%；储蓄存款余额397 675万元，比年初增长51%。各项外币存款余额32 813万美元，比年初增长12%，其中个人外币存款余额25 899万美元，比年初增长20%；单位外币存款余额6 914万美元，比年初下降11%。各项人民币贷款余额达359 491万元，比年初增长19%；固定资产贷款余额19 543万元，比年初增长19%。各项外汇现汇贷款余额16 644万美元，比年初增长19%。人民币资金自给率达151%，比年初增长23%，进出口结算总额77 998万美元，比1994年增长11.54%，进出口融资总额41 347万美元，比1994年增长134.17%。各货币汇总折人民币资产总额达129亿元，比1994年增长25%。机构网点79个，比1994年增加10个。员工总数1 390人，比1994年增长6%。

【推进外汇管理体制改革】 1995年，中国银行沈阳市分行依照"强化管理、完善经营、提高效益"的原则，不断深化和完善外汇管理体制改革。根据其总行部署，自4月1日起将结售汇上报头寸收手续费方式改为结售汇买卖平仓收价差方式。5月份，将三资企业外汇调剂由以往的大部分在市调剂中心办理改为由企业委托该行集中到省外汇交易中心办理。为进一步规范非贸易外汇管理，该行于年初举办了非贸易外汇管理培训班，明确了结售汇范围，统一了存款证明书，严格了外汇汇出入管理，促进了非贸易外汇业务的发展。此外，该行还进一步调整和规范了外汇资金业务，严格按照总行的有关规定，坚持"代客经营、控制风险"的原则，及时匡算外汇头寸，调拨外汇资金，提高了外汇资金的使用效益；加强了外汇报表的统计管理，严格规范了13种外汇报表，保证外汇统计的及时、准确。截止1995年12月末，中国银行沈阳市分行共办理结汇52 570万美元，售汇26 100万美元，分别占全市结、售汇总额的77%和70%。

【经营管理体制改革】 为向国有商业银行转轨打好基础，中国银行沈阳市分行把全面加强管理，努力把实现由外延式发展向内涵式发展，由规模速度型向质量效益型的转变作为1995年的首要工作，力求夯实基础，摸清家底，理顺关系，增强合力。继续实行了行长目标经营责任制，修改完善了考核指标，增加了工作质量和经济效益方面的考核内容，使承包方案更趋科学化、合理化。继续抓了南湖科技开发区支行的商业银行试点工作，在业务经营上，对其实行了以吸收人民币企业存款核定贷款指标，为其实行资产负债比例管理创造了条件。在管理体制上，以定岗、定员、定职、定责为基础，重点对人事制度和分配制度进行了改革：一是对科级以上干部实行公开招聘制和任期制；二是在人事安排上，采取公开竞争，择优上岗，不定期流动的方式；三是在劳动分配上实行了岗位目标经营责任制，奖勤惩懒，拉开收入差距，打破了"大锅饭"。通过改革试点，调动了广大员工的积极性，取得了良好的工作业绩。

实施了贷款限额下的资产负债比例管理，参照总行的计划分配办法，实行存贷挂钩，促进资产负债结构的优化。存款工作强调了内涵式发展，注重调整结构，吸收低成本资金。一是减缓网点增速，加快网点改造，提高现有网点的质量和吸存能力，本着"优化老所，巩固大所"的原则，制定了网点的业务品种，努力改善储蓄结构，在沈河支行青年大街储蓄所开展了限时服务，超时赔偿的试点，缩短了储户等候时间，提高了工作效率；为多吸收活期储蓄存款，降低资金成本，拟定了开办私人支票业务和活期指纹储蓄业务的方案。三是加大了吸收企业存款的力度，重新修改完善了人民币企业存款考核办法，由按季考核改为按月考核，坚持了指标分解，以存定贷，存贷挂勾的原则，把揽存任务落实到处室和人头，使企业存款未出现大的波动，圆满完成了各项存款任务，资金实力不断增强，加强了对各项资产的管理，组建了信贷管理委员会，严把放贷关，坚持贷款的三级审查制度，对金额较大的贷款须经信贷管理委员会评审小组审定，并要求做到'三查"；强化了老贷款的管理，年中，对贷款质量进行了全面的清查，摸清了家底，落实了债权债务，制定了不同的管理清收办法；建立了收息台帐，修改完善了利息清收办法，加强了利息的催收。在合理调整贷款结构和投向，优化贷款质量的同时，重点选择了创汇占大头，效益占大头的外贸、工贸公司或出口拳头产品予以支持,全年新增外贸、工贸贷款24 501万元,进出口企业人民币贷款余额达14亿元,外汇流动资金贷款300万美元,为进出口企业融通资金41 347万美元,支持市外贸及省工贸公司出口创汇66 452万美元,完成计划的107%,比1994年增加7.4%。加大了科技贷款的力度,全年新发放科技贷款达2 500万元,是该行近年来发放最多的一年,科技贷款余额达6 400万元;注意选择一些利润高,风险小的企业予以支持。在项目贷款中,重点支持了东北制药厂万吨VC生产线项目,当年投入资金1 000万美元,保证了进口设备的按时到达、安装和投产。集中资金支持了沈阳太平洋空调有限公司和沈阳华润压缩机有限公司等效益好的外商投资企业,先后投入人民币资金5 000万元,外汇资金350万美元,保证了企业的正常生产。积极试办了国际银团贷款,中国银行沈阳市分行作为沈阳商贸饭店4 200万美元银团贷款的参加行及抵押代理行,与其他国外参加行一起,于9月1日在新加坡完成了合同签字,现已完成了首次提款的前期准备。积极叙做了"三贷"业务,1995年新批沈飞工业集团日本"黑字还流"贷款6.05亿日元,对1994年批准的沈阳电信局瑞典买方信贷1 512万美元项目的用汇进行了跟踪管理。

【发展中间业务】 1995年,在存贷利差进一步缩小,信贷资产风险日益增大的情况下,中国银行沈阳市分行开始把发展的重点转向中间业务,通过发展中间业务获得新的效益增长点。国际结算业务是中国银行的传统业务,该行通过加强分支行之间,国际结算与信贷业务之间及国际结算进出口部门的协调配合,整体优势明显增强,全年完成进出口结算总额7.8亿美元,比1994年增长11.54%,其中出口业务增长19.36%,进口业务增长2.95%。进出口融资总额4亿多美元,比1994年增长134.17%。全辖已有5个支行可办理国际结算业务,服务网络进一步扩大,市场占有率得以巩固。信用卡业务根据"抓管理、促发展、网络化、降风险"的指导思想,在清理信用卡透支,强化内部管理,加强基础设施建设的同时,积极拓展信用卡市场,扩大信用卡服务网络,优化服务手段,培训业务技术能手,为信用卡业务的发展打下了坚实的基础。一年来,开展了多次信用卡市场促销活动,利用各种新闻媒介宣传长城卡业务,在全辖各储蓄网点开办了信用卡存、取现业务,形成了遍布全市的服务网络;增加了电话银行、制卡照排自动授权、自动清算商户网络系统等先进设备,提高了竞争手段;为稳住外卡大户,采取了上门服务的方式,增加了收益。截止1995年12月末,长城信用卡存款余额、交易额和发卡量分别比1994年增长26.9%、16.33%和37.82%,特约商户数比1994年增长50%,国际卡交易额达1 362万美元,代售国际旅行支票139万美元。外币兑换网络不断扩大,币种增加。加强了汇款工作,成立了汇款处,理顺了汇入汇出款的业务关系,提高了工作效率。外汇买卖业务稳步增长,全年办理外汇买卖4 425笔,交易额达15 499万美元,代客实盘外汇买卖成交3 823笔,交易额2 128万美元,代"三资"企业调剂外汇业务3 182笔,金额16 655万美元。

【电子化建设】 1995年,中国银行沈阳市分行电子化建设又向前迈出了一大步,全年共投入资金2 700万元,电脑储蓄网点已经发展到64个,电脑储蓄网点应用覆盖率达85%,超过总行规定的60%的指标;会计业务电脑应用覆盖率达100%,并开发了会计并表程序,使支行和所辖分理处的报表能够及时汇总到分行。国际结算出口系统从通知到结汇全部实现电脑处理,大大提高了工作效率。电脑会计事后监督系统调试完毕,在和平支行投放运行,效果良好。加快了电脑应用系统的开发和应用。完成了办公室一级收文系统,行政财务管理系统及国际清算系统的数据转换及上机工作;在营业部和信用卡部开通了电脑查询业务。加快了网络建设及网络应用,年初完成了中国银行主干网东北网络节点的安装调试工作,东北三省数据专线已接通。电传、信用卡授权、宏信大厦电脑综合布线系统及机房装修的前期准备工作已基本完成,为该行1996年上ES——9000大型机创造了条件。信用卡部与总行信用卡授权系统直联已于8月初调试完毕并投入使用。SWIEFT系统经测试后将投入运行。电脑管理进一步加强。

(张晋美)

·交通银行·

【概况】 交通银行沈阳分行于1986年10月开始筹建,1987年5月试营业,1988年6月正式营业。重新组建的交通银行沈阳分行是股份制的社会主义商业银行,可开展筹集和融通国内外资金,办理人民币和外币的各项业务,已在其他银行或金融机构开户往来的单位,可以同时在交通银行开立结算帐户,建立业务关系。

1995年,交通银行沈阳分行根据全国银行业经营管理工作会议和交通银行经营管理工作会议精神,以效益为中心,以抓存款和提高信贷资产质量为两翼,加强管理工作,努力建设规范化的商业银行,各项业务取得了长足发展。年末,分行资产总额达到了57.8亿元,比1994年增长19.32%;人民币各项存款余额41亿元,增长30.15%,人民币各项贷款余额30.6亿元,增长15.30%,在交总行核批的规模范围之内;存贷比例为74.5%,比1994年下降8.66个百分点,符合一类行控制标准。实现利润1亿元,人均创利14.7万元。在全辖工作中,沈阳分行原管辖范围为黑龙江省、吉林省和辽宁省的内陆城市,共12家分支行,即:哈尔滨、长春、吉林、大庆、鞍山、抚顺分行,齐齐哈尔、黑河、延边、四平、辽源、通化支行。按照交通银行总行强化总分行管辖职能的要求,从1995年4月起,哈尔滨分行变为管辖行,大庆分行和齐齐哈尔、黑河支行归其管辖,长春分行变为直属分行。目前,沈阳分行辖内共有7家分支行,即:吉林、鞍山、抚顺分行和延边、四平、辽源、通化支行。1995年全辖各行以改革和发展为主旋，从加强内部管理，完善内部管理机制入手，保证了各项业务稳健发展，全年实现资产总额107亿元，各项存款余额83亿元，各项贷款余额61亿元。

【不断完善存款工作机制】 1995年，交通银行沈阳分行牢固树立“存款立行、存款兴行”的思想，把存款摆在一切工作的首位，加大了存款机制改革力度，存款工作取得了较大进展。第一，深化了以存款为主要内容的目标管理办法。实行了存款余额八级考核办法，将按月时点数存款余额考核兑现奖罚办法改为按旬时点数考核，分8个档次考核兑现奖罚。并将信贷资产质量、利息回收率、综合费用率指标的完成情况，同时纳入到存款奖励办法中去考核，进一步调动了全行员工吸收存款的积极性。第二，在内部实行存贷挂钩。分行根据各部门新增存款情况按月下达贷款规模。存款下降，贷款余额要收回到规定的存贷比例之内。对信贷员也实行贷款规模与存款余额挂钩，多存可以多贷，调动了信贷人员吸收存款的积极性。第三，向服务要存款。一是登门服务。派出专人到企事业存款大户担任兼职收款员，使这些企业存款余额稳步增长。二是改善服务环境，制定了营业厅、储蓄所服务环境标准，设值班员，处理客户咨询，设磁卡电话、伪钞鉴别仪等设施。三是营业窗口普遍实行了规范化服务。开展了文明用语活动和限时服务，实行服务质量百分考核制，提高了服务质量，吸引了存款客户。第四，进行感情投资。各部门为了稳定存款，加强了与客户的联系，做了大量为客户排忧解难的工作，密切了银行与客户的关系，全年新增开户企业46 000户，发展了一大批基本客户。

【支持地方经济建设】 1995年，交通银行沈阳分行按照商业银行贷款原则，认真执行国家产业政策，以效益为中心，以质量为重点，优化投向，盘活存量，积极支持地方经济建设。一是不断调整贷款投向。做到了“五个优先”，即：优先支持出口创汇企业，年末，共向该类企业放款余额3.6亿元，占贷款余额的11.7%；优先支持盈利性的交通、能源、通信基础设施建设，放款7.7亿元，占贷款余额的25.1%；优先支持技术改造和有发展前途的高科技产业，放款余额3.1亿元，占贷款余额的10%；优先支持人民生活必需品的生产和购买，放款1.6亿元，占5.2%；优先支持适销对路产品生产发展，放款2.1亿元，占6.6%。二是进一步规范了信贷工作。首先，进一步健全完善了信贷工作规章制度。制定了办理贷款的程序、各类企业不同数额贷款的审批权限、贷款风险防范等制度和呆帐贷款核销实施细则，使信贷工作更加规范化。其次，制定信贷质量管理奖罚办法。办法规定，信贷员新发生贷款逾期或欠息一笔到三笔的，分别给予限期收回贷款、停止工作专收贷款及欠息、按最低工资标准发工资等处罚。信贷员达到“三无”的给予一定的奖励，从而进一步强化了信贷员的信贷资产质量观念。三是加大了清收和解决有问题贷款的力度。依法收贷200万元；转移风险4 200万元，注入资金、活化沉淀贷款6亿元；跟踪信息，及时清贷7 200万元；及时避免贷款悬空，落实改制企业还贷1 500万元。四是加强对企业信用等级测算，对信用低的企业不予贷款，提高贷款企业信用等级。到年末，贷款户中AA级企业比年初增加6.7%，AB级企业比年初增加6.5%，BB级以下企业下降2%。五是贯彻“贷款通则”和信贷规章制度，努力提高信贷资产质量。从落实信贷规章制度入手，狠抓贷款质量的提高，加强了对贷款“三查”制度落实情况的检查和贷款选户选项的管理，提高了资产质量。年末，逾期贷款占贷款总额5.75%，呆滞贷款占2.97%，呆帐贷款占0.47%。

【采取联动措施发展外汇业务】 1995年，交通银行沈阳分行树立全行办外汇指导思想，积极落实本外币联动措施，加快发展外汇业务。全年实现国际结算总额31 600万美元，外汇存款余额4 600万美元；各项外汇贷款余额4 500万美元，外汇资产总额达到6 300万美元，占全行资产总额的9.17%，实现外汇利润折合人民币1 000万元。在本外币业务联动中，一是实行资金上联动。年初，分行专门划出4 000万元的人民币信贷规模，用于发展外汇业务，占新增规模的9.17%，比1994年增加2.01个百分点。二是机制上联动，在推行存款机制改革工作中，对人民币业务和外汇业务同时制定了年度存款承包奖罚办法，同时实行风险抵押金制度、签定存款承包合同，相对提高吸收外汇存款的奖励费用。三是经营品种上联动。在5个办事处、15个储蓄所开办了外币储蓄业务，在办事处试办了外汇结算业务。本外币业务共同促进，共同发展。自开办外汇业务以来，国际结算业务稳步增长，业务品种日趋齐备，代理行网络不断扩大。目前，已与71个国家和地区的464家银行建立了代理行关系。

【努力加强基础管理】 1995年，交通银行沈阳分行认真贯彻总行经营管理工作会议精神，从加强基础管理方面入手，规范银行经营行为。一是加强督办工作力度。对全行经营管理、机制改革、廉政建设、“三防一保”等工作进行了认真催办，收到了较好效果。二是加强内部稽核检查。采取现场稽核与报送稽核相结合，全面稽核与专项稽核相结合的办法，先后对信贷、会计、出纳、储蓄等管理情况进行了定期检查，发现问题及时做了调整。三是加强“三防一保”工作，健全了各项制度。一年来，全行成功堵截或识破三起利用保函和存单进行诈编案件，最高一次金额达260万元。四是加强业务培训，提高职工业务素质。全行全年共开办各类业务培训班10期，受训人员417人，占全行职工总数的52%。

【加强对辖内行管理】 1995年，交通银行沈阳市分行加强对辖内行管理。首先，根据总行《内部管理职责划分暂行办法》，制定了《沈阳分行辖内管理职责实施细则》，明确了市行和辖内分支行各自的职责权限。其次，对辖内分行各项业务经营情况实行了按旬、月、季监控考核，发现问题及时帮助解决。第三，对四一是调整内部结构，设置“三科四室”，明确责任，理顺关系；二是搞活经营策略，拓展业务领域，通过自营和柜台服务，改善股票、基金结构，降低风险，增加收入；三是完善管理机制，提高服务管理水平，制定完善各项规章制度，加强对本市和异地营业机构管理，不断改进服务设施，吸引了更多的投资者，在激烈的竞争中站稳了脚跟。

3.强化管理，规范运作，稳步发展，使“兴沈”基金资产增值，信誉得到提高。公司以转化风险，调整投资结构为重点，改善了基金的投资组合，证券投资由1994年占组合的10.19%，上升到1995年的23.12%，提高了13个百分点。基金分红率达15%，受到广大投资者的认可，被称为“绩优四小龙”之一。在1995年上海证券交易所中“兴沈”基金作为上市基金，其价位曾摸高到5.25元，创“兴沈”基金上市价位的历史最高水平。扩大了“兴沈”基金在全国的影响，提高了公司的信誉。

4.积极组织存款，壮大资金实力，缓解资金紧张的矛盾。公司把存款作为生存与发展的根本，突出抓了三项工作：一是注重稳定老户、大户，从上至领导、下至员工都千方百计地做稳定工作；二是广开吸存的视野和渠道，采取信托存款与委托存款并举、定期存款与活期存款并重、本地吸存与外地吸存齐抓的工作思路，收到成效；三是引进激励机制，将吸存工作与经济利益挂钩，保证了公司正常经营的资金需要。

5.加强思想教育，搞好职工队伍建设，促进经济工作的开展。面对偏紧的经济环境，公司提出“效益滑坡，人的思想不能滑坡”，注重发挥三个作用，即领导班子的表率作用；党员干部的模范带头作用；思想教育的推动作用。通过一个多月的“抓住机遇，迎接挑战”大讨论，增强了职工们的优患意识和责任感，保证了经济工作的正常运行。

（宋明山）

保 险

·人民保险·

【综述】 1991年至1995年的
五”时期，是沈阳市人民保险公司
展史上最为辉煌的5年，公司职
团结一心，开拓进取、求真务实
力拼搏，以“壮心欲填海，苦胆
天”的敬业精神，励精图治开展
事业，取得了令人瞩目的成就，
国率先走出一条商业化经营专业
产险公司的成功之路。

1995年公司承保社会财产
额1 400亿元；业务总量实现7.
元，比1990年增长4.56%；“八
时期年平均增长45.6%，其中国
外自办保费收入5.58亿元，比1
年增长4.25倍；储金余额1.7亿
比1990年增长22倍；险种险别
1990年的162个，增加到1995年
193个。在1995年百年未遇的
理赔中，公司投入全部人力、物
克服艰难险阻，以最快的速度，
的服务为525户受灾企业，22 14
受灾家庭，457台受损车辆支付
11 890万元。全年共支付国内
务赔款（含给付）39 500万元，
利润6 055万元。

人保事业在不断发展，机构
在不断壮大。1995年末，全系
有保险分支机构15个，直属经
3个，延伸机构8个，专职代理
713个，代理人员1 494名，形成
盖全市的保险服务网络。保险
也由1990年477名增加到1995
791名。具有高、中级职称的人
1990年的75名增加到1995
485名，党团员占职工人数的75

“团结、进取、诚实、奉献”
业精神被赋予了“建一流班子、
流队伍、创一流管理、做一流
的内涵，成为全体职工的行为
增加了企业的凝聚力。“八五”
市公司两次荣获总公司开拓杯
奖，省保险系统社会主义劳动
第一名、省优秀企业思想政治
先进单位、市先进单位、市先

平、通化两个支行实行了目标管理，促进了全辖各行经营水平的提高和各项业务的开展。

（王琦 张爱平）

·合作银行·

【概况】 1995年是沈阳合作银行历史上发展较快的一年。一年来，在市委、市政府和市人民银行的直接领导下，合作银行按照“整顿金融秩序，深化金融改革，控制信用总量，加强金融监管”的货币方针，以壮大经济实力、支持地方经济发展、提高经济效益为重点，坚持两个文明建设一起抓，经营工作在沈阳经济环境偏紧的情况下保持了快速发展。较好地完成了年初确定的各项任务。各项存款余额63.4亿元，较年初增加26.9亿元，增长了73.8%，完成计划的131%，其中储蓄存款22.5亿元，比年初增加7.3亿元，完成计划的132.1%；各项贷款余额45.3亿元，比年初增加20.8亿元，区街工业企业贷款投放4.7亿元，完成计划的117.5%；实现利润7 984万元，完成年计划的122.9%。

【加大存款力度】 1995年，沈阳合作银行各项存款余额持续快速增长，提前半年完成了全年存款任务，已初步确立了沈阳合作银行在沈阳市金融系统及全国城市合作金融系统中的实力地位，为今后的发展奠定了雄厚的基础。

1.结合“进场入轨、兴市富民”大讨论，不断引导和启发广大干部职工解放思想，转变观念，使全行干部职工自我发展意识不断增强，超常规、大发展的思想氛围基本形成。滨河信用社存款突破5亿元大关，成为全行人均存款最多的信用社，天合信用社成立仅3年，存款超亿元，市行营业部、火炬等信用社存款也有大幅度增长；2.各单位克服已往“年初松口气、年末紧忙乎”的习惯做法，采取有利措施，在抓早、抓实上下功夫，使拼抢快上的精神得到了落实。仅上半年就有滨河、火炬、辽中、证券、新城子等12家单位完成或超额完成了全年存款任务；3.扩大经营辐射面，先后在新城子、东陵等区新建和成立了市府广场、新城子、东泉、铁城4个营业部，共增加存款4 000余万元；4.新建、扩建、迁移储蓄所21个，使储蓄存款稳步增加，其中正浩所、云峰齐贤南所成立仅8个月，人均吸储550万元和300万元；5.本着“高起点、大目标、大发展”的原则，实行了目标管理，层层分解指标、签定责任状、专项奖励、实行全员承包，进一步调动了全行干部职工的积极性，使存款工作落到了实处；6.创造性地开展工作，适时开办“通知存款、预约存款”和开展“协储杯”活动，使储源不断扩大，储蓄存款增加额创造历史最好水平。仅滨河社开展的“协储杯”活动，就增加存款2 000多万元。

【支持区街经济发展】 1995年，沈阳合作银行认真贯彻市委、市政府“一体两翼”总体部署，把区街经济作为沈阳市经济发展新的增长点，采取积极有效措施，大力支持区街经济的发展，提前3个月超额7 000多万元，完成向区街工业企业投放贷款4亿元的任务。截止1995年12月末，区街企业贷款余额已达138 751万元，其中工业企业贷款余额56 168万元，比1994年末增加17 089万元，增长43.7%；商业企业贷款余额82 583万元，比1994年末增加48 538万元，增长142%。

1.制定支持区街企业贷款实施意见，合作银行与市计委联合下达了《关于1995年区街企业贷款计划及加强贷款资金管理意见》，具体提出“四优先”、“五挂钩”、“五加强”的措施，分解各区贷款投放计划。

对所有区街工业企业按1994年产值、销售、利润水平进行分类排队，确定100户企业为重点户，其中的40户为骨干企业，再其中的20户为形象企业。并与100户重点企业签定了贷款目标管理责任状，共签贷款投放额度16 992万元。截止12月末，共向100户企业投放贷款28 829万元，是签状数额的1.69倍。

沈阳市轻工食品机械厂是20户形象企业之一，主导产品是不锈钢食品软包装机。由于产品质量好，价格合理，很受客户欢迎。但是企业生产能力有限，不能满足市场需要。松陵信用社在企业发展的关键时刻及时注入资金180万元，使生产能力提高1倍。1995年松陵信用社累计为其投入贷款400万元，促进了企业的发展，截止1995年末该企业实现销售收入1 005万元，实现利润203万元，成为皇姑区的龙头企业。

2.调整贷款投向，盘活资金存量，大力支持区街工业企业。首先是贷款实行规模和比例双线控制；其次是存贷比由65%下调到63%，导致规模减少1.2亿元；再次是资金存量死滞，流动性差，存贷比居高不下。为保证区街企业的资金需求。停止发放一般性贷款，重点支持区街工业企业，尤其要对100户重点企业给予优先。调整贷款结构，压缩不合理贷款，向区街企业倾斜。

截止12月末，区街工业企业贷款余额已达56 168万元，比1994年同期增加17 089万元，增长43.7%；全年共向区街工业企业发放贷款47 261万元，是1994年的1.48倍，是计划任务1.18倍，保证了区街企业生产的正常进行，促进了企业的发展。

3.支持区街科技、技改、新产品项目，促进区街企业上水平、上规模、上档次。年初对所有项目进行筛选，凡是产品有前途、企业有规模、自筹资金充足的好项目都给予优先安排，保证资金供应，促进企业达产达标。截止12月末，累计为47个科技项目发放4 400万元贷款，可创产值7.8亿元，利税1.2亿元。其中有2项新产品替代进口，使产品的科技含量大大提高。

4.抗洪救灾，帮助企业恢复生产。一场特大洪水给区街企业造成很大损失。对此行领导非常重视，主管行长两次亲临受灾企业察看灾情，打破常规，于灾后第三天将290万元救灾贷款送企业帐面，解决了企业的燃眉之急。为帮助企业迅速恢复生产，又及时召开了区经计委主任会议，了解灾情，提出措施。1995年，累计发放救灾促产贷款2 000万元，使全部受灾企业恢复了正常生产。

5.加强对区街企业贷款的管理与服务。一是加强培训，提高业务素质，为区街企业提供优质服务。二是召开银企座谈会，分析形势，交流信息，支持区街经济发展。

（王哲军　唐迪）

信托投资

【沈阳国际信托投资公司】 1995年，沈阳国际信托投资公司是在经济大环境偏紧，市场竞争日趋激烈、一些企业经营不善，直接影响公司各项经济指标的完成的情况下渡过的，在公司领导和职工的共同努力下，保证了人民币和外汇的支付，为公司的发展打下了良好的基础。

截止1995年12月底，公司各项存款余额为56 000万元，是1994年同期的202%；贷款投放额为12 876万元，其中信托贷款2 756万元，是1994年同期的111.9%；委托贷款10 120万元，是1994年同期的133.3%；外汇贷款451万美元，是1994年同期的16.6%；收回贷款本金人民币2 867万元，外汇1 024万美元，分别是1994年同期的84.8%和158%；人民币收入1 701万元，外汇收入414万美元，分别是1994年同期的81.54%和134.4%；证券交易额82 000万元，是1994年同期的63%；实现利润504万元，是1994年同期的37%；营运资金总额142 000万元，是1994年同期的126%。

1995年公司主要抓了七个方面工作：

——提高管理意识，强化管理手段。管理就是效益，公司注重提高管理意识，在强化管理上下功夫。一是制定完善了必要的规章制度。二是抓好制度的落实，使管理步入了规范化的轨道。三是强化管理手段，使管理迈上新台阶。

——调整业务重点，开拓适合公司发展的业务。依据国家有关银行业和信托业分业管理精神，把业务重点主动地由银行型向信托型转移，采取压缩信贷比例，增大证券业务投资，扩大委托，加大吸存和收贷力度等方法，支持地方经济建设。首先，调整信贷比例，压缩放款额度，

开拓委托业务，使委托贷款
较大幅度增长，新发生委
10 120万元，比1994年同
33.3%，其次，是向证券业
开辟房地产市场。上半年，公
300余万元更新了两个证券
券交易场所、设施、环境都
较先进的水平，具备了相当
此同时，公司下一定气力进
产开发工作，又投资4 500
证了五爱街综合楼的工程

——调整资产负债比
科学管理。1995年注重调整
负债比例关系，经过努力，
要比例指标逐步趋向合理。
月末，公司自营存贷款
42.27%，比1994年下降5
长期投资比例为57.16
52.41%；自营贷款流动性
69.78%，上升5.27%。

——增强收贷力度，
资金。根据公司沉淀资金
款户的实际情况，不断采取
施，增强收贷力度，盘活沉
共收回资金1 190万元。

——扩大资金来源，
矛盾。在吸收存款方面，多
道开拓业务。使存款余额
增长，年平均余额达4.2亿
外借款方面积极工作，从
调入600万元短期贷款，并
志洲银行、荷兰商业银行、
银行等分别达成500万美
美元和300万美元的短期

——举办10年庆典
公司影响。1995年3月2
阳迎宾馆举办了10年庆典
到了市委、市政府领导重
各界的关注，市委书记张
张荣茂分别为公司题词。
银行、荷兰商业银行等国
东国投和东三省信托机构
以及沈阳市各主管局、金
主要领导，参加了庆典活

——加强党的领导，
文明建设。经上级党组织
总支部的基础上，成立了
届党的委员会。

【沈阳市信托投资公司】
沈阳市信托投资公司在经

3.继续为深化农村改革、稳定发展农业生产提供保险服务。沈阳市人保公司在全国率先推出了农作物社会统筹保险，采取为地方代办的办法，使全市原有四郊两县（市）的423万亩计划内农作物全部投保，同时保险公司积极采取倾斜政策，仅1995年代市政府补贴农作物保费260万元。为稳定农业生产，安定农民生活发挥了积极作用。

【涉外保险】 我国对外开放的进一步发展和经济体制改革的进一步深化，为人保事业的发展提供了良好的机遇，同时由于一些外国保险公司在国内先后建立经营机构，以及国内其它保险公司的相继成立，使得保险市场竞争日趋激烈，这又对人保公司的发展提出了挑战。针对这种形势，人保公司提出了“深化机制改革、提高经济效益、强化经营管理、注重工作质量、推动队伍建设、持续业务发展”的工作指导思想，逐步实现国有保险公司向商业化经营的转变，建立一支能征善战国际化保险推销队伍。

为了结合沈阳实际，适应沈阳外经贸发展的需要，沈阳人民保险公司积极开办水险业务、非水险业务、航空险业务、航人险业务。并且积极拓展涉外保险新领域，先后开办了航空人身地面险、旅客随机行李保险、建筑和安装工程保险、机器损坏险、雇主责任险、出国人员人身意外责任险、航空人身意外责任险等十几个险种险别，不但形成了较为合理的险种结构，而且为沈阳对外贸易和经济技术合作提供了优质的保险服务，为沈阳市营造良好的外商投资环境发挥了积极作用。

1995年沈阳市涉外保险业务总量实现11 000万元，比1994年增长34%。支付赔款2 252.5万元，有力地支持了沈阳外贸经济的发展。随着沈阳对外开放的不断深入，全市对外贸易和招商引资的力度将不断加大，人保公司将以一流的服务、一流的信誉为外资外贸提供保险保障，为沈阳发展外向型经济做出更大贡献。

【为灾区理赔】 1995年，沈阳市遭受了百年未遇的特大洪涝灾害。有525户保险企业，21 470户保险家庭，475台保险车辆遭受灾害，一些大中型企业特别是国有骨干企业损失惨重，损失在百万元以上的企业就达15户。洪涝灾害发生后，人保全体干部职工，全力以赴投入到抗洪抢险工作中，积极组织施救，夜以继日地查勘定损理赔，并以最快的速度和最佳的服务将赔款送到受灾企业和灾民手中，解决了灾区的燃眉之急，为尽快恢复生产，重建家园，安定人民生活作出了贡献，充分发挥了保险的经济补偿作用，受到了社会各界的广泛赞誉。

这次洪涝灾害造成损失的特点是点多线长面广，在处理大面积水灾理赔工作尚无经验借鉴的情况下，给公司查勘定损工作带来的困难是可想而知的。为了做好这次水灾的查勘理赔工作。市公司专门召开支公司经理会议，研究查勘定损工作，并要求基层支公司坚持“诚信”的原则，按照“迅速、及时、准确、合理”的理赔“八字方针”开展定损理赔工作。同时，为了使部分大中型企业灾后迅速组织恢复生产，公司采取了预付赔款的办法。为企业恢复生产赢得了时间。经过公司全体员工一个多月的艰苦努力，圆满完成了水灾查勘定损理赔工作，共支付水灾赔款11 890万元，为全市安民减损工作做出了突出贡献。在市委、市政府召开的抗洪救灾总结表彰大会上，沈阳市人保公司被授予“沈阳市抗洪救灾先进单位。

（刘明志）

·人寿保险·

【人身保险】 1995年沈阳市人身保险业务有了较大突破，实现业务总收入4.03亿元，完成年计划的116%，比1994年同期增长39%，提前一个季度完成总公司计划。全市参加人身保险的人数达470万人，约占全市人口总数的70%，全市人身险年人均保费达49元，比“八五”期间增加38元，处理各种人身保险给付案件3万余件，支付人身保险金1.5亿元。

为适应保险市场的多层次需求，市人寿保险公司积极开发一批具有吸引力，贴近群众生活、适销对路的新险种，扩大服务领域，使人身保险险种由1990年的14个发展到1995年末的106个。险种结构逐渐趋向合理和稳定，到1995年末产生出了年保费收入千万元以上的大型骨干险种10个，年保费收入百万元的中型骨干险种30个，年保费收入10万元以上的小型骨干险种50个，一般零散补充性的新险种更是层出不穷，形成了大、中、小型骨干险种为主，一般零散性险种为补充的功能齐全、配套成龙的人身保险体系。

人身保险领域不断拓宽。从婴幼儿、中小学生保险到企业家保险等适合不同年龄、不同职业保障需求的人寿、健康保险；从团身险到财务、金融职工平安保险等适合不同行业、不同企业特殊需求的人身意外伤害保险；从为基本国策服务的计划生育独生子女、妇女权益等系列保险到为国防建设、维护社会治安服务的义务兵、见义勇为公安干警系列保险；从为城市美容服务的环卫工人系列保险到为国家培养栋梁之才的教育园丁、高科技专业职称人员的系列保险等，也在一定范围内有较快的发展，初步形成了多层次、多领域、一条龙的人身保险服务。

参加各种健康医疗保险的人数达112万人，基本上实现了机关、企事业单位、个体户、农民、学生的全方位试点，为全市医疗保险体制改革探索出一条新路，尤其是1995年推出的企业职工健康医疗保险，一出台就受到企业和职工的欢迎和好评，已参加保险的5万名职工中有2.5万人成为医疗保险的受益者。

本着“农民个人交费为主，集体补贴为辅”的原则，在发展城市人身保险业务的同时，农村人身保险业务也得到了较快发展。到1995年末，有8个区、县（市）的114个乡（镇）、1 610个村的18万农民参加了养老保险，积累保险基金1亿元，并有3 400人已经按月领取养老金。

几年来，市人寿保险公司注重建立代办机构，发展和扩大代办员队伍，并进行强化培训，市内机关、

企事业单位、街道、学校共建立代理网点230个，在农村乡(镇)建立了140个代办所，有各类专兼职代理人员2 000人。

(陈颖)

【社会保险】 1995年，沈阳市9 000多户企事业单位的180万名职工参加社会保险，54万名离退休职工老有所养，全市累计收缴社会保险基金11.71亿元，累计支付各种社会保险金11.6亿元，社会保险覆盖率达到97%以上，为全市经济发展和社会稳定提供了坚实的保障。

国有企业职工、集体企业职工、“三资”企业中方职工和机关事业单位工作人员从1986年先后开始实行社会养老保险以来，参加保险的范围不断扩大，户数增加，收缴和支付的保险基金额度增加，保障能力增强。1.合同制工人养老保险由1991年的3 185户增加到3 495户，人数由18万人，增加到23.1万人，养老保险基金收缴由1991年的6 000万元，增加到1995年的9 830万元。2.国有企业固定职工养老保险由1991年的2 014户，增加到2 658户，离退休职工由1991年的23万人，增加到27.6万人，养老保险基金收缴从1991年的2.9亿元，增加到1995年的6.85亿元。3.集体企业职工养老保险也取得了明显的进展。到1995年末，有4 900户企业的58.1万名职工(在职职工39.6万人，离退休职工18.5万人)参加，保险基金收入3.3亿元，支付3.7亿元。4.机关事业单位工作人员养老保险自1993年开办以来，到1995年末，已有1 432家单位的6.5万人(在职职工4.7万人，离退休职工1.8万人)参加养老保险。5.“三资”企业中方职工养老保险参加户数455户，参加人数5.4万人，1995年保费收入5 579万元。失业保险、工伤保险齐头并进。到1995年底，集体企业职工失业保险已有41.3万人参加，年收缴失业保险基金852万元，为3 300名失业职工支付失业救济金500万元。有4 800户企业的56.8万名职工参加了工伤保险，几年来先后为全市2 000户(次)企业中的50万人(次)特困职工借出生活保障周转金4 327万元，仅1995年就为477户(次)企业中的13万名特困职工借款1 678万元。切实保障了离退休职工的基本生活，化解了社会热点。

“八五”期间实现社会保险业务收入总额累计达43亿元，比“七五”时期增长200%，年平均增长24.66%。“八五”末期，全市社会保险费年人均175元，比“七五”末期增加97元。累计拨付社会保险基金40亿元，比“七五”时期增长218%。

(刘元枝)

【资金运用业务】 沈阳市人寿保险公司资金运用部创建于1990年，6年来从管理、规模到资金运用收益等方面都有了迅猛的发展。业务种类也从流动资金贷款发展到委托贷款、国债、证券代理等多领域，1995年资金运用总额达2.7亿元，全年实现寿险资金增值4 211万元，资金运用综合收益率达到13%以上。6年累计实现收益1.1亿元。

依法经营，规范管理是寿险资金运用的一贯方针，严格执行国家各项方针政策、法规，确保寿险资金的安全、效益是寿险资金运用的首要原则。人寿保险大部分属于长期性返还险种，负债经营的特殊性，要求利用寿险资金的“时间差”，提高资金运用收益，以增强保障能力。1995年初，由于考虑到市场风险，及时将投放到全国各大金融市场的拆借资金逐笔清收，转向投入到收益比较稳定的国债业务，有效回避了风险，保证了寿险资金运用的安全。同年根据人民银行压缩信贷规模的要求，将信贷规模从5 500万元压缩到1 500万元，受到了上级三管部门的肯定和好评。截止1995年底，寿险资金根据国家有关政策先后支持了能源、交通、机械、医药等行业200多家企业，累计提供流动资金近亿元，同时积极参加各项帮困扶贫工作，为地方经济发展和社会稳定做出了应有的贡献。

资金运用部所属的证券营业部在3年多的经营过程中也逐步发展壮大，成交金额和总收益额连年增长。继1994年名列沈阳证券交易中心交易量排行榜第二名之后，1995年又以56亿元的成交额荣登榜首。该部1995年人均创利达17万元，远远高于同行业平均水平，被评为1995年沈阳地区“十佳”证券商之一。

几年来，资金运用部根据国家的宏观经济政策和具体行业特点，逐步形成一套长、中、短相结合的投资组合体系，通过各类项目之间的相互促进、相互补充，确保寿险资金收益的稳定性。与此同时，也培养出一批资金运用方面的人才。资金部现有员工28名，大专以上学历占90%，党员占40%，平均年龄28岁。1995年荣获沈阳市金融系统“青年文明号”单位称号。

(李晓东)

【营销体制改革】 1995年3月，沈阳市人寿保险分公司进行了面向社会招聘寿险营销员的初步尝试，首批招聘寿险营销员70名，通过两个月时间的培训和考核，在近5个月时间创寿险业务收入500万元。同年10月，公司派出考察团到上海、深圳和浙江省部分沿海城市进行实地学习和考察，更感到寿险营销体制改革的紧迫性：(一)寿险展业的主要对象是全市城乡广大群众，而目前展业现状还大多只限于企业，向零散性业务发展，仅靠寿险公司内部的展业人员是远远不够的。(二)宣传在寿险营销中有至关重要的作用，过去宣传只通过新闻媒体或散发宣传单等简单方式，而通过营销员可以直接深入千家万户宣传。(三)寿险营销员面向社会招聘，全部实行佣金制，上不封顶，下不保底，有利于建立灵活的用人机制。1991年进入上海的美国友邦保险公司，通过大量聘用寿险营销人员，大范围开展零散性寿险业务，很快地占领了寿险零散业务市场。中国人民保险公司上海市分公司在竞争形势的逼迫下，1994年率先在全国人保系统实行寿险营销改革，组建了近千人的营销员队伍。深圳、广州、福建、湖北、湖南、浙江等省市纷纷效方。

1995年12月，组建了寿险营销代理部，设立了培训、业务管理、综合管理等相应的工作机构，面向社会招聘近200名营销员。通过寿险营销体制改革，要实现“四个转变”：一是营销方式的转变，即由以团体缴费业务为主向个人缴费业务为主转变。二是管理手段的转变，即管理人员与营销人员1∶10，且实现全部电脑化管理。三是展业方式的转变，即营销人员直接面对保险对象。四是用人方式的转变，即营销人员全部实行择优聘用，优胜劣汰。

（刘德启）

【构筑与完善保险体系】 1995年5月，沈阳市人寿保险分公司根据我国社会保障体系建设的总体目标与发展趋向，结合人寿保险业自身发展规律和特点，提出了“构筑与完善十大保险体系”的新思路。这十大保险体系包括社会养老保险体系、失业保险体系、工伤保险体系、女工生育保险体系、特困企业特困职工最低基本生活保障周转金体系、补充健康医疗保险体系、人身保险体系、各类保险金直接发放的社会化服务体系、电子计算机现代化科学管理体系、保险基金的保值增值体系。这十大保险体系按性质和作用范围又可以归纳为社会保险体系范畴、商业保险体系范畴、管理和服务体系范畴三大综合体系。

社会基本养老保险体系、失业保险体系构筑与完善的目标是，企业不分性质、劳动者不分身份都有基本养老保障、失业保障。工伤保险体系构筑与完善的目标是，实现对工伤职工的医疗、照顾、生活补贴和经济补偿的全面保障。女工生育保险体系构筑与完善的目标是，落实《妇女儿童权益保障法》，解决劳动妇女在生育期间医疗和休假期的生活保障问题。特困企业特困职工最低基本生活保障周转金体系构筑与完善的目标是，全市所有参加社会保险统筹的企业，在出现暂时性特殊困难时，特困职工的基本生活有保障。补充健康医疗保险体系构筑与完善的目标是，在社会统筹医疗保险尚不能达到的领域和人群中，建立起多种形式、多种层次的补充健康医疗保险体系，以满足城乡群众的医疗保障需求。人身保险体系构筑与完善的目标是，逐步建立起意外伤害保险、健康保险、生存保险、死亡保险、人寿保险相互配套、功能齐全的险种体系；逐步向个人交费方向发展，不断提高保障金额和水平。各类保险金直接发放的社会化服务体系构筑与完善的目标是，各类保险金的领取与企业脱钩，逐步实现由人寿保险机构统一发放，减轻企业负担，方便职工足额领取各种保险金。电子计算机现代化科学管理体系构筑与完善的目标是，达到保险的各方面管理都实现电脑化，广大投保市民凭一个保险证和保险磁卡，可以随时在全市范围的各区、县（市）人寿保险机构或保险网点支付各类保险金。保险基金的保值增值体系构筑与完善的目标是，在国家法律、政策规定的范围内，合理布局资金运用结构，不断提高资金运用效果，实现最大限度保值增值，提高和增强保险保障实力。

（刘梦红）

【现代化管理与社会化服务】 1995年是沈阳人寿保险公司现代化管理和社会化服务工作得到长足发展的一年。在这一年里，公司投入现代化电子设备专项资金400万元，使该项投入累计达到1 100万元。以计算机应用为主要内容的现代化管理工作在服务领域、应用深度和社会化服务水平等方面都取得了较大的发展。

公司为了提高现代化管理水平，扩大计算机应用工作覆盖面，从1991年开始逐步在全系统建立起了实时计算机网络，该网络集保险业务处理、办公自动化两大功能于一体，采用最先进的客户/服务器技术和X·25广域通信手段，使市、区两级公司从信息传递的角度紧密联系在一起。在办公管理方面，该网络不但提供现代化的文字处理、电子邮件功能，同时还提供高效的公文传阅功能，为公司实现办公的无纸化打下了坚实基础。在业务处理方面，由于实时网络的建立使公司的业务处理向世界最先进的业务集中处理方式迈进一大步。

1995年公司组织计算机专业人员在客户/服务器环境下开发出寿险业务及社会保险业务计算综合处理系统，并已在部分支公司开始使用。该系统包括了社会保险业务和90%的寿险业务处理功能，在业务的具体处理过程中，实现了包括数据录入、单据打印、业务帐务、统计报表在内的业务过程计算机处理。

1995年开发出寿险业务计算机多媒体咨询系统，同时为各直发单位配备了计算系统，从服务速度和质量上有了显著提高。除对破产企业退休职工进行养老金社会化直接发放外，还从1994年开始对部分国有、集体企业离退休职工社会化直接发放养老金工作进行试点，截止1995年底，已有5万名离退休职工直接从人寿保险公司领取养老保险金，占全市离退休职工总数的10%。这一重要举措的实施，既有利于离退休职工从企业分离出来，减轻企业负担，又有利于使企业轻装上阵，参与市场平等竞争，把社会保险的服务水平提高到了一个新的层次。

（高继东）

·平安保险·

【概况】 中国平安保险公司沈阳分公司的前身是中国平安保险公司沈阳业务代理处，1992年9月开始在沈阳市从事保险业务活动，1994年7月28日经中国人民银行批准，中国平安保险公司沈阳分公司成立，同年10月8日正式对外营业。

几年来，中国平安保险公司凭借股份制的优势，在探索市场经济条件下如何营建现代企业制度，学习和借鉴保险业发达国家成功经营技术与管理经验，走出了一条商业化保险企业的成功道路。公司实行董事会领导下的总经理负责制。从总经理到每个具体岗位，实行目标管理，层层分解，落实到每个基层单位，甚至每位员工。

——建立了人才使用和人才竞争机制，真正实现了能者上，庸者下，论功行赏，论才命官的人事制度。

——按照《保险法》和中国人民银行的要求，中国平安保险公司顺利完成了资产一体化改造，理顺了产险、寿险、证券、投资四大业务的统一计划、分级核算、分业经营、统一管理的经营管理体制。

——按照国际保险界通告的做法，在全系统实行了核保核赔人制度。

——引进先进的财务管理经验，采用国际化标准进行财务管理，聘请了世界六大会计事务所之一的安达信会计事务所按国际惯例对公司财务审计，并请香港 Tillinghast 精算咨询公司估算公司 IBNR 准备金，这在国内保险业中属首创。

——与法国安联保险集团联合举办商务管理研讨会，打破传统授课方式，引进国际先进教学法，对各级管理干部进行教育培训。

1995 年底，中国平安保险公司已经在全国 45 个大中城市设立了分支机构，在美国、香港设立了分公司，在英国、新加坡设立了代表处，与世界上 160 多家保险公司建立了友好往来关系，与 40 多家保险公司建立了密切的业务联系，在 500 多个国家和城市设立了理赔、检验、追偿代理网点，员工已达17 000人。目前，经中国人民银行批准，中国平安保险公司沈阳分公司先后在锦州、辽阳、阜新、丹东、营口设立了分支机构，在编员工中80%以上具有大专学历，平均年龄为29岁。

（张雁云）

·太平洋保险·

【概况】 中国太平洋保险公司沈阳分公司是由交通银行控股，经营各类保险业务的股份制商业保险公司。成立于 1994 年 3 月，1995 年有资本金4 373万元，资产合计24 287万元，展业人员471人。

网点建设不断扩大。目前已在沈阳市设立办事机构 10 个；代办点23个；外埠的铁岭、阜新、葫芦岛、朝阳等地的办事处正在筹建之中。从网点建设到管理范围，沈阳分公司不但具有经营职能，还具有管辖职能。它是市场经济条件下诞生的一颗保险新星，是集综合性、外向型、规范化为一体的新型保险企业。

其业务范围主要是：1. 承保人民币和外币的各种财产保险、责任保险、信用保险、人身保险等业务；2. 办理各种国内、国际再保险业务和法定保险业务；3. 与国内外保险机构建立代理关系和建立业务往来关系，代理国外保险机构、办理对损失的鉴定和理赔等业务及处理有关事宜；4. 办理有价证券投资和经人民银行批准经营的其它资金运用业务；5. 经批准参加国际保险活动；6. 经中国人民银行批准的其它业务等。

主要险种有：国内业务——企业财产保险、家庭财产保险、机动车辆保险、货物运输保险、船舶保险、建筑安装工程保险、产品责任保险等；涉外业务——进出口货物运输保险、船舶保险、机器损坏保险、飞机保险、人身意外保险、出国人员意外保险、航空人身保险等；人身险业务——人身意外伤害保险、外出人员人身保险、人身意外两全保险、简易人身保险、学生平安保险、个人还本养老保险、劳动模范综合保险、母婴安康平安保险、企业家简易人身险等。

1995 年，中国太平洋保险公司沈阳分公司本着“三个一流”的服务宗旨，为社会提供各种保险保障累计 80 多亿元，向地方缴纳税款300多万元；实现业务收入 2 亿多元；是1993 年的 10 倍，1994 年的 5 倍，比前 5 年总和还翻了两番；人均保费增长幅度居全国第一，完成年计划比例为全国第一，人均保费居各公司之首，实现利润900多万元。

（金燕）

证　券

【南方证券公司沈阳分公司】 南方证券有限公司是我国三大证券公司之一，南方证券有限公司在东北的分支机构沈阳分公司是目前东北地区最大的证券公司之一。沈阳分公司座落在沈阳市中山广场东北侧，有面积达3 420平方米的办公营业大楼。营业大厅装备 LED 电子显示屏 3 部，通过卫星接收上海、深圳证券交易所股市行情。另设大屏幕显示器 3 台，各种电脑40余部，安装了闭路电视监视系统。基本实现了经营、管理办公手段的自动化、现代化。公司下设办公室、证券发行部、投资部、计划财务部、信息部、稽核部、国债部、证券交易营业部、电脑工程部 9 个部门。另外在上海市和沈阳南湖科技开发区分别设有证券交易营业部。沈阳分公司有一支素质较好的队伍。其中，大专以上学历的占64%；中高级职称的占18%。平均年龄29.5岁。

公司主要经营业务有(1)代理证券发行；(2)自营、代理证券买卖；(3)代理证券还本付息和红利的支付；(4)有价证券的代保管和证券的鉴证；(5)接受委托代收证券本息和红利，(6)接受委托办理证券的登记和过户；(7)证券贴现和证券抵押贷款；(8)证券投资咨询和信息服务；(9)办理投资基金业务；(10)外币及境外证券业务；(11)向国有商业银行和其它金融机构贷款和融资；(12)经中国人民银行批准的其它业务。截止 1995 年底公司总资产为2.78亿元。

在证券发行工作中，针对东北地区基本没设有发行任务的情况，在继续加强与已签订股票承销协议的企业密切联系，积极开展了建立现代企业制度试点，并参与了沈阳市部分企业改制试点工作，受到上级和有关方面肯定。在债券发行工作中，先后包销了4 000万元国债。还先后代理沈阳市 8 家企业发行债券 1 亿元。在证券委托交易中，通过改进服务，更新设备，努力吸引股民来公司交易，扩大交易量。尽管1995 年股市大多数时间处于低迷状态，但公司的交易仍然保持了一定水准，截止年末，公司各营业部交易总额达19.1亿元，在沈阳市50多家券商中列第二位。

（梁颖）

【沈阳北方证券股份有限公司】 沈阳北方证券股份有限公司（它的前身是中国工商银行沈阳市分行沈河票券公司）是经中国人民银行总行批准，于 1987 年 4 月 17 日创建的新中国第一家专业证券公司，是由

66家非银行金融机构和大中型企业参股隶属中国工商银行沈阳市分行领导的股份制企业。

沈阳北方证券股份有限公司现任中国证券业协会理事，沈阳市证券业协会常务理事，参加了新中国第一家证券交易所——上海证券交易所的发起工作，成为首届委员和理事单位。同时还是深圳交易所、北京 STAQ 系统及天津、汕头、沈阳证券交易中心会员理事单位。

该公司下设发行部、交易部、资金部、基金部、财会部、电脑咨询部、管理部、稽核部和办公室。在沈阳市内设有 5 个营业部及 8 个代办处，在上海、深圳、北京、天津、汕头等地分别设有业务部和代表处。在上海证券交易所、深圳证券交易所、北京 STAQ 系统、沈阳和天津证券交易中心分别拥有26个交易席位。

1995 年公司有职工130人，具有大专以上文化程度的员工占职工总数70％以上。9 年来，在证券业务的发展中，造就和培养了一大批经营证券专业的骨干，其中具有高级职称的 8 人，中级职称的52人，初级职称的49人，有30人经过培训具有证券交易员资格。职工平均年龄32岁，是一个知识化、专业化、年青化的集体。

为适应我国证券市场的进一步发展，近年来沈阳北方证券股份有限公司不断增加资本金实力，积极拓宽业务领域，形成了一个以沈阳为基地，北京、天津、汕头为两翼，上海、深圳为前沿，相互带动共同发展的经营新格局，以实现其改革、调整、发展、创新的战略目标。该公司业务已辐射到国内 30 多个大中城市，并与 10 多个国家和地区的近百个证券商和金融机构建立了业务联系，以期早日进入国际市场。到 1995 年末，该公司实有资本金1.21亿元，营运资金已达7.6亿元，各种证券交易总额累计370亿元，其中 1995 年度证券交易量100多亿元，代理发行股票 7 家，代理发行各种债券20余家，其中作为副主承销公开代理了东北输变电股份有限公司发行的内部股票，作为东北地区总代理，还发行了浙江港澳新型建材股份公司、杭州外滩、北京中国乡镇企业股份公司等法人股。几年来，先后为60多家企业代理发行各种债券和承销股票7.9亿元。该公司由于资本金和证券交易量的不断扩大，先进技术设备快速交割和优质服务，深受广大股民的信赖，1994 年被国务院发展中心和中国人民银行总行等11家部委，评定为中国最大500家服务企业之一，并荣列全国最大证券商第 10 位，成为东北、华北唯一入选前10名的优秀单位。1995 年该公司利税较 1994 年增加 100 多万元，较好地完成了上级交给的任务。

（代启祥）

产险、寿险、证券、投资四大业务的统一计划、分级核算、分业经营、统一管理的经营管理体制。

——按照国际保险界通告的做法，在全系统实行了核保核赔人制度。

——引进先进的财务管理经验，采用国际化标准进行财务管理，聘请了世界六大会计事务所之一的安达信会计事务所按国际惯例对公司财务审计，并请香港 Tillinghast 精算咨询公司估算公司 IBNR 准备金，这在国内保险业中属首创。

——与法国安联保险集团联合举办商务管理研讨会，打破传统授课方式，引进国际先进教学法，对各级管理干部进行教育培训。

1995 年底，中国平安保险公司已经在全国 45 个大中城市设立了分支机构，在美国、香港设立了分公司，在英国、新加坡设立了代表处，与世界上 160 多家保险公司建立了友好往来关系，与 40 多家保险公司建立了密切的业务联系，在 500 多个国家和城市设立了理赔、检验、追偿代理网点，员工已达17 000人。目前，经中国人民银行批准，中国平安保险公司沈阳分公司先后在锦州、辽阳、阜新、丹东、营口设立了分支机构，在编员工中80%以上具有大专学历，平均年龄为29岁。

（张雁云）

·太平洋保险·

【概况】 中国太平洋保险公司沈阳分公司是由交通银行控股，经营各类保险业务的股份制商业保险公司。成立于 1994 年 3 月，1995 年有资本金4 373万元，资产合计24 287万元，展业人员471人。

网点建设不断扩大。目前已在沈阳市设立办事机构 10 个；代办点23个；外埠的铁岭、阜新、葫芦岛、朝阳等地的办事处正在筹建之中。从网点建设到管理范围，沈阳分公司不但具有经营职能，还具有管辖职能。它是市场经济条件下诞生的一颗保险新星，是集综合性、外向型、规范化为一体的新型保险企业。

其业务范围主要是：1. 承保人民币和外币的各种财产保险、责任保险、信用保险、人身保险等业务；2. 办理各种国内、国际再保险业务和法定保险业务；3. 与国内外保险机构建立代理关系和建立业务往来关系，代理国外保险机构、办理对损失的鉴定和理赔等业务及处理有关事宜；4. 办理有价证券投资和经人民银行批准经营的其它资金运用业务；5. 经批准参加国际保险活动；6. 经中国人民银行批准的其它业务等。

主要险种有：国内业务——企业财产保险、家庭财产保险、机动车辆保险、货物运输保险、船舶保险、建筑安装工程保险、产品责任保险等；涉外业务——进出口货物运输保险、船舶保险、机器损坏保险、飞机保险、人身意外保险、出国人员意外保险、航空人身保险等；人身险业务——人身意外伤害保险、外出人员人身保险、人身意外两全保险、简易人身保险、学生平安保险、个人还本养老保险、劳动模范综合保险、母婴安康平安保险、企业家简易人身险等。

1995 年，中国太平洋保险公司沈阳分公司本着"三个一流"的服务宗旨，为社会提供各种保险保障累计 80 多亿元，向地方缴纳税款300多万元；实现业务收入 2 亿多元；是 1993 年的 10 倍，1994 年的 5 倍，比前 5 年总和还翻了两番；人均保费增长幅度居全国第一，完成年计划比例为全国第一，人均保费居各公司之首，实现利润900多万元。

（金燕）

证　券

【南方证券公司沈阳分公司】 南方证券有限公司是我国三大证券公司之一，南方证券有限公司在东北的分支机构沈阳分公司是目前东北地区最大的证券公司之一。沈阳分公司座落在沈阳市中山广场东北侧，有面积达3 420平方米的办公营业大楼。营业大厅装备 LED 电子显示屏 3 部，通过卫星接收上海、深圳证券交易所股市行情。另设大屏幕显示器 3 台，各种电脑40余部，安装了闭路电视监视系统。基本实现了经营、管理办公手段的自动化、现代化。公司下设办公室、证券发行部、投资部、计划财务部、信息部、稽核部、国债部、证券交易营业部、电脑工程部 9 个部门。另外在上海市和沈阳南湖科技开发区分别设有证券交易营业部。沈阳分公司有一支素质较好的队伍。其中，大专以上学历的占64%；中高级职称的占18%。平均年龄29.5岁。

公司主要经营业务有(1)代理证券发行；(2)自营、代理证券买卖；(3)代理证券还本付息和红利的支付；(4)有价证券的代保管和证券的鉴证；(5)接受委托代收证券本息和红利，(6)接受委托办理证券的登记和过户；(7)证券贴现和证券抵押贷款；(8)证券投资咨询和信息服务；(9)办理投资基金业务；(10)外币及境外证券业务；(11)向国有商业银行和其它金融机构贷款和融资；(12)经中国人民银行批准的其它业务。截止 1995 年底公司总资产为2.78亿元。

在证券发行工作中，针对东北地区基本没设有发行任务的情况，在继续加强与已签订股票承销协议的企业密切联系，积极开展了建立现代企业制度试点，并参与了沈阳市部分企业改制试点工作，受到上级和有关方面肯定。在债券发行工作中，先后包销了4 000万元国债。还先后代理沈阳市 8 家企业发行债券1亿元。在证券委托交易中，通过改进服务，更新设备，努力吸引股民来公司交易，扩大交易量。尽管 1995 年股市大多数时间处于低迷状态，但公司的交易仍然保持了一定水准，截止年末，公司各营业部交易总额达19.1亿元，在沈阳市50多家券商中列第二位。

（梁颖）

【沈阳北方证券股份有限公司】 沈阳北方证券股份有限公司（它的前身是中国工商银行沈阳市分行沈河票券公司）是经中国人民银行总行批准，于 1987 年 4 月 17 日创建的新中国第一家专业证券公司，是由

66家非银行金融机构和大中型企业参股隶属中国工商银行沈阳市分行领导的股份制企业。

沈阳北方证券股份有限公司现任中国证券业协会理事，沈阳市证券业协会常务理事，参加了新中国第一家证券交易所——上海证券交易所的发起工作，成为首届委员和理事单位。同时还是深圳交易所、北京STAQ系统及天津、汕头、沈阳证券交易中心会员理事单位。

该公司下设发行部、交易部、资金部、基金部、财会部、电脑咨询部、管理部、稽核部和办公室。在沈阳市内设有5个营业部及8个代办处，在上海、深圳、北京、天津、汕头等地分别设有业务部和代表处。在上海证券交易所、深圳证券交易所、北京STAQ系统、沈阳和天津证券交易中心分别拥有26个交易席位。

1995年公司有职工130人，具有大专以上文化程度的员工占职工总数70％以上。9年来，在证券业务的发展中，造就和培养了一大批经营证券专业的骨干，其中具有高级职称的8人，中级职称的52人，初级职称的49人，有30人经过培训具有证券交易员资格。职工平均年龄32岁，是一个知识化、专业化、年青化的集体。

为适应我国证券市场的进一步发展，近年来沈阳北方证券股份有限公司不断增加资本金实力，积极拓宽业务领域，形成了一个以沈阳为基地，北京、天津、汕头为两翼，上海、深圳为前沿，相互带动共同发展的经营新格局，以实现其改革、调整、发展、创新的战略目标。该公司业务已辐射到国内30多个大中城市，并与10多个国家和地区的近百个证券商和金融机构建立了业务联系，以期早日进入国际市场。到1995年末，该公司实有资本金1.21亿元，营运资金已达7.6亿元，各种证券交易总额累计370亿元，其中1995年度证券交易量100多亿元，代理发行股票7家，代理发行各种债券20余家，其中作为副主承销公开代理了东北输变电股份有限公司发行的内部股票，作为东北地区总代理，还发行了浙江港澳新型建材股份公司、杭州外滩、北京中国乡镇企业股份公司等法人股。几年来，先后为60多家企业代理发行各种债券和承销股票7.9亿元。该公司由于资本金和证券交易量的不断扩大，先进技术设备快速交割和优质服务，深受广大股民的信赖，1994年被国务院发展中心和中国人民银行总行等11家部委，评定为中国最大500家服务企业之一，并荣列全国最大证券商第10位，成为东北、华北唯一入选前10名的优秀单位。1995年该公司利税较1994年增加100多万元，较好地完成了上级交给的任务。

（代启祥）

经济管理与监督

计划工作

【国民经济和社会发展计划执行情况】 1995年，沈阳市牢牢把握“抓住机遇、深化改革、扩大开放、促进发展、保持稳定”的大局，深入开展“进场入轨、兴市富民”大讨论，进一步解放思想，开拓进取，在经济环境偏紧，特别是在遭受百年不遇的特大洪涝灾害的情况下迎难而进，推动国民经济和社会事业继续朝着宏观调控的方向发展，经济和社会发展情况比原来预想的要好。全年实现国内生产总值682.6亿元，比1994年增长9.9%，一、二、三产业增加值分别增长10%、8.7%和11.4%。

1.经济体制改革不断深化，向社会主义市场经济体制转变的步伐加快。现代企业制度试点工作稳步进行，24户试点企业的清产核资工作全部完成；股份制试点进一步完善，股份制企业发展到1 955户；资产重组步伐加快，实现企业增资19亿元。

2.农业在遭受百年未遇的特大洪涝灾害情况下，恢复生产、重建家园工作取得明显成效。全市把救灾、减损、安民和生产自救作为阶段性中心工作来抓。使受灾损失降到了尽可能低的程度。全市粮食产量完成225万吨，比1994年增长11.6%。肉蛋禽和水产品产量也有所增长。

3.工业生产继续保持增长。全市完成工业总产值(90年不变价)861.5亿元，比1994年增长18.2%，其中乡及乡以上工业产值543.1亿元，增长10.8%。工业经济运行主要有三个特点：一是工业新的经济增长点继续高速增长，沈阳开发区、南湖科技开发区、三资企业、县区乡镇企业及个体、私营企业发展较快。二是轻工业继续领先增长。三是工业结构调整收到一定成效，企业产销衔接状况有所改善。

4.第三产业迅速发展，市场体系建设加快。第三产业增加值增长11.4%，占国内生产总值的比重由上年的45.7%提高到47.6%。全年实现社会消费品零售总额295.4亿元，比1994年增长32.3%。多层次、多形式并存的市场网络进一步形成。生产资料市场向专业化、大型化发展，全市新建生产资料市场3处，累计发展到55处。金融市场活跃，劳动力市场、产权交易市场、信息市场等要素市场也有较大发展。

5.固定资产投资结构有所改善，城市功能进一步拓展。全社会固定资产投资完成137亿元，与1994年基本持平，其中市属国有基本建设投资49.3亿元，为1994年的80%；技术改造投资23.6亿元，增长14.6%。城市建设有所进展，陵东街、长江北街、大什字街等一些道路得到改造，沈阳过境绕城高速公路全线通车。市话程控交换机容量突破100万门，无线寻呼系统容量达到100万户。住宅竣工350万平方米，回迁4.2万户，城市居民人均居住面积达到6.7平方米。

6.外贸出口继续增长，对外开放进一步扩大。全市自营出口创汇6.65亿美元，比1994年增长7.4%。实际利用外资调入额6.65亿美元，比1994年增长2.3%。利用外资结构趋于合理，在新批三资项目中工业生产项目占70%；直接利用外资项目占92.6%，1 000万美元以上的大项目累计达到50余个。机床工业的世行贷款项目、利用第四批日元贷款治理铁西工业区大气污染项目等取得较大进展。

7.财政金融形势稳定，物价涨幅继续回落。全年完成地方财政收入35.55亿元，比1994年增长19.8%。存贷款余额继续增加，贷款投向进一步改善，货币回笼大幅度增长。全市金融机构各项存款余额达763.9亿元，比年初增加181.8亿元，贷款余额715.9亿元，比年初增加122.3亿元。货币回笼132.4亿元，增加61亿元。

8.“科技兴市”取得成效。全市共完成科技成果517项，开发投产新产品1 650种。高档数控技术、计算机软件、高性能均质合金和染料研究等5个国家级工程研究中心建设取得新进展，东北制药厂、变压器厂、电缆厂等国家技术开发中心起步建设。教育事业继续发展，市属本科高校公费与自费招生顺利地实施“并轨”。市属大学招生3 500人，电大普通专科班招生1 000人，中专招生6 500人。沈阳大学和沈阳冶金专科学校实现了联合办学。“希望工程”规模扩大，建成“希望小学”113所，救助人数和建校规模居全国城市的首列。

9.社会事业继续发展，人民生活质量有所改善。医疗卫生设施建设加快，市骨科医院病房楼、红十字会医院门诊楼竣工。通过实施“再就业工程”等项措施，在一定程度上缓解了就业矛盾，使失业率控制在2.6%以内。全市职工养老保险覆盖面扩大到98%职工失业保险覆盖面扩大到92%。灾区的救济工作得到全社会支持。城镇人均生活费收入达到3 720元，比上年增长20%；农民人均纯收入达到1 770元，比上年增长15.3%。

1995年国民经济和社会发展的成就，标志着“八五”计划胜利完成，并使这一计划成为建国以来执行得最好的五年计划之一。这一时期，确定了建立社会主义市场经济体制的改革目标，社会生产力迅速发展，综合实力明显增强，对外开放格局基本形成。以增速最快、波幅最小的持续稳定发展态势，提前五年实现了国内生产总值翻两番的战略目标。

但经济和社会生活中仍存在一些新旧矛盾和问题，一是农业基础仍显脆弱，抵御自然灾害的能力不强。二是机制性和结构性矛盾仍制约着工业经济的正常运行，相当一部分国有企业负担沉重，开工不足，经营困难，亏损严重。三是由于多种原因形成的社会难点和热点问题仍很突出，保持社会稳定的工作十分繁重。四是经济运行质量不高，部分企业管理粗放，效益低下，国民经济整体素质有待于进一步增强。

（李世勇）

【经济调控与监测】 1995年，沈阳市认真贯彻落实国家各项宏观调控措施，努力探索建立社会主义市场经济条件下宏观经济运行的新机制，针对经济运行的特点，适时采取经济调节措施，进一步巩固和完善经济监测和预警制度，强化信息的导向和服务功能，促进了全市国民经济持续稳定和健康发展。

1.继续把控制物价上涨作为宏观调控的首要任务。针对大灾之年的实际情况，采取一系列调控物价的政策措施，巩固和完善了物价目标责任制，市政府建立了调控物价周例会制度，形成了由市政府统一领导、条块共同负责的物价目标工作网络；坚持增源畅流、积极储备、以价稳量，建立了价格调节基金，对养猪基地的建设、收购生猪、组织外进菜和进市场经营蔬菜等实行了价格补贴等优惠政策，保证市场有效供应量；对粮食、猪肉、蔬菜、豆油和面粉等群众生活必需品实行指导价和批零差率等控制措施，加强了对各种收费的规范化管理，对全市2 000个行政事业收费部门进行检查审验，核发了收费许可证。物价涨幅逐月回落，社会消费品零售物价涨幅为13.5%，实现了把物价控制在全国大中城市平均水平的预期目标。

2.加强对固定资产投资的宏观调控，大力调整投资结构。在政策上严格限制和控制高档别墅、写字间和宾馆的审批，同时，加大对重点项目和城市建设的倾斜力度，对重点项目和城市建设在资金上予以支持，保证重点工程收尾使用。东洋制钢、三洋空调器等261个项目开工实施建设，万吨VC等一批项目竣工投产，陵东街、长江北街、大什字街等一些道路得到改造，沈阳过境绕城高速公路全面通车，完成了丁香水源的扩建和油制气厂二期改造。

3.根据市委提出开展'造大船工程"的要求，编制了《沈阳市发展大型企业集团"造大船工程"规划》。确立了一汽金杯、东药、东北输变电、机床、长白计算机和星光建材6大企业集团为6条大船，并确立了大船标准、阶段性目标和年度实施目标及配套政策措施、多次召开专题工作会议，统一了认识和行动，并对造大船工程的进展情况进行了跟踪服务。

4.继续巩固'94年"名牌产品战略工程"的成果，颁布了《沈阳市名牌产品管理办法》进行了第一批名牌产品的申报、确认工作，公布了第一批57种沈阳名牌，在政策上坚持向名牌产品生产企业倾斜，开展了工商联手扶持地产名牌产品和打击假名牌活动，制定了10条地产名牌产品进入商家的优惠政策，全市名牌产品战略工程顺利实施，全年57种沈阳名牌产品实现工业产值78亿元，比1994年增长46%，实现利税14.3亿元，增长33.6%。

5.认真落实国家商品粮大县和农业示范区专项贷款政策，建立了扶持商品粮大县和农业示范区协调领导小组，统筹规划、重点实施、保证项目质量、落实贷款资金，组织各县区对项目进行认真筛选、反复论证，全市总计安排扶持商品粮大县项目52个，建设规模21 309万元。到1995年末，专项贷款资金已基本到位，项目进展顺利，部分已竣工受益。

6.根据市委、市政府的决定，将1994年因水灾集资修复水利工程工作落到实处，严格把关，突出重点工程建设，根据集资情况，按照施工进度及时将资金、物资分批下拨到各县区项目单位，确保了辽河等河流主要险工险段及时修复，在1995年的汛期发挥了重要作用，减少了洪灾损失。

7.针对化肥等农业生产资料供求矛盾比较突出的现象，在继续整理农资流通渠道的基础上，强化和发挥主渠道作用，千方百计抓资源、保供应；同时，加强成品油流通渠道整顿，批准了28家企业为成品油批发经营单位，提出33家限期整改和转向，扭转成品油多家批发、转手倒卖、价格混乱的局面。

8.针对逾期外债数额过大和还债进展缓慢致使沈阳市间接利用外资困难的局面，深入调查研究，摸清了外债底数，为加强外债管理提供了依据，促进沈阳市间接利用外资工作的顺利进展。

9.加强了对国民经济主要指标发展趋势的分析、预测。1995年，沈阳市信息部门对全市农村经济、工业、固定资产投资、市场、外经贸、财政、金融、物价和人民生活等国民经济主要指标，按月、季度、半年和全年做出分析、预测并同全国各省、市定期交流，向国家、省、市政府和信息部门提供分析预测报告，为宏观经济调控和有关部门领导决策提供了参考依据。

10.健全和完善了宏观经济监测预警体系。1995年，沈阳市建立了全国6大城市工业经济景气监测分析交流网络，按季向国家上报全市工业经济景气指标和分析报告，为国家分析预测全国工业经济运行宏观走势提供了重要依据，同时，把握工业经济运行总体态势和与宏观经济形势的内在联系，对影响全市发展存在的问题和情况，及时发出警报，向有关部门提出分析报告和对策建议；组建了全国农村经济计划管理信息网络沈阳工作站，逐步完善了农业资源信息动态监测体系，根据监测数据进行农业资源综合分析、单项发展状况比较分析，为掌握农业资源动态和领导决策提供了依据，定期监测分析沈阳市财税、金融运行情况，分析存在的问题，向有关部门和领导提出了解决措施和建议。

11.加强信息网络建设和信息

社会化服务功能。1995年,沈阳市信息中心完成了使用第三批日元贷款建设沈阳市经济信息系统的招、投标工作,部分软、硬件设施已经到位;采用国家信息中心电子联合网(CVIN)的方式向用户提供服务,用户达200多户,与8个县区和5个市直部门的信息机构实现了联网,与8个专业信息机构实现了联机的信息交换;与辽宁信息广播电台联办了“信息高速公路”栏目,开设了汽车交通、经济分析、金融财贸、物资供求、专利技术、市场动态等6个信息板块,每天播送5次,并以沈阳市信息发布中心的联发网为依托,开辟了信息咨询热线,初步形成了以市信息中心为中枢,覆盖全市的信息网。（*毕克非*）

【国土开发与整治】　1995年,通过加强对自然资源开发利用和环境保护的宏观管理,沈阳市国土资源开发利用规模有较大程度的回落,资源开发利用总量得到有效控制,环境质量基本稳定并得到改善,较好的完成了各项任务。

1.非农业建设用地规模下降,耕地减少的局面得到控制。1995年,受国家宏观调控政策及沈阳市社会、经济环境影响,非农业建设用地数量有较大降低,全市非农业建设用地822公顷,其中占用耕地495公顷,分别为计划的56.8%和56.2。由于国家政策的调整,调动了广大农民种粮的积极性、充分挖掘土地资源潜力、开发复垦荒地和废弃地,1995年全市共开发复垦土地1 888公顷,其中开发复垦耕地1 534公顷,分别超计划36.8%和32.2%。开发复垦面积大于耕地占用面积,使耕地逐年减少的局面得到控制,保证了粮食生产的持续发展。1995年,沈阳市实行了城镇国有土地有偿使用制度,土地有偿使用范围不断扩大,有效地控制了乱占土地,占而不用和土地资产流失等现象,全市土地有偿使用面积达到92.14公顷,土地有偿使用收入达到7 700万元。

2.有效控制用水总量、合理调整用水结构,保证生产、生活用水需要。按照合理用水、节约用水的原则,加强对水资源的管理,严格控制用水量,1995年全市用水26.4亿吨,为用水计划的96.3%。通过调整产业结构和产品结构,降低用水定额,不断调整工农业和生活用水结构,科学合理用水,提高利用水平。1995年工业用水5.53亿吨,农业用水17亿吨,生活用水3.9亿吨,较1994年分别减少0.67亿吨、0.5亿吨和增加0.4亿吨。通过调整用水结构,不仅满足了工农业生产需要,而且保证了人民生活用水的需求。

3.城市环境质量基本得到控制,工业污染治理水平不断提高。1995年通过采取“推进清洁化,争创卫生城”活动,以防治煤烟型大气污染为重点,加强烟尘治理,严格控制建筑施工拆迁,强化管理,防止二次污染等措施,大气环境质量明显好于往年,大气总悬浮微粒年日平均值实现400微克/立方米,大气二氧化硫实现112微克/立方米,分别比计划降低20微克/立方米和38微克/立方米。通过强化污水排放的限制和管理,污水排放量和污水排放标准得到控制,减轻了对地下水的污染,使饮用水源水质不断提高,1995年饮用水源水质达标率达到96.7%。通过建设城市环境噪声达标区和强化对商业、餐饮、娱乐、汽车及建筑施工等社会噪声的管理,城市区域噪声和交通噪声稳中有降。通过加强对工业污染防治的管理、实施环保目标责任制,污染物排放总量控制,实施排污许可证,重点污染源限期治理以及强化执法监督等制度和措施,并重注工业污染防治与调整产业结构和技术改造相结合,在工业废水、废气、废渣等工业污染物治理水平均有一定程度的提高。工业废气处理率达到87%,工业废水处理率达到42%,工业固废综合治理率达到87.6%,分别比上年提高1.4、0.6、0.2个百分点。工业废气排放量、工业废水排放量、工业固废产生量分别为770亿立方米、1.7亿吨和260万吨。比计划减少10亿标立方米,0.1亿吨和20万吨。

（*赵恒波*）

【社会发展状况】　1995年沈阳市社会事业进入了快速了发展轨道。其主要特点:一是确立了社会发展的战略地位,二是政府和社会对各项社会事业投入效果进一步显现出来,三是市场对社会发展需求和资源配置的作用不断加大,四是社会事业发展已建立在科技进步基础之上。其成果主要体现在以下几个方面:

1.人口数量控制与人口质量提高并进取得成效。通过进一步贯彻计划生育基本国策,“农转非”实行政策和指标相结合的宏观调控,加强对流动人口的管理等,年末全市总人口比计划减少2.7万人。同时,通过精神文明建设,增强了市民的社会公德意识,职业道德水平有了新的提高,公安、税务等执法机关开始树立起新的形象,全市窗口行业服务满意率达到历史最好水平;通过深化教育综合改革,实施开展“示范学校建设”6项教育工程,发展各级各类教育,学龄儿童入学率达99.88%,青壮年扫盲率达99%;通过加强卫生医疗、预防保健工作,贯彻实施《体育法》、《奥运争光计划》和《全民健身计划纲要》,提高了市民身体素质,学生体育锻炼标准达标率为97.5%。

2.市民物资生活水平与市民精神生活水平双提高。1995年全市职工工资总额达到121.1亿元,比1994年增长20%。城镇居民人均生活费收入和农民人均纯收入分别增长24.98%和15.3%。城镇居民人均住房面积已达6.47平方米。同时,满足市民精神文化需求的文学艺术、广播影视事业不断发展。1995年成功地承办了全国第四届杂技比赛。沈阳戏曲剧院《秧歌情》获文化部《文华新剧目奖》。中国沈阳书刊批发市场建成并开业。全市已形成图书、音像、报刊、娱乐相互配套的文化产业体系。市台广播、电视覆盖率分别达到90%和70%。另有一批旅游景点和旅游设施建成投入使用。

3.市民生活环境与市民生存条件双改善。为改善市民的生活环境,一是广泛开展了“推进城市环境清洁化、争创全国卫生城市”活动,从而整治了市容,加强了城市绿化和环境保护工作,使生态破坏、环境污染的趋势得到了一定控制；二是把社会治安综合治理的各项措施落实到了城乡基层单位，严厉打击了各类严重刑事犯罪与经济犯罪活动，基本扫除了各种社会丑恶现象。为改善市民的生存条件，一是不断拓宽就业领域和就业渠道。通过开办中国沈阳劳动力市场，实施再就业工程，积极安置富余职工和待业人员，将年末失业率控制在3%以内。二是完善社会保障制度。全市养老保险统筹率达98%，职工失业保险统筹率达95%。工伤保险参保职工达70万人，医疗保险和女工生育保险改革试点继续进行。社会福利、社会救济、优抚事业相应得到发展。

4.社会主义民主和与社会主义法制建设双加强。通过加强社会主义民主和法制建设，使社会主义民主步入了制度化、法律化轨道；全面贯彻执行党的民族政策、宗教政策和侨务政策，发布了《沈阳市尊重少数民族风俗习惯暂行规定》；加强基层政权建设，完成了市第五届村民委员会选举工作，使基层民主得到发展。 *（王娟）*

【能源发展状况】 1995年沈阳市认真贯彻执行国家有关能源方针政策，各项能源事业有了较快发展。

1.能源消费量不断增长。全市1995年消耗能源1 250万吨标准煤。全社会用电量82.2亿千瓦时，耗煤1 100万吨，耗燃料油70万吨。与“八五”初期的1990年相比，能源消费量增加317万吨，年均增长6%。

2.能源生产能力有所增加。全市(沈阳矿区和市煤炭工业公司)煤炭矿井核定年生产能力为550万吨，1995年可生产441万吨；电力总装机容量65万千瓦，年发电量35亿千瓦时；煤气供气能力91万立方米/日，液化气用户21.35万户，市区燃气气化率达到71%；全市集中供热面积达3 100万平方米，集中供热普及率50%。

3.能源基础设施建设发展较快。1995年沈阳皇姑热电厂完成投资1.8亿元，机、炉、电主机正在安装调试，1995年底一台锅炉投入运行；电网建设逐步得到重视。目前，全市(不包括康法两县及辽中部分区域)共有50万千伏变电所1座，容量为75万千伏安；220千伏变电所9座，容量为188.3万千伏安，63千伏变电所137座，容量为285.34万千伏安；10千伏变压器4 490台，容量为915.92千伏安。

4.重点能源建设项目前期准备工作得到加强。1995年加速对康平坑口电厂、沈阳热电厂三期扩建工程、沈阳钢铁总厂金山电厂供热改扩建工程、孤家子、勾莲屯、崇山变电所等一批热电和电网项目的前期准备工作，取得一定阶段性成果，为“九五”期间能源发展建设奠定了良好基础。

5.燃料供应充足，多种渠道并存。随着燃料市场的放开和供需矛盾的缓解，沈阳市燃料供应较为充足，形成了以国有燃料供应渠道为主，企业自购和其他形式并存的燃料供应体系。市供口径可形成年供燃油35万吨，煤炭650万吨的能力，其中配煤30万吨，型煤10万吨。

6.节能工作卓有成效。1995年沈阳市加强节能管理力度，调整产业和产品结构，增加节能投入，推动企业节能和技术进步，能源利用效率有所提高。全市节约能源总量为29万吨标准煤，其中节煤炭26万吨，节燃料油1.6万吨，节电1.46亿千瓦时，节水7 008万吨，工业用水重复利用率74.8%，节气1 700万立方米，万元工业产值能耗1.56，比去年同期下降4%。

（闫风和）

【“九五”计划和2010年规划编制的改革特点】 沈阳市“九五”计划和2010年规划是在市场经济条件下编制的第一个中长期规划，有别于传统的规划。编制工作者们以改革的精神，从抓四个体现入手，赋之以新的格调。

1.注意从沈阳实际出发，来贯彻与体现国家和省的总体发展战略。一是在规划编制工作中，始终坚持邓小平同志在建设有中国特色的社会主义理论，在指导思想上，把坚持“一个中心，，两个基本点”的党的基本路线放在首位，统领全篇。二是在发展速度的安排上，体现中央关于持续、快速、健康发展的战略意图；在主导产业的选择上，贯彻《九十年代国家产业政策纲要》精神，三是在规划的重点上，突出国家在“九五”期间的二大任务，即：转变经济运行机制，转变经济增长方式，加强宏观调控。四是面向省情、市情，在突出国家领导人近期视察辽宁时充分肯定的“结构优化”、“外向牵动”和“科技兴辽”三大战略的基地上，增加了制度创新和区域经济发展战略，体现了沈阳老工业基地和中心城市的特点。五是在政策的连续性上，注意借鉴15年来的成功经验，把市委、市政府过去提出的’一开四促”方针和做好“四篇文章”战略任务等重大决策，继续贯彻落实在新规划中，占据重要位置 ，并适当有所拓展：将“四篇文章”扩成“五篇文章”，增加了积极推进精神文明建设的内容；还从沈阳中心城市地位出发，补充提出区域经济发展战略。

2.注意体现市场经济的客观要求，又兼顾体制转变过渡阶段的特点。规划组认为，“九五”计划和2010年规划，既不是原业计划经济条件下的规划，也不是完全成熟的市场经济条件下的规划，而是跨跃两种体制的过渡性规划。对传统体制下政府要管，而新体制健全后不应管的问题，要做具体分析，不能一概急撒手。但力求体现市场经济的某些客观要求：一是既加重市场导向，又强调政策引导。总《规划》和各规划，对一、二、三产业和各行业的发展，都是以环境分析和市场预测为基础，同时也较为明确地表达了政策引导的意向。二是即加重企业自主决策，又坚持政府调控。对于企业一般性产品和产量，《规划》没有象过去那样硬性敲定，而是留给企业自主决策，实行以预测性、指导性为主的计划。但对于支住产业的选择，战略产品的开发，投资方向与投资总规模的掌握等事关全局的问题，则坚持和阐明必要的政府调控意见。三是既加速政府职能转换，又兼顾对特殊企业“扶上马送一程”。按照政府转变职能的方向，“九五”计划初步改变了以往重经济、轻社会的倾向，较具体地规划了基础建设和公益事业，十分关心社会热点问题的处理，又提出城市功能开拓的设想，而对企业一般性生产经营活动的规划明显弱化。但是，对于企业中的改革，技术进步和管理进步，创名牌产品以及结构调整等重要问题，仍坚持必要的指导和扶持。四是既加强计划的全面覆盖，又突出国有经济这个重点。以往的规划，基本面向国有经济，只是在农业生产中对集体经济提出些指导性计划。"九五"计划通盘考虑了集体、个体、私营经济和合资、合作、股份经济，主张各种所有制、各种经济类型的经济共同发展。同时从巩固提高国有经济主导地位出发，重点研究和规划了国有经济发展中的问题。

3.充分借助全社会智能，体现开门搞规划的路线。以往的规划编制工作，基本是在计划系统内进行，侧重于计划部门上下级间的衔接汇总，很大精力用于硬指标的讨价还价。"九五"规划的编制侧重于扩大社会参与度的工作，意在提高规划的科学性和民主性，主要精力用于集中各方面的建设性意见。成稿前，在报纸上开辟了"沈阳迈向21世纪征文"专栏，发动全市各界就规划中的若干重大战略问题，开展了软课题研究。起草过程中组织了多轮论证，仅以市政府名义召开的总规划和分规划论证会就达20余次，参加人次逾千，提出各种意见和建议数千条。这在沈阳市的计划编制史上写下了新的纪录。

4.努力搞好定性和定量相结合，体现计划指标体系的改革。"九五"计划既注意提出导向性、综合性的定性要求，又提出必要的定量目标。为了便于与国际经济和国际核算体系接轨，增加了国内生产总值和一、二、三产业增加值指标；为了促进经济增长方式的转变，增设了科技进步贡献率和部分经济效益指标；为了推进调整，提出了三次产业比例指标；为了巩固和强化农业基础地位，保留了粮食总产量指标；为了重视社会的进步和人民素质的提高与生活的改善，增设了扫盲率、中小学教育完成率、人均收入、人均住房、社会保险覆盖面、城镇化水平以及卫生资源等指标。特别是对建立现代企业制度，发育和完善市场体系，健全社会保障制度，转换政府职能，以及社会主义精神文明与民主法制建设等，也提出规划性的要求。

（曾宪宁）

【"九五"计划和2010年规划的政策取向】　"九五"时期及到2010年是沈阳市国民经济和社会发展的重要历史阶段。根据市人大十一届四次会议通过的《沈阳市国民经济和社会发展"九五"计划及2010年规划》要求，总的发展目标是"九五"期间使人均国内生产总值提前三年实现比1980年翻两番，并提前实现党中央提出的到2010年使国内生产总值比2000年再翻一番的目标，到2010年，把沈阳初步建设成为高科技、大生产、大流通的现代化、国际化城市。

实现上述目标与任务，"九五"期间及到2010年拟重点采取以下政策措施：

一是深化经济体制改革。总的思路是前5年紧紧围绕企业改革、市场培育、政府职能转变三个主要环节和社会保险体系建设、收入分配制度改革两个重要领域积极进行探索，到1998年率先建立社会主义市场经济体制框架和现代市场经济运行机制，后10年逐步完善，到2010年形成社会主义市场经济体制。深化企业改革，重点是建立现代企业制度，推动产权流动重组，推进地处中心地带的工业企业实现转向经营，依法破产并盘活国有存量资产，鼓励个体、私营、外资经济发展。市场体系建设，重点是培育生产要素市场，发展完善市场体系，扩展城市功能。转变政府职能，重点是改革政府管理经济的模式，促进政府经济管理手段的法律化、经济化。建立合理的收入分配制度和完善社会保险制度，重点通过税收调节收入差距过大，解决社会分配不公的问题。同时，大力推进养老保险，医疗保险、失业保险、生育保险等方面的改革，加速住房制度改革。

二是扩大对外开放。总的思路是贯彻"一开四促"的方针，实施三外并举的招商引资战略，充分利用两种资源和两个市场，更加广泛地参与国际经济竞争和国际合作，重点是调整和优化进出口商品结构，提高附加值高的产品出口，合理安排进口，并全方位、有重点地开拓国际市场，进一步优化利用外资结构，提高项目质量和水平，不断扩大利用外资规模，努力办好"三资"企业，注意吸收引进国外先进的管理技术和管理办法，加强外债的统一管理；进一步加大开拓国际外经市场力度，发展对外工程承包；继续加强投资环境建设，增强对外商的吸引力；充分发挥"五区"对外开放的窗口作用，提高招商引资的水平。

三是调整产业结构。总的思路是强化第一产业，优化第二产业，大力发展第三产业。强化第一产业，就是运用现代科技改造传统农业，提高农业生产能力；围绕市场需求，调整农业经济结构；大力发展农副产品深加工；多渠道增加农业投入，强化基础设施。优化第二产业，就是实施名牌产品战略，从调整产品结构入手，将有限的生产要素，辅以必要的政策措施；按照有限目标，择优扶强的原则，发展带动作用大，产业关联度高，技术先进，市场广阔的工业支柱产业，初步确定机械装备制造业、汽车工业、医药化工、电子信息为全市的支柱产业，在发展上予以重点支持；培育一批以大中型企业为龙头的企业集团，发展规模经济；在发展国有工业的同时，大力发展县区乡镇街道工业；还要采取"股、并、转、合、租、停、破、卖"等多种措施，对企业组织结构进行调整，使现有存量向效益好的产品和企业转移。大力发展第三产业，就是按以建设"一高两大两化"城市的要求，把第三产业作为全市战略产业，坚持高起点规划、高标准建设、高效率管理、高质量服务、高效益发展的"五高"原则，使第三产业发展速度明显加快，占GDP比重明显提高，服务领域明显拓宽。发展的重点是金融保险、旅游服务、信息咨询、交通通讯、房地产及技术、人才市场等新兴的第三产业。

四是坚持科教兴市。总的思路是从经济和社会发展的需要出发，以科技为先导，以教育为基础，大力推进科技和教育体制改革，使国民经济发展逐步转移到主要依靠科技进步和提高劳动者素质的轨道上来。发展科技事业，重点是围绕全市经济发展目标搞好高技术开发及其产业化和加速用高新技术改造传统产业，加强农业科技研究和推广，加强应用研究科研基地建设，加快科技成果转化。发展教育事业，重点是发展包括儿童早期教育，"双基"教育、职业教育和普通高等教育，大力发展成人教育；抓好全市性的示范学校建设等六项教育工程，努力提高教育对经济发展的贡献率，加强适宜人才发展的大环境建设；进一步增加科技教育投入，加强跨世纪科技人才队伍的建设；广泛开展科普工作，提高全市人民科学文化素质等等。

五是加强城市基础设施建设。总的思路是坚持高起点、高标准及适当超前建设的原则，在加速老城区改造的同时，加快新城区开发，积极促进卫星城和副城建设，促进全市向多功能中心城市方向转变。以铁路、公路、航空运输为重点，形成多种运输方式密切配合、相互衔接、结构优化、布局合理、设施先进的综合交通运输体系，进一步强化沈阳作为东北地区的航空运输主枢纽和公路运输主枢纽地位。为此，"九五"期间，要扩建桃仙国际机场，在国家统一规划下建成联结东北各大城市、沟通关内外的高速公路网。建设市内快速交通干道，建立交换程控化、数字化、功能多样化、管理智能化、布局合理化的现代邮电网络，使邮政电信业在安全、快捷、高效服务方面达到一个新的水平。市内交换机容量将达到200万门，市话普及率达到40部/百人。要开辟新水源，提高供水质量，改造和扩建排水系统，有效解决城市供水不足、排水不畅的问题。要积极采用先进工艺、技术建设新气源，增加城市的煤气供应。要继续加快住宅建设，改善市民的居住条件，实现每户能拥有一套经济适用的单元式住宅。加快大气环境、水环境、声环境的治理和固体废弃物的处理，使城市环境得到明显改善。要扭转重建设、轻管理的倾向，加大城市管理力度，逐步建立起相关的政策体系、法规体系，综合运用经济、法律、行政手段，不断提高城市管理的现代化水平。

六是加强社会主义精神文明建设与民主法制建设。总的思路是以邓小平同志建设有中国特色社会主义理论为指针，坚持不懈地搞好思想建设、党风廉政建设、科教、文化、卫生、广播、新闻、出版、体育等建设，以及群众性的精神文明建设，形成有利于沈阳改革开放和经济振兴的精神动力、舆论氛围、价值观念、道德规范和文化条件，培养"四有"公民，着力塑造适应"现代化、国际化"城市的沈阳人新风貌。加强思想道德建设。主要是通过广泛宣传马列主义、毛泽东思想以及邓小平同志建设有中国特色社会主义理论，使全市人民特别是广大党员干部和青少年，坚定建设有中国特色社会主义的信念，坚定振兴沈阳、再铸辉煌的信心。加强党风廉政建设。重点是对腐败行为坚决律之以党纪、绳之以国法。在加强党风廉政建设的同时，还要以良好的党风、政风带民风，纠正部门和行业的不正之风。加强民主法制建设，重点是继续完善人民代表大会制度，坚持和完善中国共产党领导的多党合作和政治协商制度。建立健全科学决策，民主监督的程序和制度，坚持重大事项，重要问题与人民协商，防止决策的盲目性和失误，提高各级机关决策的科学性和办事效率。要以经济建设为中心，维护稳定为重点，加大打击犯罪的力度，坚持扫除社会丑恶现象。"九五"期间，要控制重、特大刑事案件和可防性案件上升幅度。

（张伟明）

【"九五"计划和 2010 年规划主要指标说明】 1.经济增长速度。综合分析各方面因素，沈阳市国内生产总值在"九五"时期及下世纪前十年的增长速度确定为11.5%和10%。这一安排是从需要与可能两个方面来考虑的。从需要看，中央《建设》提出到 2000 年实现人均国内生产总值比 1980 年翻两番，按照这一目标，沈阳市"九五"时期国民经济年均增长速度达到5%即可实现。但形势的发展要求保持较快的发展速度，这是由于"九五"期间全国的经济增长速度为8—9%；辽宁省为 9—10%，考虑到沈阳市欲缩小与国内先进城市的差距以及巩固其在辽宁省、东北经济区乃至全国经济地位的需要，保持11.5%的经济增长速度是必要的。此外，保持适当的经济增长速度，有利于扩大就业，促进社会稳定。从可能方面看，第一，今后 5 年以至更长时间，沈阳市经济有可能保持快速发展态势。"八五"期间沈阳市经济增长速度达到了11.7%。现在看来，这种较快发展的势头，很有可能延续至"九五"乃至 2010 年。第二，按照一般的经济规律判断有快速发展的可能。国际经验表明，人均国内生产总值从600美元到2000年美元期间，经济呈快速发展的趋势，沈阳市也不例外。第三，我国正处在工业化、现代化的中期，整个需求结构加速向重化工业倾斜，对沈阳市以重工业为主的工业结构较为有利。

2. 利用外资和出口创汇。"九五"期间，沈阳市利用外资调入额，累计达到40亿美元；2000 年自营出口创汇11.6亿美元，比 1995 年增加5 亿美元。作出这种安排时，充分分析了沈阳市外经贸现状和发展趋势。有利条件是：当前和今后一个时期，世界科技革命日新月异，产业结构升级和重组步伐加快，国际大集团对华投资欲望增强，沈阳市外贸企业和外销渠道发展较快，投资环境逐步改善等有利因素。同时也认真研究了不利因素。主要是：国际竞争日趋激烈；我国逐步取消对外贸企业的优惠政策；沈阳市出口产品总体竞争能力还不强；利用外资与还债能力的矛盾有所突出等不利因素。

3. 财政收入。"九五"期末，沈阳市地方财政收入确定为60亿元，年均11%。测算依据是，假定现行财税体制在"九五"期间不做变动，企业欠税问题稍有改善，预计工商税收可达45亿元，工商税占财政收入比重维持在86%左右。据此推算财政收入为52亿元。在此基础上，按照中央关于逐步提高财政收入占国民生产总值比重的要求，考虑到今后沈阳市转换经济增长方式，经济效应有所提高的趋势，最后确为60亿元，年均增长11%。

（刘伟奇）

统 计 工 作

【贯彻执行新的国家统计报表制度】 认真贯彻执行新的国家统计报表制度，在总结1993年一套表经验教训的基础上，加强了年报业务培训、统计调查单位清查等环节的工作，市统计局自行研制了1994年年报数据处理程序，加强和改进了年报工作的组织方式，围绕实施新的国家统计报表制度做了大量工作，从而保证了全市1994年年报和1995年各种定期报表任务的顺利完成。另外，各级统计部门为满足上级统计部门和本级党政领导及有关部门的需要，努力克服资金不足、人员少、工作条件差等种种困难，完成了灾情调查、房地产开发企业普查、民用设施普查、个体商业抽样调查、市政府施政方针民意调查、社会环境评估问卷调查等大量调查任务，为各级领导和有关部门提供了大量翔实宝贵的数据信息，开展了优质服务。

在完成大量统计调查任务基础上，各级统计部门还普遍加强了对统计数据的监督检查，对基层上报的各种数据严格把关，发现问题及时纠正，对统计数据进行推算和评估验证，保证了全市统计数据的质量。

【统计法制建设】 一年来，各级统计部门认真学习领会江泽民同志在十四届四中全会的讲话精神，对社会上出现的虚报浮夸、弄虚作假的不正之风在思想上引起高度重视，进一步增强了搞准、搞实统计信息的使命感和责任感，加大了统计执法检查力度，加强了统计法制宣传和地方统计立法等工作，使全市的统计法制建设取得了很大成绩。一是统计执法与统计业务工作相结合，各级统计部门为提高统计数据质量，根据业务工作情况主动开展统计执法检查；按照国家“一部两局”的部署和市局的要求，对有关指标数据进行检查；市局为使统计执法工作实现经常化、制度化、制定了“执法工作责任制”和“局内各部门执法检查工作的暂行规定”，具体规范和统一了统计执法工作。在统计执法过程中，全市出现了受理群众举报和主动查处相结合，统计执法部门与业务统计部门相互配合联合执法的好局面。各县（市）区在统计执法检查方面，也有较大的成绩，有的县区积极主动开展统计执法工作，查处了违法案件；有的县区以政府名义印发了加强执法检查和统计基础工作的通知，等等，为尽早实现消灭统计执法“空白点”目标打下了基础。一年来，仅市局就处理了110多件违法案件，已有80多个案件结案，对违法单位和有关责任者进行了处罚，追究了责任。二是顺利完成了统计“二五”普法验收工作，全市的统计“二五”普法工作，得到市有关部门的好评，并一次顺利通过验收。为更好地宣传统计法规，开展统计法规咨询服务以及学术交流、理论研讨，市统计局经有关部门批准，成立了沈阳市法学会统计分会，为提高全市统计法制理论与实践的总体水平打下基础。三是统计立法取得新的进展。市统计局根据全市的立法计划，完成了《沈阳市统计管理条例》（送审稿），但为了顾全省将出台《辽宁省统计管理条例》的大局，取消了市原定的立法项目。市统计局起草的《沈阳市统计登记暂行规定》经市有关部门批准后，以市政府令的形式出台，为全市顺利开展统计登记工作提供了政策法规依据。为加强统计管理，铁西区还制定了《铁西区统计行政管理具体行政行为规范》，并以此为契机，开展了强化统计执法的工作。

【提高统计服务水平】 1995年，各级统计部门普遍加强了统计分析工作，开展了大量咨询服务活动，提高了统计服务水平。一是加强了对统计分析工作的组织领导，采取了考核评比等措施，不断加大分析研究的力度，与各级党委、政府的中心工作紧密结合，注重有的放矢，满足了领导和社会各界的需要。市统计局为解决近几年统计分析滑坡、专题分析少、质量不高等问题，专门印发了《关于加强统计分析工作的决定》，研究确定了重点分析课题，并很好地进行了定人、定任务、定时间的三落实，同时还恢复了优秀统计分析报告评选工作。全年有24篇分析被评为优秀统计分析报告。二是各级统计部门利用大量宝贵的信息资料，进行开发利用，编辑印刷各种统计资料，及时满足领导和有关部门的需要；同时，还注意加强了统计宣传工作，利用各种新闻媒介和《中国信息报》沈阳记者站的通讯员网络，广泛宣传市经济发展成果，缩短了统计工作与社会公众的距离，扩大了统计工作影响。三是市和有关县区统计局积极开展了企业评价、“百强村”评价，积极参与本级党委、政府组织的各项考核工作，树立了统计的权威。四是统计部门广泛地开展各种咨询服务，承揽完成了大量委托调查任务，与广大客户建立了良好关系，社会经济效益不断提高。

【统计制度方法改革】 1995年，全市建立了地区、部门总产出与增加值统计制度，规范细化了国内生产总值的年度和季度核算，利用投入产出成果开展分析研究，试编了资金流量表和实物资产负债表。全市还实施了个体商业抽样调查，小型批发零售贸易业企业抽样调查试验，对城市居民住户调查样本进行轮换，保证了对全市居民生活情况的代表性。为建立各类要素市场统计，市局分别与有关部门勾通协商，为帮助各有关部门建立各要素市场统计制度，做了大量工作，为今年的正式运行奠定了基础。

按照国家、省的规定要求，完成了1%人口抽样调查准备阶段、调查阶段的任务，全市的1%人口抽样数据录入、审检工作比计划提前15天完成，在市和各抽中县区广大调查员的共同努力下，1%人口抽样调查工作初战告捷。1995年5月第三次工业普查联席会议成立后，全市各级工业普查机构即进入了工业企业单位清查、基础工作整顿、普查业务培训、普查试点等准备工作阶段，进展比较顺利。目前，工业普查已经进入调查阶段。1997年全国第一次农业普查的准备工作也已经开始。

【各项统计建设取得了新成绩】 在统计信息自动化建设方面，市局完成了“八五”时期设备工程建设任务，网络建设有新突破，有5个县区已与市局联网，市局局域网已试成功。市局建立了《沈阳市月度统计资料数据库》，还利用多媒体技术建立了《沈阳投资环境数据库》，使声、像、图表集于一身，现已完成一期工程，初具形象。各县区也加强了计算机的更新与配置，并组织有关人员参加市局举办的培训学习，还加强了对计算机的管理维护等工作。

在统计教育方面，全市开展了统计人员上岗培训和中、初级统计专业技术人员考试培训，有2309人、1560人分别参加了中、初级任职资格考试。市局在继续办好统计专业学历教育的同时，还新开办了会计与统计核算大专班。

在统计科研和学术交流方面，市局组织全市统计人员撰写论文，参加各种学术交流活动，还筹备成立了“东药集团统计分会”。市局研究所被评为1993—1994年度全国统计科研先进单位。

【统计队伍建设】 各级统计部门组织广大统计人员认真学习社会主义市场经济理论，积极参加“进场入轨、兴市富民”大讨论，学习孔繁森同志的先进事迹，加强了统计人员的爱国教育、人生观、世界观教育，普遍地提高了统计人员的思想水平；辽中、康平、大东、苏家屯统计局全面完成了向公务员制度的过渡工作，铁西、法库统计局制定并执行了干部职位规范。各级统计部门通过各种途径和办法，调动统计人员的积极性，增强了做好统计工作的使命感和责任感。去年的特大洪涝灾害发生后，各有关县区统计局的领导和统计人员战斗在抗洪救灾第一线，广大统计人员积极为灾区人民捐款、捐物，集中体现了全市统计人员的良好精神风貌。

一年来，全市各级统计部门较为出色地完成了各项工作任务，取得了较大成绩。但在工作中，还存在许多困难和问题，如统计内容还不能满足市场经济发展需要，统计数据质量还经常受到干扰，统计工作条件和职工生活条件亟待改善等。这些困难和问题，要通过各级统计部门的努力和有关部门的支持，通过各种途径，采取有效措施，逐步加以解决。

【统计人员教育与培训】 1995年沈阳市统计教育培训工作，以发展统计事业“一靠科技、二靠法制、归根结底靠人才”为指导方针，利用各种形式积极开展统计人员岗位培训，有效地提高了广大基层统计人员的业务素质；多渠道开展统计专业学历教育，培养了大量的应用型复合人才。

依据国家统计局和省人大有关文件和法规要求，市统计局加大了对统计人员上岗培训工作的力度，各级领导对统计人员执证上岗引起了重视，全市有1 100余人参加了统计上岗培训，95%以上取得了培训合格证和上岗合格证，统计人员上岗培训已走向制度化、法制化轨道。全市首次开展了统计专业中级技术职务资格考试培训，培训历时3个月，讲授240余学时，参加学习者有1 300余人；参加初级技术职务资格考试培训的有1 100余人，培训使统计人员较系统地学习了专业知识，为统计人员晋升专业技术 职务创造了良好的条件。围绕统计方法制度的政策，全市还多次举办了统计专业短期适应性的培训班，受到了基层统计人员的欢迎。

在统计成人学历教育方面，市统计局所属中国统计干部学院沈阳分院开办的统计专业大专班又有39名学员毕业，至1995年末累计大专毕业生达1 850人。为了培养建立社会主义市场经济急需的既懂统计又懂会计，能进行宏观和微观经济分析的复合型人才，沈阳分院又新开办了会计与统计核算专业，招生大专班学员近400人。

（王光伟）

【统计法制建设】 1995年沈阳市的统计法制建设坚持贯彻国家统计局提出的’统计工作，一靠科技、二靠法制”的方针，把统计法制工作摆上重要的地位，并列入全局工作责任目标之内，建立了分级负责目标责任制通过市和县（市）区两级政府统计部门的努力，进一步开创了统计法制工作的新局面。

一、统计立法取得了新的成绩。为使统计工作更能真实全面地反映全市国民经济和社会发展情况，搞准搞实全市所有统计调查单位的数量及状况，为未来统计调查制度的改革奠定基础，沈阳市统计局起草了《沈阳市统计登记暂行规定》，经市长张荣茂签署，以市政府第6号令批准执行，这项地方统计行政规章的颁布实施，使全市的统计法制建设迈出了重要的一步。

二、统计普法宣传工作成效显著。1995年是统计“二五”普法的验收年，沈阳市统计局会同市政府法制办、市法制宣传教育办公室联合组织了全市各地区、各部门、各系统、各单位的考核验收工作，全市有1.4万名统计人员，1 143名负责统计工作的行政领导参加了统计法知识考试，获得了合格卡，400家综合单位获得了合格证书。为巩固“二五”统计普法的成果，市统计局还会同有关单位对在普法宣传和组织验收工作中成绩突出的25个先进单位，114名先进个人进行了表彰。由于统计“二五”普法验收工作主管部门，抓的早、抓的实，因而在市“二五”普法领导小组组织的对专业法普法情况验收中获得了很高评价，一次验收合格。

1995年7月28日《辽宁省统计条例》公布之后，市统计局及时召开了市直主管局（公司）各县（市）区、中省直在沈单位统计负责人会议进行宣传贯彻，为使基层广大统计工作者和负责统计工作的行政领导尽快熟悉管理《条件》，市统计局及时编印《统计法规汇编》手册，发行10 000本，为基层领导和统计人员学法用法提供了方便。

三、统计违法案件查处工作又有新突破。1995年市和县（市）区两级统计执法机关不断加大对统计违法行为的打击力度，在人员少、任务重情况下，实行了全员执法责任制，把正常检查与集中抽查结合起来按照国家和省的要求，市统计局领导还带队会同监察、税务部门的同志集中抽查一个地区。由于各级领导的重视和支持、全市的统计检查办案工作获得了重大突破、办案件数逾百件、对拒不履行统计报表义务的单位和利用统计数字弄虚做假的单位和个人进行了严肃查处，除行政罚款外，还选择一批有代表性的典型案件印发了通报，追究了负有违法责任的3名国家机关、工作人员的行政责任，对拒不交付罚款的25家单位申请法院强制执行。

根据法律授权，市统计局还制止了一起外国学者非法在沈阳市进行的具有政治色彩的入户民意调查。此外还对本市某单位组织的非法普查进行了查处。

（崔国侠）

【1%人口抽样调查】 根据国务院的决定，沈阳市于1995年进行了全国1%人口抽样调查。这次调查采取分层、多阶段、整群抽样的办法。全市被抽中的6个县（市）、区中的32个乡（镇）、街道内的239个调查小区，共调查登记66 345人。调查登记的标准时间为1995年10月1日零时，根据样本数据并结合前几年的调查数据推算，1995年10月1日零时，全市人口主要数据如下：

1.总人口。全市的人口总数为：667.3万人。同1990年7月1日第四次人口普查时相比，增加19.1万人，增长2.95%，平均每年增长0.55%，与“七五”计划相比，年均增长率下降0.81个百分点，表明“八五”期间全市人口控制工作取得显著成就。

2.出生率和死亡率。全市人口出生率为9.16‰，出生人口6.1万人；死亡率为6.21‰，死亡人口4.1万人；自然增长率为2.95‰，全年自然增长2万人。

3.家庭户数人口及户规模。全市家庭户数为200.1万户，平均户规模为3.34人，与1990年相比，户均减少0.12人。

4.常住人口状况。常住本乡、镇、街道，常住户口在本乡、镇、街道的622.6万人，占全市总人口数（不含现役军人）的93.30%；居住在本乡、镇、街道，常住户口在外乡、镇、街道的42万人，占6.29%；登记其他户口状况的2.7万人，占0.41%。

5.性别构成。全市男性为336.3万人，占50.4%；女性为331万人，占49.6%。性别比（以女性人口为100）为102。

6.民族构成。全市汉族人口为601.4万人，各少数民族人口为65.9万人。与1990年相比，汉族人口比重由90.87%下降为90.12%，各少数民族人口比重由9.13%上升为9.88%。

7.城镇人口。全市居住在城镇地区的人口为541.9万人，与1990年相比，城镇人口占全市人口的比重由75.5%上升为81.2%，提高5.7个百分点。

8.教育。每10万人中接受过各种教育的人数分别为：大专以上的6 953人，比1990年上升1 813人；高中的13 140人，比1990年下降1 196人；初中的39 405人，比1990年上升4 420人；小学的27 813人，比1990年下降341人（以上接受各种教育的人包括各类学校的毕业生、肄业生和在校生）。全市文盲人口为33.4万人，与1990年相比，文盲人口占总人口的比重由7.13%下降为5.01%。

9.抽样误差。这次调查登记的人数约占全市人口总数的1.01%，符合调查样本设计的要求。人口抽样调查在95%的把握程度，人口出生率和死亡率的抽样误差分别为0.4‰、0.31‰（在推算1995年全市出生率、死亡率时已经考虑了抽样误差的影响），这次抽样调查的结果经省调查办检验符合设计要求，数据质量可信。

注：1.文盲人口为15岁及15岁以上不识字或识字很少的人。

2.城镇人口为设区的市所辖区人口、不设区的市所辖的街道人口以及不设区的市所辖镇的居委会人口和县辖镇的居委会人口。

（胡刚）

【企业评价工作】 1995年2月至5月，沈阳市统计局、沈阳市社会经济评价中心根据各企业上报的1994年统计年报资料，选用销售收入、利税总额等指标，并运用科学的统计方法对全市企业进行了排序，经审核评出1994年沈阳工业企业50强、建筑施工企业10强、生产资料流通企业30强，批发商业企业30强、零售商业企业30强、外商投资企业30强及10大宾馆。

1995年7月11日，市统计局、市社会经济评价中心在市政府第一会议室联合召开新闻发布会，公布了上述评价结果，并颁发了证书和铜匾。

沈阳日报、沈阳电视台等新闻单位通过各种新闻媒体对企业评价结果和新闻发布会盛况进行了宣传报道。

这次评价工作有以下三个特点：

1.评价部门权威，评价方法科学。这次评价，沈阳市统计局沈阳市社会经济评价中心，组织有关专家对评价指标体系和评价方法进行了科学论证，评价结果征求了有关部门的意见，因此，评价具有较高的科学性和权威性。

2.评价活动涉及国民经济主要行业的企业，范围较广，规模较大。此次评出的190强企业，按国民经济行业划分，既包括了工业、建筑业、国内贸易业，又包括了宾馆服务业；按隶属关系划分，既有市属企业，也有中央和省属企业；按经济类型划分，既有国有经济、集体经济、股份制，又有其它经济类型，特别是对外商投资企业进行评价，在沈阳市尚属首次。

3.入选的190强企业不仅生产经营规模大，而且经济效益好，代表了沈阳企业的最高水平。1994年沈阳工业50强企业共完成产品销售收入175.3亿元，占全市独立核算工业企业全年产品销售收入的35%。

（叶天勇）

【争创卫生城知识大赛】 根据沈阳市委、市政府的决定，1995年沈阳市范围内广泛深入开展“推进环境清洁化，争创全国卫生城”的活动。为配合这项造福人民群众、促进经济发展、推动社会进步的伟大工程，沈阳市城市社会经济调查队在全市开展了“提高文明素质，建设美好家园”争创卫生城知识大赛活动，旨在通过知识大赛的形式广泛宣传争创卫生城的重大意义，强化市民的城市意识、环境意识、主人翁意识和法制意识，从而形成“从我做起，从现在做起”，“争创卫生城，人人有责”的强大声势，使广大市民更深入地了解“争创”活动，更主动地配合“争创”活动，更广泛地参与“争创”活动。经过市统计局、市城市调查队、市委宣传部、市城建局、市精神文明建设管理办公室和市卫生局的共同努力，7月19日和7月25日，分别在《卫生与生活》报和《沈阳日报》上刊出大赛试题，100多万份，并同时开展了“爱我沈阳、做城市主人”有奖建议征集活动。截止8月6日，大赛组委会共收到答题卡100 857张。根据大赛规则，组委会对全部答题卡进行了整理，最后判定48 002答题卡有资格参与抽奖。9月13日，主办单位举行知识大赛活动总结大会和抽奖仪式。

【争创全国卫生城活动民意监测调查】 1995年，为了配合沈阳市争创全国卫生城活动，沈阳市城市社会经济调查队在全市进行了3次民意监测调查，其结果是：

创建卫生城活动喜获成功。91.7%的市民感觉到沈阳市环境卫生的改善，创历史最高水平。在遭受百年不遇洪涝灾害等困难条件下，边抗灾边创建，所以，有74.6%的市民认为1995年沈阳市城市卫生与环境综合整治工作“取得一定成绩”。尤其是强化住宅小区环境治理工作卓有成效，56.9%的人认为小区环境治理效果好，53.8%的人对所在的居民区环境卫生状况表示满意。对此，千人中有566人对“门前三包”责任制落实情况基本满意，80.6%的群众对主要街路的清扫保洁工作表示满意。为创造整洁优美的市容景观，各区加大市容管理力度，纠违章，促美化，使沿街牌匾、橱窗、建筑方面等焕然一新，此成效得到51.9%市民的认同。交通综合治理效果显著，有66.8%的市民认为交通有序化管理工作成绩突出。施工现场治理工作基本达到管理要求，现场围档渐趋向景观化、广告化、艺术化发展，给人以赏心悦目的感觉，67.2%的市民认为沈阳市工地环境获得突破性进展。政府加强城市绿化、美化工作，55.3%的市民对绿化工作总体成效给予肯定。63.7%的市民对开展“净化”公园活动，实现还绿于民、还静于民、还美于民、还乐于民的举措表示拥护和赞同。由于市委、市政府高度重视，广大人民群众踊跃地投身到争创国家卫生城的活动中来，70.3%的市民已把爱护环境卫生当成自己的自觉行动。为巩固“创卫”成果，进一步提高市民的生活环境质量，市政府组织建立一支由公安、城管、卫生、环保等14个执法部门组成的联合执法队伍，对全市的市容卫生环境不尽人意的地方，进行进一步的整顿和治理，因而，有78%的市民认为此举措对巩固已有成果十分得力或基本得力。

尽管“创卫”工作的成果令人瞩目，但市容市貌存在的问题不容忽视。环境污染依然不可掉以轻心，沈阳市环境污染恶化势头虽然得到有效控制，但是，55.4%和市民抱怨环境污染现状仍比较严重。69.5%的人认为餐饮行业的食品卫生状况堪忧。

（*李桂芬*）

审计工作

【概况】 1995年沈阳市审计机关按照《审计法》的要求，紧紧围绕“抓住机遇、深化改革、扩大开放、促进发展、保持稳定”的工作大局，积极履行审计监督职能。全年共审计854个单位，查出违纪金额31 851万元，百万元以上违纪单位41个，上缴财政1 916万元，减少财政拨款和补贴235万元，返还被侵占挪用资金6 194万元，给予严重违纪的单位罚款118万元。

财政金融审计。先后对19个县以上财、税部门和54个乡镇财政决算进行了审计，还对28户金融保险单位进行了审计。查出财税金融部门和单位隐瞒截留转移收入、挤挖上级收入、预算内转预算外、虚列财政支出、挪用财政资金等违纪金额3 117万元，分别情况进行了严肃处理，已增加财政收入633万元，对严重违纪的单位处以罚款19万元。此外，还开展了同级财政预算执行情况的审计。

企业审计。先后对330户企业进行了承包兑现审计，离任经济责任审计、资产负债损益审计、财务收支审计。查出违纪金额21 100万元，其中偷税漏税1 387万元，对严重违纪的企业处以罚款46万元，上缴财政946万元，促进了企业依法经营和企业改革的深化。

固定资产投资规模审计，以基础性、公益性和对经济建设有较大影响的建设项目为重点，加强了固定资产投资项目预算执行情况和决算的审计监督。查出违纪金额246万元，以及超规模、资金不落实、多列或少列核算等问题，金额19 027万元，分别给予了严肃处理和纠正，节约了建设资金，提高了投资效益。

农业审计。为管好用好农业资金，促进农业发展，把农业资金审计列为工作重点，先后对67个掌管和使用各种农业资金的单位进行了审计。查出挤占挪用，虚列转移资金等违纪金额2 436万元，对严重违纪的单位处以罚款32万元，促进资金到位287万元，促进了农业资金使用效果的提高。

外资审计。先后对38个利用国际金融组织和外国政府贷款项目以及部分“三资”企业进行了审计，查出违纪金额1 427万元，促进加强了管理，提高了外资使用效益。

行政事业审计，加大了对政府行政执法和经济管理部门财政、财务收支的审计监督力度，重点检查了乱收费、乱罚款、截留挪用专项资金和罚没收入、公款消费、奢侈浪费等违法违纪问题。全年共对281个单位进行了审计，查出违纪金额3 525万元，对严重违纪的单位罚款22万元，上交财政204万元。增强了行政机关法制观念和廉政意识。

（*余宏*）

【本级财政预算审计】 1995年，沈阳市审计机关，开展了本级财政预算执行情况的审计。从1995年10月份起，沈阳市审计机关对1995年1至9月份的本级财政预算执行情况进行了审计。沈阳市审计局围绕财政预算收入执行情况，对市地税局及其所属市内5个分局执行税收政策和税收征管工作情况进行了审计，对市属23户工、商、物资企业缴纳利税情况进行了延伸审计；围绕财政预算支出执行情况，对与基本建设、科技三项费用、挖潜改造、城市维护费支出相关的50个重点单位实施了延伸审计；围绕补助下级财政的支出情况，对市财政拨补给县(市)区的支援农村生产建设、城市维护费等专项支出进行了审计或审计调查；围绕部门年度预算执行情况，对20个行政事业单位的行政经费、教育事业费、教育附加、专项资金支出和行政事业性、罚没收入情况进行延伸审计。沈河、铁西、新民等县(市)区审计局也按全市的统一部署，结合本地具体情况，开展了这项审计工作，收到了较好的效果。通过这一阶段的审计，基本上摸清了财政预算执行情况，为1996年第一季度继续对1995年10月至12月的本级财政预算执行情况进行审计打下了较好的基础。

(余宏)

【社会审计】 随着社会主义市场经济的建立，作为社会中介服务组织的沈阳市社会审计组织又有了新的发展。1995年，沈阳市已建立17个社会审计事务所，从业人员395人。

业务范围进一步扩展。1995年，共完成承包离任审计、国有企业审计查证、经济案件鉴定、验资年检、资产评估等各类委托事项14 253项。较好地发挥了社会审计的中介、公正作用。

基础建设逐步加强。为了保证查证工作的质量，沈阳市审计机关对沈阳市的审计事务所办所的法定条件进行了检查。通过检查，各个审计事务所的注册资金额度、注册审计师人数都达到了法定条件，为提高审计事务所的工作质量打下了良好的基础。

不断提高业务水平。1995年，沈阳市审计机关组织对全市注册审计师进行了48小时业务培训。通过培训，提高了注册审计师的业务素质，进一步适应了社会审计工作的要求。

(余宏)

【内部审计】 1995年，沈阳市内部审计工作。各部门、各企事业单位建有内审机构947个，比1994年增长19.46%；配备工作人员2 555名，增长13.55%。

各部门、各单位的内审机构从加强企业管理入手，完成审计事项10 138项。在审工作中，内审机构注意及时发现经营管理中出现的问题，查出损失浪费1 741万元，针对存在的问题提出切实可行的建议，使企业增收节支954万元。一些企业的内审机构还针对实行现代企业制度的企业规模比较大、内部层次较多的特点，深入开展调查研究，完善现代企业内部审计制度，使内部审计在加强企业科学管理、建立自我约束机制发挥了积极的作用。各部门、各单位的内审机构还围绕促进廉政建设，保证企业改革的顺利实施，深入开展财经法纪审计，及时揭露违法违纪的问题。1995年，共查出贪污贿赂等案件11起，移送司法机关处理10人。沈阳市红十字会医院审计科对收款票据进行了审计，查出部分收款员有贪污行为，有的多达9万元，2名贪污数额较大的收款员已被司法机关收审。

(余宏)

【贯彻《沈阳市国有企业厂长(经理)离任经济责任审计监督条例》】 《沈阳市国有企业厂长(经理)离任经济责任审计监督条例》于1995年1月1日起正式施行。1995年，沈阳市审计机关采取各种措施加强对《条例》的学习、宣传和贯彻取得了较好的效果。

加强学习。首先，组织广大审计干部和审计人员深刻理解《条例》颁布的目的、意义和精神实质，增强贯彻执行《条例》的责任感和使命感。其次，对《条例》逐章逐条进行了学习，明确审计的范围、内容、程序、职责等，为更好地贯彻执行《条例》打下了良好的基础。

加强宣传。一是利用新闻媒介宣传《条例》。沈阳市审计局主动与新单位联系，对《条例》进行了宣传，中央、省、市的10余家新闻单位先后多次给予报导，为《条例》顺利实施起到了舆论宣传作用。其中《经济日报》以头版整版篇幅报导了《条例》出台背景、重要意义及贯彻情况；中央电视台在新闻联播节目中报导后，又于1995年7月派“焦点访谈”节目组专程来沈采访录制《条件》贯彻执行情况，予以播放，在全国产生了良好的影响，。二是印发学习、宣传的小册子。沈阳市审计局为使有关方面掌握和理解《条例》的内容，及时编印了《条例》宣传小册子1 500册，发送到全市审计机关、部门内审计机构、社会审计机构及企业的厂长、经理和财务负责人手中，为他们学习、贯彻、执行《条例》提供了条件。三是利用有关部门办学习班、召开会议等结合具体审计工作进行宣传。

加强贯彻。1995年，沈阳市审计机关和社会审计、内部审计机构共对258户企业的厂长(经理)进行了离任审计，其中，国有企业170户，查出资产不实金额1.7亿元，盈亏不实金额2.88亿元。损失浪费金额960万元，向被审计单位提出改进意见和工作建议228条。通过审计，客观地评价了厂长(经理)的业绩，为有关部门考核和使用干部提供了依据，有7位经营者被提拨使用，7位厂长(经理)被降职使用，3位厂长(经理)被免职，1名厂长被司法机关收审。通过审计，帮助企业弄清了家底，划清了企业前、后任厂长(经理)的经济责任，增强了企业厂长(经理)搞好企业的责任心、使命感和法纪观念、廉政意识。这项审计、对于加强企业管理，保证国有资产的保值增值，都起到了好的作用。此外，通过实施《条例》，还进一步完善了市场经济条件下，政府对企业宏观管理的途径，进一步开拓了审计新领域，促进了审计事业的发展。

(余宏)

【立足本职为发展经济服务】 1995年，沈阳市审计机关立足本职，努力找准审计工作与经济工作的结合点，重点加强了对企业、农业、固定资产投资、运用外资和教育等专项资金的审计，努力为发展经济服务。

把企业审计摆在突出位置。针对企业国有资产流失严重等问题，对企业的资产、负债、损益是否真实合法等问题进行了重点检查。查出资产不实的企业有34个，金额4 835万元；负债不实的企业有13个，金额1 338万元；损益不实的企业有99个，促进了国有资产的保值增值。围绕“造大船”、“名牌工程”，认真开展了股份制企业、公有民营企业、承包企业以及行业审计，尤其是根据企业推行现代企业制度的情况，对企业集团进行了审计，这些工作促进了企业深化改革和改制、改造、改组工作的顺利进行。在企业审计工作中，沈阳市审计机关有的协助企业清理陈欠款，帮助企业减少损失；有的帮助企业正确运用政策，减轻企业负担；有的帮助企业改进和加强管理，提高经济效益，努力把为企业服务的工作落到实处。

围绕加强农业基础地位，促进农业和农村经济的发展，强化了农业资金审计。1995年，先后对康平县1991年至1994年农业总体投入情况、全市农业部门掌管的“两专”资金、东部山区开发资金、商品粮基地建设资金、菜田基金等进行了审计，共审计67个单位，纠正挤占挪用农业专项资金2 193万元。在对某地区二期农业综合开发资金到位、使用情况的审计中，查出财政占用开发资金851.4万元，占上级投入资金的56%，应配套的资金323万元也未到位，给予了相应的处理，促进了问题的进一步纠正。此外，还对修复水毁工程的款物到位、使用情况进行了审计调查，针对存在的问题提出了意见和建议，促进了水毁工程的修复。

围绕控制固定资产投资规模，提高投资效益，先后对37个新开工项目、在建和竣工项目进行了审计，查处了转移挤占挪用资金、高估冒算、挤占工程成本、损失浪费、偷漏税金等违纪问题。在对沈阳市“八五”期间4个重点建设项目的审计后，专门向市政府作了书面报告，提出了加强项目概算管理、广泛推行项目业主责任制等6条建议，促进了项目建设的顺利进行。

围绕引进和利用外资，促进“外向型”经济的健康发展，强化了外资审计。先后对38个利用国际金融组织和外国政府贷款项目进行了审计，查出挪用资金、项目效益低、还贷困难、配套资金不落实等违纪问题，相应地作出了处理，提出改进建议。在对沈阳某有限公司的审计中，查明该公司核算界线不清，收益被分流；汇兑损益处理不当；漏提、欠缴中方职工补贴、基金等问题，根据国家现行的涉外财经法规给予了相应的处理，维护了合资双方的利益，避免了中方利益受到侵害。

围绕实施’科教兴市”战略，加强教育在经济和社会发展中的战略地位，促进管好用好教育经费，沈阳市审计机关分别对市、县(区)教育主管部门及所属部分学校和单位1994年度教育事业费和预算外资金收支管理情况进行了审计。针对存在的问题，提出管好、用好教育事业费和预算外资金，加强各项收费管理，加强财会工作，拓宽各种教育筹资渠道，大力促进教育事业发展等3条建议。收到了积极效果。

(余宏)

【为宏观管理服务】 1995年，沈阳市审计机关注意强化审计和审计调查工作。围绕加强宏观调控和管理进行了“国有工业企业开办第三产业情况”、“借用外国政府贷款项目经济效益和偿还能力情况”、“金融企业潜亏或亏损情况”、“金融企业消费基金增长情况”等项调查。全年向市政府、省审计厅等领导机关提交审计调查报告和审计综合报告41份，为领导机关宏观决策提供了情况。《关于我市利用世行贷款淡水养鱼项目还贷情况的审计调查报告》，促进了该项目还贷工作的落实。皇姑区审计局对该区商业网点资金收支情况进行了审计，查出转移上级拨入网点资金120万元，少计网点房租收入175万元，损失资产16万元等问题，引起区政府的重视，召开常务会议做了专题研究，并作出加强网点费使用审批的决定，在区内引起较大的反响。沈阳经济开发区审计局对某特种饲料厂的应收帐款进行了专项审计和调查，并向开发区管委会提出加强应收帐款管理的建议。开发区管委会对此多次开会议研究并采取有效措施，现已追回拖欠款200余万元。

沈阳市审计机关还注意把微观审计中发现的问题及时反馈给上级领导机关。1995年，向市级以上领导机关报出审计信息65份，被审计署、省委、省政府、市委、市政府等领导机关采用51期次。如，反馈的沈阳市公有民营运行情况的信息被省委、省政府、市委、市政府采用。审计信息工作的加强，为领导机关决策和加强宏观管理提供了依据。

积极完成党和政府交办的各项任务。1995年，各级党委、政府和部门的领导对审计机关交办事项普遍增多，内容也越来越广泛，不仅有对经济建设中难点、热点问题的审计调查，而且有经济案件的审计查证。沈阳市审计机关积极组织力量，认真办理上级领导机关交办的事项，及时向领导报告办理结果，在促进改革开放和经济发展，反腐败等方面发挥了重要作用。1995年6月，根据沈阳市政协的要求，对沈阳市部分大型医疗单位和医药品供应单位的药品回扣管理情况进行了调查，形成了专题调查报告，受到上级领导的重视和肯定，有关方面及时采取措施，解决存在的问题。

(余宏)

【抓“热点”为稳定服务】 1995年，沈阳市审计机关围绕党和政府的中心工作，把握“改革、发展、稳定”的关系，把改革中和经济生活中的“热点”问题以及人民生活中的“热点”问题作为审计工作的重点，开展审计工作，推动了审计工作的开展。

围绕改革“热点”问题开展审计工作。深化企业改革、进行现代企业制度试点、推行股份制是经济发展中的重头，也是改革的“热点”。沈阳市审计局对9家工商股份制企业进行了审计和审计调查，发现的问题主要是国家股权益受到侵害，多数股份制企业在进行分红时，未兑现国家股红利；损益不真实，企业后劲不足，对此，相应地提出了改进的建议，促进了股份制的健康发展。

围绕经济生活中的“热点”问题开展审计工作。企业的工资、劳动、人事三项制度改革直接关系到职工的切身利益，沈阳市审计局对4户国有大中型企业分配制度与消费基金状况进行了审计调查。调查结果表明：在企业分配制度改革取得成效的同时，也存在着为完成主管部门下达的年度利润指标，少提或不提新增工资，工时定额不合理，企业减员难度大、企业相互拖欠日趋严重等问题，对此已提出4条改进建议，以促进企业三项制度改革的落实。

抓住与人民生活相关的“热点”问题开展审计工作，促进社会稳定。沈阳市审计局会同皇姑、铁西、大东、沈河、和平等区审计局对职工失业保险金进行了审计，并协助有关部门追缴曾欠缴的失业保险金39.4万元。东陵、于洪、苏家屯、新城子、法库等审计局坚决查处高价出售化肥问题，为农民追回多付的化肥款5万余元，深受农民欢迎，有效地制止了农民负担反弹现象。1995年夏季洪水过后，沈阳市审计局和县郊区审计局立即开展了赈灾款物管理，发放情况的审计，确保了救灾工作的顺利进行。沈阳市审计局还会同水利局、财政局对抢险物资投放情况进行了审计核实，查出个别单位虚报数量，为市财政控制了部分支出。此外，围绕加强对行政事业性和营业性收费的管理，沈阳市审计局对15个单位的80个收费项目进行了审计，对擅自立项收费、超标准收费的行为给予了严肃处理。如某大学未经批准，擅自收取降级生试读费17 800元，某学院收取试读生学费15 650元，分别被上缴国库。大东区审计局在对学校乱收费情况审计后，会同区教委共同研究和进一步完善《学校预算外资金管理办法的规定》，从制度上明确规定学校所有预算外收入必须纳入学校行政财会帐目统一管理。于洪区审计局对宁官乡1993年以来近3年的财务收支进行审计，为该区领导解决该乡部分农民上访问题提供了依据，促进了社会稳定。

（余宏）

【向社会公布重大审计成果】 1995年，沈阳市审计机关根据《审计法》的规定，向社会公布了一批审计成果，收到了较好的社会效应。

房改工作涉及千家万户，1995年3月，沈阳市审计局对沈阳市1994年住房资金的归集使用情况进行了审计，结果表明：1994年，沈阳市住房资金管理中心共归集房改资金16 670万元，其中，住房公积金2 000万元，出售住房债券12 906万元，新增租金21万元，住房资金利息收入1 743万元。支出14 907万元，主要用于危房改造及单位向职工补贴出售住房的专项贷款。沈阳市审计局于1995年7月利用新闻媒介及时向社会公布了对沈阳市1994年度住房资金归集和使用情况审计的结果，群众对此表示满意。

1995年，沈阳市审计机关还把对“希望工程”——助学基金实施定期审计的结果向社会公布。1994年，沈阳市社会各界募捐基金749万元，为1993年的7.3倍，加上发行“希望卡”收入2.7万元和利息收入1.4万元，助学基金总金额753.1万元。“希望工程”助学支出469.5万元，其中，新建希望小学49所，支出421.1万元；资助贫困学生10 500人（含直接结对资助），支出47.2万元，建校和资助贫困学生数量分别为1993年的16倍和5.8倍；用于印制宣传品、捐赠纪念证书1.2万元。收支相抵后，累计结余385.6万元（含上年结余102万元。审计结果表明“希望工程”——助学基金管理情况较好，使用符合规定，未发现挤占挪用等违纪问题，“希望工程”事业又有新的发展。1995年8月，向社会公布了这一审计结果，社会各界反映良好，踊跃捐款，“希望工程”事业得到了进一步发展。

（余宏）

【严肃查处违法违纪行为】 1995年，沈阳市审计机关适应改革开放逐步迈入法制轨道的新形势，在坚持“三个有利于”原则的同时，依法强化审计监督力度，并按照《审计法》的要求，把审计监督与加强廉政建设，维护正常的经济秩序紧密结合起来，严肃查处违法违纪行为，促进反腐败斗争的深入开展。1995年，沈阳市审计机关完成的审计户数与1994年持平，但查出的违纪金额、上缴财政金额和罚款金额分别比1994年增长21.89%、5.9%和25.93%。

严肃查处贪污贿赂案件。1995年，共查处贪污公款案件3起，移交司法机关处理8人。沈阳市审计局在对某技工学校的审计中，发现王某有弄虚作假、利用职务上的便利、非法占有公款的问题，已移交司法机关处理。和平区审计局在对某设备制造厂的审计中，查出该厂厂长杨某、会计李某利用职务之便，采取开“大头小尾”发货票和收入不入帐等手段，长期占用公款等违法违纪问题，已移送司法机关处理。

严肃查处偷税漏税等违反财经纪律的行为。沈阳市审计局在对某养护处和某建设处的延伸审计中，查出两单位存在严重截留国家财政收入的问题，给予了严肃处理，现已收缴入库67万元。辽中县审计局在对某建筑安装公司等单位的审计中，查出偷漏税款27万元，依法全额予以收缴。康平县审计局在对某商场审计时，查出该商场营业收入不入帐，隐瞒收入21万余元，故意偷漏税金1.4万元，人为销毁凭证等违法违纪行为，依法给予了严肃处理，并在全县范围内公开通报批评。法库县审计局与有关部门配合，对全县各乡镇税收入库情况进行了审计，查出各乡镇串税，挤控县级收入83万元的问题，审计后将此款项上缴入库，并对违纪单位处以违纪额20%的罚款。

开展清理“小金库”的专项审计工作。国务院关于清理“小金库”的部署下达后，沈阳市审计机关积极开展清查“小金库”工作，已查实15个单位私设的15个“小金库”，并对沈阳微电机厂和沈阳市公用事业技工学校严重违反国家规定、私设“小金库”的问题，在全市范围内给予了公开通报批评，起到了审计一点、震慑一片的作用。（余宏）

【审计队伍建设】 1995年,沈阳市审计机关坚持把加强审计干部队伍建设放在重要位置,不断提高干部的政治素质和业务素质。

坚持加强思想作风建设。沈阳市审计机关,广泛深入地开展了"进场入轨、兴市富民"大讨论,认真查找审计工作为经济发展服务方面的不足,不断形成新的共识。深入持久地抓普法教育。1995年是"二五普法"最后一年,沈阳市审计机关抓住这一有利时机,加大对审计干部普法教育的力度,并结合学习《审计法》,认真做好验收,从而加强了审计队伍的法制建设,沈阳市审计局还被评为省审计系统和沈阳市"二五普法"先进单位。

加强审计科研和培训工作。沈阳市审计机关先后召开了不同层次的专题研讨会10余次,围绕同级财政预算执行情况的审计、审计定义、现代企业制度审计等课题,广泛开展理论研究,取得了不少有价值的成果,推动了审计工作的开展。沈阳市审计机关还按照《审计法》对提高审计人员业务素质的要求,有针对性地开展业务培训,收到了较好的效果。

强化档案管理和计算机应用工作。沈阳市审计机关从实际出发,加强档案管理工作。沈阳市审计局和大东、新民、辽中、法库、康平等县(市)区审计局被评为省一级档案管理先进单位,沈阳市审计局还被评为省档案工作先进集体,实现了档案工作"求质量、上层次"的目标。为加速审计现代化建设进程,积极开展计算机应用工作,制定了计划,配置了设备,并对沈阳市审计机关从事计算机工作的人员进行了培训,为计算机的广泛应用打下了坚定的基础。

(余宏)

工商行政管理

【概况】 1995年,沈阳市工商部门全面实施执法规范,不断强化效能监察的作法,先后被市委、市政府和国家工商局予以推广,全面介入"双生"市场管理和实行集贸市场管理连带责任制以及推行干部辞退制度的作法,分别受到了国家工商局和国家人事部的充分肯定;全力投入抗洪抢险和支援灾区生产自救以及参与"创卫"活动等方面的工作,都受到了市领导及人民群众的广泛好评。从工作发展态势看,全年工作呈现了突出重点,整体推进的生动局面。

1. 切实向监管统一大市场迈进,依法治理的力度与实效明显增强。一年来,工商部门围绕转变工作职能,加强了基础建设。先后代政府起草了《反不正当竞争法》、《沈阳市保护消费者合法权益规定》、《沈阳市经济合同管理规定》、《沈阳市户外广告管理办法》等7个地方性法规和规章,解决了一些无法可依,有法难依的矛盾,积极稳妥地理顺了市、区工商行政管理体制,集贸市场办管脱钩工作也开始起步。

2. 努力培育市场体系,促进了市场主体和市场载体同步发展。年初,工商部门按照市委关于开展"进场入轨、兴市富民"大讨论的要求,结合部门实际,开展了"正确处理管理与服务的关系,为沈阳市进场入轨、兴市富民作贡献"的大讨论。全系统以此为起点,进一步增强了服务意识,坚持立足职能,为培育大市场体系,加快沈阳市进场入轨步伐,展开了全方位支持企业搞活,促进工商企业健康发展;积极创造宽松环境,促进个体私营经济快速发展;指导构建市场载体,促进有形市场全面发展等富有成效的工作。

3. 进一步加强自身建设,队伍的整体素质有了一定提高。加强依法治局工作,推动行政执法规范走向了系统化;加强思想作风建设,激发干部焕发新的精神面貌;加强廉政勤政建设,引导队伍增强了廉洁自律,勤奋工作的自觉性;加强各项业务建设,有效地提高了依法行政的能力和水平;加强基层工商所建设,逐步改善了执法一线的工作条件。

(关德焕)

【规范行政执法行为】 为了维护法律的尊严,防止一些人滥用职权,沈阳市各级工商行政管理部门认真探索促进监督管理职能到位和制约滥用职权的措施。

1995年,为了把此项工作引向深入,全面规范行政执法行为,组织专门力量,在充分调查研究和总结经验的基础上,编写了《工商行政管理行政执法规范》一书。系统地将自1979年以来,涉及工商行政管理工作的170项现行有效的法律、法规、规章,归纳确认资格、行政处罚、强制措施、不作为、收取规费等5大类、25中类、218小类、656项具体行政行为,对各种违法违章行为的设定、认定依据、处罚依据、应行使的具体行政行为及其幅度都作了明确的界定,并自1995年9月开始在全市工商行政管理系统实施。

《规范》编辑脱稿后,引起了国家工商局的高度重视。指出:沈阳市工商行政管理局为加强队伍建设,规范执法行为,提高执法水平,在总结多年实践经验的基本础上,依据现行法律、法规和规章,将工商行政管理的基本职能和执法人员的岗位责任溶为一体,编写了《工商行政管理执法规范》,这是沈阳市工商行政管理机关广大干部多年来执法实践的结晶,它的实施标志着工商行政管理执法正在向更高的层次和目标迈进,不仅对沈阳市的工商行政管理工作具有重要意义,也将会对全国其他地方的工作有启发和借鉴作用。

(熊少清)

【实施效能监察】 1995年,沈阳市工商行政管理机关在深入开展反腐败斗争、查处违法违纪案件、加强廉政建设的基础上,全面开展效能监察工作,并收到了明显的效果,有力地推动了全市工商行政执法职能到位。其主要做法是:

1. 围绕中心工作开展效能监察。1995年3月份,市工商局党组根据一些集贸市场卫生环境脏、经营秩序混乱,监督管理差的问题,调动一切力量,采取果断措施,本着公正、严格、求真、务实的原则,对全市18处集贸市场,14个方面的52项工作内容进行了检查,共查出8个方面的问题。市工商局党组根据市工商局下发的《集贸市场管理干部目标管理及奖励试行办法》和《关于实行集贸市场管理工作连带责任的补充通知》的精神，对检查中好的单位大东分局奖励3 000元，对皇姑分局北行市场管理所奖励2 000元；对查出问题的单位分别进行了处罚。市工商局局长、主管市场局长、市场处处长、副处长分别引咎自罚200元；免去铁西分局一名副所长职务。对受检的单位也分别进行了奖励和罚款。通过对集贸市场的效能监察，鼓励了先进，鞭策了后进，把集贸市场监督管理翻身仗的工作进一步引向了深入。

2. 抓住"热点"开展效能监察。在开展效能监察工作中，注意抓住群众关心、反映强烈的"热点"进行效能监察。如利用年检搭车收费成了群众反映的"热点"。市工商局组织监察小分队明查暗访，对搭车收费的当事人和有关领导从严进行了处理。同时对主动想办法为企业解决困难，方便企业年检的部门进行了表扬，使效能监察起到了强化廉洁意识，规范执法行为，提高工作效率，服务质量和维护政令畅通的作用。

3. 抓住"难点"进行效能监察，如对摊位分配工作进行效能监察，采取公开摇号，招标的方法，使全市工商系统451个市场共分配12 569个摊位，没有发生任何问题。还有对企业登记、经营门点管理、各种收费问题，对干部的考核等等分别进行效能监察，都收到了良好的效果。

（关德焕）

【经济合同管理】 1995年，沈阳市各级工商行政管理机关，努力学习和贯彻《经济合同法》和《仲裁法》，走出误区，认真履行合同管理职能和暂时保留的仲裁职责，为维护经济合同当事人合法权益做出贡献。据统计，1995年，全市共鉴证各类经济合同29 608份，比1994年增长168%，金额42亿元。在鉴证工作中，发现违法合同46份，为企业完善各类合同条款4 023条，通过鉴证为企业避免经济损失5 652万元。共仲裁合同纠纷案件173件，争议金额2 880万元。全年合同鉴证有以下三个特点：

1. 鉴证财产租赁合同有较快增长。全年共鉴证和备案财产租赁合同24 988份，占鉴证总数的84%，比1994年增长近3倍。其主要原因是：随着房地产市场的发展以及有形市场发展的多元化，带动了写字楼、房屋等财产租赁的迅速发展，从而使财产租赁合同大幅度增长。

2. 鉴证工业产品购销合同明显增加。全年共鉴证423份，金额25 293万元，比1994年增长2倍和3.3倍。其主要原因是：市政府颁发了《沈阳市经济合同管理规定》，沈阳市工商局下发了《沈阳市经济合同管理规定实施细则》。要求工矿产品购销合同和加工承揽合同都要到合同履行地的工商局办理鉴证或备案。所以，许多企业为了保护自身的合法利益主动到工商部门办理鉴证或备案。

3. 鉴证建设工程承包合同减少。全年共鉴证4 063份，金额37亿元，分别比1994年下降13%和23%。其主要原因是：国家建设工程项目资金短缺，投资规模逐步缩小，项目减少。鉴证的合同份数和金额也相对减少。

（关德焕）

【注册商标的发展加快】 截止1995年末，沈阳市累计有5 313户企业使用注册商标5 815件，分别为《商标法》颁布初期的14倍和11倍。1995年，沈阳市商标事务所代理的商标注册申请达1 453件，比1994年增长12.9%，注册商标企业828户，增长12%。近几年来，沈阳市企业商标注册呈现出以下几个特点：

第一，商标注册数量逐年增长，年平均以10%以上的速度递增；第二，沈阳市黎明、北松等13家大型集团公司在42类别上进行了全类注册，形成了群体系列商标；第三，1993年飞龙集团公司的"虎睛"商标在国际马德里协定成员国中5个国家申请了注册，使沈阳市商标国际注册实现了零的突破。尔后沈阳市又有21家企业27件商标分别向韩国、日本、俄罗斯等25个国家进行了国际注册；第四，商标注册人的主体资格也由过去单一的国有企业发展到集国有、集体、外资、个体、私营等注册主体资格的多元化；第五，商标类型也从过去的单一的商品商标发展为商品商标与服务商标共存的商标体系。

但是，从沈阳市发展的客观需要上看，无论是商标数量，还是商标质量仍不适应形势发展的需要。沈阳市现有企业包括外资、私企135 290户，使用注册商标5 815件，拥有注册商标的企业只占企业总数的3.9%，平均23户企业才拥有一件注册商标，低于全国平均水平，远远落后于沿海发达城市。沈阳市虽有"红梅"、"金铎"等82件著名商标，但还没有全国驰名商标，另外商标注册滞后于商品生产经营的问题也相当突出。

（宁安庭）

【"清假"取得突破性进展】 为适应深化改革，建立现代企业制度，进一步明晰企业产权关系，各类市场主体创造公平竞争的外部环境需要出发，1995年初开始，沈阳市工商局按照国家局提出的"行政执法要向监管统一大市场倾斜"和继续清理假集体企业的指示精神，自觉把"清假"工作作为一场硬仗而列入了工作日程，到1995年末，全市工商行政管理系统共清理出各种形式的假集体企业2 500余户，使清假工作取得了阶段性成果。其主要做法是：

1. 加强领导，健全组织，不断加大清假工作的力度。为加强对清假工作的领导与协调，从年初开始，市工商局就成立了清理假集体工作领导小组和清假办公室，做为临时常设机构领导全市开展清假工作；在此基础上，要求各县（市）局、驻区分局从各职能部门抽调精兵强将，组成了400余人的清假工作专业队伍，集中精力从事清理工作，推动了全市清假工作向纵深拓展。

2. 宣传到位，争取地方各级政府和广大企业的理解与支持。为减少清假工作的困难和阻力，市工商局和各县区局注意加强宣传疏导工作，积极争取地方各级政府的理解和支持。为在全市形成清假工作浓郁氛围，市工商局组织人力集中编写了《清理假集体工作宣传提纲》、并印成小册子，将什么是假集体、假集体的表现形式、清假工作的意义、假集体的危害及假集体给社会和挂靠部门带来损害的典型案例的宣传材料印发给各级政府和广大企业，并通过报刊、电台、电视台等新闻媒介做了大量的宣传工作，引起了地方各级政府和领导对清假工作的重视，减少了清假工作阻力，并收到了良好的社会效果。

3. 职责明确，密切配合，全市工商系统在清假工作中形成了合力。为调动全市工商行政管理系统广大干部参与清假工作的积极性，市工商局审时夺势，及时向全市工商系统印发了《关于加大力度、深入开展清假工作的实施方案》、《关于清理假集体工作考核奖励的实施办法》和“清假工作责任制”等文件和规定，做到了指数到县（区）、任务到所（科），责任到人，建立健全了考核及奖惩制度。由于目标明确，措施得力，全系统各部门注意发挥整体功能作用，使全市清假工作衔接有序，确保了清假工作的顺利进行。

4. 方法得当，真抓实干，全方位强化对大市场的监管力度。全市清假工作展开后，为使清假工作收到实效，全面加强工商行政管理工作，工商部门向全市工商系统及时提出了坚持一条原则，打破三个界限，注意五个结合的具体要求，即清假工作要坚持先易后难、既要加大力度、又要保持社会稳定的原则；在清假工作中要打破行业界限、打破部门界限、打破管理范围界限，做到有假必清；克服单纯清假观念，要做到清假与宣传疏导相结合，让假集体企业在自愿的基础上愉快转制；清假与防假相结合，严把市场准入关，严防新的假集体出现；清假与加强年检、强化日常管理相结合，不断加大对各类市场主体的监管力度；清假与打破、清理“三无”企业相结合，净化市场环境，维护正常的市场经济秩序；清假与为企业提供各种优质服务相结合，树立执法权威和良好的工商行政管理群体形象，收到了事半功倍的效果。

5. 注重效益，清假与转制同步进行，促进了沈阳市个体私营经济的大发展。在全年的清理假集体工作中，市工商局注意引导假集体企业及时办理转为私营企业和个体工商户手续，力争做到清一户转一户，并保持企业的规模、档次和相对稳定。在清理出的2 500多户假集体企业中，办理转制的2 417户，其中转为个体的达1 221户，转为私企的达1 196户，使全市个体私营经济得到了进一步的发展。

（*刘桂鸿*）

【查处不正当竞争行为】 1995年沈阳市共查结不正当竞争案件141件，比实施《反不正当竞争法》的1994年增长1.8倍；收缴罚没款129万元，增长8.6倍。尤其是突出了“窃取商业秘密”、“串通投标”等一批高难新案件，填补了查处这类案件的空白。

为了适应形势发展的需要，沈阳市根据国务院文件要求，调整了工商行政管理体制。在此基础上，市工商行政管理机关调整充实了经济检查力量，到12月末，专门从事经济检查工作的工商行政管理干部由年初的107人增至149人，为深入查处不正当竞争行为奠定了基础。

与此同时，根据《反不正当竞争法》的原则规定，结合沈阳市社会主义市场经济发展中的实际情况，沈阳市在充分调查研究的基础上，草拟了《沈阳市反不正当竞争条例》的初稿。这个文件实质是贯彻《反不正当竞争法》的实施细则，虽然目前尚在综合论证和报立法机关审批之中，但为今后深入查处反不正当竞争行为理清了思路。

（*熊少清*）

【开展重要商品广告事先审查】 为防止虚假广告特别是化妆品、药品、食品、医疗器械、医疗服务等虚假广告的出现，1995年9月，市工商行政管理局成立了沈阳地区广告事前审查办公室，对以上5种商品（服务）广告进行事先审查。到年末，全市审查各种广告2 244件，其中：电视广告718件，广播广告372件，报纸广告1 085件，其他媒介广告69件。这一举措，较好地净化了广告市场，受到消费者欢迎也得到了广大客户和广告经营者的认可。但也从中发现了一些问题。

1. 广告代理制仍存在不尽人意之处。代理制是广告业的发展方向，但在审查工作中发现部分媒介单位工作人员参与到广告经营活动中来，他们既不是广告部的工作人员，又不是被指定为具有发播广告权栏目的人员他们一切从唯利出发，对广告把关不严，严重扰乱了广告市场，不利于广告行业的发展和培养专业广告人员，不符合社会主义经济公平竞争的原则，阻碍了广告代理制的进一步发展。

2. 媒介单位发布广告存在问题轻重不一。从统计数据看，报纸和电视广告所占的比重较大，广播和户外广告所占比重较小，但都不同程度地存在一定的问题：①电视广告和报纸广告都存在一个共性的问题，即未注明广告宣传文号、字体过小或不显著、繁体字频繁出现等。②户外广告存在的主要问题是散发的传单屡禁不止。而且大多宣传的是医疗服务或药品。③广播广告经常擅自播发未经审查的广告或播发与审查内容出入较大的广告。

3. 送审广告中存在问题较大。①，缺少证明材料，这类广告有544件。首先，由于广审办对广告的审查本着专业性审批以有关主管部门批件为主，内容全方位掌握以广、审办为主的原则，所以在审查时必须提供广告证明，但有个别不提供的；其次，获奖和专利是各广告焦点，虽然《广告法》对这两大方面已有明确的阐述，但仍存在着获奖不注明全称，正在申报专利说成已获专利的现象，既没有专利也不注明专利类型和专利号，这种情况占30%左右；再次，缺少商标证明书占缺材料总数的10%，主要是广告主对商标注册时没有深刻理解，导致申请了就可以宣传的错误。②夸大宣传，误导消费。这类有1 095件。广告审查的目的就是要抑制不正当竞争，最大限度地制止虚假广告的出现，保护消费者的合法权益。因此，广审办对一般性夸大和误导的广告进行删改后方允许其进行广告宣传。

（*关德焕*）

【“打假”工作取得成果】 1995年，沈阳市工商行政管理系统认真组织开展了以整治节日市场、农资市场、夏季饮料市场和商标广告市场经营秩序为重点的打假保“两节”、打假保春耕、打假保健康、打假保名牌的四大战役，并取得了丰硕的成果。全市工商系统共查处生产经销假冒伪劣商品违法案件4 037件，其中立案标准以上案件902件，大要案件41件，捣毁制假窝点354个，取缔无照经营19 129户，督导办照3 457人，查处违法人员3 659人，移送司法机关处理案件20件，计14人，召开公开处理大会15次；收缴罚没款310万元；查获假冒伪劣商品共164个品种，标值达1 737万元，销毁假冒伪劣商品标值474万元。其特点：

1. 领导高度重视，组织发挥得力。市工商局和各县(市)局、驻区分局成立了打假领导小组，并设立了打假办公室，明确职责和任务。制定打假工作方案、计划，工作目标层层分解，落实到基础。制订并实施了打假调度会、情况反馈和连带责任制度。组织了打假业务培训。工商部门党政一把手带头参加打假行动，亲临一线指挥，极大地鼓舞了广大干部的士气。

2. 采取多种方法，加大查处力度。采取“四个结合”的方法，收到了事半功倍的效果。一是加强日常监管与组织“大兵团”突击检查相结合。不定期地组织全系统职工实施了14次大规模的突击检查行动，有效地发挥了工商部门的整体功能作用。仅打假第三战役组织的8次行动，全系统出动的1 681台(次)机动车、6 892人次，对1 751户企业、4 514户个体门市、327处市场、9 294个摊点进行了严格检查，查处制假售假案件1 054件，大要案件11件，端窝挖点69个，查处违法人员1 159人，收缴罚没款119.6万元，查获假劣商品标值达383.8万元。二是内外结合，增强打假合力。在打假专项治理的各阶段，工商部门主动与公安、农林、技术监督和检察院配合，使技术鉴定可信，介定违法行为准确，打击有力加快了办案效率。三是监管与宣传相结合。全市工商行政管理系统共公开处理各种案件220次，涉及案件1 833件，假劣商品展览84次。市局分别组织87户企业和2 200名个体业者联名向生产经销和个体劳动者发出不生产和销售假冒伪劣商品倡议书，共印发2.1万份。主动邀请人民日报等15家中央新闻单位和辽宁日报等12家辽沈地区新闻单位跟踪报道189次，形成较强的舆论声势。四是打假与反不正当竞争结合，使打假治劣不断深化。全年共查处不正当竞争案件141件，其中制假售假案件136件。

3. 打击重点突出，成果比较明显。根据各打假专项治理的不同情况，结合沈阳实际，突出假劣商品的生产企业和城乡、郊县结合部，大中型商场、市场和繁华商业区、旅游网点等重点部位，重点环节，重点打击制售假冒伪劣食品、烟酒、饮料、注水肉禽、化肥、种子、农药、虚假违法广告和假冒注册商标等品种，开展了扎实有效的打假四大战役，取得了可喜的成果。

（*徐建西*）

【“双生”市场的发展与管理】 1995年，沈阳市“双生”市场的发展与管理，都有长足的进步。

1. 生产资料市场。全市共有生产资料市场56处，成交额达122亿元。其中投资额超十万元以上的市场4处。1995年新增生产资料市场9处。为了强化市场监督管理，根据有关法规，全年取缔5处有场无市的生产资料市场，对全市旧机动车市场进行了清理整顿；对1处未经登记擅自开业的市场进行了查处；对3处市场共查处了10件销售假冒伪劣商品案件，较好地维护了生产资料市场的正常秩序。

2. 生产要素市场。全市共有生产要素市场26处，成交额达86.8亿元，工商行政管理机关介入生产要素市场管理的情况是：

①全面介入和加强房地产市场管理。全年房屋租赁合同备案1.5万份，合同标的额达1.7亿元，分别为1994年的3倍和2.4倍，初步介入了房屋买卖市场的管理，对7件房屋租赁中违法案件依法进行了查处。

②进一步加强产权市场的培育管理。全年共有14户进行了产权交易，交易额达7.14亿元，安置富余人员1 065人，在工作中：一是加强对产权交易行为的监督管理，对6起非法产权交易案件进行了处理；二是充分运用职能，积极推动企业进入市场，走访了30余户企业主管部门，其中6户企业在市场内进行了交易；三是加强了管理的基础工作，积极开展调查研究和法规政策的宣传，制定了《产权交易合同备案制度》、《产权经纪机构管理规定》等管理制度。

③劳动力市场管理工作初见成效。一是培育和支持零工市场的发展，全年共兴办零工市场2处；二是规范职业介绍机构，对22家民办职业介绍所依法办理了审批手续，依法取缔了非法或不具备条件的职业介绍机构，对39户职业介绍所的违法问题进行了处理；三是开展对招用工广告的事前审查工作，共对200多份招用广告进行了事前审查，较好地避免了虚假广告等违法行为；四是加强了管理的基础工作，制定了《职业介绍案例》、《求职须知》、《招用工合同文本》等必要的管理制度；五是拓展管理领域，对临时工实施监督管理，对4起雇佣童工的违法案件进行了查处。

④技术市场培育管理工作有所深化。年内组织了全市范围内的技术市场大检查，共检查200余户企业，3 000余份合同，对查处窃取技术成果的违法案件进行了探索，同时，全面开展了对进入有形市场企业登记注册的咨询，受理，初审工作。

⑤积极介入金融市场管理。积极开展调查研究，与人民银行等部门密切配合，调整市区工商管理部门对金融保险业的管理分工，同时开始对全市金银饰品市场的整顿工作。

（*熊少清*）

【集贸市场的发展与管理】 1995年末，沈阳市集贸市场已发展到457处，占地面积364.4万平方米。全年，集贸市场成交额257.6亿元，比1994年增长25.6%；农副产品成交量22.9亿公斤,增长20.8%;收取市场管理费1.6亿元,增长2.9%。年成交额超亿元市场38处,比1994年增长26%。集贸市场的建设和发展主要有以下几个特点:

1.以改造老市场为重点,市场整体形象有较大改善。主要表现是:一是新办专业市场多。为适应消费和农村经济发展的需要,以开发建设城镇补充型和农村专业型市场为重点,新建各类集贸市场26处,比1994年增长13%。季节性批发市场已达123处。二是社会力量办市场投资增多。房地产业和工商企事业积极开办市场,投资总额达2.8亿元。三是大型市场改造多。适应大流通的需要,专业市场上规模,老市场上档次,共改、扩建市场63处,投入资金5 568.7万元。四是马路市场修缮多。为了使场容和市容相和谐,维修改造马路市场172处,总投资1 589.4万元。

2.积极引进企业、大户,增强市场竞争能力。为优化市场经营主体成份,增加市场实力,采取对话、展销、对接等形式,引导784户企业进场经营,成交额达51 584万元,举办各类促销活动31项。帮助183户企业扭亏增盈,扭亏增盈额3 432万元。组织760户个体经营大户转制为私营企业。

3.积极培育市场群体,增强市场的集约能力。为提高市场规模效应,以批发市场为龙头,积极培育了北行、东行、南站、九路、五爱、南塔、茨榆坨、东湖、新城子、辽滨十大市场群体,年成交额167亿元,占全市集贸市场年成交额的65%。

4.大量引进商品,增强市场集散能力。依据沈阳市中心城市的功能作用,积极开源扩流。一是开辟货源基地860处,签订供货协议825份;建立工业生产加工圈476个。二是实行"二优、二奖、一补偿"的优惠政策,在沈阳市遭受洪涝灾害期间,奖励贩运大户16.5万元,减免管理费184.2万元,保证了灾年不减量,稳定了物价。全市集贸市场商品零售额占社会商品零售总额的42.6%。

5.加大监管力度,净化市场环境。认真落实各项规章制度,推进规范化管理。如落实信誉卡制度,经营者向消费者赠送信誉卡3 364.9万张;落实垃圾袋装化制度,有97处市场设立垃圾房98个;落实衡器标准化,有96处市场推行台秤7 203台;落实即时赔偿制度,设立消费者保护基金,对123名消费者进行了即时赔偿,金额达0.66万元;落实奖励举报制度,奖励举报者26人,奖励金额1 930元。行政执法规范在各市场得到了普遍落实。把打击掺杂使假、以次充好、缺斤少两、欺行霸市等行为作为重点,加大查处违法违章经济案件力度。全年共查处违章违法经济案件7 529件,罚没金额达66.4万元,其中捣毁制假窝点13个。净化了市场环境,维护了良好的市场秩序。

(刘光中)

【个体私营经济快速增长】 1995年,沈阳市个体私营经济仍保持快速发展势头。到1995年底,全市个体工商户达到168 197户、270 418人,分别比1994年增长15.3%和16%;注册资金达23.5亿元,实现产值38.2亿元,营业额273.35亿元,分别增长32.6%、60%和73.7%;私营企业达到11 930户、150 875人,分别增长40%和55%;注册资本达到42.59亿元,实现产值43.83亿元,营业额44.71%亿元,分别增长118%、113%与133%。与此同时,个体私营外向型经济也取得明显成果,私营与外商合资企业发展到200户,增长16%;实现出口创汇额1 974万美元,完成出口供货值23 015万元人民币,分别增长61%和68.2%。

从1995年全市个体私营经济发展形势看,主要呈现5个显著特点:

一是数量稳定增长,规模不断扩大。沈阳市个体私营经济发展虽然受到洪涝灾害等因素的影响,个别县区一度出现滑坡现象,但是个体、私营企业户数仍比1994年增长16.7%,个体、私营企业注册资金增长77.6%。到1995年末,全市私营有限责任公司已发展到1 474户;私营企业注册资本超百万元的达402户,超千万元的达46户,分别增长49%和84%;私营企业集团达25户,增长92%。

二是集中连片发展,出现了一批专业发展区。全市各县(市)、区个体私营经济以市场为龙头,一乡一业,一村一品的专业村屯发展到295个,直接为市场提供了相当份额的地产品,推动了本地经济的蓬勃发展。同时,以东陵个体私营加工区、沈河温州服装辅料一条街、和平私营企业经营圈为代表的开发区、加工区、经营区已发展到30余处,为个体私营经济提供了更为广阔的发展空间。

三是从行业结构看,第三产业比重增大。截止1995年末,开办第三产业的个体工商户已发展到148 270户,占总量的88.2%。特别是从事批发、零售、贸易、餐饮业的陡增,比上年增加12 662户,翻了一番,私营企业从事第三产业的也占其总量的59.7%,仅在全市私营有限责任公司中,从事批发、零售、贸易的就达910户,约占62%。

四是清理"假集体"企业转为个体或私营企业,已成为个体私营经济新的增长源。在全年清理的2 500多户假集体企业中,转为个体的1 221户,转为私企的1 196户。

五是企业富余人员等务工经商人员剧增。到1995年末,仅个体工商业就安置企业富余人员80 360人,占从业人员总数的29.7%,为深化企业改革和保持社会稳定发挥重要作用。

(苏伟)

【外资企业发展新特点】 1995年,沈阳市新发展三资企业555户,比1994年减少26%。投资总额为120 775万美元,注册资本为81 601万美元,其中外方注册资本为51 509万美元,分别减少1%、9%、7%。但在质的方面,又出现了"三多":一是前来投资的国家和地区增多。在来沈投资者的国家(地区)中,首次出现了蒙古、阿联酋、阿根廷、芬兰、澳地利、以色列、约旦等7个国家;二是韩国来沈投资客户增多,全年共有207户,比1994年增长9%,占新发展企业的37%。三是来沈投资的大客户增多,全年新发展投资总额在1 000万美元以上的投资大户30户,比1994年增长15%。

出现上述"一少三多"情况的原因主要是：

1. 从1995年开始我国调整了一些三资企业的税收政策，使得引进初期不具备投资条件和实力的外商没有政策空子可钻，不敢冒然投资兴办企业，从政策上卡掉了一些来沈搞三资企业的投机者，这是1995年发展三资企业少于往年的直接原因。

2. 从1995年注册三资企业看，质量普遍好于往年。现在中方寻找合作伙伴更加成熟慎重，注意科学论证和企业的经济效益。合资、合作中外双方代表都是扎扎实实的实业家，有良好的合作诚意，使企业运行比较顺利。

3. 韩国客户来沈投资有相对优势：一是韩国地理位置距沈较近，为韩国客商提供了便利的交通条件，利于经营。二是韩国的科学技术比较先进，具备一定的竞争能力，除和日本有较小的差距外，其科技实力均超过台湾和香港，具有较强的投资竞争力。三是韩国投资者看准了东北具有广大的市场潜力，中韩两国具有多方经济合作互为有利的条件，有意和香港、台湾、日本争夺东北的投资领域。四是韩国与沈阳市鲜族有众多的亲缘关系，由他们牵线搭桥，这也是韩国来沈投资的一个重要因素。

（关德焕）

【"三产"企业快速发展】 党的十一届三中全会以来，沈阳市的经济得到了蓬勃发展，尤其是第三产业，发展最为迅猛。在各产业中，第三产业中的所占比重已由1980年的45%上升到1995年的65%，企业户数由1980年的7 306户发展到的78 129户，在15年的时间内，第三产业企业户数增长了9.7倍。注册资（本）金由1980年的11亿元增加到1995年的470亿元，增长了41倍。

回顾沈阳市第三产业的发展历程，可谓是三步上了三个新台阶。1984年企业总户数达到14 772户，比1983年增加3 515户，增长31%；1988年企业总户数达到37 309户，比1987年增加12 503户，增长50%；1993年企业总户数达到81 916户，比1992年增加24 582户，增长43%。从这些数据可以看出，第三产业呈现出快速发展的态势。

新兴行业企业不断涌现。随着经济体制改革的不断深入，企业登记注册领域在逐渐扩大，新兴的行业如：证券业、期货、连锁经营、射击场、礼仪服务等企业不断涌现。

第三产业的发展促进了第一、二产业的发展。沈阳市的南湖科技开发区，开发出大批高新技术成果，于1991年被国家科委授予国家高新技术开发区，走在了全国27个国家级高新技术开发区的前列。到目前为止，已取得科、工、贸经营额85亿元。一方面促进了周边科学技术的进步，同时也拉动了周边工业的发展；沈阳市北陵星火密集区的发展，使现代科技应用到农业生产，在传统农业向现代农业转化中起到了巨大作用。同时，第三产业的发展为方便人民生活，安置企业富余人员，促进社会安定和社会进步方面，也发挥了积极作用。

（关德焕）

物价管理

【深化价格改革】 1995年，沈阳市继续推进价格改革。

在理顺价格关系方面，根据国家、省的部署结合沈阳市经济和社会发展的需要，积极稳妥地调整了一些不合理价格，使突出的经济矛盾得到缓解。按照国家和省的统一部署，先后落实了成品油价格、化肥价格和铁路客运票价改革方案。对成品油实行最低限价，整顿了成品油市场价格秩序。对统配化肥实行全市统一定价，自采化肥实行进行加合理费用和2%利润的作价办法，抑制了化肥价格过快上涨。对市管价格，在确保实现物价调控目标的前提下，积极理顺突出的价格矛盾，先后调整了沈海电厂电价和地方综合电价以及工业用煤气和自来水价格等。比如，针对原油、天然气、煤炭价格和各种费用上涨，使煤气、自来水经营严重亏损，以及民用、非民用价格结构不合理的状况，实行了不同行业、不同商品用气、用水采取不同价格的方法，于7月1日对煤气、自来水价格进行了结构性调整，民用价格不动，非民用价格适当上调，其中不同行业又拉开一定差价，以利于节约能源。1995年全市共调整价格和收费标准89项，调价总金额8亿多元。

推进价格改革，在进一步理顺价格关系的同时，注重建立健全适应社会主义市场经济要求的物价调控体系。首先是建立了市场价格监测制度，物价部门对23种与群众生活关系密切的主副食品每天采价，报送市委、市人大、市政府和市政协领导，定期将全市价格与省内各地和全国35个大中城市进行比较分析。市政府每周召开一次物价调控例会，定期分析市场供应和物价形势，为实施超前调控奠定了基础。其次是建立了价格调节基金制度，在水灾期间和"五一"、"十一"等节日期间投入价格调节基金平抑蔬菜价格，使政府初步有了调控物价的经济手段。再次是制定了指导价、利润率、毛利率、差价率等一系列行之有效的灵活的控价措施，使调控物价落到了实处。

（栾仕和）

【市场物价变化情况】 1995年，沈阳市委、市政府始终把抑制物价上涨做为宏观调控的重要任务，采取了一系列调控措施，平抑物价收到了明显效果。全年零售物价指数涨幅为13.5%，比1994年（22.6%）回落9.1个百分点；比全国平均涨幅（14.8%）低1.3个百分点；在全国35个大中城市中居第21位，在省内14个市中居第7位，全面实现了省政府下达的15.5%的控制目标和市委、市政府提出的"物价涨幅明显低于上年，保持在全国大中城市中等水平"的要求。

1995年市场物价变化的特点：

一是涨幅回落，但部分商品价格仍然偏高。年初以来，市场上一些主要生活必须品价格继续高走。由于市政府采取了一系列调控措施，使物价总水平明显回落，但粮、肉、蛋、菜、纺织品等商品价格仍然达到历史最高水平，升幅均在30%左右。其中粮、肉尤为突击。

二是食品类价格仍然是物价上涨队伍中的排头兵。据统计，自1993年以来，粮食价一直在高价位运行，受此牵动，食品类价格连续3年里双位数上涨，个别年份达35%，由于食品类在整个居民生活消费中比重较大，约占60%左右，所以食品类价格的上涨是影响零售物价总水平上升的重要因素。

三是家电及日用工业品价格平稳。其中家电、日用品、化妆品价格稳中有降。

四是农村物价仍然高于城市。以辽中为例，1995年连续8个月指数高于城市，个别月份高出市内56个百分点。这种势头影响到城市物价水平的变动。

1995年市场物价上涨的原因，一是国家调整基础产品价格的影响。1994年以来，国家大幅度上调了棉花、电力、天然气、石油等基础产品价格、其中棉花价格上升一倍多，影响棉纺织品零售价格上升90%左右。据有关部门统计，由于这些产品价格上涨，使沈阳市原材料购价比1994年上升14%，比1993年上升30%；其中纺织工业提高27%和64%，形成市场价格上涨的推力。二是洪灾影响。沈阳市连续两年受灾，且1995年洪灾百年未遇。据统计，66万亩菜田一半以上受灾，18万亩晚夏菜有10万亩受灾，其中7.5万亩绝收；死亡牲畜9.5万亩，毁坏鱼塘8.6万亩。受灾总面积516.5万亩，占耕地面积的60%。其中粮食作物占84%。与正常年景比，粮豆产量下降32.4%，蔬菜产量下降24%。产量减少直接推动价格上涨。与灾前比较，菜价平均上涨75%，猪肉上涨25.4%，白条鸡上涨18%。三是市场竞争不规范，宰客、欺诈行为严重。目前对居民消费品的价格已有95%的商品放开，实行市场调节。由于一些企业和个人经营思想不端正，急功近利，擅自提高商品价格、乱涨价、乱收费、缺斤少两、以次充好现象严重，即损害了消费者利益，也扰乱了市场价格秩序。（*徐淑梅*）

【实行控制物价目标责任制】 1995年沈阳市实行控制物价目标责任制与往年不同，市政府不仅与市直有关业务主管局，还同13个县区政府签订控制物价目标责任制。同时建立了旬反馈、月分析、季调度和突破控价水平报警制度。形成由市政府统一领导，市和县区齐抓共管、条块共同负责的控制物价目标责任制。市直有关业务主管局和各县区政府分兵把口，各负其责，把控制物价落实到生产经营企业及街道办事处，有效地控制物价上涨，使全年物价涨幅逐月回落由1季度的18.5%，回落到4季度的8.7%，全年物价涨幅实现13.5%，较好地完成了省政府下达的15.5%的控制物价目标，比全国平均涨幅低1.3个百分点，比全省14%低0.5个百分点。为稳定社会、促进沈阳经济发展创造了良好环境。国务院物价巡查组、省人大物价工作评改组和省政府领导对沈阳市控制物价工作都给予较高的评价，赞扬沈阳市控制物价工作为全省物价稳定作出了贡献。1995年沈阳市实行控制物价责任制的特点：一是克服过去只抓市直业务主管局、忽视县区作用的作法。市政府同市直业务主管局、各县区政府全面签订了控制物价目标责任制，调动了条块两个积极性。各县区政府加强对区街（乡镇）市场物价管理，使区街（乡镇）市场物价秩序有了明显好转。二是市政府建立《市政府调控物价周例会制度，及时分析市场物价形势，研究调控对策，协调各方面工作，使全市调控物价工作形成合力。三是市政府明确由市物价局负责督办检查全市实行控制物价目标责任制和各项调控物价措施的落实情况。市物价局每月督查签责任状单位控制物价工作运行情况，半年，全年通过召开汇报会等形式进行督办，并发了两次通报，促使各单位自觉落实控制物价目标责任制。同时市和县区物价局加强了对各单位贯彻市政府各项调控物价措施情况的检查。

（*张连仲*）

【加强预警超前调控】 1995年沈阳市调控物价取得明显效果的重要措施之一，就是加强对市场物价变化情况的监测，同时超前采取调控物价措施，努力把市场物价过快上涨的势头提早平抑下来，尽可能把各种涨价因素在形成之前或形成初期化解。1995年沈阳市进一步完善了价格监测工作。市物价局组织各县区物价局，每天对23种主副食品价格变化情况进行监测，每天上午进入市场调查采价，下午市物价局进行综合分析，编发《市场价格监测》简报，并于当于下午报送市委、市人大、市政府、市政协领导，为领导调控物价决策提供及时可靠的依据。其次与全国35个大中城市和省内各市交换市场价格变化情况的监测信息，还同山东、河北、上海等9省市建立了产地价格监测网，及时分析外地价格变化情况，提高沈阳市的价格监测分析水平和质量。1995年，沈阳市在总结往年调控物价工作经验教训的基础上，为提高调控物价工作的质量和力度，在超前调控物价上下功夫。3月底针对市场大米价格上扬，部分市场大米每500克涨到2.00元至2.20元，且继续上涨的势头，市政府4月1日决定，对市场大米实行每500克1.80元，国营粮店议价大米1.70元的指导价格，使市场大米价格很快稳定下来。4月中旬因市场鸡蛋供大于求，蛋价出现不合理下跌（保本微利经营），为保护养鸡业正常生产，市政府即刻决定采取保护性措施，拿出专项饲料粮以低于市场价格供应养鸡大户，既防止了养鸡业下滑，又稳定了市场蛋价。为稳定淡季菜价，在7月初蔬菜进入旺季，市物价局就出台了蔬菜价格分档批另差率控制办法，这一超前运作的控价措施在7月底洪灾突发时立即发挥了作用。

（*张连仲*）

【对重点品种采取控价措施】 1995年，沈阳市对粮、油、肉、菜等主副食品，有针对性地采取不同的控价措施，保证了重点品种价格的基本稳定。

对粮油价格，凭卡定量供应居民的大米实行每500克为0.92元的国家定价，供应特困户的面粉实行每500克为0.96元的国家定价，议价大米实行指导价，国营粮店每500克为1.70元，集贸市场每500克为1.80元。面粉和豆油实行限制环节控制批零差率，市内只允许一道批发，按5%利润率制定批发价格，面粉按10%、豆油按12%批零差率制定零售价格。

对猪肉和蔬菜价格实行差率控制。猪肉批零差率为18%。对蔬菜价格由过去50%的统一差率变为分档差率，茄子、芸豆、黄瓜、青椒、芹菜、甘兰、土豆、蒜薹八种蔬菜，分三个档次制定批零差率，每500克批发价0.50元以下的批零差率60%，批发价0.51元至1.00元的批零差率50%批发价1.01元以上的批零差率35%。。为保证蔬菜分档差率措施落到实处，市物价局建立了采报价中心，每天早晨各大批发市场把当日蔬菜批发价格和成交量传到市物价局报价中心，报价中心汇总报出中准批发价后传给市经济电台、副食、工商部门各区物价局，电台在7时30分向社会广播、副食、工商部门和各区物价部门负责通知副食商店和农贸市场，在开业前标出当日蔬菜批发和零售指导价，物价检查部门据此进行跟踪检查，形成了一套采价、报价、标价和监督检查的工作系统。蔬菜分档差率办法从7月1日开始实行，在7月底水灾期间，对抑制菜价过快上涨发挥了重要作用。

对秋白菜价格，考虑到菜农遭受洪水灾害，兼顾农民和城市居民利益，制定了收购指导价和35%的零售差价率，并且在价外每500克给菜农补贴2分钱，使秋白菜价格基本与上年持平，做到了农民、市民和政府三满意。

在"五一"、"十一"、新年、春节等重要节日期间，为稳定节日市场菜价，对茄子、芹菜、芸豆、黄瓜、青椒、韭菜、蒜薹等7种蔬菜，实行了指导价格。指定50家副食商店定品种、定数量、定价格经营，价差部分由价格调节基金给予补贴。在水灾期间，为吸引货源，实行国营食品公司收购生猪每头价外被贴40元，批发市场外进菜每车(5 000公斤)贴100元，进入农贸市场经营肉、菜减免税费等优惠政策。几大节日和水灾期间，共投放价格调节基金200多万元，用于补贴副食品价格，较好地发挥了用经济手段调控物价的作用。

由于加强了对主副食品价格的调控管理，有效地控制了重点品种价格的上涨。全年粮食价格涨幅为29.8%，比1994年降低13.3个百分点；肉蛋禽价格涨幅为26.4%，降低12.2个百分点；蔬菜价格涨幅17.2%，降低28.7个百分点。其中遭受严重水灾的7.8月份，蔬菜价格涨幅分别为6%和—1.1%，比1994年同期涨幅分别回落78.1和137.2个百分点。

(栾仕和)

【价格监督检查】 1995年，沈阳市价格监督检查工作，始终紧紧围绕抑制通货膨胀和稳定物价这一首要任务，加大检查力度，强化执法手段，以整顿流通领域价格秩序为重点，依法开展价格检查。全年共查处各类价格违法案件1 653件，共收缴罚没款637.88万元，向用户和消费者退款234.63万元。

1.以"米袋子"、"菜篮子"为重点，坚持不懈地抓好人民生活必需品价格检查。主要做法有：一是尽快把政府的各项控价措施落实到位。在农贸市场普遍建立价格板，贴出"安民告示"，及时公布粮、菜各品种指导价格。并严格要求做好明码标价工作；二是从"源头"抓起，做好价格监督检查工作，加强了蔬菜批发市场和早市的监督检查，使货票同行和批零差率控价措施落到实处；三是以"点"带面，抓住"典型"反复查。于洪区一粮油经销店将从粮库套购来的平价大米转议价销售，对此，市物价检查所除给予当场罚款1万元的重罚，还会同新闻部门给予公开"曝光"。8月初沈阳遭受了百年不遇的洪灾，一些不法商贩和个体客运业主乘机哄抬价格，谋取暴利。物价检查人员放弃了节假日休息时间，集中力量，全力以赴投入到灾后市场价格检查中。仅8月份一个月时间，就检查了5 522户，其中检查副食商店241户，农贸市场414处，粮店318户，个体业户4 625户，长途客运汽车38台。共处罚违价业户526户，罚没违价款24.7万元。

2.积极开展重点行业价格和收费检查。一是在饮食业、文化娱乐业中以反暴利反价格欺诈为重点，抓好"窗口"行业的价格检查。1995年6月1日，《沈阳市饮食业、文化娱乐业反暴利反价格欺诈行为的38家饮食和文化娱乐场所进行了处罚，并通过新闻部门给予公开曝光，处罚金额10万余元；二是以化肥为重点，积极开展农业生产资料价格及涉农收费检查。查处各类价格违法案件110件，收缴罚没款110余万元，退还农民150万元，直接或间接减轻农民负担380余万元；三是以教育，医疗收费为重点，逐行业开展收费价格检查。共检查了87所中小学校，查处价格违法案件48件，收缴非法所得84.2万元，退还学生家长50余万元。查处了26家存在价格违法行为的医院，收缴罚没款117.89万元。对电业、环卫、建委、交通、电信、公安、煤气公司、专卖局、外办、土地、银行、等行业的违价行为也给予了处罚。处罚金额达273万元。

3.开展社会物价监督，发挥舆论监督作用。一是注意发挥市职工物价监督组织作用。市职工物价监督总站全年共出动2 719人次，检查了4 577户，处罚了1 658户，入库罚没款21.6万；二是与新闻宣传部门紧密配合，充分发挥舆论导向和监督作用。全年电视报导100余次，电台报100余次，报刊报导100余次；三是认真受理群众来信，来访和举报问题，充分发挥群众监督作用。全年受理举报电话、来信，来访3 500件，对有违价问题的1 200件违价案件全部给予了严肃处理。

(王海峰)

【运用价格调节基金】 1995年沈阳市把抑制物价过快上涨作为加强宏观调控的首要任务。在多种手段并举综合调控物价的同时，注重发挥经济手段的作用即运用价格调节基金调控物价。全年共投放价格调节基金200多万元，收到较大成效。

一是运用价格调节基金平抑市场蔬菜价格突发性暴涨。1995年7、

8月份沈阳市遭受特大洪灾，农业生产损失很大市场蔬菜供应不足，致使蔬菜价格出现突发性暴涨。市政府及时采取调控措施，投放价格调节基金，补贴流通环节，吸引货源。批发市场进城一车蔬菜（5 000公斤）价外补贴100元；食品公司收购一头生猪价外补贴40元，保证了国营批发日蔬菜上市量1 500吨以上，稳定了市场价格。

二是运用价格调节基金扶持养殖业。4月份，饲料价格上涨，养猪饲养户亏损，积极性受挫，存栏量比去年同期下降17.7%。为遏制养猪业的下滑局面，政府决定拿出50万元价格调节基金，重点扶持法库县丁家房乡养猪基地，扩大其养猪规模，保证年饲养量5万多头，出栏3万头。

三是运用价格调节基金平抑节日市场主副食品价格。“五一”、“十一”、“元旦”、“春节”等节日期间，为确保人民群众菜蓝子丰满，市场价格平稳，对芸豆、黄瓜等八种蔬菜价格实行指导价，在全市50家国有副食商店平价销售，指导价与市场差价部分用价格调节基金补贴，平抑了市场物价，保证了节日市场物价稳定。

（刁志英）

【实行收费规范化管理】 沈阳市物价局从1995年1月起，在全市范围内开展了收费规范化管理工作。

一是规范了收费立项。由收费单位提出收费申请，报业务主管部门，由业务主管部门以正式文件向财政、物价部门提出书面报告。按国家规定的立项审批权限报批后，确定为合法的收费项目。

二是规范了收费标准。对制定和调整行政事业性收费标准，由收费单位提出申请，由业务主管部门向物价部门提出书面报告说明理由、依据，经物价部门审查后，确定收费标准。

三是规范了收费许可证。凡收费单位必须到物价部门领取由辽宁省物价局统一制发的收费许可证正、副文本，并实行统一编码。

四是规范了收费人员资格。对收费人员经培训、考核发放收费人员资格证。

五是规范了收费票据，统一使用财政规定的专用收费票据。

六是规范了收费档案。做到了档案管理目录清晰、资料齐全。

七是规范了收费报告制度。收费单位每半年对本单位收费进行一次自责，并以书面材料汇总呈报物价部门。

八是规范了收费监督制度。各收费单位必须按规定的收费项目、标准和范围收费，并公开收费标准，接受群众监督。

九是规范了收费审验制度。

十是规范重要经营服务性收费。对被列入管理的经营性收费，在立项、制定、调整收费标准时由收费单位提出书面报告，并附有真实、详细的成本资料，经市区物价部门审查，按分管权限审批，并以书面文件下发。

（关嘉玉）

【开展价格评估】 《沈阳市赃物价格评估条例》（简称《条例》），经市人大通过，省人大批准，于1995年初正式实施。《条例》的颁布与实施，标志着沈阳市赃物评估工作走上了法制化的轨道。一年来，全市价格事务所共受理和评估刑事案件中涉及的赃物价格案件3 540件，评估金额3 670万元；经济和其它案件中涉及的物品价格案件220件，评估金额2 935万元。通过对这些案件涉及的物品价格评估，为司法机关查处和审理案件提供了具有法律效应的依据；为维护国家财产、保护公民、法人和其它组织合法权益以及打击犯罪、稳定社会发挥了重要作用。

一是加强宣传，提高对依法评估的认识。首先，通过报纸、电台、电视台等新闻媒介广泛宣传《条例》和开展价格评估工作的重要意义，使社会各方面都了解《条例》精神。其次，召开了市和县区有关部门负责人参加的实施《条例》的动员大会，取得了认识上的共识。

二是加强培训，建立了专、兼职结合的评估队伍。先后举办了两期价格评估培训班。通过严格考试，有43名同志取得了“估价签定资格证书”。为使价格评估工作更具有权威性和标准性，按专业还聘请了有关专家参与评估。

三是加强协调，建立和完善价格评估机构。根据《条例》的规定，14个市、县区价格事务所已全部成立，并按照要求配备了政治素质好，业务能力强的价格评估人员。经过考核，这14个价格事务所全部具备了价格评估资格，都取得了价格评估许可证。

四是加强规范，建立完整的评估程序和评估文书。为了规范价格评估工作，严格依法办事，由市统一印制了价格评估文书。从委托书、评估表、现场勘查记录到鉴定结论书，在全市做到了统一规范。同时按照《条例》要求，严格了评估程序。

五是依法开展价格评估工作。一年来对受理的各种案件，都能及时、公正、准确的做出价格评估结论，有的估价结论在电视台法庭传真审判中公开宣读，成为审判罪犯的重要依据，在社会上引起了较好的反响。

（曹伟）

【开展反暴利反价格欺诈工作】 为认真贯彻落实《沈阳市反暴利反价格欺诈暂行规定》1995年初，针对饮食服务业、文化娱乐业暴利和价格欺诈问题严重、矛盾突出、群众反映强烈的问题，经过半年多的反复测算、多方沟通，在全面征求各方意见的基础上，出台了《沈阳市饮食业文化娱乐业反暴利反价格欺诈试行办法》。本着既有利于企业发展，又能够保护群众利益，制止暴利行为的原则，对饮食服务业、文化娱乐业的各项收费进行了限定。

《试行办法》规定：对饭店、酒店的主副食实行等级毛利率控制；对收取服务费和酒水收费实行加价率控制；对文化娱乐场所经营的酒水价格实行加价率控制。此外，对各类风 味店毛利率，涉外宾馆、酒店对外宾的收费等场所做了详细规定。

《试行办法》印发后，为使之落到实处，还及时配套出台了《沈阳市关于评定饭店等级的规定》和《沈阳市饭店等级标准》对饭店酒店的建筑物及设备设施、服务质量水平、从业人员技术条件、收费管理要求等方面都做了详细规定。根据不同等次，确定了特甲、特乙、一、二、三级饭店的等级收费标准。同时出台了《沈阳市文化娱乐业等级管理办法》对文化娱乐场所确定了三个等级《特级、一级、二级)实施管理。并对各等级文化娱乐场所的房屋结构及环境条件，室内装饰装修，音响灯光，服务质量，安全卫生条件等做了详细规定。

（关嘉玉）

【理顺区级物价机构】 为强化物价宏观调控管理和市场物价监督检查职能，1995年3月25日经第四次市政府常务会议研究，决定将沈阳市各区物价局从各区工商行政管理局划出，独立设置，列区政府序列。原属物价局的人员、编制等随局整建制同时划出，其内设机构的领导职数，仍按沈委发(1994)8号和沈编发(1994)5号文件的精神执行。为贯彻落实市政府决定，市编委于7月20日召开了各区编办主任会议，进一步明确了各区物价局人员编为20人。各区物价局机构设置为二科一室二所，市、区物价机构上下对口建立了较完整的物价管理体系，使各区的物价管理工作从组织上得到了保证。

一年来市、区物价部门在落实各项调控物价政策措施和开展价格监测、价格管理、价格评估，成本调查和物价监督检查等方面都取得了较好的成绩，市场物价秩序好转，物价涨幅明显回落，完成了省政府下达的全面控制价格目标，促进了沈阳市经济和社会的稳定发展。

（崔耀宗）

【平抑灾区物价】 1995年7月底至8月初，沈阳市苏家屯区和辽中县遭受百年不遇的特大洪灾，辽中县市场商品价格在水灾的第二天，茄子由1元钱10斤，猛涨到1元钱1斤，其它蔬菜价格也翻番的上涨，方便面由28元一箱，上涨到60元一箱，液化汽由45元一罐涨到80—90元一罐。物价暴涨，群众恐慌心理加剧。为稳定物价，沈阳市立即采取有效措施，平抑物价及时遏制了物价过快上涨的势头。

一是对市场物价实行临时性的最高限价。在水灾期间，县区政府及时指示物价部门采取最高限价。物价部门根据当时的实际情况及时制定了人民生活必需品临时限价措施，发布了通告，并通过电视、电台、报纸和宣传车上街等形式，进行宣传和报道。并组织物价、工商、公安、电视台等部门上街对农贸市场、商场、食品批发商店、粮店等进行检查处理，当场对违价者罚款，在电视上曝光，使乱涨价、哄抬物价者受到严厉打击，市场物价得到迅速控制。在洪水回落和灾后生产自救时期，为了保证灾后人民正常的生活秩序，县区又对市场物价实行动态管理。对大米、面粉、豆油、食盐、小食品和副食品、液化气等人民生活必需品和钢材、水泥、红砖、白灰、木材、玻璃等重要建筑材料实行最高限价。

二是对化肥、农膜、农药、种子等农用生产资料实行了综合差价率控制。

三是利用价调基金平抑物价。苏家屯区拿出部分价调基金补贴蔬菜运输户，保持市场物价平稳。

四是搞物价检查。灾后物价部门，多次对市场商品价格、农用生产资料价格、节日市场价格及行政事业性收费等进行检查，对违价者进行了严肃处理，有力地维护了市场秩序。

（刘同杰）

【价格信息工作】 1995年，沈阳市价格信息工作主要进行了两个方面的探索

一是对人民生活关系密切的主要商品价格进行监测、预警。首先对全市5大农贸市场21种主要农副产品价格实行每日监测，每周末进行一次述评。蔬菜价格管理办法于7月10日出台后，对茄子、芸豆、辣椒，黄瓜、西红柿、甘兰、芹菜、土豆等8种蔬菜价格进行重点监测，并通过电台、电视台专线电话等传播媒介向社会发布。全年向沈阳经济台发送稿件180份；向沈阳电视台发送信息稿件300份；向沈阳日报发送信息稿件32份；通过BP机传呼、168信息蔬菜价格专线每天传递信息量达400多人次。对引导经营、稳定市场价格起到了积极作用。

二是面向市场，服务社会，为企业生产经营提供决策信息和经营信息。1995年，在与国家信息中心和有信息中心联网的基础上，又进一步强化和完善了东北铁路沿线城市价格信息网络建设。目前，在价格信息方面，已基本上形成了以沈阳市为中心的信息网络群。

（张强）

技术监督

【概况】 1995年，沈阳市技术监督工作取得明显成效。

1.理顺了关系，健全了机构，完善了技术监督体系。全市13个县(市)区的技术监督行政机构全部落实、实现名称统一，综合管理和行政执法两个职能到位。为加强执法工作，13个县(市)区局全部成立了专业执法队伍。形成了一个较完善的技术监督体系。

2.紧紧围绕经济建设实际，开展了卓有成效的技术监督工作。为发展“两高一优”农业，认真总结了饲养蛋鸡、肉鸡、瘦肉型猪的标准化饲养经验及水稻标准化种植的经验；在苏家屯区开展了粮食种子标准体系的研究和立项工作，确定了新城子区农业标准化优质米基地方案；起草了水稻模式化栽培等7项标准。

为提高地产品的市场竞争能力，认真抓了采用国际标准工作，全年采标61项。在企业的努力和配合下，经国家有关部门核准，有6家获得了增值税退税的奖励，退税额达数百万元。

结合名牌战略工程，技术监督部门开展了打假保名牌工程，并与有关部门共同发起研讨会，解决名牌工程中的问题，与名厂、名店、名牌产品建立了信息渠道，协助企业打假，宣传地产名品。

3.执法水平明显提高。1995年，技术监督部门开展了执法人员的上岗前培训，结业合格发证，持证上岗等工作。累计已有360名执法者领到了执法证。执法制度建设进

一步加强。制定了“案件审理委员会工作制度”、转发了省“行政案件审理办法”、“行政案件备案报批制度”,初步形成了以行政执法责任制为核心的执法制度。年内、还对市及各县(市)区的执法情况进行了全面检查,针对问题,提出了改进办法。在此基础上,下发了“关于加强技术监督行政执法工作的实施意见”。执法水平明显提高。

4.宣传教育取得可喜成绩。配合质量万里行、《计量法》颁布十周年、《标准化法》实施六周年、世界标准日等活动,在全市广泛进行宣传和教育,并收到了良好效果。组织全市30多个企业参加了中国质量万里行夏令营活动。企业出动60多辆宣传车,展示自己的名优产品。

(卢兴德)

【标准化工作】 1995年沈阳市标准化工作,以标准实施监督为突破,以采用国际标准和农业标准化为重点,强化组织机构代码企业标准管理,取得一定成绩。

1.强化执法实现标准实施监督的突破。首次开展以强化标准化执法监督为内容的标准化管理工作。一是依据标准化法律要求,对企业生产的产品执行标准情况实施监督。全年监督检查生产企业992家,产品1 600余种。查出无标生产的产品249种、对无标生产的企业均实施了限期整改措施,情节严重的施行了依法处罚。完成了省要求的监督700个企业、1 000种产品的目标;二是,实施国家强制性标准执行情况的监督。与市建委联合下发文件,同市墙体办联合对全市生产烧结空心砖、多孔砖的企业执行该标准情况实施监督检查,并使该项强制性国家标准贯标率达到100%;加强《食品标签通用标准》贯彻执行情况的监督检查,开展了对全市范围内的食品生产企业,经销单位贯彻执行食品标签强制性国家标准情况的专项监督检查宣传报导和评选推荐活动。监督生产、经销单位666个,涉及食品标签8 436种,查出并依法处理不符合要求的标签729种。

2.采用国际标准和农业标准化工作取得成果。一是采用国际标准。全市全年安排采用国际标准验收60项,完成61项。全市累计产品采标1 651项。完成1995年度和“八五”期间采标1 600项的双重目标;积极开展产品使用国际标准标志试点工作。根据企业自愿申请,企业主管部门及县(市)区技术监督局推荐,市局评价、省局批准的程序。沈阳味精厂等5个企业的8种产品确定为可以使用国际标准标志的产品;对260项在1989年以前通过采用国际标准验收的产品进行复查,重新认可;积极做好重点采用国际标准的产品列入国家级新产品试制鉴定计划工作,推荐上报沈阳合金股份有限公司生产的显像管电子枪用发泡线镍线等6种产品,争取列入1996年国家级新产品试制鉴定计划,协助批准列入1994年国家新产品计划的沈阳金属压延厂等4个企业的4种产品返税工作。到1995年底4种产品已返回企业税金324万余元。

二是农业标准化。在认真总结苏家屯区、新城子区农业标准化工作经验,巩固农业标准化综合示范成果的基础上,继续做好农业标准化示范和申请国家农业标准化示范区的列项工作。苏家屯区蛋鸡、肉鸡、商品猪饲养标准化项目被国家技术监督局批准列入全国50家农业标准化示范区行列,将用3年的努力,完成示范目标。

三是组织机构代码工作快速发展。在1993年开始的以先行单位申办代码,以数量奠基础的代码启动工作发展为以强化全市组织机构代码法制管理为主要工作目标。1995年10月以市长签发人民政府令的形式,发布了《沈阳市组织机构代码管理办法》,作为规范全市组织机构代码工作行为的法制保证为组织机构代码工作长期、稳定、健康发展打下基础。1995年全市新办代码1.2万户,累计总数已达8万余户。基本具备各管理机关应用代码的条件。

四是企业产品标准备案管理工作有序开展。全年备案企业产品标准953项,其中市属企业298项,县(市)区属企业655项,1995年底,全市累计备案企业产品标准总数为8 809项;根据《标准化法实施细则》要求,完成了1989、1990两年备案的企业产品标准复查工作。应该复查的3 941项中,经复查确认,修订878项,废止3 063项,到1995年底全市 合法,有效的企业产品标准为5 746项。

(唐延宁)

【计量监督与管理】 1995年,沈阳市的计量工作,充分发挥综合管理和行政执法两大职能,使法制计量和企业计量工作上了一个新的台阶。

1.加大执法监督力度。开展了与人民生活密切相关的20种商品的计量跟踪检查和定期检查,按季度公布检查结果。全年共抽查13 068批次,合格12 028批次,合格率为92%,使市场上“缺秤少量”现象有所控制。抽查计量器具生产企业74家、84种产品,合格76种,合格率为92.7%。流通领域抽查了11家20种计量器具商品,合格15种,合格率为75%。按照国家技术监督局关于在全国10大城市开展商品质量、计量大检查和“打假”活动的总体布置,于4月24、26日集中组织两次大检查,全市共出动1 028人次,检查了784个商业企业和农贸市场,共抽查10大类,1 652批次商品,合格率为60%,检查在用计量器具13 356台(件),合格率为87%,罚没款31万元。

2.计量依法管理及考核工作。年内,对6家制造计量器具的企事业单位的14种计量产品颁发了“制造计量器具许可证,对4家企业的4种产品进行了复查换证,并对128家制造计量器具的企业进行了年度审核。对全市112个单位320项最高计量标准进行了复查换证,同时帮助11个单位建立了18项最高计量标准。对到期的16家93项社会公用计量标准进行了复查。在企业自愿申请的基础上,对18家企业进行计量定、升级及计量验收考核,会同省局完成了6家一级计量单位的复查工作。完成了15个质检机构的计量认证到期复查和8个质检机构的计量认证工作,并对20个质检机构进行监督检查,保证了数据的公正、准确、可靠。制定并组织实施“沈阳市强制检定管理三年计划”。对21家执行强制检定的单位进行检查验收，使全市强检计量器具受检率平均为83%，1994年提高了3个百分点，达到了国家“八五”期间强检受检率的要求。

3.结合《计量法》颁布10周年，加强了计量法制宣传。1995年9月6日，召开了全市庆祝《计量法》颁布10周年大会。会上表彰了100个计量工作先进单位，155名计量工作先进个人。9月7日、8日，市区技术监督局及有关工、商企业35个单位，在太原街、中街进行《计量法》一条街宣传活动，发放宣传资料10万份，接待计量投诉和咨询1 000余起。9月11日、12日，市、区两级技术监督部门联合组织了两次市场计量执法大检查活动，同时利用广播电视、报纸等新闻媒介宣传《计量法》及计量知识23次。

4.规范市场流通秩序。1995年沈阳市技术监督局为提高经营者依法经营意识和消费者依法自我保护意识，制定发布了“沈阳市关于规范商贸流通领域计量行为的通告”。为维护成品油市场秩序，规范经营行为，在全市420家加油站(油库)开展了“质量计量信得过”活动，并有19家加油站(油库)经考核获得“质量计量信得过”加油站(油库)称号。

5.进行法定计量检定机构整顿，规范量传秩序。按照省技术监督局的要求，对市、县(区)两级法定计量检定机构进行了整顿、验收。市计量测试所、市能源标准计量所通过了省技术监督局的验收，并分别获得“一级所”称号。13个县(市)、区的16个法定计量检定机构为搞好整顿验收，共投资100多万元用于改善环境条件、增添设备、进行人员培训。有11个检定机构一次性通过市技术监督局考核验收，4个检定机构限期整改，1个检定机构被吊销社会公用标准证书。通过考核，规范了全市的量传秩序，为“九五”期间计量工作与国家贯例接轨，进行实验室认证打下了基础。

6.适应市场经济，增强社会中介服务功能。1995年全市建立了眼镜验光准确度，小质量、房屋面积、供热供暖、煤质分析、流量、容量等7个社会公正计量测试站。为使公正计量测试站更加规范化，成立了“沈阳市计量公正行”、“沈阳市能源计量公正行”。并按国家技术监督局“关于社会公正行(站)考核规范”对以前建立的8个社会称重公正站进行了整顿。

7.企业计量工作得到了进一步加强。在工业企业宣贯IS010012标准，在商业企业宣贯《零售商品称重计量监督规定》。全年培训了1 000多名商业企业计量管理人员。利用计量协会、学会举办了4期计量管理人员、检定人员、加油员培训班。在商贸流通企业开展商贸计量函授，有200人参加学习。

(张金龙)

【产品质量监督】 1995年，沈阳市质量监督工作实现质量监督综合管理和行政执法双重职能到位，为沈阳市经济持续、快速、健康发展做出了贡献。

一年来，市技术监督部门以监督检验为依托，以监督检查、规范市场、深入“打假”为主线，出动38 290人次，监督检查企业6 139户，清理整顿市场627个，查处质量违法案件1 837起，查处假冒伪劣产(商)品1 000余种，标值总额3 623万元，端掉制售假窝点116个，销毁假冒伪劣商品100余种，标值总额490万元，罚没款752万元，受理群众举报投诉445件，为用户和消费者换回经济损失2 034万元。

1.加强监督检验的有效性，为政府宏观经济决策当好参谋 。1995年前3季度，国家监督抽查沈阳市59家企业生产的36类67批次样品，合格50批次，平均抽样合格率为74.6%，高于国家平均抽样合格率1.7个百分点。国家统一监督检验：检验沈阳市87家眼镜店(部)销售的143组样品，合格82组，抽样合格率为57.3%，高于国家平均合格率3.5个百分点；抽查42家商店销售的71批次按健式电话机，合格67批次，平均抽样合格率为94.4%，高于国家平均合格率19.5个百分点。省监督抽查：省监督抽查全市48个企业生产、销售的7类71批次样品，合格42批次，平均抽样合格率为59.2%，低于省平均抽样合格率1.2个百分点。市级定期检验：全市完成定期监督检验企业3 484家，产品4 607种，平均抽样合格率为74.88%。其中，抽查工业企业1 942家，产品3 000种，平均抽样合格率为83.23%；商业企业1 542家，商品1 607种，平均抽样合格率为62.61%；市属企业1 597家，产品2 626种，平均抽样合格率为76.43%，县区属企业1 887家，产品1 981种，平均抽样合格率为73.93%。市级专项抽查：对涉及人体健康和人身财产安全以及消费者反映强烈的化妆品、营养保健品、妇女卫生用品、饲料、化肥、汽画制动液等13类产品进行了专项抽查。共抽查生产、经销企业656家，产(商)品1 016批次，合格655批次，平均抽样合格率为64.5%。其中，化妆品合格率最低，仅为35.2%，汽车制动液次之，为40%。市级监督抽查：监督抽查147家159种产品，平均抽样合格率为72.96%。其中工业企业90家，产品90种，合格71种，平均抽样合格率为82.2%；商业企业57家，商品69家，合格42种，平均抽样合格率为60.9%，其中，大中型企业平均抽样合格中率为81.5%；县区企业平均抽样合格率为68.6%。从1995年的产品质量状况分析看，全市大中型企业产品质量水平明显好于小型和街区、乡镇企业，有些略高于国家、省平均水平，但总体水平不容乐观。

2.规范市场，完善质量监督体系。1995年，从以下几方面入手，建立各种准入制度，规范市场经济秩序，健全和完善市场质量监督体系。

一是对肉罐制品、调味品发放生产许可证。已分两批对申请取证的127家企业进行了审查，已有36家获省颁发的生产许可证书，30家企业报省待批。在这66家企业中，肉罐制品50家、调味品16家，市属企业9家。另外在大东副食商场等6大副食设立了保质销售专柜。二是对质量问题比较突出的粮油、饲料、化妆品等7种商品实行售前报检，避免假冒伪劣商品流入市场。三是对市场销售的商品实施中文标识。《产品质量法》已实施两年，但市售商品中文标识部分问题并没有得到解决。根据省局要求，市局下大力气抓好市售商品中文标识的规范工作。先后下发4份文件，分别召开县区局、主管部门和大型商业企业等4次会议部署工作，并派人深入企业了解情况，制定了分阶段，有步骤地开展企业自查、主管部门检查和技监部门执法监督检查的实施方案。对446家商业企业经销的23 667种商品进行了中文标识检查。对23家大中型商业企业进行了逐家检查，检查商品534种，合格434种，合格率为81.27%。现场改正中文标识100次，现场停销商品22种。四是继续强化生产许可证制度。一年来，组织、协调冶金、化工、轻工、建材、包装等行业72家企业生产许可证的审查，审报工作；组织了对化妆品、一次性输液器、化学试剂、防盗报警器等产品的无证查处工作”会同市建委、市环保局对15个企业生产的混凝土外加剂、防水材料、除尘器进行准产证审查认可工作。五是制定《沈阳市产品质量违法行为处罚条例》。由沈阳市技术监督局起草制定的该《条例》已经第十一届市人大常委会第十八次会议于1995年9月29日通过，省第八届人大常委会第十八次会议于1995年11月25日批准，于1996年1月1日起施行。六是新闻媒体舆论监督。凡有重大活动均邀请新闻单位参加，监督抽查通报发送各新闻部门。全年在各新闻媒体报导质量监督和“打假”信息400余件(次)，仅在电台、电视台现场直播、采访就有10余次。市技术监督局组织查处的辽中、新城子劣质饲料案、对汽车制动液和国旗市场质量检查，在中央电视台作了播放。

3.强化综合管理职能。一是加强监督检查的计划性，制定了“全市生产流通领域质量监督检查计划”，确定全年监督检查的重点产品、时间和实施部门，为避免重复检验、检查，同时发挥全市质量监督整体效能起到了较好的作用。二是适应工作需要理顺管理体制。三是加强对质量监督检验机构的监督管理。市技术监督局下发了《关于加强全市质量监督检验工作管理的通知》制定了内部处罚措施。组织并验收了沈阳市产品标识质量监督检验站；对市能源标准计量所煤质、液化石油气和锅炉热工三个项目进行了审查认可；对大东、皇姑等9个所(站)进行了验收、认可的复查。

(*张孝先*)

【打击假冒伪劣产品】 1995年，沈阳市打击假冒伪劣产品工作取得了阶段性成果。

1.查处和销毁了一大批假冒伪劣商品。全市查处假冒伪劣商品涉及机电、建材、冶金、化工、食品、烟、酒、药品、化妆品、服装、鞋、家用电器等，标值总额9 479.55万元，销毁假冒伪劣商品标值总额1 173.4万元。

2.查处了一批大案要案。全市立案查处假冒伪劣商品案件4 148件。市技术监督系统共查处万元以上大案要案93件；工商部门共查处生产销售假冒伪劣商品违法大案要案41件；市文化局把查处侵权盗版音像制品作为文化市场管理工作的首要大事来抓，全年查处大要案5件；市检察院运用化妆手段查获89件、标值67万元的假冒三株口服液。处理群众举报投诉1 806件，为用户、消费者挽回经济损失4 294.77万元。

3.端掉了一大批制假售假窝点。全市各有关部门分工合作，密切配合，共端掉制假售假窝点423个，极大地打击了制假售假违法分子的嚣张气焰。

4.整顿了一批问题严重的市场、摊床。一年来，全市出动执法检查人员86 090人次，检查工业、商业企业11 678家，检查农贸、集贸、百货、批发与零售市场1 922次，形成了市场检查经常化、制度化。

5.促进一批国有大中型商业企业建立自涞机制，树立流通主渠道的良好形象。中兴——沈阳商业大厦、沈阳商业城等一批国有大中型商业企业，在“打假”工作中努力建立健全质量保证体系。对商品质量实行“先行负责制”，保护消费者的利益。主要作法是：

一是领导重视，组织落实是“打假”工作的根本保证。召开全市性的“打假”工作动员会，部署和安排“打假”工作。13个县(市)、区及工商、检察院等分别成立“打假办公室”，做到领导落实、组织落实、人员落实。

二是结合实际，突出重点。制定全市“打假”方案，确定几大战役和全市重点查处整治的商品，下发到各县(市)、区“打假办”和市“打假办”成员单位；县(市)区和各部门“打假办”再结合本地区、本部门的实际情况，制定自己的“打假”方案，形成一套自上而下的有层次有重点的“打假”任务计划，做到目标明确、措施得当，起到查处一类产品，整顿一个市场，震动一个行业的作用。

三是协同作战，联手“打假”。市公、检、法等司法机关和技术监督、工商、卫生、专卖、文化市场办、物价、税务等行政执法部门及各县(市)区“打假办”在打假工作中密切配合，协同作战，打破部门界限、地区界限，提高了全市“打假”的整体效能。

四是形成全社会“打假”的舆论氛围。在“打假”工作中，社会监督、舆论监督起到了司法机关、行政执法机关起不到的作用。实行有奖举办制度等作法和经验，扩大了社会监督的广度。在“打假”中，舆论监督发挥了重要作用。许多新闻部门也亲自参与“打假”，与执法部门一起检查市场，端造假窝点，及时向社会揭露制假售假分子的恶劣行经。通过各种新闻媒介，对查实的典型案件及时曝光，进行广泛宣传报导，扩大了“打假”的社会影响，密切了政府与人民群众之间的联系，形成正确的市场导向，有力地推动了“打假”工作的深入发展，形成了强大的社会舆论监督。

1995年沈阳市的“打假”工作虽然取得了可喜的成绩，但假冒伪劣商品屡禁不止，严重干扰市场，直接损害国家和人民群众利益的状况还没有从根本上得到扭转，制假售假违法活动仍然比较猖獗，全市“打假”工作形势依然紧迫。(*张孝先*)

科　学　技　术

综　合

【概况】 1995年，沈阳市科技体制改革不断深化，科技成果转化机制不断完善，科技对外开放规模不断扩大，科技事业呈现出蓬勃活跃的发展局面。

1."百亿工程"全面达产，高新技术产业化和传统产业高起点改造进程加快。1995年是"百亿工程"达标验收年。2月初对"百亿工程"各专项子工程进行了全面细致的预验收工作。1995年，"百亿工程"共启动实施项目521个，实现高新技术产值135亿元，利税25.3亿元。条码、化学制剂、轻型汽车、计算机与外部设备、生物技术等产业已形成亿元以上规模，Vc、污水处理装置、机器人、银行机具等一批项目产业化势头发展良好。

2.沈阳技术交易所开始正常运转，科技大市场体系初具规模。1995年，国家级沈阳技术交易所开始投入全面运营，计算机系统、大屏幕系统、多媒体传输系统等相继建设完成。先后举办了"纪念专利法实施十周年暨'95专利技术及新产品展示展销会"、"德国图林根州——中国沈阳经济技术交流会"、"沈阳高等院校科技成果交易、人才交流洽谈会"、"周末沈阳科技夜市"、"沈阳市百亿工程项目交流交易暨科技攻关洽谈会"等各种交易交流活动40余次。组织市内120个企事业单位的工程技术人员赴山东、内蒙、天津、云南等地参加技术交易会7次。

在技术交易所的带动下，我市技术市场空前活跃。全市技贸机构已达7 534家，从业人员达3.5万人。全年累计登记技术合同6 285份，技术合同成交额达12.5亿元。

3.科技园区迅速崛起，"一厦两园十点"的科技工作成果不动产格局形成。经过多年不懈努力地工作，沈阳市科技工作的集成度和显示度不断增大，科技工作成果已初步形成了"一厦两园十点"的不动产格局。

集高科技、大金融、国际化于一体的火炬大厦，已于1995年5月份全面竣工，并投入使用。到1995年底国内外驻厦单位已达150余家，科工贸总收入达5亿元。

南湖科技开发区建设重点围绕电子与信息、机电一体化、生物工程、新材料、能源与环保等五大高新技术领域，大力推动50个高新技术生产基地建设，1995年，实现技工贸总收入48.5亿元，高新技术产品销售收入31亿元，利税总额5.08亿元；新批准利用外资项目52个，合作总额1.54亿美元，合同利用外资额1.02亿美元，外资到位额5 100万美元，实现出口创汇总值2 500万美元；完成基本建设投入2.3亿元，新批准在建项目30个，总建筑面积60万平方米，其中施工面积35万平方米，竣工面积7.5万平方米，为开发区"九五"计划的实施奠定了良好的基础。

北陵星火技术密集区是1992年8月由国家科委批准建立的全国第一个国家级星火技术密集区。北陵星火技术密集区各功能区建设进展迅速，1995年园区实现工业产值40亿元，利税50亿元，分别比1994年增长36%。

支持县区创建了上园科技园、兴河科技园、道义星火技术密集区等10几个科技小园区，取得了明显成效。

4."星火计划"迅速燎原，"科技兴农"取得显著成效。1995年，充分发挥科技先导示范作用，农业科技各项工作仍然取得了长足发展，有力地促进了农村经济的振兴。

为增强农业生产发展后劲，重点抓了动植物品种选育及引进、作物高产高效益栽培技术、动植物病虫害防治、新型肥料与饲料添加剂的研制、农产品的贮藏保鲜及深加工技术研究等一批重大农业技术项目和玉米、水稻、大白菜、辣椒、果树、肉牛等六个科研基地的建设。

为促进农业科技成果在生产中推广应作，突出抓了玉米、水稻新品种及其高产高效益栽培技术，蔬菜保护地高产高效益栽培技术，畜禽规范化饲养技术，淡水鱼池塘精养技术，果树密植早丰技术，以及玉米种子包衣、水稻抛秧、稻田养鱼、ABT生根粉等专项技术推广和玉米、蔬菜、填鸭、苹果梨等10个农业技术示范基地建设，并正式命名挂牌，较好地发挥了技术示范作用。

为了推进乡镇企业技术进步，深入实施星火计划。1995年，共有86个项目被列为市级星火计划，18项被列为国家级星火计划。累计实现贷款余额6.1亿元，新增贷款8 100万元，其中争取国家专项贷款4 500万元。全市9个星火技术密集区共实现产值112.8亿元，利税9.59亿元。全市星火示范企业目前已发展到25家，有7家组建了产业化集团，开始朝着上档次、上规模、上水平、上效益的方向发展，提高了市场竞争能力。

5.成果推广和专利实施效果显著，中试基地建设取得了重大进展。

1995年全市科技成果研究开发和专利实施取得明显成效。尽管国家对科技成果的统计口径和渠道进行了改革，全市仍取得市以上科技成果517项，其中国际领先的3项，国际先进水平的106项，国内领先的144项，国内先进水平的217项。推广应用437项，新增产值15.1亿元，利税2.88亿元，推广应用率达

84.5%。评选出市科技进步奖148项,市科技振兴奖10项。全市专利申请量达1 500件,列入"百亿工程"重点专利项目实施创产值6亿元,利税8 000万元;通过举办'95沈阳专利技术展示展销会,推出专利技术及产品1 000多项,促进了专利技术的实施。

6.科技招商引资取得较大成效,科技对外开放规模日益扩大。1995年,进一步加大了科技对外开放力度,积极引导高新技术产业走外向型、国际化的发展道路,并确定为科技工作"招商引资年",使科技对外开放工作呈现出蓬勃活跃的新局面。全年共派出科技招商、考察、培训、合作团组211批,共585人;办理包括美、日、韩、俄等14个国家在内的国外经贸、科技团组来沈手续124批,邀请外宾260人。

1995年先后组织了几次较大的招商引资活动。一是组织市政府赴美、日招商引资代表团科技分团。共签约16项,总金额4 570万美元。二是组织科技界积极参加'95沈阳经贸洽谈会。三是积极组织科委重点项目"沈阳科技投资公司"等11个项目,赴上海召开了两次洽谈会。1995年共新签合作、合资协议157项,引进外资意向协议额达3.0268亿美元,为我市扩大科技对外开放创造了良好的条件。

7.科技体制改革进一步深化,科技金融结合和科技法制建设又有新进展。

一年来,通过抓试点、带全局,使科技体制改革又迈出了新步伐。市属科研机构改革取得新进展。1995年,继续探索市属院所、科研机构转变机制的新路子,取得了明显效果。1995年34家火炬院所共取得科技成果283项,开发新产品99项,在沈承担技术改造,引进技术消化吸收,科技攻关项目217项,为我市创产值10.2亿元,利税1.3亿元。已有17家单位在创建火炬院所行动中达产达标,被沈阳市政府授予"火炬型科研院所(院校)"称号。

为保证科技体制改革的不断深化和促进科技事业的健康发展,我们始终注意保持科技政策的连续稳定,不断加强科技法制建设,先后出台了70余件科技政策法规。1995年,在国家科委和全国人大的支持下,制定的《科技进步投入条例》已正式颁布,市科技大会期间,市政府又作出了《关于依靠科技振兴沈阳的若干决定》,为促进科技事业发展提供了可靠的法律保障。

(胡忠君)

【市科学技术大会】 1995年11月9日、10日,沈阳市召开科学技术大会。这次大会的主要任务是:认真总结改革开放以来、特别是近年来,推进科技进步、促进经济和社会发展的实践经验,提出进一步促进科技与经济结合、加快科学技术进步的任务和措施,动员全市干部和群众齐心协力,掀起实施"科教兴市"战略的热潮,促进经济发展和社会全面进步。

市长张荣茂在会上作了《实施"科教兴市"战略、促进经济发展和社会进步》的报告。《报告》简要地回顾了近几年来的科技工作情况。提出,"九五"期间科技发展的主要战略目标是:到2000年,沈阳市科技进步对经济增长的贡献率,要达到50%;若干科学技术领域要达到国际当代先进水平;科技成果推广应用率要达到80%;农业先进技术覆盖率和工业产品的高新技术比重都要有新的提高;社会发展领域的科技进步要继续改善城市环境和居民生活的质量,人口平均期望寿命提高到74岁。为实现以上目标,"九五"期间科技工作的主要任务是:抓好科技与经济的一体化,在科技与经济的结合上要有所突破;组织动员全市科技力量,攻克国民经济发展中迫切需要解决的关键问题;大力发展高新技术、促进其产业化进程,加快用高新技术改造传统产业的步伐;搞好国内外科技成果的推广应用,提高经济增长的质量和效益;大力加强科学技术普及工作,努力提高全市人民科学文化素质;加快建立新型科技体制,扩大科技对外开放,搞好跨世纪的人才培养,为21世纪的新发展提供科技储备和支撑,为增强沈阳市综合实力、加快老工业基地振兴作出新贡献。

市委副书记董万德在大会闭幕式上作了重要讲话。大会期间还举办了"百亿工程项目交流交易暨科技攻关洽谈会";表彰了科技工作和科普工作先进集体、优秀科技实业家和优秀科技(管理)工作者。

(胡忠君)

【"百亿工程"全面达产】 1995年是"百亿工程"达标验收年。沈阳市把这一运用高新技术火车头带动传统产业改造"车厢"的高科技产业工程作为全年科技工作的重中之重,改变原有的调度方式,对各子工程实行专项调度制度,并专门成立了以副市长艾廷隽为组长,由科委、计委、经委及部分专家组成的联合预验收小组,于9月初对"百亿工程"各专项子工程进行了全面细致的预验收工作。1995年,"百亿工程"共启动实施项目521个,实现高新技术产值135亿元,利税25.3亿元。条码、化学制剂、轻型汽车、计算机与外部设备、生物技术等产业已形成亿元以上规模,Vc、污水处理装置、机器人、银行机具等一批项目产业化势头发展良好。

在实施"百亿工程"过程中,通过大力组织科技攻关招标及联合攻关,促进了传统产业的改造。在全市科技大会期间,正式推出144个项目,面向社会进行公开竞标、招标,已有万吨Vc提高收率及膜技术攻关、固定化酶在酒精生产中的应用、工业机器人生产技术攻关、超厚打印技术攻关等18个项目中标。其中,企业和科研院所、大专院校联合攻关的项目达70%以上。在中标项目中,为名牌产品提高质量和增强竞争能力的项目有6项,解决行业发展重大关键技术问题的项目有5项,为产业化、工程化解决关键生产技术工艺的有3项,这些项目攻克后,涉及产品产值达15.6亿元,利税3.28亿元,出口创汇9 000万美元,节汇2 400万美元。同时,机械、化工、制药、冶金等基础产业、支柱产业的科技实力将得到进一步提高,Vc、整肠生、数控机床、橡胶制品等名牌产品的竞争能力和市场占有率将大幅度提高。

(米淑瑾)

【百亿工程交流交易洽谈会】 1995年，沈阳市于全市科技大会期间，在沈阳技术交易所召开了首次“百亿工程”成果展览及科技攻关项目招标洽谈会，探索将科技攻关项目推向市场，采用公开招标的方式，组织联合攻关。

此次攻关招标正式推出144个项目，并向市各科研单位、院校、企业、驻沈单位的科研单位等发出了邀请。这些攻关招标项目分布在机械精密加工、先进制造技术、电子与信息、生物技术、新材料、重大工程技术、产业化工艺与生产技术、生物育种、生态治理等技术领域。攻关招标引起了企业界的广泛关注，同时也吸引了几十家科研单位和高等院校投标。

经过招标，已有万吨 Vc 提高收率及膜技术攻关、固定化酶在酒精生产工艺的应用、机器人生产技术攻关、超厚打印技术攻关、阻燃橡塑制品的开发及应用攻关等 18 个项目中标。为推动科技攻关活动的深入进行，市科委在年度科学技术计划中，专门安排600万元科技三项费用，3 000万元科技贷款，重点支持了签约的 23 个科技攻关项目。项目完成后，可新增产值15.6亿元，新增利税3.28亿元，出口创汇9 000万美元，节汇2 400万美元。同时，机械、化工、制药、冶金等基础产业、支柱产业的科技实力将得到进一步提高和产业实力全面增强，Vc、整肠生、数控机床、橡胶制品等名牌产品的竞争能力和市场占有率将大幅度提高，科技经济实力、企业创新能力和传统产业的自身发展能力将得到全面改观。

（*李志勇*）

【实施科技“三优”战略】 沈阳市实施“三优战略”就是要以为名牌产品服务，面向 21 世纪，迎接新挑战为主攻方向。要以市场为导向，健全和完善火炬高新技术及产品交流交易市场，利用市场机制，加速技术创新，促进成果转化，力争用 3—5 年时间培育 10—20 个科技名牌产品，形成 5 个科技名牌产业集团，创建 10 个科技名牌企业。使“三优战略”为开发名牌产品和振兴我市经济做出贡献。

实施“三优”战略一是发展和融合优势技术。即把对沈阳市未来发展具有战略意义，在国内和国际居领先地位的技术领域，进行筛选和重点支持。根据产业发展需求，进行嫁接和融合，使之发展成为适用的成熟技术，为国民经济主战场服务。

二是培育和建立优势产业，即滚动发展“百亿工程”的 15 大高新技术产业，对其中每一个产业进行认真研究，逐项规划，不断充实和调整，并在资金、政策方面给予倾斜性支持，使之迅速发展，逐渐成为我市的支柱产业，加速传统产业改造，促进产品结构优化。

三是培养和造就一批优秀高新技术产业带头人，即把在沈的大专院校、科研单位、大中企业、区街企业、乡镇企业和民营科技机构的一些从事高新技术产品开发、生产、经营的优秀人才，逐步培养成为掌握现代科技知识、市场经济知识，通晓国际惯例的高级企业家，为我市参与国内国际竞争，奠定人才基础。

（*李志勇*）

【市院科技合作 10 周年】 1985年，在“经济建设必须依靠科学技术，科学技术工作必须面向经济建设”的方针指引下，沈阳市政府和中科院沈阳分院于 12 月 24 日签定了市院全面开展科技合作的协议，开创了市院合作的新时期。1995 年 12 月 24 日，市院双方对 10 年科技合作做了总结并续签了科技合作协议，以更好地指导和发展市院合作。

10 年间，市院双方本着“真诚合作，讲求实效、互惠互利、共同发展”的合作原则，有组织、多层次地进行了科技交流与合作，取得了丰硕的合作成果，积累了丰富而有益的合作经验，对推动分院和地方的经济发展产生了积极的促进作用。

1. 以优秀科技项目为纽带，密切研究所和企业的合作关系，加速科技成果在地方的转化。沈阳市作为国家综合性工业生产基地，工业基础雄厚，是施展科技优势的舞台。中科院沈阳分院各大研究所在化学、化工、材料科学与工程技术、计算机及应用、机电一体化与自动化综合技术、生态建设工程、环保与腐蚀工程等方面具有综合的学科优势及长期的技术积累并具有制作大型科学仪器和工程装备的能力，是一只较强的科技攻关力量。发展双方的优势，开展科技项目合作，是振兴沈阳经济的新途径之一。市政府与沈阳分院采取多种有效措施，积极为研究所和企业牵线搭桥，组织项目合作。通过技术市场、开办经营中介机构，为企业和研究所提供信息、中介服务，协助成果转化，不断拓宽研究所与企业的合作渠道。

“八五”期间特别是 1995 年，市院合作项目发展迅速，合作领域涉及冶金、机械、化工、电子、汽车、医药、轻工、仪器仪表、环保、计算机应用及自动化工程等许多行业，取得了一批水平高、效益好、影响大的合作成果。10 年来，中科院沈阳分院各大研究所与地方企业共完成合作项目839项合同金额1.15亿元，为企业实现新增产值 16 亿多元，推进了企业的技术进步，增强了研究所的市场观念。

2. 发挥中科院系统的技术与人才优势，积极参与地方经济建设。一是为区街经济服务。几年来，分院为区街引进项目460多项，引进各类专业技术人员8 000多人次，领办或协办民营科技企业110余家，累计为区街企业实现新增产值 9 亿多元，取得了显著的经济效益和社会效益。二是为农业生产和乡镇企业服务。应用生态研究所在新民县开展了低产综合开发示范研究，使原亩产小麦由200—300斤提高到800斤，最高单产超过千斤。在东陵示范推广玉米、水稻免中耕、长效碳铵施肥技术 5 万亩，平均增产11.3%。各所还通过派出技术人员、转让技术成果等方式扶持乡镇企业的发展。三是为科学决策和咨询论证服务。“八五”以来，根据市政府和有关政府及行业主管部门的要求，分院先后推荐了近 40 位专家学者出任各级科技顾问，积极组织专家参加工程咨询和项目论证工作。

4. 发挥地方优势，制定优惠政策，为市院合作的发展创造良好的条件。首先要发展科技。市政府在与沈阳分院以往10年的科技合作中制定了一系列向科研院所倾斜的优惠政策，有利地促进了市院合作的发展。

（马忠胜）

【深化科技与金融结合】 科技与金融结合是沈阳市科技界与金融界于1987年在全国率先提出的。9年来，科技与金融结合工作有了长足的发展。特别是1995年，通过发展科技专项贷款及科研流动资金贷款业务，建立健全风险投资基金，强化全市科技与金融结合领导小组的组织领导、完善科技与金融结合暂行规定，发挥、壮大科技信用社和火炬信用社等作法，逐步建立起以人民银行为领导，以银行机构为主体，以非银行金融机构及非金融机构为两翼的科技金融结合新体制，大幅度地增加了科技投入，逐步把科技与金融结合工作推向科学化、制度化、规范化的轨道。

1.依靠金融市场，拓宽了科技领域的资金投入渠道，促进了科技、金融体制的同步改革。在实行科技金融结合以前，沈阳市的科技投入主要靠财政拨款，远远满足不了科技事业发展的需要。从1988年开始市科委组织科研院所、大专院校领导和6大银行行长，举行了别开生面的“科技与金融对话会”。通过对接，使金融界找到了低投入、高产出的投资领域；科技界寻求到赖以生存和发展的另一新途径。科技贷款成为科技成果转化的重要资金来源，成为继国家财政拨款、企业自筹资金后，科技投入来源的三大支柱之一。

1995年科技界和金融界进一步达成共识，全年科技贷款余额达到22亿元。通过科技与金融结合的有效推动，全年科技三项费用也由1994年的6 600万元增加到7 600万元。

2.金融向科技适度倾斜，加快了科技成果的转化，促进了传统产业的高起点改造。一方面通过向科研单位提供科技开发专项贷款和科研流动资金贷款，解决科研单位中试生产中的关键设备和流动资金需要；另一方面通过向生产企业优先发放科技信贷资金，鼓励生产企业广泛采用新技术、新工艺、新材料，激发了生产企业接受科技成果的积极性，从而加速了科技成果转化为现实生产力的速度。

1995年底，中试基地在沈阳市已形成四个层次，达到158个。中试基地实现产值12亿元，利税1.6亿元，取得了良好的社会效益和经济效益。

通过科技和金融的有效结合，加快了高新技术改造传统产业的步伐，有力地推动了“百亿工程”的达产达标。1995年，通过金融向科技适度倾斜，组织、项目、资金和人员的“四落实”，全年实现高新技术产值135亿元，利税25.3亿元，一批有形象、有市场、技术含量高的项目已经进入产业化阶段。

3.科技与金融结合，保证了资金的高效运转。一方面使金融部门进一步优化投资结构，把有限的资金用在高效益的科技项目上。另一方面，从事研究开发的单位，增强了金融意识和经济观念，不仅关心项目的技术价值，更关心项目的经济效益，并在实施中加强了经济核算，从而提高了科技资金投入的经济效益，实现了资金的良性循环。

（马忠胜）

【沈阳市科学技术投入条例出台】 1995年7月28日，辽宁省八届人大常委会第15次会议正式批准《沈阳市科学技术投入条例》（以下简称《投入条例》）颁布实施。

1.多渠道增加科技投入，具有较强的针对性。增加科技投入，逐步提高科技投入的总体水平，建立多渠道科技投入体系，是《投入条例》的主要内容。为了增加科技投入，扩大科技投入渠道，《投入条例》从投入的目标上规定“逐步提高科技投入的总体水平，使科技投入同科学技术、经济、社会发展相适应。其中，全市研究与开发经费应占本市国内生产总值的1%以上，并逐步增加，到2000年达到1.5%以上”，这样就把提高科技投入摆在全市经济发展的重要战略位置。并明确政府财政、金融机构、企事业组织和社会其他科技投入为科技投入的4个来源，分别进行了法律规范，同时还明确规定了几个重要的科技投入定量指标，通过定量指标和定性规范的有机结合，使扩大科技投入规模有了法律保证。

2.规范了科技投入的几个比例，使立法具有突破性。

3.将增加科技投入方面取得的成功经验上升为法律规范，使《投入条例》具有可操作性。

（任大庆）

【中国沈阳科技市场】 1995年是沈阳技术市场蓬勃发展、运行顺利的一年，以沈阳技术交易所为核心，与民营市场、风险投资市场、专利市场、成果市场、信息市场、火炬市场、星火市场、人才培训市场等10个分市场相互衔接贯通的中国沈阳科技大市场体系基本形成，已成为东北地区最大的，国内一流的技术商品集散地和科技商贸中心。

1.技术市场管理得到进一步加强。加强了对全市技术市场的宏观调控，健全了县区技术市场管理体制，强化了对技术合同委托登记部门的管理，建立了技术合同管理例会制度，与10个县区技术市场管理所实现了微机信息联网。沈阳技术市场全年登记技术合同6 292份，技术合同成交额12.55亿元，比1994年增长7%，居全国省会城市之首。

2.计算机信息系统建成运行初见成效。在沈阳技术交易所建成了以DEC小型服务器为核心的多媒体传输，电子大屏幕显示信息通讯网络为主要功能的东北第一个计算机技术商品交易信息系统，开发建立了6个数据库，12个功能模块，基本满足了技术交易交流的需要。组建了“东北亚科技经济信息网”，与新华社及省市信息机构实行信息互换合作，每天接收信息50余万字，与73个企事业单位实现了计算机远程通讯联网，全年发送信息1.5亿字；编发《技术交易信息》、《上市技术快报》等刊物70多期，发行近万份。在省内外举办信息发布活动9次，共发布技术项目信息308项，达成意向协议金额3 000万元。

3.技术交易交流活动日趋活跃。1995年先后成功地举办了“95

沈阳专利技术及新产品展示展销会”、“德国图林根州——中国沈阳科技经济交流会”、“沈阳高等院校科技成果交易、人才交流会”和“沈阳百亿工程项目交流科技攻关洽谈会”等各类交流交易活动60余次，共签订意向合同580份，意向金额达2 632.7万元，代销、展销额达161万元，并在全国首次创办了“周末沈阳科技夜市”，展示展销各类专利及高科技产品500多种，参观市民达3万余人，其中“带馅面条机”销售达30余台，深受广大市民的欢迎，在国内引起良好反应。先后组织了120多个企事业单位赴山东、天津、哈尔滨、云南等地参加技术交易交流活动8次，达成协议20项，协议金额1 600万元，并与山东、内蒙等10多个省市地区建立了长期的技术交流合作关系。

（张勇）

【民营科技机构】 沈阳市民营科技机构经过10多年的发展，已经迈上新台阶。到1995年末，不仅在数量上猛增到3 018家，从业人员达4万余人，而且在经济上具有了一定实力，1995年实现技工贸总收入24亿元，利税5.4亿元。沈阳飞龙保健品有限公司、沈阳东宇集团公司、沈阳市应用化学所、沈阳强风集团公司、和光集团有限公司等5家民营科技企业技工贸总收入超过亿元，全市民营科技企业技工贸总收入超过1 000万元的有40家，超过400万元的有80家，民营科技型企业的人均创税额相当于国有企业的3倍，利税率达24%。

目前，沈阳市已有100余家民营科技企业通过跨行业、跨地区、跨国界的联合与合作，已步入规模化、产业化、国际化轨道。在管理体制上，出现了把“感情凝聚”变成“股份凝聚”的股份合作制模式。年初，在沈阳市科学技术委员会等部门的支持下，“沈阳市广厦热力设备开发制造公司”圆满地完成了第一家民营科技企业股份合作制的改造试点，紧接着出现了一批“强强联合”、“强弱联合”的股份有限公司、有限责任公司和国内外独资公司，到1995年末，仅沈阳南湖开发区进行改造后登记的股份公司就达217家。

为加速科技成果向现实生产力转化，1995年5月，民营科技市场建成并投入使用，有沈阳协合药业有限公司，沈阳福思特公司，沈阳工商行计研所等数10家民营科技企业进驻民营科技市场。在1995年11月8日举办的“百亿工程暨科技攻关展销交流交易会”上，民营科技市场参展单位达80余家，推出各种展品达200余种，成交合同额300万元。

（杨秀）

【中试基地建设】 1995年沈阳市中试基地建设取得了令人满意的效果。在1994年有5个中试基地建设通过验收的基础上，又有东大软件、超高效农药、药物制剂产品、新型化工材料、化学合成药，汽车部件、精细化学品等7个中试基地全部建成并通过验收；有金融商业电子化产品及设备、表面工程技术中试基地经专家论证小组科学论证被正式批准为市级中试基地。到1995年底，全市4个层次中试基地已发展158个。共实现产值12.1亿元，利税1.6亿元，全面并超额完成了“百亿工程”计划指标。

1.在由上至下建立一条龙管理体系的基础上，组织了多次中试基地“进场入轨，兴市富民”讨论会和调度会，并专题研究了“建中试舰队、创名牌、闯国际、扬帆出海”的对策措施，使一些中试基地在创名牌、闯国际、扬帆出海对策指导下，成效显著。如计算机显示器中试基地，根据其中试产品的行业中的特点，积极在产品质量和创名牌上定措施、想办法，使显示器产品在保质量、创名牌上登了一个新的台阶。

2.抓指标落实、严格管理，把握方向，确定中试基地任务。采取层层分解、层层落实的办法，分阶段对各基地进行考核，保证了“百亿工程”指标任务的顺利完成。1994年底至1995年，对每个基地都进行了一次全面性的考核，对达到“中试基地管理办法”指标要求的12个中试基地通过了验收，对其中2家的建设方向作了重大调整，对其它正在建设之中的中试基地也肯定了成绩，指出了不足、协助解决了遇到的困难和问题，以使其尽快达到基地验收条件。

3.抓项目落实，促进了中试基地产品的良性循环。中试基地建设始终坚持边建设、边投产、边见效的原则，以中试项目起步，以行业领先为目标，以拳头产品为动力，为中试基地逐步走向独立自主、自负盈亏的经济实体打下了基础。目前，已验收的12个中试基地，全部实现了独立自主、自负盈亏、集科、工、贸于一体的经济实体。“整肠生”、票据打印机、整芯阻燃胶带、核能阀门、核能用泵，显示器产品等十几项中试产品各具特点，在实施名牌产品战略工程中均已显露头脚。

4.抓资金与政策落实，为中试项目筹措资金、为基地建设创造良好的政策环境。1995年，又有600万科技三项费用被落实到中试项目之中，使15个中试项目得以顺利实施。

为贯彻沈阳市科技大会精神，落实中试基地优惠政策，我们通过与市财政局、市地税局的沟通，制定的沈阳市中试基地、中试产品优惠政策，已在财政和地税等方面得到了广泛的认同，政策中规定：经认定的中试基地的中试产品，在试销的1－3年内，其所得税将采取先征后返的办法，将税金全部返还到基地建设之中去，为中试基地进一步进行中试产品的开发、转产与投产，提供了宽松的政策环境，为各中试基地的自我发展、自我完善提供了有力的支持。

（王洪良）

【创建火炬院所活动】 1995年，沈阳市创建火炬型科研院所（院校）工作在加快高新技术产业化，促进传统产业改造等方面发挥出重要作用。

1.开发高新技术产品，兴建高新技术企业，大力发展高新技术产业。1995年，32家火炬院校和创建单位共开发高新技术产品260个，自办或与企业联合创办高新技术企业130家，实现科工贸总收入12.1亿元，利税1.3亿元。化工部沈阳化工研究院为加快科技成果产业化步伐,促进科研院所长入经济,采取了多渠道,全方位产业化的方式,迅速将本单位的高新技术成果向现实生产力转化,1995年实现高新技术产品产值4 200万元,是1994年的3.3倍。1992年沈阳医科大学与香港合资联办了“中国医科大学大连司威特制药有限公司”,以“精制蝮蛇抗栓酶”为龙头的高科技产品已经打入国际市场。截至到1995年,该公司高新技术产品产值4 917万元,利润2 000万元,上交税收380万元。

2.加强科研工作,取得一批重大科研成果。1995年,中科院金属研究所有21项课题通过了成果鉴定或评审,并有“磷酸料浆泵用合金研究与应用”等12个成果分别获得了国家、部委和省级奖励。据统计,1995年32家火炬所和创建单位共取得了高新技术成果300多项,其中,获国家级奖励70余项。科研成果水平的不断提高,为高新技术产业的发展和实现传统产业改造提供了强有力的技术支撑。

3.参与企业科技攻关,促进传统产业的改造。在创建火炬院所活动的推动下,各科研单位发挥技术优势,积极为传统产业改造服务。中科院沈阳自动化研究所把“立足沈阳,服务沈阳”做为该所科技开发工作的宗旨之一,“八五”期间,该所在沈阳完成服务项目106项,总额3 900万元。1995年,32家火炬院所和创建单位在沈承担技术改造、引进技术消化吸收、科技攻关项目共80余项,为企业新增产值3.2亿元,新增利税近1亿元。

4.深化内部改革,加强管理,增强发展后劲。机工部沈阳仪器仪表工艺研究所在1995年初提出开展第二次创业的发展战略,确立了依法制所、科学运作,管理严、细、优的发展方针。一年来,该所正式出台了质量管理手册、质量工作条例、质量器具管理办法,建立了一系列的产品标准规范和规程,对技术工人大搞技术练兵、技术培训和考核,形成一整套质量、生产保证体系。1995年,取得实现产值4 209万元,利税641万元的好成绩。

(*赵宇*)

【农业科研基地与示范基地建设】 1994年,沈阳市为增强农业生产发展后劲,增强农业科研的竞争能力,加快农业科学研究步伐,重点抓了玉米、水稻、大白菜、辣椒、果树、肉牛6个科研基地的建设。其中,由市农科院承担的玉米科研基地,以玉米高产优质多抗性杂交品种选育为重点,组建了沈阳玉米科研所,培育出沈试25、沈试26、沈试30等一批可以替代沈单7号玉米的优良杂交新组合,1995年在全市8个县(市)区开始试种,普遍反映良好;同时,可望培育出超出5003新的优良玉米自交系,为我国玉米育种提供新的材料。由沈阳农业大学承担的水稻科研基地,以水稻新品种选育及高产栽培技术为重点,建立了水稻原种基地,培育出沈农514、沈农9014、沈农8801等新品系,建立了150亩原种繁育基地。由市农科院承担的大白菜科研基地,以大白菜雄性不育系选育及利用为重点,组建了沈阳大白菜科研所,培育出93－8A、93－9A不育系和沈阳快菜3号、绿丰3号等杂交新组合,在全国建立了10多个开发协作基地。由沈阳农业大学承担的果树科研基地,引进了24个梨新品种(系)、4个葡萄新品种、5个抗寒苹果新品种,对果树品种更新换代将起到积极的作用。以上4个科研基地经过运作,进展顺利,市科委正式为它们挂牌。辣椒和肉牛是1995年新抓的两个科研基地,目前起步良好。

为促进农业科技成果尽快在生产中得到应用,加快农业科技推广步伐,1995年突出抓了玉米、水稻、蔬菜、葡萄、填鸭、苹果梨等10个农业技术示范基地,并正式命名挂牌。这批技术示范基地较好地发挥了技术示范作用,特别是在洪灾过后生产自救中很好地发挥了技术带动作用。其中,高坎镇依托沈阳农业大学进行的苹果梨早期丰产栽培技术通过技术鉴定,为果树高效益栽培开辟了新的途径。该项技术已在新城子、苏家屯、法库、康平等县区大面积推广。开展的茄子嫁接及再生技术试验,在解决了茄子病害问题的同时,平均每亩增产40%,为茄子高产稳产高效益栽培提供了技术保证,该技术已开始在全市各县(市)区示范推广。老观坨乡蔬菜示范基地在遭受洪水严重危害后及时聘请有关科技人员指导恢复生产。新城子乡推广地膜蔬菜栽培技术,平均亩效益达1 500元;该乡还推广“感王式”节能温室200亩,亩效益达到8 000－10 000元。苏家屯区新华畜牧场开展的生态养殖技术示范,全年出栏瘦肉型猪1.5万头、存栏蛋鸡5万只、发展养鱼200亩、栽培无公害水稻70亩,取得经济效益80万元,成为沈阳市最大的生态养殖场。沙岭鱼场是全国著名的淡水养鱼基地,在创造了全国淡水养鱼高产纪录后,1995年又开始了工厂化养殖甲鱼的技术示范,并将成为我国北方养甲鱼的一个技术示范基地

(*韩春声*)

【实施效益农业百例计划】 实施效益农业百例示范是“八五”后期指导沈阳市效益农业发展的一项计划。即在“八五”后三年,通过总结、培养100项效益农业典型,并在全市组织开发推广。1995年是最后一年,已全部完成一百项效益农业典型示范的总结验收工作,并正式出版发行了两册《沈阳效益农业》,共包括70项技术典型,第三册正在组织编写中。通过实施效益农业百例示范,已有一批成熟的先进适用技术开始在全市得到推广应用。其中,水稻抛秧是近几年发展起来的一项栽培技术,具有降低劳动强度、省时、节约成本、壮秧等特点,比插秧平均亩增产7.2%,每亩增收节支61.81元;1995年在全市推广近10万亩,经济效益和社会效益显著。种子包衣是国际上普遍采用的一项新技术,具有节约种子用量、防治病虫、促进幼苗生长等特点,一般可节约种子2－3斤,增产8－10%,亩增收80－90元;1995年在全市累计推广10万亩,推广良种30万公斤,增产玉米500万公斤,增加经济效益750万元。该项技术的推广已得到各级领导的重视,并逐渐被农民朋友所接受。日光温室蔬菜高效节能栽培技术,通过技术的组装配套,将采光原理和热平衡原理有机结合,应用

于蔬菜温室生产，实现了冬春茬温室蔬菜在不加温的条件下可以正常生产，保证了全市蔬菜常年供应。

（韩春声）

【科技救灾】 1995 年夏季，沈阳市城乡遭受了百年不遇的特大洪涝灾害，经济损失十分严重，特别是广大农村损失惨重。面对洪涝灾害，按照市政府提出的抗灾救灾要求，市科委精心组织了科技救灾工作。一是由委领导带队，迅速组成 6 个调查组分赴 6 个受灾较重的县(市)区进行实地调查，了解灾情。二是及时组织有关农业专家座谈，研究依靠科技增收减损的措施和具体办法，明确提出了农业科技救灾的六条建议，对指导全市尽快恢复农业生产发挥了重要作用。三是协同市委组织部联合召开科技救灾动员会议，号召全市科技战线和广大科技人员投入到灾区的生产自救中，运用科学技术为灾区人民排忧解难，解决恢复生产中的燃眉之急。四是采取具体行动，把科技救灾工作落到实处，分别指派专职人员对 8 个县(市)区负责协调指导科技救灾工作，对出现的新情况新问题及时反馈，及时解决；8 月 14 日，由委领导全体成员亲自将筹措到的270万元科技救灾经费分别送到 8 个县(市)区，并送去价值万余元的食品；水灾过后，组织了荷兰专家先后到东陵、于洪、新城子灾区等地的草莓专业乡村传授技术。五是组织了中科院沈阳分院等科技部门为灾区实行对口救灾，为灾区提供技术人员、技术服务、捐赠物品和资金等。六是及时向省科委、国家科委汇报灾情及科技救灾工作，取得国家和省里的支持。

各个县(市)区按照市科委的统一部署，积极开展了科技救灾工作。其中，辽中县成立了科技救灾工作领导小组，组织100名科技人员，采取技术承包的形式，围绕蔬菜、食用菌、养殖业开展了科技救灾服务活动。东陵区围绕粮食、蔬菜、林果、畜牧各业组织百余人参加科技承包集团，引进草莓新品种并建立繁育基地，并积极协调贴息贷款帮助星火企业恢复生产。于洪区及时组织科技人员在受灾最重的村建立100亩科技救灾示范田，推动了全区科技救灾的全面开展。科技救灾工作得到了各部门的大力支持，在恢复生产重建家园中发挥了积极作用，收到了明显成效，受到了各级党委、政府和灾区群众的普遍称赞。

（韩春声）

【东陵农业高新技术园区】 根据辽宁省农业高科技园区的总体规划，东陵马官桥地区被省里确定为东陵农业高科技园区。按照东陵农业高科技园区建设的要求，在该地区划定了400亩地，建立沈阳农业科技开发院，并得到了省各部委的批准。根据农业科技开发院建设的实际需要，成立了沈阳农业科技开发院开发建设管理委员会，并设立了开发建设办公室。1995 年主要制定了农业科技开发院的总体规划，根据东陵农业高新技术园区建设的要求，结合农村科技工作实际需要，在深入调查、反复论证的基础上，制定了沈阳农业科技开发院总体规划，即“861”工程。具体内容是实施 8 个农业示范项目，建设 6 个农业科技产业功能区，建设一个跨世纪国际农业科技交流中心。按照上述内容绘制了农业科技开发院总体规划鸟瞰图。完成了1 500米围墙，增容电力 70 千瓦，打水井 2 眼，铺设东西路基360米，回填主干道土方8 000立方米等基础工程建设。

1995 年春季，在沈阳农业大学专家指导下，建设果树早期丰产示范园 80 亩，引进了苹果梨、抗寒苹果、沙地沟大杏、抗寒大樱桃等新品种。根据开发院的自然地理条件，挖掘了 40 亩水面的淡水鱼池，1996 年可望建成淡水养殖技术中心。同时，1995 年试种的120亩新品种大豆和150亩新品种玉米，均获丰收。

（韩春声）

【星火技术密集区建设】 1995 年星火技术密集区建设在深度和广度上取得新进展。根据沈阳市乡镇工业的布局和发展情况，市政府批准建立了虎石台星火技术密集区，形成以北陵国家星火技术密集区为龙头，以市政府批准的道义、浑河、雪松、胡台、五三、辽中镇、沙河、虎石台为主体的 9 个各具特色、布局合理、高科技外向型的星火技术密集区群体。虎石台星火技术密集区地理位置优越、交通四通八达、工业基础雄厚，建设中的工业小园区，占地 1 平方公里，基础设施建设已基本完成，目前已有 6 家企业进区建设，其中已有 2 家投产并取得了较好的经济效益。与此同时，向国家科委组织申报了浑河星火技术密集区为国家级星火技术密集区，该密集区占地 60 万平方米的工业园区已注册 19 家，其中进区建设 11 家，已有 5 家投产，发展前景十分广阔。北陵国家星火技术密集区两年累计争取国家星火专项资金4 800万元，1995 年实现工业产值 40 亿元，利税 5 亿元，均比 1994 年增长 36%。全年星火技术密集区实现产值112.8亿元，利税9.59亿元。

在 9 个星火技术密集区中建立了 6 个高新技术开发小区，占地面积24.3平方公里，目前已开发 13 平方公里，注册企业198家，引进外资8 300万美元。

（韩春声）

【科技扶贫】 康平、法库、柳绕地区和东部山区是沈阳市的经济薄弱地区，做好这些地区的科技扶贫开发是农村科技工作的一项重要任务，1995 年科技扶贫重点做了以下三方面工作：一是培养科技扶贫带头人。联合市委组织部、共青团、妇联、计生委、供销社开展了经济薄弱村党支部书记培训、青年星火带头人、巾帼星火工程、农村计划生育三生服务、女农民农艺师等专项培训。其中，与计划生育委员会联合举办了五期农村计划生育三生服务实用技术培训，培训200人；同时，还在农村妇女中组织开展了女农民农艺师经验学习班等活动，对经济薄弱村致富示范基点进行了定期检查指导。二是建立科技扶贫示范基点。将二牛所口乡确定为万头黄牛科学饲养示范基点，引进优良种牛 20 头、基础母牛3 000头、出栏5 000头、改良草场4 000亩，实现户均四头牛，人均增收300元。建立了以乡畜牧站为中心的黄牛改良站，健全了以乡村兽医为主体的技术服务网络，聘请农业大学专家负责科技培训和技术指导工作，共培训2 000人次。同时，积极引进先进技术，已有800家养牛户掌握了科学饲养技术。三是开展科技共建。以沈阳农业大学为依托，同康平县开展科技共建活动，选派了一名博士担任科技副县长，一名副教授担任科技副乡长，由他们具体组织实施了农作物种植技术、果树高产栽培技术等20项推广项目，取得了显著成绩。市科委同法库县政府共同下发了关于开展科技共建的文件，制定了具体的共建内容和实施办法。沈阳大学农业分校、中科院生态所分别在卧牛石和十间房乡建立示范基点。为促进科技共建在该地区的深入发展，11月7日，市科委、沈阳农业大学、康平县政府在康平联合举办了“95沈阳农民科技日”活动，对农业新技术新成果进行了展示展销，同时组织农业专家开展咨询服务，当天康法地区有1 500多名农民参加了这次活动，省市20多家有关部门参加了展览，宣传了各自的科研成果，提高了农民的科技意识。

（*韩春声*）

【科技信息工作】 1995年，沈阳市科技信息工作紧密围绕全市经济、科技的中心工作，为领导决策、社会进步、经济振兴做了不同层次的信息服务工作，取得了令人瞩目的成绩，科技情报系统得到进一步完善和发展。到1995年为止，沈阳市已有科技情报机构240个，各类情报网站93个，专职情报人员1 741人，各级情报机构收藏国外期刊215种，国内期刊31 836种，拥有各类计算机392台，已经形成比较完善的全市科技情报系统。

1995年沈阳市科技情报改革成绩卓著。情报信息机构积极转换机制，坚持面向经济、面向社会，加大了为经济建设主战场服务的比重。一年来，科技情报信息系统配合沈阳市及有关行业的重大科技规划、计划做了大量的工作，主动为经济建设与社会发展、高新技术及其产业、基础研究与应用研究三个不同层次提供了主动的情报信息服务，同时为企业调整产品结构开发新产品、提高产品质量及为农村科技进步作出了贡献。“八五”末期，全市各级科技情报机构开展科技情报研究有48项成果获沈阳市科技进步奖，有103项成果获沈阳市科技情报重大成果奖，其中1995年有17项成果获沈阳市科技进步奖，有36项成果获沈阳市科技情报成果奖。在研究课题中，有许多研究报告被市政府有关领导批示、采纳、并下文实施，使研究成果得以到实践中应用，获得了极大的社会效益和经济效益，为我市经济发展直接、间接做出了贡献。

科技信息系统向产业化、国际化迈进。到1995年，全市情报信息系统产业结构初具雏形、服务形式日趋多样。服务形式由传统的文献服务发展到包括科技咨询、技术推广、市场调查、声像服务、市场分析、专利申请代理、数据库与网络用户传递等多种服务形式和手段。到1995年，全市信息机构共开展信息交流与项目推广、收集整理科技信息项目2 400个；进行中介合同服务近500项，技术贸易成交额达1 400万元；摄制科技声像专题资料片889部；建立了计算机检索系统，为各界用户提供有关科学研究、产品开发、技术成果转让、技术输出、产品出口等各项情报信息咨询服务，共提供检索服务256项次。科技信息系统已初步具有产业化的特征，科技信息系统与国外的合作交流不但范围与规模有所增加，而且合作的形式也日趋多样。

按照发展社会主义市场经济的要求，开始实行机构调整和人才分流。我市的科技信息机构已由社会公益型向科技服务经营型转变，逐步走向事业单位企业化管理。沈阳市科技情报研究所、各类情报网站、企业科技情报室等，大多调整了方向任务，主动进入市场。另外，各科技信息机构都积极进行了合理的人才分流，除了继续从事科技信息基础研究和信息服务的人员外，把很大一部分人员分流到了经济建设主战场中，开拓与科技信息有关的第三产业，实行有偿服务。通过改革，调动了广大科技情报人员的积极性，拓宽了情报服务的领域和范围，增强了情报工作的生机和活力，有力推动了我市科技情报工作的健康发展。

沈阳地区科技情报网络系统已具有一定规模。目前，全市有各类情报网站93个。从网站构成来看，主要以行业、专业网为主，深受网员单位欢迎。1995年科技情报计算机联网工作得到较大发展。沈阳市科技情报研究所、沈阳市标准情报研究所、东北大学等单位实现了国际联机，为全市提供全方位、多功能的国际经济技术信息咨询服务。其中以市科技文献查新系统、沈阳技术市场信息系统发展较快，深受用户欢迎。

科技情报资源建设得到加强。到1995年，已形成以省、市情报所，省、市图书馆为中心，以各行各业系统科研单位和大专院校情报机构为脉络的文献资源分布，门类比较齐全，在开发手段上基本处于手工检索为主，部分实现机检。在沈阳初步形成一个独立情报机构、大专院校、科研院所、大中型企业情报机构和图书馆系统相互协调、互通有无、相互补充、方便用户的文献支持和服务系统。

（*杨璐璐*）

【周末沈阳科技夜市】 “周末沈阳科技夜市”是由沈阳市科学技术委员会和沈阳市工商行政管理局共同主办，由沈阳专利管理局、沈阳技术交易所、沈阳市工商局技术市场管理所、沈阳市科技成果推广办、沈阳市科技情报所、沈阳市科技风险投资中心、沈阳市星火计划办公室、新基科技发展有限公司共同承办的，国内首创的以活跃沈阳科技市场、促进科技成果商品化的大型科技商品交易活动。

“科技夜市”主要以实物展出为主，主要包括专利产品、民用科技产品、科技进步奖产品、优质名牌产品和科技图书等与市民生活息息相关的科技产品。同时还设有展板、实物、图片等科技项目的展示、宣传及沈阳技术交易所现场咨询服务、信息检索、查询等服务。

“科技夜市”于每周五、六晚18

时至21时30分举办,时间1995年8月18日至1995年9月16日,地点为沈阳技术交易所楼前,占地面积500平方米。

“科技夜市”历时一个多月,取得圆满成功。“科技夜市”参展单位和专利发明人达300家(人),展出与市民生活息息相关的各类产品500多种、科技图书近千种,总销售额达40万元,参观市民达3万人次。其中高科技产品“带馅面条机”以其独特功能深受广大市民青睐,参观品尝、购买者络绎不绝,销售达40余台,金额30多万元,在国内引起良好反应。

(张勇)

【沈阳火炬城市信用社】 沈阳火炬城市信用社是由沈阳市科委倡导成立,沈阳合作银行、中国科技金融促进会、沈阳国际公司等10家单位入股,经中国人民银行沈阳市分行批准,国家工商管理局南湖科技开发区分局登记注册的股份合作制金融企业。1995年有职工67名,具有专科以上学历者占59%。

沈阳火炬城市信用社自1994年2月28日开始试营业,本着“团结、高效、创新、奉献”的企业精神,坚持为科研和科技战线服务的宗旨,锐意进取,不断拓展业务,努力扩大存款来源,壮大信用社资金实力,以快捷、热情、周到、方便的服务,赢得了广大客户的信赖,建立了良好的信誉,保证了信用社效益持续稳定增长。截止到1995年底,各类存款余额达到3.21亿元,超额完成了全年计划任务。累计发放贷款2.7亿元,贷款余额为1.7亿元,其中科技贷款占70%,开户户数达1 527户,短短2年多的时间就得到了快速发展,各项指标在合作银行系统中名列前茅,成为沈阳地区金融界崛起的一颗新星。

(郝晏姝)

【科技成果推广】 1995年沈阳市科技成果推广计划的实施达到了预期的目的,为“九五”期间计划的实施打下了良好的基础。

1.1995年是“百亿工程”的最后一年,根据“百亿工程”的总体安排,科技成果推广计划实现了121项科技成果进入了247家企业实施。1992年至1995年累计实现了新增产值43.3793亿元,新增利税10.21亿元。

1995年当年121个项目247家企业实现新增产值22.084亿元,新增利税4.2626亿元。1995年安排了47个项目在71家企业实施,总投入9 800万元,其中,协调到位贷款5 610万元(国家下达规模4 010万元),自筹4 190万元。1995年科技三项费用分两批支持了23个项目,共安排资金207万元(含专利56万元)。

2.科技成果推广计划的实施,引导出一批企业的技术进步。全市申请实施推广计划项目的企业达186家,需贷款3.16亿元,面对有限的资金环境,我们采用了计划引导,择优支持的办法,既在项目的技术上具有共性,在企业中有代表性,项目实施后有显示性,如:含磷深冲高强度薄钢板”项目,沈阳有8个企业同时申请实施,确定了以沈阳金杯客车有限公司为示范企业,项目列计划,协调资金800万元,目前,该企业生产的海狮面包车皮及部分深冲部件采用该钢板,已经应用1.5万吨,仅节汇达400余万美元。沈阳华龙汽车制造厂在“海狮”的带动下,将该项目应用到了350台华龙公汽,并奔驰在城乡内外。

在计划管理中,不仅支持带动全局意义的项目,同时,还对计划项目的实施进行综合配套实施,以求整体效益最佳,即:综合配套进企业、进行业、进乡镇企业。如:为了保证使计划项目支持一家活一家,支持一方带一方,对新民示范街内企业新民腊化厂给予了连续性支持,该厂从1991年—1995年每年实施2个项目,因此促进了企业的技术进步和经济效益的提高,使之成为新民市第一利税大户。

为使科技成果推广项目尽快大规模实施,1995年根据“八五”计划,继续抓典型引路,促计划项目示范,主要是“三炉一水一板”,从1992年到1995年“提高冲天炉熔炼质量”在93家企业改造了座炉;“节能型电弧炉”改造了4家企业6座炉;“GJ型养护窑高效节能技术”,改造了5家企业43座窑;“蒸汽冷凝水回收技术”改造了31家企业的用气回收装置;“含磷深冲高强度薄钢板”使8家企业进行了产品的工艺更新。

“铁西北二马路推广转化示范带”带内企业大多是大中型企业,面对重重困难,1995年安排了10个项目,在国家科委和开发银行的支持下,1995年又安排了5个投资在2 000万元以上的大项目(初审已合格),预计1996年资金到位,以支持大中型企业的雄风在现。

“新民市示范街”1995年安排了4个项目,从技术到资金全部到位,为乡镇企业依靠先进科技成果促进企业兴旺起到了示范推广带动作用。

(姜宇)

【科技经济评估及无形资产评估】 沈阳市科技经济评估中心是沈阳市政府批准的从事评估业务的专业机构,其服务宗旨是向委托评估单位提供高智能服务,促进项目投资决策的科学化和民主化。

投资项目评估,就是在可行性研究的基础上,从国家和全局及企业的角度,对拟建投资项目的计划和设计方案进行全面的技术经济论证和评价,以确定投资项目的未来发展前景。投资项目评估包括三个方面:技术评估、经济评估和社会评估。前两个评估以定量分析为主,后一个评估以定性分析为主。投资项目评估过程,实质上就是运用高等数学,特别是应用数学进行复杂、繁锁的计算过程。该中心以市政府科技顾问委员会为强大的后盾和技术依托,囊括了各行各业的高级技术和经济专家1 000多名,可为各种项目的贷款决策提供评估服务。中心从1987年成立以来,为沈阳市各金融机构及世界银行评估项目400多项,评估投资额累计达50亿元人民币,否定了70多个项目,为国家避免损失6亿元,保证了资金的有效利用和良好的投资经济效益。

随着市场经济的发展和对外开放的进一步扩大,在合资、兼并、联营、股份制改造、抵押、担保等经济活动中，涉及专利、专有技术、商标、商誉等无形资产价值评定的问题日益增多，特别是第三产业的兴起和发展，无形资产在社会资产中占的比例越来越大，市科技经济评估中心根据沈阳市发展的需要经国有资产管理部门批准开展了无形资产评估业务，这是全市唯一一家开展无形资产评估的专业机构，并将与国有资产管理部门共同承担规范我市无形资产评估的工作。守住和用好无形资产就是避免国有和民营企业资产的流失，就是保护知识产权，促进科技成果的转化，就是承认科学、知识及其它方面人类创造劳动的无形成果的价值。1995年共评估项目18项，资产价值1亿多元人民币，为无形资产所有者提供了合资入股、工商验资、贷款抵押、转让等的法律依据。通过开展无形资产评估工作，促进了我市知识产权保护制度的建立，防止了资产的流失。

（张代东）

【科技外事活动】 1995年，沈阳市科技外事工作又迈出了新的步伐。为了进一步促进高新技术产业化和传统产业的高起点改造，全市科技界加大了招商引资力度，加强了政府间及民间的科技交流与合作，为经济振兴注入了新的活力。

1. 派出引进工作继续发挥重要作用。1995年，全市科技口共派出科技考察、合作研究、参加国际会议以及技术培训团组228批共658人；邀请外宾来沈进行科技合作与交流123批260人。1995年引进智力工作又上了一个新台阶，引智项目的数量和质量是历年来较好的一年。全市列入计划的引智项目共58项，引进国外人才156人次，派出实习培训520人次，有28个引进外国专家项目得到了国家的资助。并涌现一批经济效益、社会效益高的引智项目，为传统产业改造做出了重要贡献。

2. 采取切实措施，以招商促科技。组织了全市科技界的一系列科技招商活动，取得了可喜的成绩。其中在上海举办的招商引资说明会收到了良好的效果，有近百名外国银行、投资集团的驻沪代表出席，听取了市科委代表做的沈阳市科技情况及招商项目说明。此外，德国图林根洲经济技术交流会与沈阳市科委合作，于1995年5月在沈阳技术交易所成功地举办了“德国图林根洲——中国沈阳经济技术交流会”，德国15家企业带来了参展交流的60多家公司的机械、化工、电子、医药等方面的高新技术项目和产品，我市大中型企业、区街及乡镇企业参加了此次活动，共签约16项，总金额达3 126万美元，取得了良好的社会效益和经济效益。

1995年全年共签定合资、合作、技术培训、技术引进协议合同157项，引进外资合同总额3亿美元。仅南湖科技开发区内，就新办三资企业50家，占三资企业总数（329家）的15%；新引进外资1.5亿美元，不仅为沈阳市技术进步带来了新的机遇，同时还为经济振兴注入了大量的资金。

3. 大力开展政府间的科技交流与合作。为促进沈阳市重大项目的国际合作与交流，政府间的合作项目得到了加强。沈阳市与日本政府JICA组织开展广泛的合作，一方面通过派遣由日本政府出资的JICA研修生，对我方的工程技术和科研人员进行培训，扩大交流的渠道和范围；另一方面引进日本JICA协力队员，从事日语教学等工作，收到了良好的效果。1995年“城市垃圾处理及资源化利用培训中心”项目，被列为中日JICA技术合作项目，该项目将利用日本政府的无偿技术和资金援助，培养我国从事垃圾处理的技术及管理人员，寻求适合我国实际情况的垃圾无害化及资源再利用的新途径。

（金飞）

【加强专利保护】 1995年，沈阳市全面贯彻落实国务院《关于进一步加强知识产权保护工作的决定》，按照全国专利保护工作会议提出的各项要求，以纪念专利法实施10周年为契机，大力宣传普及专利法，继续开展全国专利工作试点，以专利权保护为核心，以专利技术实施为重点，增强了全民知识产权和专利保护意识，使专利工作为我市经济发展和社会稳定起到了积极的促进作用。

1. 抓住契机，把专利法宣传普及活动推向新的高潮。1995年是中华人民共和国专利法实施10周年，在全市范围内普遍开展专利法宣传月活动，把专利法宣传普及工作推向一个新的高潮。为了办好这次大型宣传纪念活动，得到了市委、市政府领导重视，市科委专门以沈科发（1995）18号文《关于开展纪念专利法实施十周年活动的通知》发给市直委办局、县区及有关单位，对专利法宣传月的宗旨、主题、内容、时间、形式、主体活动及组织领导等方面工作，进行了系统、周密的布置和安排，使专利法宣传月活动得以顺利有条不紊地全面展开。市人大吴泮权副主任到电视台做宣传专利法讲话，孙祥剑副市长亲自撰写文章提出开展专利工作的局面，市委丁世发副书记为纪念专利法十周年专刊撰写发刊词。全市各县（市）区、专利服务机构有12个主要宣传服务点举办了各种类型的纪念活动，皇姑区、和平区、大东区、苏家屯区、新城子区、辽中县、新民市等政府部门以及市专利事务所、大中型企业、高等院校、科技院所领导重视，讲究实效，带头上街宣传专利法，把宣传普及专利法活动掀起一个新高潮，有1 000多名专利工作骨干在街头厂区，以各种形式举办宣传普法活动，热心为发明人和企业义务咨询，受到社会各界好评。还深入和平区政府为区领导干部和机关工作人员讲课，提高领导对专利法的认识。据中国专利局沈阳代办处统计，1995年全市申请专利1 983件，全市累计申请专利13 860件，位居全国省会城市之首。

在专利法宣传月活动期间，还举办了'95沈阳专利技术展示展销会，把专利法宣传月活动推向了又一个高潮。国家科委、中国专利局、省科委、省专利管理局、市委、市人大、市政府、市政协的领导同志都亲自参加展示展销会开幕式并讲话，开幕式后，领导同志观看了'95沈阳专利技术展示展销会的沈阳专利10年成就展和展出的专利技术和产品。共有13个县（市）区、10个专利事务所以及工业局、工矿企业、大专院校、科研院所、外省市50多个展团展示展销的专利技术及产品1 000多项，会上达成意向书38份，大会还评出专利金奖25个。

2.抓信息交流，不断开拓信息服务新领域。加快信息交流促进专利实施。为加快专利技术流通，促进专利技术实施，充分调动各方面力量深入基层、开展宣传、组织招展参加了全国专利技术展销会、辽宁省专利技术展销会、95全国哈尔滨专利技术展销会、沈阳市百亿工程展示展销会、科技夜市展览促销会以及'95沈阳专利技术展示展销会，通过这些展示展销会传递专利信息2 500余条，在全国专利展销会上，全市有18项获奖，还先后评为全国和辽宁省的优秀展团，1995年，全市签订的专利许可合同成交额602万元，累计签订专利许可合同1 410项，成交额4 600万元。

3.抓重点，把百亿工程作为中心工作。百项专利实施作为百亿工程的一个子工程项目，从年初开始就列为专利工作重点，通过精心组织、专人跟踪服务，较好地完成了各年度确定的任务指标，推动了全市的专利实施。自1992年实施百亿工程以来，到1995年末，累计完成产值22亿元，利税3.7亿元，创汇1 600万美元。其中1995年创产值7.5亿元，利税9 496万元，在实施百亿工程中，资金投入项目86项，总投入资金10 977万元，拨款67万元，贷款5 448万元，自筹5 402万元。其中1995年投入资金367万元。

4.抓专利保护，加大专利保护力度。进一步加强专利保护工作。为深入贯彻国务院《关于进一步加强知识产权保护工作的决定》的精神，专利管理机关积极与人民法院配合调处专利纠纷的同时，为加大专利保护力度，提高全社会的专利技术和产品不受他人侵犯，专利保护协会把发明家、企业家、科技及专利工作者、律师、司法工作者、专利管理机关及其他有志于专利法理论研究的同志联系起来，切实保护专利发明人和实施者的合法权益。另外还以多种形式，利用典型安全为教材，开展宣传普法活动，利用舆论工具传播专利知识。1995年受理案件15件，比1994年增长36%。

(侯志奇)

【防震减灾】 1995年，沈阳市全面贯彻国务院提出的“防震减灾”10年目标，强化政府职能，强化震情意识，在地震监测预报、地震应急、法规建设、地震科研、科普宣传等方面取得了长足进步，沈阳市综合防震减灾工作健康发展，为经济建设和社会稳定做出了积极贡献。

二次重要会议

1.1995年7月24日市政府召开了第十五次常务会议，市领导听取了市地震办主任关于全国、辽宁省防震减灾会议精神和国家、辽宁省及沈阳市震情发展趋势意见的汇报；通过了《沈阳市破坏性地震应急预案》；布置了市综合防震减灾工作；圆满地解决了市地震办提出的增加地震事业经费基数、仪器配备、防震减灾技术培训等问题。

2.1995年9月26日防震抗震工作领导小组第三次扩大会议召开。会前，根据市防震减灾工作需要及领导人事变动，市地震办再次对市防震抗震工作领导小组人员做了调整并以市委组织部文件下发。会议期间，市领导正式提出了沈阳市争取用十年左右的时间达到具备抗御6级左右地震能力的防震减灾目标并部署了市防震减灾十年目标的具体任务。

二、地震监测预报

1.现代化的市震情会商室和市防震救灾指挥中心办公室建成并投入使用。沈阳市短期和临震预报的能力以及处理突发性地震事件的能力增强。

2.根据震情，市地震办下发了关于加强地震监测预报工作的通知，补充、修订了《沈阳市地震速报规定》。各地震台保证了处理和分析前兆资料的及时性。

3.年内，全市完成了市防震减灾无线电通讯网和新城子区地震台地电观测线路改造。在新民市周坨子、康平县张强、法库县大孤家子、于洪区马三家子新配置了地温、水位、地磁观测仪器5台套。市地震办各同志配备了BP机。

4.强化管理、强化质量意识、进一步完善了各项规章制度，提高了观测水平。市地震台网观测数据在国家、省地震局年度评比中获参评优秀率99%，其中辽中县地震台核旋荣获省评“五连冠”，新城子区地震台地电荣获省评“三连冠”。

三、科研、培训及管理

1.1995年7月，沈阳市“电磁辐射信息监测系统”成果经市科委鉴定，被评定为沈阳市科技进步二等奖。

2.8月，经市编委批准沈阳市防震减灾技术培训中心成立。该中心为全民事业单位，隶属市地震办领导，规格正处级，编制15名。中心的主要任务是，组织对民防、救灾等有关部门及民众进行模拟抗震救灾演习和训练，普及震灾自救、互救和求生知识等。

3.为深化改革，有效地发挥市地震办统管本地区地震事业的职能作用，4月份经省地震局同意，市地震办对沈阳基准地震台的管理由间接变为直接。

4.市防震减灾学会分别被省科协、市政府授于辽宁省科协系统和市社团先进集体称号。

四、防震减灾宣传

坚持防震减灾宣传细水常流，适时强化宣传力度。1995年1月17日日本阪神7.2级强震发生后引起了各阶层和市民的广泛关注。市地震办抓住这一机遇，在市政府常务会议上、在市防震抗震工作领导小组扩大会议上、在市政府各有关部门播放日本阪神大地震录像几十场。市地震办制做的“谈路——阪神地震”、家庭抗震救灾、地震监测设施与地震观测环境保护条例等图板全年在市政府主楼挂展并在市科普周、市防震减灾义务咨询日参展。年内，沈阳市防震减灾工作曾3次在沈阳电视台播出。市地震办的防震减灾稿件在《中国减灾报》、《地震报》、《辽沈晚报》、《沈府机关报》等新闻媒体发稿34篇。防震减灾宣传进一步提高了各级政府和全社会抗御地震灾害的能力。

(李宝声)

辽宁省科技工作先进集体名单(沈阳市)

沈阳市科学技术委员会	东北大学
东北制药集团公司	沈阳农业大学
沈阳鼓风机厂	中科院沈阳分院

辽宁省科普工作先进集体名单(沈阳市)

沈阳市科学技术协会

辽宁省优秀科技实业家名单(沈阳市)

朱俊英	沈阳先达集团	总裁	教授
刘积仁	东北大学计算机软件国家工程研究中心	主任	教授
庄宇洋	沈阳东宇集团公司	总裁	高工
吴平森	中科院金属研究所总公司	总经理	研究员

辽宁省优秀科技工作者名单(沈阳市)

刘桂琴(女)	沈阳特种环保设备制造总厂	厂长	高级经济师
光求旺	沈阳冶金研究所	所长	高级工程师
王吉元	沈阳第一曲轴厂	厂长	高级经济师
李厚轩	沈阳市科学技术委员会	主任	高级工程师
柴天佑	东北大学自动化研究中心	主任	教　授
单静明	沈阳自动控制研究设计院	院长	高级工程师
邓边疆	沈阳市南湖科技开发区国际经贸局	副局长	讲　师
钟文田	沈阳农业大学	副校长	研究员
史洪元	东北制药总厂	厂长	高级经济师
何献俊	沈阳市经济贸易委员会	委员	高级工程师
刘成雁	沈阳师范学院		副教授
陈义成	沈阳工业大学	副处长	副教授
李依依(女)	中科院金属研究所	所长	院　士
宗润福	中科院沈阳自动化研究所	副主任	副研究员

沈阳市科技工作先进集体(10个)

沈阳市南湖科技开发区管理委员会
沈阳市农业科学院
沈阳市东陵区人民政府
中科院沈阳自动化研究所
沈阳飞机工业(集团)有限公司
沈河区科学技术委员会
化工部沈阳化工研究院
沈阳自动控制研究设计院
长白计算机集团公司
沈阳变压器有限责任公司

沈阳市优秀科技实业家(17人)

史洪元	东北制药总厂厂长	高级经济师
刘桂琴(女)	沈阳特种环保设备制造股份有限公司总经理	高级经济师
董庆祥	沈阳第一机床厂厂长	高级工程师
李连义	沈阳变压器有限责任公司总经理	高级经济师
张连刚	沈阳第一制药厂厂长	高级工程师
辛　特	沈阳市应用化学研究所所长	高级工程师
项永春	沈阳高压开关有限责任公司总经理	高级工程师
苏士印	沈阳市辽中减速机厂厂长	经济师
马成泰	沈阳三山汽车工业联营公司总经理	高级工程师
柴天佑	东北大学自动化工程技术中心主任	教　授
王吉元	沈阳第一曲轴厂厂长	高级经济师
冯书顺	沈阳铝材厂厂长	经济师
刘克敏	沈阳热水器总厂厂长	高级工程师
吴为民	沈阳市三环机绣厂厂长	经济师
余立群	沈阳信达仪器仪表有限公司总经理	高级工程师
姜　伟	沈阳飞龙保健品有限公司总经理	高级工程师
张纯仁	沈阳油脂化学厂厂长	高级工程师

沈阳市优秀科技(管理)工作者(106人)(略)

科学技术协会

【概况】 1995年,以创造力开发为主线,在促进“科学技术是第一生产力”思想的落实;促进决策科学化、民主化;促进科技与经济的结合;为科技工作者服务等方面取得了新的成绩。在组织专家和学者为沈阳市经济和社会发展决策服务;推动企业技术创新;举办大规模的科普活动;以及科协兴办实业等项工作中,取得了突破性的进展。1995年,市科协被省政府授予“科普先进集体”荣誉称号。

在加强自身建设,深化科协机关改革方面有了新的进展。市科协机关及直属企事业单位组织机关干部学习《邓小平文选》和党的十四届三中、四中全会精神。以孔繁森、张鸣岐同志的先进事迹为榜样，开展“进场入轨、兴市富民”的大讨论。发挥基层党组织的战斗堡垒作用和共产党员的先锋模范作用，保证科协工作的完成。1995年8月，沈阳市遭受百年不遇特大洪涝灾害，市科协根据市委、市政府的部署紧急动员广大科技人员，积极投入到科技救灾中来。市科协全机关155名职工共捐款20 752元，捐献衣服270件。市科协组织的医疗防疫、家电、机电、农机等义务服务队深入灾区，登门服务。帮助灾民排忧解难，尽快恢复生产。

【学术活动呈现新势头】 1995年，沈阳市各级科协和学术团体以选择沈阳市21世纪关键技术为主，以学术交流和学会改革为二翼，进一步拓展了学术交流的广度和深度。市科协按照市委、市政府领导同志的要求，把征集“沈阳市21世纪关键技术”的工作科学、准确地落到实处。市科协根据沈阳市的实际制定了“沈阳市21世纪关键技术的预测与选择工作方案”，走访和调查了国家科委、北京、上海和辽宁省科委、沈阳市10个委办局、6个(集团)公司，37个大中型企业及东北大学、沈阳工业大学等53个单位，收到了100多份专家建议和近百万字的文字资料，收集了美、日、德等7个国家的21世纪关键技术的发展规划。根据调查结果已制定出备选清单待下步由专家筛选论证。并已经取得两项阶段性成果。新型螺旋连铸机工艺及装备技术开发的可行性报告已完成，并上报国家计委，待批为“九五”期间国家重大项目。项目的主持部门为冶金部和机械部，组织部门为冶金部、机械部和沈阳市政府，承担单位为东北大学、沈阳重型机器厂和沈阳市科协。承担单位的任务是新型螺旋连铸机的研制、中试和在沈阳重型厂建立生产基地。项目计划1999年完成。该项技术被国内外专家评价为是钢铁工业生产基地。项目计划1999年完成。该项技术被国内外专家评价为是钢铁工业的一次革命，是代表21世纪钢铁工业的一个发展趋势。另外，21世纪新材料技术——纳米材料的研制与开发的专题已调研，现正完成报告。收集了日、美、德等国家的有关资料，调研了中科院固体物理所、金属所、化工部沈阳化工研究院、天津大学、东北大学和沈阳工业大学等单位。专家们普遍认为我国纳米材料研制与开发工作沈阳最具优势，并建议建立“沈阳纳米科学技术研究与纳米材料制备基地”。

1995年，市科协和学会组织根据社会和市场的需求确定活动内容，按照市场经济规律自觉地扩展学会的作用，增强了学会的活力。市场经济拓宽了学术活动的领域，使学术活动更加结合实际。沈阳球罐研究会几年来为国家重大工程处理球罐300多个，处理技术处于世界领先地位，创收1 300多万元。学会组织发挥人才、智力、信息优势，组织多层次，多学科，多专业的学术交流，推动了学科发展。市环保学会组织专家对沈阳郊区土地沙化进行了考察；市医学会到康平县对农民进行义诊；市防震减灾学会在唐山地震19周年的时候进行了义务宣传。

为了鼓励广大科技工作者积极参加国内外学术交流活动，市科协重新修改了《沈阳市自然科学优秀论文评审及管理办法》，促进了全市科技界多出成果、多出人才。据不完全统计，1995年市级学会、协会、研究会评审学术论文1 326篇；举办国内学术活动122次、国际学术活动20次；参加学术交流活动的达2万多人次。由市科协主办的“中日监床检验学术交流会”在沈召开，会议期间，临床检验学专家做了有关血凝检验和临床检验统计学及参考值的学术报告。由东北大学、市科协主办的第三届机械设备诊断技术国际会议在东北电力学院召开。会议收到论文95篇，经过专家评选，其中的65篇收入会议论文集。市科协还进一步发展与日本、新加坡等国外科技团体的合作。为沈阳黎明锻铸工业公司等大中型企业来料加工服务，并积极开展产业观光，派遣进修生、科技考察等国际交流活动。

【大规模的科普周活动】 1995年9月22日至28日，由市科协、市委宣传部、市经贸委等16个部门联合举办了主题为“科技、创造就在你身边”的“’95沈阳科普周”活动。这是一次规模空前的科普活动。在此期间，全市共举办了16项大型科普活动，各县区和有关委、办、局、民主党派及学校、厂矿企业也同时开展了500余场科普活动，直接参加人数达10万人次。科普周开幕当天，来自各学术团体、科研院所、大专院校及厂矿企业共300多个单位的千余名科普志愿者云集在北陵公园，展出400多块科普宣传板，为成千上万的市民群众开展丰富多彩的医疗卫生、食品卫生、疾病防治、环境保护、优生优育和科学生活等义务咨询和科普宣传活动。科普周活动得到了市委、市政府和各级党政领导的重视。把科普活动的重点放在了各级领导干部、农村干部群众和青少年。市委办公厅转发了市委组织部、宣传部和市科协《关于在全市党政干部中开展普及现代科学技术基础知识活动的学习，撰写出千篇读书体会文章；评选出百名读书竞赛优胜者；并评出10名局级领导干部的最佳读书体会文章。与此同时，各厂矿企业的科技人员再次掀起了学习工业设计知识，为企业设计开发更多名牌产品的热潮。农村科技工作者向广大农民传播农业生产知识和推广农业新技术。各级科协、教育、文化部门大力倡导和开展经常性的青少年科技活动。组织科学家和科技工作者开展与青少年见面座谈，做专题报告和学科学、做科技小主人系列读书活动，帮助青少年树立科学的世界观和人生观。

【把创造力开发引入“讲、比”活动】 1995年，沈阳市厂矿企业科协围绕深化国有企业改革，以突出搞好国有大中型企业为重点，把创造力开发引入“讲、比”活动，提高企业经济增长的质量和效益。把“讲、比”活动与实施“创造发明工程”和“金桥工程”有机结合起来，已收到明显的效果。继沈阳第三橡胶厂开展创造力开发活动的经验得到推广之后，1995年又涌现出沈阳油脂化学厂、沈阳建筑机械厂、沈阳电力机械厂、沈阳飞机工业公司等厂矿企业引入创造力开发,调动广大职工的积极性和创造性,依靠技术创新,增强企业活动的典型。1995年3月13日,经中共沈阳市委同意,市委办公厅转发了市科协等部门《关于进一步深入开展"讲理想、比贡献"活动,搞好国有大中型企业的意见》。5月11日,召开了沈阳市第三届"讲理想、比贡献"竞赛活动总结表彰暨经验交流会。会议总结了我市近三年来开展"讲、比"活动的情况,对今后一个时期的工作作了部署,先进集体和个人介绍了经验。会议还表彰奖励了32个先进集体、82名先进个人和27名优秀组织者。

表彰"讲、比"活动的先进集体和个人有力地促进了"讲、比"活动的开展。全市厂矿企业科协组织科技人员围绕上质量、创名牌、求效益,开展群众性技术革新和技术攻关。全年厂矿科协在"讲、比"活动中立项9 500项,完成6 700项。参加"讲、比"活动的科技人员达2.7万余人。创产值4.9亿元,创效益7 100万元。为配合"名牌产品战略工程"的实施,进一步提高沈阳大中型企业产品的设计水平,增强产品竞争力。4月份,市科协举办了工业设计培训班,全市有160余名科技人员参加了学习培训。并且编印了《工业设计培训资料》1 000余册,同时还选用了《中国工业设计与产品战略问题》、《科学认识活动中的美》等作为培训学员的专业用书。聘请大专院校的教授亲自授课,主要向学员讲授有关工业设计知识、市场经济与工业设计、工业设计与企业形象、CIS设计等课程。训练学习中还邀请从日本归国学者华佳教授对国外工业设计做了形象介绍,放映了现代工业设计产品幻灯片,使培训学员大开眼界。8月份,市科协组织全市厂矿科技术人员、领导干部参加"工业设计知识大奖赛",下发工业设计知识答卷1万余份,收到有效答卷8 000余份,有800余名科技人员获得了纪念奖。目前,全市有35家厂矿科协直接参与了50项1995—1997年度沈阳市政府立项名牌产品的设计、研制和开发工作。沈阳油脂化学厂科协调动科技人员的积极性和创造性,在短短几个月里就研制开发出2000型高级洁霸洗衣粉,强力复合皂、厨房系列清洗剂等25项新产品投放市场后深受广大消费者的欢迎。沈阳胶管总厂科协组织科技人员开发生产的"有衬里消防水袋"新产品,已取得成果。

【为科技人员服务】 1995年,沈阳市科协利用节日召开女科技工作者庆"三八"座谈会和青年科技专家庆"五四"座谈会。6月份,市科协组织科技人员参加全国科技人员对科技体制改革有关问题的看法抽样问卷调查。为切实有效地指导市级学会和厂矿(院所)科协的工作,市科协对学会和厂矿院所科协的组织和活动情况进行了调查。在客观分析学会和厂矿科协的现状后,召开学会工作经验介绍,探讨搞活学会的途径和方法。进一步密切与市科协副主席的联系,建立了科协专职主席走访常委制度。在走访过程中市科协领导向委员们介绍了科协的工作思路,各项工作进展情况及取得的成绩,征询了有关科协改革和发展的建议。被走访的委员都为开展好科协工作积极出主意,想办法,献计献策。

1995年,各级科协把宣传科协的重要活动,宣传科技人员的先进典型做为科协工作的一项重要内容,市科协就科协的重要活动组织新闻单位进行采访。《人民日报》海外版,报导了沈阳市创造力开发情况;《科技日报》头版报道:一项在老百姓身上进行"创造力开发"的科学工程——沈阳市全民创造力开发活动,经过5年的努力终于结出了丰硕的成果;《中国科协报》刊载沈阳市科协"创造力开发"活动系列报道。

【科协的自身建设】 1995年,沈阳市科协在兴办实业中进一步转变观念、理顺关系、加强管理,促进企事业发展。在当前大环境偏紧的情况下,市科协直属企事业单位面向市场,依靠科技,积极开发新产品。在全委常委单位的支持下,基本完成了1995年目标。建立两个基地,开发3项产品,利税500万元。同时,市科协对直属企事业单位进行了1994年度的财务审计,市科协与直属企事业单位法人代表签订了1995年承包协议。为了探索群团办实体的经验,并逐步建立社团经济,建立和健全了企事业单位管理的规章制度。各企事业单位在信息开发、贸易服务和开发新产品方面有新的进展。市科技咨询服务中心成立了资产评估事务所,已取得良好效益;市生物技术研究所已开发SOD鸡高效异源血清、虾病综合防治技术等项科研成果。市科协实业总公司所属真空应用研究所为中科院金属所生产制造的300Kg、25Kg真空半连续熔铸炉,一次试熔炼成功,填补了国内的空白。与此同时,自身又设计制造了两台各150Kg和25Kg真空炉,建立了真空熔铸车间,今后生产发展奠定了基础。沈阳科协对外经贸公司在努力开拓国内外贸易市场的同时,开发生产了"SL系列金属丝防腐滤砂管"专利产品,已在辽河油田、胜利油田推广应用。《青年科学》杂志1995年发行量达300万册,已成为既有经济效益,又有社会效益,充满生机和活力,深受青少年欢迎的科普期刊。

(孔庆华)

【市劳动保护学会】 沈阳市劳动保护科学技术学会于1981年2月成立。学会下设学术、组织、科普3个工作委员会和安全管理、安全技术、矿山安全、防火防爆、环卫工程、职业卫生等6个专业委员会,另外还有机械、化工、轻工3个分会和一个咨询分部。共有60个会员单位,会员671人。

1.开展了国内外学术交流活动。该会先后邀请美国、日本等国专家、教授和学者来沈做报告20余次,邀请国内劳动保护界有名望的专家、教授来沈讲学6次,参加人数5 000余人。

2.开展了学术论文的征集与评选工作。15年来,该会共征集论文3 000余篇,评选出优秀论文600余篇,尤其是1995年度,评选出一等优秀论文2篇,在国际学术会议上进行了交流,受到与会专家的好评。

3.开展了科技咨询服务工作。

建会以来为企业开展科技咨询百余项，咨询内容包括电梯、起重机械的安全运行技术咨询，企业新、扩、改建项目的安全评价，大桥的安全鉴定，爆炸事故原因的技术分析等，为企业解决了技术难题，排除了重大陷患，受到了企业的好评，创造了良好的经济效益和社会效益。

4. 培训工作。为提高全市企业安技干部队伍素质，早在80年代，该会就与东北大学和沈阳航空工业学院联合举办劳动保护成人大专班三期，120名安技干部取得了大专文凭，目前正积极筹备第四期大专班。

为了提高我市企业安全管理人员的业务素质，多年来该会举办了起重机械、厂内机动车辆、防火防爆、建筑安装施工、电气安全和职业危害检测人员的培训班约60多期。

（杨枫林　李茂森）

【市人民防空学会】 市人民防空学会作为省人防学会沈阳分会，成立于1986年6月。

市人防学会成立10年来，坚持把学会当作搞好人防建设事业的参谋和助手，在学会的发展和建设上，注意提高认识，重点做了以下几项工作：

一是充分发挥学会的咨询论证作用，切实搞好人防建设项目的方案论证，为行政领导决策提供依据。几年来，人防学会先后组织了“沈阳市人防通信移动系统总体方案论证”、“沈阳地下城和中央大厅防火保温的方案论证”、“沈阳市遭核、常规武器袭击毁伤分析”和“沈阳市化学突发事故危害预测及应急救援方案研究”以及“沈阳市人防指挥中心建议方案和成果鉴定等20余项咨询论证，其中“沈阳市遭核、常规武器袭击毁伤分析”和“化学突发事故危害预测及应急救援方案研究”两项成果得到了国家和省有关部门的专家给予了充分的肯定。二是积极开展学术研究和学术交流活动。为加强人防学术研究，沈阳军区和省、市分别把这项工作纳入年度工作目标，把学术研究作为一项硬指标来完成。几年来，共撰写学术论文64篇，其中，获东北地区人防学会特别奖1篇，二等奖两篇，三等奖6篇；获省科协科技论文奖2篇。一些学术成果也得到了转化。

1995年，人防学会进一步拓展服务领域，充分发挥专家多、科技人才集中的优势。除对大型新建人防工程进行论证外，还对较复杂的新建人防工程实行有偿技术服务，共完成咨询合同额12万元。

（高羽翘）

【机械设备诊断技术研究会】 东北地区机械诊断技术研究会成立于1986年。现有会员240人，主要来自东北三省的大专院校、科研院所及大型厂矿企业，其人员均具有工程师以上职称。

研究会自成立以来，交流论文150多篇，同时还在国内召开了3次国际诊断学学术交流会，交流论文200篇。有力地促进了诊断技术的论证发展与推广应用。使得设备诊断技术上了新的台阶。

研究会还在沈阳及外地，举办过多次设备故障诊断学习班，参加学习的人员达1 000多人次。

（原培新）

【市球罐工程技术研究会】 沈阳市球罐工程技术研究会，于1984年11月成立。下属焊接学组、材料及热处理学组和工程技术学组。团体会员单位8个，会员98人。

该研究会是以沈阳地区为主的从事球罐设计、建造、检测及科研等几家单位联合组成的学术团体。其宗旨和任务是：团结广大球罐科技工作者，开展学术交流，进行球罐科学研究和工程技术攻关，编写有关资料和书籍，为我国球罐技术的发展做出贡献。

球罐研究会成立以来，除了每年定期召开理事会，学术交流会外，发起和主持召开全国球罐技术交流会一次，到会专家80余人，宣读论文28篇。另外还参加全国和省市学术交流会多次。

攻关性的技术研讨是研究会的主要活动。10多年来解决了不少技术难题。——1985年为沈阳加压气化厂建造8台1 000m^3低温球罐，采用16MnReR钢的可行性，进行技术攻关，通过对该钢成份、生产工艺、焊接工艺和热处理工艺的试验研究，达到－40℃使用时性能可靠。成功的用国产钢代替进口钢，节约了大量外汇。

1992年，抚顺石油二厂6台大型薄壁球罐，进口球壳钢板角变形严重超差，无法对焊球罐。经学会专家反复攻关讨论和试验，采用强力组装焊接再经焊后热处理加热稳定形状和尺寸，获得成功，直接经济效益达1 200万元。并保证了工期。采用高速喷嘴内燃法，从出钢口加热对抚顺钢厂成功地进行了8台次大型转炉的焊后整体热处理，使炉壳寿命处长延长一倍，创经济效益达3 500万元。对特大型球罐（5 000 m^3）和异型变断石容器（卤水澄清器）焊后热处理获得成功。液氮超低温容器和亚欧天燃气管线的焊接技术的研究成果等。

10年来，在球罐研究会专家们的努力下，会员单位建造球罐100余台，完成焊后热处理球罐200余台。未出现任何质量事故。大型壳体结构焊后整体热处理技术及应用的研究已通过省级鉴定。

（王金山）

【中华医学沈阳分会】 中华医学会沈阳分会（简称沈阳医学会）于1951年7月29日在沈阳召开第一次全体会员大会。1985年6月沈阳市正式批准市医学会定编13人，独立办公，列事业费开支。1984年召开十四次会员代表大会。共设42个分科学会，4个学组。

学会自成立以来，一直遵循团结广大会员积极开展学术活动，普及卫生知识，提高会员的业务素质，为提高医疗水平，增进人民体质而努力工作的宗旨。特别是改革开放以来，在科技兴市、科技兴医的思想指导下，加强了学术部和科普部的力量，积极开展工作。几年来，每年学术活动次数均在250次以上，并主持召开了国际、全国和东北三省的学术会议。每年交流论文在2 000篇以上，其中三分之一被全省或全国学术会议选中。科普部除每年2－3次大型科普宣传活动以外，先后办了外文培训班，放射线科医生学习班和内、外、儿、妇近600人的青年医师岗位培训班。培养了48名放射线科医生补充到各个医院，近600名青年医生即将完成在岗培训任务。为了更好的与国外同道的合作，1994年与美国亚洲医疗服务中心达成合作协议，邀请国外专家讲学、技术表演，派医疗队为农民义诊。这些活动受到医务工作者和患者的欢迎，也闯出了国际合作一条新路。

（孙洪杰）

【市机械工程学会】 沈阳市机械工程学会成立于1955年5月，下设18个专业学会，现有会员4 885人。近年来开展的主要工作如下：

1. 学术交流活动活跃。

近5年来，共举办学术交流活动466次，其中国际交流会29次，有1 813人次参加，国内学术交流会437次，交流论文1 399篇，参加交流者达10 356人次。

2. 科研成果显著。

学会组织理化学会的专家研制出了“普通碳钢及中低合金钢标准物质”，即光谱标样，经国家标准局鉴定，达到国际先进水平。现直接为从英、日、美、德等国进口的光谱仪器配套200多套；设计专业学会协助电梯厂开发的“Y31型悬臂式曳引机”，达到了国际水平，使电梯厂产品打入了国际市场；学会指导辽中减速机厂试制出“硬齿面三级标准齿轮减速器”，使该厂产品打入国际市场，年创汇达百万美元等等。

3. 教育培训工作扎扎实实。

十几年来，学会与辽宁省、沈阳市电大联合办学，共培养了667名机械、电机等专业的大专生，其中4人东渡日本、1人赴芬兰继续深造；为市属企业培训“机械工人速成机械制图班”10期，参加培训人员达2 000多人次。

科普工作贴近实际。

学会组织各专业学会每年举办科普宣传活动和科普讲座报告及专业培训班，近几年共举办讲座、报告会、科普知识竞赛等近百次，，参加人员近3万多人次。

4. 咨询服务开辟了学会工作的新路子。由学会于1986年筹建的“沈阳机电技术咨询开发公司”，近年来已取得了较好的社会效益和经济效益，各专业学会通过咨询公司共承揽数百项，不仅为企业解决了一批生产技术关键，而且也为学会筹集到了部分活动经费。

（张尔英）

社会科学研究

【概况】 1995年，沈阳市社会科学界联合会紧密围绕“抓住机遇，深化改革，扩大开放，促进发展，保持稳定”的工作方针，组织广大社会科学工作等，积极开展学术理论研究、科学知识普及活动，取得了较显著的效果。

超额完成课题研究任务。年初，市社科联提出60项课题研究指标，经过广大理论工作者的共同努力，共完成课题160项，比原计划超额100项，撰写论文3 060篇。其中获国家级奖作品52篇；获省级奖作品259篇；获市级奖作品1 983篇。有些作品被各级报刊发表，有些研究成果进入了有关决策部门。

开展了“进场入轨、兴市富民”大讨论。为帮助各级领导干部和企业经营者进一步解放思想，转变观念，社科联在《沈阳日报》发表了“进场入轨、兴市富民”大讨论征文启示，引起社会各界人士的关注。收到论文120篇，其中有21篇在《沈阳社会科学》刊物上发表。同时，筛选出22篇文章，选用在《跨世纪的思考》一书中，由《中国工人出版社》出版发行。

扩大了国内外学术交流。市法学会组团访问了日本东京青山学院、日本东京少年鉴别所和东京都政府总务局，就少年犯罪、地方立法程序等问题进行了学术探讨。市统计学会派人参加了国际50届统计研讨会，赴日参加了中日联合举办的统计研讨会。市教育学会、市商业经济学会、市税务学会分别参加了全国性的经验交流会。有30个学会采取走出去，请进来的办法，建立了城市间的横向往来关系，对提高沈阳的理论研究水平起到了积极的促进作用。

科普取得显著成果。18个学会举办各种培训班200期，培训各类人才64 565人（次），出版专著29部。20个学会举办专题报告会157场，听众达78 670人（次）。在咨询服务方面，家教研究会在“六·一”儿童节时，13个县区出动专家医务人员2 000余人，接待儿童及家长30 000余人。计划学会举办了“沈阳走向21世纪经济与社会大讨论征文”活动，收到稿件90余篇，有30篇已在《沈阳日报》发表，一些好的观点和建议，被吸纳到沈阳市的2010年规划中。市总会计师协会为提高财会人员岗位基础工作操作水平，举办了“沈阳市财会岗位十佳能手大赛”活动，收到较好的效果。

1995年，市社科联加强了各学会的组织建设，评出先进学术团体17个，优秀学会工作者41名。

（徐文斌）

【名牌产品战略实施中的问题与对策研讨会】 1995年4月7日，沈阳市社会科学界联合会与市委宣传部等单位联合举办了名牌产品战略实施中的问题与对策研讨会。市经济主管部门，企业集团公司，大中型企业及专家学者近百人参加了研讨会。

1994年市计委提出在全市实施名牌产品战略工程以来，各行各业结合实际，分别制定了实施名牌产品战略工程的规划、方案和政策，为具体实施打下良好基础，并按照市场导向，开发出一批优质名牌产品。但是，也存在一些问题和矛盾，主要表现在：一是在思想观念上，一些部门和企业的领导还存在着模糊认识，往往将依靠行政手段“评”名牌同在市场竞争中“创”名牌混为一谈，在“创”字上下功夫不够；二是在实施中，部分企业缺乏名牌产品的商标意识，广告意识和保护意识，致使名牌产品收不到最佳的经济效果；三是在创名牌的企业中，管理粗放、质量滑坡的现状尚未根本改变。

针对上述问题，一些专家学者和21家企业先后发言，提出了建设性的对策。一是结合“进场入轨、兴市富民”大讨论，充分认识名牌产品对推动全市经济发展的特殊作用，各级领导要把名牌产品战略当作决定企业命运大计来抓，从思想上、组织上、措施上保证名牌产品战略工程的实施。二是加大调整产品结构的力度，政府部门要扶持一批质量优、批量大、效益好的名优新产品，企业要抓住技术进步这个关键，作好开发和引进，形成有特色、有竞争能力的拳头产品。三是企业要大力提高商标广告意识，抓好产品的宣传和保护，赢得产品和知名度和市场占有率。

市委副书记丁世发、市委常委、宣传部长刘迎初，市委常委、秘书长多静如参加了研讨会并发言。要求各企业、各部门在实施名牌产品战略工程中，要特别注意三个问题：一是要把创名牌放到振兴沈阳经济、富裕一方人民的战略高度上来加大宣传和抓实的力度。二是打好一场“创名牌、争市场”的商战，吸收人才，创造名牌产品的氛围。三是企业要有组织、有系统地树立自身产品形象，扩大市场知名度，加快占领市场的步伐。

（徐文斌）

【纪念世界反法西斯战争和中国抗日战争胜利50周年系列活动】 1995年9月3日是中国抗日战争胜利50周年纪念日，沈阳市社会科学界联合会开展了系列纪念活动。

1.7月5日，召开了“沈阳市理论界纪念反法西斯胜利和抗日战争胜利50周年”座谈会，召集了全市对近、现代中日关系史和对抗日战争有很深研究的知名专家10余人，会上交流文章12篇、会后组织了报道，这些文章先后在《沈阳日报》、《辽宁日报》、《沈阳社会科学》发表，对全市开展纪念中国抗日战争服务50周年活动，起到一定的积极作用。

2.7月6日，会同沈阳市政协等有关部门联合举办了“沈阳市纪念反法西斯战争胜利和中国抗日战争胜利50周年专题报告会，特邀请了中国社会科学院世界历史研究所研究员侯成德同志，作了题为《中国抗日战争在世界反法西斯战争中的地位和作用》的报告，听报告的有各部委办的领导、市政协委员、各局的宣传部长以及大专院校、党校、干校，党史办300余人。市委常委多静如、副市长张毓茂、市政协副主席任殿喜、马吉庆等领导出席了报告会。

3.8月31日，会同市委党史研究室等部门联合举办了《沈阳市纪念抗日战争胜利50周年学术研讨会》，会上张庆瑰、胡移山、徐彬同志先后作了“共产国际与中国抗日民族统一战线”、“略谈‘九·一八’事变前后张学良与日本对抗的几个问题”、“抗日战争时期的爱国主义与当前爱国主义的特征”的发言。

4.上半年，市社科联与市委党史学会联合开展了纪念中国抗日战争胜利50周年征文活动，经专家评审，在48篇征文中，评出一等奖9篇，二等奖16篇，优秀奖23篇。其中一篇论文被推荐参加全国纪念抗日战争胜利50周年学术理论研讨会。

（徐文斌）

【“造大船”工程思路与对策研讨会】 1995年9月6日，沈阳市社会科学界联合会与市委宣传部联合举办“沈阳市造大船工程思路与对策研讨会”，参加研讨会有省社会科学院、辽宁大学、市委党校的专家学者、市各有关部门的领导和各大企业集团负责人近50人。

年初，市委提出发展大型工业集团、开展“造大船工程”的思想，并将东北输变电集团等6家企业列为首批“大船”之列。由于企业集团的生产规模迅速扩大，总资产超出5亿元的就有17家。到本世纪末，6家大型企业集团的战略目标是：销售收入达到472.6亿元，利税40.4亿元，出口创汇4.43亿元，分别比1994年增长5.1倍、3.7倍和3.4倍。为实现这一目标，在座的各部门负责人、专家学者及6家“大船”领导见仁见智，提出了许多建设性意见。

常务副市长张瑞昌听取各方面意见后指出：目前6大企业集团模式不一，但都存在一个共同的问题，那就是体制不顺。企业集团可以有各种模式，但绝不能是各个企业的简单相加，一定要发挥组合优势。其次是要加快步伐。各大企业集团在造“大船”过程中必须有大产品、有大动作、有大投入、有大经营范围、有大市场、有大凝聚力。第三是创造氛围。造“大船”不是6家大企业集团或其它企业集团局部的事，而是全社会的一个共同事业。为此，社会各界必须鼎力支持，形成一种良好的造“大船”氛围，市政府各有关经济部门、金融、税务部门都要大力协调、支持，使造“大船”工程能越搞越红火。市委常委、宣传部长刘迎初参加了研讨会。

（徐文斌）

【市商业经济学会】 沈阳市商业经济学会是一个拥有11个分会，56个基层理论组、30个直属基层理论组、116个团体会员单位的大型学会。1995年基层学会活动面比1994年提高了10%，有效地推动了学术研究。1.开展了“多层传销”的理论研究。2月份，组织了省、市专家、企业家、新闻工作者、传销企业参加的“多层传销理论研讨会”，提交论文15篇。会后新华社辽宁分社主办的“中华第三产业报分两次共用两个整版连续报道了研讨会的情况。2.开展了“巩固国有商业企业主渠道地位”研讨会。重点研讨了工业品市场及副食品市场中，国有商业企业的市场占有率急剧下降的内外各种因素，找出问题的症结，提出了提高国有商业企业市场占有率，强化政府宏观调控力度以及巩固国有商业企业主渠道地位的建议及措施。3.组织了“仓储式商业研究课题组”。由于新的商业形式不断涌现，国有商业企业引进仓储式商业这种形式是市场经济发展的新要求。因此学会组织了由理论工作者、实际工作者参加的课题组，课题已经完成，正在试点工作。

1995年科普宣传在体现商业特点的基础上，扩大了宣传范围，加大了宣传力度，重点仍是新商品的知识宣传，市内10多家大中型零售商店参加了这一活动，收到了商业科普宣传及促销的双重功效。

（徐文斌）

【市价格学会】 1995年，沈阳市价格学会紧紧围绕价格改革中的热点、难点和带有全局性问题，积极开展理论和实际问题的研究。

1.开展通货膨胀问题的研究。

为深入探讨导致通货膨胀的深层次原因及其治理对策，学会专门成立了“通货膨胀问题课题组”，对通货膨胀的形成机制及治理等问题进行了深入研究，7月14日，召开了“通货膨胀的成因及对策”专题理论会。会上20多名专家学者和物价实际工作者畅所欲言，提出了一些新的理论观点和对策建议。

2.针对全市价格改革中出现的新情况、新问题进行专题研究，为领导决策提供依据。1995年，沈阳市物价上涨出现了有别于过去的一些新特点：一是品种结构的单一性。以前物价上涨是各种商品价格全面上涨，而1995年主要是食品和农资价格过度上涨。二是涨价区域的反常性。过去的物价上涨是市区高于农村，而1995年是农村高于市区。三是水稻收购价格与市场价格的差距拉大。根据这些新的特点，学会组织力量进行了专题研究，全面分析了上述问题的原因，提出了许多既有一定理论深度，又符合沈阳实际的对策和建议，为政府物价部门控制市场物价提供了重要的决策依据。3.拓宽价格的研究领域。过去价格研究，大多集中在商品和服务收费领域，而对行政事业性收费很少触及。近年来，随着行政事业性收费范围日益扩大，已成为我国价格体系和价格管理体制的重要组成部分。特别是行政事业性收费中乱收费行为，已成为社会的一大公害，为了探讨治“乱”之策，8月8号，学会召开了“乱收费的成因与治理研讨会”，对乱收费提出了许多治理意见，这是沈阳市价格学会首次对行政事业性乱收费进行的专题研究，标志着价格研究已突破了局限于商品和服务收费价格的格局，正向新的领域迈进。

（徐文斌）

【市新闻学会】 1995年，沈阳市新闻学会，坚持正确引导舆论，积极推进新闻改革和编采双征的建设。

1.深化新闻改革，提高报道质量。①4月11日，召开了“企业报如何深入报道”的研讨会，7家介绍了经验，40家企业报参加了会议。②6月7日，召开了“学校报质量分析”研讨会，12家高校报的领导参加了会议。③10月27日，召开了《沈阳企业报工作会议》，全市各企业报的总编辑及编采人员80多人参加了会议，会上有8名同志分别发言，就如何坚持企业报办报宗旨，增强导向功能，重视通联工作，围绕生产经营，发挥宣传引导作用等经验。④11月17日，召开沈阳市县、区广播电视节目创优研讨会，重点研究树立精品意识，加强节目质量，提高自办节目水平等一些问题，进行了研讨。

2.组织好新闻评选、表彰优秀作品。①5月份与市纪委、市委组织部、市委宣传部联合举办“踏着孔繁森的足迹”建党74周年征文活动，10月份评出好作品近百篇。②6月份与市人大常委会办公厅联合组织评选全市第二届宣传人大制度好新闻，有20余篇作品获一、二等奖。③9月份与市委宣传部合评第八届振兴沈阳好新闻，有43篇作品分获一、二等奖，市委书记丁世发，市委常委、宣传部部长刘迎初到会并讲话。④10月份与市委宣传部合评沈阳市抗洪抢险救灾先进集体和个人以及优秀作品，有6个新闻单位，28名优秀新闻工作者，35篇作品获奖。

3.组织评选十佳记者，提高编采人员素质。近年来，新闻战线涌现出一批文品、人品俱佳、具有广泛社会影响的优秀新闻工作者，成为新闻界的“明星”。1995年通过由下至上的推荐、评选，经市委宣传部批准，授予宁云鹏、刘杰敏、刘欣、李慧敏、李依群、李大元、向前、杨志刚、张兴光、徐联鸣10位同志，为沈阳市十佳记者称号，5月11日召开表彰会，市委书记张国光，市委常委、宣传部部长刘迎初到会，张国光代表市委、市政府讲了话。

（徐文斌）

【市投资学会】 1995年，沈阳市投资学会与省建设银行于3月14日召开“强化经营管理，提高建行效益”理论研讨会。省、市建行领导及省内其他市投资学会和建行领导90多人参加了会议。会上提交学术论文70余篇，分析了目前建行运营中存在的诸多问题，探索了相应的有关对策和措施，为各级领导制定下一步改革与发展的决策提供了可行性的新思路。

市投资学会完成建行总行课题2项，完成省行甲乙类课题各1项。其中1项课题获省行二等奖。在辽宁省第四届省级社会科学优秀学术成果评奖中，有1项论文获二等奖，3项论文获三等奖。在开展“进场入轨、兴市富民”大讨论中，专门组织会员撰写文章，推荐9篇文章参加市金融学会的研讨会征文活动，获得二等奖1篇，三等奖4篇。一年来，有400多名会员撰写文章，先后在《中国投资管理》、《辽宁金融》、《辽宁日报》、《沈阳日报》等报刊上共发表了200余篇。

为贯彻国家颁布的《中国人民银行法》、《商业银行法》、《票据法》和《贷款通则》，学会组织专业人员举办巡回讲座，一年中共举办讲座28场，听众达2 000多人次。在下属100多个储蓄网点设立宣传咨询站，向储户进行广泛宣传，使广大市民了解“四法一决定一通则”的基本内容，对维护金融正常秩序，做到知法守法，促进经济发展和社会安定起到了积极作用。

（徐文斌）

科技成果

【科技成果奖励概况】 1995年沈阳市科技成果奖励工作，经沈阳市科技进步奖评审委员会评定，并报市政府批准，1995年沈阳市科技进步奖授奖科技成果148项，其中一等奖15项，二等奖32项，三等奖101项

1995年沈阳市获国家级技术进步奖5项（包括中央直属驻沈单位完成的项目，不包括未公布的专用项目，下同），其中，二等奖1项，三等奖4项；获国家自然科学奖三等奖2项；获国家发明奖四等奖1项。

1995年沈阳市获辽宁省科技进步奖68项（包括中央直属驻沈单位完成的项目，不包括未公布的国

防专用项目)，占已公布授奖项目总数的25%，其中获一等奖5项，二等奖20项，三等奖43项。

(张守义)

1995年沈阳市获国家级科技进步奖项目

二等奖1项

序号	项目名称	完成单位
1.	磷酸料浆泵用合金的研制及应用	中科院金属研究所等

三等奖4项

序号	项目名称	完成单位
1.	工程图纸自动输入处理、CAD及档案管理系统	东北大学
2.	BCL455离心压缩机	沈阳鼓风机厂
3.	油井管道的清蜡方法及装置——记忆、微孔、永磁材料在油井中的应用	东北大学等
4.	旋流喷动干燥机	沈阳化工研究院

(张守义)

1995年沈阳市获国家自然科学奖项目

三等奖2项

序号	项目名称	完成单位
1.	流动注射分离及联用新分析方法研究	中科院沈阳应用生态研究所
2.	三元铁基稀土过渡金属化合物的结构和磁性	中科院金属研究所

1995年沈阳市获国家发明奖项目

四等奖1项

序号	项目名称	完成单位
1.	中宽、高成形性能铝——钢复合板轧制技术	东北大学

1995年沈阳市获省科技进步奖项目

一等奖5项

序号	项目名称	完成单位
1.	水下钕铁硼系列电机	沈阳工业大学等
2.	清河发电厂1—4号机组计算机集散控制系统	东北大学等
3.	静态混合硝基苯洗涤装置	沈阳化工学院等
4.	材料的激光表面改性研究及产业化	东北大学等
5.	消化性溃疡中医辨证论治实验与临床研究	辽宁中医学院

二等奖20项

序号	项目名称	完成单位
1.	SIC705单轴等温离心压缩机	沈阳鼓风机厂
2.	ZF6－500型六氟化硫封闭式组合电器(ZFW－500型六氟化硫封闭式组合电器)	沈阳高压开关厂
3.	振动式液糊状物料干燥机	东北大学干燥技术研究所等
4.	系列更新换代样机110KV级有载调压电力变压器	沈阳变压器厂
5.	含细小TiC、TiB2、AL3Ti质点铝合金晶粒细化剂	沈阳工业大学
6.	铸铁型材水平连铸工艺及设备成套技术研究	沈阳铸造研究所等
7.	双控式旁通阀及其附属装置	东北大学等
8.	烧结混合料水分检测智能控制系统	东北大学等
9.	溶剂法合成邻甲基水杨酸	沈阳化工研究院等
10.	高温合金强化与韧化研究和应用	东北大学等
11.	板坯连铸中间包钢水连续测温技术	东北大学等
12.	矿山典型危害预测与预防技术的研究	东北大学安全环保研究所等
13.	大豆胞囊线虫与寄主植物相互关系研究	沈阳农业大学
14.	惯性共振概率筛	沈阳电力机械总厂
15.	头孢曲松钠	东北制药总厂等
16.	TNFa在急性重型肝炎发生机制中作用的研究	中国医科大学第二临床学院
17.	CD3AK和LAK细胞的表型测定及杀伤活性的比较研究	中国医科大学等
18.	恶生肿瘤患者癌周淋巴结电镜酶组化研究	中国医科大学
19.	胃肠激素的临床研究	中国医科大学第二临床学院
20.	抚顺石化公司乙烯化工厂引进设备消化吸收与国产化开发	东北大学华光应用技术中心等

三等奖43项

序号	项目名称	完成单位
1.	滚齿机消振刀杆	沈阳工业大学
2.	LW12－220型六氟化硫罐式断路器	沈阳高压开关厂
3.	钕铁硼永磁减速式汽车起动电机	沈阳工业大学等
4.	铝合金表面涂覆聚四氟乙烯技术	东北大学
5.	无级变速器油摩擦系数测定仪的研制	东北大学等
6.	卷扬机5米卷筒开焊的研究和技术改造	东北大学等
7.	污油净化蜗轴齿三用油	东北大学等
8.	240MVA、220KV三相双绕组低损耗、无磁调压变压器	沈阳变压器厂
9.	单项自耦有载调压强油水冷SF6全封闭式出线150MVA500KV电力变压器	沈阳变压器厂
10.	耐热耐磨材料在高压容器生产中的研究与应用	沈阳铸造研究所等
11.	测潮型铜芯聚烯烃绝缘非填充挡潮层聚乙烯扩套市内通信电缆	沈阳电缆厂
12.	YSO－1.6型金属柔性回转式液体输料器	沈阳新光阀门制造厂
13.	超声控伤成像系统	沈阳工业大学等
14.	石油催化裂化装置自控系统设计及软件研究	沈阳工业大学
15.	抚钢股份有限公司财务计算机网络管理信息系统	东北大学
16.	OCS控制装置及组态软件在氯乙烯转化和精馏过程中的应用	沈阳化工学院
17.	硼与硼铁在金属功能材料中作用与应用研究	东北大学等
18.	含硼生铁应用研究——含硼多元合金耐(抗)磨铸铁球的研制	东北大学等
19.	5MN钢坯液压剪切机组的开发研制	东北大学等
20.	提高玉石洼铁矿综合生产能力	东北大学等
21.	弓长岭井下铁矿采矿技术诊断和开采方案优化	东北大学等
22.	本钢南芬露天铁矿290平硐稳定性评价及加固研究	东北大学等
23.	辽宁省蔬菜生态经济区划与生产布局研究	沈阳农业大学等
24.	溪红山楂新品种选育	沈阳农业大学等
25.	水稻免疫育苗技术研究	沈阳农业大学等
26.	柞蚕滞育机理研究	沈阳农业大学
27.	沈阳地区农田主要杂草普查及化学除草	沈阳市植保站等
28.	系列烟剂防治保护地蔬菜病虫害开发研究	沈阳农业大学等
29.	主要蔬菜中量、微量元素营养及其组合施用的研究	沈阳农业大学
30.	氧化法熔铸锆刚玉砖生产工艺技术	沈阳耐火材料厂
31.	固体废物样品采取和制备方法的研究	沈阳市环境科学研究院等
32.	二〇二医院医技大楼基础设计和测试的研究	东北大学等
33.	Ⅲ级粉煤灰超长结构钢筋砼的开发与应用技术	沈阳铁路分局等
34.	螺旋除渣机	沈阳电力机械总厂
35.	保健日光灯预防佝偻病的应用研究	中国医科大学预防医学系等
36.	人皮肤及筋膜微血管三维构筑规律性的研究	中国医科大学
37.	双扑伪麻片(康利诺片)	沈阳第五制药厂
38.	人血管内皮细胞长期继代培养的研究	中国医科大学基础医学院
39.	门奇静脉断流术致胃壁缺血的研究	中国医科大学第二临床学院
40.	中老年高血压患者患病危险因素及与主要心血管疾病的潜隐期研究	中国医科大学
41.	肺癌相关基因检测及其意研究	中国医科大学
42.	双银夹输卵管绝育术研究	沈阳市和平区妇婴医院
43.	用高新技术改造沈阳的传统产业与发展沈阳的高新技术产业的研究	沈阳市科学技术发展战略研究中心等

注:此获奖项目包括中央直属驻沈单位完成的项目,不包括未公布的国防专用项目。

1994年沈阳市科技振兴奖项目

序号	项目名称	完成单位
1.	用浮法技术制造平板玻璃	沈阳星光建材集团公司浮法玻璃厂
2.	引进国外技术设备和智力批量制造国内一流水平的sy6480轻型客车	沈阳金杯客车制造有限公司
3.	系列更新换代样年110kv级有载调压变压器	沈阳变压器厂

4.	HBT50 混凝土泵	沈阳建设机械总公司
5.	沈阳市东部山区林果立体综合开发	沈阳市林业局、沈阳市财政局
6.	多种机器人（工业、水下、特种）系列产品开发	中科院沈阳自动化研究所 沈阳市机器人技术工程中心
7.	氧化法溶铸 33 号锆刚玉耐火制品	沈阳耐火材料厂
8.	砂洗灯芯绒	沈阳第二印染厂
9.	康利诺片（双扑伪麻片）	东北制药集团公司沈阳第五制药厂
10.	JK 系列汽车组合开关	沈阳市汽车开关厂

（郭春宇）

1995 年沈阳市科技进步奖获奖项目

1995 年沈阳市科技进步奖，经沈阳市科技进步奖评审委员会评定，并报请市政府批准，授奖148项，其中一等奖 15 项，二等奖 32 项，三等奖101项。

一等奖 15 项

序号	项目名称	完成单位
1.	大型焊接结构的现场焊后整体热处理技术及应用	东北大学
2.	铸铁型材水平连铸工艺及设备成套技术研究	沈阳铸造研究所 沈阳铸铁厂 承德铸造机械厂
3.	YF－200、YF－315 型强油循环风冷却器	沈阳变压器厂
4.	报废重型齿轮再生利用的新方法	沈阳工矿齿轮厂产品经营处
5.	S10－M 系列全密封膨胀散热器节能变压器装置	沈阳全密封变压器厂 沈阳变压器厂 沈阳机电成套设备公司
6.	铝合金表面涂覆聚四氟乙烯技术	东北大学
7.	快淬钕铁硼微晶材料及粘结永磁研究	东北大学 沈阳市北方磁性材料厂
8.	隐式球形工业电视摄像机	沈阳新视集团公司
9.	石油催化裂化装置自控系统设计及软件研究	沈阳工业大学
10.	砂洗灯芯绒	沈阳第二印染厂
11.	银杏叶口服液	沈阳药科大学 沈阳辽河制药厂
12.	沈阳市泽工里新技术节能住宅示范小区	沈阳市建委设计科研处 辽宁省建筑设计研究院 中国建筑科学研究院
13.	二零二医院医技大楼基础设计和测试的研究	东北大学 沈阳军区建筑设计院 冶金部沈阳勘察设计研究院 沈阳军区二零二医院
14.	“百亿工程”对沈阳经济增长的贡献研究	沈阳市科技发展战略研究中心 沈阳市科委计划处 东北大学工商管理学院
15.	沈阳市社会财力分析模型系统及应用研究	沈阳市财政局 东北财经大学

二等奖 32 项

序号	项目名称	完成单位
1.	HHQ－7 海红七雷达转塔	沈阳第一机床厂
2.	ZL50A、ZL50B 轮胎式装载机	沈阳矿山机器厂
3.	TH5680 型立式加工中心	中捷友谊厂
4.	YOCQZ450 调速型液力偶合器传动装置	大连液力机械总厂
5.	SG－75 型扩散硅压力传感器	机械工业部沈阳仪器仪表工业研究所
6.	LW11－110 型六氟化硫断路器	沈阳高压开关厂
7.	SG－100 蓄电池叉车斩波控制器	沈阳自动控制研究设计院
8.	快速气体渗氮新工艺与新型渗氮炉的研制	沈阳重型机器厂 东北大学
9.	高温合金强化与韧化研究及推广应用	东北大学 抚顺钢厂
10.	增值税专用发票交叉审计计算机管理系统	沈阳市国家税务局
11.	讳法犯罪案件信息微机网络系统	沈阳市刑事科研所
12.	医院现代化管理微机网络系统	沈阳市第六人民医院
13.	DCY 井下电传压力计及配套 DYJ 电传压力计自动监测仪	沈阳工业大学 辽宁新华仪器厂 大庆石油管理局
14.	沈阳金杯客车制造有限公司“七五”轻型客（货）车技术改造项目	沈阳金杯客车制造有限公司 金杯汽车股份有限公司 机械部第九设计研究院 中科院沈阳自动化研究所 沈阳自动控制研究院

15.	10t/a 甲黄隆工业性中试装置	沈阳农药厂
16.	MT 系列、TJ 系列专用离子交换树脂	沈阳有机化工厂
17.	双三甲基硅脲	沈阳市石油化工研究院
18.	CT40 型云梯消防车	沈阳市消防车厂
19.	高压纳灯内管封排设备	沈阳华光灯泡厂
20.	DTL 型空心玻璃砖及玻璃制品电加热退火炉	沈阳市玻璃机械厂
21.	高级牙嵌呢	沈阳第二毛纺织厂
22.	针刺治疗硬皮病的研究	沈阳市第五人民医院
23.	电感应点刺激疗法治疗急慢性肝炎及肝炎后肝硬化的临床研究	沈阳市传染病院
24.	巯甲丙脯酸对慢阻肺继发肺动脉高压作用的研究	中国医科大学第二临床医院
25.	胆色素结石难溶组分的分析及其意义	中国医科大学第二临床医院
26.	CY 型永磁药枕	沈阳市中医研究所 大连泛美制药有限公司
27.	完全胃肠道外营养的临床研究	中国医大第一临床医院
28.	磁控溅射法复合彩色镀膜技术	东北大学 锦州天元镀膜有限公司
29.	少孢平菇杂交新品种 99 号选育	沈阳市农业科学院
30.	沈阳市林木种质资源普查	沈阳市林木种苗管理站 沈阳市苏家屯区农林局
31.	TCY－1 型电脑弹条测量仪	东北大学 沈阳市计量测试新技术开发公司
32.	震前电磁信息检测系统	沈阳市地震办公室 辽中地震台

（姜国维）

1995 年沈阳市星火奖获奖项目

一等奖项目

序号	项目名称	完成单位
101	沈阳市农业遥感应用研究	沈阳市气象局
102	创建全国科技工作先进县区	东陵区人民政府
103	人造硅灰石新技术的开发	沈阳市光辉中低压设备厂

二等奖项目

序号	项目名称	完成单位
201	沈阳市日光温室蔬菜高郊节能栽培技术开发	沈阳市蔬菜技术推广站、于洪区农林局、东陵区农林局
202	无公害新技术防治玉米螟的研究与推广	沈阳市植保站、沈阳市辽中生防站、新民市植保站、苏家屯区植保站、新城子区植保站
203	乡镇科技管理与科技体系建设	于洪区北陵乡科委
204	新豆一号大豆新品种选育	新城子区财落堡乡农业技术推广站
205	粳型糯稻新品种“沈糯 1 号”选育	沈阳市农业科学院
206	沈阳市航空遥感耕地资源调查研究	沈阳市农业科学院
207	强制换羽技术在肉用种鸡生产中的应用	沈阳市肉鸡示范场
208	大豆高产潜力及综合配套栽培技术研究	沈阳农业大学、沈阳市农业局、新城子区新城子乡农业技术推广站、新民市红旗乡农业技术推广站、辽中县老观坨乡农业技术推广站
209	蓄电池隔板玻璃纤维棉	沈阳东电玻璃纤维有限公司
210	震动增油机	沈阳市辽中减速机厂

三等奖项目

序号	项目名称	完成单位
301	菜汁豆腐的研制	沈阳市粮油食品科学研究所
302	专用面粉生产新工艺研究	沈阳宝船面粉公司
303	光合固氮菌技术开发	中国科学院沈阳应用生态研究所、沈阳市北陵农业科技开发试验区
304	肉牛、肉鹅育肥模式化高产技术开发与推广应用	苏家屯区畜牧技术推广站
305	棚菜灵二号和棚菜灵四号日光温室蔬菜专用营养剂	沈阳市沈辽植物营养剂研究所
306	灵芝引种及日光温室人工栽培技术	东陵区农业技术推广中心
307	GGD 型交流低压配电柜研制	沈阳建新电控有限公司
308	赛拜迪 11 度啤酒	法库县啤酒厂
309	力威牌 11 度阿伯特啤酒	沈阳市康健啤酒厂
310	半机械化六柱保定栏	于洪区造化畜牧兽医站

311	沈阳鲜切花周年供应的研究	于洪区陵东乡农业技术推广站 沈阳农业大学
312	强肾颗粒	沈阳东昂制药有限公司
313	玉米制种含苞带叶去雄推广技术	沈阳市种子管理站、辽中县种子公司、新城子区种子公司、苏家屯区种子公司
314	5TYX－855型新式玉米脱粒清选机	沈阳市农业机械化研究所、沈阳市农牧机械厂、沈阳市农业机械化试验厂
315	双玻保温彩板推拉窗和型材	沈阳市彩板型材厂
316	DC－B多元储存柜	辽宁档案设备厂
317	高级洗衣皂	沈阳三昌皂业有限公司
318	复印机清洁辊	沈阳市现代办公设备配件
319	研制中石化管路紧固件高压螺栓螺母	沈阳市石油设备厂
320	U－Ⅱ型混凝土膨胀剂的开发应用	沈阳市东陵膨胀剂厂

（韩春声）

教　　育

综　述

【概况】 沈阳市1995年有各级各类学校(含私立学校和幼儿园)6 520所,在校学生2 088 008人,教职工137 715人,其中:专任教师85 688人。

1.普通教育。沈阳市1995年有各级各类学校2 117所,在校学生1 081 174人,教职工107 153人。其中:专任教师69 213人。

——研究生学校。全市普通高等学校和科研部门举办的研究生学校有24所,在校研究生4 217人,教职工1 887人,其中:专任教师1 887人。全年共招生1 394人,为国家输送博士、硕士生861人(博士生131人,硕士生730人)。

——普通高等学校。全市有普通高等学校22所,在校本、专科学生88 067人(含电大普通专科班),教职工27 222人,其中:专任教师10 594人(市属普通高等学校2所,在校本、专科学生14 296人,教职工2 269人,其中专任教师1 101人)。全年共招生29 639人(市属4 502人),为国家输送本、专科毕业生20 638人(市属3 716人)。

平均每万人口中本、专科在校生154人(含在校研究生)。

专任教师中教授858人,副教授2 964人,占教师总数的36.36%。

——普通中等专业学校。全市有普通中等专业学校48所(市属17所,在校生37 065人(市属17 092人),教职工6 341人(市属2 217人,其中:专任教师3 203人,市属1 124人)。全年共招生6 085人,为国家输送中等专业毕业生3 917人。

校舍建筑总面积为848 650平方米(市属311 243平方米)。平均每万人口在校学生56人。

专任教师中高级讲师561人,讲师1 376人,占专任教师总数的60.47%。

——普通中、小学校。全市有普通中、小学校(含私立学校)2 023所(中学359所、小学1 664所),在校学生951 825人(小学生595 525人,初中生301 963人,高中生54 337人),教职工71 703人(小学39 805人,中学31 898人),其中,专任教师53 529人(小学31 216人,初中18 499人,高中3 814人)。

学校占地面积30 268 823平方米,校舍建筑总面积为4 253 937平方米。

学龄儿童入学率为99.92%,小学毕业率为99.95%,小学升学率为96.93%,初中升学率为53.22%,高中升学率为64.35%。

平均每万人口小学在校生899人,初中在校生456人,高中在校生82人。

小学专任教师学历达标率为96.82%,初中专任教师学历达标率为73.79%,高中专任教师学历达标率为72.21%。

2.职业教育。沈阳市1995年有职业高中85所,在校学生47 302人,教职工5 210人,其中,专任教师3 142人。平均每万人口在校学生71人,专任教师学历达标率为40.73%。

全市职业高中、普通中等专业学校(市属),技工学校与普通高中招生比为6.3∶3.7

3.特殊教育。沈阳市1995年有特殊教育学校21所,(工读学校2所,聋哑学校8所,盲校1所,弱智儿童转读学校10所),在校学生1 658人(工读学生66人,聋哑生708人,盲生119人,弱智生765人),教职工680人(工读学校93人,聋哑学校349人,盲校54人,弱智学校184人),其中:专任教师466人(工读学校55人,聋哑学校232人,盲校37人,弱智学校142人)。

4.幼儿教育。沈阳市1995年有幼儿园(含私立)1 719所,在园、在班幼儿127 824人,教职工11 283人,其中:专任教师6 260人。全市幼儿入园率为39.21%。

5.成人教育。沈阳市1995年有各级各类成人教育学校2 578所,在校学生830 050人,教职工13 389人,其中:专任教师6 607人。

——成人高等学校。全市有成人高等学校30所,职工大学22所(市属6所),管理干部学院5所,教育学院1所,广播电视大学2所(市属1所),普通高等学校举办的函授、夜大、成人脱产班59所(不计校数)。在校学生92 241人(市属19 587人)。教职工7 470人(市属1 730人),其中:专任教师3 344人(市属900人)。平均每万人口在校生38人。

——成人中等专业学校。全市有成人中等专业学校56所(市属44所),职业中等专业学校31所。农民中等专业学校6所,函授中等专业学校1所,广播电视中等专业学校5所,教师进修学校13所。在校生25 158人(市属18 443人),教职工2 794人(市属2 502人),其中:专任教师1 726人(市属1 581人)。平均每万人口在校学生38人。

——成人普通教育学校。全市有成人普通教育学校267所,在校学生5 357人,教职工446人,其中:专任教师270人。平均每万人口在校学生8人。

——成人职业技术教育学校。全市有成人职业技术学校2 234所,在校学生707 294人,教职工22 679人,其中:专任教师1 267人。平均每万人在校学生1 068人。

(韩敏洁)

【教育改革】 1995年,沈阳教育综合改革工作取得较大的进展。

1.城市教育综合改革持续深化。国家教委《城市教育综合改革简报》转发了沈阳市城市教育综合改革的作法和张国光同志在市教育工作会议上的讲话,提高了沈阳教育在全国的知名度。4月份在绍兴举行的全国城市教育综合改革会议上,沈阳市经验受到与会代表较高评价。加强了沈河、和平两城区教育综合改革实验区的指导,并经与中国未来学会协调,将沈河、和平、于洪、东陵4区列入国家教委"九五"重点课题《小康与教育发展》的个案研究序列。由沈阳市参与的《中国城市教育综合改革的理论与实验研究》课题圆满结束,课题研究成果通过了国家教委组织的专家鉴定。

农村教育综合改革呈现出良好的发展势头。全市农村142个乡镇开展了第四届"燎原之冬"活动,共举办各种培训班4 502期,推广农村使用技术1 191项,培训各种劳动者及初中在校生80万人次以上。从10月份开始对"燎原计划"二期工程实施情况进行了考核评估和总结48个示范乡镇中有85%以上达到了目标要求。三期工程的实施方案开始着手制定。12月初召开了动员会,对142个乡镇继续开展好"燎原之冬"工作做了布置。

2.继续推进办学体制改革。1995年全市共新批民办(包括民办公助)学校60所,全市民办中小学达到66所,教师1 200多名,在校学生万余人,非教育部门办的职业学校84所,在校学生万余人。民办教育在1994年投入8 000万元的基础上,又补充基建、设备等方面投资7 000万元,呈现出"发展势头良好,运行基本正常,群众基本认可,管理有待加强"的态势。

3.继续完善招生考试制度改革。初中招生工作,坚持90%以上的小学毕业生严格按学区就近入学,同时继续实行优秀学生保送制度,试办音乐、美术、计算机特长班和国有民办学校。中等学校考试改革体育加试的办法,变竞技项目为群众性体育项目,提高透明度,记录成绩公开,减少人为的不正之风,把标准控制在90%以上的考生能够得满分,达到考生、家长和社会都满意的效果。高中招生考试取消了原有的30%的自主权,做到了由高分向低分录取,缓解了社会矛盾,保证了中招工作的正常秩序。大学招生中,沈阳大学本部、沈阳财经学院、沈阳医学院实行并轨招生,每生每年收费2 100-2 600元,并和有关部门协同工作,下达了奖学金、贷学金的政策。

4.进一步完善中小学内部管理配套改革工作。重点抓了"两个坚持、两个打破、一个突破",即坚持聘任制、打破铁交椅,坚持结构工资制、打破铁饭碗,进行了突破工资总额包干的试点区、校的试点工作。按岗位数额择优评聘,全市有万名教师晋升了专业技术职务,聘任了相应的职务岗位,年增工资340万元。其中,中高级教师1 106人、小学的中学高级教师137人,有145名中青年教师破格晋升了高级,139人破格晋升了中级,使人才考评机制基本建立起来。

5.教学领域的改革得到深化,教育科研成果得到普及和推广。以减轻中小学生过重课业负担为目的的"愉快教育"得到逐步推广,全国第四次"愉快教育"研讨会9月下旬在沈阳市召开,与会同志对沈阳"愉快教育"的改革实验给予了充分的肯定。1995年全市已取消各种收费的奥校、奥班、补习班159个,除东北育才学校做为教学改革试验单位保留若干"超常班"外,其它学校类似的班已全部取消。"特长"教育取得收获,东北育才学校高三年级的赵鹏、高光平同学,6月底在荷兰举行的第七届国际青少年信息学(计算机)奥林匹克竞赛上获得大奖(一金牌、一铜牌),两名学生均被清华大学提前选走。

(*赵越*)

【普及九年义务教育】 1995年,沈阳市县区"两基"达标率已接近85%,达标的县区约占全省达标县区总数的15.8%,其数量和质量在全省居领先地位。为巩固和发展达标县区"两基"工作成果,打好支援康法两县"普九"达标的总体战,加快实施康法两县的"普九"工程,高速度、高标准、高质量地完成省政府提出的"1996年全面实施'两基'达标"的历史任务,5月上旬召开了全市第二次"普九"工作会议,明确了今后两年"普九"工作的基本思路和奋斗目标。

做为"普九"工作的重中之重,康法两县加快了"普九"进程,主要工作包括:(1)上半年和康法两县共同落实"普九"达标规划,确定了康平、法库两县1996年实现"普九"达标的目标,并就实施办法存在困难和解决途径做了明确的部署;(2)两县先后召开了"普九"动员大会,形成了全县上下齐心协力实现1996年"普九"奋斗目标的氛围;(3)市政府多方筹集资金,基本落实了支援康法"普九"的专项资金(每县600-700万元);(4)社会各方面支援康法"普九"的协调会和对口支援会全部开完;(5)通过4月下旬教育系统"百万师生献爱心"活动,募集捐款200.7万元、图书93万册,有200所学校与康法两县的中小学结成互帮对子。

(*卢娜*)

【学习、贯彻《教育法》】 《中华人民共和国教育法》颁布以后,沈阳市采取一系列有力措施组织学习、宣传、贯彻。

1.全市各级领导把学习、宣传贯彻《教育法》列入重要议事日程,1995年6月10日中共沈阳市委宣传部、中共沈阳市委科教工委、沈阳市人大科教文卫委员会、沈阳市人民政府法制办公室、沈阳市教育委员会、沈阳市司法局、沈阳市科教工会联合下发文件,以学习、宣传、贯彻《教育法》的有关问题做全面安排。在活动中,全市各级党政主要领导都能做到亲自参与,注意领导和领导机关的带头作用,把这项工作当作全党、全社会的一项重要任务抓紧抓好。国家和省召开电话会议和国家教委发布关于实施《教育法》若干问题的意见之后,市教委两次召集县(市)区教委有关负责同志开会,检查和重新部署了学习、贯彻《教育法》的工作。由于领导重视,沈阳市前段学习、宣传、贯彻《教育法》的情况是好的，工作也取得了一定成绩。

2. 市直各有关部门、各个县(市)区以及教育系统的广大干部、教师认真开展了学习。市教委决定把学习《教育法》作为普法的重点，纳入普法规划；作为师训、干训的重要内容，纳入培训规划。为搞好学习，6月份由主管教育工作的副市长艾廷隽亲自过问，组织市政府和教委的有关同志编写了近3万字的《教育法》辅导讲话；7月份举办了主管教育工作的县(市)区委书记、区长学法培训班，主管教育工作的副市长艾廷隽亲自做了辅导。8月份在市司法局主持下，开办了有县(市)区司法局长和市直各部委办局负责法制工作同志参加的新法讲习班。重点辅导《教育法》为基层的学习培养骨干。9月份以来，各县(市)区联系贯彻《教育法》的实际，深入开展了一系列的学习活动。

3. 努力搞好《教育法》的宣传。8月27日宣传日这一天，印制了10万份《教育法》宣传提纲，通过散发宣传材料、张贴标语、出板报、文艺演出等多种形式，在全市城乡广泛深入开展宣传活动。宣传日拉开向社会宣传的序幕之后，通过新闻媒介，陆续刊发了各级党政领导和教育行政部门主要负责同志撰写的学法文章。

4. 在实施落实《教育法》上下了一定功夫。首先，为了规范执法行为，提高依法治教的水平，市教委从业已颁发的教育法律、法规、规章中选择主要、直接和经常使用的编印了《教育法律法规规章选编》，用专项资金从北京购置了7 000册《教育法》释义，将这两本书用配置图书的形式发放到每一所学校，同时给各级领导、教育行政部门及其他有关部门也配发了以上两本书，做到依法有据，指南在手。其次，强化执法意识，加大依法治教的力度。在这方面，主要是针对当前教育的一些热点，例如，教育经费预算举列及执行情况、学校乱收费及“暴力教育”等问题的执法情况进行检查，并抓住典型事件进行公开处理，推动了《教育法》的贯彻落实。再其次，结合全市教育改革与发展的实际，制定了依法治教“九五”计划和2010年远景规划，对全市今后一个时期内学习、宣传、贯彻《教育法》、《义务教育法》、《教师法》等教育法律、法规、规章工作进行了全面部署。

(左木)

【地方高等教育】　沈阳市属普通高等院校在不断调整中发展。1995年4月，经过协商，冶金工业部和沈阳市人民政府批准沈阳大学和沈阳工业高等专科学校联合办学，即将原沈阳大学校部、沈阳大学农业分校和沈阳工业高等专科学校合并，对外挂沈阳大学、沈阳工业高等专科学校两块校牌。内部是一个领导班子、一套机构、一支队伍，实行统一管理。联合后，沈阳市共有5所地方普通高等学校，即沈阳大学、沈阳大学财经学院、沈阳大学师范学院、沈阳医学院、沈阳广播电视大学。1995年5所院校总占地面积56万平方米，建筑面积37.3万平方米。教职工3 376人。其中专任教师1 511人。教授47人、副教授346人，正、副教授占教师总数26%。共设27个本科专业，90个专科专业。在校生16 900人。10几年来，输送毕业生27 000人。

沈阳市属高校培养实用型、复合型、外向型人才。各校课程设置的原则是突出实用性，培养学生的实际能力。

为适应沈阳市经济发展对人才的需求，各高校相继撤消了20个较为陈旧的专业，增设了15个相对紧缺的专业，使沈阳市高校的专业结构趋于合理。

市属高校的科研成果令人瞩目。截止1995年底，已有国家部委级科研项目20个；省、市级项目60个；参加国际交流或在国外发表的论文和专著78篇(部)。在国家级刊物发表的论文177篇。获国家部委科研成果奖38项，省、市科研成果奖131项。国家专利12项，成果转让32项，获益69万元。

在办学形式上，市属高校采取多种形式办学。在学历教育中，除了普通本、专科教育外，还开办了成人教育；在非学历教育中，既有岗位培训又有继续教育和单科教育。在办学途径上，各校与国内外有关单位和部门建立了协作关系。沈阳医学院、沈阳广播电视大学、沈阳大学、沈阳大学财经学院分别与美、日、韩等国建立了协作关系。

学校内部管理体制改革不断深化。各校均实行了职务聘任制、岗位责任制。后勤实行了全额承包或部门承包，同时制定了考核办法，从而优化了队伍结构，促进了人才合理流动，增强了教职工的责任感，调动了他们的积极性。

在师资队伍建设方面，在国外进修一年以上的有50多人，在国内接受半年以上培训的有300多人。200多人参加了市教委举办的非师范院校毕业教师的培训班，提高了广大教师的政治业务素质。在调资、分房等问题上，各校均实行了向教师倾斜的政策。

目前，市属高校仍存在一些问题。校级干部中原始学历大专以下的占27.5%，中层干部现有学历大专以下的占34.1%。高学历教师比例偏低。研究生占教师总数的12.6%，博士生和博士后仅有4人。办学条件与国家规定标准尚有差距。

(王际春)

【普通高中教育质量有所提高】　1995年，沈阳市落实国家教委在江苏召开的全国普通高中工作会议精神，高度重视普通高中的地位和作用，适度发展普通高中规模。1995年审批了市级重点高中两所，使市级重点高中增至9所。认真贯彻国家调整后的高中教学计划，狠抓了高中的艺术教育，10月份在新民召开了高中艺术教育现场会。根据品学兼优、培养尖子人才的原则，圆满完成了初中升高中的10%保送生选送工作。高中教育质量稳步提高，1995年有10 000考生被各类高校录取，录取人数占报考人数的68%，比1994年增长2个百分点。

(杨晓飞)

【职业技术教育】　适应沈阳经济建设和社会发展需要，继续大力发展职业技术教育。1995年全市已有8

所职业学校申报国家重点，有6所学校通过了省级重点职业高中的评估验收，使沈阳市省级重点职业高中达到26所。其中有23所为国家教委备案的省级重点职业学校，占全省总数的27%。不断深化校企合作，参与校企合作办学的企业由716家增长到972家。实行“双元制”试点的学校、专业，已由1994年有5所学校、4个专业增加到7所学校、6个专业，教学班由6个增加到44个，学员由198名增加到1 563名。农村职业技术教育的软硬件建设得到强化，初三分流后接受职业技术教育的人数增加。直接为沈阳经济建设和社会发展服务的高等职业教育教学计划，也已经制定出台。

（韦国璜）

【中等师范教育】 1995年，沈阳市有3所中等师范学校，在校生3 200人。

沈阳市师范学校在标准化的基础上迅速提高现代化水平，一面改进了语音室、微机房、闭路电视、理化生实验室；一面又相继建起了国内先进的心理实验室、计算机辅助教学实验室、现代教育技术实验室、微机教室、现代声像教室（学术报告厅）和演播厅等一系列现代化设施，促进了办学条件现代化。在加强中师对小学教育的研究、指导和服务的功能方面，该校设立了5个中心和8个基地。为了确立培养目标的高层次和人才规格的高素质，开展了五年制三二分段、五年一贯制和三年制高起专的实验研究，积极推进小教大专——小教本科办学模式的转变，大力加强科研和学术活动。

新民师范学校担负着为沈阳市8个郊区（县）培养小学教师的任务，为了更好地适应农村经济建设和普及义务教育的需要，学校在教育和教学上积极地进行整体的深化改革。1995年建成了微机教室和演播厅，改进了计算机房，迈开了现代化步伐。该校重视德育工作，调整教学计划，编写教材，重视学生的提高能力为主，做到一专多能，认真抓好基本功训练，因此使学生达到师德观念、文化知识质量、工作能力以及各项小学教师的需要的素质。

沈阳市艺术幼儿师范学校经历了几年的基本建设，在标准化和现代化的建设上，都取得了可喜的成绩，综合教学楼、音乐楼、美术楼、学生宿舍、食堂都达到了标准化。近年来，又修整了操场，特别是计算机房，阶梯教室，琴房等都按现代化要求去设计和施工。该校突出的特点就是重视专业课，音乐和美术教学在全省都名列前茅，学生多次到日本、俄罗斯演出考察并参与市内和国内大型庆祝活动，社会反响很大，1995年报考该校音乐和美术专业学生近2 000人。他们还重视加强教师队伍建设，努力培养青年骨干教师，选拔优秀青年走上中层领导岗位。

（徐文鹤）

【民族教育】 1995年沈阳市有民族学校78所。其中朝鲜族中学7所（含1所私立高中），小学42所；回族中学1所，小学3所；锡伯族中学2所，小学10所；满族中学2所，小学5所；蒙族中学1所，小学5所。全市民族中学在校生9 800名，小学在校生18 000名。民族学校教职工2 150名。

1995年，沈阳市民族学校的基本建设加快了步伐。市区以及各有关乡（镇）村共投资700多万元，完成了朝一中2 400平方米的综合楼和朝二中2 168平方米的学生宿舍。朝四中易地新建4 800平方米新校舍，朝六中扩建校舍4 155平方米。于洪区翻建了集贤朝小980平方米新校舍和永先朝小400平方米校舍。此外，新民市朝鲜族中心小学2 000平方米的教学楼主体工程基本完工。

市民族学校教师学历教育已基本结束，学历达标率90%。其中朝鲜族中小学专任教师的学历已达99%。小学教师中，大专以上学历者占15%。沈阳市朝鲜族第一中学的高考升学率达96%。在全市高考文科成绩前10名中，朝一中学生占9名。

（李钟太）

【幼儿教育】 1995年沈阳市城市5个区幼儿入园率已达73.5%；于洪、东陵、苏家屯、新城子、辽中、新民6县、区（市）普及学前二年教育由1994年的89%提高到98%；康平、法库两县已有1－2个乡做好了普及学前二年教育的验收准备。

全市幼儿园园长学历达标率达91%，城市幼儿教师学历达标83%，农村幼儿教师85%经过培训。

有两所幼儿园经检查验收达到市级示范园标准。

1995年3月7日召开了沈阳市托幼工作会议。这次会议为“九五”期间幼教事业的发展提出了明确的改革方向和发展目标，“九五”规划将加速全市办园体制改革和园所内部机制改革，并对幼教布局进行调整。这次会议推动了幼教事业发展，在一定程度上遏制了企业办园的滑坡局面。

为落实市托幼工作会议，市政府提出“撤销城镇小学学前班”的重大举措。下发了“取消城镇小学学前班”的宣传提纲，并通过新闻媒介向社会做了广泛宣传，得到了社会各界的支持。于11月全市原有的285处学前班，撤掉了267处，占原总数的93.6%。由于城镇学前班的取消，使学前教育小学化的倾向得到了扭转，同时救活了一大批濒于倒闭的街、企办园，使之恢复了生机。

对家庭个体园所进行整顿，符合个体幼儿园条件的，重新登记，按幼儿园进行管理；对不符合条件的，只准办3周岁以下托儿班。

对青少年宫和妇女儿童宫的幼儿艺术班进行整顿，下发了《关于整顿青少年宫、妇女儿童宫幼儿艺术班的通知》。召开了青少年宫幼儿艺术班现场经验交流会。理顺了管理体制，纠正了幼儿一日生活安排。

为鼓励城镇街办园的发展，召开了全市街办园所现场会，交流了皇姑区黄河幼儿园、和平区南七幼儿园、大东区洮昌幼儿园、铁西区启工幼儿园的办园经验。

建立了市、区、园三级幼儿骨干教师队伍。评出1名幼教专家，15名学科带头人，162名市级骨干教师。

举办了10期幼儿教师普通话培训班，有772人参加培训，其中737

人获得二级以上合格证书。

（罗丽）

【成人教育】 1995年，沈阳市在成人教育工作中，总结推广了市机械局依据岗位规范制定教学计划与大纲的经验，下发了34个指导性和实施性岗位培训的计划与大纲。鼓风机厂企业教育综合改革的实验得到广泛宣传，受到国家教委有关部门的重视和好评。为推动工人提高文化素质，与市劳动局联合制定了《关于实行技术工人考核与职工职业高中(中专)教育并轨的意见》，促进了技术工人文化培训与职能培训的结合。1995年参加市职工高中统考有1.5万人次，市属职工高中招生3 500人，市属成人学校招生6 000人，参加岗位培训与继续教育的职工50余万人次。农村成人教育扩大了办学规模，成人中专招生2 700人，有7所农村中专达到省颁标准。一年来，农村各级各类成人教育共举办长班1 200个，有59 470人参加学习，举办短班21 510期，有1 224 700人次接受了培训。

（杨晓飞）

【教育现代化的"六项工程"】 1994年沈阳市召开的教育工作会议，明确提出了实施面向21世纪现代化教育的"六项工程"。经过充分的论证，根据每项工程不同目的和目标，"示范学校工程"、"普及计算机教育工程"、"改进和普及外语教学工程"、"电化教育工程"、"干部、教师队伍建设三五工程"、"安居乐教工程"的实施方案已全部出台，涉及到1995年的具体实施任务已经开始运作。

1."干部、教师队伍建设三五工程"加大了实施步伐。把建设具有良好政治业务素质、结构合理、相对稳定的教师队伍做为贯彻《教育法》的重要内容，按《沈阳市中小学教师继续教育五年规划》，狠抓了教师的学历和继续教育。组织全市6万中小学干部、教师参加了"建设有中国特色社会主义理论"的学习，进行了中小学英语、教师学校教师、高中主科教师等多种形式的骨干教师培训，有10 658名教师参加了幼教、小学、初中、高中不同层次的学历培训和学历补偿培训。有717名中小学校长参加了分岗培训，有40名45周岁以下的校长、副校长被选送到北师大教育管理学院进修学习。

加快了干部教师队伍的管理力度。制定了严格控制教师超编的几点意见，通过严格的文化考试与考核，中等师范学校年招收民办教师504人。1995年教师节期间评选教育专家15人，学科带头人150人，骨干教师1 500人，教育专家和学科带头人以市政府名义进行了表彰。除此之外，1995年还评选出全国教育系统劳动模范3名、全国优秀教师和教育工作者40名，省功勋教师1名，省优秀校长1名，省模范学校3所。按国家有关政策要求，1995年分配到沈阳市的3 107名师范类大中专毕业生已基本安排到位。

2."安居乐教工程"取得明显进展。1995年全市投资13 534万元，开工建筑面积20万平方米，当年竣工和基本完工17.2万平方米，其中城区82 829平方米。新增户数2 824户，其中城区1 380户。使全市教工家庭人均居住面积，由1994年的6.1平方米增加到6.43平方米。

3."示范学校工程"重点抓了国家级重点学校建设，3月份落实了8所学校的建设问题，投入资金1 100多万元；"普及计算机教育工程"首先在城区普及的规划和资金已落实，60名计算机专任教师到北京师范大学进行培训；"改进和普及外语教学工程"落实了教材的编审工作，相关教师的培训已经开始起步。

（肖征）

【中小学德育工作】 1995年沈阳市中小学德育工作主要安排了以下几项内容：(1)总结和推广了39所中华民族传统美德试点学校的经验，部署和安排了"九五"期间中华民族传统美德教育的实验和总体要求，举办了沈阳市中小学中华民族传统美德故事大赛；(2)根据《爱国主义教育实施纲要》要求，结合全市开展"五个一百"教育活动和《中小学爱国主义教育手册》的内容，在中小学生中进行了爱国主义知识测试；(3)继续抓好中小学生日常行为规范教育，召开了贯彻中小学生日常行为规范和礼仪教育现场会；(4)深入探讨社会主义市场经济条件下中小学德育工作的新思路、新方法、新途径，开展了丰富多彩、学生喜闻乐见的活动；(5)继续搞好中小学生的法制教育，并把法制知识学习成绩做为初中毕业生的合格必要条件。

为了保证教育工作落到实处，1995年注意抓好三个方面的工作。第一，深入贯彻中共中央《关于加强和改进学校德育工作的若干意见》和《爱国主义教育实施纲要》，编印并免费向中小学生分发了《沈阳市中小学爱国主义教育手册》共计30万册，使德育工作切合学生的接受能力。第二，重点突出课堂教学的主渠道教育，特别抓了思想政治课、品德课的改革，重视搞好德育的改革实验。实行5天工作制后，全市中小学每周都保持一课时的班、团、队活动时间。第三，结合纪念中国抗日战争和世界反法西斯战争胜利50周年，利用沈阳市丰富的德育资源，开展了"勿忘'九·一八'、振兴我中华"宣誓仪式等主题教育活动。

（傅丹）

【学校卫生工作】 按照《中国教育改革和发展纲要》的精神和《学校卫生工作条例》的要求，1995年沈阳市"以防近视为中心，防龋齿为重点、健康教育贯穿始终"的指导思想得到进一步落实。

1.完成全国学生体质健康调研任务，加强卫生保健科研。1995年各区县中小学保健所在教育部门领导下完成了对62所学校、77 118名学生的体质调研工作。又根据随机抽样的原则，和平区和新民市的7—18周岁的4 800名中小学生(男女48个组28个项目)的测试数据和5篇论文代表沈阳市和辽宁省，上报国家教委。

2.完成了普检和各类学校升学体检任务。全市12个区、县(市)区普检了523 575名学生(法库县未统计在内)，城市受检率98%，农村中心校以上受检率58%(农村小学隔年一次)。

全市中等学校招生体检共检学生51 809名，合格率32.55%，专业选择受限率67.4%，不合格率0.05%，其中因视力低下专业受限的学生占受限率的94.18%。

3.全方位开展健康教育。在创建卫生城的工作中，把健康教育列为必查项目这引起了各级领导重视，进一步推动了健康教育的深入开展，全市开课率为99.4%(其中7个区为100%)，卫生城检查团，检查了市教委体卫处，和平区桂林小学，铁西区55中学，沈河区二经二校受到表扬。

辽宁省教委10月份对全省健康教育状况进行检查，对沈阳市4个区的8所中小学进行检查评比中，大东区35中学、白塔小学、皇姑区塔湾小学和44中学、新城子区的新城子初中和苏家屯区的46中学等学校被评为先进单位。

在全国举办中小学生营养知识有奖竞赛中，铁西、皇姑、沈河、东陵4个区的8所中小学参加。获得一等奖1名，二等奖2名，三等奖6名，鼓励奖66名。

4.开展常见病防治工作。在中小学全面开展以眼保健操为主要手段的防近工作中，大东区小东四校在1995年被评为全国防近工作监测点校优秀单位。

各中小学保健所的牙防小分队还和卫生部门牙防所配合对学生牙病采取群防群治。配合卫生部门在中小学生中大范围开展补碘工程。

(王莲芝)

【军训、国防教育】 1995年，沈阳市学生军训试点工作质量逐步提高，军训成果已成为学校教育、教学改革和发展的重要组成部分。沈阳市政法学校、沈阳市师范学校又被沈阳市学生军训工作领导小组办公室批准为沈阳市学生军训试点院校。截止1995年末，全市已有国家、省、市军训试点院校15所，列全省前列。全年15所军训试点院校共训学生(含研究生、自费生)11 712人。

1995年全市有926所中小学开展国防教育，累计83万学生受到训练，大东、沈河、皇姑、铁西、于洪、东陵、新城子等7个区分别召开了军训成果汇报会，东陵区还召开了有学校校长和共建部队领导参加的国防教育研讨会，探索中小学国防教育中的深层次问题。

10月20日在和平区青年大街小学召开全市渗透国防教育现场会，全面总结了“八五”期间的工作，51所学校、29所少年军校和88名先进个人受奖。省教委国防教育领导小组表彰青年大街小学、上园一校等13所学校为省国防教育先进学校和优秀少年军校。

(王玉鹏)

【勤工俭学】 1995年沈阳市勤工俭学工作有了新的发展，几项主要的经济指标较1994年都有所增长。工业总产值实现11亿元，勤工俭学总收益19 000万元，补助教育经费7 500万元，学生人均收入可达186元，分别较1994年增长15%、11%、9.3%。校办产品在沈阳市首届地方产品展销会上，有7种产品获金奖。在有关部门的支持下，全市校办企业进行了检查确认工作，清理假校办1 225户，占原有校办企业的37%；颁发校办企业证书2 252份，有效地加强了校办企业的管理力度。劳动教育有了新起步，年内拉练检查多次，沈阳市劳动教育受到国家教委好评。

(徐景华)

【语言文字工作】 1995年，沈阳市继续开展社会用字管理和普及普通话工作，努力推进语言文字规范化、标准化，取得一定成效。

一、组织各有关部门继续整顿社会用字，许多方面取得新的进展：

1.党政机关、学校、群团、医疗卫生部门基本做到用字规范化。

2.地名办认真负责，街、路、巷、门牌等地名用字完全实现了规范化、标准化。

3.体育场馆、影剧院、展览馆等文化、体育场所用字规范程度有所提高。

4.新审批的商标、广告基本做到用字规范化，原有的用字不规范商标、广告部分得到改正。

5.出版的报刊、图书和影视制品用字基本规范，对不符合规定的，进行了批评，限期改正。

6.街道、市容用字整顿进展不平衡，铁西、大东、沈河工作力度较大，效果较显著。总体上看，仍不容乐观。

二、以教育系统为突破口，大力普及普通话，取得较大进展：

1.巩固、扩大师范院校普及普通话成果，使普通话由教学语言向校园语言过渡。强化了师范生口语课的教学和训练，严格进行了毕业生普通话考核，做到了师范毕业生普通话基本达标。

2.继续开展了县区、学校推普骨干培训工作。举办了各类骨干班、测试员班15期，培训学员1 000余人。为大面积培训、测试创造了条件。

3.组织各区县进行了幼儿园、中小学教师的普通话培训测试工作，全年有1.5万名教师通过了达标测试，取得了相应的合格证书。

4.配合职教处、市教研室开展了职业高中的普及普通话工作。建立了制度、办法，制定了教学计划，印发了教材，并进行了试点工作。

5.配合教研部门搞好国家教委、语委推行的小学“注音识字，提前读写”语文教学实验，取得了显著成果。省教委、语委及教科院的领导和专家在大东区的实验成果鉴定会上给予好评，并在大东区白塔小学召开全省的小学“注提”实验优质课观摩会。

(刘媛)

【治理中小学校乱收费】 近年来，沈阳市把治理中小学乱收费做为教育事业健康发展的重点工作加以强化，先后制定下发了《关于加强中小学收费管理的规定》等3个文件，果断地处理了一批违纪的学校，使一度严重的中小学乱收费现象得到了相对地遏止。但是，有些学校在收费上仍有章不循、有法不依，学生家长和社会各界对此意见很大。

为了进一步贯彻中纪委五次全会、国务院反腐败工作会议和国家教委3月27日电话会议精神，1995年沈阳市从学习上级会议精神、提高各方面尤其是教育界的认识抓起，在对待治理中小学乱收费的问题上，从三个方面统一了思想：第一，治理中小学乱收费，是党和国家的要求，也是广大群众的愿望，势在必行，一定要把认识统一到党和国家的要求上来，从保持稳定的大局出发，坚定不移地做好这项工作。第二，近年来，采取了一系列治理中小学乱收费的措施，收到较为明显成效，乱收费现象得到一定控制。但由于这个问题比较复杂，中小学乱收费仍然是社会反映比较强烈的一个“热点”问题，这足以说明中纪委五次全会和国务院反腐败工作会议把狠刹中小学乱收费，做为1995年纠正三股行业不正之风之一，是很有针对性的，也是非常正确的。第三，要把合理的收费项目和不合理的收费项目区别开来，把通过正常渠道筹措教育经费与乱收费区分开来，把学校自认为是合理而实际上群众难以接受的收费区分开来。

在此基础上，根据沈阳的实际情况，认真研究了1995年的治理中小学乱收费工作，对照柳斌同志代表国家教委提出的义务教育“五不准”要求，明确了要在年内取得阶段性新成效的主要目标：一是中小学乱收费要得到明显遏止，使多数群众基本满意；二是初步建立起有关制止乱收费的制度，使中小学收费纳入规范化、制度化轨道；三是学校乱办班、乱补课的问题要基本解决；四是自费生、私立学校收费标准得到严格控制；五是煞住各类超项目、超标准的收费。

成立治理中小学乱收费工作领导小组，层层建立责任制。市里成立了由主管市长任组长，教育、财政、审计、物价、监察等部门领导为副组长，各县(市)区主管领导为成员的沈阳市治理中小学乱收费工作领导小组，办公室设在市政府督学室，主任督学兼办公室主任。各县(市)区比照市里的做法，也成立了相应的工作机构，统一负责本地区的治理中小学乱收费工作。市区两级建立起了制止中小学乱收费责任制，明确市与县区、政府与部门、教育行政部门与学校之间的责任关系，并列入目标责任考核内容，一级对一级负责。教育行政管理部门也积极行动起来，教委重新明确了在收费问题上健全委主任全面抓、各副主任分口抓、纪委监察经常抓、计财处具体抓的管理办法。从年初开始，连续召开了县区主管教育县区长座谈会、全市中小学校长大会、县区教育局一把手会议等几个会议，部署工作、沟通情况、取得共识。其后，逢会必讲治理中小学乱收费工作的重要性，常抓不懈，警钟常鸣。2月份开始，将市教委、财政局、物价局近年来联合下发的《关于加强中小学收费管理的规定》、《关于加强中小学收费管理的补充规定》、《关于中小学收费实行〈教育收费手册〉管理制度的通知》等3个文件各重印了7 000份，发至各中小学校。

强化治理中小学乱收费工作的力度，1995年开展两次大规模检查。即在3月、11月两个月份，采取学校自检、县(市)区检查、市里随机抽样检查相结合的形式，对于情节严重的学校，要给予责任人以纪律处分。其余月份，以检举、揭发为目标进行检查，查实后做为年终评定依据的组成部分。

在治理中小学校乱收费的工作上，发现一起处理一起，对问题严重的通过曝光、经济处罚、限制招生数额等多种形式给予必要的处分。2月26日至28日，市满族中学在校舍搬迁过程中，擅自向学生收取了3—8元不等的搬迁费(租用搬家公司汽车)。接到举报后，沈河区教育局责令学校全部退清了收取的5 620元搬迁费，并做出了通报批评。铁西区查处了违纪的路官小学、艳粉小学等3所学校，退回学生不合理收费12万多元。全年全市共组织专项检查156次，对全市2 015所中小学普遍进行了两次大检查，处理乱收费76起，其中有8所学校被通报，有2所学校被公开曝光。

总之，经过这些标本兼治的不懈努力，沈阳市治理中小学乱收费工作不断取得实绩。3月5日至31日，在各县(市)区普遍进行了自查的基础上，纪检、监察、物价等部门对全市13个县(市)区69所中小学校的收费情况进行了抽查。其中完全合格的学校有34所，占抽检总数的49%；基本合格的有29所，占42%；不合格的学校6所，占9%，涉及违纪金额6万元。10月23日至27日，有关部门再次抽查了13个县(市)区的65所中小学，绝大部分学校没有违纪。这与1993年罚没乱收费款176万元、退还不合理收费300万多元和1994年11月份有关部门抽查13所学校百分之百违纪，且涉及金额高达476万元相比，表明中小学乱收费的势头基本得到了遏止，教育收费逐步向制度化、有序化转变，中小学校治理乱收费工作已收到了明显的成效。

(郑卫)

【国有民办教育】 本着初中招生改革“一要坚持、二要完善”的原则，沈阳市从1993年暑期开始，在市内5区小学毕业生坚持严格按学区相对就近入学的前提下，同时鼓励优秀生、发展特长生、试招特需生，招收特需生的学校借助私立学校的管理模式，实行董事会领导下国有民办、独立设校、单独挂牌、自负盈亏的运行机制。

创办国有民办学校有四方面好处：一是利于巩固初中招生改革制度的成果，把原来学校自行招生收费，变为由教育行政部门统筹，招生总数控制在城区应届小学毕业生总数的10%，保证了90%的学生对口直升入初中；二是充分挖掘了办学条件好的学校教育资源，从1993年起市内5区初中入学人数每年净增1.3万人，国有民办学校缓解了初中入学高峰的压力；三是国有民办学校的收费，部分缓解了教育办学经费不足的矛盾；四是满足了少数有特殊需要的家长和学生的择校需求。

到1995年7月，市内5区内经教委批准的国有民办初中有20所，每年招收58个班，2 900名学生。经市物价、财政部门批准，每生3年收费9 000元。国有民办小学5所(每区1所)，每年招10个班，500名学生，每生6年收费12 000至15 000元，其收费标准高于公立学校低于私立学校。学校收费的30%至60%上缴各区教委，用于补充教育经费的不足。

(孙东)

【教育审计】 1995年，沈阳市教育审计工作从有利于深化教育改革和发展教育事业出发开展工作，在强化和完善内控制度，维护财经法纪，提高办学效益等诸多方面都起到了积极的作用。

一年来，沈阳市教育系统内共开展审计项目332项，审计金额3 210万元，查处违纪违规金额765万元，提出改进建议130条，完成审计调查50项。对于维护国家的财经纪律，推动廉政建设，促进加强管理，提高教育投入的效益，都发挥了重要作用。

市教委审计处一年中共对10个直属单位进行了财务收支审计，审计资金1 818万元，查出违纪违规金额244万元，已纠正221万元，追踪审计2项，追回资金40万元，开展竣工决算审计3项，节约资金4万元。对23所民办中小学财务收支管理情况进行了审计调查(其中重点抽查13所学校)，针对发现的问题提出了整改措施，并把措施落实到市民办学校管理的法规中。

(黄冬)

【初中教师学历培训】 沈阳市现阶段中学教师学历培训发展是不平衡的，市内5区学历达标率较高，郊区县，尤其是辽中、新民、康平、法库边远地区初中教师学历达标仅占45－50%，为此，沈阳市1995年加快初中教师学历培训步伐。

全市参加学历培训的学员总计3 744人，共设中文、数学、外语、政教、物理、化学、生物、历史、地理、体育、音乐和美术12个专业。

至1995年末，这些学员已学完全部课程的80%，到1996年7月，初中教师学历培训及格率能达到98%以上。这样，沈阳市初中教师学历培训工作基本完成。

(徐文鹤)

【小学教师继续教育】 抓好小学教师继续教育是根据《沈阳市中小学教师继续教育暂行规定》文件精神，提高小学教师整体素质，适应现代化教育的要求。1995年是“八五”期间最后一年，第一轮继续教育基本完成。

1.骨干教师培训。其培训骨干教师5 658人，占小学教师总数的17%。

2.新任教师培训。新教师在试用期内，边工作边参加为期一年的试用期培训，共培训新任教师4 491人，占小学教师的14%。

3.三项基本功训练。全部验收完毕，合格率达95%以上。省里比赛中沈阳市获第一名。

4.小学教育大专自考。为提高小学教师的学历层次，沈阳市组织了小教大专自考班，由各县(市)、区教师学校做为培训学校，共参加了6科的自学考试，全部人员达到4 926人，自考及格率达88.17%。

(徐文鹤)

【评选教育专家】 1995年教师节期间，沈阳市开展了沈阳市教育专家的评选活动，经过基层推荐、评审委员会评定、市政府批准，在市属普通高校、中等师范学校、教师进修学校、市区教研室、电教馆、中小学(含厂办中小学)、职高及幼儿园的教育工作者中，产生了15名沈阳市教育专家。他们是李晏真、柳连吉、王信信、李庆元、李焱、白景林、张亚权、高国枢、刘维业、张锡华、肇启焕、王继业、谢志雪、张在华、马秀文。在教师节庆祝暨表彰大会上，市政府向被命名的沈阳市教育专家颁发了荣誉证书和奖金。

(苏文捷)

【破格晋升优秀中青年教师】 1995年，沈阳大学的张筠、陈宝勤，沈阳医学院的崔金山、刘佳、杨孟坤、崔国生，沈阳大学师范学院的王颖等7名中青年教师被破格晋升。其中崔金山晋升为教授，其余为副教授或副研究员。

崔金山从事卫生毒理学教学。在教学中用国内外科研新成就武装学生，不断改进教学方法。在科研方面取得多项成果，发表论文30余篇。1993年被评为市劳动模范、省优秀教师并获曾宪梓教学奖。1995年被授予市劳动模范、全国优秀教师称号。

刘佳曾赴日从事肝癌发生过程中的细胞及分子遗传学变化研究，获博士学位；在瑞士洛桑大学医学院从事细胞因子对肿瘤细胞生长和凋亡的调控机制研究，取得突出进展，发表多篇有创见的论文，受到国际医学界的重视及好评。1993年归国，两年中申请10多项科研课题，撰写20多篇论文，发表在国内外专业刊物上。

张筠现年29岁，工学硕士，担任“多弧离子镀合金涂层的成分离析机理与控制研究”项目主持人。该项目经冶金部鉴定认为：达到国际同类研究先进水平，已收入《中国实用科技成果大辞典》。

杨孟坤从事教学工作，同时从事研究工作获省、市成果奖10余项，在省级以上刊物上发表论文30余篇。

崔国生边从事教学边进行科学研究。《2000年人人享有卫生保健》、《卫生资源优化配置》、《卫生服务结合效益评价》等课题研究，取得显著社会效益和经济效益，获4项科技成果奖。

陈宝勤撰写的专著《古今汉语词汇、语法比较知识》、《广告语言艺术》等均有较高的学术水平和使用价值，在国家级刊物上发表的10余篇论文，在国际学术界产生影响。

王颖先后在《农药》等国家级刊物上发表14篇论文，她作为第一研究人所研制的“消溃宁”新药获国家发明专利，正式投产后获利144万元，相应的论文被评为省首届青年大会优秀论文。

(王际春)

【第十一届教师节活动】 1995年教师节期间，沈阳市加大了对《教师法》和《教育法》的贯彻和落实力度。通过电视、广播、报刊、杂志等各种新闻媒介，大力宣传了教育优先发展的战略地位，宣传了优秀教师和教育工作者的先进事迹，宣传了各级政府和有关部门重视教育，为教师办好事、办实事、排忧解难的工作业绩。深入开展了尊师重教活动。

1995年9月7日，沈阳市召开了教师节庆祝暨表彰大会。会上，以市政府名义命名了沈阳市教育专家15名，沈阳市学科带头人150名，以市教委名义命名了沈阳市骨干教师1 482名。

1995年教师节期间，沈阳市教委、沈阳市青少年教育领导小组和辽宁劳动安全电影摄制中心联合举办了沈阳市教育系统《颂中华》青年歌手PTV大奖赛。

（苏文捷）

【第六届全国愉快教育研讨会】 第六届全国愉快教育研讨会于1995年9月19日至23日在沈阳市举行。

国家教育督导团、国家教委基教司、北京师大、上海师大、辽宁教育研究院等大专院校、教育科研部门的领导、教授、专家，上海一师附小等13个省、自治区的31个市地学校干部、教师共230多名代表参加了会议。副市长艾廷隽代表市委、市政府等党政部门在会上致欢迎词；国家副总督学陈德珍在会上作了重要讲话；辽宁省教委副主任姬庆秀在会上作了重要讲话；辽宁省教委副主任姬庆秀在会上汇报了辽宁省学校开展愉快教育实践的体会；市教委副主任关嘉禾以"以素质教育为目标，以课堂教学为重点，认真总结与推广愉快教育的改革经验"为题，介绍了沈阳市小学实施愉快教育的基本做法和经验。

会议期间，各地代表围绕"实施愉快教学与减轻学生过重课业负担、全面提高教育质量的关系"的中心议题，展开了广泛的认真的研讨，交流了各自的经验与体会。同时，会议代表还集中参观了沈阳铁路五小并分组到市内皇姑区、和平区等5区13所小学参观指导。

（焦研）

【抗灾抢险】 1995年夏季的洪水，使沈阳市教育系统遭受近8 000万元的损失。水毁校舍33 000平方米，形成大中修面积75 000平方米，桌椅损失53 000套，教学仪器损失77 000台件，勤工俭学、学农基地损失7 015亩，校办工厂69处。灾后，沈阳市把迅速恢复灾区学校的正常秩序、按时开课上学作为压倒一切的中心工作来抓。组织人力对受灾的400多所学校逐校进行了校舍检查，下发了《关于做好灾后学校按期开学工作的紧急通知》，要求全市教育系统的广大干部教师响应市委、市政府的号召，振奋精神、坚定信心，迅速投入到恢复教学、重建校园的工作中去，并对受灾校舍检查维修、基本教学用具的配备、教材的调剂发放、滞留在外学生的借读、受灾教师的生活安置等具体问题做了明确部署。开学前再次查看了58所学校，除一所小学没有按期开学外，其余灾区的学校都按时开课上学。抢修已毁危房校舍71所，完成建筑面积3 300多平方米，基本保证了学生正常上学的需要。

（王军）

【普通高（中）等学校招生工作】 1995年招生并轨改革步子迈得较大，全国招生并轨院校有245所，其中部委属院校88所，地方高校156所，市属沈阳大学（含沈阳大学财经学院）、沈阳医学院的本科招生也实行了招生并轨。

1995年，沈阳市报考普通高（中）等学校的总人数为16 097人，比1994年增加757人。被各类普通高（中）等学校录取的总人数为9 624人，比1994年减少403人，其中，各类普通高等学校录取8 899人，比1994年多70人，中等专业学校录取725人，比1994年减少473人（因为高中中专逐渐过渡到招初中毕业生，所以招生计划逐年减少）。

在录取的新生中，普通高（中）等学校国家任务录取6 346人，占录取总人数的65.9%。其中：省属以上本科录取3 100人（文史类589人，理工农医类2 452人，体育类25人，艺术类34人）；省属以上专科录取225人（文史类43人，理工农医类182人）；市属本科录取1 240人（文史类395人，理工类829人，体育类16人，艺术类20人）；市属专科录取了1 223人（文史类499人，理工类647人，体育类30人，艺术类47人）；中等专业学校录取407人（文科166人，理科236人，艺术类5人）；空军和民航飞行学院录取47人，师范院校及各类学校招收保送生104人。

自费生录取3 278人，占录取总人数的34.1%。其中：省属以上本科录取384人（文史类101人，理工类200人，体育类5人，艺术类78人）；省属以上专科录取721人（文史类269人，理工类442人，体育类10人）；市属本科录取136人（文史类52人，理工类45人，体育类14人，艺术类25人）；市属专科录取1 719人（文史类831人，理工类815人，体育类32人，艺术类41人）；中专录取318人（文史157人，理工161人）。

1995年，组织4次普通高中毕业会考。其中，高三年级15 558人参加政治、语文、数学3科考试；高二年级15 408人参加历史等4科考试；高一年级18 296人参加了生物、地理两科考试。

1995年有3 201人报考攻读硕士研究生，比1994年增加879人。

（李浦）

【成人高（中）等学校招生工作】 1995年，沈阳市共接纳报考各类成人高（中）等院校的总人数为39 616人，比1994年增加5 822人。其中：报考各类成人高等院校的有36 670人，比1994年增加8 333人；报考成人中等专业学校的有2 946人，比1994年减少2 501人。被各类成人高（中）等院校录取总人数为19 014人，比1994年增加672人。在录取新生中，各类成人高等院校录取16 956人（文科10 626人，理科6 330人），比1994年增加672人，其中：省属以上各类成人高等院校录取10 867人，市属成人高等院校录取6 089人；成人中等专业学校录取2 058人（文科1 254人，理科804人），比1994年减少889人，其中：省属以上成人中等专业学校录取423人，市属成人中等专业学校录取1 635人。另外，预科生录取560人，其中：文科498人，理科60人。

1995年，还接纳报名免试生1 619人，其中：中专免试生242人，二学历免试生1 227人，往届生（免试生）150人。

（李浦）

【中等学校招生工作】 1995年，沈阳市有62 579名初中毕业生报考各类中等学校，比1994年增加1 493人。被各类中等学校录取的总人数为47 829人，比1994年增加3 756人。在录取的新生中，中等师范学校为1 076人，其中公费生400人，委培生8人，收费生668人；普通中等专业学校为4 152人，其中国家任务为1 140人，委托培养763人，自费生1 878人，电视中专为371人；成人中专为191人;省级重点高中为7 409人,其中公费生4 527人,自费生2 882人;市级重点高中为2 755人,其中公费生1 678人,自费生1 077人;一般高中为10 088人,其中公费生4 485人,自费生和私立高中5 603人;职业高中为16 355人,其中公费生4 517人,自费生和民办职业高中11 838人;技工学校为5 803人。

1995年,为加强中等学校招生管理,制止乱招生,全市普通高中、职业高中录取通知书一律使用市招考办统一印制的录取通知书。普通高中公费、自费招生一律按考生志愿和成绩,从高分到低分择优录取。部分重点职业高中与普通中等专业学校同批录取,职业高中录取时,招生学校享有30%的自主权

(*李浦*)

【高中等教育自学考试】 1995年,沈阳市组织4次高中等教育自学考试,2次中等专业教育自学考试命题工作。中专自学考试又有新的发展,增开了计算机财务专业,共开考了5个专业,并已辐射到全省9个市。

1995年,全市高中等教育自学考试共有95 221人报考了230 587科次,是自学考试开考14年来,报考人数、科次数最多的一年。全市有2 526人获得高等教育自学考试专科毕业证书,有250人获得高等教育自学考试本科毕业证书,有631人获得中等专业教育自学考试毕业证书。累计全市有36 247人获得高等教育自学考试专科毕业证书,有1 375人获得高等教育自学考试本科毕业证书,有10 294人获得中等专业教育自学考试毕业证书。

(*李浦*)

【招生考试通讯杂志】 《招生考试通讯》由沈阳市招生考试委员会办公室主办,市教育委员会主管。它是宣传国家招生考试政策、规定,普及招生知识,研讨考试学理论,传播各级各类招生考试信息。为在校初中、高中师生及社会青年,参加中考、高考、自学考试等大型考试提供科学、有效的知识辅导与应考方法,帮助国家选拔培养质优量足的各方面人才的教育招生考试工作指导类双月刊。《通讯》紧紧结合办刊宗旨制定出版计划,与国家、省、市教育招生考试同步发行。

1995年已出版6期《通讯》,总计55万字,刊发了23个栏目145篇稿件。在出版质量上严格执行新闻出版署"工作指导类期刊质量标准",被省新闻出版局评为二级期刊。

(*李浦*)

【市招生考试研究会】 沈阳市招生考试研究会1991年11月成立至1995年12月,已经发展到80家团体会员单位。

4年中,研究会分别召开成立大会、3次理事会、2次学术会、2次科研成果和论文评奖活动。共征集论文127篇,音像成果2件。共评选出一等奖的论文有5篇;二等奖的论文有14篇;三等奖的论文有41篇;还有41篇论文待评。对获奖论文均颁发了奖金和证书。有些论文在全国计划单列市和省会市协作会上进行了交流,受到国内同行的好评;有的刊发在省内外报刊上,如国家考试中心主办的《中国考试》、陕西《自学考试报》,辽宁《自学考试通讯》等。

1995年,招生考试研究成果显著,完成国家考委"八五"科研的2个课题:《中专自学考试的改革与发展》论文;《规范化考点录像》。创编出版了《沈阳招生考试年鉴》(1991—1992)、(1993—1994)两部。

(*李浦*)

【沈阳市1995年高考前10名考生名单】

理　科

第一名(668分):王彬,男,1976年生,辽宁省实验中学毕业生。

第二名(664)分:于映辉,女,1977年生,辽宁省实验中学毕业生

第三名(657分):李江峰,女,1977年生,沈阳市新民市高中毕业生。

第四名(653分):马文海,男,1976年生,沈阳市新民市高中毕业生。

第五名(651分):姜哲,男,1978年生,东北育才中学毕业生。

第五名(651分):王晓锋,男,1977年生,辽宁省实验中学毕业生。

第七名(650分):杨涛,女,1979年生,沈阳市第二中学毕业生。

第七名(650分):赵地,男,1977年生,沈阳市第一二〇中学毕业生。

第九名(648分):安龙,男,1976年生,辽宁省实验中学毕业生。

第十名(647分):沈双洋,男,1979年生,东北育才中学毕业生。

文　科

第一名(626分):金正爱,女,1977年生,沈阳市朝鲜族第一中学毕业生。

第二名(624分):许英美,女,1975年生,沈阳市朝鲜族第一中学毕业生。

第二名(624分):文英淑,女,1976年生,沈阳市朝鲜族第一中学毕业生。

第四名(622分):金振宇,男,1977年生,沈阳市朝鲜族第一中学毕业生。

第四名(622分):李民,男,1976年生,沈阳市朝鲜族第一中学毕业生。

第六名(614分):朴美淑,女,1975年生,沈阳市朝鲜族第一中学毕业生。

第六名(614分):李淑炫,女,1977年生,沈阳市朝鲜族第一中学毕业生。

第八名(612分):申香梅,女,1976年生,沈阳市朝鲜族第一中学毕业生。

第九名(611分):边世玉,女,1976年生,沈阳市朝鲜族第一中学毕业生。

第十名(610分):薛丽,女,1977年生,辽宁省实验中学毕业生。

(*李浦*)

重点院校

【中国医科大学】 1995年,中国医科大学坚持创建“211工程”的大目标,全面推进学校各项事业的发展。

1.多层次教育事业取得突破性进展。该校被批准设立临床医学与基础医学两个博士后流动站,目前该校硕士点、博士点分别覆盖了几乎全部和近半数的医学学科,为该校在研究生教育方面跻身国内一流大学行列,培养更多的高级医学人才奠定了坚实的基础。该校已形成了中专生、本科生、硕士研究生、博士研究生、博士后,以及成人教育、乡村医生函授、进修培训等多层次的多方位较完整的医学教育体系。

2.进行本科生招生、管理制度改革,实行公费生与自费生并轨,在保证质量的前提下完成了555名招生计划。为配合招生制度改革,先后修订了《学生德、智、体综合测评》等5项学生管理制度,调动了学生的学习积极性,保障家庭贫困学生顺利完成学业。召开了全校教学工作会议,进一步加强教学制度和教学体系改革。经全校各系部团结协作、共同努力,圆满完成了国家教委对7年制高等医学教育的教学质量评估。通过此次评估证明,7年制教学取得了较好的成绩,通过此次评估进一步推动了7年制教学工作。

3.以课题管理为中心,继续加强科研管理力度。1995年共组织各种渠道课题200余项,获得纵向课题资助金额230余万元。首次在新药科研领域获得突破,获国家医药局新药基金资助一项、国家自然基金委新农药项目一个。组织申报“九五”攻关项目18项、重大自然科学基金项目4项,完成了“八五”攻关课题的总结验收工作。完成成果鉴定19项,其中达国际先进水平6项,国内领先水平9项,达国内先进水平4项。科研成果获卫生部科技进步三等奖5项、获辽宁省科技进步二等奖2项、三等奖6项,获沈阳市科技进步二等奖2项、三等奖8项。

4.巩固“三甲”成果,为创建“三特”而奋斗。该校第一临床学院以医疗工作与国际接轨为发展方向,以创建“三特”为目标进一步深化医疗改革,取得可喜成就,已被确认为全国首家“三特”试点单位。开办了著名专家门诊,实现了患者多年的“到医大找专家看病”的宿愿。实施门诊副教授以上人员出诊措施,提高诊断水平。增加门诊用房,改造门诊布局,建立以患者为中心的格局。实施以缩短平均住院日为突破口的措施,全面推动医疗质量和医疗水平的提高,目前患者平均住院日已降至13.0日,降低了患者支出,提高了医疗装备使用率,整个医院呈良性运作状态,取得了显著的经济效益和社会效益。新增设备总值1 397万元,全校万元以上医疗设备达1 443台。

5.顺利完成“CMB91－547美国中华医学基金(CMB)认知能力评价”第三阶段工作,由该校主持开发的高等院校医学考试题库通过国家教委鉴定,该项成果已达到国内领先、接近国际先进水平,被命名为国家试题库,该套软件已正式由中国高等教育出版社发行,产生了良好的社会效益和经济效益。至1995年底该校共接受CMB长期发展支持项目8个,单项支持项目4个,总计经费400余万美元。继顺利完成中日两国政府间合作项目“中日医学教育中心项目”第一期基础项目后,第二期临床顺利开展,4月26日,中日双方签署了“中日医学教育中心临床医学教育项目技术合作的会议纪要”。

(张凤翀)

【沈阳药科大学】 沈阳药科大学是我党我军创建最早的高等药学院校。现隶属国家医药管理局。为全国两所综合性药科大学之一。

学校前身是中国工农红军卫生学校,1931年创立于中央苏区瑞金;1934年随红军长征到达陕北,1941年命名为中国医科大学药科;1948年迁校沈阳,1949年定名为东北药学院;1956年改名为沈阳药学院;1994年经国家教委批准,更名为沈阳药科大学。

建校65年来,学校已发展成为多学科、多层次、多形式教育的高等药学学府。现设有工商管理学院、药学系、制药系、中药系、基础部、社科部、体育部及成人教育中心、药物研究所、高教研究所、附属药厂、药用植物园、实验动物室等教学、科研、生产机构。国家医药管理局天然药物工程技术研究中心就设在该校。

学校现有国家级重点学科1个(药剂学),省级重点学科2个(药物分析学、药物化学);学校是国务院首批批准有权授予博士、硕士学位的单位之一。现有博士学科点4个,硕士学科点8个及药学博士后流动站,并有权招收外国留学生和研修生。学校学科专业门类齐全,现有本科专业14个,专科专业8个,其中药学日语、药学英语(五年制)是国内仅有的1个专业;适应医药科技发展和市场经济需要而新增设的本硕连读(六年制)生物制药专业、国际贸易、市场营销、企业管理等专业深受社会的欢迎。另外,成人教育的夜大、函授等本、专科教育,每年都为社会培养许多专门人才。学校现有各类在校学生4 500余名。

学校荟萃了众多的著名专家、学者,他们在国内外享有较高的艺术声誉。在学校1 300余名教职工中(校部900多名),有教学、科研人员550余名。其中副教授以上的高级学者180余名,研究生导师80余名。博士生导师姚新生教授为中国工程院院士。

学校科研成果显著。近10年来,为适应医药经济的发展,承担和完成国家纵向课题270余项,横向课题360余项,科技成果鉴定和获国家、部委、省、市科技进步奖等各近百项,获新药证书22个。形成了应用基础研究、应用开发研究并重的“五抗一防”(抗肿瘤、抗炎、抗菌、抗病毒、抗衰老、防治心脑血管疾病)的新药研究方向,取得了较大的社会效益和经济效益。定期出版《沈阳药科大学学报》和《中国药物化学杂志》,《学报》是辽宁省34家一级期刊之一。

学校积极进行教育体制改革尝试,1994年5月成立了校董事会,现有董事单位80余家,遍布在全国各医药企事业单位。先后与中国医科大学、吉林大学实行合作办学；与通化市人民政府共建学校；与三九集团、香港联邦制药厂有限公司实行联合办学，增强了学校的办学活力和实力。

学校积极开展国际学术交流和科技合作，先后与日本、美国、英国、香港等20多个国家和地区的院校、科研机构建立了校际关系，进行科研、教学合作取得显著成果，扩大了学校的对外影响。

（张艳春　周云棠）

【沈阳医学院】　沈阳医学院建于1949年，前身是沈阳市中等卫生学校，1958年升格为高等医学专科学校，文革期间下马改为中等卫生学校，1978年恢复为高等医学专科学校，1987年5月升格为本科院校，更名为沈阳医学院。学院占地面积11.1万平方米，建筑面积13.6万平方米。1995年有教职工2 931人，其中教授、副教授251人，讲师级教师716人。在校生2 000人，另有夜大本、专科学生1 200人。

学院设有基础医学部、社会科学部、预防医学系和临床医学系。开设临床医学（含6年制英语医学班）、预防医学、麻醉医学、精神卫生、卫生检验、学校医学6个专业。有2所附属医院（沈阳医学院附属中心医院，沈阳医学院第二附属医院），共有床位1 240张，有26所教学医院（站，所）为院教学实习基地。学院还设有成人教育部和一所附设卫生学校。

学院设有53个教研室，35个实验室，5个研究中心（沈阳市检验中心、沈阳市变态反应疾病防治中心、烧伤治疗中心），2个研究所（手外科研究所、生物活性物质研究所）和9个研究室（分子生物学研究室，生物化学研究室，药理研究室，营养与食品卫生研究室、毒理研究室，胰岛细胞研究室，内窥镜研究室，心功能研究室，心导研究室）。附属中心医院手外科已做10指断离再植全部成活3例，还成功地进行了用自体废弃小腿中下段修复前臂缺损和手再植手术。

1987年以来，学院已同日本、美国等6个国家和地区的9所大学（院所）建立友好关系，邀请国外学者40多人次来院进行学术交流，选派59人次出国进行学术交流，研修和攻读学位。在国内外杂志发表学术论文千余篇，仅1995年，在国际杂志上发表论文6篇，国家级杂志发表103篇。

（王薛君）

【沈阳广播电视大学】　1995年，沈阳广播电视大学重点实施了“一三五一”工程，进一步加大办学、教学和内部管理体制改革的力度，使各项工作又上了一个新台阶。

1.建立了以“六定”为基本内容的内部管理责任制。年初，沈阳电大从定机构、定编制、定人员、定职责、定管理方式、定分配制度入手，建立了5种形式的内部管理责任制。对能够独立完成经济指标的部门实行全员承包责任制；对有一定创收能力的部门实行经济指标责任制；对后勤部门实行预算经费包干责任制；对教学部门实行课时承包责任制；对机关各部门实行工作目标责任制。5种责任制的实施，充分调动了各部门和广大教职工的积极性和创造性，逐步形成了“满负荷、快节奏、高质量、高效益”的工作氛围。

2.开展了以“三风”教育、“七率”考核为基本内容的教学质量年活动。通过加强“教风、学风、考风”教育，强化教材课前到手率、音像课按时准确播出率、教师按时到课率、学生出勤率、考试成绩及格率、作业批改率、教研视导率的考核，初步建立教学管理内涵建设的基本框架，摸索出提高教学质量的基本规律，进一步提高教学质量打好基础。教学质量年活动收到明显效果。教学的中心地位得到进一步确立，广大教职工的质量意识得到进一步增强，狠抓教学质量在全校上下形成了良好氛围，成为学校工作的主旋律。教学管理得到进一步加强。先后制订、修订12项教学管理规章制度；修订完善了36门教学大纲；开展了教案展评及教案标准化讲座；初步确定9门一类课程，4个重点学科；试题库的建设已经起步。教学秩序得到进一步好转，教师的责任心增强了，学生的学习风气有明显好转，课堂秩序明显加强；考试违纪率下降，考试及格率有较大提高。1995年参加省公共英语二级统考合格率比1994年提高40个百分点。教学条件得到进一步改善。1995年教学设备投资108.5万元。在教学质量年活动中，沈阳电大还狠抓了教师队伍建设。教师培训投入10余万元；举办了青年教师微机培训班，送出9名青年教师攻读研究生；评选出市级学科带头人一名，市级骨干教师10名；评聘高级职称13名，中级职称10名。

3.继续加大办学改革的力度，进一步疏通了办学渠道，拓宽了办学领域，提高了办学的社会效益和经济效益。1995年，学校普通专科班录取1 000人，成人专科班录取1 517人，电视中专录取1 317人（其中普通中专班401人）。目前，沈阳电大大、中专学历教育在校生已达11 328人。非学历教育得到进一步发展；为进一步争取社会各界支持，召开了学校董事会第三次会议，成立了董事基金会；1995年10月，沈阳电大与日本国放送大学签订了友好交流协议，在对外开放办学上又向前迈进了一步。

1995年，沈阳电大获市政府地方高校综合评估奖30万元；同时，被市教委评为“八五”期间职工教育先进单位，被市委科教工委、市教委、市科教工会评为科教系统民主管理先进单位。

（罗大中）

【辽宁省实验中学】　辽宁省实验中学是辽宁省教委直属首批办好的重点中学，前身是东北实验学校。

1995年有36个班（总校初中11个班、高中13个班；分校初、高中各6个班）学生1 718人，教职工200人，其中特级教师7人，高级教师48人。

学校建设目标是：建设一所具有六个一流的有实验性、示范性的社会主义学校。

学校素以“积极改革，坚持实验”为立校之本。大力培养“素质全面、基础扎实、个性鲜明、品学兼优”的社会主义新人。坚持社会主义办学方向，深化教育整体改革，促进学校不断完善和发展。

加强和改进德育工作。开展了“向雷锋同志学习”和学工、学农、学军活动，使德育工作再上一个新台阶。

全面提高教育质量。学校坚持以教学为中心，积极进行教学整体改革，完善了新的课程结构体系。加强体育训练，1995 年学校被国家教委、国家体委命名为全国中学贯彻《学校体育工作条例》优秀学校。

开展教育科研活动。“八五”期间有中央教科所及省教委级科研项目 13 项。1995 年，“高中生政治方向教育实验”被评为一等科研成果奖。“实验报告”被收编于《改革之路》。

1995 年末学校召开了《辽宁省实验中学改革与发展》研讨会，重点研讨了学校“九五”改革与发展纲要。专家与领导一致赞誉校领导提出的“九五”期间学校科研课题“面向 21 世纪以升学为主的普通高中素质教育办学模式研究”。1995 年全校教师撰写论文 90 篇，其中在报刊公开发表 38 篇，在各级学术年会获奖 17 篇。

1995 年，被省教委命名为“国防教育先进学校”。国家教委、团中央在北京召开“’95 中国大中学学校志愿者扫盲与科技文化服务行动”表彰会上，荣获优秀志愿服务队称号。

1995 年学校新建11 838.8平方米主体 5 层局部 6 层的教学大楼已交付使用。

1995 届高中毕业生高考成绩优异，升学率为 100%，16 名学生被保送入重点大学。

（王洪升）

文化·新闻·出版·广播电视

文化事业

【概况】 1995年,沈阳市文化艺术事业进一步繁荣与发展。在文艺创作和艺术生产方面,全年专业文艺团体共创作、改编、排演剧(节)目39台,演出2 116场,纯收入265.3万元。其中,出国演出纯收入108万元。评剧《秧歌情》荣获了文华新剧目奖和5个单项奖。京剧《后金春秋》参加省第三届艺术节,荣获金奖和7项单项奖。相声《推销》在第二届中国曲艺节上获一等奖。在第四届全国杂技比赛中,沈阳杂技团荣获了3金1银,并获得13个单项奖。全年专业剧(院)团共获国家级奖24项,省级奖12项。沈阳艺术团被国家文化部、人事部授予"全国文化先进集体"称号,人民日报6月21日头版头条以《映日荷花别样红》为题,大篇幅地报道了他们的事迹,并发表了评论文章。在开展群众文化活动方面以爱国主义思想为主题,连续开展了7项全市性大型群众文化活动。如"百歌颂中华"群众歌咏活动,活动项目有184项,演出了4 525个节目,参加活动者达180余万人次。另外,还相继举办了沈阳市业余小戏、小品、曲艺调演;"勿忘国耻、振兴中华"万人演唱会;"群芳争艳"、"群星荟萃"系列展演及朝鲜族民俗节等。1995年,群众文化活动在省以上可比项目中共获各种奖励490余项。其中国际级6项,国家级371项。在第四届全国"群星奖"评比中,少儿歌曲《北风谣》荣获银奖。少儿歌曲《我爱家乡荷花岛》、武术剧《放学路上》进京参加庆祝"六一"国际儿童节文艺演出;在中南海怀仁堂为中央首长汇报演出,受到热烈欢迎。同时,获得了唯一的市级组织奖。参加省第三届艺术节,共获得74项奖励,仅一等奖就有24个。在文化市场建设和管理工作中,修订、完善了《沈阳市文化市场管理条例》和几个配套管理办法。建成了中国沈阳书刊批发市场。开展了6次"扫黄、打非、扫丑"统一行动,收缴不健康和侵权盗版等非法制品22余万册(盘),并举行了两次焚销活动。取缔了赌博性质的扑克机和放映非法制品的镭射放映厅。成立文化市场培训中心,开办了两期培训班。举办了首届"华娱杯"爱我中华PTV歌手大赛及首届中国名人字画精品拍卖会等导向活动。

在文物管理和博物馆事业中,完成了"九·一八"事变博物馆二期工程和"辽滨塔"抢修主体工程。恢复再现了故宫十五亭历史原貌;投资100多万元对22座古建筑进行了油饰及抢修;成立了文物店。加强了文物安全措施和文物执法工作,与公安部门联合破获4起倒卖文物和盗掘古墓案,追缴珍贵文物400多件。赴美联合举办了《中国皇陵展》。编辑出版了10部专著,在省以上学术刊物上发表论文42篇,科普文章18篇。全年,文博单位总收入为623万元,比上年增长7.3%。

在发展文化产业方面,全年实现文化产业总值15 680万元,比1994年增长26.6%。

(*张拥军*)

【文化市场管理】 1995年沈阳市文化市场得到了稳步发展,并呈现以下几个特点:第一,文化市场领域不断拓展。1995年,沈阳市文化市场管理办公室进一步行使政府管理职能,对电影、文物、字画美术市场管理范围,并规范市场行为,现已形成了娱乐、书刊、音像、演出等九大市场。第二,文化经营项目不断增加。1995年,又有高卡赛车、音乐溜冰场等新兴娱乐项目落户沈城。第三,文化市场保持了高速发展的势头。1995年新审批各类文化经营场所456家,比1994年当年审批数增加了45%。第四,文化市场呈现向综合性、高档次方向发展。1995年审批的沈阳保龄宫,中国跳迪士高广场等。

为加强对文化市场的宏观调控,保证文化市场的健康发展,文化市场管理办公室坚持以邓小平"两手抓、两手都要硬"的思想为统帅,以内部机制改革为动力,以法规建设为先导,以导向活动为手段,促进了文化市场的净化和发展。

1.加快文化市场立法步伐。1995年,完成了《沈阳市文化市场管理条例》的修订工作,起草了与之相配套的书刊、音像、演出、电子游戏等专业市场的管理办法,为文化市场管理全面纳入法制化轨道奠定了基础。

2.深化内部人事制度改革。沈阳市文化市场管理办公室在内部实行了"四项制度"改革的试点,即干部实行聘任制、岗位轮换制和流动制,工人实行劳动合同制。这种全新的干部人事管理运行机制,激发了干部职工工作的积极性、主动性和创造性。

3.大力开发市场。1995年,文化市场管理办公室把开发市场,实现文化经营"零售归市,批发进场"当做头等大事来抓。5月份在沈河区召开了"零售归市"现场会,在全市推广沈河区书刊市场零售归市的经验。紧接着抓了书刊批发市场的筹建工作,经过4个多月的运作,首家冠以"中国"字样的精神产品市场——中国沈阳书刊批发市场于10月28日正式开业。

4.积极开展导向活动。1995年9月,文化市场管理办公室与电视台、音乐家协会联合举办了沈阳市首届"华娱杯"爱我中华PTV歌手大赛；同月，沈阳市首届名人字画精品拍卖会在凤凰饭店隆重举行。此外，还举办了周虹、秦虹专场演唱会以及首届环渤海书画大赛等一系列导向活动。

5.深入开展“扫黄”、“打非”专项斗争。1995年，文化市场管理办公室与公安、工商等部门密切配合，先后开展6次大规模全市性“扫黄”、“打非”统一行动，举办了两次全市性焚销黄色毒品和非法出版物活动，收缴非法、盗版书刊、音像制品22万册（盘），取缔各种违章经营业户197家，查处制黄、贩黄案件5起。

（轩维平）

【文化产业】 1995年，沈阳市大力发展文化产业，全年文化产业总产值达15 680万元，比1994年增加1 192万元，提高26.6%。其中电影公司的电影发行收入1 337万元，其直属电影院的放映收入1 676万元；演出公司业务总收入560万元；新华书店图书销售收入10 000万元；文化事业单位三产收入276.4万元；专业表演团体三产收入195.5万元。在巩固和发展原有文化产业项目的同时，全年新办文化经济实体8个。年初，与台商合资建立的沈阳同心园娱乐有限公司，开业后效益显著，成为全市较大的文化娱乐公司。

1995年初，召开了文化经济工作会议，制定了全年经济工作的总体目标，并分别与所属企业签订了1995年度经营承包合同，落实了产值、利润指标，确定了国有资产保值、增值的限额，较为科学地约束了企业的经营行为。新华书店从基层店部组抓起，制定了承包方案，对基层店部组实行“一定三包”（即定人员、包销售、包库存、包盘亏）的经营承包责任制。加强管理为核心，提出了“清理、整顿、改革、提高”的要求。“清理”一是清理富余人员重新定岗位、定责任、定报酬，仅电影公司就清理富余人员200名；二是清理不合理的经济合同；三是清理债权、债务，经国有资产管理部门同意，核销了固定资产208万元，减少145万元的损失。“整顿”针对近年来新办文化产业在管理、经营中存在的问题，在调查的基础上，对现有产业项目进行清理和整顿，及时制定《企业管理办法》；演出公司还成立了催欠款小组，仅上半年就收回外欠款2万余元。全年还累计还借、贷款60余万元。改革是以转变电影发行机制为突破口，达到促进电影企业整体运行机制深层次变革为目标。提高就是通过清理、整顿、改革，使广大干部、职工素质得到提高，企业管理水平得到提高，两个效益也普遍得到提高。文化事业单位、专业表演团体充分发挥自身优势，增加创收，补充自身事业经费的不足。如沈阳故宫创办的古建筑装饰公司，在建筑市场不景气的情况下，依靠自己的实力和知名度先后承揽了省内外几个较大的工程项目，盈利达25万元；沈阳文物店成立不足半年，就售出商品75件。图书馆在巩固原有创收项目，如轻印刷、大采编、电脑班、影视中心等；还利用自身阵地的优势，新开辟了图书批发业务、工艺部、图书小柜台等，全年共盈利75.6万元，其中补充事业经费68.1万元。儿童图书馆专门成立了创收经营部，增加了少儿书法、美术、英语等培训班，全年纯收入25.7万元。各剧院团利用自身师资、场地、设备等优势开办艺术学校，先后招收培养了评剧、话剧、杂技、声乐、舞蹈等专业的学员近200名，即为艺术事业培养了后备人才，又创造了一定的经济效益。

（钟晓光）

【文化经济工作】 1995年，沈阳市文化经济工作又取得了新的进展。电影公司、演出公司等文化企业单位继续实行经营承包责任制，进一步完善了承包合同，经济效益得到显著提高，全年实现产值3 573万元，利润398万元，比1994年有较大的增长。文化事业单位的改革继续以故宫自收自支改革为突破口，加大改革力度，在故宫博物院全院实行了全员劳动合同制，重新签定了劳动合同和目标责任书，充分调动了干部职工的积极性，1995年该院共创收570万元，比1994年增长10%，收支结余120万元，增长12%。其他文化事业单位的改革也得到了进一步的发展。与此同时，沈阳市财政、计委等部门加大了对文化事业的投资力度，全年共拨给文化部门各项经费2 330万元，比1994年增加202万元，保证了全国杂技比赛及各剧团排练演出的顺利进行，保证了“九·一八”事变博物馆二期工程按期交付使用，同时也基本保证了其他文化工作的需要。一年来，文化事业单位的“以文补文”工作也取得了长足发展，沈阳故宫古建公司、文化开发公司、欧亚出租汽车公司等一批补文企业已初具规模，艺术学校和各剧团利用自身条件积极走社会办学的路子，既为社会培养了大批艺术人才，又为这些单位增加了收入。

沈阳市图书馆、少儿图书馆、群众艺术馆和朝鲜族文化馆利用现有阵地、努力开展文化活动，办好各种读书活动，理论研讨和文化知识培训班。取得了较好的社会效益。全年文化事业单位的以文补文纯收入达到707.1万元，比1994年多收入238万元，增长了50%，大大增强了文化部门的经济实力。

文化事业基本建设工作也有了新的起色。经沈阳市批准建设沈阳市群众艺术馆，总投资1 500万元，建筑面积达6 000平方米。沈阳市艺术学校接建排练场基础工程完成。沈阳故宫文物房的建设工作也完成了选址和规划等前期准备工作。为“九五”文化设施建设的快速发展打下了良好的基础。

（李文强）

【文艺创作】 1995年，沈阳市的戏剧创作活动在“抓改革、出精品”的总体方针指导下，取得了较好的成绩。

戏剧创作成果喜人。全年共创作戏剧作品8部。京剧《后金春秋》获全国少数民族题材戏剧创作铜奖，获第三届辽宁省艺术节金奖，发表在国家级刊物《剧本》月刊；京剧《壮岁旌旗》参加辽宁省第三届艺术节演出，获银奖，被国家文化部列为1996年重点加工剧目；曲艺节目《说一》参加由中国曲艺家协会举办的相声大奖赛，获铜奖；话剧《我家住在大山里》获省政府优秀创作奖；

话剧《草棚过客》在国家级刊物《剧本》发表,并获得好评;话剧《当代人俱乐部》参加省级优秀剧本评奖;话剧《困境》发表在省级刊物;话剧《居委会的好带头人——白秀彬》演出达60余场;系列法制小品《我与法》演出80场。

专业作者的创作活动在困境中坚持发展。市创作主管部门在经费紧缺的情况下,尽最大努力安排丰富的创作活动。为提高创作水平,集中力量抓精品,组织专业作者举办各种类型的创作笔会、研讨会、选题会数十次,把握方向、选择题材、讨论、修改作品十余部,为作者提供较好的创作氛围。为了解戏剧发展动态,借鉴外地及其他剧种的先进经验,组织专业作者去外地观摩、学习共20人次,开阔眼界,更新思维,收效很好。为加强戏剧创作与其他部门、其他环节的合作关系,创作主管部门组织专业作者与省级机构、市剧院等有关业务人员座谈、讨论、勾通信息,增进了解,为戏剧创作走上良性循环的道路打下良好的基础。

(李忆峰)

【艺术研究与评论】 1995年的沈阳市艺术研究所重点研究课题仍然是关注戏剧命运及其发展趋势。

全年先后共发表了38篇理论文章。其中有4篇文章在国家级刊物上发表。在省级学术刊物上发表21篇。

另外,沈阳市艺术研究所全体合作撰写的《剧场演出与戏剧艺术的生命力》初稿已基本完成。

在第二届辽宁省艺术学科论文年会上,沈阳市艺术研究所的《从多元走向深化的当代戏剧》获省艺术科研成果二等奖,《凝炼、含蓄——王秋景表演艺术》获省艺术科研成果三等奖,《戏曲流派艺术拓展》获年会论文一等奖,《小剧场戏剧无限发展的可能性》获年会论文三等奖。

沈阳市艺术研究所主办的《艺术景观》1995年出刊二期,发表了很多具有一定理论水平的理论文章。在第一期里,对新时期沈阳戏剧的发展状况进行了回顾和评价,引起了很大的反响和关注。

沈阳市艺术研究所主办的《文艺信息》1995年出刊6期。及时地为领导提供了文化动态和信息预测。

沈阳市艺术研究所的《沈阳市戏曲音乐集成》已经全部完成,1996年将正式出版。

(戴红)

【群众文化事业】 1995年,沈阳市的群众文化事业又有了新的发展,群众性的文化活动丰富多彩普及日趋广泛。群众文化活动更加活跃和广泛。在元旦和春节期间举办了以“百歌颂中华”群众歌咏演唱为主体的群众文化系列活动。全市13个县(市)区,100多个部委、办、局,200多个街道、乡镇普遍开展了活动,全市共举办大型文化活动184次,基层文化活动1 100余次,有180余万人次参加了各项活动。

为纪念毛泽东同志《在延安文艺座谈会上的讲话》发表53周年,提高我市业余文艺创作和表演水平,举办了沈阳市业余小戏、小品、曲艺调演。全市13个县(市)区有27个剧节目参加了汇演。参加这次汇演的剧节目形式多样,弘扬了主旋律,贴近时代,贴近群众,具有浓郁的生活气息。

举办了“唱中华名曲、爱祖国山河”文化系列活动。结合纪念抗日战争和世界反法西斯战争胜利50周年,在辽宁体育馆组织了沈阳军民“勿忘国耻、振兴中华”群众歌咏演唱大会,万余名来自工、农、商、学、兵和各界人士引吭高歌,用歌声表达了他们继承革命传统,团结一致、奋勇向前、开创未来的精神风貌。

为配合全国第四届杂技大赛,举办了沈阳市群众文化展演系列活动。这次活动分为两大部分。一是“群芳争艳”展演活动。在杂技比赛期间,全市13个县(市)区在万柳塘公园、劳动公园、中山公园、南运河带状公园、和平广场、兴华街等21个场地,举办了144项县区级规模的丰富多彩,具有浓郁的地方特色,民族特色,体现“一乡一品”、“一村一品”特点的群众文化活动。在这期间,还举办了基层群文活动291项次,有近10万人参加了演出,百万人次参加了各项活动;二是“群星荟萃”沈阳广场艺术精品展演活动。在杂技比赛开幕式上,组织了有2 500人参加的广场艺术表演队伍,荟萃了沈阳市近年来涌现的优秀广场艺术表演团队14个,他们的精彩表演给中外来宾留下了深刻了印象,为杂技大赛营造了良好的氛围。

组织开展了少数民族文化活动。举办了融广场文艺表演、体育竞技活动、民族饮食文化为一体的朝鲜族民俗节和少数民族中小学生智力竞赛等。

群众文化基础设施日臻完善。1995年,利用城市住宅小区文化网点配套费,兴建、扩建文化活动室11个,总面积为5 788平方米,总投资为300余万元;利用农村基础文化设施建设专项资金40万元,兴建、扩建乡镇文化站13个,总面积为3 260平方米。耗资130余万元的新民市前当堡镇1 200平方米的农村儿童文化园主体工程已完工,被文化部命名为“全国儿童文化园”。

利用社会资金兴办文化活动。1995年共筹集社会资金27万余元,举办了“必是杯”少儿美术绘画、硬笔书法、广告妙语大赛、沈阳首届农民交谊舞大赛等群文活动。

特色文化基地建设又结新硕果。1995年,铁西区被省文化厅命名为辽宁省少儿舞蹈艺术活动基地。市文化局命名了52个市级特色文化活动基地。其中有秧歌、戏曲、歌咏、书法、美术、剪纸、民间吹打乐、楹联创作、民间文学、民族舞蹈等20余种形式。这些基地的形成与发展,构筑了具有特色文化建设工程的新格局。

群文事业的管理走向科学化、制度化、规范化,制定完善了四套管理评估体系。即对县(市)区图书馆的管理评估体系、文化馆的管理评估体系、文化站的管理评估体系和县(市)区政府文化工作的评估体系,使各层次的群文工作得到强化,推进了群众文化事业的全面发展。1995年,沈河区、新民市、于洪区被市委、市政府命名为沈阳市社会文化先进县区,沈河区和新民市分别获得全国文化模范区和全国农村文化先进县的殊荣。此外，为提高群文干部队伍的素质，对全市文化馆127名专业干部进行了业务考核，在全市征集、编撰并以省群文学会的名义出版了一本论文集，刊出了28篇论文。

在省以上可比性项目中连获佳绩。1995年，沈阳市参加省以上群文活动可比性项目中共获奖496项次，其中国际级的有6项，国家级的371项，省级的119项。在辽宁省第三届文化艺术节中沈阳市共获各种奖励74项，其中一等奖24个，列全省之首；在由国家文化、全国妇联、全国少儿艺术委员会联合组织的全国农村娃晋京演出，沈阳市推荐的新民市前当堡镇儿童文化园的两个节目全部入选。

（李冠英）

【对外文化交流】　1995年，沈阳市对外文化交流活动频繁。沈阳京剧院、沈阳杂技团先后到韩国、奥地利、美国、日本等国家进行文化交流和商业性演出，全年出国演出541场，观众达500多万人次，收入达108万元。并创造两个“第一”，沈阳京剧院去韩国演出，是中韩建交以后第一个到韩国演出的专业艺术表演团体；沈阳杂技团“腾空飞杠”、“高跷”演出队到美国玲玲马戏团演出240天，是中国艺术团体出国演出时间最长的一次。该演出队共13人，在美国演出287场，巡回26个州，26个城市，观众达260多万人次。

宣传、扶植高雅艺术。沈阳市文化局为了宣传高雅艺术引进了世界著名女子室内乐团——奥地利第一女子室内乐团来沈演出，演出获得圆满成功。荟集世界各国优秀音乐人才的这一乐团此次来访受到两国政府的高度重视，奥地利总统托玛斯·克莱斯蒂尔和我国文化部部长刘忠德为此亲笔题字。该团这次在我国4大城市进行了巡回演出并获得了很大成功，在中、奥两国音乐交流史上写下辉煌的一页。

同时还成功地举办了沈阳市艺术学校京剧科和美国爵士乐团的同台交流演出，使风格各异的中国文化在同一舞台上得以交相辉映和完美展现。

此外，组织接待了吉尔吉斯共和国舞蹈团到夜总会的演出；接待了政府级的几内亚共和国政府文化代表团；接待了英、美、日、韩、意等国家的文化交流团。在1995年“第四届全国杂技比赛”中，组织、联络和接待了法国、加拿大、日本、美国等国的专家、演出商来沈参加活动，扩大了杂技比赛的知名度和影响。尤其是著名的法国“明日，未来世界杂技节”主席莫克莱尔先生光临了大赛，并对整个活动予以高度评价。比赛结束后，他盛情邀请本次大赛荣获金牌的沈阳杂技团“腾空飞杠”节目组赴法国参加比赛。

1995年沈阳市文化局对外文化活动的特点是：对外文化活动频繁、活跃，文化艺术交流的种类繁多，在国内国际上影响较大。既丰实了沈城人民的文化生活，又为沈阳这座国际性的文化大都市增添了艺术色彩。

（王雷）

【电影发行与放映】　1995年，沈阳市电影公司，继续深化改革，狠抓电影院的经营管理，巩固发展第三产业，各项工作取得了较好成绩。全年完成发行收入1 336万元，实现利润总额313万元，分别比1994年增长9.5%和53.4%。

以改革为动力，向管理要效益。1995年制定了“清理、整顿、改革、提高”的工作方针。在清理整顿中，一是清理了人员，达到重新定岗定位、定责任、定报酬。全公司共有448名富余人员下岗，并进行了妥善安置，进而减轻了企业负担、使人员合理配备，提高了效益。二是清理合同。全年共清理合同108份，其中有效合同90份。由于合同得到规范、执行得认真，进而增加了多种经营收入。

遵循市场规律，实施电影发行新举措。首先，实行片租招标与影商单片分帐。1994年3月份，省电影公司买断了香港商业片《大话西游》在辽宁的首映权，并实施国际通用的与影商单片分帐的结算形式。市电影公司以此为契机，决定实行片租招标映出办法，即以片租多少确定映出权和排列映出秩序，以此激发放映单位的积极性。经过认真细致地准备首次片租招标获得成功。其次，实行招标买断放映权。11月份，上映影片《阳光灿烂的日子》，在总结前一段招标映出经验的基础上，决定实施竞价招标买断放映权新举措。招标项目可分为：首轮独家放映权；二轮地区放映权；招标影片放映权。经过招标竞争，使各放映单位走向市场。光陆电影院用34万元买断了《阳》片独家首轮放映权及大东、沈河地区超前一周的放映权。经全院职工的积极努力，创造了单片收入50万元的历史最好水平。

经济效益、社会效益双丰收。沈阳市电影公司在抓经济效益的同时，又注重了社会效益，从5月份开始，公司与南湖剧场共同举办了全市首家“公益场”映出活动，其目的是让更多的工薪阶层观众走进电影院。全年共映出24场，观众达22 565人次，其中持特困证免费的363人。此举受到广大市民的拥护和称赞。

加强了农村电影发行放映工作。1995年，认真贯彻省“关于加强农村电影工作意见”的精神，于年初组建了“农村电影发行分公司”，电影公司投资5万元用于购买16毫米拷贝。在各县区电影公司的配合努力下，全年共映出12 576场，发行收入307 280元。农村电影文化生活走上复苏道路。

（冯家玉）

【图书馆事业】　1995年，沈阳市图书馆探索改革服务工作方面有了新的突破。

强化服务职能。年初在市委常委学习室建立了市委常委学习书架，巡回送书1 230册图书，内容包括党建、企管、经济、哲学、政治等。巡回书架每天开7小时，专门为市委领导服务。沈阳“文学艺术文库”初具规模。一年中共有115人、1 102件作品入藏，其中包括沈延毅、马加、杨大群等名人的作品。配合“反法西斯胜利50周年和抗日战争胜利50周年”，举办了读书报告会，共进行了3场，500余人参加。

自然图书外借处实行开架借

阅。市图书馆为了方便读者将两个书库、一个大阅览室及一个走廊开通，连成一个500平方米的借书处，10月14日正式对读者开放。目前读者量每天由闭架时的200多人，增加到300多人，图书流通由每天的300余册次，增加到400余册次。

成立了读者读书会。1995年共有106名读者参加读书会。读书会下设3个分会：文学读者读书会、科技读者读书会、企业家读书会。

市图书馆在抓好服务工作的同时，实现了采访、编目、流通等环节全部计算机管理。目前，其藏书库的图书已有75%输入进计算机，期刊已全部输完，报纸也已经开始进行了计算机输入。

少年儿童图书馆事业发展迅速。沈阳市现有少儿图书馆5个，即沈阳市少儿馆、皇姑区、大东区、铁西区、沈河区少儿馆。馆舍面积共达4 222.78平方米，藏书496 430册。1995年共接待读者200 828人次，借阅图书327 463册次。1995年这5家少儿馆参加了国家文化部评估、定级检查。市少儿馆去年10月份投资8万元，购置了计算机。从深圳图书馆引进图书馆计算机管理系统，使采编工作中的采访、著录方面，实现了微机管理，目前正加紧工作，使图书流通部门实现微机管理。去年他们紧紧抓住科学技术这一制高点，开展了沈阳市中小学生“学科学、做科技小主人”读书活动。

（*蔡怀平*）

【第四届全国杂技比赛】　由中华人民共和国文化部和沈阳市人民政府主办的第四届全国杂技比赛于1995年9月15日至23日在沈阳市隆重举行，并获得圆满成功。全国共有35个团队、68个节目、近千名演职人员参赛，一些国外演出商、国内各省市文化部门领导、专业工作者云集沈阳，这是沈阳文化史上空前的盛会。

沈阳市文化局全力承办了这次赛事活动。在文化部和沈阳市委、市政府的领导下，在社会各界的支持配合下，以高度负责的精神和周到热情的服务，出色地完成了各项承办任务，受到文化部领导和各省市来宾的好评，使沈阳的城市风貌、沈阳人的精神风貌得到一次美好的展示。为了使更多的人民群众能够观看到杂技演出，这次比赛除安排在5个剧场演出19场外，还安排在北陵公园和到工厂、灾区慰问演出7场，取得了较好的社会效果。为了烘托这次赛会的气氛，还在沈阳市的13个县(市)区组织开展了“群芳争艳”群众文化展演及中国名人书画精品拍卖会等活动，形成了五彩缤纷、群芳争艳的文化艺术氛围，丰富了城乡人民文化生活。

（*张伟*）

【“爱我中华”PTV歌手大赛】　为提高沈阳市歌舞娱乐场所歌手的演唱水平，引导娱乐场所健康繁荣发展。沈阳市文化市场管理办公室、沈阳电视台、沈阳市音乐家协会主办，辽宁华娱俱乐部有限公司承办，沈阳市北陵娱乐宫、沈阳日月岛俱乐部协办的沈阳市华娱杯“爱我中华”PTV歌手大赛于1995年8月24日至9月5日先后在沈阳市北陵娱乐宫和沈阳日月岛俱乐部举办。

来自全市歌舞娱乐场所的140名歌手报名参加比赛。8月24日至30日，参赛选手先按美声、民族和通俗唱法分三个组在北陵娱乐宫PTV演播室进行预赛。预赛采用PTV形式将参赛选手的演唱摄制成录像带，评委根据录像带进行审评。9月2日和5日，进入复、决赛的选手移师沈阳日月岛俱乐部面对评委和观众进行现场角逐。经过激烈较量。唐岩、洪哲、罗耀分别夺得美声、民族和通俗唱法一等奖；张海玲等5名歌手获得二等奖；谢伟等10名歌手获得三等奖；李真子等20名歌手获得优秀表演奖。

9月21日，颁奖晚会暨沈阳电视台95’国庆文艺晚会在沈阳日月岛俱乐部隆重举行。副市长张毓茂，市政协副主席马吉庆、孙毓庆以及省、市有关部门的领导同志为获奖歌手颁了奖。国庆节期间，沈阳电视台3次播放了颁奖晚会的盛况，扩大了这次大赛的社会影响，广大市民反应良好。

（*徐一*）

【中国沈阳书刊批发市场】　中国沈阳书刊批发市场是由沈阳市文化市场管理办公室与沈阳北方贸易大厦联合主办，经国家新闻出版署、辽宁省新闻出版局、沈阳市体改委、沈阳市文化局等部门批准的沈阳地区唯一从事图书、报刊二级批发的市场，是全国首家冠以“中国”名头的精神产品市场，老一辈无产阶级革命家薄一波为市场亲笔题名。

该市场座落于沈阳传统的商业区城内中街，市场营业面积3 500平方米，可容纳百余家经营单位。这些单位以出版社的发行机构和国营、集体书刊二级批发单位为主体，形成了具有强大经营实力和大吞大吐、大集大散能力的发行群体。

市场经营社科、政治、经济、科技、文艺、教育、少儿、工具、生活、外文、期刊、报纸等十余类书报刊，近二万余种。由于该市场进书快、门类全、品味高、数量足，可辐射到整个东北市场。

市场内综合配套服务功能完备。照明、通讯、空调、电步货梯、每户一门的直拨电话、食堂、铁路发运、邮电投递、银行一应具备，文化、工商、税务等管理部门现场办公，更增强了市场的综合服务与控制能力。

中国沈阳书刊批发市场的建立，填补了沈阳市文化事业市场建设的空白，是沈阳市人民文化生活中的一件大喜事。进一步发挥沈阳在东北地区中心城市出版物市场的集散地作用。

（*林伟*）

【市首届中国名人书画精品拍卖会】　沈阳市首届中国名人书画精品拍卖会于1995年9月16日在沈阳辽宁凤凰饭店举行。参拍作品共有152件，拍出作品89件，成交率达到58.6%，成交额165万元。

这次拍卖活动的专家鉴定由国家中国古代书画鉴定组成员、辽宁省博物馆名誉主席、国家一级美术师李仲元教授担任。

本次拍卖会经过4个多月的筹备，在400多幅应征作品中筛选出152件参加拍卖。这当中有近代书画大师张大千、齐白石、吴昌硕、陈香梅等人的上乘之作，有当代名家谢稚柳、亚明的书画精品，也有季观之、晏少翔、钟质夫、郭西河等辽沈地区著名画家的力作。其中李可染的山水立轴《高涯飞瀑》和张大千的人物立轴《天女献花》均以15.1万元成为本次拍卖会的最高价。

（张国华）

【卜维义自办《日俄战争祭图像展》】 1995年是抗日战争和世界反法西斯战争胜利50周年纪念日，由沈阳京剧院一位退休编剧卜维义自办的《日俄战争祭图像展》，于1995年6月17至7月15日在沈阳市少年儿童图书馆隆重展出。

几年前，卜维义在日本人大藏公望的《满州开发40年史》一书中看到，日本人把对中国东北的侵略叫作开发，并说当时日本打败俄国，是对中国有恩，中国人应该感谢日本帝国等等。正是书中种种篡改历史的谬论极大地激怒了熟知那段历史的这位学者，从此他踏上了昔日战场，在残垒遗骸中访求沉冤积恨。经过几年的调查，卜维义建立了自己的日俄战争卷宗资料，并写下了6集电视专题片《日俄战争祭》。在日本侵占奉天90周年的今天，他把多年积攒的1万多元稿费全部拿出，举办了这个展览，汇集珍贵的历史图片和照片130余幅。整个展览共分6章：青山枯骨、乌金血道、铁山铁证、中华英魂、鬼迹追综、魂归东瀛。宗旨是要和平不要战争，要幸福不要痛苦。这次展览历经一个月，受到了沈阳市文化局的大力支持，中央电视台、光明日报、辽宁日报等新闻单位给予报道，在社会上引起了强烈反响。

（蔡怀平）

【"九一·八"事变博物馆】 "九·一八"事变博物馆二期工程，即《日本帝国主义统治下的沈阳专题展览》于1995年9月17日中国人民抗日战争胜利50周年。"九·一八"事变64周年之际正式对外展出。展厅面积为600平方米，投资百余万元。展览采用立体人物造型，以绘画、置景等手法营造人物活动的空间环境，辅以烟光效果，形象逼真地再现了日本铁蹄蹂躏下14年间沈阳人民的苦难生活，揭露了日本帝国主义的侵略罪行，表现了沈阳各阶层人民在中国共产党领导下的前仆后继的斗争历程，警示人们不忘国耻，振奋民族精神，为振兴中华、繁荣沈阳做出贡献。

（岱恩成）

【"学科学、做科技小主人"读书活动】 1995年，沈阳市为提高广大中小学生科普意识，普及科学文化知识，在全市中小学生中开展"学科学，做科技小主人"读书活动。

这次活动从3月末开始至4月中旬结束，历时7个月时间。活动内容为科普知识巡回讲座、科普征文、科普知识演讲、生物百项科技活动，并组织部分参赛学生参观了省中心气象台等，全市有7万余名中小学生参加此次活动，其中500余名中小学生受到市、区（县）、学校的表彰。

开展了科普巡回讲座。5月中旬市少儿图书馆聘请了市科协普及部由新娟部长、省气象科研所王奉安所长以"把握创造思维金钥匙，做科技小主人"、"气象知识"、"天文、地理"为题在全市13个县区进行了科普巡回讲座。所到之处，受到当地领导的高度重视，中小学生踊跃参加听讲，其热烈场面，令人感动。

"学科学、做科技小主人"成果显著。9月15日，举办了"学科学，做科技小主人"演讲比赛和科普征文评选。全市共征集科普征文1 000余篇，全市共评出一、二、三等奖127篇，纪念奖130篇。

（蔡征平）

【市直属剧院（团）获奖情况】 1995年沈阳市直属剧院（团）上演各类剧（节）目2 116场，节目丰富多彩。杂技、戏剧、曲艺等各艺术门类都普遍取得丰硕成果。

沈阳杂技团在第四届全国杂技比赛中参赛的《腾空飞杠》、《抬花轿》、《少林晨练》分别荣获国家级金狮奖，《大飞人》荣获银狮奖，并荣获单项奖13项，向全国展示了杂技艺术的新成果。

京剧院恢复加工的《后金春秋》在辽宁省艺术节中荣获金奖，同时获优秀编剧奖、优秀作曲奖、舞美设计奖、灯光设计奖、导演奖。演员顾景荣获优秀表演奖，张威、张爱丽获表演奖。

评剧《秧歌情》获文化部第五届文华新剧目奖，演员徐培成、宋丽获文华表演奖，杨晓燕、王平获文华导演奖。

在辽宁省第五届戏剧节中共有9人荣获玫瑰奖。其中京剧有关丽春、保锡茹、盛莉、黄贻斌；评剧有周丹、尹敬红、孙彦波；话剧有刘志影、刘佳。

曲艺团贾承博、常佩业创作演出的相声《推销》在第二届中国曲艺节上获一等奖——牡丹奖。

歌舞团许明荣获全国聂耳、冼星海声乐选拨赛辽宁赛区第一名。刘宝禄获辽宁省卡拉OK歌曲大奖赛民歌组第一名，陈学敏列第三名。

全市各直属剧院（团）共荣获国家级奖24项，省级奖12项，为繁荣地方文艺，丰富人民精神生活做出了一定贡献。

（张伟学）

文化艺术

【概况】 1995年，沈阳市文联取得了艺术生产活跃，艺术成果丰硕，艺术活动活跃的喜人局面，圆满地完成了年度工作目标。

以精品生产为龙头，大力弘扬主旋律，文艺创作取得新突破。一年来，共创作出版长篇小说，中短篇小说集，散文、报告文学、美术、书法、理论等各类文集32部（集）。其中反映沈阳五爱市场时代变迁和个体经济发展走向的长篇纪实小说《五爱街》，由天津百花文艺出版社出版后，在社会上引起反响，并已被改编成20集电视连续剧，将由沈阳电视台组织摄制。筹划多年的电视连续剧历史巨片《远东阴谋》第一部《春天的陷落》（18集），以沈阳市政府的名义与中央电视台等单位联拍，投入资金人民币830万元。以市政府的名义和巨大的投资，也是个突破。

精品是艺术创作的龙头。在组

织创作生产文艺作品中，紧紧抓住两点：一是抓地方特色，也就是发挥地域文化优势。《远东阴谋》这部电视连续剧反映的“九·一八”事变发生在沈阳，有强烈的地方色彩，做为沈阳的文艺工作者更有责任以艺术的形式表现它，基于这种历史使命感和责任感，文联不顾一切困难，把拍摄《远东阴谋》推上马。现已完成拍摄，已获中央电视台的播放权，近期播出。二是抓时代特色，也就是突出主旋律。生活是创作的源泉，当代改革生活为文艺创作提供了丰富的创作素材。文联在组织文艺家进行艺术生产过程中，始终提倡和鼓励文艺家多创作反映时代，表现人民群众时代风貌的作品。长篇小说《五爱街》，就是作家深入现实改革生活，反映现实生活，具有时代特色的优秀力作。

以纪念两个“五十周年”为契机，开展丰富多彩的系列文化活动，社会文化工作有了新的进展。

除了文艺创作之外，组织和开展丰富多彩的文化活动是文联的主要工作之一。一年来，文联的11个文艺家协会，以“纪念世界反法西斯和中国抗日战争胜利50周年活动”为契机，精心组织和开展系列文化活动。其特点是：主题鲜明，形式多样，组织得力，影响广泛，先后组织开展了纪念性的“沈阳市书法作品展”，“沈阳市美术作品展”、“抗战老战士书画作品展”，《芒种》《诗潮》纪念专栏，专页，“民族魂”诗歌朗诵会（沈阳电视台现场直播）。“勿忘国耻、振兴中华”万人演唱会等，以上活动共展览美术书法作品527幅，发表（朗诵）文章37篇，在社会上产生良好影响，起到了振奋民族精神，激发人民群众爱国热情的积极作用。

以文代会为契机，加强机制建设、业务建设和基础建设。

1995年是五届文联的届满期，按照文联《章程》，需要适时换届。经过认真筹备。于1995年6月21日召开了沈阳市第六次文代会。六次文代会着眼跨世纪，制定切实可行的沈阳文艺发展规划，提出在本世纪末推出“十大沈阳文艺精品”，“百位沈阳文艺名家”、“千名沈阳文艺新人”的工作目标。“十百千工程”已被列入市“九五”规划和市委宣传部文艺工作任务。

机制建设。社会主义市场经济的运行，给文联工作提出新的要求。就是：不断拓宽外部生存环境，面向社会，面向市场敞开大门办文联，借助社会力量办文艺期刊，搞活动。作家协会和芒种杂志社，采取吸收企业家为理事的办法，扩充了活动经费来源，取得了一定的成效。

业务建设。为实现六次文代会提出的奋斗目标，实施“十百千工程”、文联与市委宣传部于年底召开了“文学创作规划会”，提出了创作长篇小说28部。儿童文学作品3部，电视剧3部的计划。会上推出了政策性扶植措施，制定了《市文联文学创作出版扶植基金暂行条例》和《市文联文艺创作奖励基金管理暂行条例》。

基础建设。筹建中的市文艺创作中心即将完工，市政府拨款按计划到位。创作中心的功能启用后，将为沈阳市文艺创作，开展文化活动提供一个良好的场地。

（吴智林）

【市第六次文代会】 沈阳市文学艺术界联合会第六次代表大会于1995年6月21日至23日隆重举行。来自全市文学艺术界各条战线的450名代表及社会各界人士共600人参加了大会。

省市领导张国光、张荣茂、董万德、丁世发、赵金城、刘迎初等及省文联、省作协和省内兄弟市文联以及各群团组织领导出席了开幕式和闭幕式。

省委副书记、市委书记张国光在开幕式上代表市委、市政府向大会致祝词。市委副书记、市长张荣茂在闭幕式上讲了话。

市文联主席、党组书记铁岩代表市文联五届委员会向大会作了题为《高扬时代精神推出文艺精品为促进沈阳的现代化国际化历史进程再创辉煌》的工作报告，全面总结了过去5年的工作成绩和经验，对今后5年的文学艺术工作做了规划和部署，确立了跨世纪的“十百千工程”目标；即推出“十大沈阳文学精品、百名优秀沈阳文艺家、千名沈阳文艺新人”。并号召全市文艺工作者为推动沈阳现代化国际化的历史进程做出不懈努力。

会议期间，各方代表积极参加讨论，大会充满了热烈和谐的气氛，达到团结、振奋精神的效果。经过民主协商，产生了由作家、艺术家、文化工作者65人组成的市文联第六届委员会。在六届一次全委会上，选举产生了第六届主席团，铁岩当选市文联主席。

中国文联党组书记、国家文化部常务副部长高占祥专门为大会亲笔书写“团结进取，繁荣文艺”的条幅。中国文联、中国作协、天津市文联及全国74个省、市文联发来贺电、贺信和送来贺联。

（朱学琳）

【县（市）区文联工作】 1995年，沈阳市各县（市）区文联积极开展文艺创作和各项社会文化活动，为本地区的地域文化发展和精神文明建设做出了可喜的贡献。

皇姑区文联积极组织开展各项文化活动，在《皇姑文史》的搜集整理工作中，采写的《东北艺人》、《沈延毅轶事》等具有史料价值。

新民市文联开展了“金秋诗歌朗诵会”等丰富多彩的群众文化活动，尤为显著的成绩是长篇小说创作和书法创作。

康平县文联圆满地召开了第三次县文代会，开展了“迎金秋文化周”、“王毅丰作品讨论会”等活动。

法库县文联与市文联等单位联合举办了“李君音乐作品研讨会”，全县出版文艺作品200多篇（首）。一些县（市）区还出版了文艺期刊，如《新民文艺》、《卧龙湖》等。

（吴智林）

【文学创作规划会议】 为贯彻江泽民总书记关于繁荣文艺的重要指示，进一步把繁荣长篇小说、儿童文学和影视文学三大任务落到实处，沈阳市文联同中共沈阳市委宣传部，于1995年12月14日召开了沈阳市文学创作规划会议。全市有60余位作家、作者聚集一堂，规划沈阳市今后5年的文学创作，这是一次具有重要意义的会议。

市委、市政府的主管领导对这次会议给予关注。会前听取了文学创作情况的汇报，并亲自到会做报告，明确了指导思想和工作方针。

讨论中，大家进一步明确了几个问题，一是，作家在规划创作时，要关注沈阳的本土生活。二是，要关注社会转型期的新鲜的社会景观、社会矛盾和社会问题、社会心态，并通过这些新的表象深刻研究社会结构性的变化，从而准确地把握社会发展动向。三是，要关注国有大中型企业的前途命运。

会后，作家们纷纷提出创作规划，共拿出长篇小说33部、儿童文学6部，影视文学作品(连续剧)7部。

(吴智林)

【纪念中国抗日战争和世界反法西斯战争胜利50周年系列活动】 为纪念中国抗日战争和世界反法西斯战争胜利50周年，沈阳市文联与有关单位分别组办了系列活动：

1. 与市书协于7月16日至23日在省博物馆举办了市书法作品展。

这次展览，共展出250余位书法家、爱好者以及老干部的270余件作品。其中有著名书法家的新作，也有名不见经传的新人佳作。在展品中，既有书写毛泽东同志的诗词作品，也有书法家自撰的诗文作品。这次展览是建国以来沈阳市参展人数和展出作品数量最多的，也是主题性最强的一次书法展。

2. 与市美协于1995年7月26日至8月1日在省博物馆举办了市美术作品展。

这次展览，共展出专业画家和业余美术作者为纪念活动而创作的国画、油画、连环画、宣传画等主题作品107幅。在展品中除有著名画家的作品外还有一些后起之秀的青年画家的作品。曾参加过抗日战争的一些老干部和部队的画家也送交了参展作品。整个画展主题鲜明，画意突出，形式多有创新，画展从不同角度抨击了日本军国主义的侵略罪行，讴歌了抗日英雄，抒发了热爱祖国，热爱和平的情感。

3. 与市委宣传部等17家单位共同主办的“勿忘国耻、振兴中华”万人演唱会，于8月30日在辽宁体育馆举行。

这次万人演唱会，以歌颂中国共产党领导人民经过艰苦卓绝的斗争，取得抗日战争的胜利，并为世界反法西斯胜利做出突出贡献为主题，以弘扬爱国主义为主旋律，以用史育人为活动宗旨。整个演唱会共由《国土论丧》、《全民奋起》、《中流砥柱》、《浴血奋战》、《民族之光》和全体大合唱6部分组成。

省市领导及老领导、驻沈部队领导与全市党政机关干部、工、农、商、学、兵和各界群众以及参加过抗战的老干部代表共万余人参加了演唱会。参加抗洪抢险战斗的部队代表也应邀出席了演唱会。

4. 与沈阳电视台、沈阳广播电台、沈阳日报社、市文史馆、《诗潮》杂志社和市文化交流促进会等单位联合举办的“民族魂”专题诗歌朗诵会于9月6日晚在沈阳电视台现场直播。

朗诵会由蒋光琳、李放、冬雷等14位著名演员、播音员朗诵了刘文玉、刘镇、李松涛、郎思才等11位新老诗人的新作，著名老诗人方冰亲自登台朗诵了自己的诗作《我亲眼看见的》，台湾诗人张诗剑特为朗诵会寄来他的诗作《血浓于墨》。

5. 与市委宣传部、沈阳老干部书画协会共同举办的抗战老战士书画作品展于9月22日在张学良旧居陈列馆展出。

这次展览，共展出132位老红军、老八路、新四军、东北抗日联军和地方干部等抗战老战士，其中都是亲自经历过抗日战争的久经考验、饱受洗礼的幸存者，现在他们均已离休，又拿起笔杆为纪念抗战胜利50周年而创作的山水、花鸟、人物画和书法150幅作品。

6. 与市委宣传部、团市委、市老干部书画协会于10月1日在张学良旧居陈列馆共同举办抗日老战士和百名优秀少先队员“庆国庆、学传统、明使命、兴中华”主题队会。

这次队会，旨在以书画为媒，交流老少之间的各自爱国情怀。

7. 市文联承办的大型电视巨片《远东阴谋》第一部《奉天的陷落》20集。经历近四个月的拍摄，于7月4日在沈阳举行停机仪式。

《远东阴谋》是以本世纪前半叶日本明治以后“大陆政策”的崛起与衰亡，尤其是以中国人民反法西斯战争和第二次世界大战为背景，截取1925年至1945年20年间的历史，第一部《奉天的陷落》反映时间跨度为1925年至1931年。

这部电视片是由市政府、辽宁汽车贸易集团、沈阳军区政治部等单位投资，从3月初在长春开机拍摄，著名导演陈家林带领剧组人员，辗转于长春、沈阳、兴城、辽阳和大连、旅顺之间，分两组同拍，共拍摄了7 000多个镜头，动用演员和部队官兵数10万人，制造道具达百万件，仅用100多天就完成了该片第一部的摄制工作。

(朱学琳)

【《毛泽东的感情世界》出版座谈会】 沈阳市文联和沈阳兴利房屋开发经营有限公司，于1995年9月1日在熊岳望儿山庄召开了大型散文集《毛泽东的感情世界》一书的出版座谈会。参加会议的有省、市文学、新闻、出版界的部分专家、学者、作家及领导共20余人。

《毛泽东的感情世界》是为纪念毛泽东同志诞辰100周年，由市文联同中国作家协会联合举办的“龙海杯”全国散文征文大赛获奖作品及征文佳作的结集。与会者在座谈中，一致认为《毛泽东的感情世界》是一本难得的好书。它所收入的散文作品是广大人民群众怀着对毛泽东的崇敬深情，记述了自己耳闻目睹或亲身感受的那段难忘的岁月，从不同侧面记述了一件鲜为人知的动人故事，写出了毛泽东同志热爱人民，平易近人的伟人、哲人、诗人的情怀。该书所收入的作品篇幅短小，文字生动朴实，具有一定的史料价值和可读性。

(吴智林)

【第二届少儿书法大赛】 沈阳市书法家协会主办的“我爱中华”沈阳第二届少儿书法大赛颁奖大会暨《沈阳市少儿书法作品集》出版首发式

于1995年5月27日举行。获奖作者及其家长、辅导老师和书法界、新闻单位等共800余人参加了大会。

这次大赛共征集作品2 000余件,经过反复认真筛选,评出一等奖34名;二等奖48名;三等奖107名;优秀奖242名。

(朱学琳)

【全国诗歌大奖赛和散文微型小说大赛】 芒种杂志社与沈阳波纹管制造集团公司联合举办的"波纹管杯"芒种全国诗歌大奖赛颁奖大会于1995年5月28日在沈阳劳动大厦召开。

沈阳市副市长张毓茂,省文联主席、党组书记牟心海,省作家协会书记处书记刘秋群与市文联主席、党组书记兼《芒种》杂志社主编铁岩,《芒种》杂志社原主编唐耀华等领导参加了大会。

此次大奖赛,从1994年3月1日起至1995年2月28日止,在一年的时间里,收到应征诗稿数百首。经评委们认真筛选,共评出特等奖陈响1名;一等奖侯振龙、胡伟并列2名和30名二等奖。

继全国诗歌大奖赛之后,芒种杂志社又与市作家协会,倍思亲大酒楼联合举办了"倍思亲"散文、微型小说大赛,于1995年2月起开始征稿,7月31日截稿。

此次大赛,旨在为推动和发展沈阳市业余文学创作,发现文学新人而举办的。在来稿中,作者均为沈阳地区的业余作者和文学爱好者,年龄都在40岁以下,其作品题材广泛,字数亦在2 000字之内,实可谓短小精焊。

(朱学琳)

【长篇小说《五爱街》座谈会】 沈阳市文联和天津百花文艺出版社联合举办的"长篇小说《五爱街》出版座谈会",于1995年12月29日在沈阳电视台进行。参加会议的有从北京专程赶来的中宣部出版局的领导,人民文学出版社的专家,中共天津市委宣传部和新闻出版局的领导,在沈的省、市部分作家、评论家、编辑、记者40余人。

到会的专家,学者在座谈中,得到共识的是《五爱街》在思想上有自己独特的视觉,在理论上是可以肯定的。作品以我国著名的、经济效益列全国各大城市市场之首的沈阳五爱市场为生活背景和原型,反映改革开放以来,个体工商户群体的命运遭际和心灵历程,热情地描绘了他们促进城乡商品流通,发展社会主义市场经济的业绩与贡献。特别是以新的观念,把国际流行的每百人中有多少纳税人做为评估社会经济发育程度的标准,来评价个体户的社会贡献。作品为社会提供的这种思考,对做为东北经济、文化中心城市的沈阳、具有深远的意义。可以说《五爱街》是一部视角新、容量大的优秀作品。

(吴智林)

【王毅丰作品研讨会】 1995年9月25日至26日在康平县宾馆由沈阳市文联、作协和康平县文联共同举办了王毅丰小说创作研讨会。

王毅丰,是康平县成长起来的青年作家,1955年生于康平县花古窝堡村,现任康平县农业银行行长。王毅丰酷爱文学,他不凡的生活经历为他提供了丰富的创作素材,10余年来他在工作之余创作了大量的短篇小说、结集出版了《王毅丰短篇小说选》,曾创作出版《银途之光》。

与会专家学者对王毅丰植根家乡沃土,富有辽北生活气息的创作给予很高的评价。对他创作的小说既给予了充分的肯定,也提出了中肯的意见。

(朱学琳)

【荒原作品讨论会】 1995年10月25日,市文联,省作协、民进省委、春风文艺出版社、东北制药总厂和市锶泉酒厂等联合举行荒原作品讨论会。

荒原,本名王滨,1957年生于大连。1982年毕业于吉林大学中文系并获学士学位,现任《芒种》杂志社编委、副编审。荒原从1984年开始发表文学作品,12年来共发表各类作品逾400万字,已出版的有小说集《故乡人风》、长篇报告文学《球迷现象》等、散文集《美文天地·荒原卷》、文艺评论集《面壁微言录》等9部单行本。其作品曾获得多种奖励。荒原努力把自己塑造成一个学者型作家,创作领域较宽,以勤奋和学识兼备称誉辽沈文坛。

与会的50余位作家、评论家肯定了荒原多方面的创作成就,并对其今后的创作走向提出了诚挚中肯的建议。

(朱学琳)

【沈阳杭州书画联展】 沈阳和杭州两市文联共同主办的沈阳杭州书画联展于11月1日在杭州画院展厅举行首展开幕式。

沈阳市文联以副主席、一级美术师著名书法家么喜龙为首,市美协副主席、一级美术师郑伯劲,市书协副秘书长卢林和专业画家、一级美术师马学鹏等一行4人专程赴杭州参加了开幕式。

杭州市委宣传部副部长、市文联主席、市美协主席及杭州书画界100余人出席了开幕式。两市领导分别在开幕式上致词预祝展出成功。

此次展览,两市共展出100余幅书画作品,其中沈阳入展50幅书画作品。展览于11月6日闭幕,将于1996年5月移来沈阳展出。

(朱学琳)

【市合唱学会和民间秧歌艺术联合会成立】 沈阳市合唱学会于1995年8月31日正式成立,该学会是沈阳市专业、业余合唱团体、合唱指挥、合唱词曲作者及合唱艺术组织者自愿结合组成的群众组织,以团体身份参加沈阳市音乐家协会,为市音协团体会员。

沈阳市民间秧歌艺术联合委员会于1995年4月26日成立。该联合委员会,隶属沈阳市舞蹈家协会民族民间舞蹈学会,下设市秧歌艺术表演团,在各区(县、市)均设有分团。其宗旨是团结全市的秧歌爱好者弘扬民族优秀文化传统,提高秧歌艺术水平,丰富全市群众文化生活。

(朱学琳)

【《诗潮》与台湾《秋水》结为姊妹刊】

沈阳《诗潮》杂志社主编、著名诗人刘文玉、罗继仁和编委李秀珊一行三人,应台湾《秋水》诗刊社发行人绿蒂、主编涂静怡的邀请,于1995年7月2日离沈赴台湾访问台北市，在7月5日参加《秋水》诗刊创刊22周年的刊庆活动。届时，与台湾诗友进行诗学研究活动，举办海峡两岸诗学座谈会。

在台期间，为促进海峡两岸诗作交流，切磋办刊经验，经两刊同仁友好协商，《秋水》和《诗潮》两刊于7月9日正式结为姊妹刊物，并同签协议书。

（张亚芳）

【望儿山庄常年书画展】 沈阳书画研究会专业书画家应中国农房公司沈阳分公司、沈阳兴利房产开发经营有限公司和盖州市熊岳镇人民政府、营口望儿山温泉康复有限公司之邀，于1995年8月5日在渤海之滨，慈母圣地熊岳的望儿山庄画家村举办“沈阳书画研究会专业书画家作品展”。

这次应邀参加书画展的有沈阳市文联副主席、一级美术师、著名书法家么喜龙，沈阳市美术家协会主席、一级美术师、专业画家卢志学，沈阳市美协副主席、一级美术师、专业画家郑伯劲，一级美术师、专业画家马学鹏、亓官良和市美协副主席、专业画家么喜江以及青年优秀专业书画家王成林、杨海滨、张少军等9位书画家。共展出他们的精心创作的50幅格调高雅的力作。展览受到了营口市、盖州市及当地书画家与爱好者的欢迎和好评。营口电视台、盖州电视台、沈阳电视台、营口日报、盖州报和沈阳日报等新闻单位均作了专题介绍与报道。

沈阳专业书画家在望儿山庄展览期间除现场献艺外并与营口市、盖州市的书画界同仁举办了笔会，相互交流了经验和技术。

此次书画研究会专业书画家的展出书画作品将在望儿山庄画家村长期展览。

（朱学琳）

【佟铸学书60年作品展】 沈阳市书协艺术顾问佟铸学书60年书法作品展览，于1995年9月9日在辽宁博物馆展厅举行，此次共展出作者近几年的临池作品50余件。

佟铸，字金寿，1928年生于沈阳市，满族。7岁开始习字，后拜著名书法家霍安荣为师，主攻隶书，60年中，他临池不辍特别在对汉隶的研习上下功夫最深，其艺术表现，贵在个性创造，秉从“大小二篆生八分”之宗旨，折衷汉隶清人之间，又取法于近世出土简制之书，从而形成了自己的艺术风格。其作品曾多次参加全国省市级书法展览亦数次获奖，作品被选送到日本札幌展出。《人民日报》、《光明日报》、《书法》、《书萃》、《美术大观》等全国十余家报刊均有作品发表；人民大学历史系、云南爨碑书画碑林陈列馆、徐州天涯行碑林、千山碑林、沈阳故宫、市图书馆等单位均收藏其作品，他曾为沈阳市近30个一级文物保管单位题名，并著有《学汉张迁碑》和《佟铸隶书作品集》出版，现为中国书协、省书协会员，中国书画函授大学沈阳分校副校长。

（朱学琳）

【一批书画作品被收藏】 1995年，沈阳市又有一批书画家作品被国家及国际展览所收藏。沈阳市书协副主席兼秘书长哲成的行草书法作品入选韩国书法联盟承办的“韩国国际书法展”。

沈阳市书协艺术顾问佟铸和苏峰、佟原、关毓辉、赵连学、赵沨来等6位满族书法家的作品入选世界满族协会主办的“’95世界第二届满族书画作品大展。”

沈阳市文联副主席、书法家么喜龙的草书作品入选由中国艺术界名人作品展示会委员会、中国国际名人研究院评审委员会、中国艺术界名人作品展示馆和中国国际名人研究院辞书编辑部等单位联合组办的“中国艺术名人作品展示会系列大展”并获优赏奖。

沈阳市书协主席董文，副主席哲成、肖祖臻三位书法家的作品入选中国书协与《中国书法》杂志社主办的“当代著名书法家邀请作品展”。

沈阳市书协副主席姚志忠，名誉主席李仲元、徐炽和顾问佟铸四位书法家的作品入选中共中央办公厅和文津老干部中心主办的“纪念中国抗日战争胜利50周年名人书画邀请展”。

书法篆刻家师索民、王中海、甘海民、李兴臣、勾雨峰等5人的书法篆刻作品入选中国书协主办的“全国第六届书法篆刻作品展”。

女书法家李善荣、刘君的作品入选中国书协和全国妇联主办的“全国妇女书法展”。

中青年书法篆刻家张军、刘刚、甘海民、李兴臣、姚建华、勾雨峰、师索民等7人的作品入选中国书协与《中国书法》杂志社主办的“全国第六届中青年书法篆刻家作品展”。

书法新秀刘刚、赵博海、朱法楷、赵伟利等4人的作品入选中国书协主办“全国第三届书坛新人作品展”。

青年画家祝崇伦的油画《关东风云》入展“’95中国艺术博览会”。

青年画家杨海滨、张玉茂的国画作品入选国家文化部与河南省人民政府联合主办的“全国牡丹竞选国花画展”。

青年画家杨光的油画《少年梦》和张要武的油画《呼声》被国家体委收藏作为中国奥委会永久藏品。这2幅作品，曾于1993年第二届全国体育美术作品展中分获银奖和铜奖。

沈阳市书协理事、女书法家张弘的小楷书法《秋谨诗四十首》捐赠给第四届世界妇女大会。全国妇联副主席刘海蓉、办公厅副主任熊兰陵参加了交接仪式，并向张弘颁发了荣誉证书和纪念品。

中国书协理事、省、市书协副主席哲成，被聘为“美国国际艺术基金会”艺术顾问。这是沈阳唯一被聘为国际艺术组织的艺术顾问。

女书法家张弘被聘为日本国艺术道院终生客座教员。

（朱学琳）

【芒种杂志社成立理事会】 《芒种》杂志社于1995年4月12日在宝山大酒店召开芒种杂志社理事会成立大会。20家企业单位与芒种结盟，参与文学期刊的经营管理，为在市场经济条件下文学期刊走向市场辟出一条新路。

《芒种》，是沈阳最早创办的文学期刊，在全国较有影响。自1951年创刊以来，刊发了大量的优秀文学作品，有许多作品在全国产生轰动效应。该刊曾被评为辽宁省优秀期刊，最近，又被读者选为“辽宁省最受读者喜爱的期刊”。但近年来，在严肃艺术受到通俗艺术的冲击之时，《芒种》遇到了许多困难。为解决这一现状，《芒种》建立了理事会，借助社会力量办刊，这也是体制改革的主要举措。东北制药总厂、沈阳变压器厂、上海汽车工业东北联营公司等20家企业，热心参与社会文化建设、扶持高雅艺术，在经济上支持《芒种》，与《芒种》结为经济文化联合体，《芒种》也将利用文学优势参与企业的文化建设，宣传企业的新形象。

（朱学琳）

【获省以上奖励的作品与作者】

一、已出版的作品与作者

长篇小说《五爱街》木青著，百花文艺出版社出版。

小说集《小城也有相思柳》邴金霞著。

散文集《毛泽东的感情世界》刘文玉、李兴治、吴智林主编，作家出版社出版。

散文集《心灵语丝》冰人著。

儿童文学集《木青儿童文学精选》木青著，百花文艺出版社出版。

传记《书圣王羲之》刘刈著，东方文化出版社出版。

诗歌集《黑土地的恋情》刘文玉著，春风文艺出版社出版。

《流云集》牟浚著，百花文艺出版社出版。

《感受季节》尹作礼著，春风文艺出版社出版。

《龙的述说》成果亮著，辽宁人民出版社出版。

《心海流霞》李春著，百花文艺出版社出版。

《刘克田诗词选》刘克田著，春风文艺出版社出版。

《永昭情感系列》、《永远的河流》、《冬天的方程》三部诗集韩永昭著，百花文艺出版社出版。

《爱的风帆》李广泽著，春风文艺出版社出版。

《蕙风集》杨学峰著，春风文艺出版社出版。

《游泳人生》邢正名著，春风文艺出版社出版。

《回归》郭宗忠著，百花文艺出版社出版。

《待月的心弦》杨学峰著，百花文艺出版社出版。

《罗继仁抒情短诗选》罗继仁著，百花文艺出版社出版。

《命运之弦》汤炀著。

散文诗集《最后的玫瑰》孙大梅著，沈阳出版社出版。

诗论集《现代诗创作新论》罗继仁著，百花文艺出版社出版。

诗论集《台湾新诗与东西方文化精神》李秀珊著，百花文艺出版社出版。

文艺理论集《喧闹中的沉思》程欣欣著，春风文艺出版社出版。

文艺随笔集《面壁微言录》荒原著，春风文艺出版社出版。

工具书《四词精粹》李云柱主编，辽宁大学出版社出版。

工具书《沈阳人生活手册》刘克田主编。任慧英、孙明山、李云柱副主编，辽宁人民出版社出版。

书法集《沈阳少年儿童书法作品集》哲成主编，辽宁美术出版社出版。

丛书《硬笔大师系列》董文著，春风文艺出版社。

历史资料《沈城旧事》

二、获省以上奖励的作品与作者

文学：

作家鲍尔吉·原野的散文《骑兵流韵》获《福建文学》'94年度优秀作品奖。

美术：

在由中国美协等单位举办的“纪念世界反法西斯战争胜利50周年国际美术作品邀请展”中，青年画家王岩和禹称合作的国画《铁臂青纱》获银奖，张澎的油画《为亡者宣言》获铜奖。

在中国美协举办的“纪念世界反法西斯战争胜利50周年全国美术作品展”中禹称和王岩合作的国画《晨星破晓》获二等奖。

在辽宁省美协举办的“辽宁省'95美术作品展”中，刘明的油画《94夏光海滩第一回》和张澎的油画《画板上的国王》、随丞的版画同获二等奖；王岩的国画《牵手》获三等奖。

在省美协举办的“辽宁省油画肖像展”中，张澎、王岩、吕鸿3人的作品同获二等奖。

在省美协举办的“辽宁省第二届写生画展”中，刘明的油画《女人体》获一等奖；禹称的国画《人物》获二等奖。

在“'95全国金鹅杯奖幽默大赛”中，中年漫画家莫非的漫画《今日的井底之蛙》获金鹅杯金奖，作者获“十大幽默明星”称号。

书法：

市文联副主席么喜龙的书法作品在北京跨世纪文化事务所、中国当代文学研究青年批评家中心、中国书画人才研修中心和《当代文学研究资料与信息》等组织联合举办的“跨世纪全国文学创作研讨会作吕评选”中获特别奖。

他的另一幅书法作品在中国艺术界名人作品展示会委员会、中国国际名人研究院评审委员会、中国艺术界名人作品展示馆和中国国际名人研究院辞书编辑部等组织共同组办的“中国艺术名人作品展示系列大展”中获最高奖级——优赏奖。

在国家抗日战争纪念馆等单位举办的“纪念中国抗日战争和世界反法西斯战争胜利50周年书法展”中市书协主席董文的书法作品获特等奖；帅索民的作品获一等奖；孟庆功的作品获二等奖。

董文的论文《论诗书画艺术的共通性》获辽宁省第四届社会科学优秀成果一等奖。

市书协理事、新民市委副书记郑朝权的书法作品在由中国书协和中国市长协会举办的“第一届中国市长书法作品大赛”中获金奖。

中国当代硬笔书法协会理事、辽中县纪委干部罗贵臣的书法作品，在“第一届国际华人书画艺术家作品大展赛”中，获精品奖。

摄影：

市摄影家协会理事梁达明的《注视》获“第八届全国人像摄影艺术展”金奖。

在由全国妇联、中国新闻摄影学会。中国图片报主办的“中国当代女性风采‘美菱杯’摄影大赛”中，刘杰敏等5人获奖；市摄 影家协会主席崔博谦一人独揽银、铜两块奖牌。

戏剧：

由国家文化部举办的“第五届文华奖大赛”中，沈阳演出的评剧《秧歌情》获文华新剧奖；石颖、刘家生获文华编剧奖；杨晓彦、王平获文华表演奖；陈锦生等7人获文华作曲奖。

在中国戏剧家协会主办的全国“重钢杯’百优小品赛”中，戏剧小品《老年与青年》和话剧小品《治病救人》获百优小品奖。

由中央电视台主办的“全国电视MTV大奖赛”中，迟小秋的京剧《无悔人生》获铜奖。同时获辽宁省电视MTV大赛金奖。

在辽宁省戏剧家协会、《电视与戏剧》杂志社和深圳三九企业集团共同举办的“辽宁省第五届戏剧‘玫瑰奖’‘三九杯’评选”中，沈阳有14人获奖，他们是演员周丹、尹敬红、孙延波、关丽春、保锡茹、圣历、黄怡斌、刘智影、刘佳；导演朱静兰；舞美戴明贺、邹继红、刘志红、邢造。

音乐：

在中央电视台主办的“全国电视MTV大奖赛”中，周浩获音乐三等奖。

在省音协举办的“辽宁省聂耳、冼星海声乐比赛”中，徐明获一等奖陈学敏获优秀奖。

在“辽宁省第三届艺术节”中刘宝禄获卡拉OK第一名，陈学敏 获卡拉OK第三名。

在中国音协举办的“中华赛歌总决赛”中，暮天放的歌词《中华姓氏》获银奖。在辽宁赛区获特别奖。

他的歌词《芦沟晓月》和《能否告诉我》同获辽宁赛区三等奖。

（朱学琳）

方志工作

【概况】 沈阳市新编地方志工作起于1982年。13年来，中共沈阳市委、市政府对地方志工作高度重视，并给予大力支持。中共辽宁省委副书、沈阳市委书记张国光同志亲自为1995年出版的首卷年度沈阳市志题写了书名，市长张荣茂同志为市志欣然作序。这给沈阳方志工作者以极大的鼓舞。

沈阳市各级领导都把编纂社会主义新方志看成是两个文明建设的组成部分，当作承上启下、继往开来、服务当代、有益后世的千秋大业来抓，全市直接参与沈阳市志编写的近200个单位都已建立和恢复修志机构，从事方志工作的专兼职人员达千余名。作为负责组织、指导全市修志工作的市政府地方志办公室，1995年有工作人员25人，其中大专以上学历的20人，占80%。具有各类专业技术职称的17人，占68%，其中具有高级职称的5人，含高级工程师1人、编审1人、副编审3人。方志工作已逐步实现从资料采集、传递转换、编辑、图形、图象、文字处理、排版、印前处理到资料管理、智能检索、方志采编应用等全过程的现代化，已配备复印机、速印机、传真机、图象扫描仪、计算机及激光印字机等外部设备共21台。

（陈锋）

【修志成果】 沈阳新编地方志工作自1985年正式出版《沈阳市情》以来，已经取得一批成果。作为远期志的17卷本《沈阳市志》，现已出版发行7卷，即：第一卷综合卷、第五卷轻工业纺织工业区街企业卷、第六卷军事工业卷、第七卷交通邮电卷、第十卷财政税务审计金融卷、第十三卷文化新闻出版卫生体育文物卷，以及1995年出版的第十六卷，即社区、人民生活、民政、民族、宗教、风俗、方言卷。上述7卷市志的文字总量达到440万字。第二卷城市建设卷、第八卷农业卷、第九卷商业卷、第十二卷科技教育卷等已进入总纂扫尾阶段，其余各卷均在总纂过程中，17卷本远期志可望2、3年内完成总纂出版工作。

为了克服远期志编修中存在的编修时限过长、搜集资料费力、归纳整理的资料数据难以做到完全准确等弊端，加大方志工作为现实服务的力度，市志办在集中各地经验 的基地上，提出了当前事当年记、当代志资当前之政的办法，开始把修志的重点转移到近期志的编修上来。经沈阳市人民政府办公厅[1994]35号文件批准，决定在继续编修尚未完稿的17卷本沈阳市志的同时，从1994年起，每年编纂出版本年度《沈阳市志》，简称年度市志。

继1988年7月全面介绍沈阳市各县区基本情况的著作——《沈阳县区概况》出版之后，市志办于1995年9月编纂出版了50万字的《沈阳县区》一书，这是法库、康平两县划归沈阳市后全面介绍13个县（市）区基本情况的志书，它对介绍沈阳各地情况、促进改革开放将起到一定作用。

沈阳方志工作者在通力合作共同编写《沈阳市志》的同时也编辑出版了一批县区志、专业志、部门志、企业志以及有关沈阳市情的其他志书。到1995年底，全市13个县（市）区中已有和平、沈河、于洪、东陵、法库、苏家屯、新民、新城子、皇姑、康平、辽中等11个县（市）区编纂出版了志书，东陵、于洪区编纂出版了续志，法库、东陵还出版了年鉴。全市编辑出版的各类志书和资料汇编达到180余种，总字数约1.3亿。卷帙浩繁的方志新作，为沈阳文化建设积累了珍贵的史料。

（陈锋）

新闻出版

【概况】 1995年，沈阳市新闻出版战线围绕全市的改革、发展和稳定，以坚持方向，深化改革，依法管理，促进繁荣为主要工作思路，全面推动全市新闻出版业由总量增长向优质高效阶段转移呈现出良好的局面。

1.坚持方向，狠抓质量、促进新闻出版事业繁荣发展。1995年，新闻出版业围绕全市工作大局，坚持“二为”方向，突出主弦律，把握正确的舆论导向，为社会为广大人民群众提供健康有益的精神产品，不断优化图书出版选题，控制数量，提高质量，严格“三审”制度，开展优秀图书评选活动，推出了一批方向正，高品位，高格调的优秀图书。特别是沈阳出版社为配合纪念抗战胜利 50 周年出版的大型画册《黄河在咆哮》受到了中央领导的高度重视，被中央军委，总政治部纳入纪念抗战胜利 50 周年重要活动项目。

各出版社、杂志社、报刊社更加重视编校质量，使出版物的编校水平有了很大提高，《沈阳日报》在全国计划单列市暨省会市党报编校质量评比中名列第三名。

在印刷领域中，市新闻出版局加强了行业管理和指导，指导企业以产品质量为中心，提高生产管理水平，引进先进技术，使电脑照排，胶版印刷的应用比例越来越高。使印刷质量，印刷水平有了很大提高。

2. 围绕全市大局抓好舆论导向。1995 年，全市新闻出版战线围绕市委、市政府提出的"进场入轨、兴市富民"大讨论，加大了建设有中国特色社会主义理论的宣传力度。配合全市各项重大改革举措的平稳出台，做好舆论导向和宣传鼓动工作。《沈阳日报》在头版开辟专栏，连续出版 100 多期，对全市大讨论情况给予了系统报道。

在 1995 年 7、8 月全市抗洪抢险斗争中，全市广大新闻工作者体现了强烈的责任感和敬业精神，深入一线，跟踪采访及时准确地报道了军民抗洪抢险的情况，鼓舞了斗志，发挥了新闻舆论的战斗作用。

3. 深化改革、加强管理、严格执法、开展"扫黄打非"工作。1995 年，沈阳市新闻出版战线，以实现两个"效益"的统一为目标，增强市场意识，服务意识，按照培育市场、规范市场、适应市场的改革思路进行了一系列改革，建立了比较完善的规章制度和管理体制。在深化改革的同时，还加强了检查执法力度，坚持集中整治和经常性执法相结合，加大"扫黄打非"工作力度，处罚了一批违法违纪的单位和个人，使全市出版印刷市场秩序有了好转，非法出版活动基本上得到了控制。

4. 普及《著作权法》，加强著作权保护工作。1995 年，全市新闻出版战线加强了《著作权法》的宣传普及工作，利用各种新闻媒体，采取培训、讲座等形式开展《著作权法》普及。在普及的同时，加大版权行政执法力度，打击各种侵权盗版行为，特别着重打击了电子出版物和计算机软件领域的侵权盗版现象，同时大力推进我市著作权合同制度的建立，使版权管理工作形成制度化、规范化。

5. 理顺体制，改革发行工作，促进经济效益的提高。1995 年，在国家新闻出版署和市委、市政府及省新闻出版局领导的重视下，解决了沈阳市多年来新闻出版发行管理体制不顺的问题。8 月，国家出版署署长于友先来沈阳视查工作，与省市领导研究商讨了理顺新闻出版管理体制问题。9 月，市长办公会研究决定，市新华书店整建制由市文化局转归市新闻出版局领导。10 月初，市新闻出版局完成了对市新华书店的各项接收工作，理顺了新闻出版管理体制。

1995 年，市新华书店系统在原领导部门市文化局和现领导部门市新闻出版局的指导下，在把社会效益放在第一位的同时，着重抓了经济效益的提高，对发行工作进行了一系列改革，一方面推行"包死基数、保证上缴、超额全留、欠收自补"的"联销计酬"承包经营责任制；一方面大力发挥集团优势，树立整体形象，经济效益提高，整体实力增强。1995 年，销售额首次突破 1 亿元大关，实现利润 34.4 万元。

（*许戈*）

【新闻工作】 1995 年，沈阳市各新闻单位坚持"团结、稳定、鼓劲、正面宣传为主"的方针，紧紧围绕市委、市政府的中心工作，唱响主旋律，为全市改革开放和经济发展提供了有力的舆论支持和保证。

一、以"进场入轨、兴市富民"为主题的战役性新闻宣传工作取得了显著成效

1. 1995 年 2 月下旬开始，结合"进场入轨、兴市富民"讨论活动，开展了战役性新闻宣传工作，形成了较强的舆论态势。市属各新闻单位分别开辟专栏、专题，刊播稿件体裁多、内容深，宣传效果佳，对讨论活动的逐步深入起到了积极引导和促进作用。沈阳日报长时间打出了"进场入轨、兴市富民"通栏或六栏标题，开创了新闻宣传史上的先河。

2. 1995 年 7—8 月间，市属各新闻单位把沈阳抗洪抢险救灾的新闻宣传作为压倒一切的中心工作，把新闻点聚焦在抗洪抢险第一线，新闻宣传工作在抗洪抢险救灾中起到了宣传鼓动作用、组织引导作用和为领导决策服务的作用。沈阳电视台还被市委、市政府授予了抗洪抢险先进单位称号。

3. 1995 年 8 月开始，在全市掀起了创建全国卫生城市新闻宣传的高潮。新闻宣传全方位、多角度、力度强、声势大、超规格、超常规，形式多样，充分发挥了舆论引导作用，为沈阳迈入全国卫生城的行列，做出了杰出的贡献。

4. 结合纪念世界反法西斯战争胜利 50 周年和中国抗日战争胜利 50 周年的新闻宣传工作，在全市人民中开展了一次振奋民族精神、热爱家乡、建设沈阳的爱国主义宣传教育系列活动。沈阳经济广播电台联合长春、哈尔滨市经济电台组织了《跨越白山黑水》大型采访活动，2 个月行程近万里，追寻东北抗日的足迹，制作了长达 30 集的广播系列节目《历史的回声》。

5. 市第九次党代会、市十一届人大三次会议、市政协十届三次会议的新闻宣传工作取得了很大成绩。

二、全市新闻宣传事业发展迅速

1. 1995 年 4 月开始，沈阳日报向北京、上海两市派出特派记者，成立了记者站；并在南京、武汉、重庆、深圳、厦门、广州、西安、杭州等城市聘请了十几名特约记者，每天都为沈阳日报提供国内各地的"独家新闻"。

2. 沈阳人民交通台于 1995 年 1 月 10 日正式开播。

3. 1995 年 8 月，沈阳人民广播电台及系列台全部完成从旧址到新楼的搬迁工作。4 套广播节目得以在广播中心播出。

4. 1995 年 1 月，沈阳电视台新闻中心正式成立。

5. 1995 年 1 月，沈阳电视台全

天新闻节目由原来20分钟增加到55分钟。并开通了新华社国际图像新闻和4路报电稿的传输渠道,《沈阳新闻》成为以地方为主、兼蓄国内、国际消息等大信息量的综合板块式新闻节目。

6.1995年1月1日,沈阳电视台一套节目晚7时开始同步转播中央电视台《新闻联播》节目。

7.1995年6月23日,沈阳电视台《法庭传真》直播节目开播,并在社会上引起了强烈反响,收视率居同时段各台之冠。

8.1995年6月15日,沈阳电视台征集、制作并开始打出沈阳电视台台标,结束了沈阳电视台15年无图文台标的历史。

9.沈阳电视台投入资金1 500万元更新技术设备。全台的摄录放设备初步完成由模拟系统向分时系统的转变。

10.沈阳电视台实现了播出系统电脑自动控制,已跻身全国电视装备的先进行列。建立了监测室,开展了对无线电视彩塔发射质量和有线电视网播出质量的监测工作。投资80万元,实施沈阳至康法电视微波二期工程。有线电视在8个郊区的县(市)建立了行政区域网,实现58 000户入网。

11.沈阳电视台率先在国内成立了第一家电视产业集团——阳光集团,在国内新闻界引起关注。

12.1995年1月1日,《沈阳荧屏周报》正式更名为《沈阳广播电视报》。

三、建立健全规章制度,加强新闻宣传工作业务管理

1.沈阳日报设立读者“勘误奖”,增强了编采人员的工作责任心,提高了报纸的质量。1995年1月5日读 者“勘误奖”第一次评选揭晓,对获奖读者进行了表奖。

2.沈阳电视台建立健全了责任编辑、制片主任、台长三级审片制度;实行节目季度评议制度。并实行了党组领导下的台长分工负责制,分管台长领导下的编辑工作、技术事业、经营创收、行政后勤和党务人事委员会工作制,编委会领导下的系列台总监负责制。

3.沈阳电视台制定了《关于进一步加强和改进沈阳电视台思想政治工作若干问题的决定》和《沈阳电视台工作人员管理条例》。

(金铎)

【报刊质量明显提高】 1995年,沈阳市新闻出版局引导各报刊社,杂志社,坚持创办宗旨,坚持“二为”方向,遵守各项宣传纪律,提高宣传报道质量,注重体现地方特色,宣传时代主旋律,围绕全市的中心工作服务,为改革、开放和现代化建设树立了形象,也为稳定和发展做出了贡献。

1.把握方向、服务大局。1995年,各报刊、杂志社始终把社会效益放在第一位,加强了主旋律的宣传,坚持以正面报道为主,着重宣传党的各项方针政策,宣传改革开放成就。

2.深化改革,提高办刊质量。1995年,各报刊、杂志社以提高质量为中心,制定了一系列改革措施。使办报质量明显提高。《沈阳日报》继续推行内部职称聘任制度,建立每天评重点稿,每月表奖好稿的制度。《沈阳工人报》实行全员岗位聘任制,引进稿竞争机制。各报刊、杂志社还在坚持质量为标准的基础上,克服报纸杂志化倾向和专业报刊、杂志综合化倾向,力争把报刊办出特色,办出水平。各报刊、杂志社调整版面,增设新栏目,增强名牌意识,精品意识,争创名报、名刊、名专题。在首次辽宁省传媒受众调查评价中《芒种》、《沈阳广播电视报》分别被评为“读者最喜爱的期刊”和“读者最喜爱的报纸”。1995年,还新批准了《沈阳统战》《星光报》《于洪区报》3家内部报刊。截止目前,全市共有公开报刊100家,内部报刊175家。报刊质量普遍提高。

3.加强队伍建设,提高编校质量。1995年,各报刊、杂志社都下大力气抓好新闻队伍政治素质和业务水平的提高,抓好工作作风建设,提高广大编辑记者的职业道德水平和业务能力,培养勤业敬业精神。同时,改革和完善总编负责制,坚持“三审”制度,使报刊、杂志的编校水平有了较大的提高,在1995年全国计划单列市暨省会市党报编校质量评比中《沈阳日报》获得了第三名。

(许戈)

【著作权保护工作向深度发展】 1995年,沈阳市根据新闻出版事业发展的特点和实际情况,一手抓《著作权法》知识的普及和著作权理论的研究,一手抓著作权的保护工作,两手并举,使著作权保护工作不断向深度和广度发展,并为经济发展和科学文化事业的繁荣创造了一个良好的社会环境。

1.深入开展《著作权法》知识的宣传普及,开展著作权理论的研究。随着社会经济的发展,版权作为知识产权的重要组成部分,越来越受到社会的广泛关注。1995年,市新闻出版局协同有关部门开展了多种形式的《著作权法》知识的宣传普及活动。邀请版权方面的专家学者讲学、讲座、组织举办《著作权法》培训班对全市新闻出版的从业人员及相关行业的工作人员进行了比较系统的普及和宣传。在广播、电视、报刊、杂志等传播媒体上开避专栏举办专题节目宣传《著作权法》知识产权保护。并在宣传中采取了典型案例分析,问题解答,著作权知识竞赛等群众喜闻乐见的形式进行宣传。

在开展宣传普及的同时,市新闻出版局,市版权学会还积极开展版权保护工作的理论研究。组织有关版权方面的专家探索进一步开展版权保护工作的有效途径和方法。特别是针对计算机软件领域对版权保护工作的需要,加强了对计算机软件版权管理的研究,9月份会 同市科委软件管理办,专门召开了有计算机软件专家、企业家参加的版权管理座谈会,研究探索有效的管理途径,并取得进展。

2.加强工作力度,打击侵权盗版行为。1995年,版权保护工作受到了全社会的普遍重视和关注。5月,沈阳市召开了第一次版权工作会议。市委、市政府领导出席了会议,对版权保护工作做了重要指示。市新闻出版战线以此为契机,一手抓各项版权法规制度的建立和完善,一手抓打击侵权盗版活动,取得可喜成果。

1995年全市版权合同鉴定率达100%，初步实现了版权管理工作的规范化、制度化。市新闻出版局版权管理部门还加大了执法力度，着重打击了音像制品和计算机软件、电子出版物领域中的侵权、盗版现象。年初集中查处了音像市场激光唱视盘盗版行为。7月，又配合省知识产权执法小组和省版权局对音像、电子出版物市场和计算机软件市场进行了集中清查，全年对出版物市场突击清查247次，收缴侵权盗版录音带15 705盘，录像带15 926盘，激光唱盘4 480张，激光视盘2 045张，书刊31万册，取缔无证业户318户。在一定程度上遏制了出版物市场盗版活动的势头。

（许戈）

【出版印刷领域整治工作】 1995年，沈阳市新闻出版局加强了法规制度建设，依法管理出版印刷市场，严厉打击侵权、盗版、盗印、非法出版、黄色出版活动。使印刷业出版业发展过多，过快的现象得到了控制，出版印刷领域中一度混乱的局面得到了整治，市场得到了进一步净化。出版印刷的结构调整也取得了明显效果。

1.强化了选题审查申报制度，不断优化图书出版选题。控制数量，提高质量，努力推出高品位、高格调、内容精、方向正的优秀图书，对格调低下、粗俗，内容平庸、雷同的出版物不予出版，把好了选题关。还开展了首届优秀图书的评选，并形成了制度。通过评选，出版单位的精品意识，名品意识，效益意识大大增强，推出了一批内容高雅，品位高尚，印制精美，社会效益、经济效益俱佳的优秀出版物，对出版图书的提高质量起到了良好的示范作用。1995年，沈阳出版社东北大学出版社辽大出版社共出版图书434种，再版图书108种，再版率25%。图书质量普遍提高。市新闻出版局还根据国家的有关规定和要求建立和完善了期刊等级评定制度，对全市各种公开、内部期刊进行了等级评审工作，整顿了期刊市场，提高了期刊质量。市新闻出版局还加强了审读力度，指导各出版社坚持“三审”制度，建立了一个政治水平高，业务素质好的审读员队伍，并制定了《沈阳市企业报质量审读评定标准细则》和《沈阳市高校报质量审读标准及评估办法》等一系列规定性文件，对出版物质量进行监督检查。

在印刷领域中，坚持和完善了许可证制度，并根据印刷企业的技术水平、管理水平和产品质量等综合因素，实行升降级制度，打破了终身制，使企业增强责任感、危机感，始终把产品质量放在中心位置。1995年，在省印刷质量年检中沈阳市46家印刷企业的125个产品全部合格，在省定点书刊印刷企业产品质量评比中，沈阳市11家企业的129种产品获优质产品奖，占全省获奖总数的66.5%，以质量提高为中心的行政管理工作取得明显成效。1995年制定并发放《沈阳市印刷业经营许可证》近千家；《挂历装订许可证》3家；内部图书资料9家。

2.在加强法规制度建设，强化行政管理的同时，市新闻出版局加大了执法力度，对出版印刷领域中的违法违纪行为进行了严厉打击。1995年，市新闻出版局把查处大案、要案作为打击突破口，一抓到底。对《管理世界》杂志社驻沈记者站和沈阳韩国投资企业协会非法出版行为进行了严肃处理，撤销了《管理世界》杂志驻东北记者站。在印刷领域中，查处违纪案件26起，收缴各类非法出版物32种，共54万册及非法装订挂历3万册。对违法违纪印刷企业进行了停业、罚款等处罚。同时还设立了社会举报电话，使印刷领域中的非法活动得到了进一步遏制。

市新闻出版局还根据国家出版署的指示精神，着重在音像领域中开展了“扫黄打非”工作。会同公安、工商、文化等部门对制黄、贩黄、盗版、盗印活动进行了严厉打击，对音像市场进行了4次突击检查，共收缴盗版录音带12 593盘，盗版录相带10 150盘，激光唱盘2 928张，激光视盘702张。查封了一家制黄、贩黄的音像公司。由于打击得力，曾一度比较混乱的音像市场秩序，有了初步好转，音像市场得到了净化。

（许戈）

【新闻出版署领导视察沈阳出版社】 1995年8月24日上午，国家新闻出版署署长于友先视察了沈阳出版社。在听取了工作汇报之后对沈阳出版社“八五”期间的出版改革和图书出版工作给予了充分肯定。指出：沈阳出版社管理到位、秩序井然、大家精神状态好，很有生气。沈阳出版社成立时间不长，好书出得不少，档次不低，质量不错。《黄河在咆哮》、《毛泽东大典》、《中国事典》、《今文观止》、《中国百年外交风云录》等图书很吸引人，应该给予充分肯定。沈阳出版社不惜血本加强审读，加强校对，强化质量，特别是开展“质量年”活动，方向对、路子正，非常好，应该在全国推广。

（任冬菊）

【图书出版工作迈上新台阶】 1995年，是沈阳图书出版工作取得丰硕成果的一年。一年来，沈阳出版社认真贯彻执行党的“二为”出版方针，在广泛调查研究我国政治、经济形势和社会生活发展趋势的基础上，积极主动地配合党和政府的中心工作，自觉地服务于辽沈地区的改革开放、经济发展和文化建设，以提高图书质量为中心，适应市场满足读者的健康需求，大力推出“双效”图书。全年出版新版图书208部，重印、再版图书112部，重印、再版率达到35%，创历史最好成绩；总印数达到2 033万册，比1994年增长41%；总印张10 954千印，增加90%。经过“八五”期间的努力，特别是由于1995年的奋斗，使沈阳出版社从整体上形成了年出书300余种（其中新版图书200余种，重印、再版图书100余种）的规模，特别是较好地具备了系统策划、运作大型丛书、套书和国家重点图书的经营能力。

沈阳出版社十分注重把优质高效、优质长效和优质服务作为基本发展途径和主要竞争手段，坚持不懈地在抓好重点出版工程上下功夫，切实保证了省级以上重点图书的如期推出。国内外第一部全面、系统、客观地总结和反映中国人民抗日战争伟大历程的大型历史画册《黄河在咆哮》(解放军总政治部重点图书),是由中国军事博物馆和沈阳出版社经过一年多的时间完成的,其编辑上的权威性、装帧上的艺术性和印装上的精美程度,得到了充分的体现。在中央军委纪念抗战胜利50周年座谈会上,江泽民主席把该书作为珍贵的礼物赠送给500多名抗日老战士。《中国学前教育百科全书》(4卷,500余万字)系统地构成了中国学前教育的知识库、信息库,我国一些著名的专家、学者称赞这套"跨世纪的巨著"是对我国基础教育的一大贡献,中央电视台在《新闻联播》节目中也对该书的出版给予了高度评价。该社出版了中国医大田雨霖教授主编的100多万字的《胰腺外科手术学》,填补了我国实用医学领域的一项空白,全面反映了国内外胰腺外科手术研究与临床应用上的最新成果。该社承担的国家"八五"、"九五"重点出版规划图书《东北现代文学大系》已进入终校阶段;《中国医学专家经验文库》已申报国家重点出版工程。这些重点出版工程,代表了沈阳出版社在图书策划、运作上的高层次、大手笔和开拓性,构成了其图书的主要特色,展示了沈阳出版社的综合出版实力,有力地带动了一般图书的开发。

在图书的文化品味、可读性和通俗性上做文章,着力抓好与图书市场接轨的普及性读物的开发和优秀文学作品的出版,是"八五"期间沈阳出版社的"重头戏"之一。《当代散文精品珍藏本》、《世界名家散文经典》、《世界名家小说经典》等图书1995年出版后,受到了广大读者的青睐,《苍生》、《梦恨春秋》、《轮回》等长篇小说以及《太原保卫战》、《血战亚细亚》等"二战"系列读物,收到了良好的社会反响。

在沈阳出版社的图书出版工作中,大力弘扬主旋律,为辽沈地区竭诚服务,努力展示地方特色,这一点得到了较为充分的体现。该社1995年所出版的图书中,沈阳和辽宁题材、沈阳和辽宁作者以及主要在本地区发行的图书,占有较大的比重。先后出版了《爱国主义故事精粹》、《协商议政集》、《沈阳市民外语会话百句》、《防火知识挂图》、《沈阳城建志》等几十部图书(图片)。为了贯彻"科教兴国"战略和中央领导同志"为农民出书"的号召,该社策划安排了《科技兴农致富》丛书等一批以东北地区农民为主要读者对象的实用农业新技术图书,得到了沈阳市科委的积极支持。

紧紧抓住新的经济增长点,努力开拓新的出版经营方式,全方位地展开图书生产上的"多种经营",是沈阳出版社1995年出版工作呈现蓬勃发展景象的又一个标志。对外版权贸易不断发展新项目,有3种图书向海外出售版权,并有5种图书签约译成英文在海外出版。社际间的合作出版业务大范围地开展,与江西百花洲文艺出版社开始实施合作出版100部外国文学名著的重点工程开始运作,并已完成6部图书的出版工作。双向租型(对外社出租版型和向其他出版社租用版型)业务也得到了开展,1995年先后有10余部图书出租版型,并租型重印广东教育社的《新三字经》。对外版权贸易与合作出版、社际间的合作出版以及双向租型等形式的"多种经营",已成为沈阳出版社新的经济增长点。

沈阳出版社为"两个文明"建设服务,推出的一批具有较高学术水平和文化建设、文化积累价值以及知识性、可读性、实用性强的图书,其使用价值得到了社会的承认。一年来,该社先后有25种图书、11件装帧作品在国家部委、全国城市出版社工作委员会、辽宁省和沈阳市新闻出版社局获奖,中央级报刊和广播、电视等传播媒介上也发表了一系列该社图书的出版信息和评论文章。在取得良好社会效益的基础上,经济效益也有了大踏步的发展。1995年,销售收入大幅度增加,比1994年提高35%;出版利润达到645万元,比历史最好水平的1994年增长84%;10项主要经济指标全面超过财政部规定的"理想标准"。

(*葛君*)

【严格出版管理程序】 1995年,沈阳出版社围绕着坚持方向出好书、改善管理保质量这个中心开展出版经营活动。为了生产更多更好的精神产品,在狠抓班子建设和队伍建设,努力提高出版工作者政治素质和业务素质的基础上,下决心从完善管理制度、规范出版过程、调整机构设置和严肃出版纪律入手,向管理要质量、要水平、要效益。该社从图书出版工作的实际需要出发,把坚持正确的出版方向作为质量中的质量,以选题的统筹规划和科学决策为核心内容,以切实保证著译水平和编校质量为关键环节,以不断强化管理规章制度和质量保证体系为基础工程,以全力抓好重点出版工程、推出一批优质"双效"图书为主攻方向,通过经营机制的改革、综合管理的改善和内部建设的改进,基本上形成了一个奋发向上的工作局面,有效地促进了精品图书的开发和发行渠道的开拓,在加强推进图书出版工作的优质高效为主要特征的"阶段性转移"方面,开始迈出了坚实的步伐。

在出版工作中,进一步转变了经营思想,明确提出了"1+2"的工作方针(即:"1":坚决不出政治倾向、思想内容有问题和格调不高的图书;"2":多出优质书,多出"双效"书),落实了一系列有利于向优质高效转移的管理措施。一是按照"讲政治"和社会主义市场经济的要求重新修订了《沈阳出版社图书出版管理规程》,编制了图书生产流程图,实行图书出版管理程序卡,对从选题策划到出版发行的整个运作过程都有了非常明确的规定,并通过成立编委会、建立审读室和恢复校对科等行政措施,进一步健全了职能部门和责任制度。二是对各部门普遍建立了目标责任制,实行目标量化管理。三是强调责任编辑负全责与层层把关相结合,努力把"质量第一"意识变为各岗位人员的自觉行动,严格把住各个环节的质量"阀门"。对违反出版纪律的行为,社里采取有力措施及时进行处理,维护了出版的严肃性。

这一系列措施的实行,使该社在图书出版工作中较为系统地形成了通过“七种机制”(把关机制、约束机制、引导机制、责任机制、监督机制、限制机制和奖罚机制),去实现“五严管理”(严格出版规程、严守约束机制、严密质量监督、严肃出版纪律、严明奖惩办法)的良性循环局面,从而对保证出版工作坚持正确的政治方向和全方位地提高图书的综合质量,收到了十分明显的成效。1995年以来,该社不仅全面消灭了政治思想和内容格调上有问题图书的出版发行,而且优质图书越来越多,装帧设计越来越漂亮,质量档次越来越高,保存价值越来越大,树立了良好的社会形象。在新闻出版署进行的图书质量检查中,该社被抽查的3种图书,其质量全部达标。

优质推动了高效。1995年沈阳出版社图书的单品种平均出版利润达到2.01万元,比1993年增长1.1倍,比1994年提高39%;人均创出版利润11.50万元,比1994年提高71.6%。

(葛君)

【图书发行工作】 1995年,沈阳市各新华书店转变思想,深化改革,图书发行工作迈上一个新台阶,年销售额首次突破1亿元大关,经济效益也有较大提高。

1995年,各新华书店,从深化改革入手,不断加强和改善图书发行工作的硬环境和软环境,做好图书发行工作。

首先,对进货体制进行了改革,制订了《沈阳市新华书店统一进货实施办法》。全年统一进货码洋达1 000万元。同时,强化宏观控制,发挥集团优势,发挥国营书店主渠道作用,树立新华书店的整体形象。在各基层店和专业店推行“包死基数、保证上缴、超额全留、欠收自补”的“联销计酬”承包经营责任制。保证了经济持续、稳定的增长。

在深化改革的基础上,新华书店还加强了硬环境的改善,加强了发行网点建设和书店的装修改造,扩大营业面积。成立了精品书店,改造了马路湾书店、教育书店、古代籍书店,教材书店,大东区书店。改造后,设备得到更新、营业面积扩大。有的书店还装上了空调,为读者购书提供了比较舒适优美的环境。新华书店还在8月份,举办了第十五届沈阳书市,销售额达416.4万元,创历史最好水平。巩固了发行阵地。加强了农村发行工作,开展“送书下乡”,全年农村图书发行量有较大增长,销售额达1 632.6万元,比1994年增长20.92%。

在改善发行工作硬环境的同时,新华书店还加强了发行工作软环境的改善。首先,加强了发行队伍建设,提出读者至上,服务第一,开展“优质服务百日竞赛活动”对职工进行爱岗敬业和职业道德教育,对职工进行政治思想教育和岗位技能培训,全面提高职工政治业务素质。全店600多名营业员和技术工人全部获得了市人事局颁发的专业技术等级证书。其次,根据市场经济竞争日趋激烈的形势,改变了传统的经营方式。在全店系统全面推行开架售书、缺书登记、新书预订、送书上门、流动供应,专业图书展销等新的经营手段,方便了读者购书,发行量大增。同时,还成立了读者俱乐部,引进会员制发展固定读者群,为会员读者提供优质、优惠服务,为他们举办知识讲座,推荐新书,受到读者欢迎。

由于实施一系列改革措施,各新华书店1995年图书发行取得可喜成绩。全年完成销售额10 009.1万元,比1994年增长13.66%,劳动生产率达13万元/每人,增加2.9万元,实现利润34.4元,增长10.26%。

(许戈)

【评选优秀图书】 1995年,沈阳市新闻出版局以优秀图书的评选表奖为手段,大力促进图书出版物质量的全面提高,推出了一批高品位、高格调、内容精、方向正的优秀图书,展示了图书出版业的成就,为出版业的健康繁荣起到了良好的促进作用。

首次举办的沈阳市优秀图书评选活动,对东北大学出版社,辽宁大学出版社,沈阳出版社1994年出版的50种版本图书进行了评选。评选出了《艺术情境定式法》(作者蒋秀英),《营销心理与谋略》(作者郭爱民)《太原保卫战》(作者郝戈非)《中国儿科专家经验文集》(作者信群、邓文军)等4种图书为优秀图书一等奖;《民族教育与民族经济》等10种图书为二等奖;《关系数据库系统》等12种图书为三等奖。

(许戈)

【市成立版权局】 沈阳市版权局于1995年12月18日正式成立。成立后的沈阳市版权局与市新闻出版局一套机构两块牌子。其主要职责是:贯彻实施国家《著作权法》和有关法令、法规,制定地方性法规并组织实施;负责制定著作权事业的中长期发展规划和年度工作计划,并指导实施;负责全市行政区域内的科学、文学艺术、工程技术作品,图书、报刊、音像制品、电子出版物、计算机软件著作权保护的监督检查以及著作权登记和作者作品自愿登记工作;指导各县(市)、区著作权行政管理工作,指导和监督著作权集体管理机构、代理机构的业务工作;组织指导全市出版物市场,计算机软件市场,打击侵权盗版行为和活动;代表市政府处理涉外著作权贸易合同;保护本地区无人继承无人受遗赠的著作权;承担国家、省版权局和市政府交办的其它著作权行政管理工作。

(许戈)

【市印刷协会成立】 1995年6月28日市印刷协会正式成立,现已有93家印刷企业成为协会的首批会员单位。协会成立后积极发挥行业群众团体的作用,组织会员单位和其他同业单位积极配合行政管理,学习有关法规政策,遵纪守法,建立同业守则,加强企业、行业自律,规范企业行为,反对行业中不正当竞争行为,协助有关执法部门打击非法出版印刷活动。同时组织会员单位开展学术交流活动,引进和推广国内外新技术、新知识、新经验,普及科学知识,提高从业人员的政治素质和业务能力,开展与国内外印刷界的技术交流和友好往来,促进印刷业科技水平和管理水平的提高。

(许戈)

广播事业

【概况】 1995年,沈阳广播事业继续坚持“认认真真抓宣传、兢兢业业打基础、扎扎实实练内功”的治台方针,克服了诸多困难,在连续5年广播改革和事业建设取得较大进展的基础上,又在继续推进广播宣传、事业建设、经营创收和管理改革等方面,取得了一些新的成绩。

一、强化正面宣传,发挥广播优势,广播宣传取得了新的突破。1995年沈阳电台认真贯彻党的基本路线,坚持团结、稳定、鼓励和正面宣传为主的方针,紧紧围绕市委、市政府的中心工作,进一步加大了改革开放、经济建设、爱国主义教育和党建的宣传力度,强化了宣传报道的计划、组织与协调,努力发挥广播的整体优势,突出战役性宣传和“重量级”报道,在广播宣传方面取得了一些新的突破,其主要标志是:

1.重大主题的宣传报道有新的突破,产生了较大的社会影响。

一年来,围绕爱国主义、经济建设和党建这三大主题,有计划地组织实施了一批有自身特点的宣传报道活动,这些主题宣传活动规模比较大,持续时间长,社会反响好,达到了预期目的。

一是以纪念抗日战争和世界反法西斯战争胜利50周年为契机,以振奋民族精神,凝聚民族力量,热爱家乡,建设沈阳为主题发挥广播优势,开展大规模的爱国主义教育宣传活动。沈阳经济台率先与吉林、哈尔滨经济广播电台联合组织了《跨越白山黑水》大型联合采访活动,此项工作时间跨度大、气势比较强,反响比较好。并在此基础上3家电台又联合制作了30集450分钟的广播系列节目《历史的回声》,在3个城市同时播出。这次大型采访活动,历时10个月,开了全国省会市台跨地区组织大型联合采访活动的先河,扩大了3家电台的影响,锻炼了编采队伍,得到了3市市委宣传部的支持和表彰,中央电台及东三省的省市新闻媒介多次给予报道。新闻中心和广播报编辑部也联合开展了纪念抗战胜利和世界反法西斯战争胜利50周年“百题知识竞赛”活动,共收到听众答卷4 004份,赢得了听众的积极参与,收到了很好的社会效果。人民台编辑部也开办了《历史的足迹》、《老战士谈抗战》等专题节目共播发了270多篇纪念抗战胜利的稿件和32个录音报道。

二是以“进场入轨、兴市富民”大讨论为主线,强化了经济宣传的力度。按照市委的布置,从3月份开始,利用半年多的时间,在广播的黄金时段开辟专题或专栏,集中报道全市开展大讨论的动态、典型文章及群众关心的问题,随着大讨论的不断深入,对市里组织的一些研讨会进行了深入报道。全年“大讨论”宣传共发稿453篇,其中《振兴沈阳的战略举措》、《沈阳轻工的发展与展望》、《进场入轨系列谈》等一大批系列报道,得到有关部门的好评。

三是在党建宣传中,开设了一批栏目,以求把十四届四中全会精神落到实处。如《党旗飘飘》、《致富路上的党支部》、《踏着孔繁森足迹征文》等栏目认真地宣传了我市在干部队伍建设、基层组织建设、党员先锋模范作用等方面所取得的成果和经验,全年共发稿500多篇。

2.配合中心工作组织战役性宣传报道,喉舌作用得到了较好的发挥。增强政治意识,发挥党和政府的喉舌作用,全力宣传好全市中心工作和阶段性工作,帮助广大市民了解每个时期全市的主要工作、重大活动和市里出台的重要政策、对策、措施等是沈阳电台一贯坚持的原则和宣传方针。在跟踪市委、市政府中心工作和阶段性工作上,基本做到了全方位、立体化和准确及时。据统计,1995年在日常宣传同时,全台组织的战役性报道近30次,其中反响大、效果好的有3次。一是党代会、人大会、政协会的宣传。二是抗洪抢险救灾的宣传。三是创建卫生城的宣传。

3.加强正面宣传,为稳定社会做出了积极贡献。近两年来,由于一些大中型企业亏损,部分职工收入下降,加之一些热点问题的增加,坚持正确舆论导向,稳定社会的宣传就显得尤为重要。为了在凝聚民心、克服困难、振奋精神、共渡难关方面发挥广播的作用,为稳定社会创造良好的舆论氛围,1995年主要做了四个方面的工作。一是继续加强成就类的宣传报道,在《看沈阳》系列报道中共推出五组系列报道,即(发展中的乡镇企业》、《奋斗进取、铸就城区之魂》、《造得大船去远航》、《市容洁净美,沈城看今朝》、《构筑大粮仓,装满米袋子》,发稿40多篇,产生了积极的社会影响。二是加强典型宣传,全年 共播发先进人物事迹848篇,其中重大典型8个。三是及时宣传市委、市政府在密切联系群众,解决群众疾苦方面采取的各项政策措施,对“送温暖工程”及冬季采暖政策调整等问题,开辟专栏请有关领导到直播间向市民讲解政策。《792连心桥》、《社会大哥大》和《监督岗》等热线直播节目,坚持为群众排忧解难,对那些应当解决、有条件解决而长时间得不到解决的实际问题,发挥舆论监督作用,促其尽快解决。1995年共接到听众电话4 030个,有60%以上的问题在有关部门的支持下得以妥善解决。这对于密切党和政府与人民群众的关系产生了积极作用。

4.努力搞好深度报道,广播媒体形象有了新的改善。在进一步加强深度报道特别是广播评述类节目方面做了大量的工作。各台针对过去评述类节目无固定栏目的情况,先后设置了《新闻广角》、《记者热线》、《记者观察》等节目。这些节目针对社会上存在的热点问题,针对一些部门工作中存在的问题,开展报道和评论,力求在积极反映现实生活的同时,加强对现实生活的参予和引导,加强广播的舆论监督力度。

在“进场入轨、兴市富民”大讨论、抗洪抢险、纪念抗战胜利50周年、城管宣传等报道工作方面都受到上级有关部门的表彰。文艺台录制的广播小说《五爱街》,得到了市领导和同行的好评。全年在全国和省市节目评比中共有76篇稿件(节目)获奖。其中李宏观、王恩民采写的连续报道《摧不垮的连心坝》获中国广播奖一等奖。1995年在中央台发稿27篇。

二、事业建设在面临诸多困难的情况下，坚持发展，并取得成绩，基本形成了广播系列化新格局。1995年沈阳电台遇到了近年来少有的困难和挫折。诸如5月18日调频发射塔在大风中折倒；7月28日中波发射台遭水淹；8月份以后因广播中心工程拖欠款而造成的较长时间的催款闹事；因基建资金严重短缺而造成的收尾工程进展缓慢等。但是，在省市有关部门的支持下，经过全台的努力，该台的事业建设仍取得了一些可喜的成绩。

1.初步形成了系列广播新格局。1995年初，在省市有关部门的大力支持下，筹备已久的沈阳人民广播电台交通台于1月10日正式开播。交通台坚持为交通有序化服务、为市民出行服务、为城市管理服务、为繁荣经济服务的办台宗旨，从她诞生的那天起，就引起了社会各界的广泛关注。交通台的开播，标志着沈阳市广播专业系列化新格局基本形成。

3月1日，沈阳广播电视报广播版正式由沈阳广播电台承办。全年共出报43期。广播报一年来努力探索贴近广播，补充广播，延伸广播的办报宗旨，从版性确定、栏目设置、稿件编排等多方面，体现广播版的特色和风格。

2.广播中心收尾工程有所进展，完成了全台搬迁工作。广播中心工程于1995年部分投入使用后，工程拖欠款问题日益严重，收尾工程建设资金短缺的矛盾愈来愈突出。为使沈阳广播中心早日发挥效益，发动职工集资150万元垫付工程进度款，终于完成了双路供电系统工程，使四套广播节目都得以在广播中心播出，并于8月最后完成了从马路湾旧址到新楼的全部搬迁工作。

3.加强技术管理，保障安全播出。1995年7月末，沈阳市遭受了百年不遇的特大洪水袭击，位于东陵区长白乡马总屯的中波发射台，是全市最早遭受洪水灾害的地方，进水严重，危及播出安全。在严重灾害面前，全台职工，特别是技术部门和中波发射台的干部职工，日夜奋战，抗洪抢险，努力将损失降低到最小程度，确保了主要广播节目的安全播出。1995年，在技术部门同志的努力下，沈阳电台共播出30 117.4小时，台内停播时间360秒，停播率为1.2秒/百小时，优于省厅规定的3秒/百小时停播指标。在省厅组织的安全优质播出竞赛中，有9人次获得优秀值机员、维修员和技术管理干部奖励，沈阳电台也被评为全省安全优质播出优胜单位。1995年也是沈阳电台科技工作获丰收的一年。《居室效应直播室的设计思路及其声学技术探索》、《沈阳广播中心播控系统设计安装与调试》和《双频共塔工程》分别获省厅科技进步一、二、四等奖，这是多年少有的。327转播台的台内管理和建设取得了较大进展，较好地完成了各项转播任务，同步广播校频合格率为100%。

4.经营创收继续保持超千万元。1995年全台经营创收面临严峻形势，催款难度增加，经过全台创收人员和节目部门的共同努力，全台共创收1 152万元。广利公司和广播电视器材公司开拓经营领域也有了新的进展。

三、进一步加大改革与管理工作的力度，初步建立起运转有效的内部管理机制。1995年，把改革特别是内部机制改革的重点放在调动和焕发广大干部职工的积极性、创造性和主人翁责任感上，调整了机构，完善了制度，进一步加大了管理工作力度，加强了思想政治工作和队伍建设，起到了凝聚人心，保证广播宣传、经营创收、事业建设等各项任务的顺利完成。

1.调整了机构，进一步理顺了管理体制。针对技术管理体制不顺的问题，先后调整了监测室和控制室，成立了总控室；调整了技管会和技术部，成立了总工办。针对节目制作和文艺节目生产中存在突出矛盾，调整了录音组和播音组，成立了节目制作中心。调整后的机构，按照新的职能运行，更有利于提高安全优质播出和技术管理水平，更有利于提高节目质量和编播工作效率。同时也进一步改革了财政体制，实行了差额预算、全额管理、预算外收入视同财政拨款的新体制。这一步改革，真正做到经营效益与工资福利同步增长，有可能从根本上解除困扰多年的后顾之忧。

2.试行"三个工程"，建立运作有效的激励机制、约束机制和情感机制。为深化电台的内部机制改革，充分调动职工的积极性、创造性，增强人们的向心力和凝聚力，经反复论证和广泛征求意见，正式推出了以创优质节目、优质播出、优质服务为主要内容的"创优工程"，以约束个人、集体职业行为的"文明工程"和以凝聚电台与职工、干部与群众之间情感纽带的"情感工程"。经过一年实践，总的看三个工程的实施起到了积极的推动作用。

3.管理工作进一步加强。全台管理工作的重点是进一步完善各项管理制度，使其更加规范化、科学化。各部门按照党组的要求，先后修订了《沈阳电台关于岗位解聘人员的管理办法》、《沈阳电台用车制度》、《行车补助费管理办法》、《沈阳电台保卫工作制度》、《沈阳电台安全防火工作制度》、《沈阳电台文秘办公制度》等一系列规章制度，在修订各项管理制度的同时，各职能部门进一步加大了管理的力度，加强了考核检查工作，对违反各项制度的给予批评处理，保证了各项制度真正落到实处。

4.队伍建设进一步加强。进一步加强了理论学习，全年先后组织学习了《邓小平文选》、《纲要》和江泽民同志在十四届五中全会上讲话等，组织学习了"二五"普法考核要求的25个法律。加强了职工的职业道德教育。按照市里的要求对处以上干部住房情况进行了调查，召开新闻职业道德社会监督员会议，发出100份调查信。党组与各部门签定了纠正行业不正之风的责任状。在队伍的业务素质建设上，我们选送24人次到北京广播学院进行短期培训，利用全国会议的机会，聘请有关专家来讲学。同时进一步加强了台内业务研讨工作和评播工作，先后召开了3次专题业务研讨会，组织了5次节目讲评。这些措施，进一步加强了队伍建设，促进了队伍素质的提高。

（廉杨）

【沈阳交通台开播】 沈阳交通台于1995年1月10日正式开播，它隶属于沈阳人民广播电台，是其系列台之一，呼号是沈阳人民广播电台交通台，广播频率为调频98.6兆赫、副汛道67千赫，中波1341千赫，发射功率为10千瓦。

沈阳交通台的节目宗旨是：为市民出行服务，为交通有序服务，为城市管理服务，为繁荣经济服务。其内容是以服务交通，方便群众生活，为广大司乘人员提供快捷、准确、实用的路况信息为主，兼融新闻、知识、服务、娱乐为一体，节目形式灵活多样，有新闻、信息类节目如《早安·沈阳》；有宣传、教育类的节目，如教人们学法、知法、自觉遵守交通法规的政策法规性专题节目；有侃谈式的话题节目，如以旅游快车的形式向人们介绍外国民俗风情的《天南地北》节目；有轻松、愉悦的热线参与节目及温馨祝福类的节目。所播出的大量路况信息均由市公安局交警支队提供。交通平峰时间每逢半点播一次，高峰时间随时插播，遇有重大交通事故，道路堵塞都能及时播报。

开设的栏目有：《早安·沈阳》、《伴你同行》、《交通方圆》《天南地北》《都市彩虹》、《温馨港湾》、《假日娱乐厅》、《交通俱乐部》。

沈阳交通台的周一——周五早晨6点25分播出，晚19点结束，全天播音12小时35分钟，周六、周日早晨8点30分播出至晚17点结束，全天播音7小时30分钟。

沈阳交通台开播一年来收到了很好的社会效果，受到社会各界的好评。如《伴你同行》栏目中《监督岗》节目，通过热线的形式与听众直接对话，对人们在城市管理，出行中遇到的问题，建议和呼声，在同有关部门协调后给予答复，每天接听众电话2—3个，全年为老百姓解决实事达600件，回音率95%。在为群众排忧解难中，对那些应当解决，有条件解决而长时间得到不解决的一些问题充分发挥了舆论监督作用。特别是在今年8月初的辽沈地区遭受洪涝灾害期间，沈阳交通台开设了“交广为您指路”、“我为亲人报平安”栏目，这些栏目为辽沈地区的人们提供及时准确的道路交通信息，对安抚受灾地区的灾民起到了很好的作用。仅8月1日至4日，沈阳交通台每天不重复播出交通信息480多条，为听众提供咨询电话服务600多人次，显示出交通信息专业台独特的优势。

（王秋艳）

【开办《新闻总汇》】 1995年2月10日，沈阳人民广播电台新推出了一个综合性新闻节目——《新闻总汇》。这是沈阳电台开播以来时段最长的新闻节目。

每天18点至19点直播的板块节目《新闻总汇》，由简明新闻、专题新闻和英语新闻构成。其特点是，大容量、高密度、快节奏、动态新闻与专题新闻兼容，国内新闻与国际新闻总括，具有较强的时效性。

简明新闻包括本市新闻和国内、国际新闻。本市新闻播报的是刚刚发生过和正在发生的新事件，由文字报道和电台录音报道组成。国内、国际新闻，均是本台通过多种传媒获取的最新消息，具有较强的可听性。

专题新闻包括“新闻背景”、“名人、专家访谈”、“沈阳人风彩”、“新闻广角”。以记者或通讯员口述为主的新闻背景，是社会反响大、收听率高的简明新闻的拓展与延伸。访谈录形式的“名人、专家访谈”，采访对象都具有其权威性。以录音通讯或文字通讯形式出现的“沈阳人风彩”，重在反映沈阳各界、各阶层人士拼搏进取，务实真干的精神风貌。突发事件或其它社会新闻在当天早晨新闻节目播出后，在《总汇》里跟踪报道事件的新发展或进一步挖掘出其新内容，形成滚动之势。

（王学山）

【《七九二记者热线》】 沈阳人民广播电台的《七九二记者热线》节目是1995年1月1日开播的，播出时间是每天早晨沈阳人民广播电台七九二千赫8.00—8.15分。

这是一个时政性的新闻专题类节目，节目的宗旨是通过记者的视角反映沈阳市改革开放的成果，揭露一些社会不良倾向和群众关注的热点问题，展示各级干部勤政为民的风貌，歌颂普通百姓的美好心灵。报道形式有跟踪报道，现场报道，录音通讯、录音述评、广播对话等。

《七九二记者热线》在1995年全年共播出300期，其中反映沈阳市改革开放成果的报道有108期；展示各级干部勤政为民的报道有52期，歌颂普通人美好心灵的报道有63期，余下的77期是揭露社会问题及热点的报道。

该节目播出后，由于编辑记者深入实际调查研究，素材丰富，问题抓得准，典型报道得准，而且报道形式灵活多样、广播特点突出，深受群众欢迎。如：铁西区副区长甘泉热心为孤儿解决住房的报道；普通青年孟繁明创办“爱心之家”为社会上最需要帮助的人送温暖的报道；大伙房水库自来水管道抢险的报道；居民委干部白秀彬身患癌症仍坚持作群众工作的报道；普通女工孙丽靠拣废纸资助一个瘫痪女人的报道都在听众中引起强烈反响。他们的事迹感动、鼓舞了千万人，另外一些问题的报道由于抓得准引导得当，不仅教育了群众，而且还为市政府有关方面的工作当了参谋。如：沈阳市非机动车闯红灯的现象应该制止的报道；街头烧烤乱设摊点污染环境，影响市容的报道，街道交易市场急待整顿的报道；各种名目的乱罚款乱收费现象应当制止等报道都对沈阳市的城市建设、公民的文明意识起到了积极的作用。

（孙志伟）

【《跨越白山黑水》大型采访活动】 为纪念抗日战争和世界反法西斯战争胜利50周年，由沈阳、长春、哈尔滨经济广播电台共同组织的以采写东北人民抗日战争历史史实为主线的《跨越白山黑水》大型联合采访活动自1995年4月15日始至1995年7月26日结束，整个活动历时3个月，采访行程9 870多公里，途经

63个市县、深入74个采访地、采访了106位东北抗战的英雄人物、历史见证人和史志工作者，沿途采写了近百万字的文字资料，采录了3 180分钟的录音资料和920分钟的录像资料拍摄了720幅照片，抢救了一批抗战历史资料、发现了一些鲜为人知的新的抗战史实。在采访期间联合采访组还通过直播电话分别向3家电台发实地采访报道124篇。中央人民广播电台和东北地区省市新闻单位还播发、刊载了这次采访活动的报道37篇。

在实地采访结束后，联合采访组又策划、制作了30集450分钟的大型系列广播节目《历史的回声》。整组节目以采访组获取的第一手历史资料为基础，以爱国主义为主线、深刻揭露了日本帝国主义的侵略罪行，热情讴歌了东北军民抗战的英雄业绩。它共分为“国耻、抗争、胜利”三部分，节目的主题明确，重点突出，结构严谨，编排新颖，发挥了广播的优势和特点，具有较强的可听性和感染力。此节目于1995年8月1日至9月30日在3市同时播出，引起沈阳、长春、哈尔滨3个城市人民的极大关注，受到社会各界的好评。

3家市级电台共同举办这样一次大型联合采访活动，共同制作这样一组大型系列广播节目在全国广播界尚属首次，也是3台在广播宣传改革方面取得的又一可喜成果。这次活动锻炼了采编队伍，扩大了3家电台的社会影响，取得了积极的社会效果，为东北3个省会市今后在重大题材，重大活动等方面加强地区性节目合作积累了宝贵经验。

（廉杨）

【沈阳广播电视报广播版发行】 沈阳广播电视报广播版(13、14、15、16版)于1995年3月1日创办。主办单位:沈阳人民广播电台。其办报宗旨是:为广播服务、为社会生活服务、为听众服务。开设的主要栏目有:

13版《青春波段》全方位反映青年人的心态和生活主旋律，帮助引导青年树立正确的人生观和价值观。这里开设的小栏目有:《玫瑰故事》、《感悟人生》、《青春视点》、《校园新思维》、《妙语连珠》。

14版《广播园地》为广播服务，对扩展广播功能，发挥延伸补充的作用起到很好的效果。主要栏目:《广播信箱》、《收听指南》、《我与广播》、《一周文艺广播》、《广播要闻回顾》、《广播集粹》、《播坛传真》。

15版《社会广角》对社会现象、价值观念、道德水准、热点问题等人们关心和社会关注的现象和话题进行报道。主要栏目:《世象走笔》、《都市话题》、《写真镜头》、《异城采风》、《体坛拾零》。

16版《生活时空》引导消费、指导健康、反映生活、突出服务是该版的主要内容。主要栏目《家政主持人》《健康顾问》《给您提个醒》《梳妆台、穿衣镜》《说句心里话》《教你一手》。

沈阳广播电视报每周三出版，发行以自办发行为主，1995年全年出版43期。一年来广播报在努力探索广播报独有特色方面取得较大的成绩，为贴近广播、补充广播、延伸广播起到了很好的作用，在版性确定、栏目设置、稿件编排等方面体现自己的独特风格和品味。

（邱敏）

电视事业

【概况】 1995年，沈阳电视台牢牢把握“团结、稳定、鼓劲”和“以正面宣传 为主”的方针，强化喉舌功能，坚持正确的舆论导向，为推进沈阳市改革开放和两个文明建设发挥了积极作用。

新闻节目从内容到形式发生了可喜的变化，呈现了崭新的面貌。主要变化有以下7个方面:一是适应沈阳市“一高两大两化”的城市发展目标，建立了有较多新闻源、反应和行动比较灵敏迅速的新闻中心。二是新闻节目时间由原来25分钟增加到55分钟，翻了一番。三是自办新闻半小时后，一套节目晚7点开始同步转播中央台《新闻联播》。四是开通了新华社电视新闻和四路报电稿的传输渠道，《沈阳新闻》办成了以地方为主、兼蓄国内、国际消息等大信息容量的综合板块式新闻。五是全年播出新闻12 000多条，比1994年增长了一倍;在省台发稿625条，为全省各市台上稿率第一位;同时在中央台播出新闻118条，平均近3天一条。六是紧密配合沈阳市委、市政府的中心工作、重大活动和突发事件，出色地完成了全市“一大二抗三会四个活动”的战役性报道。如:党代会、人代、政协会;“进场入轨、兴市富民”大讨论;纪念抗日战争和世界反法西斯战争胜利50周年;抗洪救灾;创建全国卫生城;第四届全国杂技大赛;沈阳市地产消费品博览展销会;“两扫一打”等，都投入了较大的宣传力量，掀起了很强舆论声势。尤其在抗洪救灾宣传工作中，台里投资10万多元，新闻记者组成12个报道组，昼夜奋战在抗洪抢险第一线，播发消息200多条，专题片6部，充分发挥了电视媒体的独特优势和强大功能，受到社会各界的广泛关注和好评。沈阳电视台的记者被国光书记誉为“电视战士”。在全市表彰大会上，沈阳电视台被市委、市政府授予抗洪抢险先进单位称号。1995年12月25日，配合公安机关围歼特大持枪杀人犯，我们的记者日夜战斗在第一线，进行现场追踪报道，做出了重要贡献，受到了沈阳市委、市政府的明令嘉奖。七是新闻收视率创造了历史最高水平。据省统计局电视收视率调查，沈阳新闻收视率居同时段各电视台之上。

自办节目质量意识增强，精品增多，一大批栏目、节目在全国和省市评比中获奖。据不完全统计，1995年全台有67个节目获得了89个奖项，比1994年78个增长13%。荣获全国和省市一等奖的节目有28个。其中，省以上一等奖的各类代表节目有:电教类《新生儿保健》，荣获全国第六届优秀电视教育节目一等奖;新闻类《市场经济不相信眼泪》等3条新闻荣获辽宁省电视新闻一等奖;社教类《爷孙》荣获辽宁电视社教节目一等奖;经济类《为了圆满的句号》《壮哉！名牌》分别荣获全国和辽宁省经济专题类一等奖；播音类《经济述评》《康法行》《莘莘学子》分别荣获辽宁省广播电视播音作品一等奖；歌曲类《我们手拉手》荣获全国少儿征歌评选电视大赛一等奖；栏目类《经济舞台》荣获辽宁省经济栏目一等奖；栏目类《爱我辽宁，爱我家乡》荣获辽宁省广播电视学会专题晚会评比一等奖。在中央台举办的1995年音乐电视大赛中，沈阳电视台制作的MTV《雪》获得银奖，《雪梦》获得荧屏奖；《雪韵》荣获了辽宁省音乐电视大赛金奖。沈阳电视台和有线台联合摄制的《热血之歌》受到了省、市领导和广大观众的普遍赞誉，并由中央电视台在北京召开了专家研讨会，给予了很高评价。《日本印象》还在日本外务省举办的外国人看日本电视节目评比中荣获优秀节目奖。一些自办栏目如《沈阳新闻》《新闻视点》《沈阳与世界》《开心一小时》《观众点播》《黄金热线》《法庭传真》等贴近时代变化的脉博，贴近普通老百姓的生活，贴近普通人的心灵和情感世界，收视率一直较高，受到了观众的好评。尤其是《法庭传真》直播节目在社会上引起了强烈反响，收视率居同时段各台之冠。许多单位组织集体收看。新华社、《中国法制报》等国内几家主要报纸作了报道，并引起了国外新闻机构的关注。

1995年，沈阳电视台在电视剧市场竞争激烈、片价上涨的情况下，购进播出了3 600多集电视剧、动画片、评书和文体节目。许多电视片是在中央台和省台播出之前献给沈城广大观众，收视率很高。坚持了国家准播证制度和版权法，受到三部检查团的好评。1995年，全台还完成了5部65集电视剧的后期制作。其中三部作品参加了辽宁省第八届优秀电视剧评选，《无价的誓言》和《伊阿宋之剑》双双荣获中篇三等奖。《半路夫妻》荣获长篇二等奖、最佳导演奖、最佳女主角奖，荣获辽宁省“五个一工程”入选作品奖，同时在东北三省第九届金虎奖评选中荣获长篇二等奖、最佳女主角奖并在中央台播出。《走来走去》正在播映。《悠悠落月坪》和《都市女人》也质量看好，可望于1996年上半年播出。

1995年，沈阳电视台在全台树立了“一切为了荧屏，一切源于荧屏”的思想，自上而下，严肃编播纪律，将各种编播制度印发到每位编辑、记者手中；建立健全了责任编辑、制片主任、台长三级审片制度；实行了节目季度评议制度；在有线和无线台进行了节目讲座和业务研讨活动；征集并制作了台标，结束了沈阳电视台15年无图文台标的历史；开展了收视率调查，每周对观众收视较高的前10个栏目进行大排行，张榜公布，奖优罚劣，并对长期收视率不高的栏目进行了调整；节目编播根据观众需要逐步走向动态化；总监以上领导干部还多次利用休息日来台里专题讨论节目改革。全台上下抓节目、抓质量形成良好风气，从而使节目意识和宣传质量有了明显提高。

【经营管理】 1995年，沈阳电视台无线、有线实现毛收入比1994年增长了13%。其中，无线台两个频道在经济环境比较紧张的情况下，超年初奋斗目标14.5%，比上年增长了46%，比1993年翻了一番还多。这是一个历史性地突破。它使沈阳电视台在国内城市电视台的经济实力由两年前的第十二位跃居第二位。广告部在沈阳广告市场很不景气的情况下，努力开辟外埠和海外广告市场，提前超额完成了全年任务，创造了沈阳电视台历史的最高记录。在增加创收的同时，我们适度控制了财务支出。全年费用总支出比计划开支下降了8个百分点；行政性费用支出，实行了费用包干，即医疗费、修车费、差旅费、汽油费和电话费、设备维修费、福利费、劳保费、办公费和招待费的支出也得到了有效地控制；优化投资结构，重点向节目供应和设备更新倾斜，全年投入购片费比上年增长58%；设备更新改造投入比上年增长45%。

1995年是沈阳电视台经营管理工作力度较大的一年。经营创收管理委员会成立后，首先积极主动同市财政局沟通，重新核定了沈阳电视台财政体制，明确了工资奖金同效益挂勾的新财务政策。为了用足用 活国家政策，召开了1995年经营管理工作会议；确定了全年经营工作“进一步以宣传为中心，加大改革和发展步伐，强化广告创收，优化投资结构，大力发展第三产业，继续实行‘池水养鱼’和‘适度从紧’的收支政策，坚持一要吃饭、二要建设、三要还债的统筹兼顾、保证重点的原则，依法理财，努力提高经营工作质量，推进电视事业的投入产出在良性循环的轨道上健康发展”的指导思想；出台了1995年经营管理工作白皮书；并在实施过程中，开展了“一落实五检查”活动。这些有力措施，使全台的经营工作切实做到了宏观调控，微观搞活。荧屏创收走上了法制管理的轨道，确保了主渠道创收任务的完成。

1995年，全台上下以荧屏效益为中心，大力发展第三产业，率先在国内成立了第一家电视产业集团——阳光集团，受到广电部和省市领导的充分肯定，在国内新闻界引起了关注。阳光集团的诞生，将过去电视产业的粗放经营，发展成“统一规划决策、统一经营承包、统一贷款还债、统一法人任免、统一进出口贸易、统一国有资产保值增值”的集约经营，经受住了市场经济风霜雨雪的严峻考验，全年实现创收比年计划增长了5.7%。阳光娱乐城在困难的外部环境下也取得了较好的经济效益。

1995年，沈阳电视台出席了全国第11届城市广播电视财务系统经验交流会，并在会上介绍了经验，引起了与会代表的普遍关注和好评，《用足国家政策，强化经营管理，不断促进电视经济的繁荣与发展》一文，被评为优秀论文一等奖第一名。1995年，沈阳电视台还被评为省统计工作先进集体。

【电视事业的发展】 1995年6月份，沈阳电视台在刚刚落成的彩电中心成功地举办了“沈阳国际广播电视设备展览会”，并投入资金1 500万元更新改造技术设备，约占全年毛收入的1/4。这是继1994年设备投入后又一个历史上投入较高的年份。近两年连续投入的资金比电视台1993年以前14年固定资产的总和还多，使全台的摄录设备初步完成了由模拟系统向分量系统的转变；新闻中心、社教部、电视剧部的摄录设备全部更新，实现了分时化；全台Betacam机器达到70%，占主导地位；播出系统实现了电脑自动控制。从根本上改变了电讯装备老化落后状况，已跻身全国电视装备的先进行列。

加强技术管理，开展科技进步活动。1995年，沈阳电视台以新设备启用为契机，举办了6次技术培训班，实行了持证上岗制度、新设备集中使用管理制度；制定了电视节目拍摄时间比、编辑时间比和编播、技术事故等级划分及奖惩规定；完成了新旧设备的平稳过渡；建立了监测室，开展了对无线电视彩塔发射质量和有线电视网播出质量的监测工作；解决了长期以来2频道收视效果不好的问题；实现了全年无线电视安全优质播出5 532小时无事故。由于上述这些基础工作落到了实处，从而使全台的技术质量通过了广电部、中纪委和省厅联合检查团的检查验收，在广电部和辽宁省举办的电视节目技术质量评比中，荣获五项奖，其中综合制作技术质量获一等奖。播出部被评为全省先进单位。

有线电视实现了交费、安装、开通、收视同步发展。1995年新增用户5万户，累计实现20万户；架设了五里河到星姑片区的光缆；高质高效地突击安装了市人大办公楼、省委住宅楼、军区大院等有线工程；增设了维护站，建立了信息反馈系统，故障排除率大大提高。1995年，有线电视网还建立了自动播出系统，全年播出76 813小时，基本做到了安全优质播出。有线电视取得的较大进步，尤其是工程部和维护部的同志，从未休息过一个礼拜天，献工达100多个工作日，夏日冒着酷署，冬天顶着严寒，坚守在户外工作，受到了广大用户的好评，许多单位还送来了锦旗和感谢信。

沈阳广播电视报社社会效益、经济效益稳步提高。1995年，报纸增加了广播版，更名为沈阳广播电视报，特别是大一版，在宣传电视台节目上有了新的突破。

沈阳市电视行业管理进一步加强。1995年，沈阳电视台完成了沈阳市13个县区(市)行政区域有线、无线电视台(站)的分布格局。其中，无线电视投资110万元，筹建了辽中无线电视台，现已初具规模；投资80万元，实施沈阳至康法电视微波二期工程，使沈阳电视台一套节目人口覆盖率由原来的45%上升到70%。有线电视，在8个郊区的县(市)建立了行政区域网，实现了58 000户入网，占规划户数的64%；建立了32个乡镇有线广播电视站，占乡镇数的23%。对行业管理加大了力度，沈阳电视台积极贯彻广电部316号文件精神，帮助康法两县电视台解决技术难题，坚持集中供片，实行准播证制度，对全市电视系统进行了全面普查，对严重违纪的20多家有线电视设计施工单位，吊销了经营许可证，查处违法违纪案件28起。在1995年全省电视系统综合质量12项技术指标评比中，沈阳市被评为辽宁省局际竞赛先进单位，名次由原来的第11位跃升到第5位，结束了过去拉全省后腿的状态，实现了此项奖级零的突破。

【管理工作】 1995年，沈阳电视台以宣传业务为龙头，带动技术、经营、党务、人事、行政、后勤等各方面工作，全面实行量化管理。宣传业务部门，首先，确定任务数量和质量指标；其次，根据任务量配备人员和设备；第三，实行ABCD稿制度；第四，节目的优劣直接与工资奖金挂勾。如新闻中心，每个记者月编采在数量上必须完成18条报道；在质量上，中级职称的记者要达到A稿4条，初级职称的记者要达到A稿2条。实行量化管理以后，沈阳电视台职工的精神面貌发生了新的变化，编辑记者的积极性、责任感和工作效率明显提高。行政后勤工作增强了管理、协作、效益、服务、安全五个意识。在办好食堂、职工福利和车辆管理、电话管理、供暖供电、基建收尾等方面做了大量有成效的工作。保卫处被市公安局评为先进集体。办公室围绕业务、参与政务、协调台务、配合党务发挥了重要作用。成立了老干部处，使老干部工作进一步加强。机关党工团也较好地完成了上级和台党组布置的各项任务。在支农扶贫工作中，沈阳电视台被市农工委评为先进集体。

改革奖金分配制度，使奖金同量化指标挂勾。制定了《合同制工作人员岗位薪金实施方案》，打破了现行事业单位的工资制度。

改革人事用工制度。进人方面，实行"面向社会招考，公开择优聘用，签订五年合同，档案存入市场"的新办法。去年，从社会上招考了48名实习工，择优聘用了38名合同制工人，档案存入了人才市场。中层干部聘任走群众路线。工作人员聘用实行双向选择，通过人事制度改革，初步形成了优胜劣汰的用人机制。全台人员形成固定工、合同工、临时工三种体制，增强了职工危机感、责任感、使命感，调动了广大职工的积极性。

改革管理体制，增强宏观调控机制。1995年，沈阳电视台提出了"适应竞争需要，按多媒体、多频道节目理论，建立系列台体制，形成以新闻时政台为龙头，各俱特色、协调发展的密集覆盖网络"的沈阳电视事业总体发展战略，在全台设立了编辑工作、技术事业、经营创收、行政后勤和党务人员等5个管理委员会；实行了党组领导下的台长分工负责制，分管台长领导下的委员会工作制，编委会领导下的系列台总监负责制。

抓班子、带队伍，加强了班子建设、党的建设和队伍建设。1995年，在班子建设上，继续贯彻了"团结、开拓、廉洁、实干、高效"的十字方针和"领导参加公务活动的若干规定"；建立健全了"生活会制度"。在党的建设和队伍建设上，沈阳电视台召开了首届电视台思想政治工作座谈会，出台了《关于进一步加强和改进沈阳电视台思想政治工作若干问题的决定》和《沈阳电视台工作人员管理条例》；公开处理了几起违反宣传纪律的事件，对提高队伍的思想政治素质，端正台风，都起到了很大的推动作用。

卫生·体育

卫生事业

【概况】 1995年沈阳市卫生工作经受了防病救灾和创建卫生城的严峻考验，取得了可喜成绩。

截止1995年底，全市共有各级各类医疗事业机构1 380个，专业卫生人员55 330人，医院床位38 818张。

继续实施“科技兴医”战略，科技立项46项，其中16项为市科委科研课题计划，科研成果通过鉴定24项，其中达到国际水平和部分达到国际水平的4项，国内领先和国内先进水平的20项，18项成果获市科技进步奖，获奖率58%。

认真贯彻《国务院关于进一步加强药品管理工作的紧急通知》的要求，结合《药品管理法》颁布十周年，全市集中打假，取缔了南五马路等非法药材批发市场及无证经营药品企业、业户44户；查处假劣药品334起，标值46万元；销毁假劣药1 132种，标值30万元；处理药品违法案件136起，罚没款10万元。对126个外地企业、220个药品品种实行了外来药品注册登记。

1995年，中西医结合医院经市政府正式批准在市第七人民医院挂牌；辽宁省皮肤病治疗中心通过省厅正式验收也在这里挂牌。新民市的全国中医工作先进县(市)的建设工作已通过省厅的评审。全国中医示范医院——苏家屯区医院正在争创全国血栓病中西医结合治疗中心。大东区中医院的课题获得了国家中医药管理局科技三等奖。

为实现全民食用碘盐，没收非碘盐、私盐2.8吨，罚款5 750元，对114万名特需人员进行了补碘，碘盐普及率达99%。扑灭了法库县的布鲁氏菌病疫情和康平县的鼠疫疫情。

传染病防治工作，取得明显成效。共发生甲、乙类传染病15 086例，死亡4例，发病率为226.87/10万。1995年，百年不遇的特大洪涝灾害侵袭沈阳，全市各级卫生部门组成1 500余人的184个医疗、防疫小分队，免费投药66万元。在灾区投放漂白粉60余吨，漂白精片600万片，各类消杀药品总价值150万元，消毒面积510万平方米。有效地控制了全市传染病的暴发流行，发生数比1994年下降29.6%。全市未发生脊髓灰质炎病例，巩固了“在沈阳市已消灭脊髓灰质炎”的成果。霍乱疫情得到及时控制，无续发病例和死亡病例。加强了对医院、血站的艾滋病监督和管理，保证血液质量和安全。

医疗机构消毒管理以整顿消毒药械和一次性医疗用品使用市场为主，对发现的34种没有取得市卫生局签发《监督监测合格证》的产品就地封存，监督覆盖率223.08%，监测覆盖率达121.09%，有效地控制了医源性感染的发生。

妇幼保健工作以宣传贯彻《母婴保健法》为中心，保证基层防保人员经费达人均2 000元；业务用房面积增加到14 988平方米；妇幼机构医疗设备装备总值已达213.4万元。全市产妇48 798人，孕产妇死亡15人，死亡率3.07/万人，婴儿死亡率10.07‰。五岁以下儿童死亡率为17.26‰(监测点)。12所医院通过3—10月份卫生部组织的专家评估，使沈阳市创建爱婴医院工作越居全省首位。

为贯彻《中华人民共和国护士管理办法》和《辽宁省护士管理办法实施细则(试行)》，全市于1995年6月25日进行了护士执业考试。9月份正式开始护士注册工作，注册护士为15 625人；执业护士人数为1 182人。

到1995年底，全市共有36家医院进入等级医院的行列。其中三级甲等医院7家；二级甲等医院16家；一级甲等医院13家。

建立健全以县(市)区医院为中心的农村医疗急救体系。三级医疗预防保健网经受住了百年不遇洪水的考验。

红十字会认真履行职责，积极参与救灾。截止到年底，共收到支援的救济物资达人民币150万元，并将储备的1.5万件衣物送到辽中灾区。组织专家到灾区义诊；为纪念“5·8”世界红十字日，开展了一条街宣传服务，举办“5·8”无偿献血周活动。

1995年，沈阳市爱卫会积极组织参与，奋力创建卫生城。全市20%住宅小区达到了“绿、静、美、安”标准，推进了垃圾袋装化工作。健康行为率达70%以上。人均绿地达到4.3平方米。

为加强国际交流与合作，全年共派出国团组16个，52人赴美国、日本等6个国家和地区进行医学考察、培训和参加学术会议。接待了6个来访团组。组织了卫生部安排的WHO和世川奖学金考试，承办了赴新加坡的护士选拔工作。

规范食物中毒报告，15种主要食品卫生监督合格率达85%以上，对各类市场、货源加工批发单位、食品添加剂生产经营单位、餐饮服务行业、街头饮食及假冒伪劣黑食品加工窝点进行了全面监督检查。各级卫生行政部门坚决打击取缔各种无有效证、照从事各类食品生产经营的外来业户。

医学教育，全市各普通和成人高、中等医学院校按国家计划，共招生2 846人。各医疗机构普遍增加了对培养人才的投入，积极支持和组织卫技人员参加继续教育培训和赴国内名流医院深造，卫生科技梯队正在逐步形成。

（周强）

【药政管理】 1995年，沈阳市药品监督管理工作在以打击假劣药品工作为中心，以查处药品经营和医疗使用中的假劣药品为重点的方针指导下，强化监督，取得了显著的成绩。下大气力取缔无证经营药品和无证配制医院制剂的违法活动。于2月份取缔了南五等非法药材批发市场。并组织了市县区卫生局的联合执法检查，取缔无证经营药品业户44家，查处吗叮啉等假劣药37种。加强对外地来沈销售药品的监督管理，全年对126个外地企业的220个药品进行了注册登记。对全市医疗单位开展建立药品采购管理档案的检查，全市县以上医疗单位建档率达100%。各级医疗单位建档率为86%。对医疗单位自制制剂实行专家评审制度，全年共对24个单位，135个品种进行了5次评审。确保医院制剂安全有效。

全年完成药品检验4056批，超额完成年度计划的35%，查处假劣药品344起，累计品种2 410个，数量43.9万片（支、丸），标值30.1万元。查处药品违法案件137起，没收款1.8万元，罚款12万元。全年组织烧毁假劣药品243个品种，67.5万余合（片、支、瓶）折合正品价值33万元。

为纪念药品管理法实施10周年，组织全市药品监督员上街宣传《药品管理法》，共散发传单5万份，出动宣传车、宣传板，展出假劣药品实物213件，设药品咨询站13处。

为加强药品监督队伍自身建设，市卫生局十分重视基层单位从药人员法制观念和业务素质的提高，全年共举办16期培训班，有1 556人参加了学习。

（安妮）

【科技兴医】 1995年沈阳市卫生局继续实施“科技兴医”战略、加速卫生科技进步、依靠科技进步振兴卫生事业。

首先，全年科研立项46项，其中16项为市科委科研课题计划，争取到科研经费33万元。其余30项为局科研计划，下拨科研经费15.4万元。

其次，科研成果通过鉴定24项，其中达国际水平和部分达到国际水平的4项，国内领先和国内先进水平的20项。

第三，组织31项科研成果参加了市科技进步奖的评审，其中18项成果获市科技进步奖（市科技进步二等奖5项、三等奖13项），获奖率58%。

第四，组织了局科技进步奖的评审工作。全年评审科研成果17项、新技术项目50项、优秀论文115篇、优秀著作7部。经专家评议，评出获奖项目52项，其中局科技进步奖14项；引进新技术奖12项；局优秀论文奖45篇；局优秀著作奖4部。

第五，召开了沈阳市卫生事业管理局科技大会。会上表彰了7个科技工作先进单位和18名优秀科技工作者。孙宝鑫局长做了题为《实施科技兴医战略、加速卫生科技进步、促进卫生事业发展、保障全市人民健康》的报告。并对“八五”期间全局的科技工作做了实事求是的总结，对今后一个时期医学科技工作做了全面部署。这次大会对更好地推动沈阳市卫生事业的发展，依靠科技进步振兴卫生事业将起到积极作用。

（余宵）

【地方病防治工作】 1995年，沈阳市地方病、寄生病防治工作，以防治碘缺乏病为重点，以综合目标管理为手段，强化法制管理，较好地完成了各项防治任务。

1.碘缺乏病防治工作取得了突破性进展。为如期实现我国政府向世界承诺的2000年消除碘缺乏病目标，沈阳市在郊区县食用碘盐的基础上于1995年1月1日实现了全民食用加碘食盐。同时，加强对碘盐市场管理，全年共开展稽查837次，没收非碘盐、私盐272.8吨，罚款5 750元，从而保证了主渠道供应碘盐，碘盐普及率达到99%。为了保证特需人群对碘的需要，提高全市人口素质，根据国家和省的要求，沈阳市在省内率先下发了《沈阳市特需人群补用碘油工作实施方案》，对0—6岁儿童、新婚育龄妇女、孕妇、中、小学生在食用碘盐的基础上进行有偿补碘。全市共对114万名特需人群进行了补碘，补碘率达90%以上。卫生部门对22 085名学生进行了监测，甲状腺肿大率为5.9%，比1994年减少2个百分点，尿碘均值为136.9微克/升，达到了国家要求的100微克/升的标准。

2.加强了业务建设，防治工作逐步走向规范化、科学化。1995年初市地病办和市地方病防治所举办了碘盐监督员、碘缺乏病防治业务培训班和检验技术培训班，对各县、区专业机构的碘盐监督员、业务人员和检验人员进行了培训，各县、区又分别对基层单位进行了层层培训，进一步提高了各级防治人员的业务水平。为了提高防治工作质量，全市13个县（市）、区和市地方病防治所都购买了尿碘检验设备，使防治工作达到了国家要求的技术标准。在平时工作中加强了对工作质量监控和技术档案管理，从而实现了科学防治。

3.宣传工作不断深入。1995年沈阳市通过新闻媒介，利用各种机会，采取多种形式广泛开展了地方病防治宣传活动。沈阳电视台进行了二次专题报道，在沈阳电台进行了热线咨询，沈阳日报多次刊登科普文章，各县（市）、区也利用本地区报纸、有线电视台、有线广播等开展宣传活动。全市统一印刷宣传单100万张，在对特需人群补碘的同时每人发1份。特别是在5月5日全国碘缺乏病宣传日这天，省、市及和平区的卫生、盐业等部门在太原街开展了大规模的宣传活动。省、市、区及有关部门的领导走上街头参与宣传。并在现场召开了座谈会。各县（市）区也在本地区繁华街道开展了宣传。这次宣传活动无论在宣传内容、形式和群众参与等方面都是非常成功的。

4.圆满地完成了布鲁氏菌病、鼠疫防治任务。畜牧和卫生部门分别按要求完成了畜间、人间检、免疫和监测工作，通过监测及时发现了法库县柏家沟镇农民私自购买外地病羊引起布鲁氏菌病暴发的疫情，市卫生、畜牧和法库县及时采取了有效措施，对疫点周围的羊全部进行了检疫，共检出病羊38只，全部进行了扑杀，对密切接触病羊的34人进行了体检，确诊患者23人，全部进行了治疗。对病畜圈舍、活动庭院、病人衣物及居室进行了消毒，并通过有线广播开展防治知识的宣传。同时，对全县的羊、黄牛进行了应急免疫接种，由于措施得力，及时扑灭了疫情，防止了疫情扩散。鼠疫防治工作，市财政局拨给康平县专项防治经费6万元，康平县政府召开专门会议研究布置防治工作，在鼠防带开展了3次大规模灭鼠活动，并与内蒙科左县进行联防，通过大力灭鼠使鼠密度控制在0.22只/公顷以下，通过监测没有发现鼠疫疫情。

（张守平）

【传染病防治】 1995年，沈阳市传染病防治工作以贯彻《中华人民共和国传染病防治法》为主线，加大执法力度，落实各项综合性防治措施，取得明显成效。全市共发生甲乙类传染病15 086例，死亡4例，发病率为226.87/10万，比1994年下降31.16%，其中痢疾发病率90.01/10万；病毒性肝炎发病率为69.84/10万，分别下降了38.16%和33.53%。

大灾之后无大疫。1995年沈阳市遭受了特大洪水灾害，市卫生事业管理局提出了"保一方平安，求全城健康"的口号，市、区（县）卫生防疫站组建了60多个防疫机动队深入灾区开展防病救灾工作，为保证饮水安全，防止灾后蚊蝇孳生传播疾病，全市投放漂白粉60余吨，漂白精片600万片，各类消杀药品9种50余吨，消毒面积达510万平方米，深埋溺死牲畜、家禽近22万只。对灾区各类传染病做到早期发现、早期治疗、早期隔离、就地扑灭、不留隐患，有效地控制了灾区传染病的暴发流行，实现了大灾之后无大疫的目标。

有效控制霍乱病疫情扩大蔓延。1995年沈阳市共发生霍乱病100例，疫情涉及9个区，其中66.7%的病例与食用海产品有关。市、区卫生防疫站坚持"早、小、严、实"的原则妥善处理疫点，对确诊的122名霍乱病人和疑似病人及时送往市传染病院隔离治疗；对650名霍乱病密切接触者进行留验和医学观察；对1 394名一般接触者限制其活动范围投药预防；确定疫点185个；对疫点进行终未消毒，消毒面积达29 505平方米；调动霍乱防治机动队236队次，机动队员2 055人次，有效控制了霍乱病疫情，无二代续发病例发生。

做好性病防治监督监测工作。1995年沈阳市加强了对医院、血站（库）的艾滋病监督和监测管理，以保证血液质量和用血安全。同时对12 907人进行了艾滋病监测，对298 877人进行了性病监测，查出各种性病1 380例，均给予及时治疗，有效地控制了性病的流行和蔓延。

（陈秀敏）

【妇幼卫生工作】 1995年，沈阳市妇幼卫生工作，紧紧围绕《九十年代中国儿童发展规划纲要》提出降低二率的目标并以宣传贯彻《母婴保健法》为中心，充分发挥各级妇幼卫生工作者的积极性和创造性，在全市范围内开展多层次，全方位妇幼卫生工作，取得了一定的成绩。

1995年是市政府与各县（市）区政府签定中期目标责任状兑现的一年，各县（市）区以政府的名义与街（乡）政府领导签定了目标责任状，将建立健全三级保健网和解决乡村医生及接生员的报酬纳入目标责任状的主要内容，各县（市）区都分别下发了文件，除财政拨款外，以误工补工、村乡补助等多种渠道，保证基层防保人员经费达人均2 000元，各县（市）区的卫生局给所在区妇幼保健所下拨的人均经费均达3 000元，全市共拨款（仅县区妇保所）171.2万元，比1990年的70.7万元（不包括康、法两县）增长142.15%。市卫生局对全市妇幼工作给予重点倾斜，给妇幼处拨款30万元专项经费，比1990年增长5倍，并购置交通车一辆。

业务用房面积由1990年的4 325平方米增加到1995年的14 988平方米；妇幼机构医疗设备装备总值已达213.4万元，与1990年相比，增加了54.9万元，三配套达标的街（乡）已达103个，占全市街（乡）总数的44.02%。

1995年全市产妇数48 798人，孕产妇死亡15人，死亡率为3.07/万；对三项新生儿疾病筛查20 000例，阳性2例；妊娠三项血清学筛查596例，阳性7例；为加强女工保健工作，市卫生局对全市女工保健现状做了调查，全市妇女病普查178 285人，患病人数为39 546人，患病率为22.18%；全市婴儿死亡率为10.07‰，5岁以下儿童死亡率为17.26‰（监测点），中重度营养不良的患病率3.23%，在1995年创建爱婴医院活动中，有12所医院顺利通过10月份卫生部组织的专家评估，使沈阳市创建爱婴医院工作越居全省首位。

1995年市区两级共投入5.6万元用于《母婴保健法》的宣传工作，并将6 000张宣传单，4万册《母婴保健法》的小册子，发至各级有关单位；于3月5日和6月1日在13个县（市）区开展了二次宣传贯彻《母婴保健法》活动日，全市有280个医疗单位，1 538名医务人员参加，其中专家226人，发放宣传单（册）共计93 917份，受益人数178 024人，全市13个县（市）区举办了执法学习班共23期，有1 466人参加了培训，市卫生局聘请有关专家编印了《妇幼保健基本知识100题》4 000册，发放至基层妇幼保健人员，8月22日市卫生局组织了全市的"沈阳市妇幼保健知识竞赛"活动。

重视妇幼卫生的科研工作，在"八五"期间全市共撰写科研论文189篇，其中国家级论文108篇；国际交流二篇；省级论文64篇；发表5篇，市级17篇，优秀论文三篇。

（马春）

【中医工作】 1995年，我市中医工作又上了新台阶。沈阳市中西医结合医院经几年的建设，年内经市政府正式批准在市七院挂牌，14 000平方米的病房大楼主体工程也已完工。辽宁省皮肤病治疗中心在这里通过了省厅验收挂牌。其皮肤科年收入达1 100万元。

中医研究所始终坚持以科研为先导,以人才为根本的办所宗旨,全面推进科研工作,1995年获局科技大会奖。

新民市的全国中医工作先进县(市)的建设工作进展快,已通过省厅的评审。新民市中医院也通过了省厅的"二级甲等"中医院的验收,新民市大柳乡中医院也通过了沈阳市"一级甲等"中医院的验收。

全市中西医结合系列逐渐完善,继辽中县中西医结合医院,康平县中西医结合医院,于洪区中西医结合医院成立之后,1995年又成立了铁西区中西医结合医院。还有几所乡、镇中西医结合医院也在筹建中。

加强了基础设施建设。除市中西医结合医院外,沈河区中医院、东陵区中医院已破土动工。全国中医示范医院——苏家屯中医院正在争创全国血栓病中西医结合治疗中心。

中医科研教育工作发展迅速,县、区中医院都加强了科研工作,乡、镇医院中医科及个体诊所也有市科委立题,市中医研究所、市中西医结合医院每年都有成果通过鉴定,大东区中医院的课题获得国家中医药管理局科技三等奖。

加强国际间的联系,全年又有5个团出国考察交流,扩大了祖国传统医学在国际上的影响。

(肖振祥)

【食品卫生监督管理】 1995年,沈阳市加大卫生行政执法力度,强化食品卫生监督管理工作。

1.深入宣传贯彻《中华人民共和国食品卫生法》。各级卫生行政部门、卫生防疫机构要组织卫生监督员、食品生产经营单位认真学习,贯彻实施。市卫生行政部门将统一印制5万册《中华人民共和国食品卫生法》并编制有关宣传图册及影视片;会同有关部门集中报导表彰一批优秀卫生监督员和食品生产经营企业守法典型单位。

2.理顺监督执法体制,做好食品卫生法与试行法的衔接工作。《中华人民共和国食品卫生法》授权各级卫生行政部门为执法主体。1996年3月1日前,各级卫生行政部门一要完成对所辖各类食品生产经营单位的年审换证工作;二要完成对现有食品卫生监督员的培训、考试和聘任工作。

3.认真组织好新年、春节期间食品卫生监督检查工作。为切实体现政府为市民办好事办实事,保障全市人民过好新年和春节,节前在全市范围内对各类市场、货源加工批发单位、食品添加剂生产经营单位、餐饮服务行业、街头食品及假冒伪劣黑食品加工窝点等进行全面监督检查。

4.继续开展全市冬季整治小餐饮行业工作。为巩固全市创建成果,继续开展全市冬季整治小餐饮行业工作,使小餐饮行业卫生管理水平再上新台阶。全市冬季小餐饮单位整治达标率达100%。

5.规范食物中毒报告,提高食品卫生监督合格率。食物中毒报告率达100%,原因查明率90%以上,15种主要食品卫生监督合格率达85%以上。

6.规范外来人口在沈从事食品生产经营的卫生管理。凡来沈从事各类食品生产经营的外来人口必须持有效身份证、暂住证到各级卫生行政部门、防疫机构办理《卫生许可证》、《健康体检证》和《卫生知识培训证》;对无有效卫生证、照从事各类食品生产经营的外来人口各级卫生行政部门予以坚决打击取缔。

(王守华)

【卫生基本建设】 1995年,沈阳市卫生事业基本建设工作以提高全市人民医疗保健水平,解决看病难、就医难为目的以加快工程进度,缩短工程建设周期,保证工程质量,提高投资效益为重点,取得了喜人成果。

深化改革,加速发展。在建设资金严重不足的情况下,变压力为动力,充分调动各方面积极性,以改革投入机制为重点,打破在计划经济体制下"等、靠、要"的思想,主动自主求发展,广开筹资、融资渠道,建立起以市里投资为主,自筹资金为辅的贷款、集资等多元化投资相结合的投入政策,极大地推动了卫生事业基本建设,全年卫生事业基本建设投资完成7 840万元,比1994年增长30%,其中市里投资1 804万元,自筹资金3 852万元,贷款2 184万元。在建项目施工面积达97 977平方米,竣工面积47 434平方米,超额完成了全年计划。

1995年卫生基本建设在加快医院总体改造的同时,加强了农村卫生"三项"建设,全年投入农村卫生"三项"建设资金540万元,新建成了市红十字会医院11 300平方米门诊楼,市第四人民医院5 000平方米眼科门诊综合楼。第四人民医院病房楼17 400平方米,9 600平方米骨科病房楼,职业病院11 000平方米病房楼,市结核防治所4 600平方米业务楼等翻建工程已基本完工,正进行收尾工作,预计1996年可以使用。市第七人民医院14 300平方米病房楼,市护士学校10 000平方米教学楼、实验楼、学生宿舍等工程主体已完工。新开了市医学院附属二院6 000平方米配套工程,市医学院6 340平方米图书馆。

(曲玉杰)

【城乡基层医疗】 1995年,沈阳市城乡基层医疗事业有较大发展。

1.以县(市)区医院为中心的农村医疗急救体系较为健全,并不断得到巩固、加强、充实、完善。13个县区医院已有6个进入了二级甲等医院。

2.三级医疗预防保健网,在调整的基础上进行巩固、加强、完善。1995年经受了百年不遇洪水的考验。

村级卫生室在保持村办(合作)为主的前提下,也出现了多样化形式,保证了村级卫生机构有医有药、能防能治。

3.继续坚持城乡对口支援。1995年沈阳市遭受百年不遇洪灾,部分乡镇医院损失较重,市直10余家医院与受灾较重的辽中、苏家屯、于洪、新城子、东陵的乡镇卫生院结成支援对子,充分表现出"一方有难,八方支援"的高度爱心与责任感。

4.加强了医政监督。打击、取缔非法行医和游医药贩,全年共取缔无证行医15人,游医27人,查处非法药房8个,游医诊疗点5个,没收中药饮片56种,各类西药267种,其中假药品192种,贵重药材8种,没收非法行医器具10余种,使一度猖獗的非法行医活动得到了有效的遏制。

5.医院管理上,各基层单位主动适应改革开放的新形势,转变职能,不断完善内部运行机制和约束机制,市卫生局也积极引导扶持基层医院上档次,上水平,年内11家基层医院经过努力进入了一级甲等医院。

(赵忠哲)

【医疗机构消毒管理】 1995年沈阳市在医疗单位继续开展了"医疗机构消毒达标竞赛活动",提高了消毒工作质量,有效地控制了医源性感染的发生。

1.明确工作目标,认真落实达标竞赛工作。年初,市卫生局召开了医疗机构预防工作会,明确提出继续贯彻"传染病执法以医疗机构为重点,医院预防工作以消毒工作为重点"的工作方针,并借鉴1994年经验重新制定下发了"医疗机构消毒工作达标竞赛活动方案"和相应的评比标准,各县(市)、区结合本地区实际,制定了评比方案,并组织落实,为搞好消毒达标竞赛活动,打下了良好的基础。

2.加强培训,提高清毒工作水平。市卫生局先后举办了"各县(市)区卫生局防疫科长、防疫站防疫科长学习班"及"市直以上各医疗单位预防科长培训班",各县(市)区也开展了相应的培训,对《传染病防治法执法程序》、《消毒管理办法》及"消毒达标竞赛评比标准全面进行学习,通过层层培训,提高了卫生监督人员执法意识和能力,提高了医院预防人员的业务素质和管理水平。

3.以整顿消毒药械和一次性医疗用品使用市场为先导,全面开展监督监测工作。市卫生局年初下发了"关于加强消毒药械和一次性医疗卫生用品管理的通知"并组织有关人员对全市医疗单位使用消毒药械和一次性医疗卫生用品情况进行检查,对发现的34种没有取得市卫生局签发《监督监测合格证》产品就地封存,对使用这些产品的单位给予行政处罚,有效地抵制了假、冒、伪、劣产品流入医院,全面推进了监督、监测工作的开展。全年共检查了1 318个医疗单位,监督覆盖率223.0%,监测覆盖率达121.09%,部分县、郊区对乡村卫生室也开展了监督监测工作,使全市医疗机构消毒工作出现了前所未有的好势头,有效地控制了医源性感染的发生。

4.总结经验,树立典型。通过开展"消毒达标竞赛活动",使全市医疗机构强化了对消毒工作领导,健全了组织,完善了各项消毒隔离制度,增强了医护人员消毒观念,提高了院内消毒工作水平。市卫生局于12月对市直以上医疗单位及各县(市)区达标竞赛工作的开展情况进行了全面考核验收,中国医大附属一、二院,沈阳市红十字会医院,空军沈阳医院,辽宁省肿瘤医院,沈阳市第一结核病医院为优秀达标单位;苏家屯区、和平区被评为先进单位。

(贺立新)

【护士执业注册】 沈阳市为贯彻《中华人民共和国护士管理办法》和《辽宁省护士管理办法实施细则(试行)》精神,积极参加了1995年6月25日卫生部国家医学考试中心组织的全国护士执业考试,全市共有1 996人,符合报考条件报考,实际参加考试人员1 857人,缺考139人,按照全国统一要求,每30人设一考场,单人单桌,并实行非专业人员监考,以严格考场纪律。

1995年9月,沈阳市正式开始护士执业注册工作,现在护士岗位工作并取得护士以上职称的给予执业注册;对已取得护士及以上职称不在护士岗位的给予执业但不予注册;护校毕业生,工作一年后参加全国护士执业考试,成绩合格者予以注册。

护士执业注册工作是一项政策性很强的工作,必须经各医疗单位,县(市)区卫生事业管理局审查,市卫生事业管理局复审,最后由省卫生厅认定。1995年沈阳市注册护士为15 635人,执业人数为1 182人,有职称注册数为13 757人,无职称为1 767人,执业有职称为1 174人,离退休注册82人,执业34人。

通过贯彻《中华人民共和国护士管理办法》实行护士执业注册上岗,大大推进了护理人员管理的规范化,一部分从事非护理岗位人员又重新回到护理队伍中来。

(刘淑琴)

【医学教育工作】 1995年,沈阳市的医学教育工作有了较快的发展。普通和成人高、中等医学院校努力改善办学条件,不断提高办学质量,为卫生事业培养了大批合格的高、中等卫生技术人才。各级医疗卫生单位把"科技兴医,强化人才培养"放到了首位,通过各种形式,大力培养在职卫生技术人员,使他们的专业技术水平有了显著的提高,为保障人民健康,促进经济发展做出了积极贡献。

1.招生工作。1995年沈阳市普通和成人高、中等医学院校按照国家计划,全面完成招生任务,沈阳医学院共招生417人,其中本科生264人,专科生153人。主要开办临床医学、预防医学、卫生检验等专业;沈医附属卫校、市护校、市中医药学校三所普通中专学校共招生476人,主要开办护士、药剂士、针灸按摩等专业;市职工医学院、沈医夜大等成人学校共招生880人,开办临床医学,高护等专业;市卫生职工中专等三所成人中专学校共招生650人。开办医疗、护士、口腔等专业。

2.继续抓好青年医师岗位培训工作,市直医院的310名青年医师继续参加继续医学教育培训,另有81名皮肤、口腔、五官、肛肠、理疗学科的青年医师参加继续医学教育培训。

3.加强技术骨干的培训工作。为提高中青年技术骨干的专业技术水平,培养学科带头人打好基础。举办了内科循环专业学习班,有32人参加培训,举办了放射线、检验两个专业技术培训班,共有53人参加培训。

4.举办护理专业学习班，提高护理队伍的技术水平。委托中国医大护理系举办了危重症护理培训班，委托沈阳医学院举办了护士长和护士微机培训班，共有78人参加学习。

5.强化外语培训，为适应外事交流和出国研修的需要，继续加强对技术骨干的外语培训，举办了英语学习班，学员24人。

6.加强研究生的委托培养工作，年内各单位委托培养研究生18人，尚有33名研究生在继续学习。

（顾玉斌）

【加强国际交流与合作】 1995年，沈阳市卫生局共派出国团组16个，共计52人，赴美国、日本、加拿大、韩国、泰国、香港等国家和地区，进行医学考察、培训、医学研修和参加学术会议。接待来访团组6个，共计18人，分别来自美国、日本等国家。

1995年派往日本友好城市川崎市研修生6人，接待日本川崎市中医研修生2人来沈中医研究所进行中医学研修。

1995年沈阳市卫生局与市国际人才交流中心共同承办了赴新加坡研修护士的选拔工作，市属医疗卫生单位共有15名护士预选合格，经新加坡卫生部考核，其中6名护士被指定为1997年赴新加坡研修。另有10名护士将直接参加1996年的赴新加坡护士面试选拔，不需参加笔试。

加强科技外事管理工作。1995年市卫生局进一步加强了科技外事管理工作，严格审批制度，对出国团组和来访团组注重项目上的管理，杜绝盲目出国现象。对来访团组严格申报制度，并对接待工作进行系统管理。

（王军）

【等级医院建设】 沈阳市从1992年开始正式成立医院分级管理评审机构，至1995年底，全市已有36家医院晋入等级医院的行列，其中三级甲等医院7家，二级甲等医院16家，一级甲等医院13家。1996年在医疗机构登记注册基础上，抓好局属医院的等级医院建设，重点指导市四院、市红十字会医院、沈医二院、市骨科医院、市口腔医院、市传染病院、市儿童医院的等级建设，市厂企医管会，各县区卫生局应根据所管医院的实际情况，积极指导所管医院尽快达标上等。继续监督，复查等级医院的巩固、发展工作。

年内拟推荐三级医院3—5家，评审验收二级医院7—8家，一级医院20—30家，争取年底前全市等级医院达到80家左右。

（解中瑜）

【红十字会工作】 1995年沈阳市红十字会工作取得了较好成绩。

1.履行红十字会职责，积极参与救灾。1995年沈阳市遭受特大水灾，市红十字会按“红会法”中规定，深入灾区调查灾情及时上报，呼请救济。截止年底，先后收到总会、国际红十字联合会及香港、台湾地区红会支援的救济物资达人民币150万元。市会拨救灾款2万元给辽中购买救济物，并将储备的15万件衣服送到辽中灾区。

2.积极扩大红十字会的社会影响。为扩大红会的社会影响，举办了“相会在爱的日子里”电视文艺晚会；“5·8”无偿献血周；组织专家义诊队到灾区为妇女儿童义诊；开展把“爱心奉献给儿童”大型义诊；纪念“5·8”世界红十字日一条街宣传服务；组织全市青少年参加全国红十字征文、绘画竞赛；举办沈阳—京畿道中韩两国红十字青少年夏令营等活动。

3.开展募捐筹集红十字资金。①市红十字会募捐站进行废旧物资募捐。1995年全市募捐的衣服，废钢铁，旧书本及易拉缶等变值19.2万元，为红十字会积累资金12.6万元。②募捐人道救助基金。在会员中开展捐一元钱活动，筹集捐款近10万元；③创建沈阳博爱商贸有限公司为红会创收。

4.积极做好各项业务工作。继续实行层层目标管理。组织建设在整顿中有所发展。群众卫生救护活动普通开展，培训救护员7.4万人，现场救护3 000余人次，处理小伤小病15万余人次。公民无偿献血人数比1994年增长20%。红十字青少年活动十分活跃；全年红十字青少年参加社会服务活动达21万人次；参加各级红十字夏令营的青少年达2万人。同时举办了书法、绘画、知识竞赛等各种红十字特色活动。国际间交往活动日益增多。先后接待韩国京畿道赤十字支社来访3次，组团出访京畿道一次，接受京畿道捐赠救护车一辆，举办了中韩国际红十字夏令营并为东北育才学校与京畿道科学高等学校建立了友好姊妹学校。对台服务及社会服务工作等也取得了较好成绩。

（刘喜成）

【爱国卫生工作】 1995年沈阳市爱国卫生工作紧紧围绕创建全国卫生城市这个中心，深入贯彻、落实《辽宁省爱国卫生管理条例》，加大抓实创建工作力度，在搞好市容环境卫生、除害防病、健康教育、农村改水改厕等项工作的基础上，调动方方面面的力量，齐抓共管，综合整治，经过国家检查，被授予全国卫生城市的光荣称号。

为了进入全国卫生城市的先进行列，1995年沈阳市爱国卫生工作以《全国城市卫生检查评比标准》和《辽宁省爱国卫生管理条例》为依据，以造福人民、改善人民生活环境、提高人民生活质量为目的，坚持“人民城市人民建”的原则，实行了全市总动员，全民大发动。在市委、市政府的领导下，重点实施了市容环境卫生的十项工程：一是大力整治居民住宅小区。经过整治，全市20%住宅小区达到了“绿、静、美、安”标准，70%住宅小区，达到群众基本满意。二是强化施工工地管理。全市41条街路沿线的建筑工地围挡实现了景观化。三是推进了垃圾袋装化工作。进一步解决了垃圾散投散落问题。四是大力进行了市容环境整治，全市11条景观路、6个景观广场和沿街建筑立面粉刷一新。五是抓好除害防病工作。全面开展了单位居民区和公共地带杀虫灭鼠工作，并对居民、中小学生开展了《健康知识问卷》，健康行为形成率达70%以上。六是加强了城市绿化工作，城区绿化覆盖率达27.07%，人均绿地达到4.3平方米。七是搞好街路全覆盖。中心城区一、二级路全部实现了软硬覆盖。八是加快了水洗公厕建设速度。全市新建水洗公厕130座，水洗公厕比例已达30%。九是加强了环境保护工作。十是提高了城市窗口地区的环境卫生水平。

（杨维新）

体育事业

【概况】　1995年，沈阳市体育工作很好地完成了以参赛全国第三届城市运动会为中心的工作任务。在贯彻实施《全民健身计划纲要》，广泛开展群众性体育活动，深化体育体制改革，学习宣传《体育法》，加强体育市场管理等方面取得了较好成绩，为迈入"九五"打下良好基础。

1.贯彻实施《全民健身计划纲要》，召开沈阳市实施全民健身计划动员大会。全市有学生、职工、农民、武警官兵近万人参加。有2 000人参加了迎春长跑活动，使沈阳市实施《全民健身计划》的"一二一"工程正式启动。

2.召开了有中央、省、市新闻单位体育记者参加的新闻发布会。公布了沈阳市实施《全民健身计划》工作方案，通报了沈阳市1995年搞好全民健身主抓的10件大事，并对参加健身的群众开办全民健身保险。

3.开展全民健身"活动月"、"宣传周"活动。与11个委办局、新闻单位联合下发了《转发关于在全国开展"'95全民健身宣传周"活动的通知》，召开了辽宁省暨沈阳市1995全民健身宣传周动员大会。

4.以各区为单位开展了多种多样的群众性体育活动，举办了全市百家企事业单位职工长跑活动，成功地举办了第三届农民运动会，扩大了全民健身对整个社会的影响，使全市体育人口稳步发展。

5.学校体育工作狠抓《国家体育锻炼标准》落实，使学生达标工作取得优异成绩。达标率为97.68%，优秀率为29.69%，比1994年分别提高0.34%和0.69%。改革了传统点校资助办法；完成"明日之星"测试任务；建立沈阳市少儿体育档案。

6.体育训练工作以参赛第三届城运会为中心，精心组织，周密安排，在参赛的14个项目决赛中，共获得奖牌总数57.5块，其中金牌16块，银牌25.5块，铜牌16块，获总分535.5分，在49个参赛城市中名列奖牌总数第二名，总分第三名，金牌第四名。

7.体育竞赛工作，全年完成市级竞赛58次；承办全国足球甲级联赛A、B组比赛共22场；全国足协杯比赛3场；县区体委（文体委）举办各类比赛247次。

8.裁判队伍有较大发展。晋升国家级裁判11人，审批一级裁判32人，二级裁判70人，三级裁判200人；审批二级运动员62人。举办各种裁判培训班22次，共600余人参加。

9.体育科研面向基层，立足为训练服务，取得新成果。年内对柔道运动员的贫血问题进行了研究和治疗，成立"三城会"服务小分队，主动为各训练单位服务。全年为运动员体检1 300人次，拍片鉴定骨龄1 450人次，对重点优秀运动员跟踪测试10人次，并请医学专家帮助研究营养与降体重问题。

10.体育改革取得新进展。召开柔道、举重、游泳3个重点项目的训练工作会议，制定该项目的"九五"期间训练改革目标和计划、措施。召开了单项体育协会深化改革研讨会，深化体育体制改革新闻发布会。确立了沈阳市体育改革的发展方向，即在训练、竞竞体制改革上，以足球为突破口，将足球项目首先推向市场，建立俱乐部体制，成立了10多个业余足球俱乐部及乒乓球俱乐部。在体育竞赛上，打破原有的竞赛模式，充分发挥各单项协会的作用，大部分项目竞赛将从97年开始交给协会去办，使以前完全是竞技水平的大赛，纳入全民健身的内容。年内已有跆拳道、拳击、中国式摔跤3个协会实现了实体化。

11.学习、宣传《体育法》，加强体育市场管理。以市政府名义召开了学习宣传《体育法》动员大会，开展《体育法》"宣传日"活动，积极向市民宣传《体育法》。

12.加大财务管理力度，保证重点资金投入，完善体育设施建设。1995年完成市水上训练中心的征地任务，共征地56亩；自筹资金450万元，政府补贴155万元，对市中心体育场进行罩面，初步改变了中心体育场的外部形象；自筹资金新建足球学校校舍4 000平方米，完成基础工程。对市体校体操馆、体科所进行了改扩建工程，面积354平方米；对市体校、陆校、体育中心、体育场联片供暖及机关锅炉改造共投入120万元；积极组织创收，1995年创收比1994年增长14.7%。

13.抓好干部队伍建设。在体委机关干部中试行岗位轮换，提拔优秀年轻干部充实到领导岗位上来，对现有基层领导班子成员进行民意测评，测评后进行调整，充实年轻干部，建立后备干部人才库。

14.国际体育交流不断发展。全年出访日本、新加坡、泰国、马来西亚、香港、澳门6个国家（地区），4个体育团组32人次；接待了新加坡圣公会中学学生体育代表团共23人次。

（董蓓蓓）

【群众体育】　1995年，沈阳市群众体育以宣传贯彻《体育法》和《全民健身计划纲要》为主题，积极推行全民健身计划，开展了丰富多彩的群众体育活动。在全民健身宣传周活动中，沈阳市被授予"辽宁省全民健身宣传周'优秀城市'"称号。实施全民健身计划，使全市体育人口稳步发展，城市体育人口达148万人，占城区总人口的48%；农村体育人口达117万人，占农村人口39%。

为认真贯彻全民健身计划，做好宣传发动工作，年初，市体委举行全年全民健身新闻发布会，向社会发布全民健身活动消息；2月份，举行了沈阳市实施全民健身计划暨'人寿保险杯'长跑，全市有近3 000人参加了比赛，揭开了沈阳市全民健身活动序幕。同时，市领导带头参加全民健身平安保险，为推动健身保险起到表率作用。5月份开展的"沈阳市社区健身活动表演"，把全民健身活动推向高潮。全市有1万多名职工、学生、机关干部、离退休人员参加此项活动，共进行了广播操，健身操、健身气功、武术、大秧歌、太极拳、长跑等项目表演，场面之大人数之多是多年不见的。

针对机关干部身体素质有所下降的现象，下发了《关于加强机关职工体育工作意见》，同时，就如何发挥领导机关在全民健身运动中的表率作用，提出在全市机关开展"三个一"体育活动，有力地推动了机关体育的开展。

加强全市社会体育指导站管理工作，举办了社会体育指导员培训班。首次对参加培训的各指导站的指导员，进行了系统地培训和考核，近60名指导员通过了二级社会体育指导员的培训和考核。

1995年成功地举办了沈阳市第三届农民体育运动会。7月份，来自8个县(市)区的农民体育代表队近700多名运动员参加了在新民市举行的沈阳市第三届农民体育运动会。进行了田径、乒乓球、象棋等项的角逐。

国家体委领导十分关心沈阳市群众体育工作，1月份，国家体委副主任刘吉来沈阳市视察群体工作，对东北机器制造总厂，洮昌街道办事处，中山公园社会体育指导站，虎石台镇等基层单位开展全民健身活动表示满意。特别是对宣传贯彻全民健身计划中所做出的努力，给予充分的肯定和好评，并与市委书记张国光同志交换了如何开展大城市全民健身活动的意见和看法。

少数民族体育取得可喜成绩。以沈阳市运动员为主代表辽宁省参加在昆明举行的全国第五届少数民族传统体育运动会上，沈阳市朝鲜族秋千、男子武术、男子珍珠球等取得优异成绩。其中，武术运动员田雨时、秋千运动员朴明花、韩英实获得了3块金牌，占辽宁省代表团金牌总数的50%，是历届少数民族运动会取得的最好成绩。

(单承连)

【参赛第三届全国城运会】 第三届全国城市运动会于1995年10月22日至10月29日在南京市举行。其预赛从3月25日开始至7月13日结束，历时5个月。

本届城运会共设16个项目，有49个城市参赛。沈阳市共派出207名运动员参加14个项目的预赛。共有191名运动员进入决赛。在参加决赛的激烈争夺中，沈阳市体育代表团共获得奖牌总数57.5块，其中金牌16块，银牌25.5块，铜牌16块，获总分535.5分，在49个参赛城市中，名列奖牌总数第二名，总分第三名，金牌总数第四名，共有4名运动员9次创全国青年纪录；4人9次超亚洲青年纪录；1人1次超世界青年纪录。

"三城会"结束后，市委、市政府为沈阳体育代表团举行庆功会。对在城运会上做出突出贡献的运动员、教练员和工作人员，有关部门分别给予了表彰。金玉东、戴海振等5人被团市委授予"新长征突击手"荣誉称号；高红苗等5人被市妇联授予"三八红旗手"荣誉称号。

(董蓓蓓)

【体育市场管理】 《中华人民共和国体育法》的颁布实施为体育部门依法对体育市场行使管理职权确立了法律保证。依据《体育法》的基本准则，沈阳市体委于1995年把规范和加强体育市场管理列为全年重点工作任务来抓，于8月正式组建体育市场管理处具体行使体育市场管理职能，经努力，在各有关部门的支持下，于12月20日市政府颁发了《沈阳市体育市场管理规定》。

这一《规定》，是根据《体育法》和有关规定，为促进全市体育事业的发展，加强对体育市场管理，保护经营者和消费者的合法权益而制定的。规定营业性的体育活动场所、营业性的体育健身、康复、娱乐、竞赛和表演、营业性的体育培训和技术信息服务及其他体育经营活动和项目，均属于体育市场的管理范围；市体委是体育市场的行业主管部门，凡在沈阳市行政区域内从事体育经营必须先经体育市场管理部门审查，再到工商等部门办理证照手续；凡违反体育市场管理规定的各种行为均要受到处罚。《规定》的出台，结束了沈阳市体育市场管理无章可循的历史，体现了市政府对体育事业发展的高度重视，随着《规定》的逐步贯彻实施，沈阳市的体育市场必将出现新的局面，广大人民群众的体育需求必将得到更好的满足。

(王恩祥)

【《体育法》颁布实施】 《中华人民共和国体育法》于1995年8月29日由第八届全国人民代表大会常务委员会第十五次会议审议通过，经国家主席江泽民签署发布，并于1995年10月1日起施行。

为宣传贯彻《体育法》，沈阳市体委召开学习宣传《体育法》动员大会，开展《体育法》"宣传日"活动，体委领导及干部职工走上街头，利用广播及印制的宣传资料，积极向市民宣传《体育法》。同时向体育系统下发了《关于认真学习体育法的通知》，号召全委干部、职工带头学习《体育法》。根据《体育法》条款规定，为加强体育市场管理，规范体育经营活动，市体委经上级部门批准于1995年8月成立了体育市场管理处，经与市法制办、工商局等部门协调，取得了体育经营活动的照前审批权，制定了《沈阳市体育市场管理规定》，已由市政府签发。在此基础上，市体委又成立了体育人才培训交流中心，旨在管理和规范沈阳市体育人才市场。

(董蓓蓓)

社会·生活

社会人口

【沈阳市已进入老年型人口社会】 国际上通用的人口年龄结构类型分为"年轻型"、"成年型"、"老年型"。考核的4项指标是：0—14岁人口占总人口比重、65岁以上人口占总人口比重、老少比、年龄中位数。划分的标准是：年轻型分别为40%以上、4%以下、15%以下、20岁以下。成年型分别为30—40%、4—7%、15—30%、20—30岁。老年型分别为30%以下、7%以上、30%以上、30岁以上。

1995年1%人口抽样调查数据表明：沈阳市人口年龄结构发生了明显的变化：0—14岁的少年人口比重在逐渐缩小，由1990年21.74%降到1995年的20.72%，65岁以上的老年人口比重上升，由1990年5.91%上升到1995年的7.49%，老少比、年龄中位数也逐渐上各项，老少比由1990年27.17%上升到1995年的36.16%，年龄中位数由1990年29.81岁上升到1995年的32.89岁。按照国际通用的人口年龄类型标准分析，沈阳市已进入老年型社会。

促使人口老化的主要原因是生育率降低。随着生育率逐渐降低，每年出生婴儿数所占比重下降，随着时间推移，儿童与少年的比重也将陆续下降，相应地整个人口便日趋老化。沈阳市人口出生率由1990年13.16‰降到1995年的9.16‰，平均年龄由1990年31.14岁提高到33.27岁。

老年型社会的到来，使沈阳市面临着新的社会问题，老年人的生活安排和安全保障等诸多方面问题应引起政府的高度重视，建立一个合理的老龄化社会体系。（孙杰）

计划生育

【概况】 1995年，沈阳市的计划生育工作，认真贯彻了中共中央国务院五次计划生育座谈会议精神，按照《中国计划生育工作纲要（1995—2000年）》的要求，既抓了农村的工作重点，又抓了城市工作的难点；既抓了基层基础工作，又抓了新路子的探索；既抓了行政管理，又抓了依法实行计划生育，使全市计划生育工作在新情况新问题较多的情况下，较好地完成了各项任务。

1.人口出生情况。1995年全市共出生婴儿53 482人，人口出生率7.98‰，自然增加人口为16 151人，自增率2.41‰。在出生人口中，计划内出生53 260人，计划生育率99.6%。在出生的婴儿中，其中一孩出生为45 294人，一孩率84.7%；二孩出生为8 036人，二孩率15%；男孩出生为146人，男孩率0.3%。全市现有一孩有偶育龄夫妇101.4万对，其中领取独生子女父母光荣证80.7万对，领证人数占已婚有偶育龄夫妇的55.4%。符合生育二孩条件自愿生育一个孩夫妇11 762对。其中市区占7.1%，郊区占65.3%县占27.6%。

2.全市共有15—49周岁育龄妇女185.4万人，其中已婚有偶育龄妇女145.8万人，采取节育措施人数135.9万人，综合节育率93.2%。女性初婚42 242人，达到晚婚年龄27 498人，晚婚率65.1%。其中市区晚婚率82.7%，郊区晚婚率51.9%，县晚婚率48.1%。

【贯彻全国计划生育纲要】 经国务院批准颁布的《中国计划生育工作纲要（1995—2000年）》是中国计划生育史上的一件大事。《纲要》下发后，沈阳市各县（市）区都把学习、宣传、贯彻《纲要》提到了1995年工作的重要日程。一是下发文件对学习、宣传、贯彻《纲要》做出了具体安排；二是翻印《纲要》6万册，辅导材料5 000多份，下发到基层单位；三是举办局（公司）专职干部，县（市）区宣传科（站）长培训班和基层干部学习班，培训骨干400余名；各县（市）区也都举办各类人员参加的学习班30余期，近4 000人参加。四是沈阳市政府下发了《沈阳市1995—2000年计划生育工作安排意见》。《意见》明确了全市人口控制目标及为实现人口与经济、社会、资源、环境协调发展，从八个方面提出了具体要求。

基本任务、主要目标：

基本任务：认真贯彻《中共中央、国务院关于加强计划生育工作，严格控制人口增长的决定》和《纲要》，确保实现1995—2000年的人口控制目标，同时努力提高人口素质，改善人口结构，使之与经济、社会发展相适应，与环境保护、资源利用相协调，以保证经济的持续发展，为社会主义现代化建设提供一个良好的人口环境。主要目标：到1995年末全市总人口控制在674万以内，到2000年总人口控制在699万以内，人口自然增长率降到3‰以下。在严格控制人口增长，把人口规模控制在合理范围内的同时，人口素质要有比较明显的提高。为此要抓好以下工作。一是稳定现行生育政策，加强法制建设；二是加强宣传教育工作，促进群众生育观念的转变；三是以农村为重点，加强基层工作；四是发展计划生育事业，提高技术服务质量；五是加强人口计划管理和统计工作；六是努力增加投入，提供物质保障；七是加强队伍建设，提高干部素质；八是加强领导，实行综合治理。

【狠抓城市计划生育工作难点】 1995年,沈阳市针对计划生育工作中的难点问题狠抓不放。

1.加强对城市流动人口的计划生育管理。抓住全市对外来人口整顿的有利时机,积极参与对外来人口的计划生育管理工作,各县(市)区成立了流动人口计划生育领导小组,市政府下发了《流动人口计划生育管理办法》和综合治理《各部门职责分工的意见》,在沈河区召开了外来人口计划生育工作汇报会和“沈阳市流动人口计划生育经验交流会”。会后,规范了流动人口孕检通知单。完善了管理办法。与此同时,加强了对流动人口的统计工作,实行了流动人口季报表制度。对流动人口基本达到了“四清”,即:(居住地清,婚姻状况清,生育子女数清,采取的节育措施清)。通过协会组织和流动人口之家,对流动人口实行“自我管理,自我教育,自我服务”,管理力度加大了,程序规范了。

2.加强企业的计划生育工作管理。沈阳市城市人口中企业职工占60%,针对企业出现的新问题,下发了《关于加强企业计划生育工作的通知》,进一步明确了企业法人对计划生育工作负总责的责任制,明确了条块之间的分工与合作,巩固了企业计划生育工作已取得的成果。政府与直管的31个局(公司)的行政一把手签订了计划生育目标责任状。按照所管职工的多少,分成三个档次,收取一定数额的目标责任保证金。加强了对企业剥离人员的管理工作。职工在离岗前,企业要与其签订计划生育合同,落实可靠避孕措施,同时要与离岗职工的户籍地和常住地保持联系,共同管理。坚持了“条块结合,以条为主”的管理体制,同时将31个局(公司)分成4片,每片选出一个片长,由片长组织开展一些必要的活动。对31个局(公司)专职干部实行季度例会制度,及时通报情况。加强对“三资”企业计划生育的管理。结合对“三资”企业的年检换照工作进一步摸清了“三资”企业的名称、地址、类别、员工的基本情况,对“三资”企业负责人和职工进行了一次“计划生育是我国的一项基本国策”,依法实行计划生育的宣传教育活动,同时落实了这些企业的计划生育工作人员。

【加强农村计划生育基础工作】 1995年,沈阳市为了加强农村的计划生育工作,一年来把农村基层基础建设工作做为重点去抓。召开了农村计划生育基层基础建设经验交流会,推广了新城子等区创建“合格村”先进经验。全市下发了文件,统一了“合格村”标准,提出了考核的原则和具体标准,并把创建“合格村”同各地开展的“示范村”,“新风户”有机地结合起来。抓农村的“三生”中心户的巩固提高工作。抓好“三生”中心户的建设,是创建“合格村”的基础,年初对全市的中心户进行了调整和充实,全市共有6 300个中心户,达到“三生”标准的有5 040个。为了发挥“三生”中心户的作用,会同市科委举办了3期培训班,培训中心户长210名,重点学习了养殖,种植经济作物的科学技术,为广大农民少生快富奔小康培训了骨干力量。三是抓乡镇,村委会计划生育干部培训工作,提高他们业务能力和管理水平,讲解人口理论,人口计划及统计管理,《生育证》及生育指标管理,培训近千人,把基础工作落到实处。召开了农村部分乡镇计划生育工作座谈会。

【实施“三生”服务工程】 为了使计划生育工作适应改革开放的新形势,针对城区计划生育工作出现的新情况,1995年沈阳市把农村的“三生”(即生育、生产、生活)中心户经验引入到城市中来,在市区开始实施“三生”服务系统工程。在总结铁西区凌空、七路等街道办事处针对育龄群众开展有城市特点的生产、生活、生育的综合服务,较好地解决了当前工作中存在的难点、热点问题经验的同时,于9月份召开了全市“三生”服务系统工程现场会。明确提出计划生育工作必须实现生育、生产、生活相结合;管理与服务相结合;行政制约与利益导向相结合,走出了在新形势下城市计划生育工作的新路子。

为了加快“三生”服务系统工程的发展,1995年做了以下几项工作:

一是市政府将“三生”服务系统工程纳入《沈阳市1995—2000年计划生育工作安排意见》中去。进行了统一布署,政府办公厅转发了《沈阳市“三生”服务系统工程实施方案》,全市各县(市)区也都下发了工作方案。二是召开了理论研讨会,论证了“三生”服务是顺应市场经济规律,符合人民群众需要,是解决当前计生工作问题的有效途径。三是省政府在沈阳市召开了城市计生工作会议,并参观了铁西、皇姑区的现场。沈阳市总结了12个方面的配套经验在会上进行了介绍。《中国人口报》以一版整版的篇幅进行了报导,并配发了评论员文章。到1995年底,全市共建“三生”服务中心5处,“三生”服务公司4个,“三生”培训基地50个,“三生”服务站91个,服务点5 570个,开辟了“三生”服务一条街34处,开展的服务项目近百种,安置了大量企业在职离岗及无业育龄人员。

【发挥计划生育协会作用】 1995年,沈阳市已建立各级计划生育协会组织7 300多个,发展会员105万人。广大会员在宣传、教育、带头服务,监督等方面,发挥了重要作用。整顿了各级协会组织,调整了理事会成员,对全市的大中型市场和部分“三资”企业进行组建协会组织;筹集人口福利基金,通过动员,各级领导带头,计划生育专兼职干部和广大会员积极参加,到目前已筹集到福利基金20万元;扎扎实实开展宣传教育活动,纪念中国计划生育协会成立15周年。召开了大型纪念会议。倡谈计生协取得的成就,确立计生协今后任务;在抓好计划生育的保险和养老保险的基础上,1995年又开办了“母婴安康保险”和“妇女乳腺癌保险”两种新保险项目,有力地推动社会保障事业的完善和发展。

(刘树勤)

劳动与就业

【职工人数继续减少】 1995年,沈

阳市劳动用工制度改革不断深化，加强企业经营机制的转换，在企业内部实行改组、改造、兼并、破产进行优化组合，增强了企业的活力，职工队伍人数继续呈减少态势，产业结构正向合理的趋势调整，合同制职工队伍迅速壮大，股份制企业的比重不断增加。

1. 职工队伍人数继续减少。1995年，沈阳市全部职工达225.5万人，比1994年减少4万人，下降1.7%。其中：国有经济单位职工为139.6万人，增加1.96万人增长1.4%；集体经济单位职工为66.8万人，减少6万人，下降8.9%；其他经济单位职工为19.1万人，人数基本持平。从16个行业看，除地质勘查水利管理业、金融保险业、房地产业、社会服务业及其他行业增长外，其余行业都有不同程度的减少，其中减少较多的行业有制造业（1.5万人）、交通仓储及邮电通信业（0.5万人）、科学研究和综合技术服务业（0.5万人）、批发零售贸易、餐饮业（0.4万人）他们共减少职工3万人，占全市减少职工总数的75.0%。职工减少的主要原因是集体经济单位的生产经营不景气、资金短缺、经济效益不佳、停产、半停产的企业多，拖欠、停发职工工资较严重，致使职工流失，尽管国有单位职工和其他经济类型单位职工略有增长，仍使全市全部职工人数呈减少态势。

2. 产业结构的调整，使第三产业职工比重增加。随着经济体制改革的深化，全市产业结构发生了变化，正向合理的趋势调整，1995年，全市第一产业的职工为2.5万人，第二产业职工为134.8万人，第三产业职工为88.2万人。第一、二产业职工占全部职工的比重与1994年相比呈减势，而第三产业职工占全部职工的比重呈增势。详见下表

全市三次产业职工比重情况　　单位：万人

	1995年		1994年	
	职工人数	比重%	职工人数	比重%
全市合计	225.5	100.0	229.5	100.0
第一产业	2.5	1.1	2.7	1.2
第二产业	134.8	59.8	138.2	60.2
第三产业	88.2	39.1	88.6	38.6

3. 企业劳动制度改革有了新的突破。在国务院发布了《国营企业实行劳动合同制暂行规定》后，沈阳市积极推行劳动合同制，打破了过去的"铁饭碗"的用工制度，使合同制队伍迅速壮大，1995年全市合同制职工已达82.2万人，比1994年增加22.9万人，增长27.9%，占全部职工的比重由1994年的25.8%，猛增为36.4%，增加了10.6个百分点。从不同经济单位上看，国有经济单位合同制职工为56.6万人，比1994年增加1.3万人，增长23.5%；集体经济单位合同制职工为13.4万人，增加8万人，增长61.0%，其他经济类型单位合同制职工12.1万人，增加1.4万人，增长11.5%。

全市实行三项制度综合配套改革的单位有1 949个，占全市单位总数的8.6%，涉及职工58.4万人，占全市职工总数的25.9%。从不同经济类型单位上看，国有经济单位935个，涉及职工39.8万人，分别占实行三项制度综合配套改革总数的48%和68.2%；集体经济单位887个，涉及职工8.2万人；其他经济类型单位127个，涉及职工10.4万人。

实行企业社会保险制度的单位有7 067个，占全市单位总数的31.2%，涉及职工131.3万人，占全市职工总数的58.2%。其中国有经济单位2 313个，涉及职工78.3万人；集体经济单位185个，涉及职工11.8万人。

4. 股份制企业队伍不断扩大。1995年，全市股份制企业已有277户，占其他经济单位总数的38.3%，比1994年增加85户，增长30.7%，涉及职工有9.4万人。增加0.5万人，增长5.6%，股份制企业职工占其他经济单位职工的比重也由46.6%增加到48.9%，增加2.3个百分点。

沈阳市在劳动制度改革中虽然取得了一些成绩，但仍存在一些问题，主要是：全市破产、停产、半停产的单位职工数增加33.8%。

（刘士英）

【职工工资继续提高】 1995年，随着经济的增长，沈阳市职工生活进一步得到改善，职工工资总额增长。

1. 工资总额。有相当一部分工业企业经济效益大幅度下降，但因多种社会因素的存在，职工工资总额仍有增长。全市（包括铁路、军队系统），工资总额为110.5亿元，比1994年增加9.5亿元，增长9.4%，这一增长速度是近几年工资增长最低的一年。其中，国有单位为77.8亿元，增长11.8%；集体所有制单位21.2亿元，增长3.5%；其他所有制11.4亿元，增长5.4%。从国民经济行业分析，除建筑业工资总额下降6.4%以外，其他各行业都有不同程度的增长，增长速度最快的是金融保险业，增长42.3%；其次是地质勘察业，增长29.8%；再次是社会服务业，增长21.7%。增长速度最低的是卫生、体育和社会福利业，只增长1%。

在全市职工工资增加额中，计时工资（标准与计件标准工资）增加8.2亿元，增长14.7%，占工资增加额的86.3%；津贴与补贴增加2.3亿元，增长9.5%，占增加额的24.2%；奖金减少1.3亿元，下降7%。计时工资增长幅度较大，主要是受1994年因素影响（如房改补贴，交通费与洗理费，好多企业1994年没有发，1995年陆续补发一部分，另一个原因是企业工资验封，给职工兑现调级工资等）。

2. 人均工资水平。1995年全市职工人均货币工资为4 900元，比1994年增加498元，增长11.3%，这一增长水平远远低于全国职工年平均工资5 500元（增长21.2%）的水平，若扣除物价上涨因素，职工实

际货币工资下降4.1%。职工人均工资的明显变化一是首次出现集体所有制单位的增长幅度高于国有与其他所有制单位的趋势;国有单位职工平均工资5 593元,增长10.6%;集体所有制3 164元,增长11.8%;其他所有制5 937元,增长5.4%。二是国民经济各行业间、企业间的职工工资水平差距越来越悬殊。在16个国民经济行业职工人均工资均有不同程度的增长,但最高的与最低的相差两倍多,最高的是电力、煤气业达8 927元,最低的是农林牧渔业只有3 366元,详情请看下表:

国民经济行业	人平均工资(元)		1995年比1994年增长%
	1995年	1994年	
农林牧渔业	3 366	3 028	11.2
采掘业	4 087	3 568	14.5
制造业	4 286	3 912	9.6
电力、煤气、水生产供应业	8 927	7 553	18.2
建筑业	4 963	4 832	2.7
地质勘察、水利管理	5 959	4 250	40.2
交通运输仓储、邮电	7 603	5 965	27.5
批发、零售、餐饮业	4 189	3 708	13.0
金融保险业	8 420	6 531	28.9
房地产业	6 156	5 805	6.0
社会服务业	4 853	4 385	10.7
卫生体育社会福利	6 194	5 731	8.1
教育、文化、广播、电影	5 794	5 288	9.6
科研、综合技术服务业	6 529	5 702	14.5
国家政党机关、社会团体	6 382	6 032	5.8
其他行业	5 827	4 921	18.4

1995年人均奖金(含计件超额工资)758元,比1994年减少44元,减少5.5%,从所有制看,国有人均奖金916元,减少4.2%;集体334元,减少6.2%;其他所有制1 096元,减少20.4%。

(张秀英)

【劳动法制建设】 1995年,沈阳市劳动法制建设以贯彻和实施《劳动法》为主线,紧紧围绕经济和社会发展的实际,加快劳动法制建设的步伐,取得一定成效。

1.贯彻实施《劳动法》。1995年1月1日《劳动法》正式实施。为此,紧紧围绕《劳动法》的内容要求,结合《劳动法》的条款,沈阳市制定了《贯彻实施〈劳动法〉的若干意见》和一批法规性文件,印发了《劳动法》配套法规小册子1万余本。为了加快劳动立法建设步伐,结合《劳动法》及沈阳劳动工作和劳动制度改革的实际加强劳动立法工作。起草了《沈阳市城镇企业职工养老保险暂行规定》;下发了《关于提高企业离休人员生活待遇的意见》;起草了《关于企业职工工伤保险有关问题的通知》草拟了《沈阳市企业职工生育保险暂行办法》;出台了《关于调整企业职工福利待遇及计发办法的通知》;组织了2次专题调研、摸清了情况,提出了解决问题的意见;起草了《沈阳市社会保险基金管理暂行办法》等规章制度。这些政策法规的制定与颁布为新形势下解决社会难点、热点问题提供了法规和政策依据,同时也为进一步贯彻实施《劳动法》提供了良好的条件。

2.加强劳动法制宣传活动。为了宣传和贯彻《劳动法》,使《劳动法》家喻户晓,组织了全市县(区)主管局有关人员参加的《劳动法》培训班5期,聘请专业教师和劳动干部就《劳动法》的有关内容及配套规章制度进行讲解;组织了全市大型劳动法宣传日和知识竞赛活动,扩大《劳动法》的宣传力度。制了了开展《劳动法》实施1周年纪念活动的通知,在全市范围内掀起了学习贯彻《劳动法》的高潮。

(周晔)

【劳动工资计划管理】 1995年,沈阳市劳动计划工作紧紧围绕培育和发展劳动力市场,深化劳动计划体制的改革,积极探索和完善市场经济条件下的宏观调控方式,发挥了劳动计划工作的宏观指导作用,促进了社会劳动力资源的最优配置和劳动成果的合理分配。

1.加强劳动事业发展的宏观预测和综合规划。按照国家国民经济及社会发展计划的总体安排和劳动事业发展中长期规划,结合沈阳市的经济发展目标,通过研究论证,制定了《沈阳市劳动事业第九个五年计划及2010年远景规划纲要》。

2.扩大了劳动工资计划的调控范围。劳动计划的调控范围,根据统筹管理城乡劳动就业的要求,由原来的国有企业扩大到覆盖本地区各类企业,将城镇劳动就业纳入了劳动事业发展计划,制定了控制城镇失业率的计划目标。对外来劳动力进城就业,进一步加强了计划管理和使用岗位(工种)的限制。积极配合就业部门做好"再就业工程",较好的安置了长期失业人员和企业富余职工。

3.加强企业工资总量的宏观调控。将工资增长控制在与经济增长相适应的范围内,继续实行"弹挂一体"的管理体制,使弹性计划与工效挂钩等办法衔接,用工资总量间接地调控职工人数。指导企业正确使用工资总额,健全企业工资增长的微观机制,保证国家宏观调控措施的落实。对市场经济条件下的集体协商决定工资、利用工资指导线调节工资增长的工资调控方式和国有企业经营者年薪制办法进行了有益的探索。进一步完善了国家对企业实行的工效挂钩等形式的工资总额调控办法和《工资总额使用手册》制度。为抓好已出台的《沈阳市企业工资总额宏观调控暂行办法》、《沈阳市企业〈工资总额使用手册〉管理办法》等宏观调控措施的贯彻实施，市劳动局会同市人民银行，对全市4万户企业和企业主管部门的工资基金管理进行了检查，纠正了存在的问题。制定了《沈阳市企业〈工资总额使用手册〉管理实施细则》和《企业工资内外收入监督检查实施办法》，使企业工资总量宏观管理步入了规范化、法制化、科学化轨道。

（刘中泉）

【工资基金规范化管理】 1995年，沈阳市加强了对企业工资基金的提取和使用的监督管理，进一步理顺了工资基金管理体制，强化了各管理部门的整体功能和调控手段。从强化管理入手，加强了工资管理政策、法规的宣传和对工资管理人员的业务培训，提高了各级领导和工资管理人员依法行政自觉性。改进、完善了工资基金管理的内容和形式，增强了工资基金使用计划的预见性、科学性和准确性。克服了过去管理部门过多、层次过乱的问题，实行了系统归口管理，确定了75个《工资总额使用手册》签章主管部门，明确各级管理部门的责任、权利和义务。通过市人民银行集中对各专业银行"窗口"管理，充分发挥金融窗口的监督作用，严格控制发放渠道，强化审批手续，狠抓了各经济类型企业的工资使用计划审核管理，保证工资总额的合理支付。将工资提取和使用审批制度落到实处。对工资支付实施有效的监督，保证了工资基金管理工作的顺利进行。为使工资基金管理各部门做到协调工作，更好地发挥整体功能，较好地运用宏观调控手段，发挥分级管理，分级调控机制的作用，不定期邀请各金融部门和市、区、县劳动部门及企业主管部门召开专题会，沟通情况，改进、完善审核管理工作。为保证国家工资宏观调控措施的顺利实施，1995年开始实施了《沈阳市企业〈工资总额使用手册〉管理办法》，建立和加强了《工资手册》核准单制度、统一签章制度、工资提取登记制度、统一建帐制度、统一检查考核制度。同时抓好已出台的《沈阳市企业工资总额宏观调控暂行办法》等宏观调控措施的贯彻落实，进一步完善和强化了工资总额同经济效益挂钩办法和企业工资内外收入监督检查办法。健全了新形势下工资基金管理规则、管理标准，规范了管理行为，严肃了管理纪律，强化监督考核机制，加大了对违反工资基金管理行为的查处力度。使全市工资基金管理工作步入了法制化、规范化管理轨道。

（刘中泉）

【全面推行劳动合同制】 1995年沈阳市进一步深化劳动用工制度改革，以劳动合同明确职工与企业责权利关系，促进企业生产发展，稳定协调劳动关系，使全市企业劳动用工管理初步纳入法制化管理轨道。到年底全市有14 612户企业、176万名职工实行了劳动合同制，分别占企业总数和职工总数的90.2%和91.3%。

在推行劳动合同制、深化企业劳动制度改革过程中，采取了以下举措：一是以典型企业经验引路、以点带面，采取分类指导，渐次到位，抓两头带中间的措施，积极稳妥地推行劳动合同制。全市在总结推广黎明发动机公司、东北制药总厂、重型机器厂等企业典型经验的基础上，各级劳动部门由党政领导挂帅，成立51个工作小组，深入企业区别不同情况分类指导。一是抓好各行业先进典型企业，使其起示范带头作用，同时重点下功夫抓好落后亏损企业，满腔热情帮助企业解决工作中的难点和问题，通过抓好这两头，带动其他企业实行劳动合同制。二是以贯彻《劳动法》为主线，强化监督指导，完善企业劳动法制建设。全市企业从年初开始按《劳动法》对现有厂规厂纪进行清理、对照和检查，先后有5 300多户企业重新修订、建立健全了厂规厂纪，废止了与《劳动法》相违背的规章制度2 780多次，补充完善各项劳动管理法规7 360条，特别是在职工参与民主管理方面的规章制度增加了1 961条。三是完善配套改革措施，在企业实行劳动合同制基础上，进行用工制度、工资制度和社会保险制度的综合配套改革，促进企业经营机制的转换和生产的发展。首先，在全市范围内打破工人和干部以及不同所有制身份界限，企业用工实行竞争上岗、优化组合。其次在企业推行岗位技能工资制、联产联质承包制，打破平均主义，贯彻按量分配原则。再次是扩大社会保险覆盖面，增强社会保障功能。通过综合配套改革，使企业三项劳动制度初步形成协调运行的新机制。

（李一民）

【劳动保险制度改革】 1995年，沈阳市社会保险改革的中心工作是以贯彻《劳动法》为主线，以建立社会保障体系为重点，从改革的大局出发，正确处理好改革与稳定的关系，在保持社会稳定的前提下，使社会保险改革向纵深发展。全市共有12 486户企业126.1万在职职工和47.5万离退休职工参加了养老保险，共收缴养老保险金11.7亿元，支出11.5亿元；参加工伤保险企业有4 400户，56.9万人，收缴工伤保险金2 510万元，支出450万元。

一、进一步深化养老保险制度改革。根据《国务院关于深化企业职工养老保险制度改革的通知》（国发[1995]6号）制定了《沈阳市城镇企业职工养老保险暂行规定》主要在以下方面进行了改革。

1.扩大养老保险覆盖面，由现行政策只包括县、区属以上国有企业、集体企业、外资企业、扩大到各类企业、个体工商户及从业人员。

2.改革了养老待遇的计发办法，由现行的根据参加工作时间和连续工龄计发养老待遇改为根据缴费年限和缴费多少，并采用结构式办法计发养老待遇。

3.建立了个人帐户，并逐步提高个人缴纳养老保险费比例、个人帐户积累的金额作为计发养老待遇的一部分。

4.建立了养老金的正常调整机制。

5.改革了优异待遇计发退休费方式。

6.扩大保险统筹项目，逐步实现金额统筹金额拨付，提高保险的社会化程度。

《沈阳市城镇企业职工养老保险暂行规定》报市政府审批后正式出台，这将为下步养老保险制度的实施打下良好的基础。

二、工伤、生育、医疗保险改革稳步进行。工伤保险逐步形成事故处理，伤残等级鉴定，配发待遇、医疗康复一条龙社会化服务体系。到1995年末，沈阳市共给1 250多人发放了工伤保险金。生育保险在1994年调查测算的基础上，起草了《沈阳市企业职工生育保险办法》，待市政府批准后正式下发。医疗保险改革由市卫生局牵头，在南湖开发区已开始试点。

三、加强了企业离休干部的生活保障工作，为离休干部增加了离休金。下发了《关于提高企业离休人员生活待遇的意见》将企业离休干部的离休金按机关离休干部的增资办法进行调整，全市共有近1.6万名离休干部增加了离休金，人均增资110元。

四、建立了保险福利待遇的正常调整机制。下发了《关于调整企业职工保险福利待遇标准及计发办法的通知》，规定各项保险福利待遇的计发，不再以标准工资为基础，而是以社会平均工资为基数，每年7月1日随社会平均工资的变化而调整，使职工的各项保险福利待遇与职工的收入增长幅度相适应。

1995年社会保险改革不断深化的同时仍面临诸多问题：

1.社会保险管理体制不顺。地方保险与行业保险交差、商险与社险合一，造成政出多门，多头管理、资金分散。

2.保险基金收缴难度大。由于企业经济效益不好，欠缓缴社会保险金的企业增加。1995年共有4 904户企业欠缓缴保险金，累计欠缓缴金额达2.13亿元。

3.社会保险基金的管理需进一步加强，基金的保值，增值手段比较单一。

（金凡）

【失业保险】 1995年，沈阳市失业保险工作又有新的发展。1.强化了失业保险费核定、收缴，超额完成了收缴任务。1995年，针对失业保险费收缴困难的状况，全市各级失业保险机构与银行、企业主管部门，劳动监察等部门密切配合，利用行政、法律和经济等手段，共收缴失业保险基金3 691万元。失业保险“三核定”率达99%，收缴率达89.6%，超额完成了1995年失业保险基金收缴任务。

2.提高了失业职工救济标准。根据《沈阳市城镇企业职工失业保险办法》和市财政局、市总工会调整沈阳市城镇职工生活困难补助标准的通知，以市劳动局名义制发了《关于调整失业职工救济金计发基数的通知》，将失业救济金计发基数，由原来每人每月65元，提高到85元，调整后沈阳市失业救济最低标准为119.5元，最高救济标准为179元，增长幅度为22元—36元。

3.加强了失业职工接收管理，认真实施再就业工程。1995年失业职工人数多，失业救济面广。全市各级失业保险机构通过建立失业职工接收管理和再就业的新机制，普遍加强了失业职工接收、管理，稳定了失业职工这个特殊群体。为深入实施再就业工程，促进失业职工再就业，在总结上年再就业工程经验的基础上，进一步将再就业工程抓实抓细，对有就业要求的失业职工及时搞好分流，并为失业职工提供免费学习费用，取得可喜的成果。全年共接收失业职工29 921人，为26 682名失业职工发放失业救济金2 186.6万元，通过各种渠道已有31 656人实现了再就业。同时还为102户企业，借用特困职工生活保障金386万元，从而为保障失业职工的基本生活，维护社会稳定做出了积极的贡献。

4.搞好“三费”合理投放，为失业职工再就业创造条件。全年共为失业职工投放就业训练费93万元，生产自救费96.5万元，为失业职工再就业创造了条件。

（王道平）

【劳动争议仲裁】 1995年，沈阳市劳动仲裁工作紧紧围绕社会稳定、积极促进社会公正开展工作，全面深入贯彻落实《劳动法》，正确处理改革、发展、稳定的关系，妥善处理了发生在本市的劳动争议，为社会的稳定做出了积极的贡献。

一年来，共受理劳动争议128件，其中开除2件，除名18件，辞退14件，履行劳动合同78件，工资、保险福利、工伤14件，其它1件。处理方式裁决55件，调解48件，撤诉24件，裁定1件。通过劳动争议的处理有效的维护了当事人双方的合法权益。

1.劳动争议仲裁工作以贯彻《劳动法》为主线，坚持以事实为依据、法律法规为准绳、公正合理地处理劳动争议。完善仲裁庭办案制度。在仲裁工作中做到“四快、三准、二维护”。“四快”即立案快，调查快，调解快，结案快；“三准”即调查事实要准，问题定性要准，处理依据要准；“二维护”即依法维护企业的合法权益、依法维护劳动者的合法权益。

2.广泛宣传贯彻《劳动法》，《劳动法》的贯彻落实，编印了《劳动争议处理法律法规政策选编》5 000册，通过广播电视、报刊等广泛宣传《劳动法》，劳动部、全国总工会、中央电视台联合举办的“劳动之光”竞赛活动中报导了沈阳市处理劳动争议仲裁的典型案例，沈阳日报、沈阳人民广播电台、工人日报等对劳动争议促裁工作给予了报导。

3.结合工作实际调查研究，发表了“正确使用停工检查”、“企业规章制度中存在的问题及对策”、“从处理劳动争议看劳动关系建立的必要性”、“企业与职工都要依法维护自己的合法权益”等论文在《沈阳劳动》等杂志刊登，收到了显著效果。

4.结合“进场入轨、兴市富民”大讨论写出了“发挥劳动仲裁职能作用，为振兴沈阳铺路架桥”等10篇论文。

5.与市总工会一道开展了对沈阳市企业劳动争议调解委员会的建立进行验收评比活动，通过实际考核评出优秀调解委员会沈阳飞机制造有限公司等10个单位。

6.召开了全市“劳动争议仲裁工作经验交流会”，介绍了东陵区劳动争议仲裁工作及乡镇企业开展合同鉴证工作经验。对推动乡镇企业开展合同鉴证工作起到了有力推动作用，使乡镇村企业的劳动管理纳入法制化轨道。

(穆忱)

【实施再就业工程】 1995年，为妥善解决失业人员再就业和企业分流下岗的富余职工安置，沈阳市按照国家劳动部和省政府关于实施再就业工程的通知精神，认真组织实施了再就业工程。按统一部署，各县(市)、区加强了对这项工作的组织领导，成立了强有力的组织领导机构和专门的工作班子。同时，注意充分发挥街道(乡镇)居民委员会等基层组织的作用，实行分统包干、责任到人，并层层实行工作目标管理。从而，自上而下形成了一整套组织指挥网络，为再就业工程的实施提供了可靠的组织保证。为增强人们的参与意识，并妥善解决择业过程中的思想观念问题，注意利用各种手段加大宣传力度，充分利用舆论的宣传导向作用。4月末，召开了"再就业职工先进典型报告会"，引导失业人员和富余职工走组织起来就业和自谋职业的道路。5月初，召开了"再就业工程实施对策研讨会，邀请部分专家学者和各有关部门人员参加，为实施再就业工程出谋划策。国家劳动部领导和市委、市政府领导出席会议，并做了重要讲话。在实施再就业工程中，注意拓宽渠道，广开门路，搞好安置。一是充分发挥劳动力市场的作用。除各级职业介绍机构坚持常年开放，搞好服务外，还召开了不同规模、各种形式的劳动调剂交流洽谈会，为求职者集中提供就业岗位。5月和8月，市里统一组织召开了春季、秋季两次洽谈会，当场成交共8 469人。此外，各县区还多次召开了本地区的洽谈会，收到了较好效果；二是制定政策，创造条件，开办"一街一市"或挖掘老市场的潜力，为失业人员和企业分流下岗的富余职工自谋职业或组织起来就业提供方便；三是大力发展劳动就业服务企业，充分发挥其就业安置的基地作用；四是积极开展转业转岗培训，既提高了失业人员和企业分流下岗的富余人员的自身素质，增强其就业能力，也在一定程度上缓解了就业安置的压力。由于组织有力，措施得当，再就业工程取得了较好的效果。一年来，通过各种渠道，共安置失业人员31 656人；安置停产半停产企业放长假职工和企业分流下岗的富余职工50 083人。此外，通过各级劳动力市场推荐介绍实施就业的社会其他待业人员达121 756人(次)，将沈阳市社会失业率控制在3%以下，从而为保证社会的稳定，促进改革的深化和经济建设的发展，做出了重要贡献。

(常青)

【就业前训练】 1995年，沈阳市就业训练工作紧密围绕着全市劳动就业工作的总体部署，本着为社会经济发展服务，为企业用工服务，为求职者就业服务的根本宗旨，坚持以实施"再就业工程"和"农村劳动力跨地区流动有序化工程"为工作重点，全面开展了对失业人员和企业富余职工的转业、转岗培训，开展了对外来劳动力培训的试点工作，并通过加强职业技能鉴定工作，推行"双证"培训制度，提高了培训质量，为稳定沈阳市的就业局势，促进劳动力市场的形成与发展，推动经济建设做出了积极的贡献。

配合实施"再就业工程"，大力开展对待业青年，失业人员和企业富余职工的职业技能培训，是1995年全市就业训练工作的重点。社会主义市场经济的建立，要求就业训练工作必须从单一的城镇待业青年的就业前培训，转到符合市场就业需要的多层次、多领域、全方位的职业技能培训上来。在继续搞好城镇待业青年培训的基础上，各县(市)、区就业训练中心都能把实施"再就业工程"作为全年工作的重点，加强与失业保险部门的密切协作，认真搞好本地区失业人员的调查摸底。广泛宣传开展转业训练的重要意义，对应参加或愿意接受职业技能培训的失业人员进行转业训练。同时，积极接受企业委托，开展企业富余职工的转岗培训，铁西区、大东区就业训练中心积极为下岗女工开展转岗培训，提出"大嫂效应"，在社会上引起很大反响，深受下岗女工的欢迎。1995年全市就业训练共实现招生10 825人。其中城镇待业青年招生5 711人，失业人员转业训练招生2 055人，定向培训企业富余职工3 059人。

开展了对外来劳动力培训的试点工作。根据国家劳动部《农村劳动力跨省流动就业管理暂行规定》的精神，年初，制发了《关于对进城务工的农村劳动力上岗前职业技术培训的通知》，各县区劳动部门都能积极发挥整体功能作用，首先在部分建安、餐饮企业，开展了对外来劳动力培训的试点工作。全年共培训外来劳动力3 761人，受到用工单位和外来务工人员的欢迎，也为今后开展这项培训工作和深入实施"有序化工程"奠定了基础。

推行"双证"培训制度，提出培训质量。就业训练是短期的技能培训，必须以职业技能鉴定为龙头，才能提高培训质量。1995年，按照全市统一规定进入职业技能鉴定所考核的车工、钳工、烹饪、服务等12个专业(工种)，均实行统一试题，统一标准进行职业技能鉴定。其它尚未实行统一考核的专业(工种)，由培训部门会同企业用工需要，进行技术等级考核和岗位规范考核，实行"双证"培训制度。全年除康、法两县外，技术等级考核人数为5 167人，实现考核人数占年结业人数的100%。

加强就业训练管理，逐步实现全市就业训练工作的法制化和规范化。根据国家劳动部《就业训练规定》，制发了《沈阳市非劳动部门兴办就业训练管理办法》，对全市26所非劳动部门办学进行整顿，有16所办学单位获取了《就业训练资格证书》。

(孙杰)

【职业技能开发】 1995年，沈阳市加强职业技能开发工作，为适应企业经营机制的转变和产业、产品结构调整，提高技术工人队伍的素质，按照劳动法的规定，确定了以技师评聘为龙头，以岗位技能培训和技术等级培训为重点的职业技能开发工作，并指导行业主管部门组织企业予以实施。年内共举办技师、高级技师理论培训班38个工种，培训学员1 260多人，评审技师1 205人，高级技师64人。

为推动本职工人培训工作的深入。在东北制药总厂召开了“沈阳市企业职工技能开发现场经验交流会”，东北制药总厂、沈阳鼓风机厂、沈阳水泵厂及两个工人代表介绍了经验，受到了与会的劳动部领导、市委、市政府领导的好评。同时在第一个“全国技能月”活动中，设立了3 000多个宣传咨询站，组织了30 000多名技师、高级技师参加技术讲座，现场表演点等，向社会展示了优秀技术工人的风采。

组织了第四届职工技能竞赛。有12万技术工人参与10个工种的竞赛，374名选手进入决赛。评选表彰3名“沈阳市技术大王”，30名“技术状元”，78名“技术能手”，对1名“技术大王”破格晋升为高级技师。

社会职业技能培训。年初与市工商局共同制发了《关于加强沈阳市社会职业技能培训班管理的通知》，强化了管理力度，并对所有的培训班重新进行了登记、复查、验收。对验收合格的培训班颁发了办学许可证。同时对7个办学条件差，办学质量低的培训班予以整顿、停办。并按照国家实行社会化职业技能鉴定的要求，对436名学员试行了统一的鉴定考核。从而有效地制止了乱办班、乱收费、乱发证的现象。

社会化职业技能鉴定。按照“国家确定职业分类，对规定的职业制定了职业技能标准，实行职业资格证书制度，由经过政府批准的考核鉴定机构负责对劳动实施职业技能考核鉴定”的规定，建立了12个工种的职业技能鉴定站，培训了213名考评员，组建了有35套试题的鉴定题库。先后对技工学校，职业高中及出国技术工人，企业新招技术工人13 149人进行了考核鉴定，核发职业资格证书13 099个。基本形成了职业技能鉴定社会化体系。

技工学校招生与管理。技工学校招生工作在企业效益普通较低，生源匮乏、学苗较少的困境下，采取了上门宣传，实行校校联合，厂校联合，委托代培等多种途径，特别是改变了过去一次性集中招生的传统方式，采取集中与分散相结合的办法，实行按劳动力市场需求。常年招生的新举措。先后有69所学校，174个专业招收新生7 177人。同时为加强技工学校的建设，加快其走向市场的步伐，制发了《关于在技工学校实行校长负责制的意见》，并在17所技工学校试行了校长负责制，进一步增强了技工学校的活力。与此同时，完善了11个中心教研组，组织76名优秀教师参加了夏令营活动。并召开了技工学校德育教育工作经验交流会，为培养“四有”新人奠定了基础。

（王立民）

【建立“中国沈阳劳动力市场”】 1995年4月27日，国家劳动部就沈阳市政府关于申请建立区域性劳动力市场的函作了批复，同意沈阳市组建区域性劳动力市场——中国沈阳劳动力市场。8月份，作为世行贷款项目之一的中国沈阳劳动力市场项目的资金陆续到位，之后完成了微机联网，大屏幕显示系统和音响系统的工程项目指标工作。9月23日，中国沈阳劳动力市场研讨会在市劳动大厦举行。国家劳动部、省劳动厅领导出席了会议。副市长姜宪志到会并讲了话。姜副市长说，创建中国沈阳劳动力市场是建立适应社会主义市场经济要求的新型劳动体制的重要举措，标志着沈阳市及东北地区劳动力市场体系的建设进入了区域性交流与协作的新阶段，将对东北地区劳动力资源的开发和利用产生深远的影响。哈尔滨、长春、鞍山、本溪等东北12个城市的劳动部门负责人参加了研讨会，会上组建了理事会，并讨论通过了理事会章程，会后，根据研讨会各成员的意见，出台了《中国沈阳劳动力市场会员制试行办法》及《中国沈阳劳动力市场代理制暂行办法》，从而确立了以会员制、代理制和理事会制为代表的中国沈阳劳动力市场的运行机制。在筹备市场开业期间，市长张荣茂多次视察中国沈阳劳动力市场的施工现场，并提出了很多宝贵的建设性意见，省长闻世震为“中国沈阳劳动力市场”题词；张荣茂市长、省人大副主任徐廷生、省政协副主席林声等省市领导都为市场题了词；并面向社会征寻了象征中国沈阳劳动力市场美好前景的标志徽。10月15日，全国首家区域性劳动力市场——中国沈阳劳动力市场开业。国家劳动部部长李伯勇专程从北京赶来参加了市场的开业典礼。中国沈阳劳动力市场大厅营业面积2 000平方米，内设熟练工人、技术工人、离退休人员、涉外劳动力、企业管理技术人员、兼职人员聘职业介绍窗口，为方便用人单位和求职者，市场内还设有洽谈室、职业能力测试室、档案室、教室、计算机控制中心、电子大屏幕信息显示器等。15个前台服务窗口全部采用微机管理，是全方位、多功能、现代化的劳动力交流场所，开业典礼之后，中国沈阳劳动力市场首届大型劳动力交流洽谈大会开幕。全市24 000余人参加了大会，大会共发布用工信息13 000多条，有975个用人单位提供用人岗位12 470个，到大会结束时止，办理成交手续的5 342人，同用人单位达成意向协议的7 454人。开业当天，为中国沈阳劳动力市场服务的专业性刊物《沈阳劳动力市场》与广大求职者和用人单位见面了。它及时宣传报道劳动力市场的新动态、新举措，是集政策性、思想性、趣味性为一体的刊物，受到了广大求职者和用人单位的热烈欢迎。

作为中国沈阳劳动力市场的要素市场之一的零工市场在经过一段试运行后，于10月24日正式开业，建筑面积为200多平方米。市场设施先进、功能齐全，可同时容纳百人进行交流洽谈，是第一家供零工进行洽谈交流的封闭型室内劳动力市场，市场内设家庭服务洽谈、建筑装修洽谈、计时工洽谈、商饮服等服务区。

（钟帅）

【外资企业劳动管理与服务】 1995年，沈阳市外商投资企业劳动管理工作，以促进社会经济发展为指针，不断转变工作作风，提高办事效率，促进了外资企业蓬勃发展。

1.加强工资基金管理工作，保障企业工资分配自主权。在坚持工资基金宏观调控同时，加强具体指导工作，完善工资基金管理工作。全年为外资企业换发工资基金手册1 120户，注册登记新建企业117户，年审工资基金管理手册436户，强化了工资总额的核定审批工作。在坚持企业分配形式自主同时，引导企业探索内部分配制度的新形式，两次召开外商投资企业经理劳动工资管理座谈会和经验交流会，来自美、日、德、台湾和香港等29个国家和地区的总裁与主管劳动工资经理参加了座谈会。有3家外资企业在经验交流会上介绍了经验。

2.加强外商投资企业职工技术培训工作，提高职工素质。为促进企业技术进步，举办了外商投资企业中方职工技术理论学习班，有110人参加了培训，并取得了高级工理论合格证书；考核评审了高级技师21人，工人技师154人，在中山大酒店举办了沈阳市首届涉外宾馆餐饮服务知识大奖赛。

3.加强了外商投资企业招工招聘服务工作，保障企业用工自主权。全年为外资企业办理招工2 400人；审批临时工2 200人；新签、续签劳动合同500份，安置退伍军人205人；组织了42家外资企业参加了中国沈阳劳动力市场开幕和劳动力洽谈会。

4.加强外资企业的劳动监察工作，依法规范劳动行为。先后举办了6期外商投资企业《劳动法》配套规章及管理业务培训班，有500多名劳动管理人员参加了培训。全年直接处理劳动纠纷10起，与有关部门协同处理集体上访事件11起，集中人力、物力，对79户外资企业进行了劳动监察，切实维护了劳动者的合法权益，督促了外资企业依法管理。

（王辉）

【劳服企业管理】　1995年，沈阳市加强劳服公司建设健全机构理顺关系逐步实行归口管理。针对劳服公司发展建设中出现的新问题，在调查研究的基础上，就街、乡、镇劳服公司建设问题召开了专题工作会议，下发《关于成立县区劳动力市场管理机构的通知》，就街、乡、镇劳动就业服务机构的名称，机构规格、人员编制及经费来源等作了明确规定，使街、乡、镇劳服公司建设进入了新的发展阶段。同时对县区劳服公司通过鉴定目标责任状的形式实行归口管理。

转换企业经营机制，推进劳服企业的综合配套改革，深化了企业的用工、分配、保险制度的改革，重点是在用工上实行劳动合同制分配上体现了工资总额与企业效益同步增长。同时认真贯彻国家《劳动就业服务企业实行股份合作制规定》，在劳服企业中积极稳妥地推行股份合作制，在试点的基础上，已有90户企业进行产权制度改革，建立新的股份制企业管理体制和内部运行机制。通过改革和推行股份合作制促进了劳服企业经济发展，增强了企业自身实务，扩大就业安置容量。

为搞好劳服企业工资总额的宏观调控、保证企业用工、分配养老保险制度改革顺利进行，为中央在沈单位的1 358户企业办理了工资手册，对19户挂勾企业进行了1994年挂勾结算和1995年工资总额的核定，对788户企业的42 000人的标准工资进行了验封，对1 358户企业的工资管理工作进行检查，同时对1 650户劳服企业进行了性质认定。不仅使工资管理工作进一步合理到位，同时为归口管理劳服企业创造了条件。

（贾德云）

【受理人民群众来信来访】　1995年，沈阳市劳动信访工作以宣传贯彻《劳动法》为主线，加大工作力度，及时的调整了劳动关系，化解矛盾，促进经济发展保证沈阳职工队伍的稳定做出了应有的贡献。

一年来，共接待处理职工来信5 518人次，为1994年的111%，重访41人次，重访率为0.7%；其中：处理来信223件次，为1994年的121%，直复率为53%；接待来访4 789人次，为1994年的115%；接待处理集体访32批610人，为1994年的107%；联系处理102件；联合办案56件；完成上级交办案13件；处理突发事件9起。

1.根据市委九届二次会议“关于加强党与人民群众联系”的精神，结合劳动信访的实际，在工作中做到了“五请”即群众来访时，要说请进、请坐、请喝水、请把来意说清楚、走时要说慢走；“四要”即接待群众态度要和蔼，听其申诉要耐心，问题能否解决要明确，处理问题要认真。“三及时”即信访工作要做到发现问题及时，信息反馈及时，处理问题及时。

2.以“稳定”为大局，加强对突发事件和集体上访的预防及处理工作。突出抓了对突发事件的预防处理的准备工作，成立了处理突发事件领导小组，办公室设在信访仲裁处，与有关部门密切配合处理突发事件9起。为社会的稳定、职工队伍的稳定作出了重要贡献。

3.重点抓了集体上访的妥善处理，全年接待处理集体上访32批610人。参与指导县区处理集体上访6批180人。

4.恢复和完善了领导接待日制度，解决了一大批信访疑难案件，深受广大人民群众的欢迎。

5.健全完善劳动信息网络建设，做到重大事件及时上报。在已经建立的信息网络基础上，对人员变动的进行了及时的充实调整，做到了信息畅通。全年共出信息报12期，为领导决策提供了重要依据。

（穆忱）

【劳动监察工作】　1995年，沈阳市各级劳动监察机构进一步加大劳动监察力度，从组织机构、队伍建设、加大力度、完善制度等各方面入手，对用工单位实施《劳动法》的情况进行了全面的监督检查，促进了劳动关系的和谐发展，维护了社会的稳定，保证了《劳动法》的贯彻实施。

1.正式批准市劳动监察大队成立，确立了主要职责。经过筹备、组织、选题、考试、考核，在社会上公开招收10名大学本科并具有2年以上从事劳资工作经验的同志充实到监察队伍中来。各县区劳动部门也根据自身劳动监察面临的任务，增加监察人员，充实监察力量，全市已形成由103名专职人员组成的劳动监察队伍，市、县(市)区两级劳动监察网络。针对《劳动法》出台之后新的法规、规章较多的情况，市劳动部门分别组织了两次劳动监察员培训班，从而使劳动监察员的业务能力和执法水平有了较大的提高。

2.进一步完善监察程序、法律文书和各项监察管理制度。为了切实做到依法行政、依法监察，市、区两级劳动监察机构在执法依据、执法程序、法律文书的规范等认真对照《劳动法》及劳动部贯彻《劳动法》的新规章，对举报、立案、调查、取证、处罚、送达、结案、归档等法律程序和《劳动监察询问通知书》、《劳动监察指令书》进行了修改、完善。同时监察部门原制定的规章制度也做了补充、充实，从而保证了行政执法的严肃性和准确性。

3.以贯彻《劳动法》为契机，进一步加大劳动监察力度，扩大监察面，组织市、区(县)两级劳动监察机构在全市范围内开展劳动用工大检查，同时参与了全市清理整顿外来劳动力的统一行动。注重做好举报专查及时化解社会热点。截止1995年来，全市共监察各种经济类型的用工单位15 134户，其中国有企业1 204户，集体企业5 714户，三资企业531户，私营企业1 560个，个体工商业户6 125户，共对1 890户用工单位下达整改指令书，处罚严重违反劳动法律法规又不执行整改指令的用人单位29户，查处并送返童工18名；查令企业为16 122名职工补交养老保险金341.1万元；为48 878名职工补交失业保险金44.3万元；补办临时工手续36 683人，补交管理费金额244.4万元；责令用工单位为861名职工补发拖欠和克扣的工资44.8万元。同时通过举报立案专项监察1 212户用工单位，结案1 091件，结案率90%。通过查处和纠正劳动关系中的一些矛盾和侵权行为，使大多数用工单位受到劳动法制教育，维护了劳动者的合法权益，进而促进了社会的稳定。

(张国庚)

【职业安全卫生监察】 1995年，沈阳市共发生职工因工伤亡事故70起，死亡93人，比1994年下降了6%；重伤事故29起，伤31人，下降了9.4%。其中：非矿山企业死亡54人，下降了8.5%。

从总体上看，职业安全卫生工作形势是平稳的。职业安全卫生工作紧紧围绕贯彻实施《中华人民共和国劳动法》这个中心，通过完善法规、强化管理、加强监察，提高了各级领导和广大职工的安全生产意识，有效地治理了一批隐患，保证了职业安全卫生工作健康，有序地开展。

为保证劳动法的贯彻实施，结合沈阳市的实际，制定颁发了《沈阳市职工因工伤亡事故处理办法》，使伤亡事故处理工作迈入了规范化，程序化和法制化的轨道。同时针对沈阳市职业安全卫生工作的实际情况，印发了《特种防护用品管理暂行办法》、《建安企业安全合同的通知》、《实行安全生产风险抵押金办法》等9个法规性文件。加大了职业安全卫生工作力度。

为强化安全生产管理工作，在积极开展安全生产目标管理的同时，在全市推行了安全生产风险抵押金办法。按企业规模分别向主管部门或直接向市预交安全风险抵押金。通过一年的运行，收到了较好的效果。年末，沈阳热电厂等6家企业得到了嘉奖，沈阳新阳机械厂等5家企业因未完成工作目标得到了处罚。这一办法，对于提高各级领导的安全意识，增强安全生产的紧迫感和责任心，起到了积极的作用。

为保证市政府提出的伤亡事故"零"增长目标的实现，职业安全卫生的各项专业工作，实现了经常、有序，全面的开展。安全月活动开展的轰动扎实，收到了预期的效果；企业危房改造落实了21项计划，改造面积达46 718平方米，总投资3 078万元，解决了一些重大隐患；全年共培训特种作业人员28 168人，施工队长2 066人，安技干部1 321人，企业领导200人；"三同时"审验项目39个，总投资额43.09亿元；对全市592个单位保健进行了审批；检验起重设备2 424台，厂内机动车辆4 300辆，对767台起重设备安装和44台大修设备进行审批；重点尘毒企业得到了有效治理，合格率明显上升；伤亡事故处理中，对18人追究了刑事责任，百余人受到行政处分，结案率91%，超过省规定要求。

(王秉礼)

【矿山安全监察】 1995年，沈阳市的矿山安全监察主要以宣传贯彻《矿山安全法》为中心，以降低全市矿山企业伤亡事故为目标，广泛深入地开展了矿山安全生产宣教培训，继续推行安全生产目标管理，强化专业安全监察和伤亡事故处理，企业安全生产状况进一步好转，全市矿山企业安全生产形势趋于平稳。全年共发生职工因工死亡事故24起、死亡39人，比1994年(33起、死亡40人)分别下降27.3%和2.5%。发生重伤事故3起，重伤4人，比1994年(6起，重伤6人)分别下降50%和33.3%。

1.矿山安全法律法规宣传贯彻广泛深入。4、5月份，市劳动局统一组织开展了矿山安全法宣传周活动，在全市矿山企业采取多种形式宣传《矿山安全法》及《辽宁省实施〈矿山安全法〉办法》，基本做到了《矿山安全法》家喻户晓，人人皆知。9月份，根据省劳动厅的统一部署，在全市开展了《矿山安全法》知识竞赛活动，市、县、区劳动行政部门主要领导和安全监察人员以及矿山企业主管部门的负责同志都参加这次活动。在抓好宣传贯彻的同时，还按照省劳动厅的部署，适时组织了对全市矿山企业执行矿山安全法律法规的贯彻落实。

2.矿山安全生产目标管理进一步深化。年初市劳动局代市政府同沈阳矿务局、市煤炭工业公司等6个主管部门签订1995年安全生产目标责任状，规定了各类事故的控制指标及工作要求，在全市30家矿山企业普遍开展了矿山安全达标的工作。经年末考核验收，上述6个部门均完成了市政府下达的控制指标，企业内部安全生产自我约束机制得到了明显增强。

3.矿山安全专业监察不断强化。煤矿安全是全市矿山安全工作的重点。搞好煤矿“一通三防”安全又是控制矿山伤亡事故主要途径之一。3月份，市劳动局印发了《关于进行“一通三防”安全监察活动的通知》，对煤矿通风、瓦斯防治工作提出明确要求，全年组织人员开展了六次“一通三防”专业监察。在狠抓“一通三防”专业监察的同时，全年组织了4次以“采掘安全”为主题的专业监察活动，督促煤矿企业提高采掘工程质量和支护强度，防止重大冒顶片帮事故发生。

4.矿山安全监察队伍建设明显加强。开展了矿山安全监察员队伍的组织整顿，以市政府名义任命了42名专职矿山安全监察员和86名兼职矿山安全监察员，并于9月份举办了矿山安全监察员培训班，有力地促进了全市矿山安全监察队伍素质的提高。

（*高连柱*）

【锅炉压力容器安全监察】 1995年，沈阳市加强锅炉压力容器安全监察工作：

1.开展锅炉压力容器制造单位资格认可和设计审查工作。对1家E级锅炉制造厂，9家压力容器制造厂进行换证审查，1家压力容器制造厂制格进行了升级审查，对3家新申请压力容器制造厂进行了资格认可审查；对8家小型热水锅炉制造厂实行了产品出厂监检制度，并对设计图样进行了审查，开展了锅炉房设计单位资格认可试点，填补了监察工作空白。

2.抓了安装监察工作。坚持安装备案和验收制度，验收锅炉619台，办理压力容器备案手续104台，对锅炉压力容器工程实行了招投标制度。

3.狠抓了锅炉压力容器使用登记工作大检查、共查出300台锅炉，200台压力容器未办理使用登记手续。

4.继续实行锅炉压力容器定期检验制度。全年共检验锅炉6 920名，压力容器2 446台，汽车和铁路槽车704台，各种气瓶70 000只。通过检验，对不安全的设备，分别采取了报废，建议修理等措施，避免了恶性事故的发生。

5.继续实行锅炉压力容器安全责任保险办法。全年投保锅炉1 126台，投保金额98万元，理赔额50万元。

6.组织锅炉压力容器使用现场监察活动，全年共组织3次全市统一的监察活动，除此之外，市区县(市)日常监察活动正常开展，并增加力度。据统计，共下发监察意见书390份，停止设备19台，索取违章费117 500元。

7.严肃认真处理锅炉压力容器事故。全年，发生E级以下锅炉爆炸事故3起，气瓶爆炸事故2起，共死亡2人，重伤4人，伤亡人数和1994年持平。对这些事故，采取了开现场会曝光、经济、行政和刑事处罚等措施。

8.实行了锅炉压力容器安全管理干部持证上岗制度，对166名管理干部进行了岗位培训，并发了资格证书。

（*曲伟增*）

人事管理

【概况】 1995年，是沈阳市人事工作取得较大进展的一年。全市各级人事部门工作思路清楚，方向明确，在实际工作中解放思想，开拓进取，齐心协力，勤奋工作，基本完成了年初部署的各项任务。

在推行公务员制度工作上，13个县(市)区职位设置、人员过渡已经基本结束；全市各级国家机关推行了考试录用、考核、奖励、非领导职务晋升、培训、辞退等公务员单项制度；以举办推行国家公务员制度高研班为重点，推行公务员制度高研班为重点，开展了学习和宣传《条例》的活动；推行公务员制度工作已进入整体推进，深入发展的阶段。

在人才市场建设上，中国沈阳人才市场已走上稳步发展的轨道，吸纳和辐射功能增强，交流活跃；以市、县区为主体的市场体系初步形成，还闯出了市区联手办市场，走出市场办市场，市场之外抓市场和通过建设市场兴市场的新路；经营者市场开始启动；市场法规建设有新进展。

在专业技术人员管理上，职称评职工作继续推进评聘分开，考评结合，评聘质量有所提高；国家政府特殊津贴和市政府特别奖的评选，表彰活动影响面和激励作用进一步增强；全市机关工作人员和企事业管理技术人员计算机应用能力的培训已经展开，正在按计划推进。

在工资制度改革上，完成了机关工作人员级别工资的滚动升级，事业单位3%工作人员提前晋升职务工资和机关事业单位工人技术等级考核及工资兑现工作。新工资制度在我市顺利实施。

在事业单位保险制度改革上，养老保险金社会统筹的覆盖面自收自支事业单位已经扩大到95%，差额拨款的事业单位也已达到68%。

在军转安置和大中专毕业生就业工作上，各级人事部门面临种种困难，共同探索“供需见面、双向选择”的路子，全面完成了国家下达给我市的安置、就业计划。

在宏观调控方面，通过严格执行职工人数和工资总额计划、增干计划，加强工资资金管理，全市机关事业单位人员增长基本控制在国家计划之内。

与此同时，退休干部管理服务工作，机关事业单位福利待遇工作，录用调配工作，人事统计和信息工作都有新进展、新成绩。

上述成绩，主要得益于四个方面：一是坚持思想领先的原则。全市人事系统“进场入轨、兴市富民”大讨论，增强了广大人事工作者的“四个观念”，对推进人事制度改革有着深远影响；二是坚持在大局下行动，在改革中发展的方针，使人事工作把握了为改革、发展、稳定服务的正确方向，为经济建设和社会事业发展作出了贡献；三是坚持整体推进、重点突破的工作方式。在建立科学分类的人事管理体制方面，重点突出了推行公务员制度；在搞活人才方面，重点突出了发展人才市场；四是注重人事部门自身建设，人事队伍思想作风和业务素质都有了新的提高。

（邹阳）

【干部调配工作】 1995年，沈阳市共调配各级各类干部1 430人。其中，从外市调入的有403人；市内调任、转任的有480人；安置随军家属97人。另外，办理聘干30人，落实干部政策5人。

1.围绕全市工作的重心，把干部调配工作的重点放在为重点工程、重点建设项目上。对于急需的专业技术人员，采取随报、随批，跟踪服务的办法予以特殊办理。

2.为广大干部群众办实事、解决实际困难。为干部解决夫妻两地分居问题，是干部调配工作的一项重要任务。1995年，全市共为141名干部解决了夫妻长期两地分居的问题，解决了他们的后顾之忧。

3.为大专院校、边远中小学校引进高层次人才。为贯彻落实市委、市政府提出的"科教兴市"战略，解决部分大专院校、边远中小学校个别专业师资力量严重不足，影响正常教学的问题，在干部调配工作中，把为教学一线引进急需人才工作当作一个重点，为沈阳体育学院、沈阳工业大学等大专院校，市第27中学等一些重点中学以及一些边远地区中小学引进了一批专业对口的师资力量。

4.为了准确掌握全市人才急需的有关情况，做到重点引进，避免引进工作的盲目性。对全市各重点企、事业单位进行了一次全面的人才需求情况调查研究，初步摸清了人才需求情况的底数。为人才引进工作奠定了坚定的基础。

5.把安置部队随军家属工作当作一项政治任务来完成。部队家属随军安置工作是一项艰难的、细致的、复杂的工作。为切实做好这项工作，全市有关部门密切配合，克服困难，从大局出发，圆满完成了任务。受到部队和随军家属的好评，进一步密切了部队与地方的关系。

（邹阳）

【推行国家公务员制度】 沈阳市建立和推行国家公务员制度工作起步较早，从1993年下半年开始，市委、市政府经过认真研究、确定了沈阳市"推行国家公务员制度。要以《国家公务员暂行条例》为依据，紧密结合实际情况，本着执简驭繁，先行试点，有计划分步实施，尽快入轨运行，在运行中逐步完善的原则，首先在大东、铁西二区和辽中县进行了县区建立和推行国家公务员制度的先期试点，在取得成功的基础上，从1994年下半年开始，在全市县（市）区政府机关全面推行，取得了良好效果。经过二年多的探索和实践，到1995年为止，全市13个县（市）区建立和推行国家公务员制度工作已经基本结束，13个县（市）区共有356个委办局建立和实行了国家公务员制度，共有12 228名县（市）区政府工作人员过渡成为国家公务员。在县（市）区积极建立和推行国家公务员制度的同时，全市通过电视讲座等形式，对46 000名机关干部进行了公务员制度基础知识的普及培训，经考试、合格率达98%；分期分批对各级政府机关的116名人事工作主管干部进行了骨干培训，市委、市政府还举办了推行公务员制度高级研修班，各县（市）区、市直各委办局共有41名局级领导干部参加了学习培训。在对市直和乡（镇）、街机关的机构设置和工作职能进行深入调查研究的基础上，市直和乡（镇）、街机关建立和推行国家公务员制度的工作也在积极着手进行，市委、市政府批准了市直和乡（镇）街机关的机构改革方案，使建立和推行国家公务员制度有了广泛的群众基础和良好的外部环境。与此同时，全市各级政府机关依据《国家公务员暂行条例》，先行推行了公务员的考试录用、考核、奖励、职务升降、辞职、辞退等单项配套法规，使国家公务员的管理初步走上了规范化、法制化的轨道，并力争在1996年年底以前，在沈阳市全面实行国家公务员制度。

（何宝廉）

【军转安置工作】 1995年，沈阳市以创新精神，扎实的作风，拼搏的干劲，使军转工作成为军转历史上进度最快，质量最好的一年。全市共安置了683名干部和26名随调配偶工作，做到了"三到位"、"三满意"，即政策到位、档案到位、干部到位；用人单位满意，军队组织满意，军转干部满意。组织完成了沈阳市第十二期，341名军转干部培训任务，参训率达93.6%。

主要工作特点是：

1.转变观念，主动接轨。一是强化了为经济建设服务的观念；二是强化与市场经济体制接轨的观念，搞活分配办法；三是强化大人才观念，在开发配置军转人才方面有突破；四是强化求真务实的观念，研究实招，真抓实干，讲效率要效果。

2.公开透明，公平竞争。即分配计划公开，军转政策公开，用人信息公开，转业干部名单公开，考试结果和录取名单公开。

3.质量提高、效果明显。政策落实好。全年683名转业干部按照进沈条件和地区分配原则给予了妥善安置。工作效率高。接收档案前，搞调研、抓宣传，编计划；接收档案后，随即召开有关会议，将四家，省军转工作会议精神和各单位接收安置任务贯彻落实下去，提高工作效率。

（邹阳）

【人才流动和人才市场】 1995年，沈阳市人才交流服务工作成效显著。全年共举办定期人才交流会48次，专场人才交流活动7次，共有960家企业、6万多人次参加；为664家单位办理了公开登报招聘手续，共招聘各类人才3 300多人；办理登记入库2 680人；日常推荐4 800人次；共有5 860人通过有形和无形市场找到了工作；共保管流动人员人事档案1 169份，并为152人晋升职称、205人办理出国政审、441人办理养老保险、1 080人晋升档案工作提供了服务；与18所学校签定了联合办学协议，举办各类培训班28期，共培训2 027人；为4 685人输了全民聘用合同制经营管理技术人员手续；为336人提供了人才测评服务；为53人公派出国留学组织了考试选送工作；引进硕士1人、博士4人、博士后1人、外籍教师1人。

人才市场服务功能不断完善。一是国家级区域性人才市场——中国沈阳人才市场的聚散、辐射功能得到了加强，通过会议联办、工作联动、信息共享、成果共享等形式，已初步与辽宁中部八城市、东北三省、国家已建区域性人才市场建立起了人才交流与合作联系；二是在通过市场为企业选聘经营者提供服务方面进行了积极的探索和大胆的实践，为建立沈阳市经营者市场做了大量的筹备工作，并已为企业推荐经营者15人；三是试行开展了人事代理服务，不仅代理单位管理人事档案，而且代理其全部人事工作，目前已为56家企业提供了此项服务；四是与保险公司合作，新开展了为流动人员代办养老保险和人身平安综合保险业务；五是与沈阳经济广播电台联合开办了“人才大市场”电台联播节目，不仅宣传了人才市场的服务功能、人才流动方面的政策法规，而且，方便了用人单位和人才了解、认识和利用人才市场；六是新建了人才需求信息库，并自行研制开发了人才需求信息自动检索系统；八是在人才市场会员制建设和经纪人队伍建设方面进行了积极的探索。

制定了《沈阳市人才交流服务中介机构管理暂行办法》、《沈阳市流动人员人事档案管理暂行办法》、《沈阳市经营者流动管理暂行办法》、《沈阳市经营者市场管理暂行办法》，制发了《关于进一步加强招聘人才广告管理工作的通知》等政策性法规。同时，《沈阳市人才市场条例》已被市人大列为立法计划。

（王文波）

【录用国家机关工作人员】 1995年，沈阳市检查院、法院系统，公安等国家行政机关、各县（市）区政府机关共通过面向社会公开考试录用了1 155名工作人员。另外为党群机关考试录用了91名工作人员。在有关方面的密切配合下，考录工作取得了圆满成功。其主要做法是：

1. 首次实行党、政、群机关统一录用考试。其中为11个党群部门的37个职位从495名报考者中录用了91名工作人员。

2. 考录工作在坚持全市统一录用考试的同时，有针对性地向公安、税务等专项工作部门单独招考。针对交通警力不足的问题，为公安局考录了200名交警。针对地税、国税分开后，地税系统干部明显不足的问题，专门为缺员最严重的康平、法库两县定向考录了47名工作人员。

3. 加强对考录工作的宣传与纪检监察力度，提高了考试工作的社会信认度，保证了考录工作的“公开、平等、竞争、择优”原则的贯彻。

4. 加大用人部门对考录工作的参与程度，为在考录制度下，用人部门与报考者之间供需见面，双向选择提供条件。在考录工作中，首次采用让用人单位负责资格审查。这一方面，使用人单位对报考者有了直观的了解，为用人单位选择更适合本部门特点的人员创造了条件，另一方面，报考者通过与用人单位面对面地沟通，可以更加了解自己更适合做什么，不适合做什么，减少了报考的随机性、盲目性、提高了成功率。

5. 进一步完善考试录用办法，提高考试录用各环节的科学性，确保考试录用质量。录用考试采取逐次筛选法，即在笔试、面试、体检、考核、试用期考察6个环节定出6个标准，只有达到上一个环节的标准，才能进入下一轮。同时，正在以下两个方面对原有的考试办法进行了补充、完善。第一，对报考资格重新进行了规定。规定报考人员必须具备3年以上工作经历，报考市直部门须具有大学本科以上学历。对考生报考专业要有与之相对应的专业学历要求。同时，在部分地区打破了户口性质及地域的限制。第二，对考试各环节重新进行完善。主要包括，在命题人员中充实有实践经验人员，笔试成绩统计采用计算机系统，重新规定笔试，面试成绩的比例。通过以上措施，保证了考试的公正性、准确性。

（邹阳）

【退休干部管理工作】 1995年，沈阳市认真落实退休干部的政治待遇和生活待遇，促进了安定团结。

针对退休干部工作中的热点和难点问题，组织力量调研测算，论证研究，先后下发一系列文件，使政策不断得以完善。重点解决了机关事业单位1989年底前已离退休并已取得专业技术职称人员，按其专业技术职称资格增加离退休费问题；有305名离退休人员按政策增加了离退休费；对部分原在机关事业单位后转制为企业中的离休人员，按机关事业单位离休人员增资标准提高了离休费，全市办理了1 336人；完成了全市机关事业单位离退休人员按工资改革政策提高离退休费审批工作，有71 300多名离退人员增加了离退休费；对企业离退休人员中有高中级专业技术职称的，进行了提高退休费的认定和审批，有517名企业离退休人员提高了生活费；按政策为329名退休人员办理了特殊贡献提高退休费标准，提高了退休费；配合机构改革，办理了138名机关分流提前退休人员；按政策批准了132名因病（伤）丧失工作能力人员提前退休，离开工作岗位休息。这些问题的解决，使退休干部的生活待遇有新提高，生活得到基本保障。

同时，积极推进机关事业单位社会保险制度改革，先后在全市机关事业单位中的合同制工人，自收自支，差额拨款事业单位中开展了社会养老保险工作。市人事局严格按照有关政策，认真做好养老保险的审批和催办工作，并组织发放，填写、审核《机关事业单位职工养老保险手册》。1995年底，全市自收自支事业单位投保率已达到95%，差额拨款事业单位已达到68%，有1 822个事业单位，68 000多名事业单位职工，19 300多名离退休人员参加了事业单位社会养老保险，累计投保额达到9 000多万元。养老保险手册做到事业单位参保职工人手一册，全市现已发放83 000多册。事业单位养老保险实行全额统筹，全额支付，促进了社会的稳定。

（詹连胜）

【大中专毕业生分配】 1995年，沈阳市共接收大中专毕业生8 203名，其中本科生2 745名，大专生2 634名，中专生2 824名。另外直接派遣来沈阳市毕业生659名。

1. 变单纯按计划分配为计划市

场相互调节补充。采取上下结合，扩大学校推荐权和用人单位的择人权的分配办法。支持和引导全市大中型企业走进院校、走进市场招聘毕业生。全市有160多家单位主动招聘毕业生1 078人。

2.变单一计划型为双向选择型。积极组织和培养毕业生就业环境，改变过去机械地按计划，搬条文，一刀切的做法，采取了在国家方针政策指导下，用人单位与毕业生双向选择的办法，进一步落实了用人单位的择人权和毕业生的择业权。

3.变单纯管理型为管理服务型。主动把毕业生就业工作同本地区经济和社会发展相结合，主动为用人单位服务，为毕业生服务。共向用人单位提供3 000多条供需信息，为5 000多名毕业生提供就业咨询，直接向用人单位推荐急需毕业生2 486人，初步建立了60多个行业为主的毕业生就业信息网点。直接到全国有关院校帮助招聘毕业生近千人。把近99.5%的毕业生引导到经济建设的主战场，为全市经济建设和改革开放提供了人才服务和保证。

4.变微观管理为宏观管理。毕业生就业安置是有计划、有组织、有目的的一项工作。在分配工作中，着眼于市场配置将成为就业和调节供需的主要形式，经济杠杆和价值规律将在毕业生就业工作中起越来越大的调节作用以及学校，用人单位和毕业生将成为就业竞争主体的大趋势，把毕业生就业制度改革同实际工作结合起来，加强从宏观上同用人单位和各院校的联系，注意从宏观上研究制定方针和政策。如对计划内自费生的分配，采取对经多次推荐仍无法落实就业单位的毕业生，毕业时间超过半年的，移交市人才交流部门推荐就业。这条措施在宏观方面从国家包分到底向不包分配迈出了重要的一步。

（邹阳）

【机关、事业单位工资福利】 1995年，沈阳市调整机关、事业单位干部级别工资人数共计6 166人，占机关总人数的11%，其中市直机关2 326人，区、县（市）机关3 840人。月增资146 256元，月人均增资23.72元。

为推进工资制度改革的配套工作，首次对事业单位百分之三有突出贡献和业绩显著人员提前晋升了职务工资。提前晋升职务工资，目的在于鼓励有突出贡献的专业技术人员，促进事业单位内部分配制度的改革。全市提前晋升职务工资5 979人，月增资204 481元，平均月增资34.2元。

为部分国家机关、事业单位技术工人兑现了晋升技术等级工资。1993年工资改革时，国家机关、事业单位工人由于多年未进行考工晋级，只能按工龄划段套改。工改后4万多人参加了技术等级考核，全部得到了相应的技术等级证书。其中有10 180人增加了工资，月增资304 992元，人均月增资29.96元。

贯彻了《国务院关于职工工作时间的规定》。根据国家人事部的《实施方案》，从1995年5月1日起，沈阳市的机关、事业单位的职工，全部实行每周40小时工作制度。这是建国以来对职工工作时间的重大改革，维护了职工的休息权利，提高了工作效率，并将对社会各业的发展起巨大推动作用。

（蔡玉庭）

【机关、事业单位养老保险】 1995年沈阳市机关、事业单位养老保险工作取得较大成果，截止到12月份，全市自收自支事业单位投保率已到95%，差额拨款事业单位投保率为68%，已经投保的事业单位有1 822个，61 800多名职工，19 300多名离退休人员参保，其金额达到8 000多万元。其主要工作有以下几个方面：

1.机关、事业单位养老保险工作，通过制发文件，强化了工作的力度。制发了《关于继续做好机关事业单位社会保险工作的通知》、《关于继续做好事业单位养老保险工作的通知》、《关于统一印发机关事业单位职工养老保险手册及编码的通知》，编制了《沈阳市机关事业单位社会保险文件选编》，发到基层单位，为机关事业单位养老保险工作实施规范化管理奠定了基础。

2.组织培训，培养骨干，大力推动保险工作，一是重点培训每季度定期举办一次有针对性的县（市）区主管保险工作人员培训班，解决养老保险工作中的具体问题；二是分散培训，根据不同情况，由各委、办、局自行举办本系统的小规模培训，其覆盖面达到各基层事业单位。三是集中培训，全市在保险工作开展较好的苏家屯区，先后举办了5期保险工作培训班，参加学习人员300人次，培训出大批保险工作骨干，有力地促进了全市机关事业单位养老保险工作。

3.抓住重点，以点带面，推动保险工作。首先是在全市机关事业单位保险工作进展快，效果好的铁西区召开现场交流会，全市各县（市）区在会上总结了保险工作，交流了经验。其次是在市人寿保险公司召开了全市机关事业单位社会保险工作总结大会，会上有8个单位交流经验，通过总结交流解决了保险工作中的一些具体难题。

4.加大宣传力度，通过报纸、电台、电视台等，大力宣传养老保险这种新生事物，使各基层单位不断提高认识，自觉自愿参加养老保险。

（李文祥）

【选拔政府特别津贴人员】 1995年，沈阳市专家工作主要分为两大项，一是国家政府特殊津贴的选拔和管理，二是市政府特别奖的审批与表彰。

1995年，按人事部的要求，沈阳市下发了关于选拔政府特殊津贴人员的通知，规定了选拔的范围、对象、条件和名额分配。同时把选拔的重点与经济建设结合起来，重点选拔长期从事专业技术工作，在国家、省、市重点工程，重点项目中做出突出贡献，解决了重大技术难题的人员；在我国科技领域填补空白，创造了显著经济效益、社会效益并获得国家，省、市重大奖励的人员。

通过基层单位层层选拔推荐，经审核同意后，召开有关专家组成的评委会，并报请市政府常务会议讨论通过，共选出10名同志报国家人事部。市政府特别奖的申报，评审工作，是从1995年2月开始进行的。各县、市、区和市直各主管部门在广泛征求意见的基础上，经党政领导集体研究，推荐了107人，经认真审查、考核，从中选出49人，专门召开了有关行业专家组成的专家评议会评议，提出推荐人选后，报市政府第十次常务会议讨论通过，决定授李文海等49名同志沈阳市政府特别奖。并于同年11月召开颁奖大会。

（陈雷）

【专业技术人员职称评定】 1995年，沈阳市共制发、转发有关职称评定的文件20件，有力地指导了全市职称评定和专业技术资格考试工作的顺利进行。同时，根据国家人事部和省人事厅的部署，按照职称评定正常化的要求，认真地开展了1995年专业技术资格申报和审核工作，并组织高、中、初级评审委员会对参评人员进行评审。全年共评定高级资格2 398人，其中破格评定473人；中级资格8 183人，其中破格评定485人；评定初级资格16 000人。

此外，按照国家人事部的部署，及时组织会计、经济、外语等12个类别的专业技术资格，执业资格和有关的水平考试。全年共有3万余人参加了市考评中心组织的考试，及格率平均为40%。

为提高职称工作整体水平，还加强了对专业技术人员考核工作的管理。全年共审核2 651个单位设置的137 937个专业技术岗位，其中审批高级岗位12 720个，中级岗位54 144个，初级岗位71 073个。同时指导各事业单位开展了对专业技术人员的考核工作。1995年度考核优秀率为21.4%，称职为73.2%，基本称职为4.5%，不称职为0.9%。

（张金兰）

【人事争议仲裁工作】 1995年，沈阳市人事仲裁委员会依照法律程序，共受理各种不同类型的人事争议案件398起。其中以调解方式处理结案的320起，占受案总数的80%。经调解无效，依法进行裁决或裁定的78起，占受案总数的20%。

裁决、裁定案件的类型趋向和比例为，各级政府机关招干争议案29件，占受案总数的7.2%；人才流动争议案138件，占受案总数的34.7%；因辞职、辞退和除名方面的争议案134件，占受案总数的33.7%；因执行人事政策法规的争议案50件，占受案总数的12.6%；合同制干部因履行合同发生的争议案47件，占裁案总数的11.8%。案件审理，坚持以实事为依据，依法律、法规为准绳，尚未发现因显失公正而上诉到人民法院的，案件得到顺利执行。受案准确率和结案率分别为99%和98%以上。

（赵柄泉）

【干部培训工作】 1995年，沈阳市通过各种方法，开展对干部的培训工作。

1.国家公务员培训。为适应全面推行国家公务员制度的需要，市人事局在沈阳行政学院组织了初任培训（经考试录用进入国家行政机关，担任主任科员以下非领导职务的人员）41名，任职培训（按国家人事部要求，1993年10月1日《国家公务员暂行条例》公布以后，晋升领导职务的公务员必须接受培训）69名。6月份，组织了由36 000余名各级党政机关干部参加的市场经济知识考试。8月份，国家人事部组织了全国国家公务员制度基础知识竞赛，全市有4万多名党政机关干部及其他人员参加，进一步了解了推行国家公务员制度的目的、意义，以及国家公务员制度中的具体内容。有6名同志获国家人事部颁发的优秀纪念奖，5名同志获省人事厅颁发的优秀纪念奖，市人事局获优秀组织奖。

2.计算机应用能力培训考核。为适应经济建设和科学技术发展的需要，全面提高干部素质，促进办公现代化和各项事业的发展，5月份，印发了《关于在干部中开展普及计算机应用能力培训、考核工作的实施意见》的通知，计划从1995年起至1998年，利用3年左右的时间，使全市45岁（1951年1月1日以后出生）以下的各级党政机关干部和企事业单位的各类专业技术人员都能达到计算机应用能力的初级水平，相关岗位的人员达到中级水平；中、高级专业技术人员和其他有关人员达到本专业技术职务系列所要求的水平。为做好此项工作，成立了市计算机应用能力培训考核办公室，由市委组织部、市人事局、市教委等部门的人员组成。10月份，市考核办组织有关专家学者编写了培训教材《计算机实用教程（初级）》及教学、考核大纲。审查、批准了87家市计算机应用能力培训指定单位。在各单位自行组织培训的基础上，于12月份组织了模拟考试，取得了组织大规模计算机应用能力考核的经验。市直机关自1997年，县（市）、区自1998年起，党政机关工作人员晋升非领导职务和提任正、副处级及副局、县（市）区级领导职务，专业技术人员评审中级以上专业技术职务任职资格时，均应出具初级以上计算机应用能力考核合格证书；凡列入市直部委办局和县（市）区级后备干部的，均应具有初级计算机应用能力，其中35岁以下的，一般应达到中级计算机应用能力。自1997年起，全市录用党政机关工作人员考试时，对获得计算机应用能力培训考核合格证书者，将按中、初不同等级分别在笔试成绩中予以适当加分。

（耿志斌）

人民生活

【城市居民家庭消费特点】 据抽样调查，1995年沈阳市城市居民人均消费性支出3 766.36元，比1994年增长20.9%，城市居民的消费结构在继续向着健康方向发展的同时，呈现出四升四降的新特点。

1.交通和通讯支出比重上升。1995年全市城市居民的交通和通讯支出占消费性支出比重为4.53%，比1994年增长1.06个百分点。其中由通讯工具和电讯、邮电费构成的通讯支出比重为2.86%，增长1.15个百分点。电话以迅猛的速度进入普通百姓家，到1995年末平均每百户拥有电话41台，比1994年增长1.6倍。

2.娱乐文教服务支出次之，比重为10.98%，比1994年增长0.9个百分点。

3.教育支出比重增幅较大，比1994年上升2.12个百分点，这从一个侧面反映城市居民积极提高精神文化生活的质量，从而提高人的整体素质。

4.居住支出比重小幅度上升。随着住房制度的进一步深入及方兴未艾的住房装饰势，使得城市居民增加了居住方面的投资，支出比重比1994年增长0.16个百分点，住房投资的逐步增加，必然会形成合理的消费结构。

5.食品支出比重比1994年上升0.03个百分点。消费渐趋“主食不主、副食为重”的合理结构。有益于身体健康的干鲜瓜果、坚果及果仁和奶类支出比重均上升，同时食品消费中出现许多新领域如快餐食品、保健食品、风味食品、天然食品、冷冻食品等，多样化、方便化、多功能化的食物销量在不断提高。

6.衣着支出比重下降幅度最大。支出比重比1994年下降1.2个百分点，其中服装、鞋袜及其他支出比重下降1.22个百分点。杂项商品和服务支出比重下降0.47个百分点，其中：理发、美容、金银珠宝、手表、纸张文具等个人消费支出比重下降0.51个百分点。

7.设备用品及服务支出比重降幅较小，支出比重下降0.36个百分点，其中耐用消费品支出比重下降0.24个百分点。

8.医疗保健支出比重比1994年下降0.12个百分点，其中医药费、医疗器具等支出比重下降，出现了大病进医院、小病进药房的医疗消费趋势，并更加注重身体的保健。

（谢岩华）

【城市居民与小康生活的距离】 1995年，沈阳市城市社会经济调查队根据国家规定的城市小康量化标准，对沈阳市的小康进程进行了测定。

经测算，沈阳市已有人均国民生产总值、第三产业增加值比重、人均实际收入、住房成套率、人均日摄入热量、人均日摄入脂肪、平均预期寿命、中学入学率和每周工作日制共9项指标提前达到了小康标准。综合总得分83.11分，分别比1990年、1993年提高了12.55分和2.22分。全市距小康标准尚差16.89分。

就综合情况看，83.11的得分意味着在今后的5年中，必须以年均3.38的分数递增，才能保证在2000年“准时入场”，而与前两次测算相比，沈阳市奔小康速度渐缓、增幅趋平。分项情况比较，人均园林绿地面积、基尼系数、人均居住面积、人均日摄入蛋白质和恩格尔系数这5项指标，分别与标准相差79.50分、66.67分、49.02分、44.50分和32.35分，差距悬殊，任务艰巨。在今后的小康工程建设中，工作的重中之重应该是燃眉之急的绿地建设，分配领域的合理格局，亟须加大步伐的住宅建设及努力提高整体市民的营养水平。

（黄宝红）

【城市居民户均收入突破万元】 1995年沈阳市人均生活费收入为3 720.84元，比1994年增长20.1%，扣除物价上涨因素后实际增长3.5%。全市居民户均收入为13 067.52元，首次突破万元大关。

抽样数据表明：1995年沈阳市职工年平均工资为5 259.41元，比上年增长27.4%，其中：全民职工工资年人均为5 965.80元，增长20.6%；集体职工年人均工资为4 519.44元，增长15.6%；合资或独资企业职工年人均工资为9 124.60元，增长37.5%，个体经营者年人均收入为13 024.56元，增长1倍，离退休人员收入为2 837.76元，增长14.6%，其他劳动收入（兼职、兼业）年人均为102.12元，增长51.20%。借贷收入（周转性收入）年人均为722.16元，增长12.2%，其中：兑售有价证券收入增长4.7%；提取储蓄存款增长18.8%。

从城市居民家庭收入资料看：1995年人均生活费收入在2 000元及以下的低收入户比重为3.4%，比1994年下降63.30%；2 000元—4 000元的中等收入户比重为62.40%，比上年下降13.10%；4 000元—5 000元的较高收入户比重为19.20%，增长45.50%；5 000元及以上的高收入户比重为15.0%，增长2倍。

户均生活费收入超万元的户已由1994年的40.40%增加为1995年的63.6%，增长23.2个百分点。

（贾万军）

【市场物价涨幅明显回落】 1995年，沈阳市虽遭严重洪涝灾害，市场物价却没有迅猛上涨，全年零售物价比1994年上涨13.5%，居民消费品价格上涨16%，分别比1994年22.6%和29.3%的幅度低9.1和13.3个百分点，涨幅明显回落，低于物价调控目标。

分析1995年沈阳市物价上涨的原因，以宏观上看，受近几年全国固定资产投资规模过大，消费基金增长过快，通货膨胀等的影响。以沈阳市情况看，其原因是：

1.粮食收购及农业生产资料价格上涨，导致农产品价格上涨。近年来，为支持农业生产，调动农民种粮积极性，粮食收购价格连年上涨，1994年比1993年上涨73.9%，1995年比1994年又上涨12.5%。同时，以化肥为主的农业生产资料价格也在不断上涨，并且涨势较猛。这些都直接推动了全市农副产品零售市场价格的上涨。

2.国家上调基础原材料价格，推动生产成本加大。从1994年起，国家大幅度上调了电力、石油、天燃气、棉花等基础产品价格，使以加工工业为主的沈阳市受益少，增支多。1995年，沈阳市工业原材料购进价格比1994年上涨13.62%，比1993年上涨30.23%。

3.自然灾害影响，农业生产严重受损。沈阳市连续两年遭受洪涝灾害，引起农产品产量骤减，供求矛盾加剧，从而导致物价上涨。由于灾情严重，影响着当时市场物价的上涨。

4.市场竞争不规范，流通环节过多。随着经济的发展，流通渠道不断畅通，多环节、多渠道经营虽然搞活了市场，但是也出现了批零差率过大，中间盘剥无度，商品价格混乱，漫天要价，质次价高，个别商贩哄抬物价，欺行霸市等现象，形成不公平市场竞争，从而增加了商品人为涨价因素，造成物价上涨。

综上所述，1995年沈阳市物价总水平虽然上涨幅度较前一年明显回落，并且很好地完成了国家下达的15.5%的物价控制目标，但是一些主副食品价格仍然涨势强劲，使全年零售物价总水平继续呈双位数上涨。以横向对比来看，沈阳市物价涨幅仍然高于全国35大城市平均水平。1996年控价任务仍相当艰巨。

（王薇）

【实施“温暖工程”】 1995年7月，市委九届二次全委（扩大）会议决定，全市开展建设“温暖工程”活动。这项活动是以往工会组织开展的“职工温暖工程”的深化和发展，是市委、市政府领导的，动员组织全市各级党政机关、群众团体、各企事业单位及社会各界，对贫困村和城镇特困职工、城乡贫困户给予帮助扶持的一项社会系统工程。从1995年7月份到年底，“温暖工程”主体框架基本形成，“温暖工程”活动全面展开。市及县（市）区局两级“温暖工程”共筹集资金近2 000万元。发放救济款760元，救助88 300人次；完善全市包扶网络，共包扶特困职工（户）、贫困户11 500户，包扶贫困村115个；政策引导自谋职业和安置再就业2 300人。主要工作：

一、建立了“温暖工程”的领导和组织体系

沈阳市“温暖工程”领导小组负责“温暖工程”的总体规划、设计和领导。领导小组由市长张荣茂任组长，市委副书记赵金城、市总工会主席李中鲁、常务副市长张瑞昌任副组长，市委、市政府办公厅等28个职能部门为成员组成，下设办公室，肩负“温暖工程”的综合、协调、指导、服务职能。各县（市）区局（公司）也相应成立了领导及办事机构，由此形成了“温暖工程”的领导和组织体系。

二、完善了“温暖工程”的救助和扶助体系

1.充实了“温暖工程”扶困救急资金。筹资的三个渠道，即一是企业和自收自支的事业单位按职工每人每年1元钱的额度缴纳，全年收到资金85万多元；二是全市人民及社会各界的捐赠。1995年7月，全市一次性捐款活动得到全市160万人的支持，捐赠资金1 800万元；三是建立了市、县区局处级以上领导干部定期捐款制度。处级、局级、市级干部每人每月分别捐5元、10元、20元，一年筹资近30万元。这笔资金分市、县区局及街道（企业）三级管理，主要用于特困职工、贫困户基本生活的保障和临时、突发性事件的救急资助。

2.建立了“温暖工程”包户网络及三年包村规划。一是建立了全市纵横相接的包户网络。在保障全市4万户特困职工、贫困户基本生活的同时，对1万户重点户进行了“一对一”的包扶，从市直机关到社会各界，从市级领导到基层普通干部都有具体的包扶对象。市直机关、群众团体、驻沈部队包扶5 232户，县区局及街（企）包扶6 300多户，并建立了特困户管理和包扶档案。1995年包户脱贫1 600户。二是建立了对贫困村的三年包扶规划，完成了市领导带领各职能部门定点包扶集体经济薄弱的115个贫困村的对接工作。

3.完善了对特困职工和社会救济户的扶持政策。1995年，沈阳市出台了《关于保障社会救济户和特困职工基本生活问题的补充规定》，对特困职工和社会救济户从事个体经营、再就业、子女就学、房屋动迁、符合政策乡进城、细粮供应、房租及煤、水、电费等10个方面给予政策优惠。全市7 000户持证特困户每户每年可享受数百元照顾；1995年一年依靠政策扶助脱贫300多户。

（孙继华）

【农民收入增长】 1995年，沈阳市重视加强对农业生产的领导，农民投入增加，农业生产起步良好。尽管在农业生产中期遭受了百年不遇的洪涝灾害，使农民的生产、生活受到了巨大的损失，但是，在市委、市政府的正确领导下，经过全市广大干部群众的抗洪抢险，将灾害带来的损失降到了最低限度。从全市来看，在大灾之年，农民收入仍然有所增长。

据对农村1 000户农民家庭的抽样调查，1995年沈阳市农民人均纯收入达到1 812.45元，比1994年增加了277.62元，增长18.1%，扣除物价上涨因素实际比1994年增长3%。从1994年和1995年农村连续2年遭灾不减收的实际看，农村已跳出了“遭灾必减产，减产必减收”的旧格式。而步入良性发展轨道。“八五”期间，在农业生产连年遭灾的情况下，农民人均纯收入仍然以15.1%的速度递增，实现了广大农村工作者多年的宿愿。

纵观1995年农民收入的增长，呈现几个特点：

1.坚持大力发展“两高一优”农业不放松，农村经济再上新台阶。1995年各县（市）区都把大力发展农村经济，彻底告别温饱，全面实现小康，作为农村经济工作的首要任务，并把增加农民收入作为发展农村经济的基本导向，取得了明显效果。面对历史上罕见的自然灾害，市委、市政府广泛动员，科学决策，精心部署，把抗洪抢险救灾作为压倒一切的中心工作，为全面恢复农业生产奠定了基础。同时采取了排水、催熟、提价等各种措施恢复农业生产和增加农民收入。由于措施得力，农业生产遭灾不减产，大灾之年，农民人均从种植业得到纯收入仍高达891.87元，比1994年增长40%，为增加农民收入夯实了基础。

2.乡村企业继续发展，农民收入得到增加。1995年乡村企业继续得到较快发展，自身活力不断增强，为推动整个农村经济的发展和全市经济再上新台阶做出了积极贡献。1 000户农民家庭调查显示，每一农民从企业得到的收入为256.42元，比1994年增长14.6%为农民收入的提高起到了促进作用。

3.农民存量资产增加，财产增值加快。“八五”期间，农民存量资产持续增加，带动转移性和财产性收入快速增长。转移性和财产性收入包括在外人口寄带回、农村外部亲友赠送、调查补贴、赔款、救济、退休金、奖励、补偿和利息、股息、租金、出让特许权等收入以及其他转移性和财产性收入。这部分收入随着改革开放的加快、农民财富的增加以及农民商品意识、金融意识的增强，而有较大幅度的增长。1995年人均转移性和财产性收入为158.34元，比1990年增长9倍还多，比1994年增长89.6%，增长幅度为各项目之首。1995年末人均储蓄及手存现金余额已达1 580.06元，全年利息、股息、租金收入人均13.98元，农民财力不断增强，财产性收入不断增加。

4.霜期"猫冬"——的困惑已被打破。地处北方的沈阳市，有霜期长无霜期短，冬季农业生产低产出甚至无产出的状况一直困扰着农村经济的发展。霜期"猫冬"引发的农村劳动力季节性剩余，以及由此带来的一系列社会经济问题，一直没有得到很好的解决。现在，随着农民商品意识、市场意识的增强，农民已开始向漫长的冬季挑战，农村保护地生产迅速发展，棚菜生产技术、蛋鸡、肉食鸡、羊、牛、猪、鱼的饲养技术已被农民掌握。"一乡一业，一村一品"建设也已获得规模效益。"八五"期间的调查资料表明，每年一季度农民从种植业获得的现金收入都比上年同期有所增加。1995年一季度平均每个农民从种植业、养殖业获得的现金收入达到183.9元，比1994年同期的38.54元，增加145.36元，增长3.8倍。在1995年的洪水到来之前，农民就已获得实际现金收入1 132.38元，抵御自然灾害的能力明显增强。这表明农民收入的季节性差异正在淡化，春季投入秋季产出的生产格局正在逐渐打破，霜期农业生产已成为沈阳市农村经济的新增长点。

5.各县(市)区农民收入位次的惯例排列被打破。1995年由于部分经济较发达地区受到了严重的洪涝灾害的侵袭，而大部分贫困地区灾情相对较弱，致使康、法等贫困地区增收较多，苏家屯、辽中等重灾区收入增长较慢或下降。历年来各县(市)区按人均纯收入由高到低的排列惯例被打破。1995年各县(市)区的位次排列是：于洪区(2 623.69元)、东陵区(2 343.93元)、新城子区(1 850.4元)、苏家屯区(1 803.43元)、新民市(1 766.64元)、法库县(1 599.57元)、辽中县(1400.02元)、康平县(1 316.11元)，其中增长速度最快的是法库县，其次为康平县。

(田喜斌)

【农民生活消费水平有所提高】"八五"时期，沈阳市农村连续两年遭受自然灾害，使农业生产受到一定影响。但由于农村产业结构渐趋合理的变化，增加了农民的收入来源，增强了农村的抗灾能力，大灾之年的1995年农民收入仍增长了18.1%。因此，就全市农民的生活费变化情况来看，除部分受灾较重地区外，广大农民的生活水平并没有受到大的影响，基本保持了生活消费的稳定和一定程度的改善。

沈阳市农村社会经济调查队的调查资料表明，1995年平均每个农民生活消费支出1 475.22元，比1994年的1 158.56元，增加316.66元，增长27.3%。资金投入的增加，使农民的生活在灾年得以改善。

1.食品消费全面增长。1995年平均每个农民用于食品方面的支出为858.56元，比1994年的636.35元，增加222.21元，增长了34.9%。其中，主食消费支出391.98元，增加113.46元，增长40.7%；副食消费支出345.9元，增加94.71元，增长37.7%。在主食消费中，挂面、馒头等粮食制成品越来越受到农民欢迎，1995年人均用于粮食制成品的支出为63.05元，比1994年增加了28.42元，增长了82.1%。在副食品消费中，肉、蛋、鱼等高营养食品增幅较大，1995年人均用于肉、禽及其制成品支出163.24元，增长了1.3倍；蛋类支出28.3元，增长了13.2%；水产品支出15.09元，增长了4%；油脂类支出47.03元，增长了18.7%。大灾之年，农民不仅吃得饱，而且吃得好，餐桌上的品种更加丰满。

在食品消费额大幅度增长的同时，农民的主要食品消费量也稳中有升。1995年人均消费家禽1.2公斤；消费蛋类6.5公斤；消费水产品2.1公斤；消费蔬菜168.2公斤；消费水产品2.1公斤；消费蔬菜168.2公斤；消费食糖0.4公斤；消费糕点1.3公斤；消费水果10公斤，消费酒及饮料15.5公斤，均比上年有所提高。

2.衣着消费舒适漂亮。"八五"期间农村居民的衣着消费已不仅仅局限于生理上的需要，而逐步向满足心理需要和精神需要的方向发展。随着城乡一体化进程的加快，近郊一些地区农民的服饰已与城市无异。1995年人均衣着支出160.66元，比1994年的148.48元，增加12.18元，增长8.2%。同时近年来沈阳市农民的衣着消费开始倾向于购买成品服装，1995年人均购买成品服装支出89.04元，比1994年的83.89元，增加5.15元，增长6.1%。随着农民生活水平的提高，皮衣、皮鞋、西服在农村已越来越多。

3.居住环境得到改善。1995年平均每个农民用于居住方面的支出为161.49元，比1994年的134.62元，增加了26.87元，增长20%。被洪水冲毁的土坯草房得以更新重建，取而代之的是宽敞明亮的砖木结构住房。1995年末农民人均使用房屋面积已达到18.2平方米，居住环境也得到进一步改善。目前，沈阳市农村已基本实现了村村(行政村)通公路村村有卫生所。据抽样调查，1995年沈阳市农民家庭饮用自来水的占47%；有暖气的占10.2%；液化气为主要燃料的家庭占10.1%。农民卫生淋浴也开始走出家门，服务逐渐社会化，1995年人均洗澡费支出0.79元，比1994年增长了16.2%。城郊有些农户已经住上了"二水二气"的楼房。

4.交通通讯更加方便。随着农村经济的发展和农民生活水平的提高，部分率先富裕起来的农民对现代化的交通通讯工具的追求更加迫切。农用汽车、三轮车已进入农民家庭，摩托车、山地车早已成为农民的代步工具。电话、BP机等现代通讯设备也备受先富裕起来的农民的欢迎。调查资料显示，1995年平均每个农民购买交通工具支出27.46元，比1994年的8.47元，增加18.99元，增长1.2倍。通讯工具支出从无到有，1995年人均支出0.47元，一部分农民家庭已开始拥有电话和BP机。随着农民生活水平的提高，农民的对外交往也日益增多，探亲、访友、打工、旅游不断增加，1995年人均交通费支出10.47元。

5.美容化妆渐成新潮。随着生活水平的提高，沈阳市农民已改变了往日“尘涯暴土”的“灰色”形象，精神面貌日趋城市化，美容化妆对农村青年人来讲已渐成新潮。1995年平均每个农民购买化妆品支出2.51元；购买金银珠宝饰品支出8.91元。美观漂亮的彩色照片受到农民的欢迎，人均照相费支出0.5元，农民生活更加丰富多彩。

6.耐用品拥有量继续增加。抽样调查资料表明，1995年农民家庭主要耐用品拥有量继续呈增加态势，平均每百户农民家庭拥有缝纫机75.4架，比1994年增长1.2%；电风扇32台，增长16.40%；洗衣机61.9台，增长2.8%；电冰箱11.6台，增长34.9%；摩托车6.4台，增长33.3%；大型家具302.5件，增长15.9%；收音机71.6台，增长49.8%；彩色电视机41.3台，增长16.3%；收录机41台，增长10.2%。在洗衣机、彩色电视机、电冰箱等现代家庭用品步入农民家庭之后，录像机、吸尘器、空调器也开始进入部分先富裕起来的农民家庭。

从以上几点可以看出，尽管“八五”期间，沈阳市农村频繁遭受历史上罕见的自然灾害的侵袭，但农民的生活水平并没有因此而下降。相反，在农民收入增加的同时，生活水平又有所提高。

（*田喜斌*）

【“八五”农民生活综述】 据沈阳市农调队的统计调查，“八五”期间沈阳农民的人均纯收入从1990年的895.96元，增长到1995年的1 812.45元，5年间增加了916.49元，增长1倍多，平均每年增加近200元、递增15.1%。扣除物价上涨因素，实际每年递增4.1%。伴随着农民收入的稳步增长，农民的消费水平也在逐年提高，消费结构进一步改善。调查资料表明，1990年农民人均生活消费支出只有702.78元，到1995年已达到1 475.22元，增加了772.44元，增长1倍多，平均每年递增16%。沈阳市农调队最近一项有关沈阳农村贫困问题的调查曾得出这样的结论：与1990年相比，沈阳农村贫困户所占比重下降了2.7个百分点。5年间大约有2万多户、近10万人脱贫。

农民生活的改善与提高是党的富民政策在农村的具体表现，是整个农村社会经济发展情况的总体反映。改革开放以来，特别是“八五”期间，沈阳市农村发生了翻天覆地的变化，乡村面貌焕然一新。在党的富民政策指引下，市委、市政府制定了大力发展“城郊型”农业、进一步加快城乡一体化进程以及抓小康、建设小康，发展经济奔小康等一系列旨在尽快使农民富裕起来的政策和措施，极大地调动了农民的生产积极性，在自然灾害频繁的“八五”期间，农村的种植业、养殖业以及二、三产业均呈稳步增长态势，农民收入也随之迅猛提高，同“七五”相比，农民的收入以及吃、穿、住、用、烧等生活诸方面均发生了根本性的变化。

1.结构调整见成效，农民收入又增长。大力提高农民的收入水平已成为发展农村经济的基本导向。为了使农民的收入有较大幅度的提高，“八五”期间，下大气力调整农村产业结构，大力发展优质、高产、高效农业，经过全市广大干部群众几年的努力，“两高一优”农业已初显威力，农业生产获得较大发展，农民收入大幅度提高。

据对农村8个县区（包括康平、法库两县）1 000个农村住户的抽样调查，1995年农民人均纯收入已达到1 812.45元，比1990年的895.96元，增加916.49元，增长了1倍还多。扣除物价上涨因素，实际每年递增4.1%。这标志着农村产业结构调整已见成效，农民的收入水平又有提高，全市农村的“小康”可望提前实现。

回顾“八五”，农民收入的取得主要有以下几个特点：一是基本收入与转移性和财产性收入均有增长，转移性和财产性收入增幅更大

1995年每一农民从中获得1 654.11元的纯收入，占全部纯收入的91.3%，比1990年的880.23元，增加773.88元，增长87.9%。1995年人均转移性和财产性收入为158.34元，比1990年增长9倍还多，增长幅度为各项目之首，占全部纯收入的比重亦由1990年的1.8%，上升到1995年的13.7%。1995年年末人均储蓄及手存现金余额已达1 175.86元，全年利息收入人均6.77元，农民财力不断增强，财产性收入不断增加。

二是农业生产收入仍占主体，非农业生产收入增长更快

1995年人均生产性纯收入为1 647.61元，比“七五”末期的873.95元，增加773.66元，增长88.5%。在生产性纯收入中，农业生产收入占66.5%，仍为收入的主体，1995年人均农业生产收入1 095.50元，比1990年的593.86元，增加501.64元，增长84.5%。其中种植业纯收入增加383.56元，增长75.5%。这表明农村的优质、高产、高效农业的开发已取得一定的成绩，这在农业生产资料普遍涨价，农业生产成本大幅度提高的情况下，已实属不易。在生产性纯收入中，非农产业收入虽然只占33.5%，但比1990年提高了1.5个百分点。1995年人均从非农产业获得纯收入552.11元，比1990年的280.09元，增加272.02元，增长97.1%，无论是增加额还是增长率都是相当快的。

三是霜期猫冬——曾经拥有的困惑已被打破

沈阳市，有霜期长无霜期短，冬季农业生产低产出甚至无产出的状况一直困扰着农村经济的发展。霜期猫冬引发的农村劳动力季节性剩余，一直没有得到很好的解决。“八五”期间，随着农民商品意识、市场意识的增强，农民已开始向漫长的冬季挑战，农村保护地生产迅速发展，棚菜生产技术、蛋鸡、肉食鸡、羊、牛、猪、鱼的饲养技术已被农民掌握。“一乡一业，一村一品”建设也

已获得规模效益。“八五”期间的调查资料表明，每年一季度农民从种植业、养殖业获得的现金收入都比上年同期有所增加。1995年一季度平均每个农民从种植业、养殖业获得的现金收入达到183.9元，比“八五”初期的78.07元，增加105.83元，增长1.4倍。

四是股份合作——微风乍起农民从中已获利

1995年平均每个农民获得的股息收入已有0.26元，尽管收入还很微薄，但它预示着，股份合作制这个新的经济形式即将在沈阳市农村崛起，并得到迅猛的发展。

五是市场经济进一步完善，农民从中得到好处

“八五”期间，农副产品市场发育逐渐成熟，国家逐年提高农产品的收购价格，农民对市场经济也开始适应起来，并从价值规律的变化中尝到甜头。调查资料显示，1995年农民出售粮食和蔬菜的价格分别比1990年高1.4倍和85.3%，仅此2项就比1990年增收541元。

2.人均收入稳增长，农民生活得改善。

沈阳市农村社会经济调查队的调查资料表明，1995年平均每个农民生活消费支出1 475.22元，比1990年的702.78元，增加772.44元，增长1.1倍。资金投入的增加，使农民的生活得以改善。“八五”期间，农民生活水平的提高，主要体现在以下几个方面。

一是食品消费全面增长

1995年平均每个农民用于食品方面的支出为858.56元，比1990年的366.61元，增加491.95元，增长了1.3倍。其中，主食消费支出391.98元，增加244.17元，增长1.7倍；副食消费支出345.9元，增加211.14元，增长1.6倍。在主食消费中，挂面、馒头等粮食制成品越来越受到农民欢迎，1995年人均用于粮食制成品的支出为63.05元，实现了零的突破，打破了自产自食的温饱性主食结构，开始向商品化、多元化方向发展。在副食品消费中，肉、蛋、鱼等高营养食品增幅较大，1995年人均用于肉、禽及其制成品支出163.24元；蛋类支出28.3元；水产品支出15.09元；油脂类支出47.03元，与“七五”相比各项支出均成倍增加。

在食品消费额大幅度增长的同时，农民的主要食品消费量也有所增加。1995年人均家禽消费1.2公斤，增长了1.6倍；蛋类消费6.5公斤，增长了1.2倍；水产品消费2.1公斤，增长了69.4%；糖果糕点消费1.3公斤，增长了10.3%；水果消费10公斤，增长了30.7%；酒及饮料消费15.5公斤，增长了3.3倍。

二是衣着消费舒适漂亮

1995年人均衣着支出160.66元，比1990年的81.77元，增加78.89元，增长96.5%。衣着消费开始倾向于购买成品服装，1995年人均购买成品服装支出已达89.04元，而“七五”期间的农民衣着还仅仅维持在自己缝制上。

三是居住环境得到改善。1995年平均每个农民用于居住方面的支出为161.49元，比1990年的127.53元，增加了33.96元，增长26.6%。1995年年末人均使用房屋面积已达到18.3平方米，居住环境也得到进一步改善。目前，全市农村已基本实现了村村(行政村)通公路，村村有卫生所。据抽样调查，1995年农民家庭饮用自来水的占47%；有暖气的占10.2%；以液化气为主要燃料的家庭占10.1%。农民卫生淋浴也开始走出家门，服务逐渐社会化，1995年人均洗澡费支出0.79元，改变了以往农民自身卫生差的状况。城郊有些农户已经住上了“二水二气”的楼房。

四是交通通讯更加方便。1995年平均每个农民购买交通工具支出27.46元，比1990年的11.26元，增加16.2元，增长1.4倍。通讯工具支出从无到有，1995年人均支出0.47元，一部分农民家庭已开始拥有电话和BP机。随着农民生活水平的提高，农民的对外交往也日益增多，探亲、访友、打工、旅游不断增加，1995年人均交通费支出10.47元，比1990年的3.8元，增加6.67元，增长1.8倍。

五是美容化妆渐成新潮。

1995年平均每个农民购买化妆品支出2.51元；购买金银珠宝饰品支出8.91元，美观漂亮的彩色照片受到农民的欢迎，人均照相费支出0.5元，农民生活更加丰富多彩。而这几项支出在“七五”期间则为空白，可见，农民的生活水平在“八五”期间确实得到实实在在的提高。

六是耐用品拥有量继续增加。

“八五”期间的抽样调查资料表明，1995年农民家庭主要耐用品拥有量继续呈增加态势，平均每百户拥有缝纫机75.4架，比1990年增长14.8%；电风扇32台，增长1.1%；洗衣机61.9台，增长59.9%；电冰箱11.6台，增长9.5倍；摩托车6.4台，增长2.8倍；大型家具302.5件，增长40.4%；收音机71.6台，增长31.6%；彩色电视机41.3台，增长1.2倍；收录机41台，增长44.9%。“八五”期间农民家庭的老“四大件”已完全被新“四大件”取代，在洗衣机、彩色电视机、电冰箱等现代家庭用品率先步入农民家庭之后，吸尘器、空调器也开始进入部分先富裕起来的农民家庭。

(*田喜斌*)

民政工作

【概述】 1995年是沈阳民政工作解放思想，真抓实干，全面完成了各项工作任务。救灾救济等几项突发、突破性工作取得显著成效，市民政局先后被省委、省政府和市委、市政府授予抗洪救灾先进集体称号。其它各项工作也都取得了可喜成绩，为维护社会稳定，促进社会进步做出了新贡献。

农村救灾工作取得显著成效。1995年，沈阳市遭受了百年不遇的特大洪涝灾害，为做好救灾工作，全市民政系统全力投入，密切配合，在抗洪部队后勤保障，转移安置灾民、查灾核灾，争取救灾款物，开展赈灾募集和组织灾民生产、生活自救等方面做了大量扎实且富有成效的工作，出色地完成了赈灾施救任务。在

做好救灾工作同时，其它农村社会保障工作也取得较大进展。市、县(区)两级财政落实“217”科目，安排救灾预备金总额达1 960万元，扶持农村民政对象奔小康工程持续发展，全市有3.4万户优抚对象基本达到小康收入水平；农村五保供养工作在巩固中提高，集中供养户平均生活标准达1 350元。城市扶贫解困工作得到稳步推进，年度审核发特困证近7 000户，为建立城市社会保障制度奠定了基础。社区服务工作向产业化迈进，形成了具有沈阳特点的社区服务产业化体系，推动了《沈阳市社区服务5年发展规划》的全面完成。

双拥和优抚安置方面：以争创双拥模范城“三连冠”为目标，双拥工作形成了新热潮，沈阳市双拥工作“立足基层，分类指导，在提高双拥活动整体水平上务实创新”的经验，在全省和全国双拥工作经验交流会上进行了交流；以双拥活动为契机，促进了各项优抚政策的全面落实，再次提高了老复军人定补标准，建立并实施了城镇、农村义务兵优待金制度；复员退伍军人和军队离退休干部安置工作向深、广度发展，全面完成了安置任务。

基层政权和“两委”建设方面：以换届为契机，进一步加强了村委会建设。全市1 934个村有1 924个村完成了3年一度的换届选举任务；村民自治示范活动取得新成果，辽中县和新民市分别被评为全省村民自治示范县(市)；居委会建设达标升级工作实现了重点突破、全面推进，一级居委会达467个，有17个街道达到市级居委会建设达标街道标准；全市有52个城乡基层集体受到省政府表彰，8个集体和个人受到国家民政部表彰，和平区南站街道被命名为“全国最佳街道”，于洪区陵东乡、东陵区五三乡被评为“中国乡镇之星”。

民政经济方面：全市社会福利生产共创产值20.8亿元，实现利税2.1亿元；民政第三产业实现产值8.6亿元，创利税6 800万元；社会福利事业单位经济效益创历史最好水平；社会福利有奖募捐工作步入市场，实现了销量历史性突破，沈阳市被国家确定为北方唯一的销售电脑福利彩票试点城市；民政计划财务工作得到加强，保证了国家出台的各项政策的落实，促进了各项民政业务工作的开展。

社会行政管理方面：婚姻工作确立了执法、管理、服务三结合的框架体系，得到省民政厅和国家民政部肯定，市内五区均被评为全国婚姻服务先进单位；社团管理工作健康发展，依法对市级社团实施了年检，表彰了103个先进社团；殡葬工作加大了行业管理力度，巩固了取缔花圈店成果，殡葬改革，平坟还田工作取得了新成效，平均火化率达98.8%以上；收容遣送工作出台了《沈阳市收容遣送条例》，市收容遣送站被评为省级收容遣送工作竞赛优胜单位。

(张利)

【基层政权建设】 1995年，沈阳市基层政权和基层群众性自治组织建设工作，在贯彻《村(居)委会组织法》，推进村(居)委会建设的规范化、制度化，依法进行村委会换届选举以及深化街道体制改革等方面都取得了新的进展。

1.村委会换届选举成果明显。根据《中华人民共和国村民委员会组织法(试行)》的规定和省人大颁布的《村委会选举条例》，按照省政府的部署，在全市1 934个村依法选举产生了第五届村民委员会。其中有1 924个村全面完成了选举任务，占村总数的99.5%；有159万名选民参加了选举，参选率达96.9%。通过村委会换届选举，全市村委会干部的政治与文化素质有了很大提高，在新当选的村委会成员中，党员占71.6%，高中以上文化程度的占23.2%，45岁以下的占74.6%，分别比上届提高了2.9、4.5、4.7个百分点；村委会的各项制度，如村民代表会议制度、村务公开制度、村民自治章程等都得到了进一步的健全与完善；各村通过召开村民代表会议，普遍制定了三年规划，确立了新一届村委会的任期目标，广大农村干部群众通过民主选举也受到了一次生动的民主与法制教育。另外，根据国家外交部、民政部的安排，沈阳市在村委会换届选举期间接待了美国、加拿大、芬兰等国家的记者对第五届村委会换届选举的采访，圆满地完成了接待任务，受到民政部、外交部有关领导的好评，外国记者于采访结束后分别在国外报刊发表文章对沈阳市的村委会选举情况进行了报道，扩大了村民自治工作在国际的影响。

2.村民自治示范活动继续深入。在深化村民自治示范活动中，沈阳市继续坚持围绕农村“奔小康”这一中心，突出了民主选举、民主决策、民主管理、民主监督工作，坚持以点带面，逐步深入。辽中县和新民市被评为全省村民自治示范县(市)，辽中县梁家村和东陵区小羊安村被民政部命名为全国模范村委会。总结了辽中县六间房乡梁家村、东陵区白塔堡镇小羊安村、新民市法哈牛镇新安村等深化村民自治，坚持依法治村、民主管理的经验。在巩固原有示范乡镇村工作水平的基础上，积极推进了面上达标工作，全市共有63个乡镇和1 491个村实现达标。

3.居委会建设达标升级工作全面推进。根据省民政厅和市民政局“关于开展居委会建设达标升级活动的通知”精神，1995年全市居委会建设达标升级工作实现了重点突破，全面铺开。主要特点：一是领导重视程度较高，工作力度大。二是各类典型经验比较丰富。三是相继出台了政策性文件。为居委会建设的规范化、制度化提供了政策保障；四是为居委会办实事解难题。全市共为居委会解决办公用房171个，新安装公用电话427台，1995年全市居委会纯收入实现了1 322万元，比1994年增长14.6%；五是严格检查验收。在街委自报、自检、县(市)区初检的基础上，市民政局对达标升级的居委会和达标街道进行了抽查验收，评定出全市一级居委会467个，占17.7%；二级居委会740个，占28.1%；三级居委会887个，占33.6%；一级居委会和三级以上居委会分别比1994年增加7.6%和11%。全市有17个街道达到了市级居委会建设达标街道标准。

4.深化街道体制改革试点工作初见成效。根据全市街道工作经验交流会精神，会同沈河区进行了深化街道体制改革的试点，制定了《沈河区深化街道改革试点方案》，总结了沈河区“深化街道财政体制改革”、“推进街道办事处人事制度改革”、“深化街道企业经营机制改革”、“探索市场经济条件下社会保障工作新路子”四个方面的试点经验；成立了全市第一个城区街道社区组织——沈河区街道工作协会，为推动全市街道改革提供了可借鉴的经验。

5.城乡基层干部培训表彰工作进一步加强。沈阳市举办了第四期示范村主任培训班，通过理论与实践相结合的方式增强了培训效果。各县(市)区也分别采取不同形式对村(居)委会干部进行了培训，培训率达90%以上，进一步提高了村(居)委会干部的政治素质和业务水平。

在全市广泛开展了评选先进活动，全市有52个基层集体和个人受到了省政府的表奖，8个集体和个人受到民政部表彰。

6.调研与信息宣传工作进一步强化。

(*尹琦*)

【双拥工作】 1995年沈阳市双拥工作取得了很大成绩。其主要特点是：军地双方从改革、发展、稳定的大局出发，进一步提高了新形势下做好双拥工作重要意义的认识，党政军领导更加重视双拥工作；以爱国主义教育为主旋律凝聚军心民心，进一步增强了广大军民在共同政治基础上的坚强团结，双拥意识更加深入人心；把发展社会生产力和提高部队战斗力做为双拥的根本任务，进一步加强了军地在各个方面的相互支持与合作，经济建设和国防建设有了更快的发展；立足基层，注重实效，进一步实现了把双拥的各项任务真正落到实处，群众性的双拥共建活动更加活跃；认真研究新情况，努力解决新问题，进一步探索了在社会主义市场经济条件下开展双拥工作的新路子，新方法，双拥工作制度化、经常化、社会化的格局更加完善，卓有成效地推动了军地各项建设更快地发展。

1.以爱国主义为主旋律，全民国防教育创造了新形式，拓展了新内容。1995年，沈阳市的国防教育以爱国主义为主旋律，以提高全市人民的国防意识为目的，以贯彻《辽宁省国防教育条例》为重点，不断改变教育的形式和内容，为做好双拥工作奠定了良好的思想基础。一是建立健全了组织机构。从市到县、区、企业、街道、乡镇都建立了高效、精干的国防教育机构，形成了全方位立体化的国防教育网格。二是突出重点，培育国防教育的先进群体。全市各级党校都把国防教育纳入干部培训计划，1995年全市培训各级领导干部8 700人次。县区局级领导班子95%以上都搞了“军营一日兵”活动。全市有13所高校是国家教委确定的军训试点学校，1995年，这13所院校的8 693名新生全部参加了为期4周的军训。各中学也都把军训作为新生入学的第一课。三是注重结合，把国防教育渗透到其它各项活动中去。1995年是世界反法西斯战争和抗日战争胜利50周年，沈阳市又是震惊中外的“九一八”事变发生地。利用这一契机，全市开展了大量生动活泼的教育活动。市委、市政府举行了纪念抗战胜利五十周年报告会和万人演唱会。各级组织普遍举行了各种座谈会、报告会、演讲会等活动。9月18日当天，全市94万中小学生参加了学校举行的主题队会和升旗仪式，防空警报在当年发生事变的同一时间鸣响3分钟，以警示人们勿忘国耻；沈阳市确定的“九一八”事变陈列馆、抗美援朝烈士陵园等12处爱国主义教育基地发挥了重要作用，共接待来自全市各条战线的群众达百万人次。

2.以系列化服务为主线，拥军优属工作形成了新格局，取得了新成效。一是帮部队之所需，定向服务形成了系列化。全市各基层群众性服务组织，坚持常年为基层连队办实事、解难题，无论是生活服务，还是业余文化生活，也无论是支持执勤训练，改善住房和生活设施等都体现了地方各界的拥军真诚。二是解部队之所难，军嫂工程受到了各级应有的重视。为解决随军干部家属的就业难问题，市委副书记丁世发、副市长艾廷隽亲自组织抓落实，并主持召开了有人事、劳动、民政等部门和驻沈部队各机关有关负责同志参加的为军官家属排忧解难座谈会。据统计，一年来，全市共安排93名军官家属就业，照顾军官子女入学入托670人次。为军官家属解决住房716户。三是急部队之所急，抗洪抢险再铸军民鱼水情。1995年沈阳市遭受了百年未遇的特大洪涝灾害，沈阳军区调集近万名官兵支援抗洪抢险，沈阳人民象战争年代拥军支前那样，对子弟兵捧出了一片悠悠爱子之心。在十几天的拥军支前活动中，全市各级组织和人民群众为抗洪抢险部队无偿赠送米面、蔬菜、肉蛋、食油、煤柴、背心、短裤等合计人民币125.5万元。

3.以爱人民学人民为人民为主题，拥政爱民工作实现了新突破，做出了新贡献。一是视洪水如命令，危机时刻见真情。1995年7月末，沈阳遭受特大洪水袭击，人民生命财产面临着巨大威胁。沈阳军区闻汛后，先后调入13个团，4个独立营，共9 560人投入抗洪抢险战斗，并出动600多台机械车辆，几十艘冲锋舟和救生船，4架直升机，动用土石方3万多立方米，装运草袋10余万条，堵住险工险段几十处，解救被洪水围困群众4万多人。二是视发展为已任，积极支援地方建设。为发展沈阳市教育事业，驻军积极参加了“希望工程”活动，从将军到士兵，从离退休干部到部队职工都踊跃捐款，全年共捐款60多万元，同时还与近千名家庭困难的学生结成手拉手帮扶对子。沈阳军区、沈空还分别在法库、康平建设4所希望小学。三是视人民如父母，积极开展帮贫扶困活动。驻沈部队把包户扶贫活动作为双拥共建工作的一项重要内容，同驻地特困户建立了一帮一包户扶贫解困对子，并制定了长期包扶规划。驻沈部队的医疗单位还积极参加医疗扶贫活动。沈阳军区总医院1995年为康平县医院捐赠了价值20万元的医疗设备,并同康平县医院签定了扶持协议,每年除定期派专家医疗、讲学外,还帮助培训医务人员。二○二医院、四六三医院等也定期组织医疗队到贫困地区进行医疗咨询和送医送药。据统计,1995年,驻军医疗单位共派出医疗队34个,为群众医疗近万人次,免费送各种药品近20万元。

1995年,沈阳市认真总结推广了双拥六进和军街企商校医“六位一体”的双拥共建经验,这一经验分别在省和全国举行的基层双拥工作经验交流会上作介绍和推广。

(王放)

【优抚工作】 1995年,沈阳市狠抓各项优抚工作的落实,不断提高抚恤优待标准,积极开展扶持农村优抚对象奔小康活动,进一步增强了全市优抚保障能力。一是优待水平有了新提高。全市共为13 210户义务兵家属发放优待金1 522.2万元,其中农村义务兵户均1 200元,比1994年提高86元,城市义务兵户均1 000元至1 200元。对在部队立功受奖的287名农村义务兵家属增发优待金14万元,户均487元,对达不到当地中等生活水平的8 497户在乡优抚对象发优待金185.3万元,人均218元。二是全市再次调整了在乡复员军人定期补助标准。在原有基础上,每人每月增加15元,提高后的标准最高达110元,最低达45元,年增加财政支出150多万元。三是全面落实了减免优抚对象费用。对农村60岁以上或未满60岁,本人丧失劳动能力的优抚对象,免收各种费用149.6万元,人均减免47元,对城市自谋职业的优抚对象,免收各种费用12.7万元。四是解决老复“三难”问题有了新缓解。在解决生活难方面,通过采取提高定补标准,扶持发展生产,安置本人及子女就业等办法,使95%以上的老复员军人家庭生活达到或超过了当地中等生活水平;在解决治病难方面,全市141个乡镇普遍建立了医疗保障办法。1995年为老复员军人筹集医疗款134.4万元,人均192元,比1994年提高45元;在解决住房难方面,各级政府采取自筹、群众、公助的办法,重点为遭受水灾的228户老复建砖瓦房571间,共投资88.7万元。五是实施优抚对象奔小康工程取得新进展。通过采取建扶贫扶优农场,党员干部包户,科技扶持,政策倾斜,开展商品生产“五个一”活动,使90%以上的扶持对象达到或略高于当地中等生活水平,其中34 624户优抚对象经济收入达到1 400元以上。六是继续深化了企事业单位“四有三好”竞赛活动。通过采取指导、检查、督促的办法,有效地促进了优抚政策在企事业单位的落实,进一步调动了优抚对象在企事业单位两个文明建设中的积极性。

(张春阳)

【城市社区服务工作】 1995年,沈阳市社区服务工作在巩固网络化,社会化和实体化的同时,进行了产业化探索。同时,在抓试点,总结经验,开展理论研究方面取得了重大进展,初步形成了社区服务组织管理,政策法规,资金保障,规模实体,发展运行等五大环节构成的社区服务产业化体系,推动了社区服务5年发展规划的全面完成。一年来,全市新办各类服务网点1 956个,新建街、委社区服务中心48所。城乡社会福利事业单位自费收养范围进一步扩大,床位利用率达95%。

(于作义　邹竹平)

【城镇救济和扶贫解困工作】 1995年,沈阳市有城镇救济对象810户,1 017人,这部分人每月享受政府救济金70元,加上各类补贴可达114元。同时向他们核发了《特困户证》并做为扶贫解困工作的重点照顾对象。扶贫解困工作是城市传统社会救济工作的发展与延伸,它做为沈阳市“温暖工程”的重要组成部分,在解决特困户生活困难,保证其正常基本生活,密切党群关系和稳定社会秩序等方面起到了显著的作用。一年来,主要采取了以下几项措施。一是各县区成立了扶贫解困工作领导小组,制定了本地区工作规划,明确了扶贫解困工作的任务;二是资金的筹集与管理程序化。各县区普遍建立了区、街两级扶贫解困基金会,累计筹集基金1 347.5万元;三是制定和完善政策扶助体系。各县区在认真落实市委、市政府两个“21号文件”的同时,相继出台了本地区的优惠政策,有效地保障了扶持对象的基本生活;四是全面展开对特困户的包扶活动。全市先后完成了10 113户的包户扶持工作。一年来,全市形成了对特困户由区街委层层扶持,发动社会力量连片扶贫,以“造血”为主要扶持方法的新格局。目前,全市重新核发特困证8 236户,已经有近四分之一的特困户经多方扶持摆脱贫困。

(于作义　邹竹平)

【军队离休退休干部安置】 1995年沈阳市第四批军队离休退休干部建住房任务1 029套,95 916平方米。截止1995年末,由军队承担建设的828套,76 152平方米已全部建成;由地方承担建设的201套,19 764平方米已建成92套,8 642平方米,合计完成四批建房任务的90%。剩余109套地建住房正在建设中,其中附属建筑1 295平方米已完成交付使用。根据民政部和省厅的要求,第五批军队离休退休干部989名(师303名,团636名,营50名)和第二批军队无军籍退休退职职工378名(退休343名,退职35名),分别通过审查纳入沈阳市安置计划。已安置沈阳市的前三批军队离休退休干部住自管房的实行了提租补贴的第一步住房制度改革。军队离休退休干部服务管理在落实规范化的同时,进行了医疗、车辆、房产管理改革。医疗合同关系全部划归沈阳市老年病康复医院;车辆管理实行单车核算;房产管理实行以租养房,大中修经费统筹管理使用。军休生产经营着力稳定老项目,积极开发新产品,加强经营管理,全年实现产值1 755万元,利润261万元,缴税15万元,分别比1994年增长8.5%和50%。

(曾于和)

【婚姻管理工作】 1995年,沈阳市对婚姻的依法登记、依法管理水平有所提高。5个婚姻登记管理处被评为省一级婚姻管理机关;市民政局被评为省涉外婚姻登记,收养登记先进单位。全市结婚登记 49 362 对;离婚登记 6 677 对;涉外(境外)结婚登记 1 229 对;境外人员离婚登记 11 对;收养登记 108 件。

——对婚姻行政执法进行了调研,确立了沈阳市婚姻服务业发展基本思路。

——指导城区设立执法机构—婚姻登记管理处及服务机构—婚姻服务中心。

——制发了《沈阳市婚姻登记档案填写标准》、《沈阳市结婚登记程序》、《沈阳市离婚登记程序》及《沈阳市区县婚姻关系证明程序》等四个法规性文件。

——继续开展了政府统一管理公民婚姻状况试点工作。

——在农村继续开展了防治违法婚姻工作。法定婚龄前三个年龄段青年与村委会承包人签定“到龄依法登记”责任状工作进展顺利。

——沈阳市婚姻家庭建设协会开展了“’95 新婚用品评鉴活动”。

(孙英)

【社团登记管理】 1995 年,沈阳市社团管理工作主要抓了以下几项工作,并取得了显著成效。

1. 社团参加年检的自觉性普遍提高。抓好社团年度检查工作是社团管理的重要环节,通过对社团的规范化管理,使年检工作制度化,进一步提高了社团参检的自觉性,使社团年检保质保量的按时完成。各类社团的参检率达 99%以上。并把年检作为推进和带动社团工作全面发展的有力措施。在年检中,着重检查社团遵纪守法,加强自身建设和开展各项活动等情况,通过年检考核,社团好的或比较好的占参加年检社团总数的 98%;不参加年检或不开展活动的占参加年检总数的 2%。而且社团自身建设,服务功能等都有较大的提高。

2. 社团法制观念普遍增强。社团大多数都能依照国家的法律、法规和本社团章程开展活动,同时有很多社团在开展重大活动时,都能及时向社团登记管理机关报告,主动接受社团登记管理机关的监督管理。有 53 个社团及时办理了社团名称,法人代表或负责人,办公地址等变更手续。

3. 社团组织初具规模。截止 1995 年底,沈阳市社团组织已达 1 066个,其中全市性社团有468个;县区社团有598个。1995 年注册登记的社团有72个,其中全市性社团有33个;县区社团有39个。全市社团中有80%以上是改革开放以后,特别是近几年成立的,其业务范围已形成一个较为系统的覆盖面,涉及到各行各业、各学科专业等领域。参加全市各类社团的团体会员已达15 万多个,个人会员已达250多万人。目前全市社团专兼职干部已达 1 367人,其中使用行政编制的有219人,使用社团编制的有188人,使用聘用人员的有214人,还有兼职干部547人。

4. 社团兴办经济实体初见成效。全市各级各类社团兴办经济实体 688 个,开展有偿服务收入和兴办经济实体收入已达 794 万多元。拓宽了社团经费的来源渠道,解决了社团经费的不足,增强了社团自身的实力和自我生存的能力,为社团逐步走上了经费自筹轨道奠定了良好的基础。

5. 社团工作引入竞争机制,社团活动成效显著。为把激励机制引进社团管理工作中,树立典型,表彰先进,在全市社团中开展了“金桥工程”竞赛活动,并召开了表彰大会,对全市涌现的 103 个先进社团;101 个优秀社团工作者予以了表彰,调动了全市社团工作者奋发向上,争先创优的积极性,仅 1995 年社团向政府和有关业务主管部门提出合理化建议 2 万多条,召开各种学术会议 100 余次,撰写和发表学术论文达 15 000 多篇,举办各种培训班 1 000多期,创办各种刊物119个,引进外资总额 11 亿多美元,引进各种项目 800 余次,为振兴沈阳,发展外向型经济,促进沈阳的改革开放和社会稳定做出了贡献。

(吴琪)

【殡葬管理与服务】 1995 年,沈阳市认真贯彻殡葬改革方针、政策,加大殡葬管理与服务的力度,使其工作取得了长足发展。据统计:1995 年全市人口死亡火化率达到 98.8%,完成了年初制定的工作计划。

全市各县(郊区)继续开展了春秋两季大规模的平坟还田活动。据不完全统计:全市共平坟 12 000 余座,还可耕田和宜林地 50 余亩。

城区的骨灰深葬植树活动得以巩固和发展。全市共有近 5 000 户居民,2 万余人参加了由区民政局组织的骨灰入土植树活动,共安葬骨灰 5 225 盒,植树 4 800 多棵,绿化荒山近 70 亩。

丧葬用品市场进一步得到治理整顿。市、县(区)民政局联合有关部门对全市丧葬用品市场(寿衣店)先后共组织检查 30 余次,销毁各类丧葬迷信品 5 000 余件,特别是禁制、售花圈工作成果得以巩固,同时全市寿衣店的数量,布局进一步得到控制和规划。

殡仪服务工作满足了丧户的需求。全市 9 个殡仪馆和 1 个运尸车队,所在区域设置的服务站(点)布局合理,服务项目增加到近 50 项,各殡仪服务单位的服务设施与环境不断向上等级、达标准迈进,其中苏家屯区殡仪馆被省民政厅授予“国家三级殡仪馆”。

认真清理整顿了骨灰公墓存在的问题,乱建公墓的现象得到了有效的控制。据统计,全市经批准的 8 个公墓共安葬骨灰 2 914 盒。

(何清财)

【收容遣送工作】 1995 年,沈阳市收容遣送工作紧紧围绕着稳定社会机制,创造良好的社会治安秩序,在净化沈城环境起到了积极的作用。全年共组织收容 113 次,其中大型收容 40 次。共收容流浪乞讨人员 2 617人次,自收 832 人次。

根据市人大颁布的沈阳市收容遣送条例,落实市政府关于清理整顿外来人口的总体布署,成立了沈阳市收容遣送站尹家分站,共接收公安部门收容的“三无”人员 701 人次,圆满的完成市政府布置的工作。

在开展“三无达标”和长流安置工作中,各县(市)区扎扎实实的开展工作,采取多种办法积极有效的控制人口外流,妥善安置流浪乞讨人员的生活。全年共收容本市流浪乞讨人员221人次，占全市总人口数的0.33‰；各县（市）区都达到了年初下达的三种流浪乞讨人员控制在1‰的指标。

全年长流安置工作安置率8.6%。巩固率92%。

（范广文）

【社会福利有奖募捐】 1995年，沈阳市通过发行中国福利彩票，广泛开展了有奖募捐活动。

一年来，沈阳市销售印制彩票3 400万元，达到历史最好水平，超全年计划指标的31%，比1994年增加68.4%，人均购买彩票5.2元。农村彩票销售额占全市的一半，比1994年增加20%，首次与城市拉平。沈阳市、新民市、和平区、大东区受到省募委会和省民政厅的表彰。

经国务院授权中国人民银行批准，国家民政部决定，沈阳市是三省三市运用计算机管理发行传统型中国福利彩票的试点城市之一，是长江以北唯一试点城市。于1995年9月19日举行了电脑彩票首发仪式，在105个投注站展开销售。截止1995年底，经过16期运行，共销售894 339注，1 788 678元。运行顺利，有3万人参加电脑彩票知识有奖问答活动，许多群众经常不断地咨询、探讨电脑彩票的玩法，逐步地在接受。这是沈阳市发行福利彩票形式的一项重大改革，开始走向现代化、科学化的道路。有奖募捐取之于民、用之于民。从1988年开始至1995年底，全市累计销售福利彩票1亿元，筹集社会福利资金3 000万元。这些福利资金，吸引了各级政府的扶持，社会的资助，民政部门的自筹资金，一起投入了兴建、扩建、改造、补充的各级各类社会福利项目共180多个，加快了社会福利事业的发展。

（方宗燧）

【农村救灾救济工作】 1995年，沈阳市农村遭受了百年不遇的特大洪涝灾害。据统计，全市有8个县（市）区的131个乡镇遭受了不同程度灾害，其中特重灾乡镇36个，特重灾村232个，特重灾民43.37万人。洪水造成民房倒塌1.49万户，3.97万间，损坏民房2.19万户，5.66万间。因灾躲险人数达27.3万人。灾情发生后，在各级党委和政府的正确领导下，全市人民积极投入到抗灾救灾工作中，尤其是各级民政部门在抗洪部队后勤保障，转移安置灾民，及时核灾查灾，开展赈灾募集和组织灾民生产、生活自救等方面做了很多工作，使灾民的基本生活得到了妥善的安排。截止入冬前，各地坚持“自筹、群帮、公助”的原则，新建房屋1.29万户，占倒房户数的86.7%，未建房的灾民通过投亲靠友，插户安置等办法都做了妥善的安排。损坏房屋全部得到修复。灾民的口粮和烧柴问题也得到及时解决。此外，全市人民为灾区募集资金近8 000万元，募集衣被228万件。所有款物均在入冬前下拨灾区，基本上实现了市委、市政府提出的“有饭吃、有房住、有柴烧、有衣穿，孩子有学上；不冻死，不饿死人”的要求。

（李炬 邹竹平）

【农村扶贫工作】 几年来，沈阳市扶贫工作在各级党委和政府的重视下，坚持以“输血”变“造血”为主要内容的改革。在坚持传统的党员干部包户、部门包户，科技扶持、实行优惠政策照顾等帮扶措施基础上，积极发展创办村级扶贫互助农场，逐步由单户扶持向集中扶持转变，全市共创办各类扶贫农场560多个。1995年全市规划扶持的3 080户贫困户已有1 158户摆脱了贫困，脱贫率达37.8%。

农村敬老院、五保户供养工作也取得了可喜成果。全市实现了一乡（镇）一所敬老院，在院集中供养的养员达到4 051人，占五保老人总数的39.2%。全市全年共筹集资金546.5万元，改造和扩建32所敬老院，使老人的居住条件有了很大改善。院办经济有了很大发展。各院立足当地资源，在开展种植业、养殖业的基础上，创办了一批商品生产经营项目。目前全市院办经济实体142个，总创收额达440.5万元。院办经济的发展，促进了老人生活水平和院务管理的提高，在院集中供养的老人生活标准平均达到1 350元。分散供养的五保户，通过建立敬老点，组织动员干部、邻里、亲属、企事业单位开展群众性的包户活动，使五保老人的吃、穿、住、医等方面得到了可靠保障。

（李炬 邹竹平）

【社会福利事业】 1995年，沈阳市社会福利事业单位年度实有供养人员998人。其中市养老院275人；市社会福利院290人；市安宁医院433人。床位利用率107%。

在改革开放方针指引下，几年来沈阳市社会福利单位有了长足的发展。一是增强了服务意识，促进了开门办院，面临行业之间的激烈竞争，许多单位陷于不景气状态，而社会福利事业单位坚持在职工中开展热爱民政工作的教育，强化职工道德，以提高服务质量为本，面向社会开放，使社会福利事业单位床位利用率全年都保持在100%以上。二是服务功能进一步完善。继沈阳市养老院全面改建扩建竣工后，市安宁医院又投资240万元，新建3 000平方米病房楼。

（仉华）

【社会福利生产】 1995年，沈阳市民政工业实现现价工业总产值183 215万元，比1994年负增长1%（其中市直属民政企业实现90年不变价工业总产值8 995万元）；实现销售收入178 373万元，增长7%，（其中市直属民政企业实现11 635万元）；实现利税18 906万元，增长5%，（其中市直属民政企业利税总额为−2 414万元）；出口创汇312.5万美元，增长76%。全市福利企业总数1 502户，安置残疾人18 977人。拥有固定资产原值72 544万元，净值57 279万元。

市直属福利企业共有9户，其中大中型企业3户，小型企业6户。职工总数7 113人，其中残疾人总数1 629人。主要产品：铁芯塑料爆破线、钢丝绳、控制变压器、照明变压器、时间继电器、微动开关、分马力电机、油泵电机、防爆电机、量具刃具、工矿配件、汽车配件、火化机、干式变压器、制药等产品。其中分马力电机、火化机、钢丝绳为出口创汇产品。市直属福利企业拥有固定资产原值13 764万元，净值9 294万元。

1995年企业面临的经济形势十分严峻，特别是对福利企业影响更大。在这种情况下，市直属福利企业不等不靠，积极寻求生产门路，多方承揽任务，在年初农机行业看好的形势下，沈阳农机齿轮厂抓住机遇，适时扩大农机齿轮产量，同时又承接了皇姑热电厂的电除尘生产任务，增加产值450万元；市第三微电机厂抓紧市场调查，与南韩海洋装备制造业体签定了生产1 270台电机合同。全系统所属企业在广大干部、职工的努力下，扩大了生产门路，在严峻的经济形势下，开拓了新路子。

市直属福利企业普遍存在产品老化、结构不合理问题。1995年，全系统下大力气开发新产品，共开发了新型隔爆变压器、JY11—8新型火化炉、十马力拖拉机齿轮、120W新型齿轮减速电机、40W按摩器电机、标准系列电机、750W特种油泵电机和大酒店、歌舞厅需用的舞台灯等8种新产品。这些新产品的开发，当年都获得了一定经济效益。在开发新产品的同时，在全系统范围内，加强了产品质量管理工作，重新制定了质量管理细则及废品率指标。认真执行"三检制"，保证了产品质量，特别是新产品的质量，维护了企业信誉，扩大了产品销路。

社会福利企业是特殊企业，它有两副担子，一是为国家创造经济效益的担子；二是承担着社会稳定的担子。全系统各级领导都十分重视，关心职工，特别是残疾职工的生活疾苦，为他们办好事、办实事。发现残疾职工有意见，及时与盲残职工代表对话，听取意见，帮助他们解决实际问题，平息他们的激烈情绪；对离退休职工的合理要求，也十分重视，自己解决不了的问题，及时与市里沟通。特别是对待当前存在的特困职工的基本生活问题，采取了积极稳妥的办法，满足了特困职工的基本生活需要，保持了福利生产系统残疾职工及全体职工的稳定。

（王法文）

【老龄工作】 1995年，沈阳市的老龄工作主要做了4件事：

1.敬老教育从小抓起工作由在部分中小学试行进入全面开展阶段。全市335所中学、1 627所小学普遍开展了这项活动，受到了社会的普遍认可和老年人称赞。10月27日，市老龄委召开尊老敬老表奖会，表奖了百名敬老小标兵和32个先进单位。全国老龄委和省、市领导给予充分肯定。

2.社区敬老服务工作不断得到深化。为推动这一工作深入发展，7月6日市老龄委办公室召开了社区敬老服务经验交流会，推动了城区社区敬老服务工作的发展。全市为老年人服务的包户组发展到3 134个，街委老年活动室（点）增加到3 106个。和平区园路街投资10万多元，新建"夕阳红茶社"，为地区老年人的学习、娱乐、再婚提供方便服务。

为推动农村老龄工作发展，市老龄委于4月14日在康平县召开了市农村老协工作经验交流会。重点交流了康平、新民、新城子、辽中等县（市）区的经验。会议明确提出：农村工作要做到"一抓三落实"。即：抓好农村老协建设，落实敬老优待规定、落实敬老田，落实签订赡养协议。据统计，全市有敬老优待规定的乡（镇）达73个，有敬老田的村612个，敬老田3 589亩，签订赡养协议户占应签户的90%。大约有三分之一的村老协能成为党支部和村委会的助手，发挥了很好作用。

3.广泛地开展了国际老人节和敬老日活动。

1995年老人节活动的主题是："送温暖、献爱心、办实事"，在节日期间，各级领导对老同志、老年人进行了走访慰问，开展"敬老杯"办实事活动，为老年人解决了一大批困难，办了许多好事、实事，受到老年人欢迎，密切了干部同老年人的关系。

为了改善百岁老人生活，市政府决定将原定每月给每位老人的30元保健费增为80元，由市财政拨款。9月14日，市老龄办召开了新闻发布会，向新闻单位宣布了这一消息，社会影响极大。

4.老年经济实体经过整顿，得到了巩固发展。市内5个区老年经济实体比1994年增加55个，总数达288个。据统计，全市参与老年经济实体的老年人达3 500人，安置待业人员2 500人。对稳定社会，发展经济做出了贡献。

（老龄办）

【农村社会养老保险工作】 1995年沈阳市农村社会养老保险工作以"拟定政策，统筹规划，组织协调，监督执行"为原则继续在全市推动工作。截止年底全市参保农民为132 724人，累计收取保费9 934.5万元。

（张亚权）

【退伍安置工作】 1995年，沈阳市共接收复员退伍军人5 629名，其中回城镇安置的4 493名，回农村安置的1 136名，安置工作于10月底结束。

在城镇安置工作中，面对市场经济体制建立和发展的新形势，为有效地解决退伍安置工作遇到的新情况、新问题，主要采取了以下做法：一是运用行政手段，合理分配任务。在调查摸底基础上，根据用人单位的职工人数、经济效益、吸容能力等因素，对全市289个单位下达了5 500个安置计划指标，并首次向77个"三资企业"下达了205个安置计划指标。各单位都能以大局为重，努力完成分配任务。二是实行供需见面，扩大双向选择，为推动退伍安置工作与劳动力资源优化配置接轨，探索政府与市场需求相结合的新路子，在坚持完成计划内任务的前提下，允许用人单位根据需要对退伍军人进行选择，也鼓励退伍军人自己联系和选择单位。1995年全市追加计划的单位有240个，安置退伍军人300名，占安置总数的7%。三是引进竞争机制，择优分配安置。为化解矛盾，对一些热点单位和部门，采取了文化考试，择优录取的平等竞争办法。先后为东北电管局、省邮电局、市公安局、工商银行、中国银行等单位选送了250名德才兼备的退伍军人。四是多方挖掘潜力，广开安置渠道。在依靠国有企业安置主渠道的同时，积极向外资、集体、私营、股份制、乡镇企业等领域拓展。全市有80名退伍军人到外资、集体、私营等企业工作,有20名退伍军人申请自谋职业,还跨地区安置了53名退伍军人。

在农村安置工作中,重点抓了两用人才工作。各县(市)、区把回乡的两用人才当作振兴农村商品经济的宝贵财富,采取许多有效措施,积极开发使用,做到了人尽其才。全市两用人才已有95%找到了合适位置,发挥了应有的作用。对带病还乡和困难较大退伍军人的生产、生活问题逐个帮助解决,全市14名单身退伍军人的建房,通过县、乡、村三级筹措,全部予以落实。市退伍办还对新民卢家屯乡“发挥退伍军人政治优势,促进乡村两个文明建设”情况进行了调查总结,其做法得到了省、部有关部门的充分肯定和赞许。

军供站工作,坚持“平战结合、综合利用”的方针和“为部队服务,为战备服务”的宗旨严格按照“正规化建设标准”加强了干部职工的思想建设和服务技能培训,圆满完成了接待过往部队的任务。全年共接待过往部队34批,7 940人次,供水182担,赢得了过往部队的称赞和上级有关部门的好评,三个军供站的广大干部职工在完成军供任务的前提下,还创收了91万元,改造了部分军供战备设施。

(张田)

民族工作

【捐款救灾】 1995年沈阳市部分地区遭受洪水灾害,给全市民族地区造成严重的经济损失。全市有4个民族乡(镇),128个村庄,18 864户农民受灾。受灾耕地365 467亩,其中112 734亩绝收,有637个乡镇企业停产,直接经济损失155.82万元。8月初洪水泛滥,市民委领导带队走访了各县(市)区民族灾区。为少数民族中、小学捐款8万元,扶植少数民族乡镇企业恢复生产捐款20万余元;同时将韩国友人赠送的衣物和钱全部送到灾区。辽中县回民敬老院被洪水冲没,市民委捐款2万元,让老人们入冬前住上新屋。抢险期间,解放军在朝鲜族乡所在地的浑河抢险护提,民委全体干部带着近2万元的衣物、食品慰问了解放军官兵。

【民族经济】 经过1995年的努力,沈阳市“少数民族致富示范工程”取得显著成果,70%的工程资金得到解决,有的项目已开始产生经济效益。于洪区解放乡鲜丰朝鲜族村利用市民委提供的12万元工程款办起了中外合资针织厂,已正式投入生产;康平县沙金台乡东窑蒙古族村被确定为工程示范村后,根据本地水草资源优势把发展畜牧业作为致富工程的龙头项目。市民委把民族地区科技兴农当做一项重要工作常抓不懈,推广了稻田养鲇鱼法;帮助法库县四家子蒙古族乡发展棚菜生产,使该乡棚菜生产由过去的20亩扩大到100多亩。在科委、农业大学等部门的支持配合下,开展农村科学技术培训活动。在民族地区深入开展了“讲精神文明,比科技致富,建科普乡村”竞赛活动,积极发动少数民族乡、村及专业户参赛。年初拨款2万元,分别为东陵区满堂乡和辽中县乌伯牛乡达子营村引进两只法国夏洛莱种公羊,建立了良种繁畜基地,逐步对小尾寒羊和北方细毛羊进行优化和改良。召开了韩国在沈企业家与民族乡(镇)长联谊会,使外商对沈阳市民族地区的资源优势、优惠政策等投资环境有了进一步了解,为今后联手合作奠定了基础。

【发展民族文化】 1995年10月18日沈阳市政府发布了《沈阳市尊重少数民族风俗习惯暂行规定》使沈阳市民族工作纳入法制轨道。

在教育方面,改善了办学条件和办学环境。在各级政府和主管部门以及少数民族群众的大力支持下,朝鲜族第四中学,保贤村永光希望小学,满族中学,兴隆台锡伯族小学等民族中小学陆续翻建或移地改造。筹建中韩合资沈阳民族技术学校,在与韩方多次协商后,达成了中韩合作办民族职业教育的协议。总结宣传朝鲜族教育成果,与沈阳电视台共同拍摄了民族教育专题系列片。在全市范围内共选出61名朝鲜族妇女,参加了辽宁省朝鲜族“好母亲,好妻子,好儿媳”评三优活动,获得金牌1个,银牌12个,铜牌48个。

市民委会同市体委,主办了沈阳首届朝鲜族民俗节暨沈阳市第十四届朝鲜族传统体育运动会,为参加全国少数民族运动会奠定了一定基础。在组织选拔,训练运动员参加全国少数民族运动会方面。市民委承担了辽宁省体育代表团秋千代表队的运动员选拔和集训工作。在本届会上,秋千代表队获得2枚金牌,1枚铜牌,1个第5名的优异成绩,并创造了民运会秋千比赛两项新纪录;秋千队还和云南省队一起,获得团体体育道德风尚奖;2枚金牌获得者朝鲜族姑娘朴明花与另外4名运动员获得个人体育道德风尚奖。秋千队获得的第一枚金牌,也是辽宁体育代表团参加历届秋千比赛以来获得的第一枚金牌,其它表演项目还获得了2等奖和3等奖。

(夏伟)

宗教工作

【宗教教育】 1995年,沈阳市全面正确地贯彻执行党的宗教信仰自由政策,继续加强对信教群众及宗教界人士爱国主义和社会主义教育,充分发挥爱国宗教组织的作用,依法加强对寺观教堂的管理,在为维护社会稳定,进一步调动宗教界人士和信教群众为社会主义经济建设做贡献方面取得了一定成果。

1.学习宗教法规和党的宗教政策,举办各类型的学习班,年初3月份组织县区宗教干部学习班,结合工作实际学习了国务院的两个宗教法规和省政府颁布的宗教管理细则,通过学习提高了宗教干部政策水平,增强了法制意识,为更好地开展依法管理打下了基础;组织各教负责人和骨干进行爱国主义教育的学习班,360人次进行了系统的爱国爱教、遵纪守法、积极为社会稳定做奉献的教育，使各教的骨干队伍的素质加强，进而加强了各教的管理制度化。

2. 进行爱国爱教的教育。全年组织宗教界上层人士开展各种参观教育活动，达400多人次，学习班11期。道教的120人、伊斯兰教的80人、佛教的180人，分别参观抚顺雷锋纪念馆、平顶山殉难同胞纪念馆，并结合“二战”胜利召开各种形式的座谈会，使信教群众受到了深刻的教育。

3. 进行形势教育，树立爱国爱沈阳的主人翁精神。组织宗教信徒开展了和平祈祷日活动，提高了广大信徒爱国的激情。在抗洪救灾中各宗教团体积极行动，市五大宗教团体共向灾区捐赠人民币3.8万元；为表达对子弟兵的感谢之情，宗教局与市伊斯兰教协会慰问了沈河区公安分局的全体干警，并送去牛、羊及各种生活用品。

【宗教场所登记】 至1994年底，沈阳市13个县区原有宗教活动场所98个，非法活动点79个。通过1995年4月的登记，调查摸底，非法活动点有298个，提出要求登记的共160个，给予登记的150个，临时登记的10个。通过场所登记工作，使沈阳市依法加强宗教管理的步伐向前迈了一大步，为明年的宗教工作逐步推向依法、分级管理，提供了准备条件。

【宗教管理】 1995年，沈阳市宗教管理工作重点是抓各宗教团体领导班子的换届工作。道教的换届工作已结束，基督教、伊斯兰教、天主教的换届工作正在进行中，换届工作改变了过去按步就班的老做法，开展几上几下，充分听取群众的建议，做好深入调查研究和思想工作，注重把爱国爱教、有组织能力的年轻教职人员选进领导班子，让他们在领导的岗位上经受锻炼。换届工作解决了各宗教团体领导班子青黄不接的老问题。

为了有效地抓好稳定工作，宗教局领导对热点问题集中精力亲临第一线，抓重点，攻难题。如在处理“绿岛”问题，东关教会的问题上，由于事先做好预案及有关部门的积极配合，使热点问题得以有效的解决。

为了提高各教派自身管理的能力，先后组织了各教派负责人赴外地学习考察，重点是如何依法加强对宗教活动场所的管理。佛教、道教、天主教根据学习的经验及寺庙教堂存在的实际问题，修改充实了规章制度，实行领导负责，责任到人的管理体系，使各项管理工作落实到实处，加强了管理力度。

为了加强外事和抵制境外宗教渗透工作，年初宗教局组织召开各教负责人的专门会议，学习涉外人员工作守则，建立了各项涉外工作的汇报制度，举办了涉外人员学习班，请有关部门做好专题讲座，系统学习了外事工作政策及规定，增强外事接待和抵制渗透的能力。

【宗教政策落实】 1995年，沈阳市加大落实政策的力度，使宗教房产政策的难点逐步得到了解决，对全市宗教界的稳定起到了很大作用。在市宗教局及市人大的协调下，小北门里安息日教堂已归还市基督教两会，市政府常务会决定佛教长安寺归还给佛教管理使用；法轮寺的产权问题得到了认定；大佛寺东墙的用地争议问题也得到了解决。市宗教局从寺观教堂维修款中拨出1万元帮助辽中县恢复老大房清真寺。道教坤道院的再建工程正在施工中。

【宗教自养】 1995年，沈阳市各宗教团体的自养项目比1994年增加了6个，宗教自养事业的发展减轻了国家的负担，同时为使宗教团体能充分发挥各自的长处，宗教局帮助他们建立符合自身特点的自养项目，如道教太清宫药房、西塔教会的钢琴学习班等。由于适合各自的特点，宗教自养业发展较快，经济效益明显增加，进而减轻了国家的负担，又改善了他们的生活条件。

（夏伟）

区、县(市)经济发展

和 平 区

【经济健康发展】 1995年,和平区在宏观经济环境偏紧、区街经济发展面临一系列不利因素的情况下,全区干部职工发扬"实干创新,强区富民"的和平精神,克服了商业销售不旺、工业开工不足、建安企业严重滑坡等诸多困难,实现了经济的持续、稳步、健康发展。全年完成国内生产总值11.6亿元,比1994年增长32.4%;总利润29 311万元,增长25.1%;财政收入20 870万元,增长38.3%。完成工业产值71 325万元,增长14.5%;工业销售收入71 838万元,增长27.2%。上述6项经济指标均大幅度超额完成"八五"计划的目标,比"七五"末期翻了两番。

和平区作为省、市综合配套改革试点区,经济体制改革向深层次推进,企业生机与活力不断增强。以建立现代企业制度为重点,大力深化企业改革,全区2 306户企业进行了清产核资工作,现代企业制度试点运作良好,推行股份制、股份合作制、实行全员劳动合同制以及企业三项制度改革,均取得明显成效。以建立适应市场经济的区街经济体制为目标,积极进行综合配套改革的尝试,出台了全区综合配套改革的总体方案和企业转制、教育改革、社会保障体系建设等主题方案,组建了和平区社会保障委员会,全区参加养老保障的企事业单位的职工达到18 800人。积极发展对外经济贸易,全面实施外向牵动战略,全年新办外商投资企业47家,实际调入外资额1 550万美元,实现出口供货值1 824万元,出口创汇227万美元。积极开展横向经济联合,利用各种机会和条件拓展国内市场,全区横向联合企业(项目)达到132个(项),创利税3 447万元。街道经济"半壁江山"作用显著,经济比重已达全区60%,有6个街道总利润超1 000万元,实现了"消灭"300万元以下利润街道的预定目标。科技兴区取得新成效,全年实现技改投入3 802万元,完成技改项目68个,开发新产品90项,引进各类人才305名,民营科技型企业发展到300余家。区属工业系统亏损的势头基本得到遏制,亏损企业和亏损额分别比1994年减少11.4%和45.4%。全区市场建设步伐进一步加快,管理水平和经济效益明显提高。消费品市场规模不断扩大,生产资料市场和科技、人才、劳动力等生产要素市场初具规模,产权交易、法律服务、信息咨询等各类新兴市场已具雏形,继中国小食品城试运营后,和平科技园、沈阳汽车配件中心市场、沈阳北市场等相继投入运营,全区市场年交易额近300 000万元。个体和私营经济继续保持良好发展态势,全区个体工商业户和私营企业已分别发展到14 359户和980户。"再就业工程"成效显著,全区有就业要求的9 003名失业或企业富余人员全部走上新的工作岗位。安全生产形势喜人,全年工亡人数为零,创历史最好水平。

(杨晓)

【城市管理与建设】 1995年,和平区广泛深入地开展了"推进城市清洁化,争创卫生城"活动,下大气力对市容环境进行了综合整治。拆除违章建筑192处,清理违章占道603处,清退占道面积27 480平方米,解决了一批多年来群众反映强烈的难点问题。新建、改造、维修道路120条、11.4万平方米,完成人行道硬覆盖38 900平方米,扩大绿地面积18 230平方米。新建水洗公厕15座,垃圾袋装化覆盖面已达到住宅小区居民总户数的80%。严格地开展了食品卫生、防疫和公共场所卫生执法大检查,对市场、住宅小区、建筑工地等进行了坚持不懈的专项整治。环境保护工作力度加强,全区环境质量比1994年有较大提高。经过各有关部门的积极努力,特别是广大人民群众的积极参与,和平区顺利通过"国检",受检项目全部达标,为沈阳市进入全国卫生城市做出了应有的贡献。在遭受到百年不遇水灾时,全区上下团结一心,以对人民高度负责的责任感,精心组织,奋力工作,确保了浑河大堤和平段的安全,保证了罗士圈险区群众生命财产的安全,妥善安置了灾区避险群众,维护了城区正常的生活、生产秩序和社会安全,取得了抗洪抢险的重大胜利。和平区被市委、市政府评为抗洪救灾先进单位。

1995年,全区开发建设住宅79万平方米,维修房屋28万平方米。克服了诸多困难,付出很大的财力,积极安置回迁居民4 914户。积极协助市里抓好太原街整体改造和太原街基础设施配套工程。砂山"万能国宅"建设顺利启动,住宅小区物业管理新机制试点运作良好。加大采暖费收缴和清欠力度,认真抓好设施"三修"和煤炭储备,全区供暖工作在面临巨大困难的形势下保持了正常运转。人防工程的维护、利用和消防保持市先进水平。"三文明"普及深入,"军民共建"、"三优街"建设的成果得到巩固并有新的发展。

(杨晓)

【社会事业协调发展】 1995年和平区全面贯彻《中国教育改革和发展纲要》,和平区教育事业继续向"全国一流"挺进。高标准地实施"九年义务教育",全区小学毕业生合格率仍保持在100%,初中毕业生升学率及升入重点中学的学生比例均居全市领先地位。高中教育质量稳步提高,职业教育有新突破,4所职业高中成为国家教委认定的省级重点职高。幼儿教育以及社区教育也都有新的发展。全年财政和教育投入6 988万元，翻、扩建小学校舍3所，中小学教学设施达标率上升到96%，完成教工住宅1.8万平方米，教师生活待遇明显提高。

计划生育工作继续保持全国先进水平，实施“三生服务”工程和强化特殊人群的计划生育管理扎实有效，全区计划生育率达到100%。深化卫生改革，进行了风险抵押办院和股份合作制办院的探索和尝试，积累了新鲜的经验。医疗条件明显改善，医疗秩序明显好转，医疗服务质量逐步提高。计划免疫和预防保健工作继续保持市先进水平。群众文化活动日趋活跃，成功地举办了“百歌颂中华”群众歌咏、’95中山游乐会、“一街一品”特色文化展示等系列文化活动。强化了对文化市场的治理和整顿，特别是制止游戏厅赌博和容留未成年人现象有明显成效。群众性体育活动向深入发展，“全民健身”计划广泛实施，全区体育人口在30万人以上。

着力强化社会保障，扶贫救灾工作卓有成效。有步骤地实施“温暖工程”，区街扶贫解困基金达240万元，已支出25万元用于扶助特困户和特困职工，结对扶贫包户率达100%。开展了4次大规模的赈灾募捐活动，全区共捐款275万元，棉被8 000床、棉衣及其它衣物11万件。双拥优抚工作深入扎实，进一步密切了党政军民关系，居委会建设达标升级工作全面铺开，三级以上居委会达295个，占参评居委会总数的95.8%。全面贯彻《残疾人保障法》，按比例分散安置残疾人就业起步良好，三项康复工作超额完成指标，和平区顺利通过全国残疾人工作百强县(区)评比验收。征兵工作、退伍军人安置工作圆满完成任务。老龄工作以及民族、宗教、外事、侨务等方面的工作也都取得了新的成绩。

(*杨晓*)

【民主与法制建设】 1995年和平区政府认真办理人大代表和政协委员提出的议案、提案、建议、批评和意见，共办理276件，办复率和办结率均为100%，妥善处理了197批(次)区内居民到区、市、省的集体上访，大量社会“热点”问题在区内得到化解。和平区被评为辽宁省信访工作先进单位。全面完成“二五”普法规划，通过市里检查验收。法律服务市场逐步完善。加大了行政执法监督力度，政府部门执法责任制扎实有效，执法监督站运行机制进一步完善。公安工作有新起色，“严打”斗争措施有力，对社会面综合执法力度逐步加强，处理突发事件能力不断提高，特别是公安“秋季会战”成效显著，在沈阳市综合评比中名列前茅。全年破获各种刑事案件7 565起，摧毁各类犯罪团伙287个，有效地保证了社会治安的基本稳定。

(*杨晓*)

沈河区

【综合经济实力显著增强】 1995年，沈河区国内生产总值完成14.4亿元，比1990年增长3.6倍，年均增长34.5%；利润总额完成3.56亿元，比1990年增长了3.6倍，年均增长35.6%；财政收入完成1.7亿元，按可比口径计算，比1990年增长了2.4倍，年均增长26.3%；工业总产值(现价)完成12亿元，比1990年增长2.9倍，年均增长31%。

(*刘锋*)

【产业结构得到调整】 1995年，沈河区第二产业和第三产业在国内生产总值中所占的比重由1990年的1：1.96转变为1：2.08，第三产业增加值在国民生产总值中所占比重由1990年的66.2%提高到67.5%。在第二产业中，环保医药等优势产业突出，产品结构趋于合理。在第三产业中，传统的商贸业正在向大规模、多功能和经营方式现代化转变。与此同时，一批采用现代技术和现代管理手段的生活资料、生产要素等各类市场正在迅速形成。

(*刘锋*)

【经济发展后劲增强】 “八五”期间，沈河区属企业固定资产投资累计为2亿元左右，年均增长37.6%。累计启动年创利税100万元以上的工商项目27个，有21个已投产达标，累计增加值(收入)2.5亿元，增加利税4 500万元。其中，石油净化浮选机、保龄参等一批新产品成为拳头产品。街道经济1995年实现利润2.2亿元，比1990年增长3.9倍。年均增长37.5%，日益成为城区经济长足发展的重要支撑力量。到1995年末，全区年利润50万元以上的企业达到100户。其中，年利润在50万元至100万元的企业80户；100万元至200万元的企业10户；200万元至500万元的企业5户；500万元至1 000万元的企业3户；1 000万元以上的企业2户。兴河工业科技园区和盛河工业科技园区的兴建，为城区经济进一步加速发展拓展了一定的空间。特别是兴河科技园区经过一年多的努力奋斗和改革发展，实现了一年扭亏的目标，为搞活国有大中型企业走出了一条新路。

(*刘锋*)

【科技兴区深入开展】 “八五”期间，沈河区科技开发投入资金总额累计达2.6亿元，比“七五”期间增长2倍多；引进中高级专业工程技术人才800多人；开发新产品247种，其中有49种填补国内空白，有16种达到国际先进水平；全区工业生产增长的77.3%得益于科技进步，科技进步因素实现利税占全区工业利税的比重由1990年的19.6%提高到1995年的63%以上。激光驱动高亮度电子束源等新技术产品已直接服务于高能物理、纯微粒子和超导材料等高科技领域。

(*刘锋*)

【城市建设成果显著】 “八五”期间，全区开发改造面积累计达到1 098万平方米，累计回迁安置居民7万余户，到1995年末，全区仅有5.6%的旧区未得到改造。5年中新建和扩建道路26条，贯通城区南北的第二条交通主干线在短时间内全面竣工，沈河区东西不畅、南北堵塞的交通拥挤状况得到了初步缓解。在居民住宅小区实行新的8项进住标准的基础上，着手实施“绿净美安”建设工程，已有23个居民住宅小区达到标准。全面开展了保持环境卫生和市容秩序经常化活动。改进了城市生活垃圾清运方式，实行了垃圾袋装和封闭式压缩车相结合的清运方式。对全区街办市场实行了规范化管理，已有60%以上的区级市场退路进厅。强化了环境保护工作，5年中集中供暖面积达469万平方米，烟尘排放量由1990年的7 300吨/年下降到4 580吨/年，全区大气质量达到国家三级标准，实现了噪声控制达标区的目标。加强了城市基础设施建设和绿化工作，绿化覆盖率达17.9%。

(刘锋)

【市场建设方兴未艾】　“八五”期间，沈河区按照“一带三区五珠六街”的市场建设构想，着力加快了“大市场”建设步伐。沈阳北站商贸金融开发区按照国际化、现代化、高起点、高标准的要求正在加速开发建设；井字街商贸区瞄准“东北第一大街”的目标，全面加速“南拓北展、向西延伸、东西垂直、连线成片”的开发建设速度。15个厅的万米以上大型商贸项目中的大部分即将竣工。整个工程完成后，井字街商贸区营业面积将达到150万平方米，相当于原中街商业区的5倍。五爱商贸区正在按照市场经济和对外开放的需要进行分期滚动式开发改造，此项跨世纪工程将在本世纪末结束。整个工程结束后，五爱市场将建设成为建筑面积为50至60万平方米，集批发、零售、仓储、货运、金融、信息、餐饮、娱乐等多功能于一体的楼厅式现代化大型交易市场，年成交额将达到200亿元以上；从而成为名副其实的“中国都市第一大集”。1995年，五爱市场成交额突破100亿元，上缴税费超过1.2亿元。市场建设的大发展推动了私有经济的大发展。到1995年末，全区个体业户发展到2.5万户，私营企业发展到1 506户，注册资本累计达10.1亿元。在经营收入中，全区私有经济与国有经济的比重由1990年的36.5∶63.5转变为1995年的66.6∶33.4，日益成为城区经济的重要组成部分。

(刘锋)

【深化改革，扩大开放】　“八五”期间，沈河区以推动股份制和实行国有、私有、合资等多种所有制形式共同驱动的经济体制改革有效地推进了城区经济的发展。以兼并、租赁和“国有民营”等经营机制的改革突破了传统机制的桎梏，使区属商业和转属企业效益倍增或扭亏为盈。区属商业1995年实现利润比1990年增长2.9倍；83家转属企业中的71%扭亏为盈。街道财政体制的改革，不仅使街道初步形成了自我积累、自我发展的良性机制，而且有效地增加了区级财力。教育、医疗卫生等项改革的实施，卓有成效地促进了社会事业的长足发展。对外经贸一举摆脱了被动落后的地位。1995年，全区出口供货值完成1.2亿元人民币，比1991年增长了11.6倍，年均增长88.5%；自营出口创汇完成1 665万美元，而1990年为零。5年中累计利用外资额达6 500万美元，兴办“三资”企业225户，劳务输出和设立海外窗口均有了重大突破。在沈阳市外向型经济升档达标竞赛中，沈河区在连续两个升档达标的基础上，1995年又跃上第三档，成为市内城区中唯一进入三档的城区。在对内对外开放中，沈河区不仅与国内68个城区签订了友好城区协议，还与韩国大田市广域西区签订了友好城区协议，同时还在美国、日本、俄罗斯和阿拉伯联合酋长国设立了办事机构与公司。

(刘锋)

【社会事业全面繁荣】　“八五”期间，沈河区教学条件不断改善，5年中，全区新建和扩建中小学校舍25所，总计约7.5万平方米，建设教工住宅近5万平方米；教育质量大幅度提高，实验小学、朝阳一校等成为国家和省、市的教育改革实验基地或示范学校，普通教育的教学水平已进入沈阳市上游水平。5年中，全区新增医疗床位1 500张左右，千人拥有医疗卫生人员数从1990年的9.6人提高到1994年末的11.8人。1995年，全区计划生育率达到99.8%，人口自然增长率首次出现负增长。全区千人拥有文化事业经费从1990年的644元增长到1995年的1 186元；1995年，沈河区被国家文化部和人事部授予“全国文化模范区”的光荣称号。到1995年末，全区体育人口达到37万人，千人拥有体育场馆面积达到142平方米；中小学生体育锻炼达标率和优秀率分别达到99.2%和32.4%。社会福利、社会保险和劳动保险正按照市场经济的要求不断完善；残疾人工作和老龄工作进一步发展；1993年，沈河区被省委、省政府授予“双拥模范区”称号。1995年末，全区可防性案件比1990年有所下降，人民群众的安全感显著增强。人均居住面积由1990年的5.4平方米提高到6.7平方米。经过积极实践和努力争取，1993年7月，沈河区成为国家社会发展综合实验区；包括四个方面10个子项目的沈河区“大城市典型社区建设示范工程”被确定为世界上第一部国家级可持续发展战略文本——《中国21世纪议程》白皮书首批优先发展项目。1994年7月，中国政府和联合国开发计划署在北京召开了“《中国21世纪议程》高级园桌会议”，沈河区作为优先发展项目的代表参加了本次会议。按照《沈河区社会发展总体规划》，开始实施了一批重点示范项目。沈阳市委、市政府已经决定把沈河实验区作为沈阳市的重要示范区，与沈阳经济开发区、南湖科技开发区等其它市级示范区并列，在市委、市政府直接指导下进行实验，与此同时，把沈河区作为市向区下放权力、进一步搞好城区工作的试点。沈河区社会主义精神文明建设的诸多方面已经步入省、市乃至全国先进行列。

(刘锋)

大　东　区

【概况】　大东区因位于沈阳古城东部而得名。东、南、北与东陵区为邻；西和西南与沈河区相连；西北与于洪区接壤。全区东西宽6.5公里，南北长8.2公里，土地面积51.3平方公里，是沈阳市面积最大的中心城区。全区人口61.8万人。居民主要为汉族,少数民族有满、蒙、回、汉、壮、苗、瑶、白、畲、锡伯、朝鲜、纳西、高山、达斡尔、维吾尔等15个。

(祖玉田)

【区街经济】 1995年,大东区完成工商总收入28.6亿元,比1994年增长25.5%;工商总利润1.6亿元,增长25.1%。实现工业总产值15.2亿元,增长42.9%;工业总利润8 725万元,增长31.7%,实现了区委、区政府年初提出的奋斗目标。财政收入达到1.34亿元,增长51.8%,实现当年平衡,创历史最好水平。

围绕提高经济运行的质量和效益,全区完成技改投入4 000多万元,102项科技项目如期实施,当年实现新增产值2亿元、利税2 000万元。以高新技术产业为依托,全年还引进具有中级以上专业技术职称的科技型人才420余人。骨干企业的规模化进程加快。全区千万元以上产值的骨干企业发展到21户。民营科技企业其产值、利润、上缴税金分别是1994年的1.83倍、2.1倍和1.47倍。全区共引进和联办企业30多户,几个千万元以上的较大型储备项目可新增产值6亿元左右,增强了发展后劲。全区又有20户企业实行了兼并联合,新组建两家企业集团。

全区第三产业呈现出前所未有的发展势头。传统的商饮服务业不断上水平、上规模,新改造网点10处,新增营业面积8 000平方米。兴建较大型商贸网点6处。国合商业实现销售额3.96亿元,比1994年增长15%;实现综合利润870万元,增长20%。全年区属各类市场成交额达到31亿元,增长23%。

(祖玉田)

【改革开放向纵深发展】 1995年,大东区清产核资工作全面铺开,首批400户企业已经进入界定产权阶段。又有14户企业实行了资产量化到人的股份合作制。有3户企业实行了个人买断等形式的产权转让,企业破产试点工作的前期准备业已完成。国合商业企业的公有民营改革也得到了进一步深化和完善。全区有883户企业的2.6万多名职工与企业签定了劳动合同。职工的失业保险、养老保险、医疗保险大面积推开,社会保障体系建设促进了企业的"进场入轨"。坚持多种经济成份并存,个体私营经济快速增长。全区个体工商业户达到1.24万户,增长11%,其营业额和注册资金均增长20%;私营企业发展到1 260户,增长40.5%;其注册资金达到1.89亿元,增长82%。总产值达到6 720万元,增长126%;营业额达到1.11亿元,增长86.7%。对外开放继续扩大。全区新办三资企业30家,合同投资总额1 874万美元,实际调入外资1 100万美元,增长62%;出口创汇750万美元,增长20%;出口供货6 500万元人民币,增长15%;劳务输出175人次,增长23%。

(祖玉田)

【城区基础设施和环境】 1995年,大东区铺装和改造道路106条,25.9万平方米,超额完成年初确定的计划,相当于"七五"期间修筑街巷道路的总和。维修破损道路34万平方米,硬质覆盖街路13条,维修排水管道2 600延长米,新建水冲公厕25座。推进旧区开发改造,新开建筑面积33.7万平方米,住宅竣工面积77.6万平方米。全区人均居住面积由1991年的4.9平方米增加到6.6平方米。18片住宅小区的配套设施已基本到位。一批在建的重要工程项目也都有新的进展。开展了大规模的环境综合整治,共拆迁违章建筑2 200多间、3.4万平方米,清理、美化居民住宅小区45个,新建和改扩建市场和商亭区8处。施工工地合格率达到98.5%。组织干部、群众、学生和部队官兵4万人次,调集车辆机械300余台次,清运垃圾25万立方米,噪声控制区达到14个。

(祖玉田)

【各项事业蓬勃发展】 1995年,大东区在巩固"普九"成果的基础上,德育工作、督学工作、教科研工作、体卫工作继续保持省市先进水平。教学质量又有新提高,二十六中学和二十八中学升格为市重点中学。职业教育、特殊教育、成人教育、幼儿教育、社区教育又有新的发展。电力学校申报国家重点学校,已通过省级验收。全年投入资金近800万元用于改善办学条件。万泉中学、辽二小学、白塔小学等3所中小学的校舍经改扩建,业已投入使用,新增教学面积8 100多平方米,新建专用教室18个。"安居乐教"工程在全市率先取得突破。首期教工住宅已交付使用,233户教职工喜迁新居。文化事业进一步繁荣,举办大型群众文化活动13次,在小东地区新建群众文化站一处。与市话剧团合作,成功地编演了话剧《白秀彬》。参加市以上组织的9次大型群众文化活动全部获奖,并获两项"最佳组织奖"。"扫黄、打非、扫丑",进一步净化了文化市场。卫生改革力度进一步加大,多种形式办院继续深化,初级保健网络建设进展较快,预防保健和食品卫生执法工作进一步加强。计划生育成绩显著,"三生"服务工作进入省市先进行列,全区人口保持负增长,全面完成人口控制计划。体育事业又有新发展,全民健身活动大面积铺开,大东区运动员在市级以上重大赛事中获金牌64枚。区击剑队代表沈阳市参加"城运会"成绩优异,受到市里嘉奖。"双拥"工作开创了新局面,再获市"双拥模范区"称号。

(祖玉田)

皇姑区

【概况】 皇姑区位于沈阳市区北部,地势呈北高南低,北部是低矮的丘陵,中部是一条横贯东西的人工河——新开河。东、北、西三面被于洪区所环绕,西南部与铁西区接壤,南面与沈河、和平两区相毗邻,总面积为37.37平方公里。全区居民共205 584户,666 396人,其中,有满、回、朝鲜、锡伯等30个少数民族。人口密度为每平方公里17 750人。到1995年底,全区共设20个街道办事处,410个居委会。

皇姑区文化历史悠久,是沈城著名的风景、旅游和文化区之一。7 200年前的新乐遗址、辽代的无垢净光舍利塔、闻名遐迩的昭陵等名胜古迹,展现了沈阳古代文化发展的历史，为研究沈阳历史文化提供了宝贵资料，是中外游人旅游观光的胜地。

皇姑区是辽宁省政府、辽宁省军区的所在地。境内有47个中央、省、市新闻、科研单位和文化艺术团体，20余所市级以上大专院校。15个高级宾馆，便利的邮电、交通，发达的各种大型专业市场，都为其发展创造了得天独厚的条件。

（杨瑞彬）

【区街经济全面发展】 1995年，皇姑区经济呈现出快速发展的局面，国内生产总值8.8亿元比1994年增长17.8％；利润总额完成2.1亿元，增长41.7％；完成财政收入1.38亿元，增长51.5％，为历史最高水平。全年完成工业总产值16.27亿元，增长42.9％；实现工业利润1.27亿元，增长41.7％。经济运行质量和效益稳步提高。1995年底，全区已有23个年利润超百万元的企业。95％的街道办事处利润总额超过400万元，其中有新乐等4个街道办事处突破1 000万元大关。全区商业销售额实现18.33亿元，比1994年增长53.1％；实现利润6 819.6万元，增长44.4％。第三产业增加值达5.2亿元，占国民生产总值的58.7％。全区个体工商户已达13 089户，比1994年增长20.1％，营业额完成为13.91亿元，增长53％。私营企业达到960户，增长45.7％；营业额达5.1亿元，增长2倍。集贸市场商品成交额25.34亿元，增长34.8％。北行农贸市场，塔湾市场荣获全国文明市场称号。1995年，皇姑区大力开展科教兴区工作，依靠科技进步为经济发展注入了生机和活力。全年共开发新产品110项实施技术改造20项，投入技改贷款、科技促产贷款3 430万元，使一批企业的主导产品得以更新换代。公开招聘和引进各类科技人员897名，涌现出5个科技示范街道、15个科技示范企业，全区民营科技企业已发展到404户。1995年，皇姑区通过强化外经工作力度，先后组织与外商洽谈百余次，签订合资协议36项，总签约额达3 280万美元。实际调入外资2 060.6万美元，比1994年增长117％；完成出口供货值6 510.5万美元，增长43％。国内经济协作也有新进展，签订经济合作项目12个，签约额678万元。新办“三资”企业35个。

（杨瑞彬）

【城区建设】 1995年，皇姑区在资金短缺的情况下，把旧区改造的重点转移到三洞桥、嘉陵江、亚明等4片小区开发、续建和收尾上，开发改造旧区41万平方米。住宅竣工56万平方米，保证了6 210户居民按期回迁。配合市政府拓宽了陵东街，打通了嫩江街，扩建三、四级马路15条。扩大绿地23.9万平方米，绿化覆盖率达30.25％。新建水洗公厕19座。1995年，皇姑区以迎接国家卫生城市大检查为重点，广泛发动群众，全面治理，市容卫生面貌明显改观。加强了铁路沿线、北运河垃圾的清运和管理，提高了街路清扫、垃圾清运、粪便清掏的质量，15个街道13万户居民实行了垃圾袋装化。主要街路门前“三包”签约率达到100％。重点施工现场实现了景观化、标准化。部分小区成立了物业公司，强化了小区道路、排水、园林、绿化等基础设施的建设和管理。环境污染状况没有随经济的快速增长而加重，主要环境指标基本保持稳定，公共卫生、环境卫生、环境保护等工作得到较大发展。

（杨瑞彬）

【文教卫生等社会事业】 1995年，皇姑区深化教学改革，教学质量全面提高，中考、高考成绩在全市处于领先地位。实行中小学收费规范化管理，制止乱收费现象有了明显好转。改善办学条件，6栋教学楼已交付使用，新建教师住宅1.6万平方米。名校建设步伐加快，有5所职业高中达到省级重点职高标准，其中3所通过国家重点职高初步评估。“普九”教育、职业教育、成人教育、幼儿教育、特殊教育等都取得新进展。正稳步向国家教育强区的目标迈进。医疗卫生工作，不断加强对区内医疗机构的监督，取缔非法行医和非法药品经营机构，基本实现了有序化管理。区红十字会医院已进入一级甲等医院行列。成立了天河医疗呼叫中心，方便了群众就医。区防疫大厦主体工程已完成。计划生育工作适应新形势，积极改变旧的工作方式，完善了“三生”服务工作。强化了对流动人口及各类人员的法制化管理，全区人口出生率为5.59‰，自然增长率为0.6‰，计划生育率为99.97％，比市里下达的5 000人生育指标少出生1 272人。

文化事业不断繁荣。举办了迎春灯会、文化节、百歌颂中华等7次大型群众文化活动，丰富了群众文化生活。皇姑区文化艺术交流团应邀参加了俄罗斯——友好城区的庆典活动，演出获得圆满成功，促进了两国文化交流。依法对电子游艺厅、音像市场进行清理整顿，有力地打击了赌博、制黄、贩黄、盗版等违法活动，净化了文化市场。群众性体育活动进一步普及，全区学生体育达标率、优秀率均位居全市前列。竞技体育又有新突破，在第三届全国城市运动会上，皇姑区培养的运动员获2枚金牌、3枚银牌。成立了皇姑大长江足球俱乐部，向体育社会化迈出了有影响的一步。

（杨瑞彬）

【民主与法制建设】 1995年，皇姑区坚持了部门执法责任制，圆满完成了以宪 法为核心，以专业法为重点的“二五”普法任务，普法和依法治理工作再度保持省先进荣誉。在全区范围内，进行了以“执法责任到位，执法保障措施到位”为主要内容的检查。依法对32个单位进行了重点审计，及时处理了各种违纪行为，有效地控制了国有资产流失。开展了财政、税收、物价、统计等专项监督检查工作，对维护经济秩序、严肃财经纪律发挥了积极作用。

深入贯彻《档案法》，档案工作成果显著，全区有52个部门和单位档案管理达到国家、省、市标准。

坚持了与人民群众的联系制度，密切了同人民群众的联系。1995年，共办理人民代表建议、批评、意见303件，政协委员提案112件。较好地发挥了区长公开电话联系群众的作用，受理人民群众电话1 354件次，协调解决了一些热点、难点问题。聘请了25名区长联络员，使政府得以及时了解社会与基层的情况,改进了政府工作。

(杨瑞彬)

铁 西 区

【概况】 铁西区位于沈阳市的西南部,是沈阳这座著名重工业城市的工业核心。全区面积39.6平方公里,人口74万人。建国以来,特别是改革开放以来,铁西区的经济建设蒸蒸日上,城区面貌明显改观,社会事业蓬勃发展。如今,这个素有“东方鲁尔”之称的特大工业区,象一颗璀璨的工业明珠镶嵌在中国东北大地上。

“八五”期间,铁西区紧紧把握有利时机,转变观念,开拓进取,扎实工作,夺取了物质文明和精神文明建设的双丰收。

——区街经济跳跃发展。累计实现社会总利润4.2亿元,比“七五”期间增长150%。发展速度连续5年递增30%,提前一年实现了经济总量指标比“七五”末期翻一番的目标,被省政府命名为“双亿经济大区”。

——对外开放不断扩大。累计引进外资2 000万美元。自营出口创汇1 906万美元,年平均增长97.4%,完成出口供货值1.56亿元,年平均增长64.7%。

——经济实力明显提高。区财政收入连续3年突破亿元大关,5年累计实现财政收入6.38亿元,按可比口径计算,是“七五”期间的2.5倍。

——第三产业发展迅速。新发展第三产业网点1.6万个,千人拥有网点由1990年的15.4个增加到33个。加速了井字形商业中心区的改造,中国家具城、物资大厦等一批万米以上第三产业形象工程的兴起,正在改变着传统工业区的形象。市场规模不断扩大,区内形成52个生产资料和消费品市场,开辟营业面积22.2万平方米,入场经营业户、企业6 580户,年成交额达27亿元。

——经济体制改革逐步深化。在清产核资基础上,组建股份合作制企业447户,入股金额达2 448万元。实行“公有民营”商业企业87户,退出公有资金562万元。

——城市建设步伐加快。完成了建大二期和三期棚户区改造工程,全市最大的艳粉、路官棚户区改造工程也开始启动。全区住宅建设开工总面积达338万平方米,竣工255万平方米,回迁安置居民1.7万户,分别比“七五”期间增长38.1%、22.7%和159%,人均居住面积由1990年的5.38平方米提高到5.47平方米。

——教育事业持续发展。5年累计投入教育经费2.1亿元,年平均增长19.8%。新建、扩建校舍16座,总面积达6.86万平方米,办学条件有了明显改善。

——卫生和计划生育成果显著。计划免疫四苗覆盖率达99.5%。初级卫生保健达标工作以较高水平通过国家验收,提前5年实现城市初保规划目标。

——文化体育继续领先。新建文化馆4 300平方米,图书馆2 300平方米,文化活动站156处。体育工作始终走在全市最前列,5年为省市和国家累计输送人才243人,连年被评为体育先进区。

(于子凤)

【经济保持强劲的发展势头】 1995年,铁西区完成国内生产总值8.8亿元,比1994年增长17.7%;总利润1.46亿元,增长55.8%;工业产值完成8.5亿元,工业销售收入9.3亿元,工业利润4 940万元,分别增长46.9%、39.5%和95.8%;区属商业完成销售收入5.3亿元,利润1 100万元,分别增长29.8%和24.2%;物资系统完成销售额6.1亿元,利税540万元,分别增长20%和68%;街道经济发展势头迅猛,实现总利润1.1亿元,增长55.2%,走在了全区各条战线的前列,成为全区经济的“半壁江山”;财政收入完成14 491万元,增长51.5%。

全区经济之所以呈现出强劲的发展势头,主要是进一步增强了发展意识和竞争意识,在五个方面取得了较大进展。一是培育新的经济增长点取得明显成效。为营造区街经济的“大船”,通过内引外联和开发新办等多种途径,先后投资新建13个百万元以上的较大项目,并已全部投入生产。达产达标后,新增年产值可超亿元,新增利润可达2 000多万元。新增利税1 670万元。二是科技进步和扭亏增盈成效显著。全面实施了科技兴区二期工程,其中实施技改项目100项,开发新产品100种,有9种填补了省市空白。加大了扭亏增盈工作力度,实现了亏损户和亏损额双降30%的目标。三是第三产业不断发展壮大。新办第三产业500多家,发展商饮服网点1 000多个。四是市场体系进一步完善。改造、规范了一批市场、完善了基础设施。加快了重点工程项目的建设速度,3万平方米的家具城二期工程已如期竣工并交付使用。4.5万平方米的九路农贸市场退路进厅改造工程已完成三层主体。七彩城已完成主体工程。4 000平方米的东方精品时装广场已竣工并试营业。五是个体私营经济发展迅速。修订完善了鼓励个体私营经济发展的政策、促进了个体私营经济的发展。全区个体工商户已达1.22万户。从业人员达1.7万人,完成销售收入34.8亿元,分别比1994年增长19%、15%和27%。私营企业已发展到1 440户,从业人员1.6万人,实现产值2.2亿元,分别增长54%、55%和83%。

(于子凤)

【改革开放不断深入】 1995年,铁西区大力推进经济体制改革。对376户企业进行了清产核资、资产评估,清产核资的企业已占全区应核资集体企业总数的70%;继续推进了股份合作制改革,新发展股份合作制企业45户,股份合作制企业已占全区应实行股份合作制工商企业总数的41%;对部分企业进行了资产量化试点,依据《公司法》组建了一批有限责任公司;商业“公有民营”改革进入巩固与完善阶段,实行“公有民营”改革的企业已占全部企业的81%;加快了中小企业“卖、转、并、租、联”步伐,累计转卖企业20户;企业劳动制度改革有了突破性进展，实行劳动合同制的企业已达487户，与企业签订劳动合同的职工达1.8万人；积极推进社会保障制度改革，对区属和外商投资企业失业保险进行了核定，保证了失业职工在待业期间的基本生活；根据国家宏观经济政策的调整，结合实际，制定出台了一系列区域性政策，对区街经济的持续、快速、健康发展起到了积极的推动作用。

加大了外经工作力度。对行政区域内可用于招商引资的基础状况进行了全面调查，招商引资项目库得到了充实完善。严把了新办项目的审批关，做到了经营场所、主营项目、外商资信能力、资金到位时间"四落实"，使80%的新办项目达到了当年承办、当年资金到位、当年开业。全年外资调入额达872万美元，比1994年增长33.3%。外向型经济克服了政策变化大、换汇成本高等诸多不利因素，实现自营出口创汇696万美元，增长49.7%。采取抓重点、带一般、补损失等措施，实现出口供货值4 182万元，比1994年增长22.9%。

（于子凤）

【城市建设和城市管理】　1995年，铁西区住宅建设开工面积达183万平方米，竣工63万平方米，分别超年计划的29%和5%，回迁安置居民3 400户，回迁率居市内城区之首。艳粉、路官棚户区8万平方米一期改造工程完成二层主体，19万平方米的二期改造工程已开始腾地动迁。修缮危房5.6万平方米，新建解困楼1.5万平方米。投资1 500万元对城区基础设施和市场摊区进行了改造和完善。完成道路工程15.6万平方米，新建、翻建排水管线1 750延长米，扩大绿化覆盖面积11万平方米。新建公厕17座，新建垃圾房42座，新增垃圾挤压车20辆，80%以上的住宅小区实现了垃圾袋装化。

城市防汛工作经受了百年不遇特大洪水灾害的考验。全区上下团结一致，奋力抗洪抢险，保住了全区负责的6.7公里浑河大堤。在创建全国卫生城工作中，针对城市管理存在的问题，突出抓了薄弱环节，集中力量开展了市容环境卫生综合整治，清除违章商亭1 360处。加强了市场摊点及口部的管理，市场面貌及经营秩序有所好转。强化食品卫生监管力度，清理整顿了1 500多个卫生不合标准的饭店及食品摊点。对居民二次供水设施进行了卫生防疫大检查，饮水质量有了一定提高。强化了住宅小区环境卫生的治理，使20多个脏、乱、差居民小区改变了面貌。建大三期五小区达到了"绿、静、美、安"标准，被国家建设部命名为全国城市物业管理优秀住宅小区。全民动手大搞环境卫生，清理环境卫生死角148处，清除垃圾残土6 000多吨。狠抓环境污染治理，改造锅炉、除尘器54台（套），关、停、转、迁扰民企业12家，创烟尘控制达标区1个，噪声控制路1条，大气环境质量有所改善。

（于子凤）

【社会事业迈出新步伐】　1995年，铁西区深化了办学体制改革。创办了民办公助自力实验中学、公办民助31中维华分校、公有民办西苑中学和太阳小学以及私立雨田实验中学，形成了多种形式办学的新格局。办学条件、教学设备得到改善。新建的53中学、127中学教学楼工程均已竣工并交付使用。为中小学安装了35个语音室、53个计算机室和57个电化教室。并为8所学校配备了闭路电视，各类电教设备均超过国家一类配备标准。大力实施"安居乐教"工程。克服了资金紧、工期短等困难，新建教工住宅1.53万平方米，245名教师喜迁新居。加强德育工作，强化常规管理，教育质量稳步提高。中小学生毕业年级操行评定、体育合格率均达到99%以上。中小学毕业生全科合格率分别为78.02%和98.7%，职业高中毕业生当年推荐就业率达到91.5%，高中在高考实行"并轨"制的情况下，取得了升入上级院校1 037人的好成绩。

坚持科技兴医，强化医疗服务质量，新开设了脑血栓、颈椎病等专科专病门诊。初级卫生保健工作为全省和全国提供了宝贵经验。计划生育率达到99.95%，人口出生率控制在5.67‰。"三生"服务工程深入展开，成功地探索了适应新时期计划生育工作的途径，受到了国家计生委的高度评价，并在全省予以推广。社区文化、企业文化、校园文化和军营文化活动广泛开展，成功地举办了铁西第三届艺术节。在第四届全国杂技群众文化活动展演中，7项活动获市优秀项目奖，被市评为"最佳组织奖"。深入开展"扫黄打非"，全部取缔了扑克机和镭射放映厅，收缴扣留非法出版物及非法经营物品6 417件。启动了《全民健身计划》，广泛开展了群众性体育活动。竞技体育继续保持优势，中小学田径在全市保持十三连冠。

（于子凤）

【社会秩序保持基本稳定】　1995年，铁西区全面强化了社会治安综合治理。加大打击力度，破获各类案件4 145起，其中大要案2 047起，打击处理各类犯罪分子1 862人，摧毁犯罪团伙438个。以侦破重大现积案为重点，成功地破获了"八·五"特大杀人抢劫碎尸案等一批影响大、危害大、群众反映强烈的刑事案件，有效地震慑了犯罪分子。全面开展消防安全大检查，对"火爆毒"重点单位实施全方位监控，消除了一批隐患。深入开展扶贫解困和送温暖活动，为1 562户特困户（职工）发放了特困证，区街共筹扶贫基金215万元，保障了特困户（职工）的基本生活，有190户特困户（职工）已脱贫。积极开展抗洪赈灾活动，慰问抗洪抢险部队，接纳安排灾民，并为灾区捐衣被11.8万件，捐款469万元。军民共建工作取得可喜成果，分别被省市政府命名为"双拥模范区"。实施再就业工程，安置失业和企业富余人员2.1万人，调剂交流社会劳动力6.3万人次。努力解决居民冬季供暖问题，克服了资金短缺、设备陈旧、维修量大等诸多困难，采取有效措施，保证了按期供暖。强化物价管理，全面开展了物价大检查，特别是加强了人民群众生活必需品价格的监控检查，查处了一批违价案件。打击制售假冒伪劣商品等违法行为，维护了市场秩序，保护了消费者权益。落实信访工作责任制，强化热点问题排查和化解力度,为群众解决了大量热点难点问题,集体上访比1994年下降15.7%,被评为省信访工作先进区。

(于子凤)

【机关建设得到强化】 1995年,铁西区按照精简、高效、统一的原则,全面完成了区直机关机构改革及“三定”任务。全区行政机构由过去的41个减少到28个。通过定职能、定机构、定编制,使区直机关进一步精简优化。全面完成了在区直机关推行国家公务员制度工作,有1 517名机关工作人员被正式聘为国家公务员。狠抓反腐败三项工作任务的落实,制定整改措施200多条,聘请人大代表、政协委员、民主党派和社会各界代表共26人为反腐倡廉特邀监察员。全年各类违纪案件查结率达100%,共处分违纪干部26人。纠风治乱工作取得新成果,下发了《1995年纠风治乱工作实施意见》,与11个重点部门和单位签订了纠风目标责任状,全区95%以上的窗口单位和执法部门实行了工作目标责任制。加大了调研、巡查督办和信息反馈工作力度,提高了政府工作的整体效能,促进了各项工作的落实。民主法制建设得到强化,认真办理人大代表、政协委员的议案、提案和批评建议,办复率达100%。通过在全区范围内开展以普及市场经济法律为重点的各种法律法规的宣传教育活动和“二五”普法验收,进一步增强了全区人民知法、守法、用法意识。加强基层政权基础建设,开展了居委会达标升级活动,全区429个居民委中有115个达到一级标准。

(于子凤)

【贵和街道】 贵和街道地处铁西区中部、人口稠密、街道繁华,是铁西区政治、经济、文化、金融中心、交通便利。以铁百股份有限公司为龙头,连结南六中路生产资料一条街,延伸到兴顺商业街、形成完整的商品交易网络。建设大路以南是居民生活区、所辖16个居民委,共有居民近万户31 000人,建设大路以北是工厂区,构成南宅北厂的格局,由于地理位置的优越形成发展经济的优势,所以,该地区历来是投资者必争之地,特别是进入90年代,由于旧区改造的完成。提供了大量的场地,一些有识之士纷纷来此兴办实业,加快了地区的发展,促进了地区的繁荣。

1995年贵和街道,进一步树立速度观念,效益观念,竞争观念,敬业观念,全街干部、职工以兴街富民为已任,坚持两手抓,两手都要硬的指导思想,艰苦创业,从而推动了经济和各项社会事业的发展。

1995年全街经济保持高速、稳定的发展势头,到1995年末共有工业、商业、建筑业等企业200户。从业人员1 900多人,建立了一支专业技术人员队伍。开发一批科技含量高、有竞争力的新产品,培育了一批骨干企业,发展规模经营,创造规模效益,使全街经济发展再上新台阶。全年共完成总收入7 540万元,比1994年增长58.5%,实现利润592万元,增长45.8%,工业销售收入2 140万元,增长48%,全年上缴税金278万元,比1994年实际增长41.8%,实现了“八五”期间收入、利润翻两番的战略目标。

贵和街道在抓经济工作的同时,狠抓精神文明建设。城市管理加大力度,即抓治标,也抓治本,加强综合整治,分工明确,各负其责;全街形成了清扫、保洁、检查、监督、管理网络,使清扫、保洁达到一体化。优化了地区环境,为辖区内人民群众创造了一个优美、整洁的工作和生活环境。

坚持把打击刑事犯罪普法教育和提高群众自防能力结合起来,建立健全防范控制体系,开展帮教活动,全方位的实行综合治理,有效的控制了地区治安形势,大大促进了社会稳定。

落实基本国策,计划生育工作上台阶,全街人民群众“人口意识”、“人均意识”不断增长,“三生”服务工程上水平,计划生育率始终保持100%。

社会保障事业得到长足发展,建立了扶贫基金组织,组织社会力量开展包户活动。开展再就业工程,从根本上解决特困户脱贫问题,受到社会普遍赞扬。

(张雷)

【兴华街道】 兴华街道地处铁西区政治、经济、文化、科技中心,面积1.14平方公里。辖区内交通发达,兴华大街、建设大路、沈辽中路等道路与10余条公共电汽车线路构成四通八达的交通网;商贸发达,著名的九路市场吸引了八方来客从事商品交易,为辖区居民提供丰富的生活必需品;文化发达,沈阳工业大学、沈阳职工大学、商贸职业高中、市八十八中学、勋望小学等是培养各类人才的教育基地。

1995年,兴华街道经济、社会各项事业继续蓬勃发展,通过内引外联多种途径新办企业83家,联合企业10家,新增收入1 767万元,利润198万元,成为街道新的经济增长点。同时,坚持以市场需求定项目、以产品开发为重点、以骨干企业作龙头、以优质服务引客户,做到管理到位,办事服务到位,全年成功的开发软麻油、高纯氧化铝管、泰妙消毒洗衣粉、霓虹灯变压器、特种泵等多种新产品。

该街道通过抓大企业,扶持小企业,抓骨干企业,发展新企业,走出了一条在市场经济条件下,适合街情的自我发展道路。1995年完成总收入11 429万元,利润620万元,税收447.5万元,分别比1994年增长109%、108%和120.7%,实现了“八五”经济发展翻两番的目标。目前,全街有各类企业210家,形成了工、贸、商、服并举“新办”横联相依,小街道与大市场紧密衔接的经济工作格局,促进了街道经济的快速发展。

在经济快速发展的同时,兴华街的精神文明建设也取得了丰硕成果。被评为区民政工作模范全优街、市社区服务先进单位、赈灾先进单位、双拥模范街道和计划生育先进单位。

【工人村街道】 工人村街道位于铁西区西南部,总面积为0.64平方公里,居住着7 624户居民,人口总数23 957人。

工人村地区有工人村农贸市场,以及小百货市场,重工市场和启工综合市场，沈阳市第六百货商店和工人村商场也座落其间。十二路、十四路电车、二〇四路、二二六路汽车从此地区通过。工人村地区商业发达，交通方便，流动人口多，是个经商、消费大有发展的地区。

1995年工人村街道的经济在突出一个重点，抓好四个突破的方针指导下，又有了很大的发展，到年底厂店网点共有160多个，完成产值5 916.2万元，完成利润468.7万元，完成税收264万元，分别比1994年增长了56%、50%、74%。工人村街道的主导产业有铸造、机械加工、混凝土构件、纸箱、杀虫灭鼠药剂等。

工人村街道抓好两个文明建设，各项工作也取得了比较好的成绩，计划生育、综合治理、城市管理、信访等方面工作均完成了责任状，据不完全统计，组织、宣传、妇联、信访、信息、安全等12项工作被评为区先进。

(陈兴海)

【笃工街道】 笃工街道位于铁西区的西北部，面积为4.93平方公里，东起兴华大街，西至卫工街，南起北四路，北与沈山线铁路相连，辖区内有居民8 418户，人口27 600余人，驻街单位49个，其中大型企业7个，中型企业13个，一般企业有29个，地区内有兴华街、卫工街、北二路、北三路等12条主要街路。

1995年笃工街道，充分调动广大干部群众的积极性，克服了重重困难，全面完成了与区委区政府签订的经济责任目标，进入了特殊贡献档。全年完成总收入6 424万元，比1994年增长2 528万元，完成利润532万元，增长170万元，税收293.3万元，增长80万元。

1995年党务群团工作取得了丰硕成果，被评为群众性创造发明活动暨“科技周”先进单位，区党委系统信息工作先进单位，区纪检监察信访举报工作先进单位，区纪检监察工作先进单位，妇联工作区先进，区职工安康互助保险工作达标单位，区工会财务竞赛先进单位，区团队工作先进团委。

城管科工作，在门前三包。除害、街道卫生、健康教育、市场管理、绿化等工作中都取得了很大成绩，特别是迎接国家第三次创建卫生城的检查，比较顺利地完成了国检的各方面准备工作，国检期间笃工办事处是全区受检项目最多的办事处，受检的除害工作、食品卫生和地区健康教育工作都取得了较好的成绩，实现了不丢0.1分的奋斗目标。1995年获得了省、市、区健康教育工作先进单位，城管科被区评为创建全国卫生城先进集体。

居委会班子建设有了明显的进步，市民政局开展的达标委竞赛活动中，一级委由1994年3个升到6个，其中有4个委达到市级达标委标准，居民委基础建设工作进入市级达标街道。计划生育工作保持较好水平，使地区计划生育工作没有出现大的险情，加强了基础工作和流动人口的管理，实现了责任目标的要求。

社会治安综合治理工作达到新的水平。被市评为集中清理整顿外来人口工作先进集体，市人民调解工作先进单位，市优质法律服务所，市“二五”普法工作先进单位，市两劳释放管理工作先进单位，区综合治理工作达标单位。

(肖伟莉)

【兴齐街道】 1995年兴齐街道紧紧围绕“改革、发展、稳定”的工作大局，本着求大发展，做大贡献，寻求大突破的精神，迎难而上，奋力拼搏，扎实工作，在宏观经济环境编紧、社会热点增多，各种矛盾比较突出的成果。其主要标志是：

——全街总收入完成11 351.5万元，总利润815万元，分别比1994年增长122.4%和230%。

——工业销售收入完成1 706万元，工业总产值1 799万元，工业利润109万元，分别增长100.9%、99.9%和81.7%。

——税收完成386.4万元，增长132.5%。

——城市管理工作再创佳绩，代表区迎接国家卫生城和初级保健检查，取得了不丢分的好成绩。

——街道政权建设有了长足发展，14个居民委员会，全部进入市级先进达标单位。

——精神文明建设和社区服务工作也取得可喜成果，计划生育、综合治理工作达到了与区委区政府签定责任状的要求，使基本国策和保一方平安工作得以较好的落实。

具体抓了以下几项主要工作：

1.坚定不移地坚持以经济工作为中心，动员和组织全街上下、方方面面的力量，奋力实现“富民升位”的奋斗目标。抓大户、抓骨干，培育新的经济增长点，通过各种途径创办起了富华化工原料有限公司、兴达铁路配件厂等3个产值超500万元，利润超20万元的企业。大力发展横向联合企业。全年新发展横联企业13户，净增产值800多万元，利税40多万元。树立“科技兴街”的战略思想，抓住新项目、新产品不放。全年重点抓了胶体蓄电池和波纹管，初步见到了效益。

2.坚持不懈地坚持以城市管理工作为重点，发扬唯旗是夺的精神，努力为辖区人民群众创造一个整洁优美的工作、学习和生活环境。

3.坚持以政权建设为基础，加强精神文明建设和社区服务工作，全力促进地区经济繁荣和社会稳定。

4.加强社会治安综合治理，保持社会秩序的稳定。全年发案率是区下达指标的60%，两劳释放人员改好率达97%，民事纠纷调解率100%，办事处保持了市、区调解先进单位称号。

(谢玉岩)

【十二路街道】 十二路街道办事处位于沈阳市铁西区西南方向的城乡结合部，街道办事处所辖30个居民委、840个居民组，总面积3.64平方公里、总人口51 290人。管区内主要有重工街、子弟街两条南北走向的大街，有南十路、十一路、十二路等7条东西走向的街路，街路总面积达5万多平方米。

十二路辖区主要以居民区为主，几个新建成的小区连接成片，其中三号小区环境优美、卫生清洁、各项服务设施合理，该小区多次获得市级文明小区的称号，成为全街卫生、环保及社会治安工作的标兵小区。另外辖区西部地域辽阔，发展前景可观，目前一批企业及市场等建筑相续建成，为该地区的经济及文化生活注入了活力。

1995年，十二路街道坚持以经济工作为中心、以提高经济效益，增强街道综合实力为目的，以计划生育、社会治安综合治理及城市管理工作为重点的指导思想。全街干部群众紧密团结、锐意进取，经过一年的艰苦努力，圆满地完成了各项工作任务。

全年经济工作实现总收入7 870万元，完成年计划的151.32％，比1994年增长96.7％；实现总利润512万元，完成年计划的131.2％，增长70.58％；完成税收221万元，完成年计划的108.17％；完成工业总产值、总收入和总利润分别为2 425万元、2 375万元和201.4万元，均比1994年增长40％。经济工作为此再次跃居“特殊贡献档”先进行列。

街道办事处在完成年度计划的同时，积极挖掘潜力，打实基础，增加后劲。并对现有骨干企业通过改革、改组、改造，扩大生产规模，增加科技含量，提高产品质量。使得一部份企业成为全街的创利大户，同时，街道工业基地异常突起，现已拥有企业10余家，为办事处今后的经济发展打下了坚实的基础。

在搞好经济工作的同时，街道党委始终坚持“两手抓”两手都要硬的工作方针。街道各职能科室及党群部门通力合作，使全街精神文明建设取得了长足的发展。全年有8项工作获得了市、区先进单位的光荣称号。其中计划生育工作连续保持了市级先进单位的称号，双拥工作及关心下一代工作成绩突出，受到区里的表彰。

【路官街道】 铁西区路官街道辖区面积2.2平方公里。东与艳粉街道、兴齐街道辖区接壤；西与卫工街道辖区为邻；南至“沈山”铁路线。全街有居民15 519户，人口48 517人，划分为26个居民委。有所属企事业单位120个。

1995年，全街干部群众团结奋斗、拼搏进取，创造了精神文明和物质文明的丰硕成果，为振兴城区经济贡献了力量。

街道经济持续、快速、健康发展。全年实现收入7 047万元，比1994年增长62.2％，实现利润500万元，增长45.3％，完成税收256.1万元，增长57.9％，实现工业收入2 007万元，增长210％，实现工业产值1 677万元，增长130％，实现工业利润157万元，增长48.1％。5项经济指标均创造了历史最好水平，实现年初签订的“特贡”目标。

计划生育工作实现达标。针对路官地区计生重点人多，管理难度大的问题，狠抓了育龄人群管理，在居民委建立了“三生”服务点，在齐贤街开展了“三生”服务一条街活动，对796重点人定期走访，抓好节育措施落实，解决计划外11例，全年计划生育率达到100％。

城管工作取得突出成绩，街道卫生面貌明显改观。在全市开展的争创国家卫生城活动中，狠抓了环境综合整治，清理了乱贴乱画52 160张，“三堆”4 816处，乱悬乱挂1 265处，杂物73车、垃圾186吨。市容环境卫生获得市、区红旗街道称号。初级卫生保健工作被评为国家级模范街道。街道环境卫生面貌有了明显改观，受到居民群众的称赞。

社会治安秩序比较稳定。坚持预防为主，防打结合，标本兼治，重在治本的方针，搞好庭院管理，巡逻队、防撬门、安全委、联合帮教工作，有效地控制了刑事案件的发生和重新犯罪人数。全年“四类”案件发生52起，自破12起，记率40起，比区下达指标下降40％，比1994年下降50％；重新犯罪2人，比区下达指标下降45％；民事纠纷调解成功率达到95％以上。为城区经济发展创建了比较稳定的外部环境。

民政工作创佳绩。居委会升级达标创一级委7个，二级委14个，三级委5个。对全街特困户开展了扶贫包保活动，使35户脱贫。拥军优属活动广泛深入开展，建服务窗口15个，为军烈属做好事千余件。在抗洪救灾活动中捐款17 020元，捐衣被3 646件。民政工作被评为区模范街道。

积极组织参加“再就业工程”活动，为200名下岗人员安置第二次就业，占下岗总人数的85％，安置待业青年就业达90％。再就业安置工作被评为区标兵单位。未成年人保护工作、社会福利有奖募捐工作被评为市先进单位。信访工作抓超前预测和信访案件查处工作，有效地控制了集体越级访，信访工作被评为区先进单位。

（王雅琴）

【重工街道】 铁西区重工街道办事处，位于沈阳市铁西区的西部，面积1.13平方公里，人口31 248人，下设18个居民委。

1995年，重工街道以经济建设为中心，广大干部群众，团结、拼搏、求实、进取，使各项工作都取得了可喜的成绩。

1.经济工作又上新台阶。全年实现了与区委区政府签定的特殊贡献档目标，实现了总收入6 384万元；总利润438万元；总税收216万元，分别比1994年增长47％、49％和25％。达到了历史最好水平。

主要采取了以下措施：一是解放思想，更新观念。从思想上进一步树立了以经济工作为中心的观念，层层发动，开展经济工作总动员。形成人人想经济，人人办企业，人人搞创收的良好氛围。

二是狠抓新办与横联。坚持在稳定老企业的基础上，广开渠道，打好攻坚战。全年共新办企业46个，实现销售收入21 523万元，利润182万元。其中横联企业14个，实现销售收入901万元，利润83万元。

三是深化改革，强化管理。层层签定责任状，交纳风险抵押金，进一步增强了企业法人的责任感和风险意识，同时强化了对企业的管理力度，坚持对企业进行审计工作。

2.其它工作又有新的发展。经济工作的腾飞，促进了其它各项工作的发展。继续保持了“区文明单位”.还被区委、区政府命名为“先进单位”。

城管工作在美化居民环境、创建卫生城工作中成绩显著、街容街貌又有了新的改观。

综治工作不断加强，为保证地

区一方平安，做出了积极的贡献。

民政工作为居民排忧解难、优抚工作受到了区里的表彰。

计生工作连续5年获得市、区"计划生育先进单位"。

（陈有珉）

【兴工街道】 兴工街道地处铁西区东端，辖区面积2.22平方公里，辖22个居委会，717个居民组，总户数12 447户，总人口42 102人。1995年，兴工街道认真贯彻执行党的路线、方针、政策加强两个文明建设，在促进生产力发展和社会进步方面取得了一定成绩。

全年经济总产值实现11 195万元，比1994年增长59%。总利润实现527万元，增长50%。税收实现486.1万元。

城市管理工作以创建全国卫生城为中心，积极开展城管工作综合治理，年末夺得卫生红旗6面，在国检中，受检单位，均达到国检标准。

计划生育率100%，为区先进单位。民政、"双拥"、赈灾、环保、除四害、地名、初级卫生保健、门前三包、教育、红十字会、调解、民族、信访、档案、审计、安全、消防、人事、纪检、监察、统战、信息、团委、妇联等20余项工作经有关部门考核，1995年来均保持了市区先进或达标单位称号。

1.坚持发挥职工的积极性，尊重职工的主人翁地位，将竞争机制引入机关内部，实行"三·三"制的原则：一部分人抓公司、办事处的经济指标的统计、管理、汇总、行政工作，一部分人抓好工商企业的生产管理，一部分人负责新办企业，充分调动每个人的主动性和积极性。

2.坚持发挥企业的积极性，推行"三·三"制管理办法，整顿一批企业，搞活一批企业，发展一批企业。同时加强企业内部审计，查出问题，及时处理，并对各公司，机关小金库进行了清理，企业实行定额征收管理费，堵塞了漏洞。

3.坚持积极兴办企业和发展横向经济技术联合。广泛收集信息，既造大船，又造快艇。一年来共兴办企业69个，发展横向联合企业10个，新扩场地500平方米，新发展个体网点40个，新增社区服务网点30个，新增委办网点51个，开拓了新的市场空间。

4.坚持引进人才，制定了20条引进人才的优惠政策，引进各类人才21名，调整保用了一批干部，为办事处增添了活力。

5.坚持把方便群众生活放在首位，积极完善爱工农贸市场，1995年来投入资金21余万元，进行市场设施改造，加强对业户的管理教育，被市政府树为街办市场的典型。

6.坚持创办劳动力再就业工程，全年安排无业、失业、待业人员等240名，组建再就业基地三个，沈阳发达食品厂、湘华冷饮厂因组织再就业成效显著，被市政府树为典型，并在市里做了经验介绍。

（刘立卿）

【齐贤街道】 齐贤街道地处繁华的铁西区兴顺商业一条街，北临建设大路工业区，南临居民住宅区，俗称铁西区的"太原"街。

近年来，全街物质文明和精神文明都有了长足的发展，以开拓进取的精神风貌，求真务实的工作作风和富有成效的工作力度，迎难而上，奋勇拼搏，全面完成了区委、区政府下达的各项任务。

1.街道各项经济指标跃上新台阶。1995年，全街完成总收入6 798.3万元；总利润364.4万元，上缴税金247.8万元，分别是1994年的65%、56.7%和31%；完成工业总产值1 065.6万元，增长46.3%；工业收入完成1 634.8万元；增长72.3%；工业利润完成137.5万元；增长40.2%，全街经济呈现跳跃式发展的好势头。

2.精神文明建设有了长足的进步。抓好社会面综合管理，辖区内社会秩序保持了基本稳定，积极配合公安部门，参与"破大案、打团伙、追逃犯"和"扫黄打非"专项斗争，辖区内各种案件的发生率均控制在市、区规定的范围内。同时，围绕解决社会热点、难点问题，强化了信访、民事调解和社会救济等工作。

计划生育率为100%，认真实施"三生工程"建立"三生网点41个，全年共安排下岗女工再就业57人，使计生工作有了深层次的发展。

城市管理有了明显的进步，做到了周密安排，统筹规划，重点突破，行动统一，舍得投入，仅1995年投入2万元搞小区环境治理上。办事处连续两年荣获区委、区政府命名的先进街道。

（尹作俊）

【卫工街道】 卫工街道办事处地处沈阳市铁西区的西南端，东至卫工街，西至重工街和赞工街，南至沈山，北至十二路，是城乡结合部，毗邻于洪区。全街占地面积2.3平方公里。

卫工街道住宅楼成片，人口稠密，是产业工人集中住宅区。到1995年末，有居民16 160万户，52 346万口人。

1995年卫工街道一手抓物质文明建设，一手抓精神文明建设。以经济建设为中心，以城市建设，治安综合治理、计划生育等项工作为重点，两个文明建设成就斐然，各项主要经济指标达到历史最好水平，经济发展又登上了一个新的台阶。实现税收293万元，比1994年增长66%；实现总收入5 523.3万元，增长65.4%；实现总利润447.4万元，增长41.3%；实现工业总产值2 046.9万元，增长50.5%；实现工业收入2 028.2万元，增长62%，实现工业利润1 947万元，增长40.7%。

城市管理工作由于强化了抓实力度，成就喜人，在全市的市容管理红旗街道竞赛中，锦上添花，一举夺冠。全年责任状指标全部达标。取得了新的突破。在国检期间，上下总动员，大干一百天，确保了在国检中不丢0.1分，向全市人民交了一份满意地答卷。

社会治安综合治理工作成绩显著，有了突破性的进展。年初，同区里有关部门签定了责任状，做到了"千斤重担万人挑，人人身上有目标"，全年全街四类案件的发生，比区下达控制指标减少了17起，是历年来控制四类案件的最少一年。

计划生育工作名列前矛。一年来，由于领导高度重视，措施得利，责任落实，干部负责，全年实现计划生育率100%,人口增长出现负增长的喜人趋势。

(黄月农)

【保工街道】 保工街道办事处地处铁西区中西部生活区。东起齐贤街与兴齐街道为邻,南至十三路与路官街道为邻,西到卫工街与七路街道,工人村街道,卫工街道毗连,北抵南九中路与兴顺街道接界。面积0.76平方公里。全街13个委,258个居民组,8 804户、26 607口人。

1995年,全街经济发展迅猛,中心地位不断提高。保持了争快进强的发展势头。实现了工业总产值1 116万元,总收入6 920万元,利润510万元,税收300万元,分别比1994年增长41%、44%、55%、52%。在全区20个街道中,收入和利润的绝对值分别进入第十名和第八名,超额完成了奋斗目标,提前一个季度达到区政府规定的"特贡档"。对于街道经济工作所取得的成绩在沈阳电视台、沈阳电台及沈阳日报上都做了专门报导。区委区政府给予了充分的肯定。街道党委坚持贯彻党的十四届五中全会精神,突出一个"早"字,抢先一步,提前一拍,做到了思路早明确、计划早安排、措施早出台。重点放在抓大上新上。全年新办企业25个,横联企业8个。新增产值559万元,税收44万元。

1995年,各项事业都登上了一个新的台阶。在红旗街道竞赛活动中全年获红旗8面、粉旗4面,消灭了黄旗。在创建卫生城活动中,受到区里好评。

计划生育工作坚持"三为主"方针,认真开展"三生"服务工程,全年达到计划生育率100%。综合治理工作、民政工作、党建工作都取得了显著成绩。全年获市区表彰的先进集体11项。获市、区先进个人表奖的42人次。

(梁凤琴)

【霁虹街道】 霁虹街道办事处位于铁西区东北部,与和平、皇姑两区交界,占地3.6平方公里。现有20个居民委,377居民组、9 176户,29 599人。有区级文明委1个,区级文明楼院1个,是区级文明单位。

1995年,把"解放思想,转变观念"做为先导,对全街干部职工提出实干高效,搞好霁虹第二次创业,再振雄风的口号,并采取了"以税收论英雄"的新举措,在巩固发展原有企业的基础上,继续把新办、联办企业作为寻求经济的增长点。全街共有企业165个,其中工业28个,商业109个,饮食业4个,服务业8个,建筑业1个,运输业15个。办事处利用地区优势和优惠政策,内引外联,调整结构,发展规模经营,规模效益,1995年共新办企业78个,联办企业30个,新增收入2 170.2万元,利润129.4万元,税收129.4万元,并创办了制粉里,颂工两个市场,既方便了居民群众的生活,又增加了一定的经济效益。1—12月份共实现收入9 000万元,利润478万元,税收266万元,与去年同期相比分别增长40.9%、41%、13.2%,超额完成了三项指标,突破了超额达标档,进入特殊贡献档,使全街经济工作又登上一个新台阶。

在坚持"两手抓,两手都要硬"的方针下,精神文明成果显著。民政工作加强了居委会政权建设,达标升级率为100%,其中一级委3个,二级委7个,三级委10个。充分发挥"一条龙"服务网作用,拓宽社区服务领域,共办网点62个,名列全区第二。在赈灾活动中,做到一方有难,八方支援,共捐款32 040元,捐物3 119件,荣获区赈灾先进单位。

城管工作,以"推进环境清洁化,争创全国卫生城"为中心,发挥了群管队及驻街单位的作用,使街内卫生环境有了较大的改观,在全市的市容管理竞赛中,达到粉旗办事处标准。

社区教育工作蓬勃发展,充分发挥了社教、关协、文化站等组织作用,卓有成效地开展了中小学生校外教育和丰富多彩的群众文化生活,并获市、区先进单位。

计划生育开展了三先服务,加强了对育龄人员和流动人口管理,实现计划生育率100%。

社会治安综合治理工作加大了安全防范力度,并达到安全委60%以上。全年四类案件与去年相比下降了50%,失足青年改好率,大墙内外帮教签约率,劳改释解安置率均达到100%,完成目标责任状,为保一方平安做出了贡献。

经过全街干部、群众的共同努力,街道工作取得了很大成绩,1995年被区委、区政府评为先进单位。

【兴顺街道】 1995年,兴顺街道围绕建立社会主义市场经济体制的总体目标,把发展经济放在党政工作的中心位置,集中精力,切实履行领导经济建设的职能,探索街道党的工作的新思路,促进两个文明建设的协调发展。

在经济工作中,依据位于铁西区兴顺商业中心,在于洪区拥有万米生产基地两大优势,确定了"中心兴商,周边办厂"的发展方针,以扶植骨干企业,拓展横联领域,大力发展第三产业为重点。在扶植骨干企业上,为骨干企业提供再生产再发展条件。兴顺电工机械设备厂,是以制造中小型蓄电池专用设备为主,变压器专用设备为辅的专用设备厂。主要产品蓄电池生产用生产线和单机;变压器生产用生产线及单机畅销全国20多个省市,供不应求。为扩大生产规模,街道办事处投资新建厂房200多平方米,提高了生产能力,改善了生产条件。1995年,该厂已有固定资产70万元,创利税31万元。兴顺阻燃材料经销处经营的阻燃材料氧化锑系列,导风筒复合阻燃剂等具有安全防火功能,应用广泛,经济效益和社会效益都很可观。在企业急需资金的情况下,第三产业发展公司主动为企业筹借,解决燃眉之急。1995年该店销售收入89万元,创利税22.4万元。在拓宽横联领域上,打破区域界限和经济界线,积极发展横向经济,在联办上下工夫。1995年联办企业总收入1 400元,利润130万元,税收75.2万元。全年新办企业56户,其中工业11户,商业45户,完成收入1 249.9万元,利润114.4万元,税收30.3万元。

1995年全街上缴税收245万元,比基数增长49%;完成总收入7 045.5万元,比1994年增长85.26%;完成利润410.1万元,增长46.4%;完成工业总产值2 333万元,增长216.9%;完成工业总收入

2 165.2万元，增长146.7%；完成工业总利润152.7万元，增长68%。

社会主义精神文明建设与经济工作同步发展。创建国家卫生城，调动了全街广大干部群众爱沈阳，为家乡争光的责任感，全街市容卫生工作空前活跃，清洁彻底，国检团所查之处全部达标。被评为沈阳市市容卫生红旗街道办事处竞赛的红旗单位。兴顺地区是刑事案件多发地区，由于社会治安综合治理各项措施的落实，1995年全街四类案件发案率低于区下达的控制指标，也低于全区平均水平。获铁西区社会治安综合治理先进单位。基本国策常抓不懈，1995年计划生育率100%，人口自然增长率为－1.44%，计划工作各项工作达到区先进水平。新建住宅小居建大五小区被评为全国优秀住宅小区。

（张桂敏）

【凌空街道】 凌空街道位于浑河居住区。南邻于洪区，东邻和平区，西邻路官街道办事处，北邻艳粉街道办事处和兴工街道办事处，占地244公顷，辖10个居民小区，现以居住3万户51 068万人口，是一个正在建设中的全国较大生活居住区。

到1995年底，已建成8个居民小区，居住居民1.5万户，人口5.4万人，设35个居民委员会，952个居民小组。

1995年，全街所属共有工业、商业、建筑业、饮食服务业、交通运输、矿浆阀门等257家，可生产机库、汽车用的高档油漆，各种运输带、阀门、特种仪表、特种电机，金属软管，塑料彩印等10余种产品。创总收入14 088万元，总利润1 068万元，税收666万元，工业产值2 576万元，工业收入2 860万元，工业利润318万元。总收入、总利润、税收三项主要经济指标在铁西区街道系统均为第一位。先后被市委、市政府分别命名为“先进党委”，精神文明达标单位。“赈灾捐赠工作先进单位”，“先进街道”，“社会治安综合治理先进单位”，经济工作突出贡献街道办事处”等34项工作，被评为省、市、区先进单位。

（田淑梅）

【云峰街道】 云峰街道位于铁西区东部，东起云峰街、西至应昌街、北起北四路、南至沈辽东路。面积0.64平方公里。辖13个居民委员会，总户数8 260户，总人口27 900人，由汉、满、回、朝鲜、白、蒙古等民族组成。

北四东路、建设东路、南六东路、南七东路、南八东路、南九东路、南十东路、沈辽东路与云峰街、应昌街纵横交错，勾通了东西南北，方便了交通。

1995年，云峰街道不失时机地发展各项事业，创造了物质文明和精神文明蓬勃发展的好局面。

经济工作继续发展。全年实现总收入11 400万元，利润525万元，税收396万元，这三项指标均超额完成了办事处与区委、区政府签订的责任状指标。

综合治理工作成绩出色，各类案件发案情况均呈下降趋势，全年无重大治安灾害事故发生，较好地完成了工作责任目标。

城管工作，成就卓著，主要抓好“门前三包”除害，街道的卫生工作和健康教育。通过整理与管理，在治标上下功夫，在治本上抓措施，年终城管工作目标责任状全面达标。

计划生育工作达标，完成了目标责任状。人口保持了负增长，管区居民“人口意识”和“人均观念”加强。

此外，民政工作被评为区赈灾捐款模范单位，劳动力安置，纪律检查等工作被区委，区政府授予先进单位称号，档案工作继续保持了省二级的标准。

（张俐）

【艳粉街道】 艳粉街道位于铁西区南部，全街占地面积1.5平方公里，属居民区，到1995年底，全街有17个居民委员会，257个居民组，居民9 876户，人口30 099人。

1995年艳粉街道全面超额完成了各项任务，达到特贡档，办事处被评为先进街道办事处。

经济工作全年总收入6 017万元，比1994年增长43%，利润348万元，增长42%，税收290万元，增长72%。

1.一年来艳粉街道紧紧抓住以经济建设为中心，开展了《兴区富民，进场入轨》大讨论，找差距，查原因，统一思想，统一认识，更新观念，求实务实，提出了我街经济大发展四破四立创四个一工程。

一破因循守旧，墨守成规的思想，立敢想敢干，创办百个企业的任务。

二破小打小闹，不富也安的思想，立大干快上，大发展的思想，横向联合创千万元收入。

三破平庸无为，闭关自守的思想，树立引进人才，尊重人才，广招人才，以人才优势创业的战略，创千万元收入。

四破有章不循，混乱无序的管理，立科学管理，严密组织，按章有序的经营策略。增收4万元以上。

四个一工程的提出，全面推动了经济的快速发展。

2.认真抓好精神文明建设，贯彻两手抓两手都要硬的方针，狠抓了精神文明建设。在紧紧抓住经济建设为中心的同时，认真抓了经济管理队伍和机关干部队伍的建设，提高了广大干部的思想素质和工作能力。

计划生育做到了无计划外生育，计划生育率达100%，达到区标准。

民政工作，积极抓好社会优抚，基层政权建设和委办公益事业、抗洪救灾等工作，均受区委区政府好评，民政工作连续4年被评为全优街。

社会治安综合治理工作，按照打防并举，标本兼治，重在治本的原则下，加强了工作力度，开展了安全委红旗竞赛活动，实现安全委4个，获得达标单位。

市容卫生和城市管理工作成绩显著，在九五年国检中全街动员，全力以赴，确保国检中没丢一分，为铁西区争得了荣誉，获达标单位。

二五普法经验收为合格单位，兵役登记达标单位，土地管理保持了市级先进单位，信访工作获区达标单位。

党的建设，领导班子建设，干部队伍建设均取得了较好的成果，受到区委、区政府的好评。

(刘雅琴)

【启工街道】 1995年,启工街道广大干部群众,开拓进取,求真务实,奋勇拼搏,物质文明建设和精神文明建设都取得了好成绩。

经济工作再登新台阶。一年来,启工街道提出了“开拓、拼搏、实干、一流”的八字精神,千方百计拓宽新办联办企业渠道,对企业实行一条龙服务,从申请到开业所有手续都为企业办理完毕,加快了办企业速度,全年新办联办企业106户,平均3.4天办成一个企业。全年实现收入7 600万元,利润540万元,税收360万元。再次登上新的台阶,大大加强了街道的综合实力。

计划生育工作继续保持先进水平。实现了计划生育率100%,政策执行率100%,统计报表准确率100%,基础知识普及率98%,中心任务宣传率100%,计生干部培训率100%,药具应用率100%,没有信访案件,没有计划外生育,在全区检查评比中,总成绩居20个街道第二位,保证了基本国策在启工的落实。

城市建设发生了突出变化。启工街道抓住这一契机,在6.19平方公里的辖区内,开展了大规模的宣传活动,做到了家喻户晓人人皆知,全街的人民群和驻街的大小单位及私营和个体业主都发动起来,为创建卫生城作贡献。一年中,清除“三堆”杂物卫生死角500多处,出动机动车辆280多台次,清除垃圾、残土850多吨,清理居民楼道219个,清除乱贴乱画3 400多处,拆除乱搭乱建50多处,拆除自制阳台18个,整修牌匾25家,维修翻建民厕2个,粉饰厕所19个,在有关单位的配合下,解决了铸造厂宿舍下水不通污水流溢,大城火车站沿线垃圾、轧钢厂72户旱厕改造、薄板厂宿舍垃圾清运等四处老大难问题,国检受检项目全部达标,获得满分,经受了实实在在的考验,为我市进入国家卫生城做出了应有的贡献,受到了市区政府的表奖。

治安状况良好,社会更加稳定。启工街道对社会治安综合治理工作十分重视。1995年安装单元式对讲防盗门8处,防盗门224处,有效地防止了犯罪。全年调解纠纷95起,成功率94%,化解了矛盾,避免了案件的发生,对两劳释解人员,在广元市场提供就业方便条件,使90%的两劳释解人员从事正当职业,减少了不安定因素。

(王怀山)

【轻工街道】 轻工街道总面积为1.1平方公里,33个居民委,15 264户,人口51 900人。1995年经济工作健康高速发展,创历史最好水平,其他各项工作也都取得较大进展。1995年全街总收入完成10 170万元,比1994年增长103%;总利润完成1 014万元,增长101%;税收完成537万元,增长168%;其中工业总产值3 877万元,工业利润364万元,工业税收270万元,分别增长86%、42%、51%。科技兴街全年投入115万元,在广西凭祥新建一座液化气站,研制开发了以泵类系列产品为主体的新项目,进行6项技术改造,新增产值379万元,利润49万元,税收69万元。

其他各项工作,社会治安综合治理全面完成与区政法委签定的责任状,被市、区评为先进单位,民政工作荣获国家先进街道、省市模范街道称号,残联评为全区第一名,计划生育代表铁西区接受市计生委检查受到好评,社区教育获市、区先进单位,关协工作获市先进单位、区标兵单位,群众体育获市群体活动先进单位,城管被区评为先进集体,信息、文档、信访等项工作也都获区先进单位称号,文化站获市首批文化基地先进单位,据不完全统计,全街有30多项工作被省市区评为先进,街道办事处荣获铁西区委、区政府优秀街道锦旗,文明单位牌匾。

(单忠斌)

【七路街道】 七路街道位于铁西区西部,东临卫工明渠,西到肇工街,北起北四路,南到十马路,方圆2.79平方公里,现有17 985户、60 676人口,街道下设30个居民委、884个居民组,其中有4个居民委被评为省市区文明委。

改革开放以来,特别是近几年来,街道企业发展迅速,产业结构产品结构日趋完善,现有各类成型企业130余个,在激烈的市场竞争中,七路人求真务实,锐意进取,以驻街工厂为依托,以居民委为基础,联办创办发挥军街企共建的优势,敢想大事业,敢登新台阶,经济指标连年翻新。1995年完成总收入13 405.2万元,总利润1 050.1万元,税收546万元,分别比1994年增长178.4%、161.4%、195%,一举夺得了区奖励桑塔纳轿车的特贡档指标,创下了历史最好水平。

为使街道经济尽快腾飞,街道以产品开发为龙头,以调整产品结构为重点,以促进企业技术进步,技术改造为核心,加速科技成果转化,先后兴办了科技研究所,实现了科技为先导,科工贸一体化的实施方案,街道被评为铁西区科技模范示范街。

随着经济的发展,过去一些名不见经传的小厂也得到了迅速发展,街道所属企业沈阳市新兴胶管厂,1995年创税103万元,该厂生产的“蛙牌夹布耐油胶管”被评为市优产品,该厂也被市政府命名为小型明星企业。

在抓好经济工作的同时,狠抓精神文明建设,创造优美整洁的生活环境,促进各项公用事业的发展,同81945部队结成共建对子,同驻街工厂建立共建关系,形成军街企共建网络,使精神文明建设、社会发展年年有规划,年年有进展,实现了六配套。即:城市管理工作配套;社区服务工作配套;综合治理工作配套;双拥工作配套;安置残疾人工作配套;计划生育工作配套。全街基本实现了垃圾袋装化,摊亭规范化,楼院设施配套化,小区景点化,街路柏油化,卫生标准化。

市容卫生管理连获省市区先进单位。1995年通过沈阳电台宣传了该街创建卫生红旗街的作法和经验、双拥共建工作创立了军、街、企、商、校、医六位一体的新路子,先后7次被沈阳日报、晚报登载了作法,并在市区介绍了经验,受到中央电视台的采访播放,计划生育创立了“三生服务工程”新路子,在市区介绍了经验,受到辽宁电视台采访播放，各大报纸和有关刊物进行登载，加以宣传和推广，受到国家计生委领导好评。综合治理创立了军警民共建新路子，沈阳电视台播放了七路地区综合治理效果明显的报导。

精神文明建设促进了创建文明街道活动登上新台阶。1995年被沈阳市政府评为精神文明建设标兵单位，市双拥模范先进单位，社会治安综合治理被市评为先进单位，人民调解工作被市评为先进单位，两劳释解、帮教工作获市先进单位，妇联工会(退委会)被区评为先进单位、街道被评为市红旗街道办事处等称号。

(孙维静)

于洪区

【概况】 于洪区位于沈阳市西郊，浑河北岸，呈半月形环抱沈阳城区，兼有城乡两种功能。现辖4个街道办事处，12个乡，4个镇，199个自然村，户籍人口36.9万人。全区耕地面积39.8万公顷。于洪区地理位置十分优越，半环市中心区，有容量广阔的农副产品销售市场，工业发展得益于市内庞大企业群的直接支援。境内地势平坦，交通便利，农业装备雄厚，工业基础较强，第三产业繁荣，科研机构和人才众多，为发展经济和社会事业提供了得天独厚的条件。

1995年，是于洪区迎难而上，改革开放、经济建设和社会事业取得突破性进展的一年。一年来于洪区认真贯彻中央关于“抓住机遇，深化改革，扩大开放，促进发展，保持稳定”的方针，全面落实稳定提高一产业，大力发展二产业，快速开发三产业的各项措施，正确处理改革、发展、稳定三者关系，着力于求发展、求提高，推进两个文明建设。经过全区人民的共同努力，战胜了百年不遇的洪涝灾害，全面完成了各项工作任务，为“八五”计划画上了圆满句号，为“九五”计划的顺利实施奠定了基础。

(董红岩)

【国民经济持续健康发展】 1995年，于洪区国内生产总值完成66亿元，比1994年增长35.3%。农村经济结构适应市场要求得到调整，经济运行质量进一步提高；全区人民团结奋斗，夺得了抗洪救灾的全面胜利；广大农民遭灾不减志，积极进行生产自救，农业总产值仍近8亿元，在粮食大幅度减产的情况下，顾全大局，完成了国家下达的定议购任务。工业生产在资金紧张、市场竞争加剧、原燃材料涨价等诸多困难情况下，总产值完成了129.1亿元，比1994年增长44.6%。乡镇工业继续保持快速发展势头，产值完成121.2亿元，增长47.2%。对外对内开放进一步扩大，出口产品供货值完成3.8亿元，增长35.6%；自营出口创汇2 619万美元，增长0.3%；一些乡、镇、街道利用优势，积极开展外引内联活动，发展横联企业80家，创产值3.2亿元。第三产业快速发展，增加值实现22亿元，增长50.1%。市场建设取得新成绩，柳条湖等几个专业市场辐射能力进一步增强，张士宾馆、凯悦大厦等在建项目都在抓紧建设；商业、粮食、供销、物资等流通主渠道企业改革步伐加快，经营形势进一步好转，全区社会商品零售额和市场成交额分别达到12亿元和9.3亿元。城乡建设和管理成绩斐然，年初确定的10件大事全部完成；创建卫生城活动效果明显，市容市貌大为改观，达到了迎国检不失一分的目标，受到了国检团和市政府的好评。社会治安秩序有所好转，综合治理工作得到加强，以打击恶性犯罪和净化社会环境为重点的严打活动取得成效。税收任务全面完成，财政收入达到1.91亿元，比1994年增长25.3%，其中区库收入1.23亿元，增长37.9%，实现了收支平衡略有节余。金融、保险事业稳定发展，城乡居民储蓄金额和保险费收入分别达到28.5亿元和0.53亿元，为经济建设做出了新贡献。城乡居民生活条件继续改善，农村人均收入在大灾之年仍然达到2 600元，比1994年增长8.3%。

(董红岩)

【各项社会事业有所发展】 1995年，于洪区科技工作加速了与经济建设的融合，全区有19个项目列入国家和市里星火计划，争得国家科技贷款2 200万元；北陵国家星火技术密集区已出形象，高新技术企业新增产值5 200万元；水稻抛秧、水田养鱼、保护地综合利用等农业科技示范、试验、推广项目和集团承包工作取得新成果，新增农业产值7 000万元。教育事业长足发展，“两基”工作取得丰硕成果，首批进入全国达标县区行列。各级各类教育不断采取现代化教学措施，以多出、快出人才为目的，初步形成了适应市场经济需要的“三位一体”和“三教统筹”的教育体制。文化、广播事业日益繁荣，群众性体育活动蓬勃开展、医疗防保条件不断改善，服务质量进一步提高。计划生育工作完成了各项人口控制指标。外事、侨务、兵役、修志、档案等工作都取得了新成绩。民政、残联、民族、宗教、信访工作为化解社会矛盾做出了新贡献，促进了社会稳定。

(董红岩)

【“八五”成果丰硕】 随着1995年计划的完成，于洪区超额完成了“八五”计划，与前几个五年计划相比，“八五”计划是在改革开放不断深化、经济增长较快的大背景下执行得最好的一个计划。具体表现是：经济体制改革全面推进；农业“两高一优”格局初步形成；工业在结构调整中健康发展；第三产业发展迅速；城乡建设步伐明显加快；利用外资取得突破性进展；“科技兴区”效果明显；文化卫生等各项社会事业蓬勃发展；城乡居民生活水平进一步提高。一些主要经济指标与“七五”末期的1990年相比均有大幅度的增长，国内生产总值增加3.7倍，农业总产值增加0.6倍，工业总产值增加4.5倍，第三产业增加值增加10.1倍，财政收入增加1.09倍，出口产品交货值增加5.8倍，社会商品零售额增加1.6倍，农村人均收入增加1.3倍。

(董红岩)

【工业生产健康发展】 1995年，于洪区工业生产以改革为动力，以强化“四个一批”为突破口，解放思想，明确思路,通过加大投入,增强企业发展后劲;加速调整,优化产品结构;实施名牌产品战略,增强市场竞争能力;发展股份合作制,促进企业转机换制;推进技术进步,发展高新技术企业;完善基础工作,强化企业管理,保持了工业生产的健康发展。同时,结合区里开展的“勤政务实求发展,兴区富民奔小康”大讨论活动,远比苏南、近比辽南、查找差距,在工业系统中再次掀起了解放思想的高潮,重新调整了工业发展思路和上新台阶的目标,确定了全区工业向高科技、大规模、外向型和高效益发展的方向,为实现两个根本转变奠定了基础。

(董红岩)

【第三产业迅速壮大】　1995年,于洪区坚持“三边”发展战略,不断培育新的经济增长点。按照快速开发第三产业的要求,以抓班子、抓规划、抓市场、抓项目入手,在乡镇街成立了第三产业办公室,配备了专职领导和专业人员,制定了区乡两级发展规划,明确提出了第三产业是全区新的经济增长点的指导思想。加强了原有市场挖潜改造工作,使东湖等6个市场年经营额均突破亿元。强化了新市场和新项目建设,1995年新增加规模较大的三产项目25个,增加从业人员5 000人,第三产业增加值占国民生产总值的比重由1994年的32%提高到35%。这些快速发展壮大的新经济增长点与一、二产业相辅相济,使全区经济结构不断优化,整体实力不断壮大。

(董红岩)

【外向牵动能力不断加大】　1995年,于洪区不断推进利用外资、出口创汇为重点的对外开放和以开拓国内市场为重点的对内开放。在对外开放上,主要通过服务、协调工作,提高外资到位率;通过以商招商,发展“三资”企业;通过召开经贸洽谈会,吸引外商投资办厂。全年有700多位外商来区洽谈项目,签订项目协议近百个。在对内开放上,积极拓展联合领域,努力扩大人才引进范围,在市有关方面帮助下,区人才市场正式营业,并与劳动力市场相配套,形成了较完善的人才资源流通体系,为优化资源配置,加快企业进入市场奠定了基础。

(董红岩)

【辽宁沈阳台商投资区】　辽宁沈阳台商投资区位于沈阳市区西部,是经辽宁省人民政府批准设立的东北地区第一个省级台商投资区,享受沈阳开发区的政策,位置十分优越。投资区被国家级沈阳经济技术开发区所环绕,沈阳至北京的102国道从区内通过,距沈大高速公路1公里,距全国最大的铁路列车编组站沈阳西站15公里,距沈阳桃仙机场30公里。投资区一期规划面积1.5平方公里,3年来,基础设施建设共投资700万元,现已实现道路、供电、通讯、给水、排水的“五通一平”,做到企业进区即可建设投产。目前,已有可口可乐公司、镀锡板厂、铝材厂等10余家重点项目进区建设,有的已经投产,见到效益,初步形成了以机械加工业、食品行业、进出口贸易为主的区域性经济发展格局。于洪区“九五”规划中明确提出辽宁沈阳台商投资区作为全区经济发展中的一个重要组成部分。到2010年,投资区规划的总体设想是:以一高两大为目标,实现跨跃式发展,将投资区建成以国际标准和惯例运行的集国内外产业、科研、贸易、服务一体化的现代化、国际化新兴工商业区。

(董红岩)

【高花乡】　高花乡位于沈阳市于洪区西南部,西与辽中县相邻,北与新民市接壤,是个方圆49.4平方公里的远郊。全乡3 787户,13 473人,农业户占3 610户,农业人口12 746人,有劳动力5 253个。10个自然行政村,43个村民小组。9所小学,1所中学,敬老院和医院各1处。全乡有耕地2 393公顷,水田占976公顷。

1995年全乡社会总产值35 605万元,比1994年增长70.3%;财政收入284万元,增长3.9%;税收完成150万元,人均收入为1 978元,比1994年增长9.9%;当年储蓄额1 700万元,增长30.8%。

1.完善一村一品建设,积极发展“两高一优”农业。1995年,由于强化了村级服务功能,完善了一村一品建设,提高了集约化程度,促进“两高一优”农业的发展,使粮豆单产每公顷达5 965公斤;保护地面积400公顷,人均占有0.47亩;蔬菜生产实现了保护地化,133公顷的蔬菜面积中温室大棚占33.3公顷。农业总产值为7 013万元,比1994年增1.2倍。

2.以食品、酿酒、建材业为支柱产业正在蓬勃兴起。全乡共有工业企业153个,其中乡办11个,村办39个,从业人员1 606人,1995年工业总产值为20 592万元。全年销售额为19 781万元,利润1 759万元,税金83万元。

随着市场经济的发展,食品、酿酒和建材业已成为高花乡的支柱产业。

3.三产业以极强的生命力迅猛发展。1995年有三产企业248个,从业人员850人,总产值8 000万元,其发展速度是空前未有的,发展前景甚好。

(张厚)

【老边乡】　老边乡位于于洪区西北部,东与沈阳市光辉农场毗连,西与新民市兴隆镇接壤,北与解放乡相邻,辽河油田沈阳采油厂与其毗邻交错,沈山铁路横贯东西,沈新、丁高公路南北穿越。老边乡总面积为40.4平方公里。乡政府设在三台村,沈山铁路北侧。全乡辖8个行政村,人口为10 841人,由汉、满、回、锡伯、蒙古、朝鲜等6个民族组成。

1995年,老边乡社会总产值达2.8亿元,比1994年增长44%。其中农业总产值为34万元,增长7%。工业总产值为2.25亿元,增长5%。第三产业总产值为34万元,增长13%。财政收入完成202.8万元,增长35%。人均收入2 450元,增长25%。

农业生产连续2年遇到了建乡以来最为严重的洪涝灾害。全乡人民遭灾不减志,经过全乡上下努力奋斗,取得了较为理想的成绩。粮食总产量达到1 100万公斤,保质保量地完成了国家粮食定购任务。“两高一优”农业结构调整已见成效。大力发展高效农业,加大了投入力度,狠抓农田基本建设,推广先进技术,扩大保护地面积,发展养殖业。全乡8

个村已初步形成了“一村一品”和一业为主，多业为辅的格局。农业生产在稳定中不断提高。

乡村工业获得了高速发展。1995年，完成了西郊化工厂等几家企业的技改项目，改建了水暖器材厂，新办企业达10几家，股份合作制企业出现了较好的势头。

第三产业发展迅速。健全和完善了乡第三产业内部组织机构。加大了领导力度。老边综合市场通过2年的投产使用，呈现了繁荣的景象。现有业户达120余家，商品品种千余种。

为促进全乡经济和各项事业的发展，老边乡坚持科技兴乡、科技兴农、兴商。落实了科技兴乡5年规划，以科技为先导，以提高劳动者文化素质为着眼点，引进吸收开发新技术，乡农业技术推广站，每年都举办各类农业技术学习班，培训技术骨干，召开育苗，播种、抛秧、温室蔬菜等现场会，推广先进经验和先进技术，依靠科技使全乡人民走上了致富道路，促进了生产力的发展。

改善办学条件，在资金不足的情况下，努力提高对教育事业的投入，全乡普教、职教、成人教育、学前教育质量逐步提高，学校领导班子，教师队伍比较稳定，学校管理逐年加强。

医疗卫生事业有所进展，乡卫生院医疗条件得以不断改善，全乡人民的初级保健得到落实。

（白永安）

【北陵街道】 北陵街道地处城乡结合部、东邻新乐遗址、东北与北陵乡毗邻，西南与皇姑区接壤，所辖行政区是沈阳市规划区范围内。南北狭长5公里，东西宽1.23公里，呈火炬形，区域面积为8.9平方公里。

全街总户数为11 089户，总人口为33 268人，每平方公里人口密度为3 738人，有汉、满、蒙古、锡伯、土家、壮、苗、布依、侗、鄂温克等12个民族。1995年街道辖32个居民委员会，428个居民小组。省、市驻街单位74个。1995年，北陵街道工业总产值实现了1.2亿元，其中工业产值完成9 000万元，第三产业增加值完成6 720万元。财政收入计划67.7万元，实际完成225万元。5项主要经济指标分别比1994年增加42.86%、21.7%、48.81%、30.4%和225%。

1995年，北陵街道主要作了以下工作：

1. 加强公司实体的领导，实行领导干部包公司、包项目，注意发挥企业公司龙头作用，从而带动劳服公司、城管科、第三产业办和委办企业，形成5个轮子一起转。

2. 把企业推向市场，调整和巩固产业结构和产品结构。老企业本着公司年初制定的加快新产品开发，充分挖掘企业内部潜力，很多老企业焕发青春。

3. 扎实地开展企业股份合作制，使企业的经营体制发生根本变化。1995年又在街属15家企业中，大力开展股份制，企业厂长带资抵押承包，职工集资重新上岗，股金达100多万元，从而调动厂长和职工两个积极性和创造性，形成风险共担，利益共享的制约新机制，增强了经营者的事业心和劳动者的责任感，激起职工、干部大干共干、加班加点的劳动热情，劳动生产率日益提高，并实行奖勤罚懒、奖优罚劣的分配措施，出现工人爱厂如家的可喜局面。

4. 加强管理堵住税源流失。1995年街道明确规定，凡是街道企业和业户都要在税票上加盖北陵街道企业公司长条章，直接存入街道税库，税收可达300万元，其中国税80万元，地税220万元，超过历史最好水平，年底将能分回税收分成40万元左右，为街道资金流通，发展经济创造了有利条件。

5. 发挥优势，掀起大办市场的热潮。

6. 积极利用街道土地，走联合发展道路。把千山西路土地拿出百亩土地，租赁给沈阳变压器厂，并签定了10年合同，每年可向街道上缴5.5万元，使原来闲置土地发挥它应有的作用，实现了互利互惠，共同发展目标。

7. 选贤任能，救活企业。

（王秀菊　尤吉成）

苏家屯区

【概况】 苏家屯区地处沈阳市南部，属沈阳市城区之一，兼有城乡两种管理职能。全境东西长58公里、南北宽29公里，总面积776.6平方公里。其中城区面积12.5平方公里，辖7镇7乡6个街道办事处，196个行政村，总人口41.2万人，其中城市人口18.5万人，农村人口23.5万人，区内聚居着汉、满、回、朝鲜、锡伯等17个民族。全区耕地面积57万亩，林地16万亩、水面1.1万亩。主要盛产水稻、玉米、苹果梨、葡萄、山楂、猪、鸡、鱼等。1995年，苏家屯区遭受了百年未遇的特大洪涝灾害，给工农业生产和人民生命财产造成巨大损失，全区因水灾造成经济损失达24亿元。在行政管理困难和严重自然灾害面前，苏家屯区深入贯彻“抓住机遇、深化改革、扩大开放、促进发展、保持稳定”的方针，坚持物质文明和精神文明两手抓，经济建设和社会各项事业协调发展。1995年全区国内生产总值实现49.2亿元，增长14.5%，第三产业增加值实现5.1亿元，增长31.1%，地方财政收入实现6 166万元，比1994年增长14.4%。

（王德利）

【农业遭灾但有新发展】 1995年，苏家屯区农业遭受严重洪涝灾害，耕地受灾面积达41万亩，其中19.5万亩粮田绝收，0.8万亩耕地冲毁，因灾减产粮食达3.13亿斤，0.6万亩养殖水面被冲毁，损失淡水鱼843万斤，水利设施损坏严重，冲毁桥涵145座，水闸55座，堤防35公里，损坏机电井550眼，机电泵站266座，全区受灾人口达19万人。广大农民遭灾不减志，迅速恢复生产，重建家园，使损失降到最低程度。一年来，农村经济主要成果是发展了一批农业股份制经济实体，推进土地适度规模经营，50亩以上种粮大户发展到495个，统种分管面积达13万亩。调整农业内部结构，优化各业品种，高效经济作物新增面积2.4万亩，旱改水3.2万亩，加强高效农业项目的开发建设，农业综合开发完成33项任务，新建果园6 000亩，造林1 500亩。洪灾过后，采取有效措施排除内涝粮田21万亩，飞防作业10万亩，抢种秋菜3.7万亩，扶持农户发展猪、鸡和棚菜生产，使农民人均收入实现1 800元。灾后加强农田基本建设，修复水毁工程，筹集农用资金650万元，完成土石方234万立方米，实施骨干工程45项，修复水毁工程530项，机电井214眼，泵站133座，建排涝沟渠58万延长米，使农业最大限度取得好收成。全区广大农民受灾不忘国家，在粮食欠收情况下，仍较好地完成了上级下达的粮食定购任务。

(王德利)

【工业生产持续增长】 1995年，苏家屯区工业总产值实现49.2亿元，比1994年增长14.5%，其中乡镇工业产值实现44.45亿元，增长15.6%，城区工业产值实现4.67亿元，增长3%，统计口径实现销售收入11.8亿元，增长2.6%，实现利润总额3 789万元，增长4.5%，保持发展速度与效益同步增长。

1995年，苏家屯区工业生产面对宏观经济环境偏紧，资金严重短缺以及夏季特大洪水灾害等诸多困难情况下，引导企业眼睛向内，苦练内功，向管理要效益，大搞增产节约，增收节支。通过争取贷款，集资，搞横向联合，发展股份合作制，拆借等八方聚财，拓宽融资渠道，共筹资3.5亿元，全区新设立“四个一批”项目324项，其中新建企业154户，技术改造72项，新产品开发63种，兴办“三资”企业35户。狠抓企业产权制度改革，新发展股份合作制企业90家，吸纳个人股金4 146万元，全区股份合作制工业企业增至522户，吸纳个人和社会法人股金1.5亿元。城区有6家工业企业实行量化企业积累资产改革，有5家乡镇企业将集体资产出售给个人经营。街委经济快速发展，总产值突破1亿元，比1994年增长40%，实现利税690万元，增长8%。此外，校办工业、民政企业也都保持了良好的发展势头。建筑业强化行业管理和服务职能，全年实现产值2.8亿元，比1994年增长16.2%。

(王德利)

【第三产业迈出新步伐】 1995年，苏家屯区采取增源畅流，积极储备，适时调节，保证供应等措施，使大灾之年全区各类市场供应充足，商品零售价格平稳。全年实现社会商品销售总额10亿元，比1994年增长20%，全区各类市场总数达16个，市场功能齐备，市场交易额实现4.1亿元，1995年全区第三产业增加值实现5.1亿元，比1994年增长31.1%。生产要素市场进一步完善，全年引进各类人才307人，房地产市场交易活跃，实现交易额5 676万元，安置待业失业人员4 000人。

(王德利)

【对外经贸取得新成果】 1995年，苏家屯区调整了招商引资政策，改善投资环境，本着外商发财我发展的原则，充分利用本区少数民族与海外有亲属关系多的优势，全方位拓宽外经贸领域。全年新设立“三资”企业33家，全区“三资”企业累计达104家，合同投资额1 870万美元，比1994年增长65.4%，合同外资额959万美元，增长110%，外资调入额367万美元，增长9.9%，出口供货值实现8 938万元人民币，增长7.7%，出口创汇额566万美元，增长20.9%。全区有外贸自营权的企业已增至98家，出口商品达7类31种，远销21个国家和地区。

(王德利)

【城乡建设成果显著】 1995年，苏家屯区按照建设沈阳南部副城的总体要求，调整了城区规划。全年开工建设项目143项，总投资1.9亿元。完成雪松路西段、海棠街、葵松二路、香柏路、冬青街路拓宽工程，新增道路面积50 960万平方米，更新海棠街给排水设施，新建排水管线2 624延长米，新建长途汽车客运站已交付使用，雪松体育馆主体工程基本完成。加快旧区改造步伐，全年竣工住宅面积28万平方米，电信事业又上新台阶，全区装机容量达到3.15万门。农村全部普及程控电话，有5个村率先迈进电话村行列。1995年，园林绿化有新发展，城区植树30 561株，植绿篱3 190延长米，铺草坪13 500平方米，栽花136 260株，绿化覆盖率比1994年提高一个百分点，人均占有公共绿地面积达3.92平方米。实施“蓝天碧水”工程治理134项，环境质量得到改善，农村公路网化工程喜结硕果，全区实现了村村通油路目标。加强公共场所环境整治，全年清理违章占道业户220户，拆除违章建筑36处，整顿各类违章牌匾194处，实现城管正规化、交通有序化。加强城区日常清扫保洁，全区80%住宅小区实行垃圾袋装化。

(王德利)

【社会事业健康发展】 1995年，苏家屯区教育“普九”、“扫盲”成果继续提高，“八率”指标达到或超过国家标准，中小学生辍学率分别控制在1.2%和0.7‰以下，中小学违法犯罪率分别降至0.4和零。教学质量全面提高，有5所中小学科研课题获国家“八五”成果奖，高考升学率位居全市郊区县前列，区30中学文科成绩列全市24所重点高中第一名。城区新建雪松路小学、朝二中学宿舍楼、教师学校实验楼、教工住宅楼等24 970平方米，总投资1 660万元。对农村水毁校舍投资783万元，竣工19个建设项目，保证了大灾之年学生如期进课堂。

卫生事业深入贯彻《医疗机构管理条例》和《药品管理法》，全年依法取缔无证行医药贩32起，查处假药案25起，医疗市场得到净化，区药检所被省厅授予“执法先进单位”。农村以初级卫生保健为龙头，各乡镇开展全面达标活动，甲级村卫生室达62%。在水灾后及时进行饮食、饮水和外环境消毒，使大灾之年无大疫。科技兴医有新发展。全年确立科研课题9项，区中医院的蝮龙抗栓丸获全国十年优秀发明成果奖和第五届全国发明奖。计划生育率达99.9%，人口出生率达10‰，全区出现无人流引产村(委)146个，人口负增长村(委)52个，首批进入计划生育“合格村”67个，有1 230对育龄夫妇主动献出二胎生育指标。有线电视发展较快，城区全部覆盖电视网，入户1.85万端，入户率达62%。

民政在全区抗灾自救工作中，发挥重要作用，灾后动员社会力量为灾区共捐款454万元，募集衣被75万件，食品、建材等物资价值295万元。及时为灾民下拨救灾粮730万公斤，发放棉衣64 580件，棉被20 483床，液化气罐100个，救灾款626万元。保证了灾民安全越冬，实现灾民"有饭吃、有衣穿、有住处、有材烧、学生有学上，不冻死人、不饿死人"的目标。

（王德利）

东陵区

【概况】 东陵区是沈阳市改革开放特别试验区，也是行使城乡两种管理职能的新型城区。位于沈阳市东南部，西与老城区融为一体，东与抚顺、本溪毗邻，南、北分别与苏家屯、新城子区接壤。总面积913.4平方公里，辖6个乡、6个镇、9个街道办事处，总人口45万人，其中农业人口27万人。有汉族、满族、朝鲜族等16个民族，2个少数民族乡。有耕地60万亩，其中水田14万亩，旱田38万亩，菜田8万亩。

东陵区自然资源丰富，东部山区蕴藏着大量的铁矿、花岗岩、白泥和优质矿泉水。中部平原沃野百里，堪称鱼米之乡。沈阳市最大的自然风景区——辉山风景区座落在东北部；辽宁省第二大川——浑河蜿蜒境内45公里；中国最大的陨石，19亿年前就客居在馒首山上；清朝第一代君主努尔哈赤的陵寝——东陵，安卧于境内的天柱山上；建于清朝初期的四座古塔之一——南塔，虽几经沧桑仍矗立于世。

东陵区交通便利，通讯发达。沈吉、沈大、沈丹铁路贯穿全境，沈大、沈抚、沈铁、沈本与沈阳绕城高速公路交织成网；全区乡村公路全部实现柏油化。东北最大的航空港——沈阳桃仙国际机场座落境内。各乡镇、村全部实现电话程控化。东陵区科技力量雄厚，区内驻有沈阳农业大学、沈阳黄金学院等大专院校17所，沈阳自动控制研究所等科研单位108家。

1995年，全区人民坚持抓住机遇、深化改革、扩大开放、促进发展、保持稳定的方针，战胜了百年未遇的特大洪涝灾害，继续保持了经济持续、健康发展，各项事业协调进步的好形势。1995年全区国内生产总值实现51.5亿元，比1994年增长23.8%，地方财政收入完成1.42亿元，增长41.3%，农村人均收入达到2 361元，增长21.1%，提前一年实现"八五"计划目标。

（栾枫）

【"两高一优"农业成效显著】 1995年，东陵区农业在遭受百年未遇的洪涝灾害情况下，仍保持良好的发展势头。全区农业总产值实现7.59亿元，比1994年增长8.4%。全区稳定发展粮食生产，在调整种植业结构中坚持提高单产，保总产，使全区粮豆总产水平稳定在20万吨以上。蔬菜耕地面积已发展到8.2万亩，蔬菜总产量34.2万吨，蔬菜产值1.5亿元，分别比1994年增长1.5%、3.7%、5%。新发展食用菌面积1.1万平方米；蔬菜保护地建设向规模化经营方向迈进；绿色蔬菜生产基地初具雏形，产品已在全市占据重要一席，全区绿色蔬菜发展到1 000亩。畜牧业在饲料价格上扬，市场波动大的困境中，继续保持稳定发展的好势头，吸引区外资金3 300万元，新建各类饲养场42个。1995年生猪饲养量达到33.2万头，出栏商品猪17.2万头，分别比1994年增长11.2%和13.6%；黄牛饲养量达到1.8万头，出栏5 926头，分别比1994年增长22.6%、15.9%。畜牧业产值实现3.6亿元，占农业总产值的48.2%，比1994年提高了4.6个百分点。林果业在平原绿化达标基础上，通过灭荒造林和补植，增加了速生丰产林的比重，其中王滨乡的优质速生丰产用材林的示范，受到国内外专家的好评。荒山造林6 900亩；林业育苗820亩；道路、河流绿化75公里；村屯、校园绿化63个；新发展果树1 400亩，水果总产1.3万吨，比1994年增长20.4%，果品生产已形成了高坎苹果梨，浑河、白塔的葡萄，祝家的大杏，王滨、祝家的山楂。淡水养殖业，放养水面4 035亩，比1994年增长6.2%，大力引进水产新品种，新引进的名优特品种已达1 266亩，占成鱼池的33.5%。

（栾枫）

【工业生产快速增长】 1995年，东陵区工业总产值实现122亿元（现价），比1994年增长了34.5%，其中乡镇工业总产值实现115.8亿元，增长14.3%，其中利润完成7.5亿元，增长13.3%。"四个一批"大项目明显增多。全区共实施"四个一批"项目317项，其中投资超300万元的大项目有33项，明显超过往年。工业固定资产总投入5亿元，其中银行贷款近5 000万元，自筹4亿多元。外向型经济稳步发展。新办三资企业43家，调入外资640万美元。出口供货额完成2.7亿元。首次在国外举办的汉城经贸洽谈会取得圆满成功，共签订合作意向55项，已有22个项目领取了营业执照。企业改革迈出新步伐。有130多家企业实行了转制、转属、拍卖、兼并，其中新发展股份合作制企业100家，股份合作制企业已占全区乡村集体企业的65%。

（栾枫）

【第三产业蓬勃发展】 1995年，东陵区第三产业实现增加值17.2亿元，利润5.5亿元，税收6 500万元，分别比1994年增长22.5%、34.9%、20.4%。全区各类市场交易额达29亿元，比1994年增长78.8%。投资6 000万元新建、续建了沈阳建材装饰材料市场、南塔皮革鞋料市场、北方皮革鞋料城、长青农贸大厅等市场11个。经过多方努力，5月开始操作动工的中国鞋城改造工程，仅用半年时间就完成了土建、装修、招商等工作，实现当年投资，当年施工，当年交付使用。依托"两山一河"的资源优势，区内旅游业已开始起步。各乡镇开发旅游资源的积极性明显增强，共总投资8 000万元，先后开发了李相乡三家寨大自然篝火山庄、瓦子峪绿岛度假村、祝家镇猪踪朝阳寺、汪家乡东湖岛世纪乐园等，逐步形成从桃仙机场到汪家东湖岛连接东陵公园、棋盘山的旅游热线雏形。域外项目投资2 600万元,在安波、李官、仙浴湾、海城等地开发兴建了7处景点。房地产业进一步发展,逐渐形成了由城区向近郊以至中远郊小城镇群体方向发展的格局,房地产当年投入资金2.5亿元,竣工面积30万平方米。

(栾枫)

【外经外贸稳步发展】 1995年东陵区新办三资企业53家,其中合资企业33家,合作企业3家,外商独资企业17家,总投资额4 605万美元,调入外资350万美元。到年底已累计批准成立三资企业317家。自营出口创汇实现1 500万美元。为加大开放力度,区政府在上海、厦门、东莞、大连设立了办事处。对外招商引资力度进一步加大,首次在韩国举办的汉城经贸洽谈会成果显著,共签订合作意向55项。

(栾枫)

【城乡建设成效显著】 1995年,东陵区在城区基础设施建设方面,共投资666万元,比1994年增长1.2倍。其中投资256万元完成了凌云路、文兴路、泉园南街、东新路东段等4条道路的改造;投资210万元对凌云街等10条街路进行了全面维护;投资200万元续建了南塔、富民公园。长青公园已基本建成并向游人开放。住宅建设共投资4 200万元,完成住宅面积7.9万平方米。建筑业产值完成2.5亿元。住宅小区管理又上新水平。泉园、丰乐小区分别被建设部评为“全国优秀住宅小区”、“城市物业管理优胜住宅小区”。以创建卫生城为契机,进一步加强了城市建设与管理。全区共出机动车1万台次,清运垃圾、残土2万余吨,拆除违章建筑350处6 800平方米,恢复绿地1万平方米,城区环境发生明显变化。在“迎国检”工作中,为沈阳市创建卫生城做出了贡献。农村公路建设共投资2 000多万元,新建、改建、维修公路11条,总长43公里。其中投资410万元的深大线12.5公里大修改建工程已基本建成。改造了白塔镇、深井子镇和前进乡的道路和排水设施。环境保护工作进一步加强,大气环境质量达到国家二级标准。 (栾枫)

【科教事业健康发展】 1995年东陵区共实施农业新技术示范、推广项目28项,工业“星火计划”项目、新产品开发和科技成果推广34项,其中6项获市级星火奖。引进人才140名、新产品30余种。先后与30多家大专院校、科研院所建立科技协作关系。各乡镇的科技副职基本配齐。区科技馆已建成交付使用。第3期“一二三”工程已经完成。1995年荣获“沈阳市科技进步先进集体”、“中国农村科普工作先进集体”称号,并在全省第一个被国家科委评为“全国科技工作先进县(区)”。教育事业不断发展,教育教学质量不断提高。安居乐教工程成果显著,办学条件继续改善。完成了朝四中学等6所中小学的改建任务。全区捐助的王滨希望学校总投资240万元,现已落成并交付使用。全区用于改善办学条件总投资达1 528万元。

文体卫生事业不断进步,人口增长得到有效控制。通过开展第三届田园文化周、秧歌表演等文化活动,丰富了城乡人民的文化活动。青少年宫已经建成。东陵有线电视台建成开播。全民健身运动蓬勃开展。在市第三届农民运动会上,获得了团体总分第二名的好成绩。初级卫生保健工作顺利通过国家验收。区医院配套设施和中医院、英达镇卫生院、长白乡卫生院翻建工程已开始施工。人口增长得到有效控制。全区计划生育率达到99.7%,人口自然增长率控制在4.5‰以下。物价、审计、统计、劳动、民族宗教、技术监督、规划土地、民政等工作都取得了新的进步。金融、保险、工商、税务、供电、电信等部门,为全区经济发展和社会进步做出了积极贡献。

(栾枫)

【马官桥街道】 马官桥街道办事处地处城乡结合部,人口2.3万人。该地区地理位置优越,交通便利。浑河流经地区南部,与汪家乡隔河相望;沈吉铁路、沈阳外环高速公路和沈抚公路贯穿地区中心。地区大专院校、科研院所较多,科技力量雄厚。有沈阳农业大学、沈阳炮兵学院、辽宁省农业科学院和辽宁省农业干部管理学院等。风景秀丽的东陵公园座落在境内。

马官桥街道办事处成立于1982年。1995年,全街共有26个居民(家属)委员会,17个基层党支部。办事处机关共设有4个公司和4个科室。10几年来,特别是最近几年,街道办事处在区委、区政府的领导下,各项工作,特别是经济工作取得了可喜的成绩。1995年,全街实现利税160万元,本级收入40万元。

(栾枫)

【东陵乡】 东陵乡是位于沈阳市东部的近郊乡,紧邻大东区,地处城乡结合部。1984年4月经市政府批准于同域设立东陵街道办事处,实行街、乡一套机构,兼行城乡两种职能。

东陵乡(街)东接风景秀丽的游览胜地福陵(沈阳东陵),西临规模宏伟的沈海热电厂,南至浑河,北抵沈吉线铁路,沈抚公路贯穿东西,市区中环路纵横南北。全域交通发达,街路已全面实现柏油化。东陵乡(街)地理位置优越,自然资源丰富,经济和社会事业发展迅速,是沈阳市重要的副食品基地和乡镇企业出口创汇基地之一。全乡(街)占地面积39.3平方公里。有汉族、满族、回族、朝鲜族、锡伯族等10个民族。按居民聚落设有23个居民(家属)委员会。东陵乡(街)党委、政府坚持两个文明一起抓,坚持“加强改革力度,加大开放程度,加快发展速度”的方针,大力实施横向联合、科技兴乡、聚集人才、融通资金等战略措施。1995年实现农业总产值5 934万元,工业总产值157 056万元。已经形成农工商综合经营,一、二、三产业全面发展的新格局。上缴国家税金1 685万元。人均收入达到3 016元,居民储蓄余额已逾1.8亿元。各村均已于1994年达到小康村。全乡(街)已跨入省百强乡镇,市十强乡镇,区五强乡镇行列。在精神文明建设中,被评为省级文明乡。

(栾枫)

【古城子乡】 古城子乡地处沈阳市东南部,东陵区中部,土地面积为6 160公顷。在18个行政村中生活着汉、满、蒙、回、朝鲜、锡伯族共计6个民族21 200多人口。白塔河、张官河及沈抚灌渠、东陵灌渠从乡内流过。交能便利，北有沈抚铁路及高速公路，过境区级公路3条，村村通黑色路面。通讯快捷，全乡通讯设备全部实现程控自动化，同时成立了微机信息站。古城子乡充分利用其自然基础优势，抓住机遇，解放思想，转变观念，大力发展地区经济。在农业上，以生产水稻、玉米为主，面向市场快速发展“两高一优”农业。坚持放宽政策，积极筹措资金，大力发展畜牧业，尤其以山鸡、肥牛等为主的经济动物发展较快。1995年末农业总产值实现5 200万元，其中高效农业实现3 000亩，产值实现300万元。在二、三产业上，转换机制、强化管理、提高效益，增强企业市场竞争能力。共有乡村企业79个，消灭了工业空白村，1995年实现工业产值2.5亿元，以沈阳东昂制药有限公司、沈阳市东达磨料磨具厂、沈阳市华立化工厂等为龙头的百万元乡镇企业已初具规模，其中以益寿降脂灵、强肾颗粒为主要产品的中外合资沈阳东昂制药有限公司，年创产值可达2 000万元，利润可达200万元。同时根据地区实际情况制定了适合企业发展的优惠政策。改造原有市场规模，增加商品流通量，活跃市场。

（栾枫）

【王滨乡】 王滨乡位于沈阳市的东南部，距市区31公里、东北部与抚顺县隔河相望，西和西南部与深井子、祝家屯两镇相毗邻。全域地势较高，山丘起伏，由南向北，略有倾斜。总面积68.5平方公里，山地面积约3 333公顷。耕地面积为2 447公顷。

全乡有41个自然村、划分10个村民委员会，51个居民组，共2 561户，9 755口人。

在农业生产中，农作物以玉米、大豆、花生为主，1995年粮豆总产量为7 309吨。全乡森林覆盖率已达29.3%，提前完成3－5－8造林绿化工程的要求。全乡果园面积已达202公顷，有各种果树12.4万株。畜牧业发展较快。以发展瘦肉型猪、肉牛为主项，1995年，全乡人均生猪饲养量超过2头。温室饲养、快速育肥技术得到推广应用。

乡镇工业已成为乡经济主要增长点。已有各类企业108家。尖山子铁矿是利用地方资源联建的较大型企业，年产矿粉2万余吨。

1995年全乡工业总值11 706万元，农业总产值4 340万元，上交国家税金88万元、人均收入达1 280元。

山乡的社会面貌发生了巨大变化，乡内至各村已实现柏油黑色路面，交通方便。乡内通讯条件也有改善，现已拥有80余部程控电话机，为沟通信息、联系业务创造了便捷条件。教育事业不断发展，拥有3 332平方米的王滨希望学校已交付使用，改善了教学条件。村民生活条件有了很大改变，人均居住面积现已达到22平方米。

（栾枫）

【前进乡】 东陵区前进乡位于沈阳市城北，东与东陵区英达乡、西与于洪区陵东乡毗邻，南与大东区、北与市辉山畜牧场接壤，总面积为56.6平方公里。境内有3条公路，并有沈阳东站、文官屯车站居于乡内，为前进乡的经济繁荣提供了便利条件，全乡共有土地31 370亩，人口21 000人，下辖12个行政村和一个实业公司。

前进乡农业主要以蔬菜和饲养业为主，主要品种有各种粗细菜和肉、蛋、禽，每年可创产值2 000万元，为丰富沈阳市场提供了货源。党的十一届三中全会以来，前进乡党委政府充分利用富民政策，因势利导，大力宣传，掀起了大上乡镇企业的热潮，使前进乡的二、三产业有了飞速的发展。前进乡现有村以上集体企业274个，其中集体企业31家，生产品种近2 000个，在行业上主要有化工、建材、食品、机械加工等。化工行业有获部优的“金飞马牌”油漆，市优的101树脂、粗铜钛菁、辛烷基芬等，建材有获部优的红砖，各种型号预制件等，食品有享有盛名的运动糖、沈阳啤酒和各种名牌糕点、饮料。优越的地理环境，带来了第三产业的振兴，在市郊结合处建立了旅社、商场、舞厅、饭店等门市，丰富了沈阳人民的物质生活和文化生活。

1995年全乡农业总产值实现4 700万元，工业总产值16.1亿元，人均收入达到2 130元。

（栾枫）

【高坎镇】 高坎镇位于沈阳市的东北部，东与抚顺市接壤，南临浑河，西于东陵公园毗邻，北靠辉山风景区，全镇总面积53平方公里，人口2.1万人。

高坎镇解放后曾以最先实现农业生产合作化而闻名全国。1958年2月13日毛泽东主席视察了高坎镇。改革开放以来又以农工商综合发展而称著。

高坎镇北部多低山丘陵，是粮油种植区和林牧区，南部浑河沿岸是平原地带，是水稻和蔬菜作物区。共有水旱田1 796公顷，林牧草地1 195公顷，具有优厚的农牧林副全面发展的自然条件。

“八五”期间全镇农林牧副生产又有大的突破，旱田以规范化栽培为主要内容，实现集约经营，水田实现软盘化育秧和抛秧栽植。果园面积达547公顷，居全区之首，林果产值占全区68%。1995年农业产值实现4 237万元。

高坎镇充分利用优越的地理位置，大力发展二、三产业。乡镇工业坚持上大、大上的指导思想，全镇工业企业增至278家，形成建材、制药、机加、化工、精密铸造、食品等六大行业。沈阳螺旋钢管厂生产了庆久牌钢管填补了沈阳市的空白，被省政府评为乡镇企业名优产品。

高坎镇共辖17个村，5个居民委员会，人均收入1 506元。城镇建设日新月异，12条乡村主要道路铺上了柏油。有程控电话800部。城镇建设日新月异。5公里长的镇街各式楼房达114座，俨若城市，东通抚顺，西近省城，交通十分便利。镇域内的沈阳植物园已新辟为新的旅游区，与东陵公园、辉山风景区为伍，相映成趣，成为沈城人民游览、休息的旅游胜地。

（栾枫）

【白塔堡镇】 白塔堡镇地处沈阳市南郊10公里处，沈营公路纵贯各镇，北部为南湖高科技产业区，东邻桃仙机场高速公路，西南部与苏家屯区接壤,共辖16个自然村,全镇总面积76 350亩,其中耕地面积51 105亩,菜地面积8 055亩。全镇总户数7 505户,人口25 660人。

白塔镇地理位置优越、水源充足、土地平坦、肥沃,适合于各种动植物的饲养和种植,是市、区水稻、蔬菜生产的重要基地;交通便利,沈阳至辽阳、营口公路横穿镇内10公里左右,绕城公路在镇内6公里,乡道村路全部柏油化,可谓四通八达,为发展工业和第三产业提供了便利的条件。

1995年白塔堡镇工农业生产创历史最高水平,工业产值完成9.4亿元,农业产值达6 300万元,全镇居民储蓄存款余额9 000多万元,人均收入达2 300元,已有7个村达到小康村标准。

农业生产以科技为先导,以调整内部结构为基础,以增加投入为保证,完成国家粮食订购660万公斤;建保护地2 530亩,标准化水田2 442亩;生猪存栏8 340头;鲜蛋上市量484吨;奶牛67头;渔池面积达560亩,年产量490吨。全镇三资企业已达22家,与日本、南韩、香港、台湾等国家和地区有广泛接触。全年完成出口供货6 000多万元,第三产业以白塔中心街为主,拥有旅店、理发店等服务门点220余家,每天营业额达12 000多元。

小城镇建设1995年完成面积2 000平方米的白塔商贸大厅,二期居民住宅楼开发结束。2 000部程控电话工程、有线电视工程已经进入安装调试阶段。白塔河治理,投资60余万元,为白塔带状公园建设打下基础。

(栾枫)

【五三乡】 五三乡位于东陵区西部城乡结合处,跨浑河南北两岸,面积54平方公里;辖20个村(农工商公司),其中有15个达到小康标准,12个进入了沈阳市百强村行列;现拥有居民11 709户,总人口38 307人,劳动力18 276人;地里位置优越,资源丰富。

1995年全乡坚持深化改革,加速发展,形成了以农业为基础、乡镇企业为主体、一、二、三产业协调发展新格局。农业总产值实现5 757万元。实有耕地面积37 571亩,粮食总产量7 184吨,蔬菜总产量36 060吨,产值2 668万元;畜牧业产值3 076万元;渔业产值13万元。全乡工业总产值133 335万元。乡办企业产值28 082万元;村办企业产值56 445万元。全乡建筑业产值2 800万元;运输业产值5 387万元;商业产值12 927万元,饮食业产值4 877万元;服务修理业收入7 308万元;房屋开发业产值5 250万元。1995年全乡房屋开发业活跃,浑南开发商品房近10万平方米,万泉公司房屋开发和餐饮服务业作为开发路子,年纯收入可达600万元;大力发展旅游业。全年实现出口供货总额4 950万元;上缴国家税金3 997万元;劳动力人均收入5 999元,人均收入2 759元。

科技推广成效显著,积极调整农业结构,大力发展保护地。棚菜产量达到蔬菜产量的38%;推广水稻抛秧面积4 200亩;地下管灌面积发展到3 000亩;乡科研站推广优良水稻种子3万斤,玉米种子2万斤;发展了花卉和观赏鱼。大力发展高新技术企业。与12家大专院校、科研院所建立技术合作关系,引进国内资金500万元,国外资金20万美元,组建研究所4家。

大力发展教育、福利事业,振兴五三乡经济。全乡共投入1 700多万元,用于建校、改善办学条件,提高教师待遇。5月24日,经辽宁省人民政府正式批复兴建了五三乡技工学校,学校占地面积8 580平方米,建筑面积2 240平方米,投资125万元,到1995年底学校招生总数为530人。

(栾枫)

新城子区

【国民经济发展综述】 1995年,新城子区国民经济持续快速发展,经济实力显著增强,主要经济指标均超额完成"八五"计划。国内生产总值实现17.3亿元,比1994年增长17.6%;工农业总产值实现39亿元,增长34.2%,超计划1.6倍;外贸出口交货值实现1.75亿元,增长30.7%,比1990年增长25倍;工业企业固定资产现值由1990年的6 460万元,增加到1995年的3.15亿元;社会商品零售总额实现7.6亿元,增长32.9%,比1990年增长2.9倍;地方财政收入实现4 355万元,增长44.3%,比1990年增长48.1%。

农业生产实现了稳定、持续、健康的发展,农业设施建设日益强化,结构调整成效显著。在遭受严重洪涝灾害的情况下,粮食总产达13.9万吨。农业总产值实现5亿元,比1990年增长35.3%,年递增6.2%,农业增加值达到3.3亿元,比1990年增长1.3倍,年递增6.3%。通过采取调整结构,改良品种,增加投入等措施,农业生产呈现出林满山、果满园、粮满仓、畜满圈的新景象。全区生猪饲养量达30万头,肉鸡400万只,蛋禽350万只,肉牛33.9万头,羊2万只,淡水鱼放养水面达11 900亩,肉、蛋、奶、鱼、水果、蔬菜等主要副食品产量分别达到4.2万吨、3万吨、9 800吨、4 300吨、5 200吨、34.5万吨,与1990年相比均成倍增长。在大农业产值中,林、牧、渔业已占63.8%。5年来,由于优化了种植业的结构,规模效益不断增加,水田、旱田、效益田各占三分之一和东部林果、中部蔬菜、西部水田的生产格局已基本形成,通过实施"万、千、百"工程和开展高产竞赛活动,全区形成了6个万亩方、40个千亩片、91个百亩块,出现了116个高产户。以加工、贮藏、运输、销售为龙头的企业及服务体系也初具规模,强有力地拉动了农业生产的发展。

工业生产面貌发生巨大变化,取得了令人瞩目的成就,全区工业企业发展到4 107个,其中乡以上198个,1995年工业总产值实现33.9亿元,比1994年增长42.5%,比1990年增长4倍,提前3年完成"八五"计划。工业利润达1.7亿元,增长46.6%,比1990年增长2.5倍。工业增加值达到7.2亿元,占国内生产总值的41.6%,工业"四个一批"

建设发展迅速，5年来累计投资13.88亿元，完成1 908个项目。其中新办企业1 265个，开发新产品242种，创办三资企业105家，技术改造296项。“亿、千、百”工程得到顺利实施，并取得明显成效。工业产值超亿元乡镇达到10个，超千万元达到64个，超500万元企业达69个。外经外贸有较大突破，合同外资累计达6 300万美元，利用外资2 800万美元，出口企业达36家，出口产品达25种，自营出口实现849万美元，比1994年增长17.9%，5年来创汇额累计达2 000万美元。

第三产业发展迅速。全区商业网点总数达6 750个，从业人员达43 500人，第三产业增加值实现3.8亿元，比1990年增长4.8倍，年递增42%。市场体系进一步完善。“八五”期间全区新建各类大型市场6处，流通规模不断扩大，商品交易空前活跃。全区商品销售总额达6.73亿元，社会消费品零售总额达6.3亿元，城乡集市贸易额达3.2亿元，比1990年增长3.8%。旅游业从无到有，从小到大，自怪坡发现以来，旅游业有了突破性进展。先后兴建了铁索桥、鹏恩寺、怪堡、龟蛇苑、迷宫等一批大型游乐项目，日接待游人达1 500多人。同时，七星山、石人山的开发建设也拉开了序幕。沿路经济带已迅速形成，101、102国道和沈明公路沿线已形成了以餐饮、维修为主的经济带。沿路兴建的各类门点达到2 556个，从业人员达6 722人，年经营额达1.8亿元。城乡居民生活水平显著提高。城镇居民生活费收入达2 640元，比1990年增长1倍，农村人均纯收入达1 850元，比1994年增长27.1%，比1990年增长86.9%。城乡储蓄存款余额达10.8亿元。

（李宝庆）

【城乡面貌发生巨大变化】 新城子和虎石台列为沈阳副城之后，按照城区管理和建设，实行统一规划，加强基础建设，城市功能日臻完善，同时，把道义、蒲河、清水、兴隆台等4镇建设纳入发展规划之中，城镇面貌发生了显著变化。“八五”期间，先后改造了新城子街中央路，新建了福州路、仙鹤街、金州路、九州路、天鹅街、银河街、北斗街等7条主要干道及其它巷路5条，新增黑色路面7.5万平方米，铺边石1.7万延长米，铺人行道方砖1.1万平方米，改造供水管线8 650延长米，新建加压站2座。部分居民小区已实现全天供水。投资350万元，新建了建筑面积2 300平方米的火车站，投资480万元，建成了容量2万立方米的煤气贮气柜一座，新城子街内煤气用户已达到7 000户。城市绿化稳步发展。城市绿化总面积达140万平方米，有14条街道达到标准绿化水平。住宅建设发展较快，城乡居民居住条件有所改善，“八五”期间，累计竣工住宅面积27万平方米，比“七五”期间增长6.2倍，城镇居民人均住宅使用面积达11平方米，农村人均住宅使用面积15.5平方米。交通运输、邮电通讯事业迅速发展。“八五”期间共修县级以上公路169公里，改造中小桥涵29座，总长1 637米；新铺黑色路面40.5公里，县以上公路全部实现了柏油化，整修乡级公路路基147公里，实现了乡乡通油路，村村砂石路。交通条件的改善，促进了交通运输业的发展。全区拥有客货机动车辆3 267台，有90%的村屯通了客车，客货运输由短途向长途发展。城乡通讯条件明显改善，城乡电话普及率迅速提高。全区安装程控电话22 756门，全部实现了通讯程控化。

（李宝庆）

【沈阳道义经济开发区】 沈阳道义经济开发区位于沈阳市北部，距市区北界1公里，占地面积12平方公里，1992年4月19日经沈阳市政府批准正式建区。为了给投资者创造良好的投资环境，几年来，靠自筹资金投入4 000多万元，完成了基础设施配套建设，园区内实现了“六通一平”，区内设有3.2万KVA双回路变电所一座，可保证客户全天用电需要，新安装的1 000门程控电话，可直接办理国际、国内通讯业务，日供水能力达3万吨；供暖面积60万平方米，区内新修柏油路8条，排水工程全面配套。区内还设有工商、税务、土地、规划、金融、保险等服务机构，为客户提供一条龙服务。3年来，共引进各类企业73家，合同投资额达13.7亿元，其中外资企业36家，引进外资5 544万美元，已投产企业达20家，实现产值1亿元，第三产业产值7 000万元，目前，同日本、美国、香港等10几个国家和地区建立了经济往来关系。道义开发区的地势平坦、交通便利，政策十分优惠，经营环境宽松，各种服务优质便捷。经过3年的开发建设，如今这里已成厂房林立，别墅成群，道路宽阔，绿树成荫，环境优美，功能齐全的现代化新城区。

（李宝庆）

【大辛二村】 大辛二村位于沈阳市北部，距市区15公里，是新城子区财落堡乡的一个行政村。全村有473户，1 462人，445名劳动力，5 775亩耕地。自农村实行家庭联产承包责任制以来，大辛二村全体村民在村党委书记全国劳动模范王兴亚的带领下，锐意改革，开拓进取，求真务实，始终坚持走集体化道路，实行集体所有，统一经营，统一管理，在发展经济上形成了种、养、加一条龙，贸、工、农一体化的新格局。全村固定资产4 000多万元，人均收入3 377元，户均收入1.2万多元，物质文明和精神文明同步发展，被沈阳市政府命名为首批小康村。他们坚持集体致富的主要经验是：1.扩大规模经营，强化基础产业。近年来，把村农业站改为集体农场，加快了专业化、机械化、科学化进程，实现了由粗放经营向集约经营的突破性转变。机械化作业已扩展到翻地、播种、收割、加工等农业生产全过程，全村从事种植业的劳动力只有109人，仅占劳动力总数的7%。为提高单位面积效益，注重了各种先进技术的综合运用，在实现了大地园林化、农田水利化、品种优良化、投入合理化的基础上，推行了农机耕作、测土施肥、药剂灭草免中耕、生物防治害虫等新技术，粮食亩产达到750公斤。2.强化市场拉动，发展优势产业。为了引导剩余劳动力从种植业向二、三产业转移，村里投资1 400万元建起一个贸工农一体化的畜禽加工公司，并先后建成了肉鸡饲养场、种鸡场、孵化场、饲料加工厂等，1995年出口肉鸡产品5 000吨，创汇7 879万元，产品远销日本、法国、德国、瑞士、香港等国家和地区。3.壮大集体经济，建设崭新农村。按照“种、养、加、贸”全面发展的总体思路，近年来，这个村加快了产业结构调整和资本积累，增强经济实力，促进了村容村貌的变化。一是因地制宜，建立产业体系。在巩固第一产业的基础上，加速发展二、三产业，在改造砖厂、大理石厂、酒厂等老企业和畜禽实业公司的基础上，1994年又投资4 600万元，引进高、中级各类技术人才19名，建起了以生产狂犬疫苗为主的沈阳生物工程公司。全村现有各类企业18家，年产值达2亿多元。在第三产业上，除服务公司、加油站外，还在沈阳北行、九路市场和新城子市场开设了农副产品的销售门市部，有80%的劳动力已转移到二、三产业。随着集体经济实力的增强，他们加快了“生活城市化、福利社会化”的进程。1990年以来，村里先后拿出560多万元，用于基础设施建设。村民用上了自来水、液化气，80多户安上了家庭电话，新建4栋专家楼，2栋居民住宅楼，家家安装了有线电视，融服务、娱乐为一体的综合服务楼已投入使用，村民理发、洗澡和幼儿入托全部免费，农民子弟考入大中专每年享受助学金，村民看病报销医疗费50%，还普遍实行了人身保险和退休金制度。大辛二村的发展道路，向人们展示了社会主义新农村的光明前景。

(李宝庆)

【沈阳怪坡风景区】 神奇的怪坡，位于沈阳市新城子区清水台镇境内的帽山西麓，面对旷野，背依群山。西距102线国道1.32公里，南达沈阳30公里。

怪坡是一种奇怪的地质现象，发现于1990年4月。坡长80余米，宽约15米，呈西高东低走势，各种车辆到此下坡不开(蹬)不走，而上坡不开(蹬)却自动向上滑行。自发现以来，每天都吸引数以千计的游人来此观光。

关于怪坡之迷现有3种说法：一是磁场作用；二是重力位移；三是视觉差。各种说法相互矛盾，都不能自圆其说。神秘笼罩着怪坡，其中奥妙，待人揭晓。

新城子区政府充分利用这一得天独厚的自然资源，发展旅游业，为繁荣地区经济服务。现在这里已形成以怪坡为核心，面积9平方公里，总分一体，山水相间，动静结合，天工人造，各具情趣的群体景观。

自然景观除了怪坡之外还有用脚使劲一跺，下面就发“空空”或“嗡嗡”响声的响山和嗡顶。

人文景观现在已达20余个。有迷宫、同心索桥、518蹬天阶、怪堡、怪人展览馆、鹏恩寺、射击场、马牙山奇碑等。

怪坡风景区资源独特，魅力无穷，民风纯朴，投资环境完善配套，已实现水、电、路、通讯的“四通”，有建设“地上景点”、“高空观览”、“水中游乐”、“高级宾馆”、“度假村”的理想选址。通过大力开发，正朝着突出“新、奇、特、雅”的格调，具有国际水平、国内一流的风景区发展。

(李宝庆)

新 民 市

【综述】 1995年，新民市坚持以改革为动力，以科技为先导，以效益为核心，围绕“富民、富村、富乡、富市”目标，实施“开发驱动、外向拉动、市场牵动、科教推动”战略，稳步发展农业，大力发展工业，积极发展第三产业，经过全市人民的团结奋斗，扎实苦干，经受了市场竞争的考验和周边地区竞相发展的挑战，战胜了特大洪涝灾害给经济发展带来的严重困难，实现了国民经济和各项社会事业的飞速发展，为全面完成和超额完成“八五”计划的各项任务做出了巨大贡献。全市国内生产总值实现41.3亿元，比1994年增长26.7%；工农业总产值实现83.6亿元，增长35.5%；预算内财政收入实现11 080万元，增长19.3%，首次突破亿元大关；全市城乡居民储蓄存款余额123 421万元，增长29.3%。

(赵勇)

【农业】 1995年，新民市充分发挥本地的自然优势和经济优势，围绕农村市场经济发展需要，狠抓效益型农业开发，一乡一品，数村一品基地型农业生产格局初步形成，使农业朝着区域化布局、专业化生产、集约化经营的产业化发展方向迈出了重要一步。全市新开发棚菜1万亩，新开发鱼池5 000亩，新栽果树8 000亩；肉鸡销售3.5万吨，比1994年增长25%；生猪出栏75.5万头，增长59%；牛羊存栏和出栏也有较大增长。农业开发推进了专业乡村建设，全市专业乡达到18个，专业村达到240个，村外专业小区发展到377个。以五棚(菜、猪、鸡、牛、羊棚)和水浇地建设为主要内容的设施农业开发取得了新进展，提高了农业的专业化、集约化水平。按照农业产业化方向，农事龙头企业发展迅速。张屯的酱菜、大柳的菜籽、大喇嘛的饲料、前当堡的五香烤鱼以及市直的纺织、造纸、食品、化工、制药、高粱合板、肉食鸡加工等一批农副产品加工、储藏、运销的龙头企业相继诞生，将市场和农户紧密联系起来，提高了农业生产的综合效益。通过政策导向，典型示范，大力发展农民股份合作制企业2 060个，入股人数9 745人，股金7 922万元，使农村分散弱小的生产力要素被初步组织起来。采取重点突出，帮带扶持，依法清欠等办法，认真解决“大债村”问题，全市重点扶持50个“大债村”，清欠资金3 500万元，同时狠抓村级创收，新办“十小”企业315个，村级集体经济实力进一步壮大。负债村比1994年下降28%，村级债务减少3 200万元。1995年虽然再次遭受特大洪涝灾害，种植业损失较重，但由于菜篮子项目全面发展，农业整体实力仍然得到增强，农业总产值达到27.5亿元，比1994年增长49.45%；农民人均收入1 767元，增长24.2%。

(赵勇)

【工业】 1995年，新民市克服银行信贷规模紧缩，原材料价格上涨，市场竞争激烈等诸多困难，加大投入，狠抓管理，注重质量，提高效益，城乡工业保持了快速、健康的发展势头。市内工业企业普遍推行了二工业局的改革经验，实行租赁经营、国有民营、风险抵押、重奖重罚等改革措施，调动了企业经营者和广大职工的积极性，给企业带来了新的生机和活力。突出重点项目，狠抓工业投入，一批产品优、规模大、效益好、市场发展前景广阔的企业在新民扎根。全年工业总投入4.2亿元，其中固定资产投入3.2亿元，新上产值超千万元的重要工业项目82项，其中50项已竣工投产，使新民市工业企业的整体形象有了明显好转。市政府两次召开工业企业管理工作会议，强调强化企业内部管理，各乡镇、市直经济部门和企业抓管理的力度明显加大，有力地促进了企业劳动生产率、产品质量和经济效益的提高。全员劳动生产率实现16 300元，流动资金周转天数明显缩短，市直工业企业亏损户和亏损额比1994年有较大幅度下降。全市工业总产值实现56.1亿元，增长29.6%。其中乡镇工业产值实现48.6亿元，增长30.9%；市直工业产值实现7.5亿元，增长15.5%。

（赵勇）

【第三产业】　1995年，新民市按照多轮驱动，放手发展，国营、集体、私营、个体一起上的原则，大力实施市场牵动战略，拓宽流通领域，发展第三产业，培育市场体系。全市城乡市场建设总投资1 329万元，新建、续建、改建、扩建各类市场11个，原有的54处农村市场得到完善，产地型专业批发市场初具规模。沿路经济开发取得新进展，商饮服一条街或经济带36个，进区业户1 659户，沿路经商呈现出多元化发展的强劲势头。全市个体私营经济十分活跃，个体工商户已发展到15 404户，比1994年增长11.9%；从业人员达20 022人，增长13.5%。市内老商业区改造建设规模空前，共有14家市内外单位参与开发建设，拆迁面积达4.6万平方米，建筑面积达18.6万平方米，其中网点面积4.8万平方米，住宅面积13.8万平方米，总投资达1.13亿元。辽滨市场的基础设施建设及配套服务功能已成体系，外部形象日趋完善，工贸活动十分活跃，区内注册企业已达156家，注册资本达1亿元，营业额达4.2亿元，纳税总额达1 200万元，已成为新民市工贸结合的名牌产品基地。城乡市场物价稳定，购销两旺，集市贸易成交额实现58 878万元，比1994年增长30.3%；社会商品销售额实现180 423万元，增长25.8%；社会消费品零售总额实现94 132万元，增长17.5%；第三产业增加值实现13亿元，增长19.7%。

（赵勇）

【外向型经济】　1995年，新民市继续面向国内国外两个市场，突出外资引资工作重点，加大招商引资力度，抓投入扩规模，抓名牌上水平、抓开发调结构、抓基地促创汇，推进了外向型经济快速发展。全年共接待日本、新加坡、罗马尼亚、埃及、香港等国家和地区的客商59个团组，189人次，给客商留下了美好印象。先后组织13个团组，44人次分赴泰国、俄罗斯、韩国、美国、马来西亚等国家和地区招商引资，取得可喜成效。全市“三资”企业发展到62家，其中当年批准建立22家，总投资额3 073.69万美元，其中合同外资额1 402.9万美元。沈阳新合石油化工有限公司、沈雪集团圣士丹啤酒有限公司、沈阳新洋高粱合板有限公司等大型合资企业在新民诞生。外资调入成效显著，全年外资调入额1 159万美元，到位率为82.7%，高于沈阳地区外资平均到位率60.2个百分点，到位额比1994年增加652万美元，比“八五”期间前4年全市外资到位总和还多38%。国内横向联合稳步发展，项目水平进一步提高，全市共审批联合项目63项，引进资金3 440万元，设备139台(套)，人才169人，技术4项。出口创汇稳中求升，全年对外贸易出口创汇实现192万美元，比1994年增加83万美元。由于洪涝灾害的影响，以地方农副产品资源优势为依托的出口基地和专厂在较艰难的情况下运行，全年出口供货值实现8 700万元，比1994年减少13.1%。为了加大自营出口权，扩大出口供货，成立了“新民进出口公司”，将促进新民市外向型经济向质量更高、速度更快方向发展。

（赵勇）

【城市建设】　1995年，新民市城市建设继续保持迅猛快捷的发展势头，全市楼房建筑面积新增20万平方米，建筑业总产值达到7.3亿元，比1994年增长21.7%。市财政用于改水、修路、环卫等城市基础配套设施的改造建设投资达1 300万元，是1994年的2倍。投资560万元完成了西水场至中兴路2 100延长米输水管线的铺设和城南小区、新华园小区二次给水设备的安装等综合给水工程，新打供水井5眼，全市吃水难问题基本解决；投资30万元，新建公厕13个，维修63个，新增垃圾箱75个，维修118个，缓解了居民上厕所难、倒垃圾难的问题；投资8 300万元对中街和站前商业区进行了改造；投资220万元完成了西街小学教学楼的续建工程；完成了市精神病院的异地搬迁工作。在加强城市建设的同时，坚持不懈地加大城市管理工作力度，全年拆除沿街违章临建摊亭门点76户400平方米，清理沿街乱占、乱堆、乱放230处，有效整治施工现场46处。按建设沈阳市西部卫星城的标准，进行了城市规划工作。深入开展了市区市容卫生、市场、交通、社会治安“四整顿”工作，并向乡镇所在地延伸，教育引导干部群众克服传统习惯，树立现代城市意识，层层建立责任制，彻底整治脏、乱、差，城市形象发生了较大变化。

（赵勇）

【交通通讯事业】　1995年，新民市的交通通讯事业迈出了较大步伐。投资230万元完成了1 000米长的工人街排水管线和黑色路面的铺设，结束了该路段十几年行路难的历史；完成了62.3公里黑色路面的建设任务，提高了乡村公路质量，改善了交通条件。邮电通讯业发展迅速，现代通讯水平进一步提高，邮电业务总量完成281万元，发送函件240万件，邮政快件12万件，特快专递业务量19 700件；完成了全市城乡的通讯光缆架设工程，程控电话交换机总容量达35 000门，其中住宅电话7 837户，城市每百人拥有电话24部，移动电话客户发展到1 100户，无线寻呼客户发展到4 560户。

(赵勇)

【教育及文化卫生事业】 1995年，新民市继续全面推行和实施科教兴市战略，教育工作取得新成绩。新民市高中毕业生高考升学率达95.6%；第一高中毕业生高考升学率达58.4%。全市考入中等专业学校的学生2 596人，考入高等院校的学生611人，成功地举办了全市中小学文化艺术节，全市中小学生操行合格率达100%。第一高中和职业高中分别被评为沈阳市和省级重点中学，三道岗子中学被定为省农村教育改革试点学校，职业教育中心充分发挥自身优势，与沈阳民盟联合兴办的盛京大学，结束了新民没有大学的历史。全市"普九"教育，职业教育和成人教育也都有了新的发展。健康有益的城乡文化活动丰富多采，文艺创作异常活跃。组织了少儿晋京文艺汇演，完成了"马加资料馆"的建馆工作，举办了"祝爱光书画艺术展"，前当堡儿童文化园被联合国教科文组织和国家文化部定为全国首批7家儿童文化园试点之一，并验收合格，新民市被国家文化部评为全国文化工作先进县(市)。群众性体育活动得到广泛开展，成功地承办了沈阳市第三届农民运动会，并取得了总分第一名的好成绩，体育工作保持了全国优秀县(市)的称号。卫生事业全面实施初级卫生保健规划，经国检团验收，提前5年实现了全国卫生初保达标县；市妇婴医院被国际卫生组织、国际儿童基金会、国家卫生部联合命名为"爱婴医院"；公主屯医院被国家卫生部命名为"一级甲等医院"，填补了新民市农村医院无等级医院的空白。计划生育率达到99.68%；人口自然增长率为4.38‰，代表沈阳市顺利通过了省级验收。

(赵勇)

【第三届荷花节】 为庆祝新民撤县设市两周年，并借此机会，广泛开展经贸洽谈活动，以实现招商引资，加速发展的目的，新民市1995年于7月20日在风光秀丽、景色宜人的沈阳西湖召开了第三届荷花节暨经贸洽谈会。期间，在沈阳西湖举办了新民名优特新产品展销，广告与观赏相结合的大型灯展和碑林、摄影、书画展等活动，并开展了具有地方特色的文艺活动。此届荷花节暨经贸洽谈会办的欢乐、节俭、富有实效。接待国内外客商1 037人，签订项目203项，投资总额62 259万元，引进资金28 472万元；其中内联项目176项，投资额44 888万元，引进资金21 626万元；内联项目中已批企业19项，投资额6 159万元，引进资金9 634万元；协议43项，协议总额7 901万元，协议引进资金3 705万元；意向58项，意向总额9 722万元，意向引进资金3 635万元。"三资"企业12项，投资总额2 068万美元，引进外资额815万美元；已批企业3项，投资总额518万美元，合同外资额193万美元；协议1项，协议投资总额48万美元，意向外资额196万美元。新民市第三届荷花节暨经贸洽谈会达到了热烈、友好、节俭、求实的目的，使新民的改革开放和经济建设又跃上了一个新的台阶。

(赵勇)

【水灾】 继1994年后，1995年新民市再次遭受特大洪涝灾害的袭击。这次洪涝灾害的特点是内涝较重。7月25日起连降5天大到暴雨，降雨量最多的乡镇达到341毫米，全市平均降雨量247.5毫米，造成全市较严重的涝灾，是近10年来第二个受灾最重的年份。二是外洪来势凶猛。由于连续降雨和上游水库泄洪，辽河、蒲河水位暴涨，7月30日，蒲河最大洪峰流量达397秒立米，8月1日，辽河最大洪峰流量达4 840秒立米，两条河流相继出现了建国以来的最大洪峰。其中辽河最大洪峰流量比1994年增加1 320秒立米，河滩地中20多万亩大田作物全部绝收。三是灾害相对集中。受灾较重的地区主要集中在辽河、蒲河沿线的14个乡镇，而且这些地区大多都是在1994年遭受特大洪涝灾害的基础上重复受灾，特别是堤内村屯物质抗灾能力已经殆尽。全市一些防洪工程和水利设施也遭到了不同程度的破坏。汛情发生后，公主屯、陶屯、三道岗子、镇郊等几个乡镇，及时组织堤内居民疏散转移，洪水到来之前全部安全撤出，没有一人伤亡。全市广大干部群众临危不惧，团结协作，日夜奋战，突击抢险，出动车辆近千台次，运送草袋子23万条，铁线27吨，木桩6 250根，编织袋35 000条，石头4 500立米，柳枝50万公斤，汽油15吨，使出现的险工得到及时的抢修和加固，保住了韩家窝堡、辽滨塔、小河套、平安堡及蒲河沿线等险段堤坝。暴雨过后，全市有近50万亩农田积水，为了及时排出积水，减轻内涝，全市118座排水站全部开机，将积水大部排出，涝灾损失被控制到最低限度。灾后，全市对灾情做了详细的核查，农田受灾面积160万亩，成灾面积130万亩，绝收面积56万亩，受灾9.6万户，4 118间，倒塌民房983户，2 776间。全市直接损失达7.9亿元。汛期过后，市政府动员农村广大干部群众发扬连续作战精神，全面开展农田基本建设，大干4个月，完成农建土方1 700万立方米，清淤干支斗农沟6 305条，工程量超过以往任何一年。市政府还加大救灾工作力度，先后筹集、下拨救灾资金240万元，帮助灾民解决住房、吃饭、穿衣、上学等问题，灾区生产生活得到迅速恢复。

(赵勇)

辽 中 县

【概况】 辽中县位于辽宁省中部，为沈阳市辖县。东邻沈阳，南接辽阳、鞍山，西靠台安、黑山县，北接新民市，总面积1 668平方公里，辖21个乡镇和1个国营农场，总人口50万人。有汉、蒙、回、满、锡伯等13个民族。

辽中境内有辽、浑、蒲等5条过往河流，矿产资源有石油和天燃气，辽河油田茨榆坨采油厂座落在县城东北15公里处。3条省级公路贯通全境，并实现了乡乡村村通柏油路。

全县22个乡、镇、场全部实现电话程控化，可与国际国内实现直拨。全县电力总装机容量186 150千伏安，水资源总量8.9亿立方米，可利用量为5.9亿立方米，全县有各类商业网点4 000余个，各类商业批发市场16处。全县有耕地面积130万亩，其中水田面积占一半，年产粮食5亿公斤，主要品种有水稻、大豆、玉米等，其中年产优质水稻24万吨左右。土特产品主要有柳编制品、淡水鱼、肉食鸡、辣根、工艺腊和生物工艺品等。

（蔡振福）

【经济工作】　1995年，辽中县国内生产总值282 574万元，比1994年增长10.7%，其中第一产业增加值49 033万元，下降3.8%，第二产业增加值97 978万元，增长2.4%，第三产业增加值106 356万元，增长36.1%，第一、二、三产业增加值占国民生产总值的比重分别为21.4%、42.8%和35.8%。工农业总产值实现532 123万元，比1994年增长5.6%，地方财政收入4 350万元，增长19.2%。

1.农业：1995年辽中县遭受了特大洪涝灾害的袭击，农业生产遭到了严重破坏。由于坚持农业结构调整，大力发展“两高一优”农业，灾后迅速组织生产自救，使大农业对农村经济形成强有力的支撑，因而保持了农村经济持续、高效、健康发展势头。农业总产值实现97 854万元，比1994年下降10.7%，农村人均收入实现1 180元，比“七五”期末增长48.2%，粮食总产量和种植业总产值仍然相当于“七五”期间最好年份的水平。“八五”期末全县棚菜生产专业户已由“七五”期间的870户发展到6 200户，比“七五”期末增长5倍；林果业生产有较快发展，全年新发展苹果梨6 500亩，果树总面积达1.4万亩；森林覆盖率达到15%，比1994年增长3个百分点。家禽出栏2 340万只，增长26.1%，肉类总产量12万吨，增长12.3%，生猪出栏65万头，增长16.6%，水产品产量3.5万吨，增长26.6%，精养水面达3 200公顷，增长13.1%，全年农用化肥施用量85 509吨，增长0.4%，年末拥有农业机械总动力15万千瓦，与1994年持平，农村用电量28 688万千瓦小时，增长10.7%。

2.工业：全县工业增加值95 448万元，比1994年增长0.2%，其中乡及乡以上工业增加值33 967万元，工业总产值434 269万元，增长10.2%，其中，乡及乡以上工业总产值119 708万元。1995年，全县对17个企业进行了技术改造，完成投资额6 785万元，比1994年增长37.8%，增强了工业企业的生产后劲。此外，开发新产品70种，创办新企业41家，与企业的生产经营活动相伴随，积极探索企业产权制度改革的新路子。全县股份制企业达到3 022家，股东27 990人，股本金额50 174万元。建筑业生产继续发展，全年建筑业增加值2 530万元，比1994年增长24%。

3.第三产业：全县第三产业增加值106 356万元，比1994年增长36.1%，社会消费品零售额5.6亿元，城乡集市贸易成交额13.5亿元，分别增长14%、22.7%；城乡居民储蓄余额10.4亿元，增长20.4%。全年投资770万元，改造或新建市场5处，全县已拥有各类消费品市场32处，专业批发市场13处，生产要素市场3处，生产资料市场4处。此外，通过政策吸引和利益驱动，引进资金、引进人才、促进了新兴第三产业的发展，一是信息、金融、仓储、运输、加工、保鲜等行业的兴起，使第三产业对一、二产业的拉动作用明显增强。二是旅游服务业有了形象性发展。

4.外经外贸：深入贯彻“六联系、两开辟、四引进”方针，努力提高招商实效。制订并实施了《辽中县今后15年对外经济工作发展规划》。由于采取了一系列优惠政策和有力措施，使首届经贸洽谈会期间签订的利用外资合同履行率达88%，另有3项协议转为合同。全年6次组团28人出访韩、日、美、德等国；接待来访客商50人次；组织100家企业、50多种商品，在沈阳国际经贸洽谈会期间参加洽谈和展销；在广交会上，辽中县首次以自营出口的形式签订供货合同，取得圆满成功。全年新增横向联合项目28个，引进内资2亿元人民币。通过上述努力，外商投资3 746.3万元，比1994年增长16.4%，其中，新签利用外资合同11项，三资企业发展到41家，增加9家。全年出口商品供货总值13 651万元，增长31.7%，其中，土畜产品3 986万元，增长53.4%，服装4 392万元，增长69.4%，出口供货品种达22种，增加3种。

（蔡振福）

【社会事业】　1995年，辽中县城市建设有新发展。进一步完善了城市规划，城镇面积调整为26.9平方公里。投资880万元，完成了沈盘公路茨榆坨至北三台子段的拓宽改造工程；完成了万米停车场的设计、动迁等前期工作；投资212万元，新修柏油路面8条，总面积4.1万平方米；实施排水工程6项，清掏地下排水管线899延长米，明沟1 050延长米，并完成了城区排水泵站的检修，确保安全渡汛；投资40万元修复水毁城建工程11处；投资60万元进行城内绿化；投资86万元改善了城内供水条件；投资150万元完成了环城带状公园一期工程；投资295万元，完成了无线电视台建设工程。

科技事业取得新成果。1995年辽中县主要领域和重点项目在提高技术水平和经济效益方面有了新的突破。在科技兴农方面，以实施“效益农业百例计划”为目标，加强了基地建设和先进农业科技成果推广。在科技兴工方面，以实施“百亿工程”为目标，加快了辽中镇工业星火密集区，星火示范企业的发展。有12个星火计划项目被列入国家和市级星火计划。

教育事业登上新台阶。全县小学教育普及率达98%；初中升学率县城为100%，农村为98%；高考升学率为71.6%；灾后，经积极运筹，共争取1 000多万元资金，完成了25所水毁校舍重建任务，不仅保证了在大灾之年使每个灾区的孩子都保证上学，而且办学条件在原有基础上又有了进一步提高。

卫生事业继续发展，现有卫生机构260个，比“七五”期末增加135

个,医疗病床1 040张,有卫生技术人员1 510人,分别比“七五”期末增加16%和38.5%,每千人口医护人员数量由“七五”期末的0.3人增加到1.3人。

(蔡振福)

【抗洪抢险和灾民安置与生产自救】 1995年,辽中县遭受百年不遇的特大洪水灾害,外洪内涝,损失极其严重。全县有18个乡镇、184个村受灾,其中,浑河沿岸洪泛区有8个乡镇77个村被淹。全县农作物受灾面积97万亩,成灾面积83.2万亩,绝收面积60万亩,减产粮食6.7亿斤,倒塌、损坏房屋9.8万间;冲走或淹死生猪9.2万头,禽类239万只;冲毁鱼池3.1万亩,直接经济损失39.7亿元。

在抗洪抢险斗争中,根据洪水来势猛,流量大,持续时间长的特点,全县摆开了3条战线,确定了东线浑河抢险、中线蒲河抗洪、西线辽河防洪的总体战略,组织和领导了浑河保卫战、转移营救群众战、蒲河保卫战、县城保卫战、辽河保卫战5大战役,先后转移群众13万人,营救被洪水围困群众3.6万人,取得了百年不遇的洪水却未淹死一人的重大胜利。先后有4 200名解放军指战员和武警官兵投入了抗洪抢险,为保卫工农业生产和人民群众生命财产安全做出了重大贡献。

在大灾之后,县委、县政府狠抓了防疫工作,卫生、防疫部门,坚持突出重点,分级管理,逐步推进的方针,加强对消杀工作的领导,并层层建立责任制,做到灾民走到哪里,防疫队伍就跟到哪里,水退到哪里,防疫消杀工作就跟到哪里,有效控制了传染病的流行,取得了大灾之后无大疫的重大胜利。

在抗洪抢险和安置灾民的紧张日子里,辽中县先后收到全省各地捐赠的食品300吨,粮食1.6万斤,蔬菜150吨,衣被和其它日用品120余万件,液化气罐1 500个,桌椅100套及水泥、钢材、木材、化肥等。为把灾民安置好,县委、县政府提出确保所有灾民有饭吃、有衣穿、有房住、有柴烧、有医治、有学上、不冻死人、不饿死人。首先为了解决吃饭问题,在上级政府救灾粮食未到之前,先从城内粮库调整出136万斤“救命粮”运往灾区。为保证不冻死一口人,重点抓了建房工作,到年底,全县灾区新建房率达86%。此外,开展了轰轰烈烈的赈灾募捐活动,县赈灾办公室共接到县内外捐款579万元和大量救灾物资,为灾区生活安置和生产自救解决了燃眉之急。

洪水过后,县委、县政府一手抓灾民安置,一手抓生产自救,首先确定了抗灾自救、发展经济的指导思想是:振奋精神、树立信心、自力更生、不等不靠、恢复生产、重建家园。具体措施有抓紧恢复生产,抢种秋菜4.5万亩;新购进仔猪8.3万头;肉鸡雏265万只;劳务输出7 200人;组织运输车辆2 818台;恢复和新建蔬菜大棚2.6万个,新建万亩以上棚菜小区54个。大搞农田基本建设,完成农田基本建设和修复水毁工程土方600万立方米,完成秋翻任务100万亩。同时调整了种植结构,计划低洼易涝地采取以稻治涝措施,实现旱改水田2万亩;河滩地实行高改矮、粮改菜、长改短、一茬改两茬、实现7万亩。此外,农行、信用社加大了投放贷款的力度,共投3 600万元,基本上保证了生产自救的急需资金。

(蔡振福)

康平县

【农村经济再上新台阶】 1995年,康平县粮食产量达到8.3亿斤,比1994年增长51%,创历史最高水平。“两高一优”农业得到迅速发展。一是农业产业结构调整力度加大,在保证大田作物播种面积达到60%的前提下,以制种、花生、甜菜、小杂粮和棚菜为主的经济作物占播种面积的39%。在沈阳市开展的农业生产各项竞赛评比中,康平县有玉米高产赛、高产豆等5个单项获得全市第一名。二是林果业发展迈出了可喜的一步,造林质量和数量位居全省前列,全县植树造林完成7.6万亩,堵风口7处。全县有两个村进入全国造林绿化“千佳村”的先进行列。三是以秀水河流域、辽河平原开发和北部7个乡镇风沙治理为主的农业综合开发步伐加快,并取得显著成效。1995年开发宜农荒地2万亩,改造中低产田4万亩,新开发棚菜3 763亩,新开发鱼池1 552亩。四是农田水利基本建设有很大起色。全年总投资1 408万元,共完成土方量973万立方米,超计划21.3%,完成县级骨干工程57项。修复加固辽河险工险段6处,确保汛期安全。红旗、大广宁等涝区得到初步治理。可望夺得省“大禹杯”竞赛先进单位。五是以“一黄二白”为主的养殖业取得了突破性的发展,全县牛、羊饲养量分别达到了9.7万头、9.5万只,涌现了5个万头牛乡。生猪饲养量达到44.7万头,家禽饲养量达490万只。养殖业是历史上发展最快的一年。六是农业科技含量增加,完善和建立了农村科技推广网络。完成了县种猪场的基建工程,从沈阳农业大学引进了苹果矮化密植栽培新技术,现已发展2 000亩。同时成功地举办了沈阳市首届农民科技日活动,取得了较好的效果。农民的科技意识不断增强,全县农民科普率达80%以上。

(温更生)

【县乡工业呈现新的活力】 1995年,康平全县把搞活县乡工业作为经济工作的三大工作重点之一,年初面对大多数企业处于停产、半停产的状态、职工开支十分困难的情况,拿出精兵强将抓县乡工业企业,实行领导层层包企业的制度,在理清企业发展思路的前提下,提出坚持改革、改组、改造和强化企业管理的“三改一加强”工作方针,在企业中开展转机制,抓管理,练内功,增效益的活动。使多数企业走出了困境,出现了新的转机,企业的运行机制已初步与市场经济接轨。县床单厂等一些长期处于停产、半停产的企业,开展全面启动生产;造纸、纺织厂等困难较大的企业,通过内引外联,嫁接改造,企业效益有了明显提高;县糖厂、水泥厂开始扭转亏损局面,正在成为新的利税大户和骨干企业。1995年县直工业总产值实现1.38亿元,比1994年增长29%,减亏33.7%,减亏713万元,减亏工作为全市第一。全年引进新技术、新项目27项,开发新产品8种。

乡镇企业坚持"挂、联、引"并举,"大、中、小"齐上的方针,立足本地资源优势,围绕农副产品深加工做文章,调整了产品结构,发挥企业经营机制灵活的特点,适应市场需要,积极开发新产品,提高产品的竞争力,增加企业效益。实现了企业生产、投入、效益同步增长。乡村企业总产值达5.43亿元,比1994年增长47.8%;其中,乡村工业产值实现3.3亿元,增长48.8%;销售收入实现1.98亿元,增长47.7%;利税实现1 585万元,增长51.1%。全年乡镇企业新上项目73个,其中超百万元的项目达10项。乡镇企业走上了起步发展的轨道。

(温更生)

【第三产业迅速发展】 1995年,康平县在大力发展第三产业上制定了一系列优惠政策,加强了市场体系建设,鼓励和扶持个体私营经济的发展,狠抓了劳务输出和投资环境的改善,进一步拓宽流通渠道,使第三产业在全县国民经济中的比重增加。全县社会商品零售额实现了3.5亿元,比1994年增长18.2%,集市贸易成交额达到2.8亿元,增长39.6%,新建改造市场3处,扩大了经营面积。卧龙湖经贸旅游开发区的建设有了新的进展。个体私营经济不断发展壮大,1995年底,全县个体工商业户已发展到6 524户,从业人员达到8 670人,比1994年增长17.7%,私营企业达35家,个体私营经济总产值达2 892万元,全县劳务输出达37 000人,较1994年增加13 000人。流通领域积极顺应市场经济的发展,主动迎接挑战,加速转换机制,走向市场。努力搞活经营、扩大销售,为繁荣城乡市场,满足人民生产、生活需求发挥了重要作用。

(温更生)

【招商引资成果显著】 1995年,康平县把招商引资作为扩大对外开放,实施外向牵动战略,加速康平经济发展的一项重大举措来抓。全县上下集中精力,集中优势,实施全方位、多层次的对外开放,并制定了招商引资和引进人才双10条优惠政策,通过举办知青联谊会、招商会、同乡会等多种形式,走出去,请进来,广泛开展招商引资和经贸洽谈活动。提高了康平县对外的知名度,增加了外地客商来康平投资、联合办企业的信誉度,加强了同市直各部门及兄弟市县(区)的联系,得到了上级部门的大力帮助和扶持。1995年先后共接待外地3 000余名客商来康平实地考察,洽谈项目300个,达成合作意向150个,注册企业163家,注册资金达7 684万元,全年引进资金2 600多万元,其中新办实体企业32家,形成产值达1.74亿元,入库税金300万元。同时通过省市对口扶贫、"希望工程"、"手拉手"、"一帮一"结对子等活动,共争取资金2 434.9万元。从而有力地推动了康平经济和社会各项事业的发展。

(温更生)

【城镇基础建设加快】 1995年,康平县以加强城乡基础建设,完善城镇功能,改善投资环境,塑造康平新形象为重点,积极推动社会各项事业的发展,促进投资环境的早日改善,使全县基础设施建设出现了质的飞跃。通讯事业有了历史性的突破,全县城乡传输一体化工程总投资达2 259万元,已如期完成,实现了国际国内联网,使通信事业一跃跨入国内先进行列。公路建设加快,总投资1 160.7万元,完成路基改造12.4公里,铺设油路19.4公里,桥涵15座,达到省级公路文明县的标准。供电行业创造了安全生产25年无事故的最佳成绩。城镇建设不断完善,中心街南段改造700延长米,下水主干线700延长米,铺筑4条巷道油路1 550延长米,完成了政法路和一中路的土路成型。城镇新竣工的住宅面积达7.86万平方米。通过集中整治城镇环境秩序,镇容镇貌有了很大改观。城市"绿叶杯"达标竞赛通过了省级验收。

(温更生)

【各项改革不断深入】 1995年,康平县坚持深化改革,推动经济建设和社会各项事业的进步。企业以改革产权制度为重点,大力推行股份合作制,实行国有民营、划小核算单位,取得了很大进展。全县有200多家企业实行了新的经营机制,其中县直企业11家,乡镇企业35家实行了股份合作制,有47家企业实行国有民营,有76家企业划小核算单位。农村改革重点加强了社会化服务体系建设,深化了土地使用制度,推进了农村经济市场化的进程。以社会保险、实行劳动合同制为主要内容的劳动制度改革取得了新的进展,全县工商企业已有162个单位、16 707名在职职工,农村1 800名农民参加了社会养老保险。实行劳动合同制的企业已达200家,占企业总数的92%,改签合同制的职工人数达19 300人,占职工总数的87%。财税体制、金融体制、干部人事制度和住房制度的改革都迈出了可喜的一步。

(温更生)

法 库 县

【概况】 法库县位于辽宁省北部,居辽河中游右岸,东邻昌图、铁岭两县和开原、铁法两市,南部和新城子区、新民市接壤,西与彰武县毗邻,北靠康平县。县境南北纵距60公里,东西横距80公里,总面积2 290平方公里。县城距辽宁省省会沈阳市90公里。1993年1月由铁岭市划归沈阳市所辖。1995年全县设13个乡、7个镇,乡镇下辖7个街,309个村,总户数123 424户,总人口441 166人,其中非农业人口65 064人。居住汉、蒙古、满、锡伯、回、朝鲜、壮、达斡尔、藏、苗、土家、高山、鄂伦春、彝等14个民族。以汉族居多,蒙古族次之,建蒙古族乡1个。

法库地势多态,北高南低,丘陵平原交错相间。境内有大小山岭382座,均属阴山山系松岭子山脉、医巫闾山余脉。主要山峰有磨盘山、南北八虎山、五龙山、马鞍山,北八虎山主峰庙台山峰为境内最高山峰,海拔为446.9米。平原低处海拔40米,高处100米。境内有大小河流近百条,辽河由东北入境走向西南,两次流经县境。西部秀水河,中部拉马河、刘家堡河,东部五河为较大河流,沿辽河和丘陵之间大体形成五块平原,构成了法库“三山一水六分田”的自然格局。年平均气温为6.7℃,年平均降水量为602.6毫米,年平均日照为2 800.8小时,全年无霜期为150天上下,适合各种农作物生长。全县有耕地158.2万亩,人均耕地约4.2亩。土质肥沃,粮食产量高,素有“辽北粮仓”之称。1984年被辽宁省和国家确定为商品粮基地。地下矿藏资源丰富,已探明的非金属资源有10多种,而且多属富矿。已开采的硅灰石、瓷土、珍珠岩、膨润土等非金属资源不仅储量大,而且产品品位高,质量上乘。全县的煤炭储量丰富,具有较大的发展潜力。天然草场面积45万亩,畜牧业发展前途广阔。全县水资源总量正常为4.2亿立方米,可利用水量为1.1亿立方米。有中小型水库23座,水面4.4万亩,库塘池沼养鱼条件优越。红五月乡大泉眼村,叶茂台镇叶茂台村地下有天然优质矿泉水,澄清透明,无杂质,含有多种对人体有益的微量元素,是法库饮料、酒类的好资源。

(高文义)

【社会经济稳步发展】 1995年,法库县国内生产总值实现108 062万元,比1994年增长14.5%;全社会完成固定资产投资28 584万元,增长17.9%;财政收入3 127万元,增长40.5%。第一产业的基础地位不断加强。农业面对诸多不利因素,强力实施提高单产,增加总产的各项措施,全力抗洪救灾夺丰收,粮食生产水平有了新的提高,实现粮食总产6.25亿公斤,比1994年增长60%。农业适度规模经营干出了新形象,建成百亩以上经济区147个,其中千亩经济区3个。万亩经济带水平又有新提高,经济作物开发实现新突破,蔬菜面积发展到11万亩,比1994年增长15.9%。畜牧业发展达到新水平,猪、牛、羊、禽饲养量分别比1994年增长14.9%、21.4%、66.2%、26.4%。以秀水河流域为重点的农业综合开发迈出了新步伐,林果生产建设有新发展,农机的作用进一步发挥。第二产业的主导地位开始形成。县乡工业在经济环境偏紧的情况下,通过主观能动性的发挥,千方百计启动生产,拓展市场,实施改造,扶优扶强,培育新增长点,总产值实现10.1亿元,比1994年增长37%,其中县属工业产值比1994年增长33.4%,乡镇工业产值比1994年增长38%,效益有所提高;工业完成固定资产投资7 621万元,实施新上技改项目85项,新增生产能力达2.2亿元以上;建筑行业在市场上的竞争能力明显增强。第三产业的拉动作用逐渐加大,商流企业实现销售总额42 550万元,比1994年增长129.6%;市场建设不断加强,实现社会消费品零售总额40 263万元,比1994年增长24.2%;财源培养初见成效,财税征管力度加大,财政收入增加。国税组织入库2 242.2万元,比1994年增长68.8%。地税组织入库2 001万元,比1994年增长57%;金融部门有利地支持了全县的经济发展,银行存贷款余额分别比1994年增长21%、27%;个体私营经济发展步伐加快,注册资金达到6 962万元,比1994年增长74.9%;城乡基础设施建设不断完善,社会事业取得明显成效。投资3 200万元的农村程控电话联网工程全部完成,新增电话4 503门;东水源已正式并网供水;投资650万元的十字街西南角改造如期竣工;投资430万元的法库镇市场二期工程竣工并已交付使用;鲁家大桥引线工程实现白色路面通车,使法库至沈阳的距离缩短23公里;过境绕城公路建设已破土动工;二龙山公园、望海寺公园建设增加了新的设施;“普九”工程进度较快;“希望工程”成果显著;科技、广播电视、文化事业有了新的进展;卫生保健、计划生育、环境保护、社会福利事业都取得了新的成绩。人民生活水平明显提高,城镇居民人均收入达2 976万元,农民人均收入达1 558元,分别比1994年增长22.3%、82.2%;城乡居民储蓄存款余额达到53 720万元,比1994年增长31%;城乡人均居住面积达到7.49平方米。

(高文义)

【经济体制改革有所深化】 1995年,法库县经济体制改革稳步推进,县属工商企业突出进行了产权制度改革,已有38%的企业实行承包、租赁经营,有47%的企业实行国有、集有经营,有7%的企业实行股份合作制经营。农村改革有新进展。乡镇企业57%实行了承包、租赁经营,10%实行了私有经营,33%实行了股份合作制经营;以延长土地承包期、建立土地流转制度为重点的家庭联产承包责任制进一步完善;抑制农民负担反弹工作取得明显的成效;以壮大集体经济实力为重点的村级经济建设第二个“三年计划”基本完成;以强化服务功能为重点的农村“五站”改革进一步强化。社会保障体系功能逐步增强。住房制度改革已进入了实施阶段。

(高文义)

【对外开放成效显著】 1995年,法库县对外开放的程度进一步提高。具有较强吸引力的招商引资引智政策的出台和宣传,能源、水源、交通、通讯、饮服等基础设施的改善,进一步优化了县外客商来法库县投资合作的环境。开放的范围在重点面向沈阳各界招商的同时,继续向市外、省外、国外拓展,赴沈阳、大连、深圳、北京等招商活动和参加'95国际经贸洽谈会以及经常性有针对性的招引活动,进一步了解了市场,开拓了视野,找到了一些合作途径,寻求到了一些项目、资金和人才;在重点抓活第二产业招商引资引智的同时,着力向一、三产业拓展。招商引智的水平在提高,全年引进实施项目148项,投资额在100万元以上的项目占13.5%;引进资金7 854万元,比1994年增长4倍,引进人才94名。

(高文义)

【稳定局面得以巩固】 1995年,法库县民主与法制建设不断强化。人民代表大会制度更加完善,人大对“一府两院”依法进行了有效监督,扎实地开展了对所任命干部的述职评议工作。政协充分发挥政治协商、民主监督、参政议政作用,进一步巩固和加强了爱国统一战线。老干部在促进经济发展和维护社会稳定中起到了积极作用。工会、共青团、妇联、科协等群团组织以及民兵预备役工作得到了切实加强，法制建设有所强化，“二五”普法工作取得新成果，推动了以法治县的进程。社会秩序呈现良好状态。社会治安综合治理切实加强，提高了预防犯罪和打击犯罪的能力，刑事案件和治安案件分别比1994年下降了6.7%、17.3%，案件审结率有所提高。城乡扶贫工作取得明显成效。帮扶城镇特困企业、特困职工优惠政策和“温暖工程”进一步落实，千名干部与城乡贫困户结对子帮扶活动切实展开，保证了贫困农民和贫困职工的基本生产和生活。社会热点问题得以有效化解。基层调解工作切实加强，有效地防止了矛盾升级激化；信访工作力度加大，及时化解了群众关心的热点问题。

（高文义）

【精神文明建设】 1995年，法库县精神文明建设取得了新进展，以不断更新思想观念为主的“进场入轨、加速发展、兴县富民”大讨论的开展，促进了广大干部群众的思想解放和观念更新；“四个十”的宣传，振奋了全县人民克难进取、开拓图强的精神；“两德”、“五爱”教育的加强，提高了全民思想道德素质；“科教兴业”方针的贯彻落实，推动了经济发展和社会事业的进步及劳动者素质的提高；企业、校园、乡村等文化阵地建设的强化，活跃了城乡人民的生活；各种“争先创优和移风易俗活动”的展开，提高了全县的社会文明程度。

（高文义）

各县（市）区现任领导人名单

铁西区

书　记：张启明
副书记：王　法　马光浴　胡修华

铁西区人大
主　任：张启明
副主任：孟兆才　刘守荣　何静波　栾亚东

铁西区政府：
区　长：王　法
副区长：陈仲兴　刘兆庆　秦振佐　甘　泉　梁俞初

铁西区政协
主　席：周惠良
副主席：王忠达　李春普　周重芝　郁荣华　宋英珍

和平区

和平区委：
书　记：佟正春
副书记：赵晓川　邹本泉　李继安

和平区人大：
主　任：郑　阳
副主任：崔国栋　黄卫东　刘景绚　段志明

和平区政府：
区　长：赵晓川
副区长：曾凡仲　王　涵　侯华祥　逯俊东　张文波　王　镇

和平区政协：
主　席：金长厚
副主席：铁　英　徐金星　李凤秋　李久丰　贺传铮

沈河区

沈河区委：
书　记：张玉琢
副书记：王启文　王清汉　季建中　严学琴

沈河区人大
主　任：徐金武
副主任：金淑云　李清源　李宝泰

沈河区政府：
区　长：王启文
副区长：常永秋　吴孝常　胡作友　徐　璐　杨毅男

沈河区政协：
主　席：田延春
副主席：张绍华　王敏伟　张英智　龙起易　刘　平

大东区

大东区委：
书　记：王俊岐
副书记：聂秉孝　郭继东　郭恩成

大东区人大：
主　任：乔传滋
副主任：张丕荣　陈家海　徐胜芝　张鸿溥

大东区政府：
区　长：聂秉孝
副区长：傅柏友　刘长林　张雅琴　李　澍　靳铁钰

大东区政协：
主　席：安佩珍
副主席：孙孝松　黄秀琴　董德铮　芒全福　李淑珍

大东区政法委
副书记：高雅元

皇姑区

皇姑区委：
书　记：田凤钰
副书记：高思绵　卢八均　杨　光

皇姑区人大：
主　任：刘兆钧
副主任：郝振生　毕德厚　崔凤芝　刘百惠

皇姑区政府：
区　长：高思绵
副区长：张立英　史俊才　孙鸿文　李　林　宫金华　尹瑞林

皇姑区政协：
主　席：黄宝科
副主席：孙树茂　栗　强　王立群　刘继业　赵鲁燕

东陵区

东陵区委：
书　记：张　彤
副书记：刘　和　孟庆桂　朴学军

东陵区人大：
主　任：李忠华
副主任：魏玉光　彦世川　那文启　罗忠玉

东陵区政府：
区　长：刘　和
副区长：张世民　刘忠　张长海　徐志杰　王开军　王　玲　多吉金参

东陵区政协：

主　席：张　彤
副主席：丛玉兰　李恩昌
唐喜国　李宝筏
迟光有
东陵区政法委：
副书记：金殿文
于洪区
于洪区委：
书　记：郭崇祥
副书记：刘传洪　李玉华
梁庆宝
于洪区人大：
主　任：郭崇祥
副主任：林荣山　张祥泰
李长友　鞠廷栋
徐正本
于洪区政府：
区　长：刘传洪
副区长：于　波　吕世福
孙富源　白家林
李玉强　佟昆林
吴希平　张魁斗
秦旭升
于洪区政协：
主　席：李玉华
副主席：王永葆　郎家昌
翟　来　李辅仁
李秀云
苏家屯区
苏家屯区委：
书　记：张世斌
副书记：段取宝　曹建福
聂洪升　李淑晶
苏家屯区人大：
主　任：田玉林
副主任：徐永全　刘少坤
张顺祥　宋友文
苏家屯区政府：
代区长：段取宝
副区长：肖毓菁　徐茂盛
孙琪富　杨惠纯
苏家屯区政协：
主　席：王年贵
副主席：沈桂芳　陈淑环
路寿彭　范崇喜
新城子区
新城子区委：
书　记：崔学贵
副书记：王世卿　高玉文
何素华
新城子区人大：
主　任：陈温洲
副主任：赵长均　王庚寅
孙　伟　詹　鼎
新城子区政府：
区　长：王世卿
副区长：阎永田　刘俊珊
于绍军　郭君达
杨志安　齐　放
韦春才
新城子区政协
主　席：刘成煜
副主席：阎羽辑　齐继贤
华振洪　李传宽
辽中县
辽中县委：
书　记：盖如垠
副书记：李春祥　马宝忠
马丽华
辽中县人大：
主　任：魏成久
副主任：肇玉玲　马季敏
贾资源　郭正仁
辽中县政府：
县　长：李春祥
副县长：宋殿喜　季春明
全景隆　王　杰
张作武　曲保国
辽中县政协：
主　席：马宝忠
副主席：王秀忱　臧恩孚
马长贵　刘玉钰
闵春显
新民市
新民市委：
书　记：李宝权
副书记：李学忠　王传发
郑朝权
新民市人大：
主　任：李宝权
副主任：王德富　李作成
田凤阳
新民市政府：
市　长：李学忠
副市长：郭德友　王帅英
安世廉　刁永桐
何晓淳　李奎秀
新民市政协：
主　席：王振才
副主席：王文明　南朝明
高庆达　洪有礼
徐继贤
法库县
法库县委：
书　记：王成礼
副书记：赵凤杰　王立文
左树贵
法库县人大：
主　任：郭耀武
副主任：呼丕业　薛作林
李志芬　焦德生
法库县政府：
县　长：赵凤杰
副县长：李　忠　韩全伸
李　震　毕华峰
张振权　林　勇
张献和　陈树奎
法库县政协
主　席：杨福清
副主席：孙中孚　周天祥
钱文元　宋玉生
黄乃罡
康平县
康平县委：
书　记：陈德明
副书记：王淮延　樊秩庸
王凤仁　孙百川
白　玮
康平县人大：
主　任：郭士才
副主任：蔡连生　鲁旭秋
范国恩　张启志
康平县政府：
县　长：王淮延
副县长：张树生　温志达
马秀云　高士范
陈永祥　蔡连阁
康平县政协：
主　席：国广田
副主席：李　文　郑胤周
于佳权　白兆兰
张喜武

全市各街道主要经济指标及位次
（1995年）

街道名称	街道利润总额		工业销售收入		工业利税		商业销售额		其它各业收入	
	万元	位次	万元	位次	万元	位次	万元	位次	万元	位次
和平区南湖街道	3032	1	1959	61	401	41	13879	7	8457	2
和平区南站街道	2698	2	230	106	38	102	49219	1	9686	1
沈河区一经街道	2040	3	6062	9	1626	1	11341	14	1638	29
于洪区相士街道	1779	4	8276	4	1297	4	3368	74		
沈河区大西街道	1703	5	10691	1	922	10	12850	8		
沈河区中街街道	1621	6	1785	65	269	60	20572	2	3448	11
沈河区正阳街道	1577	7	1682	69	154	85	12529	9	6229	4
沈河区小南街道	1570	8	4799	16	533	29	14114	5	495	50
和平区吴淞街道	1555	9	359	102	78	96	16147	4	1353	34
沈河区惠工街道	1521	10	3730	27	603	23	6149	39	5865	5
沈河区山东庙街道	1509	11	1464	73	261	63	8546	26	5639	6
沈河区二经街道	1502	12	5173	13	648	19	9550	23	7880	3
大东区大北街道	1405	13	9701	2	614	22	4309	61	31	85
沈河区大南街道	1323	14	3753	26	646	20	9632	21	3157	13
沈河区朱剪炉街道	1319	15	2107	55	316	53	10094	20		
于洪区于洪街道	1287	16	6129	6	1147	5	11061	17		
沈河区文化路街道	1207	17	1699	68	700	15	12243	10	27	87
沈河区万莲街道	1177	18	6048	10	723	13	8255	28	298	58
沈河区滨河街道	1161	19	5577	11	935	8	3703	71	1672	27
和平区中华街道	1121	20	919	90	136	88	16956	3	1029	44
于洪区陵东街道	1113	21	2007	60	722	14	3880	66		
铁西区凌空街道	1068	22	2860	35	462	37	11228	16		
沈河区风雨坛街道	1054	23	2277	47	346	49	10437	19	1030	43
皇姑区新乐街道	1052	24	6247	5	224	71	3902	65	3428	12
沈河区小西街道	1050	25	3172	33	375	44	11498	13	251	60
铁西区七路街道	1050	26	3858	24	542	27	7894	30	1653	28
皇姑区昆山街道	1016	27	3621	30	493	31	5365	47	17	90
和平区新兴街道	1015	28	2079	56	407	40	12030	12	1724	25
铁西区轻工街道	1014	29	3877	23	643	21	3567	73	1716	26
和平区云集街道	1008	30	5227	12	551	26	4157	63	3480	10
皇姑区辽河街道	1002	31	9654	3	1014	6	2830	77	1070	42
皇姑区黄河街道	1002	32	2168	50	483	33	6316	37	2095	21
和平区北市街道	920	33	572	96	43	99	12207	11	2116	19
大东区新东街道	902	34	6098	8	800	12	1219	96	81	75
大东区小东街道	885	35	6114	7	677	17	3773	67	59	78
大东区长安街道	881	36	4254	22	444	38	3767	68	368	53
于洪区北陵街道	840	37	4627	18	932	9				
大东区小北街道	830	38	4889	15	330	51	6014	42	53	80
和平区民主街道	823	39	500	98	44	98	14078	6	1741	24

街道名称	街道利润总额		工业销售收入		工业利税		商业销售额		其它各业收入	
	万元	位次	万元	位次	万元	位次	万元	位次	万元	位次
铁西区兴齐街道	815	40	1706	67	177	79	9613	22	32	84
和平区北站街道	813	41	1575	71	263	62	8441	27	45	83
皇姑区三台子街道	797	42	3721	28	978	7	2791	78	1160	38
皇姑区克俭街道	753	43	1851	64	232	69	6114	41	1142	39
和平区胜利街道	752	44	2012	58	315	54	9200	24	1197	36
皇姑区陵北街道	737	45	322	103	1468	2	4617	57	1108	40
皇姑区明廉街道	724	46	2496	42	202	72	6256	38	20	89
和平区圆路街道	702	47	1262	83	229	70	11312	15	1423	32
和平区马路湾街道	695	48	1011	87	198	74	6130	40	2779	15
大东区万泉街道	692	49	2962	34	250	65	7839	31	460	51
和平区砂山街道	681	50	2589	38	392	42	10994	18	93	73
和平区西塔街道	678	51	850	91	179	77	7756	32	2124	18
和平区八经街道	668	52	1890	62	249	66	7984	29	599	49
皇姑区三洞桥街道	652	53	4988	14	836	11	2608	79		
和平区集贤街道	648	54	1452	74	171	83	5528	45	3593	9
皇姑区亚明街道	638	55	3720	29	1310	3	4468	58		
皇姑区长江街道	635	56	2131	53	480	34	5087	49	1635	30
和平区遂川街道	632	57	2118	54	243	67	4660	56	1830	23
皇姑区泰山街道	630	58	433	100	177	78	4956	51	1403	33
皇姑区怒江街道	622	59	4521	20	661	18	2391	85	150	67
皇姑区华山街道	618	60	2680	37	575	24	4023	64	63	77
皇姑区龙江街道	614	61	3455	32	554	25	5424	46		
和平区新华街道	612	62	850	92	101	91	2400	83	5105	7
铁西区兴华街道	575	63	2211	49	681	16	7031	34	2188	17
皇姑区向工街道	564	64	2406	46	323	52	2591	80	1253	35
大东区洮昌街道	563	65	2558	41	361	46	1893	90	322	54
大东区东站街道	548	66	2773	36	384	43	4445	59	25	88
皇姑区塔湾街道	543	67	1300	81	281	59	6338	36	5	93
大东区二台子街道	537	68	3764	25	473	36	2335	87	194	62
铁西区笃工街道	533	69	1210	85	540	28	3622	72	1593	31
沈河区团结街道	529	70	1337	77	176	80	5630	44	180	64
铁西区兴工街道	527	71	4572	19	495	30	5650	43	973	46
铁西区云峰街道	525	72	2444	44	345	50	8642	25	314	55
大东区辽沈街道	521	73	2573	39	191	75	7427	33	48	82
皇姑区太平街道	520	74	1210	84	295	58	4306	62		
大东区珠林街道	508	75	4639	17	347	48	4790	53	104	71
铁西区贵和街道	504	76	2140	52	310	56	2519	82	2882	14
大东区津桥街道	503	77	4274	21	475	35	3761	69	15	91
铁西区路官街道	500	78	2007	59	199	73	2392	84	2648	16
大东区管城街道	494	79	3476	31	351	47	1856	92	142	69
和平区北道口街道	487	80	602	95	98	92	4879	52	1937	22
铁西区启工街道	480	81	1320	78	187	76	5228	48	1097	41

街道名称	街道利润总额		工业销售收入		工业利税		商业销售额		其它各业收入	
	万元	位次	万元	位次	万元	位次	万元	位次	万元	位次
铁西区霁虹街道	478	82	1291	82	172	82	6768	35	941	47
铁西区保工街道	462	83	1009	88	167	84	1871	91	4048	8
皇姑区寿泉街道	454	84	1560	72	302	57	2358	86	51	81
铁西区十二路街道	449	85	2475	43	311	55	5086	50	308	56
铁西区卫工街道	447	86	2025	57	371	45	2566	81	933	48
铁西区工人村街道	444	87	2560	40	265	61	3200	76	156	65
铁西区重工街道	438	88	2241	48	410	39	2032	88	2111	20
铁西区兴顺街道	410	89	2165	51	233	68	4727	55	153	66
和平区十四纬路街道	389	90	1300	80	144	86	3748	70	1009	45
铁西区齐贤街道	370	91	1722	66	255	64	4786	54	294	59
铁西区艳粉街道	349	92	1310	79	93	93	4339	60	368	52
大东区东塔街道	325	93	2410	45	175	81	3290	75		
大东区文官街道	255	94	1881	63	142	87	602	102	1176	37
东陵区南塔街道	241	95	1581	70	92	94	1290	95	144	68
东陵区泉园街道	205	96	63	108	10	105	1813	93	64	76
皇姑区崇山街道	204	97	269	104	488	32	1971	89	136	70
新城子区清水台街道	121	98	748	94	1	107	1	107	56	79
东陵区马官桥街道	95	99	960	89	121	90	927	99		
苏家屯区解放街道	90	100	550	97	50	97	1050	98	95	72
苏家屯区临湖街道	79	101	1350	76	128	89	816	100	15	92
苏家屯区中兴街道	50	102	1194	86	90	95	269	104	183	63
东陵区丰乐街道	46	103	247	105	23	103	1699	94	301	57
苏家屯区湖西街道	24	104	809	93	20	104	610	101	92	74
苏家屯区铁友街道	20	105	480	99	40	101	509	103	196	61
苏家屯区民主街道	14	106	388	101	42	100	1178	97	5	94
新城子区虎石台街道	2	107	152	107			5	106	30	86
新城子区新城子街道	—19	108	1430	75	4	106	25	105	5	95
东陵区辉山街道										

农村乡镇主要经济指标、位次 (一)

	农业总产值(万元)	位次	农村工业总产值(万元)	位次	粮食总产量(吨)	位次	粮食商品率(%)	位次	粮食平均单产(公斤/公顷)	位次	农民人均纯收入(元)	位次
法哈牛乡	20 778	1	38 883	32	26 378	22	49.2	105	6 160	25	2 401	3
公主屯镇	19 664	2	13 380	75	25 900	24	34.1	125	3 896	69	992	75
财落堡镇	15 809	3	35 603	34	12 939	65	59.1	74	3 655	76	1 166	48
冷子堡镇	15 464	4	12 494	79	17 327	47	40.5	115	3 665	74	836	104
三道岗子乡	15 242	5	23 940	53	15 114	55	56.3	91	2 990	104	984	77
前当铺镇	15 039	6	39 402	31	18 230	46	76.8	21	5 041	45	1 582	26
大民屯镇	15 029	7	23 170	54	20 928	38	50.9	102	3 311	91	1 092	59
刘二堡镇	14 290	8	12 993	78	15 877	54	68.4	44	4 474	60	1 304	35
杨士乡	13 822	9	164 460	3		140		139		140	2 300	8
东蛇山子乡	13 563	10	13 332	76	22 408	31	39.7	116	3 483	83	1 002	69
梁山镇	13 500	11	15 242	72	21 250	35	52.7	101	4 117	64	1 075	61
新城子乡	13 496	12	55 288	21	16 859	49	71.6	30	4 449	61	1 191	41
胡台乡	13 417	13	44 925	27	30 078	12	81.9	12	7 263	6	1 692	21
兴隆店镇	13 317	14	29 126	41	27 935	21	77.4	20	3 950	67	1 134	55
罗家房乡	13 054	15	10 843	86	31 294	11	53.4	97	4 587	56	993	73
柳河沟乡	12 893	16	13 858	74	15 000	57	73.7	23	2 888	107	1 014	67
大柳屯乡	12 314	17	4 906	111	19 880	41	47.8	106	2 553	115	951	82
沙岭镇	11 715	18	36 050	33	19 185	43	78.7	19	6 157	26	2 318	7
马三家镇	11 707	19	47 002	25	17 299	48	63.6	57	4 943	47	1 600	25
城郊乡(辽)	11 552	20	24 800	50	6 941	102	21.0	131	2 467	117	1 017	66
大喇嘛乡	11 414	21	12 140	80	11 000	78	64.1	55	3 709	73	1 262	37
张强镇	11 225	22	1 207	132	40 535	4	60.1	72	6 524	17	807	112
养士堡乡	10 837	23	11 134	82	9 998	87	81.1	15	3 207	94	1 614	24
杨士岗镇	10 508	24	10 511	88	18 560	44	58.8	79	5 695	37	1 139	53
牛心坨乡	10 423	25	8 599	96	11 500	74	69.6	37	2 342	119	996	72
大红旗镇	10 396	26	18 219	62	20 300	39	68.7	41	4 522	58	998	71
六间房乡	10 162	27	9 480	93	15 000	58	38.7	117	3 196	96	896	89
卢家屯乡	9 603	28	23 901	52	18 401	45	58.0	85	4 730	53	1 185	42
郝关屯乡	9 477	29	1 101	133	50 020	2	70.7	34	11 912	1	875	95
朱家房镇	9 454	30	17 954	63	12 310	70	27.6	126	2 510	116	869	98
二牛所口乡	9 443	31	1 494	129	40 032	5	61.9	66	6 793	15	765	127
虎石台镇	9 435	32	48 003	24	9 525	89	66.7	49	3 197	95	1 171	47
满都户镇	9 349	33	10 939	85	10 543	82	59.1	76	2 977	105	706	132
大潘镇	9 086	34	43 178	28	10 717	81	87.7	7	4 808	51	1 914	11
张家屯乡	8 550	35	7 988	98	10 500	83	88.3	5	2 817	109	1 262	36
秀水河子镇	8 381	36	1 427	130	52 500	1	58.4	83	5 738	35	810	110
丁家房乡	8 176	37	4 971	110	22 000	33	57.7	86	6 227	23	792	119
大黑岗乡	8 174	38	8 828	95	11 000	77	36.4	122	3 369	90	898	88
高花乡	8 076	39	20 592	59	12 688	67	65.8	52	5 965	29	976	78
姚堡乡	7 651	40	8 181	97	19 500	42	58.6	81	3 851	71	1090	60

农村乡镇主要经济指标、位次 （二）

	农业总产值（万元）	位次	农村工业总产值（万元）	位次	粮食总产量（吨）	位次	粮食商品率（%）	位次	粮食平均单产（公斤/公顷）	位次	农民人均纯收入（元）	位次
东升满族蒙古族乡	7 609	41	1 661	128	30 055	13	71.2	31	6 873	13	974	80
包家屯乡	7 445	42	3 667	117	45 000	3	50.4	103	6 539	16	837	103
黄家锡伯族乡	7 399	42	10 958	84	24 146	27	68.5	42	5 082	44	1 161	50
两家子乡	7 397	44	538	139	28 550	16	13.2	134	7 997	2	791	121
于家房镇	7 363	45	11 180	81	7 739	95	43.0	111	2 152	123	800	116
深井子镇	7 292	46	51 463	22	12 633	68	69.3	38	3 476	84	1 550	27
卧牛石乡	7 276	47	2 106	124	37 500	6	63.8	56	6 951	11	871	96
方家屯镇	7 273	48	850	136	16 286	51	46.4	109	3 463	85	1 001	70
茨榆坨镇	7 192	49	70 521	15	4 335	116	71.2	32	848	136	2 246	9
柳树屯蒙古族满族乡	7 056	50	799	138	23 203	28	63.5	58	6 276	21	725	130
五台子乡	7 024	51	5 390	108	29 684	14	59.1	75	5 722	36	806	113
潘家堡乡	7 000	52	29 020	42	14 000	61	57.3	87	4 785	52	1 179	43
高台子乡	6 965	53	6 660	105	10 400	84	49.7	104	2 750	111	924	84
柏家沟镇	6 867	54	10 279	92	37 000	7	53.0	98	6 515	18	797	117
汪家乡	6 849	55	66 286	16	11 786	72	42.7	113	3 751	72	2 348	6
兴隆堡乡	6 825	56	49 974	23	14 400	60	54.6	95	4 678	54	1 138	54
沙金台蒙古族满族乡	6 789	57	99	142	26 009	23	66.9	47	6 992	10	649	136
八一镇	6 731	58	27 702	43	15 020	56	38.0	120	4 634	55	1 140	52
大淑堡乡	6 693	59	33 544	35	10 187	86	62.4	64	4 532	57	1 259	38
北四家子乡	6 598	60	506	140	28 539	17	15.1	132	7 290	5	678	134
白塔堡镇	6 531	61	94 748	10	10 802	80	65.2	53	3 897	68	2 494	2
老大房乡	6 446	62	16 573	66	9 250	90	41.4	114	3 187	97	783	122
孟家乡	6 443	63	3 906	114	36 000	8	72.1	29	6 889	12	855	99
依牛堡乡	6 420	64	6 057	107	36 000	9	57.2	88	5 595	39	869	97
周坨子乡	6 240	65	4 630	112	16 503	50	65.2	54	3 602	77	886	91
于洪乡	6 237	66	185 087	1	7 384	98	81.5	14	7 053	9	2 398	4
小城子镇	6 235	67	847	137	22 750	29	58.8	80	5 236	42	794	118
叶茂台镇	6 214	68	1 853	126	21 000	36	90.6	3	3 663	75	809	111
道义镇	6 138	69	56 266	20	5 309	111	45.4	110	3 042	101	1 440	31
东关屯镇	6 117	70	3 794	116	25 050	26	52.8	100	7 163	7	960	81
镇郊乡	6 106	71	15 645	70	12 550	69	69.3	39	2 595	113	1 040	65
乌伯牛乡	6 039	72	10 358	91	95	138	21.1	130	40	139	381	141
平罗镇	5 957	73	25 933	46	11 218	75	56.6	90	3 035	102	1 400	32
东陵乡	5 945	74	147 778	5		142		141		142	1 700	20
解放乡	5 927	75	22 558	56	13 876	62	85.9	8	3 499	81	1 146	51
永乐乡	5 916	76	11 052	83	6 049	106	80.2	17	2 296	122	708	131
三面船镇	5 870	77	5 235	109	28 000	20	67.9	45	5 041	46	673	135
长滩镇	5 840	78	30 825	38	1 375	131	52.8	99	393	137	1 792	17

农村乡镇主要经济指标、位次　（三）

	农业总产值(万元)	位次	农村工业总产值(万元)	位次	粮食总产量(吨)	位次	粮食商品率(%)	位次	粮食平均单产(公斤/公顷)	位次	农民人均纯收入(元)	位次
登仕堡镇	5 814	79	7 101	101	28 500	19	56.9	89	7 107	8	745	128
冯贝堡乡	5 737	80	3 297	119	28 500	18	60.9	71	6 436	20	777	124
尹家乡	5 705	81	17 631	64	13 460	64	63.4	59	5 717	34	1 175	45
大孤家子镇	5 693	82	3 405	118	34 500	10	61.6	37	5 803	32	678	133
祝家屯镇	5 439	53	29 393	40	11 000	76	70.0	36	3 453	86	882	92
四家子蒙古族乡	5 329	84	1 709	127	25 330	25	93.4	2	6 245	22	813	109
海州窝堡乡	5 285	85	489	141	14 954	59	54.7	94	5 128	43	828	105
造化屯乡	5 262	86	71 683	14	7 887	93	87.8	6	4 812	50	1 734	18
五三乡	5 238	87	133 335	6	5 710	109	38.3	118	3 580	78	1 823	15
陈相屯镇	5 238	88	33 048	36	7 118	101	14.0	133	2 332	120	738	129
陵东乡	5 231	89	133 218	7	2 060	127	3.9	136	5 659	38	1 800	16
浑河站朝鲜族乡	5 210	90	87 114	11	1 734	130	56.2	92	1 463	132	1 448	30
慈恩寺乡	5 177	91	3 890	115	22 000	32	59.3	73	4 183	63	881	93
大沟乡	5 148	92	10 676	87	5 659	110	62.4	65	2 071	125	772	125
山东屯乡	5 081	93	889	135	20 000	40	67.3	46	6 831	14	649	137
王滨沟乡	5 060	94	6 660	104	7 309	99	47.6	108	4 076	65	1 339	34
王纲堡乡	6 996	95	13 175	77	5 122	113	58.8	78	2 631	112	1 063	63
新农村乡	4 960	96	7 044	103	7 248	100	81.0	16	1 827	130	902	87
金五台子乡	4 917	97	10 459	90	11 700	73	54.4	96	3 422	88	909	86
蒲河镇	4 799	98	20 546	60	6 097	105	70.8	33	2 815	110	1 177	44
四方台乡	4 781	99	16 087	67	5 821	108	73.0	26	1 966	127	852	100
古城了乡	4 707	100	24 000	40	13 700	60	94.6	1	3 518	80	1 350	33
红旗乡	4 683	101	6 530	106	7 538	97	61.0	69	2 879	108	886	90
前进乡	4 676	102	158 422	4	3 689	121	89.5	4	3 487	82	1 537	28
沙河铺镇	4 673	103	74 858	13	7 671	96	66.6	50	2 572	114	1 042	64
翟家乡	4 532	104	46 700	26	4 202	118	8.7	135	3 450	87	1 838	14
陶家屯乡	4 448	105	15 677	69	9 596	88	72.5	27	4 052	66	993	74
长白乡	4 437	106	118 483	8	94	139	58.5	82	1 382	133	2 370	5
李相乡	4 419	107	25 650	47	8907	92	59.0	77	3 288	92	1 065	62
新民屯镇	4 417	108	2 710	121	4 002	120	63.2	61	1 995	126	792	120
桃仙镇	4 394	109	42 462	29	10 267	85	66.9	48	3 123	100	1 494	29
清水台镇	4 285	110	24 446	51	9 063	91	70.3	35	3 539	80	1 174	46
红五月乡	4 257	111	10 504	89	16 000	53	66.4	51	7 718	3	920	85
兴隆台锡伯族镇	4 238	112	19 501	61	16 061	52	63.3	60	5 980	28	1 198	40
高坎镇	4 170	113	76 425	12	4 330	117	47.7	107	2 958	106	974	79
西关屯蒙古族满族乡	4 167	114	1 097	134	21 510	34	23.0	129	5 587	40	824	107
胜利乡	4 161	115	7 509	100	12 293	71	42.9	112	4 939	48	804	114
北陵乡	4 158	116	180 574	2	2 327	125	34.4	124	5 313	41	2 600	1
十间房乡	3 980	117	3 026	120	22 500	30	62.9	63	5 778	33	782	123

农村乡镇主要经济指标、位次　(四)

	农业总产值(万元)	位次	农村工业总产值(万元)	位次	粮食总产量(吨)	位次	粮食商品率(%)	位次	粮食平均单产(公斤/公顷)	位次	农民人均纯收入(元)	位次
双台子乡	3 954	118	1 416	131	29 600	15	61.0	70	6 064	27	801	115
和平乡	3 931	119	1 934	125	21 000	37	37.2	121	7 484	4	945	83
姚千户屯镇	3 600	120	27 381	45	5 894	107	68.5	43	3 006	103	880	94
石佛寺朝鲜族锡伯族乡	3 428	121	9 342	94	10 974	79	63.2	62	4 374	62	1007	68
城郊乡(苏)	3 350	122	107 750	9	4 132	119	38.2	119	3 186	98	1881	13
大光朝鲜族乡	3 249	123	58 335	19	12 905	66	61.1	68	6 446	19	1 731	19
白清寨乡	3 219	124	14 871	73	2 046	128	82.6	11	1 673	131	769	126
大青乡	3 030	125	27 544	44	6 350	103	72.3	28	6 207	24	1 893	12
十里河镇	2 980	126	15 938	68	4 987	115	26.9	127	2 326	121	534	138
于家窝堡乡	2 906	127	2 455	123	6 300	104	34.5	123	1 961	128	826	106
林盛堡镇	2 723	128	42 345	30	5 097	114	85.5	9	2 145	124	466	140
彰驿站乡	2 597	129	21 531	57	1 295	132	23.9	128	1 031	135	1 200	39
马纲乡	2 575	130	15 372	71	1 858	94	68.9	40	3 892	70	1 115	58
肖寨门镇	2 511	131	30 579	39	183	137		140	50	138	530	139
城区管理委员会	2 337	132	20 709	58	635	136	58.3	84	3 175	99	1 636	23
英达镇	2 316	133	60 525	17	2 034	129	82.9	10	3 562	79	1 667	22
辽中镇	2 231	134	59 988	18	750	135	80.0	18	4 518	59	2 225	10
老边乡	2 064	135	22 985	55	5 256	112	55.1	93	2 419	118	1 122	56
满堂乡	2 031	136	31 854	37	3 497	122	73.5	24	3 262	93	1 164	49
红菱堡镇	1 995	137	24 972	48	3 420	123	73.1	25	1 173	134	818	108
望滨乡	1 692	138	7 846	99	3 251	124	73.9	22	5 879	31	990	76
佟沟乡	1 382	139	17 051	65	2 069	126	81.8	13	1 941	129	852	101
法库镇	1 092	140	4 432	113	796	133		138	4 854	49	845	102
康平镇	950	141	2 539	122	777	134		137	5 886	30	1 117	57
老观坨乡	715	142	7 060	102		141		142		141	279	142

注:人均纯收入为1990年价计算。

人　　物

逝世人物

【王健】（1921—1995）王健同志，1921年10月出生于山西省孝义县赵圪垛村，1938年5月参加革命，同年10月加入中国共产党。历任八路军一一五师政治部民运干事、山东军区特务团指导员、教导员、辽东军区警卫团政治处副主任，民主同盟军独立混成团政治处主任，解放军第三纵队八师二十三团政治处主任，沈阳市商业局局长，沈阳市畜牧副食局局长，沈阳市交通局革委会主任，中共沈阳市委常委，沈阳市人民政府副市长，中共沈阳市顾问委员会常委等职。

王健同志在青少年时期就积极投身于抗日救亡运动，在抗日战争和解放战争中曾多次光荣负伤，身上还一直残留着敌人的弹片。

全国解放后，王健同志继续发扬战争年代的优良传统和作风，在主持沈阳市商业、农业、交通工作期间，工作务实，兢兢业业，做了大量卓有成效的工作，在任沈阳市副市长，主管农业期间，为沈阳市农业发展作出了不可磨灭的贡献。

王健同志，因病医治无效，于1995年11月12日21时在沈阳逝世，终年74岁。

王健同志为党和人民贡献了毕业精力。他对党的事业忠心耿耿，任劳任怨，一生清白廉洁，光明磊落，保持了共产党人的高尚品德。

1995年11月16日，沈阳市在沈阳回龙岗革命公墓为王健同志举行送别仪式，对王健同志逝世表示沉痛哀悼。

【聂增贵】（1926—1995）聂增贵同志是山东省阳信县人，1926年1月出生，1947年7月参加革命工作，1949年9月加入中国共产党，历任大连机床厂车间主任、党支部书记，沈阳第一机床厂车间主任、副厂长、代理厂长、厂长、厂革委会主任、党委书记，机械部沈阳机床公司副总经理，市机电局局长、党委书记，市政府副市长，市九届、十届人大常委会副主任等职务。

聂增贵同志参加革命工作以来，努力学习马列主义、毛泽东思想、认真贯彻执行党的路线、方针、政策，满腔热忱地为党和人民勤奋工作。他长期工作在经济战线，是一位懂经济、会管理的机床行业专家，为沈阳市的经济建设和社会发展，特别是机电工业的发展振兴倾注了大量心血。在分管市人大经济工作中，认真学习、宣传宪法和有关法律，坚持深入实际，调查研究，为沈阳市经济建设和改革开放提出了一些具有指导性的意见和建议，为推进沈阳市的民主法制建设，完善人民代表大会制度积极工作。

聂增贵同志胸怀坦荡，一贯严于律已，宽以待人，坚持原则，团结同志，工作勤恳，求真务实，密切联系群众，始终保持着共产党员的优良品德和作风。

聂增贵同志因心脏病突发，经抢救无效，于1995年4月5日8时35分在沈阳逝世，终年69岁。1995年4月11日上午，沈阳市在回龙岗革命公墓为聂增贵同志举行了送别仪式。

【黄正勋】（1927—1995）黄正勋同志是辽宁省盖州市人，1927年9月出生，1948年7月参加革命工作，1949年5月加入中国共产党，历任沈阳市沈河区政府工商科科长，区委宣传部副部长、部长，区委副书记，市委宣传部处长，新城子区委书记，市农办副主任，和平区委书记，市委常委、宣传部长，组织部长，市九届、十届人大常委会副主任等职务。

黄正勋同志参加革命工作以来，努力学习马列主义、毛泽东思想，认真贯彻执行党的路线、方针、政策，满腔热情地为党为人民勤奋工作。他在担任市、区级领导工作中，为沈阳市农村经济发展和全市党的思想建设、组织建设，进行了卓有成效的工作，作出了重要贡献。在市人大常委会工作中，他认真学习，宣传宪法和法律，依法履行职责，努力发展和完善人民代表大会制度，为加强沈阳市的社会主义民主法制建设发挥了重要作用。

黄正勋同志一贯坚持原则，实事求是，工作勤奋，兢兢业业，扎实稳重，积极进取。他严以律已，谦虚谨慎，关心和爱护干部，密切联系群众，始终保持着共产党员的优良品德和作风。

黄正勋同志因病医治无效，于1995年6月21日在沈阳逝世，终年68岁。

沈阳市于1995年6月27日上午，在回龙岗革命公墓为黄正勋同志举行送别仪式，沉痛悼念黄正勋同志。

【马秋帆】 （1912—1995）马秋帆同志是民革中央团结委员会委员，原沈阳市政协副主席，市民革副主委，我国著名教育史学家，沈阳师范学院教育系教授。

马秋帆同志因病医治无效，于1995年6月27日在沈阳逝世，享年83岁。

马秋帆同志是四川省江油县人，生于1912年8月。1941年毕业于江苏省立教育学院民众教育系。历任西康省立民众教育馆馆长，光华大学及城华大学讲师，华西协会大学文学院、四川省立艺术专科学校、东北教育学院副教授，沈阳师范学院副教授、教授。

马秋帆同志曾获得国务院颁发的政府特殊津贴，被英国剑桥名人传记中心收录为1992—1993年度的“世界教育名人”。他在我国教育史学界享有崇高的声望和地位。为我国的教育事业，为沈阳市的发展，都付出了极大的心血，作出了重要的贡献。

1995年7月1日上午，沈阳市为马秋帆同志举行了送别仪式，他作为一代学人的崇高思想境界和精神风貌将永远留在人们心中。

劳模人物

【张振一】 张振一，男，沈阳风动工具厂工人。在车工一线工作18年，完成34年零2个月的工作量，被誉为“走在时间前面的人”。近两年，实现技术革新项目16项，提高工效26%。1995年被评为省特等劳模，1996年获全国五一劳动奖章。

【柴天佑】 柴天佑，男，东北大学教授。坚持在一线任教，指导博士后5人，博士生17人，硕士生54人。重视将科研成果进行工程化研究，试制成功的“自适应温度调节器”和“智能燃烧控制器”具有国际先进水平，解决了浪费能源的难题，完成了东北最大的火力发电厂的4台10万千瓦电机的控制系统科研项目，为电厂每年创效益1 000万元。发表论文150篇，1995年被评为省特等劳模，1996年获全国五一劳动奖章。

【商洪钧】 商洪钧，男，沈阳飞机工业（集团）公司工人，1994年至1995年完成工时12 165个，相当于5年半的工作量，义务献工880小时，实现技术革新32项，节约工时3 160个，连续3次被评为市劳动模范，1995年被评为省劳动模范，1996年获全国五一劳动奖章。

【张佩纶】 张佩纶，男，沈阳二中校长。从教30余年，坚持全面贯彻党的教育方针，注重培养学生德、智、体全面发展，提出“严谨求实，师德高尚，管教管守，短时高效”的教学目标，提高了教学质量。近二年学校升学率达98%以上。撰写近20万字的教育教学管理论文，在全国获奖。连续多次被评为市劳动模范，1995年被评为省劳动模范，1996年获全国五一劳动奖章。

【王海军】 王海军，男，沈阳矿务局林盛煤矿工人。在井下采煤10年，不怕困难，勇挑重担，专挑险活累活干，1995年创造了日超千吨，年超万吨的高产纪录，并被评为省劳动模范，1996年获全国五一劳动奖章。

【孟庆廉】 孟庆廉，男，沈阳市广州副食品商场经理。十几年来，带领职工艰苦创业，开拓进取，不断改革，大胆经营，将一个每年上缴利润仅20万元的企业，发展成连续8年利润超百万元，经济效益居全国同行业领先地位的企业。清正廉洁，拒收礼品近万元。1995年被评为省劳动模范，1996年获全国五一劳动奖章。

【孙作树】 孙作树，男，沈阳市第二百货商店营业员。近年来，采取多种手段销售各种型号自行车，1993年销售自行车30 000辆，1994年销售自行车30 065辆，1995年销售自行车30 205辆，销售量居全省各商店之首，被称为"卖车大王"。两次被评为市劳动模范，1995年被评为省劳动模范，1996年获全国五一劳动奖章。

【金荣富】 金荣富，男，沈阳市第二建筑工程公司工人。在瓦工一线奋战了24年，练就了一手过硬的瓦工技术，他砌砖速度快，质量好，第一个实现年砌砖量300万块的好成绩。担任瓦工班长后，带领全班同志始终保持质量、数量全局第一的排头兵位置。并创建了小康班组。1995年被评为省劳动模范，1996年获全国五一劳动奖章。

【魏东兴】 魏东兴，男，沈阳市第五人民医院副主任医师。苦心钻研技术，在创伤和骨肿瘤治疗方面达到了国内先进水平，20年来挽救数百名危重病人的生命。他恪守党性原则，不收患者一分钱，一份礼。他助人为乐，经常到病房为患者打饭、洗脸、洗脚被患者誉为"治病救人的贴心人"。1995年被评为省劳动模范，1996年获全国五一劳动奖章。

【张纯仁】 张纯仁，男，沈阳油脂化学厂厂长。1994年5月任现职。企业1993年亏损800万元，1994年前4个月又亏损900万元，出任厂长后，在企业困难重重的情况下，发扬勇挑重担，奋力拼博的精神，带领职工开发新产品，抢占市场，扩销促产，使企业当年扭亏。1995年江泽民总书记视察该厂，给予高度赞扬。1995年被评为市劳动模范，1996年获全国五一劳动奖章。

专家学者

【朱英浩】　朱英浩，男，1929年4月出生于浙江省鄞县，1952年毕业于上海交通大学电机制造专业，现为教授级高级工程师，任沈阳变压器有限责任公司技术顾问，兼任国际大电网会议中国委员会委员、中国电工学会常务理事。

朱英浩多次领导组织变压器全国统一设计与标准审查，领导编写了变压器、互感器设计手册，他主持设计研制成功了国内第一套超高压工频试验变压器，荣获国家科技进步一等奖，他主持设计研制成功了用于葛州坝电厂的三相自耦变压器荣获国家科技进步二等奖，他主持或主管设计的其它产品先后获省部级科技进步一等奖一项，省部级科技进步二等奖两项。

朱英浩作为我国电工行业专家多次出席国际学术会议，与他人合译的《电流互感器》于1989年被机械工业出版社出版，与他人合著的《电力变压器计算》于1990年被黑龙江科学技术出版社出版，撰写的论文《预测2000年国内外变压器发展趋势》发表于1982年《辽宁电工学报》第二期，撰写的论文《500KV变压器新绝缘技术的开发》发表于1988年第一期。

朱英浩于1991年被授予国家级有突出贡献专家称号，批准享受政府特殊津贴100元，于1995年5月被评为中国工程院院士。

【马将发】　马将发，男，汉族，1939年9月生，江西省于都县人、毕业于西安交通大学动力系流体机械工程专业，1962年10月参加工作，1979年3月加入中国共产党，现任沈阳鼓风机厂副厂长兼总工程师。历任机械部沈阳鼓风机厂研究所所长、中国机械工程学会流体机械学会理事、中国风机专业委员会主任委员、全国风机标准化技术委员会主任委员，是我国风机行业的权威专家。多年来，马将发同志主持参与研制的DA100—11离心压缩机，1978年获机械工业部成果奖，主导设计2MCL607+2BCL306/A，1986年获机械工业部科技进步一等奖，二氧化碳压缩机，主导设计年产52万吨尿素装置机械设备，1989年获国家科技进步一等奖和国家金奖，主导设计透平压缩机CAD/CAM软件系统，1992年获省科技进步一等奖，主持开发制定技术方案；计算机集成系统，1995年获机械工业部科学技术进步特等奖。由于成果卓著，他于1989年荣获市“优秀科技工作者”光荣称号；1991年获国务院颁发的政府特殊津贴；1992年被省委、省政府评为“优秀专家”；1993年获国家人事部授予的“有突出贡献的青年专家”光荣称号；1995年荣获市“优秀科技工作者”光荣称号。

【蔡林方】　蔡林方，男，1943年8月生，中共党员。1968年毕业于上海铁道医学院，现任沈阳医学院附属中心医院业务副院长，手外科主任，沈阳市手外科研究所副所长，主任医师，教授。1989年被国家人事部评为“中青年有突出贡献的专家”，享受政府特殊津贴。1989年和1991年两次被评为沈阳市劳动模范。

该同志精通手外科和显微外科专业的基础理论和专业技术，具有较强的科研能力，在国家级杂志发表论文17篇，获省科技进步一等奖一项，市科技进步二等奖三项。在他的带领下，于1988年正式成立了手外科，1992年筹建成立了沈阳市手外科研究所，1993年手外科被评为沈阳市的重点科系。他为沈阳和辽宁省的手外科、显微外科专业做出了突出贡献，为国内8省市的医院培训手外科、显微外科专业技术人员100多名。现担任中华医学会全国显微外科学会和全国手外科学会的委员，中华医学会辽宁省手外科学会的主任委员，辽宁省医学会的理事。

【杨胜东】　杨胜东，男，1927年8月生。1952年毕业于湖北农学院。1953年到沈阳市浑河农场从事水稻育种工作，高级农艺师。

杨胜东同志40年如一日，致力于水稻新品种的研究。经过多年的不懈努力，终于在1983年实现了籼粳稻亚选缘杂交育种的成功，培育出“高光效”理想株型“辽粳五号”水稻新品种。该品种覆盖全国27个省、市、自治区，推广面积2 000多万亩，增产幅度明显，创造经济效益约15亿元。于1983年12月荣获国家科委颁发的国家发明二等奖证书。

杨胜东同志1983年撰写的《“辽粳五号”水稻新品种栽培技术要点》论文，被沈阳市作物协会评为二等学术论文。1984年编写的《“辽粳五号”水稻新品种栽培技术要点及典型经验介绍》和《“辽粳五号”水稻品种高产栽培主要技术》的专著，1985年编写的《亚选缘杂交水稻新品种》的专著发表在北京世界发明社《社会发明》杂志上。

杨胜东同志于1985年荣获全国优秀科技工作者称号和“五一”劳动奖章。曾被选为第六届、第七届全国人民代表大会代表，连续多年被评为省、市劳动模范。

杨胜东同志在研究“辽粳五号”理想株型之后，又致力于新的研究，用窄叶水稻高产，比现有的水稻叶片小二分之一到三分之二，这样更利于通风透光，增加单位面积穗数，提高水稻产量，再创世界水稻育种史上新记录。

当前，杨胜东同志正致力于“高产、优质、多抗”的水稻新品种研究工作，为再创世界水稻育种史上新记录而努力奋斗！

【张玉龙】 张玉龙，男，辽宁省建平县人，1954年8月生，博士，教授，现任沈阳农业大学土壤农化系系主任，博士研究生导师。1976年毕业于沈阳农业大学土壤农化专业，1981年4月至1983年4月赴日本留学，1990年和1992年又以访问学者和客员教授身份两次赴日本进行合作研究。多年来一直从事土壤改良和环境保护方面的教学、科研工作，专业上以土壤水分方向见长。近几年所做的科学研究工作主要集中在土壤水分及其它土壤物理性质空间变异规律、土壤水分与肥料效应的关系及其调控措施、土壤肥料信息库技术方面。他作为主要完成人完成的科研项目“辽宁省坡耕地土壤可蚀性的研究”及“长期施用氯化铵对土壤理化性质及园艺作物的产量和品质的影响”，分别于1991年和1992年获得辽宁省农牧厅三等奖和辽宁省人民政府科技进步三等奖；科研成果的应用推广收到了明显的经济效益、生态效益和社会效益。他深入农村，现论联系实际，努力解决生产上存在的问题。发表学术论文近40篇，其中在国外杂志发表论文6篇。合作出版的学术专著、教材有《农田水利学》、《农业环境保护》和《北方半干旱地区高效农业》及联合国粮农组织的《环境保护教材》(中国适用本)等，合作出版的译著两本。1993年被批准享受国务院政府特殊津贴，1995年被命名为辽宁省优秀青年科技工作。

【顾树森】 顾树森，男，中共党员，高级农艺师，1944年7月出生，河北省景县人。

顾树森1967年毕业于沈阳农学院园艺系。曾在辽宁省朝阳县农业局、沈阳市教育局仪器站工作。1979年调入沈阳市农科所。1991年晋升为高级农艺师，现任沈阳市农业科学院院长，兼党委副书记。

顾树森同志在从事蔬菜育种工作期间，主持参加的“沈粉一号”番茄杂交种1982年获沈阳市政府重大科技成果三等奖；参加的“日本设施园艺设备及其配套技术的引进消化与推广”，1989年获农业部科技进步三等奖；“沈阳市城郊型农业科技发展战略研究”，1990年获辽宁省政府科技进步三等奖；参加的“碧全植物健生素试验与开发研究”，1990年获沈阳市科技进步三等奖；“沈粉三号”番茄杂交种，1993年获沈阳市政府科技进步一等奖；1994年获辽宁省政府科技进步三等奖。他参加撰写的论文“番茄289不育系选育及利用的探讨”获辽宁省蔬菜研究学会1988年优秀学术论文二等奖。

顾树森担任院长以来，提出适合形势发展，以科研开发并重，以成果求生存，以经济效益为中心的办院方针，较准确地确定了农科院的发展方针和中心任务。1994、1995年连续两年超额完成了科研任务和经济指标，有7项成果通过了市科委审定，有11项成果获得国家、省市级奖励，其中“辣椒雄性不育两用系及利用”获农业部科技进步一等奖；“高粱恢复系4003及衍生系选育及利用”获农业部科技进步三等奖；“大白菜核基因互作雄性不育系选育及利用”获沈阳市政府科技振兴奖。经济效益和社会效益都有大幅度增加，创收连续两年突破300万元大关。1995年沈阳市农科院被评为沈阳市先进科技单位称号。

【杨家书】 杨家书，男，汉族，中共党员。1939年12月生，四川省成都市人。1961年毕业于沈阳农学院植物保护专业，现任沈阳农业大学植物保护系植物免疫研究室研究员(副主任)博士生导师。1993年起享受国务院的特殊津贴。长期从事植物免疫、植物病理生理学和无土栽培技术的科研和教学工作。先后取得15项国家、农业部和辽宁省科技进步奖，获得两项国家发明专利。1995年以来主持国家"八五"科技攻关项目小麦白粉症应急防治技术研究，在沈阳市新城子区设小麦白粉病综合防治技术示范区，有效地控制了病害的发生和危害，取得显著的经济效益。经国家科委验收并取得一项省级鉴定的科研成果。应用植物免疫学和无土栽培技术学科交叉、创造的水稻免疫育苗技术，在辽中县和新民市推广10万亩，改变了盐碱地水稻育苗的三难，秧苗根子发达健壮无病，取得每亩增产8—9%的效果，该项研究获1995年辽宁省科技进步三等奖、辽宁省优秀发明创造二等奖。为提高项目的理论水平、申报和主持了国家自然科学基金项目"我国北方盐碱地区水稻育甾的免疫调控和免疫动力学研究"，发表了4篇有一定深度的科学论文。水稻免疫育苗技术被批准为国家发明专利，并转让给黑龙江省和内蒙古自治区。无土栽培技术在沈阳市北陵中日园艺良种场，东陵下深村科技试验场，沈阳热电厂等地开展岩棉加NFT的栽培技术，栽培果菜、绿叶菜20余种获得成功，促进上述基地成为沈阳市现代化农业的具一定显示度的两高一优高效农业典型。"无土栽培肥料研制及应用技术研究"获辽宁省科技进步三等奖。1995年由辽宁省科技出版社出版26万字"无土栽培实用技术"专著一部，和供中央电视台农业科技节目播放的无公害蔬菜生产技术录象带一部，培养了3名研究生和一批基层农业科技骨干。

【刘相华】　刘相华，男，汉族，1953年9月出生，东北大学金属压力加工系重点实验室副主任，工学博士。近年来，刘相华同志承担多项国家自然科学基金、八五攻关、省部级基础研究和横向合作项目，获得多项具有国际和国内先进水平的科研成果。其中"行星件横轧机"于1989年获辽宁省发明一等奖，作为课题组项目成员之一的"带钢热轧变形阻力测试与研究"课题，于1994年获省科技进步一等奖；"工作辊横移改善板形技术"于1992年获省科技进步二等奖，并列为1994年国家重点推广项目；"行星件横轧机"、"行星轧齿机"、"型钢热轧规圆机"、"紧凑式轧辊冷却液喷射装置"4项获实用新型专利。出版了《刚塑性有限元及其在轧制中的应用》、《微型计算机辅助孔型设计》两部著作，发表80多篇具有较高学术价值的论文。尤其利用刚塑性有限元解析轧制过程中的问题研究，国内外权威人士给予了高度评价，认为"其成果达到国际同期先进水平，在国民经济中也是有实用意义。"并在国内率先开设了计算机辅助孔型设计课程，编写第一部计算机辅助孔型设计教材，其成果得到国家、企业的认可，受到好评。目前正在承担"九五"攻关项目3项、省科委攻关项目5项、冶金部基础研究项目、国家教委国际合作项目，以及国内大型钢铁联合企业的横向合作项目多项。在塑性成形理论、数值模拟、智能化的信息处理以及板形理论与控制方面取得较大的进展，在塑性成形理论上向前迈进一步，给现场解决了实际问题，创造了巨大的经济效益和社会效益。1994年获得国务院颁发的政府特殊津贴。与国外学者进行学术交流，在国内外均有较高的声誉，为国民经济的发展作出了较大的贡献。

【蒋新松】　蒋新松，生于1931年8月，籍贯江苏，1956年毕业于上海交通大学，曾任中国科学院沈阳自动化研究所所长。现任中国工程院院士。"863"计划自动化领域首席科学家。

蒋新松同志早期从事自动控制理论和工业自动化实践。在完成国家自动化两个试点项目中做出了重大贡献。他提出了大型工业对象动态特性测试和动力学建模方法，研制出1 200米可逆轧机的准确停车、复合张力调节和自适应厚度控制三个自动化系统三项成果均接近和达到国际水平，1978年获中国科学院重大科技成果奖和全国科学大会重大成果奖。

蒋新松同志是我国人工智能与机器人学研究的开拓者之一。70年代初在国内率先开展人工智能与机器人研究。80年代中期解决了工业机器人的快速轨迹控制和水平机器人的动态定位的难题，研制出我国第一台SZJ示教再现工业机器人（获中科院科技进步二等奖）；指导并主持RECON—IV—SIA（获中科院科技进步二等奖）和第一台HR—I号水下机器人（获中科院科技进步二等奖）；指导并主持RECON—IV—SIA（获中科院科技进步一等奖，国家科技进步二等奖），金鱼号（辽宁省科技进步二等奖），海潜一号（中科院科技进步一等奖，1993年初评）等具有中国特点的水下机器人产品系列的开发，解决了丰满电站，海洋石油开发和国防的急需，并销往美国。在他指导下完成的多种新型工业机器人，特种机器人，国家"863"项目"探索者一号"和"CR—1号"无人无缆水下机器人，把我国水下机器人研究推向世界前沿水平。他重视基础技术研究提出并组建了中科院机器人研究开发工程中心和机器人学开放实验室，成为国内外有影响的机器人学和学术交流基地。为我国机器人研究应用和走向世界作出了重大贡献。

蒋新松同志积极主持并参加国内外机器人，CIMS等学术会议和讲学活动，发表论文30余篇在国内外同行中有较大影响。

统 计 资 料

1-1 国民经济主要指标

指 标	单 位	1990年	1991年	1992年	1993年	1994年	1995年
年末总人口	万人	646.1	650.1	653.2	657.7	662.4	666.8
#市区人口	万人	453.9	457.6	460.9	464.8	468.9	472.8
年末从业人员数	万人	332.2	339.8	343.0	351.9	410.7	392.2
#职工人数	万人	230.3	234.1	235.7	234.9	229.5	225.5
国内生产总值	亿元	210.7	228.7	301.9	425.2	556.3	682.6
第一产业	亿元	23.1	25.4	29.3	34.9	44.6	51.2
第二产业	亿元	107.1	113.4	150.6	199.8	257.2	303.7
第三产业	亿元	80.5	89.9	122.0	167.7	254.5	327.7
人均国内生产总值	元	3 277	3 529	4 663	6 141	8 429	10 272
工农业总产值	亿元	400.2	452.5	558.6	736.6	937.1	1 106.5
工业总产值	亿元	359.8	408.0	507.2	675.1	850.9	1 005.5
轻工业	亿元	131.7	141.2	170.4	212.6	312.4	40.0
重工业	亿元	228.1	266.8	336.8	462.5	538.5	965.5
农业总产值	亿元	40.4	44.5	51.4	61.5	86.2	101.5
国有固定资产投资	亿元	36.4	44.9	66.2	105.1	134.3	121.4
#基本建设	亿元	23.8	26.8	42.0	73.4	90.0	79.7
更新改造	亿元	12.3	17.8	23.6	31.7	44.3	41.7
城镇集体固定资产投资	亿元	3.4	1.6	3.4	2.5	4.2	2.0
社会消费品零售总额	亿元	108.8	117.5	136.4	171.3	223.3	295.4
城乡集体贸易成交额	亿元	30.4	38.5	72.0	108.8	204.9	257.6
外贸出口总额	万美元	33 069	45 220	65 542	70 928	88 763	98 805
地方财政预算内收入	亿元	31.1	31.2	35.1	45.3	29.6	35.6
地方财政预算内支出	亿元	23.1	23.5	25.6	28.3	34.5	45.9
职工工资总额	亿元	52.6	57.5	66.6	78.6	100.9	110.5
职工年平均工资	元	2 309	2 492	2 834	3 345	4 402	4 900
城市居民人均生活费收入	元	1 534	1 696	1 943	2 340	3 098	3 721
城乡居民储蓄年末余额	亿元	106.8	142.1	182.2	230.9	339.3	468.9

注：本表产值均按现价计算。

1-2 国民经济主要指标发展速度

指　　标	以上年为100					
	1990年	1991年	1992年	1993年	1994年	1995年
年末总人口	101.0	100.6	100.5	100.7	100.7	100.7
#市区人口	100.8	100.8	100.7	100.8	100.9	100.8
年末从业人员数	101.1	102.3	100.9	102.6	116.7	95.5
#职工人数	101.1	101.7	100.7	99.7	97.7	98.3
国内生产总值	101.5	104.6	116.8	116.5	112.5	109.9
第一产业	141.1	109.7	115.2	109.1	90.4	103.0
第二产业	95.5	103.9	118.0	118.7	117.4	109.7
第三产业	106.8	104.5	115.7	115.6	111.6	111.7
人均国内生产总值	100.0	103.6	116.1	119.7	129.9	109.2
工农业总产值	103.7	110.5	118.5	120.6	122.9	116.4
工业总产值	102.5	110.6	118.9	121.8	125.2	117.2
轻工业	105.2	105.6	116.9	120.3	141.5	122.7
重工业	100.8	113.4	120.0	122.5	116.9	113.8
农业总产值	129.2	109.8	114.2	109.1	97.8	105.4
国有固定资产投资	90.2	123.4	147.4	158.8	127.8	90.4
#基本建设	81.3	112.6	156.7	174.8	122.6	88.6
更新改造	103.1	144.7	132.6	134.3	139.8	94.1
城镇集体固定资产投资	82.9	47.1	212.5	73.5	168.0	47.6
社会消费品零售总额	108.8	108.0	116.1	125.6	130.4	132.3
城乡集体贸易成交额	114.6	126.6	187.0	151.1	189.7	125.7
外贸出口总额	162.0	136.7	144.9	108.2	125.1	111.3
地方财政预算内收入	90.8	100.3	112.5	129.1	123.2	120.3
地方财政预算内支出	108.0	101.7	108.9	110.5	121.2	133.0
职工工资总额	110.2	109.3	115.8	118.0	128.4	109.5
职工年平均工资	110.5	107.9	113.7	118.0	131.6	111.3
城市居民人均生活费收入	105.6	110.6	114.6	120.4	132.4	120.1
城乡居民储蓄年末余额	139.4	133.1	128.2	126.7	146.9	138.2

注：本表产值指数按可比价格计算。

1-3 国内生产总值

（现行价格）

年份	国内生产总值（亿元）	第一产业	第二产业	第三产业	以国内生产总值为100 第一产业	第二产业	第三产业
1978	43.3	4.2	28.7	10.4	9.7	66.3	24.0
1979	49.6	5.4	32.4	11.8	10.9	65.3	23.8
1980	55.7	6.5	36.3	12.9	11.7	65.0	23.3
1981	54.1	7.5	32.2	14.4	13.9	59.5	26.6
1982	60.3	8.2	37.2	14.9	13.6	61.7	24.7
1983	75.6	12.1	42.3	21.2	16.0	56.0	28.0
1984	90.8	13.5	51.7	25.6	14.9	56.9	28.2
1985	105.1	10.7	63.1	31.3	10.2	60.0	29.8
1986	119.5	11.6	72.1	35.8	9.7	60.3	30.0
1987	145.1	14.6	85.3	45.2	10.0	58.8	31.2
1988	179.2	20.1	99.5	59.6	11.2	55.5	33.3
1989	198.6	16.4	110.4	71.8	8.3	55.6	36.1
1990	210.7	23.1	107.1	80.5	11.3	50.7	38.1
1991	228.7	25.4	113.4	89.9	11.1	49.6	39.3
1992	301.9	29.3	150.6	122.0	9.7	49.9	40.4
1993	402.4	34.9	199.8	167.7	8.7	49.7	41.6
1994	556.3	44.6	257.2	254.5	8.0	46.2	45.8
1995	682.6	51.2	303.7	327.7	7.5	44.5	48.0

1-4 国内生产总值指数

（可比价格） %

年份	以上年为100 国内生产总值	第一产业	第二产业	第三产业	以1978年为100 国内生产总值	第一产业	第二产业	第三产业
1978	117.2	109.0	111.7	138.1				
1979	109.4	107.4	112.0	103.0	109.4	107.4	112.0	103.0
1980	112.2	127.8	110.2	112.3	122.7	137.2	123.5	115.7
1981	92.5	104.0	86.8	103.6	113.5	142.7	107.2	119.8
1982	110.3	105.2	115.6	99.9	125.2	150.1	124.0	119.8
1983	121.3	133.2	111.4	143.2	151.9	200.0	138.1	171.5
1984	116.8	104.7	119.3	116.3	177.4	209.5	164.8	199.5
1985	111.1	71.5	115.2	116.7	197.1	149.8	189.8	232.8
1986	105.7	92.1	108.1	103.5	208.3	137.9	205.2	241.0
1987	112.0	118.7	110.0	115.2	233.4	163.7	225.7	277.6
1988	113.0	112.5	109.4	120.7	263.6	184.2	247.0	335.1
1989	100.9	74.0	98.4	110.9	266.0	136.3	243.0	371.6
1990	101.5	141.1	95.5	106.8	270.0	192.3	232.1	396.9
1991	104.6	109.7	103.9	104.5	282.4	211.0	241.2	414.8
1992	116.8	105.2	118.0	115.7	329.8	243.1	284.6	479.9
1993	116.5	109.1	118.7	115.6	384.2	265.2	337.8	554.8
1994	112.5	90.4	117.4	111.6	432.2	239.7	396.6	619.2
1995	109.9	110.0	108.7	111.5	475.0	240.8	430.5	689.7

1-5 国内生产总值构成项目

（1995年）　　万元

指　　标	增加值	劳动者报　酬	固定资产折　旧	生产税净　额	营业盈余
国内生产总值	6 826 485	4 137 603	610 940	1 143 878	934 064
第一产业	511 600	379 359	20 636	18 486	93 119
1.农业	511 600	379 359	20 636	18 486	93 119
第二产业	3 037 415	1 792 528	262 711	757 979	224 197
2.工业	2 644 793	1 483 275	244 444	720 750	196 324
3.建筑业	392 622	309 253	18 267	37 229	27 873
第三产业	3 277 470	1 965 716	327 593	367 413	616 748
4.农林牧渔服务业	12 507	10 353	1 092	1 109	-47
5.地质勘探业、水利管理业	31 053	20 909	3 059	2 725	4 360
6.交通运输、仓储、邮电通讯业	514 459	286 110	113 741	46 432	68 176
交通运输业和仓储业	429 842	264 338	59 295	39 747	66 462
邮电通讯业	84 617	21 772	54 446	6 685	1 714
7.批发和零售贸易、餐饮业	1 115 211	888 970	51 277	203 126	-28 162
批发和零售贸易业	971 206	778 486	48 003	179 983	-35 266
餐饮业	144 005	110 484	3 274	23 143	7 104
8.金融保险业	619 554	71 920	17 797	50 196	479 641
金融业	178 145	63 888	16 073	46 132	52 052
保险业	23 097	8 032	1 724	4 064	9 277
其他	418 312	–	–	–	418 312
9.房地产业	104 942	51 371	36 750	12 074	4 747
房地产管理业	20 300	8 859	8 428	1 188	1 825
房地产开发业	59 982	42 512	3 662	10 886	2 922
城市居民自有住房	3 998	–	3 998	–	–
农村居民自有住房	20 662	–	20 662	–	–
10.社会服务业	279 874	153 438	42 474	30 927	53 035
11.卫生、体育、社会福利事业	121 857	111 965	9 689	113	90
12.教育、文艺、广播电影电视事业	205 508	159 101	23 033	5 163	18 211
13.科学研究和综合技术服务业	90 862	53 252	13 893	8 495	15 222
14.国家党政机关、社会团体	137 919	123 793	11 496	2 630	–
15.其他	43 724	34 534	3 292	4 423	1 475

注：本表按当年价格计算。

2-1 人口数及构成

（年底数） 人

年份	总人口	按性别分		按农业、非农业分	
		男	女	农业人口	非农业人口
1949	2 932 162	1 543 341	1 388 821	1 785 668	1 146 494
1952	3 285 029	1 748 547	1 536 482	1 754 401	1 530 628
1957	4 241 282	2 216 049	2 025 223	1 555 753	2 485 529
1962	4 096 618	2 245 952	2 120 666	1 823 104	2 543 514
1965	4 833 884	2 486 509	2 347 775	2 031 338	2 802 546
1970	4 883 016			2 529 205	2 353 811
1975	5 171 446			2 684 955	2 486 491
1978	5 389 105	2 853 723	2 661 082	2 741 971	2 647 134
1979	5 537 762	2 803 767	2 733 995	2 682 560	2 855 202
1980	5 651 579	2 859 025	2 792 554	2 616 486	3 035 093
1981	5 759 887	2 929 845	2 830 042	2 613 329	3 146 558
1982	5 884 005	2 992 421	2 891 594	2 625 796	3 258 209
1983	5 953 413	3 028 512	2 924 931	2 613 132	3 330 311
1984	5 999 612	3 051 658	2 947 954	2 585 178	3 414 434
1985	6 063 377	3 084 886	2 978 491	2 549 105	3 514 272
1986	6 146 920	3 131 072	3 015 848	2 550 795	3 596 125
1987	6 233 631	3 175 569	3 058 062	2 554 638	3 678 993
1988	6 311 426	3 214 789	3 096 637	2 516 028	3 794 998
1989	6 398 844	3 257 768	3 141 076	2 545 882	3 852 962
1990	6 460 649	3 282 141	3 178 508	2 572 537	3 888 112
1991	6 500 783	3 302 924	3 197 859	2 557 190	3 943 593
1992	6 531 658	3 316 833	3 214 825	2 548 398	3 983 260
1993	6 576 562	3 340 944	3 235 618	2 525 526	4 051 036
1994	6 623 656	3 361 344	3 262 312	2 519 303	4 104 353
1995	6 667 917	3 384 270	3 283 647	2 517 142	4 150 775

2-2 人口自然变动情况

年 份	出生人口（人）	出生率（‰）	死亡人口（人）	死亡率（‰）	自然增长率（‰）
全市数					
1978	94 007	17.7	27 959	5.3	12.5
1980	86 089	15.4	30 846	5.5	9.9
1981	99 781	17.5	30 111	5.3	12.2
1982	124 347	21.4	32 976	5.7	15.7
1983	82 880	14.0	30 239	5.1	8.9
1984	68 518	11.5	31 538	5.3	6.2
1985	81 526	13.5	34 028	5.6	7.9
1986	90 411	14.8	32 970	5.4	9.2
1987	100 949	16.3	34 202	5.5	10.8
1988	92 244	14.7	35 578	5.6	9.0
1989	86 756	13.7	35 844	5.6	8.0
1990	79 799	12.4	37 894	5.9	6.5
1991	58 894	9.1	36 257	5.6	3.6
1992	59 179	9.1	38 545	5.9	3.2
1993	59 620	9.1	40 411	6.2	2.9
1994	60 310	9.1	41 373	6.3	2.9
1995	53 100	8.0	40 957	6.2	1.8
市区数					
1978	58 282	16.9	17 884	5.2	11.7
1980	52 863	14.0	20 057	5.3	8.7
1981	65 238	16.9	19 875	5.1	11.7
1982	89 803	22.6	21 818	5.5	17.1
1983	61 143	15.1	19 707	4.9	10.2
1984	50 900	12.4	20 842	5.1	7.3
1985	55 851	13.4	22 461	5.4	8.0
1986	64 956	15.3	21 781	5.1	10.2
1987	73 413	17.0	22 870	5.3	11.7
1988	66 761	15.2	24 138	5.5	9.7
1989	59 750	13.4	24 858	5.6	7.8
1990	49 412	10.9	26 600	5.9	5.0
1991	35 312	7.8	25 139	5.5	2.2
1992	38 349	8.4	26 769	5.8	2.5
1993	38 449	8.3	28 449	6.1	2.2
1994	38 199	8.2	29 553	6.3	1.8
1995	32 324	6.9	29 318	6.2	0.6

2-3 按市、县分的人口数

万人

年 份	全 市	市 区	新民市	辽中县	法库县	康平县
1978	539.0	354.4	65.1	47.2	41.9	30.4
1980	565.2	382.6	63.6	46.4	42.2	30.4
1981	576.0	391.8	64.1	46.9	42.5	30.7
1982	588.4	401.8	64.8	47.6	43.4	30.8
1983	595.4	408.3	64.9	47.9	43.1	31.1
1984	600.0	413.5	64.8	47.9	42.7	31.1
1985	606.3	420.1	64.7	47.9	42.7	30.9
1986	614.6	428.5	64.6	48.0	42.7	30.8
1987	623.3	436.9	64.7	48.1	42.8	30.8
1988	631.1	444.1	64.8	48.2	43.0	31.0
1989	639.8	450.2	65.6	48.7	43.5	31.8
1990	646.1	453.9	66.8	49.6	43.8	31.9
1991	650.1	457.6	66.8	49.8	43.9	32.0
1992	653.2	460.9	66.8	49.7	43.8	32.0
1993	657.7	464.8	66.8	49.9	44.0	32.1
1994	662.4	468.9	66.9	50.0	44.1	32.5
1995	666.8	472.8	67.0	50.2	44.1	32.7

2-4 分地区土地面积、户数和人口数

(1995年末)

	土地面积(平方公里)	户数(户)	人口数(人)	每平方公里人口密度(人)
全 市	**12 980**	**2 019 456**	**6 667 919**	**514**
市区	**3 495**	**1 458 397**	**4 728 143**	**1 353**
和平	21.4	197 437	631 757	29 521
沈河	17.6	189 282	586 830	33 343
大东	48.5	194 493	617 883	12 740
皇姑	36.5	206 245	668 649	18 319
铁西	39.3	229 513	739 444	18 815
苏家屯	776.6	124 288	412 892	532
东陵	931.3	122 053	404 086	434
新城子	849.0	86 278	297 817	351
于洪	774.8	108 808	368 785	476
市辖县(市)	**9 485**	**561 059**	**1 939 774**	**205**
新民	3 352.5	191 517	669 652	200
辽中	1 667.5	155 900	501 998	301
法库	2 290	123 524	441 166	193
康平	2 175	90 118	326 958	150

2-5 全社会从业人员数

(年末数) 万人

	1990年	1991年	1992年	1993年	1994年	1995年
全社会从业人员总数	332.2	339.8	343.0	351.9	389.2	392.2
按三次产业分						
第一产业	72.0	76.2	73.3	72.0	94.2	107.0
第二产业	165.5	165.6	165.4	164.3	156.2	167.0
#工业	143.8	144.4	143.6	140.9	137.9	147.5
第三产业	94.7	98.0	104.3	115.6	138.8	118.2
#交通运输,邮电通信业	14.5	14.2	15.0	15.7	22.6	13.7
批发零售贸易餐饮业	35.5	37.5	40.7	48.1	62.2	49.5
房地产、社会服务业	9.4	10.2	10.1	10.5	18.0	19.1
科研、综合技术服务业	4.2	4.4	4.7	5.0	5.2	4.6
教育文化艺术卫生福利	17.8	18.5	18.7	19.0	18.6	18.5
机关、政党社会团体	9.4	9.5	9.8	9.0	7.5	7.6
按就业身份分						
全部职工	230.5	234.1	235.7	234.9	229.5	225.5
#国有职工	146.9	148.9	148.1	146.8	137.6	139.6
集体职工	75.4	76.0	77.5	77.2	72.8	66.8
农村从业人员	93.6	96.6	96.1	95.5	102.3	102.5
城镇个体和私营人员	8.6	9.1	11.2	14.2	48.3	60.1
其他从业人员				7.3	9.1	4.1

2-6 职工人数按行业分

(年末数) 万人

	1990年	1991年	1992年	1993年	1994年	1995年
总计	230.45	234.16	235.67	234.95	229.54	225.54
第一产业	3.52	3.79	3.68	4.03	3.36	2.54
第二产业	146.87	147.81	146.94	142.13	138.17	135.57
#工业	128.67	129.57	127.86	123.74	119.78	118.48
建筑业	17.78	17.79	18.63	17.81	17.74	16.33
第三产业	80.06	82.57	85.05	88.78	88.02	87.43
#房产公用服务	8.41	8.60	9.15	10.28	10.46	11.21
卫生体育福利	4.97	5.29	5.30	5.22	5.62	5.24
教育文化广播	11.96	12.10	12.16	12.21	12.40	12.74
科研技术服务	4.21	4.36	4.52	4.83	4.99	4.45
金融保险	2.08	2.18	2.33	2.58	2.59	2.87
机关及其他	7.92	8.12	8.03	7.98	8.22	8.15

3-1 全部工业企业单位数及工业总产值

指　　　标	单　位	1995年	1994年	1995年为1994年(%)
工业企业单位数	个	40 774	49 528	82.33
#乡及乡以上	个	7 878	8 120	97.02
国有	个	969	980	98.88
集体	个	6 453	6 236	103.48
其他经济类型	个	456	904	50.44
#三资	个	387	295	76.23
村及村以下	个	32 896	41 408	79.44
村办	个	6 361	5 095	124.85
城镇联营	个	12	4	300.00
农村联营	个	88	188	46.81
城镇个体	个	1 837	4 791	38.34
农村个体	个	24 598	31 330	78.51
全部工业总产值(90年不变价)	万元	8 614 551	7 347 682	117.24
轻工业	万元	3 461 186	2 820 132	122.73
重工业	万元	5 153 365	4 527 550	113.82
#乡及乡以上	万元	5 430 508	4 964 142	109.39
国有	万元	2 047 189	2 108 832	97.08
集体	万元	2 140 679	1 714 428	124.86
其他经济类型	万元	1 242 640	1 140 882	108.92
#三资	万元	666 378	430 929	154.64
村及村以下	万元	3 184 043	2 383 590	133.58
村办	万元	1 381 736	1 160 334	119.08
城镇联营	万元	657	757	86.79
农村联营	万元	4 601	22 679	20.29
城镇个体	万元	283 864	178 379	159.14
农村个体	万元	1 513 185	1 021 441	148.14
大型	万元	2 454 260	2 168 882	113.16
中型	万元	601 928	555 238	108.41
小型	万元	5 558 363	4 623 562	120.22
#乡属工业	万元	745 984	534 294	139.62
全部工业总产值(现价)	万元	10 055 079	8 508 995	117.24
轻工业	万元	399 795	3 124 186	122.73
重工业	万元	9 655 284	5 384 809	113.82
#乡及乡以上	万元	6 717 845	6 031 766	109.39
国有	万元	2 898 355	2 848 789	97.08
集体	万元	2 318 922	1 844 695	124.86
其他经济类型	万元	1 500 568	1 338 281	108.92
#三资	万元	814 807	484 378	154.64
村及村以下	万元	3 337 234	2 477 229	133.58
村办	万元	1 448 505	1 204 141	119.08
城镇联营	万元	698	70	86.79
农村联营	万元	4 823	10 929	20.29
城镇个体	万元	293 237	186 956	159.14
农村个体	万元	1 589 971	1 075 133	148.14
大型	万元	3 292 880	2 863 371	113.16
中型	万元	745 933	750 825	108.41
小型	万元	6 016 266	4 894 799	120.22
#乡属工业	万元	832 260	557 826	139.62

3-2 全部乡及乡以上工业企业单位数及工业总产值、工业销售产值

（1995年）　　万元

指　　标	企业及单位数（个）	工业总产值		工业销售产值
		按1990年不变价格计算	按当年价格计算	按当年价格计算
总　　计	7 878	5 430 508	6 717 845	6 296 701
在总计中：				
国有经济	969	2 047 189	2 898 355	2 781 544
中央企业	178	628 753	954 892	916 407
地方企业	789	1 418 436	1 943 463	1 865 137
省属企业	55	43 953	64 923	62 307
地属企业	468	1 248 069	1 681 394	1 613 629
县(旗)属企业	266	126 414	197 146	189 201
集体经济	6 453	2 140 679	2 318 922	2 077 241
省属企业	65	5 630	6 192	5 546
地属企业	429	328 980	356 442	319 293
县(旗)属企业	1 537	430 919	464 434	416 030
街道企业	1 589	328 380	339 235	303 880
镇属企业	108	60 538	62 379	55 878
乡属企业	1 423	745 984	832 260	745 521
其他	1 302	240 248	257 980	231 093
私营经济	11	3 479	4 097	3 926
联营经济	62	77 429	87 498	83 845
股份制经济	61	472 589	598 006	573 038
外商投资经济	187	379 987	411 951	394 751
中外合资经营企业	151	302 670	325 953	312 344
中外合作经营企业	5	24 405	32 637	31 275
外资企业	31	52 912	53 361	51 132
港、澳、台投资经济	135	309 156	399 016	382 356
与大陆合资经营企业	115	297 712	386 291	370 163
与大陆合作经营企业	4	4 747	5 747	5 507
港、澳、台独资企业	16	6 697	6 978	6 686
在总计中：				
"三资"企业	387	666 378	814 807	763 727
在总计中：				
轻工业	3 157	1 806 033	2 236 196	2 060 705
以农业产品为原料	1 793	989 471	1 344 110	1 238 628
以非农业产品为原料	1 364	816 562	892 086	822 077
重工业	4 721	3 624 475	4 481 649	4 235 996
采掘工业	93	44 001	79 460	75 104
原料工业	635	767 338	1 193 508	1 128 088
加工业	3 993	2 813 136	3 208 681	3 032 804
在总计中：				
大型企业	134	2 454 260	3 292 880	2 980 222
中型企业	216	601 928	745 933	675 102
小型企业	7 528	2 374 320	2 679 032	2 641 377

3-3 各行业工业总产值及指数

（乡及乡以上工业）

	现价工业总产值(万元)				1995年为下列年指数(%)		
	1992年	1993年	1994年	1995年	1992年	1993年	1994年
总　计	**4 038 424**	**5 169 249**	**6 031 766**	**6 717 845**	**142.2**	**124.8**	**109.4**
一.采掘业	**53 327**	**64 581**	**69 552**	**80 077**	**112.6**	**117.2**	**115.6**
#煤炭采选	46 130	53 850	55 594	57 035	159.2	84.6	102.2
非金属矿采选	6 885	9 148	11 750	20 557	258.6	2.07	169.2
二.制造业	**3 866 091**	**4 980 096**	**5 759 885**	**6 404 658**	**142.4**	**124.1**	**108.9**
食品加工与制造	178 725	186 648	326 911	476 832	94.0	175.6	122.9
饮料	78 774	81 535	118 806	193 138	226.5	221.1	141.8
烟草加工	25 089	17 487	22 318	31 775	119.7	183.5	151.1
纺织	158 585	169 974	212 089	230 691	109.6	114.8	103.6
服装及化纤制品	79 677	75 107	87 865	95 931	112.1	105.8	100.4
皮革毛皮羽绒制品	24 981	34 712	46 147	35 537	107.4	99.7	73.1
木材加工竹藤棕草制品	7 905	23 618	33 725	58 781	283.7	129.9	178.8
家具	9 251	6 988	11 627	22 236	104.3	282.4	169.4
造纸及纸制品	48 301	43 864	46 185	69 261	107.4	123.5	128.4
印刷	51 293	56 294	71 209	84 443	144.6	135.1	111.0
文教体育用品	5 030	6 128	15 004	16 392	286.4	238.6	100.1
石油加工及炼焦	15 503	35 300	43 730	45 749	291.9	119.3	97.1
化学原料及化学制品	199 207	221 443	252 012	336 698	134.9	128.3	118.9
医药制造	180 163	227 749	318 199	264 414	126.6	102.0	75.9
化学纤维	1 004	1 210	1 201	806	63.1	50.9	52.0
橡胶制品	124 010	156 002	137 675	151 555	99.8	81.1	100.7
塑料制品	36 261	45 305	55 096	76 315	180.9	150.6	126.5
非金属矿物制品	143 253	206 884	234 348	227 130	132.6	119.2	100.5
黑色金属冶炼与加工	163 369	321 006	328 530	246 411	129.2	96.6	82.2
有色金属冶炼与加工	288 669	377 759	359 732	466 218	116.1	105.8	116.1
金属制品	161 728	267 455	332 823	348 119	193.7	145.6	107.3
普通与专用设备制造	714 628	891 595	1 062 064	1 107 975	136.6	123.6	102.2
交通运输设备	598 023	752 479	739 830	798 080	122.9	110.2	106.8
电气机械器材	428 265	564 657	676 630	730 700	149.7	118.8	110.1
电子及通讯设备	60 194	90 399	118 497	176 343	311.3	201.6	152.8
仪器仪表文化办公用机械制造业	28 098	32 740	29 165	45 077	155.2	140.6	159.5
其他制造业	46 107	32 461	47 822	68 051	171.7	89.1	166.3
三.电力煤气及水的生产和供应业	**119 006**	**124 382**	**202 330**	**233 110**	**146.6**	**166.3**	**129.1**
电力蒸气热水	81 124	71 810	152 401	172 985	177.2	217.1	140.6
煤气	20 913	29 469	25 989	30 902	86.5	94.7	102.8
自来水	16 969	23 103	23 940	29 223	126.1	112.9	109.4

注：指数按可比价格计算。

3-4 主要工业产品产量

年份	自行车（万辆）	电视机（万部）	#彩电	电风扇（万台）	电熨斗（万个）	灯泡（万只）	日用精铝制品（吨）	压力锅（万口）
1978	46.03	1.26		5.43	2.78	2 513	2 456	13.50
1979	52.50	3.94		3.71	4.12	2 827	3 236	25.30
1980	62.00	4.98		14.07	20.20	3 299	3 673	30.00
1981	78.24	10.55		20.67	30.43	3 466	3 731	41.00
1982	98.44	11.16		16.20	50.12	3 824	3 890	44.00
1983	106.93	12.56		18.84	73.12	4 444	3 692	57.00
1984	86.26	19.43	0.27	25.04	86.26	5 373	4 241	75.00
1985	92.02	22.88	3.97	35.79	76.28	4 975	3 946	92.01
1986	97.75	11.47	1.33	44.09	73.16	5 817	4 471	105.01
1987	106.51	17.16	4.57	32.14	69.56	6 229	4 930	127.41
1988	91.50	16.60	7.58	27.92	45.06	6 865	4 810	154.82
1989	71.00	22.52	9.56	36.76	36.60	6 710	4 034	126.23
1990	46.50	18.60	10.77	44.90	35.10	6 819	4 116	121.70
1991	40.14	9.48	6.89	42.57	25.16	8 502	4 352	127.31
1992	40.50	11.80	5.90	20.50	21.38	8 990	4 988	162.27
1993	51.47	5.93	2.46	13.90	10.67	2 956	5 174	174.69
1994	29.56	14.67	2.01	15.88	10.46	30 307	4 107	107.91
1995	0.16	6.69	1.30	17.94	5.15	30 700	2 616	82.34

3-4 续表 1

年份	机制纸及纸板（吨）	卷烟（万箱）	白酒（吨）	啤酒（吨）	味精（吨）	肥皂（吨）	合成洗涤剂（吨）	皮鞋（万双）
1978	84 370	19.11	11 948	41 734	2 721	19 647	6 816	361.40
1979	89 155	19.80	14 045	50 069	3 156	22 096	9 176	326.86
1980	98 210	25.50	17 351	60 259	3 460	25 935	9 352	408.38
1981	98 689	28.35	23 443	68 958	3 900	28 625	10 415	466.30
1982	100 941	27.59	26 562	72 256	4 500	28 713	13 035	449.42
1983	110 787	19.84	24 436	77 341	4 800	26 685	16 025	459.60
1984	120 479	20.26	25 678	93 245	4 933	26 472	18 763	522.60
1985	135 064	21.98	28 643	111 834	5 326	25 801	22 870	569.49
1986	136 997	22.03	33 762	116 388	5 449	27 495	24 010	578.29
1987	129 858	24.10	40 053	122 150	6 052	30 138	28 498	663.82
1988	129 662	26.51	45 650	132 191	7 917	28 253	26 848	736.40
1989	127 953	28.10	44 553	157 724	7 447	27 902	27 810	407.80
1990	124 469	24.20	64 242	185 726	9 508	27 520	28 766	418.80
1991	107 931	18.50	65 999	210 969	9 714	24 372	23 358	438.31
1992	116 536	19.52	82 263	291 742	12 455	18 717	24 877	1 012.39
1993	185 100	13.18	57 900	311 400	12 850	9 560	21 807	1 217.13
1994	116 519	15.50	88 858	365 459	41 921	10 131	25 990	938.05
1995	122 916	20.10	69 566	345 145	16 991	10 469	26 130	1 155.92

3-4 续表 2

年 份	输送机械（吨）	气体压缩机（台）	风机（台）	工业泵（台）	高中压阀门（吨）	金属切削机床（台）	锻压机械（台）	交流电动机（万千瓦）
1978	13 540	2 558	12 659	9 933	5 035	7 362	471	138.20
1979	15 288	2 092	13 863	10 910	4 786	8 275	400	158.40
1980	8 930	2 245	14 510	13 320	4 296	9 817	600	129.40
1981	7 035	1 530	16 939	14 106	3 452	9 539	518	90.00
1982	7 455	1 937	18 472	18 611	4 455	9 599	549	100.90
1983	10 720	2 188	20 590	23 572	4 872	10 647	583	118.40
1984	17 901	2 496	23 302	23 696	5 698	11 442	699	138.60
1985	11 766	5 782	19 549	23 465	6 450	11 356	816	148.00
1986	12 861	3 023	21 739	22 188	6 154	11 857	743	162.00
1987	15 720	3 566	18 965	22 861	6 256	12 162	691	197.20
1988	20 513	5 161	38 127	27 797	6 629	13 043	583	204.65
1989	17 263	3 525	37 200	29 200	4 918	13 656	400	187.20
1990	11 076	2 731	23 600	25 500	7 463	10 013	281	170.00
1991	12 820	3 728	9 900	35 900	6 556	11 458	337	175.00
1992	15 910	5 246	12 854	27 649	5 865	13 537	450	219.07
1993	11 948	13 121	8 900	28 000	5 445	14 950	461	239.32
1994	25 523	9 002	6 432	35 347	7 499	11 576	221	241.84
1995	18 063	15 730	15 456	25 603	11 031	9 294	650	206.74

3-4 续表 3

年 份	变压器（万千伏安）	高压断路器（台）	电力电缆（公里）	钢芯铝绞线（吨）	汽车（辆）	滚动轴承（万套）	原煤（万吨）	发电量（万千瓦小时）
1978	1 255	3 551	10 700	12 108	784	109.7	521.1	34 059
1979	1 449	2 518	11 508	11 815	1 443	116.5	578.3	27 982
1980	1 140	1 247	15 191	11 354	4 032	124.1	586.0	29 489
1981	508	1 222	12 444	11 603	2 518	121.7	505.4	26 995
1982	388	1 013	12 552	11 816	4 680	157.0	514.5	22 868
1983	870	1 113	12 904	17 550	7 435	173.3	505.5	26 227
1984	1 017	1 945	14 395	18 458	12 784	166.2	532.1	32 143
1985	1 330	3 715	15 534	22 062	25 306	125.8	564.1	51 587
1986	1 422	3 005	15 853	24 442	26 499	158.5	541.9	58 879
1987	1 699	2 929	19 266	23 709	34 805	179.2	492.7	63 200
1988	1 878	2 992	13 441	16 896	51 382	181.7	524.3	70 093
1989	1 832	2 100	13 715	24 954	45 044	200.5	580.2	80 540
1990	1 336	1 511	18 752	18 307	22 572	190.2	608.8	96 561
1991	1 472	1 687	13 724	21 219	39 167	201.1	613.5	260 873
1992	1 671	1 962	21 171	13 640	53 356	174.2	653.8	377 982
1993	1 998	1 900	14 922	17 004	43 404	131.0	488.5	346 500
1994	2 805	1 230	17 560	9 283	28 864	72.8	467.6	346 900
1995	2 265	2 761	54 156	5 650	21 541	123.4	383.2	475 859

3-4 续表 4

年 份	煤气生产量（万立方米）	钢（万吨）	成品钢材（万吨 ）	铜（吨）	铅（吨）	锌（吨）	铜 材（吨）	铝 材（吨）
1978	21 447	26.21	42.68	46 153	48 070	20 727	23 365	3 622
1979	21 825	23.93	47.55	50 259	47 778	21 513	23 612	4 479
1980	21 978	22.86	51.41	56 618	52 294	17 690	21 618	4 700
1981	23 832	19.43	43.72	51 939	56 329	17 723	22 022	3 881
1982	25 347	21.45	43.32	48 651	58 815	17 235	24 198	4 455
1983	26 812	26.37	42.32	41 121	58 976	15 960	26 015	4 748
1984	28 584	30.59	42.35	49 553	58 202	18 567	27 914	6 489
1985	26 220	32.20	46.86	56 562	54 643	20 109	31 281	7 638
1986	11 587	32.69	42.63	58 241	55 031	17 302	32 750	16 817
1987	10 751	34.26	47.94	57 623	61 114	16 939	33 415	19 016
1988	33 586	37.36	50.46	45 687	69 438	16 471	32 450	16 000
1989	34 469	35.29	48.61	50 226	68 823	14 486	33 382	17 639
1990	17 008	38.60	49.20	54 897	62 970	15 146	26 472	17 519
1991	37 542	40.43	51.59	54 687	55 904	17 510	28 805	17 257
1992	37 750	44.95	52.23	57 141	60 054	17 205	27 527	19 088
1993	30 712	47.86	58.30	53 143	64 816	17 254	28 520	18 367
1994	36 235	37.32	72.46	54 170	68 590	14 968	22 919	27 615
1995	26 683	24.25	38.17	51 700	56 701	14 250	25 578	24 674

3-4 续表 5

年 份	焦 炭（万吨）	硫 酸（万吨）	油 漆（吨）	轮胎外胎（万条）	水 泥（万吨）	平板玻璃（万重量箱）	砖（亿块）	卫生陶瓷（万件）
1978	27.19	8.34	15 094	19.00	13.77	168.5	7.02	21.00
1979	26.20	9.70	17 896	22.60	18.09	167.8	8.53	22.50
1980	26.52	12.37	19 886	21.20	20.46	156.9	10.35	24.40
1981	26.43	11.66	18 814	15.60	19.19	170.0	12.61	28.90
1982	27.95	13.47	20 682	16.00	22.99	143.8	16.15	29.40
1983	30.68	11.89	23 263	25.20	23.63	169.9	16.20	30.20
1984	30.89	14.23	29 754	30.50	25.66	177.0	18.11	26.60
1985	31.41	9.13	25 855	37.40	29.30	151.4	21.61	30.90
1986	26.60	10.24	26 644	39.90	36.61	176.5	24.90	30.30
1987	23.17	9.82	28 800	48.30	42.56	182.6	28.82	30.30
1988	28.83	9.95	27 924	58.77	47.80	88.6	32.80	23.87
1989	27.88	10.39	21 544	66.13	41.40	178.5	25.39	27.70
1990	29.69	8.70	23 813	67.30	35.51	212.9	24.81	31.20
1991	28.32	57.61	24 855	75.34	45.73	286.5	23.40	22.75
1992	29.35	8.65	29 288	98.83	72.83	417.1	25.68	33.77
1993	30.17	6.00	23 134	102.59	83.58	457.8	25.00	31.57
1994	29.42	5.80	33 763	72.10	88.22	427.9	34.98	24.27
1995	28.01	7.92	22 311	39.91	73.48	270.4	20.83	16.57

3-5 全部乡及乡以上独立核算工业企业主要财务状况指标

（1995年） 万元

指标	企业单位数（个）	亏损企业	工业总产值（当年价格新规定）	工业总产值（不变价格新规定）	工业增加值（生产法）
总计	7 350	1 873	5 282 673.2	4 706 214.4	1 288 686.7
在总计中：					
国有经济	773	293	2 431 200.2	2 077 827.2	545 458.2
中央企业	116	38	798 953.1	636 696.8	209 114.9
地方企业	655	253	1 632 183.8	1 441 068.1	336 321.0
省属企业	41	21	39 073.0	32 363.1	8 176.0
地属企业	404	154	1 451 430.5	1 295 818.1	303 558.5
县(旗)属企业	210	78	141 680.3	112 886.9	24 586.5
集体经济	6 133	1 389	1 610 361.6	1 536 319.6	447 512.6
省属企业	59	34	4 535.9	4 008.8	708.3
地属企业	368	130	233 844.6	235 914.1	66 501.5
县(旗)属企业	1 486	344	321 398.7	305 343.1	93 874.6
街道企业	1 589	91	245 927.8	237 612.0	73 897.6
镇属企业	104	28	45 295.3	45 577.6	11 299.6
乡属企业	1 412	388	571 187.8	534 670.8	139 780.9
其他	1 114	373	180 089.3	170 121.2	60 284.3
私营经济	11	5	3 344.8	3 063.4	907.3
联营经济	62	22	72 131.2	68 412.1	14 553.9
股份制经济	50	15	488 749.3	419 270.4	107 464.3
外商投资经济	186	79	351 216.2	331 696.4	78 545.2
中外合资经营企业	150	59	272 785.4	262 562.3	67 308.3
中外合作经营企业	5	0	29 578.7	22 030.2	4 360.3
外资企业	31	20	48 852.1	47 103.9	6 876.6
港、澳、台投资经济	135	70	325 669.9	269 625.3	94 245.2
与大陆合资经营企业	115	57	315 762.8	259 373.8	93 283.7
与大陆合作经营企业	4	2	4 654.1	4 213.6	525.0
港、澳、台独资企业	16	11	5 253.0	6 037.9	435.0
在总计中：					
乡属企业	1 475	418	619 886.6	578 993.0	147 324.6
在总计中：					
轻工业	2 923	771	1 711 584.5	1 498 737.3	366 835.5
以农产品为原料	1 623	442	1 000 015.6	791 541.7	184 180.5
以非农产品为原料	1 300	329	711 568.9	707 195.6	182 655.0
重工业	4 427	1 102	3 571 088.7	3 207 477.1	921 851.2
采掘工业	90	18	70 452.2	41 499.2	18 382.4
原料工业	598	178	868 086.9	655 511.3	215 971.1
加工工业	3 739	906	2 632 549.6	2 510 466.6	687 497.7
在总计中：					
大型企业	134	53	2 627 278.4	2 207 999.9	605 447.6
中型企业	216	83	593 775.8	532 137.2	129 519.2
小型企业	7 000	1 737	2 061 619.0	1 966 077.3	553 719.9

3-5 续表 1

万元

指标	工业中间投入	资本金合计	外商资本金	流动资产总计	产成品
总计	4 222 216.0	2 586 179.1	254 212.6	5 816 759.9	783 632.4
在总计中：					
国有经济	2 006 086.1	1 450 159.5	40 689.2	3 226 359.8	385 675.2
中央企业	642 039.9	522 071.5	12 261.8	847 592.8	68 764.9
地方企业	1 364 005.2	927 990.9	28 427.4	2 378 694.0	316 910.3
省属企业	32 813.2	20 358.2	-	40 082.1	5 318.7
地属企业	1 209 790.2	837 261.7	28 427.4	2 191 006.8	286 829.3
县(旗)属企业	121 401.8	70 371.0	-	147 605.1	24 762.3
集体经济	1 220 043.3	428 804.7	1 339.6	1 187 306.8	243 306.8
省属企业	4 013.4	1 992.4	0.0	5 203.8	1 471.0
地属企业	176 480.7	105 965.6	389.5	291 447.6	57 542.8
县(旗)属企业	239 707.5	101 444.3	100.7	264 816.4	46 347.4
街道企业	181 081.5	49 768.2	162.0	143 739.1	22 517.4
镇属企业	35 194.0	9 646.2	0.0	19 316.3	5 907.0
乡属企业	447 525.4	101 431.6	680.2	282 730.5	75 534.2
其他	128 848.6	58 320.1	7.2	177 707.1	33 987.0
私营经济	2 576.4	2 211.0	0.0	2 669.0	211.3
联营经济	59 738.7	39 876.5	310.2	123 004.4	26 369.0
股份制经济	405 725.6	278 897.6	19 310.3	749 235.6	55 232.1
外商投资经济	281 640.2	168 383.8	87 477.8	229 433.9	27 099.3
中外合资经营企业	213 912.2	143 507.6	63 363.9	195 053.4	23 958.1
中外合作经营企业	25 458.6	4 315.0	3 552.7	11 856.6	491.4
外资企业	42 269.4	20 561.2	20 561.2	22 523.9	2 649.8
港、澳、台投资经济	246 405.7	217 846.0	105 085.5	298 750.4	45 738.7
与大陆合资经营企业	237 316.8	209 097.1	98 220.7	287 582.7	44 253.6
与大陆合作经营企业	4 236.2	3 011.5	1 222.4	5 567.4	783.6
港、澳、台独资企业	4 852.7	5 737.4	5 642.4	5 600.3	701.5
在总计中：					
乡属企业	489 347.1	132 778.6	12 840.9	311 821.3	82 003.3
在总计中：					
轻工业	1 397 883.1	738 670.3	145 109.3	1 693 667.7	242 839.3
以农产品为原料	843 732.8	411 174.0	89 629.3	892 903.4	113 656.3
以非农产品为原料	554 150.3	327 496.3	55 480.0	800 764.3	129 183.0
重工业	2 824 332.9	1 847 508.8	109 103.3	4 123 092.2	540 793.1
采掘工业	56 270.1	120 879.6	0.0	100 519.5	7 626.6
原料工业	711 219.1	395 343.9	34 539.6	795 040.2	88 822.4
加工工业	2 056 843.7	1 331 285.3	74 563.7	3 227 532.5	444 344.1
在总计中：					
大型企业	2 156 906.5	1 583 726.2	129 575.8	3 440 582.3	346 549.1
中型企业	490 994.6	314 510.0	30 209.8	849 585.4	137 532.9
小型企业	1 574 314.9	687 942.9	94 427.0	1 526 592.2	299 550.4

3-5 续表 2 万元

指　　标	流动资产年平均余额	长期投资	固定资产合　计	固定资产原　价	生产经营用
总　　计	**5 645 217.1**	**281 433.6**	**5 166 924.2**	**6 104 567.8**	**3 964 971.0**
在总计中：					
国有经济	3 199 545.4	157 287.4	3 578 875.6	4 332 682.7	2 513 903.7
中央企业	903 547.8	48 995.3	1 116 120.0	1 468 760.4	885 070.7
地方企业	2 295 923.6	108 292.1	2 462 672.7	2 863 825.2	1 628 747.4
省属企业	35 794.3	2 663.8	33 920.4	47 949.4	34 592.1
地属企业	2 125 767.4	97 945.3	2 304 667.7	2 673 515.7	1 495 650.1
县(旗)属企业	134 361.9	7 683.0	124 084.6	142 360.1	98 505.2
集体经济	1 123 430.7	34 706.9	468 404.1	591 292.8	501 220.7
省属企业	5 249.0	131.8	1 771.3	2 285.3	1 853.1
地属企业	293 392.9	12 940.8	112 287.5	157 104.6	130 503.3
县(旗)属企业	246 952.7	8 761.7	105 743.9	122 437.6	103 569.4
街道企业	125 616.8	2 735.5	34 680.0	39 216.7	32 698.4
镇属企业	18 031.9	214.0	12 968.0	15 689.9	14 512.4
乡属企业	262 893.9	7 348.8	154 610.4	186 881.6	160 578.5
其他	168 179.8	2 439.4	46 190.9	67 469.2	57 297.7
私营经济	2 385.1	1.0	1 336.8	1 697.5	1 292.7
联营经济	117 864.2	5 508.6	103 133.1	123 716.5	67 594.9
股份制经济	734 348.4	65 924.6	526 857.6	535 383.9	392 429.0
外商投资经济	202 521.6	13 660.4	201 690.0	199 976.2	186 377.2
中外合资经营企业	173 515.5	13 409.3	177 884.2	173 178.2	160 382.5
中外合作经营企业	9 290.7	55.1	5 116.2	5 973.2	5 903.1
外资企业	19 715.4	196.0	18 689.6	20 824.8	20 091.6
港、澳、台投资经济	265 121.7	4 344.7	286 627.0	319 818.2	302 152.8
与大陆合资经营企业	257 455.3	4 342.7	279 723.6	312 195.9	297 764.5
与大陆合作经营企业	3 140.7	0.0	2 218.2	2 343.4	2 155.0
港、澳、台独资企业	4 525.7	2.0	4 685.2	5 278.9	2 233.3
在总计中：					
乡属企业	288 712.0	7 439.4	181 826.8	213 812.7	184 826.2
在总计中：					
轻工业	1 564 832.5	78 879.1	1 374 074.9	1 553 939.7	1 036 379.8
以农产品为原料	821 402.2	32 390.9	723 700.0	839 383.3	550 536.0
以非农产品为原料	743 430.3	46 488.2	650 374.9	714 556.4	485 843.8
重工业	4 080 384.6	202 554.5	3 792 849.3	4 550 628.1	2 928 591.2
采掘工业	98 847.1	2 075.0	255 780.4	341 087.8	181 883.6
原料工业	818 733.7	51 380.1	1 019 930.8	1 189 294.4	877 446.5
加工工业	3 162 803.8	149 099.4	2 517 138.1	3 020 245.9	1 869 261.1
在总计中：					
大型企业	3 421 796.0	206 886.8	3 701 591.1	4 363 813.1	2 736 996.4
中型企业	813 411.2	32 139.1	707 358.6	850 160.6	510 131.2
小型企业	1 410 009.9	42 407.7	757 974.5	890 594.1	717 843.4

3-5 续表 3 万元

指　　标	累计折旧	本年折旧	固定资产净　值	固定资产净值平均余额	无形资产合　计
总　　计	**1 632 499.6**	**204 810.4**	**4 472 068.2**	**3 260 540.3**	**104 581.6**
在总计中：					
国有经济	1 190 873.1	130 817.5	3 141 809.6	2 084 534.2	43 326.4
中央企业	494 207.2	55 850.0	974 553.2	718 003.8	2 210.5
地方企业	696 648.2	74 966.5	2 167 177.0	1 366 453.2	41 115.9
省属企业	18 443.3	2 329.3	29 506.1	23 454.1	723.2
地属企业	648 211.2	69 014.1	2 025 304.5	1 257 978.6	37 005.8
县(旗)属企业	29 993.7	3 623.1	112 366.4	85 020.5	3 386.9
集体经济	184 897.7	33 500.6	406 395.1	388 158.4	6 991.2
省属企业	762.9	226.1	1 522.4	1 410.7	0.0
地属企业	66 684.5	6 397.0	90 420.1	84 422.7	1 469.8
县(旗)属企业	33 722.4	6 319.3	88 715.2	84 066.1	3 458.7
街道企业	8 249.9	2 052.3	30 966.8	26 885.6	697.5
镇属企业	3 319.2	942.5	12 370.7	12 396.3	80.2
乡属企业	47 389.7	12 706.1	139 491.9	138 736.3	1 172.5
其他	24 713.2	4 840.1	42 756.0	40 051.3	112.5
私营经济	406.8	78.5	1 290.7	1 186.2	110.3
联营经济	32 480.6	2 601.0	91 235.9	59 030.4	661.9
股份制经济	138 884.1	4 826.8	396 499.8	338 826.0	27 187.2
外商投资经济	36 672.6	13 485.1	163 303.6	134 858.7	13 127.0
中外合资经营企业	32 182.6	10 980.4	140 995.6	116 268.7	12 337.6
中外合作经营企业	860.4	491.6	5 112.8	5 006.6	0.0
外资企业	3 629.6	2 013.1	17 195.2	13 583.4	789.4
港、澳、台投资经济	48 284.7	19 500.9	271 533.5	253 946.4	13 177.6
与大陆合资经营企业	47 354.5	18 995.4	264 841.4	248 433.9	12 921.3
与大陆合作经营企业	336.5	131.5	2 006.9	1 335.9	98.2
港、澳、台独资企业	593.7	374.0	4 685.2	4 176.6	158.1
在总计中：					
乡属企业	50 471.5	14 195.1	163 341.2	161 972.7	3 023.0
在总计中：					
轻工业	348 642.0	57 254.1	1 205 297.7	843 056.7	31 874.3
以农产品为原料	182 860.6	29 184.0	656 522.7	469 199.0	15 458.6
以非农产品为原料	165 781.4	28 070.1	548 775.0	373 857.7	16 415.7
重工业	1 283 857.6	147 556.3	3 266 770.5	2 417 483.6	72 707.3
采掘工业	94 545.1	5 966.4	246 542.7	181 347.3	412.5
原料工业	328 963.3	53 409.7	860 331.1	697 005.7	5 014.7
加工工业	860 349.2	88 180.2	2 159 896.7	1 539 130.6	67 280.1
在总计中：					
大型企业	1 166 396.8	132 468.1	3 197 416.3	2 640 639.0	71 731.1
中型企业	226 602.1	24 948.1	623 558.5	41 666.6	8 520.4
小型企业	239 500.7	47 394.2	651 093.4	578 234.7	24 330.1

3-5 续表 4

万元

指标	递延资产合计	年末负债合计	流动负债	流动负债平均余额	长期负债
总计	274 500.0	7 875 298.2	5 996 281.0	5 594 090.2	1 849 584.9
在总计中：					
国有经济	202 803.8	4 789 887.4	3 596 137.2	3 384 692.8	1 190 128.8
中央企业	21 210.0	1 234 371.6	910 133.6	887 241.2	323 999.2
地方企业	181 593.7	3 555 312.3	2 685 807.6	2 497 259.7	866 129.6
省属企业	163.4	51 942.2	35 855.3	30 214.0	15 988.2
地属企业	177 356.8	3 274 287.8	2 468 867.5	2 303 988.2	803 621.0
县(旗)属企业	4 073.5	229 082.3	181 084.8	163 057.5	46 520.4
集体经济	22 834.7	1 334 812.4	1 126 356.8	1 033 385.1	187 237.7
省属企业	48.2	6 308.1	5 145.2	4 529.0	972.5
地属企业	13 671.3	367 616.8	304 518.8	289 198.6	61 481.9
县(旗)属企业	3 114.1	292 282.7	245 511.5	221 186.3	38 027.9
街道企业	1 530.6	120 846.1	110 860.2	98 073.6	6 848.9
镇属企业	46.9	23 306.5	19 294.6	15 973.3	3 053.4
乡属企业	2 748.4	343 775.5	274 787.9	254 686.8	64 095.3
其他	1 675.2	177 408.1	162 970.0	146 125.7	12 757.8
私营经济	51.1	2 603.9	1 980.8	1 732.3	623.1
联营经济	16 503.5	186 978.6	147 122.9	134 896.9	39 685.5
股份制经济	32 306.9	868 953.5	624 856.2	618 741.4	243 961.4
外商投资经济	0.0	282 861.9	224 643.4	185 340.5	55 152.0
中外合资经营企业	0.0	245 954.3	194 406.3	159 850.3	49 115.2
中外合作经营企业	0.0	10 842.4	9 667.4	8 039.8	1 175.0
外资企业	0.0	26 065.2	20 569.7	17 450.4	4 861.8
港、澳、台投资经济	0.0	409 200.5	275 183.7	235 301.2	132 796.4
与大陆合资经营企业	0.0	394 521.8	260 960.4	225 166.9	132 355.0
与大陆合作经营企业	0.0	6 057.3	5 907.8	3 455.2	137.7
港、澳、台独资企业	0.0	8 621.4	8 315.5	6 679.1	303.7
在总计中：					
乡属企业	2 778.5	374 342.6	302 401.5	277 935.4	66 924.9
在总计中：					
轻工业	92 615.6	2 306 285.0	1 799 967.1	1 601 603.7	494 477.6
以农产品为原料	49 540.7	1 217 693.3	967 000.9	871 258.3	245 821.2
以非农产品为原料	43 074.9	1 088 591.7	832 966.2	730 345.4	248 656.4
重工业	181 884.4	5 569 013.2	4 196 313.9	3 992 486.5	1 355 107.3
采掘工业	12 140.4	259 463.0	147 440.3	144 377.2	111 964.9
原料工业	32 826.3	1 231 789.9	847 768.4	788 387.5	381 501.4
加工工业	136 917.7	4 077 760.3	3 201 105.2	3 059 721.8	861 641.0
在总计中：					
大型企业	200 373.4	4 969 386.3	3 608 994.3	3 412 582.5	1 358 094.7
中型企业	47 850.1	1 160 675.0	903 589.6	843 118.7	255 014.1
小型企业	26 276.5	1 745 236.9	1 483 697.1	1 338 389.0	236 476.1

3-5 续表 5　　　　万元

指　　标	年末所有者权益合计	实收资本	外商资本	产品销售收　入	产品销售费　用
总　　计	**3 849 436.2**	**2 572 480.9**	**239 554.3**	**5 377 209.5**	**168 232.2**
在总计中：					
国有经济	2 439 953.0	1 455 263.0	42 072.2	2 682 214.7	71 658.2
中央企业	809 628.4	615 410.5	12 261.8	999 351.2	23 256.7
地方企业	1 630 372.1	839 755.4	29 810.4	1 682 849.9	48 401.0
省属企业	26 100.0	23 644.7	0.0	40 351.7	1 117.5
地属企业	1 545 517.1	754 987.7	29 810.4	1 510 111.1	42 456.9
县(旗)属企业	58 755.0	61 123.0	0.0	132 387.1	4 826.6
集体经济	403 940.2	432 336.8	1 481.2	1 478 492.1	45 540.0
省属企业	1 354.8	2 000.2	0.0	4 579.3	232.3
地属企业	66 567.0	104 813.7	732.7	223 334.9	5 640.6
县(旗)属企业	98 380.7	100 106.5	100.7	277 528.4	11 688.2
街道企业	64 573.7	47 168.8	162.6	246 600.9	12 793.0
镇属企业	9 800.6	7 999.8	0.0	40 320.9	624.8
乡属企业	111 274.9	109 262.5	478.0	501 085.9	9 471.9
其他	52 624.1	60 749.0	7.2	176 959.6	4 257.1
私营经济	1 655.9	1 693.0	0.0	2 577.3	236.4
联营经济	62 037.1	38 575.4	560.7	62 382.2	1 517.4
股份制经济	534 006.5	283 848.9	19 310.4	520 872.9	16 601.5
外商投资经济	186 085.7	159 826.3	81 560.9	328 524.5	11 995.3
中外合资经营企业	161 098.1	139 441.8	61 908.2	248 819.7	10 239.2
中外合作经营企业	6 896.8	4 272.0	3 540.2	33 638.9	999.1
外资企业	18 090.8	16 112.5	16 112.5	46 065.9	757.0
港、澳、台投资经济	221 757.8	200 937.5	94 568.9	302 145.8	20 683.4
与大陆合资经营企业	217 489.8	193 591.8	89 067.3	292 857.0	20 130.9
与大陆合作经营企业	2 108.7	2 765.7	1 016.6	3 855.5	98.4
港、澳、台独资企业	2 159.3	4 580.0	4 485.0	5 433.3	454.1
在总计中：					
乡属企业	140 296.2	139 790.7	11 375.9	544 744.9	10 595.4
在总计中：					
轻工业	1 000 382.1	697 731.0	131 671.7	1 594 751.5	70 015.7
以农产品为原料	519 939.7	385 515.3	77 066.5	942 101.4	40 293.1
以非农产品为原料	480 442.4	312 215.7	54 605.2	652 650.1	29 722.6
重工业	2 849 054.1	1 874 749.9	107 882.6	3 782 458.0	98 216.5
采掘工业	111 816.0	124 855.7	0.0	67 710.7	1 603.6
原料工业	690 226.1	465 161.1	33 562.1	1 091 779.5	29 074.9
加工工业	2 047 012.0	1 284 733.1	74 320.5	2 622 967.8	67 538.0
在总计中：					
大型企业	2 680 996.3	1 563 752.1	131 209.4	2 879 275.4	77 556.8
中型企业	495 329.7	336 467.0	22 882.4	596 540.9	28 230.2
小型企业	673 110.2	672 261.8	85 462.5	1 901 393.2	62 445.2

3-5 续表 6 万元

指 标	产品销售税金及附加	产品销售利润	管理费用	税金	劳动待业保险费
总计	58 195.2	895 089.8	602 253.4	18 157.1	104 375.4
在总计中：					
国有经济	27 387.7	516 238.9	352 835.0	11 116.2	87 424.7
中央企业	14 136.2	283 349.3	126 898.0	3 634.2	40 471.9
地方企业	13 250.6	232 890.2	225 921.2	7 482.0	46 952.4
省属企业	587.8	7 112.5	9 091.8	103.6	606.9
地属企业	10 873.4	205 987.5	199 786.6	6 938.7	44 663.5
县(旗)属企业	1 789.4	19 790.2	17 042.8	439.7	1 682.0
集体经济	15 632.3	195 184.2	125 817.2	3 666.9	5 939.1
省属企业	64.2	392.8	674.5	66.2	56.5
地属企业	1 938.4	34 608.5	36 641.1	876.7	2 444.2
县(旗)属企业	3 800.8	38 443.4	30 037.4	788.8	1 263.1
街道企业	3 064.7	36 816.0	12 688.1	535.5	216.2
镇属企业	247.4	4 426.4	1 667.0	70.0	11.1
乡属企业	5 022.0	54 398.9	22 320.6	765.2	200.8
其他	1 462.0	26 883.8	21 788.5	564.5	1 747.2
私营经济	13.6	499.3	355.0	7.5	2.0
联营经济	255.4	10 065.3	10 859.1	327.5	2 413.0
股份制经济	7 016.9	68 727.4	64 577.1	1 795.8	7 675.0
外商投资经济	1 637.9	47 413.0	24 136.8	363.5	568.9
中外合资经营企业	1 324.8	39 651.0	19 766.7	316.1	507.5
中外合作经营企业	0.2	4 517.8	1 224.2	24.5	25.5
外资企业	312.9	3 244.2	3 145.9	22.9	35.9
港、澳、台投资经济	6 251.4	56 961.7	23 673.2	879.7	352.7
与大陆合资经营企业	6 173.0	56 017.2	22 469.9	715.6	333.5
与大陆合作经营企业	26.1	655.2	572.4	3.5	16.8
港、澳、台独资企业	52.3	289.3	630.9	160.6	2.4
在总计中：					
乡属企业	5 222.9	58 640.8	25 294.9	792.9	223.0
在总计中：					
轻工业	29 483.0	182 511.6	158 040.2	4 816.1	20 476.8
以农产品为原料	23 678.3	82 386.1	90 162.7	2 822.5	11 073.4
以非农产品为原料	5 804.7	100 125.5	67 877.5	1 993.6	9 403.4
重工业	28 712.2	712 578.2	444 213.2	13 341.0	83 898.6
采掘工业	805.7	6 077.9	24 406.6	601.3	14 408.5
原料工业	4 334.0	275 844.0	69 834.0	2 323.2	10 148.3
加工工业	23 572.5	430 656.3	349 972.6	10 416.5	59 341.8
在总计中：					
大型企业	25 071.9	560 907.0	340 027.7	10 540.6	79 264.5
中型企业	13 982.3	78 978.8	91 803.7	3 001.3	15 538.1
小型企业	19 141.0	255 204.0	170 422.0	4 615.2	9 572.8

3-5 续表 7

万元

指　　标	财务费用	利息支出	营业利润	利润总额	利税总额
总　　计	278 323.4	264 189.2	84 678.0	159 278.4	445 703.1
在总计中：					
国有经济	171 839.3	163 860.4	28 652.0	77 632.1	225 363.9
中央企业	60 225.6	59 568.2	107 866.3	130 647.3	196 985.2
地方企业	111 601.6	104 280.1	-79 192.1	-52 983.8	28 409.2
省属企业	2 309.3	1 831.3	-4 321.5	-4 407.1	-1 903.1
地属企业	99 442.4	92 905.7	-70 122.8	-44 849.5	27 942.1
县(旗)属企业	9 849.9	9 543.1	-4 747.8	-3 727.2	2 370.2
集体经济	49 618.0	45 744.3	26 962.4	38 520.3	111 346.9
省属企业	153.9	154.5	-210.4	-438.4	-188.4
地属企业	9 571.8	9 174.3	-7 271.1	-4 358.4	6 717.6
县(旗)属企业	9 291.6	8 334.7	2 653.9	7 655.7	23 639.9
街道企业	2 962.5	2 292.2	18 907.8	22 701.5	34 817.5
镇属企业	2 372.5	2 293.3	320.8	401.9	1 847.6
乡属企业	21 250.3	20 004.9	11 328.9	12 381.6	33 522.1
其他	4 012.1	348 731	2 021.4	965.1	11 470.7
私营经济	120.6	100.8	9.5	16.7	169.2
联营经济	4 829.2	4 709.9	-2 864.6	-2 680.9	-264.1
股份制经济	30 850.7	30 635.1	-6 755.8	2 062.7	33 520.2
外商投资经济	9 725.9	8 435.5	12 341.8	14 551.2	25 158.3
中外合资经营企业	8 708.2	7 428.5	9 090.8	11 920.0	21 679.9
中外合作经营企业	696.7	746.5	2 721.4	2 747.2	2 987.6
外资企业	321.0	260.5	529.6	-116.0	490.8
港、澳、台投资经济	11 339.7	10 703.2	26 332.7	29 176.3	50 408.7
与大陆合资经营企业	10 884.1	10 281.3	26 993.2	29 833.3	50 844.0
与大陆合作经营企业	276.6	252.3	-417.4	-186.6	-52.5
港、澳、台独资企业	179.0	169.6	-243.1	-470.4	-382.8
在总计中：					
乡属企业	23 438.0	21 926.4	10 750.8	11 460.1	33 468.1
在总计中：					
轻工业	73 683.1	66 077.3	-15 054.1	9 558.9	92 176.0
以农产品为原料	43 029.7	37 980.6	-22 708.9	-9 519.7	42 056.3
以非农产品为原料	30 653.4	28 096.7	7 654.8	19 078.6	50 119.7
重工业	204 640.3	198 111.9	99 732.1	149 719.5	353 527.1
采掘工业	6 788.4	6 700.9	-26 585.3	-15 096.1	-10 090.1
原料工业	41 715.5	39 533.3	172 723.7	180 203.4	243 640.7
加工工业	156 136.4	151 877.7	-46 406.3	-15 387.8	119 976.5
在总计中：					
大型企业	178 813.6	173 929.9	83 851.7	132 235.7	292 383.3
中型企业	33 437.2	31 122.7	-28 461.7	-14 437.9	26 282.4
小型企业	66 072.6	59 136.6	29 288.0	41 480.6	127 037.4

3-5 续表 8

万元

指　标	所得税	净利润	应付利润（已分配股利）	应付外商利润	本年应交增值税
总　计	**29 111.9**	**130 518.2**	**49 147.9**	**14 363.3**	**226 766.9**
在总计中：					
国有经济	7 699.8	69 932.3	9 022.7	121.3	120 342.7
中央企业	2 858.5	127 788.8	3 494.0	0.0	52 201.7
地方企业	4 841.3	-57 825.1	5 528.7	121.3	68 141.0
省属企业	70.4	-4 477.5	-263.1	0.0	1 916.2
地属企业	3 787.1	-48 636.6	5 687.0	121.3	61 918.2
县(旗)属企业	983.8	-4 711.0	104.8	0.0	4 306.6
集体经济	15 973.5	22 546.8	5 423.3	43.2	55 759.2
省属企业	2.0	-440.4	0.0	0.0	185.8
地属企业	765.8	-5 124.2	104.8	0.0	9 137.6
县(旗)属企业	2 859.9	4 795.8	695.3	0.0	12 183.3
街道企业	4 333.2	18 368.3	815.0	34.5	8 972.2
镇属企业	319.0	82.9	248.4	0.0	1 166.4
乡属企业	6 084.8	6 296.8	2 672.5	8.7	14 794.5
其他	1 608.8	-643.7	887.3	0.0	9 043.6
私营经济	35.2	-18.5	0.0	0.0	135.7
联营经济	147.3	-2 828.2	119.9	42.5	2 144.8
股份制经济	3 025.0	-610.6	7 095.1	0.0	24 434.3
外商投资经济	2 004.2	12 547.0	4 392.3	1 803.1	8 969.2
中外合资经营企业	1 889.9	10 030.1	3 993.4	1 404.2	8 435.1
中外合作经营企业	24.2	2 723.0	0.0	0.0	240.2
外资企业	90.1	-206.1	398.9	398.9	293.9
港、澳、台投资经济	226.9	28 949.4	23 094.6	12 353.2	14 981.0
与大陆合资经营企业	198.6	29 634.7	22 911.2	12 305.2	14 837.7
与大陆合作经营企业	28.3	-214.9	180.4	45.0	108.0
港、澳、台独资企业	0.0	-470.4	3.0	3.0	35.3
在总计中：					
乡属企业	6 124.6	5 335.5	2 787.0	23.5	15 438.2
在总计中：					
轻工业	9 599.5	-40.6	11 417.4	2 081.6	52 657.3
以农产品为原料	3 570.8	-13 090.5	3 148.3	1 070.5	27 502.1
以非农产品为原料	6 028.7	13 049.9	8 269.1	1 011.1	25 155.2
重工业	19 512.4	130 558.8	37 730.5	12 281.7	174 109.6
采掘工业	232.7	-15 328.8	264.0	8.7	4 184.8
原料工业	4 036.2	176 167.2	24 644.2	11 397.9	58 918.6
加工工业	15 243.5	-30 279.6	12 822.3	875.1	111 006.2
在总计中：					
大型企业	8 927.8	123 659.6	37 579.3	12 121.0	135 075.7
中型企业	2 581.8	-17 019.7	976.9	152.9	26 738.0
小型企业	17 602.3	23 878.3	10 591.7	2 089.4	64 953.2

3-5 续表 9

万元

指　　标	本年销项税　额	本年进项税　额	本年实交税　额	本年应付工资总额	本年应付福利费总　额
总　　计	**758 488.8**	**554 363.3**	**333 693.7**	**580 232.7**	**73 705.0**
在总计中：					
国有经济	381 470.6	275 516.2	166 547.8	335 570.6	43 884.0
中央企业	126 655.6	79 265.5	72 830.6	119 669.7	16 827.3
地方企业	254 815.0	196 250.7	93 716.3	215 898.8	27 056.6
省属企业	6 449.7	4 616.0	2 678.0	6 998.3	789.6
地属企业	235 931.3	182 354.8	83 517.4	195 298.8	24 498.4
县(旗)属企业	12 434.0	9 279.9	7 520.9	13 601.7	1 768.6
集体经济	196 835.9	146 779.9	92 467.0	138 003.2	16 722.8
省属企业	626.8	440.5	318.2	710.4	89.2
地属企业	34 696.4	26 634.0	12 718.5	32 105.6	3 791.5
县(旗)属企业	37 754.8	27 608.5	19 632.9	26 821.2	2 705.9
街道企业	31 828.8	23 758.1	16 984.7	14 026.9	1 571.4
镇属企业	5 812.1	4 872.0	1 834.7	2 604.0	350.4
乡属企业	56 828.8	43 864.4	27 990.5	29 340.8	4 184.0
其他	28 067.1	18 657.1	12 678.9	31 851.3	3 957.9
私营经济	379.1	244.6	195.2	283.2	18.0
联营经济	10 002.5	8 181.8	2 891.6	11 679.2	1 782.0
股份制经济	92 711.4	69 031.1	36 278.3	61 623.2	8 331.0
外商投资经济	37 384.3	30 271.1	12 974.8	17 302.2	1 874.7
中外合资经营企业	34 078.9	27 390.4	11 965.9	14 373.5	1 659.9
中外合作经营企业	2 568.6	2 332.9	289.1	424.8	12.1
外资企业	736.8	547.8	719.8	2 503.9	202.7
港、澳、台投资经济	39 705.0	24 338.6	22 339.0	15 771.1	1 092.5
与大陆合资经营企业	38 534.6	23 292.2	21 924.9	15 040.6	1 060.0
与大陆合作经营企业	442.6	334.6	165.9	187.1	32.1
港、澳、台独资企业	727.8	711.8	248.2	543.4	0.4
在总计中：					
乡属企业	62 138.2	48 683.5	28 925.5	31 624.8	4 378.0
在总计中：					
轻工业	209 026.9	165 528.7	97 032.7	143 305.0	17 335.2
以农产品为原料	112 203.2	89 629.6	57 969.3	78 142.4	8 976.3
以非农产品为原料	96 823.7	75 899.1	39 063.4	65 162.6	8 358.9
重工业	549 461.9	388 834.6	236 661.0	436 927.7	56 369.8
采掘工业	9 667.3	5 600.1	5 840.0	25 216.4	3 829.0
原料工业	153 661.8	97 781.2	69 796.7	71 118.8	9 076.0
加工工业	386 132.8	285 453.3	161 024.3	340 592.5	43 464.8
在总计中：					
大型企业	431 662.4	306 997.2	179 616.0	333 195.9	43 357.0
中型企业	96 256.4	72 225.9	46 303.4	77 036.5	9 682.6
小型企业	230 570.0	175 140.2	107 774.3	170 000.3	20 665.4

3-6 运 输 量

年 份	客运量（万人次）	铁 路	公 路	民 航	货运量（万吨）	铁 路	公 路	民 航
1980	4 788.10	3 699	1 084	5.10	1 671.24	563	1 108	0.24
1981	5 113.90	3 872	1 236	5.90	1 575.23	566	1 009	0.23
1982	5 113.00	3 762	1 343	8.00	1 782.25	589	1 193	0.25
1983	5 414.30	3 961	1 448	5.30	1 945.25	633	1 312	0.25
1984	6 036.10	4 393	1 635	8.10	2 141.30	648	1 493	0.30
1985	6 462.20	4 508	1 941	13.20	9 279.34	702	8 577	0.34
1986	6 310.50	3 894	2 399	17.50	11 216.47	684	10 532	0.47
1987	6 513.80	3 960	2 527	26.80	12 784.66	705	12 579	0.66
1988	8 064.00	4 405	3 628	31.00	13 247.75	713	12 534	0.75
1989	7 960.30	4 197	3 736	27.30	13 759.71	726	15 033	0.71
1990	7 385.60	3 760	3 595	30.60	11 776.59	549	11 227	0.59
1991	7 847.30	3 487	4 318	42.30	12 292.53	582	11 710	0.53
1992	9 711.07	3 701	5 956	54.07	12 434.73	588	11 846	0.73
1993	11 013.89	3 819	7 135	59.89	12 728.72	633	12 095	0.72
1994	11 458.87	3 720	7 670	69.0	12 958.81	590	12 368	0.81
1995	11 224.40	3 388	7 744	92.4	13 052.06	584	12 467	1.06

3-7 邮 电 业 务 量

年 份	邮电业务总量（万元）	函件（含机要）（万件）	包裹（万件）	汇票（万张）	报刊（万份）	电报（万份）	长途电话（万张）	市话年末到达户数（户）	农话年末到达户数（户）
1980	4 282	3 427	106	144	25 306	116	266	27 749	7 235
1981	4 752	3 290	85	146	27 221	126	270	28 757	6 739
1982	5 092	3 511	76	137	26 615	133	310	31 252	6 132
1983	5 642	4 076	80	144	29 045	145	360	35 444	6 124
1984	6 644	4 729	87	147	34 100	143	446	39 438	6 635
1985	7 680	5 782	86	165	38 099	178	548	43 268	7 081
1986	8 704	6 298	95	176	36 458	181	588	51 907	7 490
1987	9 926	7 016	145	182	37 859	209	692	52 017	8 040
1988	12 113	7 277	144	180	32 674	265	883	64 358	8 704
1989	16 005	7 925	368	166	13 153	249	1 207	79 535	9 467
1990	21 338	7 452	116	168	13 508	211	1 895	93 739	10 103
1991	28 386	6 255	134	167	16 914	205	2 842	115 470	11 272
1992	40 256	7 444	156	184	19 036	208	4 432	158 025	13 741
1993	62 180	8 460	182	211	19 523	182	6 776	253 725	17 647
1994	94 703	9 377	200	213	13 210	132	9 078	412 497	24 275
1995	119 095	8 897	200	215	12 315	187	12 077	609 105	46 167

3-8 邮 电 通 讯 网

年份	邮电局、所(处)	市区	长话电路(路)	市区	电报电路(路)	市区	电话机(万部)	市区	每千人拥有电话机(部)	市区
1978	263	173	382	374	87	80	3.42	2.85	6.9	8.0
1980	261	174	467	437	106	102	3.63	3.04	7.0	7.9
1981	261	174	498	465	88	84	3.87	3.15	7.1	8.0
1982	254	169	635	599	86	82	4.03	3.33	7.2	8.3
1983	255	170	659	620	90	86	8.60	7.95	15.9	19.5
1984	278	192	949	909	93	89	9.42	8.66	17.3	20.9
1985	280	194	1 089	1 044	115	111	10.92	10.13	19.9	24.1
1986	266	180	1 225	1 173	100	96	11.57	10.73	20.8	25.0
1987	267	187	1 381	1 325	101	97	13.70	13.03	24.7	29.8
1988	270	184	1 812	1 749	147	143	16.74	14.68	27.5	33.1
1989	264	178	2 752	2 670	155	151	18.96	16.50	30.6	36.7
1990	260	176	3 949	3 697	159	155	21.84	19.11	35.0	42.1
1991	259	177	4 796	4 521	172	168	25.11	21.97	40.1	48.0
1992	253	172	7 428	7 258	170	166	31.21	27.43	49.6	59.3
1993	315	167	17 337	17 052	211	201	41.28	38.76	63.2	83.4
1994	328	183	29 469	29 364	173	167	58.44	55.24	88.2	117.8
1995	327	183	49 106	49 099	156	150	76.15	71.01	114.2	150.2

4-1 农村户数、人口、劳动力及耕地面积

（含国有农牧场）

年份	户数(万户)	人口(万人)	劳动力(万人)	耕地面积(万公顷)	水田	水浇地
1978	63.3	287.7	84.7	60.42	8.87	3.19
1979	63.4	278.0	82.4	60.05	8.59	2.18
1980	64.3	272.9	86.2	59.83	8.71	2.11
1981	67.9	279.6	88.0	59.73	8.86	1.47
1982	68.8	280.3	90.9	59.65	9.16	1.41
1983	68.5	278.1	97.3	59.65	9.21	0.98
1984	68.5	279.1	96.9	59.52	10.04	0.88
1985	67.8	276.6	101.2	58.85	11.70	0.86
1986	67.8	273.7	101.3	58.69	12.57	0.88
1987	67.8	273.6	99.2	57.98	13.71	0.83
1988	68.4	272.1	98.8	57.80	13.83	0.87
1989	70.0	273.7	98.2	57.51	13.59	1.03
1990	72.3	274.4	98.4	57.54	13.19	1.02
1991	72.8	274.2	101.5	57.41	13.28	1.05
1992	72.8	273.2	101.6	57.32	13.23	0.95
1993	74.3	272.7	102.6	56.96	10.72	1.10
1994	75.0	272.2	102.3	56.78	10.43	1.14
1995	75.0	272.2	102.5	56.74	10.73	0.88

4-2 农林牧渔业总产值

(1995年) 万元

	总产值	农业		林业	牧业	渔业
			种植业			
当年价格						
全市	1 015 334	472 769	455 660	6 872	487 078	48 615
苏家屯区	60 058	21 461	20 148	303	36 309	1 985
东陵区	94 971	41 007	39 965	131	53 291	542
新城子区	79 914	30 146	29 519	256	47 326	2 186
于洪区	109 131	55 752	51 667	134	48 033	5 212
辽中县	164 925	47 827	45 306	856	95 593	20 649
康平县	108 064	70 341	67 808	1 261	35 535	927
法库县	116 246	79 589	77 686	1 590	34 474	593
新民市	276 543	121 164	118 079	2 341	136 517	16 521
不变价格						
全市	563 879	223 979	210 837	5 335	302 692	31 873
苏家屯区	36 285	10 809	9 979	261	23 756	1 459
东陵区	50 488	18 522	17 502	78	31 463	425
新城子区	51 833	20 751	20 124	256	29 025	1 801
于洪区	60 697	24 695	21 010	69	33 024	2 909
辽中县	97 854	20 054	18 296	583	62 542	14 675
康平县	54 977	31 362	29 649	954	21 969	692
法库县	64 089	40 769	39 825	1 236	21 597	487
新民市	145 417	54 778	52 213	1 898	79 316	9 425

4-3 农作物播种面积

(1995年) 公顷

	全市	苏家屯	东陵	新城子	于洪	辽中	康平	法库	新民
总播种面积	592 586	39 777	41 819	51 840	41 828	87 334	76 400	105 272	148 316
一. 粮食及大豆	481 461	32 187	32 683	32 582	31 623	71 171	63 692	96 551	120 972
#水稻	107 428	16 489	9 540	10 267	16 331	26 173	2 233	3 560	22 835
小麦	28 318	57	2	2 461	106	1 836	7 113	10 796	5 947
玉米	270 898	12 414	18 565	18 275	13 590	34 859	36 627	64 158	72 410
高粱	20 717	86	566	206	171	1 602	5 978	5 211	6 297
大豆	32 671	3 076	2 972	1 016	1 019	3 943	4 675	7 814	8 156
二. 经济作物	24 068	737	442	1 001	236	3 406	8 622	3 737	5 887
#棉花	223	—	—	—	—	71	15	3	134
油料作物	14 665	155	433	872	233	1 646	4 528	2 928	3 870
三. 其他作物	87 057	6 853	8 694	18 257	9 969	12 757	4 086	4 984	21 457
#蔬菜	72 335	5 221	7 834	16 355	9 380	10 922	3 913	4 269	14 441
#商品菜	43 834	2 265	6 467	12 220	8 435	5 735	1 404	1 669	5 639
西、甜瓜	3 417	336	163	455	40	107	150	669	1 497
为去年同期(%)									
总播种面积	99.3	100.5	99.1	100.1	100.9	99.2	98.5	98.5	99.4
一. 粮食及大豆	100.1	101.8	100.2	93.1	104.9	98.8	99.3	98.4	103.2
二. 经济作物	97.0	199.2	115.7	104.3	48.5	125.3	101.7	104.5	75.1
三. 其他作物	95.7	90.1	94.7	115.3	92.3	96.1	83.3	95.3	88.8
#蔬菜	99.9	97.0	96.8	112.7	92.2	103.5	96.0	128.3	88.4

4-4 畜牧业生产情况

(1995年)

	全市	苏家屯	东陵	新城子	于洪	辽中	康平	法库	新民
一.牲畜家禽存栏									
大牲畜(头)	542 313	20 000	34 095	25 655	19 726	63 871	111 625	123 651	143 690
#奶牛	18 557	2 328	7 695	3 376	3 213	333	127	543	942
生猪(头)	1 921 898	97 938	163 133	131 190	139 055	343 859	235 108	290 181	521 434
#能繁殖母猪	130 627	7 654	9 071	6 811	9 280	22 399	16 811	23 465	35 136
后备母猪	34 796	1 812	3 119	1 098	3 673	5 981	5 350	5 841	7 922
种公猪	6 849	336	630	263	650	1 028	916	1 151	1 875
羊(只)	310 426	9 988	17 069	12 827	12 744	7 474	61 938	97 091	91 295
家禽(只)	328.85	328.07	247.65	468.07	527.75	524.00	168.12	177.38	847.44
二.出栏肉猪(头)	2 529 205	156 499	173 579	189 805	132 977	650 209	211 750	259 022	755 364
三.猪牛羊肉(吨)	275 996	15 989	18 590	24 226	14 882	70 694	27 306	28 103	76 206
四.禽蛋产量(吨)	182 151	15 726	19 498	31 847	35 972	10 434	8 978	10 283	49 413
五.奶类总产量	60 842	8 585	27 489	9 607	10 542	1 074	423	1 649	1 473

4-5 主要农产品产量

万吨

年份	粮食及大豆	蔬菜	猪牛羊肉	禽蛋	牛奶	水产品	水果
1978	175.3	122.9	0.9	0.1	1.3	0.1	0.6
1979	195.3	113.2	0.8	0.1	1.5	0.1	0.7
1980	210.6	94.6	5.2	0.9	1.7	0.2	0.5
1981	207.5	113.7	4.9	1.2	1.7	0.2	0.8
1982	220.1	128.9	6.6	1.5	2.1	0.2	1.1
1983	300.6	149.7	6.8	2.4	2.4	0.3	1.0
1984	323.9	152.9	7.0	3.0	3.1	0.5	1.2
1985	205.0	107.8	7.1	4.4	3.1	0.5	1.2
1986	223.2	122.2	7.2	5.6	3.5	0.7	1.2
1987	258.1	144.3	7.2	5.4	3.6	1.0	1.4
1988	288.1	158.3	10.1	8.5	4.6	1.3	1.6
1989	209.3	164.7	10.8	9.9	4.8	1.6	1.8
1990	307.7	166.4	13.0	11.2	5.6	1.8	2.5
1991	308.9	175.9	15.3	14.2	6.8	2.4	3.6
1992	333.4	209.2	17.5	16.3	7.4	3.1	4.4
1993	318.3	258.2	17.5	16.6	6.0	4.3	6.0
1994	201.7	198.8	23.5	19.8	6.2	5.6	7.0
1995	215.1	196.1	27.6	18.2	6.1	6.5	7.4

4-6 分地区主要农产品产量

(1995年) 吨

	粮食及大豆	蔬菜	猪肉	禽蛋	禽肉	牛奶	水产品	水果
全市	**2 151 095**	**1 961 334**	**241 316**	**182 151**	**166 048**	**60 670**	**65 102**	**74 245**
苏家屯	85 817	84 328	14 164	15 726	20 454	8 582	2 495	10 542
东陵	112 553	294 551	17 144	19 498	9 139	27 446	550	11 051
新城子	139 016	344 512	19 115	31 847	20 115	9 587	2 985	5 211
于洪	142 399	381 336	13 209	35 972	10 344	10 502	5 085	4 842
辽中	177 135	206 508	63 453	10 434	52 852	1 074	32 841	5 789
康平	416 492	99 499	20 723	8 978	5 561	415	1 820	2 821
法库	575 018	124 791	22 612	10 283	3 098	1 646	1 326	15 748
新民	452 665	425 809	70 896	49 413	44 485	1 418	18 000	18 241

4-7 大牲畜和猪、羊数

年　　份	大牲畜年末数（头）	#奶　　牛	生猪年末存栏数（头）	肉猪年末出栏数（头）	羊年末存栏数（只）
1978	310 500	5 482	1 351 645	574 258	48 268
1979	307 201	6 394	1 317 509	556 109	68 542
1980	306 924	6 057	1 254 510	723 315	86 399
1981	290 776	6 716	1 228 018	647 825	96 641
1982	284 189	8 223	1 208 017	841 809	103 391
1983	310 606	10 243	1 074 791	836 733	107 134
1984	350 799	12 156	1 061 833	786 649	99 769
1985	369 535	12 724	1 281 649	737 245	65 453
1986	377 986	14 760	1 236 743	796 709	63 775
1987	364 891	13 458	956 158	768 963	68 302
1988	384 088	17 089	1 244 526	950 951	86 309
1989	398 769	18 360	1 274 485	1 055 419	111 101
1990	421 243	20 934	1 328 478	1 193 791	115 228
1991	430 384	23 626	1 400 370	1 391 429	110 489
1992	439 298	24 648	1 521 166	1 429 169	110 401
1993	435 398	19 259	1 573 656	1 605 740	162 438
1994	513 230	19 329	1 759 046	2 089 190	227 981
1995	542 313	18 557	1 921 898	2 529 205	310 426

4-8 农业现代化水平

年份	机耕地面积		有效灌溉面积		化肥施用量		农村用电量	
	绝对数（万亩）	占耕地（%）	绝对数（万亩）	占耕地（%）	绝对数（折纯量吨）	每亩耕地用量（公斤）	绝对数（万千瓦小时）	每亩耕地用电（千瓦小时）
1978	452	73.1	178	28.7	47 715	7.7	19 325	31.2
1979	426	69.2	159	25.8	50 630	8.2	20 936	34.0
1980	458	74.5	160	26.1	64 675	10.5	23 893	38.9
1981	439	71.6	153	25.0	63 920	10.4	21 919	35.8
1982	433	70.8	157	25.6	67 957	11.1	23 711	38.7
1983	445	72.9	152	24.8	84 469	13.8	31 547	51.6
1984	460	75.4	162	26.5	99 963	16.4	42 226	69.3
1985	465	77.1	185	30.7	82 078	13.6	48 277	80.1
1986	454	75.6	197	32.8	90 935	15.1	38 968	64.9
1987	507	84.9	212	35.5	81 584	13.7	50 254	84.2
1988	522	87.8	215	36.1	87 620	14.7	82 760	139.1
1989	517	87.3	213	35.9	93 568	15.8	80 786	136.3
1990	526	88.9	206	34.7	101 084	17.1	88 832	150.0
1991	540	91.5	251	42.5	104 517	17.7	94 306	159.8
1992	548	93.1	252	42.8	105 295	17.9	90 884	154.4
1993	537	62.9	183	21.5	161 791	18.9	172 792	202.2
1994	791	92.8	190	22.3	166 663	19.6	128 566	151.0
1995	771	90.6	191	22.4	169 328	19.9	127 471	149.8

4-9 乡镇企业单位数

个

年份	企业数	农业企业	工业企业	交通运输企业	建筑企业	商业饮食业	服务业	其他企业
1980	3 897	984	2 638	25	96			154
1981	4 158	734	2 940	32	111	20		321
1982	4 371	829	3 069	37	119	20		299
1983	5 926	548	4 444	316	217	17		384
1984	35 556	505	20 720	3 987	1 453	2 588	130	6 173
1985	44 983	542	23 630	7 736	1 628	2 231	80	9 136
1986	54 047	665	32 538	7 420	2 027	9 174	1 567	656
1987	63 923	511	28 067	18 261	1 615	12 695	1 984	790
1988	69 062	534	37 791	11 858	1 737	13 951	2 252	939
1989	70 410	501	37 677	13 114	1 713	14 474	2 100	817
1990	72 643	501	41 034	12 169	1 439	13 937	2 652	911
1991	72 241	612	41 005	11 371	1 360	14 415	2 675	803
1992	80 389	718	43 437	13 295	2 980	16 005	3 185	769
1993	88 138	815	42 414	16 756	1 909	21 859	3 358	1 027
1994	1 082 881	805	41 758	25 296	2 354	32 155	3 972	1 948
1995	143 192	461	34 985	34 925	1 800	64 309	4 349	2 363

4-10 乡镇企业从业人员

万人

年份	从业人数	农业企业	工业企业	交通运输企业	建筑企业	商业饮食业	服务业	其他企业
1980	13.57	0.86	11.43	0.05	0.91			0.32
1981	15.76	0.95	13.02	0.06	1.16			0.48
1982	16.62	0.47	14.00	0.08	1.58			0.49
1983	19.01	0.45	15.91	0.14	2.14			0.37
1984	28.49	0.33	21.81	0.64	3.90	0.88	0.17	0.76
1985	36.42	0.15	27.83	1.96	4.88	0.74	0.16	0.70
1986	45.76	0.14	34.01	2.27	6.37	2.32	0.45	0.20
1987	48.53	0.09	36.75	2.59	5.74	2.69	0.51	0.17
1988	50.42	0.07	38.16	2.83	5.40	3.22	0.53	0.21
1989	50.04	0.05	38.56	3.04	4.41	3.28	0.56	0.14
1990	46.80	0.05	36.27	2.84	3.55	3.19	0.63	0.27
1991	48.75	0.07	37.92	2.82	3.55	3.48	0.72	0.19
1992	52.52	0.06	40.30	3.05	3.75	4.24	0.95	0.17
1993	57.05	0.35	42.48	3.62	4.38	5.13	0.79	0.30
1994	60.97	0.34	44.61	5.04	4.85	7.36	0.92	0.41
1995	63.50	23.86	39.29	6.79	3.62	11.95	0.96	0.65

4-11 乡镇企业主要财务指标

万元

年份	总收入	各项费用	税金	纯利润	年末固定资产原值
1980	38 879	30 072	1 746	6 200	18 004
1981	82 744	34 484	3 031	5 475	22 181
1982	54 838	41 956	4 169	7 224	26 808
1983	78 877	58 327	5 748	9 555	30 231
1984	137 953	109 239	8 919	7 870	35 548
1985	215 539	173 998	16 505	21 509	97 764
1986	313 488	158 761	17 361	21 672	74 490
1987	429 486	355 396	21 668	34 863	97 141
1988	602 940	501 377	32 869	49 134	128 056
1989	1 332 570	609 523	40 292	55 310	151 217
1990	970 641	657 418	38 053	55 122	160 232
1991	1 155 581	771 787	44 510	64 141	188 945
1992	1 378 033	946 659	52 675	65 682	244 991
1993	1 072 524	1 161 151	46 715	52 706	262 809
1994	3 472 911	3 058 231	191 235	296 342	478 303
1995	4 173 584	3 769 684	159 721	277 488	578 649

5-1 国有和城镇集体固定资产投资

亿元

年 份	国有投资	基本建设	更新改造	城镇集体投资	基本建设	更新改造
1980	8.8	6.6	2.2	0.5	0.13	0.20
1981	9.2	6.1	3.1	0.7	0.26	0.28
1982	11.1	7.0	4.0	0.6	0.29	0.27
1983	11.2	6.6	4.5	0.7	0.51	0.19
1984	13.7	8.1	4.8	1.0	0.58	0.41
1985	19.2	11.7	7.6	1.9	1.17	0.66
1986	29.3	17.1	12.0	2.9	1.57	1.26
1987	35.2	19.8	15.0	3.2	2.18	0.99
1988	46.7	32.9	16.6	4.9	3.28	1.62
1989	40.3	29.3	11.9	4.1	3.51	0.58
1990	36.5	23.8	12.3	3.4	2.83	0.57
1991	44.8	26.8	17.9	1.7	0.67	0.94
1992	66.1	42.0	23.6	3.7	0.67	2.75
1993	105.1	73.4	31.7	2.5	0.63	1.87
1994	134.3	90.0	44.3	4.2	1.40	2.80
1995	121.4	79.7	41.7	2.0	0.58	1.40

5-2 全社会固定资产投资额

年份	全社会总计	国有	#基本建设	更新改造	城乡集体	城乡个人
投资总额(亿元)						
1984	15.37	12.95	8.13	4.78	1.23	1.19
1985	23.56	19.31	11.67	7.56	2.28	1.97
1986	33.84	29.34	17.12	11.95	3.04	1.46
1987	41.22	35.22	19.83	14.96	3.46	2.54
1988	54.79	46.73	29.89	16.62	5.25	2.81
1989	49.24	40.37	29.29	11.93	5.56	3.31
1990	42.49	36.40	23.81	12.30	3.80	2.29
1991	49.41	44.93	26.75	17.87	2.30	2.18
1992	73.39	66.22	42.04	23.63	4.46	2.71
1993	113.75	105.12	73.39	31.74	3.98	4.65
1994	149.56	134.26	89.96	44.30	10.26	5.04
1995	136.91	121.44	79.70	41.74	8.03	3.81
房屋竣工面积(万平方米)						
1984	522.6	258.2	209.6	48.6	94.3	170.1
1985	447.8	272.9	225.4	47.4	43.1	130.0
1986	547.6	388.3	289.2	92.8	34.3	152.0
1987	624.5	383.2	225.3	156.8	76.6	164.7
1988	643.9	420.2	336.0	84.2	61.5	162.2
1989	613.5	371.7	318.3	51.5	106.9	134.9
1990	542.3	367.6	329.8	37.5	56.1	104.7
1991	532.2	395.9	333.5	57.0	29.4	107.4
1992	541.4	392.4	345.7	42.5	40.0	110.8
1993	623.7	490.1	450.4	39.7	38.6	95.0
1994	719.3	495.9	456.7	30.2	119.4	104.0
1995	682.6	558.0	524.8	33.1	55.5	63.1
住宅竣工面积(万平方米)						
1984	352.1	158.6	153.0	5.6	39.6	153.9
1985	313.6	174.6	161.8	12.8	20.3	118.7
1986	374.2	246.2	190.8	50.7	15.4	113.6
1987	459.3	256.5	148.6	106.8	51.6	151.1
1988	421.1	237.8	204.4	32.4	37.9	145.4
1989	362.5	184.9	175.9	9.0	86.2	120.1
1990	335.1	217.3	211.7	5.3	48.1	97.5
1991	361.6	227.1	219.6	5.4	11.1	98.0
1992	362.3	241.1	241.0	1.9	16.8	100.4
1993	377.9	312.2	309.3	2.9	10.4	55.3
1994	439.5	327.8	322.7	5.1	38.3	73.4
1995	430.6	374.4	362.9	11.5	21.4	33.8

5-3 新 增 固 定 资 产

单位：万元

年份	合计	#国有	#基本建设	更新改造	城镇集体	新增固定资产交付使用率(%)
1980	64 527	61 733	47 081	14 652	2 794	70.3
1981	87 554	83 825	59 553	24 272	3 729	88.4
1982	88 343	82 759	52 130	30 629	5 584	76.1
1983	102 664	96 885	56 587	40 298	5 779	87.4
1984	115 955	107 649	74 288	33 361	8 306	84.0
1985	133 780	122 659	69 499	53 160	11 121	63.8
1986	225 817	207 296	115 054	89 143	18 521	70.9
1987	258 475	232 677	106 061	122 556	25 798	68.0
1988	294 655	270 228	172 712	94 394	24 427	57.7
1989	364 886	328 678	228 320	98 381	36 208	82.8
1990	397 787	367 599	272 705	92 719	30 188	100.5
1991	424 579	411 565	251 145	160 420	13 014	92.0
1992	532 055	507 696	305 148	202 548	24 359	76.9
1993	535 742	511 038	307 965	203 073	24 704	64.2
1994	820 175	780 091	441 777	338 314	40 084	59.2
1995	858 859	829 078	461 870	367 208	16 618	67.6

5-4 工业固定资产投资额和新增固定资产

年份	投资额(亿元)	占总投资(%)	新增固定资产(亿元)	交付使用率(%)
1980	4.8	51.6	3.4	70.8
1981	5.2	52.5	4.6	88.5
1982	5.8	49.6	4.5	77.6
1983	5.6	47.1	5.4	96.4
1984	6.7	45.6	5.4	80.6
1985	10.8	51.2	7.0	64.8
1986	15.9	49.4	11.7	73.6
1987	17.8	46.4	12.2	68.5
1988	22.7	44.0	12.3	54.2
1989	18.8	42.3	14.8	78.7
1990	18.8	47.1	14.9	79.3
1991	23.7	51.0	21.8	92.0
1992	32.5	46.6	27.7	85.2
1993	32.2	29.9	24.2	75.2
1994	37.0	26.7	24.5	66.2
1995	37.3	29.4	29.5	79.1

5-5 商品房建设情况

年　份	完成投资（亿元）	建筑面积（万平方米）		
		施　工	竣　工	销　售
1985	1.30	147.4	32.5	19.6
1986	3.45	266.9	84.6	36.2
1987	4.92	326.9	130.3	48.2
1988	10.20	510.4	162.5	60.5
1989	10.98	530.3	164.5	61.6
1990	7.88	349.8	172.9	56.7
1991	6.74	323.5	138.4	51.0
1992	12.78	393.7	142.3	57.4
1993	34.11	776.3	191.1	85.9
1994	41.09	960.7	226.8	97.2
1995	39.68	966.7	272.8	79.2

5-6 建筑安装企业主要经济指标

指　标	单　位	1990年	1992年	1993年	1994年	1995年
全　市						
施工产值	亿元	27.8	44.8	73.4	91.1	95.4
施工房屋面积	万平方米	738	1 055.2	1 433.7	1 494	1 398
竣工房屋面积	万平方米	417.3	486.6	563.8	614.2	492
竣工率	%	56.5	46.1	39.3	41.1	35.2
职工平均人数	万人	18.9	21.7	27.8	26.1	24.1
年末固定资产原价	亿元	11.13	14.29	16.80	21.8	28.1
年末固定资产净值	亿元	7.85	10.01	11.86	15.0	20.0
利润总额	万元	5 946	9 111	18 650	5 595	-13 764
国有企业						
施工产值	亿元	21.4	33.4	44.65	58.7	59.6
施工房屋面积	万平方米	518.9	728.7	781.9	921.1	929.6
竣工房屋面积	万平方米	268.2	314.3	277.8	282.4	240.9
竣工率	%	51.7	43.1	35.5	30.7	25.9
职工平均人数	万人	12.6	14.3	13.0	14.5	13.3
年末固定资产原价	亿元	9.32	11.62	11.33	17.0	21.8
年末固定资产净值	亿元	6.54	8.08	8.09	11.6	15.4
利润总额	万元	3 360	6 788	12 191	-4 746	-19 417

5-7 全社会能源物资消费总量

年份	能源消费总量（万吨）	#工业用	煤炭消费总量（万吨）	电力消费总量（亿千瓦小时）
1978	680.6	449.9	504.7	28.31
1979	718.1	455.0	537.8	30.96
1980	733.7	466.1	592.1	34.77
1981	749.3	458.7	612.4	34.97
1982	750.3	437.5	718.9	35.51
1983	788.4	461.0	788.8	37.88
1984	821.3	492.3	784.5	39.86
1985	839.7	507.8	829.6	42.03
1986	858.2	509.2	764.0	45.37
1987	862.8	512.6	746.8	50.04
1988	878.5	528.0	786.3	52.13
1989	891.1	527.1	743.1	53.98
1990	925.4	558.8	773.0	50.75
1991	969.9	591.6	903.8	63.76
1992	812.2	483.3	999.3	70.80
1993	903.7	597.8	1 108.5	78.68
1994	968.6	660.3	1 178.8	80.24
1995	1 187.0	886.0	1 158.9	82.20

5-7 续表

年份	焦炭（万吨）	燃料油（万吨）	汽油（万吨）	柴油（万吨）
1978	24.1	119.2	6.8	9.3
1979	22.4	119.4	7.6	8.9
1980	22.2	111.2	7.7	5.5
1981	22.7	102.2	10.2	5.2
1982	19.7	94.2	7.3	5.8
1983	22.2	100.5	7.6	6.1
1984	24.7	103.9	10.3	7.8
1985	26.1	85.7	9.7	8.5
1986	23.7	77.1	12.5	12.8
1987	24.5	73.9	13.3	15.4
1988	25.5	64.8	13.0	15.8
1989	23.3	68.1	12.4	18.1
1990	22.2	73.4	11.4	18.9
1991	17.5	76.4	12.5	19.4
1992	16.7	73.6	13.4	19.6
1993	18.4	76.0	17.9	22.1
1994	17.8	74.9	21.4	24.3
1995	17.5	76.9	22.4	25.6

5-8 钢材、水泥、木材消费量

年份	钢材（万吨）	水泥（万吨）	原木直接消费（万立方米）	锯材（万立方米）
1978	58	50	21	26
1979	65	66	21	31
1980	68	79	18	33
1981	63	78	19	32
1982	71	80	21	31
1983	81	85	19	31
1984	89	97	20	35
1985	100	107	17	37
1986	99	127	20	40
1987	104	124	17	35
1988	107	131	18	34
1989	88	112	14	26
1990	76	99	14	23
1991	81	90	13	25
1992	94	129	12	25
1993	142	170	10	25
1994	119	139	18	25
1995	105	136	14	25

5-9 物资消费与库存总值

亿元

年份	消费总值	#工业用	基建用	库存总值
1980	64.2	59.6	3.4	44.3
1981	65.8	59.4	3.8	42.0
1982	71.1	63.8	4.3	39.5
1983	80.4	71.3	4.5	41.5
1984	90.9	81.3	5.1	38.9
1985	104.3	95.4	7.1	46.0
1986	117.0	105.7	8.9	70.7
1987	131.0	118.3	11.8	62.1
1988	155.0	137.9	15.3	55.0
1989	177.4	162.8	14.6	65.6
1990	178.2	159.8	13.4	74.9
1991	204.0	188.9	13.9	76.5
1992	231.6	204.0	19.0	70.6
1993	315.6	252.6	48.6	79.6
1994	239.8	197.0	39.6	45.4
1995	344.8	308.2	28.4	55.2

6-1 社会消费品零售额

万元

指标	1993	1994	1995	1995年为以下年%	
				1993	1994
社会消费品零售总额	1 712 660	2 232 752	2 954 143	172.5	132.3
1.按经济类型分					
国有经济	704 264	801 819	842 993	119.7	105.1
集体经济	355 925	430 923	543 848	152.8	126.2
私营经济	31 007	65 200	159 634	514.8	244.8
个体经济	394 990	668 992	1 046 829	265	156.5
联营经济	3 177	10 346	4 575	144.0	44.2
股份制经济	76 030	40 876	98 142	129.1	240.1
港、澳、台、外商投资	12 381	4 066	35 021	282.9	861.3
其他经济	144 886	210 528	223 101	154.0	106.0
2.按行业分					
批发零售贸易业	1 337 436	1 649 980	2 199 754	164.5	133.3
餐饮业	89 555	124 570	268 062	299.3	215.2
制造业	134 858	147 246	165 134	122.5	112.1
其他行业	150 811	310 956	321 193	213.0	103.3
其中:农民对非农业居民	134 313	208 064	220 642	164.3	106.0
3.按商品用途分					
吃的	670 111	899 289	1 170 159	174.6	130.1
穿的	300 067	407 481	593 561	197.8	145.7
用的	739 004	925 972	1 190 423	161.1	128.6
4.按地区分					
市辖区	1 564 173	2 071 940	2 750 424	175.8	132.7
县及县以下	148 487	160 812	203 719	137.2	126.7

6-2 批发贸易业网点

(1995年)　　个

项　　目	合　计	市	县	县以下
总　　计	40 024	38 145	957	922
一、按经济类型分				
国有经济	5 543	5 081	361	101
集体经济	6 599	5 756	302	541
私营经济	4 151	3 954	103	94
个体经济	23 478	23 119	173	186
联营经济	18	14	4	–
股份制经济	168	157	11	–
外商投资经济	7	7	–	–
港澳台投资经济	3	3	–	–
其他经济	57	54	3	–
二、按行业分				
1.食品,饮料,烟草和家庭日用品批发业	26 669	25 671	513	485
# 纺织品,服装和鞋帽批发业	10 415	10 353	40	22
2.能源材料和机械电子设备业	11 896	11 346	368	182
# 能源	759	709	49	1
化工材料	1 091	1 070	21	–
木材	132	116	16	–
矿产品	28	25	3	–
金属材料	1 834	1 777	56	1
建筑材料	2 459	2 344	94	21
机械,电子设备	3 129	3 097	23	9
汽车,摩托车零配件	869	839	30	–
再生物资回收	1 595	1 369	76	150
3.其他	1 459	1 128	76	255
三、按企业规模分				
大型	337	337	–	–
中型	934	812	95	27
小型	37 817	36 092	831	894
附营单位	936	904	31	1

6-3 批发贸易业机构

（1995年）　　个

项　　目	合　计	市	县	县以下
总　　计	5 946	5 490	295	161
一、按经济类型分				
国有经济	2 278	2 063	160	55
集体经济	3 218	3 006	113	99
私营经济	328	313	8	7
联营经济	12	10	2	-
股份制经济	58	48	10	-
外商投资经济	7	7	-	-
港澳台投资经济	2	2	-	-
其他经济	43	41	2	-
二、按行业分				
食品、饮料、烟草和家庭日用品批发业	1 830	1 621	122	87
纺织品、服装和鞋帽批发业	163	154	7	2
能源材料和机械电子设备业	3 630	3 485	140	5
能源	211	194	16	1
化工材料	334	322	12	-
木材	87	73	14	-
矿产品	24	22	2	0
金属材料	682	648	33	1
建筑材料	415	384	29	2
机械、电子设备	1 484	1 461	22	1
汽车、摩托车零配件	204	198	6	-
再生物资回收	189	183	6	-
其他	486	384	33	69
三、按企业规模分				
大型	38	38	-	-
中型	298	262	22	14
小型	4 734	4 346	242	146

6-4 批发贸易业人员

（1995年） 人

项目	合计	市	县	县以下
总计	300 912	269 430	20 882	10 600
一.按经济类型分				
国有经济	113 508	92 931	14 547	6 030
集体经济	91 390	82 840	4 989	3 561
私营经济	39 756	38 096	891	769
个体经济	45 202	44 646	316	240
联营经济	307	255	52	–
股份制经济	9 623	9 559	64	–
外商投资经济	143	143	–	–
港澳台投资经济	90	90	–	–
其他经济	893	870	23	–
二.按行业分				
食品、饮料、烟草和家庭日用品批发业	141 266	120 717	12 382	8 167
纺织品、服装和鞋帽批发业	23 686	22 951	557	178
能源材料和机械电子设备业	139 802	133 655	5 707	440
能源	14 663	13 306	1 352	5
化工材料	12 642	12 223	419	–
木材	5 691	4 765	926	–
矿产品	663	625	38	–
金属材料	27 448	26 575	835	38
建筑材料	18 182	16 866	1 133	183
机械、电子设备	39 778	39 390	341	47
汽车、摩托车零配件	9 770	9 428	342	–
再生物资回收	10 965	10 477	321	167
其他	19 844	15 058	2 793	1 993
三、按企业规模分				
大型	21 667	21 667	–	–
中型	33 062	26 744	4 540	1 778
小型	239 172	214 163	16 192	8 817
附营单位	7 011	6 856	150	5

6-5 批发贸易业网点

(1995年) 个

项目	合计	市	县	县以下
总计	88 130	67 715	6 603	13 812
一、按经济类型分				
国有经济	2 885	2 705	162	18
集体经济	5 115	4 641	152	322
私营经济	1 830	1 708	54	68
个体经济	78 260	58 624	6 232	13 404
联营经济	7	7	–	–
股份制经济	13	10	3	–
外商投资经济	3	3	–	–
港澳台投资经济	1	1	–	–
其他经济	16	16	–	–
二、按行业分				
食品、饮料、烟草业	48 837	35 838	3 782	9 217
日用百货业	8 967	7 347	549	1 071
纺织品、服装和鞋帽业	16 559	12 821	1 023	2 715
日用杂品	2 923	2 592	217	114
五金、交电、化工业	3 912	3 552	226	134
药品及医疗器械业	237	221	16	–
图书报刊业	762	730	32	–
其他	5 933	4 614	758	561
三、按企业规模分				
大型	36	36	–	–
中型	1 000	808	70	122
小型	86 687	66 496	6 505	13 686
附营单位	407	375	28	4

6-6 零售贸易业机构

(1995年) 个

项目	合计	市	县	县以下
总计	2 200	1 949	188	63
一、按经济类型分				
国有经济	665	585	69	11
集体经济	1 389	1 231	111	47
私营经济	113	103	5	5
个体经济	-	-	-	-
联营经济	7	7	-	-
股份制经济	12	9	3	-
外商投资经济	3	3	-	-
港澳台投资经济	1	1	-	-
其他经济	10	10	-	-
二、按行业分				
食品,饮料,烟草业	511	448	50	13
日用百货业	391	314	40	37
纺织品,服装和鞋帽业	99	87	10	2
日用杂品	56	52	3	1
五金,交电,化工业	537	487	47	3
药品及医疗器械业	38	33	5	-
图书报刊业	45	41	4	-
其他	523	487	29	7
三、按企业规模分				
大型	10	10	-	-
中型	219	183	20	16
小型	1 590	1 406	141	43
附营单位	381	350	27	4

6-7 零售贸易业人员

(1995年) 人

项目	合计	市	县	县以下
总计	220 967	184 703	17 382	18 882
一、按经济类型分				
国有经济	46 291	40 031	5 724	536
集体经济	48 492	42 756	3 771	1 965
私营经济	17 738	16 732	450	556
个体经济	104 152	80 905	7 422	15 825
联营经济	358	358	-	-
股份制经济	1 249	1 234	15	-
外商投资经济	1 229	1 229	-	-
港澳台投资经济	1 202	1 202	-	-
其他经济	256	256	-	-
二、按行业分				
食品,饮料,烟草业	91 122	73 069	6 989	11 064
日用百货业	48 558	42 091	3 981	2 486
纺织品,服装和鞋帽业	28 569	22 869	2 025	3 675
日用杂品	6 394	5 685	506	203
五金,交电,化工业	19 827	17 345	1 970	512
药品及医疗器械业	1 561	1 410	151	-
图书报刊业	2 944	2 749	195	-
其他	21 992	19 485	1 565	942
三、按企业规模分				
大型	13 550	13 550	-	-
中型	29 678	25 373	3 241	1 064
小型	175 291	143 506	13 987	17 798
附营单位	2 448	2 274	154	20

6-8 零售贸易业网点

(1995年) 个

项目	合计	市	县	县以下
总计	14 217	10 852	1 389	1 976
一、按经济类型分				
国有经济	488	462	24	2
集体经济	811	760	48	3
私营经济	480	479	1	–
个体经济	12 348	9 063	1 314	1 971
联营经济	5	5	–	–
股份制经济	8	6	2	–
外商投资经济	51	51	–	–
港澳台投资经济	23	23	–	–
其他经济	3	3	–	–
二、按行业分				
正餐	10 056	7 773	944	1 339
快餐	1 150	836	132	182
其他	3 011	2 243	313	455
三、按企业规模分				
大型	8	8	–	–
中型	101	100	1	–
小型	13 977	10 631	1 372	1 974
附营单位	131	113	16	2

6-9 餐饮业机构

(1995年) 个

项目	合计	市	县	县以下
总计	669	613	51	5
一、按经济类型分				
国有经济	178	163	13	2
集体经济	345	307	35	3
私营经济	59	58	1	–
个体经济	–	–	–	–
联营经济	5	5	–	–
股份制经济	8	6	2	–
外商投资经济	48	48	–	–
港澳台投资经济	23	23	–	–
其他经济	3	3	–	–
二、按行业分				
正餐	556	521	31	4
快餐	34	23	11	–
其他	79	69	9	1
三、按企业规模分				
大型	5	5	–	–
中型	57	56	1	–
小型	476	439	34	3
附营单位	131	113	16	2

6-10 餐饮业人员

(1995年) 人

项目	合计	市	县	县以下
总计	**68 946**	**58 671**	**4 553**	**5 722**
一、按经济类型分				
国有经济	11 022	10 742	270	10
集体经济	10 719	10 240	468	11
私营经济	4 683	4 678	5	-
个体经济	36 847	27 346	3 800	5 701
联营经济	65	65	-	-
股份制经济	130	120	10	-
外商投资经济	3 579	3 579	-	-
港澳台投资经济	1 856	1 856	-	-
其他经济	45	45	-	-
二、按行业分				
正　餐	56 514	49 050	3 299	4 165
快　餐	3 446	2 580	400	466
其　他	8 986	7 041	854	1 091
三、按企业规模分				
大型	1 855	1 855	-	-
中型	6 080	6 020	60	-
小型	60 272	50 170	4 390	5 712
附营单位	739	626	103	10

6-11 批发零售贸易业商品购进总额

(1995年) 万元

项目	购进总额	从生产者购进	农副产品	从批发零售贸易业购进	进口
总计	**7 668 405**	**4 991 373**	**181 443**	**2 423 028**	**201 165**
按经济类型分					
1.国有经济	5 771 500	3 841 369	161 927	1 734 144	179 435
2.集体经济	1 176 563	689 787	17 759	451 217	3 743
3.其他经济	720 342	460 217	1 757	237 667	17 987
按行业分					
1.食品饮料烟草和家庭用品业	1 962 432	913 656	146 612	967 691	73 896
2.能源材料机械电子设备业	4 109 176	3 213 649	1 868	786 264	81 949
3.其他批发业	566 936	320 914	15 171	198 103	43 200
4.零售业	1 029 862	543 153	17 791	470 970	2 120
按企业规模分					
1.大型企业	2 907 062	2 034 013	15 367	781 075	87 869
2.中型企业	1 991 367	1 199 927	66 213	725 983	47 551
3.小型企业、附营单位	2 769 977	1 757 434	99 863	915 969	65 746

6-12 批发零售贸易业销售、库存总额

（1995年）　万元

项目	销售总额	批发	零售	库存总额
总计	8 491 057	7 151 631	1 339 428	1 339 125
按经济类型分				
国有经济	6 469 095	5 748 262	720 834	960 763
集体经济	1 252 244	890 468	361 776	251 968
其他经济	769 718	512 901	256 818	126 394
按行业分				
食品饮料烟草和家庭用品业	2 111 347	1 910 256	201 091	451 525
能源材料机械电子设备业	4 475 125	4 174 212	300 913	609 714
其他批发业	611 726	576 278	35 448	78 370
零售业	1 292 859	490 885	801 976	199 516
按企业规模分				
大型企业	3 178 854	2 750 624	428 231	290 227
中型企业	2 183 863	1 854 528	329 335	410 613
小型企业、附营单位	3 128 341	2 546 479	581 862	638 284

6-13 批发零售贸易业、餐饮业主要财务指标

（1995年）　万元

项目	合计	国有经济	集体经济	其他
资本金合计	1 185 236	718 541	329 344	137 351
流动资产合计	4 887 957	3 643 445	1 044 590	199 922
#存货	1 304 254	937 450	304 983	61 821
固定资产合计	1 043 470	798 322	132 905	112 243
流动负债合计	4 803 546	3 659 624	939 024	204 898
商品销售收入净额	6 907 168	5 088 502	1 510 194	308 472
商品销售成本	6 230 503	4 658 844	1 310 428	261 231
经营费用	324 177	203 151	98 113	22 913
商品销售税金及附加费	20 601	8 884	8 347	3 370
商品销售利润	334 251	217 448	95 760	21 043
代购代销收入	4 198	1 601	2 584	13
主营业务利润	336 164	219 225	95 890	21 049
其他业务利润	35 307	26 832	6 075	2 400
管理费用	274 045	188 080	62 158	23 807
#税金	7 644	5 983	1 344	317
财务费用	209 309	180 977	21 978	6 354
营业利润	-98 689	- 116 203	21 767	-4 253
补贴收入	19 914	18 741	803	370
利润总额	-58 838	-84 285	26 783	-1 336

7-1 出口商品供货总值

万元

指 标	1991年	1992年	1993年	1994年	1995年
合 计	250 826	297 021	371 632	524 001	525 916
按农轻重产品分					
农副产品	15 104	17 874	30 195	48 690	32 029
轻纺产品	138 469	167 123	201 721	278 770	288 870
重工产品	97 253	112 024	139 715	196 541	205 017
按主管系统分					
轻工局	17 724	16 566	22 608	16 340	12 176
纺织局	58 268	68 900	74 485	87 047	60 342
机械局	38 023	48 040	56 795	25 445	28 567
石化局	15 280	16 808	18 613	28 131	28 630
医药局	24 344	27 157	25 528	40 442	42 013
粮食局	8 112	6 975	13 976	18 077	1 803
金杯汽车公司	8 602	5 062	8 799	6 081	10 192
冶金局	2 582	1 461	153	190	171
电子局	5 502	6 007	6 926	8 808	10 638
建材局	3 312	3 524	3 460	9 742	20 772
民政局	203	173	238	-	-
农机局	2 082	1 804	1 600	614	-
按区县分					
铁西区	897	5 095	1 224	3 403	4 235
大东区	2 260	4 856	4 349	5 517	6 625
和平区	868	1 028	1 539	2 713	1 824
沈河区	951	1 999	4 250	8 127	11 738
皇姑区	1 129	1 294	1 771	3 632	6 551
东陵区	7 075	11 460	19 498	35 921	27 185
于洪区	6 949	8 781	13 878	27 995	25 689
苏家屯区	2 347	2 776	3 757	8 302	8 938
新城子区	1 024	1 228	4 439	13 394	17 507
新民市	1 324	1 599	3 003	4 592	2 961
辽中县	3 717	5 456	4 807	10 362	13 657
康平县		1 812	576	60	89
法库县		4 122	1 887	2 473	1 609

7-2 进出口商品总值

万美元

	1990	1991	1992	1993	1994	1995
地区进出口商品总值	44 199	62 948	96 057	109 491	122 588	136 783
进口	11 130	17 728	30 515	38 563	33 825	37 978
出口	33 069	45 220	65 542	70 928	88 763	98 805
其中市属						
进出口商品总值	33 723	46 170	94 535	109 263	90 173	84 382
#进口	8 386	12 296	29 244	38 563	28 285	17 930
出口	25 337	33 874	65 291	70 700	61 888	66 452
农副产品	3 040	3 739	5 596	6 060	5 254	4 120
轻工产品	11 149	14 936	29 403	31 839	32 701	30 575
重工产品	11 148	15 199	30 292	32 801	23 933	31 757

7-3 旅游事业发展情况

年份	接待国家及地区数（个）	接待的旅游人数（人）	外国人	华侨	港澳台胞	旅游收入（外汇券万元）
1980	53	12 468	11 493	42	933	344
1985	75	30 407	21 854	460	8 093	1 375
1986	75	31 591	21 606	619	9 366	2 449
1987	78	33 878	21 275	670	11 933	3 012
1988	93	33 301	19 447	767	13 087	5 391
1989	72	25 947	17 101	504	8 342	4 870
1990	100	41 899	26 269	585	15 045	7 592
1991	90	50 080	29 649	454	1 997	8 821
1992	120	65 142	41 544	463	23 135	10 271
1993	133	83 064	55 657	244	27 163	12 477
1994	130	87 092	66 273	168	20 651	31 331
1995	119	103 696	86 665	118	16 913	35 274

7-4 对外签订利用外资协议(合同)

年份	项目数（个）	对外借款	外商直接投资	外商其他投资	外资金额（万美元）	对外借款	外商直接投资	外商其他投资
1985	29	7	11	11	5 661	1 019	3 775	867
1986	33	3	15	15	4 349	1 601	1 332	1 416
1987	25	7	6	12	4 737	3 145	465	1 127
1988	89	18	53	18	11 008	3 611	5 922	1 475
1989	75	8	53	14	8 166	2 395	3 254	2 517
1990	104	8	92	4	15 794	1 318	5 757	8 719
1991	186	4	175	7	39 610	6 616	14 508	18 486
1992	708	7	693	8	93 761	7 494	63 421	22 846
1993	1 129	12	1 108	9	118 035	8 731	93 472	15 832
1994	835	5	826	4	181 928	7 048	142 618	32 262
1995	666	8	653	5	116 977	23 335	80 494	13 148

7-5 实际利用外资额

万美元

年 份	合 计	对 外 借 款	外商直接投资	商品信贷及其他
1985	201	177	24	0
1986	1 191	952	150	89
1987	5 040	3 981	597	462
1988	4 979	2 123	1 411	1 445
1989	4 946	2 019	2 806	121
1990	16 076	3 275	2 747	10 054
1991	25 297	3 464	3 348	18 485
1992	38 182	7 416	8 009	22 757
1993	56 494	7 408	33 254	15 832
1994	81 329	8 405	40 662	32 262
1995	66 521	7 321	46 052	13 148

8-1 地方财政收入

万元

年份	合计	#企业收入	各项税收	指数（上年＝100）合计	指数（上年＝100）企业收入	指数（上年＝100）各项税收
1978	167 722	82 757	84 779			
1979	154 250	61 902	86 038	92.0	74.8	101.5
1980	145 226	57 097	87 989	94.1	92.2	102.3
1981	128 977	42 603	86 053	88.8	74.6	97.8
1982	138 478	40 510	95 787	107.4	95.1	111.3
1983	136 190	28 432	105 435	98.3	70.2	110.1
1984	163 131	24 919	135 753	119.8	87.6	128.8
1985	209 685	20 651	187 089	128.5	82.9	137.8
1986	235 956	30 150	201 889	112.5	146.0	107.9
1987	254 124	24 127	222 399	107.7	80.0	110.2
1988	290 723	6 019	264 351	114.4	24.9	118.9
1989	342 216	-3 901	315 100	117.7	—	119.2
1990	310 726	-11 501	293 745	90.8	294.8	93.2
1991	316 164	-16 643	303 383	101.8	144.7	103.3
1992	346 918	-4 917	330 295	109.7	29.5	108.9
1993	452 751	-11 039	426 593	130.5	224.5	129.2
1994	296 228	133	260 148	123.2	102.6	127.0
1995	355 684	5 684	342 177	119.8	—	117.7

1994年由于执行新税制，财政收入数已与以前年份均不可比

8-2 地方财政支出

万元

年份	合计	#基建和挖革改资金	科技三项费	支援农村生产支出	城市维护费	文教科卫事业费	行政管理费
1978	28 355	3 670	1 177	992	1 914	8 024	3 707
1979	41 855	13 237	1 281	1 098	1 588	9 239	3 948
1980	50 245	16 835	745	1 845	5 557	11 362	4 751
1981	39 189	9 278	537	1 219	5 864	11 588	4 586
1982	48 296	14 327	630	1 729	5 297	13 920	5 136
1983	54 147	11 597	928	2 452	7 638	15 718	6 720
1984	60 109	56 992	1 537	1 891	8 425	17 358	7 715
1985	105 264	29 116	1 181	2 435	8 902	23 693	8 574
1986	151 339	34 529	1 456	2 488	11 036	28 916	9 972
1987	145 473	11 628	1 265	3 808	24 463	30 515	11 399
1988	175 650	11 871	2 064	3 929	22 940	36 410	9 783
1989	213 472	16 520	2 466	7 471	33 756	43 367	12 072
1990	230 580	13 875	3 672	7 792	31 234	47 142	13 370
1991	234 669	36 472	5 070	6 182	19 968	52 808	15 121
1992	255 331	43 237	6 398	6 605	25 415	59 326	19 211
1993	283 355	52 239	5 851	5 361	28 326	67 535	20 140
1994	344 638	55 272	7 135	7 600	32 607	92 387	27 805
1995	458 861	83 042	7 972	7 274	42 952	103 253	30 448

8-3 银行现金收入构成

万元

年份	合计	#商品销售	服务事业	城镇储蓄	比重（总计 = 100）		
					商品销售	服务事业	城镇储蓄
1980	297 733	192 805	25 322	55 101	64.8	8.5	18.5
1981	354 722	228 815	28 381	64 196	64.5	8.0	18.1
1982	379 068	237 797	29 863	72 905	62.7	7.9	19.2
1983	454 563	272 366	33 759	89 089	59.9	7.4	19.6
1984	561 976	324 286	41 342	124 334	57.7	7.4	22.1
1985	738 895	397 155	51 957	189 887	53.7	7.0	25.7
1986	905 612	437 091	61 631	272 724	48.3	6.8	30.1
1987	1 178 437	518 135	77 094	404 422	44.0	6.5	34.3
1988	1 769 221	680 329	100 889	683 673	38.5	5.7	38.6
1989	2 104 175	708 508	122 335	877 120	33.7	5.8	41.7
1990	2 369 559	720 748	144 860	1 051 049	30.4	6.1	44.4
1991	2 948 181	820 464	170 294	1 378 320	27.8	5.8	46.8
1992	4 481 122	1 035 445	209 243	2 163 655	23.1	4.7	48.3
1993	6 987 726	1 318 579	285 573	3 586 971	18.9	4.1	51.3
1994	9 017 047	1 532 421	388 486	4 754 649	17.0	4.3	52.7
1995	12 191 482	1 837 207	460 051	6 412 058	15.1	3.8	52.6

8-4 银行现金支出构成

万元

年份	合计	#工资支出	奖金支出	对个人其他支出	农副产品采购支出	农村信用社支出	行政管理费支出	城镇储蓄支出
1980	290 427	167 175	13 601	32 401	13 639	39 148	18 756	39 439
1981	339 038	199 707	15 765	55 536	24 661	52 197	20 229	51 390
1982	355 005	186 840	19 197	35 580	21 193	57 720	20 974	54 545
1983	440 818	202 633	21 968	41 143	46 212	83 246	25 318	65 823
1984	544 903	253 221	35 734	59 392	46 806	95 441	35 822	91 916
1985	715 772	329 935	44 390	97 936	54 450	88 819	50 284	137 166
1986	870 629	384 561	51 916	123 050	47 226	93 541	55 163	206 377
1987	1 148 109	455 612	67 941	157 331	63 953	114 096	68 470	312 837
1988	1 818 303	581 314	92 014	218 488	81 695	162 930	108 650	596 107
1989	1 990 894	649 246	100 542	242 208	93 608	132 969	124 978	696 190
1990	2 255 369	716 451	99 067	227 516	82 199	125 034	151 572	815 436
1991	2 766 955	801 636	102 794	263 408	81 547	162 285	194 242	1 109 433
1992	4 196 099	974 579	124 880	343 575	81 158	203 818	245 130	1 851 340
1993	6 652 129	1 202 621	135 371	416 870	137 455	253 478	499 780	3 219 233
1994	8 302 465	1 433 731	125 640	476 590	160 120	241 117	681 684	4 053 096
1995	10 866 914	1 584 536	118 312	551 560	181 850	245 937	823 900	5 514 612

8-5 银 行 存 款

（年末余额） 万元

年 份	合 计	# 企 业	财 政	机关团体部队	城镇储蓄	农 村
1978	176 602	66 883	22 722	42 883	24 515	1 174
1979	209 771	78 475	16 882	49 381	34 155	2 310
1980	241 023	110 224	5 231	56 992	49 894	2 218
1981	301 390	126 317	9 711	74 185	62 952	3 486
1982	365 311	160 692	9 090	76 624	80 778	2 644
1983	444 174	171 446	48 274	74 616	104 290	4 412
1984	495 475	214 824	4 145	71 942	137 960	6 680
1985	592 234	246 727	1 049	71 923	191 337	4 794
1986	755 023	325 919	2 547	76 709	263 505	5 637
1987	961 781	377 971	-1 291	86 047	361 097	7 369
1988	1 019 428	379 060	-4 813	66 641	452 367	13 935
1989	1 342 832	411 807	119	84 278	651 381	12 458
1990	1 817 149	547 384	-812	97 652	909 351	14 130
1991	2 244 357	660 115	6 292	122 265	1 224 496	13 152
1992	2 809 941	796 276	-15 301	109 644	1 552 390	111 729
1993	4 418 033	1 324 138	79 008	94 147	2 062 373	246 610
1994	5 802 395	1 330 583	56 343	92 525	3 048 152	345 287
1995	7 638 677	2 259 015	96 777	118 889	4 245 219	443 400

8-6 银 行 贷 款

（年末余额） 万元

年 份	合 计	# 工业企业	商 业	固定资产	农 业
1978	367 842	103 726	115 909	20	6 375
1979	415 930	110 228	134 320	3	6 907
1980	476 909	123 914	163 466	18 215	8 448
1981	484 939	134 128	179 533	15 799	8 726
1982	507 053	138 282	187 104	25 281	10 650
1983	551 669	145 576	219 667	36 652	10 412
1984	654 844	182 477	239 230	46 675	15 805
1985	830 225	220 910	243 665	76 562	23 350
1986	1 156 722	332 540	295 299	111 033	32 502
1987	1 349 279	413 862	374 401	166 479	39 407
1988	1 515 494	498 692	441 722	207 087	23 460
1989	1 886 602	675 739	535 631	291 480	30 565
1990	2 481 718	954 692	669 374	362 043	37 953
1991	3 004 819	1 129 236	792 458	533 454	47 964
1992	3 508 018	1 092 687	940 028	645 716	57 749
1993	4 924 439	1 791 508	1 206 669	873 091	121 614
1994	5 837 742	2 030 725	1 313 233	1 096 205	116 544
1995	7 158 771	2 349 455	1 714 425	949 157	145 387

注：银行贷款年末余额1993年为金融机构口径。

9-1 各种物价总指数

年份	零售物价	居民消费价格	农产品成交价	农副产品收购价格	农业生产资料价格
以上年为 100					
1985	112.7	112.1	116.7	114.0	102.2
1986	106.8	107.3	108.8	105.1	110.8
1987	109.9	110.1	115.1	112.7	102.2
1988	120.6	120.5	119.3	114.3	110.9
1989	116.4	117.3	118.1	125.3	109.8
1990	102.0	102.7	97.8	99.3	105.6
1991	104.4	105.7	98.4	89.6	109.7
1992	107.8	108.7	99.6	104.6	111.5
1993	117.6	120.3	116.5	108.1	101.3
1994	122.6	129.3	126.0	168.6	117.8
1995	113.5	116.0	118.6	107.4	128.6
以1980年为 100					
1985	120.4	119.7	102.5	131.9	117.3
1986	128.6	128.4	111.5	138.6	118.2
1987	141.3	141.4	128.3	156.2	120.8
1988	170.4	170.4	153.1	178.5	134.0
1989	198.3	199.9	180.8	223.7	147.1
1990	202.3	205.3	176.8	222.1	155.3
1991	211.2	217.0	174.0	199.0	170.4
1992	227.7	235.9	173.3	208.2	190.0
1993	267.8	283.8	201.9	225.1	192.5
1994	328.3	367.0	254.4	379.5	226.8
1995	372.6	425.7	301.7	407.6	291.6

9-2 职工工资总额和平均工资

年 份	工资总额（亿元）	国 有	集 体	为上年（%）	平均工资（元）	国 有	集 体	为上年（%）
1980	14.07	10.19	3.88		755	841	595	
1981	15.32	10.84	4.48	108.9	773	823	674	102.4
1982	16.34	11.46	4.58	106.7	800	850	660	103.5
1983	17.00	11.53	5.46	104.0	818	890	698	102.3
1984	20.18	12.75	6.85	118.7	941	1 002	846	115.0
1985	25.29	16.24	8.29	125.3	1 156	1 215	1 049	123.0
1986	30.29	19.76	9.63	119.8	1 354	1 433	1 213	117.1
1987	34.22	23.02	10.16	113.0	1 507	1 622	1 291	111.3
1988	44.24	30.20	12.64	129.3	1 911	1 050	1 602	126.8
1989	47.68	32.96	12.97	107.8	2 090	2 278	1 716	109.4
1990	52.56	37.12	13.60	110.2	2 309	2 527	1 806	109.2
1991	57.54	40.28	14.86	109.5	2 492	2 705	1 953	107.9
1992	66.62	46.81	16.59	115.8	2 834	3 160	2 152	113.7
1993	78.64	55.38	19.11	118.0	3 345	3 783	2 460	118.0
1994	100.94	69.59	20.50	128.4	4 402	5 057	2 831	131.6
1995	110.45	77.81	21.22	109.4	4 900	5 593	3 164	111.3

9-3 城乡居民储蓄存款年末余额

年 份	储蓄存款年末余额（亿元）	城 镇	农 村	储蓄存款本年比上年增加额（亿元）	平均每人储蓄存款（元）
1978	3.77	2.44	0.33		51
1979	3.93	3.38	0.55	1.16	71
1980	5.65	4.95	0.70	1.72	100
1981	7.23	6.21	1.02	1.58	126
1982	9.34	8.06	1.28	2.11	159
1983	12.31	10.40	1.91	2.97	207
1984	16.22	13.61	2.61	3.91	270
1985	22.31	19.02	3.29	6.09	368
1986	30.55	26.19	4.36	8.24	497
1987	41.89	35.90	5.99	11.34	672
1988	52.20	45.07	7.13	10.31	827
1989	76.60	66.72	9.88	24.40	1 197
1990	106.76	93.33	13.43	30.16	1 653
1991	142.06	126.27	15.19	35.30	2 186
1992	182.17	162.01	20.16	40.11	2 789
1993	230.90	206.24	24.66	48.73	3 511
1994	339.34	304.82	34.53	108.44	5 123
1995	468.86	424.52	44.84	129.52	7 029

9-4 城市居民调查户基本情况

年份	调查户数（户）	平均每户（人）		平均每一就业者负担人数（人）	人均年生活费收入（元）	人均年生活费支出（元）	
		家庭人口	就业人口				#食品支出
1978	300	4.53	2.34	1.94	315.17	308.04	
1979	300	4.57	2.35	1.94	353.16	338.63	198
1980	300	4.62	2.52	1.83	416.91	409.61	231
1981	600	4.26	2.69	1.58	488.87	467.95	257
1982	600	4.10	2.60	1.58	500.90	462.78	275
1983	300	3.99	2.57	1.55	519.19	490.70	298
1984	300	4.03	2.52	1.60	592.79	556.88	331
1985	300	3.63	2.24	1.62	720.63	688.89	392
1986	300	3.53	2.20	1.60	887.40	848.64	478
1987	300	3.46	2.12	1.63	976.52	973.89	518
1988	300	3.48	2.15	1.62	1 195.77	1 267.59	621
1989	300	3.20	2.07	1.55	1 452.93	1 485.63	773
1990	300	3.26	2.08	1.57	1 534.28	1 481.67	816
1991	300	3.34	2.13	1.57	1 696.26	1 675.10	926
1992	300	3.33	2.14	1.56	1 943.20	1 908.73	1 099
1993	500	3.21	2.11	1.52	2 293.91	2 429.73	1 161
1994	500	3.21	2.10	1.53	3 097.81	3 114.78	1 573
1995	500	3.20	2.11	1.52	3 720.79	3 766.36	1 903

9-5 城市居民家庭平均每百户年末耐用消费品拥有量

年份	自行车（辆）	黑白电视机（台）	彩色电视机（台）	收录机（台）	照相机（架）	洗衣机（台）	电冰箱（台）
1980	153			4	5		
1981	175	61	0.3	11	7	5	
1982	185	74	0.2	15	9	19	
1983	207	82	0.7	24	13	29	
1984	211	87	2	35	16	52	
1985	198	83	8	45	17	55	2
1986	195	79	18	54	24	68	7
1987	215	74	35	61	29	75	17
1988	225	64	50	73	33	80	37
1989	215	49	67	74	34	79	52
1990	226	42	80	88	42	84	62
1991	231	41	85	80	46	83	70
1992	223	33	88	82	50	85	71
1993	230	30	94	83	52	90	76
1994	236	26	99	84	58	92	81
1995	226	24	94	84	54	87	78

9-6 农村居民家庭收支抽样调查资料

指标	单位	1994年	1995年	1995年为上年%
调查户数	户	1 000	1 000	100.0
平均每户人口	人	3.89	3.87	99.5
平均每户劳动力	人	2.44	2.46	100.8
每一劳动力负担人口	人	1.60	1.57	98.1
人均年总收入	**元**	**2 640.02**	**3 162.10**	**119.8**
人均年纯收入	元	1 534.83	1 812.45	118.1
人均年总支出	**元**	**2 309.67**	**2 907.49**	**125.9**
#家庭经营费用支出	元	837.54	1 015.55	121.5
购置生产用固定支出	元	30.61	36.09	117.9
缴纳税金	元	48.14	43.16	89.7
生活消费支出	元	1 158.56	1 475.22	127.3
1.食品	元	636.85	858.56	134.8
2.衣着	元	148.48	160.66	108.2
3.居住	元	134.62	161.49	120.0
4.家庭设备及服务	元	57.42	55.67	97.0
5.医疗保健	元	34.48	45.93	133.2
6.交通和通讯	元	21.49	41.67	193.9
7.文化娱乐用品及服务	元	103.15	128.41	124.5
8.其他	元	22.07	22.83	103.4
每百户拥有耐用消费品				
黑白电视机	台	66	60	90.9
彩色电视机	台	36	41	113.9
收录机	台	37	41	110.8
照相机	架	5	6	120.0
电风扇	台	28	32	114.3
洗衣机	台	60	62	103.3
电冰箱	台	9	12	133.3
摩托车	台	5	6	120.0

10-1 各类学校数

个

年份	合计	高等学校	中等专业学校	普通中学	农业职业中学	技工学校	小学
1952	2 089	11	22	39			2 015
1957	1 556	10	27	135			1 317
1962	1 928	23	27	189			1 628
1965	3 299	14	19	223			2 666
1970	3 263	9	14	518			2 722
1975	3 126	9	22	515		19	2 580
1978	2 635	15	18	465		46	2 137
1980	2 732	18	27	385	18	111	2 168
1983	2 557	20	34	360	18	112	2 001
1984	2 599	20	37	350	25	114	2 038
1985	2 650	22	44	348	44	110	2 069
1986	2 494	23	50	340	53	118	1 900
1987	2 483	24	50	339	52	116	1 892
1988	2 481	21	46	335	52	114	1 900
1989	2 485	21	46	339	53	111	1 892
1990	2 492	21	46	334	57	114	1 893
1991	2 441	21	46	334	57	118	1 866
1992	2 317	22	45	323	58	117	1 742
1993	2 265	22	45	330	56	113	1 685
1994	2 230	22	45	335	76	108	1 627
1995	2 310	22	48	359	85	113	1 664

10-2 学校专任教师数

人

年份	合计	高等学校	中等专业学校	普通中学	农业职业中学	技工学校	小学
1952	14 580	1 527	769	1 778			10 412
1957	21 770	2 915	2 050	4 583			11 870
1962	32 122	4 674	1 919	6 270			19 015
1965	39 661	4 063	1 528	8 138			23 954
1970	49 776	3 181	668	16 060			29 837
1975	57 186	3 441	1 366	23 249			28 946
1978	58 195	5 665	1 468	26 127			24 770
1980	59 509	6 689	1 372	25 652	114	1 634	23 628
1983	57 858	7 905	1 930	20 995	734	1 962	24 046
1984	58 345	8 020	2 086	20 170	1 144	2 037	24 619
1985	60 749	8 513	2 433	20 318	1 673	2 175	25 453
1986	62 448	10 418	2 687	20 289	2 099	2 436	26 812
1987	65 869	10 235	2 898	20 891	2 370	2 540	26 857
1988	66 920	10 023	3 183	20 402	2 704	2 493	27 781
1989	69 801	11 224	3 125	20 330	2 607	2 572	29 582
1990	70 130	10 353	3 055	20 272	2 662	2 797	30 630
1991	70 955	10 202	3 042	20 823	2 756	2 879	31 168
1992	71 921	10 440	3 169	21 156	2 480	2 742	31 849
1993	72 734	10 442	3 193	22 106	2 816	2 544	31 309
1994	72 396	10 434	3 207	21 481	2 966	2 550	31 096
1995	73 318	10 594	3 203	22 313	3 142	2 439	31 216

10-3 在校学生数

万人

年份	合计	高等学校	中等专业学校	普通中学	农业职业中学	技工学校	小学
1952	54.62	1.14	1.34	4.69			47.45
1957	69.59	1.71	2.24	12.25			53.39
1962	88.35	2.81	1.32	13.54			70.68
1965	115.33	1.78	1.46	20.46			91.63
1970	137.37	0.38	0.10	43.95			92.94
1975	141.26	1.11	0.65	57.98			81.52
1978	132.54	2.03	0.81	63.22			66.48
1980	116.06	2.85	1.00	46.37	0.28	2.17	63.39
1983	96.70	2.98	1.18	32.09	1.35	0.85	58.25
1984	95.11	3.46	1.40	30.54	1.68	1.08	56.95
1985	96.82	4.18	1.68	31.23	2.17	1.17	56.39
1986	101.58	4.77	2.04	32.61	3.28	1.55	57.33
1987	101.90	4.92	2.32	31.18	3.41	1.64	58.43
1988	103.75	5.85	2.57	29.11	3.80	1.55	60.87
1989	105.35	5.72	2.60	27.41	3.84	1.53	64.25
1990	106.16	5.78	2.44	28.01	2.80	1.56	65.57
1991	106.48	5.92	2.45	30.42	2.59	1.66	63.44
1992	108.14	6.27	2.69	32.92	2.73	1.83	61.70
1993	109.27	7.05	3.04	33.26	3.11	1.87	60.68
1994	112.20	7.25	3.30	34.13	4.00	2.16	60.44
1995	114.49	8.81	3.71	35.63	4.73	1.90	59.55

10-4 各类学校毕业生数

人

年份	合计	高等学校	中等专业学校	普通中学	农业中学职业中学	技工学校	小学
1980	370 563	3 960	1 863	248 745		2 394	112 823
1981	315 772	283	4 647	179 925	180	11 883	118 549
1982	226 978	13 902	2 949	114 189	2 276	9 935	82 914
1983	202 972	7 886	3 159	106 486	7 127	5 058	72 711
1984	191 276	6 919	3 386	107 754	4 205	3 222	83 093
1985	201 168	7 160	4 245	85 095	5 047	4 813	94 156
1986	195 330	10 128	5 327	85 066	5 486	1 181	87 229
1987	208 409	13 299	5 963	94 390	7 194	4 838	81 925
1988	209 435	14 789	6 848	98 431	5 947	5 530	77 010
1989	192 248	14 294	7 477	87 188	7 319	4 616	72 498
1990	200 268	15 629	8 293	83 321	8 010	4 485	80 170
1991	218 241	15 009	7 860	81 784	9 009	5 843	98 476
1992	223 701	16 046	8 016	83 498	8 219	4 881	102 915
1993	232 474	15 256	8 251	92 405	8 425	5 910	101 073
1994	251 243	14 515	7 386	105 513	8 481	7 518	106 502
1995	273 749	19 956	9 050	109 834	10 319	9 778	114 609

10-5 卫生事业基本情况

年　　份	医疗卫生机构数（个）	#医　院	门诊部（所）	医疗床位（张）	#医　院	卫生技术人员（人）	#医　生
全市数							
1980	1 510	221	1 196	20 528	18 078	34 395	12 531
1981	1 568	224	1 238	19 829	18 362	37 229	12 661
1982	1 539	231	1 208	20 666	19 217	40 122	13 539
1983	1 571	237	1 241	22 016	20 379	40 780	13 858
1984	1 647	242	1 251	24 364	22 450	42 671	14 342
1985	1 648	251	1 224	26 578	24 881	43 849	14 452
1986	1 653	265	1 213	28 222	25 352	46 340	15 378
1987	1 734	283	1 281	32 732	29 966	49 512	16 741
1988	1 795	319	1 308	36 904	34 307	51 723	19 512
1989	1 861	332	1 277	37 297	35 534	52 362	20 073
1990	1 873	330	1 273	37 370	36 017	52 724	19 951
1991	1 732	333	1 188	38 153	36 860	53 044	20 421
1992	1 692	339	1 164	38 037	36 795	55 528	21 962
1993	1 454	360	939	39 612	38 513	55 938	21 634
1994	1 474	378	943	40 237	38 968	56 396	22 710
1995	1 380	374	857	38 818	37 344	55 300	21 964
市区数							
1980	1 361	129	1 165	16 205	14 935	31 158	11 564
1981	1 411	129	1 210	16 559	15 092	33 596	11 752
1982	1 394	138	1 184	17 320	15 891	36 330	12 582
1983	1 433	143	1 216	18 631	16 999	37 024	12 943
1984	1 463	149	1 226	20 759	18 855	38 641	13 360
1985	1 484	157	1 207	22 689	20 454	39 754	13 461
1986	1 476	169	1 195	24 739	21 899	42 061	14 377
1987	1 545	187	1 258	28 988	26 267	45 286	15 735
1988	1 619	221	1 287	32 864	30 372	47 223	18 149
1989	1 589	215	1 264	33 235	31 531	47 682	18 515
1990	1 583	231	1 244	33 021	31 723	47 731	18 265
1991	1 512	233	1 176	33 921	32 680	48 461	18 695
1992	1 494	235	1 154	32 751	31 554	49 002	19 005
1993	1 300	262	909	35 319	34 277	50 609	19 435
1994	1 360	310	917	37 501	36 317	52 775	21 137
1995	1 285	307	849	36 438	35 009	51 700	20 430

10-6 文化事业基本情况

个

年份	电影放映单位	#影剧院	艺术表演团体	图书馆	文化馆	博物馆	广播电台（座）	电视台（座）	图书馆藏书（万册）
1980	1 531	38	20	15	15	2	2	2	495
1981	1 712	46	20	15	15	2	2	2	492
1982	1 736	60	40	15	16	2	2	2	467
1983	1 607	62	41	15	16	2	2	2	458
1984	1 375	55	39	16	16	2	2	2	431
1985	1 469	55	26	16	16	3	2	2	456
1986	1 283	53	26	17	14	4	2	2	455
1987	1 229	47	28	17	15	4	2	2	464
1988	1 232	63	20	18	16	4	2	2	730
1989	1 251	63	16	18	16	5	2	2	499
1990	1 203	60	17	18	15	5	2	2	527
1991	1 066	57	17	17	15	5	2	2	561
1992	1 084	59	24	19	16	5	2	2	565
1993	1 084	59	24	19	16	5	2	2	590
1994	1 084	59	14	20	16	5	2	2	608
1995	738	54	14	20	16	5	10	3	627

10-7 城市火灾与交通事故

年份	火灾			交通事故		
	发生次数（次）	死亡人数（人）	损失折款（千元）	交通事故数（起）	死伤人数（人）	#死亡人数
1984	121	10	338	5 294	4 496	182
1985	164	24	719	5 535	4 299	280
1986	170	17	1 221	4 064	3 550	1 775
1987	161	14	720	4 892	4 102	2 051
1988	122	16	542	5 120	2 408	301
1989	161	19	801	4 949	2 293	317
1990	2 059	23	4 323	5 189	2 348	292
1991	2 269	59	3 130	5 370	2 278	304
1992	2 429	57	5 012	4 562	2 642	382
1993	2 916	65	12 973	5 470	2 798	483
1994	2 702	82	5 179	4 191	2 088	300
1995	1 965	49	4 664	3 732	2 087	301

注：自1990年起，公安部对火灾标准重新修订，故统计口径与以前年份不可比。

11-1 城 市 公 用 设 施

年份	自来水供水量（万吨）	#生活用量	煤气销售量（万立方米）	#生活用量	液化气销售量（吨）	年末公交营运车辆（辆）	年末公交营运线路（条）	客运总量（万人次）	出租汽车（辆）
1978	26 828	6 478	12 662	6 525	11 938	696	49	37 528	
1979	26 627	10 212	13 673	6 805	12 050	841	55	55 606	
1980	29 832	10 782	14 666	7 277	16 831	919	44	62 705	98
1981	30 394	11 073	15 590	8 235	17 513	982	46	66 269	98
1982	32 133	13 628	16 638	9 256	14 953	1 030	46	65 087	98
1983	33 556	13 499	17 515	10 069	18 244	1 042	48	63 334	94
1984	34 725	14 566	18 391	10 643	18 069	1 036	63	65 721	126
1985	35 557	15 621	19 584	12 002	18 196	1 124	69	65 190	370
1986	36 447	15 879	23 794	13 118	16 789	1 148	70	67 348	613
1987	38 295	17 815	25 420	14 633	18 428	1 147	71	78 727	547
1988	40 041	20 017	27 350	17 750	22 801	1 182	75	76 635	541
1989	54 519	24 993	27 612	18 813	35 362	1 285	75	70 955	3 452
1990	55 670	25 395	27 439	18 746	33 039	1 356	75	71 049	2 998
1991	57 214	24 487	28 304	19 660	36 970	1 389	91	74 970	3 829
1992	60 370	28 018	28 775	17 133	34 833	2 369	99	66 015	4 421
1993	63 737	31 045	28 449	17 087	25 435	2 462	103	54 355	7 172
1994	65 003	32 864	29 096	20 903	27 009	2 655	103	48 629	10 200
1995	65 518	34 485	28 631	22 048	71 828	2 562	103	54 640	13 641

注：1992年以后公交车辆数加小公汽车辆数；1989年以后为全社会数，以前为系统内数。

11-2 城市市政工程设施及绿化

年份	铺装道路		桥梁		下水道长度（公里）	路灯盏数（盏）	绿地面积（公顷）	#建成区	绿化覆盖率（%）
	公里	万平方米	（座）	#立交桥					
1978	870	742	85	5	1 191	21 700	8 176	1 356	9.60
1979	875	749	84	5	1 205	23 100	8 436	1 579	11.06
1980	877	753	85	6	963	23 360	8 536	1 605	11.05
1981	878	757	85	6	966	24 360	8 609	1 667	11.57
1982	906	758	79	6	948	25 335	8 649	1 703	11.79
1983	916	776	80	7	951	25 300	8 706	1 761	12.16
1984	918	803	80	7	971	27 762	8 883	1 938	13.48
1985	923	853	80	7	1 004	28 407	9 128	2 183	15.00
1986	956	891	87	9	1 015	31 162	9 326	2 394	16.30
1987	976	927	91	10	1 100	30 398	9 569	2 637	17.79
1988	991	964	93	11	1 146	30 507	9 842	2 910	19.47
1989	1 578	1 362	104	13	1 498	31 004	11 108	3 154	21.00
1990	1 640	1 423	105	14	1 578	31 668	11 267	3 314	22.03
1991	1 648	1 568	113	17	1 628	34 013	17 822	3 975	23.04
1992	1 665	1 593	119	23	1 664	33 427	18 032	4 171	24.06
1993	1 680	1 617	126	24	1 691	33 236	18 127	4 351	25.07
1994	1 747	1 733	130	26	1 856	34 927	18 150	4 450	26.07
1995	2 452	2 369	130	30	1 793	33 939	18 210	4 950	28.00

11-3 城市环保及环卫

年份	废气排放量(亿标立米)	二氧化硫排放量(万吨)	废水排放量(万吨)	工业废水	工业废渣产生量(万吨)	工业粉尘排放量(万吨)	清扫面积(万平方米)	清运垃圾及粪便(万吨)	环卫机械(辆)	公共厕所(座)
1980	567.00	11	34 804	25 620	86.8		1 521	194	246	276
1985	774.19	19	41 179	28 270	238.0	3.3	2 061	202	443	379
1986	744.10	15	42 541	26 670	342.0	1.6	2 192	215	471	1 315
1987	737.94	14	40 112	25 620	262.0	1.6	2 334	221	591	1 388
1988	686.28	13	39 105	23 321	188.0	0.4	2 412	233	529	1 368
1989	713.50	13	37 226	21 229	230.0	0.7	4 000	265	545	1 503
1990	719.84	16	40 494	14 493	228.0	0.7	3 795	288	562	1 554
1991	1 041.36	21	41 929	14 362	227.9	0.9	3 626	285	856	1 619
1992	1 154.17	21	43 969	16 434	269.0	0.8	4 131	285	911	1 406
1993	1 209.51	22	46 100	15 962	264.0	1.0	4 119	293	917	1 298
1994	1 239.84	22	52 006	14 171	256.0	0.6	4 417	306	845	1 302
1995	1 256.37	23	52 414	13 048	277	0.7	4 660	355	721	2 575

11-4 城市房屋住宅及用电情况

年份	年末实有房屋建筑面积(万平方米)	其中:住宅		人均居住面积(平方米)	城市用电量(万千瓦小时)		
		建筑面积	居住面积			#工业用电	生活用电
1978	3 289	1 528	787	3.51	282 854	215 785	
1979	3 401	1 613	831	3.45	308 327	233 805	
1980	3 568	1 728	890	3.53	322 666	241 300	
1985	4 907	2 400	1 236	4.42	396 705	299 008	
1986	5 000	2 537	1 349	4.68	423 678	316 326	
1987	5 331	2 776	1 503	5.10	458 500	365 000	22 100
1988	5 637	2 951	1 578	5.21	469 600	367 200	24 600
1989	7 407	3 129	1 966	5.35	484 667	367 222	32 823
1990	7 797	3 324	2 041	5.66	514 613	375 970	34 719
1991	8 106	4 099	2 130	5.83	578 505	408 255	40 470
1992	8 342	4 232	2 200	5.96	638 925	431 387	49 348
1993	8 684	4 440	2 291	6.16	695 005	471 240	56 226
1994	9 124	4 719	2 435	6.47	725 802	520 358	62 086
1995	9 603	5 056	2 608	6.87	822 039	530 736	114 697

12-1 县区主要经济指标

(1995年)

指　　标	单位	和平区	沈河区	大东区	皇姑区	铁西区
国内生产总值	万元	115 600	143 933	86 354	87 774	87 960
比上年增长	%	32.4	28.9	23.3	17.8	17.7
第二产业	万元	29 500	50 766	33 354	36 227	28 153
第三产业	万元	86 100	93 167	53 000	51 550	59 807
全部工业企业单位数	个	590	1 241	1 297	1 087	1 009
全部工业总产值(现价)	万元	72 139	232 783	168 158	189 278	195 507
轻工业	万元	33 668	187 968	104 332	64 219	123 276
重工业	万元	38 471	44 815	63 826	125 059	72 231
工业增加值	万元	24 763	36 320	43 121	34 566	26 191
工业销售产值	万元	67 759	135 303	138 549	122 283	90 210
固定资产净值平均余额	万元	16 732	27 375	21 435	19 614	22 822
流动资产年均余额	万元	46 735	91 020	50 313	83 252	62 576
利税总额	万元	8 163	16 725	18 043	13 808	10 244
固定资产投资总额	万元	7 114	8 867	9 016	9 823	7 021
社会消费品零售总额	万元	156 097	360 690	58 423	152 140	51 230
城乡集市贸易成交额	万元	285 945	740 764	316 434	253 438	300 826
实际利用外资额	万美元	1 573	4 378	1 100	2 061	873
地方财政收入	万元	20 870	16 999	13 430	13 828	14 491
地方财政支出	万元	26 133	19 595	18 402	17 487	18 516
职工平均货币工资	元	3 640	3 584	3 396	3 368	3 691
职工人数	万人	6.04	6.53	5.09	7.10	6.42
社会从业人员	万人	8.96	13.40	8.29	9.97	8.26
#第三产业	万人	6.19	9.48	5.78	5.71	4.30

12-1 续 1

指　　标	单位	苏家屯	东陵区	新城子区	于洪区
国内生产总值	万元	211 470	515 314	168 486	496 709
比上年增长	%	8.6	23.8	14.7	26.4
第一产业	万元	30 718	44 840	41 671	57 350
第三产业	万元	51 094	171 839	38 061	116 028
农林牧渔业总产值	万元	60 058	94 971	79 914	109 131
农业商品产值	万元	52 200	81 544	70 299	96 593
粮豆总产量	万吨	9	11	14	14
乡镇企业总收入	万元	198 546	1 130 364	256 789	1 033 359
乡镇企业利税	万元	15 200	152 837	13 595	136 461
全部工业总产值(现价)	万元	506 658	1 224 023	356 558	1 291 249
#轻工业	万元	208 710	391 687	194 921	383 745
重工业	万元	297 948	832 336	161 637	907 504
工业增加值	万元	41 948	107 537	22 965	77 528
工业销售产值	万元	145 922	320 088	88 371	306 495
利税总额	万元	11 018	44 260	7 460	6 979
固定资产投资总额	万元	4 944	40 000	23 669	49 002
社会消费品零售总额	万元	75 603	137 000	76 307	100 542
城乡集贸成交额	万元	43 101	290 000	31 040	97 349
实际利用外资额	万美元	289	640	1 267	1 088
地方财政收入	万元	6 166	14 187	4 355	12 387
地方财政支出	万元	10 853	16 124	8 489	12 300
职工平均工资	元	4 021	4 239	4 273	4 306
职工人数	万人	6.49	2.67	2.00	3.12
社会从业人员	万人	18.75	17.90	10.94	14.51
#第三产业	万人	6.83	5.59	2.04	3.90

12-1 续 2

指　　标	单位	新民市	辽中县	法库县	康平县
国内生产总值	万元	410 167	282 574	108 062	84 840
比上年增长	%	19.8	10.8	14.5	19.2
第一产业	万元	144 896	63 273	57 005	63 766
第三产业	万元	132 196	106 350	25 471	12 556
农林牧渔业总产值	万元	276 543	164 925	116 246	108 064
农业商品产值	万元	214 554	149 434	76 589	68 601
粮豆总产量	万吨	45	18	58	42
乡镇企业总收入	万元	401 775	449 948	111 041	18 810
乡镇企业利税	万元	29 330	43 654	6 439	1 457
全部工业总产值(现价)	万元	446 670	468 327	107 428	44 306
#轻工业	万元	259 622	306 821	63 106	31 872
重工业	万元	187 048	161 506	44 322	12 434
工业增加值	万元	4 967	33 967	6 838	4 001
工业销售产值	万元	175 558	112 226	41 451	16 322
利税总额	万元	786	3 260	596	-145
固定资产投资总额	万元	26 107	16 150	17 031	10 926
社会消费品零售总额	万元	94 131	56 469	40 148	31 000
城乡集贸成交额	万元	58 867	143 180	24 024	27 881
实际利用外资额	万美元	572	746		
地方财政收入	万元	5 908	4 350	3 127	2 121
地方财政支出	万元	14 174	14 089	9 543	8 388
职工平均工资	元	3 426	3 523	2 964	3 089
职工人数	万人	5.30	3.73	3.49	3.48
社会从业人员	万人	26.73	21.50	17.62	12.87
#第三产业	万人	2.83	6.25	4.01	3.72

13-1 沈阳经济开发区

（1995年末）

	单 位	1990	1991	1992	1993	1994	1995
批准进区项目	个	11	17	87	130	143	168
#三资项目	个	8	12	70	105	105	132
协议投资总额	万元	48 701	56 027	349 171	369 300	565 000	665 593
#三资项目投资	万美元	3 915	1 585	30 501	34 330	51 515	64 512
协议利用外资额	万美元	1 688	960	15 706	15 216	24 325	36 651
实际利用外资额	万美元	1 196	806	1 711	2 571	5 258	8 080
新投产项目	个	10	8	21	45	68	76
新开工建设项目	个	9	13	37	60	100	97
固定资产投资总额	万元	14 548	26 203	30 423	50 014	75 000	122 384
#项目建设投资	万元	9 815	18 880	22 188	31 814	65 400	111 923
基础设施投资	万元	4 564	5 011	5 469	16 200	7 010	8 261
公用设施投资	万元	169	2 312	2 766	2 000	2 650	2 200
房屋建筑开工面积	万平方米	3.1	11.4	28.1	17.8	37.1	27
房屋建筑竣工面积	万平方米	5.6	10.7	7.4	7.8	18.7	17
工业总产值	万元	2 656	10 591	24 545	46 600	109 000	222 523
利税总额	万元	394	2 047	11 135	26 125	28 021	38 957
出口创汇额	万美元	45	549	1 509	2 780	4 550	6 890

13-2 南湖科技开发区

指　　　　　　　　　　标	单　位	1995	1994
全区企业总数	个	1 686	1 457
#国有企业	个	440	419
集体企业	个	593	563
三资企业	个	331	279
股份制企业	个	235	115
全区从业人员	人	40 727	39 002
#中级以上职称	人	11 036	9 936
大专以上学历	人	16 131	14 116
技工贸总收入	亿元	46.65	37.53
#高新技术产品	亿元	33.22	20.25
商业性收入	亿元	10.26	8.24
工业总产值	亿元	32.50	23.55
利税总额	亿元	5.08	6.92
#利润总额	亿元	2.98	4.88
上缴税金	亿元	2.10	2.04
协议利用外资额	万美元	10 200	10 000
实际利用外资	万美元	5 100	3 900
出口创汇	万美元	3 500	2 000
固定资产投资额	亿元	5.1	3.03
房屋建筑面积	万平方米	34.70	7.92
房屋竣工面积	万平方米	7.52	16.03

13-3 沈阳商贸金融开发区

（1995年末）

	建筑面积（万平方米）	总投资（万元）
已建成项目		
沈铁大厦	3.6	10 800
邮政枢纽	2.6	5 300
地下商业城	4.5	9 000
天涯宾馆	1.0	2 000
新海广场	1.6	10 100
世信广场	3.1	13 000
凯莱大厦	3.5	31 000
东方大厦	3.2	10 000
主要在建项目		计划投资
富莱德大厦	4.6	27 000
新北站综合服务中心	6.3	20 900
富丽华大厦	6.4	50 000
深房时代广场	3.7	15 000
机械综合大厦	2.0	10 000
合作大厦	4.4	68 000
邮政生产综合楼	4.5	12 000
电信局综合楼	1.1	14 000
主要签约项目		
东北国际大厦	3.0	12 000
威斯大厦	3.2	10 000
融兴大厦	7.0	20 000
金利商管城	6.0	20 000
建行大厦	4.5	10 000
太阳城	9.0	36 000

13-4 铁西工业改造区主要指标

指　　标	单 位	1990年	1991年	1992年	1993年	1994年	1995年
企业单位数	个	720	806	794	1 128	933	1 655
#国有企业	个	139	144	140	189	120	216
集体企业	个	559	641	626	891	739	1 329
其他经济类型	个	22	21	28	48	74	110
# 轻工业	个	257	104	288	379	327	525
重工业	个	463	702	506	749	606	1 130
工业总产值							
(1990年不变价)	万元	1 290 926	1 271 719	1 447 785	1 734 963	1 593 993	1 824 156
# 轻工业	万元	316 740	301 224	350 560	369 491	419 075	459 338
重工业	万元	974 186	970 496	1 097 226	1 365 472	1 248 635	1 364 818
固定资产原价	万元	777 647	929 836	967 552	1 314 687	1 490 680	2 397 204
全部资金	万元	957 466	1 124 459	1 702 552	2 664 693	2 676 296	3 602 482
利税总额	万元	84 780	85 745	112 783	175 035	118 262	83 842
全部职工平均人数	人	414 984	513 354	411 928	425 090	372 168	450 081
资金利税率	%	8.85	7.63	6.62	6.56	4.42	2.33
产值利税率	%	6.57	6.74	7.56	8.20	5.63	3.96
百元固定资产原价实现产值	元	166.0	136.8	154.1	124.8	140.8	168.7
人均利税额	元/人	2 043	1 670	2 738	4 118	3 178	1 863

13-5 辉山风景开发区

（1995年末）

景区设施	基础设施投资 6500万元 绿地面积 3728万平方米 桥梁7座 索道长度780米 鸟语林 2.1万平方米 天山浴场 4万平方米
招商引资	签协议合同 53项 协议总投资额 9.4亿元 完成投资额 9000万元 开工建筑面积 6.3万平方米
竣工项目	辉山佳佳游乐园完成投资 400万元 玲珑山庄完成投资 520万元 虹羽山庄完成投资 600万元 沁春楼酒店
九六年计划及在建项目	96年计划招商 11项 计划引资总额 5.5亿元 予计基础设施投入 800万元 在建项目 沈菲湖滨娱乐园 富乐园娱乐城 沈阳运营职工培训中心 市环境保护培训中心

文献法规选编

沈阳市工程建设监理暂行办法

第一章　总　则

第一条　为提高工程建设的综合效益，维护建设单位和监理单位的合法权益，根据国家有关规定和《沈阳市建筑市场管理条例》，结合本市实际情况，制定本办法。

第二条　本办法所称工程建设监理，分为政府监理和社会监理。政府监理是指政府建设管理部门对建设行为实施的强制性监理和对社会监理单位实行的监督管理；社会监理是指监理单位受建设单位委托对工程建设项目实施阶段进行监督、管理和技术服务。

第三条　市建筑工程管理局对本市工程建设监理活动实行归口管理。其主要职责是：

(一)贯彻执行国家建设监理法律、法规和有关规定，管理全市工程建设监理工作；

(二)负责对本市监理单位进行资质审查和业务指导；

(三)负责对外埠、中直部门和外国进沈的监理组织进行资质审核，并对其承接的监理业务进行登记和管理；

(四)负责审查监理委托合同；

(五)检查、督促工程建设重大事故的处理；

(六)负责监理工程项目质量的检查及竣工工程质量评定验核；

(七)组织进行建设监理业务培训，并参与组织监理工程师和监理人员资格考试、考核；

(八)协调与指导建设监理协会工作。

第四条　凡在本市行政区域内进行工程建设均应接受政府监理。下列工程项目，须委托社会监理单位监理：

(一)列为国家和省、市的重点及大中型工程项目；

(二)利用外资或中外合资、世界银行贷款的工程项目；

(三)通过工程报建审查或政府指定的工程建设项目；

(四)建设单位需要监理的其它工程建设项目。

第五条　凡在本市行政区域内从事工程建设监理活动，均应执行本方法。

第二章　工程建设监理单位的设立和资质管理

第六条　开办建设监理单位或企事业单位兼承监理业务，须提出申请，经市建委同意，市建工局资质初审合格，报省批准后，到申请单位所在地工商、税务部门办理有关证照，到市建设银行立户，并到市建工局申领《沈阳市建设监理许可证》，方可从事监理活动。

第七条　开办建设监理单位应具备下列条件：

(一)有明确的企业名称、组织机构和场所；

(二)有与承担监理业务相适应的监理手段；

(三)有与承担监理业务相适应的资金和经济、技术人员。

第八条　监理人员必须符合下列条件：

(一)经市以上专业培训合格并取得证书；

(二)身体健康胜任工程建设现场的监理工作；

(三)离、退休专业技术人员年龄在65周岁以下。

第九条　外埠、中直部门监理单位来沈从事监理业务，须经市建委注册登记，市建工局进行资质审核，到工商行政管理部门申请注册登记，并到市建工局申领监理许可证。

第十条　监理单位必须接受资质年检，未经年检的不得再从事监理业务。

第十一条　监理单位的资质分为甲级、乙级和丙级。监理单位自领取营业执照之日起满二年后，可申请核定资质等级。核定资质等级满三年后，可申请升级。

资质等级的核定、晋升，按国家规定执行。

第十二条　监理单位发生下列情况之一的，应到市建工局办理有关手续，并向工商行政管理部门提出申请：

(一)分立或合并

(二)歇业或宣告破产等终止业务。

(三)变更名称、经济性质。

(四)变更法定代表人、技术负责人。

第三章　工程建设监理的内容和质量管理

第十三条　工程建设监理单位的监理业务主要内容是：

(一)建设前期阶段：

1、建设项目的可行性研究；

2、参与设计任务书的编制。

(二)勘察设计阶段：

1、提出设计要求，组织评选设计方案：

2、协助选择勘察、设计单位，商签勘察、设计合同并组织实施；

3、核查设计和概(预)算。

(三)施工招标阶段：

1、向招标主管部门申请办理招标许可手续；

2、准备和发送招标文件；

3、协助评审投标书并提出决标意见；

4、协助建设单位与中标的施工单位商签工程承包合同。

(四)施工阶段：

1、协助建设单位与施工单位申领开工报告；

2、审定总包单位选择的分包单位；

3、参加设计交底和图纸会审；

4、审查施工单位提出的施工组织设计、施工技术方案和施工进度计划，提出具体意见并督促其实施；

5、核查施工单位提出的材料和设备的数量及质量，对不合格的提出试验或更换意见；

6、检查工程质量，验收、签认隐蔽工程和分部分项工程，参与处理工程质量事故；

7、督促总承包单位的施工技术管理制度和质量保证措施的实施。

8、认定完成的工程数量，为建设单位提供拨付工程进度款依据或签署工程付款凭证；

9、检查建设现场的安全防护和卫生设施，对不合格的提出改进意见和建议；

10、协调处理建设单位与施工单位之间的争议；

11、组织施工单位进行工程竣工初步验收，提出工程质量核验与竣工验收报告；

12、督促整理合同文件和技术档案资料；

13、核查工程预、结算。

(五)保修阶段：

负责检查工程状况，定期进行回访，鉴定质量问题责任，按有关规定督促保修。

第十四条　监理单位的监理业务范围：

(一)甲级监理单位可以承接建设部划定的一、二、三等工程的监理业务；

(二)乙级监理单位只能监理二、三等工程；

(三)丙级监理单位只能监理三等工程；

(四)暂未定级的监理单位应严格按照核定的临时业务范围承接监理业务。

不同资质等级监理单位可联合管理同一工程项目，不得擅自越级或超业务范围承接监理业务。

第十五条　工程建设监理实行有偿服务，酬金按国家规定的收费标准计取。

第十六条　凡实施监理的工程建设项目，均应接受政府工程质量监督。政府工程质量监督通过监理单位实施。其主要方式是：

(一)监督监理单位对工程质量的监理行为；

(二)对重要分部工程的质量进行核验和参与重大质量事故的处理；

(三)验核评定竣工工程的质量和等级。

第十七条　监理单位开展建设工程监理业务，应按承担监理范围内工程建安工作量的0.5—1‰交纳质量监督费。

监理单位已交纳质量监督费的，建设单位不再交纳委托监理部分的质量监督费。

第四章　工程建设监理业务的取得和合同管理

第十八条　监理单位承接监理业务，可采取招标或由建设单位自行委托的方式取得。

建设单位可根据需要委托一个监理单位承担一个工程建设项目的全过程监理业务，也可以委托几个监理单位对一项工程的不同阶段和不同范围进行监理。

第十九条　监理单位和建设单位应签定工程建设项目监理委托合同，建立委托与被委托关系。监理单位依据监理委托合同中建设单位授予的权力行使职责，公正独立地开展业务。

监理单位应根据监理工程的性质、规模、复杂程度等情况，选派相应素质和数量的监理人员组成由总监理工程师或技术负责人、监理工程师参加的项目监理工作小组，在施工阶段进驻现场。

第二十条　监理单位应在监理实施前根据监理委托合同，编制工程项目监理实施方案或计划，连同项目监理工程师名单一起，以书面形式提交建设单位，征得建设单位的认可，并在实施监理的全过程中，定期向建设单位通报工程监理情况。

第二十一条　建设单位须在工程建设实施前，将监理的内容、监理工程师代表及所授予的权限，书面通知施工单位；施工单位须接受监理单位的监理，并为监理单位提供所需技术、经济资料和工作上的便利条件。

第二十二条　建设单位或施工单位要求变更原设计方案，必须通过监理单位向设计单位提出。设计单位对监理单位提出的变更方案和建议应及时回复。

第二十三条　监理业务不得转让。监理单位不得监理本单位设计的工程，不得承接与本单位有工程设计、施工和材料供应等有经营业务关系的单位的工程监理业务。

第二十四条　建设单位委托监理单位进行工程建设监理，必须签订合同。

签订监理委托合同须采用市科学技术委员会统一印制的《技术服务合同》文本，并附市建工局印制的《沈阳市建设监理合同》文本。合同鉴定后，应持合同和建设监理许可证到市建工局备案，并到市科学技术委员会登记鉴证。

第二十五条　签订监理委托合同，必须明确委托与被委托双方的权利与义务，其取费标准按国家和省、市的规定执行，不执行国家和省、市规定擅自改变取费标准的合同为无效合同。

第二十六条　外埠、中直部门和中外合作监理单位在本市承担监理业务，应与建设单位签订监理委托合同。

第二十七条　变更和解除合同应签订书面协议。解除合同的，应在签订协议之日起5日内将协议文本副本报市建工局登记备案。

第二十八条　监理单位与建设单位发生合同纠纷，双方可按合同约定的解决方法协商解决，也可到合同登记、备案部门进行调解或者向合同仲裁机关申请仲裁或向当地人民法院起诉。

第五章　中外合营、合作监理单位的管理

第二十九条　外国监理组织来沈开展监理业务，必须遵守中国的法律、法规，接受市建设监理归口管理部门的监督管理。

第三十条　凡在我市行政区域内开发建设的外商独资、中外合资和外国贷款的工程项目，均由本市的监理单位实施工程监理。需要外国监理组织监理的，须经市建委批准，并由外国监理组织与本市的监理单位合作进行。

第三十一条　外国监理组织、外埠监理单位进沈合作开展监理业务，必须有与其有业务往来的银行进行担保，由市建委批准，市建工局资审，在工商行政管理部门注册登记，领取市建工局核发的《沈阳市建设监理许可证》，并按相应的资质等级承接监理业务。

第三十二条　中、外监理单位合作开展监理业务，合作双方必须签订合作监理合同。合同主要内容应包括监理的工程项目、监理依据、双方的权利和义务、监理酬金的分配、争议的解决方式等。

第三十三条　独资、中外合资和外国贷款项目的监理取费，按国际惯例执行，并应在监理合同中明确。

第六章　罚　则

第三十四条　对违反本办法的，根据情节轻重，分别给予警告、通报批评、停业整顿、降低资质等级、罚款、收缴《资质等级证书》和《沈阳市建设监理许可证》直至吊销营业执照的处罚；构成犯罪的，由司法机关依法追究刑事责任。

第三十五条　违反本办法有下列行为之一的，由建设监理归口管理部门予以处罚：

(一)申请开办监理单位、企事业单位兼承监理业务或监理单位申请定级、升级时，隐瞒真实情况，弄虚作假的，给予通报批评，并自发现之日起一年内不予审批；已经批准的，予以撤销。

(二)伪造、涂改、转让、出卖《资质等级证书》或《沈阳市建设监理许可证》的，收缴等级证书和许可证，没收非法所得，并处以2000元—10000元罚款。

对买证的单位或个人，勒令停止监理活动，并按无证经营予以处罚。

(三)未办理监理许可证从事监理业务的，勒令停业，限期补办许可证，并处以10000至20000元罚款。

(四)未办理合同登记备案实施监理业务的，限期补办手续，予以通报批评；情节严重的，处以500—1000元罚款。

(五)无监理委托合同进行监理的，收缴其《资质等级证书》和《沈阳市建设监理许可证》。

(六)变更或者终止业务，不办理核批或者备案手续的，处以500—1000元罚款。

(七)超越核定的监理业务范围或资质等级承接并实施监理的，处以5000—10000元罚款。

(八)非法转让监理业务的，收缴《资质等级证书》和《沈阳市建设监理许可证》，没收非法所得，并处以1000—5000元罚款。

(九)监理单位所监理的工程项目，其质量等级未达到合格的，责令停业整顿，并暂缓办理定级、升级。

第三十六条　因监理过失造成重大质量事故的，由建设监理归口管理部门收缴监理单位的《资质等级证书》和《沈阳市建设监理许可证》，由工商行政管理部门吊销其营业执照。

第三十七条　管理工作人员应认真履行职责，严格执行本办法。对滥用职权，索贿受贿，利用职务之便徇私舞弊和玩忽职守的，由所在单位给予政纪处分；触犯刑律的，追究其刑事责任。

第三十八条　对违反本办法进行的经济处罚，应使用财政部门统一印制的罚没收据，罚没收入及时足额上缴同级财政。

第三十九条　当事人对处罚决定不服的，可以在接到处罚通知书之日起十五日内，向作出处罚决定机关的本级人民政府或上一级主管部门申请复议，也可以向人民法院起诉。当事人既不申请复议，也不向人民法院起诉，又不履行处罚决定的，由作出处罚决定的机关申请人民法院强制执行。

第七章　附　则

第四十条　本办法在实施中的具体问题，由市建筑工程管理局负责解释。

第四十一条　本办法自发布之日起施行。

沈阳市外来人口管理规定

第一章　总　则

第一条　为加强外来人口管理，保护外来人口合法权益，促进经济建设发展，维护社会秩序，根据国家、省有关法律、法规，结合我市实际情况，制定本规定。

第二条　本规定所指外来人口，系指来沈暂住没有常住户口的人员(包括来沈暂住的港、澳、台同胞，华侨及外国人)。我市市区农业人口跨区及市区与县(市)、县(市)与县(市)之间往来居住的人员，按本规定进行管理。

第三条　外来人口管理工作，实行“政府领导，公安为主，各方参与，综合管理”的体制，以户籍管理为基础，按照属地管理及“谁主管谁负责”、“谁招用谁负责”、“谁留住谁负责”的原则进行管理。

第四条　沈阳市外来人口管理办公室是我市外来人口管理工作的主管部门，负责组织、协调有关部门对全市外来人口的管理工作；负责对县(市)、区及有关单位与个人贯彻执行本规定进行监察、检查等。

市外来人口管理办公室设在市公安局。

各县(市)、区及街(乡、镇)的外来人口管理办公室，负责本辖区外来人口管理工作。

第五条　本规定适用于我市行政区域内所有留住、雇用外来人口的单位(指企、事业单位，个体经济组织以及国家机关和社会团体，包括中央、省、外省市驻沈单位及驻沈部队，下同)、个人。

第二章 户籍管理

第六条 外来人口在沈暂住,必须办理暂住登记或《暂住证》。劳动、工商、卫生等部门凭《暂住证》办理《外来人口就业证》、《营业执照》、《健康体检证》等。对无有效身份证件、无固定工作和生活来源、无固定合法住所的,予以收容遣送。

第七条 来沈投亲靠友、探亲访友、治病、照料病人、公出、旅游、学习等外来人口,三日内持居民身份证到暂住地居(村)民委员会办理暂住登记。

第八条 劳改、劳改人员保(院)外就医或准假回家的,在来住当日,由本人或家属到暂住地公安派出所申报登记。

第九条 港、澳、台同胞,华侨及外国人临时来沈,在二十四小时内,由留宿人或本人持护照、证件和留宿人户口簿,到暂住地公安派出所申报登记,并填写《境外人员临时住宿登记表》;住旅店、宾馆、招待所、饭店等(以下简称旅店)的,由本人持护照、证件进行住宿登记,由旅店向市公安局出入境管理处申报。

第十条 单位招用或成建制来沈务工的外来人口,应由单位负责登记造册,并在来沈十日内,持居民身份证、劳动部门审批的用工计划及其他合法证件到暂住地街(乡、镇)外来人口管理办公室统一申领《暂住证》。

第十一条 零散来沈从事务工经商等活动的外来人口,应在来沈十日内,持居民身份证或其他有效证件到暂住地街(乡、镇)外来人口管理办公室申领《暂住证》。

第十二条 在旅店包房三个月以上,从事公务、经营等活动的外来人口,在签订包房合同十日内,持居民身份证和其他合法身份证件、包房合同到暂住地街(乡、镇)外来人口管理办公室申领《暂住证》。

第十三条 外来人口申领《暂住证》,须交近期一寸正面免冠相片三张;街(乡、镇)外来人口管理办公室发给《暂住证》时,收取《暂住证》抵押金。

第十四条 外来人口离开我市,须到登记机关办理暂住注销手续,交回《暂住证》,领回暂住证抵押金。

第三章 住所管理

第十五条 本规定所指的住所,系指我市行政区域内外来人口居住的合法固定处所(含部队房产、建筑工地、施工现场)。

第十六条 在单位内部和建筑工地集中食宿的外来人口,由用工单位责成专人负责,成立治保组织,落实管理制度。

第十七条 单位和个人将房屋出租给外来人口居住或做商、饮、服、修等门点及仓库的,须持房产证明,分别到暂住地街(乡、镇)外来人口管理办公室和房产部门申领《出租房屋治安许可证》、《出租房屋许可证》,并缴纳治安责任保证金和出租房屋治安管理费。

第十八条 出租房屋的单位和个人应承担下列义务:

(一)对租房的外来人口应问明来历,查验所持证件,检查携带物品,并负责填写外来人口住宿登记簿;

(二)应在规定时间内领其到暂住地申报登记或办理《暂住证》;

(三)如实申报登记房客人数,房客如有变动,应及时办理变更登记;

(四)发现房客行为可疑或有违法犯罪行为及已婚育能妇女计划外怀孕的,应及时向暂住地公安派出所或计划生育部门报告;

(五)保障外来人口居住和存放物品安全,防止治安灾害事故发生;

(六)接受外来人口管理部门的管理,协助有关部门做好外来人口管理工作;

(七)对不直接管理出租房屋的,应当委托具有直接管理能力的代理人进行管理,履行以上义务,并承担相应责任。

第十九条 下列房屋不准向外来人口出租:

(一)违章建筑房、自搭棚厦、经房产部门鉴定的危险房及门窗不符合安全条件的;

(二)房屋产权或使用权不清的;

(三)不单独成间或以铺位形成出租的;

(四)出租房屋与房主两地,房主无力照管又无委托管理人的;

(五)存放易燃、易爆危险品和剧毒品的房屋;

(六)其他不具备出租条件的房屋。

第二十条 租住出租房屋的外来人口留宿他人的,应到暂住地街(乡、镇)外来人口管理办公室申报登记。

第二十一条 外来人口不准私自建房或搭临时棚厦,不准居住公用建筑设施及动迁未拆和新建的空房。

第二十二条 单位和个人终止房屋租赁时,应持《出租房屋治安许可证》和《治安责任保证金收据》到暂住地街(乡、镇)外来人口管理办公室办理注销登记手续,缴回《出租房屋治安许可证》,领回治安责任保证金。

第四章 从业管理

第二十三条 凡在我市从事劳务和经营活动的外来人口,应持在我市办理的《暂住证》和户口所在地劳动部门核发的《外出人员就业登记卡》,到劳动、工商部门申请办理从业登记,领取《外来人员就业证》、《营业执照》。

外埠成建制来沈独立承包建筑工程或为工程提供劳务的,须到我市建筑主管部门办理工程承包及施工手续。

港、澳、台同胞,华侨及外国人来沈务工经商的,按国家有关规定办理手续。

第二十四条 单位使用外来劳动力(含成建制招用外埠工程队),由劳动部门按照"先本地、后外埠"的原则进行统一审批和管理。劳动监察部门行使对单位使用外来劳动力情况的监察权。

第二十五条 凡来沈从事务工和各种经营活动的外来人口(含在旅店长期包房的),应缴纳城市人口增容费和价格调节基金。

城市人口增容费和价格调节基金由外来人口管理办公室统一收取,收费时,开具市财政局统一印制的收据。

城市人口增容费的使用，按财政部门有关规定，由市政府审核后分拨。

第二十六条　凡使用外来劳动力的单位，应按有关规定向劳动部门缴纳用工管理费。

第二十七条　外来人口不准从事废旧物收购经营活动。废旧物收购站(点)不准承包给外来人口，也不准雇用外来人口做临时工。

外来人口不准从事拣拾活动。

第五章　计划生育和卫生管理

第二十八条　外来人口计划生育管理工作由暂住地街道办事处，乡、镇人民政府计划生育管理部门主管，公安、劳动、工商等部门应密切配合。

第二十九条　各级政府和机关，企、事业单位及部队，应把外来人口计划生育管理，纳入常住人口计划生育管理范围，外来已婚育能妇女计划外生育，应追究暂住地街道办事处，乡、镇人民政府及有关单位计划生育管理部门责任。

第三十条　外来已婚育能妇女在办理《暂住证》时，应出具户口所在地乡以上计划生育管理部门的婚姻、子女、节育措施情况证明。

第三十一条　外来人口拟从事生产、经营食品及饮服行业的，须经卫生部门审查和体检，无《卫生许可证》和《健康体检证》的，不准开业和从业；未经卫生部门批准，出租房屋不准用于食品加工、生产、销售。

第三十二条　招用外来人口超过五十人的单位，须向暂住地卫生防疫机构报告，并接受卫生防疫部门采取的预防控制传染病的措施。

外来人口中适龄儿童，暂住三个月以上的，按国家有关规定，须接受预防接种，卫生部门可收取一定费用。

第三十三条　外来人口从事医疗活动的，须经市卫生行政部门批准，经工商行政管理部门核准，领取《营业执照》后，方可营业。

第六章　处　罚

第三十四条　市、区(县、市)、街(乡、镇)三级外来人口管理办公室有权对违反本规定的外来人口及有关单位和个人进行处罚。

公安、劳动、工商、民政、计划生育、房产、卫生等管理部门有权在各自职权范围内，对违反本规定及有关规定的外来人口、单位和个人进行处罚。

第三十五条　对不按规定申领《暂住证》，经通知拒不改正的，处五十元以下罚款(单位按人计算)或者警告。拒交罚款的，依据《中华人民共和国治安管理处罚条例》以下简称《条例》)，可处十五日拘留，罚款仍应执行。

第三十六条　对伪造、涂改、冒用、出租、出借《暂住证》的，处二百元以下罚款或者警告。情节严重的，按有关规定处理。

第三十七条　出租房屋的单位和个人，违反本规定第十七条的，处以二百元以上一千元以下罚款，对不符合出租规定的，予以取缔。对违反第十八条、第十九条的，视情节，没收其部分或全部治安责任保证金，并令其停租整顿。整顿不合格予以取缔。

第三十八条　对外来人口违反本规定第二十条的，处以一百元以上五百元以下罚款。

第三十九条　对私招乱雇未办《暂住证》、《外来人员就业证》的外来人口的单位和个人，除责令补办有关手续，补交有关费用外，每招一人处以一百元以下罚款。

第四十条　对不按规定缴纳城市人口增容费的，除限期补交外，处以其应交款额二至五倍的罚款。

第四十一条　对违反本规定第二十七条一款的，没收非法所得，处以一千元以上五千元以下罚款。

第四十二条　对违反本规定的单位，分别处以单位主管负责人和直接责任者二百元以下罚款，并由其上级主管部门给予主管负责人一定的行政处分。

第四十三条　对妨碍外来人口管理工作人员执行公务的，由当地公安机关依照《条例》有关规定处罚，构成犯罪的依法追究刑事责任。

第四十四条　对违反本规定处二百元以下罚款或者罚款数额超过二百元，被处罚单位或个人没有异议的，可当场处罚。

罚款时，须给被罚款单位和个人开具罚款收据。罚没款项按市财政局有关规定处理。

第四十五条　被处罚单位或个人，对依照本规定作出的处罚决定不服的，可在接到处罚通知书之日起十五日内，向其上一级主管部门或本级人民政府申请复议。对复议决定不服的，可在接到复议决定书之日起十五日内，向人民法院提起诉讼。被处罚单位或个人也可以在接到处罚通知书之日起十五日内，直接向人民法院起诉。被处罚单位或个人逾期不申请复议或者不向人民法院起诉又不履行处罚决定的，处罚机关可提请人民法院强制执行。

第七章　附　则

第四十六条　本规定由市外来人口管理办公室负责解释。

第四十七条　各有关部门应根据本规定，制定实施细则。

第四十八条　本规定自一九九五年三月一日起施行。一九八九年市政府颁发的《沈阳市暂住人口管理暂行规定》(沈政发[1989]99号)同时废止。以前我市制定的有关规定，与本规定相抵触的，以本规定为准。

关于收取外来人口城市人口增容费的通知

各县(市)、区人民政府，市政府各部门，中央、省驻沈单位，驻沈部队：

为适应改革开放新形势下外来人口管理需要，维护社会秩序，根据省政府《关于加强外来人口管理的通知》规定，对进入我市从事务工经营等活动的外来人口，一律收取城市人口增容费。现将有关事宜通知如下：

一、在城市地区(含城乡结合部的乡及新民、辽中、茨榆坨镇)从事经营活动的人员、饮服修业主、各种承包队负责人以及其他经济收入较高的外来人口,本省进入我市的,每人每月缴纳城市人口增容费20元,外省的每人每月缴纳30元;从事一般劳务活动的外来人口,本省的每人每月缴纳15元,外省的每人每月缴纳25元。

二、在乡、镇从事经营活动的人员、饮服修业主、各种承包队负责人以及其他经济收入较高的外来人口,本省的每人每月缴纳城市人口增容费15元,外省的每人每月缴纳25元;从事一般劳务活动的外来人口,本省的每人每月缴纳10元,外省的每人每月缴纳20元。

三、从事土地承包的外来人口,每人每月缴纳城市人口增容费10元。

四、国有企业招用从事纺织、煤矿井下工种及康平、法库两县成建制来沈从事建筑工程的外来人口,暂免缴纳城市人口增容费。

本通知自一九九五年三月一日起施行。《关于收取暂住人口城市基础设施建设费的通知》(沈政发[1993]3号)同时废止。

沈阳市建筑工程施工现场管理规定

第一条 为维护市容整洁,适应城市建设需要,保证建筑工程施工现场文明施工和安全生产有序进行,根据国家、省有关法律法规和《沈阳市建筑市场管理条例》,结合我市实际情况制定本规定。

第二条 本规定适用于本市辖区内各类建筑工程施工现场的管理。凡与建筑工程施工活动有关的单位和个人均应遵守本规定。

第三条 市建筑工程管理局是本市建筑工程施工现场管理工作的主管机关。

县(市)、区建筑行政主管部门负责本行政区域内建筑工程施工现场的管理工作,接受市建筑工程管理局的业务指导和监督检查。

市、县(市)、区建委、城建、劳动、公安、卫生、环保等有关部门按各自职责,对建筑工程施工现场进行监督管理。

第四条 任何单位和个人都有维护建筑工程施工现场正常生产作业的义务和对违反本规定行为进行监督、制止和举报的权力。

第五条 建筑工程施工现场实行文明施工、安全生产、科学管理,推行现场管理责任制。建筑工程实行总包和分包的,由总包单位负责施工现场的统一管理,分包单位在总包单位的统一管理下,对分包工程实施现场管理。

第六条 项目经理负责施工现场的全面管理。施工现场管理人员执行职务应佩带证明其身份的证卡,明确岗位责任。

第七条 建设监理或总包单位可以受建设单位的委托,协调施工现场内由建设单位直接发包的其他单位的施工现场活动。

第八条 施工单位必须编制建筑工程施工组织设计并按批准的施工组织设计组织施工,施工组织设计由施工单位的主管单位或部门审批。

建筑工程实行总包和分包的,由总包单位负责编制施工组织设计。分包单位依据总包单位的施工组织设计编制分包工程的施工组织设计。

第九条 建筑工程应当在批准的施工场地内组织进行。需要临时征用施工场地或临时占用道路的,应按规定办理有关手续。

第十条 建筑工程施工方案确定前,建设单位应会同设计、施工单位报请规划、城建、公用设施管理等有关部门,对可能造成周围建筑物、防汛设施、地下管线损坏或堵塞的建筑施工现场进行检查,制定相应的技术安全措施纳入施工组织设计,保障现场场地平整,水通、电通、路通。

第十一条 施工现场主要出入口应放置统一规格的施工标牌及施工平面图,标明工程项目名称、建设单位、设计单位、施工单位,项目经理和施工现场总代表人的姓名,建筑面积、层数、开竣工日期,施工许可证批准文号等。

第十二条 施工单位应当按照施工总平面布置图设置各项临时设施。

堆放大宗材料、成品、半成品和机具设备不得侵占场内道路和安全防护等设施。

第十三条 施工现场周边应按规定设置连续、密闭的装配式围档,围档材料须优质、安全。高层建筑、临街建筑必须设置封闭式安全防护设施并达到以下要求:

(一)市区景观街路、广场、繁华地区施工现场围档高度为2米,其他路段施工现场围档高度不得低于1.8米;

(二)主层建筑(35米以上必须全封闭作业,自下而上对建筑物进行严密围档,直到粉装饰工程结束,方可拆除围档;

(三)施工现场内各类暂设设施一律不准超出围档高度,暂设房(棚)顶一律朝场内坡向;

(四)安全防护网等设施要架设整齐,围护设施破损要及时更换。

第十四条 施工现场内施工区域与非施工区域要严格分隔,在危险区域、部位及通道处要有警示标语和必要的安全防护措施。

第十五条 施工现场应保证道路畅通,在车辆、行人通过的地方施工应设置沟井坎穴覆盖物和施工标志,车辆出入施工现场不准夹带泥沙;排水系统应处于良好的使用状态。

第十六条 建筑工程实行施工现场安全许可证制度。施工单位必须严格执行国家和省市有关安全生产和劳动保护的法规、规章,加强安全教育和安全宣传,坚持安全交底制度,严格执行安全技术方案。施工现场的各种安全设施和劳动保护器具,必须定期进行检查维护及时消除隐患,保持良好状态。

第十七条 施工机械进入施工现场须经安全检查合格方可使用。施工机械操作人员应依照有关规定持证上岗，严禁无证人员操作。

第十八条 施工现场用电设施的安装和使用必须符合安全规范和操作规程，并按照施工组织设计进行架设，严禁任意拉线接电。施工现场必须设置施工安全需要的夜间照明，照明灯具必须符合安全要求。

第十九条 工程施工需要接设临时用电、移动电缆、停水、停电、封路等，须经有关主管部门批准并通知周围地区受影响的单位和居民后，方可操作。

第二十条 施工现场应严格按照国家消防规定，建立和执行防火管理制度，设置符合要求的消防设施并保持完好的备用状诚。在容易发生火灾的地区施工或者储存、使用易燃易爆器材时，应采取特殊消防安全措施。

第二十一条 建筑工程施工中需要进行爆破作业的，必须持爆破器材使用说明，炸药的种类、数量，爆破地点及四邻距离等有关文件和《爆破物品使用许可证》报经主管部门审查同意，方可按安全规程进行操作。

第二十二条 施工现场发现历史文物、古代化石、爆炸物、电缆等应暂停施工，保护现场，及时向有关部门报告，在按照有关规定处理后方可继续施工。

第二十三条 施工单位应采取措施控制施工现场的各种粉尘、废水、废气、固体废弃物（建筑垃圾、生活垃圾）以及噪声、振动对环境的污染和危害，严格遵守以下规定：

（一）水泥砂浆搅拌等湿作业现场要设置泥浆沉淀池，不得将未处理的泥浆水排入城市排水设施和河流；

（二）除设有符合规定的装置外，不得在施工现场熔融沥青或者焚烧油毡、油漆以及其它会产生有毒烟尘和恶臭气体的物质；

（三）使用密封式的圈筒或者采取其它措施处理高空废弃物，不得从建筑物门窗、阳台等处向外倾倒残渣废料，禁止高空扬尘；

（四）禁止将有毒废弃物作土方回填；

（五）对产生噪声、振动的施工机械，应采取有效控制措施，减轻噪声扰民，22 时至 6 时不准施工，但抢修抢险除外，生产工艺上必须连续作业的或者因特殊需要必须连续作业的，须经所在区（县）环保部门批准。

（六）严禁在施工现场外草坪、绿地、道路和树林旁堆放物料，搭建临时设施及施工作业，对施工现场内的道路、树林、公用设施要妥善保护；

（七）施工现场要坚持日做日清，对坠落浮着物要及时清理，严禁堆积建筑拉圾。

第二十四条 建设、施工单位由于技术、经济条件等因素对环境污染不能控制在规定范围内的，建设单位应会同施工单位事先报请有关主管部门批准后施工。

第二十五条 建筑工程施工现场应设置必要的符合卫生、安全要求的职工生活设施；施工单位应加强现场安全保卫工作。

第二十六条 施工现场发生重大质量、伤亡事故，按有关规定及时报告上级和有关主管部门，并按上级和有关主管部门的决定做好善后工作。

第二十七条 由于特殊原因，建筑工程需要停止施工两个月以上的，建设单位或施工单位应当自停工之日起三日内将停工原因及停工时间向建筑行政主管部门报告。

第二十八条 建筑工程竣工后，施工单位应在 15 日内拆除现场围档和临建设施，清除场内建筑垃圾。全部工程质量、现场清理验收合格后，施工单位方可解除施工现场的全部管理责任。

第二十九条 各主管机关和有关部门应按照各自的职能，依据法规、规章的规定，对违反本规定的单位和责任人进行处罚。

施工现场未按规定进行管理，有下列行为之一的，根据情节轻重，对单位给予警告、通报批评、责令限期整改、责令停止施工、吊销施工许可证，并处以 5 千元以上 2 万元以下罚款，对工程项目负责人处 1 千元以上 5 千元以下的罚款：

（一）无施工组织设计及未按批准的施工组织设计进行施工的，或对施工组织设计擅自进行重大修改的；

（二）施工现场围档未达到本规定要求或使用劣质材料的；

（三）施工现场内施工区域与非施工区域未分隔开的；

（四）违反安全规范和操作规程安装和使用用电线路、用电设施的；

（五）施工现场没有夜间照明或照明灯具不符合安全要求的；

（六）无施工现场安全设施或安全设施不能正常使用的；

（七）未办理施工现场安全许可证的；

（八）发生人员伤亡事故的；

（九）无消防设施或者消防设施不合格的；

（十）生活设施不符合卫生要求的；

（十一）施工现场因管理责任导致污染环境的；

（十二）特种作业人员没有上岗证书的。

第三十条 违反本规定，施工中造成周围建筑物、防汛设施、地下管线损坏或堵塞的，由有关部门按有关规定进行处罚外，建筑行政主管部门可根据损坏的程度及危害，对施工单位给予通报批评、责令停止施工、吊销施工许可证。

第三十一条 违反本规定，构成治安管理处罚的，由公安机关依照有关规定处罚；构成犯罪的，由司法机关依法追究其刑事责任。

第三十二条 行政执法人员不认真履行职责，对检查中发现的问题不及时处理，或弄虚作假、贪赃枉法的，由其所在单位给予行政处分。构成犯罪的，由司法机关依法追究刑事责任。

第三十三条 当事人对行政处罚决定不服的，可依据《中华人民共和国行政复议条例》、《中华人民共和国行政诉讼法》申请复议或提起诉讼。逾期不申请复议，也不向人民法院起诉，又不履行处罚决定的，由作出处罚决定的机关申请人民法院强制执行。

第三十四条　本规定在执行中的具体问题由市建筑工程管理局负责解释。

第三十五条　本规定自发布之日起施行。

沈阳市行政事业性收费管理规定

第一章　总　则

第一条　为加强我市行政事业性收费管理，维护国家利益、保护公民、法人和其他组织的合法权益，根据国家有关法律、法规规定，结合我市实际情况，制定本规定。

第二条　行政性收费是国家行政机关、司法机关和法律、法规授权的机构，依照国家法律、法规行使其管理职能，向公民、法人和其他组织收取的费用。

事业性收费是事业单位向社会提供特定服务，依法收取的补偿性费用。

基金是国家为发展某项事业，通过行政事业性收费而集中提取、使用的财政专用资金。

第三条　凡在沈阳市行政区域内实施行政事业性收费(含通过行政事业性收费形成的各类基金，下同)的部门和单位，均执行本规定(中央、省驻沈单位除外)。

第四条　行政事业性收费统一立项审批、统一制定标准，统发收费许可证、统一收费票据，实行年度审验和收费稽查制度，收费资金纳入财政预算管理，实行收支两条线的财务制度。

第五条　财政部门是行政事业性收费的职能管理部门，物价、审计、行政监察部门负有依法检查、审计、监督行政事业性收费职能管理的职责，银行等有关部门负有协助管理的职责。

第二章　收费的立项审批和标准制定

第六条　行政事业性收费立项(含基金的标准制定)管理，由财政部门负责；行政事业性收费标准的制定和调整，由物价部门负责。

第七条　行政事业单位根据需要或有关规定准备收费，应向财政部门提出行政事业性收费的立项申请，并提供立项依据及有关资料，向物价部门提出收费标准。

第八条　财政部门对收费资料进行审核后，会同物价部门研究，认为可以立项和制定收费标准的，报省财政、物价部门审批。

第九条　行政事业性收费的设立，必须具备下列依据之一：

(一)法律、行政法规和地方性法规；

(二)国务院、省人民政府的文件；

(三)财政部、国家计委的文件；

(四)省财政厅、省计委(物价)部门的文件。

第十条　起草地方性法规或文件时，凡涉及行政事业性收费的，须事先征求财政、物价部门的意见。

禁止任何部门、单位和个人越权审批或自行设立行政事业性收费项目、扩大收费范围和提高收费标准。

第三章　收费许可证和票据管理

第十一条　行政事业单位领取行政事业性收费许可证和行政事业性收费票据(以下简称收费许可证和收费票据)后，方可实施收费。

第十二条　已确定的行政事业性收费项目，由财政部门发给收费许可证申请表，收费单位持申请表到物价部门领取"收费许可证"正、副本。

收费单位领到收费许可证后，再到财政部门做最后核批并办理收费票据准购簿等有关事宜。

第十三条　收费单位凭收费票据准购簿领取收费票据。

收费票据分为统一收费票据和专用票据，统一收费票据式样由财政部门制定，专用票据由收费业务主管部门提出式样，报财政部门审查批准。

行政事业性收费票据，必须有"统一收费票据监制章"或"专用收费票据监制章"字样的检印，由市财政局统一印制和发放。

第十四条　收费单位应妥善保管收费票据和存根，不得擅自毁损。收费票据存根至少保存五年，保存期满，报经财政部门查验后方可销毁。

第十五条　收费单位在收费期间，遇机构合并、分设、撤销的，自变更或注销决定生效之日起要停止收费，并向财政部门办理变更或注销手续，同时退回领取的收费票据及存根。

第四章　收费资金的财务管理

第十六条　行政事业性收费，属国家财政资金，必须纳入财政预算统一管理。

(一)行政性收费，包括行政性收费形成的基金，其收入全部上缴同级财政，收费所需的经费开支，由同级财政部门根据原有经费拨款数额、收费收入缴库情况和开支状况予以核拨。

(二)事业性收费，包括事业性收费形成的基金，由财政部门核定其财务体制，并实行财政专户储存，即收费单位和部门要按照财政部门审批的标准和使用内容来使用资金，其收入全额上交财政部门在银行开设的预算外资金帐户。支出用于经费开支部分，由同级财政部门予以核拨，用于各项事业发展的专项资金，由用款单位编制计划，经财政部门审核后按计划拨付。

第十七条　各行政事业单位的收费收入要按旬、月及时上缴同级财政。对零星收入，月帐面余额不足千元的，经同级财政部门同意可每季上缴一次。

第十八条　行政事业性收费单位和专项资金用款部门，要在每年十二月底以前，根据上一年度的收费收入、经费支出、专项支出情况编制本单位、本部门下年度的财务收支计划，报同级财政部门审批后执行。

第十九条　行政事业单位要在每年年初将上年度各项收入、经费支出和专项支出编制决算，报财政部门审批。

第二十条 财政部门可根据各收费单位和收费上交额给予适当的代收手续费，专门用于奖励收费单位和个人。

第二十一条 有关部门要严格区分行政事业收费与经营性收费，未经财政部门批准同意，任何部门不得将行政事业性收费视为经营性收费管理。

第二十二条 各级编制部门批准设立以行政事业性收费为主要经费来源或由财政拨款的事业单位时，应事先由财政部门审核其经费来源是否合理。

第五章 收费的监督与检查

第二十三条 行政事业性收费单位，必须公开收费项目、范围和标准，并按规定使用收费票据。收费时必须出示收费许可证，否则，被收费者有权拒交，并应向有关部门举报。

资金要按照规定的用途使用不得挪作他用，主管部门也不得随意调用。

第二十四条 财政、物价、审计及行政监察等部门要按照各自的职能经常对各类行政事业性收费依法进行监督检查，并对群众反映强烈、问题较多的收费单位，组织力量重点检查。收费单位应接受监督检查，如实提供帐表、票证等有关资料。

第二十五条 行政事业性收费实行年审制度，财政物价等部门，对收费单位收支情况每年要进行一次联合审查。

第二十六条 财政部门通过收费稽查，对收费单位的收费收入、基金收入、票据、资金使用情况进行监督检查，保证行政事业收费及时入库，合理使用。

第六章 罚 则

第二十七条 除国家另有规定外，有下列行为之一的，对单位给予警告或通报批评，并视情节轻重处以违纪金额一倍以下罚款；对直接责任人员和主管负责人给予行政处分，并处以相当于本人三个月基本工资以下的罚款：

(一)未经批准、未办理收费许可证擅自收费或扩大收费范围的；

(二)收费不使用财政部门统一印制的收费票据的；

(三)收入不入帐，将收费资金转入小金库，公款私存和挥霍浪费公款的；

(四)不按规定标准收费，擅自改变收费标准的；

(五)行政事业性收费不按规定实行收支两条线和财政专户储存，坐收坐支，隐瞒不报，转移资金的；

(六)挪用行政事业性收费资金建设楼堂馆所的；

(七)擅自从行政事业性收费资金中多提、多发、滥发工资(含浮动工资)、奖金、补贴、津贴和实物的；

(八)未经审批部门批准，动用行政事业性收费资金购置专控商品的。

第二十八条 对拒绝、阻碍收费人员正常收费的，依据国家的有关法律、法规给予行政、经济处罚，触犯刑律的，由司法机关追究刑事责任。

第二十九条 财政、物价部门的有关人员必须依法行使职责，对滥用职权、徇私舞弊的，由监察机关给予行政处分。

第七章 附 则

第三十条 本规定由市财政局负责解释。

第三十一条 本规定自发布之日起施行，此前我市发布的有关规定与本规定不一致的，以本规定为准。

沈阳市乡镇企业管理费征收管理办法

第一条 为加强乡镇企业管理费的征收管理工作，积累乡镇企业发展基金，促进乡镇企业经济发展，根据国家和省有关规定，制定本办法。

第二条 本市以乡村集体经济组织或农民投资为主举办的工业、商业、建筑业、交通运输业、饮食服务业等生产经营性企业(包括乡村股份制、股份合作制、中外合资、中外合作和联营企业，但不含私营企业和个体工商户)，均应按照本办法的规定，向乡镇企业行政主管部门缴纳乡镇企业管理费。

第三条 乡镇企业管理费按乡镇企业销售收入(包括经营收入、劳务收入)总额 0.5%的比例缴纳(法库县、康平县按 0.7%的比例缴纳)。

乡镇企业管理费在企业的管理费用中列支。

第四条 乡镇企业与外商合资经营或与其他所有制企业事业单位共同投资、联合经营的，乡镇企业按其投资比例向乡镇企业主管部门缴纳管理费。缴纳管理费的计算公式为：

应缴管理费＝中外合资或联营企业销售收入×乡镇企业所占投资比例×0.5%或0.7%。

第五条 乡镇企业管理费主要用于下列支出：

(一)支持符合国家产业政策和我市乡镇企业发展规划，技术水平高、经济效益好的企业扩大规模；

(二)支持乡镇企业生产名优新特产品；

(三)支持乡镇企业开发建设工业小区、工业园区；

(四)支持企业的技术改造和新产品开发；

(五)扶持出口创汇乡镇企业扩大规模，提高产品质量；

(六)支持乡镇企业开发高新技术产业；

(七)用于乡镇企业职工教育培训；

(八)补充乡镇企业行政主管部门未列入行政编制人员的经费以及为乡镇企业服务必要的设备购置经费。

第六条 乡镇企业管理费由各级乡镇企业行政主管部门按本办法第五条规定分级使用，其比例为：县(市)区乡镇企业主管部门 70%；上缴市乡镇企业行政主管部门 20%；上缴省乡镇企业主管部门 10%。

第七条 乡镇企业管理费缴纳和上解时间：乡镇企业每月 5 日前缴纳，乡级乡镇企业主管部门上解时间为每月 15 日前，县级乡镇企业主管部门上解时间为每月 20 日前。

第八条 县、乡两级乡镇企业行政主管部门使用管理费用于资产性支出超过 10 万元的(含 10 万元)，必须经同级财政部门同意，报市乡镇企业行政主管部门批准。

第九条　乡镇企业必须按月足额上缴管理费，年终决算确属亏损的，经县(市)区乡镇企业行政主管部门审核，报经市乡镇企业行政主管部门批准，可予以减免。

第十条　市、县(市)区乡镇企业主管部门要明确专门机构、配备专职人员负责乡镇企业管理费的征收工作，协助社会审计机构、内部审计机构对企业上缴管理费的情况进行审计，对违反国家和本办法规定的单位和个人进行查处。

第十一条　乡镇企业管理费纳入财政专户管理，实行收支两条线，乡镇企业管理费的支出由财政部门按乡镇企业行政主管部门的预算核拨。各级乡镇企业行政主管部门每年年终要将管理费支出情况，报送同级财政部门和上一级乡镇企业行政主管部门备案，并接受审计机关的监督。

第十二条　收缴乡镇企业管理费，应持辽宁省行政事业收费许可证，使用财政部门统一印制的收费收据。无收费许可证和统一收费收据的，企业可以拒绝缴纳。

第十三条　对缴纳管理费的先进企业，在资金、项目上优先安排，重点扶持。对及时足额上解管理费的部门，由上一级乡镇企业主管部门按其上解管理费总额的3%给予奖励。

第十四条　对瞒报销售收入和拒缴、截留乡镇企业管理费的单位及其直接责任人员，由乡镇企业行政管理部门，按违反财政法规处理，缴回其违纪金额的管理费，对已获得先进单位或个人荣誉称号的予以取消。情节严重的，追究主要领导人的责任。

第十五条　本办法执行中的具体问题，由市乡镇企业管理局负责解释。

第十六条　本办法自一九九五年一月一日起施行。

沈阳市结核病防治管理办法

第一章　总　则

第一条　为加强结核病防治和管理，保障人民身体健康，根据《中华人民共和国传染病防治法》和卫生部《结核病防治管理办法》的有关规定，结合我市具体情况，制定本办法。

第二条　本市行政区域内的机关、部队、学校、团体、企事业单位、医疗预防保健机构和个人，必须遵守本办法。

第三条　市、县(市)、区卫生行政部门对结核病防治工作实施统一领导和监督管理。

市、县(市)、区结核病防治机构负责本地区结核病防治工作的组织和业务指导，承担责任范围内结核病监测管理工作。

第二章　预防接种

第四条　各结核病防治机构、妇幼保健机构、医院产科、区卫生院、乡镇防保站、村卫生院(所)，均应设卡介苗接种站。

卡介苗接种站在当地结核病防治机构组织指导下，担负本地区、本单位的卡介苗接种任务。

第五条　接种卡介苗的对象、时间和程序，应严格遵守计划免疫接种的有关规定。

第六条　接种卡介苗的工作人员必须经过市结核病防治机构的专门业务培训，取得合格证后，方准从事接种工作。

第七条　新生儿由产院接种卡介苗。未接种的，产院不准开具出生证。因情况特殊不能在出生后及时接种的，产院应开具补种证，并注明原因，补种最迟应在季度内完成(特殊情况除外)。

第八条　各接种站在完成新生儿初种和各年龄组复种后，须填写“接种登记表”，及时统计上报，同时填写“儿童预防接种证”。

第九条　小学一年级和初中一年级学生须复种卡介苗。教育行政部门和学校必须保证复种工作正常进行。

第十条　卡介苗接种发生差错事故和异常反应时，必须立即采取措施进行抢救和治疗，并如实逐级上报。

第三章　病人发现

第十一条　各结核病防治机构要密切注意本地区结核病疫情，查明传染源人数，做到早期发现，合理治疗。

第十二条　综合医院及各医疗预防保健机构对有呼吸道症状两周以上及其它疑似肺结核的就诊病人，应将查痰和X线检查列为常规检查，将确诊为活动性肺结核患者立即向本市结核病专科医院或患者所在地结核病防治机构转诊，并在七日内向患者所在地结核病防治机构呈报疫情报告卡，建立登记制度。

第十三条　不具备查痰和X线检查条件的医疗卫生机构如发现疑似肺结核病人，要立即向结核病防治机构转诊。

第十四条　专职从事预防性结核病体检的人员，必须取得市结核病防治机构培训合格证，方可上岗工作。培训合格证有效期为一年。

第十五条　下列人员应按规定进行预防性结核病体检：

(一)新参加工作、参军、入学的人员；

(二)本办法第二十四条规定的从业人员；

(三)接触粉尘和有害气体的厂矿企业职工；

(四)排菌期肺结核病人的家属及其密切接触者；

(五)国务院卫生行政部门规定的其他人员。

第十六条　结核病高发或暴发流行的地区或单位，应主动报告疫情，必须接受结核病防治机构的集体检查和流行病学调查，查明传染源，并采取有效措施控制疫情蔓延。

第四章　登记管理

第十七条　对痰结核菌阳性或X线检查确诊为活动性肺结核病的病人，均进行登记管理。

第十八条　各级结核病防治机构应设专人负责本

地区结核病人的登记管理，并定期向上级结核病防治机构及当地政府卫生行政部门报告疫情资料。

第十九条　市卫生行政部门指定的结核病治疗单位在结核病人出院后七日内向病人所在地的县(市)、区结核病防治机构报告登记。

第五章　病人治疗

第二十条　活动性肺结核病人一经发现，必须及时治疗。肺结核病人的治疗费用，患者所在单位应给予保证。

第二十一条　对初治病人采用全市统一的化疗方案。排菌病人及初治病人除住院治疗者外，要坚持实行全面监督或全程管理化疗。

第二十二条　活动性肺结核病人(含结核性胸膜炎)一律由市卫生行政部门指定的结核病治疗单位治疗。禁止本市结核病人到外地治疗。

第二十三条　专门从事结核病防治的专业人员必须经过市结核病防治机构培训并取得培训合格证，方可上岗工作。

第六章　防止传染

第二十四条　结核病防治机构对下列人员中患有传染性肺结核病的，应按规定通知其单位和当地卫生监督管理机构，禁止从事可能造成结核病传播的工作，有关单位和部门应根据结核病防治机构的意见，另行安排适当的工作。

(一)食品、药品、化妆品从业人员；

(二)《公共场所卫生管理条例》规定范围内的从业人员；

(三)教育、托幼单位的从业人员；

(四)国务院卫生行政部门规定的其他从业人员。

第二十五条　活动性肺结核病人应遵守结核病防治机构的有关规定，不得有故意传播结核病的行为。

结核病防治机构、收治结核病人的单位和结核病人必须按照卫生防疫机构规定的卫生要求对结核病人污染的污水、排泄物(痰液)及其他污染物品进行消毒和卫生处理。

对从事结核病预防、医疗、科研、教学的人员，以及在生产过程中经常接触结核菌的其他人员，有关单位应根据国家规定，采取有效的防护措施和医疗预防保健措施。

第七章　奖励与处罚

第二十六条　对认真执行本办法，在结核病防治工作中取得显著成绩者，由各级卫生行政管理部门给予表扬和奖励。

第二十七条　不按计划免疫要求和程序接种或漏种卡介苗的；接种卡介苗后未填写“接种登记表”及“儿童预防接种证”或伪造报表的，责令立即改正，对单位处以四千元罚款，对主管人员和直接责任者由其所在单位或上级机关给予行政处分。

第二十八条　接种卡介苗出现差错事故和异常反应，并迟报、瞒报的，对单位处以五千元罚款，对主管人员和直接责任者处以三个月基本工资罚款。

第二十九条　没有取得市结核病防治机构的专业培训合格证而从事卡介苗接种、预防性结核病体检或结核病预防和治疗工作的，责令立即改正，对单位处以六千元罚款。

第三十条　对于有呼吸道症状两周以上及其它疑似肺结核的就诊病人，未进行查痰和X线检查的，对直接责任者处一个月基本工资罚款；由此造成肺结核病暴发、流行的，对单位处以一万元罚款，对直接责任者处以三个月基本工资罚款，并由直接责任者所在单位或上级机关给予行政处分。

第三十一条　对确诊为活动性肺结核病人，没有立即转诊或在七日内不呈报疫情报告卡，不建立登记制度的，对单位处以四千元罚款，对主管人员或直接责任者处以两个月基本工资罚款。

第三十二条　对于本办法第十五条规定的从业人员，未进行预防性结核病体检的，对单位处以五千元罚款。

第三十三条　对结核病高发、暴发流行地区或单位，不接受结核病防治机构进行集体检查的，对单位处以五千元罚款，对主管人员处以两个月基本工资罚款。

第三十四条　不按结核病人登记管理的有关规定进行登记和管理的，对单位处以四千元罚款，对主管人员处以三个月基本工资罚款。

第三十五条　非市卫生行政部门指定的结核病治疗单位收治活动性肺结核病人的(含结核性胸膜炎)，对单位处以一万元罚款，主要责任者处以三个月基本工资罚款。

第三十六条　准许或者纵容传染性肺结核病人从事本办法第二十四条规定的工作，对单位处以一万元罚款，对主要责任者处以三个月基本工资罚款，并由主要责任者所在单位或上级机关给予行政处分；情节严重，造成肺结核病暴发、流行的，加重处罚，触犯刑律的，由司法机关追究刑事责任。

第三十七条　准许本市普通结核病人到外地治疗的，对单位处以五千元罚款，对直接责任者处以一个月基本工资罚款。

第三十八条　卫生行政部门执行经济处罚时，应使用财政部门统一印制的票据，处罚收入上缴同级财政。

第八章　附　　则

第三十九条　本办法由市卫生行政部门负责解释并制定实施细则。

第四十条　本办法自发布之日起施行。

沈阳市统计登记暂行规定

第一条　为了准确、及时、全面地反映国民经济和社会发展情况，确保统计调查单位的不重、不漏，根据国家和省有关规定，结合我市实际情况，制定本规定。

第二条　本规定适用于我市行政区域内的国家机关、社会团体、企业、事业单位和其他经济组织及个体工商户(以下简称单位)。

我市在市外、境外、国外举办的单位也适用本规定。

第三条 市、县(市)、区统计局(含开发区)是统计登记的机关,统一领导、组织协调本地区管辖范围内的统计登记工作,履行监督检查职责。

市和县(市)、区各级主管部门,中央、省属在沈单位应明确指定有关机构负责统计登记工作,及时掌握下属单位的变动情况,配合统计局监督所属单位履行统计登记义务。

第四条 本规定第二条适用范围内的所的单位均有义务履行统计登记手续,提供国家和地方统计调查所需的统计资料,凡在本规定发布前已经登记的单位都应在本规定发布后的三个月内到统计局重新办理统计登记。本规定发布后新建立的单位,应当在决定、批准或工商行政管理部门登记之日起三十日内到当地统计局进行登记。

本市在市外、境外、国外的单位,应在决定或批准之日起六十日内由其主管部门到统计局办理登记。

单位在分立、合并、适移、破产、撤销时,必须按照本条前两款规定的时限办理变更登记手续。

第五条 在统计局登记的单位,按管理权限分别由市或县(市)、区统计局颁发《统计登记证》。

持有《统计登记证》的单位,应按统计制度规定,认真履行统计报告义务,及时准确地报送统计调查资料。

第六条 申报统计登记的单位,应持有计划委、编委以及主管部门门等批准机关批准设立或变更、终止的证件,持有营业执照的应同时出具执照附本,按下列分工申报登记:

(一)县、区以下单位,由其主管部门统一向县、区统计局申报登记。

(二)市直国家机关、社会团体直接到市统计局申报登记;市属企业事业单位,由其主管部门统一向市统计局申报登记。

(三)中央、省属在沈单位,外市在我市举办的单位,到市统计局办理登记。

(四)无上级主管部门的单位到其批准或发给营业执照机关的同级统计局办理登记。

第七条 市和县(市)、区统计局在进行统计登记时,对申报单位的所有制性质、隶关系国民经济行业类别、职能和经济活动范围等内容进行审核,核准登记的应及时与申报单位建立有关专业统计关系。

第八条 各级主管部门对其所属单位的统计管理,应按照统计登记机关核准登记的有关统计规范,调整统计任务。

第九条 应申报统计登记的单位有下列行为之一的,由统计局依照国家和省有关规定予以处罚。

(一)申报统计登记中弄虚作假的;

(二)拒绝申报统计登记的;

(三)逾期申报统计登记的;

(四)主管部门对所属单位的统计登记要求不及时履行综合报告义务。

对上述统计违法行为在给予行政处罚的同时,可根据情节轻重,对有关责任者给予行政处分。

第十条 当事人对行政处罚决定不服的,可以依法申主复议或提起诉讼,逾期不申请复议或者不起诉又不履行处罚决定的,由做出处罚决定的机关申请人民法院强制执行。

第十一条 本规定执行中的具体问题由市统计局负责解释。

第十二条 本规定自发布之日起施行。

沈阳市有害废物管理暂行办法

第一章 总 则

第一条 为防止有害废物的污染,加强对有害废物的管理,保护环境和保障人民身体健康,根据《中华人民共和国环境保护法》,结合我市实际情况,制定本办法。

第二条 本办法所称有害废物是指《沈阳市有害废物名录》中所列废物及根据国家统一规定的鉴别方法认定的具有急性毒性、易燃性、腐蚀性、反应性、传染性、侵出毒性等特征之一的,对人体健康和环境可能造成危害的固态、半固态和液态物质。

第三条 凡在本市行政区域内的一切单位和个人均应执行本办法。

第四条 市环境保护行政主管部门及各区、县(市)环境保护部门对所辖区域内有害废物的产生、收集、贮存、运输、处置等活动实行统一监督、管理。卫生、铁路及各主管部门,按照各自的职责对有害废物的产生、收集、贮存、运输、处置等各项活动实行监督管理。

第五条 市、区、县(市)环境保护行政主管部门及有关主管部门应采取措施促进有害废物的综合利用。有关单位应对产生的有害废物采取措施,实现有害废物的减量化、资源化和无害化。

有害废物实行集中处置。

第二章 污染防治及监督管理

第六条 对有条废物产生源的控制,实行动态申报制度和对产生、收集、贮存、运输、处置等活动的责任者实行许可证制度。产生有害废物的单位,必须向所在地环境保护行政主管部门申报拥有的产生有害废物设施、处理设施和产生有害废物的种类、数量、去向,并提供有关技术资料。有害废物的种类、数量、去向发生变化时,必须及时进行变更申报。

生产有害废物的单位进行有害废物利用、处置、贮存、排放,必须填报《沈阳市有害废物去向认定报告表》,经市环境保护行政主管部门确定的科研、监测、设计部门认定,到所在地环境保护行政主管部门办理《有害废物去向许可证》后,方可进行。

第七条 产生有害废物的建设项目,必须实行'三同时”和环境影响评价制度。在建设项目的环境影响报告书(表)中,对建设项目中可能产生的有害废物和对生态环境的影响作出评价,报环境保护行政主管部门审查批准。

第八条 从事有害废物收集、贮存、运输、处理、处置的单位和个人，必须提交环境风险评价报告，经市环境保护行政主管部门批准后，方可进行。

凡从事有害废物收集、贮存、运输、处理和处置，必须实行有害废物转移货单制。

第九条 不得向一切水域排放有害废物。

不得使用渗坑、裂隙、溶洞或稀释办法排放有害废物。

不得将有害废物与一般固体废物、垃圾混合排放。

第十条 有害废物的贮存设施必须有防渗漏、防雨淋、防流失措施，其选址必须符合国家标准和有关规定，并要设置识别有害废物的明显标志。

第十一条 采取焚烧方式处置有害废物时，必须采取防止污染大气的措施。焚烧后的残渣必须达到无害化要求，不得产生新的污染源。

采取其它方式处置有害废物时，必须采取防止污染大气、水体和土壤等措施。

第十二条 运输有害废物时，要采取妥善措施，在运输过程中不得出现破损、散落或泄漏。

第十三条 受到有害废物污染的场所、设施、设备、器具、包装物品或其他装置转作他用时，必须经过消除污染，达到无害化标准，未达标准的严禁转作他用。

第十四条 有害废物的处置、综合利用场(点)，必须指定专人负责，建立必要的安全生产、污染防治、环境监测、卫生防护、档案登记等一些必要的规章制度和应急措施，防止环境污染事故的发生。

第十五条 有害废物贮存场(所)，必须符合环境保护和其他有关部门要求，对需要停止使用或决定关闭的有害废物处置、贮存场(所)必须经环境监测部门监测、专家论证、环境保护行政主管部门批准，方可进行封闭处理。

第十六条 环境保护行政主管部门和其他监督管理部门有权对管辖范围内的污染源单位进行现场检查，被检查单位必须如实反映情况，提供必要的资料。检查部门有义务为被查单位保守技术秘密和业务秘密。

第十七条 对排放有害废物造成环境污染的单位或个人，由环境保护行政主管部门责令其限期治理，被责令限期治理的单位或人个，必须定期向辖区内的环境保护行政主管部门报告治理进度。

第十八条 凡排放有害废物造成环境污染事故或突发性污染事件的单位或个人，必须立即采取措施，防止或减轻污染危害，通知可能受到危害的单位和居民做好预防，并最迟不得超过24小时，报告辖区内环境保护行政主管部门，接受环境保护行政主管部门的调查处理。

第三章 罚 则

第十九条 违反本办法，有下列行为之一，环境保护行政主管部门或者其他依照法律规定行使环境监督管理权的部门，可以根据不同的情节，给予警告或者处以罚款：

(一)违反第六条一款规定对拒报或谎报有害废物申报登记数据的，处以300元以上3000元以下罚款；对主要责任者处以100元以上300以下的罚款。

(二)违反本办法第六条二款规定不办理许可证的，处以500元以上2000元以下罚款。

(三)违反第七条建设项目规、未办理“三同时”手续，擅自施工投产的，对建设单位处以2000元以上5000元以下罚款；对主要责任者处以100元至300元以下的罚款。

(五)违反第九条规定，将有害废物排入水体、渗抗、裂隙、溶洞或采取稀释方法排放，或与一般固体废物垃圾混合排放的，处以5000元以上50000元以上罚款；对主要责任者处以300元以上500以下的罚款。

(六)违反第二条至第十五条规定的处以2000元以上至5000元以下罚款。

(七)违反第十六条规定拒绝现场检查或者在被检查时弄虚作假的，处以500元以上至3000元以下罚款；对主要责任者处以300元以上500元以下的罚款。

(八)违反第十七条规定，未完成限期治理的，处以5000元以上至10000元以下罚款，并对负有主要领导责任者处以300元以上500元以下的罚款。

(九)对造成环境污染事故的企事业单位，处以10000元以上50000元以下罚款。其中对造成大经济损失的，按照直接经济损失的30%计算罚款，但最多不得超过20万元。

第二十条 造成有害废物污染的单位有责任排除危害，并对直接受到损害的单位或个人赔偿损失。

造成重大有害废物污染事故，导致公私财产重大损失或人身伤亡，构成犯罪的，对直接责任人员由司法机关依法追究刑事责任。

第二十一条 环境保护监督管理人员在履行职务时，滥用职权、徇私舞弊、玩忽职守的，由所在单位或上级机关给予行政处分，构成犯罪的，由司法机关依法追究刑事责任。

第二十二条 当事人对行政处罚决定不服的，可以依据国家有关法律、法规的规定申请复议或提起诉讼。当事人逾期不申请复议、也不向人民法院起诉、又不履行处罚决定的，由作出处罚决定的机关申请人民法院强制执行。

第四章 附 则

第二十三条 本办法在实施中的具体问题，由沈阳市环境保护局负责解释。

第二十四条 本办法自发布之日起实行。

附：《沈阳市有害废物名录》

沈阳市公共场所禁止吸烟暂行规定

第一条 为提高我市市民的健康水平，保持公共场所卫生整洁及空气清新，防止火灾事故的发生，根据国务院《公共场所卫生管理条例》制定本规定。

第二条 本市行政区域内的下列公共场所禁止吸烟：

(一)旅客列车、公共汽(电)车、飞机等公共交通工具内及旅客待侯室；

(二)大中专院校和中小学校的教室、宿舍及其它学生集中活动的室内场所；

(三)幼儿园、托儿所园区；

(四)医院的门诊、病房区；

(五)图书馆、博物馆、展览馆、美术馆、体育馆、影剧院、录像厅、舞厅、游艺厅和音乐茶座室等文化娱乐场所；

(六)商店(场)、书店、邮电局、储蓄所和银行等营业场所；

(七)二十人以上会议室(厅)；

(八)其它需要禁止吸烟的公共场所。

第三条 每年五月三十一日是国家规定的不吸烟日，任何单位或个人不得在该日销售烟草及烟草制品。

第四条 市爱国卫生运动委员会(以下简称爱卫会)，负责组织本规定的实施。消防监督部门依据本规定有权对违反本规定行为进行监督、处罚。

第五条 市爱卫会根据禁烟工作需要聘任禁烟监督员。其职责是：

(一)宣传吸烟危害健康的知识；

(二)检查指导本地区、本单位开展公共场所禁烟活动；

(三)对违反本规定的单位和个人进行处理。

我市现有的卫生监督员、卫生检查员行使禁烟监督员的职能。

第六条 禁止吸烟场所的单位，应在禁止吸烟场所的醒目位置设置由市主管部门统一设计的标志，并指定专(兼)职人员负责禁烟的宣传监管工作。

第七条 公民有权在禁止吸烟的场所制止吸烟行为，有权要求禁止吸烟场所所在单位履行禁烟职责，并有权向各级爱卫会举报违反本规定的行为。

第八条 各级宣传、新闻、文化、教育、卫生部门和工、青、妇等群众团体，应大力宣传普及吸烟危害健康的科学知识。各机关、企事业单位和城市的居(村)民委员会。应积极开展群众性的戒烟活动，鼓励创建各种无烟场所。

第九条 对违反本规定第二条的，由禁烟监督员给予警告或处以二至五元罚款。

第十条 对违反本规定第三条的，由市或区、县(市)爱卫会没收现场销售的烟草或烟草制品并处以三百元以上、五百元以下罚款。区、县(市)爱卫会实施的处罚须报市爱卫会备案。

第十一条 对违反本规定第六条的，由市或区、县(市)爱卫会责令限期改正，对逾期不改者，对单位处以五元以上、一百元以下罚款，并对单位主管领导按其基本工资的10%处以罚款。由区、县(市)爱卫会实施的处罚须报市爱卫会备案。

第十二条 实施罚没须出示执法证件，使用市财政部门统一制发的罚没票据。罚没收入上缴同级财政。

第十三条 对拒绝、阻碍禁烟执法人员依法执行本规定的，由公安部门按《中华人民共和国治安管理处罚条例》进行处罚；对触犯刑律的，依法追究其刑事责任。

第十四条 单位或个人对行政处罚不服的，可按规定提出行政复议或向人民法院起诉。

第十五条 本规定由市爱卫会负责解释。

第十六条 本规定自发布之日起施行。

沈阳市粮油经营管理暂行办法

第一章 总 则

第一条 为了加强粮油经营管理，保持粮油市场稳定，根据国家有关规定，结合本市实际情况，制定本办法。

第二条 本办法所称的粮油，系指原粮、成品粮、食用油及食用油原料。

第三条 凡在本市从事粮油经营的企业、个体工商户及个人，必须遵守本办法。

第二章 粮油经营管理部门

第四条 市粮食食品局是本市粮油经营管理的主管部门。

区、县(市)粮食食品局负责本地区粮油经营管理工作，业务隶属市粮食食品局指导。

工商、物价、技术监督等部门，依照各自的职责，协同粮油经营管理部门做好粮油经营的监督管理工作。

第五条 粮油经营管理部门应对粮油市场及经营者的经营行为进行检查，制止和纠正不法行为。检查人员在执行职务时，须出示市粮食食品局统一制发的检查证。

凡经营粮油的企业、个体工商户和个人必须接受粮油经营管理部门及有关管理部门的检查，服从管理。

第三章 经营资格和审批

第六条 开办粮油批发经营的企业，应当具备下列条件：

(一)有50万元以上的自有资金；

(二)有与经营规模相适应的经营场所和储备设施；

(三)有必要的粮油质量检测设施。

第七条 开办粮油零售经营的企业、个体工商户及个人，应当具备下列条件：

(一)有1万元以上的自有资金；

(二)有固定的经营门点或在集贸市场有固定的摊床、摊位。

第八条 符合本办法第六条规定的条件，开办粮油批发企业，必须向粮油经营管理部门提出申请，经批准后到工商行政管理部门办理登记注册。

开办粮油零售经营业务的单位和个人应到工商行政管理部门办理登记注册，领取营业执照，到粮油经营管理部门办理备案手续。

农民在集贸市场销售自产粮油，必须持居民身份证和乡政府出具的证明。

第九条 已经取得营业执照的企业，需要增加粮油批发经营项目的，须按本办法第八条第一款规定办理变更登记手续。

第十条 从事期货交易取得粮油的，必须凭交易票据按照本办法第八条规定办理营业执照后方可出售合约范围内的粮油。

第四章 粮油收购和交易的管理

第十一条 在国家进行粮油集中收购期间，关闭收购地区粮油市场，除执行国家粮油收购任务的粮食部门外，其他任何单位和个人均不得在收购地区收购粮油。

没有完成粮油定购任务的粮油生产单位或个人，不得囤积或自销粮油。

第十二条 执行国家粮食收购任务的粮食部门必须严格执行政府制定的价格、质量标准，不得擅自提高或降低粮食收购价格和等级；必须及时兑现卖粮款，严禁打“白条”。

第十三条 除承担政策性调拨经营的粮食企业外，本市的粮油批发企业与外阜地区进行的粮油交易，必须到粮食批发市场交易，严禁场外交易。

外阜粮食批发企业和用粮单位到我市购买粮油，必须到市粮食批发市场购买，严禁场外交易。不在市粮食批发市场交易的，不予办理铁路、公路运输手续。

第十四条 在粮食批发市场进行粮油交易，买卖双方应各按合同金额的1.5‰向市场交纳交易手续费。

第十五条 外埠粮油进入我市必须经过技术监督部门或其认可的质量检验机构检验，未经报验或检验不合格的，不得进入本市，不得在市场销售。

严禁使用被污染的装具包装粮油产品。

第十六条 凡在市场销售粮油，均应标明粮油的品种、标准、等级并要做到名实相符，严禁在粮油中掺杂使假、以伪充真，以次充好。

第十七条 经营粮油的企业、个体工商户和个人必须严格执行国家价格政策和市政府规定的粮油价格，明码标价，严禁哄抬价格和变相涨价。

第五章 处 罚

第十八条 企业未经批准从事粮油经营活动，由工商行政管理部门没收其非法所得，并处以2万元以下罚款；个体工商户未经批准从事粮油经营的，由工商行政管理部门没收其非法所得，并处以500元以下罚款。

第十九条 违反本办法第十一条规定的，由粮油管理部门按照国家规定的最低保护收购价强制收购其违法采购的粮油，并处以粮油采购额一倍以下的罚款。

第二十条 凡违反国家和市政府价格政策及不执行明码标价的，依照国家价格管理条例和市政府有关规定予以处罚。

第二十一条 违反本办法第十六条规定的，由粮食管理部门按销售额一倍以下处以罚款。

第二十二条 拒绝、阻碍粮油管理有关部门执行公务的，由公安部门按照《中华人民共和国治安管理处罚条例》处罚。

第二十三条 从事粮油管理的工作人员，必须忠于职守，遵纪守法，秉公办事。对滥用职权，违法乱纪、玩忽职守者，由主管部门给予行政处分；情节严重，触犯刑律的，由司法机关追究刑事责任。

第二十四条 当事人对行政处罚决定行为不服的，可按《行政复议条例》、《中华人民共和国行政诉讼法》的规定，申请行政复议或提起诉讼。逾期不申请复议，也不向人民法院起诉，又不履行处罚决定的，由作出处罚决定的机关申请人民法院强制执行。

第六章 附 则

第二十五条 本办法应用中的具体问题由市粮食食品局负责解释。

第二十六条 本办法自发布之日起施行。

沈阳市土地增值税征收管理办法

第一条 为了合理调节土地增值收益，维护国家权益，规范房地产交易秩序，促进房地产市场健康发展，根据《中华人民共和国土地增值税暂行条例》及其实施细则等有关规定，结合我市实际，制定本办法。

第二条 凡在我市境内从事转让国有土地使用权、地上建筑物及其附着物（以下简称转让房地产），并取得收入的各类企业、事业单位、国家机关、社会团体、个体工商业户以及其他组织和个人为土地增值税的纳税人（以下简称纳税人），纳税人必须遵守本办法。

根据《国务院关于外商投资企业和外国企业适用增值税、消费税、营业税等税收暂行条例的有关问题的通知》的规定，外商投资企业、外国企业、外国驻华机构、外国公民、华侨、港澳台同胞等，转让房地产并取得收入，均适用本办法。

第三条 土地增值税的征税对象是转让土地使用权、地上建筑及其附着物所取得的增值额。

增值额为纳税人转让房地产收入减除本办法第六条规定的扣除项目金额后的余额。

第四条 土地增值税由税务机关负责征收管理，实行属地征收，由纳税人向单位所在地税务机关缴纳；外埠单位或个人在我市转让房地产的，应当向房地产座落地所在税务机关缴纳。

第五条 纳税人转让房地产所取得的收入包括货币收入、实物收入及其他收入。

第六条 下列项目在计征土地增值税时允许扣除：

（一）取得土地使用权所支付的金额。包括纳税人为取得土地使用权所支付的地价款和按国家规定交纳的有关费用。

（二）开发土地和新建房及其配套设施的成本（以下简称房地产开发成本）。包括土地征用及拆迁补偿费、前期工程费、建筑安装工程费、基础设施费、公共配套设施费、开发间接费用。

（三）开发土地和新建房及配套的费用（以下简称房

地产开发费用)。包括与房地产开发项目有关的销售费用、管理费用、财务费用。

财务费用中的利息支出,凡能够按转让房地产项目计算分摊并提供金融机构证明的,允许据实扣除,但最高不能超过按商业银行同类同期贷款利率计算的金额。其他房地产开发费用(指除利息支出以外的财务费用、销售费用、管理费用)不超过本条(一)、(二)项规定计算的金额之和5%以内的,按实扣除;超过5%的,按5%计算扣除。

对不能按照转让房地产项目计算分摊利息支出或不能提供金融机构证明的,房地产开发费用(指财务费用、销售费用、管理费用)在本条(一)(二)款规定金额之和10%以内的按实扣除;超过10%的,按10%计算扣除。

企业采用上述方法中的哪一种计算扣除房地产开发费用,由企业提出申请,所在县、区税务机关根据企业实际情况核准。扣除办法一经核准后,两年内不得随意变更。

(四)与转让房地产有关的税金。包括转让房地产时缴纳的营业税、城市维护建设税、印花税及教育费附加。

(五)转让旧房及建筑物的评估价格。指在转让已使用的房屋及建筑物时,由政府批准设立的房地产评估机构评定的重置成本乘以成新度折扣率后的价格。评估价格须经当地税务机关确认。

(六)对从事房地产开发的纳税人可按本条(一)、(二)项规定计算的金额之和,加计20%的扣除。

(七)税务机关规定的其它扣除项目。

第七条 土地增值税以纳税人房地产成本核算的最基本核算项目或核算对象为单位计算。

第八条 纳税人成片受让土地使用权后,分期分批开发、转让房地产的,其扣除项目金额的确定,可按转让土地使用权的面积占总面积的比例计算分摊,或按建筑面积计算分摊,也可按税务机关确认的其他方式计算分摊。

第九条 土地增值税采用四级超率累进税率,最低税率为30%,最高税率为60%。每级增值额未超过扣除项目金额的比例,均包括本比例数。

土地增值税按增值额乘以适用的税率减除扣除项目金额乘以速算扣除系数的简便方法计算,具体公式如下:

(一)增值额未超过扣除项目金额50%

土地增值税税额=增值额×30%

(二)增值额超过扣除项目金额50%,未超过100%的土地增值税税额=增值额×40%-扣除项目金额×5%

(三)增值额超过扣除项目金额100%,未超过200%的土地增值税税额=增值额×50%-扣除项目金额×15%

(四)增值额超过扣除项目金额200%

土地增值税税额=增值额×60%-扣除项目金额×35%

公式中的5%、15%、35%为速算扣除系数。

第十条 属于下列情况之一的,免征土地增值税:

(一)纳税人建造普通标准住宅,增值额未超过本办法第六条(一)、(二)、(三)、(四)、(六)项扣除金额之和20%的,免征土地增值税。

(二)因国家建设需要,经省、市政府批准征用或收回国有土地使用权、地上建筑物及其附着物的。

(三)因城市规划、国家建设的需要而搬迁,经省、市政府批准由纳税人自行转让原房地产而取得的收入。

(四)以继承、赠与方式无偿转让房地产的。

凡符合上述免税规定的单位和个人,须向房地产所在地税务机关提出免税申请,经税务机关审核后,给予免征土地增值税。

第十一条 个人因工作调动或改善居住条件而转让原自用住房,经向税务机关申报核准,凡居住满五年或五年以上的,免予征收土地增值税;居住满三年未满五年的,减半征收土地增值税;居住未满三年的,按规定计征土地增值税。

第十二条 普通标准住宅与其它住宅的划分标准

凡纳税人建造出售的住宅不超过下列各项标准的视为普通标准住宅:

(一)每平方米建筑面积的建筑安装工程费用标准。

价格单位:元/m^2

结构	层数	每平方米造价	备注
钢筋混凝土	十层以上 九层以下	950元以下 800元以下	每平方米建筑安装工程费用不包括土地价格和小区配套费用
砖混	八层以下	600元以下	同上

(二)每套住宅建筑面积标准:

多层(包括高层)每栋住宅每户建筑面积在一百平方米以内。

(三)室内装修标准:

	地面	墙面	天棚
卧室、厅	水泥	抹灰或喷涂料	抹灰或喷涂料
厨房	地砖或马赛克	瓷砖墙裙	抹灰刮白
卫生间	地砖或马赛克	瓷砖墙裙	抹灰刮白

涂料为普通国产内墙涂料,采取其它装修材料的价格不得超过上述标准。

窗均采用普通钢窗、铝窗、木窗或塑料窗。门采用普通木门(室内)及防盗门(房室门)。

(四)室内设备及功能标准:

每户设阳台两个以内,设贮藏柜、吊柜三个以内,卫生间三缸洁具每套不超过八百元,厨房设一般操作台、洗涤池,没有集中供热水设施,不设置抽油烟机及热水器。

(五)环境标准划分:

凡属花园式住宅建设及高级公寓、别墅、度假村以及二层以内的独立结构住宅，均不视为普通标准住宅。

第十三条　纳税人发生下列情况的，需要进行房地产评估：

(一)取得土地使用权后超过一年以上再办理土地使用权转让的。

(二)出售旧房及建筑物的。

(三)经法院判决将房地产拍卖清算抵债的。

(四)以转让股权形式转让房地产的。

第十四条　纳税人在转让土地使用权、出售旧房及建筑物时，应当到经税务部门确认的有合法资格的房地产专业评估机构进行评估。凡由税务部门委托办理的评估机构，需持有省地方税务局统一颁发的《征收土地增值税房地产评估指定机构》证书，评估结果经税务机关确认后，做为计算土地增值税的计税依据。

纳税人交纳的评估费用，允许作为扣除项目金额在计征土地增值税时予以扣除。

第十五条　纳税人有下列情况之一的，按照房地产评估价格计算征收：

(一)隐瞒、虚报房地产成交价格的；

(二)提供扣除项目金额不实的；

(三)转让房地产的成交价格低于房地产评估价格，又无正当理由的。

第十六条　纳税人应按照下列程序办理纳税手续：

(一)纳税人应在转让房地产合同签订后七日内，到房地产所在地主管税务机关办理纳税申报，并向税务机关提交房屋及建筑物产权、土地使用权证书、土地转让、房产买卖合同、房产买卖合同公证书、房地产评估报告及其他与转让房地产有关的资料。

(二)对因经常从事房地产转让而难以在每次转让后申报的房地产开发企业，可在月份终了后十三日内，向所在地税务机关办理纳税申报并提供有关资料。

(三)单位和个人在转让旧房及建筑物时除向所在地税务机关办理纳税申报，并向税务机关提交与转让房地产有关的资料外，还要办理《土地增值税征(免)税证明书》。

(四)纳税人按照税务机关核定的税额及规定的期限缴纳土地增值税。

第十七条　纳税人在项目全部竣工结算前转让房地产取得的收入，由于涉及成本确定或其它原因，而无法据以计算土地增值额的，可以预征土地增值税，待项目全部竣工、办理结算后再进行清算、多退少补。具体办法由沈阳市地方税务局根据实际情况制定。

第十八条　为了加强土地增值税的源泉控制，对我市存量房地产交易土地增值税的征收，可以采取委托代征代扣方式，由税务机关根据征收管理需要，委托土地、房产管理部门办理代征代扣业务。税务部门应根据代征代扣税款的金额，按一定比例提取代征手续费，用于解决代征单位办公经费不足和奖励有关代征人员，具体比例由税务机关视代征代扣税额的多少确定。

第十九条　土地管理部门、房产管理部门应当向房地产所在地主管税务机关提供有关房屋及建筑物产权、土地使用权、土地出让金额、土地基准地价、房地产市场交易价格及权属变更等方面的有关资料，协助税务机关依法征收土地增值税。

第二十条　纳税人未按有关规定缴纳土地增值税或未提供税务机关出据的《土地增值税征(免)税证明书》的，土地管理部门、房产管理部门不得办理有关权属变更手续。

第二十一条　代扣代缴单位应按税务部门的要求设置、保管代扣代缴税款帐簿、税款记帐凭证及有关资料，并定期向税务机关报送代扣代缴税款报告表。

第二十二条　税务机关依法对纳税人的纳税情况及代扣代征单位进行检查时，纳税人和代扣代征单位必须提供真实的纳税资料和有关代扣代缴情况，不得拒绝和隐瞒。

第二十三条　纳税人未按照规定的期限办理纳税申报及未按规定提供房屋及建筑物产权、土地使用权证书、土地转让、房屋买卖合同、房地产评估报告、资产评估确认报告及其他与转让房地产有关资料的，按照《中华人民共和国税收征收管理办法》(以下简称《征管法》)第三十九条的规定进行处理。

纳税人不如实申报房地产交易额及规定扣除项目造成少缴或未缴的，按照《征管法》第四十条的规定进行处理。

第二十四条　纳税人、代扣代征单位或其它当事人同税务机关在纳税或违章处理问题上发生争议时，按《征管法》第五十六条的规定进行处理。

第二十五条　税务机关可按土地增值税收入总额提取5%的业务经费，用于解决办公经费不足和奖励有关人员、培训税务干部、进行税法宣传。

第二十六条　本办法由沈阳市地方税务局负责解释。

第二十七条　本办法自一九九四年一月一日起施行。

沈阳市尊重少数民族风俗习惯暂行规定

第一条　为了尊重少数民族风俗习惯，加强民族团结，根据国家有关法律规定，结合我市实际情况，制定本规定。

第二条　市民族事务委员会是民族工作的主管部门，负责民族风俗习惯的协调处理工作。其他行政主管部门应积极做好各自职权范围内的有关工作。

第三条　各极行政机关保障少数民族公民有保持或者改革自己风俗习惯的自由。任何单位和个人都应尊重少数民族的风俗习惯。

第四条　在少数民族居住比较集中的区、县(市)，当地人民政府应根据少数民族生活及宗教信仰的特殊需要，编制城市规划。

第五条 各级商业主管部门，应当将少数民族商服网点建设纳入商业发展规划。需撤消原有少数民族商服网点的，应当征得民族工作部门同意。

第六条 对少数民族生产、生活所特需的商品，有关部门要指定专厂（车间）、专店（专柜），积极安排生产或组织货源，以保证供给。对指定生产、经营少数民族特需商品微利、亏损的企业，有关部门应根据国家有关规定，酌情给予适当照顾或低息贷款。

第七条 单位和个人从事清真食品生产、经营业的，须经民族工作部门同意后，到工商行政管理部门办理《营业执照》。

从事生产、经营清真食品的单位和个人，必须严格遵守《辽宁省清真食品生产经营管理规定》。

第八条 凡有相当数量回族等（含维吾尔、哈萨克、东乡、柯尔克孜、撒拉、塔吉克、乌孜别克、保安、塔塔尔，下同）少数民族职工的单位，应积极创造条件设立清真专灶、食堂；人数较少的，应备专门灶具，以解决他们的膳食；对不能设清真专灶或另备灶具的单位，应按有关规定，发给回族等少数民族职工伙食补助费。

第九条 少数民族职工较多的单位，应分别开办具有各自民族特点的幼儿园（所）；一个单位办有困难的，可几个相邻单位联合办。各地应积极兴办镇、街等地区性的民族幼儿园（所）。炊管、保教人员中应相应配备本民族职工。

第十条 机关、学校、厂矿、企事业单位在分配和调整住房时，在同等条件下，对少数民族职工应当优先安排，避免回族等少数民族同其他民族共用一个厨房。

第十一条 对城镇居民中与回族等少数民族结婚的其他民族一方及其子女，愿随回族等少数民族风俗习惯的，应按回族等少数民族城镇居民标准发给肉食补贴。

第十二条 单位对参加本民族重大节日活动的少数民族职工，应按规定放假，照发工资；对参加其他本民族重大联谊活动的，应妥善安排。

第十三条 尊重回族等少数民族的特殊丧葬习俗，不能强迫火葬，对自愿实行丧葬改革的，他人不得干涉。建立回族公墓的，由市民委、市民政局依据《沈阳市公墓管理暂行办法》办理。

市回族公墓由市民委具体负责管理，并接受市殡葬管理部门的指导。丧家须遵照墓地使用的有关规定安葬亡人。回民墓地，他人不得乱埋乱葬。

第十四条 各级行政机关在处理涉及少数民族风俗习惯等特殊问题时，应与该民族的代表人充分协商，妥善解决。

第十五条 在招工、征兵、招生、录用国家公务员时，有关部门和单位不得因其是少数民族或生活习惯不同，拒绝招收、录用或提高对少数民族人员的录用标准。

第十六条 宾馆、旅店、招待所及其他公共场所，不得因其是少数民族或生活习惯不同，拒绝接待。

第十七条 禁止使用对少数民族带有歧视和侮辱性质的称谓、地名、碑碣、匾联等。

禁止在新闻、出版、影视、音像、广播、广告、演出以及其他活动中带有歧视和侮辱少数民族的内容。

第十八条 对认真执行本规定，为推进民族团结进步事业，做出显著成绩的单位和个人，给予表彰或奖励。

第十九条 对违反本规定第七条的，由县（市）以上人民政府负责民族工作的部门视其情节，处以二百元至一千元罚款，并提请同级工商行政管理部门予以停业整顿，吊销《营业执照》等处罚。

第二十条 对违反本规定第十三条二款的，视情节轻重，由市民委处以二百元至一千元的罚款。

第二十一条 对违反本规定第十五条、第十六条、第十七条的，由市民委会同有关部门视其情节轻重，责其检查、向受害人公开赔礼道歉并限期纠正。

第二十二条 对违反本规定其他条款的，由本单位或上级部门给予批评教育或行政处分。

第二十三条 本规定由市民族事务委员会负责解释。

第二十四条 本规定自发布之日起施行。

沈阳市行政事业单位国有资产管理办法

第一章　总　则

第一条 为加强行政事业单位国有资产（以下简称行政事业资产）管理，维护资产的安全和完整，提高资产使用效益，保证行政任务完成，促进各项事业发展，根据《国务院关于加强国有资产管理工作的通知》及国家有关规定，制定本办法。

第二条 行政事业资产是指由行政事业单位占有、使用，在法律上确认为国家所有，能以货币计量的各种经济资源的总和。

行政事业资产的表现形式为流动资产、长期投资、固定资产、无形资产和其他资产。

第三条 行政事业资产管理的内容包括产权的登记、界定、变动和纠纷的调处；资产的使用、处置、评估、统计报告和监督；向同级财政通报情况等。

第四条 行政事业资产管理的主要任务是建立和健全各项规章制度；明晰产权关系，实施产权管理；保障资产的安全和完整；推动资产的合理配置和节约、有效使用；对经营性资产实行有偿使用并监督其实现保值增值。

第五条 对维护国有资产的安全与完整，避免国有资产重大流失做出突出贡献的人员，给予精神或物资的奖励。

第二章　管理机构及其职责

第六条 国有资产管理部门是政府专司国有资产管理的职能机构。各级国有资产管理部门按照统一领导，分级管理坚持所有权和使用权相分离的原则，对本级政府管辖的行政事业资产施行综合管理。主要职责是：

（一）贯彻执行国家有关国有资产管理的法律、法规和规章；

（二）制定行政事业资产管理办法，并组织实施和监督检查；

（三）组织行政事业资产的产权登记、清查统计、资产评估、纠纷调处及产权变动、资产处置（资产调拨、转让、报损、报废）的审批；

（四）考核监督行政事业资产保值增值；

（五）会同财政部门审批行政事业资产转作经营性资产；

（六）向本级政府、上级国有资产管理部门报告工作；

（七）对国有资产流失及违法案件进行查处。

第七条 各业务主管部门财会管理机构，应加强国有资产管理，配备与业务需要相适应的管理人员，统一对所属行政事业单位占有、使用的国有资产实施监督管理。主要职责是：

（一）贯彻执行国家有关国有资产管理的法律、法规和规章；

（二）制定本部门的资产管理办法，并组织实施和监督检查；

（三）组织所属行政事业单位的资产清查、统计汇总及日常监督检查工作；

（四）负责规定权限范围内资产的调拨、转让、报损、报废的审批；

（五）负责本部门用于经营性资产的审核和实现保值增值的监督管理工作；

（六）向同级国有资产管理部门和财政部门负责，并报告工作。

第八条 行政事业单位应设专职或兼职人员对国有资产进行实物管理。财会机构应会同设备管理机构或人员统一对本单位占有、使用的资产实施具体管理。主要职责是：

（一）根据国有资产管理的规定，制定并组织实施本单位的国有资产管理具体办法；

（二）负责资产的帐、卡管理；

（三）负责本单位的资产清查、登记、统计报告工作；

（四）负责办理资产的调拨、转让、报损、报废等报批手续；

（五）负责资产的合理配置，参与设备采购、验收入库、维修保养和基建竣工验收等日常管理工作；

（六）负责对本单位拟开办的经营项目论证，履行资产投入的申报手续，对投入经营的资产实施监督管理，并按规定向国有资产管理部门交纳资产占用费；

（七）向主管部门报告工作。

第三章 产权登记

第九条 行政事业资产产权登记，是国有资产管理部门代表国家对行政事业资产进行登记，依法确认国家对国有资产的所有权和行政事业单位占有、使用国有资产的法律行为。国有资产管理部门核发的《国有资产产权登记证》是国家对行政事业单位占用国有资产享有所有权的法律凭证。

第十条 各级国有资产管理部门负责本级行政事业单位国有资产产权登记。

第十一条 凡占有、使用国有资产的行政事业单位，都必须向国有资产管理部门申报、办理产权登记手续。

第十二条 行政事业资产产权登记分为设立产权登记、变动产权登记、撤销产权登记。

新设立的行政事业单位，应在正式成立后三十日内，向同级国有资产管理部门申报、办理产权登记手续。

行政事业单位分立、合并、改制、撤销，以及隶属关系、单位名称、地址、单位负责人发生变化，应在主管部门或审批机关批准后三十日内，向同级国有资产管理部门申报、办理变动产权登记或撤销产权登记手续。

行政事业资产产权登记实行年度检查制度，每年进行一次。行政事业单位应在认真查清年末资产存量的基础上，填制年检登记证。

第十三条 行政事业资产产权登记的主要内容为：

（一）单位名称；

（二）住所；

（三）单位负责人；

（四）预算管理形式；

（五）主管部门

（六）单位资产总额；

（七）国有资产总额；

（八）其他。

第十四条 各级国有资产管理部门，应将本级的行政事业单位占有、使用的国有资产产权登记情况，定期报告上级国有资产管理部门，并抄报同级财政部门。

第十五条 各级国有资产管理部门，应妥善保管行政事业资产产权登记表，并建立行政事业资产产权登记档案，了解和掌握行政事业单位国有资产存量增减变动情况。

第四章 资产使用

第十六条 行政事业单位应认真做好资产的日常管理工作，建立健全资产的购置、验收、领发、保管、调拨、登记、检查和维修等制度，将资产管理的责任落实到有关部门和个人。

第十七条 行政事业单位对所占用、使用的国有资产要定期清查，做到帐帐相符、帐卡相符、帐实相符，防止资产流失。

第十八条 行政事业单位要优化资产配置，发挥资产的最大使用效益。对于长期闲置的资产，由国有资产管理部门经与财政部门协商后调剂处置。

第十九条 行政事业单位对所占用的资产，应严格按照规定的报表格式及内容定期向国有资产管理部门作出报告。报送报表时，应做到内容完整、数字准确，同时对国有资产变动、使用和结存情况作出文字分析说明。

第五章 非经营性资产转经营性资产

第二十条 非经营性资产是指行政事业单位为完成行政任务和开展业务活动所占有、使用的资产。经营性资产是指行政事业单位在保证完成本单位正常工作的前提下，按照国家有关规定用于从事生产经营活动的资产。

第二十一条 非经营性资产转经营性资产的主要方式有：

(一)用非经营性资产作为初始投资，在工商行政管理部门领取《企业法人营业执照》，兴办具有企业法人资格的经济实体；

(二)用非经营性资产对外投资、入股、合资、联营；

(三)用非经营性资产作为注册资金，在工商行政管理部门领取《营业执照》，兴办不具有法人资格的经营单位；

(四)用非经营性资产对外出租、出借；

(五)国有资产管理部门和财政部门认可的其他方式。

第二十二条 非经营性资产转经营性资产，应按照国务院《国有资产评估管理办法》进行评估，核定其价值量，并作为占有、使用该部分国有资产的保值、增值考核内容。

第二十三条 行政事业单位将非经营性资产转经营性资产，需要提出申请，经主管部门审查核实，报同级国有资产管理部门批准，报同级财政部门备案。

一次性转作经营的资产，其价值量数额较大的，须报经同级财政部门批准。

用非经营性资产兴办具有法人资格的经济实体，须持有主管部门的批准文件、出资单位的会计报表、资产评估确认书或出资单位出具的资产证明，到同级国有资产管理部门办理资产划转和产权登记手续。未办理产权登记手续的，工商行政管理部门不予办理注册登记。

第二十四条 对行政事业单位非经营性资产转经营性资产，应坚持有偿使用原则。针对不同转移方式，区别管理，建立国有资产管理部门和各行政事业单位两个层次的保值增值基金。

行政事业单位用非经营性资产兴办的经济实体及用于投资、入股、合资、联营和用于出租、出借的资产，在明确产权关系的情况下，按有关财务管理办法加强投入资产的收益管理。同时，要以实际转为经营性资产的全部资产总值为基数，由国有资产管理部门向行政事业单位收取不低于5%年率的国有资产占用费，纳入同级财政预算用于行政事业单位的设备更新改造。占用费具体征收比例由国有资产管理部门会同财政部门核定。

各级国有资产管理部门，应对行政事业单位非经营性资产转经营性资产的经济效益、收益分配等情况进行监督检查、及时纠正存在的问题。

第二十五条 行政事业单位非经营性资产转经营性资产，其资产的国家所有权不变，除国家另有规定外，不得用国有资产开办集体性质的企业。对已经用国有资产开办注册登记为集体所有制性质的企业要进行全面清查，对一切归国家所有的资产都应明确产权归属，纳入国有资产管理。投资的部门或单位可根据不同情况，采取下列办法处理：

(一)明确作为国家投资，并按其投资所占比例参与企业的利润分配，所得收益纳入投资部门、单位的财务预算管理；

(二)作为企业向投资部门、单位的借用款，按双方约定的方法和期限由企业归还投资部门、单位。

第二十六条 行政事业单位创办的具有企业法人资格的经营性企业，按照《国有企业财产监管条例》实施监管。

第六章 资产处置和产权纠纷的调处

第二十七条 行政事业单位处置资产(包括调拨、转让、报损、报废等)，应向主管部门、国有资产管理部门报告，并履行审批手续，未经批准不得随意处置。

(一)行政事业单位转、撤、并过程中的资产转移，应实行有偿或无偿划转办法，划转应经同级国有资产管理部门征得财政部门意见后批准。具体办法按国家有关规定执行。

(二)市级行政事业单位对所占有、使用的固定资产的处置，在规定标准以上的(具体规定标准由市国有资产管理局会同财政局另行制定)报国有资产管理局审批，报市财政局备案。规定标准以下的由主管部门审批。

(三)各县(市)、区可根据本地区的实际情况，规定固定资产处置的审批权限。

第二十八条 资产转让必须进行评估。

第二十九条 行政事业资产的处置收入属国家所有，应按国家有关规定执行。

第三十条 各级国有资产管理部门，负责本级管辖范围内行政事业单位所发生的产权纠纷的调处工作。调处工作按国家国有资产管理局制定的有关产权纠纷调处办法执行。

第七章 罚 则

第三十一条 对不按本办法规定申报、办理产权登记手续的行政事业单位，由财政部门或主管部门对其停拨或缓拨有关经费。

对出具虚假资产证明，取得《国有资产产权登记证》的行政事业单位，由国有资产管理部门收回其《国有资产产权登记证》，并由工商行政管理部门按照国家有关规定处理，直至吊销《营业执照》。

第三十二条 对长期闲置不用的资产拒绝进行调剂处理的行政事业单位，由国有资产管理部门按其闲置资产价值的10%收取资产占用费；拒不交纳资产占用费的，由财政部门或主管部门在拨付有关经费时，按其闲置资产的价值予以抵扣。

第三十三条 在非经营性资产转为经营性资产过程中，有隐瞒不报、弄虚作假行为的，对资产提供单位处以隐瞒数额10%的罚款。

对不按规定时限缴纳国有资产占用费的单位，国有资产管理机关，令其限期照章补缴，并从滞纳之日起，每日加收滞纳数额2‰的滞纳金，对使用欺骗等手段逃避缴纳资产占用费的，处以所欠数额五倍以下的罚款。

第三十四条 行政事业单位发生擅自转移、处置国有资产，资产转让及转 为经营不进行资产评估等违反本办法的行为，法律、法规有规定的，按照法律法规处罚，并追究主管领导和直接责任人的行政责任。对造成国有资产大量流失，给国家造成重大经济损失，构成犯罪的，由司法机关依法追究刑事责任。

第八章 附 则

第三十五条 本办法适用于我市各类占有、使用国有资产的国家机关、事业单位，党派和社会团体。实行企业化管理的事业单位不适用本办法。

本办法发布前已转为经营性资产的，适用本办法。

第三十六条 集体性质事业单位占有、使用的国有资产，参照本办法进行管理。

第三十七条 境外行政事业单位国有资产管理办法另行制定。

第三十八条 各县(市)、区人民政府可根据本办法，结合本地区的实际情况，制定具体实施办法。

第三十九条 本办法由市国有资产管理局负责解释。

第四十条 本办法自发布之日起施行。

沈阳市居(村)民防火管理规定

第一章 总 则

第一条 为了加强居(村)民的防火管理工作，保障居(村)民生命财产安全，根据《中华人民共和国消防条例》等有关规定，结合我市实际，制定本规定。

第二条 居(村)民的防火管理工作应坚持"预防为主，防消结合"的方针，本着自防自救的原则，依靠群众，实行综合治理。

第三条 市消防局是居(村)民防火管理工作的主管部门，县(市)、区公安消防监督部门组织公安派出所具体实施监督，各有关部门应积极配合。

第四条 本规定适用于我市行政区域内的居民、村民和外来暂住人口。

第二章 组织领导

第五条 县(市)、区人民政府负责组织街道办事处、乡(镇)人民政府做好居(村)民防火管理工作。街道办事处、乡(镇)人民政府的职责是：

(一)宣传消防法律、法规、规章和防火安全知识，结合实际制订切实可行的防火制度；

(二)指导居(村)民委员会做好日常防火工作；

(三)定期组织防火安全检查，督促消除火险隐患；

(四)建立以街办企业、乡镇企业为主的消防自救组织，并开展工作；

(五)建立群众义务消防组织，组织居(村)民进行扑救初起火灾和安全疏散演练；

(六)组织火灾扑救、保护火灾现场，协助调查火灾原因；

(七)加强基础建设，完善各种消防档案，及时向公安消防监督部门通报情况。

第六条 居(村)民委员会负责居(村)民日常防火工作，其职责是：

(一)建立健全居(村)民义务消防组织；

(二)制订防火公约，督促居(村)民认真遵守；

(三)对居(村)民进行经常性的防火安全教育；

(四)组织居(村)民开展防火自查，督促居(村)民整改火险隐患；

(五)定期或不定期地组织人员进行夜间巡逻，搞好治安联防工作，严防纵火；

(六)组织居(村)民扑救初起火灾，协助维持火场秩序；

(七)定期向街道办事处和乡(镇)人民政府报告防火情况。

第三章 火灾预防

第七条 房产管理部门、房屋产权单位和供电、供气、供水等单位，应当定期对居民住宅的燃气管道、阀门、仪表、电气设备、用火设施以及公用消防设施、器材进行安全检查，发现泄漏或损坏的应及时更换。

第八条 供水部门或单位应保证居民住宅消防给水的可靠性，应设储水池，备应急用。

第九条 居民楼内消防设施和器材的管理工作由居民委员会指派专人负责，并在楼道的明显部位设置标记。

第十条 居(村)民应当自觉接受当地街道办事处、居(村)民委员会、房产管理部门、房屋产权单位及供电、供气和供水等部门的管理，接受公安派出所的监督，并遵守下列防火事项：

(一)遵守电器安全使用规定，不得擅自拆改，不得超负荷用电，不准乱接临时线，严禁安装不合规格的保险丝、片；

(二)遵守燃气安全使用规定，经常检查灶具，严禁擅自拆改装燃气设施和用具，严禁倾倒液化气残液；

(三)不准在楼道内搭设炉灶或在室内、棚厦内及阳台上存放易燃易爆固体和易燃可燃液体；

(四)不准将带有火种的杂物倒入垃圾道(箱)或在垃圾道(箱)内燃烧垃圾；

(五)不准擅自采用可燃材料进行室内装修，装修过程中，必须严格执行有关防火安全规定；

(六)楼梯走廊和安全出口等部位应当保持畅通，不准擅自封闭或堆放物品；

(八)居民楼内的消防设施、器材不准挪作他用，严防损坏、丢失；

(九)未经批准，不准乱搭乱建房屋、临街开门或占用消防通道；

(十)认真遵守国家、省、市有关消防法规。

第十一条 机动车库、农机库或其他停(存)放机器设备的建筑，应符合《建筑设计防火规范》和其他防火规范的要求。

第十二条　机动车库、农机库内不准使用明火采暖；农机和机动车在维修和启动时严禁用明火烘烤。

机动车库、农机库和机动车辆应配备足够的消防器材和灭火工具。

第十三条　居(村)民家中的低矮烟囱应安装阻火帽；倒柴草灰应有固定地点。

遇有五级以上大风天气，严禁在室外使用明火或能散发火花的用具。

第十四条　乡村住宅建设应严格按照乡镇建设的总体规划进行，设计和施工应严格执行《农村建筑设计防火规范》。

第十五条　打谷场的选址应符合防火要求；经营性的打谷场应到当地公安派出所办理审批手续。

第十六条　村民家的柴草堆垛，超过2000公斤的应选择在村屯外的安全地带存放；2000公斤以下的可堆放在住宅周围，垛与住宅、仓库、粮仓、农机库的距离不应小于25米；户与户的柴草堆垛应保持5米以上间距，且与架空线路的水平距离不小于线杆高度的1.5倍。

第十七条　非国有林区、果园的防火工作应严格按照有关规定执行。

第十八条　居(村)民应加强对少年儿童的消防安全教育，加强对痴呆、傻人员和精神病患者的管教和监护。

发现他人违章用电或有损坏消防设施、器材的行为，应及时劝阻、制止，并向有关部门举报。

第十九条　居(村)民住宅内可根据消防安全需要适当设置消防设施和灭火器。

第四章　奖　惩

第二十条　对在居(村)民消防工作中做出显著成绩和突出贡献的单位和个人，由公安消防监督部门、上级主管部门或者本单位予以表彰和奖励。

第二十一条　居(村)民违反本规定第十条至第十六条，予以警告或处50元以上500元以下罚款；对违反本规定使用、存放的物品予以没收；造成火险隐患的，责令限期整改。

第二十二条　有关部门和单位违反本规定，处1000元以上3000元以下罚款；情节严重的，处3000元以上5000元以下罚款；造成火险隐患的，责令限期整改。

第二十三条　对居(村)民和有关单位拒不整改火险隐患或拒不改正消防违章行为的，加重处罚。

第二十四条　对发生火灾事故的责任者应予以处罚。发生一般火灾的，处100元以上1000元以下罚款；发生重特大火灾的，处1000元以上5000元以下罚款；构成犯罪的，依法追究刑事责任。

第五章　裁决与执行

第二十五条　对居(村)民消防工作进行消防监督适用《消防监督程序规定》。

第二十六条　对违反本规定的行为的处罚由县(市)、区公安消防监督部门裁决。

第二十七条　警告、200元以下罚款，被处罚人没有异议的，可由公安消防监督员或公安派出所民警当场处罚。

第二十八条　受罚款处罚的单位和个人，应当将罚款当场交公安消防监督员、公安派出所民警或在接到裁决书后五日内送交裁决机关。无正当理由逾期不交纳的，对个人可按日增加一至五元的罚款；对单位可按日增加原罚款额5%的罚款。

对拒绝交纳罚款的个人，由裁决机关通知被处罚人所在单位从本人工资中扣除；无固定收入的，以物折抵；对拒绝交纳罚款的单位，裁决机关可申请人民法院强制执行。情节严重的，可依照《中华人民共和国治安管理处罚条例》处十五日以下拘留，罚款仍应执行。

第二十九条　公安消防监督部门、公安消防监督员或公安派出所民警收到罚款后，应当给被罚款人或被罚款单位开具罚款收据。没收财物的，应当给被没收人开具罚没收据。

罚款，没收财物全部上缴财政部门。

第三十条　单位和个人对处罚不服的，可在接到裁决书之日起五日内向本级人民政府或上一级主管公安机关申请复议；复议机关在收到申请书之日起十五日内作出复议决定。对复议决定不服的，可以在接到通知后十五日内向当地人民法院提起诉讼。

第五章　附　则

第三十一条　本规定由市消防局负责解释。

第三十二条　本规定自发布之日起施行。

沈阳市国家行政机关工作人员违犯政纪处分权限规定

第一条　为明确我市各级国家行政机关工作人员(以下简称行政工作人员)违犯政纪的处分权限，根据《中华人民共和国行政监察条例》和《国家公务员暂行条例》的有关规定，制定本规定。

第二条　本规定适用于经我市监察机关立案调查并给予或免予行政处分的各级国家行政机关工作人员。

第三条　市政府委、办、局的正副局级行政工作人员违犯政纪，需要给予行政警告、记过、记大过处分的，由市监察局批准，下达处分决定，报市政府备案；给予降级、撤职和开除处分的，由市监察局提出处理意见，报市政府批准，抄省监察厅备案。其中，市人大常委会任命的行政工作人员，需要给予行政警告、记过、记大过和降级处分的，由市监察局提出处理意见，报市政府批准后，下达处分决定，报市人大常委会备案；给予撤职、开除处分的，由市监察局提出处理建议，报市政府同意后，提请市人大常委会撤销其职务后，再执行处分。

第四条　县(市)、区正、副县(市)、区长违犯政纪，需要给予行政警告、记过、记大过和降级处分的，由市监察局提出处理意见，报市政府批准后，下达处分决定；给予撤职、开除处分的，由市监察局提出处理建议，报市政府同意后，在县(市)、区人代会罢免其职务或县(市)、区人大常委会撤销其职务后，再执行处分。

第五条 市政府委、办、局正、副处级以下行政工作人员违犯政纪，需要给予行政处分的，由所在委、办、局批准。其中，给予正处级行政工作人员撤职、开除处分的；给予副处级行政工作人员开除处分的，报市监察局备案。

第六条 县(市)、区政府委、办、局、街道正、副职级行政工作人员违犯政纪，需要给予行政警告、记过、记大过处分的，由县(市)、区监察局批准，报县(市)、区政府备案；给予降级、撤职和开除处分的，由县(市)、区监察局提出处理意见，经县(市)、区政府批准，报市监察局备案。其中，县(市)、区人大常委会任命的行政工作人员，需要给予行政警告、记过、记大过和降级处分的，由县(市)、区监察局提出处理意见，报县(市)、区政府批准后，下达处分决定；给予撤职、开除处分的，由县(市)、区监察局提出处理建议，报县(市)、区政府同意后，提请县(市)、区人大常委会撤销其职务后，再执行处分。

给予乡(镇)正、副职级行政工作人员行政警告、记过、记大过和降级处分的，由县(市)、区监察局提出处理意见，报县(市)、区政府批准后，下达处分决定；给予撤职、开除处分的，由县(市)、区监察局提出处理建议，报县(市)、区政府同意，提交乡(镇)人代会罢免其职务后，再执行处分。

第七条 对县(市)、区监察局长的行政处分，应征得市监察局同意后，再按干部管理权限审批，并向市监察局备案。对市监察局派驻各委、办、局监察处(室)负责人的行政处分，由各委、办、局提出意见，报市监察局批准。

第八条 县(市)政府委、办、局、乡(镇)、街道股级以下(含股级)行政工作人员；区政府委办、局、乡(镇)街道科级以下(含科级)行政工作人员违犯政纪，需要给予行政警告、记过、记大过、降级和撤职处分的，由所在委、办、局、乡(镇)、街道批准，报县(市)、区监察局备案；给予开除处分的，由所在单位提出处理意见，经县(市)、区监察局报县(市)、区政府批准。

第九条 国家行政机关任命的事业单位行政工作人员违犯政纪，需要给予行政处分的，按与其任免权限相同、职级相应的行政工作人员处分权限和程序办理。

第十条 国家行政机关任命的企业干部违犯政纪，按《企业职工奖惩条例》规定的处分种类执行，其审批权限及程序比照相同职级的行政工作人员办理。

第十一条 对离、退休的行政工作人员，给予行政处分的，按原任职务规定的批准权限办理批准手续，离休后提高了职级待遇的，按提高职级后的批准权限报批。

第十二条 监察局对管辖范围内案件的违纪人员，依照有关规定，可直接作出处分决定。也可向其任免机关提出处理建议，由任免机关作出处分决定。

第十三条 各级行政机关管理的正处级以下的行政工作人员，受到行政处分的，按行政工作人员管理权限，在向监察机关备案的同时，抄报人事机关备案。

第十四条 本规定实施中的具体问题由市监察局负责解释。

第十五条 本规定自发布之日起施行。《沈阳市国家行政机关工作人员处分权限的规定》(沈政发[1988]75号)同时废止。

沈阳市城市除运雪规定

第一条 为及时清除市区路面积雪，确保道路畅通、交通安全和环境整洁，方便人民生活，根据有关法律、法规规定，结合本市实际情况，制定本规定。

第二条 本市城区内所有单位和个人均应遵守本规定。

第三条 市除雪指挥部负责组织、监督和检查全市的除运雪工作。

各区人民政府及街道办事处应成立除雪指挥部，并设除雪办公室，具体负责所辖行政区域内的除运雪工作。各除运雪责任单位均应有专人负责冬季除运雪工作。

建委、教委、财政、物价、公安、城建、工商、交通、气象等部门应密切配合，共同抓好除运雪工作。

新闻单位应及时报道除运雪动态。

第四条 市、区除雪指挥部所需除雪费用应列入同级财政预算。

第五条 城市除运雪实行责任制。

市除雪指挥部负责各区之间有争议地区雪段的协调工作。区除雪指挥部负责辖区内除雪工作的调配，并协助街除雪指挥部落实雪段。

小区路由街除雪指挥部组织除雪。

各类市场、摊区(含通道)的除运雪由市场、摊区的主办单位负责组织。

动迁区原单位的责任雪段，已搬迁的由开发单位负责，尚未搬迁的由原责任者负责。

区、街除雪指挥部应与除运雪责任者签订除运雪责任状，严格明确责任。

第六条 城市除雪按单位在册职工、个体工商业户从业人数及大、中学校教职员工、学生人均15平方米以上45平方米以下划分除雪责任段。小学学生(四年以上)按人均10平方米以下划分除雪责任段。小区路的除雪由小区居民负责。

除雪责任段应达到无空段、漏段，并要有明显标记。

第七条 广场、立交桥、人行过街天桥、市场、摊区、车站和规定的主要景观街路，应在雪停后24小时内除净，72小时内运出。

三级以下街路和小区路的积雪，应在雪停后48小时内组织除净。

第八条　城市除雪应做到无雪道、雪条、冰包。清除的残雪必须整齐地堆放在路边石以外,并露出路边石。

第九条　禁止随意向冰雪路上抛撒残土、灰渣;禁止在电汽车站点、交通设施、垃圾容器、厕所等公用设施周围堆放积雪;禁止将积雪堆压在松柏和绿篱上;禁止往雪堆上倒垃圾、污物、污水;禁止往路面上撒雪。

第十条　市除雪指挥部负责全市运雪任务的安排、下达;区、街除雪指挥部负责运雪的组织实施。

凡有机动车车辆的单位和个体营运业户(大公交车、特种车、摩托车除外),均应承担运雪任务。运雪车辆由区除雪指挥部统一调配使用。

运出的积雪必须按指定地点排放。

第十一条　无除雪能力的单位和个人,按每场雪每平方米3元的标准向街除雪指挥部门或除雪组织部门交纳代除费,其除雪任务由街除雪指挥部门或除雪组织部门雇用人员有偿代除。

小区路的除雪由街除雪指挥部负责组织,因特殊情况不能除雪的,每户每场雪按1元的标准向街除雪指挥部交纳代除费(五保户、残疾人除外),由街除雪指挥部雇用人员代为清除。

第十二条　凡承担运雪任务的单位和个体营运业户,均应及时完成运雪任务。因特殊情况不能按期完成的,按每台机动车车辆每年70元的标准向区除雪指挥部交纳代运费,由区除雪指挥部雇用车辆代为运出。

第十三条　除运雪代除、代运费由市除雪指挥部组织区、街除雪指挥部或除运雪组织部门征收。市除雪指挥部应到市财政、物价部门办理收费立项、收费标准、委托征收审批手续和收费许可证等。

收取除运雪代除、代运费,使用市财政部门统一印制的票据,实行收支两条线管理,支出经财政部门核定后,专款专用。

第十四条　对城市除运雪贡献突出的单位和个人,由市、区除雪指挥部给予表彰。

第十五条　对未按本规定要求签订除运雪责任状和未按规定时间或未达到规定标准除运雪的单位和个人,由区、街除雪指挥部给予警告或通报批评,责令限期改正,逾期不改正的,对单位处以1000元以上2000元以下罚款;对个人或单位负责人处以300元以上500元以下的罚款。

第十六条　对不按本规定除运雪,又不交纳代除代运费的,除追缴应交代除代运费外,同时处以1000元以上2000元以下罚款,并由公安、交通部门停止其车辆运行,直至完成除运雪任务;没有机动车辆的,由工商行政管理部门停止其营业,直至完成除运雪任务。

第十七条　凡违反本规定第九条规定的,处以50元以上100元以下罚款。

第十八条　对因不按本规定及时除雪造成交通事故的,追究除雪责任者应负的责任。

第十九条　对收取除运雪代除、代运费后,未雇用人员按规定时间和规定标准代除代运积雪的,由市除雪指挥部进行通报批评,并限期完成。逾期不完成的,对主要责任者处以500元以上1000元以下罚款,或由其主管部门给予行政处分。

第二十条　对妨碍除运雪管理人员执行公务或殴打除运雪人员和除运雪管理人员的,依照《中华人民共和国治安管理处罚条例》,由公安部门进行处理。

第二十一条　当事人对行政处罚不服的,可依据有关法律、法规规定,申请行政复议或向人民法院提起诉讼。当事人逾期不履行处罚决定的,由作出处罚决定的机关向人民法院申请强制执行。

第二十二条　本规定在实施中的具体问题由沈阳市城市建设管理局负责解释。

第二十三条　本规定自发布之日起执行。《沈阳市城市义务除雪规定》、《沈阳市人民政府关于修改〈沈阳市城市义务除运雪规定〉的决定》同时废止。

沈阳市国有土地使用权出让金征收管理规定

第一条　为加强我市国有土地使用权出让金(以下简称"土地出让金")的征收管理,根据《中华人民共和国城市房地产管理法》等国家有关规定,结合我市实际情况,制定本规定。

第二条　我市行政区域内土地出让金的征收管理,均按本规定执行。

第三条　土地出让金包括:

(一)国有土地使用权出让时,土地使用者依法交纳的土地出让金。

(二)国有土地使用期满后,土地使用者需要续期而交纳的续期土地出让价款。

(三)原通过行政划拨获得国有土地使用权的土地使用者,将土地使用权有偿转让、出租、抵押、作价入股和投资,按规定补交的土地出让价款。

(四)土地使用者未按合同约定期限对土地进行投资建设而依法交纳的土地闲置费。

(五)依法获得土地使用权的土地使用者,在承租年限内,按规定向政府交纳的土地使用费或土地租金。

(六)土地出让金的存款利息。

(七)土地出让金征收管理的罚没收入和土地使用者违约赔偿收入。

(八)其他因土地使用权出让而发生的土地出让金收入。

第四条　市财政部门是土地出让金的主管机关。市土地管理部门是土地出让金的代征机关,其他部门和单位一律不得代为征收。

第五条　土地基准地价、标定地价应由市规划、土地管理部门会同市财政、国有资产、房产、物价等管理部门,依照国家有关规定共同制定,报市政府批准后实施。

第六条　土地出让金必须全部上缴财政,由财政列入预算管理,专款专用,用于城市基础设施建设、土地开发和发展农业。

非责任事故：指由于不可抗力发生的事故，或者在发明创造、科学实验等活动中发生的无法预料的事故。

蓄意破坏事故：指有人有目的的破坏事故。

第十六条 在事故调查中，对事故的分析和对事故责任人的处理有不同意见的，劳动部门有权提出结论性意见；对劳动部门作出的结论性意见有不同意见的，应报上一级劳动部门与有关部门协商处理；仍不能达成一致意见的，报本级人民政府裁决。

第十七条 事故原因查清后，发生伤亡事故的企、事业单位及其主管部门，应当制定防范措施，指定专人，限期解决。劳动部门对其整改情况，要进行跟踪监察。

第十八条 发生伤亡事故的单位及其主管部门，应根据事故调查组提出的事故处理意见，自事故发生之日起20天内提出《事故调查处理报告书》。特殊情况需要延长期限的，必须征得劳动部门同意，但最迟不得超过50天。

第十九条 单位及其主管部门在事故调查处理过程中，应做好以下工作：

(一)执行对事故有关责任人员的行政处分；

(二)组织防范措施的落实；

(三)做好事故的善后处理。

第四章 事故处理

第二十条 有下列情形之一的，应追究单位负责人的责任：

(一)忽视安全生产，安全生产制度和操作规程不健全，职工无章可循，造成伤亡事故的；

(二)发现事故隐患，不及时采取防范措施，造成伤亡事故的；

(三)对职工没有进行安全技术教育，或者不经专业培训考试合格上岗操作，造成伤亡事故的；

(四)由于设备超过检修期限运行，造成伤亡事故的；

(五)没有安全卫生设施，劳动条件或者作业环境不符合劳动安全卫生标准，造成伤亡事故的；

(六)未执行劳动安全卫生设施与主体工程同时设计、同时施工、同时投产的规定，造成伤亡事故的。

第二十一条 有下列情形之一的，应当追究责任人的责任：

(一)有事故隐患，生产作业条件恶劣，接到《安全监察指令书》或《隐患整改建议书》后拖延不改，造成伤亡事故的；

(二)违章指挥生产、作业，造成伤亡事故的；

(三)违反安全制度或操作规程，玩忽职守，造成伤亡事故的；

(四)因采购不合格的原材料、设备、劳动保护用品等造成伤亡事故的；

(五)发现有伤亡事故险情，不立即报告，造成伤亡事故的；

(六)违反劳动纪律，擅离职守，造成伤亡事故的。

第二十二条 有下列情形之一的，应当对有关人员从重处罚：

(一)发生重伤或死亡事故隐瞒不报、谎报或者拖延报告的；

(二)在事故调查中，拒绝提供有关情况和资料，或者弄虚作假，嫁祸于人的；

(三)事故发生后，不及时采取有效措施，致使人员伤亡或经济损失扩大的；

(四)事故发生后，不吸取教训，不采取防范措施，致使同类事故重复发生的；

(五)袒护、包庇事故责任人的；

(六)故意破坏事故现场的。

第二十三条 对事故的有关责任者，应按有关规定给予经济处罚和行政处分，情节恶性劣，后果严重，构成犯罪的，由司法机关依法追究刑事责任。

第二十四条 凡受记过、记大过处分不满半年；受撤职处分不满一年；受留用察看期间，均不得提职、增薪、晋级或易地任职。

已构成犯罪被司法机关追究刑事责任但免予起诉者，应给予开除或留用查看处分，其领导职务自然撤销。

第二十五条 凡发生死亡事故超过市政府安全责任目标考核标准，或发生重大死亡事故的单位，在事故当年或考评周期内，取消评比先进单位资格，其单位主要负责人必须写出书面检查，并不能参加评奖、提职和晋级。

第二十六条 凡发生重伤、死亡、重大死亡事故的单位，由劳动部门处以10万元以下罚款；对事故的主要责任人处以5万元以下罚款。

第二十七条 对于防止事故发生或事故发生后积极抢救的有功人员，要给予表扬和奖励。

第五章 审批结案

第二十八条 轻伤事故，由事故调查组提出事故处理报告，填报工伤登记表，由本单位批复结案，并装入受伤者档案。

第二十九条 重伤事故由事故调查组提出事故处理报告，经本单位同意，由单位主管部门征得同级劳动部门同意后批复结案，并由劳动部门负责办理负伤职工因工负伤证。

第三十条 一次重伤3人以上或死亡2人以下的事故，由事故调查组提出处理意见，事故单位按其意见形成事故调查报告书，经主管部门审查同意后，报劳动部门批复结案。

第三十一条 一次事故死亡3至5人的重大死亡事故，由企业主管部门提出事故调查处理报告，报市劳动部门批复结案。

第三十二条 一次事故死亡6人以上的重大死亡事故，由事故调查组提出处理意见，单位主管部门形成事故调查处理报告，报市劳动部门审查同意，再报省劳动部门批复结案。

第三十三条 主管部门不在我市或者没有主管部门的单位发生伤亡事故，由事故调查组提出事故调查处理意见，事故发生单位形成调查报告书，根据伤亡情况，分别报省、市、县(区)劳动部门批复结案。

第三十四条 企业、事业单位及其主管部门在向劳动部门报送伤亡事故结案材料前，必须征得同级工会的同意。

第三十五条 伤亡事故处理工作，自发生事故之日起，应当在60日内结案；特殊情况不得超过180日。伤亡事故结案后，应分开宣布处理结果，并将事故档案送往上级机关备案。

第六章 统计考核

第三十六条 伤亡事故实行目标管理。市按年度下达各行业事故控制指标，并按安全生产标准实施考核。

第三十七条 严格伤亡事故统计报表制度。凡发生伤亡事故，单位除按规定程序报告外，必须在当月的《职工伤亡事故月报表》中向上级机关报告。单位《伤亡事故月报表》应于次月5日前报主管部门；主管部门《职工伤亡事故综合月报表》应于每月8日前报劳动部门和工会组织。

第三十八条 各县(市)、区劳动部门的综合月报表，应将所辖单位企业伤亡事故情况进行综合，于每月8日前报市劳动局。一次事故重伤3人以上和死亡事故应在接到事故报告后，立即上报市劳动局，并于事故后2日内将事故快报表送达市劳动局。

第三十九条 各单位每季将其职工平均人数上报主管部门。各县(市)、区劳动部门、各企业单位主管部门应随每季末伤亡事故月报表，将本系统、行业平均职工人数报市劳动局。

第四十条 单位之间交叉作业发生伤亡事故，一次事故属多家责任的事故报告、综合月报表，由死、伤者所在单位负责上报，按责任实施考核。

第七章 附 则

第四十一条 国家机关、群众团体和私营企业发生伤亡事故，参照本办法施行。

第四十二条 本办法应用中的具体问题由市劳动局负责解释。

第四十三条 本办法自一九九六年一月一日起施行。

企事业单位简介

局长 吴宏阳

【皇姑区房产管理局】 皇姑区房产管理局是皇姑区政府的职能部门，承担着对国家直管公房管理、修缮，对单位自管房和私有房产进行政策管理，以及房屋开发、建设、动迁安置管理、房屋互换管理、房产交易、房地产仲裁、供暖等多项任务，是集政事企为一体的全民所有制单位，有固定职工1 832名。

皇姑区房产管理局始建于1958年6月，它的前身是沈阳市公有房产经理公司第四办事处。建局以来，皇姑区房产局在顺利完成对私有房产的社会主义改造之后，不断加强公有房产管理，使公私房产在国民经济发展中发挥了积极作用。

党的十一届三中全会以后，解放思想，实事求是，不断深化改革开放，转换经营机制，冲破单一的计划经济体制的桎梏，开始向市场经济迈步，在练好"内功"上下功夫。1984年将二分之一的职工1 100多人组建成住宅建筑公司从政府机关事业的怀抱里分离出去。断了"皇粮"，实行政事政企分开，走向市场，向市场要效益。之后，又分别组建房屋土地开发公司房产经理公司以及供暖公司，这样就使全局的下属单位实行事业单位企业管理，从而使全局经济形势、各项工作都发生了明显变化。两个效益一年上一个台阶，年年有新起色，年年有新高度，如今已成为既能搞住宅建筑又能营建高层公用建筑的二级企业、一级收费的施工队伍。目前，下辖3个房屋土地开发公司、一个供暖公司、5个房产经理公司、一个设计所和一个具有1 000人的住宅建筑公司。全局拥有各类技术职称的工程技术人员186名，其中高工就有5名。科技人员占全局建安人数18.4%，全局有各种生产车辆69台，施工大型设备185套、台，施工机械化程度大幅度提高。工程质量、工程进度均随着职工技术素质提高而不断提高。

【皇姑区城市建设委员会】 皇姑区城市建设委员会成立于1986年3月，1988年3月15日成立皇姑区规划土地管理局，与区城市建设委员会系一套机构两个名称。全委共有干部职工163人，在各部门都有相应的专业技术人员，经过多年努力，现已达到班子一流、队伍过硬的目标。

全委下设6个行政职能部门：综合科、土地管理科、法规监察科、城市管理规划科、热力规划办公室、城市建设科。下设土地管理所、房屋建筑设计院、旧区改造办公室等3个事业单位。区建委（规划土地管理局）是区政府的行政职能部门，职能是制定本行政区城市建设、土地管理和建筑工程管理的规划和实施意见；依法管理本行政区域内的国有土地；提出旧区改造规划，审批小区规划、设计、开发方案。

主任 张宝成

皇姑区的地理位置优越，环境优美，是旅游观光的胜地。近年来，先后开发建设了辽河、长江、向工、亚明、淮河等20几处住宅小区，建筑面积达300多万平方米。

局长 蒋世杰

【铁西区房产管理局】 1995年，铁西区房产管理局在资金紧张，建筑市场竞争激烈的情况下，克服困难，奋力进取，开拓创新，走向市场，两个文明建设取得丰硕成果。

1995年该局经过认真调查研究，制定了一个高标准的年度计划，经过全局干部、职工的努力拼搏，各项主要指标均取得较好成绩，其中：修缮施工面积完成年计划的133%；综合产值完成年计划的109%；租金征收完成年计划的123%；综合盈余为年度计划的182.2%。全年回迁安置动迁居民为年计划的111.2%。

在由省建设厅开展的"1994年至1995年度冬季服务创优评差竞赛"活动中，该局连中三元，房产供暖公司、动迁办、建大五小区物业管理公司荣登先进行列，被评为省级先进单位，列全市之首。

建大五小区被国家建设部评为"全国优秀住宅小区"，该局代表荣幸地在北京人民大会堂接过由建设部部长候捷亲手授予的铜匾。

在市房产局开展的"1995年度优质便民服务竞赛

和冬季创优评差”竞赛活动中，该局被评为优胜单位，局党委被区委评为先进党委，其它如，安全生产、综合治理、防雨抢险、纠风治乱、信息、信访等项工作，均进入市、区先进行列。

【沈阳市于洪区规划土地管理局】　于洪区规划土地管理局始建于1987年11月12日，前身为于洪区政府土地管理办公室。局里具有大中专以上文凭的工程技术人员占总人数的92%，全局形成了一支政治素质好，业务能力强，真抓实干，廉政务实的干部队伍。负责全区774平方公里，16个乡(镇)，4个街道办事处的土地、规划管理工作。为了加强和完善政府行政职能的服务机构，局下设了征地服务站、规划设计室、土地评估事务所、土地费征稽所、国土区划办公室、于洪乡、杨士乡、北陵乡、陵东乡规划土地管理所、于洪区地产开发总公司、沈阳市黄海实业总公司等10个事业单位和1个实业公司。担负全区非农业建设用地和规划建筑审批的服务工作。

局长　杜守芳

于洪区地域辽阔，交通方便，与市内5区、苏家屯等3个郊区和新民、辽中均有接壤。张士开发区和辽宁台湾招商区及北陵星火科技园区均在该区范围内。局地产公司与台湾合资开发的红旗台别墅区、工业小区、商贸区和信宏大厦正在兴建中。通过招商引资，与马来西亚合资的可口可乐公司，台湾独资企业旺旺集团、美国的沃尔玛公司等已初具规模。

【东陵区规划土地管理局】　东陵区规划土地管理局始建于1987年3月份，前身是东陵区政府土地管理办公室。现有大中专以上文凭的工程技术人员占局总人数的90%以上，是一支政治素质好，业务能力强的专业管理队伍。

局长　吉云龙

该局担负着全区960平方公里的16个乡(镇)和7个街道办事处的土地规划管理和用地管理工作，全部管理工作已达到微机化管理程度。为进一步强化和完善政府行政职能部门服务机制，局又下设了征地服务站、测量队、规划设计室、地价评估事务所、征稽所和东发地产实业公司6个事业单位和1个实体公司。担负着全区非农业建设用地和规划建筑审批的一条龙服务工作。

东陵区地理位置优越，交通方便，地域辽阔，是具有工、贸、商、饮、娱乐为一体的多功能开发理想地带。现有辉山风景区、南湖科技开发区、浑河民族经济开发区、长白私营企业开发区、东华工业区等，现国内外各大投资集团已在开发兴建，目前已达到一定规模，有的已开始受益。

【南站街道办事处】　南站街道办事处位于和平区西部，因地处沈阳南站而得名，辖区面积0.89平方公里，设有19个居民委，居民2.9万人，南站地区是沈阳乃至东北最繁华的商业、集市区。这里有全国闻名的商业大街——太原街，围绕着这条街，有闻名的遐迩的中山、中兴、金杯和东北轻工大厦，还有妇孺皆知的生生、联营、秋林、和平商场等老字号。

党的十一届三中全会以来，南站街道办事处党政领导锐意改革创新，勇于开拓进取，坚持两个文明一齐抓。对内建立各种规章制度，大力推行抵押承包租赁制和股份制，对外积极发展横向联合，采取招商引进合资等多种形式，培植了一批骨干企业。其中超几十万元利润的企业有近20个，超上百万元利润的企业有2个，办事处经济效益连年递增，1995年产值达到5.9亿元，实现利税2 698万元。被省政府授予经济“十强街道”。

1993年以来，南站街道办事处抓住太原街地区整体改造时机，采取投资购买，合资联办等形式，扩充经营面积几千平方米。主要经销项目有：百货批发、服装鞋帽、珠宝首饰，装饰材料、电子器材、汽车配件、油墨纸张、机电设备、打字印刷、工艺美术、冷饮食品、玻璃镜片，其中太原二店经营的机电、通用设备、各种工业民用泵产品，销往东北三省。华泰文化用品经销公司经营的各种印刷用纸、无碳复写纸、传真纸，各种油墨销往省内外。南方电子公司经销的计算机、复印机、打字机、空调机以及色带、软盘、电子原件等全部采用进口产品，华腾玻璃经销公司经销的真空、钢化、热弯、镀膜、宝石兰、镭射玻璃在市场独占鳌头，并在大连、长春、哈尔滨等地成为抢手货。

南站街道在精神文明建设中也喜结硕果，城管、民政、文明、综合治理、计划生育等项工作也都获得了市先进，太原街成为省三优大街和全国军民共建先进大街，街道办事处被评为省精神文明先进单位，并被国家民政部授予全国最佳街道称号。

【南湖街道办事处】　南湖街道地处和平区文化路，辖区面积3.6平方公里。居民8万多人口，居民委39个，是全区地域最广、人口最多的街道。

几年来，南湖街道坚持两手抓，两手硬的方针，以“发展、争先、同心、求实”的南湖精神和真抓实干的工作作风，抓住机遇，加速发展，实现了移位次，超常发展的奋斗目标。1993年全市排名58位，1994年全市排名第8位，1995年进入千万元利润大街的行列。在全市街道

系统排列第一名。全街经济三年翻三番，呈现出跳跃式发展，彻底甩掉“大街道、小经济”的落后帽子。高新技术企业由1992年初的零发展到45家，初步形成涉及计算机软硬件、机械、化工原料、医疗器械等10个高科技领域的开发群体。全街经济成份中科技含量占60%。

1995年全街完成：总收入43 290万元，比1994年增长55%；总利润3 032万元，比1994年翻一番；工业收入1 958万元，比1994年增长95%；工业利润318万元，比1994年增长253%；财政收入490万元。

几年来获市委、市政府授予的“沈阳十强街道”、“红旗街道”、“科技先导型街道”等，并荣获54项省、市、区先进单位称号。

党委书记　王东辉

【辽河街道办事处】 辽河街道位于皇姑区东北部，是省政府，省军区所在地。辖占地2.9平方公里，有28个居委会，总人口4.8万人。驻街有辽宁省高级人民法院、省教育学院、省地质局等近70个团级以上单位，风景秀丽的北陵公园就座落在这里。

1995年辽河街道坚持以经济工作为中心，坚持两手抓，两手都要硬的方针，两个文明建设都取得了显著成果。

1.经济呈现快速、健康发展。年初提出“二个一”工程，即综合产值一个亿，综合利润超千万，为实现这个目标全力组织好经济工作，为重点企业和重点项目投资120万元，为企业发展注入了新的生机，实现综合产值12 101.7万元，比1994年增长30%；实现综合利润1 001.72万元，增长79%，财政包缴实现247.2万元，提前5个月完成任务。

2.城市管理及其它工作成绩显著。1995年城管工作以迎接国家卫生城市大检查为重点，普遍发动驻街单位和居民群众参加，与主要街路门前“三包”签约率100%，软硬覆盖率达30%，近万户居民实行了垃圾袋装化，经国检对5条街和5个单位的检查验收，取得未丢一分的好成绩，被区评为“做出突出贡献单位”的称号，被市评为“卫生优秀单位”。

综合治理工作，落实了“一把手”保稳定的责任制，由街党委同42个驻街单位，28个居委会主要领导签订了责任状。

街政工作全面贯彻《居民委组织法》及时调整充实了居委会组织，开展了居委会达标升级活动，现有一级委7个，二级委10个，三级委6个，达标委3个。积极开展“双拥”活动，连续二年被市区评为“双拥模范街”。

文教工作积极参与《中华人民共和国母婴保健法》和世界卫生日、儿童免疫宣传。举办迎春灯会，不断活跃丰富人民群众文化生活。

计划生育工作实现超前管理，与驻街单位相配合，实行一条龙网络，并强化对流动人口及各类人员的法制化管理，做到计划生育率100%，被区评为“计划生育先进单位”。

【昆山街道办事处】 昆山街道办事处隶属于皇姑区管辖，东起北陵大街、西至珠江街；南起华山路与和平区、沈河区毗邻，北至昆山路。管区面积0.64平方公里，31个居民委员会，10 726户居民，人口30 936人，人口密度为每平方公里4.8万人。

主任　赵景利

昆山街道企业兴建于1958年，到1995年全街共有企业91个，职工1 180人；年产值10 016万元、利润1 060万元，地税130万元。是1986年的近10倍。固定资产9 510万元，流动资金1 112万元。商工贸具全，主要产品10余种，取暖设备、调速电机、实木家俬、箱包等。沈阳市取暖设备厂1995年同韩国“机器人”制造公司合资，生产各种规格的燃煤、燃油热水、蒸汽锅炉，产品销往国内外市场，连年被评为沈阳市创新优质产品；连续多年被评为市巨人、明星企业。沈阳市调速电机厂、沈阳市通达线锭厂、沈阳市秋实木制品厂的产品销往国内外市场，产品销路畅，有广泛的市场。

昆山街道办事处党委是皇姑区的先进党委、街道办事处是省50强街道之一，利润千万元先进街道。

【中国农业银行沈阳市皇姑支行】 1995年是皇姑支行全面丰收的一年，支行被推荐为省精神文明先进单位，同时还被评为总行信贷管理工作先进单位。信贷工作的风险管理经验8月份在省行会议上交流，存款工作的经验5月份在总行交流，会计结算、廉政工作经验也在市行交流。

从各项指标完成情况看，截止12月31日，各项存款余额108 848万元，比年初增加30 050万元，各项存款平均余额102 024万元，较同期增加30 651万元。活期存款余额38 328万元，旬平均余额39 684万元，增长32.04%。储蓄存款74 539万元，较年初增加21 672万元，企业存款34 299万元，较年初增加8 378万元。全年累计发放贷款183 013万元，各项贷款年末余额77 748

行长　王学智

万元，其中催收贷款2 017万元，占用率2.59%，累计收回催收贷款1 016万元。全年实现利润1 847万元。主要工作措施如下：

1. 增加服务功能，提高服务水平。一年来，皇姑农行先后采取星期日、节假日不休息，保证营业时间，取消大额取款预约，限时服务，保证群众在支行范围内顺利兑换损伤券，保证商业零售企业周六、周日将营业现金、票据送存银行等措施，积极为客户提供方便。并设大户接待室、大户联络员、大户专柜，努力为资金实力强、效益好的客户加强服务。为树立整体形象统一制作了行服，印制了标志牌，推广了文明服务用语和服务禁语。

2. 加强贷款风险管理，优选信贷载体。一是顺应市场机制，规范贷款管理。首先将原商业信贷科、农工信贷科合并为一个信贷科，科内人员按着支行下达的信贷工作责任制约束日常行为，并实行信贷人员聘用制。其次率先实施信贷风险管理办法。制定了《皇姑支行实施风险管理办法的细则》，开始全面推选审贷分离方案。二是优选信贷载体，支持优良企业的生产与流通。在具体投向上首先是支持了农资企业的商品购销，累计投放贷款4亿元，购进大量农用物资，为春耕做好准备。其次满足了大型企业的资金需求，累计投入资金3.2亿元，满足了这些企业的资金需求。支持了效益好的合资企业进行经营。三是盘活存量，大力清收催收贷款。运用法律手段启用新企业联动、多方联系等多种方式，清收工作取得较好效果。同时内外勤配合，设立欠息户台帐，年末收息率达95.02%。

3. 严格各项管理制度，提高银行经营效益。一是加强资金管理，灵活融通奖金。按时匡计头寸，及时反映资金变化情况。认真贯彻市行下发的资金管理办法，及时足额清偿汇差，在资金充足的前提下，全年上存旬均余额10 254万元，拆借出资金1 695万元，为发行垫付资金11 236万元。认真贯彻市行经营管理工作会议精神，对非赢利资产进行清查，压缩无息、低息资金占用。二是深化达标升级工作，核算质量进一步提高。在加强和完善制度上，强化内部管理，提高核算质量，坚持不懈地抓紧会计达标升级工作。配合总行评审验收活动进行了全面细致的检查，促进了核算质量的提高。明确了会计辅导员的职责、工作范围，坚持对办事处、营业部定期检查，及时发现和纠正核算中的问题。积极开展业务技术培训，开展了电脑培训和业务知识竞赛等活动，进一步提高了会计人员素质。三是加强微机网点建设，电子化进程加快。更新了部分储蓄所的微机，开发了6个微机网点，与市行一起完成11个所的大型机联网，加快了业务电子化步伐。

4. 监督保障机制进一步健全，保证了业务经营工作的健康发展。加强了三防一保工作，安全防范工作进一步落实。加强了职工队伍建设，职工素质明显提高。进行了三项制度改革的初步尝试。

【中国农业银行辽中县支行】 1995年辽中县农行以经营为中心，效益为目标，开拓经营、强化管理，较好地完成了全行的各项工作任务，有效地支持了全县经济的健康发展。到年末，银行各项存款余额为32 812万元，比年初增加4 618万元，其中储蓄存款余额为29 481万元，比年初增长4 512万元。各项贷款34 330万元，比年初增加6 110万元。银行各项经营指标都完成了市行下达计划。县行被评为省级文明单位，辽宁省行抗洪抢险先进单位。

行长　许连成

1. 大力筹集和盘活资金，壮大资金实力。一是落实任务，完善储蓄承包办法，层层分解，落实任务。实行全员承包，竞争上岗，按增量计奖。二是调整负债结构，加大组织低成本资金力度，开展竞赛活动，开办代收代付业务，到年末县行活期储蓄，对公存款达8 802万元，比年初增加818万元，占存款总量27%。三是大力开展优质服务活动，推广文明服务用语，实行电脑储蓄，增强了竞争实力。四是大力清收催收贷款，千方百计地活化资金，落实清收责任制，实行压贷挂钩，运用各种手段组织清收，全年共收回催收贷款717万元。

2. 认真执行信贷政策，积极支持全县经济发展。一是坚持以农为本，全力以赴支持农业。年初行长带队深入有关部门进行调查，及时发放贷款3 355万元，支持农资部门购进种子3 450吨，农药183吨，化肥4万吨，保证了春耕生产的顺利进行，洪水过后，积极支持全县抗洪救灾和生产自救，同时积极支持高效农业和商品粮大县项目，促进了全县产业结构的调整。二是坚持市场和效益的原则，支持乡镇企业健康发展，1995年累放贷款3 472万元，重点支持了沈阳市酿酒股份有限公司等管理水平高，经济效益好的一批企业，三是认真负责地代理农发行业务。

3. 完善内部管理，转换内部经营机制。一是以利润为目标，落实经营目标责任制，完善基层处所相对独立核算办法，提高了经营效益。二是以提高资产质量为重点，完善信贷管理办法，实施信贷风险度管理和审贷分离制度，优化了贷款增量结构，提高了信贷资产质量。三是深化“三项制度”改革，重新设置了内部机构，压缩了机关编制，实行了中层干部聘任制和职工聘用制。在分配制度上实行了工效挂钩，调动了职工积极性。

4. 坚持从严治行，加强班子和队伍建设，一是深入开展反腐纠风工作。县行领导班子认真开展自纠自查，带头廉洁自律，在全系统狠刹吃拿、卡、要等不正之风，树立了良好的行业风尚。二是加强思想政治工作，加强思想教育，举办各类培训班。不断提高职工素质。三是坚持不懈抓好“三防一保”工作。加强职工行为管理，开展“三防一保”大检查，遏制了案件的发生，保证了全行资金和人员安全。

经理　孙玉柱

【沈河区保险支公司】 沈河区保险支公司成立于1980年，其前身是中国人民保险公司沈阳市沈河区办事处，1988年6月经沈阳市人民银行批准，撤销办事处成立支公司。

该公司隶属于沈阳市保险分公司领导，是一个专业化管理的财产险公司。自1980年恢复国内业务保险以来，公司从机构、人员以及保险业务都有了长足的发展，经济实力和偿还能力不断增强，保险领域逐渐扩大，服务水平不断提高。到目前为止，保险业务从开始的企业财产保险，运输工具保险，家庭财产保险等单一险种发展到今天的货物运输保险，产品信誉保险，公众责任保险等20余个险种险别。为全区400余户企业9 000多台机动车辆，10 000多户家庭承担了风险保障，承保金额达8.1亿元，业务收入从1980年的156万元发展到1995年的4 300万元，增长27倍。在业务增长的基础上经济效益有了很大提高，赔偿能力不断增强，自1980年以来累计实现利润3 620万元，共支出各种赔款6 000余万元，有力地支持市区经济发展，为安定社会改善人民生活做出了积极贡献。特别是1995年沈阳市发生了百年不遇的洪水，公司为20余户受损企业60余户家庭，支付赔款800余万元，为企业及时恢复生产，减少损失，安定人民生活提供了有效的经济补偿，得到上级领导及保户的赞誉。

经理　周德仁

【皇姑区人民保险公司】 中国人民保险公司沈阳市皇姑区支公司于1980年5月开办保险业务，当时隶属人民银行沈阳市皇姑区办事处，设立保险科，业务由沈阳市保险公司领导。1981年9月成立中国人民保险公司沈阳市皇姑区办事处。1988年改称皇姑区人民保险公司。

该公司隶属于中国人民保险公司沈阳市分公司领导，是一个专业管理的财产险公司。专门从事组织保险基金，为社会提供保险保障，对自然灾害和意外事故进行经济补偿的保险机构。1995年有职工50人。

自1980年恢复国内保险业务以来，公司机构、人员、保险业务都有了明显的变化。经济实力有了很大增强，保险服务领域不断扩大，从过去单一险种逐渐发展到几十个险种，除三大骨干险种(即：企业财产险、家庭财产保险、运输工具险)外，还开办了自来水水渍责任保险，现金保险，营业门市装修保险，产品责任、信誉保险，建筑工程安装保险，公路货物运输保险，公众责任保险等新险种。为全区400多户企业，10 000余台机动车辆，14万多户家庭承担了风险保障，承保金额达70余亿元，业务收入从1980年64万元发展到4 100多万元，增长65倍。累计实现利润4 000多万元，共支付各种赔款1亿多元，有力地支持地方经济建设的发展，为促进社会生产，减少灾害损失，不断扩大保险服务领域，聚集保险基金，保障国民经济顺利发展和劳动人民经济生活的安定做出一定的贡献。特别是1995年沈阳发生百年不遇的特大洪涝灾害，为31户受灾企业、40余户家庭支付赔款400多万元。为企业及时恢复生产、安定家园，减少损失提供了可靠的经济保障。

经理　刘永贵

【沈阳市人民保险公司铁西区支公司】 1995年沈阳市人民保险公司铁西支公司加强内部管理机制，不断深化改革，以团结、务实、开拓、奉献的精神，苦练内功，奋力拼搏。狠抓业务质量，积极开展为保户服务，急保户之所急，想保户之所想。出险后，及时将赔款送到保户手中。赢得各大企业及广大群众的很高信誉。也体现出笃守信誉，忠诚服务的宗旨，全年收保费1.1亿元。支公司被评为：沈阳市人民保险公司先进单位；沈阳市人民保险公司先进党支部；沈阳市抗洪抢险救灾先进单位；中国人民保险公司先进单位。

铁西人民保险支公司不断巩固老险种，发展新险种。现开办的险种有：企业财产险、机器损坏险、产品质量责任两全信誉保险、机动车辆保险、货物运输险、客运车辆及司乘暴力伤害险、货物吊装责任保险、转帐支票丢失责任险、食品卫生责任险、家庭长效保险、计算机责任保险、供水卫生责任保险、建筑工程安装责任险、法人代表管理人员家庭责任保险、市场个体劳动者商品保险等。

经理 戴宝林

【东陵区人寿保险支公司】 东陵区人寿保险支公司，成立于1989年。是一家集各种人身保险和社会保险于一身的综合性金融企业。该公司地处沈阳东南，位于东陵政治、经济和文化中心。担负着全区960平方公里的广大地域、40万人口、16个乡镇近千家乡镇企业、800余家区属以上全民、集体和事业单位各种人身保险和社会保险的服务工作。

公司成立7年来，各项业务发展迅速，物质文明和精神文明建设比翼齐飞，成绩斐然。1994年被授予市级文明单位，1995年被评为市公司系统先进集体，并荣获寿险腾飞保户满意奖杯。

公司成立以来，保费由947.6万元，每年以递增31%的高速度向前发展。截止到1995年末保费总收入已达4 452.4万元，其中人身保险业务收入达到2 400万元，比公司成立之初增长9倍，发展速度和保费收入成为郊区县的排头兵。

目前东陵区已有700余家企事业单位近3万名职工参加了社会统筹养老保险，并对近万名离退休职工逐月下拨退休金，仅1995年就拨付退休金1 600余万元，较好地保障了离退休职工的晚年生活，促进了东陵地区的安定团结。

在人身保险方面发展更为引人注目，目前已为全区近4万名农民办理了养老和医疗保险，使广大农民找到了自我保障的有效途径。现在已有800余名农民按月到公司领取养老金，同时还为中小学生、妇女、个体工商业者、司乘人员等近10万人办理了其它各类人身保险，保险覆盖面已达全区人口的41%。人身保险的保障和经济补偿作用，在市场经济条件下越来越被广大群众所接受和认可。

【中国平安保险公司沈阳分公司】 1995年中国平安保险公司沈阳分公司坚持以经济效益为中心，以创新改革为动力，以强化管理为手段，通过全体员工锐意进取，团结实干，取得了可喜的成绩。

1.业务发展迅速。截止1995年底，沈阳分公司业务收入与1994年相比增长了645.8%。其中，寿险业务收入增长了531.5%，产险增长了43.5%，险种也由10几个增加了200多个。特别是在省内率先开展了个人寿险业务，推出了少儿终身平安险、重大疾病险、平安长寿险、递增养老年金保险等险种，不仅活跃了保险市场，同时也满足了不同层次的人们对保障的需求，对完善社会保障体系、促进保险体制的改革起到了积极作用。

2.加强机构建设，壮大员工队伍。沈阳分公司的机构发展是以沈阳为中心，面向全省。至1995年底，省人民银行正式批准了锦州、辽阳、阜新、营口、丹东代办处，其它市地机构筹建工作也在加紧进行。机构的建立和发展，使沈阳分公司的业务领域得到拓展。

随着机构发展，员工队伍也不断壮大。1995年底沈阳分公司员工已超千人，公司对员工采取各种形式进行培训，一批业务骨干脱颖而出，为公司的发展打下了坚实的基础。

3.依法经营，规范管理。《保险法》颁布实施后，公司组织员工认真学习，并组织员工上街宣传《保险法》，开展保险知识咨询活动。同时，依据《保险法》制定了一系列规章制度，使业务管理、经营管理和行政管理都走上制度化、规范化、法制化的道路。

4.积极参与社会公益事业，奉献沈阳平安人的一份爱心。在发生特大水灾时，公司发挥其特有的功能，及时为受灾企业送去赔款，帮助企业恢复生产。同时，公司员工还纷纷解囊，向灾区捐款捐物，受到省政府的表扬。公司还与市教委、团市委共同举办了“'95平安保险杯沈阳市十佳少先队员”活动，并向获选的少先队员赠送少儿终身平安保险。在沈阳国际经贸洽谈会期间，公司以出资印制2万张精美的入场券的方式来参与和支持沈阳的经济发展。

校长 赫冀成

【东北大学】 东北大学座落在我国东北的经济、文化、交通中心——辽宁省沈阳市。校园南滨浑河、北畔南湖，地处沈阳南湖科技开发区，学校占地面积173万平方米，建筑面积55.8万平方米。

东北大学创建于1923年4月26日。1928年，张学良先生亲兼校长。1949年2月，在东北大学工学院、理学院的基础上新办沈阳工学院。1950年8月定名为东北工学院。1993年3月8日，经国家教委批准，东北工学院复名为东北大学。被周恩来总理誉为千古功臣的著名爱国将领张学良先生荣任名誉校长和东北大学董事会名誉主席。

今日的东北大学是一所以工为主，理、工、文、法、商、管相结合的全国重点大学，是全国33所设有研究生院的高层次大学之一。1994年7月，学校通过了“211工程”冶金部预审，并成为“211工程”首要建设项目——“中国教育和科研计算机网络”东北地区节点单位。学校现设有秦皇岛分校、辽宁分校、成人教育学院、冶金工业部东北大学继续教育中心。

东北大学校本部现设有理学院、文法学院、工商管理学院、机械工程学院、资源与土木工程学院共32个系、部，36个专业。学校共有教职工4 340人。有专任教师1 890人，其中教授247人，副教授700人，讲师491人。在校各类学生16 623人，其中博士生478人，硕士生1 310人，本、专科生8 727人。学校现有23个博士点、50个硕士点。设自动控制学科、冶金学科、机械工程学科、计算机科学与技术学科和地质、勘探、矿业、石油学科等5个博士后流动站，学校的采矿工程学科和钢铁冶金学科为国家重点学科。轧制技术及连轧自动化实验室为国家重点实验室。东北大学软件中心为计算机软件国家工程研究中心。

东北大学建校70年来，始终重视人才培养和提高教育质量。近年来按照“加强基础，狠抓两翼（计算机、外语）”深化改革思路，全面加强教学管理和深化教学改革。有58项优秀教学改革成果获国家和省部级奖励。东北大学学科门类齐全，技术力量雄厚，已形成资源环境、冶金材料、机械工程、计算机自动化等四大学科群。1991——1992年全国前40所重点高校总体科研水平与实例排序表中，东北大学名第11位，列入国家“八五”科技成果重点推广的项目数居全国高校之首。在1995年国家公布的三大奖高校排名中，国家科技进步奖名列第五，国家发明奖名列第六。

近年来，学校充分发挥现有办学潜力，在不要国家投资的情况下，兴办辽宁分校，为辽宁省培养急需人才2 000余人。同部分省市及全国1 500多个大中型企业建立长期的技术合作关系，建有10个教学、科研、生产联合体，为地方的人才培养和用高新技术改造传统产业做出了贡献。学校注重发挥人才和技术密集优势，积极发展高新技术产业。先后建有校办高新技术企业24家、中外合资高新技术企业10家、科技产业年总产值已突破1亿元。学校三次被沈阳市授予“火炬型科研院校”称号，东北大学软件园成为世界大学科学园组织中的中国大学会员单位。

东北大学将顺应中国改革开放的大潮，充分利用地处东北亚经济圈的地理优势，把握机遇，努力把东北大学办成在国际上有较大影响的国内一流大学。

【沈阳大学师范学院】 沈阳大学师范学院暨沈阳教育学院，是经中华人民共和国教育委员会备案的一所高等师范院校。这所院校在培养中学新师资的同时，还担负着培训在职教育管理干部和教师的任务。

这所学院有着悠久的历史，其前身为始建于1953年的沈阳市中学教师进修学院，1975年更名为沈阳教育学院，1987年经国家教委批准组建沈阳大学师范学院，并继续行使教育学院的权利。几十年的办学实践，学院积累了较为丰富的培养和培训中学师资的经验。

院长 张中权

学院目前开设中文、数学、物理、化学、外语、政法、历史、地理、生物、体育、音乐、美术等12个本科专业和新闻采编、电视节目制作、教育管理、环境艺术、计算机教育、英语等6个非师范专业。有着队伍实力雄厚、设备先进的电化教育中心、实验中心、计算机中心等教学辅助单位。

现有在校学生8 804人，其中全日制高师学生2 038人，夜大函大学生6 759人，外国留学生7人。学院拥有一批思想素质好，学术水平高，教学经验丰富的教师队伍。现有教授11人，副教授73人，讲师149人，助教61人，外国专家3人。

学院十分重视国际间交流，先后同美国的2所大学，俄罗斯的1所大学，新西兰的1所大学建立了友好交流关系。学院有专供外国留学生居住的留学生公寓。

【辽宁省水利学校】 辽宁省水利学校是一所国家级重点中等专业学校。建校于1951年9月，校名为东北水利专科学校。

1952年院系调整，专科部分合并到大连工学院，学校改名东北水利学校。1953年学校收归水利部，改名水利部沈阳水利学校。1957年，水利部沈阳水利学校与辽宁省1956年创建的水利学校合并为辽宁省水利学校。1958年，学校升格为辽宁省水利水电学院，既办大学，亦办中专。1963年，大学下马，恢复辽宁省水利学校。1965年，学校被下迁到朝阳，“文革”期间受到严重干扰和破坏。粉碎“四人帮”以后，学校得以恢复和发展，1980年由原国家教育部确定为全国重点中专。同年，省政府决定学校由朝阳迁回沈阳重新建校。

学校迁回沈阳以后，在上级的领导和支持下，全校师生员工紧紧围绕教学这个中心工作，解放思想，开拓进取，发扬“团结、求实、严谨、创新”的良好校风，在“以一流的精神、一流的工作、一流的水平，创办一流的重点中专”的口号感召下，致力于学校的建设和发展，各项工作取得了突破性进展，学校面貌发生了巨大变化。学校对专业设置进行更新改造；办学规模扩大；校园建设、教学设备得到了完善；师资队伍不断加强，结构合理，力量雄厚；教学水平、教学质量进步提高；办学条件不断改善，治学严谨，管理严格。通过三年中专办学水平评估，1994年被国家教委重新确定为国家级重点中专。

多年来，教师潜心于水利科技的教学和研究，教学成果显著，涌现出了一大批享誉省内外的中老年教师，他们先后编审了全国水利水电中专统编教材51门次，在全国水利水电中专中名列前茅。

学校面向全省招生，以普通中专为主，兼办职工中专和电视中专。除开设5个水利主体专业以外，还开设工业与民用建筑、村镇建设、乡镇企业管理、给水与排水、城镇规划、工程测量等6个专业。学校现在校学生总数达到1 900人，其中普通中专1 453人，电视中专210人，函授本、专科237人。学校现有教职工244人，其中教师120人，高级讲师40人，占教师总数33.3%；讲师48人，占40%。学校占地128亩，校舍建筑面积4.58万平方米。学校的教学设施、生活设施、体育设施功能配套，设备齐全。实验室建筑面积6 000多平方米。各专业的实验实习开出率均达100%；设有设备完善的计算机室、电教室和语音室，教学手段先进。图书馆建筑面积3 000平方米，藏书14.5万册。

校长　张佩纶

【沈阳二中】 沈阳二中是一所按照社会主义方向培养跨世纪人才的省级重点高级中学，自1949年建校以来，一直是享有盛誉的沈阳市对外开放的窗口学校。多年来，沈阳二中以其正确的办学方向、优异的教育教学质量和一流的教学设备获得了全社会的赞誉。沈阳二中是辽宁省历年向高校输送优秀新生最多的学校，是全市初中毕业生所向往的升学目标。

环境幽雅的学校校园占地面积7.42万平方米，建筑面积2.16万平方米，冬暖夏凉的教学楼内设有标准教室24间，专用教室9间。新建的建筑面积4 200平方米的科技楼，设备装修居全国一流，楼内设有物理、化学、生物、历史、地理、电化、语音、微机、音像、仪器、资料等专用教室，同时配备了大中型阶梯教室，科技楼顶端的天文台装备了高倍望远镜，整个教学设施在全国已居于领先地位。1995年竣工使用的图书馆可藏书30——40万册(现已藏书13万册)供广大师生开架借书。馆内有学生阅览室二个，可同时容纳800人阅览，教工阅览室材料齐全，可供教师查阅，声像图书室可供师生随时使用。占地面积2 650平方米的综合体育馆，符合国际体育比赛标准。

学校有一个团结协作，开拓进取的领导班子，校长张佩纶同志是享受国家特殊津贴的全国五一劳动奖章获得者，全国教育系统劳动模范，是辽宁省委命名的辽宁省优秀专家、是沈阳市政府命名的教育专家。学校共有教职工141人。享有很高声誉的特、高级教师和省市较有名气的优秀青年教师是教师队伍的主体。沈阳二中是沈阳市特级、高级教师最多的学校。也是拥有沈阳市学科带头人和沈阳市骨干教师最多的学校。1994年教师节前夕，有9名教师被市政府命名为"沈阳市学科代头人"，并荣获了曾宪梓奖教金，人数之多为全市各校之首。在教学改革的实践中，沈阳二中逐渐建立起以学生为主体，以教师为主导，以培养能力为主线的教育战略思想；建立了课堂教学与课外活动相结合的教育体系；把培养与提高未来人才素质做为教育的总体目标；学校坚持减轻学生过重课业负担，全面提高教育质量的教学原则，教学面向全体同学，做到不使一个人掉队。

学校除按国家规定教学计划开课外，还结合学生特长开设了各种实验性、趣味性、信息性强的选修课，以丰富课外生活。每年都有一批杰出的学生获全国数学、物理、化学联赛市、省及全国大奖。文学社、演讲协会、诗社、影评社、外语小组经常开展活动，国旗下的演讲、校园文化节、田径运动会、主题班会等活动吸引着每个学生，激励他们的创造性、集体主义精神和成才报国的信念。

沈阳二中优良的师资、完善的设备、严谨的教风、勤奋的学风，造就了一批批优秀毕业生。每年平均有近30名左右的学生被免试保送到国内名牌大学学习，是省内高校保送学生最多的中学，高考升学率平均98%左右，其中70%以上的学生考入重点大学，有两年高考升学率达到100%。沈阳二中已被沈阳市政府确定为对外开放的窗口学校，几年来，沈阳二中分别获沈阳市政府授予的"标兵单位"，辽宁省政府授予的"文明学校"、"体育先进学校"，国家教委授予的"全国五讲四美为人师表先进单位""全国德育先进学校"和"全国贯彻体育工作条例先进学校"等光荣称号，学校卓有成效的工作，赢得了社会各界的赞誉。

沈阳二中建立了"团结勤奋、严谨求实、开拓创新"的校风，正在改革开放，面向21世纪的大道上开拓前进。

校长　矣庆泽

【沈阳市第四中学】 沈阳四中是辽宁省首批重点高中，1994年被省招生办，省教委确定为具有向全国重点大学直接保送新生资格学校。

1995年沈阳四中占地面积4万平方米，总建筑面积1万余平方米，现有学生1 147人，教职工120人，其中特级教师1人，高级教师42人，一级教师44人。一幢建筑面积8 000平方米的苏式建筑风格的教学大楼庄严、肃穆；教室、活动室、办公室宽敞、明亮；实验楼有供实验教学使用的物理、化学、生物实验室；图书馆、阅览室、电教馆、语音室、计算机室以及田径运动场为教学现代化和学生课外活动的开展，培养学生优良个性创造良好条件。

建校50年来，学校始终坚持正确办学方向，全面贯彻党的教育方针，办学规模不断发展扩大，教学设施不断更新完善，领导班子和师资队伍不断充实加强，教育教学质量不断稳步提高。在历届优秀毕业生中，有学有专长的专家学者；有战功卓著的将军；有在改革大潮中勇于开拓的企业家；有工作在各级岗位上的党政领导人；更有战斗在社会主义现代化建设事业各条战线上的英雄模范。沈阳四中被誉为“英才摇篮”“奇葩园地”。

为适应社会主义市场经济对人才的需要，为迎接21世纪的严峻挑战，沈阳四中从1992年开始，实施的《全面培养发展重点高中学生的优良个性，为21世纪培养高层次人才》为课题的沈阳市“八五”重点教育科研项目学校整体改革实验。经过3年具体实施，现经专家组评审通过鉴定。整体改革推动了学校整体工作的发展，几年来，学校各项工作都取得了可喜成绩，毕业生全科合格率，行为规范合格率，体育合格率均达到100%；高考升学率均在95%以上。尤其是学生的优良个性得到充分的发展，学校办出了自己的特色。

1995年学校获得的荣誉称号有：铁西区先进党总支；辽宁省贯彻落实《学校体育工作条例》优秀学校；区文明单位；优秀单位；十佳团委；市花园式单位；区绿荫校园；市教委“希望工程手拉手”先进学校；档案工作评为省一级先进单位；市国际教育工作先进单位；区综合治理先进单位。

校长　曲世祥

【沈阳二十七中学】 沈阳二十七中学是一所具有优良传统和较高声誉的重点高中。这所学校创建于1953年，1958年、1978年二次被确定为省级重点中学，1986年由完全中学改为省市独立高中。建校40多年来，学校培养了数以万计的毕业生，成为祖国的栋梁之才。学校被誉为学子成长的沃土，学子成才的摇篮。

沈阳二十七中学校园占地4万多平方米，操场1.5万平方米，有足球场、篮球场、各种健身场地、300米跑道，尽可以满足青年学生身体发育的需要。学校体育教师队伍实力雄厚，不仅每年都在各类运动会创造优秀成绩，而且每年都有10多名优秀运动员获高考加分奖励。

学校内有教学楼、实验楼各一座。备有设备齐全符合标准的物理、化学、生物实验室6个。计算机房一个内装386计算机30台，电化阶梯教室可同时容纳两个班上电化教育课。还有阅览室、图书馆每天向学生开放。1995年学校又更新了语音教室设备，建成了多媒体教室，同时校内按装了闭路电视系统。

建校以来，学校全面贯彻党的教育方针，形成了《团结、勤奋、求实、创新》的良好校风，《求实、求新、求严、求精》的八字教风和《勤奋刻苦、严谨求实、深思多问、规范创新》的优良学风。扎扎实实地提高教学质量，勤勤恳恳地培养学生特长，认认真真地进行思想教育，愉愉快快地开展群体活动是办学特色。

学校努力提高教学质量，多年来高考升学率在同类重点中学中一直名列前茅。1995年高考升学率达到98.5%。被评为“沈阳市教学管理先进单位”，“沈阳市教学改革先进学校”省市“贯彻中学生日常行为规范先进单位”，“体育先进单位”，“花园式学校”等等。每年都有很多同学在省、市、区举行的各科竞赛和文体活动中受奖。学校每年为学生举行艺术节、体育节等重大活动，为学生全面发展和发挥特长创造条件。

为了鼓励品学兼优和学有特长的学生，学校建立了奖学金制度，奖励和表彰有突出表现的学生。

学校有一支力量雄厚的师资队伍。教职员工113名中，有特级教师1名，高级教师35名，一级教师45名，市级骨干教师20人，市级学科带头人3人，区级骨干教师12人。具有大学本科学历的教师占98%以上。

近年来，学校大力引进东北师大的优秀毕业生，充实教师队伍，逐步形成了一支结构合理，思想素质高，业务精良的教师队伍。

校长　白丽娟

【沈阳市女子艺术学校】 沈阳市女子艺术学校是一所建校10年、在社会上享满盛誉的、国家教委认定的省级重点职业中等专业学校。10年来，她的1 500多名各个专业的毕业生，工作在全市各行各业的岗位上，受到用人单位的好评。

几年来，全校师生艰苦奋斗，积极进取，锐意改革，奋发图强，学校面貌发生了深刻变化，具备了较好的为沈阳地区经济建设和社会发展培养实用型女人才的条件。

学校现有5个稳定的专业。既有适合女孩子特点，有利于女孩未来工作、生活的“艺术与幼儿教育”、“服装设计与工艺”、“美容”等专业，又有21世纪人才必备技能的“办公自动化”和“计算机财务管理”专业。学生既要练写一手好字，又能较流利的掌握日常英语对话。1995年，在招生竞争激烈的情况下，学校圆满地完成了招生任务。

学校教学条件完备，实习设备先进。现有实习室17个，封闭式钢琴房50个，钢琴57台，手风琴55台，脚踏、电动缝纫机2万多台，各种美容设备应有尽有。学校有微机室两个，386 和 486 微机可供学生学习和实习应用。学校有体操馆一个，学生可在室内完成体育课的学习任务。学校有藏书 3 万余册，200 多种报刊杂志的大型图书馆。可供学生教师阅览图书查阅资料。校外有实习幼儿园一处，可供学生实习。

学校有一支教学经验丰富，事业心强的教师队伍。在 97 名教职工中，中高级教师占 50%，专任教师具备大专以上学历的占 90%以上。几年来，有 115 人次获省市区先进荣誉称号，在各种专业比赛中有 120 人次获国家、省、市、区等各级奖励。

学校对教学进行了严格管理。一丝不苟地执行国家规定的教学大纲。树立了“改革求实、协作创新”的好教风。形成了教学质量高，专业技能高，人才素质高，社会信誉高；自强不息精神美，教育教学环境美，文明礼貌行为美”的办学特色。学校对教育教学实行了量化管理，因而保证了文化课，专业课的课时质量，使学生毕业确能达到职业中专的水平。

学校发挥了省级重点职业中等专业学校的辐射作用，先后接待了四川、深圳、黑龙江及省内兄弟学校的领导参观来访，同时还接待了美国、日本等国际朋友。学校的美容专业同日本川崎美容界建立了密切的合作关系。

由于女子艺术学校重视对学生的培养教育，毕业后合格顶用，招工用人单位竞相到学校招工面试，每年学校推荐就业都在 96%以上。学校非常重视学生的学习质量，几年来，有近 30 名学生考入大学深造，有的已毕业走上工作岗位。1995 年学校被评为文明学校，连续 8 年被评为综合治理先进单位、区技术等级考核先进学校、市档案工作先进单位、区德育工作先进单位、学雷锋先进集体、优秀团委。

校长　刘长春

【沈阳市第三十一中学】 沈阳市第三十一中学是一所省级重点独立高中，是市政府认定的“窗口学校”，位于沈阳市铁西区南七中路，学校占地面积 4 万平方米。学校建立于 1954 年，60 年代初即为省级重点中学，1978 年被恢复为省重点中学，1982 年初定为省级重点独立高中。

学校现有25个教学班，教职员工135人，专任教师98人（其中高级教师41人，一级教师46人，市学科带头人 3 人，市骨干教师16人），全国模范教师 1 人，全国优秀教师 1 人，省先进教师 1 人，特级教师 3 人，市劳动模范 2 人，区劳动模范 2 人，现任校长刘长青是沈阳市政府命名的教育专家，市劳动模范。

学校现有新建的5 600平方米教学楼，2 300平方米的实验楼，有语音室、微机室、阶梯教室、图书馆、阅览室、电教馆等先进的教学设施，是沈阳市省级重点独立高中办学条件最好，设施最先进的学校之一。

近年来，学校对教育思想，学校管理，德、智、体、美、劳五育和谐发展进行了整体改革，确立了合乎时代要求的人才观、教学观和质量观，坚持对学生进行政治思想、理想情操、道德品质和行为规范的教育和训练，形成了系列化、规范化的德育体系，取得了良好的效果。学校把“和谐、奋进”立为校风，以“立志、立事、健脑、健身”作为校训，建立了由必修课、选修课、课外活动组成的“三位一体”的课程体系，成为办学有特色的省重点中学。广大教师以“严谨、求实、创新、爱生”的教风，坚持“扶优、提中、补差”分类推进的原则教学，学生以“惜时、刻苦、求是、爱校”的学风勤奋学习，学校的教育质量大幅度提高。十几年来，高考升学率均在 90%以上，学生学习成绩的提高率始终在全市名列前茅。在各级各学科竞赛中，成绩突出，涌现出一批在国家、省、市级名列前茅的特长、特优学生。40 多年来，31 中学毕业生，群星璀灿，涌现了一批批有成就的教育专家、科学家、企业家、军事家、各级领导干部……，他们已成为社会主义建设事业的骨干力量。

从 1987 年开始，分别承担并完成了“高中思想政治课教材改革”实验、“数学教材改革”实验、语文教材实验等省级实验项目。1991 年又被辽宁省教委确定为整体教学改革的实验学校之一，承接了省“八五”教育科研重点课题——“高中教学整体改革”的研究任务。目前，此项实验已初见成效。

由于全校教职员工的齐心努力，学校的办学声誉不断提高，受到各界的好评，被誉为“栋梁沃圃”、“桃李芳园”，得到省、市、区领导的表彰和奖励。仅 1995 年就获得省一级档案工作先进单位，市文明单位、市抗洪救灾先进集体、市国防教育先进学校、市贯彻两个条例优秀单位、区优秀单位、区中小学治安综合治理工作先进单位等荣誉称号。

校长　巴启金

【辽中县第二高级中学】 辽中县第二高级中学建校于 1981 年，1994 年晋升为市级重点高中。1995 年学校占地 5.4 万平方米，建筑面积2.6万平方米，房地资产大约700万元，设备资产300万元，学校现有28个教学班，1 600名学生，住校生为1 200人，教职工180人，其中具有专业技术职称的教师152人，中高职务教师占60%，本科学历占任课教师93%。

随着我国社会主义现代化建设事业腾飞的步伐，深化学校教育和学校管理的改革，建立了普通高中教育目标体系——以实现教育思想、教育内容、教育方法、教育手段、教育质量、教育设施为现代化办学目标；以普通高中教育任务、培养目标、教育特征、原则、要求、途径为办学方式的目标框架体系。建立目标管理科学、目标监测有效、信息反馈准确的三位一体的《目标管理体系》；建立优化组合、指挥通畅、协调一致的《管理机构》；建立自我约束、自我发展、充满生机和活力的《学校内部管理机制》，形成了具有特点的教育和管理模式。

八五期间，学校进入沈阳市首批重点高中行列，学校在社会主义精神文明建设进入市级文明单位，综合治理评为市级标兵单位，教育教学管理进入市级先进单位，电化教育评为省级示范校，学校档案管理市级标兵单位，体育工作评为省优秀单位，爱国卫生评为市级特模单位，近5年学校承担国家级的经验交流现场会4次，获省、市、县奖旗、奖状、牌匾93面。

八五期间，学校培养的毕业生2 374名，升入高等学校1 535名，为辽中的经济建设和社会发展输送839名合格建设者。

八五期间学校承担省、市两级科研课题3项，经专家验收获教育科研成果奖，有260篇教育科研论文、著作获国家、省、市级的优秀论文，有195人次的教师获国家、省、市、县的表彰，学校有一名沈阳市教育专家，14名教师为市、县政府命名的学科带头人和骨干教师。

八五期间学校的办学条件达到省级标准化标准，在此基础上，建立了校内有线电视台，实现计算机教学和管理的网络化，校园建设初步具有“冬有青、春有花、夏有荫、秋有果”的花园式学校。

【泉园小学】 泉园小学位于泉园小区泉园一路，始建于1989年。校园占地面积7 200平方米，校舍为24班型的四层教学楼，建筑面积3 900平方米。设有图书室、实验室、阶梯式音乐室、语音室、微机室等，教学设施达到辽宁省一类标准，是东陵区教委直属小学。

校长　陈国强

几年来，学校坚持社会主义办学方向，以建设规范加特色学校，培养合格加特长学生为办学目标。用整洁优美的校园环境陶冶学生；用丰富多彩的校园生活感染学生；用积极向上的群体意识激励学生；用优良高效的育人质量培养学生，逐步形成了良好的教风、学风和校风，成为东陵区的窗口学校。

一流的环境，一流的管理、一流的质量赢得了小区家长的信赖，博得了社会的赞誉。学校先后被授予区文明学校、市贯彻《小学生日常行为规范》示范校、市体育卫生工作先进单位、市健康教育先进单位、市校园文化建设先进单位、区美育工作先进单位、市国防教育先进单位、市优秀少年军校、省优秀少先大队等光荣称号。

【铁西区兴工街第四小学】 沈阳市铁西区兴工街第四小学，位于铁西区东部，始建于解放初期。现有38个教学班，学生2 191人，教职工96人。学校全面贯彻教育方针，坚持以德育为首，以教学为中心，以全面提高学生素质为目标的办学思想，努力创办规范加特色的学校，培养合格加特长的学生，取得了显著成效。

校长　乔卫东

学校有一支敬业、奉献、进取、师德好、业务精的教师队伍。教师中有党员14人，大专以上学历16人、大专在读18人，小学超高教师2人。

学校把德育工作放在首要位置，以爱国主义教育为主线，以小学生日常行为规范的养成教育为基础，确定“文明、守纪、勤奋、向上”为校训，培养学生的良好道德品质。建设校外德育基地，常年不懈开展学雷锋活动，形成了勤奋学习、尊师守纪，文明礼貌，积极锻炼身体的优良校风，学校1991年始进行了“中华民族传统美德教育”实验，经过4年的研究实践，取得丰硕成果，1995年通过专家组鉴定验收，并在全区介绍了经验。

学校强化教学规范管理，改革教学方法，提高课堂教学效率。学校进行了“创造教育”、“数学学科活动课”等教育科学研究实验，面向全体学生，把应试教育转变为素质教育，按照21世纪对人才素质的要求，勇于改革，大胆探索，全面提高了教育质量，学校曾连续10年被铁西区教委评为完成教育教学任务一等奖。学校为了发展学生特长，开设了计算机、书法、绘画、工艺、舞蹈、声乐等知识技能培训班。学校是省级体育项目传统校，曾4次在省传统校田径比赛中夺魁。曾两次被国家体委、国家教委评为全国体育传统校先进单位，一次被评为全国施行《国家体育锻炼标准》先进单位。是沈阳市贯彻落实学校体育卫生工作条例优秀单位。连续10年被铁西区委、区政府评为文明单位。

【私立博望学校】 沈阳市私立博望学校，经市教委批准，创办于1993年。学校占地总面积126亩，总建筑面积为2 700平方米。该校由沈阳市博望实业发展总公司

三位校长在研究工作

董事长李力投资3 500万元建成为集幼儿、小学、初中、高中为一体的系列化教育、科学化管理及全日制住读为特点的基础教育摇篮。

全校有3个幼儿班、40多名学龄前儿童。小学20个班，580人；初、高中9个班、220人。共有中、小学生800余人，教职员工140人。

该校经辽宁省教委批准为辽宁教育研究院实验学校。以院长为首组成的专家组常年驻校，开展科研、教改及教育改革实验工作，同时担任师资培训、业务咨询、强化科学管理的理论建设与实践指导。保证"科研兴校"的战略实施。还聘请了省市社会科学院体、音、美高等院校的研究员、教授、专家等组成智囊团指导培训教师和开展教育科研活动。

博望学校有团结、务实、锐意改革创新的领导班子，精选构建优秀教师队伍。坚持正确的办学方向，努力创办高起点、高质量的一流私立学校。

学校实行"主教、指教、辅教"相结合的教学方式。扩展课堂范围，面向大自然、面向社会，增强学生的生存能力，通过"快乐教学法"，使学生在轻松愉快的氛围中扎实地学到知识，达到"学会"的目标；通过"启发式教学法"，使学生在兴趣的诱导下循序渐进地掌握思维方法，达到"会学"的目的。

学校注重学生的全面发展，减轻学生课业负担，培养特长，发展个性，构建乐园式教育。校园中，早有晨练，午有广播，晚间收看电视新闻，课间开展校园集体舞，班班有歌声。每月举办一次学生生日纪念晚会。每年夏季主办篝火文艺晚会和"十月金秋博望快乐节"等丰富多彩的传统校园文化活动。

学校配置有超一流的教育教学设施。教室里配有25英寸彩电、录放机、音响和投影仪。现代化计算机房配有80台386型彩显微机，语音室配有80个终端语音设备。每个教室设有闭路电视教学监控系统及录音系统。校内还设有室内游泳馆、体育馆、健身房、舞蹈房、美术绘画室、钢琴室、塑胶跑道田径运动场等。

办学3年来，取得了可喜的教育成果。1995年至1996学年度第一学期，小学部各年级参加全区期末语数两科统考，平均分、及格率、优秀率均在全区之首。学生美术作品参加全国"小星星杯"书画大赛，选送的20部作品均获金、银、铜牌奖。舞蹈、器乐、演奏和声乐节目参加沈阳市小学第二届艺术节大赛分获优秀奖和一等奖。《中国青年报》、《报刊文摘》、《沈阳日报》、《当代企业杂志》、香港《大公报》、《辽宁日报》《青年时报》等许多报刊杂志相继对学校的办学情况进行了报道，都从不同的侧面反映了博望办学的真实情况。

【辽宁省农业科学院稻作研究所】 辽宁省农科院稻作研究所成立于1965年，1992年被国家定为北方杂交粳稻工程技术中心，所址位于沈阳市苏家屯区。建筑用地总面积2 670平方米，试验地设在苏家屯区沈大高速公路西侧，总面积为202 676.8平方米。

现有在职职工92人，其中干部51人，工人41人。有研究员7人，副研究员6人，助理研究员17人，研究实习员19人。有博士生1名，硕士生5名，本科生21名，大专生16名，中专生8名。设有6个专业研究室，4个行政管理部门。

所长　蔡润深

稻作所是辽宁省粳型稻作研究中心，以发展粳型稻作，科技振兴农业，丰富稻作理论为宗旨，以为农民提供高产优质水稻新品种、新组合、高效实用新技术为基本方针。为此，在专业研究方面设以下6个研究室。

常规育种研究室研究任务：根据基因重组的遗传理论，采用常规育种手段进行水稻新品种选育。生物技术研究室（二系）研究任务：从事稻作育种基础理论，生物技术方面的研究。杂优育种研究室（三系）研究任务：根据质核互作不育的遗传学原理进行粳型不育系，恢复系和强优势杂交粳稻新组合的选育。栽培研究室研究任务：紧跟国际农业科技发展主流趋势，根据我省稻作区气候特性和生态条件，进行水稻栽培新技术的研究和推广应用。植保研究室研究任务：从事稻作保护，新药剂的试验、研究与推广。成果推广研究室研究任务：负责新品种、新组合的繁制种与销售。水稻壮秧剂、除草剂等新产品的生产与销售，并建立农村服务基点，直接面向广大农民推广全所的各项研究成果。

建所以来，取得科研成果50余项，获奖成果30余项，较为突出的有杨振玉研究员培育成功的黎优、秀优、326优等辽优系列杂交粳稻组合；广为辽宁、江苏、浙江等诸多省市推广应用；李玉福研究员等培育成功的辽粳326、辽开79、辽粳294等辽粳系列新品种；米质优良，其中294为特优高产品种；在农药科研成果中有水稻育秧用壮秧剂、除草剂等。上述新品种、新技术、新产品的推广与应用不但给农民、给社会带来了收益和效益，也为稻作研究所自身的发展奠定了坚实的基础。

目前承接国家"863"课题、攻关课题、省攻关课题及各类基金课题、推广课题总计20余项。

【中国人民解放军第四六三医院】 解放军第四六三医院是沈阳军区空军的中心医院，它创建于1951年9月，现座落在沈阳市大东区风景秀丽的南运河畔，占地面积51 000平方米，建筑面积58 200

院长　魏克金

平方米，开设病床620张，设置临床及医技科室27个，现有高级和中级技术人员270名。耳鼻喉科为全军医学专科中心、针灸科为空军医学专科中心，心肾内科、心胸外科、眼科为军区空军重点专科。

1985年以来，医院顺应改革开放的大潮，在完成部队收治任务的同时，积极参与社会的医疗服务活动，10年来为地方群众门诊270多万人次，收治地方患者8万余人。1995年全年门诊量达373 700余人次。

改革开放为这家部队医院带来勃勃生机，医院的医疗设备、临床科研、人才培养、医护质量等各方面得到同步发展。近几年来，医院先后购置了美国奎克9800CT机、日产1250毫安X线机、进口24小时心脏监护仪，彩色多普勒、德国产ELAN全自动生化分析仪、芬兰产乳腺病早期诊断X线机，美国库尔特血球计数仪、瑞典金宝AK—100人工肾机等先进医疗仪器上百(台)套；建立了ICU、CCU等设备齐全的监护病房，如今医院医疗设备总价值已达到3 000万元。

1990年以来，医院先后开展了"心脏瓣膜二次置换术"、"喉全切喉功能重建术"、"自体转门肌皮瓣二期喉重建术"、"婴儿股骨头、颈缺如成形术"、"动脉灌注、大剂量化疗及肢体再植术"综合治疗成骨肉瘤、"膀胱全切术"、"肾移植"、"前列腺癌根治术"、"膀胱内液电碎石术"、"骨溶性牙种植术"、"利用微波手术刀肝切除"、"DDDC型双腔起博器安装术"、介入性手术治疗"柏——查氏综合征"、"颌内动脉栓塞术"治疗创伤性鼻衄等新技术。10年来，开展新业务、新技术共513项，获国家和军队科技进步奖156项；1990年以来，医院有700余篇医学学术论文在省级以上专业期刊发表，中华级杂志93篇，国外学术刊物发表5篇，并出版了7部专著。医院自1991年以来，在全军医疗卫生系统开展的优质服务竞赛活动中，连续3次荣获"白求恩杯"，1993年在军队医院分级管理检查评比活动中，顺利通过空军"三甲"检查。

（宋光彦文　李大来摄）

【辽宁省肿瘤医院】

院长　马俊良

1995年是辽宁省肿瘤医院进入三甲后的第一年，院领导把巩固、发展三甲成果做为全年的一项中心工作，提出"合理医疗，减轻负担，提高质量，加速周转"的巩固和发展三甲成果的新目标。

1. 全面加强质量管理。6月份医院组织三甲复查，组成3个检查组，按卫生部颁发的《肿瘤医院分级管理标准》，对全院各科室进行了严格地检查。门诊处方合格率达93.42%，护理5种表格书写合格率达98.5%，甲级病志率达100%，各种报告单、化验单合格率达90%以上。自查得分943分。医疗质量委员会作用得到较好发挥，重症抢救水平有提高。成功率达90%，狠抓病志管理，提高了医疗文书质量，重点部位质量得到加强，一年来，院内组织会诊57人次，全年手术3 558例，比1994年增长317例，无差错事故发生。在规范三级医院查房制度基础上，完成了上级医师示范查房活动。接收日本等外籍病人4名。护理工作狠抓三基训练，组织护理技术操作比赛，开展了责任制护理，提高护理技术水平。1995年全院门诊量73 385人次，全年收治病人6 613人次，比1994年增加594人次，床位利用率达100.81%，提高1.08%。床位周转率(次数)8.27人次，比1994年多周转0.8次。平均住院日42.5天(国家规定肿瘤病人平均住院日为60天)，缩短4.25天，患者术前平均占有床日12.87天，缩短4.4天。

经济效益平稳发展，1995年总收入比1994年增长21.09%，其中医疗收入增收36.42%。

2. 坚持科技兴院，加强人才培养。加大智力投资力度，强化对学科带头人的培养。科研经费、培训经费由过去10万元增加到百万元。1995年有3名年轻技术骨干考上了硕士研究生。在1995年辽宁省第二届青年学术年会上，该院12名年轻同志获奖。全年刊登核心期刊的文章，从历年10篇左右上升到27篇，45岁以下人员为18名，占第一作者的70%。

3. 医风建设常抓不懈。1995年在全院开展了文明优质服务活动，并将医德知识编印成《职工必读》小册子。发给全院职工，自觉遵守医德规范，年底进行全员性医德知识考试。召集医患座谈会6次，走访新闻单位，征求意见2次，全院上医德课2次，组织看录像4次。全院发放患者评议卡850份，满意率由原来84%提高到95%，在10月份全省卫生系统职业道德评比检查得分953分，在受检单位中获优秀成绩。全年受新闻界表扬95次。

【辽宁中医学院附属医院】

院长　袁家麟教授

辽宁中医学院附属医院始建于1956年，前身为辽宁省中医医院，1958年成立辽宁中医学院时变更为学院的教学附属医院，隶属学院及省卫生厅双重领导。经过40年的发展建设，现已成为全国规模最大的省级综合性中医医院，是辽宁省中医医疗、教学、科研工作的重要基地。1993年进入三级甲等中医医院；同年底，被国家中医药管理局评定为全国示范中医医院。1994年，被评为全国卫生系统先进单位。连续14年保持着省级文明医院称号。

该院位于风景秀丽的沈阳北陵公园南翼，与辽宁省人民政府毗邻。占地面积54 000平方米，建筑面积102 000平方米，固定资产1.1亿元，医疗设备总值2 800余万元。编制住院床位830张，实际开放1 000张。职工总数1 488名，其中医技人员1 168名。1995年度，日均门诊量3 324.9人次，总门诊量1 002 000人次；出院病人10 076人次，床位利用率超过100%。该院的规模建设、管理水平、医疗质量、中医特色、医德医风、两个效益等，在国内同类医院中居领先水平。

该院以中医诊疗为主体，重视发展自身的中医优势和利用现代科技提高中医的学术水平。在综合服务门类上，科室设置较完备。全院设有急诊科、内科、外科、妇产科、儿科、骨伤科、针灸科、皮肤科、眼科、耳鼻喉科、口腔科、肛肠科、推拿科、气功科、康复医学科、干诊科、肠道科、家病科、肿瘤科等一级医疗科室20个，并在内、外两大科系中又分别设有心系、肺系、肾系、脾胃系、血液病、内分泌、普外、疮疡、泌尿等二级医疗科室11个。根据各科系的业务分工和技术人员的业务专长，全院设专科专病门诊30个，有110余名在职专家及40名离退返聘专家出诊，努力满足民众“找专家、看专病”的就医需求，不断促进医院向“院有专科、科有专病、病有专药、人有专长”的方向发展。现全院收治住院病种462种（按国际分类标准），中医药使用率为70%，门诊病人中医药治疗率为85%以上。

该院在努力发挥自身的中医优势的同时，不断提高自身的综合服务能力，近年来先后引进了全身CT、ICU、CCU、肾透析机、彩色B超、电子胃镜、高压氧仓、肺功能机、多功能血液分析仪等大中型诊疗设备100余台件，并重点装备了急诊抢救设备和手术设备，全面提高了诊疗质量和全院的应急接诊能力。该院在内、外、妇、儿、皮肤、眼科、肛肠等学科领域，对许多疑难病种的治疗有独道之处，在国内外有较高的知名度。国家中医药管理局主要负责同志为该院题词时，誉之为“杏林奇葩”、“医中示范”。

院长　吴英

【沈阳市儿童医院】 沈阳市儿童医院坐落在环境优美，风景宜人的北陵公园附近，负担着沈阳市160万儿童医疗、预防和保健任务，是一所集医疗、教学、科研、预防、康复于一体的，以弱智、癫痫、脑瘫和康复为重点的，科系齐全、技术设备较为先进的儿童综合医院，也是沈阳医学院第三临床医院。沈阳脑瘫治疗康复中心，沈阳市弱智、癫痫治疗中心所在地。医院现有主治医师、副主任医师、主管护师、主管检验师等中高级知识分子百余人，其中主任医师张洪振是沈阳市著名专家，沈阳市科协主任委员，《实用儿科杂志》副总编。对小儿内科各系统疾病的诊断治疗有较深造诣，尤其对循环系统疾病的诊断，治疗有独道之处。全国著名小儿外科专家，原大连医学院儿外科主任医师王兴国教授，先后任中华医学会儿外科学会委员，辽宁省儿外科副主任委员，大连市儿科学会主任委员，享受国务院特殊津贴，在普通外科，泌尿外科的诊断治疗方面有丰富的经验，医院还聘请了北京医科大学人民医院，中国医科大学等省内外知名专家定期来院查房、会诊。

医院医疗仪器设备齐全，有日本岛津多功能大型X光机，日本脑电图机，三维彩色脑地图仪，自动生化分析仪，微量元素分析仪，有为残疾儿功能康复训练的全套设备，美国进口的一流麻醉机，多参数心电监护仪，呼吸机及微机智商检测设备，全院已步入微机管理阶段。

医院科系齐全，设有小儿内科、外科、脑瘫、癫痫、弱智、遗尿、儿保、传染、中医、肥胖、皮肤、口腔、营养咨询及五官各科。

为了给患儿提供良好的就医环境，对诊察室做了重新装饰，有儿童喜爱的壁画，舒适的候诊椅，宽敞明亮的专家诊廊和专病廊，全国知名小儿内科专家张洪振和小儿外科专家王兴国及各科系专家，就在专家诊廊内坐诊，B超、心电图、胃肠电图理疗等功能科搬到一楼，大大地方便了儿童就医。医院组建了一支由10名优秀护士参加的义务导医队，采取接力式导诊，让患儿及家属一踏入医院大门就有导医护士为患儿服务。

近年来，医院的医疗技术逐年提高，脑瘫、癫痫、弱智的检查及治疗已居省内领先水平，采用综合疗法治疗小儿遗尿症取得显著治疗效果。1995年6月开始与沈阳市何氏眼科中心（留日博士何伟）联合开展超声乳化，白内障手术140例，视力最高恢复1.0、最低0.8——0.9，同时开展未成熟儿视网膜病普查与防治。

医院已成立小儿急救科，新购置进口呼吸机和同时能进行血压、脉博、体温、血氧饱和度、呼吸和心率监测的监测仪。

【沈阳市第七人民医院】 沈阳市第七人民医院是一所以中西医结合为中心，以皮肤科为特色的集医疗、科研、教学、预防保健、康复为一体的综合医院。占地面积9 350平方米，新建14 000平方米病房大楼主体工程已经完成。有职工1 124人，医务人员675人，副主任医师以上的61人，床位450张，日均门诊量1 800—2 000余人次，科室设置齐全，并配有较先进的医疗仪器。1995年末经上级部门批准，增挂了沈阳市中西医结合医院和辽宁省皮肤病中西医结合医疗中心牌子，医院各项建设迅速发展。

实行综合性特色化发展。皮肤科是该院重点科系，有床位60张，门诊有10个诊室、8个实验室，日门诊量千余人次，其规模在国内居首位。近年来，

院领导班子在研究工作

皮肤科开展的白癜风表皮移植术、磨削术、酒渣鼻切割术等取得满意疗效。对久治不愈的银屑病、白癜风等有独到之处。1995年又引进新技术、新项目:PCR检测梅毒螺旋体160例,特异性IgE梅标测定变态反应性疾病。研制开发新药4种:痤疮冲剂、抗敏灵冲剂、肤灵霜、制斑素注射液。

引进开发先进技术专病专治。内科采用中西医结合方法治疗血液病、脑囊虫病、脑血管病疗效满意。并自行研制开发了专利产品"眼穴脉冲偏瘫治疗仪",经临床验证对急、慢性脑血管病偏瘫疗效确切,即将投入批量生产,更好地为患者服务。外科成功地开展了全胃切除、半肝切除、肝门部肿瘤切除、胰十二指肠切除、肾切除等。特别是引进德国进口经皮胆镜和引进新疆老年病防治研究所李惠娟研制的"速效排石灵"中药,系统治疗各类结石疗效甚佳。骨科除开展脊柱外科及关节置换术外,还引进治疗股骨头无菌性坏死新技术。

夯实基础建设,走科技兴院之路。近年来医院承担了10余项市、局重点科研项目,有7项通过技术鉴定,获国家、省、市科研成果奖及科技进步奖。1995年又有3项研究获市科技进步奖,1项获科研成果奖,成立了科技开发中心。目前,开展的血栓前状态检测,对预防、治疗血栓病起到重要作用。

实行文明行医、优质服务。通过开展"满意在七院、温暖在病房、文明行医、优质服务"竞赛活动,使医风有了很大转变,全年共收到表扬信288封,锦旗镜匾49块。

法人代表 项华光

【沈阳市口腔医院】 沈阳市口腔医院建立于1948年,其前身为日本私人开设的菊池齿科医院。已有50年的历史。1992年又在原址兴建了8200平方米的门诊病房综合楼。现有职工285人,其中卫技人员234人,高级职称9人,中级职称45人,初级职称180人,门诊综合治疗台70台,其中芬兰设备占90%,日门诊量平均为400——500人次。临床设有牙体牙髓病科,牙周粘膜病科,口腔颌面外科,口腔修复科,儿童牙科,老年口腔病科,老干部保健科,牙体美容科,预防保健门诊,特诊科,放射科,检验科,心电图室,病理科,药剂科等医技科室。院放射科的设备均为德国西门子公司提供。有"曲面断层X光机"、"根尖咬X线机"及300毫安X光机。检验科设备均由美国进口,有"血球自动计数仪,自动生化分析仪,DNA扩增系统及离子分析仪"等。病床45张,手术室设有先进的麻醉机及心电监护系统。1988年成立的沈阳市牙病预防保健所,沈阳市口腔修复技术研究所以及沈阳市牙防指导组办公室均挂靠该院,沈阳市牙防三级网被卫生部誉为"沈阳模式"向全国推广。

该院技术力量比较雄厚,特别是口腔修复科,从队伍人数、技术力量,开展项目等方面在省、市已有一定的优势;该科的论文,科技项目也被国内同行、专家所关注,同时,大量引进国内外先进技术,开展不锈钢铸造、烤瓷烤塑等技术。隐形义齿的修复也即将开展。1994年被列入局级10个重点科系之一。牙病预防工作成绩显著,已被国家卫生部和全国牙防指导组认定。在"八五"期间有了进一步巩固和发展,在国内外有一定的知名度。同时为预防口腔常见病、多发病的发生,还设有"口腔预防保健咨询门诊",为广大市民提供了一份预防、保健的知识处方。1994年被全国牙防组评为全国牙防先进单位。1988年建立了东北首家"老年口腔科",对老年口腔疾患有独到的治疗技色,为与老年口腔病有关的身心疾病提供了临床研究。

颌面外科开展的人工齿根种植技术已在临床广泛应用,并取得了满意的效果。整形外科手术为颜面畸形的患者带来了福音。

【沈阳文化钟表集团股份有限公司】 沈阳文化钟表集团股份有限公司是批发兼零售大型企业。集团公司下属12个专业公司和一个文化大楼,现有职工2 120人,营业面积3万平方米,仓储面积3万平方米,固定资产净值3 886.4万元。主要经营:各种纸张、纸制品、文教办公用品、测绘设计用品、照相影视器材、电脑科教仪器、现代办公用品、体育乐器用品、油墨印刷器材、健身健美器材、钟表·眼镜、日用百货、家用电器等18个大门类,25 000个规格品种。1995年在市场竞争激烈,批发企业经营难度不断加大的情况下,销售实现29 020万元,利税实现401万元。

集团公司广大干部职工团结拼搏开拓进取,克服了资金短缺,债务沉重,竞争激烈等困难,使企业在市场上站稳了脚根。主要特点有:

一是把握市场趋势,优化经营结构,加快了经营战略调整的步伐。在经营结构上,加大调整的力度,突出了专业化、系列化,突出了全、优、廉这个经营特色;在经营方式上,向集约化转变,积极推行代理制,在沈阳乃至东北地区开展英雄笔、派克笔、空调器等100多个规格品种的总经销、总代理;在营销渠道上,择优筛选,把批发的营销重点向市内外中、小店、个体店,批发市场扩展,降低批发起点,能批则批、能零则零,开辟了新的营销阵地。

二是突出了专业化经营,加大了市场的开发力度,坚持以市场为导向,积极开拓新的经营门类和新品种,先后开发了空调器、理想一体速印机、卡西欧系列产品、电

脑学习机等200多个规格品种。同时，利用老店、名店的优势，组建连锁店。加快了商业设施的开发和改造，兴建了12 000米的小北新营业大楼，它做为一个新的窗口，新的经济增长点，展现在沈阳文化用品批发市场上。

三是从深化改革入手，加快了企业经营机制的转换，改革了内部管理体制，划细了经营单位，组建笔仪公司、体乐专业商店、亨得利钟表眼镜商店。加强了干部、用工、分配制度改革。在干部制度改革上，坚持"不拘一格用能人，打破情面免庸人"的原则，唯才是举，调整和选拔32名干部。在用工制度上，强化了全员合同制，对合同制的职工，加大了考核的力度，先后有12名职工因违纪或脱岗被解除劳动合同，有3名职工下岗，在企业形成了上岗靠竞争，保岗凭贡献的用工氛围。在分配制度改革上，运用激励机制，加大启动力度，实行工资、奖金与企业经济效益挂钩等多种分配形式。如"利润大承包"；推行"工资、奖金全额浮动"的销售回款大承包等等。所有这些分配办法都与企业效益好差紧密结合在一起，形成了更加直观，更加科学、更加完善的分配体系，调动了干部职工的积极性。

四是坚持严格管理企业，向节流挖潜要效益。加强了对资金管理，建立了资金使用管理制度。对在经营上新开发的品种，首先在资金上给予保证，确保将有限的资金用在刀刃上。加强了对结算资金的清理力度，使应收款的清理回笼有了明显进展。严格了费用管理，实行费用定额、责任到人，一支笔审批，较好地杜绝了不合理开支。开展库存商品结构稽查，库存商品保本保利期分析，对常年不动销商品采取顶债，削价处理，返厂等办法，积极处理一部份库存沉淀。盘活商品资金119.5万元。还注重抓好职工队伍素质的提高，举办各种培训班，坚持常抓不懈，为企业参与市场竞争和实施现代化管理奠定了坚实的基础。

【沈阳医药股份有限公司天益堂公司】 天益堂位于沈阳繁华的商业区——中街。始建于清道光四年(公元1824年)距今已有172年的历史。

古老的天益堂于1988年进行翻建改造、1991年正式投入使用，翻建后的天益堂为总面积4 700平方米的5层大楼、大楼造型别致，典雅、大方、色彩明快，原中顾委副主任薄一波同志亲自为天益堂题写了牌匾，给古老的天益堂锦上添花。一部现代化扶梯贯通一、二楼1 500平方米的营业大厅，是目前国内规模较大的零售药房之一。

天益堂目前经营品种达2 500余种，一楼主要经营人参、鹿茸、高级滋补品、中成药、西药、减肥药等。二楼主要经营保健品、小儿药、饮片及医疗器械等，有些品种如：康明宝眼罩、酸痛灵(场效应)治疗仪等由厂家派代表驻店为广大患者咨询服务，解疑答难。为确保广大人民群众用药安全有效，同全国各地300余家大型生产厂家建立业务往来，保证了药品的质量。

为更好的服务于患者，店内还设有座堂医、顾客咨询服务台、验方介绍、代客邮寄等服务项目，并设有顾客意见簿，缺货登记簿等及时掌握顾客心理及用药需求。多年来，天益堂始终以品种全、质量优、价格合理，服务周到取信于民，坚持两个文明一起抓，取得了经济效益和社会效益的双丰收。

天益堂现有职工171人，中层以上干部20人，党员28人。1995年完成销售额2 880万元，实现利润171万元，人均创利万余元，经济效益逐年提高，企业连年被评为市文明单位，市物价计量信得过单位、市精神文明标兵单位、省窗口服务先进单位、省医药行业先进单位、中国药材公司质量信得过单位。

【沈阳乾隆药业有限公司】 沈阳乾隆药业有限公司创建于1993年10月，隶属沈阳市委机关事务管理局，是中外合资企业。主要以研制、开发、生产中成药为主体的高新技术现代化制药企业。

公司注册在国家高新科技园区、坐落于沈城东侧，位于翠柳成荫的万柳塘路，彼邻沈城重要的交通干线中环路。优雅的环境，优越的地理位置为公司的发展带来了无限的生机和希望。训练有素的专业人才是公司发展的保障，乾隆公司拥有员工百余人，其中高级工程技术人员15人，从事新药开发及生产质量管理工作；全体管理人员及市场营销人员均为大专以上的学历，是一支年轻充满活力并富于开拓精神的队伍。

公司拥有近万米的现代化厂房与办公大楼，生产设备先进，产品生产工艺及技术均为国内领先水平。公司据GMP要求进行全封闭净化生产车间及实验中心，配备了先进的生产和检测设备，遵古炮制，严谨配伍，选料上乘，以保证公司以高质量的产品投放市场，为消费者提供优质的服务。

公司三位一体，乾隆的品牌，乾隆的注册商标，乾隆公司名称，配以高素质的人才，高科技的研究成果，先进的设备，先进的管理方法，使乾隆公司以优质的产品，优质的服务享誉神州，饮誉海外！

公司主要产品有：乾隆健身液、"乾隆牌"风湿灵仙液、"乾隆牌"三参降脂液、"乾隆牌"利肝隆冲剂。

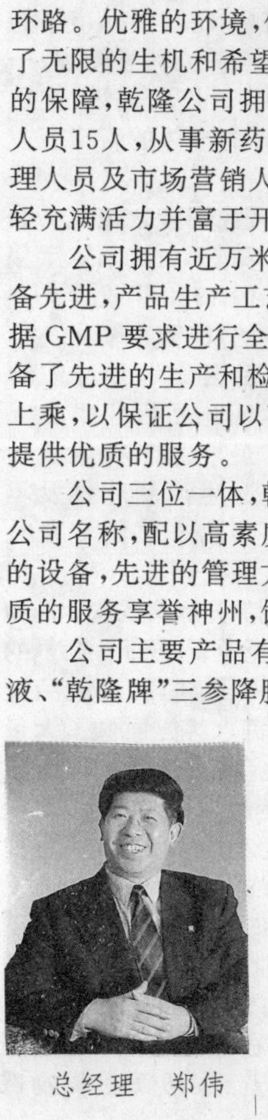

总经理　郑伟

【沈阳东亚商业广场股份有限公司】 沈阳东亚商业广场股份有限公司系由海南汇通国际信托投资公司等6家股东共同投资兴建的股份制企业。是一座集购物、餐饮、娱乐于一体的现代商业中心。商场地处沈阳最繁华的商业区——中街，南与"沈阳故宫"相毗邻，北与沈阳中街相对映，占地4.3万平方米，建筑面积20万平方米，堪称为真龙宝地、黄金卖场、购物天堂、餐娱之城、游览观赏休闲之最佳去处。

“广场”内设美容、食品、家电、百货、服装、鞋帽、儿童用品、文化钟表、针棉织品、家具、工艺、床上用品、纺织、超市等15个商场，经营20个大类、20余万个花色品种的商品，并兼营餐饮娱乐及驻车服务。

“广场”附设的地下停车场，可同时存放300多台车辆。餐饮娱乐中心设有餐厅、冷饮厅、中西餐厅、健身房、网球场、保龄球场、夜总会、迪斯高舞厅、卡拉OK歌舞厅、电子游艺厅、音乐茶座、情侣酒吧等餐饮娱乐设施。

“广场”内部装饰豪华典雅，购物环境开阔舒适。自动扶梯、垂直观光电梯、中央空调、程控电话等各种设备齐全，可为中外宾客提供方便服务；1 600平方米的共享大厅、78米长的室内林荫步行街及各种休闲设施，形成一个绿荫葱笼、四季如春、通透开阔的购物环境，使消费者在购物的同时尽可享受游览观赏之乐趣。

公司信守“视顾客为衣食父母，视服务为神圣天职，视信誉为发展之本，视效益为企业生命”的宗旨，依赖雄厚的经济实力，凭借优秀的经营管理人才，充分发展规模优势，采取经销、联营、代销、批发零售相结合、内贸外贸并重的多种经营手段，形成“中档商品为主、高档商品为辅、低档商品精选、优质名牌不断、新特商品独有、品种规格齐全”的经营风格，使东亚商业广场具有主导沈阳市场、开拓东北市场、辐射国内市场，跻身国际市场的竞争能力。把东亚广场办成一个具有一流科学管理、一流经济效益、一流服务水平的集零售、批发、旅游、交通运输、广告媒体、邮电通讯、餐饮娱乐为一体的新型商业集团，为繁荣市场，发展经济服务。

【沈阳梦之花礼品公司】 由沈阳东宇集团1989年投资兴办的“沈阳市梦之花礼品公司”，是沈阳地区礼品行业中成立最早、规模最大集礼品生产制造批发零售为一体的专业礼品公司。

梦之花礼品公司在经营中坚持东宇集团“以人为本，服务社会”的宗旨，坚持以文化竞争促进商品竞争的原则，在正确引导沈阳市民礼品消费导向，促进礼品文化的健康发展，满足大众情感消费需求等方面做了大量工作，取得了良好的经济效益和社会效益，并被中国质量万里行组委会评为“信誉最佳单位”(1993年)，被中国花卉协会评为“全国优秀花卉企业”(1994年)，是沈阳市旅游涉外定点单位。

梦之花礼品公司位于沈阳市和平区中华路。公司下属企业有：沈阳市梦之花礼品店、沈阳市梦之花礼品公司酿趣斋分店、沈阳市梦之花礼品公司销售部、沈阳市梦之花礼品公司工艺礼品厂，并拟在省内外扩展梦之花联锁经营体系，为大众情感消费创造更多更好的以物寄情的空间。

梦之花礼品公司主要经营项目有：庆典礼品、生日礼品、婚庆礼品、出国礼品、旅游纪念品、鲜花礼品、公关礼品、儿童礼品、办公用品、进口礼品等共2 000多个品种。同时还办理电话订货、代客送礼品、酒店鲜花、插花设计，外地礼品邮寄等业务。公司礼品工艺厂生产的工艺礼品船等产品销往全国大中城市，是企业及个人馈赠礼品的最佳选择，并受到商业单位的赞誉。

【东北饭店】

东北饭店建于1931年，是一幢有着60多年历史的接待单位，原名东北旅社，是宾客出差，旅游最理想的居住地。1995年建筑面积2.3万平方米，主楼7层、6、7楼与澳门合作经营为东宁宾馆，5楼以下为东北饭店，共有床位720张，高、中、低档次齐全。所有客房均设有卫生间、闭路电视、彩电、电源、沙发、地毯，套间还设有空调、冰箱等。

店内还设有大型会议厅，中、小会议室、酒吧、美发厅、台球室、商场、停车场等经营服务项目。

餐厅还设有大型宴会厅和中、日、美、法等不同风格的小宴会厅及卡拉OK、KTV包房等。可同时容纳700人就餐。有特一级厨师、面点师和宴会设计师主厨、设计，擅做辽菜、川菜、鲁菜、粤菜等，可举办各式宴席和酒会。

总经理 赵启超

【沈阳市秋林公司】 沈阳市秋林公司1995年在市场多元化竞争愈演愈烈，商品市场日益平稳和企业内部各项增支因素不断增加的情况下，以市场为导向，大胆开发，积极探索，寻找新的经济增长点。在经营上采取了开辟新径保特色战略，取得了较好的经济效益。1995年实现商品销售额15 122万元，再创历史最好水平。

直销事业迅猛发展。为了开辟新的经济增长点，1994年7月以敢为人先的精神成立了国内首家国营企业创办的直销公司。运营后的前半年因属探索阶段，所以直销业务发展较缓。进入1995年，经过两次调整做法，摸索出了一些经验，找到了发展的路子。直销公司即此业绩开始，发展迅猛。截止9月末，销售额累计8 485万元(不含税)，向国家交纳各种税款合计1 173万元，直销商总人数达17 000人。当年9月份直销公司又投资2 500万元，购置了新的营业大楼，成立了秋林会员俱乐部。直销事业进一步壮大，秋林公司有了生机。1995年8月，沈阳遭受百年不遇的特大洪水灾害，直销公司向政府捐款70万元救灾，其中捐助50万元，为在洪水灾害中受灾最重的灾区重新建造一所小学，并命名为“秋林小学”。

名牌战略成效显著。1992年末公司经过对商品结构的大调整，商场环境的大改造，建立了高档精品商场，效益大幅度增长。1995年公司在此基础上又全面实施了名牌战略。将营业三楼调整成国际名牌商场，将营业二楼调整成国内名牌商场，标准是名品牌，高档次。

金店特色优势优效。1991年9月公司投资近百万元组建了一流的秋林金店，企业的经济效益和社会知名度由此大增，充分显示了龙头的带动作用。1995年公司面对复杂市场认定继续把经济增长点放在“保特色，扩优势、抓金店，上效益”上面。利用“买金银，到秋林”的强大广告优势和金店雄厚实力，扩大市场占有率，吸引各方购买力，提高企业竞争力。为此公司大力强化金店龙头作用，一切政策包括人力、财力、物力向金店倾斜，保证金店经营的商品与市内同行相比达到款式最新，品种最全，档次最高的水平。1995年秋林金店实现销售额3 496万元，在沈城同行中居领先地位。

总经理　马玉清

【沈阳国际航空服务公司沈阳市中国旅行社】 沈阳国际航空服务公司建立于1987年(原沈阳国际旅游包机服务公司)与沈阳市中国旅行社是共同隶属于沈阳市旅游局的事业单位。沈阳国际航空服务公司是以开辟、培养和经营沈阳至国际的包机新航线。为沈阳的对外开放和经济发展服务。公司自1987年以来，先后开辟经营了沈阳至香港地区、日本国、韩国的直航包机业务。另外公司还代理出售沈阳至全国各地的国内机票；中国各始发地至世界各地通航国家和地区的国际机票；并代订香港至世界各地的国际机票。代理国内、国际航空货运和特快专递业务。沈阳市中国旅行社主要经营：招徕和接待国内外旅游团组、海外华侨、港澳台同胞的来华观光旅游和跨国旅游者。

沈阳国际航空服务公司及沈阳市中国旅行社，多年来以锐意改革，开拓求实精神，始终坚持把社会效益放在首位，以“促进沈阳对外开放，振兴辽宁经济、繁荣东北三省、服务于全国”作为经营宗旨，并以高效、优质、热情的服务赢得了国内外广大客户的信赖和支持，创立了良好的公司形象和信誉，并对沈阳、辽东半岛以及整个东北地区发展对外经济、引进外资、繁荣旅游事业发挥了重要作用。

近年来，该公司坚持改革开放的方针，先后同韩国、日本的航空界、旅游界、经贸界和地方政府之间，进行了广泛的接触、交流与合作，扩大了公司对外的影响和知名度，取得了良好的社会效益和经济效益，并受到了省、市政府的高度重视和有力支持。

该公司在发展、壮大的同时，也不断强化自身的内部管理和用人机制，注重对干部进行社会主义市场经济理论的教育，培养竞争意识，增强危机感和使命感。并注重培养职工的团结协作精神、主人翁精神和民主管理作风。充分调动了职工的积极性，使公司充满了活力，呈现出一派勃勃生机。

该公司拥有一支训练有素、精通英、日、俄、韩等多语种的导游队伍、国际国内票务能手和管理人员，加之配备了现代化的办公、通讯、电脑连网等设施，使该公司的对外联系、国内外业务和信息交流得到了日益扩展。形成了自身的独特经营优势，使该公司的业务量和服务质量在全省乃至全国同行中处于良好的地位。

经理　姚启斌

【沈阳市广告公司】 沈阳市广告公司是东北地区最大的综合型专业广告公司，其前身沈阳市美术设计公司成立于1956年1月，至今已有40年历史。

沈阳市广告公司现有广告从业人员近300名，其中高中级职称及专业人员逾百人。公司占地5 000平方米，资产总额393万元。1995年广告营业额1 300余万元。

沈阳市广告公司是中国广告协会会员单位，中国广告联合总公司成员公司，1995年在沈阳市广告业综合实力排名中列为十五强之首，沈阳市广告公司以雄厚的经济实力、先进的媒介设备与工艺、完备的媒介组合、强大的专业力量为广告客户提供全面服务，以优秀的策划创意享益海内外。1988年——1995年连续多年被评为省、市、国家的广告优质服务先进单位。

沈阳市广告公司1979年恢复经营广告，益为辽沈地区的广告业的经济发展做出卓越的贡献。17年来，公司将广告活动植根于客户与市场，不断探索前进，逐步发展为以市场调查为基础，以策划为主导，以创意为中心，以塑造企业形象与拓展市场为目标的具有整体企划与高层次服务，与国际广告运作方式相接轨的现代广告公司。

沈阳市广告公司推进广告活动内容包括：市场调查研究，广告活动整体策划，企业形象设计，公关活动与信息咨询服务，承办各类大型经贸活动及社会公益活动，设计、制作、发布各类广告函代理国内外进出口广告与公众媒介广告。

沈阳市广告公司设市场部、策划部、媒介部、创意部、公关部，公司设客户一、二部与广告客户建立密切的合作联系。公司还组建影视工作室、制作部及实用美术部等7个分支机构，形成广告整体运作网络。

总经理 谭玉章

【沈阳市对外经济贸易公司】 沈阳市对外经济贸易公司成立于1985年，是经国家对外经济贸易部批准的沈阳市地方综合性外贸企业。公司注册资本为1 000万元人民币，是具有法人地位的经济实体。公司实力雄厚，具有人员素质好，专业人才多、经营范围广、经营方式灵活、受到地方政府大力支持等特点。

公司以经营进出口业务和第三世界国家的对销贸易及对俄罗斯东欧国家的易货贸易为主，同时还承办合资经营、合作经营、合作生产、补偿贸易业务及海外投资业务。

公司贯彻执行我国对外开放政策，努力为发展沈阳市的对外经济贸易工作服务，为促进企业改造和加速现代化建设服务。

公司下设办公室、综合业务部、财务部、6个进出口部，5个海外企业：美国西进国际贸易公司、美国新星国际贸易有限公司、比利时沈华贸易公司、比利时卓越公司、澳大利亚同力公司。公司下设10个分公司：大连分公司、丹东分公司、海达分公司、欧亚公司、南海分公司、国泰分公司、双信分公司、澳韩分公司、顺达分公司、东联分公司。

主要经营范围是：机械类、纺织品类、轻工类、工艺品类、化学医药类、粮油食品类、土畜产类、五金矿产类、电器产品类。

总裁 马文忠

【沈阳化工集团】 沈阳化工集团是1995年11月经沈阳市政府批准成立的以沈阳化工集团有限公司为核心企业的大型化工企业集团。

集团以资产和产品为纽带，由核心企业、紧密层、半紧密层、松散层4个层次组成。核心企业沈阳化工集团有限公司由沈阳化工厂改组设定；紧密层企业由永新——沈阳化工股份有限公司、沈阳石蜡化工总厂、沈阳市石油化工建筑安装总公司、沈阳金欣人造皮革有限公司、沈阳化工厂实业总公司、沈阳化工厂运输队、沈阳化工厂设计所、沈阳石蜡化工供销有限公司8家控股子公司和全资子公司组成；半紧密层企业由沈阳有机化工厂二厂等8家企业组成。集团组织机构按事业部制设置，本着专业协作和科学化管理的原则，设有资产经营部、生产计划部、建设工程部、规划发展部、人保福利部、党群工作部、财务中心、总工办、办公室。

现集团总资产15亿元，紧密层企业共有员工7 600余人。集团各紧密层企业位居沈阳重工业区，背靠沈大高速公路，地理位置优越，交通运输便利。集团集生产科研、新产品开发、技术服务、对外贸易、建筑安装、公路运输等多种经营活动于一体，集团所属企业技术力量雄厚，生产设备先进。拥有从意大利迪诺拉公司引进的具有世界90年代先进水平的5万吨离子膜法烧碱生产装置及工艺技术和从瑞士伯特拉姆斯公司引进5万吨片碱装置；拥有国内第一套糊用聚氯乙烯树脂国产化装置。

集团主导产品烧碱年生产能力为17万吨，主要生产氯碱、全成润滑油、有机化工原料、农药、合成树脂、人造皮革六大系列30多种产品，有稳定的国内外销售市场和可靠的原材料供应基地，产品畅销全国各地并远销欧美、东南亚和香港等20多个国家和地区，在广大用户中享有很高的信誉。

1995年集团实现销售收入76 000万元，实现利税8 700万元，实现利润4 100万元。“九五”期间，沈阳化工集团将充分发挥群体优势，采取多元化经营，培育新的经济增长点，加速沈阳化工工业的发展，具有广阔的发展前景。沈阳石蜡化工工程建成后，集团将走向石油工业与氯碱工业相结合的发展道路，成为能源和原材料互相配套，优势互补，结构合理，布局紧凑的大型石油化工基地，步入当代世界大规模石油化工企业之中，向“管理现代化、生产规模化、产品系列化、经营专业化”的大型现代企业集团目标迈进。

法人代表 杜忠智

【沈阳协力经济贸易总公司】 沈阳协力经济贸易总公司是集科、工、贸为一体的实业公司，创建于1988年8月。1995年总公司有职工238人；固定资产1 800万元；年产值6000万元，内部机构设6个业务处，2个管理处，1个综合办公室。

所属企业有：协力石化原料经销公司、协力生物工程公司、协力基础机械施工公司、协力对外贸易公司、协力电气公司、协力高科技公司、协力节能实验厂、沈港瑞新协力轻质建材有限公司。

总公司及所属企业，主要经营和生产研制以下各类产品：

石油成品油及其制品，黑色、有色金属、炉料、煤碳、矿产品、废旧金属回收加工、建筑材料、化工原料及制品、轻纺产品、农副水产品、补偿和易货贸易、汽车配件。生产研制各类不燃装饰材料、菱镁改性轻质新型建筑材料、高效无污染生物有机复合肥、锅炉、和管道除氧、阻垢系列产品、计算机网络工程、工业控制工程、矿山爆破、填海筑坝、土方剥离、房屋建筑、工业安装。

沈阳协力经济贸易总公司制定了“联系依托各企业，面对大市场，参与大流通，采取链条式滚动经营的经营决策”，实施“多轮驱动，多轨运行、多种经营、多增加经济效益”的经营策略，严格管理，常抓不懈。发扬“树正气、立志气、鼓士气、争口气”的企业精神，走出了一条“打基础、迈大步、上台阶、大发展，形成集团”的协力发展道路。

其中，总公司为沈阳市引进液化气资源每年5 000吨，解决了解能源匮乏之需，生物工程公司生产研制的有机复合肥，确保了粮、菜、果的绿色食品纯度，增产增收产量可增加耕地面积3万亩，沈港瑞新协力轻质建材有限公司生产研制的菱镁改性产品、不燃、防腐、半年内连获国家三枚金奖，国内领先、国际先进、产品跻身国际市场。锅炉、管道除垢除氧系列产品可延长设备寿命、增效低耗。

8年的拼搏开拓，协力经济贸易总公司迅速发展，利税总额以年100％的比例递增，人均利税4万元，相继被市政府授予’重合同守信誉”的单位，市政协办公厅“经营先进单位”，为沈阳经济的发展和腾飞做出了卓越贡献。

【沈阳市盛京贸易进出口公司】 沈阳市盛京贸易进出口公司是经国家对外经济贸易部正式批准，享有直接对外贸易经营权，具有法人地位的综合性进出口公司，公司隶属于中国国际贸易促进委员会沈阳分会，是改革开放以来沈阳市人民政府为振兴沈阳，发展外向型经济而开设的一个重要外贸窗口。

目前，公司已同美国、加拿大、澳大利亚、日本、俄罗斯、新加坡、泰国、韩国、香港、朝鲜、台湾及欧共体等几十个国家和地区建立了贸易往来。

公司经济实力雄厚，经营方式灵活，经营范围广泛，主要包括：经营轻工、工艺、服装、化工、纺织、医药、粮油食品、土畜产品、饲料、五金矿产、建材、有(黑)色金属、机械设备、仪器仪表、水产品等的进出口业务；接受国内单位的委托，代理上述进出口业务；承办中外合资经营、合作生产、来料加工、来样加工、来件装配、补偿贸易。

【沈阳顺发实业总公司】 沈阳顺发实业总公司，建于1984年，是融汽车修理、汽车储运装具、汽车贸易、汽车配件销售等为一体的具有人才技术与地理优势的军办实体公司。

占地面积数十万平方米，建筑面积十多万平方米，资产总额上千万元，下辖8个企业。现有职工400多名，其中高级工程师5人、工程师8人、技师15人，还聘请有法律顾问。该公司拥有先进技术和现代化设备，生产设备百余台，其中有引进日本的电脑查故障仪器，有引进苏联的汽车综合检测台，还有从美国购买的具有国际一流水平的汽车故障电脑分析仪、电子喷射清洗仪、动平衡仪等新设备，成立了俄罗斯、美国、日本、南韩轿车维修中心，并相应建立了科学地管理体系，在进口轿车的修理行业中居领先水平。目前，公司已形成年修车近8 000辆、储运保管、销售汽车数千台、经营汽车配件几千种、销售额千万元的能力，业务范围遍及全国20多个省、市、自治区，每年创效益数百万元，是东北地区汽车修理、储运行业中的骨干企业。先后多年被辽宁省、沈阳市评为质量、物价“双信”单位，被全军评为“先进企业”，军区和总部首长多次亲临视察表奖。公司自有10万平方米的库房和10几万平方米的货场，有10多公里的铁路专用线通往全国各地，可同时装卸几百个车皮。

董事长兼总经理　孟庆民

【沈阳热力股份有限公司】 沈阳热力股份有限公司的前身是沈阳市热力供暖公司。公司是以集中供热运行管理为核心，集热力科研设计、热力工程安装、热力设备制造、外经外贸和房地产开发等产业于一身的跨行业、跨地区的国家大型企业。公司下辖6个供暖分公司，4个全资控股子公司，10个二级子公司，8个直属企事业单位和5个中外合资企业，有员工3 027人，专业技术人员占员工总数近30％。

公司始终坚持“以改革为动力，以发展为目的，以育人为根本”的战略方针，自觉走“自主经营、自负盈亏、自我积累、自我发展”的道路。在市场经济体制下，公司能真正进入市场并占领市场，通过转机建制，弘扬企业文化精神，推行精益生产方式，不断进行公司内部深层次改革，更加强化了企业管理，加速了企业现代化进程。仅在1994年就完成总产值18 678万元，销售收入19 221万元，实现利税总额3 081.4万元，1992年至1994年三年实现利润总额分别为1 350万元、2 561万元和2 825万元，年均递增率达33%，而且公司的经济效益和社会效益多年来始终处于全国行业的前列。公司先后荣获省、市先进企业，省、市文明单位，省、市重合同守信用先进单位，市文明单位标兵，市改革明星企业，市工业企业五十强等20余个荣誉称号。

公司下属的沈阳市热力工程设计研究院是国家审定的市政公用甲级设计单位。设有：动力、燃气、总图、建筑、结构、给排水、暖通、空调制冷、电气自控、技经等专业，具有完备的计算机工作站及CAD工作网，技术力量雄厚配套齐全，在国内大中型同类企业中处于领先地位。7个供暖分公司分别管理着沈阳热电厂热力管网系统和25个住宅小区38个区域锅炉房921万平方米的供暖面积。其子公司工业安装工程公司为国家二级安装施工企业，既具有承担敷设各种供热管网的施工和安装75吨以下散装锅炉的能力，又具有工业设备安装的先进经验。预制保温管厂引进芬兰UPONOR公司和E-COPIPE公司先进技术，并采用德国先进生产线，其产品工艺均达到了ISD标准；还有设备制造厂等专业现代化企业。对外贸易已形成以沈阳为大本营，以独联体为基地，以东欧为市场，以泰国为中心，打入东南亚市场的新格局。

经理 董铁民

【沈阳市工业安装工程公司建筑分公司】 沈阳市工业安装工程公司建筑分公司是国家一级大型综合施工企业。主要承建石油、化工、冶炼等重点工业项目的土建厂房和基础工程，承建大型公用建筑工程及住宅建筑工程。

1995年公司有职工近500人，其中工程技术人员有68人，固定资产总值达1 500万元，年施工能力可完成施工产值8 000万元。

公司近几年来先后承建了大连中法合资西太平洋石油化工有限公司烷基化装置和气体分流装置工程；锦西炼油化工总厂制氢装置和制氮装置工程；沈阳中日合资东洋制钢有限公司造价近8 000万元的炼钢总厂房及全部设备基础工程；齐齐哈尔煤气公司和宁波开发区煤气公司等大型球缶土建配套工程；并先后承建了辽宁省电教馆教学楼和中国沈阳有色金属17层等大型高层公用建筑及沈阳市府北小区、兴盛小区等万米以上住宅工程。

分公司连续5年被评为公司、局先进单位，沈阳市市长张荣茂、副市长马向东、姜宪志等市领导曾亲自到分公司东洋制钢工地检查指导工作，并给予了"施工质量好、速度快、管理强"的高度评价。1995年分公司完成施工产值4 500万元，实现利税450万元，职工人均收入12 000元。人均产值、利税、经济收入均连续3年创出全市建筑同行业一流水平。

【沈阳市第四建筑工程(集团)公司】 沈阳市第四建筑工程(集团)公司成立于1956年，是国家大型一类企业，是国家评定的全国500家最大施工企业的百强之一。企业固定资产1.13亿元，年施工面积150万平方米，施工总产值达5亿元以上。

公司为国家一级资质建筑总承包企业。下设土建施工、高级装饰、锅炉空调安装、铝合金门窗安装制作，混凝土木构件加工、机械运输、古建筑、商品混凝土生产和房地产开发等30多个生产单位和2个中外合资企业。公司各类专业管理干部1 600余人，各类专业技术人员517名，其中，中、高级专业技术人员447名。公司现有国内外先进设备407台，不仅有高层施工的160米起重高度的塔式起重机7台，而且还具有年产30万立方米商品混凝土的搅拌站和全部进口的28台混凝土运输车。公司人均技术装备率达4 122元人民币。主要从事各种结构、各种类型工程的设计与施工，施工工艺先进，管理阵容整齐。近年来，在辽宁省及沈阳市先后承建了80余项高大建筑，其中有目前沈阳地区最高建筑——工商行服务中心；最大建筑——东亚商业广场；施工速度最快的建筑——省邮电技术中心；建筑技术要求最强的建筑——夏宫水上世界。同时，经济触角已伸向国际市场。先后承建了西非布基那法索两部政府办公楼、三国会议中心、儿童游乐园、多哥卡拉医院、马来西亚30层高的精武苑公寓等6项境外工程，总价值达3.5亿元人民币。并输出劳务人员700余人次，收现汇9万多美元，易货总值达600多万元人民币。10年间，沈阳四建集团公司曾先后完成了68项新技术、新工艺的课题研究，创出63项市以上优质样板工程。其中，沈阳商业城工程荣获国家建筑工程质量的最高荣誉——鲁班奖。

10几年来，沈阳四建在改革中前进，在竞争中发展，是我国建筑施工企业改革的尖兵，在全国建筑业曾率先推行了企业内部层层经济责任制，探索了城乡联合，定点挂钩，招用农民合同工制度，在建筑施工企业首创了资金抵押承包办法，探索实施了施工项目集体承包、个人承包、家庭承包等多种承包形式，率先打破国营大型施工企业传统的计划经济管理体制，划小经营单位，推行了分权管理、分级经营、分层核算的全员分级经营模式，率先探索了全员劳动合同制、干部聘任制和岗位技能工资制等。在转换企业经营机制改革中，沈阳四建又率先进行了企业经营机制市场化、经营结构多元化、经营方法乡镇化、管理技术现代化的“四化”机制调整，并被辽宁省政府列为建立现代企业制度试点企业。先后荣获了国家企业10年改革创新奖、国家二级企业、全国思想政治工作优秀企业、施工企业优秀管理奖和全国企业形象最佳单位等60余项市以上荣获称号。

【沈阳市房产评估中心】 沈阳市房产评估中心成立于1993年6月2日，经沈财国资字[1993]10号确认评估资格。该中心是沈阳市人民政府为适应房地产市场发展的需要，批准设立的首家房地产价格评估机构，隶属于沈阳市房产管理局，中心有数名经国家人事部、建设部考试合格的国家注册的房地产估价师，具有丰富实践经验、精通估价理论，熟练掌握估价方法的优秀专业人员，为客户提供优质、高效的专业服务。

中心承办全市各类房地产的价格评估为社会团体、企事业单位、个人提供政府认可的具有法律效率的权威性价格评估报告，负责对全市房地产评估机构进行归口管理，(按照国家房地产法的规定对评估执业资格实行考试制度)对从事房地产评估人员进行执业资格考试、培训、考核和注册。

服务宗旨：信守合同、独立公正、科学合理、讲究效率、严格为客户保密。

服务范围：为房地产买卖、赠与、继承等进行评估；为房地产抵押典当等进行评估；为企业兼并、拍卖、联营、股份经营等房地产价格进行评估；房地产保险、租赁、折产、交换等进行评估；为房屋拆迁补偿进行评估；为房地产开发项目进行经济效益预测的评估；为房地产纠纷、法律诉讼提供价值依据；公有住房出售成新评估；涉及政府税费收入及由政府给予当事补偿的房地产评估；其它房地产价格评估。

【沈阳市粮食房产实业公司】 沈阳市粮食房产实业公司是集房地产开发、工程设计、建筑施工、工程监理、房屋管理、粮油贸易于一体的综合性企业，同时还负责粮食系统基本建设管理工作。

总经理　赵裕民

几年来，公司坚持改革、锐意创新，开发小区住宅总建筑面积20万平方米。位于沈阳市沈河区杏林街的粮食系统住宅小区建设，环境幽雅、绿树成荫，为粮食系统职工创造了舒适的生活环境；位于大东区德增街的沈阳粮食批发市场及住宅楼的建设，从工程设计、建筑施工、室内外装修均由公司完成。

在粮食系统基本建设工作中，第四粮库国家储备库工程由该公司设计、施工、获部优秀设计奖；第一粮库国家机械化骨干粮库投资少，进度快，质量优受到国内贸易部、国家粮食储备局领导的好评。

经过公司全体员工的不懈努力，企业实力不断增强，年创产值8 000多万元，年创利500万元，一个多产业、多门类、多法人、多主体的智力密群，精干高效，充满活力的企业集团已经形成。

【沈阳市皇姑区住宅建筑公司】 沈阳市皇姑区住宅建筑公司是经沈阳市建工局审查核定，辽宁省建委批准的全民所有制建筑二级企业。

总经理　宁学斌

1995年公司有职工2 300人，高中级工程技术人员100名，其它各类专业技术人员140名，有精干的管理机构，执行总工程师、总经济师、总会计师管理体制，公司下设10个土建分公司，一个高级装饰装修公司，2个水电安装分公司，一个预制件厂，一个木材综合加工厂，一个机运分公司、一个房屋土地开发公司，技术力量雄厚，大中型施工机械设备齐全，可承建各类建筑工程，并具有高级装饰装修，水电、电气设备安装以及小区开发综合配套的能力。

公司现有资本金1 600万元，其中固定资产1 280万元，年总产值1亿元以上。近几年来，随着建筑业的迅猛发展，企业不断深化改革，实行项目经理责任制，公司运用科学的管理手段管理工程质量。近年承建的北行商场大楼，省石油公司培训中心，市房屋土地开发综合楼、皇姑区工商行综合大楼等大型高层民用建筑，以及长江小区、辽河小区、新乐小区、永太小区等住宅工程，质量合格率达100%，优良率25%以上。多次受市建工局表彰，获沈阳市质量优胜企业称号。

厂长　陈立学

【沈阳市皇姑热电厂】沈阳市皇姑热电厂是沈阳市“八五”重点项目，是节约能源，发展电力，改善环境，造福社会的建设工程。

皇姑热电厂建成后，可替代小锅炉68台，烟囱30余座，年节约煤5.7万吨，年供电1.3亿度，供热面积达120万平方米。

一期工程安装两台1.2千瓦（一抽、一背）机组，配置三台75T/H次高压循环流化床锅炉。一期工程建成后将形成年供热量208万GJ，年供电量1.08亿KMH的生产能力。可供5家企业用汽。采暖期最大负荷为84.8T/H；非采暖期最小为47.7T/H。

皇姑热电厂建成后，不仅节约能源，改善城市环境，而且加强了城市基础设施建设，具有较好的经济效益和社会效益。无论从宏观上看还是从微观上分析，皇姑热电厂的建设工程是利国利民的好项目。

【沈阳市第一饲料厂】　沈阳市第一饲料厂是1986年正式组建的饲料工业大型骨干企业之一，以生产猪、鸡、牛、鱼虾等全价配合饲料和颗粒饲料为主，产品有5大类，30多个品种。注册商标为“盛京牌”，现有固定资产2 923万元，占地2.28公顷，厂内设有铁路专用线。年产全价配合饲料6万吨。

饲料生产车间，引进美国WEM电器公司微电脑控制多功能配料秤，荷兰发森公司C600型制粒机，形成全价粉状配合饲料，预混合饲料和颗粒饲料生产线，车间内装有闭路电视监视系统和微机控制室，实现自动控制，封闭式生产，设备先进，工艺合理，从而保证了投料比列准确，预混搅拌均匀，粗细度合理的加工质量要求。

饲料配方，由沈阳市饲料科学研究所设计并经专家顾问团审查，再经对比试验，大面积推广后，筛选而成，具有科学性，先进性，适应性和经济性，其营养成份，均达到和高于国家标准。

厂内拥有雄厚的技术力量和现代化的产品检测手段。所用原料和成品都经过严格检测，不合格原料不投产，不合格成品不出厂。

自建厂以来，坚持“质量最好，价格最低，服务最佳”的生产经营方针，推行了全面质量管理和标准化管理，坚持技术改造工作不断提高企业管理水平和技术进步。

自1988年起，先后被评为省级先进企业，省标兵企业，国家二级企业和全国商业先进企业。荣获商业部及沈阳市质量管理奖。

所生产的产品“盛京牌奶牛精料补充料”、“盛京牌肉仔鸡料”、“盛京牌蛋鸡料”、“盛京牌猪料”、“盛京牌淡水鱼颗粒料”等被评为部、省优质产品，1994年被评为辽宁省饲料行业先进单位，1995年“盛京牌猪料”获中国第二届农业博览会铜质奖。

【沈阳市煤气工程公司】　沈阳市煤气工程公司是建设部审定的一级专业化燃气输配管网工程企业。1988年以来，被国务院发展研究中心和建设部建筑公司评为“全国线路、管道业行业第57位最佳经济效益企业、被沈阳市政府连续授予“信守合同、工程优良”单位、被建行沈阳分行评定为特AAA企业。2 000名职工中，工程技术人员370人，高、中级技术职称85人，工人技术等级平均6级，拥有全套现代化施工机械，技术精良，作风过硬，公司下设5个工程处、一个机械设备厂、一个铸造厂。独具钢管焊接、带气作业技能。机械设备厂和铸造厂生产的燃器具及煤气专用管件远销美国、韩国等国，深受外商欢迎。公司主营高中低压燃气输配管网和室内燃气设施安装，负责管道置换，开栓供气培训人员兼营煤气机械容器采暖通风及上下水管道安装。年施工能力管网敷设150公里，室内安装6万户。

法人代表　王允谦

【沈阳市液化石油气公司】沈阳市液化石油气公司始建于1964年，是全国最早将液化气引用于民用的专业企业。担负着沈阳市22万户民用和254户工业用户供应任务。

公司拥有固定资产4 200万元，一次储存液化气5 000余吨，一次运力480余吨，日处理液化气120余吨。

公司下属企业16个，集运、储、销、钢瓶大修、气站和管道工程设计安装、商服等多元化发展的综合性、多功能企

经理　刘宝海

业。

公司所属液化气管道工程安装公司，已为沈阳市和省内外300多家宾馆、饭店、居民小区、企业生产线设计安装了液化气管道供气工程，全部开栓供气。

中外合资沈阳国海燃气热力设备有限公司，研制的供暖供热水燃气锅炉，是90年代产品，自动控制、无污染、无噪音、安装简单，性能良好，安全可靠。

公司在发展用户方面，又推出新举措，敞开办理，手续简便。办户类型有：固定户；15公斤瓶租用户；工业租用户；50公斤瓶租用户；自有钢瓶对流户。凡属办理上述手续的用户，供应的液化气价格均按市物价局规定执行。为解决工作繁忙，年老体弱残等用户换气难问题，公司开办了电话预约，送瓶到家等业务。

【沈阳市炼焦煤气厂】 沈阳市炼焦煤气厂，是隶属于沈阳市煤气总公司的国家中型企业，是沈阳市重要的煤气气源生产厂。始建于1958年，地处沈阳铁西工业区西北部，厂区占地面积13万平方米，现有职工1 406人，其中青年职工占半数以上，大中专毕业生257人，各类专业技术人员231人，具有中、高级职称的76人。企业固定资产原值一亿元。

建厂近40年来，尤其是改革开放以来，企业不断发展壮大，固定资产和工业总产值分别增长20倍和40倍。1994年工业总产值达1.96亿元，全员劳动生产率人均达14.3万元。

工厂生产的主要产品有：冶金焦炭、煤气及粗苯、焦油、硫铵等。年产焦炭40万吨。煤气1.38亿立方米，焦油20 700吨，粗苯6 000吨，硫铵5 000吨。产品质量全部达到国家规定标准。煤气供应全市103家工业户和部分居民，焦炭销往东北各地，其他化工产品在国内畅销不衰，并出口到日本、朝鲜、韩国等。

工厂近年来，由煤气总公司投入了5 000多万元资金，对设备进行更新改造。翻建了1#、2#焦炉及其附属设备，进行了生物脱酚系统的整体改造。现有配备齐全的各类大、中型 通用及专用设备300多台套，重点设备91台套，主要设备58型焦炉3座70孔。工厂除生产主导产品之外，还具有较强的机械加工、装配、铆焊生产能力。

几十年的生产实践，造就和培养了一大批素质高，能独立承担焦化厂及大部分化工设备安装维修的生产骨干力量。科技人员形成了高、中、初级配套，老、中、青结合的梯形结构。有一支以工程技术人员、工人技师为主体的技术协作攻关队伍。能够直接承揽对外咨询、设计、培训和焦炉开工等任务。

企业的各项工作，逐步向现代化管理迈进。在生产、安全、能源、环保、设备、技术、供应、销售等方面，都建立了一套富有成效、层次清晰、科学有序的管理体制和规章，形成了稳定的生产局面。

企业的现代化管理不断取得进步，部分主要生产加工系统实现了微机操作和监控；全厂的设备管理、劳动工资、生产计划等进入了微机运作；装煤车配备了电子轨道衡。新建的厂化验室可承担多种产品的检验任务。

随着企业不断发展，职工的劳动条件和工作环境明显改善，职工的工资收入和生活水平明显提高，职工的主人意识和精神面貌明显升华。

随着市场经济的建立，企业同全国各地同行业以及社会各界的交往与合作不断加强，结下了亲密协同的关系。同时，广泛交际，走向世界、与日本、澳大利亚、韩国、朝鲜、香港等国家和地区的企业、社团相互往来，扩大了企业知名度。

沈阳市委、市政府和煤气总公司领导十分注重工厂的发展，多次来厂视察指导工作，亲切关怀鼓励全厂职工，使企业的两个文明建设取得丰硕成果。多年来，工厂先后在10个方面获得市级以上的荣誉称号，多次被评为省、市级文明单位和思想政治工作先进单位。1995年被命名为沈阳市先进单位。

【沈阳电线厂】 "八五"期间，沈阳电线厂坚持"以经济工作为中心，以提高企业经济效益为重点"，从深化企业内部配套改革，化小核算单位，强化企业管理，转换企业经营机制入手，积极主动地步入市场经济的大潮，迎接市场经济的挑战。利用5年时间，千方百计筹措资金，加速企业技术改造，努力扩大生产规模；配备精兵强将，抢占市场，扩大销售，大力发展市场经济；坚持眼睛向内，深挖潜力，向质量要生存，向管理要效益。"八五"期间，通过全厂职工的共同努力，累计完成工业总产值(九0年不变价)16 162万元，实现销售收入69 456万元，(其中：总厂实现销售收入20 017万元，门市部实现销售收入49 439万元)实现利税3 418.4万元，完成出口交货值538.2万元。固定资产原值由1991年的2 744万元增至1995年的5 068万元，累计新增固定资产2 324万元，平均每年增长16.94%。"八五"期间各项经济技术指标全部完成机械局所下指标。

厂長，郭殿仁

"八五"期间投资1 000多万元，在南院建成一座建筑面积达6 300平方米的现代化厂房。目前，南院的土建工程已全部结束，水、电、汽等基础设施也已全部安装完毕。一楼设备正在安装、调试之中，即将形成生产能力。

界时南院将以新厂房、新设备、新产品、新机制、新人员，形成电线厂新的经济增长点。南院的建投产，将成为沈阳电线厂发展史上的一个里程碑，标志着生产技术水平将上一新的台阶。

1995年是沈阳电线厂发展历史上最为困难的一年。国家宏观经济形势依然十分严峻，国家继续实行宏观调控的经济政策，严格控制通货膨胀和固定资产投资规模，国有大中型企业广泛陷入困境之中。企业也遇到前所未有的经济困难。面对困境，全厂职工团结一致，克服困难。一手抓稳定，一手抓发展。以“抓住机遇、深化改革，促进发展，保持稳定”为方针，为搞好企业的生产经营和管理工作而努力拼搏。在企业相当困难的条件下，千方百计筹措资金，组织生产，扩大销售。并在8月份出台了沈阳电线厂总体改革方案，9月份得以全面实施。厂总体改革方案的实行，使各个分厂成为独立核算、自主经营、自负盈亏的经济实体，让他们放下包袱，轻装上阵，盘活存量，成为电线厂的经济增长点和再生点。使企业在困境之中得到了转机，销售收入、工业总产值等主要经济指标在逐月增长，生产经营也开始向好的方向转化，并逐步走上良性循环。1995年全年完成工业总产值802万元（九0年不变价），实现销售收入5 293万元（其中总厂实现销售收入906万元），实现利润1.1万元，实现利税119万元。

厂长：李铠

【沈阳华光灯泡厂】 沈阳华光灯泡厂是我国最大的电光源企业之一，是国内特种光源生产基地。现拥有10个分厂、两个研究所、两个大型灯饰商场、一个与台商合资的公司，固定资产原值5 379万元，占地面积3 700平方米，建筑面积5 500平方米，职工1863人，其中工程技术人员110人，其它专业管理人员127人，具有较强的技术力量，自1948年建厂以来，一直是国内开发研制新型电光源的骨干厂家，先后研制并生产了高压汞灯、日光灯、高压钠灯、金属卤化物灯、各种卤钨灯以及电视、电影光源等。80年代以来该厂又先后从日本、美国引进荧光灯和高压钠灯的生产技术和设备，并在消化吸收的基础上研制出高压钠灯、金属卤化物灯外管部分成套组装设备和具有90年代国际先进水平的高压钠灯内管制造设备。该厂现共生产6大类、37个系列、200多个规格的电光源产品，其中华光牌高压钠灯获国家质量金奖并被评为沈阳市名牌产品，华光牌系列灯泡被评为辽宁省消费者公认名牌产品。该厂产品除销往全国各地外，还远销美国、加拿大和东南亚等10几个国家和地区。

党的十一届三中全会以来是沈阳华光灯泡厂建厂近50年发展最快的时期。特别是在国家“八五”计划期间，在党的改革、开放方针的指引下，为了使企业尽快摆脱旧的计划经济体制的影响和束缚，加快适应社会主义市场经济体制变化的进程，以转换企业经营机制为重点，不断地实施和完善企业内部综合配套改革。在新旧体制转换过程中，国有大中型企业普遍感到艰难的情况下，沈阳华光灯泡厂通过改革战胜了增支因素过猛、资金严重短缺、原材料供应不足、销售市场竞争激烈等一系列困难，连续4年保持了两位数速度的增长。《辽宁日报》、《经济日报》、《沈阳日报》、《半月谈》杂志以及省、市电台、电视台等全国各大新闻机构都先后报道了沈阳华光灯泡厂通过深化改革闯新路、搞活国有大中型企业的经验。

强化企业管理，注重产品质量，维护产品在消费者心中的声誉是沈阳华光灯泡厂在困境中保持旺盛活力的重要原因。在工作中他们把增强职工的质量意识、管理意识做为重点，先后开展了质量年、管理年、进档达标等一系列有效的活动，建立、健全了各种规章管理制度，实施了“全方位动态质量否决权”、强化生产过程中的质量监督控制等措施；建立了质量跟踪考核记录台帐等，使产品质量有了明显的提高。该厂全部产品都先后获得了部、省、市优质产品奖。同时在管理手段上采用了“微机”化管理，将销售往来、财务核算、物资采购等全部列入计算机管理程序，基础管理工作显著增强。在销售管理上坚持用户至上、质量第一的观念，努力维护华光产品在用户中的信誉，深受用户的赞誉，被评为沈阳市重合同、守信誉单位。

加快老企业的技术改造，适应市场经济的发展，建设大规模、高水平的现代化企业，赢得企业的生机和活力是沈阳华光灯泡厂多年来所孜孜不倦追求的目标。“八五”期间各种技术改造始终没有间断，特别是从1994年下半年开始的大规模高强度气体放电灯的技术改造，在上级有关部门的支持下，已经取得了很大的进展，到1996年末总体工程将全部完工。通过国内技术设备与引进技术、设备相结合的改造，将为华光灯泡厂今后的发展奠定坚实的基础，此项改造工程完成之后高压汞灯的年产量将由目前的100万支增加到300万支，高压钠灯由年产60万支增加到200万支。

【沈阳变压器厂一分厂】 沈阳变压器厂一分厂是具有30多年历史的国内专业生产变压器组配件的定点生产厂家之一，是沈阳变压器有限责任公司产品组配件科研开发的实验基地和主要配套供应厂家，主要产品有变压器套管、突发压力继电器、塑料绝元件、橡胶密封件等系列品种。产品行销全国各地，并随主机远销世界20多个国家和地区。

沈阳变压器厂一分厂1995年有固定资产近600万元，职工777人，1995年完成工业总产值2 084万元，销售收入1 992万元，实现利润20万元。“八五”期间，企业把高电压、大电流的变压器套管产品，做为企业的主导产品，自行设计开发63KV、110KV、220KV电压等级不同电流规格的油浸纸电容式变压器套管，其主要技术性能指标达到了国内领先地位，填补了沈阳地区的空白，结束了沈阳地区不能生产高电压变压器套管的历史。

多年来，企业坚持“严格的管理、稳定的质量、满意的服务、让用户放心”的质量方针，立足于质量稳定，致力于运行可靠，追求产品性能先进，为广大用户提供优良的产品和周到售后服务。

厂长　张盛起

【沈阳变压器厂五分厂】沈阳变压器厂五分厂是沈阳变压器有限责任公司（即沈阳变压器厂）的下属分厂，隶属于沈阳变压器配件公司。企业占地面积1万平方米，现有职工531人、固定资产1 000万元，年创工业总产值3 000万元。

该厂是生产大、中、小型变压器、特种变压器、电压互感器铁芯、各类矽钢片加工剪切及活动房等产品的专业厂家，拥有现代化的生产车间和设备，检测设施完备、手段齐全、工艺先进、产品质量精良。主导产品有：50000KNA及以下变压器、500KV及以下等级电压互感器铁芯、隔离变压器、电焊机、矽钢片盘、卷料的开卷、加工、各类活动房、商亭、包装箱等，共4大种类、8个系列、170个规格，具有年生产变压器300万千伏安、电压互感器铁芯3 000台、矽钢片加工2 500吨、活动房制造200栋的能力。

建厂12年以来，该厂乘着改革的东风，在市场经济的大潮中艰苦努力、拼搏进取，经过不断自我改造和完善，不断加大科技和固定资产的投入，严格内部管理，使企业的经济实力和竞争能力不断增强，产品的技术含量不断增加，产品质量也得到了可靠的保证，市场的覆盖面逐步扩大，产品除覆盖东北三省外，还销往内蒙古、山西、广东、上海等地，部分产品还为沈阳变压器厂配套，随变压器主机远销海外。

“质量第一、用户至上”是该厂贯穿于一切生产经营活动中的宗旨，经过全厂职工的不懈努力，该厂的产品得到了用户的一致好评，在同行业和用户中享有较高的声誉。该厂曾获“明星企业”、“小型巨人企业”、“先进集体企业”称号，并被沈阳市政府评为“国家级安全企业”、“成绩显著企业”等荣誉称号。

法人代表　崔博陵

【沈阳变压器厂七分厂】

沈阳变压器厂七分厂成立于1987年1月。工厂隶属于沈阳变压器配件公司，是沈阳变压器厂厂办集体企业，为变压器行业配套生产纸包绕组线的专业厂，也是国家机械工业部电磁线生产定点厂。工厂拥有固定资产852.6万元；占地面积19 111平方米；生产厂房面积6 742平方米。主要设备有：无氧铜杆上引连铸机、五模拉线机、立式包纸机、卧式组合包纸机、换位导线机、外热式真空退火炉及各种运输车辆。另外有万能拉力试验机、电阻率测试装置、投影放大仪、表面粗糙度测试仪及金相显微镜等检测设备。检测手段齐全。并拥有一支雄厚的工程技术力量及较高素质的职工队伍。全厂共有职工545人；有中级以上专业技术人员23人，其中高级专业技术人员7人。

主导产品是：制造加工Φ8—10mm无氧铜杆、变压器、互感器、电抗器所需的各种规格的电磁线（包括组合导线、换位导线）。最大可生产3.95mm绝缘厚度的纸包电磁线。主要为沈阳变压器厂配套生产50万KV特大型变压器及出口变压器所需的各种规格的电磁线。目前已形成年制造加工电磁线3 000吨、无氧铜杆4 000吨的生产能力。各项技术指标均达到国内同行业先进水平。

厂长：刘洪泽

【沈阳玻璃制瓶厂】沈阳玻璃制瓶厂是我国最早的机械化生产玻璃瓶罐厂家之一，建于1937年，已有58年的历史。目前是我国玻璃瓶罐行业的大型骨干企业之一，系国有大二型企业。

厂区平担，南北长345米，东西宽为196米，占地面积为6.76万平方米。其中工厂区为5.5万平方米，职工住宅区为1.26万平方米，工厂区建筑面积为3.25万平方米。

现有职工1 312人。其中工程技术人员64人，各类专业管理人员72人，各工种技术骨干占职工90%以上，大中专文化程度职工占16.1%。

现拥有固定资产原值17 062万元。主要设备有玻璃熔炉3座，其中一座是由日本山村硝子引进的84平方米的大型马蹄焰池炉，另外两座是52平方米横焰池炉和20平方米马蹄焰池炉。有制瓶机7台，其中进口十组双滴行列式制瓶机两台，国产大组单滴行列式制瓶机三台，国产风动式六模制瓶机两台。可生产白色、浅绿色、翠绿色及茶色各种酒瓶、饮料瓶及药用瓶。年生产能力为8万吨，合产量1.6亿只。主导产品“沈字牌”640毫升啤酒瓶荣获中国包协优质产品奖、300毫升“金铎”汽水瓶、360毫升普通汽水瓶分别为省、市优质产品。产品畅销辽宁、吉林、黑龙江、内蒙古、河南、河北等省和北京地区的200多家企业，并部分出口朝鲜、韩国。640毫升啤酒瓶盛装沈阳“雪花牌啤酒”、“北京牌啤酒”大量出口美国、日本、东南亚及港澳台地区。

厂区交通运输非常方便，厂区北端设有120米长铁路专用线站台，便于原料、燃料及产品的运输。厂内还有5台铲车及16台货运汽车，工厂门前的兴华北街与市区的交通干线建设大路相连，公路运输也极为方便。两家大用户沈阳雪花啤酒集团的沈阳啤酒厂、沈阳酿酒厂距离仅仅2 000米和300米。

仓贮条件：主要原料硅砂仓库容量为20 000吨，纯碱仓库贮量为2 000吨，油罐容量为2 000吨，都紧靠火车站台附近。

公用工程：水、电、风、汽及煤气均保证稳定供应，满足生产需要。

【沈阳特种电缆厂】 沈阳特种电缆厂始建于1963年，是机械工业部定点研制和生产特种电线电缆的骨干企业，省级先进企业，全国中型电线电缆生产质量信誉最佳企业，获沈阳市质量管理奖，辽宁省AAA级信用企业，全国辐射行业产业化推进奖和国家民航总局颁发的生产许可证的单位。

该厂1995年有职工303人，其中工程技术人员42名，厂区占地面积25 000平方米，建筑面积8 000平方米，固定资产原值2 100万元，包括高频高压电子加速器等各种专用生产设备80台(套)，检测设备、仪器40多台(套)。现已形成生产10KV及以下辐照交联聚乙烯绝缘架空电缆500km，0.6/lkv辐照交联聚乙烯绝缘电力电缆400km，机场助航灯光电缆200km，控制、仪表、计算机电缆和105℃安装电线1 500km以及其他电气装备用特种电缆200km的能力。生产的特种电缆产品有14个系列194个品种1 300多个规格。产品销往全国25个省、市、自治区。年综合生产能力可达5 000万元。

该厂主要产品三种都获得了“采用国际标准”证书。1989年以前生产的老产品钢芯铝绞线获得市优质产品；1990年生产的新产品阻燃型控制电缆获省优质产品；1991年研制的耐高温控制电缆被评为首届沈阳市青年科技成果博览会金奖；1993年研制的直流高压电缆获第二届中国青年科技成果博览会新星奖；阻燃计算机电缆获第二届中国青年科技博览会金奖。1994年生产试制的新产品JKLYJ/Q—10KV及JKLYJ/—0.6/1kv、JKYJ/—0.6/1kv辐照交联架空绝缘电缆通过了沈阳市计经委组织的产品鉴定，该项产品填补了省内空白。

沈阳特种电缆厂于1993年建成辐照交联电缆生产线，拥有一台2Mev，10mA“地那米”型高频高压电子加速器，省内独此一家，应用辐射加工高新技术开发并生产了阻燃、耐火交联电线电缆系列产品，其主要品种有：

1.10KV及以下辐照交联聚乙烯绝缘架空电缆，具有耐日光老化性能好、重量轻、耐电痕性优良、耐腐蚀、耐磨等特点，使用方便，安全可靠，可广泛用于城市配电网、林区和旅游风景区等场合。

2.0.6/lkv辐照交联聚乙烯绝缘电缆，该电缆的正常工作温度为90℃，短路温度为250℃(5S)比纸绝缘电缆，聚氯乙烯绝缘电缆和聚乙烯绝缘电缆均高，它不仅在电气、机械、热老化、耐化学腐蚀等方面性能优良，而且还具有结构简单，重量轻等优点。

3.0.6/lkv阻燃和耐火辐照交联聚乙烯绝缘电力电缆。

4.辐照交联聚乙烯绝缘阻燃计算机电缆和控制电缆。

5.辐照交联聚乙烯组合绝缘耐火计算机电缆和控制电缆。

6.耐热105℃辐照交联聚氯乙烯阻燃电线。

7.耐热125℃辐照交联聚烯烃绝缘低卤阻燃电线。

8.机场助航灯光电缆。具有交联聚乙烯绝缘电力电缆的所有优点，适用于额定电压为1.8/3kv及3.6/6kv机场助航灯电源电缆，安装方便，安全可靠。

9.热收缩材料及制品辐照加工。

该厂应用辐射加工技术，充分利用现有GJ—2电子加速器的条件与中科院有关院所联合开发110℃—150℃级自限温伴热电缆和无卤低烟阻燃(包括高阻燃、耐火)辐交联聚乙烯绝缘聚烯烃护套电缆及电线，辐照交联F—40高温导线和电缆等高性能辐照交联电线电缆产品。并已取得了初步成果，即将实现实用化和产业化，以满足国民经济重要部门对特种电线电缆的需求，替代进口，为国家节省外汇。

【沈阳市通风机厂】　沈阳市通风机厂创建于1979年。

厂长　宫廷鹏

1995年有职工364人，工程技术人员18人，占地面积20 635平方米，拥有固定资产320万元，各种设备56台。建厂20年来，该厂风机品种逐年增多，现已发展到31个品种，238个规格，其中离心通风机、煤粉通风机荣获市拳头产品奖，得到了广大用户的好评，是市、区重合同守信用单位，市明星企业。

目前，沈阳市通风机厂已为电站、石油、化工、冶金、纺织、矿山、建材等行业提供了各种通风机，产品远销全国各地，

沈阳市通风机厂以改革、发展、创新争优为企业精神，努力启动先进技术和企业管理两个轮子，使企业充满了生机和活力，近几年同东北大学、鼓风机研究所联合开发了D200—41型、Y4—68型、C6—51型等系列新产品，建立了风机测试实验基地。

【沈阳市北陵印刷厂】　沈阳市北陵印刷厂隶属于沈阳

厂长　赵恒贤

市于洪区北陵乡企业公司的集体所有制企业，是辽宁省100余家中小型印刷厂中唯一获得书、报刊印刷许可证和省内部刊物印刷许可证的企业，是沈阳市指定印刷商标的印刷厂之一。

工厂位于沈阳市黄河北大街，环境优美、交通便利，占地面积7 000平方米，厂房面积5 600平方米，现有职工210人，其中上岗工人160人，全部经过系统的职业技术培训。固定资产总值达千万元。

工厂主要承印中小学课本、小学生假期作业，各出版社新增各种刊物，各广告公司印刷的彩色广告，说明书、美术出版社及其他单位印刷的画册、挂历等高档产品。

几年来为了适应社会主义市场经济改革开放的需要，工厂领导转变思想观念，增加现代化设备，提高人员素质，加强技术力量，加大管理力度，从而使产品上档次。1991年引进了美国高科技的激光照排系统和北大方正电脑输字、编辑、排版系统，引进了北京人民机器厂的高速双面胶印机和单双色胶印机，形成了彩色制板印刷配套一条龙的生产线，扩大了生产能力，提高了劳动生产率，拓宽了生产品种，提高了产品质量，加快了书刊出版周期，使工厂的经济效益大幅度提高，在激烈的市场竞争中站稳了脚跟，企业发展上了一个新台阶。

工厂承印的《当代作家评论》杂志、《信息经济与技术》被评为“光荣杯”和省级优秀刊物。儿童读物《动物王国》被评为国家优秀印刷品。

不懈的努力换来了丰硕的成果，工厂连年被评为乡、公司、局、区、市各级的“产品质量信得过单位”、“乡镇一级企业”、“乡村工业先进单位”、“市劳动就业服务系统明星企业”、“精神文明企业”、“精神文明企业标兵”、“职工教育先进单位”、“沈阳市明星企业”等荣誉称号。1995年完成产值1 000万元，销售收入870万元，利润32万元，利税120万元，职工年收入6 000余元。经济效益创历史最好水平。

厂长　田朝利

【沈阳市于洪区家俱厂】　沈阳市于洪区家俱厂是以生产经营民用及办公系列家俱为主体，以高级室内装修和生产办公用品为辅的经济实体。工厂全部采用国外先进的家俱生产制造工艺和技术，是一个具有先进设备和技术，以现代化管理方式生产实木、橡木、红木等类型、系列的高中档家俱的综合性企业。

1995年该厂有员工80多人，其中技术人员25人，其年产值达600万元，生产的家俱款式新颖、格调高雅、色调柔和、耐磨耐热、抗老化、结构实用等特点。1990年以来，一直被沈阳家俱协会评为最佳质量信誉单位。1995年获国际金奖，博览会一等奖，市人民政府颁发的地产品一等奖。

厂长　吴为民

【沈阳市三环机绣厂】 沈阳市三环机绣厂是生产各类服装、时装所需辅料及水溶性花边、衣领、人丝绣片、云霄纱绣品及室内高级装饰用品的专业厂。拥有从日本引进的世界上比较先进的SG—15大型梭式全自动绣花机6台套及相应匹配的附属设备。生产、设计能力雄厚、拥有专业美术设计师2名和各类中、高级技术人员18名，可对外承揽国内、外客户任何花型图案的设计制做及制版制图、保您得到一份完美的机绣精品。

产品采用国际标准检验，质量可以达到世界公认的日本同类产品的水平。从1991年以来产品被评为市政府优秀产品荣获全国“七五”星火计划金奖，印尼国际科技博览会“银奖”，辽宁省AAA级企业，同时又被国家旅游总局定为“全国旅游局产品定点生产企业”部级“全指达标单位”及市政府命名的先进单位等等30多种荣誉称号。连续5年被市政府命名为“小型巨人企业”，是市现场管理红旗单位。现有职工200人，固定资产1 432万元。1994年又与波兰山翼公司合资成立了具有该厂同等规模的机绣合资厂。投资总额为2 400万元人民币。引进世界上90年代最先进的瑞士产L75型全电脑控制大型高速绣花机3台套及3台套日本SG—15大型梭式绣花机。形成了雄厚的生产竞争能力。

工厂一贯视质量与信誉为生命。建厂至今始终坚持用户至上的原则。诚挚待客，喜结八方来客，广交四海宾朋。目前产品以远销日本、波兰、美国、加拿大、德国、丹麦、西班牙、沙特、香港、科威特等10多个国家和地区、年创汇40万美元。

【沈阳冶炼厂实业总公司】 沈阳冶炼厂实业总公司是国家一级企业沈阳冶炼厂创办的集体经济实体。现有固定资产771万元，4 000余人的职工队伍，产品共有8大类140余个品种，经营活动辐射全国10余个省市。为了提高企业的综合素质，不断深化改革、促进发展、增加效益、保持稳定，不论是管理体制还是运行机制都形成了本企业特点，适应了企业规模和发展的需要，使企业在市场经济中保持了旺盛的发展势头。在经营理念上，一方面树立管理也是生产力的观点，全面夯实和强化基础管理；另一方面，坚持科技兴企，不断调整产业和产品结构。

现在企业已经形成“以有色金属合金为龙头，牵动其它各业发展”的产业结构。用于湿法炼锌行业的铅银合金阳极板，由于其理化质量稳定优良而获得国家劳动部优质奖，它的换代产品铅钙锶银四元合金阳极板，以寿命长达18个月而受到用户的青睐；用于免维护蓄电池生产的必需材料铅钙合金、压铸件加工等在市场上也拥有广泛的用户；出口产品焊接用垫砖生产能力已达300万块，对于焊工艺的进步有很大的促进作用。

企业在发展过程中得到了各级政府和部门的关怀和支持，并给予了诸多的褒奖。连续6年保持了沈阳市人民政府授予的“明星企业”称号，并跻身辽宁省“小型巨人企业”行列。辽宁省劳动厅、沈阳市劳动局也连续多年授予先进企业称号。中国有色金属工业总公司、中色沈阳公司也多次授予各种荣誉称号。

企业在改革的大潮中，不断克服困难，以改革为动力，以发展为目的，引进更为先进的管理手段，为社会各界提供更为优良的产品和更为周到的服务，为国家的经济建设做出应有的积极贡献。

【沈阳计算机通讯设备总公司】 沈阳计算机通讯设备总公司（原沈阳计算机厂）系长白计算机股份有限公司全资控股子公司，是长白集团的核心企业，总公司为电子工业部生产微型计算机，工业控制机的骨干企业之一。

总公司占地面积29 000平方米，建设面积22 000平方米。现有职工700余人，其中工程技术人员占三分之一以上。总公司下设计算机事业部、工业控制机事业部、通讯事业部、印制板分厂。

总公司历经国家“六五”、“七五”、“八五”技术改造后，分别从美国，日本等国家引进先进的装配，调试设备仪器，具有国际90年代先进水平的生产工艺设计，检测手段和生产流水线。

总公司主要产品有：长白王牌系列、奔腾系列微机为主的通用计算机，工业控制用1pc微机，远程数据采集系统（RTU），电网调度自动化系统等；数字程控交换机和电路模块；印刷线路板等。

总公司遵照“按时为用户提供满意的有竞争力的产品和服务”的质量宗旨，于1994年11月11日，在国内本行业率先取得1so 9002质量体系认证。

厂长　张文英

【沈阳高压成套开关厂】 沈阳高压成套开关厂是机电部、能源部生产35KV及以下高压开关柜、低压开关柜的专业厂。也是国内同行业唯一在1988年由国务院授予的“国家二级企业”。全厂拥有职工503人。其中工程技术人员55人，企业拥有资产8 925万元，其中生产资金7 320万元（无贷款），所有者权益资金4 462万元。厂区占地面积2.2万平方米，建筑面积1.67万平方米。1994年产值8 860万元，销售收入8 480万元，产量2 400台。1995年计划产值8 500万元，1—5月完成产值4 250万元。按JB/DQ分等规定，一等品率以上产品占总产值的90%。高压手车式开关柜与低压抽屉式开关柜全部吸收消化国际先进水平的西门子、ABB、富士公司技术之精华。采用国际IEC标准，产品在1992年、1994年分别获中国专利技术新产品“特别金奖”、“金奖”，并达到80年代末期国际先进水平。

在“七五”期间，产品援外远销巴基斯坦、马尔代夫、加蓬等国家，又为国家1 069项重点工程中特大重点169项中配套服务了48项。产品由于采用了国际标准，替代了进口开关柜，为国家创收外汇606万美元。以优质、低价及无以伦比的售后服务，得到了国家机械委、铁道部、扬子石化公司、燕山石化公司、吉化公司、鞍山钢铁公司、宝钢配套工程、开滦矿务局、宣化钢铁公司、济南引黄工程、大连化学工业公司、抚顺石油二厂、辽化等单位的赞誉。尤其是由日本海外协力基金会投资的京秦铁路的国际招标中第十一、十二标高压手车式开关柜、镉镍电池屏、PK屏与低压抽屉柜中标。并得到日方好评。为我国电器行业争得了荣誉为国家创取了外汇。

该厂富于创新精神。集数十年研制、生产之经验。以品种齐、质量好的显著优势。持续稳健地向市场推出成套装置，深受嘉评。沈阳高压检测中心与机械部防爆电器检测中心受国家机械委和水电部的委托对该厂高压开关柜、低压抽屉柜进行全面的型式试验。认定合格。经鉴定后投产，产品实行净化装配。有完善的测试手段和试验设备，对产品的质量和性能有可靠的保证体系。1988年荣获国家标准计量局颁发的“计量验收合格证”和“产品采用国际标准及国外先进标准合格证书”。向用户提供优质、低价的产品。

法人代表　于福生

【沈阳电业局电缆厂】 沈阳电业局电缆厂（股份合作制）始建于1985年，是以生产架空绝缘电缆为主的电线、电缆专业生产厂。全厂现有职工80余人，其中工程技术人员20人。固定资产500余万元，年产值2 000余万元，年创利200万元，厂区占地面积约6 000平方米。

建厂以来始终坚持自我积累、自我完善、自我发展的道路，不断深化企业内部改革，完善企业管理机制，大胆探索与实践，不断开拓、创新，深挖企业潜力，大力开发新产品，积极开拓产品市场，坚持“以市场为导向，以产品为龙头，靠质量争市场，向规模要效益”的经营方针。几年来，先后被省市有关部门授予“小型巨人企业”、“省明星企业”、“市文明单位”、“优秀纳税单位”等荣誉称号。

目前，主导产品有1KV架空绝缘电缆、10KV聚乙烯绝缘架空电缆、10KV温水交联聚乙烯绝缘架空电缆、10KV辐照交联聚乙烯绝缘架空电缆、1KV塑料绝缘电力电缆、10KV加强型架空绝缘电缆、铝绞线、钢芯铝绞线等5大系列100余个品种、规格。其中，新开发研制的10KV系列架空绝缘电缆于1994年8月通过了部级产品鉴定。另外，生产的1KV架空绝缘电缆曾在1991年辽宁省行业产品评比中荣获优秀产品一等奖、在1992年中电联第四届产品展览会上荣获优秀奖。

厂长　李永平

【沈阳铁路局苏家屯轨距尺厂】 沈阳铁路局轨距尺厂属全民企业，1995年有职工160名，注册资金136万元，是生产铁路专用计量器具及建筑工程专用计量器具的专业厂家。有先进的机械加工设备，并具备一系列完整的检测手段。主要产品有铁路轨距尺系列产品，轨距尺检定器系列产品，支距尺、支距尺检定器，绝缘走行轮单轮车，电力机车接触导线光学测量仪，建筑工程用靠尺、塞尺、百格网、响鼓锤、铁路压力表、列车测压器等系列产品。该厂生产的铁路压力表、列车测压器，是目前全国铁路内部唯一生产铁路压力表的厂家。其中列车测压器，列为铁道部车辆局重点推广项目，并获得国家专利。

产品销往全国各铁路工务段、工程段、供电段、及地方铁路工务部门，其中轨距尺曾销往博茨瓦纳、坦桑尼亚、印度尼西亚和蒙古等国家。

该厂本着质量第一、信誉第一，用户至上的原则，并具以技术服务为主的销售方式，深受用户的好评。轨距尺连续获得辽宁省优质产品称号，工厂连年被市政府评为沈阳市重合同守信用先进单位。

总经理　鲁石

【沈阳丹碧兰有限公司】　10年前，目光犀利的丹碧兰人来到了中国，来到了东北第六制药厂这片神奇的土地，在这里，一个由中美双方投资2 166万元的，专门生产世界驰名商标“丹碧丝”牌内用卫生棉条的合资企业。沈阳丹碧兰有限公司宣告成立。

近十年，沈阳丹碧兰和中国的消费市场同步走向成熟，她生产的“丹碧丝”牌内用卫生棉条作为第三代妇女卫生用品，不仅是一种高质量的卫生巾的换代产品，它更向中国数以亿计的女性介绍一种新观念。经过几千年封建历史的浸润，广大中国妇女深深受着“生死事小、失节事大”的心理障碍的束缚，对这样一种畅销世界150多个国家和地区，享誉世界50年的卫生用品的接受能力实在难如人意。丹碧兰人为帮助中国妇女突破这道心理屏障，并欣然接受具有方便卫生，活动自如，舒适安全的“丹碧丝”卫生棉条，从而提高中国妇女的生活质量，励精图志，辛勤耕耘。十年如一日的敬业精神，全面体现了“服务社会、造福人类”的宗旨。

沈阳丹碧兰的厂房是按美国丹碧兰提出的具体要求设计建造的，厂房采用全封闭中央空调式设计，内部安装了先进的自动化生产设备，并全面实行美国FDA质量标准，国际通用的质量标准，世界卫生组织GMP管理规范进行控制。现有的两条生产线年生产能力为1.3亿棉条，并可根据市场需要，扩大生产能力。沈阳丹碧兰在供应中国市场的同时，还出口到英国、新西兰、新加坡、乌克兰、香港等国际市场。“信任就是丹碧丝”，沈阳丹碧兰确保向全球女性消费者提供同样品质上乘，质量可靠的“丹碧丝”卫生棉条。

沈阳丹碧兰经过10年的艰苦创业，已形成她独具一格的管理模式。一支以来自美国宾西法尼亚Wharton商学院和中国最高学府、清华大学工商管理硕士学位获得者为首的企业管理层已形成，他们将一批德才兼备的有识之士紧紧地团结在周围，他们精湛的技艺和丰富的企业管理经验是企业成功的信心保证，忠心地祝愿这只振翅的雏鹰能够越飞越高，早日成为丹碧兰大家族又一份新的骄傲。

场长：王宝烈

【沈阳市浑河农场】　沈阳市浑河农场位于浑河南岸的苏家屯区境内，是沈阳市最早的农场。农场以繁育水稻良种为主，农牧工商建多种经营，辖17个企业，有职工1 500余人，水田面积5 700余亩，年产值2 800万元，繁育水稻良种100余万斤，年利润近百万元。

改革开放以来，随着社会的发展，农场也发生了巨大的变化。首先改变了农场单一种植水稻的格局，大力发展多种经营，相继建成十几个场办企业，农牧工商建全面发展。农场的养鸡场年产鲜蛋50多万公斤，奶牛场年产鲜奶数10万公斤，已成为苏家屯区重要的副食基地。为了发挥农场的地理优势，农场在自身资金不足的情况下，积极开展土地隐性开发，利用社会闲散资金，在农场境内的沈苏公路两侧先后建起了数十家企业，一幢幢楼房拔地而起，一家家企业在农场境内开业，为农场的职工及家属提供了充足的就业机会，为农场的发展打下了坚实的经济基础。农场一条街已初具规模，出现了有史以来的繁荣景象。农场利用土地开发取得的收入建成了全区一流的农场小学教学楼、幼儿园和农场办公楼，改变了农场的形象，提高了农场的知名度，为农场的进一步发展创造了良好的社会环境。

农场高级农艺师杨胜东同志于1983年培育出高产优质的水稻新品种“辽粳五号”，获国家发明二等奖。该品种茎杆矮壮，分药力强，叶片上举，结构紧凑，受光态势好，使许多水稻专家多年设想的水稻理想株型成为了现实。是水稻育种史上的一次突破，比从日本引进的水稻品种“丰锦”、“秋光”增产10%以上，亩产高达600多公斤，截止1990年底，推广面积2 000多万亩，增产稻谷150 000万公斤，创经济效益14亿元。

附　　录

全国主要经济指标

指　　标	单位	1995年	比上年增长(%)
国内生产总值	亿元	57 733	10.2
第一产业	亿元	11 365	4.5
第二产业	亿元	28 274	13.6
第三产业	亿元	18 094	8.0
工业增加值	亿元	24 718	14.0
轻工业	亿元	11 181	16.7
重工业	亿元	13 537	12.0
工业经济效益综合指数	%	90.02	－6.98个百分点
全社会固定资产投资	亿元	19 445	18.8
国 有 投 资	亿元	10 822	16.1
社会消费品零售总额	亿元	20 598	26.6
城市居民消费价格指数	%	116.8	16.8
城市商品零售价格指数	%	113.5	13.5
外贸进出口总额	亿美元	2 809	18.6
出口总额	亿美元	1 488	22.9
进口总额	亿美元	1 321	14.2
城乡居民年末储蓄余额	亿元	29 662	37.7
城镇居民人均生活费收入	元	3 893	22.5
农村居民人均纯收入	元	1 578	29.0
城镇从业人员总数	万人	18 620	2.5
职工人数	万人	14 900	0.3
全国年末人口	万人	121 121	1.1

注：资料来源国家统计局《公报》。

辽宁省主要经济指标

指　　标	单 位	1995 年	比上年增长（%）
国内生产总值	亿元	3 044	7.8
第一产业	亿元	381	3.8
第二产业	亿元	1 577.2	8.3
第三产业	亿元	1 085.9	8.6
工业增加值	亿元	1 420.5	9.1
乡及乡以上工业增加值	亿元	1 023.9	4.7
# 国有工业	亿元	665.7	0.2
# 轻工业	亿元	253.2	7.3
重工业	亿元	770.7	3.6
工业经济效益综合指数	%	68.1	－9.8 个百分点
全社会固定资产投资	亿元	874.6	－1.5
社会消费品零售总额	亿元	1 125.6	29.3
商品零售价格指数	%	114.0	14.0
居民消费价格指数	%	116.1	16.1
外贸进出口总额	亿美元	109.9	13.4
进口总额	亿美元	27.3	－3.3
出口总额	亿美元	82.6	20.3
地方财政收入	亿元	183.6	19.5
地方财政支出	亿元	269.6	20.6
城镇居民生活费收入	元	3 307	20.2
农村居民纯收入	元	1 757	23.4
城镇从业人员	万人	1 158.8	5.0
年末总人口	万人	4 092	0.1

注：资料来源辽宁省统计局《公报》。

东北地区国民经济主要指标

（1994 年）

指　　标	单 位	合 计	东北地区		
			辽宁省	吉林省	黑龙江省
土地总面积	万平方公里	78.7	14.6	18.7	45.4
国内生产总值(现价)	亿　元	5 171.6	2 584.2	968.8	1 618.6
第一产业	亿　元	894.7	319.0	259.4	316.3
第二产业	亿　元	2 665.3	1 381.5	430.8	853.0
第三产业	亿　元	1 611.6	883.7	278.6	449.3
年末总人口	万　人	10 313	4 067	2 574	3 672
年末从业人员总数	万　人	4 783.7	2 009.2	1 250.2	1 524.3
＃职工人数	万　人	2 414.9	1 031.3	530.1	853.5
固定资产投资总额	亿　元	1 595.8	888.0	302.5	405.3
＃国单位投资	亿　元	1 177.3	593.0	249.1	335.2
＃住宅投资额	亿　元	301.9	173.3	49.8	78.8
地方预算内财政收入	亿　元	481.9	345.9	51.3	84.7
地方预算内财政支出	亿　元	470.6	223.6	104.6	142.4
职工平均工资	元	11 310	4 269	3 666	3 375
城镇居民人均生活费收入	元	7 380	2 751	2 311	2 318
农村居民人均纯收入	元	4089	1 423	1 272	1 394
城乡居民年末储蓄余额	亿　元	2 608.1	1 282.0	535.6	790.5
农林牧渔业总产值(现价)	亿　元	1 545.5	602.1	4 055	537.9
全部工业总产值(现价)	亿　元	7 710.2	4 615	1 280.9	1 814.3
轻工业	亿　元	2 337.5	1 417	397.6	522.9
重工业	亿　元	5 372.7	3 198	883.3	1 291.4
社会消费品零售总额	亿　元	1 818.9	870.5	396.7	551.7
外贸商品进口总额	亿美元	67.8	41.8	14.2	11.8
外贸商品出口总额	亿美元	86.6	60.5	13.7	12.4

注：黑龙江省 1994 年实行分税制财政体制、故财政收入中不包括税收返回收入 55.65 亿元。

“八五”主要指标增长率沈阳与全国、辽宁省比较

%

指 标	“八五”期间年平均增长率		
	全 国	辽宁省	沈阳市
国内生产总值	25.5	25.8	26.5
工业总产值	24.8	21.2	18.6
农业总产值	7.0	8.7	7.1
固定资产投资额	34.3	27.2	26.4
社会消费品零售总额	23.2	21.7	20.6
外贸进出口总额	19.5	11.8	25.3
出口总额	19.1	8.1	24.5
进口总额	19.9	31.3	27.8
职工平均工资	20.8	17.5	11.3
城镇居民人均生活费收入	22.9	18.8	19.4
农民人均纯收入	20.2	17.7	15.1

注:国内生产总值按当年价格计算。

“七五”主要指标增长率沈阳与全国、辽宁省比较

%

指 标	“七五”期间年平均增长率		
	全 国	辽宁省	沈阳市
国内生产总值	7.8	7.0	6.5
工业总产值	13.1	11.0	8.7
农业总产值	4.6	5.6	9.1
固定资产投资额	15.2	18.2	23.2
社会消费品零售总额	14.0	14.7	16.9
外贸进出口总额	10.6	3.2	39.4
出口总额	17.8	2.1	64.4
进口总额	4.8	15.4	14.5
职工平均工资	13.4	14.9	14.6
城市居民人均生活费收入	15.2	15.2	16.3
农村居民人均纯收入	9.6	9.9	12.4

重点城市行政区划、土地面积与人口密度

（1994年末）

城市	市辖区	市辖县	土地面积（平方公里）		市区人口密度（人）
				市区	
北京	10	8	16 808	1 370	4 563
天津	13	5	11 305	4 276	1 379
上海	14	6	6 340	2 057	4 633
沈阳	9	4	12 980	3 495	1 342
大连	6	4	12 574	2 415	1 045
长春	5	5	18 881	1 116	2 007
哈尔滨	7	5	18 376	1 637	1 938
青岛	7	5	10 654	1 102	1 951
武汉	10	3	8 467	2 718	1 632
重庆	9	12	23 114	1 534	2 018
西安	7	6	9 983	1 066	2 725
南京	10	5	6 516	947	2 761
成都	7	12	12 390	1 382	2 181
广州	8	4	7 434	1 443	2 634
宁波	5	6	9 365	1 033	1 095
厦门	6	1	1 516	555	1 181
深圳	5		2 020	327	4 505
杭州	5	7	16 596	430	3 285
济南	5	5	8 227	2 119	1 147

重点城市工业总产值及产品产销率

亿元

城市	工业总产值		产品产销率（%）	
	1995年	比上年增长%	1995年	比上年±百分点
北京	1 259.2	10.2	98.1	1.9
天津	1 157.6	16.3	98.1	0.1
上海	3 331.7	15.5	98.1	0.1
沈阳	543.1	10.8	93.7	－2.4
大连	526.3	16.9	95.8	0.9
长春	347.5	17.9	97.1	1.2
哈尔滨	328.0	21.4	95.6	－0.2
青岛	646.6	20.9	97.4	－0.3
武汉	470.1	11.1	95.2	0.1
重庆	576.7	12.3	97.2	1.3
西安	266.1	11.5	95.4	0.1
南京	818.3	24.5	96.5	－0.7
成都	580.1	15.8	94.2	－0.4
广州	1 049.8	17.6	97.1	0.2
宁波	740.7	27.6	94.8	持平
厦门	276.9	38.3	96.1	2.2
深圳	795.0	24.5	97.0	－0.3
杭州	888.7	16.0	96.2	0.8
济南	426.7	16.1	95.9	1.9

注：工业总产值为乡及乡以上数，按1990年不变价格计算。

重点城市国内外贸易指标

亿元

城市	社会消费品零售总额		进出口总值	
	1995年	比上年增长%	1995年	比上年增长%
北京	827.0	24.0	43.9	7.8
天津	373.8	24.1	63.3	5.8
上海	970.1	25.9	190.6	20.5
沈阳	295.4	32.3	13.7	11.6
大连	272.0	45.2	41.4	11.7
长春	129.0	27.1	7.5	34.0
哈尔滨	201.1	24.8	8.2	10.2
青岛	169.0	21.1	37.6	60.4
武汉	302.0	28.8	11.5	10.9
重庆	274.5	25.3	14.8	13.6
西安	180.2	24.6	4.1	16.2
南京	240.2	27.4	10.7	33.7
成都	282.5	29.0	6.5	32.0
广州	546.8	22.0	91.1	16.1
宁波	225.0	39.2	34.8	38.0
厦门	92.3	36.8	60.3	6.8
深圳	300.4	12.9	387.7	10.8
杭州	260.0	26.7		
济南	188.0	29.3		

重点城市全社会固定资产投资额

亿元

城市	全社会投资额		其中:国有投资额	
	1995年	比上年增长%	1995年	比上年增长%
北京	832.2	28.3	580.4	30.4
天津	329.7	22.8	326.6	23.1
上海	1 440.0	28.2	1 055.3	27.3
沈阳	121.4	−9.6	79.7	−11.4
大连	230.2	−6.5	107.8	−7.6
长春	108.6	12.9	89.2	78.5
哈尔滨	124.4	21.7	93.7	18.3
青岛	214.0	19.2	144.7	20.1
武汉	209.0	56.3	114.0	51.7
重庆	145.0	29.5	42.5	6.9
西安	88.5	3.4	59.6	−8.0
南京	233.9	51.5	156.0	90.2
成都	215.6	19.9	108.2	18.8
广州	618.3	17.6	332.5	23.1
宁波	264.0	43.0	90.0	30.4
厦门	133.5	40.1	58.3	19.8
深圳	275.8	19.4	250.2	16.8
杭州	232.3	43.4	134.9	46.1
济南	112.8	15.7	73.5	6.5

重点城市地方财政收支

亿元

城市	地方财政收入		地方财政支出	
	1995年	比上年增长%	1995年	比上年增长%
北京	115.3	21.8	154.4	60.8
天津	58.94	25.8	89.97	30.4
上海	227.30	29.6	267.89	36.0
沈阳	35.55	19.8	45.92	33.9
大连	42.90	22.6	65.70	39.9
长春	31.23	23.6	18.76	22.6
哈尔滨	21.71	16.6	33.20	23.4
青岛	29.05	30.9	37.27	36.5
武汉	28.84	19.4	28.05	7.1
重庆	34.03	24.7	44.56	22.5
西安	18.21	26.0	18.81	15.3
南京	29.40	31.4	37.60	47.0
成都	29.38	28.4	35.05	22.8
广州	92.68	55.8	101.06	54.1
宁波	24.81	39.6	35.41	41.2
厦门	21.63	36.5	25.56	35.7
深圳	88.02	18.3	93.42	25.2
杭州	23.04	16.8	20.9	15.6
济南	16.99	32.7	17.68	30.1

重点城市金融机构存贷款余额

亿元

城市	存款余额		贷款余额	
	1995年	比上年增长%	1995年	比上年增长%
北京	3 527	29.0	1 779	19.8
天津	1 118	34.1	1 152	19.6
上海	3 057	38.0	2 387	5.3
沈阳	764	31.2	716	20.6
大连	675	30.3	652	21.5
长春	355	32.0	438	18.4
哈尔滨	387	34.8	420	17.2
青岛	540	43.3	483	33.7
武汉	631	30.2	635	28.8
重庆	521	31.1	562	25.1
西安	474	30.4	405	21.8
南京	518	28.1	385	19.9
成都	589	32.4	498	25.7
广州	1 887	34.6	1 167	27.4
宁波	462	49.9	399	43.3
厦门	286	32.5	261	24.9
深圳	1 203	29.4	786	22.1
杭州	708	39.9	576	26.7
济南	438	42.1	337	26.5

重点城市居民生活费收入及城乡居民储蓄

城市	居民生活费收入(元)		城乡储蓄余额(亿元)	
	1995年	比上年增长%	1995年	比上年增长%
北 京	5 868	24.0	1 254	47.0
天 津	4 626	24.2	549	39.4
上 海	6 822	22.6	1 396	43.2
沈 阳	3 721	20.1	469	37.4
大 连	4 777	18.2	389	43.3
长 春	3 303	28.0	343	41.5
哈尔滨	3 374	23.2	280	42.9
青 岛	5 357	38.1	267	39.3
武 汉	4 170	18.2	228	30.9
重 庆	4 053	20.4	298	41.8
西 安	3 914	18.6	291	32.9
南 京	4 620	22.5	268	55.7
成 都	4 710	20.8	315	37.2
广 州	8 553	19.0	943	46.7
宁 波	6 804	20.9	209	42.3
厦 门	6 354	24.3	116	54.4
深 圳	11 118	15.6	466	60.6
杭 州	6 095	14.5	342	43.0
济 南	4 490	20.0	222	43.1

重点城市生活物价指数

上年=100%

城市	居民消费价格指数		商品零售价格消费	
	1995年	1994年	1995年	1994
北 京	117.3	124.9	112.6	117.9
天 津	115.3	124.0	110.6	115.6
上 海	118.7	123.9	113.0	117.5
沈 阳	116.0	129.3	113.5	122.6
大 连	115.7	124.5	113.6	120.0
长 春	115.9	122.9	114.4	120.5
哈尔滨	115.8	120.9	113.2	116.4
青 岛	116.2	126.9	114.2	122.8
武 汉	118.0	126.3	114.0	124.1
重 庆	119.4	129.7	116.3	126.5
西 安	117.0	128.5	114.6	126.2
南 京	115.1	126.5	111.2	121.3
成 都	117.5	126.5	114.5	123.3
广 州	113.5	120.0	109.7	116.6
宁 波	119.1	123.5	112.6	118.0
厦 门	112.7	122.0	113.6	120.6
深 圳	112.4	118.2	110.8	116.4
杭 州	116.5	121.5	113.3	118.8
济 南	117.3	128.4	113.2	122.7

重点城市职工工资总额及平均工资

亿元

城市	职工工资总额(亿元)		职工平均工资(元)	
	1995年	比上年增长%	1995年	比上年增长%
北京	382.0	24.6	8 144	24.5
天津	184.8	20.0	6 501	21.2
上海	440.7	23.2	9 279	25.4
沈阳	110.5	9.4	4 900	11.3
大连	87.2	11.2	6 624	13.9
长春	66.3	15.1	5 013	17.4
哈尔滨	85.3	15.3	4 484	19.2
青岛	68.3	14.8	6 164	13.0
武汉	112.8	13.9	5 327	16.3
重庆	102.5	13.3	4 850	13.8
西安	67.2	14.1	4 763	14.2
南京	104.4	20.1	7 016	19.6
成都	92.7	17.5	5 638	16.0
广州	214.6	18.2	10 317	19.6
宁波	57.3	21.9	7 361	21.6
厦门	41.8	30.2	9 282	23.4
深圳	107.6	26.3	12 276	16.1
杭州	89.0	15.3	7 156	17.0
济南	58.2	24.9	5 850	23.5

索　引

一、本索引采用分析索引方法，按英语26个字母的顺序排列。

二、本索引依据主要条目、信息资料所在的列序的位置，分别注明页码，其后"a、b、c"表示所在栏目，供读者在检索时查阅。

A

爱国主义教育 79a、134a
爱国卫生工作 447c
安全生产 260c、269b
安居工程 228c
安全监察 460a
安排灾民生活 12a
案件检查工作 83c
安装建筑分公司 642a

B

保持稳定 245b
保险体系 354a
保密工作 102c
保密宣传教育 103b
保密干部培训 103c
保密理论研讨 103c
保工街道 489a
百亿工程 384c
百项工程 146a
百强村 181c
白塔堡镇 498c
"八五"成果 492c
八王寺汽水厂 218a
北方证券公司 355c
北陵街道 494a
变压器一分厂 646b
变压器五分厂 647a
变压器七分厂 647b
玻璃制瓶厂 647b
北陵印刷厂 649a
报表制度 363a
报刊质量提高 432b
暴雨成灾 167a
编制工作 101a
殡葬管理 473b
标准化工作 380a
毕业生分配 462c

C

促进结构调整 16b
促进经济发展 32b
城乡建设 273a、495b、497a、500a
城市除雪规定 616b
城乡储蓄 337b
城乡基层医疗 445c
城市建设 280b、280c、478b、479c、484a、502c、506b
城管法规 282a
成人教育 410a
成立版权局 435c
财政税收工作 33a
财政增收 53b
财政收支 328b
财政预算审计 367a
惩治腐败 9a
创优秀住宅小区 289c
创建卫生城 97c
创造佳绩 134c
传染病防治 444a
采访活动 438c
产业结构调整 479b
产品结构调整 204b
产、学、研工程 211c
产品质量监督 381b
窗口服务 62b
存窗业务 341a、345b
抽样调查 365a
参政议政 130b、133c
出口创汇 67a
出入境管理 155c
残疾人联合会 135b
菜篮子工程 191b
长途电信枢纽 272a
柴天佑 518b
蔡林方 520b

D

对内开放 57b、201b
对外开放 3c、68a、278a、507c
对台宣传 140b
对外宣传工作 78b
对外交流 293c、422a
对外经济 322a
对外经贸公司 640a
对外经贸 495b、497a
队伍培训 153b
队伍建设 162b、166b、336a、342b、364a、370a
电力工业 227a
电业局电缆厂 651b
电力供应 228a
电网建设 228c
电影发行与放映 422b
电子化建设 343b、347b
电信 271b
电子工业 254a
电视事业发展 440c
东陵区 496a
东陵乡 497c
东陵规划局 623a
东北大学 627b
东陵人保支公司 627a
东亚商业广场 637b
东北饭店 638b
东北制药总厂 236a
动迁回迁安置 288b
大改组造大船 238a
大气污染防治 292c
大东区 480c
大事记 35a
大辛二村 500c
党建工作 73c、149b
党员电化教育 77c
党外知识分子工作 81b
党外干部座谈 81c

党外干部实职安排 81b
党政机关机构改革 101c
档案工作 104a
档案执法检查 104a
打击假冒产品 382b
打假工作成果 373a
调查研究 110c、331a
第三产业 31c、495b、496c、502a、506a
第四建筑公司 642b
第一饲料厂 644a
第三届荷花节 503a
地方病防治 443b
地方立法 152a
地税收入 334c
淡水渔业 193b
等级医院建设 447a
贷款业务 345c
丹碧兰有限公司 652a
夺取抗灾胜利 13a
道路排水工程 279c
道义经济开发区 500b
笃工街道 486a
多种经营 230c

E

儿童事业 132c

F

法规监察工作 291b
法制建设 364b
法学教育 166b
法制宣传 165b
法库县 506c
发展规模经济 255a
发展中间业务 347a
房地产业 275b、345c
房产评估中心 643a
房改 147c
防治病虫害 191a
反腐败工作 83c、87a
反贪污贿赂 160c
反暴利工作 378c
服装进出口公司 318c
防震减灾 393b
妇女卫生工作 444b
妇女联合会 130a
服务工作 134a
扶贫工作 472b、474b
纺织工业 225b
分割式经营 213b
风动工具厂 246c
副食品市场 300b

G

工业生产 11c、52c、206a、492c、495a、496c、501c
工业经济效益 207a
工业发展 205a
工业品市场 298b
工具工业 248c
工业品价格 214b
工资福利 463a
工艺美术家具公司 219b
工程质量管理 277a
工程建设 150b
工艺品出口公司 319b
工程建设监理 594a
工商行政管理 370a
工商银行 340a
工商联合会 121a
工人村街道 485c
改革工作 198a、506b
改革开放 481a、483c
管理工作 195c、441b
规模经营 199c
规划建设 69b
规划设计审批 291c
规范化管理 454a
公路运输 263a
公路网化工程 264c
公安工作 153c
公路建设 148a
公共场所禁烟 606b
供电发展 227a
钢材市场 306b
钢铁总厂 243a
国民经济 3c、26c、28b、357a、492b、499b
国有资产管理 611b
国有土地使用权出让金征收 617b
国际航空公司 639a
国内保险 351c
国土开发 359a
国债发行 330b
国内市场 53b
国防教育 411a
国外经济合作 322a
国际经济技术合作公司 322c
国际金融业务 342c
国有施工企业 277c
国际经贸洽谈会 316a
国外政府贷款 321c
国际交流与合作 447a
国家公务员制度 461a
国有民办教育 412c
国际信托投资公司 350a
供销社商业 308c
供暖工作 290a
高科技通信网 271c
高压成套开关厂 651a
高新技术园区 389b
高新技术产业 68c
高等教育 408b
高考前10名 415b
高坎镇 498c
高花乡 493b
干部调配工作 461a
干部培训工作 464b
骨干集训 145a
股份制试点 55b、59c
构造大市场体系 27c
固定资产投资 273a
光彩事业 81c
广播电视大学 417b
歌手大赛 423b
个体私营经济 374b
各街道主要经济指标 510～512
古城子乡 497c
贵和街道 485a
怪坡风景区 501a
顾树森 521b

H

环保突击月活动 292a
环境清洁化活动 292b
环境管理 292c
环境科研 293a
环境监察 293c
环境保护 291c
环境卫生建设 282c
和平商场 299c
合法权益 132b
合作银行 349a
合资合作项目 304a
和平区 478a

宏观管理　368b
宏观调控　234c
红十字会工作　447b
火炬院所　387c
获奖作品　429a
货物运输　259c
护士执业注册　446b
户均收入突破万元　465b
户口管理　154b
航空运输　268c
华光灯泡厂　646a
华润雪花啤酒公司　217c
婚姻管理工作　472c
恢复农业生产　11c
浑河农场　652b
浑河开发区　70a
后备干部队伍建设　75c
华侨联合会　133c
化工集团　640a
化工进出口公司　318a
海外市场开发　323a
海外联谊　111c
海关工作　323b
皇姑区　481c
皇姑房产局　622a
皇姑城建委　622a
皇姑保险支公司　626a
皇姑住宅公司　643b
皇姑热电厂　644a
黄埔军校同学会　122b
黄正勋　517b

J

经济调控　358a
经营管理　25c、341c、440b
经济管理　179a
经济审判　163a
经济建设　348a
经验交流　135b
经济工作　137b、504a
经济案件　156b
经济发展　349b、478a、479b、483b
经济总量　52a
经济地理位置　50b
经济结构调整　201a
经济技术洽谈会　67a
经济合同管理　371a
经贸团出访　57c
经济体制改革　54b、57b、507c
基础建设　70a、142a、199a、445b、335c
基础工作　451b
基础产业　53a
基础管理　348c
基地建设　387b、388b
基建投资规模　273c
基本建设财务管理　329c
加快新体制步伐　14c
加强企业管理　15b
加大存款力度　349a
加快工业经济增长　30c
加快结构调整　5b、29c
加快资产重组　5b
加快改造步伐　5c
加快机制转换　5c
加快廉政建设　9b
加快生产自救　12b
加强收费管理　329b
加强地方立法　90b
加强代表工作　92b
加强专利保护　392b
教育审计　412c
教育专家　413b
教师节活动　413c
教育研究会　414a
教育改革　407a
教育现代化　410a
教育与培训　364b
居民防火管理　614a
居民家庭消费特点　464c
居民生活与小康距离　465a
计划生育协会　451c
计划生育纲要　450b
计划生育难点　451a
技术改造投资　274c
计算机工业　255c
计算机通讯公司　650b
技术改造基金　210b
计量监督与管理　380c
技术监督　379c
技术协作　126a
技术进步　245a
技术改造规划　210c
纪检监察　339c
纪检监察学会　85b
纪委领导人名单　88b
机关建设　485a
机械工程学会　298a
机床工业　247b
机动车维修　267a
机队建设　269c
机务维修　270a
机关工作人员违纪处分　615b
机械工业　243b
机械进出口公司　318a
机床股份有限公司　247b
集体经济　58b
集体资产评估　60c
集贸市场　373c
就业前训练　456b
救灾救济工作　11b、474a
军转安置工作　461b
军事　144a
军队离休干部安置　472c
军工企业　211c
交通管理　154c
交通通讯事业　502c
交通邮电　259a
交通银行　347c
检察工作　160c
检查用公车办婚事　100b
监察工作　98c
建材工业　236c
建筑市场　276c
建设银行　345b
建筑业　276b
建筑五金工业　221c
建立现代化企业制度　15c
建设新体制　19b
街道经济　59b
金融管理　338a
金融市场　18a、338c
金荣富　519b
稽核监管　338b
结算管理　339a
捐款救灾　476a
蒋新松　522b
精神文明建设　29c、33c、61b、508a
霁虹街道　489a
价格学会　399c
价格改革　375b
价格监督　377b
价格调节基金　377c
价格评估　378b
价格信息工作　379b
监狱·劳改　165a
决策服务　202a
剧团获奖情况　424b
九三学社沈阳市委　119c
纠风工作　99c
巾帼建功　131c

继续教育 413a
节能降耗 214a
家具工业 219a
结核病防治 603a
家用电器公司 221a
嫁接改造 233c
江泽民 1a
姜春云 2b
“九五”旅游规划 311c

K

科技协会 394c
科技外事活动 392a
科普周活动 24a、395b
科技成果 22c、400c、391a
科技资源配置 28c
科技体制改革 20b、23b
科技兴农 20c
科技兴医 443a
科技兴区 479c
科技兴林 194c
科教兴企 230b
科技救灾 389a
科技大会 384b
科技市场 386c
科技扶贫 389c
科技夜市 390c
科技开发 234b
科技信息工作 390a
科教事业 497b
科技研究 20c
科技进步 20c
科教兴市 21b
科技攻关 22a
抗灾抢险 414a
抗洪救灾 135a
抗洪抢险 167c、171c、175c、344a
抗洪保供电 169a
抗洪保通讯畅通 169a
抗洪保粮 170a
抗洪保供水 287b
抗战胜利50周年 80b
开发新产品 226b
开办新闻总汇 438b
开发区建设 65c、68b
扩大开放 31c、244c
矿山安全监察 459c
矿山机器厂 246a
康平县 505b
会计师事务所 331c
控价措施 376c
昆山街道 624b

L

劳动合同制 454b
劳动保险制度 454c
劳动争议促裁 455b
劳动服务管理 457c
劳动监察工作 458c
劳动保护 126b
劳动力转移 179c
劳动保护学会 396c
劳动法制建设 453a
劳动工资计划管理 453c
老龄工作 475a
老年型人口社会 450a
老边乡 493c
录取机关工作人员 462a
路官街道 490a
路风建设 261b
绿叶杯达标 283b
辽中县 503c
辽宁省肿瘤医院 634a
辽宁中医附属医院 634b
辽宁省水利学校 628b
辽宁省农科院 633a
辽中县第二高中 631b
辽河街道 624a
辽宁中部城市区 58a
辽宁省实验中学 417c
凌空街道 490a
领导班子作风建设 74c
领导班子目标管理 75a
领导干部培训工作 77a
领导干部廉洁自律 84b
领导班子建设 233c、245a
流通体制改革 18c
历史沿革 50a
律师·公证 164b
丽港化学公司 223b
粮油经营管理 303c、607b
粮油食品连锁店 303c
粮油管理体制 304a
粮食房产公司 643a
粮食生产 187c
粮食收购 303a
粮食供应 303b
旅游资源 311b
旅游业 310a
旅游外汇收入 312c
旅游市场开发 311b
旅行社管理 313a
旅客运输 259b
林业 194a
林政管理 195b
黎明发动机公司 249b
利用外资 320a
龙卡 346a
零售市场 295a
理论研究工作 79b
理顺物价机构 379a
炼焦煤气厂 645a
刘相华 522a
李瑞环 1a、66c
李铁映 2a
李沛瑶 2c、88c

M

民主党派工作 81a
民主宗教工作 81a
民革沈阳市委 114b
民盟沈阳市委 115a
民建沈阳市委 115c
民进沈阳市委 116b
民主管理 124a
民事审判 163c
民主与法制 482c
民族文化 476b
民族经济 476b
民族教育 409b
民营科技机构 387a
民意监测调查 366a
民用航空 268b
木兰集团 133c
名人书画拍卖会 423c
名牌产品工程 209c、215a
216c、233b
马官桥街道 497a
马将发 520a
马秋帆 518a
门前三包 284c
孟庆廉 519b
煤气生产 284c
煤气工程公司 644b
棉麻公司 309c
梦之花礼品公司 638a

N

农业 501c
农村经济 52b、177a、505b
农业遭灾 494c
农民生活 468a
农民消费水平 467b
农业科技开发区 70c
农业机械化 198c
农垦事业 200b
农村乡镇主要指标 513—516
农工党沈阳市委 117a
农机工业 253c
农田保护区 291a
农资总公司 309b
农业税收 330c
农业银行 340c
农行辽中支行 625b
农行皇姑支行 624b
农村信用合作社 344c
农民收入增长 466b
南湖开发区 67c
南湖大酒店 314a
南方证券公司 355b
南湖街道 623b
南站街道 623b
能源发展状况 360a
内部审计 367b
聂增贵 517a

P

平安保险 627a、354c
平抑灾区物价 370a
评选优秀图书 435b
评议政府工作 92c
拍卖超标小汽车 86a
排污收费 293b
抛秧技术 199a
棚户区改造 289b
普通高中教育 408c

Q

企业改革 15b、56a、236a
企业管理 26a、204a、233a、458a
企管年活动 304b
企业破产 16c
企业关、停、并、转 213c
企业集团 56b
企业优化重组 55c
企业评价工作 365b
企业技术进步 20b
企事业单位简介 622a
群众文化事业 421b
群众团体 123a
群英会 128c
群众体育 448c
勤工俭学 411b
七九二记者热线 438b
全国城运会 449b
区街经济 58c、481a
齐贤街道 488b
启工街道 491a
轻工街道 491b
七路街道 491b
前进乡 498b
勤政实干 8c
轻工业品进出口公司 319a
轻工大家庭 217b
轻工业 215b
轻工机械工业 224a
强化监管职能 324a
强化质量意思 325a
强化管理 228b
强化指导力度 6b
强化农业经济 30a
乾隆药业 637b
泉园小学 632a
清产核资 60b
清理小金库工作 100c
青年工作 127a
气候 201b
气候与衣着 50c
侨务工作 141b
秋季会战 157c
秋林公司 638b

R

人民生活 4a
人口分布 51a
人口增容费 598b
人民团体 121a
人民防空 150b
人民调解 165c
人民银行 336b
人民保险 351b
人身保险 352b
人才市场 461c
人口文化素质 51a
人口城镇化 51b
人大常委会 88b
人事任免工作 91c
人大信访工作 93b
人大领导人名单 94a
人民防空学会 397a
人事争议仲裁 464a
人物 517—522
日用化学工业 222c
绕城高速公路 264b
热力股份有限公司 641b、290b
热点问题 135c
燃料集团公司 307a
日用金属工业 219c
日用电器工业 220c

S

生产自救 173c、175a、204c
生产资料市场 18a、305b
生产建设 194a
水田综合开发 189a
水果生产 194b
水利 196c
水资源管理 196c
水利科技 197a
水土保持 198a
水灾 503b
水产品批发市场 302c
水污染防治 293a
水毁工程修复 170b
蔬菜产销 190b
社会福利生产 474c
社会经济稳步发展 507a
社会丑恶现象 156c
社会治安 172a
社团登记管理 473a
社会福利事业 474c
社会保险 353a
社会发展 359b
社会审计 367a
社会科学研究 398b
社会事业 495c、504c、478c、480b、492b
社会秩序 484c
社区服务工业 472b
社会保障体系 14a、30c
社会保障制度 17a
深化改革 7c

实施名牌工程　16a、27b
实施效能监察　370c
失业医疗保险　17c
失业保险　455a
市场体系建设　18a、56c
市场建设　480a
市人民政府　94b
市政府领导人名单　105a
市场价格变化　375c
市广告公司　639b
市政设施维护　279a
市级领导出访　64a
市委领导人名单　82b
市容综合整治　282b
市容管理　284b
苏家屯轨距尺厂　651b
苏家屯区　494c
十二路街道　486c
四六三医院　633b
四个教育　149a
三山汽车工业公司　253b
三环机绣厂　650a
三产企业发展　375a
受理来信来访　458b
沈河区　479b
沈阳劳动力市场　457b
沈阳医学院　417a
沈阳造币厂　257b
沈铁高速公路　264c
沈阳电线厂　645b
沈阳口腔医院　636a
沈阳第七医院　635b
沈阳儿童医院　635a
沈阳三十一中　631b
沈阳二中　629a
沈阳四中　629b
沈阳二十七中　630a
沈阳女子艺术学校　630b
沈阳迎宾馆　314b
沈阳味精厂　218c
沈阳纺织厂　226c
沈阳交通台开播　438a
《沈阳统战》创刊　82b
沈阳热电厂　231a
沈海热电公司　231b
沈阳线材厂　242c
沈飞集团公司　249a
沈河保险支公司　626a
沈阳大学师范学院　628a
盛京贸易进出口公司　641a
私立博望学校　632b
顺发实业公司　641b
税制改革　333b
税法宣传　333c
税收管理　334a
税收征管体系　334c
商检工作　325a
商品交易所　306c
商业网点　296a
商贸金融开发区　69b
商洪钧　518b
商业经济效益　295c
商业市场　294a
商业购销规模　294c
商业经济学会　399c
石油市场　307c
石油总公司　308a
石化工业　232a
司法工作　164b
审判工作　162c
审计工作　366b
审计成果　369b
涉台教育　139c
涉外保险　352a
双生市场　373b
双喜压力锅公司　220b
双拥工作　471a
双学双比　131b
收容遣送工作　473c
收费规范化　378a
施工现场管理　599a、277b
事业单位法人登记　102b
少先队工作　129c
少儿书法大赛　426
思想教育　131a
书刊批发市场　423c
书画联展　427c
食品卫生监督　445a
食品酿造业　217c
输变电工业　247c
世行贷款项目　212a
塑料工业　225a
孙作树　519a

T

铁道制动机厂　250b
铁路运输　259a
铁路工程总公司　262b
铁路沿线整治　283b
铁西区　483a
铁西工业区改造　207c、208c
通用航空　268c
铁西房产局　622b
铁西保险支公司　626b
铁西区兴工四校　632b
通风机厂　649a
通用机械工业　245c
通信建设　150c
通报处理党员干部　86b
土地规划管理　290c
土地增值税征收　608b
土地有偿使用　291b
提高经济效益　203c
提案工作　110a
提高统计服务水平　363b
提高效益　229c
提高职工素质　17a
提高干部素质　6b
推进价格改革　18c
推进产权流动　16c
统战工作　80c
统计工作　363a
统计资料　523—593
统计登记　604b
统计建设　364a
统计制度方法改革　363c
台盟沈阳市委　120b
台属联谊会　140c
台胞联谊会　122a
台商投资区　493b
特种电缆厂　648a
投资学会　400b
图书馆事业　422c
图书发行工作　435a
团市委　127a
体育市场管理　449b
体育法颁布　449c
体制改革　3c、177c、200c、346b、353c
体系建设　189c
调整产品结构　240c
太平洋保险　355a
退休干部管理工作　462b
退伍安置工作　475c
天益堂公司　637a

W

外汇管理　337c
外汇业务　348b

外资企业发展 374c
外经贸工作 315a
外贸出口 316c
外贸进口 317b
外商投资企业 321a
外商投资财产价值鉴定 326b
外向型经济 502b
外事往来 62c
外宾来访情况 63c
外来人口管理 596b
外向牵动 29b
为灾区理赔 352a
为经济建设服务 82a
物价管理 375b
物资供应 304c
物价得到控制 53c
物价涨幅回落 465c
无形资产评估 391c
五金商业集团 300a
文化产业 420a
文化市场管理 491b
文化生活 149c
文明生产 229b
文教卫生 482b
文明单位建设 62a
文明市民标兵 61c
文献法规 594a
文化钟表有限公司 636b
文明新风户 80a
文联工作 425c
文艺创作 420c
文化经济工作 420b
望儿山书画展 428a
温暖工程 466a、503a、126c、133a
卫工街道 488c
五矿进出口公司 318b
“五个一工程” 79b
五三乡 499a
武装警察 148a
武器管理 145a
稳定繁荣 148b
维护费征收 171b
维护稳定 12c
违法违纪案件 84c
位置与地貌 50a
魏东兴 519a
吴邦国 2b
吴阶平 3a、88b
王健 517a
王海军 519a
王滨乡 498a

X

乡镇企业 11c、203b
乡镇企业管理费 602b
乡镇人代会换届 93c
乡镇供水 198b
消费品市场 18a
消防工作 160a
消防工业集团 225a
消费品博览会 298a
消毒管理 446a
小康监测 185b
小康排位 188b
小康村建设 182a、183c、184c
宣传工作 77c
宣传教育 293b
行政区划 51b
行政事业性收费 601a
行政审判 164a
行政执法 152b、37b
刑事检察工作 161b
刑事审判 162c
刑事案件 158a
形象杯活动 62a
泄密查处 103a
橡胶工业 235a
新阳机器制造公司 256c
新乐精密机器公司 257a
新世界酒店 313a
新闻工作 431b
新闻学会 400a
新民市 501b
新城子区 499b
新莱地开发基金征收 618b
兴工街道 488a
兴齐街道 486b
兴顺街道 489c
兴华街道 485c
县乡工业 505c
希望工程 128b
信贷收支 337a
信贷业务 341b
信用卡业务 343c
信托投资公司 350b
现代化管理 354b
学历培训 431a
学术活动 395a
学校卫生工作 410c
星火密集区 389b
修志成果 430b
协力经贸公司 640b

Y

养老保险工作 475c
养老保险制度 17b
养殖业 191c
养老保险 463b
优质文明服务 340c
优秀中青年教师 413b
优化资本结构 27b、212c
优扶工作 472a
抑制通货膨胀 27c
严打攻势 157a
严格出版管理程序 434b
友好往来 65a
友好城市交流 64b
义务教育 407b
幼儿教育 409b
语言文字工作 411b
药科大学 416b
液化石油气公司 644b
药政管理 443a
医药工业 235b
医药保健进出口公司 319c
医学教育工作 446c
印刷协会成立 435c
有奖募捐 474a
艺术研究与评论 421a
踊跃赈灾 174b
依法治农 181a
应用研究 202c
用人机制改革 216b
油脂化学厂 223a
冶金工业 239c
冶炼实业公司 650a
有害废物管理 650b
有色金属加工厂 242a
有色金属压延厂 242b
邮政 270b
一汽金杯汽车公司 251b
云峰街道 490b
艳粉街道 490b
于洪区 492a
于洪规划局 623a
于洪家俱厂 649b
杨胜东 502b
杨家书 512b

Z

职业技术教育 408c
职工人数减少 451c
职工工资提高 452c
职工技能开发 456c
职业卫生监察 459b
职工工伤事故处理 619a
职称评定 464a
职工文化 124c
职工体育 125b
再就业工程 128b、132a、456a
政府津贴人员 463c
政协领导人名单 113c
政协沈阳市委 108b
政权建设 470b
政治 72a、152a
正确决策 8c
政治教育 144c
证券交易 339b
组织建设 127c、144a
组织工作 73c
总人口 50c
总工会 123a
志愿者活动 129b
自救工程 173a
自身建设 130a、396b
自来水生产 286c
自学考试 415a
自营出口 225c
中等师范教育 409a
中小学收费管理 100b
中小学德育 410b
中华医学分会 397c
中国银行 346a
中国医科大学 416a
中医工作 444c
中兴商业集团 299b
中纪委来沈检查 83a
招生工作 414c
招考研究会 415b
招商引资 70c、506a
招考通讯 415a
宗教教育 476c
宗教场所 477a
宗教管理 477b
宗教政策 477c
宗教自养 477c
综合经济实力 28b
综合开发 180a
综合经营 197b
重矿工业 246a
重工街道 487c
重点工程建设 274a
重要文献 3a
执法检查 90c
执法监督 161c
致公党沈阳市委 118a
杂技比赛 423a
作品研讨会 427b
著作权保护工作 432c
住宅建设 288a
噪声污染防治 293a
制度创新 29b
增强城市经济实力 32c
增资减荷 16a
转变政府职能 34a
争创经济大区 61a
造纸工业公司 222b
造大船工程 399b
照明电器工具 224b
资产重组 232c、243c
资金运用业务 353b
抓班子出效益 239a
注册商标 371b
赈灾义卖 174a
赈灾募集 170a
赈灾活动 173c
战洪水 187a
治沙工程 196b
尊重少数民族风俗 610b
朱英浩 520a
张振一 518a
张佩纶 518b
张纯仁 519b
张玉龙 521a

辽宁澳普

房地产开发公司

董事长　李兆语

沈阳电机厂厂房

祥顺花园小区

该公司始建于1993年，被辽宁省建设委员会批准为城市综合开发三级公司。先后在大南街开发祥顺花园小区5万余平方米的住宅和商业网点，做到当年动迁，当年施工，当午回迁使用，受到广大动迁戶的好评；在新北站东开发建设了5万余平方米令闻小区；在铁西区南端建成以16层“金麟大厦”为依托，以7层复式高级住宅和8层网点住宅联体结构为群带，集商场、餐饮、娱乐和豪华写字楼，高级公寓于一体智能型综合裙楼。

公司宗旨：立足辽宁，扎根沈阳，辐射全国，走向世界，改造旧区，美化城市，为人民造福。

地址：沈阳市铁西区贵和街小六路

邮编：110021　**电话**：5871795

沈阳万港住宅开发有限公司

总经理：周传淞

该公司成立于1991年6月，是沈阳市万泉土地房屋开发公司与香港合资兴办的，注册资金200万美元，拥有固定资产590万元。

由该公司开发建设的泉园小区三期工程是建设部批准的"全国节能型住宅试点小区"之一，用电气取代煤气，是沈阳市唯一实行电气化的小区。现全面开工建设18万平方米，已建成使用16万平方米，销售收入8884万元，实现利润584万元，上交税金296万元。1995年被市建委、市统计局评为沈阳市房地产开发综合经济实力30强企业之一。

由该公司开发建设的泉园小区一期工程

地址：沈阳市东陵区长青街45号
电话：4811450-6202

辽宁省

金龙房屋开发公司

总经理：高英伦

该公司隶属于中国石油天然气总公司东北输油管理局，成立于1990年4月，是辽宁省建设厅批准的房地产开发二级企业。注册资金1080万元。

该公司先后开发了皇姑区长江新区，占地11.2公顷，规划建筑面积21.5万平方米；沈河区广宜小区，占地14.6公顷，规划建筑面积27万平方米，有50多栋现代化民用和商用建筑，其中高层建筑4栋；在皇姑区向工小区建设4栋住宅楼，建筑面积1.4万平方米；新西兰首都惠灵顿高级别墅等，开发总面积达50万平方米。公司被评定为“AAA”级信誉企业及“房地产开发综合经济实力30强企业”。

地址：沈阳市皇姑区昆山中路85号　电话：6861805

由该公司开发建设的优质工程——滨河小区鸟瞰

沈阳市一建房屋开发公司

总经理：王惠礼

该公司为国家二级开发公司，1989年在国家建设部抽查全国40家房屋开发公司中，被评为第二名，公司有自有流动资金1000万元。

公司自成立以来，先后综合开发住宅小区和公建项目13片，建筑面积达65万平方米，总投资4.2亿元，实现利润2200万元，为居民提供了1.2万套住房。引进外资近亿元，融资开发了北方国际租赁大厦。同时以高新技术、节能建材应用于墙体保温，开发专利产品为突破口，向墙体革命进军。

由该公司开发建设的省建设银行大楼

地址：沈阳市沈河区东滨河路78-2号
邮编：110011　电话：4810552

沈阳市皇姑区住宅开发公司

总经理　刘永华

该公司始建于1985年3月，是专门从事房屋土地开发、旧区改造、小区建设、绿化建设、道路拓宽工程的全民三级开发企业。先后建设了前塔小区、长江新区，同时又引进兴建了永宁大厦、齐泰大厦、中国城大厦等小区和重点高层工程项目，总建筑面积为31万余平方米，总投资4亿多元，共安置动迁居民近2500户。

公司具有较强的经济实力和发展后劲。目前，正在实施动迁兴建"北陵公寓"。1995年，该公司被市建委、市统计局命名为沈阳房地产开发综合实力30强企业；被市企业信用评级委员会评定为AA级企业。

公司开发建设的长江新区

准备兴建的北陵公寓

地址：沈阳市皇姑区怒江街53号　邮编：110036　电话：6844773-4

沈阳市铁西区
房屋土地开发公司

该公司始建于1985年，先后开发建设了宏伟小区、十三路小区、光辉小区、道士帽改造工程、中兴里小区及建大三期5号小区，累计开发40余万平方米。

由该公司建设的宏伟小区1988年被评为市先进住宅小区，并荣获首届住宅建设“优胜杯”奖；中兴里小区1992年评为市优良小区。公司财务管理等级获(AAA)级称号；1993年被评为市开发行业先进集体；1995年又迈进沈阳市房地产开发综合实力三十强行列。

总经理　潘 弢

地址：沈阳市铁西区吉工二街52号　邮编：110023
电话：5850613　传真：5860103

沈阳怡和房产开发有限公司

董事长：李兴也

沈阳怡和房产开发有限公司是由大连东亚置业有限公司、新加坡鸿福投资有限公司、汕头信业厂房开发有限公司、沈河区城市建设发展公司共同投资兴办的大型房地产开发企业，注册资金300万美元，现有各类工程技术人员60余人。目前与沈河区政府、沈河区工商局主要承担沈阳五爱市场的总体改造工作。工程总投资25亿元人民币，改造后的五爱市场占地12.36公顷，总建筑面积约50万平方米，全封闭摊位3万余个，8栋18～23层高层建筑，一座大型客货联运总站，两个万米室外停车场及众多的地下停车场，全部工程预计在8～10年内分期滚动式改造完成。目前正在建设中的第一期工程——五爱市场服装城将于1996年底投入使用。

沈阳市沈河区热闹路75号　电话：4120885
传真：4120883　邮编：110041

新落成的五爱市场服装城

总经理：曹天辅

沈阳市铁西区
城市建设综合开发公司

该公司是从事房地产开发经营、旧城改造、安居工程、城市基础设施建设和物业管理的国家二级城建综合开发企业。市开发企业先进单位、(AAA)信用单位。

自1985年5月成立以来，先后成片开发建设了6个住宅小区和铁西商业大厦等形象工程，总建筑规模近百万平方米。目前，该公司正在开发建设全国最大的旧城棚户区改造工程——艳路居住区，总体规划占地170万平方米，总投资12亿元。首批8.5万平方米安居工程将于1996年竣工。

地址：沈阳市铁西区兴华街南七中路六号一门
邮编：110021　电话：5873319

于洪区 房地产开发总公司

该公司成立于1984年，注册资金728万元。先后开发建设5个小区；房屋建筑面积为66.8万平方米。其中南里小区37万平方米，北塔小区14万平方米，沙河子小区10.3万平方米，于洪区委小区2.1万平方米，和平南十小区3.4万平方米，安置动迁居民3700户，共投入资金3.37亿元。

各小区配套齐全，有学校、托儿所、商业网点、车库。沙河子小区1990年荣获市住宅建设“优胜杯”奖，该公司1994年荣获“市房地产开发综合实力30强”企业称号。

总经理：李传义

地址：沈阳市于洪区黄海路14号
邮编：110141　电话：5833642

沈阳市东陵区土地房屋开发公司

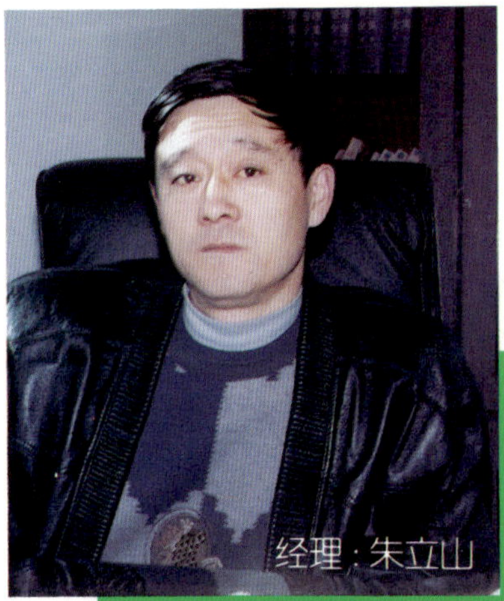
经理：朱立山

该公司始建于1985年，拥有固定资产1000万元，流动资金2500万元。

10年来，公司交付使用的住宅43万平方米。建成小区5个，其中有富民小区、八家子小区、文萃小区(优质工程小区)、方家栏小区等。公司靠信誉、重质量赢得了市场，商品住宅连续三年被评为"长、哈、沈"三市样板工程，在沈阳市同行业中属首创。1995年被评为"沈阳市房地产开发综合实力30强企业"。为东陵特区建设和改善居民住房条件做出了较大贡献。

地址：沈阳市东陵区南塔街75号
邮编：110015　电话：3894589

沈阳华新国际实业有限公司

总经理：卢铿

该公司是沈阳房产实业公司与新加坡维信集团合资经营的企业，成立于1990年11月，注册资本4500万元人民币。公司的主要发展方向是开发、建设和经营外商外事用房及公共设施；开发建设现代旅游康乐设施，并不断拓展其它服务性产业。1991年5月开始建设沈阳第一家外商高级住宅区——"河畔花园"，同年10月一期工程及配套设施竣工，并于当年全部租售出。1992年6月开始兴建中国规模最大的室内综合康乐宫——"夏宫"。五年创业，该公司效益倍增，累计实现销售值6亿元人民币，企业全部资产已达7亿元人民币，为初期的48倍。

五年来，沈阳华新国际实业有限公司已成为沈阳市、辽宁省乃至中国有影响的合资企业之一，先后被评为"中国最大500家外商投资企业"、"辽宁省外商投资高效益企业"、"沈阳市人均创利超万元企业"、"AAA级信用企业"、"沈阳市房地产开发综合实力三十强"等，并被沈阳市政府确定为沈阳市重点扶持的10家合资企业之一。

地址：沈阳市沈河区青年大街215号
邮编：110015 电话：3842509
传真：3895388

由该公司开发建设的"河畔花园"一隅

由该公司开发建设的"夏宫"

元太祖蒙古烤肉店

元太祖蒙古烤肉店，隶属于沈阳富士餐饮娱乐有限公司。烤肉店注册资金80万美元，具有庞大的管理体系和经营规模。目前，公司有元太祖蒙古烤肉店、富士健康温泉等。

烤肉店经营品种多，花样有特色，可以吃到正宗的蒙古烤肉、自助火锅，只消花上48元即可走遍6个“菜区”随意品尝，美味多达100种。免费供应饮料、冰品。

董事长：金红文　总经理：任宝森

电　　话：2851011　邮　　编：110014
传　　真：2853080
地址：沈阳市沈河区八纬路89号

沈阳市自来水总公司

沈阳市自来水总公司是1911年创建的老企业，现已发展成集自来水生产、自来水供应；水源勘察、设计、施工及科研开发为一体的大型综合性企业。拥有职工7936人，其中工程技术人员600余人，固定资产净值12.2亿元。1995年实现销售收入1.9亿元，创利税1812万元。

公司现有水厂8座，其中1986年底建成投产的石佛寺水处理厂，日产水20万立方米，其除铁、除锰工艺、规模居全国领先地位；1992年建成的李巴彦水处理厂日处理水40万立方米，其水处理工艺、设备引进法国先进技术达到国际八十年代水平。1995年该公司日供水能力达188.4万立方米。

总经理：张守惠

水质化验中心

日产水20万立方米的石佛寺水厂

地址：沈阳市和平区和平北大街43号
邮编：110002　电话：2824682

沈阳医药
保健品进出口公司

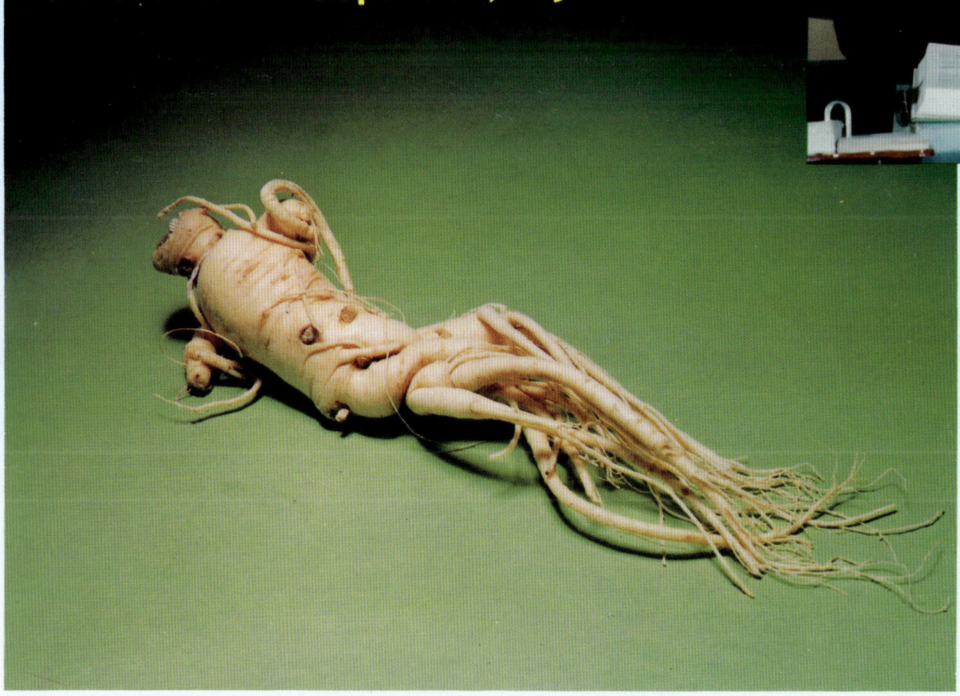

地址：沈阳市青年大街35号(国贸大厦12楼)
电话：2724937
传真：(024)2720751

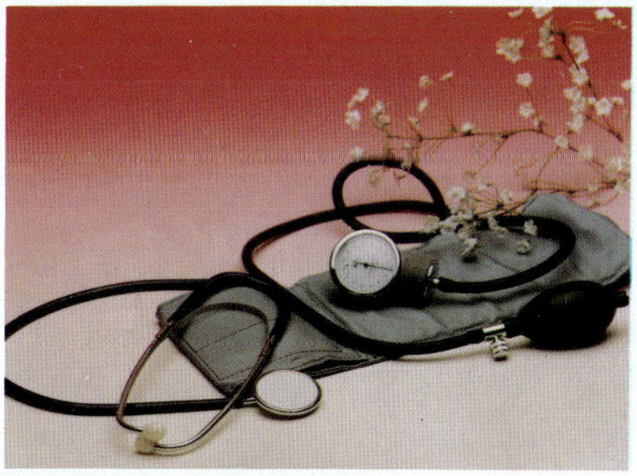

该公司是经外经贸部批准的外贸专业进出口公司，下设10余个分公司，一个加工厂、仓库和5个综合管理部门，并在美国、加拿大、韩国、新加坡、香港等国家和地区建立了10余个分支机构。同世界各地80多个国家和地区几百家客商建立了贸易关系。

公司主要经营：医药原料、西成药、中成药、中药材、保健品、卫生用品、医疗器材、器械及农副产品。兼营五矿、机械、粮油食品、轻工工艺、化工农药、纺织服装、机电产品等进出口业务，并承办代理业务。

沈阳造币厂

沈阳造币厂(国营六一五厂)隶属中国人民银行总行领导，是国家大型一档企业。1995年实现总产值23256万元，利润5600万元。

主要生产流通硬币，从1992年生产黄铜5角币，铝合金1角币，继1993年研制生产中国珍稀野生动物——大熊猫纪念币之后，1995年又推出中国珍稀野生动物——金丝猴纪念币，受到收藏家的欢迎；并先后推出台湾光复回归祖国50周年纪念币、抗日战争胜利50周年纪念币、联合国第四届世界妇女大会纪念币等，并研制开发了圣诞金卡、金、银邮票均属我国首次发行。

地址：沈阳市大东区大东路138号
邮编：110042　电话：4832006　传真：4832001
厂长：王生龙

沈阳丹艺包装新技术研究所

所长：吕丹艺

沈阳丹艺包装新技术研究所是隶属沈阳南湖科技开发区的高新技术企业。辽宁省唯一的一家包装新技术研究所，专门从事包装、装璜、设计、制版印刷及包装新材料的研究应用。

该所敢于承揽和印制各种难度大、数量少、高精尖产品的包装，被外贸部门确定为出口包装加工定点生产厂。产品远销美国、英国、意大利、德国、日本、香港、韩国、新加坡等10多个国家和地区，深受国内外用户的好评，产品曾多次荣获国内外金银大奖。

与外商洽谈业务

地址：沈阳市和平区文化路49–3号
邮编：110003
电话：3846468　传真：3846468

生产车间

沈阳东方纺织有限公司

该公司是韩国在沈阳投资建立的独资企业，有中方员工1220人，韩国派遣管理人员13人。公司占地面积10万平方米，建筑面积3.1万平方米，纺织设施33600锭，捻纱设施5520锭。

主要产品：100%Acrylic 纱线；100% icpolyester 纱线。生产能力7000吨/年，销售额每年1500万美元。

地址：沈阳市经济技术开发区昆明湖街
邮编：110141　**电话**：5813243
传真：5813920

沈阳同进缝制有限公司

该公司创建于1989年，由沈阳市第六建筑工程公司与韩国同进宇宙株式会社合资兴办的。生产经营各种滑雪手套、皮夹克等产品销往美国、德国、加拿大、日本、瑞士、韩国、香港等国家和地区。

公司现有员工700余人，生产人员技术纯熟，产品质量优异，高质量的产品、高效率的服务，使公司的业务迅速发展。“高质量，高效率”是该公司的经营原则，真诚希望各界朋友共同合作，共谋发展。

地址：沈阳经济技术开发区昆明湖路
邮编：110141　电话：5812594　传真：5813383

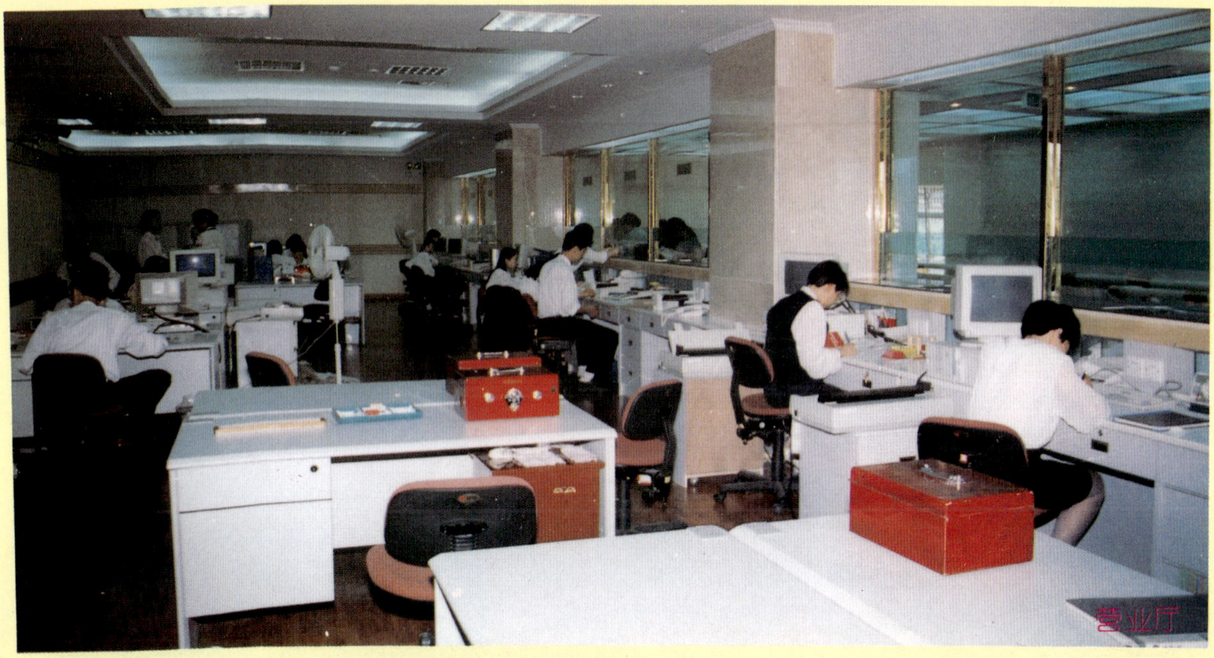

营业厅

招商银行沈阳分行

行长：孙培洋

地址：沈阳市十一纬路82号
电话：2856504

该行是经中国人民银行总行批准在辽宁设立的一家直属一级分行，业务以辽宁为主，辐射东三省和内蒙古。

作为一家新型的商业银行，拥有全新的机制，全新的服务，全新的观念，主要办理本外币存贷款、结算、投资、咨询、租赁、外汇买卖、离岸、证券等综合性业务。成立一年多来，全行本外币存款余额达26.7亿元，贷款余额达20.4亿元。1995年，该行在全国金融系统中首家推出储蓄"一卡通"理财服务工具。它集本、外币各种类储蓄存款于一张塑料磁条卡片，具有一卡多户，自动转存、贷款融资、代发工资、电话查询、通存通兑等多种功能。

分支机构有5家：兴顺办事处，铁西区兴顺街122号，电话：5845004；北市办事处，和平区市府大路139号，电话：2837089；太原办事处，和平区太原南街66号，电话：3227859；南顺城办事处，沈河区南顺城路60号，电话：4853709；长江办事处，皇姑区长江街17号，电话：6242175

沈阳 外贸房地产开发公司

沈阳外贸房地产开发公司是1993年组建的综合性房地产开发企业。公司为管理型企业，各级管理干部和司机为固定职工，直属企业的人员均为雇用人员。公司成立两年，共完成投资8000多万元，开发建设10万平方米公建和住宅，有泉园小区、新华小区和“翠园新村”。

公司计划于2000年前完成纯利润5000万元，达到人均创利100万元。公司本着“创业、务实、开拓、进取”的精神，以房地产业为龙头，以物业为支柱，积极发展多种经营，以改革为中心，以向国家、社会做贡献为己任，创一流的业绩，培养一流的员工，把公司办成现代化、多元化、集团化的股份制公司。

翠园新村综合楼

地址：沈阳市大东区北顺城路129号
邮编：110041　　电话：4843628

翠园新村住宅楼

翠园新村住宅楼

翠园新村住宅楼

沈阳螺旋钢管厂

厂长　张庆久

该厂位于沈阳著名风景区——天柱山东部。地处沈吉铁路，沈抚公路北侧，产品原料进出极为方便，厂内设有专用线。

该厂注重产品质量，所有产品经过严格的自动探伤超声波探测仪和x射线的检验。每根钢管都经过出厂静水试压检查，完全达到石油部Sy5036—83，sy5037—83，Sy5040—83标准及美国AP15L标准。产品规格Φ219—Φ1020mm，长度8000～12000mm，也可根据用戶的需要加工所需任何规格产品。

地址：沈阳市东陵区旧站路221号
邮编：110163
电话：9836322

沈阳建设机械总公司

法人代表　訾禹新

沈阳建设机械总公司是国家建设部、国家建材总局生产建筑工程机械和建材机械产品的大型重点骨干企业，隶属于沈阳星光建筑材料集团公司。现有职工1500人，固定资产8591万元，年销售收入10280万元。

主导产品：红象牌混凝土泵，红象牌制砖机，沈振牌振动器，电梯系列，商品混凝土，新结构门锁，钢筋切断机，钢筋弯曲机，塔吊，施工升降机等。红象牌混凝土泵是市首批名牌产品。

地址：沈阳市于洪区沈新路104号
邮编：110141　电话：(024)5813711
传真：(024)5812676

沈阳市农垦总公司

总经理　徐宝华

农垦奶牛饲养场

歌仙大饭店夜景

沈阳市农垦总公司现辖10个国有农牧场、10个公司、4个事业单位，分布在沈阳市的9个区和辽中、康平两县，拥有土地16.8万亩，职工2万人，1995年末总资产97320万元。

农垦总公司是集农牧工商建运服多业于一体的大型企业集团，是沈阳市建设农业强市的示范基地。全系统现有耕地7.4万亩，主要种植玉米、水稻等品种，浑河农场是国家农业部定点良种水稻繁育基地；现有奶牛4000头，日产鲜奶7.3万公斤，日加工鲜袋奶25万袋；拥有辽沈地区唯一的种公牛繁育中心，年产优质冷冻精液5万粒；拥有优良肉蛋种鸡和肉食鸭繁育饲养基地，年产商品代鸡雏450万只，屠宰加工肉食鸡7256吨，肉食鸭850吨，主要出口欧洲和日本市场；沈阳农垦拥有建材、食品、冶金、服装等工业行业和建筑业、运输业、商业、餐饮业的生产经营能力，歌仙大饭店成为沈城闻名的高档餐饮企业。

地址：沈阳市大东区天后宫路134号
邮编：110041　　电话：8870387